CURSO DE DIREITO DO TRABALHO

Gustavo Filipe Barbosa Garcia

CURSO DE DIREITO DO TRABALHO

18ª edição
2023

saraiva jur

DADOS INTERNACIONAIS DE CATALOGAÇÃO NA PUBLICAÇÃO (CIP)
VAGNER RODOLFO DA SILVA – CRB-8/9410

G216c   Garcia, Gustavo Filipe Barbosa

Curso de Direito do Trabalho / Gustavo Filipe Barbosa Garcia. – 18. ed. – São Paulo : SaraivaJur, 2023.

1160 p.

ISBN: 978-65-5362-515-0 (Impresso)

1. Direito. 2. Direito do Trabalho. I. Título.

	CDD 344.01
2022-3839	CDU 349.2

Índices para catálogo sistemático:

1. Direito do Trabalho   344.01
2. Direito do Trabalho   349.2

---

saraiva EDUCAÇÃO | **saraiva** jur

Av. Paulista, 901, Edifício CYK, 4º andar
Bela Vista – São Paulo – SP – CEP 01310-100

SAC | sac.sets@saraivaeducacao.com.br

Diretoria executiva	Flávia Alves Bravin
Diretoria editorial	Ana Paula Santos Matos
Gerência de produção e projetos	Fernando Penteado
Gerência editorial	Thais Cassoli Reato Cézar
Novos projetos	Aline Darcy Flôr de Souza
	Dalila Costa de Oliveira
Edição	Jeferson Costa da Silva (coord.)
	Iris Ferrão
Design e produção	Daniele Debora de Souza (coord.)
	Tiago Dela Rosa
	Camilla Felix Cianelli Chaves
	Deborah Mattos
	Lais Soriano
Planejamento e projetos	Cintia Aparecida dos Santos
	Daniela Maria Chaves Carvalho
	Emily Larissa Ferreira da Silva
	Kelli Priscila Pinto
Diagramação	Rafael Cancio Padovan
Revisão	Carolina Mihoko Massanhi
Capa	Lais Soriano
Produção gráfica	Marli Rampim
	Sergio Luiz Pereira Lopes
Impressão e acabamento	BMF Gráfica e Editora

Data de fechamento da edição: 17-01-2023

Dúvidas? Acesse www.saraivaeducacao.com.br

Nenhuma parte desta publicação poderá ser reproduzida por qualquer meio ou forma sem a prévia autorização da Saraiva Educação. A violação dos direitos autorais é crime estabelecido na Lei n. 9.610/98 e punido pelo art. 184 do Código Penal.

CÓD. OBRA	643751	CL	608012	CAE	819790

"Assim, ao Rei eterno, imortal, invisível, Deus único, honra e glória pelos séculos dos séculos."

(I Tm 1:17)

Notas prévias do autor

Esta obra foi escrita com o objetivo de apresentar um estudo diferenciado e completo da matéria pertinente ao Direito do Trabalho e trata dos diversos temas de interesse, mediante enfoque atualizado da doutrina e da jurisprudência.

Procurou-se atender às necessidades do estudante universitário, daqueles que se preparam para as carreiras jurídicas e para os concursos públicos, dos profissionais do Direito, dos alunos de pós-graduação e de todos os que se interessam pela disciplina.

Com esse intuito, a matéria é examinada nos aspectos não apenas conceituais, mas aprofunda na análise das questões envolvidas, ao enfrentar as diversas controvérsias verificadas na atualidade.

O livro é fruto de constantes estudos desenvolvidos, autonomamente, em atividades acadêmica e profissional, e busca agregar as experiências obtidas, anteriormente, nas carreiras da inspeção do trabalho, da magistratura do trabalho, do Ministério Público do Trabalho, bem como no magistério superior em Direito.

Cabe salientar, ainda, que este livro está atualizado de acordo com os diplomas legais mais recentes que regem a matéria.

Agradeço ao leitor, assim, pela honrosa leitura e espero que esta obra possa contribuir para a evolução da ciência jurídica.

Sumário

Notas prévias do autor... VII

1 HISTÓRIA DO DIREITO DO TRABALHO **1**
   1.1   História Geral do Direito do Trabalho 1
   1.2   História do Direito do Trabalho no Brasil 4

2 CARACTERIZAÇÃO DO DIREITO DO TRABALHO **6**
   2.1   Denominação 6
   2.2   Conceito 6
   2.3   Divisão da matéria para fins didáticos 7

3 AUTONOMIA E NATUREZA JURÍDICA DO DIREITO DO TRABALHO **8**
   3.1   Autonomia do Direito do Trabalho 8
   3.2   Relações do Direito do Trabalho com outros ramos do Direito 8
   3.3   Direito do Trabalho no contexto dos direitos humanos e fundamentais 10
   3.4   Relações do Direito do Trabalho com outras ciências 17
   3.5   Direito do Trabalho e meio ambiente do trabalho 18
   3.6   Natureza jurídica do Direito do Trabalho 19

4 FONTES DO DIREITO DO TRABALHO **21**
   4.1   Fontes materiais e fontes formais 21
   4.2   Classificação das fontes 21
   4.3   Fontes formais do Direito do Trabalho 22
        4.3.1   Constituição 22
        4.3.2   Leis 22
        4.3.3   Atos do Poder Executivo 23
                4.3.3.1   Regulamentação de disposições relativas à legislação trabalhista 25
                4.3.3.2   Programa Permanente de Consolidação, Simplificação e Desburocratização de Normas Trabalhistas Infralegais 25
        4.3.4   Sentença normativa 27
        4.3.5   Jurisprudência 27
        4.3.6   Sentença arbitral 30
        4.3.7   Convenções e acordos coletivos 31
        4.3.8   Usos e costumes 32
        4.3.9   Regulamento de empresa 32
        4.3.10 Contrato de trabalho 33
        4.3.11 Princípios jurídicos 33

5 INTERPRETAÇÃO, INTEGRAÇÃO E EFICÁCIA DAS NORMAS DE DIREITO DO TRABALHO **35**
   5.1   Interpretação do Direito do Trabalho 35
   5.2   Integração do Direito do Trabalho 36
   5.3   Eficácia das normas de Direito do Trabalho no tempo 38
        5.3.1   Segurança jurídica, irretroatividade e direito adquirido 40
   5.4   Eficácia das normas de Direito do Trabalho no espaço 46

6 PRINCÍPIOS DO DIREITO DO TRABALHO **51**
   6.1   Conceito e natureza jurídica dos princípios no Direito 51

6.2	Funções dos princípios de direito	52
6.3	Princípios de Direito do Trabalho	52
	6.3.1 Princípio da proteção	54
	6.3.2 Princípio da irrenunciabilidade	57
	6.3.3 Princípio da primazia da realidade	58
	6.3.4 Princípio da continuidade da relação de emprego	58
	6.3.5 Outros princípios aplicáveis ao Direito do Trabalho	60
	6.3.6 Proibição de discriminação e exigência de vacinação	67
6.4	Flexibilização e Direito do Trabalho	70
	6.4.1 Flexibilização e desregulamentação	71
	6.4.2 Limites da flexibilização no Direito do Trabalho	71
	6.4.3 Hipóteses de flexibilização	73
	6.4.4 Programa Seguro-Emprego	75
	6.4.5 Medidas trabalhistas alternativas para enfrentamento de estado de calamidade pública	78
	6.4.6 Programa Emergencial de Manutenção do Emprego e da Renda	85
	6.4.7 Apoio à parentalidade por meio da flexibilização do regime de trabalho	92
6.5	Declaração de Direitos de Liberdade Econômica e Direito do Trabalho	93

7 DIREITO INTERNACIONAL DO TRABALHO — 96

7.1	Introdução	96
7.2	Ratificação de normas internacionais	96
7.3	Hierarquia da norma internacional no ordenamento jurídico nacional	98
7.4	Organização Internacional do Trabalho	100
	7.4.1 Instituição	100
	7.4.2 Composição	100
	7.4.3 Convenções e Recomendações	101
	7.4.4 Declaração da OIT relativa aos princípios e direitos fundamentais no trabalho	102
	7.4.5 Declaração da OIT sobre a justiça social para uma globalização equitativa	104
7.5	Direito Comunitário	106

8 CONTRATO DE TRABALHO — 108

8.1	Denominação	108
8.2	Natureza jurídica	108
8.3	Contrato de adesão, contrato individual de trabalho e contratação do empregado	109
	8.3.1 Contrato de trabalho por equipe	112
	8.3.2 Admissão do empregado e certidão de antecedentes criminais	112
8.4	Conceito	114
8.5	Requisitos	115
	8.5.1 Pessoa natural	115
	8.5.2 Pessoalidade	116
	8.5.3 Não eventualidade	116
	8.5.4 Subordinação	116
	8.5.5 Onerosidade	118
8.6	Características	118
8.7	Elementos do contrato de trabalho	118
	8.7.1 Existência	119
	8.7.2 Validade	119
	8.7.2.1 Contrato de trabalho com o índio	125

	8.7.3		Eficácia	127
	8.7.4		Cláusula de não concorrência	128
8.8	Nulidade no Direito do Trabalho: trabalho ilícito e trabalho proibido	129
8.9	Direitos e deveres	131
	8.9.1		Direitos intelectuais e invenções do empregado	132
	8.9.2		Indenização por danos extrapatrimoniais e materiais trabalhistas	135
		8.9.2.1	Assédio moral	143
		8.9.2.2	Assédio sexual	145
		8.9.2.3	Trabalho em condições análogas à de escravo e tráfico de pessoas	147
		8.9.2.4	Trabalho decente	155
		8.9.2.5	Responsabilidade civil do empregador por ato de terceiro	156
		8.9.2.6	Dano moral coletivo	157
8.10	Termo de quitação anual de obrigações trabalhistas	160
8.11	Diferenças entre o contrato de trabalho e outras modalidades contratuais	161
8.12	Contrato a prazo determinado	162
	8.12.1		Contratação	162
	8.12.2		Hipóteses de cabimento	163
	8.12.3		Prazos de duração e prorrogação	164
	8.12.4		Suspensão no curso do contrato a prazo determinado	164
	8.12.5		Nova contratação	166
	8.12.6		Extinção antecipada	166
8.13	Contratos de trabalho a prazo determinado em leis específicas	167
	8.13.1		Contrato de trabalhador rural por pequeno prazo: Lei 11.718/2008	168
	8.13.2		Contrato de trabalho por obra certa	172
	8.13.3		Contrato de trabalho por prazo determinado especial: Lei 9.601/1998	173
	8.13.4		Contrato de trabalho do atleta profissional	174
	8.13.5		Contrato de trabalho do artista	178
8.14	Contrato de trabalho intermitente	179
8.15	Trabalhador temporário: Lei 6.019/1974	184
8.16	Contrato de trabalho verde e amarelo	192

9 EMPREGADO — 193

9.1	Conceito	193
9.2	Espécies de empregado	193
	9.2.1 Empregado eleito diretor de sociedade	193
	9.2.2 Empregado em domicílio	194
	9.2.2.1 Teletrabalho	194
	9.2.2.2 Regime de trabalho do advogado empregado	199
	9.2.2.3 Regime de trabalho da empregada gestante	200
	9.2.3 Empregado doméstico	201
	9.2.3.1 Conceito de empregado doméstico	204
	9.2.3.2 Trabalho do menor proibido	205
	9.2.3.3 Duração do trabalho	205
	9.2.3.4 Horas extras	205
	9.2.3.5 Compensação de horas	205
	9.2.3.6 Períodos não computados na jornada de trabalho	205
	9.2.3.7 Trabalho em dias de descanso	205
	9.2.3.8 Trabalho em regime de tempo parcial	205
	9.2.3.9 Contrato por prazo determinado	206

	9.2.3.10	Carteira de Trabalho e Previdência Social	206
	9.2.3.11	Jornada 12 x 36	207
	9.2.3.12	Viagens	207
	9.2.3.13	Registro de horário de trabalho	207
	9.2.3.14	Intervalo intrajornada	207
	9.2.3.15	Trabalho noturno	207
	9.2.3.16	Horários mistos	207
	9.2.3.17	Intervalo interjornada	208
	9.2.3.18	Repouso semanal remunerado e feriados	208
	9.2.3.19	Férias	208
	9.2.3.20	Descontos salariais e utilidades	208
	9.2.3.21	Aplicação subsidiária	209
	9.2.3.22	Vale-transporte	209
	9.2.3.23	Previdência Social	209
	9.2.3.24	FGTS	209
	9.2.3.25	Aviso prévio	210
	9.2.3.26	Licença-maternidade	210
	9.2.3.27	Estabilidade provisória da gestante	210
	9.2.3.28	Seguro-desemprego	211
	9.2.3.29	Justa causa	211
	9.2.3.30	Rescisão indireta	212
	9.2.3.31	Simples Doméstico	212
	9.2.3.32	Prescrição	214
	9.2.3.33	Fiscalização	214
	9.2.3.34	Modificações legais futuras	214
9.2.4	Empregado rural		215
9.2.5	Empregado público		218
9.2.6	Empregado aprendiz		228
9.2.7	Mãe social		234
9.2.8	Aeronauta		235
	9.2.8.1	Aeronauta e aeroviário	235
	9.2.8.2	Tripulantes de aeronaves	236
	9.2.8.3	Tripulação	237
	9.2.8.4	Sistema de Gerenciamento de Risco de Fadiga Humana	238
	9.2.8.5	Contrato de trabalho	239
	9.2.8.6	Base contratual	239
	9.2.8.7	Escala de serviço	240
	9.2.8.8	Acomodação para descanso na aeronave	241
	9.2.8.9	Limites de voos e de pousos	241
	9.2.8.10	Jornada de trabalho	242
	9.2.8.11	Sobreaviso	244
	9.2.8.12	Reserva	245
	9.2.8.13	Viagem	245
	9.2.8.14	Repouso	245
	9.2.8.15	Folga periódica	246
	9.2.8.16	Remuneração	247
	9.2.8.17	Alimentação	248
	9.2.8.18	Assistência médica	248

	9.2.8.19 Uniforme e equipamentos	248
	9.2.8.20 Férias	248
	9.2.8.21 Certificados e habilitações	249
	9.2.8.22 Transferência	249
	9.2.8.23 Disposições finais	249
9.2.9	Professor	250
9.2.10	Vigia e vigilante	252
9.2.11	Empregado com formação superior e maior patamar remuneratório	255

10 MODALIDADES ESPECIAIS DE TRABALHADORES ... 257
- 10.1 Trabalhador avulso ... 257
    - 10.1.1 Trabalhador portuário: avulso e empregado ... 261
- 10.2 Estagiário ... 265
- 10.3 Trabalhador autônomo ... 272
- 10.4 Trabalhador eventual ... 277
- 10.5 Trabalhador voluntário ... 277
- 10.6 Medidas de proteção ao entregador que presta serviço por intermédio de empresa de aplicativo de entrega ... 282

11 EMPREGADOR ... 284
- 11.1 Conceito ... 284
    - 11.1.1 Empresa ... 284
    - 11.1.2 Empregador por equiparação ... 285
- 11.2 Grupo de empresas ... 286
- 11.3 Consórcio de empregadores ... 291
- 11.4 Sucessão trabalhista ... 293
    - 11.4.1 Sucessão trabalhista na Lei 11.101/2005 ... 296
    - 11.4.2 Despersonalização do empregador e desconsideração da personalidade jurídica ... 299
    - 11.4.3 Cartórios notariais e de registro (extrajudiciais) ... 311
- 11.5 Entidades de prática desportiva ... 313
    - 11.5.1 Sucessão e responsabilidade ... 314
    - 11.5.2 Concurso de credores ... 316
    - 11.5.3 Recuperação judicial e extrajudicial ... 319
- 11.6 Poder de direção do empregador ... 319
    - 11.6.1 Conceito ... 319
    - 11.6.2 Fundamento ... 320
    - 11.6.3 Conteúdo ... 320
    - 11.6.4 Verificação de *e-mail* pelo empregador ... 323
    - 11.6.5 Regulamento de empresa ... 324
    - 11.6.6 Revistas pessoais ... 325
    - 11.6.7 Uso de uniforme ... 327
    - 11.6.8 Câmeras de vigilância ... 328
- 11.7 Preservação do sigilo sobre doenças e condições de saúde ... 328

12 TERCEIRIZAÇÃO ... 330
- 12.1 Considerações sobre a terceirização no Direito do Trabalho ... 330
- 12.2 Terceirização e intermediação de mão de obra ... 331
- 12.3 Parâmetros da terceirização ... 333
- 12.4 Terceirização na Administração Pública ... 341
- 12.5 Responsabilidade do tomador ... 347

12.6	Terceirização em concessão de serviço público	353
12.7	Enquadramento sindical na terceirização	355
12.8	Fiscalização da terceirização	356
12.9	Empresas de vigilância	356
12.10	Dono da obra e empreitada	356
12.11	Contrato de facção	358
12.12	Cooperativas de trabalho	359

13 REMUNERAÇÃO — 369

13.1	Conceito	369
	13.1.1 Remuneração	369
	13.1.2 Gorjeta	369
13.2	Parcelas salariais	375
	13.2.1 Comissões	375
	13.2.2 Gratificações	375
	13.2.3 Décimo terceiro salário	376
	13.2.4 Quebra de caixa	378
13.3	Adicionais ao salário	378
	13.3.1 Adicional de horas extras	378
	13.3.2 Adicional (pelo trabalho) noturno	380
	13.3.3 Adicional de transferência	380
	13.3.4 Adicional de periculosidade	381
	13.3.5 Adicional de insalubridade	384
	13.3.6 Adicional por acúmulo de funções	389
	13.3.7 Adicional de risco	393
13.4	Parcelas sem natureza salarial	393
	13.4.1 Abonos	394
	13.4.2 Abono do PIS	394
	13.4.3 Ajuda de custo	395
	13.4.4 Auxílio-alimentação	395
	13.4.5 Diárias para viagem	396
	13.4.6 Participação nos lucros	396
	13.4.7 Prêmios	400
13.5	*Gueltas*	400
13.6	*Stock option*	401
13.7	Salário-família	402
13.8	Salário-maternidade	403
13.9	Formas de fixação do salário	405
13.10	Salário-utilidade	407
	13.10.1 Caracterização do salário-utilidade	407
	13.10.2 Valor da utilidade	412
	13.10.3 Salário-utilidade na relação de emprego doméstico	412
	13.10.4 Utilidades sem natureza salarial	414
13.11	Tempo de pagamento do salário	418
	13.11.1 Débitos salariais e mora contumaz	419
13.12	Local e forma de pagamento do salário	421
13.13	Garantia de proteção do salário	421
	13.13.1 Garantias do salário perante o empregador	422
	13.13.1.1 Irredutibilidade salarial	423

		13.13.1.2	Intangibilidade salarial	425
		13.13.1.3	A garantia do art. 467 da CLT	428
	13.13.2	Garantias do salário perante credores do empregado		434
	13.13.3	Garantias do salário perante credores do empregador		436

14 EQUIPARAÇÃO SALARIAL 443

- 14.1 Introdução: aspectos constitucionais e do Direito Internacional 443
- 14.2 Requisitos da equiparação salarial 444
    - 14.2.1 Identidade de funções 444
    - 14.2.2 Identidade de empregador 447
    - 14.2.3 Identidade de estabelecimento 448
    - 14.2.4 Trabalho de igual valor 449
    - 14.2.5 Ausência de quadro de carreira e de plano de cargos e salários 450
    - 14.2.6 Contemporaneidade na prestação dos serviços 451
    - 14.2.7 Empregado readaptado e que não pode servir de paradigma 453
- 14.3 Prescrição na equiparação salarial 453
- 14.4 Multa decorrente de discriminação por motivo de sexo ou etnia 454
- 14.5 Equiparação salarial por função análoga 454
- 14.6 Equiparação salarial por equivalência 455
- 14.7 Salário do período de substituição não provisória 456
- 14.8 Equiparação salarial na terceirização 456
    - 14.8.1 Equiparação salarial na intermediação de mão de obra 459
- 14.9 Desvio de função 461

15 POLÍTICA SALARIAL 462

- 15.1 Introdução 462
- 15.2 Salário mínimo 462
- 15.3 Salário profissional e piso da categoria 465
- 15.4 Política salarial em vigor 470

16 ALTERAÇÃO DO CONTRATO DE TRABALHO 474

- 16.1 Introdução 474
- 16.2 Requisitos para a validade da modificação de condições de trabalho 474
- 16.3 *Jus variandi* 476
- 16.4 Transferência do empregado 478
    - 16.4.1 Conceito de transferência para fins trabalhistas 478
    - 16.4.2 Regra quanto à transferência 478
    - 16.4.3 Transferências permitidas 478
    - 16.4.4 Despesas com a transferência 481
    - 16.4.5 Transferência ao exterior 481

17 SUSPENSÃO E INTERRUPÇÃO DO CONTRATO DE TRABALHO 487

- 17.1 Introdução 487
- 17.2 Distinção e conceito 487
- 17.3 Hipóteses 487
    - 17.3.1 Aborto 488
    - 17.3.2 Acidente do trabalho 488
    - 17.3.3 Auxílio-doença (auxílio por incapacidade temporária) 494
    - 17.3.4 Aposentadoria por invalidez (aposentadoria por incapacidade permanente) 495
    - 17.3.5 Aviso prévio 497

	17.3.6	Eleição para cargo de diretor da sociedade	497
	17.3.7	Encargo público	497
	17.3.8	Faltas justificadas	498
	17.3.9	Férias	506
	17.3.10	Greve	506
	17.3.11	Inquérito judicial para apuração de falta grave	507
	17.3.12	Intervalo para descanso e refeição	510
	17.3.13	Intervalo dos serviços de mecanografia e digitação	510
	17.3.14	Intervalo do trabalho em minas de subsolo	510
	17.3.15	Intervalo em câmaras frias	510
	17.3.16	Intervalo interjornada	511
	17.3.17	Licença-maternidade	511
	17.3.18	*Lockout*	518
	17.3.19	Prisão e detenção do empregado	519
	17.3.20	Prontidão e sobreaviso	519
	17.3.21	Tempo de espera	521
	17.3.22	Repouso semanal remunerado e feriados	522
	17.3.23	Representação sindical	522
	17.3.24	Segurança nacional	523
	17.3.25	Suspensão disciplinar	523
	17.3.26	Suspensão por violência doméstica e familiar à mulher	524
17.4	Suspensão do contrato de trabalho para qualificação profissional		525
	17.4.1	Contexto jurídico-social	525
	17.4.2	Requisitos	526
	17.4.3	Duração	527
	17.4.4	Limitações	527
	17.4.5	Ajuda compensatória mensal	528
	17.4.6	Bolsa de qualificação profissional	528
	17.4.7	Dispensa do empregado	529
	17.4.8	Suspensão do contrato de trabalho para qualificação profissional de mulheres	530
	17.4.9	Suspensão do contrato de trabalho de pais empregados	531
17.5	Suspensão do contrato de trabalho e dispensa do empregado		532
18	**CESSAÇÃO DO CONTRATO DE TRABALHO**		**535**
18.1	Terminologia		535
	18.1.1	Classificação	535
18.2	Conceito		536
18.3	Direito Internacional		536
18.4	Convenção 158 da OIT		536
	18.4.1	Ratificação e denúncia da Convenção 158 da OIT	536
	18.4.2	Análise das disposições da Convenção 158 da OIT	543
		18.4.2.1 Âmbito de incidência	543
		18.4.2.2 Justificação do término da relação de emprego	543
		18.4.2.3 Procedimentos prévios por ocasião do término da relação de emprego	544
		18.4.2.4 Aviso prévio para o término da relação de emprego	545
		18.4.2.5 Indenização pelo término da relação de emprego	545
		18.4.2.6 Dispensa coletiva	545
18.5	Dispensa plúrima e dispensa coletiva		548
18.6	Modalidades de dispensa		549

18.7		Classificação das modalidades de cessação do contrato de trabalho		550
	18.7.1	Dispensa sem justa causa		550
		18.7.1.1	Motivação da dispensa do empregado público	551
	18.7.2	Dispensa com justa causa		553
		18.7.2.1	Terminologia	553
		18.7.2.2	Conceito	554
		18.7.2.3	Sistemas	554
		18.7.2.4	Sistema taxativo da legislação brasileira	555
		18.7.2.5	Tipificação da justa causa pelo empregador	558
		18.7.2.6	Elementos da justa causa do empregado	558
		18.7.2.7	Forma de comunicação da dispensa	560
		18.7.2.8	Hipóteses de justa causa	560
	18.7.3	Culpa recíproca		569
	18.7.4	Demissão		570
		18.7.4.1	Terminologia	570
		18.7.4.2	Conceito	570
	18.7.5	Despedida indireta		570
		18.7.5.1	Terminologia	570
		18.7.5.2	Conceito	571
		18.7.5.3	Elementos da justa causa do empregador	571
		18.7.5.4	Hipóteses de justa causa do empregador	572
		18.7.5.5	Dispensa indireta e possibilidade de permanência no serviço	577
	18.7.6	Cessação do contrato por falecimento do empregado		578
	18.7.7	Cessação do contrato por falecimento do empregador pessoa física		579
	18.7.8	Extinção da empresa pelo falecimento do empregador		580
	18.7.9	Cessação do contrato de trabalho por acordo entre empregado e empregador		580
	18.7.10	Planos de demissão voluntária ou incentivada		581
	18.7.11	Cessação do contrato de trabalho por força maior		588
	18.7.12	Cessação do contrato de trabalho por *factum principis*		590
	18.7.13	Cessação do contrato de trabalho por tempo determinado		592
		18.7.13.1	Cessação do contrato de trabalho por tempo determinado antes do advento do termo	592
		18.7.13.2	Cessação do contrato de trabalho por tempo determinado pelo advento do termo	593

19 AVISO PRÉVIO 594

19.1	Introdução	594
19.2	Conceito	594
19.3	Fundamento constitucional e legal	594
19.4	Natureza jurídica	594
19.5	Prazo e forma do aviso prévio	595
	19.5.1 Aviso prévio proporcional ao tempo de serviço	595
19.6	Finalidade	600
19.7	Cabimento do aviso prévio	601
19.8	Consequências da ausência de concessão do aviso prévio	601
19.9	Aviso prévio e trabalho no período	603
19.10	Justa causa durante o aviso prévio	606
19.11	Reconsideração do aviso prévio concedido	607

XVIII Curso de Direito do Trabalho

20 ESTABILIDADE 608
- 20.1 Introdução 608
- 20.2 Denominação 608
- 20.3 Conceito 609
- 20.4 Fontes formais do direito de estabilidade 609
- 20.5 Estabilidade por tempo de serviço 609
- 20.6 Garantias de emprego 612
  - 20.6.1 Dirigente sindical 612
  - 20.6.2 Representante da CIPA 617
  - 20.6.3 Empregada gestante e adotante 619
  - 20.6.4 Empregado acidentado 626
  - 20.6.5 Empregado eleito diretor de cooperativa 629
  - 20.6.6 Empregado membro da Comissão de Conciliação Prévia 631
  - 20.6.7 Membro do Conselho Curador do FGTS 631
  - 20.6.8 Membro do Conselho Nacional de Previdência Social 632
  - 20.6.9 Empregado reabilitado e empregado com deficiência 632
  - 20.6.10 Período eleitoral 636
  - 20.6.11 Estabilidade de servidores públicos regidos pela CLT 638
  - 20.6.12 Estabilidade do art. 19 do ADCT 643
  - 20.6.13 Comissão para acompanhamento e fiscalização de gorjeta 644
  - 20.6.14 Comissão de representantes dos empregados 644

21 INDENIZAÇÃO 647
- 21.1 Introdução 647
- 21.2 Conceito 647
- 21.3 Natureza jurídica 648
- 21.4 Evolução do sistema de despedida no Brasil 648
  - 21.4.1 Sistema da Constituição Federal de 1988 649
- 21.5 Indenização por tempo de serviço 650
  - 21.5.1 Aposentadoria e contrato de trabalho 654
- 21.6 Indenização nos contratos a prazo determinado 662
- 21.7 Indenização compensatória de 40% do FGTS 663
- 21.8 Indenização adicional 663

22 FUNDO DE GARANTIA DO TEMPO DE SERVIÇO 666
- 22.1 Introdução e aspectos históricos 666
- 22.2 Conceito 669
- 22.3 Natureza jurídica 670
- 22.4 Administração 671
- 22.5 Sujeitos da obrigação de depositar o FGTS 674
  - 22.5.1 FGTS e relação de emprego doméstico 676
- 22.6 Depósitos do FGTS 676
- 22.7 Prazo para depósito do FGTS 682
- 22.8 Fiscalização do FGTS 683
- 22.9 Cobrança do FGTS e aspectos processuais 684
- 22.10 Saque do FGTS 687
- 22.11 Prescrição do FGTS 691
- 22.12 Diferença de indenização compensatória de 40% do FGTS decorrente de complemento de atualização monetária na conta vinculada por expurgos inflacionários de planos econômicos 695
- 22.13 Recontratação de empregado 699

23	**IDENTIFICAÇÃO E REGISTRO PROFISSIONAL**		**701**
	23.1 Introdução		701
	23.2 Carteira de Trabalho e Previdência Social		701
		23.2.1 Denominação	701
		23.2.2 Destinação	701
		23.2.3 Conceito	701
		23.2.4 Destinatários	701
		23.2.5 Conteúdo	702
		23.2.6 Emissão	702
		23.2.7 Anotações	702
		23.2.8 Valor das anotações	704
		23.2.9 Reclamação por falta ou recusa de anotação	704
		23.2.10 Prescrição	706
		23.2.11 Ausência de anotação de CTPS e ilícito criminal	706
	23.3 Registro de empregado		707
24	**JORNADA DE TRABALHO**		**710**
	24.1 Introdução e aspectos históricos		710
	24.2 Direito Internacional		710
	24.3 Evolução da jornada de trabalho no Brasil		711
	24.4 Denominação		711
	24.5 Conceito		712
	24.6 Natureza jurídica		712
	24.7 Classificação		713
	24.8 Fundamentos para a limitação da jornada de trabalho		713
	24.9 Duração normal da jornada de trabalho		714
		24.9.1 Horários de entrada e saída flexíveis	715
	24.10 Horas *in itinere*		716
	24.11 Registro de ponto e variação de horário		720
	24.12 Trabalho em regime de tempo parcial		723
	24.13 Trabalho em regime de escala de revezamento		725
	24.14 Empregados excluídos do regime de duração do trabalho		729
		24.14.1 Empregados que exercem atividade externa incompatível com a fixação de horário	730
		24.14.2 Empregados gerentes	731
		24.14.3 Empregados em regime de teletrabalho que prestam serviço por produção ou tarefa	733
	24.15 Jornada de trabalho do empregado bancário		736
	24.16 Jornada de trabalho do advogado empregado		739
	24.17 Jornada de trabalho do atleta profissional		741
		24.17.1 Jogos e treinos	742
		24.17.2 Intervalos durante os jogos	742
		24.17.3 Concentração	742
		24.17.4 Trabalho noturno	743
	24.18 Jornada de trabalho do radialista		743
	24.19 Prorrogação da jornada de trabalho		744
		24.19.1 Acordo de prorrogação da jornada de trabalho	744
		24.19.2 Prorrogação de jornada decorrente de necessidade imperiosa	746
		24.19.3 Prorrogação para recuperação de tempo de não realização do trabalho	747
		24.19.4 Cálculo das horas extras	748

	24.20	Compensação da jornada de trabalho	751
		24.20.1 Regime especial de compensação de jornada de trabalho por meio de banco de horas	753
		24.20.2 Jornada 12 x 36	754
		24.20.3 Acordo de compensação irregular	755
		24.20.4 Prorrogação da jornada em atividade insalubre	756
	24.21	Trabalho noturno	756
		24.21.1 Horário noturno	756
		24.21.2 Adicional noturno	757
		24.21.3 Hora noturna reduzida	757
		24.21.4 Prorrogação do trabalho noturno	757
		24.21.5 Horários mistos	758
		24.21.6 Mudança para o turno diurno	758
		24.21.7 Disposições especiais	758
25	**INTERVALOS PARA DESCANSO**		**760**
	25.1	Introdução	760
	25.2	Denominação	760
	25.3	Conceito e natureza jurídica	760
	25.4	Intervalo intrajornada	761
		25.4.1 Intervalo para descanso e refeição	761
		25.4.2 Serviço de mecanografia e digitação	767
		25.4.3 Serviços em frigorífico e câmara fria	772
		25.4.4 Serviços em minas de subsolo	773
		25.4.5 Intervalo para amamentação	773
	25.5	Intervalo interjornada	774
26	**REPOUSO SEMANAL REMUNERADO E FERIADOS**		**777**
	26.1	Introdução	777
	26.2	Direito Internacional	778
	26.3	Evolução da matéria no Brasil	778
	26.4	Denominação	778
	26.5	Conceito	779
	26.6	Natureza jurídica	779
	26.7	Descanso semanal remunerado e trabalho aos domingos	779
		26.7.1 Remuneração do descanso semanal	785
	26.8	Descanso remunerado e trabalho em feriados	787
		26.8.1 Remuneração dos feriados	790
	26.9	Descanso semanal remunerado e feriados na relação de emprego doméstico	790
	26.10	Remuneração do descanso semanal e do feriado de empregado que não trabalha em regime de jornada integral ou que trabalha apenas alguns dias na semana	790
27	**FÉRIAS**		**794**
	27.1	Introdução	794
	27.2	Direito Internacional	794
	27.3	Evolução da matéria no Brasil	794
	27.4	Conceito	795
	27.5	Natureza jurídica	795
	27.6	Classificação das férias	795
	27.7	Período aquisitivo	797

	27.7.1	Duração das férias	797
	27.7.2	Perda do direito às férias	799
27.8	Período concessivo		799
	27.8.1	Fracionamento das férias	800
	27.8.2	Feriados no curso das férias	802
27.9	Comunicação das férias		803
27.10	Remuneração das férias		803
27.11	Abono pecuniário de férias		805
27.12	Férias concedidas após o período concessivo		806
27.13	Cessação do contrato de trabalho e efeitos quanto às férias		808
27.14	Antecipação de férias individuais		812
27.15	Prescrição da pretensão quanto às férias		813
27.16	Férias do empregado doméstico		813
27.17	Férias do professor		814
27.18	Férias do marítimo		815

28 TRABALHO DA MULHER ... 817

28.1	Introdução e aspectos históricos		817
28.2	Direito Internacional		817
28.3	Evolução da matéria no Brasil		818
28.4	Fundamento das normas de proteção do trabalho da mulher		821
28.5	Condições de trabalho da mulher		821
28.6	Normas de proteção do trabalho da mulher que ainda persistem na CLT		823
	28.6.1	Duração, condições do trabalho e discriminação contra a mulher	823
	28.6.2	Trabalho noturno da mulher	827
	28.6.3	Períodos de descanso no trabalho da mulher	827
	28.6.4	Métodos e locais de trabalho da mulher	830
28.7	Proteção à maternidade		833
	28.7.1	Licença-gestante e salário-maternidade	835
	28.7.2	Licença-maternidade da mãe adotante	836
	28.7.3	Prorrogação da licença-maternidade	839
	28.7.4	Garantia de emprego da empregada gestante e adotante	842
	28.7.5	Direitos e garantias da advogada gestante, lactante, adotante ou que der à luz e do advogado que se torna pai	846
	28.7.6	Programa Emprega + Mulheres	847

29 TRABALHO DA CRIANÇA E DO ADOLESCENTE ... 850

29.1	Introdução e aspectos históricos		850
29.2	Direito Internacional		850
29.3	Evolução da matéria no Brasil		852
29.4	Denominação		853
29.5	Conceito		853
29.6	Fundamento das normas de proteção ao trabalho da criança e do adolescente		854
	29.6.1	Conselhos Tutelares	854
	29.6.2	Conselhos de Direitos da Criança e do Adolescente	856
29.7	Trabalho proibido ao menor		858
	29.7.1	Idade	858
	29.7.2	Trabalho noturno	858
	29.7.3	Trabalho perigoso e insalubre	858

	29.7.4	Serviços prejudiciais	859
	29.7.5	Deveres e responsabilidade em relação ao menor	860
		29.7.5.1 Responsáveis legais	860
		29.7.5.2 Empregador e autoridade competente	860
	29.7.6	Duração do trabalho do menor	861
29.8	Trabalho educativo		862
29.9	Direito à profissionalização, ao trabalho e à renda do jovem		862

30 NACIONALIZAÇÃO DO TRABALHO 864

- 30.1 Introdução e aspectos históricos 864
- 30.2 Direito Internacional 864
- 30.3 Disposições sobre a nacionalização do trabalho na CLT e sua vigência 865
- 30.4 Formalização do contrato de trabalho com o empregado estrangeiro 868

31 SEGURANÇA E SAÚDE NO TRABALHO 872

- 31.1 Introdução e aspectos históricos 872
  - 31.1.1 Normas de Segurança e Saúde no Trabalho 872
  - 31.1.2 Diretrizes para elaboração e revisão das Normas Regulamentadoras de Segurança e Saúde no Trabalho 874
- 31.2 Direito Internacional 875
- 31.3 Denominação 876
- 31.4 Conceito 876
- 31.5 Segurança e Saúde no Trabalho inseridas no meio ambiente do trabalho 876
- 31.6 Disposições gerais 877
  - 31.6.1 Deveres da empresa 877
  - 31.6.2 Deveres do empregado 878
  - 31.6.3 Competência da DRT 879
- 31.7 Inspeção prévia e embargo ou interdição 880
- 31.8 Órgãos de segurança e de medicina do trabalho nas empresas 882
  - 31.8.1 Serviços Especializados em Segurança e em Medicina do Trabalho (SESMT) 882
  - 31.8.2 Comissão Interna de Prevenção de Acidentes e de Assédio (CIPA) 884
- 31.9 Equipamento de Proteção Individual 887
- 31.10 Medidas preventivas de segurança e saúde no trabalho (PGR, PCMSO e ASO) 890
- 31.11 Edificações 892
- 31.12 Iluminação 893
- 31.13 Conforto térmico 893
- 31.14 Instalações elétricas 893
- 31.15 Movimentação, armazenagem e manuseio de materiais 894
- 31.16 Máquinas e equipamentos 895
- 31.17 Caldeiras, fornos e recipientes sob pressão 895
- 31.18 Prevenção da fadiga 896
- 31.19 Indústria de construção 896
- 31.20 Trabalho a céu aberto 896
- 31.21 Trabalho em minas de subsolo 897
- 31.22 Proteção contra incêndio 898
- 31.23 Condições de higiene e conforto 898
- 31.24 Resíduos industriais 899
- 31.25 Sinalização e identificação de segurança 899
- 31.26 Asbesto (amianto) 900

31.27	Insalubridade	901
31.28	Periculosidade	903
31.29	Normas comuns à insalubridade e à periculosidade	909
31.30	Segurança e saúde no trabalho rural	910
31.31	Explosivos	912
31.32	Líquidos combustíveis e inflamáveis	912
31.33	Registro profissional do técnico de segurança do trabalho	912
31.34	Fiscalização e penalidades	913
31.35	Segurança e saúde no trabalho portuário	914
31.36	Segurança e saúde no trabalho aquaviário	915
31.37	Segurança e saúde no trabalho em serviços de saúde	917
31.38	Segurança e saúde nos trabalhos em espaços confinados	917
31.39	Condições e meio ambiente de trabalho na indústria da construção, reparação e desmonte naval	918
31.40	Trabalho em altura	919
31.41	Segurança e saúde no trabalho em empresas de abate e processamento de carnes e derivados	919
31.42	Segurança e saúde em plataformas de petróleo	920
31.43	Segurança e saúde no trabalho nas atividades de limpeza urbana e manejo de resíduos sólidos	923

32 FISCALIZAÇÃO DO TRABALHO 924

32.1	Introdução	924
32.2	Direito Internacional	924
32.3	Natureza jurídica	925
	32.3.1 Fiscalização do trabalho e jurisdição	927
32.4	Carreira e atribuições	930
32.5	Identificação do auditor-fiscal do trabalho	931
32.6	Poderes do auditor-fiscal do trabalho	931
	32.6.1 Acompanhamento da inspeção do trabalho pelos representantes dos trabalhadores	932
32.7	Dupla visita	933
32.8	Autuação, livro de inspeção do trabalho e domicílio eletrônico trabalhista	934
32.9	Processo administrativo e multa na fiscalização do trabalho	936
32.10	Recurso administrativo contra a imposição de multa	937
32.11	Cobrança da multa imposta pela fiscalização do trabalho	939
32.12	Fiscalização do trabalho e mão de obra migrante	940
32.13	Programa de Estímulo à Conformidade Normativa Trabalhista	940

33 PAGAMENTO DAS VERBAS RESCISÓRIAS NA EXTINÇÃO DO CONTRATO DE TRABALHO 942

33.1	Introdução	942
33.2	Deveres do empregador na extinção do contrato de trabalho	943
33.3	Multas pelo descumprimento do prazo	945
33.4	Diferença entre pagamento e transação	946
	33.4.1 Diferença entre pagamento das verbas rescisórias e Comissão de Conciliação Prévia	947

34 PRESCRIÇÃO E DECADÊNCIA NO DIREITO DO TRABALHO 956

34.1	Conceito	956
34.2	Fundamento e natureza jurídica	956
34.3	Distinção entre decadência e prescrição	957

	34.3.1	Prescrição reconhecida de ofício	960
34.4		Prescrição no Direito do Trabalho	964
34.5		Prescrição na relação jurídica de emprego	965
	34.5.1	Prescrição total no Direito do Trabalho	966
	34.5.2	Prescrição quinquenal parcial e total	966
34.6		Emenda Constitucional 28/2000 e prescrição do trabalhador rural	969
34.7		Prescrição da indenização por danos morais e materiais e decorrentes de acidente do trabalho	972
34.8		Prescrição na ação civil pública	978
35	**DIREITO COLETIVO DO TRABALHO**		**980**
35.1		Denominação	980
35.2		Natureza jurídica	980
35.3		Conceito	980
35.4		Princípios	981
	35.4.1	Liberdade sindical	981
	35.4.2	Autonomia coletiva dos particulares	981
	35.4.3	Adequação setorial negociada e equivalência entre os contratantes coletivos	981
35.5		Aspectos históricos e do Direito Internacional	983
35.6		Aspectos históricos no Brasil	984
35.7		Organização sindical na Constituição Federal de 1988	988
35.8		Liberdade sindical	989
	35.8.1	Liberdade de associação e liberdade de filiação	989
	35.8.2	Liberdade de fundação sindical	991
	35.8.3	Liberdade de organização sindical	991
	35.8.4	Liberdade de administração sindical	992
	35.8.5	Liberdade de atuação sindical	993
35.9		Limitações ao princípio da liberdade sindical	993
	35.9.1	Unicidade sindical	993
	35.9.2	Base territorial não inferior à área de um município	994
	35.9.3	Sistema sindical organizado em categorias	994
		35.9.3.1 Conceito e classificação de categoria	994
		35.9.3.2 Categoria profissional diferenciada e os profissionais liberais	997
	35.9.4	Cláusulas que limitam a liberdade sindical	998
	35.9.5	Condutas antissindicais	998
35.10		Sindicato	1001
	35.10.1	Conceito	1001
	35.10.2	Natureza jurídica	1001
	35.10.3	Personalidade jurídica	1001
	35.10.4	Dissolução	1002
	35.10.5	Classificação	1002
	35.10.6	Enquadramento sindical	1002
	35.10.7	Órgãos do sindicato	1003
	35.10.8	Eleições sindicais	1004
35.11		Entidades sindicais de grau superior	1005
	35.11.1	Federações	1005
	35.11.2	Confederações	1005
	35.11.3	Administração	1006

	35.12	Centrais sindicais	1006
	35.13	Funções do sindicato	1011
	35.14	Receitas do sindicato	1012
		35.14.1 Contribuição sindical	1013
		35.14.1.1 Valores da contribuição sindical	1016
		35.14.1.2 Datas de desconto e de recolhimento da contribuição sindical	1019
		35.14.1.3 Formas de recolhimento da contribuição sindical	1019
		35.14.1.4 Distribuição dos valores da contribuição sindical	1021
		35.14.1.5 Aplicação do valor da contribuição sindical	1023
		35.14.1.6 Consequências do não recolhimento da contribuição sindical	1023
		35.14.1.7 Fiscalização do recolhimento da contribuição sindical	1024
		35.14.1.8 Cobrança da contribuição sindical	1025
		35.14.1.9 Contribuição sindical rural	1026
		35.14.2 Contribuição confederativa	1027
		35.14.3 Contribuição assistencial	1028
		35.14.4 Mensalidade sindical (contribuição do filiado ao sindicato)	1029
	35.15	Sindicato e defesa dos interesses individuais e coletivos da categoria	1029
36	**CONFLITOS COLETIVOS DE TRABALHO**		**1038**
	36.1	Introdução	1038
	36.2	Classificação	1038
	36.3	Formas de solução	1039
		36.3.1 Autodefesa (autotutela)	1039
		36.3.2 Autocomposição	1039
		36.3.3 Heterocomposição	1041
	36.4	Negociação coletiva	1045
	36.5	Contratação coletiva de trabalho	1045
		36.5.1 Convenção coletiva de trabalho	1046
		36.5.2 Acordo coletivo de trabalho	1047
		36.5.3 Natureza jurídica	1049
		36.5.4 Cláusulas	1050
		36.5.5 Condições de validade e entrada em vigor	1051
		36.5.6 Relação entre contrato individual de trabalho e instrumento normativo e entre normas coletivas negociadas	1053
		36.5.7 Conteúdo das cláusulas	1055
		36.5.8 Incorporação ao contrato individual de trabalho	1055
		36.5.9 Negociação coletiva na Administração Pública	1061
37	**NEGOCIAÇÃO COLETIVA E FLEXIBILIZAÇÃO**		**1064**
	37.1	Introdução	1064
	37.2	Flexibilização e desregulamentação	1064
	37.3	Negociação coletiva e princípio da legalidade	1064
	37.4	Limites da negociação coletiva	1065
	37.5	Negociação coletiva e princípio da proteção	1067
	37.6	Flexibilização por meio de negociação coletiva	1067
		37.6.1 Jornada de trabalho	1069
		37.6.2 Banco de horas anual	1069
		37.6.3 Intervalo intrajornada	1070
		37.6.4 Programa Seguro-Emprego	1070

	37.6.5	Plano de cargos, salários e funções	1071
	37.6.6	Regulamento de empresa	1072
	37.6.7	Representante dos trabalhadores no local de trabalho	1072
	37.6.8	Teletrabalho, regime de sobreaviso e trabalho intermitente	1072
	37.6.9	Remuneração por produtividade, gorjeta e por desempenho individual	1074
	37.6.10	Registro de jornada de trabalho	1075
	37.6.11	Troca do dia de feriado	1076
	37.6.12	Enquadramento do grau de insalubridade	1077
	37.6.13	Prorrogação de jornada em ambientes insalubres	1077
	37.6.14	Prêmios de incentivo em bens ou serviços	1078
	37.6.15	Participação nos lucros ou resultados	1078
37.7		Anulação de convenção e acordo coletivo de trabalho	1079
37.8		Objeto ilícito de convenção e acordo coletivo de trabalho	1081
38	**REPRESENTAÇÃO DOS TRABALHADORES NA EMPRESA E COGESTÃO**		**1084**
38.1		Introdução	1084
38.2		Representação dos empregados na empresa	1085
	38.2.1	Previsão constitucional	1085
	38.2.2	Previsão legal	1086
38.3		Participação na gestão da empresa	1088
39	**GREVE**		**1090**
39.1		Introdução e evolução histórica	1090
39.2		Natureza jurídica	1091
39.3		Conceito	1092
39.4		Classificação	1092
39.5		Limites ao direito de greve	1093
39.6		Legitimidade	1094
39.7		Procedimento	1096
39.8		Direitos e deveres	1098
39.9		Abuso do direito de greve	1099
39.10		Efeitos sobre o contrato de trabalho	1099
39.11		Instauração de dissídio coletivo	1100
39.12		*Lockout*	1104

Bibliografia 1105

Índice Alfabético-Remissivo 1119

CAPÍTULO 1

HISTÓRIA DO DIREITO DO TRABALHO

1.1 História Geral do Direito do Trabalho

Na sociedade pré-industrial, observa-se, primeiramente, a escravidão, em que o trabalhador era considerado coisa, e não sujeito de direito, como verificado nas civilizações antigas da Grécia, de Roma e do Egito[1].

Na Antiguidade, o trabalho apresentava um sentido negativo, sendo visto como um castigo no pensamento clássico grego. Nesse sentido, Aristóteles e Platão não apresentavam o trabalho como um valor voltado a dar dignidade ao homem[2]. Entretanto, diversamente, os sofistas apresentavam o trabalho como algo positivo e de relevância.

Na Bíblia, no Antigo Testamento, menciona-se a passagem em que o homem, após comer do fruto da árvore do conhecimento do bem e do mal, desrespeitando o mandamento de Deus, é expulso do jardim do Éden, devendo, a partir disso, trabalhar para obter o seu próprio sustento ("No suor do teu rosto comerás o teu pão" – Gênesis 3:19).

Apesar disso, entende-se que o Cristianismo influencia positivamente na ideia de trabalho como um valor, ao ser realizado pelo ser humano, o qual foi criado à imagem e semelhança de Deus, sendo dotado de inteligência para exercer a sua atividade criadora neste mundo[3].

No Direito Romano, faz-se referência ao contrato conhecido como *locatio conductio*, abrangendo três modalidades: *locatio rei* (locação ou arrendamento de coisa mediante pagamento); *locatio operarum* (locação ou prestação de serviços mediante remuneração); *locatio operis* (empreitada, ou seja, realização de obra mediante pagamento)[4]. Embora essas duas últimas formas envolvessem a contratação de trabalho livre, ainda eram pouco utilizadas na época da sociedade pré-industrial, em que predominavam o trabalho escravo (Idade Antiga) e, posteriormente, o trabalho servil (Idade Média)[5].

No feudalismo, havia o regime da servidão, em que o senhor feudal dava proteção militar e política aos servos, que não tinham liberdade. Os servos eram obrigados a entregar parte da produção rural aos senhores feudais como contraprestação pela permanência e uso da terra, bem como pela defesa recebida.

Na Idade Média, com as corporações de ofício, observam-se três modalidades de membros. Os mestres eram os proprietários das oficinas, já tendo sido aprovados na confecção de uma *obra mestra*. Os companheiros eram trabalhadores livres que recebiam salários dos mestres, tratando-se de grau intermediário surgido no século XIV. Os aprendizes eram menores que recebiam dos mestres o ensinamento metódico do ofício ou profissão, podendo passar ao grau de companheiro se superassem as dificuldades dos ensinamentos[6]. Apesar da existência de maior liberdade ao trabalhador, a

---

[1] Cf. NASCIMENTO, Amauri Mascaro. *Iniciação ao direito do trabalho*. 31. ed. São Paulo: LTr, 2005. p. 47.
[2] Cf. NASCIMENTO, Amauri Mascaro. *Curso de direito do trabalho*. 19. ed. São Paulo: Saraiva, 2004. p. 182.
[3] Cf. NASCIMENTO, Amauri Mascaro. *Curso de direito do trabalho*. 19. ed. São Paulo: Saraiva, 2004. p. 183.
[4] Cf. MARTINS, Sergio Pinto. *Direito do trabalho*. 28. ed. São Paulo: Atlas, 2012. p. 4.
[5] Cf. DELGADO, Mauricio Godinho. *Curso de direito do trabalho*. 17. ed. São Paulo: LTr, 2018. p. 336-337.
[6] Cf. MARTINS, Sergio Pinto. *Direito do trabalho*. 22. ed. São Paulo: Atlas, 2006. p. 4-5.

relação das corporações com os trabalhadores era de tipo autoritário, sendo mais destinada à realização dos seus interesses do que à proteção destes[7].

Ainda na sociedade pré-industrial, verifica-se a locação de serviços e a locação de obra ou empreitada.

O Renascimento contribui para uma nova concepção de valorização do trabalho, passando a ser entendido como um valor e fonte de riquezas[8].

Com a Revolução Francesa foram suprimidas as corporações de ofício, tidas como incompatíveis com o ideal de liberdade individual da pessoa. No liberalismo, o Estado não devia intervir na área econômica.

Na realidade, o Direito do Trabalho surge com a sociedade industrial e o trabalho assalariado.

A Revolução Industrial, iniciada no século XVIII, foi a principal razão econômica que acarretou o surgimento do Direito do Trabalho, com a descoberta da máquina a vapor como fonte de energia, substituindo a força humana. A necessidade de pessoas para operar as máquinas a vapor e têxteis impôs a substituição do trabalho escravo, servil e corporativo pelo trabalho assalariado[9].

Nesse contexto, em razão das péssimas condições de trabalho, com excessivas jornadas e exploração do labor de mulheres e menores (a chamada "questão social"), os trabalhadores começam a se reunir para reivindicar melhorias, inclusive salariais, por meio de sindicatos.

O Estado deixa seu estado de abstenção e passa a intervir nas relações de trabalho, impondo limitações à liberdade das partes, para a proteção do trabalhador, por meio de legislação proibitiva de abusos do empregador, como forma de preservar a dignidade do homem no trabalho.

Quanto à legislação, cabe destacar a *Lei de Peel*, de 1802, da Inglaterra, de proteção aos menores nas fábricas, que limitou a jornada de trabalho a 12 horas. Na França, em 1841, surge lei proibindo o trabalho de menores de 8 anos[10]. Na Alemanha, observam-se as leis sociais de Bismarck (1883), e na Itália, em 1886, são criadas leis de proteção ao trabalho da mulher e do menor[11].

Essas mudanças ocorreram, ainda, em razão da ideia de justiça social, que se fortaleceu a partir da doutrina social da Igreja Católica, por meio da Encíclica *Rerum Novarum*, de 1891, do Papa Leão XIII. O tema prosseguiu com as Encíclicas *Quadragesimo Anno*, de 1931, e *Divini Redemptoris*, de 1937, de Pio XI; *Mater et Magistra*, de 1961, de João XXIII; *Populorum Progressio*, de 1967, de Paulo VI; *Laborem Exercens*, de 1981, de João Paulo II; *Caritas in Veritate*, de 2009, de Bento XVI; *Fratelli Tutti*, de 2020, do Papa Francisco.

Com o término da Primeira Guerra Mundial, surge o *constitucionalismo social*, significando a inclusão, nas Constituições, de disposições pertinentes à defesa de interesses sociais, inclusive garantindo direitos trabalhistas[12].

A primeira Constituição que dispôs sobre o Direito do Trabalho foi a do México, de 1917. O seu artigo 123 estabelecia: a jornada diária de 8 horas; a jornada máxima noturna de 7 horas; a proibição do trabalho de menores de 12 anos; a limitação da jornada de menor de 16 anos para 6 horas; o descanso semanal; a proteção à maternidade; o direito ao salário mínimo; a igualdade salarial; a proteção contra acidentes no trabalho; o direito de sindicalização; o direito de greve, conciliação e arbitragem de conflitos; o direito à indenização de dispensa e seguros sociais.

A segunda Constituição a trazer disposições sobre o tema foi a da Alemanha, de Weimar, de 1919, com repercussão na Europa, disciplinando: a participação dos trabalhadores nas empresas; a

---

[7] Cf. NASCIMENTO, Amauri Mascaro. *Iniciação ao direito do trabalho*. 31. ed. São Paulo: LTr, 2005. p. 48.
[8] Cf. NASCIMENTO, Amauri Mascaro. *Curso de direito do trabalho*. 19. ed. São Paulo: Saraiva, 2004. p. 183.
[9] Cf. NASCIMENTO, Amauri Mascaro. *Iniciação ao direito do trabalho*. 31. ed. São Paulo: LTr, 2005. p. 48-49.
[10] Cf. NASCIMENTO, Amauri Mascaro. *Curso de direito do trabalho*. 26. ed. São Paulo: Saraiva, 2011. p. 56-58.
[11] Cf. NASCIMENTO, Amauri Mascaro. *Iniciação ao direito do trabalho*. 31. ed. São Paulo: LTr, 2005. p. 51.
[12] Cf. MARTINS, Sergio Pinto. *Direito do trabalho*. 22. ed. São Paulo: Atlas, 2006. p. 8.

liberdade de união e organização dos trabalhadores para a defesa e melhoria das condições de trabalho; o direito a um sistema de seguros sociais; o direito de colaboração dos trabalhadores com os empregadores na fixação dos salários e demais condições de trabalho, bem como a representação dos trabalhadores na empresa.

Ainda em 1919, o Tratado de Versalhes prevê a criação da Organização Internacional do Trabalho (OIT).

A *Carta del Lavoro*, de 1927, da Itália, instituiu um sistema corporativista, servindo de inspiração para outros sistemas políticos, como Portugal, Espanha e Brasil. No corporativismo, o objetivo era organizar toda a economia e a sociedade em torno do Estado, promovendo o interesse nacional, interferindo e regulando todos os aspectos das relações entre as pessoas[13]. Nesse modelo, os sindicatos não tinham autonomia, estando a organização sindical vinculada ao Estado[14].

Após a Segunda Guerra Mundial (1939-1945), houve a criação da Organização das Nações Unidas (ONU), na Conferência de São Francisco (1945), com a aprovação da Carta das Nações Unidas.

Em 1944, a OIT aprovou a Declaração de Filadélfia, ampliando os princípios do Tratado de Versalhes e estabelecendo a cooperação internacional para a realização da justiça social.

Em 1946, consolidou-se a vinculação da OIT à ONU, como instituição especializada para as questões referentes à regulamentação internacional do trabalho. Em Conferência Internacional do Trabalho de 1946, foi aprovado o novo texto da Constituição da OIT, com a integração da Declaração de Filadélfia como seu anexo[15].

Ainda no plano internacional, a Declaração Universal de Direitos Humanos, de 1948, também prevê diversos direitos trabalhistas, como férias remuneradas, limitação de jornada etc.

Como se nota, o Direito do Trabalho é uma verdadeira conquista obtida ao longo da história da humanidade, exercendo papel fundamental, ao garantir condições mínimas de vida aos trabalhadores, assegurando a dignidade da pessoa humana e evitando abusos que o capital e a busca pelo lucro pudessem causar aos membros da sociedade, em especial àqueles que não detêm o poder econômico.

Ao mesmo tempo, o Direito do Trabalho possibilita que o sistema econômico prossiga o seu desenvolvimento em moldes socialmente aceitáveis, sem afrontar valores magnos para a sociedade, viabilizando o progresso das instituições e o bem-estar da coletividade, com vistas à melhoria das condições sociais dos trabalhadores.

O sistema capitalista, por sua própria natureza, acarreta a necessidade de que certas limitações e exigências sejam fixadas no que se refere à utilização do trabalho humano, especialmente quanto àqueles que não detêm os meios de produção. O Direito do Trabalho, desse modo, exerce o relevante papel de assegurar patamares mínimos de dignidade e justiça social, impedindo que a busca pela obtenção de lucros e a concorrência acabem impondo níveis inaceitáveis de exploração do trabalho humano, em afronta aos valores magnos da liberdade, justiça, solidariedade e bem comum.

Por isso, o Direito do Trabalho se torna o mecanismo essencial de sustentação do próprio sistema econômico-social, mantendo-o em patamares (social e humanamente) aceitáveis e garantindo o progresso e o desenvolvimento. Nesse enfoque, é interessante notar que o Direito do Trabalho passa a evitar, até mesmo, um eventual colapso do sistema, que poderia decorrer de níveis inaceitáveis de miséria e desigualdade, o que afetaria os níveis globais de consumo, levando os próprios detentores do capital à ruína.

---

[13] Cf. MARTINS, Sergio Pinto. *Direito do trabalho*. 22. ed. São Paulo: Atlas, 2006. p. 8.
[14] Cf. NASCIMENTO, Amauri Mascaro. *Iniciação ao direito do trabalho*. 31. ed. São Paulo: LTr, 2005. p. 51.
[15] Cf. SÜSSEKIND, Arnaldo. *Direito internacional do trabalho*. 3. ed. São Paulo: LTr, 2000. p. 109-116.

1.2 História do Direito do Trabalho no Brasil

A Constituição de 1824, seguindo o liberalismo, aboliu as corporações de ofício (art. 179, n. 25), devendo haver liberdade de exercício de profissões. Observa-se a presença do trabalho escravo, até a Lei Áurea, de 13 de maio de 1888, que aboliu a escravidão no Brasil.

A Constituição de 1891 reconheceu a liberdade de associação (art. 72, § 8º) de forma genérica.

As transformações ocorridas na Europa, com o crescente surgimento de leis de proteção ao trabalho, e a instituição da OIT em 1919 influenciaram o surgimento de normas trabalhistas no Brasil. Da mesma forma, os imigrantes em nosso país deram origem a movimentos operários, reivindicando melhores condições de trabalho. Começa, assim, a surgir a política trabalhista de Getúlio Vargas, em 1930[16]. Antes disso, destaca-se a Lei Eloy Chaves (Decreto 4.682/1923), ao criar as caixas de aposentadorias e pensões para os ferroviários, bem como estabilidade para esses trabalhadores quando completavam 10 anos de emprego, salvo falta grave, a ser comprovada previamente em inquérito administrativo, presidido por um engenheiro da Inspetoria e Fiscalização das Estradas de Ferro[17].

Na década de 1930, diversos Decretos do Poder Executivo estabeleciam normas referentes a questões trabalhistas. Nesse sentido, pode-se destacar a instituição da Carteira Profissional pelo Decreto 21.175/1932, a disciplina da duração da jornada de trabalho em diversos setores da atividade econômica, como no comércio (Decreto 21.186/1932) e na indústria (Decreto 21.364/1932), o trabalho das mulheres em estabelecimentos industriais e comerciais (Decreto 21.417-A/1932), o trabalho dos menores (Decreto 22.042/1932) e os serviços de estiva (Decreto 20.521/1931)[18].

A primeira Constituição brasileira a ter normas específicas de Direito do Trabalho foi a de 1934, como influência do constitucionalismo social.

A Constituição de 1937 expressa a intervenção do Estado, com características do sistema corporativista. Foi instituído o sindicato único, vinculado ao Estado, e proibida a greve, vista como recurso antissocial e nocivo à economia.

A existência de diversas leis esparsas sobre Direito do Trabalho impôs a necessidade de sua sistematização, por meio da Consolidação das Leis do Trabalho, aprovada pelo Decreto-lei 5.452, de 1º de maio de 1943, que não é um código propriamente, pois sua principal função foi reunir as leis trabalhistas existentes[19].

A Constituição de 1946 restabeleceu o direito de greve, rompendo, de certa forma, com o corporativismo da Carta de 1937, passando a trazer elenco de direitos trabalhistas superior àquele das Constituições anteriores.

No plano infraconstitucional, cabe fazer menção, entre outras: à Lei 605, de 5 de janeiro de 1949, dispondo sobre repouso semanal remunerado e remuneração de feriados; à Lei 2.757, de 23 de abril de 1956, que dispõe sobre a situação dos empregados porteiros, zeladores, faxineiros e serventes de prédios de apartamentos residenciais; à Lei 3.207, de 18 de julho de 1957, regulamentando as atividades dos empregados vendedores-viajantes; à Lei 4.090, de 13 de julho de 1962, que institui a gratificação de Natal (décimo terceiro salário).

A Constituição de 1967 manteve direitos trabalhistas das Constituições anteriores e passou a prever o Fundo de Garantia do Tempo de Serviço, que havia sido criado pela Lei 5.107, de 13 de setembro de 1966. A Emenda Constitucional 1, de 17 de outubro de 1969, não alterou os direitos trabalhistas previstos na Constituição de 1967.

---

[16] Cf. MARTINS, Sergio Pinto. *Direito do trabalho*. 22. ed. São Paulo: Atlas, 2006. p. 9.
[17] Cf. NASCIMENTO, Amauri Mascaro. *Curso de direito do trabalho*. 19. ed. São Paulo: Saraiva, 2004. p. 70.
[18] Cf. NASCIMENTO, Amauri Mascaro. *Curso de direito do trabalho*. 19. ed. São Paulo: Saraiva, 2004. p. 72.
[19] Cf. MARTINS, Sergio Pinto. *Direito do trabalho*. 28. ed. São Paulo: Atlas, 2012. p. 12.

São dessa época diversas leis ordinárias, por exemplo: a Lei 5.859, de 11 de dezembro de 1972, dispondo sobre o emprego doméstico (atualmente revogada pela Lei Complementar 150, de 1º de junho de 2015, que dispõe sobre o contrato de trabalho doméstico); a Lei 5.889, de 8 de junho de 1973, estatuindo normas sobre o trabalho rural; a Lei 6.019, de 3 de janeiro de 1974, sobre o trabalho temporário.

A Constituição Federal de 1988, promulgada em 5 de outubro de 1988, em seu Título II, trata dos "Direitos e Garantias Fundamentais", cujo Capítulo II refere-se aos "Direitos Sociais", abordados no art. 6º. Os arts. 7º a 11 versam sobre o Direito do Trabalho.

Importantes direitos trabalhistas, individuais e coletivos, passaram, assim, a ser assegurados no contexto dos direitos fundamentais, em sintonia com os mandamentos da dignidade da pessoa humana e da justiça social.

A Lei 13.467, de 13 de julho de 2017, com início de vigência depois de 120 dias de sua publicação oficial, ocorrida em 14 de julho de 2017, alterou a Consolidação das Leis do Trabalho e as Leis 6.019/1974, 8.036/1990 e 8.212/1991, a fim de adequar a legislação às novas relações de trabalho.

Capítulo 2

Caracterização do Direito do Trabalho

2.1 Denominação

A denominação mais adequada e utilizada atualmente para a disciplina em estudo é *Direito do Trabalho*, regulando certas relações de trabalho. A Constituição de 1946 e as seguintes utilizam a referida expressão, encontrada no art. 22, inciso I, da Constituição Federal de 1988.

Mesmo assim, cabe fazer menção à existência de outras expressões já utilizadas para designar o referido ramo do Direito[1].

No início, utilizava-se a expressão *Legislação do Trabalho*, encontrada no art. 121, § 1º, da Constituição de 1934. Como o Direito não se resume às leis, o referido nome não mais é considerado adequado.

Outra designação refere-se a *Direito Operário*, utilizada na Constituição de 1937, art. 16, inciso XVI. No entanto, pode-se dizer que a expressão é inadequada e restritiva, pois operário é considerado o trabalhador da indústria, ou aquele que tem como atividade preponderante o esforço físico.

A denominação *Direito Industrial* surgiu com a Revolução Industrial, mas não é correta, pois a disciplina em estudo não se restringe ao trabalho nas indústrias.

A expressão *Direito Corporativo* foi encontrada no sistema corporativista. Essa designação acha-se superada por se relacionar com a ideologia do regime autoritário e fascista, já superada pelo regime democrático.

A denominação *Direito Social* corresponde à teoria de proteção aos hipossuficientes, abrangendo não só o Direito do Trabalho, como o assistencial e previdenciário. Trata-se de expressão vaga e genérica, uma vez que todo o Direito é por natureza social.

Direito Sindical, por sua vez, é expressão muito restritiva, por se limitar ao plano coletivo, das relações sindicais de trabalho.

Assim, a denominação mais correta é *Direito do Trabalho*, por indicar a matéria objeto de regulação de forma mais adequada. No Direito estrangeiro, podem ser encontradas as seguintes denominações: *Labor Law*, nos Estados Unidos; *Diritto del Lavoro*, na Itália; *Droit du Travail*, na França; *Derecho del Trabajo*, nos países de língua espanhola; *Arbeitsrecht*, na Alemanha; *Rödö Höritsu*, no Japão.

2.2 Conceito

O Direito do Trabalho pode ser definido como o ramo do Direito que regula as relações de emprego e outras situações semelhantes.

Como ramo do Direito, ele é composto de normas jurídicas, aqui incluídas as regras e os princípios, além de instituições, como entes que criam e aplicam as referidas normas, no caso, o Estado e certas organizações profissionais e econômicas. No Direito do Trabalho, em razão do pluralismo das fontes normativas, observa-se a existência de normas estatais e não estatais.

---

[1] Cf. MARTINS, Sergio Pinto. *Direito do trabalho*. 28. ed. São Paulo: Atlas, 2012. p. 13-16.

As regras jurídicas trabalhistas são as disposições normativas que regulam certas situações específicas e condutas, bem como estabelecem as respectivas consequências. Os princípios do Direito do Trabalho são as disposições estruturais desse ramo do Direito.

O Direito do Trabalho, assim, é esse sistema de regras, princípios e instituições pertinentes à relação de emprego. No entanto, outras relações de trabalho semelhantes também são reguladas pelo ramo do Direito aqui definido, como ocorre com o trabalhador avulso.

A finalidade do Direito do Trabalho é estabelecer medidas protetoras ao trabalho, assegurando condições dignas de labor. Esse ramo do Direito apresenta disposições de natureza tutelar à parte vulnerável, em regra economicamente mais fraca da relação jurídica, de forma a possibilitar uma melhoria das condições sociais do trabalhador[2].

2.3 Divisão da matéria para fins didáticos

Para fins didáticos, no Direito do Trabalho observa-se uma Teoria Geral, o Direito Individual do Trabalho e o Direito Coletivo do Trabalho.

Não pertence ao Direito do Trabalho o Direito Processual do Trabalho, pois este apresenta natureza e características distintas, relacionadas ao Direito Processual. O Direito Internacional do Trabalho, na realidade, é segmento do Direito Internacional. O Direito da Seguridade Social também é considerado autônomo do Direito do Trabalho, apresentando natureza e matéria distintas, pois aquele disciplina o sistema de proteção que abrange Saúde, Previdência Social e Assistência Social (art. 194 da Constituição Federal de 1988).

A Teoria Geral do Direito do Trabalho engloba, entre outras, as questões pertinentes à autonomia, natureza jurídica, fontes, interpretação, integração e eficácia desse ramo do Direito.

O Direito Individual do Trabalho, em linhas gerais, trata sobre a relação individual de trabalho, tendo como figura nuclear o contrato de trabalho, seu início, desenvolvimento e término.

Cabe destacar que parte da doutrina faz menção ao Direito Tutelar do Trabalho, englobando normas de proteção ao trabalhador, como as pertinentes à Segurança e Medicina do Trabalho, jornada de trabalho e repousos do trabalhador[3]. Entretanto, entende-se que os referidos temas são pertinentes ao conteúdo do contrato de trabalho, integrando o próprio Direito Individual do Trabalho.

O Direito Coletivo do Trabalho, por sua vez, tem por objeto os diversos aspectos das relações coletivas de trabalho, com destaques à organização sindical, à negociação coletiva e aos instrumentos normativos decorrentes, bem como à representação dos trabalhadores na empresa, aos conflitos coletivos e à greve.

Por fim, as questões pertinentes à inspeção do trabalho, realizada pelos órgãos do Ministério do Trabalho, integram o que parte da doutrina denomina de Direito Público do Trabalho, disciplinando as relações do Estado com empregadores e do Estado com trabalhadores. Assim, a matéria também pode receber a denominação de Direito Administrativo do Trabalho, desde que presente a distinção quanto às questões envolvendo o regime administrativo de certos servidores públicos.

---

[2] Cf. MARTINS, Sergio Pinto. *Direito do trabalho*. 28. ed. São Paulo: Atlas, 2012. p. 17-18.
[3] Cf. MARTINS, Sergio Pinto. *Direito do trabalho*. 28. ed. São Paulo: Atlas, 2012. p. 20.

Capítulo 3

Autonomia e natureza jurídica do Direito do Trabalho

3.1 Autonomia do Direito do Trabalho

Para a autonomia de certa ciência, faz-se necessária a existência de certos requisitos: extensão da matéria; doutrinas homogêneas e princípios específicos; método próprio.

Observa-se nítida autonomia científica do Direito do Trabalho em face da existência de ampla temática objeto de estudo, dando origem a institutos específicos, com metodologia apta a entender suas diversas peculiaridades, bem como princípios próprios[1].

Quanto ao desenvolvimento legislativo, no Brasil, não se verifica a existência de um verdadeiro Código do Trabalho. Isso porque a Consolidação das Leis do Trabalho, embora também apresente disposições pertinentes ao Direito Processual do Trabalho, regula diversos aspectos do Direito do Trabalho. Além disso, a CLT, como o próprio nome indica, representou uma reunião de leis trabalhistas esparsas existentes à época, não se identificando com a criação de um Direito integralmente novo[2]. Existem, ainda, diversas leis esparsas sobre esse tema. Assim, pode-se dizer que a legislação trabalhista é ampla e se destaca dos demais ramos do Direito.

No plano doutrinário, as diversas obras sobre a matéria confirmam a autonomia do Direito do Trabalho.

Em relação ao desenvolvimento didático, a matéria Direito do Trabalho é estudada de forma separada e autônoma nas diversas Faculdades de Direito.

No campo jurisprudencial, a Justiça do Trabalho, com competência para solucionar conflitos trabalhistas na forma do art. 114 da Constituição Federal de 1988, é o ramo do Poder Judiciário que aplica, de forma preponderante, o Direito do Trabalho.

3.2 Relações do Direito do Trabalho com outros ramos do Direito

A autonomia científica do Direito do Trabalho não significa o seu isolamento na ciência jurídica, apresentando relações com outras disciplinas[3].

A relação do Direito do Trabalho com o Direito Constitucional é bem acentuada. Observa-se a constitucionalização do Direito do Trabalho. A Constituição Federal de 1988, nos arts. 7º a 11, versa sobre diversos direitos trabalhistas, alçados à hierarquia constitucional. A Constituição da República esclarece ser da União a competência para legislar sobre Direito do Trabalho (art. 22, inciso I).

Cabe destacar que importantes direitos trabalhistas fazem parte dos *direitos sociais*, os quais figuram como *direitos humanos e fundamentais*, normalmente conhecidos como de "segunda geração"[4] ou "dimensão"[5].

---

[1] Cf. MARTINS, Sergio Pinto. *Direito do trabalho*. 28. ed. São Paulo: Atlas, 2012. p. 21-23.
[2] Cf. MARTINS, Sergio Pinto. *Direito do trabalho*. 28. ed. São Paulo: Atlas, 2012. p. 12.
[3] Cf. MARTINS, Sergio Pinto. *Direito do trabalho*. 28. ed. São Paulo: Atlas, 2012. p. 27-30.
[4] Cf. FERREIRA FILHO, Manoel Gonçalves. *Direitos humanos e fundamentais*. 7. ed. São Paulo: Saraiva, 2005. p. 6.
[5] Cf. RAMOS, André de Carvalho. *Teoria geral dos direitos humanos na ordem internacional*. Rio de Janeiro: Renovar, 2005. p. 84-85.

Há relação do Direito do Trabalho com o Direito Ambiental, pois o *meio ambiente do trabalho* insere-se no meio ambiente como um todo (art. 200, inciso VIII, da CF/1988), o qual, por sua vez, integra o rol dos *direitos humanos e fundamentais*, inclusive porque objetiva o respeito à dignidade da pessoa humana.

Quanto ao Direito Civil, o contrato de trabalho, como figura central no Direito do Trabalho, tem origem naquele ramo do Direito Privado. O Direito Civil, principalmente quanto à sua Parte Geral e ao Direito das Obrigações, apresenta disposições subsidiariamente aplicáveis no âmbito trabalhista, conforme o art. 8º, § 1º, da CLT.

O Direito Empresarial (Direito Comercial) relaciona-se com o Direito do Trabalho ao regular o empresário e as diversas sociedades empresariais. Frise-se que o art. 2º, *caput*, da CLT indica a empresa como empregador. Além disso, questões reguladas pelo Direito Falimentar também apresentam repercussões nas relações de trabalho. O art. 8º, § 1º, da CLT, fazendo menção à aplicação subsidiária do "direito comum", engloba o Direito Empresarial.

A relação do Direito do Trabalho com o Direito da Seguridade Social é verificada principalmente quanto à Previdência Social e às diversas repercussões de seus institutos no contrato de trabalho, como a ocorrência de acidente do trabalho, a aposentadoria, o salário-maternidade e outros afastamentos previdenciários. As contribuições previdenciárias, da mesma forma, podem incidir sobre verbas remuneratórias pertinentes ao contrato de trabalho, conforme legislação específica[6].

Quanto ao Direito Internacional Público, a relação com o Direito do Trabalho fica evidente em razão da existência da Organização Internacional do Trabalho e as diversas normas emanadas, principalmente Convenções e Recomendações. Além disso, tratados internacionais podem versar sobre questões pertinentes a direitos trabalhistas.

O Direito Internacional Privado também se relaciona com o Direito do Trabalho, pois aquele ramo do Direito define a eficácia da norma jurídica no espaço, o que pode ser aplicável no âmbito da relação de emprego.

O Direito Penal também apresenta ligações com o Direito do Trabalho, pois o ato criminoso pode influenciar no contrato de trabalho, como se observa no art. 482, *d*, da CLT. O mesmo art. 482, *l*, faz menção ao "jogo de azar", previsto no art. 50 da Lei de Contravenções Penais (Decreto-lei 3.688/1941). Além disso, o Código Penal prevê crimes contra a organização do trabalho (arts. 197 a 207), confirmando a presença de relações entre os dois ramos do Direito.

O Direito Administrativo também apresenta vínculos com o Direito do Trabalho. A inspeção do trabalho é atividade administrativa realizada pelos órgãos competentes do Ministério do Trabalho (art. 21, inciso XXIV, da CF/1988). Além disso, há servidores públicos regidos pela legislação trabalhista, configurando a relação de emprego público, inclusive quanto a empresas públicas e sociedades de economia mista (art. 173, § 1º, inciso II, da CF/1988).

O Direito Tributário apresenta certa relação com o Direito do Trabalho, em questões pertinentes à contribuição sindical regulamentada na CLT (arts. 578 e seguintes), às contribuições ao Fundo de Garantia do Tempo de Serviço e ao PIS. Além disso, o imposto de renda pode incidir sobre salário e outras verbas remuneratórias decorrentes da relação de emprego, conforme legislação fiscal específica[7].

---

[6] Cf. Súmula 368 do TST.

[7] Cf. Súmula 401 do TST: "Ação rescisória. Descontos legais. Fase de execução. Sentença exequenda omissa. Inexistência de ofensa à coisa julgada (conversão da Orientação Jurisprudencial 81 da SDI-II, Res. 137/05 – *DJ* 22.08.2005). Os descontos previdenciários e fiscais devem ser efetuados pelo juízo executivo, ainda que a sentença exequenda tenha sido omissa sobre a questão, dado o caráter de ordem pública ostentado pela norma que os disciplina. A ofensa à coisa julgada somente poderá ser caracterizada na hipótese de o título exequendo, expressamente, afastar a dedução dos valores a título de imposto de renda e de contribuição previdenciária". Cf. ainda a Orientação Jurisprudencial 348 da SBDI-I do TST: "Honorários advocatícios. Base de cálculo. Valor líquido. Lei 1.060, de 05.02.1950.

O Direito Econômico disciplina as medidas de política econômica do Estado e as atividades desenvolvidas nos mercados, organizando os processos econômicos e regulando a atividade econômica para atender ao interesse social[8]. Com isso, relaciona-se com o Direito do Trabalho, em temas pertinentes a políticas econômicas e salariais, com reflexos nas relações de emprego e em certas condições de trabalho, na busca pelo bem-estar social.

O Direito Processual do Trabalho apresenta ligações com o Direito do Trabalho, pois aquele assegura a aplicação das normas de Direito material, solucionando conflitos, no caso, trabalhistas, individuais e coletivos.

3.3 Direito do Trabalho no contexto dos direitos humanos e fundamentais

Na atualidade, merece cada vez maior ênfase o tema dos direitos humanos e fundamentais. Diversos são os estudos, bem como há intenso debate, no meio jurídico e social, inclusive internacional, sobre a matéria.

A doutrina dos direitos humanos e fundamentais tem origem na ideia de que o Direito é algo que o ser humano recebe e descobre. Nessa linha, defende-se a existência de um *direito justo, sábio, que é dado aos homens*.

Ainda dentro dessa concepção, podem ser verificadas três vertentes: a de que as normas jurídicas são atribuídas por uma divindade; a de que o direito se manifesta pelos costumes, como longas práticas do povo; a identificação do direito pelos "sábios", ou seja, revelado pela sabedoria.

Nessa questão, merece destaque a doutrina do Direito Natural, com raízes na própria Antiguidade (Aristóteles), fazendo-se presente, ainda que com enfoques próprios, em Roma (Cícero), na Idade Média (São Tomás de Aquino) e nos séculos XVII e XVIII, quando se passa a defender o jusnaturalismo laico, nas doutrinas de Hugo Grócio e do "contrato social" de Thomas Hobbes, John Locke e Jean-Jacques Rousseau[9], que apresentam certas particularidades entre si[10].

Ainda quanto aos antecedentes históricos dos direitos humanos e fundamentais, merece destaque a Magna Carta, de 21 de junho de 1215, que foi o resultado de um acordo entre o rei João-Sem-Terra e os "barões revoltados, apoiados pelos burgueses (no sentido próprio da palavra) de cidades como Londres"[11].

Quanto à terminologia, como esclarece Ingo Wolfgang Sarlet, os "direitos fundamentais" são os direitos humanos reconhecidos e positivados na esfera constitucional de certo Estado. Os "direitos humanos", diversamente, são os previstos em normas de Direito Internacional, reconhecidos ao ser humano independentemente de sua vinculação com determinada ordem constitucional. Nesse enfoque, os "direitos do homem" podem ser entendidos como direitos naturais, não positivados[12].

É possível distinguir três "gerações" ou "dimensões" de direitos humanos e fundamentais[13], conforme teoria lançada por Karel Vazak, "em Conferência proferida no Instituto Internacional de Direitos Humanos no ano de 1979"[14].

DJ 25.04.2007 Os honorários advocatícios, arbitrados nos termos do art. 11, § 1º, da Lei 1.060, de 05.02.1950, devem incidir sobre o valor líquido da condenação, apurado na fase de liquidação de sentença, sem a dedução dos descontos fiscais e previdenciários".

[8] Cf. GRAU, Eros Roberto. *A ordem econômica na Constituição de 1988*. 3. ed. São Paulo: Malheiros, 1997. p. 162-163.
[9] Cf. FERREIRA FILHO, Manoel Gonçalves. *Direitos humanos e fundamentais*. 7. ed. São Paulo: Saraiva, 2005. p. 9-11.
[10] Cf. FERREIRA FILHO, Manoel Gonçalves. *O poder constituinte*. 4. ed. São Paulo: Saraiva, 2005. p. 6-9.
[11] FERREIRA FILHO, Manoel Gonçalves. *Direitos humanos e fundamentais*. 7. ed. São Paulo: Saraiva, 2005. p. 11.
[12] Cf. SARLET, Ingo Wolfgang. *A eficácia dos direitos fundamentais*. 7. ed. Porto Alegre: Livraria do Advogado, 2007. p. 35-36.
[13] De acordo com Ingo Wolfgang Sarlet: "Não há como negar que o reconhecimento progressivo de novos direitos fundamentais tem o caráter de um processo cumulativo, de complementaridade, e não de alternância, de sorte que o uso da expressão 'gerações' pode ensejar a falsa impressão da substituição gradativa de uma geração por outra, razão pela qual há quem prefira o termo 'dimensões' dos direitos fundamentais" (*A eficácia dos direitos fundamentais*. 7. ed. Porto Alegre: Livraria do Advogado, 2007. p. 54).
[14] RAMOS, André de Carvalho. *Teoria geral dos direitos humanos na ordem internacional*. Rio de Janeiro: Renovar, 2005. p. 82.

Capítulo 3 — Autonomia e natureza jurídica do Direito do Trabalho

Historicamente, pode-se dizer, *em termos didáticos e com certa dose de generalização*, que há três momentos de conscientização dos direitos humanos e fundamentais, correspondendo, *em termos relativos*, a três tipos de direitos.

De todo modo, cabe frisar que, na verdade, os direitos humanos das mencionadas gerações são *todos da mesma importância, situados no mesmo plano*, pois, como o próprio nome diz, são "fundamentais".

Além disso, fica a ressalva de que em épocas diferentes, correspondentes a gerações históricas diversas, surgem direitos com conteúdos distintos, demonstrando o caráter relativo, predominantemente didático, das mencionadas "gerações".

A "primeira geração" (ou dimensão) corresponde a uma conscientização do século XVIII, incorporando ideias relativas aos direitos subjetivos naturais.

Assim, nas Declarações de Direito do século XVIII, ganham destaque os direitos de "liberdade", no sentido de que o Estado deve se abster de interferir na conduta dos indivíduos, reconhecendo-se os direitos civis e políticos[15].

Tem-se, assim, a consagração dos direitos individuais, civis e políticos[16].

A "segunda geração" (ou dimensão) corresponde aos direitos sociais, envolvendo uma prestação positiva do Estado, como o direito ao trabalho, à educação, à saúde, trabalhistas e previdenciários, enfatizados no início do século XX[17].

O objetivo, no caso, é corrigir as desigualdades sociais e econômicas, procurando solucionar os graves problemas da chamada "questão social", surgida com a Revolução Industrial.

No plano político, merece destacar que o direito ao sufrágio universal, com igualdade de participação pelo voto e pela elegibilidade, fez com que a classe trabalhadora adquirisse certa participação e força política. Também por esse fator, o Estado passa a intervir no domínio econômico-social[18].

Observa-se a consagração, assim, de direitos econômicos, sociais e culturais, vistos como inerentes ao Estado social, objetivando a "igualdade"[19], sob o enfoque material; decorrem da dignidade humana e geram à pessoa poderes de exigir prestações positivas concretas do sujeito passivo, no caso, a sociedade representada pelo Estado[20].

A "terceira geração" (ou dimensão) refere-se aos direitos de solidariedade, pertinentes ao desenvolvimento, ao patrimônio comum da humanidade, à autodeterminação dos povos, à paz, à comunicação e à preservação do meio ambiente[21].

Aliás, há autores que já fazem menção a uma "quarta geração" (ou dimensão), referente aos direitos ligados à biogenética e ao patrimônio genético[22], ou à participação democrática, à informação e ao pluralismo[23].

De forma específica, os direitos trabalhistas, como *direitos sociais*, são assegurados no rol dos *direitos fundamentais* no âmbito constitucional (arts. 6º a 11 da CF/1988) e expressamente reconhecidos como *direitos humanos* na esfera internacional, conforme se observa na Declaração Universal dos Direitos Humanos (arts. 22 a 25). Na mesma linha, o Pacto Internacional sobre Direitos Econô-

---

[15] Cf. LENZA, Pedro. *Direito constitucional esquematizado*. 10. ed. São Paulo: Método, 2006. p. 526.
[16] Cf. ARAUJO, Luiz Alberto David; NUNES JÚNIOR, Vidal Serrano. *Curso de direito constitucional*. 10. ed. São Paulo: Saraiva, 2006. p. 116.
[17] Cf. COMPARATO, Fábio Konder. *A afirmação histórica dos direitos humanos*. 3. ed. São Paulo: Saraiva, 2004. p. 52-54.
[18] Cf. FERREIRA FILHO, Manoel Gonçalves. *Curso de direito constitucional*. 22. ed. São Paulo: Saraiva, 1995. p. 249-251.
[19] Cf. SILVA, José Afonso da. *Curso de direito constitucional positivo*. 10. ed. São Paulo: Malheiros, 1994. p. 277.
[20] Cf. FERREIRA FILHO, Manoel Gonçalves. *Direitos humanos e fundamentais*. 7. ed. São Paulo: Saraiva, 2005. p. 49-50.
[21] Cf. ARAUJO, Luiz Alberto David; NUNES JÚNIOR, Vidal Serrano. *Curso de direito constitucional*. 10. ed. São Paulo: Saraiva, 2006. p. 117-118; REZEK, José Francisco. *Direito internacional público: curso elementar*. 5. ed. São Paulo: Saraiva, 1995. p. 225.
[22] Cf. BOBBIO, Norberto. *A era dos direitos*. Trad. Carlos Nelson Coutinho. Rio de Janeiro: Campus, 1992. p. 6.
[23] Cf. BONAVIDES, Paulo. *Curso de direito constitucional*. 7. ed. São Paulo: Malheiros, 1997. p. 525.

micos, Sociais e Culturais, de 1966, aprovado e promulgado pelo Decreto 591/1992, garante os direitos sociais, nestes incluídos os direitos trabalhistas (arts. 6º a 8º), como integrantes do Direito Internacional dos Direitos Humanos[24].

Os direitos humanos, na realidade, são universais, indivisíveis, interdependentes e interrelacionados, o que é confirmado pela Declaração de Viena, de 1993 (art. 5º)[25], mesmo porque decorrentes da dignidade, como atributo inerente à pessoa humana (art. 1º da Declaração Universal dos Direitos Humanos, de 1948).

Por fim, cabe destacar a (intrincada) questão do seu *fundamento*, ou seja, a coluna de sustentação, jurídico-científica e social, dos referidos direitos.

É possível invocar como possíveis fundamentos dos direitos humanos: o Direito Natural, nas suas diferentes versões; os valores comuns individuais e universais, essenciais para a humanidade; a própria dignidade da pessoa humana.

Esse tema ainda remete a outra complexa discussão, pertinente à "essência" dos direitos fundamentais.

Quanto a essa temática em específico, cabe frisar que os referidos direitos podem ser tanto *explícitos* como *implícitos*, de modo que sua eventual enumeração (em Declaração de Direitos, Tratado, Convenção, Constituição ou outro instrumento jurídico ou normativo) *não é exaustiva*.

Na Constituição da República Federativa do Brasil, essa assertiva é claramente verificada no art. 5º, § 2º[26].

A existência de direitos humanos e fundamentais implícitos confirma que estes possuem *essência própria*, a qual, embora difícil de ser traduzida em poucas palavras, relaciona-se com o valor jurídico supremo da *dignidade da pessoa humana*. Nesse sentido, a previsão do art. 1º, inciso III, da Constituição Federal de 1988.

Ainda quanto ao tema, o Decreto 9.571/2018 estabelece as Diretrizes Nacionais sobre Empresas e Direitos Humanos, para médias e grandes empresas, incluídas as empresas multinacionais com atividades no País (art. 1º).

Nos termos do disposto na Lei Complementar 123/2006, as microempresas e as empresas de pequeno porte podem, na medida de suas capacidades, cumprir as Diretrizes de que trata o Decreto 9.571/2018, observado o disposto no art. 179 da Constituição Federal de 1988[27].

As Diretrizes em questão serão implementadas "voluntariamente" pelas empresas (art. 1º, § 2º, do Decreto 9.571/2018). Apesar dessa previsão, cabe ressaltar que os direitos humanos, em si, são prerrogativas essenciais à dignidade da pessoa humana e devem ser observados imperativamente por todos, inclusive pelas empresas. Ato do Ministro de Estado instituirá o Selo "Empresa e Direitos Humanos", destinado às empresas que voluntariamente implementarem as Diretrizes de que trata o Decreto 9.571/2018.

---

[24] Cf. DELGADO, Maurício Godinho. *Curso de direito do trabalho*. 17. ed. São Paulo: LTr, 2018. p. 93: "O Direito do Trabalho corresponde à dimensão *social* mais significativa dos Direitos Humanos, ao lado do Direito Previdenciário (ou Direito da Seguridade Social). É por meio desses ramos jurídicos que os Direitos Humanos ganham maior espaço de evolução, ultrapassando as fronteiras originais, vinculadas basicamente à dimensão da liberdade e intangibilidade física e psíquica da pessoa humana" (destaque do original).

[25] Cf. PIOVESAN, Flávia. *Direitos humanos e o direito constitucional internacional*. 11. ed. São Paulo: Saraiva, 2010. p. 13, 145-148.

[26] Cf. FERREIRA FILHO, Manoel Gonçalves. *Curso de direito constitucional*. 22. ed. São Paulo: Saraiva, 1995. p. 254.

[27] "Art. 179. A União, os Estados, o Distrito Federal e os Municípios dispensarão às microempresas e às empresas de pequeno porte, assim definidas em lei, tratamento jurídico diferenciado, visando a incentivá-las pela simplificação de suas obrigações administrativas, tributárias, previdenciárias e creditícias, ou pela eliminação ou redução destas por meio de lei".

São *eixos orientadores* das Diretrizes Nacionais sobre Empresas e Direitos Humanos: a obrigação do Estado com a proteção dos direitos humanos em atividades empresariais; a responsabilidade das empresas com o respeito aos direitos humanos; o acesso aos mecanismos de reparação e remediação para aqueles que, nesse âmbito, tenham seus direitos afetados; a implementação, o monitoramento e a avaliação das Diretrizes (art. 2º do Decreto 9.571/2018).

A responsabilidade do Estado com a proteção dos direitos humanos em atividades empresariais deve ser pautada, entre outras, pelas seguintes diretrizes: garantia de condições de trabalho dignas para seus recursos humanos, por meio de ambiente produtivo, com remuneração adequada e em condições de liberdade, equidade e segurança, com estímulo à observância desse objetivo pelas empresas; combate à discriminação nas relações de trabalho e promoção da valorização da diversidade; promoção e apoio às medidas de inclusão e de não discriminação, com criação de programas de incentivos para contratação de grupos vulneráveis; estímulo à negociação permanente sobre as condições de trabalho e a resolução de conflitos, a fim de evitar litígios; aperfeiçoamento dos programas e das políticas públicas de combate ao trabalho infantil e ao trabalho análogo à escravidão (art. 3º, incisos XI a XV, do Decreto 9.571/2018).

Cabe às empresas o respeito: aos direitos humanos protegidos nos tratados internacionais dos quais o seu Estado de incorporação ou de controle sejam signatários; aos direitos e às garantias fundamentais previstos na Constituição da República (art. 4º do Decreto 9.571/2018).

Em verdade, se a empresa tem atuação no Brasil, os direitos humanos assegurados em tratados internacionais em vigor no País, evidentemente, também devem ser respeitados. Nesse sentido, os direitos e garantias expressos na Constituição Federal de 1988 não excluem outros decorrentes do regime e dos princípios por ela adotados, ou dos tratados internacionais em que a República Federativa do Brasil seja parte (art. 5º, § 2º, da CF/1988).

Cabe, ainda, às empresas:

I – monitorar o respeito aos direitos humanos na *cadeia produtiva vinculada à empresa*;

II – divulgar internamente os instrumentos internacionais de responsabilidade social e de direitos humanos, tais como: a) os Princípios Orientadores sobre Empresas e Direitos Humanos da Organização das Nações Unidas; b) as Diretrizes para Multinacionais da Organização para a Cooperação e Desenvolvimento Econômico; c) as *Convenções da Organização Internacional do Trabalho*;

III – implementar atividades educativas em direitos humanos para seus recursos humanos e seus "colaboradores", com disseminação da legislação nacional e dos parâmetros internacionais, com foco nas normas relevantes para a prática dos indivíduos e os riscos para os direitos humanos;

IV – utilizar mecanismos de educação, de conscientização e de treinamento, tais como cursos, palestras e avaliações de aprendizagem, para que seus dirigentes, empregados, "colaboradores", distribuidores, parceiros comerciais e terceiros conheçam os valores, as normas e as políticas da empresa e conheçam seu papel para o sucesso dos programas;

V – redigir código de conduta publicamente acessível, aprovado pela alta administração da empresa, que deve conter os seus engajamentos e as suas políticas de implementação dos direitos humanos na atividade empresarial (art. 5º do Decreto 9.571/2018).

É responsabilidade das empresas não violar os direitos de sua força de trabalho, de seus clientes e das comunidades, mediante o controle de riscos e o dever de enfrentar os impactos adversos em direitos humanos com os quais tenham algum envolvimento e, principalmente: agir de forma cautelosa e preventiva, nos seus ramos de atuação, inclusive em relação às atividades de suas subsidiárias, de entidades sob seu controle direto ou indireto, a fim de não infringir os direitos humanos de seus "funcionários", "colaboradores", terceiros, clientes, comunidade onde atuam e população em geral; evitar que suas atividades causem, contribuam ou estejam diretamente relacionadas aos impactos negativos sobre direitos humanos e aos danos ambientais e sociais; evitar impactos e danos decorrentes das atividades de suas subsidiárias e de entidades sob seu controle ou vinculação direta ou indireta; adotar compromisso de respeito aos direitos humanos, aprovado pela alta administração da empresa, no qual deve trazer as ações que realizará, para evitar qualquer grau de envolvimento com danos, para controlar e monitorar riscos a direitos humanos, assim como as expectativas da empresa em relação aos seus parceiros comerciais e "funcionários"; garantir que suas políticas, seus códigos de ética e conduta e seus procedimentos operacionais reflitam o compromisso com o respeito aos direitos humanos; implementar o compromisso político assumido nas áreas da empresa, publicá-lo e mantê-lo atualizado, com destaque, nos sítios eletrônicos e nos canais públicos da empresa e constituir área ou pessoa responsável para acompanhar o seu cumprimento; promover a consulta livre, prévia e informada das comunidades impactadas pela atividade empresarial; criar políticas e incentivos para que seus parceiros comerciais respeitem os direitos humanos, tais como a adoção de critérios e de padrões sociais e ambientais internacionalmente reconhecidos para a seleção e a execução de contratos com terceiros, correspondentes ao tamanho da empresa, à complexidade das operações e aos riscos aos direitos humanos; comunicar internamente que seus "colaboradores" estão proibidos de adotarem práticas que violem os direitos humanos, sob pena de sanções internas; orientar os "colaboradores", os empregados e as pessoas vinculadas à sociedade empresária a adotarem postura respeitosa, amistosa e em observância aos direitos humanos; estimular entre fornecedores e terceiros um convívio inclusivo e favorável à diversidade; dispor de estrutura de governança para assegurar a implementação efetiva dos compromissos e das políticas relativas aos direitos humanos; incorporar os direitos humanos na gestão corporativa de risco a fim de subsidiar processos decisórios; adotar indicadores específicos para monitorar suas ações em relação aos direitos humanos; adotar iniciativas públicas e acessíveis de transparência e divulgação das políticas, do código de conduta e dos mecanismos de governança (art. 6º do Decreto 9.571/2018).

Compete às empresas garantir *condições decentes de trabalho*, por meio de ambiente produtivo, com remuneração adequada, em condições de liberdade, equidade e segurança, com iniciativas para:

I – manter ambientes e locais de trabalho acessíveis às pessoas com deficiência, mesmo em áreas ou atividades onde não há atendimento ao público, a fim de que tais pessoas encontrem, no ambiente de trabalho, as condições de acessibilidade necessárias ao desenvolvimento pleno de suas atividades;

II – observar os direitos de seus "colaboradores" de: a) se associar livremente; b) afiliar-se a sindicatos de trabalhadores; c) participar dos conselhos de trabalho; d) envolver-se em negociações coletivas; e) receber os benefícios previstos em lei, incluídos os repousos legais; f) não exceder a jornada de trabalho legal;

III – manter compromisso com as políticas de erradicação do trabalho análogo à escravidão e garantir ambiente de trabalho saudável e seguro;

IV – não manter relações comerciais ou relações de investimentos, seja de subcontratação, seja de aquisição de bens e serviços, com empresas ou pessoas que violem os direitos humanos;

V – respeitar os direitos de crianças e adolescentes, de forma a incluir, em seus planos de trabalho, assim como exigir de seus fornecedores, empresas coligadas, controladas, subsidiárias e parceiras, ações preventivas e reparatórias para evitar riscos, impactos e violações a direitos de crianças e adolescentes, especialmente as de enfrentamento, erradicação do trabalho infantil e exploração sexual de crianças e adolescentes;

VI – avaliar e monitorar os contratos firmados com seus fornecedores de bens e serviços, parceiros e clientes que contenham cláusulas de direitos humanos que impeçam o trabalho infantil ou o trabalho análogo à escravidão;

VII – adotar medidas de prevenção e precaução, para evitar ou minimizar os impactos adversos que as suas atividades podem causar direta ou indiretamente sobre os direitos humanos, a saúde e a segurança de seus empregados;

VIII – assegurar a aplicação vertical de medidas de prevenção a violações de direitos humanos (art. 7º do Decreto 9.571/2018).

A inexistência de certeza científica absoluta não será invocada como argumento para adiar a adoção de medidas para evitar violações aos direitos humanos, à saúde e à segurança dos empregados.

As medidas de prevenção e precaução a violações aos direitos humanos devem ser adotadas em toda a cadeia de produção dos grupos empresariais.

Cabe às empresas *combater a discriminação nas relações de trabalho* e promover a valorização e o respeito da diversidade em suas áreas e hierarquias, com ênfase em: resguardar a igualdade de salários e de benefícios para cargos e funções com atribuições semelhantes, independentemente de critério de gênero, orientação sexual, étnico-racial, de origem, geracional, religiosa, de aparência física e de deficiência; adotar políticas de metas percentuais crescentes de preenchimento de vagas e de promoção hierárquica para essas pessoas, contempladas a diversidade e a pluralidade, ainda que para o preenchimento dessas vagas seja necessário proporcionar cursos e treinamentos específicos; promover o acesso da juventude à formação para o trabalho em condições adequadas; respeitar e promover os direitos das pessoas idosas e promover a sua empregabilidade; respeitar e promover os direitos das pessoas com deficiência e garantir a acessibilidade igualitária, a ascensão hierárquica, a sua empregabilidade e a realização da política de cotas; respeitar e promover o direito de grupos populacionais que tiveram dificuldades de acesso ao emprego em função de práticas discriminatórias; respeitar e promover os direitos das mulheres para sua plena cidadania, empregabilidade e ascensão hierárquica; buscar a erradicação de todas as formas de desigualdade e discriminação; respeitar a livre orientação sexual, a identidade de gênero e a igualdade de direitos em âmbito empresarial; efetivar os direitos sociais, econômicos e culturais das comunidades locais e dos povos tradicionais, respeitadas a sua identidade social e cultural e a sua fonte de subsistência e promover consulta prévia e diálogo constante com a comunidade (art. 8º do Decreto 9.571/2018).

Compete às empresas identificar os riscos de impacto e a violação a direitos humanos no contexto de suas operações, com a adoção de ações de prevenção e de controle adequadas e efetivas (art. 9º do Decreto 9.571/2018).

É responsabilidade das empresas estabelecer mecanismos operacionais de denúncia e de reclamação que permitam identificar os riscos e os impactos e reparar as violações, quando couber, em especial:

I – instituir mecanismos de denúncia, apuração e medidas corretivas, assegurados o sigilo e o anonimato aos denunciantes de boa-fé, de modo que tais instrumentos estejam acessíveis a "colaboradores", fornecedores, parceiros e comunidade de entorno e sejam transparentes, imparciais e aptos a tratar de questões que envolvam ameaças aos direitos humanos, além de terem fluxos e prazos para a resposta previamente estabelecidos e amplamente divulgados;

II – implementar sistema de gerenciamento de riscos de abusos de direitos humanos, incluídos o *gerenciamento de riscos sobre a saúde e a segurança dos empregados*, com a identificação dos impactos negativos sobre os direitos humanos, direta ou indiretamente relacionados com a sua atividade;

III – adotar política de comunicação, fiscalização e sanção direcionada aos seus "colaboradores" e buscar a promoção do respeito aos direitos humanos e à prevenção de riscos e violações;

IV – divulgar os canais internos de denúncia e os canais públicos de denúncias de ofensas a direitos humanos;

V – adequar a empresa e suas coligadas, controladas, suas subsidiárias, suas parceiras e seus fornecedores às exigências e às proibições legais em relação ao combate à corrupção, aos comportamentos antiéticos e ao *assédio moral*, entre outros;

VI – fomentar cultura de ética e de respeito às leis, notadamente aquelas que dizem respeito à lisura do processo de contratação pública, por meio de declarações documentadas da alta administração da empresa aos seus empregados, "colaboradores" e parceiros e esclarecer os padrões éticos da empresa;

VII – criar e manter: a) programa de integridade na empresa; b) instância responsável pelo referido programa de integridade, dotada de autonomia, imparcialidade, recursos materiais, humanos e financeiros, com possibilidade de acesso direto ao maior nível decisório da empresa e com a atribuição de rever o programa periodicamente;

VIII – estabelecer procedimentos de controle interno e de verificação de aplicabilidade do programa de integridade, inclusive com a apresentação de relatórios frequentes e a publicação de demonstrações financeiras;

IX – instituir processos internos que permitam investigações para atender prontamente às denúncias de comportamentos antiéticos, de forma a garantir que os fatos sejam identificados e averiguados com credibilidade, de forma rigorosa, independente e analítica e que os culpados sejam devidamente responsabilizados, admitidas a advertência e a "demissão";

X – publicar anualmente as ações realizadas para promoção da integridade e controle de corrupção (art. 10 do Decreto 9.571/2018).

É responsabilidade das empresas adotar medidas de garantia de transparência ativa, com divulgação de informações relevantes, de documentos acessíveis às partes interessadas, quanto aos mecanismos de proteção de direitos humanos e de prevenção e de reparação de violações de direitos humanos na cadeia produtiva, com ênfase para:

I – divulgação suplementar periódica de informações, por meio de informativos anuais que destaquem as ações empresariais realizadas, especialmente quanto: a) ao sistema de auditoria interna; b) ao sistema de gestão de risco; c) ao cumprimento das normas de proteção de direitos humanos, das normas de prevenção e reparação de possíveis violações de direitos humanos;

II – conscientização dos "funcionários" acerca das políticas empresariais, por meio de divulgação adequada de informação e de programas de formação contínua, de modo a garantir o acesso à informação e promover a atuação completa no processo produtivo e sem falhas, que resulte em violações aos direitos humanos;

III – quando solicitado, fornecimento aos consumidores, por meio de acesso rápido e eficaz, sem custos ou encargos desnecessários, de informações referentes à compatibilidade das atividades empresariais, do processo de produção ou do fornecimento de serviços com os direitos humanos (art. 11 do Decreto 9.571/2018).

O Estado deve manter mecanismos de denúncia e reparação judiciais e não judiciais, de modo a produzir levantamento técnico sobre mecanismos estatais de reparação das violações de direitos humanos relacionadas com empresas, como fortalecer as ações de fiscalização na hipótese de infração de direitos trabalhistas e ambientais (art. 13, inciso XII, do Decreto 9.571/2018).

Compete à administração pública incentivar que as empresas estabeleçam ou participem de mecanismos de denúncia e reparação efetivos e eficazes, que permitam propor reclamações e reparar violações dos direitos humanos relacionadas com atividades empresariais (art. 14 do Decreto 9.571/2018).

A *reparação integral* de pessoas e as comunidades atingidas pode incluir as seguintes medidas, exemplificativas e passíveis de aplicação, que podem ser cumulativas: pedido público de desculpas; restituição; reabilitação; compensações econômicas ou não econômicas; sanções punitivas, como multas, sanções penais ou sanções administrativas; medidas de prevenção de novos danos como liminares ou garantias de não repetição (art. 15 do Decreto 9.571/2018).

Os procedimentos de reparação devem ser claros e transparentes em suas etapas, amplamente divulgados para todas as partes interessadas, com garantia da imparcialidade, da equidade de tratamento entre os indivíduos e serem passíveis de monitoramento de sua efetividade a partir de indicadores quantitativos e qualitativos de direitos humanos.

É assegurado, nos termos da lei, o direito à proteção dos dados pessoais, inclusive nos meios digitais (art. 5º, inciso LXXIX, da Constituição Federal de 1988, incluído pela Emenda Constitucional 115/2022).

Frise-se que compete à União organizar e fiscalizar a proteção e o tratamento de dados pessoais, nos termos da lei (art. 21, inciso XXVI, incluído pela Emenda Constitucional 115/2022). Além disso, compete privativamente à União legislar sobre proteção e tratamento de dados pessoais (art. 22, inciso XXX, incluído pela Emenda Constitucional 115/2022).

A Lei 13.709/2018 dispõe sobre o tratamento de dados pessoais, inclusive nos meios digitais, por pessoa natural ou por pessoa jurídica de direito público ou privado, com o objetivo de proteger os direitos fundamentais de liberdade e de privacidade e o livre desenvolvimento da personalidade da pessoa natural. Desse modo, no âmbito trabalhista, cabe ao empregador observar as normas relativas à proteção de dados pessoais do empregado.

3.4 Relações do Direito do Trabalho com outras ciências

O Direito do Trabalho, sob o aspecto científico, é uma ciência jurídica autônoma, mas apresenta relações com outros ramos do conhecimento[28].

A relação do Direito do Trabalho com a Economia faz-se presente principalmente na Economia do Trabalho. Por exemplo, o salário é tema relevante nas duas ciências, ainda que estudado sob enfoques distintos. A economia tem por objeto, entre outros temas, aspectos pertinentes à distribuição de riquezas, produção de bens, consumo e prestação de serviços ao mercado. Os fatores econômicos influenciam o Direito, inclusive o do Trabalho. O inverso também se verifica, pois o Direito, inclusive o do Trabalho, também acarreta repercussões na Economia.

A Sociologia é a ciência dos fatos sociais, apresentando grande relevância para o Direito do Trabalho, especialmente no âmbito da Sociologia do Trabalho. Esta analisa os fatos sociais e as relações humanas pertinentes ao trabalho, inclusive seus conflitos (individuais e coletivos), podendo influenciar no próprio Direito, embora a função deste não seja a investigação social, mas a regulação das relações verificadas na vida em sociedade. A relação do Direito do Trabalho com a Sociologia fica bem nítida, ainda, na possibilidade de interpretação de certa norma jurídica de acordo com os fatos sociais que a originaram. A greve, da mesma forma, é objeto de estudo tanto da Sociologia como do Direito, embora sob perspectivas diversas.

O Direito do Trabalho apresenta importante relação com a Filosofia, principalmente com a Filosofia do Direito e a Filosofia do Trabalho. Esta tem por objeto o estudo da essência do trabalho e as diversas implicações para a vida do ser humano. A Filosofia do Direito, por sua vez, objetiva analisar a essência do próprio fenômeno jurídico e seu significado na vida humana, o que certamente engloba o Direito do Trabalho.

A História, por sua vez, é ciência de grande importância para o Direito do Trabalho, pois possibilita compreender o desenvolvimento e a evolução deste ramo do Direito no tempo, bem como compreender os fatos relacionados ao surgimento das normas jurídicas. A análise dos fatos históricos pode ser utilizada na interpretação histórica do Direito.

A Administração de Empresas, mas especificamente quanto à administração de pessoal, é ciência relacionada com o Direito do Trabalho. A administração, pela empresa, dos diversos aspectos relacionados aos seus trabalhadores, no setor de recursos humanos, certamente deve levar em conta as disposições jurídico-trabalhistas. Por exemplo, o critério empresarial de admissão de empregado deve respeitar as diversas normas pertinentes aos contratos de trabalho.

A Contabilidade também apresenta relações com o Direito do Trabalho, principalmente para o cálculo de verbas trabalhistas.

---

[28] Cf. MARTINS, Sergio Pinto. *Direito do trabalho*. 28. ed. São Paulo: Atlas, 2012. p. 30-36. Cf. ainda NASCIMENTO, Amauri Mascaro. *Curso de direito do trabalho*. 26. ed. São Paulo: Saraiva, 2011. p. 307-316.

A relação do Direito do Trabalho com a Medicina se evidencia na Medicina do Trabalho, ciência voltada ao estudo das doenças ocupacionais, bem como dos meios de sua prevenção e cura. As doenças profissionais e do trabalho podem gerar diversas repercussões no desenvolvimento da relação de emprego. A proteção da integridade física e mental do trabalhador é reconhecida como direito de magnitude constitucional (art. 7º, inciso XXII, da CF/1988), comprovando a importância dessa área da Medicina no âmbito das relações de trabalho.

Da mesma forma, a Psicologia do Trabalho, como ramo da Psicologia, também se relaciona com o Direito do Trabalho, ao estudar a pessoa do trabalhador, suas reações e comportamentos no âmbito das relações profissionais, bem como evitar e solucionar problemas psicológicos advindos do ambiente de trabalho.

Observa-se, ainda, relação do Direito do Trabalho com a Engenharia, especialmente quanto à Engenharia de Segurança do Trabalho, ou seja, no que se refere às normas de segurança do trabalho.

Foi instituído o Prêmio Nacional Trabalhista, com a finalidade de estimular a pesquisa nas áreas de Direito do Trabalho, Segurança e Saúde no Trabalho, Economia do Trabalho, Auditoria-Fiscal do Trabalho, além de temas correlatos a serem estabelecidos pelo Ministério do Trabalho e Previdência (art. 10 do Decreto 10.854/2021).

3.5 Direito do Trabalho e meio ambiente do trabalho

O *meio ambiente do trabalho* insere-se no meio ambiente como um todo[29], o qual, por sua vez, integra o rol dos *direitos humanos e fundamentais*, inclusive porque objetiva o respeito à "dignidade da pessoa humana", valor supremo que revela o "caráter único e insubstituível de cada ser humano"[30], figurando, ainda, como verdadeiro *fundamento* da República Federativa do Brasil (art. 1º, inciso III, da CF/1988)[31].

Aliás, parte da doutrina do Direito Constitucional inclui o "meio ambiente", justamente entre os direitos fundamentais de "terceira geração"[32] ou "dimensão".

O meio ambiente do trabalho pode ser entendido como o local em que se realiza a atividade laboral, abrangendo as condições de trabalho, a sua organização e as relações intersubjetivas ali presentes[33].

Ao mesmo tempo, importantes direitos trabalhistas, diretamente relacionados à Segurança e Medicina do Trabalho[34], fazem parte dos *direitos sociais*, os quais, como já mencionado, também figuram como *direitos humanos e fundamentais*, normalmente conhecidos como de "segunda geração" ou "dimensão".

Assim, observa-se nítida interdependência entre o *meio ambiente do trabalho*, a *segurança e saúde no trabalho*, o *Direito do Trabalho*, os *direitos sociais*, os *direitos fundamentais* e o próprio *Direito Constitucional*[35].

---

[29] Cf. ARAUJO, Luiz Alberto David; NUNES JÚNIOR, Vidal Serrano. *Curso de direito constitucional*. 10. ed. São Paulo: Saraiva, 2006. p. 506.
[30] COMPARATO, Fábio Konder. *A afirmação histórica dos direitos humanos*. 3. ed. São Paulo: Saraiva, 2004. p. 31.
[31] Cf. BONAVIDES, Paulo. *Curso de direito constitucional*. 18. ed. São Paulo: Malheiros, 2006. p. 642.
[32] Cf. FERREIRA FILHO, Manoel Gonçalves. *Direitos humanos e fundamentais*. 7. ed. São Paulo: Saraiva, 2005. p. 62.
[33] Cf. MARANHÃO, Ney. Meio ambiente do trabalho: descrição jurídico-conceitual. *Revista LTr*, São Paulo, LTr, ano 80, n. 04, p. 420-430, abr. 2016: "juridicamente, *meio ambiente do trabalho* é a resultante da interação sistêmica de fatores naturais, técnicos e psicológicos ligados às condições de trabalho, à organização do trabalho e às relações interpessoais que condicionam a segurança e a saúde física e mental do ser humano exposto a qualquer contexto *jurídico-laborativo*" (p. 430, destaques do original).
[34] Cf. MAGANO, Octavio Bueno. *Manual de direito do trabalho*: direito tutelar do trabalho. 2. ed. São Paulo, LTr, 1992. v. 4, p. 155-174.
[35] Cf. LIMA, Francisco Meton Marques de. As implicações recíprocas entre o meio ambiente e o custo social do trabalho. *Revista LTr*, São Paulo, LTr, ano 70, n. 06, p. 686-694, jun. 2006; DELGADO, Mauricio Godinho. Direitos fundamentais na relação de trabalho. *Revista LTr*, São Paulo, LTr, ano 70, n. 06, p. 657-667, jun. 2006.

Cabe destacar que os mencionados *direitos sociais trabalhistas*, e mesmo direitos como aos *adicionais de insalubridade e periculosidade*, estão expressamente previstos no art. 7º da Constituição Federal de 1988. Nesse aspecto, destaque-se o mandamento constitucional de "redução dos riscos inerentes ao trabalho, por meio de normas de saúde, higiene e segurança" (art. 7º, inciso XXII, da CF/1988).

Tais disposições fundamentam o *sistema jurídico de tutela do meio ambiente do trabalho*, reconhecido pela Constituição da República, em seu art. 200, inciso VIII, e que, como já mencionado, integra o meio ambiente em sentido global (art. 225 da CF/1988); a par disso, estão incluídas no importante rol dos *direitos humanos e fundamentais* (art. 5º, § 2º, da CF/1988)[36], aspecto este também reconhecido no âmbito internacional[37], o que também fica evidente na disposição do § 3º do art. 5º, da Constituição Federal de 1988, acrescentado pela Emenda Constitucional 45/2004.

Cabe frisar que, obviamente, a situação ideal – a qual deve ser sempre buscada – é aquela em que as condições de trabalho, quanto ao ambiente em que as atividades são desempenhadas, não sejam penosas, nem apresentem qualquer fator de periculosidade e insalubridade[38].

3.6 Natureza jurídica do Direito do Trabalho

Analisar a natureza jurídica do Direito do Trabalho significa verificar sua posição no sistema jurídico como um todo.

É tradicional a divisão do direito em: Direito Público, voltado à organização do Estado; Direito Privado, pertinente à regulação dos interesses dos particulares[39].

No Direito do Trabalho observam-se diversas normas de caráter cogente, ou seja, com natureza de ordem pública. Isso, no entanto, não significa que o Direito do Trabalho seja considerado Direito Público, pois não regula, de forma preponderante, a atividade estatal, nem o exercício de seu poder de império. O caráter imperativo de certas normas jurídicas apenas significa a relevância, para a sociedade, na sua observância. Encontra-se, assim, superada a teoria do Direito do Trabalho como ramo do Direito Público.

Cabe fazer menção, ainda, às teorias denominadas Direito Social, Direito Misto e Direito Unitário.

Conforme a teoria do Direito Social, o Direito do Trabalho é gênero distinto dos ramos público e privado, com a finalidade de proteger os hipossuficientes. No entanto, todos os ramos do Direito, por natureza, são sociais, pois regulam as diversas relações em sociedade.

A teoria do Direito Misto defende que o Direito do Trabalho engloba relações privadas e relações públicas. Na realidade, a presença de normas de Direito Privado e outras de caráter público também se verifica em outros ramos do Direito Privado, como o Direito Civil, do qual faz parte o Direito de Família. A divisão em Direito Público e Privado apresenta caráter didático, conforme as características preponderantes da ciência jurídica, que devem ser analisadas para a referida classificação.

De acordo com a teoria do Direito Unitário, o Direito do Trabalho é o resultado da fusão do Direito Público e Privado, destacando-se a sua unidade. Como já mencionado, a simples presença de certas normas de ordem pública não acarreta a natureza de Direito Público, nem faz com que surja um terceiro gênero na classificação didática sugerida.

---

[36] Cf. MELO, Raimundo Simão de. *Direito ambiental do trabalho e saúde do trabalhador*: responsabilidades legais, dano material, dano moral, dano estético. São Paulo: LTr, 2004. p. 31: "O meio ambiente do trabalho adequado e seguro é um direito fundamental do cidadão trabalhador (*lato sensu*)".
[37] Cf. SÜSSEKIND, Arnaldo. *Direito internacional do trabalho*. 3. ed. São Paulo: LTr, 2000. p. 389.
[38] Cf. GARCIA, Gustavo Filipe Barbosa. *Meio ambiente do trabalho*: direito, segurança e medicina do trabalho. São Paulo: Método, 2006.
[39] Cf. MARTINS, Sergio Pinto. *Direito do trabalho*. 28. ed. São Paulo: Atlas, 2012. p. 24-26.

O melhor entendimento é no sentido de ser o Direito do Trabalho ramo do Direito Privado, tendo como instituto central o próprio contrato de trabalho, regulando, de forma preponderante, os interesses dos particulares envolvidos nas diversas relações jurídicas pertinentes à matéria estudada. No âmbito coletivo, o princípio da liberdade sindical (art. 8º, inciso I, da CF/1988), vedando a interferência do Estado na organização sindical, confirma a natureza privada do Direito do Trabalho.

Capítulo 4

Fontes do Direito do Trabalho

4.1 Fontes materiais e fontes formais

As fontes do Direito podem ser classificadas em materiais e formais.

Fontes materiais referem-se aos fatores sociais, econômicos, políticos, filosóficos e históricos que deram origem ao Direito, influenciando na criação das normas jurídicas. Pode-se dizer que as fontes materiais do Direito do Trabalho são estudadas pela Sociologia Jurídica e suas especializações.

Fontes formais referem-se às formas de manifestação do Direito no sistema jurídico, pertinentes, assim, à exteriorização das normas jurídicas[1].

4.2 Classificação das fontes

Para a teoria monista, o Estado é o único centro de positivação, do qual emanam todas as normas jurídicas.

A teoria pluralista, de forma mais acertada, reconhece a pluralidade de centros de poder, ou seja, núcleos de produção dos quais se originam as diversas normas jurídicas.

No Direito do Trabalho, o pluralismo das fontes é demonstrado pela existência de normas jurídicas emanadas não só do Estado, mas de certos grupos sociais, como ocorre com as convenções e acordos coletivos de trabalho.

Em razão desse pluralismo, verificado de forma nítida no Direito do Trabalho, as fontes formais podem ser classificadas em autônomas e heterônomas, conforme a sua origem e a participação, ou não, dos destinatários principais das normas jurídicas, na sua produção.

As normas heterônomas são decorrentes da atividade normativa direta do Estado, como a Constituição, as leis, os decretos e a sentença normativa. Autônomas são as normas produzidas por certos grupos sociais organizados, como os usos e costumes, e os instrumentos normativos decorrentes da negociação coletiva (acordos coletivos e convenções coletivas). O poder conferido aos mencionados atores sociais para regular, no caso, diversos aspectos das relações de trabalho é chamado autonomia coletiva dos particulares.

As fontes do Direito do Trabalho podem, ainda, ser classificadas em internacionais e nacionais.

As normas internacionais de Direito do Trabalho se consubstanciam nas Convenções da Organização Internacional do Trabalho, podendo existir, ainda, tratados internacionais (bilaterais e multilaterais) versando sobre Direito do Trabalho. Cabe frisar que as Convenções da OIT, bem como os tratados internacionais, para vigorar no País, dependem de ratificação interna, conforme os arts. 49, inciso I, 84, inciso VIII, e 5º, § 3º, da Constituição Federal de 1988.

Cabe esclarecer que as Recomendações da OIT têm o papel preponderante de servir como sugestão ao Direito interno dos Estados. As declarações internacionais, que podem tratar de direitos sociais, apesar da importância, não compõem determinações imperativas, contendo preceitos de justiça para a inspiração dos diversos sistemas jurídicos.

---

[1] Cf. MARTINS, Sergio Pinto. *Direito do trabalho*. 28. ed. São Paulo: Atlas, 2012. p. 37.

Além disso, no campo do Direito Comunitário, na União Europeia, há normas comunitárias (regulamentos, diretivas e decisões) regulando questões trabalhistas. Os regulamentos têm alcance geral e obrigatório, aplicando-se diretamente a cada Estado-membro. As diretivas obrigam o Estado-membro, mas deixam às autoridades nacionais os meios para a sua observância. As decisões são atos particulares, ou seja, para casos concretos, tratando-se de normas individualizadas.

Com a integração regional de países, pode-se verificar até mesmo a existência de contratos coletivos internacionais, ou seja, acordos coletivos de âmbito supranacional, por exemplo, envolvendo empresas com estabelecimentos em diversos Estados.

Normas nacionais são aquelas originadas internamente, no âmbito do próprio país, podendo, da mesma forma, ser estatais e não estatais.

4.3 Fontes formais do Direito do Trabalho

Como mencionado, as fontes formais podem ser entendidas como "o fenômeno de exteriorização final das normas jurídicas, os mecanismos e modalidades mediante os quais o direito transparece e se manifesta"[2].

4.3.1 Constituição

A Constituição Federal de 1988 é a fonte formal de hierarquia superior no ordenamento jurídico, de grande importância, inclusive no Direito do Trabalho, pois estabelece aspectos fundamentais desse ramo do Direito.

Os principais dispositivos constitucionais sobre Direito do Trabalho estão no Capítulo II ("Dos Direitos sociais") de seu Título II ("Dos Direitos e garantias fundamentais").

O art. 7º da Lei Maior versa sobre direitos dos trabalhadores urbanos e rurais. O art. 8º trata de questões pertinentes ao Direito Coletivo do Trabalho. O direito de greve é assegurado no art. 9º. O direito de participação dos trabalhadores e empregadores nos colegiados dos órgãos públicos, em que seus interesses profissionais ou previdenciários sejam objeto de discussão e deliberação, é previsto no art. 10. Por fim, o art. 11 versa sobre a eleição de representante de empregados nas empresas de mais de 200 empregados.

A Constituição da República, em seu art. 22, inciso I, estabelece que compete privativamente à União legislar sobre Direito do Trabalho. Compete, ainda, privativamente à União legislar sobre organização do sistema nacional de emprego e condições para o exercício de profissões (art. 22, inciso XVI, da Constituição Federal de 1988). O art. 21, inciso XXIV, fixa a competência da União para organizar, manter e executar a inspeção do trabalho. O art. 173, § 1º, inciso II, da Constituição Federal de 1988, com redação pela Emenda Constitucional 19/1998, prevê que a lei estabelecerá o estatuto jurídico da empresa pública, da sociedade de economia mista e de suas subsidiárias que explorem atividade econômica de produção ou comercialização de bens ou serviços, dispondo sobre a sujeição ao regime jurídico próprio das empresas privadas, inclusive quanto a questões trabalhistas.

Por fim, o art. 10 do Ato das Disposições Constitucionais Transitórias regulamenta certos aspectos da dispensa arbitrária ou sem justa causa, até que seja promulgada a lei complementar a que se refere o art. 7º, inciso I, da Constituição da República.

4.3.2 Leis

Observam-se várias leis, em sentido amplo, regulando diversos aspectos do Direito do Trabalho.

O sistema jurídico brasileiro em vigor, aliás, apresenta extensa regulamentação legislativa do Direito do Trabalho, diferentemente de outros países, nos quais predominam as fontes autônomas.

---

[2] DELGADO, Maurício Godinho. *Curso de direito do trabalho*. São Paulo: LTr, 2002. p. 136.

A Consolidação das Leis do Trabalho (Decreto-lei 5.452, de 1º de maio de 1943) é o principal diploma legal sobre o tema.

Além da CLT, há várias leis esparsas versando sobre temas específicos do Direito do Trabalho. Podem ser citadas como exemplos: a Lei 605, de 5 de janeiro de 1949, sobre repouso semanal remunerado e remuneração dos feriados; a Lei 4.090, de 13 de julho de 1962, que institui a gratificação de Natal, e a Lei 4.749, de 12 de agosto de 1965, sobre o seu pagamento; a Lei 5.889, de 8 de junho de 1973, estatuindo normas sobre o trabalho rural; a Lei 6.019, de 3 de janeiro de 1974, sobre o trabalho temporário; a Lei 7.783, de 28 de junho de 1989, sobre o direito de greve; a Lei 8.036, de 11 de maio de 1990, sobre o Fundo de Garantia do Tempo de Serviço.

As leis complementares sobre Direito do Trabalho não são numerosas. O art. 7º, inciso I, da Constituição Federal de 1988 prevê lei complementar regulando a proteção da relação de emprego contra despedida arbitrária ou sem justa causa, a qual ainda não foi promulgada, disciplinando a matéria de forma completa, sendo aplicável, até que isso ocorra, o art. 10 do ADCT.

A Lei Complementar 146, de 25 de junho de 2014, determina que o direito previsto no art. 10, inciso II, alínea *b*, do Ato das Disposições Constitucionais Transitórias deve ser assegurado nos casos em que ocorrer o falecimento da trabalhadora gestante, a quem detiver a guarda do seu filho.

Cabe registrar, ainda, a Lei Complementar 150, de 1º de junho de 2015, que dispõe sobre o contrato de trabalho doméstico.

A Lei 13.667/2018 dispõe sobre o Sistema Nacional de Emprego (Sine), o qual será financiado e gerido pela União e pelas esferas de governo que a ele aderirem.

Mesmo sendo da União a competência legislativa sobre Direito do Trabalho, o parágrafo único do art. 22 da Constituição da República estabelece que lei complementar poderá autorizar os Estados a legislar sobre questões específicas das matérias relacionadas neste artigo, o que abrange o Direito do Trabalho (inciso I). Nesse sentido, a Lei Complementar 103, de 14 de julho de 2000, autoriza os Estados e o Distrito Federal a instituir o piso salarial a que se refere o inciso V do art. 7º da Constituição Federal.

O art. 62 da Constituição Federal de 1988, com redação determinada pela Emenda Constitucional 32/2001, possibilita a adoção de medidas provisórias pelo Presidente da República, com força de lei, em caso de relevância e urgência, devendo submetê-las de imediato ao Congresso Nacional. Observam-se algumas Medidas Provisórias tratando sobre questões de Direito do Trabalho. O art. 58-A da CLT, ao tratar sobre trabalho em regime de tempo parcial, foi acrescido pela Medida Provisória 2.164-41, de 24 de agosto de 2001 (que permanece em vigor, nos termos do art. 2º da Emenda Constitucional 32/2001). Essa mesma norma acrescentou à CLT o art. 476-A, versando sobre suspensão do contrato de trabalho para participação do empregado em curso ou programa de qualificação oferecido pelo empregador.

4.3.3 Atos do Poder Executivo

A legislação trabalhista como um todo, originada do Estado, também inclui disposições inseridas em atos do Poder Executivo.

Nesse aspecto, primeiramente, cabe fazer menção aos regulamentos presidenciais, ou seja, decretos que regulamentam certas leis pertinentes ao Direito do Trabalho. Cabe destacar que referidas disposições não podem alterar normas legais, nem versar sobre questões de competência da lei propriamente, mas apenas regulamentar a sua fiel execução (art. 84, inciso IV, da Constituição Federal de 1988).

O Decreto 99.684/1990 consolida as normas regulamentares do Fundo de Garantia do Tempo de Serviço (FGTS).

Além disso, diversas disposições oriundas do Ministério do Trabalho versam sobre questões trabalhistas, inspeção do trabalho, bem como Segurança e Medicina do Trabalho. O art. 87, parágrafo único, inciso II, da Constituição Federal estabelece competir ao Ministro de Estado a expedição de instruções para a execução de leis, decretos e regulamentos.

A Portaria 3.214, de 8 de junho de 1978, aprovou as Normas Regulamentadoras (NRs) relativas à Segurança e Medicina do Trabalho.

A Portaria 671/2021 do Ministério do Trabalho e Previdência disciplina matérias referentes à legislação trabalhista, à inspeção do trabalho, às políticas públicas e às relações de trabalho no que se refere a:

I – Carteira de Trabalho e Previdência Social (CTPS);

II – contrato de trabalho, em especial: a) registro de empregados e anotações na CTPS; b) trabalho autônomo; c) trabalho intermitente; d) consórcio de empregadores rurais; e) contrato e nota contratual de músicos profissionais, artistas e técnicos de espetáculos de diversões;

III – contrato de parceria entre os salões de beleza e os profissionais;

IV – autorização de contratação de trabalhador por empresa estrangeira para trabalhar no exterior;

V – jornada de trabalho, em especial: a) autorização transitória para trabalho aos domingos e feriados; b) autorização permanente para trabalho aos domingos e feriados; c) prorrogação de jornada em atividades insalubres; d) anotação da hora de entrada e de saída em registro manual, mecânico ou eletrônico;

VI – apuração de parcelas variáveis de remuneração;

VII – efeitos de débitos salariais, de mora de Fundo de Garantia do Tempo de Serviço (FGTS), de mora contumaz salarial e de mora contumaz de FGTS;

VIII – local para guarda e assistência dos filhos no período da amamentação;

IX – reembolso-creche;

X – registro profissional;

XI – registro de empresa de trabalho temporário;

XII – sistemas e cadastros, em especial: a) livro de inspeção do trabalho eletrônico (eLIT); b) substituição de informações nos sistemas do Cadastro Geral de Empregados e Desempregados (CAGED) e da Relação Anual de Informações Sociais (RAIS); c) RAIS; d) CAGED; e) disponibilização e utilização de informações contidas nas bases de dados do CAGED, da RAIS, do seguro-desemprego, do benefício emergencial de preservação do emprego e da renda (BEm) e do novo benefício emergencial de preservação do emprego e da renda (Novo BEm); f) cadastro de empregados por meio da Caixa Econômica Federal; g) Classificação Brasileira de Ocupações (CBO);

XIII – medidas contra a discriminação no trabalho;

XIV – trabalho em condições análogas às de escravo;

XV – atividades de direção, assessoramento e apoio político-partidário;

XVI – entidades sindicais e instrumentos coletivos de trabalho, em especial: a) registro no Cadastro Nacional de Entidades Sindicais (CNES) e certidão sindical; b) recolhimento e distribuição da contribuição sindical urbana; c) registro de instrumentos coletivos de trabalho; d) mediação na negociação coletiva de natureza trabalhista;

XVII – fiscalização orientadora em microempresas e empresas de pequeno porte;

XVIII – simulação de rescisão contratual e levantamento do FGTS em fraude à lei;

XIX – procedimentos e requisitos para o cadastro das entidades autorizadas a operar ou participar do Programa Nacional de Microcrédito Produtivo Orientado (PNMPO);

XX – diretrizes para execução da aprendizagem profissional e o Cadastro Nacional de Aprendizagem Profissional (CNAP);

XXI – diretrizes para execução da modalidade qualificação presencial no âmbito do Programa Brasileiro de Qualificação Social e Profissional (QUALIFICAÇÃO BRASIL).

Ainda a respeito do tema, segundo o art. 29 da Lei de Introdução às Normas do Direito Brasileiro, incluído pela Lei 13.655/2018, em qualquer órgão ou Poder, a edição de *atos normativos por autoridade administrativa*, salvo os de mera organização interna, pode ser precedida de *consulta pública para manifestação de interessados*, preferencialmente por meio eletrônico, a qual deve ser considerada na decisão. A *convocação* deve conter a minuta do ato normativo e fixará o prazo e demais condições da consulta pública, observadas as normas legais e regulamentares específicas, se houver.

As autoridades públicas devem atuar para aumentar a *segurança jurídica na aplicação das normas*, inclusive por meio de *regulamentos, súmulas administrativas e respostas a consultas* (art. 30 da Lei de Introdução às Normas do Direito Brasileiro, acrescentado pela Lei 13.655/2018). Os mencionados instrumentos terão *caráter vinculante em relação ao órgão ou entidade a que se destinam*, até ulterior revisão.

Ademais, conforme o art. 26 da Lei de Introdução às Normas do Direito Brasileiro, incluído pela Lei 13.655/2018, para eliminar irregularidade, incerteza jurídica ou situação contenciosa na *aplicação do Direito Público*, inclusive no caso de expedição de licença, a autoridade administrativa pode, após oitiva do órgão jurídico e, quando for o caso, após realização de consulta pública, e presentes razões de relevante interesse geral, *celebrar compromisso com os interessados*, observada a legislação aplicável, o qual só deve produzir efeitos a partir de sua publicação oficial.

Embora esse dispositivo mencione Direito Público, é possível entender que a sua previsão também se aplica, de forma extensiva, *às normas de ordem pública*.

O referido *compromisso*: deve buscar solução jurídica proporcional, equânime, eficiente e compatível com os interesses gerais; não pode conferir desoneração permanente de dever ou condicionamento de direito reconhecidos por orientação geral; deve prever com clareza as obrigações das partes, o prazo para seu cumprimento e as sanções aplicáveis em caso de descumprimento.

4.3.3.1 *Regulamentação de disposições relativas à legislação trabalhista*

O art. 16 da Lei Complementar 95/1998 estabelece que os órgãos diretamente subordinados à Presidência da República e os Ministérios, assim como as entidades da administração indireta, devem adotar as providências necessárias para ser efetuada a triagem, o exame e a consolidação dos decretos de conteúdo normativo e geral e demais atos normativos inferiores em vigor, vinculados às respectivas áreas de competência, remetendo os textos consolidados à Presidência da República, que os examinará e reunirá em coletâneas, para posterior publicação.

Nesse contexto, o Decreto 10.854/2021 regulamenta disposições relativas à legislação trabalhista sobre os seguintes temas: I – Programa Permanente de Consolidação, Simplificação e Desburocratização de Normas Trabalhistas Infralegais; II – Prêmio Nacional Trabalhista; III – livro de inspeção do trabalho eletrônico (eLIT); IV – fiscalização das normas de proteção ao trabalho e de segurança e saúde no trabalho; V – diretrizes para elaboração e revisão das Normas Regulamentadoras de Segurança e Saúde no Trabalho; VI – certificado de aprovação do equipamento de proteção individual, nos termos do disposto no art. 167 da CLT; VII – registro eletrônico de controle de jornada, nos termos do disposto no art. 74 da CLT; VIII – mediação de conflitos coletivos de trabalho; IX – empresas prestadoras de serviços a terceiros, nos termos do disposto na Lei 6.019/1974; X – trabalho temporário, nos termos do disposto na Lei 6.019/1974; XI – gratificação de Natal, nos termos do disposto na Lei 4.090/1962 e na Lei 4.749/1965; XII – relações individuais e coletivas de trabalho rural, nos termos do disposto na Lei 5.889/1973; XIII – vale-transporte, nos termos do disposto na Lei 7.418/1985; XIV – Programa Empresa Cidadã, destinado à prorrogação da licença-maternidade e da licença-paternidade, nos termos do disposto na Lei 11.770/2008; XV – situação de trabalhadores contratados ou transferidos para prestar serviços no exterior, nos termos do disposto no § 2º do art. 5º, nos §§ 1º a 4º do art. 9º e no art. 12 da Lei 7.064/1982; XVI – repouso semanal remunerado e pagamento de salário nos feriados civis e religiosos, nos termos do disposto na Lei 605/1949; XVII – Relação Anual de Informações Sociais (RAIS); XVIII – Programa de Alimentação do Trabalhador (PAT).

4.3.3.2 *Programa Permanente de Consolidação, Simplificação e Desburocratização de Normas Trabalhistas Infralegais*

Foi instituído o Programa Permanente de Consolidação, Simplificação e Desburocratização de Normas Trabalhistas Infralegais no âmbito do Ministério do Trabalho e Previdência (art. 2º do Decreto 10.854/2021).

Sendo assim, o Programa Permanente de Consolidação, Simplificação e Desburocratização de Normas Trabalhistas Infralegais deve abranger iniciativas de revisão, compilação e consolidação de normas trabalhistas infralegais (art. 3º do Decreto 10.854/2021).

A compilação e a consolidação dos atos normativos em vigor vinculados à área trabalhista devem obedecer ao disposto no Decreto 9.191/2017 e no Decreto 10.139/2019 (art. 4º do Decreto 10.854/2021).

O Decreto 9.191/2017 estabelece as normas e as diretrizes para elaboração, redação, alteração, consolidação e encaminhamento de propostas de atos normativos ao Presidente da República pelos Ministros de Estado (art. 1º). Incumbe aos Ministros de Estado a proposição de atos normativos, conforme as áreas de competências dos órgãos (art. 22 do Decreto 9.191/2017).

O Decreto 10.139/2019 dispõe sobre a revisão e a consolidação dos atos normativos inferiores a decreto editados por órgãos e entidades da administração pública federal direta, autárquica e fundacional (art. 1º).

São objetivos gerais do Programa Permanente de Consolidação, Simplificação e Desburocratização de Normas Trabalhistas Infralegais: I – promover a conformidade às normas trabalhistas infralegais e o direito ao trabalho digno; II – buscar a simplificação e a desburocratização do marco regulatório trabalhista, de modo a observar o respeito aos direitos trabalhistas e a redução dos custos de conformidade das empresas; III – promover a segurança jurídica; IV – alcançar marco regulatório trabalhista infralegal harmônico, moderno e dotado de conceitos claros, simples e concisos; V – aprimorar a interação do Ministério do Trabalho e Previdência com os administrados; VI – ampliar a transparência do arcabouço normativo aos trabalhadores, aos empregadores, às entidades sindicais e aos operadores do direito por meio do acesso simplificado ao marco regulatório trabalhista infralegal; VII – promover a integração das políticas de trabalho e de previdência; VIII – melhorar o ambiente de negócios, o aumento da competitividade e a eficiência do setor público, para a geração e a manutenção de empregos (art. 5º do Decreto 10.854/2021).

São objetivos específicos do Programa Permanente de Consolidação, Simplificação e Desburocratização de Normas Trabalhistas Infralegais: I – triar e catalogar a legislação trabalhista infralegal com matérias conexas ou afins; II – garantir, por meio da articulação entre as áreas, que o repositório de normas trabalhistas infralegais seja disponibilizado em ambiente único e digital, constantemente atualizado; III – promover a participação social, inclusive por meio de consultas públicas; IV – buscar a harmonização das normas trabalhistas e previdenciárias infralegais; V – revogar atos normativos exauridos ou tacitamente revogados (art. 6º do Decreto 10.854/2021).

As normas trabalhistas infralegais analisadas no âmbito do Programa Permanente de Consolidação, Simplificação e Desburocratização de Normas Trabalhistas Infralegais devem ser organizadas e compiladas em coletâneas, de acordo com os seguintes temas: I – legislação trabalhista, relações de trabalho e políticas públicas de trabalho; II – segurança e saúde no trabalho; III – inspeção do trabalho; IV – procedimentos de multas e recursos de processos administrativos trabalhistas; V – convenções e recomendações da Organização Internacional do Trabalho (OIT); VI – profissões regulamentadas; VII – normas administrativas (art. 7º do Decreto 10.854/2021). O Ministério do Trabalho e Previdência pode incluir outros temas para a organização de normas infralegais relacionados à sua área de atuação.

Nos termos do art. 8º do Decreto 10.854/2021, os atos normativos infralegais de natureza trabalhista editados pelo Ministério do Trabalho e Previdência devem ser incorporados aos atos normativos consolidados ou revistos de acordo com os temas de que trata o art. 7º do Decreto 10.854/2021.

É vedada a edição de atos normativos autônomos quando houver ato normativo consolidado ou compilado que trate do mesmo tema. Os atos normativos infralegais de matéria trabalhista a serem editados pelo Ministério do Trabalho e Previdência, incluídos aqueles relativos à inspeção do trabalho, devem ser redigidos com clareza, precisão e ordem lógica, e devem apresentar conceitos técnicos e objetivos, em observância ao disposto no Decreto 9.191/2017 e no Decreto 10.139/2019.

Apenas serão admitidos os atos normativos inferiores a decreto editados nos termos do disposto no art. 2º do Decreto 10.139/2019[3]. Quaisquer outros documentos existentes, no âmbito da Secretaria de Trabalho do Ministério do Trabalho e Previdência, que não tenham adotado a denominação prevista no art. 2º do Decreto 10.139/2019, tais como manuais, recomendações, ofícios circulares, diretrizes e congêneres, perdem validade a partir da data de publicação do Decreto 10.854/2021 (11.11.2021).

O Ministério do Trabalho e Previdência deve avaliar e monitorar, a cada biênio, os resultados obtidos quanto à aderência aos objetivos específicos do Programa Permanente de Consolidação, Simplificação e Desburocratização de Normas Trabalhistas Infralegais previstos no art. 6º do Decreto 10.139/2019 (art. 9º).

4.3.4 Sentença normativa

Os conflitos coletivos de trabalho devem, preferencialmente, ser solucionados por meio de negociação coletiva. Quando esta se frustra e as partes recusam a arbitragem, o conflito coletivo pode ser solucionado pelo dissídio coletivo, instaurado perante a Justiça do Trabalho (art. 114, § 2º, da Constituição Federal). A sentença normativa é a decisão proferida no dissídio coletivo, pondo fim ao conflito coletivo, estabelecendo normas e condições de trabalho, por meio do exercício do Poder Normativo pela Justiça do Trabalho.

Na realidade, o julgamento proferido pelos tribunais é denominado acórdão, conforme o art. 204 do CPC de 2015 e o art. 163 do CPC de 1973. No entanto, a expressão sentença normativa é aquela utilizada para o caso específico em questão.

Como a sentença normativa estabelece condições de trabalho a serem aplicadas aos envolvidos no conflito coletivo, é considerada fonte formal, por ser genérica e abstrata. Trata-se de fonte heterônoma, estatal, pois a decisão é imposta pelo Poder Judiciário, quando frustrada a negociação coletiva.

Quanto a sua vigência, o Precedente Normativo 120 da SDC assim dispõe:

"Sentença normativa. Duração. Possibilidade e limites (positivo).

A sentença normativa vigora, desde o seu termo inicial até que sentença normativa, convenção coletiva de trabalho ou acordo coletivo de trabalho superveniente produza sua revogação, expressa ou tácita, respeitado, porém o prazo máximo legal de quatro anos de vigência".

4.3.5 Jurisprudência

Não é pacífica a inclusão da jurisprudência como fonte formal do Direito, discussão que repercute no Direito do Trabalho. É certo, como já visto, ser a sentença normativa considerada uma fonte formal peculiar deste ramo do Direito, ao estabelecer condições de trabalho a serem aplicadas aos envolvidos no conflito coletivo[4]. Trata-se de fonte heterônoma, estatal, pois a decisão é imposta pelo Poder Judiciário, quando frustrada a negociação coletiva.

Quanto à jurisprudência em si, entendida como "a reiterada interpretação conferida pelos tribunais às normas jurídicas, a partir dos casos concretos colocados a seu exame jurisdicional"[5], a

---

[3] A partir da entrada em vigor do Decreto 10.139/2019 (03.02.2020), os atos normativos inferiores a decreto devem ser editados sob a forma de: I – portarias: atos normativos editados por uma ou mais autoridades singulares; II – resoluções: atos normativos editados por colegiados; ou III – instruções normativas: atos normativos que, sem inovar, orientem a execução das normas vigentes pelos agentes públicos (art. 2º do Decreto 10.139/2019).

[4] Cf. MARANHÃO, Délio. *Instituições de direito do trabalho*. 18. ed. São Paulo: LTr, 1999. v. 1, p. 165-166.

[5] DELGADO, Mauricio Godinho. *Curso de direito do trabalho*. São Paulo: LTr, 2002. p. 164. Cf. ainda REALE, Miguel. *Lições preliminares de direito*. 18. ed. São Paulo: Saraiva, 1991. p. 167: "Pela palavra 'jurisprudência' (*stricto sensu*) devemos entender a forma de revelação do direito que se processa através do exercício da jurisdição, em virtude de uma sucessão harmônica de decisões dos tribunais".

vertente mais moderna e acertada reconhece a sua natureza de fonte formal[6]. O juiz não é mero aplicador de regras postas, não se podendo negar o seu papel criador[7]. A sentença, aliás, pode ser vista como a norma que regula o caso concreto[8].

Como observa Amauri Mascaro Nascimento:

"As sentenças são consideradas por Kelsen e outros doutrinadores normas jurídicas, uma vez que sempre há na sua prolação ato criativo do juiz.

A jurisprudência, conjunto de sentenças ou acórdãos, é incluída pelos doutrinadores entre as fontes do direito, expressando-se por meio de Súmulas"[9].

Aliás, cabe destacar as *súmulas vinculantes* do Supremo Tribunal Federal, conforme previsão do art. 103-A da Constituição Federal de 1988 (acrescentado pela Emenda Constitucional 45/2004), matéria regulamentada pela Lei 11.417, de 19 de dezembro de 2006. As súmulas vinculantes apresentam os requisitos de verdadeiras normas jurídicas, mesmo para a vertente mais tradicional, por serem disposições genéricas, abstratas e de caráter obrigatório.

Frise-se que, no presente, a jurisprudência passou a ter certa conotação obrigatória e força nitidamente vinculante em diversas situações, como se observa nos arts. 489, § 1º, inciso VI[10], e 927 do CPC de 2015[11], o que confirma a sua natureza de fonte do Direito, inclusive no âmbito jurídico trabalhista (art. 15 do CPC/2015).

Ressalte-se que todas as decisões do Poder Judiciário devem ser *fundamentadas*, sob pena de nulidade (art. 93, inciso IX, da Constituição da República e art. 11 do CPC). A Administração Pública também deve obedecer ao princípio da *motivação* (art. 2º da Lei 9.784/1999), pois os atos administrativos, em regra, devem ser *motivados* (art. 50 da Lei 9.784/1999). Trata-se de exigência inerente ao Estado Democrático de Direito.

Nos termos do art. 20 da Lei de Introdução às Normas do Direito Brasileiro, incluído pela Lei 13.655/2018, nas esferas administrativa, controladora e judicial, não se deve decidir com base em valores jurídicos abstratos sem que sejam consideradas as *consequências práticas da decisão*.

Consideram-se *valores jurídicos abstratos* aqueles previstos em normas jurídicas com alto grau de indeterminação e abstração (art. 3º, § 1º, do Decreto 9.830/2019).

A *motivação* deve demonstrar a *necessidade* e a *adequação* da medida imposta ou da invalidação de ato, contrato, ajuste, processo ou norma administrativa, inclusive em face das possíveis alternativas (art. 20, parágrafo único, da Lei de Introdução às Normas do Direito Brasileiro).

A decisão deve ser *motivada* com a contextualização dos fatos, quando cabível, e com a indi-

---

[6] Cf. REALE, Miguel. *Lições preliminares de direito*. 18. ed. São Paulo: Saraiva, 1991. p. 169: "Se uma regra é, no fundo, a sua interpretação, isto é, aquilo que se diz ser o seu significado, não há como negar à Jurisprudência a categoria de *fonte do Direito*, visto como ao juiz é dado armar de obrigatoriedade aquilo que declara ser 'de direito' no caso concreto. O magistrado, em suma, interpreta a norma legal situada numa 'estrutura de poder', que lhe confere competência para converter em sentença, que é uma *norma particular*, o seu entendimento da lei" (destaques do original).
[7] Cf. SILVA, Otavio Pinto e. *A contratação coletiva como fonte do direito do trabalho*. São Paulo: LTr, 1998. p. 29-32.
[8] Cf. KELSEN, Hans. *Teoria pura do direito*. 4. ed. Coimbra: Arménio Amado Editor, 1976. p. 328: "os tribunais aplicam as normas jurídicas gerais ao estabelecerem normas individuais, determinadas, quanto ao seu conteúdo, pelas normas jurídicas gerais, e nas quais é estatuída uma sanção concreta: uma execução civil ou uma pena".
[9] NASCIMENTO, Amauri Mascaro. *Curso de direito do trabalho*. 19. ed. São Paulo: Saraiva, 2004. p. 269.
[10] "§ 1º Não se considera fundamentada qualquer decisão judicial, seja ela interlocutória, sentença ou acórdão, que: [...] VI – deixar de seguir enunciado de súmula, jurisprudência ou precedente invocado pela parte, sem demonstrar a existência de distinção no caso em julgamento ou a superação do entendimento".
[11] "Art. 927. Os juízes e os tribunais observarão: I – as decisões do Supremo Tribunal Federal em controle concentrado de constitucionalidade; II – os enunciados de súmula vinculante; III – os acórdãos em incidente de assunção de competência ou de resolução de demandas repetitivas e em julgamento de recursos extraordinário e especial repetitivos; IV – os enunciados das súmulas do Supremo Tribunal Federal em matéria constitucional e do Superior Tribunal de Justiça em matéria infraconstitucional; V – a orientação do plenário ou do órgão especial aos quais estiverem vinculados".

cação dos fundamentos de mérito e jurídicos (art. 2º do Decreto 9.830/2019).

A *motivação da decisão* deve conter os seus fundamentos e apresentar congruência entre as normas e os fatos que a embasaram, de forma argumentativa. A motivação indicará as normas, a interpretação jurídica, a jurisprudência ou a doutrina que a embasaram. A motivação pode ser constituída por declaração de concordância com o conteúdo de notas técnicas, pareceres, informações, decisões ou propostas que precederam a decisão (art. 2º, §§ 1º a 3º, do Decreto 9.830/2019).

A *decisão* que, nas esferas administrativa, controladora ou judicial, decretar a invalidação de ato, contrato, ajuste, processo ou norma administrativa deve indicar de modo expresso suas *consequências jurídicas e administrativas* (art. 21 da Lei de Introdução às Normas do Direito Brasileiro, acrescentado pela Lei 13.655/2018).

A decisão mencionada deve, quando for o caso, indicar as condições para que a regularização ocorra de modo *proporcional e equânime* e sem prejuízo aos interesses gerais, não se podendo impor aos sujeitos atingidos ônus ou perdas que, em função das peculiaridades do caso, sejam anormais ou excessivos.

A *decisão do processo*, nas esferas administrativa, controladora ou judicial, pode impor *compensação por benefícios indevidos ou prejuízos anormais ou injustos* resultantes do processo ou da conduta dos envolvidos (art. 27 da Lei de Introdução às Normas do Direito Brasileiro, incluído pela Lei 13.655/2018).

A decisão sobre a compensação deve ser *motivada*, ouvidas previamente as partes sobre seu cabimento, sua forma e, se for o caso, seu valor. Para prevenir ou regular a compensação, pode ser celebrado *compromisso processual* entre os envolvidos.

O agente público responde *pessoalmente* por suas decisões ou opiniões técnicas em caso de *dolo ou erro grosseiro* (art. 28 da Lei de Introdução às Normas do Direito Brasileiro, acrescentado pela Lei 13.655/2018). Considera-se *erro grosseiro* aquele manifesto, evidente e inescusável praticado com *culpa grave*, caracterizado por ação ou omissão com elevado grau de negligência, imprudência ou imperícia (art. 12, § 1º, do Decreto 9.830/2019).

Especificamente quanto à esfera jurisdicional, o juiz responde, *civil e regressivamente*, por perdas e danos quando: I – no exercício de suas funções, proceder com dolo ou fraude; II – recusar, omitir ou retardar, sem justo motivo, providência que deva ordenar de ofício ou a requerimento da parte (art. 143 do CPC). As hipóteses previstas no inciso II somente serão verificadas depois que a parte requerer ao juiz que determine a providência e o requerimento não for apreciado no prazo de 10 dias.

Nesse contexto, cabe salientar que as pessoas jurídicas de direito público e as de direito privado prestadoras de serviços públicos respondem pelos danos que seus agentes, nessa qualidade, causarem a terceiros, *assegurado o direito de regresso contra o responsável nos casos de dolo ou culpa* (art. 37, § 6º, da Constituição da República)[12]. Trata-se, quanto à parte inicial, de responsabilidade objetiva do Estado, adotando-se a *teoria do risco administrativo*[13].

Ainda assim, segundo a jurisprudência do Supremo Tribunal Federal: "A responsabilidade objetiva do Estado por atos judiciais só é possível nas hipóteses previstas em lei, sob pena de contenção da atividade do Estado na atividade jurisdicional regular" (STF, 1ª T., AgR-ARE 833.909/SC, Rel. Min. Roberto Barroso, *DJe* 19.05.2017)[14].

---

[12] A respeito do tema, o Supremo Tribunal Federal fixou a seguinte tese de repercussão geral: "A teor do disposto no art. 37, § 6º, da Constituição Federal, a ação por danos causados por agente público deve ser ajuizada contra o Estado ou a pessoa jurídica de direito privado prestadora de serviço público, sendo parte ilegítima para a ação o autor do ato, assegurado o direito de regresso contra o responsável nos casos de dolo ou culpa" (STF, Pleno, RE 1.027.633/SP, Rel. Min. Marco Aurélio, j. 14.08.2019).
[13] Cf. MEIRELLES, Hely Lopes. *Direito administrativo brasileiro*. 26. ed. atual. por Eurico de Andrade Azevedo, Délcio Balestero Aleixo e José Emmanuel Burle Filho. São Paulo: Malheiros, 2001. p. 614.
[14] "A jurisprudência deste Supremo Tribunal Federal consolidou-se no sentido de que, salvo nos casos previstos no art.

A divergência na interpretação de lei ou na avaliação de fatos e provas não configura abuso de autoridade (art. 1º, § 2º, da Lei 13.869/2019).

O art. 8º, § 2º, da CLT estabelece que as Súmulas e outros enunciados de jurisprudência editados pelo Tribunal Superior do Trabalho e pelos Tribunais Regionais do Trabalho não podem restringir direitos legalmente previstos nem criar obrigações que não estejam previstas em lei.

Tendo em vista o princípio da legalidade, "ninguém será obrigado a fazer ou deixar de fazer alguma coisa senão em virtude de lei" (art. 5º, inciso II, da Constituição da República). A jurisdição, exercida pelos tribunais, assim, não pode legislar, em respeito ao princípio da separação de poderes. Nesse sentido, são Poderes da União, independentes e harmônicos entre si, o Legislativo, o Executivo e o Judiciário (art. 2º da Constituição Federal de 1988).

Entretanto, cabe registrar não só a existência do poder normativo da Justiça do Trabalho no âmbito dos dissídios coletivos (art. 114, §§ 2º e 3º, da Constituição da República), mas principalmente que o Direito não é sinônimo de lei, a ela não se reduzindo, por englobar as vertentes social (fatos), axiológica (valores) e normativa[15].

A jurisprudência interpreta e aplica o sistema jurídico, o qual, mesmo no aspecto normativo, é formado de regras e princípios, presentes nas esferas constitucional e infraconstitucional, internacional e interna, não se restringindo às leis.

4.3.6 Sentença arbitral

Como os conflitos coletivos de trabalho podem ser solucionados por meio da arbitragem (art. 114, §§ 1º e 2º, da Constituição Federal), a sentença arbitral, estabelecendo condições de trabalho, também pode ser considerada fonte formal do Direito do Trabalho.

Há previsão da arbitragem na esfera das relações de trabalho, conforme a Lei 7.783/1989, art. 3º, *caput*, sobre direito de greve, a Lei 10.101/2000, art. 4º, inciso II, sobre participação nos lucros ou resultados, e a Lei 12.815/2013, art. 37, § 1º, sobre trabalho portuário.

A arbitragem é forma de solução de conflitos, no caso, heterônoma, pois um terceiro (árbitro) é quem decidirá o litígio, por meio da sentença arbitral. É estabelecida por meio da convenção de arbitragem, que engloba a cláusula compromissória e o compromisso arbitral (art. 3º da Lei 9.307/1996).

Cabe esclarecer que o § 2º do art. 764 da CLT, ao mencionar o termo "juízo arbitral", utilizou-o com o evidente sentido de jurisdição estatal, pois, não havendo acordo em juízo, é proferida a decisão pelo juiz do trabalho.

A arbitragem voluntária não viola o princípio constitucional do livre acesso ao Poder Judiciário (art. 5º, inciso XXXV, da CF/1988), pois, no caso, a escolha da via arbitral fica a cargo das partes, não sendo imposta por lei (art. 1º da Lei 9.307/1996)[16]. Especificamente quanto à arbitragem compulsória, ou seja, imposta obrigatoriamente às partes, pode-se dizer que viola a garantia constitucional de acesso à jurisdição estatal, justamente por afastar este controle jurisdicional sem que os interessados assim o desejem[17].

A Constituição Federal de 1988, de forma expressa, indica a *possibilidade* de solução de confli-

---

5º, LXXV, da Magna Carta – erro judiciário e prisão além do tempo fixado na sentença –, e daqueles expressamente previstos em lei, a responsabilidade objetiva do Estado não se aplica aos atos jurisdicionais. Precedentes" (STF, 1ª T., AgR-RE 765.139/RN, Rel. Min. Rosa Weber, *DJe* 21.11.2017).

[15] Cf. REALE, Miguel. *Lições preliminares de direito*. 18. ed. São Paulo: Saraiva, 1991. p. 66.

[16] Cf. SILVA, Walküre Lopes Ribeiro da. Arbitragem nos conflitos coletivos de trabalho. *Revista de Direito do Trabalho*. São Paulo, RT, ano 27, n. 101, p. 152, jan.-mar. 2001: "apenas a arbitragem voluntária constitui verdadeira arbitragem, pois a obrigatória já contém a imposição do Estado, o que desfigura o instituto".

[17] Cf. NERY JUNIOR, Nelson; NERY, Rosa Maria de Andrade. *Código de Processo Civil comentado e legislação processual civil extravagante em vigor*. 5. ed. São Paulo: RT, 2001. p. 1.798: "Seria inconstitucional a LArb se estipulasse arbitragem compulsória, excluindo do exame, pelo Poder Judiciário, a ameaça ou lesão a direito".

tos coletivos de trabalho por meio da arbitragem (art. 114, §§ 1º e 2º), que, portanto, é facultativa.

A Lei 9.307/1996, em seu art. 1º, restringe a possibilidade de arbitragem "a direitos patrimoniais disponíveis". O Direito Individual do Trabalho tem como um de seus princípios fundamentais o da irrenunciabilidade, obstando condutas que tencionem afastar a aplicação dos direitos trabalhistas, previstos em normas que são, em tese, de ordem pública e dotadas de certo grau de indisponibilidade.

Desse modo, anteriormente, prevalecia o entendimento de que a arbitragem, quanto ao Direito do Trabalho, ficava restrita ao âmbito coletivo, sendo incompatível e inaplicável nas relações individuais de trabalho[18].

Na atualidade, o art. 507-A da CLT prevê que nos contratos individuais de trabalho cuja remuneração seja superior a duas vezes o limite máximo estabelecido para os benefícios do Regime Geral de Previdência Social, pode ser pactuada *cláusula compromissória de arbitragem*, desde que por iniciativa do empregado ou mediante a sua concordância expressa, nos termos previstos na Lei 9.307/1996.

A arbitragem, assim, passa a ser permitida nos contratos individuais de trabalho em que o empregado receba remuneração acima de duas vezes o limite máximo estabelecido para os benefícios do Regime Geral de Previdência Social. Nesse caso, admite-se a cláusula compromissória de arbitragem, desde que por iniciativa do empregado ou por meio de sua expressa anuência.

A cláusula compromissória é a convenção por meio da qual as partes em um contrato comprometem-se a submeter à arbitragem os litígios que possam vir a surgir, relativamente a tal contrato (art. 4º, *caput*, da Lei 9.307/1996).

Logo, por meio dessa convenção, as partes do contrato individual de trabalho previsto no art. 507-A da CLT se comprometem a submeter à arbitragem os litígios que possam surgir e forem decorrentes desse contrato.

Entretanto, entende-se que o mais adequado, inclusive com o fim de preservar a higidez da manifestação de vontade do empregado, teria sido a exigência de *compromisso arbitral* na hipótese em estudo, o qual é a convenção por meio da qual as partes submetem um litígio (já existente) à arbitragem de uma ou mais pessoas, podendo ser judicial ou extrajudicial (art. 9º, *caput*, da Lei 9.307/1996).

A sentença arbitral produz, entre as partes e seus sucessores, os mesmos efeitos da sentença proferida pelos órgãos do Poder Judiciário e, sendo condenatória, constitui título executivo (art. 31 da Lei 9.307/1996), em regra, de natureza judicial (art. 515, inciso VII, do CPC de 2015). Nesse enfoque, o árbitro é juiz de fato e de direito, e a sentença que proferir não fica sujeita a recurso ou a homologação pelo Poder Judiciário (art. 18 da Lei 9.307/1996).

4.3.7 Convenções e acordos coletivos

Como já mencionado, quando existente conflito coletivo de trabalho, o ideal é que as partes envolvidas o resolvam de forma negociada, por meio da autocomposição. A negociação coletiva é um procedimento que pode dar origem a normas jurídicas, dispondo, inclusive, sobre condições de trabalho de forma genérica e abstrata. Assim, o acordo coletivo e a convenção coletiva de trabalho são considerados fontes formais decorrentes da autonomia coletiva dos particulares.

A convenção coletiva põe fim a conflitos coletivos envolvendo a categoria profissional e a categoria econômica. Assim, em princípio, é firmada pelos respectivos sindicatos de trabalhadores e empregadores.

O acordo coletivo é o instrumento normativo negociado firmado entre o sindicato da categoria profissional e uma ou mais empresas, solucionando conflito coletivo envolvendo os empregados de

---

[18] Cf. TEIXEIRA FILHO, Manoel Antonio. *A sentença no processo do trabalho*. 2. ed. São Paulo: LTr, 1996. p. 145: "A arbitragem [...] é inadmissível no processo do trabalho, no plano das ações *individuais*, por força do art. 114, *caput*, da Constituição" (destaque do original).

uma ou mais empresas e seus empregadores.

O art. 614, § 3º, da CLT, com redação dada pela Lei 13.467/2017, prevê que não será permitido estipular duração de convenção coletiva ou acordo coletivo de trabalho superior a dois anos, sendo vedada a ultratividade.

A respeito do tema, cf. Capítulo 36, item 36.5.8.

4.3.8 Usos e costumes

Os usos e costumes são considerados fontes formais também no Direito do Trabalho. Trata-se de conduta reiteradamente praticada e observada pelo grupo social ou comunidade, que a considera juridicamente obrigatória.

O costume pode ser enfocado como conduta que abrange grupo de maior alcance, enquanto o uso é mais restrito.

O costume *contra legem* é aquele que viola a norma legal, não sendo, por isso, válido. O costume *secundum legem* refere-se à conduta que já está prevista na própria lei. Por fim, o costume *praeter legem* significa aquele que, embora não previsto em lei, não a afronta, sendo aceito pelo sistema jurídico, podendo, ainda, ser aplicado no caso de lacuna da lei.

No Direito do Trabalho, a conduta habitual do empregador que seja mais benéfica do que a previsão mínima contida na lei passa a ser obrigatória, em face do princípio da condição mais benéfica e do disposto no art. 468 da CLT. Além disso, um dos requisitos do salário *in natura* é justamente a habitualidade na concessão da utilidade (art. 458, *caput*, da CLT). Da mesma forma, o art. 460 da CLT estabelece que, na falta de estipulação do salário ou não havendo prova sobre a importância ajustada, o empregado terá direito a perceber salário igual ao daquele que, na mesma empresa, fizer serviço equivalente, ou do que for *habitualmente* (ou seja, costumeiramente) pago para serviço semelhante. Isso revela a importância do costume no âmbito da relação de emprego.

O art. 8º, *caput*, da CLT explicita que os usos e costumes também podem ser utilizados na falta de disposições legais e contratuais, ou seja, como forma de integração do ordenamento jurídico no Direito do Trabalho.

4.3.9 Regulamento de empresa

O regulamento de empresa, que pode existir no âmbito das relações de trabalho, muitas vezes prevê diversos direitos e deveres, de forma genérica e abstrata, alcançando os empregados contratados. Por isso, o regulamento de empresa pode ser considerado fonte formal do Direito do Trabalho[19]. Registre-se, no entanto, o entendimento divergente, no sentido de que o regulamento de empresa não possui natureza de norma jurídica, não sendo fonte formal do Direito, por se tratar de ato de vontade do empregador[20].

O regulamento de empresa pode ser *bilateral*, quando elaborado em conjunto com os empregados, ou *unilateral*, quando estabelecido apenas pelo empregador.

Os direitos trabalhistas previstos no regulamento de empresa passam a integrar os contratos de trabalho de cada empregado. Obviamente, suas regras devem observar os preceitos mínimos presentes na legislação trabalhista e demais instrumentos normativos, bem como normas de ordem pública a respeito.

O regulamento de empresa é mencionado no art. 144 da CLT, ao versar sobre o abono de férias.

Nos termos da Súmula 51, inciso I, do TST: "As cláusulas regulamentares, que revoguem ou

---

[19] Cf. MARTINS, Sergio Pinto. *Direito do trabalho*. 22. ed. São Paulo: Atlas, 2006. p. 41; BARROS, Alice Monteiro de. *Curso de direito do trabalho*. 2. ed. São Paulo: LTr, 2006. p. 118; NASCIMENTO, Amauri Mascaro. *Curso de direito do trabalho*. 19. ed. São Paulo: Saraiva, 2004. p. 272.

[20] Cf. DELGADO, Mauricio Godinho. *Curso de direito do trabalho*. São Paulo: LTr, 2002. p. 163.

alterem vantagens deferidas anteriormente, só atingirão os trabalhadores admitidos após a revogação ou alteração do regulamento". Trata-se de entendimento em conformidade com o art. 468, *caput*, da CLT, consagrando o princípio da condição mais favorável. As Súmulas 77 e 186 também fazem alusão a regulamento de empresa.

A Súmula 51, inciso II, do TST, por sua vez, assim prevê: "Havendo a coexistência de dois regulamentos da empresa, a opção do empregado por um deles tem efeito jurídico de renúncia às regras do sistema do outro".

O art. 611-A, inciso VI, da CLT prevê que a convenção coletiva e o acordo coletivo de trabalho têm prevalência sobre a lei quando dispuserem sobre *regulamento empresarial*.

4.3.10 Contrato de trabalho

O próprio contrato individual de trabalho, ao prever e estipular uma série de direitos e deveres às partes que figuram na relação de emprego, pode ser visto como uma fonte formal do Direito do Trabalho, embora referido entendimento não seja unânime na doutrina.

Obviamente, no caso, não se verificam os requisitos da generalidade e abstração, por ser o contrato de trabalho firmado com o empregado, individualmente. No entanto, entendendo-se fonte formal de modo mais ampliativo, englobando todos os modos de materialização de direitos, pode-se incluir o contrato individual de trabalho no respectivo rol, por conter norma individual e concreta.

4.3.11 Princípios jurídicos

Quanto aos princípios de direito, reconhecida a sua natureza normativa[21], devem ser incluídos entre as fontes formais do Direito[22]. O acerto desta assertiva é facilmente constatado ao se verificarem princípios inseridos e positivados na própria Constituição[23], a qual, sem dúvida, é considerada fonte, inclusive do Direito do Trabalho[24].

A aplicação dos (verdadeiros) princípios do Direito do Trabalho pela jurisprudência é fato não só esperado, mas também de suma importância para o alcance do ideal de concretização de justiça social, por meio das decisões proferidas pelos juízos trabalhistas[25].

Efetivamente, ao solucionar determinado conflito social, cabe ao juiz, por meio do processo, aplicar o direito material presente no ordenamento jurídico. Como já demonstrado, os princípios de direito apresentam natureza normativa. Por isso, nada mais natural do que a sua incidência, juntamente com as regras, na pacificação do conflito trazido ao Poder Judiciário.

Além desse aspecto, ao se decidir com fundamento em princípios de Direito do Trabalho – seja por meio de sua função de interpretação de outras normas e fatos sociais, seja na integração de lacunas do ordenamento jurídico –, o juiz estará aplicando a própria essência do Direito do

---

[21] Cf. GRAU, Eros Roberto. *O direito posto e o direito pressuposto*. São Paulo: Malheiros, 1996. p. 19; DELGADO, Maurício Godinho. *Curso de direito do trabalho*. São Paulo: LTr, 2002. p. 166.

[22] Em sentido diverso, no entender de Américo Plá Rodriguez: "Mais do que fontes, os princípios são emanações das outras fontes do direito. Os princípios aparecem envoltos e expressos por outras fontes. Além disso, porém, exercem uma função inspiradora e guiadora na interpretação do juiz que ultrapassa a função de fonte de direito e os situa em outro plano. Podem ser fontes materiais de direito, mas não formais" (*Princípios de direito do trabalho*. 3. ed. Tradução e revisão técnica de Wagner D. Giglio. Tradução das atualizações de Edilson Alkmim Cunha. São Paulo: LTr, 2004. p. 48).

[23] Cf. LENZA, Pedro. *Direito constitucional esquematizado*. 8. ed. São Paulo: Método, 2005. p. 31: "as normas constitucionais fixarão os princípios básicos dos demais ramos do Direito, não só público, como privado".

[24] Cf. MARTINS, Sergio Pinto. *O pluralismo do direito do trabalho*. São Paulo: Atlas, 2001. p. 69, 77-82.

[25] Cf. SOUTO MAIOR, Jorge Luiz. A jurisprudência como fonte do direito e seu efeito paradoxal de negação do próprio direito. In: ARRUDA PINTO, Roberto Parahyba de (Coord.). *O direito e o processo do trabalho na sociedade contemporânea*: homenagem a Francisco Ary Montenegro Castelo. São Paulo: LTr, 2005. p. 321: "O direito, integrado pela noção de princípios é algo muito mais amplo que a lei e serve ao objetivo maior da produção de justiça, sendo esta, no caso do direito do trabalho, uma justiça qualificada, qual seja, a justiça social".

Trabalho, ramo do Direito que tem por objetivo "atingir a melhoria das condições de vida do trabalhador"[26], assegurar a sua dignidade e, com isso, a concretização da justiça social e a própria valorização do trabalho[27].

Como leciona Jorge Luiz Souto Maior: *"Os princípios jurídicos trabalhistas são, por isso, a realização da justiça social*, a irrenunciabilidade dos direitos e a continuidade da relação de emprego" (destaquei)[28].

Portanto, a aplicação dos referidos princípios, pelos juízes e tribunais trabalhistas, em suas decisões, na realidade, significa a concretização do direito fundamental de dignidade do trabalhador, do objetivo de valorização do trabalho e do ideal de justiça social.

Os princípios do Direito do Trabalho serão estudados em Capítulo específico.

---

[26] SOUTO MAIOR, Jorge Luiz. *O direito do trabalho como instrumento de justiça social*. São Paulo: LTr, 2000. p. 25.
[27] Cf. SOUTO MAIOR, Jorge Luiz. *O direito do trabalho como instrumento de justiça social*. São Paulo: LTr, 2000. p. 31.
[28] SOUTO MAIOR, Jorge Luiz. *O direito do trabalho como instrumento de justiça social*. São Paulo: LTr, 2000. p. 26.

Capítulo 5

Interpretação, integração e eficácia das normas de Direito do Trabalho

5.1 Interpretação do Direito do Trabalho

A interpretação da norma jurídica significa a obtenção de seu verdadeiro sentido e alcance.

A hermenêutica é a ciência do Direito que versa sobre o conjunto de teorias, princípios e meios de interpretação das normas jurídicas.

No Direito do Trabalho são utilizados os métodos de interpretação da Teoria Geral do Direito, como a seguir exposto.

A *interpretação gramatical ou literal* é a verificação da redação e do sentido gramatical das disposições literais da norma jurídica, utilizando-se regras linguísticas e gramaticais.

A *interpretação lógica* refere-se à análise da norma jurídica de acordo com a razoabilidade e o bom senso, seguindo as regras de lógica, de modo a observar a coerência na disposição normativa. Por meio desse método, busca-se a chamada *mens legis*, ou seja, o pensamento contido na própria norma jurídica, e não a vontade de quem a produziu.

A *interpretação sistemática* quer dizer a análise da norma jurídica de acordo com o sistema em que se encontra inserida, ou seja, de forma harmônica com as diversas outras disposições, e não de forma isolada.

A *interpretação teleológica* diz respeito à finalidade, ou seja, ao objetivo que a norma jurídica busca alcançar. De acordo com o art. 5º da Lei de Introdução às Normas do Direito Brasileiro (LINDB, Decreto-lei 4.657, de 4 de setembro de 1942, ementa conforme a Lei 12.376, de 30 de dezembro de 2010), na aplicação da lei, o juiz atenderá aos fins sociais a que a lei se dirige e às exigências do bem comum, o que corresponde à *interpretação sociológica*, tendo em vista as necessidades sociais da norma jurídica[1]. Da mesma forma, o art. 8º, *caput*, da CLT determina que nenhum interesse de classe ou particular prevaleça sobre o interesse público. Nesse contexto, ao aplicar o ordenamento jurídico, o juiz deve atender aos fins sociais e às exigências do bem comum, resguardando e promovendo a dignidade da pessoa humana e observando a proporcionalidade, a razoabilidade, a legalidade, a publicidade e a eficiência (art. 8º do CPC de 2015).

A *interpretação histórica* é a análise dos fatos sociais e históricos que deram origem à norma jurídica, bem como do contexto da sociedade na ocasião, para melhor compreender a disposição normativa.

Conforme o art. 22 da Lei de Introdução às Normas do Direito Brasileiro, incluído pela Lei 13.655/2018, na *interpretação de normas sobre gestão pública* devem ser considerados os obstáculos e as dificuldades reais do gestor e as exigências das políticas públicas a seu cargo, sem prejuízo dos direitos dos administrados.

Em decisão sobre regularidade de conduta ou validade de ato, contrato, ajuste, processo ou norma administrativa, devem ser consideradas as circunstâncias práticas que houverem imposto, limitado ou condicionado a ação do agente.

---

[1] Cf. MARTINS, Sergio Pinto. *Direito do trabalho*. 28. ed. São Paulo: Atlas, 2012. p. 49-50.

Na *aplicação de sanções*, devem ser consideradas a natureza e a gravidade da infração cometida, os danos que dela provierem para a administração pública, as circunstâncias agravantes ou atenuantes e os antecedentes do agente. As sanções aplicadas ao agente devem ser levadas em conta na dosimetria das demais sanções de mesma natureza e relativas ao mesmo fato.

Nos termos do art. 23 da Lei de Introdução às Normas do Direito Brasileiro, acrescentado pela Lei 13.655/2018, a decisão administrativa, controladora ou judicial que estabelecer *interpretação ou orientação nova sobre norma de conteúdo indeterminado*, impondo novo dever ou novo condicionamento de direito, deve *prever regime de transição* quando indispensável para que o novo dever ou condicionamento de direito seja cumprido de modo proporcional, equânime e eficiente e sem prejuízo aos interesses gerais.

Procura-se garantir, assim, a *segurança jurídica*, essencial à estabilidade e à harmonia das relações sociais no Estado Democrático de Direito.

Quanto ao resultado da interpretação, esta pode ser restritiva, extensiva ou declarativa.

A *interpretação restritiva ou limitativa* resulta na limitação do sentido da disposição literal da norma jurídica, quando o legislador tiver dito mais do que o pretendido.

A *interpretação extensiva ou ampliativa* confere sentido mais amplo do que a literalidade da norma jurídica, aplicada quando a sua redação não corresponde à real vontade da disposição normativa.

A *interpretação declarativa* é aquela em que a redação da norma jurídica corresponde ao exato sentido normativo, sem a necessidade de restrição ou ampliação pelo intérprete.

De acordo com a origem da interpretação, esta pode ser autêntica, jurisprudencial e doutrinária.

A *interpretação autêntica* é aquela efetuada pelo próprio órgão que editou a norma jurídica, para esclarecer e declarar o seu verdadeiro sentido e alcance. Tratando-se de lei, a interpretação por meio de outra disposição legal significa a interpretação legislativa.

No entanto, frise-se que há corrente de entendimento no sentido de que o *intérprete autêntico* é o juiz, ao interpretar/aplicar os textos normativos e os fatos, exercendo ato de poder, com o que "cria direito, no sentido de definir normas de decisão"[2]. Nesse enfoque, o intérprete autêntico, ou seja, o juiz, "completa o trabalho do autor do texto normativo" e "produz o direito", pois essa interpretação/aplicação transforma o texto normativo em norma jurídica[3].

A *interpretação jurisprudencial* é a efetuada pelos tribunais, de acordo com as decisões proferidas, ao aplicar as disposições normativas incidentes sobre os conflitos objeto de apreciação.

A *interpretação doutrinária* é a decorrente dos estudos e escritos da doutrina, elaborada pelos estudiosos e pesquisadores do Direito, ao analisar as normas jurídicas.

Como nas demais ciências jurídicas, também no Direito do Trabalho os critérios de interpretação devem ser utilizados em conjunto, para que se possam verificar o verdadeiro significado, conteúdo e extensão da norma jurídica.

5.2 Integração do Direito do Trabalho

A integração do Direito tem a finalidade de suprir as lacunas da lei, ou seja, resolver o problema da ausência de norma jurídica específica regulando determinada situação. A integração concretiza o princípio da completude do ordenamento jurídico.

Conforme a Lei de Introdução às Normas do Direito Brasileiro, art. 4º, quando a lei for omissa, o juiz decidirá de acordo com a analogia, os costumes e os princípios gerais de Direito. O art. 140 do Código de Processo Civil de 2015 (art. 126 do CPC de 1973) dispõe que o juiz não se exime de decidir alegando lacuna ou obscuridade do ordenamento jurídico.

---

[2] GRAU, Eros Roberto. *Ensaio e discurso sobre a interpretação/aplicação do direito*. 4. ed. São Paulo: Malheiros, 2006. p. 90.
[3] Cf. GRAU, Eros Roberto. *Ensaio e discurso sobre a interpretação/aplicação do direito*. 4. ed. São Paulo: Malheiros, 2006. p. 64-65.

Especificamente quanto ao Direito do Trabalho, o art. 8º, *caput*, da CLT estabelece que na falta de disposições legais ou contratuais as autoridades administrativas e a Justiça do Trabalho decidirão, conforme o caso: pela jurisprudência, por analogia, por equidade e outros princípios e normas gerais do Direito, principalmente do Direito do Trabalho, e, ainda, de acordo com os usos e costumes e o Direito comparado.

O § 1º do art. 8º da CLT, com redação dada pela Lei 13.467/2017, estabelece que o Direito comum será fonte subsidiária do Direito do Trabalho.

Como toda aplicação subsidiária, entende-se que persiste a necessidade de compatibilidade ou harmonia com o sistema jurídico trabalhista.

Efetivamente, não há como se admitir a aplicação de previsões legais de outros ramos do Direito, de forma subsidiária, sem que elas sejam compatíveis com a sistemática própria do Direito do Trabalho, sob pena de desarmonia e desajuste do ordenamento jurídico, o qual deve manter a coerência, justamente por ser um sistema normativo de regras e princípios.

Assim, omisso o Direito do Trabalho, é possível a aplicação do Direito comum, abrangendo o Direito Civil e Empresarial, desde que compatível com os princípios fundamentais daquele ramo do Direito.

Como se nota, o art. 8º da CLT faz menção a fontes supletivas, no Direito do Trabalho, de forma mais ampla do que no Direito comum.

A *jurisprudência* significa a reiteração de decisões dos tribunais, aplicando e interpretando as normas jurídicas. No Direito do Trabalho, as Súmulas do Supremo Tribunal Federal sobre questões trabalhistas, bem como as Súmulas e as Orientações Jurisprudenciais do Tribunal Superior do Trabalho exercem grande influência na aplicação do Direito, merecendo destaque na uniformização da jurisprudência, o que também pode se verificar no âmbito dos Tribunais Regionais do Trabalho (art. 926 do CPC de 2015).

Princípios gerais de direito são verdades que dão sustentação ao sistema jurídico como um todo, por exemplo: a ninguém se deve lesar; dar a cada um aquilo que é seu; viver honestamente. Os princípios do Direito do Trabalho serão estudados no capítulo próprio.

Os *princípios do Direito do Trabalho* são o da proteção (que abrange a aplicação da norma mais favorável, a condição mais benéfica e o *in dubio pro operario*), o da irrenunciabilidade, o da primazia da realidade e o da continuidade da relação de emprego, podendo-se fazer referência, ainda, aos princípios da boa-fé, da razoabilidade e da não discriminação[4].

A *analogia* é o principal método de integração do ordenamento jurídico, significando a aplicação de certa norma jurídica para situação de fato sem tratamento específico, mas semelhante à relação regulada pela disposição normativa.

A doutrina menciona a existência de duas modalidades de analogia, ou seja, *legis* e *juris*.

Na analogia *legis*, a lacuna é preenchida por meio da aplicação de norma jurídica específica, a qual regula situação de fato semelhante àquela não regulada expressamente.

Na analogia *juris*, a integração ocorre aplicando-se ao fato não regulado o preceito jurídico extraído de um conjunto de normas presentes no ordenamento jurídico, bem como dos princípios gerais de direito.

A analogia pode ser *interna*, quando a norma supletiva, a ser aplicada ao caso em que se verificou a omissão normativa, integra o mesmo ramo do Direito em que se observou a lacuna. Na analogia *externa*, por sua vez, a norma que se aplica ao caso omisso integra outro ramo do Direito.

Mesmo na analogia *juris*, esta também pode ser: *interna*, mediante a aplicação de princípios e normas gerais de Direito do Trabalho; *externa*, incidindo os princípios gerais de Direito para a integração da lacuna jurídica.

---

[4] Cf. PLÁ RODRIGUEZ, Américo. *Princípios de direito do trabalho*. 3. ed. Tradução e revisão técnica de Wagner D. Giglio. Tradução das atualizações de Edilson Alkmim Cunha. São Paulo: LTr, 2004. p. 61.

Os *costumes* já foram estudados no capítulo das fontes, também podendo exercer função integrativa do sistema jurídico trabalhista.

A *equidade* pode ser entendida de duas formas[5]. A primeira, de origem grega (*epieikeia*), significa a amenização do rigor da norma jurídica, retificando distorções, ou seja, envolve a interpretação mais branda, equitativa, corrigindo as injustiças da norma abstrata na aplicação sobre situações em concreto, levando em conta suas particularidades. Dessa forma, o art. 852-I, § 1º, da CLT, que se refere ao procedimento sumaríssimo, estabelece que o juiz adotará, em cada caso, a decisão que reputar mais *justa e equânime*, atendendo aos fins sociais da lei e as exigências do bem comum.

A segunda concepção da equidade, de origem romana (*aequitas*), significa a criação de regra jurídica para o caso concreto, possibilitando a decisão sem vinculação às disposições legais, mas sim de acordo com os critérios de justiça. Conforme o parágrafo único do art. 140 do CPC de 2015 (art. 127 do CPC de 1973), a decisão por equidade depende de expressa autorização no ordenamento jurídico. Nessa linha, o art. 766 da CLT estabelece que nos dissídios sobre estipulação de salários serão estabelecidas condições que, assegurando *justos* salários aos trabalhadores, permitam também *justa* retribuição às empresas interessadas, indicando a importância da equidade no exercício do Poder Normativo pela Justiça do Trabalho.

O *Direito Comparado*, por sua vez, significa o confronto das leis de diversos países, levando em conta as estruturas sociais, históricas e políticas de cada um deles, as quais condicionam a formação dos diferentes sistemas jurídicos. O Direito Comparado, desse modo, não se confunde com a Legislação Comparada, tendo como objeto indicar as semelhanças entre o Direito e os institutos jurídicos de cada povo[6].

Entende-se por *autointegração* o preenchimento da lacuna normativa com a aplicação das próprias fontes principais do Direito, quer dizer, por meio da *analogia*, de modo que a lacuna seja integrada mediante normas internas, presentes no interior do próprio ordenamento jurídico.

Na *heterointegração*, a lacuna normativa é suprida por outros meios, não inseridos nas fontes principais do Direito, ou seja, com a incidência da jurisprudência, da equidade, dos princípios gerais de direito e do Direito do Trabalho, dos usos e costumes e do Direito comparado.

Embora a analogia seja apontada como forma de autointegração, observa-se que a modalidade da analogia *juris*, preenchendo-se a lacuna com a incidência de princípios gerais de direito, acaba por se confundir com a heterointegração[7].

5.3 Eficácia das normas de Direito do Trabalho no tempo

A entrada em vigor da norma é tema pertinente à sua vigência em abstrato, enquanto a eficácia refere-se à sua incidência e aplicação para as relações jurídicas e fatos em concreto.

A Lei de Introdução às Normas do Direito Brasileiro, art. 1º, estabelece que, salvo disposição contrária, a lei começa a vigorar em todo o País 45 dias depois de ser publicada. Nos Estados estrangeiros, a obrigatoriedade da lei, quando admitida, inicia-se três meses depois de oficialmente publicada. Muitas vezes a entrada em vigor da lei ocorre na data de publicação. Também é possível a lei estabelecer *vacatio legis* diferenciada para sua entrada em vigor.

Quanto ao término da vigência, o art. 2º da Lei de Introdução às Normas do Direito Brasileiro estabelece que, não se destinando à vigência temporária, a lei terá vigor até que outra a modifique ou a revogue. Os parágrafos desse dispositivo esclarecem, ainda, que: a lei posterior revoga a anterior quando expressamente o declare, quando seja com ela incompatível ou quando regule inteira-

---

[5] Cf. DELGADO, Mauricio Godinho. *Curso de direito do trabalho*. 15. ed. São Paulo: LTr, 2016. p. 178-179.
[6] Cf. REALE, Miguel. *Lições preliminares de direito*. 18. ed. São Paulo: Saraiva, 1991. p. 305.
[7] Cf. BARROS, Alice Monteiro de. *Curso de direito do trabalho*. 2. ed. São Paulo: LTr, 2006. p. 140 e 146.

mente a matéria de que tratava a lei anterior; a lei nova, que estabeleça disposições gerais ou especiais a par das já existentes, não revoga nem modifica a lei anterior; salvo disposições em contrário, a lei revogada não se restaura por ter a lei revogadora perdido a vigência.

No tocante às convenções e acordos coletivos de trabalho, os §§ 1º e 3º do art. 614 da CLT estabelecem a entrada em vigor três dias após a data da sua entrega no órgão competente do Ministério do Trabalho, não sendo permitido estipular duração superior a dois anos. Nesse sentido, de acordo com a Orientação Jurisprudencial 322 da SBDI-I do TST:

> "Nos termos do art. 614, § 3º, da CLT, é de 2 anos o prazo máximo de vigência dos acordos e das convenções coletivas. Assim sendo, é inválida, naquilo que ultrapassa o prazo total de 2 anos, a cláusula de termo aditivo que prorroga a vigência do instrumento coletivo originário por prazo indeterminado".

A sentença normativa, conforme interpretação do art. 868, parágrafo único, da CLT, tem prazo máximo de vigência de quatro anos. A entrada em vigor da sentença normativa é regulada pelo art. 867, parágrafo único, c/c o art. 616, § 3º, da CLT: a partir da data de sua publicação, quando ajuizado o dissídio coletivo após o prazo de sessenta dias anteriores ao termo final da norma coletiva anterior, ou, quando não existir acordo, convenção ou sentença normativa em vigor, da data do ajuizamento; a partir do dia imediato ao termo final de vigência do acordo, convenção ou sentença normativa, quando ajuizado o dissídio coletivo no prazo de sessenta dias anteriores ao termo final da norma coletiva anterior.

A eficácia da norma jurídica no tempo indica a sua produção de efeitos, ou seja, o período em que incide sobre as relações jurídicas. Assim, cabe analisar quando se inicia a aplicação da norma de Direito do Trabalho, tema de grande importância, pois a relação de emprego é continuada no tempo, ou seja, o contrato de trabalho é um negócio jurídico de trato sucessivo. O vínculo de emprego, portanto, produz efeitos ao longo do tempo, com a execução de suas prestações de forma sucessiva e contínua.

A teoria do efeito imediato da norma jurídica é a que apresenta maior adequação, inclusive para o Direito do Trabalho. A nova disposição normativa tem aplicação imediata, ou seja, incide sobre a relação de emprego em curso, regulando apenas os fatos ocorridos daí para frente, sem atingir eventos anteriores. No desenvolver do contrato de trabalho ocorrem fatos com relativa autonomia entre si. Portanto, como regra, apenas aos fatos ocorridos a partir da vigência desse novo comando normativo é que se aplica a sua regulamentação. Se aplicássemos a norma de Direito material do Trabalho aos fatos anteriores à sua vigência, seu efeito seria retroativo, e não imediato.

Obviamente, o contrato de trabalho já extinto não é alcançado pela norma jurídica posterior à cessação do vínculo; a relação de emprego iniciada após a nova disposição normativa é por esta regulada.

Além de indicar que vigência e eficácia não se confundem, o art. 6º da Lei de Introdução às Normas do Direito Brasileiro, ao adotar a teoria do efeito imediato, estabelece que a lei em vigor terá efeito imediato e geral, respeitados o ato jurídico perfeito, o direito adquirido e a coisa julgada.

Trata-se do mesmo critério seguido pelo art. 912 da CLT, ao prever que os dispositivos de caráter imperativo terão *aplicação imediata* às relações iniciadas, mas não consumadas, antes da vigência da Consolidação das Leis do Trabalho.

Assim, conforme o princípio da irretroatividade das leis, estas dispõem sempre para o futuro, não atingindo fatos passados. Nesse sentido, a Constituição Federal de 1988, no art. 5º, inciso XXXVI, estabelece que a lei não prejudicará o direito adquirido, o ato jurídico perfeito e a coisa julgada, resguardando os atos consumados à época da lei anterior, os direitos já integrados definitivamente ao patrimônio das pessoas antes da vigência da nova disposição, bem como as questões definitivamente decididas pelos tribunais. Apenas excepcionalmente é que o próprio texto constitucional, mediante o Poder Constituinte originário, pode prever em sentido contrário, como ocorre no art. 46, parágrafo único, do Ato das Disposições Constitucionais Transitórias da Constituição Federal de 1988.

Considerando o exposto, no caso da Lei 13.467/2017, que instituiu a reforma trabalhista, entende-se que a sua eficácia no tempo deve ocorrer de forma imediata, embora não retroativa.

Ainda assim, quanto aos contratos em curso, deve-se respeitar a norma constitucional que prevê a *irredutibilidade do salário*, salvo o disposto em convenção ou acordo coletivo (art. 7º, inciso VI, da Constituição da República). Nesse contexto, cabe lembrar da previsão da Súmula 191 do TST, notadamente em seu inciso III[8].

O art. 2º da Medida Provisória 808/2017 previa que o disposto na Lei 13.467/2017 seria aplicável, na integralidade, aos contratos de trabalho vigentes. Entretanto, a Medida Provisória 808/2017 perdeu eficácia em 24 de abril de 2018, desde a edição, por não ter sido convertida em lei (art. 62, § 3º, da Constituição da República).

Com isso, ganhou força o entendimento de que as previsões decorrentes da Lei 13.467/2017 que estabeleçam condições de trabalho menos benéficas ao empregado, ou seja, em patamar inferior ao anteriormente estabelecido, apenas seriam aplicáveis aos contratos de trabalho pactuados a partir da vigência do referido diploma legal, em respeito ao ato jurídico perfeito e ao direito adquirido (arts. 5º, inciso XXXV, e 7º, *caput*, da Constituição da República).

Ainda assim, no âmbito administrativo, notadamente para fins de fiscalização trabalhista, de acordo com o Parecer 00248/2018/CONJUR-MTB/CGU/AGU, de 14 de maio de 2018, aprovado pelo Ministro do Trabalho (Diário Oficial da União de 15.05.2018), "entende-se que mesmo a perda de eficácia do artigo 2º da MP 808/2017, a qual estabelecia de forma explícita, apenas a título de esclarecimento, a aplicabilidade imediata da Lei 13.467/2017 a todos os contratos de trabalho vigentes, não modifica o fato de que esta referida lei é aplicável de forma geral, abrangente e imediata a todos os contratos de trabalho regidos pela CLT (Decreto-lei n. 5.542, de 1º de maio de 1943), inclusive, portanto, àqueles iniciados antes da vigência da referida lei e que continuaram em vigor após 11.11.2017, quando passou a ser aplicável a Lei 13.467/2017".

5.3.1 Segurança jurídica, irretroatividade e direito adquirido

A segurança jurídica é verdadeiro pressuposto fundamental à adequada vida em sociedade.

As diversas relações sociais necessitam de certa previsibilidade para o correto desenvolvimento da vida em sociedade, de forma a alcançar os objetivos do bem comum. O Direito, regendo normativamente as diversas relações intersubjetivas, verificadas no plano dos fatos, busca justamente a harmonização dessas relações jurídicas. Assim, para que esse objetivo maior, de harmonia na convivência social, com o seu pleno desenvolvimento, seja alcançado, faz-se imperiosa a existência de segurança nas relações jurídico-sociais.

Da mesma forma, como não se pode imaginar uma sociedade devidamente organizada sem o Direito[9], não há como alcançar estabilidade e progresso social sem a devida segurança jurídica regendo as relações estabelecidas entre as pessoas e grupos. Como frisa Manoel Gonçalves Ferreira Filho: "Na verdade, o fundamento do princípio da irretroatividade é a segurança jurídica"[10].

---

[8] Súmula 191 do TST: "Adicional de periculosidade. Incidência. Base de cálculo. I – O adicional de periculosidade incide apenas sobre o salário básico e não sobre este acrescido de outros adicionais. II – O adicional de periculosidade do empregado eletricitário, contratado sob a égide da Lei n. 7.369/1985, deve ser calculado sobre a totalidade das parcelas de natureza salarial. Não é válida norma coletiva mediante a qual se determina a incidência do referido adicional sobre o salário básico. III – A alteração da base de cálculo do adicional de periculosidade do eletricitário promovida pela Lei n. 12.740/2012 *atinge somente contrato de trabalho firmado a partir de sua vigência*, de modo que, nesse caso, o cálculo será realizado exclusivamente sobre o salário básico, conforme determina o § 1º do art. 193 da CLT" (destaquei).

[9] Cf. REALE, Miguel. *Lições preliminares de direito*. 18. ed. São Paulo: Saraiva, 1991. p. 2: "o Direito corresponde à exigência essencial e indeclinável de uma convivência ordenada, pois nenhuma sociedade poderia subsistir sem o mínimo de ordem, de direção e solidariedade".

[10] FERREIRA FILHO, Manoel Gonçalves. *O poder constituinte*. 4. ed. São Paulo: Saraiva, 2005. p. 189.

Capítulo 5 — Interpretação, integração e eficácia das normas de Direito do Trabalho

O princípio da irretroatividade insere-se, justamente, como forma de manutenção e garantia da indispensável segurança jurídica[11]. Nesse sentido, assim leciona Washington de Barros Monteiro:

"Efetivamente, sem o princípio da irretroatividade, inexistiria qualquer segurança nas transações, a liberdade civil seria um mito, a estabilidade patrimonial desapareceria e a solidez dos negócios estaria sacrificada, para dar lugar a ambiente de apreensões e incertezas, impregnado de intranquilidade e altamente nocivo aos superiores interesses do indivíduo e da sociedade. Seria negação do próprio direito, cuja específica função, no dizer de Ruggiero Maroi, é tutela e garantia"[12].

Sendo a segurança jurídica preceito de tão elevada importância, cabe verificar a sua previsão no sistema jurídico. O art. 5º da Constituição Federal de 1988 estabelece, em seu *caput*:

"Todos são iguais perante a lei, sem distinção de qualquer natureza, garantindo-se aos brasileiros e aos estrangeiros residentes no País a *inviolabilidade do direito* à vida, à liberdade, à igualdade, *à segurança* e à propriedade, nos termos seguintes:
[...]
XXXVI – a lei não prejudicará o direito adquirido, o ato jurídico perfeito e a coisa julgada" (destaquei).

Como se nota, a *segurança jurídica* é assegurada pelo mencionado dispositivo constitucional, ao fazer menção, de modo mais genérico, ao *direito à segurança*, inserido no Capítulo I ("Dos Direitos e Deveres Individuais e Coletivos") do Título II, pertinente aos "Direitos e Garantias Fundamentais", da Constituição Federal de 1988.

Portanto, o direito à segurança jurídica, protegendo situações jurídicas consumadas, mesmo diante de futuras alterações normativas, insere-se no rol dos direitos fundamentais, com previsão no art. 5º, *caput*, inciso XXXVI, da Constituição da República. Essa conclusão resulta não só da localização formal das referidas disposições constitucionais, mas, principalmente, em razão da natureza de essencialidade do mencionado direito para o homem (ser humano), na manutenção da ordem jurídica e da harmonia da vida em sociedade[13].

No Direito Administrativo, como observa Maria Sylvia Zanella Di Pietro, o "princípio da segurança jurídica" foi inserido entre os princípios da Administração Pública, pelo art. 2º, *caput*, da Lei 9.784/1999, com o objetivo de "vedar a aplicação retroativa de nova interpretação de lei no âmbito da Administração Pública", como se observa na disposição do art. 2º, parágrafo único, inciso XIII, do referido diploma legal[14].

Ainda nesse contexto, a decisão administrativa, controladora ou judicial que estabelecer *interpretação ou orientação nova sobre norma de conteúdo indeterminado*, impondo novo dever ou novo condicionamento de direito, deve *prever regime de transição* quando indispensável para que o novo dever ou condicionamento de direito seja cumprido de modo proporcional, equânime e eficiente e

---

[11] Cf. SILVA, José Afonso da. *Curso de direito constitucional positivo*. 10. ed. São Paulo: Malheiros, 1994. p. 412: "Uma importante condição da segurança jurídica está na relativa certeza que os indivíduos têm de que as relações realizadas sob o império de uma norma devem perdurar ainda quando tal norma seja substituída. Realmente, uma lei é feita para vigorar e produzir seus efeitos para o futuro".

[12] MONTEIRO, Washington de Barros. *Curso de direito civil*: parte geral. 40. ed. rev. e atual. por Ana Cristina de Barros Monteiro França Pinto. São Paulo: Saraiva, 2005. v. 1, p. 31.

[13] Cf. ARAUJO, Luiz Alberto David; NUNES JÚNIOR, Vidal Serrano. *Curso de direito constitucional*. 10. ed. São Paulo: Saraiva, 2006. p. 180: "Entre os direitos fundamentais, a Constituição busca assegurar a estabilidade das relações jurídicas, proibindo a retroeficácia da lei em face do direito adquirido, do ato jurídico perfeito e da coisa julgada".

[14] Cf. DI PIETRO, Maria Sylvia Zanella. *Direito administrativo*. 19. ed. São Paulo: Atlas, 2006. p. 99. Segundo esclarece a autora (Idem, ibidem, p. 100): "O princípio tem de ser aplicado com cautela, para não levar ao absurdo de impedir a Administração de anular atos praticados com inobservância da lei. Nesses casos, não se trata de mudança de interpretação, mas de ilegalidade, esta sim a ser declarada retroativamente, já que atos ilegais não geram direitos".

sem prejuízo aos interesses gerais (art. 23 da Lei de Introdução às Normas do Direito Brasileiro, incluído pela Lei 13.655/2018).

Tendo em vista a necessidade de *segurança jurídica*, conforme o art. 24 da Lei de Introdução às Normas do Direito Brasileiro, incluído pela Lei 13.655/2018, a *revisão*, nas esferas administrativa, controladora ou judicial, quanto à validade de ato, contrato, ajuste, processo ou norma administrativa cuja produção já se houver completado deve levar em conta as *orientações gerais da época*, sendo vedado que, com base em mudança posterior de orientação geral, se declarem inválidas situações plenamente constituídas.

Consideram-se *orientações gerais* as interpretações e especificações contidas em atos públicos de caráter geral ou em jurisprudência judicial ou administrativa majoritária, e, ainda, as adotadas por prática administrativa reiterada e de amplo conhecimento público.

Além disso, as autoridades públicas devem atuar para aumentar a *segurança jurídica* na aplicação das normas, inclusive por meio de regulamentos, súmulas administrativas e respostas a consultas (art. 30 da Lei de Introdução às Normas do Direito Brasileiro, acrescentado pela Lei 13.655/2018). Os referidos instrumentos terão *caráter vinculante em relação ao órgão ou entidade a que se destinam*, até ulterior revisão.

O princípio da irretroatividade tem o seu conteúdo explicitado, bem como os seus contornos *ampliados e qualificados*, pela garantia do não prejuízo ao direito adquirido, ao ato jurídico perfeito e à coisa julgada[15]. Quanto ao tema, destaca Maria Coeli Simões Pires que "o princípio da irretroatividade, mesmo quando omitido em sua literalidade no direito constitucional positivo, encontra-se, salvo em breve tempo representado pelo lapso do regime da Constituição de 1937, implícito no sistema, como âncora da segurança jurídica"[16].

Como doutrina Manoel Gonçalves Ferreira Filho, o art. 5º, inciso XXXVI, da Constituição Federal "proscreve a retroatividade das leis"[17]. Além disso, na realidade, segundo destaca o mencionado autor: "A proteção ao direito adquirido é mais do que a mera irretroatividade – insista-se ainda mais uma vez. Ela importa, no fundo, uma limitação ao efeito imediato da lei. [...] Configura-se, portanto, um *plus* em relação à mera irretroatividade"[18].

A Lei de Introdução às Normas do Direito Brasileiro (Decreto-lei 4.657, de 4 de setembro de 1942) apresenta as seguintes disposições e definições:

"Art. 6º A Lei em vigor terá efeito imediato e geral, respeitados o ato jurídico perfeito, o direito adquirido e a coisa julgada.

§ 1º Reputa-se ato jurídico perfeito o já consumado segundo a lei vigente ao tempo em que se efetuou.

§ 2º Consideram-se adquiridos assim os direitos que o seu titular, ou alguém por ele, possa exercer, como aqueles cujo começo do exercício tenha termo prefixo, ou condição preestabelecida inalterável, a arbítrio de outrem.

§ 3º Chama-se coisa julgada ou caso julgado a decisão final de que não caiba mais recurso" (redação dada pela Lei 3.238, de 1º de agosto de 1957).

---

[15] Cf. MONTEIRO, Washington de Barros. *Curso de direito civil*: parte geral. 40. ed. rev. e atual. por Ana Cristina de Barros Monteiro França Pinto. São Paulo: Saraiva, 2005. v. 1, p. 30: "Sobre ele [o princípio da irretroatividade] se assentam a estabilidade dos direitos adquiridos, a intangibilidade dos atos jurídicos perfeitos e a invulnerabilidade da coisa julgada, que, entre nós, constituem garantias constitucionais".
[16] PIRES, Maria Coeli Simões. *Direito adquirido e ordem pública*: segurança jurídica e transformação democrática. Belo Horizonte: Del Rey, 2005. p. 162-163.
[17] FERREIRA FILHO, Manoel Gonçalves. *Curso de direito constitucional*. 22. ed. São Paulo: Saraiva. 1995. p. 261.
[18] FERREIRA FILHO, Manoel Gonçalves. *O poder constituinte*. 4. ed. São Paulo: Saraiva, 2005. p. 197.

O *direito adquirido* é aquele que integra o patrimônio jurídico da pessoa. O direito é considerado adquirido no momento em que o titular preenche os seus requisitos, podendo, assim, exercê-lo quando quiser[19].

Antes do cumprimento dos requisitos para a sua aquisição, a pessoa tem mera expectativa de direito. Nesse enfoque, segundo a jurisprudência do Supremo Tribunal Federal, não há direito adquirido a regime jurídico (STF, Pleno, RE 575.089/RS, Rel. Min. Ricardo Lewandowski, *DJe* 24.10.2008), ou seja, de permanecer em certo regime jurídico (formado por normas jurídicas, em regra genéricas e abstratas, que compõem o ordenamento jurídico ou o Direito objetivo), mesmo depois da sua modificação legal.

Na verdade, como destaca Manoel Gonçalves Ferreira Filho, "o ato jurídico perfeito e a coisa julgada são respeitados como fontes de direitos subjetivos adquiridos". Assim, ainda de acordo com o autor: "O fundamental é a proteção destes para a segurança das relações jurídicas"[20].

Sobre o tema, Rubens Limongi França conceitua o direito adquirido como: "a consequência de uma lei, por via direta ou por intermédio de fato idôneo; consequência que, tendo passado a integrar o patrimônio material ou moral do sujeito, não se fez valer antes da vigência de lei nova sobre o mesmo objeto"[21].

Por isso, pode-se dizer que o direito adquirido, o ato jurídico perfeito e a coisa julgada "marcam a segurança e a certeza das relações que, na sociedade, os indivíduos, por um imperativo da própria convivência social, estabelecem"[22]. Cabe ressalvar, no entanto, admitir-se a chamada "retroação benéfica"[23], principalmente no Direito Penal, conforme o art. 5º, inciso XL, da Constituição Federal de 1988, e mesmo no Direito Tributário[24]. Nessa linha, cabe transcrever a seguinte decisão do Supremo Tribunal Federal:

"O princípio insculpido no inciso XXXVI do art. 5º da Constituição (garantia do direito adquirido) não impede a edição, pelo Estado, de norma retroativa (lei ou decreto) em benefício do particular" (STF, 1ª T., RE 184.099/DF, Rel. Min. Octavio Gallotti, *DJ* 18.04.1997).

Segundo consagrada lição da doutrina do Direito Constitucional, é *possível* que a norma instituída pelo Poder Constituinte originário tenha eficácia retroativa[25]. Referido Poder originário, como destaca Manoel Gonçalves Ferreira Filho, tem três caracteres fundamentais: é *inicial*, "porque não se funda noutro"; é *"ilimitado* em face ao Direito positivo", ou, para os adeptos do jusnaturalismo, *autônomo*; é incondicionado, pois "não tem fórmula prefixada para sua manifestação"[26].

Efetivamente, com o surgimento de novel ordem jurídico-constitucional, as disposições anteriores, que forem incompatíveis com aquela, não são recepcionadas, com a sua consequente

---

[19] Cf. MARTINS, Sergio Pinto. *Direito do trabalho*. 28. ed. São Paulo: Atlas, 2012. p. 334: "Direito adquirido é o que faz parte do patrimônio jurídico da pessoa, por ter atendidos todos os requisitos necessários para aquisição do direito, podendo exercê-lo a qualquer momento".
[20] FERREIRA FILHO, Manoel Gonçalves. *Curso de direito constitucional*. 22. ed. São Paulo: Saraiva. 1995. p. 261.
[21] LIMONGI FRANÇA, Rubens. *A irretroatividade das leis e o direito adquirido*. 3. ed. São Paulo: RT, 1982. p. 208.
[22] DINIZ, Maria Helena. *Lei de Introdução ao Código Civil brasileiro interpretada*. 11. ed. São Paulo: Saraiva, 2005. p. 202.
[23] BASTOS, Celso Ribeiro; MARTINS, Ives Gandra da Silva. *Comentários à Constituição do Brasil*: promulgada em 5 de outubro de 1988. 3. ed. São Paulo: Saraiva, 2004. v. 2 (arts. 5º a 17), p. 210.
[24] Cf. BITTAR, Carlos Alberto. *Curso de direito civil*. Rio de Janeiro: Forense Universitária, 1994. v. 1, p. 34: "Pode, no entanto, o legislador determinar, por exemplo, o alcance de situações passadas, ou em curso, mas para beneficiar os interessados (retroatividade benéfica), como em certas relações de Direito Tributário e de Direito Penal. Deve ser, no entanto, explicitada tal característica, pois não se admite retroatividade virtual ou inata, ou seja, inexiste lei retroativa por índole. A regra é a referida irretroatividade".
[25] Cf. FERREIRA FILHO, Manoel Gonçalves. *O poder constituinte*. 4. ed. São Paulo: Saraiva, 2005. p. 191: "Pode a norma originária ter retroeficácia. Pode tê-la, não a tem necessariamente. A presunção, aliás, é não ter retroeficácia. Assim, apenas quando resulta de modo suficientemente claro a intenção de colher os fatos passados, é que se deve interpretar como retroativa uma norma constitucional originária".
[26] FERREIRA FILHO, Manoel Gonçalves. *Curso de direito constitucional*. 22. ed. São Paulo: Saraiva. 1995. p. 23-24.

revogação[27]. Nesse sentido, não há como prevalecer pretenso direito adquirido contrário à nova Constituição[28]. Cabe transcrever, sobre o tema, o seguinte julgado do Supremo Tribunal Federal:

"O constituinte, ao estabelecer a inviolabilidade do direito adquirido, do ato jurídico perfeito e da coisa julgada, diante da lei (art. 5º, XXXVI), obviamente se excluiu dessa limitação, razão pela qual nada o impedia de recusar a garantia à situação jurídica em foco. Assim é que, além de vedar, no art. 37, XIV, a concessão de vantagens funcionais 'em cascata', determinou a imediata supressão de excessos da espécie, sem consideração a 'direito adquirido', expressão que há de ser entendida como compreendendo não apenas o direito adquirido propriamente dito, mas também o decorrente do ato jurídico perfeito e da coisa julgada. [...]. Inconstitucionalidade não configurada. Recurso não conhecido" (STF, 1ª T., RE 140.894/SP, Rel. Min. Ilmar Galvão, j. 10.05.1994, DJ 09.08.1996).

A situação, no entanto, é distinta tratando-se de Emenda Constitucional, decorrente do Poder Constituinte derivado. O tema apresenta certa controvérsia, fazendo-se menção ao entendimento – aqui não adotado – de que à emenda constitucional, "sem dúvida, pela força de que está revestida de norma constitucional, cabe o cassar direitos adquiridos"[29].

Na realidade, a vedação da aplicação retroativa das disposições normativas é princípio que fundamenta todo o sistema jurídico, sob pena de seu colapso, decorrente de intolerável insegurança jurídica[30]. Justamente em razão da necessidade de manutenção da *segurança jurídica* nas relações sociais, a norma prevista em Emenda Constitucional, em tese, submete-se ao princípio da *irretroatividade*, consagrado no *direito fundamental de preservação do ato jurídico perfeito, da coisa julgada e do direito adquirido*, conforme art. 5º, inciso XXXVI, da Constituição da República, inserido pelo Poder Constituinte originário. Essa disposição encontra-se entre as chamadas cláusulas pétreas, não podendo ser objeto de deliberação a proposta de emenda constitucional tendente a abolir os "direitos e garantias individuais", nos termos do art. 60, § 4º, inciso IV, da Constituição Federal de 1988[31]. Como se sabe, referidos direitos e garantias estão previstos no art. 5º da Lei Maior (Título II, Capítulo I: "Dos Direitos e Deveres Individuais e Coletivos"), no qual se encontram assegurados o direito à segurança – aqui englobada a segurança jurídica (*caput*) –, bem como o já destacado inciso XXXVI. Aliás, cabe ressaltar que o próprio § 2º, deste mesmo art. 5º, também resguarda outros direitos e garantias "decorrentes do regime e dos princípios por ela adotados, ou dos tratados internacionais em que a República Federativa do Brasil seja parte".

---

[27] Cf. LENZA, Pedro. *Direito constitucional esquematizado*. 10. ed. São Paulo: Método, 2006. p. 74-76.

[28] Cf. LOPES, Miguel Maria de Serpa. *Curso de direito civil*: introdução, parte geral e teoria dos negócios jurídicos. 9. ed. rev. e atual. pelo Prof. José Serpa de Santa Maria. Rio de Janeiro: Freitas Bastos, 2000. v. 1, p. 205-206. "Não há dúvida, refere Gabba, que uma nova Constituição política de Estado tira o vigor a todas as leis de ordem pública e administrativa preexistentes, e que se manifestem inconciliáveis com ela: Infrutiferamente pretender-se-ão direitos adquiridos contra aquelas novas leis e outras semelhantes, pois não podem existir direitos adquiridos contra a aplicação de uma nova lei constitucional". Cf. art. 17, *caput*, parte final, do Ato das Disposições Constitucionais Transitórias da CF/1988.

[29] BASTOS, Celso Ribeiro; MARTINS, Ives Gandra da Silva. *Comentários à Constituição do Brasil*: promulgada em 5 de outubro de 1988. 3. ed. São Paulo: Saraiva, 2004. v. 2 (arts. 5º a 17), p. 209. Cf. art. 29, *in fine*, da Emenda Constitucional 19, de 04.06.1998, e art. 9º da Emenda Constitucional 41, de 19.12.2003.

[30] Cf. MONTEIRO, Washington de Barros. *Curso de direito civil*: parte geral. 40. ed. rev. e atual. por Ana Cristina de Barros Monteiro França Pinto. São Paulo: Saraiva, 2005. v. 1, p. 30: "Em regra, deve prevalecer o princípio da irretroatividade: as leis não têm efeitos pretéritos; elas só valem para o futuro (*lex prospicit, non respicit*). O princípio da não retroprojeção constitui um dos postulados que dominam toda legislação contemporânea. Na frase de Grenier, esse princípio é a própria moral da legislação. Tão velho como o direito, ele é altamente político e social, inerente ao próprio sentimento de justiça".

[31] Cf. LENZA, Pedro. *Direito constitucional esquematizado*. 10. ed. São Paulo: Método, 2006. p. 553: "em se tratando de manifestação do poder constituinte derivado reformador, em virtude do limite material da cláusula pétrea prevista no art. 60, § 4º, IV, entendemos que os direitos adquiridos deverão ser preservados".

Assim, a Emenda Constitucional, mesmo tendo eficácia imediata, não pode operar de forma retroativa, uma vez que é decorrente do Poder Constituinte instituído, o qual se caracteriza "por ser *derivado* (provém de outro), *subordinado* (está abaixo do originário, de modo que é *limitado* por este) e *condicionado* (só pode agir nas condições postas, pelas formas fixadas)"[32].

Por isso, a interpretação sistemática e teleológica do art. 5º, inciso XXXVI, revela que não somente a lei em sentido estrito, mas as normas jurídicas em geral, como arroladas no art. 59 da Constituição Federal de 1988 – inclusive a Emenda Constitucional –, devem respeitar "o direito adquirido, o ato jurídico perfeito e a coisa julgada"[33]. Nas lições de Manoel Gonçalves Ferreira Filho:

> "Se a Constituição proíbe a retroatividade, ou garante o direito adquirido, a norma derivada não pode colhê-los, nem ter efeito retroativo.
>
> Fruto de um Poder adstrito às limitações e condicionamentos postos pela Constituição, obviamente tem de observar o que esta preceitua quanto aos pontos assinalados: irretroatividade ou respeito aos direitos adquiridos.
>
> Claro está que jamais se pode pressupor a retroatividade da norma derivada"[34].

Com o surgimento de nova lei, de ordem pública, discute-se a incidência do princípio da irretroatividade, tendo em vista o caráter cogente daquela. Na realidade, o preceito constitucional, garantindo a segurança jurídica, por meio do respeito ao direito adquirido, ao ato jurídico perfeito e à coisa julgada, deve ser observado, inclusive, em relação à nova disposição jurídica considerada de ordem pública[35]. Sobre o tema, cabe transcrever o seguinte julgado proferido pelo Supremo Tribunal Federal:

> "O disposto no artigo 5º, XXXVI, da Constituição Federal se aplica a toda e qualquer lei infraconstitucional, sem qualquer distinção entre lei de Direito Público e lei de Direito Privado, ou entre lei de ordem pública e lei dispositiva. Precedente do STF [...]" (STF, Pleno, ADI 493/DF, Rel. Min. Moreira Alves, j. 25.06.1992, *DJ* 04.09.1992, *RTJ* 143-03/724).

Como já destacado, o Poder Constituinte originário (histórico ou revolucionário) – o qual difere de simples lei de ordem pública – é que não admite a preservação de direito adquirido contrário à nova ordem constitucional. Além disso, não se pode confundir: *eficácia imediata* da nova disposição normativa cogente – incidindo quanto a fatos futuros e situações ainda não consumadas –, o que é permitido pelo sistema jurídico; com *eficácia retroativa*, atingindo o direito adquirido, o ato jurídico perfeito ou a coisa julgada, o que é vedado, justamente, para se resguardar a segurança nas relações sociais[36].

Há negócios jurídicos – notadamente contratos – que se caracterizam por ser de trato sucessivo, configurando relações jurídicas continuadas. Nestes casos, o vínculo jurídico existe e produz efeitos ao longo do tempo, com a execução de suas prestações de forma sucessiva e contínua[37]. No desenvolver da relação jurídica continuada ocorrem fatos com relativa autonomia entre si. Portan-

---

[32] FERREIRA FILHO, Manoel Gonçalves. *Curso de direito constitucional*. 22. ed. São Paulo: Saraiva. 1995. p. 24.

[33] Cf. DI PIETRO, Maria Sylvia Zanella. *Direito administrativo*. 19. ed. São Paulo: Atlas, 2006. p. 566-568; PIRES, Maria Coeli Simões. *Direito adquirido e ordem pública*: segurança jurídica e transformação democrática. Belo Horizonte: Del Rey, 2005. p. 303-305; MELLO, Celso Antônio Bandeira de. *Curso de direito administrativo*. 19. ed. São Paulo: Malheiros, 2005. p. 303-309; MORAES, Alexandre de. *Direito constitucional administrativo*. 2. ed. São Paulo: Atlas, 2005. p. 225-226.

[34] FERREIRA FILHO, Manoel Gonçalves. *O poder constituinte*. 4. ed. São Paulo: Saraiva, 2005. p. 192.

[35] Cf. RAMOS, Elival da Silva. *A proteção aos direitos adquiridos no direito constitucional brasileiro*. São Paulo: Saraiva, 2003. p. 194-204.

[36] Cf. MONTEIRO, Washington de Barros. *Curso de direito civil*: parte geral. 40. ed. rev. e atual. por Ana Cristina de Barros Monteiro França Pinto. São Paulo: Saraiva, 2005. v. 1, p. 32-33; PEREIRA, Caio Mário da Silva. *Instituições de direito civil*: introdução ao direito civil; teoria geral de direito civil. 21. ed. rev. e atual. por Maria Celina Bodin de Moraes. Rio de Janeiro: Forense, 2006. v. 1, p. 162.

[37] Cf. LISBOA, Roberto Senise. *Manual de direito civil*: contratos e declarações unilaterais: teoria geral e espécies. 3. ed. São Paulo: RT, 2005. v. 3, p. 185.

to, como regra, aos fatos ocorridos a partir da vigência do novo comando normativo é que se aplicam a sua previsão[38]. Se fosse aplicada a norma jurídica aos fatos anteriores à sua vigência, seu efeito seria retroativo (e não imediato), o que é vedado pelo art. 5º, inciso XXXVI, da Constituição Federal de 1988[39]. Segundo leciona Manoel Gonçalves Ferreira Filho:

"Decorre do efeito imediato necessariamente que a norma nova rege os *facta futura*, jamais os *facta praeterita*. Quanto aos *facta pendentia*, certamente ela não colhe a parte que ocorreu no passado, podendo atingir a que virá no futuro.

Equivalente é a situação dos fatos em relação à retroatividade ou irretroatividade da norma. Esta, observada a irretroatividade, não colhe os *facta praeterita*, pois do contrário seria retroativa. Atinge sem dificuldade os *facta futura*. Polemiza-se, entretanto, no tocante a seu efeito em face dos *facta pendentia*"[40].

Surgindo nova disposição normativa, deve incidir, quanto ao negócio jurídico de trato sucessivo, de forma imediata, mas não retroativa[41]. Aliás, como observa Manoel Gonçalves Ferreira Filho, "não há direito adquirido à permanência de um estatuto legal"[42-43].

Luiz Alberto David Araujo e Vidal Serrano Nunes Júnior também asseveram, corretamente, que: "no caso de normas de ordem pública aplicáveis a contratos de execução continuada, a nova regra tem incidência imediata, infligindo alteração no teor do contrato"[44].

Desse mesmo modo, tem-se o exemplo, justamente, do contrato de trabalho, ou seja, da relação jurídica de emprego; sua execução, em tese, prolonga-se no tempo, devendo a lei nova, notadamente se de ordem pública, incidir de forma imediata, ou seja, quanto às situações em curso, aplicando-se aos fatos, condutas e mesmo relativamente aos efeitos a serem produzidos posteriormente à modificação normativa, mas sem prejudicar as situações já consumadas[45].

5.4 Eficácia das normas de Direito do Trabalho no espaço

A eficácia da norma jurídica no espaço tem relevância no Direito do Trabalho para solucionar conflitos de disposições normativas quanto ao território de aplicação. O tema é regulado pelos critérios do Direito Internacional Privado.

---

[38] Cf. MONTEIRO, Washington de Barros. *Curso de direito civil*: parte geral. 40. ed. rev. e atual. por Ana Cristina de Barros Monteiro França Pinto. São Paulo: Saraiva, 2005. v. 1, p. 29: "A lei é expedida para disciplinar fatos futuros. O passado escapa ao seu império".

[39] Cf. BITTAR, Carlos Alberto. *Curso de direito civil*. Rio de Janeiro: Forense Universitária, 1994. v. 1, p. 34: "em nosso sistema, essa problemática ajusta-se à do efeito imediato (ou da aplicação imediata), por meio do qual a lei nova abarca, sob a sua égide, relações que ainda se não aperfeiçoaram ou se não consumaram. Desse modo, embora nascidas sob a égide da lei antiga, não ganharam o respectivo perfeccionamento (sic), sujeitando-se, assim, à nova disciplinação (sic), respeitados sempre os direitos adquiridos e as situações juridicamente acabadas. Vale dizer, não alcança fatos passados ou realizados em situações completadas à vigência da lei anterior".

[40] FERREIRA FILHO, Manoel Gonçalves. *O poder constituinte*. 4. ed. São Paulo: Saraiva, 2005. p. 190.

[41] Cf. NASCIMENTO, Amauri Mascaro. *Curso de direito do trabalho*. 19. ed. São Paulo: Saraiva, 2004. p. 325-326: "Cumpre verificar que no direito do trabalho também é aceita a irretroatividade como regra geral e que da maior importância para o nosso direito é a distinção, calcada em Paul Roubier, entre retroatividade e efeito imediato, esta última figura revestindo-se de significado especial nos contratos de trato sucessivo, como o contrato de trabalho".

[42] FERREIRA FILHO, Manoel Gonçalves. *Curso de direito constitucional*. 22. ed. São Paulo: Saraiva. 1995. p. 261.

[43] Cf. FERREIRA FILHO, Manoel Gonçalves. *O poder constituinte*. 4. ed. São Paulo: Saraiva, 2005. p. 199: "São inúmeros os casos em que a constitucionalidade de leis tem sido por ela reconhecida quanto a textos que, visando a objetivos econômicos ou sociais, incidem sobre cláusulas de contratos vigentes. Assim, várias vezes ocorreu quanto à legislação do inquilinato, quanto ao valor máximo de multas, quanto a fórmulas de correção monetária ou atualização de valores decorrente de depreciação monetária causada pela inflação".

[44] ARAUJO, Luiz Alberto David; NUNES JÚNIOR, Vidal Serrano. *Curso de direito constitucional*. 10. ed. São Paulo: Saraiva, 2006. p. 181.

[45] Cf. NASCIMENTO, Amauri Mascaro. *Teoria geral do direito do trabalho*. São Paulo: LTr, 1998. p. 216-217.

Capítulo 5 — Interpretação, integração e eficácia das normas de Direito do Trabalho

Em regra, aplica-se a lei do local da execução do contrato de trabalho para a solução de conflitos de normas no espaço.

O critério da lei do local da prestação dos serviços é previsto no Código de Bustamante (art. 198), ratificado pelo Brasil e promulgado pelo Decreto 18.871/1929. Assim, o elemento de conexão, em matéria trabalhista, é o da territorialidade, tendo em vista a soberania nacional.

A Súmula 207 do TST, atualmente *cancelada* (sessão do Tribunal Pleno de 16.04.2012), estabelecia que: "A relação jurídica trabalhista é regida pelas leis vigentes no país da prestação de serviço e não por aquelas do local da contratação".

Ocorrendo transferências provisórias, de curta duração, para outros países, pode-se entender que o empregado permanece regido pela lei do local principal, pertinente ao contrato de trabalho e sua execução.

Anteriormente, a Lei 7.064, de 6 de dezembro de 1982, regulava a situação dos trabalhadores contratados no Brasil, ou transferidos por empresas prestadoras de serviços de engenharia, inclusive consultoria, projetos e obras, montagens, gerenciamento e congêneres, para prestar serviços no exterior (art. 1º, em sua redação original).

Na atualidade, a Lei 11.962, de 3 de julho de 2009 (*DOU* de 06.07.2009), alterou o art. 1º da Lei 7.064/1982, passando a dispor que este diploma legal "regula a situação de trabalhadores contratados no Brasil ou transferidos por seus empregadores para prestar serviço no exterior".

Desse modo, a Lei em questão passou a disciplinar, de forma geral, os casos em que o trabalhador é contratado no Brasil, ou transferido por seu empregador, *para laborar no exterior*, não mais se restringindo às empresas de engenharia, consultoria, projetos e obras, montagens, gerenciamento e congêneres.

Para os efeitos da Lei 7.064/1982, considera-se *transferido*: o empregado removido para o exterior, cujo contrato estava sendo executado no território brasileiro; o empregado cedido à empresa sediada no estrangeiro, para trabalhar no exterior, desde que mantido o vínculo trabalhista com o empregador brasileiro; o empregado contratado por empresa sediada no Brasil para trabalhar a seu serviço no exterior (art. 2º).

De acordo com a relevante disposição do art. 3º da Lei 7.064/1982: "A empresa responsável pelo contrato de trabalho do empregado transferido assegurar-lhe-á, independentemente da observância da legislação do local da execução dos serviços: I – os direitos previstos nesta Lei; II – a aplicação da legislação brasileira de proteção ao trabalho, naquilo que não for incompatível com o disposto nesta Lei, quando mais favorável do que a legislação territorial, no conjunto de normas e em relação a cada matéria"[46].

O parágrafo único do mesmo dispositivo estabelece, ainda, que: "Respeitadas as disposições especiais desta Lei, aplicar-se-á a legislação brasileira sobre Previdência Social, Fundo de Garantia do Tempo de Serviço – FGTS e Programa de Integração Social – PIS/PASEP".

Nesse sentido, de acordo com a Orientação Jurisprudencial 232 da SBDI-I do TST: "O FGTS incide sobre todas as parcelas de natureza salarial pagas ao empregado em virtude de prestação de serviços no exterior".

Mesmo quando a Lei 7.064/1982 apenas regulava a situação dos trabalhadores contratados no Brasil, ou transferidos por empresas prestadoras de serviços de engenharia, inclusive consultoria, projetos e obras, montagens, gerenciamento e congêneres, para prestar serviços no exterior, existia o entendimento, de parte da doutrina, no sentido de que a totalidade das disposições da Lei

---

[46] De acordo com o parágrafo único do art. 1º da Lei 7.064/1982: "Fica excluído do regime desta Lei o empregado designado para prestar serviços de natureza transitória, por período não superior a 90 (noventa) dias, desde que: *a)* tenha ciência expressa dessa transitoriedade; *b)* receba, além da passagem de ida e volta, diárias durante o período de trabalho no exterior, as quais, seja qual for o respectivo valor, não terão natureza salarial".

7.064/1982 deveria ser aplicada, por analogia, em todas as hipóteses de trabalhadores que prestem serviços no exterior – inclusive quanto à lei de direito material de regência da relação de emprego. Entretanto, antes da alteração decorrente da Lei 11.962/2009, acima referida, prevalecia o entendimento de que a mencionada regra era considerada especial, de modo que nas hipóteses não inseridas na norma específica, aplicava-se a disposição geral, prevista na Súmula 207 do TST (atualmente cancelada), pertinente à lei do local da prestação dos serviços.

No presente, a Lei 7.064/1982 passou a regular, de forma genérica, a situação de trabalhadores contratados no Brasil ou transferidos por seus empregadores para prestar serviço no exterior.

Em razão disso, pode-se entender que passa a ser aplicada a previsão do art. 3º da Lei 7.064/1982, na hipótese de transferência do empregado para prestar serviço no exterior.

No caso de contratação de trabalhador, por empresa estrangeira, para trabalhar no exterior, exige-se a prévia autorização do Ministério do Trabalho (art. 12 da Lei 7.064/1982). Essa autorização somente poderá ser dada à empresa de cujo capital participe, em pelo menos 5%, pessoa jurídica domiciliada no Brasil (art. 13).

O art. 14 do mesmo diploma legal apresenta a seguinte disposição: "Sem prejuízo da aplicação das leis do país da prestação dos serviços, no que respeita a direitos, vantagens e garantias trabalhistas e previdenciárias, a empresa estrangeira assegurará ao trabalhador os direitos a ele conferidos neste Capítulo".

Na realidade, a Lei 7.064/1982 disciplina:

– em seu Capítulo II, a *transferência do empregado para trabalhar no exterior* (art. 2º), hipótese em que se aplica o já destacado art. 3º;
– em seu Capítulo III, a *contratação do empregado, por empresa estrangeira, para trabalhar no exterior*.

Nesse último caso, o art. 14, como mencionado, estabelece a aplicação das leis do país da prestação dos serviços, no que respeita a direitos, vantagens e garantias trabalhistas e previdenciárias, mas a parte final desse dispositivo menciona que a empresa estrangeira deve assegurar os direitos "conferidos neste Capítulo". Entretanto, o Capítulo mencionado é o III, da Lei 7.064/1982, enquanto o seu art. 3º encontra-se no Capítulo II, relativo à transferência do empregado ao exterior.

Por isso, na hipótese de *empregado contratado por empresa estrangeira, para prestar serviço no exterior*, há entendimento de que não se aplica a previsão do art. 3º da Lei 7.064/1982, mas sim a *lei do país da prestação dos serviços* (na linha do disposto no art. 198 do Código de Bustamante), tendo em vista a disposição especial do seu art. 14[47].

Já no caso de empregado contratado por *empresa brasileira*, para prestar serviço no exterior, cabe lembrar que, de acordo com o art. 2º, inciso III, da Lei 7.064/1982, considera-se *transferido* "o empregado contratado por empresa sediada no Brasil para trabalhar a seu serviço no exterior".

Desse modo, nessa última hipótese, torna-se aplicável o art. 3º do mesmo diploma legal, no sentido de que a empresa responsável pelo contrato de trabalho do *empregado transferido* assegurar-lhe-á, independentemente da observância da legislação do local da execução dos serviços:

---

[47] Cf. MARTINS, Sergio Pinto. *Direito do trabalho*. 24. ed. São Paulo: Atlas, 2008. p. 56: "Em princípio, poderia o intérprete entender que, em se tratando de contratação no Brasil para trabalhar no exterior, seria aplicável o art. 3º da Lei 7.064, que determina a aplicação da legislação trabalhista brasileira, mesmo havendo a prestação de serviços no exterior. Entretanto, o art. 14 da Lei n. 7.064 é bastante claro no sentido de que não se observa todo o contido na referida lei para o contratado no Brasil para prestar serviços no exterior, mas apenas o previsto no capítulo no qual está inserido o art. 14. O capítulo é o III, que compreende apenas os arts. 12 a 20 e não toda a lei. Logo, não é observado o art. 3º da mencionada norma".

Capítulo 5 — Interpretação, integração e eficácia das normas de Direito do Trabalho

"Art. 3º [...] I – os direitos previstos nesta Lei; II – a aplicação da legislação brasileira de proteção ao trabalho, naquilo que não for incompatível com o disposto nesta Lei, quando mais favorável do que a legislação territorial, no conjunto de normas e em relação a cada matéria. Parágrafo único. Respeitadas as disposições especiais desta Lei, aplicar-se-á a legislação brasileira sobre Previdência Social, Fundo de Garantia do Tempo de Serviço e Programa de Integração Social (PIS/PASEP)".

Por fim, nas *hipóteses não disciplinadas pela Lei 7.064/1982* (alterada pela Lei 11.962/2009), isto é, nas *situações que não se referem a trabalhadores contratados no Brasil ou transferidos por seus empregadores para prestar serviço no exterior, envolvendo, diversamente, apenas prestação de serviço no exterior* (sem contratação no Brasil nem transferência a outro país), apesar do cancelamento da Súmula 207 do TST, em princípio, entende-se que deve ser aplicado o art. 198 do Código de Bustamante, no sentido de que a relação de emprego é regida pela lei do local da prestação do serviço.

Quanto aos demais aspectos da transferência ao exterior, são aplicáveis as disposições da Lei 7.064/1982, como será aprofundado mais adiante, ao se estudar o tema da transferência do empregado.

De acordo com o art. 281 da Convenção de Direito Internacional Privado (Código de Bustamante), promulgada pelo Decreto 18.871/1929, as obrigações dos oficiais e da "gente do mar" (quer dizer, dos que trabalham a bordo da embarcação, integrando a tripulação marítima) e a ordem interna do navio subordinam-se à lei do pavilhão (lei da bandeira do navio), isto é, à lei do país (Estado) onde está registrada (matriculada) a embarcação (art. 274). A respeito do tema, cf. TST, 4ª T., RR-1829-57.2016.5.13.0005, Rel. Min. Alexandre Luiz Ramos, *DEJT* 01.02.2019.

Entretanto, segundo o entendimento majoritário da jurisprudência, em cruzeiros marítimos internacionais, aos empregados contratados no Brasil para trabalhar em navios estrangeiros, com viagens ou percursos em águas brasileiras e estrangeiras ou internacionais, deve ser aplicada a legislação brasileira de proteção ao trabalho, naquilo que não for incompatível com o disposto na Lei 7.064/1982, quando mais favorável do que a legislação territorial estrangeira, no conjunto de normas e em relação a cada matéria, em consonância com o art. 3º, inciso II, da Lei 7.064/1982[48].

---

[48] "Empregado contratado no Brasil. Labor em navio de cruzeiro internacional. Competência da Justiça brasileira e legislação trabalhista aplicável. [...] 8 – A jurisprudência majoritária do TST, quanto à hipótese de trabalhador brasileiro contratado para desenvolver suas atividades em navios estrangeiros em percursos em águas nacionais e internacionais, é de que nos termos do art. 3º, II, da Lei n. 7.064/82, aos trabalhadores nacionais contratados no País ou transferidos do País para trabalhar no exterior, aplica-se a legislação brasileira de proteção ao trabalho naquilo que não for incompatível com o diploma normativo especial, quando for mais favorável do que a legislação territorial estrangeira. 9 – O Pleno do TST cancelou a Súmula n. 207 porque a tese de que 'A relação jurídica trabalhista é regida pelas leis vigentes no país da prestação de serviço e não por aquelas do local da contratação' não espelhava a evolução legislativa, doutrinária e jurisprudencial sobre a matéria. E após o cancelamento da Súmula n. 207 do TST, a jurisprudência majoritária se encaminhou para a conclusão de que somente em princípio, à luz do Código de Bustamante, também conhecido como 'Lei do Pavilhão' (Convenção de Direito Internacional Privado em vigor no Brasil desde a promulgação do Decreto n. 18.871/29), aplica-se às relações de trabalho desenvolvidas em alto mar a legislação do país de inscrição da embarcação. Isso porque, em decorrência da Teoria do Centro de Gravidade (*most significant relationship*), as normas de Direito Internacional Privado deixam de ser aplicadas quando, observadas as circunstâncias do caso, verificar-se que a relação de trabalho apresenta uma ligação substancialmente mais forte com outro ordenamento jurídico. Trata-se da denominada 'válvula de escape', segundo a qual impende ao juiz, para fins de aplicação da legislação brasileira, a análise de elementos tais como o local das etapas do recrutamento e da contratação e a ocorrência ou não de labor também em águas nacionais. 10 – Nos termos do art. 3º da Lei n. 7.064/1982, a antinomia aparente de normas de direito privado voltadas à aplicação do direito trabalhista deve ser resolvida pelo princípio da norma mais favorável, considerando o conjunto de princípios, regras e disposições que dizem respeito a cada matéria (teoria do conglobamento mitigado). 11 – Não se ignora a importância das normas de Direito Internacional oriundas da ONU e da OIT sobre os trabalhadores marítimos (a exemplo da Convenção das Nações Unidas sobre o Direito do Mar, ratificada pelo Brasil por meio do Decreto n. 4.361/2002, e da Convenção n. 186 da OIT sobre Direito Marítimo – MLC, não ratificada pelo Brasil). Contudo, deve-se aplicar a legislação brasileira em observância a Teoria do Centro de Gravidade e ao princípio da norma mais favorável, que norteiam a solução jurídica quanto há concorrência entre normas no Direito Internacional Privado, na área trabalhista. Doutrina. 12 – Cumpre registrar que o próprio texto da Convenção n. 186 da OIT sobre Direito Marítimo – MLC, não ratificado pelo Brasil, esclarece que sua edição levou em conta 'o parágrafo 8º do art. 19 da Constituição da Organização

Além disso, conforme o art. 7º da Resolução Normativa 5/2017 do Conselho Nacional de Imigração, os brasileiros recrutados em território nacional e embarcados para laborar apenas durante a temporada de cruzeiros marítimos pela costa brasileira devem ser contratados pela empresa estabelecida no Brasil ou, na ausência desta, pelo agente marítimo responsável pela operação da embarcação, cujo contrato de trabalho deve ser vinculado à legislação trabalhista brasileira aplicável à espécie. Cf. Capítulo 30, item 30.3.

Internacional do Trabalho, que determina que, de modo algum a adoção de qualquer Convenção ou Recomendação pela Conferência ou a ratificação de qualquer Convenção por qualquer Membro poderá afetar lei, decisão, costume ou acordo que assegure condições mais favoráveis aos trabalhadores do que as condições previstas pela Convenção ou Recomendação'. 13 – Não afronta o princípio da isonomia a aplicação da legislação brasileira mais favorável aos trabalhadores brasileiros e a aplicação de outra legislação aos trabalhadores estrangeiros no mesmo navio. Nesse caso há diferenciação entre trabalhadores baseada em critérios objetivos (regência legislativa distinta), e não discriminação fundada em critérios subjetivos oriundos de condições e/ou características pessoais dos trabalhadores" (TST, 6ª T., ARR – 1370-79.2015.5.09.0012, Rel. Min. Kátia Magalhães Arruda, *DEJT* 14.02.2020).

CAPÍTULO 6

PRINCÍPIOS DO DIREITO DO TRABALHO

6.1 Conceito e natureza jurídica dos princípios no Direito

Os princípios exercem papel fundamental na ciência jurídica. Para que certo ramo do Direito tenha sua autonomia científica reconhecida, sempre se busca a indicação de seus princípios específicos[1].

O Direito do Trabalho, assim, também tem os seus princípios próprios, que, aliás, desempenham funções essenciais para a adequada regulação das relações laborais.

Em termos mais genéricos, os princípios, nas lições de Miguel Reale, "são 'verdades fundantes' de um sistema de conhecimento, como tais admitidas, por serem evidentes ou por terem sido comprovadas, mas também por motivos de ordem prática de caráter operacional, isto é, como pressupostos exigidos pelas necessidades da pesquisa e da *praxis*"[2].

Os chamados princípios gerais de direito, portanto, são verdades que dão sustentação ao sistema jurídico como um todo, ou seja, "enunciações normativas de valor genérico, que condicionam e orientam a compreensão do ordenamento jurídico, quer para a sua aplicação e integração, quer para a elaboração de novas normas"[3].

Pode-se compreender, assim, o relevante papel dos princípios nas ciências, e em específico no Direito, por constituírem os seus alicerces, dando estrutura ao sistema.

É adequado dizer que os princípios apresentam natureza normativa, não se tratando de meros enunciados formais. Isso é demonstrado quando se constata que dos princípios são extraídas outras normas, significando que aqueles têm a mesma natureza. Além disso, os princípios também exercem certa função reguladora das relações sociais, como ocorre com as demais normas jurídicas[4].

Na realidade, o sistema jurídico contém normas, as quais representam um gênero, do qual são espécies as regras e os princípios[5]. A diferença é que os princípios apresentam grau de abstração e generalidade superior quando comparados às regras, pois servem de inspiração para estas e de sustentação de todo o sistema.

As regras regulam apenas os fatos e atos nelas previstos, enquanto os princípios comportam uma série indefinida de aplicações[6].

---

[1] Cf. SÜSSEKIND, Arnaldo. *Instituições de direito do trabalho*. 18. ed. São Paulo: LTr, 1999. v. 1, p. 151: "Além dos princípios gerais de direito, certo é que os diferentes ramos da ciência jurídica possuem princípios próprios, sem os quais seria duvidoso afirmar-lhes a autonomia".
[2] REALE, Miguel. *Lições preliminares de direito*. 18. ed. São Paulo: Saraiva, 1991. p. 299.
[3] REALE, Miguel. *Lições preliminares de direito*. 18. ed. São Paulo: Saraiva, 1991. p. 300.
[4] Cf. BOBBIO, Norberto. *Teoria do ordenamento jurídico*. 10. ed. Tradução de Maria Celeste Cordeiro Leite dos Santos, revisão técnica Claudio De Cicco. Brasília: Editora Universidade de Brasília, 1997. p. 158-159.
[5] Cf. GRAU, Eros Roberto. *A ordem econômica na Constituição de 1988*. 3. ed. São Paulo: Malheiros, 1997. p. 76: "um sistema ou ordenamento jurídico não será jamais integrado exclusivamente por regras. Nele se compõem, também, os princípios jurídicos ou princípios de direito". Idem, ibidem, p. 112: "norma jurídica é *gênero* que alberga, como *espécies*, regras e princípios jurídicos" (destaques do original).
[6] Cf. GRAU, Eros Roberto. *A ordem econômica na Constituição de 1988*. 3. ed. São Paulo: Malheiros, 1997. p. 95.

6.2 Funções dos princípios de direito

Os princípios exercem relevantes funções no sistema jurídico, podendo ser sintetizadas em três aspectos.

A primeira função dos princípios é a de *integração* do ordenamento jurídico. Observada a ausência de disposição específica para regular o caso em questão, pode-se recorrer aos princípios gerais de direito, "tradicionalmente conhecidos por analogia *iuris*"[7].

Efetivamente, de acordo com o art. 4º da Lei de Introdução às Normas do Direito Brasileiro, quando "a lei for omissa, o juiz deve decidir o caso de acordo com a analogia, os costumes e os *princípios gerais de direito*". Especificamente ao âmbito trabalhista, o art. 8º, *caput*, da CLT determina que as autoridades administrativas e a Justiça do Trabalho, na falta de disposições legais ou contratuais, devem decidir, "conforme o caso, pela jurisprudência, por analogia, por equidade e outros *princípios e normas gerais de direito, principalmente do direito do trabalho*"[8]. Aliás, a aplicação subsidiária do "Direito comum" ao Direito do Trabalho é permitida pelo § 1º do mesmo art. 8º, entendendo-se necessária a compatibilidade com o sistema jurídico trabalhista, com ênfase em seus *princípios fundamentais* (cf. Capítulo 5, item 5.2).

A segunda função dos princípios é a de *interpretação*, orientando o juiz e o aplicador ou intérprete das normas jurídicas quanto ao real sentido e alcance destas. Como os princípios compõem a estrutura do sistema, as regras jurídicas devem ser aplicadas e interpretadas em conformidade com aqueles[9].

Os princípios, ainda, exercem a função *inspiradora* do legislador, em sua atividade de elaboração de novas disposições normativas[10].

Como se pode notar, "os princípios são importantes componentes do sistema, auxiliando, decisivamente, na formação e na interpretação das normas jurídicas"[11].

6.3 Princípios de Direito do Trabalho

O Direito do Trabalho apresenta princípios próprios, reconhecidos pela doutrina e aplicados pela jurisprudência, quais sejam: o princípio da proteção, o princípio da irrenunciabilidade, o princípio da primazia da realidade e o princípio da continuidade da relação de emprego.

Existem, ainda, princípios constitucionais do trabalho, presentes no texto da Constituição Federal de 1988, os quais figuram como verdadeiros alicerces na regulação da matéria.

Nesse sentido, a República Federativa do Brasil constitui-se em Estado Democrático de Direito, tendo como "fundamentos": a soberania; a *cidadania*; a *dignidade da pessoa humana*; os *valores sociais do trabalho* e da livre iniciativa (art. 1º da CF/1988).

Efetivamente, o princípio da dignidade humana é o fundamento dos direitos humanos e fundamentais, nos quais se inserem aqueles de ordem social e trabalhista. Justamente em razão disso, tem-se o princípio do valor social do trabalho, também de ordem fundamental.

---

[7] BOBBIO, Norberto. *Teoria do ordenamento jurídico*. 10. ed. Tradução de Maria Celeste Cordeiro Leite dos Santos, revisão técnica Claudio De Cicco. Brasília: Editora Universidade de Brasília, 1997. p. 156.
[8] Cf. MARTINS, Sergio Pinto. *Direito do trabalho*. 5. ed. São Paulo: Malheiros, 1998. p. 73: "Os princípios têm várias funções [...]. A função normativa atua como fonte supletiva, nas lacunas ou omissões da lei".
[9] Cf. SOUTO MAIOR, Jorge Luiz. *O direito do trabalho como instrumento de justiça social*. São Paulo: LTr, 2000. p. 291: "Os princípios, por isso, informam as normas e *auxiliam na sua interpretação*, além de dar corpo, como dito, ao sistema jurídico" (destaquei).
[10] Cf. NASCIMENTO, Amauri Mascaro. *Curso de direito do trabalho*. 19. ed. São Paulo: Saraiva, 2004. p. 341-342: "os princípios têm uma tríplice função. Primeira, a função interpretativa, da qual são um elemento de apoio. Segunda, a *função de elaboração do direito do trabalho, já que auxiliam o legislador*. Terceira, a função de aplicação do direito, na medida em que servem de base para o juiz sentenciar" (destaquei).
[11] SOUTO MAIOR, Jorge Luiz. *O direito do trabalho como instrumento de justiça social*. São Paulo: LTr, 2000. p. 290.

Da mesma forma, constituem "objetivos fundamentais" da República Federativa do Brasil: *construir uma sociedade* livre, *justa* e solidária; garantir o desenvolvimento nacional; *erradicar a pobreza e a marginalização e reduzir as desigualdades sociais* e regionais; *promover o bem de todos*, sem preconceitos de origem, raça, sexo, cor, idade e quaisquer outras formas de discriminação (art. 3º da CF/1988).

Cabe destacar que a República Federativa do Brasil, em suas relações internacionais, tem como um de seus princípios regentes a "prevalência dos direitos humanos" (art. 4º, inciso II, da CF/1988).

De extrema importância, ainda, a previsão do art. 170 da Constituição Federal de 1988, ao prever que a ordem econômica é "fundada na *valorização do trabalho* e na livre iniciativa", tendo por fim "assegurar a todos *existência digna*, conforme os ditames da *justiça social*", observados, entre outros, os princípios da função social da propriedade, da defesa do meio ambiente, da *redução das desigualdades* regionais e *sociais*, da *busca do pleno emprego*.

Nota-se, portanto, a reiteração dos *princípios da dignidade da pessoa humana, da valorização do trabalho e da justiça social*, inseridos também como fundamentos da ordem econômica.

O art. 5º, inciso XIII, da Constituição Federal assegura a liberdade do exercício de qualquer trabalho, ofício ou profissão, atendidas as qualificações profissionais que a lei estabelecer. Trata-se do chamado princípio da liberdade de trabalho, o qual não é totalmente incondicionado ou ilimitado, como se verifica na parte final do referido dispositivo constitucional.

O art. 6º da Constituição da República, por sua vez, assegura, como direito social, de ordem fundamental, o *direito ao trabalho*, ao lado de outros, como o direito à proteção da maternidade.

O art. 7º, *caput*, da Constituição Federal de 1988, ao ressalvar outros direitos que visem à melhoria da condição social de trabalhadores urbanos e rurais, adota o princípio da proteção, a ser estudado em seguida.

Além disso, verifica-se a incidência do princípio da igualdade no tratamento constitucional dos empregados urbanos e rurais.

Cabe destacar, de todo modo, que o princípio da igualdade (art. 5º, *caput*, da CF/1988) fundamenta o *princípio da isonomia salarial*. Além disso, o princípio da igualdade deve ser entendido em sua vertente não apenas formal, mas também material, tratando de forma desigual os desiguais, na medida de sua desigualdade.

É proibida a diferença de salários, de exercício de funções e de critério de admissão por motivo de sexo, idade, cor ou estado civil (art. 7º, inciso XXX, da Constituição da República).

O art. 7º, no inciso XXXI, da Constituição Federal de 1988, veda a discriminação no tocante a salário e critérios de admissão do trabalhador portador de deficiência. O mesmo art. 7º, no inciso XXXII, proíbe a distinção entre trabalho manual, técnico e intelectual ou entre os profissionais respectivos. O *princípio da não discriminação*, no caso, significa não ser admitido o tratamento desigual sem razoabilidade nem justificativa lógica, caracterizando injusta diferenciação sem parâmetros que possam ser admitidos ou mesmo justificados[12].

O inciso I do art. 7º da Constituição fundamenta-se no *princípio da proteção da despedida arbitrária ou sem justa causa*, bem como remonta ao princípio da continuidade da relação de emprego, a ser estudado posteriormente.

O *princípio da irredutibilidade salarial* vem previsto no art. 7º, inciso VI, da Constituição da República. Não se trata de princípio absoluto, tendo em vista a ressalva contida na parte final do dispositivo, reportando-se à convenção ou ao acordo coletivo de trabalho.

A proteção em face da automação (art. 7º, inciso XXVII), a representação dos trabalhadores na empresa (art. 11) e a greve (art. 9º), embora estejam previstas na Constituição Federal de 1988, po-

---

[12] Cf. Orientação Jurisprudencial 25 da SDC do TST: "Salário normativo. Contrato de experiência. Limitação. Tempo de serviço. Possibilidade. Não fere o princípio da isonomia salarial (art. 7º, XXX, da CF/88) a previsão de salário normativo tendo em vista o fator tempo de serviço".

dem ser entendidas como "direitos" de natureza trabalhista, embora parte da doutrina também os arrole entre os princípios constitucionais do Direito do Trabalho[13].

O art. 8º, *caput* e incisos I e V, da Constituição Federal assegura o *princípio da liberdade sindical*, embora o texto constitucional estabeleça certas restrições ao referido princípio. Tanto é assim que o art. 8º, inciso II, prevê o *princípio da unicidade sindical*, ao vedar a criação de mais de uma organização sindical, em qualquer grau, representativa de categoria profissional ou econômica, na mesma base territorial.

O *princípio da autonomia coletiva dos particulares* é o fundamento da previsão do art. 7º, inciso XXVI (que reconhece as convenções e acordos coletivos de trabalho), bem como do art. 8º, inciso VI (sobre a participação dos sindicatos na negociação coletiva), ambos da Constituição da República. Trata-se de tema a ser estudado em Capítulo próprio, voltado ao Direito Coletivo do Trabalho.

Cabe lembrar, por fim, que os princípios que regem a Administração Pública estão previstos no art. 37, *caput*, da Constituição Federal, podendo incidir nas relações jurídicas dos servidores regidos pela legislação trabalhista.

6.3.1 Princípio da proteção

O princípio da proteção engloba três vertentes: o *in dubio pro operario*, a aplicação da norma mais favorável e a condição mais benéfica[14].

O polo mais vulnerável da relação jurídica de emprego merece um tratamento jurídico superior[15], por meio de medidas protetoras, para que se alcance a efetiva igualdade substancial[16], ou seja, promovendo-se o equilíbrio que falta na relação de trabalho[17], pois, na origem, os seus titulares normalmente se apresentam em posições socioeconômicas desiguais.

Na realidade, o princípio da proteção insere-se na estrutura do Direito do Trabalho, que surgiu, de acordo com a história, inicialmente, como forma de impedir a exploração do capital sobre o trabalho humano, em seguida, visando a melhorar as condições de vida dos trabalhadores e, por fim, possibilitando aos trabalhadores adquirir *status* social, noção máxima de cidadania[18].

Por isso, Américo Plá Rodriguez, acertadamente, destaca que o fundamento do princípio da proteção "está ligado à própria razão de ser do Direito do Trabalho"[19].

Aplicando o *princípio da proteção*, pode-se transcrever a seguinte decisão do Tribunal Superior do Trabalho:

"Correção monetária. Só incide sobre débito da empresa. A lei geral, que comina a correção monetária sob quaisquer débitos judiciais não derroga a lei especial que dela isenta o débito do empregado reconhecido em sentença da Justiça do Trabalho, impondo-a apenas ao empregador, em atenção ao princípio protetor da legislação social" (TST-RR 4051/1981, Ac. 1.838, 1ª T., Rel. Min. Coqueijo Costa, j. 24.05.1982, *DJ* 20.08.1982).

De acordo com o *in dubio pro operario*, na interpretação de uma norma jurídica que possa ser entendida de diversos modos(ou seja, havendo dúvida sobre o seu efetivo alcance), deve-se interpre-

---

[13] Cf. NASCIMENTO, Amauri Mascaro. *Iniciação ao direito do trabalho*. 31. ed. São Paulo: LTr, 2005. p. 149.
[14] Cf. PLÁ RODRIGUEZ, Américo. *Princípios de direito do trabalho*. 3. ed. Tradução e revisão técnica de Wagner D. Giglio. Tradução das atualizações de Edilson Alkmim Cunha. São Paulo: LTr, 2004. p. 106-107.
[15] Cf. MARTINS, Sergio Pinto. *A continuidade do contrato de trabalho*. São Paulo: Altas, 2000. p. 127.
[16] Cf. PLÁ RODRIGUEZ, Américo. *Princípios de direito do trabalho*. 3. ed. Tradução e revisão técnica de Wagner D. Giglio. Tradução das atualizações de Edilson Alkmim Cunha. São Paulo: LTr, 2004. p. 83.
[17] Cf. NASCIMENTO, Amauri Mascaro. *Teoria geral do direito do trabalho*. São Paulo: LTr, 1998. p. 201-202.
[18] Cf. SOUTO MAIOR, Jorge Luiz. *O direito do trabalho como instrumento de justiça social*. São Paulo: LTr, 2000. p. 21.
[19] PLÁ RODRIGUEZ, Américo. *Princípios de direito do trabalho*. 3. ed. Tradução e revisão técnica de Wagner D. Giglio. Tradução das atualizações de Edilson Alkmim Cunha. São Paulo: LTr, 2004. p. 85.

tá-la a favor do empregado. Não se trata, no entanto, de alterar o significado claro da norma, nem se permite atribuir sentido que, de modo nenhum, possa ser deduzido da disposição[20].

Por se tratar de princípio inerente ao Direito (material) do Trabalho, o *in dubio pro operario* não apresenta caráter processual, uma vez que o Direito Processual do Trabalho possui disposições específicas e próprias, como a avaliação da qualidade das provas produzidas e a aplicação das regras de ônus da prova[21].

O *princípio da aplicação da norma mais favorável* é no sentido de que, havendo diversas normas válidas incidentes sobre a relação de emprego, deve-se aplicar aquela mais benéfica ao trabalhador.

Isso significa que, existindo mais de uma norma jurídica válida e vigente, aplicável a determinada situação, prevalece aquela mais favorável ao empregado, ainda que esta norma esteja em posição hierárquica formalmente inferior no sistema jurídico.

Por exemplo, se o acordo coletivo confere ao empregado direito trabalhista superior àquele previsto na Constituição Federal, é o primeiro que deve ser aplicado, por ser mais benéfico ao polo mais fraco da relação jurídica. Aliás, isso atende ao próprio mandamento constitucional de melhoria da condição social dos trabalhadores (art. 7º, *caput*, da CF/1988).

Há certos critérios para saber qual é, efetivamente, a norma mais favorável.

De acordo com a *teoria da acumulação*, as diversas disposições contidas nos instrumentos normativos devem ser comparadas individualmente, escolhendo aquelas mais favoráveis, aproveitando-se certas disposições (muitas vezes isoladas) de diversas normas, o que cria uma verdadeira "colcha de retalhos". A crítica que se pode fazer a esta teoria é que, sem levar em conta o todo sistemático, cria-se um terceiro instrumento normativo.

A *teoria do conglobamento* estabelece que os instrumentos normativos devem ser comparados em seu todo, optando por aquele que, no conjunto, é mais benéfico ao empregado. O problema desta teoria é a extrema dificuldade de avaliar cada instrumento normativo na sua totalidade, quando tratam de temas os mais diversos.

Uma terceira teoria, intermediária, defende que a norma mais favorável deve ser buscada por meio da comparação das diversas regras sobre cada instituto ou matéria[22]. Trata-se da posição mais acertada, chamada por alguns autores de teoria do "conglobamento mitigado"[23]. Mesmo assim, "deve-se respeitar o critério da especialização"[24].

Prevalece na jurisprudência o entendimento de que a verificação da norma mais favorável deve seguir a *teoria do conglobamento*, de modo que as disposições das normas coletivas devem ser analisadas em seu conjunto e não isoladamente[25].

---

[20] Cf. PLÁ, RODRIGUEZ, Américo. *Princípios de direito do trabalho*. 3. ed. Tradução e revisão técnica de Wagner D. Giglio. Tradução das atualizações de Edilson Alkmim Cunha. São Paulo: LTr, 2004. p. 110-111.

[21] Cf. TEIXEIRA FILHO, Manoel Antonio. *A prova no processo do trabalho*. 7. ed. São Paulo: LTr, 1997. p. 141: "entendemos que o princípio do *in dubio pro misero* não incide em matéria de apreciação da prova".

[22] Cf. NASCIMENTO, Amauri Mascaro. *Curso de direito do trabalho*. 19. ed. São Paulo: Saraiva, 2004. p. 295.

[23] MEDEIROS, Alexandre Alliprandino; LAET, Flávio Antônio Camargo de. As novidades no sistema jurídico das férias individuais. Convenção 132 da Organização Internacional do Trabalho. *Revista Trabalho & Doutrina*, São Paulo, Saraiva, n. 26, p. 21-22, dez. 2001.

[24] SOUTO MAIOR, Jorge Luiz. *O direito do trabalho como instrumento de justiça social*. São Paulo: LTr, 2000. p. 297.

[25] "Agravo de instrumento em recurso de revista da reclamada. Apelo interposto na vigência do Novo CPC (Lei n. 13.105/2015). Conflito de normas coletivas aplicáveis. Nos termos do art. 611, *caput* e § 1º, da CLT, é autorizado aos sindicatos profissionais firmarem com os sindicatos patronais convenção coletiva de trabalho e, com os próprios empregadores, acordo coletivo de trabalho. Por força do princípio da aplicação da norma mais benéfica ao trabalhador, havendo conflito entre as duas normas autônomas, convenção coletiva ou acordo coletivo, deve prevalecer a que, em seu conjunto, mostrar-se mais favorável ao trabalhador. Nesse mesmo sentido, a diretriz inserta no art. 620 da CLT. No caso dos autos, tendo o Regional expressamente consignado que as cláusulas previstas na convenção coletiva (CCT de 2014/2014) eram, em seu conjunto (teoria do conglobamento), mais benéficas ao Reclamante, a determinação de prevalência da convenção coletiva sobre o acordo coletivo não afronta a literalidade do art. 620 da CLT. Agravo de Instrumento conhecido e não provido" (TST, 4ª T., AIRR 829-62.2015.5.14.0091, Rel. Min. Maria de Assis Calsing, *DEJT* 19.05.2017).

Além disso, o parâmetro para verificar a norma mais favorável não deve ser o trabalhador considerado individualmente, mas sim "a *coletividade interessada* (categoria, por exemplo)"[26], ou "o trabalhador como um todo, objetivamente conceituado"[27], salvo hipóteses excepcionais.

O Pleno do TST, em recurso ordinário em dissídio coletivo, proferiu a seguinte decisão, fundada no *princípio da norma mais favorável*:

"Dissídio coletivo. Acordo. 1. Os pronunciamentos do Pretório Excelso acerca da inconstitucionalidade de cláusulas lançadas em sentença normativa partem do disposto no § 1º, do artigo 142, da Constituição Federal, segundo o qual o estabelecimento, pelos Tribunais do Trabalho, de normas e condições de trabalho está jungido à existência de lei especificando a hipótese. 2. Na homologação de acordo, formalizado na fase de processamento do dissídio coletivo, não ocorre qualquer imposição de cláusula pelo Judiciário trabalhista, cabendo a este perquirir, tão somente, o respeito, pelas partes acordantes, aos preceitos imperativos que asseguram garantia mínima aos trabalhadores. 3. Insta estimular a negociação coletiva, quando as partes, mutuamente, colocam em plano secundário interesses momentâneos e alcançam o almejado entendimento, de resto requisito básico da preservação da paz social. 4. Os preceitos da Consolidação das Leis do Trabalho não obstaculizam os avanços da classe patronal no campo das relações jurídicas de trabalho. Transparecem imperativos, afastando a autonomia da vontade, no que visam proteger o trabalhador, valendo notar que um dos sustentáculos do princípio da proteção é o abandono da hierarquia das normas legais, aplicando-se sempre a mais favorável à classe profissional" (TST-RODC 290/1984, Ac. 269, Tribunal Pleno, Rel. Min. Marco Aurélio, j. 06.03.1985, *DJ* 29.03.1985).

Relevante destacar, na ementa acima, a posição explicitada, no sentido de que os preceitos imperativos da CLT, visando a proteger o trabalhador, "não obstaculizam os avanços da classe patronal no campo das relações jurídicas de trabalho".

Por meio do *princípio da condição mais benéfica*, assegura-se ao empregado a manutenção, durante o contrato de trabalho, de direitos mais vantajosos, de forma que as vantagens adquiridas não podem ser retiradas nem modificadas para pior.

Trata-se, de certa forma, de aplicação do princípio do direito adquirido (art. 5º, inciso XXXVI, da CF/1988) no âmbito da relação de emprego[28], estando incorporado na legislação por meio do art. 468 da CLT[29], o que pode ser observado nas Súmulas 51, inciso I[30], e 288, inciso I, do TST[31]. Como acentua Arnaldo Süssekind, referido princípio "determina a prevalência das condições mais vantajo-

---

[26] DELGADO, Mauricio Godinho. *Curso de direito do trabalho*. São Paulo: LTr, 2002. p. 178 (destaques do original).
[27] NASCIMENTO, Amauri Mascaro. *Curso de direito do trabalho*. 19. ed. São Paulo: Saraiva, 2004. p. 295.
[28] Cf. MARTINS, Sergio Pinto. *A continuidade do contrato de trabalho*. São Paulo: Altas, 2000. p. 127-128.
[29] Cf. DELGADO, Mauricio Godinho. *Curso de direito do trabalho*. São Paulo: LTr, 2002. p. 197.
[30] Súmula 51 do TST: "Norma regulamentar. Vantagens e opção pelo novo regulamento. Art. 468 da CLT. I – *As cláusulas regulamentares, que revoguem ou alterem vantagens deferidas anteriormente, só atingirão os trabalhadores admitidos após a revogação ou alteração do regulamento*. II – Havendo a coexistência de dois regulamentos da empresa, a opção do empregado por um deles tem efeito jurídico de renúncia às regras do sistema do outro" (destaquei).
[31] Súmula 288 do TST: "Complementação dos proventos da aposentadoria. I – *A complementação dos proventos de aposentadoria, instituída, regulamentada e paga diretamente pelo empregador, sem vínculo com as entidades de previdência privada fechada, é regida pelas normas em vigor na data de admissão do empregado, ressalvadas as alterações que forem mais benéficas (art. 468 da CLT).* II – Na hipótese de coexistência de dois regulamentos de planos de previdência complementar, instituídos pelo empregador ou por entidade de previdência privada, a opção do beneficiário por um deles tem efeito jurídico de renúncia às regras do outro. III – Após a entrada em vigor das Leis Complementares ns. 108 e 109, de 29.05.2001, reger-se-á a complementação dos proventos de aposentadoria pelas normas vigentes na data da implementação dos requisitos para obtenção do benefício, ressalvados o direito adquirido do participante que anteriormente implementara os requisitos para o benefício e o direito acumulado do empregado que até então não preenchera tais requisitos. IV – O entendimento da primeira parte do item III aplica-se aos processos em curso no Tribunal Superior do Trabalho em que, em 12.04.2016, ainda não haja sido proferida decisão de mérito por suas Turmas e Seções" (destaquei).

sas para o trabalhador, ajustadas no contrato de trabalho ou resultantes do regulamento de empresa, ainda que vigore ou sobrevenha norma jurídica imperativa prescrevendo menor nível de proteção e que com esta não sejam elas incompatíveis"[32].

O Tribunal Regional do Trabalho da 8ª Região, certamente levando em conta o *princípio da condição mais benéfica*, assim decidiu:

"Alteração contratual ilícita. Caracterização. Tabelamento de preço de venda. Empregado comissionista. Média salarial. Prejuízos. Impondo ao seu empregado uma alteração remuneratória prejudicial, infringiu a empresa o artigo 468 da Consolidação das Leis do Trabalho. Evidente que tinha o direito de tabelar o preço de venda de seus produtos ao público, mas, teria que garantir a manutenção da média salarial e isso não comprovou a empresa" (TRT 8ª Reg., RO 482/76, Acórdão 8.191, de 29.11.1976, Rel. Juíza Semíramis Arnaud Ferreira)[33].

6.3.2 Princípio da irrenunciabilidade

O princípio da irrenunciabilidade significa não se admitir, em tese, que o empregado renuncie, ou seja, abra mão dos direitos assegurados pelo sistema jurídico trabalhista, cujas normas são, em sua grande maioria, de ordem pública.

A natureza cogente das normas de Direito do Trabalho é confirmada ao se verificar que o Estado, por meio dos órgãos competentes (Ministério do Trabalho, Superintendências Regionais do Trabalho), tem o dever de fiscalizar o seu cumprimento, sancionando, orientando e regularizando, quando possível, as condutas contrárias à legislação trabalhista (CF/1988, art. 21, inciso XXIV, e CLT, Título VII, art. 626 e ss.). Além disso, a violação ou ameaça de lesão a direito trabalhista está sujeita à apreciação do Poder Judiciário (art. 5º, inciso XXXV, da CF/1988), no caso, pela Justiça do Trabalho (art. 114 da CF/1988).

Portanto, as normas que regulam as relações de trabalho não podem ser modificadas livremente pelo empregador, ou seja, não são dispositivas. Por exemplo, não são consideradas válidas estipulações, no contrato individual de trabalho, de salário inferior ao mínimo legal, nem de férias por período menor do que o previsto em lei, ainda que o empregado concordasse com tais derrogações de direitos trabalhistas, conforme disposições dos arts. 9º e 444 da CLT[34].

Mesmo assim, o princípio em questão não é absoluto, pois, como observa Jorge Luiz Souto Maior: "Tratando-se de norma legal, entende-se irrenunciável (ex.: aviso prévio), exceto por autorização expressa da lei. Tratando-se de norma oriunda do trato contratual, pode haver a renúncia, desde que não haja proibição legal para tal, vício de consentimento, ou prejuízo para o empregado (art. 468 da CLT)"[35].

---

32 SÜSSEKIND, Arnaldo. *Instituições de direito do trabalho*. 18. ed. São Paulo: LTr, 1999. v. 1, p. 154.
33 *Revista do Tribunal Regional do Trabalho da 8ª Região*, Belém, n. 18, p. 116, jan.-jun. 1977.
34 Cf. SÜSSEKIND, Arnaldo. *Instituições de direito do trabalho*. 18. ed. São Paulo: LTr, 1999. v. 1, p. 220: "A inderrogabilidade da maioria das normas de proteção ao trabalho visa a que os respectivos direitos beneficiem aqueles sobre os quais incidem". Mesmo em se tratando de cláusula de instrumento normativo, cabe fazer referência à Orientação Jurisprudencial 30 da SDC do TST: "Estabilidade da gestante. Renúncia ou transação de direitos constitucionais. Impossibilidade. Nos termos do art. 10, II, *b*, do ADCT, a proteção à maternidade foi erigida à hierarquia constitucional, pois retirou do âmbito do direito potestativo do empregador a possibilidade de despedir arbitrariamente a empregada em estado gravídico. Portanto, a teor do artigo 9º, da CLT, torna-se nula de pleno direito a cláusula que estabelece a possibilidade de renúncia ou transação, pela gestante, das garantias referentes à manutenção do emprego e salário". Cf. ainda a Orientação Jurisprudencial 31 da SDC do TST: "Estabilidade do acidentado. Acordo homologado. Prevalência. Impossibilidade. Violação do art. 118 da Lei n. 8.213/91. Não é possível a prevalência de acordo sobre legislação vigente, quando ele é menos benéfico do que a própria lei, porquanto o caráter imperativo dessa última restringe o campo de atuação da vontade das partes".
35 SOUTO MAIOR, Jorge Luiz. *O direito do trabalho como instrumento de justiça social*. São Paulo: LTr, 2000. p. 298.

Além disso, quanto ao momento da renúncia, aquela feita quando da celebração do contrato de trabalho é considerada, normalmente, nula de pleno direito; durante a vigência da relação de emprego, a renúncia apenas excepcionalmente é admitida, ou seja, quando existente autorização expressa; depois da cessação do contrato de trabalho, certas vezes é admitida com menos restrições[36]. Por fim, a condição pessoal do empregado e o grau de subordinação jurídica apresentam relevância quando da verificação da higidez na manifestação de sua vontade.

Mesmo havendo essas exceções, prevalece no Direito do Trabalho a vedação de atos unilaterais de disposição, pelo empregado, de seus direitos.

A respeito das peculiaridades relativas ao empregado com formação superior e maior patamar remuneratório, cf. Capítulo 9, item 9.2.11.

Aludindo ao *princípio da irrenunciabilidade*, transcrevem-se as seguintes ementas:

"Durante o contrato ou no texto do contrato não pode o empregado renunciar aos benefícios que as fontes normativas do direito lhe outorgam, mesmo aqueles imprecisos e pouco contestáveis, tais como os criados pelos usos e costumes (Mario Giustiniani), pois em direito do trabalho a regra é a irrenunciabilidade, a renúncia, a exceção (Dorval de Lacerda). [...]" (TST-RR 724/1982, Ac. 1.313, 1ª T., Rel. Min. Coqueijo Costa, j. 30.05.1983, *DJ* 24.06.1983).

"Indenização. Cessação do contrato de trabalho por acordo. Preceitua o § 3º, do artigo 17, da Lei 5.107/1966, que a indenização acordada há que respeitar o mínimo de 60% (sessenta por cento) do que é devido nos moldes da Consolidação das Leis do Trabalho. Previsto o percentual mínimo e considerando-se que a verba indenizatória é paga no ato da homologação, em moeda corrente ou cheque visado – § 4º, do artigo 477, da Consolidação das Leis do Trabalho – forçoso é concluir que o desdobramento em três parcelas de 20% (vinte por cento), pagas semestralmente, discrepa do ordenamento jurídico vigente, sendo irrelevante a concordância do empregado face à imperatividade das normas trabalhistas, fundamento medular do princípio da irrenunciabilidade. De nada adiantaria a intervenção do Estado outorgando direitos mínimos, caso o empregado, premido por circunstâncias reinantes, pudesse despojar-se da garantia legal – Precedente [...]" (TST, 1ª T., RR 6.928/1986, Ac. 1.788, Rel. Min. Marco Aurélio, j. 30.06.1987, *DJ* 28.08.1987).

6.3.3 Princípio da primazia da realidade

O princípio da primazia da realidade indica que, na relação de emprego, deve prevalecer a efetiva realidade dos fatos, e não eventual forma construída em desacordo com a verdade.

Em razão disso é que, por exemplo, na avaliação de certo documento pertinente à relação de emprego deve-se verificar se ele corresponde ao ocorrido no plano dos fatos, pois deve prevalecer a verdade real[37].

Quando se discute se determinada relação de trabalho, em gênero, corresponde, ou não, a um vínculo de emprego, nem sempre a roupagem atribuída à contratação corresponde à realidade. Aliás, pode ocorrer que mesmo no ajuste de vontades, pertinente à prestação do trabalho, as partes indiquem não se tratar de relação de emprego. No entanto, por meio da noção de "contrato-realidade", deve prevalecer o reconhecimento do vínculo empregatício, caso presentes os seus requisitos (arts. 2º e 3º da CLT), ou seja, incide a "vontade da lei"[38].

6.3.4 Princípio da continuidade da relação de emprego

O princípio da continuidade da relação de emprego tem o objetivo de preservar o contrato de trabalho, fazendo com que se presuma ser a prazo indeterminado e se permita a contratação a prazo certo apenas como exceção.

---

[36] Cf. SÜSSEKIND, Arnaldo. *Instituições de direito do trabalho*. 18. ed. São Paulo: LTr, 1999. v. 1, p. 221-225.
[37] Cf. NASCIMENTO, Amauri Mascaro. *Teoria geral do direito do trabalho*. São Paulo: LTr, 1998. p. 202.
[38] SOUTO MAIOR, Jorge Luiz. *O direito do trabalho como instrumento de justiça social*. São Paulo: LTr, 2000. p. 300.

Capítulo 6 — Princípios do Direito do Trabalho

A importância desse princípio revela-se não apenas ao conferir segurança ao empregado durante a vigência de seu contrato de trabalho, mas também na sua integração à empresa, favorecendo a qualidade do serviço prestado[39].

Sergio Pinto Martins, analisando o tema, destaca que a "segurança do trabalhador no emprego, de não ser despedido, importa tranquilidade para poder trabalhar"; além disso, o empregador "passa a contar com trabalhadores experientes, já formados e com treinamento"[40].

Esse princípio inspira diversas disposições contidas no sistema jurídico brasileiro, objetivando a manutenção do contrato de trabalho.

Primeiramente, cabe destacar que o art. 7º, inciso I, da Constituição Federal de 1988 prevê a proteção da relação de emprego contra a dispensa arbitrária ou sem justa causa, embora remeta a questão à lei complementar, ainda não existente de modo completo. Mesmo assim, o art. 10, inciso II, do Ato das Disposições Constitucionais Transitórias veda a dispensa arbitrária ou sem justa causa nas hipóteses ali previstas (membro da CIPA e empregada gestante).

A Lei Complementar 146/2014 dispõe que o direito previsto no art. 10, inciso II, alínea *b*, do Ato das Disposições Constitucionais Transitórias deve ser assegurado, nos casos em que ocorrer o falecimento da trabalhadora gestante, a quem detiver a guarda do seu filho.

Aliás, a previsão na Constituição[41], na lei[42] e em outras fontes formais do Direito do Trabalho, de certas estabilidades, normalmente transitórias (garantindo a permanência no emprego, por certo tempo, de trabalhadores em situações especiais), também é uma forma de concretizar o princípio da continuidade do contrato de trabalho. O mesmo se pode dizer quanto à vedação de dispensa por ato discriminatório (Lei 9.029/1995).

A imposição ao empregador do dever de indenizar o empregado quando da sua dispensa sem justa causa (art. 10, inciso I, do ADCT e Lei 8.036/1990, art. 18, § 1º), bem como de conceder o aviso prévio (art. 7º, inciso XXI, da CF/1988 e art. 487 da CLT), também são formas de não incentivo à ruptura contratual, revelando a preferência na sua manutenção.

Outra emanação do princípio em questão encontra-se na sucessão trabalhista, prevista nos arts. 10 e 448 da CLT, a qual permite a preservação da relação de emprego, mesmo havendo mudança na estrutura jurídica da empresa ou alteração na sua titularidade[43].

Ocorrendo a extinção do estabelecimento, o art. 469, § 2º, da CLT permite a transferência do empregado, o que também objetiva a continuidade do contrato de trabalho[44].

Nas hipóteses de suspensão e interrupção do contrato de trabalho, embora não havendo a prestação de serviços, o contrato de trabalho não é encerrado, buscando-se, assim, a sua manutenção.

Além disso, em razão desse princípio, presume-se a continuidade do contrato de trabalho, cabendo ao empregador provar o seu término, bem como a dispensa do empregado.

Quanto ao *princípio da continuidade do contrato de trabalho*, cabe destacar o antigo Enunciado 20 do Tribunal Superior do Trabalho, aprovado pela RA 57/1970, publicada no *DO-GB* de 27 de novembro de 1970, já cancelado. Eis a sua redação:

> "Resilição contratual. Não obstante o pagamento da indenização de antiguidade, presume-se em fraude à lei a resilição contratual, se o empregado permaneceu prestando serviço ou tiver sido, em curto prazo, readmitido".

---

[39] Cf. SOUTO MAIOR, Jorge Luiz. *O direito do trabalho como instrumento de justiça social*. São Paulo: LTr, 2000. p. 300.
[40] MARTINS, Sergio Pinto. *A continuidade do contrato de trabalho*. São Paulo: Altas, 2000. p. 138.
[41] Cf. art. 8º, inciso VIII, da CF/1988 e art. 19 do ADCT.
[42] Cf. art. 118 da Lei 8.213/1991; art. 625-B, § 1º, da CLT; art. 55 da Lei 5.764/1971; art. 3º, § 9º, da Lei 8.036/1990; art. 3º, § 7º, da Lei 8.213/1991.
[43] Cf. MARTINS, Sergio Pinto. *A continuidade do contrato de trabalho*. São Paulo: Altas, 2000. p. 162-164.
[44] Cf. MARTINS, Sergio Pinto. *A continuidade do contrato de trabalho*. São Paulo: Altas, 2000. p. 170.

Ao se reconhecer a unicidade contratual, presumindo em fraude à lei a extinção do pacto laboral quando o empregado permaneceu prestando serviços, ou foi readmitido em curto prazo, ainda que tenha recebido a indenização por tempo de serviço (art. 453 da CLT), esta Súmula tinha por fundamento, principalmente, o princípio da continuidade da relação de emprego. No presente, esse verbete encontra-se cancelado pela Resolução 106/2001, publicada no *DJ* de 21 de março de 2001. Entendeu-se que a sua previsão não mais era compatível com o atual sistema do FGTS, cujos depósitos são sempre devidos na conta vinculada do empregado.

6.3.5 Outros princípios aplicáveis ao Direito do Trabalho

Américo Plá Rodriguez, em sua obra *Princípios de Direito do Trabalho*, faz menção, ainda, ao princípio da boa-fé e ao princípio da razoabilidade[45]; no entanto, estes não são específicos do Direito do Trabalho, mas aplicáveis ao Direito como um todo[46].

Posteriormente, o mesmo autor incluiu como princípio do Direito do Trabalho o chamado "princípio de não discriminação"[47], o qual "leva a excluir todas aquelas diferenciações que põem um trabalhador numa situação de inferioridade ou mais desfavorável que o conjunto, e sem razão válida nem legítima"[48]. Reconhece-se a grande importância deste tema, pois, como bem destaca Paulo Eduardo Vieira de Oliveira:

"Dentre as múltiplas modalidades de ofensa à cidadania que podem ocorrer em uma relação de emprego, destaca-se a discriminação que as partes podem sofrer em todas as fases do contrato de trabalho. Embora, por razões óbvias, se aborde a discriminação que possa sofrer o empregado, a obrigação de não exercê-la é de ambas as partes da relação empregatícia"[49].

O art. 7º, nos incisos XXX, XXXI e XXXII, da Constituição Federal de 1988 apresenta disposições pertinentes ao Direito do Trabalho fundadas na vedação de discriminação[50].

Pode-se dizer que esse princípio de não discriminação, dotado de fundamento constitucional, alcança o Direito como um todo, como se observa pela disposição dos arts. 3º, inciso IV, e 5º, inciso XLI, da Constituição da República.

A Convenção 111 da OIT, de 1959, aprovada pelo Brasil e promulgada pelo Decreto 62.150, de 19 de janeiro de 1968 (atualmente Decreto 10.088/2019), trata da discriminação em matéria de emprego e profissão.

Para os fins da Convenção 111 da OIT, o termo discriminação compreende: a) toda distinção, exclusão ou preferência fundada na raça, cor, sexo, religião, opinião política, ascendência nacional ou origem social, que tenha por efeito destruir ou alterar a igualdade de oportunidades ou de tratamento em matéria de emprego ou profissão; b) qualquer outra distinção, exclusão ou preferência

---

[45] PLÁ RODRIGUEZ, Américo. *Princípios de direito do trabalho*. 3. ed. Tradução e revisão técnica de Wagner D. Giglio. Tradução das atualizações de Edilson Alkmim Cunha. São Paulo: LTr, 2004. p. 61.

[46] Cf. MARTINS, Sergio Pinto. *A continuidade do contrato de trabalho*. São Paulo: Altas, 2000. p. 126.

[47] PLÁ RODRIGUEZ, Américo. *Princípios de direito do trabalho*. 3. ed. Tradução e revisão técnica de Wagner D. Giglio. Tradução das atualizações de Edilson Alkmim Cunha. São Paulo: LTr, 2004. p. 61 e p. 445: "depois de vários anos de reflexão, nos inclinamos por admitir o princípio de não discriminação".

[48] PLÁ RODRIGUEZ, Américo. *Princípios de direito do trabalho*. 3. ed. Tradução e revisão técnica de Wagner D. Giglio. Tradução das atualizações de Edilson Alkmim Cunha. São Paulo: LTr, 2004. p. 445.

[49] OLIVEIRA, Paulo Eduardo V. *O dano pessoal no direito do trabalho*. São Paulo: LTr, 2002. p. 97.

[50] "Art. 7º São direitos dos trabalhadores urbanos e rurais, além de outros que visem à melhoria de sua condição social: [...] XXX – proibição de diferença de salários, de exercício de funções e de critério de admissão por motivo de sexo, idade, cor ou estado civil; XXXI – proibição de qualquer discriminação no tocante a salário e critérios de admissão do trabalhador portador de deficiência; XXXII – proibição de distinção entre trabalho manual, técnico e intelectual ou entre os profissionais respectivos". Cf. ainda a Orientação Jurisprudencial 26 da SDC do TST: "Salário normativo. Menor empregado. Art. 7º, XXX, da CF/88. Violação. Os empregados menores não podem ser discriminados em cláusula que fixa salário mínimo profissional para a categoria".

que tenha por efeito destruir ou alterar a igualdade de oportunidades ou tratamento em matéria de emprego ou profissão, que pode ser especificada pelo Estado-Membro interessado depois de consultadas as organizações representativas de empregadores e trabalhadores, quando estas existam, e outros organismos adequados (art. 1º, item 1).

Cabe esclarecer que as distinções, exclusões ou preferências fundadas em qualificações exigidas para determinado emprego não são consideradas como discriminação (art. 1º, item 2).

Para os fins da Convenção 111, as palavras "emprego" e "profissão" incluem o acesso à formação profissional, ao emprego e às diferentes profissões, bem como as condições de emprego (art. 1º, item 3).

As medidas especiais de proteção ou de assistência previstas em outras convenções ou recomendações adotadas pela Conferência Internacional do Trabalho não são consideradas como discriminação (art. 5º, item 1).

Qualquer Estado-Membro pode (depois de consultadas as organizações representativas de empregadores e trabalhadores) definir como não discriminatórias quaisquer outras medidas especiais que tenham por fim salvaguardar as necessidades particulares de pessoas em relação às quais a atribuição de uma proteção ou assistência especial seja, de maneira geral, reconhecida como necessária, por razões tais como o sexo, a invalidez, os encargos de família ou o nível social ou cultural (art. 5º, item 2).

A *discriminação*, na realidade, envolve o preconceito exteriorizado pela pessoa, grupo, comunidade ou sociedade[51], representando uma distinção, exclusão ou preferência injusta, infundada e não justificável[52].

O *preconceito*, como o próprio nome indica, revela um conceito ou opinião previamente estabelecida e mantida sobre uma pessoa ou grupo, sem estar fundada em justificativas plausíveis, importando em injusta generalização. Trata-se de atitude negativa e prejudicial ao convívio social harmônico. Mesmo assim, por se manter nos limites da esfera do pensamento, os efeitos jurídicos surgem quando o preconceito se exterioriza em forma de discriminação.

Os *estereótipos*, por sua vez, "constituem clichês, construções indesejáveis, chavões que são repetidos sem serem questionados. Partem de uma generalização apressada, tomando como verdade universal algo que foi observado em um ou mais indivíduos"[53].

A discriminação pode ocorrer em diversas formas, ou seja:

– discriminação direta, quando há conduta expressa de preconceito quanto à condição da pessoa (exemplos: proibição explícita de admitir pessoas conforme o gênero, a religião, a orientação sexual, a origem, a cor, a idade, a filiação a sindicato, podendo-se destacar, ainda, anúncios de emprego contendo exigências discriminatórias, *v.g.*, quanto à idade, raça, cor, aparência, religião);
– discriminação indireta, quando não verificada de forma explícita, mas sim velada, podendo ser constatada por indícios e estatísticas (por exemplo, observada na constante preterição de admissão ou promoção de pessoas de certos grupos, por razões discriminatórias);
– discriminação institucional, quando a discriminação atinge a própria organização da empresa, encontrando-se inserida na forma de sua organização e administração.

A Convenção Interamericana contra o Racismo, a Discriminação Racial e Formas Correlatas de Intolerância, firmada na 43ª Sessão Ordinária da Assembleia Geral da Organização dos Estados Americanos, na Guatemala, em 5 de junho de 2013, foi aprovada por meio do Decreto Legislativo 1/2021, conforme o procedimento de que trata § 3º do art. 5º da Constituição da República, e promulgada pelo Decreto 10.932/2022. Sendo assim, tem hierarquia equivalente às emendas constitucionais.

---

[51] Cf. BRITO FILHO, José Claudio Monteiro de. *Trabalho decente*: análise jurídica da exploração do trabalho: trabalho escravo e outras formas de trabalho indigno. 4. ed. São Paulo: LTr, 2016. p. 124.
[52] Cf. CARLOS, Vera Lúcia. *Discriminação nas relações de trabalho*. São Paulo: Método, 2004. p. 27-30.
[53] CARLOS, Vera Lúcia. *Discriminação nas relações de trabalho*. São Paulo: Método, 2004. p. 29.

Para os efeitos da referida Convenção (artigo 1):

1. *Discriminação racial* é qualquer distinção, exclusão, restrição ou preferência, em qualquer área da vida pública ou privada, cujo propósito ou efeito seja anular ou restringir o reconhecimento, gozo ou exercício, em condições de igualdade, de um ou mais direitos humanos e liberdades fundamentais consagrados nos instrumentos internacionais aplicáveis aos Estados-Partes. A discriminação racial pode basear-se em raça, cor, ascendência ou origem nacional ou étnica.

2. *Discriminação racial indireta* é aquela que ocorre, em qualquer esfera da vida pública ou privada, quando um dispositivo, prática ou critério aparentemente neutro tem a capacidade de acarretar uma desvantagem particular para pessoas pertencentes a um grupo específico, com base nas razões estabelecidas no artigo 1.1, ou as coloca em desvantagem, a menos que esse dispositivo, prática ou critério tenha um objetivo ou justificativa razoável e legítima à luz do Direito Internacional dos Direitos Humanos.

3. *Discriminação múltipla ou agravada* é qualquer preferência, distinção, exclusão ou restrição baseada, de modo concomitante, em dois ou mais critérios dispostos no artigo 1.1, ou outros reconhecidos em instrumentos internacionais, cujo objetivo ou resultado seja anular ou restringir o reconhecimento, gozo ou exercício, em condições de igualdade, de um ou mais direitos humanos e liberdades fundamentais consagrados nos instrumentos internacionais aplicáveis aos Estados-Partes, em qualquer área da vida pública ou privada.

4. *Racismo* consiste em qualquer teoria, doutrina, ideologia ou conjunto de ideias que enunciam um vínculo causal entre as características fenotípicas ou genotípicas de indivíduos ou grupos e seus traços intelectuais, culturais e de personalidade, inclusive o falso conceito de superioridade racial. O racismo ocasiona desigualdades raciais e a noção de que as relações discriminatórias entre grupos são moral e cientificamente justificadas. Toda teoria, doutrina, ideologia e conjunto de ideias racistas descritas no artigo 1 são cientificamente falsas, moralmente censuráveis, socialmente injustas e contrárias aos princípios fundamentais do Direito Internacional e, portanto, perturbam gravemente a paz e a segurança internacional, sendo, dessa maneira, condenadas pelos Estados-Partes.

5. *As medidas especiais ou de ação afirmativa* adotadas com a finalidade de assegurar o gozo ou exercício, em condições de igualdade, de um ou mais direitos humanos e liberdades fundamentais de grupos que requeiram essa proteção não constituirão discriminação racial, desde que essas medidas não levem à manutenção de direitos separados para grupos diferentes e não se perpetuem uma vez alcançados seus objetivos.

6. *Intolerância* é um ato ou conjunto de atos ou manifestações que denotam desrespeito, rejeição ou desprezo à dignidade, características, convicções ou opiniões de pessoas por serem diferentes ou contrárias. Pode manifestar-se como a marginalização e a exclusão de grupos em condições de vulnerabilidade da participação em qualquer esfera da vida pública ou privada ou como violência contra esses grupos.

Quanto à idade, cabe destacar a Lei 10.741, de 1º de outubro de 2003 (com entrada em vigor decorridos 90 dias da sua publicação – *DOU* de 03.10.2003), que dispõe sobre o "Estatuto da Pessoa Idosa" (redação dada pela Lei 14.423/2022), regulando os direitos assegurados às pessoas com idade igual ou superior a 60 anos (art. 1º).

A pessoa idosa goza de todos os direitos fundamentais inerentes à pessoa humana, sem prejuízo da proteção integral de que trata a Lei 10.741/2003, sendo asseguradas todas as oportunidades e facilidades para a preservação de sua saúde física, mental e seu aperfeiçoamento moral, intelectual, espiritual e social, em condições de liberdade e dignidade (art. 2º).

Nesse sentido, é obrigação da família, da comunidade, da sociedade e do Poder Público assegurar à pessoa idosa, com absoluta prioridade, a efetivação do direito à vida, à saúde, à alimentação, à educação, à cultura, ao esporte, ao lazer, ao trabalho, à cidadania, à liberdade, à dignidade, ao respeito e à convivência familiar e comunitária (art. 3º da Lei 10.741/2003).

Nenhuma pessoa idosa pode ser vítima de qualquer tipo de negligência, discriminação, violência, crueldade ou opressão, e todo atentado aos seus direitos, por ação ou omissão, será punido na forma da lei (art. 4º da Lei 10.741/2003).

A pessoa idosa tem direito ao exercício de atividade profissional, respeitadas suas condições físicas, intelectuais e psíquicas (art. 26 da Lei 10.741/2003).

De acordo com o art. 27 da Lei 10.741/2003, na admissão da pessoa idosa em qualquer trabalho ou emprego, são vedadas a discriminação e a fixação de limite máximo de idade, inclusive para concursos, ressalvados os casos em que a natureza do cargo o exigir. O primeiro critério de desempate em concurso público será a idade, dando-se preferência ao de idade mais elevada.

Da mesma forma, a discriminação em razão da idade também é vedada como fundamento para a cessação do contrato de trabalho, hipótese em que a dispensa deve ser considerada nula, como se observa no seguinte julgado do Tribunal Superior do Trabalho:

"Recurso de revista. Dispensa discriminatória por idade. Nulidade. Abuso de direito. Reintegração. Se das premissas fáticas emergiu que a empresa se utiliza da prática de dispensar seus funcionários quando estes completam 60 anos, imperioso se impõe ao julgador coibir tais procedimentos irregulares, efetivados sob o manto do poder potestativo, para que as dispensas não se efetivem sob a pecha discriminatória da maior idade. Embora o caso vertente não tivesse à época de sua ocorrência previsão legal especial (a Lei 9.029 que trata da proibição de práticas discriminatórias foi editada em 13.04.1995 e a dispensa do reclamante ocorreu anteriormente), cabe ao prolator da decisão o dever de valer-se dos princípios gerais do direito, da analogia e dos costumes, para solucionar os conflitos a ele impostos, sendo esse, aliás, o entendimento consagrado pelo art. 8º, da CLT, que admite que a aplicação da norma jurídica em cada caso concreto não desenvolve apenas o dispositivo imediatamente específico para o caso, ou o vazio de que se ressente, mas, sim, todo o universo de normas vigentes, os precedentes, a evolução da sociedade, os princípios, ainda que não haja omissão na norma. Se a realidade do ordenamento jurídico trabalhista contempla o direito potestativo da resilição unilateral do contrato de trabalho, é verdade que o exercício deste direito guarda parâmetros éticos e sociais como forma de preservar a dignidade do cidadão trabalhador. A despedida levada a efeito pela reclamada, embora cunhada no seu direito potestativo de resilição contratual, estava prenhe de mácula pelo seu conteúdo discriminatório, sendo nula de pleno direito, em face da expressa disposição do art. 9º da CLT, não gerando qualquer efeito, tendo como consequência jurídica a continuidade da relação de emprego, que se efetiva através da reintegração. Efetivamente, é a aplicação da regra do § 1º do art. 5º da Constituição Federal, que impõe a aplicação imediata das normas definidoras dos direitos e garantias fundamentais, pois, como apontando pelo v. acórdão, a prática da dispensa discriminatória por idade confrontou o princípio da igualdade contemplado no *caput* do art. 5º da Constituição Federal. Inocorrência de vulneração ao princípio da legalidade e não configurada divergência jurisprudencial. Recurso de revista não conhecido relativamente ao tema" (TST, 5ª T., RR 462.888-56.1998.5.09.5555, Rel. Juiz Convocado André Luiz Moraes de Oliveira, *DJ* 26.09.2003).

Além disso, o Poder Público deve criar e estimular programas de:

I – profissionalização especializada para os idosos, aproveitando seus potenciais e habilidades para atividades regulares e remuneradas;

II – preparação dos trabalhadores para a aposentadoria, com antecedência mínima de 1 (um) ano, por meio de estímulo a novos projetos sociais, conforme seus interesses, e de esclarecimento sobre os direitos sociais e de cidadania;

III – estímulo às empresas privadas para admissão de pessoas idosas ao trabalho (art. 28 da Lei 10.741/2003).

Tendo em vista o interesse social envolvido, compete ao Ministério Público instaurar o inquérito civil e ajuizar a ação civil pública para a proteção dos direitos e interesses difusos ou coletivos, individuais indisponíveis e individuais homogêneos da pessoa idosa (art. 74, inciso I, da Lei 10.741/2003).

Por fim, de acordo com o art. 100 da Lei 10.741/2003:

"Constitui crime punível com reclusão de 6 (seis) meses a 1 (um) ano e multa:

I – obstar o acesso de alguém a qualquer cargo público por motivo de idade;

II – negar a alguém, por motivo de idade, emprego ou trabalho;

III – recusar, retardar ou dificultar atendimento ou deixar de prestar assistência à saúde, sem justa causa, a pessoa idosa;

IV – deixar de cumprir, retardar ou frustrar, sem justo motivo, a execução de ordem judicial expedida na ação civil a que alude esta Lei;

V – recusar, retardar ou omitir dados técnicos indispensáveis à propositura da ação civil objeto desta Lei, quando requisitados pelo Ministério Público".

Observados esses aspectos, cabe frisar que não são consideradas ilícitas, ou seja, discriminatórias em seu sentido negativo, as "ações afirmativas" (também conhecidas como medidas de "discriminação positiva"), buscando alcançar o ideal de igualdade material[54], como se verifica em previsões fixando quotas em favor de admissão de pessoas com deficiência e beneficiários reabilitados da Previdência Social (art. 93 da Lei 8.213/1991) ou estabelecendo reserva de vagas às pessoas portadoras de deficiência em concursos públicos (art. 37, inciso VIII, da CF/1988). Nesses casos, o tratamento jurídico diferenciado se justifica em razão da diversidade de certas condições peculiares, na proporção da desigualdade verificada no plano dos fatos. Como se nota, as ações afirmativas representam medidas para corrigir desigualdades e alcançar isonomia de oportunidades e direitos, obtendo-se a integração social de certos grupos mais vulneráveis ou desfavorecidos[55].

Assim, a não discriminação não é princípio específico, ou seja, que fundamente apenas o Direito do Trabalho, ainda que se reconheça a importante incidência nesse ramo do Direito. Nas lições de Mauricio Godinho Delgado, o "princípio da *não discriminação*" integra o "bloco dos *princípios gerais do direito* que se aplicam, com relevância, ao Direito do Trabalho"[56].

Ainda quanto ao tema, cabe ressaltar que a Lei Brasileira de Inclusão da Pessoa com Deficiência (Estatuto da Pessoa com Deficiência), instituída pela Lei 13.146, de 6 de julho de 2015, com início de vigência após 180 dias de sua publicação oficial (art. 127), ocorrida no *DOU* de 07.07.2015, é destinada a assegurar e promover, em condições de igualdade, o exercício dos direitos e das liberdades fundamentais pela pessoa com deficiência, visando à sua inclusão social e cidadania (art. 1º).

Toda pessoa com deficiência tem direito à igualdade de oportunidades com as demais pessoas e não deve sofrer nenhuma espécie de discriminação (art. 4º).

Considera-se *discriminação em razão da deficiência* toda forma de distinção, restrição ou exclusão, por ação ou omissão, que tenha o propósito ou o efeito de prejudicar, impedir ou anular o reconhecimento ou o exercício dos direitos e das liberdades fundamentais de pessoa com deficiência, incluindo a recusa de adaptações razoáveis e de fornecimento de tecnologias assistivas[57].

---

[54] Na consagrada lição de Rui Barbosa: "a regra da igualdade não consiste senão em aquinhoar desigualmente os desiguais, na medida em que sejam desiguais. Nessa desigualdade social, proporcionada à desigualdade natural, é que se acha a verdadeira lei da igualdade. Tratar como desiguais a iguais, ou a desiguais com igualdade, seria desigualdade flagrante, e não igualdade real" (*Oração aos moços*. Rio de Janeiro: Casa de Rui Barbosa, 1956. p. 32, apud MARTINS, Sergio Pinto. *Direito da seguridade social*. 8. ed. São Paulo: Atlas, 1997. p. 62).

[55] Cf. CARLOS, Vera Lúcia. *Discriminação nas relações de trabalho*. São Paulo: Método, 2004. p. 32-34.

[56] DELGADO, Mauricio Godinho. Princípios da dignidade humana, da proporcionalidade e/ou razoabilidade e da boa-fé no direito do trabalho – Diálogo do ramo juslaborativo especializado com o universo jurídico geral. *Revista de Direito do Trabalho*, São Paulo, RT, ano 27, n. 102, p. 87, abr.-jun. 2001 (destaques do original).

[57] Consideram-se tecnologia assistiva ou ajuda técnica: produtos, equipamentos, dispositivos, recursos, metodologias, estratégias, práticas e serviços que objetivem promover a funcionalidade, relacionada à atividade e à participação da pessoa com deficiência ou com mobilidade reduzida, visando à sua autonomia, independência, qualidade de vida e inclusão social (art. 3º, inciso III, da Lei 13.146/2015).

A pessoa com deficiência não está obrigada à fruição dos benefícios decorrentes de ação afirmativa. Trata-se, portanto, de um direito subjetivo da pessoa com deficiência, que pode ser exercido pelo titular.

A pessoa com deficiência deve ser protegida de toda forma de negligência, discriminação, exploração, violência, tortura, crueldade, opressão, tratamento desumano ou degradante (art. 5º da Lei 13.146/2015).

Para os fins dessa proteção, são considerados especialmente vulneráveis a criança, o adolescente, a mulher e o idoso, com deficiência.

É dever do Estado, da sociedade e da família assegurar à pessoa com deficiência, com prioridade, a efetivação dos direitos referentes à vida, à saúde, à sexualidade, à paternidade e à maternidade, à alimentação, à habitação, à educação, à profissionalização, *ao trabalho*, à previdência social, à habilitação e à reabilitação, ao transporte, à acessibilidade, à cultura, ao desporto, ao turismo, ao lazer, à informação, à comunicação, aos avanços científicos e tecnológicos, à dignidade, ao respeito, à liberdade e à convivência familiar e comunitária, entre outros decorrentes da Constituição da República Federativa do Brasil, da Convenção sobre os Direitos das Pessoas com Deficiência e seu Protocolo Facultativo e das leis e de outras normas que garantam seu bem-estar pessoal, social e econômico (art. 8º da Lei 13.146/2015).

A pessoa com deficiência tem *direito ao trabalho de sua livre escolha e aceitação*, em ambiente acessível e inclusivo, em igualdade de oportunidades com as demais pessoas (art. 34 da Lei 13.146/2015).

As pessoas jurídicas de direito público, privado ou de qualquer natureza são obrigadas a garantir ambientes de trabalho acessíveis e inclusivos.

A pessoa com deficiência tem direito, em igualdade de oportunidades com as demais pessoas, a *condições justas e favoráveis de trabalho, incluindo igual remuneração por trabalho de igual valor*.

É vedada restrição ao trabalho da pessoa com deficiência e qualquer discriminação em razão de sua condição, inclusive nas etapas de recrutamento, seleção, contratação, admissão, exames admissional e periódico, permanência no emprego, ascensão profissional e reabilitação profissional, bem como exigência de aptidão plena.

A pessoa com deficiência tem direito à participação e ao acesso a cursos, treinamentos, educação continuada, planos de carreira, promoções, bonificações e incentivos profissionais oferecidos pelo empregador, em igualdade de oportunidades com os demais empregados.

É garantida aos trabalhadores com deficiência a acessibilidade nos cursos de formação e de capacitação.

É finalidade primordial das políticas públicas de trabalho e emprego promover e garantir condições de acesso e de permanência da pessoa com deficiência no campo do trabalho (art. 35 da Lei 13.146/2015).

Os programas de estímulo ao empreendedorismo e ao trabalho autônomo, incluídos o cooperativismo e o associativismo, devem prever a participação da pessoa com deficiência e a disponibilização de linhas de crédito, quando necessárias.

Constitui modo de *inclusão da pessoa com deficiência no trabalho* a colocação competitiva, em igualdade de oportunidades com as demais pessoas, nos termos da legislação trabalhista e previdenciária, na qual devem ser atendidas as regras de acessibilidade, o fornecimento de recursos de tecnologia assistiva e a adaptação razoável no ambiente de trabalho (art. 37 da Lei 13.146/2015).

A colocação competitiva da pessoa com deficiência pode ocorrer por meio de trabalho com apoio, observadas as seguintes diretrizes: prioridade no atendimento à pessoa com deficiência com maior dificuldade de inserção no campo de trabalho; provisão de suportes individualizados que atendam a necessidades específicas da pessoa com deficiência, inclusive a disponibilização de recursos de tecnologia assistiva, de agente facilitador e de apoio no ambiente de trabalho; respeito ao perfil vocacional e ao interesse da pessoa com deficiência apoiada; oferta de aconselhamento e de apoio aos empregadores, com vistas à definição de estratégias de inclusão e de superação de barreiras, inclusive atitudinais; realização de avaliações periódicas; articulação intersetorial das políticas públicas; possibilidade de participação de organizações da sociedade civil.

A entidade contratada para a realização de processo seletivo público ou privado para cargo, função ou emprego está obrigada à observância do disposto na Lei Brasileira de Inclusão da Pessoa com Deficiência e em outras normas de acessibilidade vigentes (art. 38 da Lei 13.146/2015).

Cabe esclarecer que os direitos, os prazos e as obrigações previstos na Lei Brasileira de Inclusão da Pessoa com Deficiência não excluem os já estabelecidos em outras legislações, inclusive em pactos, tratados, convenções e declarações internacionais aprovados e promulgados pelo Congresso Nacional, e devem ser aplicados em conformidade com as demais normas internas e acordos internacionais vinculantes sobre a matéria (art. 121 da Lei 13.146/2015). Prevalece, assim, a *norma mais benéfica* à pessoa com deficiência.

A Lei 14.238/2021 institui o Estatuto da Pessoa com Câncer, destinado a assegurar e a promover, em condições de igualdade, o acesso ao tratamento adequado e o exercício dos direitos e das liberdades fundamentais da pessoa com câncer, com vistas a garantir o respeito à dignidade, à cidadania e à sua inclusão social (art. 1º).

Nenhuma pessoa com câncer será vítima de qualquer tipo de negligência, discriminação ou violência, e todo atentado aos seus direitos, por ação ou omissão, deve ser punido na forma da lei (art. 6º da Lei 14.238/2021). Considera-se discriminação qualquer distinção, restrição ou exclusão em razão da doença, mediante ação ou omissão, que tenha o propósito ou o efeito de prejudicar, de impedir ou de anular o reconhecimento dos direitos assegurados na Lei 14.238/2021.

Para os efeitos da Lei 14.238/2021, considera-se pessoa com câncer aquela que tenha o regular diagnóstico, nos termos de relatório elaborado por médico devidamente inscrito no conselho profissional, acompanhado pelos laudos e exames diagnósticos complementares necessários para a correta caracterização da doença (art. 4º, § 1º, da Lei 14.238/2021).

Conforme o art. 187 da Portaria 671/2021 do Ministério do Trabalho e Previdência, as seguintes práticas discriminatórias são vedadas ao empregador para fins de seleção, contratação, remuneração, promoção, formação profissional e manutenção do emprego, além de outras previstas em legislações específicas: I – considerar como variável determinante idade, raça, cor, etnia, sexo, situação familiar, religião, procedência nacional, condição de portador do vírus da imunodeficiência adquirida (HIV), condição de pessoa com deficiência ou reabilitado, entre outras previstas na legislação; II – fazer exigência de quaisquer documentos com fins discriminatórios ou obstativos, como certidão negativa de reclamatória trabalhista, teste, exame, perícia, laudo, atestado ou declaração relativos à esterilização ou a estado de gravidez.

Trata-se de previsão que procura garantir o respeito ao direito fundamental à intimidade e à vida privada, em consonância com o art. 5º, inciso X, da Constituição Federal de 1988. Além disso, não se pode permitir que alguém seja discriminado na admissão, ou durante o vínculo de emprego, nem que a sua contratação seja obstada, por ter a pessoa exercido o seu direito constitucional de ação perante a Justiça do Trabalho (art. 5º, inciso XXXVI, da CF/1988).

As políticas, programas e projetos desenvolvidos no âmbito da Secretaria de Trabalho devem contemplar ações de estímulo a inclusão da população negra do mercado de trabalho na forma prevista no Capítulo V da Lei 12.288/2010, que institui o Estatuto da Igualdade Racial (art. 188 da Portaria 671/2021 do Ministério do Trabalho e Previdência).

As referidas práticas discriminatórias são passíveis das sanções previstas nas respectivas legislações específicas (art. 189 da Portaria 671/2021 do Ministério do Trabalho e Previdência).

Os arts. 190 a 206 da Portaria 671/2021 do Ministério do Trabalho e Previdência estabelecem orientações sobre o combate à discriminação relacionada ao HIV e à Aids nos locais de trabalho.

O disposto nos arts. 185 a 206 da Portaria 671/2021 do Ministério do Trabalho e Previdência, sobre medidas contra a discriminação no trabalho, abrange todos os trabalhadores que atuem sob todas as formas ou modalidades, e em todos os locais de trabalho, inclusive: as pessoas que exercem qualquer emprego ou ocupação; as pessoas em formação, incluídos os estagiários e aprendizes; os voluntários; as pessoas que estão à procura de um emprego e os candidatos a um emprego; os trabalhadores desligados ou suspensos do trabalho (art. 186 da Portaria 671/2021 do Ministério do Trabalho e Previdência).

6.3.6 Proibição de discriminação e exigência de vacinação

A proibição de discriminação se insere no âmbito dos objetivos fundamentais da República Federativa do Brasil (art. 3º, inciso IV, da Constituição Federal de 1988), cabendo à lei punir qualquer discriminação atentatória dos direitos e liberdades fundamentais (art. 5º, inciso XLI, da Constituição da República).

A discriminação, em contraposição aos preceitos de isonomia e justiça, impõe tratamento inferior ou prejudicial ao indivíduo ou grupo de pessoas, sem justificativa válida nem fundamento legítimo, o que é vedado nas relações sociais, inclusive de trabalho (art. 7º, incisos XXX, XXXI e XXXII, da Constituição Federal de 1988).

A Lei 9.029/1995 proíbe a exigência de atestados de gravidez e esterilização, e outras práticas discriminatórias, para efeitos admissionais ou de permanência da relação jurídica de trabalho, e dá outras providências.

Por outro lado, a saúde é direito social (art. 6º da Constituição da República), essencial à proteção do direito à vida (art. 5º, *caput*, da Constituição Federal de 1988) e à promoção da dignidade da pessoa humana (art. 1º, inciso III, da Constituição da República). A saúde é um direito fundamental do ser humano, devendo o Estado prover as condições indispensáveis ao seu pleno exercício (art. 2º da Lei 8.080/1990).

Observados esses aspectos, conforme o art. 1º da Portaria 620/2021 do Ministério do Trabalho e Previdência, é proibida a adoção de qualquer prática discriminatória e limitativa para efeito de acesso à relação de trabalho, ou de sua manutenção, por motivo de sexo, origem, raça, cor, estado civil, situação familiar, deficiência, reabilitação profissional, idade, entre outros, ressalvadas, nesse caso, as hipóteses de proteção à criança e ao adolescente previstas no inciso XXXIII do art. 7º da Constituição Federal de 1988, nos termos da Lei 9.029/1995.

Ao empregador é proibido, na contratação ou na manutenção do emprego do trabalhador, exigir quaisquer documentos discriminatórios ou obstativos para a contratação, especialmente *comprovante de vacinação*, certidão negativa de reclamatória trabalhista, teste, exame, perícia, laudo, atestado ou declaração relativos à esterilização ou a estado de gravidez (art. 1º, § 1º, da Portaria 620/2021).

Considera-se prática discriminatória a obrigatoriedade de certificado de vacinação em processos seletivos de admissão de trabalhadores, assim como a despedida por justa causa de empregado em razão da não apresentação de certificado de vacinação (art. 1º, § 2º, da Portaria 620/2021).

Em consonância com o princípio da legalidade (art. 5º, inciso II, da Constituição da República), inerente ao Estado Democrático de Direito (art. 1º da Constituição Federal de 1988), entende-se que essa matéria deve ser objeto de lei (art. 22, inciso I, da Constituição da República), e não de portaria.

Esclareça-se que constitui ato faltoso do empregado a recusa injustificada à observância das instruções expedidas pelo empregador, por meio de ordens de serviço, quanto às precauções a tomar no sentido de evitar acidentes do trabalho ou doenças ocupacionais (art. 158, parágrafo único, *a*, da CLT). Nesse contexto, constitui justa causa para extinção do contrato de trabalho o ato de indisciplina do empregado (art. 482, *h*, da CLT), ou seja, o descumprimento de ordens gerais estabelecidas pelo empregador, no exercício do poder de direção (art. 2º da CLT). Essas determinações podem ter como objetivo a redução dos riscos inerentes ao trabalho, para a preservação da saúde e segurança no meio ambiente laboral (art. 7º, inciso XXII, da Constituição Federal de 1988), em respeito à função social da empresa.

A Lei 13.979/2020 dispõe sobre as medidas que podem ser adotadas para enfrentamento da emergência de saúde pública de importância internacional decorrente do coronavírus.

Quanto à vigência do mencionado diploma legal, o Supremo Tribunal Federal assim decidiu: "I – A Lei 13.979/2020, com o propósito de enfrentar de maneira racional e tecnicamente adequada o surto pandêmico, permitiu que as autoridades adotassem, no âmbito das respectivas competências, determinadas medidas profiláticas e terapêuticas. II – Embora a vigência da Lei 13.979/2020, de forma tecnicamente imperfeita, esteja vinculada àquela do Decreto Legislativo 6/2020, que decretou a calamidade pública para fins exclusivamente fiscais, vencendo em 31 de dezembro de 2020, não se pode excluir, neste juízo precário e efêmero, a conjectura segundo a qual a verdadeira intenção dos legisladores tenha sido a de manter as medidas profiláticas e terapêuticas extraordinárias, preconizadas naquele diploma normativo, pelo tempo necessário à superação da fase mais crítica da pandemia, mesmo porque à época de sua edição não lhes era dado antever a surpreendente persistência e letalidade da doença. III – A prudência – amparada nos princípios da prevenção e da precaução, que devem reger as decisões em matéria de saúde pública – aconselha que as medidas excepcionais abrigadas na Lei 13.979/2020 continuem, por enquanto, a integrar o arsenal das autoridades sanitárias para combater a pandemia. IV – Medida cautelar referendada pelo Plenário do Supremo Tribunal Federal para conferir interpretação conforme à Constituição ao art. 8º da Lei 13.979/2020, com a redação dada pela Lei 14.035/2020, a fim de excluir de seu âmbito de aplicação as medidas extraordinárias previstas nos arts. 3º, 3º-A, 3º-B, 3º-C, 3º-D, 3º-E, 3º-F, 3º-G, 3º-H e 3º-J, inclusive dos respectivos parágrafos, incisos e alíneas" (STF, Pleno, Ref-MC-ADI 6.625/DF, Rel. Min. Ricardo Lewandowski, *DJe* 12.04.2021).

Para enfrentamento da emergência de saúde pública de importância internacional de que trata a Lei 13.979/2020, as autoridades podem adotar, no âmbito de suas competências, entre outras medidas, a determinação de realização compulsória de vacinação e outras medidas profiláticas (art. 3º, inciso III, *d*, da Lei 13.979/2020, com redação dada pela Lei 14.035/2020).

O Supremo Tribunal Federal conferiu interpretação conforme à Constituição ao art. 3º, inciso III, *d*, da Lei 13.979/2020, nos termos da seguinte tese de julgamento: "(I) A vacinação compulsória não significa vacinação forçada, porquanto facultada sempre a recusa do usuário, podendo, contudo, ser implementada por meio de medidas indiretas, as quais compreendem, dentre outras, a restrição ao exercício de certas atividades ou à frequência de determinados lugares, desde que previstas em lei, ou dela decorrentes, e (i) tenham como base evidências científicas e análises estratégicas pertinentes, (ii) venham acompanhadas de ampla informação sobre a eficácia, segurança e contraindicações dos imunizantes, (iii) respeitem a dignidade humana e os direitos fundamentais das pessoas, (iv) atendam aos critérios de razoabilidade e proporcionalidade, e (v) sejam as vacinas distribuídas universal e gratuitamente; e (II) tais medidas, com as limitações acima expostas, podem ser implementadas tanto pela União como pelos Estados, Distrito Federal e Municípios, respeitadas as respectivas esferas de competência" (STF, Pleno, ADI 6.586/DF, Rel. Min. Ricardo Lewandowski, *DJe* 07.04.2021)[58].

---

58 "Ações diretas de inconstitucionalidade. Vacinação compulsória contra a covid-19 prevista na Lei 13.979/2020. Pretensão de alcançar a imunidade de rebanho. Proteção da coletividade, em especial dos mais vulneráveis. Direito social à saúde. Proibição de vacinação forçada. Exigência de prévio consentimento informado do usuário. Intangibilidade do corpo humano. Prevalência do princípio da dignidade humana. Inviolabilidade do direito à vida, liberdade, segurança, propriedade, intimidade e vida privada. Vedação da tortura e do tratamento desumano ou degradante. Compulsoriedade da imunização a ser alcançada mediante restrições indiretas. Necessidade de observância de evidências científicas e análises de informações estratégicas. Exigência de comprovação da segurança e eficácia das vacinas. Limites à obrigatoriedade da imunização consistentes na estrita observância dos direitos e garantias fundamentais. Competência comum da União, Estados, Distrito Federal e Municípios para cuidar da saúde e assistência pública. ADIs conhecidas e julgadas parcialmente procedentes. I – A vacinação em massa da população constitui medida adotada pelas autoridades de saúde pública, com caráter preventivo, apta a reduzir a morbimortalidade de doenças infeciosas transmissíveis e a provocar imunidade de rebanho, com vistas a proteger toda a coletividade, em especial os mais vulneráveis. II – A obrigatoriedade da vacinação a que se refere a legislação sanitária brasileira não pode contemplar quaisquer medidas invasivas, aflitivas ou coativas, em decorrência direta do direito à intangibilidade, inviolabilidade e integridade do corpo humano, afigurando-se flagrantemente inconstitucional toda

Ainda quanto ao tema, o Supremo Tribunal Federal fixou a seguinte tese de repercussão geral: "É constitucional a obrigatoriedade de imunização por meio de vacina que, registrada em órgão de vigilância sanitária, (i) tenha sido incluída no Programa Nacional de Imunizações, ou (ii) tenha sua aplicação obrigatória determinada em lei ou (iii) seja objeto de determinação da União, Estado, Distrito Federal ou Município, com base em consenso médico-científico. Em tais casos, não se caracteriza violação à liberdade de consciência e de convicção filosófica dos pais ou responsáveis, nem tampouco ao poder familiar" (STF, Pleno, ARE 1.267.879/SP, Rel. Min. Roberto Barroso, *DJe* 08.04.2021)[59].

---

determinação legal, regulamentar ou administrativa no sentido de implementar a vacinação sem o expresso consentimento informado das pessoas. III – A previsão de vacinação obrigatória, excluída a imposição de vacinação forçada, afigura-se legítima, desde que as medidas às quais se sujeitam os refratários observem os critérios constantes da própria Lei 13.979/2020, especificamente nos incisos I, II, e III do § 2º do art. 3º, a saber, o direito à informação, à assistência familiar, ao tratamento gratuito e, ainda, ao 'pleno respeito à dignidade, aos direitos humanos e às liberdades fundamentais das pessoas', bem como os princípios da razoabilidade e da proporcionalidade, de forma a não ameaçar a integridade física e moral dos recalcitrantes. IV – A competência do Ministério da Saúde para coordenar o Programa Nacional de Imunizações e definir as vacinas integrantes do calendário nacional de imunização não exclui a dos Estados, do Distrito Federal e dos Municípios para estabelecer medidas profiláticas e terapêuticas destinadas a enfrentar a pandemia decorrente do novo coronavírus, em âmbito regional ou local, no exercício do poder-dever de 'cuidar da saúde e assistência pública' que lhes é cometido pelo art. 23, II, da Constituição Federal. V – ADIs conhecidas e julgadas parcialmente procedentes para conferir interpretação conforme à Constituição ao art. 3º, III, d, da Lei 13.979/2020, de maneira a estabelecer que: (A) a vacinação compulsória não significa vacinação forçada, por exigir sempre o consentimento do usuário, podendo, contudo, ser implementada por meio de medidas indiretas, as quais compreendem, dentre outras, a restrição ao exercício de certas atividades ou à frequência de determinados lugares, desde que previstas em lei, ou dela decorrentes, e (i) tenham como base evidências científicas e análises estratégicas pertinentes, (ii) venham acompanhadas de ampla informação sobre a eficácia, segurança e contraindicações dos imunizantes, (iii) respeitem a dignidade humana e os direitos fundamentais das pessoas, (iv) atendam aos critérios de razoabilidade e proporcionalidade, e (v) sejam as vacinas distribuídas universal e gratuitamente; e (B) tais medidas, com as limitações expostas, podem ser implementadas tanto pela União como pelos Estados, Distrito Federal e Municípios, respeitadas as respectivas esferas de competência" (STF, Pleno, ADI 6.586/DF, Rel. Min. Ricardo Lewandowski, *DJe* 07.04.2021).

[59] "Direito Constitucional. Recurso extraordinário. Repercussão geral. Vacinação obrigatória de crianças e adolescentes. Ilegitimidade da recusa dos pais em vacinarem os filhos por motivo de convicção filosófica. 1. Recurso contra acórdão do Tribunal de Justiça do Estado de São Paulo (TJSP) que determinou que pais veganos submetessem o filho menor às vacinações definidas como obrigatórias pelo Ministério da Saúde, a despeito de suas convicções filosóficas. 2. A luta contra epidemias é um capítulo antigo da história. Não obstante o Brasil e o mundo estejam vivendo neste momento a maior pandemia dos últimos cem anos, a da covid-19, outras doenças altamente contagiosas já haviam desafiado a ciência e as autoridades públicas. Em inúmeros cenários, a vacinação revelou-se um método preventivo eficaz. E, em determinados casos, foi a responsável pela erradicação da moléstia (como a varíola e a poliomielite). As vacinas comprovaram ser uma grande invenção da medicina em prol da humanidade. 3. A liberdade de consciência é protegida constitucionalmente (art. 5º, VI e VIII) e se expressa no direito que toda pessoa tem de fazer suas escolhas existenciais e de viver o seu próprio ideal de vida boa. É senso comum, porém, que nenhum direito é absoluto, encontrando seus limites em outros direitos e valores constitucionais. No caso em exame, a liberdade de consciência precisa ser ponderada com a defesa da vida e da saúde de todos (arts. 5º e 196), bem como com a proteção prioritária da criança e do adolescente (art. 227). 4. De longa data, o Direito brasileiro prevê a obrigatoriedade da vacinação. Atualmente, ela está prevista em diversas leis vigentes, como, por exemplo, a Lei n. 6.259/1975 (Programa Nacional de Imunizações) e a Lei n. 8.069/90 (Estatuto da Criança e do Adolescente). Tal previsão jamais foi reputada inconstitucional. Mais recentemente, a Lei n. 13.979/2020 (referente às medidas de enfrentamento da pandemia da Covid-19), de iniciativa do Poder Executivo, instituiu comando na mesma linha. 5. É legítimo impor o caráter compulsório de vacinas que tenham registro em órgão de vigilância sanitária e em relação à qual exista consenso médico-científico. Diversos fundamentos justificam a medida, entre os quais: a) o Estado pode, em situações excepcionais, proteger as pessoas mesmo contra a sua vontade (dignidade como valor comunitário); b) a vacinação é importante para a proteção de toda a sociedade, não sendo legítimas escolhas individuais que afetem gravemente direitos de terceiros (necessidade de imunização coletiva); e c) o poder familiar não autoriza que os pais, invocando convicção filosófica, coloquem em risco a saúde dos filhos (CF/1988, arts. 196, 227 e 229) (melhor interesse da criança). 6. Desprovimento do recurso extraordinário, com a fixação da seguinte tese: 'É constitucional a obrigatoriedade de imunização por meio de vacina que, registrada em órgão de vigilância sanitária, (i) tenha sido incluída no Programa Nacional de Imunizações, ou (ii) tenha sua aplicação obrigatória determinada em lei ou (iii) seja objeto de determinação da União, Estado, Distrito Federal ou Município, com base em consenso médico-científico. Em tais casos, não se caracteriza violação à liberdade de consciência e de convicção filosófica dos pais ou responsáveis, nem tampouco ao poder familiar'" (STF, Pleno, ARE 1.267.879/SP, Rel. Min. Roberto Barroso, *DJe* 08.04.2021).

O empregador deve estabelecer e divulgar orientações ou protocolos com a indicação das medidas necessárias para prevenção, controle e mitigação dos riscos de transmissão da covid-19 nos ambientes de trabalho, incluindo a respeito da política nacional de vacinação e promoção dos efeitos da vacinação para redução do contágio da covid-19 (art. 2º da Portaria 620/2021). Os empregadores podem estabelecer políticas de incentivo à vacinação de seus trabalhadores (art. 2º, parágrafo único, da Portaria 620/2021).

Com a finalidade de assegurar a preservação das condições sanitárias no ambiente de trabalho, os empregadores podem oferecer aos seus trabalhadores a testagem periódica que comprove a não contaminação pela covid-19, ficando os trabalhadores, nesse caso, obrigados à realização de testagem ou à apresentação de cartão de vacinação (art. 3º da Portaria 620/2021). Tem-se, nessa hipótese específica, obrigação alternativa voltada aos empregados. Ainda assim, entende-se que essa matéria deve ser disciplinada por norma de hierarquia legal. Como portaria não tem natureza de lei, não pode inovar no ordenamento jurídico (art. 87, parágrafo único, inciso II, da Constituição Federal de 1988).

Aplicam-se os demais normativos e orientações dos Ministérios da Saúde e do Trabalho e Previdência quanto à prevenção, controle e mitigação dos riscos de transmissão da covid-19 nos ambientes de trabalho (art. 3º, parágrafo único, da Portaria 620/2021).

O rompimento da relação de trabalho por ato discriminatório, nos termos do art. 1º da Portaria 620/2021 e da Lei 9.029/1995, além do direito à reparação pelo dano moral, faculta ao empregado optar entre: I – a reintegração com ressarcimento integral de todo o período de afastamento, mediante pagamento das remunerações devidas, corrigidas monetariamente e acrescidas de juros legais; II – a percepção, em dobro, da remuneração do período de afastamento, corrigida monetariamente e acrescida dos juros legais (art. 4º da Portaria 620/2021). Esse dispositivo reitera o estabelecido no art. 4º da Lei 9.029/1995, mas esta não versa sobre exigência de vacinação, nem sobre apresentação de comprovante, certificado ou cartão de vacinação pelo trabalhador. Cf. Capítulo 28, item 28.6.1.

A vacinação tem como objetivo a prevenção de doenças, para a preservação da saúde não apenas individual, como coletiva. Trata-se de medida em proteção da saúde pública. Nessa linha, as previsões sobre imunização, no âmbito das ações de vigilância epidemiológica e sanitária, são de ordem pública e de interesse social, devendo prevalecer sobre o interesse particular (art. 8º, parte final, da CLT).

Frise-se que o dever do Estado de garantir a saúde (art. 196 da Constituição da República) não exclui o dever das pessoas, da família, das empresas e da sociedade de garantir às pessoas e à coletividade condições de bem-estar físico, mental e social (art. 2º, § 2º, e art. 3º, parágrafo único, da Lei 8.080/1990).

No âmbito do Supremo Tribunal Federal, foi deferida medida cautelar para suspender o art. 1º, *caput* e §§ 1º e 2º, o art. 3º, *caput*, e o art. 4º, *caput*, incisos I e II da Portaria 620/2021 do Ministério do Trabalho e Previdência, com ressalva quanto às pessoas que têm expressa contraindicação médica, fundada no Plano Nacional de Vacinação contra covid-19 ou em consenso científico, para as quais deve-se admitir a testagem periódica (STF, ADPF 898/DF, ADPF 900/DF, ADPF 901/DF, ADPF 905/DF, Rel. Min. Roberto Barroso, j. 12.11.2021).

6.4 Flexibilização e Direito do Trabalho

Não se pode deixar de reconhecer a existência de diversas mudanças nas orientações e interpretações, feitas pelos juízes e tribunais, de fatos sociais e normas jurídicas, no decorrer dos tempos. Segundo leciona Mauricio Godinho Delgado:

"A importância dos princípios na Ciência do Direito, entretanto, não tem obviamente o condão de transformá-los em axiomas absolutos e imutáveis. Ao contrário, sua validade se preserva apenas caso considerados em seus limites conceituais e históricos específicos, enquanto *sínteses de orientações essenciais assimiladas por ordens jurídicas em determinados períodos históricos. Os princípios jurídicos despontam, assim, como sínteses conceituais de nítida inserção histórica, submetendo-se a uma inevitável dinâmica de superação e eclipsamento, como qualquer outro fenômeno cultural produzido"*[60].

A evolução da ciência jurídica possibilita inovações quanto à interpretação de regras e princípios de direito, repercutindo em sua aplicação pela jurisprudência.

Apesar dos aspectos naturais positivos dessa evolução, é possível o surgimento de posicionamentos que, a pretexto de mais modernos, acabem por afrontar valores e ideais essenciais para a sociedade. Isso é bem nítido justamente no Direito do Trabalho, em que certas teses – como a flexibilização das relações de trabalho, reduzindo direitos trabalhistas, e a desregulamentação do Direito do Trabalho – passam a colidir com a própria essência, a origem histórica, os objetivos e as razões de existir deste ramo do Direito.

6.4.1 Flexibilização e desregulamentação

A flexibilização pode ser entendida como forma de amenizar o rigor ou a rigidez de certas normas jurídicas, referentes, no caso, ao Direito do Trabalho.

A desregulamentação, por sua vez, refere-se ao fenômeno de suprimir determinadas normas jurídicas, principalmente estatais, pertinentes à regulação das relações de trabalho, passando os próprios atores sociais a estabelecer a regra aplicável. Nesse sentido, fala-se em *desregulamentação negociada* do Direito do Trabalho.

No campo trabalhista, um dos maiores debates da atualidade refere-se à possibilidade, aos limites e à pertinência da adoção da flexibilização nas relações de trabalho, quando importar na redução de direitos mínimos previstos no ordenamento estatal. Discute-se até mesmo se é possível sustentar a existência de um chamado "princípio da flexibilização no Direito do Trabalho", principalmente após a Constituição Federal de 1988[61].

Como não poderia deixar de ser, essas questões repercutem na evolução da jurisprudência.

6.4.2 Limites da flexibilização no Direito do Trabalho

A flexibilização, *in pejus*, de direitos trabalhistas, mesmo por meio de negociação coletiva, ainda que admitida pela Constituição Federal de 1988, é verdadeira exceção no sistema jurídico. Portanto, jamais é possível concluir que integra os fundamentos, ou seja, a estrutura e a essência do Direito do Trabalho. Sendo assim, não há como admitir *status* de princípio jurídico à flexibilização.

Em nossa Lei Maior, a flexibilização é prevista apenas para hipóteses específicas (art. 7º, incisos VI, XIII e XIV), em que, por meio da negociação coletiva, o sistema jurídico permite convencionar condições de trabalho inferiores[62], *exigindo-se, de qualquer forma, a devida motivação e comprovação*

---

[60] DELGADO, Mauricio Godinho. *Curso de direito do trabalho.* São Paulo: LTr, 2002. p. 182 (destaques do original).

[61] DELGADO, Mauricio Godinho. *Introdução ao direito do trabalho.* 2. ed. São Paulo: LTr, 1999. p. 158: "Mencione-se, por fim, a referência que parte da doutrina faz ao *princípio da flexibilização*, compreendida como a possibilidade de suplantação da legislação laboral imperativa mediante ajustes conveniados pelas partes contratuais trabalhistas – empregador e empregado. É muito controvertido, entretanto, esse enunciado e sua própria qualificação como *princípio* juslaboral. Talvez por ser usualmente brandido como simples extensão de um projeto político-filosófico estrito – o neoliberalismo –, talvez por ser comumente rejeitado em bloco por seus opositores, o fato é que o enunciado flexibilizatório não adquiriu consistência e sistematicidade teóricas (e mesmo clareza) para se alçar como efetivo *princípio informativo* do Direito Individual do Trabalho. Não há requisitos, critérios ou limites claros para o que seria a flexibilização juslaboral, emergindo tal enunciado muitas vezes como um programa puro e simples de desarticulação da sociedade civil (no plano do Direito Coletivo) e desestruturação de direitos trabalhistas (no plano do Direito Individual)".

[62] Cf. SÜSSEKIND, Arnaldo. *Instituições de direito do trabalho.* 18. ed. São Paulo: LTr, 1999. v. 1, p. 215: "A Constituição brasileira adotou, embora timidamente, a flexibilização de algumas de suas normas: redutibilidade salarial, compensação de horários na semana e trabalho em turnos de revezamento (art. 7º, VI, XIII e XIV); mas sempre sob tutela sindical".

de que a adoção da medida justifica-se em proteção do próprio trabalho como valor social. Neste sentido, cabe transcrever a seguinte ementa:

> "Convenção ou acordo coletivo. Redução de direitos. Limites de admissibilidade. A ressalva ao princípio da irredutibilidade do salário, contemplada no art. 7º, VI, da Constituição Federal, não implica autorização aos sindicatos para livremente transigirem acerca dos direitos individuais dos integrantes da categoria, em qualquer circunstância (partindo do pressuposto de que, permitida a redução de salário, que é o direito básico do trabalhador, autorizada resultaria a redução de qualquer outro direito trabalhista, situado em nível inferior de essencialidade). A permissão para redução de direitos previstos na Constituição Federal ou na legislação infraconstitucional deve ser entendida no contexto das garantias instituídas em favor do trabalhador e de seus dependentes e da preservação dos 'valores sociais do trabalho', que constituem princípio fundamental da República (CF, art. 1º, IV). Assim, a redução de direitos só pode ser aceita como medida de caráter excepcional, justificada pelas dificuldades financeiras ou operacionais enfrentadas pela empresa ou pelo segmento econômico (e revogável, assim, quando cessadas tais dificuldades), ou, ainda, em atenção a peculiaridades que impeçam a observância estrita dos preceitos trabalhistas, e acompanhada, sempre que possível, de contrapartida em favor dos empregados, de forma a impedir a quebra do equilíbrio que deve presidir as relações contratuais entre empregadores e empregados. Só nessas condições o acordo ou convenção coletiva se legitima, tornando impositivo seu reconhecimento (CF, art. 7º, XXVI). Qualquer acordo coletivo de redução de direitos trabalhistas deve observar tais parâmetros, sendo inválido e ineficaz quando não o fizer" (TRT/SP, 8ª T., RO 02990131366, Ac. 20000223713, Rel. Juíza Wilma Nogueira de Araújo Vaz da Silva, *DOE* 30.05.2000).

A regra, no Direito do Trabalho, é a aplicação da norma mais favorável ao trabalhador, orientação decorrente de princípios, ainda mais amplos, da proteção e da melhoria das condições sociais de trabalho, conforme previsto no art. 7º, *caput*, da Constituição Federal de 1988: "São direitos dos trabalhadores urbanos e rurais, *além de outros que visem à melhoria de sua condição social*" (destaquei)[63].

Apenas nas situações especificamente excepcionadas pela Constituição Federal de 1988 é que se pode admitir a flexibilização, possibilitando a aplicação de regra menos benéfica ao trabalhador[64], mas sempre exigindo, como já destacado, que a medida seja justificada e demonstrada como adequada à própria proteção do trabalho. Referidas exceções, mesmo previstas na Constituição, não podem ser interpretadas como se estivesse autorizada qualquer flexibilização prejudicial ao trabalhador[65].

Sobre a matéria, destaca-se a Súmula 423 do TST, versando sobre hipótese em que a Constituição Federal de 1988 autorizou a flexibilização por meio de negociação coletiva (art. 7º, inciso XIV, da CF/1988):

> "Estabelecida jornada superior a seis horas e limitada a oito horas por meio de regular negociação coletiva, os empregados submetidos a turnos ininterruptos de revezamento não têm direito ao pagamento da sétima e oitava horas como extras".

---

[63] Cf. DALLEGRAVE NETO, José Affonso. *Inovações na legislação trabalhista*. São Paulo: LTr, 2000. p. 55: "Não é ocioso lembrar que o princípio da norma mais benéfica está estampado no *caput* do art. 7º da Constituição Federal".

[64] Cf. CASTELO, Jorge Pinheiro. A renúncia e a transação no direito individual e coletivo do trabalho, no velho direito civil e no moderno direito civil, e a solução mandarim. In: FREDIANE, Yone (Coord.). *Tendências do direito material e processual do trabalho*. São Paulo: LTr, 2000. p. 205: "a redução salarial mediante acordo ou convenção coletiva insere-se não como princípio geral de redução das condições sociais do trabalhador, mas sim, exatamente o oposto, ou seja, como exceção ao princípio geral oriundo do *caput* do art. 7º da CF e de todo o sistema da CLT que veda a redução ou renúncia de direitos trabalhistas".

[65] Cf. SILVA, Luiz de Pinho Pedreira da. A autonomia coletiva e os direitos individuais dos trabalhadores. *Revista de Direito do Trabalho*, São Paulo, RT, ano 26, n. 99, p. 74-75, jul.-set. 2000: "a permissão à *autonomia coletiva* para reduzir condições de trabalho, e, portanto, direitos dos membros da categoria profissional há de se cingir a esses casos, pois as exceções à regra geral estabelecidas naquelas normas hão de ser interpretadas estritamente, não podendo alcançar hipóteses nelas não previstas, tal como recomenda a hermenêutica, inclusive em matéria constitucional. As disposições de caráter excepcional das constituições não comportam interpretação analógica ou ampliativa" (destaques do original).

Quando o ordenamento jurídico estatal não autoriza qualquer derrogação *in pejus* do disposto na lei, a negociação coletiva fica limitada ao tratamento mínimo legal e constitucional, não tendo eficácia a cláusula normativa que contrarie a lei e disponha de modo prejudicial ao trabalhador. Inexistindo autorização expressa e específica para a flexibilização de direito trabalhista, não pode ser aceita a sua "precarização". O mero reconhecimento constitucional das convenções e acordos coletivos de trabalho (art. 7º, inciso XXVI), por si só, não autoriza a flexibilização *in pejus* generalizada, o que representaria uma interpretação contrária à sistemática constitucional vigente.

A prevalência dos históricos e verdadeiros princípios do Direito do Trabalho impõe-se como forma de proteção da "dignidade da pessoa humana" e do valor social do trabalho, os quais integram os "fundamentos" da República Federativa do Brasil (art. 1º, incisos III e IV, da CF/1988), valorizando o trabalho humano, no qual se funda a ordem econômica (art. 170, *caput*, da CF/1988).

Referidos princípios viabilizam, ainda, os objetivos fundamentais da República Federativa do Brasil de "construir uma sociedade livre, justa e solidária", "garantir o desenvolvimento nacional", "erradicar a pobreza e a marginalização e reduzir as desigualdades sociais e regionais" e "promover o bem de todos" sem quaisquer discriminações (art. 3º, incisos I, II, III, IV, da CF/1988). A proteção da dignidade do trabalhador, por meio da melhoria de sua condição social, não pode ser mitigada por objetivos voltados à mera redução de custos econômicos das empresas.

Cabe salientar que o Supremo Tribunal Federal fixou a seguinte tese de repercussão geral: "São constitucionais os acordos e as convenções coletivos que, ao considerarem a adequação setorial negociada, pactuam limitações ou afastamentos de direitos trabalhistas, independentemente da explicitação especificada de vantagens compensatórias, desde que respeitados os direitos absolutamente indisponíveis" (STF, Pleno, ARE 1.121.633/GO, Rel. Min. Gilmar Mendes, j. 02.06.2022). Cf. ainda Capítulo 35, item 35.4.3.

6.4.3 Hipóteses de flexibilização

Na realidade, a partir da atual Constituição, observa-se claramente o surgimento de novas orientações adotadas por parcela da doutrina e da jurisprudência trabalhista, quanto a determinadas questões, passando a decidir em favor da permissão de redução de certos direitos, por meio de negociação coletiva, significando, na verdade, a adoção de teses voltadas à flexibilização.

Aliás, coincidentemente, as Súmulas 51, 212, 276 e 288 do Tribunal Superior do Trabalho, que acolhem princípios de Direito do Trabalho, foram todas aprovadas anteriormente à promulgação da Constituição Federal de 1988. Mauricio Godinho Delgado, atentamente, observa esta "flexibilização interpretativa realizada pela jurisprudência trabalhista nos anos seguintes à Carta Constitucional de 1988"[66].

A Súmula 364, inciso II, do TST, na redação decorrente da Resolução 209/2016, por sua vez, assim dispõe:

> "II – Não é válida a cláusula de acordo ou convenção coletiva de trabalho fixando o adicional de periculosidade em percentual inferior ao estabelecido em lei e proporcional ao tempo de exposição ao risco, pois tal parcela constitui medida de higiene, saúde e segurança do trabalho, garantida por norma de ordem pública (arts. 7º, XXII e XXIII, da CF e 193, § 1º, da CLT)".

Esse atual entendimento da jurisprudência revela-se adequado, uma vez que a proteção prevista para o labor perigoso integra o tema da segurança e medicina do trabalho, cujas normas são cogentes (art. 7º, inciso XXII, da CF/1988), não podendo ser objeto de redução, nem mesmo por meio de instrumento normativo decorrente de negociação coletiva[67].

---

[66] DELGADO, Mauricio Godinho. O fim do trabalho e do emprego no capitalismo atual – realidade ou mito? *Trabalho em Revista*, O Trabalho, Curitiba, Decisório Trabalhista, ano 23, n. 278, encarte 103, p. 2.924, set. 2005.

[67] Cf. ainda a Súmula 361 do TST dispõe: "Adicional de periculosidade. Eletricitários. Exposição intermitente. O trabalho exercido em condições perigosas, embora de forma intermitente, dá direito ao empregado a receber o adicional

Além disso, embora se admita a natureza remuneratória do referido adicional de periculosidade (art. 7º, inciso XXIII, da CF/1988), não se confunde com o salário em sentido estrito, como, aliás, se verifica pelo disposto no art. 457 da CLT. Como a parte final do inciso VI do art. 7º da Constituição Federal é uma disposição excepcional, o termo "salário", ali previsto, deve ser interpretado restritivamente.

Desse modo, tendo em vista os princípios que compõem a estrutura do Direito do Trabalho, em especial o da proteção, na vertente da regra mais favorável, não se admite a validade e a aplicação de norma *prejudicial* aos empregados, notadamente em matéria pertinente à segurança no trabalho (adicional de periculosidade). Cf. ainda Capítulo 37.

Reconhece-se, no entanto, que, mesmo após a promulgação da Constituição de 1988, há diversos julgados aplicando, acertadamente, referidos princípios do Direito do Trabalho, como pode ser vislumbrado, exemplificativamente, pelas seguintes ementas:

"Acordo coletivo. Violação de lei. Limites. Um acordo coletivo do qual participem na condição de parte sindicatos de empregados e de outra uma empresa, realmente pode estipular condições ou normas relativas à prestação de serviços sob a forma de contrato de trabalho. No entanto, as cláusulas de tal Acordo Coletivo têm como limite a Lei. Isto é, não podem violar normas legais hierarquicamente superiores – CLT, nem muito menos se revestirem de caráter lesivo ao empregado, notadamente, diante da hegemonia do Princípio da Norma Mais Favorável ao Trabalhador" (Ac. TRT 8ª Reg., 1ª T., RO 253/98, Rel. Juiz José Augusto Figueiredo Affonso, de 18.08.1998)[68].

"As cláusulas benéficas integram-se aos contratos de trabalho pelo critério da mais favorável, instituída no transcurso do vínculo empregatício. Revista conhecida em parte e provida" (TST, RR 128.479/94.2, Ac. 6.527/96, 1ª T., Rel. Min. Ursulino Santos, *DJU* 21.02.1997, p. 3.051)[69].

"Os direitos trabalhistas 'imantados por indisponibilidade absoluta' não podem ser objeto de transação ou renúncia extrajudicial ilimitada, sob pena de violação a princípios mínimos, assegurados no ordenamento jurídico positivo" (TRT 6ª Reg., 2ª T., RO 3.369/98, Rel. Juíza Gisane Barbosa de Araújo, *DOPE* 11.09.1998)[70].

"Conflito entre a lei e convenção coletiva. A convenção ou acordo coletivo não pode pactuar de forma menos favorável que a lei. Pacto nesse sentido é de nenhum valor (art. 444, CLT)" (TRT/SP, 5ª T., RO 02990167042, Ac. 20000137302, Rel. Juiz Francisco Antonio de Oliveira, *DOE* 14.04.2000).

Como se pode notar, apesar de sensíveis mudanças verificadas no decorrer da evolução da história, quanto ao tratamento dos princípios de direito do trabalho pela jurisprudência, estes ainda exercem importante papel, informando soluções mais justas para a pacificação dos conflitos trabalhistas[71].

Nesse sentido, Mauricio Godinho Delgado reconhece que: "muitas vezes, a jurisprudência, juntamente com as funções exercidas pelo Ministério Público do Trabalho e pela auditoria fiscal do Ministério do Trabalho, todos tiveram fundamental papel na defesa do Direito do Trabalho e da

---

de periculosidade de forma integral, porque a Lei 7.369, de 20.09.1985, não estabeleceu nenhuma proporcionalidade em relação ao seu pagamento". Cabe esclarecer que a Lei 12.740/2012 revogou a Lei 7.369/1985, bem como inseriu no art. 193 da CLT a previsão da atividade com exposição permanente à energia elétrica como atividade perigosa.

68 *Revista do Tribunal Regional do Trabalho da 8ª Região*, Belém, n. 61, p. 327-328, jul.-dez. 1998.
69 FERRARI, Irany; MARTINS, Melchíades Rodrigues. *Julgados trabalhistas selecionados*. São Paulo: LTr, 1998. v. 5, p. 123.
70 BOMFIM, B. Calheiros; SANTOS, Silvério dos; KAWAI, Cristina (Org.). *Dicionário de decisões trabalhistas*. 30. ed. Rio de Janeiro: Edições Trabalhistas, 2000. p. 490.
71 Cf. SOUTO MAIOR, Jorge Luiz. A jurisprudência como fonte do direito e seu efeito paradoxal de negação do próprio direito. In: ARRUDA PINTO, Roberto Parahyba de (Coord.). *O direito e o processo do trabalho na sociedade contemporânea*: homenagem a Francisco Ary Montenegro Castelo. São Paulo: LTr, 2005. p. 319: "todas as decisões judiciais podem se constituir referências doutrinárias importantes para a construção do direito, incluindo-se, igualmente, os 'votos vencidos', pois o direito evolui constantemente, e os entendimentos vencidos de hoje, desde que expressos e bem fundamentados, podem se constituir no gérmen da mudança dos rumos do direito em determinado assunto".

dignidade do trabalhador, em contraste com as iniciativas desregulamentadoras, flexibilizatórias e precarizantes oriundas do Parlamento ou Presidência da República na década de 1990"[72].

Apesar disso, este mesmo autor acentua ser "necessário reconhecer que a flexibilização interpretativa foi muito além de certos naturais ajustes e adequações da ordem jurídica à mudança social", contribuindo "para construir, nos anos de 1990, verdadeira nova cultura em torno do Direito Individual e Coletivo do Trabalho, reduzindo, em muito, a efetividade de suas regras e princípios"[73].

6.4.4 Programa Seguro-Emprego

Ainda quanto ao tema da *flexibilização* das condições de trabalho, cabe fazer referência ao *Programa Seguro-Emprego* (PSE), instituído pela Lei 13.189/2015, a qual foi modificada pela Lei 13.456/2017.

Apesar de também integrar o chamado Direito do Trabalho (de períodos) de *crise econômica*, trata-se de medida específica, que não se confunde com a suspensão do contrato de trabalho para participação do empregado em curso ou programa de qualificação profissional oferecido pelo empregador, prevista no art. 476-A da CLT, acrescentado pela Medida Provisória 2.161-41/2001.

Cabe salientar que o Programa Seguro-Emprego (PSE) tem os seguintes objetivos: possibilitar a *preservação dos empregos em momentos de retração da atividade econômica*; favorecer a *recuperação econômico-financeira das empresas*; sustentar a demanda agregada durante momentos de adversidade, para facilitar a recuperação da economia; estimular a produtividade do trabalho por meio do *aumento da duração do vínculo empregatício; fomentar a negociação coletiva* e aperfeiçoar as relações de emprego (art. 1º da Lei 13.189/2015).

O referido Programa Seguro-Emprego, na verdade, consiste em ação para auxiliar os trabalhadores na *preservação do emprego*, nos termos do art. 2º, inciso II, da Lei 7.998/1990, ao prever que o programa do seguro-desemprego tem por finalidade auxiliar os trabalhadores na busca ou preservação do emprego, promovendo, para tanto, ações integradas de orientação, recolocação e qualificação profissional.

Podem aderir ao Programa Seguro-Emprego (PSE) as empresas de todos os setores em *situação de dificuldade econômico-financeira* que celebrarem acordo coletivo de trabalho específico de redução de jornada e de salário (art. 2º da Lei 13.189/2015).

A adesão ao PSE pode ser feita perante o Ministério do Trabalho até o dia 31 de dezembro de 2017, observado o prazo máximo de permanência de 24 meses, na forma definida em regulamento, respeitada a data de extinção do Programa. Cabe esclarecer que o Programa Seguro-Emprego (PSE) extingue-se em 31 de dezembro de 2018 (art. 11 da Lei 13.189/2015, com redação dada pela Lei 13.456/2017).

Têm prioridade de adesão ao PSE, observados os critérios definidos pelo Poder Executivo federal: a empresa que demonstre observar a cota de pessoas com deficiência; as microempresas e empresas de pequeno porte; a empresa que possua em seus quadros programa de reinserção profissional de egressos do sistema penitenciário.

As microempresas e as empresas de pequeno porte podem contar com o apoio técnico do Serviço Brasileiro de Apoio às Micro e Pequenas Empresas (Sebrae), conforme disposto em regulamento.

Nos termos do art. 3º da Lei 13.189/2015, podem aderir ao PSE as empresas que se enquadrem nas condições estabelecidas pelo Comitê do Programa, independentemente do setor econômico, e que cumprirem os seguintes requisitos: I – celebrar e apresentar *acordo coletivo de trabalho específico*, nos termos do art. 5º da Lei 13.189/2015; II – apresentar ao Ministério do Trabalho solicitação de adesão ao PSE; III – apresentar a relação dos empregados abrangidos, especificando o salário indivi-

---

[72] DELGADO, Mauricio Godinho. O fim do trabalho e do emprego no capitalismo atual – realidade ou mito? *Trabalho em Revista*, O Trabalho, Curitiba, Decisório Trabalhista, ano 23, n. 278, encarte 103, p. 2.924, set. 2005.
[73] DELGADO, Mauricio Godinho. O fim do trabalho e do emprego no capitalismo atual – realidade ou mito? *Trabalho em Revista*, O Trabalho, Curitiba, Decisório Trabalhista, ano 23, n. 278, encarte 103, p. 2.924-2.925, set. 2005.

dual; IV – ter registro no Cadastro Nacional da Pessoa Jurídica (CNPJ) há, no mínimo, dois anos; V – comprovar a regularidade fiscal, previdenciária e relativa ao Fundo de Garantia do Tempo de Serviço (FGTS); VI – comprovar a situação de dificuldade econômico-financeira, fundamentada no Indicador Líquido de Empregos (ILE), considerando-se nesta situação a empresa cujo ILE seja igual ou inferior ao percentual a ser definido em ato do Poder Executivo federal, apurado com base nas informações disponíveis no Cadastro Geral de Empregados e Desempregados (CAGED), consistindo o ILE no percentual representado pela diferença entre admissões e demissões acumulada nos 12 meses anteriores ao da solicitação de adesão ao PSE dividida pelo número de empregados no mês anterior ao início desse período.

Para fins do disposto no inciso IV do art. 3º, em caso de solicitação de adesão por filial de empresa, pode ser considerado o tempo de registro no CNPJ da matriz.

A regularidade de que trata o inciso V do art. 3º deve ser observada durante o período de adesão ao PSE, como condição para permanência no Programa.

No cálculo do indicador de que trata o inciso VI do art. 3º não devem ser computados os eventos de transferência por entrada, de transferência por saída e de admissão ou desligamento de aprendizes.

Os empregados de empresas que aderirem ao Programa Seguro-Emprego (PSE) e que tiverem o seu salário reduzido, nos termos do art. 5º da Lei 13.189/2015, fazem jus à *compensação pecuniária* equivalente a 50% do valor da redução salarial e limitada a 65% do valor máximo da parcela do seguro-desemprego, enquanto perdurar o período de redução temporária da jornada de trabalho (art. 4º da Lei 13.189/2015).

O valor do salário pago pelo empregador, após a redução prevista no art. 5º da Lei 13.189/2015, não pode ser inferior ao valor do salário mínimo, em observância ao art. 7º, inciso IV, da Constituição da República.

Ato do Poder Executivo federal deve dispor sobre a forma de pagamento da compensação pecuniária, a ser custeada pelo Fundo de Amparo ao Trabalhador (FAT).

Nesse modelo, portanto, o poder público também participa, em termos financeiros, da medida emergencial e temporária de flexibilização trabalhista, justificada por crise econômica, havendo, assim, certa divisão de responsabilidades.

O *acordo coletivo de trabalho específico* para adesão ao Programa Seguro-Emprego, celebrado entre a empresa e o sindicato de trabalhadores representativo da categoria da atividade econômica preponderante da empresa, *pode reduzir em até 30% a jornada e o salário* (art. 5º da Lei 13.189/2015).

O acordo deve ser aprovado em assembleia dos trabalhadores abrangidos pelo Programa e deve dispor sobre: I – número total de empregados abrangidos pela redução e sua identificação; II – estabelecimentos ou setores específicos da empresa abrangidos; III – percentual de redução da jornada e redução proporcional ou menor do salário; IV – período pretendido de adesão ao PSE e de redução temporária da jornada de trabalho, que deve ter duração de até seis meses, podendo ser prorrogado por períodos de seis meses, desde que o período total não ultrapasse 24 meses; V – período de garantia no emprego, que deve ser equivalente, no mínimo, ao período de redução de jornada acrescido de um terço; VI – constituição de comissão paritária, composta por representantes do empregador e dos empregados abrangidos pelo PSE, para acompanhar e fiscalizar o cumprimento do acordo e do Programa, exceto nas microempresas e empresas de pequeno porte.

O acordo coletivo de trabalho específico não pode dispor sobre outras condições de trabalho que não aquelas decorrentes da adesão ao PSE.

A empresa deve demonstrar ao sindicato que foram esgotados os bancos de horas, além de fornecer as informações econômico-financeiras.

É facultada a celebração de *acordo coletivo múltiplo de trabalho específico* a grupo de microempresas e empresas de pequeno porte, do mesmo setor econômico, com o sindicato de trabalhadores representativo da categoria da atividade econômica preponderante. Nessa hipótese, a comissão paritária de que trata o inciso VI deve ser composta por representantes do empregador e do sindicato de trabalhadores que celebrar o acordo coletivo múltiplo de trabalho específico. Cada microempresa ou empresa de pequeno porte deve demonstrar individualmente o cumprimento dos requisitos exigidos para adesão ao PSE, com o apoio técnico do Serviço Brasileiro de Apoio às Micro e Pequenas Empresas (Sebrae).

Para fins dos incisos I e II, o acordo deve abranger todos os empregados da empresa ou, no mínimo, os empregados de setor ou estabelecimento específico. Trata-se de determinação com o objetivo de preservar o *princípio da isonomia*.

A redução de que trata o art. 5º da Lei 13.189/2015 está condicionada à celebração de acordo coletivo de trabalho específico com o sindicato de trabalhadores representativo da categoria, observado o disposto no art. 511 da Consolidação das Leis do Trabalho, ao prever as categorias econômicas, profissionais e profissionais diferenciadas.

No caso de empregados que integrem *categoria profissional diferenciada* (art. 511, § 3º, da CLT), entende-se que o acordo coletivo de trabalho específico deve ser pactuado com o respectivo sindicato, ou seja, que represente a categoria profissional diferenciada na área territorial envolvida.

Cabe ressaltar que o art. 7º, inciso VI, da Constituição da República prevê que são direitos dos trabalhadores urbanos e rurais, além de outros que visem à melhoria de sua condição social, a "irredutibilidade do salário, *salvo o disposto em convenção ou acordo coletivo*". O art. 7º, inciso XIII, da Constituição da República também prevê a "duração do trabalho normal não superior a oito horas diárias e quarenta e quatro semanais, facultada a compensação de horários e *a redução da jornada, mediante acordo ou convenção coletiva de trabalho*". A flexibilização *in pejus* das condições de trabalho, portanto, além de ser medida excepcional, que deve ter como objetivo a preservação do emprego, exige a negociação coletiva de trabalho.

O número total de trabalhadores e de setores abrangidos pelo Programa de que tratam os incisos I e II e a redução do percentual de que trata o inciso III podem ser alterados durante o período de adesão ao Programa, desde que aprovados em assembleia dos trabalhadores abrangidos pelo Programa, dispensada a formalização de termo aditivo ao acordo, observados os critérios a serem estabelecidos em ato do Poder Executivo federal.

Conforme o art. 6º da Lei 13.189/2015, a empresa que aderir ao Programa Seguro-Emprego (PSE) fica proibida de: I – dispensar arbitrariamente ou sem justa causa os empregados que tiverem sua jornada de trabalho temporariamente reduzida enquanto vigorar a adesão ao PSE e, após o seu término, durante o prazo equivalente a um terço do período de adesão; II – contratar empregado para executar, total ou parcialmente, as mesmas atividades exercidas por empregado abrangido pelo Programa, exceto nas hipóteses de: a) reposição; b) aproveitamento de concluinte de curso de aprendizagem na empresa, nos termos do art. 429 da CLT; c) efetivação de estagiário; d) contratação de pessoas com deficiência ou idosas; e) contratação de egresso dos sistemas prisional e de medidas socioeducativas. Nas hipóteses de contratação previstas no inciso II do art. 6º, o empregado deve ser abrangido pelo acordo coletivo de trabalho específico.

Garante-se, com isso, a manutenção do emprego, de forma provisória, dos trabalhadores abrangidos pelo mencionado Programa.

Durante o período de adesão, é proibida a realização de horas extraordinárias pelos empregados abrangidos pelo Programa.

A empresa pode denunciar o Programa Seguro-Emprego (PSE) a qualquer momento, desde que comunique o ato ao sindicato que celebrou o acordo coletivo de trabalho específico, aos seus trabalhadores e ao Poder Executivo federal, com antecedência mínima de 30 dias, demonstrando as razões e a superação da situação de dificuldade econômico-financeira (art. 7º da Lei 13.189/2015).

Somente após o prazo de 30 dias é que a empresa pode exigir o cumprimento da jornada integral de trabalho.

Deve ser mantida a garantia de emprego, nos termos da adesão original ao PSE e aos seus acréscimos.

Somente após seis meses da denúncia é que a empresa pode aderir novamente ao PSE, caso demonstre que enfrenta nova situação de dificuldade econômico-financeira.

Fica excluída do PSE e impedida de aderir ao Programa novamente a empresa que: I – descumprir os termos do acordo coletivo de trabalho específico relativo à redução temporária da jornada de trabalho ou qualquer outro dispositivo da Lei 13.189/2015 ou de sua regulamentação; II – cometer fraude no âmbito do PSE (assim entendida como a situação em que empresa obtiver, para si ou para outrem, vantagem ilícita, em prejuízo alheio, induzindo ou mantendo alguém em erro, mediante artifício, ardil ou qualquer outro meio fraudulento, relativamente ao Programa, como atos praticados quanto à burla das condições e dos critérios para adesão e permanência no Programa, fornecimento de informações não verídicas, apresentação de documentos falsos ou desvio dos recursos da compensação financeira do Programa destinada aos empregados abrangidos); ou III – for condenada por decisão judicial transitada em julgado ou autuada administrativamente após decisão final no processo administrativo por prática de trabalho análogo ao de escravo, trabalho infantil ou degradante (art. 8º da Lei 13.189/2015).

A empresa que descumprir o acordo coletivo ou as normas relativas ao PSE fica obrigada a restituir ao FAT os recursos recebidos, devidamente corrigidos, e a pagar multa administrativa correspondente a 100% desse valor, calculada em dobro no caso de fraude, a ser aplicada conforme o Título VII da CLT (arts. 626 e seguintes), e revertida ao FAT.

Para fins do disposto no inciso I do art. 8º, a denúncia de que trata o art. 7º da Lei 13.189/2015 não é considerada descumprimento dos termos do acordo coletivo de trabalho específico.

Para fins da correção dos recursos de que trata o § 1º do art. 8º da Lei 13.189/2015, o valor a ser restituído ao FAT, por ocasião do pagamento, deve ser acrescido de juros equivalentes à taxa referencial do Sistema Especial de Liquidação e de Custódia (Selic) para títulos federais, calculada na forma de capitalização simples, ou seja, pela soma aritmética dos valores mensais da taxa Selic adicionando-se 1% no último mês de atualização e utilizando-se para o cálculo do débito o Sistema Débito Web disponibilizado no sítio eletrônico do Tribunal de Contas da União.

Até o final do mês de fevereiro de cada exercício, o Poder Executivo federal deve estabelecer limite máximo anual para as despesas totais do PSE, observados os parâmetros econômicos oficiais utilizados na gestão fiscal (art. 11-A da Lei 13.189/2015, incluído pela Lei 13.456/2017). Para fins de estimativa do cálculo das despesas totais referidas, deve ser considerado o somatório do estoque de benefícios concedidos com os novos benefícios a serem desembolsados no exercício. Essa gestão fiscal compreende a elaboração dos orçamentos anuais e as avaliações de receitas e despesas para cumprimento do disposto no art. 9º da Lei Complementar 101/2000, que, ao estabelecer normas de finanças públicas voltadas para a responsabilidade na gestão fiscal, dispõe sobre a execução orçamentária e o cumprimento das metas.

O Poder Executivo federal, por meio de regulamento, pode fixar orçamento do PSE dedicado exclusivamente a microempresas e empresas de pequeno porte.

O Ministério do Trabalho deve enviar semestralmente, pelo período de duração do PSE, ao Ministérios da Fazenda e do Planejamento, Desenvolvimento e Gestão e à Casa Civil da Presidência da República, informações que permitam avaliar a efetividade do PSE como política pública em relação aos objetivos pretendidos (art. 11-B da Lei 13.189/2015, incluído pela Lei 13.456/2017).

6.4.5 Medidas trabalhistas alternativas para enfrentamento de estado de calamidade pública

A Lei 14.437/2022 autoriza o Poder Executivo federal a dispor sobre a adoção, por empregados e empregadores, de medidas trabalhistas alternativas e sobre o Programa Emergencial de Manutenção do Emprego e da Renda, para enfrentamento das consequências sociais e econômicas de estado de calamidade pública em âmbito nacional ou em âmbito estadual, distrital ou municipal reconhecido pelo Poder Executivo federal.

São objetivos da Lei 14.437/2022: I – preservar o emprego e a renda; II – garantir a continuidade das atividades laborais, empresariais e das organizações da sociedade civil sem fins lucrativos; III – reduzir o impacto social decorrente das consequências de estado de calamidade pública em âmbito nacional ou em âmbito estadual, distrital ou municipal reconhecido pelo Poder Executivo federal.

As referidas medidas podem ser adotadas exclusivamente: para trabalhadores em grupos de risco; para trabalhadores de áreas específicas dos entes federativos atingidos por estado de calamidade pública.

Podem ser adotadas, por empregados e empregadores, para a preservação do emprego, a sustentabilidade do mercado de trabalho e o enfrentamento das consequências de estado de calamidade pública em âmbito nacional ou em âmbito estadual, distrital ou municipal reconhecido pelo Poder Executivo federal, as seguintes medidas trabalhistas alternativas: I – o teletrabalho; II – a antecipação de férias individuais; III – a concessão de férias coletivas; IV – o aproveitamento e a antecipação de feriados; V – o banco de horas; VI – a suspensão da exigibilidade dos recolhimentos do Fundo de Garantia do Tempo de Serviço (FGTS) (art. 2º da Lei 14.437/2022).

A adoção das referidas medidas deve observar o disposto em ato do Ministério do Trabalho e Previdência, que estabelecerá, entre outros parâmetros, o prazo em que as medidas trabalhistas alternativas poderão ser adotadas. O mencionado prazo será de até 90 dias, prorrogável enquanto durar o estado de calamidade pública em âmbito nacional ou em âmbito estadual, distrital ou municipal reconhecido pelo Poder Executivo federal.

O empregador pode, a seu critério, durante o prazo previsto no ato do Ministério do Trabalho e Previdência de que trata o art. 2º da Lei 14.437/2022, alterar o regime de trabalho presencial para teletrabalho ou trabalho remoto, além de determinar o retorno ao regime de trabalho presencial, independentemente da existência de acordos individuais ou coletivos, dispensado o registro prévio da alteração no contrato individual de trabalho (art. 3º da Lei 14.437/2022).

Essa previsão decorre do exercício do poder de direção (art. 2º da CLT), mais especificamente do *jus variandi*, permitindo que o empregador, de forma unilateral, modifique o regime de trabalho presencial para teletrabalho ou trabalho remoto, assim como determine o retorno do empregado ao regime de trabalho presencial.

Para fins do disposto na Lei 14.437/2022, considera-se teletrabalho ou trabalho remoto a definição constante do art. 75-B da Consolidação das Leis do Trabalho. Sendo assim, considera-se teletrabalho ou trabalho remoto a prestação de serviços fora das dependências do empregador, de maneira preponderante ou não, com a utilização de tecnologias de informação e de comunicação, que, por sua natureza, não configure trabalho externo (redação dada pela Lei 14.442/2022). Cf. Capítulo 9, item 9.2.2.1.

A alteração de que trata o art. 3º da Lei 14.437/2022 deve ser notificada ao empregado com antecedência de, no mínimo, 48 horas, por escrito ou por meio eletrônico.

As disposições relativas à responsabilidade pela aquisição, pela manutenção ou pelo fornecimento dos equipamentos tecnológicos e da infraestrutura necessária e adequada à prestação de teletrabalho ou de trabalho remoto e as disposições relativas ao reembolso de despesas efetuadas pelo empregado devem ser previstas em contrato escrito, firmado previamente ou no prazo de 30 dias, contado da data da mudança do regime de trabalho.

Na hipótese de o empregado não possuir os equipamentos tecnológicos ou a infraestrutura necessária e adequada à prestação de teletrabalho ou de trabalho remoto: I – o empregador pode fornecer os equipamentos em regime de comodato e custear os serviços de infraestrutura, que não caracterizarão verba de natureza salarial; ou II – o período da jornada normal de trabalho deve ser computado como tempo de trabalho à disposição do empregador, na impossibilidade do oferecimento do regime de comodato de que trata o inciso I. Logo, nessa última situação, o empregado terá direito à remuneração correspondente à jornada normal de trabalho, na linha do previsto no art. 4º da CLT, o que decorre da determinação de que o empregador assuma os riscos de sua atividade (art. 2º da CLT).

O tempo de uso de equipamentos tecnológicos e de infraestrutura necessária, bem como de *softwares*, de ferramentas digitais ou de aplicações de internet utilizados para o teletrabalho ou o trabalho remoto, fora da jornada de trabalho normal do empregado não constitui tempo à disposição ou regime de prontidão ou de sobreaviso, exceto se houver previsão em acordo individual ou em acordo ou convenção coletiva de trabalho.

Essa previsão, de certa forma, é questionável, pois se o referido uso ocorrer em razão do trabalho, ou seja, para fins da prestação de serviço, ainda que fora da jornada de trabalho formalmente convencionada, a rigor, deve ser nela computado. Nesse sentido, considera-se como de serviço efetivo o período em que o empregado esteja à disposição do empregador, aguardando ou executando ordens, salvo disposição especial expressamente consignada (art. 4º da CLT).

Considera-se de sobreaviso o empregado que permanecer em sua própria casa, aguardando a qualquer momento o chamado para o serviço. As horas de sobreaviso devem ser contadas à razão de 1/3 do salário normal (art. 244, § 2º, da CLT). Considera-se de prontidão o empregado que ficar nas dependências do empregador, aguardando ordens. As horas de prontidão devem ser contadas à razão de 2/3 do salário-hora normal (art. 244, § 3º, da CLT).

Nos termos da Súmula 428 do TST: "Sobreaviso. Aplicação analógica do art. 244, § 2º, da CLT. I – O uso de instrumentos telemáticos ou informatizados fornecidos pela empresa ao empregado, por si só, não caracteriza o regime de sobreaviso. II – Considera-se em sobreaviso o empregado que, à distância e submetido a controle patronal por instrumentos telemáticos ou informatizados, permanecer em regime de plantão ou equivalente, aguardando a qualquer momento o chamado para o serviço durante o período de descanso".

Aplica-se ao teletrabalho e ao trabalho remoto de que trata o art. 3º da Lei 14.437/2022 o disposto no art. 62, inciso III, da Consolidação das Leis do Trabalho, ao prever que não são abrangidos pelo regime de duração do trabalho os empregados em regime de teletrabalho que prestam serviço por produção ou tarefa (conforme redação dada pela Lei 14.442/2022). Cf. Capítulo 24, item 24.14.3.

Fica permitida a adoção do regime de teletrabalho ou de trabalho remoto para estagiários e aprendizes, nos termos dos arts. 3º a 5º da Lei 14.437/2022 (art. 4º da Lei 14.437/2022).

Estágio é ato educativo escolar supervisionado, desenvolvido no ambiente de trabalho, que visa à preparação para o trabalho produtivo de educandos que estejam frequentando o ensino regular em instituições de educação superior, de educação profissional, de ensino médio, da educação especial e dos anos finais do ensino fundamental, na modalidade profissional da educação de jovens e adultos (art. 1º da Lei 11.788/2008). O estagiário, assim, se observados os requisitos legais, não é empregado.

Contrato de aprendizagem, por sua vez, é o contrato de trabalho especial, ajustado por escrito e por prazo determinado, em que o empregador se compromete a assegurar ao maior de 14 e menor de 24 anos inscrito em programa de aprendizagem formação técnico-profissional metódica, compatível com o seu desenvolvimento físico, moral e psicológico, e o aprendiz, a executar com zelo e diligência as tarefas necessárias a essa formação (art. 428 da CLT). O aprendiz, portanto, é empregado regido por contrato de trabalho especial.

O regime de teletrabalho ou de trabalho remoto não se confunde nem se equipara à ocupação de operador de *telemarketing* ou de teleatendimento (art. 5º da Lei 14.437/2022).

O empregador deve informar ao empregado, durante o prazo previsto no ato do Ministério do Trabalho e Previdência de que trata o art. 2º da Lei 14.437/2022, sobre a antecipação de suas férias com antecedência de, no mínimo, 48 horas, por escrito ou por meio eletrônico, com a indicação do período a ser gozado pelo empregado (art. 6º da Lei 14.437/2022).

As férias antecipadas nos termos indicados: I – não podem ser gozadas em períodos inferiores a cinco dias corridos; II – podem ser concedidas por ato do empregador, ainda que o período aquisitivo a que se referem não tenha transcorrido (art. 6º, § 1º, da Lei 14.437/2022).

O empregado e o empregador podem, adicionalmente, negociar a antecipação de períodos futuros de férias, por meio de acordo individual escrito (art. 6º, § 2º, da Lei 14.437/2022).

Essa possibilidade de antecipação de períodos futuros de férias pode inviabilizar a finalidade social do referido direito (art. 7º, inciso XVII, da Constituição da República), que é permitir o descanso e o lazer pelo empregado, por período mais extenso, para se restabelecer em termos físicos, mentais e sociais. Nessa linha, conforme o art. 10, item 2, da Convenção 132 da Organização Internacional do Trabalho, promulgada pelo Decreto 3.197/1999 (atualmente Decreto 10.088/2019), para fixar a ocasião do período de gozo das férias devem ser levadas em conta as necessidades do trabalho e as possibilidades de repouso e diversão ao alcance da pessoa empregada.

O empregador pode, durante o prazo previsto no ato do Ministério do Trabalho e Previdência de que trata o art. 2º da Lei 14.437/2022, suspender as férias e as licenças não remuneradas dos profissionais da área de saúde ou daqueles que desempenham funções essenciais, por meio de comunicação formal da decisão ao trabalhador por escrito ou, preferencialmente, por meio eletrônico, com antecedência de 48 horas (art. 7º da Lei 14.437/2022).

O adicional de 1/3 relativo às férias concedidas durante o prazo previsto no ato do Ministério do Trabalho e Previdência de que trata o art. 2º da Lei 14.437/2022 pode ser pago após a sua concessão, a critério do empregador, até a data em que é devida a gratificação natalina prevista no art. 1º da Lei 4.749/1965, ou seja, até o dia 20 de dezembro de cada ano (art. 8º da Lei 14.437/2022).

O art. 7º, inciso XVII, da Constituição Federal de 1988 assegura o direito de gozo de férias anuais remuneradas com, pelo menos, 1/3 a mais do que o salário normal, mas o prazo para pagamento do referido adicional é objeto de disciplina infraconstitucional. Ainda assim, para que o empregado tenha condições de verdadeiramente descansar e se restabelecer durante as férias, o correto seria o recebimento do adicional de 1/3 juntamente com a remuneração das férias, para que o empregado tenha os recursos financeiros necessários para usufruí-las de modo efetivo.

A conversão de 1/3 do período das férias em abono pecuniário depende da anuência do empregador, hipótese em que o pagamento pode ser efetuado até a data de que trata o art. 8º da Lei 14.437/2022 (art. 9º da Lei 14.437/2022). Sendo assim, o referido abono pecuniário (art. 143 da CLT) também pode ser pago após a concessão das férias, até a data em que é devida a gratificação natalina.

O pagamento da remuneração das férias concedidas durante o prazo previsto no ato do Ministério do Trabalho e Previdência de que trata o art. 2º da Lei 14.437/2022 pode ser efetuado até o quinto dia útil do mês subsequente ao do início do gozo das férias, hipótese em que não se aplica o disposto no art. 145 da Consolidação das Leis do Trabalho (art. 10 da Lei 14.437/2022).

Essa previsão, ao afastar a exigência de pagamento da remuneração das férias até dois dias antes do início do respectivo período (art. 145 da CLT), é questionável, por fazer com que o empregado tenha de iniciar as férias sem ter recebido a correspondente remuneração, inviabilizando, em termos remuneratórios, que dela efetivamente usufrua. Nessa linha, conforme o art. 7º, item 2, da Convenção 132, as quantias devidas em decorrência do gozo de período de férias devem ser pagas ao empregado antes do período de férias, salvo estipulação em contrário contida em acordo que vincule a referida pessoa e seu empregador.

Na hipótese de rescisão do contrato de trabalho, os valores das férias, individuais ou coletivas, ainda não adimplidos devem ser pagos juntamente com as verbas rescisórias devidas (art. 11 da Lei 14.437/2022). No caso de pedido de demissão, as férias antecipadas gozadas cujo período não tenha sido adquirido devem ser descontadas das verbas rescisórias devidas ao empregado (art. 11, parágrafo único, da Lei 14.437/2022).

O empregador pode, a seu critério, durante o prazo previsto no ato do Ministério do Trabalho e Previdência de que trata o art. 2º da Lei 14.437/2022, conceder férias coletivas a todos os empregardos ou a setores da empresa e deve notificar o conjunto de empregados afetados, por escrito ou por meio eletrônico, com antecedência de, no mínimo, 48 horas, hipótese em que não se aplicam o limite máximo de períodos anuais e o limite mínimo de dias corridos previstos na Consolidação das Leis do Trabalho, permitida a concessão por prazo superior a 30 dias (art. 12 da Lei 14.437/2022).

Aplica-se às férias coletivas o disposto no art. 6º, § 1º, nos arts. 8º, 9º e 10 e no art. 11, parágrafo único, da Lei 14.437/2022 (art. 13 da Lei 14.437/2022).

Na hipótese de que trata o art. 12 da Lei 14.437/2022, ficam dispensadas a comunicação prévia ao órgão local do Ministério do Trabalho e Previdência e a comunicação aos sindicatos representativos da categoria profissional de que trata o art. 139 da Consolidação das Leis do Trabalho (art. 14 da Lei 14.437/2022).

Os empregadores podem, durante o prazo previsto no ato do Ministério do Trabalho e Previdência de que trata o art. 2º da Lei 14.437/2022, antecipar o gozo de feriados federais, estaduais, distritais e municipais, incluídos os religiosos, e devem notificar, por escrito ou por meio eletrônico, o conjunto de empregados beneficiados, com antecedência de, no mínimo, 48 horas, com a indicação expressa dos feriados aproveitados (art. 15 da Lei 14.437/2022). Os mencionados feriados podem ser utilizados para compensação do saldo em banco de horas.

Embora essa disposição se fundamente no poder de direção do empregador (art. 2º da CLT), o objetivo dos feriados, que seria permitir o descanso do trabalhador, o lazer com a família e outras atividades sociais, culturais e religiosas, na prática, pode deixar de ser alcançado. Além disso, ao não se estabelecer o limite de feriados cujo gozo possa ser antecipado, o empregado pode ficar sem usufruir, nas datas corretas, diversos feriados futuros, desvirtuando a finalidade desses dias de descanso remunerado.

São feriados nacionais os dias 1º de janeiro, 21 de abril, 1º de maio, 7 de setembro, 2 de novembro, 15 de novembro e 25 de dezembro (art. 1º da Lei 662/1949, com redação dada pela Lei 10.607/2002). São feriados civis: os declarados em lei federal; a data magna do Estado fixada em lei estadual; os dias do início e do término do ano do centenário de fundação do Município, fixados em lei municipal (art. 1º da Lei 9.093/1995). São feriados religiosos, por sua vez, os dias de guarda, declarados em lei municipal, de acordo com a tradição local e em número não superior a quatro, neste incluída a Sexta-Feira da Paixão (art. 2º da Lei 9.093/1995).

Ficam autorizadas, durante o prazo previsto no ato do Ministério do Trabalho e Previdência de que trata o art. 2º da Lei 14.437/2022, a interrupção das atividades pelo empregador e a constituição de regime especial de compensação de jornada, por meio de banco de horas, em favor do empregador ou do empregado, estabelecido por meio de acordo individual ou coletivo escrito, para a compensação no prazo de até 18 meses, contado da data de encerramento do período estabelecido no ato do Ministério do Trabalho e Previdência (art. 16 da Lei 14.437/2022).

Essa possibilidade de estabelecer banco de horas com período de compensação superior a um ano, por meio de acordo meramente individual, ainda que escrito, é questionável, em face da previsão do art. 7º, inciso XIII, da Constituição da República, por não se tratar de compensação de jornada nos moldes tradicionais, isto é, semanal ou mensal, mas sim por período bem mais longo. A mencionada possibilidade de interrupção das atividades pelo empregador, com isso, pode acarretar ao empregado um desproporcional saldo de horas a serem trabalhadas posteriormente, em favor do empregador, invertendo a determinação de que cabe a este correr o risco de sua atividade.

A compensação de tempo para recuperação do período interrompido pode ser feita por meio da prorrogação de jornada em até duas horas, a qual não pode exceder 10 horas diárias e pode ser realizada aos finais de semana, observado o disposto no art. 68 da Consolidação das Leis do Trabalho, no sentido que o trabalho em domingo, seja total ou parcial, deve ser sempre subordinado à permissão prévia da autoridade competente em matéria de trabalho.

A compensação do saldo de horas pode ser determinada pelo empregador independentemente de convenção coletiva ou acordo individual ou coletivo (art. 16, § 2º, da Lei 14.437/2022). Essa previsão procura se fundamentar no poder de direção, que é exercido pelo empregador, mas fragiliza a bilateralidade, que caracteriza o contrato de trabalho.

As empresas que desempenham atividades essenciais podem, durante o prazo previsto no ato do Ministério do Trabalho e Previdência de que trata o art. 2º da Lei 14.437/2022, constituir regime especial de compensação de jornada por meio de banco de horas independentemente da interrupção de suas atividades.

O ato do Ministério do Trabalho e Previdência de que trata o art. 2º da Lei 14.437/2022 pode suspender a exigibilidade dos recolhimentos do FGTS de até quatro competências, relativos aos estabelecimentos dos empregadores situados em Municípios alcançados por estado de calamidade pública reconhecido pelo Poder Executivo federal (art. 17 da Lei 14.437/2022).

Os empregadores podem fazer uso da mencionada prerrogativa independentemente: do número de empregados; do regime de tributação; da natureza jurídica; do ramo de atividade econômica; da adesão prévia.

O depósito das competências suspensas pode ser realizado de forma parcelada, sem a incidência da atualização, da multa e dos encargos previstos no art. 22 da Lei 8.036/1990 (art. 18 da Lei 14.437/2022).

Os depósitos referentes às competências suspensas devem ser realizados em até seis parcelas, nos prazos e nas condições estabelecidos no ato do Ministério do Trabalho e Previdência, na data prevista para o recolhimento mensal devido, conforme disposto no art. 15 da Lei 8.036/1990 (art. 18, § 1º, da Lei 14.437/2022).

Logo, além da possibilidade de suspensão dos recolhimentos do FGTS de até quatro competências, o seu depósito pode ser efetuado de forma parcelada (ou seja, em até seis parcelas). O direito dos empregados aos depósitos ao FGTS, de todo modo, fica mantido, ou seja, não é excluído mesmo no referido período.

Até que o disposto no art. 17-A da Lei 8.036/1990 (sistema de escrituração digital) seja regulamentado e produza efeitos, para usufruir da prerrogativa prevista no art. 18 da Lei 14.437/2022, o empregador fica obrigado a declarar as informações na data prevista em ato do Ministério do Trabalho e Previdência, nos termos do art. 32, inciso IV, da Lei 8.212/1991[74], observado que: I – as informações prestadas constituem declaração e reconhecimento dos créditos delas decorrentes, caracterizam confissão de débito e constituem instrumento hábil e suficiente para a cobrança do crédito de FGTS; II – os valores não declarados não têm sua exigibilidade suspensa e obrigam o pagamento integral da multa e dos encargos devidos nos termos do art. 22 da Lei 8.036/1990, sem possibilidade de realização do parcelamento de que trata o art. 18 da Lei 14.437/2022.

Para os depósitos de FGTS realizados nos termos do art. 18 da Lei 14.437/2022, a atualização monetária e a capitalização dos juros de que trata o art. 13 da Lei 8.036/1990, incidentes sobre os valores devidos na competência originária, correm à conta do FGTS.

Na hipótese de rescisão do contrato de trabalho que autorize o saque do FGTS, a suspensão prevista no art. 17 da Lei 14.437/2022 resolve-se em relação ao respectivo empregado, e fica o empregador obrigado: I – ao recolhimento dos valores de FGTS cuja exigibilidade tenha sido suspensa nos termos da Lei 14.437/2022, sem incidência da multa e dos encargos devidos na forma do art. 22 da Lei 8.036/1990, desde que seja efetuado no prazo legal; II – ao depósito dos valores previstos no art. 18 da Lei 8.036/1990 (art. 19 da Lei 14.437/2022). Na referida hipótese, as eventuais parcelas vincendas terão a sua data de vencimento antecipada para o prazo aplicável ao recolhimento previsto no art. 18 da Lei 8.036/1990.

---

[74] "Art. 32. A empresa é também obrigada a: [...] IV – declarar à Secretaria da Receita Federal do Brasil e ao Conselho Curador do Fundo de Garantia do Tempo de Serviço – FGTS, na forma, prazo e condições estabelecidos por esses órgãos, dados relacionados a fatos geradores, base de cálculo e valores devidos da contribuição previdenciária e outras informações de interesse do INSS ou do Conselho Curador do FGTS".

A conta vinculada do trabalhador no FGTS pode ser movimentada nas situações previstas no art. 20 da Lei 8.036/1990.

Ocorrendo rescisão do contrato de trabalho por parte do empregador, este fica obrigado a depositar na conta vinculada do trabalhador no FGTS os valores relativos aos depósitos referentes ao mês da rescisão e ao imediatamente anterior, que ainda não houver sido recolhido, sem prejuízo das cominações legais (art. 18 da Lei 8.036/1990).

Na hipótese de despedida pelo empregador sem justa causa, este deve depositar, na conta vinculada do trabalhador no FGTS, importância igual a 40% do montante de todos os depósitos realizados na conta vinculada durante a vigência do contrato de trabalho, atualizados monetariamente e acrescidos dos respectivos juros (art. 18, § 1º, da Lei 8.036/1990). Quando ocorrer despedida por culpa recíproca ou força maior, reconhecida pela Justiça do Trabalho, o mencionado percentual será de 20% (art. 18, § 2º, da Lei 8.036/1990).

As importâncias de que trata o art. 18 da Lei 8.036/1990 devem constar da documentação comprobatória do recolhimento dos valores devidos a título de rescisão do contrato de trabalho, observado o disposto no art. 477 da CLT, eximindo o empregador, exclusivamente, quanto aos valores discriminados (art. 18, § 3º, da Lei 8.036/1990).

Os valores de FGTS cuja exigibilidade tenha sido suspensa nos termos do art. 17 da Lei 14.437/2022, caso inadimplidos nos prazos fixados na forma da Lei 14.437/2022, estão sujeitos à multa e aos encargos devidos nos termos do art. 22 da Lei 8.036/1990, desde a data originária de vencimento fixada no art. 15 da Lei 8.036/1990 (art. 20 da Lei 14.437/2022).

Na hipótese de suspensão da exigibilidade de que trata o art. 17 da Lei 14.437/2022, o prazo prescricional dos débitos relativos aos depósitos do FGTS vencidos até a data de publicação do ato do Ministério do Trabalho e Previdência de que trata o art. 2º da Lei 14.437/2022 fica suspenso por 120 dias (art. 21 da Lei 14.437/2022).

Nos termos da Súmula 362 do TST: "FGTS. Prescrição. I – Para os casos em que a ciência da lesão ocorreu a partir de 13.11.2014, é quinquenal a prescrição do direito de reclamar contra o não recolhimento de contribuição para o FGTS, observado o prazo de dois anos após o término do contrato; II – Para os casos em que o prazo prescricional já estava em curso em 13.11.2014, aplica-se o prazo prescricional que se consumar primeiro: trinta anos, contados do termo inicial, ou cinco anos, a partir de 13.11.2014 (STF-ARE-709212/DF)".

O inadimplemento das parcelas previstas no art. 18, § 1º, da Lei 14.437/2022 e a não quitação do FGTS nos termos do art. 19 da Lei 14.437/2022 ensejam o bloqueio da emissão do certificado de regularidade do FGTS (art. 22 da Lei 14.437/2022).

Na hipótese de suspensão da exigibilidade de que trata o art. 17 da Lei 14.437/2022, os prazos dos certificados de regularidade do FGTS emitidos até a data de publicação do ato do Ministério do Trabalho e Previdência de que trata o art. 2º da Lei 14.437/2022 ficam prorrogados por 90 dias (art. 23 da Lei 14.437/2022).

Durante o prazo previsto no ato do Ministério do Trabalho e Previdência de que trata o art. 2º da Lei 14.437/2022, o curso ou o programa de qualificação profissional de que trata o art. 476-A da Consolidação das Leis do Trabalho pode ser oferecido pelo empregador exclusivamente na modalidade não presencial e terá duração de, no mínimo, um mês e, no máximo, três meses (art. 43 da Lei 14.437/2022). Essa previsão decorre da maior dificuldade de presença física em curso ou programa de qualificação profissional, em razão de estado de calamidade pública em âmbito nacional ou em âmbito estadual, distrital ou municipal reconhecido pelo Poder Executivo federal. Cf. Capítulo 17, item 17.4.

A referida suspensão do contrato de trabalho para a realização do curso de qualificação pode ser realizada por acordo individual escrito, quando houver o pagamento pelo empregador de ajuda compensatória mensal em valor equivalente à diferença entre a remuneração do empregado e a bolsa de qualificação (art. 43, § 1º, da Lei 14.437/2022).

O pagamento da referida ajuda compensatória deve observar o disposto no art. 31, § 1º, da Lei 14.437/2022, sobre o pagamento, pelo empregador, de ajuda compensatória mensal, em decorrência da redução proporcional da jornada de trabalho e do salário ou da suspensão temporária do contrato de trabalho, no âmbito do Programa Emergencial de Manutenção do Emprego e da Renda.

Se, após a pactuação de acordo individual na forma prevista no art. 43, § 1º, da Lei 14.437/2022 houver a celebração de convenção coletiva ou de acordo coletivo de trabalho com cláusulas conflitantes com as cláusulas do acordo individual, devem ser observadas as seguintes regras: I – a aplicação das condições estabelecidas no acordo individual em relação ao período anterior ao período da negociação coletiva; II – a prevalência das condições estipuladas na negociação coletiva, naquilo em que conflitarem com as condições estabelecidas no acordo individual, a partir da data de entrada em vigor da convenção coletiva ou do acordo coletivo de trabalho.

As condições do acordo individual prevalecem sobre a negociação coletiva se forem mais favoráveis ao trabalhador.

Durante o prazo previsto no regulamento de que trata o art. 2º da Lei 14.437/2022, fica permitida a utilização de meios eletrônicos para cumprimento dos requisitos formais previstos no Título VI da Consolidação das Leis do Trabalho (sobre convenções coletivas de trabalho e acordos coletivos de trabalho), inclusive para convocação, deliberação, decisão, formalização e publicidade de convenção ou de acordo coletivo de trabalho (art. 44 da Lei 14.437/2022). Essa previsão tem como objetivo facilitar o procedimento da negociação coletiva e a celebração dos instrumentos normativos decorrentes, considerando a dificuldade de presença física nos atos necessários, em decorrência de estado de calamidade pública em âmbito nacional ou em âmbito estadual, distrital ou municipal reconhecido pelo Poder Executivo federal.

Durante o prazo previsto no ato do Ministério do Trabalho e Previdência de que trata o art. 2º da Lei 14.437/2022, os prazos previstos no Título VI da Consolidação das Leis do Trabalho (arts. 611 a 625) ficam reduzidos pela metade (art. 45 da Lei 14.437/2022). Essa previsão visa a acelerar os trâmites para a formalização da norma coletiva negociada, em razão de estado de calamidade pública em âmbito nacional ou em âmbito estadual, distrital ou municipal reconhecido pelo Poder Executivo federal.

O disposto na Lei 14.437/2022 aplica-se também: I – às relações de trabalho regidas: a) pela Lei 6.019/1974 (relações de trabalho na empresa de trabalho temporário, na empresa de prestação de serviços e nas respectivas tomadoras de serviço e contratante); b) pela Lei 5.889/1973 (relações de trabalho rural); II – no que couber, às relações regidas pela Lei Complementar 150/2015 (contrato de trabalho doméstico), tais como as disposições referentes ao Programa Emergencial de Manutenção do Emprego e da Renda, à redução de jornada, ao banco de horas e às férias (art. 46 da Lei 14.437/2022).

A Lei 14.437/2022 entrou em vigor na data de sua publicação, ocorrida em 16.08.2022 (art. 47 da Lei 14.437/2022).

6.4.6 Programa Emergencial de Manutenção do Emprego e da Renda

O Poder Executivo federal pode instituir o Programa Emergencial de Manutenção do Emprego e da Renda, para o enfrentamento das consequências sociais e econômicas de estado de calamidade pública em âmbito nacional ou em âmbito estadual, distrital ou municipal reconhecido pelo Poder Executivo federal (art. 24 da Lei 14.437/2022).

A adoção do Programa Emergencial de Manutenção do Emprego e da Renda deve observar o disposto no regulamento, que estabelecerá a forma e o prazo durante o qual o Programa pode ser adotado, observadas as disponibilidades financeiras e orçamentárias. O mencionado prazo será de até 90 dias, prorrogável enquanto durar o estado de calamidade pública em âmbito nacional ou em âmbito estadual, distrital ou municipal reconhecido pelo Poder Executivo federal.

São medidas do Programa Emergencial de Manutenção do Emprego e da Renda: I – o pagamento do benefício emergencial de manutenção do emprego e da renda (BEm); II – a redução proporcional da jornada de trabalho e do salário; III – a suspensão temporária do contrato de trabalho (art. 25 da Lei 14.437/2022).

Essa previsão não se aplica: I – no âmbito da União, dos Estados, do Distrito Federal e dos Municípios: a) aos órgãos da administração pública direta e indireta; b) às empresas públicas e às sociedades de economia mista, inclusive às suas subsidiárias; II – aos organismos internacionais.

Compete ao Ministério do Trabalho e Previdência coordenar, executar, monitorar e fiscalizar o Programa Emergencial de Manutenção do Emprego e da Renda e editar as normas complementares necessárias à sua execução (art. 26 da Lei 14.437/2022).

O Ministério do Trabalho e Previdência deve divulgar, por meio eletrônico, informações detalhadas sobre os acordos firmados, com o número de empregados e empregadores beneficiados.

O benefício emergencial de manutenção do emprego e da renda deve ser pago nas hipóteses de: I – redução proporcional da jornada de trabalho e do salário; II – suspensão temporária do contrato de trabalho (art. 27 da Lei 14.437/2022).

O benefício emergencial de manutenção do emprego e da renda deve ser custeado com recursos da União, mediante disponibilidade orçamentária.

O benefício emergencial de manutenção do emprego e da renda será de prestação mensal e devido a partir da data do início da redução da jornada de trabalho e do salário ou da suspensão temporária do contrato de trabalho, observadas as seguintes disposições: I – o empregador deve informar ao Ministério do Trabalho e Previdência a redução da jornada de trabalho e do salário ou a suspensão temporária do contrato de trabalho, no prazo de 10 dias, contado da data da celebração do acordo; II – a primeira parcela deve ser paga no prazo de 30 dias, contado da data da celebração do acordo, desde que a celebração do acordo seja informada no prazo a que se refere o inciso I; III – o benefício deve ser pago exclusivamente enquanto durar a redução da jornada de trabalho e do salário ou a suspensão temporária do contrato de trabalho (art. 27, § 2º, da Lei 14.437/2022).

Caso a informação de que trata o inciso I não seja prestada no prazo de 10 dias, contado da data da celebração do acordo: I – o empregador ficará responsável pelo pagamento da remuneração no valor anterior à redução da jornada de trabalho e do salário ou à suspensão temporária do contrato de trabalho do empregado, inclusive dos respectivos encargos sociais e trabalhistas, até que a informação seja prestada; II – a data de início do benefício emergencial de manutenção do emprego e da renda será estabelecida na data em que a informação tenha sido efetivamente prestada, e o benefício será devido pelo restante do período pactuado; III – a primeira parcela, observado o disposto no inciso II, será paga no prazo de 30 dias, contado da data em que a informação tiver sido efetivamente prestada.

Ato do Ministério do Trabalho e Previdência deve disciplinar a forma de: transmissão das informações e das comunicações pelo empregador; concessão e pagamento do benefício emergencial de manutenção do emprego e da renda; interposição de recurso contra as decisões proferidas em relação ao benefício emergencial de manutenção do emprego e da renda.

As notificações e as comunicações referentes ao benefício emergencial de manutenção do emprego e da renda podem ser realizadas exclusivamente por meio digital, mediante a ciência do interessado, o cadastramento em sistema próprio e a utilização de certificado digital da Infraestrutura de Chaves Públicas Brasileira (ICP-Brasil) ou o uso de *login* e senha, conforme estabelecido em ato do Ministério do Trabalho e Previdência.

O devido recebimento do benefício emergencial de manutenção do emprego e da renda não impede a concessão nem altera o valor do seguro-desemprego a que o empregado vier a ter direito, desde que cumpridos os requisitos previstos na Lei 7.998/1990, no momento de eventual dispensa.

O benefício emergencial de manutenção do emprego e da renda deve ser operacionalizado e pago pelo Ministério do Trabalho e Previdência.

O valor do benefício emergencial de manutenção do emprego e da renda deve ter como base de cálculo o valor da parcela do seguro-desemprego a que o empregado teria direito, nos termos do art. 5º da Lei 7.998/1990, observadas as seguintes disposições: I – na hipótese de redução da jornada de trabalho e do salário, deve ser calculado com a aplicação do percentual da redução sobre a base de cálculo; II – na hipótese de suspensão temporária do contrato de trabalho, tem valor mensal: a) equivalente a 100% do valor do seguro-desemprego a que o empregado teria direito, na hipótese prevista no art. 30, *caput*, da Lei 14.437/2022; ou b) equivalente a 70% do valor do seguro-desemprego a que o empregado teria direito, na hipótese prevista no art. 30, § 6º, da Lei 14.437/2022 (art. 28 da Lei 14.437/2022).

O benefício emergencial de manutenção do emprego e da renda deve ser pago ao empregado independentemente do: cumprimento de qualquer período aquisitivo; tempo de vínculo empregatício; número de salários recebidos.

O benefício emergencial de manutenção do emprego e da renda não é devido ao empregado que: I – seja ocupante de cargo ou emprego público ou cargo em comissão de livre nomeação e exoneração, ou seja titular de mandato eletivo; ou II – esteja em gozo: a) de benefício de prestação continuada do Regime Geral de Previdência Social ou dos Regimes Próprios de Previdência Social, ressalvados os benefícios de pensão por morte e de auxílio-acidente; b) do seguro-desemprego, em quaisquer de suas modalidades; ou c) da bolsa de qualificação profissional de que trata o art. 2º-A da Lei 7.998/1990 (custeada pelo Fundo de Amparo ao Trabalhador)[75].

O empregado com mais de um vínculo formal de emprego pode receber cumulativamente um benefício emergencial de manutenção do emprego e da renda para cada vínculo com redução proporcional da jornada de trabalho e do salário ou com suspensão temporária do contrato de trabalho.

Nos casos em que o cálculo do benefício emergencial de manutenção do emprego e da renda resultar em valores decimais, o valor a ser pago deve ser arredondado para a unidade inteira imediatamente superior.

O empregado com contrato de trabalho intermitente a que se refere o art. 443, § 3º, da Consolidação das Leis do Trabalho não faz jus ao benefício emergencial de manutenção do emprego e da renda. Considera-se como intermitente o contrato de trabalho no qual a prestação de serviços, com subordinação, não é contínua, ocorrendo com alternância de períodos de prestação de serviços e de inatividade, determinados em horas, dias ou meses, independentemente do tipo de atividade do empregado e do empregador, exceto para os aeronautas, regidos por legislação própria.

O benefício emergencial de manutenção do emprego e da renda do aprendiz: pode ser acumulado com o benefício de prestação continuada de que trata o art. 20 da Lei 8.742/1993; não é computado para fins de cálculo da renda familiar *per capita* para a concessão ou a manutenção do benefício de prestação continuada de que trata o art. 20 da Lei 8.742/1993.

Fica suspenso o prazo a que se refere o art. 21-A, § 2º, da Lei 8.742/1993 (dois anos)[76] durante o recebimento do benefício emergencial de manutenção do emprego e da renda pelo aprendiz.

O empregador, na forma e no prazo previstos no regulamento de que trata o art. 24 da Lei 14.437/2022, pode acordar a redução proporcional da jornada de trabalho e do salário de seus empregados, de forma setorial, departamental, parcial ou na totalidade dos postos de trabalho, observados os seguintes requisitos: I – preservação do valor do salário-hora de trabalho; II – pactuação, conforme o disposto nos arts. 33 e 34 da Lei 14.437/2022, por convenção coletiva de trabalho, por

---

[75] "Art. 2º-A. Para efeito do disposto no inciso II do art. 2º, fica instituída a bolsa de qualificação profissional, a ser custeada pelo Fundo de Amparo ao Trabalhador – FAT, à qual fará jus o trabalhador que estiver com o contrato de trabalho suspenso em virtude de participação em curso ou programa de qualificação profissional oferecido pelo empregador, em conformidade com o disposto em convenção ou acordo coletivo celebrado para este fim".

[76] "§ 2º A contratação de pessoa com deficiência como aprendiz não acarreta a suspensão do benefício de prestação continuada, limitado a 2 (dois) anos o recebimento concomitante da remuneração e do benefício".

acordo coletivo de trabalho ou por acordo individual escrito entre empregador e empregado; III – na hipótese de pactuação por acordo individual escrito, encaminhamento da proposta de acordo ao empregado com antecedência de, no mínimo, dois dias corridos e redução da jornada de trabalho e do salário somente nos seguintes percentuais: a) 25%; b) 50%; ou c) 70% (art. 29 da Lei 14.437/2022).

A jornada de trabalho e o salário pago anteriormente devem ser restabelecidos no prazo de dois dias corridos, contado da: I – cessação do estado de calamidade pública; II – data estabelecida como termo de encerramento do período de redução pactuado; ou III – data de comunicação do empregador que informe ao empregado a sua decisão de antecipar o fim do período de redução pactuado.

O empregador, na forma e no prazo previstos no regulamento de que trata o art. 24 da Lei 14.437/2022, pode acordar a suspensão temporária do contrato de trabalho de seus empregados, de forma setorial, departamental, parcial ou na totalidade dos postos de trabalho (art. 30 da Lei 14.437/2022).

A suspensão temporária do contrato de trabalho deve ser pactuada, conforme o disposto nos arts. 33 e 34 da Lei 14.437/2022, por convenção coletiva de trabalho, por acordo coletivo de trabalho ou por acordo individual escrito entre empregador e empregado. Na hipótese de acordo individual escrito entre empregador e empregado, a proposta deve ser encaminhada ao empregado com antecedência de, no mínimo, dois dias corridos.

O empregado, durante o período de suspensão temporária do contrato de trabalho: faz jus a todos os benefícios concedidos pelo empregador aos seus empregados; fica autorizado a recolher para o Regime Geral de Previdência Social na qualidade de segurado facultativo.

O contrato de trabalho deve ser restabelecido no prazo de dois dias corridos, contado da: I – cessação do estado de calamidade pública; II – data estabelecida como termo de encerramento do período de suspensão pactuado; ou III – data de comunicação do empregador que informe ao empregado a sua decisão de antecipar o fim do período de suspensão pactuado.

Se durante o período de suspensão temporária do contrato de trabalho o empregado mantiver as atividades de trabalho, ainda que parcialmente, por meio de teletrabalho, trabalho remoto ou trabalho a distância, ficará descaracterizada a suspensão temporária do contrato de trabalho, e o empregador estará sujeito: ao pagamento imediato da remuneração e dos encargos sociais referentes a todo o período; às penalidades previstas na legislação; às sanções previstas em convenção coletiva ou em acordo coletivo de trabalho.

A empresa que tiver auferido, no ano-calendário anterior ao estado de calamidade pública de que trata o art. 1º da Lei 14.437/2022, receita bruta superior ao limite máximo previsto no art. 3º, inciso II, da Lei Complementar 123/2006 (R$ 4.800.000,00) somente pode suspender o contrato de trabalho de seus empregados mediante o pagamento de ajuda compensatória mensal no valor de 30% do valor do salário do empregado, durante o período de suspensão temporária do contrato de trabalho pactuado, observado o disposto nos arts. 30 e 31 da Lei 14.437/2022 (art. 30, § 6º, da Lei 14.437/2022).

O benefício emergencial de manutenção do emprego e da renda pode ser acumulado com o pagamento, pelo empregador, de *ajuda compensatória mensal*, em decorrência da redução proporcional da jornada de trabalho e do salário ou da suspensão temporária do contrato de trabalho de que trata a Lei 14.437/2022 (art. 31).

A mencionada ajuda compensatória mensal: deve ter o valor definido em negociação coletiva ou no acordo individual escrito pactuado; não integra a base de cálculo do valor dos depósitos do FGTS, instituído pela Lei 8.036/1990 e de que trata a Lei Complementar 150/2015 (art. 31, § 1º, da Lei 14.437/2022).

Na hipótese de redução proporcional da jornada de trabalho e do salário, a referida ajuda compensatória não integra o salário devido pelo empregador e deve observar o disposto no art. 31, § 1º, da Lei 14.437/2022.

Fica reconhecida a garantia provisória no emprego ao empregado que receber o benefício emergencial de manutenção do emprego e da renda em decorrência da redução da jornada de trabalho e do salário ou da suspensão temporária do contrato de trabalho de que trata a Lei 14.437/2022, nos seguintes termos: I – durante o período acordado de redução da jornada de trabalho e do salário ou de suspensão temporária do contrato de trabalho; II – após o restabelecimento da jornada de trabalho e do salário ou do encerramento da suspensão temporária do contrato de trabalho, por período equivalente ao acordado para a redução ou a suspensão; III – no caso da empregada gestante, por período equivalente ao acordado para a suspensão temporária do contrato de trabalho, contado da data do término do período da garantia estabelecida no art. 10, inciso II, alínea *b*, do Ato das Disposições Constitucionais Transitórias (cinco meses após o parto) (art. 32 da Lei 14.437/2022).

A dispensa sem justa causa que ocorrer durante o referido período de garantia provisória no emprego sujeita o empregador ao pagamento, além das parcelas rescisórias previstas na legislação, de indenização no valor de: I – 50% do salário a que o empregado teria direito no período de garantia provisória no emprego, na hipótese de redução da jornada de trabalho e do salário igual ou superior a 25% e inferior a 50%; II – 75% do salário a que o empregado teria direito no período de garantia provisória no emprego, na hipótese de redução da jornada de trabalho e do salário igual ou superior a 50% e inferior a 70%; III – 100% do salário a que o empregado teria direito no período de garantia provisória no emprego, nas hipóteses de redução da jornada de trabalho e do salário em percentual igual ou superior a 70% ou de suspensão temporária do contrato de trabalho.

Os prazos da garantia provisória no emprego decorrente dos acordos de redução proporcional da jornada de trabalho e do salário ou de suspensão do contrato de trabalho com base em regulamento editado na forma do art. 24 da Lei 14.437/2022 ficam suspensos na hipótese de recebimento do benefício com fundamento em um regulamento posterior, também expedido na forma do art. 24 da Lei 14.437/2022, durante o recebimento do benefício emergencial de manutenção do emprego e da renda de que trata esse regulamento posterior, e somente retomam a sua contagem após o encerramento do período da garantia de emprego de que trata o regulamento posterior.

O disposto no art. 32 da Lei 14.437/2022 não se aplica às hipóteses de pedido de demissão, de extinção do contrato de trabalho por acordo nos termos do art. 484-A da Consolidação das Leis do Trabalho ou de dispensa por justa causa do empregado.

As medidas de redução proporcional da jornada de trabalho e do salário ou de suspensão temporária do contrato de trabalho de que trata a Lei 14.437/2022 podem ser celebradas por meio de negociação coletiva, observado o disposto no art. 33, § 1º, e nos arts. 29 e 30 da Lei 14.437/2022 (art. 33 da Lei 14.437/2022).

A convenção coletiva ou o acordo coletivo de trabalho podem estabelecer redução da jornada de trabalho e do salário em percentuais diversos daqueles previstos no art. 29, inciso III, da Lei 14.437/2022 (art. 33, § 1º, da Lei 14.437/2022).

Na hipótese prevista no art. 33, § 1º, da Lei 14.437/2022, o benefício emergencial de manutenção do emprego e da renda será devido nos seguintes termos: I – sem percepção do benefício, para a redução da jornada de trabalho e do salário inferior a 25%; II – no valor de 25% sobre a base de cálculo prevista no art. 28 da Lei 14.437/2022, para a redução da jornada de trabalho e do salário igual ou superior a 25% e inferior a 50%; III – no valor de 50% sobre a base de cálculo prevista no art. 28 da Lei 14.437/2022, para a redução da jornada de trabalho e do salário igual ou superior a 50% e inferior a 70%; IV – no valor de 70% sobre a base de cálculo prevista no art. 28 da Lei 14.437/2022, para a redução da jornada de trabalho e do salário igual ou superior a 70%.

As convenções coletivas ou os acordos coletivos de trabalho celebrados anteriormente à publicação do regulamento de que trata o art. 24 da Lei 14.437/2022 podem ser renegociados para adequação de seus termos no prazo de 10 dias corridos, contado da data de publicação do regulamento.

As medidas de que trata o art. 25 da Lei 14.437/2022 serão implementadas por meio de acordo individual escrito ou de negociação coletiva aos empregados: I – com salário igual ou inferior a metade do limite máximo dos benefícios do Regime Geral de Previdência Social; ou II – com diploma de nível superior que percebam salário mensal igual ou superior a duas vezes o limite máximo dos benefícios do Regime Geral de Previdência Social (art. 34 da Lei 14.437/2022).

Para os empregados que não se enquadrem nessa previsão, as medidas de que trata o art. 25 da Lei 14.437/2022 somente podem ser estabelecidas por convenção coletiva ou por acordo coletivo de trabalho, exceto nas seguintes hipóteses, nas quais se admite a pactuação por acordo individual escrito: I – redução proporcional da jornada de trabalho e do salário de 25%, de que trata o art. 29, inciso III, alínea *a*, da Lei 14.437/2022; ou II – redução proporcional da jornada de trabalho e do salário ou suspensão temporária do contrato de trabalho, quando do acordo não resultar diminuição do valor total recebido mensalmente pelo empregado, incluídos o valor do benefício emergencial de manutenção do emprego e da renda, a ajuda compensatória mensal e, em caso de redução da jornada de trabalho, o salário pago pelo empregador em razão das horas trabalhadas pelo empregado (art. 34, § 1º, da Lei 14.437/2022).

Apesar do art. 7º, inciso VI, da Constituição Federal de 1988, ao estabelecer a irredutibilidade do salário, salvo o disposto em convenção coletiva ou acordo coletivo de trabalho[77], cabe o registro de que o Supremo Tribunal Federal decidiu manter as previsões da Medida Provisória 936/2020, posteriormente convertida na Lei 14.020/2020, sobre autorização, em certas hipóteses, da redução da jornada de trabalho e de salário ou da suspensão temporária do contrato de trabalho por meio de acordo individual escrito, independentemente de negociação coletiva e da anuência do sindicato. Em razão daquele momento excepcional, entendeu-se razoável a previsão de acordo individual, ao garantir renda mínima ao trabalhador e preservar o vínculo de emprego na crise, além do que a exigência de atuação sindical, instaurando a negociação coletiva ou não se manifestando no prazo previsto, geraria insegurança jurídica e aumento do risco de desemprego (STF, Pleno, MC-ADI 6.363/DF, Red. p/ ac. Min. Alexandre de Moraes, j. 17.04.2020, *DJe* 24.11.2020)[78]. Com a publicação da Lei 14.020/2020, que instituiu o Programa Emergencial de Manutenção do Emprego e da Renda e dispôs sobre medidas complementares para enfrentamento do estado de calamidade pública e da emergência de saúde pública de importância internacional decorrente do coronavírus, a referida ação direta de inconstitucionalidade foi julgada prejudicada, em razão da substancial alteração dos dispositivos questionados (STF, ADI 6.363/DF, Rel. Min. Ricardo Lewandowski, *DJe* 24.08.2021).

Para os empregados que se encontrem em gozo do benefício de aposentadoria, a implementação das medidas de redução proporcional da jornada de trabalho e do salário ou de suspensão temporária do contrato de trabalho por acordo individual escrito somente é admitida quando, além do enquadramento em alguma das hipóteses de autorização do acordo individual de trabalho previstas no art. 34, § 1º, da Lei 14.437/2022, houver o pagamento, pelo empregador, de ajuda compensatória mensal, observados o disposto no art. 31 da Lei 14.437/2022 e as seguintes condições: I – o valor da referida ajuda compensatória mensal deve ser, no mínimo, equivalente ao valor do benefício emergencial de manutenção do emprego e da renda que o empregado receberia se não houvesse a vedação prevista no art. 28, § 2º, inciso II, alínea *a*, da Lei 14.437/2022; II – o valor total pago a título de ajuda compensatória mensal deve ser, no mínimo, igual à soma do valor previsto no art. 30, § 6º, da Lei 14.437/2022 com o valor mínimo previsto no inciso I, na hipótese de empresa que se enquadre no disposto naquele dispositivo.

Os atos necessários à pactuação dos acordos individuais escritos de que trata o art. 34 da Lei 14.437/2022 podem ser realizados por meios físicos ou eletrônicos.

Os acordos individuais de redução da jornada de trabalho e do salário ou de suspensão temporária do contrato de trabalho, pactuados nos termos da Lei 14.437/2022, devem ser comunicados pelos empregadores ao sindicato da categoria profissional, no prazo de 10 dias corridos, contado da data de sua celebração.

---

[77] Cf. NASCIMENTO, Amauri Mascaro. *Salário*: conceito e proteção. São Paulo: LTr, 2008. p. 106: "O princípio da irredutibilidade salarial tem, como exceção, a negociação coletiva, procedimento através do qual o sindicato dos trabalhadores, de um lado, e o patronal ou a empresa, de outro lado, desenvolvem entendimentos tendo em vista estabelecer valores salariais menores".

[78] Disponível em: <http://portal.stf.jus.br/noticias/verNoticiaDetalhe.asp?idConteudo=441651&ori=1>.

Se, após a pactuação de acordo individual na forma prevista no art. 34 da Lei 14.437/2022, houver a celebração de convenção coletiva ou de acordo coletivo de trabalho com cláusulas conflitantes com as cláusulas do acordo individual, devem ser observadas as seguintes regras: I – a aplicação das condições estabelecidas no acordo individual em relação ao período anterior ao período da negociação coletiva; II – a prevalência das condições estipuladas na negociação coletiva, naquilo em que conflitarem com as condições estabelecidas no acordo individual, a partir da data de entrada em vigor da convenção coletiva ou do acordo coletivo de trabalho.

As condições do acordo individual prevalecem sobre a negociação coletiva se forem mais favoráveis ao trabalhador. Trata-se de previsão que decorre do princípio da norma mais favorável, com fundamento no art. 7º, *caput*, da Constituição Federal de 1988.

A redução proporcional da jornada de trabalho e do salário ou a suspensão temporária do contrato de trabalho, quando adotada, deve resguardar o exercício e o funcionamento dos serviços públicos e das atividades essenciais de que trata a Lei 7.783/1989, que dispõe sobre o exercício do direito de greve (art. 35 da Lei 14.437/2022).

As irregularidades constatadas pela Auditoria-Fiscal do Trabalho do Ministério do Trabalho e Previdência quanto aos acordos de redução proporcional da jornada de trabalho e do salário ou de suspensão temporária do contrato de trabalho de que trata a Lei 14.437/2022 sujeitam os infratores à multa prevista no art. 25 da Lei 7.998/1990 (art. 36 da Lei 14.437/2022).

O processo de fiscalização, de notificação, de autuação e de imposição de multas decorrente das disposições da Lei 14.437/2022 deve observar o disposto no Título VII da Consolidação das Leis do Trabalho (arts. 626 a 642, sobre processo de multas administrativas), hipótese em que não se aplica o critério da dupla visita.

O disposto nos arts. 24 a 42 da Lei 14.437/2022 aplica-se aos contratos de trabalho celebrados até a data de publicação do regulamento de que trata o art. 24 da Lei 14.437/2022 (art. 37 da Lei 14.437/2022). Essa previsão aplica-se aos contratos de trabalho de aprendizagem e de jornada parcial.

O trabalhador que receber indevidamente parcela do benefício emergencial de manutenção do emprego e da renda está sujeito à compensação automática com eventuais parcelas devidas do referido benefício relativas ao mesmo acordo ou a acordos diversos ou com futuras parcelas de abono salarial de que trata a Lei 7.998/1990 ou de seguro-desemprego a que tiver direito, na forma prevista no art. 25-A da referida Lei, conforme estabelecido em ato do Ministério do Trabalho e Previdência, garantido ao trabalhador o direito de ciência prévia sobre a referida compensação (art. 38 da Lei 14.437/2022).

O empregador e o empregado podem, em comum acordo, optar pelo cancelamento de aviso prévio em curso (art. 39 da Lei 14.437/2022). Trata-se de previsão aplicável ao aviso prévio na forma trabalhada, concedido pelo empregador ou pelo empregado, na linha do art. 489 da CLT. Na hipótese de cancelamento do aviso prévio na forma indicada, as partes podem adotar as medidas do Programa Emergencial de Manutenção do Emprego e da Renda.

Fica dispensada a licitação para contratação da Caixa Econômica Federal e do Banco do Brasil S.A. para a operacionalização do pagamento do benefício emergencial de manutenção do emprego e da renda (art. 40 da Lei 14.437/2022).

O beneficiário pode receber o benefício emergencial de manutenção do emprego e da renda na instituição financeira em que possuir conta-poupança ou conta de depósito à vista, exceto conta-salário, desde que autorize o empregador a informar os seus dados bancários quando prestadas as informações de que trata o art. 27, § 2º, inciso I, da Lei 14.437/2022 (art. 41 da Lei 14.437/2022).

Na hipótese de não validação ou de rejeição do crédito na conta indicada, inclusive pelas instituições financeiras destinatárias das transferências, ou na ausência da indicação de conta-poupança ou conta de depósito à vista, a Caixa Econômica Federal e o Banco do Brasil S.A. podem utilizar outra conta-poupança de titularidade do beneficiário, identificada por meio de processo de levantamento e conferência da coincidência de dados cadastrais para o pagamento do benefício emergencial de manutenção do emprego e da renda.

Na hipótese de não ser localizada conta-poupança de titularidade do beneficiário na forma indicada, a Caixa Econômica Federal e o Banco do Brasil S.A. podem realizar o pagamento do benefício emergencial de manutenção do emprego e da renda por meio de conta digital, de abertura automática, em nome do beneficiário, com as seguintes características: dispensa de apresentação de documentos pelo beneficiário; isenção de cobrança de tarifas de manutenção; direito a, no mínimo, três transferências eletrônicas de valores e a um saque ao mês, sem custos, para conta mantida em instituição autorizada a operar pelo Banco Central do Brasil; vedação à emissão de cheque.

É vedado às instituições financeiras, independentemente da modalidade de conta utilizada para pagamento do benefício emergencial de manutenção do emprego e da renda, efetuar descontos, compensações ou pagamentos de débitos de qualquer natureza, mesmo a pretexto de recompor saldo negativo ou de saldar dívidas preexistentes, que impliquem a redução do valor do benefício.

Os recursos relativos ao benefício emergencial de manutenção do emprego e da renda creditados nos termos indicados e não movimentados no prazo de um ano, contado da data do depósito, devem retornar para a União.

O Ministério do Trabalho e Previdência deve editar os atos complementares necessários à execução do disposto nos arts. 40 e 41 da Lei 14.437/2022 (art. 42 da Lei 14.437/2022).

6.4.7 Apoio à parentalidade por meio da flexibilização do regime de trabalho

Foi instituído o Programa Emprega + Mulheres, destinado à inserção e à manutenção de mulheres no mercado de trabalho por meio da implementação, entre outras, das seguintes medidas para apoio à parentalidade por meio da flexibilização do regime de trabalho: teletrabalho; regime de tempo parcial; regime especial de compensação de jornada de trabalho por meio de banco de horas; jornada de 12 horas trabalhadas por 36 horas ininterruptas de descanso, quando a atividade permitir; antecipação de férias individuais; horários de entrada e de saída flexíveis (art. 1º, inciso II, da Lei 14.457/2022).

Para os efeitos da Lei 14.457/2022, parentalidade é o vínculo socioafetivo maternal, paternal ou qualquer outro que resulte na assunção legal do papel de realizar as atividades parentais, de forma compartilhada entre os responsáveis pelo cuidado e pela educação das crianças e dos adolescentes, nos termos do art. 22, parágrafo único, da Lei 8.069/1990 (Estatuto da Criança e do Adolescente)[79].

Na alocação de vagas para as atividades que possam ser efetuadas por meio de teletrabalho, trabalho remoto ou trabalho a distância, nos termos do Capítulo II-A do Título II da Consolidação das Leis do Trabalho (arts. 75-A a 75-F), os empregadores devem conferir prioridade: I – às empregadas e aos empregados com filho, enteado ou criança sob guarda judicial com até seis anos de idade; II – às empregadas e aos empregados com filho, enteado ou pessoa sob guarda judicial com deficiência, sem limite de idade (art. 7º da Lei 14.457/2022). Trata-se de previsão que complementa o disposto no art. 75-F da CLT, incluído pela Lei 14.442/2022.

No âmbito dos poderes diretivo e gerencial dos empregadores, e considerada a vontade expressa dos empregados e das empregadas, haverá priorização na concessão de uma ou mais das seguintes medidas de flexibilização da jornada de trabalho e das férias aos empregados e às empregadas que tenham filho, enteado ou pessoa sob sua guarda com até seis anos de idade ou com deficiência, com vistas a promover a conciliação entre o trabalho e a parentalidade: I – regime de tempo parcial, nos termos do art. 58-A da CLT; II – regime especial de compensação de jornada de trabalho por meio de banco de horas, nos termos do art. 59 da CLT; III – jornada de 12 horas trabalhadas por 36 horas ininterruptas de descanso, nos termos do art. 59-A da CLT; IV – antecipação de férias individuais; V – horários de entrada e de saída flexíveis (art. 8º da Lei 14.457/2022).

---

[79] A mãe e o pai, ou os responsáveis, têm direitos iguais e deveres e responsabilidades compartilhados no cuidado e na educação da criança, devendo ser resguardado o direito de transmissão familiar de suas crenças e culturas, assegurados os direitos da criança estabelecidos na Lei 8.069/1990 (art. 22, parágrafo único, do Estatuto da Criança e do Adolescente).

As medidas de que tratam os incisos I e IV do art. 8º da Lei 14.457/2022 somente podem ser adotadas até o segundo ano: do nascimento do filho ou enteado; da adoção; ou da guarda judicial (art. 8º, § 1º, da Lei 14.457/2022). Esse prazo aplica-se inclusive para o empregado ou a empregada que tiver filho, enteado ou pessoa sob guarda judicial com deficiência.

As medidas de que trata art. 8º da Lei 14.457/2022 devem ser formalizadas por meio de acordo individual, de acordo coletivo ou de convenção coletiva de trabalho (art. 8º, § 2º, da Lei 14.457/2022).

Na hipótese de rescisão do contrato de trabalho de empregado ou empregada em regime de compensação de jornada por meio de banco de horas, as horas acumuladas ainda não compensadas serão: I – descontadas das verbas rescisórias devidas ao empregado ou à empregada, na hipótese de banco de horas em favor do empregador, quando a demissão for a pedido e o empregado ou empregada não tiver interesse ou não puder compensar a jornada devida durante o prazo do aviso prévio; ou II – pagas juntamente com as verbas rescisórias, na hipótese de banco de horas em favor do empregado ou da empregada (art. 9º da Lei 14.457/2022).

A antecipação de férias individuais pode ser concedida ao empregado ou à empregada que se enquadre nos critérios estabelecidos no art. 8º, § 1º, da Lei 14.457/2022 (ou seja, até o segundo ano do nascimento do filho ou enteado, da adoção ou da guarda judicial), ainda que não tenha transcorrido o seu período aquisitivo (art. 10 da Lei 14.457/2022). As férias antecipadas não podem ser usufruídas em período inferior a cinco dias corridos.

Para as férias concedidas na forma prevista no art. 10 da Lei 14.457/2022, o empregador pode optar por efetuar o pagamento do adicional de 1/3 de férias após a sua concessão, até a data em que for devida a gratificação natalina prevista no art. 1º da Lei 4.749/1965 (art. 11 da Lei 14.457/2022).

O pagamento da remuneração da antecipação das férias na forma do art. 10 da Lei 14.457/2022 pode ser efetuado até o quinto dia útil do mês subsequente ao início do gozo das férias, hipótese em que não se aplica o disposto no art. 145 da Consolidação das Leis do Trabalho (art. 12 da Lei 14.457/2022).

Na hipótese de rescisão do contrato de trabalho, os valores das férias ainda não usufruídas devem ser pagos juntamente com as verbas rescisórias devidas (art. 13 da Lei 14.457/2022).

Na hipótese de período aquisitivo não cumprido, as férias antecipadas e usufruídas serão descontadas das verbas rescisórias devidas ao empregado no caso de pedido de demissão.

Nos termos do art. 14 da Lei 14.457/2022, quando a atividade permitir, os horários fixos da jornada de trabalho podem ser flexibilizados ao empregado ou à empregada que se enquadre nos critérios estabelecidos no art. 8º da Lei 14.457/2022 (ou seja, que tenha filho, enteado ou pessoa sob sua guarda com até seis anos de idade ou com deficiência). A referida flexibilização ocorrerá em intervalo de horário previamente estabelecido, considerados os limites inicial e final de horário de trabalho diário.

A opção por acordo individual para formalizar as medidas previstas no art. 8º, § 2º, da Lei 14.457/2022 somente pode ser realizada: I – nos casos de empresas ou de categorias de trabalhadores para as quais não haja acordo coletivo ou convenção coletiva de trabalho celebrados; ou II – se houver acordo coletivo ou convenção coletiva de trabalho celebrados, se o acordo individual a ser celebrado contiver medidas mais vantajosas à empregada ou ao empregado que o instrumento coletivo vigente (art. 21 da Lei 14.457/2022).

Tanto na priorização para vagas em regime de teletrabalho, trabalho remoto ou trabalho a distância quanto na adoção das medidas de flexibilização do regime de trabalho previstas nos Capítulo III da Lei 14.457/2022 (arts. 7º a 14), deve sempre ser levada em conta a vontade expressa da empregada ou do empregado beneficiado pelas medidas de apoio ao exercício da parentalidade (art. 22 da Lei 14.457/2022).

6.5 Declaração de Direitos de Liberdade Econômica e Direito do Trabalho

Foi instituída a *Declaração de Direitos de Liberdade Econômica*, que estabelece normas de proteção à livre iniciativa e ao livre exercício de atividade econômica e disposições sobre a atuação do Estado como agente normativo e regulador, nos termos do inciso IV do art. 1º, do parágrafo único do art. 170 e do *caput* do art. 174 da Constituição Federal de 1988 (art. 1º da Lei 13.874/2019).

Entretanto, deve-se ressaltar que a livre iniciativa não é o único fundamento do Estado Democrático de Direito, merecendo destaque a dignidade da pessoa humana e o valor social do trabalho.

Nesse sentido, a República Federativa do Brasil constitui-se em Estado Democrático de Direito e tem como fundamentos: I – a soberania; II – a cidadania; III – a dignidade da pessoa humana; IV – os valores sociais do trabalho e da livre iniciativa; V – o pluralismo político (art. 1º da Constituição da República).

Mesmo a ordem econômica não é fundada apenas na livre iniciativa.

Na verdade, a ordem econômica é fundada na *valorização do trabalho humano* e na livre iniciativa, tendo por fim assegurar a todos existência digna, conforme os ditames da justiça social, observados os seguintes princípios: I – soberania nacional; II – propriedade privada; III – função social da propriedade; IV – livre concorrência; V – defesa do consumidor; VI – defesa do meio ambiente, inclusive mediante tratamento diferenciado conforme o impacto ambiental dos produtos e serviços e de seus processos de elaboração e prestação; VII – redução das desigualdades regionais e sociais; VIII – busca do pleno emprego; IX – tratamento favorecido para as empresas de pequeno porte constituídas sob as leis brasileiras e que tenham sua sede e administração no País (art. 170 da Constituição Federal de 1988).

É assegurado a todos o livre exercício de qualquer atividade econômica, independentemente de autorização de órgãos públicos, salvo nos casos previstos em lei (art. 170, parágrafo único, da Constituição da República).

Nesse contexto, são princípios que norteiam o disposto na Lei 13.874/2019: I – a liberdade como uma garantia no exercício de atividades econômicas; II – a boa-fé do particular perante o poder público; III – a intervenção subsidiária e excepcional do Estado sobre o exercício de atividades econômicas; IV – o reconhecimento da vulnerabilidade do particular perante o Estado (art. 2º da Lei 13.874/2019). Cabe ao regulamento dispor sobre os critérios de aferição para afastamento do inciso IV, limitados a questões de má-fé, hipersuficiência ou reincidência.

Como agente normativo e regulador da atividade econômica, o Estado deve exercer, na forma da lei, as funções de fiscalização, incentivo e planejamento, sendo este determinante para o setor público e indicativo para o setor privado (art. 174 da Constituição Federal de 1988).

O disposto na Lei 13.874/2019 deve ser observado na aplicação e na interpretação do Direito Civil, Empresarial, Econômico, Urbanístico e do Trabalho nas relações jurídicas que se encontrem no seu âmbito de aplicação e na ordenação pública, inclusive sobre exercício das profissões, comércio, juntas comerciais, registros públicos, trânsito, transporte e proteção ao meio ambiente (art. 1º, § 1º, da Lei 13.874/2019).

Na realidade, os mandamentos constitucionais, notadamente os *objetivos fundamentais* da República Federativa do Brasil, é que devem nortear a aplicação e a interpretação do Direito, inclusive do Direito Civil, Empresarial, Econômico, Urbanístico e do Trabalho.

Portanto, em consonância com o art. 3º da Constituição Federal de 1988, constituem objetivos fundamentais da República Federativa do Brasil: I – construir uma sociedade livre, justa e solidária; II – garantir o desenvolvimento nacional; III – erradicar a pobreza e a marginalização e reduzir as desigualdades sociais e regionais; IV – promover o bem de todos, sem preconceitos de origem, raça, sexo, cor, idade e quaisquer outras formas de discriminação.

Interpretam-se em favor da liberdade econômica, da boa-fé e do respeito aos contratos, aos investimentos e à propriedade todas as normas de ordenação pública sobre atividades econômicas privadas (art. 1º, § 2º, da Lei 13.874/2019).

Ainda assim, cabe salientar que no Estado Democrático de Direito os contratos e a propriedade devem atender a sua *função social* (arts. 5º, inciso XXIII, 170, inciso III, 182, § 2º, e 186 da Constituição da República), respeitando as normas de ordem pública.

A liberdade contratual deve ser exercida nos limites da função social do contrato (art. 421 do Código Civil, com redação dada pela Lei 13.874/2019).

Frise-se que um dos direitos de toda pessoa, natural ou jurídica, essencial para o desenvolvimento e o crescimento econômicos do País, observando-se o disposto no parágrafo único do art. 170 da Constituição Federal de 1988, é o de desenvolver atividade econômica em qualquer horário ou dia da semana, inclusive feriados, sem que para isso esteja sujeita a cobranças ou encargos adicionais, observadas, entre outras, as normas de proteção ao meio ambiente e a *legislação trabalhista* (art. 3º, inciso II, alíneas *a* e *c*, da Lei 13.874/2019).

Quando o local onde se exerce a atividade empresarial for físico, a fixação do horário de funcionamento competirá ao Município[80], observada a regra geral prevista no art. 3º, inciso II, da Lei 13.874/2019, sobre direitos de liberdade econômica (art. 1.142, § 3º, do Código Civil, incluído pela Lei 14.382/2022).

Além disso, é direito de toda pessoa, natural ou jurídica, essencial para o desenvolvimento e o crescimento econômicos do País, observado o disposto no parágrafo único do art. 170 da Constituição Federal de 1988, o de desenvolver *atividade econômica de baixo risco*, para a qual se valha exclusivamente de propriedade privada própria ou de terceiros consensuais, sem a necessidade de quaisquer atos públicos de liberação da atividade econômica (art. 3º, inciso I, da Lei 13.874/2019). Cf. Capítulo 31, item 31.7.

Saliente-se, por fim, que os preceitos relativos à ordem econômica devem estar em harmonia com a ordem social, a qual tem como base o *primado do trabalho* e como objetivo o bem-estar e a justiça sociais (art. 193 da Constituição da República)[81].

---

[80] Cf. Súmula Vinculante 38: "É competente o Município para fixar o horário de funcionamento de estabelecimento comercial".
[81] "Os valores sociais do trabalho constituem: a) fundamento da República Federativa do Brasil (inciso IV do artigo 1º da CF); b) alicerce da Ordem Econômica, que tem por finalidade assegurar a todos existência digna, conforme os ditames da justiça social, e, por um dos seus princípios, a busca do pleno emprego (artigo 170, *caput* e inciso VIII); c) base de toda a Ordem Social (artigo 193)" (STF, Pleno, ADI 1.721/DF, Rel. Min. Carlos Britto, j. 11.10.2006, *DJe* 29.06.2007).

CAPÍTULO 7

DIREITO INTERNACIONAL DO TRABALHO

7.1 Introdução

O Direito Internacional do Trabalho, em termos científicos, é um dos segmentos do Direito Internacional Público, e não do Direito do Trabalho propriamente.

Mesmo assim, faz-se necessário estudar certos conceitos da referida matéria para melhor compreensão de temas pertinentes ao Direito do Trabalho.

No Direito Internacional do Trabalho merece destaque a Organização Internacional do Trabalho, sua constituição e as normas produzidas, bem como os tratados internacionais em matéria trabalhista.

7.2 Ratificação de normas internacionais

No que se refere à relação entre o Direito Internacional e o Direito interno de cada Estado, são conhecidas as *teoria monista* e *teoria dualista*.

Em termos mais genéricos, o dualismo defende que o Direito Internacional e o Direito interno compõem ordens jurídicas totalmente independentes, separadas e autônomas.

Inversamente, para o monismo, o Direito Internacional e o Direito interno integram uma mesma unidade de ordem jurídica.

Na atualidade, tende a prevalecer a teoria monista[1-2], a qual, no entanto, apresenta uma subdivisão, havendo os que defendem a primazia do Direito interno, tendo em vista a superioridade da soberania estatal (posição esta fundada em Hegel), e aqueles que entendem prevalecer o Direito Internacional (posição esta defendida por Kelsen).

Observados os aspectos acima, é importante destacar a seguinte decisão do Supremo Tribunal Federal sobre o tema:

---

[1] Cf. SÜSSEKIND, Arnaldo. *Direito internacional do trabalho*. 3. ed. São Paulo: LTr, 2000. p. 63, nota 12 ("a maioria dos países adota a teoria monista"), e p. 65 ("a teoria monista está consagrada pelo direito interno de muitos países: Alemanha, Áustria, Bélgica, Espanha, Estados Unidos da América, Finlândia, França, Grécia, Holanda, Itália, Luxemburgo, Portugal, Suécia, Suíça, países africanos de idioma francês e diversos Estados latino-americanos, entre os quais a Argentina, o Brasil, o México e o Uruguai"). Cf. ainda MANNRICH, Nelson. *Dispensa coletiva*: da liberdade contratual à responsabilidade social. São Paulo: LTr, 2000. p. 414: "No Brasil, a doutrina é uníssona em afirmar a aplicação do princípio monista".

[2] Em sentido divergente, cf. LENZA, Pedro. *Direito constitucional esquematizado*. 10. ed. São Paulo: Método, 2006. p. 316: "constata-se que o sistema constitucional brasileiro não exige, para efeito de executoriedade doméstica dos tratados internacionais, a expedição de lei formal distinta (visão *dualista extremada* ou *radical*), satisfazendo-se com a adoção de *iter procedimental* complexo, que compreende a *aprovação congressional* e a *promulgação executiva do texto convencional*. Isto quer dizer que o Brasil adotou o princípio do *dualismo moderado*". Cf. ainda NUNES, Rizzato. *Curso de direito do consumidor*. 3. ed. São Paulo: Saraiva, 2008. p. 21: "No Brasil vigem as regras da teoria dualista, de modo que, para ter vigência no território brasileiro, o tratado ou a convenção dependem de recepção pelo ordenamento jurídico, que [...] tem tratamento pela tradição e por normas da Carta Magna". Na realidade, como esclarece Arnaldo Süssekind: "Ainda que o sistema jurídico de um Estado consagre a teoria monista, certo é que a aplicação de certas normas do tratado ratificado, ou todas elas, pode exigir a adoção, no direito interno, de leis ou regulamentos destinados a torná-las executáveis. É que o tratado, sobretudo o que dispõe sobre direitos do cidadão, nem sempre é *self-executing*" (*Direito internacional do trabalho*. 3. ed. São Paulo: LTr, 2000. p. 64).

"[...] É na Constituição da República – e não na controvérsia doutrinária que antagoniza monistas e dualistas – que se deve buscar a solução normativa para a questão da incorporação dos atos internacionais ao sistema de direito positivo interno brasileiro. O exame da vigente Constituição Federal permite constatar que a execução dos tratados internacionais e a sua incorporação à ordem jurídica interna decorrem, no sistema adotado pelo Brasil, de um ato subjetivamente complexo, resultante da conjugação de duas vontades homogêneas: a do Congresso Nacional, que resolve, definitivamente, mediante decreto legislativo, sobre tratados, acordos ou atos internacionais (CF, art. 49, I) e a do Presidente da República, que, além de poder celebrar esses atos de direito internacional (CF, art. 84, VIII), também dispõe – enquanto Chefe de Estado que é – da competência para promulgá-los mediante decreto. O *iter* procedimental de incorporação dos tratados internacionais – superadas as fases prévias da celebração da convenção internacional, de sua aprovação congressional e da ratificação pelo Chefe de Estado – conclui-se com a expedição, pelo Presidente da República, de decreto, de cuja edição derivam três efeitos básicos que lhe são inerentes: (a) a promulgação do tratado internacional; (b) a publicação oficial de seu texto; e (c) a executoriedade do ato internacional, que passa, então, e somente então, a vincular e a obrigar no plano do direito positivo interno. Precedentes" (STF, Pleno, ADI-MC 1.480/DF, Rel. Min. Celso de Mello, j. 04.09.1997, *DJ* 18.05.2001).

Como se pode verificar, as normas internacionais, mesmo depois de celebradas no âmbito internacional, devem passar por um processo de aprovação, para somente então integrarem o ordenamento jurídico nacional.

Em conformidade com o art. 84, inciso VIII, da Constituição da República, compete privativamente ao Presidente da República celebrar tratados, convenções e atos internacionais, sujeitos a referendo do Congresso Nacional.

Essa *celebração* do tratado, convenção, acordo ou ato internacional, em regra, compõe-se de três fases distintas:

a) negociação, em que se discutem as disposições e o teor da norma a ser firmada;

b) deliberação ou conclusão, na qual se decide a respeito do conteúdo que integrará a norma internacional;

c) assinatura, ou seja, ato que simboliza e materializa a celebração da norma na esfera internacional.

Como se nota, a celebração, em si, do tratado normalmente é tarefa desempenhada pelo Presidente da República, como chefe de Estado, representando no âmbito internacional o País, podendo ser assessorado por membros do corpo diplomático nacional.

Mesmo após a celebração do tratado ou outras modalidades de norma internacional, isso ainda não significa a sua incorporação ao ordenamento jurídico nacional. Faz-se necessária, assim, a sua *aprovação* pelo Estado, conforme as regras do seu Direito Interno.

Nesse sentido, de acordo com o art. 49, inciso I, da Constituição Federal de 1988, é da competência exclusiva do Congresso Nacional resolver definitivamente sobre tratados, acordos ou atos internacionais que acarretem encargos ou compromissos gravosos ao patrimônio nacional.

O mencionado dispositivo aplica-se a todas as modalidades de normas internacionais a serem objeto de aprovação, devendo-se interpretar em sentido amplo a previsão de sua parte final.

O Congresso Nacional pode aprovar ou rejeitar a norma internacional celebrada. A aprovação se dá por meio de Decreto legislativo.

Após essa aprovação, a norma internacional deve ser objeto de *ratificação*, entendida em termos estritos, ou seja, como a comunicação internacional de que a norma foi aprovada internamente, normalmente por meio de depósito no órgão internacional.

A norma internacional celebrada, aprovada e ratificada deve ser *promulgada* pelo Presidente da República, por meio de Decreto presidencial, atestando a validade da norma jurídica.

Por fim, a promulgação da norma jurídica deve ser *publicada* no Diário Oficial da União, para receber a publicidade que se exige para a entrada em vigor.

O Decreto 10.088/2019 consolida os atos normativos editados pelo Poder Executivo federal que dispõem sobre a promulgação de convenções e recomendações da Organização Internacional do Trabalho ratificadas pela República Federativa do Brasil.

No âmbito do Mercado Comum do Sul (MERCOSUL), o Decreto 9.499/2018 promulgou o Mecanismo para o Exercício Profissional Temporário, aprovado pela Decisão CMC 25/03, do Conselho Mercado Comum, firmada na XXV Reunião de Cúpula do Mercosul, em Montevidéu, em 15 de dezembro de 2003. O Congresso Nacional aprovou o Mecanismo para o Exercício Profissional Temporário por meio do Decreto Legislativo 347/2008.

7.3 Hierarquia da norma internacional no ordenamento jurídico nacional

Questão extremamente controvertida refere-se ao patamar hierárquico que a norma jurídica internacional passa a ocupar no ordenamento nacional, depois de aprovada, ratificada, promulgada e publicada.

O entendimento mais tradicional, várias vezes adotado pelo Supremo Tribunal Federal[3], é no sentido da sua posição como lei ordinária. Essa corrente defende que a norma internacional fica em posição inferior à norma constitucional, a qual detém a supremacia no ordenamento jurídico, em manifestação da soberania do Estado.

Há quem defenda, no entanto, que as normas internacionais, se pertinentes à matéria de direitos humanos e fundamentais, uma vez passando a integrar o ordenamento jurídico nacional, o fa-

---

[3] "[...] Subordinação normativa dos tratados internacionais à Constituição da República. No sistema jurídico brasileiro, os tratados ou convenções internacionais estão hierarquicamente subordinados à autoridade normativa da Constituição da República. Em consequência, nenhum valor jurídico terão os tratados internacionais, que, incorporados ao sistema de direito positivo interno, transgredirem, formal ou materialmente, o texto da Carta Política. O exercício do *treaty-making power*, pelo Estado brasileiro – não obstante o polêmico art. 46 da Convenção de Viena sobre o Direito dos Tratados (ainda em curso de tramitação perante o Congresso Nacional) –, está sujeito à necessária observância das limitações jurídicas impostas pelo texto constitucional. Controle de constitucionalidade de tratados internacionais no sistema jurídico brasileiro. O Poder Judiciário – fundado na supremacia da Constituição da República – dispõe de competência, para, quer em sede de fiscalização abstrata, quer no âmbito do controle difuso, efetuar o exame de constitucionalidade dos tratados ou convenções internacionais já incorporados ao sistema de direito positivo interno. Doutrina e jurisprudência. Paridade normativa entre atos internacionais e normas infraconstitucionais de direito interno. Os tratados ou convenções internacionais, uma vez regularmente incorporados ao direito interno, situam-se, no sistema jurídico brasileiro, nos mesmos planos de validade, de eficácia e de autoridade em que se posicionam as leis ordinárias, havendo, em consequência, entre estas e os atos de direito internacional público, mera relação de paridade normativa. Precedentes. No sistema jurídico brasileiro, os atos internacionais não dispõem de primazia hierárquica sobre as normas de direito interno. A eventual precedência dos tratados ou convenções internacionais sobre as regras infraconstitucionais de direito interno somente se justificará quando a situação de antinomia com o ordenamento doméstico impuser, para a solução do conflito, a aplicação alternativa do critério cronológico (*lex posterior derogat priori*) ou, quando cabível, do critério da especialidade. Precedentes. Tratado internacional e reserva constitucional de lei complementar. O primado da Constituição, no sistema jurídico brasileiro, é oponível ao princípio *pacta sunt servanda*, inexistindo, por isso mesmo, no direito positivo nacional, o problema da concorrência entre tratados internacionais e a Lei Fundamental da República, cuja suprema autoridade normativa deverá sempre prevalecer sobre os atos de direito internacional público. Os tratados internacionais celebrados pelo Brasil – ou aos quais o Brasil venha a aderir – não podem, em consequência, versar matéria posta sob reserva constitucional de lei complementar. É que, em tal situação, a própria Carta Política subordina o tratamento legislativo de determinado tema ao exclusivo domínio normativo da lei complementar, que não pode ser substituída por qualquer outra espécie normativa infraconstitucional, inclusive pelos atos internacionais já incorporados ao direito positivo interno" (STF, Pleno, ADI-MC 1.480/DF, Rel. Min. Celso de Mello, j. 04.09.1997, *DJ* 18.05.2001).

zem com o patamar das normas constitucionais, na forma do art. 5º, § 2º, da Constituição Federal de 1988[4]. O art. 4º, inciso II, da Constituição da República[5] confirmaria essa interpretação.

A Emenda Constitucional 45/2004, acrescentando o § 3º ao art. 5º da Constituição da República, introduziu importante modificação sobre o tema:

"§ 3º Os tratados e convenções internacionais sobre direitos humanos que forem aprovados, em cada Casa do Congresso Nacional, em dois turnos, por três quintos dos votos dos respectivos membros, serão equivalentes às emendas constitucionais".

Desse modo, observam-se duas modalidades de tratados e convenções internacionais:

a) normas internacionais sobre direitos humanos, hipótese em que, se forem aprovadas na forma do art. 5º, § 3º, da CF/1988, serão equivalentes às emendas constitucionais (sendo aprovadas sem alcançar o referido *quorum* especial, as mencionadas normas não deixam de integrar o ordenamento jurídico, mas o fazem, ao menos no aspecto formal, sem a hierarquia de emenda constitucional, embora em termos materiais seja possível defender, ainda assim, o seu teor constitucional, conforme art. 5º, § 2º, da CF/1988);

b) normas internacionais sobre temas distintos, hipótese em que após a aprovação, passam a figurar no ordenamento jurídico com a hierarquia equivalente às leis ordinárias.

Mesmo assim, cabe mencionar a posição, ainda que minoritária, de que a mencionada disposição, inserida pela Emenda Constitucional 45/2004, seria inconstitucional, por afrontar a previsão do art. 5º, § 2º, da Constituição Federal de 1988. Os defensores dessa corrente entendem que a atual previsão prejudica a proteção dos direitos humanos e fundamentais, pois, sendo estes previstos em normas internacionais, a sua inserção no ordenamento jurídico deve ocorrer sempre no patamar de norma constitucional, independentemente de *quorum* especial, de acordo com a interpretação do § 2º do art. 5º. Teria ocorrido, assim, retrocesso na defesa dos direitos humanos e fundamentais.

Mesmo entendendo ser constitucional a previsão do art. 5º, § 3º, da Constituição da República, verifica-se a existência de duas correntes a respeito das normas internacionais aprovadas antes da entrada em vigor da Emenda Constitucional 45/2004:

a) a primeira corrente, que se mostra majoritária, entende que as normas internacionais anteriormente aprovadas, para adquirirem o *status* de emenda constitucional, devem ser aprovadas, novamente, de acordo com o *quorum* especial do atual § 3º do art. 5º da CF/1988;

b) a segunda corrente, mais arrojada, defende que as normas internacionais aprovadas antes da Emenda Constitucional 45/2004, se forem pertinentes aos direitos humanos e fundamentais, já possuem o patamar equivalente às emendas constitucionais, com base no art. 5º, § 2º, da CF/1988, pois não prevista, ao caso específico, regra semelhante à estabelecida pela mesma Emenda Constitucional 45/2004 quanto às Súmulas do STF já aprovadas, e a possibilidade de serem elas convertidas em súmulas vinculantes (art. 8º da Emenda Constitucional 45/2004[6]).

Tratando dessa importante questão da hierarquia dos tratados sobre direitos humanos, cabe registrar relevantes decisões proferidas pelo STF, em sessão plenária do dia 3 de dezembro de 2008, a seguir descritas[7]. O Supremo Tribunal Federal, em seu Pleno, ao apreciar o RE 349.703 e o RE

---

[4] "§ 2º Os direitos e garantias expressos nesta Constituição não excluem outros decorrentes do regime e dos princípios por ela adotados, ou dos tratados internacionais em que a República Federativa do Brasil seja parte".

[5] "Art. 4º A República Federativa do Brasil rege-se nas suas relações internacionais pelos seguintes princípios: [...] II – prevalência dos direitos humanos".

[6] "Art. 8º As atuais súmulas do Supremo Tribunal Federal somente produzirão efeito vinculante após sua confirmação por dois terços de seus integrantes e publicação na imprensa oficial".

[7] Disponível em: <http://www.stf.jus.br/portal/cms/verNoticiaDetalhe.asp?idConteudo= 100258>.

466.343 (que discutiam a prisão civil de alienante fiduciário infiel), estendeu a proibição de prisão civil por dívida, prevista no art. 5º, inciso LXVII, da Constituição Federal de 1988, à hipótese de infidelidade no depósito de bens e, também, à alienação fiduciária, tratada nos dois recursos mencionados. O STF, assim, passou a entender que "a prisão civil por dívida é aplicável apenas ao responsável pelo inadimplemento voluntário e inescusável de obrigação alimentícia". Prevaleceu o entendimento de que a segunda parte do dispositivo constitucional que versa sobre o assunto, excetuado o inadimplente com alimentos, tornou-se inaplicável por ausência de lei que defina rito processual e prazos, sabendo-se que o Pacto de São José da Costa Rica (Convenção Americana sobre Direitos Humanos), ratificado pelo Brasil e promulgado pelo Decreto 678/1992, proíbe, em seu art. 7, n. 7, a prisão civil por dívida, excetuado (apenas) o "inadimplemento de obrigação alimentar". O STF decidiu no mesmo sentido, ainda, o *Habeas Corpus* 87.585, tendo revogado a Súmula 619, do STF, segundo a qual "a prisão do depositário judicial pode ser decretada no próprio processo em que se constituiu o encargo, independentemente da propositura de ação de depósito". Prevaleceu o entendimento de que o direito à liberdade é um dos direitos fundamentais priorizados pela Constituição Federal de 1988, de modo que a sua privação somente pode ocorrer em casos excepcionais. A tese majoritária, que prevaleceu no STF, foi no sentido de conferir *status* supralegal (acima da legislação ordinária) aos tratados internacionais sobre direitos humanos ratificados pelo Brasil, situando-os, no entanto, em nível hierárquico abaixo da Constituição Federal. Essa corrente admite conferir aos referidos tratados sobre direitos humanos *status* constitucional, se aprovados, em cada Casa do Congresso Nacional, em dois turnos, por três quintos dos votos dos respectivos membros, conforme § 3º do art. 5º da Constituição da República, acrescentado pela Emenda Constitucional 45/2004. Desse modo, prevaleceu a tese que confere aos tratados e convenções internacionais sobre direitos humanos a que o Brasil tenha aderido um *status* supralegal, porém admitindo a hipótese do nível constitucional deles, quando aprovados pelo Congresso de acordo com a Emenda Constitucional 45/2004 (§ 3º do art. 5º da CF/1988). Foram votos vencidos parcialmente, defendendo o *status* constitucional dos tratados sobre direitos humanos ratificados pelo Brasil, os Ministros Celso de Mello, Cezar Peluso, Eros Grau e Ellen Gracie[8].

7.4 Organização Internacional do Trabalho

7.4.1 Instituição

A Organização Internacional do Trabalho (OIT) foi instituída pelo Tratado de Versalhes, de 1919, em sua Parte XIII. Posteriormente, a Declaração de Filadélfia, de 1944, complementou aquelas disposições[9].

Os países que integram a Organização das Nações Unidas são automaticamente membros da OIT.

7.4.2 Composição

A Organização Internacional do Trabalho é composta de três órgãos principais:

a) Conferência ou Assembleia Geral, que é o órgão de deliberação da OIT, reunindo-se no local indicado pelo Conselho de Administração.

A Conferência é constituída pelos Estados-membros, com sessões pelo menos uma vez por ano, nas quais compareçam delegações compostas de membros do governo, representantes dos trabalhadores e dos empregadores. Sua tarefa é estabelecer as diretrizes fundamentais a serem observadas no âmbito da OIT, elaborando as Convenções e Recomendações.

---

[8] Disponível em: <http://www.stf.jus.br/portal/cms/verNoticiaDetalhe.asp?idConteudo= 100258>.
[9] Cf. NASCIMENTO, Amauri Mascaro. *Curso de direito do trabalho*. 26. ed. São Paulo: Saraiva, 2011. p. 132-139.

b) Conselho de Administração, exercendo função executiva e de administração da OIT, composto de representantes de trabalhadores, empregadores e do governo. Reúne-se, em regra, três vezes ao ano, além de eleger o Diretor-Geral da Repartição Internacional do Trabalho e instituir comissões permanentes ou especiais.

c) Repartição Internacional do Trabalho, que é a secretaria da OIT, com tarefas de documentar e divulgar suas atividades, publicando as Convenções e Recomendações, além de editar publicações sobre temas de interesse do Direito do Trabalho na comunidade internacional.

A Repartição Internacional do Trabalho é dirigida pelo Diretor-Geral.

7.4.3 Convenções e Recomendações

As Convenções da OIT possuem natureza de tratados internacionais multilaterais, estabelecendo normas obrigatórias àqueles Estados que as ratificarem[10]. Essa ratificação não é obrigatória.

As Convenções da OIT podem ser de três modalidades[11]:

a) autoaplicáveis, dispensando qualquer regulamentação;

b) de princípios, estabelecendo apenas normas gerais a serem reguladas pelos Estados;

c) promocionais, fixando programas a serem disciplinados por normas nacionais a médio e longo prazo.

Não se pode confundir a vigência da Convenção da OIT no plano interno, com a sua vigência internacional. Esta normalmente ocorre a partir de 12 meses depois do registro de duas ratificações pelos Estados-membros na Repartição Internacional do Trabalho.

Após a aprovação da Convenção pela Conferência Internacional do Trabalho, o governo do Estado-membro deve submetê-la ao órgão nacional competente no prazo máximo de 18 meses (art. 19, § 5º, *b*, da Constituição da OIT).

A ratificação da Convenção ocorre por meio de ato formal do chefe de Estado, dirigido ao Diretor-Geral da Repartição Internacional do Trabalho.

As Recomendações da OIT, por sua vez, têm o papel preponderante de servir como sugestão ou indicação ao direito interno dos Estados[12], podendo anteceder ou complementar uma Convenção. Mesmo assim, conforme o art. 19, item 6, *b*, da Constituição da OIT, cada Estado-membro compromete-se a submeter, dentro do prazo de um ano a partir do encerramento da sessão da Conferência (ou quando, em razão de circunstâncias excepcionais, logo que seja possível, sem exceder o prazo de 18 meses após o referido encerramento), a recomendação às autoridades competentes em relação à matéria, "a fim de que estas a transformem em lei ou tomem medidas de outra natureza".

A Convenção e a Recomendação devem ser aprovadas pela Conferência Internacional do Trabalho por duas vezes, em dois anos seguidos.

A denúncia refere-se ao aviso prévio dado pelo Estado, no sentido de que não pretende continuar aplicando a norma internacional.

A revisão é ato pelo qual a norma internacional é adaptada às novas realidades e aperfeiçoada.

A reclamação refere-se à forma que as organizações profissionais ou de empregadores utilizam para informar e mostrar o não cumprimento de Convenção da OIT, o que é dirigido ao Conselho de Administração.

---

[10] Cf. SÜSSEKIND, Arnaldo. *Instituições de direito do trabalho*. 18. ed. São Paulo: LTr, 1999. v. 2, p. 1.508: "a vigência da convenção no território nacional importará na revogação ou derrogação da legislação anterior que for incompatível com os seus princípios e normas. É óbvio que, se os preceitos legais em vigor forem *mais favoráveis aos trabalhadores* do que os da convenção ratificada, continuarão eles em plena vigência, sem que se opere qualquer derrogação (art. 19, § 8º, da Constituição da OIT)" (destaques do original).

[11] Cf. MARTINS, Sergio Pinto. *Direito do trabalho*. 22. ed. São Paulo: Atlas, 2006. p. 72.

[12] Cf. NASCIMENTO, Amauri Mascaro. *Curso de direito do trabalho*. 19. ed. São Paulo: Saraiva, 2004. p. 101.

A queixa é o processo contra o Estado-membro, por não ter adotado medidas para o cumprimento de Convenção ratificada, sendo apresentada à Repartição Internacional do Trabalho, que a encaminha ao Conselho de Administração.

O controle de aplicação das Convenções ratificadas pelo Estado-membro é feito pela Comissão de Peritos em Aplicação de Convenções e Recomendações da Conferência Internacional do Trabalho. Trata-se de órgão técnico, composto de membros independentes, que se reúnem anualmente e tem as suas observações submetidas à Comissão da Conferência[13].

Frise-se que a Convenção 144 da OIT, de 1976, dispõe sobre *consultas tripartites para promover a aplicação das normas internacionais do trabalho*, tendo sido aprovada por meio do Decreto Legislativo 6/1989 e promulgada pelo Decreto 2.518/1998 (atualmente Decreto 10.088/2019).

7.4.4 Declaração da OIT relativa aos princípios e direitos fundamentais no trabalho

A Organização Internacional do Trabalho, na 86ª sessão da sua Conferência Internacional do Trabalho, em junho de 1998, aprovou a Declaração relativa aos princípios e direitos fundamentais no trabalho.

No referido documento, foram reiterados importantes preceitos, a seguir destacados:

– a criação da OIT procede da convicção de que *a justiça social é essencial para garantir uma paz universal e permanente*;

– o crescimento econômico é essencial, mas insuficiente, para assegurar a equidade, o progresso social e a erradicação da pobreza, o que confirma a necessidade de que a OIT promova políticas sociais sólidas, justiça e instituições democráticas;

– a OIT deve mobilizar o conjunto de seus meios de ação normativa, de cooperação técnica e de investigação em todos os âmbitos de sua competência, e em particular no âmbito do emprego, a formação profissional e as condições de trabalho, a fim de que no âmbito de uma estratégia global de desenvolvimento econômico e social as políticas econômicas e sociais se reforcem mutuamente com vistas à criação de um desenvolvimento sustentável de ampla base;

– a OIT deve prestar especial atenção aos problemas de pessoas com necessidades sociais especiais, em particular os desempregados e os trabalhadores migrantes, mobilizar e estimular os esforços nacionais, regionais e internacionais encaminhados à solução de seus problemas, e promover políticas eficazes destinadas à criação de emprego;

– com o objetivo de *manter o vínculo entre progresso social e crescimento econômico*, a garantia dos princípios e direitos fundamentais no trabalho se reveste de importância e significado especiais ao assegurar aos próprios interessados a possibilidade de reivindicar livremente e em igualdade de oportunidades uma participação justa nas riquezas a cuja criação tem contribuído, assim como a de desenvolver plenamente seu potencial humano;

– a OIT é a organização internacional e o órgão competente para estabelecer normas internacionais do trabalho, gozando de apoio e reconhecimento universais na *promoção dos direitos fundamentais no trabalho como expressão de seus princípios constitucionais*.

A mencionada Declaração da OIT destaca, ainda, os princípios relativos aos direitos fundamentais no trabalho, que são objeto de importantes Convenções:

a) a liberdade sindical e o reconhecimento efetivo do direito de negociação coletiva;

b) a eliminação de todas as formas de trabalho forçado ou obrigatório;

c) a abolição efetiva do trabalho infantil;

---

[13] Cf. MARTINS, Sergio Pinto. *Direito do trabalho*. 22. ed. São Paulo: Atlas, 2006. p. 73-74.

d) a eliminação da discriminação em matéria de emprego e ocupação;

e) um ambiente de trabalho seguro e saudável (incluído na 110ª sessão da Conferência Internacional do Trabalho, em junho de 2022).

Vejamos, assim, as principais Convenções da OIT, consideradas fundamentais e cuja ratificação merece prioridade[14].

a) No que se refere à *liberdade sindical* e ao *reconhecimento da negociação coletiva*, cabe destacar as seguintes normas internacionais da OIT:

– Convenção 87, de 1948, sobre a liberdade sindical;

– Convenção 98, de 1949, sobre direito de organização e negociação coletiva, ratificada pelo Brasil em 18.11.1952.

No entanto, além das Convenções acima, consideradas fundamentais na matéria mencionada, podem ser citadas as seguintes normas:

– Convenção 135, de 1971, sobre a representação dos trabalhadores na empresa (ratificada pelo Brasil em 1990);

– Convenção 141, de 1975, sobre a organização dos trabalhadores rurais (ratificada pelo Brasil em 1994);

– Convenção 151, de 1978, sobre as relações de trabalho na administração pública;

– Convenção 154, de 1981, sobre a promoção da negociação coletiva (ratificada pelo Brasil em 1992).

b) Quanto à *eliminação de todas as formas de trabalho forçado ou obrigatório*, cabe destacar as seguintes normas internacionais da OIT, consideradas fundamentais:

– Convenção 29, de 1930, em que os Estados assumem o compromisso fundamental de suprimir o emprego de trabalho forçado ou obrigatório em todas as suas formas (ratificada pelo Brasil em 25.04.1957);

– Convenção 105, de 1957, ratificada pelo Brasil em 18.06.1965, de acordo com a qual o Estado que a ratifica se obriga a suprimir e a não fazer uso de toda forma de trabalho forçado ou obrigatório nos seguintes casos: 1) como meio de coerção ou de educação política ou como punição por ter ou expressar opiniões políticas ou posições ideologicamente opostas ao sistema político, social e econômico vigente; 2) como método de mobilização e utilização da mão de obra com fins de desenvolvimento econômico; 3) como medida de disciplina no trabalho; 4) como punição por haver participado de greves; 5) como medida de discriminação racial, social, nacional ou religiosa.

c) No que se refere à *abolição efetiva do trabalho infantil*, as Convenções da OIT consideradas fundamentais são as seguintes:

– Convenção 138, de 1973 (ratificada pelo Brasil em 28.06.2001), objetivando universalizar a idade de 15 anos como limite mínimo para o trabalho (podendo o país, cuja economia e meios de educação ainda sejam insuficientemente desenvolvidos, fixar essa idade mínima em 14 anos, após prévia consulta às organizações de empregadores e trabalhadores interessados), devendo os Estados-membros da OIT adotar uma política nacional para abolir o trabalho infantil e elevar progressivamente a idade mínima de admissão ao emprego, favorecendo o pleno desenvolvimento físico e mental do jovem;

– Convenção 182, de 1999 (ratificada pelo Brasil em 02.02.2000), sobre as piores formas de trabalho infantil (considerando criança todo jovem com idade inferior a 18 anos), quais sejam: 1) todas as formas de escravidão ou de práticas análogas à escravidão; 2) utilização, recrutamento ou oferta de crianças para prostituição, produção ou atuações pornográficas ou para atividades

---

[14] Cf. SÜSSEKIND, Arnaldo. *Direito internacional do trabalho*. 3. ed. São Paulo: LTr, 2000. p. 319.

ilícitas, em particular a produção e o tráfico de entorpecentes; 3) trabalho que possa causar danos à saúde, segurança ou moralidade das crianças.

No entanto, ainda sobre esse tema, outras normas da OIT também tratam do assunto:

– Recomendação 146, de 1973, sobre idade mínima para a admissão no emprego, estabelecendo, como obrigação estatal, a redução da pobreza e o dever de assegurar às famílias padrões de vida e de renda tais que tornem desnecessário o recurso à atividade econômica de crianças (ratificada pelo Brasil em 28.06.2001);

– Recomendação 190, de 1999, também sobre a proibição das piores formas de trabalho infantil e ação imediata para sua eliminação.

d) A respeito da *eliminação da discriminação em matéria de emprego e ocupação*, cabe destacar as seguintes Convenções da OIT, consideradas fundamentais:

– Convenção 100, de 1951, dispondo sobre a igualdade de remuneração entre homens e mulheres por um trabalho de igual valor (ratificada pelo Brasil em 25.04.1957);

– Convenção 111, de 1958, fomentando a promoção da igualdade de oportunidades e de tratamento, com vistas a eliminar qualquer discriminação, distinção, exclusão ou preferência no emprego e na profissão (ratificada pelo Brasil em 26.11.1965).

Outras normas da OIT, ainda nesse tema, são as seguintes:

– Recomendação 90, de 1951, sobre igualdade de remuneração;
– Recomendação 111, de 1958, sobre discriminação em matéria de emprego e profissão;
– Convenção 156, de 1981, cuidando da igualdade de oportunidades e de tratamento para trabalhadores dos dois sexos e trabalhadores com responsabilidades familiares;
– Recomendação 165, de 1981, sobre igualdade de oportunidades e de tratamento para trabalhadores.

Com a inclusão de um *ambiente de trabalho seguro e saudável* aos princípios e direitos fundamentais no trabalho, em junho de 2022, passam a ser fundamentais a Convenção 155, sobre segurança e saúde dos trabalhadores, de 1981 (ratificada pelo Brasil em 18.05.1992), e a Convenção 187, sobre o marco promocional para a segurança e saúde no trabalho, de 2006.

7.4.5 Declaração da OIT sobre a justiça social para uma globalização equitativa

Ainda quanto ao tema em estudo, a Conferência Internacional do Trabalho, reunida em Genebra durante sua 97ª reunião, adotou, em 10 de junho de 2008, a Declaração sobre a justiça social para uma globalização equitativa[15].

Trata-se de relevante Declaração que leva em consideração o contexto atual da *globalização*, caracterizado pela difusão de novas tecnologias, circulação das ideias, intercâmbio de bens e serviços, crescimento da movimentação de capital e de fluxos financeiros, internacionalização do mundo dos negócios e dos seus processos, bem como pelo aumento do diálogo e da circulação de pessoas, especialmente trabalhadoras e trabalhadores, que transforma profundamente o mundo do trabalho.

Reconhece-se, assim, que, nessas circunstâncias, impõe-se alcançar melhores resultados, equitativamente repartidos entre todos, para dar resposta à aspiração universal de *justiça social*, atingir o *pleno emprego*, garantir a sustentabilidade de sociedades abertas e da economia global, assegurar a coesão social e combater a pobreza e as crescentes desigualdades.

---

[15] Disponível em: <https://www.ilo.org/wcmsp5/groups/public/---americas/---ro-lima/---ilo-brasilia/documents/genericdocument/wcms_336918.pdf>.

Nesse enfoque, a Organização Internacional do Trabalho desempenha papel fundamental na *promoção e conquista do progresso e da justiça social* em um ambiente em constante evolução.

Aponta-se o reconhecimento da comunidade internacional de que o *trabalho decente é um meio eficaz de enfrentar os desafios da globalização.*

Frisa-se ainda que, com a convicção de que em um contexto mundial marcado por uma *interdependência e complexidade crescentes*, assim como pela *internacionalização da produção*:

— os valores fundamentais de liberdade, dignidade humana, justiça social, seguridade e não discriminação são essenciais para um desenvolvimento e uma eficácia sustentáveis em matéria econômica e social;

— o diálogo social e a prática do tripartismo entre os governos e as organizações representativas de trabalhadores e de empregadores, tanto no plano nacional como internacional se tornam ainda mais vigentes para alcançar soluções e fortalecer a coesão social e o Estado de direito, entre outros meios, mediante as normas internacionais do trabalho;

— a importância da relação de trabalho deve ser reconhecida como meio de oferecer proteção jurídica aos trabalhadores;

— as empresas produtivas, rentáveis e sustentáveis, com uma economia social sólida e um setor público viável, são fundamentais para um desenvolvimento econômico e oportunidades de emprego sustentáveis;

— a Declaração tripartite de princípios sobre as empresas multinacionais e a política social (1977) revisada, que analisa o crescente papel desses atores na consecução dos objetivos da Organização Internacional do Trabalho, continua pertinente e relevante.

Desse modo, a Conferência Internacional do Trabalho reconhece e declara os aspectos a seguir indicados.

Em um contexto marcado por mudanças aceleradas, os compromissos e esforços dos Estados-Membros e da Organização Internacional do Trabalho, visando a colocar em prática o mandamento constitucional da OIT, particularmente por meio das normas internacionais do trabalho, e para situar o *pleno emprego produtivo* e o *trabalho decente* como elemento central das políticas econômicas e sociais, devem basear-se nos quatro igualmente importantes objetivos estratégicos da OIT, sobre os quais se articula a *Agenda do Trabalho Decente*, os quais podem resumir-se da seguinte forma:

a) *promover o emprego* criando um ambiente institucional e econômico sustentável de forma que:

— os indivíduos possam adquirir e atualizar as capacidades e competências necessárias que permitam trabalhar de maneira produtiva para sua própria realização pessoal e bem-estar coletivo;

— o conjunto de empresas, tanto públicas como privadas, sejam sustentáveis com o fim de favorecer o crescimento e a criação de maiores possibilidades e perspectivas de emprego e renda para todos;

— as sociedades possam alcançar seus objetivos de desenvolvimento econômico e de progresso social, bem como alcançar um bom nível de vida;

b) adotar e ampliar medidas de *proteção social* (seguridade social e proteção dos trabalhadores) que sejam sustentáveis e estejam adaptadas às circunstâncias nacionais, e particularmente:

— extensão da seguridade social a todos os indivíduos, incluindo medidas para proporcionar ingressos básicos àqueles que precisem dessa proteção e a adaptação de seu alcance e cobertura para responder às novas necessidades e incertezas geradas pela rapidez dos avanços tecnológicos, sociais, demográficos e econômicos;

— condições de trabalho que preservem a saúde e segurança dos trabalhadores;

— possibilidades para todos de uma participação equitativa em matéria de salários e benefícios, jornada e outras condições de trabalho, bem como um salário mínimo vital para todos aqueles que têm um emprego e precisam dessa proteção;

c) promover o *diálogo social* e o *tripartismo* como os métodos mais apropriados para:

– adaptar a aplicação dos objetivos estratégicos às necessidades e circunstâncias de cada país;
– transformar o desenvolvimento econômico em progresso social e o progresso social em desenvolvimento econômico;
– facilitar a formação de consenso sobre as políticas nacionais e internacionais pertinentes que incidem nas estratégias e programas de emprego e trabalho decente;
– fomentar a efetividade da legislação e as instituições de trabalho, em particular o reconhecimento da relação de trabalho, a promoção de boas relações profissionais e o estabelecimento de sistemas eficazes de inspeção do trabalho;

d) respeitar, promover e aplicar os *princípios e direitos fundamentais no trabalho*, que são de particular importância, não só como direitos, mas como condições necessárias para a plena realização dos objetivos estratégicos, tendo em vista que:

– a liberdade de associação e liberdade sindical e o reconhecimento efetivo do direito de negociação coletiva são particularmente importantes para alcançar esses quatro objetivos estratégicos;
– a violação dos princípios e direitos fundamentais no trabalho não pode ser invocada nem utilizada como legítima vantagem comparativa e as normas do trabalho não devem servir aos fins comerciais protecionistas.

Os quatro objetivos estratégicos são indissociáveis, interdependentes e se reforçam mutuamente. Desse modo, a falta de promoção de qualquer um deles prejudicaria a realização dos demais.

Para obter maior impacto, os esforços destinados a promovê-los devem compor uma estratégia global e integrada da OIT em benefício do *trabalho decente*.

A igualdade entre homens e mulheres e a não discriminação devem ser consideradas questões transversais no marco dos objetivos estratégicos mencionados anteriormente.

Cabe a cada Estado-Membro, sem prejuízo das obrigações a que está sujeito e dos princípios e direitos fundamentais no trabalho, determinar como alcançar os objetivos estratégicos, tendo em conta, entre outros:

a) as condições e circunstâncias nacionais, assim como necessidades e prioridades expressadas pelas organizações representativas de empregadores e trabalhadores;
b) a interdependência, solidariedade e cooperação entre todos os Estados-membros da OIT, que são mais pertinentes que nunca, no contexto de uma economia globalizada;
c) os princípios e disposições das normas internacionais do trabalho.

A *Declaração do centenário da OIT para o futuro do trabalho* foi adotada pela Conferência Internacional do Trabalho em 21 de junho de 2019.

7.5 Direito Comunitário

Na União Europeia, a soberania dos Estados é objeto de relativização.

Trata-se de nível mais avançado de agrupamento de Estados, envolvendo livre circulação dos meios de produção, bem como uniformização de medidas e deliberações para o grupo como um todo.

No processo de *formação de blocos econômicos*, envolvendo a *cooperação* e a *integração* entre os países, a primeira etapa é a chamada "zona de livre comércio", ocorrendo a redução ou eliminação de restrições ao comércio entre os países integrantes do grupo.

A etapa seguinte é a "união aduaneira", estabelecendo-se uma Tarifa Externa Comum (TEC) para o comércio com terceiros, a ser aplicada por todos os países integrantes do bloco econômico.

Avançando ainda mais, tem-se a fase de "mercado comum", com a livre circulação de pessoas, serviços, bens, mercadorias e capitais (fatores de produção).

Por fim, tem-se a fase de "união política, econômica e monetária", estabelecendo-se uma política externa comum. Como exemplo, tem-se justamente a União Europeia[16].

Os antecedentes da União Europeia remontam ao *Tratado de Paris* (1951), que instituiu a Comunidade Europeia do Carvão e do Aço (CECA), e aos *Tratados de Roma* (1957), instituindo a Comunidade Econômica Europeia (CEE) e a Comunidade Europeia de Energia Atômica (CEEA ou EURATOM).

Em 7 de fevereiro de 1992 foi assinado, em *Maastricht*, o *Tratado da União Europeia*, "consolidando a união econômica e monetária, bem como o espaço de livre circulação"[17]. Posteriormente, em 2 de outubro de 1997, foi assinado o *Tratado de Amsterdã*, em vigor a partir de maio de 1999, tratando de questões relacionadas à cidadania europeia. Por sua vez, o *Tratado de Nice*, assinado em 26 de fevereiro de 2001, objetivou a reforma do sistema institucional. Em Nice também foi adotada, em 2000, a *Carta dos Direitos Fundamentais da União Europeia*. O *Tratado de Lisboa*, de 2007, alterou o Tratado da União Europeia e o Tratado que institui a Comunidade Europeia (que passou a se chamar Tratado sobre o Funcionamento da União Europeia).

Há, ainda, Cartas Sociais, podendo-se destacar a *Carta Social Europeia*, assinada em Turim (1961, do Conselho da Europa) e, no âmbito da União Europeia, a *Carta Comunitária dos Direitos Sociais Fundamentais dos Trabalhadores* (1989).

A União Europeia alcançou estágio em que se verifica a liberdade de circulação de mercadorias, de pessoas, dos serviços e dos capitais.

Nesse enfoque, o Direito Comunitário, tal como reconhecido pelos tratados comunitários, decorre das normas jurídicas supranacionais, positivadas pelos órgãos comunitários.

As principais instituições da União Europeia, com algumas de suas funções desempenhadas, são:

– o *Parlamento Europeu*: participa do processo de elaboração das normas comunitárias;
– o *Conselho da União Europeia* (Conselho de Ministros): coordena políticas gerais e econômicas;
– a *Comissão Europeia*: cuida da aplicação dos tratados comunitários, recomendações e pareceres;
– o *Tribunal de Justiça*: garante o respeito da ordem jurídica comunitária por meio da interpretação e aplicação dos Tratados da União Europeia;
– o *Tribunal de Contas*: examina as contas, receitas e despesas da União Europeia e seus organismos, objetivando a regularidade da gestão financeira.

Na União Europeia, os Regulamentos têm alcance geral e obrigatório, sendo aplicáveis diretamente em cada Estado-membro.

As Diretivas também são obrigatórias, mas as autoridades dos Estados-membros podem escolher a forma para essa consecução.

As Decisões são atos particulares para certos casos concretos, sendo consideradas normas individualizadas.

---

[16] Cf. LENZA, Pedro. *Direito constitucional esquematizado*. 10. ed. São Paulo: Método, 2006. p. 187-188.
[17] BELTRAN, Ari Possidonio. *Direito do trabalho e direitos fundamentais*. São Paulo: LTr, 2002. p. 144.

Capítulo 8

Contrato de trabalho

8.1 Denominação

É corrente a utilização dos termos *relação de emprego* e *contrato de trabalho* significando o vínculo empregatício existente entre empregado e empregador.

Trata-se, assim, do contrato individual de trabalho.

Pode-se dizer que a relação de trabalho é um gênero que tem como uma de suas espécies a relação de emprego. Outras modalidades de relação de trabalho são, por exemplo, o trabalho eventual, autônomo, avulso e voluntário.

Logo, na realidade, seria mais precisa a expressão contrato de emprego, correspondendo à relação de emprego. Mesmo assim, a expressão contrato de trabalho encontra-se consagrada não só na doutrina e na jurisprudência, como na própria legislação, significando o vínculo de emprego.

Nesse sentido tem-se a disposição do art. 442 da CLT: "Contrato individual de trabalho é o acordo tácito ou expresso, correspondente à relação de emprego".

8.2 Natureza jurídica

Discute-se na doutrina a natureza jurídica do vínculo existente entre empregado e empregador[1].

Vejamos, primeiramente, as teorias anticontratualistas.

A teoria da relação de trabalho defende que a existência do vínculo trabalhista não exige pactuação ou manifestação da vontade neste sentido, bastando a ocorrência (objetiva) da prestação dos serviços, o que já seria suficiente para fazer incidir as regras jurídicas pertinentes, evidenciando uma relação de natureza estatutária. Entende-se que o trabalho, em si, já faz com que o empregado seja inserido na empresa.

A teoria da instituição considera que o empregado encontra-se inserido na organização empresarial, em uma relação de hierarquia, estatutária, para que a empresa tenha duração no meio social, tendo em vista o interesse superior, comum a todos os membros.

A teoria contratualista indica a natureza contratual da relação entre empregado e empregador.

Prevalece na doutrina a orientação de que se trata de vínculo de natureza contratual, pois a manifestação de vontade, dando origem ao vínculo de trabalho, e possibilitando a sua manutenção, pode se apresentar de forma expressa ou mesmo tácita. A liberdade de trabalho, assim, deve ser garantida como preceito fundamental.

Pode-se entender, ainda, que, do mesmo modo que o contrato é fonte das obrigações (sendo esta uma relação ou vínculo jurídico), o contrato de trabalho é a fonte da relação de emprego, dando origem a essa relação jurídica. Mesmo assim, o contrato de trabalho, como modalidade de negócio jurídico, também pode ser visto em seu papel dinâmico, ou seja, retratando a própria relação jurídica de emprego em execução, em que a vontade se manifesta (ainda que de forma tácita) não apenas em seu momento inicial, mas também em seus desdobramentos sucessivos.

---

[1] Cf. MARTINS, Sergio Pinto. *Direito do trabalho*. 28. ed. São Paulo: Atlas, 2012. p. 92-99.

Tendo em vista a natureza contratual, o contrato de trabalho apresenta natureza de *negócio jurídico*, ou seja, ato jurídico voluntário, de intuito negocial, em que a declaração bilateral de vontade (consentimento) é manifestada com o fim de produzir seus efeitos jurídicos próprios.

8.3 Contrato de adesão, contrato individual de trabalho e contratação do empregado

O *contrato de adesão* é definido pelo Código de Defesa do Consumidor como "aquele cujas cláusulas tenham sido aprovadas pela autoridade competente ou estabelecidas unilateralmente pelo fornecedor de produtos ou serviços, sem que o consumidor possa discutir ou modificar substancialmente seu conteúdo" (art. 54, *caput*, da Lei 8.078, de 11 de setembro de 1990).

Essa forma de contratação não é exclusiva das relações de consumo, também podendo existir, por exemplo, nas relações civis e empresariais (arts. 423 e 424 do Código Civil de 2002), *bem como nas relações de trabalho*[2].

No entender de José Affonso Dallegrave Neto:

"Também para nós o contrato de emprego é do tipo *adesão*, vez que as partes não discutem o seu conteúdo. O empregador já possui determinada 'vaga de trabalho' com condições predeterminadas, cabendo ao empregado aceitá-las ou não. Com exceção de duas categorias profissionais específicas, domésticos e altos empregados, nas demais não se constata qualquer negociação por parte do empregado em relação às bases previamente colocadas pelo empregador"[3].

Ainda assim, conforme observa Orlando Gomes: "o contrato de trabalho deixa de ser contrato de adesão propriamente dito quando celebrado com pequeno empresário e se o candidato ao emprego se acha em posição de discutir as condições"[4].

O contrato de adesão caracteriza-se pela *ausência* de discussão do conteúdo do negócio jurídico pelas partes contratantes, "posto que uma organiza suas cláusulas e condições e a outra, sem qualquer possibilidade de alterá-las, concorda, aderindo a essas regras"[5].

Desse modo, ainda que em diversas situações concretas o contrato de trabalho possa ter características de contrato de adesão, não se trata de elemento que lhe seja intrínseco, necessário ou essencial, pois, como visto, há casos em que isso não ocorre.

No contrato de trabalho, muitas disposições e regras são estabelecidas pelo Estado, como forma de assegurar a igualdade material no âmbito da relação jurídica de emprego, objetivando, assim, alcançar o ideal de justiça social. Isso se justifica diante da posição inferior, em termos socioeconômicos, que o empregado normalmente se encontra diante do empregador, o qual é titular do poder de direção, a ser exercido nos limites estabelecidos pela lei.

No que se refere à contratação do empregado, cabe destacar a Lei 11.644, de 10 de março de 2008, publicada no *DOU* de 11.03.2008, a qual acrescentou o art. 442-A à CLT, passando a tratar da questão da comprovação (pelo candidato ao emprego) de experiência prévia na atividade em que pretende a admissão.

Como se sabe, é comum o empregador exigir do candidato ao emprego certo tempo de experiência prévia na função a ser desempenhada. É certo que essa conduta atende ao interesse do em-

---

[2] Cf. NASCIMENTO, Amauri Mascaro. *Curso de direito do trabalho*. 19. ed. São Paulo: Saraiva, 2004. p. 547.
[3] DALLEGRAVE NETO, José Affonso. *Contrato individual de trabalho: uma visão estrutural*. São Paulo: LTr, 1998. p. 82 (destaque do original).
[4] GOMES, Orlando. *Contratos*. 26. ed. atualizada por Antonio Junqueira de Azevedo e Francisco Paulo de Crescenzo Marino. Rio de Janeiro: Forense, 2008. p. 132-133.
[5] AZEVEDO, Álvaro Villaça. *Teoria geral dos contratos típicos e atípicos*. 2. ed. São Paulo: Atlas, 2004. p. 92.

pregador, no sentido de admitir alguém já experiente para a atividade a ser realizada. Entrementes, para os trabalhadores que estão procurando a sua inserção no mercado de trabalho, mas ainda não possuem experiência prévia, a mencionada prática acarreta dificuldades na obtenção de emprego, principalmente entre os trabalhadores mais jovens. Afinal, se todos os empregadores passarem a exigir experiência prévia como requisito para a contratação do empregado, aqueles que não a possuem (por exemplo, quando estão em busca do primeiro emprego), ou possuem pouco período de experiência na atividade, nunca teriam como conseguir a inserção no mercado de trabalho, mediante vínculo de emprego.

Vejamos, assim, a atual previsão do art. 442-A da Consolidação das Leis do Trabalho, acrescentado pela referida Lei 11.644/2008:

"Art. 442-A. Para fins de contratação, o empregador não exigirá do candidato a emprego comprovação de experiência prévia por tempo superior a 6 (seis) meses no mesmo tipo de atividade".

De acordo com o dispositivo legal acima, impede-se a exigência de comprovação de experiência prévia por tempo superior a seis meses no mesmo tipo de atividade a ser exercida. A determinação legal é imperativa e dirigida não apenas à empresa, mas ao empregador em sentido amplo (art. 2º da CLT), ou seja, àquele que admite (contrata) empregados, resultando em vínculo de emprego. A indicação referente ao "mesmo tipo de atividade", no caso, envolve as funções e tarefas a serem desempenhadas pelo trabalhador após a sua contratação.

Interpretando-se *a contrario sensu* a determinação legal, o empregador, ao pretender admitir novos empregados, apenas pode exigir dos candidatos ao emprego a comprovação de experiência prévia no mesmo tipo de atividade até o limite máximo de seis meses. Por isso, a prática de exigir a comprovação de experiência prévia (no caso, limitada a até seis meses), acabou sendo admitida expressamente pela Lei. Ainda *a contrario sensu*, é possível entender que pode haver exigência de comprovação de experiência em outro tipo de atividade (que não seja aquela referente à contratação) acima do limite mencionado. No entanto, mesmo neste último caso, como é evidente, não podem ser admitidas exigências que não tenham qualquer ligação ou influência para o trabalho a ser exercido, apenas como forma ilegítima (ou mesmo discriminatória) de afastar possíveis candidatos ao emprego.

Seguindo-se a mencionada previsão legal, o empregador, por exemplo, ao publicar anúncio para a contratação de empregado, não poderá inserir como requisito para a contratação a comprovação da mencionada experiência prévia acima de seis meses (mas somente até o limite máximo de seis meses). Da mesma forma, o empregador não poderá rejeitar a admissão de certo candidato ao emprego, sob o fundamento de que ele não comprovou experiência prévia por tempo superior a seis meses no mesmo tipo de atividade.

A intenção da previsão legal em destaque é, certamente, de possibilitar o emprego a quem não tem muita experiência profissional, especialmente aos jovens, o que se mostra positivo.

No entanto, em termos práticos, no que tange à aplicação concreta da norma em questão, podem surgir dificuldades quanto à sua eficácia. Efetivamente, pode ocorrer de o empregador não exigir, formalmente, a comprovação de experiência prévia superior a seis meses no mesmo tipo de atividade, mas acabar deixando de contratar o empregado que não tenha a experiência necessária para a função, embora sem declarar ou exteriorizar esta justificativa.

Além disso, verifica-se que a previsão legal em referência estabeleceu a regra aqui comentada de forma genérica, sem apresentar (ao menos expressamente) abertura para possíveis exceções referentes a certas situações especiais.

Efetivamente, imagine-se a hipótese de certo restaurante de elevado nível, especializado em culinária internacional, que precise contratar o novo chefe de cozinha. Tendo em vista as circunstâncias envolvendo esse caso, o mencionado empregador pode precisar de alguém com profunda e larga experiência na área para manter o mesmo nível de excelência até então existente, podendo não ser suficiente que o novo chefe de cozinha tenha, apenas, seis meses de vivência nessa atividade de culinária internacional.

Os exemplos podem se multiplicar: imagine-se escritório de advocacia de grande porte que precise contratar o novo advogado líder, que irá dirigir e administrar todo o escritório. Também nesse caso o empregador pode necessitar de um profissional com larga experiência na área, para que tenha condições de realizar a complexa tarefa, podendo não ser suficiente a experiência de apenas seis meses para realizá-la a contento.

Pode-se imaginar, ainda, uma grande empresa multinacional que precise contratar o novo diretor empregado, para dirigir todo o conglomerado, necessitando de alguém com anos de vivência e experiência como administrador, para que possa ter condições de lidar com a difícil atividade.

Como se pode notar, a disposição do art. 442-A da CLT trata a questão de forma generalizada, não levando em consideração as possíveis situações especiais ou excepcionais, que podem exigir tratamento diferenciado e mais adequado à realidade. Aliás, cabe lembrar que, de acordo com o princípio da isonomia material, as situações iguais devem receber tratamento igual, mas as situações desiguais merecem tratamento desigual, na medida da desigualdade.

No plano constitucional, é possível o entendimento de que a previsão em comento está em consonância com o art. 5º, inciso XIII, e o art. 7º, inciso XXX, que assim preveem:

"Art. 5º Todos são iguais perante a lei, sem distinção de qualquer natureza, garantindo-se aos brasileiros e aos estrangeiros residentes no País a inviolabilidade do direito à vida, à liberdade, à igualdade, à segurança e à propriedade, nos termos seguintes:
[...]
XIII – é livre o exercício de qualquer trabalho, ofício ou profissão, atendidas as qualificações profissionais que a lei estabelecer".

"Art. 7º São direitos dos trabalhadores urbanos e rurais, além de outros que visem à melhoria de sua condição social:
[...]
XXX – proibição de diferença de salários, de exercício de funções e de critério de admissão por motivo de sexo, idade, cor ou estado civil;
XXXI – proibição de qualquer discriminação no tocante a salário e critérios de admissão do trabalhador portador de deficiência".

Além disso, pode-se dizer que a previsão legal também tem a finalidade de concretizar o princípio constitucional da *busca do pleno emprego*, previsto no art. 170, inciso VIII, da Constituição Federal de 1988.

Verifica-se, de acordo com o art. 7º, inciso XXX, da Constituição da República, ser proibida a diferença de critério de admissão "por motivo de sexo, idade, cor ou estado civil". Como se observa, o referido dispositivo da Constituição Federal de 1988 não menciona, nem proíbe, que o empregador exija a comprovação de experiência prévia na atividade, para fins de admissão do trabalhador. Mesmo assim, como é evidente, não se admite a discriminação, inclusive para fins de admissão no trabalho (art. 3º, inciso IV, da CF/1988). Desse modo, eventual exigência de comprovação da experiência prévia para a admissão não pode se tornar fator de exclusão infundada de certos trabalhadores.

Embora a questão possa apresentar controvérsia, é possível surgir corrente de entendimento defendendo que o art. 442-A da CLT, acrescentado pela Lei 11.644/2008, estaria em desacordo com o direito do empregador, fundado nos princípios constitucionais da liberdade e da livre iniciativa (arts. 1º, inciso IV, parte final, 5º, *caput*, e 170, *caput*, da CF/1988), de admitir os empregados que efetivamente possuam a experiência necessária para bem desempenhar a atividade, até porque é o empregador quem corre o risco do seu empreendimento. O que não se poderia admitir é, como já destacado, a exigência de critérios que venham a discriminar certos candidatos ao emprego, acarretando um tratamento desigual de pessoas que estejam em igual posição.

De todo modo, defende-se que a referida previsão legal deve ser interpretada de forma lógico--teleológica, em conformidade com as peculiaridades de cada caso e com os princípios da razoabilidade e da boa-fé. Dessa forma, a determinação legal seria a regra, ou seja, a diretriz geral a ser seguida, mas certos casos excepcionais podem surgir, devendo ser analisados tendo como parâmetro o *princípio da não discriminação* na admissão ou contratação dos empregados. Deve-se, portanto, compatibilizar os diferentes princípios e valores constitucionais incidentes ao caso, aplicando-se a disposição legal de forma a atender ao bem comum, mas sem afrontar, de forma injustificada, outros princípios e valores igualmente consagrados na Constituição Federal.

8.3.1 Contrato de trabalho por equipe

Cabe destacar a figura do chamado *contrato de trabalho por equipe*. Este, na realidade, é entendido como um *feixe de contratos individuais de trabalho*.

Assim, o contrato de trabalho por equipe não se confunde com o contrato coletivo de trabalho, pois este último é regulado pelo Direito Coletivo do Trabalho, dando origem a normas coletivas firmadas por entes sindicais, no exercício da autonomia coletiva dos particulares.

No contrato por equipe verifica-se a existência de diferentes relações individuais de emprego, mantidas em conjunto, mas preservando cada uma delas a sua autonomia, embora relacionadas entre si, tendo em vista a forma da prestação do serviço, a existência de objetivo comum e a identidade do empregador. Desse modo, cada empregado (pessoa física), mesmo abrangido por um contrato de trabalho de equipe, mantém o seu vínculo de emprego individual com o empregador.

O contrato de trabalho por equipe, também conhecido por contrato de grupo, é comum em conjuntos musicais, orquestras e bandas, modalidades em que se requer o concurso de um grupo de trabalhadores organizados para realizar o trabalho comum[6]. O trabalho em grupo, na realidade, pode ser desenvolvido com os requisitos da relação de emprego (com destaque à subordinação), dando origem ao mencionado contrato de trabalho por equipe, ou sob a modalidade civil-comercial, quando ausentes os requisitos do vínculo de emprego, dando origem a contratos de prestação de serviços autônomos. Deve-se verificar a efetiva realidade dos fatos para a correta definição da natureza da mencionada relação jurídica (princípio da primazia da realidade).

Tratando-se de contrato de emprego (por equipe), cabe destacar que o verdadeiro empregador é aquele que exerce o poder diretivo, organizando, controlando e dirigindo a prestação dos serviços, sem se confundir, necessariamente, com eventual componente que figure como líder da equipe ou do grupo musical. Esse líder, no entanto, pode ser o empregador, no caso em que os empregados da equipe prestem serviços, de forma subordinada, sob a sua organização e controle, atendendo aos seus comandos e diretrizes no que se refere ao modo da prestação do labor.

8.3.2 Admissão do empregado e certidão de antecedentes criminais

Ainda quanto à contratação, cabe analisar a licitude da conduta do empregador de exigir e solicitar certidão de antecedentes criminais para a admissão do empregado.

A Constituição da República, no art. 5º, inciso XXXIV, alínea *b*, determina ser assegurada a todos, independentemente do pagamento de taxas, a obtenção de certidões em repartições públicas, para defesa de direitos e esclarecimento de situações de interesse pessoal.

O art. 5º, inciso XIV, por sua vez, assegura a todos o acesso à informação.

A consulta e a exigência de certidão de antecedentes criminais, pelo empregador, assim, decorrem dos mencionados direitos fundamentais.

Não obstante, a Constituição Federal de 1988, no art. 5º, inciso X, dispõe que são invioláveis a intimidade e a vida privada das pessoas.

---

[6] Cf. BARROS, Alice Monteiro de. *Curso de direito do trabalho*. 2. ed. São Paulo: LTr, 2006. p. 212-213.

Além disso, integram os objetivos fundamentais da República Federativa do Brasil promover o bem de todos, sem preconceitos de origem, raça, sexo, cor, idade e quaisquer outras formas de discriminação (art. 3º, inciso IV, da CF/1988).

A discriminação é, portanto, vedada, o que também se confirma pelo art. 5º, inciso XLI, da Constituição da República, ao prever que a lei deve punir qualquer discriminação atentatória dos direitos e liberdades fundamentais.

O art. 7º, nos incisos XXX, XXXI e XXXII, da Constituição Federal de 1988 apresenta disposições pertinentes ao Direito do Trabalho fundadas na vedação de discriminação.

A Convenção 111 da OIT, de 1959, aprovada pelo Brasil e promulgada pelo Decreto 62.150/1968 (atualmente Decreto 10.088/2019), trata da discriminação em matéria de emprego e profissão.

A discriminação, ao contrariar o princípio da igualdade, significa o tratamento desigual, sem razoabilidade, nem justificativa lógica, isto é, a diferenciação prejudicial e sem parâmetros legítimos (cf. ainda Capítulo 6, item 6.3.5).

A Lei 9.029/1995, no art. 1º, com redação dada pela Lei 13.146/2015, também proíbe a adoção de qualquer prática discriminatória e limitativa para efeito de acesso à relação de trabalho, ou de sua manutenção, por motivo de sexo, origem, raça, cor, estado civil, situação familiar, deficiência, reabilitação profissional, idade, entre outros (ressalvadas, nesse caso, as hipóteses de proteção à criança e ao adolescente, previstas no art. 7º, inciso XXXIII, da Constituição Federal de 1988).

Como se pode notar, os direitos fundamentais à privacidade e de não discriminação se opõem à exigência e consulta de certidão de antecedentes criminais, no caso, para a admissão do empregado.

A respeito da matéria em estudo, cabe salientar a presença de leis especiais que autorizam a exigência de certidão de antecedentes criminais pelo empregador, para o objetivo específico de contratação de empregados que exercem certas funções.

Anteriormente, a Lei 5.859/1972, revogada pela Lei Complementar 150/2015, sobre o contrato de trabalho doméstico, no art. 2º, inciso II, previa que, para admissão ao emprego, deve o empregado doméstico apresentar "atestado de boa conduta".

A Lei 7.102/1983, no art. 16, inciso VI, dispõe que, para o exercício da profissão, o vigilante deve preencher, entre outros, o requisito de "não ter antecedentes criminais registrados".

Nota-se que, na hipótese acima, a lei infraconstitucional fez prevalecer os princípios fundamentais de acesso à informação e de obtenção de certidões em repartições públicas.

Na realidade, a questão em análise deve ser examinada sob o enfoque da colisão de princípios relativos a direitos fundamentais, com a incidência do princípio (ou máxima) da proporcionalidade, em seus três níveis (adequação, necessidade, proporcionalidade em sentido estrito), para que se possa aferir se a restrição estabelecida em lei, a um dos direitos fundamentais envolvidos, é (ou não) constitucional[7].

Vale dizer, a previsão do diploma legal referido, ao estabelecer restrições a certos direitos fundamentais envolvidos quanto ao tema (privacidade e não discriminação), para ser considerada constitucional, deve atender ao princípio da proporcionalidade.

Sendo assim, tendo em vista as peculiaridades das funções envolvidas, a mencionada disposição legal pode ser considerada constitucional: se adequada quanto ao meio utilizado, levando em conta o objetivo que se busca atingir; se necessária para alcançar os fins pretendidos, no sentido da ausência de outro meio menos gravoso para isso; se não acarretar restrições excessivas aos direitos fundamentais (proporcionalidade em sentido estrito), em exame de ponderação entre os valores e os direitos em discussão[8].

---

[7] Cf. ALEXY, Robert. *Teoria dos direitos fundamentais*. Tradução de Virgílio Afonso da Silva. São Paulo: Malheiros, 2008. p. 116-120, 131.

[8] Cf. CRISTOVAM, José Sérgio da Silva. Considerações acerca das máximas da razoabilidade e da proporcionalidade. *ADV – Seleções Jurídicas*, Rio de Janeiro, COAD, p. 3-19, jan. 2012.

Pode-se entender que, no caso em questão, o princípio do acesso a informações, por meio de certidões públicas, é necessário ao exercício de funções como a disciplinada na Lei 7.102/1983.

Não se observa, por outro lado, violação ao princípio da igualdade, uma vez que este deve ser interpretado em seu enfoque substancial, por ser vedado tratar de forma igual os que estão em situação desigual.

Diversamente, para outras funções, a lei não prevê, expressamente, a possibilidade de exigência de certidão de antecedentes criminais para a admissão do empregado.

Assim, não sendo imprescindíveis as referidas informações, pode-se entender que devem prevalecer os princípios da privacidade e da não discriminação.

Por outro lado, se, conforme as circunstâncias do caso concreto e a função a ser exercida, houver necessidade de se ter conhecimento de informações sobre antecedentes criminais, justifica-se a sua exigência[9].

De todo modo, cabe salientar que o Tribunal Superior do Trabalho, em julgamento de incidente de recurso repetitivo, fixou as seguintes teses jurídicas a respeito do tema:

"1. Não é legítima e caracteriza lesão moral a exigência de Certidão de Antecedentes Criminais de candidato a emprego quando traduzir tratamento discriminatório ou não se justificar em razão de previsão em lei, da natureza do ofício ou do grau especial de fidúcia exigido.

2. A exigência de Certidão de Antecedentes Criminais de candidato a emprego é legítima e não caracteriza lesão moral quando amparada em expressa previsão legal ou justificar-se em razão da natureza do ofício ou do grau especial de fidúcia exigido, a exemplo de empregados domésticos, cuidadores de menores, idosos ou deficientes (em creches, asilos ou instituições afins), motoristas rodoviários de carga, empregados que laboram no setor da agroindústria no manejo de ferramentas de trabalho perfurocortantes, bancários e afins, trabalhadores que atuam com substâncias tóxicas, entorpecentes e armas, trabalhadores que atuam com informações sigilosas.

3. A exigência de Certidão de Antecedentes Criminais, quando ausente alguma das justificativas *supra*, caracteriza dano moral *in re ipsa*, passível de indenização, independentemente de o candidato ao emprego ter ou não sido admitido" (TST, SBDI-I, IRR-RR-243000-58.2013.5.13.0023, Redator Min. João Oreste Dalazen, *DEJT* 22.09.2017).

8.4 Conceito

O contrato de trabalho pode ser conceituado como o negócio jurídico em que o empregado, pessoa natural, presta serviços de forma pessoal, subordinada e não eventual ao empregador, recebendo, como contraprestação, a remuneração.

O objeto imediato do contrato de trabalho é a prestação dos serviços. O objeto mediato, como bem jurídico, é o trabalho em si.

---

[9] "Recurso de revista. Operadora de telemarketing. Exigência de certidão de antecedentes criminais quando da contratação. Cargo cuja natureza justifica a exigência. Dano moral. A prática de exigir a apresentação da certidão de antecedentes criminais não constitui conduta discriminatória, quando a natureza da atividade a ser exercida pelo empregado contratado justificar a exigência de certidão. Na hipótese, a reclamante, operadora de telemarketing, tem acesso amplo a dados sigilosos dos clientes, fato que justifica a exigência da certidão de antecedentes criminais no momento da contratação e, portanto, não é causa de abalo moral. Precedentes. Recurso de revista de que não se conhece" (TST, 1ª T., RR 176200-45.2013.5.13.0024, Rel. Min. Walmir Oliveira da Costa, *DEJT* 30.05.2016). Cf. ainda: "Agravo de instrumento. Recurso de revista. Responsabilidade civil. Dano moral. Exigência de antecedentes criminais. 1. A exigência de certidão negativa de antecedentes criminais de candidato ao emprego, por si só, não implica violação à dignidade, à intimidade ou à vida privada, máxime se justificada pela necessidade da empresa em aproveitá-la em atividades que envolvam uma maior parcela de fidúcia pelo acesso a informações confidenciais dos clientes. 2. Ausência de afronta ao art. 5º, incisos V e X, da Constituição Federal e ao art. 186 do Código Civil. 3. Agravo de instrumento de que se conhece e a que se nega provimento" (TST, 4ª T., AIRR 140300-83.2012.5.13.0008, Rel. Min. João Oreste Dalazen, *DEJT* 24.06.2014).

8.5 Requisitos

São requisitos da relação de emprego: a prestação de serviços por pessoa física, com pessoalidade, de forma não eventual, subordinada e com onerosidade (arts. 2º e 3º da CLT).

São requisitos fático-jurídicos, ou seja, para a verificação de vínculo de emprego no plano dos fatos.

A exclusividade não é exigida como elemento imprescindível para a configuração da relação de emprego, embora a sua existência possa reforçar a presença do contrato de trabalho.

Especificamente quanto ao *aeronauta* (piloto de aeronave, comissário de voo e mecânico de voo), conforme o art. 20, § 1º, da Lei 13.475/2017, o tripulante de voo ou de cabine só pode exercer função remunerada a bordo de aeronave de um operador ao qual não esteja diretamente vinculado por contrato de trabalho, quando o serviço aéreo não constituir atividade-fim e desde que por prazo não superior a 30 dias consecutivos, contado da data de início da prestação dos serviços. Essa prestação de serviço remunerado não pode ocorrer por mais de uma vez ao ano e deve ser formalizada por contrato escrito, sob pena de presunção de vínculo empregatício do tripulante diretamente com o operador da aeronave.

Logo, observa-se certa restrição quanto ao tripulante de voo ou de cabine a respeito do exercício de labor remunerado a bordo de aeronave para outro operador que não seja o empregador, isto é, com quem não seja mantido diretamente o contrato de trabalho.

Frise-se que o disposto no art. 20 da Lei 13.475/2017 não se aplica quando o operador da aeronave for órgão ou entidade da administração pública, no exercício de missões institucionais ou de poder de polícia (art. 20, § 3º, da Lei 13.475/2017, incluído pela Lei 14.163/2021).

8.5.1 Pessoa natural

O empregado é sempre *pessoa física* (pessoa natural).

O Direito do Trabalho estabelece normas jurídicas em proteção da pessoa humana do trabalhador, garantindo o preceito maior de dignidade nas relações de trabalho.

Nos termos do art. 129 da Lei 11.196/2005, para fins fiscais e previdenciários, a prestação de serviços intelectuais, inclusive os de natureza científica, artística ou cultural, em caráter personalíssimo ou não, com ou sem a designação de quaisquer obrigações a sócios ou empregados da *sociedade prestadora de serviços*, quando por esta realizada, se sujeita tão somente à legislação aplicável às pessoas jurídicas, sem prejuízo da observância do disposto no art. 50 do Código Civil.

O referido dispositivo legal estabelece que as *pessoas jurídicas* prestadoras de *serviços intelectuais*, incluídos os de natureza científica, artística ou cultural, sujeitam-se apenas ao regime fiscal e previdenciário das pessoas jurídicas. Admite-se, entretanto, a desconsideração da personalidade jurídica da sociedade, em caso de abuso da personalidade jurídica, caracterizado pelo desvio de finalidade ou pela confusão patrimonial.

O Supremo Tribunal Federal declarou a *constitucionalidade* do art. 129 da Lei 11.196/2005 (STF, Pleno, ADC 66/DF, Rel. Min. Cármen Lúcia, j. 21.12.2020)[10].

Prevaleceu o entendimento de que essa norma legal está em harmonia com os preceitos constitucionais, notadamente com o art. 1º, inciso IV, da Constituição Federal de 1988, ao prever que a República Federativa do Brasil tem como fundamentos, entre outros, os valores sociais do trabalho e da livre iniciativa. Nesse contexto, é livre o exercício de qualquer trabalho, ofício ou profissão,

---

[10] "Ação declaratória de constitucionalidade. Regime jurídico fiscal e previdenciário aplicável a pessoas jurídicas prestadoras de serviços intelectuais, incluindo os de natureza científica, artística e cultural. Compatibilidade constitucional. Livre iniciativa e valorização do trabalho. Liberdade econômica na definição da organização empresarial. Ação julgada procedente. 1. A comprovação da existência de controvérsia judicial prevista no art. 14 da Lei n. 9.868/1999 demanda o cotejo de decisões judiciais antagônicas sobre a validade constitucional na norma legal. Precedentes. 2. É constitucional a norma inscrita no art. 129 da Lei n. 11.196/2005" (STF, Pleno, ADC 66/DF, Rel. Min. Cármen Lúcia, *DJe* 19.03.2021).

atendidas as qualificações profissionais que a lei estabelecer (art. 5º, inciso XIII, da Constituição da República). Além disso, é assegurado a todos o livre exercício de qualquer atividade econômica, independentemente de autorização de órgãos públicos, salvo nos casos previstos em lei (art. 170, parágrafo único, da Constituição Federal de 1988).

Ainda assim, a contratação de pessoa jurídica para a prestação de serviços intelectuais, conforme o caso concreto, pode ser objeto de verificação quanto à legalidade e regularidade, mesmo na esfera trabalhista (art. 9º da CLT), por não se admitir a fraude à lei (art. 166, inciso VI, do Código Civil), o abuso de direito (art. 187 do Código Civil) e o abuso da personalidade jurídica (art. 50 do Código Civil).

8.5.2 Pessoalidade

A *pessoalidade* significa a prestação dos serviços pelo próprio trabalhador, sem que seja substituído constantemente por terceiros, aspecto este relevante ao empregador, que o contratou tendo em vista a sua pessoa.

O contrato de trabalho, portanto, é *intuitu personae*. Mesmo assim, a substituição, em uma ou outra ocasião, do empregado, com a anuência do empregador, não é apta a descaracterizar um longo vínculo de emprego.

8.5.3 Não eventualidade

Trabalho *não eventual*, em um primeiro enfoque, é aquele habitual, contínuo.

Pode-se dizer, entretanto, que a não eventualidade significa a prestação de serviços ligados às atividades normais do empregador, ou seja, realizando serviços permanentemente necessários à atividade do empregador ou ao seu empreendimento.

A não eventualidade também pode significar a fixação do empregado em certa fonte de trabalho, que toma os seus serviços.

8.5.4 Subordinação

A *subordinação*, considerado o requisito de maior relevância na caracterização da relação de emprego, significa que a prestação dos serviços é feita de forma dirigida pelo empregador, o qual exerce o poder de direção. O empregado, inserido na organização da atividade do empregador, deve seguir as suas determinações e orientações, estabelecidas dentro dos limites legais.

O empregador é quem corre os riscos da atividade exercida. O empregado, assim, presta serviços por conta alheia, o que corresponde à "alteridade", presente no contrato de trabalho.

A subordinação, no caso, decorre do contrato de trabalho, referindo-se ao modo de o empregado prestar os serviços ao empregador. Trata-se, assim, de *subordinação jurídica*, que é a modalidade de subordinação essencial para caracterizar a relação de emprego.

No entanto, a subordinação também pode ser vista no aspecto econômico, no sentido de que o empregado estaria subordinado, em termos econômicos, ao empregador. Porém, a relação de emprego pode perfeitamente existir sem que esta situação esteja presente.

A subordinação social significa que o empregado estaria em posição social inferior em relação ao empregador, por ser este o titular do empreendimento. Também aqui tal situação não é obrigatoriamente exigida no contrato de trabalho.

A subordinação técnica indica que o empregador estaria em posição superior ao empregado, no que tange ao conhecimento técnico referente à atividade exercida. Mais uma vez, tal hipótese pode deixar de existir na relação de emprego, bastando imaginar o caso em que o empregado, altamente especializado, é contratado justamente por ter os conhecimentos que faltam e são necessários ao titular do empreendimento.

Frise-se que a relação de emprego, na qualidade de advogado, não retira a isenção técnica nem reduz a independência profissional inerentes à advocacia (art. 18 da Lei 8.906/1994). O advogado empregado não está obrigado à prestação de serviços profissionais de interesse pessoal dos empregadores, fora da relação de emprego.

Por fim, tem-se a subordinação hierárquica, no sentido de que o empregado estaria inserido na hierarquia da instituição da empresa, devendo, assim, obedecer às suas regras.

Tendo em vista as novas formas de organização do trabalho, parte da doutrina e da jurisprudência reconhece não apenas a *subordinação objetiva* (presente quando os serviços prestados integram os objetivos da atividade empresarial), mas também a chamada *subordinação estrutural*, principalmente em questões relacionadas à terceirização e ao trabalho a distância (como o teletrabalho). Nesse enfoque, reconhece-se a subordinação, inerente à relação de emprego, quando o empregado desempenha atividades que se encontram integradas à estrutura e à dinâmica organizacional da empresa, ao seu processo produtivo ou às suas atividades essenciais, não mais se exigindo a subordinação jurídica clássica, em que se verificavam ordens diretamente emanadas do empregador.

Nesse sentido, cabe transcrever a seguinte decisão:

"Registre-se que a subordinação enfatizada pela CLT (arts. 2º e 3º) não se circunscreve à dimensão tradicional, subjetiva, com profundas, intensas e irreprimíveis ordens do tomador ao obreiro. Pode a subordinação ser do tipo objetivo, em face da realização pelo trabalhador dos objetivos sociais da empresa. Ou pode ser simplesmente do tipo estrutural, harmonizando-se o obreiro à organização, dinâmica e cultura do empreendimento que lhe capta os serviços. Presente qualquer das dimensões da subordinação (subjetiva, objetiva ou estrutural), considera-se configurado esse elemento fático-jurídico da relação de emprego" (TST, 3ª T., RR-710-60.2017.5.09.0127, Rel. Min. Mauricio Godinho Delgado, *DEJT* 06.06.2019).

Ainda assim, prevalece o entendimento de que a subordinação estrutural não é suficiente para a configuração do vínculo de emprego, exigindo-se a presença de subordinação jurídica[11], relativa ao modo de prestação do serviço pelo empregado[12], em que o empregador exerce o poder de direção, como decorrência do contrato de trabalho.

A respeito da controvérsia sobre a configuração do vínculo de emprego entre motorista de aplicativo e empresa responsável por plataforma digital de transporte de passageiros, cf. TST, E-RR-1000123-89.2017.5.02.0038 e E-RR-100353-02.2017.5.01.0066.

---

[11] "Recurso de revista interposto sob a égide da Lei n. 13.015/2014. Contrato de parceria para cessão de uso de táxi. Lei n. 6.094/74. Vínculo de emprego. Ausência de subordinação à luz do art. 3º da CLT. O Tribunal Regional reformou a sentença para reconhecer a existência de vínculo de emprego entre as partes. Contudo, depreende-se do consignado no acórdão que a situação dos autos trata de contrato de parceria entre as partes, previsto na Lei 6.094/74, para a utilização do táxi, em regime de colaboração, em que, embora presente subordinação estrutural, não se verifica, no caso, a existência do requisito da subordinação jurídica, à luz do art. 3º da CLT, a possibilitar o reconhecimento de vínculo de emprego. A subordinação estrutural não é critério de distinção, para a configuração da subordinação jurídica. Recurso de revista da parte reclamada conhecido e provido" (TST, 2ª T., RR-1893-51.2017.5.10.0802, Rel. Min. Maria Helena Mallmann, *DEJT* 03.11.2021). "Ora, todo empregado terceirizado se submete, de alguma forma, à dinâmica empresarial do tomador, porque é este o beneficiário final dos serviços prestados pelo trabalhador. Sendo assim, pode ele perfeitamente supervisionar e determinar a forma de execução das atividades. Tal situação, contudo, não configura subordinação jurídica. Quando muito, poderia caracterizar a denominada subordinação estrutural, que com aquela não se confunde" (TST, 4ª T., RR-21078-11.2015.5.04.0221, Rel. Min. Guilherme Augusto Caputo Bastos, *DEJT* 08.10.2021). "2. Nada obstante o posicionamento até então abraçado por esta Corte Superior, o Supremo Tribunal Federal, no julgamento da ADPF 324 e do RE 958.252, de repercussão geral, firmou entendimento no sentido de que 'é lícita a terceirização ou qualquer outra forma de divisão do trabalho entre pessoas jurídicas distintas, independentemente do objeto social das empresas envolvidas, mantida a responsabilidade subsidiária da empresa contratante'. 3. No caso, não há no acórdão regional qualquer registro concernente à existência de pessoalidade e/ou subordinação direta ao tomador dos serviços, sendo certo que a mera subordinação estrutural não é suficiente a atrair o vínculo empregatício entre o trabalhador e a empresa tomadora, não havendo como reputar ilícita a terceirização empreendida" (TST, 1ª T., RR-714-33.2014.5.12.0026, Rel. Min. Hugo Carlos Scheuermann, *DEJT* 04.08.2021).

[12] Cf. MANUS, Pedro Paulo Teixeira. A subordinação jurídica e o vínculo de emprego. *Consultor Jurídico*, 3 de dezembro de 2021. Disponível em: <https://www.conjur.com.br/2021-dez-03/reflexoes-trabalhistas-subordinacao-juridica-vinculo-emprego>.

8.5.5 Onerosidade

A *onerosidade* significa que os serviços prestados têm como contraprestação o recebimento da remuneração, não se tratando, assim, de trabalho gratuito. O empregado trabalha com o fim de receber salário, sendo este seu objetivo ao firmar o pacto laboral.

Isso significa a existência do chamado *animus contrahendi*, no sentido de intenção de formar o pacto laboral, com o intuito do empregado, ao contratar, de receber a contraprestação pela prestação de seu serviço, ou seja, a remuneração, para que se possa falar em relação de emprego.

Ainda quanto ao tema, cabe fazer referência ao seguinte julgado:

"Pastor evangélico. Relação de emprego. Não configuração. Reexame de prova vedado pela Súmula n. 126 do TST. O vínculo que une o pastor à sua igreja é de natureza religiosa e vocacional, relacionado à resposta a uma chamada interior e não ao intuito de percepção de remuneração terrena. A subordinação existente é de índole eclesiástica, e não empregatícia, e a retribuição percebida diz respeito exclusivamente ao necessário para a manutenção do religioso. Apenas no caso de desvirtuamento da própria instituição religiosa, buscando lucrar com a palavra de Deus, é que se poderia enquadrar a igreja evangélica como empresa e o pastor como empregado. No entanto, somente mediante o reexame da prova poder-se-ia concluir nesse sentido, o que não se admite em recurso de revista, a teor da Súmula n. 126 do TST, pois as premissas fáticas assentadas pelo TRT foram de que o Reclamante ingressou na Reclamada apenas visando a 'ganhar almas para Deus' e não se discutiu a natureza espiritual ou mercantil da Reclamada" (TST, 4ª T., AIRR 365200-63.2002.5.05.0900, Rel. Min. Ives Gandra Martins Filho, *DJ* 09.05.2003).

A onerosidade pode estar presente mesmo que a remuneração, em si, não tenha sido quitada, encontrando-se o empregador inadimplente com esta obrigação.

8.6 Características

Adotando-se as diversas classificações dos contratos, pode-se dizer que o contrato de trabalho é:

Contrato bilateral, pois envolve obrigações de ambas as partes, caracterizando-se por ser sinalagmático, tendo em vista a reciprocidade no conjunto das prestações.

Contrato consensual, uma vez que se aperfeiçoa com o consenso na manifestação de vontade, expressa ou tácita (art. 443 da CLT), não exigindo a entrega de coisa (como ocorre nos contratos reais), nem qualquer formalidade ou solenidade.

Contrato comutativo, pois no contrato de trabalho as prestações são equivalentes, o que é conhecido desde o início da avença.

Contrato oneroso, tendo em vista que o empregado presta serviços e tem o direito de receber, como contraprestação, a remuneração, não se tratando de contrato gratuito.

Contrato de trato sucessivo, pois a relação jurídica apresenta duração, ou seja, continuidade no tempo, não se tratando de contrato instantâneo.

Contrato de atividade, porquanto o seu objeto imediato é a prestação de serviços pelo empregado.

8.7 Elementos do contrato de trabalho

Aplicando-se a teoria dos negócios jurídicos[13], pode-se visualizar o contrato de trabalho nos três diferentes planos, de existência, validade (art. 104 do Código Civil de 2002) e eficácia.

---

[13] Cf. BITTAR, Carlos Alberto. *Curso de direito civil*. Rio de Janeiro: Forense Universitária, 1994. v. 1, p. 166: "cumpre distinguir-se o negócio jurídico nos três planos básicos em que se apresenta, o da existência, o da validade e o da eficácia".

8.7.1 Existência

Para a *existência* do contrato de trabalho, exige-se a presença dos seguintes elementos essenciais: manifestação de vontade (consenso), partes (empregado e empregador), objeto (prestação de serviço subordinado) e uma forma.

8.7.2 Validade

A *validade* do contrato de trabalho depende da presença dos seguintes requisitos, que qualificam os elementos essenciais:

a) Manifestação de vontade de forma hígida, por meio de declaração bilateral de vontade, significando o consenso, que pode ser expresso ou tácito.

b) Partes (agentes) capazes e legítimas, no caso, quanto ao empregado e ao empregador.

De acordo com o art. 7º, inciso XXXIII, da Constituição Federal de 1988, é proibido o trabalho noturno, perigoso ou insalubre a menores de 18 e qualquer trabalho a menores de 16 anos, salvo na condição de aprendiz, a partir dos 14 anos.

Nesse tema, discute-se a respeito dos reflexos da emancipação do incapaz, na esfera civil, quanto ao âmbito trabalhista.

De acordo com o art. 5º do Código Civil de 2002, a menoridade cessa aos 18 anos completos, "quando a pessoa fica habilitada à prática de todos os atos da vida civil".

O parágrafo único do art. 5º do mesmo diploma legal civil, por sua vez, dispõe que cessará, para os menores, a incapacidade: pela concessão dos pais, ou de um deles na falta do outro, mediante instrumento público, independentemente de homologação judicial, ou por sentença do juiz, ouvido o tutor, se o menor tiver 16 anos completos; pelo casamento; pelo exercício de emprego público efetivo; pela colação de grau em curso de ensino superior; pelo estabelecimento civil ou comercial, ou pela existência de relação de emprego, desde que, em função deles, o menor com 16 anos completos tenha economia própria.

O entendimento aqui defendido é no sentido de que a capacidade para fins trabalhistas não se confunde com a capacidade civil em sentido mais estrito. Desse modo, mesmo ocorrendo a emancipação na esfera civil, se ainda não alcançada a maioridade trabalhista, a pessoa continua sendo considerada menor no que se refere à relação de emprego.

Efetivamente, assim como a maioridade penal não é alcançada com a simples emancipação civil, o mesmo ocorre no âmbito do Direito do Trabalho, o qual é autônomo da esfera do Direito Civil. Se assim não fosse, de acordo com o art. 5º, parágrafo único, inciso V, do Código Civil em vigor, bastaria a mera existência da relação de emprego com o menor com 16 anos, de modo que este passasse a ter economia própria, que não mais se verificaria a menoridade para fins trabalhistas, o que não parece ser razoável.

Desse modo, defende-se que a maioridade trabalhista é regida por disposições próprias, as quais são independentes da previsão civil. Logo, mesmo tendo cessado a incapacidade na esfera civil, em se tratando de trabalhador menor de 18 anos, este deve permanecer sendo considerado menor para efeitos do Direito do Trabalho e de suas disposições normativas.

Entretanto, cabe registrar a existência de entendimento diverso, não majoritário, no sentido de que a emancipação civil gera reflexos na própria relação de trabalho. Mesmo assim, de todo modo, essa repercussão não tem como afastar a incidência das normas de proteção ao trabalho do menor, como aquelas que vedam o trabalho insalubre, perigoso e penoso aos menores de 18 anos (art. 7º, inciso XXXIII, CF/1988), uma vez que a emancipação civil não tem como afastar o fundamento das referidas disposições, as quais levam em conta a condição do menor, como pessoa em desenvolvimento. Desse modo, no entendimento em questão (aqui não adotado, como acima explicitado), a referida emancipação apenas afastaria a incidência de disposições como a do art. 439 da CLT, ao estabelecer que, na rescisão do contrato de trabalho, é vedado ao menor de 18 anos dar, sem assistência dos seus responsáveis legais, quitação ao empregador pelo recebimento da indenização que lhe for devida.

Registre-se que a Lei 12.009, de 29 de julho de 2009 (*DOU* de 30.07.2009), regulamenta o exercício das atividades dos profissionais em transportes de passageiros ("mototaxista"), em entrega de mercadorias e em serviço comunitário de rua com o uso de motocicleta ("motoboy"), dispõe sobre regras de segurança dos serviços de transporte remunerado de mercadorias em motocicletas e motonetas (moto-frete), estabelece regras gerais para a regulação deste serviço e dá outras providências (art. 1º). De acordo com o art. 2º do referido diploma legal, para o exercício das atividades mencionadas, é necessário: "ter completado 21 (vinte e um) anos; possuir habilitação, por pelo menos 2 (dois) anos, na categoria; ser aprovado em curso especializado, nos termos da regulamentação do Contran; estar vestido com colete de segurança dotado de dispositivos retrorrefletivos, nos termos da regulamentação do Contran"[14].

Logo, no caso específico, tendo em vista as peculiaridades dessa função, exige-se que o profissional tenha completado a idade mínima de 21 anos. Efetivamente, são atividades específicas dos referidos profissionais: "transporte de mercadorias de volume compatível com a capacidade do veículo; transporte de passageiros" (art. 3º, I e II).

Na hipótese em questão, entende-se que essa exigência de idade de 21 anos ou mais, ainda que superior à prevista na Constituição Federal (art. 7º, inciso XXXIII), é válida, pois a norma constitucional apenas estabelece a idade mínima de forma geral, podendo a lei, de acordo com as especificidades de determinadas atividades, e de forma razoável, estabelecer um patamar superior.

Ainda sobre o tema, conforme o art. 7º, as seguintes condutas são consideradas infrações à Lei 12.009/2009: "I – empregar ou manter contrato de prestação continuada de serviço com condutor de moto-frete inabilitado legalmente; II – fornecer ou admitir o uso de motocicleta ou motoneta para o transporte remunerado de mercadorias, que esteja em desconformidade com as exigências legais". Responde pelas infrações destacadas o empregador ou aquele que contrata serviço continuado de moto-frete, sujeitando-se à sanção relativa à segurança do trabalho prevista no art. 201 da CLT.

Ainda tratando dos requisitos (que qualificam os elementos essenciais) de validade do contrato de trabalho:

c) Objeto lícito e hígido (possível, determinado ou determinável), quanto ao trabalho prestado.

d) Forma prescrita ou não defesa em lei, sabendo-se que, no contrato de trabalho, em regra, não se exige forma especial, podendo ser acordado de forma tácita ou expressa, verbalmente ou por escrito (art. 443 da CLT).

Há disposições específicas, prevendo a necessidade de ser o contrato de trabalho firmado por escrito, como ocorre com o contrato de aprendizagem (art. 428 da CLT), o contrato de trabalho temporário (Lei 6.019/1974, art. 11), o contrato de atleta profissional de futebol (Lei 9.615/1998, art. 28), o contrato de artista (Lei 6.533/1978, art. 9º). Mesmo nesses casos, eventual ausência da forma escrita apenas pode fazer com que o pacto permaneça como um contrato de trabalho comum.

Ainda sobre a forma prescrita em lei, cabe destacar a existência de certos diplomas legais que exigem requisitos formais próprios, como o registro do profissional em determinados órgãos, para a validade de certos contratos de trabalho especiais. Isto ocorre com o jornalista[15], uma vez que o

---

[14] De acordo com o art. 8º da Lei 12.009/2009: "Os condutores que atuam na prestação do serviço de moto-frete, assim como os veículos empregados nessa atividade, deverão estar adequados às exigências previstas nesta Lei no prazo de até 365 (trezentos e sessenta e cinco) dias, contado da regulamentação pelo Contran dos dispositivos previstos no art. 139-A da Lei n. 9.503, de 23 de setembro de 1997, e no art. 2º desta Lei".

[15] Cf. Decreto-lei 972, de 17 de outubro de 1969:
"Art. 2º A profissão de jornalista compreende, privativamente, o exercício habitual e remunerado de qualquer das

Decreto-lei 972/1969, no art. 4º, faz a exigência do prévio registro no órgão competente do Ministério do Trabalho.

Entende-se que entende não ter sido recepcionada a referida previsão pela Constituição Federal de 1988, a qual assegura a liberdade de trabalho, ofício ou profissão (art. 5º, inciso XIII), não se justificando a imposição de exigências formais que restrinjam o exercício da referida profissão, em prejuízo da própria sociedade[16].

No Tribunal Superior do Trabalho, anteriormente, prevalecia o entendimento de que a referida exigência legal encontrava-se em vigor, devendo ser observada a forma prescrita em lei para o reconhecimento do contrato de trabalho como jornalista. Tanto é assim que o mencionado art. 5º, inciso XIII, da Constituição Federal de 1988, ao assegurar a liberdade de trabalho, ofício ou profissão, faz expressa remissão ao atendimento das qualificações profissionais que a lei estabelecer. Nesse sentido pode ser destacada a seguinte ementa:

"Agravo de instrumento. Jornalista. Regulamentação da profissão.

O Decreto-lei 972/1969 foi recepcionado pela nova ordem constitucional, instituída pela Constituição Federal de 1988, eis que o artigo 5º, XIII, garante o livre exercício de trabalho, ofício ou profissão, desde que atendidas as qualificações profissionais que a lei estabelecer, no caso dos autos, o Decreto-lei 972/1969, que prevê nível superior para o exercício da profissão de jornalista. Agravo de instrumento não provido" (TST, 4ª T., AIRR 759.376/2001.4, Rel. Juíza Convocada Maria Doralice Novaes, DJ 12.05.2006).

Cabe alertar sobre a existência de controvérsia quanto à exigência de apresentação do diploma do curso superior em jornalismo para se obter o mencionado registro de jornalista no Ministério do Trabalho[17]. No entanto, mesmo entendendo-se desnecessário o referido diploma para a obtenção do registro, este (ou seja, o registro em si), como já destacado, era exigido para o reconhecimento do contrato de trabalho como jornalista.

---

seguintes atividades:
a) redação, condensação, titulação, interpretação, correção ou coordenação de matéria a ser divulgada, contenha ou não comentário;
b) comentário ou crônica, pelo rádio ou pela televisão;
c) entrevista, inquérito ou reportagem, escrita ou falada;
d) planejamento, organização, direção e eventual execução de serviços técnicos de jornalismo, como os de arquivo, ilustração ou distribuição gráfica de matéria a ser divulgada;
e) planejamento, organização e administração técnica dos serviços de que trata a alínea *a*;
f) ensino de técnicas de jornalismo;
g) coleta de notícias ou informações e seu preparo para divulgação;
h) revisão de originais de matéria jornalística, com vistas à correção redacional e a adequação da linguagem;
i) organização e conservação de arquivo jornalístico, e pesquisa dos respectivos dados para a elaboração de notícias;
j) execução da distribuição gráfica de texto, fotografia ou ilustração de caráter jornalístico, para fins de divulgação;
l) execução de desenhos artísticos ou técnicos de caráter jornalístico. Art. 3º Considera-se empresa jornalística, para os efeitos deste Decreto-lei, aquela que tenha como atividade a edição de jornal ou revista, ou a distribuição de noticiário, com funcionamento efetivo, idoneidade financeira e registro legal. § 1º Equipara-se a empresa jornalística a seção ou serviço de empresa de radiodifusão, televisão ou divulgação cinematográfica, ou de agência de publicidade, onde sejam exercidas as atividades previstas no artigo 2º. § 2º O órgão da administração pública direta ou autárquica que mantiver jornalista sob vínculo de direito público prestará, para fins de registro, a declaração de exercício profissional ou de cumprimento de estágio".

[16] Cf. BARROS, Alice Monteiro de. *Contratos e regulamentações especiais de trabalho*. 2. ed. São Paulo: LTr, 2002. p. 224.
[17] Cf. "Ação cautelar. 2. Efeito suspensivo a recurso extraordinário. Decisão monocrática concessiva. *Referendum* da Turma. 3. Exigência de diploma de curso superior em Jornalismo para o exercício da profissão de jornalista. 4. Liberdade de profissão e liberdade de informação. Arts. 5º, XIII, e 220, *caput* e § 1º, da Constituição Federal. 5. Configuração da plausibilidade jurídica do pedido (*fumus boni iuris*) e da urgência da pretensão cautelar (*periculum in mora*). 6. Cautelar, em questão de ordem, referendada" (STF, 2ª T. AC-MC-QO 1.406-9/SP, Rel. Min. Gilmar Mendes, DJ 19.12.2006).

O Supremo Tribunal Federal, no Recurso Extraordinário 511.961 (j. 17-062009), declarou a não recepção do art. 4º, inciso V, do Decreto-lei 972/1969, pela Constituição Federal de 1988, tendo entendido, assim, que não há como se exigir o diploma de curso superior de jornalismo, como condição para o exercício da profissão de jornalista. Tendo em vista a relevância da matéria, transcreve-se a respectiva ementa:

"Jornalismo. Exigência de diploma de curso superior, registrado pelo Ministério da Educação, para o exercício da profissão de jornalista. Liberdades de profissão, de expressão e de informação. Constituição de 1988 (art. 5º, IX e XIII, e art. 220, *caput* e § 1º). Não recepção do art. 4º, inciso V, do Decreto-lei n. 972, de 1969. 1. Recursos extraordinários. Art. 102, III, *a*, da Constituição. Requisitos processuais intrínsecos e extrínsecos de admissibilidade. Os recursos extraordinários foram tempestivamente interpostos e a matéria constitucional que deles é objeto foi amplamente debatida nas instâncias inferiores. Recebidos nesta Corte antes do marco temporal de 3 de maio de 2007 (AI-QO n. 664.567/RS, Rel. Min. Sepúlveda Pertence), os recursos extraordinários não se submetem ao regime da repercussão geral. 2. Legitimidade ativa do Ministério Público para propositura da ação civil pública. O Supremo Tribunal Federal possui sólida jurisprudência sobre o cabimento da ação civil pública para proteção de interesses difusos e coletivos e a respectiva legitimação do Ministério Público para utilizá-la, nos termos dos arts. 127, *caput*, e 129, III, da Constituição Federal. No caso, a ação civil pública foi proposta pelo Ministério Público com o objetivo de proteger não apenas os interesses individuais homogêneos dos profissionais do jornalismo que atuam sem diploma, mas também os direitos fundamentais de toda a sociedade (interesses difusos) à plena liberdade de expressão e de informação. 3. Cabimento da ação civil pública. A não recepção do Decreto-lei n. 972/1969 pela Constituição de 1988 constitui a causa de pedir da ação civil pública e não o seu pedido principal, o que está plenamente de acordo com a jurisprudência desta Corte. A controvérsia constitucional, portanto, constitui apenas questão prejudicial indispensável à solução do litígio, e não seu pedido único e principal. Admissibilidade da utilização da ação civil pública como instrumento de fiscalização incidental de constitucionalidade. Precedentes do STF. 4. Âmbito de proteção da liberdade de exercício profissional (art. 5º, inciso XIII, da Constituição). Identificação das restrições e conformações legais constitucionalmente permitidas. Reserva legal qualificada. Proporcionalidade. A Constituição de 1988, ao assegurar a liberdade profissional (art. 5º, XIII), segue um modelo de reserva legal qualificada presente nas Constituições anteriores, as quais prescreviam à lei a definição das 'condições de capacidade' como condicionantes para o exercício profissional. No âmbito do modelo de reserva legal qualificada presente na formulação do art. 5º, XIII, da Constituição de 1988, paira uma imanente questão constitucional quanto à razoabilidade e proporcionalidade das leis restritivas, especificamente, das leis que disciplinam as qualificações profissionais como condicionantes do livre exercício das profissões. Jurisprudência do Supremo Tribunal Federal: Representação n. 930, Redator p/ o acórdão Ministro Rodrigues Alckmin, *DJ* 2.9.1977. A reserva legal estabelecida pelo art. 5º, XIII, não confere ao legislador o poder de restringir o exercício da liberdade profissional a ponto de atingir o seu próprio núcleo essencial. 5. Jornalismo e liberdades de expressão e de informação. Interpretação do art. 5º, inciso XIII, em conjunto com os preceitos do art. 5º, incisos IV, IX, XIV, e do art. 220 da Constituição. O jornalismo é uma profissão diferenciada por sua estreita vinculação ao pleno exercício das liberdades de expressão e de informação. O jornalismo é a própria manifestação e difusão do pensamento e da informação de forma contínua, profissional e remunerada. Os jornalistas são aquelas pessoas que se dedicam profissionalmente ao exercício pleno da liberdade de expressão. O jornalismo e a liberdade de expressão, portanto, são atividades que estão imbricadas por sua própria natureza e não podem ser pensadas e tratadas de forma separada. Isso implica, logicamente, que a interpretação do art. 5º, inciso XIII, da Constituição, na hipótese da profissão de jornalista, se faça, impreterivelmente, em conjunto com os preceitos do art. 5º, incisos IV, IX, XIV, e do art. 220 da Constituição, que asseguram as liberdades de expressão, de informação e de comunicação em geral. 6. Diploma de curso superior como exigência para o exercício da profissão de jornalista. Restrição inconstitucional às liberdades de expressão e de informação. As liberdades de expressão e de informação e, especificamente, a liberdade de imprensa, somente podem ser restringidas pela lei em hipóteses excepcionais, sempre em razão da proteção de outros valores e interesses constitucionais igualmente relevantes, como os direitos à honra, à imagem, à privacidade e à personalidade em geral. Precedente do STF: ADPF n. 130, Rel. Min. Carlos Britto. A ordem constitucional apenas admite a definição legal das qualificações profissionais na hipótese em que sejam elas estabelecidas para proteger, efetivar e reforçar o exercício profissional das liberdades de expressão e de informação por parte dos jornalistas. Fora desse quadro, há patente inconstitucionalidade da lei. A exigência de diploma de curso superior para a prática do jornalismo – o qual, em sua essência, é o desenvolvimento profissional das liberdades de expressão e de informação – não está autorizada pela ordem constitucional, pois constitui uma restrição, um impedimento, uma verdadeira supressão do pleno, incondicionado e efetivo exercício da liberdade jornalística, expressamente proibido pelo art. 220, § 1º, da Constituição. 7. Profissão de jornalista. Acesso e exercício. Controle estatal vedado pela Ordem Constitucional. Proibição constitucional quanto à criação de ordens ou conselhos de fiscalização profissional. No campo da profissão de jornalista, não há espaço para a regulação estatal quanto às qualificações profissionais. O art. 5º, incisos IV, IX, XIV, e o art. 220, não autorizam o controle, por parte do Estado, quanto ao acesso e exercício da profissão de jornalista. Qualquer tipo de controle desse tipo, que interfira na liberdade profissional no momento do próprio acesso à atividade jornalística, configura, ao fim e ao cabo, controle prévio que, em verdade, caracteriza censura prévia das liberdades de expressão e de informação, expressamente vedada pelo art. 5º, inciso IX, da Constituição. A impossibilidade do estabelecimento de controles estatais sobre a profissão jornalística leva à conclusão de que não pode o Estado criar uma ordem ou um conselho profissional (autarquia) para a fiscalização desse tipo de profissão. O exercício do poder de polícia do Estado é vedado nesse campo em que imperam as liberdades de expressão e de informação. Jurisprudência do STF: Representação n. 930, Redator p/ o acórdão Ministro Rodrigues Alckmin, *DJ* 2.9.1977. 8. Jurisprudência da Corte Interamericana de Direitos Humanos. Posição da Organização dos Estados Americanos – OEA. A Corte Interamericana de Direitos Humanos proferiu decisão no dia 13 de novembro de 1985, declarando que a obrigatoriedade do diploma universitário e da inscrição em ordem profissional para o exercício da profissão de jornalista viola o art. 13 da Convenção Americana de Direitos Humanos, que protege a liberdade de expressão em sentido amplo (caso 'La colegiación obligatoria de periodistas' – Opinião Consultiva OC-5/85, de 13 de novembro de 1985). Também a Organização dos Estados Americanos – OEA, por meio da Comissão Interamericana de Direitos Humanos, entende que a exigência de diploma universitário em jornalismo, como condição obrigatória para o exercício dessa profissão, viola o direito à liberdade de expressão (Informe Anual da Comissão Interamericana de Direitos Humanos, de 25 de fevereiro de 2009). Recursos extraordinários conhecidos e providos" (STF, Pleno, RE 511.961/SP, Rel. Min. Gilmar Mendes, *DJe* 13.11.2009).

Atualmente, prevalece o entendimento de que não se exige o registro no Ministério do Trabalho para o reconhecimento da função de jornalista, incidindo o princípio da primazia da realidade sobre a forma. Nesse sentido, cabe fazer referência à seguinte decisão:

"Agravo de instrumento. Recurso de revista interposto sob a égide da Lei n. 13.015/2014. Descabimento. Jornalista. Registro no Ministério do Trabalho. Desnecessidade. O Supremo Tribunal Federal, em sua composição plena, decidiu, no julgamento do RE-511961/SP, que o registro no órgão competente, como condição ao acesso à profissão de jornalista, não se coaduna com as disposições previstas nos arts. 5º, IV, IX, XIV, e 220 da Constituição Federal. Agravo de instrumento conhecido e desprovido" (TST, 3ª T., AIRR 419-98.2014.5.10.0010, Rel. Min. Alberto Luiz Bresciani de Fontan Pereira, *DEJT* 19.12-2016).

No caso do radialista[18], o art. 6º da Lei 6.615/1978 também estabelece a necessidade do prévio registro na Delegacia Regional do Trabalho. Em razão disso, cabe fazer menção ao entendimento que exigia essa forma prescrita em lei para o reconhecimento do contrato de trabalho como radialista, o que pode ser confirmado pela seguinte decisão:

"Recurso de revista. Radialista. Enquadramento. Necessidade de registro na DRT.

O enquadramento de empregado na categoria dos radialistas depende do respectivo registro na Delegacia Regional do Trabalho, a teor do art. 6º da Lei 6.615/1978, exigência que não sucumbe ante o princípio da primazia da realidade, uma vez que os requisitos para o exercício dessa atividade são estabelecidos por legislação específica" (TST, 5ª T., RR 668/2002-403-04-00.7, Rel. Min. João Batista Brito Pereira, *DJ* 23.03.2007).

Entretanto, na atualidade, prevalece o entendimento de que a função de radialista não depende do mencionado registro para ser reconhecida, devendo prevalecer o princípio da primazia da realidade sobre a forma. Nesse sentido, destaca-se o seguinte julgado:

"Recurso de embargos em recurso de revista. Interposição sob a égide da Lei 13.015/14. Radialista. Categoria profissional especial. Registro na Delegacia Regional do Trabalho (DRT). Desnecessidade. No tema, a jurisprudência do TST evoluiu no sentido da desnecessidade de registro do radialista na DRT para reconhecê-lo como integrante da categoria de radialista e, assim, fazer jus aos direitos inerentes, no caso, horas extras pleiteadas. O acórdão ora embargado decidiu nesse sentido, de maneira que não logra provimento o presente recurso de embargos. Precedentes da C. SbDI-1 e de Turmas do TST. Recurso de embargos conhecido, por divergência jurisprudencial, e não provido" (TST, SBDI-I, E-ED-RR 526-76.2012.5.09.0872, Rel. Min. Hugo Carlos Scheuermann, *DEJT* 01.09.2017).

---

[18] Cf. Lei 6.615, de 16 de dezembro de 1978:
"Art. 2º Considera-se radialista o empregado de empresa de radiodifusão que exerça uma das funções em que se desdobram as atividades mencionadas no art. 4º.
Art. 3º Considera-se empresa de radiodifusão, para os efeitos desta Lei, aquela que explora serviços de transmissão de programas e mensagens, destinada a ser recebida livre e gratuitamente pelo público em geral, compreendendo a radiodifusão sonora (rádio) e radiodifusão de sons e imagens (televisão).
Parágrafo único. Considera-se, igualmente, para os efeitos desta lei, empresa de radiodifusão:
a) a que explore serviço de música funcional ou ambiental e outras que executem, por quaisquer processos, transmissões de rádio ou de televisão;
b) a que se dedique, exclusivamente, à produção de programas para empresas de radiodifusão;
c) a entidade que execute serviços de repetição ou de retransmissão de radiodifusão;
d) a entidade privada e a fundação mantenedora que executem serviços de radiodifusão, inclusive em circuito fechado de qualquer natureza;
e) as empresas ou agências de qualquer natureza destinadas, em sua finalidade, a produção de programas, filmes e dublagens, comerciais ou não, para serem divulgados através das empresas de radiodifusão.
Art. 4º A profissão de Radialista compreende as seguintes atividades:
I – Administração;
II – Produção;
III – Técnica.
§ 1º As atividades de administração compreendem somente as especializadas, peculiares às empresas de radiodifusão.
§ 2º As atividades de produção se subdividem nos seguintes setores: a) autoria; b) direção; c) produção; d) interpretação; e) dublagem; f) locução; g) caracterização; h) cenografia.
§ 3º As atividades técnicas se subdividem nos seguintes setores:
a) direção; b) tratamento e registros sonoros; c) tratamento e registros visuais; d) montagem e arquivamento; e) transmissão de sons e imagens; f) revelação e copiagem de filmes; g) artes plásticas e animação de desenhos e objetos; h) manutenção técnica.
§ 4º As denominações e descrições das funções em que se desdobram as atividades e os setores mencionados nos parágrafos anteriores constarão do regulamento.
Art. 5º Não se incluem no disposto nesta Lei os atores e figurantes que prestam serviços a empresas de radiodifusão".

Quanto à atividade de músico, tendo em vista a garantia constitucional de livre expressão da atividade artística (art. 5º, inciso IX, da Constituição Federal de 1988), o Supremo Tribunal Federal fixou a seguinte tese de repercussão geral: "É incompatível com a Constituição a exigência de inscrição na Ordem dos Músicos do Brasil, bem como de pagamento de anuidade, para o exercício da profissão" (STF, Pleno, RG-RE 795.467/SP, Rel. Min. Teori Zavascki, *DJe* 24.06.2014). Cf. ainda STF, Pleno, ADPF 183/DF, Rel. Min. Alexandre de Moraes, *DJe* 18.11.2019[19].

Cabe registrar que parte da doutrina faz menção à *causa* do negócio jurídico, entendida como o fim típico da modalidade negocial, ou a função econômico-social do negócio jurídico (concepção objetiva). Não se confunde com o motivo, situado no plano subjetivo, como intuito pessoal ou razão íntima, que leva as partes a celebrarem o negócio jurídico, e varia conforme cada situação[20]. Assim, no contrato de trabalho, pode-se dizer que a causa é o trabalho prestado e o recebimento da remuneração.

Esclareça-se que o falso motivo só vicia a declaração de vontade quando expresso como razão determinante (art. 140 do Código Civil de 2002).

É nulo o negócio jurídico quando o motivo determinante, comum a ambas as partes, for ilícito (art. 166, inciso III, do Código Civil de 2002). Por exemplo, se o motivo (intuito subjetivo) comum a ambas as partes que determinou a celebração do contrato de trabalho foi a prática de crime, em razão da sua ilicitude, há nulidade do negócio jurídico.

8.7.2.1 *Contrato de trabalho com o índio*

Discute-se quanto à possibilidade de o índio firmar contrato de trabalho, principalmente quanto à questão da sua plena capacidade de exercício[21].

No Código Civil de 1916, embora os silvícolas estivessem arrolados como relativamente incapazes (art. 6º, inciso III), o parágrafo único do art. 6º (com redação determinada pela Lei 4.121/1962) previa, mais especificamente, que: "os silvícolas ficarão sujeitos ao regime tutelar, estabelecido em leis e regulamentos especiais, o qual cessará à medida que forem adaptando à civilização".

Com o Código Civil de 2002, o art. 4º, parágrafo único, passou a prever que: "A capacidade dos indígenas será regulada por legislação especial".

Tendo em vista essa remissão à legislação especial, cabe destacar a Lei 6.001, de 19 de dezembro de 1973, dispondo sobre o Estatuto do Índio. O seu art. 8º prevê que: "São nulos os atos praticados entre o índio não integrado e qualquer pessoa estranha à comunidade indígena quando não te-

---

[19] "Constitucional. Lei federal 3.857/1960. Institui a Ordem dos Músicos do Brasil conferindo poder de polícia sobre a profissão de músico. Liberdades de profissão e manifestação artística (arts. 5º, IX e XIII, da CF). Incompatibilidade. Impossibilidade de intervenção estatal nesse tipo de atividade. 1. O art. 5º, XIII, parte final, da CF admite a limitação do exercício dos trabalhos, ofícios ou profissões, desde que materialmente compatível com os demais preceitos do texto constitucional, em especial o valor social do trabalho (arts. 1º, IV; 6º, *caput* e inciso XXXII; 170, *caput* e inciso VIII; 186, III, 191 e 193 da CF) e a liberdade de manifestação artística (art. 5º, IX, da CF). 2. As limitações ao livre exercício das profissões serão legítimas apenas quando o inadequado exercício de determinada atividade possa vir a causar danos a terceiros e desde que obedeçam a critérios de adequação e razoabilidade, o que não ocorre em relação ao exercício da profissão de músico, ausente qualquer interesse público na sua restrição. 3. A existência de um conselho profissional com competências para selecionar, disciplinar e fiscalizar o exercício da profissão de músico (art. 1º), para proceder a registros profissionais obrigatórios, para expedir carteiras profissionais obrigatórias (arts. 16 e 17) e para exercer poder de polícia, aplicando penalidades pelo exercício ilegal da profissão (arts. 18, 19, 54 e 55), afronta as garantias da liberdade de profissão e de expressão artística. 4. Arguição de Descumprimento de Preceito Fundamental julgada procedente (STF, Pleno, ADPF 183/DF, Rel. Min. Alexandre de Moraes, *DJe* 18.11.2019).

[20] Cf. GOMES, Orlando. *Introdução ao direito civil*. 19. ed. rev., atual. e aum. por Edvaldo Brito e Reginalda Paranhos de Brito. Rio de Janeiro: Forense, 2007. p. 307-308, 339.

[21] De acordo com o art. 3º da Lei 6.001/1973: "I – Índio ou Silvícola: É todo indivíduo de origem e ascendência pré-colombiana que se identifica e é identificado como pertencente a um grupo étnico cujas características culturais o distinguem da sociedade nacional; II – Comunidade Indígena ou Grupo Tribal: É um conjunto de famílias ou comunidades índias, quer vivendo em estado de completo isolamento em relação aos outros setores da comunhão nacional, quer em contatos intermitentes ou permanentes, sem contudo estarem neles integrados".

nha havido assistência do órgão tutelar competente". No entanto, tal regra não se aplica "no caso em que o índio revele consciência e conhecimento do ato praticado, desde que não lhe seja prejudicial, e da extensão dos seus efeitos".

Pode-se entender que o índio já integrado à sociedade deve ser considerado plenamente capaz. Já o índio ainda não integrado à comunidade, sem discernimento para os atos praticados em sociedade, fica sujeito ao regime tutelar estabelecido na Lei 6.001/1973, sendo de incumbência da União essa tutela, que a exerce por meio do competente órgão federal de assistência aos silvícolas (art. 7º, § 2º). A Fundação Nacional do Índio (Funai), instituída pela Lei 5.371/1967, exerce os poderes de representação ou assistência jurídica inerentes ao regime tutelar do índio (art. 1º, parágrafo único).

Como se nota, na vigência do Código Civil de 1916, o índio não integrado à sociedade era considerado relativamente incapaz. Com o Código Civil de 2002, tendo em vista a remissão à legislação especial, esta prevê um sistema especial diferenciado, estabelecendo a "nulidade" do ato praticado (o que seria típico de incapacidade absoluta), quando ausente a "assistência" (a qual se aplica à incapacidade relativa) da Funai.

O art. 15 da Lei 6.001/1973 prevê ser "nulo" o contrato de trabalho ou de locação de serviços realizados com os *índios isolados*, ou seja, quando vivem em grupos desconhecidos ou de que se possuem poucos e vagos informes, por meio de contatos eventuais com elementos da comunhão nacional (art. 4º, inciso I).

Mesmo assim, entende-se que a referida nulidade não pode prejudicar aquele a quem a norma jurídica está tutelando, no caso, o índio isolado, não integrado à sociedade. Por isso, a mencionada nulidade apenas deve operar efeitos *ex nunc*, gerando a aplicabilidade de sanção ao infrator da regra jurídica em questão, mas assegurando todos os direitos trabalhistas àquele que prestou serviços com os requisitos da relação de emprego, até mesmo para evitar o enriquecimento ilícito. Assim, tem-se, no caso, o chamado trabalho proibido.

Os contratos de trabalho ou de locação de serviços realizados com indígenas em processo de integração, ou habitantes de parques ou colônias agrícolas, dependem de prévia aprovação do órgão de proteção ao índio (ou seja, a Funai), obedecendo, quando necessário, às normas próprias (art. 16 da Lei 6.001/1973). Os índios *em vias de integração* são assim considerados quando, em contato intermitente ou permanente com grupos estranhos, conservam menor ou maior parte das condições de sua vida nativa, mas aceitam algumas práticas e modos de existência comuns aos demais setores da comunhão nacional, das quais vão necessitando cada vez mais para o próprio sustento (art. 4º, inciso II).

Deve-se estimular a realização de contratos por equipe, ou a domicílio, sob a orientação do órgão competente, de modo a favorecer a continuidade da via comunitária (art. 16, § 1º). Em qualquer caso de prestação de serviços por indígenas não integrados, o órgão de proteção ao índio exercerá permanente fiscalização das condições de trabalho, denunciando os abusos e providenciando a aplicação das sanções cabíveis.

Na mesma linha do já explicitado, caso presente o vínculo de emprego com o índio em vias de integração, mas sem a prévia aprovação do órgão de proteção, o infrator deve sofrer a respectiva punição, mas os direitos trabalhistas devem ser reconhecidos de forma plena, sem prejudicar aquele que despendeu a sua força de trabalho e que é tutelado pela norma jurídica, pois vedado o enriquecimento sem causa, não se admitindo ao empregador alegar a própria torpeza.

Os índios são considerados *integrados* quando incorporados à comunhão nacional e reconhecidos no pleno exercício dos direitos civis, ainda que conservem usos, costumes e tradições característicos da sua cultura (art. 4º, inciso III, da Lei 6.001/1973).

Nesse último caso, tendo em vista a plena capacidade de exercício, o índio integrado encontra-se em condições de pactuar contrato de trabalho de forma válida.

Não se admite a discriminação entre trabalhadores indígenas e os demais trabalhadores, aplicando-se-lhes todos os direitos e garantias das leis trabalhistas e de previdência social. O que se permite é a adaptação de condições de trabalho aos usos e costumes da comunidade a que pertencer o índio (art. 14 da Lei 6.001/1973).

Por fim, cabe destacar o art. 232 da Constituição Federal de 1988, de acordo com o qual: "Os índios, suas comunidades e organizações são partes legítimas para ingressar em juízo em defesa de seus direitos e interesses, intervindo o Ministério Público em todos os atos do processo". Como se nota, ao índio foi assegurada a legitimidade no ajuizamento de ação. Mesmo assim, impõe-se a intervenção do Ministério Público do Trabalho nas ações trabalhistas em questão.

8.7.3 Eficácia

A *eficácia* do contrato refere-se à sua aptidão para produzir efeitos, ligando-se às cláusulas referentes à condição, termo e encargo.

No contrato de trabalho não se verifica possibilidade de incidência do encargo, ou seja, de ônus que deve ser cumprido pela parte que recebeu certo bem ou direito (arts. 136 e 137 do Código Civil de 2002).

A condição, mesmo não sendo tão frequente, pode ser observada no âmbito trabalhista.

Condição é a cláusula que, derivando exclusivamente da vontade das partes, subordina o efeito do negócio jurídico a evento futuro e incerto (art. 121 do CC/2002).

De acordo com o art. 122 do Código Civil, são lícitas as condições não contrárias à lei, à ordem pública ou aos bons costumes; são defesas as condições que privarem de todo efeito o negócio jurídico ou o sujeitarem ao puro arbítrio de uma das partes (condições puramente potestativas)[22].

A condição suspensiva subordina a eficácia do negócio jurídico enquanto esta não se verificar (art. 125 do CC/2002).

Na modalidade suspensiva, pode-se imaginar a pactuação de se firmar contrato (definitivo) de trabalho, se o empregador vencer determinada licitação.

Na condição resolutiva, o negócio jurídico produz efeitos enquanto ela não se verificar (art. 127 do CC/2002); sobrevindo a condição resolutiva, cessam os efeitos do negócio jurídico quanto aos eventos futuros (art. 128 do CC/2002).

Pode-se verificar condição resolutiva em contrato de trabalho pactuado, mas que pode cessar os seus efeitos caso o empregador venha a perder a autorização de funcionamento do estabelecimento, o que seria pactuado como motivo de extinção da relação de emprego. A justa causa também é vista como uma condição resolutiva, ainda que tácita, no contrato de trabalho.

O termo é o evento futuro e certo, podendo figurar no contrato de trabalho a prazo determinado (termo final).

O termo inicial (art. 131 do CC/2002), de incidência mais rara no âmbito trabalhista, poderia ser imaginado na hipótese de um pré-contrato de trabalho, que convencione firmar contrato definitivo em determinada data.

Cabe registrar a existência de posição segundo a qual o pré-contrato não se confunde com o contrato preliminar, pois aquele seria referente às meras negociações preliminares, podendo gerar apenas ressarcimento de danos[23].

No entanto, segue-se, aqui, o entendimento mais corrente, de que pré-contrato é justamente o contrato preliminar, configurando uma promessa de contratar[24], diferenciando-se da mera negociação preliminar (fase de tratativas).

---

[22] A respeito de caso em que, por se tratar de condição puramente potestativa, não é admitida a sua validade, cabe destacar a Orientação Jurisprudencial Transitória 71 da SBDI-I do TST: "Empresa Brasileira de Correios e Telégrafos – ECT. Plano de cargos e salários. Progressão horizontal por antiguidade. Necessidade de deliberação da diretoria para comprovar o efetivo cumprimento dos requisitos do PCCS. Condição puramente potestativa para a concessão da promoção. Invalidade. A deliberação da diretoria da Empresa Brasileira de Correios e Telégrafos – ECT, prevista no Plano de Carreira, Cargos e Salários como requisito necessário para a concessão de progressão por antiguidade, por se tratar de condição puramente potestativa, não constitui óbice ao deferimento da progressão horizontal por antiguidade aos empregados, quando preenchidas as demais condições dispostas no aludido plano".

[23] Cf. BARROS, Alice Monteiro de. *Curso de direito do trabalho*. 2. ed. São Paulo: LTr, 2006. p. 489.

[24] Cf. AZEVEDO, Álvaro Villaça. *Teoria geral dos contratos típicos e atípicos*. 2. ed. São Paulo: Atlas, 2004. p. 80.

Caso a obrigação avençada no contrato preliminar de trabalho não seja adimplida, a consequência é o direito à indenização por perdas e danos, com base nas regras da responsabilidade civil. Nesse sentido, de acordo com o art. 465 do Código Civil de 2002: "Se o estipulante não der execução ao contrato preliminar, poderá a outra parte considerá-lo desfeito, e pedir perdas e danos". Pode-se imaginar o exemplo do trabalhador que se demitiu de emprego anterior, tendo em vista o pré-contrato de trabalho firmado, mas que não foi cumprido pelo futuro empregador, o qual deixou injustificadamente de firmar o contrato de trabalho definitivo, gerando prejuízos (materiais e, eventualmente, morais) àquele trabalhador.

No caso narrado, cabe lembrar ser possível encontrar posição doutrinária mais arrojada, entendendo que o empregado teria, até mesmo, direito de que fosse firmado o contrato de trabalho definitivo, podendo postular judicialmente a respectiva tutela específica, com fundamento nos arts. 463 e 464 do Código Civil de 2002[25], bem como no art. 501 do CPC de 2015 e arts. 466-A e 466-B do CPC de 1973[26]. Mesmo assim, o entendimento mais tradicional, nessa hipótese, é de que o direito ficaria restrito às perdas e danos (de ordem material e moral), tendo em vista não ser possível impor a alguém o dever de firmar um contrato de trabalho, por implicar violação da "liberdade" de admissão para o trabalho, tendo em vista a natureza personalíssima da referida obrigação, em conformidade com a parte final do art. 464 do Código Civil de 2002.

Na realidade, pode-se entender que a situação merece análise de acordo com o caso concreto. Assim, havendo efetiva demonstração de ser realmente inviável a contratação definitiva do trabalhador (como no caso da empresa que não mais existe, ou mesmo que não chegou a se constituir), a obrigação específica deve ser convertida em indenização por perdas e danos. No entanto, não se revelando inviável, no caso concreto, a integração do trabalhador na empresa, deve-se dar em cumprimento ao pré-contrato avençado, firmando-se o contrato de trabalho definitivo.

A condição e o termo são entendidos como *elementos acidentais* do negócio jurídico, no caso, do contrato de trabalho, pois são elementos meramente circunstanciais e episódicos, mas que alteram certos efeitos do pacto quando nele previstos.

Diferentemente, os *elementos naturais* do negócio jurídico são aqueles que normalmente são verificados na estrutura do negócio jurídico, tendo-se como exemplo a jornada de trabalho no contrato de emprego[27].

Por fim, os *elementos essenciais* do negócio jurídico, também denominados por parte da doutrina como "elementos jurídico-formais"[28], são aqueles que compõem a sua estrutura, ou seja, são elementos inerentes ao contrato, tendo sido estudados nos tópicos pertinentes à existência e à validade do contrato de trabalho (itens 8.7.1 e 8.7.2).

8.7.4 Cláusula de não concorrência

A cláusula de não concorrência no contrato de trabalho é vista como uma condição especial no referido pacto. A sua inclusão é justificada pela necessidade de proteger a empresa da concorrência. Por outro lado, por representar certa restrição à liberdade de trabalho, certos limites devem ser observados, havendo mesmo aqueles que não admitem a sua validade nas relações de emprego.

---

[25] Cf. Código Civil de 2002:
"Art. 462. O contrato preliminar, exceto quanto à forma, deve conter todos os requisitos essenciais ao contrato a ser celebrado. Art. 463. Concluído o contrato preliminar, com observância do disposto no artigo antecedente, e desde que dele não conste cláusula de arrependimento, qualquer das partes terá o direito de exigir a celebração do definitivo, assinando prazo à outra para que o efetive. Parágrafo único. O contrato preliminar deverá ser levado ao registro competente. Art. 464. Esgotado o prazo, poderá o juiz, a pedido do interessado, suprir a vontade da parte inadimplente, conferindo caráter definitivo ao contrato preliminar, salvo se a isto se opuser a natureza da obrigação".

[26] Cf. GARCIA, Gustavo Filipe Barbosa. *Terceira fase da reforma do Código de Processo Civil*. São Paulo: Método, 2006. p. 43-44.

[27] Cf. DELGADO, Mauricio Godinho. *Curso de direito do trabalho*. 4. ed. São Paulo: LTr, 2005. p. 505-506.

[28] Cf. DELGADO, Mauricio Godinho. *Curso de direito do trabalho*. 4. ed. São Paulo: LTr, 2005. p. 498.

O entendimento majoritário é no sentido de admitir a cláusula de não concorrência no contrato de trabalho, podendo produzir efeitos mesmo após a sua cessação, desde que em situações excepcionais que a justifiquem. Essa é, ainda, a orientação no direito estrangeiro (v.g., na Itália, Espanha, Portugal e França), cuja aplicação subsidiária é autorizada pelo art. 8º da CLT[29].

Para que não ocorra violação do direito constitucional de liberdade de exercício de trabalho, ofício ou profissão (art. 5º, inciso XIII, da CF/1988), a cláusula de não concorrência, para ser válida mesmo após o término do contrato de emprego, deve sofrer limitações quanto ao seu tempo de duração e ao espaço territorial de incidência, referindo-se a certa modalidade específica de trabalho. Além disso, faz-se necessário assegurar ao trabalhador uma indenização justa e razoável, compensando o dever de observar a cláusula de não concorrência.

8.8 Nulidade no Direito do Trabalho: trabalho ilícito e trabalho proibido

A teoria das nulidades apresenta certas particularidades no Direito do Trabalho. Parte da doutrina faz menção ao efeito *ex nunc* da nulidade no âmbito trabalhista, para que não ocorra o enriquecimento sem causa do empregador.

Cabe destacar a diferença entre o trabalho proibido e o trabalho ilícito.

O trabalho proibido é aquele prestado em desacordo com normas de proteção trabalhista. É o caso do trabalho do menor de 16 anos (não sendo a hipótese de aprendizagem), do menor de 14 anos, ou do menor de 18 anos em horário noturno, em condições insalubres ou perigosas.

Nesses casos, embora o trabalho ocorra em afronta de norma trabalhista de ordem pública, todos os efeitos do contrato são resguardados, pois a disposição que tutela o trabalhador não pode ser interpretada e aplicada de forma contrária a quem ela visa a proteger. Constatado o labor pelo menor de idade, a autoridade competente deve tomar as providências necessárias para fazer cessá-lo, de modo a se restaurar a ordem jurídica violada, fazendo jus o menor trabalhador ao recebimento de todos os direitos decorrentes do trabalho já prestado.

No trabalho ilícito o próprio objeto do contrato de trabalho, ou seja, a prestação do serviço, apresenta-se ilícito, afrontando o ordenamento jurídico e a própria lei penal. Tem-se como exemplo os casos de trabalho envolvendo contrabando e tráfico de entorpecentes. Nos termos da Orientação Jurisprudencial 199 da SBDI-I do TST, o contrato de trabalho envolvendo jogo do bicho, tendo objeto ilícito, é eivado de nulidade.

Assim, nos casos de trabalho ilícito propriamente, não se reconhece a produção de efeitos, não se podendo alegar o desconhecimento da vedação legal.

De acordo com Sergio Pinto Martins: "Haveria objeto ilícito quando fosse contratado um empregado para fazer apostas de jogo do bicho, trabalhar num prostíbulo ou para vender drogas etc."[30].

O chamado trabalho imoral, em afronta aos bons costumes, quando a imoralidade representa violação de normas, regras e princípios que regem a sociedade, também será considerado nulo, tendo em vista as mesmas consequências do trabalho ilegal.

A nulidade, no entanto, apenas se verifica se o objeto do contrato, em si, for ilícito. Ou seja, no caso de clínica ilegal de aborto, a nulidade não atinge aquele que presta serviços desvinculados da atividade ilícita.

Da mesma forma, a boa-fé do empregado, desconhecendo a ilicitude da atividade do empregador, afasta a nulidade do contrato de trabalho.

---

[29] Cf. BARROS, Alice Monteiro de. *Curso de direito do trabalho*. 2. ed. São Paulo: LTr, 2006. p. 236-237.
[30] MARTINS, Sergio Pinto. *Direito do trabalho*. 22. ed. São Paulo: Atlas, 2006. p. 99.

De acordo com a Súmula 386 do TST: "Preenchidos os requisitos do art. 3º da CLT, é legítimo o reconhecimento de relação de emprego entre policial militar e empresa privada, independentemente do eventual cabimento de penalidade disciplinar prevista no Estatuto do Policial Militar". Assim, de acordo com essa orientação da jurisprudência, trata-se de hipótese de trabalho proibido.

Pode-se dizer que o trabalho do estrangeiro em situação irregular, da mesma forma, acarreta hipótese de trabalho proibido, reconhecendo-se os efeitos produzidos.

Por fim, conforme o entendimento previsto na Súmula 363 do TST: "A contratação de servidor público, após a CF/1988, sem prévia aprovação em concurso público, encontra óbice no respectivo art. 37, II, e § 2º, somente lhe conferindo direito ao pagamento da contraprestação pactuada, em relação ao número de horas trabalhadas, respeitado o valor da hora do salário mínimo, e dos valores referentes aos depósitos do FGTS" (redação dada pela Resolução 121/2003).

A necessidade de prévia aprovação em concurso público seria uma forma especial exigida para a contratação do servidor público. A inobservância dessa formalidade acarreta a nulidade do ato jurídico e a punição da autoridade responsável, conforme o art. 37, § 2º, da Constituição Federal de 1988.

O reconhecimento do direito aos salários (em sentido estrito) correspondentes ao trabalho prestado é uma forma de evitar o enriquecimento sem causa, pois, como o serviço já foi prestado, não há como retornar ao *status quo ante*[31].

O TST tem entendido que as horas trabalhadas devem ser remuneradas sem o eventual acréscimo do adicional legal de horas extras, sendo devido, assim, o salário referente às horas extras laboradas, mas não o respectivo adicional[32].

O direito aos depósitos do FGTS decorre da previsão do art. 19-A da Lei 8.036/1990, acrescentado pela Medida Provisória 2.164-41, de 24 de agosto de 2001.

De acordo com a Orientação Jurisprudencial 362 da SBDI-I do TST:

"Contrato nulo. Efeitos. FGTS. Medida Provisória 2.164-41, de 24.08.2001, e art. 19-A da Lei 8.036, de 11.05.1990. Irretroatividade. Não afronta o princípio da irretroatividade da lei a aplicação do art. 19-A da Lei 8.036, de 11.05.1990, aos contratos declarados nulos celebrados antes da vigência da Medida Provisória 2.164-41, de 24.08.2001" (*DJe* 20.05.2008).

---

[31] Sobre a incidência de contribuições previdenciárias, cf. a seguinte decisão do TST: "Contrato nulo. Recolhimento previdenciário. Considerando que os saldos de salários, previstos na Súmula 363 do TST, têm natureza remuneratória, uma vez que visam à contraprestação dos serviços prestados pelo Obreiro, a consequência lógica é a obrigação tributária de recolhimento das contribuições previdenciárias, nos termos do art. 195, I, *a*, da Constituição Federal. Recurso de revista não conhecido" (TST, 2ª T., RR 984/2006-007-18-00.9, Rel. Min. José Simpliciano Fontes de F. Fernandes, *DJ* 09.11.2007). Entretanto, na SBDI-I do TST, prevaleceu entendimento diverso, ou seja, no sentido de ser indevido o recolhimento de contribuições previdenciárias no caso do contrato de trabalho considerado nulo, conforme a seguinte decisão: "Recurso de embargos em recurso de revista. Acórdão embargado publicado antes da entrada em vigor da Lei 11.496/2007. Contrato nulo. Saldo de salários. Contribuições previdenciárias. À luz da jurisprudência sedimentada nesta Corte, inquinada de nulidade *pleno jure* a contratação de trabalhador por ente público sem a prévia aprovação em concurso público, em obediência ao art. 37, II, e § 2º, da Lei Maior, de sorte que, dada a irreversibilidade do labor prestado, apenas há direito à contraprestação das horas trabalhadas e não pagas e aos depósitos do FGTS. Indevido o recolhimento de contribuições previdenciárias. Recurso de embargos conhecido e provido" (TST, SBDI-I, E-RR-982/2006-007-18-00.0, Rel. Min. Rosa Maria Weber Candiota da Rosa, j. 12.03.2009, *DJ* 20.03.2009). Registre-se que a Turma Nacional de Uniformização dos Juizados Especiais Federais fixou a seguinte tese (Tema 209): "O labor prestado à Administração Pública, sob contratação reputada nula pela falta de realização de prévio concurso público, produz efeitos previdenciários, desde que ausente simulação ou fraude na investidura ou contratação, tendo em vista que a relação jurídica previdenciária inerente ao RGPS [Regime Geral de Previdência Social], na modalidade de segurado empregado, é relativamente independente da relação jurídica de trabalho a ela subjacente" (TNU, PEDILEF 0502656-69.2018.4.05.8404/RN, Rel. Juiz Federal José Francisco Andreotti Spizzirri, *DJe* 23.09.2019).

[32] "Agravo. Recurso de revista. Contrato reputado nulo. Adicional de horas extras indevido. Consoante o entendimento que se extrai da Súmula 363 do TST, por contraprestação pactuada tem-se, tão somente, a retribuição pelo trabalho prestado. Assim, as horas extras porventura trabalhadas devem, sim, ser remuneradas, mas de forma simples, ou seja, sem o acréscimo do adicional legal, não havendo falar em ofensa ao art. 7º, inciso XVI, da Constituição da República" (TST, 3ª T., RR 921/2002-019-03-00.0, Rel. Min. Maria Cristina Irigoyen Peduzzi, *DJ* 26.10.2007).

Efetivamente, como já decidido pelo Tribunal Superior do Trabalho:

"Contrato nulo. Efeitos. Direito ao FGTS. Medida Provisória 2.164-41/2001 que introduziu o artigo 19-A na Lei 8.036/1990. Ausência de afronta aos princípios da irretroatividade das leis e do direito adquirido. O direito ao Fundo de Garantia por Tempo de Serviço foi substitutivo do sistema do direito à indenização por tempo de serviço. Aquele, tal como este, refere-se a todo o período trabalhado. O direito do trabalhador ao FGTS, consagrado na lei, embora nulo o contrato de trabalho, só poderia mesmo ser entendido como um direito pertinente a todo o período trabalhado. A *ratio legis* e a natureza jurídica do instituto impõem essa conclusão, sem que haja desrespeito aos princípios da irretroatividade das leis e do direito adquirido. Embargos desprovidos" (TST, SBDI-I, E-RR 3.253/2004-051-11-00.0, Rel. Min. Vantuil Abdala, *DJ* 16.05.2008).

Nesse sentido, o Supremo Tribunal Federal fixou a seguinte tese de repercussão geral: "A contratação por tempo determinado para atendimento de necessidade temporária de excepcional interesse público realizada em desconformidade com os preceitos do art. 37, IX, da Constituição Federal não gera quaisquer efeitos jurídicos válidos em relação aos servidores contratados, com exceção do direito à percepção dos salários referentes ao período trabalhado e, nos termos do art. 19-A da Lei 8.036/1990, ao levantamento dos depósitos efetuados no Fundo de Garantia do Tempo de Serviço – FGTS" (STF, Pleno, RG-RE 765.320/MG, Rel. Min. Teori Zavascki, *DJe* 23.09.2016).

O Supremo Tribunal Federal esclareceu ainda que: "A aplicação do art. 19-A da Lei 8.036/1990 aos servidores irregularmente contratados na forma do art. 37, IX, da CF/88 não se restringe a relações regidas pela Consolidação das Leis do Trabalho" (STF, Pleno, ED-RE 765.320/MG, Rel. Min. Alexandre de Moraes, *DJe* 21.09.2017).

Cabe alertar que parte da doutrina e da jurisprudência discorda da referida orientação sumulada, entendendo que a Administração Pública não poderia alegar a própria torpeza, no sentido de ter contratado o servidor sem prévio concurso público. Assim, todas as verbas trabalhistas seriam devidas ao empregado, ainda que sob a forma de indenização, devendo a Carteira de Trabalho e Previdência Social ser anotada, pois o trabalhador não pode responder pela irregularidade praticada pela autoridade responsável. Esta sim é quem deve ser punida, por improbidade administrativa, devendo, ainda, ressarcir a lesão ao erário público.

No caso de contrato de trabalho sem prévia admissão em concurso público, mantido com a administração indireta, mas que prossegue após a *privatização* do ente estatal, a Súmula 430 do TST adota o posicionamento no sentido de que os efeitos desse contrato de trabalho são convalidados, tornando ausente a nulidade:

"Administração Pública Indireta. Contratação. Ausência de concurso público. Nulidade. Ulterior privatização. Convalidação. Insubsistência do vício. Convalidam-se os efeitos do contrato de trabalho que, considerado nulo por ausência de concurso público, quando celebrado originalmente com ente da Administração Pública Indireta, continua a existir após a sua privatização".

8.9 Direitos e deveres

Tendo em vista o caráter bilateral do contrato de trabalho, observam-se direitos e deveres recíprocos, de ambas as partes, merecendo destaque:

O *dever de prestar serviços*, que corresponde ao dever de pagar o salário, ou, em outros termos, o direito do empregado de receber a remuneração. Além disso, o empregador também tem a obrigação de proporcionar a prestação de serviços pelo empregado admitido, não podendo impor-lhe que fique sem nada fazer.

O *dever de obediência*, devendo o empregado observar as ordens gerais e pessoais emitidas pelo empregador, referentes à prestação de serviços, sob pena de caracterização, respectivamente, de indisciplina e insubordinação.

O dever de *probidade*, no sentido de que o empregado e o empregador devem ser honestos, pautando-se pelos ditames da boa-fé (art. 422 do Código Civil de 2002).

O dever de *diligência*, pois o empregado deve prestar serviços com atenção, cuidado, dedicação, assiduidade e pontualidade.

O dever de *fidelidade*, uma vez que o empregador mantém relação de fidúcia, ou seja, confiança, com o empregado, devendo este colaborar com os fins da empresa, e não fazer concorrência desleal a esta.

O dever de *observar as normas de segurança e medicina do trabalho*, seja pelo empregador, fornecendo, por exemplo, equipamentos de proteção individual e mantendo o meio ambiente de trabalho hígido, seja pelo empregado, respeitando as determinações com este objetivo.

O dever do *empregador não discriminar o empregado*, em razão do gênero, idade, religião, raça, cor, estado civil etc.

Especificamente quanto às relações de trabalho de atletas profissionais, a Lei 9.615, de 24 de março de 1998, arrola diversos deveres do empregador e do empregado (arts. 34 e 35).

Desse modo, são deveres da entidade de prática desportiva empregadora, em especial:

I – registrar o contrato especial de trabalho desportivo do atleta profissional na entidade de administração da respectiva modalidade desportiva;

II – proporcionar aos atletas profissionais as condições necessárias à participação nas competições desportivas, treinos e outras atividades preparatórias ou instrumentais;

III – submeter os atletas profissionais aos exames médicos e clínicos necessários à prática desportiva.

Por sua vez, são deveres do atleta profissional, em especial:

I – participar dos jogos, treinos, estágios e outras sessões preparatórias de competições com a aplicação e dedicação correspondentes às suas condições psicofísicas e técnicas;

II – preservar as condições físicas que lhes permitam participar das competições desportivas, submetendo-se aos exames médicos e tratamentos clínicos necessários à prática desportiva;

III – exercitar a atividade desportiva profissional de acordo com as regras da respectiva modalidade desportiva e as normas que regem a disciplina e a ética desportivas.

8.9.1 Direitos intelectuais e invenções do empregado

No presente tópico, procura-se analisar os direitos do empregado referentes a invenções que tenha feito no curso do contrato de trabalho, ou em razão deste. Efetivamente, o contrato de trabalho apresenta efeitos conexos, gerando direitos intelectuais, como o direito autoral e aqueles decorrentes de invenções do empregado[33].

Os direitos de autor decorrem da criação (no caso, pelo empregado) de obras literárias ou científicas. Tendo em vista a ausência de regras específicas no que se refere aos direitos autorais no contrato de trabalho, defende-se a aplicação analógica do art. 4º da Lei 9.609/1998, que dispõe sobre a proteção da propriedade intelectual de programa de computador. De acordo com o referido dispositivo, *salvo estipulação em contrário*, pertencem exclusivamente ao empregador os direitos relativos ao programa de computador:

---

[33] Cf. NASCIMENTO, Amauri Mascaro. *Curso de direito do trabalho*. 19. ed. São Paulo: Saraiva, 2004. p. 474: "Os *direitos intelectuais* são de mais de uma ordem: primeiro os direitos de autor; segundo os direitos de propriedade industrial, que são aqueles sobre inventos do empregado, como os de um desenhista que quer recebê-los pelos desenhos que no emprego criou. Pode-se, hoje, falar não em duplicidade, mas em triplicidade de direitos intelectuais protegidos, os do autor (Lei n. 9.610, de 1998), os da propriedade industrial (Lei n. 9.279, de 1996) e os de criação e utilização de *software* (Lei n. 9.609, de 1998)" (destaques do original).

– desenvolvido e elaborado durante a vigência do contrato de trabalho (ou vínculo estatutário) expressamente destinado à pesquisa e desenvolvimento, ou

– desenvolvido e elaborado durante a vigência do contrato de trabalho (ou vínculo estatutário) em que a atividade do empregado seja assim prevista, ou que decorra da própria natureza dos encargos concernentes a esses vínculos (de emprego ou estatutário).

Como mencionado, admite-se a estipulação em contrário, passando a prever que os direitos pertençam ao empregado. Não havendo a referida previsão, será de propriedade exclusiva do empregado a criação que não for desenvolvida ou elaborada durante a relação de emprego, nem decorra da natureza dos encargos referentes ao vínculo de emprego[34].

De acordo com Amauri Mascaro Nascimento: "Os direitos autorais, no contrato de trabalho, têm natureza própria não salarial, quando desvinculados do salário"[35]. Assim, salvo hipótese de fraude (art. 9º da CLT), embora os direitos autorais constituam renda (passível da respectiva tributação), não apresentam natureza salarial para fins trabalhistas.

De acordo com o art. 5º, inciso XXIX, da Constituição Federal: "a lei assegurará aos autores de inventos industriais privilégio temporário para sua utilização, bem como proteção às criações industriais, à propriedade das marcas, aos nomes de empresas e a outros signos distintivos, tendo em vista o interesse social e o desenvolvimento tecnológico e econômico do País".

Regulamentando esse preceito, encontra-se em vigor a Lei 9.279/1996, conhecida como Lei de Propriedade Industrial.

No que tange às invenções do empregado, referido diploma legal revogou a Lei 5.772/1971, a qual, por sua vez, já havia revogado tacitamente o art. 454 da CLT.

A atividade de inventar relaciona-se com a criação, diferindo da descoberta, pois esta apenas *revela* algo que já existia, mas ainda não se conhecia[36].

Vejamos, assim, as principais previsões sobre a matéria, presentes na referida Lei 9.276, de 14 de maio de 1996.

Primeiramente, tem-se o caso da chamada *invenção de serviço*. Ela decorre da atividade inventiva do trabalhador, contratado para o exercício das funções de inventor.

Nessa hipótese, o empregado não tem direito sobre a criação, mas nada impede que as partes, mediante negociação, contratem a participação do trabalhador nos proveitos econômicos decorrentes do invento.

Desse modo, de acordo com a previsão legal, a invenção e o modelo de utilidade pertencem exclusivamente ao empregador quando decorrerem de contrato de trabalho cuja execução ocorra no Brasil e que tenha por objeto a pesquisa ou a atividade inventiva, ou resulte esta da natureza dos serviços para os quais foi o empregado contratado (art. 88 da Lei 9.279/1996).

No caso acima indicado, salvo expressa disposição contratual em contrário, a retribuição pelo trabalho a que se refere este artigo limita-se ao salário ajustado (§ 1º do art. 88). A justificativa para essa previsão seria de que os riscos da atividade são do empregador, devendo, por isso, ter o direito acima destacado, quanto à invenção de serviço.

Salvo prova em contrário, consideram-se desenvolvidos na vigência do contrato a invenção ou o modelo de utilidade, cuja patente seja requerida pelo empregado até um ano após a extinção do vínculo empregatício (§ 2º do art. 88). Trata-se, aqui, de presunção relativa, uma vez que pode ser afastada por prova em contrário.

---

[34] Cf. BARROS, Alice Monteiro de. *Curso de direito do trabalho*. 2. ed. São Paulo: LTr, 2006. p. 604.
[35] NASCIMENTO, Amauri Mascaro. *Curso de direito do trabalho*. 19. ed. São Paulo: Saraiva, 2004. p. 477.
[36] Cf. BARROS, Alice Monteiro de. *Curso de direito do trabalho*. 2. ed. São Paulo: LTr, 2006. p. 604.

Como mencionado, o empregador, titular da patente, poderá conceder ao empregado, autor de invento ou aperfeiçoamento, participação nos ganhos econômicos resultantes da exploração da patente, mediante negociação com o interessado ou conforme disposto em norma da empresa (art. 89 da Lei 9.279/1996).

A participação mencionada não se incorpora, a qualquer título, ao salário do empregado (parágrafo único do art. 89). Ficou clara, assim, a natureza não salarial da referida participação, tratando-se, portanto, de indenização.

Como segunda modalidade, tem-se a chamada *invenção livre*, a qual resulta da atividade criadora do trabalhador, sem qualquer vinculação com a existência e a execução do contrato laboral. Nessa hipótese, os meios, recursos e equipamentos do empregador não são utilizados na criação do empregado. Além disso, eventuais conhecimentos técnicos, adquiridos na vigência do contrato laboral, não geram para o empregador direitos de propriedade nem de exploração do invento, os quais são exclusivos do empregado. Desse modo, conforme a previsão legal, pertence exclusivamente ao empregado a invenção ou o modelo de utilidade por ele desenvolvido, desde que desvinculado do contrato de trabalho e não decorrente da utilização de recursos, meios, dados, materiais, instalações ou equipamentos do empregador (art. 90 da Lei 9.279/1996).

Mesmo assim, como já decidiu o TST, em importante acórdão relatado pelo Ministro João Oreste Dalazen: "Se a criação, todavia, resultar das funções para as quais foi contratado o trabalhador, ainda que a criação intelectual venha ao mundo jurídico sem a utilização de recursos do empregador, perderá sua qualidade de livre, passando a ostentar natureza de invenção de serviço. Nessa hipótese, a propriedade e o direito de exploração são exclusivos do empregador" (TST, RR 749.341/2001, 1ª T., *DJ* 06.10.2006).

Por fim, verifica-se a *invenção de empresa*, também chamada *invenção casual*. Ainda de acordo com as lições presentes na decisão acima indicada (TST, RR 749341/2001, 1ª T., Rel. Min. João Oreste Dalazen), trata-se de uma hipótese intermediária entre a invenção de serviço e a invenção livre, que pode se verificar em duas situações:

– quando a invenção é consequência do trabalho coletivo, sem nenhuma possibilidade de individualizar o autor ou autores;

– quando a criação intelectual provém do esforço de certo empregado ou grupo de empregados.

Na primeira hipótese, em razão da impossibilidade de individualizar o criador do invento, tem-se que a invenção acaba enriquecendo o patrimônio da empresa. Entretanto, não se verifica direito de indenização, pois nem mesmo é possível identificar os efetivos autores do invento.

Na segunda, o invento provém do esforço intelectivo de determinado empregado, ou de determinados empregados, identificados ou identificáveis. O contrato de trabalho, aqui, não é firmado com o objetivo específico de obter tal invento, o qual representa um fruto da "capacidade criativa do homem, emanação irradiada da personalidade do trabalhador". Como consequência, passa a ser devida a compensação pela utilidade auferida pelo empregador, ou seja, uma indenização decorrente da invenção de empresa. Nesse caso, o direito de exploração é do empregador, embora a propriedade seja comum.

Efetivamente, de acordo com a previsão legal, a propriedade de invenção ou de modelo de utilidade é comum, em partes iguais, quando resultar da contribuição pessoal do empregado e de recursos, dados, meios, materiais, instalações ou equipamentos do empregador, ressalvada expressa disposição contratual em contrário (art. 91 da Lei 9.279/1996).

Sendo mais de um empregado, a parte que lhes couber será dividida igualmente entre todos, salvo ajuste em contrário (§ 1º do art. 91).

De acordo com o § 2º do art. 91: "É garantido ao empregador o direito exclusivo de licença de exploração e assegurada ao empregado a justa remuneração".

Na realidade, o mais adequado é entender que o termo "remuneração" não foi utilizado, aqui, em seu sentido técnico-jurídico, pois o referido pagamento apresenta nítida natureza de indenização devida ao trabalhador, por estar o empregador exercendo a exploração de invento que também contou com a contribuição pessoal do empregado.

Ainda sobre a referida participação, mostra-se relevante a transcrição da ementa do julgado proferido pelo Tribunal Superior do Trabalho, acima mencionado:

"Invento. Modelo de utilidade. Contribuição pessoal do empregado. Exploração pelo empregador. Indenização por perdas e danos. Justa remuneração.

1. Em caso de invenção de empresa de autoria do empregado, no curso da relação de emprego, embora seja comum a propriedade e exclusiva a exploração do invento pelo empregador, a lei assegura ao empregado o direito a uma justa remuneração, resultante de sua contribuição pessoal e engenhosidade. Pouco importa que o invento haja sido propiciado, mediante recursos, meios, dados e materiais, nas instalações da empresa.

2. Comprovada a autoria, a novidade, bem como a utilização lucrativa do invento, construído à base de material sucateado, em prol da atividade empresarial, o empregador, independentemente de prévio ajuste, está obrigado a pagar justa remuneração ao empregado.

3. Irrelevante haver, ou não, o empregado patenteado o invento. A obrigação de pagar justa remuneração ao empregado inventor tem por fato gerador a utilidade extracontratual, emanação da atividade intelectiva irradiada da personalidade do trabalhador, revertida em benefício da exploração econômica do empreendedor, direito assegurado na Constituição Federal.

4. Não viola o artigo 88, § 1º, da Lei 9.279/1996 decisão regional que, à falta de parâmetros objetivos na lei, mantém sentença que fixa o valor da justa remuneração de cada modelo de utilidade criado pelo autor em metade da última remuneração percebida, pelo prazo de dez anos.

5. Recurso de revista de que não se conhece" (TST, RR 749.341/2001, 1ª T., Rel. Min. João Oreste Dalazen, *DJ* 06.10.2006).

A exploração do objeto da patente, na falta de acordo, deverá ser iniciada pelo empregador dentro do prazo de um ano, contado da data de sua concessão, sob pena de passar à exclusiva propriedade do empregado a titularidade da patente, ressalvadas as hipóteses de falta de exploração por razões legítimas (§ 3º do art. 91). No caso de cessão, qualquer dos cotitulares, em igualdade de condições, poderá exercer o direito de preferência.

8.9.2 Indenização por danos extrapatrimoniais e materiais trabalhistas

A Lei 13.467/2017 acrescentou à CLT o Título II-A, sobre o *dano extrapatrimonial*.

Dano é o prejuízo causado à pessoa, ou seja, a lesão a bem ou interesse jurídico, podendo ser de ordem material ou extrapatrimonial[37].

Os danos extrapatrimoniais abrangem os de natureza moral, estética e existencial.

O *dano moral* é a lesão a direitos imateriais da pessoa, violando a honra, a dignidade, a intimidade, a imagem ou outros direitos da personalidade, ou mesmo direitos fundamentais que preservem a dignidade da pessoa humana.

Parte da doutrina prefere a expressão "dano pessoal", pois "exprime com mais fidelidade o que é efetivamente lesado pelo dano: os direitos da pessoa humana"[38], ou seja, os direitos da personalidade, "em suas diversas integridades psicofísicas, intelectual e moral"[39].

---

[37] Cf. DINIZ, Maria Helena. *Curso de direito civil brasileiro:* responsabilidade civil. 9. ed. São Paulo: Saraiva, 1995. v. 7, p. 48.
[38] OLIVEIRA, Paulo Eduardo Vieira de. *O dano pessoal no direito do trabalho*. São Paulo: LTr, 2002. p. 18.
[39] OLIVEIRA, Paulo Eduardo Vieira de. *O dano pessoal no direito do trabalho*. São Paulo: LTr, 2002. p. 35.

O dano moral pode ser direto ou indireto[40]: o primeiro resulta da violação específica de bem imaterial, causando sofrimento, dor psíquica à vítima ou desrespeitando a dignidade da pessoa humana; o último decorre da lesão a bem patrimonial (do que decorre dano material direto), mas que acaba por gerar dano a direito extrapatrimonial.

O dano moral direto pode causar, indiretamente, dano material, quando a violação de bem imaterial, de forma reflexa e simultânea, acaba por atingir, também, direito patrimonial[41].

Por dano moral trabalhista entende-se aquele ocorrido no âmbito do contrato de trabalho e em razão da sua existência, envolvendo os dois polos dessa relação jurídica (de emprego), ou seja, o empregador e o empregado.

O *dano estético* resulta da lesão da integridade física, especialmente quanto ao direito à imagem ou aparência externa, o qual é direito da personalidade[42].

O *dano existencial* ocorre quando a lesão a direito extrapatrimonial, de maior gravidade, frustra, na verdade, um projeto de vida (pessoal, familiar, social ou profissional) ou a própria convivência social e familiar, justificando, assim, uma indenização específica e diferenciada, o que pode ocorrer também no âmbito trabalhista, por exemplo, em casos de jornadas de trabalho exaustivas e extenuantes[43] ou de ausência reiterada de concessão de férias, desde que gerem as referidas consequências[44].

Prevalece o entendimento de que para a configuração do dano existencial, de modo específico, há necessidade de demonstração do prejuízo pessoal, social ou familiar, isto é, do prejuízo ao projeto de vida ou às relações sociais[45].

---

[40] Cf. DINIZ, Maria Helena. *Curso de direito civil brasileiro:* responsabilidade civil. 9. ed. São Paulo: Saraiva, 1995. v. 7, p. 68.

[41] Cf. DINIZ, Maria Helena. *Curso de direito civil brasileiro:* responsabilidade civil. 9. ed. São Paulo: Saraiva, 1995. v. 7, p. 54.

[42] Cf. CAVALIERI FILHO, Sergio. *Programa de responsabilidade civil.* 8. ed. São Paulo: Atlas, 2008. p. 101. Cf. ainda LOPEZ, Teresa Ancona. *O dano estético*: responsabilidade civil. 3. ed. São Paulo: RT, 2004. p. 64: "o dano estético é a lesão a um direito da personalidade – o direito à integridade física, especialmente na sua aparência externa, na imagem que se apresenta". Na jurisprudência, cf.: "Indenização por danos estéticos. Possibilidade de cumulação. [...] É que o dano estético, mesmo cumulável com danos materiais, configura-se a partir de deformações físicas capazes de afetar a imagem do empregado, não só no local de trabalho, mas, sobretudo, no convívio social, tal como explicitado no aresto trazido a cotejo, no qual se adotou a tese, convergente com o substrato fático do acórdão impugnado, de que ele poderá ser o resultado de uma ferida que gera cicatriz, da amputação de um membro, falange, orelha, nariz, olho ou outro elemento da anatomia humana" (TST, 4ª T., RR 52/2003-019-12-00.6, Rel. Min. Antônio José de Barros Levenhagen, *DJ* 06.10.2006).

[43] "Recurso de revista interposto antes da vigência da Lei n. 13.015/2014. 1. Dano existencial. Jornada exaustiva. 15 (quinze) horas diárias de trabalho. Motorista de carreta. Dano moral. Indenização. O dano existencial é espécie do gênero dano imaterial cujo enfoque está em perquirir as lesões existenciais, ou seja, aquelas voltadas ao projeto de vida (autorrealização – metas pessoais, desejos, objetivos etc.) e de relações interpessoais do indivíduo. Na seara juslaboral, o dano existencial, também conhecido como dano à existência do trabalhador, visa examinar se a conduta patronal se faz excessiva ou ilícita a ponto de imputar ao trabalhador prejuízos de monta no que toca o descanso e convívio social e familiar. Nesta esteira, esta Corte tem entendido que a imposição ao empregado de jornada excessiva ocasiona dano existencial, pois compromete o convívio familiar e social, violando, entre outros, o direito social ao lazer, previsto constitucionalmente (art. 6º, *caput*). Na hipótese dos autos, depreende-se da v. decisão regional, que o reclamante exerce a função de motorista de carreta e fazia uma jornada de trabalho de segunda a sábado, das 7h00 às 22h00, totalizando um total de 15 (quinze) horas diárias de trabalho. Assim, comprovada a jornada exaustiva, decorrente da conduta ilícita praticada pela reclamada, que não observou as regras de limitação da jornada de trabalho, resta patente a existência de dano imaterial *in re ipsa*, presumível em razão do fato danoso. Recurso de revista não conhecido" (TST, 2ª T., RR – 1351-49.2012.5.15.0097, Rel. Min. Maria Helena Mallmann, *DEJT* 15.03.2019).

[44] "Dano moral. Dano existencial. Submissão a jornada extenuante. Prejuízo não comprovado. O dano existencial é espécie de dano imaterial. No caso das relações de trabalho, o dano existencial ocorre quando o trabalhador sofre dano/limitações em relação à sua vida fora do ambiente de trabalho em razão de condutas ilícitas praticadas pelo empregador, impossibilitando-o de estabelecer a prática de um conjunto de atividades culturais, sociais, recreativas, esportivas, afetivas, familiares etc., ou de desenvolver seus projetos de vida nos âmbitos profissional, social e pessoal. Não é qualquer conduta isolada e de curta duração, por parte do empregador, que pode ser considerada como dano existencial. Para isso, a conduta deve perdurar no tempo, sendo capaz de alterar o objetivo de vida do trabalhador, trazendo-lhe um prejuízo no âmbito de suas relações sociais" (TST, 4ª T., RR 354-59.2013.5.24.0007, Rel. Min. Maria de Assis Calsing, *DEJT* 18.09.2015).

[45] "Embargos em recurso de revista interposto na vigência da Lei n. 13.015/2014. Dano existencial. Jornada excessiva. 1. Discute-se nos autos se o trabalho em jornada excessiva constitui dano *in re ipsa*. 2. A Turma entendeu que a

De acordo com o art. 223-A da CLT, acrescentado pela Lei 13.467/2017, aplicam-se à reparação de danos de natureza extrapatrimonial decorrentes da relação de trabalho *apenas* os dispositivos do mencionado Título da Consolidação das Leis do Trabalho.

Embora a intenção pudesse ser de afastar a incidência de outras normas a respeito do tema, defende-se o entendimento de que a matéria tem como fundamento a Constituição da República.

Nesse sentido, o art. 5º, inciso V, da Constituição Federal de 1988, dispõe ser assegurado o direito de resposta, proporcional ao agravo, além da indenização por dano material, moral ou à imagem.

Além disso, são invioláveis a intimidade, a vida privada, a honra e a imagem das pessoas, assegurado o direito a indenização pelo dano material ou moral decorrente de sua violação (art. 5º, inciso X, da Constituição da República).

Portanto, não se pode afastar a aplicação da teoria geral dos direitos da personalidade e dos direitos fundamentais decorrentes da dignidade da pessoa humana (art. 1º, inciso III, da Constituição Federal de 1988) no âmbito da relação de emprego, de modo que a violação desses direitos gera danos de natureza extrapatrimonial na esfera trabalhista.

Com isso, a interpretação constitucional revela a incidência de dispositivos do Código Civil sobre direitos da personalidade e responsabilidade civil também na esfera do contrato de trabalho, inclusive com fundamento no art. 8º, § 1º, da CLT, nos casos de omissão e desde que presente a compatibilidade.

Causa dano de natureza extrapatrimonial a ação ou omissão que ofenda a esfera moral ou existencial da pessoa física ou jurídica, as quais são as titulares *exclusivas* do direito à reparação (art. 223-B da CLT, acrescentado pela Lei 13.467/2017).

Entende-se que o dano estético é abrangido pelo conceito de dano moral, embora mereça uma indenização diferenciada, em razão do direito da personalidade especificamente violado, como quando ocorrem sequelas, mutilações ou deformações físicas[46], o que tem fundamento na parte final do art. 949 do Código Civil[47].

Não apenas a pessoa física (natural), mas a pessoa jurídica também pode sofrer dano extrapatrimonial[48], mesmo porque, segundo o art. 52 do Código Civil, é aplicável às pessoas jurídicas, no que couber, a proteção dos direitos da personalidade.

Logo, o titular do direito à reparação por danos extrapatrimoniais na esfera trabalhista pode ser o trabalhador (empregado) e o empregador.

O art. 223-B da CLT, ao mencionar que as pessoas física ou jurídica que sofreram a ofensa à esfera moral ou existencial são as titulares "exclusivas" do direito à reparação do dano de natureza extrapatrimonial, parece indicar a intenção de afastar o chamado *dano moral reflexo ou em ricochete*, ou seja, quando o direito violado é de uma pessoa, mas quem sofre os efeitos da lesão é outra pessoa.

---

realização de jornada excessiva habitual, por si só, enseja o pagamento de indenização ao empregado. 3. O dano existencial não pode ser reconhecido à míngua de prova específica do efetivo prejuízo pessoal, social ou familiar. Nessa situação, é inviável a presunção de que o dano existencial tenha efetivamente acontecido, em face da ausência de provas nos autos. 4. Embora a possibilidade, abstratamente, exista, é necessária a constatação no caso concreto para que sobre o indivíduo recaia a reparação almejada. Demonstrado concretamente o prejuízo às relações sociais e a ruína do projeto de vida do trabalhador, tem-se como comprovados, *in re ipsa*, a dor e o dano à sua personalidade. 5. O que não se pode admitir é que, comprovada a prestação de horas extraordinárias, extraia-se daí automaticamente a consequência de que as relações sociais do trabalhador foram rompidas ou que seu projeto de vida foi suprimido do seu horizonte. Precedentes. Recurso de embargos conhecido e provido" (TST, SBDI-I, E-RR-402-61.2014.5.15.0030, Rel. Min. Luiz Philippe Vieira de Mello Filho, *DEJT* 27.11.2020).

[46] Cf. OLIVEIRA, Sebastião Geraldo de. *Indenizações por acidente do trabalho ou doença ocupacional*. 2. ed. São Paulo: LTr, 2006. p. 199: "mesmo estando o dano estético compreendido no gênero dano moral, a doutrina e a jurisprudência evoluíram para definir indenizações distintas quando esses danos forem passíveis de apuração em separado, com causas inconfundíveis".

[47] "Art. 949. No caso de lesão ou outra ofensa à saúde, o ofensor indenizará o ofendido das despesas do tratamento e dos lucros cessantes até ao fim da convalescença, além de algum outro prejuízo que o ofendido prove haver sofrido". Cf. Súmula 387 do STJ: "É lícita a cumulação das indenizações de dano estético e dano moral".

[48] Súmula 227 do STJ: "A pessoa jurídica pode sofrer dano moral".

Entretanto, defende-se o entendimento de que a referida hipótese não pode ser validamente excluída do sistema jurídico, mesmo no âmbito trabalhista, pois, conforme o preceito fundamental de que *a ninguém se deve lesar*[49], aquele que sofreu os efeitos da lesão (de forma direta ou indireta) tem direito de receber a respectiva indenização. Mesmo porque, nesse caso, quem postula a reparação também é uma pessoa física ou jurídica que teve o direito à integridade moral violado (ainda que de forma reflexa).

Ademais, se a pessoa física sofreu lesão a direito extrapatrimonial de sua titularidade, em caso de seu posterior falecimento o direito à reparação é transmitido aos sucessores.

Nesse sentido, conforme o art. 943 do Código Civil, o direito de exigir reparação e a obrigação de prestá-la transmitem-se com a herança.

Nos termos da Súmula 642 do STJ: "O direito à indenização por danos morais transmite-se com o falecimento do titular, possuindo os herdeiros da vítima legitimidade ativa para ajuizar ou prosseguir a ação indenizatória".

O art. 223-B da CLT, acrescentado pela Lei 13.467/2017, prevê que o dano de natureza extrapatrimonial decorre da ação ou omissão que ofenda a esfera moral ou existencial da pessoa física ou jurídica.

Em verdade, de forma mais precisa e adequada, os danos extrapatrimoniais decorrem de lesão a *direitos da personalidade*[50], ou mesmo direitos que preservem a *dignidade da pessoa humana*[51]. Os direitos da personalidade são aqueles inerentes à pessoa em suas diversas projeções, física, psíquica, intelectual e moral[52].

A honra, a imagem, a intimidade, a liberdade de ação, a autoestima, a sexualidade, a saúde, o lazer e a integridade física são os bens juridicamente tutelados inerentes à pessoa física (art. 223-C da CLT, acrescentado pela Lei 13.467/2017).

Defende-se o entendimento de que esse rol de direitos extrapatrimoniais é apenas *exemplificativo*, pois a matéria tem fundamento constitucional, decorrendo dos direitos da personalidade e dos direitos fundamentais oriundos da dignidade da pessoa humana.

Nesse sentido, também pode gerar danos extrapatrimoniais, por exemplo, a lesão ao direito à privacidade, à vida e à integridade psíquica.

Cabe fazer referência ao entendimento de que a exigência da Classificação Internacional de Doenças (CID) nos atestados médicos viola os direitos fundamentais à intimidade e à privacidade do trabalhador[53].

---

[49] Cf. BITTAR, Carlos Alberto. *Curso de direito civil*. Rio de Janeiro: Forense Universitária, 1994. v. 1, p. 10: "Alguns princípios, no entanto, sobrepairam a essas diversidades e mantêm-se como universais, eis que enraizados na própria consciência coletiva e traduzidos sob máximas, que informam os sistemas jurídicos, a saber, as de *honeste vivere, neminem laedere e suum cuique tribuere* (viver honestamente; a ninguém lesar; e dar a cada um o que é seu)".

[50] Cf. GAGLIANO, Pablo Stolze; PAMPLONA FILHO, Rodolfo. *Novo curso de direito civil*: responsabilidade civil. 3. ed. São Paulo: Saraiva, 2005. v. 3, p. 49.

[51] Cf. CAVALIERI FILHO, Sergio. *Programa de responsabilidade civil*. 8. ed. São Paulo: Atlas, 2008. p. 80-81.

[52] Cf. GAGLIANO, Pablo Stolze; PAMPLONA FILHO, Rodolfo. *Novo curso de direito civil*: parte geral. 6. ed. São Paulo: Saraiva, 2005. v. 1, p. 157-158.

[53] "Atestados médicos e odontológicos. Exigência de previsão da CID (Classificação Internacional de Doenças). Invalidade. A Constituição da República, em seu artigo 5º, X, garante a inviolabilidade da intimidade, da honra, da imagem e da vida privada das pessoas, mandamento que projeta seus efeitos também para as relações de trabalho. Portanto, deve ser respeitada pelo empregador. A exigência do diagnóstico codificado nos atestados médicos, estabelecida por norma coletiva, obriga o trabalhador a divulgar informações acerca de seu estado de saúde, sempre que exercer o seu direito de justificar a ausência no trabalho, por motivo de doença comprovada. Embora importante no aspecto informativo, quanto ao conhecimento por parte do empregador da espécie da moléstia acometida ao empregado, por outro lado, a exigência em norma coletiva da codificação da enfermidade nos atestados médicos fere direitos fundamentais. De acordo com o Código de Ética Médica e com a Resolução n. 1.658/2002, oriundas do Conselho Federal de Medicina, é o próprio paciente que deve autorizar a identificação do diagnóstico. Isso se deve ao fato de a saúde estar relacionada a aspectos da intimidade e personalidade de cada indivíduo. Observa-se, no

A imagem, a marca, o nome, o segredo empresarial e o sigilo da correspondência são bens juridicamente tutelados inerentes à pessoa jurídica (art. 223-D da CLT, acrescentado pela Lei 13.467/2017).

Como mencionado anteriormente, a pessoa jurídica também pode sofrer dano extrapatrimonial, por ser titular de certos direitos da personalidade.

São responsáveis pelo dano extrapatrimonial todos os que tenham colaborado para a ofensa ao bem jurídico tutelado, na proporção da ação ou da omissão (art. 223-E da CLT, acrescentado pela Lei 13.467/2017).

Nessa linha, os bens do responsável pela ofensa ou violação do direito de outrem ficam sujeitos à reparação do dano causado. Se a ofensa tiver mais de um autor, todos respondem solidariamente pela reparação (art. 942 do Código Civil). São solidariamente responsáveis com os autores os coautores e as pessoas designadas no art. 932 do Código Civil.

A reparação por danos extrapatrimoniais pode ser pedida cumulativamente com a indenização por danos materiais decorrentes do mesmo ato lesivo (art. 223-F da CLT, acrescentado pela Lei 13.467/2017).

Nesse sentido, de acordo com a Súmula 37 do STJ:

"São cumuláveis as indenizações por dano material e dano moral oriundos do mesmo fato".

Se houver cumulação de pedidos, o juízo, ao proferir a decisão, deve discriminar os valores das indenizações a título de danos patrimoniais e das reparações por danos de natureza extrapatrimonial (art. 223-F, § 1º, da CLT, acrescentado pela Lei 13.467/2017).

As reparações por danos extrapatrimoniais podem abranger, na realidade, as lesões a danos morais, estéticos e existenciais, de modo que os valores decorrentes devem ser especificados.

O *dano patrimonial*, por sua vez, decorre da violação de direitos materiais (pecuniários)[54], devendo o valor da respectiva reparação também ser especificado.

Portanto, os valores das indenizações de danos patrimoniais e das reparações por danos de natureza extrapatrimonial (moral, estético e existencial) devem ser discriminados na decisão judicial.

A composição das perdas e danos, assim compreendidos os lucros cessantes e os danos emergentes, não interfere na avaliação dos danos extrapatrimoniais (art. 223-F, § 2º, da CLT, acrescentado pela Lei 13.467/2017).

Ocorrendo dano de natureza patrimonial ou extrapatrimonial, presentes o nexo causal[55] e o dolo ou a culpa (exceto nas hipóteses de responsabilidade objetiva), surge o dever de indenizar.

---

caso concreto, que o conflito exposto não é entre norma coletiva e Resoluções do Conselho Federal de Medicina, mas entre norma coletiva e preceitos constitucionais, que protegem a intimidade e a privacidade dos trabalhadores. A imposição constitucional de reconhecimento das convenções e acordos coletivos de trabalho (art. 7º, XXVI) não concede liberdade negocial absoluta para os sujeitos coletivos, que devem sempre respeitar certos parâmetros protetivos das relações de trabalho e do próprio trabalhador. Um desses parâmetros é a tutela da intimidade e privacidade do empregado. No caso, forçoso reconhecer que a cláusula negociada, que condiciona a validade de atestados médicos e odontológicos à indicação do CID (Classificação Internacional de Doenças), afronta normas reguladoras oriundas do Conselho Federal de Medicina, bem como viola as garantias constitucionais da inviolabilidade da intimidade, vida privada, honra e imagem (art. 5º, X, da Constituição Federal). Recurso ordinário a que se nega provimento" (TST, SDC, RO-213-66.2017.5.08.0000, Rel. Min. Kátia Magalhães Arruda, *DEJT* 10.03.2019).

54 Cf. BITTAR, Carlos Alberto. *Curso de direito civil*. Rio de Janeiro: Forense Universitária, 1994. v. 1, p. 570.

55 Cf. LISBOA, Roberto Senise. *Manual de direito civil*: obrigações e responsabilidade civil. 3. ed. São Paulo: RT, 2005. v. 2, p. 524-525: "De acordo com a *teoria da causalidade adequada* ou *subjetiva*, de Von Bar e Von Kries, o evento danoso deve ser apreciado à luz dos antecedentes necessários e adequados para a sua ocorrência. Esse foi o modelo adotado pelo sistema de 1916 e pelo novo Código. [...] Segundo a teoria da causalidade imediata, somente se poderia responsabilizar uma pessoa se a conduta por ela efetivada proporcionasse de forma imediata e direta prejuízos à vítima". Aplicando-se a teoria da causalidade adequada (e mesmo a imediata), ocorrendo *concausa* (culpa indireta) ou *culpa concorrente* (agente e vítima), não remanesce o direito de indenização integral, mas deve ser reduzido proporcionalmente. Como esclarece Maria Helena Diniz, ocorrendo *"culpa concorrente*: da vítima e do agente", haverá "uma atenuação da responsabilidade, hipótese em que a indenização é, em regra, devida por metade [...] ou diminuída proporcionalmente" (*Curso de direito civil brasileiro*: responsabilidade civil. 9. ed. São Paulo: Saraiva, 1995. v. 7, p. 78). Nesse sentido, cf. o art. 945 do Código Civil: "Se a vítima tiver concorrido culposamente para o evento danoso, a sua indenização será fixada tendo-se em conta a gravidade de sua culpa em confronto com a do autor do dano".

Nessa ordem, responsabilidade civil é a obrigação de responder pelas consequências jurídicas decorrentes do ato ilícito praticado, reparando o prejuízo causado.

É possível, aliás, que os referidos danos sofridos pelo empregado sejam decorrentes de acidente do trabalho e doenças ocupacionais (art. 7º, inciso XXVIII, segunda parte, da Constituição Federal de 1988).

Como já destacado, o direito à reparação por danos extrapatrimoniais decorre de lesão a direitos da personalidade e direitos fundamentais oriundos da dignidade da pessoa humana. Desse modo, não se exige a efetiva demonstração de eventual sofrimento, aflição ou outro sentimento intimamente padecido pela vítima, pois é da violação do direito da personalidade em si (*in re ipsa*) que surge, automaticamente, o dano moral[56].

Quanto à reparação dos danos patrimonial e extrapatrimonial, deve-se procurar assegurar ao ofendido o retorno da situação anterior à lesão (*restitutio in integrum*)[57], preferencialmente de forma específica ou mesmo *in natura*.

Quando isso não for possível, a indenização pecuniária (art. 947 do Código Civil) deve ser suficiente para reparar o dano integralmente.

Portanto, na responsabilidade civil, inclusive de âmbito trabalhista, aplica-se a previsão do art. 944, *caput*, do Código Civil, no sentido de que a "indenização mede-se pela extensão do dano".

Ainda assim, conforme o parágrafo único do art. 944 do Código Civil, se houver excessiva desproporção entre a gravidade da culpa e o dano, pode o juiz reduzir, equitativamente, a indenização.

Quanto aos danos patrimoniais, a indenização deve ressarcir o dano emergente (diminuição *efetiva* do patrimônio da vítima) e os lucros cessantes (redução *potencial* no patrimônio, acarretando perda de ganho esperado), inclusive conforme os arts. 402 e 403 do Código Civil[58].

De todo modo, a indenização das perdas e danos (assim compreendidos os lucros cessantes e os danos emergentes) não interfere na avaliação dos danos extrapatrimoniais.

Ainda quanto à reparação por danos extrapatrimoniais, conforme o art. 223-G da CLT, acrescentado pela Lei 13.467/2017, ao apreciar o pedido, o juízo deve considerar:

I – a natureza do bem jurídico tutelado;

II – a intensidade do sofrimento ou da humilhação;

III – a possibilidade de superação física ou psicológica;

IV – os reflexos pessoais e sociais da ação ou da omissão;

V – a extensão e a duração dos efeitos da ofensa;

VI – as condições em que ocorreu a ofensa ou o prejuízo moral;

VII – o grau de dolo ou culpa;

VIII – a ocorrência de retratação espontânea;

IX – o esforço efetivo para minimizar a ofensa;

---

[56] Cf. LISBOA, Roberto Senise. *Manual de direito civil*: obrigações e responsabilidade civil. 3. ed. São Paulo: RT, 2004. v. 2, p. 503: "A responsabilidade de agente causador do dano moral advém da violação, ou seja, trata-se de responsabilidade *ex facto*, bastando a demonstração dos acontecimentos causadores do dano. A prova do dano moral decorre, destarte, da mera demonstração dos fatos (*damnum in re ipsa*). [...] A presunção da existência do dano no próprio fato violador é absoluta (presunção *iure et de iure*), tornando-se prescindível a prova do dano moral".

[57] Cf. BITTAR, Carlos Alberto. *Curso de direito civil*. Rio de Janeiro: Forense Universitária, 1994. v. 1, p. 601: "A satisfação dos interesses do lesado" pode dar-se "mediante a reparação das coisas no estado anterior (com a denominada '*restitutio in integrum*')". Cf. ainda LISBOA, Roberto Senise. *Manual de direito civil*: obrigações e responsabilidade civil. 3. ed. São Paulo: RT, 2004. v. 2, p. 428: "Observa-se o princípio geral da restituição ou recomposição integral ao estado anterior ao prejuízo verificado (*restitutio in integrum*), e, se esta não for viável, a indenização".

[58] Cf. MELO, Raimundo Simão de. *Direito ambiental do trabalho e saúde do trabalhador*: responsabilidades legais, dano material, dano moral, dano estético. São Paulo: LTr, 2004. p. 384-385.

X – o perdão, tácito ou expresso;

XI – a situação social e econômica das partes envolvidas;

XII – o grau de publicidade da ofensa.

Nos danos extrapatrimoniais, a indenização apresenta natureza de ressarcimento, compensatória e punitiva[59].

Por isso, segundo a doutrina, os principais critérios a serem adotados na fixação do valor são: posição social, financeira e patrimonial do ofensor; posição social, financeira e patrimonial da vítima; intensidade do ânimo de ofender; reiteração (ou não) da lesão; intensidade de sofrimento ou desgaste da vítima; gravidade da ofensa; repercussão da ofensa; existência (ou não) de retratação espontânea e cabal pelo ofensor e a consequente amenização (ou não) do dano sofrido[60].

Com a Lei 13.467/2017, o valor da reparação dos danos extrapatrimoniais a ser fixado pelo juízo deve considerar: a natureza do bem jurídico tutelado; a intensidade do sofrimento ou da humilhação; a possibilidade de superação física ou psicológica; os reflexos pessoais e sociais da ação ou da omissão; a extensão e a duração dos efeitos da ofensa; as condições em que ocorreu a ofensa ou o prejuízo moral; o grau de dolo ou culpa; a ocorrência de retratação espontânea; o esforço efetivo para minimizar a ofensa; o perdão, tácito ou expresso; a situação social e econômica das partes envolvidas; o grau de publicidade da ofensa (art. 223-G, *caput*, da CLT).

Deve-se salientar que a previsão relativa ao "grau de dolo ou culpa" (art. 223-G, inciso VII, da CLT) é nitidamente voltada à fixação do valor da reparação por danos extrapatrimoniais. Vale dizer, o dispositivo em questão não trata dos requisitos da responsabilidade civil em si.

Na responsabilidade civil, em princípio, são requisitos para a existência do direito à indenização: a ação ou a omissão; o dano; o nexo de causalidade; a culpa ou o dolo[61].

Portanto, defende-se o entendimento de que não se exclui a incidência das hipóteses de responsabilidade objetiva, mesmo em casos de danos extrapatrimoniais decorrentes de relação de trabalho.

Efetivamente, ocorrendo dano de natureza extrapatrimonial ou material, presentes o nexo causal e o dolo ou a culpa, *exceto nas hipóteses de responsabilidade objetiva*[62], há o dever de indenizar.

A respeito do tema, de acordo com o Enunciado 37, aprovado na 1ª Jornada de Direito Material e Processual na Justiça do Trabalho, ocorrida no TST (Brasília, 23.11.2007):

"Responsabilidade civil objetiva no acidente de trabalho. Atividade de risco. Aplica-se o art. 927, parágrafo único, do Código Civil nos acidentes do trabalho. O art. 7º, XXVIII, da Constituição da República, não constitui óbice à aplicação desse dispositivo legal, visto que seu *caput* garante a inclusão de outros direitos que visem à melhoria da condição social dos trabalhadores".

Do mesmo modo, em conformidade com o Enunciado 38, também aprovado na 1ª Jornada de Direito Material e Processual na Justiça do Trabalho:

"Responsabilidade civil. Doenças ocupacionais decorrentes dos danos ao meio ambiente do trabalho. Nas doenças ocupacionais decorrentes dos danos ao meio ambiente do trabalho, a respon-

---

[59] Cf. GAGLIANO, Pablo Stolze; PAMPLONA FILHO, Rodolfo. *Novo curso de direito civil*: responsabilidade civil. 3. ed. São Paulo: Saraiva, 2005. v. 3, p. 20-24.

[60] Cf. DELGADO, Mauricio Godinho. *Curso de direito do trabalho*. 4. ed. São Paulo: LTr, 2005. p. 622-623; SANTOS, Enoque Ribeiro dos. *O dano moral na dispensa do empregado*. 3. ed. São Paulo: LTr, 2002. p. 191-192.

[61] Cf. RODRIGUES, Silvio. *Direito civil*: parte geral. 28. ed. São Paulo: Saraiva, 1998. v. 1, p. 301-306.

[62] Cf. art. 927, parágrafo único, do Código Civil: "Haverá obrigação de reparar o dano, independentemente de culpa, nos casos especificados em lei, ou quando a atividade normalmente desenvolvida pelo autor do dano implicar, por sua natureza, risco para os direitos de outrem". Cf. ainda o art. 37, § 6º, da Constituição da República, bem como o art. 225, § 3º, da Constituição Federal de 1988 e o art. 14, § 1º, da Lei 6.938/1981 (Lei de Política Nacional do Meio Ambiente), que preveem a responsabilidade civil objetiva nas lesões ao meio ambiente, no qual se inclui o meio ambiente de trabalho (art. 200, inciso VIII, da Constituição da República).

sabilidade do empregador é objetiva. Interpretação sistemática dos arts. 7º, XXVIII, 200, VIII, 225, § 3º, da Constituição Federal e do art. 14, § 1º, da Lei 6.938/1981".

Ainda, segundo o Enunciado 40 da 1ª Jornada de Direito Material e Processual na Justiça do Trabalho:

"Responsabilidade civil. Acidente do trabalho. Empregado público. A responsabilidade civil nos acidentes do trabalho envolvendo empregados de pessoas jurídicas de Direito Público interno é objetiva. Inteligência do artigo 37, § 6º, da Constituição Federal e do artigo 43 do Código Civil".

O Supremo Tribunal Federal decidiu que o trabalhador que atua em atividade de risco tem direito à indenização em razão de danos decorrentes de acidente de trabalho, independentemente da comprovação de culpa ou dolo do empregador. Prevaleceu o entendimento de que é constitucional a incidência da responsabilidade civil objetiva do empregador por danos decorrentes de acidentes de trabalho em atividades de risco (STF, Pleno, RE 828.040/DF, Rel. Min. Alexandre de Moraes, j. 05.09.2019).

Nesse sentido, o Supremo Tribunal Federal fixou a seguinte tese de repercussão geral: "O artigo 927, parágrafo único, do Código Civil é compatível com o artigo 7º, XXVIII, da Constituição Federal, sendo constitucional a responsabilização objetiva do empregador por danos decorrentes de acidentes de trabalho, nos casos especificados em lei, ou quando a atividade normalmente desenvolvida, por sua natureza, apresentar exposição habitual a risco especial, com potencialidade lesiva e implicar ao trabalhador ônus maior do que aos demais membros da coletividade" (STF, Pleno, RE 828.040/DF, Rel. Min. Alexandre de Moraes, *DJe* 26.06.2020).

Nos termos do art. 223-G, § 1º, da CLT, acrescentado pela Lei 13.467/2017, se julgar procedente o pedido, o juízo deve fixar a indenização a ser paga, a cada um dos ofendidos, em um dos seguintes parâmetros, vedada a acumulação:

I – ofensa de natureza leve, até três vezes o último salário contratual do ofendido;

II – ofensa de natureza média, até cinco vezes o último salário contratual do ofendido;

III – ofensa de natureza grave, até vinte vezes o último salário contratual do ofendido;

IV – ofensa de natureza gravíssima, até cinquenta vezes o último salário contratual do ofendido.

Quanto à fixação do valor da reparação dos danos extrapatrimoniais, a orientação que prevalece é a de que cabe ao juiz arbitrá-lo (art. 946 do Código Civil), utilizando-se da *razoabilidade*, da prudência, do equilíbrio e da *equidade*, no sentido da justiça no caso concreto[63] (como prevê o art. 953, parágrafo único, do Código Civil, para os casos de indenização por injúria, difamação ou calúnia).

Desse modo, revela-se ilegítima e inadequada a tentativa de tarifação da reparação por danos extrapatrimoniais prevista no art. 223-G, § 1º, da CLT.

Ao levar em consideração o valor do último salário contratual do ofendido, empregados que recebessem valor salarial menor teriam tratamento prejudicial e inferior, em comparação com os que recebessem patamar remuneratório superior, mesmo em casos envolvendo a mesma lesão a direitos, o que poderia resultar em afronta ao princípio da isonomia substancial e em tratamento discriminatório para fins de indenização de danos extrapatrimoniais.

Na realidade, a reparação de danos extrapatrimoniais tem fundamento constitucional (art. 5º, incisos V e X, da Constituição da República), por decorrer da violação de direitos inerentes ao ser humano, tendo como fundamento a dignidade da pessoa humana (art. 1º, inciso III, da Constituição Federal de 1988).

Desse modo, não se pode considerar válida a tarifação da indenização de danos extrapatrimoniais, em contrariedade ao direito constitucional à sua ampla e justa indenização. Nesse sentido,

---

[63] Cf. GAGLIANO, Pablo Stolze; PAMPLONA FILHO, Rodolfo. *Novo curso de direito civil*: responsabilidade civil. 3. ed. São Paulo: Saraiva, 2005. v. 3, p. 396-399.

cabe registrar o entendimento firmado pelo Supremo Tribunal Federal ao analisar dispositivos semelhantes da Lei de Imprensa (STF, 2ª T., RE 348.827/RJ, Rel. Min. Carlos Velloso, *DJ* 06.08.2004. Cf. ainda STF, Pleno, ADPF 130/DF, Rel. Min. Ayres Britto, *DJe* 06.11.2009).

Na mesma linha, conforme a Súmula 281 do STJ: "A indenização por dano moral não está sujeita à tarifação prevista na Lei de Imprensa".

Além disso, o critério relativo ao salário contratual do ofendido pode gerar injusto tratamento não isonômico entre empregados igualmente lesados, mas com patamar remuneratório distinto.

Frise-se que o art. 7º, inciso XXXII, da Constituição da República proíbe a distinção entre trabalho manual, técnico e intelectual ou entre os profissionais respectivos.

O referido critério, ademais, pode acarretar tratamento discriminatório, quando a lesão atingir empregados, bem como outras pessoas sem vínculo empregatício com o ofensor.

Desse modo, segundo a interpretação constitucional, defende-se que o art. 223-G, § 1º, da CLT apenas tem o objetivo de servir como possível parâmetro ou sugestão oferecida ao juiz na atividade jurisdicional de fixação do valor da reparação dos danos extrapatrimoniais.

Nesse enfoque, conforme as peculiaridades do caso concreto, torna-se possível ao juiz, desde que de modo fundamentado, em consonância com o art. 93, inciso IX, da Constituição da República, afastar-se dos critérios rigidamente previstos no dispositivo indicado.

Se o ofendido for pessoa jurídica, a indenização deve ser fixada com observância dos mesmos parâmetros estabelecidos no § 1º do art. 223-G da CLT, mas em relação ao salário contratual do ofensor (art. 223-G, § 2º, da CLT, acrescentado pela Lei 13.467/2017).

Na reincidência entre partes idênticas, o juízo *pode* elevar ao dobro o valor da indenização (art. 223-G, § 3º, da CLT, acrescentado pela Lei 13.467/2017).

8.9.2.1 *Assédio moral*

O dano extrapatrimonial pode ser decorrente, até mesmo, do *assédio moral*, que se caracteriza por uma conduta reiterada, de violência psicológica, desestabilizando e prejudicando o equilíbrio psíquico e emocional do empregado (como atitudes de perseguição, indiferença ou discriminação, normalmente de forma velada), deteriorando o meio ambiente de trabalho, podendo resultar em doenças graves como a depressão.

Efetivamente, o chamado "terror psicológico no trabalho" ou *mobbing* pode acarretar danos emocionais e doenças de ordem física e psíquica, como alterações do sono, distúrbios alimentares, diminuição da libido, aumento da pressão arterial, desânimo, insegurança, pânico, depressão e, até mesmo, o suicídio.

Na esfera criminal, o art. 147-A do Código Penal, incluído pela Lei 14.132/2021, prevê o crime de perseguição. Sendo assim, constitui crime perseguir alguém, reiteradamente e por qualquer meio, ameaçando-lhe a integridade física ou psicológica, restringindo-lhe a capacidade de locomoção ou, de qualquer forma, invadindo ou perturbando sua esfera de liberdade ou privacidade. A pena é de reclusão, de seis meses a dois anos, e multa.

Trata-se de crime contra a liberdade pessoal, também conhecido como *stalking*. Se a mencionada conduta ocorrer, de forma sucessiva, no ambiente de trabalho, tendo como vítima o empregado, pode ficar configurado o assédio moral. Nesse sentido, a perseguição reiterada do trabalhador, por qualquer meio (por exemplo, de modo presencial, por telefonemas, meios eletrônicos ou digitais), ameaçando-lhe a integridade física ou psicológica, pode caracterizar o assédio moral no trabalho.

A pena é aumentada de metade se o crime de perseguição é cometido: I – contra criança, adolescente ou idoso; II – contra mulher por razões da condição de sexo feminino, nos termos do § 2º-A do art. 121 do Código Penal (quando o crime envolve violência doméstica e familiar, menosprezo ou discriminação à condição de mulher); III – mediante concurso de duas ou mais pessoas ou com o emprego de arma (art. 147-A, § 1º, do Código Penal).

As penas do art. 147-A do Código Penal são aplicáveis sem prejuízo das correspondentes à violência (art. 147-A, § 2º, do Código Penal). No crime de perseguição, somente se procede mediante representação do ofendido (art. 147-A, § 3º, do Código Penal).

Embora com ênfase no assédio escolar, a Lei 13.185/2015 institui o Programa de Combate à Intimidação Sistemática (*Bullying*) em todo o território nacional.

No contexto e para os fins do referido diploma legal, considera-se intimidação sistemática (*bullying*) todo ato de violência física ou psicológica, intencional e repetitivo que ocorre sem motivação evidente, praticado por indivíduo ou grupo, contra uma ou mais pessoas, com o objetivo de intimidá-la ou agredi-la, causando dor e angústia à vítima, em uma relação de desequilíbrio de poder entre as partes envolvidas (art. 1º, § 1º, da Lei 13.185/2015).

Caracteriza-se a intimidação sistemática (*bullying*) quando há violência física ou psicológica em atos de intimidação, humilhação ou discriminação e, ainda: ataques físicos; insultos pessoais; comentários sistemáticos e apelidos pejorativos; ameaças por quaisquer meios; grafites depreciativos; expressões preconceituosas; isolamento social consciente e premeditado; pilhérias (art. 2º da Lei 13.185/2015). Há intimidação sistemática na rede mundial de computadores (*cyberbullying*), quando se usarem os instrumentos que lhe são próprios para depreciar, incitar a violência, adulterar fotos e dados pessoais com o intuito de criar meios de constrangimento psicossocial.

No âmbito da Lei 13.185/2015, a intimidação sistemática (*bullying*) pode ser classificada, conforme as ações praticadas, como: *verbal*: insultar, xingar e apelidar pejorativamente; *moral*: difamar, caluniar, disseminar rumores; *sexual*: assediar, induzir e/ou abusar; *social*: ignorar, isolar e excluir; *psicológica*: perseguir, amedrontar, aterrorizar, intimidar, dominar, manipular, chantagear e infernizar; *físico*: socar, chutar, bater; *material*: furtar, roubar, destruir pertences de outrem; *virtual*: depreciar, enviar mensagens intrusivas da intimidade, enviar ou adulterar fotos e dados pessoais que resultem em sofrimento ou com o intuito de criar meios de constrangimento psicológico e social (art. 3º).

Em razão da sua esfera de aplicação, nos termos do art. 5º da Lei 13.185/2015, é dever do estabelecimento de ensino, dos clubes e das agremiações recreativas assegurar medidas de conscientização, prevenção, diagnose e combate à violência e à intimidação sistemática (*bullying*). Quanto ao assédio moral no trabalho, esse dever se dirige às empresas, aos empregadores, às entidades profissionais, às organizações sindicais, aos órgãos públicos voltados às relações trabalhistas e mesmo à sociedade civil como um todo.

Como se pode notar, o assédio moral afronta os princípios da dignidade da pessoa humana e da valorização social do trabalho (art. 1º, incisos III e IV, da CF/1988), o objetivo fundamental da promoção do bem de todos, sem preconceitos de origem, raça, sexo, cor, idade e quaisquer outras formas de discriminação (art. 3º, inciso IV, da CF/1988), o direito de ninguém ser submetido à tortura nem a tratamento desumano ou degradante (art. 5º, inciso III, da CF/1988) e o direito à inviolabilidade da intimidade, da vida privada, da honra, e da imagem das pessoas (art. 5º, inciso X, da CF/1988)[64].

No assédio moral, o agressor normalmente é o empregador, o superior hierárquico ou o preposto ("assédio vertical descendente"). No entanto, embora não tão frequente, também é possível o assédio moral em que o assediador é o colega de trabalho que ocupa a mesma hierarquia na empresa ("assédio horizontal") ou o grupo de empregados em posição hierárquica inferior ("assédio vertical ascendente").

O assédio moral, ademais, pode ser *individual* (quando voltado a um ou mais empregados individualmente considerados) ou *coletivo*, alcançando a coletividade de trabalhadores, também conhecido como *organizacional* ou *institucional*, por decorrer de formas abusivas de gestão empresarial.

O assédio moral pode ser fundamento para a despedida indireta, de acordo com o art. 483, alínea *d* (que prevê o não cumprimento das obrigações do contrato pelo empregador) e alínea *e*, da

---

[64] Cf. DALLEGRAVE NETO, José Affonso. *Responsabilidade civil no direito do trabalho*. 2. ed. São Paulo: LTr, 2007. p. 285.

CLT, prevendo a prática, pelo empregador ou seus prepostos, contra o empregado ou pessoas de sua família, de ato lesivo da honra e boa fama.

Se o empregado pratica o assédio moral contra outro colega de trabalho, tem-se a prática de justa causa para a resolução do contrato de trabalho, conforme o art. 482, alínea *j*, da CLT, o qual prevê o ato lesivo da honra ou da boa fama praticado no serviço contra qualquer pessoa, ou ofensas físicas, nas mesmas condições, salvo em legítima defesa, própria ou de outrem[65].

8.9.2.2 *Assédio sexual*

Cabe fazer menção, ainda, à figura do assédio sexual, o qual pode ocorrer no âmbito das relações de emprego, podendo gerar importantes consequências para o contrato de trabalho.

Na realidade, o assédio sexual ainda não conta com uma regulamentação específica pelo Direito do Trabalho no Brasil. Na esfera criminal, a Lei 10.224, de 13 de maio de 2001, alterou a redação do art. 216-A do Código Penal, assim prevendo:

> "Art. 216-A. Constranger alguém com o intuito de obter vantagem ou favorecimento sexual, prevalecendo-se o agente da sua condição de superior hierárquico ou ascendência inerentes ao exercício de emprego, cargo ou função.
>
> Pena – detenção, de 1 (um) a 2 (dois) anos".

Como se pode verificar, na esfera penal, o assédio sexual é restrito à hipótese em que o delito é praticado por agente de condição hierárquica superior, como o chefe ou o gerente, tendo como vítima pessoa que exerce cargo ou função hierarquicamente inferior, com ameaças de perda do emprego ou de direitos no trabalho. Trata-se da modalidade do assédio sexual decorrente do abuso de autoridade, também conhecida como "assédio sexual por chantagem"[66].

No entanto, também é possível ocorrer o assédio sexual envolvendo colegas de trabalho, ou seja, empregados do mesmo nível hierárquico, ou mesmo aquele praticado por empregado de condição inferior na hierarquia da empresa, embora essa última hipótese seja menos frequente. Tem-se aqui a modalidade conhecida como "assédio sexual por intimidação", ocorrido no ambiente de trabalho[67]. Como a esfera criminal não se confunde com a esfera trabalhista, embora as referidas situações de assédio sexual não constituam crime, tendo em vista o tipo penal mais estrito, as consequências trabalhistas podem incidir em ambos os casos.

De todo modo, para a ocorrência do assédio sexual, exige-se o *constrangimento*, envolvendo a ideia de imposição, contrariando a vontade e a liberdade da vítima. Isso afasta a ocorrência de assédio sexual quando existe anuência da suposta vítima[68].

Além disso, não se pode confundir o assédio sexual com simples gestos de gentileza, cordialidade e coleguismo, como aqueles relacionados a cumprimentos, os quais são admitidos conforme os critérios da lógica da razoabilidade, levando-se em conta, ainda, os parâmetros presentes na localidade e na época de sua ocorrência.

O assédio sexual normalmente se configura pela repetição de condutas praticadas pelo assediador, nem sempre explícitas, como gestos e falas que indiquem a manifestação da intenção sexual, sem receptividade por parte do assediado.

Desse modo, pode-se entender o assédio sexual como uma conduta de natureza sexual, não desejada pela pessoa ofendida, em regra reiterada, violando a sua liberdade sexual.

---

[65] Cf. DALLEGRAVE NETO, José Affonso. *Responsabilidade civil no direito do trabalho*. 2. ed. São Paulo: LTr, 2007. p. 289.
[66] Cf. BARROS, Alice Monteiro de. *Contratos e regulamentações especiais de trabalho*. 2. ed. São Paulo: LTr, 2002. p. 298.
[67] Cf. BARROS, Alice Monteiro de. *Contratos e regulamentações especiais de trabalho*. 2. ed. São Paulo: LTr, 2002. p. 298.
[68] Cf. NASCIMENTO, Amauri Mascaro. *Iniciação ao direito do trabalho*. 31. ed. São Paulo: LTr, 2005. p. 139: "O ilícito penal é autônomo, tem efeitos próprios diferentes do ilícito trabalhista. Embora sendo uma lei penal, pode servir de diretriz para a configuração do ilícito trabalhista. Pressupõe o *constrangimento* que desaparece se o suposto ofendido dá mostras de aceitação" (destaque do original).

Como é evidente, o assédio sexual acarreta grave violação da dignidade da pessoa que o sofre, configurando dano moral passível de indenização, bem como a despedida indireta em favor do empregado assediado (art. 483, alíneas *c*, *d*, *e*, da CLT), ou a dispensa por justa causa do empregado assediador (art. 482, alínea *b*, da CLT). Uma das grandes dificuldades encontra-se na prova do ilícito mencionado, tendo em vista ocorrer normalmente longe de testemunhas oculares.

A Convenção 190 da Organização Internacional do Trabalho, de 2019, dispõe sobre a violência e o assédio no trabalho.

Para efeitos da referida Convenção, a expressão "violência e assédio" no mundo do trabalho designa um conjunto de comportamentos e práticas inaceitáveis, ou de ameaças de tais comportamentos e práticas, quer se manifestem uma única vez ou de forma repetida, que tenham por objetivo, que causem ou que sejam suscetíveis de causar dano físico, psicológico, sexual ou econômico, e inclui a violência e o assédio em razão de gênero. A expressão "violência e assédio em razão de gênero" designa a violência e o assédio dirigidos contra as pessoas em razão de seu sexo ou gênero, ou que afetam de maneira desproporcional as pessoas de determinado sexo ou gênero, e inclui o assédio sexual. A violência e o assédio podem ser definidos na legislação nacional como um conceito único ou como conceitos separados (art. 1º).

A Convenção 190 da OIT se aplica a todos os setores, público ou privado, da economia tanto formal como informal, nas zonas urbanas ou rurais (art. 2º).

A mencionada Convenção se aplica à violência e ao assédio no mundo do trabalho que ocorram durante o trabalho, em relação com o trabalho ou como resultado do trabalho (art. 3º).

Todo Membro que ratifique a Convenção 190 da OIT deverá respeitar, promover e assegurar o gozo do direito de toda pessoa a um mundo do trabalho livre de violência e assédio (art. 4º). Todo Membro deverá adotar, em conformidade com a legislação nacional e as circunstâncias, e em consulta com as organizações representativas de empregadores e de trabalhadores, um enfoque inclusivo, integrado e que tenha em conta as considerações de gênero para prevenir e eliminar a violência e o assédio no mundo do trabalho.

Com o objetivo de prevenir e eliminar a violência e o assédio no mundo do trabalho, todo Membro deverá respeitar, promover e fazer cumprir os princípios e direitos fundamentais no trabalho, a saber, a liberdade de associação e o reconhecimento efetivo do direito de negociação coletiva, a eliminação de todas as formas de trabalho forçado ou obrigatório, a abolição efetiva do trabalho infantil e a eliminação da discriminação em matéria de emprego e ocupação, bem como fomentar o trabalho decente e seguro (art. 5º).

Todo Membro deverá adotar legislação e políticas que garantam o direito à igualdade e não discriminação no emprego e na ocupação, inclusive às trabalhadoras, bem como aos trabalhadores e a outras pessoas pertencentes a um ou a vários grupos vulneráveis, ou a grupos em situação de vulnerabilidade que sejam afetados de modo desproporcional pela violência e pelo assédio no mundo do trabalho (art. 6º).

Todo Membro deverá adotar legislação que defina e proíba a violência e o assédio no mundo do trabalho, incluindo a violência e o assédio em razão de gênero (art. 7º).

Todo Membro deverá adotar medidas apropriadas para prevenir a violência e o assédio no mundo do trabalho (art. 8º).

Todo Membro deverá adotar legislação que exija dos empregadores que tomem medidas apropriadas e de acordo com seu grau de controle para prevenir a violência e o assédio no mundo do trabalho, incluindo a violência e o assédio em razão de gênero (art. 9º).

As disposições da Convenção 190 da OIT deverão ser aplicadas por meio da legislação nacional, bem como por meio de convênios coletivos ou de outras medidas em conformidade com a prática nacional, incluindo as que ampliem ou adaptem medidas existentes de segurança e saúde no trabalho para que abranjam a violência e o assédio e a elaboração de medidas específicas quando for necessário (art. 12).

É possível, ainda, que os danos morais e materiais sofridos pelo empregado sejam decorrentes de *acidente do trabalho* (art. 7º, inciso XXVIII, segunda parte, da CF/1988), a que a Lei 8.213/1991, no art. 20, equiparou a *doença profissional* e a *doença do trabalho*.

8.9.2.3 *Trabalho em condições análogas à de escravo e tráfico de pessoas*

Como já estudado no Capítulo referente à história do Direito do Trabalho, as formas de exploração do trabalho humano evoluíram da escravidão, passando pela servidão e corporações de ofício, surgindo a relação de emprego, principalmente com o advento da Revolução Industrial.

Na Grécia, Roma e Egito da Antiguidade, o regime da escravidão era a principal forma de exploração do trabalho humano, estando inserido na estrutura do sistema econômico da época[69]. Os escravos, os quais, juridicamente, eram considerados objeto de direito, trabalhavam nas tarefas braçais mais árduas, as quais não eram consideradas dignificantes ao cidadão livre.

O chamado trabalho em condições análogas à de escravo, verificado no presente, apresenta diferenças da escravidão acima indicada. Esta existiu em nosso país até à época do Brasil Império, tendo a Lei Áurea, de 13 de maio de 1888, decretado a abolição da escravatura. Mesmo assim, ambas afrontam a dignidade da pessoa humana, estando em total desacordo com o princípio de valorização social do trabalho.

Além da expressão "trabalho escravo", que é mais utilizada para se referir à escravidão verificada nos tempos pretéritos, também são utilizadas as expressões "trabalho forçado" e "trabalho em condições análogas à de escravo".

O art. 2º da Convenção 29 da Organização Internacional do Trabalho, de 1930 (aprovada pelo Brasil e promulgada pelo Decreto 41.721, de 25.06.1957, atualmente Decreto 10.088/2019), e utiliza a expressão "trabalho forçado ou obrigatório", conforme a seguinte disposição:

"1. Para fins desta Convenção, a expressão 'trabalho forçado ou obrigatório' compreenderá todo trabalho ou serviço exigido de uma pessoa sob a ameaça de sanção e para o qual não se tenha oferecido espontaneamente".

Como se nota, originariamente, o trabalho escravo era apenas o trabalho forçado em sentido estrito, ou seja, exigido sob ameaça de sanção, com violação da liberdade de labor e de vontade. De todo modo, no presente, também é considerado trabalho forçado não só aquele em que o empregado não tenha se oferecido espontaneamente, mas também quando o trabalhador é enganado com falsas promessas de condições de trabalho[70], havendo coação física, psicológica ou moral.

Na conceituação clássica, o trabalho escravo ou forçado exige que o trabalhador seja coagido a permanecer prestando serviços, impossibilitando ou dificultando o seu desligamento. Essa coação pode ser de três ordens:

a) coação moral, em que o empregador, de forma ilícita e fraudulenta, aproveitando-se da pouca instrução dos trabalhadores, envolve-os em dívidas com a finalidade de impossibilitar o desligamento do trabalhador. Tem-se aqui o regime de "servidão por dívidas" (*truck system*), vedado pelo ordenamento jurídico, conforme o art. 462, § 2º, da CLT;

b) coação psicológica, em que os trabalhadores são ameaçados de sofrer violência, a fim de que permaneçam trabalhando e não tentem a fuga, podendo haver a utilização de empregados armados para exercerem esta coação;

c) coação física, em que os trabalhadores são submetidos a castigos físicos, ou até mesmo assassinados, servindo como punição exemplar para evitar tentativas de fugas. A apreensão de docu-

---

[69] Cf. SENTO-SÉ, Jairo Lins de Albuquerque. *Trabalho escravo no Brasil*. São Paulo: LTr, 2001. p. 29.
[70] Cf. MELO, Luís Antônio Camargo de. Premissas para um eficaz combate ao trabalho escravo. *Revista do Ministério Público do Trabalho*, Brasília, LTr, ano XIII, n. 26, p. 13, set. 2003.

mentos e objetos pessoais dos trabalhadores também constitui forma de coação para que o empregado permaneça prestando serviços[71].

Como se pode verificar, o conceito mais tradicional de trabalho escravo equiparava-o ao trabalho forçado, dando destaque à restrição da liberdade de locomoção e de trabalho[72].

De acordo com a Convenção 105 da OIT, de 1957, sobre a abolição do trabalho forçado (ratificada pelo Brasil e promulgada pelo Decreto 58.822, de 14.07.1966, atualmente Decreto 10.088/2019):

"Art. 1º Qualquer Membro da Organização Internacional do Trabalho que ratifique a presente convenção se compromete a suprimir o trabalho forçado ou obrigatório, e a não recorrer ao mesmo sob forma alguma;

a) como medida de coerção, ou de educação política ou como sanção dirigida a pessoas que tenham ou exprimam certas opiniões políticas, ou manifestem sua oposição ideológica, à ordem política, social ou econômica estabelecida;

b) como método de mobilização e de utilização da mão de obra para fins de desenvolvimento econômico;

c) como medida de disciplina de trabalho;

d) como punição por participação em greves;

e) como medida de discriminação racial, social, nacional ou religiosa.

Art. 2º Qualquer Membro da Organização Internacional do Trabalho que ratifique a presente convenção se compromete a adotar medidas eficazes, no sentido da abolição imediata e completa do trabalho forçado ou obrigatório, tal como descrito no artigo 1º da presente Convenção".

Ainda no plano internacional, cabe destacar a Declaração Universal dos Direitos Humanos, de 1948, segundo a qual "ninguém será mantido em escravidão ou servidão; a escravidão e o tráfico de escravos serão proibidos em todas as suas formas" (art. IV). Além disso, "toda pessoa tem direito ao trabalho, à livre escolha de emprego, a condições justas e favoráveis de trabalho e à proteção contra o desemprego" (art. XXIII, item 1).

O trabalho degradante, caracterizado por péssimas condições de labor, inclusive sem a observância das normas de segurança e medicina do trabalho, também é visto como uma das modalidades do trabalho em condições análogas à de escravo.

Desse modo, o trabalho escravo ou em condições análogas à de escravo passou a ser gênero, tendo como modalidades ou espécies o *trabalho forçado*, a *jornada exaustiva* e o *trabalho degradante*, os quais são considerados atentatórios à dignidade da pessoa humana e vedados pela Constituição Federal de 1988 (art. 5º, incisos III, XIII e XLVII, c, da CF/1988)[73], representando a própria essência dos direitos humanos e fundamentais.

Portanto, como ressalta José Cláudio Monteiro de Brito Filho: "pode-se dizer que trabalho em condições degradantes é aquele em que há a falta de garantias mínimas de saúde e segurança, além da ausência de condições mínimas de trabalho, de moradia, higiene, respeito e alimentação, tudo

---

[71] Cf. MELO, Luís Antônio Camargo de. Premissas para um eficaz combate ao trabalho escravo. *Revista do Ministério Público do Trabalho*, Brasília, LTr, ano XIII, n. 26, p. 13-14, set. 2003.

[72] Cf. MELO, Luís Antônio Camargo de. Premissas para um eficaz combate ao trabalho escravo. *Revista do Ministério Público do Trabalho*, Brasília, LTr, ano XIII, n. 26, p. 14, set. 2003: "Considerar-se-á trabalho escravo ou forçado toda modalidade de exploração do trabalhador em que este esteja impedido, moral, psicológica e/ou fisicamente, de abandonar o serviço, no momento e pelas razões que entender apropriados, a despeito de haver, inicialmente, ajustado livremente a prestação dos serviços".

[73] "III – ninguém será submetido a tortura nem a tratamento desumano ou degradante"; "XIII – é livre o exercício de qualquer trabalho, ofício ou profissão, atendidas as qualificações profissionais que a lei estabelecer";
"XLVII – não haverá penas: c) de trabalhos forçados".

devendo ser garantido [...] em conjunto; ou seja, em contrário, a falta de um desses elementos impõe o reconhecimento do trabalho em condições degradantes"[74].

O conceito mais amplo de trabalho escravo, abrangendo não apenas o trabalho forçado (voltado à restrição da liberdade do trabalhador), mas também a jornada exaustiva e o trabalho degradante, atualmente, tem fundamento expresso no próprio Direito positivo. Efetivamente, o art. 149 do Código Penal, com redação determinada pela Lei 10.803/2003, assim tipifica o crime de redução à condição análoga à de escravo:

"Art. 149. Reduzir alguém a condição análoga à de escravo, quer submetendo-o a trabalhos forçados ou a jornada exaustiva, quer sujeitando-o a condições degradantes de trabalho, quer restringindo, por qualquer meio, sua locomoção em razão de dívida contraída com o empregador ou preposto.

Pena – reclusão, de 2 (dois) a 8 (oito) anos, e multa, além da pena correspondente à violência.

§ 1º Nas mesmas penas incorre quem:

I – cerceia o uso de qualquer meio de transporte por parte do trabalhador, com o fim de retê-lo no local de trabalho;

II – mantém vigilância ostensiva no local de trabalho ou se apodera de documentos ou objetos pessoais do trabalhador, com o fim de retê-lo no local de trabalho.

§ 2º A pena é aumentada de metade, se o crime é cometido:

I – contra criança ou adolescente;

II – por motivo de preconceito de raça, cor, etnia, religião ou origem".

Como se nota, fica confirmado que o trabalho prestado em condição análoga à de escravo é gênero, do qual são espécies o trabalho forçado, a jornada exaustiva e o trabalho degradante. Nessas modalidades, o princípio da dignidade da pessoa humana é afrontado.

A respeito do tema, cabe fazer referência ao seguinte julgado do Supremo Tribunal Federal:

"Penal. Redução a condição análoga à de escravo. Escravidão moderna. Desnecessidade de coação direta contra a liberdade de ir e vir. Denúncia recebida.

Para configuração do crime do art. 149 do Código Penal, não é necessário que se prove a coação física da liberdade de ir e vir ou mesmo o cerceamento da liberdade de locomoção, bastando a submissão da vítima 'a trabalhos forçados ou a jornada exaustiva' ou 'a condições degradantes de trabalho', condutas alternativas previstas no tipo penal. A 'escravidão moderna' é mais sutil do que a do século XIX e o cerceamento da liberdade pode decorrer de diversos constrangimentos econômicos e não necessariamente físicos. Priva-se alguém de sua liberdade e de sua dignidade, tratando-o como coisa e não como pessoa humana, o que pode ser feito não só mediante coação, mas também pela violação intensa e persistente de seus direitos básicos, inclusive do direito ao trabalho digno. A violação do direito ao trabalho digno impacta a capacidade da vítima de realizar escolhas segundo a sua livre determinação. Isso também significa 'reduzir alguém a condição análoga à de escravo'.

Não é qualquer violação dos direitos trabalhistas que configura trabalho escravo. Se a violação aos direitos do trabalho é intensa e persistente, se atinge níveis gritantes e se os trabalhadores são submetidos a trabalhos forçados, jornadas exaustivas ou a condições degradantes de trabalho, é possível, em tese, o enquadramento no crime do art. 149 do Código Penal, pois os trabalhadores estão recebendo o tratamento análogo ao de escravos, sendo privados de sua liberdade e

---

[74] BRITO FILHO, José Cláudio Monteiro de. Trabalho com redução à condição análoga à de escravo: análise a partir do tratamento decente e de seu fundamento, a dignidade da pessoa humana. In: VELLOSO, Gabriel; FAVA, Marcos Neves (Coord.). *Trabalho escravo contemporâneo*: o desafio de superar a negação. São Paulo: LTr, 2006. p. 132.

de sua dignidade. Denúncia recebida pela presença dos requisitos legais" (STF, Pleno, Inq 3.412/AL, Rel. Min. Marco Aurélio, Red. p/ ac. Min. Rosa Weber, m.v., *DJe* 12.11.2012).

Mesmo no âmbito da Organização Internacional do Trabalho, a Convenção 182, de 1999 (ratificada pelo Brasil e promulgada pelo Decreto 3.597/2000, atualmente Decreto 10.088/2019), no art. 3º, *a*, prevê que as "piores formas de trabalho infantil" abrangem *"todas as formas de escravidão ou práticas análogas à escravidão, tais como a venda e tráfico de crianças, a servidão por dívidas e a condição de servo, e o trabalho forçado ou obrigatório,* inclusive o recrutamento forçado ou obrigatório de crianças para serem utilizadas em conflitos armados" (destaquei).

Desse modo, segundo leciona José Cláudio Monteiro de Brito Filho, "podemos definir trabalho em condições análogas à condição de escravo como o exercício do trabalho humano em que há restrição, em qualquer forma, à liberdade do trabalhador, e/ou quando não são respeitados os direitos mínimos para o resguardo da dignidade do trabalhador"[75].

Podem ser indicadas as seguintes situações, indicativas da presença do trabalho em condições análogas à de escravo: aliciamento de trabalhadores de outros Municípios e Estados, utilizando-se de intermediadores de mão de obra[76]; trabalho em localidades distantes e de difícil acesso; prestação de serviços sob vigilância armada e com retenção de documentos ou objetos pessoais; "servidão por dívidas" (*truck system*); alojamentos sem condições de habitação e instalações sanitárias sem condições de higiene; fornecimento inadequado de alimentação e de água potável; falta de fornecimento gratuito de instrumentos para a prestação de serviços, de equipamentos de proteção individual de trabalho e de materiais de primeiros socorros; transporte sem segurança dos trabalhadores e descumprimento de normas básicas de segurança e medicina do trabalho, como aquelas referentes a exames médicos.

Conforme o art. 19 da Instrução Normativa 2/2021 do Ministério do Trabalho e Previdência, o trabalho realizado em condição análoga à de escravo, sob todas as formas, constitui atentado aos direitos humanos fundamentais e à dignidade do trabalhador, sendo dever do Auditor-Fiscal do Trabalho combater a sua prática.

Os procedimentos estipulados nos arts. 18 a 47 da Instrução Normativa 2/2021 do Ministério do Trabalho e Previdência devem ser observados pelo Auditor-Fiscal do Trabalho em qualquer ação fiscal direcionada para erradicação do trabalho em condição análoga à de escravo ou em ações fiscais em que for identificada condição análoga à de escravo, independentemente da atividade laboral, seja o trabalhador nacional ou estrangeiro, inclusive quando envolver a exploração de trabalho doméstico ou de trabalho sexual (art. 20 da Instrução Normativa 2/2021 do Ministério do Trabalho e Previdência).

A constatação na esfera administrativa de trabalho em condição análoga à de escravo por Auditor-Fiscal do Trabalho e os atos dela decorrentes são competências legais da inspeção do trabalho, razão pela qual independem de prévio reconhecimento no âmbito judicial (art. 21 da Instrução Normativa 2/2021 do Ministério do Trabalho e Previdência).

Aplica-se o disposto na Instrução Normativa 2/2021 do Ministério do Trabalho e Previdência aos casos em que o Auditor-Fiscal do Trabalho identifique tráfico de pessoas para fins de exploração

---

[75] BRITO FILHO, José Cláudio Monteiro de. Trabalho com redução à condição análoga à de escravo: análise a partir do tratamento decente e de seu fundamento, a dignidade da pessoa humana. In: VELLOSO, Gabriel; FAVA, Marcos Neves (Coord.). *Trabalho escravo contemporâneo*: o desafio de superar a negação. São Paulo: LTr, 2006. p. 133.

[76] Cf. Código Penal, art. 207: crime de aliciamento de trabalhadores de um local para outro do território nacional. "Art. 207. Aliciar trabalhadores, com o fim de levá-los de uma para outra localidade do território nacional: Pena – detenção de um a três anos, e multa.§ 1º Incorre na mesma pena quem recrutar trabalhadores fora da localidade de execução do trabalho, dentro do território nacional, mediante fraude ou cobrança de qualquer quantia do trabalhador, ou, ainda, não assegurar condições do seu retorno ao local de origem.§ 2º A pena é aumentada de um sexto a um terço se a vítima é menor de dezoito anos, idosa, gestante, indígena ou portadora de deficiência física ou mental".

de trabalho em condição análoga à de escravo, desde que presente qualquer das hipóteses previstas nos incisos I a V do art. 23 da Instrução Normativa 2/2021 (art. 22).

Considera-se em condição análoga à de escravo o trabalhador submetido, de forma isolada ou conjuntamente, a:

I – trabalho forçado;

II – jornada exaustiva;

III – condição degradante de trabalho;

IV – restrição, por qualquer meio, de locomoção em razão de dívida contraída com empregador ou preposto, no momento da contratação ou no curso do contrato de trabalho; ou

V – retenção no local de trabalho em razão de: a) cerceamento do uso de qualquer meio de transporte; b) manutenção de vigilância ostensiva; ou c) apoderamento de documentos ou objetos pessoais (art. 23 da Instrução Normativa 2/2021 do Ministério do Trabalho e Previdência).

Esclareça-se que, para os fins acima indicados:

I – trabalho forçado é aquele exigido sob ameaça de sanção física ou psicológica e para o qual o trabalhador não tenha se oferecido ou no qual não deseje permanecer espontaneamente;

II – jornada exaustiva é toda forma de trabalho, de natureza física ou mental que, por sua extensão ou por sua intensidade, acarrete violação de direito fundamental do trabalhador, notadamente os relacionados à segurança, saúde, descanso e convívio familiar e social;

III – condição degradante de trabalho é qualquer forma de negação da dignidade humana pela violação de direito fundamental do trabalhador, notadamente os dispostos nas normas de proteção do trabalho e de segurança, higiene e saúde no trabalho;

IV – restrição, por qualquer meio, da locomoção do trabalhador em razão de dívida é a limitação ao direito fundamental de ir e vir ou de encerrar a prestação do trabalho, em razão de débito imputado pelo empregador ou preposto ou da indução ao endividamento com terceiros;

V – cerceamento do uso de qualquer meio de transporte é toda forma de limitação ao uso de meio de transporte existente, particular ou público, possível de ser utilizado pelo trabalhador para deixar local de trabalho ou de alojamento;

VI – vigilância ostensiva no local de trabalho é qualquer forma de controle ou fiscalização, direta ou indireta, por parte do empregador ou preposto, sobre a pessoa do trabalhador que o impeça de deixar local de trabalho ou alojamento;

VII – apoderamento de documentos ou objetos pessoais é qualquer forma de posse ilícita do empregador ou preposto sobre documentos ou objetos pessoais do trabalhador (art. 24 da Instrução Normativa 2/2021 do Ministério do Trabalho e Previdência).

Ainda quanto ao tema, é importante salientar que a Emenda Constitucional 81/2014 modificou o art. 243 da Constituição da República, passando a prever que as propriedades rurais e urbanas de qualquer região do País onde forem localizadas culturas ilegais de plantas psicotrópicas ou a exploração de trabalho escravo, nos termos da lei, devem ser expropriadas e destinadas à reforma agrária e a programas de habitação popular, *sem qualquer indenização ao proprietário e sem prejuízo de outras sanções previstas em lei*, observado, no que couber, o disposto no art. 5º da mesma Constituição.

Ademais, qualquer bem de valor econômico apreendido em decorrência do tráfico ilícito de entorpecentes e drogas afins e da exploração de trabalho escravo deve ser confiscado e revertido a fundo especial com a destinação específica, na forma da lei.

O direito de propriedade, assegurado no art. 5º, inciso XXII, da Constituição Federal de 1988, como é evidente, deve ser exercido de forma lícita, não abusiva, *devendo atender a sua função social* (art. 5º, inciso XXIII, art. 170, inciso III, da CF/1988), o que não ocorre no caso da utilização para a prática de trabalho escravo.

O próprio art. 186 da Constituição Federal de 1988 prevê que a função social é cumprida quando a propriedade rural atende, de forma simultânea, segundo critérios e graus de exigência estabelecidos em lei, aos seguintes requisitos: aproveitamento racional e adequado; utilização adequada dos recursos naturais disponíveis e preservação do meio ambiente; *observância das disposições que regulam as relações de trabalho; exploração que favoreça o bem-estar* dos proprietários e *dos trabalhadores*.

Justifica-se, portanto, a referida mudança na Constituição, pois o trabalho em condições análogas à de escravo, que é o "trabalho escravo" da atualidade, é a antítese do *trabalho decente*, o qual respeita o princípio da dignidade da pessoa humana.

Por fim, merece salientar a grave questão relativa ao *tráfico de pessoas*, que pode ocorrer dentro do próprio país (tráfico interno) ou entre países distintos (tráfico internacional ou transnacional), merecendo efetiva prevenção e punição pelos Estados.

Na esfera do Direito Internacional, destaca-se o "Protocolo Adicional à Convenção das Nações Unidas contra o Crime Organizado Transnacional Relativo à Prevenção, Repressão e Punição do Tráfico de Pessoas, em Especial Mulheres e Crianças", o qual foi adotado em Nova Iorque, em 15 de novembro de 2000 (conhecido como "Protocolo de Palermo"), ratificado pelo Brasil e promulgado pelo Decreto 5.017/2004.

Os objetivos do mencionado Protocolo são: a) *prevenir e combater o tráfico de pessoas*, prestando uma atenção especial às mulheres e às crianças; b) *proteger e ajudar as vítimas desse tráfico*, respeitando plenamente os seus direitos humanos; e c) promover a cooperação entre os Estados-Partes de forma a atingir esses objetivos (art. 2º).

Nos termos do art. 3º do mesmo diploma normativo internacional:

a) a expressão "tráfico de pessoas" significa *o recrutamento, o transporte, a transferência, o alojamento ou o acolhimento de pessoas, recorrendo à ameaça ou uso da força ou a outras formas de coação, ao rapto, à fraude, ao engano, ao abuso de autoridade ou à situação de vulnerabilidade ou à entrega ou aceitação de pagamentos ou benefícios para obter o consentimento de uma pessoa que tenha autoridade sobre outra para fins de exploração.*

A exploração incluirá, no mínimo, *a exploração da prostituição de outrem ou outras formas de exploração sexual, o trabalho ou serviços forçados, escravatura ou práticas similares à escravatura, a servidão ou a remoção de órgãos*;

b) o consentimento dado pela vítima de tráfico de pessoas, tendo em vista qualquer tipo de *exploração* descrito na alínea a) acima, será considerado irrelevante se tiver sido utilizado qualquer um dos meios referidos na mencionada alínea a);

c) o recrutamento, o transporte, a transferência, o alojamento ou o acolhimento de uma criança para fins de exploração serão considerados "tráfico de pessoas", mesmo que não envolvam nenhum dos meios referidos da alínea a) acima;

d) o termo "criança" significa qualquer pessoa com idade inferior a dezoito anos.

O "Protocolo Adicional à Convenção das Nações Unidas contra o Crime Organizado Transnacional, relativo ao Combate ao Tráfico de Migrantes por Via Terrestre, Marítima e Aérea", adotado em Nova Iorque, em 15 de novembro de 2000, também foi ratificado pelo Brasil, e promulgado pelo Decreto 5.016/2004.

O objetivo desse Protocolo é de *"prevenir e combater o tráfico de migrantes*, bem como promover a cooperação entre os Estados-Partes com esse fim, *protegendo ao mesmo tempo os direitos dos migrantes objeto desse tráfico"* (art. 2º).

Em conformidade com o art. 3º dessa norma internacional:

a) a expressão "tráfico de migrantes" significa *a promoção, com o objetivo de obter, direta ou indiretamente, um benefício financeiro ou outro benefício material, da entrada ilegal de uma pessoa num Estado-Parte do qual essa pessoa não seja nacional ou residente permanente*;

b) a expressão "entrada ilegal" significa *a passagem de fronteiras sem preencher os requisitos necessários para a entrada legal no Estado de acolhimento*;

c) a expressão "documento de viagem ou de identidade fraudulento" significa qualquer documento de viagem ou de identificação: (i) que tenha sido falsificado ou alterado de forma substancial por uma pessoa ou uma entidade que não esteja legalmente autorizada a fazer ou emitir documentos de viagem ou de identidade em nome de um Estado; ou (ii) que tenha sido emitido ou obtido de forma irregular, através de falsas declarações, corrupção ou coação ou qualquer outro meio ilícito; ou (iii) que seja utilizado por uma pessoa que não seja seu titular legítimo;

d) o termo "navio" significa todo o tipo de embarcação, incluindo embarcações sem calado e hidroaviões, utilizados ou que possam ser utilizados como meio de transporte sobre a água, com exceção dos vasos de guerra, navios auxiliares da armada ou outras embarcações pertencentes a um Governo ou por ele exploradas, desde que sejam utilizadas exclusivamente por um serviço público não comercial.

No âmbito do Direito interno brasileiro, o Decreto 5.948, de 26 de outubro de 2006, aprova a Política Nacional de Enfrentamento ao Tráfico de Pessoas (PNETP), "que tem por finalidade estabelecer princípios, diretrizes e ações de prevenção e repressão ao tráfico de pessoas e de atendimento às vítimas" (art. 1º). Ainda quanto ao tema, o Decreto 9.833/2019 dispõe sobre o Comitê Nacional de Enfrentamento ao Tráfico de Pessoas.

A Lei 13.344/2016 dispõe sobre o *tráfico de pessoas* cometido no território nacional contra vítima brasileira ou estrangeira e no exterior contra vítima brasileira. O enfrentamento ao tráfico de pessoas compreende a prevenção e a repressão desse delito, bem como a atenção às suas vítimas.

O enfrentamento ao tráfico de pessoas deve atender aos seguintes *princípios*: respeito à dignidade da pessoa humana; promoção e garantia da cidadania e dos direitos humanos; universalidade, indivisibilidade e interdependência; não discriminação por motivo de gênero, orientação sexual, origem étnica ou social, procedência, nacionalidade, atuação profissional, raça, religião, faixa etária, situação migratória ou outro *status*; transversalidade das dimensões de gênero, orientação sexual, origem étnica ou social, procedência, raça e faixa etária nas políticas públicas; atenção integral às vítimas diretas e indiretas, independentemente de nacionalidade e de colaboração em investigações ou processos judiciais; proteção integral da criança e do adolescente (art. 2º da Lei 13.344/2016).

O enfrentamento ao tráfico de pessoas deve atender às seguintes *diretrizes*: fortalecimento do pacto federativo, por meio da atuação conjunta e articulada das esferas de governo no âmbito das respectivas competências; articulação com organizações governamentais e não governamentais nacionais e estrangeiras; incentivo à participação da sociedade em instâncias de controle social e das entidades de classe ou profissionais na discussão das políticas sobre tráfico de pessoas; estruturação da rede de enfrentamento ao tráfico de pessoas, envolvendo todas as esferas de governo e organizações da sociedade civil; fortalecimento da atuação em áreas ou regiões de maior incidência do delito, como as de fronteira, portos, aeroportos, rodovias e estações rodoviárias e ferroviárias; estímulo à cooperação internacional; incentivo à realização de estudos e pesquisas e ao seu compartilhamento; preservação do sigilo dos procedimentos administrativos e judiciais, nos termos da lei; gestão integrada para coordenação da política e dos planos nacionais de enfrentamento ao tráfico de pessoas (art. 3º da Lei 13.344/2016).

A *prevenção ao tráfico de pessoas* dar-se-á por meio: da implementação de medidas intersetoriais e integradas nas áreas de saúde, educação, trabalho, segurança pública, justiça, turismo, assistência social, desenvolvimento rural, esportes, comunicação, cultura e direitos humanos; de campanhas socioeducativas e de conscientização, considerando as diferentes realidades e linguagens; de incentivo à mobilização e à participação da sociedade civil; de incentivo a projetos de prevenção ao tráfico de pessoas (art. 4º da Lei 13.344/2016).

A *repressão ao tráfico de pessoas* dar-se-á por meio: da cooperação entre órgãos do sistema de justiça e segurança, nacionais e estrangeiros; da integração de políticas e ações de repressão aos crimes correlatos e da responsabilização dos seus autores; da formação de equipes conjuntas de investigação (art. 5º da Lei 13.344/2016).

A proteção e o atendimento à vítima direta ou indireta do tráfico de pessoas compreendem: I – assistência jurídica, social, *de trabalho e emprego* e de saúde; II – acolhimento e abrigo provisório; III – atenção às suas necessidades específicas, especialmente em relação a questões de gênero, orientação sexual, origem étnica ou social, procedência, nacionalidade, raça, religião, faixa etária, situação migratória, atuação profissional, diversidade cultural, linguagem, laços sociais e familiares ou outro *status*; IV – preservação da intimidade e da identidade; V – prevenção à revitimização no atendimento e nos procedimentos investigatórios e judiciais; VI – atendimento humanizado; VII – informação sobre procedimentos administrativos e judiciais (art. 6º da Lei 13.344/2016).

A atenção às vítimas dar-se-á com a interrupção da situação de exploração ou violência, a sua reinserção social, a garantia de facilitação do acesso à educação, à cultura, à formação profissional e ao trabalho e, no caso de crianças e adolescentes, a busca de sua reinserção familiar e comunitária. No exterior, a assistência imediata a vítimas brasileiras estará a cargo da rede consular brasileira e será prestada independentemente de sua situação migratória, ocupação ou outro *status*. A assistência à saúde prevista no art. 6º, inciso I, da Lei 13.344/2016 deve compreender os aspectos de recuperação física e psicológica da vítima.

Devem ser adotadas campanhas nacionais de enfrentamento ao tráfico de pessoas, a serem divulgadas em veículos de comunicação, visando à conscientização da sociedade sobre todas as modalidades de tráfico de pessoas (art. 15 da Lei 13.344/2016).

No Código Penal, merece destaque o crime de "aliciamento para o fim de emigração", previsto no art. 206, com a seguinte tipificação: "Recrutar trabalhadores, mediante fraude, com o fim de levá-los para território estrangeiro: Pena – detenção, de 1 (um) a 3 (três) anos e multa" (redação dada pela Lei 8.683/1993).

Ainda no Código Penal, o crime de "aliciamento de trabalhadores de um local para outro do território nacional" é previsto no art. 207, assim tipificado: "Aliciar trabalhadores, com o fim de levá-los de uma para outra localidade do território nacional: Pena – detenção de um a três anos, e multa" (redação dada pela Lei 9.777/1998).

Incorre na mesma pena acima "quem recrutar trabalhadores fora da localidade de execução do trabalho, dentro do território nacional, mediante fraude ou cobrança de qualquer quantia do trabalhador, ou, ainda, não assegurar condições do seu retorno ao local de origem" (art. 207, § 1º, do Código Penal, incluído pela Lei 9.777/1998). A pena é aumentada de um sexto a um terço se a vítima é menor de 18 anos, idosa, gestante, indígena ou portadora de deficiência física ou mental (art. 207, § 2º, incluído pela Lei 9.777/1998).

Ainda relacionado ao tema, o crime de *tráfico de pessoas* é previsto no art. 149-A do Código Penal, acrescentado pela Lei 13.344/2016, assim tipificado: "Agenciar, aliciar, recrutar, transportar, transferir, comprar, alojar ou acolher pessoa, mediante grave ameaça, violência, coação, fraude ou abuso, com a finalidade de: I – remover-lhe órgãos, tecidos ou partes do corpo; II – submetê-la a trabalho em condições análogas à de escravo; III – submetê-la a qualquer tipo de servidão; IV – adoção ilegal; ou V – exploração sexual. Pena – reclusão, de 4 (quatro) a 8 (oito) anos, e multa".

A pena é aumentada de um terço até a metade se: I – o crime for cometido por funcionário público no exercício de suas funções ou a pretexto de exercê-las; II – o crime for cometido contra criança, adolescente ou pessoa idosa ou com deficiência; III – o agente se prevalecer de relações de parentesco, domésticas, de coabitação, de hospitalidade, de dependência econômica, de autoridade ou de superioridade hierárquica inerente ao exercício de emprego, cargo ou função; ou IV – a vítima do tráfico de pessoas for retirada do território nacional (art. 149-A, § 1º, do Código Penal).

A pena é reduzida de um a dois terços se o agente for primário e não integrar organização criminosa (art. 149-A, § 2º, do Código Penal).

8.9.2.4 *Trabalho decente*

O trabalho degradante, e mesmo o trabalho em condições análogas à de escravo como um todo, é a negação e a antítese do chamado "trabalho decente", o qual é aquele que respeita o princípio da dignidade da pessoa humana[77].

O *trabalho decente* exige o respeito a direitos mínimos do trabalhador. Logo, para a sua melhor compreensão, pode-se dizer que o trabalho decente abrange os seguintes aspectos, assim divididos[78]:

1) plano individual:

a) direito ao trabalho, havendo a obrigação do Estado de criar condições para que o trabalhador exerça ocupação que permita a sua subsistência e de sua família;

b) liberdade de escolha do trabalho;

c) igualdade de oportunidades para e no exercício do trabalho (ausência de discriminação no ambiente de trabalho e concessão de iguais oportunidades a todos os trabalhadores);

d) direito de exercer o trabalho em condições que preservem a saúde e a segurança do trabalhador no meio ambiente de trabalho;

e) direito a uma justa remuneração, compatível com as atividades desempenhadas pelo trabalhador e suficiente à satisfação de suas necessidades e de sua família;

f) direito a justas condições de trabalho, principalmente quanto à limitação da jornada e ao intervalo destinado a repouso e alimentação;

g) proibição do trabalho infantil, responsável por ocasionar graves complicações para o desenvolvimento físico e mental da criança e do adolescente.

2) plano coletivo: a liberdade sindical, garantindo-se o livre exercício da atividade sindical;

3) plano da seguridade social: a proteção contra o desemprego e outros riscos sociais.

Uma das diretrizes do Sistema Nacional de Emprego (Sine) é justamente a otimização do acesso ao *trabalho decente*, exercido em condições de liberdade, equidade, dignidade e segurança, e a sistemas de educação e de qualificação profissional e tecnológica (art. 2º, inciso I, da Lei 13.667/2018).

No âmbito da Organização Internacional do Trabalho, os pontos básicos normalmente apontados para a existência do trabalho decente são: a liberdade de trabalho; a igualdade no trabalho; a proibição do trabalho infantil; a liberdade sindical. Cf. Capítulo 7, itens 7.4.4 e 7.4.5.

Na esfera da Organização das Nações Unidas, a *Agenda 2030 para o Desenvolvimento Sustentável*, de setembro de 2015, em seu Objetivo 8, assim estabelece: "Promover o crescimento econômico sustentado, inclusivo e sustentável, emprego pleno e produtivo e trabalho decente para todos"[79].

---

[77] Cf. BRITO FILHO, José Cláudio Monteiro de. Trabalho com redução à condição análoga à de escravo: análise a partir do tratamento decente e de seu fundamento, a dignidade da pessoa humana. In: VELLOSO, Gabriel; FAVA, Marcos Neves (Coord.). *Trabalho escravo contemporâneo*: o desafio de superar a negação. São Paulo: LTr, 2006. p. 126: "Trabalho decente é aquele em que são respeitados os direitos mínimos dos trabalhadores necessários à preservação de sua dignidade". Cf. ainda BRITO FILHO, José Cláudio Monteiro de. *Trabalho decente*: análise jurídica da exploração do trabalho: trabalho forçado e outras formas de trabalho indigno. São Paulo: LTr, 2004.

[78] Cf. BRITO FILHO, José Cláudio Monteiro de. Trabalho com redução à condição análoga à de escravo: análise a partir do tratamento decente e de seu fundamento, a dignidade da pessoa humana. In: VELLOSO, Gabriel; FAVA, Marcos Neves (Coord.). *Trabalho escravo contemporâneo*: o desafio de superar a negação. São Paulo: LTr, 2006. p. 127-128.

[79] Merecem destaque os seguintes itens do Objetivo 8 de Desenvolvimento Sustentável da ONU: "8.3 Promover políticas orientadas para o desenvolvimento que apoiem as atividades produtivas, geração de emprego decente, empreendedorismo, criatividade e inovação, e incentivar a formalização e o crescimento das micro, pequenas e médias empresas, inclusive por meio do acesso a serviços financeiros; 8.4 Melhorar progressivamente, até 2030, a eficiência dos recursos globais no consumo e na produção, e empenhar-se para dissociar o crescimento econômico da degradação ambiental, de acordo com o Plano Decenal de Programas sobre Produção e Consumo Sustentáveis, com os países desenvolvidos assumindo a liderança; 8.5 Até 2030, alcançar o emprego pleno e produtivo e o trabalho decente todas as mulheres e homens, inclusive para os jovens e as pessoas com deficiência, e remuneração igual para

Assim, como define José Cláudio Monteiro de Brito Filho, trabalho decente: "é um conjunto mínimo de direitos do trabalhador que corresponde: à existência de trabalho; à liberdade de trabalho; à igualdade no trabalho; ao trabalho com condições justas, incluindo a remuneração, e a preservação de sua saúde e segurança; à proibição do trabalho infantil; à liberdade sindical; e à proteção contra os riscos sociais"[80].

8.9.2.5 *Responsabilidade civil do empregador por ato de terceiro*

Relevante analisar, ainda, a hipótese em que o empregado, tendo sofrido lesão moral ou patrimonial decorrente de ato praticado por outro empregado, busca a responsabilização civil do próprio empregador.

O art. 932, inciso III, do Código Civil estabelece que o empregador também é responsável pela reparação civil de danos causados "por seus empregados, serviçais e prepostos, no exercício do trabalho que lhes competir, ou em razão dele". Além disso, de acordo com o art. 933 do Código Civil, o empregador, ainda que não haja culpa de sua parte, responde pelos atos praticados pelos referidos terceiros. Como se nota, trata-se de responsabilidade objetiva do empregador quanto aos atos praticados, no exercício do trabalho ou em razão dele, por seus empregados, serviçais e prepostos.

Essa última regra, no entanto, não retira a necessidade da culpa específica quanto àquele que praticou o ato lesivo em si. Essa culpa só pode ser afastada nas hipóteses excepcionais de responsabilidade objetiva (art. 927, parágrafo único, do Código Civil). Portanto, não se pode confundir: a culpa do empregador quanto aos atos de seus empregados (ou serviçais e prepostos), que anteriormente era presumida (art. 1.523 do Código Civil de 1916 e Súmula 341 do STF), e hoje não é mais exigida pelo Código Civil de 2002, com a culpa do próprio agente causador direto do dano, que, em tese, se faz necessária para o direito à indenização civil.

Observe-se que o art. 934 do Código Civil assegura o direito de regresso, a ser exercido pelo empregador em face do empregado culpado.

É certo que a disposição do art. 932, inciso III, do Código Civil tem clara incidência para as hipóteses de *responsabilidade civil do empregador em favor de um terceiro*, como um cliente, lesado por ato praticado por empregado, no exercício do trabalho ou em razão dele. Mesmo assim, pode-se admitir interpretação no sentido de aplicar esta disposição em favor de empregado[81] que sofreu violação de direito no plano moral ou patrimonial, por ato de outro empregado ou preposto, a fim de responsabilizar o empregador, inclusive em situações de assédio sexual ou, mesmo, de assédio moral.

No entanto, a responsabilidade civil do empregador por ato de terceiro só surge se este foi praticado "no exercício do trabalho" que compete ao empregado ou preposto, ou "em razão dele". Não se pode aplicar a disposição de forma extensiva, justamente por se tratar de hipótese de responsabilidade objetiva por ato de terceiro.

Assim, eventual discórdia ou desentendimento entre empregados, causando lesões a direitos de um deles, não envolve o exercício do trabalho propriamente nem se refere a um ato ocorrido em

---

trabalho de igual valor; 8.6 Até 2020, reduzir substancialmente a proporção de jovens sem emprego, educação ou formação; 8.7 Tomar medidas imediatas e eficazes para erradicar o trabalho forçado, acabar com a escravidão moderna e o tráfico de pessoas, e assegurar a proibição e eliminação das piores formas de trabalho infantil, incluindo recrutamento e utilização de crianças-soldado, e até 2025 acabar com o trabalho infantil em todas as suas formas; 8.8 Proteger os direitos trabalhistas e promover ambientes de trabalho seguros e protegidos para todos os trabalhadores, incluindo os trabalhadores migrantes, em particular as mulheres migrantes, e pessoas em empregos precários; 8.9 Até 2030, elaborar e implementar políticas para promover o turismo sustentável, que gera empregos e promove a cultura e os produtos locais". Disponível em: <https://nacoesunidas.org/wp-content/uploads/2015/10/agenda2030-pt-br.pdf>.

[80] BRITO FILHO, José Cláudio Monteiro de. Trabalho com redução à condição análoga à de escravo: análise a partir do tratamento decente e de seu fundamento, a dignidade da pessoa humana. In: VELLOSO, Gabriel; FAVA, Marcos Neves (Coord.). *Trabalho escravo contemporâneo*: o desafio de superar a negação. São Paulo: LTr, 2006. p. 128.

[81] Cf. SANTOS, Enoque Ribeiro dos. Responsabilidade civil subjetiva e objetiva da empresa em face do novo Código Civil. *Revista Síntese Trabalhista*, Porto Alegre, ano XV, n. 175, p. 45, jan. 2004.

razão do exercício do trabalho. Em hipóteses assim, como de inimizade entre empregados, o que se verifica é ato ilícito praticado por uma pessoa que, coincidentemente, é empregada da mesma empresa em que trabalha aquele que foi lesado. A relação é particular entre estas pessoas, não se estendendo ao empregador, nem apresentando nexo com o vínculo de emprego propriamente. Por isso, o empregador não tem como responder, de forma objetiva, por atos ilícitos de seus empregados, desvinculados do trabalho exercido.

Não tendo a lesão pertinência direta com a relação de trabalho, por se tratar de evento ocorrido na relação particular entre empregado e colega de trabalho (hierarquicamente superior ou não), não há como responsabilizar o empregador de forma objetiva, por conduta de terceiro, que não se refere ao exercício do trabalho, mas sim a desentendimento particular entre obreiros. Nessas situações, de lesões advindas de relações particulares entre empregados, ainda que ocorridas quando ou no local do trabalho, apenas se houver dolo ou culpa do empregador, é que este pode ser responsabilizado. Por exemplo, responde o empregador ao permitir que seu empregado seja lesado por outro, ou por preposto, sem tomar nenhuma atitude ou cuidado para coibir a sua prática, nem fiscalizar o ambiente de trabalho.

Sabendo o empregador que certo empregado praticou, ou está praticando, atos que configuram violação da dignidade de outro trabalhador, como o *assédio sexual* ou mesmo o *assédio moral*, deve tomar providências eficazes e imediatas para fazer cessar a lesão[82], sob pena de responder, de forma solidária com aquele que praticou o ato, por danos morais (art. 942 do Código Civil).

8.9.2.6 *Dano moral coletivo*

O desenvolvimento da ciência jurídica revelou a existência de *direitos coletivos*, gênero do qual fazem parte os direitos difusos, os coletivos em sentido estrito e os individuais homogêneos, conforme previsão na Lei 8.078/1990, art. 81, parágrafo único, incisos I, II e III (Código de Defesa do Consumidor) e na Lei 7.347/1985, arts. 1º, IV, e 21 (Lei da Ação Civil Pública).

As ações coletivas são, portanto, instrumentos processuais para a tutela dos mencionados direitos. A dicotomia entre ações individuais e ações coletivas tem por fundamento, assim, o direito material tutelado, se individual ou coletivo. Se a demanda ajuizada tem o objetivo de tutelar direito coletivo (em sentido amplo), esse é o aspecto essencial, não se verificando relevância científica quanto ao nome formalmente atribuído à demanda, seja pela doutrina, pela jurisprudência ou pela legislação. Nesse sentido, não há qualquer alteração de relevo se determinada lei estabelece que a referida ação denomina-se "ação civil pública", ou outra norma a designa como "ação coletiva"[83]. O nome em nada afeta a natureza coletiva da ação.

Os direitos difusos são conceituados pelo Código de Defesa do Consumidor como "os transindividuais, de natureza indivisível, de que sejam titulares pessoas indeterminadas e ligadas por circunstância de fato" (art. 81, parágrafo único, inciso I). No direito difuso, quanto ao aspecto subjetivo, seus *titulares* são *pessoas indeterminadas*; quanto ao aspecto objetivo, o *objeto* do direito (bem jurídico) é *indivisível*[84]. Nessa espécie de direitos coletivos, um mesmo fato dá origem ao direito com as referidas características. A indivisibilidade do bem jurídico é facilmente constatada, pois basta uma única ofensa para que todos os titulares do direito sejam atingidos. Do mesmo modo, a satisfação do direito beneficia a todos os titulares indeterminados ao mesmo tempo.

---

[82] Cf. MARTINS, Sergio Pinto. *Comentários à CLT*. 10. ed. São Paulo: Atlas, 2006. p. 529: "Pode também decorrer de omissão do empregador, que, sabendo dos fatos, não tomou nenhuma providência em relação à pessoa que praticou o assédio".

[83] Cf. DINAMARCO, Pedro da Silva. *Ação civil pública*. São Paulo: Saraiva, 2001. p. 16-17; LEITE, Carlos Henrique Bezerra. *Ação civil pública: nova jurisdição trabalhista metaindividual*: legitimação do Ministério Público. São Paulo: LTr, 2001. p. 92-94.

[84] Cf. DINAMARCO, Pedro da Silva. *Ação civil pública*. São Paulo: Saraiva, 2001. p. 51, inclusive nota 163.

Os direitos coletivos (em sentido estrito), por sua vez, são definidos como "os transindividuais de natureza indivisível de que seja titular grupo, categoria ou classe de pessoas ligadas entre si ou com a parte contrária por uma relação jurídica base" (Código de Defesa do Consumidor, art. 81, parágrafo único, inciso II). Nesses direitos, o seu *objeto* é *indivisível* (aspecto objetivo)[85] e o seu titular é o agrupamento de pessoas. Essas são *determináveis* (aspecto subjetivo), pois serão todas aquelas que constituem o agrupamento. Disso surge a "relação jurídica base" que as liga, ou seja, todas estão inseridas no grupo, categoria ou classe[86].

Segundo a definição de direitos individuais homogêneos, do art. 81, parágrafo único, inciso III, do Código de Defesa do Consumidor, eles são os "decorrentes de origem comum". Esses direitos são, em sua essência, individuais. Por consequência, possuem *titulares determinados* e *objeto divisível*. A particularidade é que muitas pessoas são detentoras, cada uma delas, de direitos individuais substancialmente iguais (sabendo-se que cada titular pode ter determinadas particularidades não exatamente equivalentes perante os demais). No entanto, na essência, os direitos são os mesmos, daí serem "homogêneos", com o que, reunidos para a tutela por meio da mesma ação coletiva, ganham configuração metaindividual, pois envolvem grupos de pessoas em uma mesma situação. Essa homogeneidade de direitos decorre da "origem comum". Como se sabe, a origem dos direitos subjetivos são os fatos[87]. Assim, direitos homogêneos são aqueles direitos subjetivos que decorrem dos mesmos fatos. Há situações em que, de um mesmo fato lesivo, várias pessoas são atingidas de maneira uniforme, homogênea, igual em substância. Por isso, essas pessoas passam a ser titulares, simultaneamente, de direitos subjetivos substancialmente iguais, homogêneos. Diante dessa particularidade, a norma processual confere instrumentos hábeis a defendê-los de maneira mais célere e eficiente, no caso, o instrumental de típica ação coletiva[88].

Os direitos metaindividuais não são particularidades do direito do consumidor ou ambiental. Na esfera do Direito material do Trabalho, a maior parte dos interesses envolve toda uma coletividade de pessoas[89]. Dessa forma, a defesa judicial de direitos transindividuais é objeto tanto do Direito Processual Civil como do Direito Processual do Trabalho. É plenamente possível o ajuizamento de ação visando à defesa de direitos metaindividuais decorrentes das relações de trabalho, do mesmo modo como ocorre no âmbito de outros ramos do Direito. Aliás, é garantido constitucionalmente o direito de ação sem restrições, quer quanto à natureza individual ou coletiva do direito material, quer quanto ao ramo do direito em que se encontra previsto (art. 5º, inciso XXXV, da Constituição Federal de 1988). No âmbito do processo do trabalho, a ação em questão, para efeitos didáticos e práticos, pode ser denominada de ação coletiva trabalhista.

Observados esses aspectos, quanto ao tema aqui analisado, cabe destacar que o dano moral pode ser individual ou coletivo, conforme a violação de direitos da personalidade, ou de direitos humanos e fundamentais, em preservação da dignidade da pessoa humana, seja de ordem individual ou se trate de lesão de natureza metaindividual (difusos e coletivos em sentido estrito). Nesse

---

[85] Cf. DINAMARCO, Pedro da Silva. *Ação civil pública*. São Paulo: Saraiva, 2001. p. 54.
[86] Cf. WATANABE, Kazuo. *Código Brasileiro de Defesa do Consumidor: comentado pelos autores do anteprojeto*. 5. ed. Rio de Janeiro: Forense Universitária, 1998. p. 626: "Essa relação jurídica-base é a preexistente à lesão ou ameaça de lesão do interesse ou direito do grupo, categoria ou classe de pessoas. Não a relação jurídica nascida da própria lesão ou da ameaça de lesão".
[87] Cf. LACERDA, Galeno. *Comentários ao Código de Processo Civil*. 8. ed. Rio de Janeiro: Forense, 1999. v. 8, t. I, p. 16: "No direito material, a causa donde brota o direito subjetivo, e, portanto, a relação jurídica, é o fato ou o ato jurídico material: o contrato, o ato ilícito, o nascimento, a morte, o testamento etc.".
[88] Cf. DINAMARCO, Pedro da Silva. *Ação civil pública*. São Paulo: Saraiva, 2001. p. 60: "Eles são verdadeiros interesses individuais, mas *circunstancialmente tratados de forma coletiva*. Ou seja, não são coletivos em sua essência nem no modo como são exercidos" (destaques do original).
[89] Cf. LEAL, Ronaldo José Lopes. A jurisdição trabalhista e a tutela dos direitos coletivos. In: SILVESTRE, Rita Maria; NASCIMENTO, Amauri Mascaro (Coord.). *Os novos paradigmas do direito do trabalho*: homenagem a Valentin Carrion. São Paulo: Saraiva, 2001. p. 606.

sentido, a Lei da Ação Civil Pública (Lei 7.347/1985), no art. 1º, *caput*, expressamente, prevê a possibilidade de responsabilização por danos morais e patrimoniais causados a interesses difusos ou coletivos, em consonância com o art. 129, inciso III, da Constituição Federal de 1988. Como as ações civis públicas e coletivas têm por escopo a defesa dos direitos transindividuais, neles incluídos os direitos difusos e coletivos em sentido estrito (Lei 8.078/1990, art. 81, parágrafo único), resta evidente a plena possibilidade de responsabilização por *danos morais coletivos*, sofridos pela sociedade, categoria, grupo ou coletividade de pessoas, em razão da violação de direitos não patrimoniais, fundamentais, de natureza metaindividual.

Exemplificando, podem configurar danos morais coletivos, passíveis de indenização (com caráter compensatório e punitivo), as lesões ao meio ambiente de trabalho e às normas de segurança e medicina do trabalho, as condutas discriminatórias nas relações de trabalho, as fraudes aos direitos trabalhistas, as condutas que afrontem a dignidade da pessoa humana do trabalhador ou, mesmo, que desrespeitem a moralidade administrativa no que tange às relações de trabalho.

Os referidos danos morais coletivos podem ser pleiteados por meio de ações civis públicas e coletivas, ajuizadas pelos entes legitimados, entre os quais cabe destacar o Ministério Público do Trabalho e os sindicatos. Nesse sentido, cabe transcrever a seguinte decisão do Tribunal Superior do Trabalho:

> "Agravo de instrumento. Recurso de revista. Ação civil pública. Dano moral coletivo. Reparação. Possibilidade. Ato atentatório à dignidade dos trabalhadores rurais da região.
>
> Não resta dúvida quanto à proteção que deve ser garantida aos interesses transindividuais, o que encontra-se expressamente delimitado no objetivo da ação civil pública, que busca garantir à sociedade o bem jurídico que deve ser tutelado. Trata-se de um direito coletivo, transindividual, de natureza indivisível, cujos titulares são os trabalhadores rurais da região de Minas Gerais ligados entre si com os recorrentes por uma relação jurídica base, ou seja, o dispêndio da força de trabalho em condições que aviltam a honra e a dignidade e na propriedade dos recorridos. Verificado o dano à coletividade, que tem a dignidade e a honra abalada em face do ato infrator, cabe a reparação, cujo dever é do causador do dano. O fato de ter sido constatada a melhoria da condição dos trabalhadores em nada altera o decidido, porque ao inverso da tutela inibitória que visa coibir a prática de atos futuros, a indenização por danos morais visa reparar lesão ocorrida no passado, e que, de tão grave, ainda repercute no seio da coletividade. Incólumes os dispositivos de lei apontados como violados e inespecíficos os arestos é de se negar provimento ao agravo de instrumento" (TST, 6ª T., AIRR 61/2004-096-03-40.2, Rel. Min. Aloysio Corrêa da Veiga, j. 03.10.2007).

Nesse enfoque, também cabe fazer menção ao grave problema referente ao trabalho em condições análogas à de escravo, que pode e deve ser combatido, também, por meio do ajuizamento de ação de natureza coletiva. Na esfera penal, a Lei 10.803, de 11 de dezembro de 2003, alterou o art. 149 do Código Penal, "para estabelecer penas ao crime nele tipificado e indicar as hipóteses em que se configura condição análoga à de escravo". Referida prática, sem dúvida, viola direitos sociais e fundamentais dos trabalhadores, podendo configurar lesões de caráter individual e metaindividual, tanto no plano patrimonial como no moral.

Tem-se, assim, a possibilidade de ocorrer:

1. *dano moral individual*, o qual pode ser:

a) *moral individual puro*, a ser pleiteado pela própria pessoa, titular do direito (da personalidade) de natureza essencialmente individual;

b) *dano moral individual homogêneo*, que pode ser pleiteado pelos entes legitimados para as ações de natureza metaindividual[90];

---

[90] Cf. MELO, Luís Antônio Camargo de. Ação coletiva no combate ao trabalho escravo. In: RIBEIRO JÚNIOR, José Hortêncio; CORDEIRO, Juliana Vignoli; FAVA, Marcos Neves; CAIXETA, Sebastião Vieira (Org.). *Ação coletiva na visão de juízes e procuradores do trabalho*. São Paulo: LTr, 2006. p. 177-178, inclusive nota 53.

2. *dano moral coletivo*, a ser postulado pelos entes legitimados ao ajuizamento de ações civis públicas e coletivas.

Parte da doutrina faz menção, ainda, ao chamado "dano moral social", no sentido de que certas lesões a direitos trabalhistas, mesmo que objeto de ações individuais, na realidade, acarretam prejuízo a toda a sociedade, tendo em vista que o Direito do Trabalho "tanto protege o trabalhador, individualmente considerado, quanto se constitui a regulação do modelo capitalista de produção, impondo a este limites e diretrizes"[91]. Desse modo, o descumprimento deliberado e reincidente do ordenamento jurídico trabalhista, além da lesão individual, pode gerar repercussões sociais, devendo, assim, a indenização servir como forma de desestimular o referido ilícito[92].

Nesse contexto, o Ministério Público do Trabalho ajuíza ações civis públicas para que sejam observadas as normas de ordem pública de proteção ao trabalho, com pretensões ligadas não só à cessação do labor em condições desumanas e inaceitáveis, bem como de indenizações por danos materiais e morais coletivos[93]. O *Parquet* Laboral, entretanto, não é o único legitimado para ajuizar referida ação coletiva. O próprio sindicato detém legitimidade para defender os interesses coletivos do grupo de trabalhadores, por exemplo, encontrados em condições análogas à de escravo[94], objetivando a cessação de práticas relacionadas ao fato, bem como "para a defesa de interesses individuais homogêneos"[95] dos empregados envolvidos.

8.10 Termo de quitação anual de obrigações trabalhistas

A *quitação* é a prova do pagamento, ou seja, do cumprimento da obrigação[96].

Nesse sentido, o devedor que paga tem direito a quitação regular, e pode reter o pagamento, enquanto não lhe seja dada (art. 319 do Código Civil).

Como registro histórico, o art. 233 da Constituição da República Federativa do Brasil de 1988 assim previa:

"Art. 233. Para efeito do art. 7º, XXIX, o empregador rural comprovará, de cinco em cinco anos, perante a Justiça do Trabalho, o cumprimento das suas obrigações trabalhistas para com o empregado rural, na presença deste e de seu representante sindical.

§ 1º Uma vez comprovado o cumprimento das obrigações mencionadas neste artigo, fica o empregador isento de qualquer ônus decorrente daquelas obrigações no período respectivo. Caso o empregado e seu representante não concordem com a comprovação do empregador, caberá à Justiça do Trabalho a solução da controvérsia.

---

[91] SOUTO MAIOR, Jorge Luiz. Responsabilidade civil objetiva do empregador com relação a danos pessoais e sociais no âmbito das relações de trabalho. *Revista Trabalhista*, Rio de Janeiro, Forense, ano 4, v. XIII, p. 108, jan.-mar. 2005.

[92] Cf. SOUTO MAIOR, Jorge Luiz. Responsabilidade civil objetiva do empregador com relação a danos pessoais e sociais no âmbito das relações de trabalho. *Revista Trabalhista*, Rio de Janeiro, Forense, ano 4, v. XIII, p. 109, jan.-mar. 2005.

[93] "Ação civil pública. Indenização por dano à coletividade. [...] Importa no dever de indenizar por dano causado à coletividade o empregador que submete trabalhadores à condição degradante de escravo". RO 861/2003 – 1ª T. – TRT 8ª Reg. – j. 01.04.2003 – Rela. Juíza Maria Valquíria Norat Coelho (*Revista de Direito do Trabalho*, São Paulo, RT, ano 29, n. 112, p. 334, out.-dez. 2003);"Trabalho forçado. Configuração. Os fatos devidamente comprovados nos autos demonstram de maneira incontestável o descuido continuado do empregador com o meio ambiente do trabalho, afetando potencialmente todos os seus empregados, que, ao contrário do que alega a peça recursal, estavam impossibilitados do livre exercício do direito de ir e vir, e o que é mais degradante, estavam submetidos à condição subumana como bem retratam as fotos e a fita VHS residentes nos autos. Está, assim, configurada a prática de dano coletivo". RO 862/2003 – 4ª T. – TRT 8ª Reg. – j. 06.05.2003 – Rela. Juíza Francisca Oliveira Formigosa – *DOEPA* 08.05.2003 (*Revista de Direito do Trabalho*, São Paulo, RT, ano 29, n. 112, p. 340, out.-dez. 2003).

[94] Cf. SENTO-SÉ, Jairo Lins de Albuquerque. *Trabalho escravo no Brasil na atualidade*. São Paulo, LTr, 2000. p. 120.

[95] SANTOS, Ronaldo Lima dos. *Sindicatos e ações coletivas*: acesso à justiça, jurisdição coletiva e tutela dos interesses difusos, coletivos e individuais homogêneos. São Paulo, LTr, 2003. p. 189.

[96] Cf. WALD, Arnoldo. *Obrigações e contratos*. 16. ed. São Paulo: Saraiva, 2005. p. 81, 87.

§ 2º Fica ressalvado ao empregado, em qualquer hipótese, o direito de postular, judicialmente, os créditos que entender existir, relativamente aos últimos cinco anos.

§ 3º A comprovação mencionada neste artigo poderá ser feita em prazo inferior a cinco anos, a critério do empregador".

O mencionado dispositivo da Constituição, entretanto, foi *revogado* pelo art. 2º da Emenda Constitucional 28/2000.

O art. 507-B da CLT, acrescentado pela Lei 13.467/2017, prevê que é facultado a empregados e empregadores, na vigência ou não do contrato de emprego, firmar o *termo de quitação anual* de obrigações trabalhistas, perante o sindicato da categoria dos empregados.

A previsão em destaque tem natureza facultativa, havendo necessidade de que tanto o empregador como o empregado, consensualmente, manifestem suas vontades nesse sentido.

O termo de quitação, desse modo, pode ser firmado a cada ano, na presença do sindicato da categoria profissional.

Argumenta-se que a medida possa gerar maior segurança jurídica nas relações trabalhistas. Não obstante, como a quitação anual pode ser feita mesmo durante a vigência do contrato de trabalho, sabendo-se que o empregado presta serviços de forma subordinada ao empregador e muitas vezes necessita do trabalho para manter a subsistência, em termos práticos, podem ocorrer situações em que o termo de quitação (por exemplo, de horas extras) não corresponda à efetiva realidade verificada durante o vínculo de emprego.

O termo deve discriminar as obrigações de dar e fazer cumpridas mensalmente e dele constará a quitação anual dada pelo empregado, com eficácia liberatória das parcelas nele especificadas (art. 507-B, parágrafo único, da CLT, acrescentado pela Lei 13.467/2017).

A quitação, desse modo, abrange apenas as parcelas especificadas no respectivo termo. Entretanto, é possível sustentar que os valores relativos às parcelas especificadas no termo de quitação não poderão ser mais discutidas posteriormente, justamente em razão dessa eficácia liberatória. Isso pode gerar situações injustas, em que o pagamento feito não corresponda à integralidade dos valores que, na realidade, seriam devidos ao empregado.

8.11 Diferenças entre o contrato de trabalho e outras modalidades contratuais

O contrato de trabalho é um contrato específico, que se diferencia das demais modalidades contratuais, presentes no Direito comum.

O contrato de trabalho não se confunde com o contrato de compra e venda, pois este é instantâneo, tem como objeto a coisa, adquirida pelo pagamento de certo preço (art. 481 do Código Civil de 2002). O trabalho não é mercadoria, mas valor essencial, que dignifica a vida humana. Além disso, o contrato de trabalho é de trato sucessivo.

O contrato de arrendamento também não se confunde com o contrato de trabalho, pelas suas características próprias e específicas, sabendo-se que naquele não há subordinação, podendo ser firmado entre pessoas jurídicas.

O contrato de prestação de serviços, previsto nos arts. 593 e seguintes do Código Civil de 2002, diferencia-se do contrato de trabalho, pois naquele não se verifica a subordinação, quanto à forma de prestar o trabalho, mas sim independência e autonomia na atividade.

O contrato de trabalho também se distingue do *contrato de representação comercial* (Lei 4.886/1965, alterada pela Lei 8.420/1992) ou de *agência e distribuição* (arts. 710 a 721 do Código Civil de 2002), pois neste não se verifica a subordinação jurídica, inerente ao contrato de trabalho, caracterizando-se pela intensidade e repetição de ordens em face do empregado, dirigindo a forma de prestação do serviço e o modo de desempenhar as funções[97]. Desse modo, exerce a representação comercial autônoma a pessoa jurídica ou a pessoa física, sem relação de emprego, que desempenha, em caráter não eventual por conta de uma ou mais pessoas, a mediação para a realização de negócios mercantis, agenciando propostas ou pedidos, para transmiti-los aos representados, praticando ou não atos relacionados com a execução dos negócios (art. 1º da Lei 4.886/1965).

Na empreitada, regulada nos arts. 610 e seguintes do Código Civil de 2002, contrata-se uma obra, podendo ser avençado o fornecimento só de mão de obra (unicamente de lavor), ou de trabalho, além de materiais, resultando esta última obrigação da lei ou da vontade das partes. Como diferenças do contrato de trabalho, a empreitada é um contrato de resultado; além disso, o empreiteiro não é subordinado ao dono da obra.

O contrato de sociedade distingue-se do contrato de trabalho, pois naquele se faz presente o chamado *affectio societatis*, ou seja, o interesse comum dos sócios, de colaboração para alcançar o mesmo fim, não se verificando subordinação entre eles. Além disso, no contrato de sociedade, o sócio pode sofrer prejuízos, tendo em vista o risco da atividade, o que não se verifica no contrato de trabalho.

O mandato (arts. 653 e seguintes do Código Civil de 2002) também não se confunde com o contrato de trabalho, pois apenas neste se verifica prestação de serviços de forma subordinada. O mandato é normalmente gratuito, enquanto o contrato de trabalho é oneroso. Pode existir a representação do empregador pelo empregado, como se verifica em cargos de confiança.

Como se nota, o contrato de trabalho é um contrato específico, que se diferencia das demais modalidades contratuais presentes no direito comum.

8.12 Contrato a prazo determinado

8.12.1 Contratação

O contrato de trabalho pode ser por prazo determinado ou indeterminado (art. 443, *caput*, da CLT).

Discute-se sobre a necessidade de ser o contrato de trabalho a prazo certo por escrito. Na realidade, como já mencionado, a forma escrita, em regra, não é exigida no contrato de trabalho, com a ressalva das hipóteses já indicadas (como é o caso do contrato de aprendizagem definido pelo art. 428, *caput*, da CLT como um contrato de trabalho especial, ajustado por escrito e por prazo determinado).

Assim, para o contrato de trabalho por tempo certo, o *caput* do art. 443 da CLT admite ser "acordado tácita ou expressamente, verbalmente ou por escrito". No entanto, embora válido, para efeito de prova da contratação a prazo determinado, reconhece-se que a forma escrita é muito mais indicada, pois a presunção é justamente de ser o contrato a prazo indeterminado.

Além disso, de acordo com o art. 29, *caput*, da CLT, o empregador deve anotar na Carteira de Trabalho e Previdência Social, especificamente, "as condições especiais, se houver", pertinentes ao contrato de trabalho. O prazo para o término do contrato é justamente uma condição especial, pois a regra é ser a prazo indeterminado. No entanto, pode-se dizer que a ausência da referida anotação não torna inválido o contrato a prazo certo, se devidamente pactuado, o qual pode ser provado por outros meios, podendo a omissão, no entanto, acarretar a aplicação de penalidade administrativa.

Na hipótese de contrato de trabalho doméstico, a Carteira de Trabalho e Previdência Social deve ser obrigatoriamente apresentada, contra recibo, pelo empregado ao empregador que o admitir, o qual tem o prazo de 48 horas para nela anotar, especificamente, a data de admissão, a remuneração e, quando for o caso, *os contratos por prazo determinado* (art. 9º da Lei Complementar 150/2015).

---

[97] Cf. DELGADO, Mauricio Godinho. *Curso de direito do trabalho*. 4. ed. São Paulo: LTr, 2005. p. 597-598.

8.12.2 Hipóteses de cabimento

Em razão do princípio da continuidade da relação de emprego, presente no Direito do Trabalho, a presunção é de que o contrato seja a prazo indeterminado, permitindo-se a contratação a prazo certo apenas nas hipóteses admitidas no ordenamento jurídico.

Nesse sentido, o § 1º do art. 443 da CLT considera como de prazo determinado "o contrato de trabalho cuja vigência dependa de termo prefixado ou da execução de serviços especificados ou ainda da realização de certo acontecimento suscetível de previsão aproximada".

Como se nota, o contrato de trabalho a tempo determinado não é só aquele em que um prazo foi fixado para o seu término (termo prefixado); também se incluem na referida modalidade contratual: o pacto laboral cuja duração dependa da execução de serviços especificados (como a construção de uma determinada obra); e o contrato cuja vigência dependa de certo acontecimento suscetível de previsão aproximada (como o contrato de safra).

No trabalho rural, considera-se contrato de safra aquele que tenha a sua duração dependente de variações estacionais das atividades agrárias, assim entendidas as tarefas normalmente executadas no período compreendido entre o preparo do solo para o cultivo e a colheita (art. 96, parágrafo único, do Decreto 10.854/2021).

Por se tratar de exceção, o § 2º do art. 443 da CLT só autoriza o contrato por tempo determinado, considerando-o válido, nas seguintes hipóteses:

a) *tratando-se de serviço cuja natureza ou transitoriedade justifique a predeterminação do prazo*

Trata-se do caso em que o serviço é transitório. Assim, se o empregado é contratado para prestar serviço transitório, como em razão de aumento de produção em épocas festivas, é válido o contrato por prazo determinado.

b) *atividades empresariais de caráter transitório*

Esta situação diferencia-se da anterior, pois aqui a própria atividade da empresa reveste-se de transitoriedade. A hipótese é mais rara, podendo-se exemplificar com empresa constituída somente para realizar certa atividade de duração determinada, como organizar uma excursão para visitar certo evento em determinado local, ou realizar venda de produtos relacionados às festas do mês de junho, encerrando-se a atividade empresarial logo após estes eventos. Nessas circunstâncias, admite-se a contratação do empregado por tempo determinado, ou seja, com duração do vínculo empregatício somente enquanto durar a própria empresa, entendida como atividade organizada.

c) *contrato de experiência*

Como se nota, apesar das diversas discussões doutrinárias sobre o contrato de experiência e sua natureza jurídica, de acordo com a orientação legal (§ 2º, c, do art. 443 da CLT, acrescentado pelo Decreto-lei 229/1967), o referido pacto foi inserido como uma das modalidades de contrato por tempo determinado.

Assim, de acordo com a orientação de nosso Direito Positivo, o contrato de experiência é sujeito a termo final. No entanto, na origem do instituto, o contrato de experiência seria uma condição (em princípio, de adequada prestação de serviços) que, se verificada, faria com que o pacto continuasse a vigorar.

Entendendo-se o contrato de experiência como uma mera espécie do gênero dos contratos a prazo certo (art. 443, § 2º, c, da CLT), a posição majoritária é de que não se exige do empregador o dever de justificar o fim do referido pacto, pois este cessa justamente em razão de o termo final ter sido alcançado. No entanto, cabe reconhecer que a orientação mais justa, *de lege ferenda*, seria no sentido de ser necessária a motivação da dispensa quando do término do prazo do contrato de experiência, justamente por ter este objetivo de possibilitar a verificação da adequação do serviço prestado, no contexto da empresa, bem como a postura do empregado e do empregador no vínculo de emprego. Além disso, o contrato de experiência tem a finalidade de atender certos interesses do próprio empregado, como a verificação do ambiente de trabalho e da efetiva presença das condições avençadas no momento da contratação.

8.12.3 Prazos de duração e prorrogação

Quanto aos prazos máximos de duração dos contratos por tempo certo, tem-se a disposição do art. 445 da CLT.

Assim, o contrato de trabalho por prazo determinado não poderá ser estipulado por mais de dois anos, sendo que, para o contrato de experiência, o prazo máximo é de 90 dias (parágrafo único do art. 445 da CLT, acrescentado pelo Decreto-lei 229/1967).

Reitere-se que estes são os prazos máximos, podendo ocorrer estipulação de tempo inferior de duração.

De todo modo, de acordo com a importante disposição do art. 451 da CLT, admite-se apenas uma prorrogação do contrato por prazo determinado. Mesmo assim, o entendimento praticamente pacificado é de que esta prorrogação deve respeitar os já indicados prazos máximos.

Como a lei não restringe, a orientação majoritária é de que nada impede ser a prorrogação por tempo superior ao prazo inicialmente contratado, desde que observado o prazo máximo (dois anos e 90 dias, conforme a hipótese).

Por isso, admite-se um contrato de experiência de 30 dias, prorrogado por mais 30 dias ou por mais 60 dias, bem como um contrato de experiência pactuado para o prazo de 20 dias, mas prorrogado por mais 40 dias. De acordo com a Súmula 188 do TST: "O contrato de experiência pode ser prorrogado, respeitado o limite máximo de 90 (noventa) dias".

Da mesma forma, é válido o contrato por prazo determinado, nas hipóteses de serviço transitório ou atividade empresarial transitória, de seis meses, prorrogado por mais seis meses, um ano ou um ano e seis meses.

Se ocorrer mais de uma prorrogação, o contrato de trabalho passa a ser por prazo indeterminado (art. 451 da CLT).

Esse mesmo dispositivo autoriza a prorrogação de forma expressa ou tácita. A prorrogação expressa poderia ser inclusive de modo verbal, embora não seja nada indicada, tendo em vista a dificuldade de eventual prova neste sentido. Quanto à prorrogação tácita, o mais adequado seria aquela em que já se prevê, na contratação originária, a possibilidade de prorrogação por certo prazo (observando-se o limite), que poderia ocorrer pelo simples fato de prosseguir a prestação dos serviços.

8.12.4 Suspensão no curso do contrato a prazo determinado

Tratando-se de contrato a termo, a sua suspensão não prorrogará a respectiva data de término, a não ser que as partes tenham acordado (o que normalmente não ocorre) no sentido de que o período de afastamento não será computado na contagem deste prazo para a terminação (art. 472, § 2º, da CLT)[98].

Mesmo nessa última hipótese, embora não muito frequentemente adotada na prática, ainda que o pacto se estenda, tendo em vista o acréscimo, à data de sua terminação, desses dias de afastamento, não se torna este um contrato a prazo indeterminado, mantendo-se a termo, com data certa de cessação, o qual é incompatível com a garantia de emprego, como já mencionado.

Ainda que se trate de contrato a prazo determinado, ocorrendo um acidente do trabalho, ou sendo vítima o empregado de doença profissional ou do trabalho (que àquele se equiparam, conforme art. 20, incisos I e II, da Lei 8.213/1991), há a suspensão/interrupção do pacto, com as ressalvas já expostas quanto ao cômputo, ou não, dos dias de afastamento no prazo de sua terminação.

---

[98] Cf. BARROS, Alice Monteiro de. *Curso de direito do trabalho*. 2. ed. São Paulo: LTr, 2006. p. 844: "Convém esclarecer que nem a suspensão nem a interrupção afetam a fluência do prazo do contrato a termo. Logo, o tempo de afastamento só será deduzido da contagem do prazo, para a respectiva terminação, se assim acordarem as partes (§ 2º do art. 472 da CLT)".

Na hipótese de ainda não ter chegado a termo o contrato, até que o obreiro receba alta médica (a qual corresponde, em tese, à cessação da incapacidade laborativa, e fim do benefício previdenciário), tem-se como vedada a sua dispensa sem justa causa ou arbitrária, justamente em razão da suspensão contratual[99]. Eventual dispensa imotivada, durante essa suspensão, será nula, não propriamente por causa de estabilidade (que inclusive não teria, ainda, como ser adquirida, pois só pode ter início a partir da *cessação* do auxílio-doença acidentário), mas sim em razão de estar o contrato suspenso[100].

Nesse caso, embora o trabalhador faça jus à restauração do pacto, uma vez restabelecidos os efeitos e a execução da relação de emprego, advindo o prazo de seu término (aquele previamente estipulado ou este acrescido dos dias do afastamento, como já mencionado acima), a sua cessação pode ocorrer, exceto havendo certas estabilidades provisórias, como a seguir explicitado.

Efetivamente, sendo o contrato a prazo determinado, que é gênero, do qual o contrato de experiência é espécie (art. 443, § 2º, *c*, da CLT)[101], discute-se se o término do pacto no prazo previamente estipulado prevalece, ainda que se verifiquem os requisitos de estabilidade provisória ou garantia de emprego[102]. Há entendimento no sentido de que essa estabilidade provisória não deve ser assegurada, quando ela não envolver alguma condição pessoal e subjetiva do empregado, de modo que a referida garantia de emprego somente deve ser assegurada até o termo final do contrato, conforme interpretação extensiva da norma prevista no art. 1º, § 4º da Lei 9.601/1998[103], a outras formas de contratação por prazo determinado.

Na atualidade, a Súmula 244, inciso III, do TST, assim prevê: "A empregada gestante tem direito à estabilidade provisória prevista no art. 10, inciso II, alínea *b*, do Ato das Disposições Constitucionais Transitórias, mesmo na hipótese de admissão mediante contrato por tempo determinado".

Ainda sobre o tema, a Súmula 378, inciso III, do TST dispõe que: "O empregado submetido a contrato de trabalho por tempo determinado goza da garantia provisória de emprego decorrente de acidente de trabalho prevista no art. 118 da Lei n. 8.213/91"[104].

---

[99] Cf. MARTINS, Sergio Pinto. *Comentários à CLT*. 10. ed. São Paulo: Atlas, 2006. p. 477-478: "O empregado não poderá ser dispensado pelo fato de estar gozando de seguro-doença ou auxílio-enfermidade. Hoje, o nome correto é *auxílio-doença*. Não poderá o empregado ser dispensado, pois o seu contrato de trabalho estará suspenso a partir do momento em que o benefício for concedido, o que ocorre a partir do 16º dia de afastamento [...]. Durante os 15 primeiros dias de afastamento, a empresa deve remunerar o empregado [...]. Trata-se de hipótese de interrupção do contrato de trabalho e mesmo assim o empregado não poderá ser dispensado nesse período. Se houver a prática de justa causa no período de auxílio-doença ou durante os 15 primeiros dias do afastamento, o empregado poderá ser dispensado por falta grave, com fundamento no artigo 482 da CLT" (destaque do original).

[100] Cf. o seguinte julgado: *"Rescisão contratual. Contrato suspenso. Impossibilidade.* É nula a rescisão contratual se o pacto encontra-se marcado pela suspensão imperativa, eis que esta tem, como efeitos elementares, a persistência do vínculo de emprego, o direito do empregado ao retorno e a impossibilidade da extinção contratual por ato voluntário. Nessa esteira, correta a decisão originária que declarou nula a rescisão contratual e determinou o cancelamento da baixa consignada na CTPS da autora" (TRT 15ª R., 5ª T., 30.729/00, Ac. 33.766/01, Rel. Juíza Olga Aida Joaquim Gomieri, *DOE* 06.08.2001, p. 42. Revista Nacional de Direito do Trabalho, Ribeirão Preto-SP, ano 4, n. 42, p. 205, out. 2001).

[101] Cf. PRUNES, José Luiz Ferreira. *Contrato de trabalho com cláusula de experiência*. 2. ed. São Paulo: LTr, 2001. p. 174: "Constata-se, assim, que o tratamento preponderante que tem o contrato de experiência é o de contrato por prazo determinado".

[102] Na doutrina, cf. MARTINS, Sergio Pinto. *Comentários à CLT*. 10. ed. São Paulo: Atlas, 2006. p. 380: "No contrato de trabalho por tempo determinado, as partes sabem desde o início quando o pacto irá terminar. A existência de garantia de emprego obtida no curso do contrato de trabalho não transforma o pacto em prazo indeterminado. Assim, se a empregada ficar grávida, se o empregado for eleito membro da CIPA ou dirigente sindical, o pacto laboral terminará na data acordada, sem se falar em direito à garantia de emprego. Não há dispensa arbitrária, nem mesmo dispensa, mas término do contrato de trabalho pelo advento do prazo estipulado".

[103] Cf. Lei 9.601/1998, art. 1º, § 4º: "São garantidas as estabilidades provisórias da gestante; do dirigente sindical, ainda que suplente; do empregado eleito para cargo de direção de comissões internas de prevenção de acidentes; do empregado acidentado, nos termos do art. 118 da Lei n. 8.213, de 24 de julho de 1991, durante a vigência do contrato por prazo determinado, que não poderá ser rescindido antes do prazo estipulado pelas partes".

[104] Cf. ainda: "Agravo regimental no recurso extraordinário. Servidoras públicas e empregadas gestantes. Licença-maternidade. Estabilidade provisória. Art. 7º, XVIII, da Constituição. Art. 10, II, *b*, do ADCT. O Supremo Tribunal Federal

8.12.5 Nova contratação

Aspecto diverso da prorrogação do contrato por tempo determinado é a nova pactuação do referido contrato. Em conformidade com o art. 452 da CLT: "Considera-se por prazo indeterminado todo contrato que suceder, dentro de 6 (seis) meses, a outro contrato por prazo determinado, salvo se a expiração deste dependeu da execução de serviços especializados ou da realização de certos acontecimentos".

Como se verifica, a regra é de que o novo contrato por prazo determinado só pode ser convencionado depois de seis meses do término do contrato a prazo certo anterior. Se este intervalo mínimo não for observado, o segundo contrato é considerado a prazo indeterminado. No entanto, mesmo antes de decorrido o referido prazo de seis meses, admite-se um novo contrato a prazo certo nas seguintes hipóteses excepcionais:

a) se a *expiração do primeiro dependeu da execução de serviços especializados*. Isso ocorre, por exemplo, no caso da contratação do empregado para montar determinada máquina, ou realizar um treinamento com os empregados da empresa; terminada a atividade pactuada, permite-se uma nova contratação a prazo certo, para uma nova instalação de maquinário específico, ou um novo treinamento, mesmo antes de seis meses do término da primeira pactuação;

b) se a *expiração do contrato a prazo determinado dependeu da realização de certos acontecimentos*. É o caso do empregado contratado a prazo certo, para atender o aumento de clientes no hotel, em determinada época de férias, ou para o labor em certa safra de produtos agrícolas. Cessando estes acontecimentos, é válido um novo contrato a prazo, mesmo antes de seis meses da expiração do primeiro.

Pode-se discutir a validade de um novo contrato de experiência, mesmo depois do período de seis meses (previsto no art. 452 da CLT). Tendo em vista que a finalidade deste é verificar a adaptação do empregado ao serviço a ser desempenhado, bem como aos diversos aspectos da empresa, mesmo sendo observado o referido intervalo, não faz sentido um novo contrato de experiência para as mesmas ou semelhantes funções, o que poderia acarretar a invalidade deste último, com a sua conversão para o contrato a prazo indeterminado (art. 9º da CLT).

8.12.6 Extinção antecipada

Vejamos, ainda, as consequências do encerramento do contrato a tempo certo, antes do prazo final avençado.

De acordo com o art. 481 da CLT: "Aos contratos por prazo determinado, que contiverem cláusula assecuratória do direito recíproco de rescisão antes de expirado o termo ajustado, aplicam-se, caso seja exercido tal direito por qualquer das partes, os princípios que regem a rescisão dos contratos por prazo indeterminado".

---

fixou entendimento no sentido de que as servidoras públicas e empregadas gestantes, inclusive as contratadas a título precário, independentemente do regime jurídico de trabalho, têm direito à licença-maternidade de cento e vinte dias e à estabilidade provisória desde a confirmação da gravidez até cinco meses após o parto, nos termos do art. 7º, XVIII, da Constituição do Brasil e do art. 10, II, *b*, do Ato das Disposições Constitucionais Transitórias. Precedentes. Agravo regimental a que se nega provimento" (STF, 2ª T., RE 600.057/SC-AgR, Rel. Min. Eros Grau, *DJe* 23.10.2009). "Embargos em embargos declaratórios em recurso de revista. Estabilidade provisória. Acidente do trabalho. Contrato de experiência. O artigo 118 da Lei 8.213/91 não faz distinção entre contrato por prazo determinado e indeterminado, pelo que inviável a pretensão recursal de restringir o direito à estabilidade provisória decorrente do acidente de trabalho apenas aos trabalhadores contratados por tempo indeterminado. Nesse contexto, reconhecido o acidente de trabalho, com percepção do benefício previdenciário, faz jus o empregado à estabilidade provisória. Precedente da excelsa Suprema Corte no sentido de extensão dos direitos sociais previstos no artigo 7º da Constituição Federal aos servidores contratados temporariamente. Recurso de embargos conhecido e não provido" (TST, SBDI-I, E-RR 73740-05.2005.5.02.0464, Rel. Min. Horácio Raymundo de Senna Pires, *DEJT* 28.10.2011).

Desse modo, se as partes firmam um contrato a prazo certo, mas inserem o direito recíproco de fazer cessá-lo antes do termo fixado, caso este direito seja exercido, aplicam-se as normas pertinentes à cessação do contrato a prazo indeterminado, com o direito, *v.g.*, ao aviso prévio e à indenização de 40%. Para que isso ocorra, reitere-se que é necessário tratar-se de direito "recíproco" de terminação antecipada do contrato de trabalho. Se tiver sido estabelecida essa possibilidade em favor de apenas uma das partes, a hipótese rege-se, conforme o caso, pelos arts. 479 ou 480 da CLT (salvo disposição mais benéfica ao empregado).

Nesta mesma situação, discute-se a consequência de ser exercida a cláusula de rescisão antecipada e o empregado for titular de certa estabilidade provisória, ou seja, garantia no emprego. Embora exista o entendimento, mais restritivo, de que o art. 481 apenas assegura as verbas rescisórias decorrentes de dispensa sem justa causa, e não a manutenção do vínculo de emprego, como o dispositivo faz menção aos "princípios" que regem o contrato a prazo indeterminado, pode-se entender que a garantia de permanecer no emprego, se existente, também deve ser assegurada de forma integral.

Frise-se que a previsão do mencionado art. 481 da CLT é aplicável ao contrato de experiência, por ser modalidade de contrato a prazo determinado. Assim, conforme Súmula 163 do TST: "Cabe aviso prévio nas rescisões antecipadas dos contratos de experiência, na forma do art. 481 da CLT".

Não havendo a referida cláusula assecuratória do direito recíproco de rescisão, é necessário verificar se a cessação do contrato, antes do termo ajustado, foi de iniciativa do empregador ou do empregado.

No primeiro caso, em conformidade com o art. 479 da CLT: "Nos contratos que tenham termo estipulado, o empregador que, sem justa causa, despedir o empregado será obrigado a pagar-lhe, a título de indenização, e por metade, a remuneração a que teria direito até o termo do contrato".

Como se nota, se o empregador despede o empregado sem justa causa, antes do termo final avençado, deve pagar-lhe uma indenização, no valor correspondente à metade da remuneração que ainda seria devida até o fim do contrato. O entendimento que prevalece (Súmula 125 do TST) é no sentido de que esta indenização encontra-se em vigor, não tendo sido revogada pelo direito ao Fundo de Garantia do Tempo de Serviço (art. 7º, inciso III, da CF/1988).

Além disso, na hipótese em questão, de rescisão antecipada de contrato a termo, sem justa causa e por iniciativa do empregador, o empregado tem direito à indenização compensatória de 40% do FGTS (ou 20%, tratando-se de culpa recíproca), "sem prejuízo do disposto no referido art. 479 da CLT", conforme expressamente prevê o art. 14 do Regulamento do FGTS, aprovado pelo Decreto 99.684/1990, que regulamenta a Lei 8.036/1990.

Por fim, se o empregado é quem se desliga, sem justa causa, do contrato, antes do termo estipulado, obriga-se a indenizar o empregador dos prejuízos que desse fato lhe resultarem (art. 480 da CLT).

Como se nota, aqui, o tratamento é um pouco diferente da hipótese anterior, pois o empregado só tem o dever de indenizar o empregador se a rescisão antecipada acarretar prejuízos a este último. De todo modo, essa indenização "não poderá exceder àquela a que teria direito o empregado em idênticas condições" (§ 1º do art. 480 da CLT). Portanto, a lei estabelece como limite máximo o valor de metade das remunerações que ainda seriam pagas ao empregado até o fim do contrato a prazo certo.

Reitere-se que o valor dessa indenização pode ser inferior a tal montante, de acordo com o prejuízo sofrido pelo empregador, ou mesmo não ser devida qualquer indenização pelo empregado, na hipótese de ausência de prejuízos.

8.13 Contratos de trabalho a prazo determinado em leis específicas

Além das hipóteses previstas na Consolidação das Leis do Trabalho, verifica-se a previsão de contratação do empregado a prazo certo em leis específicas.

Os contratos de *técnicos estrangeiros* domiciliados ou residentes no exterior, para execução, no Brasil, de *serviços especializados*, em *caráter provisório*, com estipulação de salários em moeda estrangeira, devem ser, obrigatoriamente, celebrados por *prazo determinado* e *prorrogáveis sempre a termo certo*, ficando excluídos da aplicação do disposto nos arts. 451, 452 e 453 da CLT (art. 1º do Decreto-Lei 691/1969). A rescisão dos mencionados contratos rege-se pelas normas estabelecidas nos arts. 479, 480 e 481 da CLT. Nos referidos contratos, a taxa de conversão da moeda estrangeira será, para todos os efeitos, a da data do vencimento da obrigação (art. 3º do Decreto-Lei 691/1969). A competência para solucionar as controvérsias oriundas das relações estabelecidas sob o regime do Decreto-Lei 691/1969 é da Justiça do Trabalho (art. 4º).

No âmbito do trabalho rural, a Lei 5.889, de 8 de junho de 1973, prevê o contrato de safra, considerado como "o que tenha sua duração dependente de variações estacionais da atividade agrária" (parágrafo único do art. 14). O *caput* do art. 14 prevê que, expirado normalmente o contrato, a empresa pagará ao safrista, a título de indenização do tempo de serviço, importância correspondente a 1/12 do salário mensal, por mês de serviço ou fração superior a 14 dias. No entanto, embora de forma minoritária, seria possível entender que essa indenização por tempo de serviço foi revogada pelo sistema do FGTS, que passou a ser aplicado também aos empregados rurais, conforme art. 7º, inciso III, da Constituição Federal de 1988. De todo modo, prevalece o entendimento de que o art. 14 da Lei 5.889/1973 foi recepcionado pela Constituição Federal de 1988, permanecendo aplicável a referida indenização[105]. Essa posição é confirmada pelo art. 97 do Decreto 10.854/2021.

8.13.1 Contrato de trabalhador rural por pequeno prazo: Lei 11.718/2008

Ainda na esfera do trabalho rural, a Lei 11.718, de 20 de junho de 2008, publicada no *DOU* de 23.06.2008, acrescentou à Lei 5.889/1973 o art. 14-A, criando o "contrato de trabalhador rural por pequeno prazo". Na realidade, a mencionada Lei tem origem na conversão da Medida Provisória 410, de 28 de dezembro de 2007 (*DOU* de 28.12.2007 – edição extra).

De acordo com o referido dispositivo legal:

"Art. 14-A. O produtor rural pessoa física poderá realizar contratação de trabalhador rural por pequeno prazo para o exercício de atividades de natureza temporária.

§ 1º A contratação de trabalhador rural por pequeno prazo que, dentro do período de 1 (um) ano, superar 2 (dois) meses fica convertida em contrato de trabalho por prazo indeterminado, observando-se os termos da legislação aplicável.

§ 2º A filiação e a inscrição do trabalhador de que trata este artigo na Previdência Social decorrem, automaticamente, da sua inclusão pelo empregador na Guia de Recolhimento do Fundo de Garantia do Tempo de Serviço e Informações à Previdência Social – GFIP, cabendo à Previdência Social instituir mecanismo que permita a sua identificação.

§ 3º O contrato de trabalho por pequeno prazo deverá ser formalizado mediante a inclusão do trabalhador na GFIP, na forma do disposto no § 2º deste artigo, e:

I – mediante a anotação na Carteira de Trabalho e Previdência Social e em Livro ou Ficha de Registro de Empregados; ou

II – mediante contrato escrito, em 2 (duas) vias, uma para cada parte, onde conste, no mínimo:

a) expressa autorização em acordo coletivo ou convenção coletiva;

b) identificação do produtor rural e do imóvel rural onde o trabalho será realizado e indicação da respectiva matrícula;

---

[105] "Agravo de instrumento em recurso de revista. Procedimento sumaríssimo. Contrato de safra. Indenização do art. 14 da Lei n. 5.889/73. Compatibilidade com o regime do FGTS. Esta Corte Superior adota posicionamento de que a indenização por tempo de serviço, objeto do art. 14 da Lei 5.889/73, é compatível com o regime do FGTS, não havendo falar em *bis in idem*. Precedentes. Agravo de instrumento conhecido e não provido" (TST, 8ª T., AIRR 98-87.2014.5.15.0151, Rel. Min. Dora Maria da Costa, *DEJT* 27.11.2015).

c) identificação do trabalhador, com indicação do respectivo Número de Inscrição do Trabalhador – NIT.

§ 4º A contratação de trabalhador rural por pequeno prazo só poderá ser realizada por produtor rural pessoa física, proprietário ou não, que explore diretamente atividade agroeconômica.

§ 5º A contribuição do segurado trabalhador rural contratado para prestar serviço na forma deste artigo é de 8% (oito por cento) sobre o respectivo salário de contribuição definido no inciso I do *caput* do art. 28 da Lei 8.212, de 24 de julho de 1991.

§ 6º A não inclusão do trabalhador na GFIP pressupõe a inexistência de contratação na forma deste artigo, sem prejuízo de comprovação, por qualquer meio admitido em direito, da existência de relação jurídica diversa.

§ 7º Compete ao empregador fazer o recolhimento das contribuições previdenciárias nos termos da legislação vigente, cabendo à Previdência Social e à Receita Federal do Brasil instituir mecanismos que facilitem o acesso do trabalhador e da entidade sindical que o representa às informações sobre as contribuições recolhidas.

§ 8º São assegurados ao trabalhador rural contratado por pequeno prazo, além de remuneração equivalente à do trabalhador rural permanente, os demais direitos de natureza trabalhista.

§ 9º Todas as parcelas devidas ao trabalhador de que trata este artigo serão calculadas dia a dia e pagas diretamente a ele mediante recibo.

§ 10. O Fundo de Garantia do Tempo de Serviço – FGTS deverá ser recolhido e poderá ser levantado nos termos da Lei 8.036, de 11 de maio de 1990".

O "contrato de trabalhador rural por pequeno prazo" pode ser firmado por "produtor rural pessoa física" (art. 14-A, *caput*, da Lei 5.889/1973), o que afasta a referida contratação por pessoa jurídica.

Além disso, conforme o § 4º do art. 14-A da Lei 5.889/1973 (acrescentado pela Lei 11.718/2008), a contratação de trabalhador rural por pequeno prazo só pode ser realizada por "produtor rural pessoa física, proprietário ou não, *que explore diretamente atividade agroeconômica*" (destaquei).

A contratação mencionada deve ter por finalidade o "exercício de atividades de natureza temporária". Desse modo, para a validade do mencionado contrato, a atividade a ser desempenhada pelo empregado não pode ter duração indeterminada, mas sim previsão de término em curto espaço de tempo.

Nesse sentido, é comum entre os pequenos produtores rurais (pessoa física) a necessidade de empregados por curto espaço de tempo, como tão somente para o plantio em áreas de pequena extensão, demandando trabalho com duração de alguns poucos dias ou semanas. A Lei 11.718/2008, assim, parece ter como objetivo regular situações como a mencionada, em que a curtíssima duração da atividade laboral vinha sendo apontada como fator que dificultava a devida formalização do vínculo de emprego rural.

O § 1º do art. 14-A da Lei 5.889/1973, acima indicado, revela que o *prazo* do contrato em questão não pode superar *dois meses, dentro do período de um ano*; caso esse limite seja superado, o contrato fica automaticamente convertido em contrato de trabalho por prazo indeterminado. Pode-se entender que, depois de terminado o período de um ano, *nova contratação* fica autorizada, desde que tenha por finalidade o exercício de atividades de natureza temporária, devendo-se observar, novamente, o prazo-limite mencionado.

A disposição em foco também permite o entendimento de ser possível a *prorrogação* do contrato de trabalhador rural por pequeno prazo, firmado com certo empregado, desde que persista a justificativa do exercício de atividade de natureza temporária, observando-se, dentro do período de um ano, o *prazo máximo de dois meses*, mesmo com eventual prorrogação contratual (ou seja, já computada a prorrogação, o prazo máximo deve ser de dois meses, dentro do período de um ano).

Disposição mais inovadora, e que pode gerar certa controvérsia, refere-se ao § 3º do art. 14-A da Lei 5.889/1973 (especialmente no inciso II), ao prever que o contrato de trabalhador rural por pequeno prazo deve ser formalizado mediante a inclusão do trabalhador na GFIP e:

I – mediante a anotação na Carteira de Trabalho e Previdência Social e em Livro ou Ficha de Registro de Empregados; *ou*

II – mediante contrato escrito, em 2 (duas) vias, uma para cada parte, onde conste, no mínimo:

a) expressa autorização em acordo coletivo ou convenção coletiva;

b) identificação do produtor rural e do imóvel rural onde o trabalho será realizado e indicação da respectiva matrícula;

c) identificação do trabalhador, com indicação do respectivo Número de Inscrição do Trabalhador – NIT.

Antes da conversão na Lei 11.718/2008, a Medida Provisória 410/2007 assim previa: "§ 3º O contrato de trabalhador rural por pequeno prazo não necessita ser anotado na Carteira de Trabalho e Previdência Social ou em Livro ou Ficha de Registro de Empregados, mas, se não houver outro registro documental, é obrigatória a existência de contrato escrito com o fim específico de comprovação para a fiscalização trabalhista da situação do trabalhador".

Como se nota, com a Lei 11.718/2008, houve certa evolução quanto ao tema, pois para que se admita a ausência de anotação do contrato de trabalhador rural por pequeno prazo na Carteira de Trabalho e Previdência Social (CTPS) e em Livro ou Ficha de Registro de Empregados, passou-se a exigir que o contrato escrito (em duas vias, uma para cada parte) indique a "expressa *autorização em acordo coletivo ou convenção coletiva*", bem como a identificação do produtor rural e do imóvel rural onde o trabalho será realizado, e a indicação da respectiva matrícula e a identificação do trabalhador, com indicação do respectivo Número de Inscrição do Trabalhador (NIT).

Assim sendo, apenas se houver autorização nesse sentido, em instrumento normativo decorrente de negociação coletiva de trabalho (art. 7º, inciso XXVI, da CF/1988), é que a Lei autoriza a contratação na forma mencionada. Tendo em vista essa exigência, deve-se destacar o papel do ente sindical representante da categoria profissional, ao participar da negociação coletiva, na forma do art. 8º, inciso VI, da Constituição Federal de 1988. Enquanto o acordo coletivo é firmado com o empregador (art. 617 da CLT), a convenção coletiva é firmada com o ente sindical representante da categoria econômica (art. 611 da CLT).

É da tradição e da sistemática do Direito do Trabalho no Brasil que o empregado tenha o respectivo contrato de trabalho anotado na CTPS e no Livro ou Ficha de Registro de Empregados (CLT, arts. 29 e 41). No entanto, a previsão em destaque afasta a necessidade das mencionadas anotações para a específica contratação de trabalhador rural por pequeno prazo, desde que presentes as formalidades já destacadas.

A disposição em comento, ao conferir alternativa, permitindo que o contrato de trabalhador rural por pequeno prazo não seja anotado na CTPS ou em Livro ou Ficha de Registro, ainda que isso tenha passado a depender de autorização em norma coletiva negociada, pode trazer certas dificuldades e prejuízos ao empregado em questão, principalmente com o passar dos anos, quando for eventualmente preciso demonstrar (por exemplo, perante o INSS) a relação de emprego ocorrida, sabendo-se que pode ocorrer de o mencionado contrato escrito, justamente por ser um documento avulso, ser perdido pelo obreiro.

Quanto ao registro do empregado em Ficha ou Livro, por sua vez, a sua ausência pode dificultar a atuação dos órgãos de fiscalização do trabalho, além de poder fomentar práticas ilícitas em que o mencionado "contrato escrito" torne-se mero "contrato de gaveta", a ser apresentado apenas no caso de ocorrer alguma inspeção pela fiscalização do trabalho (não ocorrendo, o contrato seria inutilizado, restando ao empregado postular o seu reconhecimento em juízo).

Além disso, a Carteira de Trabalho e Previdência Social é documento dotado de valor diferenciado para os trabalhadores, por já fazer parte da história e da tradição do Direito do Trabalho no Brasil, podendo-se entender que a faculdade de sua não anotação, apenas no tocante ao referido contrato de trabalhador rural por pequeno prazo, representa tratamento não isonômico quando comparado aos demais empregados, não se verificando pressuposto lógico ou razoável que possa autorizar ou justificar a mencionada distinção.

Note-se, aliás, que o art. 7º, *caput*, da Constituição Federal de 1988 estabelece a igualdade entre trabalhadores urbanos e rurais, permitindo-se entender que a previsão mencionada acaba por tratar de forma desigual certa parcela de empregados rurais, com possíveis prejuízos a estes, retirando-lhes o direito à anotação do contrato de trabalho em CTPS ou em Livro ou Ficha de registro, em afronta ao mandamento constitucional em questão.

Mesmo quanto à atual previsão, no sentido de que para a contratação de trabalhador rural por pequeno prazo, sem a anotação de CTPS e no Registro de Empregados, exige-se expressa autorização em acordo coletivo ou convenção coletiva de trabalho (art. 14-A, § 3º, inciso II, *a*, da Lei 5.889/1973), deve-se destacar que a flexibilização dos direitos trabalhistas, quando prejudicial aos trabalhadores, não pode ocorrer de forma ilimitada, não sendo válida quando contraria norma de ordem pública e direito indisponível, como é o caso em questão.

A Constituição Federal de 1988, no art. 7º, incisos VI, XIII e XIV, estabelece as hipóteses em que, excepcionalmente, há autorização para a flexibilização negociada de normas e direitos trabalhistas, flexibilização esta que, mesmo assim, é admitida como forma de conferir a devida proteção ao trabalho e à relação de emprego, em situações que justifiquem a medida (cf. item 6.4.2). No caso em questão, o direito à anotação do contrato de trabalho na CTPS e em Livro ou Ficha de Registro de Empregados *não* se amolda a nenhuma das hipóteses em que a Constituição da República, de modo estrito e excepcional, permitiu a flexibilização. Com isso, é possível concluir que nem mesmo por meio de negociação coletiva é válida a tentativa de afastar o mencionado direito social trabalhista, decorrente de norma cogente e imperativa.

Nesse sentido, pode-se mesmo entender que a referida previsão viola o princípio constitucional da igualdade (art. 5º, *caput*, da CF/1988), além de ser uma forma de contribuir para a "precarização" das relações de trabalho rural, afrontando o princípio do não retrocesso social, bem como o princípio constitucional da melhoria das condições sociais dos trabalhadores (art. 7º, *caput*, da CF/1988)[106].

---

[106] Sobre o tema, quando da publicação da Medida Provisória 410/2007, a Associação Nacional dos Procuradores do Trabalho (ANPT) divulgou "Nota Pública" com o seguinte teor:
"A Associação Nacional dos Procuradores do Trabalho (ANPT), entidade de classe que congrega os Membros do Ministério Público do Trabalho de todo país, vem a público manifestar-se, contrariamente, à dispensa de registro dos contratos de trabalho de curta duração no meio rural e ao pagamento diretamente ao rurícola de todas as parcelas do contrato calculadas dia a dia. Em 18 de dezembro deste ano, o Ministério da Previdência Social submeteu ao Excelentíssimo Senhor Presidente da República minuta de medida provisória que cria o contrato de trabalho rural por pequeno prazo, acrescentando o art. 14-A na Lei 5.889, de 8 de junho de 1973, e dispõe sobre a aposentadoria do trabalhador rural. Tal minuta, no que concerne à dispensa de registro dos contratos na Carteira de Trabalho e Previdência Social (CTPS) e no livro ou ficha de registro de empregado (art. 14-A, § 3º) e ao pagamento diretamente ao trabalhador de todas as parcelas trabalhistas calculadas dia a dia (art. 14-A, § 8º), trará imensos prejuízos aos trabalhadores rurais, além de não atender aos requisitos constitucionais da relevância e da urgência. A dispensa de anotação dos contratos de trabalho rural estimulará ainda mais a informalidade (leia-se ilegalidade) no meio rural, dificultando – se não impossibilitando – a atuação da fiscalização trabalhista. O registro na CTPS, além do simbolismo de cidadania trabalhadora sempre exaltado corretamente pelo Governo Federal, representa importante instrumento de formalização, de prova e de garantia dos direitos contratuais, imprescindível à segurança das relações jurídicas laborais. Por seu turno, a desobrigação de anotar o livro ou ficha de registro de empregado causará sério embaraço à inspeção do trabalho, que não pode prescindir deste instrumento para verificar, como determina a Constituição (art. 21, XXIV), o cumprimento da legislação trabalhista, a começar pela própria formalização da relação de emprego, essencial à fiel observância das demais obrigações. Dispensado de quaisquer registros, o empregador certamente ficará tentado a não formalizar (leia-se legalizar) tais contratos de pequeno prazo e até outros de duração maior, podendo sempre alegar que a contratação é recente. Isso prejudicará todo o esforço de legalização das relações laborais no campo, afetando o combate ao trabalho escravo, degradante e superexplorado. Paradoxalmente, a medida provisória sugerida, ao dispensar esses registros de pouca complexidade e burocracia, exige, na falta deles, a formalização de contrato escrito, bem mais custoso e complexo. Bastante prejudicial aos trabalhadores é também a norma contida no art. 14-A, § 8º, que determina o cálculo dia a dia e o pagamento imediato ao trabalhador de todas as parcelas do contrato, como férias, o adicional de 1/3 e o décimo terceiro salário. Na prática,

Em razão disso, o ideal é que a contratação em estudo ocorra na forma do art. 14-A, § 3º, inciso I, não se utilizando da alternativa (faculdade) prevista no inciso II do mesmo dispositivo.

De todo modo, o contrato de trabalho por pequeno prazo deve ser sempre formalizado mediante a inclusão do trabalhador na Guia de Recolhimento do Fundo de Garantia do Tempo de Serviço e Informações à Previdência Social (GFIP). A filiação e a inscrição do trabalhador em questão na Previdência Social decorrem, automaticamente, da sua inclusão pelo empregador na GFIP, cabendo à Previdência Social instituir mecanismo que permita a sua identificação.

Caso o trabalhador não seja incluído na GFIP, pressupõe-se a inexistência de contratação na forma do art. 14-A da Lei 5.889/1973, sem prejuízo de comprovação, por qualquer meio admitido em direito, da existência de relação jurídica diversa (*v.g.*, relação de trabalho autônoma ou eventual).

Concretizando, no aspecto a seguir, o princípio de isonomia, asseguram-se ao trabalhador rural contratado por pequeno prazo, além de *remuneração equivalente à do trabalhador rural permanente, os demais direitos de natureza trabalhista.*

Tendo em vista tratar-se de contrato por pequeno prazo, para o exercício de atividades de natureza temporária, todas as parcelas devidas ao trabalhador contratado por pequeno prazo devem ser *calculadas dia a dia* e *pagas diretamente a ele mediante recibo*. Frise-se que esse cálculo das verbas trabalhistas "dia a dia" inclui direitos como férias e décimo terceiro salário, tendo em vista a incidência da regra especial no caso particular em questão. A prova da quitação de cada um dos direitos trabalhistas devidos, assim, é feita por meio do recibo respectivo, firmado pelo trabalhador rural. No entanto, em razão de suas peculiaridades, o Fundo de Garantia do Tempo de Serviço – FGTS deve ser recolhido e pode ser levantado, nos termos da Lei 8.036/1990.

8.13.2 Contrato de trabalho por obra certa

A Lei 2.959, de 17 de novembro de 1956, por sua vez, dispõe sobre os contratos por obra certa. O seu art. 1º esclarece que o contrato em questão só pode ser firmado com o empregador construtor, que exerça tal atividade (de construção civil) em caráter permanente.

Entende-se que a referida previsão legal permanece em vigor, até porque o contrato por obra certa não deixa de ser um serviço transitório (art. 443, § 2º, *a*, da CLT).

No entanto, quanto ao art. 2º da Lei 2.959/1956, que prevê indenização por tempo de serviço (na forma do art. 478 da CLT, com redução de 30%), na rescisão do contrato de trabalho por término da obra ou serviço, tendo o empregado mais de 12 meses de serviço, embora o tema seja controvertido, pode-se dizer que não foi recepcionada pela Constituição Federal de 1988, pois, de acordo com o seu art. 7º, inciso III, o Fundo de Garantia do Tempo de Serviço passou a ser o sistema legal obrigatório a todos os empregados.

---

ter-se-á a diluição desses direitos ou mesmo seu conglobamento no valor que seria, na verdade, apenas para pagamento do salário mensal, o que é vedado pela legislação trabalhista (Súmula 91 do TST). Aliás, essa era uma das finalidades do Projeto de Lei 5.483/2001, que possibilitaria tal flexibilização mediante negociação coletiva. Não é demais lembrar que foi este Governo que, em boa hora, retirou o Projeto do Senado, após já ter sido aprovado pela Câmara. Contraditório, portanto, que ele mesmo pretenda agora instituir tal regra flexibilizante e precarizante, agravada pela imperatividade da medida provisória. Embora nobre o intento de estimular a inserção de maior número de trabalhadores rurais na proteção previdenciária, as medidas sugeridas trarão mais prejuízos do que benefícios, razão pela qual devem ser rejeitadas, como, aliás, propugna o Ministério do Trabalho e Emprego na Nota Técnica 317/2007/MGC/SIT, de 26 deste mês. O tema carece, no mínimo, de mais discussão e aprofundamento, não podendo ser objeto de medida provisória, até porque, repita-se, não atende aos requisitos constitucionais da urgência e relevância. Nesse sentido, há em tramitação na Câmara dos Deputados o Projeto de Lei 1.367/2007, muito similar às proposições contidas na minuta em questão. Por todo exposto, reiterando o caráter precarizante e flexibilizante da proposta, a Associação Nacional dos Procuradores do Trabalho (ANPT) roga ao Excelentíssimo Senhor Presidente da República que não edite medida provisória sobre esses temas". Brasília-DF, 28 de dezembro de 2007. Sebastião Vieira Caixeta, Presidente".

8.13.3 Contrato de trabalho por prazo determinado especial: Lei 9.601/1998

A Lei 9.601, de 21 de janeiro de 1998, dispõe sobre um contrato por prazo determinado especial.

Conforme o art. 1º do referido diploma legal, as convenções e os acordos coletivos de trabalho poderão estipular contrato de trabalho por prazo determinado, de que trata o art. 443 da CLT, independentemente das condições estabelecidas em seu § 2º (serviço transitório, atividade empresarial transitória e contrato de experiência), em qualquer atividade desenvolvida pela empresa ou estabelecimento, para admissões que representem acréscimo no número de empregados.

Não se aplica ao referido contrato o disposto no art. 451 da CLT (art. 1º, § 2º, da Lei 9.601/1998), de modo que são permitidas sucessivas prorrogações.

Entende-se como aplicável, no entanto, o art. 445 da CLT, limitando o prazo máximo do referido contrato a dois anos.

Quanto à rescisão antecipada, não se aplicam os arts. 479 e 480 da CLT, devendo as partes estabelecer, na convenção ou acordo coletivo, a indenização devida na hipótese, nos casos de iniciativa do empregador ou do empregado (art. 1º, § 1º, inciso I).

O número de empregados a serem contratados deve observar o limite estabelecido no instrumento normativo negociado, não podendo ultrapassar os percentuais definidos no art. 3º da Lei 9.601/1998.

Na realidade, a referida Lei 9.601/1998 teria o objetivo de fomentar contratação de empregados, mas estabelecia certa forma de flexibilização, quanto ao teor das contratações ali versadas.

Nesse sentido, o art. 2º do referido diploma legal, em sua redação original, previa a redução, "por dezoito meses, a contar da data de publicação desta Lei":

I – a 50% de seu valor vigente em janeiro de 1996, as contribuições sociais destinadas ao chamado sistema "S" (serviço social), ou seja, SESI, SESC, SEST, SENAI, SENAC, SENAT, SEBRAE, INCRA, bem como ao salário-educação[107] e para o financiamento do seguro de acidente do trabalho;

II – para 2%, a alíquota de contribuição para o FGTS, de que trata a Lei 8.036/1990.

O art. 240 da Constituição da República ressalva do disposto no seu art. 195 as atuais contribuições compulsórias dos empregadores sobre a folha de salários, destinadas às entidades privadas de serviço social e de formação profissional vinculadas ao sistema sindical. Trata-se, no caso, das contribuições devidas às entidades do chamado sistema "S".

Embora os mencionados entes sejam pessoas jurídicas de direito privado[108], prevalece o entendimento no sentido de que as referidas contribuições têm natureza jurídica tributária[109], de interesse

---

[107] Cf. art. 212, §§ 5º e 6º, da Constituição Federal de 1988: "§ 5º A educação básica pública terá como fonte adicional de financiamento a contribuição social do salário-educação, recolhida pelas empresas na forma da lei. § 6º As cotas estaduais e municipais da arrecadação da contribuição social do salário-educação serão distribuídas proporcionalmente ao número de alunos matriculados na educação básica nas respectivas redes públicas de ensino".

[108] "I – O SENAI, a exemplo do Serviço Social da Indústria – SESI, está sujeito à jurisdição da Justiça estadual, nos termos da Súmula 516 do Supremo Tribunal Federal. Os serviços sociais autônomos do denominado sistema 'S', embora compreendidos na expressão de entidade paraestatal, são pessoas jurídicas de direito privado, definidos como entes de colaboração, mas não integrantes da Administração Pública. II – Quando o produto das contribuições ingressa nos cofres dos Serviços Sociais Autônomos perde o caráter de recurso público. Precedentes" (STF, Pleno, AgR-ACO 1.953/ES, Rel. Min. Ricardo Lewandowski, *DJe* 19.02.2014).

[109] "Tributário. Contribuições ao SEST/SENAT (desdobradas do SESI/SENAI). Destinação. Constitucionalidade. Decretos-leis 6.246/1994 e 9.403/1956. Lei 8.706/1993. Art. 240 da Constituição. 1. O art. 240 da Constituição expressamente recepcionou as contribuições destinadas às entidades privadas de serviço social e de formação profissional vinculadas ao sistema sindical. Como o objetivo da agravante é exonerar-se do pagamento dos tributos nos períodos de apuração que vêm se sucedendo após a promulgação da Constituição de 1988, eventual vício formal relativo aos exercícios anteriores é irrelevante. 2. A alteração do sujeito ativo das Contribuições ao SESI/SENAI para o SEST/SENAT é compatível com o art. 240 da Constituição, pois a destinação do produto arrecadado é adequada ao objetivo

das categorias profissionais ou econômicas, sendo a contribuição para o SEBRAE de intervenção no domínio econômico (art. 149 da Constituição Federal de 1988)[110].

O Instituto Nacional de Colonização e Reforma Agrária (Incra) é entidade autárquica federal (art. 1º do Decreto-lei 1.110/1970).

A redução da alíquota do FGTS, por envolver direito social trabalhista, previsto na Constituição Federal de 1988 (art. 7º, inciso III), é passível de ser considerada inconstitucional, por representar precarização das condições de trabalho, em verdadeiro retrocesso quanto à garantia dos direitos sociais. Além disso, não se mostra razoável referida diferenciação, quando se compara o empregado contratado pelo regime da Lei 9.601/1998 com os demais empregados contratados a prazo determinado, nas hipóteses previstas na CLT. Como se sabe, constituem objetivos fundamentais da República Federativa do Brasil a erradicação da pobreza e a redução das desigualdades sociais, vedando-se qualquer forma de discriminação (art. 3º, incisos III e IV, da CF/1988). Por fim, a dignidade da pessoa humana e o valor social do trabalho são fundamentos do Estado Democrático de Direito (art. 1º, incisos III e IV, e art. 170, *caput*, e inciso VII, da CF/1988). A tese majoritária entende não se verificar tal inconstitucionalidade, pois o contrato de trabalho em questão é diferenciado, autorizando o tratamento também específico.

Para a aplicação das referidas reduções, o art. 4º da Lei 9.601/1998 exige que, no momento da contratação: o empregador esteja adimplente junto ao INSS e ao FGTS; o contrato de trabalho por prazo determinado e a relação dos contratados tenham sido depositados no Ministério do Trabalho.

O referido art. 2º, *caput*, da Lei 9.601/1998 teve a sua redação determinada pela Medida Provisória 2.164-41, de 24 de agosto de 2001, passando a estabelecer a mencionada redução "por sessenta meses", a contar da publicação da Lei 9.601/1998, dos referidos percentuais.

Como a Lei 9.601 foi publicada no *Diário Oficial da União* de 22 de janeiro de 1998, após 22 de janeiro de 2003, não vigora mais a referida redução de contribuições.

8.13.4 Contrato de trabalho do atleta profissional

De acordo com a Lei 9.615, de 24 de março de 1998, o desporto pode ser organizado e praticado "de modo não profissional" (identificado pela liberdade de prática e pela inexistência de contrato de trabalho, sendo permitido o recebimento de incentivos materiais e de patrocínio) e "de modo profissional", sendo este último caracterizado pela remuneração pactuada em *contrato formal de trabalho entre o atleta e a entidade de prática desportiva* (art. 3º, § 1º, inciso I)[111].

O contrato de trabalho desportivo é firmado entre o atleta profissional (empregado) e a entidade de prática desportiva (empregador). Cf. Capítulo 11, item 11.5.

Aplicam-se ao atleta profissional as normas gerais da legislação trabalhista e da Seguridade Social, ressalvadas as peculiaridades constantes da mencionada Lei 9.615/1998.

---

da norma de recepção, que é manter a fonte de custeio preexistente do chamado 'Sistema S'. Agravo regimental ao qual se nega provimento" (STF, 2ª T., AgR-RE 412.368/PE, Rel. Min. Joaquim Barbosa, *DJe* 01.04.2011). Cf. ainda MC-ADI 1.924/DF, Pleno, Rel. p/ ac. Min. Joaquim Barbosa, *DJe* 07.08.2009.

[110] "Recurso extraordinário. 2. Tributário. 3. Contribuição para o SEBRAE. Desnecessidade de lei complementar. 4. Contribuição para o SEBRAE. Tributo destinado a viabilizar a promoção do desenvolvimento das micro e pequenas empresas. Natureza jurídica: contribuição de intervenção no domínio econômico. 5. Desnecessidade de instituição por lei complementar. Inexistência de vício formal na instituição da contribuição para o SEBRAE mediante lei ordinária. 6. Intervenção no domínio econômico. É válida a cobrança do tributo independentemente de contraprestação direta em favor do contribuinte. 7. Recurso extraordinário não provido. 8. Acórdão recorrido mantido quanto aos honorários fixados" (STF, Pleno, RE 635.682/RJ, Rel. Min. Gilmar Mendes, *DJe* 24.05.2013). Cf. ainda STF, Pleno, RE 396.266/SC, Rel. Min. Carlos Velloso, *DJ* 27.02.2004.

[111] De acordo com a Lei 9.615/1998, art. 43: "É vedada a participação em competições desportivas profissionais de atletas não profissionais com idade superior a vinte anos" (redação dada pela Lei 9.981/2000).

A *entidade de prática desportiva formadora do atleta* terá o direito de assinar com ele, a partir de 16 anos de idade, o primeiro contrato especial de trabalho desportivo, cujo prazo não poderá ser superior a cinco anos (art. 29 da Lei 9.615/1998, com a redação determinada pela Lei 12.395/2011).

É considerada formadora de atleta a entidade de prática desportiva que forneça aos atletas programas de treinamento nas categorias de base e complementação educacional e satisfaça cumulativamente os seguintes requisitos: estar o atleta em formação inscrito por ela na respectiva entidade regional de administração do desporto há, pelo menos, um ano; comprovar que, efetivamente, o atleta em formação está inscrito em competições oficiais; garantir assistência educacional, psicológica, médica e odontológica, assim como alimentação, transporte e convivência familiar; manter alojamento e instalações desportivas adequados, sobretudo em matéria de alimentação, higiene, segurança e salubridade; manter corpo de profissionais especializados em formação técnico-desportiva; ajustar o tempo destinado à efetiva atividade de formação do atleta, não superior a quatro horas por dia, aos horários do currículo escolar ou de curso profissionalizante, além de propiciar-lhe a matrícula escolar, com exigência de frequência e satisfatório aproveitamento; ser a formação do atleta gratuita e a expensas da entidade de prática desportiva; comprovar que participa anualmente de competições organizadas por entidade de administração do desporto em, pelo menos, duas categorias da respectiva modalidade desportiva; garantir que o período de seleção não coincida com os horários escolares (art. 29, § 2º, da Lei 9.615/1998, com redação dada pela Lei 12.395/2011).

O contrato de trabalho do atleta profissional tem *prazo determinado*, com *vigência nunca inferior a três meses nem superior a cinco anos* (art. 30 da Lei 9.615/1998, com redação determinada pela Lei 9.981/2000).

Não se aplica ao contrato especial de trabalho desportivo do atleta profissional o disposto nos arts. 445 e 451 da Consolidação das Leis do Trabalho, os quais estabelecem, respectivamente, o limite máximo de dois anos para o contrato a prazo determinado e o limite quanto à possibilidade de prorrogação do contrato a prazo certo a apenas uma vez, sob pena de sua conversão em contrato a prazo indeterminado. Essas disposições, portanto, como destacado, não incidem no contrato de trabalho especial, por prazo determinado, referente ao atleta profissional, o qual tem limite de duração até cinco anos e pode ser prorrogado por mais de uma vez[112].

As entidades desportivas profissionais podem celebrar contratos de trabalho com atleta profissional por prazo determinado de, no mínimo, 30 dias, durante o ano de 2020 ou enquanto perdurar calamidade pública nacional reconhecida pelo Congresso Nacional e decorrente de pandemia de saúde pública de importância internacional (art. 30-A da Lei 9.615/1998, incluído pela Lei 14.117/2021).

A entidade de prática desportiva pode suspender o contrato especial de trabalho desportivo do atleta profissional, ficando, no caso, dispensada do pagamento da remuneração nesse período, quando o atleta for impedido de atuar, por prazo ininterrupto superior a 90 dias, em decorrência de ato ou evento de sua exclusiva responsabilidade, desvinculado da atividade profissional, conforme previsto no referido contrato (art. 28, § 7º, da Lei 9.615/1998, com redação dada pela Lei 12.395/2011). Trata-se, portanto, de hipótese de suspensão contratual, em que não se verifica o direito à remuneração.

Ademais, consoante o art. 28, § 8º, do mesmo diploma legal, o contrato especial de trabalho desportivo deve conter cláusula expressa reguladora de sua prorrogação automática na ocorrência da hipótese prevista acima (§ 7º).

Quando o contrato especial de trabalho desportivo for por prazo inferior a 12 meses, o atleta profissional tem direito, por ocasião da rescisão contratual por culpa da entidade de prática desportiva empregadora, a tantos doze avos da remuneração mensal quantos forem os meses da vigência do contrato, referentes a férias, abono de férias e 13º salário (art. 28, § 9º, da Lei 9.615/1998, acrescentado pela Lei 12.395/2011). Em razão dessa disposição específica, não se aplicam ao contrato es-

---

[112] Cf. BARROS, Alice Monteiro de. *Curso de direito do trabalho*. 2. ed. São Paulo: LTr, 2006. p. 473.

pecial de trabalho desportivo os arts. 479 e 480 da Consolidação das Leis do Trabalho (art. 28, § 10, da Lei 9.615/1998).

Em conformidade com o art. 28, *caput*, da referida Lei 9.615/1998 (com redação dada pela Lei 12.395/2011), a atividade do atleta profissional é caracterizada por remuneração pactuada em contrato especial de trabalho desportivo, firmado com entidade de prática desportiva, no qual deve constar, obrigatoriamente:

I – cláusula indenizatória desportiva, *devida exclusivamente à entidade de prática desportiva à qual está vinculado o atleta*, nas seguintes hipóteses: a) transferência do atleta para outra entidade, nacional ou estrangeira, durante a vigência do contrato especial de trabalho desportivo; ou b) por ocasião do retorno do atleta às atividades profissionais em outra entidade de prática desportiva, no prazo de até 30 meses[113]; e

II – cláusula compensatória desportiva, devida pela entidade de prática desportiva ao atleta, nas hipóteses dos incisos III a V do § 5º do art. 28 da Lei 9.615/1998[114].

Sendo assim, cabe ressaltar, em consonância com o art. 28, § 5º, que o vínculo desportivo do atleta com a entidade de prática desportiva contratante constitui-se com o registro do contrato especial de trabalho desportivo na entidade de administração do desporto, tendo natureza acessória ao respectivo vínculo empregatício, dissolvendo-se, para todos os efeitos legais:

I – com o término da vigência do contrato ou o seu distrato;

II – com o pagamento da cláusula indenizatória desportiva ou da cláusula compensatória desportiva;

III – com a rescisão decorrente do inadimplemento salarial, de responsabilidade da entidade de prática desportiva empregadora, nos termos da Lei 9.615/1998;

IV – com a rescisão indireta, nas demais hipóteses previstas na legislação trabalhista; e

V – com a dispensa "imotivada" do atleta (*rectius*: dispensa sem justa causa).

A entidade de prática desportiva empregadora que estiver com pagamento de salário ou de contrato de direito de imagem de atleta profissional em atraso, no todo ou em parte, por período igual ou superior a três meses, terá o contrato especial de trabalho desportivo daquele atleta rescindido, ficando o atleta livre para transferir-se para qualquer outra entidade de prática desportiva de mesma modalidade, nacional ou internacional, e exigir a cláusula compensatória desportiva e os haveres devidos (art. 31 da Lei 9.615/1998, com a redação determinada pela Lei 13.155/2015). São entendidos como salário, para efeitos dessa previsão, o abono de férias, o décimo terceiro salário, as gratificações, os prêmios e demais verbas inclusas no contrato de trabalho. A mora contumaz será considerada também pelo não recolhimento do FGTS e das contribuições previdenciárias. Tem-se, aqui, previsão específica de rescisão indireta, pertinente ao contrato de trabalho do atleta profissional.

O atleta com contrato especial de trabalho desportivo rescindido na forma do art. 31 da Lei 9.615/1998 fica autorizado a transferir-se para outra entidade de prática desportiva, inclusive da mesma divisão, independentemente do número de partidas das quais tenha participado na compe-

---

[113] Cf. ainda o art. 28, §§ 1º e 2º, da Lei 9.615/1998: "§ 1º O valor da cláusula indenizatória desportiva a que se refere o inciso I do *caput* deste artigo será livremente pactuado pelas partes e expressamente quantificado no instrumento contratual: I – até o limite máximo de 2.000 (duas mil) vezes o valor médio do salário contratual, para as transferências nacionais; e II – sem qualquer limitação, para as transferências internacionais. § 2º São solidariamente responsáveis pelo pagamento da cláusula indenizatória desportiva de que trata o inciso I do *caput* deste artigo o atleta e a nova entidade de prática desportiva empregadora".

[114] Cf. ainda o art. 28, § 3º, da Lei 9.615/1998: "§ 3º O valor da cláusula compensatória desportiva a que se refere o inciso II do *caput* deste artigo será livremente pactuado entre as partes e formalizado no contrato especial de trabalho desportivo, observando-se, como limite máximo, 400 (quatrocentas) vezes o valor do salário mensal no momento da rescisão e, como limite mínimo, o valor total de salários mensais a que teria direito o atleta até o término do referido contrato".

tição, bem como a disputar a competição que estiver em andamento por ocasião da rescisão contratual (art. 31, § 5º, da Lei 9.615/1998, acrescentado pela Lei 13.155/2015).

Anteriormente, observava-se controvérsia no sentido de saber se a cláusula penal, prevista para as hipóteses de descumprimento, rompimento ou rescisão unilateral, era devida apenas em favor do empregador (entidade de prática desportiva), ou se era devida também em favor do empregado (atleta profissional).

Mesmo anteriormente, já havia corrente defendendo ser a cláusula penal devida apenas em favor do empregador, entendimento que prevaleceu em relevante julgado da SBDI-I do Tribunal Superior do Trabalho, conforme ementa a seguir transcrita:

"Recurso de embargos interposto na vigência da Lei 11.496/2007. Atleta profissional. Cláusula penal. Lei 9.615/1998 – Lei Pelé. Responsabilidade pela sua satisfação. Obrigação dirigida apenas ao atleta. Não provimento. Responderá apenas o atleta profissional, e não a entidade desportiva, pela obrigação inserta no art. 28 da Lei 9.615/1998 – a chamada Lei Pelé – referente à cláusula penal, naqueles casos em que rompido o contrato de trabalho por sua iniciativa. No caso de ser o clube o motivador do rompimento contratual, não haveria que se falar em pagamento de cláusula penal, sendo garantidos ao atleta, nestes casos, os direitos previstos na legislação comum trabalhista, segundo disposição do § 1º daquele permissivo legal, notadamente a multa rescisória prevista no art. 479 da CLT, conforme disciplina do art. 31 da Lei Pelé. Embargos conhecidos e desprovidos" (TST, SBDI-I, E-RR 1077/2004-054-02-00.0, Rel. Min. Maria de Assis Calsing, DJ 14.11.2008).

Registre-se, no entanto, que anteriormente havia entendimento divergente, no sentido de que a cláusula penal deveria incidir tanto em favor do empregador como do empregado, sendo devida por quem deu causa à resolução (descumprimento) ou à cessação contratual antecipada, inclusive em razão da bilateralidade inerente ao contrato de trabalho. Assim, de acordo com essa corrente, a qual não mais prevalece em face das disposições mais atuais e expressas decorrentes da Lei 12.395/2011, a aplicabilidade da cláusula penal poderia ocorrer em favor do empregado, quando devida pelo empregador. Nesse sentido, pode ser destacado o seguinte julgado:

Recurso de revista. Cláusula penal. Lei 9.615/1998. Responsabilidade. 1. O art. 28 da Lei 9.615/1998 (Lei Pelé) prevê cláusula penal a ser paga pela parte responsável pelo inadimplemento contratual à outra, em diferenciar o sujeito passivo da obrigação. 2. Assim, a agremiação esportiva deve pagar ao atleta, quando for responsável pela extinção do contrato de trabalho, o valor previsto na cláusula penal. Recurso de revista conhecido e provido" (TST, 3ª T., RR 1433/2004-011-07-00.0, Rel. Min. Maria Cristina Irigoyen Peduzzi, DJ 10.08.2007).

Na atualidade, como destacado acima, a Lei 12.395, de 16 de março de 2011, que alterou a Lei 9.615/1998, no art. 28, de forma expressa, passou a prever que no contrato especial de trabalho desportivo, firmado com entidade de prática desportiva, devem constar, obrigatoriamente, dois tipos de cláusulas:

– *cláusula indenizatória desportiva, devida exclusivamente à entidade de prática desportiva à qual está vinculado o atleta* (nas hipóteses de: transferência do atleta para outra entidade, nacional ou estrangeira, durante a vigência do contrato especial de trabalho desportivo; ou por ocasião do retorno do atleta às atividades profissionais em outra entidade de prática desportiva, no prazo de até 30 meses);

e

– *cláusula compensatória desportiva, devida pela entidade de prática desportiva ao atleta* (nas hipóteses de: rescisão decorrente do inadimplemento salarial, de responsabilidade da entidade de prática desportiva empregadora, nos termos da Lei 9.615/1998; rescisão indireta, nas demais hipóteses previstas na legislação trabalhista; e dispensa sem justa causa do atleta).

Com isso, pode-se dizer que a atual previsão legal tornou mais clara e explícita a questão da incidência das cláusulas indenizatória e compensatória nos contratos especiais de trabalho desportivo.

Além disso, é lícito ao atleta profissional recusar competir por entidade de prática desportiva, quando seus salários, no todo ou em parte, estiverem atrasados em dois ou mais meses (art. 32 da Lei 9.615/1998).

8.13.5 Contrato de trabalho do artista

De acordo com a previsão da Lei 6.533, de 24 de maio de 1978, o contrato de trabalho de artistas e de técnicos em espetáculos de diversões pode ser estabelecido *por prazo determinado ou indeterminado* (art. 10, inciso II e parágrafo único).

Considera-se artista o profissional que cria, interpreta ou executa obra de caráter cultural de qualquer natureza, para efeito de exibição ou divulgação pública, por meios de comunicação de massa ou em locais onde se realizam espetáculos de diversão pública.

Considera-se técnico em espetáculos de diversões o profissional que, mesmo em caráter auxiliar, participa, individualmente ou em grupo, de atividade profissional ligada diretamente à elaboração, registro, apresentação ou conservação de programas, espetáculos e produções.

O exercício das profissões de artista e de técnico em espetáculos de diversões requer prévio registro na Delegacia Regional do Trabalho, do Ministério do Trabalho, o qual tem validade em todo o território nacional (art. 6º da Lei 6.533/1978). Para esse registro do artista ou do técnico em espetáculos de diversões, é necessária a apresentação de:

I – diploma de curso superior de Diretor de Teatro, Coreógrafo, Professor de Arte Dramática, ou outros cursos semelhantes, reconhecidos na forma da Lei; ou

II – diploma ou certificado correspondentes às habilitações profissionais de 2º Grau de Ator, Contrarregra, Cenotécnico, Sonoplasta, ou outras semelhantes, reconhecidas na forma da lei; ou

III – atestado de capacitação profissional fornecido pelo Sindicato representativo das categorias profissionais e, subsidiariamente, pela Federação respectiva[115].

O registro mencionado pode ser concedido a título provisório, pelo prazo máximo de um ano, com dispensa do atestado acima, mediante a indicação conjunta dos Sindicatos de empregadores e de empregados (art. 8º).

O exercício das profissões de artista e de técnicos em espetáculos de diversões é considerado solene, pois a Lei 6.533/1978 exige "contrato de trabalho padronizado" (arts. 9º e 10)[116]. Além disso, o

---

[115] De acordo com o art. 7º, §§ 2º e 3º, da Lei 6.533/1978:
"§ 2º A entidade sindical deverá conceder ou negar o atestado mencionado no item III, no prazo de 3 (três) dias úteis, podendo ser concedido o registro, ainda que provisório, se faltar manifestação da entidade sindical, nesse prazo.
§ 3º Da decisão da entidade sindical que negar a concessão do atestado mencionado no item III deste artigo, caberá recurso para o Ministério do Trabalho, até 30 (trinta) dias, a contar da ciência".

[116] "Art. 10. O contrato de trabalho conterá, obrigatoriamente:
I – qualificação das partes contratantes;
II – prazo de vigência;
III – natureza da função profissional, com definição das obrigações respectivas;
IV – título do programa, espetáculo ou produção, ainda que provisório, com indicação do personagem nos casos de contrato por tempo determinado;
V – locais onde atuará o contratado, inclusive os opcionais;
VI – jornada de trabalho, com especificação do horário e intervalo de repouso;
VII – remuneração e sua forma de pagamento;
VIII – disposição sobre eventual inclusão do nome do contratado no crédito de apresentação, cartazes, impressos e programas;
IX – dia de folga semanal;

contrato de trabalho deve conter o "visto" do Sindicato representativo da categoria profissional (e, subsidiariamente, pela Federação respectiva) como condição para o registro no Ministério do Trabalho. A entidade sindical deve visar ou não ao contrato no prazo máximo de dois dias úteis, findos os quais ele poderá ser registrado no Ministério do Trabalho, caso falte a manifestação sindical. Da decisão da entidade sindical que negar o visto prevê a Lei 6.533/1978 o cabimento de recurso para o Ministério do Trabalho (art. 9º, § 3º, da Lei 6.533/1978).

Permite-se a fixação da "cláusula de exclusividade" nos contratos de trabalho de artistas ou técnicos em espetáculos de diversões. Trata-se de elemento acidental ao referido pacto, tendo em vista ser possível a sua previsão, mas não necessária, nem inerente ao referido negócio jurídico. O objetivo da mencionada cláusula é evitar que o empregado preste serviços a empresas concorrentes. Mesmo assim, a cláusula de exclusividade não impede o artista ou o técnico em espetáculos de diversões de prestar serviços a outro empregador, em atividade diversa da ajustada no contrato de trabalho, em outro meio de comunicação, desde que isso não caracterize prejuízo para o contratante com o qual foi assinada a cláusula de exclusividade (art. 11 da Lei 6.533/1978).

8.14 Contrato de trabalho intermitente

O art. 443 da CLT, com redação dada pela Lei 13.467/2017, prevê que o contrato individual de trabalho pode ser acordado tácita ou expressamente, verbalmente ou por escrito, por prazo determinado ou indeterminado, ou para prestação de *trabalho intermitente*.

No trabalho intermitente a jornada de trabalho é normalmente móvel e mais flexível, permitindo que o empregado receba apenas pelo tempo de labor efetivamente prestado, deixando ao empregador a definição do período que será laborado em cada dia e época.

Entretanto, trata-se de sistemática que pode gerar certa insegurança ao trabalhador, não permitindo saber se será convocado para prestar serviços, ou por quanto tempo, o que resulta no desconhecimento de qual será o valor do salário a ser recebido e no desconhecimento do verdadeiro nível remuneratório mensal.

Na prática, a medida pode gerar a transferência ao empregado, que é a parte mais vulnerável da relação jurídica, dos riscos da atividade econômica e do empreendimento desenvolvido, que por natureza devem ser do empregador, por ser o titular dos meios de produção (art. 2º da CLT).

Os empregados, evidentemente, também têm as suas despesas mensais, e muitas delas são fixas, necessitando saber, com maior segurança e previsibilidade, o patamar de sua renda, não podendo conviver com tamanha incerteza.

Argumenta-se que a medida permitiria ao trabalhador ter mais de um emprego, o que a tornaria vantajosa a ambas as partes.

Esquece-se, entretanto, que a exclusividade, em regra, não é requisito do contrato de trabalho (arts. 2º e 3º da CLT). Normalmente, nada impede que o empregado tenha mais de um vínculo de emprego, mesmo sendo fixo o horário de labor.

Na realidade, essa modalidade de trabalho pode favorecer a parte mais forte da relação de emprego, permitindo ao empregador a busca pelo lucro sem assumir o risco inerente à atividade desempenhada.

X – ajuste sobre viagens e deslocamentos;
XI – período de realização de trabalhos complementares, inclusive dublagem, quando posteriores a execução do trabalho de interpretação objeto do contrato;
XII – número da Carteira de Trabalho e Previdência Social.
Parágrafo único. Nos contratos de trabalho por tempo indeterminado deverá constar, ainda, cláusula relativa ao pagamento de adicional, devido em caso de deslocamento para prestação de serviço fora da cidade ajustada no contrato de trabalho".

Além da ausência de demonstração científica de que a medida em questão é apta a reduzir os níveis de desemprego, em termos práticos, o empregado dificilmente conseguirá conciliar mais de um emprego, ao não saber com maior antecedência o período de trabalho que será efetivamente permitido, bem como quanto tempo ainda terá disponível a cada dia para realizar outras atividades.

Pode haver perda de qualidade de vida dos trabalhadores resultante do trabalho intermitente, em que a jornada de trabalho é flexível, podendo gerar impactos sociais negativos e prejuízos às pessoas que sobrevivem apenas de sua força de trabalho.

Em tese, segundo a previsão legal imperativa, o período em que o empregado está à disposição do empregador, *aguardando* ou executando ordens, também se considera como de serviço efetivo (art. 4º da CLT). Portanto, não apenas o tempo de labor concretamente realizado, mas todo o período referido, por integrar a jornada de trabalho, também deve ser remunerado.

Considerando o exposto, anteriormente, havia entendimento no sentido de não ser válida a pactuação de jornada de trabalho móvel e variável, como ocorre no trabalho intermitente, fazendo com que o empregado recebesse apenas as horas trabalhadas, nem mesmo por meio de convenção ou acordo coletivo[117]. Nesse sentido, podem ser destacados os seguintes julgados:

> "Agravo de instrumento em recurso de revista. Jornada de trabalho móvel e variável. Abuso de direito. Súmulas 23, 221, II, e 296 do TST. Conforme noticia a decisão recorrida consta do contrato de trabalho cláusula estipulando jornada móvel e variável, recebendo o empregado apenas por aquelas horas trabalhadas. O respectivo modelo de jornada incorpora benefícios à empresa, atendendo, todavia, apenas às suas necessidades e preterindo os interesses dos empregados. A possibilidade de contratação para jornada inferior ao limite legal com salário proporcional obviamente resta autorizada, mas não se admite a ausência da prefixação daquela jornada, ainda que reduzida, porquanto é direito do empregado ter a efetiva ciência prévia de sua jornada diária de trabalho e, consequentemente, do seu salário mensal. Na hipótese dos autos, a contratação previa a possibilidade de jornada diária de até oito horas, razão pela qual ficava o empregado vinculado a todo aquele período, não lhe cabendo ativar-se em outra atividade. No mesmo diapasão, não tinha conhecimento prévio do valor de seu salário mensal, pois percebia pelas horas efetivamente trabalhadas, apenas com a garantia mínima de duas horas diárias. Dessume-se desse contexto que o benefício do referido regime de contratação dirigia-se única e exclusivamente ao interesse do empregador, sabedor de que contaria com o empregado pela jornada integral de oito horas diárias conforme lhe aprouvesse e, ainda, podendo estender as jornadas com o pagamento de horas extraordinárias. Assim, a empregadora geria um regime de otimização das horas de trabalho de seus empregados e de escalas conforme a movimentação e a necessidade dos serviços em seu estabelecimento. Nos períodos de pequena frequência de clientes, o empregado trabalharia por poucas horas, e a reclamada não necessitaria pagar pelo tempo no qual o trabalhador, embora não se ativasse na função, fosse obrigado a reservar do seu dia para atender à

---

[117] "Recurso de revista. Horas extras. Jornada de trabalho móvel e variável. Previsão em norma coletiva. Invalidade. 1. Conquanto a Constituição da República, por meio do art. 7º, XXVI, prestigie a pactuação coletiva, impõe-se que os instrumentos autônomos observem as normas de ordem pública que garantem direitos mínimos dos trabalhadores. 2. Na hipótese, observa-se que a jornada de trabalho 'móvel e variável', prevista nos instrumentos coletivos, importa, efetivamente, em transferência ao empregado dos riscos econômicos da atividade. Isso porque tal prática submete o trabalhador ao puro alvitre da empresa no tocante à jornada a ser efetivamente cumprida, conforme a variação de movimento dos estabelecimentos comerciais da reclamada, exigindo-se que o empregado fique à disposição empresarial por 44 horas semanais, mas podendo, por decisão exclusiva da empregadora, laborar – e obter remuneração – por qualquer período entre o máximo e o mínimo de 8 (oito) horas por semana. 3. Os preceitos protetivos do Direito do Trabalho não autorizam que o empregado se submeta, para mera salvaguarda do empregador contra as naturais oscilações de demanda produtiva, à incerteza da jornada de trabalho e da remuneração a ser percebida, em evidente prejuízo à sua vida particular e sua saúde financeira. 4. A prática em questão constitui evidente fraude à legislação trabalhista, atraindo a aplicação do art. 9º da CLT. Precedentes. Recurso de revista conhecido e provido" (TST, 1ª T., RR 1293-16.2012.5.04.0012, Rel. Min. Walmir Oliveira da Costa, *DEJT* 19.12.2016).

possível convocação para a jornada de oito horas. Dessa fixação da jornada, ainda que proporcional e inferior ao limite legal, deve atender às exigências de ambas as partes, com método fixo e não aleatório, como fez a empresa, focada que estava tão somente na diminuição de seus custos operacionais, infringindo, inequivocamente, os princípios basilares de proteção ao trabalhador e da dignidade da pessoa humana, e sujeitando o empregado tão somente ao livre arbítrio patronal, sem a menor segurança quanto aos aspectos mínimos e formais da relação contratual, com execrável transferência dos riscos da atividade econômica para o empregado. Agravo de instrumento desprovido" (TST, 7ª T., AIRR 137000-70.2008.5.01.0014, Rel. Min. Luiz Philippe Vieira de Mello Filho, *DEJT* 06.06.2014).

"Recurso de revista do Ministério Público do Trabalho. Ação civil pública. Jornada móvel e variável. Invalidade. Entende-se pela invalidade de cláusula prevista em contrato de trabalho que fixa jornada móvel e variável porque prejudicial ao trabalhador, pois, embora não exista vedação expressa sobre a prática adotada pela requerida, percebe-se que a contratação efetivada visa a que o trabalhador fique sujeito a ato imperativo do empregador, que pode desfrutar do labor de seus empregados quando bem entender, em qualquer horário do dia, pagando o mínimo possível para auferir maiores lucros. Esta prática, contratação na qual os trabalhadores ficam à disposição da empresa durante 44 horas semanais, em que pese esta possa utilizar-se de sua força laborativa por apenas 8 horas [...], na medida de suas necessidades, é ilegal, porquanto a empresa transfere o risco do negócio para os empregados, os quais são dispensados dos seus serviços nos períodos de menor movimento sem nenhum ônus e os convoca para trabalhar nos períodos de maior movimento sem qualquer acréscimo nas suas despesas. Entender o contrário implicaria desconsiderar as disposições contidas nos arts. 4º, *caput*, e 9º da CLT, que disciplinam o tempo à disposição do empregador e nulificam os atos praticados com o objetivo de desvirtuar ou fraudar os dispositivos regulamentadores da CLT. Recurso de revista conhecido e provido" (TST, 8ª T., RR 989190016.2005.5.09.0004, Rel. Min. Dora Maria da Costa, *DEJT* 25.02.2011).

A rigor, pode-se distinguir a *jornada de trabalho intermitente*, assim entendida como a que é móvel, flexível e variável, atendendo às necessidades do empregador, do *contrato de trabalho intermitente*.

O art. 611-A, inciso VIII, da CLT, acrescentado pela Lei 13.467/2017, prevê que a convenção coletiva e o acordo coletivo de trabalho têm prevalência sobre a lei quando dispuserem sobre teletrabalho, regime de sobreaviso e *trabalho intermitente*.

Além disso, com a Lei 13.467/2017, o próprio *contrato de trabalho intermitente* é reconhecido, permitindo-se a sua celebração.

Considera-se como *intermitente* o contrato de trabalho no qual a prestação de serviços, com subordinação, não é contínua, ocorrendo com alternância de períodos de prestação de serviços e de inatividade, determinados em horas, dias ou meses, independentemente do tipo de atividade do empregado e do empregador, exceto para os aeronautas, regidos por legislação própria (art. 443, § 3º, da CLT, acrescentado pela Lei 13.467/2017)[118].

---

[118] Na jurisprudência, cf.: "6. Numa hermenêutica estrita, levando em conta a literalidade dos arts. 443, § 3º, e 452-A da CLT, que introduziram a normatização do trabalho intermitente no Brasil, tem-se como 'intermitente o contrato de trabalho no qual a prestação de serviços, com subordinação, não é contínua, ocorrendo com alternância de períodos de prestação de serviços e de inatividade, determinados em horas, dias ou meses, independentemente do tipo de atividade do empregado e do empregador, exceto para os aeronautas, regidos por legislação própria' (§ 3º). Ou seja, não se limita a determinadas atividades ou empresas, nem a casos excepcionais. Ademais, fala-se em valor horário do salário mínimo ou daquele pago a empregados contratados sob modalidade distinta de contratação (CLT, art. 452-A). 7. Contrastando a decisão regional com os comandos legais supracitados, não poderia ser mais patente o desrespeito ao princípio da legalidade. O 3º Regional, refratário, como se percebe, à reforma trabalhista, cria mais parâmetros e limitações do que aqueles impostos pelo legislador ao trabalho intermitente, malferindo o princípio da legalidade, erigido pelo art. 5º, II, da CF como baluarte da segurança jurídica. 8. Ora, a introdução de regramento para o trabalho intermitente em nosso ordenamento jurídico deveu-se à necessidade de se conferir direitos básicos

O art. 36 da Portaria 671/2021 do Ministério do Trabalho e Previdência explicita que para fins do disposto no § 3º do art. 443 da CLT, considera-se *período de inatividade* o intervalo temporal distinto daquele para o qual o empregado intermitente haja sido convocado e tenha prestado serviços nos termos do § 1º do art. 452-A da CLT.

Durante o período de inatividade, o empregado pode prestar serviços de qualquer natureza a outros tomadores de serviço, que exerçam ou não a mesma atividade econômica, utilizando contrato de trabalho intermitente ou outra modalidade de contrato de trabalho (art. 36, § 1º, da Portaria 671/2021).

No contrato de trabalho intermitente, o período de inatividade não será considerado tempo à disposição do empregador e não será remunerado. Ficará descaracterizado o contrato de trabalho intermitente se houver remuneração por tempo à disposição no período de inatividade (art. 36, § 2º, da Portaria 671/2021). Pode-se dizer que essa previsão tem conteúdo típico de norma de hierarquia legal. Ainda assim, certamente entendeu-se que a disposição decorre da própria natureza e das características do contrato de trabalho intermitente, como desdobramento inerente à sua disciplina legislativa.

Os aeronautas, em razão das peculiaridades no exercício da profissão (regida pela Lei 13.475/2017), foram expressamente excluídos da possibilidade de serem admitidos e prestarem serviços por meio de contrato de trabalho intermitente.

No contrato de trabalho intermitente a prestação de serviços, embora ocorra de forma subordinada ao empregador, que exerce o poder de direção, *não é contínua* (o que não se confunde com a não eventualidade, a qual é considerada requisito da relação de emprego).

Portanto, no contrato de trabalho intermitente, os períodos de prestação de serviços são *alternados* com períodos de inatividade, definidos em horas, dias ou meses, seja qual for a atividade do empregado e do empregador.

O contrato de trabalho intermitente deve ser celebrado *por escrito* e deve conter especificamente o valor da hora de trabalho, que não pode ser inferior ao valor horário do salário mínimo ou àquele devido aos demais empregados do estabelecimento que exerçam a mesma função em contrato intermitente ou não (art. 452-A da CLT, acrescentado pela Lei 13.467/2017).

O art. 30 da Portaria 671/2021 do Ministério do Trabalho e Previdência reitera e explicita que o contrato de trabalho intermitente, de que trata o art. 452-A da CLT, deve ser celebrado por escrito, ainda que previsto em acordo coletivo de trabalho ou convenção coletiva, e conterá:

I – identificação, assinatura e domicílio ou sede das partes;

II – valor da hora ou do dia de trabalho, que não será inferior ao valor horário ou diário do salário mínimo, nem inferior àquele devido aos demais empregados do estabelecimento que exerçam a mesma função, assegurada a remuneração do trabalho noturno superior à do diurno;

III – o local e o prazo para o pagamento da remuneração.

A remuneração horária ou diária do trabalhador intermitente pode ser superior à paga aos demais trabalhadores da empresa contratados a prazo indeterminado, dadas as características especiais do contrato de trabalho intermitente (art. 33 da Portaria 671/2021 do Ministério do Trabalho e Previdência).

O art. 35 da Portaria 671/2021 do Ministério do Trabalho e Previdência explicita ainda que é facultado às partes convencionar por meio do contrato de trabalho intermitente:

---

a uma infinidade de trabalhadores que se encontravam na informalidade (quase 50% da força de trabalho do país), vivendo de 'bicos', sem carteira assinada e sem garantia de direitos trabalhistas fundamentais. Trata-se de uma das novas modalidades contratuais existentes no mundo, flexibilizando a forma de contratação e remuneração, de modo a combater o desemprego. Não gera precarização, mas segurança jurídica a trabalhadores e empregadores, com regras claras, que estimulam a criação de novos postos de trabalho. 9. Nesses termos, é de se acolher o apelo patronal, para restabelecer a sentença de improcedência da reclamatória trabalhista. Recurso de revista conhecido e provido" (TST, 4ª T., RR-10454-06.2018.5.03.0097, Rel. Min. Ives Gandra Martins Filho, *DEJT* 09.08.2019).

I – locais de prestação de serviços;

II – turnos para os quais o empregado será convocado para prestar serviços;

III – formas e instrumentos de convocação e de resposta para a prestação de serviços.

Tendo em vista a incidência do princípio da isonomia, o salário devido ao empregado no contrato de trabalho intermitente deve ser calculado com base no valor da hora de labor, não podendo ser menos do que o valor por hora do salário mínimo ou do salário devido aos demais empregados do estabelecimento que desempenhem função idêntica (em contrato intermitente ou não).

Como a jornada de trabalho no contrato intermitente nem sempre será completa, cabe salientar que, conforme a Orientação Jurisprudencial 358 da SBDI-I do TST:

"Salário mínimo e piso salarial proporcional à jornada reduzida. Empregado. Servidor público.

I – Havendo contratação para cumprimento de jornada reduzida, inferior à previsão constitucional de oito horas diárias ou quarenta e quatro semanais, é lícito o pagamento do piso salarial ou do salário mínimo proporcional ao tempo trabalhado.

II – Na Administração Pública direta, autárquica e fundacional não é válida remuneração de empregado público inferior ao salário mínimo, ainda que cumpra jornada de trabalho reduzida. Precedentes do Supremo Tribunal Federal".

De todo modo, tendo em vista o art. 7º, inciso VII, da Constituição Federal de 1988, fica garantido o salário nunca inferior ao mínimo para os que percebem remuneração variável.

O empregador deve convocar, por qualquer meio de comunicação eficaz, para a prestação de serviços, informando qual será a jornada, com, pelo menos, 3 (três) dias corridos de antecedência (art. 452-A, § 1º, da CLT, acrescentado pela Lei 13.467/2017).

Recebida a convocação, o empregado tem o prazo de um dia útil para responder ao chamado, presumindo-se, no silêncio, a recusa (art. 452-A, § 2º, da CLT, acrescentado pela Lei 13.467/2017).

Não se exige, assim, que o empregado justifique a recusa.

O art. 34 da Portaria 671/2021 do Ministério do Trabalho e Previdência explicita que serão considerados cumpridos os prazos de convocação ao trabalho e resposta ao chamado, previstos nos §§ 1º e 2º do art. 452-A da CLT, quando constatada a prestação dos serviços pelo trabalhador intermitente.

A recusa da oferta não descaracteriza a subordinação para fins do contrato de trabalho intermitente (art. 452-A, § 3º, da CLT, acrescentado pela Lei 13.467/2017).

A recusa da oferta pelo empregado, assim, não tem qualquer conotação de infração disciplinar.

De acordo com o art. 452-A, § 4º, da CLT, acrescentado pela Lei 13.467/2017, aceita a oferta para o comparecimento ao trabalho, a parte que descumprir, sem justo motivo, pagará à outra parte, no prazo de 30 dias, multa de 50% da remuneração que seria devida, permitida a compensação em igual prazo.

Segundo o art. 452-A, § 5º, da CLT, acrescentado pela Lei 13.467/2017, o período de inatividade não é considerado tempo à disposição do empregador, podendo o trabalhador prestar serviços a outros contratantes.

No contrato de trabalho intermitente, o período de inatividade, desse modo, tem natureza de *suspensão do contrato de trabalho*, pois o empregado não presta serviços, não tem direito à remuneração, nem o tempo de serviço é computado.

Ao final de cada período de prestação de serviço, o empregado deve receber o pagamento imediato das seguintes parcelas:

I – remuneração;

II – férias proporcionais com acréscimo de 1/3;

III – décimo terceiro salário proporcional;

IV – repouso semanal remunerado; e

V – adicionais legais (art. 452-A, § 6º, da CLT, acrescentado pela Lei 13.467/2017).

O art. 32 da Portaria 671/2021 do Ministério do Trabalho e Previdência explicita que na hipótese de o período de convocação (ou seja, de trabalho) exceder um mês, o pagamento das parcelas a que se referem o § 6º do art. 452-A da CLT não pode ser estipulado por período superior a um mês, e devem ser pagas até o quinto dia útil do mês seguinte ao trabalhado, de acordo com o previsto no § 1º do art. 459 da CLT.

O recibo de pagamento deve conter a discriminação dos valores pagos relativos a cada uma das parcelas acima referidas (art. 452-A, § 7º, da CLT, acrescentado pela Lei 13.467/2017).

Não se admite, portanto, o pagamento *complexivo*, ou seja, um único valor englobando todos os direitos trabalhistas devidos ao empregado[119].

Conforme o art. 452-A, § 8º, da CLT, acrescentado pela Lei 13.467/2017, o empregador deve efetuar o recolhimento da contribuição previdenciária e o depósito do Fundo de Garantia do Tempo de Serviço, na forma da lei, com base nos valores pagos no período mensal e fornecer ao empregado comprovante do cumprimento dessas obrigações.

O art. 38 da Portaria 671/2021 do Ministério do Trabalho e Previdência reitera que no contrato de trabalho intermitente, o empregador deve efetuar o recolhimento das contribuições previdenciárias próprias e do empregado e o depósito do FGTS com base nos valores pagos no período mensal e fornecerá ao empregado comprovante do cumprimento dessas obrigações.

A cada 12 meses, o empregado adquire direito a usufruir, nos 12 meses subsequentes, um mês de férias, período no qual não pode ser convocado para prestar serviços pelo mesmo empregador (art. 452-A, § 9º, da CLT, acrescentado pela Lei 13.467/2017).

Embora o direito de gozar férias seja formalmente assegurado, o empregado, na prática, pode acabar realizando outras atividades laborativas no período, inclusive em razão de necessidades financeiras, deixando, assim, de descansar efetivamente.

Desde que haja concordância do empregado, as férias podem ser usufruídas em até três períodos, sendo que um deles não pode ser inferior a 14 dias corridos e os demais não podem ser inferiores a cinco dias corridos, cada um (art. 134, § 1º, da CLT, com redação dada pela Lei 13.467/2017).

É vedado o início das férias no período de dois dias que antecede feriado ou dia de repouso semanal remunerado (art. 134, § 3º, da CLT, com redação dada pela Lei 13.467/2017).

O art. 31 da Portaria 671/2021 do Ministério do Trabalho e Previdência explicita que o empregado, mediante prévio acordo com o empregador, pode usufruir suas férias em até três períodos, nos termos dos §§ 1º e § 3º do art. 134 da CLT.

As verbas rescisórias e o aviso prévio devem ser calculados com base na média dos valores recebidos pelo empregado no curso do contrato de trabalho intermitente (art. 37 da Portaria 671/2021 do Ministério do Trabalho e Previdência).

8.15 Trabalhador temporário: Lei 6.019/1974

Trabalho temporário é aquele prestado por pessoa física contratada por uma empresa de trabalho temporário que a coloca à disposição de uma empresa tomadora de serviços, para atender à *necessidade de substituição transitória de pessoal permanente* ou à *demanda complementar de serviços* (art. 2º da Lei 6.019/1974, com redação dada pela Lei 13.429/2017).

Considera-se complementar a demanda de serviços que seja oriunda de fatores imprevisíveis ou, quando decorrente de fatores previsíveis, tenha natureza intermitente, periódica ou sazonal (art. 2º, § 2º, da Lei 6.019/1974).

Não se consideram demanda complementar de serviços: as demandas contínuas ou permanentes; as demandas decorrentes da abertura de filiais (art. 43, parágrafo único, do Decreto 10.854/2021).

---

[119] Cf. Súmula 91 do TST: "Salário complexivo. Nula é a cláusula contratual que fixa determinada importância ou percentagem para atender englobadamente vários direitos legais ou contratuais do trabalhador".

Considera-se substituição transitória de pessoal permanente a substituição de trabalhador permanente da empresa tomadora de serviços ou cliente afastado por motivo de suspensão ou interrupção do contrato de trabalho, tais como férias, licenças e outros afastamentos previstos em lei (art. 43, inciso V, do Decreto 10.854/2021).

É proibida a contratação de trabalho temporário para a substituição de trabalhadores em greve, salvo nos casos previstos em lei (art. 2º, § 1º, da Lei 6.019/1974).

Conforme o art. 7º, parágrafo único, da Lei 7.783/1989, é vedada a rescisão de contrato de trabalho durante a greve, bem como a contratação de trabalhadores substitutos, exceto na ocorrência das hipóteses previstas nos arts. 9º[120] e 14[121] do referido diploma legal. Sendo assim, pode-se concluir que em caso de *greve abusiva* é possível haver a contratação de trabalho temporário.

Essa *relação triangular de trabalho* é regida pela Lei 6.019, de 3 de janeiro de 1974 (modificada pela Lei 13.429/2017).

O mencionado trabalhador mantém relação jurídica com a empresa de trabalho temporário, a qual o coloca à disposição da empresa cliente, em razão de contrato firmado entre as duas empresas.

Considera-se contrato individual de trabalho temporário o contrato de trabalho individual escrito celebrado entre o trabalhador e a empresa de trabalho temporário (art. 43, inciso VI, do Decreto 10.854/2021).

A empresa de trabalho temporário celebra contrato individual de trabalho temporário por escrito com o trabalhador colocado à disposição da empresa tomadora ou cliente, do qual devem constar expressamente: I – os direitos conferidos ao trabalhador temporário decorrentes da sua condição; II – a indicação da empresa tomadora de serviços ou cliente (art. 65 do Decreto 10.854/2021).

Considera-se contrato de prestação de serviços de colocação à disposição de trabalhador temporário o contrato escrito celebrado entre empresa de trabalho temporário e empresa tomadora de serviços ou cliente para a prestação de serviços de colocação de trabalhadores temporários de que trata o art. 9º da Lei 6.019/1974 (art. 43, inciso VII, do Decreto 10.854/2021).

Embora apontado por parte da doutrina como modalidade expressamente prevista em lei de terceirização[122], no trabalho temporário o que ocorre, na realidade, não é a contratação de serviços especializados realizados pela empresa prestadora (terceirizada), mas sim o fornecimento de mão de obra, em regra vedado pelo sistema jurídico, embora admitido, excepcionalmente, nas hipóteses legais em questão[123].

Nesse sentido, o trabalho temporário não se confunde com a prestação de serviços a terceiros de que trata o art. 4º-A da Lei 6.019/1974 (art. 42 do Decreto 10.854/2021).

---

[120] "Art. 9º Durante a greve, o sindicato ou a comissão de negociação, mediante acordo com a entidade patronal ou diretamente com o empregador, manterá em atividade equipes de empregados com o propósito de assegurar os serviços cuja paralisação resultem em prejuízo irreparável, pela deterioração irreversível de bens, máquinas e equipamentos, bem como a manutenção daqueles essenciais à retomada das atividades da empresa quando da cessação do movimento. Parágrafo único. Não havendo acordo, é assegurado ao empregador, enquanto perdurar a greve, o direito de contratar diretamente os serviços necessários a que se refere este artigo".

[121] "Art. 14 Constitui abuso do direito de greve a inobservância das normas contidas na presente Lei, bem como a manutenção da paralisação após a celebração de acordo, convenção ou decisão da Justiça do Trabalho. Parágrafo único. Na vigência de acordo, convenção ou sentença normativa não constitui abuso do exercício do direito de greve a paralisação que: I – tenha por objetivo exigir o cumprimento de cláusula ou condição; II – seja motivada pela superveniência de fatos novos ou acontecimento imprevisto que modifique substancialmente a relação de trabalho".

[122] Cf. PRUNES, José Luiz Ferreira. *Trabalho terceirizado e composição industrial*. 2. ed. Curitiba: Juruá, 2000. p. 15: "Uma das formas de terceirização já foi encontrada através da Lei 6.019/1970, mas esta – afirmamos – só visa o trabalho temporário"; DELGADO, Mauricio Godinho. *Curso de direito do trabalho*. 4. ed. São Paulo: LTr, 2005. p. 449: "A ordem jurídica regula detalhadamente a situação-tipo de terceirização efetuada através do chamado *trabalho temporário*" (destaques do original).

[123] Cf. CARELLI, Rodrigo de Lacerda. *Formas atípicas de trabalho*. São Paulo: LTr, 2004. p. 20 e 32-33.

Se estiverem ausentes as razões justificadoras dessa modalidade contratual, ou excedido o prazo legal de prestação de serviços, a relação de emprego forma-se diretamente com a empresa tomadora, tendo em vista a fraude na contratação de trabalho temporário (art. 9º da CLT).

A referida prestação de serviço, pelo trabalhador temporário, ocorre por meio da empresa de trabalho temporário.

É reconhecida a atividade da empresa de trabalho temporário, que integra o plano básico do enquadramento sindical a que se refere o art. 577 da CLT (art. 3º da Lei 6.019/1974).

Desse modo, *empresa de trabalho temporário* é a pessoa jurídica, devidamente registrada no Ministério do Trabalho, responsável pela colocação de trabalhadores à disposição de outras empresas temporariamente (art. 4º da Lei 6.019/1974).

Com a Lei 13.429/2017, o trabalho temporário passa a ser possível também no âmbito rural.

Empresa tomadora de serviços, por seu turno, é a pessoa jurídica ou entidade a ela equiparada que celebra contrato de prestação de trabalho temporário com a empresa de trabalho temporário (art. 5º da Lei 6.019/1974).

A pessoa física, portanto, não pode figurar como tomadora de serviços no trabalho temporário. Quanto às entidades equiparadas à pessoa jurídica, podem ser assim consideradas as empresas individuais e os entes despersonalizados (como os condomínios) que recebem tratamento jurídico similar às pessoas jurídicas.

São requisitos para funcionamento e registro da empresa de trabalho temporário no Ministério do Trabalho: prova de inscrição no Cadastro Nacional da Pessoa Jurídica (CNPJ), do Ministério da Fazenda; prova do competente registro na Junta Comercial da localidade em que tenha sede; prova de possuir capital social de, no mínimo, R$ 100.000,00 (art. 6º da Lei 6.019/1974).

A empresa de trabalho temporário deve, quando solicitado pelo Ministério do Trabalho e Previdência, fornecer as informações consideradas necessárias para subsidiar a análise do mercado de trabalho (art. 8º da Lei 6.019/1974 e art. 46 do Decreto 10.854/2021). O fornecimento das referidas informações pode ser substituído pelo uso do Sistema de Escrituração Digital das Obrigações Fiscais, Previdenciárias e Trabalhistas (eSocial), na forma estabelecida em ato do Ministro de Estado do Trabalho e Previdência.

O cadastramento dos trabalhadores temporários deve ser feito junto ao Ministério do Trabalho e Previdência (art. 47 do Decreto 10.854/2021).

O contrato celebrado pela empresa de trabalho temporário e a tomadora de serviços deve ser por escrito, ficará à disposição da autoridade fiscalizadora no estabelecimento da tomadora de serviços e conterá: qualificação das partes; motivo justificador da demanda de trabalho temporário; prazo da prestação de serviços; valor da prestação de serviços; disposições sobre a segurança e a saúde do trabalhador, independentemente do local de realização do trabalho (art. 9º da Lei 6.019/1974).

O valor da prestação de serviços consiste na taxa de agenciamento da prestação de serviço de colocação à disposição de trabalhadores temporários (art. 71, § 1º, do Decreto 10.854/2021).

A justificativa (motivo justificador) da demanda de trabalho temporário consiste na descrição do fato ensejador da contratação de trabalho temporário (art. 71, § 2º, do Decreto 10.854/2021).

É responsabilidade da empresa contratante (tomadora) garantir as condições de segurança, higiene e salubridade dos trabalhadores, quando o trabalho for realizado em suas dependências ou em local por ela designado (art. 9º, § 1º, da Lei 6.019/1974).

A contratante deve estender ao trabalhador da empresa de trabalho temporário o mesmo atendimento médico, ambulatorial e de refeição destinado aos seus empregados, existente nas dependências da contratante, ou local por ela designado (art. 9º, § 2º, da Lei 6.019/1974).

O contrato de trabalho temporário pode versar sobre o desenvolvimento de atividades-meio e atividades-fim a serem executadas na empresa tomadora de serviços (art. 9º, § 3º, da Lei 6.019/1974).

Logo, no trabalho temporário, por se tratar de modalidade excepcional, especificamente prevista em lei, de fornecimento de mão de obra, o trabalhador temporário pode atuar tanto em atividades-meio quanto em atividades-fim da empresa tomadora.

Efetivamente, se a prestação de serviços pode ocorrer para atender à necessidade de substituição transitória de pessoal permanente ou à demanda complementar de serviços da empresa tomadora (art. 2º da Lei 6.019/1974), é natural que isso aconteça em quaisquer atividades (meio ou fim) da tomadora.

Além disso, como bem destaca Amauri Mascaro Nascimento: "Também é subordinado o *trabalhador temporário*"[124].

Nessa linha, conforme o art. 126 da Instrução Normativa 2/2021 do Ministério do Trabalho e Previdência, é lícito à empresa tomadora ou cliente exercer, durante a vigência do contrato firmado com a empresa de trabalho temporário, o poder técnico, disciplinar e diretivo sobre o trabalhador colocado à sua disposição, inclusive em tarefas vinculadas à sua atividade-fim.

Portanto, observa-se que existe subordinação do trabalhador temporário mesmo perante a empresa tomadora, como decorrência da natureza dessa relação jurídica trilateral.

Sobre o tema, Nelson Mannrich esclarece que no trabalho temporário "quem dirige a prestação pessoal dos serviços é o tomador", destacando que, nesse caso, "a transferência do poder diretivo é legal"[125]. Obviamente, como o vínculo do trabalhador é com a empresa de trabalho temporário, não se pode afastar a possibilidade de esta também exercer, em certos aspectos, seu poder de direção[126], especialmente quanto ao âmbito disciplinar[127].

Portanto, na hipótese em estudo, verifica-se a existência de subordinação jurídica do trabalhador temporário mesmo em face da empresa tomadora, o que decorre da própria natureza da contratação.

Nessa linha, a empresa tomadora de serviços ou cliente exercerá o poder técnico, disciplinar e diretivo sobre os trabalhadores temporários colocados à sua disposição (art. 58 do Decreto 10.854/2021).

Qualquer que seja o ramo da empresa tomadora de serviços, não existe vínculo de emprego entre ela e os trabalhadores contratados pelas empresas de trabalho temporário (art. 10 da Lei 6.019/1974).

Essa ausência de relação de emprego entre o trabalhador temporário e a empresa tomadora depende da observância dos requisitos legais do trabalho temporário.

Em caso de trabalho temporário irregular, ou seja, com violação de suas disposições legais, forma-se o vínculo de emprego do trabalhador temporário com a empresa tomadora dos serviços, a qual passa a ser considerada a verdadeira empregadora. Nessa hipótese específica, a empresa de trabalho temporário responde de forma solidária pelos créditos trabalhistas, por ter participado da fraude, com fundamento no art. 942 do Código Civil[128].

O contrato de trabalho temporário, em relação ao mesmo empregador, não pode exceder ao prazo de 180 dias, consecutivos ou não (art. 10, § 1º, da Lei 6.019/1974).

---

[124] NASCIMENTO, Amauri Mascaro. *Curso de direito do trabalho*. 19. ed. São Paulo: Saraiva, 2004. p. 424 (destaques do original).

[125] Cf. MANNRICH, Nelson. *A modernização do contrato de trabalho*. São Paulo: LTr, 1998. p. 194.

[126] No entendimento de Sergio Pinto Martins: "É o trabalhador temporário subordinado à empresa de trabalho temporário, embora preste serviços à empresa tomadora de serviços ou cliente, recebendo sua remuneração também da empresa de trabalho temporário" (*Direito do trabalho*. 5. ed. São Paulo: Malheiros, 1998. p. 125).

[127] Cf. MANNRICH, Nelson. *A modernização do contrato de trabalho*. São Paulo: LTr, 1998. p. 200: "O trabalhador submete-se, por determinação legal, ao poder de direção e controle da empresa usuária, ficando o poder disciplinar a cargo da empresa de trabalho temporário. A empresa-cliente comunica-lhe eventuais atos indisciplinares dos trabalhadores".

[128] Cf. MANNRICH, Nelson. *A modernização do contrato de trabalho*. São Paulo: LTr, 1998. p. 194: "se há responsabilidade subsidiária entre o tomador do serviço e a empresa de trabalho temporário, na intermediação ilegal, a responsabilidade é solidária"; LORENZETTI, Ari Pedro. *A responsabilidade pelos créditos trabalhistas*. São Paulo: LTr, 2003. p. 326.

O contrato pode ser prorrogado por até 90 dias, consecutivos ou não, além do referido prazo de 180 dias, quando comprovada a manutenção das condições que o ensejaram (art. 10, § 2º, da Lei 6.019/1974).

O art. 66 do Decreto 10.854/2021 esclarece que o prazo de duração do contrato individual de trabalho temporário não será superior a 180 dias corridos, independentemente de a prestação de serviço ocorrer em dias consecutivos ou não. O contrato, comprovada a manutenção das condições que ensejaram a contratação temporária, pode ser prorrogado apenas uma vez, além do referido prazo, por até 90 dias corridos, independentemente de a prestação de trabalho ocorrer em dias consecutivos ou não.

O *contrato de trabalho temporário* é mantido entre o trabalhador temporário e a empresa de trabalho temporário (mencionada no art. 10, § 1º, da Lei 6.019/1974 como "empregador"). O contrato de trabalho temporário, assim, tem prazo máximo de duração (isto é, prazo determinado) e natureza de vínculo de emprego, embora de caráter especial. Não se confunde, entretanto, com o contrato de trabalho por prazo determinado previsto na CLT (o qual é firmado entre o empregado e o empregador).

O contrato de trabalho temporário também não se confunde com o contrato celebrado entre a empresa de trabalho temporário e a empresa tomadora de serviços (art. 5º da Lei 6.019/1974), o qual tem natureza civil ou empresarial.

Não se aplica ao trabalhador temporário, contratado pela tomadora de serviços, o contrato de experiência previsto no parágrafo único do art. 445 da CLT (art. 10, § 4º, da Lei 6.019/1974).

O contrato de experiência é uma modalidade de contrato de trabalho por prazo determinado (art. 443, § 2º, c, da CLT), firmado diretamente pelo empregador, que também figura como tomador do serviço. Logo, não se confunde com o trabalho temporário. Ainda assim, caso o trabalhador temporário venha a ser contratado diretamente pela empresa tomadora de serviço, não se autoriza que essa contratação posterior seja sob a forma de contrato de experiência, justamente porque o empregador já conhece o empregado e se este se adapta às funções a serem desempenhadas.

O trabalhador temporário que cumprir o período estipulado nos §§ 1º e 2º do art. 10 da Lei 6.019/1974 (até 180 dias, podendo ser prorrogado por até 90 dias) somente pode ser colocado à disposição da mesma tomadora de serviços em novo contrato temporário, após 90 dias do término do contrato anterior (art. 10, § 5º, da Lei 6.019/1974). A contratação anterior a esse prazo caracteriza vínculo empregatício com a tomadora.

Nos termos do art. 10, § 7º, da Lei 6.019/1974, a empresa contratante (tomadora) é *subsidiariamente* responsável pelas obrigações trabalhistas referentes ao período em que ocorrer o trabalho temporário, e o recolhimento das contribuições previdenciárias deve observar o disposto no art. 31 da Lei 8.212/1991.

Por se tratar de responsabilidade subsidiária (e não solidária), há necessidade de cobrança, primeiramente, da empresa de trabalho temporário. Somente se verificada a ausência de bens suficientes desta é que a empresa tomadora, posteriormente, passa a responder pelos créditos do trabalhador temporário.

Logo, mesmo sendo lícita a contratação temporária, a empresa tomadora responde de forma subsidiária, conforme já se entendia com fundamento na Súmula 331, inciso IV, do TST[129] (ou solidária, em caso de falência da empresa de trabalho temporário, conforme o art. 16 da Lei 6.019/1974).

O art. 31 da Lei 8.212/1991 dispõe que a empresa contratante de serviços executados mediante cessão de mão de obra, inclusive em regime de trabalho temporário, deve reter 11% do valor bruto

---

[129] Cf. DELGADO, Mauricio Godinho. *Curso de direito do trabalho*. 4. ed. São Paulo: LTr, 2005. p. 447: "Não há dúvida de que a interpretação contida no Enunciado 331, IV, abrange todas as hipóteses de terceirização veiculadas na ordem sociojurídica brasileira. Nesse quadro, parece claro que a compreensão sumulada abrange também o *trabalho temporário*" (destaques do original).

da nota fiscal ou fatura de prestação de serviços e recolher, em nome da empresa cedente da mão de obra, a importância retida até o dia 20 do mês subsequente ao da emissão da respectiva nota fiscal ou fatura, ou até o dia útil imediatamente anterior se não houver expediente bancário naquele dia, observado o disposto no art. 33, § 5º, do mesmo diploma legal, ao prever que o desconto de contribuição e de consignação legalmente autorizadas sempre se presume feito oportuna e regularmente pela empresa a isso obrigada, não lhe sendo lícito alegar omissão para se eximir do recolhimento, ficando diretamente responsável pela importância que deixou de receber ou arrecadou em desacordo com o disposto na Lei 8.212/1991.

No caso de falência da empresa de trabalho temporário, a empresa tomadora ou cliente é *solidariamente* responsável pelo recolhimento das contribuições previdenciárias, no tocante ao tempo em que o trabalhador esteve sob suas ordens, assim como em referência ao mesmo período, pela remuneração e indenização previstas na Lei 6.019/1974 (art. 16).

O contrato de trabalho celebrado entre empresa de trabalho temporário e cada um dos assalariados colocados à disposição de uma empresa tomadora ou cliente é obrigatoriamente escrito e dele devem constar, expressamente, os direitos conferidos aos trabalhadores pela Lei 6.019/1974 (art. 11).

Será nula de pleno direito qualquer cláusula de reserva, proibindo a contratação do trabalhador pela empresa tomadora ou cliente ao fim do prazo em que tenha sido colocado à sua disposição pela empresa de trabalho temporário.

Em consonância com o art. 12 da Lei 6.019/1974, ficam assegurados ao trabalhador temporário os seguintes direitos:

a) remuneração equivalente à percebida pelos empregados de mesma categoria da empresa tomadora ou cliente, calculada à base horária, garantida, em qualquer hipótese, a percepção do salário mínimo;

b) jornada de trabalho normal de oito horas (e duração semanal de 44 horas), remuneradas as horas extraordinárias (que não devem exceder de duas) com o acréscimo de no mínimo 50% (art. 7º, incisos XIII e XVI, da Constituição Federal de 1988);

c) férias proporcionais com o adicional de 1/3 (art. 7º, inciso XVII, da Constituição da República);

d) repouso semanal remunerado;

e) adicional por trabalho noturno;

f) indenização por dispensa sem justa causa ou término normal do contrato, correspondente a 1/12 do pagamento recebido;

g) seguro contra acidente do trabalho (atualmente abrangido pela Previdência Social);

h) proteção previdenciária (benefícios e serviços da Previdência Social).

Assim, assegura-se ao trabalhador temporário o direito à remuneração equivalente dos empregados da mesma categoria da empresa tomadora, o que deve ser interpretado de forma a abranger o conjunto das verbas trabalhistas de natureza remuneratória, como o 13º salário, os feriados remunerados e os adicionais de insalubridade e de periculosidade.

Desse modo, mesmo havendo sindicato de categoria profissional que abranja (para os fins de enquadramento sindical) os trabalhadores temporários (normalmente junto com os empregados de empresas prestadoras de serviços), os direitos remuneratórios previstos em normas coletivas dos empregados da empresa tomadora devem ser aplicados aos trabalhadores temporários.

Além disso, na realidade, ao trabalhador temporário devem ser assegurados os direitos sociais e trabalhistas previstos no art. 7º da Constituição Federal de 1988.

Entende-se que, se houver jornada de trabalho especial (reduzida) aplicável ao âmbito da empresa tomadora, esta também deve ser observada quanto aos trabalhadores temporários, inclusive para que se preserve a mencionada equivalência remuneratória[130].

---

[130] Cf. DELGADO, Mauricio Godinho. *Curso de direito do trabalho*. 15. ed. São Paulo: LTr, 2016. p. 517.

A jornada de trabalho pode ter duração superior a oito horas diárias na hipótese de a empresa tomadora de serviços ou cliente utilizar jornada de trabalho específica (art. 61, § 1º, do Decreto 10.854/2021).

Prevalece na jurisprudência o entendimento de que a indenização prevista no art. 12, *f*, da Lei 6.019/1974 permanece em vigor, sendo compatível com o regime do FGTS[131].

Entretanto, a referida indenização não é mencionada no art. 60 do Decreto 10.854/2021, que arrola os direitos do trabalhador temporário, sabendo-se que o Fundo de Garantia do Tempo de Serviço passou a ser assegurado como direito trabalhista, de forma obrigatória, no art. 7º, inciso III, da Constituição Federal de 1988.

Frise-se que a conta vinculada do trabalhador no FGTS pode ser movimentada na extinção normal do contrato a termo, inclusive o dos trabalhadores temporários regidos pela Lei 6.019/1974 (art. 20, inciso IX, da Lei 8.036/1990).

---

[131] "Contrato de trabalho temporário. Lei n. 6.019/74. Rescisão antecipada. Ausência de justa causa. Indenização do artigo 479 da CLT. Inaplicabilidade. O trabalho temporário, a teor dos artigos 2º e 10 da Lei n. 6.019/74, é aquele prestado por pessoa física a uma empresa para atender à necessidade transitória de substituição de seu pessoal regular e permanente ou à acréscimo extraordinário de serviços, pelo prazo máximo de três meses, salvo prorrogação autorizada. O trabalho temporário é uma forma atípica de trabalho, prevista em lei especial, e por esse motivo não é regido pela CLT, como é o caso do contrato por prazo determinado, diferindo desse último quanto à natureza, prazo, condições e hipóteses ensejadoras para a sua configuração. Na CLT, a indeterminação do prazo de duração constitui regra geral dos contratos de trabalho. Os contratos a termo (contratos por prazo determinado) constituem exceção prevista no artigo 443 consolidado, abrangendo três hipóteses legalmente especificadas, dentre elas, serviço cuja natureza ou transitoriedade justifique a predeterminação do prazo. Já o contrato temporário, regido por previsão legal própria, visa o atendimento de necessidade transitória, sem a expectativa de continuidade do contrato. A regra de duração desse contrato é o limite legalmente imposto, 90 dias, valendo ressaltar que tal pacto não subsiste sem que persista o motivo justificador da demanda de trabalho temporário, sendo expressamente vedada pela lei sua continuidade sem causa. Assim, o contrato de trabalho temporário e o contrato por prazo determinado são modalidades diferentes de contratos. O primeiro é um contrato atípico de trabalho, de curta duração (sua extinção ocorre com o advento do termo legal), sem expectativa de continuidade, com direitos limitados à legislação especial. O segundo, diferentemente, converte-se automaticamente em contrato indeterminado se ultrapassado o limite temporal estabelecido pela CLT, salvo manifestação em contrário das partes. Portanto, a disciplina própria criada pela Lei n. 6.019/74 não permite incluir o contrato ali previsto entre os contratos por prazo determinado, referidos nos artigos 479 a 481 da CLT. É que os dispositivos citados encontram-se inseridos no Título IV da CLT, que trata do contrato individual de trabalho clássico, como sendo o 'acordo tácito ou expresso, correspondente à relação de emprego', nos termos do artigo 442 do mesmo diploma legal. Ao contrário do contrato de trabalho por prazo determinado previsto na CLT, o contrato do trabalhador temporário não tem como objetivo suprir necessidade permanente da empresa tomadora dos serviços, mas sim necessidade transitória do serviço para substituição de pessoal regular ou atendimento de demanda extraordinária, sem que o contratado tenha reconhecida a sua condição de empregado e nem lhe seja garantida a sua permanência na empresa durante o prazo previsto. Em se tratando dessa modalidade de contrato, o vínculo temporário não é estabelecido em razão da pessoa do trabalhador, sendo facultado à empresa tomadora a requisição de outro trabalhador junto à empresa prestadora de serviço em substituição daquele que não atendeu às suas expectativas. Se à época da edição da 'Lei do Trabalho Temporário' já existia previsão legislativa abarcando a contratação por prazo determinado para os casos de serviços de natureza transitória, resta evidente que a criação de um novo instituto visou estabelecer regras específicas, o que leva à conclusão de que aquelas anteriormente previstas são inaplicáveis aos contratos celebrados sob a égide da Lei n. 6.019/74, salvo se expressamente admitidas, como no caso do artigo 13 da referida lei, que excepciona aos contratados temporários a aplicação dos artigos 482 e 483 da CLT para a caracterização da justa causa. Os direitos do trabalhador temporário estão relacionados no artigo 12 da Lei n. 6.019/74, constando, em sua alínea *f*, expressamente, sanção própria em razão do término antecipado do contrato de trabalho, tenha havido ou não justa causa, com indenização correspondente a um doze avos do pagamento recebido. Dessa forma, não há que se falar em aplicação da sanção prevista no artigo 479 consolidado, que diz respeito somente aos contratos a termo previsto na CLT. Trata-se de aplicação do princípio da especificidade, segundo o qual onde há disposição legal específica disciplinando determinado assunto, esta não poderá deixar de ser aplicada em favor da disposição geral, eis que o intérprete não pode ir além do que dispõe a Lei. Por outro lado, a respeito da discussão sobre se a indenização prevista no artigo 12, alínea *f*, da Lei n. 6.019/74 foi tacitamente derrogada em face do advento do regime do FGTS, tratam-se de institutos com finalidades diversas. A Lei n. 6.019/74 estabeleceu uma indenização especial, sem qualquer vinculação a outro evento, consubstanciada em pagamento de um *plus* pelo término do contrato temporário, diferentemente do regime do FGTS, cujo direito encontra-se intrinsecamente condicionado ao tempo de serviço prestado pelo trabalhador. Precedentes de Turmas do TST. Recurso de embargos conhecido e desprovido" (TST, SBDI-I, E-RR 1342-91.2010.5.02.0203, Red. Min. Renato de Lacerda Paiva, *DEJT* 14.08.2015).

Não se aplica ao trabalhador temporário a indenização prevista no art. 479 da Consolidação das Leis do Trabalho (art. 64, inciso II, do Decreto 10.854/2021), mesmo porque o contrato individual de trabalho temporário não se confunde com o contrato por prazo determinado previsto no art. 443 da CLT e na Lei 9.601/1998 (art. 70 do Decreto 10.854/2021).

O Tribunal Superior do Trabalho fixou a seguinte tese jurídica: "É inaplicável ao regime de trabalho temporário, disciplinado pela Lei n. 6.019/1974, a garantia de estabilidade provisória à empregada gestante, prevista no art. 10, II, *b*, do Ato das Disposições Constitucionais Transitórias" (TST, Pleno, IAC – 5639-31.2013.5.12.0051, Redatora Min. Maria Cristina Irigoyen Peduzzi, j. 18.11.2019).

Os trabalhadores temporários são beneficiários do vale-transporte, nos termos da Lei 7.418/1985 (art. 106, inciso III, do Decreto 10.854/2021).

Compete à empresa de trabalho temporário remunerar e assistir os trabalhadores temporários quanto aos seus direitos assegurados (art. 48 do Decreto 10.854/2021).

Deve-se registrar na Carteira de Trabalho e Previdência Social do trabalhador sua condição de temporário (art. 12, § 1º, da Lei 6.019/1974).

A empresa de trabalho temporário fica obrigada a anotar, em relação ao trabalhador temporário, nas anotações gerais da Carteira de Trabalho e Previdência Social, ou em meio eletrônico que vier a substituí-la, a sua condição de temporário, na forma estabelecida em ato do Ministro de Estado do Trabalho e Previdência (art. 49 do Decreto 10.854/2021).

A empresa tomadora ou cliente é obrigada a comunicar à empresa de trabalho temporário a ocorrência de todo acidente cuja vítima seja um trabalhador posto à sua disposição, considerando-se local de trabalho, para efeito da legislação específica, tanto aquele onde se efetua a prestação do trabalho, quanto a sede da empresa de trabalho temporário (art. 12, § 2º, da Lei 6.019/1974).

Constituem justa causa para rescisão do contrato do trabalhador temporário os atos e circunstâncias mencionados nos arts. 482 e 483 da CLT, ocorrentes entre o trabalhador e a empresa de trabalho temporário ou entre aquele e a empresa cliente (tomadora) em que estiver prestando serviço (art. 13 da Lei 6.019/1974).

É vedada à empresa de trabalho temporário a contratação de estrangeiro com visto provisório de permanência no País (art. 17 da Lei 6.019/1974).

É vedado à empresa do trabalho temporário cobrar do trabalhador qualquer importância, mesmo a título de mediação, podendo apenas efetuar os descontos previstos em lei (art. 18 da Lei 6.019/1974). A infração dessa previsão importa no cancelamento do registro para funcionamento da empresa de trabalho temporário, sem prejuízo das sanções administrativas e penais cabíveis.

A empresa de trabalho temporário fica obrigada a discriminar, separadamente, em nota fiscal, os valores pagos a título de obrigações trabalhistas e fiscais e a taxa de agenciamento de colocação à disposição dos trabalhadores temporários (art. 51 do Decreto 10.854/2021). A mencionada taxa de agenciamento, no entanto, não pode ser cobrada do trabalhador.

A fiscalização do trabalho pode exigir da empresa tomadora ou cliente a apresentação do contrato firmado com a empresa de trabalho temporário, e, desta última, o contrato firmado com o trabalhador temporário, bem como a comprovação do respectivo recolhimento das contribuições previdenciárias (art. 15 da Lei 6.019/1974).

Desse modo, a empresa de trabalho temporário fica obrigada a apresentar à inspeção do trabalho, quando solicitado, o contrato celebrado com o trabalhador temporário, a comprovação do recolhimento das contribuições previdenciárias e os demais documentos comprobatórios do cumprimento das obrigações estabelecidas nos arts. 41 a 75 do Decreto 10.854/2021 (art. 50).

É vedado à empresa de trabalho temporário ter ou utilizar, em seus serviços, trabalhador temporário, exceto quando: I – o trabalhador for contratado por outra empresa de trabalho temporário; e II – for comprovada a necessidade de substituição transitória de pessoal permanente ou demanda complementar de serviços (art. 52 do Decreto 10.854/2021).

A empresa tomadora de serviços ou cliente manterá, em seu estabelecimento, e apresentará à inspeção do trabalho, quando solicitado, o contrato de prestação de serviços de colocação à disposição de trabalhadores temporários celebrado com a empresa de trabalho temporário (art. 54 do Decreto 10.854/2021).

O descumprimento do disposto na Lei 6.019/1974 sujeita a empresa infratora ao pagamento de multa (art. 19-A, acrescentado pela Lei 13.429/2017).

A fiscalização, a autuação e o processo de imposição das multas reger-se-ão pelo Título VII da CLT, que dispõe sobre processo de multas administrativas aplicadas pela inspeção do trabalho (arts. 626 a 642).

8.16 Contrato de trabalho verde e amarelo

O *contrato de trabalho verde e amarelo* é modalidade de contratação destinada à criação de novos postos de trabalho para as pessoas entre 18 e 29 anos de idade, para fins de registro do primeiro emprego em Carteira de Trabalho e Previdência Social (art. 1º da Medida Provisória 905/2019).

A contratação de trabalhadores na modalidade contrato de trabalho verde e amarelo será realizada exclusivamente para novos postos de trabalho e terá como referência a média do total de empregados registrados na folha de pagamentos entre 1º de janeiro e 31 de outubro de 2019 (art. 2º da Medida Provisória 905/2019).

A Medida Provisória 905/2019, embora possa ter produzido efeitos durante o seu período de vigência, foi revogada pela Medida Provisória 955/2020 e perdeu eficácia.

CAPÍTULO 9

EMPREGADO

9.1 Conceito

O conceito de empregado pode ser obtido do próprio art. 3º, *caput*, da CLT, no sentido de que: "Considera-se empregado toda pessoa física que prestar serviços de natureza não eventual a empregador, sob a dependência deste e mediante salário".

Na realidade, empregado é todo trabalhador que presta serviço ao empregador. Nos polos da relação jurídica de emprego figuram, justamente, o empregado e o empregador.

Assim, cabe ressaltar que o empregado é sempre uma pessoa física ou natural, que presta serviços com subordinação ("dependência"), não eventualidade, onerosidade (prestação de serviço "mediante salário") e pessoalidade, sendo este último aspecto mencionado no art. 2º, *caput*, da CLT.

De todo modo, os mencionados requisitos já foram analisados ao se estudar o contrato de trabalho, e são aqui aplicáveis.

9.2 Espécies de empregado

O empregado é espécie, de que o trabalhador é gênero.

Mesmo assim, podem ser distinguidas certas modalidades especiais de empregado, o que será analisado neste tópico.

9.2.1 Empregado eleito diretor de sociedade

A doutrina discute as consequências da hipótese em que o empregado, trabalhando em empresa (mais especificamente em sociedade anônima), é eleito para exercer a função de diretor da sociedade.

Persistindo a prestação dos serviços, agora nessa condição de diretor da sociedade, podem ser vislumbradas as seguintes correntes de entendimento:

– o *contrato de trabalho termina*, pois seria incompatível a figura do diretor, que é um órgão da sociedade, com o vínculo de emprego, no qual se exige a prestação de serviços de forma subordinada;
– o *contrato de trabalho permanece em vigor*, sem sofrer suspensão nem interrupção, pois o empregado eleito diretor continua subordinado ao conselho de administração da sociedade;
– o *contrato de trabalho fica interrompido* durante o exercício da função de diretor;
– o *contrato de trabalho é suspenso* durante o exercício da função de diretor da sociedade.

Na jurisprudência, conforme a Súmula 269 do TST, o entendimento é no sentido de que: "O empregado eleito para ocupar cargo de diretor tem o respectivo contrato de trabalho suspenso, não se computando o tempo de serviço desse período, salvo se permanecer a subordinação jurídica inerente à relação de emprego".

Situação diversa refere-se à pessoa física que é contratada, pela sociedade, para exercer atividades laborativas em favor desta, como administrar a sociedade anônima (compondo seu conselho de administração ou diretoria).

Nesse último caso, trata-se de relação de trabalho (gênero), podendo configurar, conforme o caso concreto, vínculo de emprego ou estatutário[1]. Cabe destacar que mesmo para as sociedades limitadas o art. 1.061 do Código Civil de 2002 prevê a permissão, no contrato das sociedades em questão, de "administradores não sócios", os quais, assim, podem manter relação de trabalho com a pessoa jurídica.

9.2.2 Empregado em domicílio

Empregado em domicílio, como o nome já indica, é aquele que trabalha em sua própria residência.

O art. 83 da CLT, além de assegurar ao empregado em domicílio o salário mínimo, define tal trabalho como aquele "executado na habitação do empregado ou em oficina de família, por conta de empregador que o remunere".

Como se nota, resta enfatizado que, no caso, para ser empregado, o trabalho precisa ser prestado por conta do empregador, ou seja, de forma não autônoma, mas sim com subordinação e onerosidade.

De acordo com o art. 6º, *caput*, da CLT, com redação dada pela Lei 12.551/2011: "Não se distingue entre o trabalho realizado no estabelecimento do empregador, o executado no domicílio do empregado e o realizado a distância, desde que estejam caracterizados os pressupostos da relação de emprego".

A parte final do dispositivo em questão se justifica, tendo em vista que no trabalho em domicílio os requisitos da relação de emprego podem ser de mais difícil aferição.

Justamente porque o empregado estará prestando serviços fora do estabelecimento, no caso, em sua própria residência, a subordinação e a pessoalidade podem se tornar mais tênues. Por isso, apenas se presentes os requisitos fático-jurídicos do vínculo de emprego é que se tem, na hipótese, um verdadeiro empregado em domicílio, o qual tem os mesmos direitos do empregado que labora no estabelecimento do empregador, vedando-se qualquer discriminação a respeito.

Mesmo assim, o direito a horas extras, no caso do empregado em domicílio, apresenta maior dificuldade de se caracterizar como devido, justamente em razão do labor na própria residência do empregado, o que significa, em tese, poder trabalhar no horário que entender mais adequado. Assim, somente se devidamente caracterizado o efetivo labor em sobrejornada é que o respectivo direito pode ser assegurado.

9.2.2.1 Teletrabalho

O *teletrabalho* é uma modalidade de trabalho a distância, típica dos tempos contemporâneos, em que o avanço da tecnologia permite o labor fora do estabelecimento do empregador (normalmente na própria residência do empregado), embora mantendo o contato com este por meio de recursos eletrônicos e de informática, principalmente o computador e a *internet*.

Enquanto o trabalho em domicílio é mais comum em atividades manuais, o *teletrabalho*, normalmente, é desenvolvido em diversas atividades que exigem conhecimentos mais especializados, como auditoria, gestão de recursos, tradução, jornalismo, digitação[2].

Conforme Amauri Mascaro Nascimento, o *trabalho a distância*, no enfoque do *teletrabalho*, é aquele que "não é realizado no estabelecimento do empregador, e sim fora dele", "com a utilização dos meios de comunicação que o avanço das técnicas modernas põe à disposição do processo produtivo"[3].

---

[1] Sobre o tema, cf. MINHARRO, Francisco Luciano. Diretor de sociedade anônima. *Revista LTr*, São Paulo, LTr, ano 66, n. 11, p. 1.340-1.347, nov. 2002.
[2] Cf. BARROS, Alice Monteiro de. *Curso de direito do trabalho*. 2. ed. São Paulo: LTr, 2006. p. 304.
[3] Cf. NASCIMENTO, Amauri Mascaro. *Curso de direito do trabalho*. 24. ed. São Paulo: Saraiva, 2009. p. 825.

Embora o trabalho a distância seja normalmente realizado na própria residência do empregado, segundo a doutrina, não se restringe a essa hipótese. Efetivamente, há centros de trabalho que estão situados fora do estabelecimento do empregador, os quais também podem ser considerados "unidades de fornecimento de trabalho a distância", podendo haver "centros de atendimento de serviços fora das empresas beneficiadas"[4].

Na realidade, pode-se dizer que o trabalho a distância é gênero, tendo como uma de suas espécies o *teletrabalho*. Em termos doutrinários, o trabalho em domicílio, de certa forma, também seria uma modalidade de trabalho a distância.

O *teletrabalho*, como modalidade especial, diferencia-se da figura mais genérica do trabalho a distância, justamente em razão da ênfase na utilização de recursos eletrônicos, de informática e de comunicação.

O Código do Trabalho de Portugal, de 2009, no art. 165º, dispõe que *teletrabalho* é "a prestação laboral realizada com subordinação jurídica, habitualmente fora da empresa e através do recurso a tecnologias de informação e de comunicação".

Quando presentes os requisitos do vínculo de emprego, deve ser observada a igualdade de tratamento entre os trabalhadores a distância e os demais empregados, com fundamento nos arts. 5º, *caput*, e 7º, inciso XXXII, da Constituição da República, e arts. 6º e 83 da Consolidação das Leis do Trabalho.

No *teletrabalho* é frequente ocorrer uma flexibilização do horário de trabalho. Além disso, evita-se a necessidade de deslocamento até o estabelecimento do empregador, o que economiza tempo, principalmente em grandes cidades, possibilitando maior tempo livre ao empregado. Para a empresa, há economia quanto à manutenção de local de trabalho e sua infraestrutura.

No entanto, podem ocorrer desvantagens no *teletrabalho*, como a maior dificuldade de inserção do empregado no grupo dos demais trabalhadores, bem como na sua participação de atuações coletivas e sindicais. São possíveis, ainda, prejuízos na vida íntima e familiar do empregado, bem como eventuais situações de cansaço e esgotamento daqueles que apresentem maior dificuldade em delimitar o período de trabalho e o tempo livre, por estarem constantemente conectados com o empregador. Para este, também podem surgir certas dificuldades de fiscalização e controle do trabalho a ser desempenhado, justamente em razão da forma diferenciada de trabalho em questão.

Mesmo sendo realizado o trabalho fora do estabelecimento do empregador, na modalidade *teletrabalho*, caso estejam presentes os requisitos dos arts. 2º e 3º da CLT, tem-se a existência da relação de emprego.

Em razão das peculiaridades da forma de exercício do referido labor, a subordinação e a pessoalidade podem exigir um exame mais cuidadoso do caso concreto. De todo modo, havendo o controle e a direção quanto à forma do trabalho, mesmo que por meio de instrumentos eletrônicos, fica reconhecida a presença da subordinação jurídica.

Isso é confirmado pela Lei 12.551/2011, ao alterar o art. 6º da CLT, bem como acrescentar o parágrafo único, passando a assim dispor:

"Art. 6º Não se distingue entre o trabalho realizado no estabelecimento do empregador, o executado no domicílio do empregado e o realizado a distância, desde que estejam caracterizados os pressupostos da relação de emprego.

Parágrafo único. Os meios telemáticos e informatizados de comando, controle e supervisão se equiparam, para fins de subordinação jurídica, aos meios pessoais e diretos de comando, controle e supervisão do trabalho alheio".

---

[4] NASCIMENTO, Amauri Mascaro. *Curso de direito do trabalho*. 24. ed. São Paulo: Saraiva, 2009. p. 825.

A atual redação do art. 6º, *caput*, da CLT faz menção ao trabalho em domicílio e ao trabalho a distância (sob o nítido enfoque do *teletrabalho*), embora a disciplina jurídica possa ser semelhante ou coincidente.

Com isso, observa-se o expresso reconhecimento legislativo de que o chamado *teletrabalho*, como modalidade de trabalho a distância, quando presentes os requisitos da relação de emprego, com destaque à subordinação jurídica, não se diferencia das demais modalidades de vínculo empregatício.

No caso do *teletrabalho*, em razão das peculiaridades quanto à forma da prestação do serviço pelo empregado, e do exercício do poder de direção pelo empregador, como explicita o parágrafo único do art. 6º da CLT, a subordinação pode ser decorrente de meios telemáticos e informatizados de comando, controle e supervisão, os quais são equiparados aos tradicionais meios pessoais e diretos de comando, controle e supervisão do trabalho alheio.

O poder de controle do empregador, assim, pode ser exercido por meio de recursos da telefonia e da informática, em especial com a utilização da *internet*.

Presente o vínculo de emprego, a forma diferenciada de exercício do labor, verificada no teletrabalho, não afasta a incidência dos direitos trabalhistas assegurados ao empregado.

A Lei 13.467/2017 acrescentou ao Título II da CLT, sobre normas gerais de tutela do trabalho, o Capítulo II-A, a respeito do *teletrabalho*. A Lei 14.442/2022, que entrou em vigor em 05.09.2022, estabeleceu modificações a respeito do tema.

Desse modo, a prestação de serviços pelo empregado em regime de teletrabalho deve observar o disposto no referido Capítulo da Consolidação das Leis do Trabalho (art. 75-A, acrescentado pela Lei 13.467/2017).

Considera-se teletrabalho ou trabalho remoto a prestação de serviços fora das dependências do empregador, de maneira preponderante ou não, com a utilização de tecnologias de informação e de comunicação, que, por sua natureza, não configure trabalho externo (art. 75-B da CLT, com redação dada pela Lei 14.442/2022).

Sendo assim, inclui-se no conceito de teletrabalho ou trabalho remoto a prestação de serviços pelo empregado de forma híbrida ou mista, isto é, dentro e fora das dependências do empregador, sem que se exija a preponderância desta última situação.

O teletrabalho é realizado em local diverso do estabelecimento do empregador, de forma preponderante ou não, com a utilização de recursos tecnológicos, de informática e de comunicação eletrônica, como ocorre no *home office* e no labor em centros ou estações de trabalho.

O comparecimento, ainda que de modo habitual, às dependências do empregador para a realização de atividades específicas que exijam a presença do empregado no estabelecimento não descaracteriza o regime de teletrabalho ou trabalho remoto (art. 75-B, § 1º, da CLT, incluído pela Lei 14.442/2022).

O empregado submetido ao regime de teletrabalho ou trabalho remoto pode prestar serviços por jornada ou por produção ou tarefa (art. 75-B, § 2º, da CLT, incluído pela Lei 14.442/2022).

Essa previsão é passível de crítica, uma vez que mesmo no teletrabalho ou trabalho remoto, por envolver empregado, a jornada de trabalho não se confunde com as formas de fixação do salário. Trata-se, assim, de institutos distintos, voltados à duração do trabalho e à remuneração. Vale dizer, a jornada de trabalho não é excluída em decorrência de o salário ser fixado por produção ou tarefa (art. 78, art. 142, § 2º, art. 478, § 5º, art. 483, alínea *g*, art. 487, § 3º, e art. 582, § 1º, alínea *b*, da CLT). Cf. Orientação Jurisprudencial 235 da SBDI-I do TST. Na verdade, o salário pode ser fixado por unidade de tempo, por unidade de obra (produção) ou por tarefa, o que se distingue da jornada de trabalho propriamente. Cf. Capítulo 13, item 13.9.

Na hipótese da prestação de serviços em regime de teletrabalho ou trabalho remoto por produção ou tarefa, não se aplica o disposto no Capítulo II do Título II da Consolidação das Leis do Trabalho (arts. 57 a 75), sobre duração do trabalho (art. 75-B, § 3º, da CLT, incluído pela Lei 14.442/2022).

No mesmo sentido, o art. 62, inciso III, da CLT, com redação dada pela Lei 14.442/2022, dispõe que não são abrangidos pelo regime de duração do trabalho os *empregados em regime de teletrabalho que prestam serviço por produção ou tarefa*. Cf. Capítulo 24, item 24.14.3.

O regime de teletrabalho ou trabalho remoto não se confunde nem se equipara à ocupação de operador de *telemarketing* ou de teleatendimento (art. 75-B, § 4º, da CLT, incluído pela Lei 14.442/2022).

A rigor, o *telemarketing* ou o teleatendimento diz respeito à função ou atividade exercida pelo trabalhador, enquanto o teletrabalho ou trabalho remoto envolve o regime ou modalidade de trabalho. Logo, em tese, é possível que o operador de *telemarketing* ou de teleatendimento realize a prestação de serviços em regime presencial (dentro das dependências do empregador) ou na modalidade de teletrabalho ou trabalho remoto (fora das dependências do empregador, de maneira preponderante ou não, com a utilização de tecnologias de informação e de comunicação, sem configurar trabalho externo).

O tempo de uso de equipamentos tecnológicos e de infraestrutura necessária, bem como de *softwares*, de ferramentas digitais ou de aplicações de internet utilizados para o teletrabalho, fora da jornada de trabalho normal do empregado não constitui tempo à disposição ou regime de prontidão ou de sobreaviso, exceto se houver previsão em acordo individual ou em acordo ou convenção coletiva de trabalho (art. 75-B, § 5º, da CLT, incluído pela Lei 14.442/2022).

Essa previsão é questionável, pois se o uso de equipamentos tecnológicos e de infraestrutura necessária, bem como de *softwares*, de ferramentas digitais ou de aplicações de internet ocorrer em razão do trabalho, ou seja, para fins da prestação de serviço, ainda que fora da jornada de trabalho formalmente convencionada, a rigor, deve ser nela computado (art. 4º da CLT).

Fica permitida a adoção do regime de teletrabalho ou trabalho remoto para estagiários e aprendizes (art. 75-B, § 6º, da CLT, incluído pela Lei 14.442/2022).

Aos empregados em regime de teletrabalho aplicam-se as disposições previstas na legislação local e nas convenções e nos acordos coletivos de trabalho relativas à base territorial do estabelecimento de lotação do empregado (art. 75-B, § 7º, da CLT, incluído pela Lei 14.442/2022).

Logo, seguindo o critério da territorialidade, devem ser aplicadas, em princípio, as normas legais do local da prestação do serviço e as normas coletivas que incidem na localidade do estabelecimento em que o empregado em regime de teletrabalho está lotado, ou seja, vinculado. Considera-se estabelecimento todo complexo de bens organizado para o exercício de atividade econômica ou social do empregador (art. 51, § 2º, do Decreto 9.579/2018 e art. 1.142 do Código Civil).

Ao contrato de trabalho do empregado admitido no Brasil que optar pela realização de teletrabalho fora do território nacional aplica-se a legislação brasileira, excetuadas as disposições constantes da Lei 7.064/1982, salvo disposição em contrário estipulada entre as partes (art. 75-B, § 8º, da CLT, incluído pela Lei 14.442/2022).

Quanto a essa ressalva final, entende-se que a estipulação pelas partes da legislação aplicável, com fundamento na autonomia da vontade, apenas deve prevalecer se mais benéfica ao empregado, em consonância com o princípio da norma mais favorável, inerente ao Direito do Trabalho, que decorre do princípio da proteção (art. 7º, *caput*, da Constituição Federal de 1988). Logo, mesmo na hipótese indicada, não se admite que as partes do contrato de trabalho afastem a incidência de normas cogentes que regulam a relação de emprego, as quais limitam o exercício da autonomia privada individual (art. 444, *caput*, da CLT).

A Lei 7.064/1982, por sua vez, regula a situação de trabalhadores contratados no Brasil ou transferidos por seus empregadores para prestar serviço no exterior (art. 1º da Lei 7.064/1982, com redação dada pela Lei 11.962/2009)[5].

---

[5] Fica excluído do regime da Lei 7.064/1982 o empregado designado para prestar serviços de natureza transitória, por período não superior a 90 dias, desde que: a) tenha ciência expressa dessa transitoriedade; b) receba, além da

Para os efeitos da Lei 7.064/1982, considera-se transferido: o empregado removido para o exterior, cujo contrato estava sendo executado no território brasileiro; o empregado cedido à empresa sediada no estrangeiro, para trabalhar no exterior, desde que mantido o vínculo trabalhista com o empregador brasileiro; o empregado contratado por empresa sediada no Brasil para trabalhar a seu serviço no exterior (art. 2º da Lei 7.064/1982).

A empresa responsável pelo contrato de trabalho do empregado transferido deve assegurar-lhe, independentemente da observância da legislação do local da execução dos serviços: I – os direitos previstos na Lei 7.064/1982; II – a aplicação da legislação brasileira de proteção ao trabalho, naquilo que não for incompatível com o disposto na Lei 7.064/1982, quando mais favorável do que a legislação territorial, no conjunto de normas e em relação a cada matéria (art. 3º da Lei 7.064/1982). Respeitadas as disposições especiais da Lei 7.064/1982, deve-se aplicar a legislação brasileira sobre Previdência Social, Fundo de Garantia do Tempo de Serviço (FGTS) e Programa de Integração Social (PIS/PASEP).

A contratação de trabalhador, por empresa estrangeira, para trabalhar no exterior está condicionada à prévia autorização do Ministério do Trabalho (art. 12 da Lei 7.064/1982). Nos termos do art. 14 da Lei 7.064/1982, sem prejuízo da aplicação das leis do país da prestação dos serviços, no que respeita a direitos, vantagens e garantias trabalhistas e previdenciárias, a empresa estrangeira deve assegurar ao trabalhador os direitos a ele conferidos nos arts. 12 a 20 da Lei 7.064/1982. Cf. Capítulo 16, item 16.4.5.

Acordo individual pode dispor sobre os horários e os meios de comunicação entre empregado e empregador, desde que assegurados os repousos legais (art. 75-B, § 9º, da CLT, incluído pela Lei 14.442/2022). Mesmo no teletrabalho ou trabalho remoto, devem ser observados os períodos de descanso previstos em lei, assegurando-se ao empregado, assim, o direito à desconexão. Cf. Capítulo 37, item 37.6.8.

A prestação de serviços na modalidade de teletrabalho deve constar expressamente do instrumento de contrato individual de trabalho (art. 75-C da CLT, com redação dada pela Lei 14.442/2022).

Pode ser realizada a alteração entre regime presencial e de teletrabalho desde que haja mútuo acordo entre as partes, registrado em aditivo contratual (art. 75-C, § 1º, da CLT, acrescentado pela Lei 13.467/2017).

Pode ser realizada a alteração do regime de teletrabalho para o presencial por determinação do empregador, garantido prazo de transição mínimo de 15 dias, com correspondente registro em aditivo contratual (art. 75-C, § 2º, da CLT, acrescentado pela Lei 13.467/2017). A norma legal, como se pode notar, não autoriza que a modificação para o regime presencial ocorra em razão apenas da vontade do empregado, mas por determinação do empregador, no exercício do seu poder de direção e de organização.

O empregador não será responsável pelas despesas resultantes do retorno ao trabalho presencial, na hipótese de o empregado optar pela realização do teletrabalho ou trabalho remoto fora da localidade prevista no contrato, salvo disposição em contrário estipulada entre as partes (art. 75-C, § 3º, da CLT, incluído pela Lei 14.442/2022).

Portanto, conforme a ressalva indicada, no exercício da autonomia da vontade, as partes do contrato de trabalho podem estipular, de forma mais benéfica ao empregado, que o empregador será responsável pelas despesas decorrentes do retorno ao trabalho presencial, caso o empregado tenha optado pela realização do teletrabalho ou trabalho remoto fora do local previsto no contrato. Além disso, entende-se que o empregador será responsável pelas despesas resultantes do retorno ao trabalho presencial se o empregado realizou o teletrabalho ou trabalho remoto fora da localidade prevista no contrato por exigência ou determinação do empregador.

---

passagem de ida e volta, diárias durante o período de trabalho no exterior, as quais, seja qual for o respectivo valor, não terão natureza salarial (art. 1º, parágrafo único, da Lei 7.064/1982).

As disposições relativas à responsabilidade pela aquisição, manutenção ou fornecimento dos equipamentos tecnológicos e da infraestrutura necessária e adequada à prestação do trabalho remoto, bem como ao reembolso de despesas arcadas pelo empregado, devem ser previstas em contrato escrito (art. 75-D da CLT, acrescentado pela Lei 13.467/2017).

Sabendo-se que a empresa corre os riscos do empreendimento e da atividade desenvolvida, conforme mandamento de ordem pública decorrente do art. 2º, *caput*, da CLT, defende-se o entendimento de que a mencionada responsabilidade é do empregador, o que deve ser explicitado em contrato escrito firmado com o empregado.

Confirmando o exposto, o dispositivo em questão é expresso ao prever, em sua parte final, o *reembolso* (pelo empregador) das despesas arcadas pelo empregado.

As utilidades mencionadas no art. 75-D, *caput*, da CLT não integram a remuneração do empregado (art. 75-D, parágrafo único, da CLT, acrescentado pela Lei 13.467/2017).

Desse modo, as referidas utilidades não têm natureza salarial, por se tratar de utilidades fornecidas para o trabalho, e não como contraprestação pelo serviço prestado pelo empregado em regime de teletrabalho.

O empregador deve instruir os empregados, de maneira expressa e ostensiva, quanto às precauções a tomar a fim de evitar doenças e acidentes de trabalho (art. 75-E da CLT, acrescentado pela Lei 13.467/2017).

O empregado deve assinar termo de responsabilidade comprometendo-se a seguir as instruções fornecidas pelo empregador (art. 75-E, parágrafo único, da CLT, acrescentado pela Lei 13.467/2017). O descumprimento dos mencionados deveres pelo empregado, se presentes os requisitos legais, pode configurar indisciplina, permitindo a despedida por justa causa (art. 482, *h*, da CLT).

Os empregadores devem dar prioridade aos empregados com deficiência e aos empregados com filhos ou criança sob guarda judicial até quatro anos de idade na alocação em vagas para atividades que possam ser efetuadas por meio do teletrabalho ou trabalho remoto (art. 75-F da CLT, incluído pela Lei 14.442/2022).

Essa preferência tem como fundamento a situação específica dos mencionados empregados, tendo em vista que no teletrabalho ou trabalho remoto evita-se a necessidade de deslocamentos mais frequentes para as dependências do empregador.

Ainda nesse contexto, na alocação de vagas para as atividades que possam ser efetuadas por meio de teletrabalho, trabalho remoto ou trabalho a distância, nos termos do Capítulo II-A do Título II da Consolidação das Leis do Trabalho (arts. 75-A a 75-F), os empregadores devem conferir prioridade: I – às empregadas e aos empregados com filho, enteado ou criança sob guarda judicial com até seis anos de idade; II – às empregadas e aos empregados com filho, enteado ou pessoa sob guarda judicial com deficiência, sem limite de idade (art. 7º da Lei 14.457/2022).

Trata-se de medida de apoio à parentalidade por meio da flexibilização do regime de trabalho. Para os efeitos da Lei 14.457/2022, parentalidade é o vínculo socioafetivo maternal, paternal ou qualquer outro que resulte na assunção legal do papel de realizar as atividades parentais, de forma compartilhada entre os responsáveis pelo cuidado e pela educação das crianças e dos adolescentes, nos termos do art. 22, parágrafo único, da Lei 8.069/1990 (Estatuto da Criança e do Adolescente).

Na priorização para vagas em regime de teletrabalho, trabalho remoto ou trabalho a distância, deve sempre ser levada em conta a vontade expressa da empregada ou do empregado beneficiado pela medida de apoio ao exercício da parentalidade (art. 22 da Lei 14.457/2022).

9.2.2.2 *Regime de trabalho do advogado empregado*

Além dos aspectos anteriormente examinados, de forma mais específica, as atividades do advogado empregado podem ser realizadas, a critério do empregador, em qualquer um dos seguintes regimes:

I – *exclusivamente presencial*: modalidade na qual o advogado empregado, desde o início da contratação, realiza o trabalho nas dependências ou locais indicados pelo empregador;

II – *não presencial, teletrabalho ou trabalho a distância*: modalidade na qual, desde o início da contratação, o trabalho é preponderantemente realizado fora das dependências do empregador, observado que o comparecimento nas dependências de forma não permanente, variável ou para participação em reuniões ou em eventos presenciais não descaracteriza o regime não presencial;

III – *misto*: modalidade na qual as atividades do advogado podem ser presenciais, no estabelecimento do contratante ou onde este indicar, ou não presenciais, conforme as condições definidas pelo empregador em seu regulamento empresarial, independentemente de preponderância ou não (art. 18, § 2º, da Lei 8.906/1994, incluído pela Lei 14.365/2022).

Na vigência da relação de emprego, as partes podem pactuar, por acordo individual simples, a alteração de um regime para outro (art. 18, § 3º, da Lei 8.906/1994, incluído pela Lei 14.365/2022).

9.2.2.3 *Regime de trabalho da empregada gestante*

Durante a emergência de saúde pública de importância nacional decorrente do coronavírus SARS-CoV-2, a empregada gestante que ainda não tenha sido totalmente imunizada contra o referido agente infeccioso, de acordo com os critérios definidos pelo Ministério da Saúde e pelo Plano Nacional de Imunizações (PNI), deve permanecer afastada das atividades de trabalho presencial (art. 1º da Lei 14.151/2021, com redação dada pela Lei 14.311/2022).

A empregada gestante afastada nos termos mencionados ficará à disposição do empregador para exercer as atividades em seu domicílio, por meio de teletrabalho, trabalho remoto ou outra forma de trabalho a distância, sem prejuízo de sua remuneração (art. 1º, § 1º, da Lei 14.151/2021, incluído pela Lei 14.311/2022).

Para o fim de compatibilizar as atividades desenvolvidas pela empregada gestante na forma indicada, o empregador pode, respeitadas as competências para o desempenho do trabalho e as condições pessoais da gestante para o seu exercício, alterar as funções por ela exercidas, sem prejuízo de sua remuneração integral e assegurada a retomada da função anteriormente exercida, quando retornar ao trabalho presencial (art. 1º, § 2º, da Lei 14.151/2021, incluído pela Lei 14.311/2022). Autoriza-se, assim, o exercício do poder de direção pelo empregador, quanto ao aspecto da organização da sua atividade, na linha do previsto no art. 392, § 4º, inciso I, da CLT. Caso essa alteração de função também não seja possível, não havendo nenhum modo de realizar o trabalho a distância, entende-se que a empregada gestante deve permanecer afastada das atividades de trabalho presencial, sem prejuízo de sua remuneração. Logo, nessa hipótese, ocorrerá a interrupção do contrato de trabalho, cabendo ao empregador pagar o salário durante o referido período de afastamento.

Salvo se o empregador optar por manter o exercício das suas atividades nos termos do § 1º do art. 1º da Lei 14.151/2021, a empregada gestante deve retornar à atividade presencial nas seguintes hipóteses: I – após o encerramento do estado de emergência de saúde pública de importância nacional decorrente do coronavírus SARS-CoV-2; II – após sua vacinação contra o coronavírus SARS-CoV-2, a partir do dia em que o Ministério da Saúde considerar completa a imunização; III – mediante o exercício de legítima opção individual pela não vacinação contra o coronavírus SARS-CoV-2 que lhe tiver sido disponibilizada, conforme o calendário divulgado pela autoridade de saúde e mediante termo de responsabilidade (art. 1º, § 3º, da Lei 14.151/2021, incluído pela Lei 14.311/2022).

Na hipótese de que trata o inciso III do § 3º do art. 1º da Lei 14.151/2021, a empregada gestante deve assinar termo de responsabilidade e de livre consentimento para exercício do trabalho presencial, comprometendo-se a cumprir todas as medidas preventivas adotadas pelo empregador (art. 1º, § 6º, da Lei 14.151/2021, incluído pela Lei 14.311/2022).

O exercício da opção a que se refere o inciso III do § 3º do art. 1º da Lei 14.151/2021 é uma expressão do direito fundamental da liberdade de autodeterminação individual, e não pode ser imposta à gestante que fizer a escolha pela não vacinação qualquer restrição de direitos em razão dela (art. 1º, § 7º, da Lei 14.151/2021, incluído pela Lei 14.311/2022). Cf. ainda Capítulo 6, item 6.3.6.

Foi declarado o encerramento da emergência em saúde pública de importância nacional (Espin) em decorrência da infecção humana pelo novo coronavírus (2019-nCov), de que tratava a Portaria 188/2020 (Portaria 913/2022 do Ministério da Saúde, com entrada em vigor 30 dias após a data de sua publicação, ocorrida em 22.04.2022). Com isso, deixam de ser aplicadas as mencionadas previsões da Lei 14.151/2021, nos termos do seu art. 1º.

9.2.3 Empregado doméstico

O empregado doméstico, de acordo com a definição contida no art. 1º da Lei Complementar 150/2015, que dispõe sobre o contrato de trabalho doméstico, é "aquele que presta serviços de forma contínua, subordinada, onerosa e pessoal e de finalidade não lucrativa à pessoa ou à família, no âmbito residencial destas, por mais de 2 (dois) dias por semana".

Na realidade, pode-se entender que o empregado doméstico presta serviços, de natureza não econômica, à pessoa física ou à família, para o âmbito residencial destas. Desse modo, é doméstico não só o empregado que exerce funções internamente, na residência do empregador, como de limpeza, de faxina, de cozinhar, cuidando de crianças ou idosos, mas também o jardineiro, o vigia da casa, o motorista etc.

O empregador doméstico, portanto, não é uma empresa, não exercendo atividades econômicas ou lucrativas, mas sim é a pessoa natural ou a família.

Cabe ressaltar que a norma legal em questão, específica do empregado doméstico, exige, para a existência do vínculo de emprego em questão, a *continuidade* na prestação de serviços.

Assim, embora existisse entendimento de que o referido termo tem o mesmo sentido da não eventualidade, prevista no art. 3º da CLT, a posição que prevalece é no sentido de que as duas expressões não apresentam o mesmo alcance.

Desse modo, no caso do empregado doméstico em particular, a lei exige a efetiva habitualidade na prestação de serviços, de forma contínua, e não intermitente, ao longo da semana. Nesta linha, não é empregado doméstico aquele que presta serviços esporádicos, ou mesmo intermitentes, ou seja, em um ou dois dias na semana.

Como bem destaca Alice Monteiro de Barros:

"De acordo com o novo dicionário Aurélio, o vocábulo 'contínuo' significa 'em que não há interrupção, seguido, sucessivo'.

Vê-se que, para a caracterização do trabalhador doméstico, não se exige apenas a não eventualidade do art. 3º da CLT. É necessário que o trabalho executado seja seguido, não sofra interrupção. [...]

Assim, não é doméstica a trabalhadora de residência que lá comparece em alguns dias da semana, por faltar na relação jurídica o elemento continuidade"[6].

A Lei Complementar 150/2015, que dispõe sobre o contrato de trabalho doméstico, atualmente em vigor, exige a continuidade na prestação de serviços *por mais de dois dias por semana* para a configuração dessa modalidade de vínculo de emprego.

O art. 7º, parágrafo único, da Constituição Federal de 1988, com redação dada pela Emenda Constitucional 72, publicada em abril de 2013, indica os direitos assegurados aos domésticos.

Frise-se que o art. 7º, *caput*, da Constituição da República reconhece a possibilidade de outros direitos que visem à melhoria da condição do trabalhador, devendo o parágrafo único deste mesmo dispositivo ser interpretado neste contexto.

A Convenção 189 da Organização Internacional do Trabalho, de 2011, dispõe sobre o trabalho doméstico.

---

[6] BARROS, Alice Monteiro de. *Contratos e regulamentações especiais de trabalho*. 2. ed. São Paulo: LTr, 2002. p. 151-152.

Para o propósito da referida Convenção, o termo "trabalho doméstico" designa o trabalho executado *em ou para* um domicílio ou domicílios.

O termo "trabalhadores domésticos" designa toda pessoa, do sexo feminino ou masculino, que realiza um trabalho doméstico no marco de uma relação de trabalho.

Entretanto, para os fins da Convenção 189 da OIT, uma pessoa que executa o trabalho doméstico *apenas ocasionalmente ou esporadicamente*, sem que este trabalho seja uma ocupação profissional, não é considerada trabalhador doméstico (art. 1º).

Como se pode notar, a Convenção 189 da OIT utiliza a expressão "trabalhador doméstico" com nítido sentido de empregado doméstico.

Nesse enfoque, a Convenção 189 é aplicável a todos os trabalhadores (ou seja, empregados) domésticos (art. 2º).

De acordo com o art. 7º, parágrafo único, da Constituição da República, com redação dada pela Emenda Constitucional 72/2013, são assegurados à categoria dos trabalhadores domésticos os direitos previstos no art. 7º, incisos IV, VI, VII, VIII, X, XIII, XV, XVI, XVII, XVIII, XIX, XXI, XXII, XXIV, XXVI, XXX, XXXI e XXXIII, da Constituição Federal de 1988 e, atendidas as condições estabelecidas em lei e observada a simplificação do cumprimento das obrigações tributárias, principais e acessórias, decorrentes da relação de trabalho e suas peculiaridades, os previstos no art. 7º, incisos I, II, III, IX, XII, XXV e XXVIII, da Constituição da República, bem como a sua integração à Previdência Social.

Desse modo, são assegurados ao empregado doméstico os seguintes direitos previstos no art. 7º da Constituição Federal de 1988:

– *salário mínimo*, fixado em lei, nacionalmente unificado, capaz de atender a suas necessidades vitais básicas e às de sua família com moradia, alimentação, educação, saúde, lazer, vestuário, higiene, transporte e previdência social, com reajustes periódicos que lhe preservem o poder aquisitivo, sendo vedada sua vinculação para qualquer fim (inciso IV);

– *irredutibilidade do salário*, salvo o disposto em convenção ou acordo coletivo (inciso VI);

– garantia de salário, nunca inferior ao mínimo, para os que percebem *remuneração variável* (inciso VII);

Na relação de emprego do doméstico, de todo modo, não é tão comum estabelecer a remuneração de forma variável.

– *décimo terceiro salário* com base na remuneração integral ou no valor da aposentadoria (inciso VIII);

– *proteção do salário* na forma da lei, constituindo crime sua retenção dolosa (inciso X);

– *duração do trabalho* normal não superior a oito horas diárias e quarenta e quatro semanais, facultada a compensação de horários e a redução da jornada, mediante acordo ou convenção coletiva de trabalho (inciso XIII);

Trata-se de previsão de destaque, ao estabelecer a duração da jornada normal do empregado doméstico, inclusive daquele que dorme na casa onde trabalha, devendo o empregador cuidar para que essa determinação seja respeitada.

– *repouso semanal remunerado*, preferencialmente aos domingos (inciso XV);

– *remuneração do serviço extraordinário* superior, no mínimo, em 50% à do normal (inciso XVI);

– *gozo de férias anuais remuneradas* com, pelo menos, um terço a mais do que o salário normal (inciso XVII);

– *licença à gestante*, sem prejuízo do emprego e do salário, com a duração de cento e vinte dias (inciso XVIII);

– *licença-paternidade*, nos termos fixados em lei (inciso XIX);

Conforme o art. 10, § 1º, do Ato das Disposições Constitucionais Transitórias, até que a lei venha a disciplinar o disposto no art. 7º, inciso XIX, da Constituição Federal de 1988, o prazo da licença-paternidade a que se refere esse dispositivo é de cinco dias.

– *aviso prévio proporcional ao tempo de serviço*, sendo no mínimo de 30 dias, nos termos da lei (inciso XXI);

– *redução dos riscos inerentes ao trabalho*, por meio de normas de saúde, higiene e segurança (inciso XXII);

São aplicáveis à relação de emprego doméstico, assim, as normas voltadas ao meio ambiente de trabalho hígido, salubre e seguro, especialmente aquelas aprovadas pelo Ministério do Trabalho.

– *aposentadoria* (inciso XXIV);

– reconhecimento das *convenções e acordos coletivos de trabalho* (inciso XXVI);

Observa-se certa dificuldade na concretização do preceito em destaque, principalmente quanto à legitimidade das entidades sindicais que representam as categorias patronais domésticas, ou seja, de empregadores domésticos. Há argumentos de que estes, por definição legal, não prestam serviços de natureza econômica ou lucrativa, para serem considerados uma "categoria", nos termos do art. 511, § 1º, da CLT.

Não obstante, segundo a vertente mais atual, adotada pela Convenção 189, de 2011, da OIT, todo Estado-membro deve, no que diz respeito aos trabalhadores domésticos, adotar medidas previstas na referida Convenção para respeitar, promover e tornar realidade os princípios e direitos fundamentais no trabalho, a saber: (a) *a liberdade de associação e a liberdade sindical e o reconhecimento efetivo do direito à negociação coletiva*; (b) a eliminação de todas as formas de trabalho forçado ou obrigatório; (c) a erradicação efetiva do trabalho infantil; e (d) a eliminação da discriminação em matéria de emprego e ocupação (art. 3º, item 2).

Ainda quanto ao tema, ao adotar medidas para assegurar que os trabalhadores domésticos e os empregadores dos trabalhadores domésticos usufruam da liberdade sindical, da liberdade de associação e do reconhecimento efetivo do *direito à negociação coletiva*, os Estados-membros devem proteger o direito dos trabalhadores domésticos e dos empregadores dos trabalhadores domésticos de constituir organizações, federações e confederações, que julguem pertinentes, e, a partir da condição de observar os estatutos destas organizações, afiliar-se a elas (art. 3º, item 3, da Convenção 189/2011).

– *proibição de diferença de salários, de exercício de funções e de critério de admissão* por motivo de sexo, idade, cor ou estado civil (inciso XXX);

Trata-se de previsão em harmonia com o direito à igualdade e a proibição da discriminação, os quais são previstos nos arts. 3º, inciso IV, e 5º, *caput* e inciso XLI, da Constituição da República Federativa do Brasil.

– *proibição de qualquer discriminação* no tocante a salário e critérios de admissão do trabalhador portador de deficiência (inciso XXXI);

– *proibição de trabalho noturno, perigoso ou insalubre a menores de 18 e de qualquer trabalho a menores de 16 anos, salvo na condição de aprendiz, a partir de 14 anos* (inciso XXXIII).

Quanto ao tema em questão, cabe ressaltar que o Decreto 6.481/2008 aprovou a chamada "Lista das Piores Formas de Trabalho Infantil" (Lista TIP), conforme o seu Anexo, de acordo com o disposto nos arts. 3º, *d*, e 4º da Convenção 182 da Organização Internacional do Trabalho (aprovada pelo Decreto Legislativo 178/1999 e promulgada pelo Decreto 3.597/2000, atualmente Decreto 10.088/2019).

Nos termos do art. 2º do Decreto 6.481/2008, fica proibido o trabalho do menor de 18 anos nas atividades descritas na "Lista TIP", salvo nas hipóteses previstas nesse mesmo Decreto.

Com isso, a referida proibição de trabalho ao menor de 18 anos (nas atividades descritas na "Lista TIP") pode ser elidida (art. 2º, § 1º): na hipótese de ser o emprego ou trabalho, *a partir da idade de 16 anos*, autorizado pelo Ministério do Trabalho, após consulta às organizações de empregadores e de trabalhadores interessadas, desde que fiquem plenamente garantidas a saúde, a segurança e a moral dos adolescentes; e na hipótese de aceitação de parecer técnico circunstanciado, assinado por profissional legalmente habilitado em segurança e saúde no trabalho, que ateste a não exposição a riscos que possam comprometer a saúde, a segurança e a moral dos adolescentes, depositado na unidade descentralizada do Ministério do Trabalho da circunscrição onde ocorrerem as referidas atividades.

Além disso, o Anexo do mencionado Decreto 6.481/2008, ao estabelecer a "Lista das Piores Formas de Trabalho Infantil" (Lista TIP), prevê, justamente, o "serviço doméstico", estabelecendo, como "prováveis riscos ocupacionais dessa atividade": "Esforços físicos intensos; isolamento; abuso físico, psicológico e sexual; longas jornadas de trabalho; trabalho noturno; calor; exposição ao fogo, posições antiergonômicas e movimentos repetitivos; tracionamento da coluna vertebral; sobrecarga muscular e queda de nível". Da mesma forma, o mesmo Anexo dispõe, como "prováveis repercussões à saúde dessa atividade": "Afecções musculoesqueléticas (bursites, tendinites, dorsalgias, sinovites, tenossinovites); contusões; fraturas; ferimentos; queimaduras; ansiedade; alterações na vida familiar; transtornos do ciclo vigília-sono; DORT/LER; deformidades da coluna vertebral (lombalgias, lombociatalgias, escolioses, cifoses, lordoses); síndrome do esgotamento profissional e neurose profissional; traumatismos; tonturas e fobias".

Ainda em consonância com o art. 7º, parágrafo único, da Constituição da República, com redação dada pela Emenda Constitucional 72/2013, são assegurados aos empregados domésticos, *atendidas as condições estabelecidas em lei e observada a simplificação do cumprimento das obrigações tributárias, principais e acessórias, decorrentes da relação de trabalho e suas peculiaridades*, os seguintes direitos previstos no art. 7º:

– *relação de emprego protegida contra despedida arbitrária ou sem justa causa*, nos termos de lei complementar, que preverá indenização compensatória, dentre outros direitos (inciso I):

– *seguro-desemprego*, em caso de desemprego involuntário (inciso II);

– *fundo de garantia do tempo de serviço* (inciso III);

– *remuneração do trabalho noturno* superior à do diurno (inciso IX);

– *salário-família* pago em razão do dependente do trabalhador de baixa renda nos termos da lei (inciso XII);

– assistência gratuita aos filhos e dependentes desde o nascimento até cinco anos de idade em *creches e pré-escolas* (inciso XXV);

A respeito da matéria, o art. 208, inciso IV, da Constituição da República prevê que o dever do Estado com a educação deve ser efetivado mediante a garantia de "educação infantil, em creche e pré-escola, às crianças até 5 (cinco) anos de idade".

– *seguro contra acidentes de trabalho*, a cargo do empregador, sem excluir a indenização a que este está obrigado, quando incorrer em dolo ou culpa (inciso XXVIII);

– integração à Previdência Social.

Vejamos, assim, de forma sistemática, a disciplina legal do contrato de trabalho doméstico, bem como dos direitos e deveres aplicáveis, conforme a Lei Complementar 150/2015.

9.2.3.1 Conceito de empregado doméstico

Como já mencionado, considera-se empregado doméstico *aquele que presta serviços de forma contínua, subordinada, onerosa e pessoal e de finalidade não lucrativa à pessoa ou à família, no âmbito residencial destas, por mais de dois dias por semana*, aplicando-se o disposto na Lei Complementar 150/2015 (art. 1º).

9.2.3.2 Trabalho do menor proibido

É *vedada a contratação de menor de 18 anos para desempenho de trabalho doméstico*, de acordo com a Convenção 182, de 1999, da Organização Internacional do Trabalho (OIT) e com o Decreto 6.481/2008.

9.2.3.3 Duração do trabalho

A *duração normal do trabalho doméstico* não excederá 8 horas diárias e 44 semanais, observado o disposto na Lei Complementar 150/2015 (art. 2º).

9.2.3.4 Horas extras

A *remuneração da hora extraordinária* será, no mínimo, 50% superior ao valor da hora normal (art. 2º, § 1º, da Lei Complementar 150/2015).

O *salário-hora normal*, em caso de empregado mensalista, é obtido dividindo-se o salário mensal por 220 horas, salvo se o contrato estipular jornada mensal inferior que resulte em divisor diverso (art. 2º, § 2º).

O *salário-dia normal*, em caso de empregado mensalista, é obtido dividindo-se o salário mensal por 30 e serve de base para pagamento do repouso remunerado e dos feriados trabalhados (art. 2º, § 3º).

9.2.3.5 Compensação de horas

Pode ser dispensado o acréscimo de salário e instituído regime de *compensação de horas*, mediante *acordo escrito* entre empregador e empregado, se o excesso de horas de um dia for compensado em outro dia (art. 2º, § 4º, da Lei Complementar 150/2015).

Nesse regime de compensação de horas:

I – é devido o pagamento, como horas extraordinárias (com o adicional de no mínimo 50%) das primeiras 40 horas mensais excedentes ao horário normal de trabalho;

II – das 40 horas referidas no inciso I, podem ser deduzidas, sem o correspondente pagamento, as horas não trabalhadas, em função de redução do horário normal de trabalho ou de dia útil não trabalhado, *durante o mês*;

III – o saldo de horas que excederem as 40 primeiras horas mensais de que trata o inciso I, com a dedução prevista no inciso II, quando for o caso, deve ser compensado no período máximo de um ano (art. 2º, § 5º).

Na hipótese de rescisão do contrato de trabalho sem que tenha havido a compensação integral da jornada extraordinária, o empregado faz jus ao pagamento das horas extras não compensadas, calculadas sobre o valor da remuneração na data de rescisão (art. 2º, § 6º).

9.2.3.6 Períodos não computados na jornada de trabalho

Os intervalos previstos na Lei Complementar 150/2015, o tempo de repouso, as horas não trabalhadas, os feriados e os domingos livres em que o empregado que mora no local de trabalho nele permaneça *não são computados como horário de trabalho* (art. 2º, § 7º, da Lei Complementar 150/2015).

9.2.3.7 Trabalho em dias de descanso

O trabalho não compensado prestado em domingos e feriados deve ser pago *em dobro*, sem prejuízo da remuneração relativa ao repouso semanal (art. 2º, § 8º, da Lei Complementar 150/2015).

9.2.3.8 Trabalho em regime de tempo parcial

Considera-se *trabalho em regime de tempo parcial* aquele cuja duração não exceda 25 horas semanais (art. 3º da Lei Complementar 150/2015).

O salário a ser pago ao empregado sob regime de tempo parcial é *proporcional a sua jornada*, em relação ao empregado que cumpre, nas mesmas funções, tempo integral.

A duração normal do trabalho do empregado em regime de tempo parcial pode ser acrescida de horas suplementares, em número *não excedente a uma hora diária*, mediante *acordo escrito* entre empregador e empregado, aplicando-se, ainda, o disposto no art. 2º, §§ 2º e 3º, que versam sobre o salário-hora normal e o salário-dia normal, com o limite máximo (da duração do trabalho) de seis horas diárias.

Na modalidade do regime de tempo parcial, após cada período de 12 meses de vigência do contrato de trabalho, o empregado tem direito a *férias*, na seguinte proporção:

I – 18 dias, para a duração do trabalho semanal superior a 22 horas, até 25 horas;

II – 16 dias, para a duração do trabalho semanal superior a 20 horas, até 22 horas;

III – 14 dias, para a duração do trabalho semanal superior a 15 horas, até 20 horas;

IV – 12 dias, para a duração do trabalho semanal superior a 10 horas, até 15 horas;

V – 10 dias, para a duração do trabalho semanal superior a 5 horas, até 10 horas;

VI – 8 dias, para a duração do trabalho semanal igual ou inferior a 5 horas.

9.2.3.9 *Contrato por prazo determinado*

É facultada a contratação, *por prazo determinado*, do empregado doméstico:

I – mediante *contrato de experiência*;

II – para atender *necessidades familiares de natureza transitória* e para *substituição temporária de empregado doméstico com contrato de trabalho interrompido ou suspenso* (art. 4º da Lei Complementar 150/2015).

No caso do inciso II, a duração do contrato de trabalho é limitada ao término do evento que motivou a contratação, obedecido o limite máximo de dois anos.

O *contrato de experiência* não pode exceder 90 dias (art. 5º da Lei Complementar 150/2015).

O contrato de experiência pode ser prorrogado uma vez, desde que a soma dos dois períodos não ultrapasse 90 dias.

O contrato de experiência que, havendo continuidade do serviço, não for prorrogado após o decurso de seu prazo previamente estabelecido ou que ultrapassar o período de 90 dias passa a vigorar como contrato de trabalho por prazo indeterminado.

Durante a vigência dos contratos previstos no art. 4º, incisos I e II, o empregador que, sem justa causa, despedir o empregado é obrigado a pagar-lhe, a título de indenização, metade da remuneração a que teria direito até o termo do contrato (art. 6º da Lei Complementar 150/2015).

Durante a vigência dos contratos previstos no art. 4º, incisos I e II, o empregado não pode se desligar do contrato sem justa causa, sob pena de ser obrigado a indenizar o empregador dos prejuízos que desse fato lhe resultarem (art. 7º da Lei Complementar 150/2015).

A indenização não pode exceder aquela a que teria direito o empregado em idênticas condições.

Durante a vigência dos contratos previstos no art. 4º, incisos I e II, não será exigido aviso prévio (art. 8º da Lei Complementar 150/2015).

9.2.3.10 *Carteira de Trabalho e Previdência Social*

A *Carteira de Trabalho e Previdência Social* deve ser obrigatoriamente apresentada, contra recibo, pelo empregado ao empregador que o admitir, o qual tem o prazo de 48 horas para nela anotar, especificamente, a data de admissão, a remuneração e, quando for o caso, os contratos por prazo determinado previstos no art. 4º, incisos I e II (art. 9º da Lei Complementar 150/2015).

9.2.3.11 Jornada 12 x 36

É facultado às partes do contrato e trabalho doméstico, mediante *acordo escrito* entre estas, estabelecer horário de trabalho de 12 horas seguidas por 36 horas ininterruptas de descanso, observados ou indenizados os intervalos para repouso e alimentação (art. 10 da Lei Complementar 150/2015).

Nesse caso, portanto, há autorização legal para que os intervalos para repouso e alimentação possam ser *usufruídos ou indenizados*.

A remuneração mensal pactuada pelo horário de trabalho de 12 horas seguidas por 36 horas ininterruptas de descanso *abrange os pagamentos devidos pelo descanso semanal remunerado e pelo descanso em feriados*, e são *considerados compensados os feriados e as prorrogações de trabalho noturno*, quando houver, de que tratam o art. 70 e o art. 73, § 5º, da Consolidação das Leis do Trabalho, bem como o art. 9º da Lei 605/1949 (art. 10, § 1º, da Lei Complementar 150/2015).

9.2.3.12 Viagens

Em relação ao empregado responsável por acompanhar o empregador prestando serviços *em viagem*, são consideradas apenas as horas efetivamente trabalhadas no período, podendo ser compensadas as horas extraordinárias em outro dia, observado o art. 2º da Lei Complementar 150/2015 (art. 11 da Lei Complementar 150/2015).

O acompanhamento do empregador pelo empregado em viagem é condicionado à prévia existência de *acordo escrito* entre as partes.

A remuneração-hora do serviço em viagem deve ser, no mínimo, 25% superior ao valor do salário-hora normal. Essa previsão pode ser, mediante acordo, convertida em acréscimo no banco de horas, a ser utilizado a critério do empregado.

9.2.3.13 Registro de horário de trabalho

É *obrigatório o registro do horário de trabalho do empregado doméstico* por qualquer meio manual, mecânico ou eletrônico, desde que idôneo (art. 12 da Lei Complementar 150/2015).

9.2.3.14 Intervalo intrajornada

É obrigatória a concessão de *intervalo para repouso ou alimentação* pelo período de, no mínimo, uma hora e, no máximo, duas horas, admitindo-se, mediante *prévio acordo escrito* entre empregador e empregado, a sua *redução* a 30 minutos (art. 13 da Lei Complementar 150/2015).

Caso o empregado resida no local de trabalho, o período de intervalo pode ser *desmembrado* em dois períodos, desde que cada um deles tenha, no mínimo, uma hora, até o limite de quatro horas ao dia.

Em caso de modificação do intervalo, na forma do art. 13, § 1º (desmembramento em dois períodos), é obrigatória a sua anotação no registro diário de horário, vedada sua prenotação.

9.2.3.15 Trabalho noturno

Considera-se *noturno*, para os efeitos da Lei Complementar 150/2015, o trabalho executado entre as 22 horas de um dia e as 5 horas do dia seguinte (art. 14 da Lei Complementar 150/2015).

A hora de trabalho noturno terá duração de 52 minutos e 30 segundos.

A remuneração do trabalho noturno deve ter acréscimo de, no mínimo, 20% sobre o valor da hora diurna.

Em caso de contratação, pelo empregador, de empregado exclusivamente para desempenhar trabalho noturno, o acréscimo deve ser calculado sobre o salário anotado na Carteira de Trabalho e Previdência Social.

9.2.3.16 Horários mistos

Conforme o art. 14, § 4º, da Lei Complementar 150/2015, nos *horários mistos*, assim entendidos os que abrangem períodos diurnos e noturnos, aplica-se às horas de trabalho noturno o disposto no art. 14 e seus parágrafos da Lei Complementar 150/2015.

Desse modo, nos termos da Súmula 60 do TST, especialmente em seu inciso II, aplicável à hipótese: "Adicional noturno. Integração no salário e prorrogação em horário diurno. I – O adicional noturno, pago com habitualidade, integra o salário do empregado para todos os efeitos. II – Cumprida integralmente a jornada no período noturno e prorrogada esta, devido é também o adicional quanto às horas prorrogadas. Exegese do art. 73, § 5º, da CLT".

9.2.3.17 *Intervalo interjornada*

Entre duas jornadas de trabalho deve haver período mínimo de 11 horas consecutivas para descanso (art. 15 da Lei Complementar 150/2015).

9.2.3.18 *Repouso semanal remunerado e feriados*

É devido ao empregado doméstico *descanso semanal remunerado* de, no mínimo, 24 horas consecutivas, preferencialmente aos domingos, além de descanso remunerado em *feriados* (art. 16 da Lei Complementar 150/2015).

9.2.3.19 *Férias*

O empregado doméstico tem direito a *férias anuais remuneradas* de 30 dias, salvo o disposto no art. 3º, § 3º (que dispõe sobre férias no regime de tempo parcial), com acréscimo de, pelo menos, *um terço do salário normal*, após cada período de 12 meses de trabalho prestado à mesma pessoa ou família (art. 17 da Lei Complementar 150/2015).

Na cessação do contrato de trabalho, o empregado, desde que não tenha sido demitido por justa causa, tem direito à remuneração relativa ao período incompleto de férias, na proporção de 1/12 (um doze avos) por mês de serviço ou fração superior a 14 dias.

O período de férias pode, a critério do empregador, ser *fracionado em até dois períodos*, sendo um deles de, no mínimo, 14 dias corridos.

É facultado ao empregado doméstico converter 1/3 (um terço) do período de férias a que tiver direito em *abono pecuniário*, no valor da remuneração que lhe seria devida nos dias correspondentes. O abono de férias deve ser requerido até 30 dias antes do término do período aquisitivo.

É lícito ao empregado que reside no local de trabalho nele permanecer durante as férias.

As férias devem ser concedidas pelo empregador nos 12 meses subsequentes à data em que o empregado tiver adquirido o direito.

9.2.3.20 *Descontos salariais e utilidades*

É vedado ao empregador doméstico efetuar *descontos no salário* do empregado por fornecimento de alimentação, vestuário, higiene ou moradia, bem como por despesas com transporte, hospedagem e alimentação em caso de acompanhamento em viagem (art. 18 da Lei Complementar 150/2015).

É facultado ao empregador efetuar descontos no salário do empregado em caso de adiantamento salarial e, mediante acordo escrito entre as partes, para a inclusão do empregado em planos de assistência médico-hospitalar e odontológica, de seguro e de previdência privada, não podendo a dedução ultrapassar 20% do salário.

Podem ser descontadas as despesas com moradia quando esta se referir a local diverso da residência em que ocorrer a prestação de serviço, desde que essa possibilidade tenha sido expressamente acordada entre as partes.

As despesas referidas no art. 18, *caput*, da Lei Complementar 150/2015 *não têm natureza salarial* nem se incorporam à remuneração para quaisquer efeitos.

O fornecimento de moradia ao empregado doméstico na própria residência ou em morada anexa, de qualquer natureza, não gera ao empregado qualquer direito de posse ou de propriedade sobre a referida moradia.

9.2.3.21 Aplicação subsidiária

Observadas as peculiaridades do trabalho doméstico, a ele também se aplicam a Lei 605/1949 (sobre o repouso semanal remunerado e os feriados), a Lei 4.090/1962 (sobre a gratificação natalina), a Lei 4.749/1965 (sobre a gratificação natalina) e a Lei 7.418/1985 (sobre o vale-transporte), e, subsidiariamente, a Consolidação das Leis do Trabalho (art. 19 da Lei Complementar 150/2015).

9.2.3.22 Vale-transporte

A obrigação prevista no art. 4º da Lei 7.418/1985[7], sobre o *vale-transporte*, pode ser substituída, a critério do empregador, pela concessão, mediante recibo, dos valores para a aquisição das passagens necessárias ao custeio das despesas decorrentes do deslocamento residência-trabalho e vice-versa (art. 19, parágrafo único, da Lei Complementar 150/2015).

9.2.3.23 Previdência Social

O empregado doméstico é *segurado obrigatório da Previdência Social*, sendo-lhe devidas, na forma da Lei 8.213/1991, as prestações nela arroladas, atendido o disposto na Lei Complementar 150/2015 e observadas as características especiais do trabalho doméstico (art. 20 da Lei Complementar 150/2015).

9.2.3.24 FGTS

É devida a inclusão do empregado doméstico no *Fundo de Garantia do Tempo de Serviço* (FGTS), na forma do regulamento a ser editado pelo Conselho Curador e pelo agente operador do FGTS, no âmbito de suas competências, conforme disposto nos arts. 5º e 7º da Lei 8.036/1990, inclusive no que tange aos aspectos técnicos de depósitos, saques, devolução de valores e emissão de extratos, entre outros determinados na forma da lei (art. 21 da Lei Complementar 150/2015).

O empregador doméstico somente passa a ter obrigação de promover a inscrição e de efetuar os recolhimentos referentes a seu empregado após a entrada em vigor do regulamento referido acima.

O empregador doméstico deve depositar a importância de 3,2% sobre a remuneração devida, no mês anterior, a cada empregado, destinada ao pagamento da indenização compensatória da perda do emprego, sem justa causa ou por culpa do empregador, não se aplicando ao empregado doméstico o disposto nos §§ 1º a 3º do art. 18 da Lei 8.036/1990 (art. 22 da Lei Complementar 150/2015).

Nas hipóteses de dispensa por justa causa ou a pedido, de término do contrato de trabalho por prazo determinado, de aposentadoria e de falecimento do empregado doméstico, os valores previstos no art. 22, *caput*, da Lei Complementar 150/2015 devem ser movimentados pelo empregador.

Na hipótese de culpa recíproca, metade dos valores previstos no art. 22, *caput*, deve ser movimentada pelo empregado, enquanto a outra metade será movimentada pelo empregador.

Os valores previstos no art. 22, *caput*, devem ser depositados na conta vinculada do empregado, em variação distinta daquela em que se encontrarem os valores oriundos dos depósitos de que trata o art. 34, inciso IV, da Lei Complementar 150/2015 (ou seja, 8% de recolhimento para o FGTS), e somente podem ser movimentados por ocasião da rescisão contratual.

À importância monetária de que trata o art. 22, *caput*, aplicam-se as disposições da Lei 8.036/1990 (sobre o Fundo de Garantia do Tempo de Serviço) e da Lei 8.844/1994 (sobre a fiscalização, apuração e cobrança judicial as contribuições e multas devidas ao FGTS), inclusive quanto a sujeição passiva e equiparações, prazo de recolhimento, administração, fiscalização, lançamento, consulta, cobrança, garantias, processo administrativo de determinação e exigência de créditos tributários federais.

---

[7] "Art. 4º A concessão do benefício ora instituído implica a aquisição pelo empregador dos Vales-Transportes necessários aos deslocamentos do trabalhador no percurso residência-trabalho e vice-versa, no serviço de transporte que melhor se adequar. Parágrafo único. O empregador participará dos gastos de deslocamento do trabalhador com a ajuda de custo equivalente à parcela que exceder a 6% (seis por cento) de seu salário básico".

Pode-se dizer que a extensão do regime do FGTS, de forma obrigatória, também para a relação de emprego doméstico, é um modo de concretizar o mandamento constitucional de melhoria das condições sociais dos referidos empregados (art. 7º, *caput*, da CF/1988), em consonância, ainda, com os ditames da valorização do trabalho e da dignidade da pessoa humana (arts. 1º, incisos III e IV, e 3º, incisos I, III e IV, da CF/1988).

9.2.3.25 *Aviso prévio*

Não havendo prazo estipulado no contrato, a parte que, sem justo motivo, quiser rescindi-lo deverá *avisar* a outra de sua intenção (art. 23 da Lei Complementar 150/2015).

O *aviso prévio* deve ser concedido na proporção de 30 dias ao empregado que conte com até um ano de serviço para o mesmo empregador (art. 23, § 1º, da Lei Complementar 150/2015).

Ao aviso prévio previsto no art. 23 da Lei Complementar 150/2015, devido ao empregado, devem ser acrescidos três dias por ano de serviço prestado para o mesmo empregador, até o máximo de 60 dias, perfazendo um total de até 90 dias (art. 23, § 2º, da Lei Complementar 150/2015).

A falta de aviso prévio por parte do empregador dá ao empregado o direito aos salários correspondentes ao prazo do aviso, garantida sempre a integração desse período ao seu tempo de serviço (art. 23, § 3º, da Lei Complementar 150/2015).

A falta de aviso prévio por parte do empregado dá ao empregador o direito de descontar os salários correspondentes ao prazo respectivo (art. 23, § 4º, da Lei Complementar 150/2015).

O valor das horas extraordinárias habituais integra o aviso prévio indenizado (art. 23, § 5º, da Lei Complementar 150/2015).

O horário normal de trabalho do empregado durante o aviso prévio, quando a rescisão tiver sido promovida pelo empregador, deve ser reduzido de duas horas diárias, sem prejuízo do salário integral (art. 24 da Lei Complementar 150/2015).

É facultado ao empregado trabalhar sem a redução das duas horas diárias, caso em que pode faltar ao serviço, sem prejuízo do salário integral, por sete dias corridos, na hipótese dos §§ 1º e 2º do art. 23 da Lei Complementar 150/2015.

9.2.3.26 *Licença-maternidade*

A empregada doméstica gestante tem direito a *licença-maternidade de 120 dias, sem prejuízo do emprego e do salário*, nos termos dos arts. 391 e seguintes da CLT, ou seja, da Seção V do Capítulo III do Título III da Consolidação das Leis do Trabalho (art. 25 da Lei Complementar 150/2015).

9.2.3.27 *Estabilidade provisória da gestante*

A confirmação do estado de gravidez durante o curso do contrato de trabalho, ainda que durante o prazo do aviso prévio trabalhado ou indenizado, garante à empregada gestante a estabilidade provisória prevista no art. 10, inciso II, alínea *b*, do Ato das Disposições Constitucionais Transitórias (art. 25, parágrafo único, da Lei Complementar 150/2015).

Com isso, a empregada doméstica também tem direito à garantia de emprego prevista no art. 10, inciso II, *b*, do Ato das Disposições Constitucionais Transitórias, válido até a promulgação da lei complementar a que se refere o art. 7º, inciso I, da Constituição Federal de 1988[8].

---

[8] Cf. Súmula 244 do TST: "I – O desconhecimento do estado gravídico pelo empregador não afasta o direito ao pagamento da indenização decorrente da estabilidade (art. 10, II, *b*, do ADCT); II – A garantia de emprego à gestante só autoriza reintegração se esta se der durante o período de estabilidade. Do contrário, a garantia restringe-se aos salários e demais direitos correspondentes ao período de estabilidade; III – A empregada gestante tem direito à estabilidade provisória prevista no art. 10, inciso II, alínea *b*, do Ato das Disposições Constitucionais Transitórias, mesmo na hipótese de admissão mediante contrato por tempo determinado".

A Lei Complementar 146/2014 dispõe que o direito previsto no art. 10, inciso II, alínea *b*, do Ato das Disposições Constitucionais Transitórias deve ser assegurado, nos casos em que ocorrer o falecimento da trabalhadora gestante, a quem detiver a guarda do seu filho.

Ainda assim, tendo em vista que a relação de emprego doméstico envolve o labor no âmbito residencial, resultando em contato com a privacidade ou mesmo intimidade da pessoa natural ou da família, há entendimento de que no caso de reconhecimento judicial da referida estabilidade provisória, não sendo possível a reintegração voluntária, não seria adequado impor a reintegração *forçada* propriamente, inserindo a obreira no âmbito familiar sem a concordância de seus membros, devendo-se deferir à empregada doméstica o direito à respectiva indenização do período de estabilidade (conforme Súmula 396 do TST).

9.2.3.28 *Seguro-desemprego*

O empregado doméstico que for dispensado sem justa causa fará jus ao benefício do *seguro-desemprego*, na forma da Lei 7.998/1990, no valor de um salário mínimo, por período máximo de três meses, de forma contínua ou alternada (art. 26 da Lei Complementar 150/2015).

O benefício do seguro-desemprego deve ser concedido ao empregado nos termos do regulamento do Conselho Deliberativo do Fundo de Amparo ao Trabalhador (Codefat).

O benefício do seguro-desemprego deve ser *cancelado*, sem prejuízo das demais sanções cíveis e penais cabíveis: pela recusa, por parte do trabalhador desempregado, de outro emprego condizente com sua qualificação registrada ou declarada e com sua remuneração anterior; por comprovação de falsidade na prestação das informações necessárias à habilitação; por comprovação de fraude visando à percepção indevida do benefício do seguro-desemprego; por morte do segurado.

Para se habilitar ao benefício do seguro-desemprego, o trabalhador doméstico deve apresentar ao órgão competente do Ministério do Trabalho:

I – Carteira de Trabalho e Previdência Social, na qual devem constar a anotação do contrato de trabalho doméstico e a data de dispensa, de modo a comprovar o vínculo empregatício, como empregado doméstico, durante pelo menos 15 meses nos últimos 24 meses;

II – termo de rescisão do contrato de trabalho;

III – declaração de que não está em gozo de benefício de prestação continuada da Previdência Social, exceto auxílio-acidente e pensão por morte; e

IV – declaração de que não possui renda própria de qualquer natureza suficiente à sua manutenção e de sua família (art. 28 da Lei Complementar 150/2015).

O seguro-desemprego deve ser requerido no prazo de sete até 90 dias contados da data de dispensa (art. 29 da Lei Complementar 150/2015).

Novo seguro-desemprego só pode ser requerido após o cumprimento de novo período aquisitivo, cuja duração é definida pelo Codefat (art. 30 da Lei Complementar 150/2015).

9.2.3.29 *Justa causa*

No caso do empregado doméstico, considera-se *justa causa* para os efeitos da Lei Complementar 150/2015 (art. 27):

I – submissão a maus-tratos de idoso, de enfermo, de pessoa com deficiência ou de criança sob cuidado direto ou indireto do empregado;

II – prática de ato de improbidade;

III – incontinência de conduta ou mau procedimento;

IV – condenação criminal do empregado transitada em julgado, caso não tenha havido suspensão da execução da pena;

V – desídia no desempenho das respectivas funções;

VI – embriaguez habitual ou em serviço;

VII – (vetado);

VIII – ato de indisciplina ou de insubordinação;

IX – abandono de emprego, assim considerada a ausência injustificada ao serviço por, pelo menos, 30 dias corridos;

X – ato lesivo à honra ou à boa fama ou ofensas físicas praticadas em serviço contra qualquer pessoa, salvo em caso de legítima defesa, própria ou de outrem;

XI – ato lesivo à honra ou à boa fama ou ofensas físicas praticadas contra o empregador doméstico ou sua família, salvo em caso de legítima defesa, própria ou de outrem;

XII – prática constante de jogos de azar.

9.2.3.30 Rescisão indireta

No caso do empregado doméstico, o contrato de trabalho pode ser rescindido por *culpa do empregador* quando (art. 27, parágrafo único, da Lei Complementar 150/2015):

I – o empregador exigir serviços superiores às forças do empregado doméstico, defesos por lei, contrários aos bons costumes ou alheios ao contrato;

II – o empregado doméstico for tratado pelo empregador ou por sua família com rigor excessivo ou de forma degradante;

III – o empregado doméstico correr perigo manifesto de mal considerável;

IV – o empregador não cumprir as obrigações do contrato;

V – o empregador ou sua família praticar, contra o empregado doméstico ou pessoas de sua família, ato lesivo à honra e à boa fama;

VI – o empregador ou sua família ofender o empregado doméstico ou sua família fisicamente, salvo em caso de legítima defesa, própria ou de outrem;

VII – o empregador praticar qualquer das formas de violência doméstica ou familiar contra mulheres de que trata o art. 5º da Lei 11.340/2006[9].

9.2.3.31 Simples Doméstico

Foi instituído o *regime unificado de pagamento de tributos, de contribuições e dos demais encargos do empregador doméstico* (Simples Doméstico), regulamentado no prazo de 120 dias a contar da data de entrada em vigor da Lei Complementar 150, publicada no Diário Oficial da União de 02.06.2015 (art. 31).

A *inscrição do empregador* e a entrada única de dados cadastrais e de informações trabalhistas, previdenciárias e fiscais no âmbito do Simples Doméstico dar-se-ão mediante registro em *sistema eletrônico* a ser disponibilizado em portal na internet, conforme regulamento (art. 32 da Lei Complementar 150/2015).

A impossibilidade de utilização do sistema eletrônico deve ser objeto de regulamento, a ser editado pelo Ministério da Fazenda e pelo agente operador do FGTS.

---

[9] "Art. 5º Para os efeitos desta Lei, configura violência doméstica e familiar contra a mulher qualquer ação ou omissão baseada no gênero que lhe cause morte, lesão, sofrimento físico, sexual ou psicológico e dano moral ou patrimonial: I – no âmbito da unidade doméstica, compreendida como o espaço de convívio permanente de pessoas, com ou sem vínculo familiar, inclusive as esporadicamente agregadas; II – no âmbito da família, compreendida como a comunidade formada por indivíduos que são ou se consideram aparentados, unidos por laços naturais, por afinidade ou por vontade expressa; III – em qualquer relação íntima de afeto, na qual o agressor conviva ou tenha convivido com a ofendida, independentemente de coabitação. Parágrafo único. As relações pessoais enunciadas neste artigo independem de orientação sexual".

O Simples Doméstico é disciplinado por ato conjunto dos Ministros de Estado da Fazenda, da Previdência Social e do Trabalho que dispõe sobre a apuração, o recolhimento e a distribuição dos recursos recolhidos por meio do Simples Doméstico, observadas as disposições do art. 21 da Lei Complementar 150/2015 (art. 33 da Lei Complementar 150/2015).

Esse ato conjunto deve dispor também sobre o sistema eletrônico de registro das obrigações trabalhistas, previdenciárias e fiscais e sobre o cálculo e o recolhimento dos tributos e encargos trabalhistas vinculados ao Simples Doméstico. As informações prestadas nesse sistema eletrônico:

I – têm caráter declaratório, constituindo instrumento hábil e suficiente para a exigência dos tributos e encargos trabalhistas delas resultantes e que não tenham sido recolhidos no prazo consignado para pagamento; e

II – devem ser fornecidas até o vencimento do prazo para pagamento dos tributos e encargos trabalhistas devidos no Simples Doméstico em cada mês, relativamente aos fatos geradores ocorridos no mês anterior.

O sistema eletrônico de registro das obrigações trabalhistas, previdenciárias e fiscais (art. 33, § 1º) e o sistema eletrônico de inscrição do empregador no Simples Doméstico (art. 32) substituem, na forma regulamentada pelo ato conjunto mencionado, a obrigatoriedade de entrega de todas as informações, formulários e declarações a que estão sujeitos os empregadores domésticos, inclusive os relativos ao recolhimento do FGTS.

O Simples Doméstico assegura o recolhimento mensal, mediante *documento único de arrecadação*, dos seguintes valores (art. 34 da Lei Complementar 150/2015):

I – 8% a 11% de contribuição previdenciária, a cargo do segurado empregado doméstico, nos termos do art. 20 da Lei 8.212/1991;

II – 8% de contribuição patronal previdenciária para a Seguridade Social, a cargo do empregador doméstico, nos termos do art. 24 da Lei 8.212/1991;

III – 0,8% de contribuição social para financiamento do seguro contra acidentes do trabalho;

IV – 8% de recolhimento para o FGTS;

V – 3,2%, na forma do art. 22 da Lei Complementar 150/2015; e

VI – imposto sobre a renda retido na fonte de que trata o art. 7º, inciso I, da Lei 7.713/1988, se incidente.

As contribuições, os depósitos e o imposto arrolados nos incisos I a VI incidem sobre a remuneração paga ou devida no mês anterior, a cada empregado, incluída na remuneração a gratificação de Natal a que se referem a Lei 4.090/1962 e a Lei 4.749/1965.

A contribuição e o imposto previstos nos incisos I e VI devem ser descontados da remuneração do empregado pelo empregador, que é responsável por seu recolhimento.

O produto da arrecadação das contribuições, dos depósitos e do imposto referidos deve ser centralizado na Caixa Econômica Federal.

A Caixa Econômica Federal, com base nos elementos identificadores do recolhimento, disponíveis no *sistema eletrônico de registro das obrigações trabalhistas, previdenciárias e fiscais* (previsto no art. 33, § 1º), deve transferir para a Conta Única do Tesouro Nacional o valor arrecadado das contribuições e do imposto previstos nos incisos I, II, III e VI.

O recolhimento por meio do Simples Doméstico (conforme art. 33) deve ser efetuado em instituições financeiras integrantes da rede arrecadadora de receitas federais.

O empregador deve fornecer, mensalmente, ao empregado doméstico cópia do *documento único de arrecadação*, previsto no art. 34 da Lei Complementar 150/2015.

O recolhimento mensal, mediante documento único de arrecadação, e a exigência das contribuições, dos depósitos e do imposto, nos valores definidos nos incisos I a VI, somente são devidos após 120 dias da data de publicação da Lei Complementar 150/2015.

Fica o empregador doméstico obrigado a:

I – pagar a remuneração devida ao empregado doméstico até o sétimo dia do mês seguinte ao da competência;

II – arrecadar e recolher a contribuição prevista no art. 34, inciso I, da Lei Complementar 150/2015, e arrecadar e recolher as contribuições, os depósitos e o imposto a seu cargo de que tratam os incisos II, III, IV, V e VI do art. 34 da Lei Complementar 150/2015, até o vigésimo dia do mês seguinte ao da competência (art. 10 da Lei 14.438/2022). Quanto ao prazo, como o art. 35 da Lei Complementar 150/2015 previa até o dia 7 do mês seguinte ao da competência, essa alteração produz efeitos a partir da data de início da arrecadação por meio da prestação dos serviços digitais de geração de guias do FGTS, para fatos geradores ocorridos a partir dessa data (art. 19, inciso I, alínea b, da Lei 14.438/2022).

Os valores previstos no art. 34, incisos I, II, III e VI, da Lei Complementar 150/2015 não recolhidos até a data de vencimento ficam sujeitos à incidência de encargos legais na forma prevista na legislação do imposto sobre a renda.

Os valores previstos no art. 34, incisos IV e V, da Lei Complementar 150/2015, referentes ao FGTS, não recolhidos até a data de vencimento devem ser corrigidos e terão a incidência de multa, conforme disposto na Lei 8.036/1990.

9.2.3.32 *Prescrição*

O direito de ação quanto a créditos resultantes das relações de trabalho *prescreve* em cinco anos até o limite de dois anos após a extinção do contrato de trabalho (art. 43 da Lei Complementar 150/2015).

9.2.3.33 *Fiscalização*

É de responsabilidade do empregador o arquivamento de documentos comprobatórios do cumprimento das obrigações fiscais, trabalhistas e previdenciárias, enquanto essas não prescreverem (art. 42 da Lei Complementar 150/2015).

No caso da relação de emprego doméstico, observa-se certa dificuldade quanto ao exercício das atividades da inspeção do trabalho, tendo em vista que o local a ser fiscalizado é, justamente, a residência do empregador. Isso porque, nos termos do art. 5º, inciso XI, da Constituição Federal de 1988, "a casa é asilo inviolável do indivíduo, ninguém nela podendo penetrar sem consentimento do morador, salvo em caso de flagrante delito ou desastre, ou para prestar socorro, ou, durante o dia, por determinação judicial".

Desse modo, a verificação, pelo Auditor-Fiscal do Trabalho, do cumprimento das normas que regem o trabalho do empregado doméstico, no âmbito do domicílio do empregador, depende de agendamento e de entendimento *prévios* entre a fiscalização e o empregador (art. 11-A da Lei 10.593/2002, acrescentado pelo art. 44 da Lei Complementar 150/2015).

A fiscalização deve ter natureza *prioritariamente orientadora*.

Deve observado o critério de *dupla visita* para lavratura de auto de infração, salvo quando for constatada infração por falta de anotação na Carteira de Trabalho e Previdência Social ou, ainda, na ocorrência de reincidência, fraude, resistência ou embaraço à fiscalização.

Durante a inspeção do trabalho do empregado doméstico, o Auditor-Fiscal do Trabalho deve fazer-se acompanhar pelo empregador ou por alguém de sua família por este designado.

9.2.3.34 *Modificações legais futuras*

As matérias tratadas na Lei Complementar 150/2015, que dispõe sobre o contrato de trabalho doméstico, que não sejam reservadas constitucionalmente à lei complementar, podem ser objeto de alteração por lei ordinária (art. 45 da Lei Complementar 150/2015).

Frise-se ainda que a política urbana tem por objetivo ordenar o pleno desenvolvimento das funções sociais da cidade e da propriedade urbana, tendo como uma de suas seguintes diretrizes gerais a garantia de condições condignas de acessibilidade, utilização e conforto nas dependências internas das edificações urbanas, *inclusive nas destinadas à moradia e ao serviço dos trabalhadores domésticos*, observados requisitos mínimos de dimensionamento, ventilação, iluminação, ergonomia, privacidade e qualidade dos materiais empregados (art. 2º, inciso XIX, da Lei 10.257/2001, incluído pela Lei 13.699/2018).

9.2.4 Empregado rural

O art. 7º da Constituição Federal de 1988, ao arrolar direitos dos trabalhadores, faz previsão quanto aos "trabalhadores urbanos e rurais" (*caput*).

O Decreto 7.943/2013 institui a Política Nacional para os Trabalhadores Rurais Empregados, com a finalidade de fortalecer os direitos sociais e a proteção social dos trabalhadores rurais empregados.

A Lei 5.889, de 8 de junho de 1973, estatui normas reguladoras do trabalho rural.

As relações de trabalho rural são reguladas pela Lei 5.889/1973 e, naquilo que não dispuser em contrário, pela CLT e pela legislação especial (art. 1º da Lei 5.889/1973 e art. 86 do Decreto 10.854/2021).

O empregado rural é definido pelo art. 2º do referido diploma legal, como "toda pessoa física que, em propriedade rural ou prédio rústico, presta serviços de natureza não eventual a empregador rural, sob a dependência deste e mediante salário".

Por ser um empregado, aplicam-se ao rural os requisitos, já estudados, da relação de emprego: pessoa física, pessoalidade, não eventualidade, subordinação e onerosidade.

Assim, cabe enfatizar os requisitos que diferenciam o empregado rural do empregado urbano.

Analisando o mencionado art. 2º da Lei 5.889/1973, observa-se a menção de que o empregado rural presta serviços "em propriedade rural ou prédio rústico". A propriedade rural é aquela situada na zona rural. O prédio rústico pode ser entendido como aquele que, situado na zona rural ou mesmo em zona urbana, tem como destinação a exploração de atividade agroeconômica. Assim, o fator principal, na definição do empregado rural, não é local da prestação de serviços.

Ainda pela definição do referido art. 2º, verifica-se que, na realidade, empregado rural é aquele que presta serviços a empregador rural. Por isso, é imprescindível verificar o conceito legal deste último sujeito da relação jurídica.

O art. 3º, *caput*, da Lei 5.889/1973 define empregador rural como "a pessoa física ou jurídica, proprietária ou não, que explore atividade agroeconômica, em caráter permanente ou temporário, diretamente ou através de prepostos e com auxílio de empregados".

Como se nota, a questão, essencial, para saber se o empregador é rural, e, por consequência, o empregado também, é a finalidade da atividade explorada por aquele, de natureza agroeconômica, ou seja, direcionada à agricultura ou à pecuária.

A função, em si, desempenhada pelo empregado, não é o fator relevante na referida caracterização do empregado como rural, mas sim a natureza da atividade desempenhada pelo empregador. Portanto, não mais prevalece a orientação do art. 7º, *b*, da CLT (1943), que considerava como rurais os trabalhadores que exercessem "funções diretamente ligadas à agricultura e à pecuária".

Pelo critério da lei em vigor, é empregado rural todo aquele que presta serviços ao empregador que explora atividade de natureza (finalidade) agroeconômica, mesmo que a função do empregado não seja, por exemplo, diretamente exercida no plantio, na safra, na criação de gado etc., mas sim no escritório da fazenda.

No entanto, deve-se destacar que, para ser o empregado rural, o empregador deve exercer atividade econômica, de natureza agrária. Por isso, se a prestação dos serviços, pelo empregado, ocorre em sítio ou chácara de simples lazer, sem qualquer atividade econômica, o empregado, presentes os requisitos já estudados, será considerado doméstico, independentemente de o local estar situado na zona rural.

Cabe destacar, ainda, o § 1º do art. 3º da Lei 5.889/1973, que inclui na atividade econômica referida no *caput* deste mesmo dispositivo (ou seja, também sendo considerada como de empregador rural), a exploração industrial em estabelecimento agrário não compreendido na Consolidação das Leis do Trabalho, bem como a exploração do turismo rural "ancilar" (ou seja, de forma acessória) à exploração agroeconômica.

Para a devida compreensão desse dispositivo, deve-se observar o disposto no art. 84, §§ 4º e 5º, do Decreto 10.854/2021, que regulamenta a Lei 5.889/1973.

Assim, consideram-se como exploração industrial em estabelecimento agrário as atividades que compreendem o primeiro tratamento dos produtos agrários *in natura* sem transformá-los em sua natureza, tais como:

I – o beneficiamento, a primeira modificação e o preparo dos produtos agropecuários e hortigranjeiros e das matérias-primas de origem animal ou vegetal para posterior venda ou industrialização;

II – o aproveitamento dos subprodutos provenientes das operações de preparo e modificação dos produtos *in natura* de que trata o inciso I.

Para fins do disposto acima, não se considera indústria rural aquela que, ao operar a primeira modificação do produto agrário, transforme a sua natureza a ponto de perder a condição de matéria-prima.

Desse modo, a indústria rural, em que o empregador também é considerado rural, é aquela em que o produto agrário recebe o primeiro tratamento, desde que não ocorra a transformação de sua condição *in natura*. É o exemplo do primeiro beneficiamento do arroz. Por isso, se ocorrer a mudança da referida natureza do produto, como acontece com a produção (industrialização) de farinha, a atividade não pode ser considerada rural, mas sim industrial urbana.

Ainda sobre o tema, de acordo com a Orientação Jurisprudencial 38 da SBDI-I do TST: "Empregado que exerce atividade rural. Empresa de reflorestamento. Prescrição própria do rurícola (Lei n. 5.889, de 08.06.1973, art. 10, e Decreto n. 73.626, de 12.02.19/74, art. 2º, § 4º). O empregado que trabalha em empresa de reflorestamento, cuja atividade está diretamente ligada ao manuseio da terra e de matéria-prima, é rurícola e não industriário, nos termos do Decreto n. 73.626, de 12.02.1974, art. 2º, § 4º [Decreto 10.854/2021, art. 84, § 4º], pouco importando que o fruto de seu trabalho seja destinado à indústria. Assim, aplica-se a prescrição própria dos rurícolas aos direitos desses empregados".

Dúvidas surgem quando, no mesmo estabelecimento, independentemente de se encontrar situado na zona rural, o empregador exerce tanto atividade nitidamente agroeconômica (por exemplo, plantio de cana-de-açúcar) como industrial, mas com a total transformação da natureza *in natura* do produto agrário (seguindo com o exemplo, a produção/industrialização de açúcar e de álcool).

Nessas circunstâncias, o melhor critério seria diferenciar: os empregados que exercem suas funções no âmbito da atividade agroeconômica, considerados, assim, empregados rurais, dos empregados que laborem na atividade industrial não rural, considerados, assim, urbanos[10].

---

[10] "Recurso de revista em face de decisão publicada antes da vigência da Lei n. 13.015/2014. Empresa agroindustrial. Enquadramento. Prescrição. Empregador urbano. A jurisprudência desta Corte estava cristalizada na Orientação Jurisprudencial 419 da SBDI-I, segundo a qual se considera 'rurícola empregado que, a despeito da atividade exercida, presta serviços a empregador agroindustrial (art. 3º, § 1º, da Lei n. 5.889, de 08.06.1973), visto que, neste caso, é a atividade preponderante da empresa que determina o enquadramento'. Contudo, na sessão do dia 27.10.2015, do Tribunal Pleno desta Corte, referida orientação jurisprudencial foi cancelada. A partir de então, a questão passa a ser dirimida caso a caso, considerando, inclusive, a atividade desenvolvida pelo trabalhador. Na hipótese dos autos, a Corte de origem registrou, com base nos documentos constitutivos juntados, tratar-se de empresa agroindustrial de produção de cana-de-açúcar e fabricação e comércio de açúcar e álcool. Resultou incontroverso ainda que o reclamante executava as funções de operador, operador carregamento, encarregado e líder logística interna, todas na indústria da transformação, não havendo labor em estabelecimento rústico no tratamento inicial da cana-de--açúcar. Nesse contexto, não há como afastar a condição de empregado urbano e aplicação da prescrição

Tanto é assim que, se o referido empregador tivesse os seus estabelecimentos separados, deixando um para a atividade agroeconômica e outro, em local distinto, para a atividade de indústria urbana, os empregados do primeiro seriam rurais e os do segundo urbanos. A mesma conclusão não se altera pelo simples fato de as atividades distintas serem exercidas em espaços físicos situados no mesmo estabelecimento.

Não obstante, há entendimento de que, em casos como de usina de cana-de-açúcar, para fins de enquadramento do empregado como urbano ou rural, deve-se verificar qual a atividade preponderante do empregador, e não as peculiaridades da atividade exercida pelo trabalhador. Nesse sentido, destaca-se o seguinte julgado:

"Enquadramento. Trabalhador rural. Critério para definição. Usina de cana-de-açúcar. Prescrição. Para o enquadramento do empregado como trabalhador urbano ou rural é irrelevante a análise das peculiaridades da atividade por ele exercida, devendo-se observar a atividade preponderante do empregador. Recurso de Embargos de que se conhece e a que se dá provimento" (TST, SBDI-I, E-ED-RR 63600-16.2002.5.15.0120, Rel. Min. João Batista Brito Pereira, DEJT 24.02.2012).

De acordo com essa posição, sendo o empregador uma usina de cana-de-açúcar, considerada empresa agroindustrial, com atividade preponderantemente agrícola, os seus empregados são considerados trabalhadores rurais[11].

Na atualidade, tem-se admitido, mesmo no âmbito rural, a presença de *categoria profissional diferenciada* (ou seja, que se forma dos empregados que exerçam profissões ou funções diferenciadas por força de estatuto profissional especial ou em consequência de condições de vida singulares), conforme art. 511, § 3º, da CLT e art. 19 da Lei 5.889/1973.

Equipara-se ao empregador rural a pessoa física ou jurídica que, habitualmente, em caráter profissional, e por conta de terceiros, execute serviços de natureza agrária, mediante utilização do trabalho de outrem (art. 4º da Lei 5.889/1973).

Equipara-se ao empregador rural, ainda, o consórcio simplificado de produtores rurais de que trata o art. 25-A da Lei 8.212/1991 (art. 84, § 1º, inciso II, do Decreto 10.854/2021). Cf. Capítulo 11, item 11.3.

Cabe registrar que as normas da Lei 5.889/1973 são aplicáveis, no que couber, aos trabalhadores rurais não compreendidos na definição do art. 2º do referido diploma legal (empregado rural), que prestem serviços a empregador rural (art. 17 da Lei 5.889/1973). Essa previsão legal específica, certa-

---

quinquenal, conforme determinado na decisão recorrida. Recurso de revista de que se conhece e a que se nega provimento" (TST, 7ª T., RR 152200-24.2004.5.15.0029, Rel. Min. Cláudio Mascarenhas Brandão, DEJT 10.06.2016).

[11] "Agravo de instrumento. Recurso de revista. Processo sob a égide da Lei 13.015/2014. 1. Enquadramento. Empregado que exerce atividade em empresa agroindustrial. Definição pela atividade preponderante da empresa. 2. Horas *in itinere*. Acordo coletivo de trabalho. Supressão. Impossibilidade. 3. Adicional de insalubridade. Atividade a céu aberto. Exposição ao sol e calor. OJ 173, II/SBDI-I/TST. 4. Jornada de trabalho. Horas extras. Registro britânico. Apresentação parcial dos cartões de ponto. Súmula 338, I, do TST. Decisão denegatória. Manutenção. Os empregados do agronegócio, tais como usinas de açúcar e de álcool, são enquadrados como rurícolas, independentemente da função que efetivamente exerçam, por serem agroeconômicos seus empregadores (art. 3º, *caput*, § 1º, Lei n. 5.889/73). Nesse enquadramento, prevalece o critério da lei imperativa (arts. 2º e 3º, *caput*, § 1º, Lei n. 5.889/73), ao invés do critério sugerido pelo Decreto regulamentador da Lei de Trabalho Rural. Assim, consignado pelo TRT que o Reclamante é empregado de empresa agroindustrial, forçoso concluir que o seu enquadramento deve ser conferido como trabalhador rural (art. 2º, Lei n. 5.889/73). Dessa forma, sendo rurícola a atividade empresarial desenvolvida pela Reclamada, aplicam-se ao contrato de trabalho firmado com o Reclamante as normas coletivas do setor rural, durante seus respectivos períodos de vigência. Nesse ver, não há como assegurar o processamento do recurso de revista quando o agravo de instrumento interposto não desconstitui os termos da decisão denegatória, que subsiste por seus próprios fundamentos. Agravo de instrumento desprovido" (TST, 3ª T., AIRR 1258-69.2013.5.18.0129, Rel. Min. Mauricio Godinho Delgado, DEJT 18.12.2015). Cf. ainda Súmula 578 do STJ: "Os empregados que laboram no cultivo da cana-de-açúcar para empresa agroindustrial ligada ao setor sucroalcooleiro detêm a qualidade de rurícola, ensejando a isenção do FGTS desde a edição da Lei Complementar n. 11/1971 até a promulgação da Constituição Federal de 1988".

mente com o objetivo de garantir um patamar mínimo de direitos no âmbito das relações de trabalho rural, estendeu aos trabalhadores rurais, mesmo que não forem empregados propriamente (mas sim, por exemplo, trabalhadores rurais autônomos ou eventuais), ao prestarem serviços a empregador rural, no que couber, os direitos trabalhistas ali previstos, o que é uma forma de concretizar o mandamento constitucional da dignidade da pessoa humana no âmbito das relações de trabalho rural.

Nessa linha, aplicam-se aos trabalhadores rurais sem vínculo empregatício que prestem serviços a empregadores rurais, entre outras, as normas referentes: à segurança e à saúde no trabalho; à jornada de trabalho; ao trabalho noturno; ao trabalho do menor de idade (art. 94 do Decreto 10.854/2021).

Especificamente quanto ao trabalhador avulso, a Constituição Federal de 1988 assegura a igualdade de direitos com o trabalhador com vínculo empregatício permanente (art. 7º, inciso XXXIV).

9.2.5 Empregado público

Primeiramente, cabe verificar como a doutrina classifica as diversas modalidades de pessoas que exercem função estatal em sentido amplo.

Na definição de Hely Lopes Meirelles, os *agentes públicos* são "todas as pessoas físicas incumbidas, definitiva ou transitoriamente, do exercício de alguma função estatal"[12]. Trata-se de gênero composto de cinco espécies: agentes políticos; agentes administrativos; agentes honoríficos; agentes delegados e agentes credenciados[13].

Ainda segundo o autor citado, os *agentes administrativos*, por sua vez, englobam: os servidores públicos investidos em cargos ou empregos públicos, cuja investidura depende de aprovação prévia em concurso público (art. 37, inciso II, da CF/1988); os servidores públicos nomeados para funções de confiança e cargos em comissão (art. 37, incisos II, parte final, e V, da CF/1988); os servidores temporários, contratados na forma do art. 37, inciso IX, da Constituição da República[14].

Reputa-se agente público, para os efeitos da Lei 13.869/2019 (que dispõe sobre os crimes de abuso de autoridade), todo aquele que exerce, ainda que transitoriamente ou sem remuneração, por eleição, nomeação, designação, contratação ou qualquer outra forma de investidura ou vínculo, mandato, cargo, emprego ou função em órgão ou entidade abrangidos pelo art. 2º do mencionado diploma legal (administração direta, indireta ou fundacional de qualquer dos Poderes da União, dos Estados, do Distrito Federal, dos Municípios e de Territórios).

Cabe destacar que, de acordo com o art. 37, inciso V, da Constituição Federal, as funções de confiança (a serem exercidas exclusivamente por servidores ocupantes de cargos efetivos) e os cargos em comissão (a serem preenchidos por servidores de carreira nos casos, condições e percentuais mínimos previstos em lei) "destinam-se *apenas* às atribuições de *direção, chefia e assessoramento*" (redação determinada pela Emenda Constitucional 19/1998).

Assim, não se pode admitir o preenchimento de cargos em comissão para o exercício de atribuições que não sejam as expressamente previstas na Constituição da República, sob pena de grave afronta à exigência constitucional de prévia aprovação em concurso público, bem como dos princípios da eficiência, impessoalidade e da moralidade administrativa (art. 37, *caput*, da CF/1988)[15].

---

[12] MEIRELLES, Hely Lopes. *Direito administrativo brasileiro*. 26. ed. atual. por Eurico de Andrade Azevedo, Délcio Balestero Aleixo e José Emmanuel Burle Filho. São Paulo: Malheiros, 2001. p. 69.

[13] Cf. MEIRELLES, Hely Lopes. *Direito administrativo brasileiro*. 26. ed. atual. por Eurico de Andrade Azevedo, Délcio Balestero Aleixo e José Emmanuel Burle Filho. São Paulo: Malheiros, 2001. p. 70.

[14] Cf. MEIRELLES, Hely Lopes. *Direito administrativo brasileiro*. 26. ed. atual. por Eurico de Andrade Azevedo, Délcio Balestero Aleixo e José Emmanuel Burle Filho. São Paulo: Malheiros, 2001. p. 74.

[15] O Supremo Tribunal Federal fixou a seguinte tese de repercussão geral: "a) A criação de cargos em comissão somente se justifica para o exercício de funções de direção, chefia e assessoramento, não se prestando ao desempenho de atividades burocráticas, técnicas ou operacionais; b) tal criação deve pressupor a necessária relação de

De forma semelhante, é vedada a contratação por tempo determinado de servidores públicos temporários, na forma do art. 37, inciso IX, da Constituição da República, fora da hipótese estrita de "necessidade temporária de excepcional interesse público", conforme previsão em lei própria, sob pena de grave violação da norma constitucional que impõe a necessidade de prévia aprovação em concurso público.

Mesmo no tocante aos chamados Conselhos responsáveis pela fiscalização do exercício de profissões, o entendimento mais acertado, que tem prevalecido, é no sentido de que integram a Administração Pública indireta, como autarquias federais profissionais, sendo dotados de personalidade jurídica de direito público[16]. Desse modo, exige-se a prévia aprovação em concurso público para a admissão dos seus servidores, na forma do art. 37, inciso II, da Constituição Federal de 1988[17]. Nesse sentido, cabe transcrever a seguinte decisão:

"Recurso de revista. Conselho Federal de Contabilidade. Autarquia corporativa. Ausência de concurso público. Os conselhos responsáveis pela fiscalização do exercício de profissões têm natureza jurídica de autarquias profissionais ou corporativas, com personalidade jurídica de direito público, sendo parte da Administração Pública Indireta, donde resulta sua necessária submissão aos preceitos do artigo 37 da Constituição Federal, dentre os quais a exigência contida no inciso II, de realização de concurso público para a investidura em cargo ou emprego público. Recurso conhecido e provido" (TST, 3ª T., RR 1227/2003-007-10-85.6, Rel. Min. Carlos Alberto Reis de Paula, *DJ* 01.06.2007).

No entanto, a assertiva acima não se aplica à Ordem dos Advogados do Brasil, em razão de sua natureza diferenciada, conforme decidido pelo Supremo Tribunal Federal:

"Ação direta de inconstitucionalidade. § 1º do artigo 79 da Lei 8.906, 2ª Parte. 'Servidores' da Ordem dos Advogados do Brasil. Preceito que possibilita a opção pelo regime celetista. Compensação pela escolha do regime jurídico no momento da aposentadoria. Indenização. Imposição dos ditames inerentes à administração pública direta e indireta. Concurso público (art. 37, II, da Constituição do Brasil). *Inexigência de concurso público para a admissão dos contratados pela OAB.* Autarquias especiais e agências. Caráter jurídico da OAB. Entidade prestadora de serviço público independente. Categoria ímpar no elenco das personalidades jurídicas existentes no direito brasileiro. Autonomia e independência da entidade. Princípio da moralidade. Violação do artigo 37, *caput*, da Constituição do Brasil. Não ocorrência.

---

confiança entre a autoridade nomeante e o servidor nomeado; c) o número de cargos comissionados criados deve guardar proporcionalidade com a necessidade que eles visam suprir e com o número de servidores ocupantes de cargos efetivos no ente federativo que os criar; e d) as atribuições dos cargos em comissão devem estar descritas, de forma clara e objetiva, na própria lei que os instituir" (STF, Pleno, RG-RE 1.041.210/SP, Rel. Min. Dias Toffoli, *DJe* 22.05.2019).

[16] O Supremo Tribunal Federal, no julgamento da ADI 1.717-6/DF, em que se discutia a natureza jurídica dos Conselhos de Fiscalização Profissional, declarou a inconstitucionalidade do art. 58, *caput* e parágrafos, da Lei 9.649/1998 (tendo considerado prejudicado somente o § 3º, em face da alteração do texto originário do art. 39 da Constituição Federal pela EC 19/1998), que lhes atribuía personalidade jurídica de direito privado, tendo em vista a "indelegabilidade, a uma entidade privada, de atividade típica de Estado, que abrange até poder de polícia, de tributar e de punir, no que concerne ao exercício de atividades profissionais regulamentadas" (arts. 5º, XIII, 22, XVI, 21, XXIV, 70, parágrafo único, 149 e 175, da Constituição Federal de 1988). Com isso, restou firmada a natureza de autarquia corporativa, de direito público, das referidas entidades. Nesse sentido, cf. ainda: "Mandado de segurança. Os Conselhos Regionais de Medicina, como sucede com o Conselho Federal, são autarquias federais sujeitas à prestação de contas ao Tribunal de Contas da União por força do disposto no inciso II do artigo 71 da atual Constituição. [...] Mandado de segurança indeferido" (STF, Pleno, MS 22.643-9/SC, Rel. Min. Moreira Alves, *DJ* 14.12.1998).

[17] "Conselho de fiscalização profissional. Nulidade da contratação. Necessidade de concurso público após o julgamento da ADI 1.717/DF pelo STF. Submissão às regras do artigo 37, II, da CF. Conforme entendimento atual da SDI-1 deste Tribunal Superior do Trabalho, os conselhos de fiscalização profissional possuem personalidade jurídica de direito público, inclusive sendo necessária a aprovação em concurso público para ingresso em seus quadros. Precedentes" (TST, 8ª T., AIRR – 305-17.2014.5.04.0661, Rel. Min. Dora Maria da Costa, *DEJT* 14.12.2018).

1. A Lei 8.906, artigo 79, § 1º, possibilitou aos 'servidores' da OAB, cujo regime outrora era estatutário, a opção pelo regime celetista. Compensação pela escolha: indenização a ser paga à época da aposentadoria.

2. Não procede a alegação de que a OAB sujeita-se aos ditames impostos à Administração Pública Direta e Indireta.

3. A OAB não é uma entidade da Administração Indireta da União. A Ordem é um serviço público independente, categoria ímpar no elenco das personalidades jurídicas existentes no direito brasileiro.

4. A OAB não está incluída na categoria na qual se inserem essas que se tem referido como 'autarquias especiais' para pretender-se afirmar equivocada independência das hoje chamadas 'agências'.

5. Por não consubstanciar uma entidade da Administração Indireta, a OAB não está sujeita a controle da Administração, nem a qualquer das suas partes está vinculada. Essa não vinculação é formal e materialmente necessária.

6. A OAB ocupa-se de atividades atinentes aos advogados, que exercem função constitucionalmente privilegiada, na medida em que são indispensáveis à administração da Justiça [art. 133 da CB/1988]. É entidade cuja finalidade é afeita a atribuições, interesses e seleção de advogados. Não há ordem de relação ou dependência entre a OAB e qualquer órgão público.

7. A Ordem dos Advogados do Brasil, cujas características são autonomia e independência, não pode ser tida como congênere dos demais órgãos de fiscalização profissional. A OAB não está voltada exclusivamente a finalidades corporativas. Possui finalidade institucional.

8. Embora decorra de determinação legal, o regime estatutário imposto aos empregados da OAB não é compatível com a entidade, que é autônoma e independente.

9. Improcede o pedido do requerente no sentido de que se dê interpretação conforme o artigo 37, inciso II, da Constituição do Brasil ao *caput* do artigo 79 da Lei 8.906, que determina a aplicação do regime trabalhista aos servidores da OAB.

10. *Incabível a exigência de concurso público para admissão dos contratados sob o regime trabalhista pela OAB.*

11. Princípio da moralidade. Ética da legalidade e moralidade. Confinamento do princípio da moralidade ao âmbito da ética da legalidade, que não pode ser ultrapassada, sob pena de dissolução do próprio sistema. Desvio de poder ou de finalidade.

12. Julgo improcedente o pedido" (STF, Pleno, ADI 3.026/DF, Rel. Min. Eros Grau, *DJ* 29.06.2006).

Registre-se o entendimento de que "os servidores dos conselhos de fiscalização profissional submetem-se ao regime jurídico único" (STJ, 1ª Seção, AgInt na AR 6.257/RJ, 2018/0100236-0, Rel. Min. Og Fernandes, *DJe* 22.11.2018). Nesse sentido, o regime jurídico dos servidores dos conselhos profissionais deve ser o estatutário (Cf. STJ, 1ª T., AgInt no REsp 1.667.851/RJ, 2017/0099322-3, Rel. Min. Regina Helena Costa, *DJe* 30.08.2017). Entretanto, o art. 58, § 3º, da Lei 9.649/1998 estabelece que os empregados dos conselhos de fiscalização de profissões regulamentadas são regidos pela legislação trabalhista, sendo vedada qualquer forma de transposição, transferência ou deslocamento para o quadro da Administração Pública direta ou indireta. Cf. STF, Pleno, ADC 36/DF, ADPF 367/DF e ADI 5.367/DF. Em se tratando de empregado, regido pela legislação trabalhista, ainda que exigida aprovação prévia em concurso público (art. 37, inciso II, da Constituição da República), o regime é de Direito do Trabalho.

Nesse sentido, o Supremo Tribunal Federal declarou a constitucionalidade do art. 58, § 3º, da Lei 9.649/1998, bem como da legislação que permite a contratação no âmbito dos conselhos profissionais sob o regime celetista (STF, Pleno, ADC 36/DF, ADI 5.367/DF, Red. p/ ac. Min. Alexandre de Moraes, j. 08.09.2020).

Cabe frisar que a Emenda Constitucional 19/1998 retirou a exigência do regime jurídico único no serviço público. Assim, podem ser encontrados empregados públicos (servidores públicos regidos pela legislação trabalhista) na administração federal, estadual, do Distrito Federal e municipal, direta, autárquica e fundacional[18]. No âmbito da administração federal direta, autárquica e fundacional, a Lei 9.962, de 22 de fevereiro de 2000, disciplina o regime de emprego público.

No entanto, cabe destacar que o Supremo Tribunal Federal, na Ação Direta de Inconstitucionalidade 2.135/DF, em seu Pleno, deferiu, em 02.08.2007, cautelar para suspender a vigência do art. 39, *caput*, da Constituição Federal de 1988, em sua redação determinada pela Emenda Constitucional 19/1998, sob o fundamento de não ter a referida mudança passado em dois turnos na Câmara dos Deputados (inconstitucionalidade formal). Desse modo, voltou a vigorar a redação anterior do mencionado art. 39, *caput*, da Constituição da República, o qual impõe o chamado regime jurídico único, tendo o STF decidido ser este "incompatível com a figura do emprego público". Anteriormente, havia entendimento de que o mencionado regime jurídico único deveria ser considerado em cada esfera da República Federativa (União, Estados, Distrito Federal e Municípios), podendo ser de natureza estatutária, ou seja, administrativa, ou mesmo trabalhista, embora já houvesse o entendimento de ser a primeira modalidade a mais adequada para reger as relações jurídicas entre os servidores e a Administração Pública. Esclareça-se que a mencionada decisão do STF tem efeito *ex nunc*, ou seja, passa a valer somente a partir de então. Com isso, ressalvou-se a subsistência, até o julgamento definitivo da ação, da validade dos atos anteriormente praticados com base em legislações eventualmente editadas durante a vigência do art. 39, *caput*, da Constituição Federal de 1988, com a redação dada pela Emenda Constitucional 19/1998.

Vejamos, assim, a ementa da referida decisão do STF:

"Medida cautelar em ação direta de inconstitucionalidade. Poder constituinte reformador. Processo legislativo. Emenda constitucional 19, de 04.06.1998. Art. 39, *caput*, da Constituição Federal. Servidores públicos. Regime jurídico único. Proposta de implementação, durante a atividade constituinte derivada, da figura do contrato de emprego público. Inovação que não obteve a aprovação da maioria de três quintos dos membros da Câmara dos deputados quando da apreciação, em primeiro turno, do destaque para votação em separado (DVS) n. 9. Substituição, na elaboração da proposta levada a segundo turno, da redação original do *caput* do art. 39 pelo texto inicialmente previsto para o § 2º do mesmo dispositivo, nos termos do substitutivo aprovado. Supressão, do texto constitucional, da expressa menção ao sistema de regime jurídico único dos servidores da administração pública. Reconhecimento, pela maioria do plenário do Supremo Tribunal Federal, da plausibilidade da alegação de vício formal por ofensa ao art. 60, § 2º, da Constituição Federal. Relevância jurídica das demais alegações de inconstitucionalidade formal e material rejeitada por unanimidade. 1. A matéria votada em destaque na Câmara dos Deputados no DVS 9 não foi aprovada em primeiro turno, pois obteve apenas 298 votos e não os 308 necessários. Manteve-se, assim, o então vigente *caput* do art. 39, que tratava do regime jurídico único, incompatível com a figura do emprego público. 2. O deslocamento do texto do § 2º do art. 39, nos termos do substitutivo aprovado, para o *caput* desse mesmo dispositivo representou, assim, uma tentativa de superar a não aprovação do DVS 9 e evitar a permanência do regime jurídico único previsto na redação original suprimida, circunstância que permitiu a implementação do contrato de emprego público ainda que à revelia da regra constitucional que exige o *quorum* de três quintos para aprovação de qualquer mudança constitucional. 3. Pedido de medida cautelar deferido, dessa forma, quanto ao *caput* do art. 39 da Constituição Federal, ressalvando-se, em decorrência dos efeitos *ex nunc* da decisão, a subsistência, até o julgamento definitivo da ação, da validade dos atos anteriormente praticados com base em legislações eventualmente editadas durante a vigência do dispositivo ora suspenso. 4. Ação direta julgada prejudicada quanto ao art. 26 da EC 19/1998, pelo exaurimento do prazo estipulado para sua vigência. 5. Vícios formais e materiais dos demais dispositivos constitucionais impugnados, todos oriundos da EC 19/98, aparentemente

---

[18] Cf. BARROS, Alice Monteiro de. *Curso de direito do trabalho*. 2. ed. São Paulo: LTr, 2006. p. 501-502.

inexistentes ante a constatação de que as mudanças de redação promovidas no curso do processo legislativo não alteraram substancialmente o sentido das proposições ao final aprovadas e de que não há direito adquirido à manutenção de regime jurídico anterior. 6. Pedido de medida cautelar parcialmente deferido" (STF, Pleno, ADI-MC 2.135-4/DF, Rel. originário Min. Néri da Silveira, Rel. p/ ac. Min. Ellen Gracie, *DJ* 07.03.2008).

Quanto às empresas públicas, sociedades de economia mista e suas subsidiárias que explorem atividade econômica de produção ou comercialização de bens ou de prestação de serviços, tendo natureza de direito privado (art. 173, § 1º, inciso II, da Constituição Federal de 1988), integrando a administração pública indireta, o regime aplicável ao pessoal das empresas estatais é o da Consolidação das Leis do Trabalho[19].

Assim, o *servidor público*, espécie de agente administrativo, engloba diversos agentes públicos vinculados à Administração Pública, sob o regime estatutário, da Consolidação das Leis do Trabalho e administrativo especial.

Como destaca Maria Sylvia Zanella Di Pietro, os "servidores públicos" compreendem: os "servidores estatutários", os "empregados públicos" e os "servidores temporários, contratados por tempo determinado para atender à necessidade de excepcional interesse público (art. 37, IX, da Constituição)"[20].

Os servidores estatutários são aqueles que ocupam cargos públicos de provimento efetivo ou em comissão. Os empregados públicos são servidores regidos pela legislação trabalhista.

Os servidores contratados por tempo determinado são "servidores públicos, submetidos ao *regime jurídico administrativo especial* da lei prevista no art. 37, IX, da Carta Magna"[21] (destaquei). Trata-se de regime administrativo, mas especial, sem se confundir, ainda, com os servidores públicos estatutários (art. 37, inciso II, da CF/1988).

Frise-se que o mencionado inciso IX do art. 37 da Constituição da República não exige prévia aprovação em concurso público para a contratação, confirmando tratar-se de situação diferenciada. Segundo Maria Sylvia Zanella Di Pietro, os "servidores temporários" do art. 37, inciso IX, da Constituição: "são contratados para exercer funções temporárias, mediante regime especial a ser disciplinado em lei de cada unidade da federação"[22].

A respeito do tema, o Supremo Tribunal Federal fixou a seguinte tese de repercussão geral: "Nos termos do art. 37, IX, da Constituição Federal, para que se considere válida a contratação temporária de servidores públicos, é preciso que: a) os casos excepcionais estejam previstos em lei; b) o prazo de contratação seja predeterminado; c) a necessidade seja temporária; d) o interesse público seja excepcional; e) a contratação seja indispensável, sendo vedada para os serviços ordinários permanentes do Estado que estejam sob o espectro das contingências normais da Administração" (STF, Pleno, RE 658.026/MG, Rel. Min. Dias Toffoli, *DJe* 31.10.2014).

No âmbito da administração *federal* direta, autarquias e fundações públicas, a Lei 8.745, de 9 de dezembro de 1993, dispõe sobre a contratação por prazo determinado para atender a necessidade temporária de excepcional interesse público, prevista no art. 37, inciso IX, da Constituição Federal de 1988. O art. 3º prevê o recrutamento do pessoal por meio de "processo seletivo simplificado", "prescindindo de concurso público", sem a necessidade do primeiro em contratação para "atender as

---

[19] Cf. NASCIMENTO, Amauri Mascaro. *Curso de direito do trabalho*. 19. ed. São Paulo: Saraiva, 2004. p. 194: "Como há relações de trabalho tanto no setor privado como no setor público, nosso sistema distingue o pessoal *estatutário*, cujo trabalho prestado para a Administração Pública, direta, autárquica e fundacional, é regido pelo direito administrativo, do *celetista*, do setor privado, incluindo empresas públicas e sociedades de economia mista (CF, art. 173, § 1º)" (destaques do original).

[20] DI PIETRO, Maria Sylvia Zanella. *Direito administrativo*. 19. ed. São Paulo: Atlas, 2006. p. 501-502.

[21] MEIRELLES, Hely Lopes. *Direito administrativo brasileiro*. 26. ed. atual. por Eurico de Andrade Azevedo, Délcio Balestero Aleixo e José Emmanuel Burle Filho. São Paulo: Malheiros, 2001. p. 385.

[22] DI PIETRO, Maria Sylvia Zanella. *Direito administrativo*. 19. ed. São Paulo: Atlas, 2006. p. 502.

necessidades decorrentes de calamidade pública, de emergência ambiental e de emergências em saúde pública" (§ 1º).

Tratando-se de servidor público regido pela Consolidação das Leis do Trabalho (legislação trabalhista), ou seja, pelo Direito do Trabalho, tem-se a figura do *empregado público*, cuja relação jurídica com a Administração Pública não é, portanto, estatutária, ou seja, de Direito Administrativo.

Como prescreve o art. 22, inciso I, da Constituição Federal de 1988, a competência para legislar sobre Direito do Trabalho é privativa da União[23]. Assim, os direitos trabalhistas dos empregados públicos são, em princípio, aqueles previstos na legislação federal, aprovada pela União[24]. Sobre o tema, cabe destacar a seguinte decisão do Supremo Tribunal Federal:

"Direito do Trabalho: Legislação federal sobre reajuste de salário ('gatilho salarial'): incidência direta sobre as relações contratuais trabalhistas do Estado-membro e suas autarquias.

No âmbito da competência privativa da União para legislar sobre Direito do Trabalho – que abrange as normas de reajuste salarial compulsório – a lei federal incide diretamente sobre as relações contratuais dos servidores dos Estados, dos Municípios e das respectivas autarquias: uma coisa é repelir – por força da autonomia do Estado ou da vedação de vinculações remuneratórias –, que a legislação local possa atrelar os ganhos dos servidores estaduais, estatutários ou não, a vencimentos da União ou índices federais de qualquer sorte. Outra coisa bem diversa é afirmar a incidência direta sobre os salários de servidores locais, regidos pelo Direito do Trabalho, de lei federal sobre reajustes salariais: aqui, o problema não é de vinculação; nem de usurpação ou renúncia indevida à autonomia do Estado; é, sim, de competência da União para legislar sobre Direito do Trabalho" (STF, Pleno, RE 164.715/MG, Rel. Min. Sepúlveda Pertence, j. 13.06.1996, *DJ* 21.02.1997).

Maria Sylvia Zanella Di Pietro, escrevendo sobre os empregados públicos, "*contratados* sob regime da legislação trabalhista, que é aplicável com as alterações decorrentes da Constituição Federal", também observa que: "não podem Estados e Municípios derrogar outras normas da legislação trabalhista, já que não têm competência para legislar sobre Direito do Trabalho, reservada privativamente à União (art. 22, I, da Constituição)"[25].

Mesmo assim, cabe registrar o entendimento de que, de acordo com Jouberto de Quadros Pessoa Cavalcante e Francisco Ferreira Jorge Neto: "A competência legislativa para instituir normas sobre Direito do Trabalho é da União (competência privativa – art. 22, I, CF), sendo que tais normas, via de regra, se estendem a todos os empregados celetistas, de modo que normas editadas pelos Entes de Direito Público, tratando de questões trabalhistas aplicáveis aos seus empregados, equivalem-se ao regulamento de empresa, obrigando apenas as partes ao seu cumprimento, desde que não esbarrem no sistema jurídico-normativo federal trabalhista"[26].

---

[23] O parágrafo único do art. 22 da CF/1988, excepcionalmente, possibilita que lei complementar autorize os Estados a legislar sobre questões específicas das matérias relacionadas no mencionado dispositivo, como ocorreu no caso da Lei Complementar 103, de 14 de julho de 2000, permitindo aos Estados instituir o piso salarial a que se refere o inciso V do art. 7º da Constituição da República.

[24] Cf. DI PIETRO, Maria Sylvia Zanella. *Direito administrativo*. 19. ed. São Paulo: Atlas, 2006. p. 503: "Nos Estados e Municípios, os servidores celetistas reger-se-ão pela CLT com as derrogações constantes da própria Constituição Federal. Sendo da União a competência privativa para legislar sobre direito do trabalho, não é possível a promulgação de leis estaduais e municipais que derroguem total ou parcialmente as normas da CLT para os servidores públicos"; MARTINS, Sergio Pinto. *Comentários à CLT*. 10. ed. São Paulo: Atlas, 2006. p. 2: "A competência para tratar de regras de Direito do Trabalho é privativa da União, conforme se verifica no inciso I do artigo 22 da Constituição. Lei complementar poderá autorizar os Estados a legislar sobre questões específicas de Direito do Trabalho. Os Estados e Municípios deverão respeitar as regras gerais em matéria trabalhista editadas pela União, não podendo aqueles editar normas sobre o assunto".

[25] DI PIETRO, Maria Sylvia Zanella. *Direito administrativo*. 19. ed. São Paulo: Atlas, 2006. p. 502.

[26] CAVALCANTE, Jouberto de Quadros Pessoa; JORGE NETO, Francisco Ferreira. *O empregado público*. São Paulo: LTr, 2002. p. 57.

Deve-se destacar que, de acordo com o art. 198, §§ 4º e 5º, da Constituição da República, e regulamentação prevista na Lei 11.350/2006, arts. 8º e 9º, os agentes comunitários de saúde e os agentes de combate às endemias são admitidos por meio de processo seletivo público (de provas ou de provas e títulos, de acordo com a natureza e a complexidade de suas atribuições e requisitos específicos para o exercício das atividades, que atenda aos princípios de legalidade, impessoalidade, moralidade, publicidade e eficiência), submetendo-se ao regime jurídico estabelecido pela Consolidação das Leis do Trabalho – CLT, salvo se, no caso dos Estados, do Distrito Federal e dos Municípios, lei local dispuser de forma diversa[27].

---

[27] Cf. a Emenda Constitucional 51, de 14 de fevereiro de 2006:
"Art. 1º O art. 198 da Constituição Federal passa a vigorar acrescido dos seguintes §§ 4º, 5º e 6º:
'Art. 198. [...]
§ 4º Os gestores locais do sistema único de saúde poderão admitir agentes comunitários de saúde e agentes de combate às endemias por meio de processo seletivo público, de acordo com a natureza e complexidade de suas atribuições e requisitos específicos para sua atuação. § 5º Lei federal disporá sobre o regime jurídico, o piso salarial profissional nacional, as diretrizes para os Planos de Carreira e a regulamentação das atividades de agente comunitário de saúde e agente de combate às endemias, competindo à União, nos termos da lei, prestar assistência financeira complementar aos Estados, ao Distrito Federal e aos Municípios, para o cumprimento do referido piso salarial (redação determinada pela Emenda Constitucional 63/2010). § 6º Além das hipóteses previstas no § 1º do art. 41 e no § 4º do art. 169 da Constituição Federal, o servidor que exerça funções equivalentes às de agente comunitário de saúde ou de agente de combate às endemias poderá perder o cargo em caso de descumprimento dos requisitos específicos, fixados em lei, para o seu exercício'. (NR) Art. 2º Após a promulgação da presente Emenda Constitucional, os agentes comunitários de saúde e os agentes de combate às endemias somente poderão ser contratados diretamente pelos Estados, pelo Distrito Federal ou pelos Municípios na forma do § 4º do art. 198 da Constituição Federal, observado o limite de gasto estabelecido na Lei Complementar de que trata o art. 169 da Constituição Federal. Parágrafo único. Os profissionais que, na data de promulgação desta Emenda e a qualquer título, desempenharem as atividades de agente comunitário de saúde ou de agente de combate às endemias, na forma da lei, ficam dispensados de se submeter ao processo seletivo público a que se refere o § 4º do art. 198 da Constituição Federal, desde que tenham sido contratados a partir de anterior processo de Seleção Pública efetuado por órgãos ou entes da administração direta ou indireta de Estado, Distrito Federal ou Município ou por outras instituições com a efetiva supervisão e autorização da administração direta dos entes da federação". Cf. a Lei 11.350, de 5 de outubro de 2006: "Art. 2º O exercício das atividades de Agente Comunitário de Saúde e de Agente de Combate às Endemias, nos termos desta Lei, dar-se-á exclusivamente no âmbito do Sistema Único de Saúde – SUS, na execução das atividades de responsabilidade dos entes federados, mediante vínculo direto entre os referidos Agentes e órgão ou entidade da administração direta, autárquica ou fundacional. [...] Art. 8º Os Agentes Comunitários de Saúde e os Agentes de Combate às Endemias admitidos pelos gestores locais do SUS e pela Fundação Nacional de Saúde – FUNASA, na forma do disposto no § 4º do art. 198 da Constituição, submetem-se ao regime jurídico estabelecido pela Consolidação das Leis do Trabalho – CLT, salvo se, no caso dos Estados, do Distrito Federal e dos Municípios, lei local dispuser de forma diversa. Art. 9º A contratação de Agentes Comunitários de Saúde e de Agentes de Combate às Endemias deverá ser precedida de processo seletivo público de provas ou de provas e títulos, de acordo com a natureza e a complexidade de suas atribuições e requisitos específicos para o exercício das atividades, que atenda aos princípios de legalidade, impessoalidade, moralidade, publicidade e eficiência. § 1º Caberá aos órgãos ou entes da administração direta dos Estados, do Distrito Federal ou dos Municípios certificar, em cada caso, a existência de anterior processo de seleção pública, para efeito da dispensa referida no parágrafo único do art. 2º da Emenda Constitucional 51 de 14 de fevereiro de 2006, considerando-se como tal aquele que tenha sido realizado com observância dos princípios referidos no *caput*. § 2º O tempo prestado pelos Agentes Comunitários de Saúde e pelos Agentes de Combate às Endemias enquadrados na condição prevista no § 1º deste artigo, independentemente da forma de seu vínculo e desde que tenha sido efetuado o devido recolhimento da contribuição previdenciária, será considerado para fins de concessão de benefícios e contagem recíproca pelos regimes previdenciários (acrescentado pela Lei 13.342/2016). Art. 9º-A. O piso salarial profissional nacional é o valor abaixo do qual a União, os Estados, o Distrito Federal e os Municípios não poderão fixar o vencimento inicial das Carreiras de Agente Comunitário de Saúde e de Agente de Combate às Endemias para a jornada de 40 (quarenta) horas semanais. [...] Art. 10. A administração pública somente poderá rescindir unilateralmente o contrato do Agente Comunitário de Saúde ou do Agente de Combate às Endemias, de acordo com o regime jurídico de trabalho adotado, na ocorrência de uma das seguintes hipóteses: I – prática de falta grave, dentre as enumeradas no art. 482 da Consolidação das Leis do Trabalho – CLT; II – acumulação ilegal de cargos, empregos ou funções públicas; III – necessidade de redução de quadro de pessoal, por excesso de despesa, nos termos da Lei 9.801, de 14 de junho de 1999; ou IV – insuficiência de desempenho, apurada em procedimento no qual se assegurem pelo menos um recurso hierárquico dotado de efeito suspensivo, que será apreciado em trinta dias, e o prévio conhecimento dos padrões mínimos exigidos para a continuidade da

O *consórcio público*, com personalidade jurídica de direito público ou privado, deve observar as *normas de direito público* no que concerne à realização de licitação, à celebração de contratos, à prestação de contas e à *admissão de pessoal*, que será regido pela Consolidação das Leis do Trabalho (art. 6º, § 2º, da Lei 11.107/2005, com redação dada pela Lei 13.822/2019). Logo, nessa hipótese, mesmo havendo a exigência, em regra, de concurso público, aplica-se o regime jurídico da CLT.

Esclareça-se que as entidades de serviço social e de formação profissional, integrantes do chamado sistema "S" (art. 240 da Constituição Federal de 1988), são pessoas jurídicas de direito privado e não integram a Administração Pública[28].

Prevendo medida jurídica em proteção às pessoas com deficiência, a Constituição Federal de 1988, no art. 37, inciso VIII, prevê que "a lei reservará percentual dos *cargos e empregos públicos* para as pessoas portadoras de deficiência e definirá os critérios de sua admissão".

Tem-se aqui previsão que integra as "ações afirmativas". O objetivo é estabelecer uma posição jurídica ou um direito diferenciado, em benefício da pessoa com deficiência, justamente por se encontrar em situação de desvantagem, buscando-se, com isso, alcançar a igualdade material, no caso, especialmente quanto à oportunidade de trabalho.

No âmbito federal, a Lei 8.112, de 11 de dezembro de 1990, a qual dispõe sobre o regime jurídico dos servidores públicos civis da União, das autarquias e das fundações públicas federais, em seu art. 5º, § 2º, assim prevê: "Às pessoas portadoras de deficiência é assegurado o direito de se inscrever em concurso público para provimento de cargo cujas atribuições sejam compatíveis com a deficiência de que são portadoras; para tais pessoas serão reservadas até 20% (vinte por cento) das vagas oferecidas no concurso".

O Decreto 3.298, de 20 de dezembro de 1999, que regulamenta a Lei 7.853, de 24 de outubro de 1989 e dispõe sobre a Política Nacional para a Integração da Pessoa Portadora de Deficiência.

Fica assegurado à pessoa com deficiência o direito de se inscrever, no âmbito da administração pública federal direta e indireta e em igualdade de oportunidade com os demais candidatos, nas seguintes seleções: em concurso público para o provimento de cargos efetivos e de empregos públicos; em processos seletivos para a contratação por tempo determinado para atender necessidade temporária de excepcional interesse público, de que trata a Lei 8.745/1993 (art. 1º do Decreto 9.508/2018).

Ficam reservadas às pessoas com deficiência, no mínimo, 5% das vagas oferecidas para o provimento de cargos efetivos e para a contratação por tempo determinado para atender necessidade temporária de excepcional interesse público, no âmbito da administração pública federal direta e indireta (art. 1º, § 1º, do Decreto 9.508/2018).

Ficam reservadas às pessoas com deficiência os percentuais de cargos de que trata o art. 93 da Lei 8.213/1991 às empresas públicas e às sociedades de economia mista (art. 1º, § 2º, do Decreto 9.508/2018).

---

relação de emprego, obrigatoriamente estabelecidos de acordo com as peculiaridades das atividades exercidas. Parágrafo único. No caso do Agente Comunitário de Saúde, o contrato também poderá ser rescindido unilateralmente na hipótese de não atendimento ao disposto no inciso I do art. 6º, ou em função de apresentação de declaração falsa de residência. [...] Art. 16. É vedada a contratação temporária ou terceirizada de Agentes Comunitários de Saúde e de Agentes de Combate às Endemias, salvo na hipótese de combate a surtos endêmicos, na forma da lei aplicável. Art. 17. Os profissionais que, na data de publicação desta Lei, exerçam atividades próprias de Agente Comunitário de Saúde e Agente de Combate às Endemias, vinculados diretamente aos gestores locais do SUS ou a entidades de administração indireta, não investidos em cargo ou emprego público, e não alcançados pelo disposto no parágrafo único do art. 9º, poderão permanecer no exercício destas atividades, até que seja concluída a realização de processo seletivo público pelo ente federativo, com vistas ao cumprimento do disposto nesta Lei".

[28] "I – [...] Os serviços sociais autônomos do denominado sistema 'S', embora compreendidos na expressão de entidade paraestatal, são pessoas jurídicas de direito privado, definidos como entes de colaboração, mas não integrantes da Administração Pública. II – Quando o produto das contribuições ingressa nos cofres dos Serviços Sociais Autônomos perde o caráter de recurso público. Precedentes" (STF, Pleno, AgR-ACO 1.953/ES, Rel. Min. Ricardo Lewandowski, *DJe* 19.02.2014).

Na hipótese de o quantitativo a que se referem os § 1º e § 2º do art. 1º do Decreto 9.508/2018 resultar em número fracionado, este deve ser aumentado para o primeiro número inteiro subsequente.

A reserva do percentual de vagas a que se referem os § 1º e § 2º do art. 1º do Decreto 9.508/2018 deve observar as seguintes disposições: na hipótese de concurso público ou de processo seletivo regionalizado ou estruturado por especialidade, o percentual mínimo de reserva será aplicado ao total das vagas do edital, ressalvados os casos em que seja demonstrado que a aplicação regionalizada ou por especialidade não implicará em redução do número de vagas destinadas às pessoas com deficiência; o percentual mínimo de reserva será observado na hipótese de aproveitamento de vagas remanescentes e na formação de cadastro de reserva.

As vagas reservadas às pessoas com deficiência nos termos do disposto no art. 1º do Decreto 9.508/2018 podem ser ocupadas por candidatos sem deficiência na hipótese de não haver inscrição ou aprovação de candidatos com deficiência no concurso público ou no processo seletivo de que trata a Lei 8.745/1993.

Ressalvadas as disposições previstas em regulamento, a pessoa com deficiência participará de concurso público ou de processo seletivo de que trata a Lei 8.745/1993 em igualdade de condições com os demais candidatos no que diz respeito: ao conteúdo das provas; à avaliação e aos critérios de aprovação; ao horário e ao local de aplicação das provas; à nota mínima exigida para os demais candidatos (art. 2º do Decreto 9.508/2018).

Os editais dos concursos públicos e dos processos seletivos de que trata a Lei 8.745/1993 devem indicar: I – o número total de vagas previstas e o número de vagas correspondentes à reserva para pessoas com deficiência, discriminada, no mínimo, por cargo; II – as principais atribuições dos cargos e dos empregos públicos; III – a previsão de adaptação das provas escritas e práticas, inclusive durante o curso de formação, se houver, e do estágio probatório ou do período de experiência, estipuladas as condições de realização de cada evento e respeitados os impedimentos ou as limitações do candidato com deficiência; IV – a exigência de apresentação pelo candidato com deficiência, no ato da inscrição, de comprovação da condição de deficiência nos termos do disposto no § 1º do art. 2º da Lei 13.146/2015[29], sem prejuízo da adoção de critérios adicionais previstos em edital; V – a sistemática de convocação dos candidatos classificados, respeitado o disposto nos § 1º e § 2º do art. 1º do Decreto 9.508/2018; VI – a previsão da possibilidade de uso, nas provas físicas, de tecnologias assistivas que o candidato com deficiência já utilize, sem a necessidade de adaptações adicionais, inclusive durante o curso de formação, se houver, e no estágio probatório ou no período de experiência (art. 3º do Decreto 9.508/2018).

Fica assegurada a adequação de critérios para a realização e a avaliação das provas de que trata o inciso III do art. 3º do Decreto 9.508/2018 à deficiência do candidato, a ser efetivada por meio do acesso a tecnologias assistivas e a adaptações razoáveis, observado o disposto no Anexo do Decreto 9.508/2018 (art. 4º).

O candidato com deficiência que necessitar de tratamento diferenciado na realização das provas deve requerê-lo, no ato de inscrição no concurso público ou no processo seletivo de que trata a Lei 8.745/1993 em prazo determinado em edital, e indicará as tecnologias assistivas e as condições específicas de que necessita para a realização das provas (art. 4º, § 1º, do Decreto 9.508/2018).

O candidato com deficiência que necessitar de tempo adicional para realização das provas deve requerê-lo, com justificativa acompanhada de parecer emitido por equipe multiprofissional ou

---

[29] "Art. 2º Considera-se pessoa com deficiência aquela que tem impedimento de longo prazo de natureza física, mental, intelectual ou sensorial, o qual, em interação com uma ou mais barreiras, pode obstruir sua participação plena e efetiva na sociedade em igualdade de condições com as demais pessoas. § 1º A avaliação da deficiência, quando necessária, será biopsicossocial, realizada por equipe multiprofissional e interdisciplinar e considerará: I – os impedimentos nas funções e nas estruturas do corpo; II – os fatores socioambientais, psicológicos e pessoais; III – a limitação no desempenho de atividades; e IV – a restrição de participação".

por profissional especialista nos impedimentos apresentados por cada candidato, no prazo estabelecido em edital (art. 4º, § 2º, do Decreto 9.508/2018).

As fases dos concursos públicos ou dos processos seletivos em que se fizerem necessários serviços de assistência de interpretação por terceiros aos candidatos com deficiência devem ser registradas em áudio e vídeo e disponibilizadas nos períodos de recurso estabelecidos em edital (art. 4º, § 3º, do Decreto 9.508/2018).

Os critérios de aprovação nas provas físicas para os candidatos com deficiência, inclusive durante o curso de formação, se houver, e no estágio probatório ou no período de experiência, podem ser os mesmos critérios aplicados aos demais candidatos, conforme previsto no edital (art. 4º, § 4º, do Decreto 9.508/2018).

O Supremo Tribunal Federal, quanto aos art. 3º, inciso VI, e art. 4º, § 4º, do Decreto 9.508/2018, fixou interpretação conforme a Constituição, tendo proferido a seguinte decisão:

"Direito Constitucional e Administrativo. Ação Direta de Inconstitucionalidade. Referendo da Medida Cautelar. Conversão em Julgamento de Mérito. Concurso Público. Decreto que exclui a adaptação de provas físicas para candidatos com deficiência. 1. Ação direta contra decreto que tem por objeto 'excluir a previsão de adaptação das provas físicas para candidatos com deficiência e estabelecer que os critérios de aprovação dessas provas poderão seguir os mesmos critérios aplicados aos demais candidatos'. 2. De acordo com o art. 2º da Convenção de Direitos das Pessoas com Deficiência – CDPD, a recusa de adaptação razoável é considerada discriminação por motivo de deficiência. 3. O art. 3º, VI, do Decreto n. 9.508/2018 estabelece uma faculdade em benefício do candidato com deficiência, que pode utilizar suas próprias tecnologias assistivas e adaptações adicionais, se assim preferir. É inconstitucional a interpretação que exclua o direito desses candidatos à adaptação razoável. 4. O art. 4º, § 4º, do Decreto n. 9.508/2018, que estabelece que os critérios de aprovação nas provas físicas poderão ser os mesmos para candidatos com e sem deficiência, somente é aplicável às hipóteses em que essa exigência for indispensável ao exercício das funções próprias de um cargo público específico. É inconstitucional a interpretação que submeta candidatos com e sem deficiência aos mesmos critérios nas provas físicas, sem a demonstração da sua necessidade para o desempenho da função pública. 5. Referendo da medida cautelar convertido em julgamento de mérito. Pedido julgado procedente, com a fixação das seguintes teses de julgamento: 1. É inconstitucional a interpretação que exclui o direito de candidatos com deficiência à adaptação razoável em provas físicas de concursos públicos; 2. É inconstitucional a submissão genérica de candidatos com e sem deficiência aos mesmos critérios em provas físicas, sem a demonstração da sua necessidade para o exercício da função pública" (STF, Pleno, ADI 6.476/DF, Rel. Min. Roberto Barroso, *DJe* 16.09.2021).

O órgão ou a entidade da administração pública federal responsável pela realização do concurso público ou do processo seletivo de que trata a Lei 8.745/1993 terá a assistência de equipe multiprofissional composta por três profissionais capacitados e atuantes nas áreas das deficiências que o candidato possuir, dentre os quais um deve ser médico, e três profissionais da carreira a que concorrerá o candidato (art. 5º do Decreto 9.508/2018).

A equipe multiprofissional deve emitir parecer que observará: as informações prestadas pelo candidato no ato da inscrição no concurso público ou no processo seletivo; a natureza das atribuições e das tarefas essenciais do cargo, do emprego ou da função a desempenhar; a viabilidade das condições de acessibilidade e as adequações do ambiente de trabalho na execução das tarefas; a possibilidade de uso, pelo candidato, de equipamentos ou de outros meios que utilize de forma habitual; o resultado da avaliação com base no disposto no § 1º do art. 2º da Lei 13.146/2015, sem prejuízo da adoção de critérios adicionais previstos em edital.

As entidades contratadas para a realização de concurso público ou de processo seletivo de que trata a Lei 8.745/1993, em qualquer modalidade, ficam obrigadas a observar o disposto no Decreto 9.508/2018 no momento da elaboração e da execução do edital (art. 6º).

É vedado obstar a inscrição de pessoa com deficiência em concurso público ou em processo seletivo de que trata a Lei 8.745/1993 que atenda aos requisitos mínimos exigidos em edital, para ingresso em cargo ou emprego público da administração pública federal direta e indireta (art. 7º do Decreto 9.508/2018).

O resultado do concurso público ou do processo seletivo de que trata a Lei 8.745/1993 deve ser publicado em lista única com a pontuação dos candidatos e a sua classificação, observada a reserva de vagas às pessoas com deficiência de que trata o Decreto 9.508/2018 (art. 8º).

A nomeação dos aprovados no concurso público ou no processo seletivo deve obedecer à ordem de classificação, observados os critérios de alternância e de proporcionalidade entre a classificação de ampla concorrência e da reserva para as pessoas com deficiência, e o disposto nos § 1º e § 2º do art. 1º do Decreto 9.508/2018.

A desclassificação, a desistência ou qualquer outro impedimento de candidato ocupante de vaga reservada implica a sua substituição pelo próximo candidato com deficiência classificado, desde que haja candidato com deficiência classificado.

Os órgãos da administração pública federal direta e indireta, as empresas públicas e as sociedades de economia mista devem providenciar a acessibilidade no local de trabalho e a adaptação razoável, quando requerida, para o efetivo exercício laboral da pessoa com deficiência (art. 9º do Decreto 9.508/2018).

Ainda no contexto das ações afirmativas, ficam reservadas aos negros 20% das vagas oferecidas nos concursos públicos para provimento de cargos efetivos e empregos públicos no âmbito da administração pública federal, das autarquias, das fundações públicas, das empresas públicas e das sociedades de economia mista controladas pela União, na forma da Lei 12.990/2014 (art. 1º).

A reserva de vagas deve ser aplicada sempre que o número de vagas oferecidas no concurso público for igual ou superior a três. Na hipótese de quantitativo fracionado para o número de vagas reservadas a candidatos negros, esse deve ser aumentado para o primeiro número inteiro subsequente, em caso de fração igual ou maior que 0,5 (cinco décimos), ou diminuído para número inteiro imediatamente inferior, em caso de fração menor que 0,5 (cinco décimos). A reserva de vagas a candidatos negros deve constar expressamente dos editais dos concursos públicos, que devem especificar o total de vagas correspondentes à reserva para cada cargo ou emprego público oferecido.

A respeito do tema, o Supremo Tribunal Federal, ao julgar constitucional a Lei 12.990/2014, firmou a seguinte tese: "É constitucional a reserva de 20% das vagas oferecidas nos concursos públicos para provimento de cargos efetivos e empregos públicos no âmbito da administração pública direta e indireta. É legítima a utilização, além da autodeclaração, de critérios subsidiários de heteroidentificação, desde que respeitada a dignidade da pessoa humana e garantidos o contraditório e a ampla defesa" (STF, Pleno, ADC 41/DF, Rel. Min. Roberto Barroso, *DJe* 17.08.2017).

9.2.6 Empregado aprendiz

O aprendiz é o empregado vinculado ao empregador pelo respectivo contrato de trabalho de aprendizagem.

De acordo com a definição do art. 428, *caput*, da CLT (com redação determinada pela Lei 11.180/2005):

"Contrato de aprendizagem é o contrato de trabalho especial, ajustado por escrito e por prazo determinado, em que o empregador se compromete a assegurar ao maior de 14 (quatorze) e menor de 24 (vinte e quatro) anos inscrito em programa de aprendizagem formação técnico-profissional metódica, compatível com o seu desenvolvimento físico, moral e psicológico, e o aprendiz, a executar com zelo e diligência as tarefas necessárias a essa formação".

O art. 7º, inciso XXXIII, da Constituição Federal de 1988, na redação determinada pela Emenda Constitucional 20/1998, autoriza o trabalho como aprendiz a partir dos 14 anos.

O referido art. 428 da CLT, na redação anterior (inclusive naquela determinada pela Lei 10.097/2000), permitia o contrato de aprendizagem até 18 anos. Com a Lei 11.180, de 23 de setembro de 2005, o referido limite máximo foi aumentado para 24 anos, o que representou inovação em nosso Direito, pois a menoridade, mesmo para fins trabalhistas, cessa aos 18 anos de idade (art. 402 da CLT).

Mesmo assim, cabe destacar que, de acordo com o art. 53 do Decreto 9.579/2018, a contratação de aprendizes deve atender, prioritariamente, aos adolescentes e aos jovens matriculados na educação básica[30]. Trata-se de previsão em sintonia com a teleologia do sistema jurídico e do próprio instituto da aprendizagem, conferindo-se prioridade a quem dela necessita.

Frise-se, ainda, que de acordo com o § 5º do art. 428 da CLT, acrescentado pela mesma Lei 11.180/2005, a idade máxima acima prevista (24 anos) não se aplica aos "aprendizes portadores de deficiência". Para os fins do contrato de aprendizagem, a comprovação da escolaridade de aprendiz com deficiência deve considerar, sobretudo, as habilidades e competências relacionadas com a profissionalização (§ 6º do art. 428 da CLT).

Por se tratar de contrato de trabalho especial, por prazo determinado, o contrato de aprendizagem não pode ser estipulado por mais de dois anos, "exceto quando se tratar de aprendiz portador de deficiência", conforme art. 428, § 3º, da CLT (com redação determinada pela Lei 11.788, de 25.09.2008).

Além da necessidade de ser ajustado por escrito, a validade do contrato de aprendizagem pressupõe a anotação na Carteira de Trabalho e Previdência Social, matrícula e frequência do aprendiz na escola, caso não haja concluído o ensino médio, e inscrição em programa de aprendizagem desenvolvido sob orientação de entidade qualificada em formação técnico-profissional metódica (§ 1º do art. 428 da CLT, com redação determinada pela Lei 11.788/2008). Nas localidades onde não houver oferta de ensino médio para o cumprimento do disposto no § 1º do art. 428 da CLT, "a contratação do aprendiz poderá ocorrer sem a frequência à escola, desde que ele já tenha concluído o ensino fundamental" (§ 7º do art. 428 da CLT, acrescentado pela Lei 11.788/2008).

Para o *aprendiz com deficiência com 18 anos ou mais*, a validade do contrato de aprendizagem pressupõe anotação na Carteira de Trabalho e Previdência Social, matrícula e frequência em programa de aprendizagem desenvolvido sob orientação de entidade qualificada em formação técnico-profissional metódica (art. 428, § 8º, da CLT).

A formação técnico-profissional em questão caracteriza-se por atividades teóricas e práticas, metodicamente organizadas em tarefas de complexidade progressiva desenvolvidas no ambiente de trabalho (§ 4º do art. 428 da CLT).

Por ser empregado, o aprendiz faz jus aos diversos direitos trabalhistas, ainda que presentes certas peculiaridades.

A duração do trabalho do aprendiz não excederá seis horas diárias, sendo vedadas a prorrogação e a compensação de jornada. No entanto, este limite pode ser de até oito horas diárias para os aprendizes que já tiverem completado o ensino fundamental, se nelas forem computadas as horas destinadas à aprendizagem teórica (art. 432 da CLT).

---

[30] A contratação de aprendizes menores de 18 anos de idade é vedada nas hipóteses de: I – a execução de atividades práticas da aprendizagem profissional ocorrer no interior do estabelecimento e sujeitar os aprendizes à insalubridade ou à periculosidade; II – a lei exigir licença ou autorização para o desempenho das atividades práticas, vedado para pessoa com idade inferior a 18 anos; III – a natureza da atividade prática for incompatível com o desenvolvimento físico, psicológico e moral dos aprendizes; IV – o exercício de atividades práticas ocorrer no período noturno; V – a realização das atividades práticas forem realizadas em horários e locais que não permitam a frequência à educação básica (art. 53-A do Decreto 9.579/2018, incluído pelo Decreto 11.061/2022). Excepcionalmente para as atividades relacionadas ao disposto no inciso I do caput, o programa de aprendizagem profissional pode ser realizado por menores de 18 anos de idade, desde que: I – os riscos de periculosidade e insalubridade sejam eliminados nos termos do disposto no Decreto 6.481/2008; ou II – as atividades sejam desenvolvidas integralmente em ambiente simulado e que fiquem garantidas plenamente a saúde, a segurança e a moral dos aprendizes (art. 53-A, parágrafo único, do Decreto 9.579/2018, incluído pelo Decreto 11.061/2022).

De acordo com o art. 15, § 7º, da Lei 8.036/1990, acrescentado pela Lei 10.097/2000, os contratos de aprendizagem terão alíquota do FGTS (a ser depositado em conta vinculada) "reduzida para 2% (dois por cento)".

A previsão em destaque certamente decorre de tentativa de fomentar a contratação de empregado aprendiz. No entanto, pode-se questionar a constitucionalidade da referida redução, por representar uma evidente *piora* nas condições de trabalho do aprendiz, quanto ao direito social trabalhista em questão, dotado de previsão constitucional (art. 7º, inciso III), em manifesto retrocesso social e em desacordo com os objetivos fundamentais da República Federativa do Brasil, no sentido da erradicação da pobreza e da redução das desigualdades sociais, vedando-se qualquer forma de discriminação (art. 3º, incisos III e IV, da CF/1988). Além do mais, a dignidade da pessoa humana e o valor social do trabalho são fundamentos do Estado Democrático de Direito (art. 1º, incisos III e IV, e art. 170, *caput*, e inciso VII, da CF/1988). A tese majoritária entende não se verificar tal inconstitucionalidade, pois o contrato de trabalho em questão é especial, ou seja, diferenciado, autorizando o tratamento também específico quanto ao tema.

Quanto à remuneração, ao aprendiz, salvo condição mais favorável, será garantido o salário mínimo hora (§ 2º do art. 428 da CLT). Isso significa que o empregado aprendiz faz jus ao salário mínimo proporcional às horas trabalhadas. O art. 80 da CLT, que estabelecia salário inferior (não inferior a meio salário mínimo na primeira metade do aprendizado, passando a receber 2/3 na segunda metade), e que parte da doutrina já considerava não ter sido recepcionado pela Constituição Federal de 1988[31], foi revogado expressamente pela Lei 10.097/2000.

De acordo com o art. 429, *caput*, da CLT, os estabelecimentos de qualquer natureza são *obrigados* a empregar e matricular nos cursos dos Serviços Nacionais de Aprendizagem número de aprendizes equivalente a 5%, no mínimo, e 15%, no máximo, dos trabalhadores existentes em cada estabelecimento, "cujas funções demandem formação profissional". As frações de unidade, no cálculo da referida percentagem, darão lugar à admissão de um aprendiz (§ 1º do art. 429 da CLT).

O § 2º do art. 429 da CLT, acrescentado pela Lei 12.594/2012, por sua vez, prevê que: "Os estabelecimentos de que trata o *caput* ofertarão vagas de aprendizes a adolescentes usuários do Sistema Nacional de Atendimento Socioeducativo (Sinase) nas condições a serem dispostas em instrumentos de cooperação celebrados entre os estabelecimentos e os gestores dos Sistemas de Atendimento Socioeducativo locais"[32].

Os estabelecimentos de que trata o art. 429 da CLT podem ofertar vagas de aprendizes a adolescentes usuários do Sistema Nacional de Políticas Públicas sobre Drogas (Sisnad) nas condições a serem dispostas em instrumentos de cooperação celebrados entre os estabelecimentos e os gestores locais responsáveis pela prevenção do uso indevido, atenção e reinserção social de usuários e dependentes de drogas (art. 429, § 3º, da CLT, incluído pela Lei 13.840/2019)[33].

Considera-se estabelecimento todo complexo de bens organizado para o exercício de atividade econômica ou social do empregador, que se submeta ao regime da CLT (art. 51, § 2º, do Decreto 9.579/2018).

---

[31] Cf. MARTINS, Sergio Pinto. *Direito do trabalho.* 5. ed. São Paulo: Malheiros, 1998. p. 113; MARTINS, Sergio Pinto. *Comentários à CLT.* 5. ed. São Paulo: Atlas, 2002. p. 341-342.

[32] Esclareça-se que a Lei 12.594/2012 "institui o Sistema Nacional de Atendimento Socioeducativo (Sinase) e regulamenta a execução das medidas destinadas a adolescente que pratique ato infracional" (art. 1º). Ainda de acordo com o art. 1º, § 1º, da Lei 12.594/2012: "Entende-se por Sinase o conjunto ordenado de princípios, regras e critérios que envolvem a execução de medidas socioeducativas, incluindo-se nele, por adesão, os sistemas estaduais, distrital e municipais, bem como todos os planos, políticas e programas específicos de atendimento a adolescente em conflito com a lei".

[33] Conforme o art. 3º, § 1º, da Lei 11.343/2006: "Entende-se por Sisnad o conjunto ordenado de princípios, regras, critérios e recursos materiais e humanos que envolvem as políticas, planos, programas, ações e projetos sobre drogas, incluindo-se nele, por adesão, os Sistemas de Políticas Públicas sobre Drogas dos Estados, Distrito Federal e Municípios".

No entanto, o referido limite fixado no art. 429 da CLT não se aplica quando o empregador for entidade sem fins lucrativos, que tenha por objetivo a educação profissional (§ 1º-A do art. 429 da CLT).

Desse modo, as entidades sem fins lucrativos que tenham por objetivo a educação profissional ficam dispensadas da contratação de aprendizes (art. 56, inciso II, do Decreto 9.579/2018).

Os estabelecimentos a que se refere o art. 429, *caput*, da CLT podem destinar o equivalente a até 10% de sua cota de aprendizes à formação técnico-profissional metódica em áreas relacionadas a práticas de atividades desportivas, à prestação de serviços relacionados à infraestrutura, incluindo as atividades de construção, ampliação, recuperação e manutenção de instalações esportivas e à organização e promoção de eventos esportivos (§ 1º-B do art. 429 da CLT). Mesmo nesses casos, deve ser observada a proibição de trabalho noturno, perigoso, insalubre ou penoso aos menores de 18 anos (art. 7º, inciso XXXIII, da Constituição da República e art. 67 da Lei 8.069/1990).

Também ficam dispensadas da contratação de aprendizes as microempresas e as empresas de pequeno porte (como previa a Lei 9.841/1999, art. 11, e atualmente prevê a Lei Complementar 123/2006, art. 51, inciso III, e o Decreto 9.579/2018, art. 56, inciso I).

Para a definição das funções que demandem formação profissional, o art. 52 do Decreto 9.579/2018 estabelece que deve ser considerada a Classificação Brasileira de Ocupações do Ministério do Trabalho (CBO).

Ficam excluídas dessa definição de "funções que demandem formação profissional" as funções que demandem, para o seu exercício, habilitação profissional de nível superior, ou, ainda, as funções que estejam caracterizadas como cargos de direção, de gerência ou de confiança, nos termos do disposto no art. 62, inciso II e parágrafo único, e no art. 224, § 2º, da CLT.

Ficam excluídos da base de cálculo da cota de aprendizagem profissional: I – os aprendizes já contratados; II – os empregados que executem os serviços prestados sob o regime de trabalho temporário, nos termos do disposto na Lei 6.019/1974; III – os empregados sob regime de trabalho intermitente, nos termos do disposto no § 3º do art. 443 da CLT; IV – os empregados afastados por auxílio ou benefício previdenciário (art. 54 do Decreto 9.579/2018, com redação dada pelo Decreto 11.061/2022).

Na hipótese de empresas que prestem serviços especializados para terceiros, independentemente do local onde sejam executados, os empregados devem ser incluídos exclusivamente na base de cálculo da prestadora. Os contratos de terceirização devem prever as formas de alocação dos aprendizes da empresa contratada nas dependências da empresa contratante, em quantitativos equivalentes aos estabelecidos no art. 429 da CLT, observado o disposto no Decreto 9.579/2018.

A administração pública federal direta, autárquica e fundacional deve *priorizar* a contratação de serviços sob o regime de execução indireta prestados por empresas que comprovem o emprego da cota de aprendizes de que trata o art. 429 da CLT, em relação aos trabalhadores existentes em cada estabelecimento, cujas funções demandem formação profissional (art. 6º do Decreto 9.427/2018).

Por outro lado, de acordo com o § 2º do referido art. 52 do Decreto 9.579/2018, devem ser incluídas na base de cálculo: I – as funções que demandem formação profissional, independentemente de serem proibidas para menores de 18 anos de idade; II – as funções que demandem, para o seu exercício, habilitação profissional de técnico de nível médio; III – as funções que demandem, para o seu exercício, habilitação profissional de tecnólogo. Como se nota, trata-se de disposição regulamentar que procurou tratar a referida base de cálculo de forma objetiva, em fomento à aprendizagem.

Se os Serviços Nacionais de Aprendizagem não oferecerem cursos ou vagas suficientes para atender à demanda dos estabelecimentos, esta poderá ser suprida por outras entidades qualificadas em formação técnico-profissional metódica (art. 430 da CLT), quais sejam:

I – Escolas Técnicas de Educação;

II – entidades sem fins lucrativos, que tenham por objetivo a assistência ao adolescente e à educação profissional, registradas no Conselho Municipal dos Direitos da Criança e do Adolescente;

III – entidades de prática desportiva das diversas modalidades filiadas ao Sistema Nacional do Desporto e aos Sistemas de Desporto dos Estados, do Distrito Federal e dos Municípios.

De todo modo, tais entidades devem contar com estrutura adequada ao desenvolvimento dos programas de aprendizagem, de forma a manter a qualidade do processo de ensino, bem como acompanhar e avaliar os resultados (§ 1º do art. 430 da CLT). Aos aprendizes que concluírem os cursos de aprendizagem, com aproveitamento, será concedido certificado de qualificação profissional (§ 2º do art. 430 da CLT).

O art. 29, § 4º, da Lei 9.615/1998 prevê que o atleta não profissional em formação, maior de 14 e menor de 20 anos de idade, pode receber auxílio financeiro da entidade de prática desportiva formadora, sob a forma de *bolsa de aprendizagem* livremente pactuada mediante contrato formal, sem que seja gerado vínculo empregatício entre as partes. Essa previsão merece certa crítica, ao excluir a presença do vínculo de emprego nesse caso específico, o que revela não se tratar de aprendizagem típica, ou seja, de contrato de trabalho de aprendizagem, tal como previsto no art. 428 da CLT.

O Ministério do Trabalho deve fixar normas para avaliação da competência das entidades mencionadas nos incisos II e III do art. 430 da CLT.

As entidades mencionadas nos incisos II e III do art. 430 da CLT devem cadastrar seus cursos, turmas e aprendizes matriculados no Ministério do Trabalho (art. 430, § 4º, da CLT, acrescentado pela Lei 13.420/2017).

As entidades mencionadas no art. 430 da CLT podem firmar *parcerias entre si* para o desenvolvimento dos programas de aprendizagem, conforme regulamento (art. 430, § 5º, da CLT, acrescentado pela Lei 13.420/2017).

O aprendiz pode ser contratado (art. 431 da CLT):

a) *pela empresa onde se realizará a aprendizagem*, hipótese em que a referida empresa figura como empregador;

b) *pelas entidades sem fins lucrativos*, que tenham por objetivo a assistência ao adolescente e à educação profissional, registradas no Conselho Municipal dos Direitos da Criança e do Adolescente;

c) *pelas entidades de prática desportiva* das diversas modalidades filiadas ao Sistema Nacional do Desporto e aos Sistemas de Desporto dos Estados, do Distrito Federal e dos Municípios.

De acordo com o art. 431 da CLT, com redação dada pela Lei 13.420/2017, a contratação do aprendiz nesses últimos dois casos "não gera vínculo de emprego com a empresa tomadora dos serviços". A referida previsão precisa ser devidamente interpretada. Embora exista corrente de entendimento, no sentido de que essa norma estaria prevendo modalidade de aprendizagem sem vínculo de emprego, esta não parece ser a orientação mais adequada.

Primeiro, porque o contrato de aprendizagem, por ser um contrato de trabalho, exige, naturalmente, a presença do vínculo de emprego.

Além disso, o evidente sentido do art. 431 da CLT refere-se ao fato de que, se o empregado aprendiz for contratado, por meio de contrato de aprendizagem, pelas mencionadas entidades sem fins lucrativos ou pelas entidades de prática desportiva, em certas situações ele certamente prestará serviços em alguma empresa tomadora, pois aquelas entidades, provavelmente, apenas terão condições de oferecer os cursos de aprendizagem (art. 430, incisos II e III, da CLT). Mesmo nesses casos, as entidades sem fins lucrativos que tenham por objetivo a assistência ao adolescente e à educação profissional e as entidades de prática desportiva em questão devem firmar o contrato de trabalho de aprendizagem.

O que o art. 431 da CLT explicita é que, mesmo o empregado aprendiz prestando serviços para empresa tomadora (e não para o empregador propriamente, no caso, a entidade sem fins lucrativos que tenha por objetivo a assistência ao adolescente e à educação profissional ou entidade de prática desportiva), isso não gera vínculo de emprego com a empresa tomadora, justamente porque o contrato de trabalho do aprendiz é firmado, nessas hipóteses, com as entidades mencionadas no art. 430, incisos II e III, da CLT. De todo modo, aplicando-se o art. 5º-A, § 5º, da Lei 6.019/1974 (acrescentado pela Lei 13.429/2017), a referida empresa tomadora responde subsidiariamente pelas verbas trabalhistas não adimplidas pelo empregador.

Esclareça-se que a contratação de aprendiz de forma indireta somente será formalizada após ser firmado contrato entre o estabelecimento cumpridor da cota de aprendizagem profissional e as referidas entidades (art. 57-B do Decreto 9.579/2018, incluído pelo Decreto 11.061/2022. As mencionadas entidades (entidades sem fins lucrativos que tenham por objetivo a assistência ao adolescente e à educação profissional, registradas no Conselho Municipal dos Direitos da Criança e do Adolescente, e entidades de prática desportiva das diversas modalidades filiadas ao Sistema Nacional do Desporto e aos Sistemas de Desporto dos Estados, do Distrito Federal e dos Municípios) assumem a condição de empregador, com todos os ônus dela decorrentes, e assinarão a Carteira de Trabalho e Previdência Social do aprendiz, na qual devem anotar, no espaço destinado às anotações gerais, a informação de que o contrato de trabalho específico decorre de contrato firmado com determinado estabelecimento para fins do cumprimento de sua cota de aprendizagem profissional. Nessas hipóteses, as referidas entidades também assumem o desenvolvimento do programa de aprendizagem profissional simultaneamente à mencionada obrigação. Além disso, nesses casos, as atividades práticas do contrato de aprendizagem profissional podem ser executadas nessas entidades ou nos estabelecimentos cumpridores da cota de aprendizagem profissional.

A contratação do aprendiz por empresas públicas e sociedades de economia mista ocorrerá: de forma direta, nos termos do art. 431, primeira parte, da CLT, hipótese em que deve ser realizado processo seletivo por meio de edital; ou de forma indireta, nos termos do art. 431, segunda parte, da CLT (art. 58 do Decreto 9.579/2018, com redação dada pelo Decreto 11.061/2022). A contratação do aprendiz por órgãos e entidades da administração pública direta, autárquica e fundacional deve observar regulamento específico.

Em razão de ser o contrato de aprendizagem um contrato a prazo certo, ele se extingue no seu termo, ou quando o aprendiz completar 24 anos, ressalvada a hipótese dos aprendizes com deficiência (art. 433 da CLT).

Além disso, o contrato em questão pode cessar, antecipadamente, nas seguintes hipóteses:

a) desempenho insuficiente ou inadaptação do aprendiz, salvo para o aprendiz com deficiência quando desprovido de recursos de acessibilidade, de tecnologias assistivas e de apoio necessário ao desempenho de suas atividades[34];
b) falta disciplinar grave;
c) ausência injustificada à escola que implique perda do ano letivo; ou
d) a pedido do aprendiz.

De acordo com o art. 433, § 2º, da CLT, nessas hipóteses, não se aplicam os já estudados arts. 479 e 480 da CLT, não tendo o aprendiz direito à indenização (por cessação antecipada do contrato a prazo determinado) ali prevista, e também não tendo o empregador direito a indenização por eventuais prejuízos decorrentes da rescisão antecipada por iniciativa do aprendiz.

Discute-se se o rol do art. 433 da CLT é taxativo, principalmente para saber se o empregado aprendiz pode ser dispensado sem justa causa.

Embora o tema seja controvertido, pode-se dizer que a referida previsão não esgota todas as modalidades de cessação antecipada do contrato de trabalho de aprendizagem. Basta imaginar a

---

[34] Cf. Lei 13.146/2015: "Art. 3º Para fins de aplicação desta Lei, consideram-se: I – acessibilidade: possibilidade e condição de alcance para utilização, com segurança e autonomia, de espaços, mobiliários, equipamentos urbanos, edificações, transportes, informação e comunicação, inclusive seus sistemas e tecnologias, bem como de outros serviços e instalações abertos ao público, de uso público ou privados de uso coletivo, tanto na zona urbana como na rural, por pessoa com deficiência ou com mobilidade reduzida; [...] III – tecnologia assistiva ou ajuda técnica: produtos, equipamentos, dispositivos, recursos, metodologias, estratégias, práticas e serviços que objetivem promover a funcionalidade, relacionada à atividade e à participação da pessoa com deficiência ou com mobilidade reduzida, visando à sua autonomia, independência, qualidade de vida e inclusão social".

hipótese de justa causa patronal, aplicando-se, como parece evidente, a despedida indireta. Da mesma forma, a lei não assegurou ao aprendiz a garantia de sua manutenção no emprego, de modo que a dispensa sem justa causa, prevista no ordenamento jurídico (art. 10, inciso I, do ADCT), não foi vedada no caso em questão (salvo se presente alguma hipótese de estabilidade provisória). Obviamente, nesse caso, as verbas rescisórias correspondentes serão devidas, podendo-se entender aplicável, para essa dispensa sem justa causa, inclusive o art. 479 da CLT, seja porque o contrato de aprendizagem é por prazo determinado, seja em razão da interpretação, *a contrario sensu*, do art. 433, § 2º, da CLT.

9.2.7 Mãe social

A chamada "mãe social" tem a sua atividade regulada pela Lei 7.644, de 18 de dezembro de 1987.

Para que se possa compreender o contexto da referida situação, cabe destacar a existência de instituições sem finalidade lucrativa, ou de utilidade pública de assistência ao menor abandonado, e que funcionam pelo sistema de casas-lares. Essas instituições devem utilizar as chamadas mães sociais, visando a propiciar ao menor as condições familiares ideais ao seu desenvolvimento e reintegração social.

Por isso, considera-se mãe social aquela que, dedicando-se à assistência ao menor abandonado, exerça o encargo em nível social, dentro do sistema de casas-lares.

A casa-lar é a unidade residencial sob responsabilidade de mãe social, que abrigue até 10 menores. As casas-lares serão isoladas, formando, quando agrupadas, uma aldeia assistencial ou vila de menores.

Para os efeitos dos benefícios previdenciários, os menores residentes nas casas-lares são considerados dependentes da mãe social a que foram confiados pela instituição empregadora (art. 3º, § 3º, da Lei 7.644/1987).

As instituições que funcionam pelo sistema de casas-lares manterão, além destas, Casas de Juventude, para jovens com mais de 13 anos de idade, os quais encaminharão ao ensino profissionalizante (art. 11).

De acordo com o art. 12 da Lei 7.644/1987, cabe à administração de cada aldeia assistencial providenciar a colocação dos menores no mercado de trabalho, como estagiários, aprendizes ou empregados, em estabelecimentos públicos ou privados. No entanto, devem ser rigorosamente observadas as proibições e restrições constitucionais e legais referentes ao trabalho do menor (art. 7º, inciso XXXIII, da CF/1988). De todo modo, as retribuições percebidas pelos menores, nas condições mencionadas, devem ser assim distribuídas e destinadas: até 40% para a casa-lar a que estiverem vinculados, revertidos no custeio de despesas com manutenção do próprio menor; 40% para o menor, destinados a despesas pessoais; até 30% para depósito em caderneta de poupança ou equivalente, em nome do menor, com assistência da instituição mantenedora, e que poderá ser levantado pelo menor a partir dos 18 anos de idade.

No exercício de suas atividades, são atribuições da mãe social: propiciar o surgimento de condições próprias de uma família, orientando e assistindo aos menores colocados sob seus cuidados; administrar o lar, realizando e organizando as tarefas a ele pertinentes; dedicar-se, com exclusividade, aos menores e à casa-lar que lhes forem confiados. A mãe social, enquanto no desempenho de suas atribuições, deve residir, juntamente com os menores que lhe forem confiados, na casa-lar que lhe for destinada.

O trabalho desenvolvido pela mãe social é de caráter intermitente, realizando-se pelo tempo necessário ao desempenho de suas tarefas (art. 6º). Entende-se que as mães sociais mantêm um contrato de trabalho de natureza especial com a instituição assistencial[35].

---

[35] Cf. BARROS, Alice Monteiro de. *Curso de direito do trabalho*. 2. ed. São Paulo: LTr, 2006. p. 286.

Tanto é assim que a referida Lei 7.644/1987 remete a diversos dispositivos da CLT (art. 19), prevê penalidades aplicáveis pela "entidade empregadora" (art. 14) e remete à Justiça do Trabalho a competência para "dirimir as controvérsias entre empregado e empregador". Além disso, assegura à mãe social os seguintes direitos (art. 5º):

– anotação na Carteira de Trabalho e Previdência Social;

– remuneração, em valor não inferior ao salário mínimo;

– repouso semanal remunerado de 24 horas consecutivas;

– apoio técnico, administrativo e financeiro no desempenho de suas funções;

– 30 dias de férias anuais remuneradas nos termos do que dispõe o capítulo IV, da Consolidação das Leis do Trabalho;

– benefícios e serviços previdenciários, inclusive, em caso de acidente do trabalho, na qualidade de segurada obrigatória;

– gratificação de Natal (13º salário);

– Fundo de Garantia do Tempo de Serviço.

Prevalece o entendimento de que, por se tratar de contrato de trabalho especial, não são assegurados outros direitos trabalhistas não previstos na lei específica em questão.

Mesmo assim, caso o empregador seja ente público, como fundação pública de caráter assistencial, integrante da Administração Pública indireta, exige-se a prévia aprovação em concurso público para a regularidade da relação de emprego, de acordo com o art. 37, inciso II e § 2º, da Constituição Federal de 1988. A não observância desse requisito constitucional faz incidir o disposto na Súmula 363 do TST, que prevê a nulidade da contratação, como já estudado anteriormente.

9.2.8 Aeronauta

A Lei 13.475, de 28 de agosto de 2017, dispõe sobre o exercício da profissão de *tripulante de aeronave*, que é denominado aeronauta, bem como revoga a Lei 7.183/1984.

Desse modo, a Lei 13.475/2017 regula o exercício das profissões de piloto de aeronave, comissário de voo e mecânico de voo, os quais são denominados *aeronautas* (art. 1º).

Para o desempenho das referidas profissões, o profissional deve obrigatoriamente ser detentor de licença e certificados emitidos pela autoridade de aviação civil brasileira.

A Agência Nacional de Aviação Civil (ANAC) atua como autoridade de aviação civil, tendo sido criada pela Lei 11.182/2005.

A Lei 13.475/2017 aplica-se também aos pilotos de aeronave, comissários de voo e mecânicos de voos brasileiros que exerçam suas funções a bordo de aeronave estrangeira em virtude de contrato de trabalho regido pela legislação brasileira.

9.2.8.1 *Aeronauta e aeroviário*

Cabe destacar que o aeronauta não se confunde com o *aeroviário*.

Conforme o Decreto 1.232, de 22 de junho de 1962, é aeroviário o trabalhador que, não sendo aeronauta, exerce função remunerada nos *serviços terrestres* de empresa de transportes aéreos (art. 1º).

São também considerados aeroviários: o titular de licença e respectivo certificado válido de habilitação técnica, para prestação de serviços em terra, que exerça função efetivamente remunerada em aeroclubes, escolas de aviação civil; o titular ou não de licença e certificado que preste serviço de natureza permanente na conservação, na manutenção e no despacho de aeronaves.

O aeroviário só pode exercer função para a qual se exigir licença e certificado de habilitação técnica quando estiver devidamente habilitado (art. 2º do Decreto 1.232/1962).

A profissão de aeroviário compreende os que trabalham nos serviços: de manutenção; de operações; auxiliares; gerais (art. 3º do Decreto 1.232/1962).

9.2.8.2 Tripulantes de aeronaves

O *piloto de aeronave* e o *mecânico de voo*, no exercício de função específica a bordo de aeronave, de acordo com as prerrogativas da licença de que são titulares, têm a designação de *tripulante de voo* (art. 2º da Lei 13.475/2017).

O *comissário de voo*, no exercício de função específica a bordo de aeronave, de acordo com as prerrogativas da licença de que é titular, tem a designação de *tripulante de cabine* (art. 3º).

O tripulante de voo ou de cabine que se deslocar a serviço do empregador, em aeronave própria ou não, sem exercer função a bordo de aeronave, tem a designação de *tripulante extra a serviço* (art. 4º).

O tripulante extra a serviço deve ser considerado tripulante a serviço no que diz respeito aos limites da jornada de trabalho, ao repouso e à remuneração. Ao tripulante extra a serviço deve ser disponibilizado assento na cabine de passageiros, salvo em aeronaves no transporte exclusivo de cargas.

Os *tripulantes de voo e de cabine* exercem suas funções profissionais nos seguintes serviços aéreos:

I – serviço de transporte aéreo público regular e não regular, exceto na modalidade de táxi aéreo;

II – serviço de transporte aéreo público não regular na modalidade de táxi aéreo;

III – serviço aéreo especializado (SAE), prestado por organização de ensino, na modalidade de instrução de voo;

IV – demais serviços aéreos especializados, abrangendo as atividades definidas pela Lei 7.565/1986 (Código Brasileiro de Aeronáutica) e pela autoridade de aviação civil brasileira;

V – serviço aéreo privado, entendido como aquele realizado, sem fins lucrativos, a serviço do operador da aeronave (art. 5º).

É denominado *instrutor de voo* o piloto de aeronave contratado para ministrar treinamento em voo em aeronave empregada no serviço aéreo especializado referido no inciso III do art. 5º da Lei 13.475/2017.

Para os efeitos do disposto em *convenção ou acordo coletivo de trabalho*:

– os tripulantes empregados nos serviços aéreos definidos nos incisos III e V do art. 5º da Lei 13.475/2017 são equiparados aos tripulantes que exercem as suas funções nos serviços de transporte aéreo público não regular na modalidade de táxi aéreo;

– os tripulantes empregados no serviço aéreo definido no inciso V do art. 5º da Lei 13.475/2017, quando em atividade de fomento ou proteção à agricultura, são equiparados aos tripulantes de voo que operam os serviços aéreos especializados na modalidade de atividade de fomento ou proteção à agricultura.

O exercício das profissões de piloto de aeronave, mecânico de voo e comissário de voo, previstas na Lei 13.475/2017, é privativo de brasileiros natos ou naturalizados (art. 6º).

Trata-se de previsão legal específica, sabendo-se que, em princípio, todos são iguais perante a lei, sem distinção de qualquer natureza, garantindo-se aos brasileiros e aos *estrangeiros residentes no País* a inviolabilidade do direito à vida, à liberdade, à *igualdade*, à segurança e à propriedade (art. 5º da Constituição da República).

O art. 12 da Constituição Federal de 1988 dispõe sobre os brasileiros natos e naturalizados.

Nesse sentido, são brasileiros:

I – *natos*: a) os nascidos na República Federativa do Brasil, ainda que de pais estrangeiros, desde que estes não estejam a serviço de seu país; b) os nascidos no estrangeiro, de pai brasileiro ou mãe brasileira, desde que qualquer deles esteja a serviço da República Federativa do Brasil; c) os nascidos no estrangeiro de pai brasileiro ou de mãe brasileira, desde que sejam registrados em repartição brasileira competente ou venham a residir na República Federativa do Brasil e optem, em qualquer tempo, depois de atingida a maioridade, pela nacionalidade brasileira;

II – *naturalizados*: a) os que, na forma da lei, adquiram a nacionalidade brasileira, exigidas aos originários de países de língua portuguesa apenas residência por um ano ininterrupto e idoneidade moral; b) os estrangeiros de qualquer nacionalidade, residentes na República Federativa do Brasil há mais de 15 anos ininterruptos e sem condenação penal, desde que requeiram a nacionalidade brasileira.

Aos portugueses com residência permanente no País, se houver reciprocidade em favor de brasileiros, devem ser atribuídos os direitos inerentes ao brasileiro, salvo os casos previstos na Constituição Federal de 1988. A lei não pode estabelecer distinção entre brasileiros natos e naturalizados, salvo nos casos previstos na Constituição da República.

As empresas brasileiras, quando estiverem prestando serviço aéreo internacional, podem utilizar comissários de voo estrangeiros, desde que o número destes não exceda a 1/3 dos comissários de voo a bordo da mesma aeronave. Todas as empresas de transporte aéreo público, salvo empresas estrangeiras de transporte aéreo público não regular na modalidade de táxi aéreo, quando estiverem operando voos domésticos em território brasileiro, devem ter obrigatoriamente seu quadro de tripulantes composto por brasileiros natos ou naturalizados, com contrato de trabalho regido pela legislação brasileira. Na falta de tripulantes de voo brasileiros, instrutores estrangeiros podem ser admitidos em caráter provisório, por período restrito ao da instrução, de acordo com regulamento exarado pela autoridade de aviação civil brasileira (art. 6º, §§ 1º a 3º, da Lei 13.475/2017).

Os *tripulantes de voo* exercem as seguintes funções a bordo da aeronave:

I – *comandante*: piloto responsável pela operação e pela segurança da aeronave, exercendo a autoridade que a legislação lhe atribui;

II – *copiloto*: piloto que auxilia o comandante na operação da aeronave;

III – *mecânico de voo*: auxiliar do comandante, encarregado da operação e do controle de sistemas diversos, conforme especificação dos manuais técnicos da aeronave (art. 7º).

Sem prejuízo das atribuições originalmente designadas, o comandante e o mecânico de voo podem exercer cumulativamente outras prerrogativas decorrentes de qualificação ou credenciamento, previstas nos regulamentos aeronáuticos, desde que autorizados pela autoridade de aviação civil brasileira.

O comandante deve ser designado pelo operador da aeronave e será seu preposto durante toda a viagem.

O copiloto é o substituto eventual do comandante nas tripulações simples, não o sendo nos casos de tripulação composta ou de revezamento.

Os *tripulantes de cabine*, na função de *comissários de voo*, são auxiliares do comandante encarregados do cumprimento das normas relativas à segurança e ao atendimento dos passageiros a bordo, da guarda de bagagens, documentos, valores e malas postais e de outras tarefas que lhes tenham sido delegadas pelo comandante (art. 8º).

Sem prejuízo das atribuições originalmente designadas, os comissários de voo podem exercer cumulativamente outras prerrogativas decorrentes de qualificação ou credenciamento, previstas nos regulamentos aeronáuticos, desde que autorizados pela autoridade de aviação civil brasileira.

A guarda de valores é condicionada à existência de local apropriado e seguro na aeronave, sendo responsabilidade do empregador atestar a segurança do local. A guarda de cargas e malas postais em terra somente deve ser confiada aos comissários de voo quando no local inexistir serviço próprio para essa finalidade.

9.2.8.3 *Tripulação*

Tripulação é o conjunto de tripulantes de voo e de cabine que exercem função a bordo de aeronave (art. 9º da Lei 13.475/2017).

O tripulante, sem prejuízo das atribuições originalmente designadas, não pode exercer, simultaneamente, mais de uma função a bordo de aeronave, mesmo que seja titular de licenças correspondentes (art. 10).

Os membros de uma tripulação são *subordinados técnica e disciplinarmente* ao comandante, durante todo o tempo em que transcorrer a viagem (art. 11).

O *comandante* exerce a autoridade inerente à função desde o momento em que se apresenta para o voo até o momento em que, concluída a viagem, entrega a aeronave (art. 12).

Uma tripulação pode ser classificada como mínima, simples, composta ou de revezamento (art. 13).

A autoridade de aviação civil brasileira, considerando o interesse da segurança operacional, as características da rota e do voo e a programação a ser cumprida, pode determinar a composição da tripulação ou as modificações necessárias para a realização do voo.

Tripulação mínima é a determinada na forma da certificação de tipo da aeronave, homologada pela autoridade de aviação civil brasileira, sendo permitida sua utilização em voos locais de instrução, de experiência, de vistoria e de traslado (art. 14).

Tripulação simples é a constituída de uma tripulação mínima acrescida, quando for o caso, dos tripulantes necessários à realização do voo (art. 15).

Tripulação composta é a constituída de uma tripulação simples acrescida de um comandante, de um mecânico de voo, quando o equipamento assim o exigir, e de, no mínimo, 25% do número de comissários de voo (art. 16).

A tripulação composta somente pode ser utilizada em voos internacionais, exceto nas seguintes situações, quando pode ser utilizada em voos domésticos: para atender a atrasos ocasionados por condições meteorológicas desfavoráveis ou por trabalhos de manutenção não programados; quando os critérios de utilização dos tripulantes de voo e de cabine empregados no serviço aéreo definido no inciso I do art. 5º da Lei 13.475/2017 estiverem definidos em convenção ou acordo coletivo de trabalho; para atendimento de missão humanitária, transportando ou destinada ao transporte de enfermos ou órgãos para transplante, no caso de tripulantes de voo e de cabine empregados nos serviços aéreos definidos no inciso II do art. 5º da Lei 13.475/2017.

Tripulação de revezamento é a constituída de uma tripulação simples acrescida de um comandante, de um piloto, de um mecânico de voo, quando o equipamento assim o exigir, e de 50% do número de comissários de voo (art. 17). A tripulação de revezamento só pode ser empregada em voos internacionais.

Um tipo de tripulação só pode ser transformado na origem do voo e até o limite de três horas, contadas a partir da apresentação da tripulação previamente escalada (art. 18). A contagem de tempo para limite da jornada deve ser a partir da hora de apresentação da tripulação original ou do tripulante de reforço, considerando o que ocorrer primeiro.

9.2.8.4 *Sistema de Gerenciamento de Risco de Fadiga Humana*

As *limitações operacionais* estabelecidas na Lei 13.475/2017 podem ser alteradas pela autoridade de aviação civil brasileira com base nos preceitos do Sistema de Gerenciamento de Risco de Fadiga Humana (art. 19 da Lei 13.475/2017).

As referidas limitações operacionais compreendem quaisquer prescrições temporais relativas aos tripulantes de voo e de cabine no que tange a limites de voo, de pouso, de jornada de trabalho, de sobreaviso, de reserva e de períodos de repouso, bem como a outros fatores que possam reduzir o estado de alerta da tripulação ou comprometer o seu desempenho operacional.

O Sistema de Gerenciamento de Risco de Fadiga Humana deve ser regulamentado pela autoridade de aviação civil brasileira com base nas normas e recomendações internacionais de aviação civil.

A implantação e a atualização do Sistema de Gerenciamento de Risco de Fadiga Humana devem ser acompanhadas pelo *sindicato da categoria profissional*.

Nos casos em que o Sistema de Gerenciamento de Risco de Fadiga Humana autorizar a superação das 12 horas de jornada de trabalho e a diminuição do período de 12 horas de repouso, em tripulação simples, tais alterações devem ser implementadas por meio de *convenção ou acordo coletivo de trabalho* entre o operador da aeronave e o sindicato da categoria profissional.

Cabe à autoridade de aviação civil brasileira expedir as normas necessárias para a implantação do Sistema de Gerenciamento de Risco de Fadiga Humana (art. 78 da Lei 13.475/2017).

9.2.8.5 *Contrato de trabalho*

A função remunerada dos tripulantes a bordo de aeronave deve, obrigatoriamente, ser formalizada por meio de *contrato de trabalho* firmado *diretamente* com o operador da aeronave (art. 20 da Lei 13.475/2017).

Portanto, conforme essa regra especial, não se admite a terceirização pelo operador da aeronave das atividades relativas à mencionada função dos tripulantes a bordo de aeronave. Do mesmo modo, não é permitida a contratação dos referidos empregados pelo operador da aeronave de forma intermediada (por meio de terceiro) ou interposta, como ocorre no trabalho temporário (Lei 6.019/1974).

O *tripulante de voo ou de cabine* só pode exercer função remunerada a bordo de aeronave de um operador ao qual não esteja diretamente vinculado por contrato de trabalho quando o serviço aéreo não constituir atividade-fim, e desde que por prazo não superior a 30 dias consecutivos, contado da data de início da prestação dos serviços. Essa prestação de serviço remunerado não pode ocorrer por mais de uma vez ao ano e deve ser formalizada por contrato escrito, sob pena de presunção de vínculo empregatício do tripulante diretamente com o operador da aeronave.

Logo, observa-se certa restrição quanto ao tripulante de voo ou de cabine a respeito do exercício de labor remunerado a bordo de aeronave para outro operador que não seja o empregador, isto é, com quem não seja mantido diretamente o contrato de trabalho.

Entretanto, o disposto no art. 20 da Lei 13.475/2017 não se aplica quando o operador da aeronave for órgão ou entidade da administração pública, no exercício de missões institucionais ou de poder de polícia (art. 20, § 3º, da Lei 13.475/2017, incluído pela Lei 14.163/2021).

O operador da aeronave pode utilizar-se de *tripulantes instrutores* que não estejam a ele vinculados por contrato de trabalho quando em seu quadro de tripulantes não existirem instrutores habilitados no equipamento em que se pretende operar, desde que por período restrito ao da instrução e mediante autorização da autoridade de aviação civil brasileira (art. 21).

O operador de aeronaves pode, por meio de contrato de prestação de serviços, autorizar que seus instrutores ministrem instrução para tripulantes que não estejam a ele vinculados por contrato de trabalho quando os empregadores dos respectivos tripulantes não possuírem equipamento ou instrutores próprios para a específica instrução, desde que por período restrito ao da instrução e mediante autorização da autoridade de aviação civil brasileira (art. 22). Essa previsão só é aplicável aos operadores de aeronaves que realizam os serviços aéreos referidos nos incisos I e II do art. 5º da Lei 13.475/2017.

9.2.8.6 *Base contratual*

Entende-se por *base contratual* a matriz ou filial onde o contrato de trabalho do tripulante estiver registrado (art. 23 da Lei 13.475/2017).

Resguardados os direitos e as condições previstos na Lei 13.475/2017, os demais direitos, condições de trabalho e obrigações do empregado devem estar definidos no *contrato de trabalho* e podem ser devidamente regulados em *convenção ou acordo coletivo de trabalho*, desde que não ultrapassem os parâmetros estabelecidos na regulamentação da autoridade de aviação civil brasileira (art. 24).

Deve ser fornecido pelo empregador *transporte gratuito* aos tripulantes de voo e de cabine sempre que se iniciar ou finalizar uma programação de voo em aeroporto situado a mais de 50 quilômetros de distância do aeroporto definido como base contratual (art. 25).

O *tempo de deslocamento* entre o aeroporto definido como base contratual e o aeroporto designado para o início do voo deve ser computado na jornada de trabalho e não será remunerado.

Essa regra específica, assim, ao mesmo tempo em que prevê a integração do referido tempo de deslocamento entre aeroportos na jornada de trabalho, de modo atípico, exclui o direito à correspondente remuneração.

No caso de viagem que termine em aeroporto diferente do definido como base contratual e situado a mais de 50 quilômetros de distância, a jornada de trabalho deve ser encerrada conforme o disposto no art. 35 da Lei 13.475/2017, e o repouso mínimo regulamentar deve ser acrescido de, no mínimo, duas horas.

9.2.8.7 Escala de serviço

A prestação de serviço do tripulante empregado no serviço aéreo definido no inciso I do art. 5º da Lei 13.475/2017 (serviço de transporte aéreo público regular e não regular, exceto na modalidade de táxi aéreo), devendo ser respeitados os períodos de folgas e repousos regulamentares, deve ser determinada por meio de:

– *escala*, no mínimo mensal, divulgada com antecedência mínima de cinco dias, determinando os horários de início e término de voos, serviços de reserva, sobreavisos e folgas, sendo vedada a consignação de situações de trabalho e horários não definidos;
– *escala ou convocação*, para realização de cursos, reuniões, exames relacionados a treinamento e verificação de proficiência técnica (art. 26 da Lei 13.475/2017).

Em quatro meses do ano, as empresas estão autorizadas, caso julguem necessário, a divulgar escala semanal para voos de horário, serviços de reserva, sobreavisos e folgas com antecedência mínima de dois dias, para a primeira semana de cada mês, e de sete dias, para as semanas subsequentes.

Para voos exclusivamente cargueiros, é autorizada a divulgação de escala semanal para voos de horário, serviços de reserva, sobreavisos e folgas com antecedência mínima de dois dias, para a primeira semana de cada mês, e de sete dias, para as semanas subsequentes.

Os limites previstos no inciso I do art. 26 da Lei 13.475/2017 podem ser alterados mediante *convenção ou acordo coletivo de trabalho*, desde que não ultrapassem os parâmetros estabelecidos na regulamentação da autoridade de aviação civil brasileira.

A determinação para a prestação de serviço do tripulante empregado nos serviços aéreos definidos nos incisos II, III, IV e V do art. 5º da Lei 13.475/2017, respeitados os períodos de folgas e repousos regulamentares, deve ser feita por meio de:

– *escala*, no mínimo semanal, divulgada com antecedência mínima de dois dias, determinando os horários de início e término de voos, serviços de reserva, sobreavisos e folgas, sendo vedada a consignação de situações de trabalho e horários não definidos;
– *escala ou convocação*, para realização de cursos, reuniões, exames relacionados a treinamento e verificação de proficiência técnica (art. 27).

Outros critérios para a determinação da prestação de serviço dos tripulantes podem ser estabelecidos em *convenção ou acordo coletivo de trabalho*, desde que não ultrapassem os parâmetros estabelecidos na regulamentação da autoridade de aviação civil brasileira.

Na *escala de serviço*, devem ser observados regime de rodízio de tripulantes e turnos compatíveis com a saúde, a higiene e a segurança do trabalho (art. 28).

A programação de rodízios e turnos deve obedecer ao *princípio da equidade* na distribuição entre as diversas situações de trabalho para que não haja discriminação entre os tripulantes com qualificações idênticas, salvo em empresas que adotem critérios específicos estabelecidos em acordo coletivo de trabalho, desde que não ultrapassem os parâmetros estabelecidos na regulamentação da autoridade de aviação civil brasileira.

9.2.8.8 Acomodação para descanso na aeronave

Deve ser assegurado aos tripulantes de voo e de cabine, quando estiverem em voo com tripulação composta ou de revezamento, *descanso a bordo da aeronave*, em acomodação adequada, de acordo com as especificações definidas em norma estabelecida pela autoridade de aviação civil brasileira (art. 29 da Lei 13.475/2017).

Aos tripulantes de voo e de cabine realizando voos em tripulação composta deve ser assegurado número de acomodações para descanso a bordo igual ao número de tripulantes somados à tripulação simples.

Aos tripulantes de voo e de cabine realizando voos em tripulação de revezamento deve ser assegurado número de acomodações para descanso a bordo igual à metade do total de tripulantes.

9.2.8.9 Limites de voos e de pousos

Denomina-se *hora de voo* ou *tempo de voo* o período compreendido desde o início do deslocamento, quando se tratar de aeronave de asa fixa, ou desde a partida dos motores, quando se tratar de aeronave de asa rotativa, até o momento em que, respectivamente, se imobiliza a aeronave ou se efetua o corte dos motores, ao término do voo ("calço a calço"), conforme o art. 30 da Lei 13.475/2017.

Aos tripulantes de voo ou de cabine empregados no serviço aéreo definido no inciso I do art. 5º da Lei 13.475/2017 (serviço de transporte aéreo público regular e não regular, exceto na modalidade de táxi aéreo) devem ser assegurados os seguintes *limites de horas de voo e de pousos em uma mesma jornada de trabalho*:

I – oito horas de voo e quatro pousos, na hipótese de integrante de tripulação mínima ou simples;

II – 11 horas de voo e cinco pousos, na hipótese de integrante de tripulação composta;

III – 14 horas de voo e quatro pousos, na hipótese de integrante de tripulação de revezamento;

IV – sete horas sem limite de pousos, na hipótese de integrante de tripulação de helicópteros (art. 31).

O número de pousos na hipótese do inciso I do art. 31 da Lei 13.475/2017 pode ser aumentado em mais um, a critério do empregador, acrescendo-se, nesse caso, duas horas ao repouso que precede a jornada. Não obstante essa previsão, em caso de desvio para aeroporto de alternativa, será permitido o acréscimo de mais um pouso aos limites estabelecidos nos incisos I, II e III do art. 31 da Lei 13.475/2017.

Os tripulantes que operam aeronaves convencionais e turbo-hélice podem ter o limite de pousos estabelecido no inciso I do art. 31 da Lei 13.475/2017 aumentado em mais dois pousos.

Aos tripulantes empregados nos serviços aéreos definidos nos incisos II, III, IV e V do art. 5º da Lei 13.475/2017 são assegurados os seguintes *limites de horas de voo em uma mesma jornada de trabalho*:

I – nove horas e 30 minutos de voo, na hipótese de integrante de tripulação mínima ou simples;

II – 12 horas de voo, na hipótese de integrante de tripulação composta;

III – 16 horas de voo, na hipótese de integrante de tripulação de revezamento;

IV – oito horas de voo, na hipótese de integrante de tripulação de helicópteros (art. 32).

Aos tripulantes referidos no art. 32 da Lei 13.475/2017 não são assegurados limites de pousos em uma mesma jornada de trabalho.

Os tripulantes empregados nos serviços aéreos definidos no inciso IV do art. 5º da Lei 13.475/2017, quando em atividade de fomento ou proteção à agricultura, podem ter os limites previstos no art. 32 estabelecidos em *convenção ou acordo coletivo de trabalho*, desde que não ultrapassem os parâmetros de segurança de voo determinados na regulamentação da autoridade de aviação civil brasileira.

Aos tripulantes são assegurados os seguintes *limites mensais e anuais de horas de voo*:

I – 80 horas de voo por mês e 800 horas por ano, em aviões a jato;

II – 85 horas de voo por mês e 850 horas por ano, em aviões turbo-hélice;

III – 100 horas de voo por mês e 960 horas por ano, em aviões convencionais;

IV – 90 horas de voo por mês e 930 horas por ano, em helicópteros (art. 33).

Quando os tripulantes operarem diferentes tipos de aeronaves, o limite inferior deve ser respeitado.

Os tripulantes de voo empregados nos serviços aéreos especializados definidos no inciso IV do art. 5º da Lei 13.475/2017, quando em atividade de fomento ou proteção à agricultura, podem ter os limites previstos no art. 33 estabelecidos em *convenção ou acordo coletivo de trabalho*, desde que não ultrapassem os parâmetros de segurança de voo determinados na regulamentação da autoridade de aviação civil brasileira.

O trabalho realizado como *tripulante extra a serviço* (art. 4º da Lei 13.475/2017) deve ser computado para os limites da jornada de trabalho diária, semanal e mensal, não sendo considerado para o cômputo dos limites de horas de voo diários, mensais e anuais, previstos nos arts. 31, 32 e 33 da Lei 13.475/2017 (art. 34).

9.2.8.10 *Jornada de trabalho*

Jornada é a duração do trabalho do tripulante de voo ou de cabine, contada entre a hora da apresentação no local de trabalho e a hora em que ele é encerrado (art. 35 da Lei 13.475/2017).

A jornada na base contratual deve ser contada a partir da hora de apresentação do tripulante no local de trabalho. Fora da base contratual, a jornada deve ser contada a partir da hora de apresentação do tripulante no local estabelecido pelo empregador. Nessas duas hipóteses, a apresentação no aeroporto ou em outro local estabelecido pelo empregador deve ocorrer com antecedência mínima de 30 minutos da hora prevista para o início do voo (art. 35, § 3º).

A jornada deve ser considerada encerrada 30 minutos após a parada final dos motores, no caso de voos domésticos, e 45 minutos após a parada final dos motores, no caso de voos internacionais (art. 35, § 4º).

Para atividades em terra, não se aplicam as disposições dos §§ 3º e 4º do art. 35 da Lei 13.475/2017.

Os limites previstos no § 4º do art. 35 da Lei 13.475/2017 podem ser alterados pelos operadores de aeronaves que possuírem Sistema de Gerenciamento de Risco de Fadiga Humana no planejamento e na execução das escalas de serviço de seus tripulantes, sendo o limite mínimo de 30 minutos.

Aos tripulantes de voo ou de cabine empregados no serviço aéreo definido no inciso I do art. 5º da Lei 13.475/2017 (serviço de transporte aéreo público regular e não regular, exceto na modalidade de táxi aéreo) são assegurados os seguintes *limites de jornada de trabalho*:

I – nove horas, se integrantes de uma tripulação mínima ou simples;

II – 12 horas, se integrantes de uma tripulação composta;

III – 16 horas, se integrantes de uma tripulação de revezamento (art. 36).

Aos tripulantes de voo ou de cabine empregados nos serviços aéreos definidos nos incisos II, III, IV e V do art. 5º da Lei 13.475/2017 são assegurados os seguintes *limites de jornada de trabalho*:

I – 11 horas, se integrantes de uma tripulação mínima ou simples;

II – 14 horas, se integrantes de uma tripulação composta;

III – 18 horas, se integrantes de uma tripulação de revezamento (art. 37).

Os tripulantes de voo empregados nos serviços aéreos especializados definidos no inciso IV do art. 5º da Lei 13.475/2017, quando em atividade de fomento à agricultura, podem ter os limites previstos no art. 37 estabelecidos em *convenção ou acordo coletivo de trabalho*, desde que não ultrapassem os parâmetros de segurança de voo determinados na regulamentação da autoridade de aviação civil brasileira.

Em caso de interrupção de jornada, os tripulantes de voo ou de cabine empregados nos serviços aéreos definidos nos incisos II, IV e V do art. 5º da Lei 13.475/2017, quando compondo tripulação mínima ou simples, podem ter suas jornadas de trabalho acrescidas de até a metade do tempo da interrupção, nos seguintes casos:

– quando houver interrupção da jornada fora da base contratual, superior a três horas e inferior a seis horas consecutivas, e for proporcionado pelo empregador local para descanso separado do público e com controle de temperatura e luminosidade;

– quando houver interrupção da jornada fora da base contratual, superior a seis horas e inferior a 10 horas consecutivas, e forem proporcionados pelo empregador quartos individuais com banheiro privativo, condições adequadas de higiene e segurança, mínimo ruído e controle de temperatura e luminosidade (art. 38).

A condição prevista no art. 38 da Lei 13.475/2017 deve ser consignada no diário de bordo da aeronave, com assinatura do comandante.

A *hora de trabalho noturno*, para efeito de jornada, deve ser computada como de 52 minutos e 30 segundos (art. 39).

Para efeitos da Lei 13.475/2017, considera-se *noturno*:

– o trabalho executado em terra entre as 22 horas de um dia e as cinco horas do dia seguinte, considerado o horário local;

– o período de tempo de voo realizado entre as 18 horas de um dia e as seis horas do dia seguinte, considerado o fuso horário oficial da base contratual do tripulante.

Os limites da jornada de trabalho podem ser *ampliados* em 60 minutos, a critério exclusivo do comandante da aeronave, nos seguintes casos:

– inexistência, em local de escala regular, de acomodações apropriadas para o repouso da tripulação e dos passageiros;

– espera demasiadamente longa, fora da base contratual, em local de espera regular intermediária, ocasionada por condições meteorológicas desfavoráveis e trabalho de manutenção não programada;

– por imperiosa necessidade, entendida como a decorrente de catástrofe ou problema de infraestrutura que não configure caso de falha ou falta administrativa da empresa (art. 40).

Qualquer ampliação dos limites das horas de trabalho deve ser comunicada em no máximo 24 horas após a viagem, pelo comandante ao empregador, que, no prazo de 15 dias, comunicará a autoridade de aviação civil brasileira.

A duração do trabalho dos tripulantes de voo ou de cabine não deve exceder a 44 horas semanais e 176 horas mensais, computados os tempos de:

– jornada e serviço em terra durante a viagem;
– reserva e 1/3 do sobreaviso;
– deslocamento como tripulante extra a serviço;
– adestramento em simulador, cursos presenciais ou a distância, treinamentos e reuniões;
– realização de outros serviços em terra, quando escalados pela empresa (art. 41).

O limite semanal de trabalho previsto no art. 41 da Lei 13.475/2017 pode ser alterado mediante *convenção ou acordo coletivo de trabalho*, desde que não ultrapasse os parâmetros estabelecidos na regulamentação da autoridade de aviação civil brasileira, sendo vedada, sob qualquer hipótese, a extrapolação do limite mensal de 176 horas.

Os tripulantes de voo ou de cabine empregados nos serviços aéreos definidos nos incisos II, III, IV e V do art. 5º da Lei 13.475/2017 devem ter como período máximo de trabalho consecutivo 21 dias, contados do dia de saída do tripulante de sua base contratual até o dia do regresso a ela (art. 41, § 2º).

Para os tripulantes de voo ou de cabine empregados nos serviços aéreos definidos nos incisos II, III, IV e V do art. 5º da Lei 13.475/2017, o período consecutivo de trabalho, no local de operação, não pode exceder a 17 dias (art. 41, § 3º). Quando prestarem serviço fora da base contratual por período superior a seis dias, os referidos tripulantes terão, no retorno, folgas correspondentes a, no mínimo, o número de dias fora da base contratual menos dois dias.

Os tripulantes empregados no serviço aéreo definido no inciso I do art. 5º da Lei 13.475/2017 (serviço de transporte aéreo público regular e não regular, exceto na modalidade de táxi aéreo) que também exerçam atividades administrativas devem ter os limites de sua jornada de trabalho definidos em convenção ou acordo coletivo de trabalho, desde que não ultrapassem os parâmetros estabelecidos na regulamentação da autoridade de aviação civil brasileira.

As disposições do art. 41 da Lei 13.475/2017 não se aplicam aos tripulantes empregados nos serviços aéreos definidos no inciso IV do art. 5º da Lei 13.475/2017 em atividade de fomento ou proteção à agricultura, que poderão ter os referidos limites reduzidos ou ampliados por convenção ou acordo coletivo de trabalho, desde que não ultrapassem os parâmetros de segurança de voo determinados na regulamentação da autoridade de aviação civil brasileira.

Deve ser observado o limite máximo de duas madrugadas consecutivas de trabalho, e o de quatro madrugadas totais no período de 168 horas consecutivas, contadas desde a apresentação do tripulante (art. 42).

O tripulante de voo ou de cabine pode ser escalado para jornada de trabalho na terceira madrugada consecutiva desde que como tripulante extra, em voo de retorno à base contratual e encerrando sua jornada de trabalho, vedada, nessa hipótese, a escalação do tripulante para compor tripulação no período que antecede a terceira madrugada consecutiva na mesma jornada de trabalho.

Sempre que for disponibilizado ao tripulante período mínimo de 48 horas livre de qualquer atividade, poderá ser iniciada a contagem de novo período de 168 horas consecutivas, referido no art. 42 da Lei 13.475/2017.

Os limites previstos no art. 42 da Lei 13.475/2017 podem ser reduzidos ou ampliados mediante *convenção ou acordo coletivo de trabalho*, desde que não ultrapassem os parâmetros estabelecidos na regulamentação da autoridade de aviação civil brasileira.

Entende-se como *madrugada* o período transcorrido, total ou parcialmente, entre zero hora e seis horas, considerado o fuso horário oficial da base contratual do tripulante.

9.2.8.11 *Sobreaviso*

Sobreaviso é o período não inferior a três horas e não excedente a 12 horas em que o tripulante permanece em local de sua escolha à disposição do empregador, devendo apresentar-se no aeroporto ou em outro local determinado, no prazo de até 90 minutos, após receber comunicação para o início de nova tarefa (art. 43 da Lei 13.475/2017).

Em Município ou conurbação com dois ou mais aeroportos, o tripulante designado para aeroporto diferente da base contratual tem prazo de 150 minutos para a apresentação, após receber comunicação para o início de nova tarefa (art. 43, § 1º, da Lei 13.475/2017).

As horas de sobreaviso devem ser pagas à base de *1/3 do valor da hora de voo*.

Caso o tripulante seja convocado para uma nova tarefa, o tempo remunerado deve ser contabilizado entre o início do sobreaviso e o início do deslocamento.

Caso o tripulante de voo ou de cabine não seja convocado para uma tarefa durante o período de sobreaviso, o tempo de repouso mínimo de oito horas deverá ser respeitado antes do início de nova tarefa.

O período de sobreaviso, contabilizado desde seu início até o início do deslocamento caso o tripulante seja acionado para nova tarefa, não pode ser superior a 12 horas. Nesse período de 12 horas não devem ser computados os períodos de deslocamento de 90 e 150 minutos previstos no *caput* e no § 1º do art. 43 da Lei 13.475/2017.

O tripulante de voo ou de cabine empregado no serviço aéreo previsto no inciso I do art. 5º da Lei 13.475/2017 (serviço de transporte aéreo público regular e não regular, exceto na modalidade de táxi aéreo) deve ter a quantidade de sobreavisos limitada a oito mensais, podendo ser reduzida ou ampliada por *convenção ou acordo coletivo de trabalho*, devendo ser observados os limites estabelecidos na regulamentação da autoridade de aviação civil brasileira.

9.2.8.12 Reserva

Reserva é o período em que o tripulante de voo ou de cabine permanece à disposição, por determinação do empregador, no local de trabalho (art. 44 da Lei 13.475/2017).

A hora de reserva deve ser paga na *mesma base da hora de voo*.

A reserva do tripulante empregado no serviço aéreo previsto no inciso I do art. 5º da Lei 13.475/2017 (serviço de transporte aéreo público regular e não regular, exceto na modalidade de táxi aéreo) deve ter duração mínima de três horas e máxima de seis horas.

A reserva do tripulante empregado nos serviços aéreos previstos nos incisos II, III, IV e V do art. 5º da Lei 13.475/2017 deve ter duração mínima de três horas e máxima de 10 horas.

Prevista a reserva por prazo superior a três horas, o empregador deve assegurar ao tripulante acomodação adequada para descanso.

Entende-se por *acomodação adequada* para fins do art. 44 da Lei 13.475/2017 poltronas em sala específica com controle de temperatura, em local diferente do destinado ao público e à apresentação das tripulações.

Para efeito de remuneração, caso o tripulante seja acionado em reserva para assumir programação de voo, deve ser considerado tempo de reserva o período compreendido entre o início da reserva e o início do voo.

Os limites previstos no art. 44 da Lei 13.475/2017 podem ser reduzidos ou ampliados por *convenção ou acordo coletivo de trabalho*, observados os parâmetros estabelecidos na regulamentação da autoridade de aviação civil brasileira.

9.2.8.13 Viagem

Viagem é o trabalho realizado pelo tripulante de voo ou de cabine, contado desde a saída de sua base até o seu regresso (art. 45 da Lei 13.475/2017).

Uma viagem pode compreender uma ou mais jornadas.

O tripulante de voo ou de cabine pode cumprir uma combinação de voos, passando por sua base contratual sem ser dispensado do serviço, desde que a programação obedeça à escala previamente publicada.

O empregador pode exigir do tripulante de voo ou de cabine complementação de voo, quando fora da base contratual, para atender à realização de serviços inadiáveis.

O empregador não pode exigir do tripulante de voo ou de cabine complementação de voo ou qualquer outra atividade ao final da viagem, por ocasião do retorno à base contratual, sendo facultada ao tripulante a aceitação, não cabendo qualquer tipo de penalidade em caso de recusa.

9.2.8.14 Repouso

Repouso é o período ininterrupto, após uma jornada, em que o tripulante fica desobrigado da prestação de qualquer serviço (art. 46 da Lei 13.475/2017).

É assegurada ao tripulante, fora de sua base contratual, acomodação adequada para repouso e transporte entre o aeroporto e o local de repouso, e vice-versa (art. 47).

O previsto no art. 47 da Lei 13.475/2017 não deve ser aplicado ao tripulante empregado nos serviços aéreos previstos nos incisos II, III, IV e V do art. 5º da Lei 13.475/2017 quando o custeio do transporte e da hospedagem for ressarcido pelo empregador. O mencionado ressarcimento deve ocorrer no máximo até 30 dias após o pagamento.

Entende-se por *acomodação adequada* para repouso do tripulante quarto individual com banheiro privativo e condições adequadas de higiene, segurança, ruído, controle de temperatura e luminosidade.

Quando não houver disponibilidade de transporte ao término da jornada, o período de repouso deve ser computado a partir da colocação de transporte à disposição da tripulação.

O tempo mínimo de repouso deve ter duração relacionada ao tempo da jornada anterior, observando-se os seguintes limites:

I – 12 horas de repouso, após jornada de até 12 horas;

II – 16 horas de repouso, após jornada de mais de 12 horas e até 15 horas;

III – 24 horas de repouso, após jornada de mais de 15 horas (art. 48).

Os limites previstos no art. 48 da Lei 13.475/2017 podem ser alterados por *convenção ou acordo coletivo de trabalho*, observados os parâmetros de segurança de voo estabelecidos na regulamentação da autoridade de aviação civil brasileira.

Quando ocorrer o cruzamento de três ou mais fusos horários em um dos sentidos da viagem, o tripulante deve ter, na base contratual, o repouso acrescido de duas horas por cada fuso cruzado (art. 49).

9.2.8.15 *Folga periódica*

Folga é o período não inferior a 24 horas consecutivas em que o tripulante, em sua base contratual, sem prejuízo da remuneração, está desobrigado de qualquer atividade relacionada com seu trabalho (art. 50 da Lei 13.475/2017).

Salvo o previsto nos §§ 2º e 3º do art. 41 da Lei 13.475/2017, a folga deve ter início, no máximo, após o sexto período consecutivo de até 24 horas, contada a partir da apresentação do tripulante, observados os limites da duração da jornada de trabalho e do repouso (art. 50, § 1º).

Os períodos de repouso mínimo regulamentar devem estar contidos nos seis períodos consecutivos de até 24 horas previstos no § 1º do art. 50 (art. 50, § 2º).

No caso de voos internacionais de longo curso, o limite previsto no § 1º do art. 50 da Lei 13.475/2017 pode ser ampliado em 36 horas, ficando o empregador obrigado a conceder ao tripulante mais dois períodos de folga no mesmo mês em que o voo for realizado, além das folgas previstas nos arts. 50 e 51 da Lei 13.475/2017.

Os limites previstos nos §§ 1º e 2º do art. 50 da Lei 13.475/2017 podem ser alterados por *convenção ou acordo coletivo de trabalho*, observados os parâmetros determinados na regulamentação da autoridade de aviação civil brasileira.

O tripulante empregado no serviço aéreo previsto no inciso I do art. 5º da Lei 13.475/2017 (serviço de transporte aéreo público regular e não regular, exceto na modalidade de táxi aéreo) deve ter *número mensal de folgas* não inferior a 10, das quais pelo menos duas devem compreender um sábado e um domingo consecutivos, devendo a primeira destas ter início até as 12 horas do sábado, no horário de Brasília (art. 51).

O número mensal de folgas previsto no art. 51 da Lei 13.475/2017 pode ser reduzido até nove, conforme critérios estabelecidos em *convenção ou acordo coletivo de trabalho*.

Quando o tripulante concorrer parcialmente à escala de serviço do mês, por motivo de férias ou afastamento, deve-se aplicar a proporcionalidade do número de dias trabalhados ao número de folgas a serem concedidas, com aproximação para o inteiro superior.

O tripulante de voo ou de cabine empregado nos serviços aéreos previstos nos incisos II, III, IV e V do art. 5º da Lei 13.475/2017 deve ter *número de folgas mensal* não inferior a oito, das quais pelo menos duas devem compreender um sábado e um domingo consecutivos (art. 52).

O tripulante empregado nos serviços aéreos previstos no inciso IV do art. 5º da Lei 13.475/2017, quando em atividade de fomento ou proteção à agricultura, pode ter os limites previstos neste artigo modificados por *convenção ou acordo coletivo de trabalho*, observados os parâmetros estabelecidos na regulamentação da autoridade de aviação civil brasileira.

A folga só deve ter início após a conclusão do repouso da jornada, e seus horários de início e término devem ser definidos em escala previamente publicada (art. 53).

Quando o tripulante for designado para curso fora da base contratual, sua folga pode ser gozada nesse local, devendo a empresa assegurar, no regresso, uma *licença remunerada* de um dia para cada 15 dias fora da base contratual (art. 54). A licença remunerada não deve coincidir com sábado, domingo ou feriado se a permanência do tripulante fora da base for superior a 30 dias.

9.2.8.16 *Remuneração*

Sem prejuízo da liberdade contratual, a *remuneração* do tripulante deve corresponder à soma das quantias por ele percebidas da empresa (art. 55 da Lei 13.475/2017).

Não integram a remuneração as importâncias pagas pela empresa a título de ajuda de custo, assim como as diárias de hospedagem, alimentação e transporte.

A remuneração dos tripulantes pode ser fixa ou ser constituída por parcela fixa e parcela variável (art. 56).

A *parcela variável da remuneração* deve ser obrigatoriamente calculada com base nas horas de voo, salvo nos casos:

– do tripulante empregado no serviço de transporte aéreo público não regular na modalidade de táxi aéreo, previsto no inciso II do art. 5º da Lei 13.475/2017, que pode ter a parcela variável de seu salário calculada com base na quilometragem entre a origem e o destino do voo, desde que estabelecido em convenção ou acordo coletivo de trabalho;

– do tripulante empregado nos serviços aéreos previstos no inciso IV do art. 5º da Lei 13.475/2017 em atividade de fomento ou proteção à agricultura, que pode ter a parcela variável de seu salário calculada com base na área produzida ou aplicada ou conforme outros critérios estabelecidos em convenção ou acordo coletivo de trabalho.

O período de tempo em solo entre etapas de voo em uma mesma jornada deve ser remunerado (art. 57). Os valores e critérios para remuneração desse período devem ser estabelecidos no contrato de trabalho e em convenção ou acordo coletivo de trabalho.

A empresa deve pagar a remuneração do trabalho não realizado por motivo alheio à vontade do tripulante, se outra atividade equivalente não lhe for atribuída (art. 58).

A remuneração da hora de voo noturno e das horas de voo como tripulante extra deve ser calculada na forma da legislação em vigor, observadas as condições estabelecidas no contrato de trabalho e em convenção ou acordo coletivo de trabalho (art. 59).

Considera-se *voo noturno*, para efeitos do art. 59 da Lei 13.475/2017, o voo executado entre as 21 horas, Tempo Universal Coordenado, de um dia e as nove horas, Tempo Universal Coordenado, do dia seguinte.

A *hora de voo noturno*, para efeito de remuneração, é contada à razão de 52 minutos e 30 segundos.

As frações de hora devem ser computadas para efeito de remuneração (art. 60).

9.2.8.17 Alimentação

Durante a viagem, o tripulante tem direito a *alimentação*, em terra ou em voo, de acordo com as instruções técnicas do Ministério do Trabalho e das autoridades competentes (art. 61 da Lei 13.475/2017).

O tripulante extra a serviço tem direito à alimentação.

Quando *em terra*, o intervalo para a alimentação do tripulante deve ter duração mínima de 45 minutos e máxima de 60 minutos.

Quando *em voo*, a alimentação deve ser servida em intervalos máximos de quatro horas.

Para tripulante de helicópteros, a alimentação deve ser servida em terra ou a bordo de unidades marítimas, com duração de 60 minutos, período este que não é computado na jornada de trabalho (art. 62).

Nos voos realizados no período entre as 22 horas de um dia e as seis horas do dia seguinte, deve ser servida uma refeição se a duração do voo for igual ou superior a três horas (art. 63).

É assegurada alimentação ao tripulante que esteja em situação de reserva ou em cumprimento de uma programação de treinamento entre as 12 e as 14 horas e entre as 19 e as 21 horas, em intervalo com duração de 60 minutos (art. 64).

O intervalo para alimentação de que trata o art. 64 da Lei 13.475/2017 não é computado na duração da jornada de trabalho; não deve ser observado na hipótese de programação de treinamento em simulador.

9.2.8.18 Assistência médica

Ao tripulante em serviço fora da base contratual o empregador deve assegurar e custear, em casos de urgência, *assistência médica* e remoção, por via aérea, para retorno à base ou ao local de tratamento (art. 65 da Lei 13.475/2017).

9.2.8.19 Uniforme e equipamentos

O tripulante deve receber gratuitamente da empresa, quando não forem de uso comum, as *peças de uniforme* e os *equipamentos* exigidos, por ato da autoridade competente, para o exercício de sua atividade profissional (art. 66 da Lei 13.475/2017).

Não devem ser considerados como salário, para os efeitos previstos neste artigo, os vestuários, equipamentos e outros acessórios fornecidos ao tripulante para a realização dos respectivos serviços.

9.2.8.20 Férias

As *férias anuais* do tripulante são de 30 dias consecutivos (art. 67 da Lei 13.475/2017).

Mediante *acordo coletivo*, as férias podem ser fracionadas.

A concessão de férias deve ser comunicada ao tripulante, por escrito, com antecedência mínima de 30 dias.

A empresa deve manter quadro atualizado de concessão de férias, devendo existir rodízio entre os tripulantes do mesmo equipamento quando houver concessão nos meses de janeiro, fevereiro, julho e dezembro (art. 68).

Ressalvados os casos de rescisão de contrato, as férias não devem ser convertidas em abono pecuniário (art. 69).

Ressalvadas as condições mais favoráveis, a remuneração das férias e o décimo terceiro salário do aeronauta devem ser calculados pela média das parcelas fixas e variáveis da remuneração no período aquisitivo (art. 70).

O pagamento da remuneração das férias deve ser realizado até dois dias antes de seu início (art. 71).

9.2.8.21 Certificados e habilitações

É de responsabilidade do empregador o *custeio do certificado médico e de habilitação técnica* de seus tripulantes, sendo responsabilidade do tripulante manter em dia seu certificado médico, como estabelecido na legislação em vigor (art. 72 da Lei 13.475/2017).

Cabe ao empregador o controle de validade do certificado médico e da habilitação técnica para que sejam programadas, na escala de serviço do tripulante, as datas e, quando necessárias, as dispensas para realização dos exames necessários para a revalidação.

É dever do empregador o pagamento ou o reembolso dos valores pagos pelo tripulante para a revalidação do certificado médico e de habilitação técnica, tendo como limite os valores definidos pelos órgãos públicos, bem como dos valores referentes a exames de proficiência linguística e a eventuais taxas relativas a documentos necessários ao exercício de suas funções contratuais.

No caso dos tripulantes empregados nos serviços aéreos previstos no inciso IV do art. 5º da Lei 13.475/2017 em atividade de fomento ou proteção à agricultura, o pagamento e o reembolso previstos no art. 72 podem observar valores e critérios estabelecidos em *convenção ou acordo coletivo de trabalho*.

9.2.8.22 Transferência

Para efeito de *transferência*, provisória ou permanente, considera-se base do tripulante a localidade onde ele está obrigado a prestar serviço (art. 73 da Lei 13.475/2017).

Entende-se como *transferência provisória*: o deslocamento do tripulante de sua base, por período mínimo de 30 dias e não superior a 120 dias, para prestação de serviços temporários, sem mudança de domicílio, seguido de retorno à base tão logo cesse a incumbência que lhe foi atribuída.

Entende-se como *transferência permanente*: o deslocamento do tripulante de sua base, por período superior a 120 dias, com mudança de domicílio.

Após cada transferência provisória, o tripulante deve permanecer na sua base por, pelo menos, 180 dias.

O interstício entre transferências permanentes deve ser de dois anos.

Na *transferência provisória*, devem ser assegurados aos tripulantes acomodação, alimentação, transporte a serviço, transporte aéreo de ida e volta e, no regresso, licença remunerada de, considerada a duração da transferência, dois dias para o primeiro mês mais um dia para cada mês ou fração subsequente, sendo que, no mínimo, dois dias não devem coincidir com sábado, domingo ou feriado.

Na *transferência permanente*, são asseguradas ao tripulante pelo empregador:

– ajuda de custo, para fazer face às despesas de instalação na nova base, não inferior a quatro vezes o valor do salário mensal, calculado o salário variável por sua taxa atual, multiplicada pela média do correspondente trabalho nos últimos 12 meses;
– transporte aéreo para si e seus dependentes;
– translação da respectiva bagagem;
– dispensa de qualquer atividade relacionada com o trabalho pelo período de oito dias, a ser fixado por sua opção, com aviso prévio de oito dias ao empregador, dentro dos 60 dias seguintes à sua chegada à nova base.

A transferência provisória pode ser transformada em transferência permanente.

O tripulante deve ser notificado pelo empregador com antecedência mínima de 60 dias na transferência permanente e de 15 dias na provisória (art. 74).

9.2.8.23 Disposições finais

Aos tripulantes de voo empregados nos serviços aéreos definidos no inciso IV do art. 5º da Lei 13.475/2017, quando em atividade de fomento ou proteção à agricultura, não se aplicam as seguintes disposições da Lei 13.475/2017 (art. 75):

– a Seção II do Capítulo II (arts. 23 a 25, sobre base contratual);
– os arts. 27, 28, 43, 44 e 45;
– o Capítulo IV (arts. 73 e 74, sobre transferências);
– o regime de transição estabelecido no art. 80 da Lei 13.475/2017.

Além dos casos previstos na Lei 13.475/2017, as responsabilidades dos tripulantes são definidas na Lei 7.565/1986 (Código Brasileiro de Aeronáutica), nas leis e nos regulamentos em vigor e, no que decorrer do contrato de trabalho, em convenções e acordos coletivos (art. 76).

Sem prejuízo do disposto no Capítulo III do Título IX da Lei 7.565/1986 (arts. 299 a 302 do Código Brasileiro de Aeronáutica), os infratores das disposições constantes na Lei 13.475/2017 ficam sujeitos às penalidades previstas no art. 351 da CLT (art. 77), que dispõe sobre multa administrativa, a qual deve ser aplicada em dobro no caso de reincidência, oposição à fiscalização ou desacato à autoridade.

O processo de multas administrativas é regido pelo disposto no Título VII da Consolidação das Leis do Trabalho (arts. 626 a 642).

A Lei 13.475/2017 tem início de vigência depois de 90 dias de sua publicação oficial (ocorrida no DOU de 29.08.2017), exceto os arts. 31, 32, 33, 35, 36 e 37, que entram em vigor depois de 30 meses da publicação oficial (art. 82).

9.2.9 Professor

O professor é aquele que ensina, ou seja, transmite conhecimentos a seus alunos, exercendo a função de magistério.

A educação é direito fundamental de natureza social (art. 6º da Constituição da República). A educação, assim, como direito de todos e dever do Estado e da família, será promovida e incentivada com a colaboração da sociedade, visando ao pleno desenvolvimento da pessoa, seu preparo para o exercício da cidadania e sua qualificação para o trabalho (art. 205 da Constituição Federal de 1988).

O art. 317, *caput*, da CLT exigia o registro no Ministério da Educação. No entanto, entende-se que essa exigência não mais vigora, tendo em vista não ser prevista na Lei 9.394/1996, que determina as diretrizes e bases da educação. Anteriormente, o referido dispositivo da CLT exigia o registro no Ministério do Trabalho, o que também não mais vigora[36].

Mesmo assim, o professor deve ser habilitado ou autorizado para o exercício da profissão[37]. Quanto aos professores de cursos livres e escolas de idiomas, também é possível defender o seu enquadramento como professores[38], embora a norma aplicável seja aquela específica da respectiva

---

[36] Cf. MARTINS, Sergio Pinto. *Comentários à CLT*. 10. ed. São Paulo: Atlas, 2006. p. 272-273.
[37] Cf. BARROS, Alice Monteiro de. *Contratos e regulamentações especiais de trabalho*. 2. ed. São Paulo: LTr, 2002. p. 339.
[38] "Embargos anteriores à vigência da Lei n. 11.496/2007. Instrutor de idiomas. Enquadramento sindical. Aplicação de normas coletivas da categoria dos professores. Prevalência do princípio da primazia da realidade. Discute-se, no caso, se, para o reconhecimento do enquadramento do empregado como professor e consequente aplicação das normas coletivas da categoria dos professores, seria imprescindível a habilitação legal e o registro no Ministério da Educação. No caso dos autos, ficou expressamente consignado que a reclamante lecionava inglês no curso de idiomas reclamado, mas não tinha habilitação legal para desempenhar a profissão de professora de inglês nem registro no Ministério da Educação. A não observância de mera exigência formal para o exercício da profissão de professor, no entanto, não afasta o enquadramento pretendido pela reclamante. A primazia da realidade constitui princípio basilar do Direito do Trabalho. Ao contrário dos contratos civis, o contrato trabalhista tem como pressuposto de existência a situação real em que o trabalhador se encontra, devendo ser desconsideradas as cláusulas contratuais que não se coadunam com a realidade da prestação de serviço. De acordo com os ensinamentos de Américo Plá Rodriguez, o princípio da primazia da realidade está amparado em quatro fundamentos: o princípio da boa-fé; a dignidade da atividade humana; a desigualdade entre as partes contratantes; e a interpretação racional da vontade das partes. Destaca-se, aqui, a boa-fé objetiva, prevista expressamente no artigo 422 do Código Civil, que deve ser observada em qualquer tipo de contrato, segundo a qual os contratantes devem agir com probidade, honestidade e lealdade nas relações sociais e jurídicas. E, ainda, a interpretação racional da vontade das partes, em que a alteração da forma de cumprimento do contrato laboral, quando esse é colocado em prática, constitui forma de

categoria, caso existente, ou seja, firmada pelo ente sindical que represente os empregados em escolas de cursos livres ou de idiomas, e não dos empregados de estabelecimentos de ensino comum, tendo em vista o critério da atividade preponderante do empregador, regra esta que deixa de ser aplicada caso aquele ente sindical específico não exista na base territorial[39].

Quanto às férias do professor, a matéria é tratada no item 27.16, ao qual se remete o leitor para evitar repetição.

Anteriormente, conforme a redação original do art. 318 da CLT, o professor não podia dar no mesmo estabelecimento de ensino, por dia, mais de quatro aulas consecutivas, nem seis aulas intercaladas[40]. O referido limite levava em conta o critério especial da hora-aula e, quando superado, as horas-aula excedentes deveriam ser remuneradas com o adicional de 50%[41]. Mesmo assim, tornava-se possível que o professor trabalhasse acima da mencionada limitação em mais de um estabelecimento.

As normas coletivas de trabalho normalmente fixam a duração da hora-aula diurna e noturna para o exercício da função do professor. A doutrina ainda faz menção à Portaria 204/1945, do Ministério da Educação, que fixa a hora-aula diurna em 50 minutos, a hora-aula noturna, ministrada após as 20 horas, em 45 minutos, no ensino superior e médio, sendo de 60 minutos nos demais cursos[42].

Na atualidade, o art. 318 da CLT, com redação dada pela Lei 13.415/2017, prevê que o professor pode lecionar em um mesmo estabelecimento por mais de um turno, desde que não ultrapasse a jornada de trabalho semanal estabelecida legalmente, assegurado e não computado o intervalo para refeição.

Consequentemente, salvo previsão mais favorável (art. 7º, *caput*, da Constituição da República), passou a ser aplicável também ao professor o disposto no art. 7º, inciso XIII, da Constituição Federal de 1988, ao estabelecer a duração do trabalho normal não superior a oito horas diárias e 44 semanais.

Argumenta-se que a redação anterior do art. 318 da CLT, embora tivesse como objetivo proteger o trabalho do professor, em termos práticos, poderia gerar efeitos contrários, ao impedir que o docente empregado concentrasse certa quantidade mais elevada de aulas em um ou alguns dias da semana no mesmo estabelecimento.

Se as aulas forem ministradas no período noturno, previsto no art. 73 da CLT, o respectivo adicional é devido (art. 7º, inciso IX, da Constituição Federal de 1988), sendo de no mínimo 20%.

Considerando-se que, em regra, a hora-aula tem duração de 50 minutos, a previsão original do art. 318 da CLT estabelecia jornada de trabalho especial, ou seja, reduzida aos professores, aspecto este que foi modificado pela Lei 13.415/2017.

Aplica-se ainda o art. 71 da CLT, ao prever que em qualquer trabalho contínuo, cuja duração exceda de seis horas, é obrigatória a concessão de um intervalo para repouso ou alimentação, o qual

---

consentimento tácito quanto à modificação de determinada estipulação contratual. Diante disso, tem-se que, no caso dos autos, não se pode admitir, como pressuposto necessário e impeditivo para o enquadramento do empregado na profissão de professor, a habilitação legal e o prévio registro no Ministério da Educação. Evidenciado, portanto, na hipótese dos autos, que a reclamante, efetivamente, exerça a função de professora, não é possível admitir que mera exigência formal, referente à habilitação e ao registro no Ministério da Educação, seja óbice para que se reconheçam à reclamante os direitos inerentes à categoria de professor. Embargos conhecidos e providos" (TST, SBDI-I, E-RR 8000-71.2003.5.10.0004, Red. Min. José Roberto Freire Pimenta, *DEJT* 07.06.2013).

[39] Cf. MARTINS, Sergio Pinto. *Comentários à CLT*. 10. ed. São Paulo: Atlas, 2006. p. 273.
[40] Cf. Orientação Jurisprudencial 393 da SBDI-I do TST: "Professor. Jornada de trabalho especial. Art. 318 da CLT. Salário mínimo. Proporcionalidade. A contraprestação mensal devida ao professor, que trabalha no limite máximo da jornada prevista no art. 318 da CLT, é de um salário mínimo integral, não se cogitando do pagamento proporcional em relação à jornada prevista no art. 7º, XIII, da Constituição Federal".
[41] Cf. Orientação Jurisprudencial 206 da SBDI-I do TST: "Professor. Horas extras. Adicional de 50%. Inserida em 08.11.00. Excedida a jornada máxima (art. 318 da CLT), as horas excedentes devem ser remuneradas com o adicional de, no mínimo, 50% (art. 7º, XVI, CF/1988)".
[42] Cf. BARROS, Alice Monteiro de. *Contratos e regulamentações especiais de trabalho*. 2. ed. São Paulo: LTr, 2002. p. 351.

deve ser, no mínimo, de uma hora e, salvo acordo escrito ou contrato coletivo em contrário, não pode exceder de duas horas. Não excedendo de seis horas o trabalho, será obrigatório um intervalo de 15 minutos quando a duração ultrapassar quatro horas.

Os intervalos de descanso não são computados na duração do trabalho, conforme também dispõe o art. 71, § 2º, da CLT.

Como se pode notar, a atual previsão do art. 318 da CLT, com redação dada pela Lei 13.415/2017, eliminou a jornada de trabalho especial (reduzida) do professor, passando a determinar a aplicação da duração normal do trabalho de 44 horas semanais também a essa modalidade de empregado.

Ainda sobre o tema, cabe destacar a Orientação Jurisprudencial 244 da SBDI-I do TST: "Professor. Redução da carga horária. Possibilidade. Inserida em 20.06.01. A redução da carga horária do professor, em virtude da diminuição do número de alunos, não constitui alteração contratual, uma vez que não implica redução do valor da hora-aula".

Frise-se que a mencionada redução da carga horária do professor, para ser admitida, exige razão justificada, qual seja a "diminuição do número de alunos", hipótese em que a jurisprudência entende não constituir alteração contratual ilícita, certamente em razão da incidência do *jus variandi* do empregador, o qual corre o risco do empreendimento, tendo assim o poder de organizá-lo dentro dos limites legais. Não se admite, portanto, o seu exercício abusivo, com intuito de perseguição ou apenas para prejudicar o empregado, hipótese em que deve incidir a nulidade quanto à alteração ilícita, podendo gerar, ainda, o direito à despedida indireta, bem como à indenização por danos morais e materiais.

9.2.10 Vigia e vigilante

Discute-se a respeito das diferenças entre o vigia e o vigilante, no âmbito da relação de emprego.

A Lei 7.102/1983 dispõe sobre segurança para estabelecimentos financeiros, estabelece normas para constituição e funcionamento das empresas particulares que exploram serviços de vigilância e de transporte de valores, e dá outras providências.

A vigilância ostensiva e o transporte de valores devem ser executados por dois modos, de forma alternativa, quais sejam: por empresa especializada contratada; ou pelo próprio estabelecimento financeiro, desde que organizado e preparado para tal fim, com pessoal próprio, aprovado em curso de formação de vigilante autorizado pelo Ministério da Justiça e cujo sistema de segurança tenha parecer favorável à sua aprovação emitido pelo Ministério da Justiça (art. 3º da Lei 7.102/1983).

O serviço de vigilância, assim, é uma das hipóteses em que a jurisprudência, com fundamento na lei, admite a terceirização.

O disposto na Lei 6.019/1974, que atualmente rege as relações de trabalho na empresa de trabalho temporário, na empresa de prestação de serviços e nas respectivas tomadoras de serviço e contratante (art. 1º, com redação dada pela Lei 13.429/2017), não se aplica às empresas de vigilância e transporte de valores, permanecendo as respectivas relações de trabalho reguladas por legislação especial, e subsidiariamente pela CLT (art. 19-B da Lei 6.019/1974, acrescentado pela Lei 13.429/2017).

Nos estabelecimentos financeiros estaduais, o serviço de vigilância ostensiva pode ser desempenhado pelas Polícias Militares, a critério do Governo da respectiva Unidade da Federação.

O vigilante é o empregado contratado para a execução das atividades de segurança privada, desenvolvidas em prestação de serviços com a finalidade de: proceder à *vigilância patrimonial* das instituições financeiras e de outros estabelecimentos, públicos ou privados, bem como a *segurança de pessoas físicas*; realizar o *transporte de valores* ou *garantir o transporte de qualquer outro tipo de carga* (arts. 10 e 15 da Lei 7.102/1983).

Frise-se que os serviços de vigilância e de transporte de valores podem ser executados por uma mesma empresa.

As empresas especializadas em prestação de serviços de segurança, vigilância e transporte de valores, constituídas sob a forma de empresas privadas, também podem exercer atividades de segurança privada: a pessoas; aos estabelecimentos comerciais, industriais, de prestação de serviços e residências; a entidades sem fins lucrativos; e a órgãos e empresas públicas.

As empresas que tenham objeto econômico diverso da vigilância ostensiva e do transporte de valores, que utilizem pessoal de quadro funcional próprio, para execução dessas atividades, ficam obrigadas ao cumprimento do disposto na Lei 7.102/1983. Trata-se, no caso, do chamado serviço *orgânico* de segurança privada.

Tendo em vista a previsão do art. 226 da Consolidação das Leis do Trabalho, cabe destacar que, segundo a Súmula 257 do TST, "o vigilante, contratado diretamente por banco ou por intermédio de empresas especializadas, não é bancário".

Para o exercício da profissão, o vigilante deve preencher os seguintes requisitos: ser brasileiro; ter idade mínima de 21 anos; ter instrução correspondente à quarta série do primeiro grau; ter sido aprovado em curso de formação de vigilante, realizado em estabelecimento com funcionamento autorizado nos termos da Lei 7.102/1983 (ou seja, pelo Ministério da Justiça); ter sido aprovado em exames de saúde física, mental e psicotécnico; não ter antecedentes criminais registrados; e estar quite com as obrigações eleitorais e militares (art. 16 da Lei 7.102/1983).

O vigilante deve usar uniforme somente quando em efetivo serviço.

Além disso, assegura-se ao vigilante: uniforme especial, a cargo da empresa a que se vincular; porte de arma, quando em serviço; prisão especial por ato decorrente do serviço; seguro de vida em grupo, feito pela empresa empregadora (art. 19 da Lei 7.102/1983).

O vigia, diversamente, realiza atividades mais simples, de fiscalização dos locais, não sendo regido pela Lei 7.102/1983. Não se exigem, portanto, os requisitos nela determinados, acima indicados. A respeito da diferença em exame, destaca-se o seguinte julgado:

"Vigia e vigilante. Diferenciação. A função do vigilante se destina precipuamente a resguardar a vida e o patrimônio das pessoas, exigindo porte de arma e requisitos de treinamento específicos, nos termos da Lei 7.102/1983, com as alterações introduzidas pela Lei 8.863/1994, exercendo função parapolicial. Não pode ser confundida com as atividades de um simples vigia ou porteiro, as quais se destinam à proteção do patrimônio, com tarefas de fiscalização local. O vigilante é aquele empregado contratado por estabelecimentos financeiros ou por empresa especializada em prestação de serviços de vigilância e transporte de valores, o que não se coaduna com a descrição das atividades exercidas pelo autor, ou seja, de vigia desarmado, que trabalhava zelando pela segurança da reclamada de forma mais branda, não sendo necessário o porte e o manejo de arma para se safar de situações emergenciais de violência" (TRT 3ª R., 6ª T., RO 00329-2014-185-03-00-6, Rel. Juíza Conv. Rosemary de Oliveira Pires, *DEJT* 14.07.2014).

Ainda assim, cabe salientar a possibilidade de se defender a aplicação do princípio da primazia da realidade, presente no Direito do Trabalho, para a correta configuração da condição de vigilante. Quanto a esse aspecto, transcreve-se a seguinte decisão:

"Vigia. Enquadramento sindical como vigilante. Ausência dos requisitos previstos na Lei 7.102/1983. Fraude à legislação trabalhista. Possibilidade. Prevalência da realidade fática. Discute-se, no caso, a possibilidade de enquadramento do reclamante na categoria profissional dos vigilantes, o qual fora contratado como vigia. O Regional, examinando as provas carreadas aos autos, registrou que o reclamante exercia atividades de segurança privada e vigilância ostensiva de proteção ao patrimônio da empresa, portando arma de fogo e atuando para a repressão de eventuais atividades criminosas. Segundo a Corte de origem, a reclamada submetia empregados seus, que laboravam como vigia, a curso de formação profissional na própria empresa e em outra do mesmo grupo, com o intuito de fornecer-lhes o treinamento equivalente ao exigido pela Lei 7.102/1983. Diante do exposto, conclui-se que, no caso dos autos, efetivamente, está-se diante de comprovada fraude à legislação trabalhista e de burla ao regulamento próprio da categoria profissional diferenciada, pois o reclamante fora contratado como vigia, mas exercia, na realidade, função de vigilante, cujo regramento legal assegura direitos trabalhistas não alcançados por aqueles que laboram como vigia, aos quais não se exige o cumprimento dos requisitos insertos na Lei dos vigilantes. Dessa maneira, com espeque no princípio da primazia da realidade e da proteção ao trabalhador, não há como afastar o enquadramento do reclamante na categoria diferenciada dos vigilantes, haja vista os fatos narrados pelo Regional, os quais devem prevalecer, como forma de se resguardar os direitos do trabalhador obstados pela reclamada em franca e deliberada inobservância da legislação vigente. Salienta-se que é eminentemente fática a questão relativa às reais atividades desenvolvidas pelo reclamante, sendo insuscetível e apreciação por esta Corte, nos termos da Súmula 126 do TST. Por outro lado, impende destacar que, se o reclamante não fez o curso legalmente exigido e não foi inscrito no órgão administrativo competente, a culpa disso foi de sua empregadora que, agora, não pode se valer de sua própria torpeza ou incúria para se eximir de suas obrigações. Não podendo permitir que a reclamada, tendo se beneficiado dos serviços por ele prestados, com maior risco à sua integridade física e a de outrem, furte-se ao cumprimento das obrigações legais atinentes à função efetivamente desempenhada pelo empregado, sob seu comando. Recurso de revista não conhecido" (TST, 2ª T., RR 21200-15.2007.5.04.0541, Rel. Min. José Roberto Freire Pimenta, *DEJT* 20.06.2014).

Por fim, é importante registrar que o art. 193, inciso II, da CLT, acrescentado pela Lei 12.740/2012, prevê que são consideradas atividades ou operações perigosas, na forma da regulamentação aprovada pelo Ministério do Trabalho, aquelas que, por sua natureza ou métodos de trabalho, impliquem risco acentuado em virtude de exposição permanente do trabalhador a roubos ou outras espécies de violência física nas atividades profissionais de segurança pessoal ou patrimonial.

O trabalho em condições de periculosidade assegura ao empregado um adicional de 30% sobre o salário sem os acréscimos resultantes de gratificações, prêmios ou participações nos lucros da empresa.

Nesse contexto, a Portaria MTE 1.885/2013 aprovou o Anexo 3 da Norma Regulamentadora 16, dispondo sobre as atividades e operações perigosas com exposição a roubos ou outras espécies de violência física nas atividades profissionais de segurança pessoal ou patrimonial.

Desse modo, são considerados profissionais de segurança pessoal ou patrimonial os trabalhadores que atendam a uma das seguintes condições: a) empregados das empresas prestadoras de serviço nas atividades de segurança privada *ou* que integrem serviço orgânico de segurança privada, devidamente registradas e autorizadas pelo Ministério da Justiça, conforme Lei 7.102/1983 e suas alterações posteriores; b) empregados que exercem a atividade de segurança patrimonial ou pessoal em instalações metroviárias, ferroviárias, portuárias, rodoviárias, aeroportuárias e de bens públicos, contratados diretamente pela Administração Pública direta ou indireta.

As atividades ou operações que expõem os empregados a roubos ou outras espécies de violência física, desde que atendida uma das condições acima, são as seguintes: a) *vigilância patrimonial* (segurança patrimonial e/ou pessoal na preservação do patrimônio em estabelecimentos públicos ou privados e da incolumidade física de pessoas); b) *segurança de eventos* (segurança patrimonial e/ou pessoal em espaços públicos ou privados, de uso comum do povo); c) *segurança nos transportes coletivos* (segurança patrimonial e/ou pessoal nos transportes coletivos e em suas respectivas instalações); d) *segurança ambiental e florestal* (segurança patrimonial e/ou pessoal em áreas de conservação de fauna, flora natural e de reflorestamento); e) *transporte de valores* (segurança na execução do serviço de transporte de valores); f) *escolta armada* (segurança no acompanhamento de qualquer tipo de carga ou de valores); g) *segurança pessoal* (acompanhamento e proteção da integridade física de pessoa ou de grupos); h) *supervisão e fiscalização operacional* (supervisão e/ou fiscalização direta dos locais de trabalho para acompanhamento e orientação dos vigilantes); i) *telemonitoramento e telecontrole* (execução de controle e/ou monitoramento de locais, mediante sistemas eletrônicos de segurança).

Nota-se, portanto, que o adicional de periculosidade em questão é devido, em essência, aos empregados que exercem a função de vigilância.

Tanto é assim que, com o fim de se evitar o enriquecimento sem causa, nos termos do art. 193, § 3º, da CLT, devem ser descontados ou compensados do referido adicional outros da mesma natureza eventualmente já concedidos ao *vigilante* por meio de acordo coletivo.

O tema, como se pode notar, possui relevância não apenas teórica, mas consequências essencialmente práticas, inclusive quanto à norma coletiva a ser aplicada.

9.2.11 Empregado com formação superior e maior patamar remuneratório

As relações contratuais de trabalho podem ser objeto de livre estipulação das partes interessadas em tudo quanto não contravenha às disposições de proteção ao trabalho, aos contratos coletivos que lhes sejam aplicáveis e às decisões das autoridades competentes (art. 444 da CLT).

Nesse contexto, o *princípio da irrenunciabilidade*, inerente ao Direito do Trabalho, significa não se admitir, em tese, que o empregado renuncie, ou seja, disponha dos direitos assegurados pelo sistema jurídico trabalhista, cujas normas são, em sua grande maioria, de ordem pública, dotadas de natureza cogente. As normas trabalhistas, portanto, são dotadas de certo grau de indisponibilidade.

Isso significa que os direitos trabalhistas, objeto de tutela legal, em princípio, não podem ser estipulados de forma menos benéfica ao trabalhador, na contratação individual com o empregador (art. 9º da CLT).

Apesar do exposto, o art. 444, parágrafo único, da CLT, acrescentado pela Lei 13.467/2017, prevê que a livre estipulação das relações contratuais de trabalho (a que se refere o art. 444, *caput*, da CLT) aplica-se às hipóteses previstas no art. 611-A da CLT, com a mesma eficácia legal e preponderância sobre os instrumentos coletivos, no caso de empregado portador de diploma de nível superior e que perceba salário mensal igual ou superior a duas vezes o limite máximo dos benefícios do Regime Geral de Previdência Social.

Com isso, objetiva-se autorizar a plena e ilimitada autonomia individual da vontade, em moldes já ultrapassados até mesmo no Direito Civil mais tradicional, quanto a empregados que tenham formação intelectual e maior patamar remuneratório, autorizando que a negociação individual com o empregador, nas hipóteses exemplificativamente arroladas no art. 611-A da CLT, prevaleça sobre a lei e o negociado coletivamente, mesmo que a avença seja prejudicial ao trabalhador e contrarie a legislação e a norma coletiva.

Desconsidera-se que o empregado, por natureza, presta serviços de forma subordinada ao empregador, o qual exerce o poder de direção independentemente da formação intelectual e do valor da remuneração recebida pelo empregado, e este, ainda que receba salário mais elevado, não é titular dos meios de produção e precisa trabalhar para manter a sua subsistência.

Frise-se que o próprio art. 619 da CLT, sem distinguir quanto ao tipo de empregado, estabelece que *nenhuma disposição de contrato individual de trabalho que contrarie normas de convenção ou acordo coletivo de trabalho pode prevalecer na execução dele*, sendo considerada nula de pleno direito.

Além disso, segundo exigência constitucional, apenas por meio de convenção coletiva ou acordo coletivo, com a participação do sindicato da categoria profissional em negociação coletiva, é que se permite flexibilizar certos direitos trabalhistas de forma menos benéfica ao empregado (art. 7º, incisos VI, XIII, XIV, XXVI, e art. 8º, inciso VI, da Constituição da República).

Assim, a autonomia da vontade no âmbito trabalhista, notadamente no plano individual, não pode ser exercida sem limites, em prejuízo aos direitos fundamentais e às determinações legais de ordem pública, a serem aplicadas a todos os tipos de empregados, sob pena de afronta aos princípios da igualdade e da legalidade (art. 5º, *caput*, e inciso II, da Constituição da República).

Logo, a interpretação conforme a Constituição do art. 444, parágrafo único, da CLT, acrescentado pela Lei 13.467/2017, revela que a livre estipulação das relações contratuais de trabalho, mesmo no caso de empregado portador de diploma de nível superior e que perceba salário mensal igual ou superior a duas vezes o limite máximo dos benefícios do Regime Geral de Previdência Social, apenas tem validade quando respeitar as previsões legais e negociadas coletivamente e estabelecer patamar superior de direitos trabalhistas.

CAPÍTULO 10

MODALIDADES ESPECIAIS DE TRABALHADORES

O presente capítulo tem por objetivo estudar certos trabalhadores que apresentam relevância no estudo do Direito do Trabalho, embora não sejam considerados empregados propriamente.

10.1 Trabalhador avulso

O trabalhador avulso caracteriza-se por prestar serviços a diversas empresas (sem fixação a uma fonte tomadora), com a intermediação do sindicato ou do Órgão de Gestão de Mão de Obra.

Parte da doutrina entende tratar-se de modalidade de trabalho eventual[1]. No entanto, em razão das diversas peculiaridades envolvendo o trabalho avulso, pode-se dizer que ele, na realidade, se distingue do mero trabalho eventual.

O trabalhador avulso é comum no âmbito portuário; anteriormente, a intermediação do seu trabalho, prestado para as empresas portuárias, era feita pelo seu sindicato. Com a Lei 8.630/1993 (revogada pela atual Lei 12.815/2013, publicada no *DOU* de 05.06.2013), o Órgão de Gestão de Mão de Obra passou a ter, entre outras finalidades, a atribuição de administrar o fornecimento da mão de obra do trabalhador portuário e do trabalhador portuário avulso (art. 32, inciso I, da Lei 12.815/2013).

Registre-se o entendimento de que as entidades sindicais representativas dos trabalhadores poderiam realizar a intermediação do trabalho portuário avulso, sem a intervenção do órgão gestor de mão de obra, se assim previsto em contrato, acordo ou convenção coletiva de trabalho celebrado com os tomadores de serviços, nos termos do art. 32, parágrafo único, da Lei 12.815/2013[2].

No entanto, segundo a jurisprudência do Tribunal Superior do Trabalho, a intermediação do trabalho portuário avulso deve ser feita pelo órgão gestor de mão de obra, e não pelos sindicatos. Entende-se que o parágrafo único do art. 32 da Lei 12.815/2013 admite a celebração de instrumento coletivo autônomo, mas esse dispositivo deve ser interpretado conforme o art. 43 da Lei 12.815/2013, ao prever que a remuneração, a definição das funções, a composição dos ternos, a multifuncionalidade e as demais condições do trabalho avulso serão objeto de negociação entre as entidades representativas dos trabalhadores portuários avulsos e dos operadores portuários. Sendo assim, o órgão gestor de mão de obra tem a exclusividade para gerir e intermediar o fornecimento de mão de obra portuária avulsa (TST, SDC, DC-1000360-97.2017.5.00.0000, Rel. Min. Kátia Magalhães Arruda, *DEJT* 28.10.2021)[3].

---

[1] Cf. DELGADO, Mauricio Godinho. *Curso de direito do trabalho*. 4. ed. São Paulo: LTr, 2005. p. 341. Cf. ainda NASCIMENTO, Amauri Mascaro. *Curso de direito do trabalho*. 12. ed. São Paulo: Saraiva, 1996. p. 263: "Outro trabalhador subordinado, modalidade de trabalhador eventual, é o *trabalhador avulso* que exerce sua atividade no porto, uma vez que também aliena o poder de direção sobre o próprio trabalho em troca de remuneração". Cf. ainda NASCIMENTO, Amauri Mascaro. *Curso de direito do trabalho*. 19. ed. São Paulo: Saraiva, 2004. p. 420: "A expressão 'trabalhador avulso' por alguns é utilizada com a significação de trabalhador eventual. Porém não é exatamente esse o seu sentido".

[2] "Em síntese: existindo previsão em norma coletiva autônoma no sentido de regular a contratação de mão de obra portuária avulsa por intermediação direta do respectivo sindicato profissional, o disposto no instrumento precederá o órgão gestor e dispensará sua intervenção nas relações entre capital e trabalho no porto – conforme expressamente autorizado pelo art. 32, parágrafo único, da Lei 12.815/2013" (TST, SDC, RO-636-89.2018.5.08.0000, Rel. Min. Mauricio Godinho Delgado, *DEJT* 26.02.2021). Ao chamar o feito à ordem, esse acórdão foi tornado sem efeito (TST, SDC, j. 16.08.2021).

[3] "A reforma da legislação estatal atinente aos portos, promovida pela edição da Lei n. 8.630/93 e, posteriormente, pela Lei n. 12.815/13, teve como objetivo a modernização da atividade portuária brasileira. Dentre as várias alterações promovidas nas relações ocorridas nos portos, o novo marco legal estabeleceu aos operadores portuários a

Confirmando o exposto, de acordo com o art. 5º da Lei 9.719/1998, a escalação do trabalhador portuário avulso, em sistema de rodízio, será feita pelo órgão gestor de mão de obra. Logo, prevalece o entendimento de que a intermediação do OGMO na escalação do trabalhador portuário avulso não pode ser afastada nem mesmo por negociação coletiva[4].

---

obrigação de constituir Órgãos Gestores de Mão de Obra – OGMO, em cada porto organizado, com a função de gerir a mão de obra nos portos (art. 18, *caput*, da Lei 8.630/93; posteriormente, art. 32, *caput*, da Lei 12.815/13). A criação dos Órgãos Gestores de Mão de Obra – OGMO é um dos pilares da nova legislação portuária, com consequente ruptura do monopólio das entidades sindicais quanto à intermediação da mão de obra portuária avulsa. Na linha da diretriz de modernização do funcionamento das atividades portuárias, a nova legislação estabeleceu que a intermediação para contratação de mão de obra do trabalho portuário avulso deverá ser requisitada ao órgão gestor de mão de obra (art. 1º da Lei 9.719/98). Registre-se que o novo marco legislativo da atividade portuária não eliminou completamente a atuação, historicamente consagrada, dos sindicatos dos trabalhadores avulsos, que, evidentemente, podem contribuir para o aprimoramento do trabalho portuário, bem como para o desenvolvimento e eficácia das atividades desse importante ramo econômico. O novo ordenamento vigente admite a celebração de instrumento coletivo autônomo entre os trabalhadores e tomadores de serviço (parágrafo único do art. 32 da Lei 12.815/2013). Entretanto, o referido dispositivo deve ser interpretado, de forma sistêmica, à luz do disposto no art. 43 da mesma lei (12.815/2013), que prevê que serão objeto de negociação entre as entidades representativas dos trabalhadores portuários avulsos e dos operadores portuários as questões atinentes à 'remuneração, a definição das funções, a composição dos ternos, a multifuncionalidade e as demais condições do trabalho avulso'. Reconhece-se a singularidade histórica da atuação das entidades sindicais representantes dos trabalhadores portuários, inclusive na gestão da mão de obra dos avulsos, no entanto, a partir do novo marco legislativo das atividades portuárias (normas estatais posteriores à Constituição Federal) incumbe tão somente aos entes sindicais portuários compor a estrutura tripartite do Órgão Gestor de Mão de Obra – OGMO, na defesa dos interesses e direitos individuais, plúrimos e coletivos dos trabalhadores. Ao contrário do que aparentemente revelaria a literalidade da norma estatal, o instrumento coletivo autônomo autorizado pelo parágrafo único do art. 32 da Lei 12.815/2013 encontra limite na própria lei, que admite ocorrer negociação coletiva apenas com relação às questões concernentes à remuneração, a definição das funções, a composição dos ternos, a multifuncionalidade e as demais condições do trabalho avulso, consoante disposto no art. 43 da Lei 12.815/2013. Importante registrar que, nos termos da legislação vigente, o Órgão de Gestão de Mão de Obra – OGMO tem como finalidade específica a intermediação e gestão da mão de obra do trabalhador avulso, com caráter de utilidade pública, sendo-lhe vedado ter fins lucrativos, prestar serviços a terceiros ou exercer qualquer atividade não vinculada à gestão de mão de obra (art. 39 da Lei 12.815/2013). Esse limite estabelecido na lei, que restringe como única razão para a existência do OGMO a atividade específica da gestão de mão de obra do trabalhador avulso, reforça o entendimento de que é atribuição exclusiva do OGMO a intermediação da mão de obra do trabalhador avulso nas atividades portuárias. Julga-se parcialmente procedente este dissídio coletivo jurídico para, conferindo interpretação sistêmica aos arts. 1º e 13 da Lei n. 9.719/98, e, 32, 33, 39, 41 e 43 da Lei 12.815/13, declarar que o OGMO detém exclusiva atribuição para gerir e intermediar o fornecimento de mão de obra de trabalhador avulso" (TST, SDC, DC-1000360-97.2017.5.00.0000, Rel. Min. Kátia Magalhães Arruda, *DEJT* 28.10.2021).

[4] "Com efeito, a Constituição da República, ao elevar o *status* jurídico das entidades sindicais no Direito brasileiro, assim o fez em consideração ao seu importante papel de organização defensora dos direitos coletivos e individuais dos trabalhadores, no plano da relação de trabalho e no plano social mais amplo. Nessa linha, confirmou o imprescindível caráter representativo dos trabalhadores do respectivo sindicato profissional (art. 8º, II, CF/88), firmando, ainda, que 'ao sindicato cabe a defesa dos direitos e interesses coletivos ou individuais da categoria, inclusive em questões judiciais ou administrativas' (art. 8º, III, CF/88). Desse modo, não se compatibiliza com o novo ordenamento jurídico permitir que o sindicato desempenhe a locação e escalação da mão de obra de seus representados – ao menos nos portos em que exista OGMO –, pois, nessa hipótese, despontaria um sério risco de descaracterização da sua principal função (a de defender os direitos e interesses individuais e coletivos da classe trabalhadora), bem como o perigo de que o ente representativo obreiro desenvolvesse interesses potencialmente contrários aos dos próprios trabalhadores envolvidos. Isso tenderia ao contrassenso de se criar um perverso conflito entre os interesses do sindicato 'locador' e os do trabalhador 'locado'. Embora tenha o sindicato obreiro intermediado a mão de obra avulsa nos portos brasileiros até 1993, sem um evidente comprometimento da função sindical precípua, fato é que, com a Lei n. 8.630/1993, subsequente à Constituição, o Estado brasileiro tomou uma direção política e legislativa de alterar a organização dos portos, mediante a criação da figura do órgão gestor de mão de obra no seguimento portuário brasileiro (OGMO), cujo o objetivo central foi a profissionalização, especialização e dinamização da administração do fornecimento da mão de obra nos portos. E o novo marco regulatório do setor portuário brasileiro produziu regras que qualificaram o OGMO como a entidade mais vocacionada a desenvolver a administração do fornecimento da mão de obra, atribuindo-lhe diversas prerrogativas legais, também relacionadas à pretendida modernização dos portos. Ao OGMO, por exemplo, foram conferidos o poder fiscalizatório e disciplinar por transgressões dos trabalhadores a normas trabalhistas, o dever de promover a formação profissional, bem como o de responder solidariamente pelas verbas trabalhistas devidas pelos operadores tomadores de serviços, nos termos do art. 33

O órgão gestor de mão de obra deve fazer a escalação de trabalhadores portuários avulsos por meio eletrônico, de modo que o trabalhador possa habilitar-se sem comparecer ao posto de escalação (art. 5º, § 1º, da Lei 9.719/1998, incluído pela Lei 14.047/2020). O meio eletrônico adotado para a escalação de trabalhadores portuários avulsos deve ser inviolável e tecnicamente seguro (art. 5º, § 2º, da Lei 9.719/1998, incluído pela Lei 14.047/2020). Fica vedada a escalação presencial de trabalhadores portuários (art. 5º, § 3º, da Lei 9.719/1998, incluído pela Lei 14.047/2020).

No entanto, além do trabalhador avulso portuário, existe o não portuário, ou seja, aquele que trabalha "fora dos portos, no meio urbano ou rural, quando a sua contratação se faz pelo sindicato da categoria profissional, para tomadores dos seus serviços, que são aqueles que se beneficiam e o remuneram"[5].

Nesse sentido, o trabalhador avulso é aquele que:

a) sindicalizado ou não, preste serviço de natureza urbana ou rural a diversas empresas, ou equiparados, sem vínculo empregatício, com intermediação obrigatória do órgão gestor de mão de obra, nos termos do disposto na Lei 12.815/2013, ou do sindicato da categoria, assim considerados: 1) o trabalhador que exerça atividade portuária de capatazia, estiva, conferência e conserto de carga e vigilância de embarcação e bloco; 2) o trabalhador de estiva de mercadorias de qualquer natureza, inclusive carvão e minério; 3) o trabalhador em alvarenga (embarcação para carga

---

da Lei 12.815/2013. Além disso, a legislação portuária previu a prerrogativa do OGMO de manter o controle do cadastro e da habilitação dos trabalhadores portuário ao desempenho de suas atividades. É o OGMO também o responsável pelo implemento das condições de segurança e saúde do trabalho nos portos em que atua, dispondo de uma base de sustentação financeira sólida, apta a traduzir uma garantia diferenciada para os trabalhadores desse setor econômico e profissional. Tendo em consideração todos esses aspectos legais e da estrutura organizacional do OGMO, não é possível concluir, a partir de uma interpretação sistemática e axiológica do parágrafo único do art. 32 da Lei 12.815/2013, que o acordo ou a convenção coletiva de trabalho possa afastar a sua competência ou atribuição legal e exclusiva para gerenciar a intermediação da mão de obra do trabalhador portuário avulso. Não é viável, do ponto de vista dos limites da criatividade jurídica da negociação coletiva, transferir, em favor do sindicato obreiro, a atribuição exclusiva do OGMO estabelecida pela legislação portuária, nos portos em que ambos existem e atuam" (TST, SDC, RO-636-89.2018.5.08.0000, Rel. Min. Mauricio Godinho Delgado, *DEJT* 25.10.2021).

[5] NASCIMENTO, Amauri Mascaro. *Iniciação ao direito do trabalho*. 28. ed. São Paulo: LTr, 2002. p. 125. Cf. ainda NASCIMENTO, Amauri Mascaro. O avulso não portuário e a intermediação do sindicato. *Revista LTr*, São Paulo, LTr, ano 68, n. 02, p. 135-145, fev. 04. Cf. ainda MARTINS, Sergio Pinto. *Direito do trabalho*. 5. ed. São Paulo: Malheiros, 1998. p. 129: "não é apenas o portuário que é considerado avulso, pois também o são o classificador de frutas que trabalha no meio rural, o ensacador de café, cacau, sal etc.". Não admitindo a intermediação do sindicato na contratação de trabalhadores avulsos não portuários, cabe registrar a seguinte decisão do TST, anterior à Lei 12.023/2009: "Instrumento normativo coletivo. Cláusula permissiva da atuação do sindicato profissional como órgão gestor de mão de obra do trabalhador avulso não portuário. Manifesta ilegalidade e inconstitucionalidade. A Constituição da República, ao elevar o *status* jurídico das entidades sindicais no Direito brasileiro, assim o fez em consideração ao seu importante papel de organização defensora dos direitos coletivos e individuais dos trabalhadores, quer de origem constitucional, legal, coletiva privada ou, até mesmo, contratual. Nessa linha, confirmou o imprescindível *caráter representativo dos trabalhadores do respectivo sindicato profissional* (art. 8º, II, CF/88), firmando, ainda, que ao sindicato cabe a *defesa dos direitos e interesses coletivos ou individuais da categoria*, inclusive em questões judiciais ou administrativas (art. 8º, III, CF/88 – grifos acrescidos). Nesse quadro, desponta como manifestamente inconstitucional regra jurídica autorizadora da descaracterização do papel e funções essenciais do sindicato, transformando-o em locador e gestor de mão de obra, com interesses claramente empresariais e potencialmente contrários aos dos próprios trabalhadores envolvidos. A exceção legal surgida antes 1988, referente aos sindicatos de *trabalhadores avulsos portuários*, é absolutamente singular, não podendo ser transplantada para outras realidades do País, que envolvam terceirização ou locação de mão de obra. A própria Lei n. 8.630/1993, subsequente à Constituição, preferiu evitar o aparente conflito de situações jurídicas, criando órgão gestor de mão de obra no seguimento portuário brasileiro (OGMO), de composição tripartite e não apenas sindical (art. 24, Lei n. 8.630/1993 [cf. art. 20 da Lei 12.815/2013]), sem prejuízo de reconhecer a singularidade histórica da atuação sindicalista nesse específico segmento diferenciado (art. 18, incisos I a VII e parágrafo único, Lei n. 8.630/93 [cf. art. 32 da Lei 12.815/2013]). Não tem, portanto, respaldo constitucional regra jurídica que comprometa a estrutura e funções do sindicato profissional como entidade voltada, essencialmente, à defesa dos interesses e direitos individuais, plúrimos e coletivos dos trabalhadores. Recurso ordinário provido para excluir a cláusula" (TST, SDC, RODC-1699/2004-000-15-00.5, Rel. Min. Mauricio Godinho Delgado, *DJ* 24.10.2008).

e descarga de navios); 4) o amarrador de embarcação; 5) o ensacador de café, cacau, sal e similares; 6) o trabalhador na indústria de extração de sal; 7) o carregador de bagagem em porto; 8) o prático de barra em porto; 9) o guindasteiro; 10) o classificador, o movimentador e o empacotador de mercadorias em portos;

b) exerça atividade de movimentação de mercadorias em geral, nos termos do disposto na Lei 12.023/2009, em áreas urbanas ou rurais, sem vínculo empregatício, com intermediação obrigatória do sindicato da categoria, por meio de acordo ou convenção coletiva de trabalho, nas atividades de: 1) cargas e descargas de mercadorias a granel e ensacados, costura, pesagem, embalagem, enlonamento, ensaque, arrasto, posicionamento, acomodação, reordenamento, reparação de carga, amostragem, arrumação, remoção, classificação, empilhamento, transporte com empilhadeiras, paletização, ova e desova de vagões, carga e descarga em feiras livres e abastecimento de lenha em secadores e caldeiras; 2) operação de equipamentos de carga e descarga; 3) pré-limpeza e limpeza em locais necessários às operações ou à sua continuidade (art. 9º, inciso VI, do Regulamento da Previdência Social, com redação dada pelo Decreto 10.410/2020).

A Lei 12.023, de 27 de agosto de 2009, publicada no *DOU* de 28.08.2009, com entrada em vigor 30 dias após sua publicação (art. 12), dispõe sobre as atividades de movimentação de mercadorias em geral e sobre o trabalho avulso.

De acordo com o art. 1º do mencionado diploma legal, consideram-se atividades de movimentação de mercadorias, em geral exercidas por trabalhadores avulsos, aquelas desenvolvidas em áreas urbanas ou rurais sem vínculo empregatício, mediante intermediação obrigatória do sindicato da categoria, por meio de acordo ou convenção coletiva de trabalho para execução das atividades. A remuneração, a definição das funções, a composição de equipes e as demais condições de trabalho são objeto de negociação entre as entidades representativas dos trabalhadores avulsos e dos tomadores de serviços.

Logo, entende-se que a intermediação é necessariamente exercida pelo sindicato da categoria profissional, conforme previsão em instrumento normativo decorrente de negociação coletiva de trabalho.

A Lei 12.023/2009, conforme art. 11, não se aplica às relações de trabalho regidas pelas Leis 8.630/1993 (atual Lei 12.815/2013) e 9.719/1998, as quais tratam do trabalho portuário. Sendo assim, o mencionado diploma legal dispõe, de forma específica, apenas a respeito do trabalho avulso não portuário.

O art. 2º da Lei 12.023/2009 arrola as atividades da movimentação de mercadorias em geral, quais sejam: cargas e descargas de mercadorias a granel e ensacados, costura, pesagem, embalagem, enlonamento, ensaque, arrasto, posicionamento, acomodação, reordenamento, reparação da carga, amostragem, arrumação, remoção, classificação, empilhamento, transporte com empilhadeiras, paletização, ova e desova de vagões, carga e descarga em feiras livres e abastecimento de lenha em secadores e caldeiras; operações de equipamentos de carga e descarga; pré-limpeza e limpeza em locais necessários à viabilidade das operações ou à sua continuidade.

Na realidade, as atividades acima mencionadas devem ser exercidas por trabalhadores com vínculo empregatício ou em regime de trabalho avulso nas empresas tomadoras do serviço (art. 3º).

Cabe ao sindicato elaborar a escala de trabalho e as folhas de pagamento dos trabalhadores avulsos, com a indicação do tomador do serviço e dos trabalhadores que participaram da operação (art. 4º).

Registre-se, ainda, que as empresas tomadoras do trabalho avulso respondem *solidariamente* pela efetiva remuneração do trabalho contratado e são responsáveis pelo recolhimento dos encargos fiscais e sociais, bem como das contribuições ou de outras importâncias devidas à Seguridade Social, no limite do uso que fizerem do trabalho avulso intermediado pelo sindicato (art. 8º).

Além disso, as empresas tomadoras do trabalho avulso são responsáveis pelo fornecimento dos equipamentos de proteção individual e por zelar pelo cumprimento das normas de segurança no trabalho (art. 9º). Ao sindicato intermediador também cabe, entre outros deveres, "zelar pela observância das normas de segurança, higiene e saúde no trabalho" (art. 5º, inciso V).

Embora não tenha vínculo de emprego, a Constituição Federal de 1988 assegura a igualdade de direitos entre o trabalhador avulso e o empregado (art. 7º, inciso XXXIV).

Em conformidade com a Súmula 309 do TST: "Vigia portuário. Terminal privativo. Não obrigatoriedade de requisição. Tratando-se de terminais privativos destinados à navegação de cabotagem ou de longo curso, não é obrigatória a requisição de vigia portuário indicado por sindicato". Frise-se que o mencionado verbete, previsto pela Resolução 7/92 (publicada no *DJU* de 05.11.1992), é anterior à Lei 8.630/1993, bem como à Lei 12.815/2013, sobre portos e instalações portuárias, abaixo estudada.

10.1.1 Trabalhador portuário: avulso e empregado

Na realidade, o trabalhador portuário pode ser contratado não só como trabalhador avulso, mas também como empregado, regido pela Consolidação das Leis do Trabalho.

A Lei 12.815, de 5 de junho de 2013, que dispõe sobre a exploração direta e indireta pela União de portos e instalações portuárias e sobre as atividades desempenhadas pelos operadores portuários, no art. 40, *caput*, assim determina: "O trabalho portuário de capatazia, estiva, conferência de carga, conserto de carga, bloco e vigilância de embarcações, nos portos organizados, será realizado por trabalhadores portuários com vínculo empregatício por prazo indeterminado e por trabalhadores portuários avulsos".

Ainda de acordo com o referido diploma legal, o órgão gestor de mão de obra (OGMO) é "reputado de utilidade pública, sendo-lhe vedado ter fins lucrativos, prestar serviços a terceiros ou exercer qualquer atividade não vinculada à gestão de mão de obra" (art. 39 da Lei 12.815/2013). Ou seja, o OGMO "é um órgão gestor que concentra a administração do trabalho portuário"[6], tratando-se de entidade civil de utilidade pública, sem fins lucrativos, constituída pelos operadores portuários, tendo por finalidade administrar o fornecimento de mão de obra do trabalhador portuário avulso.

Os operadores portuários devem constituir "em cada porto organizado um órgão de gestão de mão de obra do trabalho portuário", conforme o art. 32, *caput*, da Lei 12.815/2013. O operador portuário é "pessoa jurídica pré-qualificada para exercer as atividades de movimentação de passageiros ou movimentação e armazenagem de mercadorias, destinadas ou provenientes de transporte aquaviário, dentro da área do porto organizado" (art. 2º, inciso XIII).

Existem duas modalidades de trabalhadores portuários avulsos: os registrados e os cadastrados.

O órgão gestor de mão de obra é que mantém, com exclusividade, o cadastro do trabalhador portuário e o registro do trabalhador portuário avulso (art. 32, inciso II, da Lei 12.815/2013). Desse modo, os trabalhadores portuários avulsos *registrados* "são chamados ao trabalho pelo OGMO, sempre que um operador portuário requisitar o trabalho"[7].

Já o trabalhador portuário avulso *cadastrado* é aquele que apenas "complementa as equipes de trabalho na falta do registrado, ou seja, quando os registrados aptos ao trabalho não são suficientes para o preenchimento das equipes"[8]. Ademais, "O ingresso no registro do trabalhador portuário avulso depende de prévia seleção e inscrição no cadastro [...], obedecidas a disponibilidade de vagas e a ordem cronológica de inscrição no cadastro" (art. 41, § 2º da Lei 12.815/2013). O cadastro dos trabalhadores avulsos também é organizado e mantido pelo OGMO (art. 41, inciso I, da Lei 12.815/2013).

---

[6] ARAUJO PINTO, Cristiano Paixão; FLEURY, Ronaldo Curado. *A modernização dos portos e as relações de trabalho no Brasil*. Porto Alegre: Síntese, 2004. p. 24.

[7] ARAUJO PINTO, Cristiano Paixão; FLEURY, Ronaldo Curado. *A modernização dos portos e as relações de trabalho no Brasil*. Porto Alegre: Síntese, 2004. p. 29.

[8] ARAUJO PINTO, Cristiano Paixão; FLEURY, Ronaldo Curado. *A modernização dos portos e as relações de trabalho no Brasil*. Porto Alegre: Síntese, 2004. p. 30.

O art. 4º da Lei 9.719/1998 confirma ser "assegurado ao trabalhador portuário avulso cadastrado no órgão gestor de mão de obra o direito de concorrer à escala diária complementando a equipe de trabalho do quadro dos registrados".

Entende-se que a aposentadoria espontânea do trabalhador portuário avulso não acarreta a extinção da inscrição do cadastro e do registro perante o OGMO (TST, Pleno, ArgInc 395400-83.2009.5.09.0322, Rel. Min. Pedro Paulo Manus, *DEJT* 30.11.2012).

O trabalhador avulso contratado por prazo indeterminado, sob o regime da CLT, diferentemente do avulso, é aquele admitido e que presta serviços, como empregado, a um operador portuário.

Em razão do processo de automação nos portos, observou-se a redução dos quadros de trabalhadores portuários, principalmente a partir da década de 1970. Tendo em vista essa modernização, a oferta de postos de trabalho sofreu redução nos portos. Nesse contexto, foi aprovada a Convenção 137 da OIT, de 1973 (ratificada pelo Brasil, promulgada pelo Decreto 1.574, de 31 de julho de 1995, atualmente Decreto 10.088/2019), visando justamente a regulamentar esse processo de redução de quadros, preservando direitos aos trabalhadores portuários remanescentes. Por isso, de acordo com a Lei 12.815/2013, cabe ao órgão gestor de mão de obra, especialmente ao seu conselho de supervisão (art. 38, § 1º, inciso I), "estabelecer o número de vagas, a forma e a periodicidade para acesso ao registro do trabalhador portuário avulso" (art. 32, inciso V, da Lei 12.815/2013), justamente para evitar que o número de trabalhadores registrados torne-se incompatível com as oportunidades de trabalho.

As atividades exercidas pelos trabalhadores portuários são: capatazia, estiva, conferência, conserto de carga, vigilância e trabalho de bloco, explicitadas no art. 40, § 1º, da Lei 12.815/2013[9]. Ademais, o operador portuário, nessas atividades acima indicadas, não poderá locar ou tomar mão de obra sob o regime de trabalho temporário de que trata a Lei 6.019/1974 (art. 40, § 3º, da Lei 12.815/2013). Cabe ressaltar, ainda, que as categorias aqui indicadas "constituem categorias profissionais diferenciadas" (art. 40, § 4º, da Lei 12.815/2013).

Desde que possuam a qualificação necessária, os trabalhadores portuários avulsos registrados e cadastrados podem desempenhar quaisquer das atividades de que trata o § 1º do art. 40 da Lei 12.815/2013 (capatazia, estiva, conferência de carga, conserto de carga, vigilância de embarcações e bloco), sendo vedada a exigência de novo registro ou cadastro específico, independentemente de acordo ou convenção coletiva (art. 40, § 5º, da Lei 12.815/2013, incluído pela Lei 14.047/2020).

Compete ao órgão de gestão de mão de obra do trabalho portuário avulso promover "a formação profissional do trabalhador portuário e do trabalhador portuário avulso, adequando-a aos modernos processos de movimentação de carga e de operação de aparelhos e equipamentos portuários", bem como "o treinamento multifuncional do trabalhador portuário e do trabalhador portuário

---

[9] Lei 12.815/2013, art. 40, § 1º: "Para os fins desta Lei, consideram-se:
I – capatazia: atividade de movimentação de mercadorias nas instalações dentro do porto, compreendendo o recebimento, conferência, transporte interno, abertura de volumes para a conferência aduaneira, manipulação, arrumação e entrega, bem como o carregamento e descarga de embarcações, quando efetuados por aparelhamento portuário;
II – estiva: atividade de movimentação de mercadorias nos conveses ou nos porões das embarcações principais ou auxiliares, incluindo o transbordo, arrumação, peação e despeação, bem como o carregamento e a descarga, quando realizados com equipamentos de bordo;
III – conferência de carga: contagem de volumes, anotação de suas características, procedência ou destino, verificação do estado das mercadorias, assistência à pesagem, conferência do manifesto e demais serviços correlatos, nas operações de carregamento e descarga de embarcações;
IV – conserto de carga: reparo e restauração das embalagens de mercadorias, nas operações de carregamento e descarga de embarcações, reembalagem, marcação, remarcação, carimbagem, etiquetagem, abertura de volumes para vistoria e posterior recomposição;
V – vigilância de embarcações: atividade de fiscalização da entrada e saída de pessoas a bordo das embarcações atracadas ou fundeadas ao largo, bem como da movimentação de mercadorias nos portalós, rampas, porões, conveses, plataformas e em outros locais da embarcação; e
VI – bloco: atividade de limpeza e conservação de embarcações mercantes e de seus tanques, incluindo batimento de ferrugem, pintura, reparos de pequena monta e serviços correlatos".

avulso" (art. 33, inciso II, *a* e *b*, da Lei 12.815/2013). Desse modo, o trabalhador portuário, desde que habilitado pelo OGMO (art. 32, inciso III, da Lei 12.815/2013), pode prestar serviços (concorrendo à escala) em mais de uma atividade portuária. Mesmo assim, o trabalhador avulso pode ter apenas um registro ou cadastro no OGMO, contendo todas as suas habilitações[10].

Com a Lei 12.815/2013, o terminal de uso privado é a "instalação portuária explorada mediante autorização e localizada *fora da área do porto organizado*" (art. 2º, inciso IV, destaquei).

Entende-se como "porto organizado", de acordo com o art. 2º, inciso I, da Lei 12.815/2013, o "*bem público* construído e aparelhado para atender a necessidades de navegação, de movimentação de passageiros ou de movimentação e armazenagem de mercadorias, e cujo tráfego e operações portuárias estejam sob jurisdição de autoridade portuária" (destaquei).

A Lei 9.719, de 27 de novembro de 1998, enfatiza, no art. 1º, que "a mão de obra do trabalho portuário avulso deverá ser requisitada ao órgão gestor de mão de obra".

A escalação dos trabalhadores portuários avulsos pelo órgão gestor de mão de obra deve ocorrer em sistema de *rodízio* (art. 5º da Lei 9.719/1998), com o objetivo de se concretizar o princípio constitucional da igualdade, não se admitindo privilégios em favor de certos grupos.

Na escalação diária do trabalhador portuário avulso deve sempre ser observado um intervalo mínimo de 11 horas consecutivas entre duas jornadas, salvo em situações excepcionais, constantes de acordo ou convenção coletiva de trabalho (art. 8º da Lei 9.719/1998).

Cabe ao operador portuário recolher ao órgão gestor de mão de obra os valores devidos pelos serviços executados, referentes à remuneração por navio, acrescidos dos percentuais relativos a décimo terceiro salário, férias, Fundo de Garantia do Tempo de Serviço, encargos fiscais e previdenciários, no prazo de 24 horas da realização do serviço, para viabilizar o pagamento ao trabalhador portuário avulso (Lei 9.719/1998, art. 2º).

Por sua vez, cabe ao órgão gestor de mão de obra efetuar o pagamento da remuneração pelos serviços executados e das parcelas referentes a décimo terceiro salário e férias, diretamente ao trabalhador portuário avulso. O pagamento da remuneração pelos serviços executados será feito no prazo de 48 horas após o término do serviço. O OGMO deve depositar as parcelas referentes às férias e ao décimo terceiro salário, separada e respectivamente, em contas individuais vinculadas, a serem abertas e movimentadas às suas expensas, especialmente para este fim, em instituição bancária de sua livre escolha, sobre as quais deverão incidir rendimentos mensais com base nos parâmetros fixados para atualização dos saldos dos depósitos de poupança. Os depósitos em questão devem ser efetuados no dia 2 do mês seguinte ao da prestação do serviço, prorrogado o prazo para o primeiro dia útil subsequente se o vencimento cair em dia em que não haja expediente bancário.

Os prazos acima indicados podem ser alterados mediante convenção coletiva firmada entre entidades sindicais representativas dos trabalhadores e operadores portuários, observado o prazo legal para recolhimento dos encargos fiscais, trabalhistas e previdenciários.

O operador portuário e o órgão gestor de mão de obra são *solidariamente responsáveis* pelo pagamento dos encargos trabalhistas, das contribuições previdenciárias e demais obrigações, inclusive acessórias, devidas à Seguridade Social, sendo vedada a invocação do benefício de ordem (Lei 9.719/1998, art. 2º, § 4º). De acordo com a Lei 12.815/2013, art. 33, § 2º, o órgão gestor de mão de obra "responde, solidariamente com os operadores portuários, pela remuneração devida ao trabalhador portuário avulso e pelas indenizações decorrentes de acidente de trabalho".

Como já mencionado, os trabalhadores portuários também podem ser contratados com vínculo empregatício por prazo indeterminado (art. 40, *caput*, da Lei 12.815/2013). Nesse caso, de acordo com o art. 40, § 2º, da Lei 12.815/2013: "A contratação de trabalhadores portuários de capatazia,

---

[10] Cf. ARAUJO PINTO, Cristiano Paixão; FLEURY, Ronaldo Curado. *A modernização dos portos e as relações de trabalho no Brasil*. Porto Alegre: Síntese, 2004. p. 36-37.

bloco, estiva, conferência de carga, conserto de carga e vigilância de embarcações com vínculo empregatício por prazo indeterminado será feita exclusivamente dentre trabalhadores portuários avulsos registrados".

Como se observa, as atividades de *capatazia* e de *bloco* também passaram a constar expressamente do dispositivo legal, exigindo-se que a contratação com vínculo empregatício por prazo indeterminado seja feita *dentre os trabalhadores avulsos registrados*[11].

Cabe esclarecer, conforme o art. 17 da Lei 12.815/2013, que a "administração do porto é exercida diretamente pela União, pela delegatária ou pela entidade concessionária do porto organizado". Nesse sentido, compete à administração do porto organizado, denominada autoridade portuária, entre outras atribuições, "organizar a guarda portuária, em conformidade com a regulamentação expedida pelo poder concedente" (art. 17, § 1º, inciso XV, da Lei 12.815/2013).

Frise-se, ainda, que a remuneração, a definição das funções, a composição dos ternos, a multifuncionalidade e as demais condições do trabalho avulso devem ser objeto de negociação entre as entidades representativas dos trabalhadores portuários avulsos e dos operadores portuários (art. 43, *caput*, da Lei 12.815/2013).

Essa negociação deve contemplar a garantia de renda mínima inserida no item 2 do art. 2 da Convenção 137 da Organização Internacional do Trabalho – OIT (art. 43, parágrafo único, da Lei 12.815/2013).

É facultada aos titulares de instalações portuárias sujeitas a regime de autorização a contratação de trabalhadores a prazo indeterminado, observado o disposto no contrato, convenção ou acordo coletivo de trabalho (art. 44 da Lei 12.815/2013)[12].

---

[11] "1. A pretensão da Suscitante passível de análise se refere à nova redação legal para o regime de contratação de trabalhadores portuários, questionando se, a partir da data da vigência da Lei n. 12.815/2013, ainda é possível a contratação de trabalhadores não registrados no OGMO, desde que seja concedida prioridade àqueles que tenham registro. 2. O art. 40, § 2º, da Lei n. 12.815/2013, confere exclusividade aos trabalhadores portuários avulsos registrados nos casos de contratação para os serviços de capatazia, bloco, estiva, conferência e conserto de carga e vigilância de embarcações, com vínculo empregatício por prazo indeterminado. 3. Nesse caso, a interpretação literal é suficiente para entender que a contratação de trabalhadores portuários deve ser realizada apenas dentre aqueles que possuem registro no OGMO. Vale destacar que na redação legal há a palavra 'exclusivamente' para delimitar a contratação apenas aos trabalhadores portuários registrados, incluindo expressamente os serviços de capatazia e bloco, de modo que qualquer conclusão pela possibilidade de contratar trabalhadores não registrados violaria o significado mínimo do texto objeto da interpretação, que é o ponto de partida do intérprete. 4. A interpretação histórica do art. 40, § 2º, da Lei n. 12.815/2013 indica que a contratação exclusiva de trabalhadores portuários registrados está em sintonia com um cenário de modernização e eficiência, porquanto o OGMO tem em sua essência justamente a busca por essas duas qualidades para o setor portuário. 5. A partir de uma intepretação sistemática, a análise do conjunto normativo da Lei n. 12.815/2013 permite concluir que em nenhum momento o legislador estabeleceu diferença entre capatazia e bloco e os demais serviços portuários, havendo tratamento unitário para todos eles. 6. A imposição legal de exclusividade de trabalhadores registrados só vale para as contratações realizadas a partir da vigência da Lei n. 12.815/2013, de modo que as anteriores seguem o regime estabelecido pelo Eg. TST no RODC 20.174/2004-000-02-00.0. Recurso Ordinário conhecido e desprovido" (TST, SDC, RO-1000543-19.2014.5.02.0000, Rel. Min. Maria Cristina Irigoyen Peduzzi, *DEJT* 24.09.2015).

[12] "Na linha da diretriz da modernização do funcionamento das atividades portuárias, à luz da interpretação sistêmica da legislação vigente, infere-se que o OGMO detém a exclusiva atribuição para gerir e intermediar o fornecimento de mão de obra de trabalhador avulso. No caso, a controvérsia apontada na reconvenção, sobre a contratação de trabalhadores portuários, deve ser analisada no cenário jurídico estabelecido a partir da edição da Lei n. 12.815/2013, que revogou expressamente a Lei n. 8.630/93. O novo instrumento legislativo estabelece que ao órgão de gestão de mão de obra do trabalho portuário – OGMO cabe administrar o fornecimento da mão de obra do trabalhador portuário e do trabalhador portuário avulso (art. 32, I, da Lei n. 12.815/13). O § 2º do art. 40 da Lei n. 12.815/2013, diz que a contratação de trabalhadores portuários de capatazia, bloco, estiva, conferência de carga, conserto de carga e vigilância de embarcações com vínculo empregatício por prazo indeterminado será feita exclusivamente dentre trabalhadores portuários avulsos registrados. Infere-se, por mera interpretação literal, que a palavra 'exclusivamente', contida na norma estatal, revela que contratação de trabalhadores portuários deve ser realizada tão somente dentre aqueles que possuem registro no OGMO. Conclusão diversa, no sentido de ser possível contratar trabalhadores não registrados, violaria o significado mínimo do texto objeto da interpretação, que é o ponto de partida do intérprete. Julgados nesse sentido. a Lei n. 12.815/2013 (que revogou expressamente a Lei n. 8.630/93) alterou o regime de

Atendendo ao comando do art. 9º, parágrafo único, da Lei 9.179/1998, quanto ao meio ambiente de trabalho nos portos, o Ministério do Trabalho estabeleceu a Norma Regulamentadora 29, aprovada pela Portaria 53, de 17 de dezembro de 1997. Compete ao órgão gestor de mão de obra, ao operador portuário e ao empregador, conforme o caso, cumprir e fazer cumprir as normas concernentes a saúde e segurança do trabalho portuário.

10.2 Estagiário

O estágio é atualmente regulado pela Lei 11.788, de 25 de setembro de 2008, publicada no *DOU* de 26.09.2008.

Anteriormente, o contrato de estágio era disciplinado pela Lei 6.494, de 7 de dezembro de 1977 (expressamente revogada pela Lei 11.788/2008, art. 22), naquela época regulamentada pelo Decreto 87.497, de 18 de agosto de 1982.

De acordo com a definição do art. 1º da Lei 11.788/2008:

"Estágio é ato educativo escolar supervisionado, desenvolvido no ambiente de trabalho, que visa à preparação para o trabalho produtivo de educandos que estejam frequentando o ensino regular em instituições de educação superior, de educação profissional, de ensino médio, da educação especial e dos anos finais do ensino fundamental, na modalidade profissional da educação de jovens e adultos".

Desse modo, o estágio apresenta natureza de *ato educativo escolar supervisionado* (pela instituição de ensino), *realizado no meio ambiente de trabalho*, tendo como objetivo a *preparação para o trabalho produtivo*.

O estágio faz parte do projeto pedagógico do curso, além de integrar o itinerário formativo do educando (art. 1º, § 1º, da Lei 11.788/2008).

O estágio visa ao aprendizado de competências próprias da atividade profissional e à contextualização curricular, objetivando o desenvolvimento do educando para a vida cidadã e para o trabalho (art. 1º, § 2º, da Lei 11.788/2008).

Como ensina Sergio Pinto Martins:

"A diferença entre o estágio e o contrato de trabalho é que no primeiro o objetivo é a formação profissional do estagiário, tendo, portanto, finalidade pedagógica, embora haja pessoalidade, subordinação, continuidade e uma forma de contraprestação.

---

contratação dos trabalhadores para as atividades específicas portuárias, estabelecendo expressamente que a contratação de trabalhadores portuários de capatazia, bloco, estiva, conferência de carga, conserto de carga e vigilância de embarcações, com vínculo empregatício por prazo indeterminado, será feita exclusivamente dentre trabalhadores portuários avulsos registrados (§ 2º do art. 40 da Lei n. 12.815/2013). O art. 44 da Lei n. 12.815/13, que faculta aos titulares de instalações portuárias sujeitas a regime de autorização (terminais de uso privado) a contratação de trabalhadores a prazo indeterminado, deve ser interpretado de forma sistêmica, em sintonia com os objetivos de modernização e eficiência das atividades portuárias, que tem como um dos pilares a exclusividade da gestão da mão de obra portuária pelo OGMO, inclusive como forma de valorização e qualificação da mão de obra portuária. A partir de uma interpretação teleológica e sistemática da legislação portuária, conclui-se que a contratação de trabalhadores para as atividades específicas portuárias (capatazia, bloco, estiva, conferência de carga, conserto de carga e vigilância de embarcações – art. 40 da Lei 12.815/13), com vínculo empregatício por prazo indeterminado, deverá ocorrer exclusivamente dentre os trabalhadores portuários avulsos registrados, sempre que existir o órgão de gestão de mão de obra do trabalho portuário constituído na localidade do contratante. Julga-se parcialmente procedente a reconvenção, a fim de declarar que as funções típicas portuárias, previstas no art. 40 da Lei 12.815/13, devem ser exercidas exclusivamente por trabalhadores portuários registrados ou cadastrados no OGMO, tanto no regime jurídico de emprego ou no regime de trabalho avulso, seja dentro ou fora do porto organizado, sempre que existir o órgão de gestão de mão de obra do trabalho portuário constituído na localidade em que ocorrer a contratação" (TST, SDC, DC-1000360-97.2017.5.00.0000, Rel. Min. Kátia Magalhães Arruda, *DEJT* 28.10.2021).

[...]

O estagiário irá, assim, trabalhar para aprender. É uma forma de dar ao estudante a experiência do cotidiano, da profissão, que só é adquirida com a prática"[13].

Em conformidade com o art. 2º da Lei 11.788/2008: "O estágio poderá ser obrigatório ou não obrigatório, conforme determinação das diretrizes curriculares da etapa, modalidade e área de ensino e do projeto pedagógico do curso".

Assim, duas passaram a ser as modalidades de estágio, conforme a seguir explicitado.

Estágio obrigatório é aquele definido como tal no projeto do curso, cuja carga horária é requisito para aprovação e obtenção de diploma (art. 2º, § 1º, da Lei 11.788/2008).

Estágio não obrigatório é aquele desenvolvido como atividade opcional, acrescida à carga horária regular e obrigatória (art. 2º, § 2º, da Lei 11.788/2008).

As atividades de extensão, de monitorias e de iniciação científica na educação superior, desenvolvidas pelo estudante, somente poderão ser equiparadas ao estágio em caso de previsão no projeto pedagógico do curso (art. 2º, § 3º, da Lei 11.788/2008).

O estagiário não é considerado empregado, conforme disposição expressa do art. 3º da Lei 11.788/2008, o qual prevê que o estágio (tanto o obrigatório como o não obrigatório) "não cria vínculo empregatício de qualquer natureza", observados os seguintes requisitos:

I – matrícula e frequência regular do educando em curso de educação superior, de educação profissional, de ensino médio, da educação especial e nos anos finais do ensino fundamental, na modalidade profissional da educação de jovens e adultos e atestados pela instituição de ensino;

II – celebração de termo de compromisso entre o educando, a parte concedente do estágio e a instituição de ensino;

III – compatibilidade entre as atividades desenvolvidas no estágio e aquelas previstas no termo de compromisso.

O estágio, como ato educativo escolar supervisionado, deverá ter acompanhamento efetivo pelo professor orientador da instituição de ensino e por supervisor da parte concedente, comprovado por vistos nos relatórios referidos no inciso IV do *caput* do art. 7º da Lei 11.788/2008 e por menção de aprovação final.

O descumprimento de qualquer dos incisos acima indicados ou de qualquer obrigação contida no termo de compromisso caracteriza vínculo de emprego do educando com a parte concedente do estágio para todos os fins da legislação trabalhista e previdenciária (Lei 11.788/2008, art. 3º, § 2º).

Como observa Otavio Pinto e Silva: "No estágio estudantil, embora presentes todos os requisitos próprios da relação de emprego, a opção legislativa foi a de afastar a assimilação, tendo em vista o objetivo de criar um regime específico para propiciar experiências práticas como complementação de aprendizagem"[14].

Anteriormente, o § 1º do art. 1º da Lei 6.494/1977, na redação determinada pela Medida Provisória 2.164-41/2001 (atualmente revogado pela Lei 11.788/2008), já autorizava a aceitar como estagiários os alunos que, comprovadamente, estejam frequentando "cursos de educação superior, de ensino médio, de educação profissional de nível médio ou superior ou escolas de educação especial". A redação original desse dispositivo fazia menção, apenas, aos alunos que, comprovadamente, estivessem frequentando "cursos vinculados à estrutura do ensino público e particular, nos níveis superior, profissionalizante de 2º grau e Supletivo". Na redação determinada pela Lei 8.859, de 23 de

---

[13] MARTINS, Sergio Pinto. *Direito do trabalho*. 5. ed. São Paulo: Malheiros, 1998. p. 130-131.
[14] SILVA, Otavio Pinto e. *Subordinação, autonomia e parassubordinação nas relações de trabalho*. São Paulo: LTr, 2004. p. 190.

março de 1994, o § 1º do art. 1º da Lei 6.494/1977 indicava, somente, os alunos que, comprovadamente, estivessem "frequentando cursos de nível superior, profissionalizante de 2º grau, ou escolas de educação especial".

Nota-se, portanto, que a atual Lei 11.788/2008 manteve a autorização do estágio para educando em curso de "ensino médio", e até mesmo ampliou para aqueles "dos anos finais do ensino fundamental" (arts. 1º, *caput*, 3º, inciso I, 10, incisos I e II). Essas hipóteses, no entanto, são objeto de fundadas críticas por uma parte da doutrina, sob o argumento de não se adequar aos efetivos objetivos do instituto, no sentido de não se vislumbrar como possa o estágio proporcionar ao aluno de "ensino médio" não profissionalizante (regular), e até mesmo aos educandos dos anos finais do ensino fundamental, os fins de preparação para o trabalho produtivo. Mesmo assim, verifica-se o entendimento de que, em razão da expressa previsão legal, o estágio nas referidas situações é possível, sendo admitido desde que não desvirtuado, como uma forma de complementar a formação do estudante, inclusive como cidadão, tendo o acompanhamento de sua regularidade feita também pela instituição de ensino (art. 7º da Lei 11.788/2008).

O *termo de compromisso* deverá ser firmado pelo estagiário ou com seu representante ou assistente legal e pelos representantes legais da parte concedente e da instituição de ensino, vedada a atuação dos agentes de integração a que se refere o art. 5º da Lei 11.788/2008 como representante de qualquer das partes (art. 16 da Lei 11.788/2008).

Anteriormente, a Lei 6.494/1977 (revogada pela Lei 11.788/2008) já previa, no art. 3º, que a realização do estágio curricular deve ocorrer mediante "termo de compromisso celebrado entre o estudante e a parte concedente, com interveniência obrigatória da instituição de ensino".

Como se pode notar, para que o estágio não resulte em vínculo de emprego, devem estar presentes, na realidade dos fatos, os requisitos do verdadeiro estágio. Caso contrário, verificando-se fraude, presentes os elementos do vínculo de emprego, este deve ser reconhecido (art. 9º da CLT). Nessa última hipótese, se o tomador do serviço for ente da Administração Pública, o reconhecimento da relação de emprego, pela ausência de prévia aprovação em concurso público (art. 37, inciso II, e § 2º, da CF/1988), encontrará óbice nos termos do disposto na Súmula 363 do TST, matéria já estudada anteriormente. Nesse sentido, de acordo com a Orientação Jurisprudencial 366 da SBDI-I do TST:

"Estagiário. Desvirtuamento do contrato de estágio. Reconhecimento do vínculo empregatício com a administração pública direta ou indireta. Período posterior à Constituição Federal de 1988. Impossibilidade. Ainda que desvirtuada a finalidade do contrato de estágio celebrado na vigência da Constituição Federal de 1988, é inviável o reconhecimento do vínculo empregatício com ente da Administração Pública direta ou indireta, por força do art. 37, II, da CF/1988, bem como o deferimento de indenização pecuniária, exceto em relação às parcelas previstas na Súmula 363 do TST, se requeridas" (*DJ* 20.05.2008).

A realização de estágios, nos termos da Lei 11.788/2008, aplica-se aos estudantes estrangeiros regularmente matriculados em cursos superiores no País, autorizados ou reconhecidos, observado o prazo do visto temporário de estudante, na forma da legislação aplicável (art. 4º da Lei 11.788/2008).

As instituições de ensino e as partes cedentes de estágio podem, a seu critério, recorrer a serviços de *agentes de integração* públicos e privados, mediante condições acordadas em instrumento jurídico apropriado, devendo ser observada, no caso de contratação com recursos públicos, a legislação que estabelece as normas gerais de licitação (art. 5º da Lei 11.788/2008).

Cabe aos agentes de integração, como auxiliares no processo de aperfeiçoamento do instituto do estágio:

I – identificar oportunidades de estágio;

II – ajustar suas condições de realização;

III – fazer o acompanhamento administrativo;

IV – encaminhar negociação de seguros contra acidentes pessoais;

V – cadastrar os estudantes.

É vedada a cobrança de qualquer valor dos estudantes, a título de remuneração pelos serviços referidos acima (art. 5º, § 2º, da Lei 11.788/2008).

Os agentes de integração serão responsabilizados civilmente se indicarem estagiários para a realização de atividades não compatíveis com a programação curricular estabelecida para cada curso, assim como estagiários matriculados em cursos ou instituições para as quais não há previsão de estágio curricular (art. 5º, § 3º, da Lei 11.788/2008).

O local de estágio pode ser selecionado a partir de cadastro de partes cedentes, organizado pelas instituições de ensino ou pelos agentes de integração (art. 6º da Lei 11.788/2008).

São obrigações das *instituições de ensino*, em relação aos estágios de seus educandos (art. 7º da Lei 11.788/2008):

I – celebrar termo de compromisso com o educando ou com seu representante ou assistente legal, quando ele for absoluta ou relativamente incapaz, e com a parte concedente, indicando as condições de adequação do estágio à proposta pedagógica do curso, à etapa e modalidade da formação escolar do estudante e ao horário e calendário escolar;

II – avaliar as instalações da parte concedente do estágio e sua adequação à formação cultural e profissional do educando;

III – indicar professor orientador, da área a ser desenvolvida no estágio, como responsável pelo acompanhamento e avaliação das atividades do estagiário;

IV – exigir do educando a apresentação periódica, em prazo não superior a 6 (seis) meses, de relatório das atividades;

V – zelar pelo cumprimento do termo de compromisso, reorientando o estagiário para outro local em caso de descumprimento de suas normas;

VI – elaborar normas complementares e instrumentos de avaliação dos estágios de seus educandos;

VII – comunicar à parte concedente do estágio, no início do período letivo, as datas de realização de avaliações escolares ou acadêmicas.

O *plano de atividades do estagiário*, elaborado em acordo das três partes que celebram o termo de compromisso (educando, parte concedente do estágio e instituição de ensino, conforme art. 3º, inciso II, da Lei 11.788/2008), será incorporado ao termo de compromisso por meio de aditivos à medida que for avaliado, progressivamente, o desempenho do estudante.

Em conformidade com o art. 8º da Lei 11.788/2008, é facultado às instituições de ensino celebrar com entes públicos e privados "convênio de concessão de estágio", nos quais se explicitem o processo educativo compreendido nas atividades programadas para seus educandos e as condições de que tratam os arts. 6º a 14 da Lei 11.788/2008. A celebração de convênio de concessão de estágio entre a instituição de ensino e a parte concedente não dispensa a celebração do termo de compromisso de que trata o inciso II do *caput* do art. 3º da Lei 11.788/2008.

O estágio pode ser oferecido pelas "pessoas jurídicas de direito privado e os órgãos da administração pública direta, autárquica e fundacional de qualquer dos Poderes da União, dos Estados, do Distrito Federal e dos Municípios, bem como profissionais liberais de nível superior devidamente registrados em seus respectivos conselhos de fiscalização profissional, podem oferecer estágio" (art. 9º da Lei 11.788/2008). Anteriormente, o art. 1º da Lei 6.494/1977 previa que o estágio somente podia ser mantido pelas "pessoas jurídicas de Direito Privado, os órgãos da Administração Pública e as Instituições de Ensino".

As mencionadas "partes concedentes" podem oferecer estágio, observadas as seguintes obrigações:

I – celebrar termo de compromisso com a instituição de ensino e o educando, zelando por seu cumprimento;

II – ofertar instalações que tenham condições de proporcionar ao educando atividades de aprendizagem social, profissional e cultural;

III – indicar funcionário de seu quadro de pessoal, com formação ou experiência profissional na área de conhecimento desenvolvida no curso do estagiário, para orientar e supervisionar até 10 (dez) estagiários simultaneamente;

IV – contratar em favor do estagiário seguro contra acidentes pessoais, cuja apólice seja compatível com valores de mercado, conforme fique estabelecido no termo de compromisso;

V – por ocasião do desligamento do estagiário, entregar termo de realização do estágio com indicação resumida das atividades desenvolvidas, dos períodos e da avaliação de desempenho;

VI – manter à disposição da fiscalização documentos que comprovem a relação de estágio;

VII – enviar à instituição de ensino, com periodicidade mínima de 6 (seis) meses, relatório de atividades, com vista obrigatória ao estagiário.

No caso de estágio obrigatório, a responsabilidade pela contratação do seguro poderá, alternativamente, ser assumida pela instituição de ensino (art. 9º, parágrafo único, da Lei 11.788/2008).

Anteriormente, previa o art. 5º da Lei 6.494/1977 (revogada pela Lei 11.788/2008, art. 22) que a jornada de atividade em estágio, a ser cumprida pelo estudante, deveria compatibilizar-se com o seu horário escolar e com o horário da parte em que viesse a ocorrer o estágio. Nos períodos de férias escolares, a jornada de estágio era estabelecida de comum acordo entre o estagiário e a parte concedente, sempre com a interveniência da instituição de ensino.

Na atualidade, a Lei 11.788/2008, no art. 10, passou a prever que a *jornada de atividade em estágio* será definida de comum acordo entre a instituição de ensino, a parte concedente e o aluno estagiário ou seu representante legal, devendo constar do termo de compromisso ser compatível com as atividades escolares e não ultrapassar:

I – 4 (quatro) horas diárias e 20 (vinte) horas semanais, no caso de estudantes de educação especial e dos anos finais do ensino fundamental, na modalidade profissional de educação de jovens e adultos;

II – 6 (seis) horas diárias e 30 (trinta) horas semanais, no caso de estudantes do ensino superior, da educação profissional de nível médio e do ensino médio regular.

O estágio relativo a cursos que alternam teoria e prática, nos períodos em que não estão programadas aulas presenciais, poderá ter jornada de até 40 horas semanais, desde que isso esteja previsto no projeto pedagógico do curso e da instituição de ensino (art. 10, § 1º).

Se a instituição de ensino adotar verificações de aprendizagem periódicas ou finais, nos períodos de avaliação, a carga horária do estágio será reduzida pelo menos à metade, segundo estipulado no termo de compromisso, para garantir o bom desempenho do estudante (art. 10, § 2º).

Ainda de acordo com a Lei 11.788/2008, art. 11: "A duração do estágio, na mesma parte concedente, não poderá exceder 2 (dois) anos, exceto quando se tratar de estagiário portador de deficiência".

O estagiário *poderá* receber bolsa ou outra forma de contraprestação que venha a ser acordada, sendo compulsória a sua concessão, bem como a do auxílio-transporte, na hipótese de estágio não obrigatório (art. 12 da Lei 11.788/2008).

Entende-se, assim, que na modalidade de "estágio obrigatório" o recebimento da bolsa pelo estagiário (ou outra forma de contraprestação que venha a ser acordada) é apenas uma faculdade, não sendo imposta a sua concessão.

Diversamente, no "estágio não obrigatório" a concessão da bolsa (ou outra forma de contraprestação pactuada), bem como do auxílio-transporte, é um dever cogente.

A eventual concessão de benefícios relacionados a transporte, alimentação e saúde, entre outros, não caracteriza vínculo empregatício (art. 12, § 1º).

Poderá o educando inscrever-se e contribuir como segurado facultativo do Regime Geral de Previdência Social.

A Lei 11.788/2008, art. 13, também passou a prever que é assegurado ao estagiário, sempre que o estágio tenha duração igual ou superior a um ano, período de recesso de 30 dias, a ser gozado preferencialmente durante suas férias escolares.

O recesso mencionado deverá ser remunerado quando o estagiário receber bolsa ou outra forma de contraprestação. Os dias de recesso serão concedidos de maneira proporcional, nos casos de o estágio ter duração inferior a um ano.

Além disso, como prevê a importante norma inserida no art. 14 da Lei 11.788/2008: "Aplica-se ao estagiário a legislação relacionada à saúde e segurança no trabalho, sendo sua implementação de responsabilidade da parte concedente do estágio".

A manutenção de estagiários em desconformidade com a Lei 11.788/2008 caracteriza vínculo de emprego do educando com a parte concedente do estágio para todos os fins da legislação trabalhista e previdenciária (art. 15).

A instituição privada ou pública que reincidir na irregularidade em questão ficará impedida de receber estagiários por dois anos, contados da data da decisão definitiva do processo administrativo correspondente. Esta última penalidade, no entanto, limita-se à filial ou agência em que for cometida a irregularidade (art. 15, § 2º, da Lei 11.788/2008).

Inovando em mais um aspecto, a Lei 11.788/2008 passou a prever, no art. 17, que o número máximo de estagiários em relação ao quadro de pessoal das entidades concedentes de estágio deverá atender às seguintes proporções:

I – de 1 (um) a 5 (cinco) empregados: 1 (um) estagiário;

II – de 6 (seis) a 10 (dez) empregados: até 2 (dois) estagiários;

III – de 11 (onze) a 25 (vinte e cinco) empregados: até 5 (cinco) estagiários;

IV – acima de 25 (vinte e cinco) empregados: até 20% (vinte por cento) de estagiários.

Para efeito da Lei 11.788/2008, considera-se quadro de pessoal o conjunto de trabalhadores empregados existentes no estabelecimento do estágio.

Na hipótese de a parte concedente contar com várias filiais ou estabelecimentos, os quantitativos previstos acima serão aplicados a cada um deles.

Quando o cálculo do percentual disposto no inciso IV acima resultar em fração, poderá ser arredondado para o número inteiro imediatamente superior.

Trata-se de previsão com o intuito de evitar a contratação excessiva e irregular de estagiários, em prejuízo da contratação de trabalhadores por meio de vínculo de emprego devidamente formalizado. Entretanto, de acordo com o § 4º do art. 17: "Não se aplica o disposto no *caput* deste artigo aos estágios de nível superior e de nível médio profissional". Isso significa que a limitação prevista no art. 17, *caput*, da Lei 11.788/2008, já mencionada, apenas incide nos estágios de ensino médio regular (não profissional), de educação especial e nos estágios dos anos finais do ensino fundamental, na modalidade profissional da educação de jovens e adultos e atestados pela instituição de ensino.

Fica assegurado às pessoas portadoras de deficiência o percentual de 10% das vagas oferecidas pela parte concedente do estágio (art. 17, § 5º, da Lei 11.788/2008). A previsão legal, assim, tem como objetivo reservar parte das vagas oferecidas na contratação de estagiários às pessoas com deficiência, como forma de garantir o acesso a essa modalidade de atividade.

Ficam reservadas aos negros 30% das vagas oferecidas nas seleções para estágio no âmbito da administração pública federal direta, autárquica e fundacional (art. 1º do Decreto 9.427/2018). Essa reserva de vagas será aplicada quando o número de vagas oferecidas na seleção for igual ou superior a três. Na hipótese de quantitativo fracionado para o número de vagas reservadas a candidatos negros: o quantitativo será aumentado para o primeiro número inteiro subsequente, em caso de fração igual ou maior que cinco décimos; ou o quantitativo será diminuído para número inteiro imediatamente inferior, em caso de fração menor que cinco décimos. A reserva de vagas a candidatos negros deve constar expressamente dos editais das seleções, que especificarão o total de vagas correspondentes à reserva para cada vaga de estágio oferecida.

A prorrogação dos estágios contratados antes do início da vigência da Lei 11.788/2008 apenas poderá ocorrer se ajustada às suas disposições (art. 18). Frise-se que a referida Lei 11.788 entrou em vigor na data de sua publicação (art. 21), ou seja, em 26.09.2008. Pode-se entender, assim, com fundamento no art. 5º, inciso XXXVI, da Constituição Federal de 1988, que as novas disposições da Lei 11.788/2008 são aplicadas aos contratos de estágio firmados a partir da data de sua vigência, bem como àqueles prorrogados na forma do art. 18 da mesma Lei, resguardando-se o ato jurídico perfeito e a eficácia não retroativa da norma jurídica, sabendo-se que o estágio não se confunde com o vínculo de emprego, quando observados os requisitos da Lei 11.788/2008 (art. 3º). No entanto, o tema pode ser objeto de controvérsia, sendo possível o entendimento de que as novas disposições são aplicáveis imediatamente, também aos contratos de estágio já em andamento quando do início da vigência do mencionado diploma legal (eficácia imediata, mas não retroativa, de novas normas jurídicas em contrato de trato sucessivo).

De forma específica, para inscrição como estagiário de advocacia é necessário: I – preencher os requisitos mencionados nos incisos I, III, V, VI e VII do art. 8º da Lei 8.906/1994 (capacidade civil; título de eleitor e quitação do serviço militar, se brasileiro; não exercer atividade incompatível com a advocacia; idoneidade moral; prestar compromisso perante o Conselho); II – ter sido admitido em estágio profissional de advocacia (art. 9º da Lei 8.906/1994).

O estágio profissional de advocacia, com duração de dois anos, realizado nos últimos anos do curso jurídico, pode ser mantido pelas respectivas instituições de ensino superior, pelos Conselhos da OAB, ou por setores, órgãos jurídicos e escritórios de advocacia credenciados pela OAB, sendo obrigatório o estudo do Estatuto da Advocacia e do Código de Ética e Disciplina (art. 9º, § 1º, da Lei 8.906/1994).

A inscrição do estagiário é feita no Conselho Seccional da OAB em cujo território se localize seu curso jurídico (art. 9º, § 2º, da Lei 8.906/1994).

O aluno de curso jurídico que exerça atividade incompatível com a advocacia pode frequentar o estágio ministrado pela respectiva instituição de ensino superior, para fins de aprendizagem, vedada a inscrição na OAB (art. 9º, § 3º, da Lei 8.906/1994).

O estágio profissional de advocacia pode ser cumprido por bacharel em Direito que queira se inscrever na Ordem dos Advogados do Brasil (art. 9º, § 4º, da Lei 8.906/1994). Trata-se de norma especial, que prevalece em face da norma geral (art. 2º, § 2º, da Lei de Introdução às Normas do Direito Brasileiro).

Em caso de pandemia ou em outras situações excepcionais que impossibilitem as atividades presenciais, declaradas pelo poder público, o estágio profissional de advocacia pode ser realizado no regime de teletrabalho ou de trabalho a distância em sistema remoto ou não, por qualquer meio telemático, sem configurar vínculo de emprego a adoção de qualquer uma dessas modalidades (art. 9º, § 5º, da Lei 8.906/1994, incluído pela Lei 14.365/2022).

Se houver concessão, pela parte contratante ou conveniada, de equipamentos, sistemas e materiais ou reembolso de despesas de infraestrutura ou instalação, todos destinados a viabilizar a realização da atividade de estágio profissional de advocacia no regime de teletrabalho ou de trabalho a distância em sistema remoto ou não, por qualquer meio telemático, essa informação deve constar, expressamente, do convênio de estágio e do termo de estágio (art. 9º, § 6º, da Lei 8.906/1994, incluído pela Lei 14.365/2022).

10.3 Trabalhador autônomo

Trabalhador autônomo, como esclarece Amauri Mascaro Nascimento, "é aquele que não transfere para terceiro o poder de organização de sua atividade"[15]. Assim, o referido obreiro "irá trabalhar por conta própria"[16].

Pode-se dividir o trabalho autônomo em: trabalho autônomo propriamente dito e empreitada.

É comum indicar, por exemplo, o médico e o dentista, em seus consultórios, e o advogado, em seu escritório, como autônomos[17].

A empreitada é um contrato civil, que "consiste na realização de uma determinada obra (material ou imaterial) por meio de ação de outrem, remunerado para tanto pelo interessado"[18]. Diferencia-se do contrato de prestação de serviços, regido pelo Direito Civil, pois neste um serviço ou trabalho é pactuado (art. 594 do Código Civil de 2002)[19], enquanto na empreitada, o que se contrata é a edificação ou a criação de uma obra[20]. É certo que a empreitada pode ser sem o fornecimento de material, ou seja, apenas de lavor, ou acompanhada de fornecimento de material, mas sempre tendo por objeto a contratação de uma obra (art. 610 do Código Civil de 2002).

O contrato de empreitada, assim como o contrato civil de prestação de serviço, não se confunde com a relação de emprego, por ausência de subordinação jurídica, ou seja, quanto ao modo de "concretização do trabalho pactuado"[21].

Cabe ainda tratar da representação comercial autônoma, a qual é regulada pela Lei 4.886, de 9 de dezembro de 1965.

De acordo com o art. 1º desse diploma legal, referida representação é exercida por pessoa jurídica ou pessoa física, sem relação de emprego, que desempenha, em caráter não eventual por conta de uma ou mais pessoas, a mediação para a realização de negócios mercantis, agenciando propostas ou pedidos, para transmiti-los aos representados, praticando ou não atos relacionados com a execução dos negócios.

Diferencia-se da relação de emprego, pela ausência da subordinação jurídica, inerente ao contrato de trabalho[22]. No entanto, há situações concretas de difícil diferenciação entre as duas figuras[23], devendo-se verificar certos critérios práticos, tais como a existência de controle de jornada, carteira de clientes, de visitas a serem feitas, de metas a serem necessariamente alcançadas, obrigatoriedade de comparecimento na sede da empresa e em reuniões, bem como observar a orientação da doutrina, no sentido de que a "intensidade de ordens no tocante à prestação de serviços é que tenderá a determinar, no caso concreto, qual sujeito da relação jurídica detém a direção da prestação dos serviços: sendo o próprio profissional, emerge como autônomo o vínculo concretizado; sendo o tomador de serviços, surge como subordinado o referido vínculo"[24].

---

[15] NASCIMENTO, Amauri Mascaro. *Curso de direito do trabalho*. 12. ed. São Paulo: Saraiva, 1996. p. 264.
[16] MARTINS, Sergio Pinto. *Direito do trabalho*. 5. ed. São Paulo: Malheiros, 1998. p. 127.
[17] Cf. NASCIMENTO, Amauri Mascaro. *Curso de direito do trabalho*. 12. ed. São Paulo: Saraiva, 1996. p. 264.
[18] BITTAR, Carlos Alberto. *Curso de direito civil*. Rio de Janeiro: Forense Universitária, 1994. v. 2, p. 713.
[19] Cf. DELGADO, Mauricio Godinho. *Introdução ao direito do trabalho*. 2. ed. São Paulo: LTr, 1999. p. 275: "Não se pactua, contudo, na locação de serviços materialmente uma obra, mas trabalho".
[20] Cf. BITTAR, Carlos Alberto. *Curso de direito civil*. Rio de Janeiro: Forense Universitária, 1994. v. 2, p. 707, 713.
[21] DELGADO, Mauricio Godinho. *Introdução ao direito do trabalho*. 2. ed. São Paulo: LTr, 1999. p. 274.
[22] Cf. COELHO, Fábio Ulhoa. *Manual de direito comercial*. 10. ed. São Paulo: Saraiva, 1999. p. 422: "Inexiste qualquer vínculo de emprego entre o representado e o representante comercial autônomo. A subordinação deste àquele tem caráter exclusivamente empresarial, ou seja, cinge-se à organização do exercício da atividade econômica".
[23] Cf. BARROS, Alice Monteiro de. *Contratos e regulamentações especiais de trabalho*. 2. ed. São Paulo: LTr, 2002. p. 463-467.
[24] DELGADO, Mauricio Godinho. *Introdução ao direito do trabalho*. 2. ed. São Paulo: LTr, 1999. p. 274. Cf. ainda COELHO, Fábio Ulhoa. *Manual de direito comercial*. 10. ed. São Paulo: Saraiva, 1999. p. 422: "em existindo uma subordinação

A representação comercial autônoma, portanto, é modalidade de contrato (art. 27 da Lei 4.886/1965) caracterizada pela existência de autonomia do representante em face do representado. Como destaca Rubens Requião: "O contrato de representação comercial situa-se no plano da colaboração na realização de negócio jurídico, acarretando remuneração de conformidade com o seu resultado útil"[25].

Aliás, também podem existir relações de trabalho autônomo decorrentes de outros contratos de atividade, ou seja, envolvendo o trabalho prestado pela pessoa natural, regidos pelo Direito Civil, como os contratos de agência e distribuição (arts. 710 a 721 do Código Civil de 2002), de corretagem (arts. 722 a 729), de transporte (arts. 730 a 756) e de parceria, que, como já destacado, não se confundem com o contrato de emprego.

O art. 442-B da CLT, acrescentado pela Lei 13.467/2017, dispõe que a contratação do autônomo, cumpridas por este todas as formalidades legais, com ou sem exclusividade, de forma contínua ou não, afasta a qualidade de empregado prevista no art. 3º da Consolidação das Leis do Trabalho.

O art. 25 da Portaria 671/2021 do Ministério do Trabalho e Previdência reitera essa previsão.

É assegurado o direito constitucional ao livre exercício de qualquer trabalho, ofício ou profissão, devendo ser atendidas as qualificações profissionais que a lei estabelecer (art. 5º, inciso XIII, da Constituição da República).

A prestação de serviços de forma efetivamente autônoma, ainda que com exclusividade a certo tomador, por si, não gera a existência da relação de emprego, justamente em razão da ausência de subordinação jurídica.

O art. 25, parágrafo único, da Portaria 671/2021 do Ministério do Trabalho e Previdência explicita que não caracteriza a qualidade de empregado o fato de o autônomo prestar serviços a apenas um tomador de serviços.

O autônomo pode prestar serviços de qualquer natureza a outros tomadores de serviços que exerçam ou não a mesma atividade econômica, sob qualquer modalidade de contrato de trabalho, inclusive como autônomo (art. 26 da Portaria 671/2021 do Ministério do Trabalho e Previdência).

Se não houver exclusividade, o trabalhador autônomo tem a faculdade de prestar quaisquer serviços a outros tomadores, de idêntica ou diversa atividade econômica, seja como empregado ou autônomo (ou mesmo como eventual).

O trabalhador autônomo, justamente por prestar serviços por conta própria, sem se subordinar a poder de direção de empregador, pode não aceitar atividade solicitada pelo contratante (tomador), ainda que, em razão disso, haja a incidência de eventual consequência estabelecida em cláusula contratual.

O art. 27 da Portaria 671/2021 do Ministério do Trabalho e Previdência explicita que fica garantida ao autônomo a possibilidade de recusa de realizar atividade demandada pelo contratante, ressalvada a possibilidade de aplicação de cláusula de penalidade, pela recusa, caso prevista em contrato.

Presente a subordinação jurídica, será reconhecido o vínculo empregatício, ainda que o trabalhador preste serviços por meio de pessoa jurídica (art. 28 da Portaria 671/2021 do Ministério do Trabalho e Previdência). A caracterização da subordinação jurídica deve ser demonstrada no caso concreto, comprovada a submissão direta, habitual e reiterada do trabalhador aos poderes diretivo, regulamentar e disciplinar da empresa contratante, entre outros.

Evidentemente, como a presença da *subordinação jurídica*, quanto à forma da prestação dos serviços, significa a ausência de autonomia, nesse caso deve ser reconhecida a relação de emprego.

---

que extrapole o aspecto meramente negocial para alcançar a pessoa mesma do representante, então não haverá contrato mercantil, mas de trabalho, sujeito a um regime jurídico substancialmente diverso".

[25] REQUIÃO, Rubens. *Curso de direito comercial*. 21. ed. São Paulo: Saraiva, 1993. v. 1, p. 163.

O que caracteriza o trabalhador autônomo, na verdade, é a prestação dos serviços sem subordinação, mesmo que a atividade realizada seja ligada ao negócio empresarial de quem o contrata, aspecto que não diz respeito à questão envolvida.

O *princípio da primazia da realidade*, inerente ao Direito do Trabalho, indica que, na relação de emprego, deve prevalecer a efetiva realidade dos fatos, e não a forma construída em desacordo com a verdade.

Em razão disso, na avaliação de certo documento pertinente à relação de emprego, deve-se verificar se ele corresponde ao ocorrido no plano dos fatos, pois deve prevalecer a verdade real.

Quando se discute se determinada relação de trabalho é um vínculo de emprego, nem sempre a roupagem atribuída à contratação corresponde à realidade.

Aliás, pode ocorrer que mesmo no ajuste de vontades, pertinente à prestação do trabalho, as partes indiquem não se tratar de relação de emprego.

Desse modo, deve prevalecer o reconhecimento do vínculo empregatício caso presentes os seus requisitos, quais sejam, pessoa física, pessoalidade, não eventualidade, subordinação e onerosidade (arts. 2º e 3º da CLT).

A exclusividade na prestação do serviço não é requisito para a existência da relação de emprego.

Uma vez presente a relação de emprego segundo a realidade dos fatos, a qual é garantida na esfera constitucional (art. 7º da Constituição da República), esta deve ser assim reconhecida.

Desse modo, o art. 442-B da CLT deve ser interpretado em conformidade com a Constituição, no sentido de que se o trabalhador foi efetivamente contratado como autônomo, com a observância das exigências legais, prestando serviços sem subordinação jurídica, não será empregado, uma vez que ausente o exercício do poder de direção pelo tomador.

Essa ausência da relação de emprego, a qual deve ser analisada em cada caso concreto, não se altera em razão da presença ou ausência de exclusividade e de continuidade, pois o trabalho é prestado de forma autônoma.

Ainda quanto ao tema, cabe frisar que a Lei 13.097/2015, no art. 139, ao tratar da *profissão de corretor de imóveis*, alterou o art. 6º da Lei 6.530/1978, cujo § 2º passou a prever que "o corretor de imóveis pode associar-se a uma ou mais imobiliárias, mantendo sua autonomia profissional, sem qualquer outro vínculo, inclusive empregatício e previdenciário, mediante contrato de associação específico, registrado no Sindicato dos Corretores de Imóveis ou, onde não houver sindicato instalado, registrado nas delegacias da Federação Nacional de Corretores de Imóveis".

Trata-se, no caso, de trabalho realizado de forma autônoma, ou seja, sem a presença da subordinação jurídica, o que corresponde à ausência do exercício do poder de direção, inerente à relação de emprego.

Pelo referido contrato, o corretor de imóveis associado e a imobiliária *coordenam*, entre si, o desempenho de funções correlatas à intermediação imobiliária e ajustam critérios para a partilha dos resultados da atividade de corretagem, mediante obrigatória assistência da entidade sindical.

Observa-se, portanto, nítida influência da teoria da *parassubordinação*, em que o trabalho é prestado de forma coordenada, ou seja, em regime de colaboração entre o profissional autônomo e o ente tomador, presentes a continuidade e certa pessoalidade. Mesmo com essa coordenação, salvo hipótese de fraude, o trabalho é exercido por conta própria, isto é, sem a sujeição aos poderes de organização, controle e disciplinar do tomador do serviço (imobiliária), por não ser empregador.

O mencionado contrato de associação, de todo modo, não implica troca de serviços, pagamentos ou remunerações entre a imobiliária e o corretor de imóveis associado, desde que não configurados os elementos caracterizadores do vínculo empregatício, previstos no art. 3º da CLT.

Como se pode notar, apesar da necessidade de se observar os requisitos formais do contrato de associação específico (entre o corretor de imóveis e a imobiliária), no Direito do Trabalho, deve prevalecer o princípio da primazia da realidade. Com isso, uma vez presentes os elementos da relação de emprego, com destaque à subordinação, esta deve ser reconhecida, nos termos dos arts. 9º e 444 da CLT.

Cabe ainda fazer referência à previsão de que os salões de beleza podem celebrar *contratos de parceria*, por escrito, com os profissionais que desempenham as atividades de cabeleireiro, barbeiro, esteticista, manicure, pedicure, depilador e maquiador (art. 1º-A da Lei 12.592/2012, acrescentado pela Lei 13.352/2016).

Os estabelecimentos e os profissionais mencionados são denominados *salão-parceiro* e *profissional-parceiro*, respectivamente, para todos os efeitos jurídicos. O salão-parceiro é responsável pela centralização dos pagamentos e recebimentos decorrentes das atividades de prestação de serviços de beleza executadas pelo profissional-parceiro.

O salão-parceiro deve realizar a retenção de sua cota-parte percentual, fixada no contrato de parceria, bem como dos valores de recolhimento de tributos e contribuições sociais e previdenciárias devidos pelo profissional-parceiro incidentes sobre a cota-parte que a este couber na parceria.

A cota-parte retida pelo salão-parceiro deve ocorrer a título de atividade de aluguel de bens móveis e de utensílios para o desempenho das atividades de serviços de beleza e/ou a título de serviços de gestão, de apoio administrativo, de escritório, de cobrança e de recebimentos de valores transitórios vindos de clientes que adquiriram serviços de beleza. A cota-parte destinada ao profissional-parceiro, por sua vez, deve ocorrer a título de *atividades de prestação de serviços de beleza* e não será considerada para o cômputo da receita bruta do salão-parceiro ainda que adotado sistema de emissão de nota fiscal unificada ao consumidor.

O profissional-parceiro não pode assumir as responsabilidades e obrigações decorrentes da administração da pessoa jurídica do salão-parceiro, de ordem contábil, fiscal, trabalhista e previdenciária incidentes, ou quaisquer outras relativas ao funcionamento do negócio.

Os profissionais-parceiros podem ser qualificados, perante as autoridades fazendárias, como pequenos empresários, microempresários ou microempreendedores individuais.

O mencionado contrato de parceria deve ser firmado entre as partes, *mediante ato escrito, homologado pelo sindicato da categoria profissional e laboral e, na ausência desses, pelo órgão local competente do Ministério do Trabalho, perante duas testemunhas*. O profissional-parceiro, mesmo que inscrito como pessoa jurídica, deve ser assistido pelo seu sindicato de categoria profissional e, na ausência deste, pelo órgão local competente do Ministério do Trabalho.

São *cláusulas obrigatórias* do referido contrato de parceria as que estabeleçam: percentual das retenções pelo salão-parceiro dos valores recebidos por cada serviço prestado pelo profissional--parceiro; obrigação, por parte do salão-parceiro, de retenção e de recolhimento dos tributos e contribuições sociais e previdenciárias devidos pelo profissional-parceiro em decorrência da atividade deste na parceria; condições e periodicidade do pagamento do profissional-parceiro, por tipo de serviço oferecido; direitos do profissional-parceiro quanto ao uso de bens materiais necessários ao desempenho das atividades profissionais, bem como sobre o acesso e a circulação nas dependências do estabelecimento; possibilidade de rescisão unilateral do contrato, no caso de não subsistir interesse na sua continuidade, mediante aviso prévio de, no mínimo, 30 dias; responsabilidades de ambas as partes com a manutenção e higiene de materiais e equipamentos, das condições de funcionamento do negócio e do bom atendimento dos clientes; obrigação, por parte do profissional-parceiro, de manutenção da regularidade de sua inscrição perante as autoridades fazendárias.

O profissional-parceiro *não terá relação de emprego ou de sociedade* com o salão-parceiro enquanto perdurar a relação de parceria tratada na Lei 12.592/2012 e modificada pela Lei 13.352/2016.

Ao salão-parceiro cabe a preservação e a manutenção das adequadas condições de trabalho do profissional-parceiro, especialmente quanto aos seus equipamentos e instalações, possibilitando as condições adequadas ao cumprimento das normas de segurança e saúde estabelecidas no art. 4º da Lei 12.592/2012, ao prever que os profissionais de que trata esse diploma legal devem obedecer às normas sanitárias, efetuando a esterilização de materiais e utensílios utilizados no atendimento a seus clientes (art. 1º-B da Lei 12.592/2012, acrescentado pela Lei 13.352/2016).

Configura-se vínculo empregatício entre a pessoa jurídica do salão-parceiro e o profissional-parceiro quando: não existir contrato de parceria formalizado na forma descrita na Lei 12.592/2012 e modificada pela Lei 13.352/2016; o profissional-parceiro desempenhar funções diferentes das descritas no contrato de parceria (art. 1º-C da Lei 12.592/2012, acrescentado pela Lei 13.352/2016). O processo de fiscalização, de autuação e de imposição de multas rege-se pelo disposto no Título VII da CLT (art. 1º-D da Lei 12.592/2012, acrescentado pela Lei 13.352/2016).

Sendo assim, em caso de fraude, se presentes os requisitos do vínculo de emprego, incide o princípio da primazia da realidade também quanto à hipótese em questão (arts. 9º e 444 da CLT).

O Supremo Tribunal Federal julgou improcedente o pedido formulado em ação direta de inconstitucionalidade sobre a Lei 13.352/2016 e fixou a seguinte tese de julgamento: "1) É constitucional a celebração de contrato civil de parceria entre salões de beleza e profissionais do setor, nos termos da Lei 13.352, de 27 de outubro de 2016; 2) É nulo o contrato civil de parceria referido, quando utilizado para dissimular relação de emprego de fato existente, a ser reconhecida sempre que se fizerem presentes seus elementos caracterizadores" (STF, Pleno, ADI 5.625/DF, Red. p/ ac. Min. Nunes Marques, j. 28.10.2021).

Nos termos do art. 100 da Lei 9.504/1997, com redação dada pela Lei 13.165/2015, a contratação de pessoal para prestação de serviços nas *campanhas eleitorais* não gera vínculo empregatício com o candidato ou partido contratantes, aplicando-se à pessoa física contratada o disposto na alínea *h* do inciso V do art. 12 da Lei 8.212/1991, que prevê o *trabalhador autônomo* (ou seja, "a pessoa física que exerce, por conta própria, atividade econômica de natureza urbana, com fins lucrativos ou não") como segurado obrigatório da Previdência Social, na modalidade de contribuinte individual.

Não se aplica aos *partidos políticos*, para fins de contratação de pessoal para prestação de serviços nas campanhas eleitorais, o disposto no parágrafo único do art. 15 da Lei 8.212/1991, que versa sobre entidades equiparadas à empresa para os efeitos da Previdência Social.

Além disso, os preceitos da Consolidação das Leis do Trabalho, em regra, não se aplicam às atividades de *direção e assessoramento* nos órgãos, institutos e fundações dos partidos (políticos), assim definidas em normas internas de organização partidária (art. 7º, alínea *f*, da CLT, incluída pela Lei 13.877/2019).

Com fundamento no *princípio da primazia da realidade*, defende-se que a correta interpretação dessas previsões legais deve ser no sentido da ausência de vínculo de emprego quando os seus requisitos realmente não estiverem presentes no caso concreto.

Os advogados podem reunir-se em sociedade simples de prestação de serviços de advocacia ou constituir sociedade unipessoal de advocacia, na forma disciplinada na Lei 8.906/1994 e no regulamento geral da OAB (art. 15 da Lei 8.906/1994).

Nesse contexto, cabem ao Conselho Federal da OAB a fiscalização, o acompanhamento e a definição de parâmetros e de diretrizes da relação jurídica mantida entre advogados e sociedades de advogados ou entre escritório de advogados sócios e advogado associado, inclusive no que se refere ao cumprimento dos requisitos norteadores da associação sem vínculo empregatício autorizada expressamente no art. 15, § 10, da Lei 8.906/1994 (incluído pela Lei 14.365/2022).

Frise-se que não será admitida a averbação (no Conselho Seccional da OAB) do contrato de associação que contenha, em conjunto, os elementos caracterizadores de relação de emprego previstos na Consolidação das Leis do Trabalho (art. 15, § 11, da Lei 8.906/1994, incluído pela Lei 14.365/2022).

A sociedade de advogados e a sociedade unipessoal de advocacia podem ter como sede, filial ou local de trabalho espaço de uso individual ou compartilhado com outros escritórios de advocacia ou empresas, desde que respeitadas as hipóteses de sigilo previstas na Lei 8.906/1994 e no Código de Ética e Disciplina (art. 15, § 12, da Lei 8.906/1994, incluído pela Lei 14.365/2022).

O advogado pode associar-se a uma ou mais sociedades de advogados ou sociedades unipessoais de advocacia, sem que estejam presentes os requisitos legais de vínculo empregatício, para prestação de serviços e participação nos resultados, na forma do Regulamento Geral e de Provimentos do Conselho Federal da OAB (art. 17-A da Lei 8.906/1994, incluído pela Lei 14.365/2022).

A referida associação dar-se-á por meio de pactuação de contrato próprio, que pode ser de caráter geral ou restringir-se a determinada causa ou trabalho e que deve ser registrado no Conselho Seccional da OAB em cuja base territorial tiver sede a sociedade de advogados que dele tomar parte (art. 17-B da Lei 8.906/1994, incluído pela Lei 14.365/2022).

No contrato de associação, o advogado sócio ou associado e a sociedade devem pactuar as condições para o desempenho da atividade advocatícia e estipularão livremente os critérios para a partilha dos resultados dela decorrentes, devendo o contrato conter, no mínimo: I – qualificação das partes, com referência expressa à inscrição no Conselho Seccional da OAB competente; II – especificação e delimitação do serviço a ser prestado; III – forma de repartição dos riscos e das receitas entre as partes, vedada a atribuição da totalidade dos riscos ou das receitas exclusivamente a uma delas; IV – responsabilidade pelo fornecimento de condições materiais e pelo custeio das despesas necessárias à execução dos serviços; V – prazo de duração do contrato.

10.4 Trabalhador eventual

Há diversas teorias a respeito da caracterização do trabalhador como eventual, adotando critérios diferenciadores distintos[26], merecendo destaque:

– a que considera a "ausência de continuidade na prestação de serviços"[27];
– a que leva em conta a ausência de fixação jurídica a uma fonte de trabalho[28];
– a que entende como eventual o trabalho que não se insere nos "fins normais da empresa"[29], ou seja, "na ordem normal das atividades econômicas do empresário"[30].

Referidos entendimentos podem ser aplicados, conforme a situação em concreto e suas peculiaridades, para a efetiva caracterização do trabalhador eventual.

Por não se confundir com o empregado, o trabalhador eventual não é regido pelo Direito Trabalho, não fazendo jus aos diversos direitos trabalhistas.

10.5 Trabalhador voluntário

O trabalho voluntário diferencia-se da relação de emprego em razão da ausência de onerosidade. Esta significa que o serviço prestado tem como objetivo o recebimento da contraprestação (a remuneração, no caso do empregado), não se tratando, assim, de trabalho gratuito.

Embora a onerosidade não seja atributo exclusivo do contrato de trabalho, trata-se de requisito fático-jurídico para a sua configuração (art. 3º da CLT).

O empregado trabalha com o fim de receber salário, sendo este seu objetivo ao firmar o pacto laboral, o que envolve o *animus contrahendi*, ou seja, a "intenção de prestar serviços sob a forma de emprego"[31]. Ainda que a remuneração não tenha sido quitada, por estar em atraso, sendo o trabalho pactuado com o fim de receber a contraprestação, tem-se a onerosidade[32]. Por outro lado, mesmo

---

[26] Cf. NASCIMENTO, Amauri Mascaro. *Iniciação ao direito do trabalho*. 28. ed. São Paulo: LTr, 2002. p. 166; DELGADO, Mauricio Godinho. *Introdução ao direito do trabalho*. 2. ed. São Paulo: LTr, 1999. p. 251-255.
[27] MARTINS, Sergio Pinto. *Direito do trabalho*. 5. ed. São Paulo: Malheiros, 1998. p. 127.
[28] Cf. NASCIMENTO, Amauri Mascaro. *Iniciação ao direito do trabalho*. 28. ed. São Paulo: LTr, 2002. p. 166.
[29] MARANHÃO, Délio. *Instituições de direito do trabalho*. 18. ed. São Paulo: LTr, 1999. v. 1, p. 318.
[30] RUSSOMANO, Mozart Victor. *Curso de direito do trabalho*. 6. ed. Curitiba: Juruá, 1997. p. 77.
[31] NASCIMENTO, Amauri Mascaro. *Curso de direito do trabalho*. 12. ed. São Paulo: Saraiva, 1996. p. 337.
[32] Cf. MARANHÃO, Délio. *Instituições de direito do trabalho*. 18. ed. São Paulo: LTr, 1999. v. 1, p. 317-318: "Não é a falta

que haja o recebimento de valor (como para custear despesas), caso o trabalho seja prestado com objetivos outros, diversos do intuito de receber remuneração (como fins assistenciais, religiosos e de caridade), não se verifica a onerosidade, afastando a existência de vínculo de emprego[33].

Pode-se dizer que o trabalho não oneroso (gratuito) é que engloba o trabalho voluntário.

A Lei 9.608, de 18 de fevereiro de 1998, em seu art. 1º, com redação dada pela Lei 13.297/2016, define o serviço voluntário como "a atividade não remunerada prestada por pessoa física a entidade pública de qualquer natureza ou a instituição privada de fins não lucrativos que tenha objetivos cívicos, culturais, educacionais, científicos, recreativos ou de assistência à pessoa". O parágrafo único desse dispositivo explicita que o referido serviço "não gera vínculo empregatício, nem obrigação de natureza trabalhista, previdenciária ou afim".

Como se nota, nem todo trabalho não oneroso está incluído como "voluntário" em sentido estrito, podendo-se fazer menção àquele com o intuito exclusivamente religioso[34]. A relação de trabalho voluntário será aquela mantida entre o trabalhador voluntário e a entidade pública ou instituição privada de fins não lucrativos, que tenha os objetivos acima descritos.

Mesmo não havendo onerosidade, podem surgir conflitos decorrentes da relação de trabalho dotada de gratuidade. A referida Lei 9.608/1998, no art. 3º, prevê a possibilidade de ressarcimento de despesas que o prestador do serviço voluntário comprovadamente realizar no desempenho de suas atividades (devendo estar as despesas expressamente autorizadas pela entidade a que for prestado o serviço voluntário).

Ainda quanto ao tema, os estudantes matriculados em curso de graduação e associados à respectiva "empresa júnior" exercem trabalho voluntário, nos termos da Lei 9.608/1998 (art. 3º, § 2º, da Lei 13.267/2016, a qual disciplina a criação e a organização das associações denominadas "empresas juniores", com funcionamento perante instituições de ensino superior).

Considera-se "empresa júnior" a entidade organizada nos termos da Lei 13.267/2016, sob a forma de associação civil gerida por estudantes matriculados em cursos de graduação de instituições de ensino superior, com o propósito de realizar projetos e serviços que contribuam para o desenvolvimento acadêmico e profissional dos associados, capacitando-os para o mercado de trabalho (art. 2º).

Na mesma linha, o Supremo Tribunal Federal fixou a seguinte tese de repercussão geral: "O sistema de prestação voluntária de serviço auxiliar de Polícia Militar, previsto pela Lei Federal 10.029/2000 e instituído no Estado de São Paulo pela Lei 11.064/2002, cujas despesas são custeadas por auxílio mensal, de natureza meramente indenizatória, não gera vínculo empregatício nem obrigação de natureza trabalhista, previdenciária ou afim" (STF, Pleno, RE 1.231.242/SP, Rel. Min. Luiz Fux, *DJe* 19.11.2020).

A Lei 14.370/2022 instituiu o Programa Nacional de Prestação de Serviço Civil Voluntário e o Prêmio Portas Abertas, vinculados ao Ministério do Trabalho e Previdência, com o objetivo de auxiliar na inclusão produtiva de pessoas em situação de vulnerabilidade e de reduzir os impactos sociais e no mercado de trabalho causados pela emergência de saúde pública de importância internacional

---

de estipulação do *quantum* do salário ou o seu pagamento sob forma indireta que desfiguram a condição de empregado, e sim a intenção de prestar o serviço desinteressadamente, por mera benevolência. A própria lei prevê a hipótese de falta de estipulação do salário, dispondo que, em tal caso, terá o empregado direito àquele correspondente ao mesmo serviço no estabelecimento ou habitualmente pago para serviço equivalente (art. 460 da Consolidação)".

[33] Cf. MARTINS, Sergio Pinto. Serviço voluntário. *Revista de Direito do Trabalho*, São Paulo, RT, ano 29, n. 112, p. 226, out.-dez. 2003: "Se o trabalhador voluntário recebe ajuda de custo, não se pode falar que tem exatamente retribuição pelo seu trabalho. A ajuda de custo não integra o salário, pois o § 1º do art. 457 da CLT a ela não se refere como integrante do salário. [...]. O objetivo da ajuda de custo poderá ser o de pagar um valor ao trabalhador pela maior dificuldade que ele tem para desenvolver os serviços".

[34] Cf. MARTINS, Sergio Pinto. *Direito do trabalho*. 5. ed. São Paulo: Malheiros, 1998. p. 93: "Aqueles religiosos que levam seu lenitivo aos pacientes de um hospital não são empregados da Igreja, porque os serviços por eles prestados são gratuitos".

relacionada ao coronavírus responsável pela covid-19. O referido Programa tem duração de 24 meses a contar da entrada em vigor da Lei 14.370/2022 (15.06.2022).

O Programa Nacional de Prestação de Serviço Civil Voluntário tem o objetivo de incentivar os Municípios e o Distrito Federal a ofertar atividades de interesse público, sem vínculo empregatício ou profissional de qualquer natureza, para: I – jovens com idade entre 18 e 29 anos; II – pessoas com idade superior a 50 anos sem vínculo formal de emprego há mais de 24 meses; III – pessoas com deficiência, nos termos do art. 2º da Lei 13.146/2015 – Estatuto da Pessoa com Deficiência (art. 2º da Lei 14.370/2022).

Têm prioridade para aderir ao Programa Nacional de Prestação de Serviço Civil Voluntário os trabalhadores que: I – forem beneficiários dos programas de transferência de renda de que trata a Lei 14.284/2021 (Programa Auxílio Brasil e Programa Alimenta Brasil), ou de outros que venham a substituí-los; ou II – pertencerem à família de baixa renda inscrita no Cadastro Único para Programas Sociais do Governo Federal (CadÚnico), de que trata o art. 6º-F da Lei 8.742/1993.

São consideradas atividades de interesse público aquelas identificadas pelo Município ou pelo Distrito Federal com a finalidade de cumprir os objetivos do Programa Nacional de Prestação de Serviço Civil Voluntário, desde que a conveniência e a oportunidade da sua escolha sejam fundamentadas pelo gestor municipal ou distrital.

O mencionado Programa é passível de questionamento, notadamente quanto à constitucionalidade, pois desvirtua a concepção de serviço voluntário, ao estabelecer, entre outros aspectos: o pagamento de auxílio pecuniário de natureza indenizatória, a título de bolsa (art. 6º, inciso IV, da Lei 14.370/2022), em valor equivalente ao salário mínimo por hora (art. 6º, § 2º, da Lei 14.370/2022); o pagamento de vale-transporte ou o oferecimento de outra forma de transporte (art. 6º, inciso V, da Lei 14.370/2022); a contratação de seguro contra acidentes pessoais (art. 6º, inciso VI, da Lei 14.370/2022); o encaminhamento para os serviços de intermediação de mão de obra (art. 6º, inciso VIII, da Lei 14.370/2022); a carga horária máxima para o desempenho de atividades de interesse público no âmbito de órgãos e entidades municipais e distritais (art. 5º, inciso I, da Lei 14.370/2022); a carga horária mínima para a oferta de cursos de formação inicial e continuada ou de qualificação profissional (art. 5º, inciso II, da Lei 14.370/2022); o período de recesso, a ser gozado preferencialmente durante as férias escolares (art. 6º, § 5º, da Lei 14.370/2022).

Não podem participar do Programa Nacional de Prestação de Serviço Civil Voluntário aqueles que receberem benefício de natureza previdenciária do Regime Geral de Previdência Social ou dos Regimes Próprios de Previdência Social (art. 3º da Lei 14.370/2022). Essa previsão não se aplica aos beneficiários de pensão por morte ou auxílio-acidente.

O Programa Nacional de Prestação de Serviço Civil Voluntário será ofertado pelo Município ou pelo Distrito Federal por meio de processo seletivo público simplificado (art. 4º da Lei 14.370/2022). O mencionado processo seletivo público deve ter ampla divulgação, inclusive por meio de publicação no *Diário Oficial* e no sítio eletrônico oficial do ente federativo, dispensará a realização de concurso público e deve observar os princípios que regem a administração pública, nos termos do art. 37 da Constituição Federal de 1988.

Pode ser selecionado para participação no Programa Nacional de Prestação de Serviço Civil Voluntário apenas um beneficiário por núcleo familiar, que será identificado por meio do CadÚnico, de que trata o art. 6º-F da Lei 8.742/1993.

A pessoa que já tenha sido beneficiária do Programa Nacional de Prestação de Serviço Civil Voluntário somente pode ser selecionada na ausência de candidatos aptos que não tenham participado do Programa.

No período estabelecido no processo seletivo simplificado, o Município ou o Distrito Federal deve assegurar aos beneficiários do Programa Nacional de Prestação de Serviço Civil Voluntário: I – o desempenho de atividades de interesse público no âmbito de órgãos e entidades municipais e distritais com carga horária máxima de 22 horas semanais, limitada a 8 horas diárias; II – a oferta de cursos de formação inicial e continuada ou de qualificação profissional, com carga horária mínima de 12 horas para cada 30 dias de permanência no Programa (art. 5º da Lei 14.370/2022).

Os cursos de formação inicial e continuada ou de qualificação profissional podem ser realizados em dias ou em meses específicos no decorrer da participação no Programa Nacional de Prestação de Serviço Civil Voluntário, sem prejuízo do desempenho das atividades de interesse público definidas pelo Município ou pelo Distrito Federal.

O Poder Executivo do Município ou do Distrito Federal deve dispor sobre: I – a oferta de vagas de atividades de interesse público; II – as atividades de interesse público executadas pelos beneficiários, o local onde serão desempenhadas e o período de desempenho em órgão ou entidade municipal ou distrital; III – a operacionalização administrativa, financeira e orçamentária do Programa Nacional de Prestação de Serviço Civil Voluntário; IV – o valor do auxílio pecuniário de natureza indenizatória ao beneficiário, a título de bolsa, pelo desempenho das atividades; V – a forma de pagamento de vale-transporte, previsto na Lei 7.418/1985, ou o oferecimento de outra forma de transporte gratuito; VI – a contratação de seguro contra acidentes pessoais em favor dos beneficiários; VII – a carga horária do curso de formação inicial e continuada ou de qualificação profissional; VIII – o encaminhamento dos beneficiários para os serviços de intermediação de mão de obra, para incentivar a inclusão ou a reinserção no mercado de trabalho (art. 6º da Lei 14.370/2022).

Os beneficiários não podem executar atividades: I – insalubres; II – perigosas; ou III – que configurem substituição de servidores ou de empregados públicos do ente federativo na execução de atividades: a) privativas de profissões regulamentadas; ou b) de competência de cargos ou empregos públicos pertencentes ao ente federativo ou à pessoa jurídica a ele vinculada.

A referida bolsa (auxílio pecuniário) deve observar o valor equivalente ao salário mínimo por hora e corresponderá à soma das horas despendidas em cursos de formação inicial e continuada ou de qualificação profissional e em atividades de interesse público executadas no âmbito do Programa Nacional de Prestação de Serviço Civil Voluntário. O valor pago a título de vale-transporte não será descontado da mencionada bolsa (auxílio pecuniário).

A eventual concessão de benefícios relacionados à alimentação, entre outros de natureza indenizatória, não descaracteriza a relação jurídica estabelecida entre o ente federativo ofertante e o beneficiário da política pública.

É assegurado ao beneficiário, sempre que a participação no Programa Nacional de Prestação de Serviço Civil Voluntário tenha duração igual ou superior a um ano, período de recesso de 30 dias, a ser gozado preferencialmente durante as férias escolares. O mencionado recesso deve contemplar o pagamento da referida bolsa (auxílio pecuniário). Os dias de recesso devem ser concedidos de maneira proporcional quando o serviço social voluntário tiver duração inferior a um ano.

Aplica-se ao beneficiário do Programa Nacional de Prestação de Serviço Civil Voluntário a legislação relacionada à saúde, medicina e segurança no trabalho, observado que a sua implementação é de responsabilidade do Município ou do Distrito Federal (art. 7º da Lei 14.370/2022).

Para fins de acompanhamento, os Municípios e o Distrito Federal devem prestar informações sobre o Programa Nacional de Prestação de Serviço Civil Voluntário ao Ministério do Trabalho e Previdência, observado o disposto na Lei 13.709/2018 (Lei Geral de Proteção de Dados Pessoais), nos termos do regulamento (art. 8º da Lei 14.370/2022).

O planejamento da qualificação a ser ofertada aos beneficiários do Programa Nacional de Prestação de Serviço Civil Voluntário deve considerar as principais atividades econômicas e produtivas do Município ou do Distrito Federal, com vistas a aumentar a empregabilidade e o empreendedorismo dos beneficiários (art. 9º da Lei 14.370/2022).

Os cursos de formação inicial e continuada ou de qualificação profissional podem ser ofertados nas seguintes modalidades: presencial; semipresencial; ou a distância. No caso da oferta de cursos na modalidade semipresencial ou a distância, deve ser garantido aos beneficiários o acesso aos meios tecnológicos adequados para o acompanhamento das aulas.

A qualificação para o trabalho dos beneficiários do Programa Nacional de Prestação de Serviço Civil Voluntário deve ser realizada pelas seguintes entidades: I – Serviço Nacional de Aprendizagem dos Industriários (Senai), de que trata o Decreto-Lei 4.048/1942; II – Serviço Nacional de Aprendizagem Comercial (Senac), de que trata o Decreto-Lei 8.621/1946; III – Serviço Nacional de Aprendizagem Rural (Senar), de que trata a Lei 8.315/1991; IV – Serviço Nacional de Aprendizagem do Transporte (Senat), de que trata a Lei 8.706/1993; V – Serviço Nacional de Aprendizagem do Cooperativismo (Sescoop), de que trata a Medida Provisória 2.168-40/2001; VI – Serviço Brasileiro de Apoio às Micro e Pequenas Empresas (Sebrae), de que trata a Lei 8.029/1990 (art. 10 da Lei 14.370/2022).

Compete às entidades responsáveis pela qualificação dos beneficiários do Programa Nacional de Prestação de Serviço Civil Voluntário: I – verificar a frequência e o aproveitamento dos beneficiários; II – comunicar ao Município e ao Distrito Federal os casos em que os beneficiários tiverem aproveitamento insuficiente ou frequência inferior à mínima estabelecida (art. 11 da Lei 14.370/2022).

O pagamento da bolsa (auxílio pecuniário) pode ser efetuado por meio de conta do tipo poupança social digital (art. 12 da Lei 14.370/2022).

Os beneficiários do Programa Nacional de Prestação de Serviço Civil Voluntário podem receber a bolsa (auxílio pecuniário) cumulativamente com: benefício financeiro do Programa Auxílio Brasil, de que trata a Lei 14.284/2021; ou benefício de prestação continuada de que trata o art. 20 da Lei 8.742/1993, em relação aos beneficiários com deficiência (art. 13 da Lei 14.370/2022).

O pagamento da bolsa (auxílio pecuniário) não gera, por si só, a interrupção do pagamento dos benefícios previstos na Lei 14.284/2021 (Programa Auxílio Brasil) e devem ser observadas as demais condições de manutenção no Programa Nacional de Prestação de Serviço Civil Voluntário.

Os valores transferidos aos trabalhadores beneficiários do Programa Nacional de Prestação de Serviço Civil Voluntário não são considerados como renda no âmbito do Cadastro Único para Programas Sociais do Governo Federal (CadÚnico).

Frise-se ainda que o beneficiário será desligado do Programa Nacional de Prestação de Serviço Civil Voluntário nas seguintes hipóteses: I – admissão em emprego, na forma prevista no art. 3º da Consolidação das Leis do Trabalho; II – posse em cargo público; III – frequência inferior à mínima estabelecida no curso de formação inicial e continuada ou de qualificação profissional; ou IV – aproveitamento insuficiente (art. 14 da Lei 14.370/2022). O edital de seleção pública pode prever outras hipóteses de desligamento do Programa Nacional de Prestação de Serviço Civil Voluntário.

O Prêmio Portas Abertas, por sua vez, tem a finalidade de reconhecer e condecorar os entes federativos que se destacarem na implementação do Programa Nacional de Prestação de Serviço Civil Voluntário (art. 15 da Lei 14.370/2022).

Compete ao Ministério do Trabalho e Previdência coordenar, executar, monitorar, avaliar e editar normas complementares para a execução do disposto na Lei 14.370/2022 (art. 16).

As disposições da Lei 14.370/2022 indicam, na realidade, a presença de caráter oneroso na relação jurídica em questão, mais próxima do vínculo de emprego precário, sem a garantia plena dos direitos trabalhistas e previdenciários, em desacordo com o art. 7º da Constituição da República, distanciando-se do genuíno serviço voluntário e do trabalho gratuito.

O auxílio pecuniário devido ao beneficiário, a título de bolsa, embora formalmente de natureza indenizatória, é pago "pelo desempenho das atividades" (art. 6º, inciso IV, da Lei 14.370/2022), ou seja, como contraprestação pelo serviço prestado, o que indica a existência de onerosidade (art. 3º da CLT). Não se trata, assim, de valor destinado ao custeio das despesas necessárias à execução do serviço voluntário, como se observa no art. 6º da Lei 10.029/2000, ou de ressarcimento pelas despesas comprovadamente realizadas no desempenho das atividades voluntárias (art. 3º da Lei 9.608/1998).

O art. 10 da Lei 14.370/2022, sobre as entidades que devem realizar a qualificação para o trabalho dos beneficiários (Serviço Nacional de Aprendizagem dos Industriários, Serviço Nacional de Aprendizagem Comercial, Serviço Nacional de Aprendizagem Rural, Serviço Nacional de Aprendizagem do Transporte, Serviço Nacional de Aprendizagem do Cooperativismo, Serviço Brasileiro de

Apoio às Micro e Pequenas Empresas), confirma o desvirtuamento do serviço voluntário decorrente desse diploma legal, pois mesmo o aprendiz, inscrito em programa de aprendizagem de formação técnico-profissional metódica, normalmente oferecido pelos Serviços Nacionais de Aprendizagem, é considerado empregado, regido por contrato de trabalho especial (art. 428 da CLT).

Além disso, a previsão de que o referido Programa será ofertado pelo Município ou pelo Distrito Federal por meio de processo seletivo público simplificado, que dispensará a realização de concurso público (art. 4º, § 1º, da Lei 14.370/2022), pode gerar a violação do art. 37, inciso II, da Constituição Federal de 1988.

10.6 MEDIDAS DE PROTEÇÃO AO ENTREGADOR QUE PRESTA SERVIÇO POR INTERMÉDIO DE EMPRESA DE APLICATIVO DE ENTREGA

A Lei 14.297/2022 dispõe sobre medidas de proteção asseguradas ao entregador que presta serviço por intermédio de empresa de aplicativo de entrega durante a vigência, no território nacional, da emergência de saúde pública decorrente do coronavírus responsável pela covid-19.

As medidas previstas na Lei 14.297/2022 devem ser asseguradas até que seja declarado o término da emergência em saúde pública de importância nacional (Espin) em decorrência da infecção humana pelo coronavírus Sars-CoV-2 (art. 1º, parágrafo único, da Lei 14.297/2022). Essa eficácia temporária é passível de crítica, pois certas medidas de proteção, como se observa nos arts. 3º e 6º da Lei 14.297/2022, não têm a sua relevância limitada apenas ao mencionado período de emergência em saúde pública.

Foi declarado o encerramento da emergência em saúde pública de importância nacional (Espin) em decorrência da infecção humana pelo novo coronavírus (2019-nCov), de que trata a Portaria 188/2020 (Portaria 913/2022 do Ministério da Saúde, com entrada em vigor 30 dias após a data de sua publicação, ocorrida em 22.04.2022).

Esclareça-se que os benefícios e as conceituações previstos na Lei 14.297/2022 não servirão de base para caracterização da natureza jurídica da relação entre os entregadores e as empresas de aplicativo de entrega (art. 10 da Lei 14.297/2022). Trata-se, assim, de questão a ser definida em cada caso concreto, por meio da análise da presença dos requisitos da relação de emprego (arts. 2º e 3º da CLT) ou do trabalho autônomo (art. 442-B da CLT), com destaque ao modo de prestação do serviço (sob subordinação jurídica ou por conta própria), em consonância com o princípio da primazia da realidade.

Considera-se *empresa de aplicativo de entrega* a empresa que possui como principal atividade a intermediação, por meio de plataforma eletrônica, entre o fornecedor de produtos e serviços de entrega e o seu consumidor. Considera-se *entregador* o trabalhador que presta serviço de retirada e entrega de produtos e serviços contratados por meio da plataforma eletrônica de aplicativo de entrega (art. 2º da Lei 14.297/2022).

A empresa de aplicativo de entrega deve contratar *seguro contra acidentes*, sem franquia, em benefício do entregador nela cadastrado, exclusivamente para acidentes ocorridos durante o período de retirada e entrega de produtos e serviços, devendo cobrir, obrigatoriamente, acidentes pessoais, invalidez permanente ou temporária e morte (art. 3º da Lei 14.297/2022).

Na hipótese de o entregador prestar serviços para mais de uma empresa de aplicativo de entrega, a indenização, no caso de acidente, deve ser paga pelo seguro contratado pela empresa para a qual o entregador prestava o serviço no momento do acidente.

A rigor, o entregador, como trabalhador, é segurado obrigatório da Previdência Social, na qualidade de empregado ou contribuinte individual (trabalhador autônomo), conforme art. 11, incisos I e V, *h*, da Lei 8.213/1991. O mais adequado, portanto, seria a formalização dessa relação jurídica, para se assegurar a ampla proteção previdenciária, por meio do Regime Geral de Previdência Social (art. 201 da Constituição da República), independentemente de seguro contra acidentes de natureza privada.

A empresa de aplicativo de entrega deve assegurar ao entregador afastado em razão de infecção pelo coronavírus responsável pela covid-19 *assistência financeira* pelo período de 15 dias, o qual pode ser prorrogado por mais dois períodos de 15 dias, mediante apresentação do comprovante ou do laudo médico (art. 4º da Lei 14.297/2022).

A mencionada assistência financeira deve ser calculada de acordo com a média dos três últimos pagamentos mensais recebidos pelo entregador. A concessão da referida assistência financeira está condicionada à apresentação de comprovante de resultado positivo para covid-19 (obtido por meio de exame RT-PCR) ou de laudo médico que ateste condição decorrente da covid-19 que justifique o afastamento.

Se o entregador tiver a qualidade de segurado da Previdência Social, como empregado ou contribuinte individual (trabalhador autônomo), e preencher os requisitos legais, terá direito ao auxílio-doença (auxílio por incapacidade temporária), o qual é devido se ficar incapacitado para o trabalho por mais de 15 dias consecutivos (art. 59 da Lei 8.213/1991). Nessa hipótese, no período de recebimento do benefício previdenciário pelo entregador, entende-se que a assistência financeira não seria devida pela empresa de aplicativo de entrega.

A empresa de aplicativo de entrega deve fornecer ao entregador informações sobre os riscos do coronavírus responsável pela covid-19 e os cuidados necessários para se prevenir do contágio e evitar a disseminação da doença (art. 5º da Lei 14.297/2022).

Cabe à empresa de aplicativo de entrega disponibilizar máscaras e álcool em gel ou outro material higienizante aos entregadores, para proteção pessoal durante as entregas. O cumprimento dessa disposição pela empresa de aplicativo de entrega pode ser feito por meio de repasse ou reembolso das despesas efetuadas pelo entregador.

A empresa fornecedora do produto ou do serviço deve: permitir que o entregador utilize as instalações sanitárias de seu estabelecimento; garantir o acesso do entregador a água potável (art. 6º da Lei 14.297/2022).

A empresa de aplicativo de entrega e a empresa fornecedora do produto ou do serviço devem adotar prioritariamente forma de pagamento por meio da internet (art. 7º da Lei 14.297/2022). Essa previsão certamente tem como objetivo evitar o risco de contato com o coronavírus, procurando prevenir o contágio da covid-19.

Do contrato ou do termo de registro celebrado entre a empresa de aplicativo de entrega e o entregador devem constar expressamente as hipóteses de bloqueio, de suspensão ou de exclusão da conta do entregador da plataforma eletrônica (art. 8º da Lei 14.297/2022). Assegura-se ao entregador, com isso, o direito à informação sobre as condutas que podem acarretar essas sanções.

A aplicação da exclusão de conta deve ser precedida de comunicação prévia, com antecedência mínima de três dias úteis, e será acompanhada das razões que a motivaram, que devem ser devidamente fundamentadas, preservadas a segurança e a privacidade do usuário da plataforma eletrônica. O mencionado prazo não se aplica aos casos de ameaça à segurança e à integridade da plataforma eletrônica, dos fornecedores e dos consumidores, em razão de suspeita de prática de infração penal prevista na legislação vigente.

Como a exclusão da conta do entregador da plataforma eletrônica é medida mais rigorosa, em regra, deve ser precedida das mencionadas exigências, para que não haja arbitrariedades. No entanto, o bloqueio e a suspensão da conta também podem acarretar prejuízos ao entregador, de modo que deveriam observar requisitos prévios.

O descumprimento da Lei 14.297/2022 pela empresa de aplicativo de entrega ou pela empresa que utiliza serviços de entrega implica, nos termos definidos em regulamento: I – a aplicação de advertência; II – o pagamento de multa administrativa no valor de R$ 5.000,00 por infração cometida, em caso de reincidência (art. 9º da Lei 14.297/2022). O regulamento deve especificar o órgão com atribuição para a fiscalização do cumprimento das referidas previsões legais.

Capítulo 11

Empregador

11.1 Conceito

Segundo o art. 2º, *caput*, da CLT: "Considera-se empregador a empresa, individual ou coletiva, que, assumindo os riscos da atividade econômica, admite, assalaria e dirige a prestação pessoal de serviços".

Mostra-se relevante, assim, verificar o significado e a definição de empresa no âmbito do Direito, especialmente para fins trabalhistas.

11.1.1 Empresa

Empresa é a atividade econômica *organizada*, presentes a coordenação e a organização dos fatores de produção[1], destinada à produção ou à circulação de bens ou de serviços no mercado[2].

Empresário é quem exerce profissionalmente esta atividade (art. 966 do Código Civil de 2002). Portanto, há aqueles que, mesmo exercendo atividade econômica, não são considerados empresários, seja por expressa exclusão prevista em lei (parágrafo único do art. 966 do Código Civil de 2002), seja pela ausência de organização dos fatores de produção ao desenvolver a atividade. Frise-se que o empresário, ou seja, aquele que exerce a atividade empresarial, tanto pode ser uma pessoa jurídica como uma pessoa física[3].

De acordo com o parágrafo único do art. 966, do Código Civil de 2002, aqueles que exercem profissão intelectual, de natureza científica, literária ou artística, ainda com o concurso de auxiliares ou colaboradores, em princípio, não são considerados empresários e, por consequência, sua atividade não é considerada empresarial. No entanto, a parte final do mesmo dispositivo ressalva a hipótese de o exercício da referida profissão constituir elemento de empresa, de forma que, se presente a *organização* da atividade econômica, típica da atividade empresarial, esta passa a ser assim reconhecida[4].

---

[1] Cf. AMARAL, Maria Alice B. G. do. Empresário e sociedade empresária: as novas denominações de empregador criadas pela Lei 10.406/2002 (Novo Código Civil). *Revista LTr*, São Paulo, LTr, ano 67, n. 03, p. 312, mar. 2003): "Os recursos naturais, o trabalho humano (atualmente surge uma nova denominação, já de uso corrente nos meios empresariais – capital intelectual ou ativo intelectual) e o capital, propriamente dito, formam os três fatores elementares da produção. Acrescente-se a esses, um quarto fator, resultante da tecnologia da informação, que é o conhecimento. A reunião orgânica desses fatores, tendo em vista a produção de bens ou de serviços (atividade econômica), é que constitui a empresa. A função social do empresário é, precisamente, a de pôr em funcionamento os quatro fatores de produção".

[2] Cf. COELHO, Fábio Ulhoa. *Manual de direito comercial*. 10. ed. São Paulo: Saraiva, 1999. p. 9: "A empresa, assim, deve ser entendida como uma atividade, que é o seu estatuto jurídico próprio: a atividade econômica de produção ou circulação de bens ou serviços"; REQUIÃO, Rubens. *Curso de direito comercial*. 21. ed. São Paulo: Saraiva, 1993. v. 1, p. 52, 57: "o conceito de empresa se firma na ideia de que ela é o *exercício de atividade produtiva*" (destaques do original).

[3] Cf. REQUIÃO, Rubens. *Curso de direito comercial*. 21. ed. São Paulo: Saraiva, 1993. v. 1, p. 58: "empresa pode ser o exercício de *atividade individual*, de pessoa natural. É a empresa individual, contrapondo-se à empresa coletiva, que é exercida pela sociedade comercial" (destaques do original).

[4] Cf. COELHO, Fábio Ulhoa. *Manual de direito comercial*. 10. ed. São Paulo: Saraiva, 1999. p. 10: "Assim, um médico clínico, enquanto desenvolve sua profissão em consultório, com o auxílio de uma secretária, não se encontra abrangido pelo conceito de empresário, a despeito de organizar o trabalho alheio. Já, se este mesmo médico estruturar e dirigir um pronto-socorro, empregando outros médicos, enfermeiras, atendentes, administrador, pessoal burocrático, etc., ele será empresário, mesmo que contribua também com o seu trabalho clínico para o sucesso do estabelecimento hospitalar. Nesta segunda hipótese é que a sua profissão intelectual constitui 'elemento de empresa', devendo, por esta razão, ser enquadrado no conceito de empresário".

No âmbito da Consolidação das Leis do Trabalho, o empregador é considerado como a própria empresa. Essa previsão é objeto de crítica por parte da doutrina, justamente porque a empresa, como mencionado, em termos técnicos, seria a atividade econômica organizada, não apresentando personalidade jurídica para figurar em um dos polos da relação jurídica de emprego.

No entanto, a definição adotada pelo art. 2º, *caput*, da CLT apresenta importantes efeitos práticos em questões envolvendo a sucessão trabalhista, no sentido de que o empregador é a empresa, independentemente de modificações na sua titularidade ou propriedade (arts. 10 e 448 da CLT).

Na realidade, em termos mais científicos, doutrinariamente, pode-se dizer que empregador é toda pessoa jurídica, pessoa natural ou ente despersonalizado que contrate empregado, mantendo relação jurídica com este, ou seja, todo ente que se utilize de empregados para a realização de seu objetivo social.

11.1.2 Empregador por equiparação

Observados os aspectos acima, mesmo definindo-se o empregador como empresa, cabe asseverar ser possível existir empregador que não apresenta os elementos da empresa, sem exercer atividade econômica, ou que não tenha atividade com fins lucrativos, mas que, mesmo assim, precisa contratar empregado.

Tendo em vista esse aspecto, a CLT apresenta a figura do *empregador por equiparação*.

Efetivamente, de acordo com o § 1º do art. 2º da CLT: "Equiparam-se ao empregador, para os efeitos exclusivos da relação de emprego, os profissionais liberais, as instituições de beneficência, as associações recreativas ou outras instituições sem fins lucrativos, que admitirem trabalhadores como empregados".

Como se nota, os entes indicados no dispositivo em questão estão inseridos em rol meramente exemplificativo.

Quanto aos profissionais liberais, o dispositivo trabalhista adotou, de certa forma, a mesma orientação do parágrafo único do art. 966 do Código Civil de 2002, ao estabelecer que, em regra, aqueles que exercem profissão intelectual, de natureza científica, literária ou artística, ainda com o concurso de auxiliares ou colaboradores, não são reputados empresários e, por consequência, a atividade não é considerada empresarial.

O condomínio também pode ser empregador, ainda que não exerça atividade econômica ou lucrativa propriamente, não sendo, portanto, empresa no sentido técnico do termo. É óbvio que não se pode confundir o condomínio com a empresa que administra condomínios.

Cabe ressaltar que o art. 7º, *a*, da CLT estabelece que os preceitos contidos na Consolidação das Leis do Trabalho não se aplicam "aos empregados domésticos", sendo que estes possuem lei específica, já estudada. Atualmente, na verdade, observadas as peculiaridades do trabalho doméstico, a ele também se aplica, subsidiariamente, a Consolidação das Leis do Trabalho, conforme art. 19 da Lei Complementar 150/2015.

A Lei 2.757, de 23 de abril de 1956, em seu art. 1º, esclareceu que são excluídos das disposições do art. 7º, *a*, da CLT "os empregados porteiros, zeladores, faxineiros e serventes de prédios de apartamentos residenciais, desde que a serviço da administração do edifício e não de cada condômino em particular". Assim, o condomínio encontra-se inserido como empregador por equiparação (art. 2º, § 1º, *in fine*, da CLT).

Frise-se que somente os empregados a serviço de condômino em particular é que, em tese, serão empregados domésticos. Quanto aos empregados arrolados pela Lei 2.757/1956, não são domésticos.

Portanto, o condomínio, por expressa disposição de lei, é verdadeiro empregador, não doméstico, quando possua empregado, aplicando-se as disposições da CLT.

As figuras do empregador rural e do empregador doméstico já foram estudas quando analisados os respectivos empregados, tornando desnecessária a repetição da matéria.

11.2 Grupo de empresas

O art. 2º, § 2º, da Consolidação das Leis do Trabalho versa sobre o grupo de empresas no âmbito da relação de emprego.

No Direito Empresarial, a sociedade controladora e suas controladas podem constituir *grupo de sociedades*, mediante convenção pela qual se obriguem a combinar recursos ou esforços para a realização dos respectivos objetos, ou a participar de atividades ou empreendimentos comuns (art. 265 da Lei das Sociedades por Ações). A sociedade controladora, ou de comando do grupo, deve exercer, direta ou indiretamente, e de modo permanente, o *controle* das sociedades filiadas, como titular de direitos de sócio ou acionista, ou mediante acordo com outros sócios ou acionistas (art. 265, § 1º, da Lei 6.404/1976).

O grupo de sociedades, nesse contexto, é formado pela sociedade controladora e pelas controladas, com o fim de combinar recursos ou esforços para realizar os seus objetos sociais ou de participar de atividades ou empreendimentos comuns.

As relações entre as sociedades, a estrutura administrativa do grupo e a coordenação ou subordinação dos administradores das sociedades filiadas devem ser estabelecidas na convenção do grupo, mas *cada sociedade conservará personalidade e patrimônios distintos* (art. 266 da Lei 6.404/1976).

Trata-se do *grupo de direito*, em que são atendidos os requisitos legais de constituição, registro e publicidade (arts. 269 a 271 da Lei 6.404/1976).

O grupo pode ser, ainda, *de fato*, envolvendo sociedades coligadas, controladoras e controladas.

São *coligadas* as sociedades nas quais a investidora tenha influência significativa (art. 243, § 1º, da Lei 6.404/1976, com redação dada pela Lei 11.941/2009). Considera-se que há *influência significativa* quando a investidora detém ou exerce o poder de participar nas decisões das políticas financeira ou operacional da investida, *sem controlá-la* (art. 243, § 4º, da Lei 6.404/1976, incluído pela Lei 11.941/2009). É presumida influência significativa quando a investidora for titular de 20% ou mais do capital votante da investida, sem controlá-la (art. 243, § 5º, da Lei 6.404/1976, incluído pela Lei 11.941/2009).

Nesse sentido, como leciona Rubens Requião: "A falta de controle, como se vê, é que caracteriza a 'coligação de sociedades', permanecendo elas num mesmo plano horizontal, sem uma subordinar à outra seus interesses"[5].

Considera-se *controlada* a sociedade na qual a *controladora*, diretamente ou por meio de outras controladas, é titular de direitos de sócio que lhe assegurem, de modo permanente, preponderância nas deliberações sociais e o poder de eleger a maioria dos administradores (art. 243, § 2º, da Lei 6.404/1976).

Nos termos do art. 1.097 do Código Civil, consideram-se coligadas (em sentido amplo) as sociedades que, em suas relações de capital, são controladas, filiadas ou de simples participação.

É *controlada* a sociedade de cujo capital outra sociedade possua a maioria dos votos nas deliberações dos quotistas ou da assembleia geral e o poder de eleger a maioria dos administradores (art. 1.098, inciso I, do Código Civil).

Diz-se *coligada* (em sentido estrito) *ou filiada* a sociedade de cujo capital outra sociedade participa com 10% ou mais, do capital da outra, sem controlá-la (art. 1.099 do Código Civil).

É de *simples participação* a sociedade de cujo capital outra sociedade possua menos de 10% do capital com direito de voto (art. 1.100 do Código Civil).

Ainda no Direito Empresarial, as companhias e quaisquer outras sociedades, sob o mesmo controle ou não, podem constituir *consórcio* para executar determinado empreendimento (art. 278

---

[5] REQUIÃO, Rubens. *Curso de direito comercial*. 19. ed. São Paulo: Saraiva, 1993. v. 2, p. 219.

da Lei 6.404/1976). O consórcio não tem personalidade jurídica, e as consorciadas somente se obrigam nas condições previstas no respectivo contrato, respondendo cada uma por suas obrigações, sem presunção de solidariedade (art. 278, § 1º, da Lei 6.404/1976).

Conforme a atual redação do art. 2º, § 2º, da CLT, decorrente da Lei 13.467/2017:

"Sempre que uma ou mais empresas, tendo, embora, cada uma delas, personalidade jurídica própria, estiverem sob a direção, controle ou administração de outra, ou ainda quando, mesmo guardando cada uma sua autonomia, integrem grupo econômico, serão responsáveis solidariamente pelas obrigações decorrentes da relação de emprego".

No Direito do Trabalho não são exigidos requisitos formais para a configuração do grupo de empresas, que pode decorrer de situação de fato, mesmo porque incide o princípio da primazia da realidade. Ainda na esfera trabalhista, entende-se que os integrantes do grupo econômico podem ser, de forma ampla, não apenas sociedades, mas também outras modalidades de pessoas jurídicas, organizações e mesmo pessoas naturais[6].

O grupo econômico é formado por duas ou mais empresas, cada uma com personalidade jurídica própria.

A rigor, quem tem personalidade jurídica é a pessoa física ou natural (art. 2º do Código Civil) ou a pessoa jurídica (art. 44 do Código Civil) que integra o grupo econômico, sabendo-se que a *empresa* é a *atividade econômica* organizada para oferecer bens e serviços ao mercado, normalmente com fim de lucro[7].

Como "empresas" é que podem formar o grupo econômico, há quem defenda que este não se configura quanto aos empregadores por equiparação, previstos no art. 2º, § 1º, da CLT[8].

Por se tratar de grupo econômico, integrado por empresas, não se admite a sua constituição exclusivamente por entidades assim não consideradas, que não exerçam atividades econômicas e empresariais.

Nesse sentido, a rigor, não se configuraria grupo de empresas quando presentes apenas entidades consideradas empregadores por equiparação, que não exerçam atividades econômicas ou não tenham fins lucrativos, conforme art. 2º, § 1º, da CLT[9].

Ainda assim, é possível a existência de grupo que tenha atividade econômica em seu todo, embora de natureza mista, por ser composto de empresas e também de entidades consideradas

---

[6] Cf. MARTINS, Sergio Pinto. *Direito do trabalho*. 28. ed. São Paulo: Atlas, 2012. p. 203-204.

[7] Cf. art. 966, *caput*, do Código Civil: "Art. 966. Considera-se empresário quem exerce profissionalmente atividade econômica organizada para a produção ou a circulação de bens ou de serviços".

[8] Cf. MAGANO, Octavio Bueno. *Manual de direito do trabalho*: direito individual do trabalho. 3. ed. São Paulo: LTr, 1992. v. 2, p. 89-90; MARTINS, Sergio Pinto. *Direito do trabalho*. 5. ed. São Paulo: Malheiros, 1998. p. 144; DELGADO, Mauricio Godinho. *Curso de direito do trabalho*. São Paulo: LTr, 2002. p. 389.

[9] "§ 1º Equiparam-se ao empregador, para os efeitos exclusivos da relação de emprego, os profissionais liberais, as instituições de beneficência, as associações recreativas ou outras instituições sem fins lucrativos, que admitirem trabalhadores como empregados". Em sentido mais ampliativo, cf.: "A) Agravo de instrumento em recurso de revista. Responsabilidade solidária. Grupo econômico. Entidade sem fins lucrativos. Ante a demonstração de aparente violação do art. 2º, § 2º, da CLT, impõe-se o processamento do recurso de revista, a fim de melhor examinar a questão. Agravo de instrumento conhecido e provido. B) Recurso de revista. Responsabilidade solidária. Grupo econômico. Entidade sem fins lucrativos. Possibilidade. No caso, não se constata efetiva violação do § 2º do artigo 2º da CLT, na medida em que, segundo a dicção do § 1º do referido dispositivo legal, as instituições sem fins lucrativos equiparam-se ao conceito de empregador para todos os efeitos legais trabalhistas. Logo, numa interpretação sistemática e teleológica da referida norma, não há como afastar a aplicação do § 2º às instituições sem fins lucrativos, pois a ausência de finalidade lucrativa não inviabiliza a formação de grupo econômico. Na mesma linha, inclusive, já se posicionou a SDI-1 desta Corte, sendo reiterado o mesmo entendimento no âmbito das Turmas deste Tribunal Superior. Recurso de revista não conhecido" (TST, 8ª T., RR – 101607-86.2016.5.01.0052, Red. Min. Dora Maria da Costa, *DEJT* 10.05.2019).

empregadores por equiparação, isto é, com a presença também de entes que não exercem atividade tipicamente econômica, o que não afastaria a existência do grupo para fins trabalhistas[10].

Da mesma forma, admite-se a existência de grupo econômico em que as empresas exercem atividades econômicas de diversas naturezas, inclusive o grupo formado de empresas urbanas e de pessoas físicas ou jurídicas que exerçam atividade agroeconômica (empregadores rurais).

O grupo econômico, em tese, pode ser configurado de dois modos alternativos:

1) quando as empresas envolvidas estão sob a direção, controle ou administração de outra; ou

2) quando, mesmo guardando cada uma das empresas a sua autonomia, integrem grupo econômico.

A primeira hipótese refere-se ao *grupo econômico hierarquizado ou sob subordinação*, em que uma das empresas exerce o poder de dominação em face das demais.

Essa *dominação* da empresa principal é exercida sob a forma de *direção, controle ou administração* das empresas subordinadas.

Logo, no grupo econômico hierarquizado, a empresa principal, ao exercer o seu poder de dominação:

a) *dirige* as empresas subordinadas, determinando o que fazer e como elas devem exercer as suas atividades; ou

b) *controla* as empresas subordinadas, decidindo a respeito dos rumos a serem tomados ou das diretrizes a serem observadas por elas (como ocorre, por exemplo, quando a empresa controladora detém quantidade de ações suficiente para exercer o controle das empresas controladas); ou

c) *administra* as empresas subordinadas, gerindo as suas atividades e organizando o modo de atuarem no mercado.

A segunda hipótese diz respeito ao *grupo econômico não hierarquizado*, ou seja, em que as empresas mantêm relação horizontal[11], isto é, de coordenação, e não de dominação, inexistindo uma empresa principal e outras a ela subordinadas.

Entretanto, em qualquer caso, a mera identidade de sócios não caracteriza o grupo econômico, pois são necessários para a configuração do grupo três requisitos, quais sejam: a demonstração do interesse integrado, a efetiva comunhão de interesses e a atuação conjunta das empresas dele integrantes (art. 2º, § 3º, da CLT).

Portanto, a existência de sócios comuns, por si só, não configura o grupo de empresas, embora possa ser um indício da sua presença, a qual exige a efetiva comprovação dos três requisitos indicados[12].

---

[10] No entanto, há corrente de entendimento divergente, no sentido de que estão excluídas do grupo econômico as instituições não consideradas empresas, como é o caso das "instituições sem fins lucrativos" (previstas no § 1º do art. 2º da CLT). Nesse sentido, cabe transcrever a seguinte decisão: "Grupo econômico. Organização sem fins lucrativos. Inexistência. Não há como reconhecer a existência de grupo econômico ante o fato de que um dos reclamados, como fundação sem fins lucrativos, não se enquadra na previsão do art. 2º, § 2º, da CLT, quanto ao exercício de atividade econômica. Este elemento é indispensável para efeitos da caracterização do grupo de empresas e da solidariedade daí decorrente. Ac. TRT 3ª Reg. 4ª T. (RO 06612/95); Rela. Juíza Deoclécia Amorelli Dias, *DJMG* 18.11.1995, p. 78". In: COSTA, Marcus Vinícius Americano da. *Grupo empresário no direito do trabalho*. 2. ed. São Paulo: LTr, 2000. p. 126.

[11] Cf. RUSSOMANO, Mozart Victor. *Curso de direito do trabalho*. 6. ed. Curitiba: Juruá, 1997. p. 67; NASCIMENTO, Amauri Mascaro. *Iniciação ao direito do trabalho*. 28. ed. São Paulo: LTr, 2002. p. 199.

[12] "Recurso de embargos em recurso de revista. Configuração de grupo econômico. Art. 2º, § 2º, da CLT. Existência de sócios em comum. A interpretação do art. 2º, § 2º, da CLT conduz à conclusão de que, para a configuração de grupo econômico, não basta a mera situação de coordenação entre as empresas. É necessária a presença de relação hierárquica entre elas, de efetivo controle de uma empresa sobre as outras. O simples fato de haver sócios em comum não implica por si só o reconhecimento do grupo econômico. No caso, não há elementos fáticos que comprovem a existência de hierarquia ou de laços de direção entre as reclamadas que autorize a responsabilidade solidária. Recurso de Embargos conhecido por divergência jurisprudencial e desprovido" (TST, SBDI-I, E-ED-RR-214940-39.2006.5.02.0472, Rel. Min. Horácio Raymundo de Senna Pires, *DEJT* 15.08.2014).

Assim, mesmo quando as empresas mantêm a autonomia entre si, a presença de interesses comuns e compartilhados entre elas, fazendo com que exerçam as suas atividades de modo conjunto, configura a presença do grupo econômico para fins trabalhistas.

Ainda a respeito do tema, conforme dispõe a Súmula 239 do TST:

"Bancário. Empregado de empresa de processamento de dados. É bancário o empregado de empresa de processamento de dados que presta serviço a banco integrante do mesmo grupo econômico, exceto quando a empresa de processamento de dados presta serviços a banco e a empresas não bancárias do mesmo grupo econômico ou a terceiros".

No âmbito rural, nos termos do art. 3º, § 2º, da Lei 5.889/1973, sempre que uma ou mais empresas, embora tendo cada uma delas personalidade jurídica própria, estiverem sob direção, controle ou administração de outra, ou ainda quando, mesmo guardando cada uma sua autonomia, integrem grupo econômico ou financeiro rural, serão responsáveis solidariamente nas obrigações decorrentes da relação de emprego.

Como se pode notar, na esfera rural também se admite o grupo econômico hierarquizado, ou seja, por dominação, e o grupo econômico em que as empresas mantêm entre si relação de coordenação[13].

A consequência da existência de grupo econômico é que todas as empresas que o integram são *solidariamente responsáveis* pelas obrigações decorrentes da relação de emprego.

Isso significa que tanto a empresa principal como as empresas subordinadas (no grupo econômico hierarquizado) e todas as empresas que mantêm relação de coordenação entre si (no grupo econômico não hierarquizado) são responsáveis solidárias pelos direitos devidos aos empregados do grupo econômico e das empresas que o integram.

Trata-se, no caso, de *solidariedade passiva*, decorrente de expressa previsão legal.

Nos termos do art. 265 do Código Civil, a solidariedade não se presume, pois resulta da lei (como ocorre no caso) ou da vontade das partes.

Por consequência, o credor (empregado) tem direito a exigir e receber de um ou de alguns dos devedores (empresas integrantes do grupo econômico), parcial ou totalmente, a dívida comum. Se o pagamento tiver sido parcial, todos os demais devedores continuam obrigados solidariamente pelo restante (art. 275 do Código Civil).

Além disso, não importa renúncia da solidariedade a propositura de ação pelo credor em face de um ou alguns dos devedores (uma ou algumas das empresas que integram o grupo econômico).

O empregado, assim, pode exigir os créditos trabalhistas da empresa a quem prestou serviços e (ou) das demais empresas que compõem o grupo econômico.

Não se observa benefício de ordem entre as empresas, pois a responsabilidade é solidária, e não subsidiária.

Como destaca Mauricio Godinho Delgado: "Esse efeito legal confere ao credor-empregado o poder de exigir de todos os componentes do grupo ou de qualquer deles o pagamento por inteiro de sua dívida, ainda que tenha laborado (e sido contratado) por apenas uma das pessoas jurídicas integrantes do grupo"[14].

Discute-se, entretanto, se o grupo de empresas é o *empregador único*.

Vale dizer, questiona-se se a relação jurídica do empregado é mantida com a empresa ou com o grupo econômico.

---

[13] Cf. MAGANO, Octavio Bueno. *Manual de direito do trabalho*: direito individual do trabalho. 3. ed. São Paulo: LTr, 1992. v. 2, p. 88. Cf. ainda MARTINS, Sergio Pinto. *Direito do trabalho*. 5. ed. São Paulo: Malheiros, 1998. p. 143.

[14] DELGADO, Mauricio Godinho. *Curso de direito do trabalho*. São Paulo: LTr, 2002. p. 387. Cf. ainda MARANHÃO, Délio. *Instituições de direito do trabalho*. 18. ed. São Paulo: LTr, 1999. v. 1, p. 309; MARTINS, Sergio Pinto. *Direito do trabalho*. 5. ed. São Paulo: Malheiros, 1998. p. 146.

Cabe verificar, assim, se o empregador é a empresa que integra o grupo econômico ou este.

A questão envolve a temática de saber se no grupo de empresas também há *solidariedade ativa*, em que cada um dos credores solidários tem direito a exigir do devedor o cumprimento da prestação por inteiro (art. 267 do Código Civil).

Enquanto para certa corrente também incide a solidariedade ativa, por ser o grupo o empregador único[15], para outros a solidariedade é apenas passiva[16].

A redação do art. 2º, § 2º, da CLT parece indicar que a responsabilidade das empresas que integram o grupo econômico é apenas passiva, ao prever que elas "serão responsáveis solidariamente pelas *obrigações* decorrentes da relação de emprego" (destaquei).

Conforme a redação original do art. 2º, § 2º, da CLT: "Sempre que uma ou mais empresas, tendo, embora, cada uma delas, personalidade jurídica própria, estiverem sob a direção, controle ou administração de outra, constituindo grupo industrial, comercial ou de qualquer outra atividade econômica, serão, *para os efeitos da relação de emprego*, solidariamente responsáveis a empresa principal e cada uma das subordinadas" (destaquei).

Ainda assim, defende-se o entendimento de que essa questão deve ser analisada em cada caso concreto, tendo em vista a incidência do princípio da primazia da realidade.

Há situações em que o poder de direção é exercido pelo grupo econômico como um todo, de modo que o empregado irá prestar serviços de forma subordinada às empresas que o integram. Com isso, o tempo de serviço prestado a uma das empresas é computado (como para fins de férias, 13º salário e indenizações) quando o empregado é transferido e passa a prestar serviços para outra empresa do mesmo grupo econômico. Nesse caso, a relação de emprego existe e se desenvolve entre o empregado e o grupo econômico, o qual figura como o verdadeiro empregador. Ou seja, o contrato de trabalho é mantido entre o empregado e o grupo econômico, como empregador único.

A respeito do tema, nos termos da Súmula 129 do TST:

"Contrato de trabalho. Grupo econômico. A prestação de serviços a mais de uma empresa do mesmo grupo econômico, durante a mesma jornada de trabalho, não caracteriza a coexistência de mais de um contrato de trabalho, salvo ajuste em contrário".

Diversamente, há situações em que o empregado é juridicamente subordinado apenas a uma empresa, a qual exerce o poder diretivo e figura como o efetivo empregador. Nesse caso, o contrato de trabalho tem como sujeitos o empregado e a empresa. As demais empresas que integram o grupo econômico, ainda assim, respondem solidariamente pelos créditos trabalhistas.

Em consonância com a Súmula 93 do TST:

"Bancário. Integra a remuneração do bancário a vantagem pecuniária por ele auferida na colocação ou na venda de papéis ou valores mobiliários de empresas pertencentes ao mesmo grupo econômico, se exercida essa atividade no horário e no local de trabalho e com o consentimento, tácito ou expresso, do banco empregador".

Frise-se ainda que, conforme explicita a Orientação Jurisprudencial 411 da SBDI-I do TST:

"Sucessão trabalhista. Aquisição de empresa pertencente a grupo econômico. Responsabilidade solidária do sucessor por débitos trabalhistas de empresa não adquirida. Inexistência. O sucessor não responde solidariamente por débitos trabalhistas de empresa não adquirida, integrante do mesmo grupo econômico da empresa sucedida, quando, à época, a empresa devedora direta era solvente ou idônea economicamente, ressalvada a hipótese de má-fé ou fraude na sucessão".

---

[15] Cf. MAGANO, Octavio Bueno. *Manual de direito do trabalho*: direito individual do trabalho. 3. ed. São Paulo: LTr, 1992. v. 2, p. 97-101. Cf. ainda MARTINS, Sergio Pinto. *Direito do trabalho*. 5. ed. São Paulo: Malheiros, 1998. p. 145.
[16] Cf. NASCIMENTO, Amauri Mascaro. *Iniciação ao direito do trabalho*. 28. ed. São Paulo: LTr, 2002. p. 201.

Na referida hipótese, certa empresa (1) adquire outra (2), sendo que esta última integrava um grupo econômico, juntamente com outra empresa (3).

É certo que, em razão desse grupo econômico, as empresas que o compõem (2 e 3) respondem solidariamente quanto aos débitos trabalhistas das empresas integrantes desse grupo (art. 2º, § 2º, da CLT). Entretanto, na situação mencionada, não sendo caso de fraude ou má-fé, como a empresa (1) apenas adquiriu uma das empresas (2), *e não o grupo como um todo*, aquela empresa adquirente (1), embora seja sucessora (somente) da empresa adquirida, (2) não responde solidariamente pelos débitos da outra empresa (3) que, à época, era devedora direta e solvente ou idônea economicamente, pois esta, como mencionado, não foi adquirida pela empresa sucessora (1).

11.3 Consórcio de empregadores

O chamado "consórcio de empregadores rurais" surgiu inicialmente, de forma oficial, na Portaria 1.964 do Ministério do Trabalho, de 1º de dezembro de 1999 (revogada pela Portaria 671/2021).

Na origem do instituto, no plano dos fatos, sabe-se que na cidade de Rolândia (PR), "a cooperativa dos produtores rurais assinou um termo de ajuste de conduta com o Ministério Público do Trabalho para usarem em 1997 apenas seus próprios trabalhadores para a colheita de cana"[17]. Os referidos produtores obtiveram na Justiça, ainda, uma liminar, permitindo a matrícula coletiva no INSS.

Em conformidade com o art. 40 da Portaria 671/2021 do Ministério do Trabalho e Previdência, considera-se consórcio de empregadores rurais a união de produtores rurais, pessoas físicas, com a finalidade única de contratar, gerir e demitir trabalhadores para prestação de serviços, exclusivamente, aos seus integrantes.

A Lei 10.256, de 9 de julho de 2001, acrescentou à Lei 8.212/1991 o art. 25-A, estabelecendo sobre o tema que:

"Equipara-se ao empregador rural pessoa física o consórcio simplificado de produtores rurais, formado pela união de produtores rurais pessoas físicas, que outorgar a um deles poderes para contratar, gerir e demitir trabalhadores para prestação de serviços, exclusivamente, aos seus integrantes, mediante documento registrado em cartório de títulos e documentos".

Com isso, o tema passou a contar com tratamento legislativo, em plena observância do princípio da legalidade.

O objetivo desse instituto é estabelecer um novo modelo de contratação de empregados rurais, de forma conjunta, por vários produtores rurais. Procura-se evitar a informalidade no referido labor, bem como a intensa rotatividade de mão de obra, a incerteza quanto ao trabalho e o próprio desemprego (especialmente em períodos de entressafra).

Cabe esclarecer que na expressão "consórcio de empregadores rurais" o termo consórcio não está sendo utilizado em seu conceito técnico, do Direito Comercial e Empresarial, tal como previsto no art. 278 da Lei 6.404/1976.

Na realidade, o consórcio aqui mencionado é representado por um "pacto de solidariedade", devidamente registrado em cartório de títulos e documentos, na forma do art. 265 do Código Civil de 2002, o que é previsto no art. 42, inciso II, da Portaria 671/2021 do Ministério do Trabalho e Previdência.

O art. 25-A, § 3º, da Lei 8.212/1991 ratifica que os produtores rurais integrantes do consórcio serão "responsáveis solidários em relação às obrigações previdenciárias".

No pacto de solidariedade, em que os produtores rurais se responsabilizam solidariamente pelas obrigações trabalhistas e previdenciárias decorrentes da contratação dos trabalhadores comuns, deve constar a identificação de todos os consorciados com: nome completo; Cadastro de

---

[17] MARTINS, Sergio Pinto. *Direito do trabalho*. 22. ed. São Paulo: Atlas, 2006. p. 183.

Pessoas Físicas (CPF); documento de identidade; matrícula do Cadastro de Atividade Econômica da Pessoa Física (CAEPF); endereço e domicílio; endereço das propriedades rurais onde os trabalhadores exercerão atividades (art. 42, § 2º, da Portaria 671/2021 do Ministério do Trabalho e Previdência).

Como confirma e acrescenta o art. 25-A, § 1º, da Lei 8.212/1991, o documento (a ser registrado em cartório de títulos e documentos) de outorga, a um dos produtores, de poderes para contratar, gerir e demitir trabalhadores para prestação de serviços, exclusivamente, aos seus integrantes, deverá conter a identificação de cada produtor, seu endereço pessoal e o de sua propriedade rural, *bem como o respectivo registro no Instituto Nacional de Colonização e Reforma Agrária – INCRA ou informações relativas a parceria, arrendamento ou equivalente* e a matrícula no Instituto Nacional do Seguro Social – INSS de cada um dos produtores rurais.

O consórcio de empregadores rurais deve obter uma matrícula coletiva no Cadastro Específico do INSS (CEI), a ser deferida pela autarquia previdenciária.

Efetivamente, em conformidade com o art. 25-A, § 2º, da Lei 8.212/1991, o consórcio "deverá ser matriculado no INSS em nome do empregador a quem hajam sido outorgados os poderes".

Como se nota, o consórcio de empregadores rurais, integrado por pessoas físicas, não se confunde com o grupo de empresas, pois não são exigidos os requisitos específicos do art. 2º, § 2º, da CLT, ou mesmo do art. 3º, § 2º, Lei 5.889/1973, acima estudados.

Mesmo assim, há traços de semelhança entre essas duas figuras, como a regra da responsabilidade solidária, e o fato de se considerar o consórcio de empregadores como "empregador único", pois o contrato de trabalho, mantido com o empregado rural, no caso, é um só, na mesma linha da previsão da Súmula 129 do TST.

Por meio desse novo instituto, possibilita-se um único contrato de trabalho, firmado entre o empregado rural e o "consórcio de empregadores rurais", concretizando o princípio da continuidade da relação de emprego, possibilitando que aquele preste os serviços a todos os integrantes do consórcio, que respondem, de forma solidária, em face da prestação do serviço como um todo.

Assim, não se verifica prejuízo ao empregado, mas a vantagem de não ficar na dependência de contratos precários, de curta duração, evitando, ainda, a incerteza quanto a conseguir uma nova contratação.

Para os produtores rurais, o sistema também é de interesse, pois evita ter de realizar sucessivas contratações de empregados que ainda não se conhece; o trabalhador, no sistema em questão, após concluir o serviço para um dos integrantes, pode dirigir-se ao outro produtor rural que necessita da mão de obra, e assim sucessivamente.

Cada produtor deve ir quitando os direitos trabalhistas do período em que utilizou o serviço do empregado, mas, havendo inadimplência, o empregado tem a seu favor o pacto de responsabilidade solidária, autorizando-o a cobrar o crédito de todos ou de certos integrantes do consórcio, na forma do art. 275 do Código Civil de 2002.

Além disso, devem ser organizados os documentos relativos à administração do consórcio, inclusive de outorga de poderes pelos produtores a um deles para contratar e gerir a mão de obra a ser utilizada nas propriedades integrantes do grupo (art. 42, inciso III, da Portaria 671/2021 do Ministério do Trabalho e Previdência).

Entre as eventuais dificuldades que podem surgir, cabe mencionar que os produtores rurais podem estar situados em locais distintos, podendo haver diferentes sindicatos representantes e normas coletivas a serem aplicadas, dificultando a aplicação de regras e direitos, quanto a cada período de prestação de serviço. Por isso, é importante que a estrutura de administração do referido "consórcio" seja bem organizada.

Embora o tema possa ser controvertido, entende-se que o empregado não deverá sofrer redução salarial, pois o contrato de trabalho é único (art. 7º, inciso VI, da CF/1988), ainda que no outro local vigore norma coletiva com piso salarial inferior, devendo prevalecer a condição mais benéfica.

Por fim, há autores que defendem a possibilidade do consórcio de empregadores também no meio urbano, por não se verificar prejuízos ao empregado, mas, pelo contrário, os benefícios acima destacados, não ocorrendo, ainda infração à legislação trabalhista e previdenciária.

Nessa linha, para o âmbito urbano, sustenta-se a aplicação da legislação já existente, referente ao consórcio de produtores rurais, por meio da analogia, o que é autorizado pelo art. 8º da CLT, tendo em vista a semelhança entre as duas situações de fato e a ausência de regulação legal específica para o caso do consórcio de empregadores urbanos.

11.4 Sucessão trabalhista

A sucessão trabalhista é tema de fundamental importância no Direito do Trabalho, encontrando-se prevista nos arts. 10 e 448 da CLT.

Primeiramente, a mudança na estrutura jurídica formal da empresa (por exemplo, a alteração da modalidade de sociedade) não afeta os contratos de trabalho dos respectivos empregados (art. 448), nem os direitos por eles adquiridos (art. 10).

A *transformação*, assim, é a operação pela qual a sociedade passa, independentemente de dissolução e liquidação, de um tipo para outro (art. 220 da Lei 6.404/1976).

Desse modo, o ato de transformação independe de dissolução ou liquidação da sociedade e obedecerá aos preceitos reguladores da constituição e inscrição próprios do tipo em que vai se converter (art. 1.113 do Código Civil). Como mencionado, a transformação da sociedade não modificará nem prejudicará, em qualquer caso, os direitos dos credores (art. 1.115 do Código Civil).

Da mesma forma, a transferência de titularidade da empresa não atinge os contratos de trabalho (art. 448 da CLT).

Para a caracterização da sucessão trabalhista é necessária a transferência de uma "unidade econômico-jurídica"[18], ou seja, de *"parte significativa do(s) estabelecimento(s) ou da empresa"*[19], permanecendo, ainda, a prestação de serviços pela empresa (continuidade da atividade empresarial).

A sucessão empresarial pode decorrer de incorporação, de fusão e mesmo de cisão de sociedades. Na *incorporação*, uma ou várias sociedades são absorvidas por outra, que lhes sucede em todos os direitos e obrigações (art. 1.116 do Código Civil). A *fusão* determina a extinção das sociedades que se unem, para formar sociedade nova, que a elas sucederá nos direitos e obrigações (art. 1.119 do Código Civil). A *cisão* é a operação pela qual a companhia transfere parcelas do seu patrimônio para uma ou mais sociedades, constituídas para esse fim ou já existentes, extinguindo-se a companhia cindida, se houver versão de todo o seu patrimônio, ou dividindo-se o seu capital, se parcial a versão (art. 229 da Lei 6.404/1976). A sociedade que absorver parcela do patrimônio da companhia cindida sucede a esta nos direitos e obrigações relacionados no ato da cisão.

Ocorrendo a sucessão trabalhista, o sucessor responde por todos os direitos trabalhistas do empregado, ainda que referentes a período anterior à sucessão, e mesmo que o contrato de trabalho tenha cessado anteriormente a ela[20]. Nesse sentido a ementa da decisão a seguir transcrita:

---

[18] MARANHÃO, Délio. *Instituições de direito do trabalho*. 18. ed. São Paulo: LTr, 1999. v. 1, p. 315.
[19] DELGADO, Mauricio Godinho. *Curso de direito do trabalho*. São Paulo: LTr, 2002. p. 399 399 (destaques do original).
[20] Cf. ALMEIDA, Ísis de. *Manual de direito individual do trabalho*. São Paulo: LTr, 1998. p. 121: "admite-se a legitimidade da ação do trabalhador, contra o sucessor, para pleitear reparações legais de lesão sofrida quando trabalhava para o sucedido, mesmo que a rescisão do contrato de trabalho já se tivesse operado antes de ocorrer a sucessão"; NASCIMENTO, Amauri Mascaro. *Curso de direito do trabalho*. 19. ed. São Paulo: Saraiva, 2004. p. 686-687: "As obrigações trabalhistas vencidas à época do titular alienante, mas ainda não cumpridas, são exigíveis, porque a responsabilidade trabalhista existe em função da empresa. As sentenças judiciais podem ser executadas embora não tenham sido na época do primeiro titular e desde que não prescritas, respondendo o sucessor, diretamente, por seus efeitos, inclusive reintegrações de estáveis"; DELGADO, Mauricio Godinho. *Alterações contratuais trabalhistas*. São Paulo: LTr, 2000. p. 28-29; SENA, Adriana Goulart de. *A nova caracterização da sucessão trabalhista*. São Paulo:

"*Sucessão de empresas. Responsabilidade do sucessor.* O fato de a reclamante não ter prestado serviços à empresa sucessora em nada altera a situação jurídica da sucessão empresarial nos moldes trabalhistas, na medida em que os artigos 10 e 448, da CLT visam garantir ao empregado a possibilidade de voltar-se contra quem possuir a empresa – não somente contra quem foi seu empregador originário – para facilitar-lhe e garantir-lhe o recebimento de seus créditos" (TRT 2ª Reg., RO 09792200390202004, Ac. 9ª T., 20030589163, Rel. Juíza Jane Granzoto Torres da Silva, *DJSP* 14.11.2003, p. 42)[21].

A Orientação Jurisprudencial 261 da SBDI-I do TST (inserida em 27.09.2002) esclarece, ainda, importante questão, no sentido de que:

"Bancos. Sucessão trabalhista. As obrigações trabalhistas, inclusive as contraídas à época em que os empregados trabalhavam para o banco sucedido, são de responsabilidade do sucessor, uma vez que a este foram transferidos os ativos, as agências, os direitos e deveres contratuais, caracterizando típica sucessão trabalhista".

Assim, se ficar caracterizada a sucessão trabalhista, é o sucessor quem responde pelos eventuais direitos trabalhistas ainda não adimplidos[22], sendo, portanto, parte legítima para figurar no polo passivo da relação processual.

Como destaca Sergio Pinto Martins: "A empresa sucessora assume as obrigações trabalhistas da empresa sucedida e a sua posição no processo"[23].

Eventual cláusula contratual entre sucessor e sucedido, dispondo de forma distinta, não produz efeitos quanto aos empregados, até porque as normas dos arts. 10 e 448 da CLT são de ordem pública.

Por isso, como corretamente destaca Estêvão Mallet: "a legitimação passiva do sucessor não fica afastada por disposição contratual atribuindo ao sucedido a responsabilidade pelo débito cobrado. A ineficácia do ajuste, no âmbito das relações de trabalho (art. 9º, da CLT), faz com que não possa a disposição ser oposta ao empregado credor"[24].

O que pode existir é eventual direito de regresso do sucessor em face do sucedido[25-26].

Segundo doutrina e jurisprudência amplamente majoritárias, apenas no caso de fraude é que o sucedido também responderá solidariamente pelo débito[27]. A sucessão fraudulenta não produz

---

LTr, 2000. p. 257-258. Na jurisprudência, cf. o seguinte julgado (*Nova jurisprudência em direito do trabalho*. Saraiva, São Paulo, 2000, 2º semestre, ementa 812, p. 162, 2001): "É sabido que a sucessão é modalidade de assunção de débito e crédito, sendo o sucessor responsável pelos encargos e obrigações imputados à sucedida e decorrentes da relação de trabalho, incluindo-se os débitos vencidos à época da sucessão, pois a responsabilidade pelos débitos trabalhistas existe em função da empresa, em respeito ao princípio da despersonalização do empregador (RR 522.698/98) Antonio Levenhagem – TST".

[21] *Suplemento de Jurisprudência LTr*, São Paulo, LTr, ano 03, n. 05, p. 40, 2004.
[22] Conforme a Orientação Jurisprudencial 408 da SBDI-I do TST: "Juros de mora. Empresa em liquidação extrajudicial. Sucessão trabalhista. É devida a incidência de juros de mora em relação aos débitos trabalhistas de empresa em liquidação extrajudicial sucedida nos moldes dos arts. 10 e 448 da CLT. O sucessor responde pela obrigação do sucedido, não se beneficiando de qualquer privilégio a este destinado".
[23] MARTINS, Sergio Pinto. *Comentários à CLT*. 5. ed. São Paulo: Atlas, 2002. p. 369.
[24] MALLET, Estêvão. *Procedimento monitório no processo do trabalho*. São Paulo: LTr, 2000. p. 55.
[25] Cf. a seguinte ementa: "Uma vez reconhecida a sucessão trabalhista na forma prevista nos arts. 10 e 448 da CLT, a responsabilidade integral é do sucessor. Ao recorrente resta o direito regressivo conforme previsto na lei civil" (TS-T-RR 13.936/90.4, Ac. 3ª T. 281/92, Rel. Min. Francisco Fausto. In: OLIVEIRA, Francisco Antonio de. *Consolidação das Leis do Trabalho comentada*. 2. ed. São Paulo: RT, 2000. p. 337).
[26] Cf. NASCIMENTO, Amauri Mascaro. *Curso de direito do trabalho*. 19. ed. São Paulo: Saraiva, 2004. p. 687: "Podem, no entanto, sucedido e sucessor, no contrato de transpasse, prever a ação regressiva do segundo contra o primeiro. Porém, esse assunto pertence à esfera de ambos, é decidido na justiça comum. Em nada afetará os empregados. Diretamente, quem responde sempre é a empresa, unidade jurídico-econômica".
[27] Cf., entre outros, DELGADO, Mauricio Godinho. *Alterações contratuais trabalhistas*. São Paulo: LTr, 2000. p. 34-36; OLIVEIRA, Francisco Antonio de. *Manual de direito individual e coletivo do trabalho*. 2. ed. São Paulo: RT, 2000. Na

efeitos prejudiciais ao empregado (art. 9º da CLT), o que acarreta a responsabilidade solidária do sucedido, juntamente com o sucessor, por ter participado da fraude (art. 942 do Código Civil de 2002, correspondente ao art. 1.518 do Código Civil de 1916).

Cabe a mencionar, no entanto, a situação específica indicada na Orientação Jurisprudencial 225 da Subseção I de Dissídios Individuais do TST, com a seguinte redação:

> "Celebrado contrato de concessão de serviço público em que uma empresa (primeira concessionária) outorga a outra (segunda concessionária), no todo ou em parte, mediante arrendamento ou qualquer outra forma contratual, a título transitório, bens de sua propriedade: I – em caso de rescisão do contrato de trabalho após a entrada em vigor da concessão, a segunda concessionária, na condição de sucessora, responde pelos direitos decorrentes do contrato de trabalho, sem prejuízo da responsabilidade subsidiária da primeira concessionária pelos débitos trabalhistas contraídos até a concessão; II – no tocante ao contrato de trabalho extinto antes da vigência da concessão, a responsabilidade pelos direitos dos trabalhadores será exclusivamente da antecessora".

Nos termos do art. 448-A da CLT, acrescentado pela Lei 13.467/2017, caracterizada a sucessão empresarial ou de empregadores prevista nos arts. 10 e 448 da Consolidação das Leis do Trabalho, as obrigações trabalhistas, inclusive as contraídas à época em que os empregados trabalhavam para a empresa sucedida, são de responsabilidade do sucessor.

A empresa sucedida responde solidariamente com a sucessora quando ficar comprovada *fraude* na transferência (art. 448-A, parágrafo único, da CLT, acrescentado pela Lei 13.467/2017).

Logo, apenas em caso de fraude é que o sucedido também responde solidariamente pelo débito. A sucessão fraudulenta não produz efeitos prejudiciais ao empregado (art. 9º da CLT), o que acarreta a responsabilidade solidária do sucedido, juntamente com o sucessor, por ter participado da fraude (art. 942 do Código Civil).

Cabe registrar que, na esfera civil, mesmo não havendo fraude na sucessão, o art. 1.146 do Código Civil assim prevê:

> "O adquirente do estabelecimento responde pelo pagamento dos débitos anteriores à transferência, desde que regularmente contabilizados, continuando o devedor primitivo solidariamente obrigado pelo prazo de um ano, a partir, quanto aos créditos vencidos, da publicação, e, quanto aos outros, da data do vencimento".

Além disso, como esclarece a Orientação Jurisprudencial 92 da SBDI-I do TST: "Em caso de criação de novo município, por desmembramento, cada uma das novas entidades responsabiliza-se pelos direitos trabalhistas do empregado no período em que figurarem como real empregador".

Efetivamente, no desmembramento de Estados e Municípios (art. 18, §§ 3º e 4º, da CF/1988), não se verifica mudança de titularidade da empresa, para que se possa falar em sucessão trabalhista.

Ademais, como observa Mauricio Godinho Delgado: "A entidade de direito público recém-instituída, embora absorva parte dos servidores celetistas do ente público desmembrado, não sofre os efeitos dos artigos 10 e 448 da CLT, em face do princípio da *autonomia político-administrativa* de tais entes, explicitamente consagrado na Carta Magna (caput do art. 18, CF/1988)"[28].

---

jurisprudência, cf. o seguinte julgado: "Na conformidade do art. 896 do Código Civil [de 1916, art. 265 do CC/2002], a solidariedade não se presume, decorre da lei ou da vontade das partes. No ordenamento jurídico-trabalhista pátrio não há previsão de responsabilidade solidária da empresa sucedida quando operada sucessão de empregadores. Nesse compasso, a parte legítima para responder por possíveis obrigações trabalhistas descumpridas é a empresa sucessora. Ressalvem-se apenas os casos de comprovada fraude no ato jurídico da sucessão, que tenham o escopo de frustrar direitos do Obreiro, pois, nessas circunstâncias, com base na melhor doutrina, reconhece-se à solidariedade dos empregadores envolvidos (sucedido e sucessor) (RR 357052/97) Ives Gandra Martins Filho – TST" (*Nova jurisprudência em direito do trabalho*. São Paulo: Saraiva, 2000, 2º semestre, ementa 814, p. 162, 2001).

[28] DELGADO, Mauricio Godinho. *Curso de direito do trabalho*. 4. ed. São Paulo: LTr, 2005. p. 418.

Cabe fazer menção, ainda, à hipótese em que certa empresa (1) adquire outra (2), sendo que esta última integrava um grupo econômico (G), juntamente com empresa diversa (3). É certo que, em razão desse grupo econômico (G), as empresas que o compõem (2 e 3) respondem solidariamente quanto aos débitos trabalhistas das empresas integrantes desse grupo (art. 2º, § 2º, da CLT). Entretanto, na situação mencionada, não sendo caso de fraude ou má-fé, como a empresa adquirente (1) apenas adquiriu uma das empresas (2), *e não o grupo como um todo*, aquela empresa adquirente (1), embora seja sucessora (somente) da empresa adquirida (2), não responde solidariamente pelos débitos da outra empresa (3) que, à época, era devedora direta e solvente ou idônea economicamente, pois esta (3), como mencionado, não foi adquirida pela empresa sucessora (1).

Nesse sentido é a previsão da Orientação Jurisprudencial 411 da SBDI-I do TST:

"Sucessão trabalhista. Aquisição de empresa pertencente a grupo econômico. Responsabilidade solidária do sucessor por débitos trabalhistas de empresa não adquirida. Inexistência. O sucessor não responde solidariamente por débitos trabalhistas de empresa não adquirida, integrante do mesmo grupo econômico da empresa sucedida, quando, à época, a empresa devedora direta era solvente ou idônea economicamente, ressalvada a hipótese de má-fé ou fraude na sucessão" (*DEJT* 22.10.2010).

Por fim, esclarecendo certa situação em concreto, cabe destacar a Orientação Jurisprudencial Transitória 59 da SBDI-I do TST, com a seguinte previsão: "Interbras. Sucessão. Responsabilidade. A Petrobras não pode ser responsabilizada solidária ou subsidiariamente pelas obrigações trabalhistas da extinta Interbras, da qual a União é a real sucessora, nos termos do art. 20 da Lei 8.029, de 12.04.1990 (atual art. 23, em face da renumeração dada pela Lei 8.154, de 28.12.1990)".

11.4.1 Sucessão trabalhista na Lei 11.101/2005

A Lei 11.101, de 9 de fevereiro de 2005, que regula a recuperação judicial, a recuperação extrajudicial e a falência do empresário e da sociedade empresária, apresenta importantes disposições pertinentes à sucessão trabalhista.

Na falência, o art. 141 da Lei 11.101/2005, com as alterações decorrentes da Lei 14.112/2020, assim estabelece:

"Art. 141. Na alienação conjunta ou separada de ativos, inclusive da empresa ou de suas filiais, promovida sob qualquer das modalidades de que trata o art. 142:

I – todos os credores, observada a ordem de preferência definida no art. 83 desta Lei, sub-rogam-se no produto da realização do ativo;

II – o objeto da alienação estará livre de qualquer ônus e não haverá sucessão do arrematante nas obrigações do devedor, inclusive as de natureza tributária, as derivadas da legislação do trabalho e as decorrentes de acidentes de trabalho.

§ 1º O disposto no inciso II do *caput* deste artigo não se aplica quando o arrematante for:

I – sócio da sociedade falida, ou sociedade controlada pelo falido;

II – parente, em linha reta ou colateral até o 4º (quarto) grau, consanguíneo ou afim, do falido ou de sócio da sociedade falida; ou

III – identificado como agente do falido com o objetivo de fraudar a sucessão.

§ 2º Empregados do devedor contratados pelo arrematante serão admitidos mediante novos contratos de trabalho e o arrematante não responde por obrigações decorrentes do contrato anterior.

§ 3º A alienação nas modalidades de que trata o art. 142 desta Lei poderá ser realizada com compartilhamento de custos operacionais por 2 (duas) ou mais empresas em situação falimentar".

Como se nota, o art. 141, inciso II, da Lei 11.101/2005 afasta a existência de sucessão, inclusive para efeitos trabalhistas, quanto ao arrematante da empresa ou filiais, na realização do ativo (mais especificamente na alienação de ativos), no processo de falência.

Tanto é assim que os empregados do devedor devem ser admitidos mediante "novos contratos de trabalho", sem responsabilização do arrematante, quanto às obrigações do contrato anterior (§ 2º do art. 141 da Lei 11.101/2005).

Isso significa que o art. 141 da Lei 11.101/2005, por ser regra especial, exclui a aplicação dos arts. 10 e 448 da CLT, nas hipóteses ali previstas, ou seja, de alienação da empresa ou de suas filiais no processo de falência, como alienação de ativos[29].

Como leciona Mauricio Godinho Delgado: "Outra situação excetiva foi criada pela Lei 11.101/2005, regulatória do processo falimentar e de recuperação empresarial (vigência somente a partir de 9 de junho de 2005 – art. 201, Lei 11.101). Nas *falências* processadas a partir do império do novo diploma, não incidirá sucessão de empregadores no caso de alienação da empresa falida ou de um ou alguns de seus estabelecimentos (art. 141, inciso II, e § 2º, Lei 11.101/2005). Em consequência, serão tidos como *novos* os contratos de trabalho iniciados com o empregador adquirente, ainda que se tratando de antigos empregados da antiga empresa extinta (§ 2º do art. 141 da Lei 11.101/2005)"[30].

Discute-se quanto à existência, ou não, de sucessão trabalhista, na hipótese de *recuperação judicial*, com a "alienação judicial de filiais ou de unidades produtivas isoladas do devedor" (art. 60 da Lei 11.101/2005).

O parágrafo único do art. 60 da Lei 11.101/2005, com redação dada pela Lei 14.112/2020, tem a seguinte redação:

"O objeto da alienação estará livre de qualquer ônus e não haverá sucessão do arrematante nas obrigações do devedor de qualquer natureza, incluídas, mas não exclusivamente, as de natureza ambiental, regulatória, administrativa, penal, anticorrupção, tributária e trabalhista, observado o disposto no § 1º do art. 141 desta Lei".

A atual previsão legal estabelece que na recuperação judicial, em regra, não há sucessão do arrematante nas obrigações de natureza trabalhista do devedor.

O disposto no parágrafo único do art. 60 da Lei 11.101/2005 não se aplica quando o arrematante for: I – sócio da sociedade falida, ou sociedade controlada pelo falido; II – parente, em linha reta ou colateral até o 4º grau, consanguíneo ou afim, do falido ou de sócio da sociedade falida; ou III – identificado como agente do falido com o objetivo de fraudar a sucessão (art. 141, § 1º, da Lei 11.101/2005).

Mesmo antes da alteração decorrente da Lei 14.112/2020, já prevalecia o entendimento de que fica excluída a incidência da sucessão trabalhista (arts. 10 e 448 da CLT) na referida alienação judicial, no âmbito do plano de recuperação judicial, que não se confunde com a falência.

O art. 60, parágrafo único, da Lei 11.101/2005 mesmo na redação original, ao estabelecer que o objeto da alienação "estará livre de qualquer ônus e não haverá sucessão do arrematante nas obrigações do devedor", não apresenta qualquer restrição, com o que abrange, também, as obrigações trabalhistas.

No entanto, anteriormente, seria possível defender que, para se afastar a sucessão, no que tange às obrigações trabalhistas, seria necessária previsão legal clara e expressa neste sentido, e ainda assim de duvidosa constitucionalidade, tendo em vista a garantia do crédito decorrente do valor trabalho.

---

[29] "Art. 142. A alienação de bens dar-se-á por uma das seguintes modalidades: I – leilão eletrônico, presencial ou híbrido; II – revogado; III – revogado; IV – processo competitivo organizado promovido por agente especializado e de reputação ilibada, cujo procedimento deverá ser detalhado em relatório anexo ao plano de realização do ativo ou ao plano de recuperação judicial, conforme o caso; V – qualquer outra modalidade, desde que aprovada nos termos desta Lei".

[30] DELGADO, Mauricio Godinho. *Curso de direito do trabalho*. 4. ed. São Paulo: LTr, 2005. p. 418 (destaques do original). Cf. ainda MARTINS, Sergio Pinto. *Direito do trabalho*. 22. ed. São Paulo: Atlas, 2006. p. 283; BARROS, Alice Monteiro de. *Curso de direito do trabalho*. 2. ed. São Paulo: LTr, 2006. p. 372.

No caso da recuperação judicial, essa previsão não era expressa quanto aos créditos trabalhistas, diferentemente do que dispõe o art. 141, inciso II e § 2º, da Lei 11.101/2005, ao tratar do processo de falência.

Aliás, o inciso II e o § 2º do art. 141 da Lei 11.101/2005 não são objeto de remissão pelo art. 60, parágrafo único, confirmando que não seriam aplicáveis aquelas disposições excepcionais à recuperação judicial.

Reitere-se que a medida excepcional, de se afastar a garantia da sucessão trabalhista (prevista nos arts. 10 e 448 da CLT), não poderia ser objeto de previsão meramente implícita, em razão das drásticas consequências, para os créditos trabalhistas, daí advindas, em desacordo com os princípios constitucionais de valorização do trabalho (como forma de concretização da dignidade da pessoa humana), da justiça social e da função social da propriedade (arts. 1º, 3º, 170 e 193 da CF/1988).

Por isso, antes da alteração decorrente da Lei 14.112/2020, seria possível entender que na alienação judicial, de filiais e unidades produtivas na recuperação judicial, presentes os requisitos dos arts. 10 e 448 da CLT, ocorreria a sucessão trabalhista, gerando os seus efeitos, inclusive quanto à responsabilidade do sucessor (adquirente ou arrematante), pelas obrigações trabalhistas e pelo passivo trabalhista anterior à aquisição[31].

Entretanto, o Supremo Tribunal Federal julgou totalmente improcedente o pedido em ação direta de inconstitucionalidade que impugnava os arts. 60, parágrafo único (o qual, na recuperação judicial, dispõe que o objeto da alienação judicial estará livre de qualquer ônus e não haverá sucessão nas obrigações do devedor), 83, incisos I e VI, alínea *c* (que tratam da ordem de satisfação dos créditos na falência, limitando os créditos trabalhistas em 150 salários mínimos por credor, e os saldos que excederem esse limite são considerados créditos quirografários), e 141, inciso II (que, na falência, afasta a sucessão do arrematante nas obrigações do devedor, inclusive as de natureza tributária, as derivadas da legislação do trabalho e as decorrentes de acidentes de trabalho), da Lei 11.101/2005 (STF, Pleno, ADI 3.934/DF, Rel. Min. Ricardo Lewandowski, j. 27.05.2009)[32].

Observa-se que o Supremo Tribunal Federal, na referida ação direta de inconstitucionalidade, acabou se manifestando no sentido de que o art. 60, parágrafo único, da Lei 11.101/2005 afasta a sucessão trabalhista na recuperação judicial, considerando constitucional a norma nesse sentido. Assim sendo, destaca-se o seguinte trecho do voto do Ministro Relator:

> "Cumpre ressaltar, por oportuno, que a ausência de sucessão das obrigações trabalhistas pelo adquirente de ativos das empresas em recuperação judicial não constitui uma inovação do legislador pátrio. De fato, em muitos países, dentre os quais destaco a França (*Code de Commerce*, arts. L631-1, L631-13 e L642-1) e a Espanha (*Ley* 22/2003, art. 148), existem normas que enfrentam a problemática de modo bastante semelhante ao nosso.
>
> Na lei falimentar italiana, por exemplo, há inclusive um dispositivo bastante similar à regra aqui contestada. Trata-se do art. 105 do Decreto 267/1942, com a redação que lhe emprestou o Decreto Legislativo 5/2006, que tem a seguinte redação:

---

[31] Cf. DELGADO, Mauricio Godinho. *Curso de direito do trabalho*. 4. ed. São Paulo: LTr, 2005. p. 418-419. Cf. ainda MARTINS, Sergio Pinto. Alienação na recuperação judicial e sucessão trabalhista. *Revista do Direito Trabalhista*, Brasília, Consulex, ano 13, n. 8, p. 25, ago. 2007.

[32] "Ação direta de inconstitucionalidade. Arts. 60, parágrafo único, 83, I e IV, *c*, e 141, II, da Lei 11.101/2005. Falência e recuperação judicial. Inexistência de ofensa aos artigos 1º, III e IV, 6º, 7º, I, e 170, da Constituição Federal de 1988. ADI julgada improcedente. I – Inexiste reserva constitucional de lei complementar para a execução dos créditos trabalhistas decorrente de falência ou recuperação judicial. II – Não há, também, inconstitucionalidade quanto à ausência de sucessão de créditos trabalhistas. III – Igualmente não existe ofensa à Constituição no tocante ao limite de conversão de créditos trabalhistas em quirografários. IV – Diploma legal que objetiva prestigiar a função social da empresa e assegurar, tanto quanto possível, a preservação dos postos de trabalho. V – Ação direta julgada improcedente" (STF, Pleno, ADI 3.934/DF, Rel. Min. Ricardo Lewandowski, *DJe* 06.11.2009).

'Salvo disposição em contrário, não há responsabilidade do adquirente pelo débito relativo ao exercício do estabelecimento empresarial adquirido'.

Por essas razões, entendo que os arts. 60, parágrafo único, e 141, II, do texto legal em comento mostram-se constitucionalmente hígidos no aspecto em que estabelecem a inocorrência de sucessão dos créditos trabalhistas, particularmente porque o legislador ordinário, ao concebê-los, optou por dar concreção a determinados valores constitucionais, a saber, a livre iniciativa e a função social da propriedade — de cujas manifestações a empresa é uma das mais conspícuas — em detrimento de outros, com igual densidade axiológica, eis que os reputou mais adequados ao tratamento da matéria" (STF, Pleno, ADI 3.934/DF, Rel. Min. Ricardo Lewandowski, j. 27.05.2009).

Na mesma linha, o Tribunal Superior do Trabalho fixou a tese jurídica de que "o preceito do artigo 60, parágrafo único, da Lei 11.101/2005, é plenamente aplicável aos casos envolvendo a alienação de ativos da VEM S.A., tendo em vista que esse dispositivo exonera o arrematante das obrigações do devedor não só nas hipóteses de alienação de unidades produtivas isoladas, mas também de suas filiais" (TST, Pleno, IRR 69700-28.2008.5.04.0008, Rel. Min. Guilherme Augusto Caputo Bastos, j. 22.05.2017).

11.4.2 Despersonalização do empregador e desconsideração da personalidade jurídica

A Consolidação das Leis do Trabalho, ao identificar e definir o empregador como a própria empresa, adota a *despersonalização do empregador*, pois a empresa, como atividade econômica organizada, não apresenta, rigorosamente, personalidade jurídica.

Apesar de críticas de ordem doutrinária, a posição assumida pela CLT gera importantes consequências práticas para fins de sucessão trabalhista, como estudado anteriormente.

Desse modo, o empregador não é propriamente o dono ou o titular do empreendimento empresarial, nem a forma empresarial adotada, mas a empresa em si, o que favorece a concretização do princípio da continuidade do contrato de trabalho, pois eventuais alterações da referida titularidade, bem como da composição societária, não afetam a relação jurídica de emprego (arts. 10 e 448 da CLT).

A despersonalização do empregador, vista por parte da doutrina como princípio, também é indicada por alguns autores como "o fundamento jurídico basilar para a desconsideração do manto da pessoa jurídica, em busca da responsabilização subsidiária dos sócios integrantes da entidade societária, em contexto de frustração patrimonial pelo devedor principal na execução trabalhista"[33].

Na realidade, a *despersonalização do empregador*, de acordo com a definição da CLT, não se confunde com a *desconsideração da personalidade jurídica*; tanto é assim que esta última tem origem e aplicação em outros ramos do Direito, não se restringindo à figura do empregador.

Vejamos, ainda, os principais aspectos da desconsideração da personalidade jurídica, tendo em vista a sua aplicabilidade nas relações de trabalho[34].

A pessoa jurídica apresenta, em princípio, existência distinta e autônoma das pessoas que a compõem.

Isso é confirmado pelos arts. 46, inciso VI, e 985, do Código Civil, ao versarem sobre a pessoa jurídica[35].

---

[33] DELGADO, Mauricio Godinho. *Curso de direito do trabalho*. 4. ed. São Paulo: LTr, 2005. p. 474.
[34] Cf. GARCIA, Gustavo Filipe Barbosa. *Novidades no direito civil*. São Paulo: Método, 2007. p. 35-62.
[35] Na jurisprudência brasileira, merece destaque o célebre acórdão do Tribunal de Alçada do Estado de São Paulo, relatado pelo juiz Edgard de Moura Bittencourt, no seguinte sentido (*Revista dos Tribunais*, São Paulo, RT, ano 44, v. 238, p. 394, ago. 1955): "A assertiva de que a pessoa da sociedade não se confunde com a pessoa dos sócios é um princípio jurídico, mas não pode ser um tabu, a entravar a própria ação do Estado, na realização de perfeita e boa justiça, que outra não é a atitude do juiz procurando esclarecer os fatos para ajustá-los ao direito" (Apelação 9.247, 2ª Câmara Civil do Tribunal de Alçada de São Paulo, j. 11.04.1955).

Nesse sentido, a pessoa jurídica não se confunde com os seus sócios, associados, instituidores ou administradores (art. 49-A do Código Civil, incluído pela Lei 13.874/2019).

Por consequência, os bens da pessoa jurídica, em princípio, não se confundem com aqueles de seus componentes. Essa diferenciação patrimonial, além de presente em diversas disposições legais, fica nítida na própria redação do art. 795 do CPC de 2015 e art. 596 do CPC de 1973 ("Os bens particulares dos sócios não respondem pelas dívidas da sociedade, senão nos casos previstos em lei").

A *autonomia patrimonial das pessoas jurídicas* é um instrumento lícito de alocação e segregação de riscos, estabelecido pela lei com a finalidade de estimular empreendimentos, para a geração de empregos, tributo, renda e inovação em benefício de todos (art. 49-A, parágrafo único, do Código Civil, incluído pela Lei 13.874/2019).

A referida distinção quanto à personalidade jurídica e à composição patrimonial, no entanto, não é absoluta. Verificam-se situações em que os integrantes da pessoa jurídica são alcançados, mesmo tratando-se de relação jurídica pertinente à sociedade em si. Nesse contexto de relativização da autonomia entre a pessoa jurídica e seus integrantes é que se situa a desconsideração da personalidade jurídica.

O instituto mencionado é frequentemente denominado como "desconsideração da personalidade jurídica", ou "desconsideração da pessoa jurídica", que correspondem ao "disregard of legal entity"[36], bem como o "levantamento" ou o "descerramento do véu corporativo" ou da "personalidade jurídica", pertinente ao "lifting the corporate veil"[37].

A teoria em estudo surgiu na *commom law*, por meio de decisões judiciais. Em 1809, nos Estados Unidos, no caso envolvendo o *Bank of United States* e Deveaux, o juiz Marshall, para preservar a jurisdição das cortes federais (uma vez que restrita às controvérsias entre cidadãos de diferentes Estados) sobre as *corporations*, conheceu da causa, o que significa ter "levantado o véu" e considerado as características dos sócios individuais, levando em conta a "cidadania estadual dos indivíduos que compusessem a sociedade, diferente da do réu"[38].

No ano de 1897 é que se observa o caso "Salomon vs. Salomon & Co.", na Inglaterra, em que o juiz de primeiro grau desconsiderou a personalidade jurídica da companhia criada por Aaron Salomon, com seis componentes de sua família, considerando-a, na realidade, extensão da sua atividade pessoal, permanecendo como proprietário do estabelecimento que, formalmente, transferira à sociedade, por meio do que recebera obrigações garantidas. A decisão foi mantida pela Corte de Apelação, mas a Casa dos Lordes reformou este entendimento, sob o fundamento de que a companhia havia sido validamente constituída, sendo Salomon seu credor privilegiado por ter vendido à sociedade o estabelecimento e recebido obrigações garantidas por hipoteca[39]. Apesar disso, após o caso, tem-se início a evolução jurisprudencial, principalmente na América do Norte, sobre a técnica de desconsideração da personalidade jurídica.

No Brasil, pode-se dizer que Rubens Requião, em artigo publicado em 1969, foi o primeiro jurista brasileiro a sistematizar a teoria em questão, destacando-a como um instrumento para impedir a fraude e o abuso de direito por meio do uso da pessoa jurídica, de forma a alcançar as pessoas que a compõem, e seus respectivos bens[40].

---

[36] KOURY, Susy Elizabeth Cavalcante. *A desconsideração da personalidade jurídica (disregard doctrine) e os grupos de empresas*. 2. ed. Rio de Janeiro: Forense, 1997. p. 65.

[37] REQUIÃO, Rubens. Abuso de direito e fraude através da personalidade jurídica. *Revista dos Tribunais*, São Paulo, LTr, ano 58, v. 410, p. 13, dez. 1969.

[38] GOMES, Luiz Roldão de Freitas. Desconsideração da personalidade jurídica. *Revista de Direito Civil, Imobiliário, Agrário e Empresarial*, São Paulo, ano 12, v. 46, p. 30, out./dez. 1988. Cf. ainda CASILLO, João. Desconsideração da pessoa jurídica. *Revista dos Tribunais*, São Paulo, LTr, ano 68, v. 528, p. 25, out. 1979.

[39] Cf. KOURY, Susy Elizabeth Cavalcante. *A desconsideração da personalidade jurídica (disregard doctrine) e os grupos de empresas*. 2. ed. Rio de Janeiro: Forense, 1997. p. 64; REQUIÃO, Rubens. Abuso de direito e fraude através da personalidade jurídica. *Revista dos Tribunais*, São Paulo, RT, ano 58, v. 410, p. 18, dez. 1969.

[40] Cf. REQUIÃO, Rubens. Abuso de direito e fraude através da personalidade jurídica. *Revista dos Tribunais*, São Paulo, RT, ano 58, v. 410, p. 12-24, dez. 1969.

O art. 124, incisos I e II, do Código Tributário Nacional estabelece a obrigação solidária para as pessoas que tenham interesse comum na situação que constitua o fato gerador da obrigação principal e entre aqueles expressamente designados por lei. O art. 135 desse mesmo diploma legal, de forma expressa, dispõe sobre a responsabilidade pessoal pelos créditos correspondentes a obrigações tributárias, resultantes de atos praticados com excesso de poderes ou infração da lei, contrato social ou estatutos, abrangendo os diretores, gerentes ou representantes de pessoas jurídicas de direito privado (inciso III). O art. 134, VII, do mesmo Código estabelece a responsabilidade solidária dos sócios, no caso de liquidação de sociedade, nas hipóteses de impossibilidade de exigência do cumprimento da obrigação principal pelo contribuinte, nos atos em que intervierem ou pelas omissões de que forem responsáveis. Trata-se de dispositivos que tornam relativa a distinção dos patrimônios da pessoa jurídica e de seus sócios[41]. A antiga Lei das Sociedades por Ações (Decreto-lei 2.627/1940), no art. 121, estabelecia a responsabilidade individual dos administradores quando agissem com culpa ou dolo, ou com violação da lei ou dos estatutos, e o art. 122 prescrevia a responsabilidade solidária quando não cumpriam as obrigações ou deveres impostos por lei, a fim de assegurar o funcionamento normal da sociedade. Segundo Rubens Requião, na realidade, são exemplos observados na legislação, "coincidentes com os objetivos da doutrina da desconsideração da personalidade jurídica"[42]. O art. 158 da Lei das Sociedades Anônimas em vigor (Lei 6.404/1976) também dispõe sobre a responsabilidade civil do administrador pelos prejuízos que causar na gestão da empresa, quando proceder com culpa, dolo ou com violação da lei ou do estatuto. O Decreto 3.708/1919, no art. 10, previa responsabilidade dos sócios-gerentes ou dos sócios que derem nome à sociedade limitada, perante esta e terceiros, solidária e ilimitadamente, pelo excesso de mandato ou violação do contrato social ou da lei. O Código Civil em vigor, no art. 1.070, remetendo ao art. 1.016, estabelece a responsabilidade solidária dos membros do conselho fiscal da sociedade limitada, perante esta e os terceiros prejudicados, por culpa no desempenho de suas funções.

Sobre as hipóteses acima, em que, nas situações previstas em lei, sócios, administradores e gerentes podem responder por dívidas da sociedade, tem-se medida de caráter excepcional, visando a punir aqueles que tenham agido com má gestão, excesso de poder ou de forma contrária à lei ou estatutos[43]. Como esclarece Susy Elizabeth Cavalcante Koury, *não se trata de desconsideração da personalidade jurídica propriamente*, "pois esta não foi manipulada, não serviu como 'véu' para que tais pessoas agissem e não pudessem ser responsabilizadas. Na realidade, foram aquelas pessoas que agiram de forma ilícita, sendo, por isso, responsabilizadas por sua má gestão"[44]. Assim, *os casos acima não são de desconsideração da personalidade jurídica em seu sentido técnico*, por inexistir "manipulação da personalidade da sociedade"[45], mas apenas apresentam semelhanças com esta teoria, ao atribuir aos diretores, gerentes ou sócios, a responsabilidade pelas obrigações da sociedade[46]. Na teoria em estudo, a pessoa jurídica é desviada de seus fins, servindo de véu para encobrir a realidade. Além disso, a responsabilidade pessoal dos sócios, em certas modalidades de sociedade, tem por fundamento a própria natureza societária e sua regulamentação legal (Código Civil, arts. 991, 1.039

---

[41] Cf. MARINONI, Luiz Guilherme; LIMA JÚNIOR, Marcos Aurélio de. Fraude – configuração – prova – desconsideração da personalidade jurídica. *Revista dos Tribunais*, São Paulo, RT, ano 90, v. 783, p. 153, jan. 2001.

[42] REQUIÃO, Rubens. Abuso de direito e fraude através da personalidade jurídica. *Revista dos Tribunais*, São Paulo, RT, ano 58, v. 410, p. 21, dez. 1969.

[43] Cf. CASILLO, João. Desconsideração da pessoa jurídica. *Revista dos Tribunais*, São Paulo, RT, ano 68, v. 528, p. 35, out. 1979.

[44] KOURY, Susy Elizabeth Cavalcante. *A desconsideração da personalidade jurídica (disregard doctrine) e os grupos de empresas*. 2. ed. Rio de Janeiro: Forense, 1997. p. 86-87.

[45] SILVA, Alexandre Couto. *Aplicação da desconsideração da personalidade jurídica no direito brasileiro*. São Paulo: LTr, 1999. p. 29.

[46] Cf. FREITAS, Elizabeth Cristina Campos Martins de. *Desconsideração da personalidade jurídica*: análise à luz do Código de Defesa do Consumidor e do novo Código Civil. São Paulo: Atlas, 2002. p. 74.

e 1.045), não se referindo à "disregard doctrine". Da mesma forma, a responsabilidade solidária dos sócios de sociedades em comum (sem registro dos atos constitutivos), com exclusão do benefício de ordem (art. 990 do Código Civil de 2002), decorre da sua condição específica, não se confundindo com os fundamentos da teoria em análise.

O art. 50 do Código Civil e o art. 28 do Código de Defesa do Consumidor disciplinam as hipóteses de desconsideração da personalidade jurídica, podendo-se defender a aplicação subsidiária ao âmbito trabalhista, na forma do art. 8º, § 1º, da CLT.

A Lei 12.529, de 30 de novembro de 2011, em seu art. 34, possibilita a desconsideração da personalidade jurídica do responsável por infração da ordem econômica quando houver abuso de direito, excesso de poder, infração da lei, fato ou ato ilícito ou violação dos estatutos ou contrato social. O parágrafo único desse mesmo dispositivo prevê a efetivação da desconsideração, ainda, quando houver falência, estado de insolvência, encerramento ou inatividade da pessoa jurídica provocados por má administração.

A Lei 9.605, de 12 de fevereiro de 1998, no art. 4º, também estabelece a possibilidade de desconsideração da pessoa jurídica sempre que sua personalidade for obstáculo ao ressarcimento de prejuízos causados à qualidade do meio ambiente.

As entidades de prática desportiva participantes de competições profissionais e as entidades de administração de desporto ou ligas em que se organizarem, independentemente da forma jurídica adotada, sujeitam os bens particulares de seus dirigentes ao disposto no art. 50 do Código Civil, além das sanções e responsabilidades previstas no art. 1.017, *caput*, do Código Civil[47], na hipótese de aplicarem créditos ou bens sociais da entidade desportiva em proveito próprio ou de terceiros (art. 27 da Lei 9.615/1998, com redação dada pela Lei 10.672/2003).

Nessa linha, os dirigentes das entidades do Sistema Nacional do Desporto[48], independentemente da forma jurídica adotada, têm seus bens particulares sujeitos ao disposto no art. 50 do Código Civil (art. 18-B da Lei 9.615/1998, incluído pela Lei 14.073/2020). Para os fins do disposto na Lei 9.615/1998, que institui normas gerais sobre desporto, dirigente é aquele que exerce, de fato ou de direito, poder de decisão na gestão da entidade, incluídos seus administradores.

Como mencionado, a desconsideração da personalidade jurídica demonstra não ser absoluto o princípio de que a pessoa jurídica não se confunde com seus membros. O instituto da pessoa jurídica apresenta importantes funções para o desenvolvimento social, por meio da reunião de esforços, propiciando atingir ideais comuns de difícil realização individual[49]. A pessoa jurídica, no entanto, não pode ser utilizada de forma a ser desviada de seus fins, encobrindo a prática de atos ilícitos, abusivos ou fraudulentos de seus membros. Ocorrendo o referido desvio de finalidade ou a confusão entre o patrimônio da pessoa jurídica e o de seus componentes, por meio da técnica de superar a personalidade jurídica, alcança-se a responsabilização dos sócios envolvidos (tanto pessoas natu-

---

[47] "Art. 1.017. O administrador que, sem consentimento escrito dos sócios, aplicar créditos ou bens sociais em proveito próprio ou de terceiros, terá de restituí-los à sociedade, ou pagar o equivalente, com todos os lucros resultantes, e, se houver prejuízo, por ele também responderá".

[48] O Sistema Nacional do Desporto tem por finalidade promover e aprimorar as práticas desportivas de rendimento (art. 13 da Lei 9.615/1998). O Sistema Nacional do Desporto congrega as pessoas físicas e jurídicas de direito privado, com ou sem fins lucrativos, encarregadas da coordenação, administração, normatização, apoio e prática do desporto, bem como as incumbidas da Justiça Desportiva e, especialmente: I – o Comitê Olímpico Brasileiro (COB); II – o Comitê Paralímpico Brasileiro; III – as entidades nacionais de administração do desporto; IV – as entidades regionais de administração do desporto; V – as ligas regionais e nacionais; VI – as entidades de prática desportiva filiadas ou não àquelas referidas nos incisos anteriores. VII – o Comitê Brasileiro de Clubes (CBC); VIII – o Comitê Brasileiro de Clubes Paralímpicos (CBCP).

[49] Cf. KRIGER FILHO, Domingos Afonso. Aspectos da desconsideração da personalidade societária na Lei do Consumidor. *Revista de Direito do Consumidor*, São Paulo, n. 13, p. 79-80, jan.-mar. 1995.

rais como pessoas jurídicas[50]), atingindo-se o patrimônio individual destes. Assim, a "disregard doctrine" consiste em superar os efeitos da personalidade jurídica em casos concretos, impedindo desvios na utilização de sua finalidade, de forma a alcançar a responsabilidade de seus membros e bens pessoais. Como se nota, a desconsideração da personalidade jurídica não cuida de extinção ou dissolução da pessoa jurídica, nem se confunde com a anulação ou declaração de nulidade da personalidade jurídica[51]. Esta é apenas desconsiderada no caso concreto, deixando de produzir certos efeitos, como forma de evitar seu uso abusivo. A ineficácia fica restrita ao ato em questão, permanecendo a autonomia da pessoa jurídica para os demais aspectos, sem atingir sua constituição, estrutura e existência[52], e sem implicar na extinção da entidade[53]. Portanto, a natureza jurídica da desconsideração da pessoa jurídica é autônoma da teoria dos vícios do ato jurídico, referindo-se a uma técnica jurídica específica para a declaração de ineficácia especial da personalidade jurídica apenas para certos aspectos do caso concreto[54].

A doutrina tradicional aponta como fundamentos para a aplicação da teoria em estudo o abuso de direito e a fraude no uso da personalidade jurídica[55]. O desvio de função, ou seja, a "utilização da pessoa jurídica, fora de sua função"[56], também é apontada, ao lado da "confusão patrimonial"[57], no critério objetivo, como fundamento para a referida desconsideração. Os direitos devem ser exercidos nos limites da ordem jurídica, ou seja, observando os fins sociais e econômicos e os preceitos de boa-fé e de bons costumes[58]. Agindo além desses parâmetros, o titular faz uso abusivo do direito, extrapolando suas funções e causando prejuízo a terceiros. O art. 188, inciso I, do Código Civil em vigor (correspondente ao art. 160, inciso I, do Código Civil de 1916), ao estabelecer que o exercício *regular* de um direito reconhecido não constitui ato ilícito, já indica a existência dos referidos limites. No Código Civil de 2002, o art. 187, de forma expressa, considera ato ilícito o exercício de um direito excedendo, manifestamente, os limites impostos pelo seu fim econômico ou social, pela boa-fé ou pelos bons costumes. Desse modo, no caso da desconsideração da personalidade jurídica, a utilização da pessoa jurídica é um direito, sem caráter absoluto, que deve ser exercido de forma regular e legítima, ou seja, sem exceder os limites de suas finalidades voltadas ao desenvolvimento econômico e social, e observando as regras de boa-fé e de bons costumes, que regem as relações jurídicas. O uso da personalidade jurídica para fins ilegítimos e abusivos não é, assim, tolerado pelo direito, que possibilita a sua desconsideração quanto a certos aspectos em específico, tendo em vista o desvio de finalidade.

---

[50] Cf. SILVA, Alexandre Couto. Desconsideração da personalidade jurídica: limites para sua aplicação. *Revista dos Tribunais*, São Paulo, RT, ano 89, v. 780, p. 48, out. 2000.

[51] Cf. REQUIÃO, Rubens. *Curso de direito comercial*. 21. ed. São Paulo: Saraiva, 1993. v. 1, p. 283; LOPES, João Batista. Desconsideração da personalidade jurídica no novo Código Civil. *Revista dos Tribunais*, São Paulo, RT, ano 92, v. 818, p. 38, dez. 2003.

[52] Cf. FRAGOSO, Rui Celso Reali. Da desconsideração da personalidade jurídica. *Revista da Faculdade de Direito das Faculdades Metropolitanas Unidas, de São Paulo*, v. 4, p. 120, out. 1990.

[53] Cf. CASILLO, João. Desconsideração da pessoa jurídica. *Revista dos Tribunais*, São Paulo, RT, ano 68, v. 528, p. 25, out. 1979.

[54] Cf. FREITAS, Elizabeth Cristina Campos Martins de. *Desconsideração da personalidade jurídica*: análise à luz do Código de Defesa do Consumidor e do novo Código Civil. São Paulo: Atlas, 2002. p. 64, 68-70; SILVA, Alexandre Couto. Desconsideração da personalidade jurídica: limites para sua aplicação. *Revista dos Tribunais*, São Paulo, RT, ano 89, v. 780, p. 49, out. 2000; REQUIÃO, Rubens. Abuso de direito e fraude através da personalidade jurídica. *Revista dos Tribunais*, São Paulo, RT, ano 58, v. 410, p. 14 e 17, dez. 1969.

[55] Cf. COELHO, Fábio Ulhoa. A teoria da desconsideração da personalidade jurídica. *Estudos de direito público*, Associação dos Advogados da Prefeitura do Município de São Paulo, ano III, n. 1, p. 45, jan.-jun. 1984; BITTAR, Carlos Alberto. *Curso de direito civil*. Rio de Janeiro: Forense Universitária, 1994. v. 1, p. 91-92; RODRIGUES, Silvio. *Direito civil*: parte geral. 28. ed. São Paulo: Saraiva, 1998. v. 1, p. 74.

[56] OLIVEIRA, José Lamartine Corrêa de. *A dupla crise da pessoa jurídica*. São Paulo: Saraiva, 1979. p. 613.

[57] COMPARATO, Fábio Konder. *O poder de controle na sociedade anônima*. São Paulo: RT, 1976. p. 362.

[58] Cf. BITTAR, Carlos Alberto. *Curso de direito civil*. Rio de Janeiro: Forense Universitária, 1994. v. 1, p. 184-185.

A fraude, em sentido amplo, significa conduta de alguém que, para burlar a lei, fugir da sua incidência ou descumprir um dever jurídico, usa de procedimento aparentemente lícito[59], causando prejuízo a terceiros[60]. No caso, a utilização indevida da pessoa jurídica por seus componentes, manipulando-a de forma a encobrir violação do ordenamento jurídico ou para fugir do cumprimento de obrigações, causando dano a terceiros, deve acarretar a responsabilização individual dos referidos membros, quando a pessoa jurídica, por si própria, não disponha de patrimônio suficiente para o ressarcimento. Por exemplo, a prática maliciosa de sociedade, para fraudar credores, esvaziando o patrimônio social e transferindo-o aos sócios, autoriza, por meio da aplicação da "disregard doctrine", a responsabilização de seus sócios, alcançando seus bens pessoais.

O art. 28 do Código de Defesa do Consumidor consagrou a teoria em estudo de forma abrangente:

"Art. 28. O juiz poderá desconsiderar a personalidade jurídica da sociedade quando, em detrimento do consumidor, houver abuso de direito, excesso de poder, infração da lei, fato ou ato ilícito ou violação dos estatutos ou contrato social. A desconsideração também será efetivada quando houver falência, estado de insolvência, encerramento ou inatividade da pessoa jurídica provocados por má administração.

§ 1º (Vetado).

§ 2º As sociedades integrantes dos grupos societários e as sociedades controladas, são subsidiariamente responsáveis pelas obrigações decorrentes deste Código.

§ 3º As sociedades consorciadas são solidariamente responsáveis pelas obrigações decorrentes deste Código.

§ 4º As sociedades coligadas só responderão por culpa.

§ 5º Também poderá ser desconsiderada a pessoa jurídica sempre que sua personalidade for, de alguma forma, obstáculo ao ressarcimento de prejuízos causados aos consumidores".

O *caput* do art. 28 do Código de Defesa do Consumidor confirma ser o abuso de direito fundamento para a desconsideração da personalidade jurídica, de acordo com a tradicional sistematização da teoria pela doutrina[61]. Certamente, a menção específica a excesso de poder, infração da lei, fato ou ato ilícito ou violação dos estatutos ou contrato social tem o intuito de deixar bem claro o efetivo alcance da norma. Segundo respeitável corrente de entendimento, estas últimas hipóteses, na realidade, dizem respeito à responsabilidade do sócio ou controlador, que provoca danos a terceiros em razão de ato ilícito próprio, acarretando sua responsabilidade pessoal, não se tratando de desconsideração da personalidade jurídica propriamente[62]. De qualquer modo, nada impede que a lei explicite os contornos da desconsideração da personalidade jurídica, e de certa forma amplie as hipóteses que autorizam a medida, não se restringindo àqueles tradicionais pressupostos de fraude à lei e abuso de direito[63]. Observa-se excesso de poder quando se pratica ato ou negócio fora do limite outorgado ou autorizado[64]. Infração à lei, fato ou ato ilícito, violação dos estatutos ou contrato

---

[59] Cf. RODRIGUES, Silvio. *Direito civil*: parte geral. 28. ed. São Paulo: Saraiva, 1998. v. 1, p. 226.

[60] Cf. FREITAS, Elizabeth Cristina Campos Martins de. *Desconsideração da personalidade jurídica*: análise à luz do Código de Defesa do Consumidor e do novo Código Civil. São Paulo: Atlas, 2002. p. 218.

[61] Cf. ZANITELLI, Leandro Martins. Abuso da pessoa jurídica e desconsideração. In: MARTINS-COSTA, Judith (Org.). *A reconstrução do direito privado*: reflexos dos princípios, diretrizes e direitos fundamentais constitucionais no direito privado. São Paulo: RT, 2002. p. 727.

[62] Cf. COELHO, Fábio Ulhoa. *Comentários ao Código de Proteção do Consumidor*. Coordenador: Juarez de Oliveira. São Paulo: Saraiva, 1991. p. 142-143; RODRIGUES, Simone Gomes. Desconsideração da personalidade jurídica no Código de Defesa do Consumidor. *Revista de Direito do Consumidor*, São Paulo, n. 11, p. 18, jul.-set. 1994.

[63] Cf. MORAES, Márcio André Medeiros. *A desconsideração da personalidade jurídica no Código de Defesa do Consumidor*. São Paulo: LTr, 2002. p. 129.

[64] Cf. KRIGER FILHO, Domingos Afonso. Aspectos da desconsideração da personalidade societária na Lei do Consumidor. *Revista de Direito do Consumidor*, São Paulo, n. 13, p. 83, jan.-mar. 1995.

social significam descumprimentos de obrigações ali previstas. A segunda parte do art. 28, *caput*, do CDC também amplia a possibilidade de desconsideração, alcançando as hipóteses de falência, estado de insolvência, encerramento ou inatividade da pessoa jurídica provocados por má administração. A correta interpretação é no sentido de exigir a inadequada gestão dos administradores para todas as hipóteses arroladas nessa segunda parte do dispositivo[65], ou seja, alcançando a falência e o estado de insolvência[66], até porque a desconsideração é medida excepcional. Além disso, assim como a falência exige a existência da respectiva sentença declaratória, o mesmo deve ser observado quanto à insolvência[67], inclusive para que se evite tratamento diferenciado entre as modalidades de sociedades[68]. Conforme Márcio André Medeiros Moraes, a má administração é o erro do administrador na condução dos negócios da pessoa jurídica, não cumprindo as diretrizes fixadas pelas técnicas administrativas, deixando de fazer o que a ciência da administração recomenda, ou fazendo o que esta desaconselha[69].

Os §§ 2º a 4º do art. 28 do Código de Defesa do Consumidor estabelecem a extensão da responsabilidade para outras sociedades. Há, inclusive, entendimentos no sentido de que não se trata de desconsideração da personalidade jurídica propriamente, mas apenas extensão de responsabilidade para outras sociedades[70]. Mesmo assim, como ocorre a responsabilização de sociedade distinta, alcançando pessoa jurídica diversa daquela que praticou o dano, tratando-se de desconsideração da personalidade em seu sentido mais amplo[71].

De acordo com o § 2º do art. 28 do Código de Defesa do Consumidor, as sociedades integrantes dos grupos societários e as sociedades controladas respondem apenas de forma subsidiária. Ou seja, a responsabilidade principal é da sociedade do grupo ou controladora que causou o prejuízo, a quem se deve dirigir primeiramente; apenas na impossibilidade desta responder é que o consumidor pode cobrar a reparação do dano das sociedades mencionadas[72]. O grupo de sociedades é constituído pela sociedade controladora e suas controladas, mediante convenção pela qual se obrigam a combinar recursos ou esforços para a realização dos respectivos objetos, ou a participar de atividades ou empreendimentos comuns. A sociedade controladora, ou do comando do grupo, deve ser

---

[65] Cf. LOBO, Jorge. A desconsideração da personalidade jurídica no Código Nacional de Defesa do Consumidor. In: GUSMÃO, Paulo Dourado de; GLANZ, Semy (Coord.). *O direito na década de 1990: novos aspectos:* estudos em homenagem ao prof. Arnoldo Wald. São Paulo: RT, 1992. p. 61; RODRIGUES, Simone Gomes. Desconsideração da personalidade jurídica no Código de Defesa do Consumidor. *Revista de Direito do Consumidor*, São Paulo, n. 11, p. 18, jul.-set. 1994.

[66] Cf. ALVES, Alexandre Ferreira de Assumpção. A desconsideração da personalidade jurídica e o direito do consumidor: um estudo de direito civil constitucional. In: TEPEDINO, Gustavo (Coord.). *Problemas de direito civil-constitucional*. Rio de Janeiro: Renovar, 2000. p. 271.

[67] Cf. LOBO, Jorge. A desconsideração da personalidade jurídica no Código Nacional de Defesa do Consumidor. In: GUSMÃO, Paulo Dourado de; GLANZ, Semy (Coord.). *O direito na década de 1990: novos aspectos:* estudos em homenagem ao prof. Arnoldo Wald. São Paulo: RT, 1992. p. 59-60.

[68] Cf. ALVES, Alexandre Ferreira de Assumpção. A desconsideração da personalidade jurídica e o direito do consumidor: um estudo de direito civil constitucional. In: TEPEDINO, Gustavo (Coord.). *Problemas de direito civil-constitucional*. Rio de Janeiro: Renovar, 2000. p. 271.

[69] MORAES, Márcio André Medeiros. *A desconsideração da personalidade jurídica no Código de Defesa do Consumidor*. São Paulo: LTr, 2002. p. 145.

[70] Cf. COELHO, Fábio Ulhoa. *Comentários ao Código de Proteção do Consumidor*. Coordenador: Juarez de Oliveira. São Paulo: Saraiva, 1991. p. 144; SILVA, Alexandre Couto. Desconsideração da personalidade jurídica: limites para sua aplicação. *Revista dos Tribunais*, São Paulo, RT, ano 89, v. 780, p. 55, out. 2000.

[71] Cf. FREITAS, Elizabeth Cristina Campos Martins de. *Desconsideração da personalidade jurídica:* análise à luz do Código de Defesa do Consumidor e do novo Código Civil. São Paulo: Atlas, 2002. p. 174.

[72] Cf. LOBO, Jorge. A desconsideração da personalidade jurídica no Código Nacional de Defesa do Consumidor. In: GUSMÃO, Paulo Dourado de; GLANZ, Semy (Coord.). *O direito na década de 1990: novos aspectos:* estudos em homenagem ao prof. Arnoldo Wald. São Paulo: RT, 1992. p. 61; FREITAS, Elizabeth Cristina Campos Martins de. *Desconsideração da personalidade jurídica:* análise à luz do Código de Defesa do Consumidor e do novo Código Civil. São Paulo: Atlas, 2002. p. 176.

brasileira e exercer, direta ou indiretamente, e de modo permanente, o controle das sociedades filiadas, como titular de direitos de sócio e acionista, ou mediante acordo com outros sócios ou acionistas (art. 265 da Lei 6.404/1976, Lei das Sociedades Anônimas). No grupo de sociedades, verifica-se a regra de que cada sociedade conservará personalidade e patrimônios distintos (art. 266 da Lei 6.404/1976), o que pode ser excepcionado justamente por meio da desconsideração da personalidade jurídica. O Código Civil de 2002 versa sobre a sociedade controlada em seu art. 1.098. Mesmo nos grupos de fato, sem convenção registrada, observando-se a existência de sociedades controladora e controlada, com controle comum, em que a primeira é titular de direitos de sócio que lhe assegurem, de modo permanente, preponderância nas deliberações sociais e o poder de eleger a maioria dos administradores (art. 243, § 2º, da Lei das Sociedades Anônimas)[73], a situação encontra-se abrangida pela norma protetora do art. 28, § 2º, do Código de Defesa do Consumidor[74], que menciona expressamente os grupos societários e as sociedades controladas, devendo-se privilegiar a realidade dos fatos.

O § 3º do art. 28 do Código de Defesa do Consumidor estabelece a responsabilidade solidária das sociedades consorciadas. No caso em específico, diversamente do § 2º, não se verifica o benefício de ordem, por se tratar de responsabilidade solidária. O dispositivo apresenta inovação, pois o art. 278, § 1º, da Lei das Sociedades Anônimas, de forma bem diversa, restringe a responsabilidade de cada consorciada por suas obrigações, somente se obrigando nas condições previstas no respectivo contrato, "sem presunção de solidariedade", o que deixa de ser aplicado nas hipóteses de incidência do art. 28, § 3º, do Código de Defesa do Consumidor. Segundo o mencionado art. 278, *caput*, da Lei 6.404/1976, as sociedades podem constituir consórcio, sob o mesmo controle ou não, mediante contrato (art. 279 da Lei 6.404/1976), para executar determinado empreendimento.

O § 4º do art. 28 do Código de Defesa do Consumidor, versando sobre as sociedades coligadas, estabelece que estas só responderão por culpa. São coligadas as sociedades quando uma participa, com 10% ou mais, do capital de outra, sem controlá-la (art. 243, § 1º, da Lei das Sociedades Anônimas, e art. 1.099 do Código Civil de 2002)[75]. No caso, a empresa que causou o dano é quem responde, mas a responsabilização das sociedades coligadas depende da existência do elemento subjetivo. Essa responsabilidade da sociedade coligada é solidária, segundo aplicação dos arts. 7º, parágrafo único, e 25, § 1º, do Código de Defesa do Consumidor[76]. Quando uma sociedade participa do capital de outra, e também a controla, o que se pode verificar é a presença de controladora e controlada (art. 243, § 2º, da Lei das Sociedades Anônimas), deixando de ocorrer a mera coligação, tornando aplicável o § 2º do art. 28 do Código de Defesa do Consumidor.

O § 5º do art. 28 do Código de Defesa do Consumidor apresenta redação extremamente aberta, pois autoriza a desconsideração da personalidade jurídica quando esta for, de alguma forma, obstáculo ao ressarcimento de prejuízos causados aos consumidores. Como a desconsideração é exceção à regra da autonomia entre a pessoa jurídica e seus membros[77], o dispositivo em questão

---

[73] Cf. REQUIÃO, Rubens. *Curso de direito comercial*. 19. ed. São Paulo: Saraiva, 1993. v. 2, p. 219-220.
[74] Cf. FREITAS, Elizabeth Cristina Campos Martins de. *Desconsideração da personalidade jurídica*: análise à luz do Código de Defesa do Consumidor e do novo Código Civil. São Paulo: Atlas, 2002. p. 190-194; GUIMARÃES, Flávia Lefèvre. *Desconsideração da personalidade jurídica no Código do Consumidor*: aspectos processuais. São Paulo: Max Limonad, 1998. p. 76-77; MORAES, Márcio André Medeiros. *A desconsideração da personalidade jurídica no Código de Defesa do Consumidor*. São Paulo: LTr, 2002. p. 163.
[75] Cf. REQUIÃO, Rubens. *Curso de direito comercial*. 19. ed. São Paulo: Saraiva, 1993. v. 2, p. 219: "A falta de controle, como se vê, é que caracteriza a 'coligação de sociedades', permanecendo elas num mesmo plano horizontal, sem uma subordinar à outra seus interesses".
[76] Cf. GUIMARÃES, Flávia Lefèvre. *Desconsideração da personalidade jurídica no Código do Consumidor*: aspectos processuais. São Paulo: Max Limonad, 1998. p. 83.
[77] Cf. FREITAS, Elizabeth Cristina Campos Martins de. *Desconsideração da personalidade jurídica*: análise à luz do Código de Defesa do Consumidor e do novo Código Civil. São Paulo: Atlas, 2002. p. 209.

não deve ser interpretado isoladamente, mas de forma teleológica e sistemática, de acordo com os fundamentos da teoria em estudo, tendo em vista os critérios previstos no próprio *caput* do art. 28 do CDC[78], que, aliás, não se restringem aos tradicionais critérios de fraude e abuso no exercício da personalidade jurídica.

O § 1º do art. 28 do Código de Defesa do Consumidor foi vetado e apresentava a seguinte redação: "A pedido da parte interessada, o juiz determinará que a efetivação da responsabilidade da pessoa jurídica recaia sobre o acionista controlador, o sócio majoritário, os sócios-gerentes, os administradores societários e, no caso de grupo societário, as sociedades que o integram". No entender de Zelmo Denari, "por um equívoco remissivo, o veto recai sobre o § 1º quando, de modo coerente, deveria versar seu § 5º", o qual apresenta "excessivo rigor" e despreza "os pressupostos da fraude e do abuso de direito previstos no *caput* do art. 28"[79]. Mesmo assim, segundo o direito positivo, o veto incidiu, efetivamente, sobre o § 1º do art. 28 do CDC, não se verificando qualquer retificação legislativa a respeito. Diante disso, havendo a desconsideração da personalidade jurídica, cabe analisar quem será alcançado pela responsabilidade. Como é natural, aquele que provocou o abuso de direito, o excesso de poder, praticou a infração da lei, fato ou ato ilícito ou violou os estatutos ou contrato social, deverá responder. A questão que surge é quanto aos demais componentes da sociedade. O controlador, justamente por ter o comando da empresa, também é alcançado pela responsabilidade na desconsideração da pessoa jurídica[80]. Segundo doutrina João Casillo: "No caso de 'superamento', que é uma exceção, quando ocorra, deve-se permitir que todos aqueles que se esconderam sob o manto da pessoa jurídica arquem com as consequências do ato ilícito ou abusivo"[81]. Na realidade, tratando-se de desconsideração da pessoa jurídica, pode-se defender que os seus integrantes beneficiados (direta ou indiretamente) pelo abuso são alcançados pela responsabilização. Com o levantamento do véu da personalidade jurídica, aqueles que se encontravam encobertos são atingidos, o que significa justamente os referidos componentes (beneficiados pelo abuso) da pessoa jurídica que causou prejuízos.

Em caso de *abuso da personalidade jurídica*, caracterizado pelo desvio de finalidade ou pela confusão patrimonial, pode o juiz, a requerimento da parte, ou do Ministério Público quando lhe couber intervir no processo, desconsiderá-la para que os efeitos de certas e determinadas relações de obrigações sejam estendidos aos bens particulares de administradores ou de sócios da pessoa jurídica beneficiados direta ou indiretamente pelo abuso (art. 50 do Código Civil, com redação dada pela Lei 13.874/2019).

Portanto, o abuso de personalidade jurídica é gênero que abrange o desvio de finalidade e a confusão patrimonial, os quais autorizam a desconsideração da personalidade jurídica. Por meio desta, os efeitos de certas obrigações da pessoa jurídica podem alcançar os bens particulares de seus administradores ou sócios que tenham sido beneficiados, direta ou indiretamente, pelo abuso.

Para os fins do disposto no art. 50 do Código Civil, *desvio de finalidade* é a utilização da pessoa jurídica com o propósito de lesar credores e para a prática de atos ilícitos de qualquer natureza (art. 50, § 1º, do Código Civil, incluído pela Lei 13.874/2019).

Entende-se por *confusão patrimonial* a ausência de separação de fato entre os patrimônios, caracterizada por: I – cumprimento repetitivo pela sociedade de obrigações do sócio ou do adminis-

---

[78] Cf. RODRIGUES, Simone Gomes. Desconsideração da personalidade jurídica no Código de Defesa do Consumidor. *Revista de Direito do Consumidor*, São Paulo, n. 11, p. 19, jul.-set. 1994.
[79] DENARI, Zelmo. *Código brasileiro de defesa do consumidor*: comentado pelos autores do anteprojeto. 5. ed. Rio de Janeiro: Forense Universitária, 1998. p. 196.
[80] Cf. MORAES, Márcio André Medeiros. *A desconsideração da personalidade jurídica no Código de Defesa do Consumidor*. São Paulo, LTr, 2002. p. 149-150.
[81] CASILLO, João. Desconsideração da pessoa jurídica. *Revista dos Tribunais*, São Paulo, RT, ano 68, v. 528, p. 37, out. 1979.

trador ou vice-versa; II – transferência de ativos ou de passivos sem efetivas contraprestações, exceto os de valor proporcionalmente insignificante; III – outros atos de descumprimento da autonomia patrimonial (art. 50, § 2º, do Código Civil, incluído pela Lei 13.874/2019).

O disposto no art. 50, *caput* e §§ 1º e 2º, do Código Civil também se aplica à extensão das obrigações de sócios ou de administradores à pessoa jurídica (art. 50, § 3º, do Código Civil, incluído pela Lei 13.874/2019). Trata-se da chamada *desconsideração inversa da personalidade jurídica*, em que os efeitos de certas obrigações de pessoas que são administradores ou sócios podem alcançar os bens da pessoa jurídica que tenha sido beneficiada direta ou indiretamente pelo abuso.

Ressalte-se que a mera existência de grupo econômico sem a presença dos requisitos de que trata o art. 50 do Código Civil não autoriza a desconsideração da personalidade da pessoa jurídica (art. 50, § 4º, do Código Civil, incluído pela Lei 13.874/2019).

Além disso, não constitui desvio de finalidade a mera expansão ou a alteração da finalidade original da atividade econômica específica da pessoa jurídica (art. 50, § 5º, do Código Civil, incluído pela Lei 13.874/2019). Nessas hipóteses, portanto, não há abuso da personalidade jurídica que justifique a mencionada desconsideração.

Observa-se que o fundamento para a desconsideração da personalidade jurídica é o abuso do exercício da personalidade jurídica, compreendendo o desvio de finalidade e a confusão patrimonial. O mencionado desvio liga-se às finalidades sociais e econômicas da pessoa jurídica, não se restringindo aos objetivos constantes de seus atos constitutivos[82].

A confusão entre os patrimônios da pessoa jurídica e de seus membros também autoriza a desconsideração, o que pode ocorrer, por exemplo, quando o acionista controlador possui o domínio absoluto da sociedade, de forma que o seu patrimônio se confunde com o da sociedade que dirige[83]. Segundo destaca Fábio Konder Comparato: "A confusão patrimonial entre controlador e sociedade controlada é, portanto, o critério fundamental para a desconsideração da personalidade jurídica *externa corporis*"[84]. Além disso, em sociedades fictícias, em que, na realidade, ocorre o exercício individual do comércio, mas com a constituição meramente formal da pessoa jurídica, apenas para fins de limitação de responsabilidade, causando prejuízos a terceiros, também é possível a desconsideração da personalidade jurídica[85].

O referido dispositivo, de forma correta, evidencia que a desconsideração da personalidade jurídica restringe-se a certos efeitos de determinadas obrigações, derivadas de abuso no exercício da personalidade, sem a extinção da pessoa jurídica, e sem atingir o normal desenvolvimento de outros atos e negócios não envolvidos no caso concreto.

Pode-se aplicar a desconsideração da personalidade jurídica em sua modalidade inversa, ou seja, em obrigação do sócio, por meio da superação da sua pessoa, permitindo-se alcançar os bens da sociedade[86], com nítidas vantagens em relação à penhora de quotas[87]. Como destaca Flávia Lefèvre Guimarães: "É claro que o fato de se constituir sociedade, passando para ela os bens particulares de um ou de todos os sócios, com a evidente intenção de deixar de responder por obrigações

---

[82] Cf. FREITAS, Elizabeth Cristina Campos Martins de. *Desconsideração da personalidade jurídica*: análise à luz do Código de Defesa do Consumidor e do novo Código Civil. São Paulo: Atlas, 2002. p. 267.
[83] Cf. ALMEIDA, Amador Paes de. *Execução de bens dos sócios*: obrigações mercantis, tributárias, trabalhistas: da desconsideração da personalidade jurídica (doutrina e jurisprudência). 7. ed. São Paulo: Saraiva, 2004. p. 199-200.
[84] COMPARATO, Fábio Konder. *O poder de controle na sociedade anônima*. São Paulo: RT, 1976. p. 362.
[85] Cf. SALOMÃO FILHO, Calixto. A teoria da desconsideração da personalidade jurídica. In: *O novo direito societário*. 2. ed. São Paulo: Malheiros, 2002. p. 197; COELHO, Fábio Ulhoa. Teoria da desconsideração da personalidade jurídica e o devido processo legal. *Repertório IOB de Jurisprudência*, n. 2, caderno 3, p. 46, 2ª quinzena jan. 2000.
[86] Cf. LOPES, João Batista. Desconsideração da personalidade jurídica no novo Código Civil. *Revista dos Tribunais*, São Paulo, RT, ano 92, v. 818, p. 44, dez. 2003.
[87] Cf. SALOMÃO FILHO, Calixto. A teoria da desconsideração da personalidade jurídica. In: *O novo direito societário*. 2. ed. São Paulo: Malheiros, 2002. p. 189-190.

(contratuais ou não), criando-se com isto confusão patrimonial, contraria a finalidade social da personalidade jurídica"[88].

O Ministério Público, figurando na condição de autor, ou de *custos legis* (fiscal da ordem jurídica), pode requerer a desconsideração da personalidade jurídica[89].

Tendo em vista que a "disregard doctrine" apenas desconsidera a personalidade jurídica quanto a determinados efeitos no caso concreto, sem se confundir com a sua anulação ou desconstituição, sua aplicação não exige o ajuizamento de ação específica[90], podendo ser objeto de demonstração incidental, no processo já existente, sem a necessidade de processo autônomo para a medida[91], o que inclui a possibilidade de desconsideração no processo de execução ou no processo falimentar[92]. Mesmo assim, deve-se observar o contraditório e a ampla defesa, conforme o art. 5º, inciso LV, da Constituição Federal.

Como se pôde observar, há certa diversidade na regulamentação da matéria pelo Código Civil de 2002, quando comparado com o Código de Defesa do Consumidor, que apresenta disposições mais amplas a respeito. Isto pode ser explicado pela diferença quanto à natureza da relação jurídica envolvida, mais especificamente pela diversidade da condição dos credores. Quanto aos credores que apresentam condições de verificar a situação econômica do devedor, podendo analisar e negociar eventuais riscos, a tendência é a aplicação mais restritiva da desconsideração da personalidade jurídica ("credores profissionais ou institucionais")[93]. Já quanto aos credores sem possibilidade de negociação com a sociedade, não podendo obter, de forma efetiva, informações sobre sua situação econômica, mostra-se mais adequada a aplicação mais ampla e aberta da desconsideração da personalidade jurídica, *como ocorre com os empregados da sociedade* e os consumidores[94].

A Lei Complementar 182/2021 institui o marco legal das startups e do empreendedorismo inovador.

São enquadradas como startups as organizações empresariais ou societárias, nascentes ou em operação recente, cuja atuação caracteriza-se pela inovação aplicada a modelo de negócios ou a produtos ou serviços ofertados (art. 4º da Lei Complementar 182/2021).

As *startups* podem admitir aporte de capital por pessoa física ou jurídica, que pode resultar ou não em participação no capital social da startup, a depender da modalidade de investimento escolhida pelas partes (art. 5º da Lei Complementar 182/2021).

Considera-se "investidor-anjo" o investidor (pessoa física ou jurídica) que não é considerado sócio nem tem qualquer direito a gerência ou a voto na administração da empresa, não responde por qualquer obrigação da empresa e é remunerado por seus aportes (art. 2º, inciso I, da Lei Complementar 182/2021).

---

[88] GUIMARÃES, Flávia Lefèvre. *Desconsideração da personalidade jurídica no Código do Consumidor*: aspectos processuais. São Paulo: Max Limonad, 1998. p. 45.

[89] Cf. PIERRI, Deborah. Desconsideração da personalidade jurídica no Novo Código Civil e o papel do Ministério Público. In: REIS, Selma Negrão Pereira dos (Coord.); Organização: Oliveira, Rogério Alvarez de; Franco, Eloísa Virgili Canci (Org.). *Questões de direito civil e o novo Código*. São Paulo: Ministério Público. Procuradoria-Geral de Justiça: Imprensa Oficial do Estado de São Paulo, 2004. p. 163-164.

[90] Cf. DIREITO, Carlos Alberto Menezes. A desconsideração da personalidade jurídica. In: Arruda Alvim; CERQUEIRA CÉSAR, Joaquim Portes de; ROSAS, Roberto (Coord.). *Aspectos controvertidos do novo Código Civil*: escritos em homenagem ao Ministro José Carlos Moreira Alves. São Paulo: RT, 2003. p. 92.

[91] Cf. SALOMÃO FILHO, Calixto. A teoria da desconsideração da personalidade jurídica. *O novo direito societário*. 2. ed. São Paulo: Malheiros, 2002. p. 204.

[92] Cf. LOPES, João Batista. Desconsideração da personalidade jurídica no novo Código Civil. *Revista dos Tribunais*, São Paulo, RT, ano 92, v. 818, p. 44, dez. 2003.

[93] SALOMÃO FILHO, Calixto. A teoria da desconsideração da personalidade jurídica. *O novo direito societário*. 2. ed. São Paulo: Malheiros, 2002. p. 211-213.

[94] Cf. SALOMÃO FILHO, Calixto. A teoria da desconsideração da personalidade jurídica. *O novo direito societário*. 2. ed. São Paulo: Malheiros, 2002. p. 211-213.

O investidor que realizar o aporte de capital a que se refere o art. 5º da Lei Complementar 182/2021: I – não será considerado sócio ou acionista nem possuirá direito a gerência ou a voto na administração da empresa, conforme pactuação contratual; II – não responderá por qualquer dívida da empresa, inclusive em recuperação judicial, e a ele não se estenderá o disposto no art. 50 do Código Civil, no art. 855-A da CLT, nos arts. 124, 134 e 135 do Código Tributário Nacional, e em outras disposições atinentes à desconsideração da personalidade jurídica existentes na legislação vigente (art. 8º da Lei Complementar 182/2021).

As disposições do inciso II do art. 5º da Lei Complementar 182/2021 não se aplicam às hipóteses de dolo, de fraude ou de simulação com o envolvimento do investidor. Logo, nessas situações excepcionais, aplicam-se as previsões relativas à desconsideração da personalidade jurídica.

Em consonância com o art. 10-A da CLT, acrescentado pela Lei 13.467/2017, o *sócio retirante* responde *subsidiariamente* pelas obrigações trabalhistas da sociedade relativas ao período em que figurou como sócio, somente em ações ajuizadas até dois anos depois de averbada a modificação do contrato, observada a seguinte *ordem de preferência*: I – a empresa devedora; II – os sócios atuais; e III – os sócios retirantes.

Trata-se, no caso, de regra específica de *responsabilidade patrimonial* na esfera trabalhista, estabelecida na CLT.

Em termos processuais, entende-se necessária a instauração do *incidente de desconsideração da personalidade jurídica* (art. 855-A da CLT e arts. 133 a 137 do CPC), em respeito ao contraditório, à ampla defesa e ao devido processo legal (art. 5º, incisos LIV e LV, da Constituição Federal de 1988).

A responsabilidade *subsidiária* do sócio retirante apenas incide no prazo de dois anos depois da averbação da modificação do contrato social. Essa limitação temporal leva em consideração o disposto nos arts. 1.003, parágrafo único, e 1.032 do Código Civil[95].

O referido prazo de dois anos deve ser contado a partir da averbação da modificação do contrato social até o ajuizamento da ação trabalhista.

O sócio retirante responde *solidariamente* com os demais quando ficar comprovada *fraude* na alteração societária decorrente da modificação do contrato (art. 10-A, parágrafo único, da CLT, incluído pela Lei 13.467/2017).

Na fraude o sujeito utiliza-se de subterfúgio formal e aparentemente lícito, mas, na realidade, para alcançar um fim ilícito, ou seja, que contraria o sistema jurídico. A fraude, assim, significa conduta de alguém que, para burlar a lei, fugir da sua incidência ou descumprir um dever jurídico, usa de procedimento aparentemente lícito, causando prejuízo a terceiros[96].

Nesse enfoque, são considerados nulos de pleno direito os atos praticados com o objetivo de desvirtuar, impedir ou fraudar a aplicação dos preceitos contidos na legislação trabalhista (art. 9º da CLT).

No caso em questão, isso pode ocorrer se o sócio se retirar da sociedade apenas com o objetivo de deixá-la sem qualquer patrimônio que possa adimplir os créditos trabalhistas. A fraude, entretanto, não se presume, devendo ser demonstrada. Caracterizada a fraude na modificação societária, impõe-se a responsabilidade solidária do sócio retirante, o que está em harmonia com o art. 942 do Código Civil.

---

[95] "Retirada dos sócios. Responsabilidade inexistente. Inexiste na hipótese a responsabilidade pelos créditos do exequente da parte incluída na execução na condição de ex-sócio da empresa executada, pois a sua retirada formal e regular da sociedade ocorreu mais de dois anos antes do ajuizamento da ação. Nos termos do artigo 1.032 do Código Civil, o ex-sócio só pode ser chamado a responder por débitos da sociedade, a depender de sua natureza, até dois anos após retirar-se do empreendimento ou da formalização de sua saída com averbação na Junta Comercial" (TRT da 3ª Região, 9ª T., AP-010413-97.2014.5.03.0026, Rel. Des. João Bosco Pinto Lara, *DJE* 19.04.2016).

[96] Cf. RODRIGUES, Silvio. *Direito civil*: parte geral. 28. ed. São Paulo: Saraiva, 1998. v. 1, p. 226.

11.4.3 Cartórios notariais e de registro (extrajudiciais)

Os cartórios notariais e de registro são também conhecidos como cartórios não oficializados, distinguindo-se dos cartórios judiciais. Nestes últimos, por tratar-se de serventias judiciais, subordinadas ao Poder Judiciário, os seus servidores são, normalmente, estatutários[97].

Já quanto aos cartórios notariais e de registro, cabe destacar o art. 236, *caput*, da Constituição Federal de 1988, de acordo com o qual: "Os serviços notariais e de registro são exercidos em caráter privado, por delegação do Poder Público"[98]. A Lei 8.935, de 18 de novembro de 1994, regulamentando o preceito constitucional, dispõe sobre serviços notariais e de registro[99].

Desse modo, os notários, registradores e tabeliães são entendidos como agentes públicos delegados, ou seja, particulares que exercem um serviço público em conformidade com as normas do Estado, sob a fiscalização do Poder Público[100].

Os titulares dos referidos cartórios não judiciais, no exercício da delegação estatal, podem contratar trabalhadores para auxiliar no exercício da atividade objeto da delegação estatal. Nesse caso, o entendimento é de que o titular do cartório notarial ou de registro se equipara ao empregador (art. 2º, § 1º, da CLT), para fins da relação jurídica estabelecida com os seus empregados[101].

Efetivamente, de acordo com o art. 20 da Lei 8.935/1994: "Os notários e os oficiais de registro poderão, para o desempenho de suas funções, contratar escreventes, dentre eles escolhendo os substitutos, e auxiliares como empregados, com remuneração livremente ajustada e sob o regime da legislação do trabalho".

Como se nota, restou confirmado o regime jurídico trabalhista, conforme a CLT, para os empregados de cartórios notariais e de registro.

Mesmo assim, quanto aos escreventes e auxiliares que já se encontravam prestando serviços nos cartórios não oficializados quando do advento da Lei 8.935/1994, cabe destacar as seguintes disposições transitórias:

"Art. 48. Os notários e os oficiais de registro poderão contratar, segundo a legislação trabalhista, seus atuais escreventes e auxiliares de investidura estatutária ou em regime especial desde que estes aceitem a transformação de seu regime jurídico, em opção expressa, no prazo improrrogável de trinta dias, contados da publicação desta lei.

§ 1º Ocorrendo opção, o tempo de serviço prestado será integralmente considerado, para todos os efeitos de direito.

§ 2º Não ocorrendo opção, os escreventes e auxiliares de investidura estatutária ou em regime especial continuarão regidos pelas normas aplicáveis aos funcionários públicos ou pelas editadas

---

[97] Cf. art. 31 do ADCT: "Serão estatizadas as serventias do foro judicial, assim definidas em lei, respeitados os direitos dos atuais titulares".

[98] Cf. art. 32 do ADCT: "O disposto no art. 236 não se aplica aos serviços notariais e de registro que já tenham sido oficializados pelo Poder Público, respeitando-se o direito de seus servidores".

[99] "Agravo de instrumento. Recurso de revista. Cartório extrajudicial. Ilegitimidade passiva *ad causam*. Provido. Esta Corte Superior já sedimentou o entendimento de que os cartórios extrajudiciais não detêm legitimidade para figurar no polo passivo da reclamação trabalhista, uma vez que são destituídos de personalidade jurídica, respondendo os Tabeliães, de forma direta e pessoal, pelas verbas trabalhistas inadimplidas. Assim, ante a possível violação aos arts. 20 e 22 da Lei n. 8.935/94, deve ser provido o agravo de instrumento para uma apreciação mais detida da matéria em sede de recurso de revista. Agravo de instrumento provido. Recurso de revista. Cartório extrajudicial. Ilegitimidade passiva *ad causam*. Conhecido e provido. Os cartórios extrajudiciais não detêm legitimidade para figurar no polo passivo da demanda, uma vez que são destituídos de personalidade jurídica. Assim, devem os Tabeliões responder, de forma direta e pessoal, pelos atos praticados no exercício da titularidade da serventia, inclusive no que concerne a eventuais verbas trabalhistas inadimplidas. Precedentes. Recurso de revista conhecido e provido" (TST, 5ª T., RR 27600-28.2007.5.01.0024, Rel. Des. Conv. José Rêgo Júnior, *DEJT* 13.11.2015).

[100] Cf. MEIRELLES, Hely Lopes. *Direito administrativo brasileiro*. 26. ed. São Paulo: Malheiros, 2001. p. 75.

[101] Cf. BARROS, Alice Monteiro de. *Curso de direito do trabalho*. 2. ed. São Paulo: LTr, 2006. p. 357.

pelo Tribunal de Justiça respectivo, vedadas novas admissões por qualquer desses regimes, a partir da publicação desta lei".

Observados esses aspectos, cabe fazer menção à controvérsia existente quanto à aplicabilidade da sucessão trabalhista na hipótese de alteração da titularidade do cartório não oficializado.

Há entendimento de que o titular do cartório extrajudicial, por se equiparar ao empregador na contratação de empregados, corre o risco da atividade exercida, de modo que os arts. 10 e 448 da CLT incidem havendo mudança de titularidade, por se tratar de transferência da unidade econômico-jurídica, resguardando-se os direitos dos empregados contratados anteriormente. Nesse sentido tem-se a seguinte decisão:

"Recurso de revista. Mudança da titularidade de cartório extrajudicial. Sucessão trabalhista.

1. A sucessão de empresas, nos termos dos arts. 10 e 448 da CLT, não afeta os contratos de trabalho nem os direitos adquiridos dos empregados. Isso implica dizer que o sucessor responde, inclusive, pelos contratos de trabalho já extintos no momento da sucessão, ou seja, por débitos exigidos por Reclamante que nunca lhe prestou serviços.

2. No caso de mudança da titularidade dos cartórios extrajudiciais, havendo a transferência da unidade econômico-jurídica que integra o estabelecimento, além da continuidade na prestação dos serviços, resta caracterizada a sucessão trabalhista nos mesmos moldes da sucessão de empresas, de sorte que o tabelião sucessor é o responsável pelos débitos trabalhistas.

3. Nesse contexto, merece reforma o acórdão regional que deu provimento ao apelo obreiro para reconhecer a responsabilidade trabalhista do anterior titular do cartório" (TST, 4ª T., RR 474/2003-107-03-00.9, Rel. Min. Ives Gandra Martins Filho, *DJ* 08.09.2006).

No entanto, pode-se defender tese distinta. O titular do cartório notarial ou de registro, para ingressar nessa atividade, depende de aprovação, em concurso público, de provas e títulos (art. 236, § 3º, da CF/1988). Desse modo, na mudança de titularidade do cartório não se verifica propriamente aquisição, cessão, transação comercial ou civil, ou mesmo transferência de titularidade da empresa ou de atividade econômica organizada. Tanto é assim que o novo titular do cartório, após a necessária aprovação em concurso público, assume a delegação para o exercício da atividade notarial e de registro (art. 14 da Lei 8.935/1994), mas não recebe o patrimônio do antigo titular. Por isso, referida corrente entende não ser aplicável a sucessão trabalhista ao caso, tal como prevista nos arts. 10 e 448, afastando a responsabilidade do atual titular do cartório quanto aos débitos decorrentes dos contratos de trabalho mantidos com o antigo empregador. Nessa linha, cabe transcrever a seguinte decisão:

"Sucessão trabalhista. Titular de cartório. Contrato de emprego extinto. Ausência de prestação de serviços.

1. Os contratos de trabalho executados em favor da serventia extrajudicial são firmados diretamente com a pessoa do titular do cartório.

2. Excetuada a continuidade do labor em prol do novo titular, cumpre a cada titular de cartório responsabilizar-se pelas obrigações derivantes das respectivas rescisão de contrato de trabalho. (*sic*)

3. Incontroversa a ausência de prestação de serviços ao novo titular do cartório, provido mediante aprovação em concurso público, não se caracteriza sucessão trabalhista, sob pena de a assunção do passivo trabalhista contraído do antigo titular constituir imenso desestímulo à participação no certame.

4. Recurso de revista não conhecido" (TST, 1ª T., RR 547/2004-015-10-00.1, Rel. Min. João Oreste Dalazen, *DJ* 09.06.2006).

De todo modo, de acordo com a atual jurisprudência do TST, a sucessão trabalhista em caso de mudança de titularidade de cartório extrajudicial ocorre quando, além da transferência da unidade econômico-jurídica, houver a continuidade na prestação de serviços em favor do titular sucessor.

Nesse sentido, cabe destacar os seguintes julgados:

"Recurso de revista. [...] Mudança de titularidade de cartório extrajudicial. Ausência de sucessão trabalhista. Não continuidade da reclamante no cartório. Responsabilidade do titular anterior do cartório. A jurisprudência iterativa desta Corte é no sentido de que a mudança de titularidade de cartório extrajudicial somente pode ocasionar a sucessão trabalhista quando haja continuidade na prestação de serviços em prol do titular sucessor, o que não ocorreu no caso. Assim, sendo incontroversa a ausência de prestação de serviços ao novo titular do cartório, não há sucessão trabalhista. Precedentes. Recurso de revista a que se dá provimento [...]" (TST, 6ª T., RR 77700-29.2005.5.15.0036, Rel. Min. Kátia Magalhães Arruda, *DEJT* 09.10.2015).

"Recurso de revista. Mudança de titularidade de cartório extrajudicial. Responsabilidade. Sucessão trabalhista. Recurso interposto antes da Lei n. 13.015/2014. I – Nos termos da jurisprudência do TST, a sucessão de empregadores, no caso de cartório extrajudicial, opera-se quando, além da transferência da unidade econômico-jurídica que integra o estabelecimento, não haja solução de continuidade na prestação dos serviços. Considerando que, na hipótese, houve mudança de titularidade do cartório e a reclamante continuou prestando seus serviços ao novo titular, não há como afastar a sucessão. [...] Recurso de revista não conhecido" (TST, 5ª T., RR 214-44.2012.5.04.0871, Rel. Min. Maria Helena Mallmann, *DEJT* 26.06.2015).

11.5 ENTIDADES DE PRÁTICA DESPORTIVA

As entidades de prática desportiva e as entidades de administração do desporto são pessoas jurídicas de direito privado, com organização e funcionamento autônomos, e têm as competências definidas em seus estatutos ou contratos sociais (art. 16 da Lei 9.615/1998).

A entidade de prática desportiva é o empregador no contrato de trabalho do atleta profissional (art. 3º, § 1º, inciso I, da Lei 9.615/1998). Cf. Capítulo 8, item 8.13.4.

Em se tratando de atividade profissional de futebol, a entidade de prática desportiva, quanto à forma jurídica adotada, pode ser: associação civil dedicada ao fomento e à prática do futebol (clube); sociedade empresarial dedicada ao fomento e à prática do futebol (pessoa jurídica original); ou sociedade anônima do futebol (art. 1º da Lei 14.193/2021).

A entidade de administração é a confederação, federação ou liga, com previsão na Lei 9.615/1998, que administra, dirige, regulamenta ou organiza competição profissional de futebol (art. 1º, § 1º, inciso III, da Lei 14.193/2021).

Constitui sociedade anônima do futebol a companhia cuja atividade principal consiste na prática do futebol, feminino e masculino, em competição profissional, sujeita às regras específicas da Lei 14.193/2021 e, subsidiariamente, às disposições da Lei 6.404/1976 e da Lei 9.615/1998. A sociedade anônima do futebol é uma entidade de prática desportiva (art. 1º, § 4º, da Lei 14.193/2021).

O objeto social da sociedade anônima do futebol pode compreender as seguintes atividades: I – o fomento e o desenvolvimento de atividades relacionadas com a prática do futebol, obrigatoriamente nas suas modalidades feminino e masculino; II – a formação de atleta profissional de futebol, nas modalidades feminino e masculino, e a obtenção de receitas decorrentes da transação dos seus direitos desportivos; III – a exploração, sob qualquer forma, dos direitos de propriedade intelectual de sua titularidade ou dos quais seja cessionária, incluídos os cedidos pelo clube ou pessoa jurídica original que a constituiu; IV – a exploração de direitos de propriedade intelectual de terceiros, relacionados ao futebol; V – a exploração econômica de ativos, inclusive imobiliários, sobre os quais detenha direitos; VI – quaisquer outras atividades conexas ao futebol e ao patrimônio da sociedade anônima do futebol, incluída a organização de espetáculos esportivos, sociais ou culturais; VII – a participação em outra sociedade, como sócio ou acionista, no território nacional, cujo objeto seja uma ou mais das atividades mencionadas nos incisos acima, com exceção do inciso II (art. 1º, § 2º, da Lei 14.193/2021).

Clube é a associação civil, regida pelo Código Civil, dedicada ao fomento e à prática do futebol. Pessoa jurídica original é a sociedade empresarial dedicada ao fomento e à prática do futebol (art. 1º, § 1º, incisos I e II, da Lei 14.193/2021).

A sociedade anônima do futebol pode ser constituída: I – pela transformação do clube ou pessoa jurídica original em sociedade anônima do futebol; II – pela cisão do departamento de futebol do clube ou pessoa jurídica original e transferência do seu patrimônio relacionado à atividade futebol; III – pela iniciativa de pessoa natural ou jurídica ou de fundo de investimento (art. 2º da Lei 14.193/2021).

Nas hipóteses dos incisos I e II do art. 2º da Lei 14.193/2021 (transformação e cisão): I – a sociedade anônima do futebol sucede obrigatoriamente o clube ou pessoa jurídica original nas relações com as entidades de administração, bem como nas relações contratuais, de qualquer natureza, com atletas profissionais do futebol; II – a sociedade anônima do futebol tem o direito de participar de campeonatos, copas ou torneios em substituição ao clube ou pessoa jurídica original, nas mesmas condições em que se encontravam no momento da sucessão, competindo às entidades de administração a devida substituição sem quaisquer prejuízos de ordem desportiva (art. 2º, § 1º, da Lei 14.193/2021).

Nos referidos casos, ocorre a sucessão do clube ou pessoa jurídica original pela sociedade anônima do futebol constituída.

Na hipótese do inciso II do art. 2º da Lei 14.193/2021 (cisão): I – os direitos e deveres decorrentes de relações, de qualquer natureza, estabelecidos com o clube, pessoa jurídica original e entidades de administração, inclusive direitos de participação em competições profissionais, bem como contratos de trabalho, de uso de imagem ou quaisquer outros contratos vinculados à atividade do futebol devem ser obrigatoriamente transferidos à sociedade anônima do futebol; II – o clube ou pessoa jurídica original e a sociedade anônima do futebol devem contratar, na data de constituição desta, a utilização e o pagamento de remuneração decorrente da exploração pela sociedade anônima do futebol de direitos de propriedade intelectual de titularidade do clube ou pessoa jurídica original; III – os bens e direitos devem ser transferidos à sociedade anônima do futebol em definitivo ou a termo, conforme estabelecido em contrato; IV – a transferência dos direitos e do patrimônio para a sociedade anônima do futebol independe de autorização ou consentimento de credores ou partes interessadas, inclusive aqueles de natureza pública, salvo se disposto de modo diverso em contrato ou outro negócio jurídico; V – se as instalações desportivas, como estádio, arena e centro de treinamento, não forem transferidas para a sociedade anônima do futebol, o clube ou pessoa jurídica original e a sociedade anônima do futebol deverão celebrar, na data de constituição desta, contrato no qual se estabelecerão as condições para utilização das instalações; VI – o clube ou pessoa jurídica original não pode participar, direta ou indiretamente, de competições profissionais do futebol, sendo a participação prerrogativa da sociedade anônima do futebol por ele constituída; VII – a sociedade anônima do futebol deve emitir obrigatoriamente ações ordinárias da classe A para subscrição exclusivamente pelo clube ou pessoa jurídica original que a constituiu (art. 2º, § 2º, da Lei 14.193/2021).

No mencionado caso, a sociedade anônima do futebol é constituída pela cisão do departamento de futebol do clube ou pessoa jurídica original e transferência do seu patrimônio relacionado à atividade futebol, e o clube ou pessoa jurídica original continua existindo legalmente, não sendo extinto com a constituição daquela.

11.5.1 Sucessão e responsabilidade

Nas hipóteses em que a sociedade anônima do futebol é constituída pela transformação do clube ou pessoa jurídica original, ou pela cisão do departamento de futebol do clube ou pessoa jurídica original e transferência do seu patrimônio relacionado à atividade futebol, a sociedade anônima do futebol sucede o clube ou pessoa jurídica original nas relações contratuais com atletas profissionais do futebol (art. 2º, § 1º, inciso I, da Lei 14.193/2021).

Tendo em vista a referida sucessão, a sociedade anônima do futebol, como sucessora, passa a ser a empregadora nos contratos de trabalho dos atletas profissionais.

De acordo com o art. 9º da Lei 14.193/2021, a sociedade anônima do futebol não responde pelas obrigações do clube ou pessoa jurídica original que a constituiu, anteriores ou posteriores à data de sua constituição, exceto quanto às atividades específicas do seu objeto social (art. 1º, § 2º, da Lei 14.193/2021), e responde pelas obrigações que lhe forem transferidas conforme disposto no art. 2º, § 2º, da Lei 14.193/2021[102], cujo pagamento aos credores deve se limitar à forma estabelecida no art. 10 da Lei 14.193/2021. Em relação à dívida trabalhista, integram o rol dos mencionados credores os atletas, membros da comissão técnica e funcionários cuja atividade principal seja vinculada diretamente ao departamento de futebol (art. 9º, parágrafo único, da Lei 14.193/2021).

Segundo a disciplina própria da Lei 14.193/2021, a responsabilidade da sociedade anônima do futebol (sucessora) pelos débitos trabalhistas do clube ou pessoa jurídica original que a constituiu (sucedido), anteriores à data da constituição daquela, limita-se às receitas a serem transferidas pela sociedade anônima do futebol ao clube ou pessoa jurídica original, ou seja, aos repasses financeiros estabelecidos no art. 10 da Lei 14.193/2021. Por se tratar de regra especial, afasta-se a aplicação da norma geral prevista no art. 448-A da CLT.

O clube ou pessoa jurídica original é responsável pelo pagamento das obrigações anteriores à constituição da sociedade anônima do futebol, por meio de receitas próprias e das seguintes receitas que lhe serão transferidas pela sociedade anônima do futebol, quando constituída, exclusivamente: I – por destinação de 20% das receitas correntes mensais auferidas pela sociedade anônima do futebol, conforme plano aprovado pelos credores, nos termos do inciso I do art. 13 da Lei 14.193/2021 (sobre concurso de credores e regime centralizado de execuções); II – por destinação de 50% dos dividendos, dos juros sobre o capital próprio ou de outra remuneração recebida desta, na condição de acionista (art. 10 da Lei 14.193/2021).

Sem prejuízo das disposições relativas à responsabilidade dos dirigentes previstas no art. 18-B da Lei 9.615/1998 (incluído pela Lei 14.073/2020)[103], os administradores da sociedade anônima do futebol respondem pessoal e solidariamente pelas obrigações relativas aos repasses financeiros definidos no art. 10 da Lei 14.193/2021, assim como respondem, pessoal e solidariamente, o presidente do clube ou os sócios administradores da pessoa jurídica original pelo pagamento aos credores dos valores que forem transferidos pela sociedade anônima do futebol, conforme estabelecido na Lei 14.193/2021 (art. 11 da Lei 14.193/2021).

Enquanto a sociedade anônima do futebol cumprir os pagamentos previstos nos arts. 9º a 11 da Lei 14.193/2021, é vedada qualquer forma de constrição ao patrimônio ou às receitas, por penhora ou ordem de bloqueio de valores de qualquer natureza ou espécie sobre as suas receitas, em relação às obrigações anteriores à constituição da sociedade anônima do futebol (art. 12 da Lei 14.193/2021).

O clube ou pessoa jurídica original pode efetuar o pagamento das obrigações diretamente aos seus credores, ou a seu exclusivo critério: I – pelo concurso de credores, por intermédio do regime centralizado de execuções previsto na Lei 14.193/2021; ou II – por meio de recuperação judicial ou extrajudicial, nos termos da Lei 11.101/2005 (art. 13 da Lei 14.193/2021).

---

[102] Na hipótese do inciso II do art. 2º da Lei 14.193/2021 (sociedade anônima do futebol constituída pela cisão do departamento de futebol do clube ou pessoa jurídica original e transferência do seu patrimônio relacionado à atividade de futebol), os direitos e deveres decorrentes de relações, de qualquer natureza, estabelecidos com o clube, pessoa jurídica original e entidades de administração, inclusive direitos de participação em competições profissionais, bem como contratos de trabalho, de uso de imagem ou quaisquer outros contratos vinculados à atividade do futebol serão obrigatoriamente transferidos à sociedade anônima do futebol (art. 2º, § 2º, inciso I, da Lei 14.193/2021).

[103] "Art. 18-B. Os dirigentes das entidades do Sistema Nacional do Desporto, independentemente da forma jurídica adotada, têm seus bens particulares sujeitos ao disposto no art. 50 da Lei n. 10.406, de 10 de janeiro de 2002 (Código Civil). § 1º Para os fins do disposto nesta Lei, dirigente é aquele que exerce, de fato ou de direito, poder de decisão na gestão da entidade, incluídos seus administradores. § 2º Os dirigentes de entidades desportivas respondem solidária e ilimitadamente pelos atos ilícitos praticados e pelos atos de gestão irregular ou temerária ou contrários ao previsto no contrato social ou estatuto. § 3º O dirigente será responsabilizado solidariamente quando tiver conhecimento do não cumprimento dos deveres estatutários ou contratuais por seu antecessor ou pelo administrador competente e não comunicar o fato ao órgão estatutário competente".

Depreende-se que o clube ou pessoa jurídica original tem a faculdade de realizar o pagamento das suas obrigações (nas quais se incluem os débitos trabalhistas anteriores à constituição da sociedade anônima do futebol) de três modos alternativos, podendo optar por um deles: diretamente aos seus credores (nos quais se incluem os credores trabalhistas); pelo concurso de credores no regime centralizado de execuções; por meio de recuperação judicial ou extrajudicial.

11.5.2 Concurso de credores

O clube ou pessoa jurídica original que optar pela alternativa do inciso I do art. 13 da Lei 14.193/2021 deve ser submetido ao concurso de credores por meio do regime centralizado de execuções, que consiste em concentrar no juízo centralizador as execuções, as suas receitas e os valores arrecadados na forma do art. 10 da Lei 14.193/2021, bem como a distribuição desses valores aos credores em concurso e de forma ordenada (art. 14 da Lei 14.193/2021).

Na hipótese de inexistência de órgão de centralização de execuções no âmbito do Judiciário, o juízo centralizador deve ser aquele que tiver ordenado o pagamento da dívida em primeiro lugar (art. 14, § 1º, da Lei 14.193/2021).

O requerimento deve ser apresentado pelo clube ou pessoa jurídica original e será concedido pelo Presidente do Tribunal Regional do Trabalho, quanto às dívidas trabalhistas, e pelo Presidente do Tribunal de Justiça, quanto às dívidas de natureza civil, observados os requisitos de apresentação do plano de credores, conforme disposto no art. 16 da Lei 14.193/2021.

Quanto às dívidas trabalhistas do clube ou pessoa jurídica original, o concurso de credores por meio do regime centralizado de execuções é de competência da Justiça do Trabalho (art. 114 da Constituição Federal de 1988), devendo ser processado no órgão de centralização de execuções ou juízo centralizador no âmbito do Tribunal Regional do Trabalho.

Cabe ao Poder Judiciário disciplinar o regime centralizado de execuções, por meio de ato próprio dos seus tribunais, e conferir o prazo de seis anos para pagamento dos credores (art. 15 da Lei 14.193/2021). Na ausência da mencionada regulamentação, compete ao Tribunal Superior respectivo suprir a omissão (art. 15, § 1º, da Lei 14.193/2021).

Na esfera trabalhista, cabe aos Tribunais Regionais do Trabalho disciplinar o regime centralizado de execuções, por meio de atos normativos próprios de caráter administrativo, respeitando as previsões legais sobre a matéria. Na ausência da mencionada regulamentação, compete ao Tribunal Superior do Trabalho suprir a omissão. Como o Conselho Nacional de Justiça é órgão do Poder Judiciário (art. 92, inciso I-A, da Constituição da República) e tem competência para expedir atos regulamentares (art. 103-B, § 4º, inciso I, da Constituição Federal de 1988), pode estabelecer a disciplina geral do regime centralizado de execuções por meio de ato normativo próprio, observando as disposições da Lei 14.193/2021.

Se o clube ou pessoa jurídica original comprovar a adimplência de ao menos 60% do seu passivo original ao final do prazo previsto no art. 15 da Lei 14.193/2021 (seis anos), será permitida a prorrogação do regime centralizado de execuções por mais quatro anos, período em que o percentual a que se refere o inciso I do art. 10 da Lei 14.193/2021 (20% das receitas correntes mensais auferidas pela sociedade anônima do futebol) poderá, a pedido do interessado, ser reduzido pelo juízo centralizador das execuções a 15% das suas receitas correntes mensais (art. 15, § 2º, da Lei 14.193/2021).

Portanto, o regime centralizado de execuções para pagamento dos credores pode ter duração de seis anos, prorrogáveis por mais quatro anos (se preenchidos os requisitos legais acima indicados), resultando no total de 10 anos. Após esse prazo, aplica-se o art. 24 da Lei 14.193/2021, sobre a responsabilidade subsidiária da sociedade anônima do futebol pelo pagamento das obrigações civis e trabalhistas anteriores à sua constituição, salvo, quanto às dívidas trabalhistas do clube ou pessoa jurídica original, se houver sido estabelecido plano de pagamento de forma diversa, por meio de negociação coletiva (art. 19 da Lei 14.193/2021).

Ao clube ou pessoa jurídica original que requerer a centralização das suas execuções será concedido o prazo de até 60 dias para apresentação do seu plano de credores, que deve conter obrigatoriamente os seguintes documentos: I – o balanço patrimonial; II – as demonstrações contábeis relativas aos três últimos exercícios sociais; III – as obrigações consolidadas em execução e a estimativa auditada das suas dívidas ainda em fase de conhecimento; IV – o fluxo de caixa e a sua projeção de três anos; V – o termo de compromisso de controle orçamentário (art. 16 da Lei 14.193/2021).

Os clubes e as pessoas jurídicas originais devem fornecer ao juízo centralizador e publicar em sítio eletrônico próprio as seguintes informações: I – os documentos exigidos nos incisos III, IV e V do 16 da Lei 14.193/2021; II – a ordem da fila de credores com seus respectivos valores individualizados e atualizados; III – os pagamentos efetuados no período.

No regime centralizado de execuções, consideram-se credores preferenciais, para ordenação do pagamento: I – idosos, nos termos da Lei 10.741/2003 (Estatuto da Pessoa Idosa); II – pessoas com doenças graves; III – pessoas cujos créditos de natureza salarial sejam inferiores a 60 salários mínimos; IV – gestantes; V – pessoas vítimas de acidente de trabalho oriundo da relação de trabalho com o clube ou pessoa jurídica original; VI – credores com os quais haja acordo que preveja redução da dívida original em pelo menos 30% (art. 17 da Lei 14.193/2021). Na hipótese de concorrência entre os créditos, os processos mais antigos têm preferência.

O pagamento das obrigações do clube ou pessoa jurídica original anteriores à constituição da sociedade anônima do futebol, previstas no art. 10 da Lei 14.193/2021, deve privilegiar os créditos trabalhistas, e cumprirá ao plano de pagamento dos credores, apresentado pelo clube ou pessoa jurídica original, definir a sua destinação (art. 18 da Lei 14.193/2021).

A partir da centralização das execuções, as dívidas de natureza cível e trabalhista devem ser corrigidas somente pela taxa referencial do Sistema Especial de Liquidação e de Custódia (Selic), ou outra taxa de mercado que vier a substituí-la (art. 18, parágrafo único, da Lei 14.193/2021). Aplica-se o índice adotado pelo Supremo Tribunal Federal para a atualização dos créditos trabalhistas na fase judicial, cabendo ressaltar que a Selic engloba juros moratórios e correção monetária, sendo vedada a cumulação com outros índices (STF, Pleno, ADC 58/DF, ADC 59/DF, ADI 5.867/DF e ADI 6.021/DF, Rel. Min. Gilmar Mendes, *DJe* 07.04.2021)[104].

---

[104] "Direito Constitucional. Direito do Trabalho. Ações diretas de inconstitucionalidade e ações declaratórias de constitucionalidade. Índices de correção dos depósitos recursais e dos débitos judiciais na Justiça do Trabalho. Art. 879, § 7º, e art. 899, § 4º, da CLT, na redação dada pela Lei 13.467, de 2017. Art. 39, *caput* e § 1º, da Lei 8.177 de 1991. Política de correção monetária e tabelamento de juros. Institucionalização da Taxa Referencial (TR) como política de desindexação da economia. TR como índice de correção monetária. Inconstitucionalidade. Precedentes do STF. Apelo ao legislador. Ações diretas de inconstitucionalidade e ações declaratórias de constitucionalidade julgadas parcialmente procedentes, para conferir interpretação conforme à Constituição ao art. 879, § 7º, e ao art. 899, § 4º, da CLT, na redação dada pela Lei 13.467, de 2017. Modulação de efeitos. 1. A exigência quanto à configuração de controvérsia judicial ou de controvérsia jurídica para conhecimento das Ações Declaratórias de Constitucionalidade (ADC) associa-se não só à ameaça ao princípio da presunção de constitucionalidade – esta independe de um número quantitativamente relevante de decisões de um e de outro lado –, mas também, e sobretudo, à invalidação prévia de uma decisão tomada por segmentos expressivos do modelo representativo. 2. O Supremo Tribunal Federal declarou a inconstitucionalidade do art. 1º-F da Lei 9.494/1997, com a redação dada pela Lei 11.960/2009, decidindo que a TR seria insuficiente para a atualização monetária das dívidas do Poder Público, pois sua utilização violaria o direito de propriedade. Em relação aos débitos de natureza tributária, a quantificação dos juros moratórios segundo o índice de remuneração da caderneta de poupança foi reputada ofensiva à isonomia, pela discriminação em detrimento da parte processual privada (ADI 4.357, ADI 4.425, ADI 5.348 e RE 870.947-RG – tema 810). 3. A indevida utilização do IPCA-E pela jurisprudência do Tribunal Superior do Trabalho (TST) tornou-se confusa ao ponto de se imaginar que, diante da inaplicabilidade da TR, o uso daquele índice seria a única consequência possível. A solução da Corte Superior Trabalhista, todavia, lastreia-se em uma indevida equiparação da natureza do crédito trabalhista com o crédito assumido em face da Fazenda Pública, o qual está submetido a regime jurídico próprio da Lei 9.494/1997, com as alterações promovidas pela Lei 11.960/2009. 4. A aplicação da TR na Justiça do Trabalho demanda análise específica, a partir das normas em vigor para a relação trabalhista. A partir da análise das repercussões econômicas da aplicação da lei, verifica-se que a TR se mostra inadequada, pelo menos no contexto da Consolidação das Leis Trabalhistas (CLT), como índice de atualização dos débitos trabalhistas. 5. Confere-se interpretação conforme à Constituição ao art. 879, § 7º, e ao art. 899, § 4º, da CLT, na redação dada pela Lei 13.467, de 2017, definindo-se que, até que sobrevenha solução legislativa, deverão ser aplicados à atualização dos créditos decorrentes

É facultado às partes, por meio de negociação coletiva, estabelecer o plano de pagamento de forma diversa (art. 19 da Lei 14.193/2021). Sendo assim, quanto aos créditos trabalhistas devidos pelo clube ou pessoa jurídica original, o plano de pagamento dos credores pode ser estabelecido em convenção coletiva ou acordo coletivo de trabalho (art. 7º, inciso XXVI, da Constituição Federal de 1988) de forma diversa das previsões da Lei 14.193/2021.

Ao credor, titular do crédito, é facultada a conversão, no todo ou em parte, da dívida do clube ou pessoa jurídica original em ações da sociedade anônima do futebol ou em títulos por ela emitidos, desde que assim previsto em seu estatuto (art. 20 da Lei 14.193/2021).

Ao credor de dívida trabalhista e ao credor de dívida cível, de qualquer valor, é facultado anuir, a seu critério exclusivo, a deságio sobre o valor do débito (art. 21 da Lei 14.193/2021).

Ao credor de dívida trabalhista, como titular do crédito, a seu exclusivo critério, é facultada a cessão do crédito a terceiro, que ficará sub-rogado em todos os direitos e em todas as obrigações do credor e ocupará a mesma posição do titular do crédito original na fila de credores, devendo ser dada ciência ao clube ou pessoa jurídica original, bem como ao juízo centralizador da dívida para que promova a anotação (art. 22 da Lei 14.193/2021). Logo, permite-se a cessão do crédito trabalhista, na linha do art. 83, § 5º, da Lei 11.101/2005.

Enquanto o clube ou pessoa jurídica original cumprir os pagamentos previstos no regime centralizado de execuções, é vedada qualquer forma de constrição ao patrimônio ou às receitas, por penhora ou ordem de bloqueio de valores de qualquer natureza ou espécie sobre as suas receitas (art. 23 da Lei 14.193/2021).

Uma vez superado o prazo estabelecido no art. 15 da Lei 14.193/2021 (seis anos, permitida a prorrogação por mais quatro anos), a sociedade anônima do futebol responderá, nos limites estabelecidos no art. 9º da Lei 14.193/2021, subsidiariamente, pelo pagamento das obrigações civis e trabalhistas anteriores à sua constituição, salvo o disposto no art. 19 da Lei 14.193/2021, que faculta às partes estabelecer o plano de pagamento de forma diversa, por meio de negociação coletiva (art. 24 da Lei 14.193/2021).

---

de condenação judicial e à correção dos depósitos recursais em contas judiciais na Justiça do Trabalho os mesmos índices de correção monetária e de juros vigentes para as hipóteses de condenações cíveis em geral (art. 406 do Código Civil), à exceção das dívidas da Fazenda Pública que possui regramento específico (art. 1º-F da Lei 9.494/1997, com a redação dada pela Lei 11.960/2009), com a exegese conferida por esta Corte na ADI 4.357, ADI 4.425, ADI 5.348 e no RE 870.947-RG (tema 810). 6. Em relação à fase extrajudicial, ou seja, a que antecede o ajuizamento das ações trabalhistas, deverá ser utilizado como indexador o IPCA-E acumulado no período de janeiro a dezembro de 2000. A partir de janeiro de 2001, deverá ser utilizado o IPCA-E mensal (IPCA-15/IBGE), em razão da extinção da UFIR como indexador, nos termos do art. 29, § 3º, da MP 1.973-67/2000. Além da indexação, serão aplicados os juros legais (art. 39, *caput*, da Lei 8.177, de 1991). 7. Em relação à fase judicial, a atualização dos débitos judiciais deve ser efetuada pela taxa referencial do Sistema Especial de Liquidação e Custódia – SELIC, considerando que ela incide como juros moratórios dos tributos federais (arts. 13 da Lei 9.065/95; 84 da Lei 8.981/95; 39, § 4º, da Lei 9.250/95; 61, § 3º, da Lei 9.430/96; e 30 da Lei 10.522/02). A incidência de juros moratórios com base na variação da taxa SELIC não pode ser cumulada com a aplicação de outros índices de atualização monetária, cumulação que representaria *bis in idem*. 8. A fim de garantir segurança jurídica e isonomia na aplicação do novo entendimento, fixam-se os seguintes marcos para modulação dos efeitos da decisão: (i) são reputados válidos e não ensejarão qualquer rediscussão, em ação em curso ou em nova demanda, incluindo ação rescisória, todos os pagamentos realizados utilizando a TR (IPCA-E ou qualquer outro índice), no tempo e modo oportunos (de forma extrajudicial ou judicial, inclusive depósitos judiciais) e os juros de mora de 1% ao mês, assim como devem ser mantidas e executadas as sentenças transitadas em julgado que expressamente adotaram, na sua fundamentação ou no dispositivo, a TR (ou o IPCA-E) e os juros de mora de 1% ao mês; (ii) os processos em curso que estejam sobrestados na fase de conhecimento, independentemente de estarem com ou sem sentença, inclusive na fase recursal, devem ter aplicação, de forma retroativa, da taxa Selic (juros e correção monetária), sob pena de alegação futura de inexigibilidade de título judicial fundado em interpretação contrária ao posicionamento do STF (art. 525, §§ 12 e 14, ou art. 535, §§ 5º e 7º, do CPC). 9. Os parâmetros fixados neste julgamento aplicam-se aos processos, ainda que transitados em julgado, em que a sentença não tenha consignado manifestação expressa quanto aos índices de correção monetária e taxa de juros (omissão expressa ou simples consideração de seguir os critérios legais). 10. Ação Declaratória de Constitucionalidade e Ações Diretas de Inconstitucionalidade julgadas parcialmente procedentes" (STF, Pleno, ADC 58/DF, Rel. Min. Gilmar Mendes, *DJe* 07.04.2021).

Confirma-se, assim, que a disciplina legal específica em questão afasta a incidência das previsões gerais do art. 448-A da CLT, sobre responsabilidade na sucessão.

11.5.3 Recuperação judicial e extrajudicial

O clube, ao optar pela alternativa do inciso II do art. 13 da Lei 14.193/2021, e por exercer atividade econômica, é admitido como parte legítima para requerer a recuperação judicial ou extrajudicial, submetendo-se à Lei 11.101/2005 (art. 25 da Lei 14.193/2021).

Aplica-se o disposto no art. 971, *caput*, do Código Civil à associação que desenvolva atividade futebolística em caráter habitual e profissional, caso em que, com a inscrição, será considerada empresária, para todos os efeitos (art. 971, parágrafo único, do Código Civil, incluído pela Lei 14.193/2021). Conforme essa previsão específica, a associação que realize atividade futebolística em caráter habitual e profissional pode, observadas as formalidades de que tratam o art. 968 e seus parágrafos do Código Civil, requerer inscrição no Registro Público de Empresas Mercantis da respectiva sede, hipótese em que, com a inscrição, será considerada empresária. Com isso, passa a se submeter ao regime jurídico empresarial, tornando aplicáveis a recuperação judicial, a recuperação extrajudicial e a falência (Lei 11.101/2005).

A pessoa jurídica original, por ser sociedade empresarial dedicada ao fomento e à prática do futebol (art. 1º, § 1º, inciso II, da Lei 14.193/2021), também pode requerer a recuperação judicial ou extrajudicial, nos termos da Lei 11.101/2005.

Frise-se que a sujeição dos créditos de natureza trabalhista e por acidentes de trabalho à *recuperação extrajudicial* exige negociação coletiva com o sindicato da respectiva categoria profissional (art. 161, § 1º, da Lei 11.101/2005, com redação dada pela Lei 14.112/2020).

Os contratos bilaterais, bem como os contratos de atletas profissionais vinculados ao clube ou pessoa jurídica original não se resolvem em razão do pedido de recuperação judicial e extrajudicial e podem ser transferidos à sociedade anônima do futebol no momento de sua constituição (art. 25, parágrafo único, da Lei 14.193/2021).

Mesmo em caso de decretação da falência, os contratos bilaterais não se resolvem pela falência e podem ser cumpridos pelo administrador judicial se o cumprimento reduzir ou evitar o aumento do passivo da massa falida ou for necessário à manutenção e preservação de seus ativos, mediante autorização do Comitê de Credores (art. 117 da Lei 11.101/2005).

11.6 Poder de direção do empregador

11.6.1 Conceito

O *poder de direção*, que tem por fundamento legal o art. 2º, *caput*, da CLT, pode ser conceituado como aquele que autoriza o empregador a organizar, controlar e disciplinar a prestação de serviços pelo empregado, a qual ocorre, assim, de forma subordinada[105].

O poder de direção também é denominado *poder diretivo*, encontrando-se na doutrina, ainda, a expressão *poder hierárquico*.

O poder diretivo também é entendido como a prerrogativa do empregador de dirigir, regulamentar, fiscalizar e disciplinar o trabalho prestado pelo empregado.

O referido poder, assim, é de titularidade do empregador. Além disso, o exercício do poder de direção é, justamente, o fator de subordinação jurídica, presente na relação de emprego. Ou seja, o empregado trabalha de forma subordinada em razão do exercício do poder de direção pelo empregador.

Subordinação e poder de direção são aspectos pertinentes à mesma realidade, o primeiro no enfoque do empregado e o segundo, naquele do empregador.

---

[105] Cf. MARTINS, Sergio Pinto. *Direito do trabalho*. 28. ed. São Paulo: Atlas, 2012. p. 216-220.

Evidente, portanto, a relevância do instituto em questão, pois intrinsecamente ligado ao requisito fático-jurídico da relação jurídica de emprego de maior destaque, qual seja a subordinação.

Importante frisar que o poder de direção não é ilimitado, mas deve ser exercido dentro dos limites previstos na lei e no sistema jurídico, em consonância com os direitos e garantias a que fazem jus os empregados.

O *abuso* no exercício do poder de direção não deve ser aceito, o que faz com que o empregado possa a ele se opor, fazendo jus à reparação ou prevenção da decorrente lesão, na esfera material e moral.

11.6.2 Fundamento

Vejamos, de acordo com as principais teorias existentes, qual seria o fundamento do poder de direção[106].

Faz-se menção à *teoria da instituição*, no sentido de que a empresa, exercida pelo empregador (ou com ele se confundindo) e na qual estão inseridos os empregados de forma organizada e hierarquizada, é o âmbito de exercício do poder de direção, que tem nela o seu fundamento, com o objetivo de perpetuação da atividade empresarial.

Outra teoria é a do poder de direção como *direito potestativo*, no sentido de que o empregador o exerce unilateralmente, independentemente da anuência do empregado. De todo modo, cabe reiterar que o poder de direção não é ilimitado, pois o empregado não se obriga a aceitar ordens ilegais ou abusivas.

Há o entendimento de que o poder de direção se funda no *direito de propriedade*. O empregador, justamente por ser o titular do empreendimento empresarial, teria o poder de organizar, controlar e disciplinar os fatores de produção, no caso, o trabalho prestado pelos empregados.

Mesmo aqui, deve-se ressaltar que o direito de propriedade sofre limites por outros direitos, devendo ser exercido dentro de suas funções sociais, aspecto plenamente aplicável quanto ao exercício do poder de direção, na esfera trabalhista.

Outra corrente, que pode ser considerada a mais adequada, defende que o fundamento do poder de direção encontra-se no *contrato de trabalho*. O fundamento, assim, seria de ordem jurídica; a existência do contrato de emprego, em si, autoriza o empregador a exercer o poder de direção, tornando o trabalho do empregado subordinado.

11.6.3 Conteúdo

O poder de direção pode ser dividido em três diferentes aspectos[107], facilitando a compreensão de seu conteúdo.

Vejamos, assim, cada um deles.

a) *Poder de organização*

Por intermédio do poder de organização é que o empregador tem o direito de organizar o seu empreendimento, quanto aos diferentes fatores de produção, no caso, o trabalho prestado pelos empregados, distribuindo e determinando as funções a serem exercidas, o local de trabalho, horário etc.

O empregador, como já estudado, é quem corre os riscos de seu empreendimento, não podendo transferi-lo ao empregado. Desse modo, o ordenamento jurídico autoriza que ele possa organizar a sua atividade empresarial, de forma a alcançar os resultados almejados.

---

[106] Cf. MARTINS, Sergio Pinto. *Direito do trabalho*. 28. ed. São Paulo: Atlas, 2012. p. 216-220.
[107] Cf. MARTINS, Sergio Pinto. *Direito do trabalho*. 28. ed. São Paulo: Atlas, 2012. p. 216-220.

Cabe reiterar que a mencionada organização da atividade do empregador deve ocorrer em obediência às diversas normas jurídicas que a regulam, respeitando, inclusive, os direitos de ordem social e trabalhista.

b) *Poder de controle*

Por meio do poder de controle, autoriza-se que o empregador gerencie a atividade laboral dos empregados, no que tange à prestação de serviços, no sentido de observarem as diversas regras e ordens por ele e pelo sistema jurídico exigidas.

Por exemplo, o empregador pode controlar se os empregados estão respeitando o horário de trabalho estipulado (art. 74 da CLT).

Dessa forma, o empregador pode, dentro dos limites estabelecidos pelo ordenamento jurídico, verificar se os empregados estão respeitando as exigências e diretrizes estabelecidas para o desempenho da atividade laborativa.

Isso se justifica, mais uma vez, pelo fato de ser o empregador quem assume o risco de sua atividade (art. 2º, *caput*, da CLT). Por isso, deve-se permitir que controle se os fatores de produção estão em regular e correto exercício, para evitar prejuízos e falhas de sua responsabilidade.

Referido controle, no entanto, não pode invadir a esfera de intimidade dos empregados, além de outros direitos de ordem fundamental, vedando-se, por exemplo, a revista íntima (art. 373-A, inciso VI, da CLT), bem como a violação do sigilo de correspondência e das comunicações telegráficas, de dados e das comunicações telefônicas (ressalvada, neste último caso, por ordem judicial, nas hipóteses e na forma que a lei estabelecer para fins de investigação criminal ou instrução processual penal) dos empregados (art. 5º, inciso XII, da CF/1988).

Nesse contexto, a jurisprudência majoritária do Tribunal Superior do Trabalho tem entendido não ser lícito ao empregador estabelecer restrição nem exigência de autorização prévia para o uso do toalete pelo empregado, o que acarreta direito a indenização por danos morais, em razão da afronta à dignidade da pessoa humana. A respeito do tema, destacam-se os seguintes julgados:

"Recurso de revista. Indenização por danos morais. Limitação ao uso de banheiro. Caracterizada a restrição ao uso do banheiro, em detrimento das necessidades fisiológicas do empregado, inclusive com possibilidade de advertência em caso de desobediência, tem direito a autora à indenização por dano moral, sendo desnecessária, para tal fim, a prova de dano efetivo sobre a esfera extrapatrimonial da reclamante, pois, de acordo com a doutrina e a jurisprudência, o dano moral é um dano *in re ipsa*, ou seja, é dano que prescinde de comprovação, decorrendo do próprio ato lesivo praticado. Recurso de revista conhecido e provido" (TST, 8ª T., RR 11300-96.2013.5.13.0007, Rel. Min. Dora Maria da Costa, *DEJT* 06.06.2014).

"Recurso de embargos. Dano moral. Submissão de empregada ao controle de horário para utilização do banheiro. Indenização devida. A dignidade é a pedra angular de todos os outros direitos e liberdades da pessoa humana: todas as pessoas são iguais, devem ser tratadas com respeito e integridade, e a violação deste princípio deve ser sancionada pela lei. Pelo princípio da dignidade humana, cada ser humano possui um direito intrínseco e inerente a ser respeitado. Todas as condutas abusivas, que se repetem ao longo do tempo e cujo objeto atenta contra o ser humano, a sua dignidade ou a sua integridade física ou psíquica, durante a execução do trabalho merecem ser sancionadas, por colocarem em risco o meio ambiente do trabalho e a saúde física do empregado. Um meio ambiente intimidador, hostil, degradante, humilhante ou ofensivo que se manifesta por palavras, intimidações, atos gestos ou escritos unilaterais deve ser coibido por expor a sofrimento físico ou situações humilhantes os empregados. Nesse contexto, o empregador deve envidar todas as medidas necessárias para prevenir o dano psicossocial ocasionado pelo trabalho. Na particular hipótese dos autos, deve-se levar em consideração que nem todos os empregados podem suportar, sem incômodo, o tempo de espera para o uso dos banheiros, sem que tal represente uma agressão psicológica (e mesmo fisiológica). A indenização em questão tem por objetivo suscitar a discussão sobre o papel do empregador na garantia dos direitos sociais fundamentais mínimos a que faz jus o trabalhador. Embargos conhecidos e desprovidos" (TST, SBDI-I, E-RR 65900-97.2006.5.01.0055, Rel. Min. Aloysio Corrêa da Veiga, *DEJT* 25.02.2011).

"I – Agravo de instrumento. Indenização por danos morais. Restrição e controle no uso do banheiro. Caracterizada divergência jurisprudencial entre a decisão recorrida e o aresto juntado pela reclamada, nos moldes do art. 896, alínea *a*, da CLT. Agravo de instrumento provido. II – Recurso de revista. Indenização por danos morais. Restrição e controle no uso do banheiro. A restrição ao uso de banheiros pela empresa não pode ser considerada conduta razoável, pois configura afronta à dignidade da pessoa humana e à privacidade, aliada ao abuso do poder diretivo do empregador. A conduta patronal, caracterizada pela restrição e fiscalização do uso dos toaletes, expõe o trabalhador a constrangimento desnecessário, ensejando a condenação ao pagamento da indenização por dano moral. Há precedentes. Recurso de revista conhecido e provido" (TST, 6ª T., RR 433-25.2010.5.02.0017, Rel. Min. Augusto César Leite de Carvalho, *DEJT* 25.04.2014).

c) *Poder disciplinar*

O poder disciplinar permite que o empregador aplique penalidades ao empregado que não observe as ordens e regras impostas à atividade desempenhada.

A punição, no caso, aplicada pelo empregador, situa-se na esfera do Direito do Trabalho, não se confundindo com a penalidade de ordem criminal, a qual se encontra inserida no âmbito do Direito Público, decorrente de poder de titularidade do Estado.

As medidas disciplinares, trabalhistas, que o empregador pode aplicar ao empregado, são:

– a advertência (podendo ser verbal ou escrita);
– a suspensão (limitada a 30 dias consecutivos, conforme art. 474 da CLT);
– a dispensa por justa causa (considerada a punição mais grave, pois resulta na cessação do contrato de trabalho, nas hipóteses previstas no art. 482 da CLT).

Não se exige que as penalidades sejam aplicadas de forma gradual, pois uma falta de elevada gravidade pode, por si só, conforme as circunstâncias, justificar a imposição de pena mais drástica (como a suspensão ou a própria dispensa por justa causa).

De todo modo, a punição abusiva ou excessiva pode ser questionada pelo empregado. Aliás, a ilicitude em questão pode, inclusive, acarretar ao empregador o dever de reparar eventual lesão a direito do empregado, de ordem pessoal ou material. Basta imaginar a hipótese de advertência abusiva do empregador, humilhando o trabalhador, em violação de direitos de personalidade, gerando o dever de indenização por danos morais.

Assim, o Poder Judiciário pode decidir a respeito da validade, ou seja, regularidade e licitude, ou não, da pena aplicada pelo empregador, quando acionado pela parte interessada.

No entanto, prevalece o entendimento de que, se não for verificada a correção na medida disciplinar adotada pelo empregador, cabe ao juiz decretar a sua nulidade, não podendo substituí-la, aumentá-la ou diminuí-la, o que estaria restrito ao poder disciplinar que pertence apenas ao empregador.

Deve-se destacar que a "multa", ou seja, a pena pecuniária, em regra, não é admitida como medida disciplinar válida em nosso Direito do Trabalho, inclusive por contrariar o princípio da intangibilidade salarial (art. 462 da CLT). No entanto, como *exceção*, há previsão especial autorizando a aplicação da multa (penalidade pecuniária) ao atleta profissional. Nessa mesma linha excepcional, o art. 48, inciso III, da Lei 9.615/1998, pertinente a atleta profissional, assim prevê:

"Art. 48. Com o objetivo de manter a ordem desportiva, o respeito aos atos emanados de seus poderes internos, poderão ser aplicadas, pelas *entidades* de administração do desporto e *de prática desportiva*, as seguintes sanções:

I – advertência;

II – censura escrita;

III – *multa*;

IV – suspensão;

V – desfiliação ou desvinculação.

§ 1º A aplicação das sanções previstas neste artigo não prescinde do processo administrativo no qual sejam assegurados o contraditório e a ampla defesa.

§ 2º As penalidades de que tratam os incisos IV e V deste artigo somente poderão ser aplicadas após decisão definitiva da Justiça Desportiva"[108].

11.6.4 Verificação de *e-mail* pelo empregador

No tema em estudo, especialmente quanto ao poder de controle do empregador, discute-se muito sobre a possibilidade de controlar, o empregador, *e-mail* do empregado. O tema apresenta grande controvérsia.

Entende-se que caso o *e-mail* seja privativo (particular) do empregado, quer dizer, desvinculado do empregador (*e-mail* não corporativo), encontra-se plenamente coberto pela garantia de proibição de violação do sigilo das comunicações e de dados, embora não se confunda com uma simples correspondência, em seu sentido tradicional.

No caso do *e-mail* corporativo, ou seja, disponibilizado pelo empregador, para que o trabalho seja desenvolvido, as polêmicas aumentam ainda mais, havendo aqueles que entendem que, mesmo assim, a mencionada vedação da violação do sigilo incide normalmente.

No entanto, tratando-se de verdadeira ferramenta de trabalho, pode-se entender que, tendo o empregador avisado, previamente, quanto à possibilidade de seu controle, de forma impessoal, na esfera da empresa, e estando em jogo algum outro valor de ordem fundamental – como o dever de não enviar mensagens em tom criminoso, ilegal ou desrespeitoso a terceiros –, pode-se autorizar a referida verificação, pela empresa, no seu equipamento de informática, resguardando a sua eventual responsabilidade, o que não se confunde com interceptação da mensagem quando em seu caminho de destino.

Tem-se aqui a aplicação do princípio da proporcionalidade, ponderando-se os valores fundamentais em jogo, dando-se prevalência àquele em maior consonância com o bem comum, no caso concreto em análise, o que não retira a vigência do outro princípio jurídico em contraste.

---

[108] Cf. ainda art. 50, inciso VI, da Lei 9.615/1998:
"Art. 50. A organização, o funcionamento e as atribuições da Justiça Desportiva, limitadas ao processo e julgamento das infrações disciplinares e às competições desportivas, serão definidos nos Códigos de Justiça Desportiva, facultando-se às ligas constituir seus próprios órgãos judicantes desportivos, com atuação restrita às suas competências (redação dada pela Lei 12.395/2011). § 1º As transgressões relativas à disciplina e às competições desportivas sujeitam o infrator a:
I – advertência;
II – eliminação;
III – exclusão de campeonato ou torneio;
IV – indenização;
V – interdição de praça de desportos;
VI – *multa*;
VII – perda do mando do campo;
VIII – perda de pontos;
IX – perda de renda;
X – suspensão por partida;
XI – suspensão por prazo. § 2º As penas disciplinares não serão aplicadas aos menores de quatorze anos. § 3º As penas pecuniárias não serão aplicadas a atletas não profissionais".

Sobre o tema, cabe transcrever a seguinte ementa de julgado do Tribunal Superior do Trabalho:

"Prova ilícita. 'E-mail' corporativo. Justa causa. Divulgação de material pornográfico.

1. Os sacrossantos direitos do cidadão à privacidade e ao sigilo de correspondência, constitucionalmente assegurados, concernem à comunicação estritamente pessoal, ainda que virtual ('e-mail' particular). Assim, apenas o *e-mail* pessoal ou particular do empregado, socorrendo-se de provedor próprio, desfruta da proteção constitucional e legal de inviolabilidade.

2. Solução diversa impõe-se em se tratando do chamado 'e-mail' corporativo, instrumento de comunicação virtual mediante o qual o empregado louva-se de terminal de computador e de provedor da empresa, bem assim do próprio endereço eletrônico que lhe é disponibilizado igualmente pela empresa. Destina-se este a que nele trafeguem mensagens de cunho estritamente profissional. Em princípio, é de uso corporativo, salvo consentimento do empregador. Ostenta, pois, natureza jurídica equivalente à de uma ferramenta de trabalho proporcionada pelo empregador ao empregado para a consecução do serviço.

3. A estreita e cada vez mais intensa vinculação que passou a existir, de uns tempos a esta parte, entre Internet e/ou correspondência eletrônica e justa causa e/ou crime exige muita parcimônia dos órgãos jurisdicionais na qualificação da ilicitude da prova referente ao desvio de finalidade na utilização dessa tecnologia, tomando-se em conta, inclusive, o princípio da proporcionalidade e, pois, os diversos valores jurídicos tutelados pela lei e pela Constituição Federal. A experiência subministrada ao magistrado pela observação do que ordinariamente acontece revela que, notadamente o 'e-mail' corporativo, não raro sofre acentuado desvio de finalidade, mediante a utilização abusiva ou ilegal, de que é exemplo o envio de fotos pornográficas. Constitui, assim, em última análise, expediente pelo qual o empregado pode provocar expressivo prejuízo ao empregador.

4. Se se cuida de 'e-mail' corporativo, declaradamente destinado somente para assuntos e matérias afetas ao serviço, o que está em jogo, antes de tudo, é o exercício do direito de propriedade do empregador sobre o computador capaz de acessar à Internet e sobre o próprio provedor. Insta ter presente também a responsabilidade do empregador, perante terceiros, pelos atos de seus empregados em serviço (Código Civil, art. 932, inc. III), bem como que está em xeque o direito à imagem do empregador, igualmente merecedor de tutela constitucional. Sobretudo, imperativo considerar que o empregado, ao receber uma caixa de 'e-mail' de seu empregador para uso corporativo, mediante ciência prévia de que nele somente podem transitar mensagens profissionais, não tem razoável expectativa de privacidade quanto a esta, como se vem entendendo no Direito Comparado (EUA e Reino Unido).

5. Pode o empregador monitorar e rastrear a atividade do empregado no ambiente de trabalho, em 'e-mail' corporativo, isto é, checar suas mensagens, tanto do ponto de vista formal quanto sob o ângulo material ou de conteúdo. Não é ilícita a prova assim obtida, visando a demonstrar justa causa para a despedida decorrente do envio de material pornográfico a colega de trabalho. Inexistência de afronta ao art. 5º, incisos X, XII e LVI, da Constituição Federal.

6. Agravo de instrumento do reclamante a que se nega provimento" (TST, 1ª T., RR 613/2000-013-10-00.7, Rel. Min. João Oreste Dalazen, *DJ* 10.06.2005).

11.6.5 Regulamento de empresa

O regulamento de empresa, ao prever uma série de direitos e deveres dos empregados e do empregador, bem como a forma de seu exercício, é manifestação do exercício do poder de direção pelo empregador, notadamente quanto ao seu *poder de organização*.

Trata-se do chamado *poder regulamentar*, inserido no poder de direção do empregador.

Como já estudado, o regulamento de empresa pode ser bilateral, quando elaborado em conjunto com os empregados, ou unilateral, quando estabelecido apenas pelo empregador (cf. Capítulo 4, item 4.3.9).

Os direitos trabalhistas previstos no regulamento de empresa passam a integrar os contratos de trabalho de cada empregado. Obviamente, suas regras devem observar os preceitos mínimos presentes na legislação trabalhista e demais instrumentos normativos, bem como normas de ordem pública a respeito.

O art. 611-A, inciso VI, da CLT estabelece que a convenção coletiva e o acordo coletivo de trabalho têm prevalência sobre a lei quando dispuserem sobre *regulamento empresarial* (cf. Capítulo 37, item 37.6.6).

11.6.6 Revistas pessoais

Questão frequentemente discutida refere-se à possibilidade, ou não, de o empregador realizar revistas pessoais em seus empregados, tanto no seu corpo como em seus pertences e objetos.

O art. 373-A, inciso VI, da CLT (acrescentado pela Lei 9.799/1999) proíbe as "revistas íntimas nas empregadas ou funcionárias". Na realidade, tendo em vista o princípio da igualdade, previsto no art. 5º, inciso I, da Constituição Federal de 1988, a referida vedação é perfeitamente aplicável também aos empregados do sexo masculino.

A revista *íntima*, que conta com a expressa proibição legal, seria aquela que representa invasão à intimidade do(a) empregado(a), violando a sua integridade física, psíquica e moral, em afronta ao art. 5º, inciso X, da Lei Maior.

Já quanto à revista *pessoal*, sem contato físico, há entendimento de que o empregador, por ser titular do poder de direção e controle, com o objetivo de evitar lesões ao patrimônio empresarial, dependendo da atividade desempenhada, teria direito de realizar revistas nos empregados, *desde que de forma não abusiva* e *sem caracterizar afronta à sua intimidade*, não podendo, ainda, ser uma forma de perseguição ou discriminação contra certos trabalhadores.

Para essa corrente (de certa forma ainda majoritária), a revista pessoal (que não seja íntima) é admitida nas atividades que justifiquem a medida, devendo ser feita de forma aleatória (*v.g.*, por sorteio), moderada, respeitosa, por pessoa do mesmo sexo, sem exposição desnecessária ou abusiva do empregado revistado. Ainda nessa linha, há decisões do TST no sentido de que as revistas em pertences do empregado, sem contato físico, realizadas de forma moderada e não abusiva, sem intuito discriminatório, não violam a intimidade do empregado e, assim, não geram direito à indenização por danos morais. Nesse sentido, pode-se destacar a seguinte decisão:

> "Recurso de revista. Indenização por danos morais. Revista efetuada pela empresa. Inviabilidade da condenação por presunção de constrangimento. A revista nos pertences dos empregados, quando feita sem práticas abusivas, não constitui, por si só, motivo a denotar constrangimento nem violação da intimidade. Retrata, na realidade, o exercício pela empresa de legítimo exercício regular do direito à proteção de seu patrimônio, ausente abuso desse direito quando procedida a revista moderadamente, como no caso em exame, não havendo de se falar em constrangimento ou em revista íntima e vexatória, a atacar a imagem ou a dignidade do empregado. Recurso de revista não conhecido" (TST, 6ª T., RR 724/2008-678-09-00.0, Rel. Min. Aloysio Corrêa da Veiga, *DEJT* 29.10.2009).

No entanto, o entendimento mais adequado, em conformidade com os direitos da personalidade e da dignidade da pessoa humana, é aquele que veda a revista pessoal em toda e qualquer circunstância, pois o empregador pode, perfeitamente, valer-se de meios tecnológicos para a proteção dos seus bens, bem como do patrimônio empresarial, contra eventuais condutas lesivas[109].

---

[109] Cf. SIMÓN, Sandra Lia. *A proteção constitucional da intimidade e da vida privada do empregado*. São Paulo: LTr, 2000. p. 147-149.

Efetivamente, no caso, havendo conflito entre o direito de propriedade (do empregador) e os direitos à intimidade e privacidade (do empregado), devem prevalecer estes últimos, pois ligados ao preceito magno de dignidade da pessoa humana, conforme a ponderação dos valores em confronto, exigida pela aplicação do princípio da proporcionalidade.

Além disso, a solução aqui defendida está em sintonia com o ideal de máxima observância e mínima restrição dos direitos em conflito.

Quanto aos objetos, bens e locais reservados ao empregado, pelo empregador, na realidade, estão abrangidos no conceito constitucional de "domicílio", devendo incidir, desse modo, o art. 5º, inciso XI, da Constituição Federal de 1988. Logo, "só poderão sofrer revista no caso de flagrante delito ou por determinação judicial"[110].

Ainda a respeito do tema, cabe transcrever a seguinte decisão do TST, na linha aqui defendida:

"Recurso de revista. Indenização por dano moral. Revista em bolsas e armários da empresa utilizados para guarda de bens pessoais. Configuração. Se é induvidoso que a bolsa portada pela empregada é uma expressão de sua intimidade, um *locus* em que se guardam os seus guardados íntimos, o tratamento a ela dispensado deve ser, rigorosamente, aquele mesmo que se dispensa à bolsa da cliente da loja, ou das transeuntes enfim. O poder empresarial não pode menoscabar o balizamento constitucional no âmbito da relação de emprego. No caso em apreço, a revista dos pertences da empregada caracteriza dano moral, dando ensejo à indenização vindicada. Recurso de revista conhecido e não provido" (TST, 6ª T., RR 83140-86.2008.5.19.0004, Redator Min. Augusto Cesar Leite de Carvalho, *DEJT* 18.06.2010).

De todo modo, segundo o entendimento que prevalece no TST, a revista pessoal que não seja íntima, ou seja, sem contato físico, em bolsas e pertences dos empregados, apenas visual, é admissível quando realizada de forma impessoal e genérica, como decorrência do poder de fiscalização do empregador, não acarretando, assim, direito à indenização. Nesse sentido, cabe fazer referência ao seguinte julgado:

"Recurso de embargos regido pela Lei n. 13.015/2014. Indenização por dano moral. Revista impessoal e indiscriminada de bolsas dos empregados. Esta SBDI1 tem entendido reiteradamente que a inspeção de bolsas, sacolas e outros pertences de empregados, desde que realizada de maneira generalizada, sem que reste configurado qualquer ato que denote abuso de seu direito de zelar pelo próprio patrimônio, não é ilícita, pois não importa ofensa à intimidade, vida privada, honra ou imagem daqueles. No caso em apreço, a fiscalização da recorrente, como descrita no acórdão regional, não configura ato ilícito, uma vez que não era dirigida somente ao autor, nem implicava contato físico de qualquer natureza, não sendo possível presumir-se qualquer dano moral dela decorrente. Precedentes. Recurso de embargos não conhecido" (TST, SBDI-I, E-RR 1390-97.2010.5.19.0002, Rel. Min. Renato de Lacerda Paiva, *DEJT* 18.03.2016).

Ainda quanto ao tema, conforme o art. 1º da Lei 13.271/2016, as "empresas privadas, os órgãos e entidades da administração pública, direta e indireta, ficam proibidos de adotar qualquer prática de revista íntima de suas funcionárias e de clientes do sexo feminino".

Em caso de não cumprimento do mencionado art. 1º da Lei 13.271/2016, ficam os infratores sujeitos a: I – multa de R$ 20.000,00 ao empregador, revertidos aos órgãos de proteção dos direitos da mulher; II – multa em dobro do valor estipulado no inciso I, em caso de reincidência, independentemente da indenização por danos morais e materiais e sanções de ordem penal.

Nota-se que a Lei 13.271/2016 alcança as empresas privadas, bem como a administração pública direta e indireta. Entretanto, a proibição de revista íntima no referido diploma legal é voltada

---

[110] SIMÓN, Sandra Lia. *A proteção constitucional da intimidade e da vida privada do empregado*. São Paulo: LTr, 2000. p. 151.

apenas às "funcionárias", no âmbito das relações de trabalho, e "clientes do sexo feminino", ao que tudo indica na esfera das relações de consumo.

Cabe salientar a impropriedade na utilização do termo "funcionárias", pois, tratando-se de trabalhadoras regidas pelo Direito do Trabalho, o correto seria mencionar "empregadas", em consonância com o art. 3º da CLT. Mesmo no caso de trabalhadoras na administração pública, deveria ser utilizada a expressão "servidoras públicas", em harmonia com a atual previsão constitucional (arts. 39 a 41 da Constituição Federal de 1988).

Além disso, nos termos do art. 5º, *caput*, da Constituição da República, todos são iguais perante a lei, sem distinção de qualquer natureza, garantindo-se aos brasileiros e aos estrangeiros residentes no País a inviolabilidade do direito à vida, à liberdade, à igualdade, à segurança e à propriedade.

Desse modo, homens e mulheres são iguais em direitos e obrigações, nos termos da Constituição Federal de 1988 (art. 5º, inciso I).

Sendo assim, são invioláveis a intimidade, a vida privada, a honra e a imagem das pessoas, assegurado o direito a indenização pelo dano material ou moral decorrente de sua violação (art. 5º, inciso X, da Constituição da República).

Como se pode observar, a inviolabilidade da intimidade é garantida não apenas às mulheres, mas também aos homens, não se admitindo tratamento que possa resultar em discriminação (arts. 3º, inciso IV, e 5º, inciso XLI, da Constituição Federal de 1988).

Não obstante, a Lei 13.271/2016, sem justificativa plausível, restringe o seu alcance somente às mulheres, incidindo em nítida inconstitucionalidade parcial, no caso, por omissão, pois a norma legal não deveria restringir a proteção considerando o sexo da pessoa.

Portanto, o mais adequado seria corrigir a apontada desigualdade, estendendo a proibição de revista íntima a todas as pessoas, independentemente do sexo.

Tendo em vista o princípio da legalidade (art. 5º, inciso II, da Constituição da República), sabendo-se que a penalidade não pode ser interpretada de modo ampliativo, pode-se dizer que, enquanto não houver a referida previsão legal mais ampla, apenas no caso de revista íntima em "funcionárias" e "clientes do sexo feminino" é que podem ser aplicadas as sanções especificamente previstas no art. 2º da Lei 13.271/2016.

Apesar de não ser muito clara a redação do inciso II, parte final, do art. 2º da Lei 13.271/2016, para a indenização por danos morais e materiais (e as sanções de ordem penal) não se exige que haja reincidência no descumprimento da proibição de revista íntima.

Consoante o art. 5º, inciso X, da Constituição Federal de 1988, assegura-se o direito à indenização pelo dano material ou moral decorrente de violação da intimidade, da vida privada, da honra e da imagem das pessoas, não se exigindo, evidentemente, que haja reincidência, fator este que pode ser considerado para fins de fixação do valor indenizatório devido, em razão da maior gravidade da conduta.

11.6.7 Uso de uniforme

O art. 456-A da CLT, acrescentado pela Lei 13.467/2017, prevê que cabe ao empregador definir o padrão de vestimenta no meio ambiente laboral, sendo lícita a inclusão no uniforme de logomarcas da própria empresa ou de empresas parceiras e de outros itens de identificação relacionados à atividade desempenhada.

O empregador, assim, no exercício do poder diretivo, tem o direito de *organizar* o seu empreendimento, quanto aos diferentes fatores de produção, no caso, a forma como o trabalho deve ser prestado pelos empregados, o que inclui a definição do padrão de vestimenta no meio ambiente laboral.

Pelo mesmo fundamento, permite-se a inclusão no uniforme do empregado de logomarcas da empresa ou de empresas parceiras e de outros itens de identificação relacionados à atividade desempenhada.

Como o empregador corre os riscos do empreendimento, não podendo transferi-lo ao empregado, o ordenamento jurídico autoriza que ele possa organizar a sua atividade empresarial, de forma a alcançar os resultados almejados.

A mencionada organização da atividade do empregador deve ocorrer em obediência às diversas normas jurídicas que a regulam, respeitando, inclusive, os direitos de ordem social e trabalhista.

Logo, a vestimenta e o uniforme estabelecidos pelo empregador devem observar os direitos da personalidade do empregado, não podendo haver violação da intimidade, exposição indevida e constrangimentos ao trabalhador.

O art. 456-A, parágrafo único, da CLT, acrescentado pela Lei 13.467/2017, estabelece que a higienização do uniforme é de responsabilidade do trabalhador, salvo nas hipóteses em que forem necessários procedimentos ou produtos diferentes dos utilizados para a higienização das vestimentas de uso comum.

Desse modo, em princípio, cabe ao empregado manter o uniforme higienizado.

Entretanto, caso sejam necessários procedimentos ou produtos diferentes dos utilizados para a higienização das vestimentas de uso comum, a responsabilidade passa a ser do empregador.

11.6.8 Câmeras de vigilância

Discute-se a respeito da possibilidade de utilização de câmeras e outros instrumentos eletrônicos de vigilância à distância no local de trabalho.

Entende-se que os referidos equipamentos não devem ser instalados em áreas ou locais que possam violar a dignidade e a intimidade das pessoas, como toaletes, vestiários e, em regra, mesmo em refeitórios, sob pena de ser devida a consequente indenização do dano extrapatrimonial (art. 5º, incisos V e X, da Constituição da República)[111].

Desse modo, são admitidos os mencionados recursos tecnológicos apenas quando tiverem como objetivo a *segurança* no ambiente de trabalho, isto é, a proteção patrimonial e das pessoas no local, ou quando fundadas exigências relativas à natureza da atividade justifiquem essa medida, sendo relevante que haja conhecimento prévio dos trabalhadores a respeito[112].

11.7 PRESERVAÇÃO DO SIGILO SOBRE DOENÇAS E CONDIÇÕES DE SAÚDE

A Lei 14.289, de 3 de janeiro de 2022, dispõe sobre a obrigatoriedade de preservação do sigilo sobre a condição de pessoa que vive com infecção pelos vírus da imunodeficiência humana (HIV) e das hepatites crônicas (HBV e HCV) e de pessoa com hanseníase e com tuberculose, nos casos que estabelece.

Trata-se de diploma legal que tem como objetivo assegurar o sigilo das mencionadas situações sobre a saúde da pessoa, em respeito à privacidade e à intimidade (art. 5º, inciso X, da Constituição

---

[111] Cf. DELGADO, Mauricio Godinho. *Curso de direito do trabalho*. 15. ed. São Paulo: LTr, 2016. p. 716.
[112] "I – Agravo de instrumento. Recurso de revista. Lei 13.015/2014. Indenização por dano moral. Câmera de vigilância. Vestiário de empregados. Ante a possível violação ao artigo 5º, X, da Constituição Federal, deve ser provido o agravo de instrumento. Agravo de instrumento conhecido e provido. II – Recurso de revista. Lei 13.015/2014. Indenização por dano moral. Câmera de vigilância. Vestiário de empregados. Conquanto ao empregador seja permitido tomar as medidas de segurança necessária e que estão ao seu alcance para proteger o patrimônio empresarial, não se pode admitir que exponha a intimidade de seus empregados, em flagrante excesso de seu poder de vigilância. Ao instalar câmeras de filmagem no local destinado à troca de vestuário dos seus empregados, a empresa reclamada inequivocamente incorreu em abuso de direito do seu poder diretivo, violando os direitos à privacidade e à intimidade dos trabalhadores, assim como o princípio constitucional da dignidade da pessoa humana. Recurso de revista conhecido e provido" (TST, 2ª T., RR – 906-07.2016.5.14.0004, Rel. Min. Maria Helena Mallmann, *DEJT* 11.05.2018).

da República), evitando-se, ainda, a discriminação (art. 3º, inciso IV, e art. 5º, inciso XLI, da Constituição Federal de 1988).

Nesse contexto, é vedada a divulgação, pelos agentes públicos ou privados, de informações que permitam a identificação da condição de pessoa que vive com infecção pelos vírus da imunodeficiência humana (HIV) e das hepatites crônicas (HBV e HCV) e de pessoa com hanseníase e com tuberculose, nos seguintes âmbitos: I – serviços de saúde; II – estabelecimentos de ensino; III – *locais de trabalho*; IV – administração pública; V – segurança pública; VI – processos judiciais; VII – mídia escrita e audiovisual (art. 2º da Lei 14.289/2022).

O sigilo profissional sobre a condição de pessoa que vive com infecção pelos vírus da imunodeficiência humana (HIV) e das hepatites crônicas (HBV e HCV) e de pessoa com hanseníase e com tuberculose somente pode ser quebrado nos casos determinados por lei, por justa causa ou por autorização expressa da pessoa acometida ou, quando se tratar de criança, de seu responsável legal, mediante assinatura de termo de consentimento informado, observado o disposto no art. 11 da Lei 13.709/2018 (Lei Geral de Proteção de Dados Pessoais - LGPD), sobre tratamento de dados pessoais sensíveis.

Em casos de outras doenças graves ou similares, que possam gerar estigma ou preconceito, defende-se a possibilidade de interpretação extensiva das referidas previsões normativas, por não se tratar de rol taxativo. Cf. ainda Súmula 443 do TST. Cf. Capítulo 18, item 18.6.

Os serviços de saúde, públicos ou privados, e as operadoras de planos privados de assistência à saúde estão obrigados a proteger as informações relativas a pessoas que vivem com infecção pelos vírus da imunodeficiência humana (HIV) e das hepatites crônicas (HBV e HCV) e a pessoas com hanseníase e com tuberculose, bem como a garantir o sigilo das informações que eventualmente permitam a identificação dessa condição (art. 3º da Lei 14.289/2022).

Esclareça-se que a obrigatoriedade de preservação do sigilo sobre a condição de pessoa que vive com infecção pelos vírus da imunodeficiência humana (HIV) e das hepatites crônicas (HBV e HCV) e de pessoa com hanseníase e com tuberculose usuárias dos serviços de saúde recai sobre todos os profissionais de saúde e os trabalhadores da área de saúde.

O atendimento nos serviços de saúde, públicos ou privados, deve ser organizado de forma a não permitir a identificação, pelo público em geral, da condição de pessoa que vive com infecção pelos vírus da imunodeficiência humana (HIV) e das hepatites crônicas (HBV e HCV) e de pessoa com hanseníase e com tuberculose.

O descumprimento das disposições da Lei 14.289/2022 sujeita o agente público ou privado infrator às sanções previstas no art. 52 da Lei 13.709/2018, bem como às demais sanções administrativas cabíveis, e obriga-o a indenizar a vítima por danos materiais e morais, nos termos do art. 927 do Código Civil (art. 6º da Lei 14.289/2022).

Entende-se que os danos morais (extrapatrimoniais) decorrem da violação dos direitos da personalidade envolvidos (privacidade, intimidade e sigilo), tornando devida a respectiva indenização. A obrigação de reparar os danos materiais, por sua vez, exige que a conduta do agente tenha causado prejuízos patrimoniais à vítima.

Nas situações em que for divulgada informação sobre condição de pessoa que vive com infecção pelos vírus da imunodeficiência humana (HIV) e das hepatites crônicas (HBV e HCV) e de pessoa com hanseníase e com tuberculose por agentes que, por força de sua profissão ou do cargo que ocupam, estão obrigados à preservação do sigilo, e essa divulgação ficar caracterizada como intencional e com o intuito de causar dano ou ofensa, devem ser aplicadas em dobro: I – as penas pecuniárias ou de suspensão de atividades previstas no art. 52 da Lei 13.709/2018 (sanções administrativas); II – as indenizações pelos danos morais causados à vítima (art. 6º, parágrafo único, da Lei 14.289/2022).

Nessas hipóteses, em decorrência do descumprimento do dever funcional e da presença de dolo específico do agente, as consequências do ato ilícito (ou seja, da referida divulgação) são mais acentuadas (dobradas), em consonância com o critério de justiça substancial.

Capítulo 12

Terceirização

12.1 Considerações sobre a terceirização no Direito do Trabalho

A terceirização pode ser entendida como a transferência da execução de certas atividades da empresa tomadora (ou contratante) a empresas prestadoras de serviços.

Terceirização tem o sentido de prestação de serviços a terceiros.

Adotando-se o atual critério legal (art. 4º-A da Lei 6.019/1974, com redação dada pela Lei 13.467/2017), terceirização é a transferência feita pela contratante (tomadora) da execução de quaisquer de suas atividades, inclusive sua atividade principal, à pessoa jurídica de direito privado prestadora de serviços que possua capacidade econômica compatível com a sua execução.

O trabalhador, assim, presta serviços ao ente tomador, mas mantém relação jurídica com a empresa prestadora de serviços. A relação passa a ser triangular ou trilateral, pois na terceirização o empregado da empresa prestadora presta serviços ao tomador.

Entre o empregado e o empregador (empresa prestadora de serviços) verifica-se a *relação de emprego*, decorrente do *contrato de trabalho* (art. 442, *caput*, da CLT).

O vínculo entre o tomador (que terceirizou alguma de suas atividades) e a empresa prestadora deriva de outro contrato, de natureza civil ou comercial, cujo objeto é a prestação de serviços.

A terceirização revela uma situação diferenciada, sabendo-se que tradicionalmente a relação jurídica de emprego é bilateral, tendo como sujeitos apenas o empregado e o empregador, que também é o tomador do serviço prestado.

Como se sabe, a terceirização é fenômeno verificado com grande frequência nos dias atuais, como forma de diminuição de custos, prestação de serviços com maior eficiência, produtividade e competitividade, que são objetivos intensamente buscados em tempos de globalização[1].

O sistema jurídico estabelece limites à terceirização, visando tutelar as garantias inerentes à relação de emprego, de forma a preservar o valor constitucional do trabalho (arts. 1º, inciso IV, 170, *caput*, da Constituição Federal de 1988), em respeito ao princípio da dignidade da pessoa humana (art. 1º, inciso III).

A rigor, a terceirização se distingue do trabalho temporário, pois enquanto aquela diz respeito à prestação de serviços por empresa contratada, neste há o fornecimento de mão de obra à tomadora por meio de empresa interposta (ou seja, pela empresa de trabalho temporário).

Ainda assim, o trabalho temporário também apresenta conotação triangular, pois a empresa tomadora contrata a empresa de trabalho temporário para que sejam fornecidos trabalhadores temporários, pelo prazo e nas hipóteses excepcionalmente admitidas pelo sistema jurídico (cf. Capítulo 8, item 8.15).

---

[1] Cf. MARTINS, Sergio Pinto. *A terceirização e o direito do trabalho*. 3. ed. São Paulo: Malheiros, 1997. p. 22: "O objetivo principal da terceirização não é apenas a redução de custos, mas também trazer maior agilidade, flexibilidade e competitividade à empresa. Esta pretende com a terceirização a transformação de seus custos fixos em variáveis, possibilitando o melhor aproveitamento do processo produtivo, com a transferência de numerário para aplicação em tecnologia ou no seu desenvolvimento, e também em novos produtos".

12.2 Terceirização e intermediação de mão de obra

A terceirização envolve uma *relação triangular* entre o empregado, a empresa prestadora de serviços (empregador) e a empresa tomadora (contratante dos serviços).

Entre a empresa tomadora (contratante) e a prestadora de serviço é firmado um contrato de natureza civil ou empresarial (contrato de prestação de serviços). Diversamente, entre a empresa prestadora de serviço e o empregado é firmado o contrato de trabalho.

O vínculo de emprego, assim, existe entre o empregado e a empresa prestadora, mas aquele presta serviço à empresa tomadora (contratante).

A terceirização, portanto, não se confunde com a *intermediação irregular de mão de obra* (em fraude ao vínculo de emprego), a qual, em regra, é vedada pelo sistema jurídico (art. 9º da CLT), uma vez que o trabalho não pode ser tratado como mercadoria, o que seria contrário ao seu valor social e à dignidade da pessoa humana.

Quanto à evolução relativa ao tema, o Tribunal Superior do Trabalho, no Incidente de Uniformização de Jurisprudência indicado como referência ao seu antigo Enunciado 256[2], decidiu sobre a terceirização nas relações do trabalho, à época, invocando os princípios desse ramo do Direito, conforme lições de Américo Plá Rodriguez. Tendo em vista a sua relevância em termos históricos, cabe transcrever a respectiva ementa:

"Contrato de trabalho. Interposta pessoa. Posição do tomador dos serviços.

1. A regra conduz à existência da relação jurídica, do vínculo empregatício, com o tomador dos serviços porquanto 'considera-se empregador a empresa, individual ou coletiva, que, assumindo os riscos da atividade econômica, admite, assalaria e dirige a prestação pessoal de serviços' (artigo 2º da Consolidação das Leis do Trabalho), sendo que a ordem econômica e social, tendo por fim realizar o desenvolvimento nacional e a justiça social, repousa em princípios básicos, dentre os quais destacam-se a valorização do trabalho como condição da dignidade humana, a harmonia e solidariedade entre as categorias sociais de produção e a expansão das oportunidades de emprego produtivo (artigo 160 da Constituição Federal). Exsurge como direito assegurado constitucionalmente aos trabalhadores a liberdade de escolha do empregador, bem como a integração na vida e no desenvolvimento da empresa, com participação nos lucros e, excepcionalmente, na gestão, embora condicionados ao estabelecido em lei (artigos 153, § 36, e 165, inciso V). 2. A exceção – e, por isso mesmo, os preceitos que a preveem são merecedores de interpretação restrita – indica a possibilidade de o tomador dos serviços não assumir, direta e imediatamente, os ônus trabalhistas, valendo-se, para tanto, de contrato de natureza civil, formalizado com outrem e está limitada ao trabalho temporário e ao de vigilância. 3. O *marchandage* – Os primeiros movimentos contrários à exploração do homem pelo homem surgiram na França, após a vitória da Revolução. Em 1º de março de 1848, na Primeira Sessão da Comissão do Governo para Trabalhadores, pleitearam estes e obtiveram a abolição da triste figura, conforme revela, com percuciência, Evaristo de Moraes Filho; em 'Direito do Trabalho – páginas de história e outros ensaios' – LTr, porque a maior queixa contra o *marchandage* vem precisamente disto '... o lucro do intermediário nada mais é do que uma retirada antecipada sobre o salário...' (Salle). 4. A fraude a direitos trabalhistas – No corpo da Consolidação das Leis do Trabalho, tem-se salutar preceito: 'Serão nulos de pleno direito os atos praticados com o objetivo de desvirtuar, impedir ou fraudar a aplicação dos preceitos contidos na presente Consolidação'. 5. Os princípios regedores do direito do trabalho

---

[2] Enunciado 256 do TST: "Contrato de prestação de serviços. Legalidade. Cancelado. Salvo os casos de trabalho temporário e de serviço de vigilância, previstos nas Leis 6.019, de 3.1.1974, e 7.102, de 20.6.1983, é ilegal a contratação de trabalhadores por empresa interposta, formando-se o vínculo empregatício diretamente com o tomador dos serviços" (Resolução 4/1986, *DJ* 30.09.1986). Histórico: Revisto pelo Enunciado 331 – Resolução 23/1993, *DJ* 21.12.1993. Enunciado 256 cancelado pela Resolução 121/2003, *DJ* 19.11.2003.

– Conforme Plá Rodriguez, reinam o da proteção ao hipossuficiente, o da irrenunciabilidade, o da continuidade do vínculo e os da realidade, razoabilidade e boa-fé. 6. A questão social – 'O trabalho é a pedra de toque de toda a questão social, sendo imperativo reconhecer a primazia que possui sobre o capital' (João Paulo II – *Laborem Exercens*). 'O trabalho não é uma mercadoria sujeita à lei da oferta e da procura, que se pode especular com salários, com a vida dos homens, como se faz com o trigo, o açúcar, o café' (Leão XIII, Encíclica 'Rerum Novarum' – 1891 – repetido 50 anos após por João XXIII). 7. A consequência da fraude – Salvo os casos previstos em lei, é ilegal a contratação de trabalhadores, por empresa interposta, exsurgindo o vínculo empregatício diretamente com o tomador dos serviços. Referências: Convenção Internacional número 122, de 1964 – OIT (promulgada pelo Decreto 66.499, de 27 de abril de 1970); Constituição Federal, artigos 153, § 36, 160, incisos II, IV e VI, 165, inciso V, Consolidação das Leis do Trabalho, artigos 2º, § 2º, 3º, 9º e 442 a 444; Leis 5.645/1970, artigo 3º, parágrafo único, 6.019/1974 e 7.102/1983; Decreto-lei 200/67, artigo 10, parágrafos 7º e 8º, RODC – 533/83 – Ac. TP-968/85 e RODC – 203/84 – Ac. TP-2488/85. Precedentes – Recursos de Revista 5492/80, 6713/80 e 1474/85, da Primeira Turma; 2150/74, 189/79, 4137/78, 138/79 e 889/81 da Segunda Turma e 402/81 da Terceira Turma" (TST, Pleno, IUJRR 3442/1984, Ac. 2208, Rel. Min. Marco Aurélio, j. 04.09.1986, *DJ* 10.10.1986).

Esse julgado, proferido sob a égide da Constituição anterior, frisou que a ordem econômica e social tem por fim realizar a justiça social, com base em princípios como "a valorização do trabalho como condição da dignidade humana, a harmonia e solidariedade entre as categorias sociais de produção e a expansão das oportunidades de emprego produtivo".

A mudança da jurisprudência sobre a terceirização revela-se bastante nítida com o passar do tempo[3].

No Enunciado 256 do TST, aprovado em setembro de 1986, a terceirização era permitida apenas como exceção, ou seja, de forma restritiva, somente nas duas hipóteses previstas em lei (trabalho temporário e serviço de vigilância).

Em dezembro de 1993, o referido verbete foi substituído pelo Enunciado 331 do TST[4], que apresentou ampliação quanto à possibilidade de terceirização considerada lícita, como se verificava em seu inciso III. Além disso, o inciso IV da Súmula 331 estabeleceu a responsabilidade subsidiária da empresa tomadora, e não solidária, a qual seria mais coerente com o escopo de proteção, inerente ao Direito do Trabalho[5].

Assim, parte da doutrina ressalta que essa modificação da jurisprudência ocorreu em prejuízo dos princípios fundamentais do Direito do Trabalho[6].

---

[3] Como observa Paulo Eduardo Vieira de Oliveira: "O fornecimento de mão de obra inicialmente se concretizou em trabalhos temporários [...]. Hoje, há generalização de fornecimento de mão de obra para serviços de duração indeterminada de que são exemplos mais frequentes os de vigilância e limpeza" (Sujeitos da relação de emprego: o empregador. In: GIORDANI, Francisco Alberto da Motta Peixoto; MARTINS, Melchíades Rodrigues; VIDOTTI, Tarcio José (Coord.). *Fundamentos do direito do trabalho*: estudos em homenagem ao Ministro Milton de Moura França. São Paulo: LTr, 2000. p. 261).

[4] Redação original: Resolução 23/1993, *DJ* de 21.12.1993. Inciso IV alterado pela Resolução 96/2000, *DJ* de 18.09.2000. De acordo com a Resolução 129/2005 do TST, foi alterada a denominação dos verbetes da jurisprudência predominante do Tribunal Superior do Trabalho de "Enunciado" para "Súmula".

[5] Cf. SOUTO MAIOR, Jorge Luiz. Implicações da terceirização no processo do trabalho: legitimidade; condenação solidária ou subsidiária e intervenção de terceiros. In: SOUTO MAIOR, Jorge Luiz. *Temas de processo do trabalho*. São Paulo: LTr, 2000. p. 152-153.

[6] Cf. SOUTO MAIOR, Jorge Luiz. A jurisprudência como fonte do direito e seu efeito paradoxal de negação do próprio direito. In: ARRUDA PINTO, Roberto Parahyba de (Coord.). *O direito e o processo do trabalho na sociedade contemporânea*: homenagem a Francisco Ary Montenegro Castelo. São Paulo: LTr, 2005. p. 324: "a aplicação em concreto do tal Enunciado tem gerado efeitos que agridem frontalmente os princípios fundamentais de proteção do ser humano e fazendo vistas grossas a todo o aparato nacional e internacional de defesa da dignidade humana". Cf. ainda SOUTO MAIOR, Jorge Luiz. A terceirização sob uma perspectiva humanista. *Revista de Direito do Trabalho*, São Paulo, RT, ano 30, n. 115, p. 93, jul.-set. 2004.

12.3 Parâmetros da terceirização

A Lei 13.429, de 31 de março de 2017, com início de vigência na data de sua publicação, ocorrida no *Diário Oficial da União* de 31.03.2017, alterou dispositivos da Lei 6.019/1974, que dispõe sobre o trabalho temporário, e versa sobre as relações de trabalho na empresa de prestação de serviços a terceiros.

O Supremo Tribunal Federal julgou improcedente pedido formulado em ação direta, tendo considerado constitucional a Lei 13.429/2017 (STF, Pleno, ADI 5.685/DF, Rel. Min. Gilmar Mendes, j. 16.06.2020).

A Lei 6.019/1974 foi posteriormente modificada pela Lei 13.467, de 13 de julho de 2017, com início de vigência depois de 120 dias de sua publicação oficial, ocorrida em 14 de julho de 2017.

Assim, a Lei 6.019/1974 passou a reger as relações de trabalho na empresa de trabalho temporário, na empresa de prestação de serviços e nas respectivas tomadoras de serviço e contratante (art. 1º, com redação dada pela Lei 13.429/2017).

Portanto, os temas relativos ao trabalho temporário e à terceirização passaram a ser disciplinados no mesmo diploma legal, sabendo-se que, até então, a Lei 6.019/1974 dispunha apenas sobre o trabalho temporário, enquanto a terceirização era objeto de orientação firmada pela jurisprudência, notadamente por meio da Súmula 331 do Tribunal Superior do Trabalho.

Conforme o art. 4º-A da Lei 6.019/1974, com redação dada pela Lei 13.467/2017, considera-se prestação de serviços a terceiros a transferência feita pela contratante da execução de quaisquer de suas atividades, *inclusive sua atividade principal*, à pessoa jurídica de direito privado prestadora de serviços que possua capacidade econômica compatível com a sua execução.

Com isso, a terceirização, entendida como prestação de serviços a terceiros, passa a ser entendida como a transferência feita pela contratante da execução de *quaisquer de suas atividades*, inclusive a sua atividade principal, à pessoa jurídica de direito privado prestadora de serviços.

Admite-se de forma expressa a terceirização de forma ampla, ou seja, de quaisquer das atividades da contratante (tomadora), inclusive de sua atividade principal.

Logo, ficou superada a distinção entre atividades-fim e atividades-meio, anteriormente adotada pela jurisprudência, como se observava na Súmula 331, inciso III, do TST (que não mais prevalece).

Na mesma linha, o Supremo Tribunal Federal fixou a seguinte tese de repercussão geral: "É lícita a terceirização ou qualquer outra forma de divisão do trabalho entre pessoas jurídicas distintas, independentemente do objeto social das empresas envolvidas, mantida a responsabilidade subsidiária da empresa contratante" (STF, Pleno, RE 958.252/MG, Rel. Min. Luiz Fux, j. 30.08.2018). No referido julgado foi reconhecida a inconstitucionalidade dos incisos I, III, IV e VI da Súmula 331 do TST, por violação aos princípios da livre iniciativa (arts. 1º, inciso IV, e 170 da Constituição Federal de 1988) e da liberdade contratual (art. 5º, inciso II, da Constituição da República), como se observa em sua ementa[7].

---

[7] "Recurso extraordinário representativo de controvérsia com repercussão geral. Direito Constitucional. Direito do Trabalho. Constitucionalidade da 'terceirização'. Admissibilidade. Ofensa direta. Valores sociais do trabalho e da livre iniciativa (art. 1º, IV, CRFB). Relação complementar e dialógica, não conflitiva. Princípio da liberdade jurídica (art. 5º, II, CRFB). Consectário da dignidade da pessoa humana (art. 1º, III, CRFB). Vedação a restrições arbitrárias e incompatíveis com o postulado da proporcionalidade. Demonstração empírica da necessidade, adequação e proporcionalidade estrita de medida restritiva como ônus do proponente desta. Rigor do escrutínio equivalente à gravidade da medida. Restrição de liberdade estabelecida jurisprudencialmente. Exigência de grau máximo de certeza. Mandamento democrático. Legislativo como *locus* adequado para escolhas políticas discricionárias. Súmula 331 TST. Proibição da terceirização. Exame dos fundamentos. Inexistência de fragilização de movimentos sindicais. Divisão entre 'atividade-fim' e 'atividade-meio' imprecisa, artificial e incompatível com a economia moderna. Cisão de atividades entre pessoas jurídicas distintas. Estratégia organizacional. Inexistência de caráter fraudulento. Proteção constitucional da liberdade de desenho empresarial (arts. 1º, IV, e 170). Ciências econômicas e teoria da administração. Profusa literatura sobre os efeitos positivos da terceirização. Observância das regras trabalhistas por cada empresa em relação aos empregados que contratarem. Efeitos práticos da terceirização. Pesquisas empíricas. Necessária observância de metodologia científica. Estudos demonstrando efeitos positivos da terceirização quanto a emprego, salários, *turnover* e crescimento econômico. Insubsistência das premissas da proibição jurisprudencial da

O Supremo Tribunal Federal modulou os efeitos do referido julgamento e estabeleceu a aplicabilidade dos efeitos da tese jurídica fixada apenas aos processos que ainda estavam em curso na data da conclusão do julgado (30.08.2018), restando obstado o ajuizamento de ações rescisórias contra decisões transitadas em julgado antes da mencionada data que tenham a Súmula 331 do TST por fundamento (STF, Pleno, ED-RE 958.252/MG, Rel. Min. Luiz Fux, j. 04.07.2022).

O Supremo Tribunal Federal também julgou *procedente* o pedido em arguição de descumprimento de preceito fundamental (em que se questionou a constitucionalidade da interpretação adotada em reiteradas decisões da Justiça do Trabalho que restringiam a terceirização com base na Súmula 331 do Tribunal Superior do Trabalho) e firmou a seguinte tese: "1. É lícita a terceirização de toda e qualquer atividade, meio ou fim, não se configurando relação de emprego entre a contratante e o empregado da contratada. 2. Na terceirização, compete à contratante: i) verificar a idoneidade e a capacidade econômica da terceirizada; e ii) responder subsidiariamente pelo descumprimento das normas trabalhistas, bem como por obrigações previdenciárias, na forma do art. 31 da Lei 8.212/1991". O Relator esclareceu que a referida decisão não afeta automaticamente os processos em relação aos quais tenha havido coisa julgada (STF, Pleno, ADPF 324/DF, Rel. Min. Roberto Barroso, j. 30.08.2018), conforme também explicitado em sua ementa[8].

O Supremo Tribunal Federal decidiu "ser lícita a terceirização por 'pejotização', não havendo falar em irregularidade na contratação de pessoa jurídica formada por profissionais liberais para prestar serviços terceirizados na atividade-fim da contratante" (STF, 1ª T., AgR-Rcl 47.843/BA, Red. p/ ac. Min. Alexandre de Moraes, *DJe* 07.04.2022)[9].

---

terceirização. Inconstitucionalidade dos incisos I, III, IV e VI da Súmula 331 do TST. Afastamento da responsabilidade subsidiária da contratante por obrigações da contratada. Recurso extraordinário provido. [...] Recurso Extraordinário a que se dá provimento para reformar o acórdão recorrido e fixar a seguinte tese: 'É lícita a terceirização ou qualquer outra forma de divisão do trabalho entre pessoas jurídicas distintas, independentemente do objeto social das empresas envolvidas, mantida a responsabilidade subsidiária da empresa contratante'" (STF, Pleno, RE 958.252/MG, Rel. Min. Luiz Fux, *DJe* 13.09.2019).

[8] "Direito do Trabalho. Arguição de Descumprimento de Preceito Fundamental. Terceirização de atividade-fim e de atividade-meio. Constitucionalidade. 1. A Constituição não impõe a adoção de um modelo de produção específico, não impede o desenvolvimento de estratégias empresariais flexíveis, tampouco veda a terceirização. Todavia, a jurisprudência trabalhista sobre o tema tem sido oscilante e não estabelece critérios e condições claras e objetivas, que permitam sua adoção com segurança. O direito do trabalho e o sistema sindical precisam se adequar às transformações no mercado de trabalho e na sociedade. 2. A terceirização das atividades-meio ou das atividades-fim de uma empresa tem amparo nos princípios constitucionais da livre iniciativa e da livre concorrência, que asseguram aos agentes econômicos a liberdade de formular estratégias negociais indutoras de maior eficiência econômica e competitividade. 3. A terceirização não enseja, por si só, precarização do trabalho, violação da dignidade do trabalhador ou desrespeito a direitos previdenciários. É o exercício abusivo da sua contratação que pode produzir tais violações. 4. Para evitar tal exercício abusivo, os princípios que amparam a constitucionalidade da terceirização devem ser compatibilizados com as normas constitucionais de tutela do trabalhador, cabendo à contratante: i) verificar a idoneidade e a capacidade econômica da terceirizada; e ii) responder subsidiariamente pelo descumprimento das normas trabalhistas, bem como por obrigações previdenciárias (art. 31 da Lei 8.212/1993). 5. A responsabilização subsidiária da tomadora dos serviços pressupõe a sua participação no processo judicial, bem como a sua inclusão no título executivo judicial. 6. Mesmo com a superveniência da Lei 13.467/2017, persiste o objeto da ação, entre outras razões porque, a despeito dela, não foi revogada ou alterada a Súmula 331 do TST, que consolidava o conjunto de decisões da Justiça do Trabalho sobre a matéria, a indicar que o tema continua a demandar a manifestação do Supremo Tribunal Federal a respeito dos aspectos constitucionais da terceirização. Além disso, a aprovação da lei ocorreu após o pedido de inclusão do feito em pauta. 7. Firmo a seguinte tese: '1. É lícita a terceirização de toda e qualquer atividade, meio ou fim, não se configurando relação de emprego entre a contratante e o empregado da contratada. 2. Na terceirização, compete à contratante: i) verificar a idoneidade e a capacidade econômica da terceirizada; e ii) responder subsidiariamente pelo descumprimento das normas trabalhistas, bem como por obrigações previdenciárias, na forma do art. 31 da Lei 8.212/1993'. 8. ADPF julgada procedente para assentar a licitude da terceirização de atividade-fim ou meio. Restou explicitado pela maioria que a decisão não afeta automaticamente decisões transitadas em julgado" (STF, Pleno, ADPF 324/DF, Rel. Min. Roberto Barroso, *DJe* 06.09.2019).

[9] "Constitucional, trabalhista e processual civil. Agravo interno na reclamação. Ofensa ao que decidido por este tribunal no julgamento da ADPF 324 e do Tema 725 da repercussão geral. Recurso provido. 1. A controvérsia, nestes

Ainda assim, entende-se que a *intermediação irregular de mão de obra* não é admitida, por resultar em fraude ao vínculo de emprego com o efetivo empregador (art. 9º da CLT) e em violação ao valor social do trabalho (art. 1º, inciso IV, da Constituição da República), o qual não pode ser tratado como mercadoria.

Desse modo, a terceirização deve envolver a prestação de *serviços* e não o fornecimento de trabalhadores por meio de empresa interposta. Portanto, defende-se o entendimento de que os referidos serviços, na terceirização, normalmente devem ter certa especialidade[10].

Isso é confirmado pelo art. 5º-B da Lei 6.019/1974, acrescentado pela Lei 13.429/2017, ao prever que o *contrato de prestação de serviços* deve conter a qualificação das partes, a *especificação do serviço* a ser prestado, o prazo para realização do serviço, quando for o caso, e o valor.

Portanto, a empresa prestadora não pode prestar serviços genéricos, pois não se admite a terceirização, pela empresa contratante (tomadora), de atividades sem especificação.

Especificamente quanto aos *aeronautas* (piloto de aeronave, comissário de voo e mecânico de voo), segundo o art. 20 da Lei 13.475/2017, a função remunerada dos tripulantes a bordo de aeronave deve, obrigatoriamente, ser formalizada por meio de contrato de trabalho firmado *diretamente* com o operador da aeronave.

Conforme essa regra especial, não se admite a terceirização pelo operador da aeronave das atividades relativas à mencionada função dos tripulantes a bordo de aeronave. Do mesmo modo, não é permitida a contratação dos referidos empregados pelo operador da aeronave de forma intermediada (por meio de terceiro) ou interposta, como ocorre no trabalho temporário.

Deve-se ressaltar, assim, que a lei nova, ao estabelecer *disposições* gerais ou *especiais* a par das já existentes, não revoga nem modifica a lei anterior (art. 2º, § 2º, da Lei de Introdução às Normas do Direito Brasileiro).

O disposto no art. 20 da Lei 13.475/2017 não se aplica quando o operador da aeronave for órgão ou entidade da administração pública, no exercício de missões institucionais ou de poder de polícia (art. 20, § 3º, da Lei 13.475/2017, incluído pela Lei 14.163/2021).

A empresa prestadora de serviços (contratada) é considerada a *pessoa jurídica de direito privado* prestadora de serviços que possua capacidade econômica compatível com a sua execução (art. 4º-A da Lei 6.019/1974).

A empresa prestadora de serviços a terceiros, assim, não pode ser pessoa física, nem empresário individual, devendo ser necessariamente pessoa jurídica.

Anteriormente, a jurisprudência, em regra, admitia a terceirização apenas de *serviços de vigilância, de conservação, limpeza e de atividades-meio da empresa tomadora.*

---

autos, é comum tanto ao decidido no julgamento da ADPF 324 (Rel. Min. Roberto Barroso), quanto ao objeto de análise do Tema 725 (RE 958.252, Rel. Min. Luiz Fux), em que esta Corte fixou tese no sentido de que: 'É lícita a terceirização ou qualquer outra forma de divisão do trabalho entre pessoas jurídicas distintas, independentemente do objeto social das empresas envolvidas, mantida a responsabilidade subsidiária da empresa contratante'. 2. A Primeira Turma já decidiu, em caso análogo, ser lícita a terceirização por 'pejotização', não havendo falar em irregularidade na contratação de pessoa jurídica formada por profissionais liberais para prestar serviços terceirizados na atividade-fim da contratante (Rcl 39.351 AgR; Rel. Min. Rosa Weber, Red. p/ Acórdão: Alexandre de Moraes, Primeira Turma, julgado em 11/5/2020). 3. Recurso de Agravo ao qual se dá provimento" (STF, 1ª T., AgR-Rcl 47.843/BA, Red. p/ ac. Min. Alexandre de Moraes, *DJe* 07.04.2022).

[10] Cf. MANNRICH, Nelson. *A modernização do contrato de trabalho*. São Paulo: LTr, 1998. p. 117: "Quando se fala em atividade econômica, não há vinculação, necessariamente, à ideia de lucro, mas de produção de bens e serviços. Daí a necessidade de a empresa contratada possuir certa especialidade, uma atividade definida, nos termos do contrato social. Inexistindo tal atividade, ou, quando, ao contrário, uma infinidade de objetos aparece no contrato social, há indícios de mera intermediação ilegal ou tráfico de mão de obra, especialmente se houver finalidade lucrativa. A ilegalidade não decorre diretamente de expressa vedação legal, mas, indiretamente, do nosso sistema jurídico, seja do conceito de empregador, que não se ajusta ao de tráfico de mão de obra, seja do conceito de empregado (art. 3º da CLT), devendo-se considerar, também, o art. 9º, da CLT".

Nesse sentido, previa a Súmula 331, inciso III, do TST, a qual não mais prevalece.

Atividade-meio é a de mero suporte, acessória ou periférica, que não integra o núcleo, ou seja, a essência das atividades empresariais do tomador, enquanto *atividade-fim* é a que compõe a atividade principal da empresa.

De todo modo, na terceirização lícita não há pessoalidade e subordinação direta entre o empregado da empresa prestadora de serviços e o tomador (contratante), justamente porque este último não é o empregador.

No que se refere à empresa tomadora, não deve importar a *pessoalidade* quanto a quem está efetivamente prestando os serviços terceirizados, mas sim a atividade especializada contratada, sendo irrelevante qualquer substituição de trabalhadores da prestadora. O ente tomador, na terceirização, contrata o serviço empresarial especializado, mas não a mão de obra ou certo trabalhador.

O trabalho humano, protegido constitucionalmente, não pode ser objeto de intermediação, nem ter tratamento semelhante ao de mercadoria, sob pena de afronta ao direito fundamental da dignidade da pessoa humana[11].

Assim, a *empresa prestadora de serviços* contrata, remunera e dirige o trabalho realizado por seus trabalhadores, ou subcontrata outras empresas para realização desses serviços (art. 4º-A, § 1º, da Lei 6.019/1974).

A parte final desse dispositivo legal expressamente permite a chamada *terceirização em cadeia*, em que a empresa prestadora de serviços subcontrata outras empresas para a realização dos serviços contratados pela empresa tomadora. A rigor, essa hipótese pode se distinguir da *quarteirização*, na qual certa empresa é contratada para administrar e gerir os diversos contratos de prestação de serviços mantidos pela empresa contratante.

O empregador do empregado terceirizado é a empresa prestadora de serviços. Logo, esta contrata, remunera e dirige o trabalho realizado pelos seus empregados, ou seja, exerce o poder de direção (arts. 2º e 3º da CLT). Vale dizer, a subordinação jurídica do empregado terceirizado existe em face da empresa prestadora de serviços (e não do tomador ou contratante).

Não se configura vínculo empregatício entre os trabalhadores, ou sócios das empresas prestadoras de serviços, qualquer que seja o seu ramo, e a empresa contratante (art. 4º-A, § 2º, da Lei 6.019/1974).

Essa ausência de vínculo de emprego entre a empresa tomadora e os empregados da empresa prestadora de serviços, evidentemente, pressupõe que a terceirização tenha sido feita em consonância com as exigências legais.

A empresa prestadora de serviços, como empregadora, mantém contrato de trabalho com os seus empregados, mas estes laboram na empresa tomadora (contratante).

O poder de direção, assim, deve ser exercido pela empresa prestadora de serviços em face de seus empregados, embora estes laborem na empresa contratante (tomadora).

Desse modo, os referidos empregados são juridicamente subordinados à empresa prestadora de serviços, e não à tomadora.

A remuneração dos empregados terceirizados também é devida pela empresa prestadora de serviço, por ser a empregadora.

Sendo assim, a verificação de vínculo empregatício e de infrações trabalhistas, quando se tratar de trabalhador terceirizado, deve ser realizada contra a empresa prestadora dos serviços, e não em relação à empresa contratante, exceto nas hipóteses de infração previstas nos §§ 7º e 8º do art. 39 do Decreto 10.854/2021 (abaixo indicadas) e quando for comprovada fraude na contratação da

---

[11] Cf. *Declaração de Filadélfia*, da Organização Internacional do Trabalho (OIT): "I – A Conferência reafirma os princípios fundamentais sobre os quais repousa a Organização, principalmente os seguintes: a) o trabalho não é uma mercadoria" (In: SÜSSEKIND, Arnaldo. *Direito internacional do trabalho*. 3. ed. São Paulo: LTr, 2000. p. 23).

prestadora, situação em que deve ser indicado o dispositivo da Lei 6.019/1974 que houver sido infringido (art. 39, § 3º, do Decreto 10.854/2021).

Na hipótese de configuração de vínculo empregatício com a empresa contratante, o reconhecimento do vínculo deve ser precedido da caracterização individualizada dos seguintes elementos da relação de emprego: não eventualidade; subordinação jurídica; onerosidade; pessoalidade (art. 39, § 4º, do Decreto 10.854/2021). Trata-se dos requisitos extraídos dos arts. 2º e 3º da CLT, cabendo lembrar que o empregado é pessoa física.

A mera identificação do trabalhador na cadeia produtiva da contratante ou o uso de ferramentas de trabalho ou de métodos organizacionais e operacionais estabelecidos pela contratante não implica a existência de vínculo empregatício (art. 39, § 5º, do Decreto 10.854/2021).

A caracterização da subordinação jurídica deve ser demonstrada no caso concreto e incorporará a submissão direta, habitual e reiterada do trabalhador aos poderes diretivo, regulamentar e disciplinar da empresa contratante, entre outros (art. 39, § 6º, do Decreto 10.854/2021).

Para a configuração do vínculo de emprego com o contratante (tomador) é exigida, assim, a presença de subordinação jurídica em relação a este, a qual decorre do contrato de trabalho, envolve o modo de prestação do serviço pelo empregado e corresponde ao exercício do poder de direção pelo empregador, não sendo suficiente a mera subordinação estrutural[12].

A empresa contratante é subsidiariamente responsável pelas obrigações trabalhistas referentes ao período em que ocorrer a prestação de serviços, e o recolhimento das contribuições previdenciárias deve observar o disposto no art. 31 da Lei 8.212/1991, sobre retenção pelo contratante (art. 39, § 7º, do Decreto 10.854/2021). Cf. Capítulo 12, item 12.5.

A empresa contratante é responsável pelas infrações relacionadas às condições de segurança, higiene e salubridade dos trabalhadores quando o trabalho for realizado nas suas dependências ou em local previamente convencionado em contrato, observado o disposto no art. 5º-A, § 3º, da Lei 6.019/1974 (art. 39, § 8º, do Decreto 10.854/2021). Esse dispositivo legal dispõe que é responsabilidade

---

[12] "Assim, não havendo alusão no acórdão regional acerca da efetiva existência de pessoalidade e subordinação jurídica direta com a tomadora de serviços, não há como se reconhecer o vínculo direto com a empresa tomadora de serviços. Quanto a esse último aspecto, não se leva em conta a mera subordinação estrutural ou indireta, que, aliás, é inerente à terceirização da atividade-fim – tal implicaria esvaziar de sentido os já mencionados precedentes do STF –, sendo necessário estar comprovada nos autos a subordinação hierárquica direta, presencial ou por via telemática, do trabalhador aos prepostos da tomadora" (TST, 6ª T., RR-551-58.2012.5.04.0022, Rel. Min. Augusto César Leite de Carvalho, DEJT 03.12.2021). "4. Na linha dos precedentes firmados pelo Supremo Tribunal Federal, remanesce a possibilidade de reconhecimento de vínculo com a empresa contratante somente nas hipóteses em que há explícita referência, no acórdão prolatado pelo Tribunal Regional, acerca da configuração da pessoalidade e da subordinação hierárquica direta – presencial ou por via telemática – do obreiro aos prepostos da tomadora dos serviços, sendo insuficiente a constatação da mera subordinação estrutural ou indireta, inerente à própria terceirização" (TST, 6ª T., RR-11548-30.2013.5.18.0005, Rel. Min. Lelio Bentes Corrêa, DEJT 26.11.2021). "Ora, todo empregado terceirizado se submete, de alguma forma, à dinâmica empresarial do tomador, porque é este o beneficiário final dos serviços prestados pelo trabalhador. Sendo assim, pode ele perfeitamente supervisionar e determinar a forma de execução das atividades. Tal situação, contudo, não configura subordinação jurídica. Quando muito, poderia caracterizar a denominada subordinação estrutural, que com aquela não se confunde" (TST, 4ª T., RR-21078-11.2015.5.04.0221, Rel. Min. Guilherme Augusto Caputo Bastos, DEJT 08.10.2021). "Efetivamente, conforme já expresso acima, o Plenário da Suprema Corte concluiu que é lícita a terceirização de toda e qualquer atividade, seja ela meio ou fim, não se configurando relação de emprego entre a contratante e o empregado da contratada tão somente com fundamento na denominada 'subordinação estrutural'" (TST, 7ª T., AIRR-253-75.2016.5.13.0022, Rel. Min. Renato de Lacerda Paiva, DEJT 01.10.2021). "2. Nada obstante o posicionamento até então abraçado por esta Corte Superior, o Supremo Tribunal Federal, no julgamento da ADPF 324 e do RE 958.252, de repercussão geral, firmou entendimento no sentido de que 'é lícita a terceirização ou qualquer outra forma de divisão do trabalho entre pessoas jurídicas distintas, independentemente do objeto social das empresas envolvidas, mantida a responsabilidade subsidiária da empresa contratante'. 3. No caso, não há no acórdão regional qualquer registro concernente à existência de pessoalidade e/ou subordinação direta ao tomador dos serviços, sendo certo que a mera subordinação estrutural não é suficiente a atrair o vínculo empregatício entre o trabalhador e a empresa tomadora, não havendo como reputar ilícita a terceirização empreendida" (TST, 1ª T., RR-714-33.2014.5.12.0026, Rel. Min. Hugo Carlos Scheuermann, DEJT 04.08.2021).

da contratante garantir as condições de segurança, higiene e salubridade dos trabalhadores, quando o trabalho for realizado em suas dependências ou local previamente convencionado em contrato.

São requisitos para o funcionamento da empresa de prestação de serviços a terceiros:

I – prova de inscrição no Cadastro Nacional da Pessoa Jurídica (CNPJ);

II – registro na Junta Comercial;

III – capital social compatível com o número de empregados, observando-se os seguintes parâmetros:

a) empresas com até 10 empregados – capital mínimo de R$ 10.000,00;

b) empresas com mais de 10 e até 20 empregados – capital mínimo de R$ 25.000,00;

c) empresas com mais de 20 e até 50 empregados – capital mínimo de R$ 45.000,00;

d) empresas com mais de 50 e até 100 empregados – capital mínimo de R$ 100.000,00;

e) empresas com mais de 100 empregados – capital mínimo de R$ 250.000,00 (art. 4º-B da Lei 6.019/1974, acrescentada pela Lei 13.429/2017).

Não pode figurar como contratada (prestadora), nos termos do art. 4º-A da Lei 6.019/1974, a pessoa jurídica cujos titulares ou sócios tenham, nos últimos 18 meses, prestado serviços à contratante na qualidade de empregado ou trabalhador sem vínculo empregatício, exceto se os referidos titulares ou sócios forem aposentados (art. 5º-C da Lei 6.019/1974, incluído pela Lei 13.467/2017).

Procura-se evitar a fraude por meio da chamada *pejotização*, ou seja, a contratação de empregados sob a forma de pessoa jurídica. Entretanto, após o referido prazo de 18 meses, é justamente isso o que pode acabar acontecendo, gerando fraude ao vínculo de emprego, o que é vedado pelo art. 9º da CLT.

O art. 5º-D da Lei 6.019/1974, acrescentado pela Lei 13.467/2017, por sua vez, dispõe que o empregado que for demitido não poderá prestar serviços para esta mesma empresa na qualidade de empregado de empresa prestadora de serviços antes do decurso de prazo de dezoito meses, contados a partir da demissão do empregado.

Trata-se, na realidade, da despedida do empregado por certa empresa, não se admitindo que ele passe a prestar serviço para esta, no referido período, mas como empregado de empresa prestadora, ou seja, como terceirizado. Após o referido prazo, entretanto, essa substituição de empregados diretos por terceirizados pode acabar acontecendo na empresa, que deixa de ser empregadora e passa a ser apenas tomadora (contratante).

Na terceirização lícita, a fiscalização, o controle e a organização das atividades do empregado (do serviço terceirizado) não devem ser feitos pelo tomador, mas sim pelo empregador, que é a empresa prestadora. Na hipótese em análise, a relação jurídica do tomador é com a referida empresa, e não com os empregados desta.

Da mesma forma, quem deve exercer o poder disciplinar, perante o trabalhador terceirizado, é o seu empregador. Na terceirização, o empregado não deve ser subordinado de forma direta ao tomador dos serviços, mas sim à empresa prestadora, uma vez que esta exerce o poder de direção.

Cabe frisar ser aplicável ao Direito do Trabalho o *princípio da primazia da realidade*, no sentido de que importa a efetiva verdade dos fatos, e não a simples forma ou denominação atribuída ao negócio jurídico.

Portanto, se o trabalhador for contratado por empresa interposta, forma-se o vínculo de emprego diretamente com o tomador dos serviços, salvo em se tratando de trabalho temporário, observados os requisitos da Lei 6.019/1974.

Ou seja, se, na realidade dos fatos, o empregado tiver vínculo de emprego com o ente tomador, presentes a subordinação direta e a pessoalidade entre eles, este é o verdadeiro empregador, e não a empresa que somente intermediou a mão de obra, ainda que ela figure, formalmente, como contratante do trabalhador.

Essa intermediação configura fraude aos preceitos jurídico-trabalhistas, de natureza cogente, não produzindo efeitos em razão da nulidade incidente (art. 9º da CLT).

Se, com o fim de terceirizar certa atividade, for contratada empresa prestadora, mas o tomador exercer o poder diretivo diretamente perante o trabalhador, este, na realidade, passa a ter sua relação jurídica de emprego com o próprio tomador. Trata-se da consequência de a terceirização ser considerada ilícita.

Além disso, a empresa que intermediou a mão de obra também responde de forma solidária pelos créditos trabalhistas, com fundamento no art. 942 do Código Civil de 2002, c/c o art. 8º, § 1º, da CLT, justamente por ter participado da lesão do direito decorrente da terceirização fraudulenta.

Portanto, caso haja subordinação direta dos empregados terceirizados com a empresa contratante, a terceirização deve ser considerada ilícita, gerando o vínculo de emprego diretamente com o tomador (exceto no caso da Administração Pública, em razão da exigência de aprovação prévia em concurso público, nos termos do art. 37, inciso II, da Constituição da República). Na hipótese de terceirização ilícita, a empresa tomadora deve ser considerada a verdadeira empregadora e a empresa prestadora de serviços responde solidariamente pelos direitos trabalhistas.

Não se permite que o empregador, em vez de admitir diretamente os seus empregados, insira um intermediário como mero empregador "formal" (conhecido no meio rural como "gato" ou "empreiteiro"), que apenas faz a intermediação irregular de mão de obra em favor daquele, procurando confundir o trabalho humano com simples mercadoria.

A violação dos preceitos indicados, em manifesto prejuízo da ordem social, afronta direitos trabalhistas de ordem fundamental, que asseguram a dignidade do trabalhador, correspondendo à grave infração da ordem pública, com nítidos contornos metaindividuais.

Efetivamente, no caso, toda a coletividade de trabalhadores é prejudicada, com graves repercussões à sociedade como um todo. Portanto, o ordenamento jurídico autoriza e determina a atuação coletiva do Ministério Público do Trabalho (arts. 127 e 129, inciso III, da Constituição Federal de 1988), bem como dos demais legitimados, com destaque para os entes sindicais (art. 8º, inciso III, da Constituição da República), no ajuizamento de ações civis públicas e de natureza coletiva, bem como na celebração de Termos de Compromisso de Ajustamento de Conduta pelo MPT (art. 5º, § 6º, da Lei 7.347/1985).

A inspeção do trabalho, exercida pelos órgãos integrantes do Ministério do Trabalho (Superintendências Regionais do Trabalho), também exerce papel fundamental nessa prevenção e repressão das ilegalidades relacionadas à fraude nas relações de trabalho (art. 21, inciso XXIV, da Constituição Federal de 1988).

Mesmo na esfera criminal, cabe destacar o tipo penal previsto no art. 203 do Código Penal, referente à "frustração de direito assegurado por lei trabalhista", com a seguinte redação:

"Art. 203. Frustrar, mediante fraude ou violência, direito assegurado pela legislação do trabalho:
Pena: detenção, de um ano a dois anos, e multa, além da pena correspondente à violência".

A referida pena é aumentada de 1/6 a 1/3 se a vítima é menor de 18 anos, idosa, gestante, indígena ou portadora de deficiência física ou mental (§ 2º do art. 203 do CP).

A intermediação irregular de mão de obra constitui fraude à aplicação dos direitos trabalhistas, pois visa a retirar a incidência da respectiva legislação, de ordem pública, que tutela as relações de emprego. Por isso, a reação jurídica deve ser efetiva, incluindo-se a aplicação das previsões constantes dos "Crimes contra a Organização do Trabalho".

Nesse aspecto, de acordo com o art. 109, inciso VI, da Constituição Federal de 1988, compete aos juízes federais processar e julgar "os crimes contra a organização do trabalho". Cabe destacar que o Supremo Tribunal Federal deferiu liminar em medida cautelar na Ação Direta de Inconstitucionalidade 3.684-0, com efeito *ex tunc*, atribuiu interpretação conforme a Constituição aos incisos I, IV e IX do seu art. 114, declarando que, "no âmbito da jurisdição da Justiça do Trabalho, não está incluída competência para processar e julgar ações penais".

O Supremo Tribunal Federal julgou procedente o pedido formulado em ação direta de inconstitucionalidade, de modo a conferir interpretação conforme a Constituição ao seu art. 114, incisos I,

IV e IX, na redação dada pela Emenda Constitucional 45/2004, para afastar qualquer interpretação que entenda competir à Justiça do Trabalho processar e julgar ações penais, nos termos da medida cautelar anteriormente deferida (STF, Pleno, ADI 3.684/DF, Rel. Min. Gilmar Mendes, *DJe* 01.06.2020).

Conforme entendimento firmado na Súmula 115 do TFR, ainda aplicado pelos tribunais no presente: "Compete à Justiça Federal processar e julgar os crimes contra a organização do trabalho, quando tenham por objeto a organização geral do trabalho ou direitos dos trabalhadores considerados coletivamente". No caso de fraude às relações de emprego, em razão de intermediação irregular de mão de obra, tem-se nitidamente um prejuízo a toda a coletividade de trabalhadores, afrontando a organização geral do trabalho como um todo.

Cabe o registro, ainda, da ilegalidade decorrente da intermediação de mão de obra com a utilização irregular do trabalho presidiário.

O *trabalho do preso*, de acordo com a Lei de Execução Penal (art. 28, § 2º, da Lei 7.210/1984), não está sujeito ao regime da Consolidação das Leis do Trabalho. Desse modo, o entendimento normalmente adotado é no sentido da ausência de vínculo de emprego, deixando de incidir os diversos direitos previstos na legislação trabalhista[13]. A justificativa estaria nos contornos bem diferenciados do referido labor, visto como "dever social", tendo finalidade preponderantemente "educativa" (art. 28, *caput*, da Lei 7.210/1984), com importante papel na ressocialização do presidiário.

Desse modo, não se pode admitir a terceirização ilícita (abusiva) de toda a atividade ou produção da empresa para o presídio, em manifesta fraude às relações de trabalho, inaceitável prejuízo ao nível de emprego, constituindo até mesmo, no âmbito da ordem econômica, grave concorrência desleal perante as demais empresas (que admitem empregados e arcam com os custos dos diversos direitos trabalhistas e previdenciários).

Por isso, deve ser necessariamente observado o limite máximo de utilização da mão de obra carcerária, ou seja, até 10% do número de empregados ativados em cada empresa com quem o presídio ou centro de ressocialização mantenha parceria (convênio), seja no trabalho externo, seja no trabalho interno e nas oficinas de trabalho, nos termos dos arts. 34, § 2º, e 36 da Lei de Execução Penal (Lei 7.210/1984). O limite de presos expressamente previsto no art. 36, § 1º (10% do total de empregados na obra), portanto, deve ser aplicado sistematicamente, ou seja, não só para o trabalho externo, mas extensiva e analogicamente também ao trabalho interno, inclusive em oficinas de trabalho[14].

---

[13] No entanto, de acordo com o art. 28, § 1º, da Lei de Execução Penal: "Aplicam-se à organização e aos métodos de trabalho as precauções relativas à segurança e à higiene".

[14] "Recurso de revista. Ação civil pública. Indenização por dano moral coletivo. Descumprimento de preceito legal. Contratação de detentos acima do limite legal. Preterição de trabalhadores livres. Violação do direito social ao trabalho e ao postulado do pleno emprego. Releva para a configuração do dano moral coletivo a materialização de ofensa à ordem jurídica, ou seja, a todo o plexo de normas edificadas com a finalidade de tutela dos direitos mínimos assegurados aos trabalhadores a partir da matriz constitucional de 1988 e que se protrai por todo o ordenamento jurídico. Assim, o dano moral coletivo se caracteriza pela ofensa a uma coletividade e não apenas a um indivíduo e também pelo descumprimento de preceitos ou obrigações legais que causem dano a uma coletividade de trabalhadores. O artigo 186 do Código Civil expressamente prevê o cometimento de ato ilícito por parte daquele que, 'por ação ou omissão voluntária, negligência ou imprudência, violar direito e causar dano a outrem, ainda que exclusivamente moral'. Por outro lado, o artigo 927 do mesmo diploma legal atribui àquele que pratica ato ilícito o dever de indenizar. Na hipótese em apreço, a Corte Regional registrou que a empresa realizou a contratação de detentos em número superior ao permitido pela Lei de Execução Penal. Ressalte-se que, conforme quadro fático constante dos autos, a ré firmou convênio com uma ONG e o Poder Público e atuou diretamente dentro do presídio, local onde os presidiários lhe prestavam serviços de colagem de caixas. Nos termos do art. 28 da Lei de Execução Penal, o trabalho realizado pelo condenado tem finalidade educativa e produtiva, sendo um dever social e condição de dignidade humana. Por outro lado, o § 2º do referido dispositivo expressamente exclui do regime da CLT o trabalho realizado pelo preso. O trabalho constitui, ainda, um dever do condenado (art. 39, V, da Lei 7.210/1984). Sem dúvida que o trabalho do preso é benéfico para ele próprio e para a sociedade, como meio de ressocialização e de afirmação de sua dignidade, bem como forma de qualificação profissional e reinserção no mercado de trabalho após o cumprimento da pena. Além disso, o trabalho do condenado constitui medida de remição da pena (art. 126 da LEP), que é diminuída proporcionalmente ao tempo de trabalho prestado. Dessa forma, o trabalho do detento é, *a priori*, medida de inclusão social. No entanto, o estímulo à contratação de mão de obra carcerária não pode servir de pretexto para violação de direitos sociais constitucionalmente garantidos a todos os cidadãos, qual seja, o direito ao trabalho

Nos contratos administrativos, o edital de licitação pode, na forma disposta em regulamento, exigir que percentual mínimo da mão de obra responsável pela execução do objeto da contratação seja constituído por: I – mulheres vítimas de violência doméstica; II – oriundos ou egressos do sistema prisional (art. 25, § 9º, da Lei 14.133/2021). O Decreto 9.450/2018 institui a Política Nacional de Trabalho no âmbito do Sistema Prisional (Pnat) para permitir a inserção das pessoas privadas de liberdade e egressas do sistema prisional no mundo do trabalho e na geração de renda.

12.4 Terceirização na Administração Pública

No caso de terceirização no âmbito da Administração Pública, observa-se a presença de contrato administrativo, firmado com a empresa prestadora de serviço especializado, devendo ser precedido, em regra, de licitação[15].

A respeito do tema, tem-se admitido a terceirização também no âmbito da Administração Pública[16], desde que envolva certos serviços e estejam ausentes a pessoalidade e a subordinação direta com o ente público.

---

e ao pleno emprego. Assim, no caso concreto, verifica-se a lesão a uma coletividade de trabalhadores pelo descumprimento do artigo 36, § 1º, da Lei 7.210/1984 (Lei de Execução Penal), que impõe o limite de 10% para a contratação de trabalho de presos. De fato, na interpretação gramatical do referido dispositivo se constata que a limitação se aplica ao trabalho externo realizado pelo preso. No entanto, cabe ao magistrado, no plano da hermenêutica, buscar uma interpretação que seja mais condizente com os princípios gerais do direito e à própria Constituição Federal. Isso porque, o ordenamento jurídico deve ser interpretado em seu todo, de maneira sistemática e lógica, a fim de buscar a sua completude e sincronia, evitando, assim, interpretações isoladas, com conclusões que levem ao absurdo. Dessa forma, a partir de uma interpretação da ordem constitucional, que tem como fundamento os valores sociais do trabalho e da livre iniciativa (art. 1º, IV, da CF), bem como o direito social ao trabalho (art. 6º da CF), o postulado da valorização do trabalho humano (art. 170, *caput*, da CF) e o princípio do pleno emprego (art. 170, VIII, da CF), verifica-se que a conduta da ré, em prestigiar a contratação de mão de obra de detentos em percentual superior ao permitido pela lei, sem reconhecimento de direitos trabalhistas assegurados pela CLT (conforme expressa determinação legal), em detrimento de outros trabalhadores livres, que buscam a efetivação do direito social ao trabalho e do pleno emprego, viola a ordem jurídica e causa dano moral coletivo. A Lei de Execução Penal, apesar de facultar a contratação de detentos, impõe limite máximo, de forma que agride a lei contratar além desse limite, pois a fraude reside na contratação sem vínculo para economizar custos de contratação com vínculo. Além disso, em se tratando de serviços prestados diretamente dentro do presídio, vários custos operacionais da empresa são reduzidos (ex.: energia elétrica, consumo de água, aluguel do espaço físico, transporte e alimentação dos prestadores de serviços, etc.). Por certo que não se pode desprestigiar a conduta da ré, que, ultrapassando preconceitos sociais e buscando a efetivação de direitos outros relacionados à comunidade carcerária, tem proporcionado dignidade a estes, implementando trabalho diretamente nos presídios. Por outro lado, essa faculdade por ela exercida deve observar um limite legalmente imposto, a fim de preservar a possibilidade de contratação de trabalhadores livres, que tenham direitos trabalhistas assegurados, realizando assim sua função social e a efetivação de direitos sociais constitucionalmente previstos. Diante do acima exposto, constata-se a existência de dano, bem como de nexo de causalidade e culpa da empresa, configurando ato ilícito a ensejar indenização do dano moral coletivo, tendo em vista que a empresa incorreu em descumprimento das obrigações legais a ela imposta ao contratar detentos em número superior ao permitido por lei. Recurso de revista conhecido por violação dos artigos 186 e 927 do CCB e provido" (TST, 3ª T., RR 41600-72.2009.5.15.0024, Rel. Min. Alexandre de Souza Agra Belmonte, *DEJT* 13.04.2018).

[15] Cf. MEIRELLES, Hely Lopes. *Direito administrativo brasileiro*. 26. ed. atual por Eurico de Andrade Azevedo, Délcio Balestero Aleixo e José Emmanuel Burle Filho. São Paulo: Malheiros, 2001. p. 255-256.

[16] Cf. Decreto-lei 200, de 25.02.1967, art. 10, § 7º: "Para melhor desincumbir-se das tarefas de planejamento, coordenação, supervisão e controle e com o objetivo de impedir o crescimento desmesurado da máquina administrativa, a Administração procurará desobrigar-se da realização material de tarefas executivas, recorrendo, sempre que possível, à execução indireta, mediante contrato, desde que exista, na área, iniciativa privada suficientemente desenvolvida e capacitada a desempenhar os encargos de execução". A aplicação desse critério está condicionada, em qualquer caso, aos ditames do interesse público e às conveniências da segurança nacional (art. 10, § 8º, do Decreto-lei 200/1967). Cf. ainda CARELLI, Rodrigo de Lacerda. *Formas atípicas de trabalho*. São Paulo: LTr, 2004. p. 48: "Verifique-se que em nenhum momento se fala em fornecimento de pessoal, o que seria até mesmo absurdo atualmente, em face da exigência constitucional de concurso público para a inserção de trabalhador na Administração. Vê-se que se trata claramente de terceirização, cessão de tarefas ou serviços a serem realizados autonomamente por empresas capacitadas tecnicamente (especializadas). Assim, houve a previsão de terceirização pelo Dec.-lei n. 200/1967, e não de fornecimento de trabalhadores".

A Lei 13.429/2017 não restringe a sua incidência à esfera privada, podendo dar margem ao entendimento de que certas previsões sobre terceirização poderiam ser aplicadas, em tese, também à Administração Pública, desde que sejam observadas as disposições específicas a respeito, como a exigência de licitação na contratação de serviços (art. 37, inciso XXI, da Constituição Federal de 1988)[17].

A terceirização não pode acarretar o descumprimento da exigência constitucional de aprovação prévia em concurso público para a investidura em cargo ou emprego público (art. 37, inciso II, da Constituição da República).

De forma específica, o Decreto 9.507/2018 dispõe sobre a *execução indireta*, mediante contratação, de serviços da administração pública federal direta, autárquica e fundacional e das empresas públicas e das sociedades de economia mista controladas pela União (art. 1º).

Ato do Ministro de Estado do Planejamento, Desenvolvimento e Gestão deve estabelecer os serviços que serão *preferencialmente* objeto de execução indireta mediante contratação (art. 2º do Decreto 9.507/2018).

Não serão objeto de execução indireta na administração pública federal direta, autárquica e fundacional, os serviços: I – que envolvam a tomada de decisão ou posicionamento institucional nas áreas de planejamento, coordenação, supervisão e controle; II – que sejam considerados estratégicos para o órgão ou a entidade, cuja terceirização possa colocar em risco o controle de processos e de conhecimentos e tecnologias; III – que estejam relacionados ao poder de polícia, de regulação, de outorga de serviços públicos e de aplicação de sanção; IV – que sejam inerentes às categorias funcionais abrangidas pelo plano de cargos do órgão ou da entidade, exceto disposição legal em contrário ou quando se tratar de cargo extinto, total ou parcialmente, no âmbito do quadro geral de pessoal (art. 3º do Decreto 9.507/2018).

Os *serviços auxiliares, instrumentais ou acessórios* de que tratam os incisos acima podem ser executados de forma indireta, sendo vedada a transferência de responsabilidade para a realização de atos administrativos ou a tomada de decisão para o contratado.

Os serviços auxiliares, instrumentais ou acessórios de fiscalização e consentimento relacionados ao exercício do *poder de polícia* não serão objeto de execução indireta.

Nas empresas públicas e nas sociedades de economia mista controladas pela União, *não serão objeto de execução indireta* os serviços que demandem a utilização, pela contratada, de profissionais com atribuições inerentes às dos cargos integrantes de seus Planos de Cargos e Salários, exceto se contrariar os princípios administrativos da eficiência, da economicidade e da razoabilidade, tais como na ocorrência de, ao menos, uma das seguintes hipóteses: I – caráter temporário do serviço; II – incremento temporário do volume de serviços; III – atualização de tecnologia ou especialização de serviço, quando for mais atual e segura, que reduzem o custo ou for menos prejudicial ao meio ambiente; ou IV – impossibilidade de competir no mercado concorrencial em que se insere (art. 4º do Decreto 9.507/2018). Trata-se de exceção que, por fazer menção a preceitos genéricos, pode dar margem a questionamentos.

As situações de exceção a que se referem os incisos I e II podem estar relacionadas às especificidades da localidade ou à necessidade de maior abrangência territorial.

Os empregados da contratada com atribuições semelhantes ou não com as atribuições da contratante devem atuar somente no desenvolvimento dos serviços contratados.

---

[17] "Art. 37. A administração pública direta e indireta de qualquer dos Poderes da União, dos Estados, do Distrito Federal e dos Municípios obedecerá aos princípios de legalidade, impessoalidade, moralidade, publicidade e eficiência e, também, ao seguinte: [...] XXI – ressalvados os casos especificados na legislação, as obras, serviços, compras e alienações serão contratados mediante processo de licitação pública que assegure igualdade de condições a todos os concorrentes, com cláusulas que estabeleçam obrigações de pagamento, mantidas as condições efetivas da proposta, nos termos da lei, o qual somente permitirá as exigências de qualificação técnica e econômica indispensáveis à garantia do cumprimento das obrigações".

Não se aplica a vedação do art. 4º do Decreto 9.507/2018 quando se tratar de cargo extinto ou em processo de extinção.

O Conselho de Administração ou órgão equivalente das empresas públicas e das sociedades de economia mista controladas pela União deve estabelecer o conjunto de atividades que são passíveis de *execução indireta, mediante contratação de serviços*.

Embora o Decreto 9.507/2018 estabeleça certa disciplina delimitadora quanto à execução indireta de serviços da administração pública federal, observa-se nítida *ampliação* quanto à admissão da terceirização nesse âmbito, notadamente quando se compara com as previsões do Decreto 2.271/1997, o qual foi revogado (art. 17 do Decreto 9.507/2018). A interpretação conforme a Constituição da República, assim, impõe que se observe a exigência de aprovação prévia em concurso público para a investidura em cargo ou emprego público (art. 37, inciso II).

É *vedada a contratação*, por órgão ou entidade da administração pública federal direta, autárquica e fundacional e das empresas públicas e das sociedades de economia mista controladas pela União (art. 1º do Decreto 9.507/2018), de pessoa jurídica na qual haja administrador ou sócio com poder de direção que tenham *relação de parentesco* com: detentor de cargo em comissão ou função de confiança que atue na área responsável pela demanda ou pela contratação; ou autoridade hierarquicamente superior no âmbito de cada órgão ou entidade (art. 5º do Decreto 9.507/2018). Trata-se de proibição que tem como fundamento os *princípios da impessoalidade e da moralidade* na administração pública (art. 37, *caput*, da Constituição da República).

Para a *execução indireta de serviços*, no âmbito dos órgãos e das entidades da administração pública federal direta, autárquica e fundacional e das empresas públicas e das sociedades de economia mista controladas pela União, *as contratações devem ser precedidas de planejamento* e o objeto será definido de forma precisa no instrumento convocatório, no projeto básico ou no termo de referência e no contrato como exclusivamente de *prestação de serviços* (art. 6º do Decreto 9.507/2018).

Os referidos instrumentos convocatórios e os contratos podem prever padrões de aceitabilidade e nível de desempenho para aferição da qualidade esperada na prestação dos serviços, com previsão de adequação de pagamento em decorrência do resultado.

Merece destaque a previsão do art. 7º do Decreto 9.507/2018, no sentido de ser *vedada* a inclusão de disposições nos instrumentos convocatórios que permitam: a indexação de preços por índices gerais, nas hipóteses de alocação de mão de obra; *a caracterização do objeto como fornecimento de mão de obra*; a previsão de reembolso de salários pela contratante; *a pessoalidade e a subordinação direta dos empregados da contratada aos gestores da contratante*.

Os contratos de que trata o Decreto 9.507/2018 devem conter cláusulas que (art. 8º do Decreto 9.507/2018):

I – exijam da contratada declaração de responsabilidade exclusiva sobre a quitação dos encargos trabalhistas e sociais decorrentes do contrato;

II – exijam a indicação de preposto da contratada para representá-la na execução do contrato;

III – estabeleçam que o pagamento mensal pela contratante ocorrerá após a comprovação do pagamento das obrigações trabalhistas, previdenciárias e para com o Fundo de Garantia do Tempo de Serviço (FGTS) pela contratada relativas aos empregados que tenham participado da execução dos serviços contratados;

IV – estabeleçam a possibilidade de rescisão do contrato por ato unilateral e escrito do contratante e a aplicação das penalidades cabíveis, na hipótese de não pagamento dos salários e das verbas trabalhistas, e pelo não recolhimento das contribuições sociais, previdenciárias e para com o FGTS;

V – prevejam, com vistas à garantia do cumprimento das obrigações trabalhistas nas contratações de serviços continuados com dedicação exclusiva de mão de obra: a) que os valores destinados ao pagamento de férias, décimo terceiro salário, ausências legais e verbas rescisórias dos empregados da contratada que participarem da execução dos serviços contratados serão efetuados pela contratante à contratada somente na ocorrência do fato gerador; ou b) que os valores destinados ao pagamento das férias, décimo terceiro salário e verbas rescisórias dos empregados da contratada que participarem da execução dos serviços contratados serão depositados pela contratante em conta vinculada específica, aberta em nome da contratada, e com movimentação autorizada pela contratante;

VI – exijam a prestação de garantia, inclusive para pagamento de obrigações de natureza trabalhista, previdenciária e para com o FGTS, em valor correspondente a cinco por cento do valor do contrato, limitada ao equivalente a dois meses do custo da folha de pagamento dos empregados da contratada que venham a participar da execução dos serviços contratados, com prazo de validade de até noventa dias, contado da data de encerramento do contrato;

VII – prevejam a verificação pela contratante, do cumprimento das obrigações trabalhistas, previdenciárias e para com o FGTS, em relação aos empregados da contratada que participarem da execução dos serviços contratados, em especial, quanto: a) ao pagamento de salários, adicionais, horas extras, repouso semanal remunerado e décimo terceiro salário; b) à concessão de férias remuneradas e ao pagamento do respectivo adicional; c) à concessão do auxílio-transporte, auxílio-alimentação e auxílio-saúde, quando for devido; d) aos depósitos do FGTS; e) ao pagamento de obrigações trabalhistas e previdenciárias dos empregados dispensados até a data da extinção do contrato.

Na hipótese de não ser apresentada a documentação comprobatória do cumprimento das obrigações trabalhistas, previdenciárias e para com o FGTS de que trata o inciso VII, a contratante deve comunicar o fato à contratada e *reterá o pagamento da fatura mensal*, em valor proporcional ao inadimplemento, até que a situação esteja regularizada (art. 8º, § 1º, do Decreto 9.507/2018).

Na hipótese prevista no § 1º do art. 8º do Decreto 9.507/2018, e em não havendo quitação das obrigações por parte da contratada, no prazo de até 15 dias, a contratante poderá efetuar o pagamento das obrigações *diretamente* aos empregados da contratada que tenham participado da execução dos serviços contratados (art. 8º, § 2º, do Decreto 9.507/2018).

O sindicato representante da categoria do trabalhador deve ser *notificado pela contratante* para acompanhar o pagamento das verbas referidas nos § 1º e § 2º do art. 8º do Decreto 9.507/2018.

O pagamento das obrigações de que trata o § 2º do art. 8º do Decreto 9.507/2018, caso ocorra, não configura vínculo empregatício ou implica a assunção de responsabilidade por quaisquer obrigações dele decorrentes entre a contratante e os empregados da contratada.

Os contratos de prestação de serviços continuados que envolvam disponibilização de pessoal da contratada de forma prolongada ou contínua para consecução do objeto contratual devem exigir: apresentação pela contratada do quantitativo de empregados vinculados à execução do objeto do contrato de prestação de serviços, a lista de identificação destes empregados e respectivos salários; o cumprimento das obrigações estabelecidas em acordo, convenção, dissídio coletivo de trabalho ou equivalentes das categorias abrangidas pelo contrato; a relação de benefícios a serem concedidos pela contratada a seus empregados, que deve conter, no mínimo, o auxílio-transporte e o auxílio-alimentação, quando esses forem concedidos pela contratante (art. 9º do Decreto 9.507/2018).

A administração pública não se vincula às disposições estabelecidas em acordos, dissídios ou convenções coletivas de trabalho que tratem de: pagamento de participação dos trabalhadores nos lucros ou nos resultados da empresa contratada; matéria não trabalhista, ou que estabeleçam direitos não previstos em lei, tais como valores ou índices obrigatórios de encargos sociais ou previdenciários; preços para os insumos relacionados ao exercício da atividade.

A gestão e a fiscalização da execução dos contratos compreendem o conjunto de ações que objetivam: aferir o cumprimento dos resultados estabelecidos pela contratada; verificar a regularidade das obrigações previdenciárias, fiscais e trabalhistas; prestar apoio à instrução processual e ao encaminhamento da documentação pertinente para a formalização dos procedimentos relativos a repactuação, reajuste, alteração, reequilíbrio, prorrogação, pagamento, aplicação de sanções, extinção dos contratos, entre outras, com vistas a assegurar o cumprimento das cláusulas do contrato a solução de problemas relacionados ao objeto (art. 10 do Decreto 9.507/2018).

A gestão e a fiscalização acima indicadas competem ao *gestor da execução dos contratos*, auxiliado pela fiscalização técnica, administrativa, setorial e pelo público usuário e, se necessário, pode ter o auxílio de terceiro ou de empresa especializada, desde que justificada a necessidade de assistência especializada (art. 11 do Decreto 9.507/2018).

Será admitida a *repactuação de preços* dos serviços continuados sob regime de mão de obra exclusiva, com vistas à adequação ao preço de mercado, desde que: seja observado o interregno mínimo de um ano das datas dos orçamentos para os quais a proposta se referir; e seja demonstrada de forma analítica a variação dos componentes dos custos do contrato, devidamente justificada (art. 12 do Decreto 9.507/2018).

O *reajuste em sentido estrito*, espécie de reajuste nos contratos de serviço continuado sem dedicação exclusiva de mão de obra, consiste na aplicação de índice de correção monetária estabelecido no contrato, que deve retratar a variação efetiva do custo de produção, admitida a adoção de índices específicos ou setoriais (art. 13 do Decreto 9.507/2018).

É admitida a estipulação de reajuste em sentido estrito nos contratos de prazo de duração igual ou superior a um ano, desde que não haja regime de dedicação exclusiva de mão de obra.

Nas hipóteses em que o valor dos contratos de serviços continuados seja preponderantemente formado pelos custos dos insumos, pode ser adotado o reajuste de que trata o art. 13 do Decreto 9.507/2018.

As empresas públicas e as sociedades de economia mista controladas pela União devem adotar os mesmos parâmetros das sociedades privadas naquilo que não contrariar seu regime jurídico e o disposto no Decreto 9.507/2018 (art. 14).

Nesse sentido, cabe à lei estabelecer o estatuto jurídico da empresa pública, da sociedade de economia mista e de suas subsidiárias que explorem atividade econômica de produção ou comercialização de bens ou de prestação de serviços, dispondo sobre a *sujeição ao regime jurídico próprio das empresas privadas*, inclusive quanto aos direitos e obrigações civis, comerciais, trabalhistas e tributários (art. 173, § 1º, inciso II, da Constituição da República)[18].

Nos casos em que o contratante (tomador) é ente público, mesmo sendo a terceirização ilícita, envolvendo contratação irregular de trabalhador, mediante empresa interposta, não há possibilidade de reconhecimento do vínculo de emprego com os órgãos da Administração Pública direta, indireta ou fundacional, em razão da ausência do requisito constitucional de aprovação prévia em concurso público (art. 37, inciso II, e § 2º, da Constituição da República)[19].

Nesse sentido, consoante a Súmula 331, inciso II, do TST:

"II – A contratação irregular de trabalhador, mediante empresa interposta, não gera vínculo de emprego com os órgãos da Administração Pública direta, indireta ou fundacional (art. 37, II, da CF/1988)".

Ainda assim, em se tratando de terceirização ilícita em que a Administração Pública figure como tomadora (contratante), segundo a Orientação Jurisprudencial 383 da SBDI-I do TST:

"Terceirização. Empregados da empresa prestadora de serviços e da tomadora. Isonomia. Art. 12, *a*, da Lei n. 6.019, de 03.01.1974. A contratação irregular de trabalhador, mediante empresa inter-

---

[18] A Lei 13.303/2016 dispõe sobre o estatuto jurídico da empresa pública, da sociedade de economia mista e de suas subsidiárias, abrangendo toda e qualquer empresa pública e sociedade de economia mista da União, dos Estados, do Distrito Federal e dos Municípios que explore atividade econômica de produção ou comercialização de bens ou de prestação de serviços, ainda que a atividade econômica esteja sujeita ao regime de monopólio da União ou seja de prestação de serviços públicos.

[19] Cf. ainda a Súmula 363 do TST: "A contratação de servidor público, após a CF/1988, sem prévia aprovação em concurso público, encontra óbice no respectivo art. 37, II, e § 2º, somente lhe conferindo direito ao pagamento da contraprestação pactuada, em relação ao número de horas trabalhadas, respeitado o valor da hora do salário mínimo, e dos valores referentes aos depósitos do FGTS".

posta, não gera vínculo de emprego com ente da Administração Pública, não afastando, contudo, pelo princípio da isonomia, o direito dos empregados terceirizados às mesmas verbas trabalhistas legais e normativas asseguradas àqueles contratados pelo tomador dos serviços, desde que presente a igualdade de funções. Aplicação analógica do art. 12, *a*, da Lei n. 6.019, de 03.01.1974".

Nessa linha de entendimento, se a contratante (tomadora) tiver empregados próprios (contratados diretamente) e empregados terceirizados (contratados pela empresa prestadora) exercendo as mesmas funções, em idênticas condições, tendo em vista a incidência do princípio da igualdade (art. 5º, *caput*, da Constituição da República), deve-se aplicar o mesmo patamar remuneratório e de outros direitos trabalhistas a ambos os tipos de empregados, para que não haja tratamento discriminatório entre trabalhadores (art. 3º, inciso IV, art. 5º, inciso XLI, e art. 7º, incisos XXX, XXXI e XXXII, da Constituição Federal de 1988).

Entretanto, na atualidade, o Supremo Tribunal Federal, ao julgar recurso extraordinário com repercussão geral, firmou entendimento em sentido diverso, afastando o direito à equiparação de remuneração e de direitos entre empregados de empresa pública tomadora de serviços e empregados da empresa contratada ou terceirizada (STF, Pleno, RE 635.546/MG, Red. p/ ac. Min. Roberto Barroso, j. 29.03.2021).

Nesse sentido, o Supremo Tribunal Federal fixou a seguinte tese de repercussão geral: "A equiparação de remuneração entre empregados da empresa tomadora de serviços e empregados da empresa contratada (terceirizada) fere o princípio da livre iniciativa, por se tratar de agentes econômicos distintos, que não podem estar sujeitos a decisões empresariais que não são suas" (STF, Pleno, RE 635.546/MG, Red. p/ ac. Min. Roberto Barroso, *DJe* 19.05.2021)[20].

Ademais, conforme a Orientação Jurisprudencial 321 da SBDI-I do TST, *em relação a período anterior à vigência da Constituição Federal de 1988*, na contratação ilegal de trabalhadores, por empresa interposta, salvo serviços de vigilância e trabalho temporário nos termos da lei, forma-se o vínculo empregatício diretamente com o tomador dos serviços, mesmo sendo a Administração Pública[21].

No regime da Constituição Federal de 1967, com a redação dada pela Emenda Constitucional 1/1969, a *primeira* investidura em *cargo público* é que dependia da aprovação em concurso público[22], não havendo, na época, essa mesma exigência quanto ao emprego público, regido pela Consolidação das Leis do Trabalho.

Em razão disso, quanto ao período anterior a 5 de outubro de 1988, caso a Administração Pública figure como tomadora de serviços, tratando-se de terceirização irregular ou contratação de

---

[20] "Direito constitucional e do Trabalho. Terceirização de atividade-fim. Equiparação remuneratória. Descabimento. 1. Recurso extraordinário em que se debate se o empregado de empresa contratada teria direito à equiparação remuneratória com o empregado da empresa tomadora do serviço, quando ambos atuarem na mesma atividade-fim. 2. Conforme decisão proferida pelo Supremo Tribunal Federal nos autos da ADPF 324, Rel. Min. Luís Roberto Barroso, a terceirização das atividades-meio ou das atividades-fim de uma empresa tem amparo nos princípios constitucionais da livre iniciativa e da livre concorrência, que asseguram aos agentes econômicos a liberdade de decidir como estruturarão seu negócio (art. 170, *caput* e inc. IV, CF). 3. Do mesmo modo, a decisão sobre quanto pagar ao empregado é tomada por cada empresa, de acordo com suas capacidades econômicas, e protegida pelos mesmos princípios constitucionais. Portanto, não se pode sujeitar a contratada à decisão da tomadora e vice-versa. 4. Além disso, a exigência de equiparação, por via transversa, inviabiliza a terceirização para fins de redução de custos, esvaziando o instituto. 5. Recurso provido. Tese: 'A equiparação de remuneração entre empregados da empresa tomadora de serviços e empregados da empresa contratada (terceirizada) fere o princípio da livre iniciativa, por se tratar de agentes econômicos distintos, que não podem estar sujeitos a decisões empresariais que não são suas'" (STF, Pleno, RE 635.546/MG, Red. p/ ac. Min. Roberto Barroso, *DJe* 19.05.2021).

[21] Orientação Jurisprudencial 321 da SBDI-I do TST: "Vínculo empregatício com a Administração Pública. Período anterior à CF/1988. Salvo os casos de trabalho temporário e de serviço de vigilância, previstos nas Leis ns. 6.019, de 3 de janeiro de 1974, e 7.102, de 20 de junho de 1983, é ilegal a contratação de trabalhadores por empresa interposta, formando-se o vínculo empregatício diretamente com o tomador dos serviços, inclusive ente público, em relação ao período anterior à vigência da CF/1988".

[22] DI PIETRO, Maria Sylvia Zanella. *Direito administrativo*. 19. ed. São Paulo: Atlas, 2006. p. 581.

trabalhador por empresa interposta (intermediação ilícita de mão de obra), forma-se o vínculo empregatício diretamente com aquela.

Para o empregado público em específico, a prévia aprovação em concurso público é requisito exigido somente a partir da vigência da Constituição Federal de 1988 (art. 37, inciso II, e § 2º). Portanto, a contratação, antes de 5 de outubro de 1988, sem esse requisito, não implica nulidade, e o vínculo de emprego prossegue normalmente.

Aliás, se presentes os requisitos do art. 19 do Ato das Disposições Constitucionais Transitórias, o servidor será até mesmo considerado estável no serviço público.

12.5 Responsabilidade do tomador

Na terceirização, *contratante* é a pessoa física ou jurídica que celebra contrato com empresa de prestação de serviços relacionados a *quaisquer de suas atividades, inclusive sua atividade principal* (art. 5º-A da Lei 6.019/1974, com redação dada pela Lei 13.467/2017).

Assim, reitera-se a previsão de que a contratante (tomadora) pode terceirizar quaisquer de suas atividades, *inclusive a sua atividade principal*, perdendo relevância a distinção entre atividades-fim e atividades-meio.

O *contrato de prestação de serviços* deve conter: qualificação das partes; especificação do serviço a ser prestado; prazo para realização do serviço, quando for o caso; valor (art. 5º-B da Lei 6.019/1974, acrescentado pela Lei 13.429/2017).

A empresa contratante (tomadora), diversamente da empresa prestadora de serviços, pode ser pessoa física ou jurídica.

Observa-se, portanto, a previsão de que a terceirização da execução de atividades da contratante (tomadora) deve dizer respeito a serviços especificados.

Como a empresa contratada presta serviços especificados, estes normalmente envolvem *serviços especializados*, ainda que a atividade cuja execução seja transferida possa dizer respeito à atividade principal da contratante (art. 4º-A da Lei 6.019/1974).

É vedada à contratante (tomadora) a utilização dos trabalhadores em atividades distintas daquelas que foram objeto do contrato com a empresa prestadora de serviços (art. 5º-A, § 1º, da Lei 6.019/1974).

Além disso, os serviços contratados podem ser executados nas instalações físicas da empresa contratante (como normalmente ocorre) ou em outro local, de comum acordo entre as partes (art. 5º-A, § 2º, da Lei 6.019/1974).

Torna-se possível, assim, o empregado terceirizado prestar serviço a distância, inclusive sob a forma de teletrabalho.

Mesmo porque não se distingue entre o trabalho realizado no estabelecimento do empregador, o executado no domicílio do empregado e o realizado a distância, desde que estejam caracterizados os pressupostos da relação de emprego (art. 6º da CLT, com redação dada pela Lei 12.551/2011). Além disso, os meios telemáticos e informatizados de comando, controle e supervisão se equiparam, para fins de subordinação jurídica, aos meios pessoais e diretos de comando, controle e supervisão do trabalho alheio.

É responsabilidade da contratante (tomadora) garantir as condições de segurança, higiene e salubridade dos trabalhadores, quando o trabalho for realizado em suas dependências ou local previamente convencionado em contrato (art. 5º-A, § 3º, da Lei 6.019/1974).

Logo, se o empregado terceirizado prestar serviço no estabelecimento da empresa tomadora ou em outro local pactuado entre as partes, esta responde pela higidez do meio ambiente de trabalho, inclusive em casos de acidentes de trabalho e doenças ocupacionais.

Sendo assim, as indenizações decorrentes desses infortúnios são de responsabilidade solidária tanto da empresa prestadora de serviço, por ser empregadora, como da empresa contratante, por ter o dever de cuidar do meio ambiente de trabalho.

Nesse sentido, em conformidade com o Enunciado 44 aprovado na 1ª Jornada de Direito Material e Processual na Justiça do Trabalho (ocorrida em Brasília, 2007):

"Responsabilidade civil. Acidente do trabalho. Terceirização. Solidariedade. Em caso de terceirização de serviços, o tomador e o prestador respondem solidariamente pelos danos causados à saúde dos trabalhadores. Inteligência dos artigos 932, III, 933 e 942, parágrafo único, do Código Civil e da Norma Regulamentadora 4 (Portaria 3.214/78 do Ministério do Trabalho e Emprego)".

A contratante *pode* estender ao trabalhador da empresa de prestação de serviços o mesmo atendimento médico, ambulatorial e de refeição destinado aos seus empregados, existente nas dependências da contratante, ou local por ela designado (art. 5º-A, § 4º, da Lei 6.019/1974).

A previsão tem caráter meramente facultativo, diversamente da determinação cogente relativa ao trabalho temporário (art. 9º, § 2º, da Lei 6.019/1974, acrescentado pela Lei 13.429/2017).

Entretanto, de acordo com o art. 4º-C da Lei 6.019/1974, incluído pela Lei 13.467/2017, são asseguradas aos empregados da empresa prestadora de serviços a que se refere o art. 4º-A da Lei 6.019/1974, *quando e enquanto os serviços*, que podem ser de qualquer uma das atividades da contratante, *forem executados nas dependências da tomadora*, as mesmas condições:

I – relativas a:

a) alimentação garantida aos empregados da contratante, quando oferecida em refeitórios;

b) direito de utilizar os serviços de transporte;

c) atendimento médico ou ambulatorial existente nas dependências da contratante ou local por ela designado;

d) treinamento adequado, fornecido pela contratada, quando a atividade o exigir.

II – sanitárias, de medidas de proteção à saúde e de segurança no trabalho e de instalações adequadas à prestação do serviço.

Contratante e contratada *podem* estabelecer, se assim entenderem, que os empregados da contratada farão jus a salário equivalente ao pago aos empregados da contratante, além de outros direitos não previstos no art. 4º-C da Lei 6.019/1974.

Trata-se de mera faculdade no caso de terceirização, diversamente da previsão imperativa quanto ao trabalhador temporário (art. 12, *a*, da Lei 6.019/1974).

Nos contratos que impliquem mobilização de empregados da contratada (prestadora) em número igual ou superior a 20% dos empregados da contratante (tomadora), esta *pode* disponibilizar aos empregados da contratada os serviços de alimentação e atendimento ambulatorial em *outros locais apropriados e com igual padrão de atendimento*, com vistas a manter o pleno funcionamento dos serviços existentes (art. 4º-C, § 2º, da Lei 6.019/1974).

A empresa contratante (tomadora) é *subsidiariamente* responsável pelas obrigações trabalhistas referentes ao período em que ocorrer a prestação de serviços, e o recolhimento das contribuições previdenciárias deve observar o disposto no art. 31 da Lei 8.212/1991 (art. 5º-A, § 5º, da Lei 6.019/1974).

Trata-se do entendimento que já prevalecia nas hipóteses de terceirização lícita, como se observava na Súmula 331, inciso IV, do TST.

Ou seja, quem terceiriza certas atividades tem os deveres de escolher empresa prestadora de serviços idônea e de acompanhar o correto cumprimento dos preceitos trabalhistas.

Havendo o descumprimento dos direitos do empregado, o responsável principal é o empregador, no caso, a empresa prestadora de serviços. Caso esta não tenha condições patrimoniais de satisfazer esses direitos trabalhistas, o tomador passa a responder de forma subsidiária, em razão até mesmo do risco que assume por ter decidido no sentido da terceirização de suas atividades, deixando de contratar empregados para exercê-las diretamente.

Frise-se que a "responsabilização subsidiária da tomadora dos serviços pressupõe a sua participação no processo judicial, bem como a sua inclusão no título executivo judicial" (STF, Pleno, ADPF 324/DF, Rel. Min. Roberto Barroso, *DJe* 06.09.2019).

Como a responsabilidade é subsidiária, mas não solidária, há necessidade de cobrança, primeiramente, da empresa prestadora de serviço, por ser esta a empregadora. Se esta não tiver bens suficientes é que a empresa contratante (tomadora) passa a responder pelos direitos do empregado terceirizado, o que dificulta a celeridade e a efetividade na satisfação do crédito trabalhista.

Qualquer disposição contratual entre o tomador e a empresa prestadora, excluindo a responsabilidade subsidiária daquele, não tem eficácia perante o trabalhador, eis que a responsabilização decorre de norma de ordem pública, cogente, e, portanto, irrevogável pela vontade das partes.

Entende-se que a mencionada responsabilidade subsidiária do tomador abrange a integralidade das verbas trabalhistas devidas ao empregado, relativas ao período em que ocorreu a prestação do serviço. Nesse sentido já previa a Súmula 331, inciso VI, do TST.

Entretanto, por critério de lógica e justiça, se a empresa não figurava como tomadora em certo período, pode-se dizer que não há como responder subsidiariamente por verbas trabalhistas relativas à época que não estava em seu âmbito, acesso ou controle.

Esclareça-se que a responsabilidade subsidiária pelas obrigações trabalhistas referentes ao período em que ocorrer a prestação de serviços não implica qualquer tipo de desconsideração da cadeia produtiva quanto ao vínculo empregatício entre o empregado da empresa prestadora de serviços e a empresa contratante (art. 40 do Decreto 10.854/2021).

É vedada a caracterização de grupo econômico pela mera identidade de sócios, hipótese em que será necessária, para a sua configuração, conforme o disposto no § 3º do art. 2º da CLT, a demonstração: I – do interesse integrado; II – da efetiva comunhão de interesses; e III – da atuação conjunta das empresas que o integrem (art. 40, parágrafo único, do Decreto 10.854/2021).

Cabe verificar, ainda, a hipótese em que o contratante (tomador) é ente da Administração Pública.

Conforme a anterior Lei sobre licitações e contratos da Administração Pública, o contratado é responsável pelos encargos trabalhistas, previdenciários, fiscais e comerciais resultantes da execução do contrato (art. 71 da 8.666/1993). A inadimplência do contratado, com referência aos *encargos trabalhistas*, fiscais e comerciais não transfere à Administração Pública a responsabilidade por seu pagamento, nem pode onerar o objeto do contrato ou restringir a regularização e o uso das obras e edificações, inclusive perante o Registro de Imóveis (art. 71, § 1º, da Lei 8.666/1993, com redação dada pela Lei 9.032/1995).

Nos casos de terceirização de serviços em que a Administração Pública figure como tomadora, o dispositivo legal em questão afasta a responsabilidade desta quanto aos encargos trabalhistas, mesmo nas hipóteses em que a empresa prestadora dos serviços deixa de cumpri-los.

O Supremo Tribunal Federal decidiu ser válida essa previsão legal, ao julgar procedente o pedido formulado na Ação Declaratória de Constitucionalidade 16-9/DF, tendo como objeto o art. 71, § 1º, da Lei 8.666/1993, conforme a seguinte ementa:

"Responsabilidade contratual. Subsidiária. Contrato com a administração pública. Inadimplência negocial do outro contraente. Transferência consequente e automática dos seus encargos trabalhistas, fiscais e comerciais, resultantes da execução do contrato, à administração. Impossibilidade jurídica. Consequência proibida pelo art. 71, § 1º, da Lei federal n. 8.666/93. Constitucionalidade reconhecida dessa norma. Ação direta de constitucionalidade julgada, nesse sentido, procedente. Voto vencido. É constitucional a norma inscrita no art. 71, § 1º, da Lei federal n. 8.666, de 26 de junho de 1993, com a redação dada pela Lei n. 9.032, de 1995" (STF, Pleno, ADC 16/DF, Rel. Min. Cezar Peluso, *DJe* 09.09.2011).

O Supremo Tribunal Federal confirmou o referido entendimento, no sentido de ser vedada a responsabilização automática da Administração Pública, só cabendo a sua condenação se houver prova inequívoca de sua conduta omissiva ou comissiva na fiscalização dos contratos (STF, Pleno, RE 760.931/DF, Red. p/ ac. Min. Luiz Fux, j. 30.03.2017).

A respeito do tema, o Supremo Tribunal Federal, em 26 de abril de 2017, fixou a seguinte tese de repercussão geral: "O inadimplemento dos encargos trabalhistas dos empregados do contratado não transfere automaticamente ao Poder Público contratante a responsabilidade pelo seu pagamento, seja em caráter solidário ou subsidiário, nos termos do art. 71, § 1º, da Lei n. 8.666/93" (STF, Pleno, RE 760.931/DF, Red. p/ ac. Min. Luiz Fux, *DJe* 02.05.2017).

No mencionado julgado, sobre terceirização no âmbito da administração pública, nota-se que o Supremo Tribunal Federal indicou a possibilidade de terceirização mais ampla, entendendo-se como superada a distinção entre atividade-fim e atividade-meio[23].

---

[23] "Recurso extraordinário representativo de controvérsia com repercussão geral. Direito Constitucional. Direito do Trabalho. Terceirização no âmbito da administração pública. Súmula 331, IV e V, do TST. Constitucionalidade do art. 71, § 1º, da Lei n. 8.666/93. Terceirização como mecanismo essencial para a preservação de postos de trabalho e atendimento das demandas dos cidadãos. Histórico científico. Literatura: economia e administração. Inexistência de precarização do trabalho humano. Respeito às escolhas legítimas do legislador. Precedente: ADC 16. Efeitos vinculantes. Recurso parcialmente conhecido e provido. Fixação de tese para aplicação em casos semelhantes. 1. A dicotomia entre 'atividade-fim' e 'atividade-meio' é imprecisa, artificial e ignora a dinâmica da economia moderna, caracterizada pela especialização e divisão de tarefas com vistas à maior eficiência possível, de modo que frequentemente o produto ou serviço final comercializado por uma entidade comercial é fabricado ou prestado por agente distinto, sendo também comum a mutação constante do objeto social das empresas para atender a necessidades da sociedade, como revelam as mais valiosas empresas do mundo. É que a doutrina no campo econômico é uníssona no sentido de que as 'Firmas mudaram o escopo de suas atividades, tipicamente reconcentrando em seus negócios principais e terceirizando muitas das atividades que previamente consideravam como centrais' (ROBERTS, John. *The Modern Firm*: Organizational Design for Performance and Growth. Oxford: Oxford University Press, 2007). 2. A cisão de atividades entre pessoas jurídicas distintas não revela qualquer intuito fraudulento, consubstanciando estratégia, garantida pelos artigos 1º, IV, e 170 da Constituição brasileira, de configuração das empresas, incorporada à Administração Pública por imperativo de eficiência (art. 37, *caput*, CRFB), para fazer frente às exigências dos consumidores e cidadãos em geral, justamente porque a perda de eficiência representa ameaça à sobrevivência da empresa e ao emprego dos trabalhadores. 3. Histórico científico: Ronald H. Coase, 'The Nature of The Firm', Economica (new series), Vol. 4, Issue 16, p. 386-405, 1937. O objetivo de uma organização empresarial é o de reproduzir a distribuição de fatores sob competição atomística dentro da firma, apenas fazendo sentido a produção de um bem ou serviço internamente em sua estrutura quando os custos disso não ultrapassarem os custos de obtenção perante terceiros no mercado, estes denominados 'custos de transação', método segundo o qual firma e sociedade desfrutam de maior produção e menor desperdício. 4. A Teoria da Administração qualifica a terceirização (*outsourcing*) como modelo organizacional de desintegração vertical, destinado ao alcance de ganhos de performance por meio da transferência para outros do fornecimento de bens e serviços anteriormente providos pela própria firma, a fim de que esta se concentre somente naquelas atividades em que pode gerar o maior valor, adotando a função de 'arquiteto vertical' ou 'organizador da cadeia de valor'. 5. A terceirização apresenta os seguintes benefícios: (i) aprimoramento de tarefas pelo aprendizado especializado; (ii) economias de escala e de escopo; (iii) redução da complexidade organizacional; (iv) redução de problemas de cálculo e atribuição, facilitando a provisão de incentivos mais fortes a empregados; (v) precificação mais precisa de custos e maior transparência; (vi) estímulo à competição de fornecedores externos; (vii) maior facilidade de adaptação a necessidades de modificações estruturais; (viii) eliminação de problemas de possíveis excessos de produção; (ix) maior eficiência pelo fim de subsídios cruzados entre departamentos com desempenhos diferentes; (x) redução dos custos iniciais de entrada no mercado, facilitando o surgimento de novos concorrentes; (xi) superação de eventuais limitações de acesso a tecnologias ou matérias-primas; (xii) menor alavancagem operacional, diminuindo a exposição da companhia a riscos e oscilações de balanço, pela redução de seus custos fixos; (xiii) maior flexibilidade para adaptação ao mercado; (xiii) não comprometimento de recursos que poderiam ser utilizados em setores estratégicos; (xiv) diminuição da possibilidade de falhas de um setor se comunicarem a outros; e (xv) melhor adaptação a diferentes requerimentos de administração, *know-how* e estrutura, para setores e atividades distintas. 6. A Administração Pública, pautada pelo dever de eficiência (art. 37, *caput*, da Constituição), deve empregar as soluções de mercado adequadas à prestação de serviços de excelência à população com os recursos disponíveis, mormente quando demonstrado, pela teoria e pela prática internacional, que a terceirização não importa precarização às condições dos trabalhadores. 7. O art. 71, § 1º, da Lei n. 8.666/93, ao definir que a inadimplência do contratado, com referência aos encargos trabalhistas, não transfere à Administração Pública a responsabilidade por seu pagamento, representa legítima escolha do legislador, máxime porque a Lei n. 9.032/95 incluiu no dispositivo exceção à regra de não responsabilização com referência a encargos trabalhistas. 8. Constitucionalidade do art. 71, § 1º, da Lei n. 8.666/93 já reconhecida por esta Corte em caráter *erga omnes* e vinculante: ADC 16, Relator(a): Min. Cezar Peluso, Tribunal Pleno, julgado em 24.11.2010. 9. Recurso Extraordinário parcialmente conhecido e, na parte admitida, julgado procedente para fixar a seguinte tese para casos semelhantes: 'O inadimplemento dos encargos trabalhistas dos empregados do contratado não transfere automaticamente ao Poder Público contratante a responsabilidade pelo seu pagamento, seja em caráter solidário ou subsidiário, nos termos do art. 71, § 1º, da Lei n. 8.666/93'" (STF, Pleno, RE 760.931/DF, Red. p/ ac. Min. Luiz Fux, *DJe* 12.09.2017).

A Lei 13.303/2016, que dispõe sobre o estatuto jurídico da empresa pública, da sociedade de economia mista e de suas subsidiárias, no art. 77, prevê que o contratado é responsável pelos encargos trabalhistas, fiscais e comerciais resultantes da execução do contrato.

A inadimplência do contratado quanto aos encargos trabalhistas, fiscais e comerciais não transfere à empresa pública ou à sociedade de economia mista a responsabilidade por seu pagamento, nem pode onerar o objeto do contrato ou restringir a regularização e o uso das obras e edificações, inclusive perante o Registro de Imóveis (art. 77, § 1º, da Lei 13.303/2016).

Ainda assim, é possível dizer que a exclusão da responsabilidade da Administração Pública aplica-se quando esta cumpre as normas sobre licitações, fiscalizando o contrato administrativo firmado com a empresa prestadora dos serviços.

Nessa linha, pode-se defender que, conforme o caso concreto e as suas peculiaridades, excepcionalmente, é possível a responsabilização do ente público tomador dos serviços terceirizados, quando houver demonstração de que incorreu em dolo ou culpa na fiscalização contratual do cumprimento das obrigações da empresa contratada.

Quanto ao tema, em consonância com a Súmula 331, inciso V, do TST:

"V – Os entes integrantes da Administração Pública direta e indireta respondem subsidiariamente, nas mesmas condições do item IV, caso evidenciada a sua conduta culposa no cumprimento das obrigações da Lei n. 8.666, de 21.06.1993, especialmente na fiscalização do cumprimento das obrigações contratuais e legais da prestadora de serviço como empregadora. A aludida responsabilidade não decorre de mero inadimplemento das obrigações trabalhistas assumidas pela empresa regularmente contratada".

A Lei 14.133/2021 estabelece normas gerais de licitação e contratação para as Administrações Públicas diretas, autárquicas e fundacionais da União, dos Estados, do Distrito Federal e dos Municípios, e abrange: os órgãos dos Poderes Legislativo e Judiciário da União, dos Estados e do Distrito Federal e os órgãos do Poder Legislativo dos Municípios, quando no desempenho de função administrativa; os fundos especiais e as demais entidades controladas direta ou indiretamente pela Administração Pública[24].

Não são abrangidas pela Lei 14.133/2021 as empresas públicas, as sociedades de economia mista e as suas subsidiárias, regidas pela Lei 13.303/2016, ressalvado o disposto no art. 178 da Lei 14.133/2021, sobre crimes em licitações e contratos administrativos (Código Penal).

A habilitação é a fase da licitação em que se verifica o conjunto de informações e documentos necessários e suficientes para demonstrar a capacidade do licitante de realizar o objeto da licitação, dividindo-se em: jurídica; técnica; fiscal, social e trabalhista; econômico-financeira (art. 62 da Lei 14.133/2021).

As habilitações fiscal, social e trabalhista nas licitações devem ser aferidas mediante a verificação dos seguintes requisitos: I – a inscrição no Cadastro de Pessoas Físicas (CPF) ou no Cadastro Nacional da Pessoa Jurídica (CNPJ); II – a inscrição no cadastro de contribuintes estadual e/ou municipal, se houver, relativo ao domicílio ou sede do licitante, pertinente ao seu ramo de atividade e compatível com o objeto contratual; III – a regularidade perante a Fazenda federal, estadual e/ou municipal do domicílio ou sede do licitante, ou outra equivalente, na forma da lei; IV – a regularidade relativa à Seguridade Social e ao FGTS, que demonstre cumprimento dos encargos sociais instituídos por lei; V – a regularidade perante a Justiça do Trabalho; VI – o cumprimento do disposto no inciso XXXIII do art. 7º da Constituição Federal de 1988[25] (art. 68 da Lei 14.133/2021).

---

[24] Constitui fundo especial o produto de receitas especificadas que por lei se vinculam à realização de determinados objetivos ou serviços, facultada a adoção de normas peculiares de aplicação (art. 71 da Lei 4.320/1964).

[25] "Art. 7º São direitos dos trabalhadores urbanos e rurais, além de outros que visem à melhoria de sua condição social: [...] XXXIII – proibição de trabalho noturno, perigoso ou insalubre a menores de dezoito e de qualquer trabalho a menores de dezesseis anos, salvo na condição de aprendiz, a partir de quatorze anos".

Os referidos documentos podem ser substituídos ou supridos, no todo ou em parte, por outros meios hábeis a comprovar a regularidade do licitante, inclusive por meio eletrônico. A comprovação de atendimento do disposto nos incisos III, IV e V do art. 68 da Lei 14.133/2021 deve ser feita na forma da legislação específica.

De acordo com a Lei de Licitações e Contratos Administrativos, somente o contratado é responsável pelos encargos trabalhistas, previdenciários, fiscais e comerciais resultantes da execução do contrato (art. 121 da Lei 14.133/2021).

Considera-se *contratado* a pessoa física ou jurídica, ou consórcio de pessoas jurídicas, signatária de contrato com a Administração Pública (art. 6º, inciso VIII, da Lei 14.133/2021).

A inadimplência do *contratado* em relação aos encargos trabalhistas, fiscais e comerciais não transfere à Administração Pública a responsabilidade pelo seu pagamento e não pode onerar o objeto do contrato nem restringir a regularização e o uso das obras e das edificações, inclusive perante o Registro de Imóveis, ressalvada a hipótese prevista no § 2º do art. 121 da 14.133/2021.

Exclusivamente nas contratações de serviços contínuos com regime de dedicação exclusiva de mão de obra, a Administração Pública responderá solidariamente pelos encargos previdenciários e subsidiariamente pelos encargos trabalhistas se comprovada falha na fiscalização do cumprimento das obrigações do contratado (art. 121, § 2º, da Lei 14.133/2021).

Portanto, conforme a atual previsão legal sobre licitações e contratos administrativos, a responsabilidade subsidiária da Administração Pública por encargos trabalhistas devidos pelo contratado apenas se aplica nas contratações de serviços contínuos com regime de dedicação exclusiva de mão de obra, incidindo se demonstrada a falha na fiscalização pela Administração Pública do cumprimento das obrigações do contratado (culpa *in vigilando*).

Consideram-se *serviços contínuos com regime de dedicação exclusiva de mão de obra* aqueles cujo modelo de execução contratual exige, entre outros requisitos, que: a) os empregados do contratado fiquem à disposição nas dependências do contratante para a prestação dos serviços; b) o contratado não compartilhe os recursos humanos e materiais disponíveis de uma contratação para execução simultânea de outros contratos; c) o contratado possibilite a fiscalização pelo contratante quanto à distribuição, controle e supervisão dos recursos humanos alocados aos seus contratos (art. 6º, inciso XVI, da Lei 14.133/2021).

Nas contratações de serviços com regime de dedicação exclusiva de mão de obra, o contratado deve apresentar, quando solicitado pela Administração Pública, sob pena de multa, comprovação do cumprimento das obrigações trabalhistas e com o Fundo de Garantia do Tempo de Serviço (FGTS) em relação aos empregados diretamente envolvidos na execução do contrato, em especial quanto ao: I – registro de ponto; II – recibo de pagamento de salários, adicionais, horas extras, repouso semanal remunerado e décimo terceiro salário; III – comprovante de depósito do FGTS; IV – recibo de concessão e pagamento de férias e do respectivo adicional; V – recibo de quitação de obrigações trabalhistas e previdenciárias dos empregados dispensados até a data da extinção do contrato; VI – recibo de pagamento de vale-transporte e vale-alimentação, na forma prevista em norma coletiva (art. 50 da Lei 14.133/2021).

Nas contratações de serviços contínuos com regime de dedicação exclusiva de mão de obra, para assegurar o cumprimento de obrigações trabalhistas pelo contratado, a Administração Pública, mediante disposição em edital ou em contrato, pode, entre outras medidas: I – exigir caução, fiança bancária ou contratação de seguro-garantia com cobertura para verbas rescisórias inadimplidas; II – condicionar o pagamento à comprovação de quitação das obrigações trabalhistas vencidas relativas ao contrato; III – efetuar o depósito de valores em conta vinculada; IV – em caso de inadimplemento, efetuar diretamente o pagamento das verbas trabalhistas, que devem ser deduzidas do pagamento devido ao contratado; V – estabelecer que os valores destinados a férias, a décimo terceiro salário, a ausências legais e a verbas rescisórias dos empregados do contratado que participarem da execução dos serviços contratados serão pagos pelo contratante ao contratado somente na ocorrência do fato gerador (art. 121, § 3º, da Lei 14.133/2021).

Os valores depositados na conta vinculada a que se refere o inciso III do § 3º do art. 121 da Lei 14.133/2021 são absolutamente impenhoráveis (art. 121, § 4º, da Lei 14.133/2021).

O recolhimento das contribuições previdenciárias deve observar o disposto no art. 31 da Lei 8.212/1991, sobre retenção pelo contratante (art. 121, § 5º, da Lei 14.133/2021).

Registre-se, ainda, a Orientação Jurisprudencial Transitória 66 da SBDI-I do TST, com a seguinte previsão:

> "SPTrans. Responsabilidade subsidiária. Não configuração. Contrato de concessão de serviço público. Transporte coletivo. A atividade da São Paulo Transportes S/A – SPTrans de gerenciamento e fiscalização dos serviços prestados pelas concessionárias de transporte público, atividade descentralizada da Administração Pública, não se confunde com a terceirização de mão de obra, não se configurando a responsabilidade subsidiária".

12.6 Terceirização em concessão de serviço público

A Lei 8.987, de 13 de fevereiro de 1995, dispõe sobre o regime de *concessão e permissão da prestação de serviços públicos*, o qual é previsto no art. 175 da Constituição Federal de 1988, e dá outras providências.

Nos termos do art. 25 da Lei 8.987/1995, incumbe à concessionária a execução do serviço concedido, cabendo-lhe responder por todos os prejuízos causados ao poder concedente, aos usuários ou a terceiros, sem que a fiscalização exercida pelo órgão competente exclua ou atenue essa responsabilidade.

Sem prejuízo dessa responsabilidade, a concessionária pode contratar com terceiros o desenvolvimento de *atividades inerentes, acessórias ou complementares* ao serviço concedido, bem como a implementação de projetos associados associados (art. 25, § 1º, da Lei 8.987/1995).

Os contratos celebrados entre a concessionária e os terceiros a que se refere o parágrafo anterior regem-se pelo Direito privado, não se estabelecendo qualquer relação jurídica entre os terceiros e o poder concedente (art. 25, § 2º, da Lei 8.987/1995).

A execução das atividades contratadas com terceiros pressupõe o cumprimento das normas regulamentares da modalidade do serviço concedido (art. 25, § 3º, da Lei 8.987/1995).

O Supremo Tribunal Federal declarou a constitucionalidade do art. 25, § 1º, da Lei 8.987/1995 (STF, Pleno, ADC 26/DF, Rel. Min. Edson Fachin, j. 23.08.2019). O mencionado dispositivo legal autoriza a terceirização de atividades por empresas concessionárias de serviço público[26].

A Lei 9.472, de 16 de julho de 1997, dispõe sobre a organização dos *serviços de telecomunicações*, a criação e funcionamento de um órgão regulador e outros aspectos institucionais.

Compete à União, por intermédio do órgão regulador e nos termos das políticas estabelecidas pelos Poderes Executivo e Legislativo, organizar a exploração dos serviços de telecomunicações (art. 1º).

Em consonância com o art. 94 da Lei 9.472/1997, no cumprimento de seus deveres, a concessionária pode, observadas as condições e limites estabelecidos pela Agência: empregar, na execução

---

[26] "Ação declaratória de constitucionalidade. Legitimidade da autora. Art. 25, § 1º, da Lei 8.987/1995. Concessionárias de serviço público. Terceirização. Súmula 331 do TST. Orientação jurisprudencial firmada no julgamento da ADPF 324 e do RE 958.252 Tema 725 da repercussão geral. Procedência. 1. Reconhecida a legitimidade da Associação Brasileira de Distribuidores de Energia Elétrica – ABRADEE, uma vez que não há entidade que abarque toda a coletividade atingida pela norma questionada. 2. Declaração de constitucionalidade do art. 25, § 1º, da Lei n. 8.987/1995, o qual autoriza a terceirização de atividades por empresas concessionárias de serviço público. 3. Jurisprudência do STF consolidada nos julgamentos da ADPF 324, Rel. Ministro Roberto Barroso e, sob a sistemática da repercussão geral, do RE 958.252, Rel. Ministro Luiz Fux (tema 725), no sentido de reconhecer a constitucionalidade do instituto da terceirização em qualquer área da atividade econômica, afastando a incidência do enunciado sumular trabalhista. 4. Pedido julgado procedente para declarar a constitucionalidade do art. 25, § 1º, da Lei n. 8.987/1995" (STF, Pleno, ADC 26/DF, Rel. Min. Edson Fachin, *DJe* 09.09.2019).

dos serviços, equipamentos e infraestrutura que não lhe pertençam; contratar com terceiros o desenvolvimento de *atividades inerentes, acessórias ou complementares ao serviço*, bem como a implementação de projetos associados.

Em qualquer caso, a concessionária continua sempre responsável perante a Agência e os usuários. Serão regidas pelo Direito comum as relações da concessionária com os terceiros, que não têm direitos frente à Agência.

Apesar do exposto, a jurisprudência do Tribunal Superior do Trabalho, anteriormente, entendia que, mesmo nesses casos, a terceirização de atividade-fim não seria permitida, conforme decisão a seguir indicada:

"Agravo de instrumento. Recurso de revista. Terceirização ilícita. Atividade-fim. Súmula n. 331, I, do TST. 1. Consoante entendimento consolidado pela Subseção I Especializada em Dissídios Individuais do Tribunal Superior do Trabalho, a Lei Geral de Telecomunicações (Lei n. 9.472/97), ao regulamentar matéria estranha ao direito do trabalho, não possibilitou, em seu art. 94, II, a terceirização ampla e irrestrita das atividades desempenhadas pelas concessionárias de serviço de telecomunicações. 2. A terceirização de serviços ligados à atividade-fim do empregador enseja a declaração de ilicitude, conforme entendimento consubstanciado na Súmula n. 331 do TST. 3. Em observância à diretriz perfilhada na Súmula n. 331, I, do TST, impõe-se, como consequência lógica, o reconhecimento do vínculo empregatício entre o trabalhador terceirizado e a empresa tomadora de serviços. 4. Há que se manter, todavia, a responsabilidade subsidiária aplicada, de modo a evitar-se a reforma para pior, ante a ausência de impugnação, mediante recurso de revista, pelo Reclamante. 5. Agravo de instrumento de que se conhece e a que se nega provimento" (TST, 4ª T., AIRR 301-24.2011.5.09.0021, Rel. Min. João Oreste Dalazen, *DEJT* 15.08.2014).

Argumentava-se que as referidas leis seriam de Direito Administrativo, voltadas à concessão de serviços públicos, e que a questão da licitude da terceirização, em si, deveria ser solucionada conforme a interpretação dos princípios e regras de Direito do Trabalho.

Na atualidade, admite-se a prestação de serviços a terceiros (terceirização) de *quaisquer das atividades da contratante* (tomadora), *inclusive sua atividade principal* (art. 4º-A da Lei 6.019/1974, com redação dada pela Lei 13.467/2017).

Desse modo, a terceirização passa a ser permitida de forma ampla, não apenas para as atividades-meio, mas também para as atividades-fim da contratante, o que certamente se aplica às concessionárias de serviços públicos e de serviços de telecomunicações, ao contratarem a prestação de serviços de terceiros.

A respeito do tema, o Supremo Tribunal Federal fixou a seguinte tese de repercussão geral: "É nula a decisão de órgão fracionário que se recusa a aplicar o art. 94, II, da Lei 9.472/1997, sem observar a cláusula de reserva de Plenário (CF, art. 97), observado o art. 949 do Código de Processo Civil" (STF, Pleno, ARE 791.932/DF, Rel. atual Min. Alexandre de Moraes, j. 11.10.2018).

Conforme decidido no referido julgado do STF: "É nula a decisão de órgão fracionário que, ao negar a aplicação do inciso II, do art. 94 da Lei 9.472/1997, com base na Súmula 331/TST, e declarar ilícita a terceirização e atividade-fim, reconhece a existência de vínculo trabalhista entre a contratante e o empregado da contratada, pois exerceu controle difuso de constitucionalidade, declarando a parcial nulidade sem redução de texto do referido dispositivo em observar a cláusula de reserva de Plenário" (ARE 791.932/DF, Rel. atual Min. Alexandre de Moraes).

Além disso, ressaltou-se que: "O Plenário da Corte [ou seja, do STF] declarou parcialmente inconstitucional a Súmula 331/TST e proclamou a licitude da terceirização de toda e qualquer atividade, meio ou fim; para afirmar a inexistência de relação de emprego entre a contratante e o empregado da contratada" (ARE 791.932/DF, Rel. atual Min. Alexandre de Moraes).

Ainda de acordo com o voto do relator: "Dessa forma, não há como se confundir a terceirização de uma das etapas do fluxo de produção com a hipótese de ilícita intermediação de mão de obra, como fez o acórdão recorrido" (STF, Pleno, ARE 791.932/DF, Rel. atual Min. Alexandre de Moraes, j. 11.10.2018)[27].

12.7 Enquadramento sindical na terceirização

A Lei 6.019/1974, com as modificações da Lei 13.429/2017, não prevê a necessidade de serem respeitadas, no caso de terceirização, as convenções e acordos coletivos de trabalho, aplicáveis à empresa contratante (tomadora), também para os empregados da empresa prestadora de serviços.

O enquadramento sindical do empregado, em regra, decorre do setor da atividade econômica preponderante do empregador (art. 581, §§ 1º e 2º, da CLT).

No caso da terceirização lícita, o empregador do empregado terceirizado é a empresa prestadora de serviço, sendo esta a sua atividade econômica (cf. Capítulo 35, item 35.10.6).

Logo, é possível concluir que o empregado da empresa prestadora de serviço não integra a categoria profissional da empresa contratante (tomadora), mas sim a categoria dos empregados de empresas de prestação de serviços.

Com isso, em tese, não se aplicam os direitos decorrentes das normas coletivas dos empregados da empresa tomadora aos empregados das prestadoras dos serviços, gerando possível tratamento não isonômico entre trabalhadores terceirizados e contratados diretamente pela tomadora, ainda que inseridos no mesmo setor e contexto de atividade.

Fatores dessa ordem podem gerar a precarização das relações de trabalho, o enfraquecimento das relações sindicais e a redução do nível remuneratório dos empregados terceirizados. Normalmente, quando existe um intermediário na relação jurídica, o valor que o destinatário final recebe (no caso, o empregado terceirizado) tende a ser menor, pois parte dele fica com o intermediário (empresa contratada ou prestadora de serviços).

Ainda assim, se a empresa contratante (tomadora) tiver empregados próprios e empregados terceirizados realizando as mesmas funções, em idênticas condições, estes têm direito ao mesmo nível remuneratório daqueles, com fundamento no princípio constitucional da igualdade, afastando-se a discriminação injustificada entre trabalhadores.

---

[27] Disponível em: <http://www.stf.jus.br/arquivo/cms/noticiaNoticiaStf/anexo/ARE791932.pdf>. "Constitucional e trabalhista. Nulidade do acórdão recorrido por desrespeito a cláusula de reserva de plenário (CF, art. 97 e SV 10). Negativa parcial de vigência e eficácia ao inciso II, do art. 94 da Lei 9.472/1997 (Lei Geral de Telecomunicações) por órgão fracionário com base na Súmula 331/TST. Impossibilidade. Licitude de terceirização de toda e qualquer atividade, meio ou fim, não se configurando relação de emprego entre a contratante e o empregado da contratada (ADPF 324 e RE 958.252). Agravo conhecido. Recurso provido. 1. A inconstitucionalidade de lei ou ato normativo estatal só pode ser declarada pelo voto da maioria absoluta da totalidade dos membros do tribunal ou, onde houver, dos integrantes do respectivo órgão especial, sob pena de absoluta nulidade da decisão emanada do órgão fracionário (turma, câmara ou seção), em respeito à previsão do art. 97 da Constituição Federal. 2. A cláusula de reserva de plenário atua como condição de eficácia jurídica da própria declaração jurisdicional de inconstitucionalidade dos atos do Poder Público, aplicando-se para todos os tribunais, via difusa, e para o Supremo Tribunal Federal, também no controle concentrado (CF, art. 97 e SV 10). 3. É nula a decisão de órgão fracionário que, ao negar a aplicação do inciso II, do art. 94 da Lei 9.472/1997, com base na Súmula 331/TST, e declarar ilícita a terceirização e atividade-fim, reconhece a existência de vínculo trabalhista entre a contratante e o empregado da contratada, pois exerceu controle difuso de constitucionalidade, declarando a parcial nulidade sem redução de texto do referido dispositivo sem observar a cláusula de reserva de Plenário. Agravo provido. 4. O Plenário da Corte declarou parcialmente inconstitucional a Súmula 331/TST e proclamou a licitude da terceirização de toda e qualquer atividade, meio ou fim; para afirmar a inexistência de relação de emprego entre a contratante e o empregado da contratada. Recurso extraordinário provido. 5. Agravo conhecido e recurso extraordinário provido para restabelecer a sentença de primeiro grau, com a fixação da seguinte tese no Tema 739: 'É nula a decisão de órgão fracionário que se recusa a aplicar o art. 94, II, da Lei 9.472/1997, sem observar a cláusula de reserva de Plenário (CF, art. 97), observado o artigo 949 do CPC'" (STF, Pleno, ARE 791.932/DF, Rel. Min. Alexandre de Moraes, *DJe* 06.03.2019).

12.8 Fiscalização da terceirização

O descumprimento do disposto na Lei 6.019/1974 sujeita a empresa infratora ao pagamento de multa (art. 19-A, acrescentado pela Lei 13.429/2017).

A fiscalização, a autuação e o processo de imposição das multas reger-se-ão pelo Título VII da CLT, que dispõe sobre processo de multas administrativas aplicadas pela inspeção do trabalho (arts. 626 a 642).

Os contratos em vigência, se as partes assim acordarem, podem ser adequados aos termos da Lei 6.019/1974 (art. 19-C, acrescentado pela Lei 13.429/2017).

12.9 Empresas de vigilância

Em conformidade com o art. 19-B, acrescentado pela Lei 13.429/2017, o disposto na Lei 6.019/1974 não se aplica às empresas de vigilância e transporte de valores, permanecendo as respectivas relações de trabalho reguladas por legislação especial, e subsidiariamente pela CLT.

A respeito do tema, a Lei 7.102/1983 dispõe sobre segurança para estabelecimentos financeiros, estabelece normas para constituição e funcionamento das empresas particulares que exploram serviços de vigilância e de transporte de valores, bem como dá outras providências.

Ainda assim, defende-se o entendimento de que a contratante (tomadora) de serviços prestados por empresas de vigilância e transporte de valores é subsidiariamente responsável pelas obrigações trabalhistas referentes ao período em que ocorrer a prestação laboral, com fundamento nas decisões do STF sobre terceirização (ADPF 324/DF e RE 958.252/MG) e na analogia (arts. 8º e 455 da CLT).

Da mesma forma, nos casos de serviços prestados por empresas de vigilância e transporte de valores, entende-se analogicamente aplicável a previsão de que é responsabilidade da contratante (tomadora) garantir as condições de segurança, higiene e salubridade dos trabalhadores, quando o trabalho for realizado em suas dependências ou local previamente convencionado em contrato.

12.10 Dono da obra e empreitada

Cabe examinar, ainda, a posição do *dono da obra*, ao firmar contrato de empreitada, especialmente no que tange à possibilidade de sua responsabilização para fins trabalhistas.

O art. 455, *caput*, da CLT versa sobre os "contratos de subempreitada", estabelecendo a responsabilidade do subempreiteiro "pelas obrigações derivadas do contrato de trabalho que celebrar". Nada mais coerente, pois o subempreiteiro, como empregador, responde pelos direitos trabalhistas de seus empregados.

No entanto, o mesmo dispositivo amplia a regra de responsabilidade, ao prever o cabimento do "direito de reclamação", pelos empregados do subempreiteiro, "contra o empreiteiro principal pelo inadimplemento daquelas obrigações por parte do primeiro".

Como se nota, o empreiteiro, mesmo não sendo o empregador, responde pelo inadimplemento de obrigações trabalhistas dos empregados do subempreiteiro contratado.

Tanto é assim que o parágrafo único do art. 455 da CLT ressalva ao empreiteiro, "nos termos da lei civil, ação regressiva contra o subempreiteiro e a retenção de importâncias a este devidas, para a garantia das obrigações previstas neste artigo". Logo, apesar da responsabilidade do empreiteiro, a lei indica que o responsável principal, na realidade, é o empregador (subempreiteiro). Desse modo, entende-se que o empreiteiro responde de forma *subsidiária* pelos créditos trabalhistas devidos aos empregados do subempreiteiro.

O dispositivo em questão, ao tratar da relação do empreiteiro com subempreiteiro, não prevê a responsabilidade *automática* do dono da obra, ou seja, daquele que contratou o empreiteiro, quanto às obrigações trabalhistas pertinentes aos empregados deste último[28].

---

[28] Cf. PRUNES, José Luiz Ferreira. *Trabalho terceirizado e composição industrial*. 2. ed. Curitiba: Juruá, 2000. p. 447.

Eis a explicação para o que dispõe a Orientação Jurisprudencial 191 da SBDI-I do TST, com a seguinte redação:

"Contrato de empreitada. Dono da obra de construção civil. Responsabilidade. Diante da inexistência de previsão legal específica, o contrato de empreitada de construção civil entre o dono da obra e o empreiteiro não enseja responsabilidade solidária ou subsidiária nas obrigações trabalhistas contraídas pelo empreiteiro, salvo sendo o dono da obra uma empresa construtora ou incorporadora".

Seguindo essa linha de entendimento, se a empresa, não sendo uma construtora nem incorporadora, apenas contrata o empreiteiro, por ser mera dona da obra, e não tomadora de serviços terceirizados propriamente, não responde automaticamente por obrigações trabalhistas pertinentes aos empregados do empreiteiro.

De acordo com a parte final desse verbete jurisprudencial, se o dono da obra for uma empresa construtora ou incorporadora, *a contrario sensu*, pode responder, de forma solidária ou subsidiária, pelas obrigações trabalhistas originadas de contratos de emprego mantidos pelo empreiteiro.

A ressalva justifica-se porque, nesse caso, observa-se terceirização de serviço pela empresa construtora ou incorporadora, ao transferir parte de sua atividade ao empreiteiro. Por isso, mesmo figurando como tomadora de serviço terceirizado licitamente, incide a responsabilidade subsidiária, conforme art. 5º-A, § 5º, da Lei 6.019/1974, acrescentado pela Lei 13.429/2017.

Tratando-se de mera intermediação irregular de mão de obra, por meio de empresa interposta (fraude), forma-se o vínculo de emprego diretamente com a empresa tomadora (art. 9º da CLT), desde que, como já mencionado, não se trate de ente integrante da Administração Pública (Súmula 331, inciso II, do TST).

Mais recentemente, deve-se frisar que o Tribunal Superior do Trabalho, no julgamento de incidente de recurso de revista repetitivo, fixou as seguintes teses jurídicas a respeito do tema:

"1. A exclusão de responsabilidade solidária ou subsidiária por obrigação trabalhista, a que se refere a Orientação Jurisprudencial n. 191 da SbDI-1 do TST, não se restringe a pessoa física ou micro e pequenas empresas. Compreende igualmente empresas de médio e grande porte e entes públicos.

2. A excepcional responsabilidade por obrigações trabalhistas, prevista na parte final da Orientação Jurisprudencial n. 191 da SbDI-1 do TST, por aplicação analógica do artigo 455 da CLT, alcança os casos em que o dono da obra de construção civil é construtor ou incorporador e, portanto, desenvolve a mesma atividade econômica do empreiteiro.

3. Não é compatível com a diretriz sufragada na Orientação Jurisprudencial n. 191 da SbDI-1 do TST jurisprudência de Tribunal Regional do Trabalho que amplia a responsabilidade trabalhista do dono da obra, excepcionando apenas 'a pessoa física ou micro e pequenas empresas, na forma da lei, que não exerçam atividade econômica vinculada ao objeto contratado'.

4. Exceto ente público da Administração direta e indireta, se houver inadimplemento das obrigações trabalhistas contraídas por empreiteiro que contratar, sem idoneidade econômico-financeira, o dono da obra responderá subsidiariamente por tais obrigações, em face de aplicação analógica do art. 455 da CLT e de culpa *in eligendo* (TST, SBDI-I, IRR 190-53.2015.5.03.0090, Rel. Min. João Oreste Dalazen, *DEJT* 30.06.2017).

5. O entendimento contido na tese jurídica n. 4 aplica-se exclusivamente aos contratos de empreitada celebrados após 11 de maio de 2017, data do presente julgamento" (TST, SBDI-I, ED-IRR 190-53.2015.5.03.0090, Rel. Min. João Oreste Dalazen, *DEJT* 19.10.2018).

O mencionado item 4 revela que o dono da obra deve responder de forma subsidiária pelo inadimplemento dos créditos trabalhistas devidos pelo empreiteiro (quanto aos seus empregados) quando ficar demonstrada a inidoneidade econômica e financeira deste, com fundamento na analogia (arts. 8º, *caput*, e 455 da CLT) e na culpa do dono da obra na escolha do referido empreiteiro.

A solidariedade não se presume, por resultar da lei ou da vontade das partes (art. 265 do Código Civil), o que também deve ser aplicado, naturalmente, à responsabilidade subsidiária. Portanto, o mais adequado seria a mencionada responsabilidade do dono da obra decorrer de expressa previsão legislativa, respeitando-se, inclusive, o princípio da legalidade (art. 5º, inciso II, da Constituição da República).

Ademais, cabe fazer menção à Orientação Jurisprudencial 185 da SBDI-I do TST, que assim prevê:

"Contrato de trabalho com a Associação de Pais e Mestres – APM. Inexistência de responsabilidade solidária ou subsidiária do Estado. O Estado-Membro não é responsável subsidiária ou solidariamente com a Associação de Pais e Mestres pelos encargos trabalhistas dos empregados contratados por esta última, que deverão ser suportados integral e exclusivamente pelo real empregador".

Na hipótese do verbete em questão, o Tribunal Superior do Trabalho firmou o entendimento de que a mencionada associação civil, com finalidade específica, não se equipara à empresa prestadora de serviços, não figurando o Estado-membro, portanto, como tomador de serviços terceirizados (o que afasta a sua responsabilidade subsidiária)[29].

Como já decidido pelo TST, "o simples fato do reclamante executar as atividades para as quais foi contratado em estabelecimento de ensino do Estado não autoriza que a este seja imposta qualquer responsabilidade em relação aos encargos trabalhistas daí decorrentes. Cabe, isto sim, ao real empregador, ou seja, o Círculo de Pais e Mestres, suportá-los integralmente, visto que é ele quem dirige e remunera a prestação dos serviços" (TST, SBDI-I, E-RR 301.378/96.0, Rel. Min. Milton de Moura França, trecho do voto, *DJU* 02.06.2000).

12.11 Contrato de facção

No *contrato de facção* a empresa contratante adquire produtos prontos e acabados, fornecidos pela empresa contratada.

Desse modo, segundo a jurisprudência majoritária, entende-se que não ocorre a terceirização de serviços na referida hipótese, o que afasta a incidência de responsabilidade do contratante por verbas trabalhistas devidas aos empregados da empresa contratada, exceto se houver a prática de fraude.

Nesse sentido, destacam-se os seguintes julgados:

"Agravo de instrumento em recurso de revista. Responsabilidade subsidiária. Contrato de facção. O contrato de facção consiste no negócio jurídico interempresarial, de natureza fundamentalmente mercantil, em que uma das partes, após o recebimento da matéria-prima, se obriga a confeccionar e fornecer os produtos acabados para ulterior comercialização pela contratante. O entendimento desta Corte Superior é no sentido de que no contrato típico de facção – desde que atenda os requisitos acima referidos, sem desvio de finalidade – não se há de falar em responsabilidade subsidiária da empresa contratante pelos créditos trabalhistas dos empregados da empresa faccionária. Todavia, é possível a condenação quando se evidenciar a descaracterização dessa modalidade contratual. A exclusividade na prestação dos serviços para a empresa contratante pode ser um indício de fraude, assim como a interferência na forma de trabalho dos empregados da contratada. No caso, o Tribunal Regional, soberano na apreciação do conjunto fático-probatório dos autos, registrou que as empresas reclamadas firmaram entre si um contrato de facção limitado à compra e venda de peças de roupas, sem ingerência da empresa contratante nas atividades da empresa

---

[29] "Responsabilidade subsidiária. Estado do Rio Grande do Sul. Círculo de pais e mestres. Ilegitimidade passiva do estado. O reclamante foi contratado pelo Círculo de Pais e Mestres, entidade com personalidade jurídica própria, para prestar serviços em escola pública estadual, sem qualquer ingerência do Estado. Nesse contexto, inviável a imposição a este último de qualquer responsabilidade subsidiária pelos encargos trabalhistas decorrentes da relação de emprego, que deverão ser suportados integral e exclusivamente pelo real empregador. Recurso de embargos provido" (TST, SBDI-I, E-RR-301.378/96.0, Rel. Min. Milton de Moura França, *DJU* 02.06.2000).

contratada, inexistindo exclusividade na prestação dos serviços que revele a descaracterização do contrato de facção. Assim, conclusão em sentido contrário, como pretende a reclamante, demandaria o reexame de fatos e provas, procedimento vedado nesta instância extraordinária, nos termos da Súmula 126 do TST. Agravo de instrumento a que se nega provimento" (TST, 7ª T., AIRR 1463-68.2011.5.09.0663, Rel. Min. Cláudio Mascarenhas Brandão, *DEJT* 13.06.2014).

"Responsabilidade subsidiária. Contrato de facção. Inaplicabilidade da Súmula 331, item IV, do TST. A responsabilidade subsidiária prevista na Súmula 331, item IV, desta Corte somente tem lugar quando se trata de terceirização lícita de mão de obra, hipótese em que deve o tomador de serviços responder em decorrência das culpas *in vigilando* e/ou *in eligendo* na contratação da empresa interposta, que se torna inadimplente quanto ao pagamento dos créditos trabalhistas devidos ao empregado. Nos contratos de facção, no entanto, não existe contratação de mão de obra, uma vez que a contratada se compromete a entregar à contratante um produto final, acabado, produzido por seus empregados, sob sua responsabilidade e controle. Assim, a 'empresa tomadora dos serviços', por não ter nenhum controle sobre a produção da contratada, isenta-se de qualquer responsabilidade pelos contratos trabalhistas firmados com os empregados da empresa de facção, os quais não estão subordinados juridicamente à contratante. No caso, o Regional consignou que não se configurou a alegada ingerência nos serviços da empresa prestadora por parte da segunda reclamada, concluindo que, 'ainda que a primeira ré produzisse produtos exclusivamente em prol da segunda, essa opção ficou a cargo da própria empresa, que, a despeito da relação de dependência que criou para si, continuou a existir autonomamente, como se vê dos respectivos contratos sociais, sem sofrer qualquer tipo de ingerência por parte da segunda ré (o que, mais uma vez, não foi provado pela reclamante)'. Assim, para chegar a conclusão diversa, seria necessário o reexame do conteúdo fático dos autos, procedimento inviável nesta fase do processo, nos termos da Súmula 126 do TST. Inaplicável o disposto na Súmula 331, item IV, do TST. Agravo de instrumento desprovido" (TST, 2ª T., AIRR 37600-18.2009.5.01.0283, Rel. Min. José Roberto Freire Pimenta, *DEJT* 13.06.2014).

12.12 Cooperativas de trabalho

Quanto às cooperativas de trabalho, a Lei 8.949/1994 acrescentou o parágrafo único ao art. 442 da CLT, estabelecendo: "Qualquer que seja o ramo de atividade da sociedade cooperativa, não existe vínculo empregatício entre ela e seus associados, nem entre estes e os tomadores de serviços daquela".

Esse dispositivo acarretou considerável aumento de terceirizações por meio das cooperativas de prestação de serviço.

Na verdade, não se pode confundir cooperativa fornecedora de mão de obra (que exerce atividade ilícita, de intermediação de trabalhadores) com as cooperativas de serviço e de produção. Nestes casos, os cooperados trabalham e a cooperativa detém os meios de produção (operando a socialização da propriedade e constituindo forma de autogestão), sendo modalidade abrangida pelo parágrafo único do art. 442 da CLT[30].

Como esclarece Rodrigo de Lacerda Carelli:

"Existe cooperativa de trabalho legal? A resposta é sim.

Desde que não realize fornecimento de trabalhadores para outra empresa, e que constitua uma unidade de produção, cuja organização será realizada conjuntamente pelos trabalhadores por meio da cooperativa. É justamente o caso das famosas e multicitadas espécies de cooperativismo de trabalho legal, como a de médicos, de taxistas e de artesãos, bem como aquelas autogestionárias. Nesses casos, não há intermediação de mão de obra, não há fornecimento de trabalhadores,

---

[30] Cf. CARELLI, Rodrigo de Lacerda. *Cooperativas de mão de obra*: manual contra a fraude. São Paulo: LTr, 2002. p. 13.

e sim união de esforços (cooperativismo) para a prestação de serviços por parte da cooperativa para a obtenção de um objetivo comum dos associados, qual seja a melhoria das condições econômicas por intermédio da melhor organização da sociedade cooperativa. É o velho ditado: 'se separados não somos ninguém, juntos poderemos ser alguém'"[31].

O art. 90 da Lei 5.764/1971, sobre as sociedades cooperativas, já estabelecia que: "Qualquer que seja o tipo de cooperativa, não existe vínculo empregatício entre ela e seus associados". O que a Lei 8.949/1994 explicitou é a ausência de relação de emprego entre os associados da cooperativa e os seus tomadores de serviço.

Entretanto, segundo o princípio da primazia da realidade, somente o verdadeiro cooperado é que não será considerado empregado. Caso seja utilizado somente o rótulo de cooperativa para simular verdadeiro contrato de trabalho, isso será considerado fraude à legislação trabalhista, sendo nulo de pleno direito (art. 9º da CLT)[32].

O verdadeiro cooperado beneficia-se de serviços prestados pela cooperativa diretamente a ele associado (Lei 5.764/1971, art. 4º, *caput*). Além disso, o cooperativismo autêntico viabiliza a obtenção de vantagens e resultados ao cooperado muito superiores, quando comparados à atuação de forma isolada, em razão da ampla estrutura colocada à disposição de cada filiado[33]. Por isso, a verdadeira cooperativa de trabalho deve ser criada e formada por profissionais autônomos, que exerçam a mesma profissão, unindo esforços para obter vantagens ao próprio empreendimento, prestando serviços sem nenhuma intermediação nem subordinação (seja perante terceiros, seja em face da cooperativa).

Se a cooperativa, na verdade, somente tem o objetivo de intermediação irregular de mão de obra, havendo a prestação de serviços de forma subordinada, e não autônoma, em face do tomador, o vínculo de emprego do associado forma-se diretamente com este, por não se tratar de cooperado propriamente.

No entanto, como já mencionado, tratando-se de órgãos da Administração Pública direta, indireta ou fundacional, entende-se não ser possível o reconhecimento de vínculo de emprego com o Estado, em razão da ausência do requisito constitucional da prévia aprovação em concurso público (art. 37, inciso II, e § 2º, da Constituição Federal de 1988 e Súmula 331, inciso II, do TST)[34].

Mesmo assim, cabe frisar que as cooperativas podem ter empregados (art. 91 da Lei 5.764/1971). Portanto, caso os requisitos do vínculo de emprego estejam presentes em face da própria cooperativa, de forma que não mais se trate de associado, mas sim de empregado, o ente público, tomador dos serviços, excepcionalmente, pode responder de forma subsidiária pelo inadimplemento das obrigações trabalhistas (STF, ADC 16/DF, RE 760.931/DF e Súmula 331, inciso V, do TST).

A Lei 12.690, de 19 de julho de 2012, publicada no *Diário Oficial da União* de 20.07.2012, com entrada em vigor na data de sua publicação (art. 29), passou a dispor sobre a organização e o funcionamento das cooperativas de trabalho, e instituiu o Programa Nacional de Fomento às Cooperativas de Trabalho (Pronacoop).

O art. 30 do Projeto de Lei 4.622/2004 da Câmara dos Deputados (n. 131/08 no Senado Federal), que deu origem ao diploma legal mencionado, previa a revogação do parágrafo único do art. 442 da Consolidação das Leis do Trabalho. Entretanto, o referido art. 30 foi *vetado*. Segundo as razões do veto, o "dispositivo da CLT que se pretende revogar disciplina a matéria de forma ampla e suficiente, sendo desnecessária regra específica para as cooperativas de trabalho". Desse modo, permanece em vigor o mencionado dispositivo da CLT, já analisado acima.

---

[31] CARELLI, Rodrigo de Lacerda. *Cooperativas de mão de obra*: manual contra a fraude. São Paulo: LTr, 2002. p. 47.
[32] Cf. MARTINS, Sergio Pinto. *A terceirização e o direito do trabalho*. 3. ed. São Paulo: Malheiros, 1997. p. 86: "Não se poderá utilizar da cooperativa para substituir a mão de obra permanente ou interna da empresa, pois seu objetivo é ajudar seus associados. A cooperativa não poderá ser, portanto, intermediadora de mão de obra".
[33] Cf. DELGADO, Mauricio Godinho. *Curso de direito do trabalho*. 4. ed. São Paulo: LTr, 2005. p. 329-333.
[34] Cf. MARTINS, Sergio Pinto. *A terceirização e o direito do trabalho*. 3. ed. São Paulo: Malheiros, 1997. p. 128.

A cooperativa de trabalho, assim, passou a ser regulada pela mencionada Lei 12.690/2012 e, no que com ela não colidir, pelas Leis 5.764, de 16 de dezembro de 1971, e 10.406, de 10 de janeiro de 2002, Código Civil (art. 1º).

Entretanto, estão *excluídas* do âmbito da Lei 12.690/2012:

I – as *cooperativas de assistência à saúde* na forma da legislação de saúde suplementar;

II – as *cooperativas que atuam no setor de transporte regulamentado pelo poder público e que detenham, por si ou por seus sócios, a qualquer título, os meios de trabalho*;

III – as *cooperativas de profissionais liberais cujos sócios exerçam as atividades em seus próprios estabelecimentos*; e

IV – as *cooperativas de médicos cujos honorários sejam pagos por procedimento* (art. 1º, parágrafo único).

Cabe questionar se essa exclusão não colide com o princípio da igualdade (material), no sentido de saber se existem fundamentos suficientes que diferenciem as referidas cooperativas das demais, justificando a disciplina legal diversa (art. 5º, *caput*, da CF/1988). De todo modo, para as cooperativas indicadas nos incisos I a IV do art. 1º, parágrafo único, são aplicáveis a Lei 5.764/1971 e o Código Civil (arts. 1.093 a 1.096).

Considera-se cooperativa de trabalho "a sociedade constituída por trabalhadores para o exercício de suas atividades laborativas ou profissionais com proveito comum, autonomia e autogestão para obterem melhor qualificação, renda, situação socioeconômica e condições gerais de trabalho" (art. 2º).

Como se nota, na cooperativa de trabalho, a atividade laborativa ou profissional deve ser em proveito comum dos cooperados, bem como exercida de forma *autônoma*, por meio de *autogestão*, com o fim de se obter melhor qualificação e renda, melhor situação socioeconômica e melhoria das condições gerais de trabalho.

Na realidade, como já mencionado, a rigor, para que se trate de cooperativa de trabalho, a atividade laborativa ou profissional, além de exercida em proveito comum dos cooperados, deve ser exercida de forma autônoma, pelo cooperado em si (autonomia individual), ainda que por meio de autogestão, com o fim de se obter melhor qualificação e renda, melhor situação socioeconômica e melhoria das condições gerais de trabalho, mas, inclusive, de cada cooperado individualmente, reunido na cooperativa.

A mencionada autonomia da atividade laborativa ou profissional deve ser exercida de forma coletiva e coordenada, mediante a fixação, em Assembleia Geral, das regras de funcionamento da cooperativa e da forma de execução dos trabalhos, nos termos da Lei 12.690/2012 (art. 2º, § 1º).

Entretanto, pode-se dizer que o dispositivo acima acarreta risco de que essa autonomia, "exercida de forma coletiva e coordenada", na realidade, dê origem à existência de subordinação interna, dentro da própria cooperativa, desvirtuando a sua essência e os seus fins.

Como demonstrado anteriormente, a verdadeira cooperativa de trabalho deve ser criada e formada por profissionais autônomos, que exerçam a mesma profissão, unindo esforços para obter vantagens ao próprio empreendimento, sem nenhuma intermediação, nem subordinação (seja perante terceiros, seja em face da cooperativa).

Considera-se *autogestão* o processo democrático no qual a Assembleia Geral define as diretrizes para o funcionamento e as operações da cooperativa, e os sócios decidem sobre a forma de execução dos trabalhos, nos termos da lei (art. 2º, § 2º).

Cabe ressaltar, ainda, que a cooperativa de trabalho deve se reger pelos seguintes princípios e valores (art. 3º):

I – adesão voluntária e livre;

II – gestão democrática;

III – participação econômica dos membros;

IV – autonomia e independência;

V – educação, formação e informação;

VI – intercooperação;

VII – interesse pela comunidade;

VIII – preservação dos direitos sociais, do valor social do trabalho e da livre iniciativa;

IX – não precarização do trabalho;

X – respeito às decisões de assembleia, observado o disposto na Lei 12.690/2012;

XI – participação na gestão em todos os níveis de decisão de acordo com o previsto em lei e no Estatuto Social.

De acordo com a Lei 12.690/2012 (art. 4º), a cooperativa de trabalho, como gênero, pode ser das seguintes espécies:

I – *de produção*, quando constituída por sócios que contribuem com trabalho para a produção em comum de bens e a cooperativa detém, a qualquer título, os meios de produção; e

II – *de serviço*, quando constituída por sócios para a prestação de serviços especializados a terceiros, sem a presença dos pressupostos da relação de emprego.

Como se nota, além da *cooperativa de produção*, também se admite a *cooperativa de serviço*, voltada à prestação de serviços especializados a terceiros, o que indica a possibilidade de terceirização por empresas e entes tomadores.

De todo modo, *a cooperativa de trabalho não pode ser utilizada para intermediação de mão de obra subordinada* (art. 5º).

Trata-se de importante previsão, mas que já é inerente ao sistema jurídico, justamente em razão do valor social do trabalho e da dignidade da pessoa humana, de modo que o labor humano jamais pode ser tratado como mercadoria.

A cooperativa de trabalho pode ser constituída com número mínimo de sete sócios (art. 6º).

O art. 7º da Lei 12.690/2012 inova, ao passar a garantir aos sócios das cooperativas de trabalho, embora não sendo empregados, certos direitos tipicamente trabalhistas.

Vale dizer, mesmo sendo regular a cooperativa de trabalho, isto é, mesmo não havendo fraude, determinados direitos trabalhistas são assegurados aos cooperados.

Nesse sentido, a cooperativa de trabalho deve garantir aos sócios os seguintes direitos, além de outros que a Assembleia Geral venha a instituir:

I – retiradas não inferiores ao piso da categoria profissional e, na ausência deste, não inferiores ao salário mínimo, calculadas de forma proporcional às horas trabalhadas ou às atividades desenvolvidas;

II – duração do trabalho normal não superior a 8 (oito) horas diárias e 44 (quarenta e quatro) horas semanais, exceto quando a atividade, por sua natureza, demandar a prestação de trabalho por meio de plantões ou escalas, facultada a compensação de horários;

III – repouso semanal remunerado, preferencialmente aos domingos;

IV – repouso anual remunerado;

V – retirada para o trabalho noturno superior à do diurno;

VI – adicional sobre a retirada para as atividades insalubres ou perigosas;

VII – seguro de acidente de trabalho.

Não se aplica o disposto nos incisos III e IV acima (RSR e RAR) nos casos em que as operações entre o sócio e a cooperativa sejam *eventuais*, salvo decisão da Assembleia Geral em contrário (art. 7º, § 1º).

Com isso, não havendo prestação do labor de forma repetida e automática ao longo do tempo pelo cooperado, deixa de fazer jus ao repouso semanal remunerado (preferencialmente aos domingos) e ao repouso anual remunerado, salvo se a Assembleia Geral decidir que tais direitos devem ser garantidos. Entretanto, o mais adequado, na realidade, seria que tais direitos fossem assegurados, ainda que de forma proporcional, na hipótese em questão (eventualidade das operações entre o sócio e a cooperativa de trabalho).

Em se tratando de cooperativa de trabalho, formada por sócios, cabe aqui questionar se há efetiva coerência quanto à previsão legal, ao estabelecer, aos cooperados autônomos, jornada de trabalho. Há risco, assim, de que, na prática, em especial quanto às cooperativas de prestação de serviço, haja, na realidade, verdadeira relação de emprego, embora não devidamente formalizada, inclusive em face do tomador, principalmente se forem aplicadas as teorias da subordinação estrutural e objetiva (inserção do trabalhador na estrutura e no objetivo social da empresa, não se exigindo a presença de ordens pessoais e diretas pelo empregador).

De todo modo, a cooperativa de trabalho deve buscar meios, inclusive mediante provisionamento de recursos, com base em critérios que devem ser aprovados em Assembleia Geral, para assegurar os direitos previstos nos incisos I, III, IV, V, VI e VII, acima indicados, e outros que a Assembleia Geral venha a instituir (art. 7º, § 2º).

A cooperativa de trabalho, além dos fundos obrigatórios previstos em lei, pode criar, em Assembleia Geral, outros fundos, inclusive rotativos, com recursos destinados a fins específicos, fixando o modo de formação, custeio, aplicação e liquidação (art. 7º, § 3º).

A cooperativa de trabalho constituída nos termos do inciso I do *caput* do art. 4º da Lei 12.690/2012 (isto é, a *cooperativa de produção*) pode, em Assembleia Geral Extraordinária, estabelecer *carência* (ou seja, a necessidade do preenchimento de certo prazo mínimo de adesão à cooperativa pelo sócio) na fruição dos direitos previstos nos incisos I e VII do *caput* do art. 7º, acima indicados (art. 7º, § 5º).

As atividades identificadas com o objeto social da cooperativa de trabalho prevista no inciso II do *caput* do art. 4º da Lei em questão, isto é, da *cooperativa de serviço*, quando prestadas fora do estabelecimento da cooperativa, devem ser submetidas "a uma coordenação com mandato nunca superior a 1 (um) ano ou ao prazo estipulado para a realização dessas atividades, eleita em reunião específica pelos sócios que se disponham a realizá-las, em que serão expostos os requisitos para sua consecução, os valores contratados e a retribuição pecuniária de cada sócio partícipe" (art. 7º, § 6º).

O dispositivo acima, portanto, trata, de forma específica, das cooperativas de serviço, reiterando a autorização de prestação de serviço (especializado) fora do estabelecimento da cooperativa, ou seja, em empresa ou ente tomador. Nesse caso, a Lei 12.690/2012 determina que essas atividades de prestação de serviço devem estar submetidas a uma "coordenação", a ser realizada por um coordenador, ao que tudo indica alguém da própria cooperativa de trabalho, que tenha mandato de um ano (ou ao prazo definido para realizar a atividade de prestação do serviço). Tanto é assim que o referido "coordenador" deve ser eleito em reunião específica pelos sócios que tenham interesse em realizar as atividades de prestação de serviço, na qual também devem ser expostos os requisitos para a realização da atividade, os valores contratados e a retribuição a ser recebida pelo sócio que participar.

Entretanto, há risco de que essa "coordenação", na realidade, se torne efetiva subordinação do suposto "cooperado" (sócio) ao gestor da cooperativa, acarretando a existência de relação de emprego, tendo em vista o princípio da primazia da realidade.

Pode-se notar, aqui, certa influência da chamada *parassubordinação*, em que o trabalhador presta serviço de forma autônoma, mas mediante colaboração coordenada e contínua perante o ente tomador.

As cooperativas de trabalho devem observar as *normas de saúde e segurança do trabalho* previstas na legislação em vigor, bem como em atos normativos expedidos pelas autoridades competentes (art. 8º).

O contratante da cooperativa de trabalho prevista no inciso II do *caput* do art. 4º da Lei 12.690/2012, isto é, *o contratante da cooperativa de serviço, responde solidariamente pelo cumprimento das normas de saúde e segurança do trabalho quando os serviços forem prestados no seu estabelecimento ou em local por ele determinado* (art. 9º).

Quanto ao funcionamento, a cooperativa de trabalho pode "adotar por objeto social qualquer gênero de serviço, operação ou atividade, desde que previsto no seu Estatuto Social" (art. 10).

Nesse aspecto, nota-se que o dispositivo legal, em sua literalidade, parece indicar, de forma ampla, que o objeto social da cooperativa de trabalho pode envolver qualquer gênero de serviço, operação ou atividade, apenas exigindo a previsão no Estatuto Social.

Entretanto, na prática, há certas atividades que dificilmente seriam compatíveis com a autonomia quanto à forma de prestação de serviço, a qual é exigida para a licitude da cooperativa de trabalho, em especial na cooperativa de serviço. Logo, o dispositivo pode dar margem a fraudes e desvirtuamentos, com terceirização de atividades integrantes do núcleo da atividade da empresa ou ente tomador, por intermédio de supostas cooperativas de trabalho, em prejuízo da devida formalização do vínculo de emprego.

A Lei 6.019/1974 atualmente rege as relações de trabalho na empresa de trabalho temporário, na empresa de prestação de serviços e nas respectivas tomadoras de serviço e contratante (art. 1º, com redação dada pela Lei 13.429/2017).

É obrigatório o uso da expressão "Cooperativa de Trabalho" na denominação social da cooperativa (art. 10, § 1º).

O art. 10, § 2º, da Lei 12.690/2012, por sua vez, estabelece que a cooperativa de trabalho não pode ser impedida de participar de procedimentos de licitação pública que tenham por escopo os mesmos serviços, operações e atividades previstas em seu objeto social.

No caso de cooperativa de serviço, os supostos "sócios" ("cooperados") não são registrados, não lhes sendo assegurados todos os direitos trabalhistas. Tendo em vista a consequente redução de custos, é possível ocorrer favorecimento e concorrência desleal, em prejuízo das empresas de prestação de serviço, que forem idôneas, e que registram os seus empregados, os quais, assim, passam a ter todos os direitos trabalhistas assegurados.

Essa situação, além de poder acarretar a precarização das relações de trabalho, em afronta ao art. 7º, *caput*, da Constituição Federal de 1988, pode gerar violação ao princípio da igualdade, em razão do tratamento privilegiado das cooperativas de prestação de serviço, no caso, em licitações públicas.

A admissão de sócios na cooperativa está limitada consoante as possibilidades de reunião, abrangência das operações, controle e prestação de serviços e congruente com o objeto estatuído (art. 10, § 3º).

Para o cumprimento dos seus objetivos sociais, o sócio pode exercer qualquer atividade da cooperativa, conforme deliberado em Assembleia Geral (art. 10, § 4º).

Além da realização da Assembleia Geral Ordinária e Extraordinária para deliberar nos termos dos e sobre os assuntos previstos na Lei 5.764/1971, e no Estatuto Social, a cooperativa de trabalho deve realizar anualmente, no mínimo, mais uma Assembleia Geral Especial para deliberar, entre outros assuntos especificados no edital de convocação, sobre gestão da cooperativa, disciplina, direitos e deveres dos sócios, planejamento e resultado econômico dos projetos e contratos firmados e organização do trabalho (art. 11).

O destino das sobras líquidas ou o rateio dos prejuízos deve ser decidido em Assembleia Geral Ordinária (art. 11, § 1º).

As cooperativas de trabalho devem estabelecer, em Estatuto Social ou Regimento Interno, incentivos à participação efetiva dos sócios na Assembleia Geral e eventuais sanções em caso de ausências injustificadas (art. 11, § 2º).

O *quorum* mínimo de instalação das Assembleias Gerais será de: I – 2/3 do número de sócios, em primeira convocação; II – metade mais um dos sócios, em segunda convocação; III – 50 sócios ou, no mínimo, 20% do total de sócios, prevalecendo o menor número, em terceira convocação, exigida a presença de, no mínimo, quatro sócios para as cooperativas que possuam até 19 sócios matriculados (art. 11, § 3º).

As decisões das assembleias devem ser consideradas válidas quando contarem com a aprovação da maioria absoluta dos sócios presentes (art. 11, § 4º). Comprovada fraude ou vício nas decisões das assembleias, serão elas nulas de pleno direito, aplicando-se, conforme o caso, a legislação civil e penal (art. 11, § 5º).

A Assembleia Geral Especial de que trata o art. 11, *caput*, da Lei 12.690/2012, deve ser realizada no segundo semestre do ano (art. 11, § 6º).

A notificação dos sócios para participação das assembleias deve ser pessoal e ocorrer com antecedência mínima de 10 dias de sua realização (art. 12).

Na impossibilidade de notificação pessoal, a notificação deve se dar por via postal, respeitada a antecedência prevista no *caput* do art. 12, isto é, de 10 dias. Na impossibilidade de realização das notificações pessoal e postal, os sócios devem ser notificados mediante edital afixado na sede e em outros locais previstos nos estatutos e publicado em jornal de grande circulação na região da sede da cooperativa ou na região onde ela exerça suas atividades, respeitada a antecedência prevista no *caput* do art. 12, acima indicado (art. 12, §§ 1º e 2º).

É vedado à cooperativa de trabalho distribuir verbas de qualquer natureza entre os sócios, exceto a retirada devida em razão do exercício de sua atividade como sócio ou retribuição por conta de reembolso de despesas comprovadamente realizadas em proveito da cooperativa (art. 13).

A cooperativa de trabalho deve deliberar, anualmente, na Assembleia Geral Ordinária, sobre a adoção ou não de diferentes faixas de retirada dos sócios (art. 14). No caso de fixação de faixas de retirada, a diferença entre as de maior e as de menor valor deve ser fixada na Assembleia (art. 14, parágrafo único).

De todo modo, pode-se dizer que a eventual deliberação relativa à adoção de diferentes faixas de retirada de sócios deve ser objeto de justificado e lógico fundamento.

O Conselho de Administração deve ser composto por, no mínimo, três sócios, eleitos pela Assembleia Geral, para um prazo de gestão não superior a quatro anos, sendo obrigatória a renovação de, no mínimo, 1/3 do colegiado, ressalvada a hipótese do art. 16 da Lei 12.690/2012 (art. 15).

Essa obrigatoriedade de renovação quanto à composição do Conselho de Administração é essencial para a preservação dos princípios e valores do cooperativismo, em especial a gestão democrática (art. 3º, inciso II, da Lei 12.690/2012). Sendo assim, há risco de que a ressalva prevista na parte final do art. 15, na prática, dê margem a desvirtuamentos, com a "perpetuação" de lideranças na gestão da cooperativa, em prejuízo de sua autonomia e independência (art. 3º, inciso IV, da Lei 12.690/2012).

A cooperativa de trabalho constituída por até 19 sócios pode estabelecer, em Estatuto Social, composição para o Conselho de Administração e para o Conselho Fiscal distinta da prevista na Lei 12.690/2012 e no art. 56 da Lei 5.764/1971[35], assegurados, no mínimo, três conselheiros fiscais (art. 16).

Cabe ao Ministério do Trabalho, no âmbito de sua competência, a fiscalização do cumprimento do disposto na Lei 12.690/2012 (art. 17).

A Cooperativa de Trabalho que intermediar mão de obra subordinada e os contratantes de seus serviços estarão sujeitos à multa de R$ 500,00 por trabalhador prejudicado, dobrada na reincidência, a ser revertida em favor do Fundo de Amparo ao Trabalhador – FAT (art. 17, § 1º).

---

[35] "Art. 56. A administração da sociedade será fiscalizada, assídua e minuciosamente, por um Conselho Fiscal, constituído de 3 (três) membros efetivos e 3 (três) suplentes, todos associados eleitos anualmente pela Assembleia Geral, sendo permitida apenas a reeleição de 1/3 (um terço) dos seus componentes. § 1º Não podem fazer parte do Conselho Fiscal, além dos inelegíveis enumerados no artigo 51, os parentes dos diretores até o 2.º (segundo) grau, em linha reta ou colateral, bem como os parentes entre si até esse grau. § 2º O associado não pode exercer cumulativamente cargos nos órgãos de administração e de fiscalização".

Presumir-se-á intermediação de mão de obra subordinada a relação contratual estabelecida entre a empresa contratante e as cooperativas de trabalho que não cumprirem o disposto no § 6º do art. 7º da mencionada Lei (art. 17, § 2º).

Como já estudado, as atividades identificadas com o objeto social da cooperativa de trabalho prevista no inciso II do *caput* do art. 4º da Lei 12.690/2012 (isto é, *cooperativa de serviço*), quando prestadas fora do estabelecimento da cooperativa, devem ser submetidas a uma "coordenação com mandato nunca superior a um ano" (ou ao prazo estipulado para a realização dessas atividades), eleita em reunião específica pelos sócios que se disponham a realizá-las, em que serão expostos os requisitos para sua consecução, os valores contratados e a retribuição pecuniária de cada sócio partícipe.

Se essa determinação do art. 7º, § 6º, da Lei 12.690/2012 não for observada, presume-se que se trata de intermediação de mão de obra subordinada, formando-se o vínculo de emprego diretamente em face da empresa ou ente contratante (tomador).

As penalidades devem ser aplicadas pela autoridade competente do Ministério do Trabalho, de acordo com o estabelecido no Título VII da Consolidação das Leis do Trabalho (art. 17, § 3º).

A constituição ou utilização de cooperativa de trabalho para fraudar deliberadamente a legislação trabalhista, previdenciária e o disposto na presente lei acarretará aos responsáveis as sanções penais, cíveis e administrativas cabíveis, sem prejuízo da ação judicial visando à dissolução da cooperativa (art. 18).

Fica inelegível para qualquer cargo em cooperativa de trabalho, pelo período de até cinco anos, contado a partir da sentença transitada em julgado, o sócio, dirigente ou o administrador condenado pela prática das fraudes elencadas no *caput* do art. 18 da Lei 12.690/2012 (art. 18, § 2º).

A Lei 12.690/2012, no art. 19, institui, no âmbito do Ministério do Trabalho, o Programa Nacional de Fomento às Cooperativas de Trabalho (Pronacoop), com a finalidade de promover o desenvolvimento e a melhoria do desempenho econômico e social da cooperativa de trabalho.

Na realidade, pode-se dizer que deveria o legislador, em sintonia com os princípios e mandamentos constitucionais (art. 7º da CF/1988), fomentar a formalização da *relação de emprego*, a qual constitui o *núcleo do Direito do Trabalho*, considerado verdadeira conquista histórica, essencial à humanidade, ao tornar possível a melhoria das condições sociais e a preservação da dignidade da pessoa humana do trabalhador, bem como o ramo do Direito apto a tornar viável a própria manutenção do sistema capitalista, com o necessário respeito dos direitos fundamentais e sociais.

Não obstante, apesar de constar, *formalmente*, no art. 3º, incisos VIII e IX, que a cooperativa de trabalho rege-se pelos princípios e valores da "preservação dos direitos sociais, do valor social do trabalho e da livre iniciativa" e da "não precarização do trabalho", o que se nota é o forte incentivo, pela lei, de formas precárias de trabalho humano, uma vez que *sem a garantia plena de todos os direitos inerentes à relação de emprego*, com o fomento e a abertura para a ampla e intensa prestação de serviços por cooperativas de trabalho, sem indicar, de forma clara e adequada, o que são serviços especializados, nem vedar, de forma expressa, a terceirização de atividade-fim, autorizando, ademais, que as cooperativas de trabalho adotem qualquer objeto social (art. 10).

Isso certamente acarretará o aumento substancial de relações triangulares de trabalho, mas sem a formalização de vínculo de emprego, por se tratar de prestação de serviços por cooperativas de trabalho, inclusive mediante a "coordenação" dos supostos "sócios" (cooperados) por um gestor que, embora eleito (art. 7º, § 6º), na prática, pode significar a existência de subordinação (inclusive em sua atual vertente estrutural) e o exercício do poder de direção, inerentes ao contrato de emprego. O resultado, com isso, pode ser o retrocesso social, em prejuízo das garantias constitucionais do trabalho digno e da efetividade dos direitos sociais e fundamentais trabalhistas.

De todo modo, o referido Programa Nacional de Fomento às Cooperativas de Trabalho (Pronacoop) tem como finalidade apoiar (art. 19, parágrafo único):

I – a produção de diagnóstico e plano de desenvolvimento institucional para as cooperativas de trabalho dele participantes;

II – a realização de acompanhamento técnico visando ao fortalecimento financeiro, de gestão, de organização do processo produtivo ou de trabalho, bem como à qualificação dos recursos humanos;
III – a viabilização de linhas de crédito;
IV – o acesso a mercados e à comercialização da produção;
V – o fortalecimento institucional, a educação cooperativista e a constituição de cooperativas centrais, federações e confederações de cooperativas;
VI – outras ações que venham a ser definidas por seu Comitê Gestor no cumprimento da finalidade estabelecida no *caput* do art. 19 acima, isto é, promover o desenvolvimento e a melhoria do desempenho econômico e social da cooperativa de trabalho.

A Lei 12.690/2012, no art. 20, cria o Comitê Gestor do Pronacoop, com as seguintes atribuições:

I – acompanhar a implementação das ações previstas na Lei 12.690/2012;
II – estabelecer as diretrizes e metas para o Pronacoop;
III – definir as normas operacionais para o Pronacoop;
IV – propor o orçamento anual do Pronacoop.

O Comitê Gestor deve ter composição paritária entre o governo e entidades representativas do cooperativismo de trabalho. O número de membros, a organização e o funcionamento do Comitê Gestor devem ser estabelecidos em regulamento (art. 20, §§ 1º e 2º).

O Ministério do Trabalho pode celebrar convênios, acordos, ajustes e outros instrumentos que objetivem a cooperação técnico-científica com órgãos do setor público e entidades privadas sem fins lucrativos, no âmbito do Pronacoop (art. 21).

As despesas decorrentes da implementação do Pronacoop devem correr à conta das dotações orçamentárias consignadas anualmente ao Ministério do Trabalho (art. 22).

Os recursos destinados às linhas de crédito do Pronacoop devem ser provenientes: I – do Fundo de Amparo ao Trabalhador (FAT); II – de recursos orçamentários da União; e III – de outros recursos que venham a ser alocados pelo poder público (art. 23).

O Conselho Deliberativo do Fundo de Amparo ao Trabalhador (Codefat) definirá as diretrizes para a aplicação, no âmbito do Pronacoop, dos recursos oriundos do Fundo de Amparo ao Trabalhador – FAT (art. 23, parágrafo único).

As instituições financeiras autorizadas a operar com os recursos do Pronacoop poderão realizar operações de crédito destinadas a empreendimentos inscritos no Programa sem a exigência de garantias reais, que poderão ser substituídas por garantias alternativas, observadas as condições estabelecidas em regulamento (art. 24).

A Lei 12.690/2012, no art. 26, institui a Relação Anual de Informações das Cooperativas de Trabalho (RAICT), a ser preenchida pelas Cooperativas de Trabalho, anualmente, com informações relativas ao ano-base anterior.

Cabe ao Poder Executivo regulamentar o modelo de formulário da RAICT, os critérios para entrega das informações e as responsabilidades institucionais sobre a coleta, processamento, acesso e divulgação das informações (art. 26, parágrafo único).

A cooperativa de trabalho constituída antes da vigência da Lei 12.690/2012 terá prazo de 12 meses, contado de sua publicação, para adequar seus estatutos às disposições nela previstas (art. 27).

A cooperativa de trabalho mencionada no inciso II do *caput* do art. 4º da Lei 12.690/2012 (*cooperativa de serviço*), constituída antes da vigência da Lei (art. 23), terá prazo de 12 meses, contado de sua publicação (20.07.2012), para assegurar aos sócios as garantias previstas nos incisos I, IV, V, VI e VII do *caput* do art. 7º da Lei 12.690 (isto é: retiradas não inferiores ao piso da categoria profissional e, na ausência deste, não inferiores ao salário mínimo, calculadas de forma proporcional às horas trabalhadas ou às atividades desenvolvidas; repouso anual remunerado; retirada para o trabalho noturno superior à do diurno; adicional sobre a retirada para as atividades insalubres ou perigosas; seguro de acidente de trabalho), conforme deliberado em Assembleia Geral (art. 28).

Concluindo o presente item, de forma crítica, pode-se dizer que a própria Lei 12.690/2012, surpreendentemente, estaria a indicar um possível caminho para a não incidência do Direito do Trabalho, passando a adotar a suposta diferença entre trabalhadores subordinados (empregados) e trabalhadores autônomos "coordenados" (cooperados), algo que, na prática, nem sempre será possível distinguir com clareza. Além da consequente insegurança jurídica e da mencionada precarização, corre-se o risco de se criar uma cisão dentro da própria classe trabalhadora, opondo trabalhadores autônomos "coordenados" (cooperados), titulares de alguns poucos direitos, e empregados (subordinados). A relação de emprego, como núcleo do Direito do Trabalho, com isso, é atingida, com possíveis consequências também quanto ao enfraquecimento da consciência de classe e da organização coletiva dos trabalhadores.

O atento exame da Lei 12.690/2012 revela que, apesar de certos dispositivos adequados (como o art. 5º, que proíbe a utilização da cooperativa de trabalho para intermediação de mão de obra subordinada), tudo indica ter havido a aplicação de teorias como a da "parassubordinação" (envolvendo o trabalhador autônomo "coordenado", "economicamente dependente"), mas com a presença de *cooperativa de prestação de serviço* (art. 7º, § 6º), que pode ser de qualquer gênero (art. 10, *caput*), sendo a suposta autonomia do sócio cooperado definida de forma coletiva, em Assembleia Geral (art. 2º, § 1º), afastando-se do verdadeiro conceito de autonomia, no sentido de exercício do trabalho de modo independente e por conta própria.

Capítulo 13

Remuneração

13.1 Conceito

A remuneração pode ser entendida como a contraprestação recebida pelo empregado, decorrente do contrato de trabalho.

Vejamos, com mais detalhes, a sua composição.

13.1.1 Remuneração

O art. 457, *caput*, da CLT apresenta o conceito de salário, possibilitando a diferenciação da remuneração propriamente.

Assim, perante o sistema jurídico em vigor, a remuneração é termo mais amplo, ou seja, o *gênero* que engloba como espécies o salário e a gorjeta, pois "compreendem-se na remuneração [...] além do salário [...] as gorjetas".

O salário é a quantia paga "diretamente pelo empregador" (art. 457, *caput*, da CLT), decorrendo do contrato de trabalho.

O salário é pago e devido não só como contraprestação do efetivo serviço prestado, mas também dos períodos em que o empregado esteve à disposição do empregador, aguardando ou executando ordens (art. 4º, *caput*, da CLT), bem como de certos períodos de descanso remunerado (hipóteses de interrupção do contrato de trabalho como ocorre nas férias e nos descansos semanais e feriados remunerados).

O salário mínimo e as outras modalidades de mínimo salarial serão estudados no Capítulo pertinente à política salarial.

13.1.2 Gorjeta

Considera-se gorjeta "não só a importância espontaneamente dada pelo cliente ao empregado, como também o valor cobrado pela empresa, como serviço ou adicional, a qualquer título, e destinado à distribuição aos empregados" (art. 457, § 3º, da CLT, com redação dada pela Lei 13.419/2017).

Assim, em termos práticos, tem-se que salário e remuneração não são sinônimos; aquele integra esta; nem todo valor da remuneração é salário, podendo referir-se a gorjeta[1].

Essa diferenciação entre salário e gorjeta é de relevância, pois, como esclarece a Súmula 354 do TST:

"Gorjetas. Natureza jurídica. Repercussões. As gorjetas, cobradas pelo empregador na nota de serviço ou oferecidas espontaneamente pelos clientes, integram a remuneração do empregado, não servindo de base de cálculo para as parcelas de aviso prévio, adicional noturno, horas extras e repouso semanal remunerado".

---

[1] Cf. MARTINS, Sergio Pinto. *Comentários à CLT*. 5. ed. São Paulo: Atlas, 2002. p. 377: "A remuneração é igual ao salário mais as gorjetas, segundo a concepção da CLT, isto é, é o gênero que compreende as espécies salário e gorjetas". Cf. ainda SÜSSEKIND, Arnaldo. *Instituições de direito do trabalho*. 18. ed. São Paulo: LTr, 1999. v. 1, p. 353-354; RUSSOMANO, Mozart Victor. *Curso de direito do trabalho*. 6. ed. Curitiba: Juruá, 1997. p. 299.

Como as gorjetas integram a remuneração, os seus valores devem ser considerados no cálculo do FGTS (art. 15 da Lei 8.036/1990), das férias (art. 142 da CLT), do 13º salário (art. 1º da Lei 4.090/1962) e das contribuições previdenciárias (art. 28, inciso I, da Lei 8.212/1991).

Nota-se que a Lei 13.467/2017, ao dar nova redação ao art. 457, §§ 1º, 2º e 4º, da CLT, não considerou a existência dos §§ 5º a 11 do art. 457 do mesmo diploma legal, que haviam sido incluídos pela Lei 13.419/2017, ao indicar que o art. 457 da CLT terminaria no § 4º ("NR"), gerando o entendimento de que ocorreu a revogação tácita. Entretanto, como não houve revogação expressa (art. 5º da Lei 13.467/2017), seria possível dizer que eles foram mantidos.

Inexistindo previsão em convenção ou acordo coletivo de trabalho, os critérios de rateio e distribuição da gorjeta e os percentuais de retenção previstos nos §§ 6º e 7º do art. 457 da CLT devem ser definidos em assembleia geral dos trabalhadores, na forma do art. 612 da CLT (art. 457, § 5º, da CLT).

O art. 612 da CLT prevê que os sindicatos só podem celebrar convenções ou acordos coletivos de trabalho por deliberação de assembleia geral especialmente convocada para esse fim, consoante o disposto nos respectivos estatutos, dependendo a sua validade do comparecimento e votação, em primeira convocação, de 2/3 dos associados da entidade, se se tratar de convenção, e dos interessados, no caso de acordo, e, em segunda, de 1/3 destes. O quórum de comparecimento e votação será de 1/8 dos associados em segunda convocação, nas entidades sindicais que tenham mais de 5.000 associados.

Logo, na ausência de convenção coletiva ou acordo coletivo de trabalho a respeito dos mencionados critérios de rateio e distribuição da gorjeta, bem como dos referidos percentuais de retenção, essas questões devem ser estabelecidas em assembleia geral dos trabalhadores, adotando-se o mesmo quórum previsto no art. 612 da CLT.

Desse modo, pode-se dizer que a referida assembleia geral de trabalhadores, para ser válida, dependerá do comparecimento e votação, em primeira convocação, de 2/3 dos trabalhadores interessados (ou seja, dos empregados na empresa envolvida), e, em segunda convocação, de 1/3 destes.

As empresas que cobrarem a gorjeta de que trata o § 3º do art. 457 da CLT devem (art. 457, § 6º, da CLT):

I – para as empresas *inscritas* em *regime de tributação federal diferenciado,* lançá-la na respectiva nota de consumo, facultada a retenção de até 20% da arrecadação correspondente, mediante previsão em convenção ou acordo coletivo de trabalho, para custear os encargos sociais, previdenciários e trabalhistas derivados da sua integração à remuneração dos empregados, devendo o valor remanescente ser revertido integralmente em favor do trabalhador;

II – para as empresas *não inscritas em regime de tributação federal diferenciado*, lançá-la na respectiva nota de consumo, facultada a retenção de até 33% da arrecadação correspondente, mediante previsão em convenção ou acordo coletivo de trabalho, para custear os encargos sociais, previdenciários e trabalhistas derivados da sua integração à remuneração dos empregados, devendo o valor remanescente ser revertido integralmente em favor do trabalhador;

III – anotar na Carteira de Trabalho e Previdência Social e no contracheque de seus empregados o salário contratual fixo e o percentual percebido a título de gorjeta.

Observa-se que o limite do percentual de retenção da arrecadação das gorjetas é inferior (até 20%) no caso de empresas inscritas no Regime Especial Unificado de Arrecadação de Tributos e Contribuições devidos pelas Microempresas e Empresas de Pequeno Porte (Simples Nacional), quando comparado com o limite das empresas não inscritas nesse regime de tributação diferenciado (até 33%).

Isso certamente decorre da possível redução da carga tributária incidente no caso de empresas optantes pelo Simples Nacional.

Segundo determinação legal, essa retenção de parte do valor da gorjeta depende de previsão em convenção coletiva ou acordo coletivo de trabalho e tem como fim custear os encargos sociais, previdenciários e trabalhistas decorrentes de sua integração à remuneração dos empregados, como as contribuições para a Seguridade Social (art. 195 da Constituição da República), previdenciárias (Lei

8.212/1991) e do Fundo de Garantia do Tempo de Serviço (art. 7º, inciso III, da Constituição Federal de 1988 e Lei 8.036/1990).

O valor *remanescente* da gorjeta, assim, deve ser destinado integralmente aos empregados.

Cabe esclarecer que a Lei Complementar 123/2006 estabelece normas gerais relativas ao tratamento diferenciado e favorecido a ser dispensado às microempresas e empresas de pequeno porte no âmbito dos Poderes da União, dos Estados, do Distrito Federal e dos Municípios (art. 1º). O art. 12 da Lei Complementar 123/2006 instituiu o Regime Especial Unificado de Arrecadação de Tributos e Contribuições devidos pelas Microempresas e Empresas de Pequeno Porte (Simples Nacional).

Anteriormente, entendia-se não ser válida a cláusula de norma coletiva prevendo a retenção pelo empregador de parte das gorjetas, com o repasse apenas parcial dos valores aos empregados, justamente por se tratar de direito destes, de natureza remuneratória[2]. A atual previsão legal pode ser prejudicial ao empregado, ao permitir que a norma coletiva negociada estabeleça certo percentual sobre o valor das gorjetas a ser retido pelo empregador.

Embora a Constituição da República, no art. 7º, inciso VI, estabeleça a *irredutibilidade do salário*, ressalva o disposto em convenção ou acordo coletivo. Além disso, a gorjeta, em verdade, não integra o salário propriamente, mas sim a remuneração. Ainda assim, o valor global da remuneração do empregado, com essa possibilidade de retenção de parte das gorjetas, pode se tornar inferior ao recebido anteriormente.

O art. 29, § 1º, da CLT prevê que as anotações na Carteira de Trabalho e Previdência Social sobre a remuneração devem especificar o salário, qualquer que seja sua forma de pagamento, seja ele em dinheiro ou em utilidades, bem como a estimativa da gorjeta.

Com o art. 457, § 6º, inciso III, da CLT, as empresas que cobrarem a gorjeta devem anotar na CTPS e no contracheque de seus empregados o salário contratual fixo e o percentual percebido a título de gorjeta. Trata-se, no caso, da modalidade de gorjeta em que o valor é *cobrado pela empresa*, como serviço ou adicional, a qualquer título, e destinado à distribuição aos empregados.

Conforme o art. 457, § 7º, da CLT, a gorjeta, quando entregue pelo consumidor diretamente ao empregado, terá seus critérios definidos em convenção ou acordo coletivo de trabalho, *facultada a retenção* nos parâmetros do § 6º do art. 457 da CLT.

As empresas devem anotar na Carteira de Trabalho e Previdência Social de seus empregados o salário fixo e a média dos valores das gorjetas referente aos últimos 12 meses (art. 457, § 8º, da CLT).

O art. 457, § 6º, inciso III, da CLT não se confunde com o determinado no art. 457, § 8º, da CLT, pois aquele se refere à anotação na CTPS do *percentual* percebido a título de gorjeta *cobrada* pela empresa, considerando a possibilidade de retenção de parte da arrecadação. Diversamente, o § 8º do art. 457 prevê a anotação na CTPS da *média* dos valores das gorjetas (espontaneamente dadas pelos clientes ao empregado e as que forem cobradas pela empresa) referente aos últimos 12 meses.

---

[2] "III – Recurso de revista do reclamante interposto na vigência de Lei 13.015/2014. Gorjeta. Direito dos empregados. Impossibilidade de retenção pelo empregador de percentual do seu valor a título de taxa de serviço. Invalidade da norma coletiva. Conquanto a Constituição Federal tenha assegurado o reconhecimento das convenções e acordos coletivos de trabalho (art. 7º, XXVI), e não obstante ser o princípio da criatividade jurídica inerente ao instituto, isso não significa que o sindicato possui ampla liberdade para ajustar todo e qualquer tipo de cláusula normativa, ao contrário, não pode transacionar sobre direitos trabalhistas de indisponibilidade absoluta, que asseguram um patamar civilizatório mínimo, além do que devem sempre buscar entabular regras que permitam implementar um padrão normativo superior ao já estabelecido no estuário normativo heterônomo, consoante diretriz do princípio da adequação setorial negociada. Neste diapasão, esta Corte Superior consolidou entendimento no sentido de ser inválida a cláusula coletiva que prevê a retenção pelo empregador de parte do valor correspondente às gorjetas, para posterior distribuição entre os empregados e a própria empresa, sobretudo porque o art. 457 da CLT é claro ao estabelecer que tanto as gorjetas dadas espontaneamente pelos clientes como as cobradas pela empresa destes, integram a remuneração do empregado, motivo pelo qual não podem ser destinadas a outra finalidade que não seja a remuneração do empregado. Precedentes. Recurso de revista conhecido e provido" (TST, 2ª T., RR 503-80.2015.5.21.0003, Rel. Min. Delaíde Miranda Arantes, *DEJT* 03.03.2017).

Na hipótese de *gorjetas espontâneas*, como o empregador nem sempre tem como saber, de forma precisa, as quantias oferecidas pelos clientes aos empregados, é comum a previsão de seus valores estimados em convenções e acordos coletivos de trabalho, firmados com os sindicatos das categorias profissionais[3]. Trata-se de previsão que não se aplica, entretanto, às gorjetas cobradas pela empresa, como serviço ou adicional, para posterior distribuição aos empregados[4].

Cessada pela empresa a cobrança da gorjeta de que trata o § 3º do art. 457 da CLT, desde que cobrada por mais de 12 meses, esta se incorporará ao salário do empregado, tendo como base a média dos últimos 12 meses, salvo o estabelecido em convenção ou acordo coletivo de trabalho (art. 457, § 9º, da CLT).

A hipótese em questão trata da modalidade de gorjeta em que o valor é cobrado pela empresa, como serviço ou adicional, a qualquer título, e destinado à distribuição aos empregados.

Nesse caso, se a empresa, após ter cobrado dos clientes a gorjeta por mais de 12 meses, deixar de fazer essa cobrança, segundo a previsão legal, o valor deve ser incorporado ao salário do empregado, adotando-se o valor decorrente da média dos últimos 12 meses, sem afastar o que estiver previsto em instrumento normativo decorrente de negociação coletiva de trabalho.

Frise-se que a gorjeta, a rigor, tem natureza de remuneração, mas não se confunde com o salário (art. 457 da CLT). Ainda assim, na situação específica do art. 457, § 9º, da CLT, observa-se a determinação no sentido de sua incorporação "ao salário", revelando certa desarmonia legislativa.

Para empresas com mais de 60 empregados, deve ser constituída comissão de empregados, mediante previsão em convenção ou acordo coletivo de trabalho, para acompanhamento e fiscalização da regularidade da cobrança e distribuição da gorjeta de que trata o § 3º do art. 457 da CLT, cujos representantes devem ser eleitos em assembleia geral convocada para esse fim pelo sindicato laboral e gozarão de garantia de emprego vinculada ao desempenho das funções para que foram eleitos, e, para as demais empresas, será constituída comissão intersindical para o referido fim (art. 457, § 10, da CLT).

Sendo assim, no caso de empresas com mais de 60 empregados, cabe à convenção coletiva ou acordo coletivo de trabalho estabelecer a disciplina mais detalhada da mencionada estabilidade provisória dos trabalhadores que integram a referida comissão voltada ao acompanhamento e à fiscalização da regularidade da cobrança e distribuição das gorjetas.

Comprovado o descumprimento do disposto nos §§ 4º, 6º, 7º e 9º do art. 457 da CLT, o empregador deve pagar ao trabalhador prejudicado, a título de multa, o valor correspondente a 1/30 da

---

[3] "Agravo de instrumento. Recurso de revista. Gorjeta. Pagamento espontâneo. Estimativa mediante norma coletiva para cálculo de parcelas salariais e recolhimento de encargos. Validade. 1. A Constituição da República (art. 7º, XXVI), a par de assegurar condições mínimas de trabalho, protege as convenções e acordos coletivos de trabalho, especialmente permitindo a negociação coletiva para reduzir salários e fixar jornada de trabalho, conforme disposto no art. 7º, VI e XIII, da CF/88. Enseja, assim, uma relativa flexibilização de tais cláusulas do contrato de trabalho, privilegiando, no particular, a desejável autonomia privada coletiva do Sindicato. 2. É válida cláusula de convenção coletiva de trabalho no que fixa estimativa do valor referente às gorjetas espontâneas para cálculo de parcelas salariais e recolhimento de encargos. Há que se reconhecer, pois, a primazia da norma resultante de negociação coletiva, em obediência ao preceito contido no art. 7º, XXVI, da Constituição Federal. 3. Agravo de instrumento do Reclamante de que se conhece e a que se nega provimento" (TST, 4ª T., AIRR 254300-96.2009.5.02.0044, Rel. Min. João Oreste Dalazen, *DEJT* 25.09.2015).

[4] "Agravo de instrumento em recurso de revista. Gorjetas. Integração salarial. Controle e ingerência da empresa sobre os valores pagos pelos clientes. Inaplicabilidade da estimativa de gorjetas. Matéria fática. Óbice da Súmula 126, do C. TST. Violação aos arts. 7º, XXVI e 8º, III e VI, da Constituição Federal, 348 do CPC e 457 e 832, da CLT, não configurada. Partindo das premissas fáticas fixadas pela Corte Regional e inalteráveis por esta Instância Extraordinária, na forma da Súmula 126, do C. TST, havia efetivo controle e ingerência da reclamada sobre os valores arrecadados junto aos clientes a título de gorjeta, o que afasta, de forma lógica, a previsão convencional relativa à estimativa de gorjetas, aplicável apenas quando tais montantes escapam ao conhecimento e domínio da empresa. Afasta-se, em tais condições, a alegação de afronta aos artigos 7º, XXVI, e 8º, III e VI, da Constituição Federal, 348, do CPC e 457 e 832, da CLT. Agravo de Instrumento conhecido e desprovido" (TST, 8ª T., AIRR 231-65.2012.5.01.0030, Rel. Des. Conv. Jane Granzoto Torres da Silva, *DEJT* 09.10.2015).

média da gorjeta por dia de atraso, limitada ao piso da categoria, assegurados em qualquer hipótese o contraditório e a ampla defesa, observadas as seguintes regras: essa limitação deve ser triplicada caso o empregador seja reincidente; considera-se reincidente o empregador que, durante o período de doze meses, descumpre o disposto nos §§ 4º, 6º, 7º e 9º do art. 457 da CLT por mais de 60 dias (art. 457, § 11, da CLT).

A multa em questão é devida em favor do empregado prejudicado e, portanto, não se confunde com a penalidade administrativa decorrente de autuação feita pela fiscalização do trabalho (art. 510 da CLT).

O contraditório e a ampla defesa, mencionados no art. 457, § 11, da CLT, são exigidos não apenas em eventual processo judicial no qual se postule a referida multa (art. 5º, incisos LIV e LV, da Constituição da República), mas também no âmbito extrajudicial, em consonância com a *eficácia horizontal dos direitos fundamentais*, inclusive no caso de ser a questão discutida em comissão de empregados, prevista no art. 457, § 10, da CLT, constituída em empresa com mais de 60 empregados, por meio de convenção coletiva ou acordo coletivo de trabalho, para acompanhamento e fiscalização da regularidade da cobrança e distribuição da gorjeta, ou comissão intersindical, no caso das demais empresas, constituída com o mesmo objetivo.

Quanto ao chamado "direito de arena", devido aos atletas profissionais na forma do art. 42, § 1º, da Lei 9.615/1998, anteriormente, embora já existisse entendimento, à época minoritário, de que não apresenta natureza salarial, referindo-se a mera cessão do uso de direito de imagem do atleta às emissoras de televisão, prevalecia a corrente no sentido da sua natureza remuneratória, equiparando-se à gorjeta, por ser paga por terceiros, considerando-se uma oportunidade de ganho oferecida ao empregado[5]. Entretanto, com a redação do art. 42, § 1º, parte final, da Lei 9.615/1998, determinada pela Lei 12.395/2011[6], passou-se a estabelecer que o direito de arena tem "natureza civil", o que indica não ter mais natureza trabalhista nem salarial.

---

[5] "I – Agravo de Instrumento. Recurso de revista. Direito de imagem. Direito de arena. Natureza. Divergência jurisprudencial demonstrada. Agravo de instrumento a que se dá provimento. II – Recurso de Revista. Nulidade por negativa de prestação jurisdicional. Não se configura omissão quando presentes os motivos de fato e de direito que justificam o enquadramento jurídico dado à matéria. Recurso não conhecido. Indenização por despedida sem justa causa. Contrato por prazo determinado. Matéria do art. 479 da CLT não prequestionada. Incidência da Súmula n. 297 desta Corte. Recurso não conhecido. Direito de imagem. Direito de arena. Natureza. Divergência jurisprudencial ocorrente. O direito de arena e o de imagem possuem natureza remuneratória, pois não têm por finalidade indenizar o atleta profissional pelo uso de sua imagem, mas remunerá-lo por sua participação nos espetáculos esportivos, cujos direitos de transmissão são negociados pelo clube a que pertence com terceiros. Precedentes desta Corte. Recurso de revista a que se dá provimento" (TST, 4ª T., RR 882/2005-020-04-40.3, Rel. Min. Fernando Eizo Ono, *DEJT* 26.06.2009). "Direito de imagem. Jogador de futebol profissional. Natureza salarial. Reflexos limitados a férias, 13º salário e FGTS. Conforme estabelece o art. 5º, XXVIII, *a*, da CF, é assegurada, nos termos da lei, a proteção às participações individuais em obras coletivas e à reprodução da imagem e voz humanas, inclusive nas atividades desportivas. Já o art. 42, § 1º, da Lei 9.615/1998 dispõe que pertence às entidades de prática desportiva o direito de negociar, autorizar e proibir a fixação, a transmissão ou retransmissão de imagem de espetáculo ou eventos desportivos de que participem, sendo que vinte por cento do preço total da autorização, como mínimo, será distribuído, em partes iguais, aos atletas profissionais participantes do espetáculo ou evento. Quanto à natureza jurídica dessa parcela, a doutrina e a jurisprudência têm se inclinado no sentido de atribuir-lhe a natureza de remuneração, de forma semelhante às gorjetas, que também são pagas por terceiros. Todavia, aplicando-se por analogia o assentado na Súmula 354 do TST, os valores correspondentes ao direito de imagem apenas compõem a base de cálculo do FGTS, do 13º salário e das férias. Recurso de revista provido" (TST, 7ª T., RR 1447/2002-012-01-00.0. Rel. Min. Ives Gandra Martins Filho, *DJ* 23.05.2008).

[6] "Art. 42. Pertence às entidades de prática desportiva o direito de arena, consistente na prerrogativa exclusiva de negociar, autorizar ou proibir a captação, a fixação, a emissão, a transmissão, a retransmissão ou a reprodução de imagens, por qualquer meio ou processo, de espetáculo desportivo de que participem. § 1º Salvo convenção coletiva de trabalho em contrário, 5% (cinco por cento) da receita proveniente da exploração de direitos desportivos audiovisuais serão repassados aos sindicatos de atletas profissionais, e estes distribuirão, em partes iguais, aos atletas profissionais participantes do espetáculo, como parcela de natureza civil. § 2º O disposto neste artigo não se aplica à exibição de flagrantes de espetáculo ou evento desportivo para fins exclusivamente jornalísticos, desportivos ou educativos ou para a captação de apostas legalmente autorizadas, respeitadas as seguintes condições: I – a captação das imagens para a exibição de flagrante de espetáculo ou evento desportivo dar-se-á em locais reservados, nos

Na sistemática atual, o direito de arena sobre o espetáculo desportivo pertence à entidade de prática desportiva de futebol mandante (art. 42-A da Lei 9.615/1998, incluído pela Lei 14.205/2021). O direito de arena consiste na prerrogativa exclusiva de negociar, de autorizar ou de proibir a captação, a fixação, a emissão, a transmissão, a retransmissão ou a reprodução de imagens do espetáculo desportivo, por qualquer meio ou processo (art. 42-A, § 1º, da Lei 9.615/1998).

Devem ser distribuídos aos atletas profissionais, em partes iguais, 5% da receita proveniente da exploração de direitos desportivos audiovisuais do espetáculo desportivo (art. 42-A, § 2º, da Lei 9.615/1998). Essa distribuição da receita tem caráter de pagamento de natureza civil, exceto se houver disposição em contrário constante de convenção coletiva de trabalho (art. 42-A, § 3º, da Lei 9.615/1998). O pagamento da mencionada verba deve ser realizado por intermédio dos sindicatos das respectivas categorias, que são responsáveis pelo recebimento e pela logística de repasse aos participantes do espetáculo, no prazo de até 72 horas, contado do recebimento das verbas pelo sindicato (art. 42-A, § 4º, da Lei 9.615/1998). Quanto aos campeonatos de futebol, consideram-se atletas profissionais todos os jogadores escalados para a partida, titulares e reservas (art. 42-A, § 5º, da Lei 9.615/1998).

Na hipótese de realização de eventos desportivos sem definição do mando de jogo, a captação, a fixação, a emissão, a transmissão, a retransmissão ou a reprodução de imagens, por qualquer meio ou processo, dependem da anuência das entidades de prática desportiva de futebol participantes (art. 42-A, § 6º, da Lei 9.615/1998).

As disposições do art. 42-A da Lei 9.615/1998 (incluído pela Lei 14.205/2021) não se aplicam a contratos que tenham por objeto direitos de transmissão celebrados previamente à sua vigência (iniciada em 20.09.2021), os quais permanecem regidos pela legislação em vigor na data de sua celebração (art. 42-A, § 7º, da Lei 9.615/1998). Os referidos contratos não podem atingir as entidades desportivas que não cederam seus direitos de transmissão para terceiros previamente à vigência do art. 42-A da Lei 9.615/1998, as quais podem cedê-los livremente (art. 42-A, § 8º, da Lei 9.615/1998).

Cabe registrar, ainda, o entendimento de que o direito decorrente de contrato específico, de cessão de uso de imagem, não se confunde com o direito de arena, acima mencionado. Com isso, o direito de imagem, em si, não tem natureza remuneratória, *quando ausente o intuito de fraude*, a qual se configura quando o pagamento, na realidade, é mera retribuição pelo trabalho prestado, incidindo, nesse caso, o art. 9º da CLT.

Nesse sentido, a Lei 9.615/1998, no art. 87-A, acrescentado pela Lei 12.395/2011, assim dispõe: "O direito ao uso da imagem do atleta pode ser por ele cedido ou explorado, mediante ajuste contratual de natureza civil e com fixação de direitos, deveres e condições inconfundíveis com o contrato especial de trabalho desportivo". Como se nota, uma vez ausente a fraude à legislação trabalhista, o direito ao uso de imagem não integra o contrato de trabalho do atleta profissional, o que afasta a natureza salarial do pagamento correspondente.

Quando houver, por parte do atleta, a cessão de direitos ao uso de sua imagem para a entidade de prática desportiva detentora do contrato especial de trabalho desportivo, o valor correspondente ao uso da imagem não pode ultrapassar 40% da remuneração total paga ao atleta, composta pela soma do salário e dos valores pagos pelo direito ao uso da imagem (art. 87-A, parágrafo único, da Lei 9.615/1998, incluído pela Lei 13.155/2015).

---

estádios e ginásios, para não detentores de direitos ou, caso não disponíveis, mediante o fornecimento das imagens pelo detentor de direitos locais para a respectiva mídia; II – a duração de todas as imagens do flagrante do espetáculo ou evento desportivo exibidas não poderá exceder 3% (três por cento) do total do tempo de espetáculo ou evento; III – é proibida a associação das imagens exibidas com base neste artigo a qualquer forma de patrocínio, propaganda ou promoção comercial. § 3º O espectador pagante, por qualquer meio, de espetáculo ou evento desportivo equipara-se, para todos os efeitos legais, ao consumidor, nos termos do art. 2º da Lei n. 8.078, de 11 de setembro de 1990".

13.2 Parcelas salariais

Integram o salário a importância fixa estipulada, as gratificações legais e as comissões pagas pelo empregador (art. 457, § 1º, da CLT, com redação dada pela Lei 13.467/2017).

Anteriormente, o art. 457, § 1º, da CLT previa que integravam o salário não só a importância fixa estipulada, como também as comissões, percentagens, gratificações ajustadas, diárias para viagens e abonos pagos pelo empregador, o que não mais prevalece.

A parcela conhecida como "luvas", paga aos atletas profissionais quando da assinatura do contrato de trabalho (em dinheiro, títulos ou bens), possui natureza salarial, por ser uma forma de remuneração antecipada.

Entende-se que o bônus de contratação ou de permanência (*hiring bonus*), pago com o objetivo de atrair e manter o empregado contratado na empresa por certo período mínimo, tem natureza salarial, por se constituir em incentivo à celebração do contrato de trabalho, de forma semelhante às "luvas" pagas aos atletas profissionais (TST, 5ª T., ED-RR 10233-48.2014.5.01.0055, Rel. Min. Douglas Alencar Rodrigues, *DEJT* 15.12.2017). Desse modo, a referida parcela repercute sobre o depósito do FGTS no mês em que for paga e na indenização de 40% do FGTS (TST, SBDI-I, E-ED-ARR 723-08.2013.5.04.0008, Rel. Min. Guilherme Augusto Caputo Bastos, j. 29.11.2018).

As diferentes parcelas salariais não podem ser pagas sob a forma de uma única rubrica, sendo vedado englobá-las em certo valor total. Nesse sentido, a Súmula 91 do TST estabelece, quanto ao "salário complessivo", ser nula a cláusula contratual que fixa determinada importância ou percentagem para atender, de forma englobada, vários direitos legais ou contratuais do trabalhador.

13.2.1 Comissões

As comissões são valores que o empregado recebe do empregador, normalmente por vendas de certos produtos ou serviços, podendo ser pagas em valores fixos ou calculadas na forma de percentuais incidentes sobre os valores dessas vendas.

As comissões são variáveis e pagas, por exemplo, em certos valores ou percentuais decorrentes de vendas realizadas ou negócios fechados pelo empregado.

Desse modo, as comissões, embora normalmente sejam em valores variáveis, integram o salário (art. 457, § 1º, da CLT).

O art. 7º, inciso VII, da Constituição da República estabelece a garantia de salário, nunca inferior ao mínimo, para os que percebem remuneração variável.

Anteriormente, o art. 457, § 1º, da CLT fazia menção a comissões e percentagens, entendidas estas como verbas salariais calculadas por meio de percentual incidente, por exemplo, sobre as vendas efetuadas[7].

De acordo com a Orientação Jurisprudencial 181 da SBDI-I do TST: "Comissões. Correção monetária. Cálculo. O valor das comissões deve ser corrigido monetariamente para em seguida obter-se a média para efeito de cálculo de férias, 13º salário e verbas rescisórias".

13.2.2 Gratificações

Apenas as *gratificações legais*, ou seja, previstas em lei, é que integram o salário.

Quanto à gratificação legal, cabe fazer referência à gratificação natalina ou décimo terceiro salário (art. 7º, inciso VIII, da Constituição Federal de 1988, Lei 4.090/1962 e Lei 4.749/1965).

Também pode ser considerada gratificação legal a *gratificação de função*, uma vez que prevista nos arts. 62, parágrafo único, 224, § 2º, e 468, § 2º, da CLT (acrescentado pela Lei 13.467/2017).

---

[7] Cf. NASCIMENTO, Amauri Mascaro. *Teoria jurídica do salário*. 2. ed. São Paulo: LTr, 1997. p. 255: "Não se confundem a comissão e a percentagem, porque pode haver comissão estipulada em bases não percentuais, mas sim em quantia fixa por unidade vendida".

Portanto, as demais gratificações meramente espontâneas ou contratuais, ainda que ajustadas (de forma expressa ou tácita) ou habituais, pagas pelo empregador, mas sem previsão em lei ou que não sejam de função, deixam de ser previstas legalmente como integrantes do salário.

Logo, ficaria superada a Súmula 152 do TST, com a seguinte redação: "Gratificação. Ajuste tácito. O fato de constar do recibo de pagamento de gratificação o caráter de liberalidade não basta, por si só, para excluir a existência de ajuste tácito".

Do mesmo modo, também fica superada a Súmula 203 do TST: "Gratificação por tempo de serviço. Natureza salarial. A gratificação por tempo de serviço integra o salário para todos os efeitos legais".

Ainda assim, quanto às gratificações previstas em norma coletiva negociada (art. 7º, inciso XXVI, da Constituição da República), e mesmo em regulamento de empresa e contrato individual de trabalho, se estabelecida a sua natureza salarial nos referidos instrumentos, entende-se que essa previsão específica deve ser observada, inclusive por ser mais favorável ao empregado (art. 7º, *caput*, da Constituição Federal de 1988).

A Lei 8.212/1991, no art. 28, § 9º, *e*, 7, exclui do salário de contribuição as "importâncias recebidas a título de ganhos eventuais e abonos expressamente desvinculados do salário".

Em conformidade com a Súmula 225 do TST: "As gratificações por tempo de serviço e produtividade, pagas mensalmente, não repercutem no cálculo do repouso semanal remunerado".

De acordo com a Súmula 115 do TST: "O valor das horas extras habituais integra a remuneração do trabalhador para cálculo das gratificações semestrais".

Ao versar sobre hipótese específica de gratificação ou adicional por tempo de serviço, a Orientação Jurisprudencial Transitória 60 da SBDI-I do TST assim dispõe:

"Adicional por tempo de serviço. Base de cálculo. Salário-base. Art. 129 da Constituição do Estado de São Paulo. O adicional por tempo de serviço – quinquênio –, previsto no art. 129 da Constituição do Estado de São Paulo, tem como base de cálculo o vencimento básico do servidor público estadual, ante o disposto no art. 11 da Lei Complementar do Estado de São Paulo 712, de 12.04.1993".

13.2.3 Décimo terceiro salário

O décimo terceiro salário, também chamado gratificação natalina, tem previsão constitucional, no art. 7º, inciso VIII, da Constituição da República, devendo ser pago com base na remuneração integral ou no valor da aposentadoria.

Trata-se de modalidade especial de gratificação, obrigatória, pois prevista em lei.

A Lei 4.090, de 13 de julho de 1962, no art. 1º, estabelece o direito do empregado receber a referida gratificação salarial no mês de dezembro de cada ano. A gratificação corresponderá a 1/12 da remuneração devida em dezembro, por mês de serviço, do ano correspondente; a fração igual ou superior a 15 dias de trabalho será havida como mês integral (§§ 1º e 2º).

O décimo terceiro salário é devido de forma proporcional: na extinção dos contratos a prazo, incluídos os de safra, ainda que a relação de emprego haja terminado antes de dezembro; na cessação da relação de emprego resultante de aposentadoria, mesmo que antes de dezembro (§ 3º).

Além disso, o empregado faz jus ao décimo terceiro salário proporcional quando é dispensado sem justa causa (art. 3º da Lei 4.090/1962), ou mesmo no pedido de demissão (Súmula 157 do TST), só não tendo tal direito na dispensa por justa causa.

Na culpa recíproca (art. 484 da CLT), o empregado tem direito a 50% do valor do décimo terceiro salário, conforme Súmula 14 do TST, na redação determinada pela Resolução 121/2003.

O décimo terceiro integral, se já adquirido o direito, obviamente, passa a ser devido em qualquer hipótese.

A Lei 4.749, de 12 de agosto de 1965, em seu art. 1º, estabelece que a gratificação natalina será paga pelo empregador até o dia 20 de dezembro de cada ano, compensada a importância que, a título de adiantamento, o empregado houver recebido.

Efetivamente, entre os meses de fevereiro e novembro de cada ano, o empregador pagará, como adiantamento da gratificação natalina, de uma só vez, metade do salário recebido pelo respectivo empregado no mês anterior (art. 2º da Lei 4.749/1965). O empregador não é obrigado a pagar referido adiantamento, no mesmo mês, a todos os empregados (§ 1º). O adiantamento será pago no mês de férias do empregado, sempre que este o requerer no mês de janeiro do respectivo ano (§ 2º).

Verifica-se, aqui, um exemplo de direito potestativo, quanto a receber o adiantamento no mês de férias, pois, para o seu exercício, basta a referida declaração unilateral do empregado, a ser recebida pelo empregador.

Se a extinção do contrato de trabalho ocorrer antes da data de pagamento do décimo terceiro salário, o empregador poderá compensar o adiantamento em questão com a gratificação natalina proporcional que for devida, e, se não bastar, com outro crédito de natureza trabalhista que possua o respectivo empregado (art. 3º da Lei 4.749/1965).

O art. 77 do Decreto 10.854/2021, ao regulamentar as Leis 4.090/1962 e 4.749/1965, esclarece a hipótese em que o empregado recebe salário variável, a qualquer título. Nesse caso, a gratificação de Natal deve ser calculada na base de 1/11 da soma dos valores variáveis devidos nos meses trabalhados até novembro de cada ano e será adicionada àquela que corresponder à parte do salário contratual fixo, quando houver. Até o dia 10 de janeiro de cada ano, computada a parcela do mês de dezembro, o cálculo da gratificação de Natal deve ser revisto para 1/12 do total devido no ano anterior, de forma a se processar a correção do valor da respectiva gratificação com o pagamento ou a compensação das possíveis diferenças.

Embora haja quem entenda que esse critério estabelecido pelo art. 77 do Decreto 10.854/2021 extrapola os limites da lei, pode-se entender que a orientação se mostra razoável, regulamentando hipótese bem específica.

As horas extras habituais devem ser levadas em conta (integração) para fins de cálculo da gratificação de Natal (Súmula 45 do TST), pois esta incide sobre a "remuneração integral" (art. 7º, inciso VIII, da CF/1988).

A gratificação natalina é computável para efeito de cálculo de indenização (Súmula 148 do TST).

A gratificação natalina, instituída pela Lei 4.090/1962, é devida pela empresa cessionária ao servidor público cedido enquanto durar a cessão (Súmula 50 do TST).

Tema polêmico, e que algumas vezes se discute, refere-se à possibilidade, ou não, de pactuar, em instrumento normativo decorrente de negociação coletiva, o pagamento do décimo terceiro salário de forma parcelada.

Tendo em vista as disposições do art. 7º, incisos VI e XXVI, da Constituição Federal de 1988, autorizando até mesmo a redução salarial e reconhecendo as convenções e acordos coletivos, há quem defenda a validade da referida flexibilização na forma de pagamento da gratificação natalina, ou mesmo sua redução.

No entanto, defende-se que o mencionado parcelamento não deve ser admitido como válido, pois a Constituição Federal, em hipótese que representa verdadeira exceção, apenas autoriza redução do salário, em situações efetivamente necessárias (como para a manutenção do emprego), sempre por meio da negociação coletiva.

A exceção não pode ser interpretada de forma ampliativa, de modo que inexiste qualquer autorização para se reduzir o valor da gratificação natalina em específico (art. 7º, inciso VIII, da CF/1988), ou mesmo alterar sua forma de pagamento, em prejuízo às condições sociais dos trabalhadores.

Desse modo, a regulação do pagamento do décimo terceiro salário, feita pela lei de ordem pública, não pode ser objeto de flexibilização *in pejus*, por não se verificar a respectiva autorização na Constituição da República.

O que a norma coletiva pode (e deve) realizar é a melhoria das condições sociais dos trabalhadores (art. 7º, *caput*, da CF/1988), mas não a precarização dos direitos trabalhistas.

13.2.4 Quebra de caixa

A parcela em questão também é chamada de "gratificação de caixa", sendo comumente paga àqueles que exercem funções de caixa, normalmente como bancários.

Trata-se de valor pago pela empresa em decorrência do exercício dessa função, tendo em vista a possibilidade de que o caixa operado apresente diferença, a ser ressarcida pelo empregado. A parcela, assim, seria decorrente da peculiaridade (risco) da atividade exercida.

Como observa Sergio Pinto Martins: "O pagamento feito a título de quebra de caixa tem natureza de compensar os descontos feitos no salário do obreiro em virtude de erro de caixa, ou ter recebido numerário inferior ao que deveria receber"[8].

Conforme o art. 457, § 1º, da CLT, com redação dada pela Lei 13.467/2017, as *gratificações legais* integram o salário. Pode-se dizer que a *gratificação de função* também deve ser considerada gratificação legal, uma vez que prevista nos arts. 62, parágrafo único, 224, § 2º, e 468, § 2º, da CLT (acrescentado pela Lei 13.457/2017).

Desse modo, como a "quebra de caixa" é uma gratificação paga em razão da função exercida pelo empregado, tendo em vista a possibilidade de o caixa operado apresentar diferenças, entende-se que, em tese, tem natureza salarial.

Nesse sentido, de acordo com a Súmula 247 do TST: "Quebra de caixa. Natureza jurídica. A parcela paga aos bancários sob a denominação 'quebra de caixa' possui natureza salarial, integrando o salário do prestador de serviços, para todos os efeitos legais".

Além disso, é possível dizer que, se a "quebra de caixa" for paga somente quando ocorrer a diferença de caixa, como forma de indenizar o empregado, exatamente pelo valor do desconto salarial respectivo, a parcela tem natureza indenizatória[9].

13.3 Adicionais ao salário

Observam-se diversas modalidades de adicionais pagos sobre o salário, e que são devidos em razão do labor em certas condições especiais.

Quanto aos adicionais legais, o entendimento atualmente pacífico, na doutrina e na jurisprudência, é no sentido da sua natureza salarial ou remuneratória[10].

Possuir natureza salarial, no entanto, não significa confundir-se com o próprio salário em sentido estrito; o reconhecimento de serem verbas de natureza salarial, em oposição à natureza indenizatória, é aspecto de relevância para fins de incidência do FGTS, de contribuições sociais e reflexos em outras verbas trabalhistas.

13.3.1 Adicional de horas extras

Quanto ao adicional de horas extras, o inciso XVI do art. 7º da Constituição Federal de 1988[11] expressamente estabelece o *mínimo* de 50% sobre o valor da hora normal, o que afasta a possibilidade de ser fixado em nível inferior, ainda que por meio de negociação coletiva.

De acordo com a Súmula 264 do TST, o valor das horas extras deve ser calculado sobre a globalidade salarial recebida pelo empregado (arts. 64 e 457 da CLT). Vejamos a redação do mencionado verbete:

---

[8] MARTINS, Sergio Pinto. *Direito do trabalho*. 22. ed. São Paulo: Atlas, 2006. p. 260.
[9] Cf. MARTINS, Sergio Pinto. *Direito do trabalho*. 22. ed. São Paulo: Atlas, 2006. p. 260: "Se a verba de quebra de caixa é paga apenas quando haja perda, terá, então, caráter de ressarcimento e não de salário".
[10] Cf. SÜSSEKIND, Arnaldo. *Instituições de direito do trabalho*. 18. ed. São Paulo: LTr, 1999. v. 1, p. 362-363 e p. 455.
[11] "Remuneração do serviço extraordinário superior, no mínimo, em cinquenta por cento à do normal".

"Hora suplementar. Cálculo. A remuneração do serviço suplementar é composta do valor da hora normal, integrado por parcelas de natureza salarial e acrescido do adicional previsto em lei, contrato, acordo, convenção coletiva ou sentença normativa".

Por isso, em conformidade com a atual Súmula 132 do TST, inciso I: "O adicional de periculosidade, pago em caráter permanente, integra o cálculo de indenização e de horas extras".

Da mesma forma, de acordo com a Orientação Jurisprudencial 47 da SBDI-I, em sua atual redação determinada pela Resolução 148, de 26 de junho de 2008: "Hora extra. Adicional de insalubridade. Base de cálculo. A base de cálculo da hora extra é o resultado da soma do salário contratual mais o adicional de insalubridade".

Nessa linha, a Súmula 60 e Orientação Jurisprudencial 97 da SBDI-I do TST confirmam que o adicional noturno integra a base de cálculo das horas extras prestadas no período noturno.

Seguindo a mesma orientação, dispõe a Súmula 226 do TST: "Bancário. Gratificação por tempo de serviço. Integração no cálculo das horas extras. A gratificação por tempo de serviço integra o cálculo das horas extras".

Quanto aos trabalhadores portuários, tendo em vista a previsão específica, contida na Lei 4.860/1965, arts. 4º e 7º, § 5º, para o cálculo das horas extras prestadas observar-se-á somente o salário básico percebido, excluídos os adicionais de risco e produtividade (Orientação Jurisprudencial 60, inciso II, da SBDI-I do TST).

Já o empregado, sujeito a controle de horário, remunerado à base de comissões, tem direito ao adicional de, no mínimo, 50% pelo trabalho em horas extras, calculado sobre o valor-hora das comissões recebidas no mês, considerando-se como divisor o número de horas efetivamente trabalhadas (Súmula 340 do TST, na redação determinada pela Resolução 121/2003).

Por outro lado, insere-se no cálculo da indenização por antiguidade o salário recebido a serviço extraordinário, desde que habitualmente prestado (Súmula 24 do TST).

Da mesma forma, computam-se no cálculo do repouso remunerado as horas extras habitualmente prestadas (Súmula 172 do TST), em conformidade com a Lei 605/1949, art. 7º.

As férias também devem ser remuneradas levando-se em conta as horas extras recebidas (art. 142, § 5º, da CLT).

O cálculo do valor das horas extras habituais, para efeito de reflexos em verbas trabalhistas, observará o número de horas efetivamente prestadas e a ele aplica-se o valor do salário-hora da época do pagamento daquelas verbas, conforme critério previsto na Súmula 347 do TST.

Importante lembrar os esclarecimentos presentes na Súmula 376 do TST, com a seguinte redação:

"Horas extras. Limitação. Art. 59 da CLT. Reflexos.

I – A limitação legal da jornada suplementar a duas horas diárias não exime o empregador de pagar todas as horas trabalhadas.

II – O valor das horas extras habitualmente prestadas integra o cálculo dos haveres trabalhistas, independentemente da limitação prevista no *caput* do art. 59 da CLT".

Quanto à possibilidade de supressão (total ou parcial) das horas extras habitualmente prestadas, a Súmula 291 do TST, revisando a Súmula 76 (já cancelada), estabelece que: "A supressão total ou parcial, pelo empregador, de serviço suplementar prestado com habitualidade, durante pelo menos 1 (um) ano, assegura ao empregado o direito à indenização correspondente ao valor de 1 (um) mês das horas suprimidas, total ou parcialmente, para cada ano ou fração igual ou superior a seis meses de prestação de serviço acima da jornada normal. O cálculo observará a média das horas suplementares nos últimos 12 (doze) meses anteriores à mudança, multiplicada pelo valor da hora extra do dia da supressão".

A referida orientação aplica, por analogia, a previsão do art. 9º da Lei 5.811, de 11 de outubro de 1972, que dispõe sobre o regime de trabalho nas atividades de exploração, perfuração, produção e refinamento de petróleo, industrialização do xisto, indústria petroquímica e transporte de petróleo e seus derivados por meio de dutos.

13.3.2 Adicional (pelo trabalho) noturno

O trabalho noturno assegura ao empregado o direito de receber o adicional respectivo (art. 7º, inciso IX, da CF/1988).

Para o empregado urbano, o adicional pelo trabalho noturno é de 20% sobre a hora diurna, conforme o art. 73, *caput*, da CLT.

O adicional noturno, pago com habitualidade, integra o salário do empregado para todos os efeitos (Súmula 60, inciso I, do TST).

O trabalho noturno, pelo empregado urbano, também assegura a redução da hora noturna, prevista no art. 73, § 1º, da CLT, com a seguinte redação: "A hora de trabalho noturno será computada como de 52 (cinquenta e dois) minutos e 30 (trinta) segundos". Essa previsão encontra-se em vigor, mesmo depois da Constituição Federal de 1988, conforme Orientação Jurisprudencial 127 da SBDI-I do TST.

Além disso, considera-se noturno o trabalho urbano executado entre 22 horas de um dia e 5 horas do dia seguinte (§ 2º).

No entanto, interpretando o art. 73, § 5º, da CLT, a Súmula 60 do TST estabelece, em seu inciso II, que: "Cumprida integralmente a jornada no período noturno e prorrogada esta, devido é também o adicional quanto às horas prorrogadas. Exegese do art. 73, § 5º, da CLT".

No âmbito rural, a Lei 5.889/1973 prevê o adicional pelo trabalho noturno de 25% sobre a remuneração normal (art. 7º, parágrafo único), não havendo previsão, na lei específica, da hora noturna reduzida no trabalho rural.

Além disso, considera-se trabalho noturno rural o executado:

– entre as 21 (vinte e uma) horas de um dia e as 5 (cinco) horas do dia seguinte, na lavoura;
– entre as 20 (vinte) horas de um dia e as 4 (quatro) horas do dia seguinte, na pecuária.

Para os trabalhadores portuários, a previsão específica da Lei 4.860/1965, arts. 4º e 7º, § 5º, dispõe que a hora noturna no regime de trabalho no porto, compreendida dezenove horas e sete horas do dia seguinte, é de sessenta minutos (Orientação Jurisprudencial 60, inciso I, da SBDI-I do TST).

Quanto ao trabalho noturno dos empregados nas atividades de exploração, perfuração, produção e refinação do petróleo, industrialização do xisto, indústria petroquímica e transporte de petróleo e seus derivados, por meio de dutos, por ser regulado pela Lei 5.811, de 11 de outubro de 1972, não se lhe aplica a hora reduzida de 52 minutos e 30 segundos prevista no art. 73, § 1º, da CLT (Súmula 112 do TST).

Importante frisar que, em conformidade com a Súmula 265 do TST: "Adicional noturno. Alteração de turno de trabalho. Possibilidade de supressão. A transferência para o período diurno de trabalho implica a perda do direito ao adicional noturno".

Trata-se de previsão fundada no *jus variandi*, de titularidade do empregador, por lhe ser assegurado gerir a empresa e, com isso, estabelecer certas alterações que podem alcançar algumas condições de trabalho, pertinentes aos contratos de emprego. Além disso, a alteração é benéfica ao trabalhador e à sua saúde, o que leva à melhoria de sua condição, atendendo aos ditames dos arts. 6º e 7º da Constituição Federal de 1988.

13.3.3 Adicional de transferência

O adicional de transferência é de, no mínimo, 25% do salário, encontrando-se previsto no art. 469, § 3º, da CLT, calculado sobre o salário que recebia no local em que estava laborando.

Como esse dispositivo prevê o respectivo direito na hipótese de "necessidade de serviço", quando o empregador poderá transferir o empregado para localidade diversa da que resultar do contrato, "enquanto durar essa situação", entende-se que esse adicional é devido no caso de transferência provisória.

Nessa linha, a Orientação Jurisprudencial 113 da SBDI-I do TST prevê: "O fato de o empregado exercer cargo de confiança ou a existência de previsão de transferência no contrato de trabalho não exclui o direito ao adicional. O pressuposto legal apto a legitimar a percepção do mencionado adicional é a transferência provisória".

Tendo em vista a parte inicial do *caput* do art. 469 da CLT, entende-se que, se o empregado foi quem solicitou a transferência, ou, por ser de seu interesse, estabeleceu ajuste com o empregador nesse sentido, o adicional de transferência não é devido.

Além disso, de acordo com o *caput* do art. 469 da CLT, não se considera transferência a que "não acarretar necessariamente a mudança do seu domicílio".

A Súmula 29 do TST versa sobre questão distinta, apresentando a seguinte redação: "Empregado transferido, por ato unilateral do empregador, para local mais distante de sua residência, tem direito a suplemento salarial correspondente ao acréscimo da despesa de transporte".

Na realidade, o acréscimo na referida despesa de transporte para o trabalho deve repercutir, mas no vale-transporte, a ser concedido pelo empregador, devendo o empregado efetuar a respectiva atualização de informação a respeito (art. 112, § 1º, do Decreto 10.854/2021).

13.3.4 Adicional de periculosidade

O adicional de periculosidade, previsto no art. 7º, inciso XXIII, da Constituição Federal de 1988, é regulamentado pelos arts. 193 e seguintes da CLT.

O art. 193, *caput*, da CLT, com redação dada pela Lei 12.740/2012 (publicada no *Diário Oficial da União* de 10.12.2012, data de sua entrada em vigor), estabelece as atividades ou operações consideradas perigosas, "na forma da regulamentação aprovada pelo Ministério do Trabalho", referindo-se "àquelas que, por sua natureza ou métodos de trabalho, impliquem risco acentuado em virtude de exposição permanente do trabalhador a: I – inflamáveis, explosivos ou energia elétrica; II – roubos ou outras espécies de violência física nas atividades profissionais de segurança pessoal ou patrimonial" (cf. ainda o item 9.2.10)[12]. Anteriormente, a Lei 7.369, de 20 de setembro de 1985 (regulamentada pelo Decreto 93.412/1986), revogada pela Lei 12.740/2012, estabelecia o direito ao adicional de periculosidade ao "empregado que exerce atividade no setor de energia elétrica"[13].

Segundo explicita a Súmula 447 do TST:

> "Adicional de periculosidade. Permanência a bordo durante o abastecimento da aeronave. Indevido. Os tripulantes e demais empregados em serviços auxiliares de transporte aéreo que, no momento do abastecimento da aeronave, permanecem a bordo não têm direito ao adicional de periculosidade a que aludem o art. 193 da CLT e o Anexo 2, item 1, c, da NR 16 do MTE".

---

[12] Cf. Súmula 364 do TST: "Adicional de periculosidade. Exposição eventual, permanente e intermitente. I – Tem direito ao adicional de periculosidade o empregado exposto permanentemente ou que, de forma intermitente, sujeita-se a condições de risco. Indevido, apenas, quando o contato dá-se de forma eventual, assim considerado o fortuito, ou o que, sendo habitual, dá-se por tempo extremamente reduzido. II – Não é válida a cláusula de acordo ou convenção coletiva de trabalho fixando o adicional de periculosidade em percentual inferior ao estabelecido em lei e proporcional ao tempo de exposição ao risco, pois tal parcela constitui medida de higiene, saúde e segurança do trabalho, garantida por norma de ordem pública (arts. 7º, XXII e XXIII, da CF e 193, § 1º, da CLT)".

[13] Cf. Súmula 361 do TST: "Adicional de periculosidade. Eletricitários. Exposição intermitente. O trabalho exercido em condições perigosas, embora de forma intermitente, dá direito ao empregado a receber o adicional de periculosidade de forma integral, porque a Lei 7.369, de 20.09.1985, não estabeleceu nenhuma proporcionalidade em relação ao seu pagamento". Cf. ainda Orientação Jurisprudencial 324 da SBDI-I do TST: "Adicional de periculosidade. Sistema elétrico de potência. Decreto 93.412/86, art. 2º, § 1º, *DJ* 09.12.2003. É assegurado o adicional de periculosidade apenas aos empregados que trabalham em sistema elétrico de potência em condições de risco, ou que o façam com equipamentos e instalações elétricas similares, que ofereçam risco equivalente, ainda que em unidade consumidora de energia elétrica".

De acordo com a Súmula 39 do TST: "Periculosidade. Os empregados que operam em bomba de gasolina têm direito ao adicional de periculosidade (Lei n. 2.573, de 15.08.1955)".

A Orientação Jurisprudencial 347 da SBDI-I do TST também apresenta o seguinte esclarecimento: "Adicional de periculosidade. Sistema elétrico de potência. Lei 7.369, de 20.09.1985, regulamentada pelo Decreto 93.412, de 14.10.1986. Extensão do direito aos cabistas, instaladores e reparadores de linhas e aparelhos em empresa de telefonia. *DJ* 25.04.2007. É devido o adicional de periculosidade aos empregados cabistas, instaladores e reparadores de linhas e aparelhos de empresas de telefonia, desde que, no exercício de suas funções, fiquem expostos a condições de risco equivalente ao do trabalho exercido em contato com sistema elétrico de potência".

Além disso, o Tribunal Superior do Trabalho aprovou a Orientação Jurisprudencial 345 da SBDI-I, entendendo que a exposição do empregado à radiação ionizante ou à substância radioativa enseja a percepção do adicional de periculosidade (Portaria 518, de 4 de abril de 2003, que restabeleceu a diretriz da anterior Portaria 3.393/1987).

A Lei 12.997, de 18 de junho de 2014, em vigor na data de sua publicação (*DOU* de 20.06.2014), acrescentou o § 4º ao art. 193 da CLT, passando a dispor que "são também consideradas perigosas as atividades de trabalhador em motocicleta".

Com isso, o adicional de periculosidade também passa a ser devido, por exemplo, a empregados que exercem as funções de "motoboy", "mototaxista" e carteiros que utilizam motocicleta para a entrega de correspondências.

É assegurado ao bombeiro civil o adicional de periculosidade de 30% do salário mensal sem os acréscimos resultantes de gratificações, prêmios ou participações nos lucros da empresa (art. 6º, inciso III, da Lei 11.901/2009).

O adicional de periculosidade, que é devido no montante de 30%, quanto à base de cálculo, incide "sobre o salário sem os acréscimos resultantes de gratificações, prêmios ou participações nos lucros da empresa", conforme art. 193, § 1º, da CLT. Devem ser descontados ou compensados do adicional outros da mesma natureza eventualmente já concedidos ao vigilante por meio de acordo coletivo (art. 193, § 3º, da CLT). Por meio de interpretação extensiva, pode-se dizer que o adicional, da mesma natureza, já pago em razão de *convenção coletiva de trabalho* também deve servir para o referido desconto ou compensação, inclusive como forma de se evitar o enriquecimento sem causa.

Trata-se de disposição peculiar, pois, de acordo com a regra mais genérica do art. 457, § 1º, da CLT, as gratificações legais integram o salário.

A participação nos lucros ou resultados, de forma distinta, tem previsão no art. 7º, inciso XI, da Constituição Federal de 1988, não possuindo, em tese, natureza salarial, quando paga de acordo com a Lei 10.101/2000 (art. 3º).

Quanto à base de cálculo do adicional de periculosidade devido aos empregados que exercem atividade no setor de energia elétrica, anteriormente, a sua previsão não se encontrava propriamente na CLT, mas, de forma específica, na Lei 7.369/1985 (atualmente revogada pela Lei 12.740/2012). O art. 1º desse diploma legal, além de estabelecer que o adicional de periculosidade também é devido no montante de 30%, mencionava a sua incidência "sobre o salário que perceber" o empregado.

Portanto, nota-se que para o cálculo do adicional de periculosidade, pertinente aos empregados em atividade no setor de energia elétrica, deveria levar em conta este conceito mais amplo de salário, e não o salário básico propriamente[14].

De todo modo, a norma especial, qual seja, a Lei 7.369/1985, art. 1º, não revogava a disposição geral. Por isso, para o adicional de periculosidade devido com base nas hipóteses da Consolidação das Leis do Trabalho, persiste a incidência do art. 193, § 1º, da CLT.

---

[14] Cf. BARROS, Alice Monteiro de. *Curso de direito do trabalho*. 2. ed. São Paulo: LTr, 2006. p. 755-756.

Em razão desses aspectos, a Súmula 191 do TST apresenta a seguinte previsão:

"Adicional de periculosidade. Incidência. Base de cálculo.

I – O adicional de periculosidade incide apenas sobre o salário básico e não sobre este acrescido de outros adicionais.

II – O adicional de periculosidade do empregado eletricitário, contratado sob a égide da Lei n. 7.369/1985, deve ser calculado sobre a totalidade das parcelas de natureza salarial. Não é válida norma coletiva mediante a qual se determina a incidência do referido adicional sobre o salário básico.

III – A alteração da base de cálculo do adicional de periculosidade do eletricitário promovida pela Lei n. 12.740/2012 atinge somente contrato de trabalho firmado a partir de sua vigência, de modo que, nesse caso, o cálculo será realizado exclusivamente sobre o salário básico, conforme determina o § 1º do art. 193 da CLT".

Como se pode notar, tendo em vista a alteração no art. 193 da CLT, decorrente da Lei 12.740/2012, que revogou a Lei 7.369/1985, o adicional de periculosidade dos eletricitários também passou a incidir sobre o salário básico *quanto aos contratos de trabalho firmados a partir da vigência da mencionada Lei 12.740/2012*.

Aos empregados eletricitários contratados na vigência da Lei 7.369/1985, entretanto, essa modificação da base de cálculo não se aplica, em razão da impossibilidade de redução salarial, com fundamento no princípio da condição mais benéfica.

O TST uniformizou a sua jurisprudência, no sentido de que o labor com exposição à radiação ionizante ou substância radioativa gera o direito ao adicional de periculosidade (Orientação Jurisprudencial 345 da SBDI-I). Trata-se de atividade prevista no art. 200, inciso VI e parágrafo único, da CLT, e o adicional de periculosidade, nessa hipótese, incide apenas sobre o salário básico (Súmula 191 do TST, inciso I).

Mesmo incidindo o adicional de periculosidade, nas hipóteses previstas na Consolidação das Leis do Trabalho, apenas sobre o salário básico, se o empregado recebe salário-utilidade, pode-se dizer que este deve ser computado.

De acordo com a atual Súmula 132 do TST, que incorporou as Orientações Jurisprudenciais 174 e 267 da SBDI-I:

"I – O adicional de periculosidade, pago em caráter permanente, integra o cálculo de indenização e de horas extras.

II – Durante as horas de sobreaviso, o empregado não se encontra em condições de risco, razão pela qual é incabível a integração do adicional de periculosidade sobre as mencionadas horas".

Como se pode notar, o adicional de periculosidade é que integra a base de cálculo das horas extras, pois, no pagamento destas, adota-se a globalidade salarial, o que está de acordo com a Súmula 264 do TST.

Por isso, as horas extras, que já foram calculadas levando em conta o adicional de periculosidade, por sua vez, não podem integrar a base de cálculo desta última parcela. Ter-se-ia, caso contrário, verdadeiro *bis in idem*, ou seja, a utilização do adicional de periculosidade (embutido nas horas extras) para o cálculo do próprio adicional de periculosidade[15].

Conforme a Orientação Jurisprudencial 259 da SBDI-I do TST: "Adicional noturno. Base de cálculo. Adicional de periculosidade. Integração. O adicional de periculosidade deve compor a base

---

[15] Cf. CAVALCANTE, Ricardo Tenório. Dos aspectos legais e constitucionais da Orientação Jurisprudencial 279 da SDI-I do TST. *Trabalho em Revista*, O Trabalho, Curitiba, Decisório Trabalhista, ano 23, n. 272, encarte 97, p. 2632-2633, mar. 2005: "É que a periculosidade integra a base de cálculo de algumas verbas trabalhistas, como é o caso das horas extras, logo não podem essas mesmíssimas verbas fazer parte também da composição da base de cálculo do adicional de periculosidade. Sob pena de enriquecimento sem causa. [...] Se se utilizar a parcela de horas extras no cálculo do adicional incorrer-se-á no *bis in idem*".

de cálculo do adicional noturno, já que também neste horário o trabalhador permanece sob as condições de risco".

Sendo assim, como para calcular o adicional pelo labor noturno (art. 73 da CLT) já se integra o adicional de periculosidade, aquele não pode mais incidir sobre este. Do contrário, o adicional de periculosidade estaria incidindo sobre base de cálculo na qual este mesmo adicional se encontra presente (embutido no adicional noturno)[16].

Além disso, anteriormente, o art. 1º da Lei 7.369/1985, já revogado pela Lei 12.740/2012, estabelecia o direito ao adicional de periculosidade "sobre o salário que perceber" o empregado no setor de energia elétrica, mas não sobre a remuneração propriamente.

Portanto, da mesma forma que as horas extras são calculadas sobre a globalidade salarial (Súmula 264 do TST), mas não com a integração de gorjetas (Súmula 354 do TST), pode-se dizer que o adicional de periculosidade dos eletricitários, antes da mencionada Lei 12.740/2012, incidia sobre o conjunto das parcelas salariais, mas não sobre as gorjetas propriamente.

Por fim, como o art. 193, § 2º, da CLT assegura o direito do empregado de optar entre o adicional de periculosidade e o adicional de insalubridade, tende a prevalecer o entendimento de que ele não faz jus ao recebimento de ambos os adicionais ao mesmo tempo[17], posicionamento este que, no entanto, merece *fundada crítica*, pois, se o empregado está exposto tanto ao agente insalubre como também à periculosidade, nada mais justo e coerente do que receber ambos os adicionais (art. 7º, inciso XXIII, da CF/1988), uma vez que os fatos geradores são distintos e autônomos. Além disso, a restrição a apenas um dos adicionais acaba desestimulando que a insalubridade e a periculosidade sejam eliminadas e neutralizadas, o que estaria em desacordo com o art. 7º, inciso XXII, da Constituição Federal de 1988[18]. Ainda quanto ao tema, remete-se o leitor ao Capítulo 31, item 31.28. De todo modo, ainda que o adicional de insalubridade tenha natureza salarial (Súmula 139 do TST[19]), caso prevaleça o mencionado entendimento, mais tradicional, de que o recebimento do adicional de periculosidade afasta o direito ao adicional de insalubridade, não haveria, consequentemente, como integrá-lo no cálculo do adicional de periculosidade.

13.3.5 Adicional de insalubridade

O adicional de insalubridade é previsto no art. 7º, inciso XXIII, da Constituição Federal de 1988, com regulamentação pelos arts. 189 e seguintes da Consolidação das Leis do Trabalho.

As atividades e operações insalubres são indicadas na Norma Regulamentadora 15, da Portaria 3.214/1978 do Ministério do Trabalho, a qual descreve os agentes químicos, físicos e biológicos prejudiciais à saúde do empregado, bem como os respectivos limites de tolerância.

De acordo com a redação do art. 192 da CLT: "O exercício de trabalho em condições insalubres, acima dos limites de tolerância estabelecidos pelo Ministério do Trabalho, assegura a percepção de adicional respectivamente de 40% (quarenta por cento), 20% (vinte por cento) e 10% (dez por cento) do salário mínimo da região, segundo se classifiquem nos graus máximo, médio e mínimo".

---

[16] Cf. CAVALCANTE, Ricardo Tenório. Dos aspectos legais e constitucionais da Orientação Jurisprudencial 279 da SDI-I do TST. *Trabalho em Revista*, O Trabalho, Curitiba, Decisório Trabalhista, ano 23, n. 272, encarte 97, p. 2633, mar. 2005: "o adicional de periculosidade incidirá sobre as verbas salariais que já não tenham em sua composição o mesmo adicional".

[17] Cf. MARTINS, Sergio Pinto. *Comentários à CLT*. 10. ed. São Paulo: Atlas, 2006. p. 213: "Não poderá, porém, haver o pagamento dos dois adicionais ao mesmo tempo"; CARRION, Valentin. *Comentários à Consolidação das Leis do Trabalho*. 31. ed. atual. por Eduardo Carrion. São Paulo: Saraiva, 2006. p. 189: "A lei impede a acumulação dos adicionais de insalubridade e periculosidade; a escolha de um dos dois pertence ao empregado (art. 193, § 2º)".

[18] "XXII – redução dos riscos inerentes ao trabalho, por meio de normas de saúde, higiene e segurança".

[19] Súmula 139 do TST: "Adicional de insalubridade. Enquanto percebido, o adicional de insalubridade integra a remuneração para todos os efeitos legais".

Prevalece o entendimento de que, no caso de incidência de mais de um fator de insalubridade, será apenas considerado o de grau mais elevado, para efeito de acréscimo salarial, sendo vedada a percepção cumulativa (NR 15, item 15.3).

Anteriormente, prevalecia o entendimento de que o cálculo do adicional de insalubridade com base no salário mínimo, como estabelece o art. 192 da CLT, não apresentava inconstitucionalidade, pois ausente o efeito de indexação da economia. Nesse sentido chegou a decidir o Supremo Tribunal Federal:

"Agravo regimental no agravo de instrumento. Adicional de insalubridade. Fixação em percentual do salário mínimo. Possibilidade.

O Supremo firmou entendimento no sentido de que o art. 7º, IV, da Constituição do Brasil veda apenas o emprego do salário mínimo como indexador, sendo legítima a sua utilização como base de cálculo do adicional de insalubridade [Precedentes: AI 444.412-AgR, Relator o Ministro Carlos Velloso, *DJ* de 19.09.2003; RE 340.275, Relatora a Ministra Ellen Gracie, *DJ* 22.10.2004]. Agravo regimental a que se nega provimento" (STF, 2ª T., AI-AgR 638100/ES, Rel. Min. Eros Grau, j. 22.05.2007, *DJ* 15.06.2007).

Cabe ressaltar que, antes da Constituição de 1988, e apenas durante a vigência do Decreto-lei 2.351/1987, a base de cálculo do adicional de insalubridade era o piso nacional de salários (Orientação Jurisprudencial Transitória 33 da SBDI-I do TST, ex-OJ 3 da SBDI-I).

Posteriormente, passou-se a entender que a disposição do art. 192 da CLT, especificamente quanto ao cálculo do adicional de insalubridade com base no salário mínimo, não havia sido recepcionada pela Constituição em vigor. O mencionado posicionamento destaca que essa previsão viola o art. 7º, inciso IV, parte final, da Constituição Federal de 1988, ao vedar a vinculação do salário mínimo para qualquer fim. Nesse sentido, podem ser mencionadas as seguintes decisões:

"Agravo regimental em recurso extraordinário. Trabalhista. Adicional de insalubridade. Vinculação ao salário mínimo. Inconstitucionalidade. A utilização do salário mínimo como base de cálculo do adicional de insalubridade ofende a parte final do inciso IV do artigo 7º da Constituição Federal. Precedentes: RE 435.011-AgR e AI 423.622-ED. Agravo regimental desprovido" (STF, 1ª T., RE-AgR 451220/ES, Rel. Min. Carlos Britto, j. 28.11.2006, *DJ* 20.04.2007).

"Recurso extraordinário. 2. Adicional de insalubridade. Base de cálculo. 3. Vedação de vinculação ao salário mínimo. Posicionamento da 1ª Turma. Adesão. 4. Restabelecimento do critério estabelecido pelo Tribunal de origem para fixação da base de cálculo. 5. Recurso extraordinário conhecido e provido" (STF, 2ªT., RE 439035-3/ES, Rel. Min. Gilmar Mendes, j. 11.12.2007, v.u., *DJ* 28.03.2008).

Ainda quanto ao tema, o Supremo Tribunal Federal aprovou a *Súmula Vinculante 4*, com a seguinte redação:

"Salvo os casos previstos na Constituição, o salário mínimo não pode ser usado como indexador de base de cálculo de vantagem de servidor público ou de empregado, nem ser substituído por decisão judicial"[20].

A mencionada Súmula Vinculante foi aprovada após o Pleno do STF decidir o Recurso Extraordinário 565.714, com *repercussão geral*, no dia 30 de abril de 2008.

A decisão do Plenário do STF foi unânime, no sentido de que a vinculação do adicional de insalubridade ao salário mínimo ofende a Constituição Federal, mas a alteração da base de cálculo por meio de interpretação jurídica (ou seja, em decisão judicial) não é possível.

---

[20] "Legislação: Constituição Federal de 1988, art. 7º, incs. IV e XXIII, art. 39, §§ 1º e 3º, art. 42, § 1º, art. 142, § 3º, inc. X. Precedentes: RE 236396; RE 208684; RE 217700; RE 221234; RE 338760; RE 439035; RE 565714".

Adotou-se, assim, a técnica da *declaração de inconstitucionalidade sem pronúncia da nulidade*, em que a norma, embora seja considerada inconstitucional, continua a ser aplicada até que seja aprovada lei sobre a matéria.

Tendo em vista a sua relevância, transcreve-se a ementa do referido julgado:

"Constitucional. Art. 7º, inc. IV, da Constituição da República. Não recepção do art. 3º, parágrafo único, da Lei Complementar Paulista 432/1985 pela Constituição de 1988. Inconstitucionalidade de vinculação do adicional de insalubridade ao salário mínimo: precedentes. Impossibilidade da modificação da base de cálculo do benefício por decisão judicial. Recurso extraordinário ao qual se nega provimento.

1. O sentido da vedação constante da parte final do inc. IV do art. 7º da Constituição impede que o salário mínimo possa ser aproveitado como fator de indexação; essa utilização tolheria eventual aumento do salário mínimo pela cadeia de aumentos que ensejaria se admitida essa vinculação (RE 217.700, Ministro Moreira Alves).

A norma constitucional tem o objetivo de impedir que aumento do salário mínimo gere, indiretamente, peso maior do que aquele diretamente relacionado com o acréscimo. Essa circunstância pressionaria reajuste menor do salário mínimo, o que significaria obstaculizar a implementação da política salarial prevista no art. 7º, inciso IV, da Constituição da República.

O aproveitamento do salário mínimo para a formação da base de cálculo de qualquer parcela remuneratória ou com qualquer outro objetivo pecuniário (indenizações, pensões, etc.) esbarra na vinculação vedada pela Constituição do Brasil.

Histórico e análise comparativa da jurisprudência do Supremo Tribunal Federal.

Declaração de não recepção pela Constituição da República de 1988 do art. 3º, parágrafo único, da Lei Complementar n. 432/1985 do Estado de São Paulo.

3. Inexistência de regra constitucional autorizativa de concessão de adicional de insalubridade a servidores públicos (art. 39, § 1º, inc. III) ou a policiais militares (art. 42, § 1º, c/c 142, § 3º, inc. X).

4. Inviabilidade de invocação do art. 7º, inc. XXIII, da Constituição da República, pois, mesmo se a legislação local determina a sua incidência aos servidores públicos, a expressão *adicional de remuneração* contida na norma constitucional há de ser interpretada como *adicional remuneratório*, a saber, aquele que desenvolve atividades penosas, insalubres ou perigosas tem direito a adicional, a compor a sua remuneração. Se a Constituição tivesse estabelecido remuneração do trabalhador como base de cálculo teria afirmado *adicional sobre a remuneração*, o que não fez.

5. Recurso extraordinário ao qual se nega provimento" (STF, Pleno, RE 565.714-1/SP, Rel. Min. Cármen Lúcia, j. 30.04.2008, *DJ* 08.08.2008).

O STF, assim, decidiu que a parte final do art. 7º, inciso IV, da Constituição Federal de 1988 proíbe a vinculação do salário mínimo para qualquer fim. Ao mesmo tempo, o STF decidiu que se deve assegurar a *manutenção do pagamento do adicional de insalubridade da forma como ocorre atualmente, até que uma nova lei venha a fixar os critérios de atualização e a nova base de cálculo*.

Verifica-se que o referido verbete vinculante foi aprovado pelo Supremo Tribunal Federal com uma redação ampla, não restringindo nem distinguindo entre servidores públicos e empregados, os quais, aliás, acabaram sendo expressamente incluídos na Súmula Vinculante 4.

Como a Súmula Vinculante 4 do STF determina que "o salário mínimo não pode ser usado como indexador de base de cálculo de vantagem de servidor público ou de empregado, *nem ser substituído por decisão judicial*" (destaquei), o tema retornou ao Supremo Tribunal Federal, tendo em vista a Resolução 148, de 26 de junho de 2008, aprovada pelo Pleno do TST, que alterou a redação da sua Súmula 228, passando a prever que, a partir de 9 de maio de 2008, data da publicação da Súmula Vinculante 4 do Supremo Tribunal Federal, o adicional de insalubridade será calculado sobre o salário básico (em analogia com a base de cálculo do adicional de periculosidade, prevista no art. 193, § 1º, da CLT e Súmula 191 do TST), salvo critério mais vantajoso fixado em instrumento coletivo.

Cabe esclarecer que o art. 7º, inciso XXIII, da Constituição Federal de 1988, na realidade, utilizou a expressão "remuneração" no seu sentido mais genérico de recebimento, ganho, ou seja, com o nítido enfoque de remunerar a atividade insalubre. O referido dispositivo não tratou da base de cálculo do mencionado adicional, não dispondo sobre a "remuneração" em sentido técnico, tal como prevista no art. 457, *caput*, da CLT[21].

Obviamente, eventual alteração legislativa, assegurando o direito ao adicional de insalubridade com base na remuneração ou no salário contratual[22], além de evidentemente atender ao escopo protetor do Direito do Trabalho, estaria em conformidade com o preceito constitucional contido no art. 7º, inciso XXII, da Constituição da República, como forma de garantir a "redução dos riscos inerentes ao trabalho por meio de normas de saúde, higiene e segurança"[23].

Confirmando o entendimento de que o adicional de insalubridade não incide sobre a remuneração, de acordo com a Resolução 148, de 26 de junho de 2008, do Pleno do TST, foi mantida a Orientação Jurisprudencial 02 da SBDI-II do TST, versando sobre o cabimento de "ação rescisória", assim dispondo: "Viola o art. 192 da CLT decisão que acolhe pedido de adicional de insalubridade com base na remuneração do empregado".

A Orientação Jurisprudencial 47 da SBDI-I, por sua vez, assim prevê: "Hora extra. Adicional de insalubridade. Base de cálculo. A base de cálculo da hora extra é o resultado da soma do salário contratual mais o adicional de insalubridade".

Logicamente, em face dos princípios da norma mais favorável e da condição mais benéfica, inerentes ao Direito do Trabalho, se houver norma jurídica válida e em vigência (p.ex., convenção coletiva ou acordo coletivo), estabelecendo o direito ao adicional de insalubridade de acordo com base mais benéfica, deverá ser observada.

De todo modo, como a Súmula Vinculante 4 do STF determina que "o salário mínimo não pode ser usado como indexador de base de cálculo de vantagem de servidor público ou de empregado, *nem ser substituído por decisão judicial*" (destaquei), o tema retornou ao Supremo Tribunal Federal, tendo em vista a Resolução 148, de 26 de junho de 2008, aprovada pelo Pleno do TST, que alterou a redação da sua Súmula 228, passando a prever que a partir de 9 de maio de 2008, data da publicação da Súmula Vinculante 4 do Supremo Tribunal Federal, o adicional de insalubridade seria calculado sobre o salário básico (em analogia com a base de cálculo do adicional de periculosidade, prevista no art. 193, § 1º, da CLT e Súmula 191 do TST), salvo critério mais vantajoso fixado em instrumento coletivo.

Nesse sentido, foi ajuizada Reclamação, com pedido liminar, ao Supremo Tribunal Federal[24], "em face da decisão proferida pelo Plenário do Tribunal Superior do Trabalho que editou a Resolução

---

[21] Cf. MARTINS, Sergio Pinto. *Comentários à CLT*. 10. ed. São Paulo: Atlas, 2006. p. 210: "A Constituição não reza que o adicional incide sobre a remuneração, mas menciona adicional de remuneração. Há que se entender que o sentido da palavra remuneração a que se refere a Lei Fundamental é o do verbo remunerar e não propriamente a remuneração de que trata o art. 457 da CLT".

[22] Cf. SÜSSEKIND, Arnaldo. *Instituições de direito do trabalho*. 18. ed. São Paulo: LTr, 1999. v. 2, p. 935: "Para os efeitos da relação de trabalho, o Congresso Nacional terá de legislar a respeito, ocasião em que, a nosso ver, deveria também estabelecer que o adicional de insalubridade, tal como o pertinente à periculosidade, passe a incidir sobre o salário contratual do respectivo empregado, e não sobre o salário mínimo. Aliás, a expressão 'adicional de remuneração' parece ter sido inserida, com essa intenção, no texto constitucional. Contudo, ela revela apenas a natureza salarial dos adicionais de insalubridade e de periculosidade".

[23] Cf. NASCIMENTO, Amauri Mascaro. *Teoria jurídica do salário*. 2. ed. São Paulo: LTr, 1997. p. 248-249: "A Constituição não altera essa regra. Não declara que o adicional incidirá sobre a remuneração. Refere-se a adicional *de* remuneração e não a adicional *sobre* remuneração" (destaques do original).

[24] Cf. art. 103-A, § 3º, da CF/1988 (acrescentado pela EC 45/2004): "Do ato administrativo ou decisão judicial que contrariar a súmula aplicável ou que indevidamente a aplicar, caberá reclamação ao Supremo Tribunal Federal que, julgando-a procedente, anulará o ato administrativo ou cassará a decisão judicial reclamada, e determinará que outra seja proferida com ou sem a aplicação da súmula, conforme o caso". Cf. ainda Lei 11.417/2006, art. 7º: "da decisão judicial ou do ato administrativo que contrariar enunciado de súmula vinculante, negar-lhe vigência ou aplicá-lo indevidamente caberá reclamação ao Supremo Tribunal Federal, sem prejuízo dos recursos ou outros meios admissíveis de impugnação".

148/2008 e deu nova redação ao verbete 228 da Súmula daquele Tribunal (Súmula 228/TST)". Com isso, foi deferida a liminar para suspender a aplicação da Súmula 228 do TST na parte em que permite a utilização do salário básico para calcular o adicional de insalubridade.

Na Medida Cautelar em Reclamação 6.266-0/DF, o Ministro Gilmar Mendes, do STF, proferiu a seguinte decisão (datada de 15.07.2008):

"À primeira vista, a pretensão do reclamante afigura-se plausível no sentido de que a decisão reclamada teria afrontado a Súmula Vinculante 4 desta Corte:

'Salvo nos casos previstos na Constituição, o salário mínimo não pode ser usado como indexador de base de cálculo de vantagem de servidor público ou de empregado, nem ser substituído por decisão judicial'.

Com efeito, no julgamento que deu origem à mencionada Súmula Vinculante n. 4 (RE 565.714/SP, Rel. Min. Cármen Lúcia, Sessão de 30.4.2008 – Informativo n. 510/STF), esta Corte entendeu que o adicional de insalubridade deve continuar sendo calculado com base no salário mínimo, enquanto não superada a inconstitucionalidade por meio de lei ou convenção coletiva.

Dessa forma, com base no que ficou decidido no RE 565.714/SP e fixado na Súmula Vinculante 4, este Tribunal entendeu que não é possível a substituição do salário mínimo, seja como base de cálculo, seja como indexador, antes da edição de lei ou celebração de convenção coletiva que regule o adicional de insalubridade.

Logo, à primeira vista, a nova redação estabelecida para a Súmula 228/TST revela aplicação indevida da Súmula Vinculante, porquanto permite a substituição do salário mínimo pelo salário básico no cálculo do adicional de insalubridade sem base normativa.

Ante o exposto, defiro a medida liminar para suspender a aplicação da Súmula n. 228/TST na parte em que permite a utilização do salário básico para calcular o adicional de insalubridade".

Em razão dessa decisão, foi inserida a seguinte informação na Súmula 228 do TST: "Súmula cuja eficácia está suspensa por decisão liminar do Supremo Tribunal Federal".

Ainda no Supremo Tribunal Federal, foi julgada procedente a Reclamação 6.275 "para cassar a Súmula 228 do TST, apenas e tão somente na parte em que estipulou o salário básico do trabalhador como base de cálculo do adicional de insalubridade devido" (STF, Rcl 6.275/SP, Rel. Min. Ricardo Lewandowski, j. 11.04.2018).

Portanto, relativamente à base de cálculo do adicional de insalubridade, prevalece o entendimento de que, enquanto não houver a modificação da referida previsão legal, permanece aplicável o salário mínimo, tendo em vista a impossibilidade de se adotar outra base de cálculo por meio de decisão judicial. Nesse sentido, cabe destacar o seguinte julgado:

"Embargos declaratórios. Agravo regimental em recurso de embargos. Adicional de insalubridade. Base de cálculo. Salário mínimo. Súmula vinculante. Na esteira da jurisprudência do Supremo Tribunal Federal, restou claro o posicionamento desta Subseção de que, não obstante a inconstitucionalidade da vinculação do salário mínimo como base de cálculo do adicional de insalubridade, tendo em vista o disposto no art. 7º, IV, da Constituição da República (Súmula Vinculante n. 4 do STF), deve ser considerado como indexador até que nova lei seja editada disciplinando a matéria. Embargos declaratórios conhecidos e desprovidos" (TST, SBDI-I, ED-AgR-E-ED-RR 133700-91.2005.5.17.0004, Rel. Min. Alexandre de Souza Agra Belmonte, *DEJT* 20.11.2015).

Entretanto, como já mencionado, é possível admitir a estipulação de norma mais favorável ao empregado a respeito do tema, em convenção e acordo coletivo, decorrentes de negociação coletiva de trabalho, com fundamento nos arts. 7º, *caput*, incisos XXIII e XXVI, e 8º, inciso VI, da Constituição Federal de 1988[25].

---

[25] "Adicional de insalubridade. Base de cálculo. Súmula Vinculante n. 4 do STF. Conquanto o Supremo Tribunal Federal, por intermédio da Súmula Vinculante n. 4, tenha vedado a utilização do salário mínimo como parâmetro para

Os agentes comunitários de saúde e os agentes de combate às endemias terão, em razão dos riscos inerentes às funções desempenhadas, aposentadoria especial e, somado aos seus vencimentos, adicional de insalubridade (art. 198, § 10, da Constituição da República, incluído pela Emenda Constitucional 120/2022).

Cabe ressaltar que o exercício de trabalho de forma habitual e permanente em condições insalubres, acima dos limites de tolerância estabelecidos pelo órgão competente do Poder Executivo federal, assegura aos agentes de que trata a Lei 11.350/2006, ou seja, aos *Agentes Comunitários de Saúde e Agentes de Combate às Endemias*, a percepção de *adicional de insalubridade*, calculado sobre o seu vencimento ou *salário-base*: nos termos do disposto no art. 192 da CLT, quando submetidos a esse regime; nos termos da legislação específica, quando submetidos a vínculos de outra natureza (art. 9º-A, § 3º, da Lei 11.350/2006, incluído pela Lei 13.342/2016).

Desse modo, quanto aos Agentes Comunitários de Saúde e Agentes de Combate às Endemias que sejam empregados, o exercício de trabalho em condições insalubres, acima dos limites de tolerância estabelecidos pelo Ministério do Trabalho, assegura o recebimento do adicional de 40%, 20% e 10%, segundo se classifiquem em grau máximo, médio e mínimo (art. 192 da CLT). Nessa hipótese específica, em razão da expressa previsão legal, o adicional de insalubridade deve ser calculado sobre o salário-base. Entretanto, por se tratar de norma especial, ela não modifica a norma geral anterior relativa aos demais empregados (art. 2º, § 2º, da Lei de Introdução às Normas do Direito Brasileiro).

Quanto ao piso salarial dos *técnicos em radiologia* e à base de cálculo do adicional de insalubridade dos que exercem essa profissão (art. 16 da Lei 7.394/1985 – 40%), cabe fazer referência à seguinte decisão do Supremo Tribunal Federal: "O Tribunal, por unanimidade, julgou parcialmente procedente o pedido formulado na arguição de descumprimento de preceito fundamental para declarar a não recepção do art. 16 da Lei n. 7.394/1985, ressalvando, porém, que: (i) os critérios estabelecidos pela referida lei devem continuar sendo aplicados, até que sobrevenha norma que fixe nova base de cálculo, seja lei federal, editada pelo Congresso Nacional, sejam convenções ou acordos coletivos de trabalho, ou, ainda, lei estadual, editada conforme delegação prevista na Lei Complementar 103/2000; (ii) fica congelada a base de cálculo em questão, a fim de que seja calculada de acordo com o valor de dois salários mínimos vigentes na data do trânsito em julgado da decisão que deferiu a medida cautelar (i.e., 13.05.2011), de modo a desindexar o salário mínimo, nos termos do voto do Relator" (STF, Pleno, ADPF 151/DF, Rel. Min. Roberto Barroso, j. 07.02.2019)[26].

13.3.6 Adicional por acúmulo de funções

O adicional por acúmulo de funções é previsto quanto ao radialista.

O exercício da profissão de radialista é regulado pela Lei 6.615/1978 (art. 1º). Considera-se *radialista* o empregado de empresa de radiodifusão que exerça uma das funções em que se desdobram as atividades mencionadas no art. 4º da Lei 6.615/1978 (art. 2º).

Considera-se *empresa de radiodifusão*, para os efeitos da Lei 6.615/1978, aquela que explora serviços de transmissão de programas e mensagens, destinada a ser recebida livre e gratuitamente

---

cálculo do adicional de insalubridade e a sua substituição por decisão judicial, também concedeu medida liminar para suspender a aplicação da Súmula n. 228 desta Corte na parte em que permite a utilização do salário básico para o mesmo fim. Assim sendo, enquanto não editada lei ou norma coletiva que defina base de cálculo diversa, permanece a utilização do salário mínimo. Recurso de revista de que se conhece e a que se dá provimento" (TST, 7ª T., RR 182400-28.2009.5.15.0097, Rel. Min. Cláudio Mascarenhas Brandão, *DEJT* 04.05.2015).

[26] "Direito do Trabalho. Arguição de Descumprimento de Preceito Fundamental. Piso salarial dos técnicos em radiologia. Adicional de insalubridade. Indexação ao salário mínimo. Medida cautelar confirmada. 1. Inconstitucionalidade da indexação de piso salarial ao valor do salário mínimo. 2. Congelamento da base de cálculo, a fim de que seja calculada de acordo com o valor de dois salários mínimos vigentes na data de estabilização da decisão que deferiu a medida cautelar. Não recepção do art. 16 da Lei n. 7.394/1985. 3. Arguição de descumprimento de preceito fundamental julgada procedente" (STF, Pleno, ADPF 151/DF, Rel. Min. Roberto Barroso, *DJe* 11.04.2019).

pelo público em geral, compreendendo a radiodifusão sonora (rádio) e a radiodifusão de sons e imagens (televisão), conforme o art. 3º da Lei 6.615/1978.

Considera-se, igualmente, para os efeitos da Lei 6.615/1978, *empresa de radiodifusão*: a que explore serviço de música funcional ou ambiental e outras que executem, por quaisquer processos, transmissões de rádio ou de televisão; a que se dedique, exclusivamente, à produção de programas para empresas de radiodifusão; a entidade que execute serviços de repetição ou de retransmissão de radiodifusão; a entidade privada e a fundação mantenedora que executem serviços de radiodifusão, inclusive em circuito fechado de qualquer natureza; as empresas ou agências de qualquer natureza destinadas, em sua finalidade, à produção de programas, filmes e dublagens, comerciais ou não, para serem divulgados por meio das empresas de radiodifusão (art. 3º, parágrafo único, da Lei 6.615/1978).

A profissão de radialista compreende as seguintes *atividades*: administração; produção; técnica (art. 4º da Lei 6.615/1978).

As *atividades de administração* compreendem somente as especializadas, peculiares às empresas de radiodifusão (art. 4º, § 1º, da Lei 6.615/1978).

As *atividades de produção* se subdividem nos seguintes *setores*: autoria; direção; produção; interpretação; dublagem; locução; caracterização; cenografia (art. 4º, § 2º, da Lei 6.615/1978).

As *atividades técnicas* se subdividem nos seguintes *setores*: direção; tratamento e registros sonoros; tratamento e registros visuais; montagem e arquivamento; transmissão de sons e imagens; revelação e copiagem de filmes; artes plásticas e animação de desenhos e objetos; manutenção técnica (art. 4º, § 3º, da Lei 6.615/1978).

As denominações e descrições das funções em que se desdobram as atividades e os setores mencionados nos §§ 1º, 2º e 3º do art. 4º da Lei 6.615/1978, a serem previstas e atualizadas em regulamento, devem considerar: as ocupações e *multifuncionalidades* geradas pela digitalização das emissoras de radiodifusão, novas tecnologias, equipamentos e meios de informação e comunicação; exclusivamente as funções técnicas ou especializadas, próprias das atividades de empresas de radiodifusão.

Não se incluem no disposto na Lei 6.615/1978 os atores e figurantes que prestam serviços a empresas de radiodifusão (art. 5º).

Na atualidade, não mais se exige o registro no Ministério do Trabalho para o exercício da profissão de radialista, devendo prevalecer o princípio da primazia da realidade (cf. Capítulo 8, item 8.7.2, parte final)[27].

Nos termos do art. 13 da Lei 6.615/1978, na hipótese de exercício de *funções acumuladas dentro de um mesmo setor* em que se desdobram as atividades mencionadas no art. 4º, assegura-se ao radialista um adicional mínimo de:

---

[27] "I – Agravo de instrumento. Recurso de revista interposto na vigência da Lei 13.015/2014. Enquadramento. Radialista. Lei n. 6.615/1978. Registro. Ante a possível violação do artigo 6º, da Lei 6.615/78, dá-se provimento ao agravo de instrumento para determinar o processamento do recurso de revista. II – Recurso de revista interposto na vigência da Lei 13.015/2014. Enquadramento. Radialista. Lei n. 6.615/1978. Registro. Cinge-se a controvérsia em saber se a inexistência de registro prévio no Ministério do Trabalho, bem como a atividade preponderante desempenhada pela reclamada são óbices para o reconhecimento do enquadramento do empregado como radialista, na forma da Lei n. 6.615/1978. A jurisprudência desta Corte, em homenagem ao princípio da primazia da realidade, fixou entendimento no sentido de que a mera ausência do registro da profissão de radialista perante os órgãos competentes não obsta a possibilidade de enquadramento na profissão. Ademais, frise-se que para o reconhecimento da profissão de radialista, não é necessário que a empresa se dedique exclusivamente à radiodifusão, bastando que execute serviços desta natureza. Nesse diapasão, tendo a decisão regional concluído, a partir da prova dos autos, que o reclamante exerceu a função de radialista, cumprindo as atribuições específicas desta categoria profissional e que a reclamada se equipara à empresa de radiodifusão para efeitos trabalhistas, nos termos do art. 3º da Lei n. 6.615/78, resta inviável o processamento do apelo, no particular, pois para se concluir de forma distinta, seria imprescindível a reapreciação da prova coligida nos autos, procedimento vedado em sede de recurso de revista. Incidência dos óbices das Súmulas 126 e 333 do TST. Precedentes da e. SBDI-I e de Turmas do TST. Recurso de revista não conhecido" (TST, 2ª T., RR 5009-75.2015.5.10.0013, Rel. Min. Maria Helena Mallmann, *DEJT* 10.08.2017).

I – 40%, pela função acumulada, tomando-se por base a função melhor remunerada, nas emissoras de potência igual ou superior a 10 quilowatts, e nas empresas equiparadas segundo o parágrafo único do art. 3º da Lei 6.615/1978;

II – 20%, pela função acumulada, tomando-se por base a função melhor remunerada, nas emissoras de potência inferior a 10 quilowatts e, superior a um quilowatt;

III – 10%, pela função acumulada, tomando-se por base a função melhor remunerada, nas emissoras de potência igual ou inferior a um quilowatt.

Entretanto, não é permitido, por força de um só contrato de trabalho, o exercício de atividades para diferentes setores dentre os mencionados no art. 4º da Lei 6.615/1978 (art. 14)[28].

Logo, o acúmulo de funções em setores diferentes das atividades do radialista gera o direito ao reconhecimento de mais de um contrato de trabalho, enquanto o exercício de mais de uma função pelo radialista *dentro do mesmo setor* gera direito ao *adicional por acúmulo de funções*[29].

Entende-se que o empregado radialista que acumula mais de duas funções dentro de um mesmo setor tem direito ao pagamento dos adicionais de quantas forem as funções acumuladas[30].

Quando o exercício de qualquer função for acumulado com responsabilidade de *chefia*, o radialista tem direito a um acréscimo de 40% sobre o salário (art. 15 da Lei 6.615/1978).

O Tribunal Superior do Trabalho tem admitido a aplicação ao jornalista, por analogia, da legislação sobre a atividade do radialista quanto ao pagamento do adicional por acúmulo de funções[31].

---

[28] "Recurso de revista interposto pelo reclamante. Radialista. Acúmulo de funções. Locutor e operador de áudio. Setores diversos. Contratos de trabalho distintos. Lei n. 6.615/1978. 1. Na hipótese, o Tribunal Regional registrou que o reclamante acumulou as funções de locutor e operador de áudio. Não obstante, concluiu ser devido apenas o adicional de 10% sobre o piso salarial da categoria de radialista. 2. Todavia, esta Corte Superior, interpretando os arts. 4º e 14 da Lei n. 6.615/1978, norma legal que regulamenta a profissão de radialista, firmou o entendimento no sentido de que a cumulação de funções, em diferentes setores de atividade da profissão de radialista (Administração, Produção e Técnica), garante ao empregado o reconhecimento de um segundo contrato de trabalho, com o pagamento da remuneração e vantagens respectivas. Recurso de revista conhecido e provido" (TST, 1ª T., ARR 1247-67.2012.5.06.0401, Rel. Min. Walmir Oliveira da Costa, *DEJT* 16.10.2017).

[29] "Agravo. Agravo de instrumento. Recurso de revista interposto na vigência da Lei n. 13.015/14. Radialista. Acúmulo de funções. Setores diversos. Contratos de trabalho distintos. Lei n. 6.615/1978. [...] Na forma prevista nos arts. 13, '*caput*', e 14 da Lei n. 6.615/75, o acúmulo de funções em diferentes setores das atividades profissionais do radialista gera o reconhecimento de mais de um contrato de trabalho, ao passo que o exercício de mais de uma função dentro de um único setor somente enseja o adicional respectivo. Na hipótese, o Tribunal Regional, valorando fatos e provas, identificou o exercício de funções inseridas em setores diversos das atividades de técnica (art. 4º, § 2º, alíneas *b* e *c*, da Lei n. 6.615/75) e reconheceu um segundo contrato de trabalho do reclamante. Assim, não se cogita de violação direta e literal dos dispositivos de lei federal indicados pela agravante, porquanto a fixação, pela Corte Regional, da premissa do acúmulo de funções em setores diversos possui contornos fáticos insuscetíveis de alteração mediante recurso de revista (Súmula n. 126 do TST). Agravo a que se nega provimento" (TST, 1ª T., Ag-AIRR 711-35.2013.5.09.0014, Rel. Min. Walmir Oliveira da Costa, *DEJT* 09.03.2018).

[30] "Radialista. Acúmulo de funções. Mesmo setor. Pagamento de quantas forem as funções acumuladas. Art. 13, da Lei n. 6.615/78. A SBDI-1 do TST pacificou o entendimento de que o empregado radialista que acumule mais de duas funções dentro de um mesmo setor faz jus ao pagamento dos adicionais de quantas forem as funções acumuladas. Sobre a matéria, assim dispõe o art. 13, da Lei n. 6.615/78: 'Art. 13 – Na hipótese de exercício de funções acumuladas dentro de um mesmo setor em que se desdobram as atividades mencionadas no art. 4º, será assegurado ao Radialista um adicional mínimo de: I – 40% (quarenta por cento), pela função acumulada, tomando-se por base a função melhor remunerada, nas emissoras de potência igual ou superior a 10 (dez) quilowatts e, nas empresas equiparadas segundo o parágrafo único do art. 3º; II – 20% (vinte por cento), pela função acumulada, tomando-se por base a função melhor remunerada, nas emissoras de potência inferior a 10 (dez) quilowatts e, superior a 1 (um) quilowatt; III – 10% (dez por cento), pela função acumulada, tomando-se por base a função melhor remunerada, nas emissoras de potência igual ou inferior a 1 (um) quilowatt.' Assim, quando o artigo supramencionado estabelece o pagamento de um adicional mínimo por função acumulada, leva ao entendimento de que o radialista tem o direito de receber um adicional por cada função acumulada. Julgados desta Corte. Recurso de revista conhecido e provido no aspecto" (TST, 3ª T., RR 172-23.2015.5.12.0012, Rel. Min. Mauricio Godinho Delgado, *DEJT* 25.08.2017).

[31] "Acúmulo de funções. *Plus* salarial. [...] Este Tribunal Superior do Trabalho vem se posicionando no sentido de admitir a possibilidade de aplicação analógica, ao jornalista, da legislação que regulamenta a atividade do radialista, no

Em se tratando de outras modalidades de empregados, em consonância com o art. 456, parágrafo único, da CLT, na ausência de prova ou inexistindo no contrato de trabalho cláusula expressa a tal respeito, entende-se que o empregado se obrigou a todo e qualquer serviço compatível com a sua condição pessoal. Frise-se ainda que a CLT não exige a contratação de um salário específico para remunerar cada uma das tarefas ou atividades realizadas pelo empregado durante a jornada de trabalho, admitindo-se um único valor salarial para remunerar o conjunto de atividades exercidas durante a jornada de trabalho[32]. A rigor, entende-se que o adicional por acúmulo de funções é devido quando previsto em norma legal específica, instrumento normativo, regulamento de empresa ou mesmo no contrato de trabalho[33]. Ainda quanto ao tema, cabe mencionar o seguinte julgado:

> "Acúmulo de funções. Diferenças salariais. *Plus* salarial indevido. Funções compatíveis e exercidas na mesma jornada de trabalho. Infere-se da análise dos autos que o autor requer a condenação da reclamada ao pagamento de acúmulo de função, ao argumento de que foi contratado para a função de engenheiro e respondia, concomitantemente, pelo centro de manutenção da empresa. A condenação em diferenças salariais por acúmulo de funções é aceita pela jurisprudência quando se constata que as atribuições do cargo ocupado são incompatíveis com as que foram exigidas, demonstrando abuso do empregador e alteração contratual em prejuízo do empregado. Nos termos do parágrafo único do artigo 456 da CLT, inexistindo prova ou cláusula expressa acerca das funções a serem exercidas pelo empregado, entende-se que ele se obriga a todo e qualquer ser-

---

que se refere ao pagamento do acréscimo salarial decorrente do acúmulo de funções. Precedentes. No caso o Regional registra o pagamento de diferença salarial de mais de 40% em razão de ter o autor acumulado as funções. Dessa forma, conclusão em sentido contrário, ou seja, de que o autor não teria recebido as diferenças salariais pelo acúmulo de funções, demandaria o reexame de fatos e provas, circunstância vedada nesta instância recursal, nos termos da Súmula 126 do TST. Recurso de revista não conhecido" (TST, 3ª T., RR 1-16.2010.5.04.0028, Rel. Min. Alexandre de Souza Agra Belmonte, *DEJT* 15.12.2017).

[32] "Acúmulo de funções. Motorista e cobrador. Diferenças salariais indevidas. Esclareça-se que 'função' é o conjunto sistemático de atividades, atribuições e poderes laborativos, integrados entre si, formando um todo unitário no contexto da divisão do trabalho estruturada no estabelecimento ou na empresa. A 'tarefa', por sua vez, consiste em uma atividade laborativa específica, estrita e delimitada, existente na divisão do trabalho estruturada no estabelecimento ou na empresa. É uma atribuição ou ato singular no contexto da prestação laboral. A função, pois, é um conjunto de tarefas que se reúnem em um todo unitário, de modo a situar o trabalhador em um posicionamento específico no universo da divisão do trabalho da empresa. De fato, o simples exercício de algumas tarefas componentes de uma outra função não traduz, automaticamente, a ocorrência de uma efetiva alteração funcional no tocante ao empregado. É preciso que haja uma concentração significativa do conjunto de tarefas integrantes da enfocada função para que se configure a alteração funcional objetivada. Destaque-se, por oportuno, que à falta de prova ou inexistindo cláusula a respeito, entende-se que o obreiro se obriga a todo e qualquer serviço compatível com a sua condição pessoal (art. 456, parágrafo único, da CLT). Cumpre dizer, ainda, que a CLT não exige a contratação de um salário específico para remunerar cada uma das tarefas desenvolvidas, assim como não impede que um único salário seja estabelecido para remunerar todo o elenco de atividades executadas, durante a jornada de trabalho. Nesse liame, esta Corte, por jurisprudência reiterada da SDI-1 e de todas as oito Turmas do Tribunal Superior, tem entendido que a atividade de motorista de transporte coletivo guarda compatibilidade com a função de cobrador das passagens, não se justificando, portanto, a percepção de adicional por acúmulo de funções. Recurso de revista conhecido e provido no aspecto" (TST, 3ª T., RR 11109-05.2015.5.01.0043, Rel. Min. Mauricio Godinho Delgado, *DEJT* 16.03.2018).

[33] "Bancário. Venda de papéis de empresas coligadas do banco empregador. Ausência de pactuação quanto a percepção de comissões sobre tais vendas. Conforme o disposto no art. 456, parágrafo único, da CLT, à falta de uma pactuação expressa, entende-se que o empregado se obrigou a todo e qualquer serviço compatível com a sua condição pessoal. *Entende-se também que o salário percebido remunera os serviços realizados a mando do empregador, à exceção da situação em que lei, norma coletiva ou previsão contratual específica, adote ressalva mais benéfica ao empregado, como, a título de exemplo, a Lei 6.615 de 1978, que prevê adicionais de acúmulo de função para o radialista que desenvolve diversas funções*, ou adicional de insalubridade para o labor em atividade nociva à saúde (art. 7º, XXIII, da CF de 1988 e 193, § 1º, da CLT). Assim, não tendo existido previsão legal, contratual ou coletiva que assegurasse ao empregado o direito à percepção de comissão em razão da sua função de venda dos produtos de empresas coligadas do empregador, não há como se deferir comissões por tais atividades. Há precedente. Recurso de revista conhecido e provido" (TST, 6ª T., ARR 3666100-12.2009.5.09.0011, Redatora Min. Kátia Magalhães Arruda, *DEJT* 27.10.2017, destaquei).

viço compatível com a sua condição pessoal. Além do mais, a CLT não veda a fixação de um salário como contraprestação para todas as tarefas desempenhadas pelo trabalhador. Assim, o acréscimo de tarefas, por si só, não gera o direito à percepção de um *plus* salarial. [...] O exercício de atribuições de uma outra função, dentro da jornada laboral, não implica automaticamente o reconhecimento do direito ao *plus* salarial pleiteado, mormente considerando a área de atuação do reclamante, na hipótese, manutenção de linha e de oficina de aeronaves. Agravo de instrumento desprovido" (TST, 2ª T., AIRR 3422-83.2013.5.02.0086, Rel. Min. José Roberto Freire Pimenta, *DEJT* 15.12.2017).

13.3.7 Adicional de risco

A Lei 4.860/1965 dispõe sobre o regime de trabalho nos portos organizados.

Desse modo, no âmbito do trabalho portuário, a fim de remunerar os riscos relativos à insalubridade, periculosidade e outros porventura existentes, é devido o adicional de riscos de 40%, incidente sobre o valor do salário-hora ordinário do período diurno, substituindo todos aqueles que, com sentido ou caráter idêntico, vinham sendo pagos (art. 14 da Lei 4.860/1965).

O referido adicional somente é devido enquanto não forem removidas ou eliminadas as causas de risco. O adicional em questão somente é devido durante o tempo efetivo no serviço considerado sob risco. No caso em estudo, nenhum outro adicional é devido além do previsto no art. 14 da Lei 4.860/1965. O adicional de risco só é devido uma única vez, na execução da mesma tarefa, mesmo quando ocorra, simultaneamente, mais de uma causa de risco.

Nos termos da Orientação Jurisprudencial 402 da SBDI-I do TST: "Adicional de risco. Portuário. Terminal privativo. Arts. 14 e 19 da Lei n. 4.860, de 26.11.1965. Indevido. O adicional de risco previsto no artigo 14 da Lei n. 4.860, de 26.11.1965, aplica-se somente aos portuários que trabalham em portos organizados, não podendo ser conferido aos que operam terminal privativo".

A respeito do direito ao adicional de risco aos trabalhadores portuários avulsos, com fundamento no art. 7º, inciso, XXXIV da Constituição Federal de 1988, que prevê igualdade de direitos entre o trabalhador com vínculo empregatício permanente e o trabalhador avulso, o Supremo Tribunal Federal fixou a seguinte tese de repercussão geral: "Sempre que for pago ao trabalhador com vínculo permanente, o adicional de riscos é devido, nos mesmos termos, ao trabalhador portuário avulso" (STF, Pleno, RE 597.124/PR, Rel. Min. Edson Fachin, j. 03.06.2020).

13.4 Parcelas sem natureza salarial

Nos termos do art. 457, § 2º, da CLT, com redação dada pela Lei 13.467/2017, as importâncias, ainda que habituais, pagas a título de ajuda de custo, auxílio-alimentação, vedado seu pagamento em dinheiro, diárias para viagem, prêmios e abonos não integram a remuneração do empregado, não se incorporam ao contrato de trabalho e não constituem base de incidência de qualquer encargo trabalhista e previdenciário.

Anteriormente, o art. 457, § 2º, da CLT, com redação dada pela Lei 1.999/1953, estabelecia que não se incluíam nos salários as ajudas de custo, assim como as diárias para viagem que não excedam de 50% do salário percebido pelo empregado.

Com a Lei 13.467/2017, a ajuda de custo, o auxílio-alimentação (vedado o seu pagamento em dinheiro), as diárias para viagem, os prêmios e os abonos, *mesmo que habituais*, não integram a remuneração do empregado, nem se incorporam ao contrato de trabalho. Além disso, as referidas parcelas não constituem base de incidência de encargo trabalhista (FGTS) e previdenciário (contribuição previdenciária).

Por não se incorporarem ao contrato de trabalho, o art. 468, *caput*, da CLT deixa de incidir quanto às mencionadas verbas pagas pelo empregador, o que resulta na possibilidade de serem modificadas ou excluídas unilateralmente pelo empregador, por motivo justificado (em consonância com a exigência de boa-fé contratual), sem que o empregado possa alegar discordância ou prejuízo.

Entretanto, se a parcela, na realidade, é paga como contraprestação pelos serviços prestados, em fraude, ou seja, apenas sob a forma de verba indenizatória, deve prevalecer a sua verdadeira natureza (art. 9º da CLT).

Em harmonia com o exposto, na esfera previdenciária, o art. 28, § 8º, alínea *a*, da Lei 8.212/1991, o qual previa que integram o salário de contribuição o total das diárias pagas, quando excedente a 50% da remuneração mensal, foi *revogado* pela Lei 13.467/2017 (art. 5º, inciso II).

O art. 28, § 9º, da Lei 8.212/1991, com as modificações decorrentes da Lei 13.467/2017 (art. 4º), dispõe que não integram o salário de contribuição: as diárias para viagens (alínea *h*); o valor relativo à assistência prestada por serviço médico ou odontológico, próprio da empresa ou por ela conveniado, inclusive o reembolso de despesas com medicamentos, óculos, aparelhos ortopédicos, próteses, órteses, despesas médico-hospitalares e outras similares (alínea *q*); os prêmios e os abonos (alínea *z*).

Vejamos, com mais detalhes, os contornos das referidas verbas.

13.4.1 Abonos

Os abonos, anteriormente, em regra, integravam o salário, significando valores de adiantamento ou antecipação salarial.

Conforme o art. 457, § 2º, da CLT, com redação dada pela Lei 13.467/2017, as importâncias, ainda que habituais, pagas a título de *abonos* não têm natureza salarial. Nesse enfoque, os abonos poderiam ser entendidos como acréscimos de natureza indenizatória pagos ao empregado.

Com isso, pode-se dizer que o abono, como acréscimo ou antecipação, em regra, não tem natureza salarial, como ocorre quando previsto em lei de política salarial e como é o caso do abono (pecuniário) de férias, conforme o art. 144 da CLT[34].

Entretanto, o mero adiantamento salarial feito pelo empregador, sem natureza de abono, deve ser considerado salário.

Ainda quanto ao tema, de acordo com a Orientação Jurisprudencial 346 da SBDI-I do TST:

"Abono previsto em norma coletiva. Natureza indenizatória. Concessão apenas aos empregados em atividade. Extensão aos inativos. Impossibilidade. A decisão que estende aos inativos a concessão de abono de natureza jurídica indenizatória, previsto em norma coletiva apenas para os empregados em atividade, a ser pago de uma única vez, e confere natureza salarial à parcela, afronta o art. 7º, XXVI, da CF/1988".

13.4.2 Abono do PIS

Para o recebimento do abono anual do PIS, o empregado deve estar cadastrado no Plano de Integração Social (PIS), sendo necessário preencher, ainda, os requisitos previstos no art. 239 da Constituição Federal de 1988 e art. 9º da Lei 7.998/1990.

Desse modo, na vigência da Constituição Federal de 1988, o abono do PIS é devido apenas aos trabalhadores cadastrados há mais de cinco anos e que tenham auferido, no ano-base, remuneração média mensal de até dois salários mínimos, bem como trabalhado pelo menos 30 dias no mesmo período.

O mencionado abono do PIS, por não ser pago pelo empregador, nem como contraprestação dos serviços, não possui natureza salarial ou remuneratória, tratando-se de verba de direito público, ou seja, advinda de fundo de natureza pública.

O não cadastramento do empregado no PIS pode, assim, gerar direito à indenização correspondente, a cargo do empregador culpado (arts. 186 e 927 do Código Civil de 2002). Nos termos da

---

[34] "Art. 144. O abono de férias de que trata o artigo anterior, bem como o concedido em virtude de cláusula do contrato de trabalho, do regulamento da empresa, de convenção ou acordo coletivo, desde que não excedente de vinte dias do salário, não integrarão a remuneração do empregado para os efeitos da legislação do trabalho".

Súmula 300 do TST, compete à Justiça do Trabalho processar e julgar ações de empregados contra empregadores, relativas ao cadastramento no Programa de Integração Social (PIS).

Mesmo assim, a indenização pelo não cadastramento no PIS só é cabível caso tenha o empregado efetivo prejuízo, em razão de preencher os requisitos legais para a concessão do abono anual do PIS.

13.4.3 Ajuda de custo

De acordo com o art. 457, § 2º, da CLT, com redação dada pela Lei 13.467/2017, as importâncias, ainda que habituais, pagas a título de ajuda de custo, não integram a remuneração do empregado, nem se incorporam ao contrato de trabalho. Além disso, as referidas parcelas não constituem base de incidência de encargo trabalhista (FGTS) e previdenciário (contribuição previdenciária).

A *ajuda de custo* é paga pelo empregador não como contraprestação pelos serviços prestados pelo empregado, mas sim como reembolso, compensação ou ressarcimento de despesas decorrentes do trabalho realizado, envolvendo maior dificuldade na sua prestação, como em serviço externo, em razão de locomoção, deslocamento e alimentação[35].

Quanto ao radialista, na hipótese de trabalho executado fora do local constante do contrato de trabalho, correm à conta do empregador, além do salário, as despesas de transportes e de alimentação e hospedagem, até o respectivo retorno (art. 16 da Lei 6.615/1978).

O art. 470 da CLT estabelece que as despesas da transferência do empregado devem correr por conta do empregador. Trata-se, aqui, de modalidade específica de ajuda de custo, como valor devido em razão de transferência do empregado (art. 469 da CLT), também sem natureza salarial.

No entanto, podem existir outras modalidades de ajuda de custo, pagas pelo empregador não com o caráter de contraprestação de serviços prestados, mas sim como *ressarcimento de despesas* pelo labor prestado em condições especiais.

Obviamente, se a parcela, na realidade, é paga como contraprestação dos serviços, sem se caracterizar como efetiva ajuda de custo, a fraude não deve produzir efeitos (art. 9º da CLT), o que, no caso, acarreta a desconsideração do nome ("rótulo") atribuído à parcela pelo empregador, prevalecendo a sua verdadeira natureza salarial.

A *verba de representação*, por sua vez, tem o objetivo de reembolsar o empregado das despesas que ele demonstrar ter efetuado para o desenvolvimento da atividade profissional, como as despesas necessárias para manter relação com os clientes. Trata-se, portanto, de pagamento com natureza indenizatória.

13.4.4 Auxílio-alimentação

O auxílio-alimentação, ainda que concedido de forma habitual, vedado o seu pagamento em dinheiro, não se incorpora ao contrato de trabalho e não constitui base de incidência de qualquer encargo trabalhista e previdenciário (art. 457, § 2º, da CLT, com redação dada pela Lei 13.467/2017).

Para que o auxílio-alimentação não integre a remuneração, nem se incorpore ao contrato de trabalho, deve ser fornecido como utilidade, não podendo ser pago em dinheiro.

Esclareça-se que as importâncias pagas pelo empregador a título de auxílio-alimentação de que trata o art. 457, § 2º, da CLT devem ser utilizadas para o pagamento de refeições em restaurantes e estabelecimentos similares ou para a aquisição de gêneros alimentícios em estabelecimentos comerciais (art. 2º da Lei 14.442/2022).

O empregador, ao contratar pessoa jurídica para o fornecimento do auxílio-alimentação de que trata o art. 2º da Lei 14.442/2022, não pode exigir ou receber: I – qualquer tipo de deságio ou imposição de descontos sobre o valor contratado; II – prazos de repasse ou pagamento que desca-

---

[35] Cf. MARTINS, Sergio Pinto. *Direito do trabalho*. 28. ed. São Paulo: Atlas, 2012. p. 268-270.

racterizem a natureza pré-paga dos valores a serem disponibilizados aos empregados; ou III – outras verbas e benefícios diretos ou indiretos de qualquer natureza não vinculados diretamente à promoção de saúde e segurança alimentar do empregado, no âmbito de contratos firmados com empresas emissoras de instrumentos de pagamento de auxílio-alimentação (art. 3º da Lei 14.442/2022).

A referida vedação não se aplica aos contratos de fornecimento de auxílio-alimentação vigentes, até seu encerramento ou até que tenha decorrido o prazo de 14 meses, contado da data de publicação da Lei 14.442/2022 (05.09.2022), o que ocorrer primeiro. É vedada a prorrogação de contrato de fornecimento de auxílio-alimentação em desconformidade com o disposto no art. 3º da Lei 14.442/2022.

A execução inadequada, o desvio ou o desvirtuamento das finalidades do auxílio-alimentação de que trata o art. 457, § 2º, da CLT pelos empregadores ou pelas empresas emissoras de instrumentos de pagamento de auxílio-alimentação, sem prejuízo da aplicação de outras penalidades cabíveis pelos órgãos competentes, acarretará a aplicação de multa no valor de R$ 5.000,00 a R$ 50.000,00, a qual deve ser aplicada em dobro em caso de reincidência ou de embaraço à fiscalização (art. 4º da Lei 14.442/2022). Os critérios de cálculo e os parâmetros de gradação da referida multa devem ser estabelecidos em ato do Ministro de Estado do Trabalho e Previdência.

O estabelecimento que comercializa produtos não relacionados à alimentação do empregado e a empresa que o credenciou sujeitam-se à aplicação da multa prevista no art. 4º da Lei 14.442/2022.

13.4.5 Diárias para viagem

As diárias para viagem, ainda que pagas de forma habitual, não integram a remuneração do empregado, não se incorporam ao contrato de trabalho e não constituem base de incidência de qualquer encargo trabalhista e previdenciário (art. 457, § 2º, da CLT, com redação dada pela Lei 13.467/2017).

As diárias para viagem são pagas pelo empregador ao empregado, como o próprio nome indica, em razão de despesas decorrentes de *viagem* que este realiza a serviço, ou seja, para ressarcir despesas como deslocamento, estadia e alimentação do empregado que viajar a trabalho.

Desse modo, as diárias para viagem, independentemente do valor, não integram a remuneração.

Fica superada, assim, a Súmula 101 do TST, com a seguinte redação: "Diárias de viagem. Salário. Integram o salário, pelo seu valor total e para efeitos indenizatórios, as diárias de viagem que excedam a 50% (cinquenta por cento) do salário do empregado, enquanto perdurarem as viagens".

Da mesma forma, fica superada a Súmula 318 do TST: "Diárias. Base de cálculo para sua integração no salário. Tratando-se de empregado mensalista, a integração das diárias no salário deve ser feita tomando-se por base o salário mensal por ele percebido e não o valor do dia de salário, somente sendo devida a referida integração quando o valor das diárias, no mês, for superior à metade do salário mensal".

13.4.6 Participação nos lucros

A participação nos lucros ou resultados tem previsão no art. 7º, inciso XI, da Constituição Federal de 1988, não possuindo, em tese, natureza salarial, quando paga de acordo com a Lei 10.101/2000 (art. 3º). Obviamente, se a mencionada parcela for paga, de forma fraudulenta, para encobrir o pagamento de verdadeiro salário, como tal deve ser tratado (art. 9º da CLT), tendo em vista o princípio da primazia da realidade.

Em conformidade com o referido diploma legal (art. 2º), com redação modificada pela Lei 12.832/2013, a participação nos lucros ou resultados deve ser objeto de negociação entre a empresa e seus empregados, mediante um dos seguintes procedimentos, escolhidos pelas partes de comum acordo:

"I – comissão paritária escolhida pelas partes, integrada, também, por um representante indicado pelo sindicato da respectiva categoria;

II – convenção ou acordo coletivo" (art. 2º da Lei 10.101/2000).

Cabe esclarecer que o procedimento do art. 2º, inciso I, da Lei 10.101/2000 não tem natureza de negociação coletiva de trabalho, em que é obrigatória a participação do sindicato da categoria profissional (art. 8º, inciso VI, da Constituição Federal de 1988), mas sim de procedimento no âmbito interno da empresa.

Uma vez composta, a comissão paritária de que trata o art. 2º, inciso I, da Lei 10.101/2000 deve dar ciência por escrito ao ente sindical para que indique seu representante no prazo máximo de 10 dias corridos, findo o qual a comissão pode iniciar e concluir suas tratativas (art. 2º, § 10, da Lei 10.101/2000, incluído pela Lei 14.020/2020).

Dos instrumentos decorrentes da negociação devem constar regras claras e objetivas quanto à fixação dos direitos substantivos da participação e das regras adjetivas, inclusive mecanismos de aferição das informações pertinentes ao cumprimento do acordado, periodicidade da distribuição, período de vigência e prazos para revisão do acordo, podendo ser considerados, entre outros, os seguintes critérios e condições:

I – índices de produtividade, qualidade ou lucratividade da empresa;

II – programas de metas, resultados e prazos, pactuados previamente (art. 2º, § 1º, da Lei 10.101/2000).

Na fixação dos direitos substantivos e das regras adjetivas, inclusive no que se refere à fixação dos valores e à utilização exclusiva de metas individuais, a autonomia da vontade das partes contratantes deve ser respeitada e prevalecerá em face do interesse de terceiros (art. 2º, § 6º, da Lei 10.101/2000, incluído pela Lei 14.020/2020).

Consideram-se previamente estabelecidas as regras fixadas em instrumento assinado: I – anteriormente ao pagamento da antecipação, quando prevista; II – com antecedência de, no mínimo, 90 dias da data do pagamento da parcela única ou da parcela final, caso haja pagamento de antecipação (art. 2º, § 7º, da Lei 10.101/2000, incluído pela Lei 14.020/2020).

O instrumento de acordo celebrado deve ser arquivado na entidade sindical dos trabalhadores (art. 2º, § 2º, da Lei 10.101/2000).

Não se equipara a empresa, para os fins da Lei 10.101/2000:

I – a pessoa física;

II – a entidade sem fins lucrativos que, cumulativamente: a) não distribua resultados, a qualquer título, ainda que indiretamente, a dirigentes, administradores ou empresas vinculadas; b) aplique integralmente os seus recursos em sua atividade institucional e no País; c) destine o seu patrimônio a entidade congênere ou ao poder público, em caso de encerramento de suas atividades; d) mantenha escrituração contábil capaz de comprovar a observância dos demais requisitos deste inciso, e das normas fiscais, comerciais e de direito econômico que lhe sejam aplicáveis (art. 2º, § 3º, da Lei 10.101/2000).

A não equiparação de que trata o inciso II do § 3º do art. 2º da Lei 10.101/2000 não é aplicável às hipóteses em que tenham sido utilizados índices de produtividade ou qualidade ou programas de metas, resultados e prazos (art. 2º, § 3º-A, da Lei 10.101/2000, incluído pela Lei 14.020/2020). Nesses casos, por se tratar de entidade equiparada a empresa para os fins da Lei 10.101/2000, admite-se a participação nos lucros ou resultados.

Quando forem considerados os critérios e condições definidos nos incisos I e II do § 1º do art. 2º da Lei 10.101/2000:

– a empresa deve prestar aos representantes dos trabalhadores na comissão paritária *informações que colaborem para a negociação*;

– não se aplicam as metas referentes à saúde e à segurança no trabalho (art. 2º, § 4º, da Lei 10.101/2000, acrescentado pela Lei 12.832/2013).

O dever de prestar informações, acima mencionado, certamente decorre do *princípio da boa-fé objetiva*, no sentido de se exigir uma conduta honesta e transparente das partes na negociação[36].

Caso a negociação visando à participação nos lucros ou resultados na empresa resulte em impasse, as partes poderão utilizar-se dos seguintes mecanismos de solução do litígio:

I – mediação;

II – arbitragem de ofertas finais, utilizando-se, no que couber, os termos da Lei 9.307, de 23 de setembro de 1996 (art. 4º da Lei 10.101/2000, com redação dada pela Lei 12.832/2013).

Considera-se arbitragem de ofertas finais aquela em que o árbitro deve restringir-se a optar pela proposta apresentada, em caráter definitivo, por uma das partes (art. 4º, § 1º, da Lei 10.101/2000). O mediador ou o árbitro deve ser escolhido de comum acordo entre as partes (art. 4º, § 2º, da Lei 10.101/2000). Firmado o compromisso arbitral, não será admitida a desistência unilateral de qualquer das partes (art. 4º, § 3º, da Lei 10.101/2000). O laudo arbitral tem força normativa, independentemente de homologação judicial (art. 4º, § 4º, da Lei 10.101/2000).

Prevalece o entendimento de que não cabe à Justiça do Trabalho conceder vantagem a título de participação nos lucros ou resultados, ressalvadas as hipóteses de apresentação de contraproposta pela categoria econômica ou quando há norma preexistente. Ainda assim, a jurisprudência do TST, com fundamento no art. 4º, inciso II e § 1º, da Lei 10.101/2000, admite a atuação da Justiça do Trabalho, para decidir conflito sobre participação nos lucros ou resultados, por meio do sistema da arbitragem de ofertas finais, quando as partes assim pactuarem (TST, SDC, RO 5902-33.2016.5.15.0000, Rel. Min. Kátia Magalhães Arruda, *DEJT* 22.06.2018).

É vedado o pagamento de qualquer antecipação ou distribuição de valores a título de participação nos lucros ou resultados da empresa em mais de duas vezes no mesmo ano civil e em periodicidade inferior a um trimestre civil (art. 3º, § 2º, da Lei 10.101/2000, com redação determinada pela Lei 12.832/2013).

Apesar disso, havendo instrumento normativo decorrente de negociação coletiva, autorizando, excepcionalmente, o pagamento da participação nos lucros de forma mensal e parcelada, a SBDI-I do TST tem entendido válida essa previsão[37]:

"Participação nos lucros. Natureza e pagamento parcelado. Previsão em acordo coletivo. A decisão recorrida não reconheceu como válida a norma coletiva (acordo coletivo) que, expressamente, retratando a vontade de sindicato profissional e empresa, dispôs que o pagamento da participação nos lucros, relativa ao ano de 1999, seria feito de forma parcelada e mensalmente. O fundamento é de que o art. 3º, § 2º, da Lei n. 10.101/2000 dispõe que o pagamento de antecipa-

---

[36] De acordo com a Recomendação 163 da OIT, art. 7º: "(1) Medidas condizentes com as condições nacionais devem ser tomadas, se necessário, para que as partes tenham *acesso à informação necessária a negociações significativas*. (2) Para esse fim: a) empregadores públicos e privados, a pedido de organizações de trabalhadores, devem pôr à sua disposição *informações sobre a situação econômica e social da unidade negociadora e da empresa em geral, se necessárias para negociações significativas*; no caso de vir a ser prejudicial à empresa a revelação de parte dessas informações, sua comunicação pode ser condicionada ao compromisso de que será tratada como confidencial na medida do necessário; a informação a ser posta à disposição pode ser acordada entre as partes da negociação coletiva; b) as autoridades públicas devem pôr à disposição, se necessário, informações sobre a situação econômica e social do país em geral e sobre o setor de atividade envolvido, na medida em que a revelação dessa informação não for prejudicial ao interesse nacional" (destaque).

[37] Cf. Orientação Jurisprudencial Transitória 73 da SBDI-I do TST: "Volkswagen do Brasil Ltda. Participação nos lucros e resultados. Pagamento mensal em decorrência de norma coletiva. Natureza indenizatória. A despeito da vedação de pagamento em periodicidade inferior a um semestre civil ou mais de duas vezes no ano cível, disposta no art. 3º, § 2º, da Lei n. 10.101, de 19.12.2000, o parcelamento em prestações mensais da participação nos lucros e resultados de janeiro de 1999 a abril de 2000, fixado no acordo coletivo celebrado entre o Sindicato dos Metalúrgicos do ABC e a Volkswagen do Brasil Ltda., não retira a natureza indenizatória da referida verba (art. 7º, XI, da CF), devendo prevalecer a diretriz constitucional que prestigia a autonomia privada coletiva (art. 7º, XXVI, da CF)".

ção ou distribuição a título de participação nos lucros ou resultados não pode ocorrer em período inferior a um semestre ou mais de duas vezes no ano cível. O que se discute, portanto, é a eficácia e o alcance da norma coletiva. O livremente pactuado não suprime a parcela, uma vez que apenas estabelece a periodicidade de seu pagamento, em caráter excepcional, procedimento que, ao contrário do decidido, desautoriza, *data venia*, o entendimento de que a parcela passaria a ter natureza salarial. A norma coletiva foi elevada ao patamar constitucional e seu conteúdo retrata, fielmente, o interesse das partes, em especial dos empregados, que são representados pelo sindicato profissional. Ressalte-se que não se apontou, em momento algum, nenhum vício de consentimento, motivo pelo qual o acordo coletivo deve ser prestigiado, sob pena de desestímulo à aplicação dos instrumentos coletivos, como forma de prevenção e solução de conflitos. Recurso de embargos conhecido e provido" (TST, SBDI-I, E-ED-RR 1447/2004-461-02-00.0, Redator Min. Milton de Moura França, *DEJT* 17.04.2009).

A inobservância à periodicidade estabelecida no art. 3º, § 2º, da Lei 10.101/2000 invalida exclusivamente os pagamentos feitos em desacordo com a norma, assim entendidos: I – os pagamentos excedentes ao segundo, feitos a um mesmo empregado, no mesmo ano civil; II – os pagamentos efetuados a um mesmo empregado, em periodicidade inferior a um trimestre civil do pagamento anterior (art. 2º, § 8º, da Lei 10.101/2000, incluído pela Lei 14.020/2020).

Na hipótese do inciso II do § 8º do art. 2º da Lei 10.101/2000, mantém-se a validade dos demais pagamentos (art. 2º, § 9º, da Lei 10.101/2000).

As partes podem: I – adotar os procedimentos de negociação estabelecidos nos incisos I e II do art. 2º da Lei 10.101/2000, simultaneamente; II – estabelecer múltiplos programas de participação nos lucros ou nos resultados, observada a periodicidade estabelecida pelo art. 3º, § 2º, da Lei 10.101/2000 (art. 2º, § 5º, da Lei 10.101/2000, incluído pela Lei 14.020/2020).

Todos os pagamentos efetuados em decorrência de planos de participação nos lucros ou resultados, mantidos espontaneamente pela empresa, podem ser compensados com as obrigações decorrentes de acordos ou convenções coletivas de trabalho atinentes à participação nos lucros ou resultados (art. 3º, § 3º, da Lei 10.101/2001).

A participação nos lucros ou resultados, relativamente aos trabalhadores de empresas estatais (empresas públicas, sociedades de economia mista, suas subsidiárias e contratadas e demais empresas em que a União, direta ou indiretamente, detenha a maioria do capital social com direito a voto), observará diretrizes específicas fixadas pelo Poder Executivo (art. 5º da Lei 10.101/2000).

O Supremo Tribunal Federal declarou constitucional o disposto no art. 5º da Lei 10.101/2000 (STF, Pleno, ADI 5.417/DF, Rel. Min. Cármen Lúcia, j. 07.12.2020).

Ademais, aplicando o princípio da igualdade material, assim prevê a Súmula 451 do TST: "Participação nos lucros e resultados. Rescisão contratual anterior à data da distribuição dos lucros. Pagamento proporcional aos meses trabalhados. Princípio da isonomia (conversão da Orientação Jurisprudencial 390 da SBDI-1). Fere o princípio da isonomia instituir vantagem mediante acordo coletivo ou norma regulamentar que condiciona a percepção da parcela participação nos lucros e resultados ao fato de estar o contrato de trabalho em vigor na data prevista para a distribuição dos lucros. Assim, inclusive na rescisão contratual antecipada, é devido o pagamento da parcela de forma proporcional aos meses trabalhados, pois o ex-empregado concorreu para os resultados positivos da empresa".

De acordo com a Orientação Jurisprudencial Transitória 64 da SBDI-I do TST: "Petrobras. Parcelas gratificação contingente e participação nos resultados deferidas por norma coletiva a empregados da ativa. Natureza jurídica não salarial. Não integração na complementação de aposentadoria. As parcelas gratificação contingente e participação nos resultados, concedidas por força de acordo coletivo a empregados da Petrobras em atividade, pagas de uma única vez, não integram a complementação de aposentadoria".

13.4.7 Prêmios

Anteriormente, entendia-se que os prêmios, se recebidos pelo empregado com habitualidade, tinham natureza salarial[38].

Os prêmios são normalmente pagos em razão do preenchimento de certas condições específicas, previamente fixadas, como alcançar determinada meta, ou não se verificarem faltas e atrasos injustificados (prêmio assiduidade).

Pode-se dizer que a parcela conhecida como "bicho", paga aos atletas profissionais em razão de vitórias ou empates, é uma modalidade especial de prêmio. Os prêmios também são chamados, por vezes, de bônus.

Conforme o art. 457, § 2º, da CLT, com redação dada pela Lei 13.467/2017, as importâncias, ainda que habituais, pagas a título de prêmios não integram a remuneração do empregado, não se incorporam ao contrato de trabalho e não constituem base de incidência de qualquer encargo trabalhista e previdenciário.

Nos termos do art. 457, § 4º, da CLT, com redação dada pela Lei 13.467/2017, consideram-se prêmios as liberalidades concedidas pelo empregador em forma de bens, serviços ou valor em dinheiro a empregado ou a grupo de empregados, em razão de desempenho superior ao ordinariamente esperado no exercício de suas atividades.

Os prêmios, assim, são concedidos como liberalidades pelo empregador, e não como exigência e determinação legal, em forma de bens, serviços (utilidades) ou valor em dinheiro.

Os prêmios têm como fundamento o desempenho diferenciado, ou seja, quando mais elevado do que o normalmente realizado, podendo ser concedidos pelo empregador a empregado ou a grupo de empregados.

Se os prêmios forem pagos em desconformidade com a lei, como em caso de fraude, seria possível aplicar a Súmula 209 do STF, a qual fica, em regra, prejudicada, ao assim prever: "O salário-produção, como outras modalidades de salário-prêmio, é devido, desde que verificada a condição a que estiver subordinado, e não pode ser suprimido, unilateralmente, pelo empregador quando pago com habitualidade".

Além disso, segundo a Orientação Jurisprudencial Transitória 5 da SBDI-I do TST:

"Servita. Bonificação de assiduidade e produtividade paga semanalmente. Repercussão no repouso semanal remunerado. O valor das bonificações de assiduidade e produtividade, pago semanalmente e em caráter permanente pela empresa Servita, visando a incentivar o melhor rendimento dos empregados, possui natureza salarial, repercutindo no cálculo do repouso semanal remunerado".

13.5 Gueltas

Observa-se, em determinados casos, que o empregado, principalmente tratando-se de vendedor, recebe valores diretamente de empresas fabricantes ou distribuidoras de certos produtos, de determinadas marcas. Trata-se da chamada "guelta".

Essas empresas concedem tal pagamento, ao trabalhador que não é seu empregado propriamente, mas sim da empresa que vende ou comercializa seus produtos, certamente com o objetivo de aumentar as vendas aos clientes e consumidores.

---

[38] Cf. MARTINS, Sergio Pinto. *Comentários à CLT*. 5. ed. São Paulo: Atlas, 2002. p. 395: "Os prêmios decorrem da produtividade do trabalhador. [...] A natureza jurídica do prêmio decorre de fatores de ordem pessoal relativos ao trabalhador, ou seja, seria uma espécie de salário vinculado a certa condição. Havendo pagamento habitual, terá natureza salarial, integrando as demais verbas trabalhistas pela média".

Portanto, na realidade, tem-se pagamento feito diretamente por terceiros (fabricantes). Assim, não se trata de salário, o qual é pago diretamente pelo empregador (art. 457, *caput*, da CLT). Entretanto, se caracterizada a fraude, ou seja, se na verdade o pagamento for referente a comissões devidas ao empregado pelo empregador, em que este apenas procurou encobrir a natureza salarial da parcela, deve-se reconhecer a sua natureza de salário (art. 9º da CLT).

Mesmo não sendo caso de fraude, o entendimento que prevalece é no sentido de que a referida oportunidade de ganho, denominada *guelta*, equipara-se à gorjeta, por ser um valor recebido pelo empregado, no âmbito da prestação do serviço, mas pago por terceiro, tendo, assim, natureza remuneratória, embora não seja salário (Súmula 354 do TST)[39].

No entanto, seria possível entender que a guelta também não se confunde com a gorjeta, pois os fabricantes não pagam em razão do serviço prestado, nem se confundem com cliente (art. 457, § 3º, da CLT), de modo que os seus valores não integrariam a remuneração. Nessa linha de entendimento, a qual é minoritária, Valentin Carrion assim destaca: "*Gueltas*: são gratificações ou prêmios oferecidos por terceiros a empregados pela produção, beneficiando estes terceiros; [...] não influem na relação empregatícia"[40].

13.6 Stock option

A opção de compra de ações (*stock option*) tem origem nas corporações americanas e vem se observando na atualidade também no Brasil.

Vejamos como o sistema em questão se desenvolve.

A Lei 6.404/1976, que dispõe sobre as sociedades por ações, no art. 168, § 3º, estabelece que o estatuto pode prever que a companhia, dentro do limite de capital autorizado, e de acordo com plano aprovado pela assembleia geral, outorgue *opção de compra de ações* a seus administradores ou empregados, ou a pessoas naturais que prestem serviços à companhia ou a sociedade sob seu controle.

O empregado recebe da empresa um lote de ações, podendo, após certo prazo, se ainda estiver prestando serviços, exercer o *direito de compra* das ações, pelo preço do dia da reserva, mas vendê-las pelo valor atualizado, do momento de exercício da referida opção.

Como ensina Sergio Pinto Martins: "É uma participação na valorização futura das ações da empresa. O prazo costuma ser de três, cinco ou dez anos. Caso o empregado deixe a empresa antes disso, perderá o direito"[41].

Obviamente, o mencionado direito de opção será exercido pelo trabalhador apenas se o valor da ação estiver em patamar superior ao preço estabelecido no início, quando concedido o lote de ações ao empregado, pois do contrário este teria prejuízo.

Como se nota, o empregado, ao receber as ações com opção de compra, não é obrigado a pagar o respectivo valor de imediato. O trabalhador *pode* exercer a opção de compra, após o prazo estabelecido, caso seja vantajoso; se isso ainda não tiver ocorrido, pode fazê-lo futuramente.

Cabe saber a natureza jurídica do valor que o empregado recebe, correspondente à diferença entre o valor das ações quando foram concedidas e o preço obtido quando do exercício da opção de compra.

---

[39] "*Gueltas*. Natureza jurídica. Ao contrário do que é alegado pela empresa, a parcela denominada 'guelta', paga por terceiros (fornecedores) em decorrência da venda de produtos durante a execução do contrato de trabalho, equipara-se às gorjetas e, como tal, deve integrar a remuneração para todos os efeitos legais, nos termos do artigo 457 da CLT. Aplicação analógica da Súmula n. 354. Precedentes. Incidência do artigo 896, § 4º da CLT. Agravo de instrumento conhecido e desprovido" (TST, 3ª T., AIRR 892-43.2010.5.04.0026, Rel. Min. Alexandre de Souza Agra Belmonte, *DEJT* 02.10.2015).

[40] CARRION, Valentin. *Comentários à Consolidação das Leis do Trabalho*. 29. ed. atual. por Eduardo Carrion. São Paulo: Saraiva, 2004. p. 301.

[41] MARTINS, Sergio Pinto. *Direito do trabalho*. 22. ed. São Paulo: Atlas, 2006. p. 223.

O tema apresenta certa controvérsia, havendo quem defenda a natureza salarial, pois o empregado estaria recebendo o valor em questão como contraprestação dos serviços. Tendo em vista a sistemática específica, o trabalhador não teria como sofrer prejuízos com a opção de compra, confirmando o seu caráter salarial.

A Lei 12.973/2014, embora de natureza tributária, no art. 33, dispõe que *"o valor da remuneração dos serviços prestados por empregados ou similares, efetuada por meio de acordo com pagamento baseado em ações*, deve ser adicionado ao lucro líquido para fins de apuração do lucro real no período de apuração em que o custo ou a despesa forem apropriados".

No entanto, para fins trabalhistas, prevalece o entendimento de que a opção de compra não apresenta natureza salarial por se tratar de valor decorrente de negociação desvinculada do contrato de trabalho[42].

Trata-se, na realidade, de negócio jurídico de natureza comercial, pois o empregado tem a faculdade de vender, ou não, as referidas ações, podendo, ou não, alcançar eventual lucro na operação em questão. Assim, pode-se verificar até mesmo eventual risco do mercado financeiro, assumido pelo empregado, quanto à "flutuação" do valor das ações[43].

Como se nota, o valor não é concedido pelo empregador, mas apenas possível de ser obtido pelo empregado, na transação mercantil em destaque.

Não se verificam, assim, os requisitos do salário, das parcelas salariais ou remuneratórias, afastando a incidência das disposições trabalhistas sobre o valor em questão.

13.7 Salário-família

O salário-família tem previsão no art. 7º, inciso XII, da Constituição Federal, com redação determinada pela Emenda Constitucional 20/1998, sendo regulamentado pelos arts. 65 a 70 da Lei 8.213/1991 e Decreto 3.048/1999, arts. 81 a 92.

De acordo com a previsão constitucional, o salário-família é "pago em razão do dependente do trabalhador de baixa renda".

Na realidade, o referido direito apresenta natureza previdenciária, e não trabalhista. Assim, em que pese a denominação, o salário-família não possui natureza salarial ou remuneratória.

É certo que as cotas do salário-família são pagas pela empresa ou pelo empregador doméstico, mensalmente, junto com o salário, efetivando-se compensação quando do recolhimento das contribuições previdenciárias (art. 68 da Lei 8.213/1991).

Referido benefício é devido mensalmente ao segurado empregado, inclusive o doméstico, e ao trabalhador avulso, na proporção do respectivo número de filhos ou equiparados (até 14 anos de idade destes ou inválido de qualquer idade).

De acordo com a Súmula 254 do TST: "O termo inicial do direito ao salário-família coincide com a prova da filiação. Se feita em juízo, corresponde à data de ajuizamento do pedido, salvo se comprovado que anteriormente o empregador se recusara a receber a respectiva certidão".

---

[42] "Agravo de instrumento. Recurso de revista. Compra de ações vinculada ao contrato de trabalho – *Stock Options*. Natureza não salarial. Exame de matéria fática para compreensão das regras de aquisição. Limites da Súmula 126/TST. As *stock options*, regra geral, são parcelas econômicas vinculadas ao risco empresarial e aos lucros e resultados do empreendimento. Nesta medida, melhor se enquadram na categoria não remuneratória da participação em lucros e resultados (art. 7º, XI, da CF) do que no conceito, ainda que amplo, de salário ou remuneração. De par com isso, a circunstância de serem fortemente suportadas pelo próprio empregado, ainda que com preço diferenciado fornecido pela empresa, mais ainda afasta a novel figura da natureza salarial prevista na CLT e na Constituição. De todo modo, torna-se inviável o reconhecimento de natureza salarial decorrente da possibilidade de compra de ações a preço reduzido pelos empregados para posterior revenda, ou a própria validade e extensão do direito de compra, se a admissibilidade do recurso de revista pressupõe o exame de prova documental – o que encontra óbice na Súmula 126/TST. Agravo de instrumento desprovido" (TST, 6ª T., AIRR 85740-33.2009.5.03.0023, Rel. Min. Maurício Godinho Delgado, *DEJT* 04.02.2011).

[43] Cf. MARTINS, Sergio Pinto. *Direito do trabalho*. 28. ed. São Paulo: Atlas, 2012. p. 248-252.

Na verdade, o art. 67 da Lei 8.213/1991, com redação determinada pela Lei 9.876/1999, exige a apresentação da certidão de nascimento do filho ou da documentação relativa ao equiparado ou ao inválido, e a apresentação anual de atestado de vacinação obrigatória e de comprovação de frequência à escola do filho ou equiparado. O empregado doméstico, entretanto, deve apresentar apenas a certidão de nascimento.

13.8 Salário-maternidade

A licença-gestante é prevista no art. 7º, inciso XVIII, da Constituição Federal de 1988, "sem prejuízo do emprego e do salário, com a duração de cento e vinte dias".

No período respectivo, assegura-se o salário-maternidade, regulamentado pelos arts. 71 a 73 da Lei 8.213/1991 e Decreto 3.048/1999, arts. 93 a 103.

A Convenção 103 da Organização Internacional do Trabalho, de 1952, promulgada pelo Decreto 58.820/1965 (atualmente Decreto 10.088/2019), estabelece que em caso algum o empregador deverá ficar pessoalmente responsável pelo custo das prestações devidas à mulher que emprega, em caso de licença-maternidade. A previsão tem por objetivo evitar a discriminação na admissão e no ingresso da mulher no mercado de trabalho.

Assim, na verdade, o referido direito apresenta natureza previdenciária, e não trabalhista. Por isso, o salário-maternidade não possui natureza salarial ou remuneratória.

Cabe à empresa pagar o salário-maternidade, efetivando-se compensação quando do recolhimento das contribuições incidentes sobre a folha de salários e demais rendimentos pagos ou creditados, a qualquer título, à pessoa física ou jurídica que lhe preste serviço (art. 72, § 1º, da Lei 8.213/1991, acrescentado pela Lei 10.710/2003).

O salário-maternidade devido à trabalhadora avulsa e à empregada do microempreendedor individual (de que trata o art. 18-A da Lei Complementar 123/2006) deve ser pago diretamente pela Previdência Social (art. 72, § 3º, da Lei 8.213/1991, com redação dada pela Lei 12.470/2011). Esse pagamento é feito diretamente pela Previdência Social também para os demais segurados (art. 73 da Lei 8.213/1991, com redação determinada pela Lei 10.710/2003), inclusive a empregada doméstica (art. 7º, parágrafo único, da CF/1988).

O art. 97 do Regulamento da Previdência Social prevê que o salário-maternidade da segurada empregada é devido pela Previdência Social enquanto existir relação de emprego, observadas as regras quanto ao pagamento desse benefício pela empresa.

Na realidade, o benefício em questão é devido enquanto for mantida a qualidade de segurado, nos termos do art. 15 da Lei 8.213/1991.

Nesse sentido, durante o período de graça, a segurada desempregada faz jus ao recebimento do salário-maternidade, situação em que o benefício deve ser pago diretamente pela previdência social (art. 97, parágrafo único, do Regulamento da Previdência Social, com redação dada pelo Decreto 10.410/2020).

O mencionado benefício, com a Lei 10.421, de 15 de abril de 2002 (publicada no DOU de 16.04.2002, a qual acrescentou à CLT o art. 392-A e, à Lei 8.213/1991, o art. 71-A), também passou a ser devido à segurada da Previdência Social que adotar ou obtiver guarda judicial para fins de adoção da criança.

Esclareça-se que a Lei 12.010, de 29 de julho de 2009 (DOU de 04.08.2009), em vigor 90 (noventa) dias após a sua publicação (conforme art. 7º), além de dispor sobre adoção, em seu art. 8º, revogou os §§ 1º a 3º do art. 392-A da CLT, que estabeleciam diversidade de períodos de licença-maternidade da mãe adotante, conforme a idade da criança.

O art. 71-A da Lei 8.213/1991, com redação dada pela Lei 12.873/2013, passou a prever que *ao segurado ou segurada* da Previdência Social que adotar ou obtiver guarda judicial para fins de adoção de criança, é devido salário-maternidade pelo *período de 120 dias*.

Como se nota, além da uniformização do prazo de 120 dias, o segurado (homem) também passou a ter o direito em questão.

Conforme o art. 71-B da Lei 8.213/1991, acrescentado pela Lei 12.873/2013, no caso de falecimento da segurada ou segurado que fizer jus ao recebimento do salário-maternidade, o benefício deve ser pago, por todo o período ou pelo tempo restante a que teria direito, ao cônjuge ou companheiro sobrevivente que tenha a qualidade de segurado, exceto no caso do falecimento do filho ou de seu abandono, observadas as normas aplicáveis ao salário-maternidade. O pagamento desse benefício previdenciário deve ser requerido até o último dia do prazo previsto para o término do salário-maternidade originário (art. 71-B, § 1º). O benefício em questão deve ser pago diretamente pela Previdência Social durante o período entre a data do óbito e o último dia do término do salário-maternidade originário e será calculado sobre: a remuneração integral, para o empregado e trabalhador avulso; o último salário de contribuição, para o empregado doméstico; 1/12 da soma dos 12 últimos salários de contribuição, apurados em um período não superior a 15 meses, para o contribuinte individual, facultativo e desempregado; e o valor do salário mínimo, para o segurado especial (art. 71-B, § 2º).

Cabe frisar que o disposto no art. 71-B da Lei 8.213/1991 é aplicável ao segurado (do gênero masculino) que adotar ou obtiver guarda judicial para fins de adoção (art. 71-B, § 3º).

Ademais, a percepção do salário-maternidade, inclusive o previsto no art. 71-B da Lei 8.213/1991, está condicionada ao afastamento do segurado do trabalho ou da atividade desempenhada, sob pena de suspensão do benefício (art. 71-C da Lei 8.213/1991, acrescentado pela Lei 12.873/2013).

O art. 392-A da CLT, com redação dada pela Lei 13.509/2017, prevê que à empregada que adotar ou obtiver guarda judicial para fins de adoção de *criança ou adolescente* será concedida *licença-maternidade* nos termos do art. 392 da CLT. Esse dispositivo, por sua vez, prevê o direito da empregada gestante à licença-maternidade de 120 dias, sem prejuízo do emprego e do salário. Cf. Capítulo 17, item 17.3.17.

Como transcrito acima, o § 5º do art. 392-A da CLT, acrescentado pela Lei 12.873/2013, passou a estabelecer que a adoção ou a guarda judicial conjunta deve ensejar a concessão de licença-maternidade a apenas um dos adotantes ou guardiães empregado ou empregada.

Em caso de morte da genitora, é assegurado ao cônjuge ou companheiro empregado o gozo de licença por todo o período da licença-maternidade ou pelo tempo restante a que teria direito a mãe, exceto no caso de falecimento do filho ou de seu abandono (art. 392-B da CLT, acrescentado pela Lei 12.873/2013).

Afastando quaisquer dúvidas quanto à extensão do direito em estudo também ao empregado (homem), o art. 392-C da CLT, acrescentado pela Lei 12.873/2013, dispõe que se aplica, no que couber, o disposto nos arts. 392-A e 392-B *ao empregado* que adotar ou obtiver guarda judicial para fins de adoção.

O salário-maternidade, em caso de adoção ou guarda para fins de adoção, da mesma forma que o salário-maternidade da gestante, tem natureza de benefício previdenciário, a ser pago pelo INSS, o que impede a discriminação na admissão da mulher (art. 7º, incisos XX e XXX, da CF/1988), que poderia se verificar caso o salário do período de licença ficasse a cargo do empregador.

Além disso, a mencionada disposição legal concretiza o comando do art. 201, inciso II, da Constituição Federal, no sentido de que a previdência social, nos termos da lei, atenderá a "proteção à maternidade".

Atendendo ao disposto no art. 195, § 5º, da Constituição da República, a Lei 10.421/2002, em seu art. 4º, estabelece: "No caso das seguradas da previdência social adotantes, a alíquota para o custeio das despesas decorrentes desta Lei será a mesma que custeia as seguradas gestantes, disposta no inciso I do art. 22 da Lei 8.212, de 24 de julho de 1991".

A "correspondente fonte de custeio total" da extensão do mencionado benefício é esta contribuição previdenciária a cargo da empresa, não tendo havido qualquer acréscimo de carga contributiva.

A *licença-maternidade*, em si, é um instituto tipicamente trabalhista, tal como se nota pelo disposto no art. 7º, inciso XVIII, da Constituição Federal de 1988 (pois "emprego" e "salário" denotam a existência de contrato de trabalho) e arts. 392 e 392-A da CLT (que expressamente tratam de "empregada").

Diversamente, o salário-maternidade, com natureza de prestação previdenciária, não se restringe à empregada, pois é um direito da "segurada da Previdência Social" de forma ampla (empregada, empregada doméstica, contribuinte individual, trabalhadora avulsa, segurada especial e segurada facultativa).

Assim sendo, aplica-se ao mencionado benefício, estendido em favor da segurada adotante, todas as regras em vigor, pertinentes ao salário-maternidade (Lei 8.213/1991, arts. 72 a 73, com redação dada pela Lei 9.876/1999).

Digno de destaque que o salário-maternidade, para a segurada empregada ou trabalhadora avulsa, consistirá em uma renda mensal igual à sua remuneração integral (Lei 8.213/1991, art. 72, com redação determinada pela Lei 9.876/1999), norma esta que se aplica à adotante.

A concessão desse benefício independe de carência para as seguradas empregada, trabalhadora avulsa e empregada doméstica, inclusive adotantes (Lei 8.213/1991, art. 26, inciso VI, acrescentado pela Lei 9.876/1999); já para as seguradas contribuinte individual, segurada especial e segurada facultativa, a concessão depende de período de carência de 10 contribuições mensais (Lei 8.213/1991, art. 25, inciso III, acrescentado pela Lei 9.876/1999, e Decreto 3.048/1999, art. 29, inciso III, com redação determinada pelo Decreto 3.452/2000), respeitado o disposto no parágrafo único do art. 39 da Lei 8.213/1991. Quanto à segurada adotante, por óbvio, não se aplica a redução do período de carência, prevista no parágrafo único do art. 25 da Lei 8.213/1991, eis que pertinente à hipótese de "parto antecipado".

Da mesma forma que a licença-maternidade, o salário-maternidade da mãe adotante somente é devido se verificada a hipótese prevista no art. 71-A da Lei 8.213/1991, a partir de 16 de abril de 2002, data da publicação e da vigência da Lei 10.421/2002 (art. 6º), nos termos do seu art. 5º. Trata-se de regra de caráter didático, que se fundamenta nos princípios da irretroatividade das leis e de sua aplicação imediata (art. 5º, inciso XXXVI, da CF/1988, e art. 6º da Lei de Introdução às Normas do Direito Brasileiro). Se a lei fosse aplicada para fatos anteriores à sua vigência, seria retroativa, o que restou expressamente afastado.

13.9 Formas de fixação do salário

O salário pode ser avençado nas seguintes *modalidades*[44]:

a) salário por unidade de tempo, por meio do qual o empregado recebe em conformidade com o tempo de trabalho desenvolvido, por exemplo, o salário por dia, por hora, por semana, por quinzena, por mês etc.

Não se pode confundir o salário por unidade de tempo com a periodicidade com que o salário é pago, ou seja, por mês ou quinzena. Nesse sentido, o empregado que tem o salário fixado em certo valor por horas trabalhadas ("horista") pode recebê-lo mensalmente.

b) salário por unidade de obra, em que o empregado recebe de acordo com a quantidade produzida.

Essa modalidade de pagamento do salário pode se revelar, de certa forma, prejudicial à saúde e à segurança do empregado, ao incentivá-lo a prestar serviços além de suas forças físicas e psíquicas, com o fim de receber maior remuneração, levando-o à exaustão ou esgotamento, com as péssimas consequências disso decorrentes.

A respeito do tema, o art. 235-G da CLT, com redação decorrente da Lei 13.103/2015, ao tratar do serviço do motorista profissional empregado, passou a prever que é "permitida a remuneração do motorista em função da distância percorrida, do tempo de viagem ou da natureza e quantidade de produtos transportados, inclusive mediante oferta de comissão ou qualquer outro tipo de vanta-

---

[44] Cf. MARTINS, Sergio Pinto. *Direito do trabalho*. 28. ed. São Paulo: Atlas, 2012. p. 235-237.

gem, desde que essa remuneração ou comissionamento não comprometa a segurança da rodovia e da coletividade ou possibilite a violação das normas previstas nesta Lei".

c) salário por tarefa, no qual se verifica uma forma mista de pagamento do salário, ou seja, o empregado recebe conforme o serviço estipulado, a ser realizado em certo período de tempo. Se o empregado termina a tarefa antes do tempo estipulado, fica com o tempo restante livre, podendo deixar a empresa.

Conforme estabelece a Súmula 149 do TST: "Tarefeiro. Férias. A remuneração das férias do tarefeiro deve ser calculada com base na média da produção do período aquisitivo, aplicando-se-lhe a tarifa da data da concessão".

O salário pode ser *classificado*, ainda, em:

a) salário fixo, no qual o empregado recebe o valor já fixado com antecedência, sem poder sofrer variações;

b) salário variável, cujo valor pode variar, como ocorre no salário por produção, por tarefa, fixado em comissões etc.

De todo modo, de acordo com o art. 7º, inciso VII, da Constituição Federal de 1988, fica garantido o salário, nunca inferior ao mínimo, "para os que percebem remuneração variável".

O salário pode, ainda, ser fixado e pago em dinheiro ou em utilidades.

Como estabelece o art. 458, *caput*, da CLT: "Além do pagamento em dinheiro, compreende-se no salário, para todos os efeitos legais, a alimentação, habitação vestuário ou outras prestações *in natura* que a empresa, por força do contrato ou do costume, fornecer habitualmente ao empregado".

Entende-se que ao menos 30% do salário precisa ser pago, em dinheiro, ao empregado.

Efetivamente, mesmo sendo o salário contratual superior ao mínimo legal, aplica-se, ainda que por analogia, a regra do art. 82, parágrafo único, da CLT, com o que no mínimo 30% do salário global deve ser pago em dinheiro, sendo os 70% restantes representados por salário-utilidade[45].

O art. 463 da CLT utiliza o termo salário "em espécie" para a modalidade em dinheiro.

O salário em dinheiro deve ser pago em moeda corrente do País, no caso, o "Real".

O parágrafo único do art. 463 da CLT considera como "não feito" o pagamento do salário em desacordo com a referida regra.

Caso o salário seja estipulado, irregularmente, em moeda estrangeira, deve ser considerado o valor correspondente em moeda nacional, na data do ajuste ou contratação.

A Lei 7.064, de 6 de dezembro de 1982, que regula a situação de trabalhadores contratados ou transferidos para prestar serviços no exterior, estabelece, em seu art. 5º, que o salário-base do contrato será obrigatoriamente estipulado em moeda nacional, mas a remuneração devida durante a transferência do empregado, computado o adicional de transferência, poderá, no todo ou em parte, ser paga no exterior, em moeda estrangeira.

Especificamente quanto aos contratos por prazo determinado de *técnicos estrangeiros* domiciliados ou residentes no exterior, para execução, no Brasil, de serviços especializados, em caráter provisório, admite-se a *estipulação* de salários em moeda estrangeira (art. 1º do Decreto-Lei 691/1969). Nos mencionados contratos, a taxa de conversão da moeda estrangeira será, para todos os efeitos, a da data do vencimento da obrigação (art. 3º do Decreto-Lei 691/1969). Portanto, mesmo nesses casos, entende-se que o pagamento dos salários (que não se confunde com a sua estipulação) deve ocorrer em moeda corrente nacional.

O salário-utilidade será estudado com maiores detalhes no tópico seguinte.

---

[45] Cf. NASCIMENTO, Amauri Mascaro. *Teoria jurídica do salário*. 2. ed. São Paulo: LTr, 1997. p. 216; MARTINS, Sergio Pinto. *Comentários à CLT*. 5. ed. São Paulo: Atlas, 2002. p. 399; CAMINO, Carmen. *Direito individual do trabalho*. 2. ed. Porto Alegre: Síntese, 1999. p. 182.

13.10 Salário-utilidade

O salário-utilidade também é denominado salário *in natura*.

Saber se determinada utilidade recebida pelo empregado detém natureza salarial, ou não, possui interesse não só teórico, mas, essencialmente, prático, em razão das diversas decorrências advindas para o contrato de trabalho, em face da sua integração ao salário, no cálculo de diversos direitos trabalhistas.

Ilustrando, cabe mencionar que, se a prestação for salário-utilidade, será devido o depósito do FGTS sobre ela incidente (Lei 8.036/1990, art. 15, *caput*). Além disso, no âmbito previdenciário, haverá incidência da respectiva contribuição (Lei 8.212/1991, art. 28, I)[46].

13.10.1 Caracterização do salário-utilidade

O primeiro requisito para a utilidade concedida pelo empregador ser considerada salário é o caráter de contraprestação pelo serviço prestado.

Se a prestação é fornecida *para* o trabalho, não tem natureza salarial; caso o seja *pelo* trabalho, considera-se salário-utilidade[47].

A diferenciação aqui, portanto, é pela indispensabilidade, ou não, da utilidade fornecida pelo empregador, para a prestação dos serviços pelo empregado, o que, em realidade, vai depender, fundamentalmente, das condições e circunstâncias do caso concreto.

Atualmente, a Súmula 367 do TST estabelece, em seu inciso I:

"A habitação, a energia elétrica e veículo fornecidos pelo empregador ao empregado, quando indispensáveis para a realização do trabalho, não têm natureza salarial, ainda que, no caso de veículo, seja ele utilizado pelo empregado também em atividades particulares".

Se a utilidade é fornecida de modo a possibilitar a prestação dos serviços, sendo imprescindível para tanto, o empregador não poderá descontar do salário do empregado o valor respectivo, sob pena de violação do princípio da intangibilidade salarial. Inversamente, se caracterizada a natureza salarial, facultada será a dedução do respectivo valor[48].

Deve-se alertar para o perigo de generalizações, pois nem sempre o que é essencial para possibilitar o labor em determinada relação de emprego o será para outra.

---

[46] Cf. DELGADO, Maurício Godinho. *Salário*: teoria e prática. Belo Horizonte: Del Rey, 1997. p. 132.

[47] Cf. NASCIMENTO, Amauri Mascaro. *Teoria jurídica do salário*. 2. ed. São Paulo: LTr, 1997. p. 207-208: "A teoria que maior aplicação vem tendo é a *finalística*, mas que é insuficiente. Distingue as utilidades segundo a finalidade da sua atribuição para considerar salariais as que são atribuídas pela prestação de serviços e não salariais as que o são apenas para a prestação de serviços. O que se pretende dizer é que quando uma utilidade é necessária para que o serviço possa ser executado, identifica-se a um equipamento ou instrumento de trabalho, o que retira a sua natureza salarial. É meio. Não é fim. Não tem contraprestatividade". No mesmo sentido, cf. ainda: SÜSSEKIND, Arnaldo. *Instituições de direito do trabalho*. 18. ed. São Paulo: LTr, 1999. v. 1, p. 368; MARTINS, Sergio Pinto. *Direito do trabalho*. 5. ed. São Paulo: Malheiros, 1998. p. 173; OLIVEIRA, Francisco Antonio de. *Manual de direito individual e coletivo do trabalho*. 2. ed. São Paulo: RT, 2000. p. 362.

[48] Cf. PRUNES, José Luiz Ferreira. *Direito do trabalho para advogados e empregadores rurais*. Curitiba: Juruá, 2000. p. 493: "Quando a habitação é concedida para possibilitar o trabalho (sem o que este seria impossível ou difícil), não pode ser paga pelo empregado. Noutro sentido, quando a habitação é fornecida como benefício ou também para uso da família do assalariado, o desconto de seu valor (calculado sobre o salário mínimo) está autorizado por lei; não se trata, contudo, de aluguel, mas de salário em utilidade. Portanto, quaisquer discussões, daí originadas, são de competência da Justiça do Trabalho". No mesmo sentido, cf. CARRION, Valentin. *Comentários à Consolidação das Leis do Trabalho*. 23. ed. São Paulo: Saraiva, 1998. p. 134: "As utilidades que forem condição para o exercício de qualquer trabalho não podem ser descontadas (ferramentas, uniforme, capacetes)"; OLIVEIRA, Francisco Antonio de. *Consolidação das Leis do Trabalho comentada*. 2. ed. São Paulo: RT, 2000. p. 131.

Em razão disso, entende-se que apenas em tese certas utilidades apresentam natureza salarial, ou não. Esta é a chave para dizer, *v.g.*, se a moradia ocupada pelo zelador de um condomínio é ou não salário *in natura*[49].

Além disso, segundo a própria letra do art. 458, *caput*, da CLT, apenas quando a utilidade é fornecida habitualmente é que se considera salário. Ou seja, a eventualidade no seu fornecimento indica não representar a prestação salário *in natura*.

Essa habitualidade, ainda segundo a lei, decorre do contrato ou do costume[50]. Assim, não só a pactuação expressa da concessão da utilidade, mas também a repetição do seu fornecimento, durante a relação de emprego, geram a sua natureza salarial.

Esses dois requisitos devem existir simultaneamente para que a prestação corresponda a salário *in natura*: a utilidade deve ser fornecida pelo trabalho e de forma habitual ao empregado.

Quando utilidades são fornecidas ao empregado, no âmbito do pacto laboral, sem que haja descontos, deduções salariais ou devoluções ao empregador, presentes os já apontados requisitos da habitualidade e da natureza de contraprestação pelo serviço, não haverá maiores dificuldades para concluir tratar-se de salário *in natura*.

Exemplificando, se o trabalhador recebe salário mensal, em espécie (ou seja, em dinheiro, conforme redação do art. 463 da CLT), de R$ 1.000,00, e também lhe são fornecidas, todo mês, utilidades – na realidade, salário *in natura* – que, se avaliadas, representam o valor de R$ 100,00, o seu salário total será de R$ 1.100,00. Portanto, sobre este valor é que haverá, *v.g.*, a incidência do FGTS. No caso, como contraprestação pelos serviços prestados, o empregador paga mensalmente ao empregado salário de R$ 1.100,00, sendo R$ 1.000,00 em dinheiro, além de utilidades avaliadas em R$ 100,00[51].

Há entendimento doutrinário[52] e jurisprudencial[53] no sentido de que, para que a prestação seja considerada salário-utilidade, ela deve ser fornecida gratuitamente pelo empregador. Segundo essa

---

[49] Entendendo que não se caracteriza como salário-utilidade, tese aqui adotada, por ser a moradia necessária à prestação de serviços na forma exigida, cf. MARTINS, Sergio Pinto. *Direito do trabalho*. 5. ed. São Paulo: Malheiros, 1998. p. 173; SÜSSEKIND, Arnaldo. *Instituições de direito do trabalho*. 18. ed. São Paulo: LTr, 1999. v. 1, p. 373, inclusive nota n. 90; OLIVEIRA, Francisco Antonio de. *Manual de direito individual e coletivo do trabalho*. 2. ed. São Paulo: RT, 2000. p. 362. Adotando posição diversa, cf. julgado do TST transcrito em ALMEIDA, Ísis de. *Manual de direito individual do trabalho*. São Paulo: LTr, 1998. p. 198.

[50] Cf. NASCIMENTO, Amauri Mascaro. *Teoria jurídica do salário*. 2. ed. São Paulo: LTr, 1997. p. 212-213; MARTINS, Sergio Pinto. *Direito do trabalho*. 5. ed. São Paulo: Malheiros, 1998. p. 172; SÜSSEKIND, Arnaldo. *Instituições de direito do trabalho*. 18. ed. São Paulo: LTr, 1999. v. 1, p. 367-368.

[51] Cf. OLIVEIRA, Francisco Antonio de. *Consolidação das Leis do Trabalho comentada*. 2. ed. São Paulo: RT, 2000. p. 131: "Existem utilidades que o empregador fornece e que são vitais para o desempenho do trabalho. Nesse caso, não podem ser descontadas do trabalhador e nem se transformam em parte da remuneração, [...]. Existem outras utilidades que são fornecidas para facilitar a vida do trabalhador, *v.g.* alimentação na própria empresa. Nesse caso poderá a empresa efetuar o desconto razoável, desde que não supere a previsão legal (Lei 3.030, de 19.12.56). *Se esse valor não for descontado, acrescerá à remuneração como componente desta*" (destacamos).

[52] Cf. MARTINS, Sergio Pinto. *Comentários à CLT*. 5. ed. São Paulo: Atlas, 2002. p. 398: "Entretanto, o salário deve ser fornecido gratuitamente ao empregado, pois, se a utilidade for cobrada, não haverá que se falar em salário, salvo se for cobrada uma importância ínfima apenas para desvirtuar a sua natureza. [...]. O salário utilidade é uma prestação fornecida gratuitamente ao empregado. [...]. Sendo a utilidade fornecida gratuitamente ao trabalhador, tem natureza salarial, pois o empregado não precisa gastar numerário para adquirir aquilo que precisaria comprar. Representa um ganho para o trabalhador. Seria um *plus* salarial"; NASCIMENTO, Amauri Mascaro. *Curso de direito do trabalho*. 12. ed. São Paulo: Saraiva, 1996. p. 492: "nem toda utilidade fornecida pelo empregador é salário. Só o serão as utilidades quando presentes dois requisitos, a habitualidade e a gratuidade. Se o empregador cobra pelas utilidades, descaracteriza-se a sua natureza salarial, uma vez que nesse caso não serão ingressos no patrimônio do empregado"; CARMO, Júlio Bernardo do. Salário 'in natura' ou em utilidades. In: BARROS, Alice Monteiro de (Coord.). *Curso de direito do trabalho*: estudos em memória de Célio Goyatá. 3. ed. São Paulo: LTr, 1997. v. 2, p. 37: "Por outro lado, quando o empregado paga pela utilidade, o pagamento a descaracteriza como salário".

[53] "Alimentação – Desconto no salário – Descaracterização do salário-utilidade – Para a configuração do salário *in natura* é indispensável a habitualidade da prestação, a onerosidade unilateral do fornecimento e seu caráter contraprestativo (dado como retribuição pelo contrato). Quando a concessão da alimentação não é suportada apenas pelo empregador, pois a utilidade recebida pelo empregado implicou em desconto de seu salário, afastada a hipótese de fraude, da qual

corrente, se houver cobrança, pelo empregador, quanto à utilidade fornecida, de modo que o trabalhador não a receba de forma gratuita, deixará de ser salário.

No entanto, na situação mais simples, recebendo o trabalhador o salário mínimo, poderá haver o pagamento de apenas 30% de seu valor em dinheiro, e os 70% restantes em utilidades, segundo dispõe expressamente o art. 82, parágrafo único, da CLT. Por exemplo, apesar do valor legal do salário mínimo mensal, o empregado que trabalhe em jornada integral (8 horas diárias e 44 horas semanais) poderá receber, em dinheiro, apenas 30% desse montante, e a diferença em utilidades. Nesse caso, obviamente, tais utilidades constituem salário, sob pena de admitir pagamento inferior ao mínimo legal. No entanto, observe-se que houve *desconto* no salário em razão do fornecimento das utilidades, com o que elas não seriam gratuitas.

Do mesmo modo, suponhamos que este empregado recebesse o salário mínimo mensal e ainda usufruísse utilidades fornecidas pelo empregador, motivo pelo qual devolvesse ao seu empregador 70% do valor do referido salário. No final das contas, fica este empregado com apenas os mesmos 30% em dinheiro; o restante do mínimo legal é representado por utilidades, constituindo salário, eis que vedado o recebimento inferior ao mínimo.

Como se pode constatar, os descontos que formalmente constam no salário, em razão do fornecimento de utilidades, apenas representam uma forma contábil, ou seja, um mero "jogo contábil"[54]. Tudo se passa tal como na hipótese de recebimento de adiantamento salarial, em que, quando do recebimento do salário mensal, consta a dedução do salário já pago de forma antecipada, mas que não passa de simples "encontro de contas"[55]. Aqui também, o que ocorre, em realidade, é que, em vez de desconto propriamente dito, há pagamento do restante ainda devido.

Segundo doutrina Arnaldo Süssekind:

"Os *descontos* salariais podem ser encarados sob o aspecto material e o jurídico: pelo prisma material é uma simples operação de dedução; mas nem sempre a subtração de uma parcela do salário ajustado, operada no momento do seu pagamento, constitui desconto sob o ponto de vista jurídico. Destarte, juridicamente não se poderão conceituar como desconto as deduções referentes aos adiantamentos de salário ou aos pagamentos de salário-utilidade, porque, em ambos os casos, o empregado já recebeu, antecipadamente, em espécie ou *in natura*, a parcela materialmente deduzida do salário que lhe foi entregue no dia do pagamento"[56].

---

o Regional não cuidou, não se caracteriza o salário *in natura*" (TST, 3ª T., RR 315955/1996, Rel. Min. Carlos Roberto Reis de Paula); "Salário 'in natura' – Descaracterização. Por definição legal, o salário 'in natura' ou utilidade, tem característica de efetiva contraprestação. Os descontos feitos nos recibos de pagamento, pelos títulos assim nomeados na exordial, descaracterizam a utilidade ou o salário 'in natura' pleiteados, ainda que ínfimas as quantias correspondentes" (TRT/SP 02920267129, RO – Ac. 02ª T., 02940490907, Rel. Juiz Gilberto Alain Baldacci, j. 17.08.1994, publ. 20.09.1994); "Salário-utilidade. Cobrança do empregado. Para a configuração do salário-utilidade é mister que o seu fornecimento seja gratuito. Se há cobrança da utilidade, descaracteriza-se a condição salarial, como ocorre no caso dos autos" (TRT/SP 02980420020, RO – Ac. 03ª T., 02990312301, Rel. Juiz Sergio Pinto Martins, *DOE* 06.07.1999).

54 Cf. VIANA, Márcio Túlio Viana. O trabalhador rural. In: BARROS, Alice Monteiro de (Coord.). *Curso de direito do trabalho:* estudos em memória de Célio Goyatá. 3. ed. São Paulo: LTr, 1997. v. 1, p. 323: "Assim, a rigor, os chamados 'descontos' de utilidades são simples jogo contábil. Tanto faz o empregador pagar 90 em dinheiro, fornecendo uma utilidade que vale 10, como preparar um recibo em que o salário global é 100, seguindo-se um 'desconto' de 10. Desse modo, haja ou não 'desconto' no recibo, pode-se dizer que as utilidades se somam sempre ao salário efetivamente recebido em dinheiro, compondo o salário total. Apenas é preciso observar que, no caso do salário mínimo, como se disse, as utilidades são especificadas em lei; assim, apenas elas podem ser usadas na sua composição. Por isso, se o salário mínimo for 100, e o empregado receber 90 em dinheiro, mais uma utilidade que vale 10, a lei só estará sendo cumprida se essa utilidade for uma daquelas previstas. Caso contrário, o empregado terá direito a uma diferença de 10, o que elevará o salário global para 110 (os 90 recebidos, mais os 10 da utilidade e os 10 da diferença)".

55 Cf. VILHENA, Paulo Emílio Ribeiro de. *Recursos trabalhistas e outros estudos de direito e de processo do trabalho*. São Paulo: LTr, 2001. p. 242: "em adiantamento não há desconto, mas pagamento antecipado de parcela salarial, através da qual, posteriormente, se dá o encontro de contas". Cf. ainda DELGADO, Mauricio Godinho. *Salário:* teoria e prática. Belo Horizonte: Del Rey, 1997. p. 217.

56 SÜSSEKIND, Arnaldo. *Instituições de direito do trabalho*. 18. ed. São Paulo: LTr, 1999. v. 1, p. 474 (destaques do original).

A mesma explicação aplica-se quando o salário contratual é superior ao mínimo legal. Imagine-se que o empregado receba mensalmente o valor em dinheiro de R$ 1.000,00. Se, além disso, há o fornecimento de utilidades que preencham os requisitos do salário *in natura*, avaliadas em R$ 500,00, o salário total será de R$ 1.500,00 mensais. Caso se objetive pactuar salário total efetivo de R$ 1.000,00, havendo tais utilidades, deve haver o desconto de utilidades fornecidas no valor de R$ 500,00.

Como já exposto, esse salário-utilidade recebido é como um adiantamento salarial, não havendo desconto propriamente de seu valor, mas mero acerto contábil. Prestando este empregado seus serviços, recebe de seu empregador, como contraprestação, o salário mensal global de R$ 1.000,00, sendo composto de R$ 500,00 em dinheiro (salário em espécie) e de utilidades no valor, ou seja, avaliadas em R$ 500,00 (salário-utilidade).

Na realidade, o relevante é verificar se a utilidade é *fornecida* pelo empregador – hipótese em que poderá caracterizar-se como salário, se preenchidos os demais requisitos pertinentes – ou se é o empregado quem, manifestando seu desejo de adquirir o bem ou o serviço, paga por ele, às vezes em um autêntico contrato de compra e venda[57].

Neste último caso, não há que falar em salário-utilidade, mas sim em contrato de natureza civil, paralelo ao contrato de trabalho. Aqui, o empregado estará pagando o preço de bem que ele desejou adquirir, e não que foi fornecido pelo empregador.

Diante do princípio da primazia da realidade, aplicável ao Direito do Trabalho, cabe ressaltar que vai interessar não a formalidade porventura existente ou forjada, mas sim o que, efetivamente, ocorreu na realidade dos fatos, inclusive qual foi a intenção das partes quando da avença em questão. Apesar de reconhecer a dificuldade probatória destes aspectos, principalmente quando há envolvimento de aspectos subjetivos do ato jurídico, não há fundamento para afastar estas conclusões.

Assim é que algumas das prestações indicadas, por exemplo, na Súmula 342 do TST, apesar dos respectivos "descontos salariais", serão ou não consideradas salário-utilidade conforme a situação em concreto. Ainda que haja habitualidade no recebimento do bem (ou da prestação) e ele não seja imprescindível para a prestação do trabalho, se não foi fornecido pelo empregador, mas sim verdadeiramente adquirido pelo empregado, por vontade e interesse seus, não estaremos diante de salário-utilidade, mas sim de contrato, paralelo, de natureza civil. Aqui sim há, efetivamente, um desconto salarial, e não mera dedução para efeitos contábeis.

Há outra observação, também corrente na doutrina[58] e na jurisprudência[59], no sentido de que, se o valor descontado da utilidade, pelo empregador, for ínfimo, seria uma fraude, visando apenas a afastar, ilicitamente, a natureza salarial da utilidade.

Como já observado, ínfimo ou não o desconto em si, isso não afasta, por si só, a natureza salarial da prestação fornecida[60]. A utilidade será considerada salário ou não em decorrência dos outros fatores já vistos acima.

---

[57] Quanto ao tema, cabe transcrever o seguinte julgado: "Salário-utilidade. O fato de o empregador não efetuar descontos relativos a prestações como alimentação, está a reforçar convencimento sobre o caráter das mesmas – salário-utilidade. Assim o é, porquanto o art. quatrocentos e cinquenta e oito, da CLT, cogita de fornecimento habitual ao empregado e não aquisição por parte deste. Tendo em vista que as exceções devem ser interpretadas estritamente, impossível é em tal caso ver tais parcelas alcançadas pelo parágrafo segundo do mencionado artigo mormente quando inexistam aspectos suficientes à conclusão sobre ser indispensáveis tais prestações ao desenvolvimento dos serviços" (TST, 1ª T., Acórdão 2.312, RR 4.952, 1981, Rel. Min. Marco Aurélio, *DJ* 03.09.1982).

[58] Cf. MARTINS, Sergio Pinto. *Comentários à CLT*. 5. ed. São Paulo: Atlas, 2002. p. 398: "Entretanto, o salário deve ser fornecido gratuitamente ao empregado, pois, se a utilidade for cobrada, não haverá que se falar em salário, *salvo se for cobrada uma importância ínfima apenas para desvirtuar a sua natureza*" (destaquei).

[59] "Salário 'in natura'. Deduções a título de alimentação e transporte. Deduções comprovadamente ínfimas sob os títulos de alimentação e transporte configuram a concessão de utilidades, pelo empregador, sem preocupação com o ressarcimento de valor compatível com o benefício, caracterizando verdadeiro 'plus' salarial, que deve se refletir nas demais verbas" (TRT/SP 02950070242, RO – Ac. 8ª T., 02960265321, Rel. Juíza Wilma Nogueira de Araújo Vaz da Silva, j. 20.05.1996, *DOE* 07.06.1996).

[60] Correto o seguinte acórdão, cuja ementa se transcreve: "Salário 'in natura'. Utilidade habitação. Natureza. 1. O artigo quatrocentos e cinquenta e oito da CLT, ao dispor sobre os componentes salariais, não fez qualquer restrição

No entanto, o que pode ocorrer é ser a dedução ou a devolução, em si, em valor inferior ao que representa a utilidade fornecida. Nesse caso, a diferença entre o valor falsamente atribuído pelo empregador à utilidade e seu efetivo montante também será considerada salário *in natura*, pois o que interessa nas relações laborais é a realidade dos fatos.

Exemplificando, suponhamos que o empregado recebe salário mensal, em dinheiro, de R$ 1.000,00, e ainda há o fornecimento de utilidades – que constituem salário *in natura* –, avaliadas no valor efetivo de R$ 500,00. Assim, o salário total será de R$ 1.500,00. Se, apesar disso, há dedução referente ao salário-utilidade no valor inferior e ínfimo de R$ 50,00, receberá este trabalhador salário em dinheiro de R$ 1.000,00. No entanto, na realidade dos fatos, o salário total não é de apenas R$ 1.050,00, pois o valor efetivo das utilidades fornecidas não é o de R$ 50,00, mas sim o de R$ 500,00; o salário total será, portanto, de R$ 1.500,00.

Isso porque o empregador, ao pagar salário em dinheiro mais elevado (R$ 1.000,00 e não R$ 500,00), fez com que o salário total recebido pelo empregado se elevasse, pois o salário-utilidade deve ser computado em seu valor efetivo. A diferença (450) entre o valor verdadeiro da utilidade (500) e aquele atribuído infimamente pelo empregador (50) representa a concessão de utilidade sem qualquer desconto ou dedução do empregado, motivo pelo qual deverá somar-se para a obtenção do salário total do mês.

Observe-se que o intuito fraudulento do empregador nem sequer precisa ser provado para se chegar aos resultados apontados. Como à utilidade (que seja salário *in natura*) deve ser atribuído o seu valor real ou aquele expressamente estabelecido na lei, dando cumprimento às normas trabalhistas de natureza cogente (no caso, entre outras, o art. 458, *caput*, da CLT, ao estabelecer que as utilidades, preenchidos determinados requisitos, "compreende-se no salário", e seus §§ 1º, 3º e 4º, ao traçar parâmetros para o valor a ser atribuído a utilidades), desrespeitado este comando há a nulidade do ato patronal (art. 9º da CLT). A fraude, nesse caso, é presumida de forma absoluta e decorre da lei, ou seja, há presunção absoluta e legal de fraude.

Assim, na apuração do "real valor da utilidade" fornecida pelo empregador (Súmula 258 do TST), pode-se chegar a um montante superior ao utilizado no já mencionado "jogo" contábil constante nos recibos de pagamento. Isso ocorrendo, havendo ou não intuito subjetivo de fraude, tem-se que o salário total do empregado é superior ao que formalmente pode ter constado.

Não é que o obreiro, nesse caso, faça jus a diferenças salariais, pois o salário, efetivamente, já foi recebido, parte em dinheiro e parte em utilidades[61]. O que pode ocorrer é serem devidas integrações em direitos trabalhistas cujos valores são calculados tomando como base o salário em seu todo, por exemplo, o FGTS e o décimo terceiro salário[62]. No caso, seriam devidas diferenças destas verbas, decorrentes da incidência sobre o valor resultante da subtração do valor ínfimo atribuído pelo empregador à utilidade (dotada de natureza salarial) de seu valor verdadeiro.

De todo modo, prevalece o entendimento de que a utilidade fornecida de forma não gratuita pelo empregador, por meio de desconto na remuneração (ainda que simbólico ou irrisório), como forma de coparticipação do empregado no custeio da utilidade, descaracteriza a sua natureza salarial[63].

---

quanto ao fato de as prestações 'in natura' serem fornecidas de forma gratuita ou não. Assim, qualquer desconto efetuado a tal título não descaracteriza a natureza salarial da utilidade percebida. 2. Revista conhecida e provida em parte" (TST, 3ª T., Acórdão 7660, RR 4.952, 189.239, 1995, Rel. Min. Francisco Fausto, *DJ* 19.12.1996, p. 52.119).

[61] Neste sentido, cf. DELGADO, Mauricio Godinho. *Salário*: teoria e prática. Belo Horizonte: Del Rey, 1997. p. 133.

[62] Cf. art. 80 do Decreto 10.854/2021. Como destaca Arnaldo Süssekind: "Compõem a gratificação de Natal tanto o salário pago em dinheiro, [...], como o *salário-utilidade*" (*Instituições de direito do trabalho*. 18. ed. São Paulo: LTr, 1999. v. 1, p. 400, destaque do original).

[63] "Recurso de revista. Auxílio-alimentação. Natureza jurídica. Coparticipação do empregado no custeio. Cinge-se a controvérsia à natureza jurídica do auxílio-alimentação fornecido ao longo da contratualidade, mediante coparticipação do empregado no custeio do benefício. A controvérsia não comporta maiores debates, consoante o entendimento jurisprudencial firmado no âmbito deste Tribunal Superior, no sentido de que a alimentação fornecida de

13.10.2 Valor da utilidade

Estabelece o art. 458, § 1º, da CLT que os valores atribuídos às prestações *in natura* deverão ser justos e razoáveis, não podendo exceder, em cada caso, os dos percentuais das parcelas componentes do salário mínimo (arts. 81 e 82).

No entanto, quanto ao valor da utilidade de natureza salarial, a Súmula 258 do TST (com redação determinada pela Resolução 121/2003) esclarece que:

"Os percentuais fixados em lei relativos ao salário *in natura* apenas se referem às hipóteses em que o empregado percebe salário mínimo, apurando-se, nas demais, o real valor da utilidade".

Mesmo assim, embora correto que se deva considerar o "real valor da utilidade", conforme o § 3º do art. 458 da CLT, acrescentado pela Lei 8.860/1994: "A habitação e a alimentação fornecidas como salário-utilidade deverão atender aos fins a que se destinam e não poderão exceder, respectivamente, a 25% (vinte e cinco por cento) e 20% (vinte por cento) do salário contratual". Nestes casos, portanto, o montante máximo das mencionadas utilidades tem sua forma de cálculo fixada pela lei.

Já no caso do empregado rural a Lei 5.889/1973, no art. 9º, apresenta disposição específica, permitindo descontos apenas nas hipóteses de "autorização legal ou decisão judiciária", bem como das seguintes parcelas, calculadas sobre o salário mínimo: até o limite de 20% pela ocupação da morada; até 25% pelo fornecimento de alimentação; adiantamentos em dinheiro. As referidas deduções devem ser previamente autorizadas, "sem o que serão nulas de pleno direito" (art. 9º, § 1º). Sempre que mais de um empregado residir na mesma morada, o desconto de 20% sobre o salário mínimo deve ser dividido proporcionalmente ao número de empregados, "vedada, em qualquer hipótese, a moradia coletiva de famílias" (art. 9º, § 2º).

O empregado rural, rescindido ou extinto o contrato de trabalho, é obrigado a desocupar a morada fornecida pelo empregador no prazo de 30 dias, contado da data do término da relação laboral (art. 9º, § 3º, da Lei 5.889/1973 e art. 95, § 4º, do Decreto 10.854/2021).

13.10.3 Salário-utilidade na relação de emprego doméstico

É vedado ao empregador doméstico efetuar *descontos no salário* do empregado por fornecimento de alimentação, vestuário, higiene ou moradia, bem como por despesas com transporte, hospedagem e alimentação em caso de acompanhamento em viagem (art. 18 da Lei Complementar 150/2015).

É facultado ao empregador efetuar descontos no salário do empregado em caso de adiantamento salarial e, mediante acordo escrito entre as partes, para a inclusão do empregado em planos de assistência médico-hospitalar e odontológica, de seguro e de previdência privada, não podendo a dedução ultrapassar 20% do salário (art. 18, § 1º, da Lei Complementar 150/2015).

Podem ser descontadas as despesas com moradia quando esta se referir a local diverso da residência em que ocorrer a prestação de serviço, desde que essa possibilidade tenha sido expressamente acordada entre as partes (art. 18, § 2º, da Lei Complementar 150/2015).

As despesas referidas no art. 18, *caput*, da Lei Complementar 150/2015 *não têm natureza salarial* nem se incorporam à remuneração para quaisquer efeitos (art. 18, § 3º, da Lei Complementar 150/2015).

O fornecimento de moradia ao empregado doméstico na própria residência ou em morada anexa, de qualquer natureza, *não gera ao empregado qualquer direito de posse ou de propriedade sobre a referida moradia* (art. 18, § 4º, da Lei Complementar 150/2015).

Para os empregados que não são domésticos, regidos pela Consolidação das Leis do Trabalho, os arts. 81 e 82 (c/c o art. 458, § 1º, da CLT), embora tratando do salário mínimo legal, indicam a autorização de descontos de utilidades, ou seja, parcelas *in natura*.

---

forma não gratuita pelo empregador, mediante contribuição do empregado no custeio da parcela, descaracteriza a sua natureza salarial. Precedentes. Recurso de revista conhecido e provido" (TST, 8ª T., ARR – 20925-70.2016.5.04.0664, Rel. Min. Dora Maria da Costa, *DEJT* 15.03.2019).

Na verdade, o referido art. 18, *caput*, da Lei Complementar 150/2015 concretiza o *princípio da intangibilidade salarial*[64], a ser estudado mais adiante, no âmbito da relação de emprego doméstico.

Como é pacífico, as parcelas *in natura* fornecidas aos empregados e utilizadas no local de trabalho, "para a prestação do serviço" (art. 458, § 2º, inciso I, da CLT), não podem ser objeto de descontos salariais, pois são disponibilizadas justamente *para* viabilizar o trabalho[65], o que também afasta a natureza salarial, conforme orientação presente na Súmula 367, inciso I, do TST.

Essa linha de entendimento parece ter sido, efetivamente, a adotada, como se confirma pelo disposto no art. 18, § 2º, da Lei Complementar 150/2015, ao autorizar os descontos das "despesas" com *moradia* (que é uma das utilidades previstas no *caput* deste artigo), "quando essa se referir a local diverso da residência em que ocorrer a prestação de serviço, desde que essa possibilidade tenha sido expressamente acordada entre as partes".

Portanto, para possibilitar o desconto da moradia fornecida, são exigidos dois requisitos, cumulativamente: que o local da moradia seja diverso da residência em que ocorrer o labor; *e* a possibilidade de desconto ter sido expressamente acordada entre as partes.

Embora a disposição *não* mencione acordo *escrito*, mas "expresso", o ideal é que a referida pactuação seja feita, sim, na forma escrita, para evitar problemas e facilitar eventual necessidade de prova do referido ato jurídico.

De todo modo, conforme o § 3º do art. 18 da Lei Complementar 150/2015, "as despesas referidas no *caput* deste artigo" *não têm natureza salarial*, nem se incorporam à remuneração para quaisquer efeitos.

Primeiramente, verifica-se certa impropriedade quanto ao termo "despesas", embora encontrado também no art. 81, *caput*, da CLT, pois o que o *caput* do art. 18 da Lei Complementar 150/2015 menciona são *utilidades fornecidas* ao empregado doméstico.

Ao indicar "despesas", o dispositivo legal parece se fixar mais no *custo* decorrente dessa concessão, o que, mesmo inconscientemente, pode não refletir positivamente na concepção do contrato de trabalho doméstico. Além do mais, nem sempre a utilidade em questão impõe, necessariamente, uma "despesa" ao empregador, bastando imaginar hipóteses de alimentação, produtos de higiene ou de vestuário, fornecidos ao empregado doméstico, mas que têm origem em doação recebida gratuitamente pelo empregador de um terceiro.

De acordo com o referido dispositivo, não têm natureza salarial as utilidades arroladas no *caput*, quais sejam: alimentação, vestuário, higiene ou moradia, bem como despesas com transporte, hospedagem e alimentação em caso de acompanhamento em viagem.

Frise-se que essa ausência de natureza remuneratória não se restringe ao campo trabalhista ou previdenciário, mas se estende "para quaisquer efeitos".

Apresenta-se correta a nova explicitação legal, pois, como já mencionado, tais utilidades são normalmente fornecidas *para* possibilitar ou viabilizar a própria prestação dos serviços domésticos, o que já afasta o seu caráter salarial, na mesma linha do que prevê o art. 458, § 2º, inciso I, da CLT[66].

Como o § 3º do art. 18 da Lei Complementar 150/2015 estabelece que "as despesas referidas no *caput* deste artigo" é que não têm natureza salarial (nem se incorporam à remuneração para quais-

---

[64] Cf. DELGADO, Mauricio Godinho. *Salário*: teoria e prática. Belo Horizonte: Del Rey, 1997. p. 768-772.
[65] Cf. CARRION, Valentin. *Comentários à Consolidação das Leis do Trabalho*. 31. ed. São Paulo: Saraiva, 2006. p. 145. No âmbito rural, cf. PRUNES, José Luiz Ferreira. *Direito do trabalho para advogados e empregadores rurais*. Curitiba: Juruá, 2000. p. 493.
[66] Cf. SÜSSEKIND, Arnaldo. *Instituições de direito do trabalho*. 18. ed. São Paulo: LTr, 1999. v. 1, p. 368; NASCIMENTO, Amauri Mascaro. *Teoria jurídica do salário*. 2. ed. São Paulo: LTr, 1997. p. 207-208.

quer efeitos), pode-se interpretar, *a contrario sensu*, que a moradia, quando presentes os requisitos do § 2º do art. 18 da Lei Complementar 150/2015, possui natureza salarial[67].

Da mesma forma, *outras* utilidades (embora difíceis de serem verificadas, na prática, na relação de emprego doméstico), caso tenham natureza salarial e sejam de modalidades diversas daquelas previstas no art. 18, *caput*, da Lei Complementar 150/2015, também podem ser objeto de descontos; aliás, se, mesmo presentes os requisitos do salário *in natura*, não houver o respectivo desconto (que não seja vedado por lei), o valor da utilidade deve ser computado no salário, para cálculo de outras verbas trabalhistas e previdenciárias.

Como se nota, aplicando-se as disposições pertinentes ao salário-utilidade, caso estejam ausentes os seus requisitos (habitualidade na concessão, contraprestação ou destinação da utilidade, fornecida *pelo* serviço prestado), pode-se concluir, *no caso concreto*, pela eventual ausência do caráter salarial, mesmo quanto à utilidade *diversa* daquelas referidas no *caput* do art. 18 da Lei Complementar 150/2015 (*v.g.*, moradia em local diverso da residência em que ocorrer a prestação de serviço, do § 2º do art. 18 da Lei Complementar), fornecida ao empregado doméstico.

13.10.4 Utilidades sem natureza salarial

A ausência da natureza salarial de certas utilidades é uma importante forma de *incentivar* a concessão da utilidade pelo empregador. Não sendo incluída na remuneração ("folha de pagamento"), o empregador tem, certamente, maior disposição para fornecer ao empregado o bem jurídico em questão, o que acaba beneficiando o próprio trabalhador[68].

Nessa linha, observa-se a tendência da própria legislação, como se verifica na Lei 10.243, de 19 de junho de 2001, que modificou o art. 458, § 2º, da CLT, excluindo a natureza salarial de diversas utilidades concedidas pelo empregador, quais sejam:

I – vestuários, equipamentos e outros acessórios fornecidos aos empregados e utilizados no local de trabalho, para a prestação do serviço;

II – educação, em estabelecimento de ensino próprio ou de terceiros, compreendendo os valores relativos a matrícula, mensalidade, anuidade, livros e material didático;

III – transporte destinado ao deslocamento para o trabalho e retorno, em percurso servido ou não por transporte público;

IV – assistência médica, hospitalar e odontológica, prestada diretamente ou mediante seguro-saúde;

V – seguros de vida e de acidentes pessoais;

---

[67] Cf. OLIVEIRA, Francisco Antonio de. *Consolidação das Leis do Trabalho comentada*. 2. ed. São Paulo: RT, 2000. p. 131: "Existem utilidades que o empregador fornece e que são vitais para o desempenho do trabalho. Nesse caso, não podem ser descontadas do trabalhador e nem se transformam em parte da remuneração [...]. *Existem outras utilidades que são fornecidas para facilitar a vida do trabalhador, v.g. alimentação na própria empresa. Nesse caso poderá a empresa efetuar o desconto razoável, desde que não supere a previsão legal* (Lei 3.030, de 19.12.56). Se esse valor não for descontado, acrescerá à remuneração como componente desta" (destaquei). No âmbito rural, cf. PRUNES, José Luiz Ferreira. *Direito do trabalho para advogados e empregadores rurais*. Curitiba: Juruá, 2000. p. 512: "A habitação propiciada pelo empregador ao trabalhador rural pode ser descontada de seu salário caso assim tenha sido ajustado expressamente entre as partes. Não poderá, por certo, haver desconto quando inexistir tal pacto, como também quando a habitação for indispensável aos próprios serviços. Autoriza a lei que este fornecimento permita descontos, sendo que o empregador, dos salários, poderá abater um percentual que corresponde a este salário *in natura*".

[68] Cf. MARTINS, Sergio Pinto. *Comentários à CLT*. 10. ed. São Paulo: Atlas, 2006. p. 421-422: "Muitas das utilidades não deveriam ter natureza salarial. Isso permitiria que o empregador concedesse as utilidades e não tivesse preocupação com repercussões, como reflexos em férias e 13º salário, incidência de contribuição previdenciária e do FGTS. A consequência é que o empregador irá conceder a utilidade, permitindo que o empregado a usufrua, sem ter de pagar por ela. Quando a lei considera que a utilidade é salário, a maioria dos empregadores não a fornece. Em contrapartida, o empregado não usufrui da utilidade. Essa situação é muito pior para o empregado".

VI – previdência privada[69];

VII – o valor correspondente ao vale-cultura[70].

Do mesmo modo, pode-se fazer menção aos seguintes dispositivos:

– art. 3º da Lei 6.321/1976, regulamentada pelos arts. 166 a 182 do Decreto 10.854/2021, no sentido de que o Programa de Alimentação do Trabalhador (PAT) não tem natureza salarial[71];

– art. 2º da Lei 7.418/1985, regulamentada pelos arts. 106 a 136 do Decreto 10.854/2021, no sentido de que o vale-transporte não tem natureza salarial[72].

A respeito da assistência médica, cabe ressaltar que o Superior Tribunal de Justiça firmou a seguinte tese em recurso repetitivo: "Nos planos de saúde coletivos custeados exclusivamente pelo empregador não há direito de permanência do ex-empregado aposentado ou demitido sem justa causa como beneficiário, salvo disposição contrária expressa prevista em contrato ou em acordo/convenção coletiva de trabalho, não caracterizando contribuição o pagamento apenas de coparticipação, tampouco se enquadrando como salário indireto" (STJ, 2ª Seção, REsp 1.680.318/SP (2017/0146777-1), Rel. Min. Ricardo Villas Bôas Cueva, j. 22.08.2018, *DJe* 24.08.2018).

São beneficiários do vale-transporte, nos termos do disposto na Lei 7.418/1985, os trabalhadores em geral, tais como: I – os empregados, assim definidos no art. 3º da CLT; II – os empregados do subempreiteiro, o subempreiteiro e o empreiteiro principal, nos termos do disposto no art. 455 da CLT; III – os trabalhadores temporários, assim definidos no art. 2º da Lei 6.019/1974; IV – os atletas profissionais, de que trata a Lei 9.615/1998; V – os empregados domésticos, assim definidos no art. 1º da Lei Complementar 150/2015; VI – os empregados a domicílio, para os deslocamentos indispensáveis à prestação do trabalho e à percepção de salários e os necessários ao desenvolvimento das relações com o empregador (art. 106 do Decreto 10.854/2021).

O vale-transporte constitui benefício que o empregador antecipa ao trabalhador para a utilização efetiva em despesas de deslocamento residência-trabalho e vice-versa (art. 107 do Decreto 10.854/2021). Entende-se como deslocamento a soma dos segmentos componentes da viagem do beneficiário, por um ou mais meios de transporte, entre a sua residência e o local de trabalho.

O vale-transporte é utilizável em todas as formas de transporte público coletivo urbano ou, ainda, intermunicipal e interestadual de caráter urbano, estabelecidas na forma prevista na Lei 12.587/2012, operado diretamente pelo Poder Público ou por empresa por ele delegada, em linhas regulares e com tarifas estabelecidas pela autoridade competente (art. 108 do Decreto 10.854/2021). Essa disposição não se aplica aos serviços de transporte privado coletivo e transporte público individual.

O empregador que proporcionar, por meios próprios ou contratados, em veículos adequados ao transporte coletivo, o deslocamento residência-trabalho e vice-versa de seus trabalhadores fica desobrigado de fornecer-lhes vale-transporte (art. 109 do Decreto 10.854/2021). Caso o empregador forneça ao trabalhador transporte próprio ou fretado que não cubra integralmente os seus desloca-

---

[69] Conforme art. 202, § 2º, da CF/1988 (com redação determinada pela EC 20/1998): "As contribuições do empregador, os benefícios e as condições contratuais previstas nos estatutos, regulamentos e planos de benefícios das entidades de previdência privada não integram o contrato de trabalho dos participantes, assim como, à exceção dos benefícios concedidos, não integram a remuneração dos participantes, nos termos da lei".

[70] Cf. Lei 12.761/2012, art. 3º: "Fica criado o vale-cultura, de caráter pessoal e intransferível, válido em todo o território nacional, para acesso e fruição de produtos e serviços culturais, no âmbito do Programa de Cultura do Trabalhador".

[71] Cf. Orientação Jurisprudencial 133 da SBDI-I do TST: "A ajuda alimentação fornecida por empresa participante do Programa de Alimentação ao Trabalhador, instituído pela Lei 6.321/1976, não tem caráter salarial. Portanto, não integra o salário para nenhum efeito legal".

[72] Cf. Orientação Jurisprudencial 216 da SBDI-I do TST: "Vale-transporte. Servidor público celetista. Lei 7.418/1985. Devido. Aos servidores públicos celetistas é devido o vale-transporte, instituído pela Lei 7.418/1985, de 16 de dezembro de 1985".

mentos, o vale-transporte deve ser fornecido para os segmentos da viagem não abrangidos pelo referido transporte.

É vedado ao empregador substituir o vale-transporte por antecipação em dinheiro ou qualquer outra forma de pagamento, exceto quanto ao empregador doméstico (art. 110 do Decreto 10.854/2021). Nas hipóteses de indisponibilidade operacional da empresa operadora e de falta ou insuficiência de estoque de vale-transporte necessário ao atendimento da demanda e ao funcionamento do sistema, o beneficiário deve ser ressarcido pelo empregador na folha de pagamento imediata quanto à parcela correspondente, quando tiver efetuado a despesa para o seu deslocamento por conta própria.

Ainda assim, segundo entendimento firmado pela jurisprudência, o fornecimento do vale-transporte em pecúnia não altera a sua natureza jurídica indenizatória[73]. Nesse sentido, o pagamento do vale-transporte em dinheiro não afeta o seu caráter não salarial (STF, Pleno, RE 478.410/SP, Rel. Min. Eros Grau, *DJe* 14.05.2010)[74].

O vale-transporte, quanto à contribuição do empregador: não tem natureza salarial, nem se incorpora à remuneração do beneficiário para quaisquer efeitos; não constitui base de incidência de contribuição previdenciária ou do FGTS; não é considerado para fins de pagamento da gratificação de Natal; não configura rendimento tributável do beneficiário (art. 2º da Lei 7.418/1985 e art. 111 do Decreto 10.854/2021).

O vale-transporte será custeado: I – pelo beneficiário, na parcela equivalente a 6% de seu salário básico ou vencimento, excluídos quaisquer adicionais ou vantagens; II – pelo empregador, no que exceder à parcela de que trata o inciso I. O empregador fica autorizado a descontar mensalmente o valor da parcela de que trata o inciso I do salário básico ou vencimento do empregado que utilizar o vale-transporte (art. 114 do Decreto 10.854/2021).

No caso do contrato de trabalho doméstico, a obrigação prevista no art. 4º da Lei 7.418/1985[75], sobre o *vale-transporte*, pode ser substituída, a critério do empregador, pela concessão, mediante recibo, dos valores para a aquisição das passagens necessárias ao custeio das despesas decorrentes do deslocamento residência-trabalho e vice-versa (art. 19, parágrafo único, da Lei Complementar 150/2015).

A parcela paga *in natura* pela pessoa jurídica beneficiária, no âmbito do Programa de Alimentação do Trabalhador (PAT), ou disponibilizada na forma de instrumentos de pagamento, vedado o seu pagamento em dinheiro: não tem natureza salarial; não se incorpora à remuneração para quaisquer efeitos; não constitui base de incidência do FGTS (art. 3º da Lei 6.321/1976 e art. 178 do Decreto 10.854/2021).

Reitere-se que o auxílio-alimentação, ainda que concedido de forma habitual, *vedado o seu pagamento em dinheiro*, não se incorpora ao contrato de trabalho e não constitui base de incidência de qualquer encargo trabalhista e previdenciário (art. 457, § 2º, da CLT).

Nesse enfoque, ficou superada a Súmula 241 do TST, ao assim prever: "Salário-utilidade. Alimentação. O vale para refeição, fornecido por força do contrato de trabalho, tem caráter salarial, integrando a remuneração do empregado, para todos os efeitos legais".

---

[73] "Vale-transporte. Pagamento em dinheiro. Natureza indenizatória. Prevalece nesta Corte o entendimento de que o fornecimento de vale-transporte em pecúnia não altera sua natureza jurídica, prevalecendo a natureza indenizatória da parcela, conforme dispõe o art. 2º da Lei 7.418/1983. Precedentes. Óbice da Súmula 333/TST. Recurso de revista não conhecido" (TST, 2ª T., RR-1979-84.2012.5.15.0114, Rel. Min. Maria Helena Mallmann, *DEJT* 29.11.2019).

[74] "3. De fato, o Superior Tribunal de Justiça possui entendimento consolidado segundo o qual a verba auxílio-transporte (vale-transporte), ainda que paga em pecúnia, possui natureza indenizatória, não sendo elemento que compõe o salário; assim, sobre ela não deve incidir contribuição previdenciária" (STJ, 2ª T., REsp 1.928.591/RS, 2021/0083365-3, Rel. Min. Herman Benjamin, *DJe* 05.11.2021).

[75] "Art. 4º A concessão do benefício ora instituído implica a aquisição pelo empregador dos Vales-Transportes necessários aos deslocamentos do trabalhador no percurso residência-trabalho e vice-versa, no serviço de transporte que melhor se adequar. Parágrafo único. O empregador participará dos gastos de deslocamento do trabalhador com a ajuda de custo equivalente à parcela que exceder a 6% (seis por cento) de seu salário básico".

Na Lei 5.889/1973, pertinente ao trabalho rural, o art. 9º, § 5º, acrescentado pela Lei 9.300/1996, estabelece, de forma mais minuciosa, que: "A cessão pelo empregador, de moradia e de sua infraestrutura básica, assim como, bens destinados à produção para sua subsistência e de sua família, não integram o salário do trabalhador rural, desde que caracterizados como tais, em contrato escrito celebrado entre as partes, com testemunhas e notificação obrigatória ao respectivo sindicato de trabalhadores rurais".

O art. 458, § 5º, da CLT, acrescentado pela Lei 13.467/2017, prevê que o valor relativo à assistência prestada por serviço médico ou odontológico, próprio ou não, inclusive o reembolso de despesas com medicamentos, óculos, aparelhos ortopédicos, próteses, órteses, despesas médico-hospitalares e outras similares, mesmo quando concedido em diferentes modalidades de planos e coberturas, *não integram o salário do empregado para qualquer efeito nem o salário de contribuição*, para efeitos do previsto no art. 28, § 9º, alínea *q*, da Lei 8.212/1991.

Consequentemente, na esfera previdenciária, o art. 28, § 9º, alínea *q*, da Lei 8.212/1991, com redação dada pela Lei 13.467/2017, dispõe que *não integram o salário de contribuição* o valor relativo à assistência prestada por serviço médico ou odontológico, próprio da empresa ou por ela conveniado, inclusive o reembolso de despesas com medicamentos, óculos, aparelhos ortopédicos, próteses, órteses, despesas médico-hospitalares e outras similares.

A ausência de natureza salarial quanto às mencionadas utilidades é uma forma de incentivar a concessão pelo empregador, por não integrar a remuneração e não gerar encargos trabalhistas e previdenciários. Isso explica a tendência da legislação de excluir a natureza salarial de certas utilidades, para que a concessão pelo empregador seja fomentada.

A norma coletiva, assim como outras fontes do Direito do Trabalho, pode fixar o direito do empregado de receber certa utilidade, como cesta básica. O que se discute é se a referida norma coletiva pode, ou não, estabelecer que a referida utilidade, que for concedida, não tem natureza salarial.

Há corrente de entendimento no sentido de que o instrumento normativo pode prever a natureza não salarial da prestação (art. 7º, inciso XXVI, da CF/1988).

Entretanto, se a parcela é prevista especificamente em lei, defende-se que a indicação da sua natureza jurídica é matéria reservada à própria norma legal (art. 22, inciso I, da CF/1988).

A cesta básica concedida por meio do PAT não tem caráter salarial.

De todo modo, em conformidade com a Orientação Jurisprudencial Transitória 61 da SBDI-I do TST:

"Auxílio cesta-alimentação previsto em norma coletiva. CEF. Cláusula que estabelece natureza indenizatória à parcela. Extensão aos aposentados e pensionistas. Impossibilidade. Havendo previsão em cláusula de norma coletiva de trabalho de pagamento mensal de auxílio cesta-alimentação somente a empregados em atividade, dando-lhe caráter indenizatório, é indevida a extensão desse benefício aos aposentados e pensionistas. Exegese do art. 7º, XXVI, da Constituição Federal" (*DJ* 14.03.2008).

A Orientação Jurisprudencial 123 da SBDI-I do TST, por sua vez, assim dispõe:

"Bancários. Ajuda alimentação. A ajuda alimentação prevista em norma coletiva em decorrência de prestação de horas extras tem natureza indenizatória e, por isso, não integra o salário do empregado bancário.

Em 10.02.98, a SDI-Plena, por maioria, decidiu que ajuda alimentação paga ao bancário, em decorrência de prestação de horas extras por prorrogação de jornada, tem natureza indenizatória e, portanto, não integrativa ao salário".

Entretanto, tendo em vista o princípio da condição mais benéfica, e a aplicação do art. 468, *caput*, da CLT, a Orientação Jurisprudencial 413 da SBDI-I do TST assim prevê:

"Auxílio-alimentação. Alteração da natureza jurídica. Norma coletiva ou adesão ao PAT. A pactuação em norma coletiva conferindo caráter indenizatório à verba 'auxílio-alimentação' ou a adesão posterior do empregador ao Programa de Alimentação do Trabalhador – PAT – não altera a natureza salarial da parcela, instituída anteriormente, para aqueles empregados que, habitualmente, já percebiam o benefício, a teor das Súmulas ns. 51, I, e 241 do TST".

De acordo com a parte final do art. 458, *caput*, da CLT: "Em caso algum será permitido o pagamento com bebidas alcoólicas ou drogas nocivas".

Desse modo, de acordo com a Súmula 367, inciso II, do TST: "O cigarro não se considera salário utilidade em face de sua nocividade à saúde".

13.11 Tempo de pagamento do salário

O pagamento do salário deve ser estipulado, seja qual for a modalidade de trabalho (por unidade de tempo, por unidade de obra, por tarefa), respeitando-se o limite previsto no art. 459 da CLT, qual seja, o período de um mês, salvo no que concerne a comissões, percentagens e gratificações.

As comissões e percentagens, de acordo com o art. 4º da Lei 3.207/1957, deverão ser pagas mensalmente, conforme ocorra a conclusão dos respectivos negócios. No entanto, de acordo com o parágrafo único desse dispositivo, as partes podem fixar outra época para pagamento das comissões e percentagens, desde que não exceda a um trimestre, contado da aceitação do negócio.

Verificam-se gratificações pagas de forma semestral ou mesmo anual, justificando, assim, a referida ressalva.

Além disso, quando o pagamento do salário houver sido estipulado por mês, deverá ser efetuado, o mais tardar, até o quinto dia útil do mês subsequente (art. 459, § 1º, da CLT). Conforme a Súmula 381 do TST: "Correção monetária. Salário. Art. 459 da CLT. O pagamento dos salários até o 5º dia útil do mês subsequente ao vencido não está sujeito à correção monetária. Se essa data limite for ultrapassada, incidirá o índice da correção monetária do mês subsequente ao da prestação dos serviços, a partir do dia 1º".

De acordo com a Orientação Jurisprudencial 159, da Subseção I de Dissídios Individuais do Tribunal Superior do Trabalho, publicada no *DJ* de 26 de março de 1999:

"Data de pagamento. Salários. Alteração. Diante da inexistência de previsão expressa em contrato ou em instrumento normativo, a alteração de data de pagamento pelo empregador não viola o art. 468, desde que observado o parágrafo único, do art. 459, ambos da CLT".

Esse entendimento está fundado, certamente, no *jus variandi* do empregador, autorizando o empregador, por ser o titular do poder de direção, a efetuar certas modificações no contrato de trabalho, dentro de limites estabelecidos pelo sistema jurídico.

Mesmo assim, merece destaque o fato de que o contrato de trabalho, bem como as suas cláusulas, ou seja, as condições de labor, podem ser estabelecidas não só de forma "expressa", mas também tacitamente, conforme arts. 442, *caput*, e 443, *caput*, da CLT. Assim, caso seja pactuado – de forma expressa ou tácita, o que é indiferente – que o empregado deve receber o salário *antes* do prazo-limite previsto no art. 459, parágrafo único, da CLT, tem-se um direito mais favorável, adquirido pelo trabalhador, que se incorpora ao seu contrato de trabalho. Assim, em razão do princípio da condição mais benéfica, a alteração dessa condição de trabalho, qual seja, a data do pagamento do salário, é prejudicial ao empregado, afrontando, de certa forma, o art. 468 da CLT.

O art. 466 da CLT estabelece que o pagamento das comissões e percentagens só é exigível "depois de ultimada a transação a que se referem".

Esta disposição deve ser interpretada em consonância com o art. 3º da Lei 3.207, de 18 de julho de 1957, que regulamenta a atividade dos empregados vendedores, viajantes ou pracistas, dispondo que:

"A transação será considerada aceita se o empregador não a recusar por escrito, dentro de 10 (dez) dias, contados da data da proposta. Tratando-se de transação a ser concluída com comerciante ou empresa estabelecida noutro Estado ou no estrangeiro, o prazo para aceitação ou recusa da proposta de venda será de 90 (noventa) dias podendo, ainda, ser prorrogado, por tempo determinado, mediante comunicação escrita feita ao empregado".

Como se nota, o direito às comissões é adquirido, pelo empregado, não com o pagamento da prestação (pelo comprador), mas sim com a aceitação do negócio pelo empregador, na forma acima descrita.

Essa aquisição do direito à comissão (pelo empregado) não se confunde com a exigibilidade do seu pagamento, que ocorre mensalmente, devendo a empresa expedir, no fim de cada mês, a conta respectiva com as cópias das faturas correspondentes aos negócios concluídos. Ressalva-se às partes, no entanto, fixar outra época para pagamento das comissões e percentagens, desde que não exceda a um trimestre, contado da aceitação do negócio (art. 4º da Lei 3.207/1957).

Nas transações realizadas em prestações sucessivas, o pagamento das comissões e percentagens é exigível proporcionalmente à respectiva liquidação (§ 1º do art. 466 da CLT).

Do mesmo modo, o art. 5º da Lei 3.207/1957 dispõe que nas transações em que a empresa se obriga por prestações sucessivas, "o pagamento das comissões e percentagens será exigível de acordo com a ordem de recebimento" delas.

A cessação da relação de trabalho não prejudica o recebimento das comissões e percentagens devidas ao empregado (art. 466, § 2º, da CLT). Trata-se de disposição que concretiza os ditames do direito adquirido, ao assegurar o recebimento da referida modalidade salarial já incorporada ao patrimônio jurídico do empregado.

Somente no caso de "insolvência do comprador" é que o empregador pode estornar a comissão que houver pago (art. 7º da Lei 3.207/1957), pois o empregador é quem corre o risco do empreendimento, não se admitindo a adoção da chamada cláusula *stare del credere*. Desse modo, o trabalhador faz jus à comissão mesmo que o comprador simplesmente não pague a compra ou devolva o bem adquirido.

13.11.1 Débitos salariais e mora contumaz

Cabe fazer menção, ainda, às previsões do Decreto-lei 368, de 19 de dezembro de 1968, dispondo sobre os efeitos de débitos salariais.

O *débito salarial* é definido no art. 1º, parágrafo único, do mencionado Decreto-lei 368/1968. Desse modo: "Considera-se em débito salarial a empresa que não paga, no prazo e nas condições da lei ou do contrato, o salário devido a seus empregados".

A *mora contumaz*, por sua vez, é definida no art. 2º, § 1º, do mesmo diploma legal: "Considera-se mora contumaz o atraso ou sonegação de salários devidos aos empregados, por período igual ou superior a 3 (três) meses, sem motivo grave e relevante, excluídas as causas pertinentes ao risco do empreendimento".

Considera-se "salário devido", para os efeitos do Decreto-lei 368/1968, a retribuição de responsabilidade direta da empresa, inclusive comissões, percentagens, gratificações, diárias para viagens e abonos, quando a sua liquidez e certeza não sofram contestação nem estejam pendentes de decisão judicial (art. 6º).

De acordo com o art. 1º, *caput*, do Decreto-lei 368/1968, a *empresa em débito salarial* com seus empregados não poderá:

I – pagar honorário, gratificação, *pro labore* ou qualquer outro tipo de retribuição ou retirada a seus diretores, sócios, gerentes ou titulares da firma individual;

II – distribuir quaisquer lucros, bonificações, dividendos ou interesses a seus sócios, titulares, acionistas, ou membros de órgãos dirigentes, fiscais ou consultivos;

III – ser dissolvida.

A *empresa em mora contumaz relativamente a salários* não poderá, além das previsões acima (previstas no art. 1º, referentes ao débito salarial), ser favorecida com qualquer benefício de natureza fiscal, tributária, ou financeira, por parte de órgãos da União, dos Estados ou dos Municípios, ou de que estes participem (art. 2º). Não se incluem nessa proibição as operações de crédito destinadas à liquidação dos débitos salariais existentes, o que deverá ser expressamente referido em documento firmado pelo responsável legal da empresa, como justificação do crédito.

Como se nota, a mora salarial contumaz é uma situação mais grave, na qual também são aplicadas as previsões e restrições pertinentes ao débito salarial. Por isso, a empresa em mora salarial contumaz, além de não poder ser favorecida com benefícios de natureza fiscal, tributária ou financeira de entes públicos, também não pode: pagar honorário, gratificação, *pro labore* ou qualquer outro tipo de retribuição ou retirada a seus diretores, sócios, gerentes ou titulares da firma individual; distribuir quaisquer lucros, bonificações, dividendos ou interesses a seus sócios, titulares, acionistas, ou membros de órgãos dirigentes, fiscais ou consultivos; ser dissolvida.

A mora contumaz e a infração às restrições previstas no art. 1º (impostas mesmo no caso de débito salarial) devem ser apuradas mediante "denúncia" de empregado da empresa, ou de entidade sindical da respectiva categoria profissional, pela Delegacia Regional do Trabalho (atualmente denominada Superintendência Regional do Trabalho), em processo sumário, assegurada ampla defesa ao interessado (art. 3º). Por se tratar de processo de natureza administrativa, incide a garantia constitucional do contraditório e da ampla defesa (art. 5º, inciso LV, da CF/1988).

Encerrado o referido processo, o Delegado Regional do Trabalho (atualmente denominado Superintendente Regional do Trabalho) submeterá ao Ministro do Trabalho "parecer conclusivo" para decisão. A decisão que concluir pela mora contumaz deve ser comunicada às autoridades fazendárias locais pelo Delegado Regional do Trabalho (Superintendente Regional do Trabalho), sem prejuízo da comunicação que deve ser feita ao Ministro da Fazenda (art. 3º, § 2º).

Os diretores, sócios, gerentes, membros de órgãos fiscais ou consultivos, titulares de firma individual ou quaisquer outros dirigentes de empresa responsável por infração do disposto no art. 1º, incisos I e II (ou seja, caso a empresa esteja em débito salarial ou mora contumaz, mas ocorra violação das proibições de: pagar honorário, gratificação, *pro labore* ou qualquer outro tipo de retribuição ou retirada a seus diretores, sócios, gerentes ou titulares da firma individual; distribuir quaisquer lucros, bonificações, dividendos ou interesses a seus sócios, titulares, acionistas, ou membros de órgãos dirigentes, fiscais ou consultivos), estão sujeitos à pena de detenção de um mês a um ano. Apurada a referida infração, o Delegado Regional do Trabalho representará, sob pena de responsabilidade, ao Ministério Público, para a instauração da competente ação penal (art. 4º).

O art. 7º, inciso X, da Constituição Federal de 1988 prevê a "proteção do salário na forma da lei, constituindo crime sua retenção dolosa". Tendo em vista a necessidade de regulamentação por lei, tem-se, no caso, norma constitucional de eficácia limitada[76].

Esclareça-se que, de acordo com a Lei 9.099/1995, a qual dispõe sobre os Juizados Especiais (Cíveis e Criminais), art. 61, consideram-se infrações penais de menor potencial ofensivo "as contravenções penais e os crimes a que a lei comine pena máxima não superior a 2 (dois) anos, cumulada ou não com multa". A Lei 10.259/2001, sobre a instituição dos Juizados Especiais (Cíveis e) Criminais no âmbito da Justiça Federal, em seu art. 1º, faz remissão à Lei 9.099/1995, e o seu art. 2º delimita a competência do Juizado Especial Federal Criminal também quanto às "infrações de menor potencial ofensivo". No caso em questão, como o Decreto-lei 368/1968 prevê a pena de detenção de um mês a um ano, entendendo-se aplicável essa disposição[77], incidem as previsões da referida Lei 9.099,

---

[76] Cf. MARTINS, Sergio Pinto. *Direito do trabalho*. 22. ed. São Paulo: Atlas, 2006. p. 277.

[77] No entender de Orlando Gomes e Elson Gottschalk: "O decreto-lei dependia de regulamentação e antes que a mesma fosse publicada está em vigor a regra anterior relativa à infração do não pagamento pontual do salário. A Portaria n. 3.035, de 15.01.1969 não pode ter força regulamentar de um diploma legal que prescreve pena de privação da liberdade" (*Curso de direito do trabalho*. 18. ed. atual. por José Augusto Rodrigues Pinto e Otávio Augusto Reis de Sousa. Rio de Janeiro: Forense, 2007. p. 282).

com destaque para a possibilidade de o Ministério Público "propor a aplicação imediata de pena restritiva de direitos ou multas, a ser especificada na proposta", conforme o art. 76 da Lei 9.099/1995, caso ausentes as hipóteses do seu § 2º[78].

No caso do inciso III do art. 1º do Decreto-lei 368/1968, ou seja, para que se viabilize a dissolução da empresa, esta deve requerer a expedição de "Certidão Negativa de Débito Salarial", a ser passada pela Delegacia Regional do Trabalho (Superintendência Regional do Trabalho) mediante prova bastante do cumprimento, pela empresa, das obrigações salariais respectivas (art. 5º).

As infrações descritas no art. 1º, incisos I e II (aplicadas ao débito salarial e à mora contumaz), e seu parágrafo único (débito salarial), sujeitam a empresa infratora à multa variável de 10% a 50% do débito salarial, a ser aplicada pelo Delegado Regional do Trabalho (Superintendente Regional do Trabalho), mediante o processo previsto nos arts. 626 e seguintes, da Consolidação das Leis do Trabalho, sem prejuízo da responsabilidade criminal das pessoas implicadas (art. 7º).

13.12 Local e forma de pagamento do salário

O art. 465 da CLT traz regra expressa sobre o local de pagamento do salário, estabelecendo: "O pagamento dos salários será efetuado em dia útil e no local do trabalho, dentro do horário do serviço ou imediatamente após o encerramento deste, salvo quando efetuado por depósito em conta bancária".

Efetivamente, o pagamento do salário deve ser feito contra recibo, assinado pelo empregado. Tratando-se de analfabeto, mediante sua impressão digital, ou, não sendo esta possível, a seu rogo (art. 464 da CLT).

Mesmo assim, terá força de recibo o comprovante de depósito em conta bancária, aberta para esse fim em nome de cada empregado, com consentimento deste, em estabelecimento de crédito próximo ao local de trabalho (parágrafo único do art. 464 da CLT, acrescentado pela Lei 9.528/1997).

Como se nota, o depósito em conta bancária, com força de recibo, depende da anuência de cada empregado, podendo-se sugerir a forma escrita, para evitar eventual dificuldade de prova. Além disso, o estabelecimento de crédito deve ser próximo ao local de trabalho, justamente para o acesso do empregado.

Cabe ressaltar que é lícito ao trabalhador menor firmar recibo pelo pagamento dos salários. Tratando-se, porém, de rescisão do contrato de trabalho, é vedado ao menor de 18 anos dar, sem assistência dos seus responsáveis legais, quitação ao empregador pelo recebimento da indenização que lhe for devida (art. 439 da CLT).

13.13 Garantia de proteção do salário

O salário é reconhecido como direito essencial do trabalhador. Tanto é assim que a própria Constituição Federal de 1988 reconhece o seu caráter alimentar (art. 100, § 1º).

A importância do salário, como direito fundamental para o trabalhador, pode parecer até mesmo uma obviedade nos dias hodiernos. No contrato de trabalho, o motivo para a prestação do labor é, justamente, o recebimento da remuneração (art. 3º da CLT), com o fim de garantir a sobrevivência do empregado e de sua família[79].

---

[78] Cf. art. 76, § 2º, da Lei 9.099/1995: "§ 2º Não se admitirá a proposta se ficar comprovado: I – ter sido o autor da infração condenado, pela prática de crime, à pena privativa de liberdade, por sentença definitiva; II – ter sido o agente beneficiado anteriormente, no prazo de cinco anos, pela aplicação de pena restritiva ou multa, nos termos deste artigo; III – não indicarem os antecedentes, a conduta social e a personalidade do agente, bem como os motivos e as circunstâncias, ser necessária e suficiente a adoção da medida".

[79] Cf. MARTINS, Sergio Pinto. *Direito do trabalho*. 28. ed. São Paulo: Atlas, 2012. p. 230: "O objetivo da remuneração é que ela possa satisfazer as necessidades básicas do empregado e de sua família". No mesmo sentido, cf. ALONSO OLEA, Manuel. *Introdução ao direito do trabalho*. Trad. G. Vasconcelos. Coimbra: Coimbra Ed., 1968. p. 42, apud

Em nossa realidade contemporânea, pautada pelo capitalismo, o recebimento do salário faz-se essencial para a existência da própria vida, em plena demonstração da relevância desse direito trabalhista.

Cabe lembrar que o trabalho mediante salário representa, em linhas gerais, a superação do escravo como sistema de produção, e o reconhecimento do valor do trabalho perante a sociedade[80].

Segundo doutrina Arnaldo Süssekind: "A história do Direito do Trabalho se confunde, em grande parte, com a história da política dos salários; mesmo porque esse ramo da ciência jurídica objetiva, primordialmente, regular e proteger os interesses do trabalhador, e o salário é, indubitavelmente, o principal ou único meio de subsistência da família operária"[81].

Tendo em vista a referida importância do direito ao salário[82], este apresenta uma série de garantias, de modo a assegurar que o empregado efetivamente o receba e possa usufruir do seu valor de modo livre.

13.13.1 Garantias do salário perante o empregador

Já foram estudadas as regras pertinentes ao local (art. 465 da CLT), tempo (art. 459 da CLT) e à forma de pagamento dos salários (arts. 463 e 464 da CLT), tornando desnecessário reiterar a matéria.

Mesmo assim, como garantias inerentes ao salário, como direito do empregado perante o empregador, podem ser destacados os seguintes aspectos: a irredutibilidade e a intangibilidade.

Cabe destacar que não se admite o chamado *truck system*, que pode configurar verdadeira servidão por dívida. Nesse sentido, é vedado ao empregador que mantiver armazém para venda de mercadorias aos empregados ou serviços destinados a proporcionar-lhes prestações *in natura* "exercer qualquer coação ou induzimento no sentido de que os empregados se utilizem do armazém ou dos serviços" (art. 462, § 2º, da CLT).

Além disso, sempre que não for possível o acesso dos empregados a armazéns ou serviços não mantidos pela empresa, é lícito à autoridade competente determinar a adoção de medidas adequadas, visando a que as mercadorias sejam vendidas e os serviços prestados a preços razoáveis, sem intuito de lucro e sempre em benefício dos empregados (art. 462, § 3º, da CLT).

Sobre esse tema, na esfera penal, o crime de "redução a condição análoga à de escravo", conforme o art. 149 do Código Penal (com redação determinada pela Lei 10.803/2003), tem a seguinte previsão:

"Art. 149. Reduzir alguém a condição análoga à de escravo, quer submetendo-o a trabalhos forçados ou a jornada exaustiva, quer sujeitando-o a condições degradantes de trabalho, *quer restringindo, por qualquer meio, sua locomoção em razão de dívida contraída com o empregador ou preposto*:

Pena: reclusão, de dois a oito anos, e multa, além da pena correspondente à violência.

[...]

§ 2º A pena é aumentada de metade, se o crime é cometido:

I – contra criança ou adolescente;

II – por motivo de preconceito de raça, cor, etnia, religião ou origem".

VIANA, Márcio Túlio. Salário. In: BARROS, Alice Monteiro de (Coord.). *Curso de direito do trabalho:* estudos em memória de Célio Goyatá. 3. ed. São Paulo: LTr, 1997. v. 2, p. 20: "Do trabalho produtivo, por definição, resultam os frutos com que o trabalhador acorre à sua subsistência e à de sua família".

[80] Cf. FERNANDES, Jorge Ulisses Jacoby. A terceirização no serviço público. *Síntese Trabalhista*, n. 79, jan. 1996, apud PRUNES, José Luiz Ferreira. *Trabalho terceirizado e composição industrial*. 2. ed. Curitiba: Juruá, 2000. p. 147: "É consabido que as raízes do Direito do Trabalho situam-se na transmudação do labor escravo para o trabalho livre, gerando conflitos entre capital, nas mãos do empregador, e trabalho, na forma de sobrevivência do hipossuficiente".

[81] SÜSSEKIND, Arnaldo. *Instituições de direito do trabalho*. 18. ed. São Paulo: LTr, 1999. v. 1, p. 332.

[82] Cf. o art. 7º, inciso X, da CF/1988: "proteção do salário na forma da lei, constituindo crime sua retenção dolosa".

13.13.1.1 *Irredutibilidade salarial*

A Constituição Federal de 1988 indica ser o salário, em regra, irredutível (art. 7º, inciso VI)[83]. Nada mais legítimo, diante da sua importância não só para cada trabalhador individualmente, como para toda a sociedade.

Portanto, diante do texto constitucional, a redução salarial é autorizada apenas em caráter excepcional ("salvo o disposto...").

A irredutibilidade salarial, com isso, pode ser erigida em princípio, de hierarquia constitucional, do Direito do Trabalho, diante de sua importância e natureza fundamental nesse ramo do Direito[84].

Estabelece o art. 7º, inciso VI, da Constituição da República ser direito dos trabalhadores urbanos e rurais a: "irredutibilidade do salário, salvo o disposto em convenção ou acordo coletivo"[85].

A redução salarial, além de ser uma exceção, somente é válida se prevista por meio de acordo coletivo ou de convenção coletiva, instrumentos normativos decorrentes de negociação coletiva, reconhecidos no texto constitucional (art. 7º, inciso XXVI).

Por tal motivo, não foi recepcionada pela ordem constitucional vigente a faculdade, prevista no art. 503 da CLT, de o empregador reduzir, *independentemente de negociação coletiva*, os salários de seus empregados, mesmo em caso de força maior ou prejuízos devidamente comprovados[86].

Diante da clareza do mandamento constitucional, tem-se que a redução salarial não poderá ser prevista, de forma válida, em sentença normativa, ainda que posterior a uma negociação coletiva frustrada. Não tendo sido possível ao empregador, ou ao sindicato da categoria econômica, obter essa redução de forma negociada, a Constituição da República indica dever ser respeitada a vontade coletiva dos trabalhadores, não podendo, nesse tema, ser substituída pelo poder normativo da Justiça do Trabalho[87].

Tendo em vista o caráter excepcional da redução de salários, a restrição a um direito tão fundamental do trabalhador não encontra supedâneo na ordem jurídico-constitucional sem uma motivação adequada.

Essa flexibilização, *in pejus* ao trabalhador, deve ser efetivamente imprescindível, sob pena de ser a norma coletiva subjacente ilegítima e contrária à estrutura de todo o sistema normativo-trabalhista, seus princípios fundamentais e pilares sociojurídicos.

---

[83] Francisco Antonio de Oliveira, ao tratar do "caráter alimentar do salário", destaca: "Em tendo caráter alimentar, o direito é irrenunciável, posto que de ordem pública, e o seu valor é irredutível como regra geral" (*Manual de direito individual e coletivo do trabalho*. 2. ed. São Paulo: RT, 2000. p. 353).

[84] Cf. NASCIMENTO, Amauri Mascaro. *Curso de direito do trabalho*. 12. ed. São Paulo: Saraiva, 1996. p. 489; MARTINS, Sergio Pinto. *Direito do trabalho*. 5. ed. São Paulo: Malheiros, 1998. p. 224; CAMINO, Carmen. *Direito Individual do trabalho*. 2. ed. Porto Alegre: Síntese, 1999. p. 187-188; RUSSOMANO, Mozart Victor. *Curso de direito do trabalho*. 6. ed. Curitiba: Juruá, 1997. p. 331.

[85] Cf. NASCIMENTO, Amauri Mascaro. O debate sobre negociação coletiva. *Revista LTr*, São Paulo, LTr, ano 64, n. 09, p. 1.121, set. 2000: "A amplitude que deve ser atribuída ao preceito constitucional do art. 7º, VI, sobre irredutibilidade do salário, salvo o disposto em convenção ou acordo coletivo, não está resolvida, ficando sem solução o problema da interpretação da expressão salário no contexto do referido artigo de lei constitucional: se ampla, para abranger toda remuneração incluindo qualquer prestação de natureza salarial, ou restrita, para limitar-se ao salário básico, como, também, se a redução de salários, permitida pela Constituição por negociação coletiva, contém, como é sustentado por alguns doutrinadores, implícita autorização para a redução, pela mesma via, de outros direitos, no que há divergências não resolvidas pela legislação".

[86] Cf. TEIXEIRA FILHO, João de Lima. *Instituições de direito do trabalho*. 18. ed. São Paulo: LTr, 1999. v. 1, p. 545; MARTINS, Sergio Pinto. *Direito do trabalho*. 28. ed. São Paulo: Atlas, 2012. p. 305 e 337; NASCIMENTO, Amauri Mascaro. *Teoria jurídica do salário*. 2. ed. São Paulo: LTr, 1997. p. 175; CARRION, Valentin. *Comentários à Consolidação das Leis do Trabalho*. 23. ed. São Paulo: Saraiva, 1998. p. 414.

[87] Cf. TEIXEIRA FILHO, João de Lima. *Instituições de direito do trabalho*. 18. ed. São Paulo: LTr, 1999. v. 1, p. 546; NASCIMENTO, Amauri Mascaro. *Teoria jurídica do salário*. 2. ed. São Paulo: LTr, 1997. p. 176; CAMINO, Carmen. *Direito individual do trabalho*. 2. ed. Porto Alegre: Síntese, 1999. p. 188.

A redução salarial, ainda que decorrente de negociação coletiva, se carente de justificativa plausível, viola "a dignidade da pessoa humana" e desconsidera o valor social do trabalho, os quais integram os "fundamentos" da República Federativa do Brasil (art. 1º, incisos III e IV, da CF/1988); afronta a valorização do trabalho humano, na qual se funda a ordem econômica (art. 170, *caput*, da CF/1988); menospreza os objetivos fundamentais da República Federativa do Brasil de "construir uma sociedade livre, justa e solidária", "garantir o desenvolvimento nacional", "erradicar a pobreza e a marginalização e reduzir as desigualdades sociais e regionais" e "promover o bem de todos" sem quaisquer discriminações (art. 3º, incisos I, II, III, IV, da CF/1988). Assim, será inconstitucional e, portanto, nula de pleno direito, a norma coletiva que maltrate este direito fundamental trabalhista.

Essa visão de conjunto da Constituição Federal é que apresenta a correta compreensão da exceção ao princípio da irredutibilidade salarial, possibilitando a interpretação lógico-sistemática, teleológica e fundada nos princípios fundamentais do ordenamento jurídico. A interpretação meramente gramatical e isolada da norma nem sempre é adequada para sua perfeita intelecção.

Por exemplo, a força maior (mencionada no art. 501 da CLT), ou a conjuntura econômica desfavorável da empresa (prevista na Lei 4.923/1965[88]), caso correspondam a fatos indicadores da efetiva necessidade da redução salarial, principalmente se com intuito de evitar o desemprego em massa[89], podem justificar, em tese, a realização desta, por meio da negociação coletiva.

Assim destaca Francisco Antonio de Oliveira:

"É até intuitivo que a redução de salário só tenha vez quando motivos ponderosos a justifiquem. Se assim não fosse, estar-se-ia simplesmente transferindo o ônus do empregador, o risco do empreendimento, para o trabalhador, medida que contraria o art. 468 da CLT, que firma residência em regra geral. *A irredutibilidade é a regra*, a exceção haverá de ser regulada"[90].

Aspecto de extrema importância, ainda, refere-se à correta delimitação de quais parcelas podem, em efetivo, ser objeto da redução salarial.

O texto constitucional em análise (art. 7º, inciso VI) prevê a exceção à "irredutibilidade *do salário*". Não há menção a verbas de natureza salarial ou remuneratória, nem a verbas salariais ou remuneratórias, mas sim a "salário" em sentido estrito.

O conceito estrito de salário já foi estudado. O salário, compreendido nos termos do art. 457 da CLT, é que pode ser excepcionalmente reduzido, segundo dispõe a norma constitucional. O termo em questão possui significado específico no Direito do Trabalho, não podendo ser desprezado, sob pena de incoerência, afronta à sistemática do ordenamento jurídico como um todo e prevalência do subjetivismo, em prejuízo inclusive da segurança jurídica.

Em tese, portanto, o que pode ser reduzido por meio de negociação coletiva, por motivo justificado, é o "salário" em seu sentido próprio, estrito, técnico e legal. Não são todas as importâncias que compõem a remuneração, nem são todas as parcelas de "natureza salarial ou remuneratória" que podem ser objeto desta redução.

---

[88] Cf. MARTINS, Sergio Pinto. *Direito do trabalho*. 5. ed. São Paulo: Malheiros, 1998. p. 224: "O art. 2º da Lei 4.923, de 23.12.65, não contraria o inc. VI do art. 7º da Constituição, pois trata de redução da jornada em relação a empresas que, em face de conjuntura econômica, devidamente comprovada, necessitarem reduzir a jornada de trabalho e os salários dos empregados".

[89] Cf. LOPES, Otavio Brito. Limites constitucionais à negociação coletiva. *Revista LTr*, São Paulo, LTr, ano 64, n. 06, p. 718, jun. 2000: "A flexibilização existe para proteger o emprego do trabalhador, e não para pura e simplesmente subtrair-lhe o piso de direitos estabelecidos na Constituição".

[90] OLIVEIRA, Francisco Antonio de. *Manual de direito individual e coletivo do trabalho*. 2. ed. São Paulo: RT, 2000. p. 375. No mesmo sentido, cf. DELGADO, Mauricio Godinho. *Alterações contratuais trabalhistas*. São Paulo: LTr, 2000. p. 94: "Embora existam posições que defendam a inexistência de limites à negociação coletiva, não é esta a melhor interpretação do conjunto da ordem jurídica. Parece claro que a Constituição recepcionou, *em parte*, antigos preceitos legais que estabeleciam parâmetros para a redução salarial (critério da *motivação tipificada*), agora submetidos tais preceitos, sempre, ao crivo da negociação coletiva" (destaques do original).

Ou seja, perante a sistemática normativa, salário e verba de natureza salarial não são termos totalmente equivalentes. A própria análise cuidadosa do texto constitucional reforça essa conclusão. O art. 7º, inciso XXIII, da Constituição Federal faz referência a "adicional de remuneração", expressão com nítido diferencial daquela empregada no inciso VI, qual seja, "salário".

Em razão disso, a conclusão óbvia há de ser no sentido de que a redução de tais adicionais legais, ainda que devidamente fundamentada e estabelecida em norma coletiva negociada, será inconstitucional, carecendo, portanto, de validade jurídica.

Aliás, como já mencionado, quanto ao adicional de horas extras, o inciso XVI do art. 7º da Constituição Federal de 1988 expressamente estabelece o mínimo de 50% sobre a hora normal, o que afasta a possibilidade de ser fixado em nível inferior, ainda que mediante negociação coletiva. Assim como o salário mínimo deve ser sempre respeitado em qualquer redução salarial (art. 7º, inciso IV, da CF/1988)[91], isto ocorre quanto ao adicional mencionado.

Os limites à flexibilização no Direito do Trabalho também já foram estudados, remetendo-se o leitor para evitar repetição da matéria.

Como o inciso VI do art. 7º da Constituição da República indica a possibilidade de redução do "salário", a estipulação de valor menor para parcela que não seja salário em sentido estrito viola o princípio constitucional da irredutibilidade salarial. E a aplicação da norma coletiva que estipule tal redução violará o princípio da norma mais benéfica. Ou seja, a afronta será não só ao dispositivo constitucional em específico, como ao *caput* do mesmo art. 7º e também aos fundamentos e princípios, de magnitude constitucional, em que se funda o Direito do Trabalho.

Por isso, embora os adicionais legais tenham natureza salarial, representam, na realidade, um acréscimo ao salário em si, este sim passível de redução nos termos do art. 7º, inciso VI, da Constituição Federal de 1988. E, sendo vedada a interpretação extensiva, é inaceitável fazer equivaler um "complemento do salário"[92] a salário em sentido estrito.

No entanto, cabe fazer referência ao entendimento de que a redução salarial, por meio de negociação coletiva, autorizada pelo art. 7º, inciso VI, da Constituição da República, abrangeria as parcelas de natureza salarial.

13.13.1.2 *Intangibilidade salarial*

O princípio da intangibilidade salarial proíbe que ocorram descontos ilegais e abusivos no salário do empregado.

Para os empregados regidos pela Consolidação das Leis do Trabalho, os arts. 81 e 82 (c/c o art. 458, § 1º, da CLT), embora tratando do salário mínimo legal, indicam a autorização de descontos de utilidades, ou seja, parcelas *in natura*.

Sobre o tema, cabe reiterar que a Súmula 258 do TST: "Os percentuais fixados em lei relativos ao salário *in natura* apenas se referem às hipóteses em que o empregado percebe salário mínimo, apurando-se, nas demais, o real valor da utilidade".

No entanto, conforme o § 3º do art. 458 da CLT, acrescentado pela Lei 8.860/1994: "A habitação e a alimentação fornecidas como salário-utilidade deverão atender aos fins a que se destinam e não poderão exceder, respectivamente, a 25% (vinte e cinco por cento) e 20% (vinte por cento) do salário contratual".

Tratando-se de habitação coletiva, o valor do salário-utilidade a ela correspondente deve ser obtido mediante a divisão do justo valor da habitação pelo número de habitantes, sendo vedada, em

---

[91] Cf. MARTINS, Sergio Pinto. *Direito do trabalho*. 28. ed. São Paulo: Atlas, 2012. p. 337; SÜSSEKIND, Arnaldo. *Instituições de direito do trabalho*. 18. ed. São Paulo: LTr, 1999. v. 1, p. 472.

[92] Cf. essa expressão em NASCIMENTO, Amauri Mascaro. *Teoria jurídica do salário*. 2. ed. São Paulo: LTr, 1997. p. 68-70 e p. 230 e ss.

qualquer hipótese, a utilização da mesma unidade residencial por mais de uma família (art. 458, § 4º, da CLT).

Já no caso do empregado rural, a Lei 5.889/1973, no art. 9º, permite descontos apenas nas hipóteses de "autorização legal ou decisão judiciária", bem como das seguintes parcelas, calculadas sobre o salário mínimo: até o limite de 20% pela ocupação da moradia; até 25% pelo fornecimento de alimentação *sadia e farta*, atendidos os preços vigentes da região; adiantamentos em dinheiro. As referidas deduções devem ser previamente autorizadas, "sem o que serão nulas de pleno direito" (art. 9º, § 1º). Sempre que mais de um empregado residir na mesma morada, o desconto de 20% sobre o salário mínimo deve ser dividido proporcionalmente ao número de empregados, "vedada, em qualquer hipótese, a moradia coletiva de famílias" (art. 9º, § 2º).

Como se nota, a habitação e a alimentação não podem ficar a cargo de intermediários, que explorem eventual desconhecimento ou despreparo relativamente a preços e direitos trabalhistas por parte do trabalhador, mas, sim, do próprio empregador, no âmbito do contrato de trabalho e das suas condições pactuadas e previstas na legislação. Cabe reiterar que o fornecimento não pode ser de qualquer alimentação, mas necessariamente "sadia e farta". Quanto ao preço, deve atender aqueles "vigentes na região"[93]. Quanto à habitação, cabe lembrar que, se o caso for de fornecimento para viabilizar a prestação de serviços, não se trata de utilidade com natureza salarial (fornecida como contraprestação pela prestação dos serviços), mas sim de forma para possibilitar o trabalho (Súmula 367, inciso I, do TST). Por isso, em hipóteses de necessidade de fornecimento do alojamento ao empregado, para possibilitar o labor (como em razão da distância e da localização do trabalho), não se admite o desconto no salário, pois a utilidade apenas estará servindo para viabilizar a atividade do empregador, que corre os riscos do empreendimento, sob pena de violação do princípio da intangibilidade salarial[94].

Para o empregado urbano, regido pela CLT, o art. 462 da CLT também veda ao empregador efetuar desconto nos salários dos empregados, "salvo quando este resultar de adiantamentos, de dispositivos de lei ou de contrato coletivo" (isto é, acordo coletivo ou convenção coletiva de trabalho).

Sobre o tema, merece destaque a Orientação Jurisprudencial 18 da SDC do TST, com a seguinte previsão: "Descontos autorizados no salário pelo trabalhador. Limitação máxima de 70% do salário-base. Os descontos efetuados com base em cláusula de acordo firmado entre as partes não podem ser superiores a 70% do salário-base percebido pelo empregado, pois deve-se assegurar um mínimo de salário em espécie ao trabalhador".

O art. 611-B, inciso XXVI, da CLT, incluído pela Lei 13.467/2017, ao prever que constitui objeto ilícito de convenção coletiva ou de acordo coletivo de trabalho a supressão ou a redução do direito de liberdade de associação profissional ou sindical do trabalhador, assegura, inclusive, o direito de não sofrer, sem sua expressa e prévia anuência, qualquer cobrança ou *desconto salarial* estabelecidos em convenção coletiva ou acordo coletivo de trabalho.

A Lei 10.820, de 17 de dezembro de 2003, dispõe sobre a possibilidade de os empregados autorizarem, de forma irrevogável e irretratável, o desconto em folha de pagamento ou na sua remuneração disponível dos valores referentes ao pagamento de empréstimos, financiamentos, cartões de crédito e operações de arrendamento mercantil concedidos por instituições financeiras e socieda-

---

[93] De acordo com a Orientação Jurisprudencial 133 da SBDI-I do TST: "A ajuda alimentação fornecida por empresa participante do Programa de Alimentação ao Trabalhador, instituído pela Lei 6.321/1976, não tem caráter salarial. Portanto, não integra o salário para nenhum efeito legal".

[94] Cf. PRUNES, José Luiz Ferreira. *Direito do trabalho para advogados e empregadores rurais*. Curitiba: Juruá, 2000. p. 493: "Quando a habitação é concedida para possibilitar o trabalho (sem o que este seria impossível ou difícil), não pode ser paga pelo empregado"; CARRION, Valentin. *Comentários à Consolidação das Leis do Trabalho*. 23. ed. São Paulo: Saraiva, 1998. p. 134: "As utilidades que forem condição para o exercício de qualquer trabalho não podem ser descontadas (ferramentas, uniforme, capacetes)".

des de arrendamento mercantil, quando previsto nos respectivos contratos (art. 1º). O mencionado desconto também pode incidir sobre verbas rescisórias devidas pelo empregador, se assim previsto no respectivo contrato de empréstimo, financiamento, cartão de crédito ou arrendamento mercantil, até o limite previsto no art. 1º, § 1º, da Lei 10.820/2003.

O § 1º do art. 462 da CLT regula o desconto pelo dano causado pelo empregado, que é lícito desde que a possibilidade de desconto tenha sido acordada (no caso de culpa em sentido estrito)[95] ou na ocorrência de dolo[96].

Na mesma linha, a Lei 13.103/2015, no art. 2º, inciso V, *a*, prevê o direito dos motoristas profissionais (de veículos automotores de transporte rodoviário de passageiros e de transporte rodoviário de cargas), se empregados, de não responder perante o empregador por prejuízo patrimonial decorrente da ação de terceiro, *ressalvado o dolo ou a desídia do motorista*, nesses casos mediante comprovação, no cumprimento de suas funções.

Frise-se que o equipamento de proteção individual deve ser fornecido pelo empregador *gratuitamente* aos empregados (art. 166 da CLT), não se admitindo, assim, desconto salarial a respeito.

Ainda sobre essa questão, de acordo com a Súmula 342 do TST:

"Descontos salariais efetuados pelo empregador, com a autorização prévia e por escrito do empregado, para ser integrado em planos de assistência odontológica, médico-hospitalar, de seguro, de previdência privada, ou de entidade cooperativa, cultural ou recreativo-associativa de seus trabalhadores, em seu benefício e de seus dependentes, não afrontam o disposto no art. 462 da CLT, salvo se ficar demonstrada a existência de coação ou de outro defeito que vicie o ato jurídico"[97].

No que se refere ao contrato de trabalho doméstico, é vedado ao empregador doméstico efetuar *descontos no salário* do empregado por fornecimento de alimentação, vestuário, higiene ou moradia, bem como por despesas com transporte, hospedagem e alimentação em caso de acompanhamento em viagem (art. 18 da Lei Complementar 150/2015).

É facultado ao empregador efetuar descontos no salário do empregado em caso de adiantamento salarial e, mediante acordo escrito entre as partes, para a inclusão do empregado em planos de assistência médico-hospitalar e odontológica, de seguro e de previdência privada, não podendo a dedução ultrapassar 20% do salário (art. 18, § 1º, da Lei Complementar 150/2015).

Podem ser descontadas as despesas com moradia quando esta se referir a local diverso da residência em que ocorrer a prestação de serviço, desde que essa possibilidade tenha sido expressamente acordada entre as partes (art. 18, § 2º, da Lei Complementar 150/2015).

As despesas referidas no art. 18, *caput*, da Lei Complementar 150/2015 *não têm natureza salarial* nem se incorporam à remuneração para quaisquer efeitos (art. 18, § 3º, da Lei Complementar 150/2015).

O fornecimento de moradia ao empregado doméstico na própria residência ou em morada anexa, de qualquer natureza, *não gera ao empregado qualquer direito de posse ou de propriedade sobre a referida moradia* (art. 18, § 4º, da Lei Complementar 150/2015).

A referida proibição de o empregador doméstico efetuar descontos no salário do empregado por "fornecimento de alimentação, vestuário, higiene ou moradia" decorre, certamente, da seguinte constatação: tais utilidades, na referida modalidade contratual, são normalmente fornecidas pelo

---

[95] Cf. ainda a Orientação Jurisprudencial 251 da SBDI-I do TST: "Descontos. Frentista. Cheques sem fundos. É lícito o desconto salarial referente à devolução de cheques sem fundos, quando o frentista não observar as recomendações previstas em instrumento coletivo".

[96] Cf. MARTINS, Sergio Pinto. *Direito do trabalho*. 22. ed. São Paulo: Atlas, 2006. p. 286.

[97] Cf. ainda a Orientação Jurisprudencial 160 da SBDI-I do TST: "Descontos salariais. Autorização no ato da admissão. Validade. É inválida a presunção de vício de consentimento resultante do fato de ter o empregado anuído expressamente com descontos salariais na oportunidade da admissão. É de se exigir demonstração concreta do vício de vontade".

empregador não só voluntariamente, mas são até mesmo *necessárias para a própria prestação eficaz dos serviços pelo empregado doméstico*, pois este trabalha no próprio âmbito residencial[98].

Essa situação é ainda mais evidente quando o empregador precisa que o empregado doméstico resida no próprio local de trabalho, assim pactuando o labor, tornando-se imprescindível o fornecimento das referidas utilidades[99].

De acordo com o art. 477, § 5º, da CLT, qualquer compensação no pagamento das verbas rescisórias não poderá exceder o equivalente a um mês de remuneração.

13.13.1.3 *A garantia do art. 467 da CLT*

O art. 467 da CLT, com redação determinada pela Lei 10.272, de 5 de setembro de 2001 (publicada no *Diário Oficial da União* de 06.09.2001), estabelece, *in verbis*:

"Em caso de rescisão de contrato de trabalho, havendo controvérsia sobre o montante das verbas rescisórias, o empregador é obrigado a pagar ao trabalhador, à data do comparecimento à Justiça do Trabalho, a parte incontroversa dessas verbas, sob pena de pagá-las acrescidas de cinquenta por cento".

Assim, existe obrigatoriedade de pagamento das verbas rescisórias incontroversas logo na primeira audiência no foro trabalhista, sob pena de seu pagamento com o acréscimo de 50%.

Em sua redação anterior, esse dispositivo da CLT estabelecia ser obrigatório o pagamento da parte incontroversa dos salários nestas mesmas circunstâncias, ou seja, em caso de extinção do contrato de trabalho e quando do comparecimento do empregador à Justiça do Trabalho, sendo que a penalidade em caso de descumprimento era de pagá-la em dobro.

A alteração fundamental, portanto, é que, antes da Lei 10.272/2001, a referida norma preocupava-se com os *salários* incontroversos, sendo prevista como penalidade a sua *dobra*; com a presente alteração legal, as *verbas rescisórias* passam a figurar na hipótese de incidência normativa, com cominação do acréscimo de 50%. A situação de extinção do contrato de trabalho, como se nota, manteve-se como alvo de preocupação do legislador.

Conforme a atual redação do art. 467 da CLT, as "verbas rescisórias" é que devem ser pagas no momento da primeira audiência trabalhista, sob pena de serem devidas com o adicional de 50%.

Cabe, assim, saber quais verbas são essas. É intuitivo que são valores devidos quando da rescisão (cessação) do contrato de trabalho.

São pagas nesse momento de ruptura do pacto laboral diversas parcelas, das quais podemos exemplificar: aviso prévio, décimo terceiro salário e férias vencidas e proporcionais com 1/3. Nessas mesmas circunstâncias de tempo, o empregador entrega as guias de seguro-desemprego, as guias para saque dos depósitos do FGTS, deposita a indenização de 40% do FGTS em conta vinculada e geralmente paga o saldo de salários.

É óbvio que os direitos rescisórios devidos variam em função do período de duração da relação de emprego e da causa da sua extinção.

---

[98] Cf. PRUNES, José Luiz Ferreira. *Contrato de trabalho doméstico e trabalho a domicílio*. Curitiba: Juruá, 1995. p. 156: "o empregador fornece a utilidade como indispensável à própria realização dos serviços, não a cobrando do empregado. Note-se que neste caso ainda devem se agregar duas afirmativas: a empresa, nesse caso, nada pode cobrar do empregado e, noutro sentido, o valor da habitação também não se soma aos salários. Neste caso a habitação tem uma finalidade nitidamente instrumental, propiciando a prestação ou facilitando os trabalhos".

[99] Cf. MARTINS, Sergio Pinto. *Manual do trabalho doméstico*. 3. ed. São Paulo: Atlas, 1998. p. 100: "É possível, porém, dizer que a habitação não é fornecida pelo trabalho prestado pelo empregado, mas para que o empregado possa desenvolver o trabalho. Assim, a habitação é uma forma para que o trabalho do empregado doméstico possa ser desenvolvido, facilitando a prestação dos serviços. Um mero quarto de dormir, com banheiro, não pode ser considerado como habitação no caso presente, que compreenderia uma casa completa. Não se pode, portanto, considerar a habitação como salário-utilidade".

É relevante deixar claro que, tratando-se de norma prevendo uma penalidade, a sua interpretação deve ser restritiva[100].

Em consequência, por verbas rescisórias devem-se entender as seguintes parcelas, decorrentes da extinção do pacto laboral: saldo salarial (referentes aos dias trabalhados no mês da rescisão e pagos como verbas rescisórias), aviso prévio indenizado, décimo terceiro salário referente ao ano da extinção contratual, férias vencidas, mas ainda não gozadas com 1/3, férias proporcionais com 1/3, participação nos lucros e resultados proporcionais, indenização de 40% do FGTS (Lei 8.036/1990, art. 18, §§ 1º e 2º – sendo que este último trata da culpa recíproca prevendo a indenização em apenas 20%), depósitos do FGTS sobre o aviso prévio indenizado, saldo salarial e 13º salário rescisório, indenização do art. 479 da CLT (art. 14 do Regulamento do FGTS, aprovado pelo Decreto 99.684/1990) e indenização por tempo de serviço, nos termos dos arts. 477, *caput*, e 478 da CLT, c/c a Lei 8.036/1990, art. 14, § 1º (embora esta última indenização esteja em "extinção").

Apenas esses direitos é que, sendo incontroversos, deverão ser pagos pelo empregador quando do comparecimento à Justiça do Trabalho, sob pena do acréscimo de 50%.

Os depósitos do FGTS, incidentes sobre o aviso prévio indenizado (Súmula 305 do TST) e sobre o 13º salário rescisório, também devem ser considerados como "verbas rescisórias", justamente porque são devidos em razão da extinção contratual (Lei 8.036/1990, art. 18, *caput*)[101].

Além disso, seguindo o mesmo raciocínio da Súmula 206 do TST, no caso sob análise, sendo devido o acréscimo sobre o principal, também o será sobre o seu acessório[102].

Pode-se entender que a indenização adicional, prevista nos arts. 9º das Leis 6.708/1979 e 7.238/1984, decorrente da dispensa sem justa causa do empregado, ocorrida no trintídio que antecede a data-base (Súmulas 182, 242, e 314 do TST), também está abrangida pelo dispositivo da CLT. Sendo devida em decorrência da extinção contratual, sem dúvida integra as "verbas rescisórias", estando sujeita à cominação da referida penalidade.

Quanto aos salários em atraso (retidos), não podem ser considerados "verbas rescisórias". Por esta expressão, interpretada restritivamente, apenas se podem compreender aquelas parcelas cujo fato gerador é a cessação da relação de emprego. Os salários retidos não são devidos em consequência do fim do contrato de trabalho, mas sim como contraprestação do labor[103], *independentemente do término do pacto laboral*; quer dizer, não são verbas decorrentes de rescisão contratual.

O seguro-desemprego, por ser benefício pago pelo Estado, também não pode ser aqui incluído, eis que o dever do empregador é entregar as guias respectivas. Nem mesmo a indenização prevista na hipótese da Súmula 389 do TST pode ser aqui incluída, pois este valor indenizatório tem por fundamento, entre outros, os arts. 186 e 927 do Código Civil de 2002, não configurando verba rescisória em sentido estrito.

A norma em questão incide em qualquer caso de extinção do contrato de trabalho, inclusive decorrente de pedido de demissão pelo empregado ou da sua dispensa com justa causa. Onde a lei não distingue, não cabe ao intérprete fazê-lo.

---

[100] Cf. MARTINS, Sergio Pinto. *Comentários à CLT*. 5. ed. São Paulo: Atlas, 2002. p. 421; OLIVEIRA, Francisco Antonio de. *Consolidação das Leis do Trabalho comentada*. 2. ed. São Paulo: RT, 2000. p. 362.

[101] Os depósitos do FGTS sobre aviso prévio indenizado e décimo terceiro salário rescisório, e o da indenização de 40%, tanto são verbas rescisórias, que suas "importâncias" "deverão constar da documentação comprobatória do recolhimento dos valores devidos a título de rescisão do contrato de trabalho, observado o disposto no artigo 477 da CLT" (Lei 8.036/1990, art. 18, § 3º, com redação determinada pela Lei 9.491/1997), devendo estes recolhimentos ser efetuados nos mesmos prazos do § 6º do mesmo artigo 477 (Decreto 99.684/1990, art. 9º, § 5º, com redação determinada pelo Decreto 2.582/1998).

[102] A indenização de 40% e o FGTS incidente sobre as verbas rescisórias de natureza remuneratória são recolhidos na mesma guia GRFP (Guia de Recolhimento Rescisório do FGTS e Informações à Previdência). Em tese, tendo cessado o pacto laboral e sendo incontroverso o direito a tais recolhimentos, cabe ao empregador comprová-los, exibindo a respectiva guia na audiência inaugural, sob pena de serem devidos tais depósitos com o acréscimo de 50%.

[103] Na realidade, a teoria do salário como contraprestação do trabalho não esgota o tema, como se verifica em NASCIMENTO, Amauri Mascaro. *Teoria jurídica do salário*. 2. ed. São Paulo: LTr, 1997. p. 107-125.

O acréscimo de 50% sobre as verbas rescisórias incontroversas é uma penalidade, não possuindo natureza salarial, ainda que a verba rescisória sobre o qual incida o tenha. Por exemplo, caso o 13º salário proporcional seja devido com este acréscimo, o percentual não terá a mesma natureza salarial da parcela principal; sobre esta incide o FGTS (Lei 8.036/1990, art. 15, *caput*), mas sobre os 50% adicionais, não[104].

Não há que falar em *bis in idem* na aplicação conjunta das multas previstas no art. 477, § 8º, da CLT e do acréscimo de 50%, previsto no art. 467 desse mesmo diploma legal.

No caso, aquele dispositivo prevê sanção específica para a inobservância dos prazos para a "entrega ao empregado de documentos que comprovem a comunicação da extinção contratual aos órgãos competentes bem como o pagamento dos valores constantes do instrumento de rescisão ou recibo de quitação" (§ 6º, do art. 477 da CLT); já o art. 467 da CLT sanciona a ausência de pagamento das "verbas rescisórias" em situação bem distinta, qual seja, no momento da audiência inaugural trabalhista, que pressupõe o ajuizamento da respectiva reclamação. As hipóteses de fato das duas normas, portanto, embora semelhantes, não são as mesmas, o que autoriza a incidência de ambas as penalidades de forma independente, desde que verificados os seus respectivos pressupostos.

De acordo com a Súmula 69 do TST, com redação determinada pela Resolução 121/2003: "A partir da Lei 10.272, de 5 de setembro de 2001, havendo rescisão do contrato de trabalho e sendo revel e confesso quanto à matéria de fato, deve ser o empregador condenado ao pagamento das verbas rescisórias, não quitadas na primeira audiência, com acréscimo de 50% (cinquenta por cento)".

Da mesma forma, seguindo o entendimento dominante na doutrina e na jurisprudência, o disposto no art. 467 da CLT não se aplica à massa falida, pois esta não tem disponibilidade para o pagamento imediato das verbas trabalhistas na primeira audiência, nas quais se incluem as verbas rescisórias[105]. Entretanto, caso a falência do empregador seja posterior à audiência na Justiça do Trabalho, há a incidência do referido dispositivo da CLT, justamente porque a quebra, nesse caso, ocorre após a aquisição do direito[106].

Por fim, cabe destacar o parágrafo único do art. 467 da CLT, acrescido pela Medida Provisória 2.180-35, de 24 de agosto de 2001, publicada no *Diário Oficial da União* de 27.08.2001, art. 9º. É a seguinte a sua redação:

> "Parágrafo único. O disposto no *caput* não se aplica à União, aos Estados, ao Distrito Federal, aos Municípios e às suas autarquias e fundações públicas".

O entendimento que prevalecia era de que esse parágrafo único do art. 467 permanecia em vigor.

O dispositivo torna inaplicável o *caput* do art. 467 aos mencionados entes estatais, dotados de personalidade jurídica de direito público.

No entanto, a disposição acrescida pela referida Medida Provisória não preenche os requisitos constitucionais relativos à "relevância e urgência" (art. 62, *caput*, da CF/1988).

---

[104] Entretanto, como o FGTS incide sobre o décimo terceiro salário pago na rescisão contratual, se este depósito em específico for incontroverso, será devido com o acréscimo de 50%, quando não quitado até a audiência inaugural. Isso em razão de estar o FGTS incidente sobre o aviso prévio indenizado e sobre o décimo terceiro salário rescisório incluído no âmbito das "verbas rescisórias".

[105] Súmula 388 do TST: "Massa falida. Arts. 467 E 477 da CLT. Inaplicabilidade (conversão das Orientações Jurisprudenciais 201 e 314 da SBDI-1) – Res. 129/2005 – DJ 20.04.2005. A massa falida não se sujeita à penalidade do art. 467 e nem à multa do § 8º do art. 477, ambos da CLT (ex-OJs n. 201 – DJ 11.08.2003 e 314 – DJ 08.11.2000)". Quanto às empresas em liquidação extrajudicial, não se aplica o mesmo raciocínio, por ausência de norma assim dispondo, tanto que, nesse caso, a jurisprudência não aceita a falta de pagamento de custas e do depósito recursal, nos termos da Súmula 86 do TST, e ressalta ser direta a execução pelo juízo trabalhista.

[106] Nesse sentido, cf. Súmula da Jurisprudência Dominante em Dissídios Individuais do Tribunal Regional do Trabalho da 15ª Região, número 21, tratando da aplicação da dobra salarial prevista na redação anterior do art. 467 da CLT: "É cabível a aplicação da dobra prevista no art. 467, da CLT, quando a decretação da falência é posterior à realização da primeira audiência".

Além disso, ainda que se admitisse a constitucionalidade da referida Medida Provisória, o mencionado parágrafo único, por ela acrescido, não mais vigora, embora este último aspecto nem sempre seja observado pela doutrina e jurisprudência.

A já mencionada Lei 10.272/2001, que alterou a redação do art. 467 da CLT, entrou em vigor em 6 de setembro de 2001, data de sua publicação no *DOU*, nos termos do seu art. 2º. Antes de sua vigência, o mencionado dispositivo tinha o parágrafo único, acrescentado por Medida Provisória. Portanto, antes da vigência da Lei 10.272, assim se encontrava a CLT:

"Art. 467. *omissis*.

Parágrafo único. *omissis*" (parágrafo acrescentado pela Medida Provisória 2.180-35, de 24 de agosto de 2001, publicada no *Diário Oficial da União* de 27.08.2001).

A referida Lei 10.272, em seu art. 1º, estabeleceu:

"O art. 467 da Consolidação das Leis do Trabalho, aprovada pelo Decreto-lei 5.452, de 1º de maio de 1943, passa a vigorar com a seguinte redação:

'Art. 467. *omissis*'. (NR)".

Como é visível, a Lei 10.272/2001, ao conferir esta nova redação, estabeleceu que o art. 467 da CLT não é integrado por qualquer parágrafo único. O que existia, introduzido por Medida Provisória, acabou sendo *revogado*. Isso fica ainda mais claro quando se observa que a lei mencionada, após alterar o "Art. 467", *não* fez constar qualquer sinal gráfico ("............"), em seguida à redação determinada, que pudesse indicar a manutenção do parágrafo único anteriormente existente[107].

Frise-se que esta lei vigorou a partir de 06.09.2001, data posterior ao início da vigência da última edição da Medida Provisória em questão (27.08.2001).

Para que não pairem dúvidas, basta lembrar que a lei, ao grafar com "............", embora esteja alterando a norma, mantém *o que vem em seguida*, na forma disposta antes da alteração, no caso, o parágrafo. Com a Lei 10.272/2001, no entanto, reitere-se, isso não ocorreu, de modo que esta lei posterior não manteve em vigência o parágrafo único, acrescido por medida provisória anterior.

No caso, ocorreu a revogação do mencionado parágrafo por lei posterior, nos termos da Lei de Introdução às Normas do Direito Brasileiro (Decreto-lei 4.657/1942), art. 2º, *caput* e § 1º. Mais especificamente, a Lei 10.272/2001, ao dar nova redação ao art. 467 da CLT, regulou inteiramente a matéria de que tratava esse dispositivo em sua redação anterior[108]. Aliás, entendo que a revogação foi evidente, pois a lei posterior excluiu o parágrafo, na medida em que não previu a sua existência.

---

[107] Quanto a esta técnica na redação das leis, observe-se, a título de exemplo, que a Lei 10.303, de 31 de outubro de 2001, em seu art. 2º, alterou diversos dispositivos da Lei 6.404/1976, entre eles, os seus arts. 31, 115, 118 e 291. Estes dispositivos, antes da alteração mencionada, eram compostos de *caput* e §§. Pois bem, a Lei 10.303, ao alterá-los, após conferir a nova redação, fez constar "............" logo em seguida, sinalizando que os §§ não estavam sendo revogados, mas sim tendo sua vigência mantida. Isto ocorreu com a Lei 9.756, de 17 de dezembro de 1998, que alterou, em seu art. 2º, a CLT; após dar nova redação ao seu artigo 896 (*caput* e §§ 1º a 4º), fez constar "............", com o que o § 5º desse dispositivo não foi objeto de revogação, tanto que a Lei 9.957/2000 acresceu o § 6º a esse dispositivo consolidado. Cf. ainda a mesma técnica na Lei 10.288, de 20 de setembro de 2001 (que também alterou a CLT, ao acrescer o § 10 a seu artigo 789, fazendo constar o sinal gráfico "............", de forma a manter em vigência o *caput* e os §§ 1º a 9º desse dispositivo), na Lei 10.243, de 19 de junho de 2001, e na Lei 10.218, de 11 de abril de 2001. Ainda exemplificando, verifica-se que na Medida Provisória 2.164, de 24 de agosto de 2001, em seu art. 10, consta: "O *caput* do art. 2º da Lei 9.601, de 21 de janeiro de 1998, passa a vigorar com a seguinte redação:". Ou seja, quando a norma jurídica altera somente a cabeça do dispositivo, há menção expressa neste sentido. Com a Lei 10.272, diversamente, não consta qualquer alusão, explícita nem implícita, de que apenas o *caput* esteja sendo alterado. Nesse caso, a alteração, portanto, foi de todo o dispositivo, acabando por revogar o parágrafo único do art. 467 da CLT.

[108] Esta conclusão em nada se altera diante de ausência da expressão "revogado" quanto ao referido parágrafo único. Aliás, como este não era decorrente de lei em sentido estrito, mas sim acrescido por medida provisória, dependendo de conversão em lei pelo Congresso Nacional, seria pouco provável a observância explícita dessa cautela na redação do projeto que deu origem à Lei 10.272. De qualquer modo, a Lei de Introdução às Normas do Direito Brasileiro (no caso, art. 2º, *caput*, e § 1º) não foi alterada, nem revogada ou derrogada, pela Lei Complementar 95/1998.

É importante realçar ser irrelevante se isso era ou não o desejo do legislador: no Estado (Democrático) de Direito, estamos sob o império da lei, e não dos homens, nem mesmo daqueles a quem foi atribuído o poder-dever de formular normas jurídicas. Trata-se do princípio, fundamental, da legalidade, e que representa garantia de estatura constitucional (arts. 1º e 5º, inciso II, da CF/1988).

De qualquer modo, o que a medida provisória em questão excluía (no tocante à União, aos Estados, ao Distrito Federal, aos Municípios e às suas autarquias e fundações públicas) era o dever jurídico de, uma vez extinto o contrato de trabalho, pagar os salários incontroversos até a data do comparecimento à Justiça do Trabalho, sob pena de seu pagamento em dobro, ou seja, o que dispunha a antiga redação do art. 467 da CLT. Tendo sido alterado o comando normativo desse dispositivo da CLT, não se pode presumir, *sem lei que assim disponha*, que esses entes de direito público não tenham o dever de pagamento das verbas rescisórias incontroversas até a data da audiência inaugural, sob pena de pagá-las com o acréscimo de 50% (art. 467 da CLT, com redação determinada pela Lei 10.272/2001).

Por outras palavras, o art. 9º da Medida Provisória 2.180-35 excluía a incidência de um dever jurídico que não mais vigora (antiga redação do art. 467), com o que, sem dúvida, perdeu o seu objeto. Ausente qualquer norma jurídica que, após a Lei 10.272/2001, determine a exclusão do atual conteúdo normativo do art. 467 da CLT, é vedado ao intérprete fazê-lo.

Reitere-se: não se pode presumir que a exclusão antigamente feita, relativa a *salários incontroversos*, tenha se modificado, sem lei que assim prescreva, em exclusão acerca das *verbas rescisórias incontroversas*. Tal presunção violaria, de forma clara e direta, o já mencionado princípio constitucional da legalidade.

Digno de nota, ainda, que a Medida Provisória tem "força de lei" (art. 62, *caput*, da CF/1988). Assim, nada mais factível do que a revogação de medida provisória por lei ordinária, uma vez que fontes formais do Direito de mesma hierarquia no sistema jurídico, tal o que, como demonstrado, ocorreu quanto ao parágrafo único do art. 467 da CLT.

À primeira vista, quando da publicação da Lei 10.272/2001, pôde-se imaginar que a questão referente ao parágrafo único do art. 467 da CLT ficaria resolvida com a nova edição da medida provisória que acrescia este parágrafo.

Entretanto, após a entrada em vigor daquela lei (06.09.2001), eis que foi promulgada a Emenda Constitucional 32, de 11 de setembro de 2001, com vigência a partir de 12.09.2001, nos termos de seu art. 3º. Embora essa Emenda Constitucional tenha alterado os dispositivos constitucionais referentes à edição de medidas provisórias, quando da sua vigência, o parágrafo único do art. 467 da CLT, que tinha sido acrescido por Medida Provisória, já estava revogado pela Lei 10.272/2001, como acima exposto.

A partir dessa Emenda Constitucional 32/2001, enrijecida a amplitude desta modalidade – anômala – legislativa, o fato é que não houve nova edição da Medida Provisória 2.180. Esta norma dispôs sobre muitos outros temas, os quais não foram revogados, o que só ocorreu, de forma específica, com o acréscimo de parágrafo único ao art. 467 da CLT.

Assim sendo, a esta medida provisória, editada, como muitas outras, "em data anterior à da publicação" da Emenda Constitucional 32, em tese, aplica-se – com exceção de seu art. 9º, na parte em que acrescentava parágrafo único ao art. 467 da CLT – a "polêmica" regra constante no seu art. 2º, no sentido de que continua "em vigor até que medida provisória ulterior as revogue explicitamente ou até deliberação definitiva do Congresso Nacional". Daí por que, realmente, nem se poderia cogitar de reedição da mesma medida provisória.

Ou seja, ainda que, em princípio, deva-se procurar obedecer à regra de indicação expressa das disposições legais revogadas (arts. 9º e 12, III, *c*, da LC 95), isso não é requisito essencial para a revogação de preceito legal. Como é óbvio, esta continua podendo ser explícita (expressa) ou implícita (tácita). Além do mais, ainda que eventualmente pudesse existir falha "formal" na Lei 10.272, quanto à revogação (expressa) do parágrafo único do art. 467 da CLT, isso, por qualquer ângulo, "não constitui escusa válida para o seu descumprimento" (art. 18 da LC 95/1998), inclusive no que tange à mencionada revogação por meio desta lei.

De qualquer modo, o art. 2º dessa Emenda Constitucional 32/2001 *não* se aplica à hipótese objeto de análise: a lei posterior *revogou*, em data anterior à vigência da Emenda 32, o acréscimo anteriormente efetuado (ao art. 467 da CLT) pela MP (a qual tem força de lei).

Inexistindo, como visto acima, exclusão legal expressa da aplicação do art. 467 da CLT aos entes estatais dotados de personalidade jurídica de direito público, cabe verificar sua compatibilidade perante o sistema jurídico como um todo.

Como se sabe, a Fazenda Pública Federal, Estadual ou Municipal, quanto a seus débitos reconhecidos judicialmente, tem a prerrogativa de pagamento por meio de precatório requisitório (art. 100 da Constituição Federal), com exceção da dívida de pequeno valor (§ 3º do art. 100 da CF/1988, com redação determinada pela Emenda Constitucional 62/2009, art. 87 do ADCT, acrescido pela Emenda Constitucional 37/2002 e Orientação Jurisprudencial 1 do Pleno do TST). Mesmo quanto aos créditos trabalhistas que não forem de pequeno valor, embora assegurado o direito de preferência, é pacífica a sujeição ao regime do precatório, com o pagamento dos créditos de natureza alimentícia obedecendo, entre eles, uma ordem cronológica específica, de apresentação da requisição judicial (Súmula 655 do STF, Lei 9.469/1997, art. 6º, § 1º, e Súmula 144 do STJ).

Não obstante, ajuizada ação trabalhista, sendo incontroversas as "verbas rescisórias", tem o órgão público, que figure como ex-empregador, o dever de pagá-las já na primeira audiência, sob pena de serem devidas com o acréscimo de 50% (art. 467 da CLT, com redação determinada pela Lei 10.272/2001).

Não são todos os pagamentos feitos pelo ente público que dependem do ajuizamento de ação, para posterior recebimento por meio de precatório. Os salários de seus empregados públicos são pagos mensalmente, sem nem mesmo se cogitar de demanda judicial. Do mesmo modo, as verbas rescisórias, em princípio, devem ser, e geralmente o são, quitadas pelos entes de direito público quando da cessação do pacto laboral. O ente estatal, contratando mão de obra por meio do regime trabalhista, no caso, tem o dever de pagá-las, pois também está sujeito à lei (Estado de Direito, princípio da legalidade). Se, mesmo não contestando as verbas rescisórias, não efetua o pagamento até a data do comparecimento à Justiça do Trabalho, deve ser judicialmente condenado no seu pagamento com os 50%.

Esse crédito, objeto de condenação judicial, somente poderá ser pago por meio de precatório; isso, no entanto, não significa que o ente público não tenha o dever de pagar as verbas rescisórias, nem que não se sujeitem ao mencionado acréscimo legal. A sujeição ao pagamento por precatório, aliás, não obsta que o ente estatal de direito público pague as verbas rescisórias (e os demais direitos trabalhistas) que reconheça e sejam devidas, independentemente de demanda judicial.

Tanto é assim que a multa por atraso no pagamento das verbas rescisórias, prevista no art. 477, § 8º, da CLT, decorrente da inobservância dos prazos previstos no § 6º deste mesmo dispositivo legal, é aplicável às pessoas jurídicas de direito público, segundo estabelece a Orientação Jurisprudencial 238 da SBDI-I do C. TST[109].

Não se pode confundir, portanto, a existência do direito subjetivo (no caso, o previsto no art. 467 da CLT), que corresponde ao dever jurídico do ente estatal (idem), com a forma de seu pagamento quando decorrente de condenação judicial. Surgindo o conflito quanto a este direito/dever, caberá ao Poder Judiciário solucioná-lo; caso reconheça referido direito perante a Fazenda Pública, o pagamento é que será concretizado por meio do precatório requisitório, ou pela sistemática do débito de pequeno valor. Isso, no entanto, como é óbvio, não afasta a existência e a aquisição do direito subjetivo.

Em outras palavras, a norma processual pertinente à execução do crédito judicial não interfere na aquisição do direito subjetivo e no correspondente dever jurídico do ente estatal. Se o óbice do

---

[109] "Multa. Art. 477 da CLT. Pessoa jurídica de direito público. Aplicável. Submete-se à multa do art. 477 da CLT a pessoa jurídica de direito público que não observa o prazo para pagamento das verbas rescisórias, pois nivela-se a qualquer particular, em direitos e obrigações, despojando-se do *jus imperii* ao celebrar um contrato de emprego". Esclareça-se que apenas a assistência prevista nos §§ 1º a 3º do art. 477 da CLT é que não se impunha aos entes de direito público, nos termos do Decreto-lei 779/1969, art. 1º, inciso I.

precatório fosse aplicado de forma tão ampla, bastaria à Fazenda Pública mencioná-lo para inadimplir qualquer dever legal, o que, sem dúvida, além de ser antidemocrático, constituiria verdadeira afronta ao primado da Lei e do Estado Democrático de Direito.

Finalizando, tem-se ainda que, nas precisas lições de Francisco Antonio de Oliveira, ao comentar o indigitado parágrafo único do art. 467 da CLT:

> "Não existe razoabilidade no parágrafo único, posto que o salário não pode ser alterado, visto que tem natureza alimentar. Também o servidor público paga impostos e tem gastos obrigatórios para a manutenção da família. A Medida Provisória 1.984-19/2000 demonstra total falta de sensibilidade e deverá encontrar resistência em sede trabalhista"[110].

13.13.2 Garantias do salário perante credores do empregado

O salário, por apresentar natureza alimentícia, é considerado impenhorável. Tem-se, assim, a impenhorabilidade como garantia do salário perante credores do próprio empregado. Tal regra é prevista no art. 833, inciso IV, do CPC de 2015 (art. 649, inciso IV, do CPC de 1973).

Em conformidade com a referida disposição, são impenhoráveis os vencimentos, os subsídios, os soldos, os salários, as remunerações, os proventos de aposentadoria, as pensões, os pecúlios e os montepios, bem como as quantias recebidas por liberalidade de terceiro e destinadas ao sustento do devedor e de sua família, os ganhos de trabalhador autônomo e os honorários de profissional liberal, ressalvado o § 2º do art. 833 do CPC de 2015.

Essa previsão de impenhorabilidade não se aplica ao caso de penhora "para pagamento de prestação alimentícia, independentemente de sua origem" (§ 2º do art. 833 do CPC de 2015 e § 2º do art. 649 do CPC de 1973).

Como se nota, a garantia em questão apresenta ressalva, admitindo a penhorabilidade no caso de o próprio empregado ser devedor de prestação alimentícia, por exemplo, a ascendentes, descendentes ou cônjuge.

Ademais, com o Código de Processo Civil de 2015, a referida impenhorabilidade também não se aplica relativamente às "importâncias excedentes a 50 (cinquenta) salários mínimos mensais" (art. 833, § 2º).

Na realidade, a "disposição abrange salário a qualquer título, isto é, todo direito do empregado, presente, passado, futuro, pago ou não pago, na constância do emprego ou por despedida (*RT* 618/195, *JTJ* 205/231). Assim, não é possível penhora de saldo em conta-corrente bancária, se proveniente de salário (*Lex-JTA* 148/160)"[111].

Logo, tratando-se, efetivamente, de salário, mesmo se depositado em conta corrente, o valor não perde a natureza salarial, com a sua finalidade alimentar, inclusive em conformidade com o art. 464, parágrafo único, da CLT[112]. A hipótese é diferente se o valor refere-se à aplicação financeira ou depósito bancário similar, caso em que se perdem a natureza e o objetivo do salário propriamente. O art. 833 do CPC de 2015 e o art. 649 do CPC de 1973 esclarecem que é impenhorável "a quantia depositada em caderneta de poupança, até o limite de 40 (quarenta) salários mínimos" (inciso X). Assim, o valor excedente ao referido limite é considerado penhorável, quando depositado na caderneta de poupança.

Cabe destacar a existência de corrente de entendimento defendendo que, no caso de *execução de crédito trabalhista*, a impenhorabilidade do salário recebido pelo executado deve ser interpretada

---

[110] OLIVEIRA, Francisco Antonio de. *Consolidação das Leis do Trabalho comentada*. 2. ed. São Paulo: RT, 2000. p. 362.
[111] NEGRÃO, Theotonio (Org.). *Código de Processo Civil e legislação processual em vigor*. 32. ed., com a colaboração de José Roberto Ferreira Gouvêa. São Paulo: Saraiva, 2001. p. 712, nota 25 ao art. 649 do CPC.
[112] Em sentido diverso, cf. MARTINS, Sergio Pinto. *Direito do trabalho*. 22. ed. São Paulo: Atlas, 2006. p. 281: "Estando o salário na conta corrente, já não é mais salário, mas numerário à disposição do cliente, podendo ser penhorado".

em sintonia com os princípios da razoabilidade e da proporcionalidade. Argumenta-se que *o crédito trabalhista também possui natureza alimentícia*, conforme o art. 100, § 1º, da Constituição da República. Sendo assim, observa-se, no caso, um confronto entre dois princípios, quais sejam: o da impenhorabilidade salarial e o da supremacia e natureza alimentar do crédito trabalhista.

Como a satisfação do crédito trabalhista é exigência para a garantia da própria *dignidade da pessoa humana*, referida corrente de entendimento, aplicando os *princípios da proporcionalidade e da razoabilidade*, defende que, se tiverem sido esgotadas todas as tentativas para a garantia da execução do crédito trabalhista, torna-se possível a penhora de certo montante do salário do devedor do referido crédito trabalhista, preservando-se, ao mesmo tempo, o mínimo necessário à subsistência do devedor (executado). Nesse sentido, cabe transcrever a seguinte decisão:

"Art. 649, IV, do CPC. Impenhorabilidade do salário. Execução trabalhista. Em se tratando de execução trabalhista, o artigo 649, IV, do CPC deve ser aplicado com prudência e razoabilidade, interpretando-se a expressão 'pagamento de prestação alimentícia', nos termos do artigo 100, § 1º-A, da Constituição Federal. Assim sendo, revela-se possível e viável a penhora de parte do salário percebido pelo executado, desde que a constrição judicial não importe em sonegação do mínimo necessário à sua subsistência e que tenham sido esgotadas todas as diligências no sentido de se encontrarem bens suficientes à garantia da execução" (TRT da 3ª Região, 3ª T., AP, Processo 00821-2005-106-03-00, Rel. Juiz César Pereira da Silva Machado Júnior, *DJMG* 16.12.2006).

Tendo em vista que a constrição judicial não deve comprometer o "mínimo necessário ao atendimento das necessidades básicas do executado e de sua família", no julgado acima, foi decidido que "a penhora deverá limitar-se a 15% do valor do salário" do executado, com vistas à satisfação do crédito trabalhista objeto da execução.

No mesmo sentido, pode-se transcrever a seguinte ementa:

"Execução. Salário. Impenhorabilidade. Princípio da proporcionalidade. Aplicação. O entendimento que, a cada dia, vem se encorpando mais, reconhece que o positivismo se exauriu, não servindo mais como modelo único para a solução de inúmeras questões submetidas a julgamento, de modo que é chegada a hora do póspositivismo, que permite se tenha a lei não mais como algo a ser endeusado, mas, apenas, como um dos elementos a ser tido em linha de consideração, quando da apreciação de um conflito de interesses, o que precisava mesmo ocorrer, mormente num País no qual os responsáveis pela feitura de leis quase não se preocupam (ou não se preocupam um mínimo sequer?!), com as necessidades e os interesses da sociedade – salvo honrosas exceções –, e sim tão somente com os daqueles segmentos cujos interesses tomam a peito (e alma) defender, para o que, aí sim, não medem esforços, sendo incomparavelmente dedicados. Partindo desse novo modo de sentir, não mais vinga a tese da impenhorabilidade do salário, sempre e em qualquer situação, pois, em cada caso concreto, há de existir um exame dos interesses postos em posição antagônica, para se ver qual deles é o protegido pelo sistema jurídico, lembrando que o pós-positivismo, entre suas ideias, trouxe a de que os princípios são uma espécie do gênero norma, sendo a outra espécie a regra, tendo, portanto, ambos, vocação para embasar uma decisão judicial, pois que os princípios podem (*rectius*: devem) ser tidos em linha de consideração na magna hora em que se vai definir qual norma a que compete regular o caso concreto, pois trazem a vantagem de, em existindo algum conflito entre eles, fixar-se qual o que deva prevalecer, na situação específica, o que não significa que o que deixou de ser observado tenha perdido sua força, poderá e certamente será observado em outra situação, em que se entender que sua prevalência é a que melhor responderá aos anseios de justiça. Destarte, quando parte do salário é penhorado, para a satisfação de crédito de natureza salarial, prestigiado resta, como deve ser, o princípio da proporcionalidade, o que somente poderia deixar de ocorrer em situações especialíssimas, nas quais outro princípio possa ser magoado, o que apenas o exame do caso concreto poderá determinar. Enfim, existindo uma questão de impenhorabilidade de salário reclamando solução, a mesma não pode ser encontrada apenas nos horizontes, hoje estreitos e/ou insuficientes, do quanto disposto no artigo 649, IV, do CPC, a não ser assim, de acrescentar, a própria Constituição Federal será atropelada" (TRT 15ª Região, 3ª T., AP, Processo 00961-2004-073-15-00-4, Rel. Juiz Francisco Alberto da Motta Peixoto Giordani, *DOESP* 03.03.2006).

Nos termos do art. 833, § 2º, do CPC de 2015, o disposto nos seus incisos IV e X (sobre impenhorabilidade de salários e de quantia depositada em caderneta da poupança até o limite de 40 salários mínimos) não se aplica à hipótese de penhora para pagamento de prestação alimentícia, *independentemente de sua origem*, bem como relativamente às *importâncias excedentes a 50 salários mínimos mensais*, devendo a constrição observar o disposto nos arts. 528, § 8º, e 529, § 3º[113], ambos do CPC de 2015, que tratam do cumprimento de sentença que condena ao pagamento de prestação alimentícia.

Segundo a Orientação Jurisprudencial 153 da SBDI-II do TST:

"Mandado de segurança. Execução. Ordem de penhora sobre valores existentes em conta salário. Art. 649, IV, do CPC de 1973. Ilegalidade. Ofende direito líquido e certo decisão que determina o bloqueio de numerário existente em conta salário, para satisfação de crédito trabalhista, ainda que seja limitado a determinado percentual dos valores recebidos ou a valor revertido para fundo de aplicação ou poupança, visto que o art. 649, IV, do CPC de 1973 contém norma imperativa que não admite interpretação ampliativa, sendo a exceção prevista no art. 649, § 2º, do CPC de 1973 espécie e não gênero de crédito de natureza alimentícia, não englobando o crédito trabalhista".

De todo modo, conforme mencionado acima, com o CPC de 2015, além da hipótese de prestação alimentícia, "independentemente de sua origem", como é o caso do crédito trabalhista, conforme a atual jurisprudência do TST (SBDI-II, RO 21601-36.2017.5.04.0000, Rel. Min. Maria Helena Mallmann, *DEJT* 07.12.2017), passou-se a admitir a penhora de rendimentos elevados, ou seja, do valor superior a 50 salários mínimos de verbas com natureza salarial ou remuneratória.

Em outras palavras, passa a ser penhorável o valor superior a 50 salários mínimos mensais dos vencimentos, subsídios, soldos, salários, remunerações, proventos de aposentadoria, pensões, pecúlios e montepios, bem como quantias recebidas por liberalidade de terceiro e destinadas ao sustento do devedor e de sua família, ganhos de trabalhador autônomo e honorários de profissional liberal.

13.13.3 Garantias do salário perante credores do empregador

Quando se faz menção à garantia do salário, como direito do empregado em face de outros credores do empregador, tem-se a questão da supremacia do crédito trabalhista perante os demais créditos.

A Convenção 95 da OIT, ratificada pelo Brasil e promulgada pelo Decreto 41.721/1957 (atualmente Decreto 10.088/2019), estabelece que, em caso de falência ou de liquidação judicial da empresa, os empregados serão credores privilegiados dos salários que não ultrapassem os limites previstos na legislação nacional.

A CLT, no art. 449, *caput*, também estabelece que: "Os direitos oriundos da existência do contrato de trabalho subsistirão em caso de falência, concordata ou dissolução da empresa". Atualmente, com a Lei 11.101/2005, não mais se verifica a concordata, mas sim a recuperação de empresa.

Antes da entrada em vigor da referida Lei (de falência e recuperação de empresas), prevalecia o disposto no art. 449, § 1º, da CLT, no sentido de que: "Na falência, constituirão créditos privilegiados a totalidade dos salários devidos ao empregado e a totalidade das indenizações a que tiver direito".

Seguindo a mesma linha, o art. 186 do Código Tributário Nacional (Lei 5.172/1966, recepcionada pela CF/1988 como lei complementar) estabelecia, em sua redação original, que o crédito tributário

---

[113] "§ 3º Sem prejuízo do pagamento dos alimentos vincendos, o débito objeto de execução pode ser descontado dos rendimentos ou rendas do executado, de forma parcelada, nos termos do *caput* deste artigo, contanto que, somado à parcela devida, não ultrapasse cinquenta por cento de seus ganhos líquidos".

prefere a qualquer outro, seja qual for sua natureza ou o tempo de sua constituição, "ressalvados os créditos decorrentes da legislação do trabalho ou do acidente de trabalho".

Dessa forma, a antiga Lei de Falência (Decreto-lei 7.661/1945), no art. 102, *caput*, previa a "preferência dos créditos dos empregados, por salários e indenizações trabalhistas, sobre cuja legitimidade não haja dúvida, ou quando houver, em conformidade com a decisão que for proferida na Justiça do Trabalho".

Quanto à concordata, o entendimento pacificado consolidou-se no sentido de que: "A concordada do empregador não impede a execução de crédito nem a reclamação de empregado na Justiça do Trabalho" (Súmula 227 do STF).

Assim, estabelecia o § 2º do art. 449 da CLT que, havendo concordata na falência, era facultado aos contratantes tornar sem efeito a rescisão do contrato de trabalho e consequente indenização, desde que o empregador pagasse, no mínimo, metade dos salários devidos ao empregado durante o interregno.

Como já mencionado, a atual Lei 11.101/2005 não mais prevê a concordata, passando a regular o instituto da recuperação de empresa, que pode ser judicial ou extrajudicial. No caso da recuperação judicial, entende-se que pode ser aplicada a disposição do art. 449, § 2º, da CLT[114], em interpretação evolutiva desta regra jurídica.

Digno de realce, assim, o ensinamento de Francisco Antonio de Oliveira, no sentido de que: "o crédito trabalhista goza de superprivilégio e está colocado na ordem de preferência acima do próprio executivo fiscal"[115], nos termos da Lei 5.172/1966 (Código Tributário Nacional), art. 186. Efetivamente, o crédito trabalhista, como mencionado, apresenta caráter alimentar, em conformidade com o art. 100, § 1º, da Constituição Federal de 1988.

Observado esse panorama, cabe verificar como ficou a questão com a atual Lei 11.101, de 9 de fevereiro de 2005 (*DOU* de 09.02.2006), tendo entrado em vigor 120 dias após sua publicação, conforme o art. 201[116], regulando a recuperação judicial, a recuperação extrajudicial e a falência do empresário e da sociedade empresária. O referido diploma legal revogou, expressamente, a antiga Lei de Falência (art. 200).

O art. 83 da Lei 11.101/2005, com as alterações decorrente da Lei 14.112/2020, estabelece que a *classificação dos créditos* na falência obedece à seguinte ordem:

"I – os créditos derivados da legislação trabalhista, limitados a 150 (cento e cinquenta) salários mínimos por credor, e aqueles decorrentes de acidentes de trabalho;

II – os créditos gravados com direito real de garantia até o limite do valor do bem gravado;

III – os créditos tributários, independentemente da sua natureza e do tempo de constituição, exceto os créditos extraconcursais e as multas tributárias;

IV – (revogado);

V – (revogado);

VI – os créditos quirografários, a saber:

a) aqueles não previstos nos demais incisos deste artigo;

b) os saldos dos créditos não cobertos pelo produto da alienação dos bens vinculados ao seu pagamento; e

c) os saldos dos créditos derivados da legislação trabalhista que excederem o limite estabelecido no inciso I do *caput* deste artigo;

---

[114] Cf. MARTINS, Sergio Pinto. *Direito do trabalho*. 22. ed. São Paulo: Atlas, 2006. p. 284.

[115] OLIVEIRA, Francisco Antonio de. *A execução na Justiça do Trabalho*. 4. ed. São Paulo: RT, 1999. p. 115.

[116] Cabe destacar a regra de transição do art. 192: "Esta Lei não se aplica aos processos de falência ou de concordata ajuizados anteriormente ao início de sua vigência, que serão concluídos nos termos do Decreto-lei 7.661, de 21 de junho de 1945".

VII – as multas contratuais e as penas pecuniárias por infração das leis penais ou administrativas, incluídas as multas tributárias;

VIII – os créditos subordinados, a saber:

a) os previstos em lei ou em contrato; e

b) os créditos dos sócios e dos administradores sem vínculo empregatício cuja contratação não tenha observado as condições estritamente comutativas e as práticas de mercado;

IX – os juros vencidos após a decretação da falência, conforme previsto no art. 124 desta Lei.

§ 1º Para os fins do inciso II do *caput* deste artigo, será considerado como valor do bem objeto de garantia real a importância efetivamente arrecadada com sua venda, ou, no caso de alienação em bloco, o valor de avaliação do bem individualmente considerado.

§ 2º Não são oponíveis à massa os valores decorrentes de direito de sócio ao recebimento de sua parcela do capital social na liquidação da sociedade.

§ 3º As cláusulas penais dos contratos unilaterais não serão atendidas se as obrigações neles estipuladas se vencerem em virtude da falência.

§ 4º (revogado).

§ 5º Para os fins do disposto nesta Lei, os créditos cedidos a qualquer título manterão sua natureza e classificação.

§ 6º Para os fins do disposto nesta Lei, os créditos que disponham de privilégio especial ou geral em outras normas integrarão a classe dos créditos quirografários".

Parte da doutrina aponta a inviabilidade da cessão do salário, pois este é devido em favor do empregado, que presta serviços com pessoalidade, havendo incompatibilidade dessa cessão com as normas de proteção que regulam a matéria, sabendo-se que o salário deve ser pago diretamente ao empregado (art. 464 da CLT)[117]. No entanto, para os fins do disposto na Lei 11.101/2005, que disciplina a recuperação judicial, a recuperação extrajudicial e a falência do empresário e da sociedade empresária, os créditos cedidos a qualquer título manterão sua natureza e classificação (art. 83, § 5º, da Lei 11.101/2005, incluído pela Lei 14.112/2020).

Como se verifica, o privilégio do crédito trabalhista sofreu substancial alteração com a referida Lei 11.101/2005, pois apenas aqueles "limitados a 150 (cento e cinquenta) salários mínimos por credor" (e os decorrentes de acidentes de trabalho, estes sem limite máximo) é que permanecem na primeira colocação.

Os saldos dos créditos derivados da legislação trabalhista que excederem o limite estabelecido no inciso I do *caput* do art. 83 da Lei 11.101/2005 são considerados créditos quirografários (inciso VI, c), ou seja, sem qualquer preferência ou privilégio.

A justificativa para a referida limitação seria no sentido de evitar fraudes, em prejuízo das demais modalidades de credores, que também devem receber seus créditos, ainda que seja em parte.

Como o tema também alcança matéria prevista no Código Tributário Nacional, a Lei Complementar 118, de 9 de fevereiro de 2005, alterou a redação do art. 186 do referido diploma legal, passando a estabelecer que:

"O crédito tributário prefere a qualquer outro, seja qual for sua natureza ou o tempo de sua constituição, ressalvados os créditos decorrentes da legislação do trabalho ou do acidente de trabalho.

Parágrafo único. Na falência:

I – o crédito tributário não prefere aos créditos extraconcursais ou às importâncias passíveis de restituição, nos termos da lei falimentar, nem aos créditos com garantia real, no limite do valor do bem gravado;

---

[117] Cf. GOMES, Orlando; GOTTSCHALK, Elson. *Curso de direito do trabalho*. 18. ed. atual. por José Augusto Rodrigues Pinto e Otávio Augusto Reis de Sousa. Rio de Janeiro: Forense, 2007. p. 284-285.

II – a lei poderá estabelecer limites e condições para a preferência dos créditos decorrentes da legislação do trabalho; e

III – a multa tributária prefere apenas aos créditos subordinados".

Chama a atenção, ainda, que os "créditos gravados com direito real de garantia até o limite do valor do bem gravado" (inciso II do art. 83 da Lei 11.101/2005, com redação dada pela Lei 14.112/2020) passaram a figurar na segunda posição na ordem de classificação na falência, antes mesmo dos créditos tributários (inciso III do art. 83 da Lei 11.101/2005).

Há entendimento no sentido de que a referida "fixação do valor em salários mínimos é inconstitucional, pois serve de forma de indexação, que é vedado pelo inciso IV do art. 7º da Constituição, que proíbe a vinculação ao salário mínimo para qualquer fim"[118].

No entanto, sob esse aspecto, entende-se não se verificar a mencionada inconstitucionalidade. A interpretação teleológica do referido dispositivo constitucional mostra que a vinculação ao salário mínimo é vedada como fator de indexação da economia.

O próprio reajuste do salário mínimo, em termos financeiros, pode acarretar repercussões na economia do país (por exemplo, possibilitando a elevação do nível do consumo). Entretanto, eventual alegação de risco inflacionário não significa a existência de óbice constitucional para a elevação, dentro dos limites cabíveis, do valor do próprio salário mínimo. Aliás, o mesmo art. 7º, inciso IV, da Constituição Federal de 1988 prevê "reajustes periódicos que lhe preservem o poder aquisitivo".

Na realidade, o inciso IV do art. 7º da Constituição Federal de 1988 deve ser interpretado de forma lógica e razoável. Isso significa ser impossível, em termos fáticos e jurídicos, desvincular o salário mínimo para todos os fins relacionados com o próprio Direito do Trabalho.

Assim, entende-se que a mencionada fixação do valor do crédito trabalhista, em múltiplo de salários mínimos, por não ser disposição apta a desencadear inflação, por indexação econômica, não viola a parte final do art. 7º, inciso IV, da Constituição da República.

Prevalece o entendimento de que a mencionada limitação de valor para efeito do privilégio do crédito trabalhista é válida, até porque está de acordo com a previsão da Convenção 95 da OIT.

Anteriormente, seria possível defender que a referida *limitação* da preferência do crédito trabalhista na falência, que a Lei 11.101/2005 passou a estabelecer (art. 83, inciso I), afronta diversos preceitos constitucionais.

Efetivamente, a justificativa de evitar fraudes, em prejuízo dos demais credores, é argumento que representa verdadeira exceção, não justificando a alteração da regra geral. Além disso, deve-se combater a fraude que eventualmente ocorra, em prejuízo de terceiros, e não dificultar a satisfação dos créditos trabalhistas de natureza salarial.

As mencionadas alterações estabelecidas pela Lei 11.101/2005, sem dúvida, representam um tratamento desfavorável ao crédito trabalhista, no que se refere à garantia de seu recebimento integral, na falência.

A limitação a 150 salários mínimos faz com que o valor excedente seja considerado crédito quirografário, sem qualquer preferência ou privilégio. Essa previsão menospreza o preceito constitucional, fundamental, de "proteção do salário", conforme o art. 7º, inciso X, da Constituição da República.

Além disso, tratando-se de disposição prejudicial aos direitos sociais, no caso, de natureza trabalhista, haveria violação ao princípio da vedação do retrocesso social, adotado internacionalmente, e até mesmo implícito no sistema jurídico nacional, conforme disposições do art. 1º, incisos III e IV, art. 3º, inciso III, art. 4º, inciso II, art. 6º, art. 7º, *caput*, art. 170, *caput*, e art. 193, entre outras previsões da Constituição Federal de 1988.

---

[118] MARTINS, Sergio Pinto. *Direito do trabalho*. 22. ed. São Paulo: Atlas, 2006. p. 281.

Assim, a alteração em questão estaria em desacordo com o valor social do trabalho, em prejuízo da dignidade da pessoa humana, ao dificultar o recebimento da contraprestação devida pelo labor prestado.

Cabe reiterar que os direitos trabalhistas são direitos sociais, considerados direitos humanos e fundamentais, protegidos pelo sistema constitucional (art. 5º, § 2º, c/c arts. 6º e 7º da CF/1988).

A lei ordinária, portanto, não poderia, de forma válida, ignorar a relevância conferida pela Constituição Federal aos créditos decorrentes do trabalho prestado.

Por todos esses aspectos, seria possível entender que a limitação da preferência dos créditos trabalhistas, até 150 salários mínimos, é inconstitucional e, portanto, inválida, não devendo produzir efeitos[119].

Entretanto, o Supremo Tribunal Federal julgou totalmente improcedente o pedido em ação direta de inconstitucionalidade que impugnava os arts. 60, parágrafo único (o qual, na recuperação judicial, dispõe que o objeto da alienação judicial estará livre de qualquer ônus e não haverá sucessão nas obrigações do devedor), 83, incisos I e VI, alínea *c* (que tratam da ordem de satisfação dos créditos na falência, limitando os créditos trabalhistas em 150 salário mínimos por credor, e os saldos que excederem esse limite são considerados créditos quirografários), e 141, inciso II (que, na falência, afasta a sucessão do arrematante nas obrigações do devedor, inclusive as de natureza tributária, as derivadas da legislação do trabalho e as decorrentes de acidentes de trabalho), todos da Lei 11.101/2005 (STF, Pleno, ADI 3.934/DF, Rel. Min. Ricardo Lewandowski, j. 27.05.2009).

Desse modo, o Supremo Tribunal Federal decidiu pela constitucionalidade do referido art. 83, inciso I, da Lei 11.101/2005. Argumentou-se que a própria Convenção 173 da Organização Internacional do Trabalho, sobre proteção dos créditos trabalhistas em caso de insolvência do empregador, embora não tenha sido ratificada pelo Brasil, em seu art. 7.1, prevê que a legislação nacional poderá limitar o alcance do privilégio dos créditos trabalhistas a um montante estabelecido, que não deverá ser inferior a um mínimo socialmente aceitável (STF, Pleno, ADI 3.934/DF, Rel. Min. Ricardo Lewandowski, j. 27.05.2009)[120].

Os créditos trabalhistas de natureza estritamente salarial vencidos nos três meses anteriores à decretação da falência, até o limite de cinco salários mínimos por trabalhador, devem ser pagos tão logo haja disponibilidade em caixa (art. 151 da Lei 11.101/2005). Os referidos créditos serão considerados *extraconcursais* e devem ser pagos com precedência sobre os mencionados no art. 83 da Lei 11.101/2005 (art. 84, inciso I-A, da Lei 11.101/2005, incluído pela Lei 14.112/2020).

Serão ainda considerados créditos extraconcursais e devem ser pagos com precedência sobre os mencionados no art. 83 da Lei 11.101/2005 aqueles relativos às remunerações devidas ao administrador judicial e aos seus auxiliares, aos reembolsos devidos a membros do Comitê de Credores, e aos créditos derivados da legislação trabalhista ou decorrentes de acidentes de trabalho relativos a serviços prestados após a decretação da falência (art. 84, inciso I-D, da Lei 11.101/2005, incluído pela Lei 14.112/2020).

---

[119] Sobre o tema, cf. DELGADO, Mauricio Godinho. *Curso de direito do trabalho*. 4. ed. São Paulo: LTr, 2005. p. 818-819: "a necessária interpretação da Lei 11.101/2005, a ser feita *em conformidade com a Constituição* (como imperativo no sistema democrático constitucional do País), há de esterilizar ou adequar tais critérios antissociais da nova lei ao comando magno de prevalência do valor-trabalho e de respeito à dignidade da pessoa humana, além da permanente regência da propriedade privada por seus fins sociais" (destaques do original).

[120] "Ação direta de inconstitucionalidade. Arts. 60, parágrafo único, 83, I e IV, *c*, e 141, II, da Lei 11.101/2005. Falência e recuperação judicial. Inexistência de ofensa aos artigos 1º, III e IV, 6º, 7º, I, e 170, da Constituição Federal de 1988. ADI julgada improcedente. I – Inexiste reserva constitucional de lei complementar para a execução dos créditos trabalhistas decorrente de falência ou recuperação judicial. II – Não há, também, inconstitucionalidade quanto à ausência de sucessão de créditos trabalhistas. III – Igualmente não existe ofensa à Constituição no tocante ao limite de conversão de créditos trabalhistas em quirografários. IV – Diploma legal que objetiva prestigiar a função social da empresa e assegurar, tanto quanto possível, a preservação dos postos de trabalho. V – Ação direta julgada improcedente" (STF, Pleno, ADI 3.934/DF, Rel. Min. Ricardo Lewandowski, *DJe* 06.11.2009).

Extingue as obrigações do falido: I – o pagamento de todos os créditos; II – o pagamento, após realizado todo o ativo, de mais de 25% dos créditos quirografários, facultado ao falido o depósito da quantia necessária para atingir a referida porcentagem se para isso não tiver sido suficiente a integral liquidação do ativo; III – revogado; IV – revogado; V – o decurso do prazo de três anos, contado da decretação da falência, ressalvada a utilização dos bens arrecadados anteriormente, que serão destinados à liquidação para a satisfação dos credores habilitados ou com pedido de reserva realizado; VI – o encerramento da falência nos termos dos arts. 114-A[121] ou 156[122] da Lei 11.101/2005 (art. 158 da Lei 11.101/2005, com as modificações decorrentes da Lei 14.112/2020).

Configurada qualquer das hipóteses do art. 158 da Lei 11.101/2005, o falido pode requerer ao juízo da falência que suas obrigações sejam declaradas extintas por sentença (art. 159 da Lei 11.101/2005). A secretaria do juízo da falência fará publicar imediatamente informação sobre a apresentação desse requerimento, e, no prazo comum de cinco dias, qualquer credor, o administrador judicial e o Ministério Público podem manifestar-se exclusivamente para apontar inconsistências formais e objetivas (art. 159, § 1º, da Lei 11.101/2005, com redação dada pela Lei 14.112/2020). Findo o prazo, o juiz, em 15 dias, deve proferir sentença que declare extintas todas as obrigações do falido, *inclusive as de natureza trabalhista* (art. 159, § 3º, da Lei 11.101/2005, com redação dada pela Lei 14.112/2020).

Esclareça-se que estão sujeitos à *recuperação judicial* todos os créditos existentes na data do pedido, ainda que não vencidos (art. 49 da Lei 11.101/2005). A respeito do tema, o Superior Tribunal de Justiça fixou a seguinte tese em recurso especial repetitivo: "Para o fim de submissão aos efeitos da recuperação judicial, considera-se que a existência do crédito é determinada pela data em que ocorreu o seu fato gerador" (STJ, 2ª Seção, REsp 1.840.531/RS, 2019/0290623-2, Rel. Min. Ricardo Villas Bôas Cueva, *DJe* 17.12.2020)[123].

O art. 50, inciso VIII, da Lei 11.101/2005 prevê como um dos meios de recuperação judicial a "redução salarial, compensação de horários e redução da jornada, mediante acordo ou convenção coletiva". Tendo em vista o disposto no art. 7º, inciso VI, da Constituição Federal de 1988, a redução de salário, como medida excepcional, deve ser prevista em convenção ou acordo coletivo.

Além disso, são aplicáveis as ponderações já feitas, no sentido de que a redução em questão deve ser efetivamente justificada, abrangendo, apenas, o salário em sentido estrito (embora este último entendimento possa não ser o majoritário).

O plano de recuperação judicial não pode prever prazo superior a um ano para pagamento dos créditos derivados da legislação do trabalho ou decorrentes de acidentes de trabalho vencidos até a data do pedido de recuperação judicial (art. 54 da Lei 11.101/2005). Esse prazo pode ser estendido em até dois anos, se o plano de recuperação judicial atender aos seguintes requisitos, cumulativamente: apresentação de garantias julgadas suficientes pelo juiz; aprovação pelos credores titulares de créditos

---

[121] "Art. 114-A. Se não forem encontrados bens para serem arrecadados, ou se os arrecadados forem insuficientes para as despesas do processo, o administrador judicial informará imediatamente esse fato ao juiz, que, ouvido o representante do Ministério Público, fixará, por meio de edital, o prazo de 10 (dez) dias para os interessados se manifestarem. [...] § 3º Proferida a decisão, a falência será encerrada pelo juiz nos autos".

[122] "Art. 156. Apresentado o relatório final, o juiz encerrará a falência por sentença e ordenará a intimação eletrônica às Fazendas Públicas federal e de todos os Estados, Distrito Federal e Municípios em que o devedor tiver estabelecimento e determinará a baixa da falida no Cadastro Nacional da Pessoa Jurídica (CNPJ), expedido pela Secretaria Especial da Receita Federal do Brasil".

[123] "Recurso especial repetitivo. Direito Empresarial. Recuperação judicial. Crédito. Existência. Sujeição aos efeitos da recuperação judicial. Art. 49, *caput*, da Lei n. 11.101/2005. Data do fato gerador. [...] 4. A existência do crédito está diretamente ligada à relação jurídica que se estabelece entre o devedor e o credor, o liame entre as partes, pois é com base nela que, ocorrido o fato gerador, surge o direito de exigir a prestação (direito de crédito). 5. Os créditos submetidos aos efeitos da recuperação judicial são aqueles decorrentes da atividade do empresário antes do pedido de soerguimento, isto é, de fatos praticados ou de negócios celebrados pelo devedor em momento anterior ao pedido de recuperação judicial, excetuados aqueles expressamente apontados na lei de regência. [...] 7. Recurso especial provido" (STJ, 2ª Seção, REsp 1.840.531/RS, 2019/0290623-2, Rel. Min. Ricardo Villas Bôas Cueva, *DJe* 17.12.2020).

derivados da legislação trabalhista ou decorrentes de acidentes de trabalho; garantia da integralidade do pagamento dos créditos trabalhistas (art. 54, § 2º, da Lei 11.101/2005, incluído pela Lei 14.112/2020).

O plano de recuperação judicial não pode, ainda, prever prazo superior a 30 dias para o pagamento, até o limite de cinco salários mínimos por trabalhador, dos créditos de natureza estritamente salarial vencidos nos três meses anteriores ao pedido de recuperação judicial (art. 54, § 1º, da Lei 11.101/2005).

São medidas legais previstas para o rápido pagamento do crédito trabalhista, ainda que em parte, tendo em vista a sua importância. Prevalece o entendimento de que o mencionado prazo para pagamento dos credores trabalhistas se inicia com a concessão da recuperação judicial (arts. 58 e 61 da Lei 11.101/2005). Cf. STJ, 3ª T., REsp 1.924.164/SP, 2021/0054433-3, Rel. Min. Nancy Andrighi, *DJe* 17.06.2021.

Frise-se que na recuperação judicial em específico a Lei 11.101/2005 não estabelece limitação à preferência dos créditos trabalhistas[124].

Na representação comercial autônoma, no caso de falência ou de recuperação judicial do representado, as importâncias por ele devidas ao representante comercial, relacionadas com a representação, inclusive comissões vencidas e vincendas, indenização e aviso prévio, e qualquer outra verba devida ao representante oriunda da relação estabelecida com base na Lei 4.886/1965, devem ser consideradas créditos da mesma natureza dos créditos trabalhistas para fins de inclusão no pedido de falência ou plano de recuperação judicial (art. 44 da Lei 4.886/1965, com redação dada pela Lei 14.195/2021).

O devedor que preencher os requisitos do art. 48 da Lei 11.101/2005 pode propor e negociar com credores *plano de recuperação extrajudicial* (art. 161 da Lei 11.101/2005).

A sujeição dos créditos de natureza trabalhista e por acidentes de trabalho à recuperação extrajudicial exige *negociação coletiva* com o sindicato da respectiva categoria profissional (art. 161, § 1º, da Lei 11.101/2005, com redação dada pela Lei 14.112/2020).

Logo, os créditos trabalhistas que estiverem sujeitos ao plano de recuperação extrajudicial homologado pelo juiz (art. 165 da Lei 11.101/2005), por ter havido autorização em negociação coletiva, devem ser satisfeitos na forma nele prevista.

Por fim, na liquidação extrajudicial (que não se confunde com a recuperação extrajudicial), os créditos trabalhistas são devidos normalmente, sem afetar ou suspender os processos na Justiça do Trabalho, inclusive conforme Súmula 86 do TST, apenas com a ressalva (quanto aos juros) prevista na Súmula 304 do TST (a qual, no entanto, somente se aplica às instituições financeiras, cooperativas de crédito, havendo liquidação extrajudicial decretada pelo Banco Central, abrangida pela Lei 6.024/1974).

Na mesma direção, a Orientação Jurisprudencial 53 da SBDI-II do TST assim prevê: "Mandado de segurança. Cooperativa em liquidação extrajudicial. Lei 5.764/1971, art. 76. Inaplicável. Não suspende a execução. A liquidação extrajudicial de sociedade cooperativa não suspende a execução dos créditos trabalhistas existentes contra ela".

---

[124] Cf. MARTINS, Sergio Pinto. *Direito do trabalho*. 22. ed. São Paulo: Atlas, 2006. p. 283.

Capítulo 14

Equiparação salarial

14.1 Introdução: aspectos constitucionais e do Direito Internacional

A equiparação salarial representa a concretização do princípio fundamental da igualdade no plano do Direito do Trabalho, mais especificamente quanto à matéria salarial.

Cabe recordar que a igualdade, em sentido mais amplo, é assegurada no art. 5º, *caput*, e inciso I, da Constituição Federal.

No Estado Democrático de Direito, que tem como um de seus objetivos "erradicar a pobreza e a marginalização e reduzir as desigualdades sociais e regionais" (art. 3º, inciso III, da CF/1988), a mencionada igualdade não pode ser meramente formal, mas também em seu aspecto material e mesmo social: seja conferindo tratamento igual àqueles em iguais condições e desigual àqueles em condições desiguais[1]; seja concretizando o ideal de verdadeira justiça social, pondo fim às desigualdades verificadas na sociedade.

Além desse aspecto, a equiparação salarial também concretiza o princípio fundamental que veda a discriminação, que figura como objetivo da República Federativa do Brasil (art. 3º, inciso IV, da CF/1988).

A importância desse último aspecto é tamanha que Américo Plá Rodriguez incluiu como princípio do Direito do Trabalho o "princípio de não discriminação"[2], o qual "leva a excluir todas aquelas diferenciações que põem um trabalhador numa situação de inferioridade ou mais desfavorável que o conjunto, e sem razão válida nem legítima"[3].

O art. 7º, nos incisos XXX, XXXI e XXXII[4], da Constituição Federal de 1988 apresenta disposições pertinentes ao Direito do Trabalho fundadas na vedação de discriminação.

Assim, especificamente quanto ao tema da equiparação salarial, cabe transcrever os dois primeiros incisos, acima mencionados, do art. 7º da Constituição da República:

> "XXX – proibição de diferença de salários, de exercício de funções e de critério de admissão por motivo de sexo, idade, cor ou estado civil;
>
> XXXI – proibição de qualquer discriminação no tocante a salário e critérios de admissão do trabalhador portador de deficiência".

---

[1] Na consagrada lição de Rui Barbosa (*Oração aos moços*. Rio de Janeiro: Casa de Rui Barbosa, 1956. p. 32, apud MARTINS, Sergio Pinto. *Direito da seguridade social*. 8. ed. São Paulo: Atlas, 1997. p. 62): "a regra da igualdade não consiste senão em aquinhoar desigualmente os desiguais, na medida em que sejam desiguais. Nessa desigualdade social, proporcionada à desigualdade natural, é que se acha a verdadeira lei da igualdade. Tratar como desiguais a iguais, ou a desiguais com igualdade, seria desigualdade flagrante, e não igualdade real".

[2] PLÁ RODRIGUEZ, Américo. *Princípios de direito do trabalho*. 3. ed. Tradução e revisão técnica de Wagner D. Giglio. Tradução das atualizações de Edilson Alkmim Cunha. São Paulo: LTr, 2004. p. 61 e p. 445: "depois de vários anos de reflexão, nos inclinamos por admitir o princípio de não discriminação".

[3] PLÁ RODRIGUEZ, Américo. *Princípios de direito do trabalho*. 3. ed. Tradução e revisão técnica de Wagner D. Giglio. Tradução das atualizações de Edilson Alkmim Cunha. São Paulo: LTr, 2004. p. 445.

[4] "XXXII – proibição de distinção entre trabalho manual, técnico e intelectual ou entre os profissionais respectivos".

Por ser a "igualdade" um direito de ordem fundamental, integrando (em classificação de fins meramente didáticos) os direitos humanos de segunda dimensão ou geração[5], e por ser o direito à equiparação salarial uma concretização da igualdade na esfera dos direitos sociais (no caso, trabalhistas), pode-se estabelecer a seguinte conclusão, que merece destaque: a equiparação salarial representa uma aplicação dos direitos humanos e fundamentais no plano da relação jurídica de emprego.

Isso representa a "eficácia horizontal" dos direitos fundamentais, ou seja, a sua aplicação entre particulares[6], no caso, empregador e empregado, que figuram como sujeitos da relação jurídica de natureza de direito privado.

No plano internacional, a Convenção 100 da OIT, ratificada pelo Brasil e promulgada pelo Decreto 41.721/1957 (atualmente Decreto 10.088/2019), também prevê a igualdade de remuneração entre homens e mulheres.

A Convenção 111 da OIT, também ratificada pelo Brasil e promulgada pelo Decreto 62.150/1968 (atualmente Decreto 10.088/2019), veda a discriminação no emprego e qualquer distinção, exclusão ou preferência, baseada em sexo (cf. ainda Capítulo 6, item 6.3.5).

Por sua vez, a Convenção 117 da OIT, promulgada pelo Decreto 66.496/1970 (atualmente Decreto 10.088/2019), prevê que um dos fins da política social deve ser o de suprimir qualquer discriminação entre trabalhadores por motivo de raça, cor, sexo, crença, filiação sindical, no que se refere ao contrato de trabalho, inclusive quanto à remuneração.

14.2 Requisitos da equiparação salarial

O art. 461 da CLT estabelece os requisitos do direito à equiparação salarial.

Pode-se entender que são os critérios estabelecidos pelo sistema jurídico, para que se possa concluir pelo direito do empregado de receber o mesmo valor salarial de outro empregado.

Como já mencionado, o tratamento igual exige igualdade de condições, que se verifica quando presentes os requisitos legais da equiparação salarial.

Nesse sentido, assim estabelece o art. 5º da CLT: "A todo trabalho de igual valor corresponderá salário igual, sem distinção de sexo".

Vejamos, assim, cada um desses importantes requisitos.

14.2.1 Identidade de funções

Conforme o art. 461 da CLT, com redação dada pela Lei 13.467/2017: "Sendo idêntica a função, a todo trabalho de igual valor, prestado ao mesmo empregador, no mesmo estabelecimento empresarial, corresponderá igual salário, sem distinção de sexo, etnia, nacionalidade ou idade".

Assim, o critério fundamental para o direito à equiparação salarial é que a função exercida pelos empregados seja a mesma.

Faz-se necessária a efetiva *identidade de função*, independentemente da denominação formal atribuída aos cargos, pois prevalece a primazia da realidade no âmbito das relações trabalhistas.

Além disso, não basta a mera semelhança de atribuições, sendo exigida a identidade nas tarefas e atividades desempenhadas entre os empregados, para que façam jus ao mesmo salário.

A respeito do tema, cabe destacar a Súmula 6, inciso III, do TST:

---

[5] Cf. COMPARATO, Fábio Konder. *A afirmação histórica dos direitos humanos*. 3. ed. São Paulo: Saraiva, 2004. p. 52-54.
[6] Cf. SARLET, Ingo Wolfgang. *A eficácia dos direitos fundamentais*. 7. ed. Porto Alegre: Livraria do Advogado, 2007. p. 398: "Para além de vincularem todos os poderes públicos, os direitos fundamentais exercem sua eficácia vinculante também na esfera jurídico-privada, isto é, no âmbito das relações jurídicas entre particulares. Esta temática, por sua vez, tem sido versada principalmente sob os títulos eficácia privada, eficácia externa (ou eficácia em relação a terceiros) ou horizontal dos direitos fundamentais".

"A equiparação salarial só é possível se o empregado e o paradigma exercerem a mesma função, desempenhando as mesmas tarefas, não importando se os cargos têm, ou não, a mesma denominação".

Questão difícil refere-se à equiparação salarial entre empregados que exercem funções intelectuais. Como a lei não veda a equiparação nesse caso, o TST adotou o seguinte entendimento na Súmula 6, inciso VII:

"Desde que atendidos os requisitos do art. 461 da CLT, é possível a equiparação salarial de trabalho intelectual, que pode ser avaliado por sua perfeição técnica, cuja aferição terá critérios objetivos".

Mesmo assim, há evidente dificuldade em saber quais podem ser efetivamente os mencionados "critérios objetivos", tornando a prova da identidade de funções certamente mais difícil no caso de trabalho intelectual.

Ainda sobre o tema, cabe fazer menção à hipótese de equiparação salarial entre empregados que exerçam a mesma função de professor, do mesmo nível, ainda que lecionem disciplinas ou matérias diversas, uma vez presentes os requisitos para a equiparação. Apreciando caso envolvendo essa interessante questão, com fundamento no princípio da não discriminação, assim decidiu o Tribunal Superior do Trabalho:

"Agravo de instrumento. Recurso de revista. Equiparação salarial entre professores de nível médio que lecionam matérias distintas. Tendo o agravo de instrumento logrado demonstrar que o recurso de revista preenchia os requisitos do art. 896 da CLT, quanto ao tema relativo à equiparação salarial, ante a constatação de violação dos arts. 5º, *caput* e I, e 7º, XXX e XXXII, da CF, merece provimento. Agravo de instrumento provido.
Recurso de revista. Equiparação salarial entre professores de nível médio que lecionam matérias distintas. Discriminação legal e constitucional. Configura manifesta discriminação, não tolerada pela ordem jurídica, inclusive constitucional, tratamento remuneratório diferenciado em vista de fator injustamente desqualificante, tal como a mera circunstância de os professores de ensino médio lecionarem matérias distintas. Violação direta e frontal dos arts. 5º, *caput* e I, e 7º, XXX e XXXII, da CF. Recurso de revista parcialmente provido" (TST, 6ª T., RR-95.049/2003-900-01-00.1, Rel. Min. Mauricio Godinho Delgado, *DJ* 20.06.2008).

De acordo com a Orientação Jurisprudencial 297 da SBDI-I do TST:

"Equiparação salarial. Servidor público da administração direta, autárquica e fundacional. Art. 37, XIII, da CF/1988.
O art. 37, inciso XIII, da CF/1988, veda a equiparação de qualquer natureza para o efeito de remuneração do pessoal do serviço público, sendo juridicamente impossível a aplicação da norma infraconstitucional prevista no art. 461 da CLT quando se pleiteia equiparação salarial entre servidores públicos, independentemente de terem sido contratados pela CLT".

O art. 37, inciso XIII, da Constituição Federal de 1988 estabelece ser "vedada a vinculação ou equiparação de quaisquer espécies remuneratórias para o efeito de remuneração de pessoal do serviço público".

Na realidade, essa previsão não afasta a aplicação do princípio fundamental da igualdade, inclusive no âmbito da relação jurídica de emprego com a Administração Pública.

A previsão constitucional mencionada, com redação determinada pela Emenda Constitucional 19/1998, na verdade, obsta tratamento igual de servidores públicos em situações e condições fático-jurídicas desiguais.

Efetivamente, como assevera Alice Monteiro de Barros:

"É inviável a equiparação salarial entre *servidores regidos por regimes jurídicos diversos*, em que *as vantagens* e deveres *se distinguem, inclusive, no tocante à fixação de retribuição*, dada a natureza contratual e institucional dos regimes"[7] (destaquei).

Da mesma forma, escrevendo sobre o dispositivo constitucional mencionado, assim observa Hely Lopes Meirelles:

"A *vedação de equiparações e vinculações* de quaisquer espécies remuneratórias para o efeito de remuneração do pessoal do serviço público (CF, art. 37, XIII) é outra norma moralizadora que figura no texto constitucional de 1967 (art. 96). A Constituição proíbe o tratamento jurídico paralelo de cargos com funções desiguais (*equiparação*) e a subordinação de um cargo a outro, dentro ou fora do mesmo Poder, ou a qualquer fator que funcione como índice de reajustamento automático, como o *salário mínimo* ou a *arrecadação orçamentária* (*vinculação*), *para fins de remuneração do pessoal administrativo*"[8].

Como se nota, a vedação atinge as equiparações de situações desiguais, bem como as vinculações a reajustes automáticos, tendo em vista a necessidade de lei específica para reajuste salarial dos servidores públicos.

A referida norma constitucional, portanto, não estaria impedindo o tratamento igual de situações que são idênticas. Ainda de acordo com Hely Lopes Meirelles:

"O *princípio da isonomia*, mesmo antes da Carta de 1988 – que, pelo § 1º do art. 39, modificado inteiramente pela EC 19, o havia determinado especificamente para os servidores civis –, já vinha sendo frequentemente invocado para a equiparação de servidores não contemplados nas leis majoradoras de vencimentos ou concessivas de vantagens. Hoje, com a nova redação do § 1º do art. 39, dada pela EC 19, suprimindo o princípio da isonomia da seç. II – 'Dos servidores civis' –, a questão é regulada pelo princípio geral da igualdade previsto no art. 5º da Carta. Dessa forma, mesmo com a EC 19 sua aplicação não pode ser afastada. Mas há de ser entendido e aplicado nos justos limites do mandamento igualitário.

O que a Constituição assegura é a *igualdade jurídica*, ou seja, tratamento igual, aos especificamente iguais perante a lei. A igualdade genérica dos servidores públicos não os equipara em direitos e deveres e, por isso mesmo, não os iguala em vencimentos e vantagens. Genericamente, todos os servidores são iguais, mas pode haver diferenças específicas de função, de tempo de serviço, de condições de trabalho, de habilitação profissional e outras mais, que desigualem os genericamente iguais. [...]

O que o princípio da isonomia impõe é tratamento igual aos realmente iguais. A igualdade *nominal* não se confunde com a igualdade *real*. Cargos de igual denominação podem ser funcionalmente desiguais, em razão das condições de trabalho de um e de outro; funções equivalentes podem diversificar-se pela qualidade ou pela intensidade do serviço ou, ainda, pela habilitação profissional dos que as realizam. A situação de fato é que dirá da identidade ou não entre cargos e funções nominalmente iguais"[9].

---

[7] BARROS, Alice Monteiro de. *Curso de direito do trabalho*. 2. ed. São Paulo: LTr, 2006. p. 512. Cf. ainda: "*Isonomia entre servidores de regimes distintos*. É juridicamente impossível a isonomia salarial entre servidores de regimes distintos. A mistura de regra de dois regimes forma um terceiro e deve ser evitada" (TST, 1ª T., RR 60.877/92.3, Rel. designado: Juiz Ursulino Santos, *DJ* 30.04.1993). BOMFIM, Calheiros B. *Dicionário de decisões trabalhistas*, 24. ed., p. 421. In: BARROS, Alice Monteiro de. *Curso de direito do trabalho*. 2. ed. São Paulo: LTr, 2006. p. 512.

[8] MEIRELLES, Hely Lopes. *Direito administrativo brasileiro*. 26. ed. atual. por Eurico de Andrade Azevedo, Délcio Balestero Aleixo e José Emmanuel Burle Filho. São Paulo: Malheiros, 2001. p. 409-410 (destaques do original).

[9] MEIRELLES, Hely Lopes. *Direito administrativo brasileiro*. 26. ed. atual. por Eurico de Andrade Azevedo, Délcio Balestero Aleixo e José Emmanuel Burle Filho. São Paulo: Malheiros, 2001. p. 446-447 (destaques do original).

Essas observações seriam aplicáveis, com as devidas adaptações, também aos servidores públicos regidos pela CLT, quanto ao princípio da igualdade em matéria salarial.

Não obstante, de acordo com o entendimento pacificado pela Súmula Vinculante 37 do STF: "Não cabe ao Poder Judiciário, que não tem função legislativa, aumentar vencimentos de servidores públicos sob o fundamento de isonomia" (conversão da Súmula 339 do STF).

Efetivamente, o art. 37, inciso X, da Constituição Federal de 1988 determina que a remuneração dos servidores públicos e o subsídio somente podem ser fixados ou alterados por *lei específica*, observada a iniciativa privativa em cada caso, assegurada revisão geral anual, sempre na mesma data e sem distinção de índices[10].

O art. 61, § 1º, inciso II, *a*, da Constituição Federal, por sua vez, determina que são de iniciativa privativa do Presidente da República as *leis* que disponham sobre criação de cargos, funções ou empregos públicos na Administração Direta e autárquica ou sobre o *aumento de sua remuneração*.

Tendo em vista o *princípio da simetria*, a mesma previsão é aplicável aos chefes do Poder Executivo dos demais entes da Federação.

O aumento de vencimentos dos servidores públicos, assim, depende de lei própria, que não pode ser substituída por decisão judicial.

Frise-se ainda que o Supremo Tribunal Federal fixou a seguinte tese de repercussão geral: "Não cabe ao Poder Judiciário, que não tem função legislativa, aumentar qualquer verba de servidores públicos de carreiras distintas sob o fundamento de isonomia, tenham elas caráter remuneratório ou indenizatório" (STF, Pleno, RE 710.293/SC, Rel. Min. Luiz Fux, j. 16.09.2020).

De todo modo, a Orientação Jurisprudencial 297 da SBDI-I do TST, anteriormente mencionada, é voltada apenas ao servidor público da Administração direta, autárquica e fundacional.

Diversamente, quanto ao empregado público da sociedade de economia mista, aplica-se a Súmula 455 do TST, com a seguinte redação:

> "Equiparação salarial. Sociedade de economia mista. Art. 37, XIII, da CF/1988. Possibilidade (conversão da Orientação Jurisprudencial 353 da SBDI-1 com nova redação). À sociedade de economia mista não se aplica a vedação à equiparação prevista no art. 37, XIII, da CF/1988, pois, ao admitir empregados sob o regime da CLT, equipara-se a empregador privado, conforme disposto no art. 173, § 1º, II, da CF/1988".

O mesmo entendimento também pode ser aplicado, em tese, ao empregado público de empresa pública, tendo em vista o mesmo fundamento do art. 173, § 1º, inciso II, da Constituição Federal de 1988.

14.2.2 Identidade de empregador

Outro requisito para a equiparação salarial é que *o empregador dos empregados seja o mesmo*.

Esse aspecto parece simples, mas pode apresentar dificuldade quando se trata de empresas do mesmo grupo econômico. A controvérsia, já estudada, a respeito da existência, ou não, de empregador único na hipótese, reflete no presente tema de equiparação salarial.

Efetivamente, caso seja adotada a teoria do grupo de empresas como empregador único, como ocorre na situação retratada na Súmula 129 do TST, o requisito em questão estará presente.

Caso prevaleça a teoria de que o grupo econômico apenas acarreta a responsabilidade solidária, ou seja, a solidariedade passiva, sendo o empregador cada empresa distinta, não se terá identi-

---

[10] O Supremo Tribunal Federal fixou a seguinte tese de repercussão geral: "O Poder Judiciário não possui competência para determinar ao Poder Executivo a apresentação de projeto de lei que vise a promover a revisão geral anual da remuneração dos servidores públicos, nem tampouco para fixar o respectivo índice de correção" (STF, Pleno, RE 843.112/SP, Rel. Min. Luiz Fux, j. 22.09.2020).

dade de empregador entre empregados de empresas diversas, ainda que pertencentes ao mesmo grupo econômico.

Como já analisado, defende-se que a análise deve ser feita de acordo com cada caso concreto, para verificar, na realidade dos fatos, se o empregador verdadeiro é o próprio grupo econômico ou a empresa em si; ou seja, se a relação jurídica substancial, de emprego, é mantida com o grupo como um todo ou com certa empresa que dele participa. Tratando-se da primeira situação, em que o grupo figura como o verdadeiro empregador, o requisito em estudo estará presente.

Cabe destacar que, de acordo com a Súmula 6, inciso V, do TST:

"A cessão de empregados não exclui a equiparação salarial, embora exercida a função em órgão governamental estranho à cedente, se esta responde pelos salários do paradigma e do reclamante".

No caso inverso, ou seja, havendo a cessão do empregado para exercer função em órgão governamental estranho à empresa cedente, se esta *não* responde pelo pagamento dos salários do paradigma e do autor da respectiva ação, o direito à equiparação salarial *não* se verifica (quer dizer, fica excluído).

Por isso, de acordo com o Decreto-lei 855, de 11 de setembro de 1969, arts. 1º e 2º, não servirão de paradigma (para aplicação do art. 461, e seus parágrafos, da CLT) os empregados de empresas concessionárias de serviços públicos (federais, estaduais e municipais) que, por força de encampação ou transferência desses serviços, tenham sido absorvidas por empresa pública ou sociedade de economia mista.

14.2.3 Identidade de estabelecimento

Como se verifica do art. 461, *caput*, da CLT, acima transcrito, exige-se que os empregados trabalhem no *mesmo estabelecimento empresarial*, para haver o direito à identidade de salário.

Anteriormente, o art. 461 da CLT exigia, de forma mais ampla, a "mesma localidade".

Desse modo, fica superada a Súmula 6, inciso X, da CLT, com a seguinte redação: "X – O conceito de 'mesma localidade' de que trata o art. 461 da CLT refere-se, em princípio, ao mesmo município, ou a municípios distintos que, comprovadamente, pertençam à mesma região metropolitana".

A atual previsão do art. 461, *caput*, da CLT, decorrente da Lei 13.467/2017, ao exigir a identidade de estabelecimento empresarial, é passível de crítica, pois além de ser mais restritiva (devendo ser interpretada em consonância com os princípios constitucionais da igualdade e da proibição de discriminação), nem todo empregador realiza atividade empresarial propriamente, como se observa quanto aos entes que não exercem atividade econômica organizada na forma de empresa, mas são empregadores.

Nesse sentido, equiparam-se ao empregador, para os efeitos exclusivos da relação de emprego, os profissionais liberais, as instituições de beneficência, as associações recreativas ou outras instituições sem fins lucrativos, que admitirem trabalhadores como empregados (art. 2º, § 1º, da CLT).

Segundo o art. 1.142 do Código Civil, considera-se estabelecimento todo complexo de bens organizado, para exercício da empresa, por empresário, ou por sociedade empresária. O estabelecimento não se confunde com o local onde se exerce a atividade empresarial, que pode ser físico ou virtual (art. 1.142, § 1º, do Código Civil).

Desse modo, adotando-se o conceito mais amplo, previsto no art. 51, § 2º, do Decreto 9.579/2018, sobre contratação de aprendiz, considera-se *estabelecimento* todo complexo de bens organizado para o exercício de atividade econômica ou social do empregador, que se submeta ao regime da CLT.

Portanto, para que haja direito à equiparação salarial, os empregados devem prestar serviço na mesma unidade de atividade do empregador.

14.2.4 Trabalho de igual valor

O art. 461 da CLT também exige o *trabalho de igual valor* para que haja o direito à equiparação salarial.

Trabalho de igual valor é o que for feito com igual produtividade e com a mesma perfeição técnica, entre pessoas cuja diferença de tempo de serviço para o mesmo empregador não seja superior a quatro anos e a diferença de tempo na função não seja superior a dois anos (art. 461, § 1º, da CLT, com redação dada pela Lei 13.467/2017).

Na redação anterior, o art. 461, § 1º, da CLT assim dispunha: "Trabalho de igual valor, para os fins deste Capítulo, será o que for feito com igual produtividade e com a mesma perfeição técnica, entre pessoas cuja diferença de tempo de serviço não for superior a 2 (dois) anos".

Na realidade, para que se verifique o "trabalho de igual valor", faz-se necessária a existência, simultânea, de quatro aspectos diversos:

a) mesma produtividade;
b) mesma perfeição técnica;
c) diferença de tempo de serviço para o mesmo empregador não superior a quatro anos;
d) diferença de tempo na função não superior a dois anos.

A *mesma produtividade* significa identidade de produção em determinado espaço de tempo. Refere-se, portanto, a aspecto da quantidade de produção.

Sobre o requisito da mesma produtividade, surge a questão do empregado que não desempenha sua função com diligência, quando comparado com o paradigma. Sobre o tema, de acordo com Alice Monteiro de Barros:

"Verifica-se que a lei fala em produtividade, ou seja, resultado da capacidade de produzir, e não em produção, que é o ato de produzir. Em face da distinção entre os dois termos, a assiduidade ou pontualidade do empregado não poderá ser vista como fator de produtividade desigual, podendo configurar um comportamento desidioso passível de punição disciplinar"[11].

Confirmando a referida tese, assim observa Mauricio Godinho Delgado:

"É bem verdade que não se confundem as noções de produtividade e de produção. Esta última refere-se a um valor absoluto, traduzindo o montante de trabalho efetuado pelo obreiro. Já a produtividade diz respeito a valor relativo – valor derivado de uma relação –, traduzindo o índice de intensidade laborativa do trabalhador em certo tempo delimitado. A noção de produtividade é mais adequada do que a de produção para os fins objetivados pelo art. 461, já que permite estabelecer comparação razoavelmente objetiva entre a intensidade laborativa dos empregados contrapostos"[12].

A *mesma perfeição técnica*, por sua vez, quer dizer igual qualidade entre os serviços.

De acordo com a Orientação Jurisprudencial 296 da SBDI-I do TST:

"Equiparação salarial. Atendente e auxiliar de enfermagem. Impossibilidade. Sendo regulamentada a profissão de auxiliar de enfermagem, cujo exercício pressupõe habilitação técnica, realizada pelo Conselho Regional de Enfermagem, impossível a equiparação salarial do simples atendente com o auxiliar de enfermagem".

---

[11] BARROS, Alice Monteiro de. *Curso de direito do trabalho*. 2. ed. São Paulo: LTr, 2006. p. 798.
[12] DELGADO, Mauricio Godinho. *Curso de direito do trabalho*. 4. ed. São Paulo: LTr, 2005. p. 793.

Entretanto, o entendimento em questão, embora dominante, pode afrontar o princípio da primazia da realidade, inerente ao Direito do Trabalho, ao afastar, de plano, o direito à equiparação salarial, em razão de aspecto meramente formal.

Evidentemente, se a função desempenhada for, na realidade dos fatos, diversa (com atividades distintas), ou a perfeição técnica não for a mesma (pois um dos empregados presta o serviço com maior qualidade, o que é possível por ter conhecimentos técnicos diferenciados), não se verifica o direito à equiparação salarial.

Critério correto, aliás, encontra-se adotado na Súmula 301 do TST, com a seguinte redação:

"Auxiliar de laboratório. Ausência de diploma. Efeitos. O fato de o empregado não possuir diploma de profissionalização de auxiliar de laboratório não afasta a observância das normas da Lei 3.999, de 15.12.1961, uma vez comprovada a prestação de serviços na atividade".

Nesse verbete, de forma louvável e justa, confere-se o devido valor à realidade dos fatos, e não a meros requisitos formais da relação de emprego.

Não basta a existência de um dos mencionados aspectos. Para que o trabalho seja de igual valor, os quatro critérios devem estar presentes.

Assim, imagine-se a hipótese de dois empregados, da mesma empresa, que laboram no mesmo estabelecimento, exercendo a função de digitador. Se ambos possuírem idêntica produtividade, digitando certo número de letras no mesmo espaço de tempo, mas o serviço apresentar qualidade diversa entre eles (por exemplo, um digita com perfeição, enquanto o outro empregado faz a digitação com muitos erros gramaticais), não se verificará o trabalho de igual valor, pois a perfeição técnica não é a mesma. Nesse caso, não haverá direito à equiparação salarial.

Com a Lei 13.467/2017, a diferença de tempo de serviço para o mesmo empregador não pode ser superior a quatro anos e a diferença de tempo na função não pode ser superior a dois anos. Todos os requisitos são necessários para o direito à equiparação salarial.

Logo, fica superada a Súmula 6, inciso II, do TST, ao assim dispor: "II – Para efeito de equiparação de salários em caso de trabalho igual, conta-se o tempo de serviço na função e não no emprego".

Mesmo assim, obviamente, havendo discussão quanto ao direito de certo empregado receber o mesmo salário de outro (paradigma), como já mencionado, exige-se (também) a identidade de empregador, com o que ambos os trabalhadores devem prestar (ou ter prestado) serviços na mesma empresa.

Além disso, a regra mencionada deve ser interpretada de forma teleológica (art. 5º da Lei de Introdução às Normas do Direito Brasileiro). Por isso, se o empregado que recebe salário inferior possui maior tempo de serviço para o mesmo empregador e maior tempo na função do que o paradigma (mas este, paradoxalmente, recebe salário superior), presentes os demais requisitos para a equiparação salarial, esta é devida.

As alegações de diversidade de produtividade e de perfeição técnica, bem como de diferença de tempo de serviço para o mesmo empregador superior a quatro anos e de diferença de tempo na função superior a dois anos, representam fatos impeditivos ao direito à equiparação salarial, sendo do empregador o respectivo ônus da prova (arts. 818, inciso II, da CLT, 373, inciso II, do CPC de 2015 e 333, inciso II, do CPC de 1973), incidindo a Súmula 6, inciso VIII, do TST:

"É do empregador o ônus da prova do fato impeditivo, modificativo ou extintivo da equiparação salarial".

14.2.5 Ausência de quadro de carreira e de plano de cargos e salários

O quinto requisito, na verdade, refere-se à inexistência, na empresa, de quadro de carreira e de plano de cargos e salários (§ 2º do art. 461 da CLT).

Trata-se, portanto, de requisito negativo, pois a presença do referido quadro ou do mencionado plano obsta o direito à equiparação salarial. Em outras palavras, para que a equiparação salarial possa ser deferida, o quadro de carreira e o plano de cargos e salários não podem existir.

Nesse sentido, os dispositivos do art. 461 da CLT não prevalecem quando o empregador tiver pessoal organizado em quadro de carreira ou adotar, por meio de norma interna da empresa ou de negociação coletiva, plano de cargos e salários, sendo dispensada qualquer forma de homologação ou registro em órgão público (art. 461, § 2º, da CLT, com redação dada pela Lei 13.467/2017).

Além do quadro de carreira, o plano de cargos e salários também exclui o direito à equiparação salarial.

O plano de cargos e salários pode ser adotado pelo empregador por meio de *norma interna da empresa* (ou seja, regulamento empresarial) ou de *negociação coletiva* (dando origem a acordo coletivo ou convenção coletiva de trabalho).

Não mais se exige qualquer homologação ou registro em órgão público.

Com isso, fica superada a Súmula 6, inciso I, do TST, com a seguinte redação: "Equiparação salarial. Art. 461 da CLT. I – Para os fins previstos no § 2º do art. 461 da CLT, só é válido o quadro de pessoal organizado em carreira quando homologado pelo Ministério do Trabalho, excluindo-se, apenas, dessa exigência o quadro de carreira das entidades de direito público da administração direta, autárquica e fundacional aprovado por ato administrativo da autoridade competente".

Anteriormente, essa exigência de homologação do quadro de carreira decorria de interpretação extensiva do art. 358, *b*, da CLT, sobre o trabalho do estrangeiro, o que deixa de ser aplicável.

No caso do § 2º do art. 461 da CLT, as promoções podem ser feitas por merecimento e por antiguidade, *ou* por apenas um destes critérios, dentro de cada categoria profissional (art. 461, § 3º, da CLT, com redação dada pela Lei 13.467/2017).

Desse modo, passam a ser admitidas as promoções somente por merecimento, embora estas normalmente decorram de critérios mais subjetivos do empregador do que as promoções por antiguidade.

Logo, também ficou superada a Orientação Jurisprudencial 418 da SBDI-I do Tribunal Superior do Trabalho, ao assim estabelecer: "Equiparação salarial. Plano de cargos e salários. Aprovação por instrumento coletivo. Ausência de alternância de critérios de promoção por antiguidade e merecimento. Não constitui óbice à equiparação salarial a existência de plano de cargos e salários que, referendado por norma coletiva, prevê critério de promoção apenas por merecimento ou antiguidade, não atendendo, portanto, o requisito de alternância dos critérios, previsto no art. 461, § 2º, da CLT".

Se houver quadro de carreira ou o plano de cargos e salários (art. 461, § 2º, da CLT), com as promoções na forma do art. 461, § 3º, da CLT, o empregado pode postular eventuais direitos decorrentes de preterição, enquadramento ou reclassificação, o que não se confunde com direito à equiparação salarial[13].

14.2.6 Contemporaneidade na prestação dos serviços

A equiparação salarial só é possível entre empregados *contemporâneos no cargo ou na função*, ficando vedada a indicação de paradigmas remotos, ainda que o paradigma contemporâneo tenha obtido a vantagem em ação judicial própria (art. 461, § 5º, da CLT, acrescentado pela Lei 13.467/2017).

Exige-se, assim, a *contemporaneidade* entre os empregados na prestação dos serviços ao empregador.

---

[13] Cf. Súmula 19 do TST: "Quadro de carreira. A Justiça do Trabalho é competente para apreciar reclamação de empregado que tenha por objeto direito fundado em quadro de carreira". Cf. ainda Súmula 127 do TST: "Quadro de carreira. Quadro de pessoal organizado em carreira, aprovado pelo órgão competente, excluída a hipótese de equiparação salarial, não obsta reclamação fundada em preterição, enquadramento ou reclassificação".

Desse modo, os empregados devem ter prestado serviços ao mesmo tempo, em alguma época coincidente, para que possam ser comparadas as atividades exercidas, com o fim de verificar a identidade, ou não, de funções. Como esclarece a Súmula 6, inciso IV, do TST:

"IV – É desnecessário que, ao tempo da reclamação sobre equiparação salarial, reclamante e paradigma estejam a serviço do estabelecimento, desde que o pedido se relacione com situação pretérita".

Passa a ser proibida a indicação de *paradigmas remotos*, ainda que o paradigma contemporâneo tenha obtido a vantagem em ação judicial própria. Não mais se admite a equiparação salarial *em cadeia*.

Portanto, foi adotado o entendimento de que, para a equiparação salarial, é necessário o "confronto direto entre o trabalho executado pelo equiparando e o paradigma do ora equiparado", sabendo-se que a equiparação salarial tem como pressuposto vedar a discriminação salarial[14].

Nessa linha, não são admitidas "cadeias equiparatórias eternas e infindáveis entre pessoas que nunca trabalharam juntas, nunca tiveram mesma produtividade e perfeição técnica ou, ainda, nunca tenham se conhecido"[15].

Com isso, fica afastada a possibilidade de equiparação salarial "em cadeia", o que torna superada, em parte, a Súmula 6, inciso VI, do TST, com a seguinte redação: "VI – Presentes os pressupostos do art. 461 da CLT, é irrelevante a circunstância de que o desnível salarial tenha origem em decisão judicial que beneficiou o paradigma, exceto: a) se decorrente de vantagem pessoal ou de tese jurídica superada pela jurisprudência de Corte Superior; b) na hipótese de equiparação salarial em cadeia, suscitada em defesa, se o empregador produzir prova do alegado fato modificativo, impeditivo ou extintivo do direito à equiparação salarial em relação ao paradigma remoto, considerada irrelevante, para esse efeito, a existência de diferença de tempo de serviço na função superior a dois anos entre o reclamante e os empregados paradigmas componentes da cadeia equiparatória, à exceção do paradigma imediato".

Pode-se dizer ainda que as vantagens estritamente pessoais (como adicionais por tempo de serviço) não podem ser levadas em conta para estabelecer o direito a diferenças salariais, em favor de outro empregado, fundado em equiparação salarial.

Ainda assim, não se faz necessário que o empregado e o paradigma tenham prestado serviços, ao mesmo tempo, durante *todo* o contrato de trabalho daquele.

Efetivamente, se em determinado caso estiverem presentes todos os requisitos da equiparação salarial em certa época, na qual os empregados prestaram serviços de forma contemporânea, mesmo que o contrato de trabalho do paradigma tenha se encerrado antes daquele do empregado (autor da ação judicial), sendo deferido o pedido de diferenças salariais, estas são devidas até quando cessou ou cessar o vínculo de emprego do autor da demanda (e não apenas até a ruptura contratual do paradigma), sob pena de redução salarial, vedada pelo art. 7º, inciso VI, da Constituição Federal de 1988.

---

[14] Cf. NASCIMENTO, Amauri Mascaro. Equiparação salarial e o inciso VI da Súmula 6 do C. TST. *Revista LTr*, São Paulo, LTr, ano 71, n. 09, p. 1.031-1.036, set. 2007. Na jurisprudência, cf.: "Agravo de instrumento. Equiparação salarial em cadeia. Impossibilidade. Provimento. 1. Demonstrada a violação do artigo 461, da CLT, o provimento do agravo de instrumento é medida que se impõe. 2. Agravo de instrumento a que se dá provimento. Recurso de revista. Equiparação salarial em cadeia. Impossibilidade. Provimento. 1. Viola o artigo 461, da CLT, o reconhecimento de equiparação salarial com paradigma que alcançou aumento de salário em decorrência de equiparação salarial com um terceiro, ocasionando, na realidade, uma equiparação salarial em cadeia, se não há o atendimento dos requisitos do artigo 461, da CLT, entre a reclamante e o terceiro, verdadeiro paradigma. 2. Recurso de revista de que se conhece e a que se dá provimento" (TST, 7ª T., RR 41540-45.2007.5.03.0108, Rel. Min. Guilherme Augusto Caputo Bastos, *DEJT* 21.08.2009).

[15] NASCIMENTO, Amauri Mascaro. Equiparação salarial e o inciso VI da Súmula 6 do C. TST. *Revista LTr*, São Paulo, LTr, ano 71, n. 09, p. 1.031-1.036, set. 2007.

14.2.7 Empregado readaptado e que não pode servir de paradigma

De acordo com o § 4º do art. 461 da CLT:

"O trabalhador readaptado em nova função por motivo de deficiência física ou mental atestada pelo órgão competente da Previdência Social não servirá de paradigma para fins de equiparação salarial".

Como se nota, o empregado em questão, em razão das peculiaridades de suas condições pessoais, não pode servir de paradigma.

Cuida-se, mais uma vez, de concretização do mandamento universal, de se tratar de forma desigual os que se encontram em situações desiguais.

No caso, o trabalhador readaptado em nova função, por motivo de deficiência física ou mental atestada pelo órgão competente da Previdência Social, encontra-se em situação bem específica, o que justifica, eventualmente, receber salário também diferenciado, pois vedado que passe a receber valor inferior àquele percebido antes da readaptação ou do respectivo afastamento previdenciário.

Como explica Sergio Pinto Martins:

"O parágrafo único do art. 118 da Lei 8.213 permitia que o segurado reabilitado pudesse receber remuneração menor do que a da época do acidente, mediante compensação com o valor do auxílio-acidente. A empresa, assim, poderia pagar salário inferior ao que pagava anteriormente ao empregado, pois havia permissão legal, embora tal orientação contrariasse o inciso VI do art. 7º da Constituição, que só permite a redução salarial por acordo ou convenção coletiva. O referido parágrafo foi revogado pela Lei 9.032. Logo, o segurado não poderá receber remuneração menor do que a da época do acidente, nem poderá haver compensação com o auxílio-acidente recebido da previdência social"[16].

Justamente por isso, o mencionado empregado readaptado não pode servir de paradigma, pois pode estar recebendo salário (pertinente à função exercida na época anterior ao afastamento previdenciário) mais elevado do que os outros trabalhadores que exercem a mesma função.

14.3 Prescrição na equiparação salarial

A pretensão quanto a créditos resultantes das relações de trabalho prescreve em cinco anos para os trabalhadores urbanos e rurais, até o limite de dois anos após a extinção do contrato de trabalho (art. 11 da CLT, com redação dada pela Lei 13.467/2017).

Quanto à prescrição da pretensão relativa à equiparação salarial, cabe destacar a Súmula 6, inciso IX, do TST, assim estabelecendo:

"Na ação de equiparação salarial, a prescrição é parcial e só alcança as diferenças salariais vencidas no período de 5 (cinco) anos que precedeu o ajuizamento".

A hipótese é de prescrição parcial (e não total), pois a lesão ao direito é sucessiva, repetindo-se no tempo, e o direito à equiparação salarial está assegurado por preceito de lei (art. 461 da CLT).

Nessa linha, tratando-se de pretensão que envolva pedido de prestações sucessivas decorrente de alteração ou descumprimento do pactuado, a prescrição é total, exceto quando o direito à parcela esteja também assegurado por preceito de lei (art. 11, § 2º, da CLT, acrescentado pela Lei 13.467/2017).

Desse modo, se, por exemplo, paradigma e reclamante trabalharam juntos no ano de 2008, a ação foi ajuizada em 1º.02.2016, tendo ocorrido a dispensa do autor da demanda em 02.03.2015, são exigíveis as diferenças salariais decorrentes da equiparação salarial dos últimos cinco anos que an-

---

16 MARTINS, Sergio Pinto. *Direito da seguridade social*. 8. ed. São Paulo: Atlas, 1997. p. 345.

tecedem a data de propositura da ação (art. 7º, inciso XXIX, da Constituição da República e art. 11 da CLT). Nesse caso, apenas estão prescritas (de forma parcial) as parcelas anteriores a 1º.02.2011. Não se exige, portanto, que paradigma e autor tenham necessariamente laborado juntos em todo o período que integre os cinco últimos anos contados do ajuizamento da demanda (até 1º.02.2011 no exemplo em questão). O trabalho no mesmo momento é um fato, que pode ser objeto de prova e não é alcançado pela prescrição, pois esta apenas atinge a pretensão do *direito* que se alega violado (art. 189 do Código Civil).

14.4 Multa decorrente de discriminação por motivo de sexo ou etnia

No caso de comprovada *discriminação por motivo de sexo ou etnia*, o juízo deve determinar, além do pagamento das diferenças salariais devidas, multa, em favor do empregado discriminado, no valor de 50% do limite máximo dos benefícios do Regime Geral de Previdência Social (art. 461, § 6º, da CLT, acrescentado pela Lei 13.467/2017).

A referida multa é prevista para os casos específicos de discriminação em razão de sexo e etnia. O valor decorrente é devido em favor do empregado discriminado.

Por se tratar de penalidade, não se admite a aplicação extensiva ou analógica da mencionada multa específica para outras hipóteses de discriminação, ainda que também vedadas pelo sistema jurídico.

14.5 Equiparação salarial por função análoga

A equiparação salarial por igualdade, que é a regra, foi estudada nos itens anteriores.

Além dela, a doutrina indica uma hipótese de equiparação salarial por mera semelhança de funções exercidas (funções análogas). Trata-se do caso previsto no art. 358 da CLT, com a seguinte redação:

"Nenhuma empresa, ainda que não sujeita à proporcionalidade, poderá pagar a brasileiro que exerça função análoga, a juízo do Ministério do Trabalho, Indústria e Comércio, à que é exercida por estrangeiro a seu serviço, salário inferior ao deste, excetuando-se os casos seguintes:

a) quando, nos estabelecimentos que não tenham quadros de empregados organizados em carreira, o brasileiro contar menos de 2 (dois) anos de serviço, e o estrangeiro mais de 2 (dois) anos;

b) quando, mediante aprovação do Ministério do Trabalho, Indústria e Comércio, houver quadro organizado em carreira em que seja garantido o acesso por antiguidade;

c) quando o brasileiro for aprendiz, ajudante ou servente, e não o for o estrangeiro;

d) quando a remuneração resultar de maior produção, para os que trabalham à comissão ou por tarefa.

Parágrafo único. Nos casos de falta ou cessação de serviço, a dispensa do empregado estrangeiro deve preceder à de brasileiro que exerça função análoga".

Em conformidade com a previsão em destaque, nenhuma empresa, mesmo aquela não sujeita à previsão do art. 354 da CLT (a chamada "lei dos 2/3"), pode pagar ao empregado brasileiro, que exerça *função análoga* àquela exercida por empregado estrangeiro que também lhe preste serviço, salário inferior ao deste.

Assim, a mera semelhança de funções, exercidas pelo empregado brasileiro e pelo empregado estrangeiro, já estabelece o dever do empregador de pagar o mesmo salário, e o direito do primeiro de receber valor salarial idêntico.

O critério, como se nota, não é a igualdade de funções desempenhadas, sendo suficiente a mera existência de funções análogas.

No entanto, o que cabe verificar é se a disposição em questão encontra-se em vigor, ou seja, se foi recepcionada pela Constituição Federal de 1988.

Efetivamente, a Constituição da República, em seu art. 5º, *caput*, estabelece que:

"Todos são iguais perante a lei, sem distinção de qualquer natureza, garantindo-se aos brasileiros e aos estrangeiros residentes no País a inviolabilidade do direito à vida, à liberdade, à igualdade, à segurança e à propriedade".

Tendo em vista o referido preceito magno, de ordem fundamental, parece evidente que o tratamento desigual, conferido pelo art. 358, ao empregado brasileiro, sem assegurar o mesmo direito ao estrangeiro, representa um privilégio discriminatório ao estrangeiro que, sendo empregado no Brasil, aqui reside.

Com isso, entende-se que as disposições, estabelecendo tais desigualdades entre empregados brasileiros e estrangeiros, não foram recepcionadas pela nova ordem constitucional, instaurada em 1988. Ou seja, o art. 358 da CLT (bem como as outras disposições do Capítulo II, do Título III, da CLT, pertinente à "nacionalização do trabalho") não se encontra em vigor, por ter sido revogado, implicitamente, pela Constituição Federal de 1988.

Mesmo assim, prevalece o entendimento de que o art. 358 da CLT permanece em vigor, pois apenas estabelece uma norma favorável ao empregado brasileiro, sem instituir qualquer discriminação, mas, pelo contrário, concretizar o princípio da igualdade.

Adotando esse último entendimento, cabe transcrever a seguinte ementa de julgado proferido pelo Tribunal Superior do Trabalho:

"Recurso de revista adesivo interposto pelo reclamante. Equiparação salarial a estrangeiro. A igualdade preconizada no caput do art. 5º da Constituição Federal não afasta a aplicação da disposição contida no art. 358 da CLT, nos termos da qual é assegurada a igualdade de salários entre brasileiros e estrangeiros quando no exercício de funções análogas. Recurso de revista a que se dá provimento" (TST, 5ª T., TST-RR 443.696/1998.8, Rel. Min. Gelson de Azevedo, j. 16.02.2005, *DJ* 04.03.2005).

Entretanto, na linha do já exposto, seria possível dizer que o art. 358 da CLT não atende ao preceito de igualdade, garantida pela Constituição Federal de 1988, justamente por se contentar com a mera semelhança de funções entre empregados brasileiros e estrangeiros (funções análogas e não iguais), para estabelecer equiparação salarial, privilegiando o primeiro em detrimento do segundo, ou seja, tratando de forma igual os desiguais.

14.6 Equiparação salarial por equivalência

A equivalência salarial, na realidade, é hipótese de equiparação salarial por mera equivalência de funções exercidas entre os empregados. Trata-se do caso previsto no art. 460 da CLT, com a seguinte redação:

"Na falta de estipulação do salário ou não havendo prova sobre a importância ajustada, o empregado terá direito a perceber salário igual ao daquela que, na mesma empresa, fizer serviço equivalente, ou do que for habitualmente pago para serviço semelhante".

Portanto, a disposição aplica-se, em especial, quando o vínculo de emprego é reconhecido somente em juízo, mas não ocorreu a estipulação do salário, ou não há provas sobre o valor ajustado.

Como observa Sergio Pinto Martins: "É o que ocorre quando o ajuste das condições de trabalho é tácito, em que há a prestação dos serviços do empregado, sem oposição do empregador, mas nada foi contratado expressamente"[17].

Nesses casos, o empregado tem direito de receber o salário igual ao daquele que, na mesma empresa, fizer "serviço equivalente". Como se pode notar, não se exige absoluta igualdade de funções, mas mera equivalência, ou seja, com igualdade de valor, correspondência.

---

[17] MARTINS, Sergio Pinto. *Direito do trabalho*. 22. ed. São Paulo: Atlas, 2006. p. 298.

Na mesma situação, não sendo encontrado, na empresa, empregado que exerça função equivalente, o empregado em questão faz jus a receber o salário que for habitualmente pago para "serviço semelhante". Nesse último caso, cabe ao juiz, ainda que por meio de designação de perito, arbitrar o salário, em conformidade com o valor que normalmente é pago em serviço semelhante.

Não se pode aplicar a regra do art. 460 da CLT em detrimento dos requisitos do art. 461 da CLT, pois aquele dispositivo apenas incide na hipótese, excepcional, de empregado que não teve o salário ajustado, ou não há prova sobre a sua importância, tratando-se de regra que determina os parâmetros para a fixação do salário, pelo juiz, nos referidos casos.

14.7 Salário do período de substituição não provisória

O salário-substituição não apresenta previsão explícita na lei, mas decorre de critério de igualdade e justiça.

Além disso, o art. 450 da CLT apresenta a seguinte disposição, que tangencia o tema em questão: "Ao empregado chamado a ocupar, em comissão, interinamente, ou em substituição eventual ou temporária, cargo diverso do que exercer na empresa, serão garantidas a contagem do tempo naquele serviço, bem como volta ao cargo anterior".

Com fundamento nesses aspectos, a Súmula 159 do TST, com redação determinada pela Resolução 121/2003, assim estabelece:

"Substituição de caráter não eventual e vacância do cargo.

I – Enquanto perdurar a substituição que não tenha caráter meramente eventual, inclusive nas férias, o empregado substituto fará jus ao salário contratual do substituído.

II – Vago o cargo em definitivo, o empregado que passa a ocupá-lo não tem direito a salário igual ao do antecessor".

Assim, para a existência do direito ao salário-substituição, ou seja, ao salário do empregado que foi substituído, faz-se necessário que *a substituição não seja meramente eventual*.

Ou seja, a substituição deve ser provisória (embora não eventual) para que o empregado que substitui tenha direito ao salário do substituído, exatamente como ocorre, por exemplo, nas férias e na licença-maternidade.

Por outro lado, não asseguram o direito ao salário-substituição (exceto previsão em norma mais favorável) as substituições de caráter meramente eventual, como faltas ou viagens de um ou alguns dias.

Além disso, para que o direito ao salário do substituído se verifique, a substituição não pode ser definitiva, pois neste último caso não há simultaneidade na prestação de serviços, mas sim vacância do cargo, a ser preenchido por outro empregado, não se tratando de mera substituição.

Por isso, vago o cargo definitivamente (por promoção ou cessação do contrato de trabalho), aquele que passa a ocupá-lo não tem direito a salário igual ao do antecessor, salvo se existir previsão específica, em norma mais benéfica (como instrumentos normativos decorrentes de negociação coletiva).

Salvo previsão em norma mais benéfica, entende-se que se o empregado continuar exercendo as suas efetivas funções, mas de forma cumulada com a função de outro colega (por exemplo, de férias), não há o direito de receber ambos os salários, mas sim apenas de receber o salário-substituição, caso presentes os seus requisitos, acima indicados.

14.8 Equiparação salarial na terceirização

O enquadramento sindical é feito em conformidade com a atividade preponderante do empregador[18].

---

[18] Cf. MARTINS, Sergio Pinto. *Direito do trabalho*. 22. ed. São Paulo: Atlas, 2006. p. 705: "se a empresa não tiver uma única atividade, mas várias, o empregado será enquadrado de acordo com a atividade preponderante da empresa".

Sendo assim, o empregado integra a categoria profissional que se contraponha à categoria econômica relativa à atividade preponderantemente exercida pela empresa (art. 511, §§ 1º e 2º, da CLT), com exceção da hipótese de categoria profissional diferenciada (art. 511, § 3º, da CLT).

Tratando-se de prestadora de serviços, esta é a sua efetiva atividade empresarial, para fins do seu enquadramento sindical.

Caso a terceirização seja lícita, o art. 5º-A, § 5º, da Lei 6.019/1974 (acrescentado pela Lei 13.429/2017), como já destacado, estabelece apenas a responsabilidade subsidiária da empresa tomadora, sem a formação de vínculo de emprego diretamente com ela.

Não se configura vínculo empregatício entre os trabalhadores, ou sócios das empresas prestadoras de serviços, qualquer que seja o seu ramo, e a empresa contratante (art. 4º-A, § 2º, da Lei 6.019/1974, acrescentado pela Lei 13.429/2017). Essa ausência de vínculo de emprego entre a empresa tomadora e os empregados da empresa prestadora de serviços, evidentemente, pressupõe que a terceirização tenha sido feita em consonância com as exigências legais. Cf. Capítulo 12, item 12.3.

Nos termos do art. 5º-A, § 5º, da Lei 6.019/1974, acrescentado pela Lei 13.429/2017, a empresa contratante (tomadora) é subsidiariamente responsável pelas obrigações trabalhistas referentes ao período em que ocorrer a prestação de serviços, e o recolhimento das contribuições previdenciárias deve observar o disposto no art. 31 da Lei 8.212/1991.

Nessa hipótese, a efetiva empregadora não é a tomadora, mas sim a prestadora dos serviços, o que é relevante para o estudado enquadramento sindical, o qual se pauta pela sua atividade preponderante Cf. Capítulo 35, item 35.10.6.

No sentido exposto anteriormente, cabe transcrever a seguinte decisão do Tribunal Superior do Trabalho:

"Enquadramento sindical na categoria da entidade tomadora dos serviços. Impossibilidade. 1. Hipótese em que se discute pedido de reenquadramento sindical, com vistas à obtenção de vantagens conquistadas mediante negociação coletiva pelos empregados da entidade tomadora dos serviços. 2. O enquadramento sindical é feito, em regra, com base na atividade preponderante do empregador, não havendo autorização legal para que tal ato seja realizado levando em consideração a atividade desenvolvida pela entidade tomadora dos serviços. 3. Logo, não tendo sido sequer formulada a pretensão de reconhecimento de vínculo de emprego com a tomadora dos serviços, revela-se desprovido de amparo jurídico o pleito concernente ao reenquadramento sindical. Recurso conhecido, por divergência jurisprudencial, e desprovido" (Ac. un. da 2ª T. do TST, RR 497.085/1998.9, Rel. Juiz Altino Pedrozo dos Santos, Convocado, j. 20.11.2002, *DJU* 17.02.2003, p. 639)[19].

Efetivamente, não há como aplicar a norma coletiva de categoria diversa daquela da qual faz parte a empresa prestadora dos serviços, por não ter sido representada na negociação coletiva (ou no dissídio coletivo) que a antecede, tal como ocorre na hipótese prevista na Súmula 374 do TST (ex-Orientação Jurisprudencial 55 da SBDI-I).

Quanto à equiparação salarial propriamente, um dos seus requisitos é justamente a *identidade de empregadores* entre os empregados, conforme o art. 461, *caput*, da CLT.

Tratando-se de terceirização lícita, ou seja, autorizada pelo sistema jurídico, a empresa de prestação de serviços é a verdadeira empregadora do empregado que presta serviços para a tomadora, a qual não mantém vínculo de emprego com o mencionado trabalhador.

Obviamente, a empresa tomadora pode ter os seus próprios empregados, com os quais mantém contrato de trabalho, figurando como empregadora deles em específico.

Como é nítido, os empregados da empresa tomadora diferenciam-se dos empregados da empresa prestadora, exatamente quanto à figura do empregador.

---

[19] *Repertório de Jurisprudência IOB*, São Paulo, n. 05/2003, v. 2, Trabalhista e Previdenciário, p. 114, ementa n. 2/19354, 1ª quinzena de março de 2003.

Não havendo identidade de empregadores na hipótese de terceirização lícita, não se verifica o direito à equiparação salarial, conforme exigência expressa, prevista na Consolidação das Leis do Trabalho[20].

Neste sentido, cabe transcrever a seguinte decisão, oriunda da Segunda Turma do TST:

"Equiparação salarial em terceirização. Não participação da empresa interposta nos acordos normativos firmados pela tomadora. A decisão recorrida reconheceu a responsabilidade subsidiária da tomadora dos serviços. No entanto, afastou a aplicação dos acordos normativos, firmados diretamente pela tomadora, sem a participação da real empregadora. Não se vislumbra violação ao princípio da isonomia, eis que não declarado o vínculo empregatício diretamente com a tomadora, nem emitida tese acerca da existência de fraude na contratação" (TST, 2ª T., RR 454.956/98, Rel. Juiz Convocado Aloysio Corrêa da Veiga, DJU 22.02.2002).

Apesar do exposto acima, quanto ao tema analisado, tem-se a possibilidade de sustentar argumentação diversa, no sentido de que, mesmo na hipótese da terceirização lícita, em face do princípio constitucional da igualdade (art. 5º, *caput*, da CF/1988), o empregado que presta serviços à empresa tomadora (que terceirizou serviços) faz jus às vantagens previstas nas normas coletivas aplicáveis aos empregados desta.

Segundo o entendimento de Mauricio Godinho Delgado:

"Somente pode ser *organização sindical efetivamente representativa da categoria profissional do trabalhador terceirizado* aquela entidade sindical que represente, também hegemonicamente, os trabalhadores da empresa tomadora de serviços do obreiro! Toda a formação profissional, seus interesses profissionais, materiais e culturais, toda a vinculação laborativa essencial do trabalhador terceirizado, tudo se encontra direcionado à empresa tomadora de serviços, e não à mera intermediária de mão de obra. *A real categoria profissional desse obreiro é aquela em que ele efetivamente se integra em seu cotidiano de labor*"[21].

Em reforço a essa tese, pode-se indicar a aplicação, ainda que analógica, da Lei 6.019/1974, que expressamente assegura aos trabalhadores temporários o direito à "remuneração equivalente à percebida pelos empregados de mesma categoria da empresa tomadora ou cliente" (art. 12, *a*)[22]. Isso porque o trabalho temporário é, de certa forma, modalidade de terceirização prevista em lei, autorizando o uso da analogia para as demais hipóteses de labor terceirizado (art. 8º, *caput*, da CLT).

Para essa linha de entendimento, mantendo a coerência, também para a equiparação salarial, na terceirização, deve-se aplicar o "princípio constitucional da isonomia", em benefício dos "empregados contratados por empresas prestadoras de serviços para prestarem serviços a outras empresas"[23].

Mesmo reconhecendo os relevantes objetivos dessa corrente de entendimento, uma possível objeção seria de se estar conferindo à terceirização lícita (ou seja, autorizada pelo sistema jurídico) o mesmo tratamento da intermediação fraudulenta de mão de obra, ao menos quanto às questões salariais e de aplicação dos direitos trabalhistas previstos em normas coletivas.

---

[20] Cf. BARROS, Alice Monteiro de. *Curso de direito do trabalho*. 2. ed. São Paulo: LTr, 2006. p. 431: "A jurisprudência do TST tem excluído do responsável subsidiário as obrigações do devedor principal (empregador) alusivas à equiparação salarial, porque ausente um dos requisitos (mesmo empregador) do art. 461 da CLT, e às normas coletivas, porque o tomador dos serviços não participou das mesmas, sequer por meio de sua entidade sindical".

[21] DELGADO, Mauricio Godinho. *Curso de direito do trabalho*. 4. ed. São Paulo: LTr, 2005. p. 469 (destaques do original).

[22] Cf. a seguinte ementa (*Síntese Trabalhista*, Porto Alegre, ano XIV, n. 165, p. 77, mar. 2003): "Tratando-se de laborista que foi contratado pela reclamada, empresa fornecedora de mão de obra temporária, porém, para prestar serviços, como vigia, no canteiro de obras de empresa destinada à construção civil, aplica-se a norma coletiva desta última empresa, a qual é a verdadeira beneficiária do trabalho do laborista" (TRT 18ª R., RO 1579/2002, Rel. Juíza Antônia Helena Gomes Borges Taveira, *DJGO* 1º.10.2002).

[23] BARROS, Alice Monteiro de. *Curso de direito do trabalho*. 2. ed. São Paulo: LTr, 2006. p. 795.

Como se sabe, estabelecer tratamento igual para situações desiguais representa séria afronta ao princípio da igualdade, em sua dimensão material.

Além disso, segundo conhecida regra de hermenêutica, a norma *especial* (no caso, pertinente ao trabalhador temporário, que se refere ao fornecimento de mão de obra, e não terceirização em sentido estrito) deve ser aplicada estritamente para a hipótese nela prevista.

Ainda assim, cabe destacar que o Tribunal Superior do Trabalho, pela sua Subseção I de Dissídios Individuais, por maioria de votos, decidiu favoravelmente à mencionada aplicação analógica da Lei 6.019/1974, conforme a seguinte ementa:

"Terceirização. Isonomia salarial. Identidade de funções entre os empregados da empresa fornecedora de mão de obra e os contratados diretamente pela tomadora dos serviços. Art. 12, alínea *a*, da Lei 6.019/1974. Aplicação analógica.

1. À falta de previsão legal específica, socorrendo-se da analogia e dos princípios gerais do direito, bem como atendendo aos fins sociais da norma aplicada e às exigências do bem comum (arts. 4º e 5º da LICC), aplica-se o preceito inscrito na alínea *a* do artigo 12 da Lei 6.019/1974 para reconhecer aos empregados terceirizados tratamento isonômico em relação àqueles contratados pela tomadora dos serviços, desde que haja igualdade de funções.
2. O legislador ordinário lançou mão do referido dispositivo no intuito de coibir qualquer tratamento discriminatório gerado a partir de possível diferenciação de conduta e de salário, no ambiente de trabalho, entre os empregados temporários e os de mesma categoria da empresa tomadora. Ora, se na terceirização temporária de curto prazo vislumbrou-se a possibilidade de tratamento discriminatório, com muito maior gravidade, constância e profundidade tal circunstância verificar-se-á na terceirização permanente, em que, não raro, os empregados da prestadora dos serviços sujeitam-se por período prolongado a condições de patente desigualdade salarial em relação aos empregados de mesma categoria da empresa tomadora, não obstante desempenhando idênticas funções.
3. Embargos de que se conhece, por divergência jurisprudencial, e a que se dá provimento para, reconhecendo o direito dos reclamantes, terceirizados, à isonomia salarial com os empregados da tomadora dos serviços exercentes das mesmas funções, restabelecer a r. sentença" (TST, SBDI-I, ERR 654.203/00.9, Redator Min. João Oreste Dalazen, j. 12.09.2005, *DJ* 11.11.2005).

14.8.1 Equiparação salarial na intermediação de mão de obra

Na hipótese de terceirização ilícita, ou seja, de fraude, a situação é bem diferente.

Havendo mera intermediação irregular de mão de obra, o vínculo de emprego forma-se diretamente com a tomadora (art. 9º da CLT).

Portanto, caso isso ocorra (o que geralmente é reconhecido em juízo), tem-se que o trabalhador, apenas formalmente, era empregado da prestadora de serviços; existindo contrato de trabalho direto com a tomadora dos serviços, ela é, segundo o princípio da primazia da realidade, a verdadeira empregadora.

Para o enquadramento sindical desse trabalhador, a atividade preponderante a ser buscada é a desta empresa, fazendo gerar o direito à aplicação das vantagens previstas nas normas coletivas referentes à sua categoria profissional, tornando irrelevante, para os fins em questão, a atividade preponderante da empresa interposta, conforme o art. 9º da CLT.

Cabe recordar, no entanto, que nos casos de órgãos da Administração Pública direta, indireta ou fundacional, entende-se não ser possível o reconhecimento de vínculo de emprego com o Estado, em razão da ausência do requisito constitucional da prévia aprovação em concurso público (art. 37, inciso II, e § 2º, da Constituição Federal de 1988 e Súmula 331, inciso II, do TST).

Em consequência, por exemplo, no caso de terceirização efetivada por empresa estatal (art. 173, § 1º, inciso II, da CF/1988), seria possível entender que não se podem aplicar, ao empregado terceirizado (mesmo ilicitamente), as normas coletivas da categoria profissional da tomadora[24]. Entretanto, o entendimento que prevaleceu no TST é no sentido de assegurar os mesmos direitos dos empregados da empresa tomadora, mesmo que estatal. Nesse sentido, destacam-se os seguintes julgados:

"Embargos em recurso de revista. Interposição sob a égide da Lei 11.496/2007. Isonomia. Terceirização. Administração pública indireta. Atividades típicas da categoria profissional dos bancários. Art. 12, alínea *a*, da Lei 6.019/1974. Aplicação analógica. Na esteira dos precedentes desta SDI-I, embora afastada a formação de vínculo diretamente com a CEF, nos termos da Súmula 331, II, do TST, ante a ausência do requisito do concurso público, a aplicação analógica do art. 12, alínea *a*, da Lei 6.019/1974 conduz ao reconhecimento do direito da terceirizada à isonomia salarial com os empregados da empresa pública, tomadora de serviços, em razão do desempenho de funções afetas à sua atividade-fim. Embargos conhecidos e não providos" (TST, SBDI-I, E-RR 698968/2000, Rel. Min. Rosa Maria Weber, *DJ* 08.08.2008).

"Terceirização. Isonomia salarial. Empregados da empresa prestadora de serviços. Empregados da empresa da tomadora. A fim de se evitar a ocorrência de tratamento discriminatório entre os empregados da empresa prestadora de serviços e os da tomadora, e observado o exercício das mesmas funções, esta Corte entende serem devidos os direitos decorrentes do enquadramento como se empregado da empresa tomadora fosse, tanto em termos de salário quanto às condições de trabalho. Recurso de embargos de que se conhece e a que se nega provimento" (TST, SBDI-I, E-RR 666620/2000.9, Min. João Batista Brito Pereira, *DJ* 19.09.2008).

Desse modo, de acordo com a Orientação Jurisprudencial 383 da SBDI-I do TST:

"Terceirização. Empregados da empresa prestadora de serviços e da tomadora. Isonomia. Art. 12, *a*, da Lei n. 6.019, de 03.01.1974. A contratação irregular de trabalhador, mediante empresa interposta, não gera vínculo de emprego com ente da Administração Pública, não afastando, contudo, pelo princípio da isonomia, o direito dos empregados terceirizados às mesmas verbas trabalhistas legais e normativas asseguradas àqueles contratados pelo tomador dos serviços, desde que presente a igualdade de funções. Aplicação analógica do art. 12, *a*, da Lei n. 6.019, de 03.01.1974" (*DEJT* 19.04.2010).

Nessa linha de entendimento, se a contratante (tomadora) tiver empregados próprios (contratados diretamente) e empregados terceirizados (contratados pela empresa prestadora) exercendo as mesmas funções, em idênticas condições, tendo em vista a incidência do princípio da igualdade (art. 5º, *caput*, da Constituição da República), deve-se aplicar o mesmo patamar remuneratório e de outros direitos trabalhistas a ambos os tipos de empregados, para que não haja tratamento discriminatório entre trabalhadores (art. 3º, inciso IV, art. 5º, inciso XLI, e art. 7º, incisos XXX, XXXI e XXXII, da Constituição Federal de 1988).

Na atualidade, o Supremo Tribunal Federal, ao julgar recurso extraordinário com repercussão geral, firmou entendimento em sentido diverso, afastando o direito à equiparação de remuneração e de direitos entre empregados de empresa pública tomadora de serviços e empregados terceirizados (STF, Pleno, RE 635.546/MG, Red. p/ ac. Min. Roberto Barroso, j. 29.03.2021).

---

[24] Cf. a seguinte ementa (*Revista Trabalho*, Curitiba, Decisório Trabalhista, ano 21, n. 248, p. 47, mar. 2003): "Vínculo empregatício. Tomador dos serviços. Parcelas relativas à condição de bancário. Diante da impossibilidade de se reconhecer o vínculo empregatício com o banco tomador dos serviços, tendo em vista o art. 37, II, da Constituição Federal, não cabe deferir à reclamante pagamento de verbas relativas à categoria dos bancários. Isso porque, muito embora os serviços prestados sejam inerentes à atividade bancária, a categoria da reclamante é outra e não enseja o reconhecimento de direitos reconhecidos apenas aos bancários, ante a não formação do vínculo com a entidade bancária. Embargos conhecidos e providos" (TST, E-RR 488731/98.9, Rel. Juiz Convocado Vieira de Mello Filho, *DJU* 07.02.2003). Cf. ainda: TST, 2ª T., RR 00316-2002-036-03-00-5, Rel. Min. Renato de Lacerda Paiva.

Nesse sentido, o Supremo Tribunal Federal fixou a seguinte tese de repercussão geral: "A equiparação de remuneração entre empregados da empresa tomadora de serviços e empregados da empresa contratada (terceirizada) fere o princípio da livre iniciativa, por se tratar de agentes econômicos distintos, que não podem estar sujeitos a decisões empresariais que não são suas" (STF, Pleno, RE 635.546/MG, Red. p/ ac. Min. Roberto Barroso, DJe 19.05.2021).

Além disso, tratando-se de ente com personalidade jurídica de direito público, seguindo a corrente majoritária, especificamente quanto às cláusulas de natureza econômica, não se observa possibilidade de se firmar convenção ou acordo coletivo e de ajuizamento de dissídio coletivo, não havendo, assim, norma coletiva de tomadora que se possa pleitear incidência[25].

No tocante à equiparação salarial propriamente, na intermediação irregular de mão de obra, como a fraude não produz efeitos e o vínculo de emprego é reconhecido diretamente com a empresa tomadora dos serviços, esta é reconhecida como a verdadeira empregadora.

Assim, encontra-se presente o requisito da identidade de empregador, para fins de equiparação salarial entre os empregados contratados regularmente pela empresa tomadora e os empregados que foram vítimas da intermediação de mão de obra pela empresa interposta.

14.9 Desvio de função

O *desvio de função* ocorre quando o empregado passa a exercer função diversa, ou seja, diferente daquela originalmente exercida ou contratada, mas sem receber o salário correspondente à verdadeira função desempenhada.

Essa situação pode gerar, como consequência, o direito de receber diferenças salariais, o que não se confunde com a equiparação salarial, por não dizer respeito à comparação entre dois empregados de função idêntica[26].

Desse modo, o direito à diferença salarial decorrente do desvio de função é devido inclusive quando existente quadro de carreira ou plano de cargos e salários na empresa.

Nos termos da Súmula 223 do antigo TFR: "O empregado, durante o desvio funcional, tem direito à diferença salarial, ainda que o empregador possua quadro de pessoal organizado em carreira".

Em consonância com a Súmula 378 do STJ: "Reconhecido o desvio de função, o servidor faz jus às diferenças salariais decorrentes".

No desvio de função, entretanto, entende-se que o empregado não tem direito ao reenquadramento, mas apenas às diferenças de salário decorrentes.

A respeito do tema, nos termos da Orientação Jurisprudencial 125 da SBDI-I do TST: "Desvio de função. Quadro de carreira. O simples desvio funcional do empregado não gera direito a novo enquadramento, mas apenas às diferenças salariais respectivas, mesmo que o desvio de função haja iniciado antes da vigência da CF/1988".

Cabe esclarecer que no caso de reabilitação profissional no âmbito da Previdência Social, a alteração das atribuições e responsabilidades do segurado compatíveis com a limitação que tenha sofrido em sua capacidade física ou mental não configura desvio de cargo ou função do segurado reabilitado ou que estiver em processo de reabilitação profissional a cargo do INSS (art. 62, § 2º, da Lei 8.213/1991, incluído pela Lei 13.846/2019).

---

[25] Orientação Jurisprudencial 5 da SDC do TST: "Dissídio coletivo. Pessoa jurídica de direito público. Possibilidade jurídica. Cláusula de natureza social (redação alterada na sessão do Tribunal Pleno realizada em 14.09.2012). Em face de pessoa jurídica de direito público que mantenha empregados, cabe dissídio coletivo exclusivamente para apreciação de cláusulas de natureza social. Inteligência da Convenção n. 151 da Organização Internacional do Trabalho, ratificada pelo Decreto Legislativo n. 206/2010". Cf. ainda: STF, ADI 554-MG, Rel. Min. Eros Grau.

[26] Cf. MARTINS, Sergio Pinto. *Direito do trabalho*. 28. ed. São Paulo: Atlas, 2012. p. 326.

Capítulo 15

Política salarial

15.1 Introdução

Política salarial significa a escolha de meios para se alcançar a proteção ao valor do salário, bem como a distribuição de riqueza e combate ao desemprego e à inflação[1].

No âmbito da política salarial são estabelecidos o reajuste salarial e o aumento salarial. Enquanto o reajuste visa a repor o valor de aquisição do salário, diante da desvalorização decorrente da inflação, o aumento significa a efetiva majoração do valor real do salário. Sobre o tema, cabe observar a Orientação Jurisprudencial 325 da SBDI-I do TST:

"Aumento salarial concedido pela empresa. Compensação no ano seguinte em antecipação sem a participação do sindicato profissional. Impossibilidade (DJ 09.12.2003). O aumento real, concedido pela empresa a todos os seus empregados, somente pode ser reduzido mediante a participação efetiva do sindicato profissional no ajuste, nos termos do art. 7º, VI, da CF/1988".

Ainda no presente tópico, serão analisados os conceitos de salário mínimo, salário profissional e piso da categoria.

15.2 Salário mínimo

O salário é a quantia paga "diretamente pelo empregador" (art. 457, *caput*, da CLT), decorrendo do contrato de trabalho.

Como já estudado, o salário é pago e devido não só como contraprestação do efetivo serviço prestado, mas também dos períodos em que o empregado esteve à disposição do empregador, aguardando ou executando ordens (art. 4º, *caput*, da CLT), bem como de certos períodos de descanso remunerado (hipóteses de interrupção do contrato de trabalho como ocorre nas férias e nos descansos semanais e feriados remunerados).

O art. 76 da CLT conceituava o salário mínimo da seguinte forma:

"Salário mínimo é a contraprestação mínima devida e paga diretamente pelo empregador a todo trabalhador, inclusive ao trabalhador rural, sem distinção de sexo, por dia normal de serviço, e capaz de satisfazer, em determinada época e região do País, as suas necessidades normais de alimentação, habitação, vestuário, higiene e transporte".

No entanto, atualmente, o art. 7º, inciso IV, da Constituição Federal de 1988 alterou certos aspectos da definição acima, além de ter ampliado o rol de necessidades que o salário mínimo deve atender, assegurando o direito ao:

"salário mínimo, fixado em lei, nacionalmente unificado, capaz de atender a suas necessidades vitais básicas e às de sua família como moradia, alimentação, educação, saúde, lazer, vestuário, higiene, transporte e previdência social, com reajustes periódicos que lhe preservem o poder aquisitivo, sendo vedada sua vinculação para qualquer fim".

---

[1] Cf. MARTINS, Sergio Pinto. *Direito do trabalho*. 22. São Paulo: Atlas, 2006. p. 301.

Portanto, o salário mínimo não é mais regional, e sim nacionalmente unificado, estabelecido por lei federal (lembrando-se que medida provisória tem força de lei, na forma do art. 62, *caput*, da CF/1988).

Assim, o salário mínimo seria o menor valor que a lei permite que seja pago pelo empregador ao empregado, para que este possa satisfazer as suas "necessidades vitais básicas e às de sua família".

Por se tratar das necessidades básicas, não se confunde o salário mínimo com o conceito, de certa forma indeterminado, de "salário justo". Este seria o salário no valor equitativo, ou seja, em consonância com as regras para a harmoniosa convivência em sociedade, atendendo aos objetivos e às necessidades de plena satisfação ao empregado.

As necessidades básicas que o salário mínimo deve atender são, justamente, aquelas referentes à: moradia, alimentação, educação, saúde, lazer, vestuário, higiene, transporte e previdência social.

Cabe lembrar que há os valores mensal, diário e horário do salário mínimo.

Nas hipóteses em que há o recebimento de salário-base, mais outras parcelas de natureza salarial (como gratificações habituais legais), o entendimento pacificado pela jurisprudência é no sentido de que devem ser somadas todas as verbas de natureza salarial, para se verificar o respeito ao direito ao valor do salário mínimo. Dessa forma, não se exige que o salário-base, em si, seja no valor do salário mínimo, o qual pode ser alcançado pelo conjunto salarial.

Nesse sentido, de acordo com a Orientação Jurisprudencial 272 da SBDI-I do TST: "Salário mínimo. Servidor. Salário-base inferior. Diferenças. Indevidas. A verificação do respeito ao direito ao salário mínimo não se apura pelo confronto isolado do salário-base com o mínimo legal, mas deste com a soma de todas as parcelas de natureza salarial recebidas pelo empregado diretamente do empregador".

Na mesma linha, a Súmula Vinculante 16 do STF assim dispõe: "Os arts. 7º, IV, e 39, § 3º (redação da EC 19/1998), da Constituição, referem-se ao total da remuneração percebida pelo servidor público".

O Supremo Tribunal Federal fixou a seguinte tese de repercussão geral: "É defeso o pagamento de remuneração em valor inferior ao salário mínimo ao servidor público, ainda que labore em jornada reduzida de trabalho" (STF, Pleno, RE 964.659/RS, Rel. Min. Dias Toffoli, j. 08.08.2022).

Para a preservação do poder aquisitivo do salário mínimo, em decorrência de efeito inflacionário na economia, a mesma norma constitucional assegura a existência de "reajustes periódicos". No entanto, a concretização dessa garantia depende de leis estabelecendo o mencionado reajuste no valor do mínimo salarial.

A disposição constitucional veda a vinculação do salário mínimo para qualquer fim. Assim, o seu valor não pode ser utilizado como fator indexador da economia, em avenças e contratos (como de locação), pois isso poderia acarretar desequilíbrios na economia, como a inflação, em prejuízo do País.

No entanto, *anteriormente*, entendia-se que a referida vedação deveria ser interpretada de forma teleológica, e não literal, de modo que para os fins internos do Direito do Trabalho não se vislumbrava a referida proibição.

Nesse entendimento anterior, destacava-se que, quando o salário mínimo tem o seu valor alterado, o que direta e imediatamente deve variar é a remuneração dos empregados que o recebem. Da mesma forma, se o empregado recebe determinada parcela salarial, calculada com base no salário mínimo, ela consequentemente terá seu valor acrescido, na mesma proporção. Basta imaginar a hipótese de alguém que, recebendo salário mínimo, labora em horas extras. A remuneração delas será calculada, nesse caso, sobre o valor recebido. Com isso, eventual reajuste do mínimo legal acarretaria, consequentemente, o mesmo acréscimo no valor daquelas horas. A referida corrente de entendimento destacava que isso não deixa de ser uma vinculação do salário mínimo para fins de cálculo de outras parcelas trabalhistas, mas, como é óbvio, trata-se de conduta perfeitamente constitucional.

O exemplo acima revelaria, de acordo com entendimento anterior, que, na realidade, o inciso IV do art. 7º da Constituição Federal de 1988 deveria ser interpretado de forma lógica e razoável. Isso significaria ser impossível, em termos fáticos e jurídicos, desvincular o salário mínimo para todos os fins internos do próprio Direito do Trabalho. Por exemplo, para quem recebe este valor, as demais parcelas calculadas sobre a remuneração (*v.g.*, depósitos do FGTS) necessariamente estão vinculadas ao mínimo. Trata-se de algo natural, que norma jurídica alguma pode alterar.

Argumentava a mencionada corrente que, se o empregador pode, em tese, contratar alguém e pagar o salário mínimo (isso, obviamente, desde que ausente norma mais benéfica e aplicável, prevendo valor superior), também poderia convencionar, por exemplo, o direito a uma gratificação calculada com base neste mesmo valor. Da mesma forma, para o entendimento anterior, que *atualmente não mais prevalece*, a lei também poderia estabelecer que determinado direito trabalhista é devido com base no salário mínimo. Nada obsta, portanto, que certos direitos trabalhistas sejam devidos com base no próprio salário mínimo, pois isso não é indexação da economia propriamente.

Seguindo essa linha, transcreve-se a posição de Wagner D. Giglio:

"Os Tribunais Trabalhistas entenderam que a proibição legal diz respeito à utilização do salário mínimo como fator 'externo' de indexação econômica, isto é, para efeitos estranhos ao Direito do Trabalho e à Justiça do Trabalho, que aplica o Direito Material do Trabalho aos casos concretos"[2].

Assim é que, quando se verifica reajuste do salário mínimo, pressupõe-se que todas as possíveis e naturais repercussões advindas tenham sido sopesadas.

O STF decidiu no Recurso Extraordinário 56.5714, o qual teve reconhecimento da existência de repercussão geral da questão constitucional discutida[3], que a parte final do art. 7º, inciso IV, da Constituição Federal de 1988 proíbe expressamente a vinculação do salário mínimo *para qualquer fim*, explicitando que o objetivo da norma constitucional é de impedir que haja pressões que levem a reajustes menores no salário mínimo.

Confirmando essa tendência e definindo a questão, o Supremo Tribunal Federal aprovou a importante *Súmula Vinculante 4*, com a seguinte redação:

"Salvo nos casos previstos na Constituição, o salário mínimo não pode ser usado como indexador de base de cálculo de vantagem de servidor público ou de empregado, nem ser substituído por decisão judicial".

Na mesma linha, a Súmula Vinculante 15 do STF assim prevê: "O cálculo de gratificações e outras vantagens não incide sobre o abono utilizado para se atingir o salário mínimo do servidor público".

---

[2] GIGLIO, Wagner D. *Direito processual do trabalho*. 10. ed. São Paulo: Saraiva, 1997. p. 94. Cf. ainda DELGADO, Maurício Godinho. *Salário*: teoria e prática. Belo Horizonte: Del Rey, 1997. p. 205-206: "Tem prevalecido o entendimento de que a proibição à utilização do salário mínimo como medida de valor (vedação à '...sua vinculação para qualquer fim') dirige-se ao campo exterior ao Direito do Trabalho, não inviabilizando seu uso como critério de preservação contínua do valor real do salário efetivo do obreiro. O fundamento dessa linha interpretativa constrói-se no sentido de que a nítida intenção do Texto constitucional seria preservar a desassociação do salário mínimo legal como medida indexadora de preços e valores no conjunto do mercado e da economia (a fim de propiciar sua contínua valorização ao longo do tempo), objetivo que não ficaria comprometido pela utilização do salário mínimo como elemento de cálculo da própria verba salarial trabalhista".

[3] "Reconhecida a repercussão geral do tema constitucional relativo à possibilidade de o adicional de insalubridade ter como base de cálculo o salário mínimo, tendo em vista o disposto no art. 7º, inc. IV, da Constituição da República. Relevância jurídica caracterizada pela divergência jurisprudencial. Transcendência aos interesses das partes configurada, pois a solução a ser definida por este Tribunal balizará não apenas o regime remuneratório dos servidores públicos, como, também, a disciplina adotada pela Consolidação das Leis do Trabalho para o adicional de insalubridade devido nas relações por ela regidas" (STF, Pleno, Repercussão Geral em RE 565714-1/SP, Rel. Min. Cármen Lúcia, *DJ* 22.02.2008).

Isso significa que se o ente público paga ao servidor público um "abono", com o objetivo de que o conjunto salarial respeite o valor do salário mínimo, no caso de serem previstas, ainda, gratificações ou outras vantagens, incidentes sobre o salário-base, não há como incluir o referido "abono" na base de cálculo das referidas gratificações e vantagens. Caso contrário, a elevação do salário mínimo acarretaria o aumento automático dessas verbas, significando a sua vinculação ao salário mínimo, o que é vedado pela Constituição Federal de 1988 (art. 7º, inciso IV, parte final).

Cabe registrar, ainda, que a Lei 12.382, de 25 de fevereiro de 2011, estabeleceu as diretrizes para a política de valorização do salário mínimo a vigorar entre 2012 e 2015, a serem aplicadas em 1º de janeiro do respectivo ano (art. 2º). Os reajustes para a preservação do poder aquisitivo do salário mínimo deverão corresponder à variação do Índice Nacional de Preços ao Consumidor (INPC), calculado e divulgado pela Fundação Instituto Brasileiro de Geografia e Estatística (IBGE), acumulada nos doze meses anteriores ao mês do reajuste (art. 2º, § 1º). O mesmo diploma legal também estabeleceu a aplicação de percentuais a título de aumento real em cada ano, levando em conta taxa de crescimento real do Produto Interno Bruto (PIB), apurada pelo IBGE (art. 2º, § 4º).

O art. 3º, por sua vez, prevê que: "Os reajustes e aumentos fixados na forma do art. 2º serão estabelecidos pelo Poder Executivo, por meio de decreto, nos termos desta Lei". Apesar da previsão constitucional no sentido de que o salário mínimo deve ser "fixado em lei" (art. 7º, inciso IV, da CF/1988), o Supremo Tribunal Federal, em 03.11.2011, julgou improcedente a Ação Direta de Inconstitucionalidade 4.568, que questionava o referido dispositivo legal. Nesse sentido, prevaleceu o entendimento de que o Decreto presidencial relativo à divulgação anual do salário mínimo é simples aplicação de fórmula, índice e periodicidade estabelecidos pela Lei 12.382/2011.

As mesmas diretrizes foram estabelecidas para a política de valorização do salário mínimo a vigorar entre 2016 e 2019, aplicadas em 1º de janeiro do respectivo ano, quanto a reajustes do salário mínimo e aumentos reais, a serem estabelecidos pelo Poder Executivo, por meio de decreto (Lei 13.152/2015).

15.3 Salário profissional e piso da categoria

O "salário profissional" é aquele "de certas *profissões legalmente regulamentadas*"[4], ou seja, "é fixado por lei e deferido a profissionais cujo ofício seja regulamentado também em diploma legal"[5] (art. 511, § 3º, da CLT).

O salário profissional é também chamado de salário *mínimo* profissional[6]. Trata-se, portanto, de patamar *mínimo* salarial, específico de certas profissões[7]. Na lição de Amauri Mascaro Nascimento: "Denomina-se salário profissional aquele fixado como o mínimo de uma profissão com o que se caracteriza como uma espécie do gênero *mínimo salarial*"[8].

Já o "salário mínimo normativo" é o fixado por sentença normativa, e o "salário mínimo convencional" é o fixado por convenção coletiva e acordo coletivo[9].

Conforme a Orientação Jurisprudencial 25 da SDC do TST: "Salário normativo. Contrato de experiência. Limitação. Tempo de serviço. Possibilidade. Não fere o princípio da isonomia salarial (art. 7º, XXX, da CF/88) a previsão de salário normativo tendo em vista o fator tempo de serviço".

---

[4] DELGADO, Mauricio Godinho. *Salário*: teoria e prática. Belo Horizonte: Del Rey, 1997. p. 205 (destaques do original).
[5] DELGADO, Mauricio Godinho. *Salário*: teoria e prática. Belo Horizonte: Del Rey, 1997. p. 205. Cf. ainda NASCIMENTO, Amauri Mascaro. *Teoria jurídica do salário*. 2. ed. São Paulo: LTr, 1997. p. 322.
[6] Cf. DELGADO, Mauricio Godinho. *Salário*: teoria e prática. Belo Horizonte: Del Rey, 1997. p. 205 (destaques do original).
[7] Cf. RUSSOMANO, Mozart Victor. *Curso de direito do trabalho*. 6. ed. Curitiba: Juruá, 1997. p. 324: "os salários profissionais – como já sublinhamos – nada mais são do que salários mínimos".
[8] NASCIMENTO, Amauri Mascaro. *Teoria jurídica do salário*. 2. ed. São Paulo: LTr, 1997. p. 321 (destaques do original).
[9] Cf. DELGADO, Mauricio Godinho. *Salário*: teoria e prática. Belo Horizonte: Del Rey, 1997. p. 206.

O "piso da categoria", por sua vez, representa o salário de toda uma categoria dos empregados (art. 511, § 2º, da CLT) que trabalham em determinado setor da atividade econômica, em certa base territorial (não se referindo à categoria profissional diferenciada).

Nos termos da Orientação Jurisprudencial 26 da SDC do TST: "Salário normativo. Menor empregado. Art. 7º, XXX, da CF/88. Violação. Os empregados menores não podem ser discriminados em cláusula que fixa salário mínimo profissional para a categoria".

A Lei 12.790/2013, ao dispor sobre a regulamentação do exercício da profissão de comerciário, no art. 4º, estabelece que o piso salarial deve ser fixado em convenção ou acordo coletivo de trabalho, nos termos do inciso V do art. 7º da Constituição Federal.

Importante lembrar, ainda, a existência de leis infraconstitucionais, anteriores à Constituição Federal de 1988, fixando o salário profissional por meio de número múltiplo de salários mínimos, o que ocorre, por exemplo, com os médicos (Lei 3.999/1961, art. 5º), engenheiros (Lei 4.950-A/1966, art. 5º) e técnicos em radiologia (Lei 7.394/1985, art. 16)[10]. Aliás, a Súmula 370 do TST menciona os salários profissionais dos engenheiros e médicos empregados, fixados nas leis específicas[11].

Cabe transcrever, desse modo, a Súmula 370 do TST, ao reconhecer a previsão de salário mínimo profissional de médicos e engenheiros:

"Médico e engenheiro. Jornada de trabalho. Leis 3.999/1961 e 4.950-A/1966.

Tendo em vista que as Leis 3.999/1961 e 4.950-A/1966 não estipulam a jornada reduzida, mas apenas estabelecem o *salário mínimo da categoria* para uma jornada de 4 horas para os médicos e de 6 horas para os engenheiros, não há que se falar em horas extras, salvo as excedentes à oitava, desde que seja respeitado o salário mínimo/horário das categorias".

O Supremo Tribunal Federal julgou parcialmente procedente o pedido formulado em arguição de descumprimento de preceito fundamental, para atribuir interpretação conforme a Constituição ao art. 5º da Lei 4.950-A/1966, de modo a congelar a base de cálculo dos pisos profissionais nele fixados (de engenharia, química, arquitetura, agronomia e veterinária) na data da publicação da ata da sessão do referido julgamento (STF, Pleno, ADPF 53/PI, ADPF 149/DF e ADPF 171/MA, Rel. Min. Rosa Weber, j. 21.02.2022).

Na mesma linha, o Supremo Tribunal Federal julgou parcialmente procedente o pedido formulado em arguição de descumprimento fundamental, para reconhecer a compatibilidade do art. 5º da Lei 3.999/1961 com o texto constitucional e, com apoio na técnica da interpretação conforme a Constituição, determinar o congelamento do valor dos pisos salariais (de médicos, cirurgiões-dentistas e respectivos auxiliares), devendo o *quantum* ser calculado com base no valor do salário mínimo vigente na data da publicação da ata da sessão do referido julgamento (STF, Pleno, ADPF 325/DF, Rel. Min. Rosa Weber, j. 21.03.2022)[12].

---

[10] De acordo com a Orientação Jurisprudencial 71 da SBDI-II do TST: "Ação rescisória. Salário profissional. Fixação. Múltiplo de salário mínimo. Art. 7º, IV, da CF/1988. A estipulação do salário profissional em múltiplos do salário mínimo não afronta o art. 7º, IV, da Constituição Federal de 1988, só incorrendo em vulneração do referido preceito constitucional a fixação de correção automática do salário pelo reajuste do salário mínimo".

[11] Cf. DELGADO, Mauricio Godinho. *Salário*: teoria e prática. Belo Horizonte: Del Rey, 1997. p. 206.

[12] "Arguição de descumprimento de preceito fundamental. Conversão da apreciação do referendo de liminar em julgamento final de mérito. Piso salarial dos profissionais diplomados em curso superior de engenharia, química, arquitetura, agronomia e veterinária (Lei n. 4.950-A, de 22 de abril de 1966). Salário profissional fixado em múltiplos do salário mínimo nacional. Alegada transgressão à norma que veda a vinculação do salário mínimo 'para qualquer finalidade' (CF, art. 7º, IV, *fine*). Inocorrência de tal violação. Cláusula constitucional que tem o sentido de proibir o uso indevido do salário mínimo como indexador econômico. Precedentes. 1. Conversão do referendo de medida cautelar em julgamento definitivo do mérito. Precedentes. 2. Distinções entre o tratamento normativo conferido pelo texto constitucional às figuras jurídicas do salário mínimo (CF, art. 7º, IV) e do piso salarial (CF, art. 7º, IV). 3. A cláusula constitucional que veda a vinculação do salário mínimo 'para qualquer finalidade' (CF, art. 7º, IV, *fine*) tem o sentido proibir a sua indevida utilização como indexador econômico, de modo a preservar o poder aquisitivo

O vencimento dos agentes comunitários de saúde e dos agentes de combate às endemias não será inferior a dois salários mínimos, repassados pela União aos Municípios, aos Estados e ao Distrito Federal (art. 198, § 9º, da Constituição da República, incluído pela Emenda Constitucional 120/2022). Trata-se, assim, de piso salarial profissional nacional.

Os agentes comunitários de saúde e os agentes de combate às endemias terão também, em razão dos riscos inerentes às funções desempenhadas, aposentadoria especial e, somado aos seus vencimentos, adicional de insalubridade (art. 198, § 10, da Constituição da República, incluído pela Emenda Constitucional 120/2022).

Esclareça-se que o vencimento dos agentes comunitários de saúde e dos agentes de combate às endemias fica sob responsabilidade da União, e cabe aos Estados, ao Distrito Federal e aos Municípios estabelecer, além de outros consectários e vantagens, incentivos, auxílios, gratificações e indenizações, a fim de valorizar o trabalho desses profissionais (art. 198, § 7º, da Constituição da República, incluído pela Emenda Constitucional 120/2022). Os recursos destinados ao pagamento do vencimento dos agentes comunitários de saúde e dos agentes de combate às endemias devem ser consignados no orçamento geral da União com dotação própria e exclusiva (art. 198, § 8º, da Constituição da República, incluído pela Emenda Constitucional 120/2022).

Os recursos financeiros repassados pela União aos Estados, ao Distrito Federal e aos Municípios para pagamento do vencimento ou de qualquer outra vantagem dos agentes comunitários de saúde e dos agentes de combate às endemias não serão objeto de inclusão no cálculo para fins do limite de despesa com pessoal (art. 198, § 11, da Constituição da República, incluído pela Emenda Constitucional 120/2022).

Lei federal instituirá pisos salariais profissionais nacionais para o enfermeiro, o técnico de enfermagem, o auxiliar de enfermagem e a parteira, a serem observados por pessoas jurídicas de direito público e de direito privado (art. 198, § 12, da Constituição da República, incluído pela Emenda Constitucional 124/2022).

A União, os Estados, o Distrito Federal e os Municípios, até o final do exercício financeiro em que for publicada a lei de que trata o art. 198, § 12, da Constituição Federal, devem adequar a remuneração dos cargos ou dos respectivos planos de carreiras, quando houver, de modo a atender aos pisos estabelecidos para cada categoria profissional (art. 198, § 13, da Constituição da República, incluído pela Emenda Constitucional 124/2022).

Como já estudado no Capítulo referente às fontes formais, mesmo sendo da União a competência legislativa sobre Direito do Trabalho, o parágrafo único do art. 22 da Constituição estabelece que a lei complementar pode autorizar os Estados a legislar sobre questões específicas das matérias ali relacionadas, o que abrange o Direito do Trabalho (inciso I). Nesse sentido, a Lei Complementar

---

inerente ao salário mínimo contra os riscos decorrentes de sua exposição às repercussões inflacionárias negativas na economia nacional resultantes da indexação de salários e preços. 4. Além disso, a norma protetiva inserida no quadro do sistema constitucional de garantias salariais (CF, art. 7º, IV, *fine*) protege os trabalhadores em geral contra o surgimento de conjunturas político-econômicas que constituam obstáculo ou tornem difícil a implementação efetiva de planos governamentais de progressiva valorização do salário mínimo, motivadas pela aversão aos impactos econômicos indesejados que, por efeito da indexação salarial, atingiriam as contas públicas, especialmente as despesas com o pagamento de servidores e empregados públicos. 5. O texto constitucional (CF, art. 7º, IV, *fine*) não proíbe a utilização de múltiplos do salário mínimo como mera referência paradigmática para definição do valor justo e proporcional do piso salarial destinado à remuneração de categorias profissionais especializadas (CF, art. 7º, V), impedindo, no entanto, reajustamentos automáticos futuros, destinados à adequação do salário inicialmente contratado aos novos valores vigentes para o salário mínimo nacional. 6. Fixada interpretação conforme à Constituição, com adoção da técnica do congelamento da base de cálculo dos pisos salariais, a fim de que sejam calculados de acordo com o valor do salário mínimo vigente na data da publicação da ata da sessão de julgamento. Vencida, no ponto, e apenas quanto ao marco referencial do congelamento, a Ministra Relatora, que o fixava na data do trânsito em julgado da decisão. 7. Arguição de descumprimento conhecida, em parte. Pedido parcialmente procedente" (STF, Pleno, ADPF 53/PI, Rel. Min. Rosa Weber, *DJe* 18.03.2022).

103, de 14 de julho de 2000, autorizou os Estados e o Distrito Federal a instituir o piso salarial a que se refere o inciso V do art. 7º da Constituição Federal, ou seja, "piso salarial proporcional à extensão e à complexidade do trabalho".

Trata-se, assim, do *piso salarial estadual*, o qual não se confunde com o salário mínimo, pois este é nacionalmente unificado (inciso IV do art. 7º da CF/1988). Desse modo, a lei estadual, ao fixar o piso salarial estadual, deve prever valores diferenciados para as diferentes funções ou categorias profissionais, conforme a extensão e a complexidade do respectivo trabalho.

De acordo com as previsões da mencionada Lei Complementar 103/2000:

"Art. 1º Os Estados e o Distrito Federal ficam autorizados a instituir, mediante lei de iniciativa do Poder Executivo, o piso salarial de que trata o inciso V do art. 7º da Constituição Federal *para os empregados que não tenham piso salarial definido em lei federal, convenção ou acordo coletivo de trabalho.*

§ 1º A autorização de que trata este artigo *não poderá ser exercida*:

I – no segundo semestre do ano em que se verificar eleição para os cargos de Governador dos Estados e do Distrito Federal e de Deputados Estaduais e Distritais;

II – *em relação à remuneração de servidores públicos municipais.*

§ 2º. O piso salarial a que se refere o *caput* poderá ser estendido aos empregados domésticos".

Nessa linha, por exemplo, a Lei estadual paulista 12.640, de 11 de julho de 2007, instituiu, no âmbito do Estado de São Paulo, pisos salariais para os trabalhadores que especificou.

Como se pode notar, o piso salarial estabelecido por meio de lei estadual apenas é aplicável na ausência de piso salarial previsto em lei federal, convenção ou acordo coletivo de trabalho. Nesse sentido, destaca-se o seguinte julgado:

"Recurso de revista. Diferenças salariais. Piso salarial previsto na Lei estadual n. 16.807/2011 maior que o piso salarial previsto em instrumento coletivo. Ação Direta de Inconstitucionalidade n. 4391-RJ. O TST, seguindo o entendimento do STF, no julgamento da ADI n. 4391, tem firmado jurisprudência de que prevalece o piso salarial fixado em instrumento coletivo em detrimento do previsto em lei estadual, ainda que o piso da norma estadual seja mais favorável, pois, de acordo com aquela Corte, não há delegação para que as leis estaduais sejam aplicáveis às categorias que já tenham o piso salarial fixado por negociação coletiva, uma vez que a lei estadual somente será aplicada em caso de lacuna na lei federal ou nas normas coletivas de trabalho pertinentes, o que não é o caso dos autos, em que há Acordo Coletivo de Trabalho tratando sobre o piso salarial da reclamante. Precedentes. Recurso de revista de que se conhece e a que se dá provimento" (TST, 6ª T., RR 978-96.2012.5.09.0028, Rel. Min. Kátia Magalhães Arruda, *DEJT* 14.03.2014).

Por sua vez, a respeito do pagamento de piso salarial ou salário mínimo proporcional ao tempo trabalhado, é importante destacar, ainda, a Orientação Jurisprudencial 358 da SBDI-I do TST, que na atual redação assim prevê:

"Salário mínimo e piso salarial proporcional à jornada reduzida. Possibilidade. Empregado. Servidor público. I – Havendo contratação para cumprimento de jornada reduzida, inferior à previsão constitucional de oito horas diárias ou quarenta e quatro semanais, é lícito o pagamento do piso salarial ou do salário mínimo proporcional ao tempo trabalhado. II – Na Administração Pública direta, autárquica e fundacional não é válida remuneração de empregado público inferior ao salário mínimo, ainda que cumpra jornada de trabalho reduzida. Precedentes do Supremo Tribunal Federal"[13].

---

[13] Cf. ainda: "Agravo regimental no agravo de instrumento. Servidor público. Jornada reduzida. Remuneração inferior a um salário mínimo. Impossibilidade. Precedentes. 1. A Suprema Corte vem se pronunciando no sentido de que a remuneração do servidor público não pode ser inferior a um salário mínimo. Esse entendimento se aplica ao servidor que trabalha em regime de jornada reduzida. 2. Agravo regimental não provido" (STF, 1ª T., AgR-AI 815.869/PR, Rel. Min. Dias Toffoli, *DJe* 24.11.2014).

Como as gorjetas integram a remuneração (Súmula 354 do TST), mas não têm natureza salarial (art. 457 da CLT), pois são pagas pelos clientes, entende-se que o empregado não pode receber apenas gorjetas, tendo direito ao salário mínimo, ao salário profissional, normativo ou ao piso da categoria, a ser pago diretamente pelo empregador[14].

A Lei 11.738/2008 regulamenta o piso salarial profissional nacional para os profissionais do *magistério público da educação básica* a que se refere a alínea *e* do inciso III do *caput* do art. 60 do Ato das Disposições Constitucionais Transitórias.

O piso salarial profissional nacional é o valor abaixo do qual a União, os Estados, o Distrito Federal e os Municípios não podem fixar o vencimento inicial das carreiras do magistério público da educação básica, para a jornada de, no máximo, 40 horas semanais (art. 2º, § 1º, da Lei 11.738/2008).

Por *profissionais do magistério público da educação básica* entendem-se aqueles que desempenham as atividades de docência ou as de suporte pedagógico à docência, isto é, direção ou administração, planejamento, inspeção, supervisão, orientação e coordenação educacionais, exercidas no âmbito das unidades escolares de educação básica, em suas diversas etapas e modalidades, com a formação mínima determinada pela legislação federal de diretrizes e bases da educação nacional (art. 2º, § 2º, da Lei 11.738/2008).

Os vencimentos iniciais referentes às demais jornadas de trabalho devem ser, no mínimo, proporcionais ao valor mencionado no art. 2º da Lei 11.738/2008 (art. 2º, § 3º, da Lei 11.738/2008).

Na composição da jornada de trabalho, deve-se observar o limite máximo de 2/3 da carga horária para o desempenho das atividades de interação com os educandos (art. 2º, § 4º, da Lei 11.738/2008)[15].

Quanto ao professor, cf. ainda Capítulo 9, item 9.2.9.

---

[14] "Recurso de revista. Gorjetas. Ausência de pagamento de salário. O artigo 457 da CLT define salário como a parte da remuneração que é contraprestacional e é paga diretamente pelo empregador. No conjunto da remuneração, o que excede o seu elemento mais restrito, o salário, é a gorjeta paga por terceiros. O legislador teve a clara intenção de não permitir que a gorjeta, ou seja, a parte da remuneração paga por terceiro, compusesse o salário mínimo. Retirou-lhe, assim, a natureza salarial. Portanto, não pode o empregador deixar de pagar o salário, ainda que as gorjetas recebidas pelo empregado superem o valor do salário mínimo ou do salário normativo da categoria. Recurso de revista conhecido e provido" (TST, 6ª T., RR – 668-35.2011.5.15.0133, Rel. Min. Augusto César Leite de Carvalho, *DEJT* 22.09.2017).

[15] "Constitucional. Financeiro. Pacto federativo e repartição de competência. Piso nacional para os professores da educação básica. Conceito de piso: vencimento ou remuneração global. Riscos financeiro e orçamentário. Jornada de trabalho: fixação do tempo mínimo para dedicação a atividades extraclasse em 1/3 da jornada. Arts. 2º, §§ 1º e 4º, 3º, *caput*, II e III e 8º, todos da Lei 11.738/2008. Constitucionalidade. Perda parcial de objeto. [...] 2. É constitucional a norma geral federal que fixou o piso salarial dos professores do ensino médio [educação básica] com base no vencimento, e não na remuneração global. Competência da União para dispor sobre normas gerais relativas ao piso de vencimento dos professores da educação básica, de modo a utilizá-lo como mecanismo de fomento ao sistema educacional e de valorização profissional, e não apenas como instrumento de proteção mínima ao trabalhador. 3. É constitucional a norma geral federal que reserva o percentual mínimo de 1/3 da carga horária dos docentes da educação básica para dedicação às atividades extraclasse. Ação direta de inconstitucionalidade julgada improcedente" (STF, Pleno, ADI 4.167/DF, Rel. Min. Joaquim Barbosa, j. 27.04.2011, *DJe* 24.08.2011). Cf. ainda: "Recurso de embargos. Professor. Carga horária semanal. Não observância da proporcionalidade entre o tempo em sala de aula e as atividades extraclasse. Direito ao adicional de horas extraordinárias. 1. O art. 2º, § 4º, da Lei n. 11.738/2008 cuida da jornada de trabalho dos professores do ensino público básico, consoante se depreende da literalidade do dispositivo legal, dos termos da declaração de constitucionalidade proferida pelo STF no julgamento da ADI 4.167/DF, e, ainda, a título complementar, dos próprios debates legislativos que envolveram a matéria. 2. O referido dispositivo legal não conflita com a norma contida no art. 320, *caput*, da CLT, mas apenas inscreve no ordenamento jurídico regra especial para os professores do ensino público básico. 3. Dessa forma, pelo critério da especialidade, prevalece a disposição particularizada que estabelece a distribuição matemática das horas em classe e extraclasse, ainda que estejam ambas englobadas pela remuneração mensal do professor, como preceitua o art. 320, *caput*, da CLT. 4. A consequência jurídica do descumprimento de regra que disciplina a composição interna da jornada de trabalho, quando não extrapolado o limite semanal de duração da jornada, é o pagamento do adicional de 50% para as horas trabalhadas em sala de aula além do limite de 2/3 da jornada. 5. Entendimento aplicável para o trabalho prestado após 27.04.2011, em respeito à modulação dos efeitos da decisão do STF. Recurso de embargos conhecido e desprovido" (TST, Pleno, E-RR – 10314-74.2015.5.15.0086, Rel. Min. Luiz Philippe Vieira de Mello Filho, *DEJT* 16.10.2019).

15.4 Política salarial em vigor

Foram diversos os conhecidos "planos econômicos" já instituídos no Brasil.

Os diversos planos econômicos, modificando situações em vigor até então, regidas por outras disposições, normalmente trazem discussões jurídicas, como ocorreu quando da conversão de moeda de "cruzeiros" para "cruzados".

Sobre essa questão específica, a Orientação Jurisprudencial 43 da SBDI-I do TST assim estabelece: "Conversão de salários de cruzeiros para cruzados. Decreto-lei 2.284/1986 (nova redação, DJ 20.04.2005). A conversão de salários de cruzeiros para cruzados, nos termos do Decreto-lei 2.284/1986, não afronta direito adquirido dos empregados".

A respeito da questão do direito ao reajuste salarial previsto até então e do advento de novos planos econômicos modificando a situação existente, cabe destacar, ainda, a Súmula 315 do TST, bem como as Orientações Jurisprudenciais 58 e 59 e Orientações Jurisprudenciais Transitórias 54 e 55 da SBDI-I do TST:

"315. IPC de março/1990. Lei 8.030, de 12.04.1990 (Plano Collor). Inexistência de direito adquirido. A partir da vigência da Medida Provisória 154, de 15.03.1990, convertida na Lei 8.030, de 12.04.1990, não se aplica o IPC de março de 1990, de 84,32% (oitenta e quatro vírgula trinta e dois por cento), para a correção dos salários, porque o direito ainda não se havia incorporado ao patrimônio jurídico dos trabalhadores, inexistindo ofensa ao inciso XXXVI do art. 5º da CF/1988".

"54. Plano econômico (Collor). Execução. Correção monetária. Índice de 84,32%. Lei 7.738/1989. Aplicável. Aplica-se o índice de 84,32%, relativo ao IPC de março de 1990, para a correção monetária do débito trabalhista, por ocasião da execução, nos termos da Lei 7.738/1989".

"55. Plano Collor. Servidores celetistas do GDF. Legislação federal. Prevalência. Inexiste direito adquirido às diferenças salariais de 84,32% do IPC de março de 1990 aos servidores celetistas da Administração Direta, Fundações e Autarquias do Distrito Federal".

"58. Plano Bresser. IPC jun./1987. Inexistência de direito adquirido. Inexiste direito adquirido ao IPC de junho de 1987 (Plano Bresser), em face da edição do Decreto-lei 2.335/1987".

"59. Plano Verão. URP de fevereiro de 1989. Inexistência de direito adquirido. Inexiste direito adquirido à URP de fevereiro de 1989 (Plano Verão), em face da edição da Lei 7.730/1989".

A Lei 10.192, de 14 de fevereiro de 2001, que dispõe sobre medidas complementares ao "Plano Real", em seu art. 10, estabelece a seguinte disposição, refletindo a atual política salarial no Brasil:

"Os salários e as demais condições referentes ao trabalho continuam a ser fixados e revistos, na respectiva data-base anual, por intermédio da livre negociação coletiva".

Como se nota, adota-se a sistemática de revisão salarial anual, na data-base de cada categoria profissional, por meio de negociação coletiva, dando origem a acordo coletivo ou convenção coletiva de trabalho.

A negociação coletiva pode se realizar diretamente entre as partes, ou por meio de mediador (art. 11).

O mediador deve ser designado de comum acordo pelas partes ou, a pedido destas, pelo Ministério do Trabalho (art. 11, § 1º).

A parte que se considerar sem as condições adequadas para, em situação de equilíbrio, participar da negociação direta poderá, desde logo, solicitar ao Ministério do Trabalho a designação de mediador, que convocará a outra parte (art. 11, § 2º).

O mediador designado terá prazo de até 30 dias para a conclusão do processo de negociação, salvo acordo expresso com as partes interessadas (art. 11, § 3º). Não alcançado o entendimento entre as partes, ou recusando-se qualquer delas à mediação, lavrar-se-á ata contendo as causas motivadoras do conflito e as reivindicações de natureza econômica, documento que instruirá a representação para o ajuizamento do dissídio coletivo (§ 4º).

As disposições da Lei 10.192/2001 que merecem maior destaque, em tema de política salarial, estão presentes no art. 13, de acordo com o qual:

"Art. 13. No acordo ou convenção e no dissídio, coletivos, é vedada a estipulação ou fixação de cláusula de reajuste ou correção salarial automática vinculada a índice de preços.

§ 1º Nas revisões salariais na data-base anual, serão deduzidas as antecipações concedidas no período anterior à revisão.

§ 2º Qualquer concessão de aumento salarial a título de produtividade deverá estar amparada em indicadores objetivos".

Portanto, com o objetivo de obstar o processo inflacionário na economia, a norma jurídica, de ordem pública, em questão, *proíbe a estipulação ou fixação de cláusula de reajuste ou correção salarial automática vinculada a índice de preços*.

Embora deva ser estabelecido o reajuste salarial, repondo o valor de aquisição do salário, isso não pode ser convencionado de forma vinculada a índices de preço, pois, do contrário, ter-se-ia o desencadeamento do efeito inflacionário, prejudicial à economia e à própria sociedade.

O aumento salarial, que representa o efetivo ganho no valor real do salário, com a real majoração de seu poder de compra, para ser estabelecido, depende de aumento de produtividade, amparada por indicadores objetivos.

Essa previsão também tem por objetivo evitar a inflação, autorizando o aumento salarial apenas se houve a contribuição da atividade em questão para o verdadeiro aumento de produtividade para a economia, enriquecendo-a em termos reais.

Confirmando o caráter cogente das normas de política salarial, em conformidade com a Súmula 375 do TST:

"Reajustes salariais previstos em norma coletiva. Prevalência da legislação de política salarial. Os reajustes salariais previstos em norma coletiva de trabalho não prevalecem frente à legislação superveniente de política salarial".

Destaque-se, ainda, a Orientação Jurisprudencial 100 da SBDI-I do TST:

"Salário. Reajuste. Entes públicos (título alterado e inserido dispositivo) – *DJ* 20.04.2005. Os reajustes salariais previstos em legislação federal devem ser observados pelos Estados-membros, suas Autarquias e Fundações Públicas nas relações contratuais trabalhistas que mantiverem com seus empregados".

Da mesma forma, o art. 623 da CLT também considera "nula de pleno direito disposição de Convenção ou Acordo que, direta ou indiretamente, contrarie proibição ou norma disciplinadora da política econômico-financeira do Governo ou concernente à política salarial vigente, não produzindo quaisquer efeitos perante autoridades e repartições públicas, inclusive para fins de revisão de preços e tarifas de mercadorias e serviços".

De todo modo, nem sempre a negociação coletiva consegue solucionar o conflito coletivo envolvendo o aumento ou reajuste salarial.

Assim, frustrada a negociação coletiva (estabelecida diretamente entre as partes ou por mediador), estabelece o art. 11 do mesmo diploma legal ser possível o ajuizamento do dissídio coletivo.

Sobre o tema, o art. 114, §§ 1º, 2º e 3º, da Constituição Federal de 1988, com redação determinada pela Emenda Constitucional 45/2004, assim preveem:

"§ 1º Frustrada a negociação coletiva, as partes poderão eleger árbitros.

§ 2º Recusando-se qualquer das partes à negociação coletiva ou à arbitragem, é facultado às mesmas, de comum acordo, ajuizar dissídio coletivo de natureza econômica, podendo a Justiça do Trabalho decidir o conflito, respeitadas as disposições mínimas legais de proteção ao trabalho, bem como as convencionadas anteriormente.

§ 3º Em caso de greve em atividade essencial, com possibilidade de lesão do interesse público, o Ministério Público do Trabalho poderá ajuizar dissídio coletivo, competindo à Justiça do Trabalho decidir o conflito".

O art. 12 da Lei 10.192/2001, em seu *caput*, já estabelecia que no ajuizamento do dissídio coletivo, "as partes deverão apresentar, fundamentadamente, suas propostas finais, que serão objeto de conciliação ou deliberação do Tribunal, na sentença normativa".

Pode-se dizer que esta necessidade de "comum acordo" pode ser expressa ou tácita, podendo-se verificar tanto previamente como também no curso do processo[16]. Além disso, defende-se que a referida exigência pode ser suprida pelo tribunal, em casos de abuso de direito, má-fé ou prática de ato antissindical por uma das partes[17].

Embora o referido requisito não deixe de ser uma restrição à possibilidade de ajuizamento do dissídio coletivo econômico, serve para fomentar a própria autocomposição, justamente por ser a forma ideal de solução do conflito coletivo de trabalho, por meio de negociação entre os próprios interessados, podendo-se utilizar, ainda, a mediação.

Frise-se que a exigência de consenso para o ajuizamento do dissídio coletivo de natureza econômica não significa a exclusão de sua apreciação pelo Poder Judiciário, mas mera condição da ação específica, para viabilizar a análise do mérito[18].

Nos conflitos coletivos de natureza econômica, o que se observa é a pretensão de fixação de novas condições de trabalho, a serem criadas para aplicação a todos os integrantes da categoria, ou aos empregados da(s) empresa(s) envolvida(s). Em outras palavras, nos conflitos *coletivos* de trabalho não se visualiza simples lesão ou ameaça a direito propriamente, mas contraposição de interesses sobre a constituição de normas e condições a serem aplicadas, normalmente com efeitos futuros, nas relações de trabalho. Tanto é assim que a *sentença normativa* é verdadeira fonte formal do Direito do Trabalho, ao estabelecer, de forma genérica e abstrata, disposições sobre condições de trabalho[19]. Além disso, no direito estrangeiro, a própria previsão do dissídio coletivo, como forma de solução do conflito coletivo de trabalho, é pouco encontrada na atualidade[20]. Cabe acentuar, ainda, ter o poder normativo da Justiça do Trabalho origem no corporativismo; sua existência constitui fator de inibição à própria negociação coletiva[21], que melhor atende ao ideal de democracia nas relações de trabalho.

---

[16] Cf. MELO, Raimundo Simão de. Ajuizamento de dissídio coletivo de comum acordo. *Revista LTr*, São Paulo, LTr, ano 70, n. 04, p. 404, abr. 2006.

[17] Cf. MELO, Raimundo Simão de. Ajuizamento de dissídio coletivo de comum acordo. *Revista LTr*, São Paulo, LTr, ano 70, n. 04, p. 405, abr. 2006.

[18] "Dissídio coletivo. Exigibilidade de anuência prévia. A manifestação expressa da empresa em contrário ao ajuizamento do Dissídio Coletivo torna inequívoca a ausência do 'comum acordo', condição da ação prevista no art. 114, § 2º, da Constituição da República. Preliminar que se acolhe para extinguir o processo sem resolução do mérito, ao teor do art. 267, VI, do CPC" (TST, SDC, DC 1650506-16.2005.5.00.0000, Rel. Min. Carlos Alberto Reis de Paula, DJ 20.10.2006).

[19] Cf. MARANHÃO, Délio. *Instituições de direito do trabalho*. 18. ed. São Paulo: LTr, 1999. v. 1, p. 165.

[20] Cf. SILVA, Otavio Pinto e. *Subordinação, autonomia e parassubordinação nas relações de trabalho*. São Paulo: LTr, 2004. p. 59: "O Brasil é um dos poucos países do mundo que adota o sistema de solução jurisdicional para os conflitos econômicos"; CARRION, Valentin. *Comentários à Consolidação das Leis do Trabalho*. 31. ed. atual. por Eduardo Carrion. São Paulo: Saraiva, 2006. p. 710: "O poder normativo judicial nos dissídios coletivos de natureza econômica é uma antiguidade do fascismo, já abolida nos países democráticos, inclusive na Itália. [...] O recurso ao Poder Judiciário contraria a doutrina e a experiência internacionais".

[21] Cf. SANTOS, Enoque Ribeiro dos. *Direitos humanos na negociação coletiva*: teoria e prática jurisprudencial. São Paulo: LTr, 2004. p. 135: "Um dos mais sérios obstáculos ao pleno desenvolvimento da negociação entre nós deve-se ao poder normativo atribuído à Justiça do Trabalho. A mera existência desse poder secular, já arraigado nas mentes dos atores sociais desde os idos de 1940, não estimula como deveria ser o entendimento direto e prolongado, exaustivo entre os interlocutores sociais até à exaustão, como nos ensina a experiência do direito laboral norte-americano e alemão. Em face das primeiras dificuldades, ao invés de aprofundar o processo negocial, as partes preferem remeter a lide ao pronunciamento judicial do Estado".

Assim, sendo amplamente admitida a própria ausência da jurisdição como forma estatal de solução de conflitos coletivos de trabalho, a mera existência de restrições à sua aplicabilidade jamais pode ser entendida como violação à garantia constitucional do acesso à justiça (art. 5º, inciso XXXV, da CF/1988)[22]. Cf. ainda Capítulo 36, item 36.3.3.

Estabelecendo critérios para a decisão do dissídio coletivo, o § 1º do art. 12 da Lei 10.192/2001 assim estabelece:

"A decisão que puser fim ao dissídio será fundamentada, sob pena de nulidade, deverá traduzir, em seu conjunto, a justa composição do conflito de interesse das partes, e guardar adequação com o interesse da coletividade"[23].

Essa previsão reflete a mesma orientação que já era prevista no art. 766 da CLT, no sentido de que: "Nos dissídios sobre estipulação de salários, serão estabelecidas condições que, assegurando justos salários aos trabalhadores, permitam também justa retribuição às empresas interessadas".

Trata-se de disposição autorizando o uso da equidade na decisão do conflito coletivo salarial.

Entende-se que as relevantes disposições presentes no art. 13 da Lei 10.192/2001, acima destacadas, também são aplicáveis ao dissídio coletivo, ou mesmo à arbitragem, pois são normas cogentes, e os referidos instrumentos são utilizados justamente quando não se alcançou o resultado positivo na negociação coletiva.

A respeito dos vencimentos (remuneração e subsídio) dos servidores públicos, o Supremo Tribunal Federal fixou a seguinte tese de repercussão geral: "O não encaminhamento de projeto de lei de revisão anual dos vencimentos dos servidores públicos, previsto no inciso X do art. 37 da CF/1988, não gera direito subjetivo a indenização. Deve o Poder Executivo, no entanto, se pronunciar, de forma fundamentada, acerca das razões pelas quais não propôs a revisão" (STF, Pleno, RE 565.089/SP, Red. p/ ac. Ministro Roberto Barroso, j. 25.09.2019).

Conforme a Súmula Vinculante 37 do STF: "Não cabe ao Poder Judiciário, que não tem função legislativa, aumentar vencimentos de servidores públicos sob o fundamento de isonomia".

---

[22] "Ação Direta de Inconstitucionalidade. 2. Art. 1º, da Emenda Constitucional n. 45/2004, na parte em que deu nova redação ao art. 114, §§ 2º e 3º, da Constituição Federal. 3. Necessidade de 'mutuo acordo' para ajuizamento do Dissídio Coletivo. 4. Legitimidade do MPT para ajuizar Dissídio Coletivo em caso de greve em atividade essencial. 5. Ofensa aos artigos 5º, XXXV, LV e LXXVIII, e 60, § 4º, IV, da Constituição Federal. Inocorrência. 6. Condição da ação estabelecida pela Constituição. Estímulo às formas alternativas de resolução de conflito. 7. Limitação do poder normativo da Justiça do Trabalho. Violação aos artigos 7º, XXVI, e 8º, III, e ao princípio da razoabilidade. Inexistência. 8. Recomendação do Comitê de Liberdade Sindical da Organização Internacional do Trabalho. Indevida intervenção do Estado nas relações coletivas do trabalho. Dissídio Coletivo não impositivo. Reforma do Poder Judiciário (EC 45) que visa dar celeridade processual e privilegiar a autocomposição. 9. Importância dos acordos coletivos como instrumento de negociação dos conflitos. Mútuo consentimento. Precedentes. 10. Ação direta de inconstitucionalidade julgada improcedente" (STF, Pleno, ADI 3.423/DF, Rel. Min. Gilmar Mendes, *DJe* 18.06.2020).

[23] "Art. 14. O recurso interposto de decisão normativa da Justiça do Trabalho terá efeito suspensivo, na medida e extensão conferidas em despacho do Presidente do Tribunal Superior do Trabalho".

Capítulo 16

Alteração do Contrato de Trabalho

16.1 Introdução

Estando em vigor o contrato de trabalho, por representar uma relação jurídica de trato sucessivo, é importante saber se as condições avençadas podem ser alteradas, bem como os requisitos de validade para tais modificações.

O tema em questão envolve relevantes peculiaridades pertinentes ao Direito do Trabalho, na regulação da relação jurídica de emprego.

Como já foi estudado, um dos princípios inerentes ao mencionado ramo do Direito é o princípio da condição mais benéfica, inserido no âmbito mais amplo do princípio da proteção.

Em razão disso, as vantagens estabelecidas em favor do empregado são inseridas no contrato de trabalho, como direitos adquiridos, com as peculiaridades da modalidade do negócio jurídico em questão, sendo vedada, em regra, a alteração prejudicial ao empregado.

16.2 Requisitos para a validade da modificação de condições de trabalho

Para que a alteração da condição de trabalho seja válida, são necessários dois requisitos:

a) que haja mútuo consentimento; e

b) que não acarrete prejuízo ao empregado.

Efetivamente, de acordo com a importante disposição do art. 468, *caput*, da CLT:

"Nos contratos individuais de trabalho só é lícita a alteração das respectivas condições por mútuo consentimento, e ainda assim desde que não resultem, direta ou indiretamente, prejuízos ao empregado, sob pena de nulidade da cláusula infringente desta garantia".

Ausente um dos requisitos, a alteração contratual já é nula de pleno direito.

Relevante frisar, portanto, que no Direito do Trabalho, tendo em vista as especificidades da relação de emprego, não basta a higidez na manifestação de vontade do empregado quanto à alteração do pactuado (consentimento). Também se exige que a modificação da condição de trabalho, para ser válida, não acarrete prejuízo (direto ou indireto) ao trabalhador.

Assim, por exemplo, são nulos de pleno direito a redução salarial, a ampliação da jornada de trabalho, o rebaixamento de função, impostos pelo empregador, seja unilateralmente, ou ainda que o empregado eventualmente concordasse com tais alterações prejudiciais das condições de trabalho.

O prejuízo pode ser *direto*, como ocorre na diminuição do salário, ou *indireto*, quando, *v.g.*, impõe-se a redução do horário de trabalho do empregado que recebe por hora trabalhada.

Trata-se, sem dúvida, de importante peculiaridade do ramo do Direito em estudo, tendo em vista a posição em que se encontra o empregado, prestando serviços de forma subordinada. Considerando a desigualdade real, verificada entre os sujeitos da relação de emprego, o Direito estabelece um sistema de proteção da parte em posição mais vulnerável, com o objetivo de obter a igualdade material na relação jurídica em questão.

Desse modo, especificamente quanto ao regulamento de empresa, como explicita a Súmula 51 do TST: "Norma regulamentar. Vantagens e opção pelo novo regulamento. Art. 468 da CLT. I – *As cláusulas regulamentares, que revoguem ou alterem vantagens deferidas anteriormente, só atingirão os trabalhadores admitidos após a revogação ou alteração do regulamento*. II – Havendo a coexistência de dois regulamentos da empresa, a opção do empregado por um deles tem efeito jurídico de renúncia às regras do sistema do outro" (destaquei).

O rebaixamento de função do empregado, salvo a hipótese de reversão ao cargo efetivo (art. 468, § 1º, da CLT), que será estudada em item seguinte, por ser prejudicial ao empregado, é considerada nula de pleno direito.

Ainda que o salário não sofresse redução, o simples fato de rebaixar o empregado quanto à função exercida já acarreta prejuízo de ordem moral ao empregado.

O rebaixamento não pode ser utilizado pelo empregador, ainda, como forma de punição do empregado.

Aliás, parte da doutrina entende que o termo *rebaixamento* significa, especificamente, "o retorno, determinado com intuito punitivo, ao cargo efetivo anterior, mais baixo, após estar o obreiro ocupando cargo efetivo mais alto"[1].

Nesse entendimento, a *retrocessão* "é o retorno ao cargo efetivo anterior, sem se estar ocupando cargo de confiança (retorna-se de um cargo efetivo mais alto para cargo efetivo mais baixo)", porém não havendo o intuito punitivo do empregador[2].

Ambas as hipóteses, por retratarem alterações funcionais evidentemente lesivas e não autorizadas pela lei, são manifestamente inválidas em nosso sistema jurídico.

O poder disciplinar do empregador não abrange a referida medida punitiva, por afrontar direitos de personalidade do empregado.

Muito se questiona se o empregado pode recusar uma promoção.

Havendo justificado motivo, defende-se que o empregado pode, sim, recusar-se a ser promovido, por exemplo, quando pode sofrer prejuízo, mesmo que indireto, em razão da referida alteração funcional, por não ter os conhecimentos técnicos necessários para desempenhar a função mais elevada.

Mesmo que a função a ser promovido o empregado encontre-se prevista no regulamento de empresa, desde a contratação, ou tenha sido estabelecida a sua possibilidade futura, quando da avença do contrato de trabalho, este aspecto apenas está indicando a presença de consentimento quanto à possibilidade futura de haver a promoção, não representando a aceitação do empregado quanto a esta, uma vez que é permitida a recusa no momento de ser promovido, por fundado motivo de prejuízo.

Como já estudado, para que a alteração na condição de trabalho seja válida, exige-se também que não cause prejuízo, direto ou indireto, ao empregado.

Por isso, verificando-se fundado motivo, no sentido de que a promoção é prejudicial ao empregado, defende-se o entendimento de que ele pode, licitamente, recusá-la.

Obviamente, se o empregado concordou com a promoção (ainda que tacitamente, mesmo na admissão, sabendo-se que as previsões contidas no regulamento de empresa passam a integrar o contrato de trabalho), e esta não oferece qualquer prejuízo (direto ou indireto), presentes os requisitos do art. 468 da CLT, a promoção deve ser considerada lícita. Nesse caso, a recusa à promoção pode fazer o empregado incidir na justa causa prevista no art. 482, *h*, da CLT.

---

[1] DELGADO, Mauricio Godinho. *Curso de direito do trabalho*. 4. ed. São Paulo: LTr, 2005. p. 1017.
[2] DELGADO, Mauricio Godinho. *Curso de direito do trabalho*. 4. ed. São Paulo: LTr, 2005. p. 1016.

16.3 Jus variandi

O *jus variandi* decorre do poder de direção do empregador, o qual já foi estudado anteriormente.

Assim, o titular do *jus variandi* é o empregador, que o exerce em face do empregado, unilateralmente, ao estabelecer certas modificações quanto à prestação do serviço[3].

A maior dificuldade é estabelecer, com precisão, os limites do exercício válido do *jus variandi*, pois tal poder não é ilimitado. Havendo o abuso no seu exercício, o empregado pode se opor, valendo-se do direito de resistência.

Parte da doutrina faz menção a duas modalidades de *jus variandi*, classificando-o em:

a) *jus variandi* ordinário;

b) *jus variandi* extraordinário.

O *jus variandi* ordinário autoriza pequenas modificações circunstanciais quanto ao exercício da prestação do trabalho, sem representar efetivo prejuízo ao empregado, ainda que se possa vislumbrar eventual discordância deste ou pequena inconveniência para o trabalhador.

Correndo o empregador o risco de sua atividade, concede-se o poder de organizar o empreendimento, o que reflete no direito de alterar certos aspectos envolvendo o trabalho prestado, sem alterar significativamente o contrato de trabalho.

São exemplos do *jus variandi* ordinário: a alteração no horário de entrada, por exemplo, das 9:00 para as 8:30; a mudança no horário de saída, passando das 18:00 para as 18:30, para melhor atendimento dos clientes; passar a exigir que os empregados trabalhem com uniforme; mudança do maquinário da empresa, em razão dos aperfeiçoamentos tecnológicos.

Já o *jus variandi* extraordinário autoriza, excepcionalmente, determinadas modificações em certas condições de trabalho de maior relevância, o que também encontra fundamento no poder diretivo do empregador[4].

Por se tratar de exceção à regra que prevê a não modificação unilateral das condições de trabalho (art. 468, *caput*, da CLT), só pode ser exercida dentro de limites estabelecidos, em hipóteses assim autorizadas pelo sistema jurídico.

Nesse sentido, cabe destacar o próprio § 1º do art. 468 da CLT, ao estabelecer que: "Não se considera alteração unilateral a determinação do empregador para que o respectivo empregado reverta ao cargo efetivo, anteriormente ocupado, deixando o exercício de função de confiança".

O *jus variandi* extraordinário, portanto, pode até acarretar prejuízo ao empregado; por isso, exige-se o seu exercício nos estritos limites legais, e somente em hipóteses bem específicas, autorizadas pelo sistema jurídico.

Antes de verificar outras hipóteses, cabe esclarecer, ainda quanto à *reversão* do empregado ao cargo efetivo, como fica a eventual gratificação recebida pelo exercício da função de confiança.

A alteração de que trata o § 1º do art. 468 da CLT, ou seja, a *reversão* do empregado que exercia função de confiança ao cargo efetivo, *com ou sem justo motivo*, não assegura ao empregado o direito à manutenção do pagamento da gratificação correspondente, que não será incorporada, independentemente do tempo de exercício da respectiva função (art. 468, § 2º, da CLT, acrescentado pela Lei 13.467/2017).

Por se tratar de parcela devida em razão de certa condição, o seu pagamento não é mais devido quando o fato gerador deixa de existir, o que em tese afasta a incidência, no caso específico, do princípio da irredutibilidade salarial.

---

[3] Cf. ENGEL, Ricardo José. *O "jus variandi" no contrato individual de trabalho*. São Paulo: LTr, 2003. p. 104-106.

[4] Cf. GONÇALVES, Simone Cruxên. *Limites do "jus variandi" do empregador*. São Paulo: LTr, 1997. p. 61.

Como se pode notar, fica superada a Súmula 372, inciso I, do TST, com a seguinte redação:

"Gratificação de função. Supressão ou redução. Limites.

I – Percebida a gratificação de função por dez ou mais anos pelo empregado, se o empregador, sem justo motivo, revertê-lo a seu cargo efetivo, não poderá retirar-lhe a gratificação tendo em vista o princípio da estabilidade financeira.

II – Mantido o empregado no exercício da função comissionada, não pode o empregador reduzir o valor da gratificação".

O inciso II da Súmula 372 do TST é aplicação da regra prevista no art. 468, *caput*, da CLT, ao vedar a alteração unilateral, prejudicial ao empregado. Por isso, obviamente, se o empregado permanece exercendo a função comissionada, não se pode reduzir o valor da gratificação respectiva, pois além de acarretar a redução salarial (art. 7º, inciso VI, da CF/1988), a medida seria manifestamente prejudicial ao empregado.

Outra hipótese de exercício do *jus variandi* (extraordinário) é prevista na Súmula 265 do TST, sobre modificação do turno de trabalho:

"Adicional noturno. Alteração de turno de trabalho. Possibilidade de supressão. A transferência para o período diurno de trabalho implica a perda do direito ao adicional noturno".

O referido verbete, ao autorizar a supressão do direito ao adicional noturno, quando o empregado é transferido para o período diurno, ainda que implicitamente, está autorizando a referida mudança quanto ao turno de trabalho.

Justifica-se o referido entendimento tendo em vista que o trabalho no horário noturno é até mesmo prejudicial à saúde do empregado, autorizando que o empregador, ao exercer o *jus variandi*, fundado no poder de organização do empreendimento, estabeleça a referida mudança.

Mesmo assim, não se admite a mencionada alteração no turno de trabalho por motivo de perseguição contra o empregado, ou mesmo tratamento discriminatório.

Nessas hipóteses, de abuso no exercício do direito pelo empregador, o empregado pode exercer o direito de resistência, requerendo a invalidação do ato abusivo, ou mesmo eventual dispensa indireta, inclusive com possíveis reparações de ordem moral e material.

Ainda a respeito de alterações em matéria de jornada de trabalho, cabe destacar a Orientação Jurisprudencial 308 da SBDI-I do TST, que assim dispõe:

"Jornada de trabalho. Alteração. Retorno à jornada inicialmente contratada. Servidor público. O retorno do servidor público (administração direta, autárquica e fundacional) à jornada inicialmente contratada não se insere nas vedações do art. 468 da CLT, sendo a sua jornada definida em lei e no contrato de trabalho firmado entre as partes".

Modificações quanto ao local de prestação dos serviços também podem ser estabelecidas pelo empregador, como será estudado no tópico da transferência do empregado.

Frise-se ainda que, nos termos da Orientação Jurisprudencial 244 da SBDI-I do TST: "Professor. Redução da carga horária. Possibilidade. A redução da carga horária do professor, em virtude da diminuição do número de alunos, não constitui alteração contratual, uma vez que não implica redução do valor da hora-aula".

Por fim, ainda que se possa discordar do seu teor, a Orientação Jurisprudencial 159 da Subseção I de Dissídios Individuais do Tribunal Superior do Trabalho, já estudada ao se analisar a época de pagamento do salário, admite alteração que só tem como se justificar no *jus variandi* do empregador. Vejamos a sua redação:

"Data de pagamento. Salários. Alteração. Diante da inexistência de previsão expressa em contrato ou em instrumento normativo, a alteração de data de pagamento pelo empregador não viola o art. 468, desde que observado o parágrafo único, do art. 459, ambos da CLT".

16.4 Transferência do empregado

16.4.1 Conceito de transferência para fins trabalhistas

A modificação do local da prestação de serviços é regida pelo art. 469 da CLT.

Primeiramente, cabe verificar o que efetivamente significa a transferência, em termos jurídicos, no âmbito do Direito do Trabalho.

De acordo com o *caput* do art. 469 da CLT, não se considera transferência "a que não acarretar necessariamente a mudança do seu domicílio".

A contrario sensu, a transferência do empregado ocorre quando este passa a prestar serviços em local diverso, acarretando mudança de seu domicílio.

É certo que parte da doutrina entende que o termo domicílio, no referido dispositivo da CLT, encontra-se empregado com o sentido de residência. Como se sabe, o domicílio é o local do centro de atividades da pessoa, ou seja, o lugar onde a pessoa natural estabelece a sua residência "com ânimo definitivo" (art. 70 do Código Civil de 2002).

Na verdade, a disposição mencionada orienta-se mais pela circunstância de fato da questão, ou seja, referindo-se ao local de moradia do empregado. Havendo a necessária modificação do lugar em que o trabalhador habita, reside, verifica-se a transferência para fins trabalhistas.

Por isso, não há necessidade de preenchimento de outros requisitos técnico-jurídicos, de ordem formal, previstos no Direito Civil, para reconhecer a transferência para fins trabalhistas.

16.4.2 Regra quanto à transferência

A regra geral pertinente à transferência do empregado encontra-se prevista no mesmo art. 469, *caput*, da CLT, sendo no sentido de que:

"Ao empregador é vedado transferir o empregado, sem a sua anuência, para localidade diversa da que resultar do contrato, não se considerando transferência a que não acarretar necessariamente a mudança do seu domicílio".

Portanto, proíbe-se, em princípio, a alteração unilateral do local da prestação do serviço que acarreta a necessária mudança de domicílio do empregado. Exige-se, no caso, a anuência do empregado, ou seja, a sua efetiva concordância, em manifestação hígida (sem vícios) de vontade.

Essa regra geral, no entanto, sofre algumas exceções, previstas nos parágrafos do art. 469 da CLT.

Ocorrendo transferência ilícita, ou havendo ameaça de sua ocorrência, o empregado pode pleitear a medida liminar prevista no art. 659, inciso IX, da CLT, acrescentado pela Lei 6.203/1975, autorizando o juiz do trabalho a: "conceder medida liminar, até decisão final do processo em reclamações trabalhistas que visem a tornar sem efeito transferência disciplinada pelos parágrafos do artigo 469 desta Consolidação".

Trata-se, na realidade, de medida com natureza de antecipação de tutela, pois o seu objetivo é a obtenção liminar, ou seja, conseguir no início do processo (de forma antecipada) o próprio pedido formulado na ação judicial, no sentido de tornar sem efeito a transferência abusiva do empregado.

16.4.3 Transferências permitidas

O § 1º do art. 469 da CLT já apresenta a primeira hipótese em que se autoriza a transferência do empregado, com a seguinte previsão:

"Não estão compreendidos na proibição deste artigo os empregados que exerçam cargos de confiança e aqueles cujos contratos tenham como condição, implícita ou explícita, a transferência, quando esta decorra de real necessidade de serviço".

Ou seja, não são alcançados pela regra da proibição de transferência sem a anuência do empregado:

a) os empregados que exerçam cargo de confiança; e

b) os empregados cujos contratos tenham como condição, implícita ou explícita, a transferência, quando esta decorra de real necessidade de serviço.

O cargo de confiança, no caso, é o mesmo mencionado no § 1º do art. 468 da CLT, significando uma fidúcia depositada a certo empregado, para o desempenho de atribuições especiais, como que representando o empregador.

Discute-se se a parte final do § 1º do art. 469 da CLT, que exige decorrer a transferência de "real necessidade de serviço", aplica-se, ou não, também quanto à referida hipótese inicial do mesmo dispositivo (cargo de confiança).

Embora exista entendimento de que, na redação em vigor, determinada pela Lei 6.203/1975, a "real necessidade de serviço" só se aplica para a segunda hipótese prevista no § 1º do art. 469 (contratos que tenham como condição, implícita ou explícita, a transferência), de acordo com a Súmula 43 do TST:

"Presume-se abusiva a transferência de que trata o § 1º do art. 469 da CLT, sem comprovação da necessidade do serviço" (RA 41/1973).

O TST vem mantendo o referido verbete, sem alteração, inclusive nas atualizações de sua jurisprudência sumulada. Como já visto, o § 1º do art. 469 da CLT, atualmente, trata de duas hipóteses (acima indicadas). Seguindo-se a orientação da referida jurisprudência, exige-se a "necessidade de serviço" para todo o referido § 1º, o que significa alcançar as duas situações, ou seja, não só a de previsão de transferência no contrato, como também a de cargo de confiança.

No caso, embora a literalidade do dispositivo pareça indicar que a "real necessidade de serviço" refira-se à hipótese mencionada ao final (empregados cujos contratos tenham como condição, implícita ou explícita, a transferência), a interpretação lógica e teleológica aponta no sentido de que tal exigência deve incidir, também, para a transferência do empregado que ocupa cargo de confiança.

Efetivamente, como já mencionado, a regra geral é a vedação de transferência unilateral do empregado (*caput* do art. 469 da CLT). A exceção a tal regra deve ser autorizada somente mediante fundado motivo, independentemente da função exercida, ainda que de confiança, sob pena de tornar o que é exceção (transferência unilateral) em regra.

Se o contrato de trabalho prevê, de forma explícita ou implícita, a transferência do empregado, esta também é autorizada, desde que decorra de real necessidade de serviço.

A condição é explícita quando a possibilidade de transferência é expressamente inserida como cláusula do contrato de trabalho e implícita quando decorra da própria natureza das funções desempenhadas ou das circunstâncias naturais em que o serviço é prestado, como ocorre com vendedores, aeronautas e aeroviários.

O § 2º do art. 469 da CLT prossegue apresentando outra hipótese em que se autoriza a transferência do empregado:

"É lícita a transferência quando ocorrer extinção do estabelecimento em que trabalhar o empregado".

O estabelecimento deve ser entendido como "todo complexo de bens organizado, para exercício da empresa, por empresário, ou por sociedade empresária" (art. 1.142 do Código Civil de 2002).

Trata-se de universalidade de fato, composta de bens materiais e bens imateriais.

No caso, se ocorrer a extinção da unidade empresarial, referente ao estabelecimento, em que o empregado está prestando serviço, a transferência passa a ser autorizada, tratando-se de hipótese que justifica excepcionar a regra do *caput* do art. 469 da CLT. A transferência, no caso, pode até mesmo evitar a cessação do contrato de trabalho, fazendo com que prossiga em outro local, o que está em consonância com o princípio da continuidade da relação de emprego.

Por fim, de acordo com o § 3º do art. 469 da CLT:

"Em caso de necessidade de serviço o empregador poderá transferir o empregado para localidade diversa da que resultar do contrato, não obstante as restrições do artigo anterior, mas, nesse caso, ficará obrigado a um pagamento suplementar, nunca inferior a 25% (vinte e cinco por cento) dos salários que o empregado percebia naquela localidade, enquanto durar essa situação".

A referida disposição versa sobre a transferência provisória, tendo em vista a expressão final, "enquanto durar essa situação". Referida transferência também exige a "necessidade de serviço", para que o empregador, unilateralmente, a determine ao empregado. Além disso, nesse caso de transferência provisória, o empregador fica obrigado a pagar o adicional de 25%, no mínimo, sobre o salário que o empregado recebia na localidade anterior à transferência. Por ser uma transferência de natureza provisória, o respectivo adicional só é pago enquanto ela durar, não se incorporando ao salário do empregado.

Podem surgir questionamentos quando a transferência, embora fundada em cláusula contratual explícita ou implícita, ou tratando-se de cargo de confiança, é feita de forma provisória.

Nesses casos, de acordo com a Orientação Jurisprudencial 113 da SBDI-I do TST:

"Adicional de transferência. Cargo de confiança ou previsão contratual de transferência. Devido. Desde que a transferência seja provisória. O fato de o empregado exercer cargo de confiança ou a existência de previsão de transferência no contrato de trabalho não exclui o direito ao adicional. O pressuposto legal apto a legitimar a percepção do mencionado adicional é a transferência provisória".

Assim, encontra-se pacificado o entendimento de que o requisito essencial para ser devido o adicional de transferência é a sua natureza provisória.

Obviamente, o adicional em questão somente será devido no caso de efetiva transferência, pois, como já mencionado, deve acarretar necessariamente "mudança de domicílio".

Além disso, se o próprio empregado solicitou a sua transferência, ou com ela concordou, por ser de seu interesse, não se trata de transferência unilateral, imposta pelo empregador (*caput* do art. 469 da CLT), tornando indevido o adicional em questão.

Dificuldades surgem para se estabelecerem os limites do que se deve entender por transferência "provisória". Obviamente que, se a transferência é por longo período de tempo, para vários anos, tem natureza, em tese, definitiva. Inversamente, a transferência de poucas semanas, ou poucos meses, presume-se provisória.

No entanto, o intuito das partes e as circunstâncias em que o empregado é transferido devem ser cuidadosamente verificados para que se possa concluir pela sua natureza provisória ou definitiva.

Se o empregado é transferido, mudando-se com toda a sua família, desfazendo-se de todos os bens no antigo local, certamente que a sua natureza é definitiva. Em situação inversa, em que o empregado mantém toda a estrutura familiar no local de origem, tudo indica que a transferência está sendo feita com planejamento de breve retorno, identificando o caráter provisório. A matéria, portanto, é de fato, não se negando que pode ocorrer certa dificuldade probatória.

Prevalece na jurisprudência o entendimento de que, na análise da transitoriedade, deve-se verificar a duração e a quantidade de transferências sucessivas no curso do contrato de trabalho, considerando o período de duração deste[5].

---

[5] "A regra geral assegura o direito à intransferibilidade do empregado do local fixado no contrato para a execução do seu labor, conforme se depreende da dicção da parte inicial do artigo 469 da CLT, ao ser vedado ao empregador transferi-lo 'sem a sua anuência, para localidade diversa da que resultar do contrato'. Todavia, para viabilizar, em

16.4.4 Despesas com a transferência

Como já estudado ao se analisar o tema da "ajuda de custo", o art. 470 da CLT estabelece que: "As despesas resultantes da transferência correrão por conta do empregador".

Trata-se de modalidade específica de ajuda de custo, em razão de transferência do empregado (art. 469 da CLT), sem natureza salarial, mas sim indenizatória, conforme o art. 457, § 2º, da CLT.

Se o empregado for transferido, novamente, ou para lugar diferente, ou mesmo para o local de origem, tendo em vista tratar-se de nova transferência, incidirá mais uma vez a regra do art. 470 da CLT, correndo as respectivas despesas por conta do empregador.

No entanto, discute-se como ficam tais despesas na hipótese em que o empregado, tendo sido transferido, tem o vínculo de emprego cessado no novo local, querendo ou necessitando de retornar ao local de origem.

O art. 470 da CLT não assegura o direito de ser o empregado reembolsado de tais despesas de regresso para local de origem após ruptura contratual, nem impõe ao empregador o seu pagamento.

Evidentemente, havendo previsão específica, mais benéfica, deve ser aplicada. No entanto, em regra, as despesas de retorno, quando já cessado o vínculo laboral, não correm por conta do empregador.

Embora já mencionado, cabe reiterar que, de acordo com a Súmula 29 do TST, o empregado "transferido (sic), por ato unilateral do empregador, para local mais distante de sua residência, tem direito a suplemento salarial correspondente ao acréscimo da despesa de transporte". Cabe destacar que, na verdade, essa hipótese não revela uma verdadeira transferência, justamente em razão da ausência de mudança de domicílio do empregado.

Na realidade, o acréscimo na referida despesa de transporte para o trabalho deve repercutir, mas no vale-transporte a ser concedido pelo empregador, devendo o empregado efetuar a respectiva atualização de informação a respeito (art. 112, § 1º, do Decreto 10.854/2021).).

16.4.5 Transferência ao exterior

Anteriormente, a Lei 7.064, de 6 de dezembro de 1982, regulava a situação de "trabalhadores contratados no Brasil, ou transferidos por empresas prestadoras de serviços de engenharia, inclusive consultoria, projetos e obras, montagens, gerenciamento e congêneres, para prestar serviços no exterior" (art. 1º). Na atualidade, a Lei 11.962, de 3 de julho de 2009 (*DOU* de 06.07.2009), alterou o art. 1º da Lei 7.064/1982, passando a dispor que este diploma legal "regula a situação de trabalhadores contratados no Brasil ou transferidos por seus empregadores para prestar serviço no exterior".

Fica excluído do regime da referida lei o empregado designado para prestar serviços de natureza transitória, por período não superior a 90 dias, desde que: "a) tenha ciência expressa dessa

---

alguns casos, o exercício da atividade econômica, o legislador enumerou algumas situações em que seria possível o afastamento do mencionado preceito legal, mas assegurou o direito à percepção do adicional destinado a compensar o empregado pelo prejuízo que lhe é causado, ao ter que construir nova vida em local distinto daquele em que o fez até então, ressalvada a hipótese de tal mudança ser definitiva, diante da expressão 'enquanto durar essa situação', também contida na regra legal. Ao longo do tempo e à luz do citado dispositivo, doutrina e jurisprudência construíram os requisitos necessários para a caracterização da transitoriedade, diante dos litígios nascidos quando essa condição não é previamente ajustada e se presume existente simplesmente do decurso pelo tempo. Para tanto, esta Corte fixou tese no sentido de que, para a definição da natureza das transferências, devem ser observados dois critérios, simultaneamente: duração e sucessividade, aferidos em função da duração do contrato. Portanto, o exame envolve o tempo de contratação, o tempo de transferência e o número de mudanças de domicílio a que o empregado foi submetido ao longo de todo o contrato. De referência ao critério temporal, consoante o disposto na Orientação Jurisprudencial n. 113 da SBDI-1 do TST e em função dos elementos mencionados, não é fixado de maneira absoluta e objetiva (dois, três ou mais anos). Leva-se em consideração a análise conjunta de todo o tempo contratual. De outra parte, também pacificou a questão acerca da possibilidade de se considerar o período prescrito apenas para fins de verificação da sucessividade, sem, contudo, deferir ao empregado qualquer efeito financeiro do referido período. Significa dizer que para se constatar o elemento sucessividade, é imperativo verificar a situação fática havida no curso da execução de todo o contrato" (TST, SBDI-I, E-RR-536-14.2012.5.09.0002, rel. Min. Cláudio Mascarenhas Brandão, *DEJT* 15-10-2021).

transitoriedade; b) receba, além da passagem de ida e volta, diárias durante o período de trabalho no exterior, as quais, seja qual for o respectivo valor, não terão natureza salarial" (parágrafo único do art. 1º).

De acordo com o art. 2º do mesmo diploma legal, considera-se transferido:

"I – o empregado removido para o exterior, cujo contrato estava sendo executado no território brasileiro;

II – o empregado cedido à empresa sediada no estrangeiro, para trabalhar no exterior, desde que mantido o vínculo trabalhista com o empregador brasileiro;

III – o empregado contratado por empresa sediada no Brasil para trabalhar a seu serviço no exterior".

Mesmo antes da alteração decorrente da Lei 11.962/2009, apesar de a Lei 7.064/1982, anteriormente, referir-se apenas à transferência de empregados de "empresas prestadoras de serviços de engenharia, inclusive consultoria, projetos e obras, montagens, gerenciamento e congêneres", para prestar serviços no exterior, já era possível defender o entendimento de que certas disposições da Lei 7.064/1982 eram aplicáveis, por analogia (art. 8º, *caput*, da CLT), às demais hipóteses de transferência do empregado ao exterior.

Efetivamente, não se verificava regulação completa quanto à matéria em questão, autorizando a aplicação de normas existentes, pertinentes a situações muito semelhantes. De todo modo, no presente, a Lei 7.064/1982 passou a disciplinar, de forma geral, os casos em que o trabalhador é contratado no Brasil, ou transferido por seu empregador, para laborar no exterior, não mais se restringindo às empresas de engenharia, consultoria, projetos e obras, montagens, gerenciamento e congêneres.

Quanto ao tema pertinente à lei a ser aplicada ao empregado que presta serviços no exterior, a Súmula 207 do TST, *atualmente cancelada*, com base no Código de Bustamante[6], ratificado pelo Brasil e promulgado pelo Decreto 18.871/1929, assim estabelecia:

"Conflitos de leis trabalhistas no espaço. Princípio da 'lex loci executionis'. A relação jurídica trabalhista é regida pelas leis vigentes no país da prestação de serviço e não por aquelas do local da contratação".

Na atualidade, com a mencionada Lei 11.962/2009, a Lei 7.064/1982 passou a regular a situação de trabalhadores contratados no Brasil ou transferidos por seus empregadores para prestar serviço no exterior.

A respeito do tema, pode-se destacar o seguinte julgado:

"Recurso de Revista. Empregado contratado no Brasil e transferido para prestar serviços no exterior. Aplicação da norma mais favorável. A Súmula 207 do TST, atenta ao princípio da territorialidade, dispõe que a relação jurídica trabalhista é regida pelas leis vigentes no país da prestação de serviço e não por aquelas do local da contratação. Exceção a essa regra se dá, contudo, conforme a atual, notória e iterativa jurisprudência desta Corte, no caso do empregado contratado no Brasil e posteriormente transferido para prestar serviços no exterior, caso em que se aplica, ao invés daquele, o princípio da norma mais favorável, nos termos do artigo 3º, II, da Lei n. 7.064, de 06 de dezembro de 1982. Precedentes. Recurso de Revista não conhecido" (TST, 8ª T., RR 108600-78.2007.5.05.0011, Rel. Min. Márcio Eurico Vitral Amaro, *DEJT* 13.04.2012).

Essa alteração na Lei 7.064/1982, certamente, acabou acarretando o cancelamento da Súmula 207 do TST[7], conforme decisão do Tribunal Pleno de 16 de abril de 2012 (*Diário Eletrônico da Justiça do Trabalho* de 20.04.2012).

---

[6] "Art. 198. Também é territorial a legislação sobre acidentes do trabalho e proteção social do trabalhador".
[7] Cf. DELGADO, Mauricio Godinho. *Curso de direito do trabalho*. 11. ed. São Paulo: LTr, 2012. p. 241, nota 25: "Note-se que a partir da vigência da nova redação do art. 1º da Lei n. 7.064 (isto é, desde 06.07.2009, data da publicação da Lei n. 11.962), o critério normativo da Súmula 207 (territorialidade) perde relevância no Direito brasileiro – respeitado, é claro, o efeito meramente imediato (e não retroativo) da lei nova (art. 5º, XXXV, CF/1988)".

Ainda sobre o tema, cabe mencionar a decisão abaixo indicada:

"Recurso de Revista do reclamante. Conflito de leis no espaço. Princípio da *lex loci executionis*. Inaplicabilidade. Trabalhador contratado no Brasil e posteriormente transferido para o exterior. Incidência da norma mais favorável. A jurisprudência desta Corte firmou-se no sentido de que inaplicável o entendimento consagrado na Súmula 207/TST aos trabalhadores contratados no Brasil, para prestar serviços neste país e, posteriormente, transferidos ao exterior, devendo incidir, no caso, a norma protetiva mais favorável, à luz do disposto na Lei 7.064/82. Configurada contrariedade à Súmula 207/TST, ante a sua má-aplicação ao caso em apreço" (TST, 3ª T., RR 51300-47.2007.5.10.0003, Rel. Juiz Convocado Flavio Portinho Sirangelo, *DEJT* 16.03.2012).

Na hipótese de transferência prevista na Lei 7.064/1982 (assim entendida na forma do art. 2º), o seu art. 3º assim prevê:

"Art. 3º A empresa responsável pelo contrato de trabalho do empregado transferido assegurar--lhe-á, independentemente da observância da legislação do local da execução dos serviços:
I – os direitos previstos nesta Lei;
II – a aplicação da legislação brasileira de proteção ao trabalho, naquilo que não for incompatível com o disposto nesta Lei, quando mais favorável do que a legislação territorial, no conjunto de normas e em relação a cada matéria.
Parágrafo único. Respeitadas as disposições especiais desta Lei, aplicar-se-á a legislação brasileira sobre Previdência Social, Fundo de Garantia do Tempo de Serviço – FGTS e Programa de Integração Social – PIS/PASEP".

Trata-se de previsão que assegura a aplicação da norma mais benéfica ao empregado, o que deve ser verificado relativamente a cada matéria.

Nessa linha, de acordo com a Orientação Jurisprudencial 232 da SBDI-I do TST:

"O FGTS incide sobre todas as parcelas de natureza salarial pagas ao empregado em virtude de prestação de serviços no exterior".

A jurisprudência, como se nota, assegura, em todas as hipóteses, o direito ao FGTS quanto ao empregado transferido ao exterior, tendo em vista a natureza de ordem pública da referida disposição, levando em conta o mesmo critério estabelecido na Lei 7.064/1982, art. 3º, parágrafo único.

Portanto, no presente, a Lei 7.064/1982 passou a regular, de forma genérica, a situação de trabalhadores contratados no Brasil ou transferidos por seus empregadores para prestar serviço no exterior, o que, como mencionado, certamente acarretou o cancelamento da Súmula 207 do Tribunal Superior do Trabalho[8].

Em razão disso, pode-se entender que passa a ser aplicada a previsão do art. 3º da Lei 7.064/1982 nas hipóteses de transferência do empregado para prestar serviço no exterior.

Além disso, em transferências ao exterior, mas de natureza extremamente provisória (como aquelas mencionadas no parágrafo único do art. 1º da Lei 7.064/1982), pode-se entender que o empregado permanece sendo regido pela lei do núcleo do contrato de trabalho.

Efetivamente, imagine-se empregado contratado no Brasil, que é transferido ao Japão, ficando poucos meses, sendo em seguida transferido aos Estados Unidos da América, local onde também permanece curto período, retornando, enfim, ao Brasil. Nesse caso, o núcleo do contrato encontra--se no Brasil, devendo ser regido pelas leis nacionais em seu todo, pois os deslocamentos do empregado foram provisórios, sem alterar a essência pactuada inicialmente.

---

[8] Cf. DELGADO, Mauricio Godinho. *Curso de direito do trabalho*. 11. ed. São Paulo: LTr, 2012. p. 1.071: "Em consequência da Lei n. 11.962/2009, o critério da territorialidade, afirmado pela Súmula 207, perdeu validade quanto às transferências obreiras submetidas ao critério mais benéfico do novo diploma legal".

Ademais, de acordo com o princípio da razoabilidade, a necessidade de aplicar, mesmo que para curtos períodos, a lei estrangeira poderia até mesmo inviabilizar o bom andamento da relação de emprego, bem como eventual decisão a ser proferida em processo judicial, no qual o vínculo em questão esteja sendo debatido.

Por fim, parte da doutrina admite que as partes convencionem a lei que irá reger a relação de emprego, durante a prestação do serviço no exterior, desde que seja mais benéfica ao empregado.

Cabe registrar que, na realidade, a Lei 7.064/1982 disciplina:

– em seu Capítulo II, a *transferência do empregado para trabalhar no exterior* (art. 2º), hipótese em que se aplica o já destacado art. 3º;

– em seu Capítulo III, a *contratação do empregado, por empresa estrangeira, para trabalhar no exterior*.

Nesse último caso, o art. 14 estabelece a aplicação das leis do país da prestação dos serviços, no que respeita a direitos, vantagens e garantias trabalhistas e previdenciárias, mas a parte final desse dispositivo menciona que a empresa estrangeira deve assegurar os direitos "conferidos neste Capítulo". Entretanto, o Capítulo mencionado é o III, da Lei 7.064/1982[9], enquanto o seu art. 3º encontra-se no Capítulo II, relativo à transferência do empregado ao exterior. Por isso, na hipótese de *empregado contratado por empresa estrangeira, para prestar serviço no exterior*, pode-se entender que não se aplica a previsão do art. 3º da Lei 7.064/1982, mas sim a *lei do país da prestação dos serviços* (como prevê o art. 198 do Código de Bustamante), tendo em vista a disposição especial do seu art. 14[10].

Já no caso de empregado contratado por *empresa brasileira*, para prestar serviço no exterior, cabe lembrar que, de acordo com o art. 2º, inciso III, da Lei 7.064/1982, considera-se *transferido* "o empregado contratado por empresa sediada no Brasil para trabalhar a seu serviço no exterior". Desse modo, nessa última hipótese, torna-se aplicável o já mencionado art. 3º do mesmo diploma legal.

Ainda a respeito da Lei 7.064/1982, vejamos outras disposições de interesse, aplicadas no caso de transferências ao exterior, na forma já explicitada acima.

De acordo com o art. 4º, mediante "ajuste escrito", empregador e empregado fixarão os valores do salário-base e do adicional de transferência.

O salário-base ajustado na forma deste artigo fica sujeito aos reajustes e aumentos compulsórios previstos na legislação brasileira (§ 1º). Esses reajustes e aumentos compulsórios incidirão exclusivamente sobre os valores ajustados em moeda nacional (§ 3º).

---

[9] No caso de *contratação de trabalhador, por empresa estrangeira, para trabalhar no exterior*, aplicam-se as seguintes disposições, inseridas no Capítulo III da Lei 7.064/1982:
"Art. 15. Correrão obrigatoriamente por conta da empresa estrangeira as despesas de viagem de ida e volta do trabalhador ao exterior, inclusive a dos dependentes com ele residentes. Art. 16. A permanência do trabalhador no exterior não poderá ser ajustada por período superior a 3 (três) anos, salvo quando for assegurado a ele e a seus dependentes o direito de gozar férias anuais no Brasil, com despesas de viagem pagas pela empresa estrangeira. Art. 17. A empresa estrangeira assegurará o retorno definitivo do trabalhador ao Brasil quando:
I – houver terminado o prazo de duração do contrato, ou for o mesmo rescindido;
II – por motivo de saúde do trabalhador, devidamente comprovado por laudo médico oficial que o recomende. Art. 18. A empresa estrangeira manterá no Brasil procurador bastante, com poderes especiais de representação, inclusive o de receber citação. Art. 19. A pessoa jurídica domiciliada no Brasil a que alude o art. 13 será solidariamente responsável com a empresa estrangeira por todas as obrigações decorrentes da contratação do trabalhador. Art. 20. O aliciamento de trabalhador domiciliado no Brasil, para trabalhar no exterior, fora do regime desta Lei, configurará o crime previsto no art. 206 do Código Penal Brasileiro".

[10] Cf. MARTINS, Sergio Pinto. *Direito do trabalho*. 26. ed. São Paulo: Atlas, 2010. p. 58: "Em princípio, poderia o intérprete entender que, em se tratando de contratação no Brasil para trabalhar no exterior, seria aplicável o art. 3º da Lei n. 7.064, que determina a aplicação da legislação trabalhista brasileira, mesmo havendo a prestação de serviços no exterior. Entretanto, o art. 14 da Lei n. 7.064 é bastante claro no sentido de que não se observará todo o contido na referida lei para o contratado no Brasil para prestar serviços no exterior, mas apenas o previsto no capítulo no qual está inserido o art. 14. O capítulo é o III, que compreende apenas os arts. 12 a 20 e não toda a lei. Logo, não é observado o art. 3º da mencionada norma".

O valor do salário-base não poderá ser inferior ao mínimo estabelecido para a categoria profissional do empregado (art. 4º, § 2º).

Cabe reiterar que o salário-base do contrato será obrigatoriamente estipulado em moeda nacional, mas a remuneração devida durante a transferência do empregado, computado o adicional de transferência, poderá, no todo ou em parte, ser paga no exterior, em moeda estrangeira (art. 5º).

Por opção escrita do empregado, a parcela da remuneração a ser paga em moeda nacional poderá ser depositada em conta bancária (art. 5º, § 1º).

É assegurada ao empregado, enquanto estiver prestando serviços no exterior, a conversão e remessa dos correspondentes valores para o local de trabalho (art. 5º, § 2º).

Após dois anos de permanência no exterior, será facultado ao empregado gozar anualmente férias no Brasil, correndo por conta da empresa empregadora, ou para a qual tenha sido cedido, o custeio da viagem (art. 6º). Essa disposição não se aplica ao caso de retorno definitivo do empregado antes da época do gozo das férias (§ 2º).

O mencionado custeio se estende ao cônjuge e aos demais dependentes do empregado que residam com ele (§ 1º do art. 6º).

O retorno do empregado ao Brasil pode ser determinado pela empresa nas seguintes hipóteses (art. 7º):

I – quando não se tornar mais necessário ou conveniente o serviço do empregado no exterior;

II – quando incidir o empregado em justa causa para a rescisão do contrato.

Em conformidade com o parágrafo único do art. 7º, fica assegurado ao empregado seu retorno ao Brasil, ao término do prazo da transferência ou, antes deste, na ocorrência das seguintes hipóteses:

a) após três anos de trabalho contínuo;

b) para atender a necessidade grave de natureza familiar, devidamente comprovada;

c) por motivo de saúde, conforme recomendação constante de laudo médico;

d) quando incidir o empregador em justa causa para a rescisão do contrato (despedida indireta);

e) na hipótese prevista no inciso I do art. 7º, acima destacada.

Cabe à empresa o custeio do retorno do empregado (art. 8º).

No entanto, quando o retorno se verificar por iniciativa do empregado, ou quando der justa causa para rescisão do contrato, ficará ele obrigado ao reembolso das respectivas despesas, ressalvados os casos previstos no parágrafo único do artigo anterior (art. 8º, parágrafo único).

O período de duração da transferência será computado no tempo de serviço do empregado para todos os efeitos da legislação brasileira, ainda que a lei local de prestação do serviço considere essa prestação como resultante de um contrato autônomo e determine a liquidação dos direitos oriundos da respectiva cessação (art. 9º).

Na referida hipótese de liquidação de direitos, determinada pela lei do local da prestação de serviços, a empresa empregadora fica autorizada a deduzir esse pagamento dos depósitos do FGTS em nome do empregado, existentes na conta vinculada respectiva. Se o saldo da conta vinculada não comportar a dedução acima mencionada, a diferença poderá ser novamente deduzida do saldo dessa conta quando da cessação, no Brasil, do respectivo contrato de trabalho (art. 9º, §§ 1º e 2º).

As deduções mencionadas, relativamente ao pagamento em moeda estrangeira, serão calculadas mediante conversão em moeda nacional, ao câmbio do dia em que se operar o pagamento. O levantamento pelo empregador, decorrente da dedução indicada, depende de homologação judicial (art. 9º, §§ 3º e 4º).

O adicional de transferência, as prestações *in natura*, bem como quaisquer outras vantagens a que fizer jus o empregado em função de sua permanência no exterior, não serão devidas após seu retorno ao Brasil (art. 10).

486 Curso de Direito do Trabalho

Trata-se de previsão específica, que se justifica pela cessação da condição especial, referente à prestação do serviço no exterior pelo empregado transferido. Tornando-se ausente o fato gerador para o respectivo recebimento, não há direito adquirido de permanecer recebendo parcelas inerentes ao período de transferência ao exterior.

Capítulo 17

Suspensão e interrupção do contrato de trabalho

17.1 Introdução

No curso do contrato de trabalho, este pode sofrer certos eventos que signifiquem a ausência de prestação de serviços, mas sem acarretar a cessação do vínculo de emprego.

São as hipóteses de *suspensão* e *interrupção* do contrato de trabalho, conforme terminologia indicada no Capítulo IV, do Título IV, da Consolidação das Leis do Trabalho.

Embora os referidos termos possam receber certas críticas por parte de alguns autores na doutrina, são adotados em nosso sistema de direito positivo.

Na realidade, o que fica suspenso não é o contrato de emprego em si (que permanece em vigor), mas sim os seus efeitos principais, especialmente quanto à prestação do trabalho[1].

17.2 Distinção e conceito

A suspensão e a interrupção do contrato de trabalho apresentam como elemento comum o fato de suspender a prestação dos serviços pelo empregado.

Em ambos os casos, a execução do contrato de trabalho fica paralisada, mas de forma temporária, ou seja, não definitiva, não ocorrendo o término da relação jurídica de emprego.

No entanto, em termos conceituais, a suspensão distingue-se da interrupção, pois enquanto na primeira não são devidos salários, nem há o cômputo do período de paralisação no tempo de serviço do empregado, na interrupção os salários são devidos, e o respectivo período é considerado como tempo de serviço.

Assim, o conceito puro de suspensão do contrato de trabalho é no sentido da ausência provisória da prestação do serviço, sem que o salário seja devido, nem se compute o respectivo período no tempo de serviço do empregado.

A suspensão pode ser definida também como a cessação temporária e total da execução e dos principais efeitos do contrato de trabalho. Efetivamente, na suspensão do contrato de trabalho, nenhum dos seus principais efeitos prosseguem, pois tanto o trabalho não é prestado como o salário não é pago.

Já a interrupção do contrato de trabalho conceitua-se pela ausência provisória da prestação do serviço, mas sendo devido o salário, bem como computando-se o período no tempo de serviço do empregado.

A interrupção também pode ser definida como a cessação temporária e parcial da execução e dos principais efeitos do contrato de trabalho. Trata-se de cessação parcial dos principais efeitos do contrato, pois, embora o trabalho não seja prestado, os salários continuam sendo devidos.

17.3 Hipóteses

Em termos teóricos, como visto acima, não se observa grande dificuldade na diferenciação entre suspensão e interrupção do contrato de trabalho.

---

[1] Cf. MARTINS, Sergio Pinto. *Direito do trabalho*. 28. ed. São Paulo: Atlas, 2012. p. 348-349.

No entanto, ao se analisarem os diversos casos em que cessa temporariamente o dever de prestar serviços, observam-se hipóteses de fácil subsunção em uma das modalidades e outras que apresentam certos elementos de ambas, dificultando a classificação como suspensão ou interrupção do contrato de trabalho.

Vejamos, assim, os principais casos pertinentes à matéria em questão.

17.3.1 Aborto

Ocorrendo "aborto não criminoso", comprovado por atestado médico, de acordo com o art. 395 da CLT, a mulher terá um repouso remunerado de duas semanas, ficando-lhe assegurado o direito de retornar à função que ocupava antes de seu afastamento.

Na realidade, de acordo com o art. 93, § 5º, do Decreto 3.048/1999 (Regulamento da Previdência Social), com redação determinada pelo Decreto 3.668/2000: "Em caso de aborto não criminoso, comprovado mediante atestado médico, a segurada terá direito ao salário-maternidade correspondente a duas semanas".

Na mesma linha, o art. 131, inciso II, da CLT, na redação determinada pela Lei 8.921/1994, estabelece não se considerar falta ao serviço, para efeito de aquisição do direito a férias, a ausência durante o "licenciamento compulsório da empregada por motivo de maternidade ou aborto, observados os requisitos para percepção do salário-maternidade custeado pela Previdência Social". A interpretação lógico-sistemática desse dispositivo indica estar se tratando apenas do aborto não criminoso, hipótese em que o salário-maternidade é devido.

Mostra-se correto estabelecer o recebimento do benefício previdenciário em questão, inclusive para evitar toda forma de discriminação da mulher no mercado de trabalho.

Por se tratar de período sem prestação de trabalho, mas devidamente remunerado (ainda que, atualmente, isso se verifique pelo recebimento do salário-maternidade, de natureza previdenciária), tem-se hipótese de interrupção do contrato de trabalho.

A previsão é mais do que justa, tendo em vista a necessidade de conceder à mulher um período para se recuperar, em termos físicos e mesmo psicológicos, quanto à difícil experiência em questão.

Já quanto ao aborto criminoso, ou seja, ilegal, interpretando-se as disposições destacadas *a contrario sensu*, conclui-se pela ausência do direito a salários referentes a eventual período de faltas no trabalho.

Assim, eventual ausência de prestação de serviço, decorrente de aborto criminoso praticado, pode configurar mera suspensão do contrato de trabalho.

17.3.2 Acidente do trabalho

Acidente do trabalho, de acordo com a definição do art. 19 da Lei 8.213/1991, é o que ocorre pelo exercício do trabalho a serviço da empresa ou de empregador doméstico ou pelo exercício do trabalho dos segurados especiais, "provocando lesão corporal ou perturbação funcional que cause a morte ou a perda ou redução, permanente ou temporária, da capacidade para o trabalho".

Além disso, conforme o art. 20 do mesmo diploma legal, consideram-se acidente do trabalho as seguintes entidades mórbidas:

I – doença profissional, assim entendida a produzida ou desencadeada pelo exercício do trabalho peculiar a determinada atividade e constante da respectiva relação elaborada pelo Ministério do Trabalho e da Previdência Social;

II – doença do trabalho, assim entendida a adquirida ou desencadeada em função de condições especiais em que o trabalho é realizado e com ele se relacione diretamente, constante da relação mencionada no inciso I.

O § 1º do art. 20 da Lei 8.213/1991 esclarece que não são consideradas como doença do trabalho:

a) a doença degenerativa;

b) a inerente a grupo etário;

c) a que não produza incapacidade laborativa;

d) a doença endêmica adquirida por segurado habitante de região em que ela se desenvolva, salvo comprovação de que é resultante de exposição ou contato direto determinado pela natureza do trabalho.

Em caso excepcional, constatando-se que a doença não incluída na relação prevista nos incisos I e II do art. 20 resultou das condições especiais em que o trabalho é executado e com ele se relaciona diretamente, a Previdência Social deve considerá-la acidente do trabalho (§ 2º).

Equiparam-se também ao acidente do trabalho (art. 21 da Lei 8.213/1991):

I – o acidente ligado ao trabalho que, embora não tenha sido a causa única, haja contribuído diretamente para a morte do segurado, para redução ou perda da sua capacidade para o trabalho, ou produzido lesão que exija atenção médica para a sua recuperação;

II – o acidente sofrido pelo segurado no local e no horário do trabalho, em consequência de:

a) ato de agressão, sabotagem ou terrorismo praticado por terceiro ou companheiro de trabalho;

b) ofensa física intencional, inclusive de terceiro, por motivo de disputa relacionada ao trabalho;

c) ato de imprudência, de negligência ou de imperícia de terceiro ou de companheiro de trabalho;

d) ato de pessoa privada do uso da razão;

e) desabamento, inundação, incêndio e outros casos fortuitos ou decorrentes de força maior;

III – a doença proveniente de contaminação acidental do empregado no exercício de sua atividade;

IV – o acidente sofrido pelo segurado ainda que fora do local e horário de trabalho:

a) na execução de ordem ou na realização de serviço sob a autoridade da empresa;

b) na prestação espontânea de qualquer serviço à empresa para lhe evitar prejuízo ou proporcionar proveito;

c) em viagem a serviço da empresa, inclusive para estudo quando financiada por esta dentro de seus planos para melhor capacitação da mão de obra, independentemente do meio de locomoção utilizado, inclusive veículo de propriedade do segurado;

d) no percurso da residência para o local de trabalho ou deste para aquela, qualquer que seja o meio de locomoção, inclusive veículo de propriedade do segurado.

Nos períodos destinados a refeição ou descanso, ou por ocasião da satisfação de outras necessidades fisiológicas, no local do trabalho ou durante este, o empregado é considerado no exercício do trabalho (§ 1º do art. 21 da Lei 8.213/1991).

Não é considerada agravação ou complicação de acidente do trabalho a lesão que, resultante de acidente de outra origem, se associe ou se superponha às consequências do anterior (§ 2º do art. 21 da Lei 8.213/1991).

A Lei 11.430, de 26 de dezembro de 2006, instituindo o Nexo Técnico Epidemiológico (NTE), acrescentou à Lei 8.213/1991 a seguinte previsão, com a atual redação dada pela Lei Complementar 150/2015, de grande importância na caracterização da natureza ocupacional do agravo:

"Art. 21-A. A perícia médica do Instituto Nacional do Seguro Social (INSS) considerará caracterizada a natureza acidentária da incapacidade quando constatar ocorrência de nexo técnico epidemiológico entre o trabalho e o agravo, decorrente da relação entre a atividade da empresa ou do empregado doméstico e a entidade mórbida motivadora da incapacidade elencada na Classificação Internacional de Doenças (CID), em conformidade com o que dispuser o regulamento.

§ 1º A perícia médica do INSS deixará de aplicar o disposto neste artigo quando demonstrada a inexistência do nexo de que trata o *caput* deste artigo.

§ 2º A empresa ou o empregador doméstico poderão requerer a não aplicação do nexo técnico epidemiológico, de cuja decisão caberá recurso, com efeito suspensivo, da empresa, do empregador doméstico ou do segurado ao Conselho de Recursos da Previdência Social".

Observa-se notável avanço quanto ao tema, tendo em vista a dificuldade de demonstração do nexo causal para a caracterização das doenças profissionais e do trabalho. Além disso, é frequente o empregador não emitir a Comunicação de Acidente do Trabalho (CAT – art. 22 da Lei 8.213/1991), por não reconhecer a natureza ocupacional da doença sofrida pelo empregado, gerando a chamada "subnotificação dos agravos à saúde do trabalho", em manifesto prejuízo ao trabalhador, ao sistema de saúde e à sociedade como um todo.

Com a referida Lei 11.430/2006, presente o nexo técnico epidemiológico (entre o trabalho e o agravo), passa a existir a presunção de que a doença tem natureza ocupacional. Com isso, verificada a existência do referido nexo técnico epidemiológico, não mais cabe ao empregado (segurado) provar ou demonstrar que a doença foi produzida ou desencadeada pelo exercício do trabalho peculiar a determinada atividade, ou que a doença foi adquirida ou desencadeada em função de condições especiais em que o trabalho é realizado e com ele se relacione diretamente. Presente o NTE, a presunção é de se tratar de doença do trabalho ou profissional. Trata-se de presunção relativa (*juris tantum*), pois a ausência de natureza ocupacional pode ser demonstrada pela empresa, na forma do § 2º do art. 21-A da Lei 8.213/1991, acima transcrito. Dessa forma, se o laudo da perícia médica demonstrar a inexistência de nexo entre o trabalho e o agravo, a mencionada presunção fica elidida, afastando a natureza ocupacional da doença (art. 21-A, § 1º, da Lei 8.213/1991)[2].

Por isso, diz-se ter ocorrido uma "inversão do ônus da prova" quanto à caracterização da natureza ocupacional do agravo. No entanto, na realidade, em termos mais precisos, o que passou a existir é uma presunção relativa da natureza ocupacional do agravo, quando constatado o nexo técnico epidemiológico, presunção esta que, justamente por ser relativa, pode ser elidida, com a demonstração, pelo empregador, da ausência do caráter ocupacional[3].

---

[2] "I – Recurso de revista da reclamada em face de decisão publicada na vigência da Lei n. 13.467/2017. Doença profissional equiparada a acidente do trabalho. Caracterização. Nexo técnico epidemiológico. Presunção relativa. Presença de transcendência política. O TRT reconheceu a existência de doença profissional equiparada a acidente do trabalho, fundamentando o seu entendimento tão somente no Nexo Técnico Epidemiológico entre a tendinopatia da reclamante e as atividades desenvolvidas na reclamada. Ignorou o laudo pericial produzido em juízo, que afastou a ocorrência de relação de causa e efeito entre a patologia e o trabalho. O recurso oferece transcendência com relação aos reflexos de natureza política previstos no artigo 896-A, § 1º, II, da CLT, uma vez que se está diante de acórdão proferido de forma dissonante da iterativa, notória e atual jurisprudência do Tribunal Superior do Trabalho. O nexo epidemiológico previdenciário previsto no *caput* do artigo 21-A da Lei n. 8.213/1991 representa mero indício de relação de causa e efeito entre a atividade empresarial e a entidade mórbida incapacitante elencada na Classificação Internacional de Doenças – CID. De acordo com o que se depreende do § 1º do mesmo artigo, a caracterização da natureza acidentária da patologia pressupõe a ausência de laudo pericial que demonstre a inexistência de nexo de causalidade ou concausalidade com trabalho. Desta feita, é possível concluir que o Nexo Técnico Epidemiológico previsto na legislação previdenciária implica a presunção meramente relativa (*iuris tantum*) de vínculo entre a doença do trabalhador e as atividades profissionais. E nem se invoque juízo diverso em razão do que dispõe o artigo 479 do CPC de 2015. Isso porque, ainda que referido dispositivo ressalve a convicção do julgador em face da conclusão pericial, a dessintonia entre a decisão e a prova técnica deve estar amparada por outros elementos igualmente consistentes nos autos, e não por mera ilação. Entender de modo diverso seria comprometer o direito de defesa da parte que ampara sua pretensão em prova substanciosa e, em última análise, disseminar a própria insegurança jurídica. No caso concreto, conforme ressaltado alhures, a Corte Regional considerou caracterizada a doença profissional, fiando a sua conclusão apenas na presunção legal de que a atividade laboral teria atuado como causa para a deflagração da moléstia da autora, desconsiderando por completo o laudo técnico apresentado na instrução. Entende-se, portanto, violado o artigo 21-A, § 1º, da Lei n. 8.213/1991. Precedentes do TST em casos análogos. Recurso de revista conhecido por violação do artigo 21-A, § 1º, da Lei n. 8.213/1991 e provido. Prejudicado o exame do agravo de instrumento, à exceção do tema 'multa por embargos de declaração protelatórios'. [...] Conclusão: recurso de revista conhecido e provido e agravo de instrumento conhecido e desprovido" (TST, 3ª T., ARR-10915-17.2016.5.18.0101, Rel. Min. Alexandre de Souza Agra Belmonte, *DEJT* 07.06.2021).

[3] Cf. art. 337, §§ 7º a 13, do Regulamento da Previdência Social: "§ 7º A empresa poderá requerer ao INSS a não

Aliás, é importante esclarecer que a mencionada sistemática, pertinente ao Nexo Técnico Epidemiológico, não se restringe apenas à doença em sentido estrito, mas abrange, na realidade, o "agravo" (art. 21-A da Lei 8.213/1991), assim considerado: "a lesão, doença, transtorno de saúde, distúrbio, disfunção ou síndrome de evolução aguda, subaguda ou crônica, de natureza clínica ou subclínica, inclusive morte, independentemente do tempo de latência" (art. 337, § 4º, do Regulamento da Previdência Social – Decreto 3.048/1999, incluído pelo Decreto 6.042, de 12 de fevereiro de 2007).

Cabe à perícia médica do INSS reconhecer "a incapacidade para o trabalho e o nexo entre o trabalho e o agravo", tornando devidas as "prestações acidentárias a que o beneficiário tenha direito" (art. 337, § 5º, do RPS). Além disso, como é evidente, o segurado (e mesmo a empresa) sempre tem a possibilidade de discutir a questão no âmbito judicial, tendo em vista o direito constitucional de ação (art. 5º, inciso XXXV, da CF/1988).

Essa garantia da inafastabilidade do controle jurisdicional apresenta acentuada importância, tendo em vista, principalmente, a previsão do art. 21-A, § 1º, da Lei 8.213 (acrescentado pela Lei 11.430/2006), e reiterada no art. 337, § 6º, do Regulamento da Previdência Social: "A Perícia Médica Federal deixará de aplicar o disposto no § 3º quando demonstrada a inexistência de nexo causal entre o trabalho e o agravo, sem prejuízo do disposto nos § 7º e § 12".

O Supremo Tribunal Federal decidiu ser constitucional a previsão legal relativa ao nexo técnico epidemiológico[4].

Vejamos, ainda, aspecto de suma relevância, pertinente à forma de verificar o "nexo técnico epidemiológico entre o trabalho e o agravo".

O referido nexo deve ser "entre o trabalho e o agravo, decorrente da relação entre a atividade da empresa ou do empregado doméstico e a entidade mórbida motivadora da incapacidade elencada na Classificação Internacional de Doenças (CID), em conformidade com o que dispuser o regulamento" (art. 21-A, *caput*, da Lei 8.213/1991). Como já estudado, a "entidade mórbida" de natureza ocupacional pode ser a "doença profissional" ou a "doença do trabalho" (art. 20, incisos I e II, da Lei 8.213/1991). Desse modo, o aspecto que merece destaque é exatamente a "atividade da empresa ou do empregado doméstico".

---

aplicação do nexo técnico epidemiológico ao caso concreto mediante a demonstração de inexistência de correspondente nexo entre o trabalho e o agravo (redação determinada pelo Decreto 6.939/2009). § 8º O requerimento de que trata o § 7º poderá ser apresentado no prazo de quinze dias da data para a entrega, na forma do inciso IV do art. 225, da GFIP que registre a movimentação do trabalhador, sob pena de não conhecimento da apelação em instância administrativa. § 9º Caracterizada a impossibilidade de atendimento ao disposto no § 8º, motivada pelo não conhecimento tempestivo do diagnóstico do agravo, o requerimento de que trata o § 7º poderá ser apresentado no prazo de quinze dias, contado da data em que a empresa tomar ciência da decisão a que se refere o § 5º. § 10. Juntamente com o requerimento de que tratam os §§ 8º e 9º, a empresa formulará as alegações que entender necessárias e apresentará as provas que possuir demonstrando a inexistência de nexo entre o trabalho e o agravo (redação determinada pelo Decreto 6.939/2009). § 11. A documentação probatória poderá trazer, entre outros meios de prova, evidências técnicas circunstanciais e tempestivas à exposição do segurado, podendo ser produzidas no âmbito de programas de gestão de risco, a cargo da empresa, que possuam responsável técnico legalmente habilitado. § 12. O INSS informará ao segurado sobre a contestação da empresa para que este, querendo, possa impugná-la, obedecendo, quanto à produção de provas, ao disposto no § 10, sempre que a instrução do pedido evidenciar a possibilidade de reconhecimento de inexistência do nexo entre o trabalho e o agravo (redação determinada pelo Decreto 6.939/2009). § 13. Da decisão do requerimento de que trata o § 7º cabe recurso, com efeito suspensivo, por parte da empresa ou, conforme o caso, do segurado ao Conselho de Recursos da Previdência Social, nos termos dos arts. 305 a 310".

[4] "Ação direta de inconstitucionalidade. Art. 21-A da Lei n. 8.213/1991 e §§ 3º e 5º a 13 do art. 337 do Regulamento da Previdência Social. Acidente de trabalho. Estabelecimento de nexo entre o trabalho e o agravo pela constatação de relevância estatística entre a atividade da empresa e a doença. Presunção da natureza acidentária da incapacidade. Ausência de ofensa ao inc. XIII do art. 5º, ao inc. XXVIII do art. 7º, ao inc. I e ao § 1º do art. 201 da Constituição da República. Ação direta de inconstitucionalidade julgada improcedente. 1. É constitucional a previsão legal de presunção de vínculo entre a incapacidade do segurado e suas atividades profissionais quando constatada pela Previdência Social a presença do nexo técnico epidemiológico entre o trabalho e o agravo, podendo ser elidida pela perícia médica do Instituto Nacional do Seguro Social se demonstrada a inexistência. 2. Ação direta de inconstitucionalidade julgada improcedente" (STF, Pleno, ADI 3.931/DF, Rel. Min. Cármen Lúcia, *DJe* 12.05.2020).

Efetivamente, de acordo com o art. 337, § 3º, do Regulamento da Previdência Social – RPS, com redação determinada pelo Decreto 6.957/2009: "Considera-se estabelecido o nexo entre o trabalho e o agravo quando se verificar nexo técnico epidemiológico entre a atividade da empresa e a entidade mórbida motivadora da incapacidade, elencada na Classificação Internacional de Doenças (CID) em conformidade com o disposto na Lista C do Anexo II deste Regulamento".

A análise da atividade da empresa, na realidade, deve remontar ao "ramo de atividade econômica da empresa", devendo ser verificada pela Classificação Nacional de Atividade Econômica – CNAE.

Essa importante observação é confirmada pela Instrução Normativa INSS 31, de 10 de setembro de 2008 (publicada no *DOU* de 11.09.2008), que dispõe sobre procedimentos e rotinas referentes ao Nexo Técnico Previdenciário, especialmente na previsão do seu art. 6º, *caput*: "Considera-se epidemiologicamente estabelecido o nexo técnico entre o trabalho e o agravo, sempre que se verificar a existência de associação entre a atividade econômica da empresa, expressa pela CNAE e a entidade mórbida motivadora da incapacidade, relacionada na CID", de acordo com o previsto, atualmente, na lista C do anexo II do Regulamento da Previdência Social, aprovado pelo Decreto 3.048/1999.

O art. 3º, inciso III, da referida Instrução Normativa indica que o nexo técnico epidemiológico previdenciário (NTEP) é uma das espécies do gênero nexo técnico.

Isto se explica por que "Os agravos associados aos agentes etiológicos ou fatores de risco de natureza profissional e do trabalho das listas A e B do anexo II do Decreto n. 3.048/1999, presentes nas atividades econômicas dos empregadores, cujo segurado tenha sido exposto, ainda que parcial e indiretamente, serão considerados doenças profissionais ou do trabalho, nos termos dos incisos I e II, art. 20 da Lei 8.213/1991" (art. 4º, *caput*, da IN INSS 31/2008).

Como se sabe, na doença ocupacional têm-se o agravo, o trabalho e o nexo. Para a caracterização do nexo (gênero) entre a entidade mórbida e o labor, ou seja, para a constatação da natureza ocupacional da doença, há três formas (espécies):

1) ocorrência de nexo técnico epidemiológico entre o ramo de atividade econômica da empresa (expressa pela Classificação Nacional de Atividade Econômica – CNAE) e a entidade mórbida motivadora da incapacidade (relacionada na Classificação Internacional de Doenças), em conformidade com a Lista C do Anexo II do Regulamento da Previdência Social;

2) constatação de que o agravo decorre de agente etiológico ou fator de risco de natureza ocupacional das Listas A e B do Anexo II do RPS, presente nas atividades econômicas do empregador, cujo segurado tenha sido exposto, ainda que parcial ou indiretamente;

3) verificação da hipótese excepcional, prevista no art. 20, § 2º, da Lei 8.213/1991, em que a doença não se encontra incluída na relação prevista nos incisos I e II do art. 20 da Lei 8.213/1991, mas "resultou das condições especiais em que o trabalho é executado e com ele se relaciona diretamente", caso em que a Previdência Social deve considerá-la acidente do trabalho[5].

Na modalidade "1", o nexo entre o trabalho e o agravo é estabelecido pela verificação do NTE, o qual é determinado levando em conta o ramo de atividade econômica da empresa (conforme CNAE) e a entidade mórbida motivadora da incapacidade (conforme CID). Nessa hipótese, o parâmetro é a *Lista C do Anexo II do Regulamento da Previdência Social*, que indica os intervalos de CID-10 em que se reconhece Nexo Técnico Epidemiológico, na forma do § 3º do art. 337 do Regulamento da Previdência Social, entre a entidade mórbida e as classes de CNAE indicadas, nelas incluídas todas as subclasses cujo quatro dígitos iniciais sejam comuns. No caso, o nexo causal gera presunção *relativa* da natureza ocupacional do agravo. Por isso, o empregador pode elidir essa presunção, ou seja,

---

[5] De acordo com a nota 1 à Lista B, do Anexo II, do Decreto 3.048/1999 (com redação determinada pelo Decreto 6.957/2009), as doenças e respectivos agentes etiológicos ou fatores de risco de natureza ocupacional listados são "exemplificativos e complementares".

a empresa pode demonstrar a ausência de nexo causal entre o agravo e o trabalho, provando que a doença não tem natureza ocupacional.

Na modalidade "2", o nexo entre o trabalho e o agravo é estabelecido pela verificação de que este decorre de *agentes etiológicos ou fatores de risco de natureza ocupacional (profissional e do trabalho)*, arrolados na *Listas A e B* do Anexo II do Regulamento da Previdência Social. Estas Listas apresentam, respectivamente, o rol dos diversos "Agentes ou Fatores de Risco de Natureza Ocupacional relacionados com a etiologia de doenças profissionais e de outras doenças relacionadas com o trabalho" e o rol das "Doenças infecciosas e parasitárias relacionadas com o trabalho".

Já nos agravos em que se analisa se existe, ou não, o nexo técnico epidemiológico (NTE) entre o ramo de atividade econômica da empresa (CNAE) e a entidade mórbida motivadora da incapacidade (CID), conforme Lista C do Anexo II do RPS (doenças relacionadas ao trabalho), devem ser destacadas outras observações, ainda presentes na Instrução Normativa INSS 31/2008:

– a inexistência de nexo técnico epidemiológico não elide o nexo causal entre o trabalho e o agravo, cabendo à perícia médica a caracterização técnica do acidente do trabalho, fundamentadamente, sendo obrigatório o registro e a análise do relatório do médico assistente, além dos exames complementares que eventualmente o acompanhem (art. 6º, § 1º)[6];

– na situação prevista acima, a perícia médica poderá, se necessário, solicitar as demonstrações ambientais da empresa, efetuar pesquisa ou realizar vistoria do local de trabalho ou solicitar Perfil Profissiográfico Previdenciário – PPP, diretamente ao empregador (art. 6º, § 2º);

– a perícia médica do INSS poderá deixar de aplicar o nexo técnico epidemiológico mediante decisão fundamentada, quando dispuser de informações ou elementos circunstanciados e contemporâneos ao exercício da atividade que evidenciem a inexistência do nexo técnico entre o agravo e o trabalho (art. 6º, § 3º).

De todo modo, como prevê o art. 10 da Instrução Normativa 31/2008, a existência de nexo de qualquer espécie entre o trabalho e o agravo não implica o reconhecimento automático da incapacidade para o trabalho, que deverá ser definida pela perícia médica. Efetivamente, de acordo com o art. 20, § 1º, *c*, da Lei 8.213/1991, não são consideradas como doença do trabalho as que não produzam incapacidade laborativa. Por isso, reconhecida a incapacidade para o trabalho (pela perícia médica do INSS, ou mesmo judicialmente) e estabelecido o nexo entre o trabalho e o agravo, são devidas as prestações acidentárias a que o beneficiário tenha direito.

Observados os referidos aspectos conceituais, no acidente do trabalho, ficando o empregado sem condições de exercer suas atividades, nos primeiros 15 dias de afastamento, cabe à empresa pagar a remuneração (art. 59 da Lei 8.213/1991); se persistir a incapacidade, a partir do 16º dia do afastamento da atividade, o empregado passa a gozar de auxílio-doença acidentário (art. 60).

Discute-se na doutrina, assim, se o acidente de trabalho configura hipótese de suspensão ou interrupção do contrato de trabalho.

Na verdade, sendo os primeiros 15 dias de afastamento remunerados pela empresa, não resta dúvida tratar-se de interrupção do contrato de trabalho.

A partir do 16º dia de afastamento, embora o empregado não receba salário, passa a receber o auxílio-doença acidentário, pago pela Previdência Social; no entanto, todo o período de afastamento por motivo de acidente do trabalho é considerado na contagem do tempo de serviço (art. 4º, § 1º,

---

[6] Essa previsão encontra justificativa e fundamento na necessária "abertura" prevista no disposto no art. 20, § 2º, da Lei 8.213/1991: "Em caso excepcional, constatando-se que a doença não incluída na relação prevista nos incisos I e II do art. 20 resultou das condições especiais em que o trabalho é executado e com ele se relaciona diretamente, a Previdência Social deve considerá-la acidente do trabalho". Além disso, de acordo com a nota 1 à Lista B, do Anexo II, do Decreto 3.048/1999 (com redação dada pelo Decreto 6.957/2009), as doenças e respectivos agentes etiológicos ou fatores de risco de natureza ocupacional listados são "exemplificativos e complementares".

da CLT), sendo devidos os respectivos depósitos do FGTS (Lei 8.036/1990, art. 15, § 5º, acrescentado pela Lei 9.711/1998). Além disso, não é considerada falta ao serviço, para efeito do direito de aquisição das férias, a ausência do empregado por motivo de acidente do trabalho (art. 131, inciso III, da CLT)[7].

Diante disso, a partir do 16º dia de afastamento, observa-se dificuldade na subsunção do acidente do trabalho como hipótese de suspensão ou de interrupção do contrato de trabalho, tendo em vista a existência de elementos pertinentes a ambos os casos.

Efetivamente, embora o salário não seja pago pelo empregador (o que é inerente à suspensão), o tempo de serviço é computado, tal como ocorre na interrupção do contrato de trabalho.

A tendência majoritária é considerar que, no acidente do trabalho, até o 15º dia de afastamento, tem-se hipótese de interrupção do contrato de trabalho; a partir do 16º dia, observa-se uma suspensão *sui generis* do pacto laboral.

Mesmo assim, procurando centrar-se no elemento predominantemente verificado, pode-se entender que o acidente de trabalho seria hipótese de interrupção do contrato de trabalho, embora com certas especificidades, pois o empregado recebe o salário até o 15º dia (interrupção) e, eventualmente, benefício previdenciário em seguida (suspensão), mas o respectivo período de afastamento é computado no tempo de serviço.

Cabe registrar que a Lei 13.103/2015, no art. 2º, inciso V, *c*, prevê o direito dos motoristas profissionais (de veículos automotores de transporte rodoviário de passageiros e de transporte rodoviário de cargas), se empregados, de ter benefício de *seguro de contratação obrigatória*, assegurado e custeado pelo empregador, destinado à cobertura de morte natural, morte por acidente, invalidez total ou parcial decorrente de acidente, traslado e auxílio para funeral, referentes às suas atividades, no valor mínimo correspondente a 10 vezes o piso salarial de sua categoria ou valor superior fixado em convenção ou acordo coletivo de trabalho.

De todo modo, conforme o entendimento de parte da doutrina[8], o período de afastamento em razão de acidente do trabalho poderia ser visto como hipótese (diferenciada) de interrupção do contrato de trabalho, pois é computado no tempo de serviço (arts. 4º, parágrafo único, e 131, inciso III, da CLT; art. 15, § 5º, da Lei 8.036/1990; Súmula 46 do TST). A peculiaridade é que os primeiros 15 dias de afastamento devem ser remunerados pela empresa (interrupção propriamente), e, a partir disso, passa a ser concedido o benefício previdenciário pelo INSS (arts. 59, *caput*, e 60, § 3º, da Lei 8.213/1991), o que gera a suspensão (*sui generis*) do contrato de trabalho.

17.3.3 Auxílio-doença (auxílio por incapacidade temporária)

Se o empregado for acometido de doença, ficando incapacitado para o seu trabalho, durante os primeiros 15 dias de afastamento, a empresa deve pagar o salário respectivo (art. 60, § 3º, da Lei 8.213/1991).

Após o 16º dia de afastamento, o auxílio-doença (auxílio por incapacidade temporária) passa a ser devido pela Previdência Social, desde que cumprido o respectivo período de carência (art. 59 da Lei 8.213/1991)[9].

---

[7] No entanto, de acordo com o art. 133, inciso IV, da CLT não terá direito a férias o empregado que, no curso do período aquisitivo, tiver percebido da Previdência Social prestações de acidente do trabalho por mais de seis meses, ainda que descontínuos. Há entendimento (não majoritário) de que essa restrição não mais prevalece em razão da Convenção 132 da OIT (art. 5, n. 4), sobre férias anuais remuneradas, ratificada pelo Brasil (Decreto 3.197/1999, atualmente Decreto 10.088/2019). Entretanto, entende-se que o mencionado dispositivo da CLT mantém-se em vigor, pois, além de regular hipótese específica e diferenciada, a previsão da Convenção 132 da OIT remete às "condições a serem determinadas pela autoridade competente ou pelo órgão apropriado de cada país".

[8] Cf. OLIVEIRA, Francisco Antonio de. *Consolidação das Leis do Trabalho comentada*. 2. ed. São Paulo: RT, 2000. p. 43; MARTINS, Sergio Pinto. *Direito do trabalho*. 22. ed. São Paulo: Atlas, 2006. p. 321-322.

[9] De acordo com o Regulamento da Previdência Social, se concedido novo benefício decorrente do mesmo motivo que gerou a incapacidade no prazo de 60 dias, contado da data da cessação do benefício anterior, a empresa ficará

Capítulo 17 — Suspensão e interrupção do contrato de trabalho

Sendo assim, considera-se que o período inicial, de 15 dias, é hipótese de interrupção do contrato de trabalho, pois o salário é devido, ocorrendo o cômputo do tempo de serviço.

A partir do 16º dia de afastamento, verifica-se a suspensão *sui generis* do contrato de trabalho, pois o empregado deixa de fazer jus ao salário, podendo receber o benefício previdenciário mencionado.

Mesmo assim, cabe frisar que, de acordo com o art. 131, inciso III, da CLT, não é considerada falta ao serviço, para efeito do direito de aquisição das férias, a ausência do empregado por motivo de enfermidade atestada pelo INSS[10], excetuada a hipótese do inciso IV do art. 133 da CLT (que prevê a perda do direito a férias quando o empregado tiver percebido da Previdência Social prestações de auxílio-doença por mais de seis meses, ainda que descontínuos).

Portanto, na realidade, mesmo depois do 15º dia de afastamento, de acordo com a previsão do art. 131, inciso III, a suspensão não se apresenta de forma pura, pois o tempo de licença por motivo de doença, com a exceção da situação acima verificada (art. 133, inciso IV), é contado para fins de férias (o que seria elemento da interrupção).

Por isso, há entendimento, de parte da doutrina, no sentido de que: "sendo concedido o auxílio-doença, há a interrupção do contrato de trabalho, visto que ocorre a cessação provisória e parcial do pacto laboral, com a contagem do tempo de serviço para férias. Só se pode dizer que haverá suspensão do contrato de trabalho se o empregado receber auxílio-doença por mais de seis meses, embora descontínuos, quando não haverá a contagem do tempo de serviço nem para efeito de férias"[11].

Ainda assim, o entendimento majoritário, aqui adotado, é de que há nítida preponderância do caráter de suspensão do contrato de trabalho, a partir do 16º dia de afastamento por doença do empregado.

17.3.4 Aposentadoria por invalidez (aposentadoria por incapacidade permanente)

A aposentadoria por invalidez (aposentadoria por incapacidade permanente) é devida a partir do dia imediato ao da cessação do auxílio-doença, ressalvado o disposto a seguir (art. 43 da Lei 8.213/1991).

Concluindo a perícia médica *inicial* pela existência de incapacidade total e definitiva para o trabalho, a aposentadoria por invalidez é devida: a) ao segurado empregado, a contar do 16º dia do afastamento da atividade ou a partir da entrada do requerimento, se entre o afastamento e a entrada do requerimento decorrerem mais de 30 dias; b) ao segurado empregado doméstico, trabalhador avulso, contribuinte individual, especial e facultativo, a contar da data do início da incapacidade ou da data da entrada do requerimento, se entre essas datas decorrerem mais de 30 dias (art. 43, § 1º, da Lei 8.213/1991).

---

desobrigada do pagamento relativo aos 15 primeiros dias de afastamento, prorrogando-se o benefício anterior e descontando-se os dias trabalhados, se for o caso (art. 75, § 3º). Se o segurado empregado, por motivo de incapacidade, afastar-se do trabalho durante o período de 15 dias, retornar à atividade no 16º dia e voltar a se afastar no prazo de 60 dias, contado da data de seu retorno, em decorrência do mesmo motivo que gerou a incapacidade, este fará jus ao auxílio por incapacidade temporária a partir da data do novo afastamento (art. 75, § 4º). Na hipótese prevista no § 4º, se o retorno à atividade tiver ocorrido antes do período de 15 dias do afastamento, o segurado fará jus ao auxílio por incapacidade temporária a partir do dia seguinte ao que completar aquele período (art. 75, § 5º).

[10] Cf. o art. 60, § 4º, da Lei 8.213/1991: "A empresa que dispuser de serviço médico, próprio ou em convênio, terá a seu cargo o exame médico e o abono das faltas correspondentes ao período referido no § 3º, somente devendo encaminhar o segurado à perícia médica da Previdência Social quando a incapacidade ultrapassar 15 (quinze) dias". Cf. ainda Súmula 15 do TST: "Atestado médico. A justificação da ausência do empregado motivada por doença, para a percepção do salário-enfermidade e da remuneração do repouso semanal, deve observar a ordem preferencial dos atestados médicos estabelecida em lei"; e Súmula 282 do TST: "Abono de faltas. Serviço médico da empresa. Ao serviço médico da empresa ou ao mantido por esta última mediante convênio compete abonar os primeiros 15 (quinze) dias de ausência ao trabalho".

[11] MARTINS, Sergio Pinto. *Direito do trabalho*. 22. ed. São Paulo: Atlas, 2006. p. 321.

Durante os primeiros 15 dias de afastamento da atividade por motivo de invalidez, cabe à empresa pagar ao segurado empregado o salário (art. 43, § 2º, da Lei 8.213/1991). Trata-se, no caso, de período inicial específico de interrupção do contrato de trabalho.

De acordo com o art. 475 da CLT, o empregado aposentado por invalidez terá suspenso o seu contrato de trabalho durante o prazo fixado pelas leis de previdência social para a efetivação do benefício.

Assim, na aposentadoria por invalidez (aposentadoria por incapacidade permanente), fica suspenso o contrato de trabalho, eis que, atualmente, esta não é considerada definitiva, como se verifica do art. 42, *caput*, *in fine*, da Lei 8.213/1991 e art. 46 do Regulamento da Previdência Social (Decreto 3.048/1999)[12].

Nesse sentido, a Súmula 160 do TST assim estabelece: "Aposentadoria por invalidez. Cancelada a aposentadoria por invalidez, mesmo após cinco anos, o trabalhador terá direito de retornar ao emprego, facultado, porém, ao empregador, indenizá-lo na forma da lei".

Apenas como registro histórico, cabe fazer menção à Súmula 217 do STF, adotando entendimento diverso, que não mais prevalece: "Tem direito de retornar ao emprego, ou ser indenizado em caso de recusa do empregador, o aposentado que recupera a capacidade de trabalho dentro de 5 (cinco) anos a contar da aposentadoria, que se torna definitiva após esse prazo".

Entretanto, cabe destacar que o art. 101, § 1º, da Lei 8.213/1991, com redação dada pela Lei 13.457/2017, prevê que o aposentado por invalidez e o pensionista inválido que não tenham retornado à atividade estão isentos do exame médico a cargo da Previdência Social: após completarem 55 anos ou mais de idade e quando decorridos 15 anos da data da concessão da aposentadoria por invalidez ou do auxílio-doença que a precedeu; ou após completarem 60 anos de idade.

Com isso, há possibilidade de entendimento de que, após as referidas idades, a situação passa a ter contornos mais definitivos, o que poderia permitir a cessação do contrato de trabalho pelo empregador. De todo modo, essa desnecessidade de exame médico não se aplica quando se tem as seguintes finalidades: verificar a necessidade de assistência permanente de outra pessoa para a concessão do acréscimo de 25% sobre o valor do benefício previdenciário; verificar a recuperação da capacidade de trabalho, mediante solicitação do aposentado ou pensionista que se julgar apto; subsidiar autoridade judiciária na concessão de curatela (art. 101, § 2º, da Lei 8.213/1991).

De acordo com o § 1º do art. 475 da CLT, recuperando o empregado a capacidade de trabalho, e sendo a aposentadoria cancelada, ser-lhe-á assegurado o direito à função que ocupava ao tempo da aposentadoria, facultado, porém, ao empregador o direito de indenizá-lo por rescisão do contrato de trabalho, nos termos dos arts. 477 e 478, salvo na hipótese de ser ele portador de estabilidade, quando a indenização deverá ser paga na forma do art. 497.

Os arts. 477 e 478 da CLT tratavam da indenização por tempo de serviço, substituída pelo sistema do FGTS, que passou a ser obrigatório (art. 7º, inciso III, da CF/1988). O art. 497 previa o direito à indenização por tempo de serviço, em dobro, em favor do empregado estável decenal, que ficou restrita àqueles que adquiriram o direito antes da Constituição Federal de 1988. No sistema em vigor, a dispensa sem justa causa acarreta o direito do empregado de receber a indenização compensatória de 40% do FGTS, além de levantar os depósitos da conta vinculada.

O § 2º do art. 475 da CLT estabelece, ainda, que, se o empregador houver admitido substituto para o aposentado, poderá rescindir, com este, o respectivo contrato de trabalho sem indenização, desde que tenha havido ciência inequívoca da interinidade, ao ser celebrado o contrato.

---

[12] Cf. MARTINS, Sergio Pinto. *Comentários à CLT*. 10. ed. São Paulo: Atlas, 2006. p. 476: "Não há na lei previdenciária prazo de duração para a efetivação da aposentadoria por invalidez. A conclusão que se chega hoje é de que a aposentadoria por invalidez, de modo geral, é provisória. Ela só será definitiva quando o médico assim entender, pois o segurado não é mais susceptível de recuperação. Passados cinco anos da concessão da aposentadoria por invalidez, não importa que ela venha a ser definitiva, pois o trabalhador pode se recuperar".

Em conclusão, tem-se que a aposentadoria por invalidez (aposentadoria por incapacidade permanente), em princípio, é hipótese de suspensão do contrato de trabalho.

Ainda quanto ao tema, conforme estabelece a Súmula 440 do TST:

"Auxílio-doença acidentário. Aposentadoria por invalidez. Suspensão do contrato de trabalho. Reconhecimento do direito à manutenção de plano de saúde ou de assistência médica. Assegura-se o direito à manutenção de plano de saúde, ou de assistência médica, oferecido pela empresa ao empregado, não obstante suspenso o contrato de trabalho em virtude de auxílio-doença acidentário ou de aposentadoria por invalidez".

17.3.5 Aviso prévio

De acordo com o art. 488 da CLT, o horário normal de trabalho do empregado, durante o prazo do aviso prévio, e se a rescisão tiver sido promovida pelo empregador, será reduzido de duas horas diárias, sem prejuízo do salário integral.

O referido prazo, em que o empregado não presta serviços, durante o curso do aviso prévio, é típica hipótese de interrupção do contrato de trabalho, pois, mesmo não havendo trabalho, o salário é devido integralmente, computando-se o tempo de serviço.

Aliás, de acordo com o parágrafo único do art. 488 da CLT, é facultado ao empregado trabalhar sem a mencionada redução das duas horas diárias, caso em que poderá faltar ao serviço, sem prejuízo do salário integral, por sete dias corridos.

Esse período de sete dias de ausência de labor, no curso do aviso prévio, também representa hipótese de interrupção do contrato de trabalho, pois o salário é devido em sua integralidade, com o respectivo cômputo no tempo de serviço.

17.3.6 Eleição para cargo de diretor da sociedade

O tema da eleição do empregado para o cargo de diretor da sociedade já foi objeto de análise anteriormente.

Aqui, cabe reiterar que, de acordo com a Súmula 269 do TST: "O empregado eleito para ocupar cargo de diretor tem o respectivo contrato de trabalho suspenso, não se computando o tempo de serviço desse período, salvo se permanecer a subordinação jurídica inerente à relação de emprego".

Assim, em tese, o empregado que é eleito diretor da empresa, tem o seu contrato de trabalho suspenso, desde que não persista a subordinação jurídica.

Mantida a subordinação quanto à forma de prestação do serviço, o contrato não sofre qualquer suspensão nem interrupção, devendo prosseguir normalmente na sua produção de efeitos.

17.3.7 Encargo público

O exercício de encargo público pelo empregado, em princípio, representa hipótese de suspensão do contrato de trabalho, como ocorre no exercício de mandato de cargo político.

Em conformidade com o art. 472 da CLT: "O afastamento do empregado em virtude das exigências do serviço militar, ou de outro encargo público, não constituirá motivo para alteração ou rescisão do contrato de trabalho por parte do empregador".

No entanto, para que o empregado tenha direito a voltar a exercer o cargo do qual se afastou em virtude de exigências do serviço militar ou de encargo público, é indispensável que notifique o empregador dessa intenção, por telegrama ou carta registrada, dentro do prazo máximo de 30 dias, contados da data em que se verificar a respectiva baixa ou a terminação do encargo a que estava obrigado (§ 1º do art. 472 da CLT).

Ainda sobre o tema, o art. 483, § 1º, da CLT estabelece que o empregado poderá "suspender a prestação dos serviços ou rescindir o contrato, quando tiver de desempenhar obrigações legais, incompatíveis com a continuação do serviço".

Cabe lembrar que, nos termos do art. 4º, § 1º, da CLT, computam-se na contagem de tempo de serviço, para efeito de indenização e de estabilidade, os períodos em que o empregado estiver afastado do trabalho prestando serviço militar (e por motivo de acidente do trabalho). Na atualidade, os depósitos do FGTS são obrigatórios nos casos de afastamento para prestação do serviço militar obrigatório (e licença por acidente do trabalho), conforme art. 15, § 5º, da Lei 8.036/1990, o que indica tratar-se de suspensão de certa forma atípica do contrato de trabalho.

Quanto à convocação do empregado para participar como jurado, de tribunal do júri, o art. 441 do Código de Processo Penal (com redação determinada pela Lei 11.689/2008) prevê que "nenhum desconto será feito nos vencimentos ou salário do jurado sorteado que comparecer à sessão do júri", confirmando tratar-se de hipótese de interrupção do contrato de trabalho. Aliás, também seria possível aplicar ao caso a disposição do art. 473, inciso VIII, da CLT, no sentido de que o empregado pode deixar de comparecer ao serviço, sem prejuízo do salário, "pelo tempo que se fizer necessário, quando tiver que comparecer a juízo".

17.3.8 Faltas justificadas

As faltas do empregado ao serviço, que forem consideradas justificadas (pela lei, outra norma jurídica aplicável, como instrumento normativo, regulamento de empresa, contrato de trabalho, ou mesmo pelo empregador), representam hipóteses de interrupção do contrato de trabalho, tendo em vista a ausência de trabalho, mas o recebimento do salário.

Desse modo, o art. 473 da CLT arrola hipóteses em que a falta é considerada justificada, conferindo ao empregado o direito de receber o salário respectivo.

Vejamos cada um dos casos de ausências ali mencionados.

a) *até 2 (dois) dias consecutivos, em caso de falecimento do cônjuge, ascendente, descendente, irmão ou pessoa que, declarada em sua Carteira de Trabalho e Previdência Social, viva sob sua dependência econômica.*

Trata-se da ausência por motivo do "nojo", ou seja, "luto", cabendo reiterar que os dois dias de faltas são os seguintes ao falecimento e consecutivos.

Em conformidade com o Direito Civil, o parentesco é "natural ou civil, conforme resulte de consanguinidade ou outra origem" (art. 1.593 do Código Civil de 2002).

Como se sabe, o parentesco pode ser *em linha reta* ou *em linha colateral*.

De acordo com o art. 1.591 do Código Civil em vigor: "São parentes em linha reta as pessoas que estão umas para com as outras na relação de ascendentes e descendentes".

Por sua vez, conforme o art. 1.592: "São parentes em linha colateral ou transversal, até o quarto grau, as pessoas provenientes de um só tronco, sem descenderem uma da outra".

Cabe destacar, ainda, o art. 1.594, segundo o qual: "Contam-se, na linha reta, os graus de parentesco pelo número de gerações, e, na colateral, também pelo número delas, subindo de um dos parentes até ao ascendente comum, e descendo até encontrar o outro parente".

Além disso, como estabelece o art. 1.595 do Código Civil de 2002, cada cônjuge ou companheiro é aliado aos parentes do outro pelo vínculo da afinidade.

No entanto, o parentesco por afinidade limita-se aos ascendentes, aos descendentes e aos irmãos do cônjuge ou companheiro (§ 1º do art. 1.595 do CC/2002). Na linha reta, a afinidade não se extingue com a dissolução do casamento ou da união estável (§ 2º).

As referidas disposições são aplicáveis, na interpretação do referido art. 473, inciso I, da CLT, ao fazer menção ao falecimento do cônjuge, ascendente, descendente e irmão do empregado[13].

---

[13] Cf. MARTINS, Sergio Pinto. *Direito do trabalho*. 22. ed. São Paulo: Atlas, 2006. p. 325: "A palavra 'ascendente' envolve pai, mãe, avó, avô, bisavô ou bisavó da pessoa etc. Descendente diz respeito a filho ou filha, neto ou neta,

Além disso, a falta também se justifica pelo falecimento da pessoa que, declarada pelo empregado em sua Carteira de Trabalho e Previdência Social, viva sob sua dependência econômica.

A referida declaração na Carteira de Trabalho e Previdência Social deve ser feita pela Previdência Social, conforme os arts. 31, 32 e 40, inciso II, da CLT.

O art. 16 da Lei 8.213/1991, em sua atual redação, esclarece que são beneficiários do Regime Geral de Previdência Social, na condição de "dependentes do segurado":

I – o cônjuge, a companheira, o companheiro[14] e o filho não emancipado, de qualquer condição, menor de 21 anos ou inválido ou que tenha deficiência intelectual ou mental ou deficiência grave; II – os pais; III – o irmão não emancipado, de qualquer condição, menor de 21 anos ou inválido ou que tenha deficiência intelectual ou mental ou deficiência grave.

O enteado e o menor tutelado equiparam-se a filho mediante declaração do segurado e desde que comprovada a dependência econômica (§ 2º do art. 16 da Lei 8.213/1991).

A dependência econômica das pessoas indicadas no inciso I do art. 16 da Lei 8.213/1991 é presumida, e a das demais deve ser comprovada (§ 4º do art. 16).

No caso do empregado que mantém contrato de trabalho como professor, existe a disposição específica do art. 320, § 3º, da CLT, no sentido de que: "Não serão descontadas, no decurso de 9 (nove) dias, as faltas verificadas por motivo de gala ou de luto em consequência de falecimento do cônjuge, do pai ou mãe, ou de filho".

Os nove dias mencionados são seguidos, ou seja, consecutivos, pois a norma não estabelece que sejam dias úteis.

Na realidade, a previsão especial, diferenciada somente ao professor, não se mostra muito razoável. No entanto, não se pode dizer que a disposição chega a violar o princípio da igualdade, pois, no caso, tem-se o tratamento diferenciado para aqueles que exercem função diferenciada; além disso, a atividade de magistério apresenta diversas peculiaridades, fazendo com que a legislação estabeleça tratamento específico quanto a certas matérias dessa modalidade de relação de emprego[15]. Por fim, tem-se, no caso, norma mais benéfica, de caráter especial, que deve ser aplicada aos empregados ali mencionados.

Assim, tratando-se de professor, para o luto dos parentes indicados no art. 320, § 3º, da CLT, aplica-se a norma especial, concedendo-se ao empregado nove dias de ausência remunerada (interrupção do contrato de trabalho).

No entanto, caso o falecimento seja de parentes não indicados no art. 320, § 3º, da CLT, entende-se aplicável a regra geral do art. 473, inciso I, do mesmo diploma legal, fazendo jus a dois dias consecutivos.

b) *até 3 (três) dias consecutivos, em virtude de casamento.*

Trata-se da chamada "gala", também conhecida como "bodas". Da mesma forma como na hipótese anterior, os três dias de ausência justificada são aqueles que seguem o casamento, devendo ser consecutivos.

Como já mencionado, no caso do professor, o art. 320, § 3º, da CLT, assegura o direito de nove dias de faltas justificadas (remuneradas) por motivo de gala. Os nove dias mencionados também são seguidos.

---

bisneto ou bisneta, tataraneto ou tataraneta etc. No caso de filho natimorto, será devida a falta por dois dias consecutivos, pois o filho é descendente do pai".

[14] Cf. o art. 16, § 3º, da Lei 8.213/1991: "Considera-se companheira ou companheiro a pessoa que, sem ser casada, mantém união estável com o segurado ou com a segurada, de acordo com o § 3º do art. 226 da Constituição Federal".
[15] Em sentido divergente, cf. MARTINS, Sergio Pinto. *Direito do trabalho.* 22. ed. São Paulo: Atlas, 2006. p. 331: "A determinação do § 3º do art. 320 da CLT viola o princípio da igualdade (art. 5º, *caput*, da Constituição), pois o professor tem faltas diferenciadas nos incisos I e II do art. 473 da CLT, que nenhuma outra profissão possui".

Como explicita o art. 1.514 do Código Civil de 2002, o casamento se realiza "no momento em que o homem e a mulher manifestam, perante o juiz, a sua vontade de estabelecer vínculo conjugal, e o juiz os declara casados".

Ainda em conformidade com os conceitos do Direito Civil: "O casamento estabelece comunhão plena de vida, com base na igualdade de direitos e deveres dos cônjuges" (art. 1.511 do CC/2002).

O casamento é civil (e gratuita a sua celebração), como determina o art. 1.512 do Código Civil em vigor. No entanto, o casamento religioso, que atender às exigências da lei para a validade do casamento civil, equipara-se a este, "desde que registrado no registro próprio, produzindo efeitos a partir da data de sua celebração" (art. 1.515).

Nesse último caso, ou seja, do casamento religioso registrado, equiparado ao civil, entende-se que o empregado faz jus à ausência justificada em questão.

c) *por 5 (cinco) dias consecutivos, em caso de nascimento de filho, de adoção ou de guarda compartilhada.*

Essa previsão, contida no art. 473, inciso III, obviamente, não se aplica à empregada, pois a mulher tem direito à licença-maternidade de 120 dias (art. 7º, inciso XVIII, da CF/1988 e art. 392 da CLT). Mesmo a mãe adotante passou a ter direito à licença respectiva, conforme o art. 392-A da CLT.

Quanto ao empregado, o art. 7º, inciso XIX, da Constituição da República assegura o direito à "licença-paternidade, nos termos fixados em lei".

Tendo em vista essa expressa exigência de lei para regulamentar o referido direito, de acordo com o art. 10, § 1º, do Ato das Disposições Constitucionais Transitórias, até que a lei venha a disciplinar o disposto no art. 7º, inciso XIX, da Constituição, "o prazo da licença-paternidade a que se refere o inciso é de cinco dias".

Na atualidade, o empregado pode deixar de comparecer ao serviço sem prejuízo do salário por cinco dias consecutivos, em caso de nascimento de filho, de adoção ou de guarda compartilhada (art. 473, inciso III, da CLT, com redação dada pela Lei 14.457/2022). O referido prazo deve ser contado a partir da data de nascimento do filho.

O art. 28 do Regulamento do FGTS, aprovado pelo Decreto 99.684/1990, regulamentando a Lei 8.036/1990, estabelece ser obrigatório o depósito na conta vinculada do FGTS "também nos casos de interrupção do contrato de trabalho prevista em lei", tais como a "licença-paternidade" (inciso V).

A licença-paternidade começa no dia do nascimento do filho, sendo os cinco dias contados de forma subsequente.

A referida licença é devida também em casos de adoção ou de guarda compartilhada. Além disso, a licença em questão justifica-se para que o pai possa ter maior contato com o filho, auxiliando a mãe nos primeiros cuidados.

Cabe ressaltar que a Lei 12.873/2013 acrescentou o art. 392-C da CLT, passando a dispor que se aplica, no que couber, o disposto nos arts. 392-A (que, por sua vez, faz remissão ao art. 392) e 392-B *ao empregado* (homem, ou seja, pai) *que adotar ou obtiver guarda judicial para fins de adoção*[16]. Sendo assim, pode-se dizer ser possível a concessão de licença ao pai adotivo de 120 dias, quando a licença-maternidade não for concedida à mãe adotante.

d) *por um dia, em cada 12 (doze) meses de trabalho, em caso de doação voluntária de sangue devidamente comprovada.*

A previsão tem o objetivo de não prejudicar o empregado que se propõe a doar sangue, fomentando essa conduta de solidariedade.

---

[16] "Art. 392-A. À empregada que adotar ou obtiver guarda judicial para fins de adoção de criança será concedida licença-maternidade nos termos do art. 392. [...] § 5º A adoção ou guarda judicial conjunta ensejará a concessão de licença-maternidade a apenas um dos adotantes ou guardiães empregado ou empregada. [...] Art. 392-B. Em caso de morte da genitora, é assegurado ao cônjuge ou companheiro empregado o gozo de licença por todo o período da licença-maternidade ou pelo tempo restante a que teria direito a mãe, exceto no caso de falecimento do filho ou de seu abandono".

A referida ausência justificada é limitada, podendo ocorrer um dia a cada doze meses de trabalho. Como é evidente, trata-se de doação, pois, no caso, é vedado todo tipo de comercialização, conforme o art. 199, § 4º, da Constituição Federal de 1988. O referido dispositivo constitucional é regulamentado pela Lei 10.205/2001 (sobre a captação, proteção ao doador e ao receptor, coleta, processamento, estocagem, distribuição e transfusão do sangue, de seus componentes e derivados, vedada a compra, venda ou qualquer outro tipo de comercialização do sangue, componentes e hemoderivados), bem como pela Lei 9.434/1997, com as alterações da Lei 10.211/2001 (sobre a disposição gratuita de tecidos, órgãos e partes do corpo humano, em vida ou *post mortem*, para fins de transplante e tratamento).

e) *até 2 (dois) dias consecutivos ou não, para o fim de se alistar eleitor, nos termos da lei respectiva.*

Na hipótese em questão, a ausência é para que o empregado possa se alistar eleitor. Para tanto, pode se ausentar "até" dois dias, o que significa que, se um dia for suficiente, a falta justificada fica restrita a tal período. Além disso, no caso, os dois dias podem ser consecutivos ou não.

A "lei" que o art. 473, inciso V, da CLT faz remissão é o Código Eleitoral (Lei 4.737/1965), cujo art. 48 assim dispõe: "O empregado mediante comunicação com 48 (quarenta e oito) horas de antecedência, poderá deixar de comparecer ao serviço, sem prejuízo do salário e por tempo não excedente a 2 (dois) dias, para o fim de se alistar eleitor ou requerer transferência".

Merece destaque, ainda, o art. 98 da Lei 9.504/1997, assim dispondo: "Os eleitores nomeados para compor as Mesas Receptoras ou Juntas Eleitorais e os requisitados para auxiliar seus trabalhos serão dispensados do serviço, mediante declaração expedida pela Justiça Eleitoral, sem prejuízo do salário, vencimento ou qualquer outra vantagem, pelo dobro dos dias de convocação". Trata-se de caso, portanto, de interrupção do contrato de trabalho.

f) *no período de tempo em que tiver de cumprir as exigências do Serviço Militar referidas na letra c do art. 65 da Lei 4.375, de 17 de agosto de 1964 (Lei do Serviço Militar).*

De acordo com o mencionado art. 65, *c*, da Lei 4.375/1964, constituem deveres do Reservista: "apresentar-se, anualmente, no local e data que forem fixados, para fins de exercício de apresentação das reservas ou cerimônia cívica do Dia do Reservista".

A mesma Lei do Serviço Militar contém as seguintes disposições, que merecem destaque:

> Art. 60. Os funcionários públicos federais, estaduais ou municipais, bem como os empregados, operários ou trabalhadores, qualquer que seja a natureza da entidade em que exerçam as suas atividades, quando incorporados ou matriculados em Órgão de Formação de Reserva, por motivo de convocação para prestação do Serviço Militar inicial estabelecido pelo art. 16, desde que para isso forçados a abandonarem o cargo ou emprego, terão assegurado o retorno ao cargo ou emprego respectivo, dentro dos 30 (trinta) dias que se seguirem ao licenciamento, ou término de curso, salvo se declararem, por ocasião da incorporação ou matrícula, não pretender a ele voltar.
>
> § 1º Esses convocados, durante o tempo em que estiverem incorporados em Órgãos Militares da Ativa ou matriculados nos de Formação de Reserva, nenhum vencimento, salário ou remuneração perceberão da organização a que pertenciam.
>
> § 2º Perderá o direito de retorno ao emprego, cargo ou função que exercia ao ser incorporado, o convocado que engajar.
>
> § 3º Compete ao Comandante, Diretor ou Chefe de Organização Militar em que for incorporado ou matriculado o convocado, comunicar sua pretensão à entidade a que caiba reservar a função, cargo ou emprego e, bem assim, se for o caso, o engajamento concedido; essas comunicações deverão ser feitas dentro de 20 (vinte) dias que se seguirem à incorporação ou concessão do engajamento.
>
> § 4º Todo convocado matriculado em Órgão de Formação de Reserva que seja obrigado a faltar a suas atividades civis, por força de exercício ou manobras, terá suas faltas abonadas para todos os efeitos.

O maior destaque, no tema em questão, é o § 4º do art. 60 da Lei 4.375/1964, acima transcrito, ao assegurar o abono das faltas decorrentes de exercício ou manobras, quanto ao empregado que, sendo matriculado em Órgão de Formação de Reserva, seja para isso convocado.

Por fim, cabe mencionar, ainda, o art. 61 da mesma lei, com a seguinte previsão:

Art. 61. Os brasileiros, quando incorporados por motivo de convocação para manobras, exercícios, manutenção da ordem interna ou guerra, terão assegurado o retorno ao cargo, função ou emprego que exerciam ao serem convocados e garantido o direito à percepção de 2/3 (dois terços) da respectiva remuneração, durante o tempo em que permanecerem incorporados; vencerão pelo Exército, Marinha ou Aeronáutica apenas as gratificações regulamentares.

§ 1º Aos convocados fica assegurado o direito de optar pelos vencimentos, salários ou remuneração que mais lhes convenham.

§ 2º Perderá a garantia e o direito assegurado por este artigo o incorporado que obtiver engajamento.

§ 3º Compete ao Comandante, Diretor ou Chefe da Organização Militar em que for incorporado o convocado comunicar, à entidade a que caiba reservar a função, cargo ou emprego, a sua pretensão, opção quanto aos vencimentos e, se for o caso o engajamento concedido; a comunicação relativa ao retorno à função deverá ser feita dentro dos 30 (trinta) dias que se seguirem a incorporação; as mais, tão logo venham a ocorrer.

Como se observa do § 2º acima transcrito, se o empregado, estando incorporado, se engajar de forma definitiva, tem-se a cessação definitiva do contrato de trabalho.

g) nos dias em que estiver comprovadamente realizando provas de exame vestibular para ingresso em estabelecimento de ensino superior.

Essa previsão está contida no inciso VII do art. 473 da CLT, acrescentado pela Lei 9.471/1997. Trata-se de disposição plenamente justa, coerente e razoável, evitando que o empregado seja prejudicado, em termos salariais, ao realizar provas para ingresso no ensino superior.

Essa norma está em consonância com o mandamento constitucional de incentivo à educação, que é um direito de todos e dever do Estado, "visando ao pleno desenvolvimento da pessoa, seu preparo para o exercício da cidadania e sua qualificação para o trabalho" (art. 205 da CF/1988), bem como garantindo o acesso aos níveis mais elevados do ensino, segundo a capacidade de cada um (art. 208, inciso V, da CF/1988).

De acordo com a previsão da CLT comentada, as faltas são autorizadas nos dias necessários para a realização das provas mencionadas, devendo ser para o ingresso, especificamente, no ensino superior. Para que as respectivas ausências sejam justificadas, cabe ao empregado comprovar ao empregador essa finalidade.

h) pelo tempo que se fizer necessário, quando tiver que comparecer a juízo.

Essa disposição do art. 473, inciso VIII da CLT, acrescido pela Lei 9.853/1999, está em sintonia com o direito de acesso à justiça (art. 5º, inciso XXXV, da CF/1988). Além disso, tendo em vista a redação ampla do dispositivo, abrange não só o comparecimento em juízo como autor, réu, parte ou interveniente no processo, mas também a presença como testemunha ou mesmo informante.

Aliás, de acordo com a Súmula 155 do TST: "Ausência ao serviço. As horas em que o empregado falta ao serviço para comparecimento necessário, como parte, à Justiça do Trabalho não serão descontadas de seus salários".

O art. 822 da CLT também confirma que as testemunhas não poderão sofrer nenhum desconto pelas faltas ao serviço, ocasionadas pelo seu comparecimento para depor, quando devidamente arroladas ou convocadas. Da mesma forma, o art. 463 do CPC de 2015 e parágrafo único do art. 419 do CPC de 1973 preveem que: "O depoimento prestado em juízo é considerado serviço público. Parágrafo único. A testemunha, quando sujeita ao regime da legislação trabalhista, não sofre, por comparecer à audiência, perda de salário nem desconto no tempo de serviço".

Fica confirmado, assim, tratar-se de hipótese de interrupção do contrato de trabalho.

De todo modo, cabe destacar que a ausência considera-se justificada pelo tempo necessário ao comparecimento em juízo, o que pode significar apenas algumas horas, e não necessariamente o dia todo.

Por fim, como já mencionado, havendo a convocação do empregado para participar como jurado, de tribunal do júri, o art. 441 do Código de Processo Penal (com redação determinada pela Lei 11.689/2008) prevê que "nenhum desconto será feito nos vencimentos ou salário do jurado sorteado que comparecer à sessão do júri", confirmando tratar-se de hipótese de interrupção do contrato de trabalho. Aplica-se, às testemunhas, enquanto a serviço do júri, a mesma previsão, conforme art. 459 do CPP.

i) *pelo tempo que se fizer necessário, quando, na qualidade de representante de entidade sindical, estiver participando de reunião oficial de organismo internacional do qual o Brasil seja membro.*

Essa previsão, contida no inciso IX do art. 473 da CLT, foi acrescentada pela Lei 11.304, de 11 de maio de 2006.

Pode-se entender que o representante de entidade sindical engloba todos os membros da administração do ente sindical, conforme art. 522 da CLT.

Cabe ressaltar que esse dispositivo da CLT, de acordo com a jurisprudência do TST (Súmula 369, inciso II)[17], e mesmo do STF, foi recepcionado pela Constituição Federal de 1988, estando em vigência, pois não se refere a qualquer intervenção estatal no ente sindical, mas sim disposição da Lei (e não do Poder Executivo), regulando o tema[18].

Em questões sobre a estabilidade do representante sindical (art. 8º, inciso VIII, da CF/1988, e art. 543, § 3º, da CLT), o entendimento que prevalece na jurisprudência, em especial do TST, é no sentido de que o membro do Conselho Fiscal a ela não faz jus, por não exercer funções de representação do ente sindical, mas apenas de fiscalização financeira do sindicato (art. 522, § 2º, da CLT). Caso seja seguida essa mesma corrente, a tendência será de excluir o membro do conselho fiscal quanto à incidência do art. 473, inciso IX, da CLT, que estabelece justificativa de ausência para participar de reunião oficial de organismo internacional do qual o Brasil seja membro.

No entanto, embora o entendimento não seja o que tem prevalecido, pode-se defender que o membro do Conselho Fiscal, em tese, também se encontra incluído no direito à estabilidade sindical e, no caso, na previsão aqui comentada.

O art. 473, inciso IX, da CLT faz menção ao "representante de entidade sindical", na mesma linha da estabilidade conferida ao empregado eleito para ocupar "cargo de direção ou representação de entidade sindical" (art. 543, § 3º, da CLT e art. 8º, inciso VIII, da CF/1988). Segundo expressamente estabelece o § 4º do art. 543 da CLT, "considera-se cargo de direção ou de representação sindical aquele cujo exercício ou indicação decorre de eleição prevista em lei". O membro do Conselho Fiscal é eleito, conforme eleição prevista em lei, ou seja, nos termos dos arts. 522, *caput*, e 531, *caput*, da CLT.

Por isso, embora o entendimento seja minoritário, defende-se que o membro de Conselho Fiscal de entidade sindical encontra-se abrangido pela estabilidade do dirigente sindical[19], bem como pelo direito de se ausentar, sem prejuízo do salário, pelo tempo que se fizer necessário, quan-

---

[17] Súmula 369 do TST: "Dirigente sindical. Estabilidade provisória. [...] II – O art. 522 da CLT foi recepcionado pela Constituição Federal de 1988. Fica limitada, assim, a estabilidade a que alude o art. 543, § 3º, da CLT a sete dirigentes sindicais e igual número de suplentes".

[18] Cf. a seguinte ementa (*Revista LTr*, São Paulo, LTr, ano 63, n. 09, p. 1.207, set. 2000): "Constitucional. Trabalho. Sindicato. Dirigentes. CLT, art. 522. Recepção pela CF/1988, art. 8º, I. O art. 522, CLT, que estabelece número de dirigentes sindicais, foi recebido pela CF/1988, artigo 8º, I. RE conhecido e provido (STF RE 193.345-3 (SC), Ac. 2ª T., j. 13.4.99, Rel. Min. Carlos Velloso)".

[19] Cf. MARTINS, Sergio Pinto. *Comentários à CLT*. 10. ed. São Paulo: Atlas, 2006. p. 586: "Não é, portanto, possível que o sindicato estabeleça estabilidade a mais do que os sete membros da Diretoria e três do Conselho Fiscal e seus suplentes, o que totaliza 20 membros".

do, na qualidade de representante de entidade sindical, estiver participando de reunião oficial de organismo internacional do qual o Brasil seja membro.

Além disso, como o inciso IX do art. 473 faz menção à entidade sindical, não se restringe, apenas, ao sindicato (art. 511 da CLT), mas também às entidades sindicais de grau superior, ou seja, às federações (art. 534 da CLT) e às confederações (art. 535 da CLT), pois integram o sistema sindical brasileiro, que é confederativo, conforme se observa do art. 8º, inciso IV, da Constituição Federal de 1988.

Já as centrais sindicais, no sistema jurídico em vigor no Brasil, embora sejam órgãos de cúpula, intercategoriais, de âmbito nacional, com funções de coordenação, ainda não integram o sistema sindical, de natureza confederativa. Embora a legislação preveja a sua existência (Lei 8.036/1990, art. 3º, § 3º; Lei 7.998/1990, art. 18, § 3º) no direito positivo brasileiro atualmente em vigor, as centrais não apresentam natureza sindical, tratando-se de associações civis.

Aliás, cabe destacar que a Medida Provisória 293, de 8 de maio de 2006, dispondo sobre o reconhecimento das centrais sindicais, foi rejeitada, conforme Ato do Presidente da Câmara dos Deputados, de 4 de setembro de 2006.

No entanto, a Lei 11.648, de 31 de março de 2008 (publicada no *DOU* de 31.03.2008, edição extra, com entrada em vigor na data de sua publicação), passou a dispor sobre o reconhecimento formal das centrais sindicais para os fins que especifica. O tema ainda será objeto de análise mais detida no Capítulo 35 (itens 35.9.4.4, 35.9.4.5 e, especialmente, 35.12). De todo modo, cabe destacar o entendimento de que a mencionada Lei não determinou, ao menos expressamente, ser a central sindical, em termos rigorosamente jurídicos, também um ente dotado de personalidade jurídica sindical, ou seja, não há indicação de que a central sindical passou a ser integrante do sistema sindical brasileiro. O fato de ser composta por organizações sindicais (de trabalhadores) não é sinônimo de ser a central, em si, também um ente sindical. Tanto é assim que a Constituição Federal de 1988 continua prevendo que o sistema sindical brasileiro é confederativo (art. 8º, inciso IV, da CF/1988), ou seja, composto de sindicatos, federações e confederações, além de ser fundado na representação de categorias (art. 8º, incisos II e III, da CF/1988). Já as centrais sindicais, além de não se inserirem no sistema confederativo, são intercategoriais (ou seja, supracategoriais).

Por isso, entende-se que os representantes de centrais sindicais não estão incluídos na previsão do art. 473, inciso IX, da CLT.

De acordo com o inciso comentado, a ausência é justificada para a participação de "reunião oficial", de organismo internacional do qual o Brasil seja membro, podendo-se citar, como exemplo, a Organização Internacional do Trabalho (OIT) ou a Organização das Nações Unidas (ONU).

j) *pelo tempo necessário para acompanhar sua esposa ou companheira em até seis consultas médicas, ou em exames complementares, durante o período de gravidez.*

A previsão em destaque está presente no art. 473, inciso X, da CLT, com redação dada pela Lei 14.457/2022.

Anteriormente, a possibilidade de ausência do empregado, sem prejuízo do salário, para acompanhamento em consultas médicas e exames complementares durante o período de gravidez de sua esposa ou companheira dependia de autorização em convenção ou acordo coletivo de trabalho, regulamento de empresa ou mesmo em cláusula do contrato individual de trabalho.

Na atualidade, passou a existir expressa previsão legal, embora com o limite de até seis consultas médicas ou exames complementares durante o período de gravidez, apenas pelo tempo necessário para o empregado acompanhar sua esposa ou companheira.

Evidentemente, se houver norma mais favorável ao empregado, deve-se aplicá-la.

k) *por um dia por ano para acompanhar filho de até seis anos em consulta médica.*

O art. 473, inciso XI, da CLT, acrescentado pela Lei 13.257/2016, aplica-se tanto ao empregado como à empregada, permitindo o não comparecimento ao serviço sem prejuízo do salário por um dia por ano para acompanhar filho de até seis anos em consulta médica.

O referido dispositivo passou a dispor expressamente sobre o tema, embora possa existir norma mais favorável a respeito, ampliando a quantidade de dias de ausência no trabalho (sem prejuízo do salário) na hipótese em questão e o limite de idade do filho.

l) *até três dias, em cada 12 meses de trabalho, em caso de realização de exames preventivos de câncer devidamente comprovada.*

A referida disposição consta no art. 473, inciso XII, da CLT, incluído pela Lei 13.767/2018. Com isso, em cada período de 12 meses, o empregado pode deixar de comparecer ao serviço sem prejuízo do salário por até três dias para realizar exames preventivos de câncer, o que deve ser devidamente comprovado perante o empregador.

A Lei 14.238/2021 (Estatuto da Pessoa com Câncer) estabelece princípios e objetivos essenciais à proteção dos direitos da pessoa com câncer e à efetivação de políticas públicas de prevenção e combate ao câncer.

São princípios essenciais do Estatuto da Pessoa com Câncer, entre outros, o diagnóstico precoce e o estímulo à prevenção (art. 2º, incisos III e IV, da Lei 14.238/2021). Como objetivos essenciais do Estatuto da Pessoa com Câncer, destacam-se os seguintes: promover mecanismos adequados para o diagnóstico precoce da doença; fomentar a comunicação, a publicidade e a conscientização sobre a doença, sua prevenção, seus tratamentos e os direitos da pessoa com câncer; reduzir a incidência da doença por meio de ações de prevenção (art. 3º, incisos II, IV e XIV da Lei 14.238/2021). Nesse contexto, um dos direitos fundamentais da pessoa com câncer é a obtenção de diagnóstico precoce (art. 4º, inciso I, da Lei 14.238/2021).

Na verdade, o mais adequado seria autorizar essa ausência justificada não apenas relativamente ao câncer, mas quanto a doenças em que a prevenção ou o diagnóstico sejam necessários ou relevantes, o que pode ser objeto de previsão mais benéfica em outras fontes normativas ou contratuais, como convenção ou acordo coletivo, regulamento de empresa ou cláusula do contrato individual de trabalho.

m) *outras hipóteses.*

De acordo com o art. 3º, § 6º, da Lei 8.213/1991, pertinente ao Conselho Nacional de Previdência Social: "As ausências ao trabalho dos representantes dos trabalhadores em atividade, decorrentes das atividades do Conselho, serão abonadas, computando-se como jornada efetivamente trabalhada para todos os fins e efeitos legais".

Na mesma linha, o art. 3º, § 7º, da Lei 8.036/1990, regulando o Conselho Curador do FGTS, assim estabelece: "As ausências ao trabalho dos representantes dos trabalhadores no Conselho Curador, decorrentes das atividades desse órgão, serão abonadas, computando-se como jornada efetivamente trabalhada para todos os fins e efeitos legais".

As mencionadas hipóteses autorizam a ausência do empregado, sem prejuízo do salário, o que significa tratar-se de interrupção contratual.

Para enfrentamento da emergência de saúde pública de importância internacional decorrente do coronavírus, podem ser adotadas, entre outras, medidas como: isolamento (separação de pessoas doentes ou contaminadas de outros, de maneira a evitar a contaminação ou a propagação do coronavírus); quarentena (restrição de atividades ou separação de pessoas suspeitas de contaminação das pessoas que não estejam doentes, de maneira a evitar a possível contaminação ou a propagação do coronavírus); determinação de realização compulsória de exames médicos, testes laboratoriais, coleta de amostras clínicas, vacinação e outras medidas profiláticas, ou tratamentos médicos específicos; estudo ou investigação epidemiológica; restrição excepcional e temporária de entrada e saída do País e de locomoção interestadual e intermunicipal (art. 3º da Lei 13.979/2020).

Será considerada *falta justificada* ao serviço público ou à atividade laboral privada o período de ausência decorrente das referidas medidas (art. 3º, § 3º, da Lei 13.979/2020). Trata-se, assim, de interrupção do contrato de trabalho, de modo que o salário é devido e o tempo de serviço deve ser computado.

n) *falta justificada pela empresa.*

O art. 131, inciso IV, da CLT, regulando matéria pertinente às férias, estabelece não ser considerada falta ao serviço, para os efeitos da aquisição do direito de férias, a ausência do empregado "justificada pela empresa, entendendo-se como tal a que não tiver determinado o desconto do correspondente salário".

Pode-se aplicar a mesma orientação não só quanto ao tema específico das férias, mas para as outras questões envolvendo o contrato de trabalho, pois, se o empregador, mesmo diante da falta do empregado, a considera justificada, não descontando a ausência do salário, tem-se verdadeira hipótese de interrupção do contrato de trabalho.

17.3.9 Férias

O período de férias usufruídas pelo empregado representa autêntica hipótese de interrupção do contrato de trabalho, pois não há prestação do serviço, mas o salário é devido.

A própria Constituição Federal de 1988, no art. 7º, inciso XVII, assegura o direito de "gozo de férias anuais remuneradas com, pelo menos, um terço a mais do que o salário normal".

O art. 129 da CLT já assegurava que: "Todo empregado terá direito anualmente ao gozo de um período de férias, sem prejuízo da remuneração".

Além disso, conforme o art. 130, § 2º da CLT: "O período das férias será computado, para todos os efeitos, como tempo de serviço".

Obviamente que, se as férias não forem gozadas, mas apenas pagas de forma indenizada, na rescisão contratual, o respectivo período não tem como ser computado no tempo de serviço, por se tratar apenas do pagamento da respectiva indenização das férias não usufruídas.

17.3.10 Greve

A Lei 7.783/1989, em seu art. 2º, apresenta a definição legal de greve, no sentido de considerar-se legítimo exercício do direito de greve "a suspensão coletiva, temporária e pacífica, total ou parcial, de prestação pessoal de serviços a empregador".

Assim, de acordo com o referido conceito, pode-se dizer que a greve, ao menos em tese, é entendida como suspensão do contrato de trabalho.

A greve, por si só, não põe fim ao contrato de trabalho, até porque se trata de "cessação coletiva do trabalho" (art. 3º da Lei 7.783/1989), mas de forma temporária.

Tanto é assim que o parágrafo único do art. 7º da Lei de Greve confirma ser, em regra, "vedada a rescisão do contrato de trabalho durante a greve, bem como a contratação de trabalhadores substitutos, exceto na ocorrência das hipóteses previstas nos arts. 9º e 14" da referida Lei 7.783/1989 (para evitar prejuízos irreparáveis e quando houver abuso do direito de greve).

Mesmo assim, cabe destacar que a greve envolve conflito coletivo, a ser solucionado por meio de negociação coletiva (dando origem a convenção ou acordo coletivo), arbitragem (art. 114, § 1º, da CF/1988) ou mesmo dissídio coletivo (art. 114, § 3º, da CF/1988, com redação determinada pela Emenda Constitucional 45/2004).

Nesse sentido confirma o art. 7º, *caput*, da Lei 7.783/1989: "Observadas as condições previstas nesta Lei, a participação em greve suspende o contrato de trabalho, devendo as relações obrigacionais durante o período ser regidas pelo acordo, convenção, laudo arbitral ou decisão da Justiça do Trabalho".

Os referidos instrumentos de solução do conflito coletivo de greve podem regular a questão da remuneração dos dias de greve, ou seja, em que não ocorreu a prestação dos serviços.

Surgindo essa questão em dissídio coletivo de greve, há entendimento de que o Tribunal do Trabalho (TRT ou TST) não deve determinar a remuneração dos dias parados, mesmo não se tratando de greve abusiva, justamente porque a Lei de Greve a define como hipótese de suspensão do contrato de trabalho. Além disso, não seria lícito estabelecer um tratamento igual, mas para empregados em situação desigual, o que ocorreria se fossem remunerados tanto o trabalhador que prestou serviços como aquele que não o fez.

Sobre a mesma questão, há quem defenda que os dias parados devem ser remunerados se a greve não foi abusiva, não o sendo se ocorreu abuso no seu exercício.

Na realidade, se o instrumento normativo, ao regular o conflito coletivo de greve, estabelecer que os dias parados devem ser remunerados, estar-se-á em face, na realidade, de hipótese de interrupção do contrato de trabalho.

Na hipótese inversa, ou seja, se o instrumento normativo fixar a ausência do direito aos salários quanto ao período de greve, para aqueles empregados que deixaram de trabalhar, tem-se a suspensão dos respectivos contratos de trabalho. Ainda quanto ao tema, cf. Capítulo 38, item 39.10.

17.3.11 Inquérito judicial para apuração de falta grave

O inquérito judicial para apuração de falta grave é uma ação específica, ajuizada pelo empregador na Justiça do Trabalho, tendo por objeto a alegação de falta grave cometida por empregado titular de estabilidade decenal (e outros casos a seguir explicitados), objetivando-se a rescisão do contrato de trabalho por esse fundamento.

Trata-se, portanto, de ação de natureza constitutiva negativa, pois o pedido feito em face do trabalhador estável é no sentido de que a relação jurídica de emprego seja cessada em razão de falta grave[20].

Além do empregado estável decenal, que tenha adquirido o direito previsto no art. 492 da CLT[21] até a promulgação da Constituição Federal de 1988[22], também há necessidade do ajuizamento da referida ação para a rescisão contratual o empregado titular da estabilidade de dirigente sindical (art. 8º, inciso VIII, da CF/1988, e art. 543, § 3º, da CLT).

Realmente, de acordo com o § 3º do art. 543 da CLT: "Fica vedada a dispensa do empregado sindicalizado ou associado, a partir do momento do registro de sua candidatura a cargo de direção ou representação de entidade sindical ou de associação profissional, até 1 (um) ano após o final do seu mandato, caso seja eleito inclusive como suplente, salvo se cometer falta grave devidamente apurada nos termos desta Consolidação".

Assim, entende-se que essa determinação legal, quanto à necessidade de apurar a falta grave nos termos da CLT, foi recepcionada pela Constituição Federal de 1988, significando a incidência, ao caso, dos arts. 853 a 855 da CLT.

Nesse sentido prevê a Súmula 379 do TST: "Dirigente sindical. Despedida. Falta grave. Inquérito judicial. Necessidade. O dirigente sindical somente poderá ser dispensado por falta grave mediante a apuração em inquérito judicial, inteligência dos arts. 494 e 543, § 3º, da CLT".

O mesmo entendimento já constava da Súmula 197 do STF.

Além disso, de acordo com a Lei 5.764, de 16 de dezembro de 1971, art. 55: "Os empregados de empresas que sejam eleitos diretores de sociedades cooperativas pelos mesmos criadas, gozarão das garantias asseguradas aos dirigentes sindicais pelo artigo 543 da Consolidação das Leis do Trabalho (Decreto-lei 5.452, de 1º.5.43)".

Assim, o referido dispositivo assegura a garantia de emprego aos empregados eleitos diretores de cooperativas (criadas pelos empregados da empresa), na forma da previsão do art. 543, § 3º, da

---

[20] Cf. o art. 493 da CLT: "Constitui falta grave a prática de qualquer dos fatos a que se refere o art. 482, quando por sua repetição ou natureza representem séria violação dos deveres e obrigações do empregado".

[21] "Art. 492. O empregado que contar mais de 10 (dez) anos de serviço na mesma empresa não poderá ser despedido senão por motivo de falta grave ou circunstância de força maior, devidamente comprovadas. Parágrafo único. Considera-se como de serviço todo o tempo em que o empregado esteja à disposição do empregador".

[22] Cf. o art. 14 da Lei 8.036/1990: "Fica ressalvado o direito adquirido dos trabalhadores que, à data da promulgação da Constituição Federal de 1988, já tinham o direito à estabilidade no emprego nos termos do Capítulo V do Título IV da CLT".

CLT[23]. Como este último dispositivo, em sua parte final, exige a apuração da falta grave por meio do inquérito judicial, entende-se que esta ação judicial também se faz necessária ao caso em questão.

Cabe destacar, ainda, ser vedada a "dispensa dos representantes dos empregados membros da Comissão de Conciliação Prévia, titulares e suplentes, até 1 (um) ano após o final do mandato, salvo se cometerem falta grave, nos termos da lei" (art. 625-B, § 1º, da CLT, acrescentado pela Lei 9.958/2000).

Na referida modalidade de estabilidade provisória, discute-se quanto à necessidade de inquérito judicial para pôr fim ao respectivo vínculo de emprego, na ocorrência de falta grave.

Há quem entenda que, no caso do representante dos empregados na Comissão de Conciliação Prévia, a lei não estabeleceu que a falta grave deve ser apurada nos termos da lei, mas apenas indicou que as hipóteses de falta grave são aquelas previstas na lei.

Para essa corrente, se o referido empregado praticou justa causa, o empregador pode dispensá-lo, independentemente do ajuizamento do inquérito para apuração de falta grave, cabendo ao empregado decidir se ajuíza ou não ação trabalhista, para discutir a dispensa.

No entanto, entende-se que o art. 625-B, § 1º, da CLT, tal como ocorre com o dirigente sindical, exige o inquérito para apuração de falta grave para a dispensa do empregado. Tanto é assim que o referido dispositivo, acrescentado pela Lei 9.958/2000, utiliza a expressão específica "falta grave", e não simplesmente justa causa, tal como prevista no art. 494 da CLT, o qual faz a exigência do respectivo inquérito judicial para a dispensa do empregado titular da estabilidade.

A necessidade do inquérito judicial para apuração de falta grave, no caso, é confirmada ao se verificar que o art. 625-B, § 1º, da CLT expressamente remete à falta grave "nos termos da lei", o que só pode significar a sua *apuração nos termos da lei* (arts. 853 a 855 da CLT), pois seria redundante, inútil e desnecessário dizer o óbvio, ou seja, que as hipóteses de falta grave estão previstas em lei.

Do mesmo modo, o art. 3º, § 9º, da Lei 8.036/1990 exige regular comprovação da falta grave, por meio de "processo sindical", quanto aos membros do Conselho Curador do FGTS representantes dos trabalhadores, a quem é assegurada a estabilidade no emprego, desde a nomeação até um ano após o término do mandato de representação.

Assim, na mesma linha do já exposto, entende-se que o referido processo "sindical" é justamente o inquérito judicial para apuração de falta grave, o qual é exigido para a dispensa do representante "sindical".

Por fim, o art. 3º, § 7º, da Lei 8.213/1991 assegura aos membros do Conselho Nacional de Previdência Social, enquanto representantes dos trabalhadores em atividade, titulares e suplentes, a estabilidade no emprego, da nomeação até um ano após o término do mandato de representação, "somente podendo ser demitidos por motivo de falta grave, regularmente comprovada através de processo judicial".

Desse modo, a referida lei expressamente exige o inquérito judicial para a apuração da falta grave também no caso em questão.

Observados esses aspectos, em conformidade com o art. 494 da CLT, o empregado acusado de falta grave "poderá ser suspenso de suas funções, mas a sua despedida só se tornará efetiva após o inquérito e que se verifique a procedência da acusação". A suspensão, no caso deste artigo, perdurará até a decisão final do processo (parágrafo único).

Essa suspensão aplica-se inclusive no caso de empregado dirigente sindical, conforme Orientação Jurisprudencial 137 da SBDI-II do TST: "Mandado de segurança. Dirigente sindical. Art. 494 da CLT. Aplicável. Constitui direito líquido e certo do empregador a suspensão do empregado, ainda que detentor de estabilidade sindical, até a decisão final do inquérito em que se apure a falta grave a ele imputada, na forma do art. 494, *caput* e parágrafo único, da CLT".

---

[23] Cf. a Orientação Jurisprudencial 253 da SBDI-I do TST: "Estabilidade provisória. Cooperativa. Lei 5.764/1971. Conselho Fiscal. Suplente. Não assegurada. O art. 55 da Lei 5.764/1971 assegura a garantia de emprego apenas aos empregados eleitos diretores de Cooperativas, não abrangendo os membros suplentes".

Tendo em vista essa faculdade do empregador, de suspender o empregado, assim prevê o art. 853 da CLT: "Para a instauração do inquérito para apuração de falta grave contra empregado garantido com estabilidade, o empregador apresentará reclamação por escrito à Junta ou Juízo de Direito, dentro de 30 (trinta) dias, contados da data da suspensão do empregado".

O referido prazo de 30 dias possui natureza decadencial[24], por se tratar de direito a ser exercido por meio de ação constitutiva (negativa)[25].

Observados esses aspectos, cabe verificar se o inquérito judicial para apuração de falta grave acarreta a suspensão ou a interrupção do contrato de trabalho.

Na realidade, a resposta a tal questão depende do resultado da mencionada ação.

Efetivamente, se for reconhecida a inexistência de falta grave praticada pelo empregado, fica o empregador obrigado a reintegrá-lo no serviço e a "pagar-lhe os salários a que teria direito no período da suspensão" (art. 495 da CLT). Portanto, no caso da improcedência do pedido, formulado pelo empregador no inquérito judicial, tem-se hipótese de interrupção do contrato de trabalho, pois os salários do período de suspensão são devidos, contando-se no tempo de serviço.

Diversamente, se a falta grave for reconhecida, com a extinção do contrato de trabalho do empregado estável por esse fundamento, o que significa a procedência do pleito formulado pelo empregador no inquérito judicial, tem-se que o período de suspensão representa efetiva suspensão do contrato de trabalho, por não ser devido o salário respectivo, nem ser computado no tempo de serviço.

O art. 855 da CLT apresenta, ainda, a seguinte disposição, de difícil interpretação: "Se tiver havido prévio reconhecimento da estabilidade do empregado, o julgamento do inquérito pela Junta ou Juízo não prejudicará a execução para pagamento dos salários devidos ao empregado, até a data da instauração do mesmo inquérito".

Na verdade, deve-se interpretar o referido dispositivo de forma lógico-sistemática. Assim, os mencionados salários apenas são devidos, podendo ser objeto de execução em favor do empregado estável, na hipótese em que a falta grave não foi reconhecida, com a improcedência do pedido de rescisão contratual formulado pelo empregador no inquérito judicial, significando tratar-se de interrupção contratual.

Aliás, de acordo com o art. 496 da CLT: "Quando a reintegração do empregado estável for desaconselhável, dado o grau de incompatibilidade resultante do dissídio, especialmente quando for o empregador pessoa física, o tribunal do trabalho poderá converter aquela obrigação em indenização devida nos termos do artigo seguinte", ou seja, em indenização por tempo de serviço que deve ser paga em dobro[26].

A conversão da reintegração em indenização por tempo de serviço em dobro é uma faculdade do juiz, a ser tomada quando a reintegração não for aconselhável, tendo em vista a incompatibilidade entre o empregado e o empregador, especialmente quando este for pessoa física.

Sobre o tema, a Súmula 28 do TST, na redação determinada pela Resolução 121/2003, esclarece que: "No caso de se converter a reintegração em indenização dobrada, o direito aos salários é assegurado até a data da primeira decisão que determinou essa conversão".

De todo modo, a referida orientação aplica-se ao caso em que o inquérito judicial para apuração de falta grave, ajuizado pelo empregador, foi julgado improcedente, tornando o período de suspensão do empregado hipótese de interrupção do contrato de trabalho.

---

[24] Cf. a Súmula 403 do STF: "Inquérito judicial. Decadência. É de decadência o prazo de trinta dias para a instauração do inquérito judicial, a contar da suspensão por falta grave de empregado estável".

[25] Cf. a Súmula 62 do TST: "Abandono de emprego. O prazo de decadência do direito do empregador de ajuizar inquérito em face do empregado que incorre em abandono de emprego é contado a partir do momento em que o empregado pretendeu seu retorno ao serviço".

[26] Cf. Lei 8.036/1990, art. 14, § 1º: "O tempo do trabalhador não optante do FGTS, anterior a 5 de outubro de 1988, em caso de rescisão sem justa causa pelo empregador, reger-se-á pelos dispositivos constantes dos arts. 477, 478 e 497 da CLT".

17.3.12 Intervalo para descanso e refeição

O art. 71 da CLT regula o intervalo para descanso e refeição, assim dispondo em seu *caput*:

"Em qualquer trabalho contínuo, cuja duração exceda de 6 (seis) horas, é obrigatória a concessão de um intervalo para repouso ou alimentação, o qual será, no mínimo, de 1 (uma) hora e, salvo acordo escrito ou contrato coletivo em contrário, não poderá exceder de 2 (duas) horas".

Não excedendo de seis horas o trabalho, será, entretanto, obrigatório um intervalo de 15 minutos quando a duração ultrapassar quatro horas (§ 1º do art. 71).

Quanto à natureza do referido intervalo, deve-se destacar a disposição do § 2º do art. 71, no sentido de que os intervalos de descanso "não serão computados na duração do trabalho".

Isso significa que o empregado, durante o referido tempo de descanso dentro da jornada de trabalho ("intervalo intrajornada"), não presta serviço, mas também não recebe a respectiva remuneração.

Trata-se, portanto, de intervalo não remunerado, o que significa referir-se à hipótese de suspensão do contrato de trabalho.

17.3.13 Intervalo dos serviços de mecanografia e digitação

Ocorre de forma diferente na hipótese do art. 72 da CLT, com a seguinte previsão especial de grande importância para a saúde do trabalhador, no sentido de prevenir contra doenças decorrentes de lesões por esforços repetitivos:

"Nos serviços permanentes de mecanografia (datilografia, escrituração ou cálculo), a cada período de 90 (noventa) minutos de trabalho consecutivo corresponderá um repouso de 10 (dez) minutos não deduzidos da duração normal de trabalho".

De acordo com a Súmula 346 do TST: "Digitador. Intervalos intrajornada. Aplicação analógica do art. 72 da CLT. Os digitadores, por aplicação analógica do art. 72 da CLT, equiparam-se aos trabalhadores nos serviços de mecanografia (datilografia, escrituração ou cálculo), razão pela qual têm direito a intervalos de descanso de 10 (dez) minutos a cada 90 (noventa) de trabalho consecutivo".

Em relação a esse intervalo específico, devido aos empregados em serviço permanente de mecanografia e digitação, dentro da jornada de trabalho, por não ser deduzido da duração normal do trabalho, conclui-se tratar de intervalo remunerado.

Por isso, o caso é de interrupção do contrato de trabalho, por se tratar de ausência de prestação de serviços, mas com a remuneração devida.

17.3.14 Intervalo do trabalho em minas de subsolo

Quanto ao trabalho em minas de subsolo, o art. 298 da CLT apresenta a seguinte disposição especial:

"Em cada período de 3 (três) horas consecutivas de trabalho, será obrigatória uma pausa de 15 (quinze) minutos para repouso, a qual será computada na duração normal de trabalho efetivo".

Esse intervalo justifica-se pelo o caráter nitidamente penoso do trabalho em questão. Além disso, trata-se de intervalo específico, que é computado na duração normal do trabalho e, portanto, remunerado.

Assim, tem-se caso de interrupção do contrato de trabalho.

17.3.15 Intervalo em câmaras frias

Para os empregados que trabalham no interior das câmaras frigoríficas e para os que movimentam mercadorias do ambiente quente ou normal para o frio e vice-versa, depois de uma hora e quarenta minutos de trabalho contínuo, será assegurado um período de 20 minutos de repouso, computado esse intervalo como de trabalho efetivo (art. 253 da CLT).

Frise-se que, nos termos da Súmula 438 do TST: "Intervalo para recuperação térmica do empregado. Ambiente artificialmente frio. Horas extras. Art. 253 da CLT. Aplicação analógica. O empregado submetido a trabalho contínuo em ambiente artificialmente frio, nos termos do parágrafo único do art. 253 da CLT, ainda que não labore em câmara frigorífica, tem direito ao intervalo intrajornada previsto no *caput* do art. 253 da CLT".

O mencionado intervalo também se justifica em razão da insalubridade diferenciada, característica do serviço em questão.

Por se tratar de intervalo dentro da jornada de trabalho, que é computado como trabalho efetivo, conclui-se ser o referido período de descanso remunerado.

Com isso, tem-se hipótese de interrupção do contrato de trabalho.

17.3.16 Intervalo interjornada

Em conformidade com o art. 66 da CLT:

"Entre 2 (duas) jornadas de trabalho haverá um período mínimo de 11 (onze) horas consecutivas para descanso".

Trata-se do intervalo interjornada, por ser devido entre duas jornadas de trabalho.

Não se confunde com o descanso semanal remunerado, por ter natureza distinta. Tanto é assim que, de acordo com a Súmula 110 do TST: "Jornada de trabalho. Intervalo. No regime de revezamento, as horas trabalhadas em seguida ao repouso semanal de 24 horas, com prejuízo do intervalo mínimo de 11 horas consecutivas para descanso entre jornadas, devem ser remuneradas como extraordinárias, inclusive com o respectivo adicional".

O mencionado intervalo interjornada não é computado como tempo de serviço, não se tratando de intervalo remunerado.

Assim, é hipótese de suspensão do contrato de trabalho.

17.3.17 Licença-maternidade

Como já mencionado anteriormente, a licença-gestante é prevista no art. 7º, inciso XVIII, da Constituição Federal de 1988, "sem prejuízo do emprego e do salário, com duração de cento e vinte dias".

No período respectivo, assegura-se o salário-maternidade, regulamentado pelos arts. 71 a 73 da Lei 8.213/1991 e Decreto 3.048/1999, arts. 93 a 103.

O referido benefício, com a Lei 10.421, de 15 de abril de 2002 (a qual acrescentou à CLT o art. 392-A e, à Lei 8.213/1991, o art. 71-A), também passou a ser devido à empregada (logo, segurada da Previdência Social) que adotar ou obtiver guarda judicial para fins de adoção da criança.

A empregada gestante tem direito à licença-maternidade de 120 dias, sem prejuízo do emprego e do salário (art. 392 da CLT).

A empregada deve, mediante atestado médico, notificar o seu empregador da data do início do afastamento do emprego, que pode ocorrer entre o 28º dia antes do parto e a ocorrência deste (art. 392, § 1º, da CLT).

Os períodos de repouso, antes e depois do parto, podem ser aumentados de duas semanas cada um, mediante atestado médico (art. 392, § 2º, da CLT).

Em caso de parto antecipado, a mulher tem direito aos referidos 120 dias (art. 392, § 3º, da CLT).

É garantido à empregada, durante a gravidez, sem prejuízo do salário e demais direitos: I - transferência de função, quando as condições de saúde assim exigirem, assegurada a retomada da função anteriormente exercida, logo após o retorno ao trabalho; II - dispensa do horário de trabalho pelo tempo necessário para a realização de, no mínimo, seis consultas médicas e demais exames complementares (art. 392, § 4º, da CLT).

O Supremo Tribunal Federal conheceu de ação direta de inconstitucionalidade como arguição de descumprimento de preceito fundamental e, ratificando a medida cautelar, julgou procedente o pedido formulado para conferir interpretação conforme à Constituição ao art. 392, § 1º, da CLT, assim como ao art. 71 da Lei 8.213/1991 e, por arrastamento, ao art. 93 do seu Regulamento (Decreto 3.048/1999), de modo a se considerar como termo inicial da licença-maternidade e do respectivo salário-maternidade a alta hospitalar do recém-nascido e/ou de sua mãe, o que ocorrer por último, prorrogando-se em todo o período o benefício, quando o período de internação exceder as duas semanas previstas no art. 392, § 2º, da CLT, e no art. 93, § 3º, do Decreto 3.048/1999 (STF, Pleno, ADI 6.327/DF, Rel. Min. Edson Fachin, j. 24.10.2022).

Eis a atual previsão pertinente à licença-maternidade da mãe adotante:

"Art. 392-A. À empregada que adotar ou obtiver guarda judicial para fins de adoção de criança ou adolescente será concedida licença-maternidade nos termos do art. 392 desta Lei. (redação dada pela Lei 13.509/2017)

§ 1º (revogado pela Lei 12.010/2009)

§ 2º (revogado pela Lei 12.010/2009)

§ 3º (revogado pela Lei 12.010/2009)

§ 4º A licença-maternidade só será concedida mediante apresentação do termo judicial de guarda à adotante ou guardiã. (incluído pela Lei 10.421/2002).

§ 5º A adoção ou guarda judicial conjunta ensejará a concessão de licença-maternidade a apenas um dos adotantes ou guardiães empregado ou empregada" (incluído pela Lei 12.873/2013).

Essas disposições legais trouxeram importantes inovações no ordenamento jurídico, uma vez que o Excelso Supremo Tribunal Federal, em decisão anterior à lei sob comento, havia pontificado que:

"Não se estende à mãe adotiva o direito à licença, instituída em favor da empregada gestante pelo inciso XVIII do art. 7º, da Constituição Federal, ficando sujeito ao legislador ordinário o tratamento da matéria" (STF, 1ª T., RE 197.807-4/RS, Rel. Min. Octavio Gallotti, j. 30.05.2000, *DJ* 18.08.2000)[27].

Como que atento a essa decisão de nossa Suprema Corte de Justiça, o legislador passou a tratar da matéria, estabelecendo os prazos da licença conforme a idade da criança.

Isso demonstra a relevância da jurisprudência no sistema jurídico; esta, ao apontar a necessidade de lei específica para que se possa reconhecer determinado direito, chega a influenciar o próprio legislador na criação de norma que atende os anseios e as necessidades da sociedade.

Primeiramente, deve-se ressaltar não existir vício de inconstitucionalidade nessa previsão legal. Embora o art. 7º, inciso XVIII, da Constituição Federal de 1988 assegure o direito de licença somente "à gestante" (e não à mãe adotante), jamais veda que a lei ordinária estenda-o para o caso de adoção ou guarda judicial para fins de adoção de criança ou adolescente.

O art. 7º da Constituição Federal prevê direitos que representam um patamar mínimo, que pode e deve ser suplantado pelas diversas fontes de direito, em conformidade com os princípios de proteção e da norma mais favorável. Tanto é assim que o *caput* desse mesmo art. 7º menciona "outros" "direitos dos trabalhadores urbanos e rurais" "que visem à melhoria de sua condição social". Assegurar à trabalhadora adotante os direitos à licença-maternidade e ao salário-maternidade sem dúvida melhora a sua condição social, merecendo elogios a iniciativa do legislador ordinário.

---

[27] Digno de transcrição, ainda, o seguinte trecho do voto referente a este julgado: "No caso em exame, o direito à licença é vinculado ao fato jurídico gestação, que não permite, segundo penso, a extensão do benefício à hipótese do ato de adoção. [...] Não há falar, por outro lado, em analogia, ante a diversidade de uma e outra das situações acima enunciadas, sendo o caso de simples inexistência de direito social constitucionalmente assegurado e, dessa forma, relegado ao legislador ordinário, o tratamento da matéria, oportunidade em que seria útil, ademais, prover a fixação do prazo da licença e a limitação da idade do menor, suscetível de ensejar o benefício" (STF, 1ª T., RE 197.807-4/RS, Rel. Min. Octavio Gallotti, j. 30.05.2000, *DJ* 18.08.2000).

Frise-se que "a proteção à maternidade e à infância" (e não somente à gestante) é um dos direitos sociais, com assento constitucional (art. 6º da Lei Maior). Com a adoção da criança pela empregada, esta se torna mãe, o que a faz merecer a proteção legal.

Quanto aos filhos havidos por adoção, digno de destaque a norma contida no art. 227, § 6º, da Constituição Federal de 1988, que estabelece: "Os *filhos, havidos* ou não da relação do casamento, ou *por adoção*, terão os mesmos direitos e qualificações, proibidas quaisquer designações discriminatórias relativas à filiação" (destaquei)[28].

Mesmo sendo a empregada a titular do direito à licença-maternidade, e não a criança (ou adolescente) propriamente, não se pode negar que esta também é diretamente beneficiada pela possibilidade de gozar da presença constante da mãe durante o período do afastamento do emprego, favorecendo a adaptação no seio familiar e possibilitando os diversos cuidados necessários.

Portanto, a igualdade absoluta entre os filhos, determinada pela Constituição da República, ganhou reforço e prestígio com a extensão da referida licença à mãe adotante.

A Lei 12.010, de 29 de julho de 2009 (*DOU* de 04.08.2009), em vigor 90 (noventa) dias após a sua publicação (conforme art. 7º), além de dispor sobre adoção, em seu art. 8º, revogou os §§ 1º a 3º do art. 392-A da CLT, que estabeleciam diversidade de períodos de licença, conforme a idade da criança.

Coerentemente, o art. 71-A da Lei 8.213/1991, com redação dada pela Lei 12.873/2013, passou a prever que ao segurado ou segurada da Previdência Social que adotar ou obtiver guarda judicial para fins de adoção de criança é devido salário-maternidade pelo período de 120 dias. Como se nota, além da uniformização do prazo de 120 dias, o segurado (homem) também passou a ter o direito em questão.

Conforme o art. 71-B da Lei 8.213/1991, acrescentado pela Lei 12.873/2013, no caso de falecimento da segurada ou do segurado que fizer jus ao recebimento do salário-maternidade, o benefício deve ser pago, por todo o período ou pelo tempo restante a que teria direito, ao cônjuge ou companheiro sobrevivente que tenha a qualidade de segurado, exceto no caso do falecimento do filho ou de seu abandono, observadas as normas aplicáveis ao salário-maternidade. O pagamento desse benefício previdenciário deve ser requerido até o último dia do prazo previsto para o término do salário-maternidade originário (art. 71-B, § 1º). O benefício em questão deve ser pago diretamente pela Previdência Social durante o período entre a data do óbito e o último dia do término do salário-maternidade originário e será calculado sobre: a remuneração integral, para o empregado e trabalhador avulso; o último salário de contribuição, para o empregado doméstico; 1/12 da soma dos 12 últimos salários de contribuição, apurados em um período não superior a 15 meses, para o contribuinte individual, facultativo e desempregado; e o valor do salário mínimo, para o segurado especial (art. 71-B, § 2º).

Cabe frisar que o disposto no art. 71-B da Lei 8.213/1991 é aplicável ao segurado (do gênero masculino) que adotar ou obtiver guarda judicial para fins de adoção (art. 71-B, § 3º).

Ademais, a percepção do salário-maternidade, inclusive o previsto no art. 71-B da Lei 8.213/1991, está condicionada ao afastamento do segurado do trabalho ou da atividade desempenhada, sob pena de suspensão do benefício (art. 71-C da Lei 8.213/1991, acrescentado pela Lei 12.873/2013).

O art. 392-A, *caput*, da CLT, com redação dada pela Lei 13.509/2017, prevê que à empregada que adotar ou obtiver guarda judicial para fins de adoção de *criança ou adolescente* será concedida licença-maternidade nos termos do art. 392 da CLT. Esse dispositivo, por sua vez, prevê o direito da empregada gestante à licença-maternidade de 120 dias, sem prejuízo do emprego e do salário.

Considera-se *criança* a pessoa até 12 anos de idade incompletos, e *adolescente* aquela entre 12 e 18 anos de idade (art. 2º da Lei 8.069/1990).

Como transcrito, o § 5º do art. 392-A da CLT, acrescentado pela Lei 12.873/2013, passou a estabelecer que a adoção ou a guarda judicial conjunta deve ensejar a concessão de licença-maternidade a apenas um dos adotantes ou guardiães empregado ou empregada.

---

[28] Cf. ainda a Lei 8.069/1990 (ECA), art. 20.

Em caso de morte da genitora, é assegurado ao cônjuge ou companheiro empregado o gozo de licença por todo o período da licença-maternidade ou pelo tempo restante a que teria direito a mãe, exceto no caso de falecimento do filho ou de seu abandono (art. 392-B da CLT, acrescentado pela Lei 12.873/2013).

Afastando quaisquer dúvidas quanto à extensão do direito em estudo também ao empregado (homem), o art. 392-C da CLT, acrescentado pela Lei 12.873/2012, dispõe que se aplica, no que couber, o disposto nos arts. 392-A e 392-B ao empregado que adotar ou obtiver guarda judicial para fins de adoção.

De fundamental importância, portanto, são as datas efetivas, para os efeitos legais, do deferimento judicial da guarda e da constituição judicial do vínculo da adoção. Quanto a esta, o § 7º do art. 47 da Lei 8.069/1990 prevê que "produz seus efeitos a partir do trânsito em julgado da sentença constitutiva, exceto na hipótese prevista no § 6º do art. 42" (relativa à adoção deferida ao adotante que, após inequívoca manifestação de vontade, vier a falecer no curso do procedimento, antes de prolatada a sentença), "caso em que terá força retroativa à data do óbito". Nesse caso, se a mãe é a adotante, mas faleceu antes da sentença, obviamente, não há que falar em direito à licença-maternidade. Quando a adoção é feita por ambos os cônjuges ou companheiros[29] (art. 42, § 2º, deste mesmo diploma legal), tendo o pai adotante falecido antes da prolação da sentença, apenas quanto a este é que se observa o efeito retroativo (previsto na parte final do mencionado art. 47, § 6º), não havendo qualquer repercussão sobre a licença.

A respeito do tema, a Convenção 103 da OIT, de 1952, sobre proteção à maternidade, promulgada no Brasil pelo Decreto 58.820/1965 (atualmente Decreto 10.088/2019), além de assegurar período de licença de maternidade (art. 3), com direito a prestações em espécie e a assistência médica (art. 4), é expressa ao dispor que "em hipótese alguma, deve o empregador ser tido como pessoalmente responsável pelo custo das prestações devidas às mulheres que ele emprega" (art. 4, item 8). Ou seja, o pagamento no período da licença-maternidade deve sempre ficar a cargo do sistema previdenciário estatal, justamente para se evitar discriminação no mercado de trabalho da mulher. Este, ademais, deve ser protegido, "mediante incentivos específicos, nos termos da lei", como prevê o art. 7º, inciso XX, da Constituição da República. Isso confirma a inadequação de se considerar parte da licença-maternidade da adotante como licença-remunerada, devida pelo empregador.

De todo modo, sendo essa licença-maternidade concedida "nos termos do art. 392", o afastamento em questão é "sem prejuízo do emprego e do salário", configurando-se hipótese de interrupção do contrato de trabalho[30]. Não se tratando de gestante, ou seja, da mãe biológica, não há que falar em gravidez, apresentação de atestado médico, nem em períodos pré e pós-parto. Portanto, são incompatíveis com a situação em destaque os §§ 1º a 4º (este último acrescentado pela Lei 9.799/1999) do art. 392 da CLT, não sendo possível, no caso de adoção ou de guarda para fins de adoção de criança ou adolescente, o aumento dos períodos de repouso, de duas semanas, previsto no § 2º desse dispositivo da CLT.

Segundo o Estatuto da Criança e do Adolescente (ECA), a adoção e a guarda são espécies do gênero "família substituta" (art. 28, *caput*), sempre dependendo de autorização judicial (arts. 33, 47 e 148, III). Tratando-se de família substituta estrangeira, não se pode cogitar de guarda, pois somente é admissível a adoção, e ainda assim como "medida excepcional" (arts. 31 e 33, § 1º, *in fine*).

A guarda possui natureza provisória (art. 35), podendo ser deferida: nos procedimentos judiciais de tutela e de adoção (art. 33, § 1º); excepcionalmente, fora destes casos, para atender a situações peculiares ou suprir a falta eventual dos pais ou responsável (art. 33, § 2º, do ECA). Entretanto, somente a "guarda judicial para fins de *adoção* de criança ou adolescente" (e não de tutela ou qualquer outra modalidade excepcional) é que acarreta o direito à licença-maternidade (CLT, art. 392-A,

---

[29] Quanto à união estável, cf. art. 226, § 3º, da Constituição Federal de 1988.
[30] MARTINS, Sergio Pinto. *Direito do trabalho*. 5. ed. São Paulo: Malheiros, 1998. p. 269.

caput). Concedida a guarda, o responsável presta compromisso de bem e fielmente desempenhar o encargo, mediante termo nos autos (ECA, art. 170, c/c art. 32).

A adoção, por sua vez, é irrevogável (art. 39, § 1º, do ECA), sendo o vínculo respectivo constituído por sentença judicial, que será registrada no Registro Civil mediante mandado (arts. 47, *caput*, e 170 deste mesmo diploma legal e Lei 6.015/1973, art. 29, inciso VIII, e art. 95; cf. ainda CF/1988, art. 227, § 5º).

Para a concessão da licença-maternidade (nos casos de adoção ou guarda judicial para fins de adoção de criança ou adolescente), determina o § 4º do art. 392-A da CLT ser necessária a apresentação do "termo judicial de guarda". Entretanto, pode-se dizer que, tratando-se de adoção propriamente, existe a sentença judicial, a qual é registrada no Registro Civil de Pessoas Naturais. A respectiva certidão de nascimento (Lei 6.015/1973, arts. 16 a 21), que comprova a filiação, portanto, deve ser apresentada para fins de gozo da licença e, por consequência, do recebimento do salário-maternidade.

De todo modo, como a empregada não presta serviço no período de licença-maternidade, mas recebe a respectiva remuneração, ainda que sob a forma do mencionado benefício previdenciário, entende-se tratar-se de hipótese de interrupção do contrato de trabalho.

Nessa linha, o art. 28 do Regulamento do FGTS, aprovado pelo Decreto 99.684/1990, regulamentando a Lei 8.036/1990, estabelece ser obrigatório o depósito na conta vinculada do FGTS "também nos casos de interrupção do contrato de trabalho prevista em lei", tais como a "licença à gestante" (inciso IV).

Ainda a respeito do tema, cabe reiterar a previsão da Lei 11.770, de 9 de setembro de 2008 (publicada no *DOU* de 10.09.2008), a qual institui o "Programa Empresa Cidadã", destinado a prorrogar: I – por 60 dias a duração da licença-maternidade prevista no art. 7º, inciso XVIII, da Constituição Federal de 1988; II – por 15 dias a duração da licença-paternidade, nos termos da Lei 11.770/2008, além dos cinco dias estabelecidos no art. 10, § 1º, do Ato das Disposições Constitucionais Transitórias (art. 1º da Lei 11.770/2008, com redação dada pela Lei 13.257/2016).

Conforme a prevê o art. 1º, § 1º, da referida Lei 11.770/2008, essa prorrogação:

– deve ser garantida à empregada da pessoa jurídica que aderir ao Programa, desde que a empregada a requeira até o final do primeiro mês após o parto, e será concedida imediatamente após a fruição da licença-maternidade de que trata o art. 7º, inciso XVIII, da Constituição Federal de 1988;

– deve ser garantida ao empregado da pessoa jurídica que aderir ao Programa, desde que o empregado a requeira no prazo de dois dias úteis após o parto e comprove participação em programa ou atividade de orientação sobre paternidade responsável.

A prorrogação deve ser garantida, na mesma proporção, à empregada e ao empregado que adotar ou obtiver guarda judicial para fins de adoção de criança (art. 1º, § 2º da Lei 11.770/2008). Ressalte-se que, na atualidade, à empregada que adotar ou obtiver guarda judicial para fins de adoção de *criança ou adolescente* será concedida licença-maternidade (art. 392-A da CLT, com redação dada pela Lei 13.509/2017).

As pessoas jurídicas podem aderir ao Programa Empresa Cidadã por meio de requerimento dirigido à Secretaria Especial da Receita Federal do Brasil do Ministério da Economia (art. 138 do Decreto 10.854/2021).

Foi instituído o Programa Emprega + Mulheres, destinado à inserção e à manutenção de mulheres no mercado de trabalho por meio da implementação, entre outras, da seguinte medida para apoio ao retorno ao trabalho das mulheres após o término da licença-maternidade: flexibilização do usufruto da prorrogação da licença-maternidade, conforme prevista na Lei 11.770/2008 (art. 1º, inciso IV, alínea *b*, da Lei 14.457/2022).

Nesse contexto, a prorrogação por 60 dias da duração da licença-maternidade pode ser compartilhada entre a empregada e o empregado requerente, desde que ambos sejam empregados de pessoa jurídica aderente ao Programa Empresa Cidadã e que a decisão seja adotada conjuntamente, na forma estabelecida em regulamento (art. 1º, § 3º, da Lei 11.770/2008, incluído pela Lei 14.457/2022). Nessa hipótese, a prorrogação pode ser usufruída pelo empregado da pessoa jurídica que aderir ao Programa Empresa Cidadã somente após o término da licença-maternidade, desde que seja requerida com 30 dias de antecedência (art. 1º, § 4º, da Lei 11.770/2008, incluído pela Lei 14.457/2022).

Fica a empresa participante do Programa Empresa Cidadã autorizada a substituir o período de prorrogação da licença-maternidade de que trata o art. 1º, inciso I, da Lei 11.770/2008 (60 dias) pela redução de jornada de trabalho em 50% pelo período de 120 dias (art. 1º-A da Lei 11.770/2008, incluído pela Lei 14.457/2022). São requisitos para efetuar a referida substituição: pagamento integral do salário à empregada ou ao empregado pelo período de 120 dias; e acordo individual firmado entre o empregador e a empregada ou o empregado interessados em adotar a medida. A mencionada substituição pode ser concedida na forma prevista no art. 1º, § 3º, da Lei 11.770/2008 (compartilhada entre a empregada e o empregado).

O art. 5º da Lei 11.770/2008, com redação dada pela Lei 13.257/2016, restringe à "pessoa jurídica tributada com base no lucro real" a possibilidade de deduzir do imposto devido, em cada período de apuração, o total da remuneração integral da empregada e do empregado pago nos dias de prorrogação de sua licença-maternidade e de sua licença-paternidade, sendo vedada a dedução como despesa operacional.

Assim sendo, a rigor, de acordo com a interpretação sistemática da Lei em questão, a referida possibilidade da dedução do imposto apenas pode ocorrer no caso de "pessoa jurídica tributada com base no lucro real".

Presentes os requisitos legais, a prorrogação da duração da licença-maternidade deve ser concedida, iniciando-se imediatamente após a fruição da licença-maternidade de que trata o art. 7º, inciso XVIII, da Constituição Federal de 1988. Desse modo, uma vez concedida a prorrogação, a empregada fará jus aos 120 dias de licença-maternidade, mais a prorrogação de 60 dias, somando 180 dias no total.

Da mesma forma, presentes os requisitos legais, a prorrogação da licença-paternidade deve ser concedida por 15 dias, além dos cinco dias estabelecidos no art. 10, § 1º, do Ato das Disposições Constitucionais Transitórias. Logo, concedida a prorrogação, o empregado fará jus a cinco dias de licença-paternidade, mais a prorrogação de 15 dias, somando 20 dias no total.

Como já estudado, a licença-maternidade passou a ser devida também à empregada (e mesmo ao empregado) que adotar ou obtiver guarda judicial para fins de adoção da criança ou adolescente (art. 392-A da CLT e art. 71-A da Lei 8.213/1991).

O art. 2º da Lei 11.770/2008 autoriza que a Administração Pública (direta, indireta e fundacional) institua programa que garanta prorrogação da licença-maternidade para suas servidoras, nos termos do que prevê o art. 1º da referida Lei. O Decreto 6.690, de 11 de dezembro de 2008, institui no âmbito da Administração Pública federal direta, autárquica e fundacional o Programa de Prorrogação da Licença à Gestante e à Adotante.

O Decreto 8.737/2016, por sua vez, instituiu o Programa de Prorrogação da Licença Paternidade para os servidores regidos pela Lei 8.112/1990 (art. 1º). Desse modo, a prorrogação da licença-paternidade deve ser concedida ao servidor público que requeira o benefício no prazo de dois dias úteis após o nascimento ou a adoção e terá duração de 15 dias, além dos cinco dias concedidos pelo art. 208 da Lei 8.112/1990. O disposto no Decreto 8.737/2016 é aplicável a quem adotar ou obtiver guarda judicial para fins de adoção de criança. Considera-se criança a pessoa de até doze anos de idade incompletos.

Durante o período de prorrogação da licença-maternidade e da licença-paternidade: a empregada tem direito à remuneração integral, nos mesmos moldes devidos no período de percepção do salário-maternidade pago pelo Regime Geral de Previdência Social (RGPS); o empregado tem direito à remuneração integral (art. 3º da Lei 11.770/2008, com redação dada pela Lei 13.257/2016).

Assim sendo, pode-se concluir que o período de prorrogação da licença-maternidade e da licença-paternidade também tem natureza de *interrupção do contrato de trabalho*, pois, embora ausente a prestação de serviços, a remuneração permanece devida.

No período de prorrogação da licença-maternidade e da licença-paternidade de que trata a Lei 11.770/2008, a empregada e o empregado não podem exercer nenhuma atividade remunerada, e a criança deve ser mantida sob seus cuidados (art. 4º). Em caso de descumprimento dessa disposição, a empregada e o empregado perdem o direito à prorrogação.

Na realidade, a prorrogação da licença-maternidade e da licença-paternidade, prevista pela Lei 11.770/2008, com as modificações da Lei 13.257/2016, tem como objetivo permitir que a mãe e o pai possam permanecer em contato direto com a criança por mais tempo, facilitando, no caso da mãe, até mesmo o aleitamento materno.

De acordo com o art. 5º da Lei 11.770/2008, com redação dada pela Lei 13.257/2016, a pessoa jurídica tributada com base no lucro real pode deduzir do imposto devido, em cada período de apuração, o total da remuneração integral da empregada e do empregado que for pago nos dias de prorrogação de sua licença-maternidade e de sua licença-paternidade, vedada a dedução como despesa operacional.

Desse modo, confere-se à pessoa jurídica tributada com base no lucro real a possibilidade de deduzir, do imposto devido, o total da remuneração integral da empregada e do empregado, conforme o caso, referente aos 60 dias de prorrogação de sua licença-maternidade e aos 15 dias de prorrogação de sua licença-paternidade.

Certamente em razão da previsão do art. 5º, *caput*, da Lei 11.770/2008 é que o art. 1º, § 1º, do mesmo diploma legal estabelece que a prorrogação da licença-maternidade "será garantida à empregada *da pessoa jurídica*" que aderir ao Programa Empresa Cidadã, sabendo-se que a "pessoa jurídica tributada com base no lucro real" é que pode deduzir do imposto devido o total da remuneração integral da empregada referente aos 60 dias de prorrogação de sua licença-maternidade (art. 5º).

A finalidade do disposto no art. 5º da Lei 11.770/2008 é afastar eventual discriminação no mercado de trabalho, vedada pelo art. 7º, inciso XXX, da Constituição Federal de 1988, o qual estabelece a proibição de diferença de salários, de exercício de funções e de *critério de admissão por motivo de sexo*, idade, cor ou estado civil. Dessa forma, possibilita-se que a remuneração devida na prorrogação da licença-maternidade e da licença-paternidade seja objeto de dedução do imposto devido pela pessoa jurídica tributada com base no lucro real. Se o empregador tivesse de arcar, definitivamente, com o valor dessa remuneração, sem poder deduzir o valor do imposto devido, poderia passar a evitar a contratação, por exemplo, da mulher, incorrendo em discriminação, o que não é admitido pelo Direito. Mesmo assim, há entendimento de que essa prorrogação da licença-maternidade (por período mais longo do que a duração da licença-paternidade e sua prorrogação) poderia causar consequências negativas para a admissão da mulher no mercado de trabalho, tendo em vista que o empregador passaria a ter de realizar a sua substituição durante o período em questão. Entretanto, a substituição provisória de empregados, de certo modo, faz parte da rotina das empresas (art. 450 da CLT e Súmula 159 do TST), e a sua possibilidade já existia mesmo no caso da licença-maternidade em si.

Ainda assim, como o direito de prorrogação da licença-maternidade e da licença-paternidade não foi previsto também para as empregadas e aos empregados de "pessoa física ou natural", e mesmo a renúncia fiscal mencionada (art. 5º) não foi estendida às pessoas jurídicas tributadas com base em lucro presumido[31] e às optantes pelo Regime Especial Unificado de Arrecadação de Tributos e Contribuições devidos pelas Microempresas e Empresas de Pequeno Porte (Simples Nacional – Lei Complementar 123/2006, art. 12), é possível surgirem questionamentos a respeito desse tratamento desigual.

---

[31] Cf. MACHADO, Hugo de Brito. *Curso de direito tributário*. 12. ed. São Paulo: Malheiros, 1997. p. 224: "As firmas individuais e as pessoas jurídicas cuja receita bruta seja inferior a determinado montante e que atendam, ainda, a outras exigências da lei ficam dispensadas de fazer a escrituração contábil de suas transações e o imposto de renda, nestes casos, é calculado sobre o *lucro presumido*, que é determinado pela aplicação de coeficientes legalmente definidos, sobre a receita bruta anual, conforme a natureza da atividade". Cf. ainda Lei 9.718/1998, arts. 13 e 14.

Na realidade, nota-se que a prorrogação da licença-maternidade e da licença-paternidade, com aplicação da renúncia fiscal prevista no art. 5º da Lei 11.770/2008 (com redação dada pela Lei 13.257/2016), acabou ficando limitada às empresas de maior porte, que são as pessoas jurídicas tributadas com base no lucro real, certamente como forma de limitar a queda nas receitas públicas. Se o empregador não for uma pessoa jurídica que preencha as exigências dos arts. 1º, § 1º, e 5º, e mesmo assim queira conceder prorrogação da licença-maternidade e da licença-paternidade, não terá direito à mencionada renúncia fiscal, de modo que isso seria, em verdade, simples licença remunerada.

Em conformidade com o art. 7º da Lei 11.770/2008: "O Poder Executivo, com vistas no cumprimento do disposto no inciso II do *caput* do art. 5º e nos arts. 12 e 14 da Lei Complementar 101, de 4 de maio de 2000, estimará o montante da renúncia fiscal decorrente do disposto nesta Lei e o incluirá no demonstrativo a que se refere o § 6º do art. 165 da Constituição Federal, que acompanhará o projeto de lei orçamentária cuja apresentação se der após decorridos 60 (sessenta) dias da publicação desta Lei".

Assim sendo, em cumprimento aos preceitos da Lei de Responsabilidade Fiscal, cabe ao Poder Executivo estimar o montante da renúncia fiscal decorrente do disposto na Lei 11.770/2008, mais especificamente de seu art. 5º, acima analisado. Além disso, o Poder Executivo deve incluir esse montante estimado da renúncia fiscal no "demonstrativo regionalizado do efeito, sobre as receitas e despesas, decorrente de isenções, anistias, remissões, subsídios e benefícios de natureza financeira, tributária e creditícia" (art. 165, § 6º, da Constituição Federal de 1988), que acompanhará o projeto de lei orçamentária cuja apresentação se der após decorridos 60 dias da publicação da Lei 11.770/2008 (a qual foi publicada no *DOU* de 10.09.2008).

Quanto ao orçamento anual, o Presidente da República deve enviar o respectivo projeto de lei ao Congresso Nacional (art. 84, inciso XXIII, da CF/1988) até quatro meses antes do encerramento do exercício financeiro (art. 35, § 2º, inciso III, do ADCT, ou seja, até o mês de agosto de cada exercício[32]).

O art. 39 da Lei 13.257/2016 prevê ainda que o Poder Executivo, com vistas ao cumprimento do disposto no art. 5º, *caput*, inciso II, e nos arts. 12 e 14 da Lei Complementar 101/2000, deve estimar o montante da renúncia fiscal decorrente do disposto no art. 38 da Lei 13.257/2016 (que passou a prever a prorrogação também da licença-paternidade) e o incluirá no demonstrativo a que se refere o art. 165, § 6º, da Constituição Federal, que acompanhará o projeto de lei orçamentária cuja apresentação se der após decorridos 60 dias da publicação da Lei 13.257/2016.

A Lei 11.770/2008, de acordo com o seu art. 8º, entrou em vigor na data de sua publicação, "produzindo efeitos a partir do primeiro dia do exercício subsequente àquele em que for implementado o disposto no seu art. 7º".

De modo semelhante, o art. 40 da Lei 13.257/2016 dispõe que os seus arts. 38 (que modifica a Lei 11.770/2008) e 39 produzem efeitos a partir do primeiro dia do exercício subsequente àquele em que for implementado o disposto no referido art. 39 do mesmo diploma legal.

17.3.18 Lockout

O *lockout* é definido como a paralisação das atividades, por iniciativa do empregador, com o objetivo de frustrar negociação ou dificultar o atendimento de reivindicações dos respectivos empregados.

Trata-se de prática expressamente vedada pela Lei 7.783/1989, art. 17.

Na forma do parágrafo único do referido art. 17: a prática do *lockout* assegura aos trabalhadores "o direito à percepção dos salários durante o período de paralisação".

Assim, por se tratar de período em que não há a prestação dos serviços, mas os salários são devidos, tem-se hipótese de interrupção do contrato de trabalho.

---

[32] Cf. OLIVEIRA, Regis Fernandes de; HORVATH, Estevão. *Manual de direito financeiro*. 2. ed. São Paulo: RT, 1997. p. 86. Cf. Lei 4.320/1964, arts. 22 e 34.

17.3.19 Prisão e detenção do empregado

Se o empregado for preso ou detido, seja a prisão de natureza criminal (art. 5º, inciso LXI) ou civil (art. 5º, inciso LXVII, da CF/1988), tornando impossível a prestação do serviço, pode-se entender que ocorre a suspensão do contrato de trabalho, pois não se verifica previsão de direito ao salário nas hipóteses de ausência de labor em questão.

Obviamente que não se está tratando, aqui, do trabalho do presidiário, que não configura relação de emprego, conforme regime da Lei de Execução Penal, mas de contrato de trabalho iniciado antes da prisão do empregado.

Além disso, cabe destacar que, se o empregado for condenado criminalmente, com sentença transitada em julgado, sem suspensão da execução da pena, o empregador pode dispensá-lo por justa causa, conforme previsão do art. 482, *d*, da CLT. Entende-se que, nesse caso, a impossibilidade de prestar os serviços pelo empregado autoriza a sua dispensa por justa causa.

17.3.20 Prontidão e sobreaviso

Em conformidade com o art. 244 da CLT, as estradas de ferro poderão ter empregados extranumerários, de sobreaviso e de prontidão, para executarem serviços imprevistos ou para substituições de outros empregados que faltem à escala organizada.

Considera-se "extranumerário" o empregado não efetivo, candidato à efetivação, que se apresentar normalmente ao serviço, embora só trabalhe quando for necessário. O extranumerário só receberá os dias de trabalho efetivo (§ 1º do art. 244).

Considera-se de "sobreaviso" o empregado efetivo que permanecer em sua própria casa, aguardando a qualquer momento o chamado para o serviço. Cada escala de "sobreaviso" será, no máximo, de vinte e quatro horas. As horas de "sobreaviso", para todos os efeitos, serão contadas à razão de 1/3 do salário normal (§ 2º do art. 244).

Assim, durante o sobreaviso o empregado não presta efetivo serviço, permanecendo em sua casa, mas fica aguardando eventual chamada ao trabalho. Durante esse período, o empregado recebe 1/3 do salário. Entende-se, com isso, que se trata de interrupção do contrato de trabalho, pois o período é remunerado, ainda que de forma diferenciada.

Conforme a Súmula 229 do TST: "Por aplicação analógica do art. 244, § 2º, da CLT, as horas de sobreaviso dos eletricitários são remuneradas à base de 1/3 sobre a totalidade das parcelas de natureza salarial".

De acordo com Sergio Pinto Martins: "O uso de BIP não caracteriza 'sobreaviso', pois o empregado pode se locomover e, teoricamente, poderia até trabalhar para outra empresa. Não se está, com isso, restringindo a liberdade de locomoção do empregado. A liberdade de ir e vir da pessoa não fica prejudicada. Somente se o empregado permanece em sua residência, aguardando a qualquer momento o chamado para o serviço, é que há sobreaviso, pois sua liberdade está sendo controlada. [...]. O mesmo raciocínio anteriormente mencionado pode ser utilizado para o empregado que porta *pager* ou *laptop* ligado à empresa, pois o empregado pode locomover-se sem ter de ficar em casa esperando chamada do empregador"[33]. Segundo o autor, a mesma orientação seria válida para o "telefone celular, pois o empregado pode locomover-se, não necessitando ficar aguardando o chamado do empregador em sua residência"[34].

Cabe ressaltar, entretanto, que a Lei 12.551/2011 alterou o art. 6º da CLT, tendo acrescentado parágrafo único a esse dispositivo, assim dispondo: "Os meios telemáticos e informatizados de comando, controle e supervisão se equiparam, para fins de subordinação jurídica, aos meios pessoais

---

[33] MARTINS, Sergio Pinto. *Direito do trabalho*. 22. ed. São Paulo: Atlas, 2006. p. 514.
[34] MARTINS, Sergio Pinto. *Direito do trabalho*. 22. ed. São Paulo: Atlas, 2006. p. 514.

e diretos de comando, controle e supervisão do trabalho alheio". Em razão disso, é importante registrar o entendimento no sentido de que o período em que o empregado está sujeito a comando, controle, supervisão por meios telemáticos ou informatizados, portando dispositivos móveis da empresa (como telefone celular), deve passar a ser remunerado como horas de sobreaviso (se o trabalhador ficar aguardando ser chamado), ou mesmo como horas extras (se o trabalhador estiver laborando a distância, com a utilização dos recursos tecnológicos mencionados).

A respeito do tema, conforme a atual redação da Súmula 428 do TST:

"Sobreaviso. Aplicação analógica do art. 244, § 2º, da CLT.

I – O uso de instrumentos telemáticos ou informatizados fornecidos pela empresa ao empregado, por si só, não caracteriza regime de sobreaviso.

II – Considera-se em sobreaviso o empregado que, à distância e submetido a controle patronal por instrumentos telemáticos ou informatizados, permanecer em regime de plantão ou equivalente, aguardando a qualquer momento o chamado para o serviço durante o período de descanso".

A rigor, nos termos do art. 4º, *caput*, da CLT: "Considera-se como de serviço efetivo o período em que o empregado esteja à disposição do empregador, aguardando ou executando ordens, salvo disposição especial expressamente consignada".

Embora a questão possa gerar certa controvérsia, defende-se o entendimento de que a hipótese versada na Súmula 428 do TST, acima transcrita, não trata, de forma específica, do trabalho a distância, nem de trabalho em domicílio, nem de *teletrabalho*, nos quais, como já analisado anteriormente, o empregado presta o serviço fora do estabelecimento do empregador.

A Súmula 428 do Tribunal Superior do Trabalho, diversamente, na realidade, é aplicada para os casos em que o empregado prestou o serviço no estabelecimento do empregador, *mas utiliza, após o término da jornada de trabalho, nos finais de semana, em feriados, ou mesmo durante as férias, instrumentos telemáticos ou informatizados fornecidos pela empresa.*

Vale dizer, a Súmula 428 do TST incide, por exemplo, nos casos de empregado que: após ter realizado o trabalho dentro do estabelecimento do empregador, ao retornar para a sua residência, utiliza aparelho de intercomunicação fornecido pelo empregador; após cessar a sua jornada de trabalho no estabelecimento do empregador, vai para a sua residência, mas fica à distância e submetido a controle do empregador por meio de instrumentos telemáticos ou informatizados, permanecendo em regime de plantão ou equivalente, isto é, aguardando, a qualquer momento, o chamado para o serviço, durante o período de descanso.

De todo modo, segundo a atual jurisprudência sumulada do TST, permaneceu o entendimento de que o uso de instrumentos telemáticos ou informatizados fornecidos pela empresa ao empregado, *por si só*, não caracteriza o regime de sobreaviso.

Não obstante, se o empregado, à distância e submetido a controle patronal por instrumentos telemáticos ou informatizados, permanecer em regime de plantão ou equivalente, aguardando, a qualquer momento, o chamado para o serviço durante o período de descanso, é considerado em sobreaviso[35].

---

[35] "Agravo de instrumento em recurso de revista em face de decisão publicada antes da vigência da Lei n. 13.015/2014. Jornada de trabalho. Horas de sobreaviso. O regime de sobreaviso caracteriza-se como o tempo, previamente ajustado, em que o empregado permanece, fora do horário normal de serviço, à disposição do empregador, no aguardo de eventual chamada para o trabalho. Tal situação importa diminuição ou cerceamento da liberdade de dispor do seu próprio tempo, pois a constante expectativa de ser chamado ao serviço no momento de fruição do seu descanso, seja em casa ou em qualquer outro lugar que possa vir a ser acionado por meios de comunicação, impede que desempenhe as suas atividades regulares. A regra do artigo 244, § 2º, da CLT deve ser compreendida à luz da realidade da época de sua edição, nos idos de 1943, quando os meios de comunicação eram rudimentares e, por isso, era exigida a permanência do empregado em sua casa, a fim de ser localizado de maneira mais rápida. Hoje, porém, é possível que o trabalhador tenha certa mobilidade e, ainda assim, seja prontamente contatado pela empresa, por meio de *pager*, celular ou outros recursos tecnológicos. Nesse sentido é a Súmula n. 428 do TST. Na hipótese, o

Nota-se que, mesmo no caso acima, a hipótese não se refere ao teletrabalho propriamente, mas sim a caso de empregado que, após ter cumprido a sua jornada de trabalho no estabelecimento, retornando para a sua residência, moradia ou local de repouso, durante o período de descanso, fica de plantão, aguardando ser chamado ao serviço a qualquer momento, tendo em vista estar sujeito ao controle à distância pelo empregador, controle este realizado por instrumentos telemáticos ou informatizados.

Vale dizer, o inciso II da Súmula 428 do TST, a rigor, incide ao caso em que o empregado, por exemplo, cumpriu a sua jornada de trabalho (no estabelecimento do empregador), depois vai para a sua residência, com o objetivo de usufruir o seu período de descanso (como o intervalo interjornada ou o descanso semanal remunerado), mas fica à distância (pois já está em sua residência, e não mais no estabelecimento) e submetido ao controle patronal, por meio de instrumentos telemáticos ou informatizados (por exemplo, com a exigência de manter o celular ou com o computador ligado), permanecendo, assim, em regime de plantão ou equivalente, aguardando, a qualquer momento, o chamado para o serviço, mesmo em se tratando de período de descanso.

Presentes essas circunstâncias, o empregado é considerado em sobreaviso, conforme aplicação analógica do art. 244, § 2º, da CLT, autorizada pelo art. 8º, *caput*, do mesmo diploma legal.

Efetivamente, como já mencionado, considera-se de sobreaviso o empregado efetivo, que permanecer em sua própria casa, aguardando a qualquer momento o chamado para o serviço. Cada escala de sobreaviso deve ser, no máximo, de 24 horas (art. 244, § 2º, da CLT).

Logo, no caso acima explicitado, as horas de sobreaviso, para todos os efeitos, devem ser contadas, isto é, remuneradas, à razão (base) de 1/3 do salário normal.

Considera-se de "prontidão" o empregado que ficar nas dependências da estrada, aguardando ordens. A escala de prontidão será, no máximo, de 12 horas. As horas de prontidão serão, para todos os efeitos, contadas à razão de 2/3 do salário-hora normal (art. 244, § 3º, da CLT).

Na prontidão, em que o empregado fica aguardando ordens, nas dependências da estrada, tem-se, da mesma forma, interrupção contratual, por ser o período remunerado, ainda que de forma diferenciada (2/3 do salário).

17.3.21 Tempo de espera

O art. 235-C, § 1º, da CLT, com redação determinada pela Lei 13.103/2015, ao tratar do serviço do motorista profissional empregado, prevê que será considerado como trabalho efetivo o tempo em que o motorista empregado estiver à disposição do empregador, *excluídos os intervalos para refeição, repouso e descanso e o tempo de espera*.

Nesse contexto, o § 8º do art. 235-C da CLT dispõe que são consideradas *tempo de espera* as horas em que o motorista profissional empregado ficar aguardando carga ou descarga do veículo nas dependências do embarcador ou do destinatário e o período gasto com a fiscalização da mercadoria transportada em barreiras fiscais ou alfandegárias, não sendo computados como jornada de trabalho nem como horas extraordinárias.

De acordo com o art. 235-C, § 9º, as horas relativas ao tempo de espera "serão *indenizadas* na proporção de 30% (trinta por cento) do salário-hora normal" (destaquei).

De todo modo, em nenhuma hipótese, o tempo de espera do motorista empregado prejudicará o direito ao recebimento da remuneração correspondente ao salário-base diário (art. 235-C, § 10, da CLT).

---

quadro fático delineado no acórdão regional comprova, efetivamente, a ocorrência de restrição à liberdade do autor, já que, quando escalado em regime de plantão, deveria ficar com o telefone celular e *notebook* disponíveis a fim de prestar suporte técnico ao cliente que necessitava. Incidência do artigo 896, §§ 4º e 5º, da CLT. Agravo de instrumento a que se nega provimento" (TST, 7ª T., AIRR – 2058-43.2012.5.02.0464, Rel. Min. Cláudio Mascarenhas Brandão, *DEJT* 27.10.2017).

Quando a "espera" mencionada no art. 235-C, § 8º, da CLT for superior a duas horas ininterruptas e for exigida a permanência do motorista empregado junto ao veículo, caso o local ofereça condições adequadas, o tempo deve ser considerado como de repouso para os fins dos intervalos de que tratam os §§ 2º e 3º do art. 235-C (ou seja, intrajornada e interjornada), sem prejuízo do disposto no § 9º do mesmo dispositivo legal, que trata da indenização das horas relativas ao tempo de espera (art. 235-C, § 11, da CLT).

Durante o tempo de espera, o motorista pode realizar movimentações necessárias do veículo, as quais não serão consideradas como parte da jornada de trabalho, ficando garantido, porém, o gozo do descanso de oito horas ininterruptas, previsto no art. 235-C, § 3º, da CLT, que dispõe sobre o intervalo interjornada (art. 235-C, § 12, da CLT).

Frise-se ainda que o motorista empregado, em viagem de longa distância, que ficar com o veículo parado após o cumprimento da jornada normal ou das horas extraordinárias fica dispensado do serviço, exceto se for expressamente autorizada a sua permanência junto ao veículo pelo empregador, hipótese em que o tempo deve ser considerado de *espera* (art. 235-D, § 3º, da CLT).

Como se nota, o tempo de espera não é considerado como trabalho efetivo, além do que o pagamento das horas de espera tem natureza indenizatória, e não remuneratória.

Logo, pode-se dizer que a hipótese é de suspensão do contrato de trabalho.

17.3.22 Repouso semanal remunerado e feriados

O repouso semanal remunerado, de acordo com a Constituição da República, art. 7º, inciso XV, deve ser "preferencialmente aos domingos".

O mencionado direito é objeto de regulamentação pela Lei 605, de 5 de janeiro de 1949, a qual também dispõe sobre os feriados legais remunerados.

No descanso semanal, bem como no feriado civil ou religioso, o empregado não presta serviços, mas faz jus à respectiva remuneração, a qual é devida desde que presentes os requisitos do art. 6º da Lei 605/1949, quais sejam, assiduidade e pontualidade durante a semana anterior, em valor previsto no art. 7º do mesmo diploma legal.

Assim, tanto o descanso semanal remunerado como os feriados representam hipóteses de interrupção contratual.

17.3.23 Representação sindical

A estabilidade provisória do dirigente ou representante sindical foi mencionada ao se estudar o inquérito judicial para apuração de falta grave.

No presente tópico cabe destacar a previsão do art. 543, § 2º, da CLT, ao estabelecer que:

"Considera-se de licença não remunerada, salvo assentimento da empresa ou cláusula contratual, o tempo em que o empregado se ausentar do trabalho no desempenho das funções a que se refere este artigo".

Assim, em regra, o período de exercício da representação sindical, por ser considerado como "licença não remunerada", revela-se modalidade de suspensão do contrato de trabalho do empregado eleito dirigente sindical.

No entanto, se a empresa ou eventual cláusula contratual (que pode ser prevista, também, no regulamento de empresa, ou mesmo em norma coletiva decorrente de negociação coletiva), estabelecer que no período em questão a remuneração será devida pelo empregador, ter-se-á hipótese de interrupção contratual.

Obviamente, se o empregado, embora seja representante sindical, não deixa de prestar serviços ao empregador, não se trata nem de suspensão nem de interrupção do contrato de trabalho.

17.3.24 Segurança nacional

O art. 472 da CLT apresenta as seguintes disposições, relacionadas ao tema em estudo:

"§ 3º Ocorrendo motivo relevante de interesse para a segurança nacional, poderá a autoridade competente solicitar o afastamento do empregado do serviço ou do local de trabalho, sem que se configure a suspensão do contrato de trabalho.

§ 4º O afastamento a que se refere o parágrafo anterior será solicitado pela autoridade competente diretamente ao empregador, em representação fundamentada com audiência da Procuradoria Regional do Trabalho, que providenciará desde logo a instauração do competente inquérito administrativo.

§ 5º Durante os primeiros 90 (noventa) dias desse afastamento, o empregado continuará percebendo sua remuneração".

Os mencionados parágrafos foram incluídos pelo Decreto-lei 3, de 27 de janeiro de 1966.

Essa previsão de afastamento do empregado do serviço, de acordo com o mencionado art. 472, § 3º, não configura suspensão do contrato de trabalho, pois durante os primeiros 90 dias desse afastamento o empregado continuará percebendo sua remuneração (§ 5º). Trata-se, portanto, de verdadeira interrupção do contrato de trabalho.

No entanto, após os referidos 90 dias iniciais, se o afastamento continuar, o salário deixa de ser devido, o que configura, em tese, suspensão do contrato de trabalho.

Mesmo assim, cabe destacar o entendimento, aqui defendido, de que as disposições em questão, inseridas pelo Decreto-lei 3/1966, não foram recepcionadas pela Constituição Federal de 1988.

No regime de Estado Democrático de Direito, não mais vigora a doutrina da segurança nacional, substituída pela preservação do interesse público e social, sem afrontar a dignidade da pessoa humana e os diferentes direitos de ordem fundamental.

Cabe destacar que a "segurança pública", conforme previsão do art. 144 da Constituição de 1988, também não se confunde com a antiga sistemática da "segurança nacional", que se tornou incompatível com o atual regime político, fundado na democracia e no pluralismo (art. 1º da CF/1988).

Assim, defende-se que as vetustas disposições dos §§ 3º, 4º e 5º do art. 472 da CLT estão revogadas, por manifesta incompatibilidade com a ordem constitucional em vigor. Tanto é assim que a Lei 8.630/1993 (posteriormente revogada pela Lei 12.815/2013), em seu art. 76, revogou expressamente o mencionado Decreto-lei 3/1966, com o que podem ser considerados revogados os dispositivos em questão.

17.3.25 Suspensão disciplinar

Como já mencionado ao se estudar o poder de direção do empregador, mais especificamente quanto ao seu poder disciplinar, uma das penalidades que pode ser aplicada ao empregado, em razão de falta praticada, é a suspensão por motivo disciplinar.

A referida suspensão fica limitada a 30 dias consecutivos, conforme o art. 474 da CLT. Excedido esse período, tem-se o exercício abusivo do poder disciplinar pelo empregador, importando em motivo para a despedida indireta pelo empregado.

De todo modo, a suspensão disciplinar, se válida (ou seja, não anulada pelo Poder Judiciário), representa hipótese de suspensão do contrato de trabalho, pois o salário do período não será devido ao empregado.

No entanto, caso o empregado, questionando a aplicação da referida medida disciplinar, obtenha a sua invalidação em juízo, estar-se-á diante de hipótese em que não ocorreu a prestação dos serviços, mas os salários do período passam a ser devidos, com a respectiva condenação judicial. Assim, o caso passa a ser de interrupção contratual.

17.3.26 Suspensão por violência doméstica e familiar à mulher

A Lei 11.340/2006, em seu art. 9º, prevê que a "assistência à mulher em situação de violência doméstica e familiar" deve ser prestada conforme "os princípios e as diretrizes previstos na Lei Orgânica da Assistência Social, no Sistema Único de Saúde, no Sistema Único de Segurança Pública", entre outras normas e políticas públicas de proteção (e emergencialmente quando for o caso).

Como se nota, a mulher exposta à violência doméstica e familiar faz jus aos benefícios previstos nos setores da Assistência Social, da Saúde e da Segurança Pública. Desse modo, o juiz determinará, por prazo certo, a inclusão da mulher, na referida situação, no "cadastro de programas assistenciais do governo federal, estadual e municipal" (art. 9º, § 1º).

Além disso, de acordo com o § 2º do art. 9º da Lei 11.340/2006:

"O juiz assegurará à mulher em situação de violência doméstica e familiar, para preservar sua integridade física e psicológica:
I – acesso prioritário à remoção quando servidora pública, integrante da administração direta e indireta;
II – manutenção do vínculo trabalhista, quando necessário o afastamento do local de trabalho, por até seis meses.
III – encaminhamento à assistência judiciária, quando for o caso, inclusive para eventual ajuizamento da ação de separação judicial, de divórcio, de anulação de casamento ou de dissolução de união estável perante o juízo competente".

Entende-se que o referido acesso prioritário à remoção (inciso I) também engloba a servidora pública regida pela legislação trabalhista, pois a norma em questão não apresenta qualquer restrição quanto ao regime jurídico.

A manutenção da relação de emprego pelo juiz (por até seis meses), quando necessário o afastamento do local de trabalho (inciso II), indica a ausência de prestação de serviços pela mulher exposta à violência doméstica ou familiar. Desse modo, embora a questão não seja pacífica, tem-se a hipótese de *suspensão do contrato de trabalho*, pois ausente o labor, não havendo norma que estabeleça o direito de recebimento de salário no período respectivo.

Tendo em vista o caráter bilateral do contrato de emprego, seria necessária determinação legal impondo ao empregador o dever de permanecer pagando o salário à mulher, mesmo sem ela estar trabalhando, como ocorre nas hipóteses de interrupção contratual. Além disso, cabe ao Estado assegurar e conceder os benefícios assistenciais e de saúde para a situação enfocada (de violência doméstica e familiar), até mesmo para que não ocorra discriminação contra a mulher no mercado de trabalho. Tanto é assim que o *caput* e o § 1º do art. 9º fazem menção ao sistema (estatal e governamental) de assistência social (bem como de saúde e de segurança pública). Nesse mesmo enfoque é a previsão do art. 226, § 8º, da Constituição Federal de 1988, estabelecendo o dever do Estado de "assegurar a assistência à família na pessoa de cada um dos que a integram, criando mecanismos para coibir a violência no âmbito de suas relações".

Justamente em razão dessa suspensão do contrato de trabalho, tem-se a inviabilidade de dispensa sem justa causa da mulher em situação de violência doméstica e familiar. Nessa linha, a Lei 11.340/2006 estabeleceu a manutenção do vínculo trabalhista pelo juiz, por seis meses, quando ocorrer a referida suspensão do labor, ou seja, quando for necessário "o afastamento do local de trabalho". Não se trata de estabilidade definitiva, mas sim de inviabilidade de terminação da relação de emprego, por despedida sem justa causa, enquanto a prestação de serviços estiver suspensa (observado o limite de seis meses).

Ainda quanto ao tema, cabe fazer referência ao entendimento firmado pelo Superior Tribunal de Justiça, no sentido de que a natureza jurídica do afastamento (art. 9º, § 2º, inciso II, da Lei 11.340/2006) é de "interrupção do contrato de trabalho, por meio de interpretação teleológica" do referido diploma legal, cabendo "ao empregador o pagamento dos quinze primeiros dias de afastamento da empregada vítima de violência doméstica e familiar e fica a cargo do INSS o pagamento do restante do período de afastamento estabelecido pelo juiz, com necessidade de apresentação de atestado que confirme estar a ofendida incapacitada para o trabalho e desde que haja aprovação do afastamento pela perícia do INSS, por incidência do auxílio-doença, aplicado ao caso por meio de interpretação analógica". Argumentou-se que conforme o art. 203 da Constituição Federal de 1988: "A Assistência Social será prestada a quem dela necessitar, independentemente de contribuição à Seguridade Social". No referido caso, decidiu-se que "ao invés do atestado de saúde, há necessidade de apresentação do documento de homologação ou determinação judicial de afastamento do trabalho em decorrência de violência doméstica e familiar para comprovar que a ofendida está incapacitada a comparecer ao local de trabalho" (STJ, 6ª T., REsp 1.757.775/SP, 2018/0193975-8, Rel. Min. Rogerio Schietti Cruz, j. 20.08.2019)[36].

Apesar do entendimento que prevaleceu na mencionada decisão, deve-se ressaltar que o auxílio-doença, na verdade, é direito de natureza previdenciária (art. 201 da Constituição Federal de 1988 e art. 59 da Lei 8.213/1991), e não da Assistência Social (art. 203 da Constituição da República). Além disso, nenhum benefício ou serviço da Seguridade Social pode ser estendido, como ocorreu na hipótese, sem a correspondente fonte de custeio total (art. 195, § 5º, da Constituição Federal de 1988).

17.4 Suspensão do contrato de trabalho para qualificação profissional

17.4.1 Contexto jurídico-social

A qualificação profissional do empregado é fator relevante, e muitas vezes decisivo, para a obtenção ou mesmo manutenção do emprego na atualidade.

Mesmo assim, não se pode querer culpar o próprio empregado, que eventualmente não teve acesso a níveis mais elevados de preparação profissional, por não obter uma colocação profissional no mercado de trabalho. A qualificação profissional, ainda que deva contar com a iniciativa do trabalhador para se concretizar, também necessita, fundamentalmente, de condições sociais que permitam o seu acesso.

---

[36] "Recurso especial. Violência doméstica e familiar. Medida protetiva. Afastamento do emprego. Manutenção do vínculo trabalhista. Competência. Vara especializada. Vara Criminal. Natureza jurídica do afastamento. Interrupção do contrato de trabalho. Pagamento. Interpretação teleológica. Interpretação extensiva. Previsão legal. Inexistência. Falta justificada. Pagamento de indenização. Auxílio doença. Instituto Nacional do Seguro Social. Recurso especial provido parcialmente. 1. Tem competência o juiz da vara especializada em violência doméstica e familiar ou, caso não haja na localidade, o juízo criminal, para apreciar pedido de imposição de medida protetiva de manutenção de vínculo trabalhista, por até seis meses, em razão de afastamento do trabalho de ofendida decorrente de violência doméstica e familiar, uma vez que o motivo do afastamento não advém de relação de trabalho, mas de situação emergencial que visa garantir a integridade física, psicológica e patrimonial da mulher. 2. Tem direito ao recebimento de salário a vítima de violência doméstica e familiar que teve como medida protetiva imposta ao empregador a manutenção de vínculo trabalhista em decorrência de afastamento do emprego por situação de violência doméstica e familiar, ante o fato de a natureza jurídica do afastamento ser a interrupção do contrato de trabalho, por meio de interpretação teleológica da Lei n. 11.340/2006. 3. Incide o auxílio-doença, diante da falta de previsão legal, referente ao período de afastamento do trabalho, quando reconhecida ser decorrente de violência doméstica e familiar, pois tal situação advém da ofensa à integridade física e psicológica da mulher e deve ser equiparada aos casos de doença da segurada, por meio de interpretação extensiva da Lei Maria da Penha. 4. Cabe ao empregador o pagamento dos quinze primeiros dias de afastamento da empregada vítima de violência doméstica e familiar e fica a cargo do INSS o pagamento do restante do período de afastamento estabelecido pelo juiz, com necessidade de apresentação de atestado que confirme estar a ofendida incapacitada para o trabalho e desde que haja aprovação do afastamento pela perícia do INSS, por incidência do auxílio-doença, aplicado ao caso por meio de interpretação analógica. 5. Recurso especial parcialmente provido, a fim de declarar competente o Juízo da 2ª Vara Criminal de Marília-SP, que fixou as medidas protetivas a favor da ora recorrente, para apreciação do pedido retroativo de reconhecimento do afastamento de trabalho decorrente de violência doméstica, nos termos do voto" (STJ, 6ª T., REsp 1.757.775/SP, 2018/0193975-8, Rel. Min. Rogerio Schietti Cruz, *DJe* 02.09.2019).

Trata-se, portanto, de um dever não só do Estado, como das empresas e de toda a sociedade.

Ao mesmo tempo, reconhece-se que as empresas, frequentemente, passam por crises de caráter temporário, por diversos fatores, como a retração passageira do mercado. Tais adversidades tendem a refletir nos contratos de trabalho, causando a diminuição do número de empregados, pela ausência de condições financeiras para a manutenção do nível de empregados, durante a dificuldade financeira da empresa.

No entanto, tratando-se de crise passageira, faz-se necessário possibilitar a utilização de mecanismos que permitam a manutenção dos vínculos de emprego, ainda que de modo a significar sua retomada após certo prazo.

No direito estrangeiro, tem-se a figura do *lay off*.

Lay off, de acordo com Sergio Pinto Martins, "significa suspensão temporária do trabalho. É ficar o trabalhador em disponibilidade por certo tempo, até a recuperação da empresa. Seria uma espécie de licença remunerada do trabalhador, que fica em casa e não é dispensado. A empresa não faz a dispensa, pois precisa de trabalhadores qualificados. Pode determinar que o empregado faça cursos de qualificação profissional. Nos Estados Unidos, o *lay off* é feito por meio de negociação coletiva, segundo critérios de idade, estado civil, tempo de serviço. Pode haver redução de salário e suspensão de encargos sociais"[37].

Também nessa linha, a Medida Provisória 2.161-41, de 24 de agosto de 2001 (ainda em vigor na forma do art. 2º da Emenda Constitucional 32, de 11 de setembro de 2001), acrescentou à CLT o art. 476-A, regulando a suspensão do contrato de trabalho para participação do empregado em curso ou programa de qualificação profissional oferecido pelo empregador.

O instituto em questão procura enfrentar os dois aspectos acima destacados, ou seja: tanto oferece um meio de qualificar profissionalmente os empregados como disponibiliza uma forma de enfrentar crises econômicas passageiras, sem ter de pôr fim aos contratos de trabalho.

Efetivamente, o art. 476-A da CLT autoriza a suspensão dos contratos de trabalho, por um determinado período, durante o qual o empregado participa de curso ou programa de qualificação profissional. Nesse ínterim, o empregado não tem direito a salário, mas pode receber uma "ajuda compensatória mensal, sem natureza salarial" do empregador (art. 476-A, § 3º, da CLT). Além disso, faz jus à "bolsa de qualificação profissional", a ser custeada pelo Fundo de Amparo ao Trabalhador – FAT (art. 2º-A da Lei 7.998/1990, acrescentado pela Medida Provisória 2.161-41/2001).

17.4.2 Requisitos

De acordo com o referido art. 476-A da CLT:

"Art. 476-A. O contrato de trabalho poderá ser suspenso, por um período de dois a cinco meses, para participação do empregado em curso ou programa de qualificação profissional oferecido pelo empregador, com duração equivalente à suspensão contratual, mediante previsão em convenção ou acordo coletivo de trabalho e aquiescência formal do empregado, observado o disposto no art. 471 desta Consolidação.

§ 1º Após a autorização concedida por intermédio de convenção ou acordo coletivo, o empregador deverá notificar o respectivo sindicato, com antecedência mínima de quinze dias da suspensão contratual".

Como se nota, a suspensão do contrato de trabalho em estudo depende de três requisitos essenciais:

a) autorização mais genérica, presente em convenção ou acordo coletivo, ou seja, instrumentos normativos decorrentes de negociação coletiva;

---

[37] MARTINS, Sergio Pinto. *A continuidade do contrato de trabalho*. São Paulo: Atlas, 2000. p. 342.

b) concordância formal do empregado, ou seja, específica e de modo escrito, sem vício na manifestação da vontade;

c) notificação, pelo empregador, do sindicato da categoria profissional, com antecedência mínima de 15 dias da suspensão contratual.

A validade e a licitude da referida suspensão dependem do atendimento de tais requisitos para que as consequências previstas em lei se verifiquem.

17.4.3 Duração

O período de suspensão contratual, na modalidade em análise, é de dois a cinco meses (art. 476-A, *caput*, da CLT).

No entanto, de acordo com o § 7º do art. 476-A da CLT, esse prazo-limite (fixado no *caput*) "poderá ser prorrogado mediante convenção ou acordo coletivo de trabalho e aquiescência formal do empregado, desde que o empregador arque com o ônus correspondente ao valor da bolsa de qualificação profissional, no respectivo período".

Como se nota, para a referida prorrogação, exige-se, novamente, a previsão em convenção ou acordo coletivo, bem como a aquiescência formal do empregado. Além disso, durante a prorrogação, para que esta seja válida, cabe ao empregador arcar com o ônus correspondente ao valor da bolsa de qualificação profissional.

Cabe verificar as consequências para os casos de irregularidades na referida suspensão contratual, deixando o empregador de ministrar o curso ou programa de qualificação profissional, ou mantendo o empregado trabalhando para o empregador.

Sobre essa questão, o art. 476-A, § 6º, da CLT assim estabelece:

"Se durante a suspensão do contrato não for ministrado o curso ou programa de qualificação profissional, ou o empregado permanecer trabalhando para o empregador, ficará descaracterizada a suspensão, sujeitando o empregador ao pagamento imediato dos salários e dos encargos sociais referentes ao período, às penalidades cabíveis previstas na legislação em vigor, bem como às sanções previstas em convenção ou acordo coletivo".

Assim, a consequência para as situações mencionadas é a descaracterização da suspensão contratual; além disso, o empregador deverá pagar, imediatamente: os salários e os encargos sociais referentes ao período; as penalidades previstas na legislação em vigor (a serem aplicadas pelo poder público, mais especificamente pelos órgãos de fiscalização do trabalho); e as sanções estabelecidas em convenção ou acordo coletivo para o caso em específico.

17.4.4 Limitações

Em conformidade com o § 2º do art. 476-A da CLT:

"O contrato de trabalho não poderá ser suspenso em conformidade com o disposto no *caput* deste artigo mais de uma vez no período de dezesseis meses".

Assim, a suspensão em debate, além de ficar limitada quanto ao período de duração, como acima destacado, também sofre outra restrição, no sentido de só poder ocorrer uma única vez no período de 16 meses.

Esse limite, quanto a este número de suspensões autônomas do contrato de trabalho (§ 2º do art. 476-A da CLT), não se confunde com a prorrogação do prazo de suspensão (§ 7º do art. 476-A da CLT).

Assim, não se verifica a possibilidade de "flexibilizar" o disposto no § 2º do art. 476-A da CLT, nem mesmo por norma coletiva decorrente de negociação coletiva, por se tratar de aspecto de ordem pública. Quando a lei permite a previsão diversa em convenção ou acordo coletivo, ela o fez expressamente (§ 7º do art. 476-A da CLT).

17.4.5 Ajuda compensatória mensal

Em conformidade com o § 3º do art. 476-A da CLT:

"O empregador poderá conceder ao empregado ajuda compensatória mensal, sem natureza salarial, durante o período de suspensão contratual nos termos do *caput* deste artigo, com valor a ser definido em convenção ou acordo coletivo".

Fica o destaque, aqui, no sentido da *possibilidade* da concessão da referida ajuda compensatória mensal pelo empregador.

No entanto, se o acordo coletivo ou a convenção coletiva fixar o *dever* do seu pagamento, a concessão deixa de ser uma mera faculdade, para se tornar uma obrigação, ainda que prevista em fonte formal, de natureza autônoma, do Direito do Trabalho.

De todo modo, cabe ao referido instrumento normativo, decorrente da negociação coletiva, definir o valor da mencionada ajuda compensatória, a ser paga mensalmente.

Além disso, a ajuda compensatória em questão, paga no período de suspensão contratual, não possui natureza salarial, o que significa a sua não integração à folha de pagamento da empresa. Essa previsão justifica-se exatamente porque a referida suspensão contratual tem como objetivo evitar o desligamento de empregados, em momento de dificuldade financeira do empregador, o que seria contraditório com eventuais encargos previdenciários no período. Por se tratar de suspensão contratual, durante o seu período o depósito do FGTS também deixa de ser devido.

Além disso, o § 4º do mesmo art. 476-A da CLT estabelece que:

"Durante o período de suspensão contratual para participação em curso ou programa de qualificação profissional, o empregado fará jus aos benefícios voluntariamente concedidos pelo empregador".

Com isso, os benefícios que o empregador quiser conceder, voluntariamente, ao empregado, como planos de saúde, médicos e odontológicos, ou de acesso a entidades recreativas e culturais, permanecem devidos mesmo durante a suspensão contratual.

17.4.6 Bolsa de qualificação profissional

O art. 7º da mesma Medida Provisória 2.164-41/2001 também trouxe modificações e acréscimos à Lei 7.998/1990, a qual regula o seguro-desemprego.

Nesse sentido, alterou o art. 2º, inciso II, do referido diploma legal, passando a estabelecer que o Programa do Seguro-Desemprego apresenta entre as suas finalidades: "auxiliar os trabalhadores na busca ou preservação do emprego, promovendo, para tanto, ações integradas de orientação, recolocação e qualificação profissional".

Em razão disso, a Medida Provisória mencionada acrescentou à Lei 7.998/1990 a seguinte disposição:

"Art. 2º-A. Para efeito do disposto no inciso II do art. 2º, fica instituída a bolsa de qualificação profissional, a ser custeada pelo Fundo de Amparo ao Trabalhador – FAT, à qual fará jus o trabalhador que estiver com o contrato de trabalho suspenso em virtude de participação em curso ou programa de qualificação profissional oferecido pelo empregador, em conformidade com o disposto em convenção ou acordo coletivo celebrado para este fim".

Como se pode verificar, o Programa do Seguro-Desemprego, estabelecido pelo Fundo de Amparo ao Trabalhador (FAT), deixou de se restringir à situação do desemprego, em sentido estrito, já consumado, ampliando-se, de forma acertada, para o auxílio na busca e preservação do emprego, promovendo, também, a qualificação profissional.

Desse modo, institui-se a "bolsa de qualificação profissional", custeada pelo FAT, devida ao trabalhador que estiver com o contrato suspenso, na forma da previsão do art. 476-A da CLT.

Tanto é assim que, de acordo com o art. 3º-A da Lei 7.998/1990, também acrescentado pela Medida Provisória 2.164-41/2001: "A periodicidade, os valores, o cálculo do número de parcelas e os demais procedimentos operacionais de pagamento da bolsa de qualificação profissional, nos termos do art. 2º-A desta Lei, bem como os pré-requisitos para habilitação serão os mesmos adotados em relação ao benefício do Seguro-Desemprego, exceto quanto à dispensa sem justa causa".

Ou seja, praticamente a mesma sistemática, prevista quanto ao seguro-desemprego, também é aplicável à mencionada bolsa de qualificação profissional.

Se ocorrer a rescisão do contrato de trabalho, o pagamento da bolsa de qualificação profissional será *suspenso* (art. 8º-A da Lei 7.998/1990):

O benefício da bolsa de qualificação profissional será *cancelado* nas seguintes situações (art. 8º-A da Lei 7.998/1990):

"I – fim da suspensão contratual e retorno ao trabalho;
II – por comprovação de falsidade na prestação das informações necessárias à habilitação;
III – por comprovação de fraude visando à percepção indevida da bolsa de qualificação profissional;
IV – por morte do beneficiário".

Cabe reiterar que para a prorrogação do prazo-limite de suspensão do contrato de trabalho, observados os requisitos do § 7º do art. 476-A da CLT, cabe ao empregador arcar com o ônus correspondente ao valor da bolsa de qualificação profissional.

17.4.7 Dispensa do empregado

Cabe analisar as consequências da dispensa do empregado no curso da suspensão do contrato de trabalho, ou mesmo no período seguinte ao seu término.

De acordo com o art. 476-A, § 5º, da CLT:

"Se ocorrer a dispensa do empregado no transcurso do período de suspensão contratual ou nos três meses subsequentes ao seu retorno ao trabalho, o empregador pagará ao empregado, além das parcelas indenizatórias previstas na legislação em vigor, multa a ser estabelecida em convenção ou acordo coletivo, sendo de, no mínimo, cem por cento sobre o valor da última remuneração mensal anterior à suspensão do contrato".

No caso, o pagamento das "indenizações previstas em lei" refere-se às verbas rescisórias, decorrentes de dispensa sem justa causa. Além desse montante, a disposição assegura o recebimento de multa, cujo valor deve ser previsto na norma coletiva negociada, ficando desde já fixado o mínimo de 100% sobre o valor da última remuneração mensal anterior à suspensão contratual.

A referida multa tem natureza de penalidade, pela conduta do empregador de dispensar o empregado durante a suspensão do contrato de trabalho, ou nos três meses subsequentes ao seu retorno ao trabalho. Não se trata de verba remuneratória, mas indenizatória, ainda que a base de cálculo utilizada para se chegar ao valor da multa seja a remuneração mensal.

Pode-se entender que também na dispensa indireta, em que ocorre a justa causa patronal, deve-se aplicar a mesma orientação do art. 476-A da CLT.

Por fim, de acordo com o art. 8º-B da Lei 7.998/1990, acrescentado pela Medida Provisória 2.164-41/2001:

"Na hipótese prevista no § 5º do art. 476-A da Consolidação das Leis do Trabalho – CLT, as parcelas da bolsa de qualificação profissional que o empregado tiver recebido serão descontadas das parcelas do benefício do Seguro-Desemprego a que fizer jus, sendo-lhe garantido, no mínimo, o recebimento de uma parcela do Seguro-Desemprego".

17.4.8 Suspensão do contrato de trabalho para qualificação profissional de mulheres

Foi instituído o Programa Emprega + Mulheres, destinado à inserção e à manutenção de mulheres no mercado de trabalho por meio da implementação, entre outras, das seguintes medidas para qualificação de mulheres, em áreas estratégicas para a ascensão profissional: suspensão do contrato de trabalho para fins de qualificação profissional; estímulo à ocupação das vagas em cursos de qualificação dos serviços nacionais de aprendizagem por mulheres e priorização de mulheres hipossuficientes vítimas de violência doméstica e familiar (art. 1º, inciso III, da Lei 14.457/2022).

Sendo assim, mediante requisição formal da empregada interessada, para estimular a qualificação de mulheres e o desenvolvimento de habilidades e de competências em áreas estratégicas ou com menor participação feminina, o empregador pode suspender o contrato de trabalho para participação em curso ou em programa de qualificação profissional oferecido pelo empregador (art. 15 da Lei 14.457/2022).

Na referida hipótese, a suspensão do contrato de trabalho deve ser formalizada por meio de acordo individual, de acordo coletivo ou de convenção coletiva de trabalho, nos termos do art. 476-A da Consolidação das Leis do Trabalho (art. 15, § 1º, da Lei 14.457/2022).

O curso ou o programa de qualificação profissional oferecido pelo empregador deve priorizar áreas que promovam a ascensão profissional da empregada ou áreas com baixa participação feminina, tais como ciência, tecnologia, desenvolvimento e inovação.

Durante o período de suspensão do contrato de trabalho, a empregada faz jus à bolsa de qualificação profissional de que trata o art. 2º-A da Lei 7.998/1990 (custeada pelo Fundo de Amparo ao Trabalhador – FAT).

Além da bolsa de qualificação profissional, durante o período de suspensão do contrato de trabalho, o empregador pode conceder à empregada ajuda compensatória mensal, sem natureza salarial.

Para fins de pagamento da bolsa de qualificação profissional, o empregador deve encaminhar ao Ministério do Trabalho e Previdência os dados referentes às empregadas que terão o contrato de trabalho suspenso.

Se ocorrer a dispensa da empregada no transcurso do período de suspensão ou nos seis meses subsequentes ao seu retorno ao trabalho, o empregador pagará à empregada, além das parcelas indenizatórias previstas na legislação, multa a ser estabelecida em convenção ou em acordo coletivo, que será de, no mínimo, 100% sobre o valor da última remuneração mensal anterior à suspensão do contrato de trabalho.

A opção por acordo individual para formalizar a medida prevista no art. 15, § 1º, Lei 14.457/2022 somente pode ser realizada: I – nos casos de empresas ou de categorias de trabalhadores para as quais não haja acordo coletivo ou convenção coletiva de trabalho celebrados; ou II – se houver acordo coletivo ou convenção coletiva de trabalho celebrados, se o acordo individual a ser celebrado contiver medidas mais vantajosas à empregada ou ao empregado que o instrumento coletivo vigente (art. 21 da Lei 14.457/2022).

Na adoção da medida de suspensão do contrato de trabalho prevista no art. 15 da Lei 14.457/2022, deve sempre ser levada em conta a vontade expressa da empregada ou do empregado beneficiado pela medida de apoio ao exercício da parentalidade (art. 22 da Lei 14.457/2022).

Ainda no âmbito das medidas para qualificação de mulheres, as entidades dos serviços nacionais de aprendizagem, observadas suas leis de regência e regulamentos, mediante a celebração de ajustes e de parcerias com a União, podem implementar medidas que estimulem a matrícula de mulheres em cursos de qualificação, em todos os níveis e áreas de conhecimento (art. 16 da Lei 14.457/2022). Para fins do disposto nessa previsão, devem ser priorizadas as mulheres hipossuficientes vítimas de violência doméstica e familiar com registro de ocorrência policial.

Se ocorrer a celebração dos referidos termos de ajustes ou de parcerias, os serviços nacionais de aprendizagem desenvolverão ferramentas de monitoramento e estratégias para a inscrição e a conclusão dos cursos por mulheres, especialmente nas áreas de ciência, de tecnologia, de desenvolvimento e de inovação.

17.4.9 Suspensão do contrato de trabalho de pais empregados

Foi instituído o Programa Emprega + Mulheres, destinado à inserção e à manutenção de mulheres no mercado de trabalho por meio da implementação, entre outras, da seguinte medida para apoio ao retorno ao trabalho das mulheres após o término da licença-maternidade: suspensão do contrato de trabalho de pais empregados para acompanhamento do desenvolvimento dos filhos (art. 1º, inciso IV, alínea *a*, da Lei 14.457/2022).

Sendo assim, mediante requisição formal do empregado interessado, o empregador pode suspender o contrato de trabalho do empregado com filho cuja mãe tenha encerrado o período da licença-maternidade para: I – prestar cuidados e estabelecer vínculos com os filhos; II – acompanhar o desenvolvimento dos filhos; III – apoiar o retorno ao trabalho de sua esposa ou companheira (art. 17 da Lei 14.457/2022).

A suspensão do contrato de trabalho ocorrerá nos termos do art. 476-A da Consolidação das Leis do Trabalho, para participação em curso ou em programa de qualificação profissional oferecido pelo empregador, formalizada por meio de acordo individual, de acordo coletivo ou de convenção coletiva de trabalho (art. 17, § 1º, da Lei 14.457/2022).

A suspensão do contrato de trabalho deve ser efetuada após o término da licença-maternidade da esposa ou companheira do empregado.

O curso ou o programa de qualificação profissional deve ser oferecido pelo empregador, ter carga horária máxima de 20 horas semanais e deve ser realizado exclusivamente na modalidade não presencial, preferencialmente, de forma assíncrona.

A limitação prevista no art. 476-A, § 2º, da Consolidação das Leis do Trabalho (suspensão do contrato de trabalho uma vez no período de 16 meses) não se aplica à suspensão do contrato de trabalho de que trata o art. 17 da Lei 14.457/2022.

O empregado faz jus à bolsa de qualificação profissional de que trata o art. 2º-A da Lei 7.998/1990 (custeada pelo Fundo de Amparo ao Trabalhador – FAT).

Além da bolsa de qualificação profissional, durante o período de suspensão do contrato de trabalho, o empregador pode conceder ao empregado ajuda compensatória mensal, sem natureza salarial.

Se ocorrer a dispensa do empregado no transcurso do período de suspensão ou nos seis meses subsequentes ao seu retorno ao trabalho, o empregador pagará ao empregado, além das parcelas indenizatórias previstas na legislação em vigor, multa a ser estabelecida em convenção ou em acordo coletivo, que será de, no mínimo, 100% sobre o valor da última remuneração mensal anterior à suspensão do contrato.

São deveres do empregador: I – dar ampla divulgação aos seus empregados sobre a possibilidade de apoiar o retorno ao trabalho de suas esposas ou companheiras após o término do período da licença-maternidade; II – orientar sobre os procedimentos necessários para firmar acordo individual para suspensão do contrato de trabalho com qualificação; III – promover ações periódicas de conscientização sobre parentalidade responsiva e igualitária para impulsionar a adoção da medida pelos seus empregados (art. 18 da Lei 14.457/2022).

Para fins de pagamento da bolsa de qualificação profissional, o empregador deve encaminhar ao Ministério do Trabalho e Previdência os dados referentes aos empregados que terão o contrato de trabalho suspenso para apoiar o retorno ao trabalho de suas esposas ou companheiras (art. 19 da Lei 14.457/2022).

A opção por acordo individual para formalizar a medida prevista no art. 17, § 1º, Lei 14.457/2022 somente pode ser realizada: I – nos casos de empresas ou de categorias de trabalhadores para as quais não haja acordo coletivo ou convenção coletiva de trabalho celebrados; ou II – se houver acordo coletivo ou convenção coletiva de trabalho celebrados, se o acordo individual a ser celebrado contiver medidas mais vantajosas à empregada ou ao empregado que o instrumento coletivo vigente (art. 21 da Lei 14.457/2022).

Na adoção da medida de suspensão do contrato de trabalho prevista no art. 17 da Lei 14.457/2022, deve sempre ser levada em conta a vontade expressa da empregada ou do empregado beneficiado pela medida de apoio ao exercício da parentalidade (art. 22 da Lei 14.457/2022).

17.5 Suspensão do contrato de trabalho e dispensa do empregado

Estando o contrato suspenso, ou mesmo interrompido, surge a questão a respeito da possibilidade ou não de sua extinção[38].

No caso específico, da suspensão para qualificação profissional, já foi estudada a regra específica sobre o tema (art. 476-A, § 5º, da CLT).

Nas outras modalidades de suspensão contratual, à primeira vista, poderia parecer lícita a dispensa do empregado cujo pacto laboral está suspenso; não obstante, uma análise acurada da questão revela o inverso.

Suspensa a prestação de serviços, a relação de emprego ainda permanece existente, embora cessem os seus efeitos principais: não há o cômputo do tempo do serviço, nem é devida a remuneração.

A licença médica, no caso, refere-se à doença que acomete o empregado. Nos termos do art. 59, *caput*, da Lei 8.213/1991, o auxílio-doença é o benefício previdenciário "devido ao segurado que, havendo cumprido, quando for o caso, o período de carência exigido nesta Lei, ficar incapacitado para o seu trabalho ou para a sua atividade habitual por mais de 15 (quinze) dias consecutivos".

Ou seja, como já mencionado, quanto aos 15 primeiros dias consecutivos ao do afastamento por motivo de doença, a empresa (empregador, conforme art. 2º da CLT) responde pelo pagamento do salário integral, nos termos do art. 60, § 3º, da mesma Lei 8.213/1991. Esse período inicial, portanto, classifica-se como de interrupção contratual, pois, mesmo ausente a prestação de trabalho, os salários são devidos, computando-se o tempo de serviço.

A suspensão do pacto laboral, propriamente, ocorre a partir do 16º dia de afastamento, quando tem início o mencionado benefício previdenciário, pago pelo INSS.

Pois bem. Suspenso o contrato de trabalho em razão do auxílio-doença, a lei considera o empregado licenciado (art. 63, *caput*, da Lei 8.213 e art. 476 da CLT). Diante disso, resta afastada a possibilidade de dispensa sem justa causa do obreiro, uma vez que o pacto não está produzindo efeitos para que se possa pôr fim por meio de ato unilateral do empregador.

Se razões de bom senso e justiça não fossem suficientes para assim concluir, o art. 471 da CLT representa o fundamento legal expresso para obstar a mencionada despedida imotivada.

Como a lei assegura todas as vantagens que, na ausência do empregado, tenham sido atribuídas à categoria, "por ocasião de sua volta", é porque este retorno, após a alta médica, não pode ser obstado pelo empregador, vedando-se a prática de ato que impeça a aplicação desta norma de ordem pública trabalhista (art. 9º da CLT).

Aliás, mencionando o art. 471 da CLT a condição de "afastado", pode-se até mesmo dizer que esta dispensa não é autorizada seja quando da interrupção do contrato de trabalho[39], seja na sua suspensão.

Como bem destaca Mauricio Godinho Delgado:

"O Direito do Trabalho cria outras restrições jurídicas à extinção do contrato de trabalho. Essas restrições, caracterizadas por serem ainda mais circunstanciais e provisórias do que as garantias de emprego, tipificam-se nas figuras da interrupção e da suspensão contratuais.

[...]

As duas figuras, ao produzir efeitos no curso do contrato, inviabilizam, em princípio – ao menos nos contratos de duração indeterminada –, a extinção por ato do empregador (art. 471 da CLT)"[40].

---

[38] Cf. NASCIMENTO, Amauri Mascaro. *Iniciação ao direito do trabalho*. 28. ed. São Paulo: LTr, 2002. p. 243: "Há divergências quanto à possibilidade de dispensa do empregado cujo contrato está suspenso ou interrompido".

[39] Cf. MARTINS, Sergio Pinto. *Comentários à CLT*. 5. ed. São Paulo: Atlas, 2002. p. 453: "Durante os 15 primeiros dias de afastamento, a empresa deve remunerar o empregado (§ 3º, do art. 60 da Lei 8.213/1991). Trata-se de hipótese de interrupção do contrato de trabalho e mesmo assim o empregado não poderá ser dispensado nesse período".

[40] DELGADO, Mauricio Godinho. *Curso de direito do trabalho*. São Paulo: LTr, 2002. p. 1.083.

Caso o empregador, desrespeitando as regras em questão, dispense sem justa causa o trabalhador afastado (no caso, em razão de doença), este ato é considerado nulo de pleno direito. Assim, uma vez reconhecida em juízo a ilegalidade da despedida, a consequência lógica deve ser a sua declaração de nulidade, o que produz efeitos *ex tunc*, ou seja, desde a sua prática. Com isso, o contrato de trabalho considerar-se-á em vigência normalmente, acarretando os direitos pecuniários decorrentes, em favor do empregado, como se não tivesse sido despedido.

Nesse sentido, cabe transcrever a seguinte ementa de julgado do Tribunal Superior do Trabalho:

"Ação rescisória. Violação de lei. Impossibilidade de resilição durante a suspensão do contrato de trabalho. Nula é a dispensa do empregado durante o período de suspensão do contrato, considerando-se como dispensa a resilição unilateral, e não a resolução por motivo faltoso do empregado. Inexistente ofensa aos arts. 477, § 2º, da CLT, 5º, II e XXXVI, e 93, IX, da Constituição Federal por parte da decisão rescindenda que determinou a reintegração da empregada em razão da nulidade da resilição contratual, eis que efetuada durante período de licença médica. Recurso ordinário a que se nega provimento" (Ac. un. da SBDI-2 do TST, RO em AR 450.418/98.6, Rel. Juiz Aloysio Corrêa da Veiga, Convocado, j. 20.08.2002, *DJU* 1 06.09.2002, p. 506, ementa oficial)[41].

Observe-se, entretanto, que não se trata de estabilidade, nem mesmo de garantia provisória no emprego. O que ocorre é simplesmente a nulidade da dispensa sem justa causa, acarretando a manutenção do contrato de trabalho, uma vez inexistente ato jurídico válido e eficaz relativo ao seu término.

Portanto, passado o motivo de suspensão contratual, em princípio, caso não exista hipótese de estabilidade ou garantia de emprego, nem mais se verifique impedimento à despedida, esta, mesmo na modalidade imotivada, passará a ser autorizada, eis que não regulamentado, de forma plena, o art. 7º, inciso I, da Constituição Federal de 1988.

Note-se estar-se tratando, aqui, de doença contraída por empregado, que não a doença profissional ou do trabalho (que se equiparam ao acidente de trabalho, conforme Lei 8.213/1991, art. 20). Para estas "entidades mórbidas", aplica-se, em tese, a estabilidade acidentária, prevista no art. 118 da Lei 8.213/1991 (cuja constitucionalidade foi confirmada pela Súmula 378, inciso I, do TST). Mesmo assim, esse dispositivo exige o recebimento do auxílio-doença acidentário, com a ressalva da parte final da Súmula 378, inciso II, do TST.

Com isso, caso o empregado seja portador de doença profissional, durante os 15 primeiros dias de afastamento, em face da interrupção contratual (pois não há a prestação de serviços), pode-se considerar que eventual dispensa sem justa causa é nula, pelos mesmos fundamentos já expostos. Nessa situação, não é que o empregado já seja titular da estabilidade do mencionado art. 118 (até porque o benefício previdenciário não teve início, nem muito menos cessou). Na realidade, a reintegração decorrerá até mesmo da vedação de ato patronal que vise a afastar possível estabilidade acidentária.

Por fim, embora seja ilícita a dispensa sem justa causa quando do afastamento por licença médica, a prática de ato de justa causa pelo obreiro autoriza a despedida[42], pois aqui não mais se verifica ato patronal tendente a afastar a aplicação de norma protetora.

Se até mesmo o empregado estável pode ser dispensado pela prática de ato faltoso (art. 492 da CLT), por óbvio que o empregado cujo pacto laboral está suspenso (ou interrompido) também o pode. Logicamente, essa justa causa poderá ser objeto de questionamento em juízo, por meio de ação trabalhista ajuizada pelo empregado despedido. Não reconhecida a justa causa, se postulada a nulidade da dispensa em razão da suspensão contratual, a reintegração, em princípio, também aqui, impor-se-á.

---

[41] *Repertório de Jurisprudência IOB*. Caderno 2. Trabalhista e Previdenciário, São Paulo, n. 20/2002, p. 530, ementa 2/18894, 2ª quinzena de outubro de 2002.

[42] Cf. MARTINS, Sergio Pinto. *Comentários à CLT*. 5. ed. São Paulo: Atlas, 2002. p. 453: "Se houver a prática de justa causa no período de auxílio-doença ou durante os 15 primeiros dias do afastamento, o empregado poderá ser dispensado por falta grave, com fundamento no artigo 482 da CLT".

Da mesma forma, mesmo estando afastado, o empregado sempre tem o direito de pedir demissão.

Diante do princípio constitucional da liberdade de trabalho (art. 5º, inciso XIII, da Lei Maior), pode o trabalhador preferir não mais se ativar em face de seu empregador, desde que se observe a higidez desta manifestação de vontade.

Sobre a suspensão ocorrida no curso do contrato a prazo determinado, e as consequências para o seu cômputo, o tema já foi estudado ao se analisar o contrato a prazo determinado, ao qual se remete o leitor, para evitar repetição.

Capítulo 18

Cessação do contrato de trabalho

18.1 Terminologia

Tendo sido estudada a formação, bem como o desenvolvimento do contrato de trabalho, resta verificar a sua cessação.

O fim do contrato de trabalho, em termos genéricos, pode ser indicado por expressões que procuram ser neutras, como: *terminação, cessação* ou mesmo *extinção* do contrato de trabalho[1].

18.1.1 Classificação

Na realidade, o término do vínculo de emprego, como gênero, engloba grande diversidade de espécies, podendo-se fazer a seguinte correspondência terminológica:

a) A *resilição* do contrato de trabalho pode ser unilateral (denúncia) ou bilateral (distrato).

a.1) A resilição unilateral do contrato de trabalho (*denúncia*) significa a manifestação de vontade de apenas uma das partes, pondo fim ao negócio jurídico em questão.

Trata-se da dispensa sem justa causa ou do pedido de demissão.

A expressão "resilição unilateral" é encontrada no art. 473 do Código Civil de 2002.

a.2) A resilição bilateral do contrato de trabalho (*distrato*) é o acordo de vontades entre as partes da relação jurídica de emprego, para pôr fim a este negócio jurídico.

Pode-se imaginar a hipótese de um acordo judicial, ou mesmo extrajudicial, entre empregado e empregador, estabelecendo a cessação do vínculo de emprego.

O termo "distrato" é previsto no art. 472 do Código Civil de 2002. O distrato do contrato de trabalho pode ser judicial, quando realizado em juízo, ou extrajudicial.

O art. 484-A da CLT, acrescentado pela Lei 13.467/2017, prevê que o contrato de trabalho pode ser extinto por *acordo* entre empregado e empregador, caso em que são devidas as verbas trabalhistas indicadas no mencionado dispositivo legal. A respeito do tema, cf. item 18.7.9.

b) A *resolução* do contrato de trabalho indica a sua terminação em razão de falta praticada por uma das partes, ou mesmo por ambas. No caso do contrato de trabalho, tem-se a sua cessação com a dispensa por justa causa ou falta grave, dispensa indireta e culpa recíproca.

A terminologia "resolução" também vem sendo empregada para os casos de cessação do contrato pela chamada "onerosidade excessiva", por indicar o seu término em razão de um ônus ou gravame imposto a uma das partes ou às partes, gerando a impossibilidade de sua execução, ou seja, acarretando a *inexecução* do contrato.

Observa-se a utilização do termo "resolução" do contrato nos arts. 475, 478 e 479 do Código Civil de 2002.

c) A *rescisão* do contrato de trabalho, no rigor terminológico adotado por parte da doutrina, fica reservada para os casos de extinção do contrato de trabalho decorrente de nulidade.

Nesse sentido, a declaração de nulidade, ou mesmo a anulação do contrato, significaria a sua rescisão.

---

[1] Cf. MARTINS, Sergio Pinto. *Direito do trabalho*. 28. ed. São Paulo: Atlas, 2012. p. 376-377.

Cabe acrescentar que a *revogação* é termo mais pertinente à cessação de contrato a título gratuito, mas podendo excepcionalmente se verificar em modalidade onerosa, como ocorre no mandato.

De acordo com a classificação de Délio Maranhão, a *dissolução* do contrato de trabalho engloba as diversas formas de sua cessação que não seja a normal, tendo como subespécies a resilição, a resolução, a revogação, a rescisão e a força maior[2].

No entanto, reconhece-se que a referida diferenciação nem sempre é adotada de forma unânime pela doutrina, nem verificada na jurisprudência ou mesmo na legislação.

Para ilustrar esse aspecto, cabe a menção de que o termo "rescisão" é frequentemente utilizado como mera cessação, em termos genéricos, do contrato de trabalho, como se verifica no Capítulo V, do Título IV, da CLT (arts. 477 e seguintes).

18.2 Conceito

A cessação do contrato de trabalho pode ser conceituada como o término do referido negócio jurídico, ou seja, o fim da relação jurídica de emprego.

18.3 Direito Internacional

Tema de destaque refere-se à proteção contra a dispensa arbitrária no plano do Direito Internacional, o que remonta às normas aprovadas pela Organização Internacional do Trabalho (OIT).

18.4 Convenção 158 da OIT

A Organização Internacional do Trabalho adotou importante norma sobre o término da relação de trabalho por iniciativa do empregador.

Trata-se da Convenção 158, assinada em Genebra, em 22 de junho de 1982.

18.4.1 Ratificação e denúncia da Convenção 158 da OIT

A Convenção 158 da OIT foi aprovada, bem como promulgada no Brasil, pelo Decreto 1.855, de 10 de abril de 1995 (revogado pelo Decreto 10.088/2019).

No entanto, o Decreto 2.100, de 20 de dezembro de 1996, tornou público que deixou de vigorar para o Brasil, a partir de 20 de novembro de 1997, a Convenção da OIT 158, "visto haver sido denunciada por Nota do Governo brasileiro à Organização Internacional do Trabalho, tendo sido a denúncia registrada, por esta última, a 20 de novembro de 1996".

O entendimento que prevaleceu, ainda sendo majoritário na atualidade, é no sentido de que o art. 7º, inciso I, da Constituição Federal de 1988 exige "lei complementar" para regular a proteção da relação de emprego contra a despedida arbitrária ou sem justa causa. Seguindo essa corrente, a Convenção 158 da OIT, ao ser aprovada pelo Brasil, passou a integrar o ordenamento jurídico, mas com *status* de lei ordinária. Assim, por não se tratar de lei complementar, haveria inconstitucionalidade formal[3].

---

[2] Cf. MARANHÃO, Délio. *Instituições de direito do trabalho*. 18. ed. São Paulo: LTr, 1999. v. 1, p. 564-565.

[3] "Agravo de Instrumento. Recurso de Revista interposto na vigência da Lei n. 13.015/2014. Reclamante. Reintegração. Convenção n. 158 da OIT. 1 – Recurso de revista sob a regência da Lei n. 13.015/2014. 2 – O recurso de revista, quanto ao tema em epígrafe, atende aos requisitos do art. 896, § 1º-A, I, II e III, da CLT, introduzidos pela Lei n. 13.015/2014. 3 – O Plenário do STF, em decisão liminar, proferida nos autos da ADIN 1.480-DF, condicionou a legitimidade constitucional das diretrizes constantes da Convenção 158 da OIT à interpretação compatível com os arts. 7º, I, da Lei Maior e 10 do ADCT, respeitada a reserva de Lei complementar aí exigida, insuscetível de substituição por tratado internacional, uma vez que, incorporado ao direito interno, assume posição hierárquica de lei ordinária.

Além disso, a referida Convenção 158 da OIT exigiria regulamentação pela legislação ou outras fontes normativas internas, não se figurando autoaplicável em sua totalidade, como se observa pela disposição de seu art. 1º⁴.

Tanto é assim que o STF chegou a conceder (em parte) medida cautelar em ação direta de inconstitucionalidade, contra a referida aprovação da Convenção 158 da OIT. Tendo em vista a sua importância, vejamos a ementa da referida decisão:

"Ação direta de inconstitucionalidade – Convenção 158/OIT – Proteção do trabalhador contra a despedida arbitrária ou sem justa causa – Arguição de ilegitimidade constitucional dos atos que incorporaram essa convenção internacional ao direito positivo interno do Brasil (Decreto Legislativo 68/1992 e Decreto 1.855/1996) – Possibilidade de controle abstrato de constitucionalidade de tratados ou convenções internacionais em face da Constituição da República – Alegada transgressão ao art. 7º, I, da Constituição da República e ao art. 10, I, do ADCT/88 – Regulamentação normativa da proteção contra a despedida arbitrária ou sem justa causa, posta sob reserva constitucional de lei complementar – Consequente impossibilidade jurídica de tratado ou convenção internacional atuar como sucedâneo da lei complementar exigida pela Constituição (CF, art. 7º, I) – Consagração constitucional da garantia de indenização compensatória como expressão da reação estatal à demissão arbitrária do trabalhador (CF, art. 7º, I, c/c o art. 10, I do ADCT/88) – Conteúdo programático da Convenção 158/OIT, cuja aplicabilidade depende da ação normativa do legislador interno de cada País – Possibilidade de adequação das diretrizes constantes da Convenção158/OIT às exigências formais e materiais do Estatuto Constitucional Brasileiro – Pedido de medida cautelar deferido, em parte, mediante interpretação conforme à Constituição.

Procedimento constitucional de incorporação dos tratados ou convenções internacionais. – É na Constituição da República – e não na controvérsia doutrinária que antagoniza monistas e dualistas – que se deve buscar a solução normativa para a questão da incorporação dos atos internacionais ao sistema de direito positivo interno brasileiro. O exame da vigente Constituição Federal permite constatar que a execução dos tratados internacionais e a sua incorporação à ordem jurídica interna decorrem, no sistema adotado pelo Brasil, de um ato subjetivamente complexo, resultante da conjugação de duas vontades homogêneas: a do Congresso Nacional, que resolve, definitivamente, mediante decreto legislativo, sobre tratados, acordos ou atos internacionais (CF, art. 49, I) e a do Presidente da República, que, além de poder celebrar esses atos de direito internacional (CF, art. 84, VIII), também dispõe – enquanto Chefe de Estado que é – da competência para promulgá-los mediante decreto. O iter procedimental de incorporação dos tratados internacionais – superadas as fases prévias da celebração da convenção internacional, de sua aprovação congressional e da ratificação pelo Chefe de Estado – conclui-se com a expedição, pelo Presidente da República, de decreto, de cuja edição derivam três efeitos básicos que lhe são inerentes: (a) a promulgação do tratado internacional; (b) a publicação oficial de seu texto; e (c) a executorieda-

---

4 – No julgamento do mérito, a referida ADIN foi extinta, por perda de objeto, em face da denúncia dessa convenção pelo Estado Brasileiro, em 20.11.1996. Seguindo esse entendimento, esta Corte firmou jurisprudência no sentido de que o aludido tratado internacional, ratificado pelo Brasil em 05.01.1995 e denunciado em 20.11.1996, enquanto vigente, tinha natureza programática e eficácia limitada, na medida em que a matéria nele disciplinada dependia de regulamentação por lei complementar, na forma do art. 7º, I, da Constituição. 5 – Desse modo, a recepção, no direito pátrio, da normativa internacional não foi suficiente para garantir a permanência no emprego e autorizar comando de reintegração ou indenização, em caso de despedida sem justa causa. Julgados desta Corte. 6 – Logo, estando o acórdão do Regional em consonância com a atual, iterativa e notória jurisprudência desta Corte, não há, portanto, violação de dispositivo de lei, conforme a Súmula n. 333 do TST e o artigo 896, § 7º, da CLT. 7 – Agravo de instrumento a que se nega provimento" (TST, 6ª T., AIRR – 181200-78.2013.5.17.0003, Rel. Min. Kátia Magalhães Arruda, *DEJT* 29.04.2016).

4 "Dever-se-á dar efeito às disposições da presente Convenção através da legislação nacional, exceto na medida em que essas disposições sejam aplicadas por meio de contratos coletivos, laudos arbitrais ou sentenças judiciais, ou de qualquer outra forma de acordo com a prática nacional".

de do ato internacional, que passa, então, e somente então, a vincular e a obrigar no plano do direito positivo interno. Precedentes.

Subordinação normativa dos tratados internacionais à Constituição da República. – No sistema jurídico brasileiro, os tratados ou convenções internacionais estão hierarquicamente subordinados à autoridade normativa da Constituição da República. Em consequência, nenhum valor jurídico terão os tratados internacionais, que, incorporados ao sistema de direito positivo interno, transgredirem, formal ou materialmente, o texto da Carta Política. O exercício do *treaty-making power*, pelo Estado brasileiro – não obstante o polêmico art. 46 da Convenção de Viena sobre o Direito dos Tratados (ainda em curso de tramitação perante o Congresso Nacional) –, está sujeito à necessária observância das limitações jurídicas impostas pelo texto constitucional.

Controle de constitucionalidade de tratados internacionais no sistema jurídico brasileiro. – O Poder Judiciário – fundado na supremacia da Constituição da República – dispõe de competência, para, quer em sede de fiscalização abstrata, quer no âmbito do controle difuso, efetuar o exame de constitucionalidade dos tratados ou convenções internacionais já incorporados ao sistema de direito positivo interno. Doutrina e jurisprudência.

Paridade normativa entre atos internacionais e normas infraconstitucionais de direito interno. – Os tratados ou convenções internacionais, uma vez regularmente incorporados ao direito interno, situam-se, no sistema jurídico brasileiro, nos mesmos planos de validade, de eficácia e de autoridade em que se posicionam as leis ordinárias, havendo, em consequência, entre estas e os atos de direito internacional público, mera relação de paridade normativa. Precedentes. No sistema jurídico brasileiro, os atos internacionais não dispõem de primazia hierárquica sobre as normas de direito interno. A eventual precedência dos tratados ou convenções internacionais sobre as regras infraconstitucionais de direito interno somente se justificará quando a situação de antinomia com o ordenamento doméstico impuser, para a solução do conflito, a aplicação alternativa do critério cronológico (*lex posterior derogat priori*) ou, quando cabível, do critério da especialidade. Precedentes.

Tratado internacional e reserva constitucional de lei complementar. – O primado da Constituição, no sistema jurídico brasileiro, é oponível ao princípio *pacta sunt servanda*, inexistindo, por isso mesmo, no direito positivo nacional, o problema da concorrência entre tratados internacionais e a Lei Fundamental da República, cuja suprema autoridade normativa deverá sempre prevalecer sobre os atos de direito internacional público. Os tratados internacionais celebrados pelo Brasil – ou aos quais o Brasil venha a aderir – não podem, em consequência, versar matéria posta sob reserva constitucional de lei complementar. É que, em tal situação, a própria Carta Política subordina o tratamento legislativo de determinado tema ao exclusivo domínio normativo da lei complementar, que não pode ser substituída por qualquer outra espécie normativa infraconstitucional, inclusive pelos atos internacionais já incorporados ao direito positivo interno.

Legitimidade constitucional da Convenção 158/OIT, desde que observada a interpretação conforme fixada pelo Supremo Tribunal Federal. – A Convenção 158/OIT, além de depender de necessária e ulterior intermediação legislativa para efeito de sua integral aplicabilidade no plano doméstico, configurando, sob tal aspecto, mera proposta de legislação dirigida ao legislador interno, não consagrou, como única consequência derivada da ruptura abusiva ou arbitrária do contrato de trabalho, o dever de os Estados-Partes, como o Brasil, instituírem, em sua legislação nacional, apenas a garantia da reintegração no emprego. Pelo contrário, a Convenção 158/OIT expressamente permite a cada Estado-Parte (art. 10), que, em função de seu próprio ordenamento positivo interno, opte pela solução normativa que se revelar mais consentânea e compatível com a legislação e a prática nacionais, adotando, em consequência, sempre com estrita observância do estatuto fundamental de cada País (a Constituição brasileira, no caso), a fórmula da reintegração no emprego e/ou da indenização compensatória. Análise de cada um dos artigos impugnados da Convenção 158/OIT (arts. 4º a 10)" (STF, Pleno, ADI-MC 1.480/DF, Rel. Min. Celso de Mello, j. 04.09.1997, *DJ* 18.05.2001).

É certo que a referida ADI 1.480-3 acabou sendo arquivada, por se entender que houve perda de objeto com a posterior denúncia da Convenção 158 da OIT, conforme decisão que a seguir se transcreve:

"Trata-se de ação direta de inconstitucionalidade, ajuizada com o objetivo de questionar a validade jurídico-constitucional do Decreto Legislativo 68/1992, que aprovou a Convenção 158 da Organização Internacional do Trabalho (OIT), e do Decreto 1.855/1996, que promulgou esse mesmo ato de direito internacional público.

O Plenário do Supremo Tribunal Federal, ao deferir, parcialmente, sem redução de texto, o pedido de medida cautelar, proferiu decisão que restou consubstanciada em acórdão assim ementado:

[...]

Acentue-se, por oportuno, que, em 20 de dezembro de 1996, o Estado brasileiro, por intermédio do Presidente da República, que agiu em sua condição de Chefe de Estado, denunciou a mencionada Convenção 158/OIT.

Essa denúncia – que se tornou efetiva um ano após o seu registro junto à OIT, consoante previsto no art. 17, n. 1, da própria Convenção 158 – consubstanciou-se, formalmente, no Decreto 2.100, de 20.12.1996, cujo teor é o seguinte:

'O PRESIDENTE DA REPÚBLICA torna público que deixará de vigorar para o Brasil, a partir de 20 de novembro de 1997, a Convenção da OIT 158, relativa ao Término da Relação de Trabalho por Iniciativa do Empregador, adotada em Genebra, em 22 de junho de 1982, visto haver sido denunciada por Nota do Governo brasileiro à Organização Internacional do Trabalho, tendo sido a denúncia registrada, por esta última, a 20 de novembro de 1996' (grifei).

Isso significa que, já decorrido o lapso temporal de 1 (um) ano – e revelando-se plenamente eficaz, desse modo, o ato unilateral da denúncia – cessou, *tractu temporis*, quanto ao Estado brasileiro, a vigência da mencionada convenção internacional.

Na realidade, consoante enfatiza autorizado magistério doutrinário (Luiz P. F. de Faro Junior, 'Direito Internacional Público', p. 352, item n. 829, 4ª ed., 1965, Borsoi; Hildebrando Accioly/Geraldo Eulálio do Nascimento e Silva, 'Manual de Direito Internacional Público', p. 34, 12ª ed., 1996, Saraiva; Celso D. de Albuquerque Mello, 'Os Tratados na Constituição' in 'As Tendências Atuais do Direito Público – Estudos em homenagem ao Prof. Afonso Arinos', p. 138, 1976, Forense; José Francisco Rezek, 'Direito dos Tratados', p. 485, item n. 405, 1984, Forense), a denúncia – enquanto manifestação soberana do Estado que a formula – qualifica-se, quanto à Alta Parte de que emana, como causa extintiva do tratado ou convenção internacional.

Vê-se, portanto, que a Convenção 158/OIT não mais se acha incorporada ao sistema de direito positivo interno brasileiro, eis que, com a denúncia dessa convenção internacional, registrada, junto à OIT, em 1996, operou-se, quanto ao Brasil, a própria extinção do referido ato de direito internacional público, o que importa – considerada a integral cessação de sua eficácia – em situação configuradora de perda superveniente do objeto da presente ação direta de inconstitucionalidade.

Não custa enfatizar, neste ponto, que, em decorrência do referido ato de denúncia, deixou de existir o próprio objeto sobre o qual incidiram os atos estatais – Decreto Legislativo 68/1992 e Decreto 1.855/1996 – questionados nesta sede de controle concentrado de constitucionalidade, não mais se justificando, por isso mesmo, a subsistência deste processo de fiscalização abstrata, independentemente da existência, ou não, no caso, de efeitos residuais concretos gerados por aquelas espécies normativas.

A situação que vem de ser referida, não obstante a peculiaridade de que se reveste, equipara-se – considerada a cessação da vigência doméstica da Convenção 158/OIT – à revogação superveniente de diplomas legislativos ou de atos estatais impugnados em sede de ação direta, fazendo instaurar, por isso mesmo, típica hipótese de prejudicialidade do processo de controle normativo abstrato.

Cabe rememorar, por oportuno, a propósito da situação que ora se registra na presente causa, que a jurisprudência do Supremo Tribunal Federal, em sucessivas decisões, tem enfatizado que a revogação superveniente dos atos estatais impugnados em ação direta de inconstitucionalidade – à semelhança do que ocorre com o exaurimento da eficácia das normas temporárias – provoca a extinção do processo de controle normativo abstrato, independentemente da existência de efeitos residuais concretos que possam derivar da aplicação dos diplomas questionados (*RTJ* 154/396, Rel. Min. Celso de Mello – *RTJ* 154/401, Rel. Min. Paulo Brossard – ADI 437-DF, Rel. Min. Celso de Mello, *DJU* de 17.08.1994 – ADI 876-RJ, Rel. Min. Celso de Mello, *DJU* de 01.07.1993 – ADI 1.063-DF, Rel. Min. Celso de Mello, *DJU* de 25.06.2001):

'A revogação superveniente do ato normativo impugnado prejudica a ação direta de inconstitucionalidade, independentemente da existência de efeitos residuais concretos. Esse entendimento jurisprudencial do Supremo Tribunal Federal nada mais reflete senão a própria natureza jurídica do controle normativo abstrato, em cujo âmbito não se discutem situações de caráter concreto ou individual. Precedentes' (*RTJ* 160/145, Rel. Min. Celso de Mello).

Sendo assim, e tendo em consideração as razões expostas, julgo extinto este processo de controle abstrato de constitucionalidade, em virtude da perda superveniente de seu objeto.

Arquivem-se os presentes autos.

Publique-se. Brasília, 26 de junho de 2001.

Ministro Celso de Mello, Relator" (*DJ* 08.08.2001).

Em consulta ao andamento do referido processo, observa-se que no dia 14.08.2001 decorreu o prazo para interposição de recurso de qualquer espécie da referida decisão de 26 de junho de 2001. Assim, em 16.08.2001 os autos foram remetidos à Seção de Baixa de Processos, e, por fim, no dia 21.08.2001, ocorreu a baixa ao arquivo do STF.

Entretanto, discute-se até mesmo a constitucionalidade da referida denúncia da Convenção 158 da OIT pelo Brasil.

Existe inclusive outra ação direta de inconstitucionalidade no STF (ADI 1625-3) questionando o referido ato de denúncia, ainda em tramitação, pendente de decisão final, em razão de pedido de vista, como se observa nas seguintes decisões:

"Após o voto-vista do Ministro Teori Zavascki, julgando improcedente o pedido formulado, pediu vista dos autos o Ministro Dias Toffoli. Não votam os Ministros Edson Fachin, Roberto Barroso, Luiz Fux e Cármen Lúcia por sucederem, respectivamente, aos Ministros Joaquim Barbosa, Ayres Britto, Maurício Corrêa e Nelson Jobim. Presidência da Ministra Cármen Lúcia. Plenário, 14.09.2016". "Após os votos dos Senhores Ministros Maurício Corrêa (Relator) e Carlos Britto, que julgavam procedente, em parte, a ação para, emprestando ao Decreto federal 2.100, de 20 de dezembro de 1996, interpretação conforme o artigo 49, inciso I, da Constituição Federal, determinar que a denúncia da Convenção 158 da OIT condiciona-se ao referendo do Congresso Nacional, a partir do que produz a sua eficácia, e do voto do Presidente, Ministro Nelson Jobim, que julgava improcedente a ação, pediu vista dos autos o Senhor Ministro Joaquim Barbosa. Não participa da votação o Senhor Ministro Eros Grau, por suceder ao Senhor Ministro Maurício Corrêa, Relator. Ausentes, justificadamente, o Senhor Ministro Celso de Mello e, neste julgamento, a Senhora Ministra Ellen Gracie. Plenário, 29.03.2006" (*DJ* 27.04.2006).

A principal alegação é no sentido de que o Presidente da República não poderia, sem a participação do Congresso Nacional, denunciar a convenção aprovada (também) por este[5].

---

[5] Cf. SÜSSEKIND, Arnaldo. *Direito internacional do trabalho.* 3. ed. São Paulo: LTr, 2000. p. 238: "Se as normas dos tratados, conforme reiteradamente tem decidido a Suprema Corte brasileira, se incorporam à legislação nacional, por ter sido a respectiva convenção aprovada pelo Congresso Nacional e depois ratificada pelo Presidente da

Além disso, alega-se que a denúncia da Convenção 158, pelo Brasil, teria ocorrido fora do prazo permitido[6].

No entanto, embora a questão deva ser objeto de decisão do STF, o entendimento predominante é de que a referida denúncia da Convenção 158 da OIT pelo Brasil encontra-se regular.

Quanto à questão de ter sido a norma internacional denunciada somente por ato do Presidente da República, tal prática mostra-se admissível, pois a sustentação da vigência do tratado depende da vontade de ambos os poderes de Estado, o Legislativo, representado pelo Congresso Nacional, e o Executivo, representado pelo Presidente da República. Passando a inexistir uma dessas vontades, o tratado deixa de vigorar.

Assim, tanto o Presidente da República como o Congresso Nacional, cada um deles de forma autônoma, podem retirar a concordância quanto à vigência da norma internacional no ordenamento jurídico nacional.

Isso faz com que se admita a denúncia do tratado tanto por ato isolado do Presidente da República, sob a forma jurídica de decreto, como pelo Congresso Nacional, sob a forma de lei[7].

Nesse sentido, cabe transcrever as lições de José Francisco Rezek:

"Tenho como certo que o chefe de governo pode, por sua singular autoridade, denunciar tratados internacionais – como de resto vem fazendo, com franco desembaraço, desde 1926. [...].

[...] Parece bastante lógico que, onde a comunhão de vontades entre governo e parlamento seja necessária para *obrigar* o Estado, lançando-o numa relação contratual internacional, repute-se suficiente a vontade de um daqueles dois poderes para *desobrigá-lo* por meio da denúncia. Não há falar, assim, à luz impertinente do princípio do ato contrário, que, se as duas vontades tiverem de somar-se para a conclusão do pacto, é preciso vê-las de novo somadas para seu desfazimento. Antes, cumpre entender que as vontades reunidas do governo e do parlamento presumem-se firmes e inalteradas, desde o instante da celebração do tratado, e ao longo de sua vigência pelo tempo afora, como dois pilares de sustentação da vontade nacional. Isso levará à conclusão de que nenhum tratado – dentre os que se mostrem rejeitáveis por meio de denúncia – deve continuar vigendo *contra a vontade* quer do governo, quer do Congresso. O ânimo negativo de um dos

---

República, revogando ou modificando as leis que dispunham em sentido contrário, parece-nos injurídico admitir sua revogação por simples ato administrativo do Poder Executivo. Até porque a legislação alterada ou revogada pela vigência nacional do tratado não se restabelece com a denúncia da sua ratificação (art. 1º [2º], § 3º, da Lei de Introdução ao Código Civil brasileiro). A denúncia, por conseguinte, deve ser autorizada pelo Congresso Nacional ou submetida ao seu referendo com a cláusula de condição suspensiva, eis que a denúncia da ratificação, no sistema da OIT, só tem eficácia 12 meses depois de registrada na República Internacional".

[6] Cf. SÜSSEKIND, Arnaldo. *Direito internacional do trabalho*. 3. ed. São Paulo: LTr, 2000. p. 239: "Quanto à data em que o Estado pode denunciar a convenção ratificada, as disposições finais desse tratado normativo habitualmente prescrevem: 'Todo Membro que tiver ratificado a presente convenção poderá denunciá-la no fim de um período de 10 anos, a partir da data da entrada em vigor inicial, mediante um ato comunicado, para ser registrado, ao Diretor-Geral da Repartição Internacional do Trabalho. A denúncia tornar-se-á efetiva somente um ano após a data do registro'. Duas posições antagônicas surgiram na interpretação dessa regra: a primeira, que prevalece no seio da OIT, entende que o decênio se conta da data em que teve início a vigência internacional da convenção. [...]. A segunda corrente, a que nos filiamos, considera que o decênio concerne à vigência da ratificação de cada país. O método de interpretação sistemática parece fundamentar essa conclusão, porque o § 2º do mesmo artigo prescreve que, se o Estado não usar do direito de denúncia no prazo previsto no parágrafo anterior, 'ficará obrigado, durante um novo período de 10 anos e, sucessivamente, poderá denunciar esta convenção à expiração de cada período de 10 anos, nas condições previstas neste artigo'. Ora, se o parágrafo alude a 'um novo período de 10 anos' para a vigência da ratificação nacional, é porque antes fluiu igual tempo de ratificação. Aliás, a lógica jurídica aponta para essa solução, porquanto afronta o bom senso admitir-se que um Estado possa denunciar um tratado que ratificou poucos dias antes, pelo fato de já vigorar no campo internacional há 10 anos".

[7] Em sentido divergente, cf. GONÇALVES, Rogério Magnus Varela. *Direito constitucional do trabalho*: aspectos controversos da automatização. Porto Alegre: Livraria do Advogado, 2003. p. 126: "A denúncia deveria ter sido firmada com a consulta ao Congresso Nacional. Esta inobservância macula a forma rescisória firmada pelo Governo Brasileiro".

dois poderes políticos em relação ao tratado há de determinar sua denúncia, visto que significa o desaparecimento de uma das bases que se apoiava o consentimento do Estado"[8].

É certo que no caso do Congresso Nacional, como se exige uma *lei* para a referida denúncia da norma internacional anteriormente ratificada, para que a referida modalidade legislativa específica seja aprovada, o respectivo processo impõe a promulgação e sanção pelo Presidente da República, com posterior publicação da lei. Nesse aspecto, observa-se certa posição diferenciada do Presidente da República em comparação com o Congresso Nacional, quanto ao tema da denúncia dos tratados, o que decorre do processo legislativo em vigor, previsto na Constituição da República.

Sobre essa questão, vejamos novamente os ensinamentos de José Francisco Rezek:

"Aceito que seja esse ponto de vista, ter-se-ão como válidas todas as denúncias resultantes do puro alvitre governamental. Em contrapartida, estará também aceita a tese de que a vontade do Congresso é hábil para provocar a denúncia de um pacto internacional, mesmo quando não coincidente com as intenções do poder Executivo. Neste passo, é imperioso reconhecer o desequilíbrio reinante entre os instrumentos de ação do governo e os do Congresso. Se o intento de denunciar é do primeiro, o ato internacional pertinente dará sequência imediata à decisão do presidente da República – a quem se subordinam todos os mecanismos do relacionamento exterior e todos os condutos da comunicação oficial com nações estrangeiras e demais pessoas jurídicas de direito das gentes. Tendo origem no Congresso o propósito da denúncia, não deixará de recair sobre o Executivo a responsabilidade por sua formulação no plano internacional. De par disso, o meio com que o Congresso exteriorize sua vontade ante o governo não pode ser um decreto legislativo de 'rejeição' do acordo vigente – à falta de previsão de semelhante ato na faixa da competência exclusiva do parlamento. Por exclusão, cabe entender que a *lei ordinária* é o instrumento próprio a que o Legislativo determine ao governo a denúncia de tratados, tal como fez em 1911, no domínio extradicional.

A lei ordinária, entretanto, não é produto exclusivo do parlamento, visto que depende de sanção do chefe do governo. Este vetará o projeto caso discorde da ideia da denúncia; e só o verá promulgado, contra sua vontade, caso assim decida a maioria absoluta do total de membros de cada uma das casas do Congresso. Aqui se encontra a evidência maior do desequilíbrio entre a manifestação de vontade do governo e a expressão da vontade do Congresso, no sentido de desvincular o país de um pacto internacional. A segunda não apenas percorre, na forma, caminhos oblíquos: ela deve, antes de tudo, encontrar-se escorada no amplo *quorum* que nossa ordem constitucional reclama para a rejeição do veto presidencial".[9]

Por fim, em relação ao prazo em que a referida denúncia foi feita pelo Brasil, o entendimento que prevalece, inclusive no plano da OIT, é no sentido de que o mencionado decênio deve ser contado da data em que teve início a vigência internacional da convenção[10].

Assim, como reconhece Arnaldo Süssekind, "no caso da Convenção n. 158, porque essa vigência ocorreu a 23 de novembro de 1985, os países que a ela aderiram tiveram oportunidade de denunciá-la entre 23 de novembro de 1995 e 22 de novembro de 1996"[11].

No caso, a denúncia ocorreu dentro desse prazo, como se verifica pelo Decreto 2.100, de 20 de dezembro de 1996, o qual tornou público que deixou de vigorar para o Brasil, a partir de 20 de no-

---

[8] REZEK, José Francisco. *Direito internacional público*: curso elementar. 5. ed. São Paulo: Saraiva, 1995. p. 115-116 (destaques do original).
[9] REZEK, José Francisco. *Direito internacional público*: curso elementar. 5. ed. São Paulo: Saraiva, 1995. p. 116-117 (destaques do original).
[10] Cf. GONÇALVES, Rogério Magnus Varela. *Direito constitucional do trabalho*: aspectos controversos da automatização. Porto Alegre: Livraria do Advogado, 2003. p. 124.
[11] SÜSSEKIND, Arnaldo. *Direito internacional do trabalho*. 3. ed. São Paulo: LTr, 2000. p. 239.

vembro de 1997, a Convenção da OIT 158, "visto haver sido denunciada por Nota do Governo brasileiro à Organização Internacional do Trabalho, tendo sido a denúncia registrada, por esta última, a 20 de novembro de 1996".

18.4.2 Análise das disposições da Convenção 158 da OIT

Observados os aspectos acima, cabe destacar as principais disposições contidas na Convenção 158 da OIT, por ser importante instrumento normativo de caráter internacional, exatamente sobre o tema em estudo[12].

A respeito de sua aplicação, deve-se dar efeito às disposições da Convenção 158 da OIT por meio da legislação nacional, exceto na medida em que essas disposições sejam aplicadas por meio de contratos coletivos, laudos arbitrais ou sentenças judiciais, ou de qualquer outra forma de acordo com a prática nacional (art. 1º).

18.4.2.1 *Âmbito de incidência*

A referida norma internacional, de acordo com o seu art. 2º, "aplica-se a todas as áreas de atividade econômica e a todas as pessoas empregadas", podendo haver as exclusões, pelo Estado-Membro, especificadas nas alíneas deste mesmo dispositivo[13].

18.4.2.2 *Justificação do término da relação de emprego*

Um dos preceitos de maior destaque na Convenção 158 refere-se ao seu art. 4º, com a seguinte redação:

"Não se dará término à relação de trabalho de um trabalhador a menos que exista para isso uma causa justificada relacionada com sua capacidade ou seu comportamento ou baseada nas necessidades de funcionamento da empresa, estabelecimento ou serviço".

Tem-se aqui a consagração da regra que veda a *dispensa arbitrária* do empregado, entendida como aquela que não se funda em qualquer causa justificada, seja de natureza disciplinar, econômico-financeira ou técnica.

No plano do Direito interno brasileiro, o art. 165, *caput*, da CLT, de forma semelhante, define a "despedida arbitrária" como aquela "que não se fundar em motivo disciplinar, técnico, econômico ou financeiro".

Entretanto, a rigor, em termos mais precisos, seria possível entender que a "dispensa arbitrária" não se funda em motivos *objetivos*, relacionados à empresa, referentes a fatores econômicos, financeiros, técnicos ou estruturais. Por sua vez, a "dispensa sem justa causa" seria aquela que não se funda em motivos *subjetivos*, ou seja, disciplinares, referentes ao empregado.

Explicitando o alcance da referida disposição, de acordo com o art. 5º da Convenção 158 da OIT:

"Entre os motivos que não constituirão causa justificada para o término da relação de trabalho constam os seguintes:

a) a filiação a um sindicato ou a participação em atividades sindicais fora das horas de trabalho ou, com o consentimento de empregador, durante as horas de trabalho;

---

[12] Sobre o tema, cf. MANNRICH, Nelson. *Dispensa coletiva*: da liberdade contratual à responsabilidade social. São Paulo: LTr, 2000. p. 210-218.

[13] "Todo membro poderá excluir da totalidade algumas das disposições da presente Convenção as seguintes categorias de pessoas empregadas: os trabalhadores de um contrato de trabalho de duração determinada ou para realizar uma determinada tarefa; os trabalhadores que estejam num período de experiência ou que tenha o tempo de serviço exigido, sempre que, em qualquer um dos casos, a duração tenha sido fixada previamente e for razoável; os trabalhadores contratados em caráter ocasional durante um período de curta duração".

b) ser candidato a representante dos trabalhadores ou atuar ou ter atuado nessa qualidade;

c) apresentar uma queixa ou participar de um procedimento estabelecido contra um empregador por supostas violações de leis ou regulamentos, ou recorrer perante as autoridades administrativas competentes;

d) a raça, a cor, o sexo, o estado civil, as responsabilidades familiares, a gravidez, a religião, as opiniões políticas, a ascendência nacional ou a origem social;

e) a ausência do trabalho durante a licença-maternidade".

As disposições acima, além de coibirem hipóteses de dispensa discriminatória, proíbem a prática de atos antissindicais, no caso, relacionados ao término da relação de emprego.

Além disso, a ausência temporária do trabalho por motivo de doença ou lesão não deverá constituir causa justificada de término da relação de emprego (art. 6º).

Trata-se de outra importante norma de caráter de proteção, que se justifica em face das referidas situações desfavoráveis, no aspecto físico ou psíquico, em que se encontra o empregado, encontrando paralelo nos arts. 475 e 476 da CLT, bem como no art. 118 da Lei 8.213/1991.

18.4.2.3 Procedimentos prévios por ocasião do término da relação de emprego

A respeito dos procedimentos prévios para o término da relação de emprego, conforme o art. 7º da Convenção 158:

"Não deverá ser terminada a relação de trabalho de um trabalhador por motivos relacionados com seu comportamento ou seu desempenho antes de se dar ao mesmo a possibilidade de se defender das acusações feitas contra ele, a menos que não seja possível pedir ao empregador, razoavelmente, que lhe conceda essa possibilidade".

Como se nota, a regra é no sentido de possibilitar a ampla defesa do empregado, antes de ser consumada a sua dispensa por motivo disciplinar.

O § 1º do art. 8º assegura ao trabalhador que considerar *injustificado* o término de sua relação de trabalho, o direito de recorrer contra isso, perante um organismo neutro, "como, por exemplo, um tribunal, um tribunal do trabalho, uma junta de arbitragem ou um árbitro".

No caso do Brasil, ter-se-ia a Justiça do Trabalho e, em tese, as Comissões de Conciliação Prévia.

Os organismos mencionados estarão habilitados para examinar as causas alegadas para justificar o término da relação de trabalho e todas as demais circunstâncias relacionadas com o caso, e para se pronunciar sobre o término ser ou não justificado (art. 9º).

Merece destaque o art. 10 da Convenção 158, com a seguinte disposição:

"Se os organismos mencionados no artigo 8 da presente Convenção chegarem à conclusão de que o término da relação de trabalho é injustificado e se, em virtude da legislação e prática nacionais, esses organismos não estiverem habilitados ou não considerarem possível, devido às circunstâncias, anular o término e, eventualmente, ordenar ou propor a readmissão do trabalhador, terão a faculdade de ordenar o pagamento de uma indenização adequada ou outra reparação que for considerada apropriada".

Verifica-se, primeiramente, que a referida norma internacional faz expressa remissão à regulação do tema no âmbito do direito interno do Estado-Membro ("legislação e práticas nacionais").

Além disso, a própria Convenção 158 admite que, mesmo havendo decisão no sentido de que a dispensa do empregado não pode ser considerada justificada, a reintegração pode não ser a medida a ser adotada, facultando-se "ordenar o pagamento de uma indenização adequada ou outra reparação que for considerada apropriada".

Esse pagamento de indenização compensatória, pela despedida arbitrária ou sem justa causa do empregado, é justamente a regra geral, em vigor no Brasil, como se observa do art. 10, inciso I, do ADCT.

18.4.2.4 Aviso prévio para o término da relação de emprego

O art. 11, por sua vez, prevê o direito a um aviso prévio ou indenização respectiva, a não ser que o empregado seja "culpado de uma falta grave" de tal natureza, que não seria razoável pedir ao empregador que continuasse a empregá-lo durante o prazo do aviso prévio.

Isso também se encontra presente na legislação brasileira, quanto ao aviso prévio, previsto nas modalidades de aviso trabalhado e indenizado (art. 7º, inciso XXI, da CF/1988, e arts. 487 e seguintes da CLT).

18.4.2.5 Indenização pelo término da relação de emprego

Outra disposição que merece realce, embora remeta à regulamentação interna (significando não ser plenamente autoaplicável), é encontrada no art. 12 da Convenção 158 da OIT, estabelecendo o seguinte mandamento:

"1. Em conformidade com a legislação e a prática nacionais, todo trabalhador cuja relação de trabalho tiver sido terminada terá direito:

a) a uma indenização por término de serviços ou a outras compensações análogas, cuja importância será fixada em função, entre diretamente pelo empregador ou por um fundo constituído através de cotizações dos empregados; ou

b) a benefícios do seguro desemprego, de um sistema de assistência aos desempregados ou de outras formas de previdência social, tais como benefícios por velhice ou por invalidez, sob as condições normais às quais esses benefícios estão sujeitos; ou

c) a uma combinação de tais indenizações ou benefícios".

No caso brasileiro, essa previsão parece encontrar-se plenamente atendida, seja pelo sistema do Fundo de Garantia do Tempo de Serviço (art. 7º, inciso III, da CF/1988), seja pela indenização compensatória de 40%, devida na hipótese de despedida arbitrária ou sem justa causa (art. 10, inciso I, do ADCT), seja pelo seguro-desemprego, em caso de desemprego involuntário (art. 7º, inciso II, da CF/1988).

O § 2º do art. 12 excepciona, para o caso de término da relação de emprego em razão de falta grave, a possibilidade de prever a *perda do direito a desfrutar das indenizações ou benefícios* mencionados no § 1º, item "a" (acima transcrito), pelos métodos de aplicação mencionados no art. 1º da presente Convenção (ou seja, legislação nacional, contratos coletivos, laudos arbitrais ou sentenças judiciais, ou de qualquer outra forma de acordo com a prática nacional).

É o que ocorre na legislação nacional, em que o empregado não faz jus ao saque dos depósitos do FGTS, nem à indenização de 40%, nem ao recebimento do seguro-desemprego, na hipótese de sua dispensa por justa causa ou falta grave.

18.4.2.6 Dispensa coletiva

A Convenção 158 da OIT, por fim, estabelece disposições complementares, sobre o término da relação de trabalho por motivos econômicos, tecnológicos, estruturais ou análogos.

Trata-se da chamada *dispensa coletiva*, pois relacionada aos fatores acima indicados. Justamente por isso, na prática, é comum acarretarem a terminação de vínculos de emprego de um conjunto ou grupo de empregados.

No entanto, o critério específico, para a correta qualificação da dispensa como coletiva, no âmbito da OIT, não é propriamente o número de empregados dispensados, mas sim a existência de motivo de ordem econômica, tecnológica ou estrutural, como se observa na Parte III da Convenção 158 da OIT[14].

---

[14] Cf. MANNRICH, Nelson. *Dispensa coletiva*: da liberdade contratual à responsabilidade social. São Paulo: LTr, 2000. p. 216: "A Convenção não conceitua dispensa coletiva, fazendo apenas referência a motivos econômicos, tecnológicos, estruturais e análogos. Além disso, não estabelece critério quantitativo determinado, nem fixa limite em relação ao

Quanto à consulta aos representantes dos trabalhadores, de acordo com o art. 13:

"1. Quando o empregador prevê términos da relação de trabalho por motivos econômicos, tecnológicos, estruturais ou análogos:

a) proporcionará aos representantes dos trabalhadores interessados, em tempo oportuno, a informação pertinente, incluindo os motivos dos términos previstos, o número e categorias dos trabalhadores que poderiam ser afetados e o período durante o qual seriam efetuados esses términos;

b) em conformidade com a legislação e a prática nacionais, oferecerá aos representantes dos trabalhadores interessados, o mais breve que for possível, uma oportunidade para realizarem consultas sobre as medidas que deverão ser adotadas para evitar ou limitar os términos e as medidas para atenuar as consequências adversas de todos os términos para os trabalhadores interessados e afetados, por exemplo, achando novos empregos para estes.

2. A aplicação do parágrafo 1 do presente artigo poderá ser limitada, mediante os métodos de aplicação mencionados no artigo 1 da presente Convenção, àqueles casos em que o número de trabalhadores, cuja relação de trabalho tiver previsão de ser terminada, for pelo menos igual a uma cifra ou uma porcentagem determinadas do total do pessoal.

3. Para efeitos do presente artigo, a expressão 'representantes dos trabalhadores interessados' aplica-se aos representantes dos trabalhadores reconhecidos como tais pela legislação ou a prática nacionais, em conformidade com a Convenção sobre os Representantes dos Trabalhadores, em 1971".

O aspecto de maior relevância, aqui, refere-se à necessidade de o empregador proporcionar aos representantes dos trabalhadores interessados, em tempo oportuno, *informações pertinentes, incluindo os motivos dos términos previstos*.

Trata-se de importante previsão, garantindo o *direito à informação*, que é considerado uma garantia fundamental, inserido por certos autores entre os direitos humanos de quarta dimensão.

Reconhece-se, portanto, a necessidade de diálogo e transparência nas relações de trabalho, especialmente quanto às dispensas coletivas, tendo em vista as suas relevantes repercussões, normalmente negativas, para a sociedade.

Quanto à notificação à autoridade competente, nas hipóteses de dispensa coletiva (ou seja, fundadas em motivos econômicos, tecnológicos, estruturais ou análogos), o art. 14 da Convenção 158 prevê, novamente reportando-se à legislação interna, que:

"Em conformidade com a legislação e a prática nacionais, o empregador que prever términos por motivos econômicos, tecnológicos, estruturais ou análogos, deverá notificá-los o mais breve possível à autoridade competente, comunicando-lhe a informação pertinente incluindo uma exposição, por escrito, dos motivos dos términos previstos, o número e as categorias dos trabalhadores que poderiam ser afetados e o período durante o qual serão efetuados esses términos.

2. A legislação nacional poderá limitar a aplicabilidade do parágrafo 1 do presente artigo àqueles casos nos quais o número de trabalhadores, cuja relação de trabalho tiver previsão de ser terminada, for pelo igual a uma cifra ou uma porcentagem determinadas do total do pessoal.

3. O empregador notificará às autoridades competentes os términos referidos no parágrafo 1 do presente artigo com um prazo mínimo de antecedência da data em que seriam efetuados os términos, prazo que será especificado pela legislação nacional".

---

número de trabalhadores para caracterizá-la. Ou seja, os procedimentos previstos nos arts. 13 e 14, relativos à dispensa coletiva, independem do número de dispensas ocorridas, podendo ser aplicados até em caso de dispensa de apenas um trabalhador. Entretanto, o § 2º, do art. 14 permite ao legislador nacional aplicar tais procedimentos a partir da dispensa de determinado número de empregados".

Essa prévia notificação da autoridade competente, infelizmente, também não é prevista, ainda, em nossa legislação interna, nada impedindo que seja adotada, ainda que em instrumentos normativos decorrentes da negociação coletiva.

No entanto, seriam importantes a adequação e o aperfeiçoamento da legislação brasileira quanto ao tema, como forma de regular e restringir a dispensa coletiva, instituindo a responsabilidade social na sua prática, pois, como já destacado, são diversas as consequências, para a sociedade como um todo, dela advindas[15]. Desdobramentos esses que são, sem dúvida, extremamente negativos, como o desemprego em massa, acompanhado de efeitos nefastos, como o aumento da miséria e da própria criminalidade.

Registre-se ainda que o Tribunal Superior do Trabalho, anteriormente, em caso envolvendo dispensa coletiva, chegou a proferir a seguinte decisão, na qual fixou entendimento quanto à necessidade de negociação coletiva "para a dispensa em massa de trabalhadores":

"Recurso ordinário em dissídio coletivo. Dispensas trabalhistas coletivas. Matéria de Direito Coletivo. Imperativa interveniência sindical. Restrições jurídicas às dispensas coletivas. Ordem constitucional e infraconstitucional democrática existente desde 1988. A sociedade produzida pelo sistema capitalista é, essencialmente, uma sociedade de massas. A lógica de funcionamento do sistema econômico-social induz a concentração e centralização não apenas de riquezas, mas também de comunidades, dinâmicas socioeconômicas e de problemas destas resultantes. A massificação das dinâmicas e dos problemas das pessoas e grupos sociais nas comunidades humanas, hoje, impacta de modo frontal a estrutura e o funcionamento operacional do próprio Direito. Parte significativa dos danos mais relevantes na presente sociedade e das correspondentes pretensões jurídicas tem natureza massiva. O caráter massivo de tais danos e pretensões obriga o Direito a se adequar, deslocando-se da matriz individualista de enfoque, compreensão e enfrentamento dos problemas a que tradicionalmente perfilou-se. A construção de uma matriz jurídica adequada à massividade dos danos e pretensões característicos de uma sociedade contemporânea – sem prejuízo da preservação da matriz individualista, apta a tratar os danos e pretensões de natureza estritamente atomizada – é, talvez, o desafio mais moderno proposto ao universo jurídico, e é sob esse aspecto que a questão aqui proposta será analisada. As dispensas coletivas realizadas de maneira maciça e avassaladora, somente seriam juridicamente possíveis em um campo normativo hiperindividualista, sem qualquer regulamentação social, instigador da existência de mercado hobbesiano na vida econômica, inclusive entre empresas e trabalhadores, tal como, por exemplo, respaldado por Carta Constitucional como a de 1891, já há mais um século superada no país. Na vigência da Constituição de 1988, das convenções internacionais da OIT ratificadas pelo Brasil relativas a direitos humanos e, por consequência, direitos trabalhistas, e em face da leitura atualizada da legislação infraconstitucional do país, é inevitável concluir-se pela presença de um Estado Democrático de Direito no Brasil, de um regime de império da norma jurídica (e não do poder incontrastável privado), de uma sociedade civilizada, de uma cultura de bem-estar social e respeito à dignidade dos seres humanos, tudo repelindo, imperativamente, dispensas massivas de pessoas, abalando empresa, cidade e toda uma importante região. Em consequência, fica fixada, por interpretação da ordem jurídica, a premissa de que a negociação coletiva é imprescindível para a dispensa em massa de trabalhadores. Dispensas coletivas trabalhistas. Efeitos jurídicos. A ordem constitucional e infraconstitucional democrática brasileira, desde a Constituição de 1988 e diplomas internacionais ratificados (Convenções OIT n. 11, 87, 98,

---

[15] Cf. MANNRICH, Nelson. *Dispensa coletiva*: da liberdade contratual à responsabilidade social. São Paulo: LTr, 2000. p. 216: "Segundo a Convenção, as dispensas coletivas devem ser evitadas ao máximo e, sempre que possível, limitadas. Nesse caso, seus efeitos devem ser atenuados, observando-se determinados procedimentos. Assim, só podem ser efetivadas após a informação e consulta aos representantes dos trabalhadores e notificação prévia às autoridades competentes".

135, 141 e 151, ilustrativamente), não permite o manejo meramente unilateral e potestativista das dispensas trabalhistas coletivas, por se tratar de ato/fato coletivo, inerente ao Direito Coletivo do Trabalho, e não Direito Individual, exigindo, por consequência, a participação do(s) respectivo(s) sindicato(s) profissional(is) obreiro(s). Regras e princípios constitucionais que determinam o respeito à dignidade da pessoa humana (art. 1º, III, CF), a valorização do trabalho e especialmente do emprego (arts. 1º, IV, 6º e 170, VIII, CF), a subordinação da propriedade à sua função socioambiental (arts. 5º, XXIII e 170, III, CF) e a intervenção sindical nas questões coletivas trabalhistas (art. 8º, III e VI, CF), tudo impõe que se reconheça distinção normativa entre as dispensas meramente tópicas e individuais e as dispensas massivas, coletivas, as quais são social, econômica, familiar e comunitariamente impactantes. Nesta linha, seria inválida a dispensa coletiva enquanto não negociada com o sindicato de trabalhadores, espontaneamente ou no plano do processo judicial coletivo. A d. Maioria, contudo, decidiu apenas fixar a premissa, *para casos futuros*, de que a negociação coletiva é imprescindível para a dispensa em massa de trabalhadores, observados os fundamentos supra. Recurso ordinário a que se dá provimento parcial" (TST, SDC, RODC 309/2009-000-15-00.4, Rel. Min. Mauricio Godinho Delgado, *DEJT* 04.09.2009).

18.5 Dispensa plúrima e dispensa coletiva

A dispensa coletiva não se confunde com a dispensa plúrima.

Segundo Orlando Gomes: "*Dispensa coletiva* é a rescisão simultânea, por motivo único, de uma pluralidade de contratos numa empresa, sem substituição dos empregados dispensados"[16].

Na dispensa coletiva, ainda de acordo com Orlando Gomes: "A causa da *dispensa* é comum a todos, não se prendendo ao comportamento de nenhum deles, mas a uma necessidade da empresa"[17].

Diversamente, quanto à *dispensa plúrima*, conforme Orlando Gomes: "*Dispensa* dessa espécie sucede quando numa empresa se verifica uma série de *despedidas singulares* ou individuais, ao mesmo tempo, por motivo relativo à conduta de cada empregado dispensado"[18].

Na dispensa coletiva, por acarretar consequências sociais normalmente mais abrangentes e negativas, seria adequada a previsão de tentar formas alternativas à sua ocorrência. Mesmo quando inevitável, seria relevante ser precedida de formalidades, consultas e negociações, com o fim de amenizar os seus desdobramentos prejudiciais aos trabalhadores e à sociedade.

Apesar do exposto, em consonância com o art. 477-A da CLT, acrescentado pela Lei 13.467/2017, as dispensas imotivadas individuais, plúrimas ou coletivas equiparam-se para todos os fins, não havendo necessidade de autorização prévia de entidade sindical ou de celebração de convenção coletiva ou acordo coletivo de trabalho para sua efetivação.

Desse modo, com a Lei 13.467/2017, as diversas modalidades de despedidas, inclusive plúrimas e coletivas, são tratadas da mesma forma que a dispensa individual não motivada, não se exigindo autorização prévia de entidade sindical nem a pactuação de instrumentos normativos decorrentes de negociação coletiva para que ocorram.

A dispensa coletiva passa a ser tratada, assim, do mesmo modo que a despedida individual, sem considerar os seus impactos diferenciados e os seus reflexos sociais mais amplos, em afronta ao princípio da igualdade, em sua vertente material (art. 5º, *caput*, da Constituição da República), em desacordo com a Convenção 158 da OIT e sem paralelo com a legislação da maioria dos países de maior desenvolvimento.

---

[16] GOMES, Orlando. Dispensa coletiva na reestruturação da empresa (aspectos jurídicos do desemprego tecnológico). *Revista Legislação do Trabalho*, São Paulo, LTr, ano 38, p. 575, jan. 1974 (destaques do original).

[17] GOMES, Orlando. Dispensa coletiva na reestruturação da empresa (aspectos jurídicos do desemprego tecnológico). *Revista Legislação do Trabalho*, São Paulo, LTr, ano 38, p. 575, jan. 1974 (destaques do original).

[18] GOMES, Orlando. Dispensa coletiva na reestruturação da empresa (aspectos jurídicos do desemprego tecnológico). *Revista Legislação do Trabalho*, São Paulo, LTr, ano 38, p. 576, jan. 1974 (destaques do original).

A referida previsão, ademais, ao institucionalizar abertamente a dispensa *imotivada*, pode violar o mandamento constitucional de proteção da relação de emprego contra despedida arbitrária ou sem justa causa (art. 7º, inciso I, da Constituição Federal de 1988), bem como os princípios fundamentais da dignidade da pessoa humana e do valor social do trabalho (art. 1º, incisos III e IV, da Constituição da República).

Mesmo no aspecto formal, frise-se que a Lei 13.467/2017, que acrescentou o art. 477-A da CLT, tem natureza ordinária, enquanto o art. 7º, inciso I, da Constituição da República exige *lei complementar* para disciplinar a proteção contra dispensa arbitrária ou sem justa causa.

O Supremo Tribunal Federal fixou a seguinte tese de repercussão geral: "A intervenção sindical prévia é exigência procedimental imprescindível para a dispensa em massa de trabalhadores, que não se confunde com autorização prévia por parte da entidade sindical ou celebração de convenção ou acordo coletivo" (STF, Pleno, RE 999.435/SP, Red. p/ ac. Min. Edson Fachin, j. 08.06.2022)[19].

18.6 Modalidades de dispensa

A *dispensa arbitrária* do empregado, como já mencionado, é aquela que não se funda em qualquer causa justificada, seja de natureza disciplinar, econômico-financeira ou técnica.

O art. 165, *caput*, da CLT, embora tratando da garantia de emprego do representante da CIPA, define a "despedida arbitrária" como aquela "que não se fundar em motivo disciplinar, técnico, econômico ou financeiro".

Já a *dispensa sem justa causa* seria aquela "feita pelo empregador sem motivo dado pelo empregado"[20].

Apesar disso, como destacado anteriormente, a rigor, seria possível entender a "dispensa arbitrária" como aquela que não se funda em motivos *objetivos*, relacionados à empresa, referentes a fatores econômicos, financeiros, técnicos ou estruturais. Por sua vez, a "dispensa sem justa causa" seria aquela que não se funda em motivos *subjetivos*, ou seja, disciplinares, referentes ao empregado.

A *dispensa obstativa*, por sua vez, seria aquela que tem o objetivo, fraudulento, de impedir que o empregado adquira determinado direito, como a estabilidade (art. 499, § 3º, da CLT).

Diferentemente, a *dispensa retaliativa* significa aquela "efetuada por represália do empregador. É o que ocorre quando o empregado é dispensado por ter ajuizado reclamação na Justiça do Trabalho ou por ter servido como testemunha em processo proposto contra a empresa"[21].

Por fim, a *dispensa discriminatória* é aquela decorrente de características ou aspectos pessoais do empregado, como, por exemplo, idade, sexo, origem, raça, cor, estado civil, situação familiar, crença religiosa ou estado de gravidez, havendo previsão na Lei 9.029/1995.

Quanto ao tema, a Súmula 443 do TST assim prevê: "Dispensa discriminatória. Presunção. Empregado portador de doença grave. Estigma ou preconceito. Direito à reintegração. Presume-se discriminatória a despedida de empregado portador do vírus HIV ou de outra doença grave que suscite estigma ou preconceito. Inválido o ato, o empregado tem direito à reintegração no emprego"[22].

---

[19] "Constitucional. Direito dos trabalhadores. Dispensa em massa. Intervenção sindical prévia. Exigência. Art. 7º, incisos I e XXVI, da Constituição da República. 1. Os direitos sociais fundamentais trabalhistas são corolários primários do modelo político alcunhado de Estado Democrático de Direito. 2. As relações contratuais, em geral, e as relações contratuais trabalhistas, em particular, devem considerar sujeitos e objetos concretos. 3. Diante da previsão constitucional expressa do artigo 7º, I e XXVI, da CRFB, é inadmissível o rompimento em massa do vínculo de emprego sem a devida atenção à negociação coletiva. 4. Recurso extraordinário não provido, com fixação majoritária, vencidos os Ministros Edson Fachin e Ricardo Lewandowski e a Ministra Rosa Weber, da seguinte tese: [...]" (STF, Pleno, RE 999.435/SP, Red. p/ ac. Min. Edson Fachin, DJe 15.09.2022).

[20] MARTINS, Sergio Pinto. *Direito do trabalho*. 22. ed. São Paulo: Atlas, 2006. p. 349.

[21] MARTINS, Sergio Pinto. *Direito do trabalho*. 22. ed. São Paulo: Atlas, 2006. p. 349.

[22] Na esfera penal, a Lei 12.984/2014, no art. 1º, prevê que constitui crime punível com reclusão, de um a quatro anos, e multa, as seguintes *condutas discriminatórias contra o portador do HIV e o doente de AIDS, em razão da sua*

O Supremo Tribunal Federal negou seguimento à arguição de descumprimento de preceito fundamental a respeito da Súmula 443 do TST, tendo em vista a ausência de controvérsia judicial relevante caracterizada por julgamentos conflitantes. Entendeu-se ainda que a alegada ofensa à Constituição, se configurada, seria apenas reflexa e indireta. Cf. STF, Pleno, ADPF 648/DF, Rel. Min. Cármen Lúcia, *DJe* 30.06.2021.

18.7 Classificação das modalidades de cessação do contrato de trabalho

A terminação do contrato de trabalho pode ser classificada da seguinte forma:

a) por decisão do empregador, referindo-se à dispensa sem justa causa, à dispensa com justa causa ou por falta grave e à culpa recíproca;

b) por decisão do empregado, referindo-se ao "pedido de demissão" (*rectius*: demissão) e à despedida indireta;

c) por desaparecimento de uma das partes, como a morte do empregado, a morte do empregador pessoa física ou a extinção da empresa;

d) por consentimento das partes;

e) pelo advento do termo do contrato a prazo determinado;

f) por força maior;

g) por *factum principis*.

Vejamos maiores detalhes quanto às referidas hipóteses.

18.7.1 Dispensa sem justa causa

Na dispensa sem justa causa, o empregador decide pôr fim ao vínculo de emprego, por meio do exercício de direito considerado por parte da doutrina como potestativo, que lhe autoriza tal conduta, mesmo não tendo o empregado incorrido em qualquer falta disciplinar.

Cabe a observação de que o referido direito, de titularidade do empregador, pode sofrer restrições, nos casos de empregados detentores de estabilidades ou garantias de emprego, obstando a dispensa sem justa causa.

A dispensa sem justa causa contrapõe-se à dispensa por justa causa, a qual decorre de falta disciplinar praticada pelo empregado.

Em termos doutrinários, conceituais ou teóricos, a dispensa sem justa causa poderia ser diferenciada da dispensa arbitrária, pois aquela é a cessação do vínculo de emprego, por decisão do empregador, mesmo não tendo o empregado incorrido em justa causa, ou seja, motivo disciplinar. Já na dispensa arbitrária, o contrato de trabalho cessa, também por decisão do empregador, mas não se fundando em qualquer motivo, seja ele de ordem disciplinar, econômica, financeira ou técnica.

Pode-se entender, assim, que a dispensa arbitrária apresenta um alcance mais amplo, sendo, além disso, mais indesejada pela sociedade, por não revelar qualquer motivação ou justificativa razoável para a ruptura do vínculo de emprego. Outro ângulo possível para diferenciar, em termos teóricos, a "dispensa arbitrária" da "dispensa sem justa causa" seria entender que a primeira não se funda em motivos *objetivos*, relacionados à empresa, referentes a fatores econômicos, financeiros,

---

condição de portador ou de doente: I – recusar, procrastinar, cancelar ou segregar a inscrição ou impedir que permaneça como aluno em creche ou estabelecimento de ensino de qualquer curso ou grau, público ou privado; II – negar emprego ou trabalho; III – exonerar ou demitir de seu cargo ou emprego; IV – segregar no ambiente de trabalho ou escolar; V – divulgar a condição do portador do HIV ou de doente de AIDS, com intuito de lhe ofender a dignidade; VI – recusar ou retardar atendimento de saúde.

técnicos ou estruturais; a "dispensa sem justa causa", por sua vez, não se funda em motivos *subjetivos*, ou seja, disciplinares, referentes ao empregado.

No entanto, o tratamento legislativo, ao menos no Brasil, quanto à dispensa sem justa causa e à dispensa arbitrária, é praticamente idêntico, como se observa do art. 7º, inciso I, da Constituição Federal de 1988, bem como do art. 10, inciso II, do Ato das Disposições Constitucionais Transitórias.

Por isso, a "despedida arbitrária ou sem justa causa" gera ao empregado dispensado o direito a receber: aviso prévio; férias vencidas e proporcionais com 1/3; décimo terceiro salários vencidos e proporcionais; saldo salarial referente aos dias trabalhados; indenização de 40% do FGTS; levantamento dos depósitos do FGTS; guias do seguro-desemprego.

18.7.1.1 Motivação da dispensa do empregado público

Questão que gera grande controvérsia refere-se à necessidade, ou não, de motivação da dispensa do servidor público, regido pela CLT.

Quanto aos empregados públicos das empresas públicas e sociedades de economia mista que explorem atividade econômica, o art. 173, § 1º, inciso II, da Constituição Federal determina a aplicação do regime jurídico próprio das empresas privadas, inclusive quanto às obrigações trabalhistas.

Como para as empresas privadas, no sistema em vigor, não se exige que o empregador justifique ou apresente os motivos da dispensa, há entendimento de que essa mesma conclusão deve ser aplicada aos referidos empregados públicos das mencionadas empresas estatais.

Nesse sentido, cabe destacar a Orientação Jurisprudencial 247 da SBDI-I do TST:

"Servidor público. Celetista concursado. Despedida imotivada. Empresa pública ou sociedade de economia mista. Possibilidade. Inserida em 20.06.2001 (Alterada – Res. 143/2007 – *DJ* 13.11.2007).

I – A despedida de empregados de empresa pública e de sociedade de economia mista, mesmo admitidos por concurso público, independe de ato motivado para sua validade.

II – A validade do ato de despedida do empregado da Empresa Brasileira de Correios e Telégrafos (ECT) está condicionada à motivação, por gozar a empresa do mesmo tratamento destinado à Fazenda Pública em relação à imunidade tributária e à execução por precatório, além das prerrogativas de foro, prazos e custas processuais".

A ressalva quanto à Empresa Brasileira de Correios e Telégrafos, no sentido de que esta, embora seja empresa pública, deva motivar a despedida dos seus empregados, decorre do entendimento firmado pelo Supremo Tribunal Federal, assegurando à ECT as prerrogativas inerentes à Fazenda Pública (Decreto-lei 509/1969), especialmente o pagamento de débitos por meio de precatório (art. 100 da CF/1988), inclusive por prestar serviço público, ou seja, serviço postal (art. 21, inciso X, da CF/1988)[23].

Desse modo, o Pleno do TST, ao alterar a mencionada Orientação Jurisprudencial 247, verificou que, ao ser assegurado à referida empresa pública (ECT) o tratamento privilegiado quanto à isenção de custas e à execução por precatório, os seus atos administrativos devem se vincular aos princípios que regem a administração pública direta, impondo-se, por isso, a motivação da despedida de seus empregados.

No entanto, na hipótese de empresas públicas e sociedades de economia mista que prestam serviços públicos, há entendimento no sentido de ser necessário que o empregador público apresente a justificativa da dispensa, pois o empregado foi admitido após aprovação em concurso público

---

[23] "Constitucional. Processual civil. Empresa pública prestadora de serviço público: Execução: Precatório. I. Os bens da Empresa Brasileira de Correios e Telégrafos, uma empresa pública prestadora de serviço público, são impenhoráveis, porque ela integra o conceito de fazenda pública. Compatibilidade, com a Constituição vigente, do D. L. 509, de 1969. Exigência de precatório: C. F., art. 100. II. Precedentes do Supremo Tribunal Federal: RREE 220.906-DF, 229.696-PE, 230.072-RS, 230.051-SP e 225.011-MG, Plenário, 16.11.2000. III. R. E. conhecido e provido" (STF, 2ª T. RE 228.484-6, Rel. Min. Carlos Velloso, *DJ* 31.08.2001).

(art. 37, inciso II, da CF/1988), bem como por ser aplicável o princípio da motivação do ato administrativo, incidente quanto à relação de emprego público, inclusive com as referidas empresas estatais.

Nesse sentido, cabe destacar a seguinte decisão do Supremo Tribunal Federal:

"Empresa Brasileira de Correios e Telégrafos – ECT. Demissão imotivada de seus empregados. Impossibilidade. Necessidade de motivação da dispensa. RE parcialmente provido.

I – Os empregados públicos não fazem jus à estabilidade prevista no art. 41 da CF, salvo aqueles admitidos em período anterior ao advento da EC 19/1998. Precedentes.

II – Em atenção, no entanto, aos princípios da impessoalidade e isonomia, que regem a admissão por concurso público, a dispensa do empregado de empresas públicas e sociedades de economia mista que prestam serviços públicos deve ser motivada, assegurando-se, assim, que tais princípios, observados no momento daquela admissão, sejam também respeitados por ocasião da dispensa.

III – A motivação do ato de dispensa, assim, visa a resguardar o empregado de uma possível quebra do postulado da impessoalidade por parte do agente estatal investido do poder de demitir.

IV – Recurso extraordinário parcialmente provido para afastar a aplicação, ao caso, do art. 41 da CF, exigindo-se, entretanto, a motivação para legitimar a rescisão unilateral do contrato de trabalho" (STF, Pleno, RE 589.998/PI, Rel. Min. Ricardo Lewandowski, *DJE* 12.09.2013).

O Supremo Tribunal Federal acolheu parcialmente embargos de declaração para fixar a seguinte tese: "A Empresa Brasileira de Correios e Telégrafos –ECT tem o dever jurídico de motivar, em ato formal, a demissão de seus empregados" (STF, Pleno, RE 589.998/PI, Rel. atual Min. Roberto Barroso, j. 10.10.2018).

Já quanto aos servidores públicos, regidos pela CLT, que mantenham relação com os entes de direito público da Administração direta autárquica e fundacional (União, Estados, Distrito Federal, Municípios, autarquias e fundações de direito público), o entendimento que prevalece é quanto à necessidade de motivação da dispensa, sob pena de nulidade, justamente em razão da mencionada natureza de direito público, fazendo incidir o princípio da motivação do ato administrativo (art. 50, *caput*, da Lei 9.784/1999), em sintonia com o princípio da moralidade administrativa (art. 37, *caput*, da CF/1988).

Nessa linha, a Lei 9.962, de 22 de fevereiro de 2000, que disciplina o regime de emprego público do pessoal da Administração federal direta, autárquica e fundacional, prevê que:

"Art. 3º O contrato de trabalho por prazo indeterminado somente será rescindido por ato unilateral da Administração pública nas seguintes hipóteses:

I – prática de falta grave, dentre as enumeradas no art. 482 da Consolidação das Leis do Trabalho – CLT;

II – acumulação ilegal de cargos, empregos ou funções públicas;

III – necessidade de redução de quadro de pessoal, por excesso de despesa, nos termos da lei complementar a que se refere o art. 169 da Constituição Federal;

IV – insuficiência de desempenho, apurada em procedimento no qual se assegurem pelo menos um recurso hierárquico dotado de efeito suspensivo, que será apreciado em trinta dias, e o prévio conhecimento dos padrões mínimos exigidos para continuidade da relação de emprego, obrigatoriamente estabelecidos de acordo com as peculiaridades das atividades exercidas.

Parágrafo único. Excluem-se da obrigatoriedade dos procedimentos previstos no *caput* as contratações de pessoal decorrentes da autonomia de gestão de que trata o § 8º do art. 37 da Constituição Federal".

Com isso, fica confirmado que a dispensa sem justificativa não se considera lícita no âmbito do regime de emprego público, com os referidos entes de direito público.

Como ensina Hely Lopes Meirelles:

"O ato de dispensa, no nosso entender, deve ser motivado, expondo-se por escrito o seu motivo ou a sua causa. A motivação decorre dos princípios da legalidade, da eficiência, da moralidade e da razoabilidade, pois só com ela é que poderão ser afastados os desligamentos de celetistas motivados por perseguição política ou por outro desvio de finalidade. Se o particular pode, em tese, desligar o empregado que queira, o mesmo raciocínio não cabe tratando-se de empregado público. [...] Assim, sem motivação que demonstre finalidade pública a dispensa é ilegal"[24].

Aliás, tratando-se de dispensa discriminatória, com abuso do direito de cessação do vínculo, no caso de empregados públicos das empresas estatais, ou mesmo de empregados cujos contratos de trabalho são com empregadores privados, tem-se a nulidade do referido ato de dispensa, gerando o direito à reintegração.

18.7.2 Dispensa com justa causa

A dispensa com justa causa ocorre quando o empregador decide pelo término do vínculo de emprego, por meio do exercício de seu poder disciplinar, tendo em vista falta disciplinar praticada pelo empregado.

Por isso, na dispensa com justa causa o empregado tem direito de receber: férias vencidas com 1/3[25]; décimo terceiro salário vencido; saldo salarial referente aos dias trabalhados.

A justa causa, de acordo com o art. 491 da CLT, pode ser praticada no período do aviso prévio, hipótese em que o empregado "perde o direito ao restante do respectivo prazo".

Assim, como explicita a Súmula 73 do TST: "A ocorrência de justa causa, salvo a de abandono de emprego, no decurso do prazo do aviso prévio dado pelo empregador, retira do empregado qualquer direito às verbas rescisórias de natureza indenizatória".

A cessação do contrato de trabalho por justa causa exige o estudo das diversas hipóteses previstas em lei, o que será feito a seguir.

18.7.2.1 Terminologia

Cabe verificar se as expressões "justa causa" e "falta grave" são sinônimas, ou se existe alguma diferença conceitual.

Há corrente de entendimento no sentido de que as expressões são sinônimas, pois ambas representam a falta disciplinar praticada pelo empregado, caracterizada pela gravidade, tornando indesejável ou inviável a continuação do vínculo de emprego.

No entanto, pode-se entender que há diferença entre as expressões mencionadas, não só no aspecto doutrinário, mas de acordo com a própria previsão legal.

Conforme a disposição do art. 493 da CLT:

"Constitui falta grave a prática de qualquer dos fatos a que se refere o art. 482, quando por sua repetição ou natureza representem séria violação dos deveres e obrigações do empregado".

Como se nota, a falta grave possui elementos que se acrescem à mera justa causa.

Na realidade, a falta grave é a prática de justa causa (conforme previsão no art. 482 da CLT) que, por sua "repetição" ou "natureza", configure "*séria* violação dos deveres e obrigações do empregado".

Com isso, a falta grave, para se caracterizar, necessita de maior realce quanto ao elemento "gravidade", referente ao ato faltoso previsto como justa causa.

---

[24] MEIRELLES, Hely Lopes. *Direito administrativo brasileiro*. 26. ed. atual. por Eurico de Andrade Azevedo, Délcio Balestero Aleixo e José Emmanuel Burle Filho. São Paulo: Malheiros, 2001. p. 408-409.

[25] Quanto às férias proporcionais com 1/3, a Súmula 171 do TST, parte inicial (com redação determinada pela Resolução 121/2003), exclui o seu cabimento na "hipótese de dispensa do empregado por justa causa". No entanto, em razão dos termos da Convenção 132 da OIT, ratificada pelo Brasil (Decreto 3.197/1999, atualmente Decreto 10.088/2019), há entendimento doutrinário, embora não majoritário, de que as férias proporcionais sempre seriam devidas, pois desvinculadas do motivo da cessação do contrato de trabalho.

A falta grave, com isso, é exigida para a dispensa do empregado estável, como se verifica no art. 492 da CLT (estável decenal), bem como nos seguintes dispositivos:

– art. 543, § 3º, da CLT (dirigente ou representante sindical);

– art. 625-B, § 1º, da CLT (representantes dos empregados membros da Comissão de Conciliação Prévia);

– art. 55 da Lei 5.764/1971 (empregados de empresas que sejam eleitos diretores de sociedades cooperativas por eles criadas);

– art. 3º, § 9º, da Lei 8.036/1990 (membros do Conselho Curador do FGTS representantes dos trabalhadores);

– art. 3º, § 7º, da Lei 8.213/1991 (membros do Conselho Nacional de Previdência Social, representantes dos trabalhadores em atividade).

Outro importante diferencial entre a falta grave e a justa causa é que na primeira, destinada aos empregados titulares de estabilidades específicas (como a decenal e do dirigente sindical), a dispensa depende do ajuizamento de inquérito judicial para apuração de falta grave (arts. 494, 821 e 853 a 855). Isso significa que a cessação do vínculo de emprego fica subordinada à decisão judicial, que reconheça a falta grave praticada pelo empregado estável.

Cabe lembrar que o mencionado inquérito judicial não é aplicável a todas as garantias de emprego, não sendo exigido, por exemplo, nas hipóteses da empregada gestante (art. 10, inciso II, b, do ADCT), do empregado acidentado (art. 118 da Lei 8.213/1991) e do membro da CIPA (art. 10, inciso II, a, do ADCT). Aliás, nesses casos, a lei faz menção à "justa causa", e não à falta grave propriamente, confirmando o acerto da referida distinção.

De todo modo, reconhece-se que, na prática, muitas vezes as duas expressões são utilizadas com o mesmo sentido.

No presente trabalho, é com essas ressalvas terminológicas que as expressões poderão ser utilizadas com o mesmo sentido, para evitar repetição de vocábulos.

18.7.2.2 Conceito

Pode-se conceituar a justa causa como a prática de ato que configure séria violação dos deveres do empregado, rompendo a confiança inerente à relação de emprego, tornando indesejável ou inviável a manutenção do referido vínculo.

A dispensa por justa causa, por sua vez, pode ser conceituada como a cessação do contrato de trabalho em razão da prática de ato faltoso, dotado de gravidade, abalando a fidúcia entre as partes da relação de emprego.

18.7.2.3 Sistemas

A doutrina aponta a existência de três diferentes sistemas, verificados nos diversos ordenamentos jurídicos, a respeito da justa causa.

a) O sistema taxativo é aquele em que somente à lei cabe fixar as hipóteses de justa causa, em rol taxativo.

b) O sistema livre ou genérico é aquele em que as hipóteses de justa causa são estabelecidas pelo Poder Judiciário, pois a lei apenas autoriza, genericamente, a dispensa por justa causa, mas sem especificar a respeito.

c) O sistema misto é aquele em que a lei fixa os casos de justa causa, mas também se autoriza que o Poder Judiciário reconheça outras hipóteses, especialmente por ser o tipo previsto em lei bastante genérico. Trata-se, portanto, de uma combinação dos dois sistemas anteriores.

18.7.2.4 Sistema taxativo da legislação brasileira

No Brasil, entende-se que o sistema adotado é o taxativo, pois cabe somente à lei estabelecer as hipóteses de justa causa, sendo o respectivo rol exaustivo, e não meramente exemplificativo.

Isso não impede que o juiz interprete as normas jurídicas, bem como os fatos em discussão, para decidir se o empregado praticou ou não a justa causa.

Além disso, o sistema taxativo não significa que todos os casos de justa causa se encontram arrolados somente no art. 482 da CLT. Nada impede que outros dispositivos legais também prevejam hipóteses distintas de justa causa. O essencial é que essa previsão seja feita pela lei.

Em nosso ordenamento jurídico, além do art. 482 da CLT, os seguintes dispositivos estabelecem casos de justa causa:

I) o art. 158, parágrafo único, da CLT, com a seguinte redação:

"Constitui ato faltoso do empregado a recusa injustificada:

a) à observância das instruções expedidas pelo empregador na forma do item II do artigo anterior[26];

b) ao uso dos equipamentos de proteção individual fornecidos pela empresa".

Trata-se de disposições pertinentes às regras de medicina e segurança do trabalho, a serem observadas pelo empregado.

Assim, a recusa *injustificada* do empregado: à observância das instruções expedidas pelo empregador (quanto às precauções a tomar no sentido de evitar acidentes do trabalho ou doenças ocupacionais), e ao uso de equipamentos de proteção individual fornecidos pela empresa, representam hipóteses específicas de justa causa.

Havendo justificativa (razoável e legítima) para tal inobservância, fica afastada a justa causa, por inexigibilidade de conduta diversa, como nos casos de instrução do empregador manifestamente equivocada, colocando a vida do empregado em risco, ou de fornecimento de equipamento de proteção individual totalmente inadequado, prejudicando a segurança no trabalho (em vez de protegê-lo).

Na realidade, as condutas indicadas no art. 158, parágrafo único, da CLT correspondem a modalidades de indisciplina (prevista no art. 482, *h*, da CLT), por representarem o descumprimento de ordens gerais quanto à prestação do serviço.

II) o art. 240, parágrafo único, da CLT, com a seguinte redação:

"Nos casos previstos neste artigo, a recusa, sem causa justificada, por parte de qualquer empregado, à execução de serviço extraordinário será considerada falta grave".

O dispositivo em questão refere-se ao serviço ferroviário.

O *caput* do art. 240 da CLT estabelece que, nos casos de urgência ou de acidente, capazes de afetar a segurança ou regularidade do serviço, "poderá a duração do trabalho ser excepcionalmente elevada a qualquer número de horas". Nesse caso, incumbe à Estrada zelar pela incolumidade dos seus empregados e pela possibilidade de revezamento de turmas, assegurando ao pessoal um repouso correspondente e comunicando a ocorrência ao Ministério do Trabalho, dentro de 10 dias da sua verificação.

De todo modo, nessas situações – de urgência e acidente – a recusa do empregado, sem causa justificada, quanto à execução de serviço extraordinário, será considerada justa causa (frisando-se que o texto do parágrafo único do art. 240 da CLT utiliza indevidamente a expressão "falta grave", mesmo não se referindo à hipótese de empregado estável).

---

[26] "Art. 157 – Cabe às empresas:
[...]   II – instruir os empregados, através de ordens de serviço, quanto às precauções a tomar no sentido de evitar acidentes do trabalho ou doenças ocupacionais".

Tem-se aqui hipótese especial que, no entanto, pode ser subsumida ao conceito de insubordinação, que é justa causa prevista no art. 482, *h*, da CLT.

III) o art. 433, inciso II, da CLT, com a seguinte redação:

"O contrato de aprendizagem extinguir-se-á no seu termo ou quando o aprendiz completar 24 (vinte e quatro) anos, ressalvada a hipótese prevista no § 5º do art. 428 desta Consolidação, ou ainda antecipadamente nas seguintes hipóteses:

[...]

II – falta disciplinar grave".

Tem-se aqui a previsão de falta disciplinar grave, especificamente ao empregado aprendiz.

No entanto, as hipóteses de falta grave (*rectius*: justa causa) são justamente aquelas arroladas em lei, como no art. 482 da CLT.

Assim, o art. 433, inciso II, da CLT apenas confirma a aplicação da justa causa no contrato de aprendizagem, autorizando o seu término antecipado em razão da falta grave praticada.

IV) o art. 508 da CLT, que foi expressamente revogado pela Lei 12.347, de 10 de dezembro de 2010, tinha a seguinte redação:

"Considera-se justa causa, para efeito de rescisão de contrato de trabalho do empregado bancário, a falta contumaz de pagamento de dívidas legalmente exigíveis".

Essa previsão era específica para os empregados bancários.

Falta contumaz significa ser ela reiterada, ou seja, que ocorra diversas vezes, e não de forma isolada.

Dívidas legalmente exigíveis significam débitos do empregado já vencidos, que podem ser exigidos, não se tratando, portanto, de dívida prescrita, ou dívida de jogo.

Na verdade, mesmo antes da Lei 12.347, publicada no *DOU* de 13.12.2010, que revogou esse dispositivo, não se mostrava razoável a previsão da referida figura de justa causa, incidente apenas ao empregado bancário.

A possível explicação para a referida disposição seria no sentido de que o empregado bancário não estaria apto ao desempenho de suas tarefas, por normalmente trabalhar lidando e administrando o dinheiro dos clientes do banco. Nessa linha, o bancário teria de apresentar certa estabilidade financeira, indicando que sabe cuidar das finanças próprias, para poder fazê-lo quanto à de terceiros.

No entanto, pode-se dizer que tal justificativa já não era mais condizente com os dias atuais, nem com os padrões exigidos para o desempenho da mencionada função.

Cabe destacar que, no entender de Sergio Pinto Martins: "O não pagamento de dívidas do bancário (art. 508) poderia ser capitulado como improbidade", previsto no art. 482, *a*.

No entanto, a hipótese do art. 508 da CLT não versa, necessariamente, sobre ato de desonestidade, ou mesmo lesivo ao patrimônio do empregador.

De todo modo, como acima explicado, o preceito em estudo foi expressamente revogado, mesmo porque fazia menção a evento que nem sequer interferia, necessariamente, na regular continuidade do contrato de trabalho. Ademais, ao prever o mencionado fato como hipótese de justa causa *apenas* quanto ao empregado bancário, poderia implicar, de certa forma, tratamento desigual, mais rigoroso e prejudicial, embora sem a correspondente razão proporcional que o justificasse.

V) o art. 235-B da CLT, com redação dada pelas Leis 12.619/2012 e 13.103/2015, ao prever que são deveres do *motorista profissional empregado* (de transporte rodoviário coletivo de passageiros e de transporte rodoviário de cargas):

– estar atento às condições de segurança do veículo;
– conduzir o veículo com perícia, prudência, zelo e com observância aos princípios de direção defensiva;

– respeitar a legislação de trânsito e, em especial, as normas relativas ao tempo de direção e de descanso controlado e registrado na forma do previsto no art. 67-E da Lei 9.503/1997 (Código de Trânsito Brasileiro);
– zelar pela carga transportada e pelo veículo;
– colocar-se à disposição dos órgãos públicos de fiscalização na via pública;
– submeter-se a exames toxicológicos com janela de detecção mínima de 90 dias e a programa de controle de uso de droga e de bebida alcoólica, instituído pelo empregador, com sua ampla ciência, pelo menos uma vez a cada dois anos e seis meses, podendo ser utilizado para esse fim o exame obrigatório previsto na Lei 9.503/1997 (Código de Trânsito Brasileiro), desde que realizado nos últimos 60 dias.

A recusa do empregado em submeter-se ao teste ou ao programa de controle de uso de droga e de bebida alcoólica, previsto no art. 235-B, inciso VII, da CLT, será considerada *infração disciplinar*, passível de penalização nos termos da lei.

VI) Em leis específicas, ou seja, não inseridas na CLT propriamente, cabe fazer, ainda, as seguintes observações:

A Lei 6.019/1974, pertinente ao trabalho temporário, no art. 13, estabelece que:

"Constituem justa causa para rescisão do contrato do trabalhador temporário os atos e circunstâncias mencionados nos artigos 482 e 483, da Consolidação das Leis do Trabalho, ocorrentes entre o trabalhador e a empresa de trabalho temporário ou entre aquele e a empresa cliente onde estiver prestando serviço".

Como se nota, trata-se de remissão às hipóteses de justa causa, previstas na CLT, tornando-as aplicáveis no âmbito da relação de trabalho temporário.

Interessante destacar que a justa causa pode se verificar: entre o trabalhador temporário e a empresa de trabalho temporário (empregador); ou entre o trabalhador temporário e a empresa cliente (tomadora).

No caso do empregado doméstico, considera-se *justa causa* (art. 27 da Lei Complementar 150/2015):

I – submissão a maus tratos de idoso, de enfermo, de pessoa com deficiência ou de criança sob cuidado direto ou indireto do empregado;
II – prática de ato de improbidade;
III – incontinência de conduta ou mau procedimento;
IV – condenação criminal do empregado transitada em julgado, caso não tenha havido suspensão da execução da pena;
V – desídia no desempenho das respectivas funções;
VI – embriaguez habitual ou em serviço;
VII – (vetado);
VIII – ato de indisciplina ou de insubordinação;
IX – abandono de emprego, assim considerada a ausência injustificada ao serviço por, pelo menos, 30 dias corridos;
X – ato lesivo à honra ou à boa fama ou ofensas físicas praticadas em serviço contra qualquer pessoa, salvo em caso de legítima defesa, própria ou de outrem;
XI – ato lesivo à honra ou à boa fama ou ofensas físicas praticadas contra o empregador doméstico ou sua família, salvo em caso de legítima defesa, própria ou de outrem;
XII – prática constante de jogos de azar.

Trata-se de previsão legal coerente com a figura do empregador doméstico, o qual não é empresa propriamente.

Na atual lei de greve, ou seja, Lei 7.783/1989, no art. 15, existe a previsão de que a responsabilidade pelos atos praticados no curso da greve, se regidos pelo Direito do Trabalho, será apurada conforme a legislação trabalhista.

Assim, eventual falta grave praticada pelo empregado durante a greve autoriza a sua dispensa por justa causa. No entanto, como estabelece a Súmula 316 do STF: "A simples adesão à greve não constitui falta grave".

Por fim, o art. 112, § 3º, do Decreto 10.854/2021, que regulamenta a Lei 7.418/1985, estabelece que a declaração falsa e o uso indevido do vale-transporte constituem falta grave.

No caso, a referida falsificação ou utilização irregular pode se subsumir às hipóteses do art. 482, *a* e *b*, da CLT (ato de improbidade e mau procedimento).

18.7.2.5 *Tipificação da justa causa pelo empregador*

Entende-se que o empregador deve narrar, em juízo, os fatos que deram origem à justa causa aplicada na dispensa do empregado.

Quanto ao mero enquadramento dos fatos alegados à lei, ou seja, à hipótese legal de justa causa, ocorrendo eventual equívoco do empregador nessa subsunção, não se tem a invalidação, por si só, da justa causa aplicada, pois o juiz é quem deve conhecer o direito.

Ou seja, cabe ao juiz realizar a correta associação dos fatos, alegados pelo empregador, à norma jurídica que prevê a justa causa.

18.7.2.6 *Elementos da justa causa do empregado*

Para que a justa causa se verifique, tornando possível e válida a respectiva dispensa do empregado, são necessários certos requisitos a seguir estudados, que podem ser classificados em subjetivos e objetivos.

a) Elemento subjetivo

O elemento subjetivo da justa causa refere-se ao dolo ou culpa do empregado.

O dolo é intenção de praticar o ato faltoso. A culpa, por sua vez, refere-se à imprudência, negligência ou imperícia do empregado, fazendo com que o ato faltoso acabe ocorrendo.

O empregado não pode ser dispensado por justa causa, se o ato faltoso não decorreu de sua vontade, nem se verificou por sua imprudência, negligência ou imperícia.

Ou seja, fora da esfera de responsabilidade do empregado, este não pode ser penalizado com a dispensa por justa causa, considerada a punição de maior gravidade, inerente ao poder disciplinar do empregador.

b) Os elementos objetivos, por sua vez, são a seguir analisados.

b.1) Tipicidade

As hipóteses de justa causa são estabelecidas em lei, como já destacado, não cabendo ao empregador criar novas modalidades a respeito.

Observa-se aqui, portanto, o princípio da reserva legal. Não pode haver dispensa por justa causa sem a prévia previsão legal da respectiva falta grave.

b.2) Gravidade

A dispensa por justa causa é considerada a medida punitiva mais grave que o empregador pode aplicar ao empregado, no exercício do seu poder disciplinar, o qual se encontra inserido no poder de direção.

Sendo assim, a justa causa, para justificar a respectiva dispensa, deve se caracterizar pela efetiva gravidade do ato cometido, a ponto de tornar a continuidade do vínculo de emprego indesejada ou inviável para o empregador.

A gravidade é, portanto, o requisito essencial na justa causa.

b.3) Nexo de causalidade

Para a validade da justa causa e da respectiva dispensa, o ato faltoso, dotado de gravidade, deve ser a causa (origem, razão, motivo) para a dispensa. Em outras palavras, a dispensa precisa ser decorrente, especificamente, da justa causa apontada pelo empregador e praticada pelo empregado.

O empregador não pode dispensar por justa causa o empregado quando, na realidade, a terminação do contrato de trabalho não decorre de ato faltoso, o qual está sendo utilizado como mera justificativa, falsa, para o ato de dispensa.

Tem-se aqui o requisito que parte da doutrina chama de "determinância", no sentido de que a dispensa por justa causa deve ter sido determinada, justamente, pela falta grave apontada pelo empregador.

É o exemplo do empregador que deseja dispensar certo empregado, por entender não ser mais necessária a prestação do seu serviço, tendo em vista a redução da produção. No entanto, objetivando (ilicitamente) não ter de pagar as verbas decorrentes de eventual dispensa sem justa causa, prefere alegar, de forma fraudulenta, que a dispensa decorre de antiga falta, que autorizaria a aplicação da justa causa, mas que, na realidade, já havia até mesmo sido esquecida, para não dizer perdoada (ainda que de forma tácita).

b.4) Proporcionalidade

Deve existir uma relação de proporcionalidade entre o ato faltoso, praticado pelo empregado, e a sua dispensa por justa causa.

Como essa medida disciplinar é considerada a de maior gravidade, só pode ser aplicada, de forma válida, se a falta praticada pelo empregado é suficientemente grave, de forma a justificar a sua dispensa por justa causa.

Ato faltoso de menor gravidade, como um pequeno atraso isolado, não pode ser considerado, por si só, grave o suficiente para desde já autorizar a dispensa por justa causa, considerada a medida disciplinar extrema.

Nas referidas situações, de menor gravidade, a medida disciplinar que pode ser aplicada é a advertência ou mesmo a suspensão, conforme o caso.

No entanto, a reiteração de pequenos atos faltosos, punidos com medidas disciplinares de menor gravidade (como advertências e suspensões), pode fazer com que, quando de uma última falta praticada, tenha-se a gravidade suficiente para a dispensa por justa causa.

b.5) Imediatidade

Entre a prática da justa causa e a aplicação da penalidade pelo empregador, não pode transcorrer espaço de tempo muito longo, pois isso significaria o perdão tácito.

Assim, a dispensa por justa causa deve ser logo em seguida à prática da falta grave.

No entanto, na realidade, o referido espaço de tempo só deve ser contado a partir do momento em que o empregador toma ciência da falta disciplinar praticada pelo empregado. Antes disso, não há como, razoavelmente, dizer que o empregador se manteve inerte quanto à punição do empregado faltoso.

Além disso, é aceito que a empresa, justamente para não incorrer em injustiça na dispensa por justa causa, estabeleça uma investigação interna dos atos faltosos, inclusive quanto à efetiva ocorrência, extensão, gravidade e autoria.

Isso tudo, obviamente, pode levar certo tempo, principalmente em empresas de maior porte, com estrutura mais burocratizada.

Nesses casos, entende-se que o perdão tácito só ocorreria se a investigação interna permanecesse parada, ou se, mesmo depois de concluída, o empregador não tomasse qualquer atitude concreta de efetiva punição do empregado culpado, o que representaria verdadeiro perdão tácito.

b.6) Non bis in idem

O *non bis in idem* significa que a mesma falta disciplinar, praticada pelo empregado, não pode ser objeto de mais de uma punição pelo empregador.

Ainda que a falta autorizasse a dispensa por justa causa, se o empregador preferiu punir o empregado com uma mera advertência ou suspensão, não será válida a dispensa por justa causa pelo mesmo fato já punido, não sendo aceito que o empregador se arrependa da pena mais branda que decidiu aplicar.

O empregador não pode aplicar certa penalidade mais branda ao empregado e, em seguida, arrependendo-se, punir a mesma falta com a dispensa por justa causa, pois isso configuraria *bis in idem*, o qual é vedado.

18.7.2.7 Forma de comunicação da dispensa

A legislação brasileira não exige forma especial para o empregador comunicar o empregado de sua dispensa com justa causa.

No entanto, outras fontes formais do Direito do Trabalho, como normas coletivas e regulamento de empresa, podem estabelecer formas especiais, como a escrita, para a eficácia da referida comunicação.

Mesmo não se verificando a referida exigência, sugere-se que a dispensa por justa causa seja comunicada sob a forma escrita, para facilitar a prova. Esse documento, no entanto, é apto somente para demonstrar que o empregado ficou ciente da despedida, mas não prova a justa causa em si, ou seja, o fato, no caso, a falta grave que o empregador alega ter o empregado praticado.

No âmbito processual, de acordo com o art. 408, parágrafo único, do CPC de 2015 e art. 368, parágrafo único, do CPC de 1973 (c/c o art. 769 da CLT), quando o documento particular contiver declaração de ciência de determinado fato, ele prova a ciência, "mas não o fato em si", incumbindo o ônus de prová-lo ao interessado em sua veracidade.

De todo modo, cabe destacar que a justa causa, ou o motivo da terminação do contrato de trabalho, não deve ser objeto de anotação na Carteira de Trabalho e Previdência Social. Trata-se de informação restrita à relação entre empregado e empregador, que não deve ser inserida no referido documento do empregado.

Aliás, a anotação da justa causa em CTPS, pelo empregador, pode acarretar, em tese, danos morais e materiais ao empregado, passando a ser devida a respectiva indenização, tendo em vista a violação de direitos de personalidade, bem como por acarretar maior dificuldade de obtenção de novo emprego (arts. 29, §§ 4º e 5º, da CLT e 5º, inciso X, da CF/1988).

Ainda no âmbito processual, cabe ao empregador o ônus de provar eventual justa causa que alegue contra o empregado. Como estabelece a Súmula 212 do TST: "O ônus de provar o término do contrato de trabalho, quando negados a prestação de serviço e o despedimento, é do empregador, pois o princípio da continuidade da relação de emprego constitui presunção favorável ao empregado".

18.7.2.8 Hipóteses de justa causa

Vejamos aqui cada uma das hipóteses de justa causa, previstas no art. 482 da CLT.

1) **Ato de improbidade** (art. 482, *a*)

Ato de improbidade significa conduta desonesta do empregado, causando prejuízos ao patrimônio do empregador.

Pode-se observar a existência de duas correntes quanto ao verdadeiro alcance dessa figura em específico.

Há os que entendem que a improbidade se refere apenas ao prejuízo patrimonial acarretado ao empregador, por ato do empregado, como ocorre no furto, roubo ou apropriação indébita.

Há segunda vertente que entende de forma mais ampla, no sentido de que a improbidade não se restringe à lesão ao patrimônio da empresa, podendo ser também um ato desonesto dotado de gravidade. Como exemplo, tem-se a falsificação de atestado médico pelo trabalhador.

Na verdade, os que seguem a corrente mais restritiva, quanto à abrangência do ato de improbidade, certamente incluem os demais atos graves, de desonestidade, como "mau procedimento" (art. 482, *b*, da CLT).

2) **Incontinência de conduta** (art. 482, *b*)

A incontinência de conduta refere-se a ato imoral praticado pelo empregado, mas específico quanto à moral sexual.

Tem-se, assim, o caso de ato de pornografia ou libidinoso, impróprio ao ambiente de trabalho, praticado pelo empregado, extrapolando o limite de razoabilidade aceito pela sociedade.

Mesmo o assédio sexual praticado pelo empregado, contra outro trabalhador, caracteriza, em tese, a incontinência de conduta, autorizando a dispensa por justa causa daquele que assedia.

3) **Mau procedimento** (art. 482, *b*)

O mau procedimento pode ser entendido como uma conduta irregular, faltosa e grave do empregado, mas que não se enquadra em nenhuma das outras hipóteses mais específicas da lei.

Por isso, o mau procedimento acaba sendo utilizado de forma subsidiária, ou seja, na ausência de figura mais específica para o ato faltoso e grave praticado pelo empregado, autorizando a dispensa com justa causa.

4) **Negociação habitual** (art. 482, *c*)

Em conformidade com o art. 482, *c*, da CLT, constitui justa causa para a dispensa do empregado: "negociação habitual por conta própria ou alheia sem permissão do empregador, e quando constituir ato de concorrência à empresa para a qual trabalha o empregado, ou for prejudicial ao serviço".

Para a correta interpretação desse dispositivo, deve-se notar que ele estabelece duas situações diferenciadas envolvendo a negociação habitual:

a) negociação habitual, por conta própria ou alheia, sem permissão do empregador, quando constituir ato de concorrência à empresa para a qual trabalha o empregado;

b) negociação habitual, por conta própria ou alheia, sem permissão do empregador, quando for prejudicial ao serviço.

Negociação habitual significa a prática de atos de comércio pelo empregado, com frequência, ou seja, continuidade.

A referida negociação pode ser realizada pelo empregado, por conta própria, ou por conta de terceiro, ou seja, para si próprio ou em favor de outra pessoa.

Sempre se exige, para que se configure a justa causa, que a negociação seja habitual e "sem permissão do empregador". Se este concordar com a referida prática do empregado, ainda que de forma tácita, não há falta grave. A anuência tácita pode se verificar quando o empregador, mesmo ciente de negociação habitual praticada pelo empregado, não toma qualquer atitude, nem diz nada ao empregado em sentido contrário.

Conforme a diferenciação feita acima, a justa causa pode restar configurada quando a referida negociação habitual constituir *ato de concorrência* à empresa para a qual trabalha o empregado. Trata-se da concorrência desleal ao empregador, no sentido de o trabalhador utilizar-se de seu emprego para favorecer o seu próprio negócio, do mesmo ramo de atividade do empregador, seja transferindo clientes, seja direcionando-os para o seu empreendimento, ou de terceiro.

Além da concorrência desleal, a justa causa também se configura quando a referida negociação habitual for *prejudicial ao serviço*.

Nessa última situação, não se exige que a negociação habitual do empregado cause concorrência, ou que seja do mesmo ramo da atividade do empregador. Basta que ela cause prejuízo ao serviço, no sentido de queda na produção do empregado, por ficar se dedicando ao seu empreendimento próprio, em vez de prestar serviços, com afinco, ao empregador.

5) **Condenação criminal do empregado transitada em julgado** (art. 482, *d*)

Se o empregado for condenado, criminalmente, por sentença transitada em julgado, caso não haja a suspensão condicional da pena, o empregador pode dispensá-lo por justa causa.

O entendimento correto é no sentido de que a mencionada condenação criminal se refere a fato não relacionado ao contrato de trabalho.

Tanto é assim que, se o empregado praticasse certa falta que constitui também crime, e o empregador fosse esperar o trânsito em julgado de sentença penal condenatória, não haveria como observar o requisito da "imediatidade" para a justa causa poder ser aplicada. A referida espera certamente acarretaria o perdão tácito em relação ao empregado.

Na realidade, a previsão do art. 482, *d*, da CLT, em sua interpretação teleológica, refere-se à inviabilidade de o empregado continuar prestando serviços quando preso ou detido criminalmente, cumprindo pena restritiva de liberdade. Tanto é assim que, de acordo com o referido dispositivo legal, a justa causa só se verifica se não tiver sido concedida a suspensão da execução da pena, ou seja, desde que não exista *sursis*.

6) **Desídia** (art. 482, *e*)

A desídia refere-se à falta de atenção, negligência, desinteresse, desleixo do empregado, quanto à prestação dos serviços.

É frequente, nessa hipótese de justa causa, a reiteração de pequenas faltas, as quais, no conjunto, revelam comportamento desidioso e grave do empregado, autorizando a sua dispensa com justa causa.

É o caso dos atrasos e ausências constantes, as quais, isoladamente, não apresentam gravidade suficiente para a justa causa. No entanto, a reiteração disso torna a conduta grave, caracterizando a desídia.

Nesses casos de reiteração, o entendimento que prevalece é no sentido de que as pequenas faltas anteriores devem ter sido objeto de punições aplicadas pelo empregador, pois, do contrário, teriam sido perdoadas, ainda que tacitamente. Ocorrendo, por fim, uma nova falta disciplinar, é que o empregador pode aplicar a justa causa.

Assim, não se admite *bis in idem*, pois vedada a punição disciplinar, do mesmo fato, mais de uma vez. Ao mesmo tempo, as pequenas faltas, anteriores àquela na qual se verificou a incidência da justa causa, devem ter sido objeto de punições anteriores (como advertências e suspensões), para não dizer que ocorreu o perdão tácito.

No entanto, nada impede que uma única falta praticada pelo empregado já caracterize a desídia, no caso de se tratar de ato suficientemente grave, rompendo o elemento confiança inerente e necessário ao contrato de trabalho.

Nesse sentido, pode-se imaginar hipótese em que o empregado, cuja função é de vigilante, exercida em posto contendo bens de grande valor, sem outras pessoas, em vez de exercer a sua atividade, prefere se deitar para dormir no local de trabalho.

7) **Embriaguez habitual ou em serviço** (art. 482, *f*)

O art. 482, *f*, da CLT prevê como justa causa a "embriaguez habitual ou em serviço".

Embriaguez é o estado em que a pessoa (no caso, o empregado) fica sem a plenitude dos seus sentidos, em razão de ter ingerido ou consumido substâncias químicas (como bebidas alcoólicas ou drogas), que afetam o sistema nervoso, retirando, total ou parcialmente, a sua capacidade de controle sobre si.

Como se nota, a embriaguez não se confunde com o mero ato de ingerir bebida alcoólica, o qual pode não acarretar a embriaguez.

Além disso, pelo que se observa do referido dispositivo, têm-se, na realidade, duas situações diferenciadas:

a) embriaguez em serviço, ou seja, aquela verificada durante a prestação do trabalho;

b) embriaguez habitual, em que o empregado fica nesse estado com frequência, repetição, ainda que não seja quando da prestação do serviço.

A justificativa para a referida justa causa seria no sentido de que o empregador não teria como confiar no ébrio, pois este não tem como desempenhar suas atribuições com o cuidado, diligência e rendimento necessários, podendo inclusive causar prejuízos ou situações constrangedoras ao empregador.

No entanto, especialmente quanto à embriaguez habitual, há corrente de entendimento, que vem se fortalecendo, no sentido de não ser considerada como justa causa a embriaguez, quando se caracterizar como uma doença. Tanto é assim que a embriaguez é reconhecida no Código Internacional de Doenças (CID – 10).

Por isso, o empregado com o referido problema de saúde, na realidade, deve receber o devido tratamento médico, ainda que com eventual afastamento com este objetivo, e não ser punido com a justa causa[27].

Com isso, nem mesmo a dispensa sem motivo (do empregado doente) seria admitida na hipótese em questão. A respeito do tema, destaca-se o seguinte julgado:

"Indenização por danos morais. *Quantum* indenizatório. Alcoolismo. Doença crônica. Dispensa sem justa causa. Divergência jurisprudencial não caracterizada. Aresto inespecífico. Súmulas n. 296, I, e n. 23, do TST. O aresto trazido à colação no recurso de embargos reflete situação na qual a desproporcionalidade e a falta de razoabilidade do valor fixado a título de reparação por danos morais foram proclamadas em hipótese de indenização por atraso no pagamento de verbas rescisórias; ao passo que o *quantum* fixado no caso vertente diz respeito à indenização por danos morais decorrentes da dispensa injustificada de empregado que, não obstante ser dependente químico, apresentando quadro que associa alcoolismo crônico com o uso de maconha e *crack* – de amplo conhecimento do empregador –, ainda assim foi imotivadamente dispensado. Sobressai, assim, que o julgado paradigma é efetivamente inespecífico, por não revelar a necessária identidade de fatos e fundamentos preconizada nas Súmulas n. 296, I, e n. 23, ambas deste Tribunal Superior. Recurso de embargos não conhecido" (TST, SBDI-I, E-RR – 529000-74.2007.5.12.0004, Rel. Min. Alexandre de Souza Agra Belmonte, *DEJT* 28.03.2014).

Frise-se, ainda, que a embriaguez em serviço não se confunde com a mera ingestão de bebida alcoólica, por exemplo, no intervalo, ou durante a refeição. Na embriaguez em serviço não se exige repetição da conduta, bastando uma única vez para se considerar grave o suficiente para a dispensa.

Para a prova da embriaguez, são admitidos todos os meios lícitos e legítimos, inclusive as presunções, no sentido de demonstrar diversos fatos e condutas praticadas pelo empregado, típicos de alguém que se embriagou.

---

[27] "1. O alcoolismo crônico, nos dias atuais, é formalmente reconhecido como doença pela Organização Mundial da Saúde – OMS, que o classifica sob o título de 'síndrome de dependência do álcool', cuja patologia gera compulsão, impele o alcoolista a consumir descontroladamente a substância psicoativa e retira-lhe a capacidade de discernimento sobre seus atos. 2. Assim é que se faz necessário, antes de qualquer ato de punição por parte do empregador, que o empregado seja encaminhado ao INSS para tratamento, sendo imperativa, naqueles casos em que o órgão previdenciário detectar a irreversibilidade da situação, a adoção das providências necessárias à sua aposentadoria. 3. No caso dos autos, resta incontroversa a condição da dependência da bebida alcoólica pelo reclamante. Nesse contexto, considerado o alcoolismo, pela Organização Mundial da Saúde, uma doença, e adotando a Constituição da República como princípios fundamentais a dignidade da pessoa humana e os valores sociais do trabalho, além de objetivar o bem de todos, primando pela proteção à saúde (arts. 1º, III e IV, 170, 3º, IV, 6º), não há imputar ao empregado a justa causa como motivo ensejador da ruptura do liame empregatício" (TST, 1ª T., RR 152900-21.2004.5.15.0022, Rel. Min. Lelio Bentes Corrêa, *DEJT* 20.05.2011).

8) Violação de segredo da empresa (art. 482, *g*)

A justa causa referente à violação de segredo da empresa indica devassa abusiva praticada pelo empregado sobre os dados e fórmulas sigilosas da empresa, sua atividade ou seus negócios.

Para a caracterização da hipótese em questão, faz-se necessária a gravidade da conduta, apta a acarretar prejuízo ao empregador. Assim, mesmo que o empregado não chegue a divulgar o segredo da empresa, se a devassa, em si, já é potencialmente danosa ao empregador, configura-se a justa causa.

Por se tratar de "violação" de segredo da empresa, já se subentende que o empregador não consentiu quanto a tal devassa, praticada pelo trabalhador.

9) Ato de indisciplina (art. 482, *h*)

A indisciplina se verifica quando o empregado não respeita, não acata, não cumpre ordens gerais estabelecidas e dirigidas aos empregados da empresa como um todo.

Como exemplo, tem-se a previsão, em regulamento da empresa, no sentido de que os empregados devem trabalhar devidamente uniformizados, ou a regra dirigida a todos, proibindo fumar em determinado local no trabalho.

Obviamente, para que se configure a indisciplina, a ordem deve ser lícita e razoável, sem configurar abuso de exercício do poder de direção.

A utilização do computador pode ser proibida pelo empregador, assim como o uso de outros equipamentos de trabalho, como telefone, *e-mail* e *internet*. Havendo essa vedação, se o empregado descumpre tal determinação genérica, incide na justa causa de indisciplina.

Se o empregador não deseja que a referida utilização dos equipamentos ocorra para fins diversos do serviço, o ideal, para evitar discussões, é que a referida proibição conste expressamente do regulamento interno (ou outro instrumento equivalente), com prova de ciência, quanto a seu teor, por todos os empregados.

No entanto, se o empregador, mesmo sabendo que o empregado utiliza tais instrumentos para fins particulares, nenhuma conduta punitiva toma, pode-se considerar que ele reconheceu a possibilidade da referida prática, o que descaracterizaria a indisciplina.

10) Ato de insubordinação (art. 482, *h*)

A insubordinação também é um descumprimento de ordem pelo empregado, mas refere-se a ordens de natureza pessoal (e não geral), dirigidas especificamente a certo empregado, quanto à prestação dos serviços.

Isso se verifica, por exemplo, quando o empregador determina que o empregado, ocupando a função de entregador, leve certa mercadoria a algum cliente, mas o trabalhador se nega a cumprir essa ordem, ou, mesmo nada dizendo, descumpre o referido comando.

No caso, a ordem dirigida pessoalmente ao empregado também não pode ser abusiva, ilegal ou imoral, hipótese em que deixará de ser exigível, como seria o caso de ordenar que o empregado transporte substância tóxica ou ilícita. O descumprimento, nesse caso específico, não pode configurar, de forma válida, a justa causa para a dispensa, pois o empregado tem o direito de se opor aos abusos e ilicitudes ordenadas pelo empregador.

11) Abandono de emprego (art. 482, *i*)

Para a melhor compreensão, pode-se dizer que o abandono de emprego é composto de dois elementos: o objetivo e o subjetivo.

O elemento objetivo refere-se à ausência continuada e prolongada ao serviço, mesmo estando em vigência o dever de trabalhar.

Efetivamente, para que se possa falar em abandono de emprego, as ausências ao serviço devem ser seguidas, e não intercaladas; neste último caso, o que poderia haver é desídia.

Além disso, as faltas ao trabalho devem ser prolongadas, ou seja, durante certo período de tempo.

As referidas ausências devem ocorrer estando em vigor o dever de trabalhar, quer dizer, em período no qual o empregado teria de prestar o serviço. Isso porque nas férias, por exemplo, embora ocorram ausências contínuas e prolongadas, não há dever de trabalhar, mas sim justamente direito de gozar as férias.

O elemento subjetivo, por sua vez, refere-se à intenção do empregado de não mais retornar ao trabalho até então exercido. Trata-se do ânimo de abandonar o emprego.

Como se pode imaginar, quanto a essa intenção do empregado, por se referir a um aspecto interno, no plano da vontade e dos pensamentos, existe extrema dificuldade do empregador (ou de qualquer terceiro) de provar. Afinal, como provar o que alguém está pensando, ou desejando, em seu íntimo?

Assim, por meio de certas presunções, desde que provados certos indícios, pode-se concluir a respeito do fato principal, no caso, a intenção de abandonar o emprego, de não mais retornar.

Por exemplo, de acordo com a jurisprudência, a prova de que o empregado vem se ausentando do trabalho por 30 dias ou mais injustificadamente (prova do elemento objetivo) gera a presunção de que o empregado não tem mais a intenção de retornar ao trabalho[28].

Trata-se, no entanto, de presunção relativa, a qual pode ser elidida pelo empregado, demonstrando, por exemplo, que não tinha o ânimo de abandonar o emprego, só não tendo retornado, nem avisado o empregador, porque estava internado, em estado de coma, ou mesmo sequestrado.

Do mesmo modo, havendo prova de que o empregado já vem se ausentando por certo período (prova do elemento objetivo), e que ele já está morando em outro Estado distante, a prova deste último fato (indício ou fato secundário) gera a presunção (relativa) quanto à presença do fato principal, qual seja a intenção de abandonar o emprego (elemento subjetivo, presumido de forma relativa).

Por isso, a ausência continuada ao serviço, por 30 dias ou mais, não é uma exigência obrigatória em todos os casos para que o abandono de emprego se configure; o referido prazo apenas é uma das possíveis formas de presumir o elemento subjetivo, cuja prova direta seria praticamente impossível, por se referir ao elemento psíquico (anímico) do empregado.

Isso significa que o prazo de ausência continuada e prolongada ao serviço pode ser até mesmo inferior a 30 dias, para se caracterizar o elemento objetivo do abandono de emprego.

Discute-se, ainda, sobre a necessidade de notificação do empregado, convocando-o a retornar ao serviço. Na realidade, tal notificação não é exigida por lei, não sendo essencial para a configuração do abandono do emprego.

A referida convocação apenas tem o objetivo de tentar demonstrar que o empregado, efetivamente, não pretende mais retornar ao emprego (elemento subjetivo), pois, mesmo chamado formalmente, não voltou ao serviço.

De todo modo, mesmo havendo a notificação e não se verificando o retorno do trabalhador ao serviço, a presunção da intenção de abandonar o emprego é, também aqui, meramente relativa, podendo ser elidida pelo empregado, por exemplo, se demonstrar a impossibilidade de ter retornado anteriormente (por exemplo, porque estava detido irregularmente em país estrangeiro).

Além disso, não se revela de grande eficácia que a notificação seja publicada em jornal, pois o empregado não tem a obrigação de sua aquisição e leitura.

Aliás, pode-se mesmo defender que essa divulgação do abandono de emprego, em jornal de ampla circulação, expõe o empregado, desnecessariamente, a uma situação constrangedora, podendo gerar lesão a direito de personalidade, passando a ser devida a respectiva indenização.

Por isso, eventual notificação para o retorno ao emprego, sob pena de caracterização de abandono, deve ser encaminhada ao próprio endereço do empregado, formalizada por meio de notifica-

---

[28] Súmula 32 do TST: "Abandono de emprego. Presume-se o abandono de emprego se o trabalhador não retornar ao serviço no prazo de 30 (trinta) dias após a cessação do benefício previdenciário nem justificar o motivo de não o fazer".

ção extrajudicial, feita pelo cartório de títulos e documentos, ou mesmo por meio de carta registrada, com comprovante de recebimento. Pode-se admitir até mesmo procedimento de notificação e interpelação (arts. 726 a 729 do CPC de 2015 e arts. 867 a 873 do CPC de 1973) com o referido objetivo.

A notificação por edital só se justificaria no caso de o empregado se encontrar, efetivamente, em local incerto e não sabido.

Ainda sobre o abandono de emprego, de acordo com a Súmula 62 do TST: "O prazo de decadência do direito do empregador de ajuizar inquérito em face do empregado que incorre em abandono de emprego é contado a partir do momento em que o empregado pretendeu seu retorno ao serviço".

Por fim, como explicita a Súmula 73 do TST: "A ocorrência de justa causa, salvo a de abandono de emprego, no decurso do prazo do aviso prévio dado pelo empregador, retira do empregado qualquer direito às verbas rescisórias de natureza indenizatória".

A ressalva quanto ao abandono de emprego, feita pela Súmula 73, justifica-se porque durante o aviso prévio o empregado, certamente, estará à procura de um novo emprego. Sendo o novo trabalho encontrado, o objetivo do aviso prévio foi alcançado, não se podendo penalizar o empregado por deixar de cumprir o restante do período de aviso, justamente por ter de assumir, imediatamente, o novo serviço. Nesse caso, o empregado apenas deixa de fazer jus ao saldo de salário referente aos dias não trabalhados.

12) **Ato lesivo da honra ou boa fama em serviço** (art. 482, *j*)

De acordo com o art. 482, *j*, da CLT, constitui-se justa causa: "o ato lesivo da honra ou da boa fama praticado no serviço contra qualquer pessoa [...], salvo em caso de legítima defesa, própria ou de outrem".

A lesão à honra ou da boa fama refere-se à conduta do empregado em serviço que viola direitos de personalidade, no caso, relacionados à imagem e à moral de qualquer pessoa.

A ofensa à honra pode ser objetiva (reputação), correspondendo à calúnia e à difamação, ou subjetiva (dignidade, decoro), correspondendo à injúria.

A boa fama, por sua vez, refere-se ao conceito que a pessoa apresenta perante a sociedade e a comunidade em que vive.

Na hipótese aqui comentada, reitere-se que o empregado lesa a honra ou a boa fama no serviço, de qualquer pessoa.

Como se nota, ocorrendo o referido ato faltoso *em serviço*, pode ser contra qualquer pessoa, como um cliente, um fornecedor, um colega de trabalho, superior ou não, um desconhecido etc.

No entanto, se a referida lesão à honra ou boa fama ocorre em legítima defesa, o ato deixa de ser ilícito, afastando, com isso, a justa causa. De todo modo, a legítima defesa deve ser exercida dentro dos devidos limites, ou seja, sem excessos. Por fim, a legítima defesa pode ser própria, quer dizer, em benefício próprio, ou de terceiro (Código Penal, art. 25).

13) **Ofensas físicas em serviço** (art. 482, *j*)

O mesmo art. 482, *j*, da CLT também estabelece, como justa causa, a prática de ofensas físicas nas mesmas condições vistas acima, ou seja, "no serviço contra qualquer pessoa", salvo em caso de legítima defesa, própria ou de outrem.

A ofensa física é a agressão corporal perpetrada pelo empregado, no caso, contra qualquer pessoa (cliente, fornecedor, terceiros desconhecidos, colegas de trabalho, superiores hierárquicos etc.), quando isso ocorrer durante o serviço.

Também aqui, a legítima defesa, em proveito próprio ou em benefício de terceiro, afasta a ilicitude da conduta e, por consequência, a justa causa. Para que isso ocorra, a legítima defesa não pode extrapolar o necessário para impedir a agressão (Código Penal, art. 25).

14) **Ato lesivo da honra ou boa fama contra o empregador** (art. 482, *k*)

No art. 482, *k*, da CLT, há previsão de justa causa quando o empregado praticar: "ato lesivo da honra ou da boa fama [...] contra o empregador e superiores hierárquicos, salvo em caso de legítima defesa, própria ou de outrem".

Há grande semelhança com hipótese já analisada acima.

No caso em questão, a lesão à honra ou à boa fama é especificamente contra o empregador ou superiores hierárquicos, podendo ocorrer não só em serviço, mas em qualquer lugar, justamente em razão da condição da pessoa ofendida.

Ressalte-se que a jurisprudência já se pacificou quanto à possibilidade de a pessoa jurídica sofrer dano moral[29]. Nessa linha, dispõe o art. 52 do Código Civil de 2002 que é aplicável "às pessoas jurídicas, no que couber, a proteção dos direitos da personalidade".

A legítima defesa, nos moldes explicitados, afasta a justa causa.

15) **Ofensas físicas contra o empregador** (art. 482, *k*)

O art. 482, *k*, da CLT prevê, ainda, a seguinte hipótese de justa causa: "ofensas físicas praticadas contra o empregador e superiores hierárquicos, salvo em caso de legítima defesa, própria ou de outrem".

O enfoque conceitual de ofensas físicas já foi estudado, sendo aqui aplicável.

Na situação específica, a violência física é praticada pelo empregado contra o empregador ou superiores hierárquicos, podendo ocorrer não só no serviço, mas em qualquer localidade, novamente em razão da condição das pessoas lesadas.

A justa causa, novamente, fica afastada pela legítima defesa.

16) **Prática constante de jogos de azar** (art. 482, *l*)

Em conformidade com o art. 482, *l*, da CLT, a prática constante de jogos de azar é considerada justa causa.

O jogo de azar é aquele em que o resultado depende exclusiva ou principalmente do fator "sorte".

O conceito de jogos de azar encontra-se no Direito Penal[30].

Conforme art. 50, § 3º, da Lei das Contravenções Penais, consideram-se jogos de azar: "a) o jogo em que o ganho e a perda dependam exclusiva ou principalmente da sorte; b) as apostas sobre corrida de cavalos fora de hipódromo ou de local onde sejam autorizadas; c) as apostas sobre qualquer outra competição esportiva".

São exemplos de jogos exclusivamente dependentes da sorte: roleta e dados, pois a vitória ou a derrota, nesses casos, não é influenciada por qualquer outro fator (como a habilidade), que não a sorte de uns e o azar de outros jogadores.

Jogos que dependem principalmente da sorte são os jogos de cartas, pois, embora o fator sorte ou azar seja o preponderante para se chegar ao resultado, alguma habilidade pode influenciar na vitória.

Nos jogos de bingo, o resultado depende exclusivamente da sorte, ou ao menos esta é a principal determinante do resultado.

Já os jogos de habilidade não são considerados jogos de azar, mas sim lícitos, como ocorre com as competições esportivas, bem como os jogos de dama e xadrez, que dependem da inteligência, da perspicácia e do raciocínio. Entretanto, a aposta em si (*v.g.*, feita por terceiros), sobre o futuro resultado em tais jogos lícitos, é considerada jogo de azar.

Observa-se certa redundância na expressão "prática constante", pois a prática já significa ser uma conduta contínua.

De todo modo, exige-se que os jogos de azar sejam algo frequente na vida do empregado. O seu exercício esporádico não configura, portanto, a justa causa.

Quanto ao requisito da habitualidade para a caracterização da referida justa causa, como pondera Wagner Giglio: "É suficiente, para configurar a infração, que o empregado tenha o hábito arrai-

---

[29] Súmula 227 do STJ: "A pessoa jurídica pode sofrer dano moral".
[30] Cf. GIGLIO, Wagner D. *Justa causa*. 7. ed. São Paulo: Saraiva, 2000. p. 330.

gado do jogo, que a ele se dedique reiteradamente, como um costume que já faz parte de seu comportamento em sociedade"[31].

Há um entendimento, minoritário, de que pouco importa "se o jogo é ou não a dinheiro"[32].

No entanto, a corrente majoritária exige, para que se trate de justa causa, que o jogo seja praticado com o fim de lucro.

Efetivamente, quanto à necessária "finalidade de lucro"[33], segundo leciona Wagner Giglio: "Sem o escopo de obter um benefício material, de valor econômico, não há falar em jogo ilegal, quer do ponto de vista da contravenção, quer do Direito do Trabalho"[34].

Na época em que a lei autoriza certos jogos de azar, como o bingo, em certas circunstâncias, e com a devida permissão, a sua exploração em estabelecimento não importa em contravenção penal, por haver a derrogação de normas de Direito Penal a respeito.

No entanto, mesmo nessa ocasião, seguindo o entendimento de Wagner Giglio: "a lei autoriza *determinados* jogos, *irrecusavelmente* de azar, em *certos* locais ou ocasiões – [...] os jogos de carta, de bingo [...] –, tornando-os lícitos, sob o aspecto contravencional. Nada obstante, praticará falta trabalhista passível de caracterizar justa causa para o despedimento o empregado que se dedicar à prática constante desses jogos"[35].

Portanto, havendo a prática constante de jogo de bingo pelo empregado, ou seja, de forma reiterada, de modo a acarretar prejuízo (direto ou indireto) ao trabalho, por ser este um jogo de azar[36], haverá a presença de justa causa, autorizando a rescisão de seu contrato de trabalho.

17) **Perda da habilitação ou dos requisitos para o exercício da profissão** (art. 482, *m*)

O art. 482, alínea *m*, da CLT, incluída pela Lei 13.467/2017, prevê que constitui justa causa para rescisão do contrato de trabalho pelo empregador a perda da habilitação ou dos requisitos estabelecidos em lei para o exercício da profissão, em decorrência de conduta dolosa do empregado.

Exemplificando, no caso de empregado que seja motorista, a perda da habilitação, em razão de conduta dolosa, ou seja, intencional, autoriza a despedida com justa causa.

Como se pode notar, foi acrescentado ao rol das hipóteses de justa causa do empregado evento que não necessariamente tem relação com a sua conduta disciplinar no trabalho propriamente, embora tenha repercussões no exercício de suas atividades e funções na empresa.

18) **Atos atentatórios à segurança nacional** (art. 482, parágrafo único)

O parágrafo único do art. 482 da CLT, prevê, ainda, que:

"Constitui igualmente justa causa para dispensa de empregado a prática, devidamente comprovada em inquérito administrativo, de atos atentatórios contra a segurança nacional".

Trata-se de disposição incluída pelo Decreto-lei 3, de 27.01.1966.

O mencionado "inquérito administrativo" é aquele regulado nos §§ 3º, 4º e 5º do art. 472 da CLT, já analisados quando estudadas as hipóteses de suspensão contratual.

Por serem atos atentatórios "contra a segurança nacional", não se verifica nexo com o vínculo de emprego propriamente, o qual é mantido com o empregador.

---

[31] GIGLIO, Wagner D. *Justa causa*. 7. ed. São Paulo: Saraiva, 2000. p. 333.
[32] MARTINS, Sergio Pinto. *Direito do trabalho*. 22. ed. São Paulo: Atlas, 2006. p. 365.
[33] ZAINAGHI, Domingos Sávio. *A justa causa no direito do trabalho*. São Paulo: Malheiros, 1995. p. 138.
[34] GIGLIO, Wagner D. *Justa causa*. 7. ed. São Paulo: Saraiva, 2000. p. 333.
[35] GIGLIO, Wagner D. *Justa causa*. 7. ed. São Paulo: Saraiva, 2000. p. 337 (destaques do original). No mesmo sentido, cf. ZAINAGHI, Domingos Sávio. *A justa causa no direito do trabalho*. São Paulo: Malheiros, 1995. p. 140.
[36] Cf. MARTINS, Sergio Pinto. *Comentários à CLT*. 5. ed. São Paulo: Atlas, 2002. p. 494: "Os jogos de azar podem ser: jogo do bicho, loterias, bingo, roleta, bacará, de cartas, dominó, rifas não autorizadas etc.".

Na realidade, a previsão em destaque é fruto da concepção política e de Estado da década de 60, bem diferente do atual regime de Estado Democrático de Direito, pautado por valores superiores à antiga doutrina da segurança nacional, conforme mandamentos da Constituição Federal de 1988.

Por isso, embora o entendimento não seja corrente na doutrina, entende-se que não mais deve prevalecer a previsão em análise, sepultada que foi a concepção de regime ditatorial no comando do governo e do Estado. Tanto é assim que a Lei 8.630/1993 (posteriormente revogada pela Lei 12.815/2013), em seu art. 76, revogou o mencionado Decreto-lei 3/1966, com o que se pode considerar revogado o dispositivo em questão.

A Lei 7.170, de 14 de dezembro de 1983 (Lei de Segurança Nacional), foi revogada pela Lei 14.197, de 1º de setembro de 2021, que acrescentou o Título XII na Parte Especial do Código Penal, relativo aos crimes contra o Estado Democrático de Direito.

Nessa linha de entendimento, eventuais atos faltosos do empregado, apresentando teor ilícito ou criminoso, podem autorizar a dispensa com justa causa, conforme as hipóteses do art. 482 da CLT, em especial nas alíneas *a*, *b* e *d*.

18.7.3 Culpa recíproca

A culpa recíproca ocorre quando se verificam condutas faltosas tanto do empregado como do empregador. As faltas do empregado estão previstas, em sua grande maioria, no art. 482 da CLT, sendo as do empregador arroladas no art. 483 da CLT.

Mesmo assim, para que se verifique, realmente, a culpa recíproca, as faltas devem ser simultâneas, graves e conexas.

Assim, não é tão frequente a verificação de culpa recíproca na prática, pois não se configura em face de atos faltosos praticados, de forma autônoma, pelo empregado e pelo empregador.

Como destacado, as faltas devem ser simultâneas, ou seja, ocorrer no mesmo contexto de tempo, na mesma circunstância de fato.

Além disso, na culpa recíproca, as faltas, tanto do empregado como do empregador, devem ser igualmente dotadas de gravidade.

Por fim, as referidas faltas devem guardar conexão entre si, no sentido de que uma decorre da prática da outra.

Pode-se indicar como exemplo de culpa recíproca a hipótese em que o empregado profere contra o empregador palavra de baixo calão, ofendendo a sua honra ou imagem, e este responde no mesmo tom, ofendendo, por sua vez, a honra ou a imagem do trabalhador.

A culpa recíproca é figura prevista no art. 484 da CLT, que regulava a antiga indenização por tempo de serviço (substituída pelo sistema do FGTS, que passou a ser obrigatório a partir da CF/1988), com a seguinte redação: "Havendo culpa recíproca no ato que determinou a rescisão do contrato de trabalho, o tribunal de trabalho reduzirá a indenização à que seria devida em caso de culpa exclusiva do empregador, por metade".

Atualmente, a Lei 8.036/1990, no art. 18, § 2º, na mesma linha, estabelece que, na "despedida por culpa recíproca", a indenização compensatória calculada sobre os depósitos do FGTS "será de 20% (vinte por cento)".

Em conformidade com a Súmula 14 do TST, na redação determinada pela Resolução 121/2003: "Reconhecida a culpa recíproca na rescisão do contrato de trabalho (art. 484 da CLT), o empregado tem direito a 50% (cinquenta por cento) do valor do aviso prévio, do décimo terceiro salário e das férias proporcionais".

Interessante observar que a redação original do referido verbete de jurisprudência era no sentido de que: "Reconhecida a culpa recíproca na rescisão do contrato de trabalho (art. 484 da CLT), o empregado não fará jus ao aviso prévio, às férias proporcionais e à gratificação natalina do ano respectivo".

Com a alteração, nota-se que foi adotada a mesma linha da previsão do art. 484 da CLT, bem como do art. 18, § 2º, da Lei 8.036/1990, assegurando a metade das referidas verbas rescisórias.

Obviamente, na culpa recíproca também são devidas, de forma integral, férias vencidas com 1/3, décimo terceiro salário vencido e saldo salarial, por se tratar de direitos já adquiridos.

18.7.4 Demissão

A demissão ocorre quando o empregado decide pelo término do vínculo de emprego, avisando o empregador quanto a tal deliberação, não tendo de justificar a medida.

Por isso, na demissão o empregado tem direito de receber: férias vencidas com 1/3; férias proporcionais com 1/3 (Súmula 261 do TST); décimo terceiro salário vencido; décimo terceiro salário proporcional (Súmula 157 do TST); saldo salarial referente aos dias trabalhados.

18.7.4.1 Terminologia

Na realidade, não seria apropriado falar em "pedido" de demissão, pois o que ocorre é o empregado simplesmente demitir-se, não tendo que depender da aceitação do empregador para se desligar do emprego, em razão do princípio constitucional da liberdade, vedando-se o trabalho forçado (art. 5º, *caput* e incisos XIII e XLVII, c, da CF/1988).

Trata-se, portanto, de ato unilateral do empregado.

O que existe é o dever de o empregado comunicar ao empregador a referida decisão de cessar a prestação dos serviços, por meio do aviso prévio. Efetivamente, de acordo com o art. 487, § 2º, da CLT: "A falta de aviso prévio por parte do empregado dá ao empregador o direito de descontar os salários correspondentes ao prazo respectivo".

18.7.4.2 Conceito

Pelo exposto acima, pode-se conceituar a demissão como a terminação do contrato de trabalho por ato de vontade, unilateral, do empregado, que deve avisar o empregador dessa deliberação.

18.7.5 Despedida indireta

A dispensa indireta se configura por deliberação do empregado, mas ela ocorre em razão de justa causa praticada pelo empregador, tornando inviável ou indesejada a continuidade do vínculo de emprego.

Assim, trata-se da hipótese inversa à dispensa com justa causa: enquanto nesta modalidade de terminação do contrato de trabalho a falta grave é praticada pelo empregado, na dispensa indireta a falta grave é praticada pelo empregador. Enquanto na dispensa com justa causa quem decide pôr fim ao contrato de trabalho é o empregador, na rescisão indireta tal deliberação é tomada pelo empregado.

No entanto, a dispensa indireta não se confunde com a demissão, pois naquela a cessação do vínculo decorre, especificamente, de falta praticada pelo empregador.

Na rescisão indireta, o empregado tem direito às verbas rescisórias equivalentes às da dispensa sem justa causa, ou seja: aviso prévio (art. 487, § 4º, da CLT); férias vencidas e proporcionais com 1/3; décimo terceiro salário vencido e proporcional; saldo salarial referente aos dias trabalhados; indenização de 40% do FGTS; levantamento dos depósitos do FGTS; guias do seguro-desemprego.

18.7.5.1 Terminologia

A presente hipótese de cessação do contrato de trabalho é denominada não só como dispensa indireta, mas também despedida indireta ou rescisão indireta.

Na realidade, não se verifica a dispensa do empregado propriamente, pois este é quem decide, no caso, pôr fim ao contrato de trabalho, ainda que em razão de falta grave praticada pelo empregador. Mas não é o empregador quem estará dispensando o empregado.

Com esses esclarecimentos é que as referidas expressões podem ser utilizadas.

Na despedida indireta, o empregado deve comunicar a sua deliberação de pôr fim ao pacto laboral, para evitar que o empregador interprete a ausência ao trabalho como um abandono do emprego.

Mesmo assim, o empregador dificilmente vai aceitar ou reconhecer a alegação do empregado, no sentido de que o contrato está sendo rompido em razão de falta grave patronal.

Por isso, a dispensa indireta, normalmente, é reconhecida em juízo, ou seja, por meio de decisão proferida em ação judicial.

Normalmente, na dispensa indireta, o empregado vai ajuizar ação trabalhista, requerendo o reconhecimento da rescisão indireta, bem como das verbas rescisórias decorrentes.

18.7.5.2 *Conceito*

A dispensa indireta pode ser conceituada como a modalidade de terminação do contrato de trabalho, por deliberação do empregado, mas decorrente de justa causa praticada pelo empregador.

18.7.5.3 *Elementos da justa causa do empregador*

Mesmo na falta grave patronal, devem-se fazer presentes certos requisitos da justa causa, desde que compatíveis com a situação delineada, ainda que sem os mesmos rigores na sua caracterização.

Assim, como na justa causa praticada pelo empregado, naquela pertinente ao empregador devem-se fazer presentes os elementos de:

1) *Tipicidade*, pois as hipóteses de justa causa do empregador também se encontram previstas em lei.

2) *Gravidade*, uma vez que a rescisão indireta, dando origem à cessação do vínculo de emprego, só deve ser reconhecida quando a falta patronal for grave. No entanto, deve ser levada em conta, obviamente, a posição do empregado, tornando a permanência do vínculo de emprego inviável para este.

3) *Nexo de causalidade*, no sentido de que a dispensa indireta deve ser, efetivamente, uma decorrência da justa causa do empregador, e não uma forma encontrada pelo trabalhador de conseguir o objetivo de se demitir, voluntariamente, do emprego, mas com o recebimento das verbas rescisórias equivalentes à dispensa.

O empregado não pode pretender a despedida indireta quando, na verdade, a terminação do contrato de trabalho não decorre de ato faltoso patronal, que não passa de mero pretexto ou alegação falaciosa.

Tem-se aqui o requisito da "determinância", no sentido de que a dispensa indireta deve ser determinada, justamente, pela falta grave do empregador.

4) *Proporcionalidade*, pois faz-se necessária a existência de relação de proporcionalidade e razoabilidade entre o ato faltoso do empregador e a despedida indireta.

Como a despedida indireta acarreta o fim da relação de emprego, só deve ser reconhecida se a falta praticada pelo empregador justifica a drástica medida, sempre se levando em conta as peculiaridades do caso e as condições do empregado, pois a regra deve ser no sentido da preservação do emprego.

No entanto, a reiteração de pequenos atos faltosos pode tornar a irregularidade grave o suficiente para fundamentar a despedida indireta.

5) *Imediatidade*

Entre a prática da justa causa patronal e a deliberação do empregado de requerer a dispensa indireta não deve transcorrer espaço de tempo extremamente longo, pois isso significaria que a falta não é tão grave assim, pois, se o fosse, o vínculo não teria persistido.

No entanto, essa exigência deve ser analisada com coerência e parcimônia, não se podendo exigir o mesmo rigor necessário para a hipótese de justa causa do empregado. Isso porque, muitas vezes, o empregado acaba tolerando certas faltas patronais, tendo em vista a necessidade de se manter no emprego, para poder receber o salário e, com isso, sustentar a si e a sua família.

Além disso, se a falta patronal vem se repetindo no tempo, como o atraso mensal do salário, a imediatidade deve ser analisada da última lesão ocorrida, ou seja, daquela mais recente.

Diversamente, uma pequena falta antiga, já esquecida no passado e há tempos regularizada, não se mostra grave e atual para justificar a despedida indireta.

Quanto ao *non bis in idem*, não se verifica compatibilidade de aplicação na rescisão indireta, pois o empregado, prestando serviços de forma subordinada e por conta alheia, não é titular de poder disciplinar, não podendo, evidentemente, aplicar punições ao empregador, o que não se confunde com o seu direito de resistência.

Diante de falta patronal, o que o empregado pode fazer é se opor, postulando a sua regularização, ainda que em juízo, ou requerer a dispensa indireta.

Mas o empregado não pode pedir demissão e, posteriormente, se arrepender, passando a entender que deveria ter postulado a rescisão indireta. Consumada a demissão, o contrato de trabalho já cessou por esse motivo, a não ser que o empregado demonstre vício na respectiva manifestação de vontade.

18.7.5.4 *Hipóteses de justa causa do empregador*

De acordo com o art. 27, parágrafo único, da Lei Complementar 150/2015, no caso do empregado doméstico, o contrato de trabalho pode ser rescindido por *culpa do empregador* quando:

I – o empregador exigir serviços superiores às forças do empregado doméstico, defesos por lei, contrários aos bons costumes ou alheios ao contrato;

II – o empregado doméstico for tratado pelo empregador ou por sua família com rigor excessivo ou de forma degradante;

III – o empregado doméstico correr perigo manifesto de mal considerável;

IV – o empregador não cumprir as obrigações do contrato;

V – o empregador ou sua família praticar, contra o empregado doméstico ou pessoas de sua família, ato lesivo à honra e à boa fama;

VI – o empregador ou sua família ofender o empregado doméstico ou sua família fisicamente, salvo em caso de legítima defesa, própria ou de outrem;

VII – o empregador praticar qualquer das formas de violência doméstica ou familiar contra mulheres de que trata o art. 5º da Lei 11.340/2006.

Quanto ao inciso VII, cabe esclarecer que, para os efeitos da Lei 11.340/2006, configura violência doméstica e familiar contra a mulher qualquer ação ou omissão baseada no gênero que lhe cause morte, lesão, sofrimento físico, sexual ou psicológico e dano moral ou patrimonial:

I – no âmbito da unidade doméstica, compreendida como o espaço de convívio permanente de pessoas, com ou sem vínculo familiar, inclusive as esporadicamente agregadas;

II – no âmbito da família, compreendida como a comunidade formada por indivíduos que são ou se consideram aparentados, unidos por laços naturais, por afinidade ou por vontade expressa;

III – em qualquer relação íntima de afeto, na qual o agressor conviva ou tenha convivido com a ofendida, independentemente de coabitação.

As relações pessoais enunciadas nesse art. 5º da Lei 11.340/2006 independem de orientação sexual.

Os casos de justa causa patronal estão previstos no art. 483 da CLT, a seguir analisados.

1) **Exigência de serviços superiores às forças do empregado** (art. 483, a)

A hipótese ocorre quando o empregador exige, ou seja, impõe que o empregado execute serviços que estão acima de suas forças, entendido o termo tanto no sentido físico como intelectual.

Sobre o limite de força física, cabe destacar a disposição de segurança e medicina do trabalho, pertinente ao art. 198 da CLT, com a seguinte previsão:

"Art. 198. É de 60 kg (sessenta quilogramas) o peso máximo que um empregado pode remover individualmente, ressalvadas as disposições especiais relativas ao trabalho do menor e da mulher.
Parágrafo único. Não está compreendida na proibição deste artigo a remoção de material feita por impulsão ou tração de vagonetes sobre trilhos, carros de mão ou quaisquer outros aparelhos mecânicos, podendo o Ministério do Trabalho, em tais casos, fixar limites diversos, que evitem sejam exigidos do empregado serviços superiores às suas forças".

Além disso, o art. 390 da CLT, que também se aplica aos empregados menores (art. 405, § 5º, da CLT), estabelece a seguinte regra especial:

"Art. 390. Ao empregador é vedado empregar a mulher em serviço que demande o emprego de força muscular superior a 20 (vinte) quilos para o trabalho contínuo, ou 25 (vinte e cinco) quilos para o trabalho ocasional.
Parágrafo único. Não está compreendida na determinação deste artigo a remoção de material feita por impulsão ou tração de vagonetes sobre trilhos, de carros de mão ou quaisquer aparelhos mecânicos".

Como mencionado, também constitui falta grave patronal exigir que o empregado execute tarefas superiores às forças intelectuais e psíquicas, em prejuízo de sua saúde e bem-estar.

Reconhece-se a maior dificuldade de fixar esse limite no caso do trabalho intelectual, mas a hipótese do art. 483, a, da CLT ocorreria, por exemplo, se fosse ordenado que o empregado criasse elevado número de textos, em curto prazo de tempo, algo que seria praticamente impossível, humanamente falando, de ser executado, sem graves danos à integridade física e mental do empregado.

2) **Exigência de serviços defesos por lei** (art. 483, a)

Essa hipótese refere-se ao empregador que impõe ao empregado que execute serviços vedados, ou seja, proibidos por lei.

Pode-se entender que constitui falta grave a exigência de serviços que a lei proíbe, com o intuito de tutelar o empregado, como as hipóteses de trabalho insalubre, perigoso ou noturno do menor, o qual é proibido pelo art. 7º, inciso XXXIII, da Constituição Federal de 1988.

Além disso, também deve ser considerado como justa causa do empregador se este exige que o empregado desempenhe atividades consideradas ilícitas, pois, também nesse caso, têm-se "serviços defesos por lei". Por exemplo, podem ser indicados os casos do empregador que ordena a seu empregado que transporte substância proibida, como entorpecentes, ou exige que o trabalhador execute conduta lesiva ao patrimônio ou à moral de alguém.

Em todas essas situações, o empregado pode "considerar rescindido o contrato de trabalho" (art. 483, *caput*, da CLT), pleiteando as devidas verbas rescisórias decorrentes, sem prejuízo de eventual indenização por danos morais.

3) **Exigência de serviços contrários aos bons costumes** (art. 483, a)

A referida falta patronal refere-se a exigir que o empregado desempenhe serviços que contrariam as regras morais que norteiam a sociedade, levando em conta o momento e a localidade.

Pode existir certa dificuldade em precisar, exatamente, quais são todos os limites e as regras de bons costumes. Mesmo assim, deve-se adotar o padrão médio de comportamento, respeitado pela sociedade e visto como aceito pela comunidade, ainda que em sua maioria.

Por isso, incidiria na hipótese em estudo o empregador que exigisse do empregado que mantivesse relacionamento íntimo com certa pessoa, por ser um cliente de importância aos negócios da empresa. Da mesma forma, o empregador que ordenasse ao empregado que se despisse na frente de colegas de serviço.

4) **Exigência de serviços alheios ao contrato** (art. 483, *a*)

A última hipótese da alínea *a* do art. 483 da CLT refere-se à conduta do empregador que exige do empregado serviços alheios ao contrato de trabalho que foi firmado.

Trata-se do caso em que o empregado recebe ordens de desempenhar atividades para as quais não foi contratado, ou seja, divorciadas das funções a serem desempenhadas (o que deve ser interpretado com razoabilidade), como exigir da secretária que realize serviço de limpeza, ou ordenar ao professor que exerça função de porteiro.

O empregado, nesses casos, pode se opor, considerando rescindido o contrato de trabalho por justa causa patronal, requerendo as verbas rescisórias decorrentes.

Se a exigência de serviço alheio envolver lesão a direito de personalidade do empregado, como em trabalho degradante, a respectiva indenização por danos morais também pode ser devida.

5) **Rigor excessivo** (art. 483, *b*)

O rigor excessivo significa uma verdadeira perseguição do empregador contra o empregado, tratando-o de forma diferenciada em comparação aos demais empregados ou aplicando punições desproporcionais.

Conforme a gravidade da conduta patronal e a sua reiteração, em prejuízo da dignidade do empregado, há possibilidade de se configurar até mesmo o *assédio moral*. Este pode ter como objetivos escusos o de fazer com que o empregado, por ser repetidamente lesado em termos psicológicos e morais, com atitudes nefastas do empregador, não mais suportando o sofrimento, peça demissão.

Frise-se que o rigor excessivo pode ser praticado, ainda, por superior hierárquico, configurando prática de assédio moral, autorizando da mesma forma a despedida indireta, pois o empregador é responsável por manter o ambiente de trabalho saudável e harmonioso.

Nesse caso, o empregado tem direito de considerar rescindido o contrato por falta grave patronal, fazendo jus às verbas trabalhistas decorrentes, bem como de pleitear indenização pelos danos morais derivados do assédio moral.

6) **Perigo manifesto de mal considerável** (art. 483, *c*)

A hipótese em questão indica o empregado que é exposto a situações de perigo manifesto (ou seja, evidente) de sofrer um mal considerável (quer dizer, relevante), quando não inerentes à atividade contratada.

O referido "mal considerável" pode ser tanto à saúde física como psíquica e psicológica do empregado.

Podem ser citados como exemplos: o empregador que determina a execução de trabalho insalubre, mas não entrega os necessários equipamentos de proteção individual; o serviço a ser executado envolve perigo à integridade do trabalhador, e mesmo à vida, por ser o trabalho em alturas ou obras em construção, mas não se disponibilizam ao empregado os instrumentos de proteção adequados (como o cinto de segurança ou o capacete).

7) **Não cumprimento das obrigações do contrato** (art. 483, *d*)

O presente caso é certamente aquele mais comum em ações trabalhistas cujo objeto seja a rescisão indireta do contrato de trabalho.

Quando o empregador descumpre as obrigações do contrato de trabalho, o empregado não é obrigado a tolerar a conduta irregular, podendo considerar rescindido o referido pacto, por justa causa patronal.

Discute-se o alcance da referida previsão.

O entendimento mais adequado *não* deve ser fazendo-se uma interpretação literal e restrita do dispositivo. Ou seja, *não* se mostra correto dizer que a mencionada disposição apenas estaria se referindo às obrigações pactuadas, entre empregado e empregador, no contrato de trabalho privado, específico entre as partes.

Diversamente, deve-se interpretar a expressão "obrigações do contrato" como alcançando os diversos deveres inerentes à relação contratual de emprego. As respectivas obrigações podem ter origem nas diversas fontes formais do Direito do Trabalho, inclusive legal (e constitucional), bem como podem decorrer do costume, de normas coletivas decorrentes de negociação coletiva, ou mesmo de decisão arbitral ou judicial referente a conflito coletivo de trabalho.

Aliás, a maioria das obrigações, pertinentes ao contrato de trabalho, decorre de previsão da legislação trabalhista, com o que a sua inobservância faz incidir a justa causa patronal em estudo.

Além disso, não se exigem formalidades para a convenção do contrato de trabalho, e, em muitos casos, não há nem mesmo um instrumento formal de sua pactuação, para que se possa falar apenas em obrigações derivadas da autonomia privada individual, em sentido estrito.

Por isso, embora o tema possa apresentar certa controvérsia, entende-se que a ausência de depósito do FGTS na conta vinculada do empregado constitui descumprimento de obrigação contratual, uma vez que o referido direito, com previsão constitucional, gera ao empregador a respectiva obrigação contratual trabalhista.

Não se pode dizer que o valor do FGTS fica só depositado, com o que a sua ausência não acarretaria prejuízo ao empregado; tal ressalva não é estabelecida em lei como apta a afastar a rescisão indireta, além do que o empregado pode passar a ter direito a sacar os valores de um momento para o outro, por exemplo, para a aquisição de casa própria, ou na hipótese do art. 20, inciso XIV, da Lei 8.036/1990 (acrescentado pela Medida Provisória 2.164-41/2001).

Da mesma forma, a falta de anotação da Carteira de Trabalho e Previdência Social do empregado configura evidente inobservância de obrigação fundamental pertinente ao contrato de trabalho, ensejando a incidência da mencionada falta grave patronal.

No entanto, o que cabe destacar é o entendimento segundo o qual, havendo *fundada* controvérsia quanto à efetiva existência de relação de emprego, não poderia o empregado, antes de ver reconhecido o contrato de trabalho em juízo, alegar a dispensa indireta, sustentando que as obrigações decorrentes do vínculo (que não se sabe se existe ou não), foram ou estão sendo descumpridas pelo suposto empregador.

Como observa Sergio Pinto Martins: "Quando se discute o vínculo de emprego não se pode falar em rescisão indireta, justamente porque a questão é controvertida. A rescisão indireta só é admissível quando o empregador reconhece o vínculo de emprego, não atendendo o disposto no art. 483 da CLT"[37].

De acordo com a Súmula 13 do TST: "O só pagamento dos salários atrasados em audiência não ilide a mora capaz de determinar a rescisão do contrato de trabalho".

8) **Ato lesivo da honra e boa fama** (art. 483, *e*)

Da mesma forma como já analisada nas hipóteses do art. 482, alíneas *j* e *k*, na presente situação, tem-se como justa causa, agora patronal, a hipótese em que "praticar o empregador ou seus prepostos, contra ele [o empregado] ou pessoas de sua família, ato lesivo da honra e boa fama". No caso, a disposição específica não autoriza a legítima defesa exercida pelo empregador, diferentemente do que ocorre no caso do art. 482, *k*.

Como já mencionado, a lesão à honra ou da boa fama refere-se à conduta que afronta direitos de personalidade, no caso, relacionados à imagem e à moral.

A honra engloba a modalidade objetiva (reputação) e subjetiva (dignidade, decoro).

A boa fama refere-se ao conceito da pessoa diante da sociedade e da comunidade em que vive.

---

[37] MARTINS, Sergio Pinto. *Comentários à CLT*. 5. ed. São Paulo: Atlas, 2002. p. 499.

Cabe destacar que o ato lesivo (da honra e boa fama) pode ser não só contra o empregado, mas também contra pessoas de sua família. Esta última expressão possui amplitude um pouco indeterminada. De todo modo, certamente que fazem parte da família do empregado o cônjuge, os pais, os filhos e eventuais irmãos; outros familiares, mais distantes, podem ser objeto de incidência da disposição legal, conforme o caso e as suas circunstâncias, demonstrando-se que a lesão é apta a atingir, de modo reflexo, o próprio empregado, tendo em vista a proximidade e intimidade com o referido familiar.

9) **Ofensa física** (art. 483, *f*)

Também de forma semelhante à hipótese de dispensa com justa causa estudada, o art. 483, na alínea *f*, prevê a falta grave patronal quando "o empregador ou seus prepostos ofenderem-no [o empregado] fisicamente, salvo em caso de legítima defesa, própria ou de outrem".

O caso, portanto, é de lesão à integridade física do empregado, por violência cometida pelo empregador ou seus prepostos.

Observa-se que na hipótese específica em questão, pertinente à ofensa física, apenas ao empregado em si é que se faz menção; diferentemente, somente na alínea anterior (*e*) do art. 483 da CLT é que os familiares são incluídos.

Se a referida lesão ocorre em legítima defesa, o ato deixa de ser ilícito, afastando, com isso, a rescisão indireta. No entanto, cabe observar que a legítima defesa deve ser exercida sem abuso, ou seja, sem que sejam excedidos os seus limites.

Além disso, a legítima defesa pode ser em benefício da própria pessoa lesada, ou mesmo em favor de um terceiro a ser lesado pelo ofensor (Código Penal, art. 25).

10) **Redução do trabalho por peça ou tarefa, afetando o salário** (art. 483, *g*)

Em conformidade com o art. 483, *g*, da CLT, o empregado poderá considerar rescindido o contrato quando: "o empregador reduzir o seu trabalho, sendo este por peça ou tarefa, de forma a afetar sensivelmente a importância dos salários".

O trabalho por peça é aquele em que o salário é pago por unidade de obra, recebendo o empregado de acordo com a quantidade produzida.

O trabalho por tarefa refere-se àquele em que o salário é estabelecido de forma mista, ou seja, o empregado recebe conforme o serviço estipulado, a ser realizado em certo período de tempo.

De todo modo, são situações em que, havendo a redução do trabalho oferecido, proposto ou determinado ao empregado, pelo empregador, o salário pode sofrer redução, pois nos referidos casos o valor recebido varia conforme o que é produzido.

Por isso, a mencionada hipótese de falta patronal versa especificamente sobre tais situações, considerando falta grave patronal a referida redução do trabalho do empregado, de forma a afetar "sensivelmente" (ou seja, de forma significante) o valor dos salários.

Poder-se-ia questionar se a redução do salário pelo empregador, de forma ilícita, mas de empregado que tem seu salário calculado de forma distinta, configura justa causa patronal (como no salário por tempo de serviço).

Mesmo que essa última hipótese, por ser diferente das situações da alínea *g* do art. 483, não esteja incluída no referido dispositivo específico, a redução salarial em afronta à Constituição Federal (art. 7º, inciso VI) é, evidentemente, uma inobservância das obrigações do contrato de trabalho; no caso, uma violação direta do dever de não reduzir os salários constitui evidente falta grave patronal, incidindo a previsão do art. 483, alínea *d*, da CLT, já analisada acima.

11) **Rescisão indireta do contrato de trabalho do empregado adolescente**

O art. 407, *caput*, da CLT estabelece correta previsão, no seguinte sentido: se for verificado pela autoridade competente que o trabalho executado pelo menor é "prejudicial à sua saúde, ao seu desenvolvimento físico ou à sua moralidade, poderá ela obrigá-lo a abandonar o serviço, devendo a respectiva empresa, quando for o caso, proporcionar ao menor todas as facilidades para mudar de funções".

Como o referido dispositivo não apresenta distinção, é possível entender que a "autoridade", ali indicada, pode ser não só o juiz da infância e da juventude, o juiz do trabalho, como o auditor-fiscal do trabalho, conforme a hipótese em concreto.

No entanto, quando a empresa não tomar as medidas possíveis e recomendadas pela autoridade competente para que o menor mude de função, de acordo com o parágrafo único do art. 407 da CLT: "configurar-se-á a rescisão do contrato de trabalho, na forma do art. 483".

Tem-se, no caso, hipótese específica de despedida indireta pertinente ao trabalho prejudicial ao empregado menor.

18.7.5.5 Dispensa indireta e possibilidade de permanência no serviço

Como já mencionado, a rescisão indireta, normalmente, deve ser objeto de reconhecimento em juízo, por meio da respectiva ação ajuizada pelo empregado.

Por isso, discute-se quanto à possibilidade, ou não, de o empregado permanecer no serviço, até a decisão final do processo em que se analisa a dispensa indireta.

O entendimento francamente majoritário é no sentido de que a regra deve ser a extinção imediata do contrato de trabalho, ou seja, a cessação da prestação de serviços, não se podendo aguardar a decisão judicial a respeito, justamente por se tratar de justa causa patronal. Esta, como se sabe, deve ser grave, inviabilizando a continuidade do vínculo de emprego.

Haveria uma nítida contradição se o empregado pudesse permanecer no labor e, ao mesmo tempo, requerer a rescisão indireta do contrato de trabalho.

Assim, apenas excepcionalmente, mediante específica autorização legal, é que a referida permanência no emprego pode ser admitida. Nesse sentido, assim dispõe o art. 483, § 3º, da CLT:

"Nas hipóteses das letras *d* e *g*, poderá o empregado pleitear a rescisão de seu contrato de trabalho e o pagamento das respectivas indenizações, permanecendo ou não no serviço até final decisão do processo".

Em razão da referida previsão, apenas nas hipóteses de descumprimento das obrigações contratuais (art. 483, *d*, da CLT), e redução do trabalho por peça ou tarefa, afetando o salário (art. 483, *g*, da CLT), faculta-se ao empregado permanecer no emprego até a final decisão do processo em que pleiteia a rescisão indireta do contrato de trabalho.

Reitere-se tratar-se de mera faculdade conferida ao empregado, que pode preferir a cessação imediata da prestação dos serviços e do vínculo de emprego, mesmo nos referidos casos.

A expressão "final decisão do processo" pode gerar dúvida, no sentido de se tratar da sentença, ou somente da decisão que transitar em julgado[38].

Entende-se que essa última interpretação, quanto ao trânsito em julgado, mostra-se mais coerente, pois, do contrário, se a sentença que eventualmente reconhecesse a rescisão indireta fosse reformada em recurso (ordinário), pelo tribunal (TRT), ter-se-ia a neutralização da eficácia e da utilidade da previsão legal.

Interpretando-se *a contrario sensu* o § 3º do art. 483 da CLT, nas demais modalidades de dispensa indireta, a referida faculdade de permanência no emprego não se verifica, conforme correto entendimento, majoritário, da doutrina e da jurisprudência.

---

[38] Cf. DELGADO, Maurício Godinho. *Curso de direito do trabalho*. 4. ed. São Paulo: LTr, 2005. p. 1.224: "Se não tiver havido afastamento do obreiro, a data extintiva do pacto será fixada na sentença, seja com base no dia de publicação da decisão judicial, seja com suporte no trânsito em julgado do *decisum*, seja por outro critério específico eleito pelo julgador. O efeito sentencial neste caso dependerá da data escolhida pela decisão judicial, laborando o empregado até o dia de término do contrato estabelecido na sentença".

Com isso, fora das alíneas *d* e *g* do art. 483 da CLT, cabe ao empregado, ao requerer o reconhecimento da justa causa patronal, dar por findo o contrato de trabalho, cessando a prestação dos serviços, coerentemente com a sua alegação de despedida indireta.

No entanto, cabe verificar a hipótese em que o empregado cessou a prestação dos serviços, ajuizou em seguida ação com o objetivo de obter o reconhecimento de rescisão indireta do contrato de trabalho, mas esse pedido foi julgado improcedente, indeferindo-se a despedida indireta e as verbas decorrentes.

Nesse caso, como o empregado já deu por terminado o contrato de trabalho, discute-se qual seria a modalidade de cessação do referido vínculo. Embora exista quem defenda a possibilidade de se caracterizar o abandono de emprego (art. 482, alínea *i*, da CLT), defende-se que não há, na hipótese narrada, o elemento subjetivo, necessário para caracterizar a referida falta grave do empregado.

Efetivamente, o empregado não teve a intenção de abandonar o emprego, mas sim exerceu a faculdade de pôr fim à prestação dos serviços, por entender existir falta grave patronal. Embora essa falta do empregador não tenha sido reconhecida em juízo, não se pode penalizar o empregado impondo-lhe a prática de justa causa, pois ausente a intenção de abandonar o emprego, bem como dolo ou culpa. Por isso, o mais razoável é entender, no caso mencionado, pela equiparação ao próprio pedido de demissão pelo empregado, fazendo jus às respectivas verbas rescisórias[39].

Como se nota, também não é o caso de se reintegrar ou readmitir o empregado que se afastou do serviço, mas não teve a rescisão indireta do contrato de trabalho reconhecida judicialmente. Na realidade, a readmissão (ou seja, o retorno ao trabalho, sendo o tempo de afastamento considerado como suspensão do contrato de trabalho) é solução a ser aplicada apenas se o empregado (que se afastou, mas não teve a despedida indireta reconhecida) for titular de estabilidade definitiva ou mesmo de garantia de permanência no emprego (estabilidade temporária) ainda não vencida[40].

O requisito da "imediatidade", entre a falta patronal e o requerimento de rescisão indireta, em tese, também deve ser observado pelo empregado, ainda que sem o rigor da dispensa com justa causa.

Como destaca Wagner D. Giglio: "parece-nos necessários os requisitos da gravidade e atualidade do ato faltoso do empregador, pelas mesmas razões que fundamentam a exigência desses requisitos no ato faltoso do empregado"[41].

Assim, a inércia do empregado, ajuizando a ação com pedido de rescisão indireta somente tempos depois da extinção contratual, demonstra a ausência do mencionado requisito da atualidade, necessário para a caracterização da dispensa indireta.

18.7.6 Cessação do contrato por falecimento do empregado

Como já destacado, o contrato de trabalho caracteriza-se por ser *intuitu personae*.

Por isso, como é evidente e natural, o falecimento do empregado acarreta a cessação do contrato de trabalho.

Nesse caso, as verbas rescisórias passam a ser devidas aos dependentes ou sucessores do empregado.

Nesse sentido, a Lei 6.858, de 24 de novembro de 1980, em seu art. 1º, prevê que os valores devidos pelos empregadores aos empregados, bem como os montantes das contas individuais do

---

[39] Cf. DELGADO, Mauricio Godinho. *Curso de direito do trabalho*. 4. ed. São Paulo: LTr, 2005. p. 1225: "É claro que se trata de uma *modalidade especial de resilição unilateral por ato obreiro*, em que este fica isento da concessão do *aviso prévio*: a própria ação trabalhista já cumpriu o papel de notificar o empregador da intenção de ruptura contratual. [...] É portanto equívoco grave considerar que o afastamento do trabalhador, *em exercício de prerrogativa conferida pela ordem jurídica*, convole-se em justa causa operária, caso o pedido de rescisão indireta seja considerado improcedente" (destaque do original).

[40] Cf. DELGADO, Mauricio Godinho. *Curso de direito do trabalho*. 4. ed. São Paulo: LTr, 2005. p. 1.224-1.225.

[41] GIGLIO, Wagner D. *Justa causa*. 7. ed. São Paulo: Saraiva, 2000. p. 369.

Fundo de Garantia do Tempo de Serviço e do Fundo de Participação PISPasep, não recebidos em vida pelos respectivos titulares, "serão pagos, em quotas iguais, aos dependentes habilitados perante a Previdência Social ou na forma da legislação específica dos servidores civis e militares, e, na sua falta, aos sucessores previstos na lei civil, indicados em alvará judicial, independentemente de inventário ou arrolamento"[42].

Na hipótese comentada, as verbas rescisórias devidas são: saldo salarial; férias vencidas e proporcionais com 1/3; décimo terceiro salários vencido e proporcional; saque do FGTS pelos dependentes ou sucessores do empregado falecido.

Registre-se a hipótese, diferenciada, em que a morte do empregado decorre, na realidade, de *conduta culposa do empregador*, como em casos de acidente do trabalho ou doença ocupacional. Assim ocorrendo, o entendimento mais adequado é no sentido de que são devidos os direitos previstos para a hipótese de despedida indireta, pois o art. 483, *c*, da CLT, prevê como falta patronal deixar o empregado em "perigo manifesto de mal considerável". Logo, se essa infração, em razão da gravidade, acaba gerando a própria morte do empregado, tornam-se devidas as respectivas verbas rescisórias[43].

18.7.7 Cessação do contrato por falecimento do empregador pessoa física

No caso de morte do empregador constituído em empresa individual, "é facultado ao empregado rescindir o contrato de trabalho".

Essa é a previsão do § 2º do art. 483 da CLT.

Assim, sendo o empregador pessoa física, caso ele faleça, mas não haja o encerramento das atividades da empresa, há autorização para o empregado pedir demissão, sem ter de conceder aviso prévio, justamente em razão do motivo estabelecido na lei[44].

No referido caso, as verbas rescisórias devidas são, portanto: saldo salarial; férias vencidas e proporcionais com 1/3; décimo terceiro salários vencido e proporcional.

Quanto ao saldo em conta vinculada do FGTS, o saque é autorizado quando o falecimento do empregador individual *implicar* rescisão do contrato de trabalho, comprovada por declaração escrita da empresa, suprida, quando for o caso, por decisão judicial transitada em julgado (Lei 8.036/1990, art. 20, inciso II). Assim, se o empregador individual faleceu, mas a atividade empresarial não se encerrou, tendo a extinção do contrato de trabalho, na realidade, decorrido de solicitação do empregado (como faculta o art. 483, § 2º, da CLT), não se verifica a hipótese legal de saque do FGTS[45].

---

[42] Cf. ainda os §§ 1º e 2º do art. 1º da Lei 6.858/1980: "§ 1º As quotas atribuídas a menores ficarão depositadas em caderneta de poupança, rendendo juros e correção monetária, e só serão disponíveis após o menor completar 18 (dezoito) anos, salvo autorização do juiz para aquisição de imóvel destinado à residência do menor e de sua família ou para dispêndio necessário à subsistência e educação do menor. § 2º Inexistindo dependentes ou sucessores, os valores de que trata este artigo reverterão em favor, respectivamente, do Fundo de Previdência e Assistência Social, do Fundo de Garantia do Tempo de Serviço ou do Fundo de Participação PIS-PASEP, conforme se tratar de quantias devidas pelo empregador ou de contas de FGTS e do Fundo PIS-PASEP".
[43] Cf. DELGADO, Mauricio Godinho. *Curso de direito do trabalho*. 9. ed. São Paulo: LTr, 2010. p. 1.059.
[44] Cf. MARTINS, Sergio Pinto. *Comentários à CLT*. 5. ed. São Paulo: Atlas, 2002. p. 499: "Se a empresa individual encerra sua atividade, o empregado está automaticamente despedido; porém se alguém continua com o negócio, ao empregado fica a faculdade de rescindir ou não o contrato. Preferindo o empregado sair da empresa, na última hipótese, não terá de dar aviso prévio ao empregador, porque há um motivo para a rescisão, mas é de se entender que a hipótese é de pedido de demissão e não de dispensa, pois haverá a continuação dos negócios da empresa".
[45] Em sentido divergente, entendendo ser devido o saque do FGTS, sem a indenização de 40%, cf. DELGADO, Mauricio Godinho. *Curso de direito do trabalho*. 9. ed. São Paulo: LTr, 2010. p. 1.060: "a morte do empregador, pessoa física constituída em empresa individual, faculta ao trabalhador dar por terminado o respectivo contrato, ainda que o empreendimento continue por meio dos sucessores (art. 483, § 2º, CLT). Sendo a dissolução contratual do interesse do obreiro, ela far-se-á sem os ônus do pedido de demissão, embora também sem as vantagens rescisórias da dispensa

A hipótese aqui comentada, no entanto, não se confunde com aquela prevista no art. 485 da CLT, a seguir analisada.

18.7.8 Extinção da empresa pelo falecimento do empregador

A cessação da atividade da empresa pode decorrer de "morte do empregador", conforme o art. 485 da CLT.

O presente caso também se refere ao empregador pessoa física, pois apenas este pode falecer[46].

Entretanto, diversamente do art. 483, § 2º, da CLT, havendo a cessação da atividade empresarial, o que se verifica é a dispensa do empregado, pois este não corre o risco do empreendimento[47]. Sendo assim, são devidas as verbas rescisórias, tal como na dispensa sem justa causa.

Aliás, conforme a Súmula 44 do TST: "A cessação da atividade da empresa, com o pagamento da indenização, simples ou em dobro, não exclui, por si só, o direito do empregado ao aviso prévio".

Importante lembrar que, segundo o art. 117 da Lei 11.101/2005, a falência não necessariamente extingue o contrato de trabalho[48].

Ocorrendo a falência, caso haja a cessação das atividades da empresa, com o fim da relação de emprego, também há o direito às verbas rescisórias, como na dispensa sem justa causa, pois os riscos do negócio são do empregador[49].

18.7.9 Cessação do contrato de trabalho por acordo entre empregado e empregador

A resilição bilateral do contrato de trabalho, ou *distrato*, é o acordo de vontades entre as partes da relação jurídica de emprego, para pôr fim a esse negócio jurídico.

O distrato do contrato de trabalho pode ser judicial, quando realizado em juízo, ou extrajudicial.

O art. 484-A da CLT, acrescentado pela Lei 13.467/2017, prevê que o contrato de trabalho pode ser extinto por *acordo* entre empregado e empregador, caso em que são devidas as seguintes verbas trabalhistas:

I – por metade:

a) o aviso prévio, se indenizado; e

---

injusta ou rescisão indireta. Ou seja, o trabalhador saca o FGTS, mas sem os 40% (art. 20, II, *in fine*, Lei n. 8.036/1990), recebendo 13º proporcional e férias proporcionais com seu terço. Contudo, não tem de conceder aviso prévio (sendo contrato de duração indeterminada), nem pagar a indenização do art. 480, da CLT (sendo contrato a termo)".

[46] Cf. MARTINS, Sergio Pinto. *Comentários à CLT*. 5. ed. São Paulo: Atlas, 2002. p. 501: "A morte do empregador a que se refere a lei é do empregador pessoa física, pois a empresa não morre, cessam as suas atividades, ocorre a sua falência etc.".

[47] Cf. MARTINS, Sergio Pinto. *Comentários à CLT*. 5. ed. São Paulo: Atlas, 2002. p. 501: "Não se confunde o artigo 485 da CLT com o § 2º, do artigo 483 da CLT. No artigo 485, o empregado é dispensado, com o fechamento da empresa, pela morte do empregador. No § 2º, do art. 483 da CLT, o empregado não é dispensado, apenas escolhe entre continuar a trabalhar ou rescindir o contrato de trabalho; trata-se de faculdade do empregado, que corresponde a pedido de demissão, pois não está sendo dispensado".

[48] Cf. MARTINS, Sergio Pinto. *Comentários à CLT*. 10. ed. São Paulo: Atlas, 2006. p. 386: "O artigo 117 da Lei de falências, dispõe que os contratos bilaterais não se resolvem pela falência e podem ser cumpridos pelo administrador judicial, se o cumprimento reduzir ou evitar o aumento do passivo da massa falida, ou for necessário à manutenção e preservação de seus ativos, mediante autorização do Comitê. O síndico pode entender de continuar a atividade da empresa, mantendo os contratos de trabalho. Na recuperação judicial, não há a cessação da atividade da empresa, permanecendo íntegros os contratos de trabalho".

[49] Cf. MARTINS, Sergio Pinto. *Comentários à CLT*. 10. ed. São Paulo: Atlas, 2006. p. 386: "Todos os direitos que o empregado tiver adquirido na empresa subsistirão em caso de falência, recuperação judicial ou dissolução da empresa. Os riscos da atividade econômica são do empregador (art. 2º da CLT) e não podem ser transferidos para o empregado. Assim, terá direito o empregado a aviso prévio, férias vencidas e proporcionais, 13º salário, levantamento do FGTS e indenização de 40% sobre os depósitos fundiários etc.".

b) a indenização sobre o saldo do Fundo de Garantia do Tempo de Serviço, prevista no § 1º do art. 18 da Lei 8.036/1990;

II – na integralidade, as demais verbas trabalhistas.

A extinção do contrato prevista no art. 484-A, *caput*, da CLT permite a movimentação da conta vinculada do trabalhador no Fundo de Garantia do Tempo de Serviço na forma do inciso I-A do art. 20 da Lei 8.036/1990, limitada até 80% do valor dos depósitos.

A extinção do contrato por acordo prevista no art. 484-A, *caput*, da CLT não autoriza o ingresso no Programa de Seguro-Desemprego.

Em harmonia com o exposto, o art. 20, inciso I-A, da Lei 8.036/1990, acrescentado pela Lei 13.467/2017, passou a prever que a conta vinculada do trabalhador no FGTS pode ser movimentada na extinção do contrato de trabalho prevista no art. 484-A da CLT.

Trata-se, no caso, de extinção do contrato de trabalho por acordo entre o empregado e o empregador, fazendo cessar o contrato de trabalho em razão do consenso das partes nesse sentido.

Frise-se ainda que os arts. 855-B a 855-E da CLT, incluídos pela Lei 13.467/2017, dispõem sobre o *processo de jurisdição voluntária para homologação de acordo extrajudicial*, o qual não se confunde com a hipótese do art. 484-A da CLT, a respeito da extinção do contrato de trabalho por acordo entre empregado e empregador (*distrato*, em que não há previsão de homologação judicial).

18.7.10 Planos de demissão voluntária ou incentivada

No presente tópico, cabe fazer menção aos *planos de demissão voluntária ou incentivada*, pois deles pode decorrer a extinção de contratos de trabalho.

Cabe analisar a eficácia liberatória dos referidos planos de demissão voluntária (PDV), constantemente objeto de apreciação pelos Tribunais do Trabalho.

Principalmente em situações de redução do quadro de pessoal, o que normalmente ocorre é o oferecimento, pela empresa, de pagamento de certo valor adicional, como incentivo à demissão voluntária do empregado. De modo geral, como condição para se aderir ao PDV, fica estipulada a quitação ampla e total do contrato de trabalho que se extingue.

Deve-se alertar para a verificação da presença dos requisitos do negócio jurídico em questão[50]. Presente qualquer vício de vontade ou social, a consequência será a sua invalidação em juízo.

Por exemplo, imagine-se empregado coagido a aderir a PDV, sob ameaça de ser dispensado por justa causa, com comunicação às autoridades policiais de ato de improbidade falsamente imputado ao obreiro, e não pagamento de quaisquer direitos devidos pelo empregador.

Deve-se ressaltar que o Direito do Trabalho tem como fundamento, entre outros, os princípios da proteção e da irrenunciabilidade, obstando condutas que possam afastar a aplicação do Direito do Trabalho, cujas normas são, em tese, de ordem pública.

Assim sendo, a maioria das normas que regulam as relações de trabalho não pode ser modificada livremente pelo empregador, não sendo, portanto, dispositiva. Ainda que a alteração da condição de trabalho seja consentida pelo empregado, se prejudicial a este, será considerada nula (art. 468 da CLT).

Isso revela que as normas trabalhistas, de ordem pública, são dotadas de certo grau de indisponibilidade. Por exemplo, não são consideradas válidas estipulações, no contrato individual de tra-

---

[50] Os requisitos de validade do negócio jurídico são aqueles relacionados no art. 104 do Código Civil de 2002: agente capaz, objeto lícito e forma prescrita ou não defesa em lei. Além disso, segundo doutrina Silvio Rodrigues, deve-se observar a presença dos "elementos essenciais do negócio jurídico", que são: "a *vontade humana*", revelada "através da declaração"; "a *idoneidade do objeto*, em relação ao negócio que se tem em vista"; e "a *forma*, quando da substância do ato" (*Direito civil*: parte geral. 28. ed. São Paulo: Saraiva, 1998. v. 1, p. 171, destaques do original).

balho, de salário inferior ao mínimo legal, nem de férias por período menor do que o previsto em lei (em razão do princípio da norma mais favorável, é plenamente válida e eficaz a previsão que exceda o patamar legal mínimo). Isso significa que os direitos trabalhistas, objeto de tutela legal, em princípio, não podem ser estipulados de forma menos benéfica ao trabalhador, na contratação individual com o empregador. Eventual pacto individual com o empregado nesse sentido será nulo de pleno direito (CLT, arts. 9º, 444 e 468), sem qualquer validade, o que nos leva a concluir que os direitos trabalhistas, em tese, não são disponíveis, no sentido aqui explicitado[51].

Como bem destaca Mauricio Godinho Delgado:

"A indisponibilidade de direitos trabalhistas pelo empregado constitui-se em regra geral no Direito Individual do Trabalho do país, estando subjacente a pelo menos três relevantes dispositivos celetistas: arts. 9º, 444 e 468.

Isso significa que o trabalhador, quer por ato individual (renúncia), quer por ato bilateral negociado com o empregador (transação), não pode dispor de seus direitos laborais, sendo nulo o ato dirigido a esse despojamento. Essa conduta normativa geral realiza, no plano concreto da relação de emprego, a um só tempo, tanto o princípio da indisponibilidade de direitos trabalhistas como o princípio da imperatividade da legislação do trabalho"[52].

Ressalte-se que essa dose de indisponibilidade é inerente à natureza do direito em si, nem sempre decorrendo da espécie de trabalhador que seja o seu titular.

A condição pessoal do empregado e o grau de subordinação jurídica, no entanto, têm relevância quando da verificação da higidez na manifestação de sua vontade, e apenas neste aspecto. Obviamente, um trabalhador rural de pouca instrução não terá o mesmo entendimento de um alto executivo na negociação individual das condições de trabalho, estando mais propenso a ter sua vontade viciada[53].

Logicamente, o nível de indisponibilidade dos direitos trabalhistas não equivale àquele inerente aos direitos da personalidade e de alguns ligados ao Direito de Família. Além de irrenunciáveis, estes são da essência do próprio ser humano; assim, de plano, não podem ser transacionados, ainda que em juízo, por se considerarem totalmente indisponíveis.

Já no Direito do Trabalho não se nega a possibilidade de transação judicial de direitos, o que revela não possuírem a mesma carga de indisponibilidade, por exemplo, dos direitos à vida e à filiação.

O Código Civil de 2002 (art. 841), ao restringir a possibilidade de transação "a direitos patrimoniais de caráter privado", excluiu os direitos indisponíveis, certamente pensando naqueles acima mencionados, objeto do Direito comum[54].

---

[51] Cf. SÜSSEKIND, Arnaldo. *Instituições de direito do trabalho*. 18. ed. São Paulo: LTr, 1999. v. 1, p. 220: "A inderrogabilidade da maioria das normas de proteção ao trabalho visa a que os respectivos direitos beneficiem aqueles sobre os quais incidem".

[52] DELGADO, Mauricio Godinho. *Introdução ao direito do trabalho*. 2. ed. São Paulo: LTr, 1999. p. 166-167.

[53] Cf. SÜSSEKIND, Arnaldo. *Instituições de direito do trabalho*. 18. ed. São Paulo: LTr, 1999. v. 1, p. 225: "O vício de consentimento da vontade do empregado, oriundo da coação econômica nitidamente caracterizada, determina a nulidade do ato".

[54] Cf. RODRIGUES, Silvio. *Direito civil*: parte geral. 28. ed. São Paulo: Saraiva, 1998. v. 1, p. 240; BITTAR, Carlos Alberto. *Curso de direito civil*. Rio de Janeiro: Forense Universitária, 1994. v. 1, p. 395: "Outro ponto de relevo em sua estruturação é o da disponibilidade dos direitos compreendidos na controvérsia, referindo-se, pois, a direitos privados de ordem patrimonial. Não podem, assim, direitos personalíssimos, bens imateriais em geral (com poucas exceções), e coisas fora do comércio, ter assento em seu contexto (não têm sido aceitas, na jurisprudência, transações sobre estado e capacidade de pessoas; investigação de paternidade; direitos de personalidade; alimentos, face à sua irrenunciabilidade, embora nada obste acordo em relação apenas ao valor)".

Nesse contexto, cabe fazer menção, ainda, à natureza alimentar dos direitos trabalhistas (art. 100, § 1º, da CF/1988)[55].

Em princípio, os planos de demissão voluntária ou incentivada não são aptos a extinguir todos os direitos decorrentes do contrato de trabalho, ainda que pactuados com esse objetivo, independentemente dos dizeres formalmente consignados em seu instrumento, mesmo que o ato jurídico seja formalmente hígido e sem vícios na manifestação de vontade. No máximo, a eficácia será a de quitação, restrita aos direitos especificamente adimplidos (art. 477, § 2º, da CLT e art. 320 do Código Civil).

Digno de realce que o art. 51, inciso I, da Lei. 8.078/1990 (Código de Defesa do Consumidor) também estabelece, expressamente, que são "nulas de pleno direito" as cláusulas contratuais que "impliquem renúncia ou disposição de direitos".

Tanto o Direito do Trabalho como o Direito do Consumidor são dotados de normas "de ordem pública e interesse social", reconhecendo-se a "vulnerabilidade" de um dos polos da relação jurídica, na qual se faz presente a figura do "hipossuficiente" (CDC, arts. 1º, 4º, inciso I). Em ambos, utiliza-se o mecanismo de conferir uma desigualdade jurídica, visando-se a eliminar, ou pelo menos amenizar, a desigualdade econômica e de fato.

Confirmando as ponderações acima, nos termos da Orientação Jurisprudencial 270 da SBDI-I do TST:

"Programa de incentivo à demissão voluntária. Transação extrajudicial. Parcelas oriundas do extinto contrato de trabalho. Efeitos. A transação extrajudicial que importa rescisão do contrato de trabalho ante a adesão do empregado a plano de demissão voluntária implica quitação exclusivamente das parcelas e valores constantes do recibo".

Além disso, entende-se que a natureza jurídica do valor pago a título de incentivo à demissão voluntária é *indenizatória*, como forma de indenizar/compensar a perda do emprego (mas não servindo o referido valor para compensar ou deduzir outras verbas trabalhistas devidas, decorrentes do vínculo de emprego), o que se observa na Orientação Jurisprudencial 207 da SBDI-I do TST:

"Programa de incentivo à demissão voluntária. Indenização. Imposto de renda. Não incidência. A indenização paga em virtude de adesão a programa de incentivo à demissão voluntária não está sujeita à incidência do imposto de renda".

Por sua vez, confirmando a impossibilidade de compensação da indenização paga em razão da adesão a PDV com créditos trabalhistas reconhecidos em juízo (inclusive por não ser hipótese de crédito do ex-empregador em face do trabalhador, nem serem verbas de idêntica natureza), cabe destacar a Orientação Jurisprudencial 356 da SBDI-I do TST:

"Programa de incentivo à demissão voluntária (PDV). Créditos trabalhistas reconhecidos em juízo. Compensação. Impossibilidade. Os créditos tipicamente trabalhistas reconhecidos em juízo não são suscetíveis de compensação com a indenização paga em decorrência de adesão do trabalhador a Programa de Incentivo à Demissão Voluntária (PDV)".

Entretanto, é importante registrar que o Plenário do Supremo Tribunal Federal, em 30 de abril de 2015, no Recurso Extraordinário 590.415, com repercussão geral reconhecida, fixou a seguinte tese:

---

[55] Cf. OLIVEIRA, Francisco Antonio de. *Manual de penhora*: enfoques trabalhistas e jurisprudência. São Paulo: RT, 2001. p. 142: "O crédito trabalhista não está sujeito a rateio, quer pela sua natureza alimentar (art. 100, CF), quer pelo fato de ser privilegiado, superior mesmo ao próprio crédito tributário (art. 186, Lei 5.172/1966, CTN)"; VILLELA, João Batista. Sobre renúncia e transação no direito do trabalho. In: BARROS, Alice Monteiro de (Coord.). *Curso de direito do trabalho*: estudos em memória de Célio Goyatá. 3. ed. São Paulo: LTr, 1997. v. 1, p. 174: "o caráter alimentar do salário e de seus acessórios fazem um e outros indisponíveis, pois a ordem jurídica não poderia acolher uma abdicação que implicasse a perda do necessário à sobrevivência digna. No caso, a do trabalhador e a de sua família".

"A *transação extrajudicial que importa rescisão do contrato de trabalho, em razão de adesão voluntária do empregado a plano de dispensa incentivada*, enseja *quitação ampla e irrestrita de todas as parcelas objeto do contrato de emprego*, caso essa condição tenha constado expressamente do *acordo coletivo* que aprovou o plano, bem como dos *demais instrumentos celebrados com o empregado*".

De acordo com a argumentação constante do voto do relator, Ministro Luís Roberto Barroso, "justamente porque se reconhece, no âmbito das relações individuais, a desigualdade econômica e de poder entre as partes, as normas que regem tais relações são voltadas à tutela do trabalhador. Entende-se que a situação de inferioridade do empregado compromete o livre exercício da autonomia individual da vontade e que, nesse contexto, regras de origem heterônoma – produzidas pelo Estado – desempenham um papel primordial de defesa da parte hipossuficiente. Também por isso a aplicação do direito rege-se pelo princípio da proteção, optando-se pela norma mais favorável ao trabalhador na interpretação e na solução de antinomias" (STF, Pleno, RE 590.415/SC, j. 30.04.2015).

Não obstante, essa assimetria não se observa, ao menos com a mesma intensidade, no âmbito das relações coletivas de trabalho.

Efetivamente, "o empregador, ente coletivo provido de poder econômico, contrapõe-se à categoria dos empregados, ente também coletivo, representado pelo respectivo sindicato e munido de considerável poder de barganha, assegurado, exemplificativamente, pelas prerrogativas de atuação sindical, pelo direito de mobilização, pelo poder social de pressão e de greve. No âmbito do direito coletivo, não se verifica, portanto, a mesma assimetria de poder presente nas relações individuais de trabalho. Por consequência, a autonomia coletiva da vontade não se encontra sujeita aos mesmos limites que a autonomia individual" (STF, Pleno, RE 590.415/SC, Rel. Min. Luís Roberto Barroso, j. 30.04.2015).

Reconheceu-se, assim, que o Direito Coletivo do Trabalho possui peculiaridades e fundamentos próprios, com destaque aos princípios da *equivalência dos contratantes coletivos*, da *lealdade na negociação coletiva* e da *adequação setorial negociada*.

A Constituição da República, com isso, prestigia a legitimidade da solução dos conflitos trabalhistas *de forma negociada*, dando origem a instrumentos normativos produzidos pela *autonomia privada coletiva*, com destaque às *convenções e aos acordos coletivos do trabalho*.

Nesse sentido, em consonância com o art. 7º, incisos VI, XIII, XIV e XXVI, da Constituição Federal de 1988, são direitos dos trabalhadores urbanos e rurais, além de outros que visem à melhoria de sua condição social, a "irredutibilidade do salário, *salvo o disposto em convenção ou acordo coletivo*", a "compensação de horários e a redução da jornada, *mediante acordo ou convenção coletiva de trabalho*", a "jornada de seis horas para o trabalho realizado em turnos ininterruptos de revezamento, *salvo negociação coletiva*" e o "reconhecimento das convenções e acordos coletivos de trabalho".

Além disso, o art. 8º, incisos III e VI, do texto constitucional acentua ser livre a associação profissional ou sindical, sendo atribuição dos sindicatos "a defesa dos direitos e interesses *coletivos ou individuais* da categoria", com a obrigatoriedade de sua participação "nas *negociações coletivas de trabalho*".

Essa ênfase na *autocomposição dos conflitos trabalhistas* também é reconhecida no âmbito da Organização Internacional do Trabalho, conforme a Convenção 98, de 1949, aprovada no Brasil pelo Decreto Legislativo 49/1952 e promulgada pelo Decreto 33.196/1953 (atualmente Decreto 10.088/2019), que dispõe sobre o *direito de organização sindical e de negociação coletiva*, e a Convenção 154, aprovada internamente pelo Decreto Legislativo 22/1992 e promulgada pelo Decreto 1.256/1994 (atualmente Decreto 10.088/2019), versando sobre o *fomento à negociação coletiva*.

A negociação coletiva de trabalho, portanto, concretiza o *diálogo* e a *democracia* na sociedade, permitindo que os próprios interessados estabeleçam as normas mais adequadas para a superação dos conflitos em favor da *paz social*.

Os *planos de demissão incentivada*, por sua vez, são instrumentos por meio dos quais as empresas, inseridas no contexto da *globalização*, acabam decidindo pela "*redução de custos com pessoal* como alternativa emergencial para tornarem-se mais competitivas"[56].

---

[56] Cf. <http://www.stf.jus.br/arquivo/cms/noticiaNoticiaStf/anexo/RE590415Voto.pdf>.

Prevaleceu, assim, o entendimento de que os referidos programas, quando aprovados por meio de convenções e acordos coletivos, "desempenham a relevante função de minimizar riscos e danos trabalhistas". Logo, "o descumprimento dos PDIs por parte dos empregados, que, após perceberem proveitosa indenização, ingressam na Justiça do Trabalho para *pleitear parcelas já quitadas*, prejudica a seriedade de tais ajustes e pode fazer com que os empresários quantifiquem tal risco, optando por não mais adotar planos de demissão incentivada, ou, ainda, optando por reduzir os benefícios ofertados por meio desse instrumento, mais uma vez, em prejuízo dos próprios trabalhadores".

Com isso, concluiu-se que "não há qualquer argumento que justifique o não reconhecimento da quitação plena outorgada pela reclamante ou que enseje a invalidade do acordo coletivo que a autorizou. Ao fazê-lo, a decisão recorrida incorreu em violação ao art. 7º, XXVI, da Constituição, uma vez que negou reconhecimento ao acordo coletivo com base em fundamentos ilegítimos, sendo de se destacar que *o respeito a tais acordos preserva o interesse da classe trabalhadora de dispor desse instrumento essencial à adequação das normas trabalhistas aos momentos de crise e à minimização dos danos ensejados por dispensas em massa*" (STF, Pleno, RE 590.415/SC, Rel. Min. Luís Roberto Barroso, j. 30.04.2015).

Merecem especial destaque as palavras, contundentes, no sentido de que *"não se pode tratar como absolutamente incapaz e inimputável para a vida civil toda uma categoria profissional*, em detrimento do explícito reconhecimento constitucional de sua autonomia coletiva (art. 7º, XXVI, CF)".

Para a melhor compreensão da matéria, transcreve-se a ementa do referido julgado:

"Direito do trabalho. Acordo coletivo. Plano de dispensa incentivada. Validade e efeitos. 1. Plano de dispensa incentivada aprovado em acordo coletivo que contou com ampla participação dos empregados. Previsão de vantagens aos trabalhadores, bem como quitação de toda e qualquer parcela decorrente de relação de emprego. Faculdade do empregado de optar ou não pelo plano. 2. Validade da quitação ampla. Não incidência, na hipótese, do art. 477, § 2º, da Consolidação das Leis do Trabalho, que restringe a eficácia liberatória da quitação aos valores e às parcelas discriminadas no termo de rescisão exclusivamente. 3. No âmbito do direito coletivo do trabalho não se verifica a mesma situação de assimetria de poder presente nas relações individuais de trabalho. Como consequência, a autonomia coletiva da vontade não se encontra sujeita aos mesmos limites que a autonomia individual. 4. A Constituição de 1988, em seu artigo 7º, XXVI, prestigiou a autonomia coletiva da vontade e a autocomposição dos conflitos trabalhistas, acompanhando a tendência mundial ao crescente reconhecimento dos mecanismos de negociação coletiva, retratada na Convenção n. 98/1949 e na Convenção n. 154/1981 da Organização Internacional do Trabalho. O reconhecimento dos acordos e convenções coletivas permite que os trabalhadores contribuam para a formulação das normas que regerão a sua própria vida. 5. Os planos de dispensa incentivada permitem reduzir as repercussões sociais das dispensas, assegurando àqueles que optam por seu desligamento da empresa condições econômicas mais vantajosas do que aquelas que decorreriam do mero desligamento por decisão do empregador. É importante, por isso, assegurar a credibilidade de tais planos, a fim de preservar a sua função protetiva e de não desestimular o seu uso. 7. Provimento do recurso extraordinário. Afirmação, em repercussão geral, da seguinte tese: 'A transação extrajudicial que importa rescisão do contrato de trabalho, em razão de adesão voluntária do empregado a plano de dispensa incentivada, enseja quitação ampla e irrestrita de todas as parcelas objeto do contrato de emprego, caso essa condição tenha constado expressamente do acordo coletivo que aprovou o plano, bem como dos demais instrumentos celebrados com o empregado'" (STF, Pleno, RE 590.415/SC, Rel. Min. Luís Roberto Barroso, j. 30.04.2015).

Tendo em vista essa importante decisão, torna-se imperioso *distinguir* os planos de incentivo à demissão estabelecidos de forma unilateral, ou seja, apenas pelo empregador, daqueles pactuados por meio de negociação coletiva, com a participação dos sindicatos das categorias profissionais, constando de acordos coletivos de trabalho.

Na última hipótese, havendo cláusula que prevê a *quitação ampla, geral e irrestrita* de todos os direitos decorrentes do contrato de trabalho, que se extinguiu justamente em razão da adesão voluntária do empregado ao plano de incentivo à demissão, conferindo *eficácia liberatória geral*, prevaleceu o entendimento quanto à sua *plena validade*, justamente por ser prevista em instrumento normativo pactuado com o sindicato que representa a categoria profissional, no exercício da *autonomia da vontade coletiva*.

Em harmonia com os aspectos indicados, o art. 477-B da CLT, acrescentado pela Lei 13.467/2017, prevê que o *Plano de Demissão Voluntária ou Incentivada*, para dispensa individual, plúrima ou coletiva, *previsto em convenção coletiva ou acordo coletivo de trabalho*, enseja quitação plena e irrevogável dos direitos decorrentes da relação empregatícia, salvo disposição em contrário estipulada entre as partes.

Observa-se que foi adotada a posição firmada pelo STF a respeito do tema.

Ainda assim, em termos reais e concretos, a atual previsão não se sensibiliza com o fato de que, apesar de a cláusula que institui o plano de incentivo à demissão poder ser pactuada na esfera das relações coletivas de trabalho, mais especificamente por meio de negociação coletiva, em que as partes estão em condição relativamente isonômica, a adesão, em si, é feita pelo próprio empregado, *no âmbito da relação individual de emprego*, na qual vigora o princípio da indisponibilidade, pois a sua posição é de nítida assimetria, bem como de vulnerabilidade social e econômica em face do empregador.

Em regra, o empregado, ciente da irremediável perda do emprego, apenas adere formalmente ao plano de demissão incentivada, por já saber da inviabilidade de manutenção do contrato de trabalho.

Como consta do próprio voto do relator, Ministro Luís Roberto Barroso, *"diante da inevitabilidade da dispensa de um grande número de trabalhadores*, os PDIs possibilitam, ao menos, reduzir a repercussão social das dispensas, assegurando àqueles que optam por seu desligamento da empresa condições econômicas mais vantajosas do que aquelas que decorreriam da mera dispensa por decisão do empregador" (STF, Pleno, RE 590.415/SC, j. 30.04.2015).

Vale dizer, apesar de formalmente hígida, a adesão ao plano de demissão incentivada normalmente não decorre da vontade do empregado de se demitir, mas apenas representa um meio de amenizar a situação de futuro desemprego e consequente ausência de renda.

Em verdade, também não se pode confundir o *pagamento*, como forma de extinção das obrigações (arts. 304 e seguintes do Código Civil de 2002), com a *transação*, que é modalidade contratual (arts. 840 e seguintes do Código Civil de 2002).

É certo que, no caso objeto de julgamento pelo Supremo Tribunal Federal, asseverou-se que a adesão ao plano de demissão incentivada não significou a renúncia de direitos indisponíveis, nem afrontou o "patamar civilizatório mínimo" do trabalhador. Argumentou-se que a parte apenas "transacionou eventuais direitos" patrimoniais, "ainda pendentes, que justamente por serem 'eventuais' eram incertos, configurando *res dubia*, e optou por receber, em seu lugar, de forma certa e imediata, a importância" ali fixada, com a garantia de "manutenção do plano de saúde pelo prazo de 1 (um) ano, a contar do seu desligamento" (STF, Pleno, RE 590.415/SC, Rel. Min. Luís Roberto Barroso).

Entretanto, a rigor, a mera adesão a plano de demissão incentivada *nem sempre possui natureza jurídica de transação*, ainda que extrajudicial, quando ausente qualquer litígio, ainda que em potencial, ou seja, quando não se verificar o requisito da controvérsia, a ser solucionada por meio de concessões recíprocas das partes envolvidas.

Se assim não fosse, bastaria ao empregador, com fundamento em cláusula de acordo coletivo de trabalho, inserir no termo de rescisão do contrato de trabalho o pagamento, além das verbas rescisórias devidas, de simples acréscimo indenizatório, como forma de quitação de todos os possíveis direitos decorrentes do contrato de trabalho.

O empregado só adere ao referido plano, aceitando a demissão, por saber que, de uma forma ou de outra, certamente será despedido, preferindo ao menos receber o acréscimo indenizatório oferecido pela empresa, o que não tem qualquer relação com outros possíveis direitos descumpridos ao longo do vínculo de emprego.

Na adesão ao plano de demissão voluntária, na realidade, não se observa qualquer postulação do empregado, resistida pelo empregador.

Não se pode confundir o simples fato de se aderir a um programa de extinção contratual com a apresentação de pretensão voltada ao recebimento de direitos devidos no curso da relação de emprego, mas contestados pelo empregador.

Em outras palavras, não se pode conferir o alcance dos efeitos do contrato de transação ao simples ato jurídico de pagamento.

Não se poderia, portanto, aplicar a eficácia da transação a instituto que não tem essa natureza jurídica, mas de simples pagamento de verbas rescisórias, mesmo com o acréscimo de parcela indenizatória, por se ter aderido ao programa de demissão, instituído para atender a eventuais interesses econômicos, financeiros, tecnológicos ou de gestão da empresa, a qual corre o risco do seu próprio empreendimento.

É necessário também atentar que a adesão ao plano de demissão incentivada, na verdade, *não é ato jurídico regido pelo Direito Coletivo do Trabalho, nem exercido na esfera da negociação coletiva, tampouco se traduz em exercício da autonomia privada coletiva.*

Trata-se de típico ato individual, realizado pelo trabalhador, em estado de subordinação ao poder de direção do empregador, ainda na vigência do pacto laboral, apenas como forma de amenizar a iminente perda do emprego.

A mera previsão do plano de incentivo à demissão em acordo coletivo não torna a adesão, em si, ato integrante da esfera coletiva, nem sindical, das relações trabalhistas, assim como a previsão, em instrumento coletivo, de verba de natureza individual (por exemplo, uma gratificação a quem exercer função de confiança), devida a cada empregado, não transforma a essência desse direito subjetivo.

É imprescindível perceber que as verbas pretensamente abrangidas por cláusula de quitação ampla, geral e irrestrita no plano de incentivo à demissão não são direitos coletivos, nem pertencem ao sindicato da categoria profissional.

Por serem decorrentes do contrato de trabalho, tais direitos são, obviamente, nitidamente individuais, de natureza social e fundamental, assegurados por meio de normas de ordem pública, autônomas e heterônomas, devidos ao empregado, a respeito dos quais incide, de forma evidente, o princípio da irrenunciabilidade, uma vez que inerente ao Direito do Trabalho.

É imperioso não se confundir a possibilidade de transação, dentro de certos limites, na esfera da relação coletiva de trabalho, por meio de negociação coletiva, voltada à fixação genérica e abstrata de direitos e condições de trabalho, com uma suposta transação na esfera da relação individual de trabalho, entre empregado e empregador, a qual, em conformidade com o sistema jurídico em vigor, é admitida perante órgãos específicos, voltados à pacificação de conflitos.

Caso contrário, como mencionado, bastaria ao empregador inserir no termo de rescisão do contrato de trabalho, quando da referida assistência, a previsão formal de suposto efeito de transação, apenas em razão do acréscimo de valor indenizatório pago ao empregado, ainda que previsto em cláusula de instrumento normativo negociado, para evitar qualquer tipo de pretensão trabalhista posterior.

Como se pode notar, a quitação ampla e irrestrita de todas as verbas decorrentes do contrato de trabalho, decorrente do mero pagamento de parcelas devidas e reconhecidas pelo empregador, sob o nome de uma suposta transação inexistente, pode acabar significando a invalidação do direito fundamental de se postularem prestações sociais e trabalhistas inadimplidas, em desprestígio à garantia constitucional de efetivo *acesso à ordem jurídica justa* (art. 5º, inciso XXXV, da Constituição da República).

Em síntese, pode-se estar diante de mais um retrocesso na efetivação dos direitos sociais, distanciando-se dos mandamentos constitucionais de justiça e melhoria das condições de vida dos trabalhadores (arts. 3º, inciso I, e 7º, *caput*, da Constituição da República).

18.7.11 Cessação do contrato de trabalho por força maior

O contrato de trabalho também pode ter o seu fim decorrente da força maior.

Observa-se controvérsia na doutrina, especialmente do Direito Civil, sobre o conceito, o alcance e as consequências da força maior, bem como nas teorias que procuram diferenciá-la do caso fortuito.

Há corrente de entendimento segundo a qual o caso fortuito é o evento imprevisível, enquanto a força maior é o fato inevitável.

Outros defendem que a força maior é gerada por fato humano, enquanto o caso fortuito decorre de eventos da natureza.

Mas prevalece o entendimento de que a força maior, sendo o evento inevitável, é aquele que decorre da natureza (*act of God*), como desastres naturais; o caso fortuito, caracterizado por ser imprevisível, é gerado por fato humano, como falhas mecânicas.

No âmbito do Direito do Trabalho, o art. 501 da CLT dispõe, de forma expressa, que:

"Entende-se como força maior todo acontecimento inevitável, em relação à vontade do empregador, e para a realização do qual este não concorreu, direta ou indiretamente".

Assim, adota-se a teoria da *inevitabilidade do acontecimento*, para a sua caracterização como força maior.

No caso, o fato inevitável significa aquele cuja ocorrência não está ao alcance do empregador (ou seja, de sua vontade), o qual não tem participação, direta ou indireta, na sua verificação no plano dos fatos.

No entanto, no plano trabalhista, há grande rigor para reconhecer o fato como efetiva força maior. Nesse sentido, de acordo com o § 1º do art. 501 da CLT: "A imprevidência do empregador exclui a razão de força maior".

Por isso, se cabia ao empregador tomar as devidas precauções para evitar o fato, a força maior não pode ser reconhecida, uma vez que os riscos do empreendimento ou da atividade empresarial são daquele (art. 2º, *caput*, da CLT).

Além disso, em conformidade com o § 2º do art. 501 da CLT:

"À ocorrência do motivo de força maior que não afetar substancialmente, nem for suscetível de afetar, em tais condições, a situação econômica e financeira da empresa, não se aplicam as restrições desta Lei referentes ao disposto neste Capítulo".

Em razão desse dispositivo, pode-se interpretar que há, na realidade, para fins trabalhistas, duas modalidades de força maior:

a) a força maior que não afeta substancialmente, nem for suscetível de afetar, em tais condições, a situação econômica e financeira da empresa;
b) a força maior que afeta substancialmente, ou for suscetível de afetar, em tais condições, a situação econômica e financeira da empresa.

A primeira hipótese refere-se ao fato inevitável, mas que não gera consequências relevantes para a situação econômico-financeira da empresa. Por isso, o evento torna-se irrelevante para fins trabalhistas, não incidindo as disposições específicas, pertinentes à força maior indicada acima como a segunda hipótese.

De todo modo, os diversos eventos que se alega serem imprevisíveis e inevitáveis, no campo das relações de Direito do Trabalho, recebem interpretação restritiva, não sendo a força maior de simples e frequente reconhecimento no campo trabalhista.

Como já destacado, a regra é no sentido de que o empregador corre o risco de sua atividade, não se podendo adotar um conceito *largo* de força maior, em prejuízo dos seus empregados.

Por isso, casos como problemas financeiros, decorrentes de políticas econômicas ou dificuldades diversas verificadas no mercado, não são reconhecidos como força maior, para fins trabalhistas. Tais obstáculos são não apenas previsíveis, como inerentes à atividade econômica desenvolvida, cabendo ao empregador assumir os respectivos riscos, inclusive por ser o beneficiário de eventuais lucros.

Do mesmo modo, a falência da empresa também não se amolda ao efetivo conceito de força maior.

Como exemplo de força maior podem-se indicar, em tese, desastres naturais e catástrofes, como terremotos e tempestades, causando destruição e prejuízos que não se tinha como evitar.

No Direito do Trabalho, em razão das peculiaridades da relação jurídica regulada, a força maior não elimina, por completo, o dever de quitação dos direitos decorrentes da cessação contratual. Ocorre apenas uma redução do montante devido ao empregado.

Assim, como prevê o art. 502 da CLT:

"Ocorrendo motivo de força maior que determine a extinção da empresa, ou de um dos estabelecimentos em que trabalhe o empregado, é assegurada a este, quando despedido, uma indenização na forma seguinte:

I – sendo estável, nos termos dos arts. 477 e 478;

II – não tendo direito à estabilidade, metade da que seria devida em caso de rescisão sem justa causa;

III – havendo contrato por prazo determinado, aquela a que se refere o art. 479 desta Lei, reduzida igualmente à metade".

O dispositivo em questão, em seus incisos I e II, regula a indenização por tempo de serviço, só devida aos empregados não optantes pelo sistema do FGTS antes da promulgação da Constituição Federal de 1988. Sobre esta hipótese, bem específica e rara na atualidade, dispõe a Lei 8.036/1990, art. 14[57].

No atual sistema, que é obrigatoriamente aquele do Fundo de Garantia do Tempo de Serviço (art. 7º, inciso III, da CF/1988), a Lei 8.036/1990 continua seguindo a mesma diretriz, estabelecendo ser devida a indenização compensatória de 20%, calculada sobre os depósitos na conta vinculada do FGTS, na hipótese de cessação do contrato de trabalho por força maior.

Nesse sentido estabelece, de forma específica, o art. 18, § 2º, da Lei 8.036/1990:

"Art. 18. Ocorrendo rescisão do contrato de trabalho, por parte do empregador, ficará este obrigado a depositar na conta vinculada do trabalhador no FGTS os valores relativos aos depósitos referentes ao mês da rescisão e ao imediatamente anterior, que ainda não houver sido recolhido, sem prejuízo das cominações legais.

§ 1º Na hipótese de despedida pelo empregador sem justa causa, depositará este, na conta vinculada do trabalhador no FGTS, importância igual a quarenta por cento do montante de todos os depósitos realizados na conta vinculada durante a vigência do contrato de trabalho, atualizados monetariamente e acrescidos dos respectivos juros.

§ 2º Quando ocorrer despedida por culpa recíproca ou força maior, reconhecida pela Justiça do Trabalho, o percentual de que trata o § 1º será de 20 (vinte) por cento".

---

[57] "Art. 14. Fica ressalvado o direito adquirido dos trabalhadores que, à data da promulgação da Constituição Federal de 1988, já tinham o direito à estabilidade no emprego nos termos do Capítulo V do Título IV da CLT. § 1º O tempo do trabalhador não optante do FGTS, anterior a 5 de outubro de 1988, em caso de rescisão sem justa causa pelo empregador, reger-se-á pelos dispositivos constantes dos arts. 477, 478 e 497 da CLT. § 2º O tempo de serviço anterior à atual Constituição poderá ser transacionado entre empregador e empregado, respeitado o limite mínimo de 60 (sessenta) por cento da indenização prevista. § 3º É facultado ao empregador desobrigar-se da responsabilidade da indenização relativa ao tempo de serviço anterior à opção, depositando na conta vinculada do trabalhador, até o último dia útil do mês previsto em lei para o pagamento de salário, o valor correspondente à indenização, aplicando-se ao depósito, no que couber, todas as disposições desta lei. § 4º Os trabalhadores poderão a qualquer momento optar pelo FGTS com efeito retroativo a 1º de janeiro de 1967 ou à data de sua admissão, quando posterior àquela".

No entanto, em conformidade com o art. 504 da CLT: "Comprovada a falsa alegação do motivo de força maior, é garantida a reintegração aos empregados estáveis, e aos não estáveis o complemento da indenização já percebida, assegurado a ambos o pagamento da remuneração atrasada".

Adaptando-se essa previsão à atualidade, tem-se que a comprovação da falsidade da alegação de força maior assegura ao empregado o complemento da indenização compensatória do FGTS, no sentido de alcançar o montante de 40%. Sendo o empregado titular de eventual estabilidade, ainda que provisória, ou garantia de permanência no emprego, a reintegração também será devida.

Na extinção do contrato de trabalho por força maior são devidas, assim, as seguintes verbas rescisórias: saldo salarial; férias vencidas e proporcionais com 1/3 (Súmula 171 do TST, na redação da Resolução 121/2003); décimo terceiro salários vencido e proporcional; indenização compensatória de 20% do FGTS; saque dos depósitos do FGTS; guias do seguro-desemprego.

Por fim, cabe destacar, mais uma vez, que a redução salarial somente é válida se prevista em acordo coletivo ou em convenção coletiva, instrumentos normativos decorrentes de negociação coletiva, e reconhecidos no texto constitucional (art. 7º, inciso XXVI).

Assim, a previsão do art. 503 da CLT[58] não mais se encontra em vigor, por não ter sido recepcionada pela nova ordem constitucional, quando facultava ao empregador reduzir, independentemente de negociação coletiva, os salários de seus empregados[59].

18.7.12 Cessação do contrato de trabalho por *factum principis*

O *factum principis* é instituto delineado de forma específica e precisa no Direito Administrativo.

Segundo Hely Lopes Meirelles: "*Fato do príncipe* é toda determinação estatal, positiva ou negativa, geral, imprevista e imprevisível, que onera substancialmente a execução do contrato administrativo. Essa oneração, constituindo uma *álea administrativa extraordinária e extracontratual*, desde que *intolerável* e *impeditiva da execução do ajuste*, obriga o Poder Público contratante a compensar integralmente os prejuízos suportados pela outra parte, a fim de possibilitar o prosseguimento da execução, e, se esta for impossível, rende ensejo à rescisão do contrato, com as indenizações cabíveis"[60].

Observada essa origem do instituto, cabe notar sua previsão expressa no âmbito trabalhista, mediante o art. 486 da Consolidação das Leis do Trabalho, que apresenta a seguinte redação em seu *caput*:

"No caso de paralisação temporária ou definitiva do trabalho, motivada por ato de autoridade municipal, estadual ou federal, ou pela promulgação de lei ou resolução que impossibilite a continuação da atividade, prevalecerá o pagamento da indenização, que ficará a cargo do governo responsável".

O *factum principis* é "espécie do gênero *força maior*"[61]. Assim, para sua configuração, é necessário que o evento seja inevitável e imprevisível, e o empregador não tenha concorrido para que se realize (art. 501 da CLT). Sua caracterização exige a completa impossibilidade de continuação da atividade empresarial, em seu todo ou de forma parcial (mas desde que no estabelecimento em que labora o empregado), em razão de lei ou ato administrativo.

---

[58] "Art. 503. É lícita, em caso de força maior ou prejuízos devidamente comprovados, a redução geral dos salários dos empregados da empresa, proporcionalmente aos salários de cada um, não podendo, entretanto, ser superior a 25% (vinte e cinco por cento), respeitado, em qualquer caso, o salário mínimo da região. Parágrafo único. Cessados os efeitos decorrentes do motivo de força maior, é garantido o restabelecimento dos salários reduzidos".

[59] Cf. TEIXEIRA FILHO, João de Lima. *Instituições de direito do trabalho*. 18. ed. São Paulo: LTr, 1999. v. 1, p. 545; MARTINS, Sergio Pinto. *Direito do trabalho*. 28. ed. São Paulo: Atlas, 2012. p. 305 e 337; NASCIMENTO, Amauri Mascaro. *Teoria jurídica do salário*. 2. ed. São Paulo: LTr, 1997. p. 175; CARRION, Valentin. *Comentários à Consolidação das Leis do Trabalho*. 23. ed. São Paulo: Saraiva, 1998. p. 414.

[60] MEIRELLES, Hely Lopes. *Direito administrativo brasileiro*. 26. ed. atual. por Eurico de Andrade Azevedo, Délcio Balestero Aleixo e José Emmanuel Burle Filho. São Paulo: Malheiros, 2001. p. 229 (destaques do original).

[61] MARANHÃO, Délio. *Instituições de direito do trabalho*. 18. ed. São Paulo: LTr, 1999. v. 1, p. 628 (destaques do original).

Havendo a cessação de contrato de trabalho em razão de fato do príncipe, a "indenização" trabalhista permanece sendo devida, mas fica a cargo do ente público responsável pelo ocorrido. Ou seja, todas as verbas rescisórias, devidas na dispensa sem justa causa, permanecem como direito do empregado.

Segundo a redação do art. 486 da CLT, a Administração Pública "só responderá pela indenização que for devida ao empregado e não pelas demais verbas rescisórias"[62], nem outras parcelas decorrentes do extinto contrato de trabalho.

Essa indenização refere-se àquela prevista nos arts. 477, *caput*, 478, 496, 497 e 498 da CLT (por tempo de serviço), embora já substituída pelo sistema do FGTS, que se tornou obrigatório com a promulgação da Constituição Federal de 1988 (art. 7º, inciso III). Mesmo assim, a Lei 8.036/1990, no art. 14, § 1º, assegura o recebimento da indenização por tempo de serviço quanto ao tempo do trabalhador não optante do FGTS, anterior a 05.10.1988, na hipótese de rescisão sem justa causa. Com isso, atualmente, a interpretação evolutiva do art. 486 da CLT indica que esse dispositivo alcança a indenização compensatória de 40% sobre os depósitos do FGTS[63]. Pode-se dizer, ainda, que a indenização do art. 479 da CLT (c/c o art. 14 do Regulamento do FGTS, aprovado pelo Decreto 99.684/1990) também é abrangida pelo *factum principis*.

Na realidade, como o empregador é quem corre os riscos do empreendimento (art. 2º, *caput*, da CLT), a força maior como gênero, e especialmente o fato do príncipe, são de difícil constatação em concreto.

Fica afastado o *factum principis* quando, na realidade, o fechamento da empresa ocorre em razão de ato irregular ou ilícito praticado pelo empregador[64].

Assim, por exemplo, se a exploração de jogos de bingo ocorrer quando já existente proibição quanto a essa atividade, o empregador é quem estará agindo ilicitamente. Nesse caso, a impossibilidade de continuidade da atividade, ainda que decorra de ato estatal, não acarreta a responsabilidade da Administração Pública por indenizações trabalhistas.

Além disso, a previsibilidade do acontecimento afasta a caracterização da força maior e, portanto, também do fato do príncipe. Como bem destaca Sergio Pinto Martins: "Sendo o acontecimento previsível, ainda que aproximadamente, não há que se falar em força maior"[65].

Seguindo o exemplo dos jogos de bingo, não se pode dizer que eventual mudança de orientação normativa, com a proibição da exploração de jogos de bingo, seja algo imprevisível, até porque, em essência, tem-se verdadeiro jogo de azar. Qualquer exceção legal, que venha a autorizar o bingo, justamente por ser medida excepcional, sempre pode deixar de existir, com o retorno à vedação originária.

Além disso, de acordo com Francisco Antonio de Oliveira, o *factum principis* é "instituto de difícil tipificação, posto que não abrange aquelas situações que se enquadrarem no risco do próprio empreendimento e cuja previsibilidade era razoável. A esta ótica, não conduz ao *factum principis* a desapropriação do fundo de comércio, as dificuldades econômicas e/ou financeiras impostas por política governamental, a cessação de contrato de obra pública, a intervenção governamental por comportamento ilícito do empresário ou com a finalidade de resguardar o interesse público (*v.g.* hospitais, escolas etc.), supressão de licença de funcionamento com base em irregularidades, o atraso no pagamento de créditos da empresa pelo poder público etc."[66].

---

[62] MARTINS, Sergio Pinto. *Comentários à CLT*. 5. ed. São Paulo: Atlas, 2002. p. 503.
[63] Cf. MARTINS, Sergio Pinto. *Comentários à CLT*. 5. ed. São Paulo: Atlas, 2002. p. 503; CARRION, Valentin. *Comentários à Consolidação das Leis do Trabalho*. 23. ed. São Paulo: Saraiva, 1998. p. 389.
[64] Cf. MARTINS, Sergio Pinto. *Comentários à CLT*. 5. ed. São Paulo: Atlas, 2002. p. 503; CARRION, Valentin. *Comentários à Consolidação das Leis do Trabalho*. 23. ed. São Paulo: Saraiva, 1998. p. 389.
[65] MARTINS, Sergio Pinto. *Comentários à CLT*. 5. ed. São Paulo: Atlas, 2002. p. 531.
[66] OLIVEIRA, Francisco Antonio de. *Consolidação das Leis do Trabalho comentada*. 2. ed. São Paulo: RT, 2000. p. 426.

Ainda no caso dos jogos de bingo, a modificação legislativa, independentemente da controvérsia sobre sua adequação em termos socioeconômicos, não era imprevisível, uma vez que apresenta ao menos como objetivo, em tese, justamente a proteção do interesse público.

Por isso, embora a questão seja controvertida, no referido exemplo dos jogos de bingo, não se verificam os requisitos necessários à configuração do *factum principis*, impossibilitando a aplicação do art. 486 da CLT e afastando a responsabilidade do ente público pelo pagamento de indenização trabalhista[67]. Nesse contexto, também não há que falar em aplicação dos desdobramentos processuais previstos nos §§ 1º a 3º do art. 486 da CLT.

Não se aplica o disposto no art. 486 da CLT na hipótese de paralisação ou suspensão de atividades empresariais determinada por ato de autoridade municipal, estadual ou federal para o enfrentamento do estado de calamidade pública reconhecido pelo Decreto Legislativo 6/2020 e da emergência de saúde pública de importância internacional decorrente do coronavírus, de que trata a Lei 13.979/2020 (art. 29 da Lei 14.020/2020).

18.7.13 Cessação do contrato de trabalho por tempo determinado

Vejamos, aqui, as diversas possibilidades de cessação do contrato de trabalho por prazo certo.

18.7.13.1 *Cessação do contrato de trabalho por tempo determinado antes do advento do termo*

A cessação do contrato de trabalho antes da data avençada já foi analisada, quando se estudou o contrato de trabalho por prazo determinado.

Cabe lembrar que, de acordo com o art. 481 da CLT, caso seja firmado contrato a prazo certo, inclusive contrato de experiência (Súmula 163 do TST), mas inserido o direito recíproco das partes de fazer cessá-lo antes do termo fixado, se este direito for exercido, aplicam-se as normas pertinentes à cessação do contrato a prazo indeterminado, com o direito ao aviso prévio, à indenização de 40% do FGTS, ao saque dos depósitos do FGTS, às férias vencidas e proporcionais com 1/3, ao décimo terceiro salários vencido e proporcional, ao saldo salarial e às guias do seguro-desemprego.

Não havendo a referida cláusula, no caso da cessação do contrato, antes do termo ajustado, por iniciativa do empregador, em conformidade com o art. 479 da CLT, é devida uma indenização no valor correspondente à metade da remuneração que ainda seria de-vida até o fim do contrato. Além disso, o empregado também tem direito à indenização compensatória de 40% do FGTS (ou 20%, tratando-se de culpa recíproca), "sem prejuízo do disposto no referido art. 479 da CLT", conforme expressamente prevê o art. 14 do Regulamento do FGTS, aprovado pelo Decreto 99.684/1990, que regulamenta a Lei 8.036/1990.

Na referida situação, também são devidas as seguintes verbas rescisórias: saldo salarial, saque dos depósitos do FGTS, férias vencidas e proporcionais com 1/3, décimo terceiro salários vencido e proporcional e guias do seguro-desemprego.

---

[67] Cf. "O presidente do Tribunal Superior do Trabalho, ministro Francisco Fausto, afirmou hoje (27) que não acredita na possibilidade de se aplicar o artigo 486 da Consolidação das Leis do Trabalho (CLT) para determinar que o governo federal indenize os trabalhadores demitidos pelos bingos. [...] Francisco Fausto ressalta que o chamado 'fato do príncipe' se baseia na teoria da imprevisão, o que não ocorre no caso do fechamento dos bingos. 'Quem explora casas lotéricas ou bingos sabe que o fechamento pode ser determinado a qualquer momento', observou o ministro. 'Por essa razão, não vejo possibilidade de se aplicar o dispositivo nessa questão', afirmou, ressaltando que esta é a sua opinião pessoal e que a matéria deverá ser julgada pelos tribunais trabalhistas. [...] O presidente do TST lembrou que a aplicação do chamado 'fato do príncipe' é muito rara no Direito do Trabalho, porque se baseia no princípio da imprevisão. [...] 'Mas neste caso dos bingos não há imprevisão, o governo pode retirar a qualquer hora a permissão, isso é previsível', adiantou o ministro, ao defender que o governo precisa encontrar um mecanismo para evitar a demissão em massa dos trabalhadores do setor" (Notícias do Tribunal Superior do Trabalho, 27.02.2004. Disponível em: <http://www.tst.jus.br>).

Se o empregado é quem se desliga, sem justa causa, do contrato, antes do termo estipulado, obriga-se a indenizar o empregador dos prejuízos que resultar desse fato (art. 480 da CLT), indenização essa que "não poderá exceder àquela a que teria direito o empregado em idênticas condições" (§ 1º do art. 480 da CLT).

Nessa hipótese, são devidas as seguintes verbas rescisórias: saldo salarial, férias vencidas e proporcionais com 1/3 (Súmulas 171 e 261 do TST, na redação da Resolução 121/2003) e décimo terceiro salários vencido e proporcional (na mesma forma do que prevê a Súmula 157 do TST). Entende-se que não é devido o saque do FGTS, pois foi o próprio empregado quem decidiu pôr fim ao contrato de trabalho, de modo semelhante ao pedido de demissão.

18.7.13.2 Cessação do contrato de trabalho por tempo determinado pelo advento do termo

Se o contrato de trabalho por prazo determinado chega a seu fim em razão do advento de seu termo, tem-se, na realidade, a terminação normal do referido pacto, em conformidade com a sua previsão.

Assim, na hipótese mencionada, são devidas as seguintes verbas rescisórias: saldo salarial, saque dos depósitos do FGTS em conta vinculada, férias vencidas e proporcionais com 1/3 (Súmula 171 do TST), décimo terceiro salários vencido e proporcional (Lei 4.090/1962, art. 1º, § 3º, inciso I, acrescentado pela Lei 9.011/1995).

Entende-se não se verificar direito à indenização de 40% do FGTS, aviso prévio e seguro-desemprego[68], pois as partes já sabiam, desde a contratação, a respeito do término do vínculo de emprego.

---

[68] A Lei 7.998/1990, que regula o Programa do Seguro-Desemprego, no art. 2º, inciso I (com redação determinada pela Lei 10.608/2002), estabelece que este tem por finalidade: "prover assistência financeira temporária ao trabalhador desempregado em virtude de dispensa sem justa causa, inclusive a indireta, e ao trabalhador comprovadamente resgatado de regime de trabalho forçado ou da condição análoga à de escravo".

Capítulo 19

Aviso prévio

19.1 Introdução

O aviso prévio não é um instituto exclusivo do Direito do Trabalho.

Mesmo no contrato de prestação de serviços, não havendo prazo estipulado, nem se podendo inferir da natureza do contrato, ou do costume do lugar, o art. 599 do Código Civil de 2002 estabelece que qualquer das partes pode resolvê-lo mediante aviso prévio, com a antecedência especificada nos incisos I a III do parágrafo único.

Do mesmo modo, no contrato de representação comercial, o art. 34 da Lei 4.886/1965, versando sobre a sua denúncia sem causa justificada, também prevê o dever de pré-aviso.

No presente estudo, interessa-nos o aviso prévio no âmbito do contrato de trabalho, o qual tem por objetivo comunicar a outra parte sobre a decisão, de quem faz a declaração, de pôr fim à relação de emprego.

19.2 Conceito

O aviso prévio pode ser conceituado como a comunicação que uma parte faz à outra, no sentido de que pretende findar o contrato de trabalho.

Como se pode notar, o aviso prévio pode ser concedido tanto pelo empregador como também pelo empregado, dependendo de quem está tomando a decisão de fazer cessar o vínculo de emprego.

19.3 Fundamento constitucional e legal

O art. 7º, inciso XXI, da Constituição Federal de 1988 prevê o direito dos empregados urbanos e rurais ao: "aviso prévio proporcional ao tempo de serviço, sendo no mínimo de trinta dias, nos termos da lei".

No entanto, cabe destacar que o empregado que pede demissão também deve pré-avisar o empregador, conforme previsão infraconstitucional.

No plano infraconstitucional, os arts. 487 a 491 da CLT versam sobre o tema, o que, no âmbito da relação de trabalho rural, é feito pela Lei 5.889/1973, art. 15.

19.4 Natureza jurídica

O aviso prévio pode ser entendido sob diversos prismas.

Por um lado, trata-se de um direito daquele que recebe a comunicação da deliberação de pôr fim ao contrato de emprego.

Por outro, trata-se de um dever daquele que decide fazer cessar a relação de trabalho.

Assim, tem-se o direito de receber o aviso prévio, ou seja, de ser avisado previamente sobre a cessação do vínculo de emprego, ao qual corresponde o dever de conceder o referido aviso prévio à outra parte.

Como se nota, o aviso prévio pode ser entendido com natureza de direito trabalhista, ou dever pertinente à relação de emprego.

Além disso, o aviso prévio pode ser visto como a própria comunicação que uma parte faz à outra, quer dizer, declaração de que deliberou pela cessação do contrato de trabalho.

Nesse enfoque, o aviso prévio apresenta a natureza de declaração unilateral, a ser recebida pela outra parte.

Em suma, o aviso prévio corresponde a uma declaração unilateral de vontade, pois não depende de aceitação da parte contrária.

Por fim, o aviso prévio pode ser entendido como o próprio prazo ou período que deve anteceder ao efetivo término do vínculo de emprego.

Como mencionado, de acordo com a Constituição Federal, o referido prazo é de no mínimo 30 dias (art. 7º, inciso XXI), o que também é previsto no art. 487, inciso II, da CLT.

Nota-se, portanto, uma natureza tríplice do aviso prévio: direito, o qual corresponde a um dever; declaração unilateral (comunicação de término da relação de emprego); período que deve anteceder a efetiva terminação do contrato de trabalho.

19.5 Prazo e forma do aviso prévio

A previsão constitucional, especificamente quando estabelece ser proporcional o aviso prévio conforme o tempo de serviço (art. 7º, inciso XXI), de acordo com o entendimento que prevalece, não era autoaplicável, tratando-se de norma constitucional de eficácia limitada.

Nesse sentido, a Orientação Jurisprudencial 84 da SBDI-I do TST, embora atualmente cancelada, assim previa: "A proporcionalidade do aviso prévio, com base no tempo de serviço, depende da legislação regulamentadora, visto que o art. 7º, inc. XXI, da CF/1988 não é autoaplicável".

Na realidade, não é a integralidade do inciso XXI do art. 7º uma norma de eficácia limitada, mas apenas a previsão, específica, de aviso prévio proporcional ao tempo de serviço. Isso porque o prazo mínimo, de 30 dias quanto ao aviso prévio, apresenta-se plenamente eficaz e autoaplicável.

Assim, o prazo do aviso prévio, como se verifica pela própria Constituição Federal de 1988, é de no mínimo 30 dias, como confirma o art. 487, inciso II, da CLT.

Por se tratar de termo, ou seja, prazo regido pelo direito material, na forma do art. 8º, § 1º, da CLT, "aplica-se a regra prevista no *caput* do art. 132 do Código Civil de 2002 à contagem do prazo do aviso prévio, excluindo-se o dia do começo e incluindo o do vencimento" (Súmula 380 do TST).

Entende-se que o inciso I do art. 487 da CLT, ao estabelecer o prazo de oito dias de aviso prévio, se o pagamento for efetuado por semana ou tempo inferior, foi revogado pelo art. 7º, inciso XXI, da Constituição Federal de 1988, pois esta norma posterior, constitucional, fixou o prazo mínimo de 30 dias.

É possível interpretar que o referido inciso I do art. 487 permanece aplicável apenas no aviso prévio concedido pelo empregado. No entanto, trata-se de corrente minoritária, seja em razão do princípio da igualdade, seja porque a mesma norma não teria como ser revogada (quanto ao aviso prévio concedido pelo empregador), mas, ao mesmo tempo, manter-se em vigor (quanto ao aviso prévio concedido pelo empregado). Eventual tratamento diferenciado, nesses moldes, que busque alcançar a igualdade material na relação de emprego quanto ao tema, dependeria de expressa previsão legal, o que não ocorre no caso.

A lei não exige forma específica para a concessão do aviso prévio, fazendo incidir o princípio da liberdade das formas.

No entanto, para efeitos práticos, o melhor é que o aviso prévio seja formulado na forma escrita, para facilitar eventual necessidade de sua prova.

19.5.1 Aviso prévio proporcional ao tempo de serviço

A já mencionada proporcionalidade do aviso prévio, em consonância com o tempo de serviço, prevista na Constituição em vigor, ainda não havia sido regulamentada por meio de lei.

Por isso, chegaram a ser impetrados mandados de injunção[1], de competência do Supremo Tribunal Federal, com o objetivo de se receber o aviso prévio de forma proporcional (MIs 943, 1010, 1074 e 1090).

Antes do julgamento final dos referidos mandados de injunção, foi publicada a Lei 12.506, de 11 de outubro de 2011, no Diário Oficial da União de 13.10.2011, dispondo sobre o aviso prévio, passando a tratar da proporcionalidade.

Cabe ressaltar que, em razão do *princípio da norma mais benéfica*, o contrato individual de trabalho, o regulamento de empresa, a convenção coletiva e o acordo coletivo de trabalho podem estabelecer o direito ao prazo do aviso prévio de forma mais favorável ao empregado, como forma de melhoria de sua condição social (art. 7º, *caput*, da Constituição da República)[2]. Nessa linha, merece destaque a possibilidade de exercício da *autonomia privada coletiva*, no sentido de estabelecer condições de trabalho aplicáveis aos grupos de empregados e empregadores envolvidos, normalmente representados pelas respectivas entidades sindicais.

Logo, o prazo proporcional do aviso prévio, conforme o tempo de serviço do empregado, respeitado o mínimo legal, também pode ser objeto de previsão em instrumento normativo decorrente de negociação coletiva de trabalho (art. 7º, inciso XXVI, da Constituição de 1988), fixando-se a disciplina aplicável aos contratos individuais de trabalho abrangidos[3]. Em razão disso, a Orientação Jurisprudencial 367 da SBDI-I do TST apresenta a seguinte previsão:

> "Aviso prévio de 60 dias. Elastecimento por norma coletiva. Projeção. Reflexos nas parcelas trabalhistas (*DEJT* divulgado em 03, 04 e 05.12.2008). O prazo de aviso prévio de 60 dias, concedido por meio de norma coletiva que silencia sobre alcance de seus efeitos jurídicos, computa-se integralmente como tempo de serviço, nos termos do § 1º do art. 487 da CLT, repercutindo nas verbas rescisórias".

No que se refere ao dissídio coletivo, em que se verifica o possível exercício do poder normativo pela Justiça do Trabalho (art. 114, § 2º, da Constituição da República), conforme entendimento do Supremo Tribunal Federal, a sua incidência é permitida apenas nas hipóteses de "vazio legislativo", não podendo disciplinar matérias que são objeto de "reserva legal específica"[4]. No caso do aviso

---

[1] Cf. art. 5º, inciso LXXI, da Constituição da República: "conceder-se-á mandado de injunção sempre que a falta de norma regulamentadora torne inviável o exercício dos direitos e liberdades constitucionais e das prerrogativas inerentes à nacionalidade, à soberania e à cidadania".

[2] Cf. MARTINS, Sergio Pinto. *Direito do trabalho*. 26. ed. São Paulo: Atlas, 2010. p. 409: "Nada impede que as partes ou a norma coletiva fixem prazo de aviso prévio superior a 30 dias, pois deve-se apenas obedecer ao mínimo de 30 dias, mas não há um prazo máximo. O prazo do aviso prévio dado pelo empregado ao empregador poderia ser inferior a 30 dias, pois se configuraria uma disposição mais favorável ao obreiro".

[3] Cf. DELGADO, Mauricio Godinho. *Curso de direito do trabalho*. 9. ed. São Paulo: LTr, 2010. p. 1.097: "É evidente, porém, que regra jurídica autônoma (Convenção Coletiva ou Acordo Coletivo de Trabalho, por exemplo) ou simples cláusula contratual (inclusive de regulamento de empresa) podem instituir prazo superior ao pré-aviso no âmbito de sua competência".

[4] "Dissídio coletivo. Recursos extraordinários providos, para excluir as cláusulas 2ª (piso correspondente ao salário mínimo acrescido de percentual) e 24ª (estabilidade temporária), por contrariarem, respectivamente, o inciso IV (parte final) e I do art. 7º da Constituição, este último juntamente com o art. 10 do ADCT, *bem como a cláusula 29ª (aviso prévio de sessenta dias), por ser considerada invasiva da reserva legal específica, instituída no art. 7º, XXI, da Constituição*. 2. Recursos igualmente providos, quanto à cláusula 14ª (antecipação, para junho, da primeira parcela do 13º salário), por exceder seu conteúdo à competência normativa da Justiça do Trabalho, cujas decisões, a despeito de configurarem fonte de direito objetivo, revestem o caráter de regras subsidiárias, somente suscetíveis de operar no vazio legislativo, e sujeitas à supremacia da lei formal (art. 114, § 2º, da Constituição). 3. Recursos de que não se conhece no concernente à cláusula 1ª (reajuste salarial), por ausência de pressupostos de admissibilidade, e, ainda, no que toca às cláusulas 52ª (multa pela falta de pagamento de dia de trabalho), 59ª (abrigos para a proteção dos trabalhadores), 61ª (fornecimento de listas de empregados), 63ª (afixação de quadro de avisos), visto não contrariarem os dispositivos constitucionais contra elas invocados, especialmente o § 2º do art. 114. Decisão por maioria, quanto às cláusulas 29ª e 14ª, sendo, no restante unânime" (STF, 1ª T., RE 197.911-9/PE, Rel. Min. Octavio Gallotti, *DJ* 07.11.1997, destaquei).

prévio proporcional, como a Constituição da República, no art. 7º, inciso XXI, faz expressa menção à sua regulamentação por meio de lei, a rigor, não se admite a ampliação do referido prazo por meio de sentença normativa proferida em dissídio coletivo.

De todo modo, a referida Lei 12.506/2011 passou a estabelecer que o aviso prévio, de que trata o Capítulo VI do Título IV da Consolidação das Leis do Trabalho, deve ser "concedido na proporção de 30 (trinta) dias aos empregados que contem até 1 (um) ano de serviço na mesma empresa" (art. 1º, *caput*). Ao aviso prévio assim previsto devem ser "acrescidos 3 (três) dias por ano de serviço prestado na mesma empresa, até o máximo de 60 (sessenta) dias, perfazendo um total de até 90 (noventa) dias" (parágrafo único).

Embora a Lei 12.506 faça remissão apenas à CLT (e não à Lei 5.889/1973), em conformidade com o art. 7º, *caput*, da Constituição da República, os empregados rurais também têm direito ao aviso proporcional ao tempo de serviço (inciso XXI), devendo-se aplicar, ainda que de forma extensiva, a disciplina legal em questão.

Manteve-se o prazo mínimo de 30 dias de aviso prévio, devido aos empregados com até um ano de serviço ao empregador (nas hipóteses de dispensa sem justa causa e despedida indireta).

Após esse primeiro ano, o empregado passa a ter o direito ao *acréscimo de três dias de aviso prévio, por ano de serviço prestado ao mesmo empregador*.

A interpretação lógica e teleológica do preceito deve ser no sentido de que esse acréscimo decorre da maior duração do *mesmo contrato individual de trabalho*, firmado entre empregado e empregador, levando em conta, quanto a este, as hipóteses de sucessão trabalhista (arts. 10 e 448 da CLT).

O limite máximo de *acréscimo* é de 60 dias, os quais, somados aos 30 dias iniciais, resultam no aviso prévio total de 90 dias.

Não há uma tabela expressa na Lei, com o escalonamento dos prazos de aviso prévio devidos. Embora a redação dos dispositivos não seja totalmente clara, é certo que os empregados com *"até 1 (um) ano de serviço na mesma empresa"* têm direito ao aviso prévio de 30 dias (art. 1º, *caput*, destaquei).

Logo, os empregados com mais de 12 meses de serviço prestado na mesma empresa passam a ter direito ao acréscimo no aviso prévio, na proporção de "3 (três) dias por ano de serviço prestado na mesma empresa" (parágrafo único).

Exemplificando, o empregado com um ano e quatro meses de serviço, justamente por ter *mais de um ano de serviço na empresa* (art. 1º, *caput*, a contrario sensu), e por ter *completado um ano de serviço* (parágrafo único), ao ser dispensado sem justa causa, passa a ter direito a 33 dias de aviso prévio.

Tanto é assim que o parágrafo único do art. 1º da Lei 12.506/2011 *não* dispõe que o acréscimo de três dias decorre de cada novo ano de serviço prestado depois de se completar o primeiro, mas sim que ao aviso prévio (de 30 dias) "serão acrescidos 3 (três) dias por ano de serviço prestado na mesma empresa".

Ou seja, o empregado com 11 meses de serviço tem direito ao aviso prévio de 30 dias, por estar inserido na hipótese de "até 1 ano de serviço" (art. 1º, *caput*).

Nessa linha de entendimento, ao ultrapassar os 12 meses iniciais de serviço, o empregado passa a ter direito ao aviso prévio de 33 dias (parágrafo único). Ou seja, a partir de (após) 12 meses de serviço, *até dois anos*, o aviso prévio devido (em caso de dispensa sem justa causa ou despedida indireta) é de 33 dias.

Após dois anos de serviço, mas *até três anos*, o aviso prévio total é de 36 dias, e assim sucessivamente.

A partir de 19 anos de tempo de serviço prestado ao mesmo empregador, mas até 20 anos, o aviso prévio devido, na dispensa sem justa causa (ou despedida indireta), será de 87 dias.

Por fim, após 20 anos de tempo de serviço, tem-se o direito ao aviso prévio total de 90 dias, o qual é o limite máximo.

Ainda assim, cabe acompanhar o entendimento da jurisprudência a respeito, uma vez que também poderá surgir interpretação, divergente, no sentido de que, para o acréscimo de três dias de aviso prévio, o empregado deverá *completar o segundo ano de serviço* prestado ao mesmo empregador, e assim sucessivamente. Essa possível corrente, aqui apresentada como divergente, entenderia que a partir de 12 meses de serviço o empregado apenas ingressaria no período para a futura aquisição do acréscimo de três dias, o que ocorreria somente ao se completar o ano adicional de serviço prestado. Exemplificando, o empregado com um ano e dois meses de serviço ainda não adquiriria o direito ao aviso prévio de 33 dias, se fosse dispensado sem justa causa, o que ocorreria apenas ao se completar o segundo ano de serviço prestado ao mesmo empregador.

Essa posição, entretanto, não é aqui defendida, pois contraria a previsão expressa do art. 1º, *caput*, no sentido de que o período de 30 dias é daquele empregado com "até" um ano de serviço. Ademais, exemplificando, o empregado com um ano e três meses de serviço, por já ter (mais de) um ano de serviço prestado ao empregador, tem direito ao acréscimo de três dias, na forma do parágrafo único do art. 1º da Lei 12.506/2011 ("acrescidos 3 (três) dias *por ano de serviço prestado* na mesma empresa", destaquei).

Caso contrário, apenas ao se completar o 21º ano de serviço, prestado ao mesmo empregador, é que o empregado passaria a ter direito ao aviso prévio de 90 dias (30 dias iniciais, mais 60 dias em razão do tempo de serviço), nas hipóteses de despedida sem justa causa e dispensa indireta. Entretanto, a interpretação lógico-sistemática deve ser no sentido de que o aviso prévio de 90 dias passa a ser devido a partir de 20 anos de serviço prestado ao mesmo empregador.

Para se contar o tempo de serviço, também devem ser considerados os *períodos de interrupção do contrato de trabalho*, como férias e descanso semanal remunerado, pois neles, embora não haja efetiva prestação de trabalho, o salário é devido, bem como o tempo de serviço deve ser contato.

Cabe ressaltar que a Lei 12.506/2011, ao tratar do aviso prévio, de forma nítida, estabelece a proporcionalidade devida, mas apenas *em favor do empregado*, e não do empregador.

Embora o empregador também tenha direito ao aviso prévio, na hipótese de ("pedido de") demissão do trabalhador, o novo diploma legal é expresso a respeito do dever de se conceder, aos empregados, o aviso prévio, conforme o tempo de serviço prestado.

É certo que o art. 1º, *caput*, do referido diploma legal faz menção ao aviso prévio "de que trata o Capítulo VI do Título IV da Consolidação das Leis do Trabalho – CLT, aprovada pelo Decreto-Lei n. 5.452, de 1º de maio de 1943", no qual está inserido o art. 487, § 2º, da CLT, ao dispor que a "falta de aviso prévio por parte do empregado dá ao empregador o direito de descontar os salários correspondentes ao prazo respectivo".

Entretanto, a Lei 12.506 apenas tratou do direito do empregado, tal como previsto na Constituição da República, no art. 7º, *caput* ("são direitos dos trabalhadores urbanos e rurais"), e inciso XXI ("aviso prévio proporcional ao tempo de serviço, sendo no mínimo de trinta dias, nos termos da lei").

Poder-se-ia argumentar, em sentido divergente, com fundamento no princípio da igualdade (art. 5º, *caput*, da Constituição), no sentido de que o empregador também deveria ter direito de receber o aviso prévio proporcional ao tempo de serviço, na hipótese de demissão do empregado, mesmo porque o contrato de trabalho tem natureza bilateral, com direitos e deveres recíprocos em seu conjunto.

Apesar disso, cabe ressaltar que o princípio da igualdade deve ser interpretado e aplicado em seu enfoque *substancial*, e não meramente formal. Tendo em vista a desigualdade em que os sujeitos do vínculo de emprego se encontram, a norma jurídica pode (deve) estabelecer tratamento diferenciado, na medida dessa desigualdade, como forma de se alcançar a situação mais justa e equânime. Nesse sentido é que são previstos os diversos direitos trabalhistas, impondo-se os correspondentes deveres ao empregador.

Prevalece o entendimento de que o aviso prévio proporcional ao tempo de serviço é direito exclusivo do empregado, não podendo o empregador exigir do trabalhador o cumprimento do aviso prévio por prazo superior a 30 dias, mesmo na hipótese de dispensa sem justa causa, sob pena de pagamento dos dias excedentes trabalhados. A respeito do tema, cabe fazer referência ao seguinte julgado:

"Recurso de embargos em recurso de revista. Interposição sob a égide da Lei 13.015/2014. Aviso prévio proporcional. Alteração da Lei 12.506/2011. Obrigação limitada ao empregador. Ausência de reciprocidade. A proporcionalidade do aviso prévio a que se refere a Lei 12.506/2001 apenas pode ser exigida da empresa, uma vez que entendimento em contrário, qual seja, exigir que também o trabalhador cumpra aviso prévio superior aos originários 30 dias, constituiria alteração legislativa prejudicial ao empregado, o que, pelos princípios que norteiam o ordenamento jurídico trabalhista, não se pode admitir. Dessarte, conclui-se que a norma relativa ao aviso prévio proporcional não guarda a mesma bilateralidade característica da exigência de 30 dias, essa sim obrigatória a qualquer das partes que intentarem resilir o contrato de emprego. Recurso de embargos conhecido e provido" (TST, SBDI-I, E-RR 1964-73.2013.5.09.0009, Rel. Min. Hugo Carlos Scheuermann, *DEJT* 29.09.2017).

Quanto à eficácia no tempo, a referida Lei 12.506, no art. 2º, estabeleceu o início de sua vigência para a data da publicação, qual seja, 13 de outubro de 2011.

Tendo em vista a eficácia imediata dessa norma legal, ela alcança não só os contratos de trabalho firmados a partir da referida data, mas também aqueles em curso.

Sendo assim, é possível sustentar que o contrato extinto a partir da publicação da Lei 12.506/2011 deve ser regido levando em conta as suas disposições, inclusive para efeito de cálculo do prazo do aviso prévio proporcional ao tempo de serviço.

Não obstante, o tema, também aqui, pode gerar controvérsia, pois a Lei não especificou, de forma expressa, como deve ser contado o tempo de serviço prestado anteriormente à sua entrada em vigor, no caso do vínculo de emprego que se iniciou antes de 13 de outubro de 2011.

Com isso, é possível o entendimento, divergente, no sentido de que, como a norma legal não pode ser aplicada de forma retroativa, o tempo de serviço, para fins de acréscimo no aviso prévio, ao menos com fundamento específico na Lei 12.506/2011, apenas poderia ser contado a partir da sua entrada em vigor.

Portanto, deve-se acompanhar a evolução da jurisprudência também a respeito dessa eficácia no tempo da Lei em questão, no que se refere ao período de serviço prestado antes de 13 de outubro de 2011, para os contratos de trabalho cessados posteriormente a essa data.

De todo modo, no sentido aqui defendido, consoante a Súmula 441 do TST: "Aviso prévio. Proporcionalidade. O direito ao aviso prévio proporcional ao tempo de serviço somente é assegurado nas rescisões de contrato de trabalho ocorridas a partir da publicação da Lei n. 12.506, em 13 de outubro de 2011".

Quanto aos vínculos de emprego extintos antes do início da vigência da Lei 12.506/2011, como essa disposição tem aplicação imediata, mas não retroativa (art. 5º, inciso XXXVI, da Constituição Federal de 1988), não cabe a sua incidência quanto a fatos anteriores à sua publicação.

Ainda assim, no âmbito do julgamento de mandados de injunção, envolvendo vínculos de emprego já extintos, e que questionam a ausência de regulamentação legal quanto ao aviso prévio proporcional, pode ser possível, ao menos em tese, a aplicação (analógica) do mesmo critério (com fundamento no art. 8º da CLT), qual seja, de se acrescer três dias por ano de serviço prestado na mesma empresa, até o máximo de sessenta dias, perfazendo um total de até noventa dias de aviso prévio.

Nesse sentido, segundo o art. 5º, § 1º, da Constituição Federal de 1988, as "normas definidoras dos direitos e garantias fundamentais têm aplicação imediata".

Os direitos trabalhistas, assegurados no art. 7º da Constituição da República, como direitos sociais (Capítulo II), estão inseridos no catálogo de direitos fundamentais, conforme o Título II da Lei Maior ("Dos Direitos e Garantias Fundamentais"). Ademais, conforme a Súmula 276 do Tribunal Superior do Trabalho, o aviso prévio é considerado direito "irrenunciável pelo empregado".

Cabe ressaltar que a Secretaria de Relações do Trabalho, do Ministério do Trabalho, aprovou a Nota técnica 184/2012/CGRT/SRT/MTE, esclarecendo os seguintes aspectos:

a) a lei não poderá retroagir para alcançar a situação de aviso prévio já iniciado;

b) a proporcionalidade de que trata o parágrafo único do art. 1º da Lei 12.506/2011 aplica-se, exclusivamente, em benefício do empregado;

c) o acréscimo de três dias por ano de serviço prestado ao mesmo empregador computar-se-á a partir do momento em que a relação contratual supere um ano na mesma empresa;

d) a jornada reduzida ou a faculdade, previstas no art. 448 da CLT, não foram alteradas pela Lei 12.506/2011;

e) a projeção do aviso prévio integra o tempo de serviço para todos os fins legais;

f) recaindo o término do aviso prévio proporcional nos 30 dias que antecedem a data-base, faz jus o empregado despedido à indenização prevista na Lei 7.238/1984;

g) as cláusulas pactuadas em acordo ou convenção coletiva que tratam do aviso prévio proporcional deverão ser observadas, desde que respeitada a proporcionalidade mínima prevista na Lei 12.506/2011.

Da mesma forma, no trabalho rural, o aviso prévio, nos termos do disposto no Capítulo VI do Título IV da Consolidação das Leis do Trabalho, deve ser concedido na proporção de 30 dias aos empregados que contem com até um ano de serviço ao mesmo empregador (art. 98 do Decreto 10.854/2021). Ao referido aviso prévio devem ser acrescidos três dias por ano de serviço prestado na mesma empresa, até o máximo de 60 dias, com o total de até 90 dias.

O empregado doméstico também tem direito ao *aviso prévio proporcional ao tempo de serviço*, sendo no mínimo de 30 dias, nos termos da lei (art. 7º, inciso XXI, da Constituição Federal de 1988), conforme art. 7º, parágrafo único, da Constituição da República, com redação dada pela Emenda Constitucional 72/2013.

Sendo assim, no caso do contrato de trabalho doméstico, não havendo prazo estipulado no contrato, a parte que, sem justo motivo, quiser rescindi-lo deverá *avisar* a outra de sua intenção (art. 23 da Lei Complementar 150/2015).

O *aviso prévio* deve ser concedido na proporção de 30 dias ao empregado que conte com até um ano de serviço para o mesmo empregador (art. 23, § 1º, da Lei Complementar 150/2015).

Ao aviso prévio previsto no art. 23 da Lei Complementar 150/2015, devido ao empregado, devem ser acrescidos três dias por ano de serviço prestado para o mesmo empregador, até o máximo de 60 dias, perfazendo um total de até 90 dias (art. 23, § 2º, da Lei Complementar 150/2015).

A falta de aviso prévio por parte do empregador dá ao empregado o direito aos salários correspondentes ao prazo do aviso, garantida sempre a integração desse período ao seu tempo de serviço (art. 23, § 3º, da Lei Complementar 150/2015).

A falta de aviso prévio por parte do empregado dá ao empregador o direito de descontar os salários correspondentes ao prazo respectivo (art. 23, § 4º, da Lei Complementar 150/2015).

O valor das horas extraordinárias habituais integra o aviso prévio indenizado (art. 23, § 5º, da Lei Complementar 150/2015).

O horário normal de trabalho do empregado durante o aviso prévio, quando a rescisão tiver sido promovida pelo empregador, deve ser reduzido de duas horas diárias, sem prejuízo do salário integral (art. 24 da Lei Complementar 150/2015).

É facultado ao empregado trabalhar sem a redução das duas horas diárias, caso em que pode faltar ao serviço, sem prejuízo do salário integral, por sete dias corridos, na hipótese dos §§ 1º e 2º do art. 23 da Lei Complementar 150/2015.

19.6 Finalidade

O aviso prévio, conforme a hipótese, ou seja, se concedido pelo empregador ou pelo empregado, apresenta objetivos distintos.

Efetivamente, sendo o empregador quem o concede, o objetivo do aviso prévio é possibilitar que o empregado possa procurar novo trabalho durante tal período, ou seja, no tempo que antecede a cessação do vínculo de emprego.

Por isso é que se considera "inválida a concessão do aviso prévio na fluência da garantia de emprego, ante a incompatibilidade dos dois institutos" (Súmula 348 do TST).

Na mesma linha, a Orientação Jurisprudencial 268 da SBDI-I do TST assim prevê: "Indenização adicional. Leis 6.708/79 e 7.238/84. Aviso prévio. Projeção. Estabilidade provisória. Somente após o término do período estabilitário é que se inicia a contagem do prazo do aviso prévio para efeito das indenizações previstas nos artigos 9º da Lei 6.708/79 e 9º da Lei 7.238/84".

Diversamente, se o aviso prévio é concedido pelo empregado, a finalidade é fazer com que o empregador busque outro empregado para ficar no lugar daquele que pré-avisou quanto à sua demissão.

19.7 Cabimento do aviso prévio

O aviso prévio só é cabível na hipótese de contrato de trabalho que seja por prazo indeterminado (art. 487, *caput*, parte inicial, da CLT).

Havendo prazo estipulado para a terminação do vínculo de emprego, não há que cogitar de aviso prévio para a sua cessação, exceto na hipótese do art. 481 da CLT (e Súmula 163 do TST).

Pelo mesmo motivo, também não se aplica o aviso prévio no trabalho temporário, regido pela Lei 6.019/1974.

O aviso prévio, como dever do empregador, aplica-se na dispensa sem justa causa e na despedida indireta, conforme art. 487, *caput*, e § 4º da CLT (acrescentado pela Lei 7.108/1983, que alterou o entendimento do antigo Enunciado 31 do TST, já cancelado pela Resolução 31/1994). Além disso, o aviso prévio também é devido ao empregado na cessação da atividade da empresa, conforme Súmula 44 do TST.

Frise-se que, nos termos da atual redação da Súmula 10 do TST: "Professor. Dispensa sem justa causa. Término do ano letivo ou no curso de férias escolares. Aviso prévio. O direito aos salários do período de férias escolares assegurado aos professores (artigo 322, *caput* e § 3º, da CLT) não exclui o direito ao aviso prévio, na hipótese de dispensa sem justa causa ao término do ano letivo ou no curso das férias escolares".

Como dever do empregado, o aviso prévio é devido pelo trabalhador no pedido de demissão (art. 487, *caput*, da CLT).

19.8 Consequências da ausência de concessão do aviso prévio

As consequências que decorrem da inobservância do dever de pré-avisar a outra parte, quanto ao intuito de pôr fim ao contrato de trabalho, dependem de saber se este dever era do empregador ou do empregado.

Vejamos, assim, as duas situações.

1) A falta de aviso prévio por parte do empregado dá ao empregador o direito de descontar os salários correspondentes ao prazo respectivo (§ 2º do art. 487 da CLT).

Referido desconto, aliás, pode ser feito quando da quitação das verbas rescisórias, conforme o art. 477, § 5º, da CLT.

Ajuizada eventual ação pelo empregado, cobrando créditos decorrentes da relação de emprego, o mesmo direito também pode ser arguido pelo empregador, na contestação, por meio da compensação (art. 767 da CLT e Súmulas 18 e 48 do TST).

2) A falta do aviso prévio por parte do empregador dá ao empregado o direito aos salários correspondentes ao prazo do aviso, garantida sempre a integração desse período no seu tempo de serviço (§ 1º do art. 487 da CLT).

Como se verifica, se o empregador tinha o dever de conceder o aviso prévio, mas não o observa, o empregado passa a ter direito de receber, de forma indenizada, os salários correspondentes ao prazo do aviso.

Trata-se do *aviso prévio indenizado*.

Sobre o "aviso prévio cumprido em casa", em que o empregador determina que o empregado não precisa ou não deve comparecer ao trabalho durante o período do aviso, não se verifica a nulidade propriamente, pois o empregado terá, inclusive, o tempo todo para procurar novo trabalho, o que se revela mais benéfico.

Na verdade, de acordo com a lei, ou o aviso prévio é trabalhado, ou indenizado (art. 487 da CLT). No caso da permanência do empregado em casa, não se verificando a prestação dos serviços, tem-se o aviso prévio indenizado, ainda que por exclusão.

Além disso, garante-se a integração, para fins trabalhistas, do período de aviso prévio indenizado no tempo de serviço do empregado, inclusive para fins de cálculo de verbas rescisórias, como décimo terceiro salário e férias com 1/3. Tanto é assim que o reajustamento salarial coletivo, determinado no curso do aviso prévio, beneficia o empregado pré-avisado da despedida, mesmo que tenha recebido antecipadamente os salários correspondentes ao período do aviso, que integra seu tempo de serviço para todos os efeitos legais (§ 6º do art. 487 da CLT, acrescentado pela Lei 10.218/2001, que confirmou a orientação do antigo Enunciado 5 do TST, cancelado pela Resolução 121/2003, por ter se tornado mera repetição da lei posterior ao verbete).

Destaque-se, ainda, a Orientação Jurisprudencial 367 da SBDI-I do TST, assim prevendo: "Aviso prévio de 60 dias. Elasticimento por norma coletiva. Projeção. Reflexos nas parcelas trabalhistas. O prazo de aviso prévio de 60 dias, concedido por meio de norma coletiva que silencia sobre alcance de seus efeitos jurídicos, computa-se integralmente como tempo de serviço, nos termos do § 1º do art. 487 da CLT, repercutindo nas verbas rescisórias".

Do mesmo modo, em razão da referida integração ao tempo de serviço, de acordo com a Súmula 305 do TST:

"Fundo de Garantia do Tempo de Serviço. Incidência sobre o aviso prévio. O pagamento relativo ao período de aviso prévio, trabalhado ou não, está sujeito a contribuição para o FGTS".

Pelo mesmo motivo, a Súmula 182 do TST assim prevê: "Aviso prévio. Indenização compensatória. Lei 6.708, de 30.10.1979. O tempo do aviso prévio, mesmo indenizado, conta-se para efeito da indenização adicional prevista no art. 9º da Lei 6.708, de 30.10.1979"[5].

A referida integração ao tempo de serviço também justifica os seguintes entendimentos consolidados na jurisprudência do TST:

Orientação Jurisprudencial 82 da SBDI-I do TST: "Aviso prévio. Baixa na CTPS. A data de saída a ser anotada na CTPS deve corresponder à do término do prazo do aviso prévio, ainda que indenizado".

Orientação Jurisprudencial 83 da SBDI-I do TST: "Aviso prévio. Indenizado. Prescrição. A prescrição começa a fluir no final da data do término do aviso prévio. Art. 487, § 1º, CLT".

Cabe lembrar que, de acordo com o art. 7º, inciso XXIX, da Constituição Federal de 1988, os créditos trabalhistas podem ser exigidos no prazo de cinco anos no curso do contrato de trabalho, mas até dois anos do seu término. Assim, seguindo a tese da referida Orientação Jurisprudencial 83

---

[5] A indenização adicional, de acordo com o art. 9º da Lei 6.708/1979 e o art. 9º da Lei 7.238/1984, é devida na hipótese de dispensa injusta do empregado, ocorrida no trintídio que antecede a data-base. Conforme Súmula 242 do TST: "Indenização adicional. Valor. A indenização adicional, prevista no art. 9º da Lei 6.708, de 30.10.1979 e no art. 9º da Lei 7.238 de 28.10.1984, corresponde ao salário mensal, no valor devido na data da comunicação do despedimento, integrado pelos adicionais legais ou convencionados, ligados à unidade de tempo mês, não sendo computável a gratificação natalina".

da SBDI-I do TST, o prazo do aviso prévio indenizado também deve ser computado, com a devida projeção, para fins de início do biênio prescricional.

Confirmando o exposto, quanto à data a ser anotada como o dia de saída na Carteira de Trabalho e Previdência Social ("baixa"), nos termos do art. 15, inciso V, da Portaria 671/2021 do Ministério do Trabalho e Previdência, o empregador deve anotar na CTPS do empregado, até o décimo dia seguinte ao da ocorrência, os dados de desligamento, quando acarretar extinção do vínculo empregatício, com a indicação da respectiva data, e se houver aviso prévio indenizado, da data projetada para término do contrato de trabalho.

Não obstante, de acordo com a Orientação Jurisprudencial 42, inciso II, da SBDI-I do TST: "O cálculo da multa de 40% do FGTS deverá ser feito com base no saldo da conta vinculada na data do efetivo pagamento das verbas rescisórias, desconsiderada a projeção do aviso prévio indenizado, por ausência de previsão legal".

Tratando-se de salário pago na base de tarefa, o cálculo, para os efeitos dos §§ 1º e 2º do art. 487 da CLT, será feito de acordo com a média dos últimos 12 meses de serviço (§ 3º do art. 487 da CLT).

O valor das horas extraordinárias habituais integra o aviso prévio indenizado (§ 5º do art. 487 da CLT, acrescentado pela Lei 10.218/2001 que confirmou a orientação do antigo Enunciado 94 do TST, já cancelado pela Resolução 121/2003, por ter se tornado repetição da lei posterior).

19.9 Aviso prévio e trabalho no período

Se o empregado pede demissão e concede o aviso prévio ao empregador, o contrato de trabalho continua normalmente, até o fim do prazo de aviso, quando cessa o vínculo de emprego.

No aviso prévio concedido pelo empregador, no entanto, a prestação de serviços recebe tratamento diferenciado, conforme previsão do art. 488 da CLT, tendo em vista a finalidade do instituto, na hipótese em questão.

O mencionado dispositivo, em seu *caput*, assegura que o horário normal de trabalho do empregado, durante o prazo do aviso (quando a rescisão tiver sido promovida pelo empregador), "será reduzido de 2 (duas) horas diárias, sem prejuízo do salário integral".

Trata-se de justa previsão, pois, como já mencionado, durante o período do aviso prévio, o empregado certamente terá de buscar um novo trabalho a ser exercido.

Normalmente, a referida redução do horário de trabalho é estabelecida de modo que o empregado tenha a sua saída antecipada. No entanto, não se exige que seja somente dessa forma, nada impedindo que a referida redução ocorra em outro momento, por exemplo, quanto ao horário de entrada.

Além disso, o parágrafo único do mesmo art. 488 da CLT, acrescentado pela Lei 7.093/1983, assim prevê: "É facultado ao empregado trabalhar sem a redução das 2 (duas) horas diárias previstas neste artigo, caso em que poderá faltar ao serviço, sem prejuízo do salário integral, por 1 (um) dia, na hipótese do inciso I, e por 7 (sete) dias corridos, na hipótese do inciso II do art. 487 desta Consolidação".

Tem-se, portanto, uma faculdade do empregado, podendo optar pela redução de duas horas diárias, ou pela ausência durante sete dias corridos, sendo ambas as hipóteses sem prejuízo do salário integral.

Nesse último caso, dos sete dias corridos de ausência, o mais comum é que fiquem para o período final do contrato de trabalho. Entretanto, é possível estabelecer outra forma, contanto que seja observado o referido período mínimo, devendo os sete dias ser corridos, e não intercalados.

Mesmo se o empregado optar pela faculdade prevista no parágrafo único do art. 488 da CLT, o aviso prévio continua sendo concedido na forma regular, não se tratando de aviso prévio indenizado.

No âmbito da relação de trabalho rural, a Lei 5.889/1973, no art. 15, apresenta a seguinte disposição especial: "Durante o prazo do aviso prévio, se a rescisão tiver sido promovida pelo empregador, o empregado rural terá direito a 1 (um) dia por semana, sem prejuízo do salário integral, para procurar outro trabalho".

Como o art. 7º, *caput*, da Constituição Federal de 1988 faz menção aos trabalhadores urbanos e rurais, arrolando o direito ao aviso prévio no inciso XXI, discute-se se o mencionado dispositivo da Lei 5.889/1973 permanece aplicável ao âmbito rural.

Na realidade, a Constituição Federal não regulamenta o direito ao aviso prévio, o que é objeto da legislação infraconstitucional.

Assim, embora o tema possa apresentar controvérsia, pode-se dizer que a regulamentação específica do aviso prévio, para o trabalhador rural (quanto ao tema em questão), permanece sendo aquela do art. 15 da Lei 5.889/1973, o qual persiste como verdadeira regra especial, sem conflitar com a Constituição da República. Esse entendimento é confirmado pelo art. 99 do Decreto 10.854/2021.

Para a relação de emprego urbana é que incide a regra geral do art. 488 da CLT.

Obviamente, havendo normas específicas, estabelecendo a incidência da regra do art. 488 da CLT ao empregado rural (o que pode se verificar, por exemplo, em norma coletiva ou mesmo no contrato individual de trabalho), a norma mais benéfica torna aplicável a referida previsão (art. 7º, *caput*, da CF/1988: "além de outros [direitos] que visem à melhoria de sua condição social").

Ainda sobre essa redução da jornada de trabalho durante o período do aviso prévio, como esclarece a Súmula 230 do TST:

> "Aviso prévio. Substituição pelo pagamento das horas reduzidas da jornada de trabalho. É ilegal substituir o período que se reduz da jornada de trabalho, no aviso prévio, pelo pagamento das horas correspondentes".

Sendo assim, caso não seja observada a redução do art. 488 da CLT (ou do art. 15 da Lei 5.889/1973), por não se ter alcançado a finalidade do instituto, o aviso prévio é devido novamente, ainda que sob a forma indenizada.

Sobre a questão da renúncia do aviso prévio pelo empregado, assim prevê a Súmula 276 do TST: "O direito ao aviso prévio é irrenunciável pelo empregado. O pedido de dispensa de cumprimento não exime o empregador de pagar o respectivo valor, salvo comprovação de haver o prestador dos serviços obtido novo emprego".

A ressalva da parte final do verbete justifica-se, pois a finalidade do aviso prévio concedido pelo empregador é, justamente, o empregado encontrar um novo trabalho. Se o outro emprego é obtido, pode o empregado não ter mais como continuar prestando serviços ao antigo empregador, por já ter assumido, ou poder assumir, imediatamente, o novo empregado encontrado.

No entanto, deve-se alertar que, nesse último caso, se o empregado realmente abre mão do aviso prévio concedido pelo empregador, por já ter encontrado novo emprego, não fará jus ao salário referente aos dias de aviso prévio não cumprido.

Além disso, durante o período do aviso prévio, mesmo que concedido pelo empregador, se o trabalhador falta ao serviço, sem apresentar justificativa, também deixa de fazer jus ao respectivo salário. Apenas não incide em abandono de emprego, conforme ressalva feita pela Súmula 73 do TST, pois a ausência pode decorrer justamente de ter o empregado que iniciar o serviço no novo trabalho encontrado.

Em situação inversa, ou seja, no aviso prévio concedido pelo empregado, tendo em vista o seu pedido de demissão, o empregador pode, obviamente, liberar aquele do comparecimento ao trabalho, desde que o empregado não tenha mais interesse em prestar serviços no período do aviso.

Esta última exigência, quanto a não ser mais de interesse do empregado, que pede demissão, trabalhar durante o aviso por ele concedido, também se faz necessária, pois sem o trabalho o empregado não terá direito ao salário respectivo.

Por fim, cabe destacar que, de acordo com o entendimento mais tradicional, não se reconhece direito a estabilidade no curso do aviso prévio, seja este trabalhado ou indenizado.

Nesse sentido, a Súmula 369 do TST, no inciso V, assim prevê: "O registro da candidatura do empregado a cargo de dirigente sindical durante o período de aviso prévio, ainda que indenizado, não lhe assegura a estabilidade, visto que inaplicável a regra do § 3º do art. 543 da Consolidação das Leis do Trabalho".

A mesma orientação poderia ser aplicada a outras modalidades de estabilidade provisória e garantia de permanência no emprego.

A Súmula 371, tratando do aviso prévio indenizado e seus efeitos na superveniência de auxílio-doença no curso deste, confirma que:

> "A projeção do contrato de trabalho para o futuro, pela concessão do aviso prévio indenizado, tem efeitos limitados às vantagens econômicas obtidas no período de pré-aviso, ou seja, salários, reflexos e verbas rescisórias. No caso de concessão de auxílio-doença no curso do aviso prévio, todavia, só se concretizam os efeitos da dispensa depois de expirado o benefício previdenciário".

A primeira parte do referido verbete, ao limitar os efeitos do aviso prévio indenizado às vantagens econômicas obtidas no período, *a contrario sensu*, excluiria o direito de reintegração, ou seja, de estabilidade provisória, tal como já previa a Orientação Jurisprudencial 40 da SBDI-I do TST[6], incorporada à referida Súmula 371.

A parte final da Súmula 371 apenas reflete a incorporação da Orientação Jurisprudencial 135 da SBDI-I do TST[7], justificando-se tal orientação porque durante o auxílio-doença o contrato de trabalho se mantém suspenso.

No entanto, quando cessa o referido benefício previdenciário, os efeitos da dispensa se concretizam e não se verifica direito do empregado de permanecer no emprego.

Não obstante, cabe registrar o entendimento de que o período do aviso prévio, mesmo que indenizado, integra o contrato de trabalho (Orientação Jurisprudencial 82 da SBDI-I do TST), e a superveniência de auxílio-doença faz que os efeitos da dispensa apenas se concretizem após o término do benefício. Ademais, nos termos da Súmula 378 do TST, inciso II, "são pressupostos para a concessão da estabilidade o afastamento superior a 15 dias e a consequente percepção do auxílio-doença acidentário, salvo se constatada, após a despedida, doença profissional que guarde relação de causalidade com a execução do contrato de emprego". Sendo assim, para essa corrente de entendimento, se o empregado, no curso do aviso prévio indenizado, entrar em gozo de auxílio-doença acidentário, deve ser reconhecido o direito à estabilidade acidentária de 12 meses, conforme art. 118 da Lei 8.213/1991, a partir da cessação do referido benefício previdenciário, considerando suspenso o contrato de trabalho até essa data. Nesse sentido, destaca-se o seguinte julgado do Tribunal Superior do Trabalho:

> "Agravo de instrumento. Recurso de revista. Dispensa de empregada. Concessão de auxílio-doença acidentário no curso do aviso prévio indenizado. Estabilidade acidentária. Tendo o agravo de instrumento logrado demonstrar que o recurso de revista preenchia os requisitos do art. 896 da CLT, quanto ao tema em epígrafe, dá-se provimento ao agravo de instrumento, para melhor análise da arguição de contrariedade à Súmula 371/TST suscitada no recurso de revista. Agravo de instrumento provido.
>
> Recurso de revista. 1. Preliminar de nulidade por negativa de prestação jurisdicional. Deixa-se de apreciar a preliminar em face do disposto no art. 249, § 2º, do CPC. Recurso de revista não conhecido, no aspecto. 2. Dispensa de empregado. Concessão de auxílio-doença acidentário no curso do aviso prévio indenizado. Estabilidade acidentária. Nos termos da Súmula 378, I/TST, 'é consti-

---

[6] "Estabilidade. Aquisição no período do aviso prévio. Não reconhecida. Inserida em 28.11.95 (Convertida na Súmula 371, *DJ* 20.04.2005). A projeção do contrato de trabalho para o futuro, pela concessão do aviso prévio indenizado, tem efeitos limitados às vantagens econômicas obtidas no período de pré-aviso, ou seja, salários, reflexos e verbas rescisórias".

[7] "Aviso prévio indenizado. Superveniência de auxílio-doença no curso deste. Inserida em 27.11.98 (Convertida na Súmula 371, *DJ* 20.04.2005). Os efeitos da dispensa só se concretizam depois de expirado o benefício previdenciário, sendo irrelevante que tenha sido concedido no período do aviso prévio já que ainda vigorava o contrato de trabalho".

tucional o art. 118 da Lei 8.213/1991 que assegura o direito à estabilidade provisória por período de 12 meses após a cessação do auxílio-doença ao empregado acidentado'. Já o item II da Súmula 378/TST regula que 'são pressupostos para a concessão da estabilidade o afastamento superior a 15 dias e a consequente percepção do auxílio-doença acidentário, salvo se constatada, após a despedida, doença profissional que guarde relação de causalidade com a execução do contrato de emprego'. Tem-se, portanto, que a concessão da referida estabilidade pressupõe o preenchimento de critério objetivo, qual seja, gozo de auxílio-doença acidentário ou constatação de nexo de causalidade entre a doença e as atividades desenvolvidas durante o contrato de emprego. No caso concreto, conclui-se, da leitura do acórdão proferido pelo TRT, que o reclamante, no curso do aviso prévio indenizado, entrou em gozo de auxílio-doença acidentário. Registre-se que o período do aviso prévio indenizado integra o contrato de trabalho (OJ 82/SDI-1/TST) e a superveniência de auxílio-doença faz com que os efeitos da dispensa apenas se concretizem após o término do benefício (Súmula 371/TST). Nesta situação, deve ser reconhecido o direito à estabilidade acidentária de 12 meses prevista no art. 118 da Lei 8.213/1991, a partir da cessação do benefício previdenciário, considerando-se suspenso o contrato de trabalho até essa data. Contudo, uma vez que o período de estabilidade já se encontra exaurido, são devidos ao empregado apenas os salários do período compreendido entre a data da despedida e o final do período de estabilidade, não lhe sendo assegurada a reintegração ao emprego, segundo inteligência da Súmula 396, I, do TST. Recurso de revista conhecido e provido no aspecto" (TST, 3ª T., RR 7-96.2010.5.05.0221, Rel. Min. Mauricio Godinho Delgado, *DEJT* 24.06.2014).

Frise-se ainda que, conforme o art. 391-A da CLT, acrescentado pela Lei 12.812/2013, a confirmação do estado de gravidez advindo no curso do contrato de trabalho, ainda que durante o prazo do aviso prévio trabalhado ou indenizado, garante à empregada gestante a estabilidade provisória prevista na alínea *b* do inciso II do art. 10 do Ato das Disposições Constitucionais Transitórias.

O disposto no art. 391-A da CLT aplica-se ao *empregado adotante ao qual tenha sido concedida guarda provisória para fins de adoção* (art. 391-A, parágrafo único, da CLT, incluído pela Lei 13.509/2017).

Desse modo, a estabilidade provisória prevista no art. 10, inciso II, alínea *b*, do Ato das Disposições Constitucionais Transitórias também se aplica ao empregado adotante a quem tiver sido concedida guarda provisória para fins de adoção, ainda que durante o prazo do aviso prévio trabalhado ou indenizado.

Embora o art. 391-A, parágrafo único, da CLT faça menção ao "empregado", a referida garantia de emprego também se aplica, evidentemente e com fundamento no princípio da igualdade (art. 5º, *caput* e inciso I, da Constituição da República), à *empregada* adotante a quem tiver sido concedida guarda provisória para fins de adoção, ainda que durante o prazo do aviso prévio trabalhado ou indenizado.

Entende-se, assim, que se a guarda provisória para fins de adoção for concedida durante o prazo do aviso prévio trabalhado ou indenizado, o empregado e (ou) a empregada adotante terão direito à estabilidade provisória *até cinco meses após a adoção*. Cf. ainda Capítulo 20, item 20.6.3.

O art. 391-A, parágrafo único, da CLT não é explícito quanto à hipótese de adoção ou guarda judicial para fins de adoção *conjunta*. Tendo em vista que a lei não faz restrição a respeito do direito à estabilidade provisória, pode-se dizer que ambos os adotantes ou guardiães para fins de adoção, caso sejam empregado ou empregada, têm direito à referida garantia de emprego.

Diversamente, em se tratando especificamente da licença-maternidade (que não se confunde com a mencionada estabilidade provisória), o art. 392-A, § 5º, da CLT é expresso ao estabelecer, de forma restritiva, que a adoção ou guarda judicial conjunta enseja a concessão de *licença-maternidade* a apenas um dos adotantes ou guardiães empregado ou empregada.

19.10 Justa causa durante o aviso prévio

Durante o aviso prévio trabalhado, por se tratar de tempo de serviço, é possível que o empregado, ou mesmo o empregador, pratique alguma justa causa.

A hipótese de justa causa praticada pelo trabalhador é prevista expressamente no art. 491 da CLT, com a seguinte redação: "O empregado que, durante o prazo do aviso prévio, cometer qualquer das faltas consideradas pela lei como justas para a rescisão, perde o direito ao restante do respectivo prazo".

No entanto, cabe lembrar a Súmula 73 do TST, ao estabelecer que: "A ocorrência de justa causa, salvo a de abandono de emprego, no decurso do prazo do aviso prévio dado pelo empregador, retira do empregado qualquer direito às verbas rescisórias de natureza indenizatória".

Portanto, ocorrendo falta grave do empregado, este perde os direitos decorrentes da dispensa sem justa causa ou do pedido de demissão, conforme a hipótese em análise, passando a receber apenas as verbas decorrentes da dispensa com justa causa.

A ressalva quanto ao abandono de emprego, no curso do período do aviso prévio concedido pelo empregador, justifica-se porque o empregado, no período em questão, pode ter de assumir o novo emprego, não tendo, assim, como continuar prestando serviços durante o aviso prévio.

Isso não se confunde com o caso, bem mais peculiar, em que a empresa, tendo pré-avisado o empregado quanto à sua dispensa sem justa causa, vem a descobrir, no curso do aviso, que o empregado cometeu justa causa, anteriormente à concessão do aviso prévio. Nessa hipótese, não se pode dizer que a empresa havia perdoado a falta, pois nem sequer sabia da sua existência ou autoria. Assim, embora o tema seja complexo, entende-se que o empregador pode converter a dispensa sem justa causa em dispensa com justa causa.

No entanto, se a empresa conhecia a falta disciplinar praticada pelo empregado, mas, mesmo assim, deliberou dispensá-lo sem justa causa, entende-se que ocorreu o perdão tácito, pois o empregador tomou atitude incompatível com a aplicação de pena disciplinar, como é o caso da despedida por justa causa.

No caso de falta grave patronal, no curso do aviso prévio, o art. 490 da CLT assim dispõe: "O empregador que, durante o prazo do aviso prévio dado ao empregado, praticar ato que justifique a rescisão imediata do contrato, sujeita-se ao pagamento da remuneração correspondente ao prazo do referido aviso, sem prejuízo da indenização que for devida".

Conclui-se que a justa causa patronal, durante o aviso prévio, gera ao empregado o direito de rescindir imediatamente o contrato de trabalho, recebendo a remuneração do período correspondente ao aviso, bem como as verbas rescisórias decorrentes da despedida indireta.

19.11 Reconsideração do aviso prévio concedido

É possível (embora não muito frequente) que, depois de concedido o aviso prévio por uma das partes, ele seja reconsiderado.

Mesmo havendo a reconsideração quanto à concessão do aviso prévio, o que deve ocorrer antes do término de seu prazo, a outra parte tem a faculdade de aceitar, ou não, a mencionada reconsideração.

Nesse sentido prevê o art. 489 da CLT:

"Art. 489. Dado o aviso prévio, a rescisão torna-se efetiva depois de expirado o respectivo prazo, mas, se a parte notificante reconsiderar o ato, antes de seu termo, à outra parte é facultado aceitar ou não a reconsideração".

Assim, caso seja aceita a reconsideração (aceitação esta que pode ser tácita, como quando continua a prestação de serviços depois de expirado o prazo), o contrato continuará a vigorar, como se o aviso prévio não tivesse sido dado (parágrafo único do art. 489 da CLT).

Entende-se, por isso, que a referida previsão apenas tem aplicabilidade no aviso prévio trabalhado, mas não na forma indenizada, pois nesta o contrato cessa de imediato, constituindo um ato jurídico perfeito.

Capítulo 20

Estabilidade

20.1 Introdução

Como já estudado, o Direito do Trabalho tem como um de seus princípios essenciais a continuidade da relação de emprego.

Nesse enfoque, a estabilidade é uma importante medida na concretização do referido escopo, sendo por meio do trabalho que a pessoa obtém a remuneração necessária para viver e se manter com dignidade.

Desse modo, o direito do empregador de dispensar o trabalhador passa a sofrer efetiva restrição com a estabilidade, representando o direito de permanecer no emprego.

No plano histórico, cabe destacar o Decreto 4.682, de 24 de janeiro de 1923, a chamada Lei Eloy Chaves, por ter sido a primeira norma a tratar efetivamente da estabilidade, no entanto, de forma específica aos ferroviários[1].

A efetiva estabilidade no emprego, não obstante, vem sendo enfraquecida ao longo dos tempos, pelas diversas mudanças no plano do Direito, as quais foram, em boa parte, influenciadas e decorrentes de forças econômicas e ideológicas mais comprometidas com o capital do que com o social.

Mesmo assim, faz-se relevante estudar e compreender, no plano do Direito do Trabalho, como a estabilidade encontrava-se prevista, o que restou na legislação atual, bem como analisar as chamadas garantias de emprego, verificadas no presente.

20.2 Denominação

O nome do instituto, já consagrado na doutrina e na jurisprudência, é *estabilidade*, oferecendo a ideia de permanência, no caso, do trabalhador em seu emprego.

No entanto, também existem as *estabilidades provisórias*, que se referem ao direito de permanência no emprego, salvo hipóteses como falta grave praticada pelo empregado ou extinção da empresa, mas apenas durante certo período de tempo.

As estabilidades provisórias são também chamadas de *garantias de emprego*. No entanto, quanto a esta última expressão, tecnicamente, seria mais correto dizer *garantia no emprego*, no sentido de permanecer no emprego durante certo período, salvo prática de justa causa ou extinção da empresa.

Logo, no enfoque acima, podem ser destacadas duas modalidades de estabilidade: a *estabilidade definitiva* e a *estabilidade provisória*.

A rigor, a primeira modalidade é que configura a efetiva e verdadeira estabilidade.

A estabilidade definitiva também é chamada *estabilidade absoluta*; a estabilidade provisória, por sua vez, pode ser indicada como *estabilidade relativa*[2].

Há quem faça, no entanto, a seguinte diferenciação: a estabilidade é aplicável quando a dispensa do empregado depende do prévio reconhecimento, em juízo, da prática de falta grave; na ga-

---

[1] Cf. MARTINS, Sergio Pinto. *Direito do trabalho*. 28. ed. São Paulo: Atlas, 2012. p. 427.
[2] Cf. MARTINS, Sergio Pinto. *Direito do trabalho*. 28. ed. São Paulo: Atlas, 2012. p. 431-432.

rantia de emprego, o empregador poder dispensar o empregado por justa causa independentemente do seu prévio reconhecimento judicial e somente se o trabalhador, não concordando com a dispensa, ajuizar ação, é que o empregador, posteriormente, terá o ônus de provar a justa causa.

Nesse conceito, a *estabilidade relativa* seria aquela que permite a sua conversão em pecúnia ou indenização, como ocorre no caso do dirigente sindical. Na *estabilidade absoluta*, o direito é, efetivamente, à manutenção do emprego.

A expressão garantia de emprego poderia ser entendida, ainda, como um conjunto de políticas de defesa do emprego, não se restringindo à manutenção das relações de trabalho, mas estendendo-se, por exemplo, às medidas de sua proteção e incentivo, como no sentido de obter o primeiro emprego.

20.3 Conceito

Pode-se conceituar a genuína estabilidade como o direito do empregado de permanecer no emprego, restringindo o direito do empregador de dispensá-lo sem justa causa ou de forma arbitrária, só se autorizando a cessação contratual em caso de falta grave, força maior, força maior que determine a extinção da empresa, ou cessação das atividades da empresa.

O conceito acima tem por base a efetiva estabilidade, que se verificava em conformidade com os arts. 492 e seguintes da CLT.

Em termos mais genéricos, a estabilidade pode ser definida como o direito do empregado de continuar no emprego, ainda que contra a vontade do empregador. Trata-se de um direito ao emprego, de não ser dispensado, salvo nos casos excepcionalmente previstos em lei.

Parte da doutrina diferencia estabilidade, mesmo provisória, de garantia de emprego.

Na estabilidade (definitiva ou provisória), o vínculo de emprego só pode cessar por falta grave do empregado ou extinção da atividade da empresa, ficando vedada a dispensa sem justa causa ou arbitrária.

Já na garantia de emprego, o contrato de trabalho pode terminar por dispensa justificada (ou seja, dispensa não arbitrária), o que pode ocorrer por motivo econômico, financeiro, técnico ou disciplinar[3].

20.4 Fontes formais do direito de estabilidade

A estabilidade, entendido o termo de modo genérico, pode ser objeto de previsão na Constituição Federal, na lei, em normas coletivas (como acordo coletivo e convenção coletiva), em regulamento de empresa e mesmo no contrato individual de trabalho.

Há discussão se a sentença normativa, decorrente do poder normativo da Justiça do Trabalho, também pode estabelecer hipóteses de estabilidade. Defende-se o entendimento de que isso é possível, desde que se trate de tema não regulado por lei, ou seja, quando se verifica o vazio legislativo, como ocorre na estabilidade provisória que antecede a aposentadoria.

Nesse sentido, o Precedente Normativo 85 do TST assim dispõe: "Garantia de emprego. Aposentadoria voluntária (positivo). Defere-se a garantia de emprego, durante os 12 meses que antecedem a data em que o empregado adquire direito à aposentadoria voluntária, desde que trabalhe na empresa há pelo menos 5 anos. Adquirido o direito, extingue-se a garantia".

20.5 Estabilidade por tempo de serviço

A estabilidade por tempo de serviço era prevista no art. 492 da CLT, no sentido de que:

> "Art. 492. O empregado que contar mais de 10 (dez) anos de serviço na mesma empresa não poderá ser despedido senão por motivo de falta grave ou circunstância de força maior, devidamente comprovadas.

---

[3] Cf. MARTINS, Sergio Pinto. *Direito do trabalho*. 28. ed. São Paulo: Atlas, 2012. p. 429-430.

Parágrafo único. Considera-se como de serviço todo o tempo em que o empregado esteja à disposição do empregador".

Computam-se na contagem de tempo de serviço, para efeito de indenização e de estabilidade, os períodos em que o empregado estiver afastado do trabalho prestando serviço militar e por motivo de acidente do trabalho (art. 4º, parágrafo único, da CLT).

A referida estabilidade, também conhecida como decenal, não tem como ser adquirida depois da entrada em vigor da Constituição Federal de 1988. A partir da nova ordem constitucional, a indenização por tempo de serviço foi substituída, de forma completa, pelo sistema do Fundo de Garantia do Tempo de Serviço.

Antes de 5 de outubro de 1988, os trabalhadores rurais e, no âmbito urbano, apenas os empregados que não tivessem optado pelo sistema do FGTS (então regulado pela Lei 5.107/1966) eram regidos pela indenização por tempo de serviço, regulada nos arts. 477 e 478 da CLT, podendo adquirir a respectiva estabilidade após 10 anos de serviço, na forma do art. 492 da CLT.

Com a Constituição da República de 1988, apenas os empregados (rurais e urbanos) que tenham adquirido a estabilidade por tempo de serviço até a sua promulgação (05.10.1988), é que possuem o referido direito adquirido[4].

Nesse sentido, a Lei 8.036/1990, art. 14, *caput*, assegura que: "Fica ressalvado o direito adquirido dos trabalhadores que, à data da promulgação da Constituição Federal de 1988, já tinham o direito à estabilidade no emprego nos termos do Capítulo V do Título IV da CLT"[5].

Cabe destacar, ainda, a Súmula 98, inciso II, do TST, estabelecendo que: "A estabilidade contratual ou a derivada de regulamento de empresa são compatíveis com o regime do FGTS. Diversamente ocorre com a estabilidade legal (decenal, art. 492 da CLT), que é renunciada com a opção pelo FGTS".

Como já analisado, constitui falta grave a prática de qualquer dos fatos a que se refere o art. 482, quando por sua repetição ou natureza representem séria violação dos deveres e obrigações do empregado (art. 493 da CLT).

O empregado estável decenal acusado de falta grave poderá ser suspenso de suas funções, mas a sua despedida só se tornará efetiva após o inquérito judicial em que se verifique a procedência da acusação (art. 494 da CLT). A referida suspensão perdurará até a decisão final do processo.

Reconhecida a inexistência de falta grave praticada pelo estável decenal, fica o empregador obrigado a reintegrá-lo no serviço e a pagar-lhe os salários a que teria direito no período da suspensão (art. 495 da CLT).

No entanto, de acordo com o art. 496 da CLT: "Quando a reintegração do empregado estável for desaconselhável, dado o grau de incompatibilidade resultante do dissídio, especialmente quando for o empregador pessoa física, o tribunal do trabalho poderá converter aquela obrigação em indenização devida nos termos do artigo seguinte".

Extinguindo-se a empresa, sem a ocorrência de motivo de força maior, o art. 497 da CLT garante ao referido empregado estável despedido a indenização por rescisão do contrato por prazo indeterminado, paga em dobro.

---

[4] Cf. DELGADO, Mauricio Godinho. *Curso de direito do trabalho*. 4. ed. São Paulo: LTr, 2005. p. 1243: "Hoje, portanto, a limitação estabilitária do art. 492 da CLT somente favorece antigos empregados, cujo direito adquirido remonta ao período pré-Carta Magna".

[5] Cf. ainda a Orientação Jurisprudencial Transitória 42 da SBDI-I do TST: "Petrobras. Pensão por morte do empregado assegurada no manual de pessoal. Estabilidade decenal. Opção pelo regime do FGTS. I – Tendo o empregado adquirido a estabilidade decenal, antes de optar pelo regime do FGTS, não há como negar-se o direito à pensão, eis que preenchido o requisito exigido pelo Manual de Pessoal. II – O benefício previsto no manual de pessoal da Petrobras, referente ao pagamento de pensão e auxílio-funeral aos dependentes do empregado que vier a falecer no curso do contrato de trabalho, não se estende à hipótese em que sobrevém o óbito do trabalhador quando já extinto o contrato de trabalho".

Do mesmo modo, em caso de fechamento do estabelecimento, filial ou agência, ou supressão necessária de atividade, sem ocorrência de motivo de força maior, é assegurado aos empregados estáveis, que ali exerçam suas funções, direito à indenização, na forma do art. 497, ou seja, indenização por tempo de serviço em dobro (art. 498 da CLT).

O art. 499 da CLT fazia a seguinte restrição quanto aos empregados que exercem funções de confiança:

"Art. 499. Não haverá estabilidade no exercício dos cargos de diretoria, gerência ou outros de confiança imediata do empregador, ressalvado o cômputo do tempo de serviço para todos os efeitos legais.

§ 1º Ao empregado garantido pela estabilidade que deixar de exercer cargo de confiança, é assegurada, salvo no caso de falta grave, a reversão ao cargo efetivo que haja anteriormente ocupado.

§ 2º Ao empregado despedido sem justa causa, que só tenha exercido cargo de confiança e que contar mais de 10 (dez) anos de serviço na mesma empresa, é garantida a indenização proporcional ao tempo de serviço nos termos dos arts. 477 e 478".

Como se verifica, o empregado que exercia função de confiança não adquiria a estabilidade por tempo de serviço, pois o legislador entendia não ser compatível o direito do empregado de permanecer no emprego com a função de confiança especial, exercida na empresa.

A dispensa sem justa causa do referido empregado que só exerceu cargo de confiança, mesmo que com mais de 10 anos de serviço, era autorizada, assegurando apenas o direito de indenização de forma simples. No entanto, cabe fazer menção à hipótese em que o empregado iniciou a sua carreira em cargo normal e depois passou a exercer cargo de confiança (por exemplo, três anos em cargo normal e, posteriormente, mais sete anos em cargo de confiança), hipótese em que gozaria da referida estabilidade decenal, sendo assegurado o retorno ao cargo efetivo anteriormente ocupado (art. 499, § 1º), uma vez que o art. 499, *caput*, parte final, da CLT determina o cômputo de todo o período[6].

No entanto, se o empregado, já tendo adquirido a estabilidade por tempo de serviço, passasse a exercer cargo de confiança, teria direito de reverter ao cargo efetivo, salvo se praticada falta grave.

O empregado doméstico também não tinha e não tem direito à indenização nem à estabilidade por tempo de serviço.

Do mesmo modo, os empregados em consultórios ou escritórios de profissionais liberais não tinham direito à estabilidade por tempo de serviço, nos termos do art. 507 da CLT. A justificativa seria no sentido de que tais relações de emprego se caracterizam por um vínculo dotado maior intimidade perante o empregador, inviabilizando a possibilidade de efetiva estabilidade, ou seja, de manutenção do contrato de trabalho mesmo contra a vontade do empregador.

O § 3º do art. 499 da CLT previa a dispensa com o objetivo de obstar a aquisição do direito de estabilidade, com a seguinte redação: "A despedida que se verificar com o fim de obstar ao empregado a aquisição de estabilidade sujeitará o empregador a pagamento em dobro da indenização prescrita nos arts. 477 e 478".

Nesse tema, o antigo Enunciado 26 do TST pontificava que: "Presume-se obstativa à estabilidade a despedida, sem justo motivo, do empregado que alcançar nove anos de serviço na empresa". Como a mencionada estabilidade por tempo de serviço (decenal) não vigora mais, o referido verbete foi cancelado pela Resolução 121/2003.

Além disso, como a estabilidade decenal era adquirida somente após 10 anos de tempo de serviço, a Súmula 20 do TST (atualmente cancelada pela Resolução 106/2001, por não mais vigorar

---

[6] Cf. MARTINS, Sergio Pinto. *Comentários à CLT*. 10. ed. São Paulo: Atlas, 2006. p. 559: "Pode-se dizer que o tempo de serviço do empregado prestado durante o período em que ocupou cargo de confiança será contado para configurar a estabilidade na função primitiva".

esse antigo sistema de indenização e estabilidade por tempo de serviço) apresentava a seguinte presunção: "Resilição contratual (cancelamento mantido – Res. 121/2003). Não obstante o pagamento da indenização de antiguidade, presume-se em fraude à lei a resilição contratual, se o empregado permaneceu prestando serviço ou tiver sido, em curto prazo, readmitido".

Por fim, de acordo com o art. 500 da CLT: "O pedido de demissão do empregado estável só será válido quando feito com a assistência do respectivo Sindicato e, se não o houver, perante autoridade local competente do Ministério do Trabalho e Previdência Social ou da Justiça do Trabalho". Embora essa previsão, referente apenas ao pedido de demissão, seja direcionada aos empregados titulares da estabilidade decenal, objetivando evitar vício na manifestação de vontade do trabalhador, é razoável e correto entender que também deve incidir, ainda que por interpretação evolutiva e extensiva, às demais modalidades de estabilidade e garantia de emprego presentes na atualidade.

20.6 Garantias de emprego

A verdadeira estabilidade era a decenal, por tempo de serviço, assegurando efetivamente a manutenção do emprego.

Na atualidade, o que se verifica são estabilidades provisórias. No entanto, parte da doutrina assevera que a expressão mais correta seria garantia de emprego (ou garantia no emprego), pois, tratando-se de estabilidade, a rigor, esta teria de ser definitiva.

Mesmo assim, é corrente utilizar tanto as expressões estabilidade provisória como garantia de emprego.

Tratando-se de estabilidade *provisória*, se já estiver exaurido o período respectivo, a reintegração não é assegurada, sendo devidos os salários e as demais vantagens relativas ao período correspondente à data da despedida até o final do período de estabilidade[7].

Além disso, de acordo com o explicitado na Orientação Jurisprudencial 399 da SBDI-I do TST: "Estabilidade provisória. Ação trabalhista ajuizada após o término do período de garantia no emprego. Abuso do exercício do direito de ação. Não configuração. Indenização devida. O ajuizamento de ação trabalhista após decorrido o período de garantia de emprego não configura abuso do exercício do direito de ação, pois este está submetido apenas ao prazo prescricional inscrito no art. 7º, XXIX, da CF/1988, sendo devida a indenização desde a dispensa até a data do término do período estabilitário".

Mesmo havendo pedido específico de reintegração, a concessão destas parcelas pecuniárias não é considerada decisão *extra petita*[8], pois o juiz conhece o direito, devendo, no caso em específico, tornar o *petitum* compatível com a norma jurídica.

Vejamos, assim, as diferentes modalidades de garantia de emprego previstas na legislação.

20.6.1 Dirigente sindical

De acordo com o art. 8º, inciso VIII, da Constituição Federal de 1988:

"é vedada a dispensa do empregado sindicalizado a partir do registro da candidatura a cargo de direção ou representação sindical e, se eleito, ainda que suplente, até um ano após o final do mandato, salvo se cometer falta grave nos termos da lei".

---

[7] Súmula 396 do TST (ex-Orientação Jurisprudencial 116 da SBDI-I) e Orientação Jurisprudencial 24 da SBDI-II do TST. Embora a Súmula 396, no inciso I, mencione apenas os "salários", a interpretação, aqui, deve ser extensiva, de forma a abranger não só a remuneração, mas também os demais consectários devidos no período de estabilidade, sob pena de não neutralizar totalmente os efeitos da dispensa ilegal, nem os prejuízos, sofridos pelo empregado, decorrentes deste ato patronal. Tanto é assim que essa Orientação Jurisprudencial 24 da SBDI-II expressamente estabelece a "condenação quanto aos salários *e consectários* até o termo final da estabilidade" (destaquei). No mesmo sentido, cf. a Súmula 244, inciso II, do TST.

[8] Súmula 396, inciso II, do TST.

A referida estabilidade provisória, de titularidade do empregado dirigente ou representante sindical, já era prevista no art. 543, § 3º, da CLT, com a seguinte redação:

"Fica vedada a dispensa do empregado sindicalizado ou associado, a partir do momento do registro de sua candidatura a cargo de direção ou representação de entidade sindical ou de associação profissional, até 1 (um) ano após o final do seu mandato, caso seja eleito, inclusive como suplente, salvo se cometer falta grave devidamente apurada nos termos desta Consolidação".

Como já estudado, entende-se que essa determinação legal, quanto à necessidade de apurar a falta grave nos termos da CLT, foi recepcionada pela Constituição Federal de 1988, significando a incidência, ao caso, dos arts. 853 a 855 da CLT.

Nesse sentido prevê a Súmula 379 do TST: "Dirigente sindical. Despedida. Falta grave. Inquérito judicial. Necessidade. O dirigente sindical somente poderá ser dispensado por falta grave mediante a apuração em inquérito judicial, inteligência dos arts. 494 e 543, § 3º, da CLT". A mesma conclusão já constava da Súmula 197 do STF.

O entendimento que se consolidou na jurisprudência, bem como na doutrina majoritária, é no sentido de que a estabilidade do empregado associado, que for eleito a cargo de direção ou representação de associação profissional, não foi recepcionada pela Constituição Federal de 1988. Tanto é assim que o antigo Enunciado 222 do TST, prevendo a referida estabilidade provisória[9], foi cancelado pela Resolução 84/1998.

A estabilidade do dirigente sindical tem início com a candidatura ao cargo de direção e representação sindical, findando-se até um ano após o final do seu mandato, caso seja eleito inclusive como suplente. Por isso, é considerada uma estabilidade provisória.

Poder-se-ia entender que cabe ao estatuto fixar o tempo de duração do mandato. No entanto, de acordo com o art. 515, *b*, da CLT, o mandato da diretoria tem duração de três anos. Da mesma forma, o art. 538, §§ 1º e 4º, da CLT estabelece que os membros da administração das federações e confederações são eleitos para mandato de três anos.

Os empregados titulares da referida estabilidade são os membros da administração do ente sindical, conforme art. 522 da CLT.

Como já mencionado, de acordo com o entendimento do TST e também do STF, esse dispositivo da CLT foi recepcionado pela Constituição Federal de 1988, estando em vigência, pois não se refere a qualquer intervenção estatal no ente sindical, mas sim disposição da Lei (e não do Poder Executivo) regulando o tema[10].

Nesse sentido, a Súmula 369 do TST, em seu inciso II, com redação decorrente da Resolução 174/2011, assim dispõe: "O art. 522 da CLT foi recepcionado pela Constituição Federal de 1988. Fica limitada, assim, a estabilidade a que alude o art. 543, § 3º, da CLT a sete dirigentes sindicais e igual número de suplentes" (*DEJT* 27.05.2011).

No entanto, há entendimento, minoritário, de que o sindicato, tendo em vista o princípio da liberdade sindical (art. 8º, *caput*, inciso I, da CF/1988), poderia fixar número diferente de dirigentes e representantes em seu estatuto, desde que observada a razoabilidade, ou seja, devendo exercer o referido direito de forma regular, sem incorrer em abuso de direito. Nesse entendimento, a lei não poderia fazer a mencionada restrição quanto ao princípio de liberdade de organização do ente sindical.

---

[9] "Dirigentes de associações profissionais. Estabilidade provisória (cancelamento mantido – Res. 121/2003). Os dirigentes de associações profissionais, legalmente registradas, gozam de estabilidade provisória no emprego".

[10] Cf. a seguinte ementa (*Revista LTr*, São Paulo, LTr, ano 63, n. 09, p. 1.207, set. 2000): "Constitucional. Trabalho. Sindicato. Dirigentes. CLT, art. 522. Recepção pela CF/1988, art. 8º, I. O art. 522, CLT, que estabelece número de dirigentes sindicais, foi recebido pela CF/1988, artigo 8º, I. RE conhecido e provido (STF RE 193.345-3 (SC), Ac. 2ª T., j. 13.4.99, Rel. Min. Carlos Velloso)".

Observa-se, ainda, entendimento, de certa forma diferenciado, no sentido de que o sindicato tem o direito de estabelecer número diferenciado de dirigentes e representantes sindicais, conforme previsão em seu estatuto, mas o número de titulares da estabilidade provisória restringe-se àquele estabelecido em lei.

O entendimento aqui defendido é de que, enquanto o art. 522 não for revogado por norma específica, encontra-se recepcionado pela Constituição Federal de 1988, pois, no caso, não se trata de interferência do Estado, ou seja, do Poder Executivo, na atuação ou organização do sindicato, mas sim de mera regulação, por lei, de relação jurídica em que se verifica o interesse jurídico em relação a terceiros, no caso, os empregadores, o que não se revela como violação do princípio da liberdade sindical.

Tanto é assim que a lei, do mesmo modo, estabelece e regula a organização dos órgãos da sociedade limitada ou da sociedade anônima, sabendo-se que o ente sindical, embora dotado de especificidades, apresenta a natureza de associação sindical.

Em questões sobre a estabilidade do representante sindical (art. 8º, inciso VIII, da CF/1988, e art. 543, § 3º, da CLT), o entendimento majoritário na jurisprudência, em especial do TST, é no sentido de que o membro do Conselho Fiscal a ela não faz jus, por não exercer funções de representação do ente sindical, mas apenas de fiscalização financeira do sindicato (art. 522, § 2º, da CLT).

No entanto, embora o entendimento não seja o que tem prevalecido, seria possível defender que o membro do Conselho Fiscal, em tese, também estaria incluído no direito à estabilidade sindical e, no caso, na previsão aqui comentada.

Os arts. 8º, inciso VIII, da Constituição Federal de 1988 e 543, § 3º, da CLT fazem menção à estabilidade conferida ao empregado eleito para ocupar "cargo de direção ou representação de entidade sindical". Segundo expressamente estabelece o § 4º do art. 543 da CLT, "considera-se cargo de direção ou de representação sindical aquele cujo exercício ou indicação decorre de eleição prevista em lei". O membro do Conselho Fiscal é eleito, conforme eleição prevista em lei, ou seja, nos termos dos arts. 522, *caput*, e 531, *caput*, da CLT.

Por isso, embora o entendimento seja minoritário, seria possível defender que o membro de Conselho Fiscal de entidade sindical encontra-se abrangido pela estabilidade do dirigente sindical[11]. Entretanto, a questão já se encontra pacificada no sentido da *ausência* da referida estabilidade ao membro de conselho fiscal de sindicato, conforme Orientação Jurisprudencial 365 da SBDI-I do TST:

"Estabilidade provisória. Membro de conselho fiscal de sindicato. Inexistência. Membro de conselho fiscal de sindicato não tem direito à estabilidade prevista nos arts. 543, § 3º, da CLT e 8º, VIII, da CF/1988, porquanto não representa ou atua na defesa de direitos da categoria respectiva, tendo sua competência limitada à fiscalização da gestão financeira do sindicato (art. 522, § 2º, da CLT)" (*DJ* 20.05.2008).

Além disso, a estabilidade provisória em questão engloba os representantes e dirigentes dos entes sindicais, não se restringindo, apenas, ao sindicato em sentido estrito (art. 511 da CLT), mas alcançando, também, as entidades sindicais de grau superior, ou seja, as federações (art. 534 da CLT) e as confederações (art. 535 da CLT), as quais compõem o sistema sindical brasileiro, que é confederativo, conforme se observa do art. 8º, inciso IV, da Constituição Federal de 1988.

Já as centrais sindicais, no sistema jurídico em vigor no Brasil, embora sejam órgãos de cúpula, intercategoriais, de âmbito nacional, com funções de coordenação, ainda não integram o sistema sindical, de natureza confederativa. Ainda que a legislação contenha previsão da sua existência (Lei 8.036/1990, art. 3º, § 3º; Lei 7.998/1990, art. 18, § 3º), no direito positivo brasileiro, atualmente em vigor, as centrais (ainda) não apresentam natureza sindical, tratando-se de associações civis.

---

11 Cf. MARTINS, Sergio Pinto. *Comentários à CLT*. 10. ed. São Paulo: Atlas, 2006. p. 586: "Não é, portanto, possível que o sindicato estabeleça estabilidade a mais do que os sete membros da Diretoria e três do Conselho Fiscal e seus suplentes, o que totaliza 20 membros".

Aliás, cabe destacar que a Medida Provisória 293, de 8 de maio de 2006, dispondo sobre o reconhecimento das centrais sindicais, foi rejeitada, conforme Ato do Presidente da Câmara dos Deputados, de 4 de setembro de 2006.

No entanto, a Lei 11.648, de 31 de março de 2008 (publicada no *DOU* de 31.03.2008, edição extra, com entrada em vigor na data de sua publicação, conforme art. 8º), passou a dispor sobre o reconhecimento formal das centrais sindicais para os fins que especifica. O tema ainda será objeto de análise mais detida no Capítulo 35 (item 35.12). De todo modo, fica registrado o entendimento de que a mencionada Lei não determinou, ao menos expressamente, ser a central sindical, em termos rigorosamente jurídicos, também um ente dotado de personalidade jurídica sindical, ou seja, não há indicação de que a central sindical passou a ser integrante do sistema sindical brasileiro. O fato de ser composta por organizações sindicais (de trabalhadores) não é sinônimo de ser a central, em si, também um ente sindical. Tanto é assim que a Constituição Federal de 1988 continua prevendo que o sistema sindical brasileiro é confederativo (art. 8º, inciso IV, da CF/1988), ou seja, composto de sindicatos, federações e confederações, além de ser fundado na representação de categorias (art. 8º, incisos II e III, da CF/1988). Já as centrais sindicais, além de não se inserirem no sistema confederativo, são intercategoriais (ou seja, supracategoriais).

Por isso, entende-se que os representantes de centrais sindicais ainda não estão incluídos na estabilidade provisória em estudo, salvo se houver norma mais benéfica, originada de fonte formal distinta, aplicável ao caso.

Outra discussão refere-se à questão de saber se o empregado eleito dirigente sindical, mas de ente sindical da *categoria econômica*, também é abrangido pela estabilidade provisória em questão.

O entendimento majoritário na doutrina é no sentido de negar o referido direito, tendo em vista a interpretação teleológica das disposições sobre a matéria[12], ou seja, de garantir a livre atuação do dirigente sindical, em defesa dos interesses da categoria profissional, impedindo perseguições e represálias por parte do empregador, que pudessem configurar atos antissindicais.

No entanto, o Supremo Tribunal Federal possui precedente no qual a referida questão foi discutida, tendo-se entendido que, como a norma jurídica não faz restrição, o empregado eleito dirigente sindical, mesmo tratando-se de ente sindical patronal, faz jus à estabilidade provisória prevista no art. 8º, inciso VIII, da Constituição Federal de 1988 (STF, 2ª T., RE 217.355-5/MG, Rel. Min. Maurício Correia, j. 29.08.2000).

A estabilidade em estudo não alcança os delegados sindicais (art. 523 da CLT), pois não se inserem na administração do ente sindical. Nesse sentido, de acordo com a Orientação Jurisprudencial 369 da SBDI-I do TST: "Estabilidade provisória. Delegado sindical. Inaplicável. O delegado sindical não é beneficiário da estabilidade provisória prevista no art. 8º, VIII, da CF/1988, a qual é dirigida, exclusivamente, àqueles que exerçam ou ocupem cargos de direção nos sindicatos, submetidos a processo eletivo".

Também não fazem jus à referida estabilidade os dirigentes de entidades fiscalizadoras do exercício de profissão liberal, pois não se confundem com os entes sindicais.

Além disso, o empregado, para ter direito à estabilidade em destaque, deve ser eleito dirigente ou representante sindical especificamente do ente sindical que represente a sua categoria profissional, com contrato de trabalho no respectivo local de representação abrangido pelo sindicato. Nesse sentido, são cabíveis os seguintes esclarecimentos de Sergio Pinto Martins:

> "Uma pessoa que foi eleita para representar os metalúrgicos de São Paulo não pode querer garantia de emprego na cidade de Santos. O empregado de uma padaria, que fosse sócio de uma mecânica, sendo eleito diretor do sindicato das empresas de metalúrgicas, não goza de estabili-

---

[12] Cf. MARTINS, Sergio Pinto. *Direito do trabalho*. 22. ed. São Paulo: Atlas, 2006. p. 400.

dade na padaria. O empregado bancário que também trabalha numa empresa jornalística, eleito para dirigente sindical do sindicato dos jornalistas, não teria estabilidade nos dois empregos"[13].

Ainda sobre a estabilidade aqui comentada, cabe destacar a Súmula 369 do TST, com as seguintes previsões, todas de grande importância:

"Dirigente sindical. Estabilidade provisória.

I – É assegurada a estabilidade provisória ao empregado dirigente sindical, ainda que a comunicação do registro da candidatura ou da eleição e da posse seja realizada fora do prazo previsto no art. 543, § 5º, da CLT, desde que a ciência ao empregador, por qualquer meio, ocorra na vigência do contrato de trabalho.

II – O art. 522 da CLT foi recepcionado pela Constituição Federal de 1988. Fica limitada, assim, a estabilidade a que alude o art. 543, § 3º, da CLT a sete dirigentes sindicais e igual número de suplentes.

III – O empregado de categoria diferenciada eleito dirigente sindical só goza de estabilidade se exercer na empresa atividade pertinente à categoria profissional do sindicato para o qual foi eleito dirigente. (ex-OJ 145 da SBDI-1 – inserida em 27.11.1998)

IV – Havendo extinção da atividade empresarial no âmbito da base territorial do sindicato, não há razão para subsistir a estabilidade. (ex-OJ 86 da SBDI-1 – inserida em 28.04.1997)

V – O registro da candidatura do empregado a cargo de dirigente sindical durante o período de aviso prévio, ainda que indenizado, não lhe assegura a estabilidade, visto que inaplicável a regra do § 3º do art. 543 da Consolidação das Leis do Trabalho. (ex-OJ 35 da SBDI-1 – inserida em 14.03.1994)".

Como já estudado quando se analisaram os contratos a prazo determinado, a estabilidade provisória, como a do dirigente sindical, não prevalece na cessação do contrato por tempo certo, pois ausente dispensa arbitrária ou sem justa causa, havendo mera extinção contratual em razão do advento do termo.

Cabe destacar, ainda, o entendimento majoritário da jurisprudência de que existe o direito à estabilidade do dirigente sindical de ente ainda não registrado como tal no Ministério do Trabalho, pelo menos desde o pedido de registro naquele órgão, ou mesmo (de acordo com alguns julgados) a partir do início do processo de constituição do sindicato. Reconhece-se que a mencionada estabilidade do dirigente sindical tem como principal objetivo proteger os interesses da categoria representada, resguardando-a de eventuais interferências do empregador, o que já se impõe no processo de criação da entidade, justamente porque, nessa fase inicial, os trabalhadores em processo de organização encontram-se ainda mais vulneráveis perante o empregador. Nesse sentido podem ser destacadas as seguintes decisões:

"Estabilidade sindical provisória (CF, art. 8º, VII); reconhecimento da garantia aos diretores eleitos, na assembleia constitutiva da entidade sindical, desde, pelo menos, a data do pedido de registro no Ministério do Trabalho, o que não contraria a exigência deste, constante do art. 8º, I, da Constituição.

1. A constituição de um sindicato 'posto culmine no registro no Ministério do Trabalho (STF, MI 144, 03.08.1992, Pertence, *RTJ* 147/868)' a ele não se resume: não é um ato, mas um processo.

2. Da exigência do registro para o aperfeiçoamento da constituição do sindicato, não cabe inferir que só a partir dele estejam os seus dirigentes ao abrigo da estabilidade sindical: é 'interpretação pedestre', que esvazia de eficácia aquela garantia constitucional, no momento talvez em que ela se apresenta mais necessária, o da fundação da entidade de classe" (STF, Pleno, Recurso Extraordinário 205.107-1, Rel. Min. Sepúlveda Pertence, *DJ* 25.09.1998).

---

[13] MARTINS, Sergio Pinto. *Direito do trabalho*. 22. ed. São Paulo: Atlas, 2006. p. 400.

"Recurso de revista. Registro. Inexistente. Ministério do Trabalho. Entidade sindical. Estabilidade provisória. Dirigente.

Consoante entendimento do STF e do TST é cabível a estabilidade sindical de reclamante que se elegeu dirigente em entidade sindical, ainda que esta não tenha efetivado o registro no Cadastro Nacional de Entidades Sindicais no Ministério do Trabalho, quando se verifica nos autos que o Sindicato efetivou o seu registro no Cartório de Registros Especiais. É o quanto basta para a entidade sindical demonstrar a aquisição de personalidade jurídica plena e de constituição válida, para os fins de assegurar aos seus dirigentes as prerrogativas insculpidas na Carta Magna e na CLT, no que concerne à estabilidade provisória decorrente da eleição para dirigente sindical. Recurso de revista conhecido e não provido" (TST, 8ª T., RR 779781/2001.7, Rel. Min. Dora Maria da Costa, *DJ* 29.02.2008).

"Estabilidade sindical. Interpretação do art. 8º, I e VIII, da Constituição Federal. Sindicato ainda não registrado no Ministério do Trabalho.
1. A estabilidade do dirigente sindical, consagrada no art. 8º, VIII, da CF, conforme jurisprudência do STF, nasce para o dirigente sindical antes mesmo do registro do ente associativo no órgão competente, o Ministério do Trabalho.
2. A garantia da estabilidade é reconhecida, pelo menos, desde a data do pedido de registro da entidade sindical no Ministério do Trabalho, abrangendo a fase de formação do ente sindical.
3. No caso, o TRT manteve a sentença que reconheceu a estabilidade do dirigente sindical, ressaltando que havia pedido de registro do novel sindicato no Ministério do Trabalho, não existindo, por outro lado, prova de que esse sindicato recém-criado tenha sido impugnado pela entidade sindical preexistente.
4. Precedentes desta Corte, no sentido de que o registro da entidade sindical no Ministério do Trabalho não afasta o direito à estabilidade, atraem a Súmula 333 do TST como óbice à revisão pretendida, restando afastada a pretensa violação do art. 8º, I, da CF. Agravo de instrumento desprovido" (TST, 4ª T., AIRR 22/2005-121-18-40.8, Rel. Min. Ives Gandra Martins Filho, *DJ* 30.06.2006).

20.6.2 Representante da CIPA

A Comissão Interna de Prevenção de Acidentes e de Assédio (CIPA) integra os órgãos de Segurança e Medicina do Trabalho nas empresas.

É obrigatória a constituição de Comissão Interna de Prevenção de Acidentes e de Assédio (CIPA), em conformidade com instruções expedidas pelo Ministério do Trabalho e Previdência, nos estabelecimentos ou nos locais de obra nelas especificadas (art. 163 da CLT, com redação dada pela Lei 14.457/2022). O tema é regulado pela Norma Regulamentadora 5, do Ministério do Trabalho.

Cada CIPA será composta de representantes da empresa e dos empregados, de acordo com os critérios que vierem a ser adotados na regulamentação de que trata o parágrafo único do art. 163 (art. 164, *caput*, da CLT).

Os representantes dos empregadores, titulares e suplentes, serão por eles designados (§ 1º do art. 164).

Já os representantes dos empregados, titulares e suplentes, serão eleitos em escrutínio secreto, do qual participem, independentemente de filiação sindical, exclusivamente os empregados interessados (§ 2º do art. 164).

O mandato dos membros eleitos da CIPA terá a duração de um ano, permitida uma reeleição (§ 3º). Essa limitação a apenas uma reeleição "não se aplicará ao membro suplente que, durante o seu mandato, tenha participado de menos da metade do número de reuniões da CIPA" (§ 4º).

O empregador designará, anualmente, entre os seus representantes, o Presidente da CIPA, e os empregados elegerão, entre eles, o Vice-Presidente (§ 5º do art. 164).

Observados esses aspectos, cabe ressaltar que a garantia de emprego do membro da CIPA era prevista, anteriormente, no art. 165 da CLT, com a seguinte redação:

"Art. 165. Os titulares da representação dos empregados nas CIPA(s) não poderão sofrer despedida arbitrária, entendendo-se como tal a que não se fundar em motivo disciplinar, técnico, econômico ou financeiro.

Parágrafo único. Ocorrendo a despedida, caberá ao empregador, em caso de reclamação à Justiça do Trabalho, comprovar a existência de qualquer dos motivos mencionados neste artigo, sob pena de ser condenado a reintegrar o empregado".

A disposição transcrita merece destaque, pois, em seu *caput*, define a dispensa arbitrária, a qual já foi estudada anteriormente.

Além disso, o parágrafo único do art. 165 da CLT confirma a desnecessidade do ajuizamento de inquérito para apuração de falta grave no caso da garantia de emprego em estudo; havendo a discordância do empregado quanto à dispensa, caberá a este ajuizar a respectiva ação, pleiteando reintegração ou indenização referente ao período de estabilidade provisória, hipótese em que caberá ao empregador o ônus de provar a existência dos motivos para a dispensa.

Reitere-se, ainda, que a dispensa do membro da CIPA é autorizada não apenas na hipótese de prática de justa causa, mas também por motivo técnico, econômico ou financeiro.

Importante modificação sobre o tema foi inserida pelo art. 10, inciso II, *a*, do Ato das Disposições Constitucionais Transitórias, com a seguinte redação:

"Art. 10. Até que seja promulgada a lei complementar a que se refere o art. 7º, I, da Constituição:
[...]
II – fica vedada a dispensa arbitrária ou sem justa causa:
a) do empregado eleito para cargo de direção de comissões internas de prevenção de acidentes, desde o registro de sua candidatura até um ano após o final de seu mandato".

Como o dispositivo acima não distingue entre membro titular e suplente, o entendimento já pacificado pela jurisprudência, tanto do TST (Súmula 339, inciso I) como do STF (Súmula 676), é no sentido de que: "A garantia da estabilidade provisória prevista no art. 10, II, *a*, do ADCT, também se aplica ao suplente do cargo de direção de comissões internas de prevenção de acidentes (CIPA)"[14].

Trata-se, portanto, de inovação, pois, conforme a Súmula 339, inciso I, do TST, na redação determinada pela Resolução 129/2005 do TST, que incorporou a Orientação Jurisprudencial 25 da SBDI-I do TST[15]:

"CIPA. Suplente. Garantia de emprego. CF/1988 (incorporadas as Orientações Jurisprudenciais 25 e 329 da SBDI-1) – Res. 129/2005 – *DJ* 20.04.2005.
I – O suplente da CIPA goza da garantia de emprego prevista no art. 10, II, *a*, do ADCT, a partir da promulgação da Constituição Federal de 1988 (ex-Súmula 339 – Res. 39/1994, *DJ* 20.12.1994 e ex-OJ 25 – Inserida em 29.03.1996)".

Além disso, a referida estabilidade provisória apenas abrange os empregados *eleitos* para os cargos de direção na CIPA, o que alcança os membros representantes dos empregados (art. 164, § 2º, da CLT), e não os representantes dos empregadores, titulares e suplentes, pois estes são por eles "designados" (art. 164, § 1º, da CLT). Cf. ainda Capítulo 31, item 31.8.2.

---

[14] Cf. ainda a Orientação Jurisprudencial 6 da SBDI-II do TST: "Ação rescisória. Cipeiro suplente. Estabilidade. ADCT da CF/1988, art. 10, II, *a*. Súmula 83 do TST. Rescinde-se o julgado que nega estabilidade a membro suplente de CIPA, representante de empregado, por ofensa ao art. 10, II, *a*, do ADCT da CF/1988, ainda que se cuide de decisão anterior à Súmula 339 do TST. Incidência da Súmula 83 do TST".

[15] Orientação Jurisprudencial 25 da SBDI-I do TST: "CIPA. Suplente. Antes da CF/1988. Não tem direito à estabilidade. Inserida em 29.03.1996 (cancelada em decorrência da nova redação conferida à Súmula 339, *DJ* 20.04.2005)".

Trata-se de garantia de emprego que tem por finalidade possibilitar o exercício regular da atividade de membro da CIPA pelo empregado eleito, cuidando da proteção e prevenção contra acidentes de trabalho, evitando-se, no entanto, que seja dispensado pelo empregador.

Assim, finalizando, de acordo com o inciso II da Súmula 339 do TST:

"II – A estabilidade provisória do cipeiro não constitui vantagem pessoal, mas garantia para as atividades dos membros da CIPA, que somente tem razão de ser quando em atividade a empresa. Extinto o estabelecimento, não se verifica a despedida arbitrária, sendo impossível a reintegração e indevida a indenização do período estabilitário (ex-OJ 329 – DJ 09.12.2003)".

20.6.3 Empregada gestante e adotante

A empregada gestante, além do direito à respectiva licença de 120 dias (art. 7º, inciso XVIII, da CF/1988), já analisado no estudo das hipóteses de suspensão e interrupção contratual, também faz jus à garantia de emprego prevista no art. 10, inciso II, b, do Ato das Disposições Constitucionais Transitórias:

"Art. 10. Até que seja promulgada a lei complementar a que se refere o art. 7º, I, da Constituição:

[...]

II – fica vedada a dispensa arbitrária ou sem justa causa:

[...]

b) da empregada gestante, desde a confirmação da gravidez até cinco meses após o parto".

A referida estabilidade é, portanto, provisória, de modo que, como esclarece a Súmula 244, inciso II, do TST: "A garantia de emprego à gestante só autoriza a reintegração se esta se der durante o período de estabilidade. Do contrário, a garantia restringe-se aos salários e demais direitos correspondentes ao período de estabilidade".

De acordo com Sergio Pinto Martins: "A Constituição assegura o emprego à gestante (art. 7º, XVIII) e não indenização como costumam pedir, na prática, nas ações trabalhistas. Pedindo a empregada apenas indenização, demonstra o seu interesse em não retornar ao emprego, o que revela que não tem direito à garantia de emprego, sendo improcedente seu pedido"[16].

No entanto, de acordo com a segunda parte do inciso II da mencionada Súmula 244 do TST, ultrapassado o período de estabilidade, a empregada gestante só tem direito às verbas referentes ao período de estabilidade.

Conforme a Orientação Jurisprudencial 30 da SDC do TST: "Estabilidade da gestante. Renúncia ou transação de direitos constitucionais. Impossibilidade. Nos termos do art. 10, II, b, do ADCT, a proteção à maternidade foi erigida à hierarquia constitucional, pois retirou do âmbito do direito potestativo do empregador a possibilidade de despedir arbitrariamente a empregada em estado gravídico. Portanto, a teor do artigo 9º, da CLT, torna-se nula de pleno direito a cláusula que estabelece a possibilidade de renúncia ou transação, pela gestante, das garantias referentes à manutenção do emprego e salário".

O art. 25, parágrafo único, da Lei Complementar 150/2015, que dispõe sobre o *contrato de trabalho doméstico*, prevê que a confirmação do estado de gravidez durante o curso do contrato de trabalho, ainda que durante o prazo do aviso prévio trabalhado ou indenizado, garante à empregada gestante a estabilidade provisória prevista no art. 10, inciso II, alínea b, do Ato das Disposições Constitucionais Transitórias.

---

[16] MARTINS, Sergio Pinto. *Comentários à CLT*. 5. ed. São Paulo: Atlas, 2002. p. 314.

Com isso, nos termos do art. 7º, parágrafo único, com redação dada pela Emenda Constitucional 72/2013, a empregada doméstica também tem direito à garantia de emprego prevista no art. 10, inciso II, b, do Ato das Disposições Constitucionais Transitórias, válido até a promulgação da lei complementar a que se refere o art. 7º, inciso I, da Constituição Federal de 1988.

A Lei Complementar 146/2014 dispõe que o direito previsto no art. 10, inciso II, alínea b, do Ato das Disposições Constitucionais Transitórias deve ser assegurado, nos casos em que ocorrer o falecimento da trabalhadora gestante, a quem detiver a guarda do seu filho.

Apenas como registro histórico, antes da Lei 11.324/2006, como o parágrafo único do art. 7º da Constituição Federal de 1988, em sua redação original, pertinente ao empregado doméstico, não fazia remissão expressa ao inciso I do art. 7º (nem à mencionada disposição do ADCT), o entendimento majoritário era quanto à inaplicabilidade da referida estabilidade provisória da gestante à empregada doméstica[17].

No entanto, não havia (e não há) inconstitucionalidade na disposição legal, pois apenas se verificava uma forma de concretizar o mandamento constitucional de melhoria das condições sociais dos referidos empregados (art. 7º, caput, da CF/1988), em consonância, ainda, com os ditames da valorização do trabalho e da dignidade da pessoa humana (arts. 1º, incisos III e IV, e 3º, incisos I, III, IV, da CF/1988).

Em razão do *princípio da norma mais favorável*, inerente ao Direito do Trabalho e dotado de força normativa, com previsão no *caput* do art. 7º da Constituição da República[18], nada impedia que a lei infraconstitucional ampliasse o rol de direitos do empregado, no caso, doméstico, como forma de "melhoria de sua condição social".

Não se pode esquecer que o parágrafo (no caso, o parágrafo único do art. 7º da CF/1988) devia ser interpretado de acordo com o *caput* da norma jurídica (no caso, o *caput* do art. 7º da CF/1988), o que, na hipótese em estudo, revelava a plena aplicabilidade do princípio da norma mais benéfica no plano da relação de emprego, bem como a tese de que os direitos arrolados no parágrafo único do art. 7º podiam ser ampliados por outras fontes normativas.

Na atualidade, o art. 7º, parágrafo único, da Constituição da República, com redação dada pela Emenda Constitucional 72/2013, passou a prever que, atendidas as condições estabelecidas em lei, e observada a simplificação do cumprimento das obrigações tributárias, principais e acessórias, decorrentes da relação de trabalho e suas peculiaridades, é assegurado à categoria dos trabalhadores domésticos (no sentido de empregados domésticos), entre outros, o direito previsto no art. 7º, inciso I, no sentido da "relação de emprego protegida contra despedida arbitrária ou sem justa causa, nos termos de lei complementar, que preverá indenização compensatória, dentre outros direitos".

Outro aspecto que chegou a gerar polêmica é a expressão "confirmação da gravidez", prevista no art. 10, inciso II, do ADCT.

O TST, anteriormente, chegou a adotar a tese, já ultrapassada, de que: "O desconhecimento do estado gravídico pelo empregador, salvo previsão contrária em norma coletiva, não afasta o direito ao pagamento da indenização decorrente da estabilidade (art. 10, II, b, ADCT). A ausência de cumprimento da obrigação de comunicar à empregadora o estado gravídico, em determinado prazo após a rescisão, conforme previsto em norma coletiva que condiciona a estabilidade a esta comunicação, afasta o direito à indenização decorrente da estabilidade" (redação original da Orientação Jurisprudencial 88 da SBDI-I do TST).

---

[17] Cf. DELGADO, Mauricio Godinho. *Curso de direito do trabalho*. 4. ed. São Paulo: LTr, 2005. p. 378-379.

[18] Cf. NASCIMENTO, Amauri Mascaro. *Teoria geral do direito do trabalho*. São Paulo: LTr, 1998. p. 202: "a *prevalência da norma favorável ao trabalhador*, é princípio de hierarquia para solucionar o problema da aplicação das normas jurídicas trabalhistas quando duas ou mais operantes no caso concreto dispuserem sobre a mesma matéria, caso em que será precedente a que favorecer o trabalhador" (destaques do original).

No entanto, o Supremo Tribunal Federal, ao decidir a questão, entendeu ser inconstitucional a referida ressalva prevista em norma coletiva, quanto ao direito da empregada gestante. Nesse sentido, cabe transcrever a seguinte ementa:

"Estabilidade provisória de empregada gestante (ADCT, art. 10, II, b): inconstitucionalidade de cláusula de convenção coletiva do trabalho que impõe como requisito para o gozo do benefício a comunicação da gravidez ao empregador. 1. O art. 10 do ADCT foi editado para suprir a ausência temporária de regulamentação da matéria por lei. Se carecesse ele mesmo de complementação, só a lei a poderia dar: não a convenção coletiva, à falta de disposição constitucional que o admitisse. 2. Aos acordos e convenções coletivos de trabalho, assim como às sentenças normativas, não é lícito estabelecer limitações a direito constitucional dos trabalhadores, que nem à lei se permite" (STF, 1ª T., RE 234.186-3, Rel. Min. Sepúlveda Pertence, j. 05.06.2001, DJU 31.08.2001)[19].

Por isso, como a referida previsão, mesmo decorrente de norma coletiva negociada coletivamente, limita o exercício do direito à garantia de emprego da gestante, sem a autorização do art. 10, inciso II, b, do ADCT, o Tribunal Superior do Trabalho alterou a mencionada Orientação Jurisprudencial 88 da SBDI-I (DJ 16.04.2004), excluindo a referida ressalva decorrente de acordo coletivo ou convenção coletiva.

Nessa linha, atualmente, a Súmula 244, inciso I, do TST, tendo incorporado a nova redação da Orientação Jurisprudencial 88 da SBDI-I, estabelece que:

"O desconhecimento do estado gravídico pelo empregador não afasta o direito ao pagamento da indenização decorrente da estabilidade (art. 10, II, b, do ADCT)".

Portanto, a responsabilidade do empregador no caso, quanto a essa ciência do estado de gravidez, é objetiva.

A discussão que surge, atualmente, refere-se à ausência de ciência pela própria empregada, quanto a seu estado gestacional, no momento da dispensa sem justa causa.

Há quem entenda que, se nem a empregada sabia da gravidez quando da cessação do vínculo de emprego, não seria justo assegurar-lhe o direito à garantia de emprego, inclusive em respeito à boa-fé objetiva no âmbito da relação de emprego.

No entanto, interpretando-se a disposição constitucional, verifica-se que o direito surge a partir da "confirmação" da gravidez, o que deve ser interpretado de forma ampla e benéfica à gestante, por se tratar de norma de proteção, inclusive em conformidade com o princípio do *in dubio pro operario*, já estudado anteriormente. Desse modo, entende-se que a referida confirmação significa a existência da gravidez, ou seja, em termos médicos e científicos, o momento inicial da gestação.

Ainda a respeito do tema, o Supremo Tribunal Federal fixou a seguinte tese de repercussão geral: "A incidência da estabilidade prevista no art. 10, inc. II, do ADCT, somente exige a anterioridade da gravidez à dispensa sem justa causa" (STF, Pleno, RE 629.053/SP, Red. p/ ac. Min. Alexandre de Moraes, j. 10.10.2018)[20].

---

[19] *Decisório trabalhista*: repositório de doutrina e jurisprudência, STF, STJ, TST, TRTs, Curitiba, Decisório Trabalhista, n. 87, p. 109-112, out. 2001.

[20] "Direito à maternidade. Proteção constitucional contra dispensa arbitrária da gestante. Exigência unicamente da presença do requisito biológico. Gravidez preexistente à dispensa arbitrária. Melhoria das condições de vida aos hipossuficientes, visando à concretização da igualdade social. Direito à indenização. Recurso extraordinário desprovido. 1. O conjunto dos Direitos sociais foi consagrado constitucionalmente como uma das espécies de direitos fundamentais, se caracterizando como verdadeiras liberdades positivas, de observância obrigatória em um Estado Social de Direito, tendo por finalidade a melhoria das condições de vida aos hipossuficientes, visando à concretização da igualdade social, e são consagrados como fundamentos do Estado democrático, pelo art. 1º, IV, da Constituição Federal. 2. A Constituição Federal proclama importantes direitos em seu artigo 6º, entre eles a proteção à maternidade, que é a *ratio* para inúmeros outros direitos sociais instrumentais, tais como a licença-gestante e, nos

De todo modo, se a empregada encontra-se gestante quando da dispensa sem justa causa, mas só vem a tomar ciência desse seu estado no curso do aviso prévio, trabalhado ou mesmo indenizado (pois este é tempo de serviço), entende-se que a garantia de emprego deve ser reconhecida.

A situação acima não se confunde com hipótese bem diferente, relativa a estado gestacional que se iniciou no curso do próprio aviso prévio (indenizado ou trabalhado), caso em que, embora possa existir controvérsia, por já se ter ciência da data de terminação do contrato, *anteriormente*, entendia-se ausente a referida garantia de emprego, da mesma forma como prevê a Súmula 369, inciso V, quanto ao dirigente sindical[21]. Na atualidade, o Tribunal Superior do Trabalho, em relevante decisão da SBDI-I, entendeu que mesmo no caso da concepção ocorrida no período do aviso prévio indenizado, verifica-se o direito à estabilidade provisória da gestante. Em razão da importância do mencionado precedente, transcreve-se a respectiva ementa:

> "Embargos em recurso de revista. Acórdão embargado publicado na vigência da Lei n. 11.496/2007. Gestante. Estabilidade provisória. Concepção no período correspondente ao aviso prévio indenizado. A Turma, superando o fundamento do e. Tribunal Regional, adotou o entendimento de que verificada a concepção no período do aviso prévio indenizado, tal fato impedia o deferimento do pleito de estabilidade por óbice da Súmula 371/TST. A respeito do aviso prévio, José Augusto Rodrigues Pinto, valendo-se dos ensinamentos de Orlando Gomes e Élson Gottschalk, entende que '[...] o aviso prévio é uma declaração receptícia de vontade (pois o destinatário não pode opor-se à aceitação de seus efeitos), de efeito *ex* nunc, correspondendo à ideia de que o pré-avisante pretende denunciar o contrato sem justa causa, como entende, com muita lucidez, Messias Donato' (Tratado de Direito Material do Trabalho, LTr, fl. 589). Para o mestre baiano, 'Há uma tendência impul-

---

termos do inciso I do artigo 7º, o direito à segurança no emprego, que compreende a proteção da relação de emprego contra despedida arbitrária ou sem justa causa da gestante. 3. A proteção constitucional somente exige a presença do requisito biológico: gravidez preexistente a dispensa arbitrária, independentemente de prévio conhecimento ou comprovação. 4. A proteção contra dispensa arbitrária da gestante caracteriza-se como importante direito social instrumental protetivo tanto da mulher, ao assegurar-lhe o gozo de outros preceitos constitucionais – licença-maternidade remunerada, princípio da paternidade responsável –, quanto da criança, permitindo a efetiva e integral proteção ao recém-nascido, possibilitando sua convivência integral com a mãe, nos primeiros meses de vida, de maneira harmônica e segura – econômica e psicologicamente, em face da garantia de estabilidade no emprego –, consagrada com absoluta prioridade, no artigo 227 do texto constitucional, como dever inclusive da sociedade (empregador). 5. Recurso Extraordinário a que se nega provimento com a fixação da seguinte tese: A incidência da estabilidade prevista no art. 10, inc. II, do ADCT, somente exige a anterioridade da gravidez à dispensa sem justa causa" (STF, Pleno, RE 629.053/SP, Red. p/ ac. Min. Alexandre de Moraes, *DJe* 27.02.2019).

[21] "Recurso de revista da reclamada. Gestante. Estabilidade provisória. Concepção no curso do aviso prévio indenizado. Descabimento do direito à garantia de emprego. Inteligência da Súmula 371 do TST. I. É sabido que o aviso prévio como instrumento de denunciação do contrato de trabalho por tempo indeterminado possui natureza receptiva, bastando para tanto que a parte contrária o tenha recebido, a fim de propiciar a resilição da pactuação, quer essa provenha do empregador ou do empregado. II. Tendo em conta que no caso do aviso prévio indenizado a denunciação do contrato é coincidente com a data de sua dação, o efeito diferido que lhe é inerente, pelo qual a resilição se exaure ao final de 30 dias, em que esse período integra o tempo de serviço para todos os efeitos legais, não o integra para aferir-se o direito à garantia de emprego assegurada à gestante. III. É que nesse caso deve-se prestigiar a data da denúncia do contrato, coincidente com a dação do aviso prévio, em razão da sua natureza receptiva, pelo qual ele se perfaz com a mera comunicação da parte adversa, cujo período remanescente de 30 dias deve ser computado apenas para efeitos patrimoniais, mantida inalterada a data da sua denunciação para fins de verificação do direito à estabilidade provisória da gestante. IV. Assinalado pelo Regional que a denúncia do contrato de trabalho por tempo indeterminado deu-se em data em que a recorrida não estava grávida e que a gravidez se dera posteriormente, ainda que o tenha sido durante o prazo do aviso prévio indenizado, impõe-se a conclusão de não ser detentora da estabilidade provisória, visto que para tanto seria imprescindível que a concepção tivesse ocorrido ao tempo da denúncia da pactuação e do recebimento do aviso prévio. V. Nesse sentido, orienta-se a jurisprudência desta Corte por meio da Súmula 371 do TST, segundo a qual a projeção do contrato de trabalho para o futuro, pela concessão do aviso prévio indenizado, tem efeitos limitados às vantagens econômicas obtidas no período de pré-aviso, ou seja, salários, reflexos e verbas rescisórias. Recurso conhecido e provido" (TST, 4ª T., RR 774/2008-013-10-00.8, Rel. Min. Barros Levenhagen, *DEJT* 13.11.2009). Em sentido divergente, cf. TST, 3ª T., RR 2211/2007-202-04-00.9, Rel. Min. Rosa Maria Weber Candiota da Rosa, *DEJT* 27.11.2009.

siva e inadvertida para se considerar o aviso prévio um efeito da extinção do contrato individual de emprego. A ideia é, evidentemente, enganosa. O aviso prévio, consoante sua própria adjetivação, precede a extinção contratual [...]'. (idem, pág. 581). Tendo o TRT admitido que a reclamante ficou grávida ainda na vigência do pacto laboral, inevitável o reconhecimento da estabilidade prevista no artigo 10, II, *b*, ADCT. O entendimento aqui esposado não fere a diretriz da Súmula-TST-371 gerada por precedentes que não incluíam a situação da empregada gestante. Daí a lição da eminente Ministra Rosa Maria Weber, em acórdão da eg. 3ª Turma: 'Diante da estatura constitucional da garantia, a estabilidade da gestante guarda maior afinidade com o norte presente na segunda parte da Súmula 371/TST, que incorporou a diretriz da OJ 135 de seguinte teor: 'os efeitos da dispensa só se concretizam depois de expirado o benefício previdenciário, sendo irrelevante que tenha sido concedido no período do aviso prévio já que ainda vigorava o contrato de trabalho'. [...] Tem-se por incabível exegese restritiva de norma constitucional que garante, de forma ampla, às empregadas gestantes a manutenção do emprego e a respectiva licença, quando o bem tutelado, em última análise, é a própria vida do nascituro. Apesar de a gravidez não ser patologia, trabalhadora grávida ostenta a mesma fragilidade laboral que se evidencia nos empregados acometidos por doença, sendo mínimas as chances de obter novo emprego enquanto perdurar o estado gravídico e o período de amamentação inicial – que, não por acaso, coincide com o tempo da garantia de emprego. [...] Considerando a subsistência do contrato de trabalho no prazo do aviso prévio, a dignidade da pessoa humana, a função social da empresa, a proteção à maternidade e a regra insculpida no art. 10, II, *b*, do ADCT, razoável a interpretação regional no sentido do alcance da garantia de emprego à empregada que engravida no período do aviso prévio indenizado (RR-22110026.2007.5.04.0202. Data de publicação: 27.11.2009). Recurso de embargos conhecido e provido" (TST, SBDI-I, E-ED-RR 249100-26.2007.5.12.0004, Rel. Min. Horácio Raymundo de Senna Pires, *DEJT* 09.04.2010).

Confirmando essa tendência, a Lei 12.812, de 16 de maio de 2013, acrescentou à Consolidação das Leis do Trabalho o art. 391-A, o qual passa a prever que a "confirmação do estado de gravidez advindo no curso do contrato de trabalho, ainda que durante o prazo do aviso prévio trabalhado ou indenizado, garante à empregada gestante a estabilidade provisória prevista na alínea *b* do inciso II do art. 10 do Ato das Disposições Constitucionais Provisórias".

O disposto no art. 391-A da CLT aplica-se ao "empregado adotante ao qual tenha sido concedida guarda provisória para fins de adoção" (art. 391-A, parágrafo único, da CLT, incluído pela Lei 13.509/2017).

De acordo com a redação *anterior* da Súmula 244, inciso III, do TST, já modificada: "Não há direito da empregada gestante à estabilidade provisória na hipótese de admissão mediante contrato de experiência, visto que a extinção da relação de emprego, em face do término do prazo, não constitui dispensa arbitrária ou sem justa causa".

Aplicava-se ao caso a lição de Sergio Pinto Martins, no sentido de que: "Se houver a cessação do contrato de trabalho do empregado, estatuído por prazo determinado, não haverá direito à estabilidade, porque aqui não há despedida injusta, mas término do pacto laboral"[22].

---

[22] MARTINS, Sergio Pinto. *A continuidade do contrato de trabalho*. São Paulo: Atlas, 2000. p. 204. Entretanto, em sentido divergente, cabe destacar as seguintes decisões do STF: "Agravo regimental no recurso extraordinário. Servidoras públicas e empregadas gestantes. Licença-maternidade. Estabilidade provisória. Art. 7º, XVIII, da Constituição. Art. 10, II, *b*, do ADCT. O Supremo Tribunal Federal fixou entendimento no sentido de que as servidoras públicas e empregadas gestantes, inclusive as contratadas a título precário, independentemente do regime jurídico de trabalho, têm direito à licença-maternidade de cento e vinte dias e à estabilidade provisória desde a confirmação da gravidez até cinco meses após o parto, nos termos do art. 7º, XVIII, da Constituição do Brasil e do art. 10, II, *b*, do Ato das Disposições Constitucionais Transitórias. Precedentes. Agravo regimental a que se nega provimento" (STF, 2ª T., RE 600.057/SC-AgR, Rel. Min. Eros Grau, *DJe* 23.10.2009). "Direito constitucional e do trabalho. Licença-maternidade. Contrato temporário de trabalho. Art. 7º, XVIII, da Constituição Federal. Art. 10, II, *b*, do ADCT. 1. A empregada gestante, independentemente do regime jurídico de trabalho, tem direito à licença-maternidade, nos termos do art.

Não obstante, o Supremo Tribunal Federal firmou entendimento diverso, no sentido de que a referida estabilidade provisória alcança todas as trabalhadoras, independentemente do regime jurídico e da forma de contratação. Nesse sentido, cabe destacar o seguinte julgado:

"Servidora pública gestante ocupante de cargo em comissão – Estabilidade provisória (ADCT/88, art. 10, II, b) – Convenção OIT n. 103/1952 – Incorporação formal ao ordenamento positivo brasileiro (Decreto n. 58.821/66) – Proteção à maternidade e ao nascituro – Desnecessidade de prévia comunicação do estado de gravidez ao órgão público competente – Recurso de agravo improvido.

– O acesso da servidora pública e da trabalhadora gestantes à estabilidade provisória, que se qualifica como inderrogável garantia social de índole constitucional, supõe a mera confirmação objetiva do estado fisiológico de gravidez, independentemente, quanto a este, de sua prévia comunicação ao órgão estatal competente ou, quando for o caso, ao empregador. Doutrina. Precedentes.

– As gestantes – quer se trate de servidoras públicas, quer se cuide de trabalhadoras, qualquer que seja o regime jurídico a elas aplicável, não importando se de caráter administrativo ou de natureza contratual (CLT), mesmo aquelas ocupantes de cargo em comissão ou exercentes de função de confiança ou, ainda, as contratadas por prazo determinado, inclusive na hipótese prevista no inciso IX do art. 37 da Constituição, ou admitidas a título precário – têm direito público subjetivo à estabilidade provisória, desde a confirmação do estado fisiológico de gravidez até cinco (5) meses após o parto (ADCT, art. 10, II, b), e, também, à licença-maternidade de (CF, art. 7º, XVIII, c/c o art. 39, § 3º), sendo-lhes preservada, em consequência, nesse período, a integridade do vínculo jurídico que as une à Administração Pública ou ao empregador, sem prejuízo da integral percepção do estipêndio funcional ou da remuneração laboral. Doutrina. Precedentes. Convenção OIT n. 103/1952.

– Se sobrevier, no entanto, em referido período, dispensa arbitrária ou sem justa causa de que resulte a extinção do vínculo jurídico-administrativo ou da relação contratual da gestante (servidora pública ou trabalhadora), assistir-lhe-á o direito a uma indenização correspondente aos valores que receberia até cinco (5) meses após o parto, caso inocorresse tal dispensa. Precedentes" (STF, 2ª T., Ag.Reg.-RE 634.093/DF, Rel. Min. Celso de Mello, j. 22.11.2011).

Com isso, no presente, a Súmula 244, inciso III, do TST, passou a assim dispor: "A empregada gestante tem direito à estabilidade provisória prevista no art. 10, inciso II, alínea b, do ADCT, mesmo na hipótese de admissão mediante contrato por tempo determinado".

É relevante saber se a empregada que adotar ou obtiver guarda judicial para fins de adoção de criança ou adolescente (art. 392-A da CLT) é titular da estabilidade provisória prevista no art. 10, inciso II, b, do Ato das Disposições Constitucionais Transitórias. A resposta, em princípio, é negativa.

O mencionado dispositivo constitucional é expresso ao mencionar que a "empregada *gestante*" é quem faz jus à garantia de emprego, tendo início "desde a confirmação da *gravidez* até cinco meses após o *parto*" (destaquei). A empregada adotante, como é óbvio, não é gestante, não ocorrendo gravidez nem parto. Logo, seria possível concluir que não estava abrangida pela estabilidade em questão.

Destaque-se que a Lei 10.421/2002 apenas estendeu a licença-maternidade e o salário-maternidade à mãe adotante, institutos distintos e autônomos da garantia de emprego.

Portanto, *anteriormente*, eram aplicáveis as lições de Sergio Pinto Martins, no sentido de que "a mãe adotante não tem direito à garantia de emprego de cinco meses (art. 10, II, b do ADCT), pois não

---

7º, XVIII da CF e do art. 10, II, *b*, do ADCT. Precedentes do Supremo Tribunal Federal. 2. Agravo regimental improvido" (STF, 2ª T., RE 568.985/SC-AgR, Rel. Min. Ellen Gracie, *DJe* 28.11.2008).

houve parto, sendo que a garantia de emprego é contada a partir do parto. Inexistindo este, não há que se falar em garantia de emprego"[23].

Como é evidente, nada impede que essa garantia de emprego seja prevista em instrumento normativo decorrente de negociação coletiva (CF/1988, art. 7º, inciso XXVI).

A lei ordinária também pode estabelecê-la, nos moldes da estabilidade acidentária (Lei 8.213/1991, art. 118), cuja constitucionalidade está pacificada na jurisprudência (Súmula 378, inciso I, TST), por se tratar de hipótese específica de garantia de emprego, podendo ser assegurada por meio de lei ordinária, com fundamento inclusive no princípio da norma mais benéfica (art. 7º, *caput*, da CF/1988), sem regulamentar, de forma genérica, a proteção contra despedida arbitrária ou sem justa causa.

Entretanto, na jurisprudência, já existia entendimento no sentido de reconhecer o direito de estabilidade provisória à mãe adotante, como se observa no seguinte julgado proferido pelo TST: 3ª T., RR 200600-19.2008.5.02.0085, Rel. Min. Alexandre de Souza Agra Belmonte, *DEJT* 07.08.2015.

Na atualidade, conforme o art. 391-A, parágrafo único, da CLT, incluído pela Lei 13.509/2017, a estabilidade provisória prevista no art. 10, inciso II, alínea *b*, do Ato das Disposições Constitucionais Transitórias aplica-se ao *empregado adotante* ao qual tenha sido concedida guarda provisória para fins de adoção, ainda que durante o prazo do aviso prévio trabalhado ou indenizado.

Logo, se a guarda provisória para fins de adoção for concedida durante o prazo do aviso prévio trabalhado ou indenizado, o empregado e (ou) a empregada adotante terão direito à estabilidade provisória, no caso, até cinco meses após a adoção. A respeito do tema, cf. ainda Capítulo 19, item 19.9, parte final.

Cabe salientar, ainda, que a Lei Complementar 146, de 25 de junho de 2014, publicada no *DOU* de 26.06.2014, data em que entrou em vigor (art. 2º), passou a estabelecer que o direito previsto no art. 10, inciso II, alínea *b*, do Ato das Disposições Constitucionais Transitórias deve ser assegurado, nos casos em que ocorrer o falecimento da trabalhadora gestante, a quem detiver a guarda do seu filho.

Com isso, a garantia de permanência no emprego, prevista originalmente no referido art. 10, inciso II, alínea *b*, foi ampliada por meio de lei complementar (para atender à exigência prevista no art. 7º, inciso I, da CF/1988), em favor de quem tiver a guarda do recém-nascido, na hipótese em que a genitora tiver falecido.

Trata-se de importante medida, que busca concretizar a justiça social. Ocorrendo o falecimento da genitora, nada mais adequado do que aplicar a estabilidade provisória da gestante a quem passa a ter a guarda, em benefício não apenas de quem é seu titular, mas da criança, que necessita de cuidados especiais, e mesmo sociedade como um todo, tendo em vista a relevância social da questão.

A guarda é de titularidade dos pais (art. 22 da Lei 8.069/1990). Por isso, ocorrendo o falecimento da mãe, automaticamente, a guarda passa a ser exercida, em regra, apenas pelo pai, situação que só pode ser modificada por meio de decisão judicial, nos casos em que se justifique a colocação em família substituta (art. 28 da Lei 8.069/1990). Conforme o Estatuto da Criança e do Adolescente, a guarda obriga a prestação de assistência material, moral e educacional à criança (art. 33 da Lei 8.069/1990).

É importante registrar que esse direito de permanecer no emprego pode ser de algum parente (como, por exemplo, a avó), e, na situação mais comum, até mesmo do pai, caso seja ele o titular da guarda do recém-nascido, em razão de falecimento da mãe.

Embora a questão possa gerar controvérsia, é possível defender a interpretação evolutiva do art. 1º da Lei Complementar 146/2014, no sentido de que o direito previsto no art. 10, inciso II, *b*, do Ato das Disposições Constitucionais Transitórias, nos casos em que ocorrer o falecimento da genitora *ou de adotante*, deve ser assegurado a quem detiver a guarda do seu filho.

---

[23] MARTINS, Sergio Pinto. *Comentários à CLT*. 5. ed. São Paulo: Atlas, 2002. p. 319-320.

20.6.4 Empregado acidentado

A estabilidade em questão é prevista no art. 118 da Lei 8.213/1991, que tem a seguinte redação:

"O segurado que sofreu acidente do trabalho tem garantida, pelo prazo mínimo de doze meses, a manutenção do seu contrato de trabalho na empresa, após a cessação do auxílio-doença acidentário, independentemente de percepção de auxílio-acidente".

O entendimento já pacificado é de que o art. 118 da Lei 8.213/1991 é constitucional, não havendo que falar em violação da Constituição Federal de 1988, em particular de seu art. 7º, inciso I (Súmula 378, inciso I, do TST).

Tratando-se de hipótese específica de garantia de emprego, pode ser assegurada por meio de lei ordinária, com fundamento inclusive no princípio da norma mais benéfica (art. 7º, *caput*, da CF/1988), pois não se está regulamentando, genericamente, a proteção contra despedida arbitrária ou sem justa causa[24].

De acordo com a própria redação do art. 118 da Lei 8.213/1991, a percepção de auxílio-doença acidentário pelo empregado constitui pressuposto para o direito à estabilidade provisória em debate.

Como o referido benefício previdenciário somente é devido após 15 dias de afastamento da atividade, em razão de incapacidade para o trabalho (art. 59, *caput*, da Lei 8.213/1991), essa suspensão do pacto laboral, por prazo superior a 15 dias, é outro requisito para fazer jus à mencionada garantia de emprego[25].

A doença profissional e a doença do trabalho são consideradas acidente do trabalho (Lei 8.213/1991, art. 20), inclusive para os efeitos da estabilidade aqui debatida.

Cabe destacar que as doenças ocupacionais normalmente não se manifestam de forma súbita, mas vão se alojando, pouco a pouco, no organismo, até causarem a impossibilidade de labor. Nessas hipóteses, muitas vezes não se verifica o efetivo recebimento de auxílio-doença acidentário antes da extinção contratual. Mesmo assim, por meio de interpretação teleológica do dispositivo legal, pode-se defender a tese de que, se o afastamento das atividades por mais de 15 dias ao menos *deveria* ter ocorrido, somente não se observando por ato culposo do empregador (o que pode ser constatado com o auxílio de perícia médica), deve-se considerar preenchido o requisito legal.

Se o trabalhador não recebeu o auxílio-doença acidentário, nem pôde ficar afastado até a recuperação de suas condições de trabalho, em razão de falta da empresa, não se admite que seja novamente prejudicado, devendo-se neutralizar as consequências do ato ilícito.

Por isso, o Tribunal Superior do Trabalho, ao revisar a Orientação Jurisprudencial 230, convertendo-a na Súmula 378 (Resolução 129/2005), corretamente, passou a prever, em seu inciso II, que: "São pressupostos para a concessão da estabilidade o afastamento superior a 15 dias e a consequente percepção do auxílio-doença acidentário, *salvo se constada, após a despedida, doença profissional que guarde relação de causalidade com a execução do contrato de emprego*" (destaquei).

Ou seja, tratando-se de doença profissional ou do trabalho, não se pode aplicar, literalmente, o rigor da previsão do art. 118 da Lei 8.213/1991, justamente em razão de suas peculiaridades, quando comparadas com o acidente de trabalho típico.

Não se faz necessária a existência de sequelas, posteriores ao acidente, para a aquisição dessa estabilidade, eis que ela é assegurada "independentemente de percepção de auxílio-acidente". Este último benefício é específico para o surgimento de redução da capacidade laborativa (art. 86 da Lei 8.213/1991)[26], e o seu gozo restou expressamente excluído como pressuposto para o direito à garantia de emprego.

---

[24] Cf. MARTINS, Sergio Pinto. *Direito da seguridade social*. 8. ed. São Paulo: Atlas, 1997. p. 347-349.
[25] Súmula 378 do TST.
[26] Cf. SÜSSEKIND, Arnaldo. *Instituições de direito do trabalho*. 18. ed. São Paulo: LTr, 1999. v. 1, p. 726.

O prazo de garantia da manutenção do emprego é de 12 meses, após a cessação do auxílio-doença acidentário, com as observações e ressalvas já feitas acima.

A expressão "pelo prazo *mínimo* de doze meses", constante do art. 118 da Lei 8.213, deve ser corretamente entendida. Não se trata de período que pode ser livremente ampliado pelo intérprete e aplicador da norma; o "mínimo", no caso, significa ter a lei (fonte estatal, heterônoma) assegurado o patamar mínimo quanto a esta garantia de emprego, não sendo válida a fixação do período de estabilidade em nível inferior, por meio de outras fontes normativas, nem mesmo por negociação coletiva[27].

No entanto, concretizando o princípio da norma mais favorável, é possível e plenamente válida a estipulação de prazo superior ao mínimo legal, *v.g.*, pelo contrato individual de trabalho ou norma coletiva negociada (art. 7º, inciso XXVI, da CF/1988). Ausente a norma mais benéfica prevendo um período de estabilidade superior a 12 meses, aplica-se, automaticamente, o prazo legal.

É vedado ao órgão julgador, entretanto, em ação individual trabalhista, legislar, criando norma mais favorável para o caso sob julgamento, concedendo estabilidade por período superior ao legal (art. 5º, inciso II, da CF/1988)[28].

Ocorridas as circunstâncias previstas no art. 118 da Lei 8.213 durante o período de aviso prévio, embora o tema seja controvertido, há entendimento de que não se reconhece o direito à estabilidade em questão[29], em face da preexistente demarcação do prazo de término do pacto laboral.

Cabe realçar que o cômputo do período de aviso prévio, seja trabalhado ou indenizado (art. 487, § 1º, da CLT)[30], não afasta a existência desta fixação do dia de cessação do pacto, tornando incompatível sua prolongação em razão de garantia de emprego[31].

---

[27] Orientação Jurisprudencial 31 da SDC do TST: "Estabilidade do acidentado. Acordo homologado. Prevalência. Impossibilidade. Violação do art. 118, Lei 8.213/1991. Não é possível a prevalência de acordo sobre legislação vigente, quando ele é menos benéfico do que a própria lei, porquanto o caráter imperativo dessa última restringe o campo de atuação da vontade das partes".

[28] "Lei. Fatos que determinam a interpretação teleológica e sistemática da norma. Observância do princípio da legalidade (art. 5º, II, da CF e art. 4º da LICC) conjugado com o da liberdade judicial (art. 5º da LICC). Cabe ao Juiz, na interpretação e aplicação da lei, dentro dos limites legais traçados pela própria interpretação sistemática da normatividade em vigor, buscar a verdadeira razão de ser da norma, o fim social almejado, sob pena de mumificar as relações sociais. Contudo, a legalidade é o limite da discricionariedade. Estabilidade provisória. Acidente de trabalho. Observância do período fixado no art. 118 da Lei 8.213/1991. Elasticimento. Impossibilidade. Incidência do inciso II, do art. 5º da CF. A regra do art. 118 da Lei 8.213/1991 prevê a estabilidade pelo período de 12 meses após a cessação do benefício do auxílio-doença acidentário. Cuida-se de norma de ordem pública de observância obrigatória. Tendo o empregador observado o prazo assinalado, e não havendo no ordenamento jurídico disposição que garanta a estabilidade até a recuperação total da capacidade do trabalho, quer decorrente de lei em *stricto sensu*, quer de instrumento normativo, não pode o Poder Judiciário reconhecer a existência ao direito de estabilidade, indefinidamente, sob pena de violação da garantia constitucional inserta no inciso II, do art. 5º da CF" (TRT/15ª Região, Ac. 25.727/2001, SPAJ, Proc. 3.072/2000, ROS 1, Rel. Juiz Luís Carlos Cândido Martins Sotero da Silva, *DOESP* 25.06.2001).

[29] "A superveniência durante o transcurso do prazo do aviso prévio de qualquer norma ou fato impeditivo de resolução contratual, desconhecidos à época da despedida, não impossibilita a rescisão do contrato de trabalho já sujeito a termo. É óbvio devem-se excluir dessa conclusão as hipóteses de fraude, quando o empregador despede o empregado de má-fé apenas para que este não adquira a estabilidade, quando já sabia que tal iria acontecer nos 30 dias subsequentes" (TST, SBDI-I, E-RR-130.659/94, Rel. Min. Vantuil Abdala, *DJ* 09.05.1997). A Súmula 369, inciso V, do TST também afasta o direito à estabilidade provisória específica do dirigente sindical que registra sua candidatura "durante o período de aviso prévio".

[30] Cf. Súmula 371 do TST, primeira parte: "A projeção do contrato de trabalho para o futuro, pela concessão do aviso prévio indenizado, tem efeitos limitados às vantagens econômicas obtidas no período de pré-aviso, ou seja, salários, reflexos e verbas rescisórias".

[31] Como o tema é controvertido, cabe transcrever a seguinte ementa, seguindo entendimento divergente: "Havendo a concessão do Auxílio-Doença Acidentário no curso do período do aviso prévio, opera-se a suspensão do contrato de trabalho, da mesma maneira que ocorreria se o fato se desse nas circunstâncias normais, conforme previsto no art. 476 da CLT. Desse modo, mostra-se mais que razoável a interpretação conferida pelo TRT ao art. 118 da Lei 8.213/1991, no sentido de que, após cessação do auxílio-doença acidentário, a reclamante fará jus à estabilidade provisória prevista neste dispositivo legal. Correta, portanto, a incidência do Enunciado 221/TST como óbice ao conhecimento do recurso de revista patronal, restando intacto o art. 896 da CLT. Embargos não conhecidos" (TST

Interessante questão, aliás, refere-se à ocorrência de acidente do trabalho durante o período de aviso prévio. Ficando o empregado sem condições de exercer suas atividades, o pacto laboral é interrompido, e, nos primeiros 15 dias de afastamento, cabe à empresa pagar a remuneração; se persistir a incapacidade, há uma suspensão do contrato de trabalho (ou interrupção, conforme parte da doutrina, tema já estudado anteriormente), eis que ele passa a gozar de auxílio-doença acidentário[32]. Entretanto, restabelecida a capacidade de trabalho, segundo o entendimento mais tradicional, não terá ele direito à estabilidade acidentária, pois já se encontrava pré-avisado.

Como esclarece Arnaldo Süssekind: "o fato determinante de estabilidade, ocorrido no curso do aviso prévio comunicado pelo empregador, não gera esse direito, pois a denúncia do contrato, em obediência à legislação aplicável, corresponde a direito potestativo cujo exercício obriga o outro contratante"[33].

Se o infortúnio acontecer no período correspondente ao aviso prévio indenizado, em face do disposto no art. 487, § 1º, da CLT, as conclusões são as mesmas: "os efeitos da dispensa só se concretizam depois de expirado o benefício previdenciário, sendo irrelevante que tenha sido concedido no período de aviso prévio, já que ainda vigorava o contrato de trabalho" (Ex-OJ 135, convertida na Súmula 371). Ou seja, aplica-se a mesma diretriz da Súmula 371, segunda parte, do TST, em razão da identidade de fundamentos, embora esta trate, especificamente, de "auxílio-doença" (e não do auxílio-doença acidentário) no curso do "aviso prévio". Mas cabe notar que o referido verbete não está reconhecendo a estabilidade provisória propriamente.

Entretanto, cabe registrar o entendimento de que o período do aviso prévio, mesmo que indenizado, integra o contrato de trabalho (Orientação Jurisprudencial 82 da SBDI-I do TST), e a superveniência de auxílio-doença faz que os efeitos da dispensa apenas se concretizem após o término do benefício. Ademais, nos termos da Súmula 378 do TST, inciso II, "são pressupostos para a concessão da estabilidade o afastamento superior a 15 dias e a consequente percepção do auxílio-doença acidentário, salvo se constatada, após a despedida, doença profissional que guarde relação de causalidade com a execução do contrato de emprego".

Sendo assim, para essa corrente de entendimento, se o empregado, no curso do aviso prévio indenizado, entrar em gozo de auxílio-doença acidentário, deve ser reconhecido o direito à estabilidade acidentária, nos termos do art. 118 da Lei 8.213/1991, a partir da cessação do referido benefício previdenciário, considerando suspenso o contrato de trabalho até essa data.

Nesse sentido, destaca-se o seguinte julgado do Tribunal Superior do Trabalho: 3ª T., RR 7-96.2010.5.05.0221, Rel. Min. Mauricio Godinho Delgado, *DEJT* 24.06.2014.

Anteriormente, de acordo com a Orientação Jurisprudencial 154 da SBDI-I do TST (redação determinada pela Resolução 129/2005, mas *cancelada na atualidade*), sendo exigido pelo instrumento normativo (decisão normativa ou norma coletiva negociada) que a doença profissional seja atestada por médico do sistema de saúde estatal (INSS), entendia-se que a sua ausência obstava o reconhecimento do direito à estabilidade, por se tratar de formalidade eleita como da substância do ato (art. 7º, inciso XXVI, da CF/1988).

E-RR 347.757/97.9, Ac. SBDI-I, 4.6.01, Rel. Min. Rider de Brito, *Revista LTr*, São Paulo, LTr, ano 65, n. 09, p. 1089, set. 2001). Na realidade, como estabelece a segunda parte da Súmula 371 do TST (ex-Orientação Jurisprudencial 135 do TST): "No caso de concessão de auxílio-doença no curso do aviso prévio, todavia, só se concretizam os efeitos da dispensa depois de expirado o benefício previdenciário". Como se nota, não há reconhecimento de garantia de emprego propriamente, mas mera suspensão do contrato, afetando o prazo do aviso prévio.

[32] Cf. MARTINS, Sergio Pinto. *Comentários à CLT*. 10. ed. São Paulo: Atlas, 2006. p. 548: "A maior dúvida ocorre quando já foi dado o aviso prévio e o empregado vem a se acidentar ou a ficar doente. A melhor orientação seria a de que, havendo acidente do trabalho ou ficando o empregado doente, suspende-se o curso do aviso prévio, pois o obreiro não o pode cumprir, muito menos lhe possibilita a procura de novo emprego ou ir trabalhar no novo serviço, o que descaracteriza a finalidade do instituto. Quando o empregado voltar a trabalhar é que irá recomeçar a contagem do aviso prévio, computando-se o tempo do aviso prévio já transcorrido no período anterior ao da suspensão".

[33] SÜSSEKIND, Arnaldo. *Instituições de direito do trabalho*. 18. ed. São Paulo: LTr, 1999. v. 1, p. 711.

Entretanto, a referida Orientação Jurisprudencial 154 foi cancelada, pelo Pleno do Tribunal Superior do Trabalho, em 13 de outubro de 2009, passando-se a admitir a comprovação da doença ocupacional por outros meios de prova, em especial pela perícia judicial, mesmo havendo a mencionada previsão em norma coletiva, inclusive em razão do disposto no art. 369 do CPC de 2015 e art. 332 do CPC de 1973, aplicável ao âmbito trabalhista (art. 769 da CLT), no sentido de que as "partes têm direito de empregar todos os meios legais, bem como os moralmente legítimos, ainda que não especificados neste Código, para provar a verdade dos fatos em que se funda o pedido ou a defesa e influir eficazmente na convicção do juiz"[34].

Diante da expressa previsão legal de estabilidade (provisória) decorrente de acidente do trabalho, não é válida cláusula de norma coletiva que estabeleça, a respeito deste tema, forma menos benéfica ao trabalhador do que a lei (Orientação Jurisprudencial 31 da SDC do TST).

A lei, como norma de ordem pública, fixa o mínimo protetor, não sendo válida a estipulação *in pejus* dessa garantia do empregado acidentado, por não se tratar de nenhuma das situações, expressamente ressalvadas pela Lei Maior (art. 7º, incisos VI, XIII e XIV), como de possível flexibilização.

Por fim, cabe ressaltar que o TST, conforme julgado proferido pela Subseção de Dissídios Individuais I, passou a reconhecer a estabilidade provisória decorrente de acidente de trabalho *mesmo no caso de contrato por prazo determinado*. Em razão da importância do tema, transcreve-se a ementa do referido julgado:

"Embargos em embargos declaratórios em recurso de revista. Estabilidade provisória. Acidente do trabalho. Contrato de experiência. O artigo 118 da Lei 8.213/91 não faz distinção entre contrato por prazo determinado e indeterminado, pelo que inviável a pretensão recursal de restringir o direito à estabilidade provisória decorrente do acidente de trabalho apenas aos trabalhadores contratados por tempo indeterminado. Nesse contexto, reconhecido o acidente de trabalho, com percepção do benefício previdenciário, faz jus o empregado à estabilidade provisória. Precedente da excelsa Suprema Corte no sentido de extensão dos direitos sociais previstos no artigo 7º da Constituição Federal aos servidores contratados temporariamente. Recurso de embargos conhecido e não provido" (TST, SBDI-I, E-RR 73740-05.2005.5.02.0464, Rel. Min. Horácio Raymundo de Senna Pires, *DEJT* 28.10.2011).

Nesse sentido, conforme a Súmula 378, inciso III, do TST: "O empregado submetido a contrato de trabalho por tempo determinado goza da garantia provisória de emprego, decorrente de acidente de trabalho, prevista no art. 118 da Lei n. 8.213/1991".

20.6.5 Empregado eleito diretor de cooperativa

A Lei 5.764, de 16 de dezembro de 1971, no art. 55, estabelece que:

"Os empregados de empresas que sejam eleitos diretores de sociedades cooperativas pelos mesmos criadas gozarão das garantias asseguradas aos dirigentes sindicais pelo artigo 543 da Consolidação das Leis do Trabalho (Decreto-lei 5.452, de 1º.5.43)".

---

[34] Ainda quanto à norma coletiva, a Orientação Jurisprudencial 41 da SBDI-I do TST reconhece que: "Preenchidos todos os pressupostos para a aquisição de estabilidade decorrente de acidente ou doença profissional, ainda durante a vigência do instrumento normativo, goza o empregado de estabilidade mesmo após o término da vigência deste". Sobre o tema, cf. HADDAD, José Eduardo. *Precedentes jurisprudenciais do TST comentados*. São Paulo: LTr, 1999. p. 91: "E, justamente porque se trata de um direito já adquirido pelo empregado quando em vigor a norma coletiva, com o preenchimento de todos os requisitos para a aquisição da garantia de emprego, dentro do prazo de sua vigência, esta já se tornou condição inserida em seu contrato de trabalho, sendo que a supressão posterior à aquisição do direito não o deixa desamparado, mas apenas os casos em que os requisitos para a aquisição da estabilidade ainda não foram totalmente preenchidos".

Assim, os empregados eleitos diretores de cooperativas (criadas pelos empregados da empresa) possuem estabilidade provisória, na forma da previsão do art. 543, § 3º, da CLT, ou seja, da estabilidade provisória do dirigente sindical, já estudada acima.

Tendo este último dispositivo, em sua parte final, exigido a apuração da falta grave por meio do inquérito judicial, entende-se que esta ação judicial também se faz necessária ao caso em questão.

Assim, o referido empregado eleito diretor de sociedade cooperativa criada pelos empregados não poderá ser dispensado desde o registro de sua candidatura até um ano após o final de seu mandato.

O mandato do dirigente da cooperativa deve ser fixado no respectivo estatuto, não devendo exceder a quatro anos (Lei 5.764/1971, arts. 21, inciso V, e 47).

Como o dispositivo transcrito acima, específico ao caso em questão, não assegura a garantia de emprego aos suplentes, a Orientação Jurisprudencial 253 da SBDI-I do TST pacificou o entendimento de que:

"Estabilidade provisória. Cooperativa. Lei 5.764/1971. Conselho Fiscal. Suplente. Não assegurada. O art. 55 da Lei 5.764/1971 assegura a garantia de emprego apenas aos empregados eleitos diretores de Cooperativas, não abrangendo os membros suplentes".

A estabilidade provisória mencionada justifica-se pelo fato de que, se a dispensa sem justa causa fosse autorizada, o mencionado diretor poderia ter receio de exercer suas atividades na cooperativa criada pelos empregados, e acabar sofrendo alguma penalidade pelo empregador.

Considerando a finalidade da previsão legal em questão, cabe registrar o seguinte entendimento: "A estabilidade prevista no art. 55 da Lei 5.764/1971 direciona-se ao dirigente de cooperativa constituída por empregados de empresa, a fim de protegê-los de eventual pressão ou perseguição por parte do empregador ou de seus prepostos. Fora dessa singular situação, a garantia provisória de emprego não deve ser reconhecida, sob pena de deturpação da regra legal". Sendo assim, "a circunstância de o reclamante ocupar cargo em diretoria de sociedade cooperativa de consumo de café e produtos alimentícios, cujo objeto não tem pertinência e em nada antagoniza com a atividade empresarial desenvolvida pelo banco empregador, não é suficiente para atrair a garantia provisória de emprego prevista no art. 55 da Lei 5.764/1971, motivo pelo qual não se constata presente a plausibilidade do alegado direito à reintegração" (TST, SBDI-II, ROT-104570-87.2020.5.01.0000, Rel. Min. Douglas Alencar Rodrigues, *DEJT* 19.08.2022).

Ainda nessa linha, destaca-se o seguinte julgado: "1. A causa versa sobre o alcance da estabilidade conferida aos diretores de cooperativa de empregados (art. 55 da Lei 5.764/1971). 2. Trata-se de garantia que tem por finalidade proteger o empregado que representa a sua categoria econômica e que, em face das prerrogativas que são inerentes a essa representatividade, pode acarretar algum confronto com os interesses e atividades do empregador. Significa dizer que, se não há conflito entre o objeto da cooperativa com os interesses e/ou atividade principal dos empregadores, não subsiste razão para o deferimento da estabilidade provisória, sob pena de não se atender à *mens legis* que rege o instituto" (TST, 8ª T., RRAg-1616-48.2017.5.05.0196, Rel. Min. Alexandre de Souza Agra Belmonte, *DEJT* 01.07.2022).

Como o art. 55 da Lei 5.764/1971 não fixa o número de dirigentes, nem faz remissão ao art. 522 da CLT, cabe ao estatuto fixar quantos diretores terá a cooperativa.

Há entendimento de que o "número de dirigentes que gozarão da garantia de emprego ficará, porém, adstrito ao critério da razoabilidade, sob pena de ser eleita a categoria de trabalhadores para fazer jus ao citado benefício"[35].

No entanto, pode-se defender que, embora caiba ao estatuto estabelecer o número de diretores da cooperativa, quanto à estabilidade provisória propriamente, deve-se aplicar o limite previsto

---

[35] MARTINS, Sergio Pinto. *Direito do trabalho*. 22. ed. São Paulo: Atlas, 2006. p. 414.

no art. 522 da CLT, pois este incide quanto ao art. 543 do mesmo diploma legal, o qual é indicado como o que rege a garantia de emprego em estudo.

20.6.6 Empregado membro da Comissão de Conciliação Prévia

A Lei 9.958/2000, ao instituir as Comissões de Conciliação Prévia, acrescentou à CLT o art. 625-B, § 1º, assim prevendo:

> "É vedada a dispensa dos representantes dos empregados membros da Comissão de Conciliação Prévia, titulares e suplentes, até 1 (um) ano após o final do mandato, salvo se cometerem falta grave, nos termos da lei".

Observa-se que apenas os representantes dos empregados é que possuem a referida estabilidade provisória, e não aqueles indicados do empregador.

A previsão é de grande relevância, pois tem o objetivo de assegurar o adequado exercício da referida função de conciliador, obstando represálias do empregador.

Como já abordado, há entendimento de que, no caso em questão, a lei não estabelece que a falta grave deva ser apurada nos termos da lei, mas apenas indica que as hipóteses de falta grave são aquelas previstas na lei.

Para essa corrente, se o referido empregado praticou justa causa, o empregador pode dispensá-lo, independentemente do ajuizamento do inquérito para apuração de falta grave, cabendo ao empregado decidir se ajuíza ou não ação trabalhista, para discutir a dispensa.

No entanto, entende-se que o art. 625-B, § 1º, da CLT, tal como ocorre com o dirigente sindical, exige o inquérito para apuração de falta grave para a dispensa do empregado. Tanto é assim que o referido dispositivo, acrescentado pela Lei 9.958/2000, utiliza o termo específico "falta grave", e não simplesmente justa causa, tal como previsto no art. 494 da CLT, o qual faz a exigência do respectivo inquérito judicial para a dispensa do empregado titular da estabilidade.

Confirmando o defendido acima, o art. 625-B, § 1º, da CLT expressamente remete à falta grave "nos termos da lei", o que só pode significar a sua *apuração nos termos da lei* (arts. 853 a 855 da CLT), pois seria redundante, inútil e desnecessário dizer o óbvio, ou seja, que as hipóteses de falta grave estão previstas em lei.

Além disso, como o art. 625-B, § 1º, da CLT, diferentemente do art. 8º, inciso VIII, da Constituição Federal de 1988, não faz menção à garantia de emprego a partir do registro da candidatura, há entendimento de que, quanto àquele dispositivo, a "garantia de emprego não se inicia com a candidatura, mas desde a eleição"[36].

No entanto, entende-se que, no caso, deve prevalecer a interpretação não literal, mas teleológica, aplicando-se, quanto ao início da estabilidade provisória, o mesmo critério previsto no art. 543, § 3º, da CLT, ou seja, da candidatura, sob pena de desestimular o trabalhador a concorrer na referida eleição a membro representante dos empregados na Comissão de Conciliação Prévia, uma vez que ficaria vulnerável a represálias do empregador por ter tomado a referida decisão.

20.6.7 Membro do Conselho Curador do FGTS

O art. 3º, § 9º, da Lei 8.036/1990 prevê que:

> "Aos membros do Conselho Curador, enquanto representantes dos trabalhadores, efetivos e suplentes, é assegurada a estabilidade no emprego, da nomeação até um ano após o término do mandato de representação, somente podendo ser demitidos por motivo de falta grave, regularmente comprovada através de processo sindical".

---

[36] MARTINS, Sergio Pinto. *Direito do trabalho*. 22. ed. São Paulo: Atlas, 2006. p. 416.

Como já exposto, entende-se que o referido processo "sindical" é justamente o inquérito judicial para apuração de falta grave, o qual é exigido para a dispensa do representante "sindical".

20.6.8 Membro do Conselho Nacional de Previdência Social

O art. 3º, § 7º, da Lei 8.213/1991 assegura aos membros do Conselho Nacional de Previdência Social, enquanto representantes dos trabalhadores em atividade, titulares e suplentes, a estabilidade no emprego, da nomeação até um ano após o término do mandato de representação, "somente podendo ser demitidos por motivo de falta grave, regularmente comprovada através de processo judicial".

Assim, a referida lei expressamente exige o inquérito judicial para a apuração da falta grave também no caso em questão.

20.6.9 Empregado reabilitado e empregado com deficiência

A reabilitação e mesmo a habilitação, profissional e social, deverão proporcionar ao beneficiário incapacitado parcial ou totalmente para o trabalho, e às pessoas portadoras de deficiência, os meios para a (re)educação e de (re)adaptação profissional e social indicados para participar do mercado de trabalho e do contexto em que vivem (art. 89 da Lei 8.213/1991).

A referida prestação é devida em caráter obrigatório aos segurados, inclusive aposentados (art. 90 da Lei 8.213/1991).

Além disso, deve-se conceder, no caso de habilitação e reabilitação profissional, auxílio para tratamento ou exame fora do domicílio do beneficiário (art. 91 da Lei 8.213/1991).

Concluído o processo de habilitação ou reabilitação social e profissional, a Previdência Social emitirá certificado individual, indicando as atividades que poderão ser exercidas pelo beneficiário, nada impedindo que este exerça outra atividade para a qual se capacitar (art. 92 da Lei 8.213/1991).

Observados esses aspectos, cabe destacar que a Lei 8.213/1991, na atualidade, apresenta a seguinte previsão, de grande importância social:

> "Art. 93. A empresa com 100 (cem) ou mais empregados está obrigada a preencher de 2% (dois por cento) a 5% (cinco por cento) dos seus cargos com beneficiários reabilitados ou pessoas portadoras de deficiência, habilitadas, na seguinte proporção:
>
> I – até 200 empregados 2%;
>
> II – de 201 a 500 .... 3%;
>
> III – de 501 a 1.000 .... 4%;
>
> IV – de 1.001 em diante .... 5%.
>
> § 1º A dispensa de pessoa com deficiência ou de beneficiário reabilitado da Previdência Social ao final de contrato por prazo determinado de mais de 90 (noventa) dias e a dispensa imotivada em contrato por prazo indeterminado somente poderão ocorrer após a contratação de outro trabalhador com deficiência ou beneficiário reabilitado da Previdência Social.
>
> § 2º Ao Ministério do Trabalho e Emprego incumbe estabelecer a sistemática de fiscalização, bem como gerar dados e estatísticas sobre o total de empregados e as vagas preenchidas por pessoas com deficiência e por beneficiários reabilitados da Previdência Social, fornecendo-os, quando solicitados, aos sindicatos, às entidades representativas dos empregados ou aos cidadãos interessados.
>
> § 3º Para a reserva de cargos será considerada somente a contratação direta de pessoa com deficiência, excluído o aprendiz com deficiência de que trata a Consolidação das Leis do Trabalho (CLT), aprovada pelo Decreto-lei n. 5.452, de 1º de maio de 1943".

O Supremo Tribunal Federal decidiu que a exclusão de trabalhadores marítimos embarcados do cálculo destinado a apurar o número de vagas reservadas às pessoas com deficiência (art. 93 da Lei 8.213/1991), por ser discriminatória, é inconstitucional[37].

Conforme o Decreto 9.508/2018, que dispõe sobre a reserva às pessoas com deficiência percentual de cargos e de empregos públicos ofertados em concursos públicos e em processos seletivos no âmbito da administração pública federal direta e indireta, ficam reservadas às pessoas com deficiência os percentuais de cargos de que trata o art. 93 da Lei 8.213/1991 às empresas públicas e às sociedades de economia mista (art. 1º, § 2º).

Na hipótese em que a empresa comprova ter empreendido todos os esforços possíveis para o preenchimento do referido percentual de vagas de pessoas reabilitadas ou com deficiência, mas sem obter êxito, cabe destacar o seguinte julgado:

"Ação civil pública. Vagas destinadas a pessoas portadoras de deficiência. Preenchimento. Art. 93 da Lei 8.213/91. Multa. Indenização por dano moral coletivo. Absolvição. Persistência da obrigação legal. 1. Conquanto seja ônus da empregadora cumprir a exigência prevista no art. 93 da Lei 8.213/91, ela não pode ser responsabilizada pelo insucesso, quando ficou comprovado que desenvolveu esforços para preencher a cota mínima, sendo indevida a multa bem como não havendo falar em dano moral coletivo. 2. A improcedência do pedido de condenação da ré ao pagamento de multa e de indenização por dano moral coletivo fundada no fato de a empresa haver empreendido esforços a fim de preencher o percentual legal de vagas previsto no art. 93 da Lei 8.213/91, não a exonera da obrigação de promover a admissão de pessoas portadoras de deficiência ou reabilitados, nos termos da lei. Recurso de embargos de que se conhece e a que se dá parcial provimento" (TST, SBDI-I, E-ED-RR 658200-89.2009.5.09.0670, Rel. Min. João Batista Brito Pereira, *DEJT* 20.05.2016).

O § 1º do art. 93 da Lei 8.213/1991, na realidade, estabelece verdadeira hipótese de garantia de emprego, ainda que com certas peculiaridades.

Assim, defende-se a tese, francamente majoritária, de que a inobservância do mencionado dispositivo não gera mera imposição de penalidade administrativa, mas a reintegração do empregado dispensado indevidamente.

Interpretando-se *a contrario sensu* o § 1º do art. 93 da Lei 8.213/1991, para os contratos de trabalho por prazo determinado, com duração de até 90 dias, não incide a referida garantia de emprego.

Como observa Sergio Pinto Martins: "O § 1º do art. 93 da Lei 8.213/1991 estabeleceu situação envolvendo condição suspensiva: admissão de empregado de situação semelhante. Trata-se de hipótese de garantia de emprego em que não há prazo certo"[38].

---

[37] "Ação direta de inconstitucionalidade. Art. 16-A da Lei 7.573/1986, inserido pelo art. 1º da Lei 13.194/2015. Convenção de Nova York. Exclusão dos trabalhadores marítimos embarcados do cálculo para apuração das vagas reservadas a pessoas com deficiência (art. 93 da Lei 8.213/1991) em empresas de navegação. Inexistência de vedação legal ou convencional ao trabalho de pessoas portadoras de deficiência em embarcações. Proteção e integração social das pessoas portadoras de deficiência. Isonomia. Ação direta julgada procedente. 1. A Convenção de Nova York, a qual tratou dos direitos das pessoas com deficiência, foi incorporada ao ordenamento jurídico brasileiro como norma constitucional (Decreto 6.946/2009), nos termos do § 3º do art. 5º da Constituição Federal. 2. A deficiência física, por si só, não incapacita generalizadamente o trabalhador para o desempenho de atividades laborais em embarcações, não existindo exigência legal ou convencional de plena capacidade física para toda e qualquer atividade marítima. A eventual incompatibilidade entre determinadas atividades e certas limitações físicas não justifica a exclusão do trabalho marítimo do alcance da política pública de inclusão social das pessoas com deficiência. 3. A exclusão de postos de trabalho marítimo embarcado do cálculo destinado a apurar o número de vagas destinadas aos deficientes (art. 93 da Lei 8.213/1991) é desprovido de razoabilidade e desproporcionalidade, caracterizando-se como diferenciação normativa discriminatória. 4. A previsão dificulta arbitrariamente o acesso de pessoas com deficiência ao trabalho nas empresas de navegação, pois diminui a disponibilidade de vagas de trabalho para pessoas com deficiência. 5. Ação Direta julgada procedente" (STF, Pleno, ADI 5.760/DF, Rel. Min. Alexandre de Moraes, *DJe* 26.09.2019).

[38] MARTINS, Sergio Pinto. *Direito do trabalho*. 22. ed. São Paulo: Atlas, 2006. p. 410.

Ainda de acordo com o referido autor: "A dispensa do trabalhador reabilitado ou dos deficientes só poderá ser feita se a empresa tiver o número mínimo estabelecido pelo art. 93 da Lei 8.213. Enquanto a empresa não atinge o número mínimo previsto em lei, haverá garantia de emprego para as referidas pessoas. Admitindo a empresa deficientes ou reabilitados em porcentual superior ao previsto no art. 93 da Lei 8.213, poderá a empresa demitir outras pessoas em iguais situações até atingir o referido limite"[39].

Trata-se, no caso, de interpretação sistemática do referido § 1º do art. 93 da Lei 8.213/1991, em consonância com o seu *caput*, bem como de interpretação teleológica, explicitando o alcance e a destinação social da referida norma como um todo. No entanto, pode-se encontrar entendimento distinto, que interpreta o mencionado § 1º do art. 93 de forma diversa, ou seja, não admitindo a dispensa, mesmo que a empresa mantenha em seus quadros, após a despedida, o percentual de deficientes ou reabilitados que a lei exige.

A respeito do tema, para ser válida a despedida de empregado com deficiência, há entendimento, atualmente minoritário, quanto à necessidade de serem observados ambos os requisitos, ou seja, tanto o referido percentual mínimo como a contratação de outro trabalhador com deficiência ou beneficiário reabilitado da Previdência Social. Nesse sentido, destacam-se as seguintes decisões:

"I – Agravo de instrumento em recurso de revista. Processo eletrônico. Portador de deficiência. Contratação de outro empregado nas mesmas condições. Ausência de prova quanto à observância do percentual mínimo previsto em lei. Reintegração. Constatada a violação do art. 93, *caput*, da Lei 8.213/1991, merece provimento o agravo de instrumento para determinar o processamento do recurso de revista. II – Recurso de revista. Processo eletrônico. Portador de deficiência. Contratação de outro empregado nas mesmas condições. Ausência de prova quanto à observância do percentual mínimo previsto em lei. Reintegração. A regra disposta no § 1º do art. 93 da Lei 8.213/1991 está atrelada ao cumprimento do percentual previsto no *caput* do referido dispositivo. Deste modo, como a reclamada não se desincumbiu do ônus de provar a contratação de trabalhadores em cumprimento à cota legal acima aludida, a reintegração do reclamante é medida que se impõe. Recurso de revista conhecido e provido" (TST, 8ª T., RR 4919-70.2012.5.12.0028, Rel. Min. Márcio Eurico Vitral Amaro, *DEJT* 13.06.2014).

"Reintegração. Observância da previsão contida no art. 93, § 1º, da Lei 8.213/1991 ainda que a reclamada tenha mantido, em seu quadro funcional, o percentual mínimo de empregados reabilitados ou portadores de deficiência. Consoante o disposto no art. 93, *caput* e § 1º, da Lei 8.213/1991, a validade da dispensa imotivada de empregado portador de deficiência física condiciona-se à prova de que a empresa preenche o percentual mínimo de vagas ocupadas por empregados portadores de deficiência e que admitiu outro empregado na mesma condição. Desse modo, ainda que a reclamada tenha mantido, em seu quadro funcional, o percentual mínimo de empregados reabilitados ou portadores de deficiência, não deixa de se sujeitar ao disposto no § 1º do art. 93 da Lei 8.213/1991. Com efeito, eventual exclusão da obrigação de preenchimento de cargos com beneficiários reabilitados ou pessoas portadoras de deficiência só se justificaria diante da impossibilidade de a empresa contratar empregados que se enquadrem como reabilitados ou portadores de deficiência, o que não ficou demonstrado no caso concreto. Sinale-se, ainda, que o fato de a parte contratar acima da cota configura ato discricionário do empregador. Recurso de revista conhecido e provido" (TST, 7ª T., RR 10740-12.2005.5.17.0012, Rel. Min. Delaíde Miranda Arantes, *DEJT* 05.04.2013).

De todo modo, prevaleceu no TST o entendimento de que a dispensa sem justa causa de empregado com deficiência ou que seja beneficiário reabilitado, sem a correspondente contratação de

---

[39] MARTINS, Sergio Pinto. *Direito do trabalho.* 22. ed. São Paulo: Atlas, 2006. p. 410.

outro empregado nas mesmas condições, é possível desde que a empresa mantenha o percentual de cargos preenchidos por esses trabalhadores nos limites estabelecidos pelo art. 93 da Lei 8.213/1991[40].

Considera-se pessoa com deficiência aquela que tem *impedimento de longo prazo de natureza física, mental, intelectual ou sensorial*, o qual, em interação com uma ou mais barreiras, pode obstruir sua participação plena e efetiva na sociedade em igualdade de condições com as demais pessoas (art. 2º da Lei Brasileira de Inclusão da Pessoa com Deficiência).

A avaliação da deficiência, quando necessária, deve ser biopsicossocial, realizada por equipe multiprofissional e interdisciplinar e considerará: os impedimentos nas funções e nas estruturas do corpo; os fatores socioambientais, psicológicos e pessoais; a limitação no desempenho de atividades; e a restrição de participação (art. 2º, § 1º, da Lei 13.146/2015). Cabe esclarecer que essa previsão do § 1º do art. 2º da Lei 13.146/2015 deve entrar em vigor em até dois anos, contados do início da vigência desse diploma legal (Estatuto da Pessoa com Deficiência), conforme art. 124, o qual entra em vigor após decorridos 180 dias de sua publicação oficial (art. 127), ocorrida no *DOU* de 07.07.2015. O Poder Executivo deve criar instrumentos para avaliação da deficiência (art. 2º, § 2º, da Lei 13.146/2015).

Fica a visão monocular classificada como deficiência sensorial, do tipo visual, para todos os efeitos legais (art. 1º da Lei 14.126/2021). O previsto no art. 2º, § 2º, da Lei 13.146/2015 (Estatuto da Pessoa com Deficiência) aplica-se à visão monocular.

Ainda quanto à definição da deficiência, cabe destacar o art. 4º do Decreto 3.298/1999 (com as alterações do Decreto 5.296/2004), que regulamenta a Lei 7.853/1989, sobre as pessoas portadoras de deficiência e sua integração social:

"Art. 4º É considerada pessoa portadora de deficiência a que se enquadra nas seguintes categorias:

I – deficiência física – alteração completa ou parcial de um ou mais segmentos do corpo humano, acarretando o comprometimento da função física, apresentando-se sob a forma de paraplegia, paraparesia, monoplegia, monoparesia, tetraplegia, tetraparesia, triplegia, triparesia, hemiplegia, hemiparesia, ostomia, amputação ou ausência de membro, paralisia cerebral, nanismo, membros com deformidade congênita ou adquirida, exceto as deformidades estéticas e as que não produzam dificuldades para o desempenho de funções;

---

[40] "Recurso de embargos regido pela Lei n. 11.496/2007. Reintegração. Dispensa sem justa causa. Trabalhador portador de deficiência. Manutenção pela empresa em seu quadro de pessoal do percentual exigido pela Lei n. 8.213/91. O escopo da Lei n. 8.213/91, em estrita observância ao princípio constitucional de proteção ao empregador portador de deficiência (art. 7º, XXXI), é assegurar aos beneficiários reabilitados ou pessoas portadoras de deficiência habilitadas a inserção no mercado de trabalho. Daí a disposição expressa no art. 93, *caput* e incisos, no sentido de assegurar, no âmbito da empresa, a manutenção desses trabalhadores no percentual mínimo proporcionalmente fixado. Em relação ao § 1º do art. 93, note-se que o seu objetivo é garantir que a empresa efetivamente cumpra o sistema de cotas que lhe foi imposto, assegurando a vigência do contrato de trabalho dos beneficiários reabilitados ou das pessoas portadoras de deficiência habilitada até que haja a substituição desses por outros empregados nas mesmas condições. Assim, o sistema jurídico, por meio do art. 93, *caput*, combinado com o § 1º, visando à proteção de um grupo de trabalhadores, estabelece a obrigatoriedade de a empresa preencher determinado percentual de cargos com essas pessoas, conforme o número total de empregados. No caso concreto, infere-se do acórdão regional que a empregadora, por ocasião da dispensa do empregado, na condição de deficiente físico, não comprovou a contratação de substituto em situação análoga. Tal circunstância, contudo, não autoriza a conclusão pela ilegalidade da dispensa havida, e, consequentemente, pela determinação de reintegração, uma vez que não restou descumprida a exigência legal de se manter um percentual mínimo de pessoas portadoras de deficiência ou beneficiários reabilitados nos quadros da empresa. Ou seja, não obstante a dispensa do empregado, a empresa manteve em seu quadro de pessoal o percentual exigido pelo art. 93 da Lei n. 8.213/91. Da interpretação da referida norma legal, a resilição sem justa causa do contrato de trabalho do beneficiário reabilitado ou portador de deficiência, sem a contratação de outro empregado nas mesmas condições, só é possível quando mantido o percentual de participação desses trabalhadores do total de empregados da empresa, como ocorreu na hipótese. Considerando que, mesmo após a dispensa do reclamante, a reclamada manteve, em seu quadro de pessoal, o percentual de reabilitados e portadores de deficiência nos limites fixados pela Lei n. 8.213/91, não há óbice à dispensa sem justa causa e, portanto, não se justifica a reintegração determinada. Precedentes de Turmas do TST. Recurso de embargos conhecido e provido" (TST, SBDI-I, E-ED-ED-RR 10740-12.2005.5.17.0012, Rel. Min. Renato de Lacerda Paiva, *DEJT* 12.05.2017).

II – deficiência auditiva – perda bilateral, parcial ou total, de quarenta e um decibéis (dB) ou mais, aferida por audiograma nas frequências de 500HZ, 1.000HZ, 2.000Hz e 3.000Hz;

III – deficiência visual – cegueira, na qual a acuidade visual é igual ou menor que 0,05 no melhor olho, com a melhor correção óptica; a baixa visão, que significa acuidade visual entre 0,3 e 0,05 no melhor olho, com a melhor correção óptica; os casos nos quais a somatória da medida do campo visual em ambos os olhos for igual ou menor que 60º; ou a ocorrência simultânea de quaisquer das condições anteriores;

IV – deficiência mental – funcionamento intelectual significativamente inferior à média, com manifestação antes dos dezoito anos e limitações associadas a duas ou mais áreas de habilidades adaptativas, tais como:

a) comunicação;

b) cuidado pessoal;

c) habilidades sociais;

d) utilização dos recursos da comunidade;

e) saúde e segurança;

f) habilidades acadêmicas;

g) lazer; e

h) trabalho.

V – deficiência múltipla – associação de duas ou mais deficiências".

Sobre o tema, na esfera internacional, deve-se destacar a Convenção 159 da OIT, de 1983, aprovada pelo Brasil e promulgada pelo Decreto 129, de 22 de maio de 1991 (atualmente Decreto 10.088/2019), que versa sobre reabilitação profissional e emprego de pessoas portadoras de deficiência.

De acordo com o art. 1º, item 2, da referida Convenção 159, todo País-Membro deve considerar que a finalidade da reabilitação profissional é a de permitir que a pessoa portadora de deficiência obtenha e conserve um emprego e progrida nele, promovendo-se, assim, a integração ou a reintegração dessa pessoa na sociedade.

De acordo com as condições nacionais, experiências e possibilidades nacionais, cada País-Membro deve formular, aplicar e, periodicamente, revisar a *política nacional sobre reabilitação profissional e emprego de pessoas portadoras de deficiência* (art. 2º). Essa política deve ter por finalidade assegurar que existam medidas adequadas de reabilitação profissional ao alcance de todas as categorias de pessoas portadoras de deficiência e promover oportunidades de emprego para as pessoas portadoras de deficiência no mercado regular de trabalho (art. 3º). A mencionada política deve ter como base o princípio de igualdade de oportunidades entre os trabalhadores portadores de deficiência e os trabalhadores em geral. Deve-se respeitar a igualdade de oportunidades e de tratamento também para as trabalhadoras portadoras de deficiência.

Por fim, conforme a parte final do art. 4º da Convenção 159 da OIT: "As medidas positivas especiais com a finalidade de atingir a igualdade efetiva de oportunidades e de tratamento entre trabalhadores deficientes e os demais trabalhadores, não devem ser vistas como discriminatórias em relação a estes últimos".

20.6.10 Período eleitoral

A Lei 9.504, de 30 de setembro de 1997, versando sobre as condutas vedadas aos agentes públicos em campanhas eleitorais, prevê, no art. 73 (com especial destaque ao seu inciso V), regra no sentido de que:

"Art. 73. São proibidas aos agentes públicos, servidores ou não, as seguintes condutas tendentes a afetar a igualdade de oportunidades entre candidatos nos pleitos eleitorais:

[...]

V – nomear, contratar ou de qualquer forma admitir, demitir sem justa causa, suprimir ou readaptar vantagens ou por outros meios dificultar ou impedir o exercício funcional e, ainda, *ex officio*, remover, transferir ou exonerar servidor público, na circunscrição do pleito, nos três meses que o antecedem e até a posse dos eleitos, sob pena de nulidade de pleno direito, ressalvados:

a) a nomeação ou exoneração de cargos em comissão e designação ou dispensa de funções de confiança;

b) a nomeação para cargos do Poder Judiciário, do Ministério Público, dos Tribunais ou Conselhos de Contas e dos órgãos da Presidência da República;

c) a nomeação dos aprovados em concursos públicos homologados até o início daquele prazo;

d) a nomeação ou contratação necessária à instalação ou ao funcionamento inadiável de serviços públicos essenciais, com prévia e expressa autorização do Chefe do Poder Executivo;

e) a transferência ou remoção *ex officio* de militares, policiais civis e de agentes penitenciários;

[...]

§ 1º Reputa-se agente público, para os efeitos deste artigo, quem exerce, ainda que transitoriamente ou sem remuneração, por eleição, nomeação, designação, contratação ou qualquer outra forma de investidura ou vínculo, mandato, cargo, emprego ou função nos órgãos ou entidades da administração pública direta, indireta, ou fundacional.

[...]

§ 4º O descumprimento do disposto neste artigo acarretará a suspensão imediata da conduta vedada, quando for o caso, e sujeitará os responsáveis a multa no valor de cinco a cem mil UFIR.

§ 5º Nos casos de descumprimento do disposto nos incisos I, II, III, IV e VI do *caput*, sem prejuízo do disposto no parágrafo anterior, o candidato beneficiado, agente público ou não, ficará sujeito à cassação do registro ou do diploma.

§ 6º As multas de que trata este artigo serão duplicadas a cada reincidência.

§ 7º As condutas enumeradas no *caput* caracterizam, ainda, atos de improbidade administrativa, a que se refere o art. 11, inciso I, da Lei 8.429, de 2 de junho de 1992, e sujeitam-se às disposições daquele diploma legal, em especial às cominações do art. 12, inciso III.

§ 8º Aplicam-se as sanções do § 4º aos agentes públicos responsáveis pelas condutas vedadas e aos partidos, coligações e candidatos que delas se beneficiarem".

Assim, quanto ao tema específico, aqui estudado, é vedada a dispensa sem justa causa do empregado público (servidor público regido pela CLT), nos três meses que antecedem o pleito eleitoral até a posse dos eleitos, sob pena de nulidade de pleno direito, o que representa modalidade específica de garantia de emprego.

Frise-se que a referida estabilidade provisória apenas alcança a "circunscrição do pleito". Por isso, seria possível entender que eventual eleição de âmbito municipal não produz tais efeitos em relação ao servidor estadual. Entretanto, de acordo com relevante julgado do TST, no caso das eleições municipais, a vedação da dispensa sem justa causa dirige-se a qualquer ente público que tenha empregados (servidores) no Município onde será realizado o pleito, mesmo que o órgão seja da esfera estadual ou federal. Transcreve-se a ementa da referida decisão:

"Agravo de instrumento em recurso de revista. Estabilidade pré-eleitoral. Abrangência. Agravo de instrumento a que se dá provimento, para determinar o processamento do recurso de revista, uma vez que foi demonstrado o dissenso pretoriano. Recurso de revista. Participação nos lucros e resultados. Não admite conhecimento o recurso de revista fundado em dissenso pretoriano, quando os arestos paradigmas não refletem as premissas fáticas das quais partiu o acórdão recorrido. Incidência da Súmula n. 296, I, do Tribunal Superior do Trabalho. Estabilidade pré-eleitoral. Abrangência. Cinge-se a controvérsia à definição da abrangência do artigo 73, V, da Lei n. 9.504/1997, para saber se, no caso de eleições municipais, as restrições nele insertas aplicam-se também à administração estadual. A leitura da referida norma revela uma limitação ao poder diretivo do empregador público, por meio da proibição da demissão sem justa causa dos servidores, no período compreendido entre os três meses que antecedem a eleição e a posse dos eleitos. Não se verifica, todavia, restrição explícita ao âmbito da autoridade administrativa sujeita a essa regra. Assim, no caso das eleições municipais, a vedação dirige-se a qualquer agente público, que tenha empregados no município onde será realizado o pleito – esse é o sentido do termo 'circunscrição do pleito'. A exceção ficaria por conta de localidades sem governo municipal, como é o caso de Brasília. É notório que órgãos e entidades de âmbito estadual, e até federal, também se envolvem, mesmo que indiretamente, nas eleições municipais, tendo em vista interesses partidários. Nesse contexto, a estabilidade em exame deve ter a maior abrangência possível, a fim de evitar possíveis pressões políticas sobre o empregado. Recurso de revista de que se conhece parcialmente e a que se nega provimento" (TST, 7ª T., RR 124140-83.2004.5.04.0017, Rel. Min. Pedro Paulo Manus, *DEJT* 18.06.2010).

Além disso, de acordo com a Orientação Jurisprudencial 51 da SBDI-I do TST:

"Legislação eleitoral. Empresas públicas e sociedades de economia mista. Aos empregados das empresas públicas e das sociedades de economia mista regidos pela CLT aplicam-se as vedações dispostas no art. 15 da Lei n. 7.773, de 08.06.1989".

Esclareça-se que a referida Lei 7.773/1989, no art. 15, corresponde, de certo modo, ao atual art. 73 da Lei 9.504/1997. Na realidade, a Lei 7.773/1989 apresenta vedação de dispensa apenas quanto aos atos praticados na iminência de eleições presidenciais, enquanto a Lei 9.504/1997, mais genérica, trata dos atos praticados antes dos pleitos eleitorais (havendo certas diferenças nas exceções trazidas em cada um desses diplomas legais).

20.6.11 Estabilidade de servidores públicos regidos pela CLT

A Constituição Federal de 1988, no art. 41, prevê a estabilidade do servidor público.

Cabe saber se o regime jurídico dos servidores públicos é fator determinante para a aquisição dessa estabilidade, para que se possa concluir se aqueles regidos pela CLT estão incluídos na regra em questão.

A redação originária do art. 41 da Constituição da República era a seguinte:

"Art. 41. São estáveis, após dois anos de efetivo exercício, os servidores nomeados em virtude de concurso público.

§ 1º O servidor público estável só perderá o cargo em virtude de sentença judicial transitada em julgado ou mediante processo administrativo em que lhe seja assegurada ampla defesa.

§ 2º Invalidada por sentença judicial a demissão do servidor estável, será ele reintegrado, e o eventual ocupante da vaga reconduzido ao cargo de origem, sem direito a indenização, aproveitado em outro cargo ou posto em disponibilidade.

§ 3º Extinto o cargo ou declarada sua desnecessidade, o servidor estável ficará em disponibilidade remunerada, até seu adequado aproveitamento em outro cargo".

Pela interpretação mais literal do dispositivo, apenas os servidores nomeados para "cargos públicos" de provimento efetivo, em virtude de concurso público, é que se encontravam abrangidos pela estabilidade constitucional[41].

---

[41] Cf. MEIRELLES, Hely Lopes. *Direito administrativo brasileiro*. 21. ed. atual. por Eurico de Andrade Azevedo, Délcio Balestero Aleixo e José Emmanuel Burle Filho. São Paulo: Malheiros, 1996. p. 386: "*Estabilidade* é a garantia constitucional de permanência no serviço público outorgada ao servidor que, nomeado por concurso em cargo efetivo, tenha transposto o estágio probatório de dois anos (CF, art. 41)" (destaque do original); DI PIETRO, Maria Sylvia

Interpretando-se a norma constitucional dessa forma, a conclusão parece ser no sentido de que apenas os servidores estatutários podem alcançar a estabilidade em questão, pois são os ocupantes de cargos públicos, opondo-se aos empregados públicos, não inseridos na referida estabilidade[42].

Cabe esclarecer que o art. 39, *caput*, da Constituição Federal de 1988, na sua redação original (também anterior à Emenda Constitucional 19/1998), previa a instituição do "regime jurídico único" pela União, pelos Estados, pelo Distrito Federal e pelos Municípios, no âmbito de sua competência.

Nesse sentido, a Lei 8.112, de 11 de dezembro de 1990, instituiu o regime jurídico dos servidores públicos civis da União, das autarquias e das fundações públicas federais, possuindo natureza estatutária.

Mesmo assim, já existia forte corrente de entendimento, na doutrina e na jurisprudência, no sentido de que os servidores públicos regidos pela Consolidação das Leis do Trabalho também se encontravam incluídos na estabilidade prevista no art. 41 da Constituição Federal de 1988.

Nesse sentido, cabe transcrever a seguinte ementa, oriunda do Supremo Tribunal Federal:

"Estabilidade – Servidor público. A estabilidade prevista no artigo 41 da Constituição Federal independe da natureza do regime jurídico adotado. Servidores concursados e submetidos ao regime jurídico trabalhista têm jus à estabilidade, pouco importando a opção pelo sistema do Fundo de Garantia do Tempo de Serviço" (STF, 2ª T., RE 187.229-2/PA, Rel. Min. Marco Aurélio, j. 15.12.1998, *DJ* 14.05.1999, Ementário 1950-3)[43].

Na mesma linha, observam-se a Orientação Jurisprudencial 22 da SBDI-II e a Orientação Jurisprudencial 265 da SBDI-I, ambas do TST (atualmente convertidas na Súmula 390 do TST):

"Ação rescisória. Estabilidade. Art. 41, CF/1988. Celetista. Administração direta, autárquica ou fundacional. Aplicabilidade. O servidor público celetista da administração direta, autárquica ou fundacional é beneficiário da estabilidade prevista no art. 41 da Constituição Federal".

"Estabilidade. Art. 41 da CF/1988. Celetista. Administração direta, autárquica ou fundacional. Aplicabilidade. O servidor público celetista da administração direta, autárquica ou fundacional é beneficiário da estabilidade prevista no art. 41 da Constituição Federal".

Mesmo assim, o entendimento que prevalece é de que, especificamente quanto aos empregados públicos de empresas estatais (sob regime de direito privado, conforme o art. 173, § 1º, inciso II,

---

Zanella. *Direito administrativo*. 9. ed. São Paulo: Atlas, 1998 (fechamento desta edição: 1º.11.1997). p. 377: "Prevista no artigo 41 da Constituição, a estabilidade somente beneficiará o *funcionário público*, ou seja, aquele investido em *cargo*. [...] Isso significa que constitui requisito para aquisição de estabilidade a *efetividade* do servidor, ou seja, a sua condição de funcionário nomeado por concurso para ocupar *cargo público* que só possa ser provido por essa forma" (destaques do original).

[42] Cf. DI PIETRO, Maria Sylvia Zanella. *Direito administrativo*. 9. ed. São Paulo: Atlas, 1998. p. 377: "A referência a *cargo* e a *nomeação* exclui a aplicação do dispositivo para os servidores admitidos ou contatados para o desempenho de emprego ou função pública" (destaques do original).

[43] Digno de transcrição, ainda, o seguinte trecho do corpo do acórdão: "Resta, então, indagar: estariam eles alcançados pela norma do artigo 41 da Constituição Federal então em vigor? A resposta é desenganadamente positiva. O preceito em comento revela, sem distinguir o regime jurídico, serem estáveis após dois anos de efetivo exercício os servidores nomeados em virtude de concurso público. Descabe introduzir no preceito limitação que nele não se contém. O fato de a União ou mesmo o Estado federado ou, ainda, Município adotarem como regime jurídico o trabalhista não informa a possibilidade de despedimento à livre discrição. A Constituição Federal de 1988 abandonou o vetusto Estatuto dos Funcionários Públicos, tanto assim que não há nela referência a funcionário. A robustecer essa óptica, tem-se que veio à balha dispositivo transitório dando estabilidade aos servidores em geral, que, à época da promulgação da Carta, já contavam com mais de cinco anos, muito embora sem o ingresso no serviço mediante concurso público, o que não é o caso dos autos, já que ficou assentado serem os beneficiários da decisão concursados, e, mais uma vez, não se aludiu a este ou àquele regime jurídico. A norma mostrou-se abrangente e, até mesmo, pedagógica. Ao dispor o legislador constituinte sobre as exceções, referiu-se ao afastamento da incidência apenas quanto aos ocupantes de cargos, funções e empregos (relação regida pela Consolidação) de confiança ou em comissão, bem como àqueles que viessem ocupando cargo de livre exoneração" (STF, 2ª T., RE 187.229-2/PA, Rel. Min. Marco Aurélio, j. 15.12.1998, *DJ* 14.05.1999, Ementário 1950-3).

da CF/1988), e aos servidores temporários em exercício de função pública, estes não se encontram abrangidos pela estabilidade constitucional em questão, pois não ocupam cargo de provimento efetivo. Nesse sentido, cabe destacar a "antiga" Orientação Jurisprudencial 229 da SBDI-I do TST (atualmente também convertida na Súmula 390 do TST):

"Estabilidade. Art. 41, CF/1988. Celetista. Empresa pública e sociedade de economia mista. Inaplicável".

Deve-se esclarecer que a obrigatoriedade de aprovação em concurso público para os empregados públicos decorre de norma constitucional específica e distinta, no caso, o art. 37, inciso II, que, de forma expressa, impõe como requisito para a "investidura em cargo ou emprego público" a "aprovação prévia em concurso público de provas ou de provas e títulos", seja na redação originária, seja naquela determinada pela Emenda Constitucional 19/1998. Os fundamentos e os escopos dessa exigência são específicos e particulares[44], não se confundindo com o direito e os requisitos para a aquisição da estabilidade do art. 41 da Constituição Federal de 1988.

Prosseguindo na análise, com a Emenda Constitucional 19, de 4 de junho de 1998, nova redação foi determinada ao *caput* e aos §§ 1º a 3º do art. 41 da Constituição Federal, acrescentando-se, ainda, o § 4º:

"Art. 41. São estáveis após três anos de efetivo exercício os servidores nomeados para cargo de provimento efetivo em virtude de concurso público.

§ 1º O servidor público estável só perderá o cargo:

I – em virtude de sentença judicial transitada em julgado;

II – mediante processo administrativo em que lhe seja assegurada ampla defesa;

III – mediante procedimento de avaliação periódica de desempenho, na forma de lei complementar, assegurada ampla defesa.

§ 2º Invalidada por sentença judicial a demissão do servidor estável, será ele reintegrado, e o eventual ocupante da vaga, se estável, reconduzido ao cargo de origem, sem direito a indenização, aproveitado em outro cargo ou posto em disponibilidade com remuneração proporcional ao tempo de serviço.

§ 3º Extinto o cargo ou declarada a sua desnecessidade, o servidor estável ficará em disponibilidade, com remuneração proporcional ao tempo de serviço, até seu adequado aproveitamento em outro cargo.

§ 4º Como condição para a aquisição da estabilidade, é obrigatória a avaliação especial de desempenho por comissão instituída para essa finalidade".

Com essa redação, ainda de acordo com a interpretação mais literal, pode-se concluir que a referida estabilidade só se aplica aos servidores públicos nomeados para *cargo de provimento efetivo*, em virtude de aprovação em concurso público[45].

---

[44] Cf. MEIRELLES, Hely Lopes. *Direito administrativo brasileiro*. 21. ed. atual. por Eurico de Andrade Azevedo, Délcio Balestero Aleixo e José Emmanuel Burle Filho. São Paulo: Malheiros, 1996. p. 378-379: "O concurso é o meio técnico posto à disposição da Administração Pública para obter-se moralidade, eficiência e aperfeiçoamento do serviço público e, ao mesmo tempo, propiciar igual oportunidade a todos os interessados que atendam aos requisitos da lei, consoante determina o art. 37, II, da CF".

[45] Cf. MEIRELLES, Hely Lopes. *Direito administrativo brasileiro*. 26. ed. atual. por Eurico de Andrade Azevedo, Délcio Balestero Aleixo e José Emmanuel Burle Filho. São Paulo: Malheiros, 2001. p. 412-413: "A *nomeação para cargo de provimento efetivo* é a condição *primeira* para a aquisição da *estabilidade* [...] É importante frisar que essa nomeação deve ocorrer em virtude *de concurso público*, sendo esta a segunda condição para a aquisição da estabilidade" (destaques do original).

Entendendo-se dessa forma, apenas os servidores públicos estatutários poderiam adquirir o direito à referida estabilidade (pois titulares de cargos públicos), mas não os empregados públicos (regidos pela CLT)[46].

Ressalte-se que a mesma Emenda Constitucional 19 excluiu a obrigatoriedade de regime jurídico único para os servidores públicos, podendo perfeitamente ser o estatutário, o celetista ou o administrativo especial[47].

No entanto, tendo em vista a necessidade de interpretar a disposição de forma teleológica, do mesmo modo como decidiu o STF anteriormente (conforme ementa transcrita acima), é possível continuar entendendo não ser razoável que o regime jurídico do servidor público, por si só, possa ser decisivo na aquisição da estabilidade enfocada.

Imagine-se o caso de dois servidores do mesmo ente administrativo, ambos nomeados para a mesma atividade pública, em razão de aprovação no respectivo concurso público, na mesma época, um estando regido pelo estatuto e o outro pela Consolidação das Leis do Trabalho. Dizer que somente um deles é apto a adquirir a estabilidade prevista no art. 41 da Constituição Federal representa violação dos princípios da razoabilidade e da igualdade (art. 5º, *caput*, da CF/1988).

O próprio art. 41 da Constituição Federal de 1988, na verdade, se bem analisado, não faz menção ao regime jurídico propriamente. Aliás, a nomeação em virtude de concurso público ocorre seja com os servidores estatutários, seja com os regidos pela CLT.

Assim, em conformidade com a atual Súmula 390 do TST (Resolução 129/2005, *DJ* 20.04.2005), no inciso I:

Estabilidade. Art. 41 da CF/1988. Celetista. Administração direta, autárquica ou fundacional. Aplicabilidade. [...]

I – O servidor público celetista da administração direta, autárquica ou fundacional é beneficiário da estabilidade prevista no art. 41 da CF/1988. (ex-OJ 265 da SBDI-1 – Inserida em 27.09.2002 e ex-OJ 22 da SBDI-2 – Inserida em 20.09.2000)

Obviamente, por *não* serem nomeados para cargo de provimento efetivo, os servidores públicos nomeados em comissão (art. 37, inciso II, parte final, da CF/1988) e os contratados por tempo determinado para atender a necessidade temporária de excepcional interesse público (art. 37, inciso

---

[46] Cf. MEIRELLES, Hely Lopes. *Direito administrativo brasileiro*. 26. ed. atual. por Eurico de Andrade Azevedo, Délcio Balestero Aleixo e José Emmanuel Burle Filho. São Paulo: Malheiros, 2001. p. 412-413: "Esta condição – cargo efetivo – afasta a aquisição da estabilidade por parte do servidor empregado público regido pela CLT".

[47] Cf. MEIRELLES, Hely Lopes. *Direito administrativo brasileiro*. 26. ed. atual. por Eurico de Andrade Azevedo, Délcio Balestero Aleixo e José Emmanuel Burle Filho. São Paulo: Malheiros, 2001. p. 384-385: "a EC 19, ao dar conteúdo totalmente diverso ao art. 39, *caput*, e ao alterar a redação do art. 206, V, suprimiu a obrigatoriedade de um regime jurídico *único* para todos os servidores públicos. Assim, o regime jurídico pode ser estatutário, celetista (o da CLT) e administrativo especial" (destaques do original). Cabe destacar que o Supremo Tribunal Federal, na Ação Direta de Inconstitucionalidade 2.135/DF, em seu Pleno, deferiu, em 02.08.2007, liminar para suspender a vigência do art. 39, *caput*, da Constituição Federal, em sua redação determinada pela Emenda Constitucional 19/1998, sob o fundamento de não ter a referida mudança passado em dois turnos na Câmara dos Deputados (inconstitucionalidade formal). Desse modo, voltou a vigorar a redação anterior do mencionado art. 37, *caput*, da Constituição Federal de 1988, o qual impõe o chamado regime jurídico único. O entendimento majoritário é de que o mencionado regime jurídico único deve ser considerado em cada esfera da República Federativa (União, Estados, Distrito Federal e Municípios), podendo ser de natureza estatutária, ou seja, administrativa, ou mesmo trabalhista, embora haja entendimento de que a primeira modalidade seja a mais adequada para reger as relações jurídicas entre os servidores e a Administração Pública. Esclareça-se que a mencionada decisão do STF tem efeito *ex nunc*, ou seja, passa a valer somente a partir de então. Com isso, entende-se que a legislação editada durante a vigência do art. 39, *caput*, da Constituição, com a redação da Emenda Constitucional 19/1998, continua válida, de forma a resguardar as situações consolidadas até o julgamento do mérito.

IX, da CF/1988) não estavam e não estão aptos a adquirir a estabilidade sob estudo, seja antes[48] ou depois da Emenda Constitucional 19/1998[49].

Além disso, especificamente quanto aos empregados de empresas públicas, de sociedades de economia mista e de suas subsidiárias que explorem atividade econômica de produção ou comercialização de bens ou de prestação de serviços, há sujeição ao regime jurídico próprio das empresas privadas, inclusive quanto aos direitos e obrigações trabalhistas (art. 173, § 1º, inciso II, da CF/1988, também com redação determinada pela Emenda Constitucional 19/1998). Com isso, de forma clara, não se lhes aplica a estabilidade do art. 41 da Constituição Federal de 1988, pois esta é exclusiva de servidores públicos investidos em cargo público efetivo, com nomeação decorrente de concurso público, não sendo prevista para os empregados das empresas privadas (art. 7º, inciso I, da CF/1988, c/c art. 10, inciso I, do ADCT)[50].

Sobre essa questão, o inciso II da mesma Súmula 390 do TST confirma que:

"Estabilidade. Art. 41 da CF/1988. [...] Empregado de empresa pública e sociedade de economia mista. Inaplicável.

[...] II – Ao empregado de empresa pública ou de sociedade de economia mista, ainda que admitido mediante aprovação em concurso público, não é garantida a estabilidade prevista no art. 41 da CF/1988. (ex-OJ 229 – Inserida em 20.06.2001)".

Por fim, como o prazo para a aquisição da estabilidade do art. 41 da Constituição Federal foi ampliado pela Emenda Constitucional 19/1998, cabe analisar a questão do conflito das normas (constitucionais) no tempo.

Os servidores públicos que, antes da vigência da emenda constitucional referida, preencheram todos os requisitos desta estabilidade, conforme a redação do art. 41 da Constituição Federal vigente à época, adquiriram o direito à estabilidade mencionada. Este direito adquirido é assegurado pelo art. 5º, inciso XXXVI, da Lei Maior, garantia esta que não pode ser excluída, nem mesmo por emenda constitucional (art. 60, § 4º, inciso IV, da CF/1988).

Quanto aos servidores públicos que ainda não tinham adquirido a estabilidade até a entrada em vigor da Emenda Constitucional 19/1998, *à primeira vista*, eram titulares de mera expectativa de direito.

Essa conclusão, no entanto, pode ser apressada e equivocada, pois ignora a norma de transição que dispõe expressamente a respeito, no caso, o art. 28 da Emenda Constitucional 19/1998: "É assegurado o prazo de dois anos de efetivo exercício para aquisição da estabilidade aos atuais servidores em estágio probatório, sem prejuízo da avaliação a que se refere o § 4º do art. 41 da Constituição Federal".

Portanto, foi expressamente assegurado o prazo de dois anos de efetivo exercício para a aquisição da estabilidade prevista no art. 41, *caput*, da Constituição Federal de 1988, para os servidores pú-

---

[48] Cf. MEIRELLES, Hely Lopes. *Direito administrativo brasileiro*. 21. ed. atual. por Eurico de Andrade Azevedo, Délcio Balestero Aleixo e José Emmanuel Burle Filho. São Paulo: Malheiros, 1996. p. 386-387.

[49] Cf. MEIRELLES, Hely Lopes. *Direito administrativo brasileiro*. 26. ed. atual. por Eurico de Andrade Azevedo, Délcio Balestero Aleixo e José Emmanuel Burle Filho. São Paulo: Malheiros, 2001. p. 413: "É por isso que os nomeados em comissão e os admitidos na forma do art. 37, IX, da CF, cujos vínculos empregatícios têm sempre um caráter provisório, jamais adquirem estabilidade. Não podem pretender a permanência no serviço público, porque essa garantia, repetimos, é exclusiva dos *servidores regulamente investidos em cargos públicos de provimento efetivo* em virtude de concurso público" (destaques do original).

[50] Cf. ainda a Orientação Jurisprudencial 247 da SBDI-I do TST: "Servidor público. Celetista concursado. Despedida imotivada. Empresa pública ou sociedade de economia mista. Possibilidade (alterada – Res. 143/2007) – *DJ* 13.11.2007. I – A despedida de empregados de empresa pública e de sociedade de economia mista, mesmo admitidos por concurso público, independe de ato motivado para sua validade;
II – A validade do ato de despedida do empregado da Empresa Brasileira de Correios e Telégrafos (ECT) está condicionada à motivação, por gozar a empresa do mesmo tratamento destinado à Fazenda Pública em relação à imunidade tributária e à execução por precatório, além das prerrogativas de foro, prazos e custas processuais".

blicos que ainda não tinham adquirido a estabilidade quando da promulgação da Emenda Constitucional 19/1998, sendo condição para tanto "a avaliação especial de desempenho por comissão instituída para essa finalidade" (art. 41, § 4º, da CF/1988, c/c art. 28, *in fine*, da Emenda Constitucional 19/1998).

20.6.12 Estabilidade do art. 19 do ADCT

O Ato das Disposições Constitucionais Transitórias, no art. 19, estabeleceu a seguinte previsão:

"Art. 19. Os servidores públicos civis da União, dos Estados, do Distrito Federal e dos Municípios, da administração direta, autárquica e das fundações públicas, em exercício na data da promulgação da Constituição, há pelo menos cinco anos continuados, e que não tenham sido admitidos na forma regulada no art. 37, da Constituição, são considerados estáveis no serviço público.

§ 1º O tempo de serviço dos servidores referidos neste artigo será contado como título quando se submeterem a concurso para fins de efetivação, na forma da lei.

§ 2º O disposto neste artigo não se aplica aos ocupantes de cargos, funções e empregos de confiança ou em comissão, nem aos que a lei declare de livre exoneração, cujo tempo de serviço não será computado para os fins do *caput* deste artigo, exceto se se tratar de servidor.

§ 3º O disposto neste artigo não se aplica aos professores de nível superior, nos termos da lei".

Como se verifica, foram considerados estáveis "os servidores públicos civis da União, dos Estados, do Distrito Federal e dos Municípios, da administração direta, autárquica e das fundações públicas", em exercício na data da promulgação da Constituição (05.10.1988), há pelo menos cinco anos continuados, e que não tenham sido admitidos mediante prévia aprovação em concurso público.

A referida norma jurídica é aplicável justamente aos servidores sem concurso público, ou seja, sem a admissão de acordo com o art. 37, inciso II, da Constituição Federal de 1988, tratando-se de norma especial, que afasta a incidência da regra geral do art. 18 do ADCT.

O art. 19 do ADCT em questão aplica-se de forma genérica aos servidores públicos, o que inclui os empregados públicos. Aliás, a referida estabilidade tem aplicação específica para os servidores regidos pela CLT.

Sergio Pinto Martins, sobre o "artigo 19 do ADCT", assim leciona: "Os servidores que não prestaram concurso público foram contratados pelo regime da CLT. [...] Se tinham cinco anos de trabalho antes da promulgação da Constituição de 1988, farão jus a estabilidade no serviço público"[51].

Além disso, de acordo com a Orientação Jurisprudencial 364 da SBDI-I do TST:

"Estabilidade. Art. 19 do ADCT. Servidor público de fundação regido pela CLT. Fundação instituída por lei e que recebe dotação ou subvenção do Poder Público para realizar atividades de interesse do Estado, ainda que tenha personalidade jurídica de direito privado, ostenta natureza de fundação pública. Assim, seus servidores regidos pela CLT são beneficiários da estabilidade excepcional prevista no art. 19 do ADCT" (*DJ* 20.05.2008).

Entretanto, a respeito do tema, o Supremo Tribunal Federal fixou a seguinte tese de repercussão geral: "1. A qualificação de uma fundação instituída pelo Estado como sujeita ao regime público ou privado depende (i) do estatuto de sua criação ou autorização e (ii) das atividades por ela prestadas. As atividades de conteúdo econômico e as passíveis de delegação, quando definidas como objetos de dada fundação, ainda que essa seja instituída ou mantida pelo Poder público, podem-se submeter ao regime jurídico de direito privado. 2. A estabilidade especial do art. 19 do ADCT não se estende aos empregados das fundações públicas de direito privado, aplicando-se tão somente aos servidores das pessoas jurídicas de direito público" (STF, Pleno, RE 716.378/SP, Rel. Min. Dias Toffoli, j. 07.08.2019).

---

[51] MARTINS, Sergio Pinto. *A continuidade do contrato de trabalho*. São Paulo: Atlas, 2000. p. 201.

O direito aos depósitos do FGTS também não afasta o direito à estabilidade em questão, pois o art. 19 do ADCT, como já demonstrado, trata justamente do servidor regido pela legislação trabalhista, a qual assegura o direito ao FGTS (art. 7º, inciso III, da CF/1988 e Lei 8.036/1990), existindo o direito à estabilidade específica em razão de norma diversa (art. 19 do ADCT).

O regime do FGTS apenas poderia afastar a estabilidade decenal, regida pela CLT, que se aplicava somente àqueles empregados não optantes (antes da CF/1988); no entanto, o regime do FGTS não tem relação com a estabilidade especial do art. 19 do ADCT.

Nessa linha de entendimento, cabe destacar o inciso II da Súmula 98 do TST:

"FGTS. Indenização. Equivalência. Compatibilidade. (incorporada a Orientação Jurisprudencial 299 da SBDI-1) – Resolução 129/2005 – *DJ* 20.04.2005.

I – A equivalência entre os regimes do Fundo de Garantia do Tempo de Serviço e da estabilidade prevista na CLT é meramente jurídica e não econômica, sendo indevidos valores a título de reposição de diferenças. (ex-Súmula 98 – RA 57/1980, *DJ* 06.06.1980)

II – A estabilidade contratual ou a derivada de regulamento de empresa são compatíveis com o regime do FGTS. Diversamente ocorre com a estabilidade legal (decenal, art. 492 da CLT), que é renunciada com a opção pelo FGTS. (ex-OJ 299 – *DJ* 11.08.2003)".

O Supremo Tribunal Federal fixou a seguinte tese de repercussão geral: "É vedado o reenquadramento, em novo Plano de Cargos, Carreiras e Remuneração, de servidor admitido sem concurso público antes da promulgação da Constituição Federal de 1988, mesmo que beneficiado pela estabilidade excepcional do artigo 19 do ADCT, haja vista que esta regra transitória não prevê o direito à efetividade, nos termos do artigo 37, II, da Constituição Federal e decisão proferida na ADI 3.609 (Rel. Min. Dias Toffoli, Tribunal Pleno, *DJe* 30.10.2014)" (STF, Pleno, ARE 1.306.505/AC, Rel. Min. Alexandre de Moraes, j. 28.03.2022).

20.6.13 Comissão para acompanhamento e fiscalização de gorjeta

Para empresas com mais de 60 empregados deve ser constituída *comissão de empregados*, mediante previsão em convenção ou acordo coletivo de trabalho, para acompanhamento e fiscalização da regularidade da cobrança e distribuição da gorjeta de que trata o § 3º do art. 457 da CLT, cujos representantes devem ser eleitos em assembleia geral convocada para esse fim pelo sindicato laboral e gozarão de *garantia de emprego* vinculada ao desempenho das funções para que foram eleitos. Para as demais empresas deve ser constituída comissão intersindical para o referido fim (art. 457, § 10, da CLT, acrescentado pela Lei 13.419/2017).

Cabe lembrar que se considera *gorjeta* não só a importância espontaneamente dada pelo cliente ao empregado, como também o valor cobrado pela empresa, como serviço ou adicional, a qualquer título, e destinado à distribuição aos empregados (art. 457, § 3º, da CLT).

Logo, no caso de empresas com mais de 60 empregados, cabe à convenção coletiva ou acordo coletivo estabelecer a disciplina mais detalhada (inclusive o prazo de duração) da mencionada estabilidade provisória dos trabalhadores que integram a referida comissão voltada ao acompanhamento e à fiscalização da regularidade da cobrança e distribuição das gorjetas.

Nota-se que a Lei 13.467/2017, ao dar nova redação ao art. 457, §§ 1º, 2º e 4º, da CLT, não considerou a existência dos §§ 5º a 11 do art. 457 do mesmo diploma legal, que haviam sido incluídos pela Lei 13.419/2017, ao indicar que o art. 457 da CLT terminaria no § 4º ("NR"), gerando o entendimento de que ocorreu a revogação tácita. Entretanto, como não houve revogação expressa (art. 5º da Lei 13.467/2017), seria possível dizer que eles foram mantidos, o que abrange o mencionado art. 457, § 10, da CLT.

20.6.14 Comissão de representantes dos empregados

Conforme o art. 510-A da CLT, acrescentado pela Lei 13.467/2017, nas empresas com mais de 200 empregados é assegurada a *eleição de uma comissão para representá-los*, com a finalidade de promover-lhes o entendimento direto com os empregadores.

Trata-se de previsão que tem como fundamento o art. 11 da Constituição da República, que trata da representação dos trabalhadores nas empresas.

A referida eleição deve ser convocada, com antecedência mínima de 30 dias, contados do término do mandato anterior, por meio de edital que deve ser fixado na empresa, com ampla publicidade, para inscrição de candidatura (art. 510-C da CLT, acrescentado pela Lei 13.467/2017).

Serão eleitos membros da comissão de representantes dos empregados os candidatos mais votados, em votação secreta, vedado o voto por representação (art. 510-C, § 3º, da CLT).

O mandato dos membros da comissão de representantes dos empregados é de um ano (art. 510-D da CLT, incluído pela Lei 13.467/2017).

O membro que houver exercido a função de representante dos empregados na comissão não pode ser candidato nos dois períodos subsequentes (art. 510-D, § 1º, da CLT).

O mandato de membro de comissão de representantes dos empregados não implica suspensão ou interrupção do contrato de trabalho, devendo o empregado permanecer no exercício de suas funções (art. 510-D, § 2º, da CLT).

Desde o registro da candidatura até um ano após o fim do mandato, *o membro da comissão de representantes dos empregados não pode sofrer despedida arbitrária*, entendendo-se como tal a que não se fundar em motivo disciplinar, técnico, econômico ou financeiro (art. 510-D, § 3º, da CLT).

Nota-se que a garantia de emprego em questão não é exatamente a mesma que a estabilidade provisória prevista na hipótese do art. 8º, inciso VIII, da Constituição da República, no sentido de ser vedada a dispensa do empregado sindicalizado a partir do registro da candidatura a cargo de direção ou representação sindical e, se eleito, ainda que suplente, até um ano após o final do mandato, *salvo se cometer falta grave nos termos da lei* (Súmula 369 do TST).

No caso do dirigente sindical, a despedida só é admitida em caso de falta grave, a qual deve ser demonstrada por meio de inquérito judicial (art. 543, § 3º, da CLT e Súmula 379 do TST).

Diversamente, o membro da comissão de representantes dos empregados não pode sofrer despedida arbitrária, a qual é entendida como a que não se fundar em motivo disciplinar, técnico, econômico ou financeiro. A dispensa justificada, nesse caso, não exige o ajuizamento de inquérito para apuração de falta grave.

Trata-se de previsão similar ao art. 165 da CLT, no sentido de que os representantes dos empregados nas Comissões Internas de Prevenção de Acidentes e de Assédio não podem sofrer *despedida arbitrária*, entendendo-se como tal a que não se fundar em motivo disciplinar, técnico, econômico ou financeiro.

O art. 10, inciso II, *a*, do Ato das Disposições Constitucionais Transitórias estabelece que fica vedada a dispensa arbitrária ou sem justa causa do empregado *eleito* para cargo de direção de comissões internas de prevenção de acidentes, desde o registro de sua candidatura até um ano após o final de seu mandato.

Por se tratar de hipótese específica e provisória de garantia de permanência no emprego, entende-se que a sua instituição não exige lei complementar, por não envolver a disciplina genérica da proteção da relação de emprego contra despedida arbitrária ou sem justa causa (art. 7º, inciso I, da Constituição da República).

De todo modo, cabe lembrar que a Convenção 135 da Organização Internacional do Trabalho, de 1971, dispõe sobre a proteção de representantes de trabalhadores, tendo sido aprovada pelo Congresso Nacional por meio do Decreto Legislativo 86/1989 e promulgada pelo Decreto 131/1991 (atualmente Decreto 10.088/2019).

O art. 1º da Convenção 135 da OIT prevê que os representantes dos trabalhadores na empresa devem ser beneficiados com uma proteção eficiente contra quaisquer medidas que possam vir a prejudicá-los, inclusive o despedimento, e que sejam motivadas por sua qualidade ou suas atividades como *representantes dos trabalhadores*, sua filiação sindical, ou participação em atividades sindicais, conquanto ajam de acordo com as leis, convenções coletivas ou outros arranjos convencionais que estejam em vigor.

Mesmo no âmbito dos dissídios coletivos de trabalho, já se admitia a previsão, em sentença normativa, de garantia de emprego (estabilidade provisória) ao representante dos trabalhadores, no exercício do poder normativo da Justiça do Trabalho, em consonância com o art. 114, § 2º, da Constituição da República.

Nesse sentido, o Precedente Normativo 86 da SDC do TST assim prevê: "Representantes dos trabalhadores. Estabilidade no emprego (positivo). Nas empresas com mais de 200 empregados é assegurada a eleição direta de um representante, com as garantias do art. 543, e seus parágrafos, da CLT".

Capítulo 21

Indenização

21.1 Introdução

No presente capítulo propõe-se a realizar estudo abrangente do tema da indenização, quanto ao âmbito do Direito do Trabalho.

Com esse objetivo, é necessário analisar e retomar algumas questões tratadas, incidentalmente, em capítulos anteriores, consolidando os conceitos, bem como compreender a evolução histórica pela qual passou o nosso sistema jurídico a respeito da indenização trabalhista.

Em linhas genéricas, pode-se dizer que existem dois sistemas pertinentes à despedida como forma de cessação da relação de emprego: o impeditivo da despedida e o da reparação econômica[1].

O primeiro pode ser entendido como impeditivo da dispensa, assegurando estabilidade ao empregado, o que começou a ser previsto pela Lei Eloy Chaves, de 1923, persistindo até a Lei 5.107/1966, que instituiu o regime facultativo do FGTS.

O direito ao FGTS, com a Constituição Federal de 1988, tornou-se o regime obrigatório (art. 7º, inciso III).

O segundo sistema de despedida é aquele que estabelece uma reparação econômica, ou seja, uma indenização, pela dispensa sem justa causa. Tem-se aqui o dever de o empregador pagar a indenização em favor do empregado, como forma de desestimular o término do vínculo de emprego.

21.2 Conceito

A indenização, especificamente no Direito do Trabalho, quanto ao término da relação de emprego, pode ser conceituada como o valor devido pelo empregador, por dispensar o empregado sem justa causa.

Na verdade, a referida indenização trabalhista apresenta contornos próprios, quando comparada com a tradicional indenização, presente no Direito Civil.

Na responsabilidade civil, a indenização é a *reparação* devida pelos prejuízos decorrentes da lesão ao direito, podendo, também, assumir a feição de *compensação* dos prejuízos sofridos, ou mesmo a natureza de *sancionar* (penalizar) a conduta, visando a desestimular a sua ocorrência.

No caso em estudo, o que se tem é a ruptura arbitrária ou sem justa causa do contrato de trabalho, fato que gera o direito à indenização em favor do empregado, em razão da perda do emprego, mas, ao mesmo tempo, não é um ato ilícito ou abusivo propriamente. Mesmo assim, como forma de desestimular a cessação do vínculo de emprego, a ordem jurídica prevê o dever de pagar a referida indenização.

Além disso, mesmo nem sempre havendo um efetivo prejuízo sofrido pelo empregado dispensado, a lei estabelece o direito à indenização pelo simples fato da dispensa arbitrária ou sem justa causa (além de outras hipóteses equiparadas de cessação do vínculo de emprego, como despedida indireta, cessação das atividades da empresa sem força maior e *factum principis*).

---

[1] Cf. MARTINS, Sergio Pinto. *Direito do trabalho*. 22. ed. São Paulo: Atlas, 2006. p. 418.

Obviamente, a indenização por responsabilidade civil também pode ser devida nas relações de trabalho, inclusive em face de dispensa discriminatória do empregado, caracterizando o abuso no exercício do respectivo direito, gerando lesões a direitos materiais e de personalidade do empregado.

21.3 Natureza jurídica

Como pôde ser verificado no item acima, a indenização pela dispensa sem justa causa apresenta diversos traços distintivos da indenização tradicionalmente regulada pelo Direito Civil.

Assim, várias são as teorias que procuram explicar a natureza jurídica da indenização trabalhista[2].

A teoria do abuso de direito defende que a dispensa arbitrária seria um exercício irregular, ou seja, abusivo, do direito de fazer cessar o contrato de trabalho.

A teoria do crédito assevera que o empregado deve ser compensado financeiramente pela perda do emprego para a qual não deu motivo.

A teoria do risco destaca que o risco da atividade econômica é do empregador, o qual, assim, deve pagar uma indenização quando põe fim a contrato de trabalho sem justificativa razoável.

A teoria do salário diferido indicaria que o empregado vai acumulando, no decorrer da prestação dos serviços, certos valores, a serem recebidos quando da cessação do contrato de trabalho.

A teoria do prêmio defende que o empregado, por ter colaborado com o empregador na prestação dos serviços, faz jus a uma recompensa ou premiação quando da ruptura contratual.

A teoria da pena segue a tese de que a dispensa arbitrária deve ser sancionada, por não ser desejada pela sociedade.

A teoria do dano estabelece uma relação entre a indenização devida e o prejuízo sofrido pelo empregado dispensado.

A teoria da assistência social enfoca a indenização como uma modalidade de cobertura de natureza social, para que o empregado possa se manter após a dispensa.

Na realidade, a indenização pela dispensa do empregado tem natureza própria, de direito trabalhista, sem se confundir com a indenização devida na responsabilidade civil tradicional, nem com as prestações da seguridade social. Por outro lado, também se distancia da natureza salarial, justamente por não decorrer da prestação de serviços, mas sim da terminação do vínculo de emprego sob certas modalidades.

Por isso, pode-se dizer que certas teorias, como a do abuso de direito, do salário diferido e do dano, não se amoldam às especificidades do instituto em estudo.

A indenização em questão, de todo modo, também pode ser vista como uma compensação devida ao empregado, com valor previsto em lei, pela perda do emprego decorrente da sua dispensa sem justa causa.

21.4 Evolução do sistema de despedida no Brasil

Na Consolidação das Leis do Trabalho (Decreto-lei 5.452, de 1º de maio de 1943), o regime originalmente previsto era o da indenização por tempo de serviço, conforme os arts. 477 e 478, com aquisição da estabilidade após 10 anos de serviço, de acordo com os arts. 492 e seguintes.

A Lei 5.107, de 13 de setembro de 1966, passou a prever o sistema facultativo do FGTS, em que os empregados urbanos podiam optar pelo referido regime, em substituição àquele previsto na CLT.

Nesse aspecto, é importante destacar que, como esclarece a Súmula 98, inciso I, do TST:

---

[2] Cf. MARTINS, Sergio Pinto. *Direito do trabalho*. 22. ed. São Paulo: Atlas, 2006. p. 420-421.

"FGTS. Indenização. Equivalência. [...]
I – A equivalência entre os regimes do Fundo de Garantia do Tempo de Serviço e da estabilidade prevista na CLT é meramente jurídica e não econômica, sendo indevidos valores a título de reposição de diferenças".

O passo seguinte foi dado pela Constituição da República Federativa do Brasil, promulgada em 5 de outubro de 1988, a seguir analisada quanto à matéria em debate.

21.4.1 Sistema da Constituição Federal de 1988

Na Constituição Federal de 1988, o art. 7º, inciso I, apresenta a seguinte previsão:

"Art. 7º São direitos dos trabalhadores urbanos e rurais, além de outros que visem à melhoria de sua condição social:

I – relação de emprego protegida contra despedida arbitrária ou sem justa causa, nos termos de lei complementar, que preverá indenização compensatória, dentre outros direitos;
[...]
III – fundo de garantia do tempo de serviço".

Cabe ainda destacar a seguinte previsão do Ato das Disposições Constitucionais Transitórias:

"Art. 10. Até que seja promulgada a lei complementar a que se refere o art. 7º, I, da Constituição:
I – fica limitada a proteção nele referida ao aumento, para quatro vezes, da porcentagem prevista no art. 6º, *caput* e § 1º, da Lei 5.107, de 13 de setembro de 1966".

Assim, é relevante compreender o efetivo sentido e alcance da disposição do inciso I do art. 7º da Constituição Federal em vigor.

Primeiramente, cabe destacar que, de acordo com o entendimento bem majoritário, o referido inciso I se revela norma de eficácia limitada, por depender da regulamentação de lei complementar ali prevista. Não se trata, assim, de norma autoaplicável, segundo a classificação mais tradicional da eficácia das normas constitucionais.

Tanto é assim que o ADCT estabeleceu a regra do art. 10, regulando provisoriamente a questão, até a promulgação da mencionada lei complementar.

Na sistemática adotada pela Constituição Federal de 1988, a regra não parece ser o direito à estabilidade própria ou definitiva, a qual nem sequer é mencionada no inciso I do art. 7º, nem no art. 10 do ADCT.

Aliás, o referido inciso I do art. 7º, ao tratar da proteção da relação de emprego contra a despedida arbitrária, prevê, expressamente, o direito à "indenização compensatória, dentre outros direitos".

Com isso, fica claro que no sistema atual a regra é a indenização como consequência pela dispensa sem justa causa (ou arbitrária). Com essa previsão, referente à indenização, confirma-se não ser a estabilidade (definitiva) no emprego a regra inerente ao regime em vigor.

É certo que a mencionada lei complementar deverá prever não só a indenização, mas "outros direitos", abrindo margem para medidas diversas, de proteção da relação de emprego contra despedida arbitrária ou sem justa causa. Isso, no entanto, fica na dependência da referida lei complementar, podendo-se imaginar a previsão de direitos como estabilidades para situações especiais e certas garantias de emprego.

Confirmando o enfoque acima, como já estudado anteriormente, ainda de acordo com o ADCT:

"Art. 10. Até que seja promulgada a lei complementar a que se refere o art. 7º, I, da Constituição:
[...]
II – fica vedada a dispensa arbitrária ou sem justa causa:

a) do empregado eleito para cargo de direção de comissões internas de prevenção de acidentes, desde o registro de sua candidatura até um ano após o final de seu mandato;

b) da empregada gestante, desde a confirmação da gravidez até cinco meses após o parto".

Relevante observar que o art. 7º, inciso I, da Constituição Federal de 1988 faz previsão da indenização compensatória, "*dentre* outros direitos", ou seja, inseridos no contexto da mencionada regra de indenização como consequência pela dispensa arbitrária ou sem justa causa.

No entanto, como já explicitado anteriormente, a lei ordinária, bem como outras fontes formais do Direito do Trabalho, podem prever hipóteses específicas de estabilidade provisória, sem regular – de forma genérica – a proteção da relação de emprego contra a despedida arbitrária ou sem justa causa (matéria que exige lei complementar). Isso ocorre, por exemplo, nas garantias de emprego previstas no art. 118 da Lei 8.213/1991 e outras previstas em certos instrumentos normativos, como de manutenção do emprego no período que antecede a aposentadoria. A Lei Complementar 146/2014, como já mencionado, dispõe que o direito previsto no art. 10, inciso II, alínea *b*, do Ato das Disposições Constitucionais Transitórias deve ser assegurado, nos casos em que ocorrer o falecimento da trabalhadora gestante, a quem detiver a guarda do seu filho.

21.5 Indenização por tempo de serviço

O regime de indenização por tempo de serviço, previsto nos arts. 478, 496 a 498 da CLT, como já examinado, não é mais aplicável (quanto ao tempo de serviço) a partir da entrada em vigor da Constituição Federal de 1988, pois esta adotou o sistema obrigatório do FGTS.

Mesmo assim, quanto aos empregados admitidos antes de 5 de outubro de 1988, e que não tenham optado pelo FGTS, o tempo de serviço até a referida data deve ser regulado pelos arts. 478, 496 a 498 da CLT, na hipótese de serem despedidos de forma arbitrária ou sem justa causa.

Isso se confirma pela previsão da Lei 8.036/1990, que regula o Fundo de Garantia do Tempo de Serviço, especialmente no art. 14, § 1º:

"Art. 14. Fica ressalvado o direito adquirido dos trabalhadores que, à data da promulgação da Constituição Federal de 1988, já tinham o direito à estabilidade no emprego nos termos do Capítulo V do Título IV da CLT.

§ 1º O tempo do trabalhador não optante do FGTS, anterior a 5 de outubro de 1988, em caso de rescisão sem justa causa pelo empregador, reger-se-á pelos dispositivos constantes dos arts. 477, 478 e 497 da CLT.

§ 2º O tempo de serviço anterior à atual Constituição poderá ser transacionado entre empregador e empregado, respeitado o limite mínimo de 60 (sessenta) por cento da indenização prevista.

§ 3º É facultado ao empregador desobrigar-se da responsabilidade da indenização relativa ao tempo de serviço anterior à opção, depositando na conta vinculada do trabalhador, até o último dia útil do mês previsto em lei para o pagamento de salário, o valor correspondente à indenização, aplicando-se ao depósito, no que couber, todas as disposições desta lei.

§ 4º Os trabalhadores poderão a qualquer momento optar pelo FGTS com efeito retroativo a 1º de janeiro de 1967 ou à data de sua admissão, quando posterior àquela".

Assim, não se podem deixar de estudar as previsões da estabilidade por tempo de serviço, regulada pela CLT, embora a sua aplicação, na prática, seja rara nos dias atuais.

De acordo com o art. 477, *caput*, da CLT, em sua redação anterior, dada pela Lei 5.584/1970: "É assegurado a todo empregado, não existindo prazo estipulado para a terminação do respectivo contrato, e quando não haja ele dado motivo para cessação das relações de trabalho, o direito de haver do empregador uma indenização, paga na base da maior remuneração que tenha percebido na mesma empresa".

A previsão tratava da indenização por tempo de serviço, a ser calculada com base na maior remuneração recebida na empresa, devida ao empregado dispensado sem justa causa (bem como na despedida indireta, na cessação da atividade da empresa sem força maior e no *factum principis*), quando contratado por tempo indeterminado.

Explicitando a referida disposição, o art. 478 da CLT estabelece os seguintes parâmetros (atualizados os §§ 2º e 3º conforme previsões jurídicas posteriores):

"Art. 478. A indenização devida pela rescisão de contrato por prazo indeterminado será de 1 (um) mês de remuneração por ano de serviço efetivo, ou por ano e fração igual ou superior a 6 (seis) meses.

§ 1º O primeiro ano de duração do contrato por prazo indeterminado é considerado como período de experiência, e, antes que se complete, nenhuma indenização será devida.

§ 2º Se o salário for pago por dia, o cálculo da indenização terá por base 30 (trinta) dias. (corrigido/atualizado em razão da Lei 605/49)

§ 3º Se pago por hora, a indenização apurar-se-á na base de 240 (duzentas e quarenta) horas por mês. (corrigido/atualizado em razão da Lei 605/49; com a CF/1988, art. 7º, XIII, a base passou a ser de 220 horas por mês)

§ 4º Para os empregados que trabalhem à comissão ou que tenham direito a percentagens, a indenização será calculada pela média das comissões ou percentagens percebidas nos últimos 12 (doze) meses de serviço.

§ 5º Para os empregados que trabalhem por tarefa ou serviço feito, a indenização será calculada na base média do tempo costumeiramente gasto pelo interessado para realização de seu serviço, calculando-se o valor do que seria feito durante 30 (trinta) dias".

Como se pode perceber, a regra geral era no sentido de que a indenização devida pela dispensa sem justa causa, em contrato por prazo indeterminado, era de um mês de remuneração por ano de serviço efetivo, ou por ano e fração igual ou superior a seis meses (art. 478, *caput*).

O primeiro ano do contrato a prazo indeterminado era chamado de *período de experiência*, pois, antes que se completasse, nenhuma indenização era devida (§ 1º). Esse período de experiência, no entanto, não se confunde com o contrato de experiência, o qual, como já estudado, é modalidade de contrato a prazo determinado.

Já no período de experiência pode-se entender presente uma natureza de condição resolutiva, no sentido de que o contrato já produz efeitos desde o início, mas, ocorrendo o evento incerto (desaprovação do trabalho pelo empregador), o contrato de trabalho se extingue, sem ser devida qualquer indenização. Não havendo a referida cessação, o vínculo prossegue, e a dispensa sem justa causa, posteriormente, torna devida a indenização pelo tempo de serviço existente.

Os §§ 2º, 3º, 4º e 5º do art. 478 da CLT, acima transcritos, regulam, respectivamente, a forma de cálculo da indenização por tempo de serviço nos casos de empregados que recebiam por dia, por hora, por comissão ou percentagens e por tarefa ou serviço feito.

Cabe esclarecer que, em razão do art. 7º, inciso XIII, da Constituição Federal de 1988, estabelecendo a duração normal do trabalho não superior a oito horas diárias e 44 horas semanais, o § 3º do art. 478 da CLT deve ser assim adaptado, dando origem ao divisor de 220 horas por mês. Entretanto, a indenização por tempo de serviço da CLT só tem como ser devida, quanto ao período anterior à Constituição Federal de 1988, aos empregados que não eram optantes pelo FGTS. No salário pago por dia, deve-se utilizar o referencial de 30 dias por mês, como confirma a Lei 8.542/1992, art. 6º, § 1º.

Como já mencionado, computam-se na contagem de tempo de serviço, para efeito de indenização e de estabilidade, os períodos em que o empregado estiver afastado do trabalho prestando serviço militar e por motivo de acidente do trabalho (art. 4º, parágrafo único, da CLT).

Vejamos, ainda, algumas Súmulas do TST, também pertinentes ao cálculo da indenização aqui estudada:

Súmula 24: "Serviço extraordinário. Insere-se no cálculo da indenização por antiguidade o salário relativo a serviço extraordinário, desde que habitualmente prestado".

Súmula 60: "Adicional noturno. Integração no salário e prorrogação em horário diurno. I – O adicional noturno, pago com habitualidade, integra o salário do empregado para todos os efeitos. [...]".

Súmula 132: "Adicional de periculosidade. Integração. I – O adicional de periculosidade, pago em caráter permanente, integra o cálculo de indenização e de horas extras. [...]".

Súmula 139: "Adicional de insalubridade. Enquanto percebido, o adicional de insalubridade integra a remuneração para todos os efeitos legais".

Súmula 148: "Gratificação natalina. É computável a gratificação de Natal para efeito de cálculo de indenização".

Súmula 253: "Gratificação semestral. Repercussões. A gratificação semestral não repercute no cálculo das horas extras, das férias e do aviso prévio, ainda que indenizados. Repercute, contudo, pelo seu duodécimo na indenização por antiguidade e na gratificação natalina".

Na realidade, como prevê a Súmula 207 do STF, as gratificações habituais, inclusive a de Natal, "consideram-se tacitamente convencionadas, integrando o salário", com o que devem ser levadas em conta no cálculo da indenização.

Cabe transcrever sobre o tema, ainda, a Orientação Jurisprudencial Transitória 44 da SBDI-I do TST: "Anistia. Lei 6.683/1979. Tempo de afastamento. Não computável para efeito de indenização e adicional por tempo de serviço, licença-prêmio e promoção. O tempo de afastamento do anistiado pela Lei 6.683/1979 não é computável para efeito do pagamento de indenização por tempo de serviço, licença-prêmio e promoção".

O montante da indenização por tempo de serviço que era devido em hipóteses de culpa recíproca, cessação da atividade da empresa por força maior, morte do empregador pessoa física, extinção da empresa sem força maior e *factum principis* já foi estudado anteriormente, ao se analisarem as modalidades de cessação do contrato de trabalho.

De acordo com o também já mencionado art. 496 da CLT, quando a reintegração do empregado estável for desaconselhável, dado o grau de incompatibilidade resultante do dissídio, especialmente quando for o empregador pessoa física, o tribunal do trabalho poderá converter aquela obrigação em indenização por tempo de serviço a ser paga em dobro (ou seja, no mesmo montante previsto no art. 497 da CLT, que trata da extinção da empresa sem força maior).

Assim, a referida indenização por tempo de serviço em dobro é uma faculdade do juiz, a ser tomada quando a reintegração não for aconselhável, tendo em vista a incompatibilidade entre o empregado e o empregador, especialmente quando este for pessoa física. Sobre o tema, a Súmula 28 do TST, na redação determinada pela Resolução 121/2003, esclarece que: "No caso de se converter a reintegração em indenização dobrada, o direito aos salários é assegurado até a data da primeira decisão que determinou essa conversão".

No entanto, cabe reiterar a autorização legal, no sentido de que o tempo de serviço anterior à atual Constituição pode ser transacionado entre empregador e empregado, respeitado o limite mínimo de 60% da indenização prevista (art. 14, § 2º, da Lei 8.036/1990).

Assim, em consonância com o art. 17, § 3º, da Lei 5.107/1966 (na redação determinada pelo Decreto-lei 20, de 14 de setembro de 1966), revogada pela Lei 7.839/1989, e art. 14, § 2º, da atual Lei 8.036/1990, a Súmula 54 do TST assegura que:

"Optante. Rescindindo por acordo seu contrato de trabalho, o empregado estável optante tem direito ao mínimo de 60% (sessenta por cento) do total da indenização em dobro, calculada sobre o maior salário percebido no emprego. Se houver recebido menos do que esse total, qualquer que tenha sido a forma de transação, assegura-se-lhe a complementação até aquele limite".

Quanto à contagem do tempo de serviço, para fins de cálculo da respectiva indenização, bem como de eventual estabilidade decenal, mostra-se de grande relevância o art. 453 da CLT, com a seguinte redação determinada pela Lei 6.204, de 29 de abril de 1975:

"Art. 453. No tempo de serviço do empregado, quando readmitido, serão computados os períodos, ainda que não contínuos, em que tiver trabalhado anteriormente na empresa, salvo se houver sido despedido por falta grave, recebido indenização legal ou se aposentado espontaneamente".

A norma acima regula o caso específico de *readmissão*, ou seja, após o término de contrato de trabalho, a formação de um novo pacto laboral, seja logo em seguida, seja depois de certo tempo.

Não se confunde a mencionada readmissão com a reintegração, pois nesta última não há a formação de um novo contrato de trabalho, mas sim a continuidade daquele originalmente existente, em que o empregado permanece prestando serviços para o empregador.

A reintegração do empregado é frequentemente determinada por decisão judicial, como decorrência de estabilidade reconhecida em favor do empregado, ou mesmo como consequência da nulidade da sua dispensa (*v.g.*, na dispensa discriminatória de empregado portador do vírus HIV).

Conforme estabelece a Súmula 443 do TST: "Dispensa discriminatória. Presunção. Empregado portador de doença grave. Estigma ou preconceito. Direito à reintegração. Presume-se discriminatória a despedida de empregado portador do vírus HIV ou de outra doença grave que suscite estigma ou preconceito. Inválido o ato, o empregado tem direito à reintegração no emprego". Cabe notar, assim, que o art. 495 da CLT utiliza incorretamente o termo readmissão, pois com o evidente sentido de reintegração (como corretamente prevê o art. 496), ao assegurar o direito aos salários do período de suspensão do empregado, quando não reconhecida a falta grave alegada pelo empregador.

O art. 453 da CLT, portanto, não versa sobre a unicidade contratual, tema objeto da já cancelada Súmula 20 do TST, em que se verifica o reconhecimento, na realidade, de um único contrato de trabalho, mesmo tendo existido vários contratos autônomos, apenas formalmente e em fraude à legislação trabalhista (art. 9º da CLT: no caso, rupturas contratuais formais para tentar evitar que o empregado adquirisse o direito de indenização ou de estabilidade por tempo de serviço). A respeito da recontratação de empregado no atual sistema do FGTS, cf. Capítulo 22, item 22.13.

Quanto à interpretação do mencionado art. 453 da CLT, se o empregado for readmitido, são contados em seu tempo de serviço os períodos (ainda que não contínuos) em que tiver trabalhado anteriormente na empresa, "salvo se houver sido despedido por falta grave, recebido indenização legal ou se aposentado espontaneamente".

A regra, portanto, é a referida contagem, no tempo de serviço do empregado, do período de trabalho anterior na mesma empresa. Isso é excepcionado quando, no contrato de trabalho que antecede a readmissão: o empregado foi dispensado por falta grave; ou recebeu a indenização por tempo de serviço; ou se aposentou espontaneamente.

Em razão disso, quanto ao pedido de demissão, como prevê a Súmula 138 do TST: "Em caso de readmissão, conta-se a favor do empregado o período de serviço anterior, encerrado com a saída espontânea".

Quanto ao prazo prescricional para que o empregado exerça a sua pretensão de soma dos períodos (mesmo descontínuos) de trabalho, na mesma empresa, por ter sido readmitido, esclarece a Súmula 156 do TST que: "Prescrição. Prazo. Da extinção do último contrato começa a fluir o prazo prescricional do direito de ação em que se objetiva a soma de períodos descontínuos de trabalho".

O referido verbete não está regulando o prazo prescricional para exigir os créditos trabalhistas decorrentes dos contratos de trabalho, mas apenas a prescrição da pretensão de se somar os "períodos descontínuos de trabalho", conforme autorização do art. 453 da CLT.

Além disso, a Súmula 156 do TST não se refere à pretensão de reconhecimento de unicidade contratual, pois aquele verbete trata de "soma de períodos *descontínuos* de trabalho", enquanto o referido reconhecimento de contrato único apresenta até mesmo natureza declaratória, a qual, em tese, não se sujeita ao prazo prescricional.

Em relação às hipóteses que afastam a contagem do tempo de serviço (art. 453 da CLT, parte final), quanto à dispensa por falta grave, já foi estudada em capítulos anteriores, consistindo na cessação do vínculo em razão de justa causa praticada pelo empregado.

O recebimento da indenização legal refere-se ao caso em que o contrato anterior foi terminado, mas o empregado percebeu a indenização por tempo de serviço.

Por fim, a aposentadoria também passou a ser prevista, na redação determinada pela Lei 6.204/1975, como hipótese em que o tempo de serviço anterior não deve ser computado quando o empregado for readmitido.

Por essa razão, a Súmula 21 do TST[3], já superada pela redação que foi estabelecida ao art. 453 da CLT, acabou sendo formalmente cancelada (Resolução 30/1994 do TST).

Desse modo, conforme a redação do art. 453 da CLT, determinada pela Lei 6.204/1975, o empregado que se aposenta espontaneamente, se for readmitido, não tem direito a ter computado o tempo de serviço prestado à empresa, anteriormente à aposentadoria, no novo contrato de trabalho, para fins de indenização quando da dispensa sem justa causa neste último pacto.

Em sintonia com a referida previsão, assim previa a Súmula 295 do TST: "Aposentadoria espontânea. Depósito do FGTS. Período anterior à opção. (Nova redação determinada pela Resolução 121/2003, *DJ* 21.11.2003). A cessação do contrato de trabalho em razão de aposentadoria espontânea do empregado exclui o direito ao recebimento de indenização relativa ao período anterior à opção. A realização de depósito na conta do Fundo de Garantia do Tempo de Serviço, de que trata o § 3º do art. 14 da Lei 8.036, de 11.05.1990, é faculdade atribuída ao empregador". Frise-se que a mencionada Súmula 295 foi cancelada pelo Pleno do TST, em 17.11.2008, certamente em razão do atual entendimento de que a aposentadoria espontânea do empregado, por si, não acarreta a extinção do contrato de trabalho (Orientação Jurisprudencial 361 da SBDI-I do TST).

Cabe alertar que toda essa previsão se dirigia para fins de aplicação da "antiga" indenização por tempo de serviço, atualmente devida somente nas raras hipóteses de empregado admitido antes da promulgação da Constituição Federal de 1988 e que não optou pelo sistema do FGTS.

Mesmo assim, interpretando-se o art. 453 da CLT de forma evolutiva e construtiva, pode-se entender que no presente, mesmo no sistema do FGTS, se o empregado se aposentar e tiver o contrato terminado (o que, de acordo com o entendimento do STF, não é uma decorrência natural da aposentadoria), em eventual readmissão, o tempo de serviço do contrato de trabalho anterior não deve ser computado para fins de cálculo da indenização compensatória, devida na dispensa sem justa causa ocorrida no segundo contrato de trabalho.

De todo modo, observados esses aspectos, é relevante analisar, de forma específica e autônoma, as consequências da aposentadoria para o contrato de trabalho, o que será feito no item a seguir.

21.5.1 Aposentadoria e contrato de trabalho

Questão que sempre gera intensa controvérsia refere-se à aposentadoria como causa de extinção do contrato de trabalho.

---

[3] "Aposentadoria – Cancelada – Resolução 30/1994, *DJ* 12.05.1994. O empregado aposentado tem direito ao cômputo do tempo anterior à aposentadoria, se permanecer a serviço da empresa ou a ela retornar" (RA 57/1970, *DOGB* 27.11.1970).

Quanto à aposentadoria por invalidez (aposentadoria por incapacidade permanente), como já estudado, por ser normalmente provisória, acarreta a suspensão do contrato de trabalho (cf. Capítulo 17, item 17.3.4). Nesse sentido, cabe reiterar a orientação prevista na Súmula 160 do TST: "Aposentadoria por invalidez. Cancelada a aposentadoria por invalidez, mesmo após cinco anos, o trabalhador terá direito de retornar ao emprego, facultado, porém, ao empregador, indenizá-lo na forma da lei".

Por outro lado, a Lei 8.213/1991, no art. 51, prevê a aposentadoria compulsória do empregado, ao estabelecer que:

"Art. 51. A aposentadoria por idade pode ser requerida pela empresa, desde que o segurado empregado tenha cumprido o período de carência e completado 70 (setenta) anos de idade, se do sexo masculino, ou 65 (sessenta e cinco) anos, se do sexo feminino, sendo compulsória, caso em que será garantida ao empregado a indenização prevista na legislação trabalhista, considerada como data da rescisão do contrato de trabalho a imediatamente anterior à do início da aposentadoria".

Assim, no caso especificado acima, em que a própria empresa tem a faculdade de requerer a aposentadoria do empregado, sendo compulsória, ocorre necessariamente a extinção do respectivo contrato de trabalho.

Por isso, na referida modalidade de aposentadoria compulsória, embora não tão frequente, não há dúvida quanto ao efetivo término do contrato de trabalho, tendo o empregado direito às verbas rescisórias equivalentes à dispensa sem justa causa.

O art. 201, § 16, da Constituição Federal de 1988, incluído pela Emenda Constitucional 103/2019, dispõe que os empregados dos consórcios públicos, das empresas públicas, das sociedades de economia mista e das suas subsidiárias serão aposentados *compulsoriamente*, observado o cumprimento do tempo mínimo de contribuição, ao atingir a idade máxima de que trata o inciso II do § 1º do art. 40 da Constituição Federal de 1988, na forma estabelecida em lei.

Essa previsão depende de disciplina em lei para ser aplicada. Cabe esclarecer que a Lei Complementar 152/2015 não trata de aposentadoria compulsória dos empregados indicados no art. 201, § 16, da Constituição Federal de 1988, incluído pela Emenda Constitucional 103/2019.

A controvérsia doutrinária e jurisprudencial, na realidade, situa-se especificamente quanto à aposentadoria definitiva e espontânea, ou seja, requerida pelo próprio empregado

Deve-se apenas observar certa hipótese particular, ou seja, quando se está tratando de *complementação* de aposentadoria. Nesse caso específico, certamente depois da concessão do benefício previdenciário, não se verifica a continuidade da prestação de serviços para a empresa, tanto que o ex-empregado passa a ter direito ao complemento, justamente para a manutenção do valor recebido quando na ativa.

Por isso, em questões de complementação de aposentadoria, não se observa, em princípio, a discussão sobre estar ou não o pacto extinto, pois não mais ocorre o trabalho, indicando ter havido, efetivamente, a sua cessação, o que gera importantes consequências quanto ao tema do prazo prescricional[4].

Retornando ao tema mencionado, a primeira corrente de entendimento defende que a referida aposentadoria (definitiva e voluntária) acarreta, necessariamente, a cessação do contrato de emprego.

A aposentadoria seria uma causa natural de término do vínculo de trabalho, como se verifica com os servidores públicos estatutários.

Efetivamente, sendo a aposentadoria prevista justamente para garantir ao empregado o direito de descansar após certa idade, ou determinado tempo de serviço ou contribuição, não faria sentido pensar em aposentadoria sem a terminação do contrato de trabalho.

---

4 Cf. GARCIA, Gustavo Filipe Barbosa. *Novidades sobre a prescrição trabalhista*: novo regime da Lei 11.280/2006; eficácia no tempo da prescrição rural; complementação de aposentadoria. São Paulo: Método, 2006. p. 69-94.

O art. 453, *caput*, da CLT, ainda que implicitamente, também confirmaria essa conclusão, ao estabelecer que, se o empregado for readmitido, não são computados no tempo de serviço do empregado os períodos em que tiver trabalhado anteriormente na empresa, quando houver se "aposentado espontaneamente"[5].

Isso estaria a confirmar a ideia de que a aposentadoria, naturalmente, faz cessar a relação de emprego[6].

Ao requerer e ter deferido o benefício previdenciário em destaque, o empregado estar-se-ia, automaticamente, se desvinculando juridicamente do empregador, até mesmo para poder usufruir a sua aposentadoria, cujo valor substituiria o salário[7].

No entanto, a realidade mostrou que o empregado, mesmo se aposentando de forma definitiva e voluntária, muitas vezes por necessidade econômica, continua prestando serviços, frequentemente, ao mesmo empregador[8].

Não obstante, quanto à *aposentadoria especial*, por ser proibida a continuidade do exercício de atividade pelo segurado com efetiva exposição a agentes químicos, físicos e biológicos prejudiciais à saúde, ou associação desses agentes (art. 201, § 1º, inciso II, da Constituição Federal de 1988), sob pena de automático cancelamento desse benefício (art. 57, § 8º, da Lei 8.213/1991), prevalece no TST o entendimento de que a referida modalidade de aposentadoria gera a extinção do contrato de trabalho por iniciativa do empregado[9].

Mesmo assim, a corrente aqui exposta entende que, no caso, a continuidade da prestação de serviços representa a formação, ainda que tácita, de um novo contrato de trabalho, dependendo da concordância do empregador (que também pode ser tácita). A aposentadoria teria, assim, efeito similar a um pedido de demissão, embora naquela hipótese seja autorizado o levantamento dos depósitos do FGTS.

Esse entendimento era inclusive majoritário[10] e adotado pelo Tribunal Superior do Trabalho, na Orientação Jurisprudencial 177 da SBDI-I do TST (mas cancelada – *DJ* 30.10.2006), com a seguinte reda-

---

[5] Cf. MARTINS, Sergio Pinto. *Direito do trabalho*. 22. ed. São Paulo: Atlas, 2006. p. 371: "O art. 453 da CLT também indica, indiretamente, que a aposentadoria espontânea rescinde o contrato de trabalho, pois o trabalhador não poderá contar o tempo de serviço anterior na empresa".

[6] Cf. CARRION, Valentin. *Comentários à Consolidação das Leis do Trabalho*. 31. ed. atual. por Eduardo Carrion. São Paulo: Saraiva, 2006. p. 302: "a aposentadoria extingue naturalmente o contrato de trabalho, quando requerida pelo empregado". Cf. ainda OLIVEIRA, Francisco Antonio de. *Comentários às Súmulas do TST*. 6. ed. São Paulo: RT, 2005. p. 749: "O empregado, ao requerer a sua aposentadoria, não faz jus a qualquer indenização, posto que, por meio de ato voluntário, deu motivo à cessação do contrato de trabalho".

[7] Cf. MARTINS, Sergio Pinto. *Comentários à CLT*. 10. ed. São Paulo: Atlas, 2006. p. 399: "A aposentadoria continua a ser uma forma de cessação do contrato de trabalho, pois o segurado, ao se aposentar, deixa de receber salário para receber uma prestação previdenciária. Caso o empregado continue prestando serviços na empresa, inicia-se novo pacto laboral". Cf. ainda MAGANO, Octavio Bueno. *Manual de direito do trabalho*: direito individual do trabalho. 3. ed. São Paulo: LTr, 1992. v. 2, p. 326: "No Brasil, as três modalidades básicas de aposentadoria são: a) aposentadoria por invalidez; b) aposentadoria por velhice; c) aposentadoria por tempo de serviço. Todas elas, inclusive a primeira, quando definitiva, deveriam acarretar o desfazimento automático do vínculo empregatício, porquanto, se num determinado sistema jurídico, o trabalhador já tem assegurado o seu rendimento, como inativo, não faz sentido que concorra com os trabalhadores ativos, no preenchimento das vagas de emprego propiciadas pelo sistema".

[8] Cf. TEIXEIRA FILHO, João de Lima. *Instituições de direito do trabalho*. 18. ed. São Paulo: LTr, 1999. v. 1, p. 618: "O empregado que se aposenta e volta a trabalhar, no antigo ou em outro emprego, fá-lo-á por uma necessidade psicológica ou até premido por motivação financeira, fruto do aviltamento dos proventos de aposentadoria".

[9] "Recurso de embargos em recurso de revista. Interposição sob a égide da Lei 13.015/2014. Aposentadoria especial. Art. 57 da Lei 8.213/91. Efeitos. Rescisão do contrato de trabalho por iniciativa do empregado. A jurisprudência prevalente no âmbito desta Subseção é no sentido de que a concessão de aposentadoria especial acarreta a extinção do contrato de trabalho por iniciativa do empregado. Precedente. Recurso de embargos conhecido e não provido" (TST, SBDI-I, E-ARR – 607-93.2010.5.09.0678, Rel. Min. Hugo Carlos Scheuermann, *DEJT* 22.09.2017).

[10] Cf. NASCIMENTO, Amauri Mascaro. *Iniciação ao direito do trabalho*. 31. ed. São Paulo: LTr, 2005. p. 518: "Há divergências doutrinárias sobre a natureza da aposentadoria, porém predomina a orientação de que é uma forma de extinção do contrato de trabalho. Essa é a melhor teoria. A CLT (art. 453) impede a soma do tempo de serviço do aposentado que volta a trabalhar para o mesmo empregador, com o que dá suporte a tal entendimento. Com a aposentadoria cessa o contrato de trabalho. Inicia-se um novo vínculo entre as mesmas partes".

ção: "Aposentadoria espontânea. Efeitos. A aposentadoria espontânea extingue o contrato de trabalho, mesmo quando o empregado continua a trabalhar na empresa após a concessão do benefício previdenciário. Assim sendo, indevida a multa de 40% do FGTS em relação ao período anterior à aposentadoria".

A corrente oposta sustenta que a aposentadoria, de acordo com o sistema jurídico em vigor, não é por si só causa de extinção do contrato de trabalho.

Nesse sentido, cabe destacar que os arts. 49 (aposentadoria por idade), 54 (aposentadoria por tempo de contribuição, não mais prevista, em regra, com a Emenda Constitucional 103/2019, salvo nos casos de direito adquirido, da regra de transição do art. 17 da Emenda Constitucional 103/2019 e de aposentadoria da pessoa com deficiência, concedida na forma da Lei Complementar 142/2013, conforme art. 22 da Emenda Constitucional 103/2019) e 57, § 2º (aposentadoria especial), da Lei 8.213/1991 autorizam o empregado a requerer e ter deferida a aposentadoria sem ter de se desligar do emprego. Com isso, se o empregado tem a faculdade de permanecer trabalhando normalmente no seu mesmo emprego, a aposentadoria não mais pode ser vista como causa de cessação do contrato de trabalho[11].

Apenas se o empregado quiser pedir demissão ao se aposentar, ou o empregador decidir dispensá-lo (normalmente sem justa causa), é que a relação de emprego pode terminar, mas não em razão da aposentadoria propriamente.

Nessa linha, a aposentadoria, em regra, não acarreta o término do vínculo de emprego, inclusive porque, do contrário, este ficaria sem a devida proteção contra a despedida arbitrária ou sem justa causa (art. 7º, inciso I, da CF/1988)[12].

Esse entendimento, inicialmente minoritário, é o que passou a prevalecer, segundo a jurisprudência do Supremo Tribunal Federal.

Nesse sentido, cabe transcrever a seguinte ementa:

"Previdência social: aposentadoria espontânea não implica, por si só, extinção do contrato de trabalho. 1. Despedida arbitrária ou sem justa causa (CF, art. 7º, I): viola a garantia constitucional o acórdão que, partindo de premissa derivada de interpretação conferida ao art. 453, *caput*, da CLT (redação alterada pela L. 6.204/75), decide que a aposentadoria espontânea extingue o contrato de trabalho, mesmo quando o empregado continua a trabalhar na empresa após a concessão do benefício previdenciário. 2. A aposentadoria espontânea pode ou não ser acompanhada do afastamento do empregado de seu trabalho: só há readmissão quando o trabalhador aposentado tiver encerrado a relação de trabalho e posteriormente iniciado outra; caso haja continuidade do trabalho, mesmo após a aposentadoria espontânea, não se pode falar em extinção do contrato de trabalho e, portanto, em readmissão. 3. Precedentes (ADIn 1.721-MC, Ilmar Galvão, *RTJ* 186/3; ADIn 1.770, Moreira Alves, *RTJ* 168/128)" (STF, 1ª T., RE 449.420-5/PR, Rel. Min. Sepúlveda Pertence, j. 16.8.2005, *DJU* 14.10.2005).

A relação jurídica previdenciária, de natureza pública, entre segurado e a Previdência Social, referente à aposentadoria, não interfere na relação jurídica de emprego, de natureza privada, estabelecida entre empregado e empregador[13].

---

[11] Cf. DALLEGRAVE NETO, José Affonso. *Inovações na legislação trabalhista*: aplicação e análise crítica. São Paulo: LTr, 2000. p. 175: "Com a edição da Lei n. 8.213/91, atual Plano de Benefício Previdenciário, houve nova alteração legislativa no sentido de que a aposentadoria *não* é causa de rescisão do contrato de trabalho (art. 49, I, *b*)" (destaque do original).

[12] Cf. MELO, Raimundo Simão de. Vínculo mantido. Aposentadoria espontânea não extingue o contrato de trabalho. *Revista Jus Navigandi*, Teresina, ano 10, n. 638, 7 abr. 2005. Disponível em: <https://jus.com.br/artigos/6460>: "o inciso I do artigo 7º da Constituição Federal, que garante a indenização de 40% do FGTS, não a exclui no caso de aposentadoria espontânea. Também não existe qualquer disposição legal compatível com a Constituição, reconhecendo a aposentadoria espontânea como motivo de extinção do contrato de trabalho, sem indenização para o trabalhador. Assim, aposentado por tempo de serviço, pode o trabalhador continuar trabalhando na empresa normalmente, salvo se o empregador não mais o quiser, quando terá, então, que rescindir o contrato por sua iniciativa, sem justa causa, e arcar com o pagamento das consequentes verbas rescisórias".

[13] Cf. DALLEGRAVE NETO, José Affonso. *Inovações na legislação trabalhista*: aplicação e análise crítica. São Paulo: LTr, 2000. p. 179: "a aposentadoria espontânea *não* representa causa para dissolução do contrato de trabalho, vez que a

Em harmonia com o exposto, entende-se que a aposentadoria espontânea do trabalhador portuário avulso não acarreta a extinção da inscrição do cadastro e do registro perante o Órgão Gestor de Mão de Obra (TST, Pleno, ArgInc 395400-83.2009.5.09.0322, Rel. Min. Pedro Paulo Manus, *DEJT* 30.11.2012).

No julgamento das Ações Diretas de Inconstitucionalidade 1.770[14] e 1.721[15], o Supremo Tribunal Federal considerou inconstitucionais os §§ 1º e 2º do art. 453 da CLT, acrescentados pela Lei 9.528/1997, entendendo que "o Ordenamento Constitucional não autoriza o legislador ordinário a criar modalidade de rompimento automático do vínculo de emprego, em desfavor do trabalhador, na situação em que este apenas exercita o seu direito de aposentadoria espontânea, sem cometer deslize algum" (STF, Pleno, ADI 1.721/DF, Rel. Min. Carlos Britto, *DJe* 29.06.2007).

Em razão de reiteradas decisões do STF no sentido acima (especialmente nas referidas ações diretas de inconstitucionalidade, pois suas decisões detêm eficácia vinculante e transcendente, conforme o art. 102, § 2º, da CF/1988), o Pleno do TST, em 25.10.2006, decidiu pelo cancelamento da Orientação Jurisprudencial 177 da SBDI-I (*DJ* 30.10.2006).

Assim, atualmente, tornou-se majoritário o entendimento de que a aposentadoria definitiva e voluntária, em regra, não acarreta a extinção do contrato de trabalho.

Nessa linha, a aposentadoria por idade concedida ao empregado rural, na forma prevista na legislação, não acarreta rescisão de contrato de trabalho, nem constitui justa causa para a sua dispensa (art. 100 do Decreto 10.854/2021).

Cabe ressaltar que, segundo o art. 37, § 10, da Constituição da República: "É vedada a percepção simultânea de proventos de aposentadoria decorrentes do art. 40 ou dos arts. 42 e 142 com a remuneração de cargo, emprego ou função pública, ressalvados os cargos acumuláveis na forma desta Constituição, os cargos eletivos e os cargos em comissão declarados em lei de livre nomeação e exoneração".

Há entendimento no sentido de que, ressalvadas as hipóteses previstas na Constituição Federal de 1988[16], o servidor público aposentado não pode continuar prestando serviço para a Administração Pública, por ser proibida a acumulação dos proventos de aposentadoria com os vencimentos. Nesse sentido, pode-se fazer referência ao seguinte julgado:

"Empregado público. Aposentado espontaneamente. Impossibilidade de continuidade do vínculo com a municipalidade. Vedação constitucional de cumulação de proventos com vencimentos. Se aos empregados públicos é reconhecido o direito à estabilidade no emprego, por força do disposto no art. 41 da CF (a despeito deste dispositivo se dirigir tão somente aos estatutários), consoante entendimento consubstanciado na Súmula 390 do C. TST, forçoso reconhecer que, além do 'bônus', detêm tais servidores, outrossim, o 'ônus' dos ocupantes de cargos públicos, impondo-

---

relação que o empregado mantém com a Previdência é diversa da relação mantida com o empregador. Destarte, a aposentadoria requerida pelo empregado não tem o condão de elidir a unicidade contratual" (destaque do original).

[14] "O Tribunal, por maioria, confirmada a medida liminar, nos termos do voto do Relator [Ministro Joaquim Barbosa], não conheceu do pedido quanto ao artigo 11, e parágrafos, da Lei n. 9.528/1997, e declarou a inconstitucionalidade quanto ao § 1º do artigo 453 da Consolidação das Leis do Trabalho, na redação dada pelo artigo 3º da mesma Lei n. 9.528/1997, vencido, em parte, o Senhor Ministro Marco Aurélio, que dava a procedência em menor extensão. Votou a Presidente, Ministra Ellen Gracie. Ausente, justificadamente, a Senhora Ministra Cármen Lúcia. Plenário, 11.10.2006".

[15] "O Tribunal, por maioria, nos termos do voto do Relator [Ministro Carlos Britto], julgou procedente a ação, vencido o Senhor Ministro Marco Aurélio, que a julgava improcedente. Votou a Presidente, Ministra Ellen Gracie. Ausente, justificadamente, a Senhora Ministra Cármen Lúcia. Falou pela *amicus curiae*, Federação Nacional dos Trabalhadores nas Empresas de Correios e Telégrafos e Similares – FENTECT, o Dr. Roberto de Figueiredo Caldas. Plenário, 11.10.2006".

[16] Cf. art. 37, inciso XVI, da CF/1988: "é vedada a acumulação remunerada de cargos públicos, exceto quando houver compatibilidade de horários, observado em qualquer caso o disposto no inciso XI: a) a de dois cargos de professor; b) a de um cargo de professor com outro técnico ou científico; c) a de dois cargos ou empregos privativos de profissionais de saúde, com profissões regulamentadas".

-se-lhes a restrição constitucional prevista no § 10 do art. 37 da Constituição Federal" (TRT 3ª R., Turma Recursal de Juiz de Fora, RO 01708-2013-052-03-00-3, Rel. Juíza Conv. Maria Raquel Ferraz Zagari Valentim, *DJE* 15.05.2014).

Não obstante, quanto ao tema, de acordo com importante julgado do Supremo Tribunal Federal:

"Reclamação. Acórdão do Tribunal Superior do Trabalho. Descumprimento da decisão proferida no julgamento das ações diretas de inconstitucionalidade 1.721/DF e 1.770/DF. Não ocorrência. Agravo improvido. I – O Supremo Tribunal Federal, por ocasião do julgamento da ADI 1.770/DF, Rel. Min. Joaquim Barbosa, e da ADI 1.721/DF, Rel. Min. Ayres Britto, declarou inconstitucionais o § 1º e o § 2º do art. 453 da CLT, sob o fundamento de que a mera concessão da aposentadoria voluntária ao trabalhador não tem por efeito extinguir, instantânea e automaticamente, o seu vínculo de emprego. II – *A contrario sensu*, pode-se afirmar, então, que é permitido ao empregado público requerer a aposentadoria voluntária no Regime Geral de Previdência Social e continuar trabalhando e, consequentemente, recebendo a respectiva remuneração. Isso porque em tais situações não há acumulação vedada pela Constituição Federal. III – Agravo regimental a que se nega provimento" (STF, Pleno, Rel. Min. Ricardo Lewandowski, Rcl 9.762/SC, *DJE* 31.05.2013).

Sendo assim, como a aposentadoria recebida pelo Regime Geral de Previdência tem como fundamento o art. 201, § 7º, da Constituição Federal de 1988, e não os seus arts. 40, 42 e 142, prevaleceu no Supremo Tribunal Federal o entendimento no sentido da não incidência da proibição de sua acumulação com a remuneração decorrente de emprego público[17].

O art. 37, § 14, da Constituição Federal de 1988, incluído pela Emenda Constitucional 103/2019, estabelece que a aposentadoria concedida com a utilização de tempo de contribuição decorrente de cargo, emprego ou função pública, inclusive do Regime Geral de Previdência Social, acarretará o rompimento do vínculo que gerou o referido tempo de contribuição.

Logo, com a Emenda Constitucional 103/2019, se o servidor de cargo, emprego ou função pública se aposentar utilizando tempo de contribuição de Regime Próprio de Previdência Social ou do Regime Geral de Previdência Social, haverá o término automático e necessário do vínculo jurídico que gerou esse tempo de contribuição, o que também se aplica ao empregado público.

Em harmonia com o princípio da irretroatividade das normas jurídicas e com o ato jurídico perfeito (art. 5º, inciso XXXVI, da Constituição da República), o art. 6º da Emenda Constitucional 103/2019 esclarece que o disposto no § 14 do art. 37 da Constituição Federal de 1988 não se aplica a aposentadorias concedidas pelo Regime Geral de Previdência Social até a data de entrada em vigor da Emenda Constitucional 103/2019, publicada no Diário Oficial da União de 13.11.2019.

Desse modo, a concessão de aposentadoria requerida a partir de 14 de novembro de 2019 com utilização de tempo de contribuição decorrente de cargo, emprego ou função pública acarretará o rompimento do vínculo que gerou o referido tempo de contribuição (art. 153-A do Regulamento da Previdência Social, incluído pelo Decreto 10.410/2020). Para fins dessa previsão, após a consolidação da aposentadoria, o INSS deve notificar a empresa responsável sobre a aposentadoria do segurado e constarão da notificação as datas de concessão e de início do benefício.

A respeito do tema, o Supremo Tribunal Federal fixou a seguinte tese de repercussão geral: "A natureza do ato de demissão de empregado público é constitucional-administrativa e não trabalhis-

---

[17] "Competência. Ato de autoridade federal. Emenda Constitucional n. 45/2004. Sentença anterior. Justiça Federal. Vínculo empregatício. Aposentadoria. Proventos e salário. Acumulação. Empregado. Dispensa. Motivo insubsistente. Reintegração. A Justiça Federal é competente para apreciar mandado de segurança, em jogo direito a resultar de relação de emprego, quando reconhecido, na decisão atacada, envolvimento de ato de autoridade federal e formalizada a sentença de mérito antes do advento da Emenda Constitucional n. 45/2004. O direito à reintegração alcança empregados dispensados em razão de aposentadoria espontânea considerado insubsistente o motivo do desligamento. Inexiste óbice à cumulação de proventos e salário, presente o Regime Geral de Previdência" (STF, Pleno, RE 655.283/DF, Rel. Min. Marco Aurélio, *DJe* 27.04.2021).

ta, o que atrai a competência da Justiça comum para julgar a questão. A concessão de aposentadoria aos empregados públicos inviabiliza a permanência no emprego, nos termos do art. 37, § 14, da CRFB, salvo para as aposentadorias concedidas pelo Regime Geral de Previdência Social até a data de entrada em vigor da Emenda Constitucional n. 103/19, nos termos do que dispõe seu art. 6º" (STF, Pleno, RE 655.283/DF, Red. p/ ac. Min. Dias Toffoli, j. 16.06.2021).

Nos casos de servidores públicos que tenham exercido cargos públicos, ou seja, de regime estatutário, se houver previsão de vacância do cargo em lei local, entende-se que os servidores públicos aposentados pelo Regime Geral de Previdência Social não têm direito de serem reintegrados no mesmo cargo. Vale dizer, se a legislação do ente federativo estabelecer que a aposentadoria é causa de vacância, o servidor não pode, sem prestar novo concurso público, manter-se no mesmo cargo ou ser reintegrado depois de se aposentar, ainda que a aposentadoria ocorra no âmbito do Regime Geral de Previdência Social. Nesse sentido, o Supremo Tribunal Federal fixou a seguinte tese de repercussão geral: "O servidor público aposentado pelo Regime Geral de Previdência Social, com previsão de vacância do cargo em lei local, não tem direito a ser reintegrado ao mesmo cargo no qual se aposentou ou nele manter-se, por violação à regra do concurso público e à impossibilidade de acumulação de proventos e remuneração não acumuláveis em atividade" (STF, Pleno, RE 1.302.501/PR, Rel. Min. Luiz Fux, j. 18.06.2021).

Reitere-se que no caso de empregado da esfera privada, entende-se que a aposentadoria espontânea (voluntária), no âmbito do Regime Geral de Previdência Social, não é causa de extinção do contrato de trabalho, ou seja, não tem por efeito extinguir automaticamente o vínculo de emprego[18].

Ainda prossegue a discussão quanto à seguinte questão: continuando o empregado a prestar serviços ao mesmo empregador, mesmo depois da aposentadoria, vindo a ser dispensado sem justa causa posteriormente, a indenização compensatória de 40% do FGTS deve ser calculada desde a admissão original, ou apenas quanto ao período posterior à aposentadoria?

Essa controvérsia permanece em razão da previsão do *caput* do art. 453 da CLT, com redação determinada pela Lei 6.204/1975, que não se confunde com os referidos §§ 1º e 2º, acrescentados pela Lei 9.528/1997.

Embora o tema possa apresentar posições divergentes, pode-se entender que na hipótese acima questionada, envolvendo a aposentadoria com continuação da prestação dos serviços e do mesmo vínculo de emprego, a mencionada indenização compensatória, devida na dispensa arbitrária ou

---

[18] "Ação direta de inconstitucionalidade. art. 3º da Medida Provisória n. 1.596-14/97, convertida na Lei n. 9.528/97, que adicionou ao artigo 453 da Consolidação das Leis do Trabalho um segundo parágrafo para extinguir o vínculo empregatício quando da concessão da aposentadoria espontânea. Procedência da ação. 1. A conversão da medida provisória em lei prejudica o debate jurisdicional acerca da 'relevância e urgência' dessa espécie de ato normativo. 2. Os valores sociais do trabalho constituem: a) fundamento da República Federativa do Brasil (inciso IV do artigo 1º da CF); b) alicerce da Ordem Econômica, que tem por finalidade assegurar a todos existência digna, conforme os ditames da justiça social, e, por um dos seus princípios, a busca do pleno emprego (artigo 170, *caput* e inciso VIII); c) base de toda a Ordem Social (artigo 193). Esse arcabouço principiológico, densificado em regras como a do inciso I do artigo 7º da Magna Carta e as do artigo 10 do ADCT/88, desvela um mandamento constitucional que perpassa toda relação de emprego, no sentido de sua desejada continuidade. 3. A Constituição Federal versa a aposentadoria como um benefício que se dá mediante o exercício regular de um direito. E o certo é que o regular exercício de um direito não é de colocar o seu titular numa situação jurídico-passiva de efeitos ainda mais drásticos do que aqueles que resultariam do cometimento de uma falta grave (sabido que, nesse caso, a ruptura do vínculo empregatício não opera automaticamente). 4. O direito à aposentadoria previdenciária, uma vez objetivamente constituído, se dá no âmago de uma relação jurídica entre o segurado do Sistema Geral de Previdência e o Instituto Nacional de Seguro Social. Às expensas, portanto, de um sistema atuarial-financeiro que é gerido por esse Instituto mesmo, e não às custas desse ou daquele empregador. 5. O Ordenamento Constitucional não autoriza o legislador ordinário a criar modalidade de rompimento automático do vínculo de emprego, em desfavor do trabalhador, na situação em que este apenas exerça o seu direito de aposentadoria espontânea, sem cometer deslize algum. 6. A mera concessão da aposentadoria voluntária ao trabalhador não tem por efeito extinguir, instantânea e automaticamente, o seu vínculo de emprego. 7. Inconstitucionalidade do § 2º do artigo 453 da Consolidação das Leis do Trabalho, introduzido pela Lei n. 9.528/97" (STF, Pleno, ADI 1.721/DF, Rel. Min. Carlos Britto, j. 11.10.2006, *DJe* 29.06.2007).

sem justa causa (art. 10, inciso I, do ADCT, e art. 18, § 1º, da Lei 8.036/1990), deve ser calculada sobre a totalidade dos depósitos do FGTS, pertinentes a todo o período de trabalho, desde a origem do início do contrato de trabalho, ou seja, a partir da admissão do empregado[19], mesmo que este tenha levantado parte dos referidos depósitos quando da aposentadoria (art. 20, inciso III, da Lei 8.036/1990), ou por outra hipótese prevista em lei, como prevê o art. 9º, § 1º, do Regulamento do FGTS, aprovado pelo Decreto 99.684/1990, parte final[20].

A posição acima defendida procura ser coerente com a decisão do STF, no sentido de que a aposentadoria não gera (necessariamente) a extinção do contrato de trabalho[21]. Sendo essa a premissa, na atualidade, quanto ao tema em destaque, deve-se interpretar o *caput* do art. 453 da CLT em conformidade com a referida orientação, estabelecida pela Corte Superior, fundamentada na Constituição da República.

Confirmando o exposto acima, de acordo com a Orientação Jurisprudencial 361 da SBDI-I do TST:

"Aposentadoria espontânea. Unicidade do contrato de trabalho. Multa de 40% do FGTS sobre todo o período. A aposentadoria espontânea não é causa de extinção do contrato de trabalho se o empregado permanece prestando serviços ao empregador após a jubilação. Assim, por ocasião da sua dispensa imotivada, o empregado tem direito à multa de 40% do FGTS sobre a totalidade dos depósitos efetuados no curso do pacto laboral" (*DJ* 20.05.2008).

A interpretação do art. 453, *caput*, da CLT, assim, deve ser no seguinte sentido: a aposentadoria, eventualmente, pode vir a ser acompanhada da extinção de contrato de trabalho, porque o empregado pediu demissão ou foi dispensado pelo empregador (normalmente sem justa causa). Isso, no entanto, não é algo que tenha necessariamente de ocorrer; não se verificando, o mesmo vínculo de emprego prossegue normalmente.

De todo modo, se, porventura, o contrato de trabalho terminar na mesma época da aposentadoria (em razão de pedido de demissão ou dispensa do empregado, desde que válidos), e o trabalhador vier a ser readmitido pelo mesmo empregador (posteriormente ou logo em seguida), somente nesse caso é que incide a previsão do art. 453, *caput*, da CLT, no sentido de que o tempo de serviço anterior não será computado para efeito de cálculo da atual indenização compensatória (de 40% do FGTS), quando de eventual dispensa sem justa causa que ponha fim ao último contrato de trabalho.

Inversamente, se a aposentadoria definitiva e espontânea não vier acompanhada de cessação da relação de emprego (não pedindo o empregado a demissão, nem sendo dispensado pelo empregador), esta prossegue normalmente, com que resta afastada, de plano, a hipótese de incidência do art. 453, *caput*, da CLT, que é sobre a readmissão do empregado.

Reitere-se: se a aposentadoria não faz cessar o contrato de trabalho e este prossegue normalmente, não há como cogitar de "readmissão", afastando por completo a incidência do disposto no art. 453, *caput*, da CLT.

---

[19] Cf. DALLEGRAVE NETO, José Affonso. *Inovações na legislação trabalhista*: aplicação e análise crítica. São Paulo: LTr, 2000. p. 179: "Eventual dispensa imotivada posterior à aposentadoria implicará o pagamento de multa de 40% do FGTS, computando-se os depósitos de toda a contratualidade".

[20] "§ 1º No caso de despedida sem justa causa, ainda que indireta, o empregador depositará na conta vinculada do trabalhador no FGTS, importância igual a quarenta por cento do montante de todos os depósitos realizados na conta vinculada durante a vigência do contrato de trabalho atualizados monetariamente e acrescidos dos respectivos juros, não sendo permitida, para este fim a dedução dos saques ocorridos" (redação dada pelo Decreto 2.430/1997).

[21] Cf. MELO, Raimundo Simão de. Vínculo mantido. Aposentadoria espontânea não extingue o contrato de trabalho. *Revista Jus Navigandi*, Teresina, ano 10, n. 638, 7 abr. 2005. Disponível em: <https://jus.com.br/artigos/6460>: "se a aposentadoria espontânea não extingue automaticamente o contrato de trabalho, como reconhece o STF, são devidas a indenização dos 40% do FGTS e, no caso de despedida de servidor público após a aposentadoria, as verbas rescisórias, porque não há obrigatoriedade de se fazer novo concurso público".

Esse dispositivo, na realidade, só pode ter aplicabilidade bem restrita atualmente, ou seja, nas cada vez mais raras hipóteses em que a aposentadoria é acompanhada de pedido de demissão ou dispensa (normalmente sem justa causa) pelo empregador, e o empregado, em seguida ou posteriormente, é readmitido, ou seja, contratado novamente.

21.6 Indenização nos contratos a prazo determinado

A indenização devida em razão da cessação antecipada de contrato a prazo determinado foi estudada quando se abordou a referida modalidade contratual.

Assim, com o intuito de recordar a matéria, será feita aqui uma sistematização.

De acordo com o art. 481 da CLT, se as partes firmaram contrato a prazo certo, inclusive de experiência (Súmula 163 do TST), mas inseriram o direito recíproco de fazer cessá-lo antes do termo fixado, caso este direito seja exercido, aplicam-se as normas pertinentes à cessação do contrato a prazo indeterminado, com o direito, *v.g.*, ao aviso prévio e à indenização de 40%.

Não havendo a referida cláusula assecuratória do direito recíproco de rescisão, é necessário verificar se a cessação do contrato, antes do termo ajustado, foi de iniciativa do empregador ou do empregado.

No primeiro caso, em conformidade com o art. 479 da CLT: "Nos contratos que tenham termo estipulado, o empregador que, sem justa causa, despedir o empregado será obrigado a pagar-lhe, a título de indenização, e por metade, a remuneração a que teria direito até o termo do contrato".

Além disso, o empregado também tem direito à indenização compensatória de 40% do FGTS (ou 20%, tratando-se de culpa recíproca), pois esta é devida "sem prejuízo do disposto no art. 479 da CLT", conforme prevê o art. 14 do Regulamento do FGTS, aprovado pelo Decreto 99.684/1990, que regulamenta a Lei 8.036/1990.

Por fim, se o empregado é quem se desliga, sem justa causa, do contrato, antes do termo estipulado, obriga-se a indenizar o empregador dos prejuízos que desse fato lhe resultarem (art. 480 da CLT). Essa indenização "não poderá exceder àquela a que teria direito o empregado em idênticas condições" (§ 1º do art. 480 da CLT).

A Lei 5.889/1973, pertinente ao trabalho rural, no art. 14, prevê o contrato de safra, considerado como "o que tenha sua duração dependente de variações estacionais da atividade agrária" (parágrafo único do art. 14). O *caput* do art. 14 prevê a regra de que, expirado normalmente o contrato, a empresa pagará ao safrista, a título de indenização do tempo de serviço, importância correspondente a 1/12 do salário mensal, por mês de serviço ou fração superior a 14 dias.

Seria possível entender que essa indenização por tempo de serviço da Lei 5.889/1973 foi revogada pelo sistema do FGTS, que passou a ser aplicado também aos empregados rurais, conforme o art. 7º, inciso III, da Constituição Federal de 1988. Ainda assim, prevalece o entendimento de que o art. 14 da Lei 5.889/1973 foi recepcionado pela Constituição Federal de 1988, permanecendo aplicável a referida indenização (TST, 8ª T., AIRR 98-87.2014.5.15.0151, Rel. Min. Dora Maria da Costa, *DEJT* 27.11.2015). Nessa linha dispõe o art. 97 do Decreto 10.854/2021.

A Lei 2.959, de 17 de novembro de 1956, dispõe sobre os contratos por obra certa. O seu art. 2º prevê indenização por tempo de serviço (na forma do art. 478 da CLT, com redução de 30%), na rescisão do contrato de trabalho por término da obra ou serviço, tendo o empregado mais de 12 meses de serviço. No entanto, é possível entender que essa previsão também não foi recepcionada pela Constituição Federal de 1988, pois, de acordo com o seu art. 7º, inciso III, o Fundo de Garantia do Tempo de Serviço passou a ser o sistema legal obrigatório a todos os empregados.

A Lei 9.601, de 21 de janeiro de 1998, dispõe sobre um contrato por prazo determinado especial. Quanto à rescisão antecipada, não se aplicam os arts. 479 e 480 da CLT, devendo as partes estabelecer, na convenção ou acordo coletivo, a indenização devida na hipótese, nos casos de iniciativa do empregador ou do empregado (art. 1º, § 1º, inciso I).

21.7 Indenização compensatória de 40% do FGTS

Como já estudado, a indenização por tempo de serviço, regulada na CLT, foi substituída, definitivamente, pelo sistema do FGTS, que passou a ser obrigatório, nos termos do art. 7º, inciso III, da Constituição Federal de 1988.

No entanto, antes mesmo do atual regime, a Lei 5.107, de 13 de setembro de 1966 (revogada pela Lei 7.839/1989), que instituiu o sistema opcional do FGTS ao empregado regido pela CLT, passou a estabelecer a seguinte previsão:

"Art. 6º Ocorrendo rescisão do contrato de trabalho, por parte da empresa, sem justa causa, ficará esta obrigada a depositar, na data da dispensa, a favor do empregado, importância igual a 10% (dez por cento) dos valores do depósito, da correção monetária e dos juros capitalizados na sua conta vinculada, correspondentes ao período em que o empregado trabalhou na empresa".

Desse modo, o empregado que optasse pelo regime do FGTS e fosse dispensado sem justa causa, além de poder sacar os respectivos depósitos feitos na conta vinculada pelo empregador (art. 8º, inciso I, da Lei 5.107/1966), tinha direito à indenização compensatória de 10% dos valores depositados.

Na Constituição Federal de 1988, cabe reiterar que o art. 10, inciso I, do Ato das Disposições Constitucionais Transitórias alterou o referido percentual, passando a dispor:

"Art. 10. Até que seja promulgada a lei complementar a que se refere o art. 7º, I, da Constituição:
I – fica limitada a proteção nele referida ao aumento, para quatro vezes, da porcentagem prevista no art. 6º, *caput* e § 1º, da Lei 5.107, de 13 de setembro de 1966".

Assim, no presente, o empregado dispensado sem justa causa (e na despedida indireta) tem direito à indenização compensatória de 40%, calculada sobre o "montante de todos os depósitos realizados na conta vinculada durante a vigência do contrato de trabalho, atualizados monetariamente e acrescidos dos respectivos juros" (art. 18, § 1º, da Lei 8.036/1990).

Certamente que com o objetivo de evitar fraudes ao sistema do FGTS, na redação do mencionado dispositivo da Lei 8.036/1990, determinada pela Lei 9.491/1997, a indenização compensatória de 40% é depositada na conta vinculada do trabalhador, para posterior saque, juntamente com os depósitos.

Quando ocorrer despedida por "culpa recíproca ou força maior, reconhecida pela Justiça do Trabalho", o mencionado percentual, de que trata o § 1º do art. 18 da Lei 8.036/1990, é de 20% (art. 18, § 2º), quanto à indenização compensatória em questão.

A Lei Complementar 110, de 29 de junho de 2001, no art. 1º, instituiu contribuição social devida pelos empregadores em caso de despedida de empregado sem justa causa, à alíquota de 10% sobre o montante de todos os depósitos devidos, referentes ao Fundo de Garantia do Tempo de Serviço – FGTS, durante a vigência do contrato de trabalho, acrescido das remunerações aplicáveis às contas vinculadas. No entanto, cabe destacar que se trata de contribuição social, e não de indenização trabalhista devida ao empregado.

O Supremo Tribunal Federal fixou a seguinte tese de repercussão geral: "É constitucional a contribuição social prevista no artigo 1º da Lei Complementar n. 110, de 29 de junho de 2001, tendo em vista a persistência do objeto para a qual foi instituída" (STF, Pleno, RE 878.313/SC, Red. p/ ac. Min. Alexandre de Moraes, j. 18.08.2020).

A partir de 1º de janeiro de 2020, fica extinta a contribuição social instituída por meio do art. 1º da Lei Complementar 110/2001 (art. 12 da Lei 13.932/2019).

21.8 Indenização adicional

A *indenização adicional* foi criada por leis de política salarial, no final dos anos 70 e início dos anos 80, como forma de evitar a dispensa sem justa causa do empregado no período que antecede a data-base da categoria, ou seja, quando se estabelece o reajuste para a categoria profissional.

Observou-se que certas empresas dispensavam os empregados justamente nos dias que antecediam o referido reajuste, de modo a não precisar pagar a majoração salarial decorrente, contratando-se novos empregados com salários mais baixos do que os recebidos pelos empregados despedidos.

Isso causava visível redução do poder de aquisição dos empregados, no que tange ao valor dos salários recebidos.

Procurando evitar esse cenário, ou ao menos desestimular essa prática, a Lei 6.708, de 30 de outubro de 1979, no art. 9º, passou a prever ser devida a indenização adicional ao empregado dispensado sem justa causa, no período de 30 dias que antecede a data-base de sua correção salarial, no valor de um salário mensal do empregado.

A Lei 7.238, de 29 de outubro de 1984, no art. 9º, manteve a previsão no sentido de que:

"O empregado dispensado, sem justa causa, no período de 30 (trinta) dias que antecede a data de sua correção salarial, terá direito à indenização adicional equivalente a um salário mensal, seja ele optante ou não pelo Fundo de Garantia do Tempo de Serviço – FGTS".

O entendimento já pacificado é no sentido de que a referida disposição encontra-se em vigor, pois não foi revogada de forma expressa ou tácita pela legislação posterior de política salarial. Logo, a sua aplicação é autorizada, pois os objetivos do mencionado dispositivo ainda persistem.

Além disso, não se verifica *bis in idem*, pois o fato gerador da indenização adicional não se confunde com o das outras modalidades de indenização e verbas trabalhistas. Como já destacado, a indenização em estudo é específica, pois decorre da dispensa sem justa causa ocorrida no trintídio que antecede a data-base da categoria.

Assim, a indenização adicional não é devida no pedido de demissão, na dispensa por justa causa, na culpa recíproca, na morte do empregado, bem como no término do contrato a prazo certo em decorrência do advento do termo.

Quanto ao valor da indenização adicional, a Súmula 242 explicita que: "Indenização adicional. Valor. A indenização adicional, prevista no art. 9º da Lei 6.708, de 30.10.1979 e no art. 9º da Lei 7.238, de 28.10.1984, corresponde ao salário mensal, no valor devido na data da comunicação do despedimento, integrado pelos adicionais legais ou convencionados, ligados à unidade de tempo mês, não sendo computável a gratificação natalina".

Como já estudado, o aviso prévio, ainda que indenizado, integra o tempo de serviço do empregado (art. 487, § 1º, da CLT).

Assim, nos termos da Súmula 182 do TST: "Aviso prévio. Indenização compensatória. Lei 6.708, de 30.10.1979. O tempo do aviso prévio, mesmo indenizado, conta-se para efeito da indenização adicional prevista no art. 9º da Lei 6.708, de 30.10.1979".

Por isso, deve-se fazer a projeção do aviso prévio indenizado, para verificar se recai no período de 30 dias que antecede a data-base.

Por outro lado, cabe esclarecer que, de acordo com a Súmula 314 do TST:

"Indenização adicional. Verbas rescisórias. Salário corrigido. Se ocorrer a rescisão contratual no período de 30 (trinta) dias que antecede à data-base, observado o Enunciado 182 do TST, o pagamento das verbas rescisórias com o salário já corrigido não afasta o direito à indenização adicional prevista nas Leis 6.708, de 30.10.1979 e 7.238, de 28.10.1984".

Essa previsão se justifica, pois certos empregadores começaram a pagar as verbas rescisórias já atualizadas com o valor do reajuste obtido na data-base, objetivando, com isso, não ter de pagar a indenização adicional, decorrente da dispensa sem justa causa no referido período.

O entendimento, no entanto, é de que, mesmo se o empregador quitar as verbas rescisórias já com o valor do salário reajustado, se a dispensa sem justa causa ocorrer no trintídio que antecede a data-base, observada a projeção do aviso prévio (se este for indenizado), a indenização adicional permanece sendo devida.

Capítulo 21 — Indenização

Dúvidas surgem, no entanto, quando a dispensa do empregado ocorre dentro do período de 30 dias que antecede a data-base, mas o aviso prévio é indenizado, de modo que a sua projeção recai fora do trintídio em questão.

Exemplificando, cabe imaginar a data-base sendo no dia 1º de maio, o empregado é dispensado sem justa causa no dia 20 de abril, mas com aviso prévio indenizado, o qual integra o tempo de serviço (art. 487, § 1º, da CLT).

No referido caso, embora o tema seja controvertido, o empregado não tem direito à indenização adicional, pois a projeção do aviso prévio indenizado, por decorrer de previsão legal (art. 487, § 1º, parte final), sempre deve ser observada. Não se pode aceitar interpretação da mesma norma, de forma distinta, apenas para favorecer um dos polos da relação de emprego. No caso, a projeção do aviso prévio, para efeito desta indenização adicional, é expressamente prevista na Súmula 182 do TST.

Não se pode dizer que isso violaria a Súmula 314 do TST, o que não ocorre, justamente porque, com a projeção do aviso prévio, no caso, a terminação do contrato ocorre fora do período de 30 dias que antecede a data-base.

Nesse sentido, cabe transcrever as seguintes ementas de julgados proferidos pelo TST:

"Indenização adicional — Enunciados 182 e 314/TST. Havendo a rescisão contratual ocorrido posteriormente à data-base da categoria, considerando a projeção do aviso prévio, a indenização adicional prevista nas Leis 6.708/79 e 7.238/84 é indevida, nos termos dos Enunciados 182 e 314/TST. Embargos providos" (TST-E-RR 385.743/97.6, Rel. Min. Rider de Brito, *DJU* 26.10.2001, p. 565).

"Embargos. Aviso prévio. Indenização adicional. Art. 9º da Lei 7.238/84. Indevida a indenização adicional, pois com a projeção do período do aviso prévio no tempo de serviço da empregada foi ultrapassada a data de reajuste salarial da categoria profissional da reclamante, sendo que a dispensa da obreira não se deu no período de 30 (trinta) dias que antecede a data de sua correção salarial, como preceitua o art. 9º da Lei 7.238/84" (TST-E-RR 590.099/99, Rel. Min. Vantuil Abdala, *DJ* 29.09.2000).

Seguindo o mesmo entendimento, cabe destacar a Ementa 19 da Secretaria das Relações de Trabalho, do Ministério do Trabalho, especialmente em seus incisos I e II:

"Homologação. Art. 9º da Lei 7.238, de 1984. Indenização adicional. Contagem do prazo do aviso prévio. É devida ao empregado, dispensado sem justa causa no período de 30 dias que antecede a data base de sua categoria, indenização equivalente ao seu salário mensal.

I – Será devida a indenização em referência se o término do aviso prévio trabalhado ou a projeção do aviso prévio indenizado se verificar em um dos dias do trintídio;

II – O empregado não terá direito à indenização se o término do aviso prévio ocorrer após ou durante a data base e fora do trintídio; no entanto, fará jus aos complementos rescisórios decorrentes da norma coletiva celebrada. Ref.: art. 9º, da Lei 7.238, de 1984, e art. 487, § 1º, da CLT".

Por fim, versando sobre uma indenização específica e peculiar, que foi prevista para certo momento de nossa política salarial (Lei 8.880/1994, art. 31[22]), a Orientação Jurisprudencial 148 da SBDI-I do TST assim prevê: "Lei 8.880/1994, art. 31. Constitucionalidade. É constitucional o art. 31 da Lei 8.880/1994, que prevê a indenização por demissão sem justa causa".

---

[22] "Art. 31. Na hipótese de ocorrência de demissões sem justa causa, durante a vigência da URV prevista nesta Lei, as verbas rescisórias serão acrescidas de uma indenização adicional equivalente a cinquenta por cento da última remuneração recebida".

Capítulo 22

Fundo de Garantia do Tempo de Serviço

22.1 Introdução e aspectos históricos

O Fundo de Garantia do Tempo de Serviço foi criado como um sistema opcional, pela Lei 5.107, de 13 de setembro de 1966 (revogada pela Lei 7.839/1989).

No caso, o empregado regido pela CLT podia optar pelo regime do FGTS, em substituição à indenização por tempo de serviço, prevista nos arts. 477, 478, 496 a 498 daquele diploma legal. A referida opção, assim, só se aplicava aos empregados urbanos, e não aos trabalhadores rurais.

Havendo a opção ao regime do FGTS, o empregado, por passar a fazer jus aos respectivos depósitos, como garantia do tempo de serviço, não mais adquiria os direitos à indenização e à estabilidade por tempo de serviço (art. 492 da CLT).

Ou seja, a opção ao regime do FGTS substituía a incidência dos Capítulos V e VII do Título IV da CLT.

Embora a opção fosse do empregado, na prática, as empresas começaram a admitir os empregados somente se optantes ao regime do FGTS, pois, desse modo, afastava-se a possibilidade de aquisição do direito à estabilidade decenal[1].

O art. 158 da Constituição de 1967, assegurando aos trabalhadores os direitos ali arrolados (além de outros que, nos termos da lei, visassem à melhoria, de sua condição social), passou a prever, em seu inciso XIII: "estabilidade, com indenização ao trabalhador despedido, ou fundo de garantia equivalente". A Emenda Constitucional 1/1969 manteve a mesma previsão no art. 165, inciso XIII.

Quanto à equivalência entre o sistema do FGTS e o regime de estabilidade, com indenização por tempo de serviço, o entendimento que se pacificou foi no sentido de que: "A equivalência entre os regimes do Fundo de Garantia do Tempo de Serviço e da estabilidade prevista na CLT é meramente jurídica e não econômica, sendo indevidos valores a título de reposição de diferenças" (Súmula 98, inciso I, do TST).

Desse modo, o empregado que optasse pelo sistema do FGTS, não tinha direito a diferenças em relação a eventual valor de indenização por tempo de serviço.

O prazo para a mencionada opção, de acordo com a Lei 5.107/1966, foi de 365 dias, contado da sua vigência, para os empregados com contratos de trabalho em andamento à época, e quando da admissão, para os empregados admitidos a partir da referida vigência (art. 1º, § 1º). Aqueles empregados que não tivessem optado nos prazos mencionados poderiam fazê-lo, a qualquer tempo, em declaração homologada pela Justiça do Trabalho (art. 1º, § 3º).

A opção deveria ser manifestada em declaração escrita do empregado e, em seguida, anotada na sua CTPS e registro (art. 1º, § 2º).

O art. 6º da Lei 5.107/1966 previa que: "Ocorrendo rescisão do contrato de trabalho, por parte da empresa, sem justa causa, ficará esta obrigada a depositar, na data da dispensa, a favor do empregado, importância igual a 10% (dez por cento) dos valores do depósito, da correção monetária e dos juros capitalizados na sua cota vinculada, correspondentes ao período em que o empregado trabalhou na empresa".

---

[1] Cf. MARTINS, Sergio Pinto. *Direito do trabalho*. 28. ed. São Paulo: Atlas, 2012. p. 474.

O art. 2º do mesmo diploma legal previa, ainda, que *todas as empresas que estivessem sujeitas à Consolidação das Leis do Trabalho* ficavam obrigadas a depositar, até o dia 20 de cada mês, em conta bancária vinculada, a importância correspondente a 8% da remuneração para no mês anterior a cada empregado, "optante ou não", excluídas as parcelas não mencionadas nos arts. 457 e 458 da CLT.

As referidas contas bancárias deveriam ser abertas em nome do empregado que houvesse optado pelo regime da Lei 5.107/1966, ou em nome da empresa, mas em conta individualizada, com relação ao empregado não optante (parágrafo único do art. 2º).

Desse modo, os empregados que, na forma do art. 1º da Lei 5.107/1966, houvessem optado pelo regime do FGTS, na ocorrência de rescisão do contrato de trabalho, tinham regulados os *direitos relativos ao tempo de serviço anterior à opção*, de acordo com o sistema estabelecido no Capítulo V do Título IV da CLT, calculada, porém, a indenização, para os que contassem dez ou mais anos de serviço, na base prevista no art. 497 da mesma CLT. Pelo *tempo de serviço posterior à opção*, tinham assegurados os direitos decorrentes da Lei 5.107/1966 (art. 16, *caput*).

O valor da indenização, correspondente ao tempo de serviço anterior à opção, deveria ser complementado pela empresa, mediante depósito na conta vinculada do empregado (§ 1º do art. 16).

Além disso, facultava-se à empresa, a qualquer tempo, desobrigar-se da responsabilidade da indenização relativa ao tempo de serviço anterior à opção depositando na conta vinculada do empregado o valor correspondente na data do depósito (§ 2º).

De acordo com o art. 17 da Lei 5.107/1966, em sua redação original, no caso de extinção do contrato de trabalho do *empregado não optante*, observavam-se os seguintes critérios:

a) havendo indenização a ser paga, a empresa podia utilizar o valor do depósito da conta vinculada, até o montante da indenização por tempo de serviço;

b) não havendo indenização a ser paga, ou tendo decorrido o prazo prescricional para a reclamação de direitos por parte do empregado, a empresa poderia levantar a seu favor o saldo da respectiva conta individualizada, mediante comprovação perante o órgão competente do MTPS.

Por fim, o parágrafo único do mencionado art. 17 da Lei 5.107/1966 previa que a conta individualizada do empregado não optante, dispensado sem justa causa antes de completar um ano de serviço, reverteria a seu favor; se despedido com justa causa, reverteria a favor do FGTS. Decorrido esse período, a conta poderia ser utilizada pela empresa na forma do art. 17.

O Decreto-lei 20, de 14 de setembro de 1966, introduzindo modificações à Lei 5.107/1966, acrescentou ao art. 1º deste diploma legal os §§ 4º, 5º e 6º, prevendo as seguintes regras:

– o empregado que tivesse optado pelo regime do FGTS, dentro do prazo estabelecido no § 1º do art. 1º da Lei 5.107/1966, e que não tivesse movimentado a sua conta vinculada, podia retratar-se desde que o fizesse "no prazo de 365 dias a contar da opção, mediante declaração homologada pela Justiça do Trabalho, não se computando para efeito de contagem do tempo de serviço o período compreendido entre a opção e a retratação";

– não poderia retratar-se da opção exercida o empregado que transacionasse com o empregador o direito à indenização correspondente ao tempo de serviço anterior à opção;

– na hipótese da retratação, o valor da conta vinculada do empregado relativo ao período da opção seria transferido para a conta vinculada da empresa e individualizada nos termos do art. 2º da Lei 5.107/1966.

Em razão do mencionado § 4º do art. 1º da Lei 5.107/1966, acrescentado pelo Decreto-lei 20/1966, o Enunciado 223 do TST (Resolução 14/1985), tinha a seguinte previsão: "Prescrição. Opção pelo sistema do Fundo de Garantia do Tempo de Serviço. Termo inicial. O termo inicial da prescrição para anular a opção pelo Fundo de Garantia do Tempo de Serviço coincide com a data em que formalizado o ato opcional, e não com a cessação do contrato de trabalho".

O mencionado verbete foi cancelado pela Resolução 121/2003 (DJ 21.11.2003), pois com a Constituição Federal de 1988 não mais se verifica a possibilidade de opção ao sistema do FGTS, que passou a ser obrigatório e um direito trabalhista do empregado urbano e rural (art. 7º, inciso III).

O mesmo Decreto-lei 20/1966 alterou o prazo para o depósito do FGTS, passando a ser "até o dia 30 (trinta) de cada mês".

Por fim, o art. 17 da Lei 5.107/1966 passou a apresentar a seguinte previsão:

"Art. 17. Os contratos de trabalho que contarem mais de 10 (dez) anos, na data de publicação desta Lei, poderão ser rescindidos a qualquer tempo, por livre acordo entre as partes. E na ocorrência desta hipótese, o empregado receberá diretamente do empregador, a importância que convencionar como indenização.

§ 1º Se o empregado for optante poderá movimentar livremente a conta vinculada depositada a partir da data da opção.

§ 2º Para a validade do pedido de demissão é essencial o cumprimento das formalidades prescritas no artigo 500 da Consolidação das Leis do Trabalho.

§ 3º A importância a ser convencionada na forma deste artigo, nunca poderá ser inferior a 60% (sessenta por cento) do que resultar da multiplicação dos anos de serviço contados em dobro, pelo maior salário mensal percebido pelo empregado na empresa".

Essa disposição deu origem à Súmula 54 do TST (Resolução 105/1974), com a seguinte redação: "Optante. Rescindindo por acordo seu contrato de trabalho, o empregado estável optante tem direito ao mínimo de 60% (sessenta por cento) do total da indenização em dobro, calculada sobre o maior salário percebido no emprego. Se houver recebido menos do que esse total, qualquer que tenha sido a forma de transação, assegura-se-lhe a complementação até aquele limite".

Além disso, em conformidade com a Súmula 98 do TST, inciso II, parte final: "A estabilidade contratual ou a derivada de regulamento de empresa são compatíveis com o regime do FGTS. *Diversamente ocorre com a estabilidade legal (decenal, art. 492 da CLT), que é renunciada com a opção pelo FGTS*" (destaquei).

A Lei 5.958, de 10 de dezembro de 1973, dispondo sobre a retroatividade da opção pelo regime do Fundo de Garantia do Tempo de Serviço, criado pela Lei 5.107/1966, assegurou aos empregados daquela época, que não tinham optado pelo regime instituído pela Lei 5.107/1966, o direito de fazê-lo com efeitos retroativos a 1º de janeiro de 1967 ou à data da admissão ao emprego se posterior àquela, desde que houvesse concordância por parte do empregador (art. 1º).

Essa disposição se aplicava também aos empregados que tinham optado em data posterior à do início da vigência da Lei 5.107, retroagindo os efeitos da nova opção a essa data ou à da admissão (§ 1º). Os efeitos da opção exercida por empregado que contasse dez ou mais anos de serviço podiam retroagir à data em que este completou o decênio na empresa (§ 2º).

Prosseguindo na evolução legislativa, a Lei 6.858, de 24 de novembro de 1980, regulou o pagamento do FGTS aos dependentes do empregado falecido.

A Lei 6.919, de 2 de junho de 1981, facultou às empresas estender o regime do FGTS aos diretores não empregados.

Com a Constituição Federal de 1988, o Fundo de Garantia do Tempo de Serviço passou a ser previsto como direito dos trabalhadores urbanos e rurais, conforme o art. 7º, inciso III.

Desse modo, o FGTS só passou a ser um direito do empregado rural com a Constituição Federal atualmente em vigor, o que impossibilita a sua opção anterior ao mencionado regime.

A respeito do tema, segundo a Súmula 578 do STJ, os "empregados que laboram no cultivo da cana-de-açúcar para empresa agroindustrial ligada ao setor sucroalcooleiro detêm a qualidade de rurícola, ensejando a isenção do FGTS desde a edição da Lei Complementar n. 11/1971 até a promulgação da Constituição Federal de 1988".

A Lei 7.839, de 12 de outubro de 1989, regulava a matéria do FGTS, mas logo foi revogada pela atual Lei 8.036, de 11 de maio de 1990.

Tendo em vista os aspectos acima, sistematizando-os e servindo como regras de transição, devem ser mais uma vez destacadas as seguintes disposições da Lei 8.036/1990:

"Art. 14. Fica ressalvado o direito adquirido dos trabalhadores que, à data da promulgação da Constituição Federal de 1988, já tinham o direito à estabilidade no emprego nos termos do Capítulo V do Título IV da CLT.

§ 1º O tempo do trabalhador não optante do FGTS, anterior a 5 de outubro de 1988, em caso de rescisão sem justa causa pelo empregador, reger-se-á pelos dispositivos constantes dos arts. 477, 478 e 497 da CLT.

§ 2º O tempo de serviço anterior à atual Constituição poderá ser transacionado entre empregador e empregado, respeitado o limite mínimo de 60 (sessenta) por cento da indenização prevista.

§ 3º É facultado ao empregador desobrigar-se da responsabilidade da indenização relativa ao tempo de serviço anterior à opção, depositando na conta vinculada do trabalhador, até o último dia útil do mês previsto em lei para o pagamento de salário, o valor correspondente à indenização, aplicando-se ao depósito, no que couber, todas as disposições desta lei.

§ 4º Os trabalhadores poderão a qualquer momento optar pelo FGTS com efeito retroativo a 1º de janeiro de 1967 ou à data de sua admissão, quando posterior àquela".

De acordo com a Orientação Jurisprudencial Transitória 39 da SBDI-I do TST: "FGTS. Opção retroativa. Concordância do empregador. Necessidade. A concordância do empregador é indispensável para que o empregado possa optar retroativamente pelo sistema do Fundo de Garantia por Tempo de Serviço".

Essa necessidade de concordância do empregador para a opção retroativa decorre do fato de ser ele o efetivo titular dos valores depositados em conta vinculada no período de não opção do sistema do FGTS (art. 2º da Lei 5.107/1966 vigente à época, posteriormente revogado pela Lei 7.839/1989), o que corresponde a direito adquirido do empregador quanto a tais valores.

O Decreto 99.684, de 8 de novembro de 1990, regulamenta a referida Lei 8.036/1990.

22.2 Conceito

Pode-se conceituar o Fundo de Garantia do Tempo de Serviço como direito trabalhista, de empregados urbanos e rurais, com a finalidade de estabelecer um fundo de depósitos em pecúnia, com valores destinados a garantir a indenização do tempo de serviço prestado ao empregador.

Na Lei 8.036/1990, o art. 2º, *caput*, apresenta a seguinte definição: "O FGTS é constituído pelos saldos das contas vinculadas a que se refere esta Lei e outros recursos a ele incorporados, devendo ser aplicados com atualização monetária e juros, de modo a assegurar a cobertura de suas obrigações".

De acordo com Sergio Pinto Martins: "Podemos conceituar o FGTS como um depósito bancário vinculado, pecuniário, compulsório, realizado pelo empregador em favor do trabalhador, visando a formar uma espécie de poupança para este, que poderá ser sacada nas hipóteses previstas em lei, além de se destinar ao financiamento para aquisição de moradia pelo Sistema de Financiamento da Habitação"[2].

---

[2] MARTINS, Sergio Pinto. *Manual do FGTS*. São Paulo: Malheiros, 1997. p. 46.

22.3 Natureza jurídica

A natureza jurídica do Fundo de Garantia do Tempo de Serviço é tema de grande controvérsia na doutrina, apresentando diversas repercussões práticas, como a questão do prazo prescricional aplicável.

Cabe arrolar, assim, as diversas teorias existentes sobre o tema na doutrina[3].

A teoria do salário diferido entende que o FGTS representa um valor a ser recebido pelo empregado posteriormente, mas como decorrência do serviço prestado ao empregador ao longo do tempo.

A teoria do salário social menciona ser o FGTS um fundo social, devido pela sociedade, em favor do empregado.

A teoria do salário atual esclarece que parte do salário é paga diretamente ao empregado, pelos serviços prestados, e outra parte é destinada ao FGTS, para ser levantada quando da dispensa ou em outras hipóteses previstas em lei.

A teoria do FGTS como direito semipúblico defende tratar-se de uma indenização decorrente da responsabilidade objetiva, na modalidade do risco social, mas, ao mesmo tempo, apresentando natureza tributária.

A teoria do crédito-compensação indica ser o FGTS um crédito em favor do empregado, compensando o tempo de serviço prestado ao empregador.

A teoria do fundo contábil destaca ser o FGTS uma forma de estabelecer provisão legal, um fundo de reserva, para ser utilizado em certas contingências pelo empregado.

Na realidade, sob o enfoque do empregado, o FGTS apresenta natureza jurídica de direito trabalhista, um direito do trabalhador, com previsão mesmo na Constituição Federal de 1988 (art. 7º, inciso III) e regulado pela legislação do trabalho infraconstitucional.

Já sob o enfoque do empregador, ou seja, das contribuições do FGTS, também podem ser indicadas as principais teorias quanto à sua natureza jurídica.

A teoria parafiscal defende ser a contribuição do FGTS, embora compulsória, dotada de um fim social, arrecadada por ente especial, e alocada nas finanças paralelas do Estado.

A teoria previdenciária entende ser a contribuição do FGTS de natureza previdenciária, entendimento corrente à época em que o respectivo recolhimento era verificado e cobrado, administrativa ou judicialmente, pela Previdência Social, "pela mesma forma e com os mesmos privilégios das contribuições devidas à Previdência Social" (Lei 5.107/1966, art. 20, posteriormente revogado pela Lei 7.839/1989).

Aliás, também há o entendimento segundo o qual o próprio depósito do FGTS seria similar a um benefício previdenciário.

Há quem defenda que o FGTS é uma contribuição de natureza tributária, como modalidade de contribuição social, subsumindo-se ao disposto no art. 149, *caput*, da Constituição Federal de 1988, inserido no Sistema Tributário Nacional.

Na mesma linha, o art. 217 do Código Tributário Nacional ressalva a incidência da "contribuição destinada ao Fundo de Garantia do Tempo de Serviço, criada pelo art. 2º da Lei 5.107, de 13 de setembro de 1966" (inciso IV).

Mais especificamente, o FGTS seria, dentro do gênero das contribuições sociais (que apresentam natureza tributária), uma contribuição "de intervenção no domínio econômico", "em que o Estado, com seu poder fiscal, interfere na relação dos particulares, estabelecendo uma contribuição em benefício do empregado, mas que também ajuda a financiar o Sistema Financeiro de Habitação"[4].

No entanto, o entendimento que prevalece, inclusive na jurisprudência, é no sentido de que a contribuição do FGTS, a ser depositada pelo empregador, não possui natureza tributária[5], mas de contribuição social, especial, com natureza trabalhista.

---

[3] Cf. MARTINS, Sergio Pinto. *Manual do FGTS*. São Paulo: Malheiros, 1997. p. 46.
[4] MARTINS, Sergio Pinto. *Manual do FGTS*. São Paulo: Malheiros, 1997. p. 46.
[5] Cf. Súmula 353 do STJ: "As disposições do Código Tributário Nacional não se aplicam às contribuições para o FGTS".

Tanto é assim que, de acordo com entendimento sumulado pelo Tribunal Superior do Trabalho (Súmula 362) e pelo Superior Tribunal de Justiça (Súmula 210) e com o decidido pelo STF (ARE 709.212/DF), quanto ao FGTS, não foi adotado o prazo prescricional previsto no Código Tributário Nacional (art. 146, inciso III, b, da CF/1988).

Frise-se ainda que, conforme decidido pelo Superior Tribunal de Justiça: "O FGTS é fundo de natureza financeira e que ostenta característica de multiplicidade, pois, além de servir de indenização aos trabalhadores, possui a finalidade de fomentar políticas públicas, conforme dispõe o art. 6º da Lei 8.036/1990" (STJ, 1ª Seção, REsp 1.614.874/SC (2016/0189302-7), Rel. Min. Benedito Gonçalves, DJe 15.05.2018).

22.4 Administração

O Fundo de Garantia do Tempo de Serviço é regido por normas e diretrizes estabelecidas por um Conselho Curador, composto por representação de trabalhadores, empregadores e órgãos e entidades governamentais, na forma estabelecida pelo Poder Executivo (art. 3º da Lei 8.036/1990, com redação determinada pela Medida Provisória 2.216-37/2001).

A Presidência do Conselho Curador será exercida pelo Ministro de Estado do Trabalho e Previdência ou representante por ele indicado (§ 1º do art. 3º da Lei 8.036/1990, com redação dada pela Lei 14.261/2021).

Os representantes dos trabalhadores e dos empregadores e seus suplentes serão indicados pelas respectivas centrais sindicais e confederações nacionais, serão nomeados pelo Poder Executivo, terão mandato de dois anos e poderão ser reconduzidos uma única vez, vedada a permanência de uma mesma pessoa como membro titular, como suplente ou, de forma alternada, como titular e suplente, por período consecutivo superior a quatro anos no Conselho (§ 3º do art. 3º da Lei 8.036/1990).

O Conselho Curador reunir-se-á ordinariamente, a cada bimestre, por convocação de seu Presidente. Esgotado esse período, não tendo ocorrido convocação, qualquer de seus membros poderá fazê-la, no prazo de 15 dias. Havendo necessidade, qualquer membro poderá convocar reunião extraordinária, na forma que vier a ser regulamentada pelo Conselho Curador (§ 4º do art. 3º da Lei 8.036/1990).

As decisões do Conselho serão tomadas com a presença da maioria simples de seus membros, tendo o Presidente voto de qualidade (§ 5º do art. 3º da Lei 8.036/1990, com redação dada pela Medida Provisória 2.216-37/2001).

As despesas porventura exigidas para o comparecimento às reuniões do Conselho constituirão ônus das respectivas entidades representadas (§ 6º do art. 3º da Lei 8.036/1990). As ausências ao trabalho dos representantes dos trabalhadores no Conselho Curador, decorrentes das atividades desse órgão, serão abonadas, computando-se como jornada efetivamente trabalhada para todos os fins e efeitos legais (§ 7º do art. 3º da Lei 8.036/1990).

O Poder Executivo designará, entre os órgãos governamentais com representação no Conselho Curador do FGTS, aquele que lhe proporcionará estrutura administrativa de suporte para o exercício de sua competência e que atuará na função de Secretaria Executiva do colegiado, não permitido ao Presidente do Conselho Curador acumular a titularidade dessa Secretaria Executiva (§ 8º do art. 3º da Lei 8.036/1990).

O gestor da aplicação dos recursos do FGTS será o órgão do Poder Executivo responsável pela política de habitação, e caberá à Caixa Econômica Federal (CEF) o papel de agente operador (art. 4º da Lei 8.036/1990, com redação dada pela Lei 13.932/2019).

Ao Conselho Curador do FGTS compete (art. 5º da Lei 8.036/1990):

a) estabelecer as diretrizes e os programas de alocação dos recursos do FGTS, de acordo com os critérios definidos na Lei 8.036/1990, em conformidade com a política nacional de desenvolvimento urbano e as políticas setoriais de habitação popular, saneamento básico, microcrédito e infraestrutura urbana estabelecidas pelo governo federal;

b) acompanhar e avaliar a gestão econômica e financeira dos recursos, bem como os ganhos sociais e o desempenho dos programas aprovados;

c) apreciar e aprovar os programas anuais e plurianuais do FGTS;

d) aprovar as demonstrações financeiras do FGTS, com base em parecer de auditoria externa independente, antes de sua publicação e encaminhamento aos órgãos de controle, bem como da distribuição de resultados;

e) adotar as providências cabíveis para a correção de atos e fatos do gestor da aplicação e da CEF que prejudiquem o desempenho e o cumprimento das finalidades no que concerne aos recursos do FGTS;

f) dirimir dúvidas quanto à aplicação das normas regulamentares, relativas ao FGTS, nas matérias de sua competência;

g) aprovar seu regimento interno;

h) fixar as normas e valores de remuneração do agente operador e dos agentes financeiros;

i) fixar critérios para parcelamento de recolhimentos em atraso;

j) fixar critério e valor de remuneração para o exercício da fiscalização;

k) divulgar, no Diário Oficial da União, todas as decisões proferidas pelo Conselho, bem como as contas do FGTS e os respectivos pareceres emitidos;

l) fixar critérios e condições para compensação entre créditos do empregador, decorrentes de depósitos relativos a trabalhadores não optantes, com contratos extintos, e débitos resultantes de competências em atraso, inclusive aqueles que forem objeto de composição de dívida com o FGTS;

m) em relação ao Fundo de Investimento do Fundo de Garantia do Tempo de Serviço (FI-FGTS): aprovar a política de investimento do FI-FGTS por proposta do Comitê de Investimento; decidir sobre o reinvestimento ou distribuição dos resultados positivos aos cotistas do FI-FGTS, em cada exercício; definir a forma de deliberação, de funcionamento e a composição do Comitê de Investimento; estabelecer o valor da remuneração da Caixa Econômica Federal pela administração e gestão do FI-FGTS, inclusive a taxa de risco; definir a exposição máxima de risco dos investimentos do FI-FGTS; estabelecer o limite máximo de participação dos recursos do FI-FGTS por setor, por empreendimento e por classe de ativo, observados os requisitos técnicos aplicáveis; estabelecer o prazo mínimo de resgate das cotas e de retorno dos recursos à conta vinculada, observado o disposto no § 19 do art. 20 da Lei 8.036/1990; aprovar o regulamento do FI-FGTS, elaborado pela Caixa Econômica Federal; autorizar a integralização de cotas do FI-FGTS pelos trabalhadores, estabelecendo previamente os limites globais e individuais, parâmetros e condições de aplicação e resgate;

n) autorizar a aplicação de recursos do FGTS em outros fundos de investimento, no mercado de capitais e em títulos públicos e privados, com base em proposta elaborada pelo agente operador, devendo o Conselho Curador regulamentar as formas e condições do investimento, vedado o aporte em fundos nos quais o FGTS seja o único cotista;

o) estipular limites às tarifas cobradas pelo agente operador ou pelos agentes financeiros na intermediação da movimentação dos recursos da conta vinculada do FGTS, inclusive nas hipóteses de que tratam os incisos V, VI e VII do art. 20 da Lei 8.036/1990;

p) estabelecer, em relação à autorização de aplicação de recursos do FGTS em fundos garantidores de crédito e sua regulamentação quanto às formas e condições: a) o valor da aplicação com fundamento em proposta elaborada pelo gestor da aplicação; b) a cada três anos, percentual mínimo do valor proposto para aplicação na política setorial do microcrédito, respeitado o piso de 30%.

Ao gestor da aplicação compete (art. 6º da Lei 8.036/1990):

a) praticar todos os atos necessários à gestão da aplicação do Fundo, de acordo com as diretrizes e programas estabelecidos pelo Conselho Curador;

b) expedir atos normativos relativos à alocação dos recursos para implementação dos programas aprovados pelo Conselho Curador;

c) elaborar orçamentos anuais e planos plurianuais de aplicação dos recursos, discriminados por região geográfica, e submetê-los até 31 de julho ao Conselho Curador do FGTS;

d) acompanhar a execução dos programas de habitação popular, saneamento básico e infraestrutura urbana previstos no orçamento do FGTS e implementados pela CEF, no papel de agente operador;

e) submeter à apreciação do Conselho Curador as contas do FGTS;

f) subsidiar o Conselho Curador com estudos técnicos necessários ao aprimoramento operacional dos programas de habitação popular, saneamento básico e infraestrutura urbana;

g) definir as metas a serem alcançadas nos programas de habitação popular, saneamento básico e infraestrutura urbana.

Cabe ao Ministério da Saúde regulamentar, acompanhar a execução, subsidiar o Conselho Curador com estudos técnicos necessários ao seu aprimoramento operacional e definir as metas a serem alcançadas nas operações de crédito destinadas às entidades hospitalares filantrópicas, bem como a instituições que atuem no campo para pessoas com deficiência, sem fins lucrativos, que participem de forma complementar do Sistema Único de Saúde (art. 6º-A da Lei 8.036/1990, incluído pela Lei 13.832/2019).

Cabe ao Ministério do Trabalho e Previdência regulamentar, acompanhar a execução e subsidiar o Conselho Curador com os estudos técnicos necessários ao seu aprimoramento operacional e estabelecer as metas a serem alcançadas nas operações de microcrédito (art. 6º-B da Lei 8.036/1990, incluído pela Lei 14.438/2022).

À Caixa Econômica Federal, na qualidade de agente operador, cabe (art. 7º da Lei 8.036/1990):

a) centralizar os recursos do FGTS, manter e controlar as contas vinculadas, e emitir regularmente os extratos individuais correspondentes às contas vinculadas e participar da rede arrecadadora dos recursos do FGTS[6];

b) expedir atos normativos referentes aos procedimentos administrativo-operacionais dos bancos depositários, dos agentes financeiros, dos empregadores e dos trabalhadores, integrantes do sistema do FGTS;

c) definir procedimentos operacionais necessários à execução dos programas estabelecidos pelo Conselho Curador, com base nas normas e diretrizes de aplicação elaboradas pelo gestor da aplicação;

d) elaborar as análises jurídica e econômico-financeira dos projetos de habitação popular, infraestrutura urbana e saneamento básico a serem financiados com recursos do FGTS;

e) emitir Certificado de Regularidade do FGTS;

f) elaborar as demonstrações financeiras do FGTS, incluídos o Balanço Patrimonial, a Demonstração do Resultado do Exercício e a Demonstração de Fluxo de Caixa, em conformidade com as Normas Contábeis Brasileiras, e encaminhá-las, até 30 de junho do exercício subsequente, ao gestor de aplicação;

g) implementar atos emanados do gestor da aplicação relativos à alocação e à aplicação dos recursos do FGTS, de acordo com as diretrizes estabelecidas pelo Conselho Curador;

h) garantir aos recursos alocados ao FI-FGTS, em cotas de titularidade do FGTS, a remuneração aplicável às contas vinculadas, na forma do *caput* do art. 13 da Lei 8.036/1990;

i) realizar todas as aplicações com recursos do FGTS por meio de sistemas informatizados e auditáveis;

---

[6] Cf. Súmula 514 do STJ: "A CEF é responsável pelo fornecimento dos extratos das contas individualizadas vinculadas ao FGTS dos Trabalhadores participantes do Fundo de Garantia do Tempo de Serviço, inclusive para fins de exibição em juízo, independentemente do período em discussão".

j) colocar à disposição do Conselho Curador, em formato digital, as informações gerenciais que estejam sob gestão do agente operador e que sejam necessárias ao desempenho das atribuições daquele colegiado.

O gestor da aplicação e o agente operador devem dar pleno cumprimento aos programas anuais em andamento, aprovados pelo Conselho Curador, e eventuais alterações somente poderão ser processadas mediante prévia anuência daquele colegiado.

O gestor da aplicação, o agente operador e o Conselho Curador do FGTS são responsáveis pelo fiel cumprimento e observância dos critérios estabelecidos na Lei 8.036/1990 (art. 8º da Lei 8.036/1990, com redação dada pela Lei 13.932/2019).

Os recursos do FGTS devem ser aplicados em habitação, saneamento básico, infraestrutura urbana, operações de microcrédito e operações de crédito destinadas às entidades hospitalares filantrópicas, às instituições que atuem com pessoas com deficiência e às entidades sem fins lucrativos que participem do SUS de forma complementar, desde que as disponibilidades financeiras sejam mantidas em volume que satisfaça as condições de liquidez e de remuneração mínima necessárias à preservação do poder aquisitivo da moeda (art. 9º, § 2º, da Lei 8.036/1990, com redação dada pela Lei 14.438/2022).

O Conselho Curador fixa as diretrizes e estabelece os critérios técnicos para as aplicações dos recursos do FGTS, visando a (art. 10 da Lei 8.036/1990):

a) exigir a participação dos contratantes de financiamentos nos investimentos a serem realizados;
b) assegurar o cumprimento, por parte dos contratantes inadimplentes, das obrigações decorrentes dos financiamentos obtidos;
c) evitar distorções na aplicação entre as regiões do País, considerando para tanto a demanda habitacional, a população e outros indicadores sociais.

Os recolhimentos efetuados na rede arrecadadora relativos ao FGTS devem ser transferidos à Caixa Econômica Federal até o primeiro dia útil subsequente à data do recolhimento, observada a regra do meio de pagamento utilizado, data em que os respectivos valores devem ser incorporados ao FGTS (art. 11 da Lei 8.036/1990, com redação dada pela Lei 14.438/2022).

A partir de 11 de maio de 1991, a Caixa Econômica Federal assumiu o controle de todas as contas vinculadas, passando os demais estabelecimentos bancários, findo esse prazo, à condição de agentes recebedores e pagadores do FGTS, mediante recebimento de tarifa, a ser fixada pelo Conselho Curador (art. 12 da Lei 8.036/1990).

Os depósitos efetuados nas contas vinculadas serão corrigidos monetariamente com base nos parâmetros fixados para atualização dos saldos dos depósitos de poupança e capitalizarão juros de 3% ao ano (art. 13 da Lei 8.036/1990).

O saldo das contas vinculadas é garantido pelo Governo Federal, podendo ser instituído seguro especial para esse fim (art. 13, § 4º, da Lei 8.036/1990).

22.5 Sujeitos da obrigação de depositar o FGTS

Todos os empregadores ficam obrigados a depositar, em conta vinculada, a importância correspondente a 8% da remuneração paga ou devida, no mês anterior, a cada trabalhador, incluídas na remuneração as parcelas de que tratam os arts. 457 e 458 da CLT e a gratificação de Natal de que trata a Lei 4.090/1962 (art. 15 da Lei 8.036/1990, com redação dada pela Lei 14.438/2022).

Nos termos do art. 9º da Lei 13.189/2015, a compensação pecuniária (paga em razão de adesão ao Programa Seguro-Emprego – PSE) integra as parcelas remuneratórias para efeito do disposto no art. 22, inciso I, e art. 28 da Lei 8.212/1991, sobre contribuição previdenciária, e do disposto no art. 15 da Lei 8.036/1990, sobre o FGTS.

Entende-se por *empregador* a pessoa física ou a pessoa jurídica de direito privado ou de direito público, da administração pública direta, indireta ou fundacional de qualquer dos Poderes, da União, dos Estados, do Distrito Federal e dos Municípios, que admitir trabalhadores a seu serviço, bem assim aquele que, regido por legislação especial, encontrar-se nessa condição ou figurar como fornecedor ou tomador de mão de obra, independente da responsabilidade solidária e/ou subsidiária a que eventualmente venha obrigar-se (§ 1º do art. 15 da Lei 8.036/1990).

Como se nota, para fins de aplicação da Lei do FGTS, foi adotado conceito de empregador mais aberto, amplo e explicativo.

De acordo com a Súmula 461 do TST: "FGTS. Diferenças. Recolhimento. Ônus da prova. É do empregador o ônus da prova em relação à regularidade dos depósitos do FGTS, pois o pagamento é fato extintivo do direito do autor (art. 373, II, do CPC de 2015)".

Considera-se *trabalhador* toda pessoa física que prestar serviços a empregador, a locador ou tomador de mão de obra, excluídos os eventuais, os autônomos e os servidores públicos civis e militares sujeitos a regime jurídico próprio (§ 2º do art. 15 da Lei 8.036/1990).

O art. 19-A da Lei 8.036/1990, acrescentado pela Medida Provisória 2.164-41/2001, prevê ser devido "o depósito do FGTS na conta vinculada do trabalhador cujo contrato de trabalho seja declarado nulo nas hipóteses previstas no art. 37, § 2º, da Constituição Federal, quando mantido o direito ao salário". Essa previsão foi aceita e adotada pela Súmula 363 do TST, na redação determinada pela Resolução 121/2003.

O Poder Executivo deve assegurar a prestação de serviços digitais: I – aos trabalhadores, que incluam a prestação de informações sobre seus créditos perante o Fundo e o acionamento imediato da inspeção do trabalho em caso de inadimplemento do empregador, de forma que seja possível acompanhar a evolução de eventuais cobranças administrativas e judiciais dos valores não recolhidos; II – aos empregadores, que facilitem e desburocratizem o cumprimento de suas obrigações perante o Fundo, incluídos a geração de guias, o parcelamento de débitos, a emissão sem ônus do Certificado de Regularidade do FGTS e a realização de procedimentos de restituição e compensação (art. 17 da Lei 8.036/1990, com redação dada pela Lei 13.932/2019). O desenvolvimento, a manutenção e a evolução dos sistemas e ferramentas necessários à prestação dos mencionados serviços devem ser custeados com recursos do FGTS.

O empregador ou o responsável fica obrigado a elaborar folha de pagamento e a declarar os dados relacionados aos valores do FGTS e outras informações de interesse do poder público por meio de sistema de escrituração digital, na forma, no prazo e nas condições estabelecidos em ato do Ministro de Estado do Trabalho e Previdência (art. 17-A da Lei 8.036/1990, com redação dada pela Lei 14.438/2022).

As informações prestadas na forma do art. 17-A da Lei 8.036/1990 constituem declaração e reconhecimento dos créditos delas decorrentes, caracterizam confissão de débito e constituem instrumento hábil e suficiente para a cobrança do crédito de FGTS.

O lançamento da obrigação principal e das obrigações acessórias relativas ao FGTS será efetuado de ofício pela autoridade competente, no caso de o empregador não apresentar a declaração na forma do art. 17-A da Lei 8.036/1990, e será revisto de ofício, nas hipóteses de omissão, erro, fraude ou sonegação.

Além disso, para os efeitos da Lei 8.036/1990, as empresas que estão sujeitas ao regime da legislação trabalhista podem equiparar seus diretores não empregados aos demais trabalhadores sujeitos ao regime do FGTS. Considera-se diretor aquele que exerça cargo de administração previsto em lei, estatuto ou contrato social, independente da denominação do cargo (art. 16 da Lei 8.036/1990).

São consideradas como remuneração as retiradas de diretores não empregados, quando haja deliberação da empresa, garantindo-lhes os direitos decorrentes do contrato de trabalho de que trata o art. 16 (§ 4º do art. 15 da Lei 8.036/1990, incluído pela Lei 9.711/1998).

22.5.1 FGTS e relação de emprego doméstico

O art. 15, § 3º, da Lei 8.036/1990 já previa que: "Os trabalhadores domésticos poderão ter acesso ao regime do FGTS, na forma que vier a ser prevista em lei".

A Emenda Constitucional 72/2013, ao alterar o art. 7º, parágrafo único, da Constituição da República, *passou a assegurar a todos os empregados domésticos, necessariamente, o direito ao Fundo de Garantia do Tempo de Serviço,* previsto no art. 7º, inciso III, conforme já examinado anteriormente (Cap. 9, item 9.2.3).

Nesse sentido, o art. 21 da Lei Complementar 150/2015 prevê que é devida a inclusão do empregado doméstico no *Fundo de Garantia do Tempo de Serviço* (FGTS), na forma do regulamento a ser editado pelo Conselho Curador e pelo agente operador do FGTS, no âmbito de suas competências, conforme disposto nos arts. 5º e 7º da Lei 8.036/1990, inclusive no que tange aos aspectos técnicos de depósitos, saques, devolução de valores e emissão de extratos, entre outros determinados na forma da lei.

O empregador doméstico somente passa a ter obrigação de promover a inscrição e de efetuar os recolhimentos referentes a seu empregado após a entrada em vigor do regulamento suprarreferido.

O empregador doméstico deve depositar a importância de 3,2% sobre a remuneração devida, no mês anterior, a cada empregado, destinada ao pagamento da indenização compensatória da perda do emprego, sem justa causa ou por culpa do empregador, não se aplicando ao empregado doméstico o disposto nos §§ 1º a 3º do art. 18 da Lei 8.036/1990 (art. 22 da Lei Complementar 150/2015).

Nas hipóteses de dispensa por justa causa ou a pedido, de término do contrato de trabalho por prazo determinado, de aposentadoria e de falecimento do empregado doméstico, os valores previstos no art. 22, *caput*, da Lei Complementar 150/2015 devem ser movimentados pelo empregador.

Na hipótese de culpa recíproca, metade dos valores previstos no art. 22, *caput*, deve ser movimentada pelo empregado, enquanto a outra metade será movimentada pelo empregador.

Os valores previstos no art. 22, *caput*, devem ser depositados na conta vinculada do empregado, em variação distinta daquela em que se encontrarem os valores oriundos dos depósitos de que trata o art. 34, inciso IV, da Lei Complementar 150/2015 (ou seja, 8% de recolhimento para o FGTS), e somente podem ser movimentados por ocasião da rescisão contratual.

À importância monetária de que trata o art. 22, *caput*, aplicam-se as disposições da Lei 8.036/1990 (sobre o Fundo de Garantia do Tempo de Serviço), e da Lei 8.844/1994 (sobre a fiscalização, apuração e cobrança judicial as contribuições e multas devidas ao FGTS), inclusive quanto a sujeição passiva e equiparações, prazo de recolhimento, administração, fiscalização, lançamento, consulta, cobrança, garantias, processo administrativo de determinação e exigência de créditos tributários federais.

Pode-se dizer que a extensão do regime do FGTS, de forma obrigatória, também para a relação de emprego doméstico, é um modo de concretizar o mandamento constitucional de melhoria das condições sociais dos referidos empregados (art. 7º, *caput*, da CF/1988), em consonância, ainda, com os ditames da valorização do trabalho e da dignidade da pessoa humana (arts. 1º, incisos III e IV, e 3º, incisos I, III e IV, da CF/1988).

22.6 Depósitos do FGTS

Como já mencionado, o depósito em conta vinculada do FGTS deve ser efetuado até o vigésimo dia de cada mês, na importância correspondente a 8% da remuneração paga ou devida, no mês anterior, a cada trabalhador.

Os contratos de aprendizagem terão a alíquota dos depósitos do FGTS reduzida para 2% (art. 15, § 7º, da Lei 8.036/1990, acrescentado pela Lei 10.097/2000).

A constitucionalidade dessa diferenciação no percentual do aprendiz é passível de questionamento, como já analisado anteriormente.

A Lei Complementar 110, de 29 de junho de 2001, no art. 2º, instituiu contribuição social devida pelos empregadores, à alíquota de 0,5% sobre a remuneração devida, no mês anterior, a cada trabalhador, incluídas as parcelas de que trata o art. 15 da Lei 8.036/1990[7].

Essa contribuição social, no entanto, não é de titularidade do empregado, sendo devida pelo prazo de 60 meses, a contar de sua exigibilidade (art. 2º, § 2º, da Lei Complementar 110/2001).

De acordo com a explicitação do art. 15, *caput*, da Lei 8.036/1990, o FGTS incide sobre a remuneração, nesta incluídas as parcelas de que tratam os arts. 457 e 458 da CLT e a gratificação de Natal a que se refere a Lei 4.090/1962, com as modificações da Lei 4.749/1965.

Cabe relembrar a Orientação Jurisprudencial 232 da SBDI-I do TST, com a seguinte previsão: "O FGTS incide sobre todas as parcelas de natureza salarial pagas ao empregado em virtude de prestação de serviços no exterior".

O conceito e a abrangência da remuneração no Direito do Trabalho já foram estudados em Capítulo específico. Assim, cabe apenas fazer, aqui, alguns esclarecimentos específicos quanto ao tema do FGTS.

Os arts. 213 a 293 da Instrução Normativa 2/2021 do Ministério do Trabalho e Previdência disciplinam a fiscalização do FGTS e da contribuição social instituída pela Lei Complementar 110/2001.

Nos termos do art. 221 da Instrução Normativa 2/2021 do Ministério do Trabalho e Previdência, consideram-se de natureza salarial, para fins do recolhimento do FGTS e da contribuição social instituída pela Lei Complementar 110/2001, incidentes sobre a remuneração paga ou devida aos trabalhadores, as seguintes parcelas, além de outras identificadas pelo caráter de contraprestação do trabalho:

I – o salário-base, inclusive as prestações *in natura*;
II – as horas extras;
III – os adicionais de insalubridade, periculosidade, penosidade e do trabalho noturno;
IV – o adicional por tempo de serviço;
V – o adicional por transferência de localidade de trabalho;
VI – o salário-família, no que exceder o valor legal obrigatório;
VII – o abono ou gratificação de férias, desde que excedente a 20 dias do salário, concedido em virtude de cláusula contratual, de regulamento da empresa, ou de convenção ou acordo coletivo;
VIII – o valor de um terço do abono constitucional das férias;
IX – as comissões;
X – as diárias para viagem, pelo seu valor global, quando não houver comprovação da viagem ou em caso de fraude;
XI – as etapas, no caso dos marítimos;
XII – as gorjetas;
XIII – a gratificação de Natal, seu valor proporcional e sua parcela devida sobre o aviso prévio indenizado, inclusive na extinção de contrato a prazo certo e de safra, e a gratificação periódica contratual, pelo seu duodécimo;
XIV – as gratificações legais, as de função e as que tiverem natureza de contraprestação pelo trabalho;
XV – as gratificações incorporadas em razão do exercício de cargo de confiança, antes de 11 de novembro de 2017, data de início da vigência da Lei 13.467/2017;

---

[7] "§ 1º Ficam isentas da contribuição social instituída neste artigo: I – as empresas inscritas no Sistema Integrado de Pagamento de Impostos e Contribuições das Microempresas e Empresas de Pequeno Porte – SIMPLES, desde que o faturamento anual não ultrapasse o limite de R$ 1.200.000,00 (um milhão e duzentos mil reais); II – as pessoas físicas, em relação à remuneração de empregados domésticos; e III – as pessoas físicas, em relação à remuneração de empregados rurais, desde que sua receita bruta anual não ultrapasse o limite de R$ 1.200.000,00 (um milhão e duzentos mil reais)".

XVI – as retiradas de diretores não empregados, quando haja deliberação da empresa, garantindo-lhes os direitos decorrentes do contrato de trabalho;

XVII – as retiradas de diretores empregados, quando existente a subordinação jurídica, descrita de forma clara e precisa no relatório circunstanciado e em eventuais autos de infração;

XVIII – o valor a título de licença-prêmio;

XIX – o valor pelo repouso semanal remunerado;

XX – o valor pelos domingos e feriados civis e religiosos trabalhados, bem como o valor relativo à dobra em razão de feriados trabalhados, não compensados;

XXI – o valor a título de aviso prévio, trabalhado ou indenizado, proporcional ao tempo de serviço;

XXII – o valor a título de quebra de caixa;

XXIII – o valor do tempo de reserva, nos termos do § 6º do art. 235-E da CLT, durante sua vigência;

XXIV – prêmios concedidos pelo empregador com natureza de contraprestação, originados antes de 11 de novembro de 2017, data de início da vigência da Lei 13.467/2017, ou em caso de fraude;

XXV – abonos concedidos pelo empregador com natureza de contraprestação, originados antes de 11 de novembro de 2017, data de início da vigência da Lei 13.467/2017, ou em caso de fraude;

XXVI – valor relativo ao período integral do intervalo intrajornada, quando não concedido em seu período mínimo antes de 11 de novembro de 2017, data de início da vigência da Lei 13.467/2017;

XXVII – parcela à qual for atribuída natureza salarial, por força de convenção ou acordo coletivo de trabalho;

XXVIII – hora ou fração trabalhada durante o intervalo intrajornada;

XXIX – a alimentação fornecida *in natura*, em desacordo com o Programa de Alimentação do Trabalhador (PAT), instituído pela Lei 6.321/1976;

XXX – o valor dos tíquetes, vales e cartões fornecidos a título de auxílio-alimentação em desacordo com o PAT antes de 11 de novembro de 2017, data de início da vigência da Lei 13.467/2017;

XXXI – as importâncias pagas em dinheiro a título de auxílio-alimentação, independentemente da adesão ao PAT.

O FGTS e a contribuição social instituída pela Lei Complementar 110/2001 também incidem sobre:

I – o valor contratual mensal da remuneração do empregado afastado (nas hipóteses em que o trabalhador se afaste do serviço, por força de lei ou de acordo, mas continue percebendo remuneração ou contando o tempo de afastamento como de serviço efetivo, tais como: serviço militar obrigatório; primeiros 15 dias de licença para tratamento de saúde, exceto no caso de concessão de novo benefício decorrente da mesma doença, dentro de 60 dias contados da cessação do benefício anterior, de acordo com o previsto no § 3º do art. 75 do Decreto 3.048/1999; licença por acidente de trabalho; licença-maternidade; licença-paternidade; gozo de férias; exercício de cargo de confiança; demais casos de ausências remuneradas), inclusive sobre a parte variável, calculada segundo os critérios previstos na CLT e na legislação esparsa, atualizada sempre que ocorrer aumento geral na empresa ou para a categoria;

II – o valor da remuneração paga pela entidade de classe ao empregado licenciado para desempenho de mandato sindical, idêntico ao que perceberia caso não licenciado, inclusive com as variações salariais ocorridas durante o licenciamento, obrigatoriamente informadas pelo empregador à respectiva entidade;

III – o salário contratual e o adicional de transferência devido ao empregado contratado no Brasil transferido para prestar serviço no exterior;

IV – a remuneração percebida pelo empregado ao passar a exercer cargo de diretoria, gerência ou outro cargo de confiança imediata do empregador, salvo se a do cargo efetivo for maior;

V – remuneração paga a empregado estrangeiro, em atividade no Brasil, independentemente do local em que for realizado o pagamento;

VI – os valores pagos ao trabalhador intermitente, no período mensal, conforme o § 6º do art. 452-A da CLT (art. 221, parágrafo único, da Instrução Normativa 2/2021 do Ministério do Trabalho e Previdência).

Observadas as parcelas sobre as quais incide o FGTS, cabe verificar aquelas verbas sobre as quais isso não ocorre.

De acordo com o § 6º do art. 15 da Lei 8.036/1990, não se incluem na remuneração, para os fins do FGTS, as parcelas indicadas no § 9º do art. 28 da Lei 8.212/1991.

Trata-se de previsão acrescentada pela Lei 9.711/1998, que merece encômios, pois procura uniformizar as bases de cálculo do FGTS e da contribuição previdenciária, que, entretanto, persistem com diversas diferenciações e especificidades.

A respeito do tema, conforme a Súmula 646 do STJ: "É irrelevante a natureza da verba trabalhista para fins de incidência da contribuição ao FGTS, visto que apenas as verbas elencadas em lei (art. 28, § 9º, da Lei n. 8.212/1991), em rol taxativo, estão excluídas da sua base de cálculo, por força do disposto no art. 15, § 6º, da Lei n. 8.036/1990".

Além disso, por não terem natureza remuneratória, não integram a base de cálculo para incidência do FGTS (art. 27, parágrafo único, do Regulamento do FGTS, aprovado pelo Decreto 99.684/1990):

a) a contribuição do empregador para o vale-transporte (art. 111 do Decreto 10.854/2021);

b) os gastos efetuados com bolsas de aprendizagem (art. 64 da Lei 8.069/1990).

De acordo com o art. 222 da Instrução Normativa 2/2021 do Ministério do Trabalho e Previdência, não integram a remuneração, para fins do recolhimento do FGTS e da contribuição social instituída pela Lei Complementar 110/2001:

I – participação do empregado nos lucros ou resultados da empresa, quando paga ou creditada de acordo com a Lei 10.101/2000;

II – abono correspondente à conversão de um terço das férias em pecúnia e seu respectivo adicional constitucional;

III – abono ou gratificação de férias, concedido em virtude de contrato de trabalho, de regulamento da empresa, de convenção ou acordo coletivo de trabalho, cujo valor não exceda a vinte dias do salário;

IV – o valor correspondente ao pagamento da dobra da remuneração de férias concedidas após o prazo legal;

V – importâncias recebidas a título de férias indenizadas e o respectivo adicional constitucional;

VI – indenização por tempo de serviço anterior a 05 de outubro de 1988, de empregado não optante do FGTS;

VII – indenização relativa à dispensa de empregado no período de 30 dias que antecede sua data-base, de acordo com o disposto no art. 9º da Lei 7.238/1984;

VIII – indenização por dispensa sem justa causa do empregado nos contratos com termo estipulado de que trata o art. 479 da CLT, bem como na indenização prevista na alínea *f* do art. 12 da Lei 6.019/1974;

IX – indenização do tempo de serviço do safrista, quando do término normal do contrato de que trata o art. 14 da Lei 5.889/1973;

X – indenização recebida a título de incentivo à demissão;

XI – indenização rescisória do FGTS sobre o montante de todos os depósitos realizados na conta vinculada do trabalhador, de que trata o art. 18 da Lei 8.036/1990;

XII – indenização relativa à licença-prêmio;

XIII – ajuda de custo, em parcela única, recebida exclusivamente em decorrência de mudança de localidade de trabalho do empregado, na forma do art. 470 da CLT;

XIV – ajuda de custo, quando paga mensalmente, recebida como verba indenizatória para ressarcir despesa relacionada à prestação de serviços ou à transferência do empregado, nos termos do art. 470 da CLT;

XV – ajuda de custo, em caso de transferência permanente, e o adicional mensal, em caso de transferência provisória, recebidos pelo aeronauta nos termos da Lei 5.929/1973;

XVI – diárias para viagem, desde que comprovada sua natureza indenizatória;

XVII – valor da bolsa de aprendizagem, garantida ao adolescente até 14 anos de idade, de acordo com o disposto no art. 64 da Lei 8.069/1990, vigente até 15 de dezembro de 1998, em face da promulgação da Emenda Constitucional 20/1998;

XVIII – valor da bolsa ou outra forma de contraprestação, quando paga ao estagiário nos termos da Lei 11.788/2008;

XIX – cotas do salário-família e demais benefícios pagos pela Previdência Social, nos termos e limites legais, salvo o salário maternidade e o auxílio-doença decorrente de acidente do trabalho;

XX – a alimentação fornecida *in natura*, de acordo com o Programa de Alimentação do Trabalhador (PAT), instituído pela Lei 6.321/1976;

XXI – os instrumentos de pagamento fornecidos a título de auxílio-alimentação, quando realizado de acordo com o PAT, antes de 11 de novembro de 2017, data de início da vigência da Lei 13.467/2017;

XXII – os instrumentos de pagamento fornecidos a título de auxílio-alimentação, independentemente da adesão ao PAT, a partir de 11 de novembro de 2017, data de início da vigência da Lei 13.467/2017;

XXIII – vale-transporte, nos termos e limites legais, bem como transporte fornecido pelo empregador para deslocamento ao trabalho e retorno, em percurso servido ou não por transporte público;

XXIV – valor da multa paga ao trabalhador em decorrência do atraso na quitação das parcelas rescisórias;

XXV – importâncias recebidas a título de ganhos eventuais e abonos expressamente desvinculados do salário por força de lei;

XXVI – abono do Programa de Integração Social (PIS) e do Programa de Assistência ao Servidor Público (PASEP);

XXVII – valores correspondentes a transporte, alimentação e habitação fornecidos pelo empregador ao empregado contratado para trabalhar em localidade distante de sua residência, em canteiro de obras ou local que, por força da atividade, exija deslocamento e estada, observadas as normas de proteção estabelecidas pelo Ministério do Trabalho e Previdência;

XXVIII – importância paga ao empregado a título de complementação ao valor do auxílio-doença, desde que este direito seja extensivo à totalidade dos empregados da empresa;

XXIX – parcelas destinadas à assistência ao empregado da agroindústria canavieira, de que tratava o art. 36 da Lei 4.870/1965, revogada pela Lei 12.865/2013;

XXX – prêmios compreendidos como parcelas pagas por liberalidade e em razão de desempenho superior ao ordinariamente esperado no exercício das atividades do empregado, originados a partir de 12 de novembro de 2017, data de início da vigência da Lei 13.467/2017;

XXXI – abonos originados a partir de 12 de novembro de 2017, data de início da vigência da Lei 13.467/2017, desde que não sejam pagos como contraprestação pelo trabalho;

XXXII – indenização devida pelo período parcial ou integral de intervalo intrajornada suprimido, quando o fato gerador for originado a partir de 12 de novembro de 2017, data de início da vigência da Lei 13.467/2017;

XXXIII – valor das contribuições efetivamente pagas pelo empregador a título de previdência privada;

XXXIV – valor relativo a assistência médica, hospitalar e odontológica, prestada diretamente pelo empregador ou mediante seguro-saúde;

XXXV – valor correspondente a vestuários, equipamentos e outros acessórios fornecidos ao empregado para prestação dos serviços, inclusive na hipótese de teletrabalho;

XXXVI – ressarcimento de despesas pelo uso de veículo do empregado, quando devidamente comprovadas;

XXXVII – valor relativo à concessão de educação, em estabelecimento de ensino do empregador ou de terceiros, compreendendo valores relativos à matrícula, mensalidade, anuidade, livros e material didático;

XXXVIII – valores recebidos em decorrência da cessão de direitos autorais;

XXXIX – auxílio-creche pago em conformidade com a legislação trabalhista, para ressarcimento de despesas devidamente comprovadas com crianças de até seis anos de idade;

XL – auxílio-babá, limitado ao salário mínimo, pago em conformidade com a legislação trabalhista, para ressarcimento de despesas de remuneração e contribuição previdenciária de empregado que cuide de crianças de até seis anos de idade;

XLI – valor das contribuições efetivamente pagas pelo empregador a título de prêmio de seguro de vida e de acidentes pessoais;

XLII – valor do tempo de espera, nos termos do § 9º do art. 235-C da CLT;

XLIII – valor, pago ao empregado a título de multa, correspondente a um trinta avos da média da gorjeta por dia de atraso;

XLIV – valor correspondente à alimentação, seja *in natura* ou por meio de documentos de legitimação, tais como tíquetes, vales, cupons, cheques, cartões eletrônicos destinados à aquisição de refeições ou de gêneros alimentícios, no período da vigência da Medida Provisória 905/2019, de 12 de novembro de 2019 a 20 de abril de 2020;

XLV – ajuda compensatória mensal paga em conformidade com o inciso V do § 1º do art. 9º da Lei 14.020/2020;

XLVI – parcela de indenização compensatória antecipada pelo empregador, no contrato de trabalho verde-amarelo, mediante acordo com o empregado, na hipótese dos §§ 1º e 2º do art. 6º da Medida Provisória 905/2019;

XLVII – retiradas de diretores empregados com contrato de trabalho suspenso, quando ausente a subordinação jurídica.

Como esclarece a Orientação Jurisprudencial 195 da SBDI-I do TST: "Férias indenizadas. FGTS. Não incidência. Não incide a contribuição para o FGTS sobre as férias indenizadas".

O depósito do FGTS é obrigatório nos casos de afastamento para prestação do serviço militar obrigatório e licença por acidente do trabalho (Lei 8.036/1990, art. 15, § 5º, acrescentado pela Lei 9.711/1998).

Na realidade, como explicita o art. 28 do Regulamento do FGTS, aprovado pelo Decreto 99.684/1990, o depósito na conta vinculada do FGTS é obrigatório também nos casos de interrupção do contrato de trabalho prevista em lei, tais como:

I – prestação de serviço militar;
II – licença para tratamento de saúde de até 15 dias;
III – licença por acidente de trabalho;
IV – licença à gestante;
V – licença-paternidade.

Nas hipóteses acima, a base de cálculo será revista sempre que ocorrer aumento geral na empresa ou na categoria profissional a que pertencer o trabalhador.

Os depósitos efetuados nas contas vinculadas devem ser corrigidos monetariamente com base nos parâmetros fixados para atualização dos saldos dos depósitos de poupança e capitalização juros de 3% ao ano (art. 13 da Lei 8.036/1990).

A atualização monetária e a capitalização de juros nas contas vinculadas correm à conta do FGTS, e a Caixa Econômica Federal deve efetuar o crédito respectivo no vigésimo primeiro dia de cada mês, com base no saldo existente no vigésimo primeiro dia do mês anterior, deduzidos os débitos ocorridos no período (art. 13, § 1º, da Lei 8.036/1990, com redação dada pela Lei 14.438/2022).

Conforme a Súmula 459 do STJ: "A Taxa Referencial (TR) é o índice aplicável, a título de correção monetária, aos débitos com o FGTS recolhidos pelo empregador mas não repassados ao fundo".

Ainda de acordo com a tese firmada pelo Superior Tribunal de Justiça: "A remuneração das contas vinculadas ao FGTS tem disciplina própria, ditada por lei, que estabelece a TR como forma de atualização monetária, sendo vedado, portanto, ao Poder Judiciário substituir o mencionado índice" (STJ, 1ª Seção, REsp 1.614.874/SC (2016/0189302-7), Rel. Min. Benedito Gonçalves, *DJe* 15.05.2018).

Para as contas vinculadas dos trabalhadores optantes existentes à data de 22 de setembro de 1971, a capitalização dos juros dos depósitos continuará a ser feita na seguinte progressão, salvo no caso de mudança de empresa, quando a capitalização dos juros passará a ser feita à taxa de 3% ao ano: I – 3%, durante os dois primeiros anos de permanência na mesma empresa; II – 4%, do terceiro ao quinto ano de permanência na mesma empresa; III – 5%, do sexto ao décimo ano de permanência na mesma empresa; IV – 6%, a partir do décimo primeiro ano de permanência na mesma empresa (art. 13, § 3º, da Lei 8.036/1990).

A respeito do tema, de acordo com a Súmula 571 do STJ: "A taxa progressiva de juros não se aplica às contas vinculadas ao FGTS de trabalhadores qualificados como avulsos".

O saldo das contas vinculadas é garantido pelo Governo Federal, podendo ser instituído seguro especial para esse fim (art. 13, § 4º, da Lei 8.036/1990).

O Conselho Curador autorizará a distribuição de parte do resultado positivo auferido pelo FGTS, mediante crédito nas contas vinculadas de titularidade dos trabalhadores, observadas as condições indicadas no art. 13, § 5º, da Lei 8.036/1990, acrescentado pela Lei 13.446/2017.

O valor de distribuição do resultado auferido deve ser calculado posteriormente ao valor desembolsado com o desconto realizado no âmbito do Programa Minha Casa, Minha Vida (PMCMV), de que trata a Lei 11.977/2009.

O valor creditado nas contas vinculadas a título de distribuição de resultado, acrescido de juros e atualização monetária, não integra a base de cálculo do depósito da indenização rescisória de que tratam os §§ 1º e 2º do art. 18 da Lei 8.036/1990.

22.7 Prazo para depósito do FGTS

O prazo para o depósito do FGTS é até o vigésimo dia de cada mês, conforme art. 15, *caput*, da Lei 8.036/1990, com redação dada pela Lei 14.438/2022. Quanto ao prazo, como a redação anterior previa até o dia 7 de cada mês, essa alteração produz efeitos a partir da data de início da arrecadação por meio da prestação dos serviços digitais de geração de guias do FGTS, para fatos geradores ocorridos a partir dessa data (art. 19, inciso I, alínea *b*, da Lei 14.438/2022).

O empregador que não realizar os depósitos nos termos dos arts. 15 e 18 da Lei 8.036/1990 responde pela incidência da Taxa Referencial (TR) sobre a importância correspondente (art. 22 da Lei 8.036/1990, com redação dada pela Lei 14.438/2022).

Sobre o valor dos depósitos, acrescido da TR, incidirão, ainda, juros de mora de 0,5% a.m. ou fração e multa, sujeitando-se, também, às obrigações e sanções previstas no Decreto-lei 368, de 19 de dezembro de 1968 (art. 22, § 1º, da Lei 8.036/1990). Como se pode notar, a lei, expressamente, determina a aplicação do referido diploma legal, que dispõe sobre "efeitos de débitos salariais", também para o caso de atraso nos depósitos do FGTS. Isto significa a incidência das restrições, proibições e penalidades previstas no Decreto-lei 368/1968, as quais foram estudadas no item 13.11.1, ao qual se remete o leitor para evitar a repetição da matéria.

Essa incidência da TR será cobrada por dia de atraso, tomando-se por base o índice de atualização das contas vinculadas do FGTS (art. 22, § 2º, da Lei 8.036/1990).

A multa referida no § 1º do art. 22 da Lei 8.036/1990 será cobrada nas seguintes condições: I – 5% no mês de vencimento da obrigação; II – 10% a partir do mês seguinte ao do vencimento da obrigação (§ 2º-A, acrescentado pela Lei 9.964/2000).

O entendimento que prevalece é no sentido de que a multa prevista no art. 22 da Lei 8.036/1990 não é devida ao empregado, mas sim ao sistema (público) do FGTS.

Para efeito de levantamento de débito para com o FGTS, o percentual de 8% incidirá sobre o valor acrescido da TR até a data da respectiva operação (art. 22, § 3º, da Lei 8.036/1990).

Na cobrança judicial dos créditos do FGTS, incidirá encargo de 10%, que reverterá para o Fundo, para ressarcimento dos custos por ele incorridos, o qual será reduzido para 5%, se o pagamento se der antes do ajuizamento da cobrança (art. 2º, § 4º, da Lei 8.844/1994, com redação determinada pela Lei 9.964/2000).

Para fins de apuração e lançamento, considera-se não quitado o valor relativo ao FGTS pago diretamente ao trabalhador, sendo vedada a sua conversão em indenização compensatória (art. 26-A da Lei 8.036/1990, incluído pela Lei 13.932/2019). Os débitos reconhecidos e declarados por meio de sistema de escrituração digital devem ser recolhidos integralmente, acrescidos dos encargos devidos. Para a geração das guias de depósito, os valores devidos a título de FGTS e o período laboral a que se referem devem ser expressamente identificados.

22.8 Fiscalização do FGTS

Compete ao Ministério do Trabalho e Previdência a verificação do cumprimento do disposto na Lei 8.036/1990, especialmente quanto à apuração dos débitos e das infrações praticadas pelos empregadores ou tomadores de serviço, que serão notificados para efetuar e comprovar os depósitos correspondentes e cumprir as demais determinações legais (art. 23 da Lei 8.036/1990, com redação dada pela Lei 14.438/2022).

Por isso, a rede arrecadadora e a Caixa Econômica Federal devem prestar ao Ministério do Trabalho as informações necessárias à fiscalização (§ 7º do art. 23 da Lei 8.036/1990).

Nos termos do art. 23, § 1º, da Lei 8.036/1990, constituem infrações, de natureza administrativa:

I – não depositar mensalmente o percentual referente ao FGTS, bem como os valores previstos no art. 18 da Lei 8.036, nos prazos do § 6º do art. 477 da Consolidação das Leis do Trabalho (conforme redação determinada pela Medida Provisória 2.197-43/2001);

II – revogado;

III – revogado;

IV – deixar de computar, para efeito de cálculo dos depósitos do FGTS, parcela componente da remuneração;

V – deixar de efetuar os depósitos e os acréscimos legais do FGTS constituído em notificação de débito, no prazo concedido pelo ato de notificação da decisão definitiva exarada no processo administrativo;

VI – deixar de apresentar, ou apresentar com erros ou omissões, as informações de que trata o art. 17-A da Lei 8.036/1990 e as demais informações legalmente exigíveis;

VII – deixar de apresentar ou de promover a retificação das informações de que trata o art. 17-A da Lei 8.036/1990 no prazo concedido na notificação da decisão definitiva exarada no processo administrativo que reconheceu a procedência da notificação de débito decorrente de omissão, de erro, de fraude ou de sonegação constatados.

A formalização de parcelamento da integralidade do débito suspende a ação punitiva da infração prevista: no inciso I, quando realizada anteriormente ao início de qualquer processo administrativo ou medida de fiscalização; no inciso V, quando realizada no prazo nele referido (art. 23, § 1º-A, da Lei 8.036/1990, incluído pela Lei 14.438/2022). A referida suspensão da ação punitiva deve ser mantida durante a vigência do parcelamento, e a quitação integral dos valores parcelados extingue a infração.

Pela infração ao disposto no § 1º do art. 23 da Lei 8.036/1990, o infrator estará sujeito a multa (art. 23, § 2º, da Lei 8.036/1990).

Nos casos de fraude, simulação, artifício, ardil, resistência, embaraço ou desacato à fiscalização, assim como na reincidência, a multa administrativa será duplicada, sem prejuízo das demais cominações legais (§ 3º do art. 23 da Lei 8.036/1990).

Os valores das referidas multas, quando não recolhidas no prazo legal, serão atualizados monetariamente até a data de seu efetivo pagamento, por meio de sua conversão pelo BTN Fiscal (§ 4º do art. 23 da Lei 8.036/1990).

O processo de fiscalização, de autuação e de imposição de multas reger-se-á pelo disposto no Título VII da CLT (arts. 626 e seguintes), conforme § 5º do art. 23 da Lei 8.036/1990.

Por descumprimento ou inobservância de quaisquer das obrigações que lhe competem como agente arrecadador, pagador e mantenedor do cadastro de contas vinculadas, conforme regulamentação pelo Conselho Curador, fica o banco depositário sujeito ao pagamento de multa equivalente a 10% do montante da conta do empregado, independentemente das demais cominações legais (art. 24 da Lei 8.036/1990).

Com o intuito de estimular o regular cumprimento da legislação do FGTS, o art. 27 da Lei 8.036/1990 estabelece ser obrigatório apresentar o Certificado de Regularidade do FGTS, fornecido na forma do regulamento, nas seguintes situações:

a) habilitação e licitação promovida por órgão da Administração Federal, Estadual e Municipal, direta, indireta ou fundacional ou por entidade controlada direta ou indiretamente pela União, Estado e Município;

b) obtenção, por parte da União, Estados e Municípios, ou por órgãos da Administração Federal, Estadual e Municipal, direta, indireta, ou fundacional, ou indiretamente pela União, Estados ou Municípios, de empréstimos ou financiamentos junto a quaisquer entidades financeiras oficiais;

c) obtenção de favores creditícios, isenções, subsídios, auxílios, outorga ou concessão de serviços ou quaisquer outros benefícios concedidos por órgão da Administração Federal, Estadual e Municipal, salvo quando destinados a saldar débitos para com o FGTS;

d) transferência de domicílio para o exterior;

e) registro ou arquivamento, nos órgãos competentes, de alteração ou distrato de contrato social, de estatuto, ou de qualquer documento que implique modificação na estrutura jurídica do empregador ou na sua extinção.

22.9 Cobrança do FGTS e aspectos processuais

Tendo em vista a natureza de ordem pública dos depósitos do FGTS, de relevância social, a fiscalização e a sua cobrança também são feitas pelo Poder Público.

Nesse sentido, a Lei 8.844, de 20 de janeiro de 1994, dispõe sobre a fiscalização, apuração e cobrança judicial das contribuições e multas devidas ao FGTS.

O referido diploma legal, em seu art. 1º, reitera competir ao Ministério do Trabalho a fiscalização e a apuração das contribuições ao Fundo de Garantia do Tempo de Serviço (FGTS) e, bem assim, a aplicação das multas e demais encargos devidos. A Caixa Econômica Federal (CEF) e a rede arrecadadora devem prestar ao Ministério do Trabalho as informações necessárias ao desempenho dessas atribuições.

Em conformidade com o art. 2º da Lei 8.844/1994, com redação determinada pela Lei 9.467/1997:

"Compete à Procuradoria-Geral da Fazenda Nacional a inscrição em Dívida Ativa dos débitos para com o Fundo de Garantia do Tempo de Serviço – FGTS, bem como, diretamente ou por intermédio da Caixa Econômica Federal, mediante convênio, a representação judicial e extrajudicial do FGTS, para a correspondente cobrança, relativamente à contribuição e às multas e demais encargos previstos na legislação respectiva".

Assim, ao mesmo tempo em que se atribui à Procuradoria-Geral da Fazenda Nacional a competência para a inscrição, em Dívida Ativa, dos débitos para com o FGTS, autoriza-se a correspondente cobrança diretamente (pela PFN) ou por intermédio da CEF (mediante convênio).

A Portaria Conjunta MTP/PGFN 5/2021 disciplina a remessa de créditos decorrentes de autos de infração trabalhista e de notificações de débito de Fundo de Garantia do Tempo de Serviço (FGTS) e da contribuição social da Lei Complementar 110/2001, lavrados por Auditores-Fiscais do Trabalho, para a inscrição em dívida ativa pela Procuradoria-Geral da Fazenda Nacional.

O Fundo de Garantia do Tempo de Serviço fica isento de custas nos processos judiciais de cobrança de seus créditos (Lei 8.844/1994, art. 2º, § 1º, incluído pela Lei 9.467/1997).

As despesas, inclusive as de sucumbência, que vierem a ser incorridas pela Procuradoria-Geral da Fazenda Nacional e pela Caixa Econômica Federal, para a realização da inscrição em Dívida Ativa, do ajuizamento e do controle e acompanhamento dos processos judiciais, serão efetuadas a débito do Fundo de Garantia do Tempo de Serviço (Lei 8.844/1994, art. 2º, § 2º, incluído pela Lei 9.467/1997).

Os créditos relativos ao FGTS gozam dos mesmos privilégios atribuídos aos créditos trabalhistas (Lei 8.844/1994, art. 2º, § 3º, incluído pela Lei 9.467/1997).

Na cobrança judicial dos créditos do FGTS, incidirá encargo de 10%, que reverterá para o Fundo, para ressarcimento dos custos por ele incorridos, o qual será reduzido para 5%, se o pagamento se der antes do ajuizamento da cobrança (Lei 8.844/1994, art. 2º, § 4º, incluído pela Lei 9.964/2000).

Os depósitos do FGTS, mesmo tendo caráter social, com previsão em normas de ordem pública, também configuram importante direito do empregado, com previsão constitucional (art. 7º, inciso III, da Constituição da República).

Assim, como confirma o art. 25 da Lei 8.036/1990, pode o próprio trabalhador, seus dependentes e sucessores, ou ainda o Sindicato a que estiver vinculado, acionar diretamente a empresa por intermédio da Justiça do Trabalho, para compeli-la a efetuar o depósito das importâncias devidas.

A mencionada autorização do sindicato para o ajuizamento da ação indica tratar-se de hipótese de substituição processual, em consonância com o disposto no art. 8º, inciso III, da CF/1988, especialmente nos casos que configuram direitos individuais homogêneos.

O parágrafo único do art. 25 da Lei 8.036/1990 prevê que a Caixa Econômica Federal e o Ministério do Trabalho devem ser notificados da propositura da reclamação. No entanto, não se mostra razoável o dever de notificação das referidas instituições em todas as ações trabalhistas, individuais, mas sim naquelas em que isso se faz necessário para algum esclarecimento ou interesse especial.

Explicitando a competência da Justiça do Trabalho, prevista no art. 114 da Constituição Federal de 1988, com redação determinada pela Emenda Constitucional 45/2004, o art. 26 prevê ser sua a competência para julgar os dissídios entre os trabalhadores e os empregadores decorrentes da aplicação da Lei 8.036/1990, mesmo quando a Caixa Econômica Federal e o Ministério do Trabalho figurarem como litisconsortes.

Referida competência da Justiça do Trabalho configura-se por decorrer a controvérsia da relação de trabalho em destaque.

Tanto é assim que a Súmula 176 do TST, que entendia só ter a Justiça do Trabalho competência para autorizar o levantamento do depósito do Fundo de Garantia do Tempo de Serviço "na ocorrência de dissídio entre empregado e empregador", foi cancelada pela Resolução 130/2005 (DJ 13.05.2005).

Nas ações trabalhistas que objetivam o ressarcimento de parcelas relativas ao FGTS, ou que, direta ou indiretamente, impliquem essa obrigação de fazer, o juiz determinará que a empresa sucumbente proceda ao recolhimento imediato das importâncias devidas a tal título (parágrafo único do art. 26 da Lei 8.036/1990).

Assim, tecnicamente, o mais correto, em ações trabalhistas de cobrança do FGTS devido pelo empregador, é a condenação do seu depósito em conta vinculada do empregado, para posterior saque pelo autor da ação.

De acordo com o art. 29-A da Lei 8.036/1990, acrescentado pela Medida Provisória 2.197-43/2001: "Quaisquer créditos relativos à correção dos saldos das contas vinculadas do FGTS serão liquidados mediante lançamento pelo agente operador na respectiva conta do trabalhador".

Por fim, disposição que merece reflexão refere-se ao art. 29-B da Lei 8.036/1990, também acrescentado pela Medida Provisória 2.197-43/2001, com a seguinte redação:

"Art. 29-B. Não será cabível medida liminar em mandado de segurança, no procedimento cautelar ou em quaisquer outras ações de natureza cautelar ou preventiva, nem a tutela antecipada prevista nos arts. 273 e 461 do Código de Processo Civil que impliquem saque ou movimentação da conta vinculada do trabalhador no FGTS".

É certo que as diversas Medidas Provisórias aqui citadas, que alteraram a Lei 8.036/1990, são anteriores à Emenda Constitucional 32/2001 e estão em vigor, na forma do art. 2º da referida Emenda Constitucional 32/2001.

No entanto, quanto ao mencionado art. 29-B, acrescentado à Lei do FGTS, embora o tema seja passível de controvérsia, pode-se defender a sua inconstitucionalidade, tanto formal como material.

A inconstitucionalidade formal decorre da evidente falta de urgência para se legislar por meio do remédio excepcional referente à medida provisória (art. 62, *caput*, da CF/1988). Isso é evidente no caso em questão, pois a matéria refere-se ao direito processual civil, ainda que com possível aplicação no âmbito trabalhista.

Embora o art. 29-B seja anterior à Emenda Constitucional 32, apenas reforçando a demonstração de ausência dos requisitos formais para a edição de medida provisória sobre processo civil, este passou a constar, expressamente, do rol de matérias em que se veda a edição de medidas provisórias (art. 62, § 1º, inciso I, *b*, da CF/1988, acrescentado pela Emenda Constitucional 32/2001).

Além disso, de todo modo, a inconstitucionalidade material do art. 29-B também se revela evidente, ao restringir, de forma desproporcional, o direito à tutela jurisdicional efetiva e de urgência.

Ou seja, o mencionado dispositivo, ao proibir, de plano, o cabimento de medida liminar em mandado de segurança, no procedimento cautelar ou em quaisquer outras ações de natureza cautelar ou preventiva, bem como a tutela provisória prevista nos arts. 294 e seguintes do CPC de 2015 (arts. 273 e 461 do CPC de 1973), que impliquem saque ou movimentação da conta vinculada do trabalhador no FGTS, afronta, de modo incontestável, a garantia fundamental do acesso à justiça (art. 5º, inciso XXXV, da CF/1988).

O direito de acesso à ordem jurídica justa não se restringe ao simples direito de ajuizar a ação, mas deve assegurar, de modo verdadeiro, a concessão da tutela jurisdicional necessária e adequada àquele que dela necessita para a defesa contra violações ou ameaças a direitos.

Por isso, as tutelas de urgência, da qual fazem parte as medidas liminares (em mandado de segurança, medida cautelar ou medida preventiva), bem como as tutelas antecipadas, não podem ser proibidas, de plano, por lei infraconstitucional, nem muito menos pela medida excepcional da medida provisória, como se pretendeu no art. 29-B da Lei 8.036/1990.

Aquele que sofre "lesão ou ameaça a direito", no caso, em relação ao saque ou movimentação da conta vinculada do trabalhador no FGTS, tem direito de receber do Poder Judiciário a tutela eficaz para a solução do conflito e a preservação do direito subjetivo, o que inclui a possibilidade de serem pleiteadas e deferidas, presentes os requisitos legais, as medidas de urgência já mencionadas. Além disso, o receio de dano irreparável impede a tentativa de afastar a possibilidade de concessão da tutela de urgência no caso em questão.

Assim, conclui-se pela manifesta inconstitucionalidade do art. 29-B da Lei 8.036/1990.

Apesar do exposto, o Supremo Tribunal Federal considerou *constitucional* essa previsão normativa, por ser anterior à Emenda Constitucional 32/2001, ao julgar improcedente o pedido nas ações diretas de inconstitucionalidade a respeito do tema (STF, Pleno, ADIs 2.382/DF, 2.425/DF e 2.479/DF, Red. p/ ac. Min. Edson Fachin, j. 14.03.2018).

22.10 Saque do FGTS

Os depósitos do FGTS, mesmo sendo um direito do empregado, ficam em conta vinculada de sua titularidade e podem ser sacados apenas em certos casos previstos em lei.

As hipóteses em que se autoriza o saque dos depósitos do FGTS estão arroladas no art. 20 da Lei 8.036/1990, a seguir descritas:

I – despedida sem justa causa, inclusive a indireta, de culpa recíproca e de força maior (redação determinada pela Medida Provisória 2.197-43/2001);

I-A – extinção do contrato de trabalho prevista no art. 484-A da Consolidação das Leis do Trabalho (incluído pela Lei 13.467/2017);

II – extinção total da empresa, fechamento de quaisquer de seus estabelecimentos, filiais ou agências, supressão de parte de suas atividades, declaração de nulidade do contrato de trabalho nas condições do art. 19-A[8], ou ainda falecimento do empregador individual sempre que qualquer dessas ocorrências implique rescisão de contrato de trabalho, comprovada por declaração escrita da empresa, suprida, quando for o caso, por decisão judicial transitada em julgado (redação determinada pela Medida Provisória 2.164-41/2001);

III – aposentadoria concedida pela Previdência Social;

IV – falecimento do trabalhador, sendo o saldo pago a seus dependentes, para esse fim habilitados perante a Previdência Social, segundo o critério adotado para a concessão de pensões por morte. Na falta de dependentes, farão jus ao recebimento do saldo da conta vinculada os seus sucessores previstos na lei civil, indicados em alvará judicial, expedido a requerimento do interessado, independente de inventário ou arrolamento;

V – pagamento de parte das prestações decorrentes de financiamento habitacional concedido no âmbito do Sistema Financeiro da Habitação (SFH), desde que: a) o mutuário conte com o mínimo de 3 (três) anos de trabalho sob o regime do FGTS, na mesma empresa ou em empresas diferentes; b) o valor bloqueado seja utilizado, no mínimo, durante o prazo de 12 (doze) meses; c) o valor do abatimento atinja, no máximo, 80 (oitenta) por cento do montante da prestação;

VI – liquidação ou amortização extraordinária do saldo devedor de financiamento imobiliário, observadas as condições estabelecidas pelo Conselho Curador, dentre elas a de que o financiamento seja concedido no âmbito do SFH e haja interstício mínimo de 2 (dois) anos para cada movimentação;

---

[8] "Art. 19-A. É devido o depósito do FGTS na conta vinculada do trabalhador cujo contrato de trabalho seja declarado nulo nas hipóteses previstas no art. 37, § 2º, da Constituição Federal, quando mantido o direito ao salário (acrescentado à Lei 8.036/1990 pela Medida Provisória 2.164-41/2001). Parágrafo único. O saldo existente em conta vinculada, oriundo de contrato declarado nulo até 28 de julho de 2001, nas condições do *caput*, que não tenha sido levantado até essa data, será liberado ao trabalhador a partir do mês de agosto de 2002 (acrescentado à Lei 8.036/1990 pela Medida Provisória 2.164-41/2001)". Cf. Súmula 466 do STJ: "O titular da conta vinculada ao FGTS tem o direito de sacar o saldo respectivo quando declarado nulo seu contrato de trabalho por ausência de prévia aprovação em concurso público".

VII – pagamento total ou parcial do preço de aquisição de moradia própria, ou lote urbanizado de interesse social não construído, observadas as seguintes condições: a) o mutuário deverá contar com o mínimo de 3 (três) anos de trabalho sob o regime do FGTS, na mesma empresa ou empresas diferentes; b) seja a operação financiável nas condições vigentes para o SFH (redação dada pela Lei 11.977/2009);

VIII – quando o trabalhador permanecer três anos ininterruptos fora do regime do FGTS;

IX – extinção normal do contrato a termo, inclusive o dos trabalhadores temporários regidos pela Lei 6.019, de 3 de janeiro de 1974;

X – suspensão total do trabalho avulso por período igual ou superior a 90 (noventa) dias, comprovada por declaração do sindicato representativo da categoria profissional;

XI – quando o trabalhador ou qualquer de seus dependentes for acometido de neoplasia maligna;

XII – aplicação em quotas de Fundos Mútuos de Privatização, regidos pela Lei 6.385, de 7 de dezembro de 1976, permitida a utilização máxima de 50% (cinquenta por cento) do saldo existente e disponível em sua conta vinculada do Fundo de Garantia do Tempo de Serviço, na data em que exercer a opção;

XIII – quando o trabalhador ou qualquer de seus dependentes for portador do vírus HIV (acrescentado pela Medida Provisória 2.164-41/2001);

XIV – quando o trabalhador ou qualquer de seus dependentes estiver em estágio terminal, em razão de doença grave, nos termos do regulamento (acrescentado pela Medida Provisória 2.164-41/2001);

XV – quando o trabalhador tiver idade igual ou superior a setenta anos (acrescentado pela Medida Provisória 2.164-41/2001);

XVI – necessidade pessoal, cuja urgência e gravidade decorram de desastre natural, conforme disposto em regulamento, observadas as seguintes condições: a) o trabalhador deverá ser residente em áreas comprovadamente atingidas de Município ou do Distrito Federal em situação de emergência ou em estado de calamidade pública, formalmente reconhecidos pelo Governo Federal; b) a solicitação de movimentação da conta vinculada será admitida até 90 (noventa) dias após a publicação do ato de reconhecimento, pelo Governo Federal, da situação de emergência ou de estado de calamidade pública; e c) o valor máximo do saque da conta vinculada será definido na forma do regulamento (acrescentado pela Lei 10.878/2004);

XVII – integralização de cotas do FI-FGTS, respeitado o disposto na alínea *i* do inciso XIII do art. 5º da Lei 8.036/1990, permitida a utilização máxima de 30% (trinta por cento) do saldo existente e disponível na data em que exercer a opção (redação dada pela Lei 12.087/2009);

XVIII – quando o trabalhador com deficiência, por prescrição, necessite adquirir órtese ou prótese para promoção de acessibilidade e de inclusão social (acrescentado pela Lei 13.146/2015);

XIX – pagamento total ou parcial do preço de aquisição de imóveis da União inscritos em regime de ocupação ou aforamento, a que se referem o art. 4º da Lei 13.240/2015, e o art. 16-A da Lei 9.636/1998, respectivamente, observadas as seguintes condições: a) o mutuário deverá contar com o mínimo de três anos de trabalho sob o regime do FGTS, na mesma empresa ou em empresas diferentes; b) seja a operação financiável nas condições vigentes para o Sistema Financeiro da Habitação (SFH) ou ainda por intermédio de parcelamento efetuado pela Secretaria do Patrimônio da União (SPU), mediante a contratação da Caixa Econômica Federal como agente financeiro dos contratos de parcelamento; c) sejam observadas as demais regras e condições estabelecidas para uso do FGTS (incluído pela Lei 13.465/2017);

XX – anualmente, no mês de aniversário do trabalhador, por meio da aplicação dos valores constantes do Anexo da Lei 8.036/1990, observado o disposto no art. 20-D da Lei 8.036/1990;

XXI – a qualquer tempo, quando seu saldo for inferior a R$ 80,00 e não tiverem ocorrido depósitos ou saques por, no mínimo, um ano, exceto na hipótese prevista no inciso I do § 5º do art. 13 da Lei 8.036/1990;

XXII – quando o trabalhador ou qualquer de seus dependentes for, nos termos do regulamento, pessoa com doença rara, consideradas doenças raras aquelas assim reconhecidas pelo Ministério da Saúde, que apresentará, em seu sítio na internet, a relação atualizada dessas doenças.

Nas situações previstas nos incisos I e II fica assegurado que a retirada a que faz jus o trabalhador corresponda aos depósitos efetuados na conta vinculada durante o período de vigência do último contrato de trabalho, acrescida de juros e atualização monetária e deduzidos os saques (§ 1º do art. 20).

O Conselho Curador é quem disciplina o disposto no inciso V, visando a beneficiar os trabalhadores de baixa renda e preservar o equilíbrio financeiro do FGTS (§ 2º do art. 20).

O direito de adquirir moradia com recursos do FGTS, pelo trabalhador, só poderá ser exercido para um único imóvel (§ 3º do art. 20). O imóvel objeto de utilização do FGTS somente poderá ser objeto de outra transação com recursos do fundo, na forma regulamentada pelo Conselho Curador (§ 4º do art. 20).

Na movimentação das contas vinculadas a contrato de trabalho extinto até 31 de dezembro de 2015, ficam isentas as exigências indicadas no inciso VIII do art. 20 da Lei 8.036/1990, podendo o saque, nessa hipótese, ser efetuado segundo cronograma de atendimento estabelecido pelo agente operador do FGTS (art. 20, § 22, da Lei 8.036/1990).

A critério do titular da conta vinculada do FGTS, em ato formalizado no momento da contratação do financiamento habitacional, os direitos aos saques de que trata o art. 20 da Lei 8.036/1990 podem ser objeto de alienação ou cessão fiduciária para pagamento de parte das prestações decorrentes de financiamento habitacional concedido no âmbito do SFH, observadas as condições estabelecidas pelo Conselho Curador, mediante caucionamento dos depósitos a serem realizados na conta vinculada do trabalhador, exceto o previsto no art. 18 da Lei 8.036/1990 (art. 20, § 27, da Lei 8.036/1990, incluído pela Lei 14.438/2022).

Sem prejuízo das situações de movimentação previstas no art. 20 da Lei 8.036/1990, fica disponível aos titulares de conta vinculada do FGTS, até 31 de março de 2020, o saque de recursos até o limite de R$ 500,00 por conta (art. 6º da Lei 13.932/2019). Na hipótese de o saldo da conta vinculada, na data de publicação da Medida Provisória 889/2019, ser igual ou inferior ao valor do salário mínimo vigente à época, o mencionado saque de recursos pode alcançar a totalidade do saldo da conta.

No entender de Sergio Pinto Martins: "A mudança do regime celetista para estatutário não autoriza o levantamento do FGTS, pois não há rescisão do vínculo, nem determinação na lei nesse sentido"[9].

Na realidade, o § 1º do art. 6º da Lei 8.162/1991 estabelecia, expressamente, ser "vedado o saque pela conversão de regime", mas foi revogado pela Lei 8.678/1993.

No entanto, atualmente, de acordo com a Lei 8.162, de 8 de janeiro de 1991, art. 6º: "O saldo da conta vinculada ao Fundo de Garantia do Tempo de Serviço (FGTS), do servidor a que se aplique o regime da Lei 8.112, de 1990, poderá ser sacado nas hipóteses previstas nos incisos III a VII do art. 20 da Lei 8.036, de 11 de maio de 1990".

O saldo da conta individualizada do FGTS, de servidor não optante, reverterá em favor da União ou da entidade depositante (§ 2º do art. 6º da Lei 8.162/1991).

Além disso, de acordo com o art. 7º da Lei 8.162/1991: "São considerados extintos, a partir de 12 de dezembro de 1990, os contratos individuais de trabalho dos servidores que passaram ao regime jurídico instituído pela Lei 8.112, de 1990, ficando-lhe assegurada a contagem de tempo anterior de serviço público federal para todos os fins".

Nesse sentido, também cabe destacar a Súmula 382 do TST (conversão da Orientação Jurisprudencial 128 da SBDI-I, conforme Resolução 129/2005): "Mudança de regime celetista para estatutá-

---

[9] MARTINS, Sergio Pinto. *Direito do trabalho*. 22. ed. São Paulo: Atlas, 2006. p. 444.

rio. Extinção do contrato. Prescrição bienal. A transferência do regime jurídico de celetista para estatutário implica extinção do contrato de trabalho, fluindo o prazo da prescrição bienal a partir da mudança de regime".

De todo modo, prevalece o entendimento de que a mudança de regime jurídico do servidor público, de CLT para estatutário, acarreta a extinção do contrato de trabalho, gerando direito ao saque dos depósitos do FGTS. Entretanto, ainda na referida hipótese, entende-se que não é devida a indenização compensatória de 40% do FGTS[10].

Quanto à extinção do contrato de trabalho por acordo entre empregado e empregador, cf. Capítulo 18, item 18.7.9.

O titular de contas vinculadas do FGTS estará sujeito a somente uma das seguintes sistemáticas de saque: I – saque-rescisão; ou II – saque-aniversário (art. 20-A da Lei 8.036/1990, incluído pela Lei 13.932/2019). Todas as contas do mesmo titular estarão sujeitas à mesma sistemática de saque (art. 20-A, § 1º, da Lei 8.036/1990).

São aplicáveis às sistemáticas de saque de que trata o art. 20-A da Lei 8.036/1990 as seguintes situações de movimentação de conta:

I – para a sistemática de *saque-rescisão*, as previstas no art. 20 da Lei 8.036/1990, à exceção da estabelecida no inciso XX do referido artigo;

II – para a sistemática de *saque-aniversário*, as previstas no art. 20 da Lei 8.036/1990, à exceção das estabelecidas nos incisos I, I-A, II, IX e X do referido artigo (art. 20-A, § 2º, da Lei 8.036/1990).

O titular de contas vinculadas do FGTS está sujeito originalmente à sistemática de saque-rescisão e pode optar por alterá-la, observado o disposto no art. 20-C da Lei 8.036/1990 (art. 20-B da Lei 8.036/1990, incluído pela Lei 13.932/2019).

A primeira opção pela sistemática de saque-aniversário pode ser feita a qualquer tempo e terá efeitos imediatos (art. 20-C da Lei 8.036/1990, incluído pela Lei 13.932/2019).

Caso o titular solicite novas alterações de sistemática, deve ser observado o seguinte: I – a alteração será efetivada no primeiro dia do 25º mês subsequente ao da solicitação, desde que não haja cessão ou alienação de direitos futuros aos saques anuais de que trata o § 3º do art. 20-D da Lei 8.036/1990; II – a solicitação pode ser cancelada pelo titular antes da sua efetivação; III – na hipótese de cancelamento, a nova solicitação estará sujeita ao disposto no inciso I.

Para fins do disposto no § 2º do art. 20-A da Lei 8.036/1990, as situações de movimentação devem obedecer à sistemática a que o titular estiver sujeito no momento dos eventos que as ensejarem.

Na situação de movimentação de que trata o inciso XX do art. 20 da Lei 8.036/1990 (anualmente, no mês de aniversário do trabalhador), o valor do saque será determinado: I – pela aplicação da alíquota correspondente, estabelecida no Anexo da Lei 8.036/1990, à soma de todos os saldos das contas vinculadas do titular, apurados na data do débito; e II – pelo acréscimo da parcela adicional correspondente, estabelecida no Anexo da Lei 8.036/1990, ao valor apurado de acordo com o disposto no inciso I (art. 20-D da Lei 8.036/1990, incluído pela Lei 13.932/2019).

Na hipótese de o titular possuir mais de uma conta vinculada, o saque de que trata o art. 20-D da Lei 8.036/1990 será feito na seguinte ordem: I – contas vinculadas relativas a contratos de trabalho extintos, com início pela conta que tiver o menor saldo; e II – demais contas vinculadas, com início pela conta que tiver o menor saldo.

---

[10] "Agravo de instrumento. Recurso de revista. Processo sob a égide da Lei 13.015/2014. Alteração do regime celetista para o estatutário. Multa de 40% sobre o FGTS e aviso prévio. Indevidos. O entendimento desta Corte é no sentido de que a conversão do regime jurídico celetista para o estatutário, desde que o empregado tenha prestado concurso público, ainda que anteriormente, extingue o contrato de trabalho, provocando, em consequência, o direito ao levantamento do FGTS. Não incide, porém, o aviso prévio indenizado e o percentual de 40% de acréscimo rescisório, por não se ter verificado a dispensa sem justa causa e não ter desaparecido a relação jurídica entre as partes, convolada em administrativa. Agravo de instrumento desprovido" (TST, 3ª T., AIRR 1171-86.2014.5.02.0303, Rel. Min. Mauricio Godinho Delgado, *DEJT* 06.05.2016).

A critério do titular da conta vinculada do FGTS, os direitos aos saques anuais de que trata o art. 20-D da Lei 8.036/1990 podem ser objeto de alienação ou cessão fiduciária, nos termos do art. 66-B da Lei 4.728/1965, em favor de qualquer instituição financeira do Sistema Financeiro Nacional, sujeitas as taxas de juros praticadas nessas operações aos limites estipulados pelo Conselho Curador, os quais serão inferiores aos limites de taxas de juros estipulados para os empréstimos consignados dos servidores públicos federais do Poder Executivo (art. 20-D, § 3º, da Lei 8.036/1990).

Na hipótese de despedida sem justa causa, o trabalhador que optar pela sistemática saque-aniversário também fará jus à movimentação da indenização rescisória de que tratam os §§ 1º e 2º do art. 18 da Lei 8.036/1990.

22.11 Prescrição do FGTS

O tema do prazo prescricional a ser aplicado aos depósitos do FGTS apresenta grande controvérsia, seguindo o panorama verificado quanto à própria natureza jurídica do FGTS.

O entendimento que prevalecia anteriormente era previsto na antiga redação da Súmula 362 do TST (determinada pela Resolução 121/2003):

"FGTS. Prescrição. É trintenária a prescrição do direito de reclamar contra o não recolhimento da contribuição para o FGTS, observado o prazo de 2 (dois) anos após o término do contrato de trabalho".

O prazo prescricional de trinta anos para cobrar os depósitos do FGTS também era previsto na Súmula 210 do STJ: "A ação de cobrança das contribuições para o FGTS prescreve em 30 (trinta) anos".

A Súmula 95 do TST também estabelecia ser "trintenária a prescrição do direito de reclamar contra o não recolhimento da contribuição para o Fundo de Garantia do Tempo de Serviço", mas foi cancelada pela Resolução 121/2003, pois a sua previsão passou a constar da Súmula 362 do TST.

Na realidade, a Súmula 95 do TST, estabelecida pela Resolução Administrativa 44/1980, certamente decorreu do entendimento firmado em julgados da época em que se considerava ser aplicável à contribuição do FGTS o prazo de prescrição das contribuições previdenciárias, tendo por fundamento o art. 19 da Lei 5.107/1966[11].

Esse prazo de 30 anos, na realidade, tinha fundamento no art. 23, § 5º, parte final, da Lei 8.036/1990, ao assegurar que deve ser "respeitado o privilégio do FGTS à prescrição trintenária". Ocorreu, no caso, certa influência da legislação anterior, pertinente ao FGTS. A mesma previsão consta do art. 55 do Regulamento do FGTS, aprovado pelo Decreto 99.684/1990.

No entanto, a controvérsia decorre, em parte, porque a referida disposição está inserida em lei ordinária.

Como já estudado, há corrente de entendimento, ainda que não majoritária, defendendo a natureza tributária da contribuição do FGTS, o que tornaria aplicável o Código Tributário Nacional (art. 174: cinco anos) quanto à matéria da prescrição, nos termos do art. 146, inciso III, *b*, da Constituição Federal de 1988. No entanto, essa corrente é minoritária, não sendo acolhida pela jurisprudência.

Outra corrente de entendimento observa que o prazo prescricional, quanto aos direitos trabalhistas, é matéria de ordem constitucional, conforme o art. 7º, inciso XXIX, da Constituição Federal de 1988. O referido dispositivo, ao prever "ação, quanto aos créditos resultantes das relações de trabalho, com prazo prescricional de *cinco anos* para os trabalhadores urbanos e rurais, até o limite de dois anos após a extinção do contrato de trabalho" (redação determinada pela Emenda Consti-

---

[11] Art. 19 da Lei 5.107/1966: "Competirá à Previdência Social, por seus órgãos próprios, a verificação do cumprimento do disposto nos artigos 2º e 6º desta Lei, procedendo, em nome do Banco Nacional de Habitação, ao levantamento dos débitos porventura existentes e às respectivas cobranças administrativa ou judicial, pela mesma forma e com os mesmos privilégios das contribuições devidas à Previdência Social".

tucional 28/2000), não estabelece qualquer prazo prescricional diferenciado quanto ao FGTS, previsto como direito trabalhista no inciso III do mesmo art. 7º da Constituição da República.

Assim, essa corrente, que passou a prevalecer após relevante decisão proferida pelo STF, a seguir explicitada, entende que o art. 23, § 5º, *in fine*, da Lei 8.036/1990, ao estabelecer prazo prescricional diverso daquele estabelecido pela Constituição da República, seria inconstitucional, devendo ser aplicado ao FGTS os mesmos prazos de prescrição, previstos na Constituição Federal de 1988, para exigir os créditos trabalhistas.

Como já destacado, a Súmula 362 do TST, na redação determinada pela Resolução 121/2003, acolhia o prazo de prescrição de 30 anos; no entanto, ao mesmo tempo, também estabelece que deve ser observado o prazo prescricional de dois anos, contado da cessação do contrato de trabalho.

Na realidade, apesar de não ser a tese que prevaleceu no STF, podia-se entender que o art. 23, § 5º, parte final, da Lei 8.036/1990, ao prever prazo prescricional superior àquele fixado na Constituição Federal de 1988, não se revelava inconstitucional, por se tratar de regra mais benéfica ao empregado.

Efetivamente, o prazo de 30 anos para a cobrança dos depósitos do FGTS é disposição mais favorável ao trabalhador, o que está em consonância com os princípios da proteção e da norma mais benéfica, acolhidos pelo art. 7º, *caput*, da Constituição Federal de 1988.

Mesmo assim, como após dois anos contados da extinção do contrato de trabalho opera a prescrição total, conforme mandamento constitucional (art. 7º, inciso XXIX), a Súmula 362 do TST já determinava a observância do referido prazo prescricional.

Como se nota, aplica-se o biênio prescricional, contado da extinção da relação de emprego; no entanto, em vez do prazo prescricional de cinco anos, *anteriormente*, incidia a prescrição trintenária (de 30 anos) para as violações de direito, pertinentes ao FGTS, ocorridas no curso do contrato de trabalho.

A respeito do tema, o Pleno do Supremo Tribunal Federal, em 13 de novembro de 2014, no Recurso Extraordinário com Agravo 709.212/DF, com repercussão geral reconhecida, decidiu que o prazo prescricional aplicável às cobranças dos depósitos do Fundo de Garantia do Tempo de Serviço é o previsto no art. 7º, inciso XXIX, da Constituição da República, por se tratar de direito dos trabalhadores urbanos e rurais, expressamente arrolado no inciso III do referido dispositivo constitucional.

Prevaleceu, assim, o entendimento de ser aplicável ao FGTS o prazo de prescrição de *cinco anos*, a partir da lesão do direito (e não apenas o prazo prescricional bienal, a contar da extinção do contrato de trabalho), tendo em vista, inclusive, a necessidade de certeza e estabilidade nas relações jurídicas.

Vale dizer, uma vez respeitado o prazo prescricional de dois anos, que se inicia com o término da relação de emprego, somente são exigíveis os valores devidos nos últimos cinco anos que antecedem o ajuizamento da ação.

Com isso, decidiu-se que o prazo prescricional de 30 anos, previsto no art. 23, § 5º, da Lei 8.036/1990 (e no art. 55 do Regulamento do FGTS, aprovado pelo Decreto 99.684/1990), é *inconstitucional*, por violar o já mencionado art. 7º, inciso XXIX, da Constituição Federal de 1988.

Ademais, prevaleceu no STF o entendimento de que não se aplica ao caso o princípio da proteção, por não se tratar de direito mínimo, que possa ser ampliado por meio de lei ordinária. Quanto ao tema, a Constituição da República determinou, de forma expressa e precisa, o prazo prescricional para se exigir a cobrança dos créditos resultantes das relações de trabalho, como ocorre justamente quanto ao FGTS, que tem natureza jurídica de direito social e trabalhista.

Na doutrina, Sergio Pinto Martins já defendia que:

"O constituinte foi preciso no sentido de fixar o prazo, que, portanto, não pode ser modificado pela lei ordinária. O FGTS é um crédito resultante da relação de trabalho. Não pode a lei ordinária reduzir ou ampliar o prazo de prescrição previsto na Constituição. O prazo de prescrição constitucional não é um mínimo, que poderia ser ampliado pela legislação ordinária, como o faz a Lei 8.036. Dessa forma, o prazo prescricional é apenas o fixado na Constituição, que, portanto, não pode ser ampliado pela legislação ordinária. Assim, por mais esse ângulo, o § 5º do art. 23 da Lei 8.036 é inconstitucional"[12].

---

[12] MARTINS, Sergio Pinto. *Manual do FGTS*. São Paulo: Malheiros, 1997. p. 223-224.

Argumentou-se, ainda, conforme voto do relator, Min. Gilmar Mendes, que "a legislação que disciplina o FGTS criou instrumentos para que o trabalhador, na vigência do contrato de trabalho, tenha ciência da realização dos depósitos pelo empregador e possa, direta ou indiretamente, exigi-los".

Nesse sentido, o art. 17 da Lei 8.036/1990 prevê que os empregadores são obrigados a comunicar mensalmente aos trabalhadores os valores recolhidos ao FGTS e repassar-lhes todas as informações sobre suas contas vinculadas recebidas da Caixa Econômica Federal ou dos bancos depositários. Além disso, a CEF, como agente operador do FGTS, envia aos trabalhadores, a cada dois meses, extratos atualizados dos depósitos. O art. 25 da Lei 8.036/1990 possibilita não apenas ao próprio trabalhador, seus dependentes e sucessores, mas também ao *sindicato* a que estiver vinculado, acionar diretamente a empresa por intermédio da Justiça do Trabalho, para obrigá-la a efetuar os depósitos das importâncias devidas a título de FGTS.

Ainda nesse contexto, a Lei 8.844/1994, no art. 1º, dispõe ser atribuição do Ministério do Trabalho a fiscalização e a apuração das contribuições ao Fundo de Garantia do Tempo de Serviço. O art. 2º do mesmo diploma legal, por seu turno, prevê que compete à Procuradoria-Geral da Fazenda Nacional a inscrição em Dívida Ativa dos débitos para com o FGTS, bem como a representação judicial e extrajudicial do FGTS, para a correspondente cobrança, relativamente à contribuição e às multas e demais encargos devidos.

Concluiu-se, portanto, que "a existência desse arcabouço normativo e institucional é capaz de oferecer proteção eficaz aos interesses dos trabalhadores, revelando-se inadequado e desnecessário o esforço hermenêutico do Tribunal Superior do Trabalho, no sentido da manutenção da prescrição trintenária do FGTS após o advento da Constituição de 1988" (voto do Min. Gilmar Mendes).

Ficou decidido, ainda, ser necessária a *mitigação do princípio da nulidade da lei inconstitucional*, com a consequente modulação dos efeitos da referida decisão, atribuindo-lhe efeitos *ex nunc*, ou seja, prospectivos, tendo em vista a necessidade de segurança jurídica, por se tratar de modificação e revisão da jurisprudência adotada por vários anos no STF (bem como no TST), com fundamento no art. 27 da Lei 9.868/1999, aplicável também ao controle difuso de constitucionalidade.

Desse modo, "para aqueles [casos] cujo termo inicial da prescrição ocorra após a data do presente julgamento, aplica-se, desde logo, o prazo de cinco anos. Por outro lado, para os casos em que o prazo prescricional já esteja em curso, aplica-se o que ocorrer primeiro: 30 anos, contados do termo inicial, ou 5 anos, a partir desta decisão. Assim se, na presente data, já tenham transcorrido 27 anos do prazo prescricional, bastarão mais 3 anos para que se opere a prescrição, com base na jurisprudência desta Corte até então vigente. Por outro lado, se na data desta decisão tiverem decorrido 23 anos do prazo prescricional, ao caso se aplicará o novo prazo de 5 anos, a contar da data do presente julgamento" (STF, Pleno, ARE 709.212/DF, voto, Rel. Min. Gilmar Mendes, j. 13.11.2014).

Em face da relevância do julgado em questão, transcreve-se a respectiva ementa:

"Recurso extraordinário. Direito do Trabalho. Fundo de Garantia do Tempo de Serviço (FGTS). Cobrança de valores não pagos. Prazo prescricional. Prescrição quinquenal. Art. 7º, XXIX, da Constituição. Superação de entendimento anterior sobre prescrição trintenária. Inconstitucionalidade dos arts. 23, § 5º, da Lei 8.036/1990 e 55 do Regulamento do FGTS aprovado pelo Decreto 99.684/1990. Segurança jurídica. Necessidade de modulação dos efeitos da decisão. Art. 27 da Lei 9.868/1999. Declaração de inconstitucionalidade com efeitos *ex nunc*. Recurso extraordinário a que se nega provimento" (STF, Pleno, ARE 709.212/DF, Rel. Min. Gilmar Mendes, j. 13.11.2014, *DJe* 19.02.2015).

Como se pode notar, com o importante julgado em destaque, deixou de prevalecer o prazo prescricional de 30 anos, que era reconhecido nas Súmulas 362 do TST e 210 do STJ, passando-se a adotar o prazo de cinco anos também quanto ao FGTS. Cf. ainda STF, Pleno, RE 522.897/RN, Rel. Min. Gilmar Mendes, *DJe* 26.09.2017.

A aplicação desse entendimento incide em demandas que objetivem a cobrança do FGTS, independentemente da natureza jurídica da parte demandada[13].

De todo modo, em termos práticos e concretos, a nova orientação da jurisprudência, evidentemente, não favorece aos trabalhadores, distanciando-se da promessa constitucional de *melhoria de sua condição social* (art. 7º, *caput*).

Tendo em vista o exposto, a atual redação da Súmula 362 do TST assim prevê:

"FGTS. Prescrição.

I – Para os casos em que a ciência da lesão ocorreu a partir de 13.11.2014, é quinquenal a prescrição do direito de reclamar contra o não recolhimento de contribuição para o FGTS, observado o prazo de dois anos após o término do contrato;

II – Para os casos em que o prazo prescricional já estava em curso em 13.11.2014, aplica-se o prazo prescricional que se consumar primeiro: trinta anos, contados do termo inicial, ou cinco anos, a partir de 13.11.2014 (STF-ARE-709212/DF)".

Observados esses aspectos, cabe esclarecer, ainda, que, se a pretensão referente a certa parcela remuneratória já não mais é exigível, por se encontrar prescrita, a respectiva incidência do FGTS também não pode ser mais exigida, considerando-se igualmente atingida pela prescrição.

Nesse sentido estabelece a Súmula 206 do TST, na redação determinada pela Resolução 121/2003:

"FGTS. Incidência sobre parcelas prescritas. A prescrição da pretensão relativa às parcelas remuneratórias alcança o respectivo recolhimento da contribuição para o FGTS".

Como se nota, segue-se entendimento similar ao de que o acessório (incidência ou reflexo do FGTS) segue o principal (parcela remuneratória), de modo que, se este se encontra prescrito, aquele também deve ser assim considerado.

Por isso, a Súmula 362 do TST, inciso II, ao prever prazo prescricional de 30 anos, tem aplicação quando o FGTS é postulado de forma principal, ou seja, sobre verbas remuneratórias já pagas ao longo do contrato de trabalho.

Desse modo, devem ser aplicadas, harmonicamente, as Súmulas 206 e 362 do TST.

A notificação do empregador relativa aos débitos com o FGTS, o início de procedimento administrativo ou a medida de fiscalização interrompem o prazo prescricional (art. 23-A da Lei 8.036/1990, incluído pela Lei 13.932/2019).

O contencioso administrativo é causa de suspensão do prazo prescricional.

A data de publicação da liquidação do crédito será considerada como a data de sua constituição definitiva, a partir da qual será retomada a contagem do prazo prescricional.

---

[13] "II – No julgamento do ARE n. 709.212/DF (Tema n. 608), em 13.11.2014, o Supremo Tribunal Federal, por maioria, declarou a inconstitucionalidade dos arts. 23, § 5º, da Lei n. 8.036/1990, e 55 do Decreto n. 99.684/1990, na parte em que ressalvam o 'privilégio do FGTS à prescrição trintenária', e fixou a seguinte tese: 'O prazo prescricional aplicável à cobrança de valores não depositados no Fundo de Garantia por Tempo de Serviço (FGTS) é quinquenal, nos termos do art. 7º, XXIX, da Constituição Federal'. III – A aplicação do Tema n. 608/STF não se restringe aos litígios que envolvam pessoa jurídica de direito privado, incidindo também em demandas que objetivam a cobrança do FGTS, independentemente da natureza jurídica da parte ré. Precedentes. IV – O Supremo Tribunal Federal, com o objetivo de garantir a segurança jurídica e evitar surpresa, modulou o entendimento firmado no ARE n. 709.212/DF, adotando efeitos *ex nunc* de forma que aos contratos de trabalho em curso no momento do julgamento da repercussão geral submetam-se a uma de duas hipóteses: (i) se o ajuizamento da ação, objetivando o recebimento das parcelas do FGTS, ocorreu até 13.11.2019, aplica-se a prescrição trintenária, ou seja, o trabalhador tem direito ao recebimento das parcelas vencidas no período de 30 anos antes do ajuizamento da ação; e (ii) se o ajuizamento da ação, objetivando o recebimento das parcelas do FGTS, ocorreu após 13.11.2019, aplica-se a prescrição quinquenal, ou seja, o trabalhador faz jus somente ao recebimento das parcelas vencidas no período de 5 anos antes do ajuizamento da ação. V – Recurso Especial improvido" (STJ, 1ª T., REsp 1.841.538/AM, 2019/0297439-7, Rel. p/ ac. Min. Regina Helena Costa, *DJe* 24.08.2020).

Todos os documentos relativos às obrigações perante o FGTS, referentes a todo o contrato de trabalho de cada trabalhador, devem ser mantidos à disposição da fiscalização por até cinco anos após o fim de cada contrato.

22.12 Diferença de indenização compensatória de 40% do FGTS decorrente de complemento de atualização monetária na conta vinculada por expurgos inflacionários de planos econômicos

No presente item, cabe tratar de questões pertinentes ao direito à diferença da indenização de 40% do FGTS, decorrente da correção monetária suplementar de depósitos fundiários, creditada em momento posterior àquele em que efetivamente deveria ter ocorrido, em razão de expurgos inflacionários de planos econômicos.

Há várias ações trabalhistas em que o ex-empregado postula, perante seu ex-empregador, o suplemento dessa indenização compensatória, relativa à atualização monetária do FGTS que se reconhece como devida em razão de planos econômicos.

Essa última questão, específica quanto ao direito ao complemento de atualização monetária na conta vinculada em si, relativamente ao período de junho de 1987 a fevereiro de 1991[14], vem sendo apreciada no âmbito da Justiça Federal[15], em ações em face da Caixa Econômica Federal[16], tendo sido regulada também pela Lei Complementar 110, de 29.06.2001, após decisão do Supremo Tribunal Federal relativa ao tema.

A Lei Complementar 110/2001, no art. 4º, assegurou "o complemento de atualização monetária resultante da aplicação, cumulativa, dos percentuais de dezesseis inteiros e sessenta e quatro centésimos por cento e de quarenta e quatro inteiros e oito décimos por cento, sobre os saldos das contas mantidas, respectivamente, no período de 1º de dezembro de 1988 a 28 de fevereiro de 1989 e durante o mês de abril de 1990", devendo observar-se as hipóteses dos incisos I a III do seu art. 4º[17].

A indenização de 40% do montante dos depósitos realizados na conta vinculada durante a vigência do contrato de trabalho é dever jurídico do empregador, quando verificados os pressupostos de fato previstos na norma jurídica.

A relação jurídica de direito material em questão é estabelecida no bojo ou decorre do contrato de trabalho, figurando o ex-empregado como titular do direito e o ex-empregador, como o do dever. Assim, é inequívoca a competência da Justiça do Trabalho, em razão da matéria, para apreciar a demanda em questão. Além disso, o trabalhador e o seu ex-empregador são as partes legítimas *ad causam*, conferindo pertinência subjetiva à ação.

---

[14] Cf. Súmula 252 do STJ: "Os saldos das contas do FGTS, pela legislação infraconstitucional, são corrigidos em 42,72% (IPC) quanto às perdas de janeiro de 1989 e 44,80% (IPC) quanto às de abril de 1990, acolhidos pelo STJ os índices de 18,02% (LBC) quanto às perdas de junho de 1987, de 5,38% (BTN) para maio de 1990 e 7,00% (TR) para fevereiro de 1991, de acordo com o entendimento do STF (RE 226.855-7-RS)".

[15] Cf. "Cabe à Justiça Federal processar e julgar ação movida por optante do FGTS, visando a obter complementação de depósitos" (STJ, 1ª Seção, CC 4.185-4-RJ, Rel. Min. Antônio de Pádua Ribeiro, j. 28.09.1993, *DJU* 02.11.1993, p. 24.865).

[16] Cf. Súmula 249 do STJ: "A Caixa Econômica Federal tem legitimidade passiva para integrar processo em que se discute correção monetária do FGTS".

[17] Cf. JOÃO, Paulo Sergio. A dívida do FGTS e os efeitos trabalhistas da vigência da Lei Complementar n. 110, de 29 de junho de 2001. *Revista LTr*, São Paulo, LTr, ano 65, n. 11, p. 1329, nov. 2001: "O direito às correções dos valores depositados no FGTS foi reconhecido pelo Supremo, entre outros argumentos, porque os atos normativos que implementaram os expurgos relativos aos planos discutidos entraram em vigor depois de findo o prazo aquisitivo do direito à correção, mas antes de ser ela creditada nas contas dos titulares. Daí o reconhecimento do direito adquirido aos índices em vigor na data em que findaram os períodos aquisitivos. E a lei posterior não pode alterar o efeito de fato já ocorrido de acordo com a lei anterior".

Resta afastada, nesse aspecto, a responsabilização, quanto à diferença de indenização compensatória, dos entes estatais que compõem o sistema do FGTS, com destaque para a Caixa Econômica Federal (Lei 8.036/1990, arts. 3º a 8º), e da União.

Não se pode confundir a responsabilidade quanto à atualização monetária dos depósitos do FGTS com aquela referente à indenização de 40%. Apenas a primeira é dever dos agentes estatais operadores do Fundo de Garantia do Tempo de Serviço (art. 13, § 2º, da mesma lei). Em relação à indenização mencionada, trata-se de típica parcela trabalhista, devida pelo empregador (Lei 8.036/1990, art. 18, § 1º), respondendo por diferenças ainda devidas.

O fato de o empregado já ter sacado, anteriormente, os depósitos fundiários não exime o empregador de pagar a diferença de indenização compensatória ainda devida (eis que esta é uma parcela de responsabilidade unicamente patronal), decorrente da atualização monetária não creditada na época oportuna, nem quando da extinção contratual[18].

Cabe ao sistema do FGTS realizar essa atualização monetária no momento próprio, obedecendo aos parâmetros legais. Mesmo assim, não se pode aceitar a exclusão de responsabilidade do empregador, sob o argumento de que cumpriu a lei. O reconhecimento do direito ao complemento de atualização monetária de depósitos fundiários significa que isso sempre foi devido, conforme prescrições legal e constitucional. O empregador, no caso, também se encontra sujeito à Constituição e às leis, inclusive no que tange aos dispositivos aplicados à espécie (Estado Democrático de Direito), que, portanto, não têm incidência restrita à CEF.

Se o saldo na conta vinculada se encontrava corrigido de forma incorreta, a CEF responde pela diferença de sua atualização, e o empregador, pela diferença de indenização compensatória. Trata-se do efeito cogente das normas, que se irradiam perante os sujeitos da relação jurídica, não se admitindo a alegação patronal de desconhecimento da lei (art. 3º da Lei de Introdução às Normas do Direito Brasileiro).

No sentido exposto, a Orientação Jurisprudencial 341 da SBDI-I do TST assim estabelece:

"FGTS. Multa de 40%. Diferenças decorrentes dos expurgos inflacionários. Responsabilidade pelo pagamento. É de responsabilidade do empregador o pagamento da diferença da multa de 40% sobre os depósitos do FGTS, decorrente da atualização monetária em face dos expurgos inflacionários".

Vejamos, ainda, a prescrição, no que tange à situação anunciada acima. Na realidade, o tema encontra-se pacificado pela Orientação Jurisprudencial 344 da SBDI-I do TST. Entretanto, é possível entendimento diverso, ainda que no plano doutrinário, conforme exposto a seguir.

No âmbito trabalhista, observam-se dois prazos prescricionais distintos: o quinquenal, que flui no decorrer do contrato de trabalho; e o bienal, que é contado a partir da cessação da relação de emprego (art. 7º, inciso XXIX, da CF/1988, com redação determinada pela Emenda Constitucional 28/2000).

De acordo com a Súmula 308, inciso I, do TST: "Respeitado o biênio subsequente à cessação contratual, a prescrição da ação trabalhista concerne às pretensões imediatamente anteriores a cinco anos, contados da data do ajuizamento da reclamação e, não, às anteriores ao quinquênio da data da extinção do contrato".

Assim, desde que a ação seja ajuizada dentro de dois anos contados da extinção contratual, o empregado pode exigir os direitos referentes aos últimos cinco anos anteriores à propositura da demanda.

---

[18] Cf. Orientação Jurisprudencial 42 da SBDI-I do TST: "FGTS. Multa de 40%. I – É devida a multa do FGTS sobre os saques corrigidos monetariamente ocorridos na vigência do contrato de trabalho. Art. 18, § 1º, da Lei 8.036/1990 e art. 9º, § 1º, do Regulamento do FGTS, aprovado pelo Decreto 99.684/1990. II – O cálculo da multa de 40% do FGTS deverá ser feito com base no saldo da conta vinculada na data do efetivo pagamento das verbas rescisórias, desconsiderada a projeção do aviso prévio indenizado, por ausência de previsão legal".

O ponto essencial é definir o *dies a quo* da prescrição quanto à diferença da indenização de 40% do FGTS, decorrente do complemento de atualização monetária dos depósitos na conta vinculada, devida em razão de planos econômicos. Quando do pagamento incompleto, pelo empregador, desta parcela trabalhista, tem-se a lesão deste direito do empregado, ou seja, o dia de início da prescrição (*actio nata*).

Segundo a lei, a indenização compensatória é devida quando da cessação do contrato de trabalho (sem justa causa, em razão de despedida indireta, sendo que na culpa recíproca e na força maior é devida no montante de 20%, conforme a Lei 8.036/1990, art. 18, § 2º), devendo ser quitada no prazo de entrega ao empregado de documentos que comprovem a comunicação da extinção contratual aos órgãos competentes, bem como de pagamento dos valores constantes do instrumento de rescisão ou recibo de quitação (Lei 8.036/1990, art. 18, § 3º, c/c art. 477, § 6º, da CLT). Se, nessa ocasião, o direito mencionado não se encontrar adimplido de forma correta, observa-se a sua lesão, tendo início, assim, o prazo prescricional.

No caso, a lesão é o próprio pagamento da indenização no valor inferior, em razão de não se computar na base de cálculo a totalidade da atualização monetária devida. A partir daí, permanecendo o trabalhador inerte, deixará correr a prescrição quanto à exigibilidade da diferença de indenização.

Não há que falar na impossibilidade de ter fluído o prazo prescricional perante o empregado, antes dos depósitos da diferença de atualização monetária. Como já acentuado, a lesão do direito ocorreu quando da sua quitação irregular, pois em valor inferior ao efetivamente devido, conforme prevê a lei. O art. 3º da Lei de Introdução às Normas do Direito Brasileiro (Decreto-lei 4.657/1942), sem dúvida aplicável ao âmbito trabalhista, expressamente estabelece não se admitir a alegação de ausência de conhecimento da lei. Trata-se de regra fundamental para a eficácia, a manutenção e a viabilidade de todo o sistema jurídico; seu comando imperativo alcança, naturalmente, os que se situam nos polos da relação de emprego, em face da ausência de norma de exceção e de quaisquer fundamentos jurídicos para a exclusão desta aplicabilidade. O princípio protetor, por sua vez, não tem por alcance facultar ao trabalhador a alegação de não ter ciência das leis que regem a vida em sociedade, sob pena de colapso das próprias relações sociais.

No caso em debate, a própria lei estabelece que a importância de 40% é calculada sobre o montante dos depósitos na conta vinculada, "atualizados monetariamente", e com juros (Lei 8.036/1990, art. 18, § 1º, *in fine*).

Como ao empregado não é dado invocar o desconhecimento da lei, havendo previsão no ordenamento jurídico quanto ao direito à diferença de atualização monetária (podendo haver inclusive o seu reconhecimento judicial cronologicamente posterior, mas com eficácia *ex tunc*), exige-se dele que, logo quando da lesão ao direito (pagamento da indenização a menor), se ative com o fim de resguardar-se, sob pena de, permanecendo inerte, consumar-se a prescrição.

Para tanto, poderia o trabalhador, logo após a dispensa, ajuizar ação trabalhista em face de seu ex-empregador, postulando a diferença de indenização compensatória (pedido), decorrente da atualização monetária que, de forma ilegal, não foi creditada de forma completa, causando prejuízo quando do cálculo dos 40% (*causa petendi*). Nessa demanda caberia ao juiz do trabalho analisar, de forma incidental, o fundamento desse direito pleiteado, qual seja a incorreção da atualização monetária dos depósitos na conta vinculada. Havendo ação em andamento (no âmbito da Justiça Federal) cujo objeto fosse a diferença de correção monetária, poder-se-ia até mesmo suspender o processo trabalhista, nos termos do art. 313, V, *a*, do CPC de 2015 e art. 265, IV, *a*, do CPC de 1973, c/c o art. 769 da CLT, observando-se o prazo legal de um ano (art. 313, §§ 4º e 5º, do CPC de 2015 e art. 265, § 5º, do CPC de 1973). Em termos processuais, a questão pertinente à diferença de correção dos depósitos na conta vinculada é prejudicial ao direito de complemento da indenização compensatória, pois esta decisão seria logicamente dependente daquela relativa à primeira matéria.

Não há como aceitar, em termos jurídicos, que o direito à complementação dos 40% do FGTS somente nasce com os depósitos de correção monetária na conta vinculada ou com o trânsito em julgado da decisão a respeito desta diferença.

O provimento jurisdicional que condena ao pagamento de atualização monetária, não creditada no tempo correto, em razão de plano econômico, possui carga declaratória deste direito, e eficácia condenatória para o seu adimplemento. A sentença condenatória produz efeitos *ex tunc*[19], pois, reconhecendo o direito como devido desde determinada data no passado, condena a parte contrária na sua satisfação, para o que confere eficácia sancionatória inerente ao título executivo judicial. Ou seja, não se trata de decisão constitutiva, não havendo, no caso, constituição de qualquer direito, o qual, já existindo antes da sentença, apenas foi por esta reconhecido.

Como o direito já existia anteriormente ao *decisum*, o prazo prescricional, por sua vez, não tem início com a sua prolação, mas sim, como mencionado, desde a lesão do direito.

Tendo em vista que a indenização de 40% do FGTS é devida no término do contrato de trabalho, no caso sob análise, envolvendo diferença desta parcela, tem-se necessariamente a ruptura do pacto laboral. A partir desse evento, tem início o prazo prescricional bienal, que se consuma antes do quinquênio ligado às lesões de direito ocorridas na extinção contratual.

Portanto, prejudicada fica, em princípio e de plano, a incidência da prescrição quinquenal quanto à questão. A indenização compensatória, após dois anos da extinção contratual, restará inexigível, antes, portanto, de se consumar o quinquênio que, em tese, iniciar-se-ia a partir da lesão do direito (no caso, o seu não pagamento ou o seu pagamento em valor inferior ao devido).

Digno de nota, ainda, que a indenização de 40% do FGTS é um típico direito trabalhista, autônomo dos depósitos fundiários em si; apenas o seu pagamento ocorre, em razão de política legislativa, na conta vinculada do trabalhador no FGTS (Lei 8.036/1990, art. 18, § 1º, com redação determinada pela Lei 9.491/1997). Não há que falar, portanto, em prescrição trintenária em relação a esta indenização compensatória em específico, pois não se trata de depósito do FGTS propriamente dito. Apenas quanto a este é que se aplica a Súmula 362 do TST. Cabe observar, aliás, que esta indenização de modo nenhum pode ser englobada no conceito de "contribuições para o FGTS".

A circunstância de ser o pagamento realizado na conta vinculada, por si só, jamais altera a natureza jurídica desta parcela. Além disso, apenas para fins de cálculo desta indenização é que se utiliza o montante dos depósitos, o que, do mesmo modo, também não é apto para transmudar a natureza jurídica deste direito. Em suma, a indenização compensatória de 40%, como o próprio nome diz, não é depósito de FGTS, entendido o termo em seu sentido jurídico, mas sim indenização trabalhista, devida em razão da cessação do pacto laboral, quando sem justa causa ou arbitrária (art. 7º, inciso I, da CF/1988, c/c art. 10, *caput*, e inciso I, do ADCT). Daí por que o prazo prescricional é, especificamente, o previsto no art. 7º, inciso XXIX, da Carta de República, embora, como mencionado, para efeitos práticos, somente o bienal seja, em princípio, efetivamente aplicável[20].

Entretanto, cabe reiterar que, de acordo com o entendimento previsto na Orientação Jurisprudencial 344 da SBDI-I do TST:

"FGTS. Multa de 40%. Diferenças decorrentes dos expurgos inflacionários. Prescrição. Termo inicial. O termo inicial do prazo prescricional para o empregado pleitear em juízo diferenças da multa do FGTS, decorrentes dos expurgos inflacionários, deu-se com a vigência da Lei Complementar n. 110, em 30.06.01, salvo comprovado trânsito em julgado de decisão proferida em ação proposta anteriormente na Justiça Federal, que reconheça o direito à atualização do saldo da conta vinculada".

---

[19] Cf. CINTRA, Antonio Carlos de Araújo; GRINOVER, Ada Pellegrini; DINAMARCO, Cândido Rangel. *Teoria geral do processo*. 11. ed. São Paulo: Malheiros, 1995. p. 306: "A regra geral é que as sentenças condenatórias e declaratórias produzem efeitos *ex tunc*, enquanto a constitutiva só produz efeitos para o futuro".

[20] Cf. MARTINS, Sergio Pinto. Expurgos inflacionários – diferença da indenização de 40% sobre os depósitos do FGTS. *Repertório de Jurisprudência IOB*, São Paulo, IOB, n. 23/2002, p. 644, 1ª quinzena dez. 2002: "Entendo que o prazo a ser observado é de dois anos a contar da cessação do contrato de trabalho, conforme a regra contida no inciso XXIX do art. 7º da Constituição, que não faz qualquer distinção quanto ao prazo prescricional. As diferenças da indenização de 40% são créditos trabalhistas. Logo, o prazo é de dois anos a contar da extinção do contrato de trabalho".

Assim, entende-se que o início do prazo prescricional quanto à diferença de indenização de 40%, no caso em questão, em regra, ocorreu com a vigência da Lei Complementar 110/2001.

No entanto, como exceção, se o direito à atualização monetária na conta vinculada foi reconhecido por decisão da Justiça Federal, em ação ajuizada antes da Lei Complementar 110/2001, o prazo prescricional para a cobrança da diferença de indenização de 40% tem início apenas com o trânsito em julgado da referida sentença da Justiça Federal.

A Orientação Jurisprudencial 370 da SBDI-I do TST apresenta, ainda, o seguinte esclarecimento sobre a interrupção da prescrição quanto ao tema: "FGTS. Multa de 40%. Diferenças dos expurgos inflacionários. Prescrição. Interrupção decorrente de protestos judiciais. O ajuizamento de protesto judicial dentro do biênio posterior à Lei Complementar 110, de 29.06.2001, interrompe a prescrição, sendo irrelevante o transcurso de mais de dois anos da propositura de outra medida acautelatória, com o mesmo objetivo, ocorrida antes da vigência da referida lei, pois ainda não iniciado o prazo prescricional, conforme disposto na Orientação Jurisprudencial 344 da SBDI-1" (*Diário Eletrônico da Justiça do Trabalho* 03.12.2008).

Além disso, se o contrato de trabalho terminou depois da entrada em vigor da Lei Complementar 110/2001, entende-se que o prazo prescricional, quanto à mencionada diferença de indenização de 40%, tem início normalmente, já com a cessação da relação de emprego.

22.13 Recontratação de empregado

Discute-se a respeito da possibilidade de recontratação de empregado que teve o contrato de trabalho recentemente extinto.

Em se tratando de contrato de trabalho por prazo determinado, considera-se por prazo indeterminado todo contrato que suceder, dentro de seis meses, a outro contrato por prazo determinado, salvo se a expiração deste dependeu da execução de serviços especializados ou da realização de certos acontecimentos (art. 452 da CLT). Cf. Capítulo 8, item 8.12.5.

Na hipótese de contrato de trabalho por prazo indeterminado, a lei não proíbe a recontratação do empregado, nem estabelece um prazo a ser observado entre o vínculo de emprego anterior e a nova contratação. Eventuais fraudes, assim, devem ser analisadas conforme as circunstâncias do caso concreto (art. 9º da CLT).

O art. 453 da CLT versa sobre a contagem do tempo de serviço do empregado readmitido. Cf. Capítulo 21, item 21.5.

No plano administrativo, os arts. 311 a 313 da Portaria 671/2021 do Ministério do Trabalho e Previdência versam sobre simulação de rescisão contratual e de levantamento do FGTS em fraude à lei.

A inspeção do trabalho deve dar tratamento prioritário, entre os atributos de rotina, à constatação de casos simulados de rescisão do contrato de trabalho sem justa causa, seguida de recontratação do mesmo trabalhador ou de sua permanência na empresa sem a formalização do vínculo, presumida, em tais casos, como conduta fraudulenta do empregador para fins de aplicação dos §§ 2º e 3º do art. 23 da Lei 8.036/1990 (art. 311 da Portaria 671/2021 do Ministério do Trabalho e Previdência).

Considera-se fraudulenta a rescisão seguida de recontratação ou de permanência do trabalhador em serviço quando ocorrida dentro dos 90 dias subsequentes à data em que formalmente a rescisão se operou (art. 312 da Portaria 671/2021 do Ministério do Trabalho e Previdência). Em caso de aviso prévio indenizado (art. 487, § 1º, da CLT), embora a questão possa gerar controvérsia, defende-se que o prazo de 90 dias deve ser contado do término do contrato de trabalho em si, isto é, sem considerar a projeção do aviso prévio indenizado, a qual não posterga a cessação do pacto laboral.

Trata-se de previsão passível de questionamento, notadamente em face do princípio da legalidade (art. 5º, inciso II, da Constituição da República), por não se tratar de norma com natureza de lei (art. 37 da Constituição Federal de 1988), além do que a fraude não se presume, devendo ser demonstrada²¹. A matéria deveria ser objeto de lei (art. 22, inciso I, da Constituição da República), e não de Portaria. De todo modo, a hipótese seria de presunção relativa, e não absoluta.

Constatada a prática da rescisão fraudulenta, o Auditor-Fiscal do Trabalho deve levantar todos os casos de rescisão ocorridos nos últimos 24 meses para verificar se a hipótese pode ser apenada em conformidade com o art. 312 da Portaria 671/2021 (art. 313 da Portaria 671/2021 do Ministério do Trabalho e Previdência). Esse levantamento deve envolver também a possibilidade de ocorrência de fraude ao seguro-desemprego, hipótese em que será concomitantemente aplicada a sanção prevista no art. 25 da Lei 7.998/1990, ou seja, multa administrativa.

Na jurisprudência, prevalece o entendimento de que a fraude à continuidade do vínculo de emprego, decorrente da extinção do contrato de trabalho e recontratação do empregado, em regra, deve ser demonstrada no caso concreto²², por exemplo, com o intuito de burlar, de forma injustificada, o princípio da irredutibilidade salarial (art. 7º, inciso VI, da Constituição Federal de 1988)²³.

---

[21] "Agravo de instrumento em recurso de revista interposto sob a égide da Lei n. 13.015/2014 e do NCPC. Diferenças salariais. Unicidade contratual. Fraude não demonstrada. A jurisprudência desta Corte, após o cancelamento da Súmula n. 20, não admite presunção de fraude em caso de extinção do contrato com readmissão imediata ou em curto prazo, atribuindo ao empregado o ônus de provar efetivamente a existência de irregularidades" (TST, 8ª T., AIRR-1002338-61.2016.5.02.0462, Rel. Min. Maria Cristina Irigoyen Peduzzi, DEJT 13.09.2019).

[22] "Ante o princípio de que a boa-fé se presume e a má-fé exige prova, foi cancelada a Súmula n. 20 do TST, segundo a qual deveria ser presumida a fraude na hipótese de demissão seguida de nova contratação. A jurisprudência desta Corte Superior evoluiu no sentido de que a fraude deve ser provada e o pagamento dos créditos trabalhistas na rescisão do primeiro contrato é suficiente para demonstrar a regularidade da contratação posterior, à parte o curto espaço de tempo entre uma contratação e outra" (TST, 6ª T., RR-20134-48.2014.5.04.0381, Rel. Min. Kátia Magalhães Arruda, DEJT 01.12.2017).

[23] "A egrégia Corte Regional consignou que a dispensa do autor e a recontratação, sem qualquer plausibilidade, associada à redução salarial, demonstrava a existência de fraude às leis trabalhistas, perpetrada pela empregadora em prejuízo do empregado, sendo nula a rescisão do primeiro contrato, reconhecia-se a unicidade contratual por todo o período por ele laborado" (TST, 5ª T., AIRR-106400-54.2010.5.17.0013, Rel. Min. Guilherme Augusto Caputo Bastos, DEJT 23.10.2015).

Capítulo 23

Identificação e registro profissional

23.1 Introdução

A legislação trabalhista apresenta diversas regras regulando a identificação profissional do empregado, bem como o seu registro pelo empregador.

O tema em destaque enfoca dois institutos essenciais: a Carteira de Trabalho e Previdência Social, conhecida como CTPS, e o registro de empregado.

Enquanto a CTPS é documento pessoal e essencial do empregado, o registro é mantido pela empresa, podendo ser feito de diversas formas autorizadas em lei.

23.2 Carteira de Trabalho e Previdência Social

Analisemos, primeiramente, as regras pertinentes à CTPS.

23.2.1 Denominação

A denominação do documento em questão, anteriormente, era Carteira Profissional.

O Decreto-lei 926, de 10 de outubro de 1969, alterando os arts. 13 e seguintes da CLT, passou a adotar a expressão Carteira de Trabalho e Previdência Social.

23.2.2 Destinação

Pela própria denominação, observa-se tratar-se de documento pessoal do empregado, com destinação não só trabalhista, mas também previdenciária.

Assim, a CTPS tem a finalidade de documentar e comprovar o contrato de trabalho, bem como o tempo de serviço do empregado, para fins trabalhistas e previdenciários.

23.2.3 Conceito

Assim, pode-se conceituar a Carteira de Trabalho e Previdência Social como o documento de identificação profissional do trabalhador, provando a existência de contrato de trabalho e o tempo de serviço.

23.2.4 Destinatários

A CTPS pode ser utilizada não só por empregados urbanos, rurais, domésticos (Lei Complementar 150/2015, art. 9º), como por trabalhadores temporários (Lei 6.019/1974, art. 12, § 1º), ou mesmo trabalhadores autônomos.

Sobre o tema, mostra-se relevante a disposição do art. 13 da CLT:

"Art. 13. A Carteira de Trabalho e Previdência Social é obrigatória para o exercício de qualquer emprego, inclusive de natureza rural, ainda que em caráter temporário, e para o exercício por conta própria de atividade profissional remunerada.

§ 1º O disposto neste artigo aplica-se, igualmente, a quem:

I – proprietário rural ou não, trabalhe individualmente ou em regime de economia familiar, assim entendido o trabalho dos membros da mesma família, indispensável à própria subsistência, e exercido em condições de mútua dependência e colaboração;

II – em regime de economia familiar e sem empregado, explore área não excedente do módulo rural ou de outro limite que venha a ser fixado, para cada região, pelo Ministério do Trabalho e Previdência Social".

Assim, o documento em questão não se destina apenas aos empregados, mas, na realidade, é obrigatório para o exercício do trabalho em sentido lato, na forma acima explicitada.

23.2.5 Conteúdo

O art. 16 da CLT, com redação dada pela Lei 13.874/2019, dispõe que a CTPS terá como identificação única do empregado o número de inscrição no Cadastro de Pessoas Físicas (CPF).

23.2.6 Emissão

A Carteira de Trabalho e Previdência Social (CTPS) obedecerá aos modelos que o Ministério da Economia (Ministério do Trabalho) adotar (art. 13, § 2º, da CLT, com redação dada pela Lei 13.874/2019).

A CTPS deve ser emitida pelo Ministério da Economia (Ministério do Trabalho) preferencialmente em meio eletrônico (art. 14 da CLT, com redação dada pela Lei 13.874/2019).

Excepcionalmente, a CTPS pode ser emitida em meio físico, desde que: I – nas unidades descentralizadas do Ministério da Economia (Ministério do Trabalho) que forem habilitadas para a emissão; II – mediante convênio, por órgãos federais, estaduais e municipais da administração direta ou indireta; III – mediante convênio com serviços notariais e de registro, sem custos para a administração, ficando garantidas as condições de segurança das informações (art. 14, parágrafo único, da CLT, com redação dada pela Lei 13.874/2019).

A regra, assim, em consonância com a contemporaneidade e os avanços da tecnologia, passa a ser a emissão da CTPS em meio eletrônico.

Em harmonia com o exposto, os procedimentos para emissão da CTPS ao interessado serão estabelecidos pelo Ministério da Economia (Ministério do Trabalho) em regulamento próprio, privilegiada a emissão em formato eletrônico (art. 15 da CLT, com redação dada pela Lei 13.874/2019).

Os arts. 2º a 12 da Portaria 671/2021 do Ministério do Trabalho e Previdência versam sobre Carteira de Trabalho e Previdência Social (CTPS).

A CTPS emitida em meio eletrônico, de que trata o art. 14 da CLT, é denominada Carteira de Trabalho Digital (art. 3º da Portaria 671/2021 do Ministério do Trabalho e Previdência).

Para fins do disposto na CLT, a Carteira de Trabalho Digital é equivalente à CTPS emitida em meio físico. A Carteira de Trabalho Digital é previamente emitida a todos os inscritos no Cadastro de Pessoas Físicas (CPF), sendo necessária sua habilitação. A Carteira de Trabalho Digital não se equipara aos documentos de identificação civis de que trata o art. 2º da Lei 12.037/2009.

A habilitação da Carteira de Trabalho Digital é realizada por meio de: aplicativo eletrônico específico, denominado Carteira de Trabalho Digital, disponibilizado gratuitamente para dispositivos móveis; ou serviço específico da Carteira de Trabalho Digital diretamente no portal gov.br (art. 4º da Portaria 671/2021 do Ministério do Trabalho e Previdência).

A CTPS em meio físico é emitida por meio do sistema informatizado de emissão de Carteira de Trabalho e Previdência Social (art. 5º da Portaria 671/2021 do Ministério do Trabalho e Previdência).

23.2.7 Anotações

O empregador terá o prazo de cinco dias úteis para anotar na Carteira de Trabalho e Previdência Social (CTPS), em relação aos trabalhadores que admitir, a data de admissão, a remuneração e as condições especiais, se houver, facultada a adoção de sistema manual, mecânico ou eletrônico, conforme instruções a serem expedidas pelo Ministério da Economia (Ministério do Trabalho) (art. 29 da CLT, com redação dada pela Lei 13.874/2019).

As anotações concernentes à remuneração devem especificar o salário, qualquer que seja sua forma de pagamento, seja ele em dinheiro ou em utilidades, bem como a estimativa da gorjeta (art. 29, § 1º, da CLT).

As empresas que cobrarem a gorjeta de que trata o art. 457, § 3º, da CLT devem anotar na Carteira de Trabalho e Previdência Social e no contracheque de seus empregados o salário contratual fixo e o percentual percebido a título de gorjeta (art. 457, § 6º, inciso III, da CLT, acrescentado pela Lei 13.419/2017).

As empresas devem anotar na CTPS de seus empregados o salário fixo e a média dos valores das gorjetas referente aos últimos 12 meses (art. 457, § 8º, da CLT, acrescentado pela Lei 13.419/2017).

O empregador que infringir o disposto no *caput* e no § 1º do art. 29 da CLT fica sujeito a multa no valor de R$ 3.000,00 por empregado prejudicado, acrescido de igual valor em cada reincidência (art. 29-A da CLT, incluído pela Lei 14.438/2022). No caso de microempresa ou de empresa de pequeno porte, o valor final da multa aplicada é de R$ 800,00 por empregado prejudicado (art. 29-A, § 1º, da CLT).

A infração de que trata o art. 29-A da CLT, sobre anotação da data de admissão, da remuneração e das condições especiais, se houver, na CTPS do empregado pelo empregador, constitui exceção ao critério da dupla visita (art. 29-A, § 2º, da CLT, incluído pela Lei 14.438/2022).

A Lei 12.790/2013, ao dispor sobre a regulamentação do exercício da profissão de comerciário, no art. 2º, estabelece que na Carteira de Trabalho e Previdência Social (CTPS), a atividade ou função desempenhada pelos empregados do comércio deve ser especificada, desde que inexista a possibilidade de classificação por similaridade.

As anotações na Carteira de Trabalho e Previdência Social serão feitas (art. 29, § 2º, da CLT):

a) na data-base;
b) a qualquer tempo, por solicitação do trabalhador;
c) no caso de rescisão contratual; ou
d) necessidade de comprovação perante a Previdência Social.

Na hipótese de não serem realizadas as anotações a que se refere o art. 29, § 2º, da CLT, o empregador fica sujeito a multa no valor de R$ 600,00 por empregado prejudicado (art. 29-B da CLT, incluído pela Lei 14.438/2022).

A falta de cumprimento pelo empregador do disposto no art. 29 da CLT acarretará a lavratura do auto de infração, pelo Auditor-Fiscal do Trabalho, que deverá, de ofício, comunicar a falta de anotação ao órgão competente, para o fim de instaurar o processo de anotação (art. 29, § 3º, da CLT).

É vedado ao empregador efetuar anotações desabonadoras à conduta do empregado em sua Carteira de Trabalho e Previdência Social (§ 4º do art. 29 da CLT). O descumprimento dessa regra pode acarretar ao empregador o dever de: pagamento de multa administrativa (§ 5º do art. 29 da CLT); indenização por danos morais, se houver violação de direito de personalidade do empregado.

Esclareça-se que a comunicação pelo trabalhador do número de inscrição no CPF ao empregador equivale à apresentação da CTPS em meio digital, dispensado o empregador da emissão de recibo (art. 29, § 6º, da CLT, incluído pela Lei 13.874/2019).

Os registros eletrônicos gerados pelo empregador nos sistemas informatizados da CTPS em meio digital equivalem às anotações a que se refere a Consolidação das Leis do Trabalho (art. 29, § 7º, da CLT, incluído pela Lei 13.874/2019).

O trabalhador deve ter acesso às informações da sua CTPS no prazo de até 48 horas a partir de sua anotação (art. 29, § 8º, da CLT, incluído pela Lei 13.874/2019).

Na hipótese de contrato de trabalho doméstico, a Carteira de Trabalho e Previdência Social deve ser obrigatoriamente apresentada, contra recibo, pelo empregado ao empregador que o admitir, o qual tem o prazo de 48 horas para nela anotar, especificamente, a data de admissão, a remuneração e, quando for o caso, os contratos por prazo determinado (art. 9º da Lei Complementar 150/2015).

Para os empregadores que têm a obrigação de uso do Sistema Simplificado de Escrituração Digital das Obrigações Previdenciárias, Trabalhistas e Fiscais (eSocial), a comunicação pelo empregado do número de inscrição no Cadastro de Pessoas Físicas (CPF) equivale à apresentação da Carteira de Trabalho Digital e dispensa a emissão de recibo pelo empregador (art. 6º da Portaria 671/2021 do Ministério do Trabalho e Previdência).

O trabalhador deve ter acesso às informações de seu contrato de trabalho na Carteira de Trabalho Digital após o processamento das respectivas anotações.

A CTPS em meio físico deve ser utilizada, em caráter excepcional, pelos empregados das pessoas jurídicas de direito público da administração direta, autárquica e fundacional, que adotem o regime jurídico previsto na CLT, bem como das organizações internacionais, das fundações públicas de direito privado, dos consórcios públicos, dos fundos públicos e das comissões polinacionais, enquanto estes entes não forem obrigadas ao envio de eventos periódicos ao eSocial.

23.2.8 Valor das anotações

As anotações feitas na CTPS servem de prova do contrato de trabalho, do tempo de serviço do trabalhador, bem como das informações regularmente constantes do mencionado documento.

A CTPS regularmente emitida e anotada servirá de prova: nos casos de dissídio na Justiça do Trabalho entre a empresa e o empregado por motivo de salário, férias ou tempo de serviço; para cálculo de indenização por acidente do trabalho ou doença profissional (art. 40 da CLT).

O art. 456 da CLT determina que a "prova do contrato individual do trabalho será feita pelas anotações constantes da carteira profissional ou por instrumento escrito", podendo tal prova ser suprida por todos os meios permitidos em direito. Na ausência de prova ou inexistindo no contrato de trabalho cláusula expressa a tal respeito, entende-se que o empregado se obrigou a todo e qualquer serviço compatível com a sua condição pessoal (art. 456, parágrafo único, da CLT).

Está pacificado o entendimento de que as anotações na CTPS possuem presunção relativa de veracidade. Isso significa que essas anotações podem ser elididas por prova em contrário, as quais, se não produzidas, fazem com que prevaleça a informação constante da Carteira de Trabalho e Previdência Social.

Nesse sentido, a Súmula 12 do TST assim prevê: "As anotações apostas pelo empregador na carteira profissional do empregado não geram presunção *juris et de jure*, mas apenas *juris tantum*".

A mesma orientação é seguida pela Súmula 225 do STF: "Não é absoluto o valor probatório das anotações da Carteira Profissional".

Há discussão se a referida presunção meramente relativa também se aplica contra o próprio empregador, ou seja, se este pode provar em sentido diverso ao que foi anotado na CTPS.

O entendimento mais adequado é no sentido positivo, pois nada impede que a anotação, mesmo tendo origem em algum setor da empresa, revele-se falsa, tendo o empregador o direito de comprovar eventual fraude nesse sentido.

Além disso, as mencionadas Súmulas do TST e do STF estabelecem a presunção relativa de veracidade das anotações feitas na CTPS, sem distinguir quanto ao empregado e ao empregador, de modo que a sua orientação se aplica a ambos.

23.2.9 Reclamação por falta ou recusa de anotação

A CLT prevê procedimento específico para os casos em que o empregador se recusa a fazer as devidas anotações na CTPS, ou a devolvê-la.

Cabe destacar que o referido processo, de natureza administrativa, não é obrigatório, nem representa uma condição para o ajuizamento de ação perante a Justiça do Trabalho, mesmo tratando-se de pedido de anotação na CTPS ou sua devolução. Pode o trabalhador, assim, ajuizar a ação diretamente, perante a Justiça do Trabalho.

De todo modo, ocorrendo as situações mencionadas no início do presente item, de acordo com o art. 36 da CLT, o empregado pode comparecer, pessoalmente ou por intermédio de seu sindicato perante a Delegacia Regional ou órgão autorizado (Superintendências Regionais do Trabalho, Gerências Regionais do Trabalho e Agências Regionais do Trabalho), para apresentar reclamação.

Lavrado o termo de reclamação, determina-se a realização de diligência para instrução do feito, notificando-se posteriormente o reclamado por carta registrada, caso persista a recusa, para que, em dia e hora previamente designados, venha prestar esclarecimentos ou efetuar as devidas anotações na Carteira de Trabalho e Previdência Social ou sua entrega (art. 37 da CLT).

De acordo com a redação do parágrafo único do art. 37 da CLT: "Não comparecendo o reclamado, lavrar-se-á termo de ausência, sendo considerado revel e confesso sobre os termos da reclamação feita, devendo as anotações ser efetuadas por despacho da autoridade que tenha processado a reclamação".

No entanto, por se tratar de processo administrativo, e não de processo judicial propriamente, não se encontram empregadas em seu sentido técnico as expressões "revel e confesso", as quais pertencem, originalmente, ao âmbito jurisdicional.

Comparecendo o empregador e recusando-se a fazer as anotações reclamadas, é lavrado um termo de comparecimento, que deve conter, entre outras indicações, o lugar, o dia e hora de sua lavratura, o nome e a residência do empregador, assegurando-se o prazo de 48 horas, a contar do termo, para apresentar defesa (art. 38 da CLT).

Findo o prazo para a defesa, o processo deve seguir à autoridade administrativa de primeira instância, para se ordenarem diligências, que completem a instrução do feito, ou para julgamento, se o caso estiver suficientemente esclarecido.

Verificando-se que as alegações feitas pelo reclamado versam sobre a não existência de relação de emprego ou sendo impossível verificar essa condição pelos meios administrativos, será o processo encaminhado à Justiça do Trabalho ficando, nesse caso, sobrestado o julgamento do auto de infração que houver sido lavrado (art. 39 da CLT).

Referido encaminhamento transforma o processo, inicialmente de natureza administrativa, em processo judicial, em consonância com o art. 114, inciso I, da Constituição Federal, por ser a Justiça do Trabalho competente para decidir a respeito da efetiva existência, ou não, de relação de emprego.

Se não houver acordo, a Vara do Trabalho ordenará em sua sentença que a Secretaria efetue as devidas anotações quando do trânsito em julgado, e faça a comunicação à autoridade competente para o fim de aplicar a multa cabível (§ 1º do art. 39 da CLT), de natureza administrativa.

Igual procedimento deve ser observado no caso de processo trabalhista de qualquer natureza, quando for verificada a falta de anotações na Carteira de Trabalho e Previdência Social, devendo o juiz, nessa hipótese, mandar proceder, desde logo, àquelas sobre as quais não houver controvérsia (§ 2º do art. 39 da CLT).

A anotação na CTPS, portanto, decorre de norma de ordem pública, sendo dever imposto ao empregador, e não ao empregado. Como destaca Sergio Pinto Martins: "A anotação na CTPS do empregado pode ser determinada de ofício pelo juiz, mesmo não havendo postulação do autor, nesse sentido, na petição inicial"[1].

Ainda quanto à necessária anotação da Carteira de Trabalho e Previdência Social, cabe lembrar a previsão do art. 297, § 4º, do Código Penal, acrescentado pela Lei 9.983/2000, que determina incorrer nas mesmas penas do crime de "falsificação de documento público" (ou seja, reclusão de dois a seis anos e multa) quem omite, na folha de pagamento, na Carteira de Trabalho e Previdência Social do empregado, em documento contábil ou em qualquer outro documento que deva produzir efeito perante a previdência social, "nome do segurado e seus dados pessoais, a remuneração, a *vigência do contrato de trabalho* ou de prestação de serviços" (destaquei).

---

[1] MARTINS, Sergio Pinto. *Comentários à CLT*. 5. ed. São Paulo: Atlas, 2002. p. 84.

23.2.10 Prescrição

Tema que pode gerar dúvidas refere-se à existência de prazo prescricional quanto à pretensão de anotação da Carteira de Trabalho e Previdência Social.

O antigo Enunciado 64 do TST, já cancelado pela Resolução 121/2003, previa que: "A prescrição para reclamar contra anotação de carteira profissional, ou omissão desta, flui da data de cessação do contrato de trabalho".

No entanto, a anotação na CTPS apenas reflete a pretensão principal, de natureza declaratória, referente ao reconhecimento de certa relação jurídica, no caso, pertinente ao contrato de trabalho.

A referida pretensão, por ser de natureza declaratória, não se encontra sujeita ao prazo prescricional quanto à exigibilidade.

Tanto é assim que o § 1º do art. 11 da CLT, acrescentado pela Lei 9.658/1998, confirma que a disposição do *caput* do referido art. 11, a qual versa sobre os prazos prescricionais dos créditos trabalhistas, "não se aplica às ações que tenham por objeto anotações para fins de prova junto à Previdência Social".

23.2.11 Ausência de anotação de CTPS e ilícito criminal

Discute-se, ainda, se a ausência de anotação do contrato de trabalho na CTPS do empregado, além de infração trabalhista e administrativa, também configura ilícito de natureza criminal, sabendo-se que cabe ao Direito Penal a tutela dos valores essenciais à vida em sociedade.

O art. 49 da CLT dispõe que, para os efeitos da emissão, substituição ou anotação de Carteiras de Trabalho e Previdência Social, devem-se considerar como crime de falsidade, com as penalidades previstas no art. 299 do Código Penal: fazer, no todo ou em parte, qualquer documento falso ou alterar o verdadeiro; afirmar falsamente a sua própria identidade, filiação, lugar de nascimento, residência, profissão ou estado civil e beneficiários, ou atestar os de outra pessoa; servir-se de documentos por qualquer forma falsificados; falsificar, fabricando ou alterando, ou vender, usar ou possuir Carteira de Trabalho e Previdência Social que assim tiver sido alterada; anotar dolosamente em Carteira de Trabalho e Previdência Social ou registro de empregado, ou confessar ou declarar em juízo ou fora dele, data de admissão em emprego diversa da verdadeira.

De forma mais específica, como se observa do art. 297, § 4º, do Código Penal, em tese, a omissão na Carteira de Trabalho e Previdência Social da vigência do contrato de trabalho é considerada crime de *falsificação de documento público*, com a previsão de pena de reclusão, de dois a seis anos, e multa.

A respeito da competência para o referido delito, conforme entendimento firmado pelo STF, a Justiça do Trabalho, mesmo depois da Emenda Constitucional 45/2004, ainda não é competente em matéria de natureza criminal (Ação Direta de Inconstitucionalidade 3.684-0/DF, Rel. Min. Cezar Peluso, *DJ* 03.08.2007).

O Supremo Tribunal Federal julgou procedente o pedido formulado em ação direta de inconstitucionalidade, de modo a conferir interpretação conforme à Constituição ao seu art. 114, incisos I, IV e IX, na redação dada pela Emenda Constitucional 45/2004, para afastar qualquer interpretação que entenda competir à Justiça do Trabalho processar e julgar ações penais, nos termos da medida cautelar anteriormente deferida (STF, Pleno, ADI 3.684/DF, Rel. Min. Gilmar Mendes, *DJe* 01.06.2020).

Na verdade, segundo a Constituição da República, compete à Justiça Federal processar e julgar as infrações penais praticadas em detrimento de bens, serviços ou interesse da União ou de suas entidades autárquicas ou empresas públicas (art. 109, inciso IV).

Esclareça-se que a hipótese em estudo não está prevista nos "crimes contra a organização do trabalho" (previstos nos arts. 197 a 207 do Código Penal), por se tratar de "crime contra a fé pública", mais especificamente de "falsidade documental".

Anteriormente, a Súmula 62 do STJ previa que "compete à Justiça Estadual processar e julgar o crime de falsa anotação na Carteira de Trabalho e Previdência Social, atribuído a empresa privada".

Esse entendimento, entretanto, estava superado, uma vez que o crime em questão envolve interesse da Previdência Social, mais especificamente da autarquia previdenciária, integrante da administração federal indireta, tanto que se trata de falsificação de documento público. Nesse sentido, conforme decisão proferida pelo STJ, "o agente que omite dados ou faz declarações falsas na Carteira de Trabalho e Previdência Social atenta contra interesse da Autarquia Previdenciária e estará incurso nas mesmas sanções do crime de falsificação de documento público". Com isso, o "sujeito passivo principal do delito é o Estado, ficando o empregado na condição de vítima secundária". A competência, portanto, no caso, seria da Justiça Federal (3ª Seção, CC 97.485/SP, Rel. Min. Og Fernandes, *DJe* 17.10.2008).

Não obstante, o Ministro Marco Aurélio, do STF, proferiu decisão monocrática no sentido de que, "quando se trata de investigar prática de possível crime de omissão de anotação de dados relativos a contrato de trabalho na Carteira de Trabalho e Previdência Social – CTPS (artigo 297, § 4º, do Código Penal), a atribuição, para qualquer ação, é do Ministério Público estadual, e não do Federal, pois inexiste lesão a bem ou interesse da União bastante a potencializar a atração da Competência da Justiça Federal, o que direciona à competência da Justiça Comum estadual para processar e julgar eventual ação penal, consoante, inclusive, enuncia o Verbete n. 107 da Súmula do Superior Tribunal de Justiça" (Pet 5.084/SP, *DJe* 28.09.2015).

De todo modo, quando a própria existência da relação de emprego é verdadeiramente controvertida e duvidosa, não havendo a intenção do agente de omitir em CTPS a anotação da vigência de contrato de trabalho, pode-se dizer que não se observam os elementos do tipo penal em questão.

23.3 Registro de empregado

Além da Carteira de Trabalho e Previdência Social, a identificação profissional é realizada, também, pelo registro de empregados, o qual deve ser feito e mantido pelo empregador.

Nesse sentido, de acordo com o art. 41 da CLT:

"Em todas as atividades será obrigatório para o empregador o registro dos respectivos trabalhadores, podendo ser adotados livros, fichas ou sistema eletrônico, conforme instruções a serem expedidas pelo Ministério do Trabalho".

Além da qualificação civil ou profissional de cada trabalhador, deverão ser anotados todos os dados relativos à sua:

– admissão no emprego;
– duração e efetividade do trabalho;
– férias;
– acidentes e demais circunstâncias que interessem à proteção do trabalhador (art. 41, parágrafo único, da CLT).

Os arts. 13 a 23 da Portaria 671/2021 do Ministério do Trabalho e Previdência versam sobre registro de empregados e das anotações na Carteira de Trabalho e Previdência Social.

O registro de empregados de que trata o art. 41 da CLT, ressalvado o disposto no art. 17 da Portaria 671/2021, e as anotações na Carteira de Trabalho Digital de que trata o art. 29 da CLT devem ser realizados pelo empregador por meio do Sistema Simplificado de Escrituração Digital das Obrigações Previdenciárias, Trabalhistas e Fiscais (eSocial) (art. 13 da Portaria 671/2021 do Ministério do Trabalho e Previdência).

Para a utilização de sistema de registro eletrônico de empregados previsto no art. 41 da CLT é obrigatório o uso do eSocial, vedados outros meios de registro (art. 16 da Portaria 671/2021 do Ministério do Trabalho e Previdência). Essa previsão não se aplica aos empregadores ainda não obrigados ao eSocial.

O empregador já obrigado ao eSocial que optar por não realizar o registro dos empregados por meio eletrônico deve anotar, nos mesmos prazos, as informações legais em livro ou ficha de registro, que permanecerá no estabelecimento ao qual o trabalhador estiver vinculado (art. 17 da Portaria 671/2021 do Ministério do Trabalho e Previdência).

A empresa que mantiver empregado não registrado nos termos do art. 41 da CLT incorrerá em multa administrativa, a ser aplicada pelos órgãos de fiscalização do trabalho.

Segundo o art. 47 da CLT, com redação dada pela Lei 13.467/2017, o empregador que mantiver empregado não registrado nos termos do art. 41 do mesmo diploma legal ficará sujeito a multa no valor de R$ 3.000,00 por empregado não registrado, acrescido de igual valor em cada reincidência.

Especificamente quanto à infração a que se refere o art. 47, *caput*, da CLT, o valor final da multa aplicada será de R$ 800,00 (oitocentos reais) por empregado não registrado, quando se tratar de *microempresa ou empresa de pequeno porte* (art. 47, § 1º, da CLT).

A previsão tem como fundamento o art. 179 da Constituição da República, ao prever que a União, os Estados, o Distrito Federal e os Municípios devem dispensar às microempresas e às empresas de pequeno porte, assim definidas em lei, *tratamento jurídico diferenciado*, visando a incentivá-las pela simplificação de suas obrigações administrativas, tributárias, previdenciárias e creditícias, ou pela eliminação ou redução destas por meio de lei.

A respeito do tema, a Lei Complementar 123/2006 estabelece normas gerais relativas ao tratamento diferenciado e favorecido a ser dispensado às microempresas e empresas de pequeno porte no âmbito dos Poderes da União, dos Estados, do Distrito Federal e dos Municípios, inclusive no que se refere ao cumprimento de obrigações trabalhistas e previdenciárias, inclusive obrigações acessórias (art. 1º).

O § 2º do art. 47 da CLT dispõe que a infração relativa ao empregador que mantiver empregado não registrado constitui *exceção à dupla visita*, o que já é previsto no art. 6º, § 3º, segunda parte, da Lei 7.855/1989[2], bem como no art. 55, § 1º, segunda parte, da Lei Complementar 123/2006[3].

O art. 47-A da CLT prevê que na hipótese de não serem informados os dados a que se refere o parágrafo único do art. 41 do mesmo diploma legal, o empregador ficará sujeito à multa de R$ 600,00 por empregado prejudicado.

Esclareça-se que o art. 41, parágrafo único, da CLT dispõe que além da qualificação civil ou profissional de cada trabalhador, devem ser anotados todos os dados relativos à sua admissão no emprego, duração e efetividade do trabalho, a férias, acidentes e demais circunstâncias que interessem à proteção do trabalhador.

O art. 634, § 2º, da CLT, incluído pela Lei 13.467/2017, prevê que os valores das multas administrativas expressos em moeda corrente serão *reajustados anualmente* pela Taxa Referencial (TR), divulgada pelo Banco Central do Brasil, ou pelo índice que vier a substituí-lo.

Trata-se de disposição que tem como objetivo, a cada ano, reajustar, ou seja, *corrigir monetariamente* os valores das multas administrativas decorrentes de violação a preceitos normativos trabalhistas, tendo em vista os efeitos da inflação, com o fim de preservar o seu valor real, sem a necessidade da constante aprovação de sucessivas e novas leis apenas com essa finalidade.

---

[2] "§ 3º Será observado o critério de dupla visita nas empresas com até dez empregados, salvo quando for constatada infração por falta de registro de empregado, anotação de sua Carteira de Trabalho e Previdência Social e na ocorrência de fraude, resistência ou embaraço à fiscalização".

[3] "Art. 55. A fiscalização, no que se refere aos aspectos trabalhista, metrológico, sanitário, ambiental, de segurança, de relações de consumo e de uso e ocupação do solo das microempresas e das empresas de pequeno porte, deverá ser prioritariamente orientadora quando a atividade ou situação, por sua natureza, comportar grau de risco compatível com esse procedimento. § 1º Será observado o critério de dupla visita para lavratura de autos de infração, salvo quando for constatada infração por falta de registro de empregado ou anotação da Carteira de Trabalho e Previdência Social – CTPS, ou, ainda, na ocorrência de reincidência, fraude, resistência ou embaraço à fiscalização".

Nesse enfoque, a *correção monetária*, como o próprio nome indica, visa à mera atualização do valor em razão do tempo transcorrido[4].

Entretanto, o índice adotado é passível de crítica, uma vez que a Taxa Referencial (TR), a qual é o índice oficial de remuneração básica da caderneta de poupança, nem sempre representa a verdadeira inflação do período.

Tanto é assim que o Supremo Tribunal Federal, nas Ações Diretas de Inconstitucionalidade 4.357 e 4.425, considerou inconstitucional a previsão do § 12 do art. 100 da Constituição da República, acrescentado pela Emenda Constitucional 62/2009, o qual estabelece o índice da caderneta de poupança como taxa de correção monetária dos precatórios, por se ter entendido que ele não é suficiente para recompor as perdas inflacionárias.

Seria mais adequada, assim, a adoção do Índice Nacional de Preços ao Consumidor Amplo (IPCA), do Instituto Brasileiro de Geografia e Estatística (IBGE).

O art. 31 da Lei 13.408/2016 prevê que a atualização monetária dos precatórios, determinada no § 12 do art. 100 da Constituição Federal, bem como das requisições de pequeno valor expedidas no ano de 2017, inclusive em relação às causas trabalhistas, previdenciárias e de acidente do trabalho, observará, no exercício de 2017, a variação do Índice Nacional de Preços ao Consumidor Amplo – Especial (IPCA-E) da Fundação Instituto Brasileiro de Geografia e Estatística (IBGE), da data do cálculo exequendo até o seu efetivo depósito, salvo disposição superveniente que estabeleça outro índice de correção.

---

[4] Cf. Orientação Jurisprudencial 28 da SBDI-I do TST: "Correção monetária sobre as diferenças salariais. Universidades federais. Devida. Lei 7.596/1987 (nova redação) – *DJ* 20.04.2005. Incide correção monetária sobre as diferenças salariais dos servidores das universidades federais, decorrentes da aplicação retroativa dos efeitos financeiros assegurados pela Lei 7.596/1987, pois *a correção monetária tem como escopo único minimizar a desvalorização da moeda em decorrência da corrosão inflacionária*" (destaquei).

Capítulo 24

Jornada de trabalho

24.1 Introdução e aspectos históricos

A limitação da jornada de trabalho, por meio de normas jurídicas estabelecidas pelo Estado, atende a uma necessidade de integridade e harmonia física, psíquica e psicológica do trabalhador, sendo essencial na concretização do mandamento fundamental de dignidade da pessoa humana.

Na verdade, a história revela uma longa evolução para se alcançar o sistema de proteção das condições de trabalho, inclusive quanto à jornada de labor.

No início da Revolução Industrial, os trabalhadores eram expostos a jornadas de trabalho extenuantes, com precárias condições no meio ambiente de trabalho, prejudicando a saúde, a segurança e a própria vida dos trabalhadores.

No início do século XIX, na maioria dos países da Europa, a jornada de trabalho era por volta de 12 a 16 horas por dia, com grande utilização de mão de obra das mulheres e crianças.

Em protesto às péssimas condições de trabalho, observam-se diversas reivindicações dos trabalhadores, dando início à união de esforços para se alcançar objetivos comuns, inclusive no sentido de diminuição da jornada de trabalho e melhoria do valor dos salários.

A referida pressão exercida pelos trabalhadores, formando grupos profissionais que deram origem ao movimento sindical, refletiu em leis estabelecidas pelo Estado, como forma de atender às manifestações, mas também com o fim de manter sob certo controle a massa trabalhadora, de modo a não se instaurar um quadro revolucionário.

Desse modo, na Inglaterra, no ano de 1847, a jornada de trabalho foi limitada a 10 horas por dia, enquanto na França, no ano seguinte, houve fixação em 10 horas; e 11 horas em Paris[1].

A Igreja Católica também apresentou preocupação quanto ao tema, tanto que a Encíclica *Rerum Novarum*, de 1891, estabelecia o mandamento de que as horas de trabalho no dia não deveriam exceder as forças do trabalhador, devendo-se fixar, igualmente, o devido repouso.

Isso também influenciou diversos países da Europa, alguns dos quais passaram a limitar a jornada de trabalho em oito horas por dia, o que, em 1915, foi generalizado para a maioria deles, após diversos movimentos dos trabalhadores, inclusive greves[2].

24.2 Direito Internacional

No plano internacional, a Convenção 1 da OIT, de 1919, versa justamente sobre a duração do trabalho, fixando-a em oito horas diárias e 48 horas semanais.

A Convenção 30 da OIT, do ano de 1930, fixa a jornada de trabalho em oito horas para os trabalhadores no comércio e em escritórios, explicitando considerar-se jornada de trabalho o tempo à disposição do empregador.

Por sua vez, a Convenção 31, de 1931, estabelece a jornada de trabalho de sete horas e 45 minutos aos trabalhadores das minas de carvão.

---

[1] Cf. MARTINS, Sergio Pinto. *Direito do trabalho*. 28. ed. São Paulo: Atlas, 2012. p. 518.
[2] Cf. MARTINS, Sergio Pinto. *Direito do trabalho*. 28. ed. São Paulo: Atlas, 2012. p. 518.

Como observa Arnaldo Süssekind: "Em 1935, porque o desemprego atingiria dimensões preocupantes e que o progresso técnico justificava a redução do tempo de trabalho, resolveu a OIT aprovar a *Convenção n. 47* sobre a semana de 40 horas"[3].

A Convenção 67, de 1939, prevê a jornada de 48 horas para os trabalhadores das empresas de transporte rodoviário[4].

A Recomendação 116, de 1962, estabelece a adoção progressiva da semana de 48 horas de trabalho.

Por fim, a Declaração Universal dos Direitos Humanos, no art. XXIV, assim prevê: "Todo ser humano tem direito a repouso e lazer, inclusive a limitação razoável das horas de trabalho e a férias remuneradas periódicas"[5].

24.3 Evolução da jornada de trabalho no Brasil

No início da década de 30, observam-se leis limitando a jornada de trabalho, de modo específico para certas categorias profissionais, como o Decreto 21.186/1932 (para o comércio) e o Decreto 21.364/1932 (para a indústria), fixando o limite de oito horas por dia.

No Brasil, a Constituição de 1934, no art. 121, § 1º, c, previa: "trabalho diário não excedente de oito horas, reduzíveis, mas só prorrogáveis nos casos previstos em lei".

A Constituição de 1937, por sua vez, no art. 137, *i*, estabelecia preceito quanto ao: "dia de trabalho de oito horas, que poderá ser reduzido, e somente suscetível de aumento nos casos previstos em lei".

A Constituição de 1946, da mesma forma, fixava o preceito de "duração diária do trabalho não excedente a oito horas, exceto nos casos e condições previstos em lei" (art. 157, inciso V).

Na Constituição de 1967, o art. 158, inciso VI, previa: "duração diária do trabalho não excedente de oito horas, com intervalo para descanso, salvo casos especialmente previstos". Esse mandamento foi praticamente repetido na redação determinada pela Emenda Constitucional 1/1969, no art. 165, inciso VI.

Por fim, a atual Constituição Federal de 1988, em seu art. 7º, inciso XIII, apresenta a seguinte previsão: "duração do trabalho normal não superior a oito horas diárias e quarenta e quatro semanais, facultada a compensação de horários e a redução da jornada, mediante acordo ou convenção coletiva de trabalho".

O inciso XIV, desse mesmo art. 7º da Constituição de 1988, também versa sobre jornada de trabalho, assim dispondo: "jornada de seis horas para o trabalho realizado em turnos ininterruptos de revezamento, salvo negociação coletiva".

Na Consolidação das Leis do Trabalho, a jornada de trabalho é regulada nos arts. 57 e seguintes.

24.4 Denominação

O tema em estudo recebe a denominação corrente de *jornada de trabalho*.

A rigor, quando se fala em jornada de trabalho, entende-se o *número de horas diárias de trabalho*, ou seja, o montante de horas de trabalho em um dia. Exemplo, jornada de trabalho de oito horas.

Tanto é assim que, no italiano, o vocábulo *giornata* significa: jornada; trabalho de um dia; salário de um dia; dia, no sentido de "dia de trabalho" e "pagamento de um dia"[6].

Por isso, também se verifica a denominação *duração do trabalho*.

---

[3] SÜSSEKIND, Arnaldo. *Direito internacional do trabalho*. 3. ed. São Paulo: LTr, 2000. p. 380.
[4] Cf. MARTINS, Sergio Pinto. *Direito do trabalho*. 22. ed. São Paulo: Atlas, 2006. p. 477.
[5] COMPARATO, Fábio Konder. *Afirmação histórica dos direitos humanos*. 3. ed. São Paulo: Saraiva, 2004. p. 236.
[6] Cf. POLITO, André Guilherme. *Michaelis: dicionário escolar italiano*: italiano-português, português-italiano. São Paulo: Melhoramentos, 2003. p. 158 e 491.

Quando se fala no número de horas de trabalho semanal, mensal ou mesmo anual, o correto é utilizar a referida denominação, pois não é restrita ao trabalho diário. Exemplo: duração do trabalho de 44 horas semanais.

O *horário de trabalho*, por sua vez, refere-se à hora de início e término do labor, indicando-se o horário de intervalo inserido no interior da jornada. Exemplo: horário de trabalho das 9 às 13 horas e das 14 às 18 horas.

24.5 Conceito

Tendo em vista as especificações acima, pode-se conceituar a jornada de trabalho como o montante de horas de um dia de labor.

Na realidade, são computadas na jornada de trabalho não só o tempo efetivamente trabalhado, mas também o tempo à disposição do empregador.

Em termos teóricos e puros, há três correntes sobre a abrangência da jornada de trabalho[7].

A teoria do tempo efetivamente trabalhado não computa na jornada de trabalho as paralisações do empregado, como os intervalos.

A teoria do tempo à disposição do empregador é mais abrangente, pois considera como jornada de trabalho não só o tempo de efetivo serviço, como o tempo à disposição do empregador.

Nesse aspecto, de acordo com a Súmula 118 do TST: "Jornada de trabalho. Horas extras. Os intervalos concedidos pelo empregador na jornada de trabalho, não previstos em lei, representam tempo à disposição da empresa, remunerados como serviço extraordinário, se acrescidos ao final da jornada".

A teoria do tempo *in itinere* é a que considera como jornada de trabalho todo o período, desde o momento em que o empregado se dirige ao trabalho, até quando ele retorna para sua casa.

No Direito do Trabalho em vigor, não se pode dizer que somente uma dessas teorias seja aquela adotada, mas verifica-se, na realidade, um sistema híbrido, considerando-se jornada de trabalho não só o tempo de serviço efetivo, mas adotando certos aspectos da teoria do tempo à disposição do empregador, como será detalhado ao longo do presente Capítulo.

Em consonância com o art. 4º da CLT, considera-se como de serviço efetivo o período em que o empregado esteja à disposição do empregador, aguardando ou executando ordens, salvo disposição especial expressamente consignada.

24.6 Natureza jurídica

Ao se buscar a natureza jurídica da jornada de trabalho, procura-se a sua subsunção em certas categorias jurídicas conhecidas e mais genéricas.

Pode-se dizer que a jornada de trabalho, a qual é regulada pelo Direito, tem natureza de norma de ordem pública, pois há interesse social na sua limitação, em proteção da saúde, da segurança e da vida do trabalhador, preservando e concretizando a sua dignidade como pessoa.

No entanto, sob outro enfoque, a jornada de trabalho é uma das condições de trabalho de grande importância na relação jurídica de emprego, a qual, como estudado anteriormente, apresenta natureza contratual, por se reportar ao gênero dos negócios jurídicos. Assim, há certa natureza jurídica privada também quanto à jornada de trabalho, sendo possível convencionar a respeito no âmbito das condições do contrato de trabalho, desde que observadas as garantias e normas de proteção trabalhista (art. 444 da CLT).

Portanto, dependendo do enfoque, notam-se a natureza de ordem pública e a natureza jurídica privada quanto à jornada de trabalho, no que tange ao seu aspecto jurídico e normativo.

---

[7] Cf. MARTINS, Sergio Pinto. *Direito do trabalho*. 28. ed. São Paulo: Atlas, 2012. p. 520-521.

24.7 Classificação

A jornada de trabalho, como ensina Sergio Pinto Martins, pode ser classificada quanto à duração, ao período, à profissão e à flexibilidade[8].

Quanto à *duração*, a jornada de trabalho pode ser:

a) normal, ou seja, comum, de oito horas diárias (respeitado o limite semanal de 44 horas), o que, por ser o ordinário, é o presumido. Pode, no entanto, haver previsão legal ou convencional mais benéfica ao empregado ou a certas categorias ou formas de trabalho, fixando jornada de trabalho normal inferior ao referido módulo, como ocorre no trabalho em regime de revezamento (art. 7º, inciso XIV, da CF/1988);

b) extraordinária ou suplementar, que são as horas de trabalho acima do horário normal.

Quanto ao *período*, a jornada de trabalho pode ser:

a) diurna, quando o trabalho ocorre, no meio urbano, no horário das 5 até as 22 horas;

b) noturna, quando o labor ocorre, no meio urbano, das 22 às 5 horas (art. 73, § 2º, da CLT). No trabalho rural, a Lei 5.889/1973 estabelece o horário noturno das 21 às 5 horas na agricultura e das 20 às 4 na pecuária (art. 7º).

Em relação à *profissão*, cabe destacar que certas profissões e categorias, como os bancários (art. 224 da CLT) e os telefonistas (art. 227 da CLT), têm jornadas de trabalho especiais, inferiores ao limite constitucional.

No entanto, cabe esclarecer que, de acordo com a Súmula 370 do TST, médicos e engenheiros não possuem jornada de trabalho reduzida propriamente, apenas havendo fixação de salário mínimo profissional, o qual é devido para uma jornada de trabalho fixada na respectiva lei. Vejamos, assim, a redação do mencionado verbete:

"Médico e engenheiro. Jornada de trabalho. Leis 3.999/1961 e 4.950-A/1966. *Tendo em vista que as Leis 3.999/1961 e 4.950-A/1966 não estipulam a jornada reduzida, mas apenas estabelecem o salário mínimo da categoria para uma jornada de 4 horas para os médicos e de 6 horas para os engenheiros*, não há que se falar em horas extras, salvo as excedentes à oitava, desde que seja respeitado o salário mínimo/horário das categorias (ex-OJs nos 39 e 53 – Inseridas respectivamente em 07.11.1994 e 29.04.1994)".

O critério da *flexibilidade* é mais verificado no direito estrangeiro, em alguns países, cuja legislação admite as jornadas de trabalho flexíveis (*flex time*), devendo o empregado cumprir determinada carga horária semanal, mensal ou anual, mas tendo liberdade na organização de seu horário diário.

24.8 Fundamentos para a limitação da jornada de trabalho

A doutrina indica diversos fundamentos para a limitação da jornada de trabalho pelas normas jurídicas, com natureza cogente[9].

Podem ser arrolados, assim, os seguintes *fundamentos*, de natureza:

a) psíquica e psicológica, pois o trabalho intenso, com jornadas extenuantes, pode causar o esgotamento psíquico-psicológico do trabalhador, afetando a sua saúde mental e a capacidade de concentração, o que pode até mesmo gerar doenças ocupacionais de ordem psíquica, como a síndrome do esgotamento profissional (*burnout*);

---

[8] Cf. MARTINS, Sergio Pinto. *Direito do trabalho*. 22. ed. São Paulo: Atlas, 2006. p. 489.
[9] Cf. MARTINS, Sergio Pinto. *Direito do trabalho*. 28. ed. São Paulo: Atlas, 2012. p. 523.

b) física, uma vez que o labor em jornadas de elevada duração também pode acarretar a fadiga somática do empregado, resultando em cansaço excessivo, bem como aumentando o risco de acidentes de trabalho e doenças ocupacionais, colocando a saúde e a vida do trabalhador em risco;

c) social, tendo em vista ser necessário, também para a sociedade, que a pessoa, além de trabalhar, exerça outras relevantes atividades na comunidade em que vive, inclusive no seio familiar, por ser a própria base da sociedade;

d) econômica, pois jornadas de trabalho de elevada duração podem fazer com que a empresa deixe de contratar outros empregados, passando a exigir trabalho somente daqueles poucos que ali prestam serviços, aumentando o desemprego e, por consequência, gerando crises na economia;

e) humana, uma vez que o trabalhador, para ter sua dignidade preservada, não pode ser exposto a jornadas de trabalho extenuantes, o que afetaria a sua saúde e colocaria em risco a sua própria vida, inclusive em razão de riscos quanto a acidentes de trabalho.

24.9 Duração normal da jornada de trabalho

A Constituição Federal de 1988, em seu art. 7º, inciso XIII, prevê a duração do trabalho normal não superior a oito horas diárias e quarenta e quatro semanais, facultadas a compensação de horários e a redução da jornada, mediante acordo ou convenção coletiva de trabalho.

Trata-se de certa inovação, especialmente quanto ao referido limite semanal.

Na Consolidação das Leis do Trabalho, o art. 58 prevê: "A duração normal do trabalho, para os empregados em qualquer atividade privada, não excederá de 8 (oito) horas diárias, desde que não seja fixado expressamente outro limite".

Como já destacado, além do referido limite diário, a partir da vigência da Constituição de 1988, também deve ser observado o limite semanal de 44 horas. Assim, admite-se, por exemplo: a jornada de trabalho de oito horas de segunda-feira a sexta-feira e de quatro horas aos sábados; a jornada de trabalho de 7 horas e 20 minutos de segunda-feira a sábado etc.

Havendo trabalho acima de algum dos referidos limites (diário ou semanal), já se verifica o labor em horas extras.

Cabe destacar que, de acordo com o art. 4º, *caput*, da CLT: "Considera-se como de serviço efetivo o período em que o empregado esteja à disposição do empregador, aguardando ou executando ordens, salvo disposição especial expressamente consignada".

Considerava-se à disposição do empregador, na forma do art. 4º da CLT, o tempo necessário ao deslocamento do trabalhador entre a portaria da empresa e o local de trabalho, desde que superasse o limite de 10 minutos diários (Súmula 429 do TST). Entretanto, o art. 58, § 2º, da CLT, com redação dada pela Lei 13.467/2017, prevê que o tempo despendido pelo empregado desde a sua residência *até a efetiva ocupação do posto de trabalho* e para o seu retorno, caminhando ou por qualquer meio de transporte, inclusive o fornecido pelo empregador, não será computado na jornada de trabalho, por não ser tempo à disposição do empregador. Logo, entende-se que a referida Súmula 429 do TST fica superada.

O § 2º do art. 4º da CLT, com redação dada pela Lei 13.467/2017, dispõe que, por não se considerar tempo à disposição do empregador, não é computado como período extraordinário o que exceder a jornada normal, ainda que ultrapasse o limite de cinco minutos previsto no § 1º do art. 58 da CLT, quando o empregado, por escolha própria, buscar proteção pessoal, em caso de insegurança nas vias públicas ou más condições climáticas, bem como adentrar ou permanecer nas dependências da empresa para exercer atividades particulares, entre outras:

I – práticas religiosas;

II – descanso;

III – lazer;

IV – estudo;

V – alimentação;

VI – atividades de relacionamento social;

VII – higiene pessoal;

VIII – troca de roupa ou uniforme, quando não houver obrigatoriedade de realizar a troca na empresa.

Trata-se, assim, de disposição prejudicial ao empregado, que flexibiliza a favor do empregador o limite relativo às variações de horário no registro de ponto estabelecido no art. 58, § 1º, da CLT.

O art. 235-C da CLT, com redação dada pela Lei 13.103/2015, prevê que a jornada ("diária") de trabalho do motorista profissional é de 8 horas. Entretanto, admite-se a sua prorrogação por até 2 horas extraordinárias ou, mediante previsão em convenção ou acordo coletivo, por até 4 horas extraordinárias.

É considerado como trabalho efetivo o tempo em que o motorista empregado estiver à disposição do empregador, excluídos os intervalos para refeição, repouso e descanso e o tempo de espera (art. 235-C, § 1º, da CLT).

Aplicam-se as disposições do art. 235-C da CLT ao ajudante empregado nas operações em que acompanhe o motorista (art. 235-C, § 16, da CLT). O disposto no art. 235-C da CLT aplica-se também aos operadores de automotores destinados a puxar ou a arrastar maquinaria de qualquer natureza ou a executar trabalhos de construção ou pavimentação e aos operadores de tratores, colheitadeiras, autopropelidos e demais aparelhos automotores destinados a puxar ou a arrastar maquinaria agrícola ou a executar trabalhos agrícolas (art. 235-C, § 17, da CLT, acrescentado pela Lei 13.154/2015).

Em situações excepcionais de inobservância justificada do limite de jornada de que trata o art. 235-C da CLT, supraindicado, devidamente registradas, e desde que não se comprometa a segurança rodoviária, a duração da jornada de trabalho do motorista profissional empregado pode ser elevada pelo tempo necessário até o veículo chegar a um local seguro ou ao seu destino (art. 235-D, § 6º, da CLT).

O art. 235-D, § 8º, da CLT explicita ainda que para o transporte de cargas vivas, perecíveis e especiais em longa distância ou em território estrangeiro podem ser aplicadas regras conforme a especificidade da operação de transporte realizada, cujas condições de trabalho devem ser fixadas em convenção ou acordo coletivo de modo a assegurar as adequadas condições de viagem e entrega ao destino final.

Observam-se, ainda, jornadas de trabalho especiais, como do jornalista empregado, caso em que, de acordo com o art. 303 da CLT, a "duração normal do trabalho" não deve exceder de cinco horas, "tanto de dia como à noite".

Quanto ao tema, cabe ressaltar que, conforme a Orientação Jurisprudencial 407 da SBDI-I do TST: "Jornalista. Empresa não jornalística. Jornada de trabalho reduzida. Arts. 302 e 303 da CLT. O jornalista que exerce funções típicas de sua profissão, independentemente do ramo de atividade do empregador, tem direito à jornada reduzida prevista no artigo 303 da CLT" (*DEJT* 22.10.2010).

Registre-se o entendimento de que o assessor de imprensa realiza as funções com o objetivo de comunicação institucional ou corporativa, efetuando o repasse de informações e notícias de interesse da instituição ou organização, o que não se caracteriza como atividade do jornalista, pois esta é informativa e voltada a apresentar a verdade dos acontecimentos. Cf. TST, SBDI-I, E-RR-2102-13.2015.5.02.0026, Rel. Min. José Roberto Freire Pimenta, *DEJT* 18.12.2020. TST, 8ª T., RRAg-10845-97.2015.5.01.0039, Rel. Min. Emmanoel Pereira, *DEJT* 03.12.2021.

24.9.1 Horários de entrada e saída flexíveis

No âmbito dos poderes diretivo e gerencial dos empregadores, e considerada a vontade expressa dos empregados e das empregadas, haverá priorização na concessão de horários de entrada e de saída flexíveis, como medida de flexibilização da jornada de trabalho, aos empregados e às empregadas que tenham filho, enteado ou pessoa sob sua guarda com até seis anos de idade ou com deficiência, com vistas a promover a conciliação entre o trabalho e a parentalidade (art. 8º, inciso V, da Lei 14.457/2022).

A referida medida deve ser formalizada por meio de acordo individual, de acordo coletivo ou de convenção coletiva de trabalho (art. 8º, § 2º, da Lei 14.457/2022).

Sendo assim, nos termos do art. 14 da Lei 14.457/2022, quando a atividade permitir, os horários fixos da jornada de trabalho podem ser flexibilizados ao empregado ou à empregada que se enquadre nos critérios estabelecidos no art. 8º da Lei 14.457/2022 (ou seja, que tenha filho, enteado ou pessoa sob sua guarda com até seis anos de idade ou com deficiência). A referida flexibilização ocorrerá em intervalo de horário previamente estabelecido, considerados os limites inicial e final de horário de trabalho diário.

Na adoção da referida medida de flexibilização (horários de entrada e de saída flexíveis), deve sempre ser levada em conta a vontade expressa da empregada ou do empregado beneficiado pela medida de apoio ao exercício da parentalidade (art. 22 da Lei 14.457/2022).

24.10 Horas *in itinere*

O art. 58, § 2º, da CLT, em sua atual redação, decorrente da Lei 13.467/2017, prevê que o tempo despendido pelo empregado desde a sua residência até a efetiva ocupação do posto de trabalho e para o seu retorno, caminhando ou por qualquer meio de transporte, *inclusive o fornecido pelo empregador*, não será computado na jornada de trabalho, por não ser tempo à disposição do empregador.

Deixam de ser devidas, assim, as horas *in itinere* ou de trajeto.

Anteriormente, o art. 58, § 2º, da CLT, com redação decorrente da Lei 10.243/2001, previa que o tempo despendido pelo empregado até o local de trabalho e para o seu retorno, por qualquer meio de transporte, não será computado na jornada de trabalho, salvo quando, tratando-se de local de difícil acesso ou não servido por transporte público, o empregador fornecer a condução.

Portanto, o tempo despendido pelo empregado, em condução fornecida pelo empregador, até o local de trabalho de difícil acesso, ou não servido por transporte público regular, e para o seu retorno era computável na jornada de trabalho (Súmula 90, inciso I, do TST), o que passa a não mais ocorrer.

Para que as horas de trajeto integrassem a jornada de trabalho eram exigidos dois requisitos, quais sejam: local de trabalho de difícil acesso ou não servido por transporte público regular; *e* condução fornecida pelo empregador.

Cabe esclarecer que a incompatibilidade entre os horários de início e término da jornada do empregado e os do transporte público regular era circunstância que também gerava o direito às horas *in itinere* (Súmula 90, inciso II, do TST).

Entretanto, a mera *insuficiência* de transporte público não ensejava o pagamento de horas *in itinere* (Súmula 90, inciso III, do TST).

Se houvesse transporte público regular em parte do trajeto percorrido em condução da empresa, as horas *in itinere* remuneradas limitavam-se ao trecho não alcançado pelo transporte público (Súmula 90, inciso IV, do TST).

Ademais, segundo a Súmula 320 do TST, a qual também fica superada:

"Horas 'in itinere'. Obrigatoriedade de cômputo na jornada de trabalho. O fato de o empregador cobrar, parcialmente ou não, importância pelo transporte fornecido, para local de difícil acesso ou não servido por transporte regular, não afasta o direito à percepção das horas 'in itinere'".

Como as horas *in itinere*, quando presentes os mencionados requisitos legais, eram computadas na jornada de trabalho, a rigor, deveriam ser remuneradas integralmente, sob pena de se admitir algo próximo ao labor sem a correspondente remuneração.

Reitere-se que se considera como de *serviço efetivo* o período em que o empregado esteja à disposição do empregador, aguardando ou executando ordens, salvo disposição especial expressamente consignada (art. 4º da CLT).

Nesse sentido, sabendo-se que as horas *in itinere* eram computáveis na jornada de trabalho, o tempo que extrapolava a jornada legal era considerado como extraordinário e sobre ele deve incidir o adicional respectivo (Súmula 90, inciso V, do TST).

O art. 58, § 3º, da CLT previa que poderiam ser fixados, para as microempresas e empresas de pequeno porte, *por meio de acordo ou convenção coletiva*, em caso de transporte fornecido pelo empregador, em local de difícil acesso ou não servido por transporte público, o *tempo médio* despendido pelo empregado, bem como a forma e a natureza da remuneração. Essa previsão foi *revogada* pela Lei 13.467/2017.

Anteriormente, mesmo não se tratando de microempresas e empresas de pequeno porte, a jurisprudência admitia a fixação da quantidade de horas *in itinere* a serem remuneradas por meio de negociação coletiva de trabalho.

Embora a tendência do Tribunal Superior do Trabalho fosse de decidir pela validade da fixação ou limitação, em termos razoáveis, da jornada *in itinere*, em norma coletiva negociada (desde que observado o princípio da proporcionalidade entre o tempo fixado e aquele efetivamente gasto)[10], a jurisprudência da referida Corte considerava inválida a simples supressão (de forma integral) do referido direito, ainda que por meio de negociação coletiva de trabalho.

Nesse sentido, podem ser destacados os seguintes julgados:

"Embargos em recurso de revista. Acórdão embargado publicado na vigência da Lei n. 11.496/2007. Horas *in itinere*. Norma coletiva que prevê a supressão do direito. Invalidade. Princípio da valorização social do trabalho. O pacto coletivo, também garantido pela Lei Maior, não empresta validade, por si só, à supressão ou diminuição de direitos trabalhistas indisponíveis. A flexibilização das condições de trabalho, em princípio possível em matéria de jornada de trabalho, não pode se sobrepor ao princípio da valorização social do trabalho (artigo 1º, IV, da CF). Nesse contexto, inviável o reconhecimento de norma coletiva que retira direitos mínimos do empregado. Acrescente-se, por fim, que o artigo 58 da CLT foi alterado pela Lei Complementar 123/2006, sendo acrescentado o § 3º, que passou a admitir a flexibilização de horas *in itinere* para empresas de pequeno porte e microempresas, e em situações fixadas na própria Lei, mas não autorizou a supressão do direito definido no parágrafo anterior. Recurso de embargos conhecido e desprovido" (TST, SBDI-I, E-RR 235400-10.2005.5.09.0562, Rel. Min. Horácio Raymundo de Senna Pires, *DEJT* 27.11.2009).

"Agravo de instrumento em recurso de revista. Horas *in itinere*. Ao rejeitar a validade da norma coletiva que excluiu o direito dos trabalhadores às horas *in itinere*, o Tribunal Regional decidiu em conformidade com a iterativa e notória jurisprudência desta Corte Superior, que, apesar de admitir a limitação do referido direito, pela via da negociação coletiva, não reconhece a validade da norma que o suprime. Precedentes. Assim, não se verifica ofensa ao artigo 7º, XXVI, da Constituição Federal. A tese recursal, no sentido de que as horas *in itinere* não devem ser remuneradas como labor extraordinário, encontra-se superada pelo item V da Súmula n. 90 do TST. Inviável, portanto, o processamento do recurso de revista, por dissenso pretoriano, ante o teor da Súmula n. 333 desta Corte. Agravo de instrumento a que se nega provimento" (TST, 7ª T., AIRR 60440-33.2005.5.03.0048, Rel. Min. Pedro Paulo Manus, *DEJT* 14.05.2010).

Sendo assim, o Tribunal Superior do Trabalho considerava razoável a fixação de horas *in itinere*, por meio de negociação coletiva, que corresponda pelo menos a 50% do tempo de deslocamento,

---

[10] "Recurso de revista. Horas *in itinere*. Norma coletiva. O entendimento externado pelo Órgão uniformizador de jurisprudência *interna corporis* desta Corte Superior, a SBDI-1, segue no sentido de que deve ser considerada válida a negociação coletiva estabelecendo o pagamento de horas *in itinere* em determinado número de horas, independentemente do efetivo tempo gasto pelo empregado no transporte fornecido pelo empregador, sob pena de violação do art. 7º, XXVI, da CF. Recurso de revista parcialmente conhecido e provido" (TST, 8ª T., RR 243500-51.2005.5.09.0562, Rel. Min. Dora Maria da Costa, *DEJT* 07.05.2010).

mas considerava inválida a cláusula de norma coletiva que estabelecia patamar inferior a isso, por não atender aos princípios da razoabilidade e da proporcionalidade[11].

Entretanto, em sentido divergente, cabe fazer referência à seguinte decisão do STF, sobre a validade da supressão da remuneração de horas *in itinere* por meio de acordo coletivo de trabalho:

"3. No presente caso, a recorrente firmou acordo coletivo de trabalho com o sindicato da categoria à qual pertence a parte recorrida para que fosse suprimido o pagamento das horas *in itinere* e, em contrapartida, fossem concedidas outras vantagens aos empregados, tais como 'fornecimento de cesta básica durante a entressafra; seguro de vida e acidentes além do obrigatório e sem custo para o empregado; pagamento do abono anual aos trabalhadores com ganho mensal superior a dois salários mínimos; pagamento do salário-família além do limite legal; fornecimento de repositor energético; adoção de tabela progressiva de produção além da prevista na Convenção Coletiva' (fl. 7, doc. 29). O Tribunal de origem entendeu, todavia, pela invalidade do acordo coletivo de trabalho, uma vez que o direito às horas *in itinere* seria indisponível em razão do que dispõe o art. 58, § 2º, da CLT: Art. 58 (...) § 2º O tempo despendido pelo empregado até o local de trabalho e para o seu retorno, por qualquer meio de transporte, não será computado na jornada de trabalho, salvo quando, tratando-se de local de difícil acesso ou não servido por transporte público, o empregador fornecer a condução. O acórdão recorrido não se encontra em conformidade com a *ratio* adotada no julgamento do RE 590.415, no qual esta Corte conferiu especial relevância ao princípio da autonomia da vontade no âmbito do direito coletivo do trabalho. Ainda que o acordo coletivo de trabalho tenha afastado direito assegurado aos trabalhadores pela CLT, concedeu-lhe outras vantagens com vistas a compensar essa supressão. Ademais, a validade da votação da Assembleia Geral que deliberou pela celebração do acordo coletivo de trabalho não foi rechaçada nesta demanda, razão pela qual se deve presumir legítima a manifestação de vontade proferida pela entidade sindical. Registre-se que a própria Constituição Federal admite que as normas coletivas de trabalho disponham sobre salário (art. 7º, VI) e jornada de trabalho (art. 7º, XIII e XIV), inclusive reduzindo temporariamente remuneração e fixando jornada diversa da constitucionalmente estabelecida. Não se constata, por outro lado, que o acordo coletivo em questão tenha extrapolado os limites da razoabilidade, uma vez que, embora tenha limitado direito legalmente previsto, concedeu outras vantagens em seu lugar, por meio de manifestação de vontade válida da entidade sindical. 4. Registre-se que o requisito da repercussão geral está atendido em face do que prescreve o art. 543-A, § 3º, do CPC/1973: 'Haverá repercussão geral sempre que o recurso impugnar decisão contrária a súmula ou jurisprudência dominante do Tribunal'. 5. Diante

---

[11] "Recurso de embargos em recurso de revista. Interposição sob a égide da Lei 11.496/2007. Horas *in itinere*. Negociação coletiva. Limitação quantitativa. Lapso temporal fixado coletivamente que não corresponde a cinquenta por cento do tempo despendido no deslocamento. Invalidade. 1. No tema, o Colegiado Turmário não conheceu do recurso de revista da reclamada, ao registro de que 'o trabalhador gastava uma hora e meia no percurso de sua casa ao local de trabalho e vice-versa, totalizando assim três horas em deslocamento diário, tendo sido fixado, em acordo coletivo, o limite de pagamento de apenas uma hora de percurso por dia, de modo que o empregado arcava com o prejuízo de duas horas *in itinere* por dia, não se podendo considerar razoável a limitação havida'. 2. Esta Corte tem admitido a limitação do número de horas *in itinere* por norma coletiva, desde que observados os princípios da razoabilidade e proporcionalidade entre o tempo fixado e aquele efetivamente gasto. Nesse sentido, por maioria, decidiu a SDI-I em sua composição completa, ao julgar o E-RR 470-29.2010.5.09.0091. 3. E, nessa trilha, este Tribunal tem considerado razoável o lapso fixado coletivamente que corresponda a, pelo menos, 50% (cinquenta por cento) do tempo despendido no deslocamento. 4. No caso dos autos, o acórdão embargado revela que a norma coletiva fixou em uma hora diária o pagamento a título de horas *in itinere*, enquanto o tempo de percurso despendido pelo reclamante era de três horas. Tem-se, assim, à luz da jurisprudência desta Corte, que a referida cláusula coletiva não atendeu aos princípios da razoabilidade e da proporcionalidade – pois o lapso negociado coletivamente corresponde a menos de 50% (cinquenta por cento) do tempo gasto no deslocamento –, razão pela qual é efetivamente inviável concluir pela sua validade. 5. Estando o acórdão recorrido em conformidade com decisão proferida por esta Subseção em sua composição completa, inviável o recurso de embargos, não se cogitando de divergência jurisprudencial" (TST, E-RR 109700-68.2008.5.09.0093, Rel. Min. Hugo Carlos Scheuermann, *DEJT* 29.01.2016).

do exposto, com base no art. 557, § 1º-A, do CPC/1973, dou provimento ao recurso extraordinário para afastar a condenação da recorrente ao pagamento das horas *in itinere* e dos respectivos reflexos salariais. Após o trânsito em julgado, oficie-se à Vice-Presidência do Tribunal Superior do Trabalho, encaminhando-lhe cópia desta decisão para as devidas providências, tendo em conta a indicação do presente apelo como representativo de controvérsia" (STF, RE 895.759/PE, Rel. Min. Teori Zavascki, Decisão monocrática, *DJe* 13.09.2016).

Frise-se que houve interposição de agravos regimentais, mas a 2ª Turma do STF, por unanimidade, negou-lhes provimento (*DJE* 16.12.2016), de modo que a referida decisão foi mantida.

Não obstante, cabe notar que o próprio Supremo Tribunal Federal já havia decidido no sentido da ausência de repercussão geral quanto ao mencionado tema, salientando que a matéria envolve a interpretação de normas infraconstitucionais, como se observa nos seguintes julgados:

"Processual civil. Recurso extraordinário. Norma coletiva de trabalho. Pagamento das horas *in itinere*. Fixação de limite inferior à metade do tempo efetivamente gasto no trajeto até o local do serviço. Validade. Matéria infraconstitucional. Ausência de repercussão geral. 1. A controvérsia relativa à validade de norma coletiva de trabalho que limita o pagamento de horas *in itinere* a menos da metade do tempo efetivamente gasto pelo trabalhador no seu trajeto até o local do serviço, fundada na interpretação da Consolidação das Leis do Trabalho e da Lei 10.243/01, é de natureza infraconstitucional. 2. É cabível a atribuição dos efeitos da declaração de ausência de repercussão geral quando não há matéria constitucional a ser apreciada ou quando eventual ofensa à Carta Magna se dê de forma indireta ou reflexa (RE 584.608 RG, Min. Ellen Gracie, *DJe* de 13/3/2009). 3. Ausência de repercussão geral da questão suscitada, nos termos do art. 543-A do CPC" (STF, Pleno, RG-RE 820.729/DF, Rel. Min. Teori Zavascki, *DJe* 03.10.2014).

"Agravo regimental no recurso extraordinário com agravo. Trabalhista. Recurso de revista. Análise dos pressupostos de admissibilidade. Ausência de repercussão geral. Horas *in itinere*. Jornada de trabalho. Legislação infraconstitucional. Cláusulas de acordo coletivo. Reexame. Impossibilidade. Precedentes. 1. O Plenário do STF, no exame do RE n. 598.365/MG, Relator o Ministro Ayres Britto, concluiu pela ausência de repercussão geral do tema relativo a pressupostos de admissibilidade de recursos da competência de outros tribunais, dado o caráter infraconstitucional da matéria. 2. A solução da lide não prescinde da análise da legislação infraconstitucional nem do reexame das cláusulas de acordo coletivo de trabalho, os quais são inviáveis no recurso extraordinário. Incidência das Súmulas ns. 636 e 454/STF. 3. Agravo regimental não provido" (STF, 2ª T., AgR-ARE 923.188/DF, Rel. Min. Dias Toffoli, *DJe* 08.03.2016).

"Processual civil e do trabalho. Agravo regimental no recurso extraordinário. Norma coletiva de trabalho. Valor das *horas in itinere*. Repercussão geral rejeitada no julgamento do RE 820.729-RG (de minha relatoria, Tema 762). Agravo Regimental a que se nega provimento" (STF, 2ª T., AgR-RE 820.505/DF, Rel. Min. Teori Zavascki, *DJe* 01.12.2015).

"Agravo regimental em recurso extraordinário com agravo. Validade de norma coletiva de trabalho que estabelece limite diário para pagamento ao empregado de horas extras a título de deslocamento (horas *in itinere*). Controvérsia circunscrita ao âmbito infraconstitucional. Precedentes. 1. Não é possível, em recurso extraordinário, reexaminar a legislação infraconstitucional aplicada ao caso, dado que eventual ofensa à Constituição Republicana apenas ocorreria de modo reflexo ou indireto. 2. De mais a mais, o Supremo Tribunal Federal entende ser incabível na via recursal extraordinária o reexame da validade de cláusula de acordo ou convenção coletivos. Isso porque a interpretação de tais instrumentos normativos demanda o revolvimento de matéria fática, atinente à realidade de trabalho própria de cada categoria, incluindo a ponderação, caso a caso, das vantagens e desvantagens oriundas da estipulação de determinadas condições de trabalho pelas partes acordantes (Súmulas 279 e 454/STF). 3. Agravo regimental desprovido" (STF, 2ª T., AgR-ARE 654.467/PE, Rel. Min. Ayres Britto, *DJe* 16.12.2011).

De todo modo, o art. 58, § 2º, da CLT, em sua atual redação, exclui por completo o direito à remuneração das horas *in itinere*.

A medida, entretanto, é manifestamente contrária ao mandamento constitucional de melhoria das condições de trabalho, ao princípio de progressividade na efetivação dos direitos sociais (arts. 5º, §§ 1º e 2º, e 7º, *caput*, da Constituição da República) e ao valor social do trabalho, previsto como fundamento do Estado Democrático de Direito (art. 1º, inciso IV, da Constituição Federal de 1988).

A matéria em questão, ainda assim, pode ser versada em convenções e acordos coletivos de trabalho, decorrentes de *negociação coletiva*, com fundamento no art. 7º, inciso XXVI, da Constituição da República e no art. 611-A, inciso I, da CLT, acrescentado pela Lei 13.467/2017. Aliás, nada impede a sua previsão, também *de forma mais benéfica ao empregado* (art. 7º, *caput*, da Constituição Federal de 1988), em cláusula do contrato individual de trabalho ou em regulamento de empresa.

De todo modo, especificamente quanto ao *trabalho em minas de subsolo*, segundo a previsão especial do art. 294 da CLT, o tempo despendido pelo empregado da boca da mina ao local do trabalho e vice-versa deve ser computado para o efeito de pagamento do salário.

No que se refere aos *aeronautas* (tripulantes de aeronave), o art. 25 da Lei 13.475/2017 prevê que deve ser fornecido pelo empregador *transporte gratuito* aos tripulantes de voo (pilotos de aeronave e o mecânicos de voo) e aos tripulantes de cabine (comissários de voo) sempre que se iniciar ou finalizar uma programação de voo em aeroporto situado a mais de 50 quilômetros de distância do aeroporto definido como base contratual.

O *tempo de deslocamento* entre o aeroporto definido como base contratual e o aeroporto designado para o início do voo deve ser computado na jornada de trabalho e não será remunerado (art. 25, § 1º, da Lei 13.475/2017).

Essa regra específica dos aeronautas, ao mesmo tempo em que prevê a integração do referido tempo de deslocamento entre aeroportos na jornada de trabalho, de modo atípico, exclui o direito à correspondente remuneração (não gerando, assim, direito ao recebimento de horas extras).

24.11 REGISTRO DE PONTO E VARIAÇÃO DE HORÁRIO

De acordo com o § 1º do art. 58 da CLT, acrescentado pela Lei 10.243/2001:

"Não serão descontadas nem computadas como jornada extraordinária as variações de horário no registro de ponto não excedentes de cinco minutos, observado o limite máximo de dez minutos diários".

Na realidade, o art. 58 da CLT trata da duração do trabalho, sendo que o seu § 1º, acima transcrito, é norma aplicável para situações em que o horário de labor é registrado em controle de ponto.

O horário de trabalho deve ser anotado em registro de empregados (art. 74 da CLT, com redação dada pela Lei 13.874/2019). O § 1º do art. 74 da CLT foi revogado. Não há mais referência a quadro de horário de trabalho, que era "afixado em lugar bem visível" (art. 74 da CLT, em sua redação original).

O art. 74, § 2º, da CLT, com redação dada pela Lei 13.874/2019, dispõe que para os estabelecimentos com mais de 20 trabalhadores é obrigatória a anotação da hora de entrada e de saída, em registro manual, mecânico ou eletrônico, conforme instruções expedidas pela Secretaria Especial de Previdência e Trabalho do Ministério da Economia (Ministério do Trabalho), permitida a pré-assinalação do período de repouso[12].

---

[12] Cf. Súmula 338 do TST: "Jornada de trabalho. Registro. Ônus da prova. I – É ônus do empregador que conta com mais de 10 (dez) empregados [20, cf. Lei 13.874/2019] o registro da jornada de trabalho na forma do art. 74, § 2º, da CLT. A não apresentação injustificada dos controles de frequência gera presunção relativa de veracidade da jornada de trabalho, a qual pode ser elidida por prova em contrário. II – A presunção de veracidade da jornada de trabalho, ainda que prevista em instrumento normativo, pode ser elidida por prova em contrário. III – Os cartões de ponto que

Se o trabalho for executado fora do estabelecimento, o horário dos empregados deve constar do registro manual, mecânico ou eletrônico em seu poder, sem prejuízo do que dispõe o *caput* do art. 74 da CLT, no sentido de que o horário de trabalho deve ser anotado em registro de empregados (art. 74, § 3º, da CLT, com redação dada pela Lei 13.874/2019).

Fica permitida a utilização de registro de ponto por exceção à jornada regular de trabalho, mediante acordo individual escrito, convenção coletiva ou acordo coletivo de trabalho (art. 74, § 4º, da CLT, incluído pela Lei 13.874/2019).

Com isso, permite-se o registro de ponto por exceção à jornada normal de trabalho, em que os horários de entrada e de saída do empregado são registrados apenas quando diferentes do pactuado ou estabelecido, isto é, se houver situações como horas extras, atrasos, saídas antecipadas e ausências.

A autorização para a utilização dessa modalidade de registro de ponto pode ser feita por meio de acordo individual escrito, convenção coletiva ou acordo coletivo de trabalho. Logo, além da possibilidade de previsão em instrumento normativo decorrente de negociação coletiva de trabalho, de forma alternativa, a autorização do ponto por exceção pode decorrer de acordo individual escrito, ou seja, entre empregado e empregador.

Nos termos da Súmula 338, inciso II, do TST: "A presunção de veracidade da jornada de trabalho, ainda que prevista em instrumento normativo, pode ser elidida por prova em contrário".

Pode-se dizer que no registro de ponto por exceção à jornada regular de trabalho (art. 74, § 4º, da CLT) o entendimento constante no inciso III da Súmula 338 do TST (sobre cartões de ponto com horários de entrada e saída uniformes serem inválidos como meio de prova) não seria aplicável, pois nesse sistema os horários de entrada e de saída do empregado são registrados apenas quando diferentes do normal.

O registro eletrônico de controle de jornada, nos termos do disposto no art. 74 da CLT, deve ser realizado por meio de sistemas e de equipamentos que atendam aos requisitos técnicos, na forma estabelecida em ato do Ministro de Estado do Trabalho e Previdência, de modo a coibir fraudes, a permitir o desenvolvimento de soluções inovadoras e a garantir a concorrência entre os ofertantes desses sistemas (art. 31 do Decreto 10.854/2021).

Os procedimentos de análise de conformidade dos mencionados equipamentos e sistemas devem considerar os princípios da temporalidade, da integridade, da autenticidade, da irrefutabilidade, da pessoalidade e da auditabilidade, na forma estabelecida em ato do Ministro de Estado do Trabalho e Previdência.

Os equipamentos e os sistemas de registro eletrônico de jornada, sem prejuízo do disposto no art. 31 do Decreto 10.854/2021, devem registrar fielmente as marcações efetuadas e atender aos seguintes critérios:

I – não permitir: a) alteração ou eliminação dos dados registrados pelo empregado; b) restrições de horário às marcações de ponto; c) marcações automáticas de ponto, tais como horário predeterminado ou horário contratual;

II – não exigir autorização prévia para marcação de sobrejornada;

III – permitir: a) pré-assinalação do período de repouso; b) assinalação de ponto por exceção à jornada regular de trabalho.

Para fins de fiscalização, os sistemas de registro eletrônico de jornada devem: permitir a identificação de empregador e empregado; possibilitar a extração do registro fiel das marcações realizadas pelo empregado (art. 32 do Decreto 10.854/2021).

---

demonstram horários de entrada e saída uniformes são inválidos como meio de prova, invertendo-se o ônus da prova, relativo às horas extras, que passa a ser do empregador, prevalecendo a jornada da inicial se dele não se desincumbir".

Os arts. 73 a 92 da Portaria 671/2021 do Ministério do Trabalho e Previdência dispõem sobre controle de jornada eletrônico.

Sistema de registro eletrônico de ponto é o conjunto de equipamentos e programas informatizados destinados à anotação da hora de entrada e de saída dos trabalhadores em registro eletrônico, de que trata o § 2º do art. 74 da CLT (art. 73 da Portaria 671/2021 do Ministério do Trabalho e Previdência).

O sistema de registro eletrônico de ponto deve registrar fielmente as marcações efetuadas, não sendo permitida qualquer ação que desvirtue os fins legais a que se destina, tais como: restrições de horário à marcação do ponto; marcação automática do ponto, utilizando-se horários predeterminados ou o horário contratual, não se confundindo com o registro por exceção previsto no art. 74, § 4º, da CLT; exigência, por parte do sistema, de autorização prévia para marcação de sobrejornada; existência de qualquer dispositivo que permita a alteração dos dados registrados pelo empregado (art. 74 da Portaria 671/2021 do Ministério do Trabalho e Previdência).

O comprovante de registro de ponto do trabalhador pode ter o formato impresso ou de arquivo eletrônico (art. 80 da Portaria 671/2021 do Ministério do Trabalho e Previdência).

Frise-se que o registro de ponto pode ser manual, mecânico ou eletrônico. O registro manual deve espelhar a real jornada praticada pelo trabalhador, vedada a mera assinalação do horário contratual, salvo a possibilidade de pré-assinalação do período de repouso, autorizada pelo art. 74, § 2º, da CLT (art. 93 da Portaria 671/2021 do Ministério do Trabalho e Previdência).

É "permitida" a pré-assinalação do período de repouso, conforme art. 74, § 2º, parte final, da CLT. Por se tratar de permissão (faculdade), nada impede que o empregador, utilizando-se de seu poder de direção, institua o registro específico também do horário de repouso.

Na hipótese de contrato de trabalho doméstico, é *obrigatório o registro do horário de trabalho do empregado doméstico* por qualquer meio manual, mecânico ou eletrônico, desde que idôneo (art. 12 da Lei Complementar 150/2015).

Não serão descontadas nem computadas como jornada extraordinária as variações de horário do registro de ponto não excedentes de cinco minutos, observado o limite máximo de dez minutos diários. Se ultrapassado esse limite, será considerada como extra a totalidade do tempo que exceder a jornada normal, pois configurado tempo à disposição do empregador (Súmula 366 do TST).

Caso o registro de ponto indique horários de efetivo labor (*v.g.*, de entrada e de saída) inferiores ao correto e ajustado horário de trabalho, desde que estas variações não excedam o limite legal (cinco minutos, observado o máximo de dez minutos diários), não serão debitadas, com o que o empregado não deverá sofrer descontos salariais, nem na remuneração do descanso semanal[13], por tal motivo.

Por exemplo, se o horário de entrada é às 10 horas, mas consta no cartão de ponto o registro como 10h04, essa variação não será descontada.

Na mesma linha, atrasos na entrada para trabalhar ou saídas antecipadas, se dentro do limite legal, não podem, por si, ser considerados violação de deveres do empregado (especialmente o de prestação de serviço com pontualidade), em face da expressa permissão legal. Ainda que esse fato seja reiterado, não se pode considerar praticada justa causa para a dispensa, pois o empregado teria agido com supedâneo na própria lei.

Observe-se que embora o limite máximo seja de dez minutos diários, não se admite a variação superior a cinco minutos em cada campo de registro de horário no dia.

---

[13] Cf. Lei 605/1949, art. 6º. Cf. MARTINS, Sergio Pinto. *Direito do trabalho*. 5. ed. São Paulo: Malheiros, 1998. p. 447: "verifica-se que são dois os requisitos para pagamento do repouso semanal: assiduidade e pontualidade. [...]. A pontualidade implica o empregado chegar todo dia no horário determinado pelo empregador, não se atrasando para o início da prestação dos serviços, daí por que se falar em cumprimento de todo seu horário de trabalho de maneira integral"; CARRION, Valentin. *Comentários à Consolidação das Leis do Trabalho*. 23. ed. São Paulo: Saraiva, 1998. p. 116.

Cabe reiterar que se considera como horas extras a totalidade do tempo excedente à jornada normal, caso ultrapassado o referido limite de variações de horário.

Se o art. 58, § 1º, da CLT condiciona a sua disposição à observância do limite estabelecido, a conclusão lógica só pode ser que, uma vez sendo este ultrapassado, a totalidade da variação será levada em conta para fins de cálculo das horas de efetivo trabalho.

Caso as variações de horário lançadas no registro de ponto, excedentes do limite legal, resultem em horário de trabalho efetivo *inferior* à jornada normal, ficará afastada a vedação de serem "descontadas" da jornada de trabalho, com as consequências jurídicas daí decorrentes.

Se o empregado violar o seu dever de prestação de serviço com pontualidade[14], isso em tese pode acarretar consequências, por exemplo, na remuneração do descanso semanal[15].

Registre-se ainda que, em conformidade com a Súmula 449 do TST: "Minutos que antecedem e sucedem a jornada de trabalho. Lei 10.243, de 19.06.2001. Norma coletiva. Flexibilização. Impossibilidade (conversão da Orientação Jurisprudencial 372 da SBDI-1). A partir da vigência da Lei 10.243, de 19.06.2001, que acrescentou o § 1º ao art. 58 da CLT, não mais prevalece cláusula prevista em convenção ou acordo coletivo que elastece o limite de 5 minutos que antecedem e sucedem a jornada de trabalho para fins de apuração das horas extras".

24.12 Trabalho em regime de tempo parcial

O trabalho em regime de tempo parcial, na realidade, sempre foi possível de ser objeto de avença na contratação do empregado, estabelecendo-se jornada de trabalho reduzida, com o pagamento do salário na proporção correspondente.

Tanto é assim que o próprio salário mínimo apresenta um valor por hora, e da mesma forma podem ser calculados os demais pisos salariais.

Nesse sentido, autorizando o pagamento de piso salarial ou salário mínimo proporcional ao tempo trabalhado, cabe destacar a Orientação Jurisprudencial 358 da SBDI-I do TST, que assim prevê:

"Salário mínimo e piso salarial proporcional à jornada reduzida. Possibilidade. Empregado. Servidor público. I – Havendo contratação para cumprimento de jornada reduzida, inferior à previsão constitucional de oito horas diárias ou quarenta e quatro semanais, é lícito o pagamento do piso salarial ou do salário mínimo proporcional ao tempo trabalhado. II – Na Administração Pública direta, autárquica e fundacional não é válida remuneração de empregado público inferior ao salário mínimo, ainda que cumpra jornada de trabalho reduzida. Precedentes do Supremo Tribunal Federal".

Mesmo assim, certamente como forma de fomentar a contratação no mencionado regime de tempo parcial, objetivando-se combater o desemprego, a Medida Provisória 2.164-41/2001 acrescentou à CLT o art. 58-A, regulando expressamente a matéria.

---

[14] Cf. GIGLIO, Wagner D. *Justa causa*. 7. ed. São Paulo: Saraiva, 2000. p. 225: "E, curiosamente, o caso mais ocorrente, na prática, de todos os classificados como desídia, é, na verdade, uma infração disciplinar. Referimo-nos às faltas e aos atrasos ao serviço. De fato, o cumprimento do horário e a frequência ao serviço são obrigações, senão explícitas no regulamento de empresa, pelo menos implícitas, mas, em qualquer caso, cláusula essencial a todos os contratos de trabalho".

[15] Cf. SAAD, Eduardo Gabriel. *Consolidação das Leis do Trabalho comentada*. 31. ed. São Paulo: LTr, 1999. p. 94: "O texto da lei pode levar alguém a pensar que mesmo os atrasos na entrada ao serviço podem justificar o não pagamento do repouso semanal. Tal conclusão é compreensível, em face da obscuridade do texto legal. Entendemos que houve apenas impropriedade da expressão usada pelo legislador. O que ele quis declarar foi que o empregado deve trabalhar todos os dias da semana para ter direito à remuneração do sétimo dia, em que repousa. Quando um empregado chega atrasado ao serviço, tem o empregador a faculdade legal de não permitir que ele trabalhe naquele dia. Se concorda com o seu ingresso no local de trabalho, para cumprir o restante da jornada, ocorreu o perdão tácito à infração contratual cometida pelo empregado".

É possível entender que a contratação de empregados a tempo parcial pode fazer com que mais pessoas trabalhem, embora em jornada reduzida, diminuindo o desemprego e possibilitando alguma renda para maior número de pessoas.

De acordo com o art. 58-A da CLT, com redação dada pela Lei 13.467/2017: "Considera-se trabalho em regime de tempo parcial aquele cuja duração não exceda a trinta horas semanais, sem a possibilidade de horas suplementares semanais, ou, ainda, aquele cuja duração não exceda a vinte e seis horas semanais, com a possibilidade de acréscimo de até seis horas suplementares semanais".

Assim, o regime legal do trabalho em tempo parcial ficou limitado à duração de até 30 horas na semana (sem possibilidade de horas suplementares) ou à duração de até 26 horas na semana (com possibilidade de até seis horas suplementares semanais).

O salário a ser pago aos empregados sob o regime de tempo parcial será proporcional à sua jornada, em relação aos empregados que cumprem, nas mesmas funções, tempo integral (§ 1º do art. 58-A da CLT).

Trata-se de regra justa que observa o princípio da igualdade material, pois, se o empregado trabalha em jornada reduzida, deve receber o salário proporcional ao tempo trabalhado, levando em conta o valor do salário daqueles empregados que exercem a mesma função.

Mesmo já tendo sido contratado para trabalhar em tempo integral, é possível a alteração para o labor em regime parcial.

Nesse sentido, o § 2º do art. 58-A assim prevê: "Para os atuais empregados, a adoção do regime de tempo parcial será feita mediante opção manifestada perante a empresa, na forma prevista em instrumento decorrente de negociação coletiva".

Como se nota, exige-se não só: (1) a manifestação de vontade, sem vícios, do empregado, no sentido de optar pelo trabalho em regime de tempo parcial, como também (2) a prévia autorização de se adotar o labor parcial, pelos atuais empregados, em acordo coletivo ou convenção coletiva.

Essa prévia autorização resta evidente, uma vez que a referida opção do empregado deve ser manifestada perante o empregador "na forma prevista" nos referidos instrumentos normativos negociados coletivamente. Assim, como fica claro, pressupõe-se a existência da mencionada autorização na norma coletiva negociada, regulando a forma de declaração da vontade no caso em questão.

Na realidade, essa exigência legal, quanto ao acordo coletivo ou à convenção coletiva, decorre de verdadeiro mandamento constitucional, que veda a redução de salário, mesmo que acompanhada de redução da jornada de trabalho, exceto por meio de negociação coletiva.

Nesse sentido são as disposições do art. 7º, incisos VI e XIII, da Constituição da República, ambos em sua parte final.

Efetivamente, como já destacado, o empregado, ao trabalhar em regime de tempo parcial, recebe o salário proporcional às horas trabalhadas.

Assim, se o empregado trabalhava, até então, em tempo integral, ao passar para o tempo parcial, o salário irá sofrer a mencionada redução proporcional à redução na jornada. Por isso, faz-se necessária a prévia autorização, em norma coletiva decorrente de negociação coletiva, da alteração na mencionada condição de trabalho, por afetar duas importantes cláusulas contratuais, pertinentes à jornada e ao salário.

As horas suplementares à duração do trabalho semanal normal devem ser pagas com o acréscimo de 50% sobre o salário-hora normal (art. 58-A, § 3º, da CLT).

Passa-se a admitir a prorrogação da duração do trabalho mesmo em caso de trabalho em regime de tempo parcial, o que anteriormente não era permitido.

Na hipótese de o contrato de trabalho em regime de tempo parcial ser estabelecido em número inferior a 26 horas semanais, as horas suplementares a este quantitativo devem ser consideradas horas extras para fins do pagamento estipulado no § 3º do art. 58-A da CLT, estando também limitadas a seis horas suplementares semanais (art. 58-A, § 4º, da CLT).

As horas suplementares da jornada de trabalho normal podem ser compensadas *diretamente* até a semana imediatamente posterior à da sua execução, devendo ser feita a sua quitação na folha de pagamento do mês subsequente, caso não sejam compensadas (art. 58-A, § 5º, da CLT).

Nessa hipótese de compensação simplificada das horas suplementares, ou seja, até a semana imediatamente seguinte à sua realização, é possível entender que não há necessidade de acordo formal de compensação, justamente em razão da expressa determinação legal.

Além disso, foi revogado o art. 130-A da CLT, que estabelecia duração diferenciada das férias do regime de tempo parcial, passando-se a aplicar o disposto no art. 130 da CLT (art. 58-A, § 7º, da CLT).

Portanto, após cada período de 12 meses de vigência do contrato de trabalho, o empregado, mesmo em regime de trabalho a tempo parcial, terá direito a férias, na seguinte proporção: I – 30 (trinta) dias corridos, quando não houver faltado ao serviço mais de 5 (cinco) vezes; II – 24 (vinte e quatro) dias corridos, quando houver tido de 6 (seis) a 14 (quatorze) faltas; III – 18 (dezoito) dias corridos, quando houver tido de 15 (quinze) a 23 (vinte e três) faltas; IV – 12 (doze) dias corridos, quando houver tido de 24 (vinte e quatro) a 32 (trinta e duas) faltas (art. 130 da CLT).

É vedado descontar, do período de férias, as faltas do empregado ao serviço. O período das férias é computado, para todos os efeitos, como tempo de serviço.

É facultado ao empregado contratado sob o regime de tempo parcial converter 1/3 do período de férias a que tiver direito em *abono pecuniário* (art. 58-A, § 6º, da CLT). Isso é confirmado pela revogação do art. 143, § 3º, da CLT.

No âmbito dos poderes diretivo e gerencial dos empregadores, e considerada a vontade expressa dos empregados e das empregadas, haverá priorização na concessão de regime de tempo parcial, nos termos do art. 58-A da CLT, como medida de flexibilização da jornada de trabalho, aos empregados e às empregadas que tenham filho, enteado ou pessoa sob sua guarda com até seis anos de idade ou com deficiência, com vistas a promover a conciliação entre o trabalho e a parentalidade (art. 8º, inciso I, da Lei 14.457/2022).

A referida medida somente pode ser adotada até o segundo ano: do nascimento do filho ou enteado; da adoção; ou da guarda judicial (art. 8º, § 1º, da Lei 14.457/2022). Esse prazo aplica-se inclusive para o empregado ou a empregada que tiver filho, enteado ou pessoa sob guarda judicial com deficiência.

A medida em questão deve ser formalizada por meio de acordo individual, de acordo coletivo ou de convenção coletiva de trabalho (art. 8º, § 2º, da Lei 14.457/2022).

Na adoção da referida medida de flexibilização (regime de tempo parcial), deve sempre ser levada em conta a vontade expressa da empregada ou do empregado beneficiado pela medida de apoio ao exercício da parentalidade (art. 22 da Lei 14.457/2022).

24.13 Trabalho em regime de escala de revezamento

O empregado que trabalha em regime de revezamento tem direito a jornada especial, reduzida, em razão do maior desgaste físico-psicológico dele decorrente, com possíveis prejuízos à saúde e ao convívio familiar e na sociedade.

Desse modo, a Constituição Federal de 1988, no art. 7º, inciso XIV, assegura o seguinte direito: "jornada de seis horas para o trabalho realizado em turnos ininterruptos de revezamento, salvo negociação coletiva".

Essa disposição deve ser interpretada de forma teleológica, em conformidade com o bem jurídico tutelado, no caso, a saúde, a segurança e a proteção da vida do trabalhador. Por isso, como esclarece Sergio Pinto Martins: "O fato de um único empregado trabalhar em turnos de revezamento ou alguns empregados, como vigias, não descaracteriza a jornada de seis horas, pois a palavra 'turno' diz respeito ao empregado que presta serviços nessa condição, e não à empresa"[16].

---

[16] MARTINS, Sergio Pinto. *Direito do trabalho*. 22. ed. São Paulo: Atlas, 2006. p. 508.

É certo que o referido regime de trabalho é mais comum em indústrias e siderúrgicas. No entanto, independentemente do ramo da atividade do empregador, se o empregado tem de prestar serviços em turnos de revezamento, ou seja, nos períodos da manhã, tarde e noite (ou mesmo de dia e de noite), os quais são alterados após certo período (como semanalmente, quinzenalmente, mensalmente)[17], passando ao turno seguinte, de forma alternada, tem-se a incidência da regra em questão.

Desse modo, conforme a Orientação Jurisprudencial 274 da SBDI-I do TST: "Turno ininterrupto de revezamento. Ferroviário. Horas extras. Devidas. O ferroviário submetido a escalas variadas, com alternância de turnos, faz jus à jornada especial prevista no art. 7º, XIV, da CF/1988".

Na linha do acima exposto, a respeito da caracterização do turno ininterrupto de revezamento, é relevante destacar a Orientação Jurisprudencial 360 da SBDI-I do TST, com a seguinte previsão:

"Turno ininterrupto de revezamento. Dois turnos. Horário diurno e noturno. Caracterização. Faz jus à jornada especial prevista no art. 7º, XIV, da CF/1988 o trabalhador que exerce suas atividades em sistema de alternância de turnos, ainda que em dois turnos de trabalho, que compreendam, no todo ou em parte, o horário diurno e o noturno, pois submetido à alternância de horário prejudicial à saúde, sendo irrelevante que a atividade da empresa se desenvolva de forma ininterrupta" (*DJ* 14.03.2008).

O fato de dizer que o turno é ininterrupto não significa que a existência de intervalos durante a jornada de trabalho, ou o gozo do descanso semanal remunerado, por si, possam descaracterizar o regime em questão. Nesse aspecto em particular, o termo "ininterrupto" refere-se mais ao funcionamento da atividade empresarial.

Como esclarece a Súmula 360 do TST: "Turnos ininterruptos de revezamento. Intervalos intrajornada e semanal. A interrupção do trabalho destinada a repouso e alimentação, dentro de cada turno, ou o intervalo para repouso semanal, não descaracteriza o turno de revezamento com jornada de 6 (seis) horas previsto no art. 7º, XIV, da CF/1988".

No mesmo sentido prevê a Súmula 675 do STF: "Os intervalos fixados para descanso e alimentação durante a jornada de seis horas não descaracterizam o sistema de turnos ininterruptos de revezamento para o efeito do art. 7º, XIV, da Constituição".

Como se nota na parte final do inciso XIV do art. 7º da Constituição Federal de 1988, a jornada de seis horas pode ser excepcionada por negociação coletiva. Assim, o entendimento praticamente unânime é de que a convenção ou o acordo coletivo podem fixar, excepcionalmente, jornada superior a seis horas, mesmo tratando-se de turno ininterrupto de revezamento, desde que limitada a oito horas, conforme o inciso XIII do art. 7º da Constituição da República.

A discussão mais intensa, no entanto, revelou-se quanto a saber, no referido caso, se, mesmo havendo norma coletiva, decorrente de negociação coletiva, autorizando a jornada superior (por exemplo, de oito horas), as horas excedentes à 6ª diária devem, ou não, ser remuneradas como extraordinárias, ou seja, com o adicional de no mínimo 50%.

Presentes as duas correntes de entendimento, o Tribunal Superior do Trabalho aprovou a Súmula 423 adotando o seguinte entendimento:

"Turno ininterrupto de revezamento. Fixação de jornada de trabalho mediante negociação coletiva. Validade. (conversão da Orientação Jurisprudencial 169 da SBDI-I – Resolução 139/2006 – *DJ* 10.10.2006).

---

[17] Cf. ainda: "Recurso de revista interposto sob a égide da Lei n. 13.015/2014. Turnos ininterruptos de revezamento. Alternância de turnos quadrimestral. Configuração. A mudança de turnos de trabalho, ainda que operada a cada quatro meses, acarreta prejuízos à saúde física e mental do trabalhador, desajustando o seu relógio biológico, em decorrência das alterações em seus horários de repouso, alimentação e lazer. Assim, o fato da alternância dos turnos ser quadrimestral, não descaracteriza o regime de turnos de revezamento. Julgados. Recurso de revista conhecido e provido" (TST, 8ª T., RR – 1001166-51.2016.5.02.0085, Rel. Min. Márcio Eurico Vitral Amaro, *DEJT* 18.05.2018).

Estabelecida jornada superior a seis horas e limitada a oito horas por meio de regular negociação coletiva, os empregados submetidos a turnos ininterruptos de revezamento não têm direito ao pagamento das 7ª e 8ª horas como extras".

Se inexistir a referida norma coletiva decorrente de negociação coletiva, alterando a regra da jornada especial de seis horas no turno ininterrupto de revezamento, as horas excedentes à 6ª diária são consideradas extras, devendo ser remuneradas tais horas acrescidas do respectivo adicional de 50%, sendo, assim, aplicável o divisor 180 para o cálculo das horas extras na situação em específico.

Essa forma de cálculo se aplica inclusive para o empregado que recebe salário por hora, pois a Constituição de 1988 estabeleceu um aumento real no valor do salário-hora dos empregados submetidos ao mencionado regime.

Nesse sentido, o TST pacificou o entendimento de que: "Turno ininterrupto de revezamento. Horista. Horas extras e adicional. Devidos. Inexistindo instrumento coletivo fixando jornada diversa, o empregado horista submetido a turno ininterrupto de revezamento faz jus ao pagamento das horas extraordinárias laboradas além da 6ª, bem como ao respectivo adicional" (Orientação Jurisprudencial 275 da SBDI-I).

Ainda a respeito desse tema, conforme a Orientação Jurisprudencial 396 da SBDI-I do TST: "Turnos ininterruptos de revezamento. Alteração da jornada de 8 para 6 horas diárias. Empregado horista. Aplicação do divisor 180. Para o cálculo do salário-hora do empregado horista, submetido a turnos ininterruptos de revezamento, considerando a alteração da jornada de 8 para 6 horas diárias, aplica-se o divisor 180, em observância ao disposto no art. 7º, VI, da Constituição Federal, que assegura a irredutibilidade salarial".

A Lei 12.790/2013, ao dispor sobre a regulamentação do exercício da profissão de comerciário, no art. 3º, § 2º, determina ser admitida jornada de seis horas para o trabalho realizado em turnos de revezamento, sendo vedada a utilização do mesmo empregado em mais de um turno de trabalho, salvo negociação coletiva de trabalho.

Por fim, sobre o trabalho dos petroleiros em específico, a Súmula 391 do TST assim estabelece: "Petroleiros. Lei 5.811/1972. Turno ininterrupto de revezamento. Horas extras e alteração da jornada para horário fixo (conversão das Orientações Jurisprudenciais 240 e 333 da SBDI-1) – Resolução 129/2005 – DJ 20.04.2005.

I – A Lei 5.811/1972 foi recepcionada pela CF/1988 no que se refere à duração da jornada de trabalho em regime de revezamento dos petroleiros. (ex-OJ 240 – Inserida em 20.06.2001)

II – A previsão contida no art. 10 da Lei 5.811/1972, possibilitando a mudança do regime de revezamento para horário fixo, constitui alteração lícita, não violando os arts. 468 da CLT e 7º, VI, da CF/1988. (ex-OJ 333 – Inserida em 09.12.2003)".

Entende-se que o labor em turno ininterrupto de revezamento é prejudicial à higidez física e psíquica do empregado, sendo lícita a mudança ou o retorno ao turno fixo, pois este é mais benéfico ao trabalhador (especialmente em termos de segurança e medicina do trabalho), e mesmo em razão do *jus variandi* do empregador, que autoriza modificações unilaterais, fundadas no seu poder diretivo, quanto a aspectos circunstanciais referentes ao exercício do trabalho e à organização da empresa, como aquelas referentes ao horário de trabalho.

Nesse sentido, cabe destacar as seguintes decisões do TST:

"Recurso de revista. Alteração contratual. Turnos ininterruptos de revezamento. Trabalho em horário fixo. Supressão das horas extraordinárias trabalhadas durante o revezamento. Licitude.

É lícita a alteração do trabalho em turnos de revezamento para trabalho em turno fixo quer porque mais benéfico à saúde do trabalhador diante do incontestável desgaste físico oriundo da mudança de horários e da ininterruptividade obrigatória do turno de revezamento, quer porque a alteração contratual em questão é proveniente do poder de direção de que é detentor o empregador no exercício da atividade empresarial. Recurso de revista conhecido e provido" (TST, 6ª T., RR 1136/2002-101-04-00.0, Rel. Min. Aloysio Corrêa da Veiga, *DJ* 31.08.2007).

"Turnos ininterruptos de revezamento. Alteração do contrato de trabalho. Turnos fixos. Supressão de sobrejornada. Sétima e oitava horas. Direito a indenização.

1. O ordenamento jurídico prevê certas situações em que se justifica o exercício do *jus variandi*, não gerando nenhum direito para o empregado ou dever para o empregador. Em outras hipóteses, é reconhecida a validade da referida prerrogativa patronal, mas há uma espécie de sanção que não compromete, contudo, a validade do ato – ao empregador, em favor do empregado.

2. Tais modificações das condições de trabalho, pelo empregador, podem produzir dois efeitos (não excludentes): de um lado, há vantagem social; de outro, efeito, em regra pecuniário, desfavorável ao empregado. O ordenamento jurídico prima pelo equilíbrio entre ambos. Quando falta esse equilíbrio, há a previsão de sanção, de caráter indenizatório, buscando seu restabelecimento.

3. Partindo da noção de direito como integridade, percebe-se que as possibilidades de exercício do *jus variandi* aceitas pelo ordenamento jurídico contêm implícitos os seguintes princípios: se o benefício social advindo da alteração contratual compensa eventual prejuízo sofrido pelo empregado, não há nenhuma sanção ao empregador (como na hipótese da Súmula 265 desta Corte, que trata da perda do direito ao adicional noturno, diante da mudança do turno de trabalho); do contrário, isto é, se não há a referida compensação, por não existir o benefício social, ou por ser este ínfimo –, o ordenamento impõe sanção ao empregador, com o fim de restabelecer aquele equilíbrio (como no caso da Súmula 291 do TST, pertinente à supressão das horas extras habituais).

4. O labor em turnos ininterruptos de revezamento, em nosso ordenamento jurídico, é considerado prejudicial ao empregado, pois compromete a saúde física e mental, além do convívio social e familiar. Não por outra razão, a Constituição da República, em atenção aos desgastes produzidos nesse sistema de trabalho, assegura jornada reduzida de seis horas (art. 7º, XIV).

5. Na hipótese de modificação do regime laboral, ou seja, do sistema de turnos ininterruptos para o de turnos fixos, o benefício social daí advindo compensa o prejuízo sofrido pelo empregado, decorrente do acréscimo da jornada, que passará a ser de oito horas (não havendo, porém, alteração na remuneração mensal). Nesse caso, o ordenamento jurídico reconhece o equilíbrio entre a vantagem social e o aumento da duração do labor.

6. O caso vertente, entretanto, contém uma peculiaridade: o autor, embora submetido ao sistema de turnos ininterruptos de revezamento, cumpria jornada de oito horas, devendo ser remuneradas como sobrejornada a sétima e a oitava. Desse modo, a alteração para o regime de turnos fixos também com oito horas diárias gerou vantagem social que não compensa, *per se*, o decréscimo pecuniário sofrido pelo empregado (produzido pela supressão da sobrejornada). Necessário é, assim, o pagamento de indenização, que visa ao restabelecimento daquele equilíbrio. Conclui-se, então, pela aplicação da Súmula 291 desta Corte à espécie" (TST, SBDI-I, E-RR 785.683/2001.0, Rel. Min. Maria Cristina Irigoyen Peduzzi, *DJ* 20.04.2007).

"Regime de trabalho. Alteração. Turno de revezamento para turno fixo. Artigo 468 da CLT.

1. A alteração do regime de trabalho do empregado de turno ininterrupto de revezamento para trabalho em horário fixo é, de regra, mais benéfica ao empregado, não se incluindo, portanto, na vedação do artigo 468 consolidado, visto que o legislador constitucional, ao determinar o cumprimento de jornada reduzida de trabalho de seis horas para os empregados que trabalhem em regime de rodízio, visou a desestimular a adoção desse sistema pelas empresas, por se mostrar biologicamente prejudicial aos empregados, para eles advindo consequências danosas da mudança contínua de turnos.

2. Embargos providos" (TST, SBDI-I, E-RR 137.369/1994, Rel. Min. Francisco Fausto, *DJ* 20.06.1997).

Não se deve confundir a alteração das condições do contrato de trabalho, matéria regulada pelo art. 468, *caput*, da CLT, com o *jus variandi*, o qual permite modificações a respeito de questões circunstanciais referentes à atividade laboral (*jus variandi* ordinário, sabendo-se que o *jus variandi* extraordinário refere-se a modificações quanto a aspectos e condições de trabalho de maior relevância, em razão de situações realmente emergenciais e justificadas, ou previsão excepcional presente no sistema jurídico)[18].

Ainda em consonância com o destacado, podem ser mencionados os seguintes julgados:

"Recurso de revista. Horas extras. Alteração do regime de revezamento para turno fixo.

A alteração do regime de turnos ininterruptos de revezamento para trabalho em turno fixo situa-se no campo do *jus variandi* do empregador, sendo mais benéfica aos empregados, pelo que não se inclui na vedação do artigo 468 da CLT. Ressalte-se que a própria Constituição Federal estabeleceu jornada reduzida para aqueles que trabalham em turnos de revezamento, por ser prejudicial à saúde dos trabalhadores em decorrência das mudanças contínuas de turnos. Violações não vislumbradas e divergência jurisprudencial inespecífica. Recurso não conhecido" (TST, RR 693.651/2000.9, Rel. Juiz Convocado Luiz Carlos Gomes Godoi, *DJ* 10.03.2006).

"Turnos ininterruptos de revezamento. Alteração contratual. Adoção de turno fixo. *Jus variandi* do empregador.

Consoante estabelece o artigo 468 da CLT, nos contratos individuais de trabalho, só é lícita a alteração das respectivas condições por mútuo consentimento e, ainda assim, desde que não resultem, direta ou indiretamente, prejuízos ao empregado, sob pena de nulidade da cláusula infringente dessa garantia. No caso, a reclamada alterou o contrato para que o reclamante deixasse de trabalhar em turnos ininterruptos de revezamento e passasse a exercer suas atividades em horário fixo, cumprindo uma jornada de 8 horas. Mesmo tendo havido a dilatação da jornada, afigura-se benéfica ao reclamante a alteração contratual havida, pois trouxe melhorias à sua saúde física e mental, evitando os prejuízos causados ao organismo pela troca constante dos turnos. Assim, as mudanças promovidas pela reclamada caracterizam-se como lícitas, não se inserindo na vedação contida no artigo 468 da CLT, mas sim no *jus variandi* do empregador, a quem cabe administrar a prestação dos serviços. Recurso de revista conhecido em parte e provido" (TST, RR 365/2000-161-05-00.3, Rel. Min. Ives Gandra Martins Filho, *DJ* 07.10.2005).

Cabe salientar, ainda, que nos termos da Orientação Jurisprudencial 420 da SBDI-I do TST: "Turnos ininterruptos de revezamento. Elasticimento da jornada de trabalho. Norma coletiva com eficácia retroativa. Invalidade. (*DEJT* divulgado em 28 e 29.06.2012 e 02.07.2012). É inválido o instrumento normativo que, regularizando situações pretéritas, estabelece jornada de oito horas para o trabalho em turnos ininterruptos de revezamento".

24.14 Empregados excluídos do regime de duração do trabalho

A Consolidação das Leis do Trabalho, no art. 62, exclui certos empregados do regime de duração de trabalho, regulado pelo Capítulo II, do Título II, do referido diploma legal.

Como consequência, os referidos empregados, indicados nos incisos do art. 62 da CLT, não têm direito à limitação de jornada de trabalho, ao recebimento de horas extras, nem de adicional por trabalho noturno.

Por isso, é possível questionar a constitucionalidade da referida exclusão, uma vez que a Constituição Federal de 1988 assegura não só o direito à duração do trabalho limitada a oito horas diárias e quarenta e quatro semanais (art. 7º, inciso XIII), mas também à remuneração do trabalho noturno superior à do diurno (art. 7º, inciso IX) e à remuneração do serviço extraordinário superior, no mínimo, em 50% à do normal (art. 7º, inciso XVI), sem estabelecer quaisquer exceções.

---

[18] Cf. GONÇALVES, Simone Cruxên. *Limites do "jus variandi" do empregador*. São Paulo: LTr, 1997. p. 48, 53-54, 60-61.

No entanto, o entendimento que prevalece, inclusive na jurisprudência, é de que a mencionada exclusão é válida, não afrontando as normas constitucionais, por se tratar de hipóteses verdadeiramente excepcionais, muito especiais, não versadas na regra geral prevista na Constituição da República[19].

A exclusão, por lei, do direito à limitação da jornada de trabalho, bem como do direito à remuneração pelo labor extraordinário e noturno, seria uma decorrência das próprias condições especiais em que o trabalho é desempenhado, nos casos excepcionais, previstos no art. 62 da CLT, tornando as disposições pertinentes à duração do trabalho incompatíveis com o regime diferenciado dos referidos trabalhadores[20].

Assim, de acordo com o referido dispositivo da CLT:

"Art. 62. Não são abrangidos pelo regime previsto neste capítulo:

I – os empregados que exercem atividade externa incompatível com a fixação de horário de trabalho, devendo tal condição ser anotada na Carteira de Trabalho e Previdência Social e no registro de empregados;

II – os gerentes, assim considerados os exercentes de cargos de gestão, aos quais se equiparam, para efeito do disposto neste artigo, os diretores e chefes de departamento ou filial;

III – os empregados em regime de teletrabalho que prestam serviço por produção ou tarefa. (redação dada pela Lei 14.442/2022).

Parágrafo único. O regime previsto neste capítulo será aplicável aos empregados mencionados no inciso II deste artigo, quando o salário do cargo de confiança, compreendendo a gratificação de função, se houver, for inferior ao valor do respectivo salário efetivo acrescido de 40% (quarenta por cento)".

Primeiramente, cabe destacar que a exclusão é concernente a todo o Capítulo II, do Título II, da CLT, que regula toda a duração do trabalho, abrangendo, assim, não só as horas extras, como também o adicional noturno, a hora noturna reduzida e os intervalos intrajornada e interjornada.

Entende-se, no entanto, que mesmo os referidos empregados fazem jus ao descanso semanal remunerado, por ser direito distinto, previsto no art. 7º, inciso XV, da Constituição Federal de 1988 e regulado pela Lei 605/1949.

Cabe analisar, assim, com maiores detalhes, as duas modalidades de empregados mencionados na regra de exclusão.

24.14.1 Empregados que exercem atividade externa incompatível com a fixação de horário

A primeira hipótese refere-se aos "empregados que exercem atividade externa incompatível com a fixação de horário de trabalho, devendo tal condição ser anotada na Carteira de Trabalho e Previdência Social e no registro de empregados".

Como se nota, não basta que a atividade exercida seja simplesmente externa. Faz-se necessário que essa atividade seja incompatível com a fixação de horário, como ocorre com o vendedor viajante, que não tem qualquer horário fixo, trabalhando exclusivamente de forma externa, em viagens a diversos locais, com absoluta liberdade de horários, tornando impossível qualquer tentativa de controle de sua jornada de trabalho pelo empregador.

---

[19] Cf. MARTINS, Sergio Pinto Martins. *Comentários à CLT*. 10. ed. São Paulo: Atlas, 2006. p. 102: "A Constituição trata genericamente da jornada de trabalho, não proibindo a lei ordinária de especificar sobre o tema. Assim, não têm tais pessoas direito a horas extras e não é inconstitucional o artigo 62 da CLT".

[20] "Recurso extraordinário. Inadmissibilidade. Cargo de gestão. Ausência de controle da jornada de trabalho. Possibilidade. Art. 62, II, da CLT. Decisão mantida. Agravo regimental improvido. Não afronta o art. 7º, XIII, da Constituição da República, a decisão que excepciona os ocupantes de cargos de gestão do controle de jornada de trabalho" (STF, 2ª T., AgR-RE 563.851/RS, Rel. Min. Cezar Peluso, *DJe* 28.03.2008).

O art. 62, inciso I, da CLT, em sua parte final, estabelece o dever – do empregador – de anotar a referida condição de trabalho (externo e incompatível com a fixação de horário de trabalho) na CTPS e no registro de empregados.

Discute-se se a referida formalidade é da essência do ato ou apenas um elemento de prova, que pode ser suprido.

Embora a questão possa não ser unânime, o melhor entendimento é de que a referida anotação e registro configuram apenas elementos probatórios, sem constituir elementos da substância do ato, podendo ser supridos por outras provas admitidas em direito.

Essa conclusão se amolda ao princípio da primazia da realidade, inerente ao Direito do Trabalho, no sentido de que mais importa a efetiva verdade dos fatos do que eventual presença ou ausência da forma do instrumento jurídico.

Além disso, o referido entendimento está em consonância com o art. 456 da CLT, pois se o próprio contrato de trabalho pode ser provado "por todos os meios permitidos em direito", com muito mais razão uma de suas condições também o pode.

Sobre o tema, merece destaque, ainda, a Orientação Jurisprudencial 332 da SBDI-I do TST:

"Motorista. Horas extras. Atividade externa. Controle de jornada por tacógrafo. Resolução 816/1986 do CONTRAN. O tacógrafo, por si só, sem a existência de outros elementos, não serve para controlar a jornada de trabalho de empregado que exerce atividade externa".

No entanto, interpretando-se o verbete de jurisprudência *a contrario sensu*, se houver outros elementos que sirvam para controlar a jornada de trabalho, mesmo sendo empregado que tem atividade externa, não se pode aplicar a regra excepcional, de exclusão, do art. 62, inciso I, da CLT.

Nesse sentido, fazem jus à aplicação das regras de duração do trabalho, por configurar o controle de jornada, os empregados que, por exemplo: têm o dever de comparecer à empresa no início e no término do expediente, prestando conta das vendas do dia; cumprem roteiro predeterminado pelo empregador, com fixação de horários a serem obedecidos pelo empregado, nas visitas aos clientes; têm o dever de informar, durante a jornada de trabalho, o local e a venda, em andamento ou concluída, bem como o horário de início e término do labor.

O art. 235-C, § 13, da CLT dispõe que, salvo previsão contratual, a jornada de trabalho do motorista empregado não tem horário fixo de início, de final ou de intervalos.

Entretanto, ainda quanto ao tema, o art. 2º, inciso V, *b*, da Lei 13.103/2015, ao arrolar os direitos dos motoristas profissionais (de veículos automotores de transporte rodoviário de passageiros e de transporte rodoviário de cargas), prevê, tratando-se de empregados, o direito de ter jornada de trabalho controlada e registrada de maneira fidedigna mediante anotação em diário de bordo, papeleta ou ficha de trabalho externo, ou sistema e meios eletrônicos instalados nos veículos, a critério do empregador.

Em razão dessa expressa previsão legal, pode-se dizer que a exceção prevista no art. 62, inciso I, da CLT não mais tem como incidir no caso de motorista profissional, consoante as previsões da Lei 13.103/2015 (e da anterior Lei 12.619/2012), em face da necessária existência de controle da jornada de trabalho.

Cabe ressaltar que o empregado é responsável pela guarda, preservação e exatidão das informações contidas nas anotações em diário de bordo, papeleta ou ficha de trabalho externo, ou no registrador instantâneo inalterável de velocidade e tempo, ou nos rastreadores ou sistemas e meios eletrônicos, instalados nos veículos, normatizados pelo Contran, até que o veículo seja entregue à empresa (art. 235-C, § 14, da CLT). Os referidos dados podem ser enviados a distância, a critério do empregador, facultando-se a anexação do documento original posteriormente (art. 235-C, § 15, da CLT).

24.14.2 Empregados gerentes

A segunda hipótese em que se exclui a aplicação das normas de duração do trabalho refere-se aos "gerentes, assim considerados os exercentes de cargos de gestão, aos quais se equiparam, para efeito do disposto neste artigo, os diretores e chefes de departamento ou filial" (art. 62, inciso II, da CLT).

Assim, têm-se, no caso, empregados que realizam suas atividades possuindo um vínculo fidúcia especial com o empregador.

Isso fica evidente quando se verifica tratar-se de empregados que exercem cargos de gestão na empresa, ou seja, atuam na sua administração, representando e agindo como se fossem o próprio empregador. Por isso, obviamente, a própria subordinação na forma de prestar os serviços tende a ficar menos intensa.

A função exercida, por sua vez, apresenta grau de responsabilidade elevado, podendo inclusive colocar a empresa em risco. De todo modo, para que se possa falar no efetivo empregado gerente, tal como previsto na mencionada regra de exceção, este deve ter maior autonomia em seu trabalho, o que justificaria a ausência de controle de jornada e, por consequência, a inaplicabilidade das disposições sobre a duração do trabalho.

Assim, para ser gerente, o empregado deve ter poderes para representar o empregador, na tomada de decisões de grande relevância para a empresa, como admitir e dispensar empregados, aplicar penalidades disciplinares, efetuar compras e transações em nome da empresa. Evidentemente, para que se possa considerar o empregado como gerente, este também deve ter subordinados, a quem são passadas determinações e diretrizes a serem cumpridas[21].

Além disso, não há como aplicar a excepcional regra em questão quando o empregado, ainda que se alegue ser "gerente", tenha a sua jornada de trabalho controlada pelo empregador[22].

Frise-se que, para a incidência do art. 62, inciso II, da CLT, não se pode exigir total autonomia na prestação dos serviços, até porque um dos requisitos da relação de emprego é a subordinação (art. 3º da CLT), sendo possível e normal que exista algum superior no âmbito da estrutura empresarial como um todo.

Nesse sentido, cabe transcrever a seguinte ementa:

"A caracterização do cargo de confiança não exige que o empregado faça as vezes do dono. Essa tal concentração de poderes já não existe – e há muito tempo – nas empresas de hoje. Nem mesmo os diretores decidem sozinho os rumos da empresa. O conceito já se flexibilizou para se ajustar a essa nova realidade, bastando, como diz a lei, que o empregado exerça efetivamente cargo de chefia, que tenha sob sua orientação e coordenação 'departamento ou filial'" (TRT-SP 20000217853, Ac. 1ª T., Rel. Juiz Eduardo de Azevedo Silva).

Cabe reiterar que o citado art. 62 da CLT afasta não só o direito às horas extras, a incidência do art. 71 da CLT (sobre intervalo intrajornada), como também retira o direito a adicional noturno, eis que o art. 73 da CLT encontra-se no mesmo "Capítulo II – Da Duração do Trabalho", expressamente excluído por aquele dispositivo legal.

Merece destaque, ainda, que o dispositivo em questão não abrange somente o gerente geral de toda a empresa, pois prevê, expressamente, "os diretores e chefes de departamento ou filial".

O parágrafo único do art. 62 da CLT prossegue prevendo matéria pertinente ao empregado que exerce cargo de gestão, versando de forma específica quanto à sua remuneração. No entanto, reconhece-se que a sua redação pode dar margem a divergências de interpretação.

Cabe relembrar a previsão do mencionado dispositivo: "O regime previsto neste capítulo será aplicável aos empregados mencionados no inciso II deste artigo, quando o salário do cargo de con-

---

[21] Cf. MARTINS, Sergio Pinto. *Comentários à CLT*. 10. ed. São Paulo: Atlas, 2006. p. 103: "É gerente aquele que tem poderes de gestão, como de admitir ou demitir funcionários, adverti-los, puni-los, suspendê-los, de fazer compras ou vendas em nome do empregador, sendo aquele que tem subordinados, pois não se pode falar num chefe que não tem chefiados".

[22] Cf. MARTINS, Sergio Pinto. *Comentários à CLT*. 10. ed. São Paulo: Atlas, 2006. p. 105: "Se o empregado, porém, estiver sujeito a controle de horário, na entrada e na saída do serviço, terá direito a horas extras, inclusive o gerente, porque aí não se poderá falar em liberdade total do empregado, devendo ser aplicada a jornada de oito horas e o módulo de 44 horas semanais".

fiança, compreendendo a gratificação de função, se houver, for inferior ao valor do respectivo salário efetivo acrescido de 40% (quarenta por cento)".

Desse modo, entende-se que os empregados indicados no inciso II do art. 62 da CLT (gerentes) somente são excluídos do regime de duração de trabalho, quando a totalidade do salário do cargo de confiança, compreendendo a gratificação de função, *se houver*, for superior ao valor do respectivo salário efetivo acrescido de 40%.

Em outras palavras, o gerente é excluído do regime de duração de trabalho, quando recebe salário efetivo do cargo de confiança e gratificação de função de 40% ou mais sobre a referida base, *se houver* pagamento da referida gratificação.

Nota-se, portanto, que o dispositivo indica não ser o recebimento da referida gratificação algo essencial ou obrigatório, podendo, assim, não ser devida[23]. Isso, no entanto, poderia parecer contraditório, pois o gerente, para ser excluído das disposições sobre a duração do trabalho, como é natural, necessariamente deve receber remuneração superior, diferenciada[24].

A questão pode, no entanto, ser solucionada da seguinte forma.

Não existe obrigatoriedade de receber o empregado (gerente) a gratificação de função, para se incluir na disposição do art. 62, inciso II, da CLT. Mesmo assim, não havendo a referida gratificação, deve o empregado, para ser considerado verdadeiro gerente (sem direito a horas extras e demais direitos decorrentes da duração do trabalho), receber salário em valor diferenciado, em quantia consideravelmente superior ao que recebem os demais empregados. Nesse caso, não há um critério objetivo e fixo para estabelecer o valor da remuneração global, incidindo, no entanto, os princípios da proporcionalidade e da razoabilidade, na análise de cada caso concreto.

Por outro lado, se o empregado for gerente e receber gratificação de função, o critério de determinação do seu valor, para fins de incidência do art. 62, inciso II, da CLT, é mais objetivo, pois a gratificação deve ser no valor de 40% ou mais do salário efetivo do cargo de confiança.

Por fim, cabe destacar a Súmula 287 do TST, com redação determinada pela Resolução 121/2003, especialmente em sua parte final:

"Jornada de trabalho. Gerente bancário. A jornada de trabalho do empregado de banco gerente de agência é regida pelo art. 224, § 2º, da CLT. Quanto ao gerente-geral de agência bancária, presume-se o exercício de encargo de gestão, aplicando-se-lhe o art. 62 da CLT".

Quanto ao gerente geral de agência, portanto, presume-se que exerce encargo de gestão, na forma do art. 62, inciso II, da CLT. Trata-se, no entanto, de presunção relativa, que pode ser elidida pelo empregado.

24.14.3 Empregados em regime de teletrabalho que prestam serviço por produção ou tarefa

O art. 62, inciso III, da CLT, com redação dada pela Lei 14.442/2022, dispõe que não são abrangidos pelo regime de duração do trabalho os *empregados em regime de teletrabalho que prestam serviço por produção ou tarefa*.

Anteriormente, o art. 62, inciso III, da CLT, incluído pela Lei 13.467/2017, previa os empregados em regime de teletrabalho, sem fazer essa delimitação quanto à prestação do serviço por produção ou tarefa. Sendo assim, com a Lei 14.442/2022, passam a ser abrangidos pelos preceitos sobre dura-

---

[23] Cf. MARTINS, Sergio Pinto. *Comentários à CLT.* 10. ed. São Paulo: Atlas, 2006. p. 104: "Para a caracterização do cargo de confiança, não é preciso o pagamento de gratificação de função, que é facultativa, podendo ou não ser paga ao empregado, pois a lei emprega a expressão *se houver*, denotando exemplificatividade".

[24] Cf. MARTINS, Sergio Pinto. *Comentários à CLT.* 10. ed. São Paulo: Atlas, 2006. p. 104: "O gerente vai continuar a ser pessoa que tem um padrão mais elevado de vencimentos do que os demais funcionários da empresa".

ção do trabalho os empregados em regime de teletrabalho que prestam serviço por jornada (art. 75-B, § 2º, da CLT).

O art. 7º da Constituição da República assegura aos trabalhadores urbanos e rurais os direitos à remuneração do trabalho noturno superior à do diurno (inciso IX), à duração do trabalho normal não superior a 8 horas diárias e 44 semanais (inciso XIII) e à remuneração do serviço extraordinário superior, no mínimo, em 50% à remuneração do trabalho normal (inciso XVI).

Logo, apenas em razão de especificidades da forma de trabalho, que tornem incompatível com a incidência das normas sobre a duração do labor, é que podem ser afastados os direitos decorrentes, como os relativos a intervalos e remuneração de horas extras e de trabalho em horário noturno com os respectivos adicionais. Na verdade, o empregado não terá direito às previsões relativas à duração do trabalho somente em hipóteses excepcionais.

Conforme o art. 75-B da CLT, com redação dada pela Lei 14.442/2022, considera-se teletrabalho ou trabalho remoto a prestação de serviços fora das dependências do empregador, de maneira preponderante ou não, com a utilização de tecnologias de informação e de comunicação, que, por sua natureza, não configure trabalho externo. Cf. Capítulo 9, item 9.2.2.1.

O art. 62, inciso III, da CLT, desse modo, deve ser interpretado conforme a Constituição.

Para que o mencionado dispositivo não afronte as normas constitucionais que asseguram os direitos relativos à duração do trabalho, embora o teletrabalho não se confunda com o trabalho externo, defende-se o entendimento de que a exclusão das disposições sobre duração do trabalho (art. 62, inciso III, da CLT) somente ocorre quando as atividades exercidas pelo teletrabalhador que presta serviço por produção ou tarefa forem incompatíveis com a fixação de horário de trabalho.

Nesse enfoque, o trabalho a distância, como ocorre no labor em domicílio e no teletrabalho (mesmo que o serviço seja prestado por produção ou tarefa), por si, não é suficiente para excluir os direitos relativos à jornada de trabalho.

Desse modo, aplicando-se de forma extensiva e analógica as exigências do art. 62, inciso I, da CLT, apenas se o empregado exercer atividade que seja *incompatível com a fixação de horário de trabalho*, devendo essa condição ser anotada na Carteira de Trabalho e Previdência Social e no registro de empregados, é que não haverá direito ao regime de jornada de trabalho e, portanto, à remuneração de horas extras e de trabalho em horário noturno, à hora noturna reduzida e aos intervalos[25].

Portanto, se houver controle da jornada de trabalho, ainda que por meio remoto, com a utilização de recursos tecnológicos e de informática (art. 6º, parágrafo único, da CLT), defende-se o entendimento de que haverá direito à remuneração de labor em prorrogação de jornada, em horário noturno (inclusive hora noturna reduzida) e de intervalos não usufruídos.

Nesse sentido, sabendo-se que o art. 8º da CLT autoriza a aplicação *subsidiária* do Direito Comparado, o Código do Trabalho de Portugal, de 2009, no art. 169º, n. 1, dispõe que:

"O trabalhador em regime de teletrabalho tem os mesmos direitos e deveres dos demais trabalhadores, nomeadamente no que se refere a formação e promoção ou carreira profissionais, *limites do período normal de trabalho* e outras condições de trabalho, segurança e saúde no trabalho e reparação de danos emergentes de acidente de trabalho ou doença profissional" (destaquei).

---

[25] Cf. DELGADO, Mauricio Godinho. *Curso de direito do trabalho*. 15. ed. São Paulo: LTr, 2016. p. 1.002: "Dentro da situação-tipo aventada pelo art. 62, I, da CLT (labor externo insuscetível de controle de jornada) podem se inserir três outras possibilidades importantes, do ponto de vista do mundo laborativo: b.1) o tradicional *trabalho no domicílio*, há tempos existente na vida social, sendo comum a certos segmentos profissionais, como as costureiras, as cerzideiras, os trabalhadores no setor de calçados, as doceiras, etc.; b.2) o *novo* trabalho no domicílio, chamado *home-office*, à base da informática, dos novos meios de comunicação e de equipamentos convergentes; b.3) o *teletrabalho*, que pode se jungir ao *home-office*, mas pode também se concretizar em distintos locais de utilização dos equipamentos eletrônicos hoje consagrados (informática, internet, telefonia celular etc.)" (destaques do original).

Vale dizer, se o empregado estiver em conexão permanente com a empresa, com a existência de controle do tempo de labor e da atividade desempenhada, as regras sobre a duração do trabalho devem incidir normalmente, o que não pode ser validamente excluído nem mesmo por meio de negociação coletiva.

Cabe ressaltar que, nos termos do art. 4º, *caput*, da CLT, considera-se "como de serviço efetivo o período em que o empregado esteja à disposição do empregador, aguardando ou executando ordens, salvo disposição especial expressamente consignada".

Não se distingue entre o trabalho realizado no estabelecimento do empregador, o executado no domicílio do empregado e o realizado a distância, desde que estejam caracterizados os pressupostos da relação de emprego (art. 6º da CLT). Ademais, em consonância com o art. 6º, parágrafo único, da CLT, os "meios telemáticos e informatizados de comando, controle e supervisão se equiparam, para fins de subordinação jurídica, aos meios pessoais e diretos de comando, controle e supervisão do trabalho alheio".

Em razão disso, pode-se dizer que o período em que o empregado está sujeito ao comando, controle e supervisão, por meios telemáticos ou informatizados, portando dispositivos móveis da empresa, instrumentos telemáticos ou informatizados (como telefone celular), deve ser remunerado como horas de sobreaviso (se o trabalhador ficar de plantão, aguardando ser chamado), ou como horas extras (se o trabalhador estiver laborando a distância, com a utilização dos recursos tecnológicos mencionados).

No âmbito da Organização Internacional do Trabalho, a Convenção 177, de 1996, dispõe sobre o trabalho em domicílio[26], embora ainda não tenha sido aprovada internamente e ratificada pelo Brasil.

Nos termos do art. 1º, *a*, dessa norma internacional, *trabalho em domicílio* significa o trabalho que uma pessoa, designada como trabalhador em domicílio, realiza: em seu domicílio ou em outros locais que escolher, mas distintos dos locais de trabalho do empregador; em troca de remuneração; com o fim de elaborar um produto ou prestar um serviço, conforme as especificações do empregador (independentemente de quem proporcione os equipamentos, materiais ou outros elementos utilizados). Excepciona-se dessa condição aquele que tiver nível de autonomia e de independência econômica suficiente para ser considerado trabalhador independente, em virtude da legislação nacional ou de decisões judiciais.

Ademais, uma pessoa que tenha a condição de assalariado não deve ser considerada trabalhador em domicílio, para os fins da Convenção 177 da OIT, pelo mero fato de realizar ocasionalmente o seu trabalho (como assalariado) em seu domicílio, em vez de realizá-lo em seu local de trabalho habitual (art. 1º, *b*).

O empregador, por sua vez, é entendido como uma pessoa física ou jurídica que, de modo direto ou por um intermediário (esteja ou não prevista essa figura na legislação nacional), oferece trabalho em domicílio por conta de sua empresa (art. 1º, *c*).

Tendo em vista a semelhança entre o *teletrabalho* e o trabalho em domicílio, cabe ressaltar que, nos termos do art. 4º da referida Convenção da OIT, na medida do possível, a política nacional em matéria de trabalho em domicílio deve promover a *igualdade de tratamento entre os trabalhadores em domicílio e os outros trabalhadores assalariados*, levando em conta as características particulares do trabalho em domicílio e, se for o caso, as condições aplicáveis a um trabalho idêntico ou similar realizado na empresa.

Portanto, quanto ao tema em estudo, quando presentes os requisitos do vínculo de emprego, deve ser observada a igualdade de tratamento entre os trabalhadores a distância e os demais empregados, com fundamento nos arts. 5º, *caput*, e 7º, inciso XXXII, da Constituição da República e arts. 6º e 83 da Consolidação das Leis do Trabalho.

---

[26] Cf. MARTINS, Sergio Pinto. *Direito do trabalho*. 26. ed. São Paulo: Atlas, 2010. p. 143-144.

24.15 Jornada de trabalho do empregado bancário

Não se pode confundir a hipótese do empregado bancário que exerce mero cargo de confiança, de acordo com o art. 224, § 2º, da CLT, com o empregado que exerce verdadeiro cargo de gestão, inserido na previsão do art. 62, inciso II, da CLT.

Sobre este tema, cabe destacar que a duração normal do trabalho dos empregados em bancos, casas bancárias e Caixa Econômica Federal deve ser de seis horas contínuas nos dias úteis, com exceção dos sábados, perfazendo um total de 30 horas de trabalho por semana (art. 224, *caput*, da CLT)[27]. O art. 1º da Lei 4.178/1962 prevê que os estabelecimentos de crédito não devem funcionar aos sábados, em expediente externo ou interno.

O regime especial de seis horas de trabalho também se aplica aos empregados de portaria e de limpeza, tais como porteiros, telefonistas de mesa, contínuos e serventes, empregados em bancos e casas bancárias (art. 226 da CLT)[28].

A jurisprudência majoritária tem entendido que a jornada de trabalho especial do bancário, salvo tratando-se de categoria profissional diferenciada, é aplicada independentemente de estar a função do empregado do banco inserida na atividade-fim ou em atividade-meio[29]. Nesse sentido, cabe transcrever a seguinte decisão do Tribunal Superior do Trabalho:

"Jornada especial dos bancários. Trabalhador de atividade-meio do banco. Identidade de categoria profissional.

1. Em regra, o enquadramento na categoria profissional é determinado pela atividade preponderante do empregador. Nesse sentido, o art. 511, § 2º, da CLT dispõe: A similitude de condições de vida oriunda da profissão ou trabalho em comum, em situação de emprego na mesma atividade econômica ou em atividades econômicas similares ou conexas, compõe a expressão social elementar compreendida como categoria profissional.

2. Decerto, muito embora seja possível distinguir entre atividade-fim e atividade-meio, forçoso é concluir que o desempenho desta é também dirigido à finalidade da empresa. Com efeito, a atividade-meio é alocada pelo empregador em função da atividade-fim. Essa circunstância produz a similitude de condições de vida suficiente para enquadrar os respectivos trabalhadores na mesma categoria profissional, a teor do referido art. 511, § 2º, da CLT.

---

[27] Cf. Súmula 55 do TST: "Financeiras. As empresas de crédito, financiamento ou investimento, também denominadas *financeiras*, equiparam-se aos estabelecimentos bancários para os efeitos do art. 224 da CLT". Apesar disso, o TST tem entendido que a equiparação mencionada na referida Súmula 55 restringe-se à jornada de trabalho, não sendo aplicável para fins de enquadramento sindical e aplicação de normas coletivas de trabalho. Nesse sentido, cf. o seguinte julgado: "Empregado de empresa financeira. Equiparação a estabelecimento bancário. Súmula 55 do TST. Alcance. A Súmula 55 do TST traça orientação no sentido da equiparação das instituições financeiras com os estabelecimentos bancários tão somente para fins de jornada de trabalho dos trabalhadores, não para equiparação dos empregados dessas instituições com os bancários, para fins de enquadramento sindical. Daí se segue que tais empregados não se beneficiam de vantagens previstas em convenções coletivas atinentes à categoria de bancários. O Tribunal Regional do Trabalho, no que indefere a pretendida extensão de benefícios previstos em convenção coletiva atinente à categoria de bancários, decidiu em sintonia com a orientação traçada na Súmula em foco. Precedentes da Corte. Recurso de revista não conhecido" (TST, 5ª T., RR 817/2007-017-10-00.0, Rel. Min. Emmanoel Pereira, *DEJT* 20.11.2009).

[28] Cf. Súmula 117 do TST: "Bancário. Categoria diferenciada. Não se beneficiam do regime legal relativo aos bancários os empregados de estabelecimento de crédito pertencentes a categorias profissionais diferenciadas"; Súmula 257 do TST: "Vigilante. O vigilante, contratado diretamente por banco ou por intermédio de empresas especializadas, não é bancário".

[29] Seguindo entendimento diverso e mais restritivo, cf. MARTINS, Sergio Pinto. *Comentários à CLT*. 10. ed. São Paulo: Atlas, 2006. p. 231: "O regime especial de seis horas só se aplica a empregados de portaria e de limpeza, tais como porteiros, telefonistas de mesa, contínuos e serventes, não se aplicando a outras pessoas que não de portaria ou de limpeza. O preceito legal é explícito quanto à sua observância apenas em relação a empregados de portaria e de limpeza e não a outros. O emprego da expressão *tais como* é exemplificativa e não taxativa, porém refere-se somente a empregados de limpeza e portaria e não a outros que desempenhem outras funções. O pedreiro, o encanador, o eletricista de banco têm direito às vantagens da norma coletiva da categoria dos bancários, porém não se beneficiam da jornada de trabalho dos bancários, pois não se enquadram como empregados de portaria e de limpeza".

3. Por conseguinte, todos os empregados de Banco são bancários, independentemente da atividade desenvolvida. Excepcionam-se apenas os integrantes de categoria profissional diferenciada, como consagrado pela jurisprudência desta Corte na Súmula 117.

4. A jurisprudência deste Tribunal, desde há muito, admite a possibilidade de trabalhadores que não prestam serviços diretamente ligados à atividade-fim do Banco serem considerados bancários. A Súmula 239 do TST, nesse diapasão, preceitua: é bancário o empregado de empresa de processamento de dados que presta serviço a banco integrante do mesmo grupo econômico, exceto quando a empresa de processamento de dados presta serviços a banco e a empresas não bancárias do mesmo grupo econômico ou a terceiros.

5. Na hipótese dos autos, a instância ordinária registrou que o Autor fora contratado pelo Banco como auxiliar de almoxarifado, laborando junto ao Departamento de Telecomunicação e Assistência Técnica.

6. Tratando-se de empregado de instituição bancária, tem jus ao regime legal próprio dos bancários – porque pertencente a esta categoria profissional – e, assim, à jornada de seis horas, prevista no art. 224 da CLT.

[...]

Embargos parcialmente conhecidos e desprovidos" (TST, SBDI-I, E-RR 625.578/2000.0, Rel. Min. Maria Cristina Irigoyen Peduzzi, *DJ* 23.03.2007).

Reitere-se que a jornada de trabalho especial do bancário, de acordo com a jurisprudência pacificada, não se aplica aos empregados abrangidos por categoria profissional diferenciada (Súmula 117 do TST) e aos vigilantes (Súmula 257 do TST).

Além disso, o Tribunal Superior do Trabalho tem decidido que essa jornada do bancário também não se aplica aos empregados que exerçam funções típicas de profissionais liberais, como os arquitetos e engenheiros, por aplicação do mesmo entendimento relativo às categorias profissionais diferenciadas. Nesse sentido, destacam-se as seguintes decisões da SBDI-I do TST:

"Recurso de embargos interposto na vigência da Lei 11.496/2007. Arquiteto. Profissional liberal. Enquadramento como bancário. Impossibilidade.

1. Cinge-se a controvérsia em se saber se o arquiteto, empregado de instituição bancária e que desempenha as atribuições inerentes de sua profissão, deve ser enquadrado como bancário. 2. A primeira questão que deve ser considerada diz respeito ao tratamento sindical que deve ser conferido aos empregados da categoria de profissionais liberais. 3. O quadro nexo do art. 577 da CLT não insere a profissão de arquiteto como categoria profissional diferenciadas, mas, sim, como profissional liberal. Apesar disto, verifica-se que inexiste qualquer incompatibilidade para a aplicação para esta categoria de empregados das regras concernentes à categoria profissional diferenciada. Primeiro porque tanto os profissionais liberais como os empregados de categoria diferenciada exercem suas profissões ou funções diferenciadas por força de estatuto profissional especial. No caso, a profissão dos arquitetos encontra-se regulada pela Lei n. 4.950-A/1966. Segundo, porque o art. 1º da Lei n. 7.361/1985, confere à Confederação das Profissões Liberais o mesmo poder de representação atribuído aos sindicatos representativos das categorias profissionais diferenciadas. 4. De outro lado, esta Corte já sedimentou o entendimento de que as instituições bancárias podem legalmente contratar empregados de categorias diferenciadas em regime de trabalho diverso do aplicado aos bancários, conforme o que se infere da Súmula n. 117. Recurso de Embargos conhecido e desprovido" (TST, SBDI-I, E-RR-104/2006-006-05-00.9, Redatora Min. Maria de Assis Calsing, *DJ* 26.06.2009).

"Engenheiro. Enquadramento como bancário. Jornada reduzida. Horas extras.

A profissão de engenheiro não pertence à categoria diferenciada, mas integra o rol das profissões liberais. Assim, quando empregado de estabelecimento bancário, exercendo atividade-meio e, como no caso dos autos, admitido mediante prévia aprovação em concurso público, cujas instruções previam jornada de oito horas, não há como se reconhecer o enquadramento do engenheiro como bancário. Recurso de Embargos de que se conhece e a que se nega provimento" (TST, SBDI-I, E-ED-RR-783/2005-033-02-00.4, Rel. Min. João Batista Brito Pereira, *DJ* 26.06.2009).

A Orientação Jurisprudencial 379 da SBDI-I do TST, por sua vez, afasta a equiparação dos empregados de cooperativas de crédito a bancários, conforme redação a seguir transcrita: "Empregado de cooperativa de crédito. Bancário. Equiparação. Impossibilidade. Os empregados de cooperativas de crédito não se equiparam a bancário, para efeito de aplicação do art. 224 da CLT, em razão da inexistência de expressa previsão legal, considerando, ainda, as diferenças estruturais e operacionais entre as instituições financeiras e as cooperativas de crédito. Inteligência das Leis 4.595, de 31.12.1964, e 5.764, de 16.12.1971" (*DEJT* 19.04.2010).

A duração normal do trabalho dos bancários deve ficar compreendida entre 7 e 22 horas, assegurando-se ao empregado, no horário diário, um intervalo de 15 minutos para alimentação (art. 224, § 1º, da CLT)[30].

A duração normal de trabalho dos bancários poderá ser excepcionalmente prorrogada até oito horas diárias, não excedendo de 40 horas semanais, observados os preceitos gerais sobre a duração do trabalho (art. 225 da CLT)[31].

Desse modo, nos termos da Súmula 199 do TST:

"Bancário. Pré-contratação de horas extras.

I – A contratação do serviço suplementar, quando da admissão do trabalhador bancário, é nula. Os valores assim ajustados apenas remuneram a jornada normal, sendo devidas as horas extras com o adicional de, no mínimo, 50% (cinquenta por cento), as quais não configuram pré-contratação, se pactuadas após a admissão do bancário.

II – Em se tratando de horas extras pré-contratadas, opera-se a prescrição total se a ação não for ajuizada no prazo de cinco anos, a partir da data em que foram suprimidas".

A referida jornada de trabalho especial e reduzida dos empregados bancários, de seis horas por dia, não se aplica aos que exercem *funções de direção, gerência, fiscalização, chefia e equivalentes, ou que desempenhem outros cargos de confiança*, desde que o valor da gratificação não seja inferior a 1/3 do salário do cargo efetivo (art. 224, § 2º, da CLT)[32].

No entanto, o bancário não enquadrado no § 2º do art. 224 da CLT, que receba gratificação de função, não pode ter o salário relativo a horas extraordinárias compensado com o valor daquela vantagem (Súmula 109 do TST).

Ainda sobre essa questão, merece destaque a Súmula 102 do TST (mantida pela Resolução 174 do TST, de 24 de maio de 2011, art. 3º, publicada no *DEJT* de 27.05.2011):

"Bancário. Cargo de confiança.

I – A configuração, ou não, do exercício da função de confiança a que se refere o art. 224, § 2º, da CLT, dependente da prova das reais atribuições do empregado, é insuscetível de exame mediante recurso de revista ou de embargos.

---

[30] Cf. Orientação Jurisprudencial 178 da SBDI-I do TST: "Bancário. Intervalo de 15 minutos. Não computável na jornada de trabalho. Não se computa, na jornada do bancário sujeito a seis horas diárias de trabalho, o intervalo de quinze minutos para lanche ou descanso".

[31] Cf. Orientação Jurisprudencial 123 da SBDI-I do TST: "Bancários. Ajuda alimentação. A ajuda alimentação prevista em norma coletiva em decorrência de prestação de horas extras tem natureza indenizatória e, por isso, não integra o salário do empregado bancário".

[32] Cf. Súmula 240 do TST: "Bancário. Gratificação de função e adicional por tempo de serviço. O adicional por tempo de serviço integra o cálculo da gratificação prevista no art. 224, § 2º, da CLT".

II – O bancário que exerce a função a que se refere o § 2º do art. 224 da CLT e recebe gratificação não inferior a um terço de seu salário já tem remuneradas as duas horas extraordinárias excedentes de seis.

III – Ao bancário exercente de cargo de confiança previsto no artigo 224, § 2º, da CLT são devidas as 7ª e 8ª horas, como extras, no período em que se verificar o pagamento a menor da gratificação de 1/3.

IV – O bancário sujeito à regra do art. 224, § 2º, da CLT cumpre jornada de trabalho de 8 (oito) horas, sendo extraordinárias as trabalhadas além da oitava.

V – O advogado empregado de banco, pelo simples exercício da advocacia, não exerce cargo de confiança, não se enquadrando, portanto, na hipótese do § 2º do art. 224 da CLT.

VI – O caixa bancário, ainda que caixa executivo, não exerce cargo de confiança. Se perceber gratificação igual ou superior a um terço do salário do posto efetivo, essa remunera apenas a maior responsabilidade do cargo e não as duas horas extraordinárias além da sexta.

VII – O bancário exercente de função de confiança, que percebe a gratificação não inferior ao terço legal, ainda que norma coletiva contemple percentual superior, não tem direito às sétima e oitava horas como extras, mas tão somente às diferenças de gratificação de função, se postuladas".

24.16 Jornada de trabalho do advogado empregado

Interessante situação que pode surgir refere-se àquela em que se tem um empregado, exercendo função de advogado, mas tendo como empregador, por exemplo, uma instituição bancária.

Antes de analisar essa controvertida questão, cabe verificar a jornada de trabalho especial do empregado advogado.

De acordo com a redação original do art. 20 da Lei 8.906, de 4 de junho de 1994: "A jornada de trabalho do advogado empregado, no exercício da profissão, não poderá exceder a duração diária de quatro horas contínuas e a de vinte horas semanais, salvo acordo ou convenção coletiva ou em caso de dedicação exclusiva".

Primeiramente, como se pode notar, a referida jornada de trabalho especial apenas incide se o advogado for empregado e estiver exercendo essa profissão. Se alguém, embora possuindo o título de advogado, é admitido para exercer função diversa, não terá direito às regras especiais que regulam a relação de emprego com o advogado.

A mencionada previsão legal afastava a aplicação da jornada de trabalho especial nos casos de "acordo ou convenção coletiva ou em caso de dedicação exclusiva". O art. 12 do Regulamento Geral do Estatuto da Advocacia e da OAB considera dedicação exclusiva "o regime de trabalho que for *expressamente* previsto em contrato individual de trabalho". Nesse caso, são remuneradas como extraordinárias as horas trabalhadas que excederem a jornada normal de oito horas diárias.

Por isso, entende-se que o contrato de trabalho com advogado, se celebrado antes da vigência da Lei 8.906/1994, com jornada de trabalho de oito horas diárias e 40 horas semanais, insere-se na excludente pertinente à dedicação exclusiva, afastando o direito à jornada reduzida de quatro horas diárias[33].

Além disso, o "acordo ou convenção coletiva" também podem excluir a aplicação da referida jornada reduzida de quatro horas diárias. Tal como ocorre no acordo de compensação de horas (Súmula 85, inciso II, do TST), pode-se entender que o "acordo" em questão pode ser tanto o individual

---

[33] Cf. a Orientação Jurisprudencial 403 da SBDI-I do TST: "Advogado empregado. Contratação anterior a Lei n. 8.906, de 04.07.1994. Jornada de Trabalho mantida com o advento da lei. Dedicação exclusiva. Caracterização. O advogado empregado contratado para jornada de 40 horas semanais, antes da edição da Lei n. 8.906, de 04.07.1994, está sujeito ao regime de dedicação exclusiva disposto no art. 20 da referida lei, pelo que não tem direito à jornada de 20 horas semanais ou 4 diárias" (*DEJT* 16.09.2010).

como o coletivo, até porque a própria dedicação exclusiva pode ser pactuada no âmbito individual, levando à mesma consequência no que tange à jornada de trabalho a ser aplicada.

Na atualidade, art. 20 da Lei 8.906/1994, com redação dada pela Lei 14.365/2022, prevê que a jornada de trabalho do advogado empregado, quando prestar serviço para empresas, não pode exceder a duração diária de oito horas contínuas e a de 40 horas semanais. Entende-se que empresa, no caso, refere-se a empregador (art. 2º da CLT).

Considera-se como período de trabalho o tempo em que o advogado estiver à disposição do empregador, aguardando ou executando ordens, no seu escritório ou em atividades externas, sendo-lhe reembolsadas as despesas feitas com transporte, hospedagem e alimentação (§ 1º do art. 20 da Lei 8.906/1994).

As horas trabalhadas que excederem a jornada normal serão remuneradas por um adicional não inferior a 100% sobre o valor da hora normal, mesmo havendo contrato escrito (§ 2º do art. 20 da Lei 8.906/1994).

As horas trabalhadas no período de 20 horas de um dia até as cinco horas do dia seguinte são remuneradas como noturnas, acrescidas do adicional de 25% (§ 3º do art. 20 da Lei 8.906/1994). Seguiu-se a mesma tendência da Lei 5.889/1973 (art. 7º, parágrafo único), assegurando o adicional de 25%, sem a previsão de jornada noturna reduzida.

Observados esses importantes aspectos, na hipótese de o empregado ser contratado por instituição bancária, cabe saber qual a jornada de trabalho (especial) a ser aplicada, se aquela dos bancários ou a do empregado advogado.

Se o advogado, na realidade, não exerce essa profissão, mas trabalha na atividade tipicamente bancária, fica clara a incidência do art. 224 da CLT, já estudada acima.

A Súmula 102, inciso V, do TST (ex-OJ 222 da SBDI-I) parece ter partido do pressuposto de que o empregado advogado é bancário, ao excluir a aplicação do art. 224, § 2º, da CLT, indicando incidir o *caput* desse mesmo dispositivo.

Na realidade, a corrente que entende constituírem os empregados advogados uma "categoria profissional diferenciada" (art. 511, § 3º, da CLT) defende a exclusão da aplicação da jornada de trabalho dos bancários, na forma da Súmula 117 do TST. Para esta corrente, entende-se que a regra incidente ao caso é aquela prevista na Lei 8.906/1994, por ser a mais específica ao caso.

No entanto, há entendimento de que os profissionais liberais, como os advogados, no atual sistema jurídico em vigor, ainda não constituem categoria profissional diferenciada, de modo que, quando figuram como empregados, passam a pertencer à mesma categoria profissional correspondente à atividade econômica preponderante no âmbito da atividade do empregador (art. 511, § 2º, da CLT). Portanto, para esta corrente, a jornada de trabalho aplicada ao caso seria aquela especial dos bancários.

A temática envolvendo as categorias profissionais diferenciadas e os profissionais liberais ainda será estudada no capítulo próprio, pertinente ao Direito Coletivo do Trabalho, ao qual se remete o leitor para evitar repetição.

Tendo em vista a previsão do art. 1º da Lei 7.316/1985, defende-se que a referida questão, pertinente à jornada de trabalho a ser aplicada ao advogado, empregado de instituição bancária, deva ser objeto de previsão em norma coletiva, preferencialmente decorrente de negociação coletiva.

Ausente essa explicitação em instrumento normativo, no conflito entre as duas normas especiais, tendo em vista a sistemática atualmente em vigor nas relações coletivas de trabalho, pode-se entender que cada caso deve ser analisado de acordo com as suas peculiaridades. É possível mesmo o entendimento de que a análise da Lei 8.906/1994, em conjunto com o art. 224 da CLT, resulta em que a jornada de trabalho especial, prevista no Estatuto da Advocacia e da OAB, aplica-se aos empregados advogados de escritórios de advocacia (conforme critério da atividade preponderante), e a jornada de trabalho especial do bancário, prevista na CLT, aplica-se aos empregados, inclusive advogados, de instituição bancária, até para que não haja um tratamento desigual, evitando diferenças dentro da mesma empresa. Como já mencionado, essa distinção, de certa forma, seria confirmada, ainda que implicitamente, quando se verifica a Súmula 102, inciso V, do TST, pertinente ao "advogado empregado de banco" e jornada de trabalho, utilizando-se, como sistema legal que rege o caso, a CLT, e não a Lei 8.906/1994.

De todo modo, cabe ressaltar que na atual jurisprudência do TST prevalece o entendimento a seguir indicado:

"Recurso de revista. Advogado. Enquadramento como bancário. Regime de dedicação exclusiva. Sétima e oitava horas como extras. Indevidas. 1. Este Tribunal firmou jurisprudência no sentido de que os advogados empregados de banco não se enquadram na regra do art. 224 da CLT, notadamente, por se tratarem de profissionais liberais, que se equiparam aos membros de categoria diferenciada, cujas atividades são regulamentadas por estatuto próprio (Lei 8.906/94), o qual estabelece jornada normal de oito horas diárias para esses profissionais em regime de dedicação exclusiva, hipótese dos autos. 2. Incidência do art. 896, § 4º (atual § 7º), da CLT e da Súmula 333/TST, restando ilesos os arts. 7º, caput, da Constituição Federal, 511 e 577, § 3º, da CLT e prejudicada a divergência jurisprudencial. Recurso de revista não conhecido" (TST, 1ª T., RR 63500-58.2008.5.15.0053, Rel. Min. Hugo Carlos Scheuermann, DEJT 04.08.2017).

24.17 Jornada de trabalho do atleta profissional

Dispondo sobre as relações de trabalho do atleta profissional de futebol, a Lei 6.354, de 2 de setembro de 1976, assim previa em seu art. 6º: "O horário normal de trabalho será organizado de maneira a bem servir ao adestramento e à exibição do atleta, não excedendo, porém, de 48 (quarenta e oito) horas semanais, tempo em que o empregador poderá exigir fique o atleta à sua disposição" (revogado).

A Lei 9.615, de 24 de março de 1998, a qual institui normas gerais sobre desporto e dá outras providências, em seu art. 96[34], revogou expressamente, entre outras disposições, a regra acima transcrita, a partir de 26 de março de 2001. A Lei 12.395/2011, por sua vez, no art. 19, inciso II, revogou expressamente toda a Lei 6.354/1976.

Sendo assim, deve-se destacar o art. 28, § 4º, da mencionada Lei 9.615/1998, com redação decorrente da Lei 12.395/2011, ao estabelecer que se aplicam ao atleta profissional "as normas gerais da legislação trabalhista e da Seguridade Social, ressalvadas as peculiaridades constantes desta Lei".

Portanto, entende-se que as disposições gerais, relativas à jornada de trabalho, presentes na Constituição Federal e na Consolidação as Leis do Trabalho, são aplicáveis ao atleta profissional[35].

Nesse sentido, atualmente, o art. 28, § 4º, inciso IV, da Lei 9.615/1998, com a redação determinada pela Lei 12.395/2011, de forma expressa, assegura ao atleta profissional a "jornada de trabalho desportiva normal de 44 (quarenta e quatro) horas semanais". Na mesma linha, passou-se a assegurar o direito a "acréscimos remuneratórios em razão de períodos de concentração, viagens, pré-temporada e participação do atleta em partida, prova ou equivalente, conforme previsão contratual" (art. 28, § 4º, inciso III)[36].

---

[34] "Art. 96: São revogados, a partir da vigência do disposto no § 2º do art. 28 desta Lei, os incisos II e V e os §§ 1º e 3º do art. 3º, os arts. 4º, 6º, 11 e 13, o § 2º do art. 15, o parágrafo único do art. 16 e os arts. 23 e 26 da Lei 6.354, de 2 de setembro de 1976; são revogadas, a partir da data de publicação desta Lei, as Leis 8.672, de 6 de julho de 1993, e 8.946, de 5 de dezembro de 1994".

[35] Cf. OLIVEIRA, Jean Marcel Mariano de. O contrato de trabalho do atleta profissional de futebol. São Paulo: LTr, 2009. p. 75: "o entendimento que tem prevalecido na jurisprudência atual é de que o atleta profissional de futebol está sim sujeito à limitação de jornada de trabalho, tanto diária quanto semanal".

[36] Registre-se que, conforme o art. 94 da Lei 9.615/1998, com a redação dada pela Lei 12.395/2011: "O disposto nos arts. 27, 27-A, 28, 29, 29-A, 30, 39, 43, 45 e n. § 1º do art. 41 desta Lei será obrigatório exclusivamente para atletas e entidades de prática profissional da modalidade de futebol".

Além disso, algumas situações específicas, presentes na relação de trabalho do atleta profissional, merecem maior explicitação.

24.17.1 Jogos e treinos

Conforme o art. 34, inciso II, da Lei 9.615/1998, a entidade de prática desportiva empregadora tem o dever de "proporcionar aos atletas profissionais as condições necessárias à participação nas competições desportivas, treinos e outras atividades preparatórias ou instrumentais".

O art. 35, inciso I, do mesmo diploma legal, por sua vez, estabelece o dever do atleta profissional de "participar dos jogos, treinos, estágios e outras sessões preparatórias de competições com a aplicação e dedicação correspondentes às suas condições psicofísicas e técnicas".

Sendo assim, os períodos de participação em jogos e treinos integram a duração do trabalho do atleta profissional.

Ademais, incide ao caso o disposto no art. 4º, *caput*, da CLT, no sentido de se considerar como serviço efetivo "o período em que o empregado esteja à disposição do empregador, aguardando ou executando ordens, salvo disposição especial expressamente consignada".

24.17.2 Intervalos durante os jogos

Os intervalos durante os jogos e competições não se confundem com os intervalos interjornada e intrajornada, previstos nos arts. 66 e 71 da CLT.

Na realidade, por se tratar de tempo à disposição do empregador, os intervalos durante os jogos são computados na jornada de trabalho, na forma do já mencionado art. 4º da CLT.

24.17.3 Concentração

O art. 28, § 4º, inciso I, da Lei 9.615/1998, com redação decorrente da Lei 12.395/2011, prevê que "se conveniente à entidade de prática desportiva, a concentração não poderá ser superior a 3 (três) dias consecutivos por semana, desde que esteja programada qualquer partida, prova ou equivalente, amistosa ou oficial, devendo o atleta ficar à disposição do empregador por ocasião da realização de competição fora da localidade onde tenha sua sede".

Embora o tema não seja totalmente pacífico, em razão das peculiaridades envolvidas na relação de trabalho do atleta profissional, pode-se entender que o regime de concentração não deve ser computado para fins de horas extras, desde que respeitado o disposto no art. 28, § 4º, inciso I, da Lei 9.615/1998, ou seja, o limite de 3 (três) dias por semana. Além disso, o art. 28, § 4º, inciso II, da Lei 9.615/1998, com a redação determinada pela Lei 12.395/2011, estabelece que "o prazo de concentração poderá ser ampliado, independentemente de qualquer pagamento adicional, quando o atleta estiver à disposição da entidade de administração do desporto". Logo, nesse último caso, mesmo havendo a ampliação do período de concentração, as horas extras continuam não sendo devidas.

Efetivamente, a concentração do atleta profissional é uma característica especial de seu contrato de trabalho, de modo a afastar o direito a horas extras quanto a esse período. Nesse sentido, destaca-se a seguinte decisão do Tribunal Superior do Trabalho:

> "Jogador de futebol. Horas extras. Período de concentração. Nos termos do art. 7º da Lei 6.534/1976, a concentração do jogador de futebol é uma característica especial do contrato de trabalho do atleta profissional, não se admitindo o deferimento de horas extras neste período. Recurso de Revista conhecido e não provido" (TST, 2ª T., RR 297/2002-104-03-00.8, Rel. Min. José Simpliciano Fontes de F. Fernandes, *DEJT* 07.08.2009).

Ainda assim, o que pode ocorrer, como já mencionado, é a existência de previsão contratual de "acréscimos remuneratórios em razão de períodos de concentração, viagens, pré-temporada e participação do atleta em partida, prova ou equivalente" (art. 28, § 4º, inciso III, da Lei 9.615/1998, com a redação dada pela Lei 12.395/2011), caso em que, em razão dessa disposição no contrato de trabalho do atleta profissional, o acréscimo pactuado passe a ser devido.

24.17.4 Trabalho noturno

Há entendimento de não ser cabível o adicional noturno no caso do atleta profissional, pois o trabalho em horário noturno seria inerente à sua atividade e profissão.

Na realidade, embora o tema seja controvertido, pode-se defender posicionamento diverso, pois o fato de haver labor em horário noturno, como algo inerente a certa função, não afasta o direito ao respectivo adicional.

Tanto é assim que em diversas outras situações o trabalho em período noturno também pode ser considerado inerente ou natural à função desempenhada, como ocorre no caso de vigias e vigilantes[37], mas são normalmente devidos o adicional noturno e a hora noturna reduzida[38].

De modo semelhante, é pacífico o entendimento de que o art. 73, *caput*, parte inicial, da CLT, que excluía o direito de adicional noturno para os casos de revezamento semanal ou quinzenal de pessoal, não foi recepcionado pela Constituição de 1946, não estando, assim, em vigor, até porque violaria os princípios da igualdade e da razoabilidade.

Nessa direção, a Súmula 213 do Supremo Tribunal Federal dispõe ser "devido o adicional de serviço noturno, ainda que sujeito o empregado ao regime de revezamento".

Da mesma forma, o art. 73, § 3º, parte final, da CLT, previa que em relação às empresas "cujo trabalho noturno decorra da natureza de suas atividades", o aumento era calculado "sobre o salário mínimo geral vigente na região, não sendo devido quando exceder desse limite, já acrescido da percentagem".

Apesar disso, essa vetusta disposição não mais prevalece, como registra a Súmula 313 do STF, ao assim dispor: "Provada a identidade entre o trabalho diurno e o noturno, é devido o adicional, quanto a este, sem a limitação do art. 73, § 3º, da Consolidação das Leis do Trabalho, independentemente da natureza da atividade do empregador".

No caso do atleta profissional, como já mencionado, o art. 28, § 4º, da Lei 9.615/1998, prescreve a aplicação das "normas gerais da legislação trabalhista e da Seguridade Social, ressalvadas as peculiaridades constantes desta Lei".

Sendo assim, não há fundamento lógico-jurídico para se afastar, quanto ao atleta profissional, a incidência do art. 7º, inciso IX, da Constituição da República, bem como do art. 73 da CLT, relativos ao trabalho noturno e as suas consequências na duração do trabalho (hora noturna reduzida) e na remuneração (adicional pelo labor noturno). Logo, defende-se o entendimento de que o atleta profissional tem direito ao adicional decorrente do trabalho noturno[39].

Nesse sentido, pode-se dizer que o rol de direitos atualmente previstos no art. 28, § 4º, da Lei 9.615/1998, com redação decorrente da Lei 12.395/2011, não é taxativo, podendo ser ampliado com fundamento nas "normas gerais da legislação trabalhista" (art. 28, *caput*).

24.18 Jornada de trabalho do radialista

O exercício da profissão de radialista é regulado pela Lei 6.615/1978 (cf. Capítulo 8, item 8.7.2, parte final, e Capítulo 13, item 13.3.6).

A duração normal do trabalho do radialista é de: I – cinco horas para os setores de autoria e de locução; II – seis horas para os setores de produção, interpretação, dublagem, tratamento e regis-

---

[37] A respeito da diferença entre vigia e vigilante, cf. item 9.2.10.
[38] Cf. Súmula 140 do TST: "VIGIA (mantida) – Res. 121/2003, *DJ* 19, 20 e 21.11.2003. É assegurado ao vigia sujeito ao trabalho noturno o direito ao respectivo adicional". Cf. ainda Súmula 402 do STF: "Vigia noturno tem direito a salário adicional. (*DJ* 08.05.1964)".
[39] Cf. BARROS, Alice Monteiro de. *Contratos e regulamentações especiais de trabalho*. 2. ed. São Paulo: LTr, 2002. p. 88.

tros sonoros, tratamento e registros visuais, montagem e arquivamento, transmissão de sons e imagens, revelação e copiagem de filmes, artes plásticas e animação de desenhos e objetos e manutenção técnica; III – sete horas para os setores de cenografia e caracterização, deduzindo-se desse tempo 20 minutos para descanso, sempre que se verificar um esforço contínuo de mais de três horas; IV – oito horas para os demais setores (art. 18 da Lei 6.615/1978).

O trabalho prestado além das limitações diárias previstas nos incisos acima deve ser considerado trabalho extraordinário, aplicando-se o disposto nos arts. 59 a 61 da CLT.

Considera-se como serviço efetivo o período em que o radialista permanecer à disposição do empregador (art. 19 da Lei 6.615/1978).

A jornada de trabalho dos radialistas que prestem serviços em condições de insalubridade ou periculosidade pode ser organizada em turnos, respeitada a duração semanal do trabalho, desde que previamente autorizado pelo Ministério do Trabalho (art. 21 da Lei 6.615/1978).

24.19 Prorrogação da jornada de trabalho

A rigor, como se pode inferir pela dicção do art. 7º, inciso XVI, da Constituição Federal de 1988, a prorrogação da jornada de trabalho somente deveria ser autorizada em caso "extraordinário", tornando devida a remuneração "superior, no mínimo, em cinquenta por cento à do normal".

No entanto, o que se verifica muitas vezes na prática são horas extras prestadas de forma habitual, o que não seria desejável nem à saúde e segurança do empregado individualmente, nem à sociedade como um todo.

Vejamos, assim, as diversas formas de prorrogação da jornada de trabalho.

A prontidão e o sobreaviso já foram examinados ao se estudarem as hipóteses de interrupção do contrato de trabalho, tornando desnecessário repetir o tema.

24.19.1 Acordo de prorrogação da jornada de trabalho

O art. 59 da CLT, com redação dada pela Lei 13.467/2017, dispõe que a duração diária do trabalho pode ser acrescida de horas extras, em número não excedente de duas, por acordo individual, convenção coletiva ou acordo coletivo de trabalho.

O art. 59 da CLT, na redação anterior, previa que a duração normal do trabalho podia ser acrescida de horas suplementares, em número não excedente de duas, mediante *acordo escrito* entre empregador e empregado, ou mediante contrato coletivo de trabalho.

Com a Lei 13.467/2017, a prorrogação da jornada de trabalho pode ser feita por meio de *acordo individual*, o qual, em tese, pode ser verbal ou escrito, embora essa última forma seja mais adequada, inclusive para fins de prova. Além disso, o acréscimo de horas extras também pode ser pactuado em convenção coletiva ou acordo coletivo de trabalho.

A remuneração da hora extra deve ser, pelo menos, 50% superior à da hora normal (art. 59, § 1º, da CLT). Trata-se de percentual mínimo estabelecido também no art. 7º, inciso XVI, da Constituição Federal de 1988.

O limite de horas extras a serem prestadas é de até duas por dia.

No entanto, a norma em questão, que procura evitar o excesso de labor em sobrejornada, não pode ser interpretada em prejuízo do próprio empregado. Assim, se forem prestadas horas extras acima do referido limite, ou mesmo sem a existência de acordo de prorrogação, o empregado faz jus ao seu regular recebimento, ficando o empregador sujeito à aplicação da penalidade administrativa.

Isso é confirmado pela Súmula 376 do TST:

"Horas extras. Limitação. Art. 59 da CLT. Reflexos.

I – A limitação legal da jornada suplementar a duas horas diárias não exime o empregador de pagar todas as horas trabalhadas.

II – O valor das horas extras habitualmente prestadas integra o cálculo dos haveres trabalhistas, independentemente da limitação prevista no *caput* do art. 59 da CLT".

Assim, mesmo sendo desrespeitados os referidos limites legais, todas as horas extras devem ser corretamente pagas (com o adicional devido) ao empregado (Súmula 376 do TST), que não pode ser prejudicado pelo empregador, o qual também responde pela respectiva penalidade administrativa, a ser aplicada pela fiscalização do trabalho.

Além disso, tratando-se de conduta reiterada, afetando um conjunto de empregados, tem-se verdadeira lesão de ordem metaindividual, manifestamente prejudicial à saúde e à segurança dos trabalhadores, bem como à sociedade como um todo, seja no aspecto previdenciário, seja na questão da política de empregos. Por isso, também aqui, autoriza-se a atuação do Ministério Público do Trabalho e dos entes sindicais, em defesa dos preceitos que asseguram a dignidade, a saúde, a vida e a higidez física e psíquica do trabalhador, no sentido de que os limites da duração do trabalho sejam necessariamente respeitados pelo empregador. Nesse enfoque, são passíveis de utilização os instrumentos da tutela metaindividual de interesses difusos, coletivos e individuais homogêneos, perfeitamente aplicáveis às relações de trabalho, com destaque para o Termo de Ajuste de Conduta e as ações coletivas.

Como se pode notar, para a prorrogação da jornada de trabalho, exige-se acordo individual, acordo coletivo ou convenção coletiva de trabalho.

Conforme mencionado, a atual redação do art. 59, *caput*, da CLT deixa de exigir que o acordo individual de prorrogação da jornada de trabalho seja escrito, significando que também pode ser verbal e tácito. Entretanto, para fins probatórios, a forma escrita é mais indicada.

Na esfera criminal, cabe fazer menção ao art. 149 do Código Penal, com redação determinada pela Lei 10.803, de 11 de dezembro de 2003, pertinente à "redução a condição análoga à de escravo". Efetivamente, o referido tipo penal não se restringe à figura mais tradicional, de trabalho forçado em sentido estrito, sob coação ou com restrição da liberdade, mas expressamente prevê, também, a "jornada exaustiva", apta a configurar o trabalho em condições degradantes. Nesse sentido, vejamos a previsão do *caput* do art. 149 do Código Penal:

"Art. 149. Reduzir alguém a condição análoga à de escravo, quer *submetendo-o* a trabalhos forçados ou *a jornada exaustiva*, quer sujeitando-o a condições degradantes de trabalho, quer restringindo, por qualquer meio, sua locomoção em razão de dívida contraída com o empregador ou preposto:
Pena: reclusão, de dois a oito anos, e multa, além da pena correspondente à violência".

Desse modo, parece claro que o empregado, ao ter de trabalhar constantemente, por exemplo, 15 horas ou mais por dia, estaria sendo submetido a uma jornada de trabalho exaustiva, em prejuízo de sua saúde e segurança, colocando-o em grave risco de sofrer acidentes e doenças ocupacionais. Como se nota, a violação dos limites da duração do trabalho, com horas extras em quantidade e frequência abusivas (mesmo que pagas em sua integralidade ao empregado), bem como a ausência de concessão das folgas previstas em lei, resultam em grave afronta ao sistema jurídico, em prejuízo da integridade do trabalhador e da sociedade como um todo, a ponto de merecer previsão da tutela de ordem penal. É dever do empregador fazer com que as normas de ordem pública, que limitam a jornada de trabalho e o labor extraordinário, sejam fielmente respeitadas. Eventuais argumentos no sentido de que não há mão de obra suficientemente qualificada para a eliminação das horas extras ilegais não afastam a incidência das normas acima indicadas, pois o risco do empreendimento é do empregador (art. 2º, *caput*, da CLT), que necessariamente tem de se ajustar às previsões contidas no ordenamento jurídico.

A Lei 12.790/2013, ao dispor sobre a regulamentação do exercício da profissão de comerciário, no art. 3º, *caput*, estabelece que a jornada normal de trabalho dos empregados no comércio é de oito horas diárias e 44 semanais. O § 1º desse mesmo dispositivo, por seu turno, determina que "somente mediante convenção coletiva ou acordo coletivo de trabalho poderá ser alterada a jornada normal de trabalho estabelecida no *caput* deste artigo".

Portanto, *a jornada normal de trabalho* do comerciário é que só pode ser alterada por meio de instrumento normativo decorrente de negociação coletiva de trabalho. O dispositivo em questão não trata, de forma específica, da prorrogação nem da compensação da jornada de trabalho, de modo que incide a regra geral, prevista no art. 59 da CLT, já estudada anteriormente.

A jornada de trabalho do motorista profissional é de 8 horas, admitindo-se a sua prorrogação por até 2 horas extraordinárias ou, mediante previsão em convenção ou acordo coletivo, por até 4 horas extraordinárias, conforme previsão expressa do art. 235-C da CLT, com redação dada pela Lei 13.103/2015.

Como se pode notar, no caso específico de motorista profissional empregado, admite-se que o instrumento normativo decorrente de negociação coletiva estabeleça a prorrogação da jornada de trabalho por até 4 horas extraordinárias, aspecto que certamente pode dar margem a críticas e controvérsias, inclusive quanto à constitucionalidade, por envolver excesso de labor justamente em atividade que exige cuidados especiais quanto à segurança.

24.19.2 Prorrogação de jornada decorrente de necessidade imperiosa

A prorrogação da jornada de trabalho pode, ainda, decorrer de outros fatores, conforme previsão no art. 61 da CLT.

O art. 61, *caput* e §§ 1º e 2º, regulam as horas extras decorrentes de necessidade imperiosa, com a seguinte previsão:

"Art. 61. Ocorrendo necessidade imperiosa, poderá a duração do trabalho exceder do limite legal ou convencionado, seja para fazer face a motivo de força maior, seja para atender à realização ou conclusão de serviços inadiáveis ou cuja inexecução possa acarretar prejuízo manifesto.

§ 1º O excesso, nos casos deste artigo, pode ser exigido independentemente de convenção coletiva ou acordo coletivo de trabalho. (redação dada pela Lei 13.467/2017)

§ 2º Nos casos de excesso de horário por motivo de força maior, a remuneração da hora excedente não será inferior à da hora normal. Nos demais casos de excesso previstos neste artigo, a remuneração será, pelo menos, 25% (vinte e cinco por cento) superior à da hora normal, e o trabalho não poderá exceder de 12 (doze) horas, desde que a lei não fixe expressamente outro limite".

Pode-se entender a necessidade imperiosa como um gênero, do qual são espécies:

a) motivo de força maior, como exemplo, uma tempestade que atinge parte da obra em construção, necessitando que os empregados prorroguem a jornada de trabalho para realizar os reparos mais urgentes;

b) realização ou conclusão de serviços inadiáveis ou cuja inexecução possa acarretar prejuízo manifesto, como a empresa do gênero de alimentos, ao receber mercadorias que devem ser mantidas congeladas, exigindo-se que os empregados, mesmo prorrogando a jornada, concluam essa tarefa antes de cessar a prestação do serviço.

Nesses dois casos, como não se podia prever a necessidade das horas extras, a prorrogação da jornada de trabalho pode ser exigida, ainda que sem convenção coletiva ou acordo coletivo de trabalho.

O art. 61, § 1º, da CLT, na redação original, previa que o excesso nos casos do referido dispositivo poderia ser exigido independentemente de acordo ou contrato coletivo e deveria ser comunicado, dentro de 10 dias, à autoridade competente em matéria de trabalho, ou, antes desse prazo, deveria ser justificado no momento da fiscalização sem prejuízo dessa comunicação. Essa exigência formal de comunicação, assim, fica excluída no caso de prorrogação da jornada de trabalho decorrente de necessidade imperiosa.

Pelo que se interpreta da parte final do § 2º do art. 61 da CLT, na hipótese de serviços inadiáveis ou cuja inexecução possa acarretar prejuízo manifesto, o trabalho não pode exceder 12 horas, o que significa, em jornada normal de oito horas, o trabalho extraordinário de até mais quatro horas.

Entretanto, a referida norma não fixa o limite de horas extras para o caso de força maior. Mesmo assim, embora haja entendimento de que para a referida situação não há limitação, pode-se aplicar o limite de prorrogação da jornada de trabalho previsto para o caso semelhante, ou seja, o serviço inadiável. Desse modo, conclui-se, por interpretação analógica, que na força maior somente mais quatro horas extras podem ser prestadas.

Obviamente, como já exposto, caso o limite estabelecido seja ultrapassado, o empregado deve receber todas as horas extras prestadas, sem prejuízo da aplicação de pena administrativa contra o empregador.

O entendimento mais adequado e majoritário é no sentido de que, com a Constituição Federal de 1988 (art. 7º, inciso XVI), as horas extras devem ser sempre remuneradas com o adicional de no mínimo 50%, sem qualquer distinção quanto a se tratar de motivo de força maior, serviço inadiável ou necessidade imperiosa.

Por isso, o § 2º do art. 61 da CLT, ao deixar de garantir o pagamento do adicional de horas extras para a hipótese de força maior, bem como ao fixar o percentual (inferior) de 25% para a hipótese de realização ou conclusão de serviços inadiáveis ou cuja inexecução possa acarretar prejuízo manifesto, não foi recepcionado pela Constituição Federal de 1988.

Confirmando o exposto, no trabalho rural, de acordo com o art. 90 do Decreto 10.854/2021, a duração da jornada de trabalho pode, caso ocorra necessidade imperiosa, exceder ao limite legal ou convencionado, seja por motivo de força maior, seja para atender à realização ou à conclusão de serviços inadiáveis ou cuja inexecução possa acarretar prejuízo manifesto.

Nas referidas hipóteses, o excesso pode ser exigido independentemente de convenção coletiva ou acordo coletivo de trabalho (art. 90, § 1º, do Decreto 10.854/2021).

Nas hipóteses de excesso de horário por motivo de força maior, a remuneração da hora excedente deve ser de, no mínimo, 50% superior à hora normal (art. 90, § 2º, do Decreto 10.854/2021). Nas demais hipóteses de excesso (ou seja, para atender à realização ou à conclusão de serviços inadiáveis ou cuja inexecução possa acarretar prejuízo manifesto), as horas que excederem à jornada de trabalho devem ser remuneradas com acréscimo de, no mínimo, 50%, e o trabalho não pode exceder a 12 horas, desde que a lei não estabeleça expressamente outro limite (art. 90, § 3º, do Decreto 10.854/2021).

24.19.3 Prorrogação para recuperação de tempo de não realização do trabalho

O § 3º do art. 61 da CLT, por sua vez, versa sobre a prorrogação de jornada para recuperação do trabalho, em hipótese bem específica:

"§ 3º Sempre que ocorrer interrupção do trabalho, resultante de causas acidentais, ou de força maior, que determinem a impossibilidade de sua realização, a duração do trabalho poderá ser prorrogada pelo tempo necessário até o máximo de 2 (duas) horas, durante o número de dias indispensáveis à recuperação do tempo perdido, desde que não exceda de 10 (dez) horas diárias, em período não superior a 45 (quarenta e cinco) dias por ano, sujeita essa recuperação à prévia autorização da autoridade competente".

O dispositivo em destaque, embora inserido como parágrafo do art. 61 da CLT, trata de situação autônoma e diferente daquelas anteriormente analisadas.

A sua aplicação é restrita aos casos de paralisação da atividade da empresa e impossibilidade de realização do trabalho, por causas acidentais ou de força maior, em que se admite a prorrogação da jornada para recuperar o tempo perdido.

Pode-se imaginar como exemplo a situação da empresa que fica com suas atividades paradas, em razão de tempestade que danifica o estabelecimento. Nesse caso, o empregador, mesmo sem a existência de acordo de prorrogação de jornada, pode prorrogá-la, com o intuito de recuperar o tempo perdido, em que o trabalho não pôde ser realizado.

Essa modalidade de horas extras, no entanto, além de ser autorizada apenas durante o número de dias indispensáveis à recuperação do tempo perdido, sofre duas limitações, que devem ser observadas simultaneamente:

– até duas horas extras por dia, não devendo exceder a dez horas de trabalho;

– até 45 dias por ano.

Além disso, essa forma de prorrogação deve ser objeto de prévia autorização da autoridade competente, no caso, o órgão de fiscalização do trabalho.

Da mesma forma, no trabalho rural, a duração da jornada de trabalho, sempre que ocorrer interrupção resultante de causas acidentais ou de força maior que determinem a impossibilidade de sua realização, pode ser prorrogada pelo tempo necessário até o máximo de duas horas, durante o número de dias indispensáveis à recuperação do tempo perdido, desde que não exceda a 10 horas diárias, em período não superior a 45 dias por ano, sujeita essa recuperação à autorização prévia da autoridade competente (art. 90, § 4º, do Decreto 10.854/2021).

Ainda aqui, o entendimento que se mostra mais adequado é no sentido de que, com a Constituição Federal de 1988 (art. 7º, inciso XVI), as horas extras devem ser *sempre* remuneradas com o adicional de no mínimo 50%, sem qualquer distinção, ou seja, mesmo quando se tratar de recuperação do tempo de interrupção do trabalho, resultante de causas acidentais, ou de força maior, que tenham impossibilitado a sua realização, inclusive porque o risco do empreendimento é do empregador, não podendo ser transferido em prejuízo do empregado.

24.19.4 Cálculo das horas extras

O adicional de horas extras já foi estudado no Capítulo pertinente ao salário e à remuneração. Assim, cabe apenas relembrar que o inciso XVI do art. 7º da Constituição Federal de 1988 estabelece o adicional *mínimo* de 50% sobre a hora normal, afastando a possibilidade de ser fixado em nível inferior, ainda que por meio de negociação coletiva.

A Súmula 264 do TST, em conformidade com os arts. 64 e 457 da CLT, estabelece que as horas extras devem ser calculadas sobre a globalidade salarial recebida pelo empregado:

"Hora suplementar. Cálculo. A remuneração do serviço suplementar é composta do valor da hora normal, integrado por parcelas de natureza salarial e acrescido do adicional previsto em lei, contrato, acordo, convenção coletiva ou sentença normativa".

Por isso, em conformidade com a atual Súmula 132 do TST, inciso I: "O adicional de periculosidade, pago em caráter permanente, integra o cálculo de indenização e de horas extras".

Nessa linha, a Orientação Jurisprudencial 97 da SBDI-I do TST confirma que o adicional noturno integra a base de cálculo das horas extras prestadas no período noturno.

Seguindo a mesma orientação, dispõe a Súmula 226 do TST: "Bancário. Gratificação por tempo de serviço. Integração no cálculo das horas extras. A gratificação por tempo de serviço integra o cálculo das horas extras".

Quanto aos trabalhadores portuários, tendo em vista a previsão específica, contida na Lei 4.860/1965, arts. 4º e 7º, § 5º, para o cálculo das horas extras prestadas observar-se-á somente o salário básico percebido, excluídos os adicionais de risco e produtividade (Orientação Jurisprudencial 60, inciso II, da SBDI-I do TST).

Já o empregado, sujeito ao controle de horário, remunerado à base de comissões, tem direito ao adicional de, no mínimo, 50% pelo trabalho em horas extras, calculado sobre o valor-hora das comissões recebidas no mês, considerando-se como divisor o número de horas efetivamente trabalhadas (Súmula 340 do TST, na redação determinada pela Resolução 121/2003).

O "comissionista misto", significando o empregado que recebe "remuneração mista", ou seja, uma parte fixa e outra variável, de acordo com a Orientação Jurisprudencial 397 da SBDI-I do TST, "tem direito a horas extras pelo trabalho em sobrejornada. Em relação à parte fixa, são devidas as horas simples acrescidas do adicional de horas extras. Em relação à parte variável, é devido somente o adicional de horas extras, aplicando-se à hipótese o disposto na Súmula n. 340 do TST".

No que se refere aos empregados que recebem salário por produção, a Orientação Jurisprudencial 235 da SBDI-I do TST assim explicita: "Horas extras. Salário por produção. (redação alterada na sessão do Tribunal Pleno realizada em 16.04.2012). O empregado que recebe salário por produção e trabalha em sobrejornada tem direito à percepção apenas do adicional de horas extras, exceto no caso do empregado cortador de cana, a quem é devido o pagamento das horas extras e do adicional respectivo".

De forma semelhante, no caso do empregado que tem a remuneração calculada e recebida por hora trabalhada ("empregado horista"), havendo labor em sobrejornada, mas já tendo sido pagas todas as horas trabalhadas (inclusive as excedentes à jornada normal) de forma simples, apenas o adicional é ainda devido quanto às horas extras, *desde que não se trate de empregado submetido a turno ininterrupto de revezamento*.

Ou seja, na hipótese de trabalhador que recebe salário-hora, mas as horas trabalhadas após a oitava diária já foram pagas como normais, *caso não se trate de turno ininterrupto de revezamento*, entende-se que somente o adicional de horas extras, em relação às horas excedentes à jornada normal de trabalho, ainda permanece devido, até mesmo para que não ocorra o pagamento duplicado das horas em si[40].

Por outro lado, as horas extras habituais devem ser integradas ao cálculo da indenização por antiguidade (Súmula 24 do TST).

Da mesma forma, computam-se no cálculo do repouso remunerado as horas extras habitualmente prestadas (Súmula 172 do TST), em conformidade com a Lei 605/1949, art. 7º, *a* e *b*.

Como prevê a Súmula 113 do TST, o sábado do bancário é dia útil não trabalhado, não dia de repouso remunerado. Desse modo, se inexistir norma mais benéfica, não cabe a repercussão do pagamento de horas extras habituais em sua remuneração.

As férias também devem ser remuneradas levando-se em conta as horas extras recebidas (art. 142, § 5º, da CLT).

Cabe esclarecer que, em razão do art. 7º, inciso XIII, da Constituição Federal de 1988, estabelecendo a duração normal do trabalho não superior a oito horas diárias e 44 horas semanais, para o cálculo de horas extras, tem-se o divisor de 220 horas por mês, conforme o art. 64 da CLT (44 h: 6 dias x 30 = 220).

Entretanto, na hipótese em que o empregado está sujeito a 40 horas de trabalho por semana, em razão de previsão ou cláusula (expressa ou tácita) mais benéfica no contrato de trabalho, por exemplo, trabalhando 8 horas por dia, cinco dias por semana, entende-se que o divisor a ser aplicado é 200 (40 h: 6 dias x 30 = 200), de acordo com o cálculo decorrente do mencionado art. 64 da CLT.

Nesse sentido prevê a Súmula 431 do TST:

"Salário-hora. Empregado sujeito ao regime geral de trabalho (art. 58, *caput*, da CLT). 40 horas semanais. Cálculo. Aplicação do divisor 200.

Para os empregados a que alude o art. 58, *caput*, da CLT, quando sujeitos a 40 horas semanais de trabalho, aplica-se o divisor 200 para o cálculo do valor do salário-hora".

Tendo em vista a jornada de trabalho especial do bancário (art. 224, *caput*, da CLT), para o cálculo do valor do salário-hora do bancário mensalista, o divisor a ser adotado normalmente é 180, pois o sábado é considerado dia útil não trabalhado, conforme acima mencionado.

---

[40] Tratando-se de turno ininterrupto de revezamento, como já analisado no item 24.13, nos termos da Orientação Jurisprudencial 275 da SBDI-I do TST: "Turno ininterrupto de revezamento. Horista. Horas extras e adicional. Devidos. Inexistindo instrumento coletivo fixando jornada diversa, o empregado horista submetido a turno ininterrupto de revezamento faz jus ao pagamento das horas extraordinárias laboradas além da 6ª, bem como ao respectivo adicional".

De acordo com a Súmula 124 do TST:

"Bancário. Salário-hora. Divisor (alteração em razão do julgamento do processo TST-IRR 849-83.2013.5.03.0138).

I – o divisor aplicável para o cálculo das horas extras do bancário será:

a) 180, para os empregados submetidos à jornada de seis horas prevista no *caput* do art. 224 da CLT;

b) 220, para os empregados submetidos à jornada de oito horas, nos termos do § 2º do art. 224 da CLT.

II – Ressalvam-se da aplicação do item anterior as decisões de mérito sobre o tema, qualquer que seja o seu teor, emanadas de Turma do TST ou da SBDI-I, no período de 27/09/2012 até 21/11/2016, conforme a modulação aprovada no precedente obrigatório firmado no Incidente de Recursos de Revista Repetitivos n. TST-IRR-849-83.2013.5.03.0138, *DEJT* 19.12.2016".

Desse modo, na atualidade, aplicam-se as seguintes teses jurídicas fixadas pelo TST em julgamento de Incidente de Recurso de Revista Repetitivo (SBDI-I, IRR 849-83.2013.5.03.0138, Rel. Min. Cláudio Mascarenhas Brandão, j. 21.11.2016):

"1. O número de dias de repouso semanal remunerado pode ser ampliado por convenção ou acordo coletivo de trabalho, como decorrência do exercício da autonomia sindical.

2. O divisor corresponde ao número de horas remuneradas pelo salário mensal, independentemente de serem trabalhadas ou não.

3. O divisor aplicável para cálculo das horas extras do bancário, inclusive para os submetidos à jornada de oito horas, é definido com base na regra geral prevista no artigo 64 da CLT (resultado da multiplicação por 30 da jornada normal de trabalho), sendo 180 e 220, para a jornada normal de seis e oito horas, respectivamente.

4. A inclusão do sábado como dia de repouso semanal remunerado, no caso do bancário, não altera o divisor, em virtude de não haver redução do número de horas semanais, trabalhadas e de repouso.

5. O número de semanas do mês é 4,2857, resultante da divisão de 30 (dias do mês) por 7 (dias da semana), não sendo válida, para efeito de definição do divisor, a multiplicação da duração semanal por 5.

6. Em caso de redução da duração semanal do trabalho, o divisor é obtido na forma prevista na Súmula 431 (multiplicação por 30 do resultado da divisão do número de horas trabalhadas por semana pelos dias úteis)".

O cálculo do valor das horas extras habituais, para efeito de reflexos em verbas trabalhistas, observará a média física, ou seja, o número de horas efetivamente prestadas, a ele aplicando-se o valor do salário-hora da época do pagamento daquelas verbas, conforme Súmula 347 do TST:

"Horas extras habituais. Apuração. Média física. O cálculo do valor das horas extras habituais, para efeito de reflexos em verbas trabalhistas, observará o número de horas efetivamente prestadas e a ele aplica-se o valor do salário-hora da época do pagamento daquelas verbas".

Importante relembrar, ainda, os esclarecimentos feitos pela Súmula 376 do TST:

"Horas extras. Limitação. Art. 59 da CLT. Reflexos.

I – A limitação legal da jornada suplementar a duas horas diárias não exime o empregador de pagar todas as horas trabalhadas.

II – O valor das horas extras habitualmente prestadas integra o cálculo dos haveres trabalhistas, independentemente da limitação prevista no *caput* do art. 59 da CLT".

Quanto à possibilidade de supressão (total ou parcial) das horas extras habitualmente prestadas, a Súmula 291 do TST estabelece que:

"Horas extras. Habitualidade. Supressão. Indenização (nova redação em decorrência do julgamento do processo TST-IUJERR 10700-45.2007.5.22.0101). A supressão total ou parcial, pelo empregador, de serviço suplementar prestado com habitualidade, durante pelo menos 1 (um) ano, assegura ao empregado o direito à indenização correspondente ao valor de 1 (um) mês das horas suprimidas, total ou parcialmente, para cada ano ou fração igual ou superior a seis meses de prestação de serviço acima da jornada normal. O cálculo observará a média das horas suplementares nos últimos 12 (doze) meses anteriores à mudança, multiplicada pelo valor da hora extra do dia da supressão" (*DEJT* 27.05.2011).

Como se pode notar, a atual redação do referido verbete jurisprudencial inclui, ao lado da supressão total das horas extras habituais pelo empregador, a de natureza parcial, ou seja, que acarreta redução do labor habitual em sobrejornada, com a consequente diminuição dos valores recebidos pelo empregado a esse título. A referida orientação aplica, por analogia, a previsão do art. 9º da Lei 5.811, de 11 de outubro de 1972, que dispõe sobre o regime de trabalho das atividades de exploração, perfuração, produção e refinamento de petróleo, industrialização do xisto, indústria petroquímica e transporte de petróleo e seus derivados por meio de dutos.

A mencionada Súmula 291 reviu e substituiu a orientação do antigo Enunciado 76 do TST, já cancelado pela Resolução 121/2003, o qual estabelecia que: "O valor das horas suplementares prestadas habitualmente, por mais de 2 (dois) anos, ou durante todo o contrato, se suprimidas, integra-se ao salário para todos os efeitos legais".

No entendimento atual, portanto, não se verifica a referida integração, pois, uma vez cessado o fato gerador (labor extraordinário), não há como falar em direito adquirido de permanecer recebendo horas extras, mesmo sem o correspondente trabalho em sobrejornada.

24.20 Compensação da jornada de trabalho

A compensação da jornada de trabalho é uma forma de sua prorrogação, mas sem o pagamento de horas extras, por serem objeto de dedução ou abatimento (labor reduzido) em dia diverso.

A Constituição Federal de 1988, no art. 7º, inciso XIII, facultada "a *compensação de horários* e a redução da jornada, mediante acordo ou convenção coletiva de trabalho".

Há discussão na interpretação da parte final do referido dispositivo, quanto ao termo "acordo", no sentido de saber se este deve ser coletivo, ou pode ser individual.

O art. 59, § 2º, da CLT, com redação determinada pela Medida Provisória 2.164-41/2001, assim regula o tema:

"Poderá ser dispensado o acréscimo de salário se, por força de acordo ou convenção coletiva de trabalho, o excesso de horas em um dia for compensado pela correspondente diminuição em outro dia, de maneira que não exceda, no período máximo de um ano, à soma das jornadas semanais de trabalho previstas, nem seja ultrapassado o limite máximo de dez horas diárias".

Como já destacado, na compensação de jornada, desde que regular, não são devidas horas extras, justamente porque o excesso de horas em um dia é compensado pela diminuição do trabalho em outro dia.

O acordo de compensação deve observar, ainda, o limite de dez horas de trabalho por dia, o que significa o máximo de duas horas prorrogadas (considerando a jornada normal de oito horas). O entendimento majoritário é no sentido de que, mesmo se a jornada de trabalho normal for inferior a oito horas, deve-se observar o limite máximo de duas horas prorrogadas por dia, para não expor o empregado a longas prorrogações de jornada, em prejuízo à sua saúde e segurança no trabalho[41].

---

[41] Cf. MARTINS, Sergio Pinto. *Comentários à CLT*. 10. ed. São Paulo: Atlas, 2006. p. 91.

O art. 59, § 2º, da CLT, com a redação decorrente da Medida Provisória 2.164-41/2001, autoriza a compensação de horas prorrogadas em módulo anual, ou seja, fixando-se o período de um ano para que o empregado prorrogue a jornada e as compense.

De todo modo, cabe ao acordo de compensação fixar o seu prazo de duração, observando o referido limite máximo estabelecido pela lei, prazo este que tem início, em princípio, justamente quando se iniciam as prorrogações a serem objeto da compensação pactuada.

Mesmo sendo o acordo de compensação anual, ou por prazo inferior, deve ser respeitado o número total de horas decorrente da soma das jornadas semanais de trabalho que forem previstas.

De acordo com a Orientação Jurisprudencial 323 da SBDI-I do TST:

"É válido o sistema de compensação de horário quando a jornada adotada é a denominada 'semana espanhola', que alterna a prestação de 48 horas em uma semana e 40 horas em outra, não violando os arts. 59, § 2º, da CLT e 7º, XIII, da CF/1988 o seu ajuste mediante acordo ou convenção coletiva de trabalho"[42].

Na hipótese de rescisão do contrato de trabalho sem que tenha havido a compensação integral da jornada extraordinária, na forma dos §§ 2º e 5º do art. 59, o trabalhador tem direito ao pagamento das horas extras não compensadas, calculadas sobre o valor da remuneração na data da rescisão (art. 59, § 3º, da CLT, com redação dada pela Lei 13.467/2017).

Como se pode notar, o empregado tem o direito de receber a remuneração das horas extras não compensadas, com o respectivo adicional. A mencionada previsão legal não distingue quanto à forma de término do pacto laboral, de modo que é aplicada não só na dispensa sem justa causa, mas também, por exemplo, na despedida indireta, na dispensa com justa causa, na culpa recíproca e no pedido de demissão[43].

Caso ocorra a hipótese inversa, ou seja, a extinção do contrato de trabalho com crédito de horas a favor do empregador, dois são os possíveis entendimentos. O primeiro defendendo que, nesse caso, o referido crédito de horas a favor do empregador pode ser compensado com outro crédito do empregado na rescisão, pois do contrário haveria enriquecimento sem causa do empregado, devendo-se observar o limite de um mês de remuneração, na forma do art. 477, § 5º, da CLT[44]. Entretanto, é possível entender que, na mencionada situação, o risco do empreendimento é do empregador, não havendo autorização para a referida compensação com as verbas rescisórias, a qual, portanto, não é autorizada. Não se pode aplicar o instituto civilista do enriquecimento sem causa sem atentar para as particularidades da relação de emprego. Além disso, o saldo negativo de horas, decorrente do sistema de compensação de jornada, não é propriamente um débito do empregado em face do empregador, nem se identifica com valor já pago ao trabalhador que possa ser objeto de compensação ou dedução.

O banco de horas de que trata o § 2º do art. 59 da CLT pode ser pactuado por *acordo individual escrito*, desde que a compensação ocorra no período máximo de 6 meses (art. 59, § 5º, da CLT, acrescentado pela Lei 13.467/2017).

---

[42] Cf. ainda: "Agravo de instrumento. Recurso de revista. Compensação de jornada. 'Semana espanhola'. Acordo individual. Invalidade. Decisão denegatória. Manutenção. Em se tratando da situação específica da chamada 'semana espanhola', é condição indispensável a existência de negociação coletiva prévia (acordo coletivo de trabalho ou convenção coletiva) contemplando expressamente a compensação da jornada, consoante entendimento desta Corte (OJ 323/SBDI1/TST). Desse modo, não há como assegurar o processamento do recurso de revista quando o agravo de instrumento interposto não desconstitui os termos da decisão denegatória, que subsiste por seus próprios fundamentos. Agravo de instrumento desprovido" (TST, 3ª T., AIRR 1945-15.2012.5.03.0027, Rel. Min. Mauricio Godinho Delgado, *DEJT* 17.10.2014).

[43] Cf. MARTINS, Sergio Pinto. *Direito do trabalho*. 22. ed. São Paulo: Atlas, 2006. p. 503: "Mesmo que o empregado seja dispensado com justa causa, haja rescisão indireta ou peça demissão, deverá o empregador pagar as horas extras que não obedecerem ao sistema de compensação. A causa de cessação do contrato de trabalho não irá influenciar o referido pagamento, mas se foi ou não cumprida a compensação estipulada".

[44] Cf. MARTINS, Sergio Pinto. *Direito do trabalho*. 22. ed. São Paulo: Atlas, 2006. p. 503.

É lícito o regime de compensação de jornada estabelecido por acordo individual, *tácito ou escrito*, para a compensação no mesmo mês (art. 59, § 6º, da CLT, acrescentado pela Lei 13.467/2017).

O acordo de compensação de horas ajustado de forma tácita, entretanto, é passível de críticas, por gerar incertezas a respeito de sua existência e de suas consequências, notadamente para o empregado, acarretando insegurança jurídica.

O banco de horas pactuado por meio de acordo *individual* escrito, para compensações de até seis meses, também se revela inadequado, por não se tratar de acordo de compensação favorável ao empregado, inclusive porque a sua duração é superior a um mês.

Efetivamente, esse tipo de compensação de horas pode gerar a prorrogação da jornada de trabalho por vários meses pelo empregado, mas sem o recebimento da correspondente remuneração das horas extras com o adicional de no mínimo 50% (art. 7º, inciso XVI, da Constituição Federal de 1988), tendo em vista o objetivo de futura compensação, o que pode acarretar maior desgaste físico e psíquico ao trabalhador.

A rigor, conforme o art. 7º, inciso XIII, da Constituição da República, o banco de horas nesses moldes só poderia ser pactuado por meio de acordo coletivo ou de convenção coletiva de trabalho, ou seja, como decorrência de negociação coletiva (art. 7º, inciso XXVI, da Constituição Federal de 1988), com a presença do sindicato da categoria profissional (art. 8º, inciso VI, da Constituição da República).

De todo modo, conclui-se que o banco de horas *anual* exige acordo coletivo ou convenção coletiva de trabalho para ser instituído.

Com a Lei 13.467/2017, observam-se as seguintes modalidades de acordo de compensação:

– *banco de horas mensal* (compensação no mesmo mês), o qual pode ser pactuado por meio de acordo individual, tácito ou escrito (bem como, naturalmente, por meio de acordo coletivo e de convenção coletiva de trabalho);

– *banco de horas semestral* (compensação no período máximo de seis meses), o qual pode ser pactuado por meio de acordo individual escrito (bem como, evidentemente, por meio de acordo coletivo e de convenção coletiva de trabalho);

– *banco de horas anual* (compensação no período máximo de um ano), o qual exige acordo coletivo ou convenção coletiva de trabalho.

Naturalmente, também se admite o *acordo de compensação semanal*, em que as horas prorrogadas são compensadas na mesma semana, o que pode ser pactuado por meio de acordo individual, tácito ou escrito (bem como por meio de acordo coletivo e de convenção coletiva de trabalho).

O art. 235-C, § 5º, da CLT, com redação decorrente da Lei 13.103/2015, ao tratar do serviço do motorista profissional empregado, prevê que as horas consideradas extraordinárias devem ser pagas com o acréscimo estabelecido na Constituição Federal ou compensadas na forma do § 2º do art. 59 da Consolidação das Leis do Trabalho. Logo, também nessa hipótese, aplicam-se as conclusões indicadas anteriormente para a compensação de horas.

24.20.1 Regime especial de compensação de jornada de trabalho por meio de banco de horas

No âmbito dos poderes diretivo e gerencial dos empregadores, e considerada a vontade expressa dos empregados e das empregadas, haverá priorização na concessão de regime especial de compensação de jornada de trabalho por meio de banco de horas, nos termos do art. 59 da CLT, como medida de flexibilização da jornada de trabalho, aos empregados e às empregadas que tenham filho, enteado ou pessoa sob sua guarda com até seis anos de idade ou com deficiência, com vistas a promover a conciliação entre o trabalho e a parentalidade (art. 8º, inciso II, da Lei 14.457/2022).

A referida medida somente pode ser adotada até o segundo ano: do nascimento do filho ou enteado; da adoção; ou da guarda judicial (art. 8º, § 1º, da Lei 14.457/2022). Esse prazo aplica-se inclusive para o empregado ou a empregada que tiver filho, enteado ou pessoa sob guarda judicial com deficiência.

A medida em questão deve ser formalizada por meio de acordo individual, de acordo coletivo ou de convenção coletiva de trabalho (art. 8º, § 2º, da Lei 14.457/2022).

Na hipótese de rescisão do contrato de trabalho de empregado ou empregada em regime de compensação de jornada por meio de banco de horas, as horas acumuladas ainda não compensadas serão: I – descontadas das verbas rescisórias devidas ao empregado ou à empregada, na hipótese de banco de horas em favor do empregador, quando a demissão for a pedido e o empregado ou empregada não tiver interesse ou não puder compensar a jornada devida durante o prazo do aviso prévio; ou II – pagas juntamente com as verbas rescisórias, na hipótese de banco de horas em favor do empregado ou da empregada (art. 9º da Lei 14.457/2022).

Na adoção da referida medida de flexibilização (regime especial de compensação de jornada de trabalho por meio de banco de horas), deve sempre ser levada em conta a vontade expressa da empregada ou do empregado beneficiado pela medida de apoio ao exercício da parentalidade (art. 22 da Lei 14.457/2022).

24.20.2 Jornada 12 x 36

Em exceção ao disposto no art. 59 da CLT, é facultado às partes, mediante acordo individual escrito, convenção coletiva ou acordo coletivo de trabalho, estabelecer horário de trabalho de 12 horas seguidas por 36 horas ininterruptas de descanso, observados ou indenizados os intervalos para repouso e alimentação (art. 59-A da CLT, acrescentado pela Lei 13.467/2017).

A remuneração mensal pactuada pelo horário previsto no art. 59-A, *caput*, da CLT, abrange os pagamentos devidos pelo descanso semanal remunerado e pelo descanso em feriados, e serão considerados compensados os feriados e as prorrogações de trabalho noturno, quando houver, de que tratam o art. 70 e o § 5º do art. 73 da CLT (art. 59-A, parágrafo único, da CLT, acrescentado pela Lei 13.467/2017).

Anteriormente, admitia-se o regime de trabalho na escala de 12 por 36 horas, desde que assim previsto em lei ou instrumento normativo decorrente de negociação coletiva.

Com isso, ficou em parte superada a Súmula 444 do TST, ao assim prever:

"Jornada de trabalho. Norma coletiva. Lei. Escala de 12 por 36. Validade. É valida, em caráter excepcional, a jornada de doze horas de trabalho por trinta e seis de descanso, prevista em lei ou ajustada exclusivamente mediante acordo coletivo de trabalho ou convenção coletiva de trabalho, assegurada a remuneração em dobro dos feriados trabalhados. O empregado não tem direito ao pagamento de adicional referente ao labor prestado na décima primeira e décima segunda horas".

Essa possibilidade de se pactuar horário de trabalho de 12 horas seguidas por 36 horas de descanso, em quaisquer atividades, por meio de acordo individual escrito, é passível de crítica e de questionamento quanto à constitucionalidade.

Efetivamente, o labor por 12 horas pode gerar nítido esgotamento físico e mental ao empregado, tornando mais frequentes os adoecimentos ocupacionais e os acidentes do trabalho.

Além disso, segundo o art. 7º, inciso XIII, da Constituição da República, um dos direitos dos trabalhadores urbanos e rurais é a duração do trabalho normal não superior a oito horas diárias e 44 semanais, "facultada a compensação de horários e a redução da jornada, mediante acordo ou convenção coletiva de trabalho".

A mencionada escala 12 por 36, como é evidente, não observa o referido limite de oito horas diárias de trabalho e, portanto, apenas poderia ser admitida, como modalidade excepcional de compensação de horários, em casos justificados, por meio de negociação coletiva (dando origem a acordo coletivo ou a convenção coletiva de trabalho) ou de previsão legal específica de determinada *profissão* com particularidades que justifiquem a medida.

Considera-se que a remuneração mensal pactuada pelo referido horário diferenciado de trabalho (12 x 36) já abrange os pagamentos do descanso semanal remunerado e do descanso em feriados.

Além disso, consideram-se compensados os feriados (art. 70 da CLT) e as prorrogações de trabalho noturno (art. 73, § 5º, da CLT), quando houver (art. 59-A, parágrafo único, da CLT).

No âmbito dos poderes diretivo e gerencial dos empregadores, e considerada a vontade expressa dos empregados e das empregadas, haverá priorização na concessão de jornada de 12 horas trabalhadas por 36 horas ininterruptas de descanso, nos termos do art. 59-A da CLT, como medida de flexibilização da jornada de trabalho, aos empregados e às empregadas que tenham filho, enteado ou pessoa sob sua guarda com até seis anos de idade ou com deficiência, com vistas a promover a conciliação entre o trabalho e a parentalidade (art. 8º, inciso III, da Lei 14.457/2022).

A referida medida somente pode ser adotada até o segundo ano: do nascimento do filho ou enteado; da adoção; ou da guarda judicial (art. 8º, § 1º, da Lei 14.457/2022). Esse prazo aplica-se inclusive para o empregado ou a empregada que tiver filho, enteado ou pessoa sob guarda judicial com deficiência.

A medida em questão deve ser formalizada por meio de acordo individual, de acordo coletivo ou de convenção coletiva de trabalho (art. 8º, § 2º, da Lei 14.457/2022).

Na adoção da referida medida de flexibilização (jornada de 12 horas trabalhadas por 36 horas ininterruptas de descanso), deve sempre ser levada em conta a vontade expressa da empregada ou do empregado beneficiado pela medida de apoio ao exercício da parentalidade (art. 22 da Lei 14.457/2022).

No *contrato de trabalho doméstico* é facultado às partes, mediante *acordo escrito* entre essas, estabelecer horário de trabalho de 12 horas seguidas por 36 horas ininterruptas de descanso, observados ou indenizados os intervalos para repouso e alimentação (art. 10 da Lei Complementar 150/2015).

Nesse caso, a remuneração mensal pactuada pelo horário previsto abrange os pagamentos devidos pelo descanso semanal remunerado e pelo descanso em feriados, e serão considerados compensados os feriados e as prorrogações de trabalho noturno, quando houver, de que tratam o art. 70 e o § 5º do art. 73 da CLT e o art. 9º da Lei 605/1949 (art. 10, parágrafo único, da Lei Complementar 150/2015).

Sendo assim, o horário de trabalho de 12 horas por 36 de descanso, nesse caso específico, não exige previsão em convenção coletiva de trabalho, nem em acordo coletivo de trabalho, mas sim em acordo escrito entre empregado doméstico e empregador doméstico. Além disso, nessa hipótese, há autorização legal para que os intervalos para repouso e alimentação possam ser usufruídos ou indenizados.

A Lei 11.901/2009, no art. 5º, prevê que a jornada do *bombeiro civil* é de 12 horas de trabalho por 36 horas de descanso, em um total de 36 horas semanais. Frise-se que o Supremo Tribunal Federal julgou ser constitucional esse dispositivo (STF, Pleno, ADI 4.842/DF, Rel. Min. Edson Fachin, j. 14.09.2016).

Ainda quanto ao tema, o art. 235-F da CLT, com redação dada pela Lei 13.103/2015, ao dispor sobre o serviço do *motorista profissional* empregado, estabelece que a convenção e o acordo coletivo podem prever jornada especial de 12 horas de trabalho por 36 horas de descanso para o trabalho do motorista profissional empregado em regime de compensação.

24.20.3 Acordo de compensação irregular

O não atendimento das exigências legais para compensação de jornada, *inclusive quando estabelecida mediante acordo tácito*, não implica a repetição do pagamento das horas excedentes à jornada normal diária se não ultrapassada a duração máxima semanal, sendo devido apenas o respectivo adicional (art. 59-B da CLT, acrescentado pela Lei 13.467/2017).

No mesmo sentido, conforme a Súmula 85, inciso III, do TST:

> "III – O mero não atendimento das exigências legais para a compensação de jornada, inclusive quando encetada mediante acordo tácito, não implica a repetição do pagamento das horas excedentes à jornada normal diária, se não dilatada a jornada máxima semanal, sendo devido apenas o respectivo adicional".

Além disso, a prestação de horas extras habituais *não descaracteriza* o acordo de compensação de jornada e o banco de horas (art. 59-B, parágrafo único, da CLT, acrescentado pela Lei 13.467/2017).

Frise-se que, como mencionado anteriormente, observam-se as seguintes modalidades de acordo de compensação de horas: acordo de compensação semanal; banco de horas mensal; banco de horas semestral; banco de horas anual.

24.20.4 Prorrogação da jornada em atividade insalubre

Nas atividades insalubres, assim consideradas as constantes em normas de segurança e medicina do trabalho, quaisquer prorrogações só podem ser acordadas mediante *licença prévia* das autoridades competentes em matéria de higiene do trabalho, as quais, para esse efeito, devem proceder aos necessários exames locais e à verificação dos métodos e processos de trabalho, quer diretamente, quer por intermédio de autoridades sanitárias federais, estaduais e municipais, com quem entrarão em entendimento para tal fim (art. 60 da CLT).

Desse modo, quaisquer prorrogações de jornada, o que inclui a compensação de horários, só podem ser acordadas mediante licença prévia das autoridades competentes em matéria de segurança e medicina do trabalho.

Para a concessão dessa licença prévia, cabe à autoridade competente, no âmbito do Ministério do Trabalho, proceder aos necessários exames locais e à verificação dos métodos e processos de trabalho, diretamente ou por intermédio de autoridades sanitárias federais, estaduais e municipais.

A análise do pedido de autorização para a prorrogação de jornada em atividade insalubre deve considerar o possível impacto da prorrogação na saúde dos trabalhadores alcançados (art. 66 da Portaria 671/2021 do Ministério do Trabalho e Previdência).

Entretanto, *excetuam-se* da exigência de licença prévia as jornadas de 12 horas de trabalho por 36 horas ininterruptas de descanso (art. 60, parágrafo único, da CLT, acrescentado pela Lei 13.467/2017).

Essa previsão, em verdade, merece fundadas críticas, ao permitir a referida escala de 12 por 36 horas, em si já desgastante ao empregado, por envolver a prorrogação excessiva e habitual de jornada de trabalho, sem a necessidade de licença prévia do Ministério do Trabalho.

O dispositivo, assim, desrespeita o direito fundamental dos trabalhadores de redução dos riscos inerentes ao trabalho, por meio de normas de saúde, higiene e segurança (art. 7º, inciso XXII, da Constituição da República).

O art. 611-A, inciso XIII, da CLT, acrescentado pela Lei 13.467/2017, prevê que a convenção coletiva e o acordo coletivo de trabalho têm prevalência sobre a lei quando dispuserem sobre *prorrogação de jornada em ambientes insalubres, sem licença prévia das autoridades competentes do Ministério do Trabalho*.

De acordo com o art. 64 da Portaria 671/2021 do Ministério do Trabalho e Previdência, nas atividades insalubres, quaisquer prorrogações de jornada só podem ser praticadas mediante autorização da chefia da unidade de segurança e saúde no trabalho da unidade descentralizada da inspeção do trabalho correspondente, salvo nas hipóteses de: I – jornada de 12 horas de trabalho por 36 horas ininterruptas de descanso; ou II – haver acordo ou convenção coletiva de trabalho autorizando expressamente a prorrogação.

24.21 Trabalho noturno

O trabalho noturno, como o próprio nome indica, refere-se àquele realizado no período noturno.

No entanto, é necessário saber o que se considera horário noturno, no âmbito jurídico, mais especificamente para as relações de trabalho.

24.21.1 Horário noturno

Para os empregados urbanos, regidos pela CLT, o seu art. 73, § 2º, considera noturno "o trabalho executado entre as 22 (vinte e duas) horas de um dia e as 5 (cinco) horas do dia seguinte".

Para os trabalhadores rurais, deve-se observar a disposição específica, presente na Lei 5.889/1973, art. 7º, de modo a considerar-se trabalho noturno:

a) na lavoura, aquele realizado entre as 21 (vinte e uma) horas de um dia e as 5 (cinco) horas do dia seguinte;

b) na pecuária, aquele realizado entre as 20 (vinte) horas de um dia e as 4 (quatro) horas do dia seguinte.

Se o empregado trabalhar nas duas atividades rurais acima, deve-se aplicar a previsão específica para o trabalho realizado no dia em questão. Se no mesmo dia forem exercidas ambas as atividades (lavoura e pecuária), de forma simultânea, impossibilitando a aplicação de uma única previsão específica, pode-se adotar o critério da preponderância da atividade desempenhada pelo trabalhador.

24.21.2 Adicional noturno

O trabalho noturno gera o direito ao respectivo adicional, como já mencionado no Capítulo referente à remuneração. Assim, cabe somente recordar que o direito ao adicional pelo trabalho noturno é assegurado na própria Constituição Federal de 1988 (art. 7º, inciso IX).

Para o empregado urbano, o adicional pelo trabalho noturno é de 20% sobre a hora diurna, conforme o art. 73, *caput*, da CLT.

O adicional noturno, pago com habitualidade, integra o salário do empregado para todos os efeitos (Súmula 60, inciso I, do TST).

24.21.3 Hora noturna reduzida

O trabalho noturno, no caso do empregado urbano, também assegura a redução da hora noturna, prevista no art. 73, § 1º, da CLT, com a seguinte redação: "A hora do trabalho noturno será computada como de 52 (cinquenta e dois) minutos e 30 (trinta) segundos".

Ainda que o texto constitucional só faça menção ao adicional noturno, o rol do seu art. 7º apenas arrola direitos mínimos, podendo outras fontes formais do direito, como a lei ordinária, prever de forma mais benéfica ao trabalhador, como é o caso em questão.

Assim, a hora noturna reduzida encontra-se em vigor, mesmo depois da Constituição Federal de 1988, conforme Orientação Jurisprudencial 127 da SBDI-I do TST.

Por ficção legal, cada período de 52 minutos e 30 segundos é considerado uma hora, quando do trabalho no período noturno. Com isso, trabalhando-se sete horas no período noturno (22 às 5), por ter de ser observada a referida redução, alcança-se o total de oito horas trabalhadas.

A hora noturna reduzida é aplicada mesmo no caso de turno ininterrupto de revezamento, conforme a Orientação Jurisprudencial 395 da SBDI-I do TST: "Turno ininterrupto de revezamento. Hora noturna reduzida. Incidência. O trabalho em regime de turnos ininterruptos de revezamento não retira o direito à hora noturna reduzida, não havendo incompatibilidade entre as disposições contidas nos arts. 73, § 1º, da CLT e 7º, XIV, da Constituição Federal".

No âmbito rural, a Lei 5.889/1973 prevê o adicional pelo trabalho noturno de 25% sobre a remuneração normal (art. 7º, parágrafo único), não havendo previsão da hora noturna reduzida no trabalho rural. Por isso, de acordo com o entendimento praticamente pacífico, a hora noturna reduzida só se aplica ao empregado urbano, até porque o trabalhador rural já recebe o adicional noturno em percentual superior.

24.21.4 Prorrogação do trabalho noturno

O art. 73, § 5º, da CLT apresenta disposição que gera diversas controvérsias em sua interpretação:

"§ 5º Às prorrogações do trabalho noturno aplica-se o disposto neste Capítulo".

A primeira questão encontra-se na remissão feita ao "Capítulo", e não à Seção IV ("Do Trabalho Noturno"), como seria o mais adequado. Isso pode refletir em entendimento, embora bem minoritário, de que para o trabalho após as 5 horas, mesmo tratando-se de prorrogação do trabalho noturno, passaria a ser considerado o trabalho diurno, afastando os direitos ao adicional noturno e à hora noturna reduzida. Este entendimento não se mostra adequado, por tornar a norma do § 5º do art. 73 sem qualquer conteúdo e eficácia.

Na realidade, a mencionada disposição deve ser interpretada de forma teleológica. O que se imagina é a hipótese do empregado que trabalha durante a noite, prorrogando a jornada após as cinco horas. Mesmo ultrapassando o horário noturno previsto no § 2º do art. 73, o referido labor, pela manhã, é até mais penoso do que aquele realizado até as 5 horas, quando o empregado já se encontra, certamente, até mais cansado.

Por isso, nada mais justo e razoável do que aplicar as disposições do trabalho noturno, especialmente o adicional e a hora reduzida, também para as prorrogações do trabalho que se realizou no período noturno. É o exemplo do empregado que começa a trabalhar às 22 horas, só parando às 6 horas. Nesse caso, o labor das cinco às seis horas da manhã é prorrogação do trabalho noturno, gerando o direito à hora noturna reduzida e ao adicional noturno também neste período.

Nesse sentido, a Súmula 60 do TST (que incorporou a Orientação Jurisprudencial 6 da SBDI-I do TST), em seu inciso II, assim estabelece: "Cumprida integralmente a jornada no período noturno e prorrogada esta, devido é também o adicional quanto às horas prorrogadas. Exegese do art. 73, § 5º, da CLT".

24.21.5 Horários mistos

Não se pode confundir a prorrogação do trabalho noturno com o horário misto, sendo este último previsto no § 4º do art. 73:

"§ 4º Nos horários mistos, assim entendidos os que abrangem períodos diurnos e noturnos, aplica-se às horas de trabalho noturno o disposto neste artigo e seus parágrafos".

Exemplo de horário misto é aquele cujo trabalho inicia-se às 21 horas, terminando às 4 horas. Nesse caso, apenas das 22 às 4 horas é que se verifica o trabalho noturno, com o direito ao respectivo adicional e hora reduzida. O trabalho das 21 às 22 horas é diurno, não gerando os referidos direitos.

Hipótese que poderia gerar dúvida é aquela em que o empregado inicia o trabalho às 20 horas, saindo somente às 7 horas. Em casos assim, os §§ 2º, 4º e 5º do art. 73 da CLT devem ser interpretados de forma harmônica. Por isso, das 20 às 22 horas, o trabalho é diurno, sem direito ao adicional noturno e à hora noturna reduzida. Das 22 às 5 horas tem-se o horário noturno, com direito ao adicional e à redução. Por fim, das 5 às 7 horas verifica-se prorrogação do trabalho noturno, que também dá direito ao adicional noturno e à hora noturna reduzida.

24.21.6 Mudança para o turno diurno

Quanto à mudança do turno noturno para o diurno, o entendimento que prevalece é no sentido de sua possibilidade (obviamente, desde que não se trate de ato de perseguição ou discriminatório), até porque o trabalho no período da noite pode ser prejudicial à saúde do empregado. Além disso, a referida alteração tem como fundamento o *jus variandi*, assegurando ao empregador o poder de ordenar o trabalho e administrar a empresa.

Nesse sentido, a Súmula 265 do TST assim estabelece: "Adicional noturno. Alteração de turno de trabalho. Possibilidade de supressão. A transferência para o período diurno de trabalho implica a perda do direito ao adicional noturno".

24.21.7 Disposições especiais

A norma do *caput* do art. 73 da CLT, que excluía o direito de adicional noturno para os casos de revezamento de pessoal, não foi recepcionada pela Constituição de 1946, não estando, assim, em vigor, até porque violaria os princípios da igualdade e da razoabilidade. Tanto é assim que a Súmula 213 do STF prevê ser "devido o adicional de serviço noturno, ainda que sujeito o empregado ao regime de revezamento".

Da mesma forma, a disposição do § 3º do art. 73 da CLT não mais prevalece, esclarecendo a Súmula 313 do STF que: "Provada a identidade entre o trabalho diurno e o noturno, é devido o adicional, quanto a este, sem a limitação do art. 73, § 3º, da Consolidação das Leis do Trabalho, independentemente da natureza da atividade do empregador".

Para os trabalhadores portuários, a previsão específica da Lei 4.860/1965, arts. 4º e 7º, § 5º, prevê que a hora noturna no regime de trabalho no porto, compreendida entre dezenove horas e sete horas do dia seguinte, é de sessenta minutos (Orientação Jurisprudencial 60, inciso I, da SBDI-I do TST).

Quanto ao trabalho noturno dos empregados nas atividades de exploração, perfuração, produção e refinação do petróleo, industrialização do xisto, indústria petroquímica e transporte de petróleo e seus derivados, por meio de dutos, por ser regulado pela Lei 5.811, de 11 de outubro de 1972, não se lhe aplicando a hora reduzida de 52 minutos e 30 segundos prevista no art. 73, § 2º, da CLT (Súmula 112 do TST).

Capítulo 25

Intervalos para descanso

25.1 Introdução

O Direito do Trabalho regula períodos de descanso, os quais têm como objetivo fazer com que o empregado possa se recompor, evitando o cansaço excessivo, que pode causar possíveis prejuízos à sua saúde, bem-estar e segurança.

Há diversas modalidades de intervalos, alguns aplicáveis aos empregados de modo genérico, outros intervalos específicos de certas categorias, profissões ou formas de execução do serviço.

O tema, de certo modo, foi mencionado quando se analisaram as hipóteses de interrupção e suspensão do contrato de trabalho, cabendo no presente Capítulo aprofundar certas questões.

25.2 Denominação

O tema em estudo pode ser denominado não só pela expressão "intervalos para descanso", como "períodos de descanso", como se verifica na Seção III, do Capítulo II, do Título II, da CLT.

Embora menos utilizado, o termo "pausa" também pode ser empregado quanto ao referido instituto.

É certo que a expressão "períodos de descanso" é mais genérica, podendo confundir com as férias, por ser um período com a finalidade de poder o empregado descansar, ou mesmo com o descanso semanal remunerado e feriados. Por isso, em termos doutrinários, seria possível entender aquela expressão como gênero, das quais seriam espécies os intervalos, as férias, o descanso semanal remunerado e os feriados. Assim, entende-se que a expressão mais adequada, quanto ao tema em estudo, seria "intervalos para descanso"[1].

No presente Capítulo, os períodos de descanso referem-se, mais especificamente, aos intervalos.

25.3 Conceito e natureza jurídica

O intervalo para descanso pode ser conceituado como o período de ausência de trabalho, destinado ao repouso e à alimentação do empregado, podendo ocorrer no curso da jornada de trabalho ou entre uma jornada de trabalho e outra.

Referindo-se a espaços de tempo sem trabalho, podem existir casos de interrupção ou suspensão contratual, conforme seja devido, ou não, o salário no período, computando-se, ou não, no tempo de serviço.

Além disso, há intervalos que ocorrem na jornada de trabalho (intrajornada) e outros entre um dia e outro de labor (interjornada). Não se pode confundir, no entanto, esta última hipótese com o descanso semanal remunerado, por ter regulamentação própria e específica.

A finalidade dos intervalos é possibilitar que o empregado recomponha as suas forças, podendo descansar e se alimentar, possibilitando, conforme o caso, que prossiga com o seu labor durante a jornada de trabalho ou em dia seguinte.

---

[1] Cf. MARTINS, Sergio Pinto. *Direito do trabalho*. 28. ed. São Paulo: Atlas, 2012. p. 565.

Ao mesmo tempo, os intervalos constituem relevante direito do empregado, com previsão em normas de ordem pública, por conterem medidas de proteção à saúde, higiene e segurança do trabalhador.

Como se nota, os intervalos para descanso podem revelar múltiplos aspectos quanto à natureza jurídica, dependendo do enfoque adotado.

Trata-se de direito trabalhista, de ordem fundamental, bem como de instituto essencial na segurança e medicina do trabalho.

No aspecto do período em si, o intervalo para descanso apresenta a natureza de suspensão ou interrupção do contrato de trabalho.

25.4 Intervalo intrajornada

Vejamos os principais casos de intervalos ocorridos no curso da jornada de trabalho, com as respectivas regras e peculiaridades.

Cabe registrar que a Lei 13.645/2018 instituiu o "Dia Nacional do Desafio", a ser comemorado na última quarta-feira do mês de maio de cada ano. A referida comemoração compõe-se de *atividades físicas e esportivas orientadas*, a serem realizadas por, no mínimo, 15 minutos, em *empresas privadas*, em *órgãos da administração pública, direta e indireta*, em *estabelecimentos escolares*, nos lares, nos espaços públicos e em quaisquer outros lugares que permitam o convívio saudável entre as pessoas (art. 1º, parágrafo único, da Lei 13.645/2018).

Embora não haja previsão clara e expressa, defende-se o entendimento de que a pausa na jornada de trabalho para a realização das atividades indicadas, decorrente do cumprimento da mencionada previsão legal, deva ser remunerada pelo empregador, por assumir os riscos da sua atividade (art. 2º da CLT).

25.4.1 Intervalo para descanso e refeição

O intervalo para descanso e refeição é regulado pelo art. 71 da CLT, com a seguinte previsão:

"Art. 71. Em qualquer trabalho contínuo, cuja duração exceda de 6 (seis) horas, é obrigatória a concessão de um intervalo para repouso ou alimentação, o qual será, no mínimo, de 1 (uma) hora e, salvo acordo escrito ou contrato coletivo em contrário, não poderá exceder de 2 (duas) horas.

§ 1º Não excedendo de 6 (seis) horas o trabalho, será, entretanto, obrigatório um intervalo de 15 (quinze) minutos quando a duração ultrapassar 4 (quatro) horas.

§ 2º Os intervalos de descanso não serão computados na duração do trabalho"

Primeiramente, cabe destacar que, se a duração do trabalho excede seis horas, é obrigatório o intervalo intrajornada de, no mínimo, uma hora e, no máximo, duas horas. Este limite máximo pode ser ultrapassado, excepcionalmente, mediante acordo escrito, acordo coletivo ou convenção coletiva.

Como se nota, a lei autoriza o acordo escrito para o referido aumento do período de intervalo, significando o acordo individual entre empregado e empregador, desde que estabelecido de forma válida, ou seja, sem vício na manifestação de vontade.

Se a jornada de trabalho não excede seis horas, é obrigatório um intervalo de 15 minutos, desde que a duração ultrapasse quatro horas. Portanto, se o trabalho for de até quatro horas, ou menos, o empregado não tem direito a nenhum intervalo intrajornada.

No âmbito rural, a Lei 5.889/1973, no art. 5º, também prevê que em qualquer trabalho contínuo de duração superior a seis horas é obrigatória a concessão de um intervalo para repouso ou alimentação, observados os usos e costumes da região. Ao regulamentar esse dispositivo, o art. 87, § 1º, do Decreto 10.854/2021 estabelece ser obrigatória, em qualquer trabalho contínuo de duração superior a seis horas, a concessão de intervalo mínimo de uma hora para repouso ou alimentação, observados os usos e os costumes da região². Mesmo assim, cabe mencionar o entendimento, não majoritário (e não adotado pela atual jurisprudência do TST), de que a referida delimitação do intervalo intrajornada do empregado rural por Decreto seria inválida, por ter avançado em matéria reservada à lei.

De todo modo, seguindo o entendimento aqui defendido, cabe destacar a Súmula 437, inciso I, do TST: "Após a edição da Lei n. 8.923/94, a não concessão ou a concessão parcial do intervalo intrajornada mínimo, para repouso e alimentação, *a empregados urbanos e rurais*, implica o pagamento total do período correspondente, e não apenas daquele suprimido, com acréscimo de, no mínimo, 50% sobre o valor da remuneração da hora normal de trabalho (art. 71 da CLT), sem prejuízo do cômputo da efetiva jornada de labor para efeito de remuneração" (destaquei).

Prevalece o entendimento de que é válida a concessão de forma fracionada do referido intervalo intrajornada do trabalhador rural (como no caso de dois intervalos, sendo o primeiro para o almoço e o segundo, de 30 minutos, para o café), pois o art. 5º da Lei 5.889/1973 remete aos usos e costumes da região³.

Nos serviços rurais caracteristicamente intermitentes, não são computados como de efetivo exercício os intervalos entre uma e outra parte da execução da tarefa diária, desde que isso seja expressamente ressalvado na Carteira de Trabalho e Previdência Social (art. 6º da Lei 5.889/1973). Considera-se serviço intermitente aquele que, por sua natureza, seja normalmente executado em duas ou mais etapas diárias distintas, desde que haja interrupção da jornada de trabalho de, no mínimo, cinco horas, entre uma e outra parte da execução da tarefa (art. 91, parágrafo único, do Decreto 10.854/2021).

Ainda no âmbito rural, como medida de ergonomia, a Norma Regulamentadora 31, no item 31.8.6, assim prevê: "Para as atividades que forem realizadas necessariamente em pé, devem ser garantidas pausas para descanso". A NR 31, no item 31.8.7, estabelece ainda da seguinte forma: "Nas atividades que exijam sobrecarga muscular estática ou dinâmica, devem ser incluídas pausas para descanso e outras medidas organizacionais e administrativas". Essas "pausas" (no plural, indicando a necessidade de concessão de, pelo menos, duas no decorrer da jornada de trabalho, por exemplo, de 10 minutos cada) não se confundem com o intervalo intrajornada, não sendo descontadas da jornada de trabalho. Para que se cumpra o importante objetivo da referida norma de ergonomia, proporcionando o necessário descanso e bem-estar ao empregado, as referidas pausas *não devem ser concedidas em momentos próximos aos horários de entrada, de almoço e de saída*, pois isso desvir-

---

[2] Cf. PÔRTO, Marcos da Silva. Trabalho rural e jornada de trabalho. In: GIORDANI, Francisco Alberto da Motta Peixoto; MARTINS, Melchíades Rodrigues; VIDOTTI, Tarcisio José (Coord.). *Direito do trabalho rural*: homenagem a Irany Ferrari. 2. ed. São Paulo: LTr, 2005. p. 500.

[3] "Recurso de embargos regido pela Lei n. 13.015/2014. Trabalhador rural. Horas extras. Intervalo fracionado. Intervalo para o café. No caso, restou incontroverso que o embargado usufruía de dois intervalos intrajornadas, a saber: o primeiro, para o almoço, e o segundo, de 30 minutos, para o café. O artigo 5º da Lei n. 5.889/73, que estatui normas reguladoras do trabalho rural, dispõe expressamente que: 'Em qualquer trabalho contínuo de duração superior a seis horas, será obrigatória a concessão de um intervalo para repouso ou alimentação observados os usos e costumes da região, não se computando este intervalo na duração do trabalho'. Da análise do dispositivo legal acima, extrai-se que não houve vedação para a concessão de intervalo intrajornada de forma fracionada, como na presente hipótese, onde havia a concessão de dois intervalos, o primeiro para o almoço e o segundo, de 30 minutos, para o café. Pelo contrário, o referido preceito legal estabelece a possibilidade de concessão do período destinado ao repouso e alimentação do trabalhador rural, tomando-se o cuidado de observar os usos e costumes da região. É notório que no meio rural o costume é a concessão de mais de um intervalo para alimentação, sendo que o segundo intervalo é condição mais benéfica ao trabalhador, por se tratar de trabalho braçal que causa enorme desgaste físico ao mesmo. Na realidade, o que o legislador ordinário visava garantir é que o período destinado a repouso e alimentação do trabalhador rural não pode ser inferior a uma hora e não vedar a possibilidade de fracionar esse intervalo em duas vezes ou mais. Assim, não há que se falar que o artigo 5º da Lei n. 5.889/1973 não autoriza a dedução de mais de um intervalo intrajornada, pelo que, no presente caso, válido o segundo intervalo concedido para café, de 30 minutos, não devendo este ser computado na jornada de trabalho do empregado. De outra parte, a diretriz inscrita na Súmula/TST n. 118 não guarda pertinência com a hipótese, pois o intervalo referido nos autos é remunerado e está previsto em norma legal. Precedentes do TST. Recurso de embargos conhecido e provido" (TST, SBDI-I, E-RR 932-60.2010.5.09.0325, Rel. Min. Renato de Lacerda Paiva, *DEJT* 12.05.2017).

tuaria a sua finalidade por completo. Por exemplo, caso fosse (irregularmente) concedida a pausa no final da jornada, o trabalhador, certamente, até estaria voltando para casa mais cedo, no entanto cansado da mesma forma, pois não teria usufruído das pausas durante o trabalho. Na atualidade, o item 31.8.8 da Norma Regulamentadora 31, com redação dada pela Portaria 22.677/2020, dispõe que as pausas previstas nos itens 31.8.6 e 31.8.7 devem ser definidas no Programa de Gerenciamento de Riscos no Trabalho Rural (PGRTR).

Frise-se que a jurisprudência do Tribunal Superior do Trabalho tem entendido que a ausência de concessão das mencionadas "pausas para descanso", previstas na NR 31, acarreta a aplicação, por analogia, do disposto no art. 72 da CLT (prevendo que a cada período de 90 minutos de trabalho consecutivo deve corresponder um repouso de 10 minutos não deduzidos da duração normal de trabalho), com o consequente direito ao recebimento das horas extras correspondentes. Nesse sentido, destacam-se os seguintes julgados:

"Horas extras. Empregado rural. Atividade de corte de cana-de-açúcar. Pausas previstas na NR-31 do Ministério do Trabalho e Emprego. Aplicação analógica do art. 72 da CLT. 1. A NR-31 do Ministério do Trabalho e Emprego, aprovada pela Portaria GM 86, de 03.03.2005, prevê a obrigatoriedade de concessão de pausas para descanso aos empregados rurais que realizem atividades em pé ou se submetam a sobrecarga muscular. A norma regulamentar, no entanto, não especifica as condições ou o tempo de duração de tais pausas. 2. A lacuna da norma regulamentar e da própria legislação trabalhista sobre aspecto de menor importância, relativo ao *modus operandi* das aludidas pausas, não pode servir de justificativa para a denegação de direitos fundamentais constitucionalmente assegurados ao empregado, relativos à 'redução dos riscos inerentes ao trabalho, por meio de normas de saúde, higiene e segurança' (art. 7º, XXII, CF) e ao meio ambiente do trabalho equilibrado (art. 225, *caput*, CF). Necessidade de utilização da técnica processual de integração da ordem jurídica, mediante analogia. Aplicação das disposições dos arts. 8º da CLT, 126 do CPC e 4º da Lei de Introdução ao Código Civil. 3. Ante a ausência de previsão, na NR-31 do MTE, quanto ao tempo de descanso devido nas condições de trabalho lá especificadas, aplica-se ao empregado que labora em atividade de corte de cana-de-açúcar, por analogia, a norma do art. 72 da CLT. Precedentes das Turmas e da SBDI-1 do TST. 4. Embargos de que se conhece, por divergência jurisprudencial, e a que se dá provimento" (TST, SBDI-I, E-RR 1943-81.2010.5.15.0156, Rel. Min. João Oreste Dalazen, *DEJT* 09.05.2014).

"Recurso de embargos regido pela Lei 11.496/2007. Cortador de cana-de-açúcar. Pausas para descanso. NR-31 do MTE. Art. 72 da CLT. A NR-31 do Ministério do Trabalho e Emprego, aprovada pela Portaria 86, de 03.03.2005, estabelece pausas para descanso nas atividades realizadas necessariamente em pé ou que exijam sobrecarga muscular estática ou dinâmica (itens 31.10.7 e 31.10.9), a fim de garantir a segurança e a saúde no trabalho na agricultura, pecuária, silvicultura, exploração florestal e aquicultura. Contudo, a referida norma não detalhou as condições e o tempo em que esse período de descanso deveria ser observado. Em face da lacuna da norma, a jurisprudência desta Corte vem se firmando pela aplicação analógica do art. 72 da CLT, nos termos dos arts. 8º da CLT e 4º da LINDB, de modo a conceder ao empregado um intervalo de dez minutos de descanso a cada noventa minutos de trabalho consecutivo, não se deduzindo o referido período da duração normal do trabalho. Com efeito, a aplicação analógica do art. 72 da CLT se impõe não em razão do tipo de atividade desempenhada, relativa aos serviços de mecanografia em comparação com a de cortador manual de cana-de-açúcar, mas sim em razão do fator repetitividade de movimento, presente em ambos os métodos de trabalho, como fator de risco para doenças ocupacionais. É de conhecimento geral que o trabalho no corte da cana-de-açúcar é uma das mais penosas e extenuantes atividades laborais. Soma-se ao esforço excessivo pela repetitividade dos golpes de facão a rotina operacional permeada por agentes penosos. A soma desses fatores de risco impõe, com maior razão, a aplicação analógica do art. 72 da CLT, a fim de que se torne efetivo o direito fundamental de proteção à saúde do trabalhador. Recurso de embargos conhecido e provido" (TST, SBDI-I, E-RR 3853-46.2010.5.15.0156, Rel. Min. Augusto César Leite de Carvalho, *DEJT* 28.03.2014).

Os referidos limites referentes ao intervalo intrajornada são de importante observância, pois, conforme dispõe a Súmula 118 do TST:

"Jornada de trabalho. Horas extras. Os intervalos concedidos pelo empregador na jornada de trabalho, não previstos em lei, representam tempo à disposição da empresa, remunerados como serviço extraordinário, se acrescidos ao final da jornada".

Interessante mencionar controvertida questão, quanto aos empregados cuja jornada de trabalho prevista em lei é reduzida, como o bancário (art. 224, *caput*, da CLT), mas que, laborando em horas extras, acabam trabalhando, em efetivo, mais de seis horas por dia.

Embora haja posição diversa, o entendimento mais adequado é de que, se o empregado trabalha em jornada superior a seis horas por dia, torna-se obrigatória a concessão de intervalo para refeição e descanso de no mínimo uma hora (art. 71, *caput*, da CLT), independentemente de a jornada normal, prevista em lei, ser reduzida, pois se deve atentar à primazia da realidade. Assim, torna-se aplicável inclusive o disposto no § 4º do mesmo art. 71 da CLT, conforme tese adotada no Precedente Administrativo 29 da Secretaria da Inspeção do Trabalho (Ato Declaratório SIT/DFT 4, de 21.02.2002). Nessa linha é a previsão também da Súmula 437, inciso IV, do TST.

Frise-se que os referidos intervalos intrajornada "não serão computados na duração do trabalho". Isso significa que o empregado, durante o referido tempo de descanso no curso da jornada de trabalho, não presta serviço, mas também não recebe a respectiva remuneração. Trata-se, portanto, de intervalo não remunerado, ou seja, hipótese de suspensão do contrato de trabalho.

Quanto à possibilidade de redução do intervalo para descanso e refeição, de acordo com o § 3º do art. 71 da CLT:

"§ 3º O limite mínimo de uma hora para repouso ou refeição poderá ser reduzido por ato do Ministro do Trabalho, Indústria e Comércio, quando ouvido o Serviço de Alimentação de Previdência Social, se verificar que o estabelecimento atende integralmente às exigências concernentes à organização dos refeitórios, e quando os respectivos empregados não estiverem sob regime de trabalho prorrogado a horas suplementares".

Desse modo, existe a possibilidade da referida redução, o que depende de autorização do Ministério do Trabalho, após verificar se o estabelecimento preenche os requisitos da parte final da norma acima transcrita.

Mesmo assim, não se pode esquecer que eventual a deliberação tomada administrativamente pode ser contestada em juízo (art. 5º, inciso XXXV, da CF/1988).

Segundo o art. 611-A, inciso III, da CLT, acrescentado pela Lei 13.467/2017, a convenção coletiva e o acordo coletivo de trabalho têm prevalência sobre a lei quando, entre outros, dispuserem sobre intervalo intrajornada, respeitado o limite mínimo de 30 minutos para jornadas superiores a seis horas.

O art. 611-B, parágrafo único, da CLT, acrescentado pela Lei 13.467/2017, estabelece que as regras sobre duração do trabalho e intervalos *não são consideradas como normas de saúde, higiene e segurança do trabalho* para os fins do disposto no art. 611-B da CLT (que versa sobre objeto ilícito de convenção coletiva ou de acordo coletivo de trabalho).

Com isso, ficou superada a Súmula 437, inciso II, do TST, com a seguinte redação: "É inválida cláusula de acordo ou convenção coletiva de trabalho contemplando a supressão ou redução do intervalo intrajornada porque este constitui medida de higiene, saúde e segurança do trabalho, garantido por norma de ordem pública (art. 71 da CLT e art. 7º, XXII, da CF/1988), infenso à negociação coletiva".

Cabe ainda verificar as consequências da ausência de fruição ou concessão do intervalo para descanso e refeição.

O art. 71 da CLT, § 4º, acrescentado pela Lei 13.467/2017, prevê que a não concessão ou a concessão parcial do intervalo intrajornada mínimo, para repouso e alimentação, a empregados urbanos e rurais, implica o pagamento, de *natureza indenizatória, apenas do período suprimido*, com acréscimo de 50% sobre o valor da remuneração da hora normal de trabalho.

O § 4º do art. 71 da CLT, na redação anterior, decorrente da Lei 8.923/1994, previa que quando o intervalo para repouso e alimentação, previsto no referido dispositivo, não fosse concedido pelo empregador, este ficava obrigado a remunerar o período correspondente com um acréscimo de no mínimo 50% sobre o valor da remuneração da hora normal de trabalho.

Desse modo, fica superada a Súmula 437, inciso III, do TST, ao estabelecer que possui natureza salarial a parcela prevista no art. 71, § 4º, da CLT, com redação introduzida pela Lei 8.923/1994, quando não concedido ou reduzido pelo empregador o intervalo mínimo intrajornada para repouso e alimentação, repercutindo, assim, no cálculo de outras parcelas salariais.

Tendo em vista a natureza indenizatória do pagamento do intervalo não concedido ou concedido parcialmente, deixa de haver incidências e reflexos em outras verbas trabalhistas.

Da mesma forma, fica também superada a Súmula 437, inciso I, do TST, ao prever que após a edição da Lei 8.923/1994, a não concessão ou a concessão parcial do intervalo intrajornada mínimo, para repouso e alimentação, a empregados urbanos e rurais, implica o *pagamento total* do período correspondente, e não apenas daquele suprimido, com acréscimo de, no mínimo, 50% sobre o valor da remuneração da hora normal de trabalho (art. 71 da CLT), sem prejuízo do cômputo da efetiva jornada de labor para efeito de remuneração.

Logo, com a Lei 13.467/2017, apenas o período de intervalo para descanso e refeição não concedido é que deve ser pago com o adicional de 50%, inclusive em face da isonomia no sentido substancial. Quanto ao período de intervalo usufruído, portanto, não há mais direito ao referido pagamento.

O empregado que não teve o intervalo concedido e o empregado que teve o intervalo concedido parcialmente estão em situações desiguais, não podendo ser tratados de forma idêntica.

O instituto das horas extras, decorrentes de prorrogação da jornada, não se confunde com a regra específica, aqui estudada, de pagamento do período de intervalo intrajornada não concedido (art. 71, § 4º, da CLT).

De todo modo, assim como ocorre no trabalho em sobrejornada não compensado, o período de intervalo não concedido deve ser pago *com* o acréscimo de 50%, e não somente o adicional de 50%[4].

Ainda que não ocorra a prorrogação da jornada de trabalho propriamente, se o intervalo intrajornada mínimo para repouso e alimentação não é concedido, torna-se devido pagamento, de natureza indenizatória, apenas do período suprimido, com acréscimo de 50% sobre o valor da remuneração da hora normal de trabalho[5].

Evidentemente, a inobservância do intervalo para descanso e refeição *também* pode sujeitar o empregador à penalidade administrativa pelo descumprimento da referida norma de ordem pública. Ou seja, o pagamento do período de intervalo mínimo intrajornada não concedido, com o adicional de 50% não significa a autorização da referida conduta patronal, podendo ser penalizado administrativamente pelo descumprimento do intervalo necessário à preservação da saúde e da segurança do empregado.

Vejamos alguns exemplos para tornar a matéria mais clara.

Se o empregado, com jornada de trabalho de oito horas, sem acordo de compensação, trabalha das 10 às 20 horas, sem usufruir o intervalo para descanso e refeição, terá direito: 1) ao pagamento de duas horas extras com o adicional de 50% (decorrentes da prorrogação da jornada); e também 2) ao pagamento de uma hora com o adicional de 50% (decorrente da ausência de concessão do intervalo intrajornada).

---

[4] Cf. MARTINS, Sergio Pinto. *Direito do trabalho*. 22. ed. São Paulo: Atlas, 2006. p. 528: "O intervalo não concedido, ou seja, o período correspondente, será remunerado com o adicional de horas extras, de 50%. Paga-se, portanto, o período mais o adicional, e não se utiliza apenas do adicional".

[5] Cf. MARTINS, Sergio Pinto. *Direito do trabalho*. 22. ed. São Paulo: Atlas, 2006. p. 527: "A partir da edição do § 4º do art. 71 da CLT, o intervalo não concedido ao empregado deverá ser pago com o adicional de 50% sobre o valor da remuneração da hora normal de trabalho, mesmo que não haja excedimento da jornada de oito horas".

Se o empregado, com jornada de trabalho de oito horas, sem acordo de compensação, trabalha das 10 às 18 horas, sem usufruir o intervalo para descanso e refeição, terá direito somente ao pagamento de uma hora com o adicional de 50% (decorrente da ausência de concessão do intervalo intrajornada), mesmo não tendo ocorrido a prorrogação da jornada de trabalho.

Se o empregado, com jornada de trabalho especial, prevista em lei, de seis horas, sem acordo de compensação, trabalha das 10 às 18 horas, sem usufruir o intervalo para descanso e refeição, terá direito: 1) ao pagamento de duas horas extras com o adicional de 50% (decorrentes da prorrogação da jornada); e também 2) ao pagamento de uma hora com o adicional de 50% (decorrente da ausência de concessão do intervalo intrajornada).

Se o empregado, com jornada de trabalho especial, prevista em lei, de seis horas, sem acordo de compensação, trabalha das 10 às 16 horas, sem usufruir o intervalo para descanso e refeição, terá direito ao pagamento de 15 minutos com o adicional de 50% (decorrente da ausência de concessão do intervalo intrajornada que, no caso, é de 15 minutos, conforme art. 71, § 1º, da CLT), mesmo não tendo ocorrido a prorrogação da jornada de trabalho em sentido estrito.

Esclareça-se que se for ultrapassada habitualmente a jornada de seis horas de trabalho, torna-se devido o gozo do intervalo intrajornada mínimo de uma hora, obrigando o empregador a pagar o período para descanso e alimentação não usufruído, *com o acréscimo* do adicional de 50% sobre o valor da remuneração da hora normal de trabalho, na forma prevista no art. 71, *caput* e § 4º da CLT (Súmula 437, inciso IV, do TST).

Ainda quanto ao tema, o Tribunal Superior do Trabalho fixou a seguinte tese jurídica em julgamento de incidente de recurso repetitivo: "A redução eventual e ínfima do intervalo intrajornada, assim considerada aquela de até 5 (cinco) minutos no total, somados os do início e término do intervalo, decorrentes de pequenas variações de sua marcação nos controles de ponto, não atrai a incidência do artigo 71, § 4º, da CLT. A extrapolação desse limite acarreta as consequências jurídicas previstas na lei e na jurisprudência" (TST, Pleno, IRR-1384-61.2012.5.04.0512, Rel. Min. Kátia Magalhães Arruda, j. 25.03.2019, *DEJT* 10.05.2019).

Frise-se ainda que, nos termos da Súmula 446 do TST:

"Maquinista ferroviário. Intervalo intrajornada. Supressão parcial ou total. Horas extras devidas. Compatibilidade entre os arts. 71, § 4º, e 238, § 5º, da CLT. A garantia ao intervalo intrajornada, prevista no art. 71 da CLT, por constituir-se em medida de higiene, saúde e segurança do empregado, é aplicável também ao ferroviário maquinista integrante da categoria 'c' (equipagem de trem em geral), não havendo incompatibilidade entre as regras inscritas nos arts. 71, § 4º, e 238, § 5º, da CLT".

O art. 71, § 5º, da CLT, com a redação dada pela Lei 13.103/2015, por sua vez, assim prevê:

"O intervalo expresso no *caput* poderá ser reduzido e/ou fracionado, e aquele estabelecido no § 1º poderá ser fracionado, quando compreendidos entre o término da primeira hora trabalhada e o início da última hora trabalhada, desde que previsto em convenção ou acordo coletivo de trabalho, ante a natureza do serviço e em virtude das condições especiais de trabalho a que são submetidos estritamente os motoristas, cobradores, fiscalização de campo e afins nos serviços de operação de veículos rodoviários, empregados no setor de transporte coletivo de passageiros, mantida a remuneração e concedidos intervalos para descanso menores ao final de cada viagem".

Como se pode notar, essa disposição admite, quanto ao intervalo para repouso ou alimentação de no mínimo uma hora, devido no caso de trabalho contínuo, cuja duração exceda de seis horas (art. 71, *caput*, da CLT), *a redução e/ou o fracionamento do intervalo intrajornada*.

Diversamente, relativamente ao intervalo de 15 minutos, devido quando o trabalho ultrapassa quatro horas e não excede de seis horas (art. 71, § 1º, da CLT), admite-se apenas o *fracionamento do intervalo intrajornada*, mas não a sua redução, justamente porque o seu tempo já é curto.

As mencionadas hipóteses de redução e fracionamento exigem que o intervalo intrajornada esteja compreendido entre o término da primeira hora trabalhada e o início da última hora trabalhada, bem como a previsão em instrumento normativo decorrente de negociação coletiva de trabalho, sendo admitidas em razão da natureza do serviço e em virtude das condições especiais de trabalho a que são submetidos, estritamente, os motoristas, cobradores, fiscalização de campo e afins nos serviços de operação de veículos rodoviários, empregados no setor de transporte coletivo de passageiros.

Mesmo havendo a redução e/ou o fracionamento do intervalo intrajornada, deve ser mantida a remuneração, bem como devem ser concedidos intervalos para descanso menores e fracionados ao final de cada viagem.

O art. 235-C, § 2º, da CLT, com redação dada pela Lei 13.103/2015, prevê que deve ser assegurado ao motorista profissional empregado intervalo mínimo de uma hora para refeição, podendo esse período coincidir com o tempo de parada obrigatória na condução do veículo estabelecido pela Lei 9.503/1997 (Código de Trânsito Brasileiro)[6], exceto quando se tratar do motorista profissional enquadrado no § 5º do art. 71 da Consolidação das Leis do Trabalho, anteriormente estudado.

Ainda quanto ao motorista profissional empregado, frise-se que, especificamente para o *transporte de passageiros*, devem ser observados os seguintes dispositivos:

I – é facultado o fracionamento do intervalo de condução do veículo previsto na Lei 9.503/1997 (Código de Trânsito Brasileiro), em períodos de no mínimo cinco minutos;

II – deve ser assegurado ao motorista intervalo mínimo de uma hora para refeição, podendo ser *fracionado* em dois períodos e coincidir com o tempo de parada obrigatória na condução do veículo estabelecido pela Lei 9.503/1997 (Código de Trânsito Brasileiro), exceto quando se tratar do motorista profissional enquadrado no § 5º do art. 71 da CLT;

III – nos casos em que o empregador adotar dois motoristas no curso da mesma viagem, o descanso pode ser feito com o veículo em movimento, respeitando-se os horários de jornada de trabalho, assegurado, após 72 horas, o repouso em alojamento externo ou, se em poltrona correspondente ao serviço de leito, com o veículo estacionado (art. 235-E da CLT).

25.4.2 Serviço de mecanografia e digitação

Certos empregados que exercem certas funções e atividades específicas, normalmente mais penosas, cansativas ou potencialmente prejudiciais ao regular funcionamento do organismo, têm direito a intervalos diferenciados no curso da jornada de trabalho, conforme previsão em dispositivos próprios.

---

[6] Cf. Lei 9.503, de 23 de setembro de 1997 (Código de Trânsito Brasileiro): "Art. 67-C. É vedado ao motorista profissional dirigir por mais de 5 (cinco) horas e meia ininterruptas veículos de transporte rodoviário coletivo de passageiros ou de transporte rodoviário de cargas. § 1º Serão observados 30 (trinta) minutos para descanso dentro de cada 6 (seis) horas na condução de veículo de transporte de carga, sendo facultado o seu fracionamento e o do tempo de direção desde que não ultrapassadas 5 (cinco) horas e meia contínuas no exercício da condução. § 1º-A. Serão observados 30 (trinta) minutos para descanso a cada 4 (quatro) horas na condução de veículo rodoviário de passageiros, sendo facultado o seu fracionamento e o do tempo de direção. § 2º Em situações excepcionais de inobservância justificada do tempo de direção, devidamente registradas, o tempo de direção poderá ser elevado pelo período necessário para que o condutor, o veículo e a carga cheguem a um lugar que ofereça a segurança e o atendimento demandados, desde que não haja comprometimento da segurança rodoviária. § 3º O condutor é obrigado, dentro do período de 24 (vinte e quatro) horas, a observar o mínimo de 11 (onze) horas de descanso, que podem ser fracionadas, usufruídas no veículo e coincidir com os intervalos mencionados no § 1º, observadas no primeiro período 8 (oito) horas ininterruptas de descanso. § 4º Entende-se como tempo de direção ou de condução apenas o período em que o condutor estiver efetivamente ao volante, em curso entre a origem e o destino. § 5º Entende-se como início de viagem a partida do veículo na ida ou no retorno, com ou sem carga, considerando-se como sua continuação as partidas nos dias subsequentes até o destino. § 6º O condutor somente iniciará uma viagem após o cumprimento integral do intervalo de descanso previsto no § 3º deste artigo. § 7º Nenhum transportador de cargas ou coletivo de passageiros, embarcador, consignatário de cargas, operador de terminais de carga, operador de transporte multimodal de cargas ou agente de cargas ordenará a qualquer motorista a seu serviço, ainda que subcontratado, que conduza veículo referido no *caput* sem a observância do disposto no § 6º".

Nesse sentido, observa-se a hipótese do art. 72 da CLT, com a seguinte previsão:

"Nos serviços permanentes de mecanografia (datilografia, escrituração ou cálculo), a cada período de 90 (noventa) minutos de trabalho consecutivo corresponderá um repouso de 10 (dez) minutos não deduzidos da duração normal de trabalho".

Em razão dos avanços e da tecnologia, as atividades de mecanografia vêm sendo aprimoradas e substituídas pela digitação, não constante do art. 72 da CLT, pois este ainda se apresenta com a mesma redação original, que remonta à década de 40.

Assim, de forma justa e correta, de acordo com a Súmula 346 do TST:

"Digitador. Intervalos intrajornada. Aplicação analógica do art. 72 da CLT. Os digitadores, por aplicação analógica do art. 72 da CLT, equiparam-se aos trabalhadores nos serviços de mecanografia (datilografia, escrituração ou cálculo), razão pela qual têm direito a intervalos de descanso de 10 (dez) minutos a cada 90 (noventa) de trabalho consecutivo".

Esse intervalo intrajornada especial, que é devido aos empregados em serviço permanente de mecanografia, por não ser deduzido da duração normal do trabalho, é um intervalo remunerado. Ou seja, o empregado permanece em repouso, mas recebe a remuneração durante o período em questão, tratando-se de hipótese de interrupção do contrato de trabalho.

Sendo assim, se o empregado, mesmo preenchendo os requisitos do art. 72 da CLT, não usufrui o intervalo remunerado em destaque, este deve ser remunerado como hora extra, ou seja, com o adicional de (no mínimo) 50%, pois a referida pausa integra a jornada de trabalho, configurando verdadeiro e efetivo trabalho em sobrejornada.

Nesse caso, o empregador também fica sujeito à penalidade administrativa, decorrente de infração da referida norma, pertinente à segurança e medicina do trabalho.

Cabe destacar que o art. 72 da CLT exige que os serviços sejam "permanentes de mecanografia" ou digitação.

Como observa Sergio Pinto Martins: "Se o serviço de mecanografia não é permanente, mas é intercalado com outros serviços, não se aplica o art. 72 da CLT. Sendo os serviços alternados, como envolvendo arquivos, secretaria e outros, além do de mecanografia, não é devido o intervalo"[7].

Assim, o empregado, para fazer jus ao referido intervalo intrajornada, remunerado, deve exercer a digitação de forma permanente, e não eventual ou intercalada com outras atividades.

A Norma Regulamentadora 17, sobre ergonomia, instituída pela Portaria 3.214/1978, no item 17.6.4, em sua redação anterior, previa que nas atividades de processamento eletrônico de dados, salvo o disposto em convenções e acordos coletivos, *o tempo efetivo de trabalho de entrada de dados não deve exceder o limite máximo de cinco horas*, sendo que no período de tempo restante da jornada o trabalhador poderá exercer outras atividades, observado o art. 468 da CLT, desde que não exijam movimentos repetitivos (alínea *c*). Além disso, *nas atividades de entrada de dados deve haver, no mínimo, uma pausa de 10 minutos para cada 50 minutos trabalhados, não deduzidos da jornada normal de trabalho* (alínea *d*).

Há certa controvérsia quanto à validade e à eficácia das referidas previsões normativas.

A primeira corrente entende que as disposições destacadas apenas constituem preceitos administrativos, voltados à ergonomia, mas que não geram direito subjetivo do empregado à jornada de trabalho reduzida, ou ao mencionado intervalo intrajornada. Como referidas matérias são tipicamente de Direito do Trabalho, a norma administrativa, que não se confunde com a lei federal, não pode legislar a seu respeito, conforme o art. 22, inciso I, da Constituição Federal de 1988 (bem como

---

[7] MARTINS, Sergio Pinto. *Comentários à CLT*. 5. ed. São Paulo: 2002. p. 133.

o art. 84, inciso IV, da CF/1988 e o art. 25, inciso I, do ADCT). Para essa vertente, não há direito a horas extras decorrentes do labor em desacordo com o item 17.6.4 da NR 17[8].

A segunda corrente defende que essas disposições da NR 17, estabelecendo normas de ergonomia, mesmo ao estabelecer jornada de trabalho reduzida e intervalo especial, estão versando sobre matéria referente à *segurança e medicina do trabalho*. Nesse enfoque, o art. 7º, inciso XXII, da Constituição da República estabelece o direito à "redução dos riscos inerentes ao trabalho, por meio de normas de saúde, higiene e segurança". Como se pode notar, o dispositivo constitucional prevê a disciplina da matéria por meio de "normas" jurídicas, de forma ampla, e não apenas de leis. Desse modo, não há violação ao art. 22, inciso I, da Constituição Federal, tratando-se de normas válidas e de plena eficácia, voltadas à proteção do meio ambiente do trabalho, visando à preservação da saúde, segurança, vida e higidez física e mental do trabalhador (arts. 196, 197 e 200, inciso II, da CF/1988), ao *"reduzir o tempo de exposição do trabalhador a certos ambientes ou atividades"*[9]. Nessa linha, caso não sejam observados a jornada de trabalho especial e o intervalo intrajornada mencionado, há o direito de receber as horas extras decorrentes, com o acréscimo de, no mínimo, 50%.

Apesar de prevalecer a primeira posição na jurisprudência[10], não há dúvida de que a segunda corrente atende melhor os preceitos constitucionais de valorização do trabalho e de dignidade da pessoa humana.

Na atualidade, a Norma Regulamentadora 17, sobre ergonomia, com redação dada pela Portaria 423/2021, estabelece que devem ser implementadas medidas de prevenção, as quais devem incluir duas ou mais das seguintes alternativas: a) pausas para propiciar a recuperação psicofisiológica dos trabalhadores, que devem ser computadas como *tempo de trabalho efetivo*; b) alternância de atividades com outras tarefas que permitam variar as posturas, os grupos musculares utilizados ou o ritmo de trabalho; c) alteração da forma de execução ou organização da tarefa; d) outras medidas técnicas aplicáveis, recomendadas na avaliação ergonômica preliminar ou na análise ergonômica do trabalho (item 17.4.3.1).

Quando não for possível adotar as alternativas previstas nas alíneas *c* e *d*, devem ser obrigatoriamente adotadas pausas e alternância de atividades, previstas nas alíneas *a* e *b*.

---

[8] Cf. MARTINS, Sergio Pinto. *Comentários à CLT*. 10. ed. São Paulo: Atlas, 2006. p. 124: "A determinação contida na alínea *d* do item 17.6.4, da NR 17, da Portaria 3.214/78, de que nas atividades de digitação de entrada de dados deve haver, no mínimo, uma pausa de 10 minutos para cada 50 minutos trabalhados, não deduzidos da jornada normal de trabalho, é inconstitucional. A matéria Direito do Trabalho só pode ser legislada pela União (art. 22, I, da Constituição), mediante lei, e não por norma administrativa do Ministério do Trabalho". Cf. ainda BARROS, Alice Monteiro de. *Curso de direito do trabalho*. 2. ed. São Paulo: LTr, 2006. p. 674: "É certo que a Portaria 3.751, de 1990, no item 17.6.4, 'c', estabelece que o tempo efetivo de trabalho, de entrada de dados, não deve exceder o limite máximo de cinco horas, sendo que no período de tempo restante poderá exercer outras atividades. Acontece que à citada Portaria é vedado fixar jornada de trabalho e intervalos, devendo ser a matéria tratada em lei federal, pois quem legisla sobre Direito do Trabalho é a União. As Portarias do Ministério do Trabalho destinam-se a complementar as disposições consolidadas. Na mesma direção têm decidido os Tribunais Regionais e o TST".

[9] Cf. DELGADO, Mauricio Godinho. *Curso de direito do trabalho*. 5. ed. São Paulo: LTr, 2005. p. 887-888.

[10] "Digitador. Jornada de trabalho. Conforme entendimento pacífico deste C. Tribunal, o empregado que exerce as funções de digitador não faz jus à jornada de trabalho de cinco horas, por ausência de dispositivo de lei que estabeleça tal vantagem para aquela categoria, cuja jornada é, portanto, aquela prevista no artigo 7º, XIII, da Constituição Federal de 1988 – oito horas diárias ou quarenta e quatro semanais. Acrescente-se que as Normas Regulamentadoras do Ministério do Trabalho são editadas com a finalidade única de definir as condições de insalubridade no trabalho, nos termos do art. 190 da CLT, não podendo inovar no mundo jurídico por meio do estabelecimento de vantagem de natureza *praeter legem*. Recurso de revista conhecido e provido" (TST, RR 625669/2000.4, 6ª T., Min. Horácio Senna Pires, DJ 20.04.2007). "Digitador. Intervalos intrajornada. Aplicação analógica do artigo 72 da Consolidação das Leis do Trabalho. Os digitadores, por aplicação analógica do art. 72 da CLT, equiparam-se aos trabalhadores nos serviços de mecanografia (datilografia, escrituração ou cálculo), razão pela qual têm direito a intervalos de descanso de 10 (dez) minutos a cada 90 (noventa) de trabalho consecutivo (Súmula 346 desta Corte superior). A Norma Regulamentadora 17 do Ministério do Trabalho e Emprego, conquanto mais benéfica que o disposto no artigo 72 da CLT, pois estabelece repouso maior para os digitadores, não se sobrepõe a esta, por não ser lei em sentido estrito. Tal norma constitui, apesar de louvável o seu caráter protetivo, mera recomendação. Precedentes da Corte. Recurso de revista provido" (TST, RR 1.412/2002-061-02-00.6, 1ª T., Rel. Min. Lelio Bentes Corrêa, *DJ* 29.06.2007).

Para que as pausas possam propiciar descanso e recuperação psicofisiológica dos trabalhadores, devem ser observados os requisitos mínimos: a) a introdução das pausas não pode ser acompanhada de aumento da cadência individual; b) as pausas devem ser usufruídas fora dos postos de trabalho.

Deve ser assegurada a saída dos postos de trabalho para satisfação das necessidades fisiológicas dos trabalhadores, nos termos da Norma Regulamentadora 24, sobre condições sanitárias e de conforto nos locais de trabalho, independentemente da fruição das pausas.

A mesma discussão, de certa forma, passou a existir quanto à jornada de trabalho do empregado que exerce atividade de telemarketing.

Anteriormente, a Orientação Jurisprudencial 273 da SBDI-I do TST, atualmente *cancelada* (Resolução 175/2011), assim dispunha: "*Telemarketing*. Operadores. Art. 227 da CLT. Inaplicável. (Inserida em 27.09.02). A jornada reduzida de que trata o art. 227 da CLT não é aplicável, por analogia, ao operador de televendas, que não exerce suas atividades exclusivamente como telefonista, pois, naquela função, não opera mesa de transmissão, fazendo uso apenas dos telefones comuns para atender e fazer as ligações exigidas no exercício da função".

A Norma Regulamentadora 17, com redação dada pela Portaria 423/2021, no Anexo II, versa sobre trabalho em teleatendimento/telemarketing.

O Anexo II da NR 17 tem como objetivo estabelecer os requisitos para o trabalho em atividades de teleatendimento/telemarketing, nas diversas modalidades desse serviço, de modo a proporcionar o máximo de conforto, segurança, saúde e desempenho eficiente.

As disposições constantes do Anexo II da NR 17 aplicam-se a todas as organizações que mantêm serviço de teleatendimento/telemarketing, nas modalidades ativo ou receptivo, em centrais de atendimento telefônico e/ou centrais de relacionamento com clientes (*call centers*), para prestação de serviços, informações e comercialização de produtos. Entende-se como *call center* o ambiente de trabalho no qual a principal atividade é conduzida via telefone/rádio, com utilização simultânea de terminais de computador. O contido no Anexo II da NR 17 aplica-se, inclusive, a setores de organizações e postos de trabalho dedicados a essa atividade, além daquelas organizações especificamente voltadas para essa atividade-fim.

Entende-se como trabalho de teleatendimento/telemarketing aquele cuja comunicação com interlocutores clientes e usuários é realizada a distância, por intermédio da voz/mensagens eletrônicas, com a utilização simultânea de equipamentos de audição/escuta e fala telefônica e sistemas informatizados ou manuais de processamento de dados.

A organização do trabalho deve ser feita de forma a não haver atividades aos domingos e feriados, seja total ou parcial, com exceção das organizações autorizadas previamente pela autoridade competente em matéria de trabalho, conforme o previsto no art. 68 da CLT, e das atividades previstas em lei (item 6.1).

Aos trabalhadores é assegurado, nos casos previamente autorizados, pelo menos um dia de repouso semanal remunerado coincidente com o domingo, a cada mês, independentemente de metas, faltas e/ou produtividade.

As escalas de fins de semana e de feriados devem ser especificadas e informadas aos trabalhadores com a antecedência necessária, de conformidade com o parágrafo único do art. 67 e o art. 386 da CLT, ou por intermédio de acordos ou convenções coletivas.

A organização deve levar em consideração as necessidades dos operadores na elaboração das escalas laborais que acomodem necessidades especiais da vida familiar dos trabalhadores com dependentes sob seus cuidados, especialmente nutrizes, incluindo flexibilidade especial para trocas de horários e utilização das pausas.

A duração das jornadas de trabalho somente pode se prolongar além do limite previsto nos termos da lei em casos excepcionais, por motivo de força maior, necessidade imperiosa ou para a realização ou conclusão de serviços inadiáveis ou cuja inexecução possa acarretar prejuízo manifesto, conforme dispõe o art. 61 da CLT.

O contingente de operadores deve ser dimensionado às demandas da produção, no sentido de não gerar sobrecarga habitual ao trabalhador (item 6.2). O contingente de operadores em cada estabelecimento deve ser suficiente para garantir que todos possam usufruir as pausas e intervalos previstos no Anexo II da NR 17.

O tempo de trabalho em efetiva atividade de teleatendimento/telemarketing é de, no máximo, seis horas diárias, nele incluídas as pausas, sem prejuízo da remuneração (item 6.3). A prorrogação do tempo previsto no mencionado item só é admissível nos termos da legislação, sem prejuízo das pausas previstas no Anexo II da NR 17, respeitado o limite de 36 horas semanais de tempo efetivo em atividade de teleatendimento/telemarketing.

Para o cálculo do tempo efetivo em atividade de teleatendimento/telemarketing, devem ser computados os períodos em que o operador se encontra no posto de trabalho, os intervalos entre os ciclos laborais e os deslocamentos para solução de questões relacionadas ao trabalho.

Para prevenir sobrecarga psíquica e muscular estática de pescoço, ombros, dorso e membros superiores, a organização deve permitir a fruição de pausas de descanso e intervalos para repouso e alimentação aos trabalhadores (item 6.4).

As pausas devem ser concedidas: a) fora do posto de trabalho; b) em dois períodos de 10 minutos contínuos; c) após os primeiros e antes dos últimos 60 minutos de trabalho em atividade de teleatendimento/telemarketing.

A instituição de pausas não prejudica o direito ao intervalo obrigatório para repouso e alimentação previsto no § 1º do art. 71 da CLT. O intervalo para repouso e alimentação para a atividade de teleatendimento/telemarketing deve ser de 20 minutos.

Para tempos de trabalho efetivo de teleatendimento/telemarketing de até quatro horas diárias, deve ser observada a concessão de uma pausa de descanso contínua de 10 minutos.

As pausas para descanso devem ser consignadas em registro impresso ou eletrônico. O registro eletrônico de pausas deve ser disponibilizado impresso para a fiscalização do trabalho no curso da inspeção, sempre que exigido. Os trabalhadores devem ter acesso aos seus registros de pausas.

Devem ser garantidas pausas no trabalho imediatamente após operação em que tenham ocorrido ameaças, abuso verbal ou agressões, ou que tenha sido especialmente desgastante, que permitam ao operador recuperar-se e socializar conflitos e dificuldades com colegas, supervisores ou profissionais de saúde ocupacional especialmente capacitados para tal acolhimento.

O tempo necessário para a atualização do conhecimento do operador e para o ajuste do posto de trabalho é considerado como parte da jornada normal (item 6.5).

A participação em quaisquer modalidades de atividade física, quando adotadas pela organização, não é obrigatória, e a recusa do trabalhador em praticá-la não pode ser utilizada para efeito de qualquer punição (item 6.6).

Com o fim de permitir a satisfação das necessidades fisiológicas, a organização deve permitir que os operadores saiam de seus postos de trabalho a qualquer momento da jornada, sem repercussões sobre suas avaliações e remunerações (item 6.7).

Como destacado, entendendo-se que as referidas disposições versam sobre matéria de Direito do Trabalho, afrontariam o art. 22, inciso I, da Constituição Federal de 1988, carecendo, assim, de validade. No entanto, interpretando-se essa regulamentação como normas de segurança e medicina do trabalho, voltadas à preservação da saúde do trabalhador (art. 7º, inciso XXII, da CF/1988), tem-se a sua validade e plena eficácia.

Além disso, em face do cancelamento da Orientação Jurisprudencial 273 da SBDI-I do TST, por meio da Resolução 175/2011 (*DEJT* de 27.05.2011), ganhou força a corrente que defende a aplicabilidade da jornada de trabalho reduzida do telefonista ao operador de "telemarketing", conforme o art. 227 da CLT, tendo em vista a nítida semelhança entre as funções exercidas[11].

Prevalece o entendimento de que a jornada reduzida prevista no art. 227 da CLT não se aplica aos empregados que acumulam funções de telefonista com outras atribuições (como nos casos em que durante a jornada de trabalho há interrupções das atividades de digitação e do uso do telefone em razão de outras tarefas próprias de suporte à equipe de técnicos), uma vez que a finalidade da lei é minimizar o desgaste físico e mental de quem desenvolve de forma exclusiva ou absolutamente preponderante as atividades de telefonista (TST, SBDI-I, E-RR 393-08.2012.5.24.0002, Rel. Min. Renato de Lacerda Paiva, j. 04.05.2017).

Nessa linha, mesmo quanto ao operador de telemarketing, para a aplicação da jornada de trabalho reduzida prevista no art. 227 da CLT, entende-se que devem ser exercidas pelo empregado atividades análogas às de telefonista, de modo exclusivo ou preponderante[12].

25.4.3 Serviços em frigorífico e câmara fria

Regulando os "serviços frigoríficos", o art. 253 da CLT estabelece o dever de concessão de intervalo especial, em razão das possíveis consequências do trabalho em baixas temperaturas, ou com grande variação térmica, para a saúde do empregado.

Vejamos a redação do mencionado dispositivo:

> "Art. 253. Para os empregados que trabalham no interior das câmaras frigoríficas e para os que movimentam mercadorias do ambiente quente ou normal para o frio e vice-versa, depois de 1 (uma) hora e 40 (quarenta) minutos de trabalho contínuo, será assegurado um período de 20 (vinte) minutos de repouso, computado esse intervalo como de trabalho efetivo.
>
> Parágrafo único. Considera-se artificialmente frio, para os fins do presente artigo, o que for inferior, nas primeira, segunda e terceira zonas climáticas do mapa oficial do Ministério do Trabalho, Indústria e Comércio, a 15º (quinze graus), na quarta zona a 12º (doze graus), e nas quinta, sexta e sétima zonas a 10º (dez graus)".

---

[11] "Horas extras. Operador de *telemarketing*. Jornada reduzida. Art. 227 da CLT. O cancelamento da Orientação Jurisprudencial da SBDI-1/TST nº 273 materializou a aplicação de novo posicionamento nesta Corte, segundo o qual os trabalhadores que desempenham as funções de *call center*, *telemarketing*, teleatendimento e congêneres fazem jus à jornada especial prevista no artigo 227 da CLT, tendo em vista a necessidade de amenizar os desgastes inerentes a tais atividades. Na espécie, o Tribunal Regional acolheu a pretensão de incidência da jornada reduzida, porquanto a autora demonstrou exercer o ofício de teleatendimento. Assim, ao condenar a ré ao pagamento das correspondentes horas extraordinárias, julgou em consonância com o item 5.3 do anexo II da NR-17 e em plena sintonia com o entendimento reiterado do TST. Precedentes da SBDI-1 e da 3ª Turma. Aplicação do art. 896, § 7º, da CLT e da Súmula 333/TST. Agravo de instrumento conhecido e desprovido" (TST, 3ª T., ARR-244-60.2010.5.04.0221, Rel. Min. Alexandre de Souza Agra Belmonte, *DEJT* 25.10.2019).

[12] "Agravo. Agravo de instrumento em recurso de revista. Regido pela Lei 13.467/2017. Horas extras. Jornada de trabalho reduzida. Artigo 227 da CLT. Operadora de *telemarketing*. Equiparação ao telefonista. Empregado que executa atividades diversas. Inaplicabilidade. Transcendência não reconhecida na decisão agravada. Este Tribunal Superior firmou o entendimento de que, para a aplicação da jornada reduzida prevista no artigo 227 da CLT, impõe-se sejam exercidas pelo empregado, de modo exclusivo ou preponderante, atividades análogas às de telefonista. No caso, o Tribunal Regional, soberano na análise de fatos e provas, adotando os fundamentos da sentença, registrou que não ficou configurada a efetiva atividade de *telemarketing*, porquanto o atendimento de ligações telefônicas somava-se à realização de atendimento presencial de clientes, cotações por *e-mail*, envio de mensagens via *Whatsapp* e *Skype*, pesquisas na internet, dentre outras. Desse modo, não há como concluir que a Reclamante trabalhou de forma preponderante em funções análogas às de telefonista (Súmula 126 do TST). Nesse contexto, não afastados os fundamentos da decisão agravada, nenhum reparo merece a decisão. Agravo não provido, com acréscimo de fundamentação" (TST, 5ª T., Ag-AIRR-11151-22.2019.5.18.0017, Rel. Min. Douglas Alencar Rodrigues, *DEJT* 19.08.2022).

Como se verifica, a norma em questão é aplicável a duas modalidades de trabalhadores:

a) os empregados que trabalham no interior das câmaras frigoríficas; e

b) os empregados que movimentam mercadorias do ambiente quente ou normal para o frio e vice-versa.

Ambos fazem jus, depois de uma hora e quarenta minutos de trabalho contínuo, a um período de vinte minutos de repouso, computado esse intervalo como de trabalho efetivo.

Conforme explicita a Súmula 438 do TST: "Intervalo para recuperação térmica do empregado. Ambiente artificialmente frio. Horas extras. Art. 253 da CLT. Aplicação analógica. O empregado submetido a trabalho contínuo em ambiente artificialmente frio, nos termos do parágrafo único do art. 253 da CLT, ainda que não labore em câmara frigorífica, tem direito ao intervalo intrajornada previsto no *caput* do art. 253 da CLT".

Por se tratar de intervalo dentro da jornada de trabalho, que é computado como trabalho efetivo, conclui-se ser *remunerado* o referido período de descanso, significando tratar-se de interrupção do contrato de trabalho.

Desse modo, se o empregado presta serviços nas condições do art. 253 da CLT, mas não usufrui do intervalo específico ali estabelecido, que integra a jornada de trabalho, tem direito a receber efetivas horas extras, remuneradas com o adicional de no mínimo 50%. O empregador fica sujeito, ainda, à penalidade administrativa pela infração da referida norma pertinente ao meio ambiente de trabalho.

25.4.4 Serviços em minas de subsolo

Quanto ao trabalho em minas de subsolo, também caracterizado pelas condições desfavoráveis no meio ambiente laboral, o art. 298 da CLT assegura um intervalo intrajornada diferenciado:

"Art. 298. Em cada período de 3 (três) horas consecutivas de trabalho, será obrigatória uma pausa de 15 (quinze) minutos para repouso, a qual será computada na duração normal de trabalho efetivo".

O mencionado intervalo é plenamente justificado pelo o evidente caráter penoso do trabalho em questão.

Trata-se de intervalo específico, que também é computado na duração normal do trabalho e, portanto, remunerado, configurando caso de interrupção do contrato de trabalho.

Por isso, se o empregado realiza trabalho efetivo em minas de subsolo (art. 293 da CLT), mas não usufrui o referido intervalo, passa a ter direito a receber esse período como hora extra, remunerada com o adicional mínimo de 50%. Além disso, o empregador, por violar norma cogente, direcionada à segurança e medicina do trabalho, também fica sujeito à aplicação da penalidade administrativa. Cf. ainda Capítulo 31, item 31.21.

Como se pode notar, há previsão específica de intervalo intrajornada no trabalho em minas de subsolo. Sendo assim, conforme entendimento firmado pelo Tribunal Superior do Trabalho: "o tempo gasto no percurso entre a boca da mina e a frente da lavra não pode ser computado na jornada de trabalho dos mineiros para efeito de concessão de intervalo intrajornada, como previsto no art. 71, *caput*, da CLT, pois os arts. 293 e 294 da CLT são absolutamente claros ao dispor que a jornada não ultrapassa as 6 (seis) horas diárias e que o tempo de percurso será computado apenas para efeito de pagamento de salário, com regra própria e específica quanto ao intervalo intrajornada (CLT, art. 298)" (TST, Pleno, E-ED-RR-909-46.2011.5.20.0011, Red. Min. Ives Gandra Martins Filho, *DEJT* 12.12.2019).

25.4.5 Intervalo para amamentação

O intervalo para a mulher poder amamentar o seu filho é previsto na norma do art. 396 da CLT, com a seguinte redação na atualidade:

"Art. 396. Para amamentar seu filho, inclusive se advindo de adoção, até que este complete 6 (seis) meses de idade, a mulher terá direito, durante a jornada de trabalho, a 2 (dois) descansos especiais de meia hora cada um.

§ 1º Quando o exigir a saúde do filho, o período de 6 (seis) meses poderá ser dilatado, a critério da autoridade competente.

§ 2º Os horários dos descansos previstos no *caput* deste artigo deverão ser definidos em acordo individual entre a mulher e o empregador".

A disposição é de grande relevância para a saúde e o crescimento saudável da criança, tendo em vista a importância do aleitamento materno nos primeiros meses de vida.

Nem sempre a empregada consegue deixar seu filho no local de trabalho ou nas proximidades, dificultando, principalmente em grandes centros urbanos, a observância efetiva da norma em destaque.

Na prática, é comum conceder os mencionados descansos especiais ao final da jornada de trabalho, retornando para casa a empregada uma hora antes de seu término normal.

De todo modo, os horários dos descansos para amamentação do art. 396, *caput*, da CLT devem ser definidos em *acordo individual* entre a mulher e o empregador (art. 396, § 2º, da CLT, acrescentado pela Lei 13.467/2017).

Discute-se, ainda, quanto à consequência da não concessão do intervalo para amamentação.

Há entendimento de que o intervalo em estudo não é computado na jornada de trabalho, pois assim não estabelece a lei, tornando-se período não remunerado. Nessa linha, a sua inobservância apenas gera infração administrativa.

A corrente diversa tende a ser majoritária e se revela mais adequada, por imprimir à norma maior eficácia, atingindo o seu verdadeiro objetivo.

Nessa linha, considera-se que o tempo durante o qual a empregada tem direito ao descanso, para amamentar o seu filho, deve ser computado na jornada de trabalho, sendo remunerado, sob pena de prejudicar quem trabalha e a própria criança. Defende-se que o caso revela hipótese de interrupção do contrato de trabalho. Tanto é assim que o art. 396, *caput*, da CLT faz referência aos mencionados descansos especiais "durante a jornada de trabalho".

Por isso, deve-se considerar a ausência de concessão do mencionado intervalo como hora extra, a ser remunerada com o adicional de no mínimo 50%.

25.5 Intervalo interjornada

O intervalo interjornada é aquele que ocorre entre uma jornada e outra de trabalho. Em conformidade com o art. 66 da CLT:

"Entre 2 (duas) jornadas de trabalho haverá um período mínimo de 11 (onze) horas consecutivas para descanso".

Referido intervalo tem natureza distinta do descanso semanal remunerado e dos feriados. Tanto é assim que, de acordo com a Súmula 110 do TST:

"Jornada de trabalho. Intervalo. No regime de revezamento, as horas trabalhadas em seguida ao repouso semanal de 24 horas, com prejuízo do intervalo mínimo de 11 horas consecutivas para descanso entre jornadas, devem ser remuneradas como extraordinárias, inclusive com o respectivo adicional".

O intervalo interjornada não é computado como tempo de serviço; o respectivo período não é remunerado, sendo hipótese de suspensão do contrato de trabalho.

Por isso, há grande discussão quanto às consequências de não se observar o mencionado intervalo em sua integralidade.

Há corrente de entendimento, seguindo mais a literalidade da lei, no sentido de que, por não se tratar de prorrogação de jornada de trabalho, o mencionado descumprimento apenas gera infração administrativa. Por não se tratar de intervalo intrajornada, não se poderia aplicar a previsão do art. 71, § 4º, até porque a penalidade deve ser interpretada restritivamente.

O entendimento oposto, que demonstra tendência em prevalecer, mostra-se mais adequado, ao imprimir interpretação teleológica ao dispositivo analisado, bem como ao assegurar maior eficácia ao seu comando.

Assim, defende-se que a não observância da integralidade do intervalo interjornada, de 11 horas, acarreta o direito ao recebimento do tempo de intervalo não usufruído como se fosse hora extra, por equiparação, uma vez que o empregado deveria estar descansando, mas prestou serviços em favor do empregador, em prejuízo de sua segurança e saúde. Essa orientação é, de certa forma, também adotada na referida Súmula 110 do TST.

Exemplificando, caso o empregado tenha um descanso de apenas dez horas entre o término de uma jornada de trabalho (20 horas) e o início de outra no dia seguinte (seis horas), faz jus a uma hora extra, com o adicional de no mínimo 50%. Obviamente, o empregador também fica sujeito à penalidade administrativa correspondente.

Frise-se que o entendimento acima defendido foi adotado pela Orientação Jurisprudencial 355 da SBDI-I do TST, com a seguinte redação:

"Intervalo interjornadas. Inobservância. Horas extras. Período pago como sobrejornada. Art. 66 da CLT. Aplicação analógica do § 4º do art. 71 da CLT. O desrespeito ao intervalo mínimo interjornadas previsto no art. 66 da CLT acarreta, por analogia, os mesmos efeitos previstos no § 4º do art. 71 da CLT e na Súmula 110 do TST, devendo-se pagar a integralidade das horas que foram subtraídas do intervalo, acrescidas do respectivo adicional" (DJ 14.03.2008).

Da mesma forma, no âmbito rural, entre duas jornadas de trabalho deve haver um período mínimo de 11 horas consecutivas para descanso (art. 5º, parte final, da Lei 5.889/1973 e art. 88 do Decreto 10.854/2021).

O art. 235-C, § 3º, da CLT, com redação dada pela Lei 13.103/2015, ao tratar do serviço do motorista profissional empregado, prevê que, dentro do período de 24 horas, são asseguradas 11 horas de descanso, sendo facultados o seu fracionamento e a coincidência com os períodos de parada obrigatória na condução do veículo estabelecida pela Lei 9.503/1997 (Código de Trânsito Brasileiro)[13], garantidos o mínimo de oito horas ininterruptas no primeiro período e o gozo do remanescente dentro das 16 horas seguintes ao fim do primeiro período.

Nas viagens de longa distância, assim consideradas aquelas em que o motorista profissional empregado permanece fora da base da empresa, matriz ou filial e de sua residência por mais de 24

---

[13] Cf. Lei 9.503, de 23 de setembro de 1997 (Código de Trânsito Brasileiro): "Art. 67-C. É vedado ao motorista profissional dirigir por mais de 5 (cinco) horas e meia ininterruptas veículos de transporte rodoviário coletivo de passageiros ou de transporte rodoviário de cargas. § 1º Serão observados 30 (trinta) minutos para descanso dentro de cada 6 (seis) horas na condução de veículo de transporte de carga, sendo facultado o seu fracionamento e o do tempo de direção desde que não ultrapassadas 5 (cinco) horas e meia contínuas no exercício da condução. § 1º-A. Serão observados 30 (trinta) minutos para descanso a cada 4 (quatro) horas na condução de veículo rodoviário de passageiros, sendo facultado o seu fracionamento e o do tempo de direção. § 2º Em situações excepcionais de inobservância justificada do tempo de direção, devidamente registradas, o tempo de direção poderá ser elevado pelo período necessário para que o condutor, o veículo e a carga cheguem a um lugar que ofereça a segurança e o atendimento demandados, desde que não haja comprometimento da segurança rodoviária. § 3º O condutor é obrigado, dentro do período de 24 (vinte e quatro) horas, a observar o mínimo de 11 (onze) horas de descanso, que podem ser fracionadas, usufruídas no veículo e coincidir com os intervalos mencionados no § 1º, observadas no primeiro período 8 (oito) horas ininterruptas de descanso. § 4º Entende-se como tempo de direção ou de condução apenas o período em que o condutor estiver efetivamente ao volante, em curso entre a origem e o destino. § 5º Entende-se como início de viagem a partida do veículo na ida ou no retorno, com ou sem carga, considerando-se como sua continuação as partidas nos dias subsequentes até o destino. § 6º O condutor somente iniciará uma viagem após o cumprimento integral do intervalo de descanso previsto no § 3º deste artigo. § 7º Nenhum transportador de cargas ou coletivo de passageiros, embarcador, consignatário de cargas, operador de terminais de carga, operador de transporte multimodal de cargas ou agente de cargas ordenará a qualquer motorista a seu serviço, ainda que subcontratado, que conduza veículo referido no caput sem a observância do disposto no § 6º".

horas, o repouso diário pode ser feito no veículo ou em alojamento do empregador, do contratante do transporte, do embarcador ou do destinatário ou em outro local que ofereça condições adequadas (art. 235-C, § 4º, da CLT).

Nos casos em que o motorista tenha que acompanhar o veículo transportado por qualquer meio onde ele siga embarcado e em que o veículo disponha de cabine leito ou a embarcação disponha de alojamento para gozo do intervalo de repouso diário previsto no § 3º do art. 235-C da CLT (ou seja, de 11 horas), esse período deve ser considerado como tempo de descanso (art. 235-D, § 7º, da CLT).

O art. 235-D, § 4º, da CLT explicita que não será considerado como jornada de trabalho, nem ensejará o pagamento de qualquer remuneração, o período em que o motorista empregado ou o ajudante ficarem espontaneamente no veículo usufruindo dos intervalos de repouso.

Nos casos em que o empregador adotar dois motoristas trabalhando no mesmo veículo, o tempo de repouso pode ser feito com o veículo em movimento, assegurado o repouso mínimo de seis horas consecutivas fora do veículo em alojamento externo ou, se na cabine leito, com o veículo estacionado, a cada 72 horas (art. 235-D, § 5º, da CLT).

Capítulo 26

Repouso semanal remunerado e feriados

26.1 Introdução

O repouso semanal remunerado remonta à sua origem e fundamento em doutrinas e costumes religiosos.

O próprio Livro de *Gênesis* assim narra: "E, havendo Deus terminado no dia sétimo a sua obra, que fizera, descansou nesse dia de toda a sua obra que tinha feito. E abençoou Deus o dia sétimo e o santificou; porque nele descansou de toda a obra que, como criador, fizera" (2:2-3)[1].

Na tradição do povo hebreu, o dia de descanso é o sábado, como se verifica pelos Livros de Êxodo (16:26, 20:8, 31:16) Levítico (16:31, 19:30) e Deuteronômio: "Guarda o dia de sábado, para o santificar, como te ordenou o Senhor, teu Deus. Seis dias trabalharás e farás toda a tua obra. Mas o sétimo dia é o sábado do Senhor, teu Deus; não farás nenhum trabalho, nem tu, nem o teu filho, nem a tua filha, nem o teu servo, nem a tua serva, nem o teu boi, nem o teu jumento, nem animal algum teu, nem o estrangeiro das tuas portas para dentro, para que o teu servo e a tua serva descansem como tu" (5:12-14)[2].

Com a vinda de Cristo, conforme conhecido versículo do Livro de *Marcos*: "O sábado foi estabelecido por causa do homem, e não o homem por causa do sábado" (2:27).

Com a morte de Jesus, ocorre a Ressurreição de Cristo após o sábado, ou seja, em um domingo (Mt. 28:1; Lc. 24:1; Jo. 20:1)[3].

Desse modo, no cristianismo, o "domingo ('dia do Senhor' Ap. 1.10) substituiu o sábado judeu como dia de adoração ao Senhor porque Cristo ressuscitou nesse dia"[4].

Isso reflete até os dias de hoje, inclusive em nosso atual sistema jurídico, pois a Constituição da República Federativa do Brasil, de 1988, assegura o repouso semanal remunerado "preferencialmente aos domingos" (art. 7º, inciso XV).

Os feriados, em si, não se confundem com os descansos semanais, embora ambos sejam repousos remunerados.

Pode-se sustentar a existência do gênero comum, pertinente aos dias de repouso remunerado, tendo como espécies o descanso semanal e aquele em feriados, submetidos à mesma regulamentação, como se observa no art. 151 do Decreto 10.854/2021.

Os dias de feriados remunerados são aqueles assim previstos em lei, ou seja, os feriados civis e religiosos. Já o descanso semanal remunerado é devido semanalmente.

---

[1] *Bíblia Sagrada*. Traduzida em português por João Ferreira de Almeida. 2. ed. Barueri: Sociedade Bíblica do Brasil, 1993. p. 4.

[2] *Bíblia Sagrada*. Traduzida em português por João Ferreira de Almeida. 2. ed. Barueri: Sociedade Bíblica do Brasil, 1993. p. 216.

[3] *Bíblia Shedd*. Editor responsável Russell P. Shedd. Traduzida em português por João Ferreira de Almeida. 2. ed. São Paulo: Vida Nova; Brasília: Sociedade Bíblica do Brasil, 1997. p. 1381, nota 28.1: "No domingo de madrugada, verificou-se o milagre da ressurreição, da vitória sobre a morte pela intervenção divina".

[4] *Bíblia Shedd*. Editor responsável Russell P. Shedd. Traduzida em português por João Ferreira de Almeida. 2. ed. São Paulo: Vida Nova; Brasília: Sociedade Bíblica do Brasil, 1997. p. 1522, nota 20.1.

26.2 Direito Internacional

No plano internacional, a Convenção 1 da OIT, de 1919, determinou a concessão de "um período de descanso semanal de 24 horas consecutivas" (art. 9º, e)[5].

A Convenção 14, de 1921, estabeleceu o repouso semanal nos estabelecimentos industriais, a cada sete dias, de no mínimo 24 horas consecutivas.

A Convenção 31 da OIT, de 1931, sobre trabalho nas minas de carvão, e a Convenção 67, de 1939, sobre trabalho e descanso no transporte em rodovias, também abordaram o descanso semanal[6].

A Convenção 106, de 1957, relativa aos estabelecimentos comerciais, instituições e serviços administrativos, públicos ou privados, determina o repouso dos trabalhadores por um período mínimo de 24 horas no curso de cada sete dias, devendo, sempre que possível, ser geral e recair no dia consagrado ao descanso pela tradição ou costume do país, devendo-se respeitar as minorias religiosas (art. 6º).

26.3 Evolução da matéria no Brasil

No Brasil, a primeira norma a tratar do tema foi o Decreto 21.186, de 22 de março de 1932, assegurando aos trabalhadores do comércio o descanso semanal obrigatório de 24 horas, preferencialmente aos domingos.

O Decreto 21.364/1932 versou sobre a mesma matéria, para os trabalhadores na indústria. Outros decretos foram, ainda, sendo editados sobre a questão, para categorias específicas.

A Constituição de 1934, no art. 121, § 1º, e, assegurava o: "repouso hebdomadário, de preferência aos domingos".

A Constituição de 1937, por sua vez, no art. 137, d, previa que: "o operário terá direito ao repouso semanal aos domingos e, nos limites das exigências técnicas da empresa, aos feriados civis e religiosos, de acordo com a tradição local".

A Constituição de 1946 também garantia direito ao "repouso semanal remunerado, preferentemente aos domingos e, no limite das exigências técnicas das empresas, nos feriados civis e religiosos, de acordo com a tradição local" (art. 157, inciso VI).

Na Constituição de 1967, o art. 158, inciso VII, assim estabelecia: "repouso semanal remunerado e nos feriados civis e religiosos, de acordo com a tradição local". O mesmo mandamento foi repetido na redação determinada pela Emenda Constitucional 1/1969, no art. 165, inciso VII.

A atual Constituição Federal de 1988, como já destacado, em seu art. 7º, inciso XV, prevê o direito ao: "repouso semanal remunerado, preferencialmente aos domingos".

A Consolidação das Leis do Trabalho regulou o trabalho aos domingos e feriados, como exceção, nos arts. 66 a 70.

A Lei 605, de 5 de janeiro de 1949, regula o repouso semanal remunerado e os feriados, sendo regulamentada pelos arts. 151 a 162 do Decreto 10.854/2021.

26.4 Denominação

As denominações mais utilizadas e corretas, na atualidade, para se referir ao tema em estudo, são, principalmente, as seguintes: *repouso semanal remunerado* e *descanso semanal remunerado*.

Aliás, é também comum a utilização das respectivas abreviações: *RSR* e *DSR*.

Como mencionado, têm-se, ainda, os *feriados*, que não se confundem com o repouso semanal remunerado, embora apresentem nítida semelhança.

---

[5] Cf. SÜSSEKIND, Arnaldo. *Direito internacional do trabalho*. 3. ed. São Paulo: LTr, 2000. p. 383.
[6] Cf. MARTINS, Sergio Pinto. *Direito do trabalho*. 22. ed. São Paulo: Atlas, 2006. p. 534.

É possível estabelecer, como gênero, os dias de repouso remunerado, tendo como espécies o descanso semanal remunerado e os feriados legais.

26.5 Conceito

O repouso semanal remunerado pode ser conceituado como o período de ausência de trabalho por 24 horas, com direito à remuneração, para o descanso do empregado, que deve ocorrer uma vez por semana, preferencialmente aos domingos.

Trata-se de conceito adaptado à realidade de nosso sistema jurídico em vigor, como será visto ao longo do presente Capítulo.

De todo modo, cabe destacar que:

– o período de repouso semanal é de no mínimo 24 horas;

– em cada semana o empregado faz jus a no mínimo uma folga;

– o mencionado repouso deve ser preferencialmente aos domingos;

– a remuneração do dia de descanso é devida se observados os requisitos de frequência e pontualidade.

Cabe registrar que o *caput* do art. 235-D da CLT, com redação dada pela Lei 13.103/2015, ao tratar do serviço do motorista profissional empregado, prevê que, *nas viagens de longa distância com duração superior a 7 dias*, o repouso semanal deve ser de 24 horas por semana ou fração trabalhada, sem prejuízo do intervalo de repouso diário de 11 horas, totalizando 35 horas, usufruído no retorno do motorista à base (matriz ou filial) ou ao seu domicílio, salvo se a empresa oferecer condições adequadas para o efetivo gozo do referido repouso. É permitido o fracionamento do repouso semanal em dois períodos, sendo um destes de, no mínimo, 30 horas ininterruptas, a serem cumpridos na mesma semana e em continuidade a um período de repouso diário, que deverão ser usufruídos no retorno da viagem (art. 235-D, § 1º, da CLT). A cumulatividade de descansos semanais em viagens de longa distância de que trata o *caput* do art. 235-D fica limitada ao número de três descansos consecutivos (art. 235-D, § 2º, da CLT).

Os feriados, por sua vez, são dias fixados em lei, em que não há o dever de prestar serviços, mas o empregado permanece com o direito de receber a respectiva remuneração.

26.6 Natureza jurídica

O repouso semanal remunerado, no enfoque do período em si, por ser remunerado, tem a natureza jurídica de interrupção do contrato de trabalho.

Sob o aspecto do valor recebido pelo empregado, durante o mencionado período, a natureza jurídica é salarial.

Além disso, pode-se dizer que o descanso semanal remunerado é um direito trabalhista, de ordem fundamental, com previsão constitucional.

Por outro lado, trata-se de dever jurídico que se impõe ao empregador, quanto à concessão do descanso semanal ao empregado, bem como de pagar a remuneração correspondente ao dia de descanso.

Essas mesmas conclusões são aplicáveis aos feriados.

26.7 Descanso semanal remunerado e trabalho aos domingos

A Constituição Federal de 1988 assegura em seu art. 7º, inciso XV, o direito ao "repouso semanal remunerado, preferencialmente aos domingos".

Ou seja, apenas "preferencialmente" é que o repouso semanal remunerado deve coincidir com o domingo, não havendo exigência constitucional, nem legal, de que recaia sempre neste dia da semana. O art. 1º da Lei 605/1949 confirma a mesma assertiva.

Assegura-se a todo empregado um descanso semanal de 24 horas consecutivas, o qual, salvo motivo de conveniência pública ou necessidade imperiosa do serviço, deve coincidir com o domingo, no todo ou em parte (art. 67 da CLT).

Nos serviços que exijam trabalho aos domingos, à exceção dos elencos teatrais, deve ser estabelecida escala de revezamento, mensalmente organizada e constando de quadro sujeito à fiscalização (art. 67, parágrafo único, da CLT).

O trabalho em domingo, seja total ou parcial, na forma do art. 67 da CLT, será sempre subordinado à permissão prévia da autoridade competente em matéria de trabalho (art. 68 da CLT).

A permissão será concedida a título permanente nas atividades que, por sua natureza ou pela conveniência pública, devem ser exercidas aos domingos, cabendo ao Ministro do Trabalho expedir instruções em que sejam especificadas tais atividades. Nos demais casos, ela será dada sob a forma transitória, com discriminação do período autorizado, o qual, de cada vez, não excederá de 60 dias (art. 68, parágrafo único, da CLT).

A autorização transitória para trabalho aos domingos e feriados civis e religiosos a que se refere o parágrafo único do art. 68 da CLT é regida de acordo com os procedimentos previstos nos arts. 56 a 61 da Portaria 671/2021 do Ministério do Trabalho e Previdência.

A referida autorização pode ser concedida nas seguintes hipóteses: I – para atender à realização ou conclusão de serviços inadiáveis ou necessidade imperiosa de serviço; II – quando a inexecução das atividades puder acarretar prejuízo manifesto.

A autorização transitória para trabalho aos domingos e feriados civis e religiosos será concedida pelo chefe da unidade descentralizada da inspeção do trabalho, com circunscrição no local da prestação de serviço, mediante fundamentação técnica que leve à conclusão pela realização ou conclusão de serviços inadiáveis ou cuja inexecução possa acarretar prejuízo manifesto à requerente (art. 57 da Portaria 671/2021 do Ministério do Trabalho e Previdência). A autorização transitória pode ser concedida pelo prazo de até 60 dias.

O requerimento para solicitar a autorização transitória deve ser instruído por laudo técnico fundamentado, com indicação da necessidade de ordem técnica e os setores que exigem a continuidade do trabalho (art. 58 da Portaria 671/2021 do Ministério do Trabalho e Previdência).

Nos serviços que exijam trabalho aos domingos, com exceção quanto aos elencos teatrais, deve ser estabelecida escala de revezamento, mensalmente organizada e sujeito à fiscalização (art. 58, § 1º, da Portaria 671/2021).

O repouso semanal remunerado deve coincidir, pelo menos uma vez no período máximo de sete semanas, com o domingo, respeitadas as demais normas de proteção ao trabalho (art. 58, § 2º, da Portaria 671/2021).

Nas atividades do comércio em geral, o repouso semanal remunerado deve coincidir, pelo menos uma vez no período máximo de três semanas, com o domingo, respeitadas as demais normas de proteção ao trabalho e outras a serem estipuladas em negociação coletiva, nos termos da Lei 10.101/2000 (art. 58, § 3º, da Portaria 671/2021).

A autorização transitória pode ser cancelada a qualquer momento pelo chefe da unidade descentralizada da inspeção do trabalho, após oitiva da empresa, mediante despacho fundamentado e baseado em relatório da inspeção do trabalho, desde que observada a ocorrência de uma das seguintes hipóteses no curso da referida autorização: I – descumprimento das exigências constantes dos arts. 56 a 61 da Portaria 671/2021; II – infração nos atributos de jornada e descanso, constatada pela Inspeção do Trabalho; ou III – situação de grave e iminente risco à segurança e saúde do trabalhador constatada pela inspeção do trabalho (art. 59 da Portaria 671/2021 do Ministério do Trabalho e Previdência).

Deferida a autorização transitória para trabalho aos domingos e feriados, o início das atividades das empresas nesses dias independe de inspeção prévia (art. 60 da Portaria 671/2021 do Ministério do Trabalho e Previdência).

A escala de revezamento será efetuada por livre escolha do empregador (art. 61 da Portaria 671/2021 do Ministério do Trabalho e Previdência).

É concedida, em caráter permanente, autorização para o trabalho aos domingos e feriados, de que tratam os arts. 68 e 70 da CLT, às atividades constantes do Anexo IV da Portaria 671/2021 do Ministério do Trabalho e Previdência (art. 62).

Os §§ 1º, 2º e 3º do art. 58 da Portaria 671/2021 também se aplicam à autorização permanente para trabalho aos domingos e feriados (art. 63 da Portaria 671/2021 do Ministério do Trabalho e Previdência).

Assegura-se ao *radialista* uma folga semanal remunerada de 24 horas consecutivas, de preferência aos domingos (art. 20 da Lei 6.615/1978). As empresas devem organizar escalas de revezamento de modo a favorecer o empregado com um repouso dominical mensal, pelo menos, salvo quando, pela natureza do serviço, a atividade do radialista for desempenhada habitualmente aos domingos.

Nos termos do art. 6º da Lei 10.101/2000, com redação dada pela Lei 11.603/2007:

"Art. 6º Fica autorizado o trabalho aos domingos nas atividades do comércio em geral, observada a legislação municipal, nos termos do art. 30, inciso I, da Constituição.

Parágrafo único. O repouso semanal remunerado deverá coincidir, pelo menos uma vez no período máximo de três semanas, com o domingo, respeitadas as demais normas de proteção ao trabalho e outras a serem estipuladas em negociação coletiva".

Portanto, conforme a Lei 10.101/2000 (art. 6º, *caput*), autoriza-se o trabalho aos domingos no comércio em geral, observado o art. 30, inciso I, da Constituição (de acordo com o qual compete aos Municípios "legislar sobre assuntos de interesse local"[7]), independentemente de autorização em acordo (individual ou coletivo), convenção coletiva, regulamento, decreto, portaria ou qualquer outra norma.

Entretanto, deve ser observada a regra do parágrafo único do art. 6º da Lei 10.101/2000, com o que o repouso semanal remunerado deverá coincidir, pelo menos uma vez no período máximo de três semanas, com o domingo. Além disso, devem ser respeitadas as demais normas de proteção ao trabalho e convencionais.

A atual redação do parágrafo único do art. 6º da Lei 10.101/2000, determinada pela Lei 11.603/2007, confirmou o dever de também serem respeitadas as normas estipuladas em negociação coletiva, ou seja, previstas em acordos coletivos de trabalho e convenções coletivas de trabalho.

Nesse sentido, cabe transcrever os incisos I, III e V do Precedente Administrativo 45 da Secretaria de Inspeção do Trabalho (Ato Declaratório SIT/DFT 4/2002), em sua atual redação (Ato Declaratório 12/2011): "I – O comércio em geral pode manter empregados trabalhando aos domingos, independentemente de convenção ou acordo coletivo e de autorização municipal. [...] III – Por sua vez, a abertura do comércio aos domingos é de competência municipal e a verificação do cumprimento das normas do município incumbe à fiscalização de posturas local. [...] V – Os *shopping centers*, mercados, supermercados, hipermercados e congêneres estão compreendidos na categoria 'comércio em geral' referida pela Lei n. 10.101/2000, com redação dada pela Lei n. 11.603/2007. [...]. Referência normativa: Lei 11.603 de 05 de dezembro de 2007, que altera e acrescenta dispositivos ao artigo 6º da Lei 10.101 de 19 de dezembro de 2000".

---

[7] Cf. Súmula Vinculante 38 (conversão da Súmula 645 do STF): "É competente o Município para fixar o horário de funcionamento de estabelecimento comercial". O art. 69 da CLT dispõe que na regulamentação do funcionamento de atividades sujeitas ao regime do Capítulo II, sobre duração do trabalho, os Municípios devem atender aos preceitos nele estabelecidos, e as regras que venham a fixar não podem contrariar tais preceitos nem as instruções que, para seu cumprimento, forem expedidas pelas autoridades competentes em matéria de trabalho.

Frise-se que a mencionada Lei 10.101/2000 não viola a Lei Complementar 95/1998, pois se refere à conversão de medida provisória, com convalidação dos atos praticados sob a vigência da anterior pelo seu art. 7º[8].

A referida Lei Complementar, em seu art. 7º, trata de técnica de redação de lei (e não de medida provisória). Ainda que assim não fosse, como mencionado, o dispositivo da Lei Complementar em questão somente tratou da forma de redigir a norma, sendo que eventual irregularidade técnica jamais torna a lei inválida, nem muito menos lhe retira a eficácia.

As infrações ao disposto nos arts. 6º e 6º-A da Lei 10.101/2000 são punidas com a multa prevista no art. 75 da Consolidação das Leis do Trabalho (art. 6º-B da Lei 10.101/2000, acrescentado pela Lei 11.603/2007). Trata-se de multa de natureza administrativa, aplicada pelas Delegacias Regionais do Trabalho e Subdelegacias do Trabalho (atualmente denominadas Superintendências Regionais do Trabalho e Gerências Regionais do Trabalho). O processo de fiscalização, de autuação e de imposição de multas reger-se-á pelo disposto no Título VII da CLT, ou seja, pelos seus arts. 626 a 642.

Mesmo não se tratando de comércio, em certas atividades, nem sempre todo descanso semanal remunerado coincide com o domingo.

O art. 385 da CLT prevê que o descanso semanal da trabalhadora mulher será de 24 horas consecutivas e coincidirá no todo ou em parte com o domingo, salvo motivo de conveniência pública ou necessidade imperiosa de serviço, a juízo da autoridade competente, na forma das disposições gerais, caso em que recairá em outro dia. Além disso, devem ser observados os preceitos da legislação geral sobre a proibição de trabalho nos feriados civis e religiosos. O art. 386 da CLT dispõe que havendo trabalho aos domingos, deve ser organizada uma escala de revezamento quinzenal, que favoreça o repouso dominical.

Registre-se o entendimento de que o art. 386 da CLT não seria mais aplicável, por ser vedada a discriminação (art. 3º, inciso IV, e art. 5º, inciso XLI, da CF/1988), sabendo-se que homens e mulheres são iguais em direitos e obrigações (art. 5º, inciso I, da CF/1988), além do que o repouso semanal remunerado deve ser concedido *preferencialmente* aos domingos (art. 7º, inciso XV, da CF/1988), não se admitindo regra que acarrete desestímulo ao trabalho da mulher (art. 7º, inciso XX, da CF/1988). Nesse sentido: TST, 8ª T., RR-1606-35.2016.5.12.0037, Rel. Min. Dora Maria da Costa, *DEJT* 09.05.2019. Em sentido divergente: TST, SBDI-I, E-ED-RR - 619-11.2017.5.12.0054, Rel. Min. Augusto César Leite de Carvalho, j. 02.12.2021, *DEJT* 11.02.2022.

No âmbito do Tribunal Superior do Trabalho, firmou-se a posição de que a escala de revezamento quinzenal para concessão do repouso semanal remunerado aos domingos para empregadas mulheres, prevista no art. 386 da CLT, que foi recepcionado pela Constituição Federal de 1988, como norma específica de proteção do trabalho da mulher, deve prevalecer sobre a coincidência do repouso semanal remunerado com o domingo pelo menos uma vez no período máximo de três semanas, prevista no art. 6º, parágrafo único, da Lei 10.101/2000, aos empregados do comércio em geral (TST, SBDI-I, E-ED-RR-982-80.2017.5.12.0059, Rel. Min. Maria Cristina Irigoyen Peduzzi, *DEJT* 17.06.2022). Cf. ainda STF, RE 1.403.904/SC. Cf. Capítulo 28, item 28.6.3.

Os arts. 154 a 156 do Decreto 10.854/2021, regulamentando a Lei 605/1949, disciplinam de modo uniforme a permissão do trabalho nos dias de repouso semanal e nos feriados.

Sendo assim, comprovado o cumprimento das exigências técnicas, nos termos do disposto no art. 1º da Lei 605/1949, será admitido o trabalho nos dias de repouso, garantida a remuneração correspondente (art. 154 do Decreto 10.854/2021).

---

[8] A respeito da constitucionalidade das medidas provisórias sobre o tema, mencionando a conversão na Lei 10.101/2000, cf. DELGADO, Mauricio Godinho. *Curso de direito do trabalho*. São Paulo: LTr, 2002. p. 915, inclusive nota 8, p. 919, inclusive nota 10, e p. 920.

Constituem exigências técnicas aquelas que, em razão do interesse público ou das condições peculiares às atividades da empresa ou ao local onde estas atuem, tornem indispensável a continuidade do trabalho, em todos ou alguns de seus serviços (art. 154, § 1º, do Decreto 10.854/2021).

Nos serviços que exijam trabalho aos domingos, com exceção dos elencos teatrais e congêneres, será estabelecida escala de revezamento, mensalmente organizada, que constará de quadro sujeito à fiscalização (art. 154, § 2º, do Decreto 10.854/2021).

Nos serviços em que for permitido o trabalho nos dias de repouso, a remuneração dos empregados que trabalharem nesses dias deve ser paga em dobro, exceto se a empresa determinar outro dia de folga (art. 154, § 3º, do Decreto 10.854/2021).

Cabe a ato do Ministro de Estado do Trabalho e Previdência conceder, em caráter permanente, permissão para o trabalho nos dias de repouso às atividades que se enquadrarem nas exigências técnicas (art. 154, § 4º, do Decreto 10.854/2021).

Além disso, será admitido, excepcionalmente, o trabalho em dia de repouso quando: ocorrer motivo de força maior; ou para atender à realização ou à conclusão de serviços inadiáveis ou cuja inexecução possa acarretar prejuízo manifesto, a empresa obtiver autorização prévia da autoridade competente em matéria de trabalho, com discriminação do período autorizado, o qual, de cada vez, não excederá a 60 dias (art. 155 do Decreto 10.854/2021).

Para os bancários, se não houver previsão em norma mais benéfica, aplica-se a Súmula 113 do TST, no sentido de que: "Bancário. Sábado. Dia útil. O sábado do bancário é dia útil não trabalhado, não dia de repouso remunerado. Não cabe a repercussão do pagamento de horas extras habituais em sua remuneração".

Caso exista labor no dia de descanso semanal remunerado, sem folga compensatória, segundo construção jurisprudencial e doutrinária, com fundamento nos arts. 7º e 9º da Lei 605/1949, o empregado faz jus à remuneração em dobro[9], "sem prejuízo da remuneração relativa ao repouso semanal" (Súmula 146 do TST)[10].

Essa remuneração em dobro, na realidade, não possui natureza jurídica de horas extras, mas sim de penalidade[11], pela ausência da concessão do descanso, com trabalho realizado em dia de repouso, acarretando direito pecuniário em favor do empregado.

Registre-se o entendimento de que o termo "remunerar" em dobro não está utilizado em seu sentido técnico (art. 457 da CLT), mas com a simples conotação de pagamento. A natureza jurídica

---

[9] Cf. MARTINS, Sergio Pinto. *Comentários à CLT*. 5. ed. São Paulo: Atlas, 2002. p. 127: "Se o funcionário trabalha em dias de repouso ou feriados, deve receber em dobro (art. 9º da Lei 605), exceto se o empregador conceder a folga em outro dia. O referido artigo só trata dos feriados e não dos domingos, mas entendo que se aplica por analogia aos domingos trabalhados sem folga compensatória".

[10] Em caso de turno ininterrupto de revezamento, é comum o labor ocorrido em dia de descanso semanal e feriado ser compensado no curso da semana, o que, em tese, afasta o direito ao pagamento em dobro. Entretanto, se mesmo havendo essa regular compensação do labor em dia de descanso, a empresa adotar a prática de pagamento em dobro, tem-se direito mais favorável ao empregado, que passa a integrar o contrato de trabalho, na forma do art. 468 da CLT, em consonância com o princípio da condição mais benéfica. A supressão desse pagamento, portanto, não pode ser realizada unilateralmente pelo empregador, mas apenas por meio de norma decorrente de negociação coletiva de trabalho. A respeito do tema, merece destaque a Orientação Jurisprudencial Transitória 72 da SBDI-I do TST: "Petrobras. Domingos e feriados trabalhados. Regime de turnos ininterruptos de revezamento. Pagamento em dobro concedido por liberalidade do empregador. Incorporação ao contrato de trabalho. Supressão unilateral. Acordo coletivo posterior que valida a supressão. Retroação da norma coletiva. Impossibilidade. O pagamento em dobro, concedido por liberalidade da empresa, dos domingos e feriados trabalhados de forma habitual pelo empregado da Petrobras submetido ao regime de turnos ininterruptos de revezamento não pode ser suprimido unilateralmente, pois é vantagem incorporada ao contrato de trabalho, nos termos do art. 468 da CLT. Assim, o acordo coletivo, posteriormente firmado, somente opera efeitos a partir da data de sua entrada em vigor, sendo incabível a utilização da norma coletiva para regular situação pretérita".

[11] Cf. MARTINS, Sergio Pinto. *Comentários à CLT*. 5. ed. São Paulo: Atlas, 2002. p. 128.

da parcela, como se sabe, decorre de seus contornos e características, não se podendo adotar a mera literalidade. Sendo assim, não há que falar em reflexos desse pagamento em outras parcelas trabalhistas, "porque as penalidades devem ser interpretadas restritivamente"[12], e por falta de "previsão legal"[13] nesse sentido.

A respeito dessa compensação de dia de descanso trabalhado, cabe ressaltar que não se confunde com a compensação de horas (prevista na CF/1988, art. 7º, inciso XIII, e na CLT, art. 59, § 2º), por se referir ao dia de repouso não gozado, não sendo exigido "acordo ou convenção coletiva de trabalho", bastando a concessão de folga em outro dia durante a semana[14].

No caso do empregado doméstico, que também faz jus ao repouso semanal remunerado, o art. 7º, parágrafo único, da Constituição Federal de 1988, com redação dada pela Emenda Constitucional 72/2013, passou a prever o direito à duração do trabalho normal não superior a oito horas diárias e quarenta e quatro semanais, facultada a compensação de horários e a redução da jornada, mediante acordo ou convenção coletiva de trabalho (art. 7º, inciso XIII).

Ainda quanto à compensação do dia de descanso, anteriormente, o Precedente Administrativo 46 da Secretaria de Inspeção do Trabalho (Ato Declaratório SIT/DFT 4/2002), atualmente *cancelado*, assim dispunha: "Jornada. Descanso semanal remunerado. Periodicidade. O descanso semanal remunerado deve ser concedido ao trabalhador uma vez em cada semana, entendida esta como o período compreendido entre segunda-feira e domingo. Inexiste obrigação legal de concessão de descanso no dia imediatamente após o sexto dia de trabalho, sistema conhecido como de descanso hebdomadário.

No entanto, o mais adequado é entender de forma diversa, ou seja, no sentido da necessidade de concessão do descanso semanal remunerado até o sétimo dia (ou seja, imediatamente após o sexto dia de trabalho), pois a Convenção 106 da OIT, relativa ao repouso semanal no comércio e nos escritórios, promulgada pelo Decreto 58.823, de 14 de julho de 1966 (atualmente Decreto 10.088/2019), no art. 6º, prevê o direito a um período de repouso semanal, compreendendo um mínimo de vinte e quatro horas consecutivas, "no decorrer de cada período de sete dias"[15]. Com o cancelamento do Precedente Administrativo 46, acima mencionado, pelo Ato Declaratório SIT 10, de 03 de agosto de 2009, essa obrigação ficou ainda mais evidente.

Nesse sentido, conforme a Orientação Jurisprudencial 410 da SBDI-I do TST: "Repouso semanal remunerado. Concessão após o sétimo dia consecutivo de trabalho. Art. 7º, XV, da CF. Violação. Viola o art. 7º, XV, da CF a concessão de repouso semanal remunerado após o sétimo dia consecutivo de trabalho, importando no seu pagamento em dobro" (*DEJT* 22.10.2010).

Cabe ainda destacar que o atleta profissional de futebol, em razão das peculiaridades da atividade que desenvolve, conforme o art. 28, § 4º, inciso IV, c/c art. 94, da Lei 9.615/1998, com a redação determinada pela Lei 12.395/2011, tem assegurado o direito ao "repouso semanal remunerado de 24 (vinte e quatro) horas ininterruptas, preferentemente em dia subsequente à participação do atleta na partida, prova ou equivalente, quando realizada no final de semana".

---

[12] MARTINS, Sergio Pinto. *Comentários à CLT*. 5. ed. São Paulo: Atlas, 2002. p. 128.
[13] MARTINS, Sergio Pinto. *Comentários à CLT*. 5. ed. São Paulo: Atlas, 2002. p. 128.
[14] Cf. MARTINS, Sergio Pinto. *Comentários à CLT*. 5. ed. São Paulo: Atlas, 2002. p. 127: "Qual a forma legal de compensação a título de folgas? A lei não dispõe. Não precisará, porém, ser feita por acordo ou convenção coletiva. Basta que seja concedida a folga em outro dia da semana".
[15] Cf. a ementa do seguinte julgado (In: MARTINS, Sergio Pinto. *Comentários à CLT*. 5. ed. São Paulo: Atlas, 2002. p. 127): "A folga concedida no oitavo dia não compensa o trabalho realizado no sétimo dia. Este deverá ser pago em dobro. As normas de repouso são de ordem pública e não permitem tergiversações (TRT, 2ª R., RO 02900204059, Ac. 3ª T. 02920142954, Rel. Juiz Francisco Antonio de Oliveira, *DJ*-SP 01.09.1992, p. 95)". Essa decisão, ao não aceitar a folga no oitavo dia, indica exigir que ela ocorra até o sétimo dia (que é o dia imediatamente após o sexto dia de trabalho). No mesmo sentido, cf. SÜSSEKIND, Arnaldo. *Instituições de direito do trabalho*. 18. ed. São Paulo: LTr, 1999. v. 2, p. 854: "nessa escala, o repouso semanal deverá ser garantido após o período máximo de seis dias, não podendo ser concedido, em determinada semana, depois de sete dias trabalhados".

26.7.1 Remuneração do descanso semanal

Para os que trabalham por dia, semana, quinzena ou mês, a remuneração do repouso semanal deve ser correspondente à remuneração de um dia de serviço, computadas as horas extraordinárias habitualmente prestadas (art. 7º, *a*, da Lei 605/1949).

O repouso semanal do empregado que não trabalha todos os dias da semana será calculado proporcionalmente aos dias trabalhados[16].

Quanto ao empregado que recebe por hora trabalhada, tem direito à remuneração do repouso semanal correspondente à de sua jornada normal de trabalho, devendo ser computadas as horas extraordinárias habitualmente prestadas (art. 7º, *b*, da Lei 605/1949).

A Súmula 172 do TST confirma que se computam no cálculo do repouso remunerado as horas extras habitualmente prestadas[17].

No entanto, as gorjetas não integram a base de cálculo do descanso semanal remunerado, como esclarece a Súmula 354 do TST: "Gorjetas. Natureza jurídica. Repercussões. As gorjetas, cobradas pelo empregador na nota de serviço ou oferecidas espontaneamente pelos clientes, integram a remuneração do empregado, não servindo de base de cálculo para as parcelas de aviso prévio, adicional noturno, horas extras e repouso semanal remunerado".

Era controvertido saber se o professor, tendo em vista a disposição do art. 320, §§ 1º e 2º, faz jus à remuneração especificada do descanso semanal, ou se o seu salário mensal já engloba o referido valor. A questão encontra-se pacificada pela Súmula 351 do TST:

"Professor. Repouso semanal remunerado. Art. 7º, § 2º, da Lei 605, de 05.01.1949 e art. 320 da CLT. O professor que recebe salário mensal à base de hora-aula tem direito ao acréscimo de 1/6 a título de repouso semanal remunerado, considerando-se para esse fim o mês de quatro semanas e meia".

O empregado que recebe por tarefa ou peça faz jus ao repouso semanal remunerado em valor equivalente ao salário correspondente às tarefas ou peças feitas durante a semana, no horário normal de trabalho, dividido pelos dias de serviço efetivamente prestados ao empregador (art. 7º, *c*, da Lei 605/1949).

De acordo com a Súmula 27 do TST: "É devida a remuneração do repouso semanal e dos dias feriados ao empregado comissionista, ainda que pracista".

Para o cálculo da remuneração do dia de descanso no caso do comissionista, deve-se utilizar o critério mais próximo ou similar, ou seja, aquele previsto no art. 7º, *c*, da Lei 605/1949, pertinente ao trabalho por tarefa ou peça.

O empregado em domicílio tem direito à remuneração do descanso, equivalente ao quociente da divisão por seis da importância total da sua produção na semana (art. 7º, *d*, da Lei 605/1949).

---

[16] Cf. MARTINS, Sergio Pinto. *Manual do trabalho doméstico*. 3. ed. São Paulo: Atlas, 1998. p. 75.

[17] Prevalecia o entendimento de que o reflexo (repercussão) das horas extras no repouso semanal remunerado, por sua vez, não gera direito a novos reflexos, em outras verbas trabalhistas. Nessa linha destaca-se a seguinte decisão: "Horas extras. Repouso semanal remunerado. Integração e reflexos. Esta Corte tem adotado o entendimento de que a repercussão das diferenças da remuneração do repouso semanal – decorrentes dos reflexos das horas extras deferidas – nas demais parcelas trabalhistas e rescisórias representa *bis in idem*. Recurso de Embargos de que se conhece e a que se nega provimento" (TST, SBDI-I, E-RR 201/2004-051-02-00.0, Rel. Min. João Batista Brito Pereira, *DEJT* 18.09.2009). Nesse sentido, conforme a Orientação Jurisprudencial 394 da SBDI-I do TST: "Repouso semanal remunerado – RSR. Integração das horas extras. Não repercussão no cálculo das férias, do décimo terceiro salário, do aviso prévio e dos depósitos do FGTS. A majoração do valor do repouso semanal remunerado, em razão da integração das horas extras habitualmente prestadas, não repercute no cálculo das férias, da gratificação natalina, do aviso prévio e do FGTS, sob pena de caracterização de 'bis in idem'" (*DEJT* 09.06.2010). Entretanto, em sentido divergente, em âmbito de recurso repetitivo, cf. TST, SBDI-I, IRR 10169-57.2013.5.05.0024, Rel. Min. Márcio Eurico Vitral Amaro.

Em conformidade com a Súmula 225 do TST: "As gratificações por tempo de serviço e produtividade, pagas mensalmente, não repercutem no cálculo do repouso semanal remunerado".

A explicação é no sentido de que, se a verba da remuneração já é paga de forma mensal (ou quinzenal), a remuneração do repouso semanal já se encontra inserida na referida parcela (Lei 605/1949, art. 7º, § 2º).

Pela mesma razão, os adicionais de insalubridade e de periculosidade não geram reflexos em repouso semanal remunerado e remuneração de feriados, pois os mencionados adicionais já são pagos em valor mensal.

Nesse sentido confirma a Orientação Jurisprudencial 103 da SBDI-I do TST: "Adicional de insalubridade. Repouso semanal e feriados. O adicional de insalubridade já remunera os dias de repouso semanal e feriados".

A remuneração relativa ao repouso semanal, que possui natureza salarial, é devida desde que presentes os dois requisitos previstos no art. 6º da Lei 605/1949, quais sejam:

1) assiduidade (ausência de faltas injustificadas) durante a semana anterior ao dia de repouso semanal; e

2) pontualidade (observância dos horários de trabalho, ou seja, de entrada, saída e intervalos) durante a semana anterior ao dia de repouso semanal[18].

A justificação da ausência do empregado motivada por doença, para a percepção do auxílio por incapacidade temporária e da remuneração do repouso semanal, deve observar a ordem preferencial dos atestados médicos estabelecida em lei (Súmula 15 do TST).

A empresa que dispuser de serviço médico, próprio ou em convênio, tem a seu cargo o exame médico e o abono das faltas correspondentes ao período correspondente aos primeiros 15 dias consecutivos ao do afastamento da atividade por motivo de incapacidade, somente devendo encaminhar o segurado (empregado) à perícia médica da Previdência Social quando a incapacidade ultrapassar 15 dias (art. 60, § 4º, da Lei 8.213/1991). Nesse sentido, ao serviço médico da empresa ou ao mantido por esta última mediante convênio compete abonar os primeiros 15 dias de ausência ao trabalho (Súmula 282 do TST).

Registre-se que durante o período de emergência em saúde pública decorrente da covid-19, a imposição de isolamento dispensa o empregado da comprovação de doença por sete dias (art. 6º, § 4º, da Lei 605/1949, incluído pela Lei 14.128/2021).

Isolamento significa a separação de pessoas doentes ou contaminadas de outros, de maneira a evitar a contaminação ou a propagação do coronavírus (art. 2º, inciso I, da Lei 13.979/2020). O art. 6º, § 4º, da Lei 605/1949, incluído pela Lei 14.128/2021, versa sobre a "imposição de isolamento". Logo, trata-se de medida de isolamento determinada por prescrição médica ao paciente (art. 3º, § 2º, da Portaria 356/2020). Não será indicada medida de isolamento quando o diagnóstico laboratorial for negativo para o coronavírus (art. 3º, § 3º, da Portaria 356/2020).

A medida de isolamento pode ser determinada por prescrição médica por um prazo máximo de 14 dias, podendo se estender por até igual período, conforme resultado laboratorial que comprove o risco de transmissão (art. 3º, § 1º, da Portaria 356/2020).

---

[18] Cf. SAAD, Eduardo Gabriel. *Consolidação das Leis do Trabalho comentada*. 31. ed. São Paulo: LTr, 1999. p. 94: "O texto da lei pode levar alguém a pensar que, mesmo os atrasos na entrada ao serviço podem justificar o não pagamento do repouso semanal. Tal conclusão é compreensível, em face da obscuridade do texto legal. Entendemos que houve apenas impropriedade da expressão usada pelo legislador. O que ele quis declarar foi que o empregado deve trabalhar todos os dias da semana para ter direito à remuneração do sétimo dia, em que repousa. Quando um empregado chega atrasado ao serviço, tem o empregador a faculdade legal de não permitir que ele trabalhe naquele dia. Se concorda com o seu ingresso no local de trabalho, para cumprir o restante da jornada, ocorreu o perdão tácito à infração contratual cometida pelo empregado".

Sendo assim, no caso de imposição de isolamento em razão da covid-19, o trabalhador pode apresentar como justificativa válida, no oitavo dia de afastamento, além do atestado médico, documento de unidade de saúde do Sistema Único de Saúde (SUS) ou documento eletrônico regulamentado pelo Ministério da Saúde (art. 6º, § 5º, da Lei 605/1949, incluído pela Lei 14.128/2021).

Foi declarado o encerramento da emergência em saúde pública de importância nacional (Espin) em decorrência da infecção humana pelo novo coronavírus (2019-nCov), de que tratava a Portaria 188/2020 (Portaria 913/2022 do Ministério da Saúde, com entrada em vigor 30 dias após a data de sua publicação, ocorrida em 22.04.2022).

O trabalhador que, sem motivo justificado ou em razão de punição disciplinar, não tiver trabalhado durante toda a semana e cumprido integralmente o seu horário de trabalho perde a remuneração do dia de repouso (art. 158 do Decreto 10.854/2021).

Nas empresas em que vigorar regime de trabalho reduzido, a frequência exigida corresponde ao número de dias em que houver trabalho (art. 158, § 1º, do Decreto 10.854/2021). As ausências decorrentes de férias não prejudicam a frequência exigida (art. 158, § 2º, do Decreto 10.854/2021).

Considera-se semana, para fins de pagamento de remuneração, o período de segunda-feira a domingo que antecede o dia determinado como repouso semanal remunerado (art. 158, § 4º, do Decreto 10.854/2021).

Cabe ressaltar que se consideram já remunerados os dias de repouso semanal do mensalista ou quinzenalista, cujo cálculo de salário mensal ou quinzenal, ou cujos descontos por faltas sejam efetuados na base do número de dias do mês ou de 30 e 15 diárias, respectivamente (art. 7º, § 2º, da Lei 605/1949).

Dessa forma, para o empregado que recebe salário mensal ou por quinzena, cujo valor inclui a remuneração de todos os dias do mês, os dias de descanso semanal remunerado já se encontram naturalmente remunerados.

26.8 Descanso remunerado e trabalho em feriados

O art. 7º, inciso XV, da Constituição Federal de 1988, ao menos expressamente, versa apenas sobre o "repouso semanal remunerado", não fazendo menção aos feriados. Estes podem ser civis e religiosos, e a Convenção 132 da OIT, ratificada pelo Brasil (Decreto 3.197, de 5 de outubro de 1999, atualmente Decreto 10.088/2019), que versa sobre férias, menciona a figura dos feriados "costumeiros".

Na realidade, o direito ao repouso remunerado nos feriados é assegurado, de forma expressa, no âmbito infraconstitucional, ou seja, pela Lei 605/1949, art. 8º.

Nesse contexto, salvo o disposto nos arts. 68 e 69 da CLT, é vedado o trabalho em dias feriados nacionais e feriados religiosos, nos termos da legislação própria (art. 70 da CLT).

A regra é a impossibilidade de trabalho em feriados, nos termos do art. 1º da Lei 605/1949. Efetivamente, conforme o art. 8º do mesmo diploma legal, "é vedado o trabalho em dias feriados, civis e religiosos, garantida, entretanto, aos empregados a remuneração respectiva". O labor nesses dias é uma exceção, segundo dispõe a parte inicial desse dispositivo.

Conforme o art. 1º da Lei 662/1949, com redação dada pela Lei 10.607/2002, são feriados nacionais os dias 1º de janeiro, 21 de abril, 1º de maio, 7 de setembro, 2 de novembro, 15 de novembro e 25 de dezembro.

A Lei 9.093/1995 dispõe que são *feriados civis*: os declarados em lei federal (acima indicados); a data magna do Estado fixada em lei estadual e os dias do início e do término do ano do centenário de fundação do Município, fixados em lei municipal (art. 1º). São *feriados religiosos*, por sua vez, os dias de guarda, declarados em lei municipal, de acordo com a tradição local e em número não superior a quatro, neste incluída a Sexta-Feira da Paixão (art. 2º)[19].

---

[19] Tendo em vista a previsão legal relativa aos feriados, no caso de trabalho no Carnaval, cabe destacar o seguinte julgado: "Recurso de revista. Feriado. Pagamento em dobro. Carnaval. *Corpus Christi*. Ausência de previsão em lei federal e em lei municipal. Discute-se o pagamento em dobro dos dias em que o reclamante trabalhou no Carnaval

Como mencionado, excepcionalmente, possibilita-se o trabalho nos feriados em razão de execução de serviço imposta por exigências técnicas das empresas (arts. 8º e 9º da Lei 605/1949).

O art. 6º-A da Lei 10.101/2000, incluído pela Lei 11.603/2007, assim dispõe:

"Art. 6º-A É permitido o trabalho em feriados nas atividades do comércio em geral, desde que autorizado em convenção coletiva de trabalho e observada a legislação municipal, nos termos do art. 30, inciso I, da Constituição".

Logo, passou a existir permissão para o labor em feriados nas "atividades do comércio em geral", desde que presente a autorização em "convenção coletiva de trabalho". Deve-se, ainda, observar a legislação municipal a respeito da matéria, conforme o art. 30, inciso I, da Constituição Federal de 1988 (de acordo com o qual compete aos Municípios "legislar sobre assuntos de interesse local"[20]).

Reitere-se que a disposição em análise, pertinente ao feriado (art. 6º-A da Lei 10.101/2000), é mais restritiva, pois autoriza o trabalho no referido dia de descanso (no comércio em geral) desde que exista permissão, especificamente, em convenção coletiva de trabalho, a qual é uma modalidade de instrumento normativo decorrente de negociação coletiva, firmado normalmente entre sindicatos das categorias profissional e econômica. Trata-se de exceção à regra que veda o trabalho nos feriados, merecendo, nesse aspecto, interpretação restritiva.

Mesmo tratando-se de labor em feriado, autorizado pela legislação, "a remuneração será paga em dobro, salvo se o empregador determinar outro dia de folga" (art. 9º, *in fine*, da Lei 605/1949).

Ou seja, caso não haja a concessão de folga compensatória, deve-se remunerar o trabalho em feriados em dobro, mesmo que não se trate de violação da lei[21]. Nos termos da Súmula 146 do TST: "O trabalho prestado em domingos e feriados, não compensado, deve ser pago em dobro, sem prejuízo da remuneração relativa ao repouso semanal".

Ainda quanto a essa compensação, como já mencionado, não se confunde com a compensação de horas (prevista na CF/1988, art. 7º, inciso XIII, e na CLT, art. 59, § 2º), mas sim com de dia de repouso não gozado.

Ressalte-se que o pagamento em dobro do trabalho em feriado não quer dizer, propriamente, autorização para tanto, conforme correta interpretação do art. 9º da Lei 605/1949.

Como a norma não pode ser interpretada em desfavor de quem visa a tutelar, caso o trabalhador preste serviços em feriado, mas a empresa não possua autorização para a execução do serviço, embora se esteja diante de violação da legislação específica, só resta deferir ao empregado o direito à remuneração em dobro (observando-se os termos da Súmula 146 do TST), caso não tenha havido concessão de folga compensatória.

Evidentemente, o obreiro não pode ser prejudicado com a conduta ilegal do empregador, pois o trabalho já ocorreu em favor deste, produzindo os seus efeitos, sob pena de enriquecimento ilícito.

---

e em *Corpus Christi*. No caso, o Tribunal Regional entendeu que, sendo o direito costumeiro fonte formal autônoma do Direito do Trabalho, deve ser reconhecida como válida a suspensão do trabalho no Carnaval e no dia de *Corpus Christi*, diante da sua prática reiterada, uniforme e geral. Acresceu que a suspensão do trabalho naquelas datas é fato notório, que independe de prova. Porém, os arts. 1º e 2º da Lei 9.093/1995 dispõem, respectivamente, que são feriados civis os declarados em lei federal e feriados religiosos os declarados em lei municipal. Nesse contexto, embora exista a tradição em vários municípios estabelecendo o não expediente nas empresas, a legislação não trata o Carnaval como feriado. Quanto ao dia de *Corpus Christi*, infere-se da tese regional não haver lei municipal definindo-o como feriado. Precedente desta Turma. Recurso de revista conhecido e provido" (TST, 2ª T., RR 607-52.2011.5.18.0082, Rel. Min. Delaíde Miranda Arantes, *DEJT* 12.09.2014).

[20] Cf. Súmula Vinculante 38 (conversão da Súmula 645 do STF): "É competente o Município para fixar o horário de funcionamento de estabelecimento comercial".

[21] Cf. MARTINS, Sergio Pinto. *Comentários à CLT*. 5. ed. São Paulo: Atlas, 2002. p. 128: "A remuneração em dobro também é devida em casos de trabalho em dia de repouso por força maior e de serviços inadiáveis, pois o artigo 9º da Lei 605 não faz qualquer distinção nesse sentido, que não pode ser extraída dos artigos 6º e 8º, *b*, do Decreto 27.048".

Nessa situação de labor em feriados, fora das hipóteses autorizadas pela legislação, a empresa ainda fica sujeita às penalidades administrativas cabíveis, a serem aplicadas pela fiscalização trabalhista (arts. 12 a 14 da Lei 605/1949).

As infrações ao disposto na Lei 605/1949 são punidas com multa de R$ 40,25 a R$ 4.025,33, segundo a natureza da infração, sua extensão e a intenção de quem a praticou, aplicada em dobro no caso de reincidência e oposição à fiscalização ou desacato à autoridade (art. 12 da Lei 605/1949, com redação dada pela Lei 12.544/2011).

Obviamente, a decisão na esfera administrativa não afasta a garantia constitucional do controle jurisdicional, a qual estará franqueada àquele que sofrer lesão ou ameaça de lesão a direito (CF/1988, art. 5º, inciso XXXV). Isso quer dizer que a decisão administrativa, em tese, pode ser contestada no âmbito jurisdicional, tanto que o Precedente Administrativo 17 da Secretaria de Inspeção do Trabalho (Ato Declaratório SIT/DFT 4/2002) assim estabelece: "Descanso. Trabalho em feriados. Decisão judicial. São insubsistentes os autos lavrados contra empregadores amparados por decisão judicial que os permita manter trabalhadores em atividade em dias feriados".

Cabe esclarecer que o art. 6º-A da Lei 10.101/2000, incluído pela Lei 11.603/2007, não revogou, tacitamente, as demais permissões de trabalho em feriados.

A Lei 605/1949 (arts. 8º a 10) e sua regulamentação tratam de matéria distinta da Lei 11.603/2007. Enquanto a Lei 605/1949 disciplina a autorização, pelo Estado (Ministério do Trabalho), de trabalho aos feriados em razão de exigências técnicas da empresa, o art. 6º-A da Lei 10.101/2000, incluído pela Lei 11.603/2007, regula a autorização, por negociação coletiva, de trabalho aos feriados nas atividades do comércio em geral, sem qualquer relação com necessidades de ordem técnica da empresa, mas sim, certamente, para atender os interesses da categoria, facilitar o consumo pela população ativa e fomentar o desenvolvimento da economia.

Sendo assim, excetuados os casos em que a execução do serviço for imposta pelas exigências técnicas das empresas, é vedado o trabalho em dias feriados, civis e religiosos, garantida, entretanto, aos empregados a remuneração respectiva (art. 8º da Lei 605/1949).

Nas atividades em que não for possível, em virtude das exigências técnicas das empresas, a suspensão do trabalho, nos dias feriados civis e religiosos, a remuneração deve ser paga em dobro, salvo se o empregador determinar outro dia de folga (art. 9º da Lei 605/1949).

Na verificação das exigências técnicas, deve-se ter em vista as de ordem econômica, permanentes ou ocasionais, bem como as peculiaridades locais (art. 10 da Lei 605/1949). Cabe ao Poder Executivo definir as mencionadas exigências e especificar, tanto quanto possível, as empresas a elas sujeitas, ficando desde já incluídas entre elas as de serviços públicos e de transportes.

O Precedente Administrativo 45, incisos IV e V, da Secretaria de Inspeção do Trabalho assim dispõe: "Domingos e feriados. Comércio varejista em geral. [...] IV – O comércio em geral pode manter empregados trabalhando em feriados, desde que autorizado em convenção coletiva de trabalho. V – Os *shopping centers*, mercados, supermercados, hipermercados e congêneres estão compreendidos na categoria 'comércio em geral' referida pela Lei n. 10.101/2000, com redação dada pela Lei n. 11.603/2007. (Referência normativa: Lei 11.603, de 05 de dezembro de 2007, que altera e acrescenta dispositivos ao artigo 6º da Lei 10.101 de 19 de dezembro de 2000)".

O Supremo Tribunal Federal julgou improcedente o pedido formulado em ação direta de inconstitucionalidade, tendo decidido ser constitucional a Lei 11.603/2007, que alterou e incluiu dispositivos à Lei 10.101/2000, sobre autorização e permissão do trabalho aos domingos e em feriados nas atividades do comércio em geral (STF, Pleno, ADI 3.975/DF, Rel. Min. Gilmar Mendes, j. 16.06.2020).

Se a empresa não se encontra nas exceções que autorizam o trabalho em feriados, não pode exigir trabalho dos seus empregados nesses dias. Cabe reiterar, não obstante, que, se esse trabalho ocorrer, ainda que em violação da lei, o trabalhador fará jus à remuneração do dia de descanso em dobro, a não ser que tenha havido a compensação da folga em outro dia da semana. No plano administrativo, a empresa poderá sofrer autuação pela fiscalização do Ministério do Trabalho.

26.8.1 Remuneração dos feriados

O direito à remuneração quanto aos dias de feriados também depende do preenchimento dos mencionados requisitos do art. 6º da Lei 605/1949, tratando-se de típico caso de interrupção contratual: 1) assiduidade e 2) pontualidade durante a semana anterior.

O valor da remuneração do feriado é calculado em conformidade com o 7º da Lei 605/1949, como já analisado acima quanto ao descanso semanal remunerado.

Não serão acumuladas a remuneração do repouso semanal e a do feriado civil ou religioso que recaírem no mesmo dia (art. 158, § 3º, do Decreto 10.854/2021).

Há entendimento, de certo modo minoritário, de que: "Não haverá, porém, reflexos de horas extras sobre os feriados, pois inexiste previsão nesse sentido"[22].

Como o art. 8º da Lei 605/1949, regulando os feriados, remete à aplicação dos arts. 6º e 7º do mesmo diploma legal, pode-se defender que as horas extras habituais também refletem sobre a remuneração dos feriados, conforme previsto no art. 7º, aplicando-se a mesma orientação da Súmula 172 do TST.

26.9 Descanso semanal remunerado e feriados na relação de emprego doméstico

A Lei Complementar 150/2015, que dispõe sobre o contrato de trabalho doméstico, no art. 19, prevê que, observadas as peculiaridades do trabalho doméstico, a ele também se aplica a Lei 605/1949.

É devido ao empregado doméstico *descanso semanal remunerado* de, no mínimo, 24 horas consecutivas, preferencialmente aos domingos, *além de descanso remunerado em feriados* (art. 16 da Lei Complementar 150/2015).

Tal previsão, quanto ao descanso semanal remunerado, reitera a expressa remissão feita pelo parágrafo único do art. 7º da Constituição Federal de 1988 (que arrola os direitos do empregado doméstico), ao inciso XV desse mesmo dispositivo constitucional, que assegura o direito ao "repouso semanal remunerado, preferencialmente aos domingos".

De todo modo, o empregado doméstico tem direito, também, ao descanso nos feriados (civis e religiosos), de forma remunerada.

Como o empregado doméstico tem direito ao descanso semanal remunerado, e *também* nos dias de feriados, é aplicável a previsão da Súmula 146 do TST[23].

Nesse sentido, de acordo com o art. 2º, § 8º, da Lei Complementar 150/2015, que dispõe sobre o contrato de trabalho doméstico, o trabalho não compensado prestado em domingos e feriados deve ser pago em dobro, sem prejuízo da remuneração relativa ao repouso semanal.

Cabe esclarecer que os feriados e os domingos livres em que o empregado doméstico que mora no local de trabalho nele permaneça não são computados como horário de trabalho (art. 2º, § 7º, da Lei Complementar 150/2015).

26.10 Remuneração do descanso semanal e do feriado de empregado que não trabalha em regime de jornada integral ou que trabalha apenas alguns dias na semana

Embora o tema seja controvertido, como mencionado acima, defende-se que o repouso semanal remunerado do empregado que não trabalha todos os dias da semana deve ser calculado proporcionalmente aos dias trabalhados.

---

[22] MARTINS, Sergio Pinto. *Direito do trabalho*. 22. ed. São Paulo: Atlas, 2006. p. 539.
[23] Súmula 146 do TST: "O trabalho prestado em domingos e feriados, não compensado, deve ser pago em dobro, sem prejuízo da remuneração relativa ao repouso semanal".

Da mesma forma, o repouso semanal remunerado do empregado que não trabalha na jornada integral (8 horas diárias e 44 horas semanais) deve ser calculado proporcionalmente às horas trabalhadas.

Isso porque incide ao caso, de forma plena, o *princípio da igualdade*, em sua vertente *material*, orientando a interpretação das normas incidentes, no sentido de:

– tratar de forma igual os que estão em situação idêntica;

– tratar de forma desigual os que estão em situação desigual, na medida da desigualdade verificada.

Efetivamente, o empregado que trabalha em módulo integral de oito horas por dia e 44 semanais está em situação diferente de outro empregado que trabalha apenas alguns dias na semana, ou em horário reduzido. O primeiro labora em número de horas superior, tendo assim, em tese, um desgaste maior do que o segundo. Por isso, o primeiro empregado faz jus a uma remuneração do descanso semanal diferente da remuneração devida ao segundo, na medida da diferença existente entre eles.

Justamente em razão do acima exposto é que o empregado que trabalha apenas alguns dias na semana, ou em horário reduzido, tem a remuneração do repouso semanal calculada de forma proporcional ao tempo que ele trabalhou na semana.

Em razão disso, seguindo-se o entendimento aqui defendido, o valor do descanso semanal remunerado do empregado que trabalha apenas alguns dias na semana, ou em horário reduzido, será inferior ao valor do descanso semanal remunerado do empregado que trabalha na jornada integral. Não se cuida de tratamento desigual ou discriminatório, mas sim de incidência do princípio da igualdade material, regulando situações distintas de forma diversa, de modo a se alcançar a justiça material. Reconhece-se, no entanto, a existência de corrente divergente, defendendo que o empregado sempre tem direito à remuneração equivalente a um dia de trabalho, mesmo que contratado para trabalhar apenas alguns dias na semana.

Vejamos um exemplo hipotético. Imagine-se o caso do empregado professor (regido pela CLT), recebendo salário por mês, conforme número de aulas semanais.

De acordo com o art. 318 da CLT, com redação dada pela Lei 13.415/2017: "O professor poderá lecionar em um mesmo estabelecimento por mais de um turno, desde que não ultrapasse a jornada de trabalho semanal estabelecida legalmente, assegurado e não computado o intervalo para refeição". A respeito do tema, cf. Capítulo 9, item 9.2.9.

O art. 320, *caput* e § 1º, da CLT assim dispõe sobre a remuneração dos professores:

"Art. 320. A *remuneração dos professores será fixada pelo número de aulas semanais*, na conformidade dos horários.

§ 1º *O pagamento far-se-á mensalmente*, considerando-se para este efeito cada mês constituído de *quatro semanas e meia*".

Os referidos dispositivos, no entanto, apenas estão versando sobre a remuneração, de modo que o professor também faz jus ao descanso semanal remunerado, conforme regulamentado pela Lei 605/1949. No caso do professor que recebe salário mensal à base de hora-aula, o descanso semanal remunerado é devido na forma da já referida Súmula 351 do TST, aqui mais uma vez transcrita:

"Professor. Repouso semanal remunerado. Art. 7º, § 2º, da Lei 605, de 05.01.1949, e art. 320 da CLT. O professor que recebe salário mensal à base de hora-aula tem direito ao acréscimo de 1/6 a título de repouso semanal remunerado, considerando-se para esse fim o mês de quatro semanas e meia".

Como se pode constatar, a remuneração do professor, embora paga mensalmente, é calculada de acordo com o número de aulas por semana. Além disso, o professor, mesmo recebendo salário mensal à base de hora-aula, tem direito ao acréscimo de 1/6 a título de repouso semanal remunerado, considerando-se para esse fim o mês de quatro semanas e meia. Portanto, como o repouso semanal também deve ser remunerado, soma-se o valor de 1/6 sobre o salário do mês (de quatro semanas e meia).

Logo, a jurisprudência do TST definiu a questão acima no sentido de se aplicar o mesmo critério do art. 7º, *d*, da Lei 605/49, ou seja, "dividindo-se o valor do salário por 6 (seis)"[24].

Em termos práticos, é possível a seguinte sistematização:

i) número de horas trabalhadas por semana, multiplicado por 4,5 semanas = total das horas trabalhadas no mês;

+ (mais)

ii) 1/6 do total das horas trabalhadas no mês (horas referentes ao DSR, conforme Súmula 351 do TST);

iii) soma do total das horas trabalhadas no mês (i) mais o 1/6 desse total (ii) = total das horas trabalhadas no mês + horas referentes ao DSR = Total de Horas (trabalhadas e DSR);

iv) total de horas (trabalhadas e DSR) multiplicado pelo valor unitário da hora-aula = valor do salário mais remuneração do repouso semanal (DSR).

Assim, verifica-se que o professor, mesmo não trabalhando, efetivamente, seis dias na semana, tem o descanso semanal remunerado (DSR) calculado utilizando-se o critério "1/6". Isso porque esse "1/6" apenas significa que o DSR, por ser de 24 horas, representa um dia da semana. A semana tem sete dias, mas, para calcular o DSR, divide-se por seis, pois um dia é justamente o descanso.

Desse modo, *mesmo que o empregado que recebe por unidade de tempo trabalhe, por exemplo, apenas dois dias na semana, deve-se dividir-se o valor desses dois dias de trabalho por seis, e não por dois, sob pena de se obter um valor muito superior ao devido e desproporcional.*

Poder-se-ia argumentar que, ao se seguir na forma acima exposta, o mencionado empregado iria acabar recebendo um valor reduzido de DSR, quando comparado com o empregado que trabalha em jornada integral. No entanto, como já demonstrado, o empregado que trabalha em módulo integral de oito horas por dia e 44 semanais está em *situação diferente* do empregado que trabalha apenas alguns dias na semana, ou em horário reduzido. O primeiro labora em número de horas superior, tendo, assim, em tese, um desgaste maior do que o segundo. Por isso, o primeiro empregado faz jus a uma remuneração do descanso semanal diferente, ou seja, superior à remuneração devida ao segundo, na medida da diferença existente entre eles.

Justamente por isso, o empregado que trabalha apenas alguns dias na semana, ou em horário reduzido, tem a remuneração do repouso semanal calculada de forma proporcional ao tempo que ele trabalhou na semana.

Em razão disso, como consequência do princípio da igualdade material, regulando situações distintas de forma diversa, de modo a se alcançar a justiça substancial, *o valor do descanso semanal remunerado do empregado que trabalha apenas alguns dias na semana, ou em horário reduzido, será inferior ao valor do descanso semanal remunerado do empregado que trabalha em jornada integral.*

De todo modo, de acordo com a já estudada Súmula 146 do TST: "O trabalho prestado em domingos e feriados, não compensado, deve ser pago em dobro, sem prejuízo da remuneração relativa ao repouso semanal".

Por consequência, no exemplo do empregado (remunerado por unidade de tempo) que não trabalha seis dias por semana, se o dia de descanso semanal remunerado (o qual é preferencialmente no domingo) for trabalhado, e não houver a sua compensação com outro dia de folga, além de eventual penalidade administrativa, incide o mencionado precedente jurisprudencial sumulado. Assim, nesse caso, o empregado faz jus à *remuneração normal do DSR* (calculada na forma acima exposta, ou seja, de modo proporcional aos dias trabalhados), *acrescida* do pagamento em dobro da remuneração relativa quanto ao labor no referido dia (que era para ser de descanso), sabendo-se que, *se no dia em questão trabalhou oito horas, o dobro deste valor.*

---

[24] CASSAR, Vólia Bomfim. *Direito do trabalho.* 2. ed. Niterói: Impetus, 2008. p. 728.

O raciocínio acima também se aplica aos feriados, de modo que a remuneração dos feriados do empregado que não trabalha todos os dias da semana, ou que não trabalha na jornada integral, deve ser calculada proporcionalmente aos dias trabalhados, ou proporcionalmente às horas trabalhadas na semana.

Desse modo, ainda que o empregado (remunerado por unidade de tempo) que não trabalha seis dias na semana (tendo sido contratado para o labor apenas em alguns dias da semana), não preste serviço no dia em que for feriado, por ter este feriado ocorrido em dia que não corresponde a dia pactuado de trabalho, faz jus à remuneração do feriado, proporcionalmente aos dias trabalhados.

Por outro lado, caso esse mesmo empregado trabalhe no feriado, e não haja a compensação com outro dia de folga, além de eventual penalidade administrativa, incide a Súmula 146 do TST, na forma do art. 9º da Lei 605/1949. Assim, no caso em questão, esse empregado faz jus à *remuneração normal do feriado* (calculada como acima exposto, ou seja, de forma proporcional aos dias trabalhados), *acrescida* do pagamento em dobro da remuneração relativa quanto ao labor no referido dia (que deveria ter sido de descanso), sabendo-se que, *se no dia em questão trabalhou oito horas, o dobro do valor correspondente*.

Capítulo 27

Férias

27.1 Introdução

As férias possuem o evidente objetivo de proporcionar período mais extenso de descanso ao empregado, de modo a evitar problemas de saúde decorrentes do cansaço excessivo.

O instituto das férias, portanto, apresenta relevância também como medida de saúde e segurança ocupacional.

Há comprovação científica de que, para o total restabelecimento das forças físicas e psíquicas da pessoa, é necessário período mais extenso de descanso, como ocorre nas férias.

Em razão desses e outros aspectos, as normas que regulam o direito às férias apresentam natureza de ordem pública.

No plano da história, no ano de 1872, foi aprovada lei na Inglaterra sobre férias, destinada aos trabalhadores da indústria[1].

27.2 Direito Internacional

A Organização Internacional do Trabalho aprovou em 1936 a Convenção 52, ratificada pelo Brasil em 1938, prevendo a concessão de férias de seis dias úteis.

A Convenção 54, de 1936, tratava das férias dos marítimos, tendo sido revista pela Convenção 72, de 1946 e, posteriormente, pela Convenção 91, de 1949.

A Convenção 101 da OIT, de 1951, ratificada pelo Brasil em 1957, versava sobre as férias dos trabalhadores agrícolas.

A Convenção 132 da OIT, de 1970, promulgada pelo Brasil pelo Decreto 3.197, de 5 de outubro de 1999, atualmente Decreto 10.088/2019), trata das férias remuneradas e revê as normas anteriores sobre o tema.

Entretanto, cabe registrar o entendimento que afasta a aplicação das previsões da Convenção 132 da OIT no sistema jurídico brasileiro, uma vez que a disciplina das férias presente na CLT (arts. 129 a 153) é mais favorável ao empregado, conforme o critério do *conglobamento*[2].

Ainda assim, é possível argumentar que a referida teoria do conglobamento, a rigor, aplica-se aos casos de normas coletivas (notadamente negociadas), mas não de diplomas de natureza legal e internacional.

A Declaração Universal dos Direitos Humanos, no art. XXIV, prevê que: "Todo ser humano tem direito a repouso e lazer, inclusive a limitação razoável das horas de trabalho e a férias remuneradas periódicas".

27.3 Evolução da matéria no Brasil

No plano histórico, reconhece-se que no Brasil as férias foram concedidas, de modo formal, pela primeira vez, em 18 de dezembro de 1889, pelo "Aviso Ministerial do Ministério da Agricultura, Comércio e Obras Públicas", sendo remuneradas e com duração de 15 dias.

---

[1] Cf. MARTINS, Sergio Pinto. *Direito do trabalho*. 22. ed. São Paulo: Atlas, 2006. p. 546.
[2] Cf. DELGADO, Mauricio Godinho. *Curso de direito do trabalho*. 15. ed. São Paulo: LTr, 2016. p. 1.082.

Essas férias foram estendidas aos operários diaristas e ferroviários da Estrada de Ferro Central do Brasil em 1890.

No ano de 1925, o referido direito foi estendido a todos os empregados das empresas em geral[3].

A Consolidação das Leis do Trabalho, de 1943, sistematizou a matéria. No entanto, o Decreto-lei 1.535, de 13.04.1977, deu nova redação ao Capítulo IV do Título II da CLT, pertinente ao direito de férias anuais.

No plano constitucional, a Constituição de 1934, no art. 121, § 1º, *f*, assegurava o direito de férias anuais remuneradas.

A Constituição de 1937, por sua vez, no art. 137, *e*, estabelecia que, "depois de um ano de serviço ininterrupto em uma empresa de trabalho contínuo, o operário terá direito a uma licença anual remunerada".

A Constituição de 1946, retornando à previsão de 1934, garantia direito às "férias anuais remuneradas" (art. 157, inciso VII).

Na Constituição de 1967 (art. 158, inciso VIII), e na redação da Emenda Constitucional 1/1969 (art. 165, inciso VIII), também foi assegurado o direito de férias anuais remuneradas.

A Constituição Federal de 1988, em seu art. 7º, inciso XVII, assegura o direito ao: "gozo de férias anuais remuneradas com, pelo menos, um terço a mais do que o salário normal".

Como se nota, a Constituição em vigor passou a prever a remuneração das férias acrescidas de um terço, para os empregados urbanos e rurais (art. 7º, *caput*), inclusive empregados domésticos (parágrafo único do art. 7º da CF/1988).

27.4 Conceito

As férias podem ser conceituadas, de forma mais genérica, como o período mais prolongado de descanso, em que o empregado não presta serviços, mas tem direito de receber a remuneração.

As diversas disposições, detalhando o referido direito, serão analisadas no presente Capítulo.

27.5 Natureza jurídica

As férias, vistas como o período de ausência de trabalho, mas com o recebimento da respectiva remuneração, apresenta natureza de interrupção do contrato de trabalho.

Por outro lado, é inegável que as férias possuem natureza de direito social e trabalhista, de ordem fundamental, pois necessário à saúde e segurança do trabalhador.

Do ponto de vista do empregador, as férias constituem um dever a ser cumprido, ou seja, uma obrigação de fazer, no sentido de conceder as férias ao empregado, acompanhado de uma obrigação de pagar a respectiva remuneração.

Tendo em vista a efetiva relevância social das férias, para a saúde, o bem-estar e a vida da pessoa, as normas que preveem e regulam esse direito possuem evidente caráter fundamental, preservando a dignidade da pessoa do trabalhador.

27.6 Classificação das férias

As férias podem ser classificadas em individuais e coletivas.

As *férias individuais*, como o próprio nome indica, são aquelas concedidas individualmente, a cada empregado em particular.

---

[3] Cf. MARTINS, Sergio Pinto. *Direito do trabalho*. 22. ed. São Paulo: Atlas, 2006. p. 547.

As *férias coletivas*, por sua vez, conforme dispõe o art. 139 da CLT, podem ser concedidas "a todos os empregados de uma empresa ou de determinados estabelecimentos ou setores da empresa".

Assim, as férias coletivas, na realidade, podem ser de três modalidades específicas:

a) férias de todos os empregados da empresa;

b) férias de todos empregados de determinados estabelecimentos (ou seja, unidades) da empresa;

c) férias de todos empregados de determinados setores da empresa.

As férias coletivas poderão ser gozadas em dois períodos anuais desde que nenhum deles seja inferior a dez dias corridos (§ 1º do art. 139 da CLT).

Para que as férias coletivas sejam concedidas, o empregador deve comunicar ao órgão local do Ministério do Trabalho, com a antecedência mínima de 15 dias, as datas de início e fim das férias, precisando quais os estabelecimentos ou setores abrangidos pela medida (§ 2º do art. 139). De acordo com a Lei Complementar 123, de 14 de dezembro de 2006, as microempresas e as empresas de pequeno porte são dispensadas de comunicar ao Ministério do Trabalho a concessão de férias coletivas (art. 51, inciso V).

No mesmo prazo de 15 dias, o empregador enviará cópia da aludida comunicação aos sindicatos representativos da respectiva categoria profissional, e providenciará a afixação de aviso nos locais de trabalho (§ 3º do art. 139).

Se essas exigências formais não forem observadas pelo empregador, quando da concessão das férias coletivas, este fica sujeito à aplicação de penalidade administrativa. No entanto, se as férias coletivas forem efetivamente usufruídas pelos empregados, não há como considerar nula a sua concessão, mesmo que as mencionadas formalidades não tenham se verificado.

No caso das férias coletivas, os empregados contratados há menos de 12 meses gozarão, na oportunidade, férias proporcionais, iniciando-se, então, novo período aquisitivo (art. 140 da CLT).

A parte final desse dispositivo gera certa controvérsia na interpretação. Há entendimento de que a "palavra *então* refere-se ao término das férias proporcionais coletivas e não ao início delas"[4]. Essa posição defende a aplicação da mesma orientação prevista no art. 133, § 2º, da CLT.

No entanto, parece mais adequado e razoável interpretar no sentido inverso, ou seja, de que os empregados com menos de 12 meses de serviço gozarão férias proporcionais coletivas, iniciando-se novo período concessivo simultaneamente ao início das referidas férias. Isso porque, do contrário, o empregado estaria de férias (proporcionais coletivas), mas sem contar o tempo de serviço para novas férias, o que contraria a literalidade do art. 130, § 2º, da CLT, de acordo com o qual o "período das férias será computado, para todos os efeitos, como tempo de serviço".

Além disso, caso se entenda que o novo período se inicia somente quando do término das férias proporcionais coletivas, tem-se a situação inusitada de tempo considerado como de serviço, mas que não seria computado para fins de férias.

Se a interpretação do art. 140 da CLT fosse de início de novo período aquisitivo somente depois do término de gozo das férias coletivas, o empregado iria ficar com um período "em branco", verdadeiro intervalo prejudicial, pois não considerado para efeito de aquisição de férias, somente porque o empregador concedeu férias proporcionais coletivas.

Assim, entende-se que o início do período aquisitivo, na hipótese analisada (art. 140), ocorre com o início de gozo das férias coletivas proporcionais. O critério do art. 133, § 2º, da CLT não se aplica ao caso específico em análise, pois as hipóteses de perda do direito de férias em nada se assemelham com a concessão de férias coletivas pelo empregador.

Se as férias coletivas forem concedidas em período superior àquele que o empregado tem direito, os dias restantes devem ser considerados como licença remunerada, pois o risco da atividade

---

4 MARTINS, Sergio Pinto. *Direito do trabalho*. 22. ed. São Paulo: Atlas, 2006. p. 558.

é do empregador. Este, ao decidir pela concessão de férias coletivas, não pode prejudicar o empregado em seu direito de receber a remuneração.

O art. 141 da CLT, sobre a anotação da concessão de férias coletivas, por meio de carimbo, na CTPS, foi revogado pela Lei 13.874/2019.

27.7 Período aquisitivo

Para obter direito às férias remuneradas, o empregado deve trabalhar durante o período aquisitivo.

Em termos genéricos, o empregado tem direito a férias a cada ano, como prevê o art. 129 da CLT: "Todo empregado terá direito anualmente ao gozo de um período de férias, sem prejuízo da remuneração".

Assim, o período aquisitivo de férias é de 12 meses de vigência do contrato de trabalho, como estabelece o art. 130 da CLT.

27.7.1 Duração das férias

Mesmo adquirido o direito às férias remuneradas, resta definir a duração delas, o que é estabelecido pelos incisos do art. 130 da CLT:

"Art. 130. Após cada período de 12 (doze) meses de vigência do contrato de trabalho, o empregado terá direito a férias, na seguinte proporção:

I – 30 (trinta) dias corridos, quando não houver faltado ao serviço mais de 5 (cinco) vezes;

II – 24 (vinte e quatro) dias corridos, quando houver tido de 6 (seis) a 14 (quatorze) faltas;

III – 18 (dezoito) dias corridos, quando houver tido de 15 (quinze) a 23 (vinte e três) faltas;

IV – 12 (doze) dias corridos, quando houver tido de 24 (vinte e quatro) a 32 (trinta e duas) faltas".

Para facilitar eventual consulta ou memorização, pode-se sistematizar da seguinte forma:

Número de faltas	Período de férias
00-05 dias de faltas	30 dias de férias
06-14 dias de faltas	24 dias de férias
15-23 dias de faltas	18 dias de férias
24-32 dias de faltas	12 dias de férias

Se o empregado tiver mais de 32 faltas injustificadas, passa a não ter direito a férias.

É vedado descontar, do período de férias, as faltas do empregado ao serviço (§ 1º do art. 130 da CLT).

Como esclarece o § 2º do art. 130 da CLT: "O período das férias será computado, para todos os efeitos, como tempo de serviço".

Portanto, fica confirmado que as férias representam hipótese de interrupção do contrato de trabalho: trata-se de período em que, mesmo não havendo a prestação de serviços, a remuneração é devida e integra o tempo de serviço do empregado.

Importante destacar que o art. 131 da CLT prevê diversas situações em que a ausência do empregado *não* é considerada falta ao serviço, para fins do período de férias adquiridas.

De acordo com a Súmula 89 do TST: "Falta ao serviço. Se as faltas já são justificadas pela lei, consideram-se como ausências legais e não serão descontadas para o cálculo do período de férias".

O art. 131 da CLT assim prevê:

"Art. 131. Não será considerada falta ao serviço, para os efeitos do artigo anterior, a ausência do empregado:

I – nos casos referidos no art. 473;

II – durante o licenciamento compulsório da empregada por motivo de maternidade[5] ou aborto[6], observados os requisitos para percepção do salário-maternidade custeado pela Previdência Social;

III – por motivo de acidente do trabalho[7] ou enfermidade atestada pelo Instituto Nacional do Seguro Social – INSS, excetuada a hipótese do inciso IV do art. 133[8];

IV – justificada pela empresa, entendendo-se como tal a que não tiver determinado o desconto do correspondente salário;

V – durante a suspensão preventiva para responder a inquérito administrativo[9] ou de prisão preventiva, quanto for impronunciado ou absolvido; e

VI – nos dias em que não tenha havido serviço, salvo na hipótese do inciso III do art. 133"[10].

Os casos previstos no art. 473 da CLT também foram estudados no Capítulo sobre suspensões e interrupções do contrato de trabalho. Assim, cabe apenas relembrar as situações ali previstas, remetendo-se o leitor para evitar repetição da matéria:

"Art. 473. O empregado poderá deixar de comparecer ao serviço sem prejuízo do salário:

I – até 2 (dois) dias consecutivos, em caso de falecimento do cônjuge, ascendente, descendente, irmão ou pessoa que, declarada em sua carteira de trabalho e previdência social, viva sob sua dependência econômica;

II – até 3 (três) dias consecutivos, em virtude de casamento;

III – por um dia, em caso de nascimento de filho no decorrer da primeira semana;

IV – por um dia, em cada 12 (doze) meses de trabalho, em caso de doação voluntária de sangue devidamente comprovada;

V – até 2 (dois) dias consecutivos ou não, para o fim de se alistar eleitor, nos termos da lei respectiva;

VI – no período de tempo em que tiver de cumprir as exigências do Serviço Militar referidas na letra *c* do art. 65 da Lei 4.375, de 17 de agosto de 1964 (Lei do Serviço Militar);

VII – nos dias em que estiver comprovadamente realizando provas de exame vestibular para ingresso em estabelecimento de ensino superior;

VIII – pelo tempo que se fizer necessário, quando tiver que comparecer a juízo;

---

[5] Art. 392 da CLT: "A empregada gestante tem direito à licença-maternidade de 120 (cento e vinte) dias, sem prejuízo do emprego e do salário". Art. 392-A da CLT: "À empregada que adotar ou obtiver guarda judicial para fins de adoção de criança ou adolescente será concedida licença-maternidade nos termos do art. 392 desta Lei [...] § 4º A licença-maternidade só será concedida mediante apresentação do termo judicial de guarda à adotante ou guardiã. § 5º A adoção ou guarda judicial conjunta ensejará a concessão de licença-maternidade a apenas um dos adotantes ou guardiães empregado ou empregada". Art. 392-B da CLT: "Em caso de morte da genitora, é assegurado ao cônjuge ou companheiro empregado o gozo de licença por todo o período da licença-maternidade ou pelo tempo restante a que teria direito a mãe, exceto no caso de falecimento do filho ou de seu abandono". Art. 392-C da CLT: "Aplica-se, no que couber, o disposto nos arts. 392-A e 392-B ao empregado que adotar ou obtiver guarda judicial para fins de adoção".

[6] Art. 395 da CLT: "Em caso de aborto não criminoso, comprovado por atestado médico oficial, a mulher terá um repouso remunerado de 2 (duas) semanas, ficando-lhe assegurado o direito de retornar à função que ocupava antes de seu afastamento".

[7] Súmula 46 do TST: "Acidente de trabalho. As faltas ou ausências decorrentes de acidente do trabalho não são consideradas para os efeitos de duração de férias e cálculo da gratificação natalina"; Súmula 198 do STF: "As ausências motivadas por acidente do trabalho não são descontáveis do período aquisitivo das férias".

[8] Art. 133: "IV – tiver percebido da Previdência Social prestações de acidente de trabalho ou de auxílio-doença por mais de 6 (seis) meses, embora descontínuos".

[9] Embora haja entendimento no sentido de se tratar do inquérito judicial para falta grave, no caso, por se fazer menção ao "inquérito administrativo", trata-se da hipótese regulada no art. 472, §§ 3º, 4º e 5º, bem como no art. 482, parágrafo único, da CLT.

[10] Art. 133: "III – deixar de trabalhar, com percepção do salário, por mais de 30 (trinta) dias, em virtude de paralisação parcial ou total dos serviços da empresa".

IX – pelo tempo que se fizer necessário, quando, na qualidade de representante de entidade sindical, estiver participando de reunião oficial de organismo internacional do qual o Brasil seja membro;

X – até 2 (dois) dias para acompanhar consultas médicas e exames complementares durante o período de gravidez de sua esposa ou companheira;

XI – por 1 (um) dia por ano para acompanhar filho de até 6 (seis) anos em consulta médica;

XII – até 3 (três) dias, em cada 12 (doze) meses de trabalho, em caso de realização de exames preventivos de câncer devidamente comprovada".

O tempo de trabalho anterior à apresentação do empregado para serviço militar obrigatório será computado no período aquisitivo, desde que ele compareça ao estabelecimento dentro de 90 dias da data em que se verificar a respectiva baixa (art. 132 da CLT).

27.7.2 Perda do direito às férias

Embora o direito às férias seja de grande importância social e individual ao empregado, este pode perdê-lo se verificada alguma das situações previstas no art. 133 da CLT.

"Art. 133. Não terá direito a férias o empregado que, no curso do período aquisitivo:

I – deixar o emprego e não for readmitido dentro de 60 (sessenta) dias subsequentes à sua saída;

II – permanecer em gozo de licença, com percepção de salários, por mais de 30 (trinta) dias;

III – deixar de trabalhar, com percepção do salário, por mais de 30 (trinta) dias, em virtude de paralisação parcial ou total dos serviços da empresa; e

IV – tiver percebido da Previdência Social prestações de acidente de trabalho ou de auxílio-doença por mais de 6 (seis) meses, embora descontínuos".

Para os fins previstos no inciso III acima, a empresa comunicará ao órgão local do Ministério do Trabalho, com antecedência mínima de 15 dias, as datas de início e fim da paralisação total ou parcial dos serviços da empresa, e, em igual prazo, comunicará, nos mesmos termos, ao sindicato representativo da categoria profissional, bem como afixará aviso nos respectivos locais de trabalho (§ 3º do art. 133).

Quanto ao inciso IV do art. 133 da CLT, há entendimento (não majoritário) de que essa restrição não mais prevalece em razão da Convenção 132 da OIT (art. 5, n. 4), sobre férias anuais remuneradas, ratificada pelo Brasil (Decreto 3.197/1999, atualmente Decreto 10.088/2019). Entretanto, entende-se que o mencionado dispositivo da CLT se mantém em vigor, pois, além de regular hipótese específica e diferenciada, a previsão da Convenção 132 da OIT remete às "condições a serem determinadas pela autoridade competente ou pelo órgão apropriado de cada país".

Iniciar-se-á o decurso de novo período aquisitivo quando o empregado, após incidir em qualquer das condições previstas no art. 133 da CLT, retornar ao serviço (§ 2º do art. 133).

A interrupção da prestação de serviços deverá ser anotada na Carteira de Trabalho e Previdência Social (§ 1º do art. 133).

27.8 Período concessivo

Após a aquisição do direito às férias, elas devem ser concedidas pelo empregador, respeitando o período concessivo, que é de 12 meses seguintes ao término do período aquisitivo.

Efetivamente, de acordo com o art. 134 da CLT: "As férias serão concedidas por ato do empregador, em um só período, nos 12 (doze) meses subsequentes à data em que o empregado tiver adquirido o direito".

Desde que observado o período concessivo, a época da concessão das férias será a que melhor consulte os interesses do empregador (art. 136 da CLT).

Cabe mencionar que, no caso do atleta profissional de futebol, Lei 6.354, de 2 de setembro de 1976, assim previa: "Art. 25. O atleta terá direito a um período de férias anuais remuneradas de 30 (trinta) dias, *que coincidirá com o recesso obrigatório das atividades de futebol*. Parágrafo único. Durante os 10 (dez) dias seguintes ao recesso é proibida a participação do atleta em qualquer competição com ingressos pagos" (destaquei).

Na mesma linha, a previsão constante do art. 28, § 4º, inciso V, da Lei 9.615/1998, incluído pela Lei 12.395/2011, dispõe que o atleta profissional de futebol (art. 94) tem assegurado o direito a "férias anuais remuneradas de 30 (trinta) dias, acrescidas do abono de férias, coincidentes com o recesso das atividades desportivas". Com isso, a previsão legal, em consonância com a Constituição Federal de 1988, estabelece que a remuneração das férias deve ser acrescida do respectivo adicional de no mínimo um terço do salário normal (art. 7º, inciso XVII, da CF/1988).

O art. 138 da CLT possui a seguinte previsão: "Durante as férias, o empregado não poderá prestar serviços a outro empregador, salvo se estiver obrigado a fazê-lo em virtude de contrato de trabalho regularmente mantido com aquele".

Observa-se certa controvérsia na interpretação do alcance da norma acima transcrita.

Há quem entenda que o empregado, durante as férias, não pode prestar serviços a outro empregador, devendo descansar durante o seu período, o que seria de interesse do empregador que as concedeu.

Nesse sentido, se o empregado tiver as férias concedidas, mas firmar outro contrato de trabalho, com outro empregador, estaria praticando falta disciplinar, por desrespeitar o mencionado comando.

Apenas se o empregado já mantivesse, antes da concessão das férias, outro contrato de trabalho, é que, excepcionalmente, poderia prestar serviço ao respectivo empregador, durante as férias concedidas pelo outro.

A outra corrente de entendimento interpreta a parte final do art. 138 da CLT de forma mais ampla.

Esse dispositivo, ao permitir a prestação de serviços a outro empregador, se o empregado estiver obrigado a fazê-lo em virtude de contrato de trabalho regularmente mantido, pode ser perfeitamente aplicado na hipótese do trabalhador que, durante as férias, é admitido em outro vínculo de emprego.

Essa posição revela-se mais razoável e próxima da realidade. Além disso, não se pode dizer que o empregado tem o dever de descansar, mas sim o direito de usufruir as férias livremente, podendo se ativar em atividades lícitas.

Referida liberdade não pode ser cerceada pelo empregador, nem se verifica a possibilidade de inusitada punição disciplinar do empregado, por não ter descansado tal como o empregador eventualmente desejava em seu íntimo.

27.8.1 Fracionamento das férias

Conforme o art. 134, § 1º, da CLT, com redação dada pela Lei 13.467/2017, desde que haja concordância do empregado, as férias podem ser usufruídas em até três períodos, sendo que um deles não pode ser inferior a 14 dias corridos e os demais não podem ser inferiores a cinco dias corridos, cada um.

Essa divisão do período de gozo das *férias individuais*, portanto, exige a anuência do empregado.

Em termos práticos, entretanto, sabendo-se que o empregado presta serviços de forma subordinada ao empregador, nem sempre a vontade daquele tem como ser manifestada de forma autêntica e hígida, mesmo porque normalmente precisa do emprego para manter a própria subsistência e de sua família.

Anteriormente, quanto às férias individuais, o art. 134, § 1º, da CLT, na redação decorrente do Decreto-lei 1.535/1977, previa que somente em casos excepcionais serão as férias concedidas em dois períodos, um dos quais não pode ser inferior a 10 dias corridos.

Especificamente quanto às *férias coletivas*, o art. 139, § 1º, da CLT, o qual não é modificado pela Lei 13.467/2017, dispõe que as férias podem ser gozadas em dois períodos anuais, desde que nenhum deles seja inferior a 10 dias corridos.

Cabe esclarecer que podem ser concedidas férias coletivas a todos os empregados de uma empresa ou de determinados estabelecimentos ou setores da empresa (art. 139 da CLT).

Como se pode notar, passa-se a autorizar, desde que haja anuência do empregado, o parcelamento do gozo das *férias individuais* em até três períodos.

Entretanto, um dos períodos não pode ser inferior a 14 dias corridos e os demais não podem ser inferiores a cinco dias corridos.

Exemplificando, poderíamos passar a ter férias de 30 (trinta) dias fracionadas da seguinte forma: 14 (quatorze) dias, 8 (oito) dias e 8 (oito) dias.

Não obstante, deve-se registrar que nem sempre o empregado tem direito a 30 dias de férias. Nesse enfoque, segundo o art. 130 da CLT, após cada período de 12 (doze) meses de vigência do contrato de trabalho, o empregado terá direito a férias, na seguinte proporção: 30 (trinta) dias corridos, quando não houver faltado ao serviço mais de 5 (cinco) vezes; 24 (vinte e quatro) dias corridos, quando houver tido de 6 (seis) a 14 (quatorze) faltas; 18 (dezoito) dias corridos, quando houver tido de 15 (quinze) a 23 (vinte e três) faltas; 12 (doze) dias corridos, quando houver tido de 24 (vinte e quatro) a 32 (trinta e duas) faltas.

Portanto, apenas quando o período de férias é de 30 ou de 24 dias é que se permite o parcelamento em três períodos, pois um dos períodos não pode ser inferior a 14 dias corridos e os demais não podem ser inferiores a cinco dias corridos.

Os períodos de férias mais curtos são passíveis de crítica, pois dificilmente atenderão à finalidade social do direito em questão, que seria de possibilitar o efetivo descanso ao empregado.

O art. 8º da referida Convenção 132 da OIT dispõe que o *fracionamento do período de férias anuais remuneradas* pode ser autorizado pela autoridade competente ou pelo órgão apropriado de cada país. Além disso, salvo estipulação em contrário contida em acordo que vincule o empregador e a pessoa empregada, e desde que a duração do serviço dessa pessoa lhe dê direito a tal período de férias, uma das frações do referido período deve corresponder *pelo menos a duas semanas* de trabalho ininterrupto.

Cabe destacar que a Convenção 132 da OIT não versa sobre férias coletivas, com o que a regulamentação destas, pela CLT, não foi alterada (arts. 139 a 141)[11].

O art. 134, § 2º, da CLT, o qual previa que aos menores de 18 anos e aos maiores de 50 anos de idade as férias são sempre concedidas de uma só vez, foi *revogado* pelo art. 5º, inciso I, *f*, da Lei 13.467/2017. Com isso, essa obrigatoriedade não mais existe.

É vedado o início das férias no período de dois dias que *antecede* feriado ou dia de repouso semanal remunerado (art. 134, § 3º, da CLT, acrescentado pela Lei 13.467/2017).

Essa previsão tem como objetivo não prejudicar o empregado quanto ao gozo das *férias individuais*, evitando que estas iniciem no período de dois dias antes de feriado ou repouso semana remunerado, pois nesses dias o empregado já estaria descansando de forma remunerada.

Ainda assim, evidentemente, admite-se que o início das férias ocorra em período *posterior* ao feriado ou dia de repouso semanal remunerado.

Os membros de uma família, que trabalharem no mesmo estabelecimento ou empresa, terão direito a gozar férias no mesmo período, se assim o desejarem e se disto não resultar prejuízo para o serviço (§ 1º do art. 136 da CLT).

O empregado estudante, menor de 18 anos, terá direito a fazer coincidir suas férias com as férias escolares (§ 2º do art. 136 da CLT).

É possível entender que as mencionadas previsões dos §§ 1º e 2º do art. 136 da CLT também se aplicam para as férias coletivas, pois os mencionados preceitos são de ordem geral. Além disso, o interesse econômico do empregador não poderia prevalecer sobre as relevantes normas de proteção em análise, que asseguram valores sociais de destaque, relacionados à família, ao ensino e à idade, no gozo das férias.

---

[11] Cf. SILVA, Homero Batista Mateus da. A discreta vigência da Convenção 132 da OIT sobre férias anuais remuneradas. *Revista da Amatra II*, São Paulo, ano I, n. 3, p. 5-6, ago. 2000.

27.8.2 Feriados no curso das férias

Cabe analisar, neste item, a questão dos feriados existentes no decorrer do período de fruição das férias[12].

A Súmula 147 do TST, dispondo sobre tema semelhante, assim previa: "Férias. Indenização. Indevido o pagamento dos repousos semanais e feriados intercorrentes nas férias indenizadas". No entanto, referido verbete foi cancelado pela Resolução 121/2003 do TST.

O art. 6.1 da Convenção 132 da OIT trata a respeito da matéria:

"Os dias feriados oficiais ou costumeiros, quer se situem ou não dentro do período de férias anuais, não serão computados como parte do período mínimo de férias anuais remuneradas previsto no parágrafo 3 do Artigo 3 acima".

Essa disposição poderia dar a entender que os feriados ocorridos durante as férias não mais estariam englobados no seu período, devendo ser objeto de gozo em separado, alongando os dias de descanso[13].

Na verdade, uma leitura atenta deste art. 6.1 demonstra que os feriados "não serão computados como parte do período *mínimo* de férias anuais remuneradas", ou seja, "não serão computados como parte do período [...] previsto no parágrafo 3 do Artigo 3", que é de três semanas (21 dias).

Portanto, conforme a norma da OIT, obstado é englobar os feriados nas férias, mas apenas quanto ao período mínimo de 21 dias. Ou seja, o país que ratifica a Convenção 132 deve não só observar o referido período mínimo, mas, *caso adote este patamar mínimo*, deve estendê-lo na hipótese de feriados em seu curso. Não pode o país estabelecer o período de férias de 21 dias, já computados os feriados existentes quando da fruição. Inversamente, caso não se esteja diante de período *mínimo* do art. 3.3, o art. 6.1 não tem aplicabilidade.

Certamente, a intenção é de que o período mínimo de férias, estabelecido no art. 3.3, não seja objeto de qualquer "adulteração", ainda que indireta, em razão de feriados.

Em assim sendo, tem-se que o Brasil, ao adotar o período de férias de 30 dias (obviamente, não havendo ausências injustificadas, ou até o limite legal), não há que falar em aplicação "do período mínimo de férias anuais remuneradas previsto no parágrafo 3 do Artigo 3 acima", restando obstada, portanto, a incidência do art. 6.1 da Convenção 132 da OIT.

Com isso, os feriados ocorridos durante o gozo das férias permanecem sendo englobados nelas, não havendo alteração, a respeito, na CLT (art. 130).

Nesse sentido, cabe transcrever a seguinte ementa:

"Se o período de férias tem duração superior ao mínimo a que se refere o art. 3º, item 3º, da Convenção 132 da OIT (três semanas), não há por que dele excluir os dias feriados" (TRT 12ª Reg., 2ª T., ROV 00599-2002-010-12-00-3, Rel. Juiz José Luiz Moreira Cacciari, j. 09.12.2002).

Cabe acentuar que a tabela prevista no art. 130 da CLT, já estudada acima, também não sofreu alteração com a Convenção 132 da OIT. Essa norma internacional geral não trata da questão específica, pertinente às ausências não justificadas, que é regulamentada pelo mencionado dispositivo consolidado.

---

[12] Cf. FRANCO FILHO, Georgenor de Sousa. A Convenção n. 132 da OIT e seus reflexos nas férias. *Revista do Tribunal Regional do Trabalho da 8ª Região*, Belém, v. 34, n. 67, p. 33, jul.-dez. 2001.

[13] Cf. SILVA, Homero Batista Mateus da. A discreta vigência da Convenção 132 da OIT sobre férias anuais remuneradas. *Revista da Amatra II*, São Paulo, ano I, n. 3, p. 8, ago. 2000. MEDEIROS, Alexandre Alliprandino; LAET, Flávio Antônio Camargo de. As novidades no sistema jurídico das férias individuais. Convenção 132 da Organização Internacional do Trabalho. *Revista Trabalho & Doutrina*, São Paulo, Saraiva, n. 26, p. 28-29, dez. 2001.

Além disso, o art. 5.4 da Convenção 132 da OIT, interpretado *a contrario sensu*, autoriza que a norma do país reduza o período de gozo das férias. Se as faltas justificadas não poderão ser computadas como parte das férias remuneradas, tem-se que aquelas injustificadas podem reduzi-las.

Por fim, o princípio da igualdade e o próprio bom senso indicam não se poder tratar de forma igual os desiguais, não sendo razoável garantir idêntico período de férias tanto para quem teve faltas não justificadas, como para quem não as teve no período aquisitivo, privilegiando-se aquele que não foi tão "zeloso"[14].

27.9 Comunicação das férias

O empregado deve ser comunicado com antecedência quanto à concessão das férias, para que possa se programar para o referido período de descanso e lazer.

Nesse sentido, o art. 135 da CLT assim prevê: "A concessão das férias será participada, por escrito, ao empregado, com antecedência de, no mínimo, 30 (trinta) dias. Dessa participação o interessado dará recibo".

Questiona-se quanto à consequência de não se observar a referida comunicação no prazo indicado. Se as férias forem efetivamente gozadas pelo empregado, não há como considerar ineficaz a fruição, de modo que o empregador fica sujeito a penalidade administrativa.

Em tese, o que o empregado poderia ter direito é quanto a eventuais perdas e danos, por não ter havido possibilidade de se programar para as férias com antecedência, por culpa do empregador que não o avisou no prazo legal. Trata-se, no entanto, de situação rara e não indicada pela doutrina tradicional.

Observada a referida antecedência na comunicação das férias, cabe destacar que o empregado não poderá entrar no gozo das férias sem que apresente ao empregador sua Carteira de Trabalho e Previdência Social, para que nela seja anotada a respectiva concessão (§ 1º do art. 135 da CLT).

A concessão das férias também deve ser anotada no livro ou nas fichas de registro dos empregados (art. 135, § 2º, da CLT). De acordo com a Lei Complementar 123/2006, art. 51, inciso II, as microempresas e as empresas de pequeno porte são dispensadas da anotação das férias dos empregados nos respectivos livros ou fichas de registro.

Conforme o art. 135, § 3º, da CLT, incluído pela Lei 13.874/2019, nos casos em que o empregado possua a CTPS em meio digital, a anotação (da concessão das férias) deve ser feita nos sistemas a que se refere o § 7º do art. 29 da Consolidação das Leis do Trabalho (ou seja, nos sistemas informatizados da CTPS em meio digital), na forma do regulamento, dispensadas as anotações de que tratam os §§ 1º e 2º do art. 135 da CLT.

Do mesmo modo, se as referidas anotações não forem efetuadas na CTPS e no registro do empregado, mas as férias forem efetivamente usufruídas, o empregador fica sujeito à aplicação de penalidade administrativa, mas podendo provar a concessão por todos os elementos legítimos admitidos em direito.

27.10 Remuneração das férias

O empregado, quando usufrui as férias, deve receber a remuneração devida na época da concessão.

Nesse sentido prevê o art. 142 da CLT: "O empregado perceberá, durante as férias, a remuneração que lhe for devida na data da sua concessão".

---

[14] MEDEIROS, Alexandre Alliprandino; LAET, Flávio Antônio Camargo de. As novidades no sistema jurídico das férias individuais. Convenção 132 da Organização Internacional do Trabalho. *Revista Trabalho & Doutrina*, São Paulo, Saraiva, n. 26, p. 24-25, dez. 2001. Cf. ainda SILVA, Homero Batista Mateus da. A discreta vigência da Convenção 132 da OIT sobre férias anuais remuneradas. *Revista da Amatra II*, São Paulo, ano I, n. 3, p. 7, ago. 2000.

Como esclarece a Súmula 7 do TST: "A indenização pelo não deferimento das férias no tempo oportuno será calculada com base na remuneração devida ao empregado na época da reclamação ou, se for o caso, na da extinção do contrato".

A Constituição Federal de 1988 passou a estabelecer que o empregado, além da remuneração, também tem direito ao acréscimo de pelo menos 1/3, ao usufruir as férias (art. 7º, inciso XVII). Ao referido acréscimo, por ser acessório da remuneração, aplicam-se as disposições pertinentes a esta.

A Orientação Jurisprudencial Transitória 50 da SBDI-I do TST esclarece importante aspecto sobre o adicional de 1/3, no caso de empresas que, mesmo antes da Constituição Federal de 1988, já pagavam um abono de férias:

"Férias. Abono instituído por instrumento normativo e terço constitucional. Simultaneidade inviável. O abono de férias decorrente de instrumento normativo e o abono de 1/3 (um terço) previsto no art. 7º, XVII, da CF/1988 têm idêntica natureza jurídica, destinação e finalidade, constituindo-se 'bis in idem' seu pagamento simultâneo, sendo legítimo o direito do empregador de obter compensação de valores porventura pagos".

Embora a Constituição de 1988 assegure o referido adicional de 1/3 da remuneração para o "gozo de férias anuais", não se pode fazer uma interpretação literal e restritiva do dispositivo.

Assim, de acordo com a Súmula 328 do TST: "Férias. Terço constitucional. O pagamento das férias, integrais ou proporcionais, gozadas ou não, na vigência da CF/1988, sujeita-se ao acréscimo do terço previsto no respectivo art. 7º, XVII".

Trata-se de correta interpretação teleológica da norma constitucional, pois o empregado não pode ser prejudicado por não ter usufruído as férias, ou completado o período aquisitivo, quando da extinção do contrato de trabalho.

O pagamento da remuneração das férias deve ser efetuado até dois dias antes do início do respectivo período (art. 145 da CLT). O empregado deve dar quitação do pagamento, com indicação do início e do termo das férias.

Quando o salário for pago por hora com jornadas variáveis, apurar-se-á a média do período aquisitivo, aplicando-se o valor do salário na data da concessão das férias (§ 1º do art. 142 da CLT).

Quando o salário for pago por tarefa tomar-se-á por base a média da produção no período aquisitivo do direito a férias, aplicando-se o valor da remuneração da tarefa na data da concessão das férias (§ 2º do art. 142 da CLT).

Desse modo, como esclarece a Súmula 149 do TST: "Tarefeiro. Férias. A remuneração das férias do tarefeiro deve ser calculada com base na média da produção do período aquisitivo, aplicando-se-lhe a tarifa da data da concessão".

Quando o salário for pago por percentagem, comissão ou viagem, deve ser apurada a média percebida pelo empregado nos 12 meses que precederem à concessão das férias (§ 3º do art. 142 da CLT).

A Orientação Jurisprudencial 181 da SBDI-I do TST segue essa mesma linha, pontuando que: "Comissões. Correção monetária. Cálculo. O valor das comissões deve ser corrigido monetariamente para em seguida obter-se a média para efeito de cálculo de férias, 13º salário e verbas rescisórias".

A parte do salário em utilidades será computada de acordo com a anotação na Carteira de Trabalho e Previdência Social (§ 4º do art. 142 da CLT). No entanto, pode-se dizer que, se a utilidade permanece sendo usufruída pelo empregado no curso das férias, deixa de ser devido o seu pagamento em dinheiro; no entanto, mesmo nessa última hipótese, é razoável entender que o adicional de 1/3, calculado sobre o valor da utilidade que persiste sendo usufruída nas férias, deve ser pago.

Os adicionais por trabalho extraordinário, noturno, insalubre ou perigoso serão computados no salário que servirá de base ao cálculo da remuneração das férias (§ 5º do art. 142 da CLT). Se, no momento das férias, o empregado não estiver percebendo o mesmo adicional do período aquisitivo, ou quando o valor deste não tiver sido uniforme, será computada a média duodecimal recebida naquele período, após a atualização das importâncias pagas, mediante incidência dos percentuais dos reajustamentos salariais supervenientes (§ 6º do art. 142 da CLT).

Esclarece a Súmula 253 do TST que a gratificação semestral não repercute no cálculo das horas extras, das férias e do aviso prévio, ainda que indenizados. Repercute, contudo, pelo seu duodécimo na indenização por antiguidade e na gratificação natalina.

27.11 Abono pecuniário de férias

As férias, essencialmente, devem ser gozadas pelo empregado, para que o referido instituto atenda à sua destinação de possibilitar repouso e restabelecimento do vigor físico e mental.

A própria Constituição Federal de 1988 assegura o direito de "*gozo* de férias anuais remuneradas", confirmando a necessidade de serem, em princípio, usufruídas pelo empregado.

No entanto, a Consolidação das Leis do Trabalho, no art. 143, faculta ao empregado converter 1/3 do período de férias a que tiver direito em abono pecuniário, no valor da remuneração que lhe seria devida nos dias correspondentes.

O entendimento já pacificado é de que a referida possibilidade foi recepcionada pela Constituição de 1988, pois apenas 1/3 do período de férias é convertido em abono pecuniário, de modo que elas permanecem sendo gozadas, ainda que em período reduzido.

Não se pode confundir o abono pecuniário de férias, que se refere à conversão de 1/3 do seu período de gozo em pecúnia, com o adicional constitucional de 1/3, a ser acrescido à remuneração das férias.

O abono de férias deverá ser requerido até 15 dias antes do término do período aquisitivo (§ 1º do art. 143 da CLT).

Assim como o pagamento da remuneração das férias, o abono pecuniário de férias também deve ser efetuado até dois dias antes do início do respectivo período (art. 145 da CLT).

Tratando-se de férias coletivas, a referida conversão em abono pecuniário deve ser objeto de acordo coletivo entre o empregador e o sindicato representativo da respectiva categoria profissional, independendo de requerimento individual a concessão do abono (§ 2º do art. 143 da CLT).

Quanto ao cálculo do valor do abono pecuniário de férias, ressalte-se que, segundo a jurisprudência do TST, não incide novamente o acréscimo de 1/3 previsto na Constituição da República, como se observa no seguinte julgado:

> "Recurso de revista. Férias. Cálculo do abono pecuniário. O empregado que converte 10 dias de férias em pecúnia, nos moldes do art. 143 da CLT, faz jus ao pagamento do valor correspondente a 30 dias de férias (salário + 1/3), além da remuneração normal dos 10 dias trabalhados. *O equívoco da decisão regional está em aplicar o acréscimo de 1/3 também na remuneração dos dias trabalhados, procedimento que não se coaduna com a legislação aplicável.* Precedentes. Recurso de revista de que se conhece e a que se dá provimento" (TST, 7ª T., RR 102-98.2011.5.07.0007, Rel. Des. Conv. Valdir Florindo, *DEJT* 14.06.2013, destaquei).

De acordo com o art. 144 da CLT, o abono de férias de que trata o art. 143 (abono pecuniário), bem como o concedido em virtude de cláusula do contrato de trabalho, do regulamento da empresa, de convenção ou acordo coletivo, desde que não excedente de 20 dias do salário, não integrarão a remuneração do empregado para os efeitos da legislação do trabalho.

Essa disposição precisa ser devidamente interpretada, sob pena de se tornar contraditória com as outras normas sobre o abono pecuniário de férias.

Na realidade, o art. 144 da CLT faz menção a duas modalidades distintas de abonos de férias:

a) abono pecuniário de férias, previsto no art. 143, no qual o empregado tem a faculdade de converter 1/3 do período de férias em dinheiro, não possuindo natureza remuneratória para fins de legislação trabalhista (art. 144), nem para efeito de contribuição previdenciária (Lei 8.212/1991, art. 28, § 9º, *e*, 6);

b) abono de férias especial, previsto em cláusula do contrato de trabalho, do regulamento de empresa, de convenção ou acordo coletivo.

Esse abono em específico, pago em razão das férias do empregado, para que melhor pudesse usufruí-las, era mais frequente antes da promulgação da Constituição Federal de 1988, pois a partir de 05.10.1988 todos os empregados passaram a fazer jus ao acréscimo de 1/3 na remuneração das férias.

De todo modo, se o empregado tiver direito de receber o mencionado abono especial de férias, desde que ele não exceda 20 dias do salário, não integra a remuneração do empregado para os efeitos da legislação do trabalho, nem o salário de contribuição, para fins de incidência de contribuição previdenciária (Lei 8.212/1991, art. 28, § 9º, *e*, 6).

27.12 Férias concedidas após o período concessivo

Como já analisado, o empregador deve conceder as férias no período concessivo de 12 meses subsequentes à aquisição do referido direito.

Cabe verificar, no entanto, a consequência da concessão das férias após o referido prazo.

De acordo com o art. 137 da CLT: "Sempre que as férias forem concedidas após o prazo de que trata o art. 134, o empregador pagará em dobro a respectiva remuneração".

Assim, na hipótese em estudo, o empregador, além de ter de conceder as férias com a respectiva remuneração, atualmente acrescida do 1/3 constitucional, deve pagar ao empregado a dobra das férias, também com o 1/3 do art. 7º, inciso XVII, da Constituição Federal de 1988 (pois este acessório segue o principal, que é a remuneração das férias).

Mesmo que o empregado receba a remuneração das férias, com 1/3, mas não as usufrua efetivamente, deve ser paga a dobra em questão, pois as férias não foram efetivamente concedidas na época devida.

A dobra das férias, acrescida da remuneração normal das férias, ambas com o acréscimo de 1/3, resulta no pagamento em dobro, determinado pelo art. 137 da CLT.

Quanto à natureza jurídica, entende-se que a dobra das férias, em si, com 1/3, possui natureza de penalidade, por não ter o empregador observado o período de concessão. Além disso, trata-se de indenização, devida ao empregado, por não ter usufruído as férias no período devido. Nesse sentido, confirma a previsão da Lei 8.212/1991, art. 28, § 9º, *d*.

Logo, a natureza remuneratória restringe-se à remuneração das férias com 1/3.

No entanto, nem sempre todos os dias de férias são concedidos fora do período concessivo. Pode ocorrer de o período concessivo terminar dia 10 de fevereiro, mas as férias de 30 dias serem concedidas com início no dia 2 de fevereiro. Nesse caso, do dia 2 ao dia 10, as férias estão dentro do período de concessão.

A solução para o referido caso encontra-se na Súmula 81 do TST, com a seguinte redação: "Férias. Os dias de férias gozados após o período legal de concessão deverão ser remunerados em dobro".

Portanto, apenas os dias de férias usufruídos após o período de concessão é que devem ser pagos em dobro.

Obviamente, se as férias não puderam ser concedidas dentro do período de concessão, mas não por culpa ou por causa do empregador, como nos casos em que o empregado ficou afastado por acidente do trabalho ou licença-maternidade, não se pode penalizar o empregador de boa-fé, de modo que não incide, no caso, o direito de pagamento das férias em dobro.

Há entendimento de que, se as férias foram usufruídas dentro do período concessivo, mas a remuneração não foi paga no prazo legal, as férias em dobro não são devidas, ensejando o ato "pagamento de correção monetária, se for o caso, e multa administrativa"[15].

---

[15] MARTINS, Sergio Pinto. *Direito do trabalho*. 22. ed. São Paulo: Atlas, 2006. p. 555.

No entanto, seria possível defender entendimento diverso, de que as férias só podem ser consideradas efetivamente usufruídas se devidamente remuneradas, sob pena de inviabilizar que o empregado delas desfrute de forma verdadeira. Assim, em interpretação teleológica das normas sobre a questão, entende-se que no caso de concessão de férias, mas sem o respectivo pagamento no prazo devido, a dobra das férias passa a ser devida.

Nesse sentido, cabe destacar a Súmula 450 do TST: "Férias. Gozo na época própria. Pagamento fora do prazo. Dobra devida. Arts. 137 e 145 da CLT (conversão da Orientação Jurisprudencial 386 da SBDI-1). É devido o pagamento em dobro da remuneração de férias, incluído o terço constitucional, com base no art. 137 da CLT, quando, ainda que gozadas na época própria, o empregador tenha descumprido o prazo previsto no art. 145 do mesmo diploma legal".

O Tribunal Superior do Trabalho decidiu que deve ser dada interpretação restritiva à Súmula 450 do TST, para afastar sua aplicação às hipóteses de atraso ínfimo no pagamento das férias, como de dois dias, não implicando na condenação à dobra nesses casos (TST, Pleno, E-RR-10128-11.2016.5.15.0088, Rel. Min. Ives Gandra Martins Filho, *DEJT* 08.04.2021)[16].

---

[16] "Embargos em recurso de revista. Atraso ínfimo no pagamento das férias. Inaplicabilidade da sanção da Súmula 450 do TST quanto ao pagamento em dobro. Princípios da razoabilidade e proporcionalidade. Interpretação do verbete sumulado à luz dos precedentes que o embasaram. Não conhecimento. 1. A Súmula 450 do TST estabelece que 'é devido o pagamento em dobro da remuneração de férias, incluído o terço constitucional, com base no art. 137 da CLT, quando, ainda que gozadas na época própria, o empregador tenha descumprido o prazo previsto no art. 145 do mesmo diploma legal'. 2. A 8ª Turma do TST entendeu que o atraso ínfimo de dois dias no pagamento das férias não deve implicar a condenação à dobra, razão pela qual conheceu e deu provimento ao recurso de revista patronal, por má aplicação da Súmula 450. Têm seguido nessa linha também as 4ª, 5ª e 7ª Turmas do TST. Já as 1ª, 2ª, 3ª e 6ª Turmas não têm afastado a aplicação da Súmula 450, mesmo na hipótese de atraso ínfimo no pagamento das férias. 3. Ora, as súmulas, como síntese da jurisprudência pacificada dos Tribunais, devem ser interpretadas à luz dos precedentes que lhes deram origem, na medida em que apenas estampam o comando interpretativo da norma legal, mas não a 'ratio decidendi' e as circunstâncias fáticas que justificaram a fixação da jurisprudência nesse ou naquele sentido. Nesse sentido, a Súmula 450 do TST também deve ser aplicada segundo as hipóteses fáticas e os fundamentos jurídicos que lhe deram respaldo. 4. Assim, os argumentos que militam a favor da interpretação restritiva da Súmula 450 do TST, no sentido de não ser aplicável às hipóteses de atraso ínfimo no pagamento das férias, são, basicamente, os seguintes: a) não há norma legal específica que estabeleça a penalidade da dobra das férias por atraso no seu pagamento; b) a sanção da Súmula 450 do TST decorre de construção jurisprudencial por analogia, a partir da conjugação de norma legal que estabelece a obrigação do pagamento das férias com a antecedência de 2 dias de seu gozo (CLT, art. 145) com outro dispositivo celetista que estabelece sanção para a hipótese de gozo das férias fora do período concessivo (CLT, art. 137); c) o comando do § 2º do art. 7º da Convenção 132 da OIT, ratificada pelo Brasil, tem ressonância em nosso art. 145 da CLT, mas a referida convenção não estabelece qualquer sanção para a sua não observância; d) norma que alberga penalidade deve ser interpretada restritivamente, de modo a que o descumprimento apenas parcial da norma não enseje penalidade manifestamente excessiva (CC, art. 413); e) verbete sumulado deve ser aplicado à luz dos precedentes jurisprudenciais que lhe deram origem, sendo que a Súmula 450 do TST, oriunda da conversão da Orientação Jurisprudencial 386 da SDI-1, teve como precedentes julgados que enfrentaram apenas a situação de pagamento de férias após o seu gozo, concluindo que, em tal situação, frustrava-se o gozo adequado das férias sem o seu aporte econômico; f) não acarreta prejuízo ao trabalhador o atraso ínfimo no pagamento das férias, quando este coincide com o início do seu gozo, pois o objetivo da norma, de ofertar ao trabalhador recursos financeiros suplementares para melhor poder usufruir de suas férias, não deixou de ser alcançado; g) a jurisprudência desta Corte tem atenuado a literalidade de verbetes sumulados, ampliando ou restringindo seu teor, com base em princípios gerais de proteção, isonomia e boa-fé (*v.g.* Súmulas 294, 363 e 372), não se cogitando, nesses casos, de hipótese de cancelamento, alteração redacional ou criação de verbete sumulado, que exigiriam o rito do art. 702, § 3º, da CLT; h) atenta contra os princípios da razoabilidade e proporcionalidade, além de gerar enriquecimento sem causa, a imposição de condenação ao pagamento dobrado de férias por atraso ínfimo, de 2 dias, mormente quando fixado o pagamento das férias no dia de seu gozo por entidades estatais, em face das normas orçamentárias a que estão sujeitas; i) o próprio STF, ao acolher para julgamento a ADPF 501, ajuizada contra a Súmula 450 do TST, reconheceu que tal verbete sumulado tem gerado 'controvérsia judicial relevante' a ensejar o controle concentrado de constitucionalidade do ato pela Suprema Corte (Red. Min. Ricardo Lewandowski, sessão virtual encerrada em 14/09/20). 5. *In casu*, o que se verifica é que a praxe empresarial era a do pagamento das férias coincidindo com o seu gozo, hipótese que, além de não trazer prejuízo ao trabalhador, acarretaria enriquecimento ilícito se sancionada com o pagamento em dobro, sem norma legal específica previsora da sanção. 6. Nesses termos, é de se dar interpretação restritiva à Súmula 450 do TST, para afastar sua aplicação às hipóteses de atraso ínfimo, e não conhecer dos embargos calcados em

O Supremo Tribunal Federal julgou procedente o pedido em arguição de descumprimento de preceito fundamental para: (a) declarar a inconstitucionalidade da Súmula 450 do Tribunal Superior do Trabalho; e (b) invalidar decisões judiciais não transitadas em julgado que, amparadas no texto sumular, tenham aplicado a sanção de pagamento em dobro com base no art. 137 da CLT (STF, Pleno, ADPF 501/SC, Rel. Min. Alexandre de Moraes, j. 08.08.2022). Logo, em caso de descumprimento do dever específico de pagamento da remuneração das férias até dois dias antes do início do respectivo período (art. 145 da CLT), o que incide é a multa administrativa prevista no art. 153 da CLT.

Os §§ 1º e 2º do art. 137 da CLT preveem o procedimento para obrigar o empregador a conceder as férias, quando já ultrapassado o período de concessão.

Desse modo, vencido o prazo de concessão sem que o empregador tenha concedido as férias, o empregado poderá ajuizar reclamação pedindo a fixação, por sentença, da época de seu gozo (§ 1º do art. 137 da CLT).

Reconhecido o direito do empregado, de usufruir as férias, pela sentença trabalhista esta cominará pena diária de 5% do salário mínimo, devida ao empregado até que o mandamento contido na decisão seja cumprido (§ 2º do art. 137 da CLT).

Trata-se, no caso, de medida de execução indireta, imposta pela sentença, com natureza de *astreintes*, para forçar o empregador a cumprir o comando decisório, referindo-se a obrigações de fazer (conceder as férias) e de pagar (remunerar as férias com 1/3 em dobro).

Além disso, a cópia da decisão judicial transitada em julgado será remetida ao órgão local do Ministério do Trabalho, para fins de aplicação da multa de caráter administrativo (§ 3º do art. 137 da CLT).

Como se nota, o juiz do trabalho, além de condenar o empregador a conceder as férias, a serem pagas em dobro, acrescidas com o 1/3 constitucional, deve expedir ofício ao órgão de fiscalização do trabalho, enviando cópia da sentença quando do trânsito em julgado, para a aplicação da respectiva penalidade administrativa contra o empregador.

27.13 Cessação do contrato de trabalho e efeitos quanto às férias

Ocorrendo a terminação do contrato de trabalho, as férias adquiridas, mas ainda não gozadas, são sempre devidas, de forma indenizada, com o acréscimo constitucional de 1/3 (Súmula 328 do TST), independentemente do motivo do término do vínculo de emprego.

Aliás, se o período concessivo já tiver encerrado quando da extinção contratual, as referidas férias indenizadas com 1/3 são devidas em dobro, na forma do art. 137, *caput*, da CLT.

Isso é confirmado pelo art. 146, *caput*, da CLT: "Na cessação do contrato de trabalho, qualquer que seja a sua causa, será devida ao empregado a remuneração simples ou em dobro, conforme o caso, correspondente ao período de férias cujo direito tenha adquirido".

Quanto à natureza jurídica das férias indenizadas, deve-se interpretar com o devido cuidado o art. 148 da CLT, ao dispor que a remuneração das férias, "ainda quando devida após a cessação do contrato de trabalho, terá natureza salarial, para os efeitos do art. 449". Na realidade, o dispositivo apenas estabelece que as férias, mesmo quando devidas após a cessação contratual (férias indenizadas e férias proporcionais com 1/3), integram as verbas de natureza trabalhista, com preferência de quitação quando da falência da empresa ou de sua recuperação judicial.

Assim, referidas férias indenizadas com 1/3 (de forma simples ou em dobro) não possuem natureza remuneratória, mas sim indenizatória, inclusive para fins previdenciários (Lei 8.212/1991, art. 28, § 9º, *d*).

Por isso, de acordo com a Orientação Jurisprudencial 195 da SBDI-I do TST: "Férias indenizadas. FGTS. Não incidência. Não incide a contribuição para o FGTS sobre as férias indenizadas".

---

contrariedade da decisão turmária ao verbete sumulado em tela. Embargos não conhecidos" (TST, Pleno, E-RR-10128-11.2016.5.15.0088, Rel. Min. Ives Gandra Martins Filho, *DEJT* 08.04.2021).

No entanto, pode ocorrer a situação em que, quando o contrato de trabalho termina, existe período aquisitivo de férias ainda não completo. Trata-se das férias proporcionais, as quais, quando devidas, também devem ser pagas com o adicional constitucional de 1/3 (Súmula 328 do TST).

Para o cálculo das férias proporcionais, utiliza-se o critério previsto no art. 146, parágrafo único, parte final, da CLT. Assim, o direito à remuneração relativa ao período incompleto de férias, de acordo com o art. 146, parágrafo único, é feito na proporção de 1/12 por mês de serviço ou fração superior a 14 dias.

As férias proporcionais com 1/3 possuem natureza indenizatória, pois não se referem às férias usufruídas, mas sim à indenização do período ainda não completo, e são pagas na rescisão do contrato de trabalho.

A respeito do tema, a Súmula 261 do TST, com redação determinada pela Resolução 121/2003: "Férias proporcionais. Pedido de demissão. Contrato vigente há menos de um ano. O empregado que se demite antes de completar 12 (doze) meses de serviço tem direito a férias proporcionais".

Observa-se que o entendimento jurisprudencial passou a ser justamente o inverso do anterior, pois a redação originária desse verbete afastava o direito às férias proporcionais ao empregado que pedia demissão antes de completar 12 meses de serviço[17], o que representava a interpretação restritiva do art. 146, parágrafo único, da CLT[18].

Essa mudança de orientação certamente também decorreu da aplicação da Convenção 132 da OIT (arts. 4.1 e 11), que estabelece o direito às férias proporcionais, sem fazer restrições quanto a pedido de demissão.

Mesmo anteriormente, parte da doutrina já defendia ser esta conclusão a mais adequada[19]. No entender de Georgenor de Sousa Franco Filho: "conquanto o art. 147 da CLT tenha previsto apenas duas situações em que as férias seriam devidas a quem tivesse menos de um ano de casa (o despedimento imotivado e o contrato por prazo determinado), sempre entendi por discriminatório a exclusão do empregado que deixa voluntariamente o emprego. Com efeito, prestou serviços e, se despediu-se, era, no mínimo, injusto negar-lhe o direito à proporcionalidade das férias"[20].

Esse entendimento, que era minoritário, com a ratificação da Convenção 132 da OIT passou a ser o prevalecente, culminando com a alteração da própria Súmula 261 do TST.

No tocante ao tempo de trabalho para a aquisição do direito às férias, cada "mês de serviço ou fração superior a 14 (quatorze) dias" resulta no direito à proporção de 1/12 de férias (art. 146, parágrafo único, da CLT)[21]. Assim, a regra mais benéfica do sistema jurídico brasileiro afasta qualquer exigência de prestação de serviços por período superior para fazer jus a férias proporcionais.

Efetivamente, de acordo com o art. 5.1 da Convenção 132 da OIT: "Um período mínimo de serviço poderá ser exigido para a obtenção de direito a um período de férias remuneradas anuais". No caso do Brasil, a Consolidação das Leis do Trabalho, como demonstrado, fixou o período mínimo de

---

[17] Cf. a redação originária do Enunciado 261 do TST: "O empregado que, espontaneamente, pede demissão, antes de completar doze meses de serviço, não tem direito a férias proporcionais".
[18] "Parágrafo único. Na cessação do contrato de trabalho, após 12 (doze) meses de serviço, o empregado, desde que não haja sido demitido por justa causa, terá direito à remuneração relativa ao período incompleto de férias, de acordo com o art. 130, na proporção de 1/12 (um doze avos) por mês de serviço ou fração superior a 14 (quatorze) dias".
[19] Cf. OLIVEIRA, Francisco Antonio de. *Comentários aos enunciados do TST*. 4. ed. São Paulo: RT, 1997. p. 645: "Não vemos motivo de ordem lógica para que não se paguem férias proporcionais ao empregado com menos de doze meses de casa, pelo simples fato de o art. 147 falar em dispensa sem justa causa. Isso não elimina aquele trabalhador que pede dispensa"; ALMEIDA, Ísis de. *Manual de direito individual do trabalho*. São Paulo: LTr, 1998. p. 302.
[20] FRANCO FILHO, Georgenor de Sousa. A Convenção n. 132 da OIT e seus reflexos nas férias. *Revista do Tribunal Regional do Trabalho da 8ª Região*, Belém, v. 34, n. 67, p. 34, jul.-dez. 2001.
[21] Conforme a Súmula 328 do TST: "O pagamento das férias, integrais ou proporcionais, gozadas ou não, na vigência da CF/1988, sujeita-se ao acréscimo do terço previsto no respectivo art. 7º, XVII".

15 dias para a aquisição de 1/12 de férias[22]. Por isso, já existe a fixação da duração mínima do período de serviço para a obtenção do direito a férias, pelo ordenamento jurídico brasileiro, que atende ao disposto no art. 5.2 da Convenção 132[23], pois bem inferior ao limite de seis meses.

Obviamente, a aquisição do direito a 12/12 de férias (integrais) ocorre após cada período de 12 meses de vigência do contrato de trabalho (art. 130 da CLT), mas esse lapso temporal não colide com o art. 5.2 da Convenção 132 da OIT, que regula, na realidade, as férias proporcionais. Tanto é assim que o seu art. 11, tratando das férias proporcionais "em caso de cessação da relação empregatícia", expressamente se reporta ao art. 5.1, ao qual o art. 5.2 está vinculado.

O próprio art. 3.3 da Convenção confirma que o período aquisitivo para o gozo das férias integrais é de "1 (um) ano de serviço".

Por isso, de acordo com Alexandre Alliprandino Medeiros e Flávio Antônio Camargo de Laet: "o art. 5.2 da Convenção n. 132 da OIT não fixa período aquisitivo diverso do estatuído no art. 130 da Consolidação das Leis do Trabalho, sendo que o ordenamento jurídico brasileiro, por prescrever direito às férias proporcionais, a partir do 15º dia trabalhado, afigura-se plenamente compatível com a indigitada Convenção"[24].

Não se pode confundir período para adquirir o direito ao gozo das férias (art. 130 da CLT e art. 3.3 da Convenção 132 da OIT) com período mínimo para adquirir (remuneração de) férias proporcionais (art. 146, parágrafo único, da CLT e arts. 5.1. e 5.2 da Convenção 132 da OIT).

Cabe lembrar que, existindo aviso prévio indenizado, como este sempre integra o tempo de serviço (art. 487, § 1º, da CLT), deve-se computá-lo para efeito do cálculo (projeção) de férias devidas na rescisão contratual.

Ainda de acordo com a Súmula 171 do TST, na atual redação assim prevê:

"Férias proporcionais. Contrato de trabalho. Extinção. Salvo na hipótese de dispensa do empregado por justa causa, a extinção do contrato de trabalho sujeita o empregador ao pagamento da remuneração das férias proporcionais, ainda que incompleto o período aquisitivo de 12 (doze) meses (art. 147 da CLT)".

Foi excluída a expressão "com mais de um ano", constante da redação anterior desse verbete, justamente porque, como visto, mesmo tratando-se de pedido de demissão antes de 12 meses de serviço, o empregado faz jus às férias proporcionais.

Quanto à dispensa sem justa causa e o término do contrato de trabalho por prazo determinado, o art. 147 da CLT expressamente assegura o direito às férias proporcionais[25]. Estas, obviamente, também são devidas na despedida indireta (art. 483 da CLT).

Destaque-se que, conforme o art. 483, § 2º, da CLT, "no caso de morte do empregador constituído em empresa individual, é facultado ao empregado rescindir o contrato de trabalho". Nessa

---

[22] Cf. SILVA, Homero Batista Mateus da. A discreta vigência da Convenção 132 da OIT sobre férias anuais remuneradas. *Revista da Amatra II*, São Paulo, ano I, n. 3, p. 7-8, ago. 2000: "O Brasil conhece a aquisição do direito às férias *desde o primeiro mês* do contrato de trabalho, como no caso da cessação involuntária do contrato, de sorte que já se respeita esta regra e não me parece derrogado o artigo 130 da Consolidação, como sugerem alguns" (destaques do original).

[23] Cf. MEDEIROS, Alexandre Alliprandino; LAET, Flávio Antônio Camargo de. As novidades no sistema jurídico das férias individuais. Convenção 132 da Organização Internacional do Trabalho. *Revista Trabalho & Doutrina*, São Paulo, Saraiva, n. 26, p. 26, dez. 2001: "o período mínimo, para o legislador internacional, nada mais é do que aquele necessário para que o direito às férias seja reconhecido, integral ou proporcionalmente, dentro de um determinado ano. Esse *período mínimo* é, portanto, uma espécie de carência" (destaque do original).

[24] MEDEIROS, Alexandre Alliprandino; LAET, Flávio Antônio Camargo de. As novidades no sistema jurídico das férias individuais. Convenção 132 da Organização Internacional do Trabalho. *Revista Trabalho & Doutrina*, São Paulo, Saraiva, n. 26, p. 26, dez. 2001.

[25] "Art. 147. O empregado que for despedido sem justa causa, ou cujo contrato de trabalho se extinguir em prazo predeterminado, antes de completar 12 (doze) meses de serviço, terá direito à remuneração relativa ao período incompleto de férias, de conformidade com o disposto no artigo anterior".

situação, sendo o empregador pessoa física, caso ele faleça, mas não haja o encerramento das atividades da empresa, há autorização para o empregado pedir demissão, sem ter de conceder aviso prévio, justamente em razão do motivo estabelecido na lei, como já analisado anteriormente. Tratando-se de pedido de demissão, terá direito às férias proporcionais, mesmo que não tenha completado 12 meses de serviço, na forma já exposta.

Quanto à cessação da atividade da empresa "por morte do empregador" (art. 485 da CLT), a hipótese também se refere ao empregador pessoa física, pois apenas este pode falecer. Entretanto, diversamente do art. 483, § 2º, da CLT, havendo a cessação da atividade empresarial, o que se verifica é a dispensa do empregado, pois este não corre o risco do empreendimento[26]. Sendo assim, são devidas normalmente as férias proporcionais com 1/3.

Como já estudado, a falência não necessariamente extingue o contrato de trabalho; caso haja a cessação das atividades da empresa, com o fim da relação de emprego, também há o direito às férias proporcionais, pois os riscos do negócio são do empregador.

Relevante frisar que a atual redação da Súmula 171 do TST manteve a exclusão do direito às férias proporcionais na hipótese de dispensa por justa causa, o que encontra amparo no art. 146, parágrafo único, da CLT.

Ou seja, não foi acolhida a tese (defendida por parte da doutrina) de que, com a ratificação da Convenção 132, o direito às férias proporcionais não mais depende do motivo do término do contrato de trabalho, pois a norma da OIT desvincula esse direito da causa da referida cessação[27].

No entanto, cabe observar a evolução da jurisprudência a respeito, pois, efetivamente, a finalidade das férias é de restaurar a saúde física e mental do empregado, o que independe e não se relaciona com as sanções decorrentes da falta praticada[28].

Por fim, a Súmula 14 do Tribunal Superior do Trabalho, versando sobre a culpa recíproca, também foi alterada pela Resolução 121/2003. Em razão de tratar das férias proporcionais nessa modalidade de extinção da relação de emprego, é pertinente a sua transcrição:

> "Culpa recíproca. Reconhecida a culpa recíproca na rescisão do contrato de trabalho (art. 484 da CLT), o empregado tem direito a 50% (cinquenta por cento) do valor do aviso prévio, do décimo terceiro salário e das férias proporcionais".

A nova orientação melhor atende ao critério de justiça, pois a redação anterior excluía qualquer direito às verbas trabalhistas em questão[29].

Na culpa recíproca são praticadas, de forma contemporânea, faltas pelo empregado e pelo empregador, dotadas de gravidade, conexidade e proporcionalidade[30].

O art. 484 da CLT estabelece o direito à metade da indenização por tempo de serviço. Com o sistema do FGTS, a Lei 8.036/1990 autoriza o levantamento dos depósitos da conta vinculada mes-

---

[26] MARTINS, Sergio Pinto. *Comentários à CLT*. 5. ed. São Paulo: Atlas, 2002. p. 501: "Não se confunde o artigo 485 da CLT com o § 2º, do artigo 483 da CLT. No artigo 485, o empregado é dispensado, com o fechamento da empresa, pela morte do empregador. No § 2º, do art. 483 da CLT, o empregado não é dispensado, apenas escolhe entre continuar a trabalhar ou rescindir o contrato de trabalho; trata-se de faculdade do empregado, que corresponde a pedido de demissão, pois não está sendo dispensado".

[27] Cf. MEDEIROS, Alexandre Alliprandino; LAET, Flávio Antônio Camargo de. As novidades no sistema jurídico das férias individuais. Convenção 132 da Organização Internacional do Trabalho. *Revista Trabalho & Doutrina*, São Paulo, Saraiva, n. 26, p. 26-28, dez. 2001; SILVA, Homero Batista Mateus da. A discreta vigência da Convenção 132 da OIT sobre férias anuais remuneradas. *Revista da Amatra II*, São Paulo, ano I, n. 3, p. 8, ago. 2000.

[28] Cf. ALMEIDA, Ísis de. *Manual de direito individual do trabalho*. São Paulo, LTr, 1998. p. 301-302.

[29] Francisco Antonio de Oliveira, comentando o Enunciado 14 do TST em sua redação originária, destaca: "Urge, pois, que o enunciado seja reformulado uma vez que contraria o princípio da justiça distributiva" (*Comentários aos enunciados do TST*. 4. ed. São Paulo: RT, 1997. p. 57).

[30] Cf. CARRION, Valentin. *Comentários à Consolidação das Leis do Trabalho*. 23. ed. São Paulo: Saraiva, 1998. p. 386.

mo na culpa recíproca (art. 20, inciso I) e estabelece o direito à indenização de 20% do FGTS (art. 18, § 2º), ou seja, a metade da indenização compensatória de 40%.

Assim, tanto a interpretação extensiva do art. 484 da CLT como o princípio da razoabilidade confirmam ter o empregado direito à metade das verbas rescisórias no caso de culpa recíproca, o que inclui as férias proporcionais com o acréscimo de 1/3.

Como destaca Mauricio Godinho Delgado: "Nesta esteira já fixada, coerentemente, pela ordem jurídica, deve-se reduzir pela metade as demais verbas rescisórias, em caso de culpa recíproca: aviso prévio indenizado, 13º salário proporcional e férias proporcionais e seu terço"[31].

Observa-se, portanto, o acerto da nova redação conferida a essa Súmula. Não obstante, caso fosse acolhido o entendimento de que nem mesmo a dispensa por justa causa afasta o direito às férias proporcionais, na culpa recíproca, por muito mais razão, haveria direito ao seu recebimento total, e não somente pela metade.

Portanto, na jurisprudência do Tribunal Superior do Trabalho (Súmulas 14 e 171), o motivo da extinção contratual, no que tange à prática faltosa, permanece tendo relevância quanto às férias proporcionais.

27.14 Antecipação de férias individuais

No âmbito dos poderes diretivo e gerencial dos empregadores, e considerada a vontade expressa dos empregados e das empregadas, haverá priorização na antecipação de férias individuais, como concessão de medida de flexibilização, aos empregados e às empregadas que tenham filho, enteado ou pessoa sob sua guarda com até seis anos de idade ou com deficiência, com vistas a promover a conciliação entre o trabalho e a parentalidade (art. 8º, inciso IV, da Lei 14.457/2022).

A referida medida somente pode ser adotada até o segundo ano: do nascimento do filho ou enteado; da adoção; ou da guarda judicial (art. 8º, § 1º, da Lei 14.457/2022). Esse prazo aplica-se inclusive para o empregado ou a empregada que tiver filho, enteado ou pessoa sob guarda judicial com deficiência.

A medida em questão deve ser formalizada por meio de acordo individual, de acordo coletivo ou de convenção coletiva de trabalho (art. 8º, § 2º, da Lei 14.457/2022).

Sendo assim, a antecipação de férias individuais pode ser concedida ao empregado ou à empregada que se enquadre nos critérios estabelecidos no art. 8º, § 1º, da Lei 14.457/2022 (ou seja, até o segundo ano do nascimento do filho ou enteado, da adoção ou da guarda judicial), ainda que não tenha transcorrido o seu período aquisitivo (art. 10 da Lei 14.457/2022). As férias antecipadas não podem ser usufruídas em período inferior a cinco dias corridos.

Para as férias concedidas na forma prevista no art. 10 da Lei 14.457/2022, o empregador pode optar por efetuar o pagamento do adicional de 1/3 de férias após a sua concessão, até a data em que for devida a gratificação natalina prevista no art. 1º da Lei 4.749/1965 (art. 11 da Lei 14.457/2022).

O pagamento da remuneração da antecipação das férias na forma do art. 10 da Lei 14.457/2022 pode ser efetuado até o quinto dia útil do mês subsequente ao início do gozo das férias, hipótese em que não se aplica o disposto no art. 145 da Consolidação das Leis do Trabalho (art. 12 da Lei 14.457/2022).

Na hipótese de rescisão do contrato de trabalho, os valores das férias ainda não usufruídas devem ser pagos juntamente com as verbas rescisórias devidas (art. 13 da Lei 14.457/2022).

Na hipótese de período aquisitivo não cumprido, as férias antecipadas e usufruídas serão descontadas das verbas rescisórias devidas ao empregado no caso de pedido de demissão.

Na adoção da referida medida de flexibilização (antecipação de férias individuais), deve sempre ser levada em conta a vontade expressa da empregada ou do empregado beneficiado pela medida de apoio ao exercício da parentalidade (art. 22 da Lei 14.457/2022).

---

[31] DELGADO, Mauricio Godinho. *Curso de direito do trabalho*. São Paulo: LTr, 2002. p. 1.206.

27.15 Prescrição da pretensão quanto às férias

Violado o direito de usufruir as férias ou de receber a remuneração de férias, nasce ao empregado a pretensão de exigir a satisfação do referido direito, que deve ser exercida no prazo prescricional pertinente aos créditos decorrentes da relação de emprego (art. 7º, inciso XXIX, da CF/1988).

Sobre o tema, o art. 149 da CLT estabelece regra especial para o início do referido prazo prescricional:

"Art. 149. A prescrição do direito de reclamar a concessão das férias ou o pagamento da respectiva remuneração é contada do término do prazo mencionado no art. 134 ou, se for o caso, da cessação do contrato de trabalho".

Como se nota, após dois anos do término do contrato de trabalho, ocorre a prescrição bienal total.

No curso do contrato de trabalho, as pretensões devem ser exigidas no prazo prescricional de cinco anos, contados da violação do direito. No caso das férias, seja quanto à concessão, ou em relação ao pagamento de sua remuneração, o prazo prescricional, durante a vigência da relação de emprego, inicia-se somente após o término do período concessivo das férias (que é de 12 meses subsequentes ao período aquisitivo).

Por exemplo, na hipótese de haver férias não gozadas em 1997 (fim do período concessivo – art. 134 da CLT), mas somente em 20.02.2005 é extinto o contrato de trabalho, sendo proposta ação em 10.03.2006, com pedido de indenização das mencionadas férias, não se verifica a prescrição bienal total (contada da cessação do contrato de trabalho), mas incide a prescrição quinquenal quanto às referidas férias, pois foram ultrapassados os cinco anos contados na forma prevista no art. 149 da CLT.

Cabe lembrar que, de acordo com o art. 440 da CLT, não corre prazo prescricional contra o menor de 18 anos. Assim, apenas quando o empregado completar a referida idade é que a prescrição tem início, inclusive para fins de exigibilidade de férias não concedidas ou não remuneradas.

27.16 Férias do empregado doméstico

O empregado doméstico tem direito a *férias anuais remuneradas* de 30 dias, salvo o disposto no art. 3º, § 3º, da Lei Complementar 150/2015 (que dispõe sobre férias no regime de tempo parcial), com acréscimo de, pelo menos, *um terço do salário normal*, após cada período de 12 meses de trabalho prestado à mesma pessoa ou família (art. 17 da Lei Complementar 150/2015).

Na cessação do contrato de trabalho, o empregado, desde que não tenha sido demitido por justa causa, tem direito à remuneração relativa ao período incompleto de férias, na proporção de 1/12 (um doze avos) por mês de serviço ou fração superior a 14 dias (art. 17, § 1º, da Lei Complementar 150/2015).

O período de férias pode, a critério do empregador, ser *fracionado em até dois períodos*, sendo um deles de, no mínimo, 14 dias corridos (art. 17, § 2º, da Lei Complementar 150/2015).

É facultado ao empregado doméstico converter 1/3 do período de férias a que tiver direito em *abono pecuniário*, no valor da remuneração que lhe seria devida nos dias correspondentes (art. 17, § 3º, da Lei Complementar 150/2015).

O abono de férias deve ser requerido até 30 dias antes do término do período aquisitivo (art. 17, § 4º, da Lei Complementar 150/2015).

É lícito ao empregado que reside no local de trabalho nele permanecer durante as férias (art. 17, § 5º, da Lei Complementar 150/2015).

As férias devem ser concedidas pelo empregador nos 12 meses subsequentes à data em que o empregado tiver adquirido o direito (art. 17, § 6º, da Lei Complementar 150/2015).

A Lei Complementar 150/2015, dispondo sobre o contrato de trabalho doméstico, no art. 19, prevê ainda que, observadas as peculiaridades do trabalho doméstico, a ele também se aplica, subsidiariamente, a Consolidação das Leis do Trabalho (CLT).

Desse modo, entende-se que também são aplicáveis ao empregado doméstico as previsões a respeito das férias proporcionais e das férias em dobro, previstas nos arts. 137 e 147 da CLT.

Como a Constituição Federal de 1988 assegurou ao doméstico o direito às férias remuneradas com o adicional de 1/3, as férias proporcionais estão evidentemente inseridas nessa previsão mais genérica.

Além disso, como forma de assegurar o efetivo gozo das férias ao doméstico, conforme estabelece o texto constitucional, também deve ser aplicada a previsão do art. 137 da CLT, quanto ao seu pagamento em dobro, quando ultrapassado o período de concessão[32].

Ainda quanto ao contrato de trabalho doméstico, na modalidade do regime de tempo parcial, após cada período de 12 meses de vigência do contrato de trabalho, o empregado tem direito a *férias*, na seguinte proporção:

I – 18 dias, para a duração do trabalho semanal superior a 22 horas, até 25 horas;

II – 16 dias, para a duração do trabalho semanal superior a 20 horas, até 22 horas;

III – 14 dias, para a duração do trabalho semanal superior a 15 horas, até 20 horas;

IV – 12 dias, para a duração do trabalho semanal superior a 10 horas, até 15 horas;

V – 10 dias, para a duração do trabalho semanal superior a 5 horas, até 10 horas;

VI – 8 dias, para a duração do trabalho semanal igual ou inferior a 5 horas (art. 3º, § 3º, da Lei Complementar 150/2015).

27.17 Férias do professor

Há certas peculiaridades na regulação da relação de emprego do professor, inclusive quanto ao tema das férias.

Não se pode confundir o período de férias escolares com as férias do (empregado que exerce a função de) professor.

De acordo com o art. 322 da CLT: "No período de exames e no de férias escolares, é assegurado aos professores o pagamento, na mesma periodicidade contratual, da remuneração por eles percebida, na conformidade dos horários, durante o período de aulas".

---

[32] Nesse sentido, cf. a seguinte decisão da SBDI-I do Tribunal Superior do Trabalho: "Embargos. Empregado doméstico. Férias. Dobra legal. Aplicabilidade. Princípio da igualdade. 1. A Constituição da República, ao estabelecer o rol dos direitos trabalhistas com *status* constitucional, assegurou aos empregados domésticos o direito à fruição das férias, com o respectivo adicional, em igualdade com os demais trabalhadores. Nota-se, assim, o intuito do poder constituinte originário de melhor amparar os trabalhadores domésticos. 2. Recentes modificações legislativas autorizam a conclusão de que há um movimento histórico que revela a tendência normativa de tornar cada vez mais equitativos os direitos dos trabalhadores domésticos em relação aos direitos usufruídos pelos demais empregados. 3. Com efeito, a Lei 11.324/2006 alterou o art. 3º da Lei 5.859/1972, ampliando o período de férias dos empregados domésticos para 30 dias, em paridade com os demais trabalhadores. A mesma lei estendeu às empregadas domésticas gestantes o direito à estabilidade desde a confirmação da gravidez até cinco meses após o parto. A Lei 10.208/2001, por sua vez, acrescentou o art. 3º-A à lei de regência do empregado doméstico, para autorizar a inclusão facultativa do empregado no Fundo de Garantia do Tempo de Serviço – FGTS. 4. Essas alterações legislativas, lidas à luz do princípio da igualdade, autorizam a concluir que, cada vez mais, tem se tornado insustentável a manutenção da desigualdade de direitos entre os empregados domésticos e os demais trabalhadores. 5. Ressalte-se que, confirmando o acima disposto, o Decreto 71.885 (que regulamentou a Lei 5.859/1972), já em 1973, reconheceu que, no tocante às férias – entre as quais se inclui a indenização por sua não concessão, as disposições da CLT são aplicáveis também ao empregado doméstico. 6. Assim, é mera decorrência do princípio do igual tratamento o reconhecimento de que os empregados domésticos têm o direito à dobra legal pela concessão das férias após o prazo. Férias não concedidas. Pagamento em dobro. Nos termos do art. 137 da CLT, na hipótese de o trabalhador prestar serviços no período destinado às férias, tem direito ao pagamento dobrado, como afirmado pelas decisões recorridas. Embargos parcialmente conhecidos e desprovidos" (TST, SBDI-I, E-RR 13145/2000-652-09-00, Rel. Min. Maria Cristina Irigoyen Peduzzi, *DJU* 07.12.2007).

Além disso, não se exigirá dos professores, no período de exames, a prestação de mais de oito horas de trabalho diário, salvo mediante o pagamento complementar de cada hora excedente pelo preço correspondente ao de uma aula (§ 1º do art. 322).

Por fim, no período de férias escolares, não se poderá exigir dos professores outro serviço senão o relacionado com a realização de exames (§ 2º do art. 322).

Como se nota, o período de férias escolares é período de trabalho para o professor. Verifica-se que as férias do professor, propriamente, podem ser concedidas, por exemplo, no período que corresponde ao mês de julho, como normalmente ocorre.

De todo modo, na hipótese de dispensa sem justa causa, ao término do ano letivo ou no curso das férias escolares, é assegurado ao professor o pagamento a que se refere o *caput* do art. 322 da CLT.

Por isso, conforme a Súmula 10 do TST: "Professor. Dispensa sem justa causa. Término do ano letivo ou no curso de férias escolares. Aviso prévio. O direito aos salários do período de férias escolares assegurado aos professores (art. 322, *caput* e § 3º, da CLT) não exclui o direito ao aviso prévio, na hipótese de dispensa sem justa causa ao término do ano letivo ou no curso das férias escolares".

27.18 Férias do marítimo

O tripulante que, por determinação do armador, for transferido para o serviço de outro terá computado, para o efeito de gozo de férias, o tempo de serviço prestado ao primeiro, ficando obrigado a concedê-las o armador em cujo serviço ele se encontra na época de gozá-las (art. 150, *caput*, da CLT).

As férias poderão ser concedidas, a pedido dos interessados e com aquiescência do armador, de forma parcelada, nos portos de escala de grande estadia do navio, aos tripulantes ali residentes (§ 1º do art. 150).

Será considerada grande estadia a permanência no porto por prazo excedente de seis dias (§ 2º do art. 150).

Os embarcadiços, para gozarem férias nas condições do art. 150 da CLT, deverão pedi-las, por escrito, ao armador, antes do início da viagem, no porto de registro ou armação (§ 3º do art. 150).

O tripulante, ao terminar as férias, apresentar-se-á ao armador, que deverá designá-lo para qualquer de suas embarcações ou o adir a algum dos seus serviços terrestres, respeitadas a condição pessoal e a remuneração (§ 4º do art. 150).

Em caso de necessidade, determinada pelo interesse público, e comprovada pela autoridade competente, poderá o armador ordenar a suspensão das férias já iniciadas ou a iniciar-se, ressalvado ao tripulante o direito ao respectivo gozo posteriormente (§ 5º do art. 150).

O Delegado do Trabalho Marítimo podia autorizar a acumulação de dois períodos de férias do marítimo, mediante requerimento justificado:

I – do sindicato, quando se tratar de sindicalizado; e

II – da empresa, quando o empregado não for sindicalizado (§ 6º do art. 150).

O Conselho Superior de Trabalho Marítimo e as respectivas Delegacias foram extintos pela Lei 7.731/1989. O Decreto-lei 3.346/1941, sobre Delegacias de Trabalho Marítimo, foi revogado pela Lei 9.537/1997, que dispõe sobre a segurança do tráfego aquaviário em águas sob jurisdição nacional, não havendo mais referência a Delegado do Trabalho Marítimo. Sendo assim, entende-se que deixa de ser aplicável o art. 150, § 6º, da CLT.

A fiscalização do trabalho aquaviário, que abrange o marítimo (art. 1º, inciso I, do Decreto 2.596/1998), é realizada pelos órgãos da inspeção do trabalho (art. 21, inciso XXIV, da Constituição da República).

Enquanto não se criar um tipo especial de caderneta profissional para os marítimos, as férias serão anotadas pela Capitania do Porto na caderneta-matrícula do tripulante, na página das observações (art. 151 da CLT).

Na atualidade, a concessão das férias deve ser anotada na Carteira de Trabalho e Previdência Social e no registro do empregado, conforme art. 135, §§ 1º e 2º, da CLT. Nos termos do art. 135, § 3º, da CLT, incluído pela Lei 13.874/2019, nos casos em que o empregado possua a CTPS em meio digital, a anotação da concessão das férias deve ser feita nos seus sistemas informatizados (art. 29, § 7º, da CLT), na forma do regulamento, dispensadas as anotações de que tratam os §§ 1º e 2º do art. 135 da CLT.

A remuneração do tripulante, no gozo de férias, será acrescida da importância correspondente à etapa que estiver vencendo (art. 152 da CLT).

A Convenção 186 da Organização Internacional do Trabalho, de 2006, sobre trabalho marítimo, foi promulgada pelo Decreto 10.671/2021. Todo Estado-membro deve exigir que a gente do mar empregada em navios que arvoram sua bandeira tenha férias anuais remuneradas, em condições apropriadas. A gente do mar terá direito a permissão para ir a terra em benefício de sua saúde e bem-estar e segundo as exigências operacionais de suas funções (Convenção 186 da OIT, Título 2, Regra 2.4).

Capítulo 28

Trabalho da mulher

28.1 Introdução e aspectos históricos

Durante a Revolução Industrial, principalmente no século XIX, observavam-se péssimas condições de labor, com a utilização do trabalho de mulheres, que recebiam salários inferiores.

As mulheres estavam expostas a trabalhos prejudiciais à saúde, com longas jornadas, que colocavam em risco a sua segurança e a sua vida.

Assim, naquela época, nem se cogitava de proteção da gestação ou quanto à amamentação da mulher que exercia o trabalho.

Tendo em vista as terríveis consequências, para as famílias e para a sociedade, decorrentes da situação acima narrada, teve início o surgimento de legislação de proteção ao trabalho das mulheres, primeiramente na Inglaterra, tendência que se seguiu na França e outros países da Europa[1].

Após essa fase de formação da legislação protecionista ao trabalho da mulher, observou-se que, justamente em razão das referidas leis, as mulheres eram muitas vezes discriminadas no mercado de trabalho. Os empregadores preferiam não contratar o trabalho feminino, por serem as suas regras mais restritivas, com diversas proibições, gerando preferência pelo trabalho do homem.

Assim, de certo modo contraditório, a legislação que tinha o objetivo de proteger as mulheres passou a ser fonte de discriminação, prejudicando o seu trabalho.

Como forma de combater a discriminação de gênero, teve início a legislação de promoção ao trabalho da mulher, para pôr fim às desigualdades então verificadas.

As restrições do trabalho da mulher, que não mais se justificavam, passaram a deixar de ser previstas, tendo em vista a igualdade de direitos, observadas as especificidades inerentes à condição da pessoa.

A legislação de proteção da mulher ficou mais centrada nos aspectos que realmente merecem atenção da sociedade, em especial o estado de gestante e a maternidade. Objetiva-se que esses fatores não sirvam de óbice para a contratação de trabalho feminino, nem de diferenciação salarial ou de discriminação quanto às demais condições de trabalho.

A discriminação no âmbito das relações de trabalho, especialmente em razão do gênero ou sexo, passou a ser combatida por medidas jurídicas, com destaque para a promoção ao trabalho da mulher.

28.2 Direito Internacional

Na Organização Internacional do Trabalho, a sua Constituição destaca a necessidade de proteção ao trabalho da mulher.

Também existem diversas Convenções da OIT sobre o tema.

A mesma evolução histórica, acima mencionada, repete-se no âmbito do Direito Internacional, quanto ao trabalho da mulher: inicialmente protecionista, estabelece restrições e proibições quanto ao referido trabalho.

---

[1] Cf. MARTINS, Sergio Pinto. *Direito do trabalho*. 28. ed. São Paulo: Atlas, 2012. p. 615.

Isso é verificado desde 1919, com a Convenção 3 da OIT (sobre o trabalho antes e depois do parto), seguindo-se com a Convenção 4, do mesmo ano (proibindo o trabalho da mulher em indústrias), Convenção 41, de 1934 (estabelecendo restrições ao trabalho noturno da mulher), Convenção 45, de 1935 (vedando o trabalho da mulher em subterrâneos e minas) e Convenção 89, de 1948 (com novas restrições ao trabalho noturno da mulher em indústrias).

Com o passar do tempo, verificou-se que a referida norma protecionista, ainda que com boas intenções, na realidade, acabou gerando um efeito, não desejado, discriminatório contra a mulher, no que se refere ao mercado de trabalho.

Assim, em 1951, a OIT aprova a Convenção 100, sobre a "igualdade de remuneração entre a mão de obra masculina e a mão de obra feminina por um trabalho de igual valor"[2].

A Convenção 103 da OIT, de 1952, de grande relevância, estabelece regras de proteção à maternidade, tendo sido revista pela Convenção 183 da OIT, de 2000. Esta passa a prever que "a duração da licença à gestante é de 14 semanas, com possibilidade de prorrogação em caso de enfermidade ou complicações resultantes do parto"[3].

Merece destaque, ainda, a Convenção 111, de 1958, que versa sobre a discriminação em matéria de emprego e profissão, procurando coibi-la.

Em 1967, a Convenção 127 estabelece limites máximos para levantamento de pesos.

A Convenção 156, de 1981, por sua vez, estabelece a igualdade de oportunidades e de tratamento para trabalhadores de ambos os sexos.

A Convenção 171 da OIT, de 1990, embora pertinente ao trabalho noturno, prevê proteção especial ao trabalho das mulheres, mas apenas em razão da maternidade.

A Declaração Universal dos Direitos Humanos, de 1948, também estabelece regras de não discriminação por motivo de sexo.

A Organização das Nações Unidas possui Convenção sobre "Eliminação de todas as formas de discriminação contra a mulher", de 18 de dezembro de 1979[4], promulgada no Brasil pelo Decreto 4.377, de 13 de setembro de 2002.

Como observa Sergio Pinto Martins: "A Convenção da ONU, de 1979, ratificada pelo Brasil, proíbe discriminação no emprego e profissão, conferindo igualdade de remuneração entre homem e mulher para trabalho de igual valor"[5].

28.3 Evolução da matéria no Brasil

Pode-se observar, no plano interno, da legislação no Brasil, a mesma evolução quanto ao trabalho da mulher.

Assim, em linhas gerais, pode-se verificar, inicialmente, a ausência de normas especiais quanto ao trabalho da mulher.

Em seguida, a evolução revelou o surgimento de disposições de proteção, as quais geraram restrições que, infelizmente, acarretaram discriminações quanto ao trabalho da mulher.

Em função disso, passaram a ser elaboradas normas que proíbem discriminação quanto ao sexo, procurando estabelecer a igualdade nas relações de trabalho, fomentando o trabalho da mulher.

A proteção especial apenas passa a se justificar nos aspectos realmente diferenciados e peculiares, notadamente quanto ao estado de gestante e maternidade, que são de responsabilidade da sociedade como um todo, não podendo servir de fatores de discriminação contra a mulher.

---

[2] SÜSSEKIND, Arnaldo. *Direito internacional do trabalho*. 3. ed. São Paulo: LTr, 2000. p. 360.
[3] MARTINS, Sergio Pinto. *Direito do trabalho*. 22. ed. São Paulo: Atlas, 2006. p. 574.
[4] Cf. COMPARATO, Fábio Konder. *A afirmação histórica dos direitos humanos*. 3. ed. São Paulo: Saraiva, 2004. p. 287.
[5] MARTINS, Sergio Pinto. *Direito do trabalho*. 22. ed. São Paulo: Atlas, 2006. p. 575.

Na evolução legislativa brasileira sobre o tema, o Decreto 21.417-A, de 17 de maio de 1932, foi a primeira norma a versar sobre o trabalho da mulher, proibindo-o à noite, entre outras restrições.

A Constituição de 1934 proibia a discriminação do trabalho da mulher quanto aos salários (art. 121, § 1º, a), vedava o seu trabalho em locais insalubres (art. 121, § 1º, d), garantia o repouso antes e depois do parto, sem prejuízo do salário e do emprego, assegurando a instituição de previdência em favor da maternidade (art. 121, § 1º, h) e previa serviços de amparo à maternidade (art. 121, § 3º).

A Constituição de 1937 vedava o trabalho da mulher em indústrias insalubres (art. 137, k) e assegurava assistência médica e higiênica à gestante, com previsão de repouso antes e depois do parto, sem prejuízo do salário (art. 137, l).

A Constituição de 1946 proibia diferença de salário por motivo de sexo (art. 157, inciso II), vedava o trabalho das mulheres em indústrias insalubres (art. 157, inciso IX), garantia o direito da gestante a descanso antes e depois do parto, sem prejuízo do emprego e do salário (art. 157, inciso X), assegurava a assistência sanitária, inclusive hospitalar e médica, à gestante (art. 157, inciso XIV) e previa a previdência em favor da maternidade (art. 157, inciso XVI).

A Constituição de 1967 proibia diferença de salários e de critérios de admissão por motivo de sexo (art. 158, inciso III), vedava o trabalho das mulheres em indústrias insalubres (art. 158, inciso X), garantia o descanso remunerado à gestante, antes e depois do parto, sem prejuízo do emprego e do salário (art. 158, inciso XI), previa a previdência social, visando à proteção da maternidade (art. 158, inciso XVI).

A Emenda Constitucional 1, de 1969, estabeleceu a impossibilidade de diferença de salários e de critérios de admissão por motivo de sexo (art. 165, inciso III), proibia o trabalho das mulheres em indústrias insalubres (art. 165, inciso X), garantia o descanso remunerado à gestante, antes e depois do parto, sem prejuízo do emprego e do salário (art. 165, inciso XI), previa a previdência social, visando à proteção da maternidade (art. 165, inciso XVI).

Na Constituição Federal de 1988, deixou de ser prevista a vedação de trabalho insalubre para a mulher, indicando a sua permissão.

O art. 7º, no inciso XVIII, assegura o direito de "licença à gestante, sem prejuízo do emprego e do salário, com a duração de cento e vinte dias".

O inciso XX do mesmo art. 7º garante a "proteção do mercado de trabalho da mulher, mediante incentivos específicos, nos termos da lei".

O inciso XXX, por sua vez, estabelece a "proibição de diferença de salários, de exercício de funções e de critério de admissão por motivo de sexo, idade, cor ou estado civil".

Essas normas, na realidade, são especificações do mandamento mais genérico, previsto no art. 5º, inciso I, da Constituição Federal em vigor, no sentido de que "homens e mulheres são iguais em direitos e obrigações, nos termos desta Constituição".

No Ato das Disposições Constitucionais Transitórias, o art. 10, inciso II, b, veda a dispensa arbitrária ou sem justa causa "da empregada gestante, desde a confirmação da gravidez até cinco meses após o parto".

No plano infraconstitucional, a Consolidação das Leis do Trabalho, de 1º de maio de 1943, consolidou a matéria do trabalho da mulher em seu Capítulo III, do Título III. O Decreto-lei 6.353, de 20.03.1944, introduziu a primeira alteração na CLT sobre o tema, admitindo o trabalho noturno da mulher se tivesse 18 anos, em certas atividades[6].

O Decreto-lei 229, de 28.02.1967, alterou o art. 374 da CLT, passando a permitir a compensação de jornada de trabalho para a mulher, mas apenas por acordo coletivo. Os arts. 389 e 392 também foram modificados para assegurar, por exemplo, a guarda dos filhos das mulheres na empresa, bem como descanso de quatro semanas antes e oito semanas depois do parto.

---

[6] Cf. MARTINS, Sergio Pinto. *Direito do trabalho*. 22. ed. São Paulo: Atlas, 2006. p. 575.

O Decreto-lei 546, de 18.04.1969, passou a permitir o trabalho da mulher na compensação bancária, no período noturno.

A Lei 5.673, de 06.07.1971, alterou o art. 379 da CLT, permitindo, por exemplo, o trabalho noturno da mulher em serviços de processamento de dados.

A Lei 6.136, de 07.11.1974, merece destaque por ter transferido à Previdência Social o ônus da licença-maternidade. Efetivamente, não se pode deixar tal encargo financeiro com o empregador, sob pena de inevitável e indesejada discriminação da mulher no mercado de trabalho.

A Lei 7.189, de 04.06.1984, alterou o art. 379 da CLT, passando a permitir o trabalho noturno da mulher com mais de 18 anos, salvo em empresas ou atividade industriais.

Merece destaque, ainda, a Lei 7.855, de 24.10.1989, por ter revogado: os arts. 379 e 380 da CLT, pois estes proibiam o trabalho noturno da mulher, estabelecendo certas especificações; os arts. 374 e 375 da CLT, que restringiam as possibilidades de prorrogação e de compensação da jornada de trabalho da mulher; o art. 387 da CLT, o qual proibia o trabalho da mulher em subterrâneos, minerações em subsolos, pedreiras e obras de construção civil, bem como em atividades insalubres e perigosas.

O art. 376 da CLT, que fazia restrições à prorrogação de jornada de trabalho pela mulher, também foi expressamente revogado pela Lei 10.244/2001.

A Lei 11.340/2006 cria mecanismos para coibir e prevenir a violência doméstica e familiar contra a mulher.

Toda mulher, independentemente de classe, raça, etnia, orientação sexual, renda, cultura, nível educacional, idade e religião, goza dos direitos fundamentais inerentes à pessoa humana, sendo-lhe asseguradas as oportunidades e facilidades para viver sem violência, preservar sua saúde física e mental e seu aperfeiçoamento moral, intelectual e social (art. 2º da Lei 11.340/2006).

Devem ser asseguradas às mulheres as condições para o exercício efetivo dos direitos à vida, à segurança, à saúde, à alimentação, à educação, à cultura, à moradia, ao acesso à justiça, ao esporte, ao lazer, ao trabalho, à cidadania, à liberdade, à dignidade, ao respeito e à convivência familiar e comunitária (art. 3º da Lei 11.340/2006).

O poder público deve desenvolver políticas que visem garantir os direitos humanos das mulheres no âmbito das relações domésticas e familiares no sentido de resguardá-las de toda forma de negligência, discriminação, exploração, violência, crueldade e opressão.

Cabe à família, à sociedade e ao poder público criar as condições necessárias para o efetivo exercício dos direitos enunciados no art. 3º da Lei 11.340/2006.

Na interpretação da Lei 11.340/2006, devem ser considerados os fins sociais a que ela se destina e, especialmente, as condições peculiares das mulheres em situação de violência doméstica e familiar (art. 4º).

O art. 384 e o parágrafo único do art. 372 da CLT foram revogados pela Lei 13.467/2017.

A Lei Complementar 146/2014 prevê que o direito previsto no art. 10, inciso II, alínea b, do Ato das Disposições Constitucionais Transitórias deve ser assegurado, nos casos em que ocorrer o falecimento da trabalhadora gestante, a quem detiver a guarda do seu filho.

Na realidade, diferenciações e restrições como essa, sem atender ao princípio da razoabilidade, em função do panorama atual e das condições de trabalho no presente, já haviam sido revogadas pela própria Constituição Federal de 1988, que ao assegurar a igualdade de sexo, não recepcionou disposições que acarretem a discriminação nesse tema.

Como se nota, foram excluídas do ordenamento jurídico as disposições que, embora com o objetivo inicial de proteção ao trabalho da mulher, estabeleciam restrições e diferenciações que não mais se justificavam. Tais medidas, surgidas em outro momento histórico, em vez de proteger, passaram a desencadear condutas discriminatórias, quanto ao gênero, por parte das empresas e dos empregadores, nos aspectos da admissão, exercício de funções e remuneração das mulheres no mercado de trabalho.

28.4 Fundamento das normas de proteção do trabalho da mulher

Tendo em vista os aspectos acima destacados, já não se justificam, nem se admitem, na atualidade, normas de proteção ao trabalho da mulher que, estabelecendo restrições, gerem a discriminação nas relações de trabalho.

No presente, as normas de proteção ao trabalho da mulher devem ficar restritas a promover o referido labor, pondo fim a qualquer desigualdade no plano social dos fatos, por meio de medidas que fomentem a contratação e melhoria das condições de trabalho, alcançando-se a igualdade material entre homens e mulheres. Nesse sentido, o fundamento da referida legislação passa a ser o princípio da igualdade material e da vedação à discriminação de gênero nas relações de trabalho.

A proteção, em seu sentido mais tradicional, deve ficar restrita ao estado de gestante e de maternidade da empregada, em que a mulher deve receber tratamento especial, condizente com esse relevante momento de sua vida.

Em razão da importância, para toda a sociedade, de que a mulher tenha o seu filho em condições favoráveis, bem como possa criá-lo da melhor forma, a legislação trabalhista e previdenciária deve estabelecer normas que assegurem os referidos objetivos. Com isso, atualmente, o fundamento das disposições de proteção, em sentido estrito, do trabalho da mulher, fica localizado no estado de gestante e de maternidade.

No entanto, ao mesmo tempo em que a lei deve proteger a gestante e a empregada que é mãe, deve combater e evitar a discriminação contra o trabalho da mulher, por eventual atribuição relacionada à maternidade.

Por isso, o período de licença-maternidade deve ser assegurado à mulher, mas sem que o empregador tenha de responder pela remuneração do período, encargo que deve recair, na realidade, sobre toda a sociedade, representada pelo Estado. Caso contrário, o empregador iria, certamente, evitar a contratação de empregadas do sexo feminino, gerando a indesejada discriminação de gênero.

Desse modo, o salário-maternidade deve ser previsto como cobertura previdenciária, a ser custeada pelos cofres públicos da previdência social, sem pesar na folha de pagamento do empregador que diretamente contratou a empregada[7].

28.5 Condições de trabalho da mulher

Já não vigoram, nem seriam compatíveis com a ordem jurídica em vigor, condições especiais de trabalho da mulher, tratando-a de forma diferente do homem quanto aos seguintes aspectos:

a) contratação (art. 446 da CLT, revogado pela Lei 7.855/1989);

b) duração do trabalho, incluindo-se sua prorrogação e compensação (arts. 374 e 375 da CLT, revogados pela Lei 7.855/1989, e art. 376 da CLT, revogado pela Lei 10.244/2001);

c) salário, pois prevalece a igualdade de remuneração, conforme art. 7º, inciso XXX, da Constituição Federal de 1988, bem como arts. 5º e 377 da CLT;

d) trabalho noturno (arts. 379 e 380 da CLT, revogados pela Lei 7.855/1989);

e) trabalhos insalubres, perigosos ou penosos (sendo o primeiro não mais vedado pela atual Constituição Federal de 1988, tendo sido revogado, ainda, o art. 387, b, da CLT, pela Lei 7.855/1989).

O art. 387, a, da CLT, que proibia o trabalho da mulher em subterrâneos, nas minerações em subsolo, nas pedreiras e obras de construção pública e particular, foi expressamente revogado pela Lei 7.855/1989.

---

[7] Art. 7º, inciso XVIII, da CF/1988: "licença à gestante, sem prejuízo do emprego e do salário, com a duração de cento e vinte dias".

Na realidade, os fatores que acarretam a insalubridade, periculosidade e o trabalho penoso devem ser eliminados ou neutralizados, mas para homens e mulheres, sem diferenciação, atendendo ao comando do art. 7º, inciso XXII, da Constituição Federal de 1988, tornando o meio ambiente de trabalho saudável, seguro e favorável à plena realização profissional, bem como individual e social, da pessoa, independentemente do sexo.

O art. 301 da CLT, por seu turno, assim dispõe: "O trabalho no subsolo somente será permitido a homens, com idade compreendida entre 21 (vinte e um) e 50 (cinquenta) anos, assegurada a transferência para a superfície nos termos previstos no artigo anterior".

Cabe verificar se o art. 301 da CLT, quanto à proibição do trabalho da mulher nele prevista, permanece em vigor.

Como visto acima, a Lei 7.855/1989 revogou o art. 387 da CLT, o qual estabelecia a proibição do trabalho da mulher "nos subterrâneos, nas minerações em subsolo, nas pedreiras e obras, de construção pública ou particular", bem como "nas atividades perigosas ou insalubres, especificadas nos quadros para este fim aprovados".

O art. 7º, inciso XXX, da Constituição Federal de 1988 proíbe a discriminação da mulher quanto ao exercício de funções ("XXX – proibição de diferença de salários, de exercício de funções e de critério de admissão por motivo de sexo, idade, cor ou estado civil").

A Constituição Federal de 1988, no art. 5º, inciso I, estabelece que "homens e mulheres são iguais em direitos e obrigações, nos termos desta Constituição".

Portanto, pode-se dizer que o art. 301 da CLT não foi recepcionado pela Constituição Federal de 1988, na parte em que estabelece discriminação contra a mulher, mesmo porque não se trata de norma voltada à proteção da gestação, da maternidade, da amamentação, nem é relativa a limite de força muscular.

Quanto aos períodos de descanso, na realidade, o tratamento do trabalho da mulher deveria ser igual ao do homem, para evitar discriminações quanto ao mercado de trabalho, exceto no que merece tratamento diferenciado, que se refere à maternidade.

O art. 396 da CLT assegura o intervalo para a mulher poder amamentar o seu filho:

"Art. 396. Para amamentar seu filho, inclusive se advindo de adoção, até que este complete 6 (seis) meses de idade, a mulher terá direito, durante a jornada de trabalho, a 2 (dois) descansos especiais de meia hora cada um.

§ 1º Quando o exigir a saúde do filho, o período de 6 (seis) meses poderá ser dilatado, a critério da autoridade competente.

§ 2º Os horários dos descansos previstos no *caput* deste artigo deverão ser definidos em acordo individual entre a mulher e o empregador".

A disposição se justifica, por ser relevante para a saúde e o crescimento saudável da criança o aleitamento materno nos primeiros meses de vida.

Quanto ao trabalho proibido, da mesma forma, as restrições só devem ser estabelecidas com base na razoabilidade, em consonância com as atuais condições sociais.

Por isso, a vedação de certos trabalhos mais difíceis ou penosos, em princípio, só se justifica se eles forem realmente prejudiciais ao estado de gestante da mulher.

Reconhece-se no presente que a mulher tem potencial e possibilidade de desempenhar o trabalho em iguais condições do que o homem.

Obviamente, há possíveis diferenças de estrutura física entre o homem e a mulher, mas isso não pode servir para impedir o trabalho desta, reservando-o somente ao homem, prejudicando o acesso da mulher à plena realização profissional.

Desse modo, os atuais conhecimentos e avanços da tecnologia, devem ser utilizados para a realização das atividades laborais, possibilitando às mulheres e aos homens o mesmo desempenho profissional, nas diversas modalidades de atividades, sejam elas de natureza física ou intelectual, sempre respeitando a dignidade da pessoa humana e as limitações de cada um.

28.6 Normas de proteção do trabalho da mulher que ainda persistem na CLT

Mesmo com diversas disposições restritivas já revogadas de forma expressa pela legislação posterior, a Consolidação das Leis do Trabalho ainda apresenta certas normas sobre proteção do trabalho da mulher, algumas delas decorrentes de leis posteriores, de natureza promocional.

Cabe, assim, verificar as suas previsões.

28.6.1 Duração, condições do trabalho e discriminação contra a mulher

O art. 372 da CLT estabelece regra de certo modo óbvia, que não altera em nada o sistema jurídico, ao prever que os preceitos que regulam o trabalho masculino são aplicáveis ao trabalho feminino, naquilo em que não colidirem com a proteção especial instituída pelo Capítulo III, do Título III, da CLT, pertinente à proteção do trabalho da mulher.

O parágrafo único do art. 372 da CLT foi revogado pelo art. 5º, inciso I, *h*, da Lei 13.467/2017.

Pode-se dizer que o mencionado dispositivo não havia sido recepcionado pela Constituição Federal de 1988, ao estabelecer, de forma contrária ao princípio da igualdade, que não seria regido pelos dispositivos a que se refere o art. 372 da CLT o trabalho nas oficinas em que sirvam exclusivamente pessoas da família da mulher e esteja esta *sob a direção do esposo*, do pai, da mãe, do tutor ou do filho.

Com a Constituição Federal de 1988, homens e mulheres são iguais em direitos e obrigações (art. 5º, inciso I). Desse modo, os direitos e deveres referentes à sociedade conjugal são exercidos igualmente pelo homem e pela mulher (art. 226, § 5º, da Constituição da República). Portanto, não se revela legítima a previsão de mulher sob a *direção* do esposo.

Na realidade, uma vez presentes os requisitos da relação de emprego, este deve ser reconhecido, independentemente de se tratar de homem ou mulher.

Evidentemente, no âmbito familiar, os elementos da relação de emprego, com destaque à subordinação jurídica e à onerosidade, podem não se verificar, o que excluirá, nesse caso, a sua existência.

O art. 373 da CLT também representa disposição supérflua, pois apenas prevê que a duração normal de trabalho da mulher será de oito horas diárias, exceto nos casos para os quais for fixada duração inferior, o que já decorre das normas que regulam a duração do trabalho em geral. De todo modo, deve-se observar, também, o limite semanal de 44 horas (art. 7º, inciso XIII, da CF/1988).

A Lei 9.799, de 26 de maio de 1999, acrescentou diversos dispositivos à CLT, em consonância com o comando do art. 7º, inciso XX, da Constituição de 1988[8], ou seja, buscando proteger o mercado de trabalho da mulher, mediante incentivos, bem como proibindo condutas discriminatórias em razão do gênero.

Nesse sentido, o art. 373-A da CLT assim prevê:

Art. 373-A. Ressalvadas as disposições legais destinadas a corrigir as distorções que afetam o acesso da mulher ao mercado de trabalho e certas especificidades estabelecidas nos acordos trabalhistas, é vedado:

I – publicar ou fazer publicar anúncio de emprego no qual haja referência ao sexo, à idade, à cor ou situação familiar, salvo quando a natureza da atividade a ser exercida, pública e notoriamente, assim o exigir.

---

[8] Art. 7º, inciso XX, da CF/1988: "proteção do mercado de trabalho da mulher, mediante incentivos específicos, nos termos da lei".

Tem-se aqui a vedação da discriminação na oferta de emprego, ligada, portanto, à admissão (art. 7º, inciso XXX, da CF/1988)[9], não se autorizando restrições quanto ao sexo, idade, cor ou estado familiar.

Excepcionalmente, caso a natureza da atividade exija, de modo efetivo e razoável, certa especificidade quanto a algum desses fatores, pode ser indicado como condição para a admissão, como ocorreria no caso de contratação para exercer a função de carcerária, em estabelecimento de prisão feminino.

II – recusar emprego, promoção ou motivar a dispensa do trabalho em razão de sexo, idade, cor, situação familiar ou estado de gravidez, salvo quando a natureza da atividade seja notória e publicamente incompatível.

O inciso, ainda vedando condutas discriminatórias (art. 7º, inciso XXX, da CF/1988), volta-se ao momento de admissão, promoção e término do vínculo de emprego. Os fatores arrolados acima (sexo, idade, cor, situação familiar ou estado de gravidez) não justificam eventual recusa de emprego, promoção ou dispensa pelo empregador.

A exceção, novamente, fica por conta de eventual atividade, cuja natureza seja "notória e publicamente incompatível" com certo estado da pessoa. Pode-se imaginar, como exemplo, a contratação de alguém para exercer o trabalho em contato com radiação ionizante, que pode ser prejudicial ao feto, impedindo a admissão de empregada gestante, para desempenhar essa função em específico.

III – considerar o sexo, a idade, a cor ou situação familiar como variável determinante para fins de remuneração, formação profissional e oportunidades de ascensão profissional.

A disposição confirma a vedação de tratamento discriminatório no emprego (art. 7º, inciso XXX, da CF/1988), durante o vínculo de trabalho, não se podendo levar em conta os aspectos arrolados, ou seja, de sexo, idade, cor ou situação familiar (se casado, solteiro; com filhos, sem filhos), para fins de remuneração, formação profissional e ascensão profissional.

IV – exigir atestado ou exame, de qualquer natureza, para comprovação de esterilidade ou gravidez, na admissão ou permanência no emprego.

A Lei 9.029, de 13 de abril de 1995 (*DOU* de 17.04.1995), no art. 1º, com redação dada pela Lei 13.146/2015, também proíbe "a adoção de qualquer prática discriminatória e limitativa para efeito de acesso à relação de trabalho, ou de sua manutenção, por motivo de sexo, origem, raça, cor, estado civil, situação familiar, deficiência, reabilitação profissional, idade, entre outras, ressalvadas, nesse caso, as hipóteses de proteção à criança e ao adolescente previstas no inciso XXXIII do art. 7º da Constituição Federal".

Nessa linha, o art. 2º do mencionado diploma legal determina constituírem crime as seguintes práticas discriminatórias:

I – a exigência de teste, exame, perícia, laudo, atestado, declaração ou qualquer outro procedimento relativo à esterilização ou a estado de gravidez;

II – a adoção de quaisquer medidas, de iniciativa do empregador, que configurem:

a) indução ou instigamento à esterilização genética;

b) promoção do controle de natalidade, assim não considerado o oferecimento de serviços e de aconselhamento ou planejamento familiar, realizados através de instituições públicas ou privadas, submetidas às normas do Sistema Único de Saúde – SUS.

A pena é de "detenção de um a dois anos e multa".

---

[9] Art. 7º, inciso XXX, da CF/1988: "proibição de diferença de salários, de exercício de funções e de critério de admissão por motivo de sexo, idade, cor ou estado civil".

São sujeitos ativos dos crimes a que se refere o art. 2º: a pessoa física empregadora; o representante legal do empregador, como definido na legislação trabalhista; o dirigente, direto ou por delegação, de órgãos públicos e entidades das Administrações Públicas direta, indireta e fundacional de qualquer dos Poderes da União, dos Estados, do Distrito Federal e dos Municípios.

Cabe fazer referência ao entendimento de que a exigência de exame de estado de gravidez quando da dispensa da empregada não configura ato discriminatório, nem afronta à intimidade, pois tem como objetivo obter segurança jurídica no término do contrato de trabalho, no sentido de saber se a trabalhadora está gestante, circunstância que ela própria pode desconhecer, para fins do direito à respectiva estabilidade provisória (art. 10, inciso II, *b*, do Ato das Disposições Constitucionais Transitórias)[10]. Em sentido divergente, entende-se que embora o mencionado exame possa ser realizado de forma voluntária ou consentida, a sua exigência pelo empregador, mesmo quando da dispensa da empregada, impondo a sua realização e apresentação, afronta a intimidade da trabalhadora (art. 5º, inciso X, da Constituição Federal de 1988).

Efetivamente, a exigência de exame de gravidez, em desacordo com a vontade da empregada, gera violação da sua esfera íntima, não podendo a pessoa ser obrigada a ter aspectos de sua vida pessoal expostos dessa forma.

Em termos de ponderação, mesmo que o empregador possa ter interesse em saber sobre o estado de gestante da empregada quando da despedida, em razão do possível direito à estabilidade provisória (Súmula 244 do TST), impor a realização e apresentação do exame de gravidez, sem considerar a vontade da trabalhadora, revela-se medida nitidamente desproporcional, considerando a gravidade da afronta ao direito à intimidade que disso resulta.

---

[10] "II – Recurso de revista. Acórdão do regional publicado sob a égide da Lei 13.467/2017. Exigência de realização de exame para averiguação do estado gravídico. Ato de dispensa da empregada. Dano moral. Configuração. Indenização. A lide versa sobre o pleito de indenização por danos morais decorrentes da exigência de exame de gravidez por ocasião da dispensa da trabalhadora. A exigência do exame de gravidez é vedada pela legislação, a fim de inibir qualquer prática discriminatória e limitativa para efeito de acesso a relação de emprego, ou sua manutenção, por motivo de sexo, origem, raça, cor, estado civil, situação familiar, deficiência, reabilitação profissional, idade, entre outros, ressalvados, nesse caso, as hipóteses de proteção à criança e ao adolescente (art. 7º, XXXIII, CF; art. 1º, Lei 9.029/95), sendo tipificada como crime 'a exigência de teste, exame, perícia, laudo, atestado, declaração ou qualquer outro procedimento relativo à esterilização ou a estado de gravidez' (art. 2º, Lei 9.029). A CLT também proíbe a exigência de atestado ou exame para comprovação de gravidez na admissão ou para permanência no emprego (art. 373-A, IV). Assim, a CLT como a Lei 9.029/95 vedam a prática de ato discriminatório para efeito de admissão ou manutenção no emprego. A finalidade é impedir que o empregador, tendo conhecimento prévio do estado gravídico, deixe de admitir a candidata ao emprego, praticando, dessa forma, ato discriminatório. A exigência de exame de gravidez por ocasião da dispensa não pode ser considerada um ato discriminatório, tampouco violador da intimidade da trabalhadora. Pelo contrário, visa dar segurança jurídica ao término do contrato de trabalho, na medida em que, caso a trabalhadora esteja em estado gestacional, circunstância que muitas vezes ela própria desconhece, o empregador, ciente do direito à estabilidade, poderá mantê-la no emprego ou indenizá-la de antemão, sem que esta necessite recorrer ao judiciário. O que se resguarda, no caso, é o direito da empregada gestante ao emprego (art. 10, II, *b*, do ADCT), bem como do usufruto da licença previdenciária. Por outro lado, não é somente o direito da gestante que se visa resguardar com a estabilidade provisória decorrente. O nascituro também é objeto dessa proteção, tanto que o direito do nascituro também está implícito do art. 10, II, *b*, do ADCT. Assim, não há que se falar em eventual violação ao direito a intimidade quando também existem direitos de terceiros envolvidos, devendo ser realizada uma ponderação dos valores. Ademais, o ato de verificação de eventual estado gravídico da trabalhadora por ocasião da sua dispensa está abarcado pelo dever de cautela que deve fazer parte da conduta do empregador. Assim, como cabe ao empregador zelar pela segurança de seus funcionários no desempenho das atividades laborativas, também a observância do cumprimento da legislação, sobretudo a que resguarda a estabilidade da gestante, obrigações legais que estão abarcadas pelo dever de cautela do empregador. Com isso, não pode a exigência de comprovação do estado gravídico por parte do empregador, único meio para o conhecimento gestacional, ser considerada uma conduta ofensiva ao direito à intimidade. Não houve discriminação, tampouco violação do direito à intimidade da trabalhadora ao lhe ser exigido o exame de gravidez por ocasião da sua dispensa, e em consequência, a configuração do alegado dano moral passível de indenização, na medida em que se visou garantir o fiel cumprimento da lei. Intacto, portanto, o art. 5º, X, da Constituição Federal. Recurso de revista não conhecido" (TST, 3ª T., RR - 61-04.2017.5.11.0010, Redator Min. Alexandre de Souza Agra Belmonte, *DEJT* 18.06.2021).

Por ser a intimidade assegurada como direito fundamental e da personalidade (arts. 11 do Código Civil e 223-C da CLT), a sua violação acarreta dano moral (extrapatrimonial), o que torna devida a respectiva indenização (arts. 12 do Código Civil e 223-F da CLT), conforme art. 5º, incisos V e X, da Constituição Federal de 1988.

Sem prejuízo do prescrito no referido art. 2º e nos dispositivos legais que tipificam os crimes resultantes de preconceito de etnia, raça, cor ou deficiência, as infrações do disposto na Lei 9.029/1995 são passíveis das seguintes cominações:

I – multa administrativa de dez vezes o valor do maior salário pago pelo empregador, elevado em cinquenta por cento em caso de reincidência;

II – proibição de obter empréstimo ou financiamento junto a instituições financeiras oficiais.

De acordo com o art. 4º da Lei 9.029/1995, o rompimento da relação de trabalho por ato discriminatório, nos moldes do referido diploma legal, além do direito à reparação pelo dano moral, faculta ao empregado optar entre:

I – a reintegração com ressarcimento integral de todo o período de afastamento, mediante pagamento das remunerações devidas, corrigidas monetariamente, acrescidas de juros legais;

II – a percepção, em dobro, da remuneração do período de afastamento, corrigida monetariamente e acrescida dos juros legais.

Frise-se que, nos termos da Súmula 443 do TST:

"Dispensa discriminatória. Presunção. Empregado portador de doença grave. Estigma ou preconceito. Direito à reintegração. Presume-se discriminatória a despedida de empregado portador do vírus HIV ou de outra doença grave que suscite estigma ou preconceito. Inválido o ato o empregado tem direito à reintegração no emprego".

V – impedir o acesso ou adotar critérios subjetivos para deferimento de inscrição ou aprovação em concursos, em empresas privadas, em razão de sexo, idade, cor, situação familiar ou estado de gravidez;

VI – proceder o empregador ou preposto a revistas íntimas nas empregadas ou funcionárias.

O dispositivo proíbe, expressamente, a *revista íntima*, o que já se podia concluir pela proteção constitucional da intimidade da pessoa, bem como de sua integridade física, psíquica e moral (art. 5º, inciso X, da CF/1988).

Ademais, nos termos do art. 1º da Lei 13.271/2016, as "empresas privadas, os órgãos e entidades da administração pública, direta e indireta, ficam proibidos de adotar qualquer prática de revista íntima de suas funcionárias e de clientes do sexo feminino" (a respeito do tema, cf. Capítulo 11, item 11.6.6).

Parágrafo único. O disposto neste artigo não obsta a adoção de medidas temporárias que visem ao estabelecimento das políticas de igualdade entre homens e mulheres, em particular as que se destinam a corrigir as distorções que afetam a formação profissional, o acesso ao emprego e as condições gerais de trabalho da mulher.

O referido parágrafo único confirma a possibilidade de adoção das *ações afirmativas*, no caso, objetivando fomentar o trabalho da mulher, para que se alcance a igualdade material de acesso ao emprego, formação e condições de trabalho entre homens e mulheres.

O art. 377 da CLT prevê que a adoção de medidas de proteção ao trabalho das mulheres é considerada de ordem pública, não justificando, em hipótese alguma, a redução de salário, o que está em consonância com o art. 7º, incisos XX e XXX, da Constituição Federal de 1988.

Às mulheres empregadas é garantido igual salário em relação aos empregados que exerçam idêntica função prestada ao mesmo empregador, nos termos dos arts. 373-A e 461 da Consolidação das Leis do Trabalho (art. 30 da Lei 14.457/2022).

28.6.2 Trabalho noturno da mulher

O art. 381 da CLT contém disposição supérflua, por estabelecer preceito que já se pode concluir pelo sistema jurídico e constitucional em vigor: "O trabalho noturno das mulheres terá salário superior ao diurno".

O § 1º do art. 381 da CLT confirma a regra de que, no trabalho noturno, os salários serão acrescidos do adicional de 20% no mínimo, em sintonia com o art. 73 da CLT.

Repetindo o preceito do § 1º do art. 73 da CLT, o § 2º do art. 381 dispõe que cada hora do período noturno de trabalho das mulheres terá 52 minutos e 30 segundos.

No âmbito rural, aplicam-se, normalmente, as disposições, já estudadas, referentes ao trabalho noturno, inclusive quanto ao adicional de 25%, não havendo previsão de hora noturna reduzida.

28.6.3 Períodos de descanso no trabalho da mulher

Quanto aos períodos de descanso, o art. 382 repete a regra do art. 66 da CLT: "Entre 2 (duas) jornadas de trabalho, haverá um intervalo de 11 (onze) horas consecutivas, no mínimo, destinado ao repouso".

Seguindo a previsão do art. 71 da CLT, o art. 383 da CLT assim dispõe: "Durante a jornada de trabalho, será concedido à empregada um período para refeição e repouso não inferior a 1 (uma) hora nem superior a 2 (duas) horas salvo a hipótese prevista no art. 71, § 3º".

No âmbito das normas sobre a proteção ao trabalho da mulher, o art. 384 da CLT, em sua redação original, estabelecia que em caso de prorrogação do horário normal é obrigatório um descanso de 15 minutos no mínimo, antes do início do período extraordinário do trabalho.

Essa previsão, entretanto, foi expressamente revogada pelo art. 5º, inciso I, *i*, da Lei 13.467/2017.

O art. 384 da CLT, destinado apenas ao trabalho da mulher, ao estabelecer tratamento diferenciado e protetivo, ausente para o homem, segundo certa corrente de entendimento, não se mostrava razoável na atualidade, afrontando o preceito constitucional da igualdade (art. 5º, inciso I, e art. 7º, inciso XXX, da Constituição da República), podendo gerar discriminação na contratação do trabalho da mulher, vedada pelo art. 3º, inciso IV, da Constituição Federal de 1988[11].

Apesar disso, no Tribunal Superior do Trabalho, havia prevalecido o entendimento de que a mencionada disposição não viola o princípio da igualdade entre homens e mulheres[12].

---

[11] "Recurso de embargos. Trabalho da mulher. Intervalo para descanso em caso de prorrogação do horário normal. Artigo 384 da CLT. Não recepção com o princípio da igualdade entre homens e mulheres. Violação do art. 896 da CLT reconhecida. O art. 384 da CLT está inserido no capítulo que se destina à proteção do trabalho da mulher e contempla a concessão de quinze minutos de intervalo à mulher, no caso de prorrogação da jornada, antes de iniciar o trabalho extraordinário. O tratamento especial, previsto na legislação infraconstitucional, não foi recepcionado pela Constituição Federal ao consagrar no inciso I do art. 5º que homens e mulheres são iguais em direitos e obrigações. A história da humanidade, e mesmo a do Brasil, é suficiente para reconhecer que a mulher foi expropriada de garantias que apenas eram dirigidas aos homens e é esse o contexto constitucional em que é inserida a regra. Os direitos e obrigações a que se igualam homens e mulheres apenas viabilizam a estipulação de jornada diferenciada quando houver necessidade da distinção, não podendo ser admitida a diferenciação apenas em razão do sexo, sob pena de se estimular discriminação no trabalho entre iguais, que apenas se viabiliza em razão de ordem biológica. As únicas normas que possibilitam dar tratamento diferenciado à mulher dizem respeito àquelas traduzidas na proteção à maternidade, dando à mulher garantias desde a concepção, o que não é o caso, quando se examina apenas o intervalo previsto no art. 384 da CLT, para ser aplicado apenas à jornada de trabalho da mulher intervalo este em prorrogação de jornada, que não encontra distinção entre homem e mulher. Embargos conhecidos e providos" (TST, SBDI-I, E-RR 3886/2000-071-09-00.0, Rel. Min. Aloysio Corrêa da Veiga, *DJ* 25.04.2008).

[12] "Mulher. Intervalo de 15 minutos antes de labor em sobrejornada. Constitucionalidade do art. 384 da CLT em face do art. 5º, I, da CF. 1. O art. 384 da CLT impõe intervalo de 15 minutos antes de se começar a prestação de horas extras pela trabalhadora mulher. Pretende-se sua não recepção pela Constituição Federal, dada a plena igualdade de direitos e obrigações entre homens e mulheres decantada pela Carta Política de 1988 (art. 5º, I), como conquista feminina no campo jurídico. 2. A igualdade jurídica e intelectual entre homens e mulheres não afasta a natural diferenciação fisiológica e psicológica dos sexos, não escapando ao senso comum a patente diferença de compleição

Esse entendimento também foi confirmado pelo Supremo Tribunal Federal, ao decidir que o art. 384 da CLT fora *recepcionado* pela Constituição Federal de 1988[13].

Ademais, a jurisprudência majoritária entendia que o referido art. 384 da CLT, por ser norma especial, voltada à *proteção do trabalho da mulher*, não era aplicável ao empregado (do gênero masculino), mesmo com fundamento no princípio da igualdade (art. 5º, inciso I, da Constituição Federal de 1988)[14].

De todo modo, no STF, entendeu-se que o dispositivo em questão não estaria excluído do alcance de futuras modificações legislativas. Nesse sentido, segundo o voto do Relator: "Antecipo que não considero que essa norma constitua um núcleo irreversível do direito fundamental, ou que im-

---

física entre homens e mulheres. Analisando o art. 384 da CLT em seu contexto, verifica-se que se trata de norma legal inserida no capítulo que cuida da proteção do trabalho da mulher e que, versando sobre intervalo intrajornada, possui natureza de norma afeta à medicina e segurança do trabalho, infensa à negociação coletiva, dada a sua indisponibilidade (cfr. Orientação Jurisprudencial 342 da SBDI-1 do TST). 3. O maior desgaste natural da mulher trabalhadora não foi desconsiderado pelo constituinte de 1988, que garantiu diferentes condições para a obtenção da aposentadoria, com menos idade e tempo de contribuição previdenciária para as mulheres (CF, art. 201, § 7º, I e II). A própria diferenciação temporal da licença-maternidade e paternidade (CF, art. 7º, XVIII e XIX; ADCT, art. 10, § 1º) deixa claro que o desgaste físico efetivo é da maternidade. A praxe generalizada, ademais, é a de se postergar o gozo da licença-maternidade para depois do parto, o que leva a mulher, nos meses finais da gestação, a um desgaste físico cada vez maior, o que justifica o tratamento diferenciado em termos de jornada de trabalho e período de descanso. 4. Não é demais lembrar que as mulheres que trabalham fora do lar estão sujeitas a dupla jornada de trabalho, pois ainda realizam as atividades domésticas quando retornam a casa. Por mais que se dividam as tarefas domésticas entre o casal, o peso maior da administração da casa e da educação dos filhos acaba recaindo sobre a mulher. 5. Nesse diapasão, levando-se em consideração a máxima albergada pelo princípio da isonomia, de tratar desigualmente os desiguais na medida das suas desigualdades, ao ônus da dupla missão, familiar e profissional, que desempenha a mulher trabalhadora corresponde o bônus da jubilação antecipada e da concessão de vantagens específicas, em função de suas circunstâncias próprias, como é o caso do intervalo de 15 minutos antes de iniciar uma jornada extraordinária, sendo de se rejeitar a pretensa inconstitucionalidade do art. 384 da CLT. Incidente de inconstitucionalidade em recurso de revista rejeitado" (TST, Pleno, IIN-RR 154000-83.2005.5.12.0046, Rel. Min. Ives Gandra Martins Filho, *DEJT* 13.02.2009).

[13] "Recurso extraordinário. Repercussão geral reconhecida. Direito do Trabalho e Constitucional. Recepção do art. 384 da Consolidação das Leis do Trabalho pela Constituição Federal de 1988. Constitucionalidade do intervalo de 15 minutos para mulheres trabalhadoras antes da jornada extraordinária. Ausência de ofensa ao princípio da isonomia. Mantida a decisão do Tribunal Superior do Trabalho. Recurso não provido. 1. O assunto corresponde ao Tema n. 528 da Gestão por Temas da Repercussão Geral do portal do Supremo Tribunal Federal na internet. 2. O princípio da igualdade não é absoluto, sendo mister a verificação da correlação lógica entre a situação de discriminação apresentada e a razão do tratamento desigual. 3. A Constituição Federal de 1988 utilizou-se de alguns critérios para um tratamento diferenciado entre homens e mulheres: (i) em primeiro lugar, levou em consideração a histórica exclusão da mulher do mercado regular de trabalho e impôs ao Estado a obrigação de implantar políticas públicas, administrativas e/ou legislativas de natureza protetora no âmbito do direito do trabalho; (ii) considerou existir um componente orgânico a justificar o tratamento diferenciado, em virtude da menor resistência física da mulher; e (iii) observou um componente social, pelo fato de ser comum o acúmulo pela mulher de atividades no lar e no ambiente de trabalho – o que é uma realidade e, portanto, deve ser levado em consideração na interpretação da norma. 4. Esses parâmetros constitucionais são legitimadores de um tratamento diferenciado desde que esse sirva, como na hipótese, para ampliar os direitos fundamentais sociais e que se observe a proporcionalidade na compensação das diferenças. 5. Recurso extraordinário não provido, com a fixação das teses jurídicas de que o art. 384 da CLT foi recepcionado pela Constituição Federal de 1988 e de que a norma se aplica a todas as mulheres trabalhadoras" (STF, Pleno, RE 658.312/SC, Rel. Min. Dias Toffoli, *DJe* 10.02.2015).

[14] "Agravo de instrumento em recurso de revista. Intervalo do art. 384 da CLT. Inaplicabilidade aos trabalhadores do sexo masculino. Inexistência de ofensa ao princípio da igualdade. Discute-se nos autos acerca da extensão aos trabalhadores de sexo masculino do direito conferido às mulheres empregadas de perceberem horas extraordinárias decorrentes da não concessão do intervalo de quinze minutos de que trata o art. 384 da CLT. A gênese desse dispositivo, ao fixar o intervalo para descanso entre a jornada normal e a extraordinária, não concedeu direito desarrazoado às trabalhadoras, mas, ao contrário, objetivou preservar as mulheres do desgaste decorrente do labor em sobrejornada, que é reconhecidamente nocivo a todos os empregados. Julgados recentes desta Corte estabelecem a inaplicabilidade da regra contida no art. 384 da CLT ao trabalhador de sexo masculino, considerando que as distinções fisiológicas e psicológicas entre homens e mulheres justificam a proteção diferenciada ao trabalho da mulher. Portanto, a admissibilidade da revista esbarra no preceito contido no art. 896, § 4º, da CLT e na Súmula 333 do TST. Agravo de instrumento desprovido" (TST, 7ª T., AIRR-2355600-26.2008.5.09.0006, Rel. Min. Luiz Philippe Vieira de Mello Filho, *DEJT* 13.06.2014).

plique o mínimo existencial social do direito fundamental da trabalhadora mulher. [...] No futuro, havendo efetivas e reais razões fáticas e políticas para a revogação da norma, ou mesmo para a ampliação do direito a todos os trabalhadores, o espaço para esses debates há de ser respeitado, que é o Congresso Nacional" (STF, Pleno, RE 658.312/SC, Rel. Min. Dias Toffoli, j. 27.11.2014).

Nesse contexto, o art. 384 da CLT foi *revogado* pela Lei 13.467/2017.

O Supremo Tribunal Federal fixou a seguinte tese de repercussão geral: "O art. 384 da CLT, em relação ao período anterior à edição da Lei n. 13.467/2017, foi recepcionado pela Constituição Federal de 1988, aplicando-se a todas as mulheres trabalhadoras" (STF, Pleno, RE 658.312/SC, Rel. Min. Dias Toffoli, j. 15.09.2021).

O art. 385 da CLT, por sua vez, prevê que: "O descanso semanal será de 24 (vinte e quatro) horas consecutivas e coincidirá no todo ou em parte com o domingo, salvo motivo de conveniência pública ou necessidade imperiosa de serviço, a juízo da autoridade competente, na forma das disposições gerais, caso em que recairá em outro dia".

Além disso, como é evidente, observar-se-ão, igualmente, "os preceitos da legislação geral sobre a proibição de trabalho nos feriados civis e religiosos" (parágrafo único do art. 385).

Em conformidade com o art. 386 da CLT: "Havendo trabalho aos domingos, será organizada uma escala de revezamento quinzenal, que favoreça o repouso dominical".

Segundo leciona Sergio Pinto Martins: "É discriminatório o preceito em comentário em relação ao homem, pois não há o mesmo tratamento para aquele na legislação. Deveria, portanto, ser estendido também ao homem, pois é bastante razoável a sua determinação, visando que de 15 em 15 dias o homem tivesse o repouso aos domingos. De 15 em 15 dias, portanto, o repouso semanal da mulher deverá coincidir com o domingo"[15].

Cabe fazer referência ao entendimento de que o art. 386 da CLT não seria mais aplicável, por ser vedada a discriminação (art. 3º, inciso IV, e art. 5º, inciso XLI, da CF/1988), sabendo-se que homens e mulheres são iguais em direitos e obrigações (art. 5º, inciso I, da CF/1988), além do que o repouso semanal remunerado deve ser concedido *preferencialmente* aos domingos (art. 7º, inciso XV, da CF/1988), não se admitindo regra que acarrete desestímulo ao trabalho da mulher (art. 7º, inciso XX, da CF/1988)[16]. Em sentido divergente: TST, SBDI-I, E-ED-RR - 619-11.2017.5.12.0054, Rel. Min. Augusto César Leite de Carvalho, j. 02.12.2021, *DEJT* 11.02.2022.

---

[15] MARTINS, Sergio Pinto. *Comentários à CLT*. 5. ed. São Paulo: Atlas, 2002. p. 306.

[16] "Recurso de revista interposto pela reclamada. Aplicabilidade do art. 386 da CLT. 1. No Capítulo III, no qual dispõe sobre a proteção do trabalho da mulher, o art. 386 da CLT estabelece que, 'havendo trabalho aos domingos, será organizada uma escala de revezamento quinzenal, que favoreça o repouso dominical'. 2. Por sua vez, a Constituição Federal veda a discriminação em razão do sexo, consoante os termos do inciso I do art. 5º, segundo o qual 'homens e mulheres são iguais em direitos e obrigações, nos termos desta Constituição'. 3. Se não bastasse, nos termos do art. 7º, XV, da CF, o repouso semanal remunerado deve ser concedido preferencialmente aos domingos, e o art. 6º, parágrafo único, da Lei n. 10.101/00 determina que 'o repouso semanal remunerado deverá coincidir, pelo menos uma vez no período máximo de três semanas, com o domingo, respeitadas as demais normas de proteção ao trabalho e outras a serem estipuladas em negociação coletiva'. 4. Como se observa, a Constituição Federal, além de consignar que homens e mulheres são iguais em direitos e obrigações, não determina que o repouso semanal remunerado ocorra sempre no dia de domingo, sendo certo haver disposição legal de que o repouso semanal remunerado deverá coincidir, pelo menos uma vez no período máximo de três semanas, com o referido dia. 5. Dentro desse contexto, se as empregadas substituídas tinham assegurada a folga semanal, nos moldes do art. 6º, parágrafo único, da Lei n. 10.101/00, têm-se por compensados os demais domingos trabalhados, não havendo falar em condenação ao pagamento do descanso dominical, na forma deferida pelo Tribunal *a quo*, sob pena de ofensa ao princípio constitucional da isonomia, mormente porque, não obstante homens e mulheres diferenciarem-se em alguns pontos, especialmente no concernente ao aspecto fisiológico, esse diferencial não dá amparo ao gozo de mais folgas no dia de domingo às mulheres do que aos homens, já que o gozo da folga semanal em outro dia da semana não resulta em desgaste físico maior. 6. Ademais, o art. 7º, XX, da CF estabelece a proteção do trabalho da mulher, mediante incentivos específicos, razão pela qual se repelem regras que resultem em desestímulo ao trabalho da mulher, de modo que, com fulcro no referido dispositivo constitucional, tem-se pela aplicabilidade do comando do art. 6º, parágrafo único, da Lei n. 10.101/00 a todos os trabalhadores, sem distinção de sexo. Recurso de revista conhecido e provido" (TST, 8ª T., RR-1606-35.2016.5.12.0037, Rel. Min. Dora Maria da Costa, *DEJT* 09.05.2019).

No âmbito do Tribunal Superior do Trabalho, firmou-se a posição de que a escala de revezamento quinzenal para concessão do repouso semanal remunerado aos domingos para empregadas mulheres, prevista no art. 386 da CLT, que foi recepcionado pela Constituição Federal de 1988, como norma específica de proteção do trabalho da mulher, deve prevalecer sobre a coincidência do repouso semanal remunerado com o domingo pelo menos uma vez no período máximo de três semanas, prevista no art. 6º, parágrafo único, da Lei 10.101/2000, aos empregados do comércio em geral (TST, SBDI-I, E-ED-RR-982-80.2017.5.12.0059, Rel. Min. Maria Cristina Irigoyen Peduzzi, *DEJT* 17.06.2022). Cf. ainda STF, RE 1.403.904/SC.

28.6.4 Métodos e locais de trabalho da mulher

Quanto aos métodos e locais de trabalho, o art. 388 da CLT, sobre trabalho perigoso e insalubre, restou prejudicado pela revogação do art. 387 da CLT, pela Lei 7.855/1989.

Conforme prevê o art. 389 da CLT, toda empresa é obrigada:

I – a prover os estabelecimentos de medidas concernentes à higienização dos métodos e locais de trabalho, tais como ventilação e iluminação e outros que se fizerem necessários à segurança e ao conforto das mulheres, a critério da autoridade competente;

II – a instalar bebedouros, lavatórios, aparelhos sanitários; dispor de cadeiras ou bancos, em número suficiente, que permitam às mulheres trabalhar sem grande esgotamento físico;

III – a instalar vestiários com armários individuais privativos das mulheres, exceto os estabelecimentos comerciais, escritórios, bancos e atividades afins, em que não seja exigida a troca de roupa e outros, a critério da autoridade competente em matéria de segurança e higiene do trabalho, admitindo-se como suficientes as gavetas ou escaninhos, onde possam as empregadas guardar seus pertences;

IV – a fornecer, gratuitamente, a juízo da autoridade competente, os recursos de proteção individual, tais como óculos, máscaras, luvas e roupas especiais, para a defesa dos olhos, do aparelho respiratório e da pele, de acordo com a natureza do trabalho.

Na realidade, essas regras, pertinentes à segurança, medicina e higiene do trabalho, não diferem, essencialmente, das normas gerais previstas no Capítulo V, do Título II, da CLT.

Os estabelecimentos em que trabalharem pelo menos 30 mulheres com mais de 16 anos de idade terão local apropriado onde seja permitido às empregadas guardar sob vigilância e assistência os seus filhos no período da amamentação (§ 1º do art. 389 da CLT).

Essa exigência poderá ser suprida por meio de creches distritais mantidas, diretamente ou mediante convênios, com outras entidades públicas ou privadas, pelas próprias empresas, em regime comunitário, ou a cargo do SESI, do SESC, de entidades assistenciais ou de entidades sindicais (§ 2º do art. 389 da CLT).

Nos termos do art. 121 da Portaria 671/2021 do Ministério do Trabalho e Previdência, ficam as empresas e empregadores autorizados a adotar o sistema de reembolso-creche, em substituição à exigência contida no § 1º do art. 389 da CLT, desde que obedeçam às seguintes exigências:

I – o reembolso-creche deve cobrir, integralmente, as despesas efetuadas com o pagamento da creche de livre escolha da empregada-mãe, ou outra modalidade de prestação de serviços dessa natureza, pelo menos até os seis meses de idade da criança, nas condições, prazos e valor estipulados em acordo ou convenção coletiva, sem prejuízo do cumprimento dos demais preceitos de prestação à maternidade;

II – o benefício deve ser concedido a toda empregada-mãe, independentemente do número de mulheres do estabelecimento, e sem prejuízo do cumprimento dos demais preceitos de proteção à maternidade;

III – as empresas e empregadores devem dar ciência às empregadas da existência do sistema e dos procedimentos necessários para a utilização do benefício, com a afixação de avisos em locais visíveis e de fácil acesso para os empregados, ou por meio de comunicação escrita ou por meio eletrônico;

IV – o reembolso-creche deve ser efetuado até o terceiro dia útil da entrega do comprovante das despesas efetuadas, pela empregada-mãe, com a mensalidade da creche.

A implantação do sistema de reembolso-creche depende de prévia estipulação em acordo ou convenção coletiva (art. 122 da Portaria 671/2021 do Ministério do Trabalho e Previdência).

Por se tratar de mero reembolso da mencionada despesa, relativa ao direito assistencial-social, entende-se não possuir natureza salarial (art. 458, § 2º, inciso II, da CLT).

Foi instituído o Programa Emprega + Mulheres, destinado à inserção e à manutenção de mulheres no mercado de trabalho por meio da implementação, entre outras, da seguinte medida para apoio à parentalidade na primeira infância: pagamento de reembolso-creche (art. 1º, inciso I, alínea a, da Lei 14.457/2022).

Sendo assim, ficam os empregadores autorizados a adotar o benefício de reembolso-creche, de que trata o art. 28, § 9º, alínea s, da Lei 8.212/1991, desde que cumpridos os seguintes requisitos: I – ser o benefício destinado ao pagamento de creche ou de pré-escola de livre escolha da empregada ou do empregado, bem como ao ressarcimento de gastos com outra modalidade de prestação de serviços de mesma natureza, comprovadas as despesas realizadas; II – ser o benefício concedido à empregada ou ao empregado que possua filhos com até cinco anos e 11 meses de idade, sem prejuízo dos demais preceitos de proteção à maternidade; III – ser dada ciência pelos empregadores às empregadas e aos empregados da existência do benefício e dos procedimentos necessários à sua utilização; IV – ser o benefício oferecido de forma não discriminatória e sem a sua concessão configurar premiação (art. 2º da Lei 14.457/2022).

Ato do Poder Executivo federal deve dispor sobre os limites de valores para a concessão do reembolso-creche e as modalidades de prestação de serviços aceitas, incluído o pagamento de pessoa física.

A implementação do reembolso-creche fica condicionada à formalização de acordo individual, de acordo coletivo ou de convenção coletiva de trabalho (art. 3º da Lei 14.457/2022). O acordo ou a convenção deve estabelecer condições, prazos e valores, sem prejuízo do cumprimento dos demais preceitos de proteção à maternidade.

A opção por acordo individual para formalizar a medida prevista no art. 3º da Lei 14.457/2022 somente pode ser realizada: I – nos casos de empresas ou de categorias de trabalhadores para as quais não haja acordo coletivo ou convenção coletiva de trabalho celebrados; ou II – se houver acordo coletivo ou convenção coletiva de trabalho celebrados, se o acordo individual a ser celebrado contiver medidas mais vantajosas à empregada ou ao empregado que o instrumento coletivo vigente (art. 21 da Lei 14.457/2022).

Os valores pagos a título de reembolso-creche: não possuem natureza salarial; não se incorporam à remuneração para quaisquer efeitos; não constituem base de incidência de contribuição previdenciária ou do Fundo de Garantia do Tempo de Serviço (FGTS); não configuram rendimento tributável da empregada ou do empregado (art. 4º da Lei 14.457/2022).

Os estabelecimentos em que trabalharem pelo menos 30 mulheres com mais de 16 anos de idade devem ter local apropriado onde seja permitido às empregadas guardar sob vigilância e assistência os seus filhos no período da amamentação (art. 5º da Lei 14.457/2022).

Os empregadores que adotarem o benefício do reembolso-creche previsto nos arts. 2º, 3º e 4º da Lei 14.457/2022 para todos os empregados e empregadas que possuam filhos com até cinco anos e 11 meses de idade ficam desobrigados da instalação de local apropriado para a guarda e a assistência de filhos de empregadas no período da amamentação, nos termos do art. 5º da Lei 14.457/2022.

Ainda nessa matéria, cabe lembrar a previsão do art. 7º, inciso XXV, da Constituição Federal de 1988 (com redação determinada pela Emenda Constitucional 53/2006), assegurando o direito de assistência gratuita aos filhos e dependentes desde o nascimento até os cinco anos de idade em creches e pré-escolas.

Por sua vez, o art. 208, inciso IV, da Constituição da República (com redação determinada pela Emenda Constitucional 53/2006) estabelece o dever do Estado com a educação, a ser efetivado, entre outros modos, mediante a garantia de educação infantil, em creche e pré-escola, às crianças até cinco anos de idade.

Discute-se, por isso, se essa concessão de creche é um dever do Poder Público, do setor privado, da empresa (empregador), ou do "terceiro setor" (integrado pelas instituições e organizações, sem fins lucrativos, que exercem atividades de cunho ou interesse social).

O Supremo Tribunal Federal fixou a seguinte tese de repercussão geral: "1. A educação básica em todas as suas fases – educação infantil, ensino fundamental e ensino médio – constitui direito fundamental de todas as crianças e jovens, assegurado por normas constitucionais de eficácia plena e aplicabilidade direta e imediata. 2. A educação infantil compreende creche (de zero a 3 anos) e a pré-escola (de 4 a 5 anos). Sua oferta pelo Poder Público pode ser exigida individualmente, como no caso examinado neste processo. 3. O Poder Público tem o dever jurídico de dar efetividade integral às normas constitucionais sobre acesso à educação básica" (STF, Pleno, RE 1.008.166/SC, Rel. Min. Luiz Fux, j. 22.09.2022).

Como explicita o art. 209 da Constituição Federal de 1988, o ensino é livre à iniciativa privada. A assistência social (integrando a seguridade social) também comporta medidas e ações que não são restritas ao Poder Público, mas também podem ser de iniciativa da sociedade. Logo, a organização de creches, como importante atividade de cunho assistencial e social, não é um dever exclusivo do Poder Público. Nada impede que os particulares, ou seja, o setor privado e o terceiro setor, *também* atuem nessa importante atividade, em benefício da própria sociedade. Por isso, aliás, é que o art. 389, §§ 1º e 2º, permanece em vigor. O Poder Público, portanto, não detém a exclusividade nessa atuação assistencial, podendo *fomentar* o seu exercício pelos particulares, até mesmo com incentivos e subvenções sociais (Lei 4.320, de 17 de março de 1964, art. 16)[17], tendo em vista tratar-se de atividade de grande importância para a sociedade[18].

Ao empregador é vedado empregar a mulher em serviço que demande o emprego de força muscular superior a 20 quilos para o trabalho contínuo, ou 25 quilos para o trabalho ocasional (art. 390 da CLT).

Não está compreendida na determinação acima a remoção de material feita por impulsão ou tração de vagonetes sobre trilhos, de carros de mão ou quaisquer aparelhos mecânicos (parágrafo único do art. 390 da CLT).

As vagas dos cursos de formação de mão de obra, ministrados por instituições governamentais, pelos próprios empregadores ou por qualquer órgão de ensino profissionalizante, serão oferecidas aos empregados de ambos os sexos (art. 390-B da CLT, acrescentado pela Lei 9.799/1999).

As empresas com mais de cem empregados, de ambos os sexos, deverão manter programas especiais de incentivos e aperfeiçoamento profissional da mão de obra (art. 390-C da CLT, acrescentado pela Lei 9.799/1999).

A pessoa jurídica poderá associar-se a entidade de formação profissional, sociedades civis, sociedades cooperativas, órgãos e entidades públicas ou entidades sindicais, bem como firmar convênios para o desenvolvimento de ações conjuntas, visando à execução de projetos relativos ao incentivo ao trabalho da mulher (art. 390-E da CLT, acrescentado pela Lei 9.799/1999).

---

[17] Cf. MELLO, Celso Antônio Bandeira de. *Curso de direito administrativo*. 21. ed. São Paulo: Malheiros, 2006. p. 774: "as *subvenções* sociais são transferências de recursos destinadas a acobertar *despesas de custeio* – vale dizer, de manutenção – efetuadas em prol de serviços essenciais de assistência social, médica e educacional prestadas por entidades sem fins lucrativos" (destaques do original).

[18] Cf. DI PIETRO, Maria Sylvia Zanella. *Direito administrativo*. 19. ed. São Paulo: Atlas, 2006. p. 73: "O *fomento* abrange a atividade administrativa de incentivo à iniciativa privada de utilidade pública. Fernando Andrade de Oliveira (*RDA* 120/14) indica as seguintes atividades como sendo de fomento: a) auxílios financeiros ou *subvenções*, por conta dos orçamentos públicos" (destaques do original).

28.7 Proteção à maternidade

O presente tema, de certa forma, foi estudado ao se analisarem o salário-maternidade, a licença-maternidade e a garantia de emprego da empregada gestante.

Assim, no presente item é importante destacar as informações de maior relevância, acrescentando disposições e conclusões a respeito do tema, fazendo-se remissão às observações já escritas, para evitar repetição.

Primeiramente, cabe frisar que, obviamente, "não constitui justo motivo para a rescisão do contrato de trabalho da mulher, o fato de haver contraído matrimônio ou de encontrar-se em estado de gravidez" (art. 391, *caput*, da CLT).

Além disso, em regulamentos de qualquer natureza, convenções e acordos coletivos ou contratos individuais de trabalho, não são permitidas "restrições ao direito da mulher ao seu emprego, por motivo de casamento ou de gravidez" (art. 391, parágrafo único, da CLT)[19].

Mediante atestado médico, à mulher grávida é facultado romper o compromisso resultante de qualquer contrato de trabalho, desde que este seja prejudicial à gestação (art. 394 da CLT).

Nesse caso especial, a empregada gestante pode pedir demissão, não tendo o dever de conceder aviso prévio ao empregador.

Anteriormente, o art. 394-A, na redação decorrente da Lei 13.287/2016, previa que a empregada gestante ou lactante seria afastada, enquanto durar a gestação e a lactação, de quaisquer atividades, operações ou locais insalubres, devendo exercer suas atividades em local salubre.

O art. 394-A da CLT, com redação dada pela Lei 13.467/2017, dispõe que sem prejuízo de sua remuneração, *nesta incluído o valor do adicional de insalubridade*, a empregada deve ser afastada de:

I – atividades consideradas insalubres em grau máximo, enquanto durar a gestação;

II – atividades consideradas insalubres em grau médio ou mínimo, [quando apresentar atestado de saúde, emitido por médico de confiança da mulher, que recomende o afastamento] durante a gestação;

III – atividades consideradas insalubres em qualquer grau, [quando apresentar atestado de saúde, emitido por médico de confiança da mulher, que recomende o afastamento] durante a lactação.

O Supremo Tribunal Federal julgou procedente o pedido formulado em ação direta para declarar a inconstitucionalidade da expressão "quando apresentar atestado de saúde, emitido por médico de confiança da mulher, que recomende o afastamento", contida nos incisos II e III do art. 394-A da Consolidação das Leis do Trabalho, inseridos pelo art. 1º da Lei 13.467/2017 (STF, Pleno, ADI 5.938/DF, Rel. Min. Alexandre de Moraes, j. 29.05.2019).

---

[19] "Recurso de revista da reclamante. Controle gestacional. Conduta empresarial ilícita, discriminatória e ofensiva à dignidade das trabalhadoras. Dano moral. Indenização. [...] O ordenamento jurídico, para além do estabelecimento da igualdade entre homens e mulheres no art. 5º, I, da Constituição Federal de 1988, já voltou seu olhar para a especial vulnerabilidade das mulheres no mercado de trabalho, em razão das suas responsabilidades reprodutivas, razão por que prescreveu a ilicitude de qualquer conduta voltada ao controle do estado gravídico das trabalhadoras. Nesse sentido, os arts. 373-A e 391, parágrafo único, da CLT. Saliente-se que a pretensão abstrata de estender seu poder empregatício para além das prescrições sobre a organização do trabalho, alcançando a vida, a autonomia e o corpo das trabalhadoras, revela desrespeito grave à dignidade da pessoa humana, que não se despe de sua condição de sujeito, nem da titularidade das decisões fundamentais a respeito da sua própria vida, ao contratar sua força de trabalho em favor de outrem. Está caracterizada, satisfatoriamente, a conduta ilícita e antijurídica do empregador, capaz de ofender a dignidade obreira, de forma culposa. Ao se preocupar exclusivamente com o atendimento de suas necessidades produtivas, constrangendo as decisões reprodutivas das trabalhadoras, a reclamada instrumentaliza a vida das suas empregadas, concebendo-as como meio para a obtenção do lucro, e não como fim em si mesmas. Constatada violação dos arts. 5º, V e X, da Constituição Federal; 373-A e 391, parágrafo único, da CLT; e 186 do Código Civil. Indenização por danos morais que se arbitra no valor de R$ 50.000,00. Recurso de revista conhecido e provido" (TST, 7ª T., RR-755-28.2010.5.03.0143, Rel. Min. Luiz Philippe Vieira de Mello Filho, *DEJT* 19.09.2014).

De acordo com o voto do Relator: "A proteção à maternidade e a integral proteção à criança são direitos irrenunciáveis e não podem ser afastados pelo desconhecimento, impossibilidade ou a própria negligência da gestante ou lactante em juntar um atestado médico, sob pena de prejudicá-la e prejudicar o recém-nascido". Desse modo, ressaltou-se ainda que: "A previsão de determinar o afastamento automático da mulher gestante do ambiente insalubre, enquanto durar a gestação, somente no caso de insalubridade em grau máximo, em princípio, contraria a jurisprudência da Corte que tutela os direitos da empregada gestante e lactante, do nascituro e do recém-nascido lactente, em quaisquer situações de risco ou gravame à sua saúde e bem-estar" (STF, Pleno, ADI 5.938/DF, Rel. Min. Alexandre de Moraes, j. 29.05.2019).

Com isso, as empregadas gestantes e lactantes devem ser afastadas de atividades consideradas insalubres em qualquer grau, durante a gestação e a lactação[20].

Cabe à empresa pagar o adicional de insalubridade à gestante ou à lactante, efetivando-se a compensação, observado o disposto no art. 248 da Constituição Federal[21], por ocasião do recolhimento das contribuições incidentes sobre a folha de salários e demais rendimentos pagos ou creditados, a qualquer título, à pessoa física que lhe preste serviço (art. 394-A, § 2º, da CLT, acrescentado pela Lei 13.467/2017).

Quando não for possível que a gestante ou a lactante afastada nos termos do art. 394-A, *caput*, da CLT exerça suas atividades em local salubre na empresa, a hipótese deve ser considerada como *gravidez de risco* e ensejará a percepção de salário-maternidade nos termos da Lei 8.213/1991, durante todo o período de afastamento (art. 394-A, § 3º, da CLT, acrescentado pela Lei 13.467/2017).

Cabe o registro de que, no caso do art. 394-A, § 3º, da CLT, por se tratar de extensão de benefício previdenciário (que integra a Seguridade Social), caberia à norma legal indicar a correspondente fonte de custeio total, em atendimento à exigência do art. 195, § 5º, da Constituição da República.

A previsão em estudo tem como objetivo proteger a saúde da mulher durante os períodos de gestação e de lactação, sabendo-se que as condições insalubres no meio ambiente de trabalho podem causar prejuízos também ao feto ou à criança.

De acordo com o art. 395 da CLT: "Em caso de aborto não criminoso, comprovado por atestado médico oficial, a mulher terá um repouso remunerado de 2 (duas) semanas, ficando-lhe assegurado o direito de retornar à função que ocupava antes de seu afastamento".

---

[20] "Direitos sociais. Reforma trabalhista. Proteção constitucional à maternidade. Proteção do mercado de trabalho da mulher. Direito à segurança no emprego. Direito à vida e à saúde da criança. Garantia contra a exposição de gestantes e lactantes a atividades insalubres. 1. O conjunto dos Direitos sociais foi consagrado constitucionalmente como uma das espécies de direitos fundamentais, caracterizando-se como verdadeiras liberdades positivas, de observância obrigatória em um Estado Social de Direito, tendo por finalidade a melhoria das condições de vida aos hipossuficientes, visando à concretização da igualdade social, e são consagrados como fundamentos do Estado Democrático, pelo art. 1º, IV, da Constituição Federal. 2. A Constituição Federal proclama importantes direitos em seu artigo 6º, entre eles a proteção à maternidade, que é *ratio* para inúmeros outros direitos sociais instrumentais, tais como a licença-gestante e o direito à segurança no emprego, a proteção do mercado de trabalho da mulher, mediante incentivos específicos, nos termos da lei, e redução dos riscos inerentes ao trabalho, por meio de normas de saúde, higiene e segurança. 3. A proteção contra a exposição da gestante e lactante a atividades insalubres caracteriza-se como importante direito social instrumental protetivo tanto da mulher quanto da criança, tratando-se de normas de salvaguarda dos direitos sociais da mulher e de efetivação de integral proteção ao recém-nascido, possibilitando seu pleno desenvolvimento, de maneira harmônica, segura e sem riscos decorrentes da exposição a ambiente insalubre (CF, art. 227). 4. A proteção à maternidade e a integral proteção à criança são direitos irrenunciáveis e não podem ser afastados pelo desconhecimento, impossibilidade ou a própria negligência da gestante ou lactante em apresentar um atestado médico, sob pena de prejudicá-la e prejudicar o recém-nascido. 5. Ação Direta julgada procedente" (STF, Pleno, ADI 5.938/DF, Rel. Min. Alexandre de Moraes, j. 29.05.2019, *DJe* 23.09.2019).

[21] "Art. 248. Os benefícios pagos, a qualquer título, pelo órgão responsável pelo regime geral de previdência social, ainda que à conta do Tesouro Nacional, e os não sujeitos ao limite máximo de valor fixado para os benefícios concedidos por esse regime observarão os limites fixados no art. 37, XI".

O art. 396 da CLT prevê que: "Para amamentar seu filho, inclusive se advindo de adoção, até que este complete 6 (seis) meses de idade, a mulher terá direito, durante a jornada de trabalho, a 2 (dois) descansos especiais de meia hora cada um".

Quando o exigir a saúde do filho, o período de seis meses poderá ser dilatado, a critério da autoridade competente (art. 396, § 1º, da CLT).

Os horários dos descansos previstos no art. 396, *caput*, da CLT devem ser definidos em *acordo individual* entre a mulher e o empregador (art. 396, § 2º, da CLT, acrescentado pela Lei 13.467/2017).

O SESI, o SESC, as entidades assistenciais e outras entidades públicas destinadas à assistência à infância manterão ou subvencionarão, de acordo com suas possibilidades financeiras, escolas maternais e jardins de infância, distribuídos nas zonas de maior densidade de trabalhadores, destinados especialmente aos filhos das mulheres empregadas (art. 397 da CLT).

Foi instituído o Programa Emprega + Mulheres, destinado à inserção e à manutenção de mulheres no mercado de trabalho por meio da implementação, entre outras, da seguinte medida para apoio à parentalidade na primeira infância: manutenção ou subvenção de instituições de educação infantil pelos serviços sociais autônomos (art. 1º, inciso I, alínea *b*, da Lei 14.457/2022).

Nesse sentido, os seguintes serviços sociais autônomos podem, observado o disposto em suas leis de regência e regulamentos, manter instituições de educação infantil destinadas aos dependentes dos empregados e das empregadas vinculados à atividade econômica a eles correspondente: I – Serviço Social da Indústria (SESI), de que trata o Decreto-lei 9.403/1946; II – Serviço Social do Comércio (SESC), de que trata o Decreto-lei 9.853/1946; III – Serviço Social do Transporte (SEST), de que trata a Lei 8.706/1993 (art. 6º da Lei 14.457/2022).

O Ministro do Trabalho, de acordo com o art. 399 da CLT, "conferirá diploma de benemerência aos empregadores que se distinguirem pela organização e manutenção de creches e de instituições de proteção aos menores em idade pré-escolar, desde que tais serviços se recomendem por sua generosidade e pela eficiência das respectivas instalações".

Por fim, assim prevê o art. 400 da CLT: "Os locais destinados à guarda dos filhos das operárias durante o período da amamentação deverão possuir, no mínimo, um berçário, uma saleta de amamentação, uma cozinha dietética e uma instalação sanitária".

28.7.1 Licença-gestante e salário-maternidade

A licença-gestante é prevista no art. 7º, inciso XVIII, da Constituição Federal de 1988, "sem prejuízo do emprego e do salário, com duração de cento e vinte dias".

No período respectivo, assegura-se o salário-maternidade, regulamentado pelos arts. 71 a 73 da Lei 8.213/1991 e Decreto 3.048/1999, arts. 93 a 103.

A Convenção 103 da Organização Internacional do Trabalho, de 1952, promulgada pelo Decreto 58.820/1966, atualmente Decreto 10.088/2019, estabelece que em caso algum o empregador deverá ficar pessoalmente responsável pelo custo das prestações devidas à mulher gestante que emprega (art. IV, 8). A previsão tem por objetivo evitar a discriminação na admissão e no ingresso da mulher no mercado de trabalho.

Apesar do nome, o salário-maternidade apresenta natureza previdenciária. Cabe à empresa pagar o salário-maternidade, efetivando-se compensação quando do recolhimento das contribuições incidentes sobre a folha de salários e demais rendimentos pagos ou creditados, a qualquer título, à pessoa física ou jurídica que lhe preste serviço (art. 72, § 1º, da Lei 8.213/1991, acrescentado pela Lei 10.710/2003).

O salário-maternidade da segurada empregada é devido pela Previdência Social enquanto existir relação de emprego, observadas as regras quanto ao pagamento desse benefício pela empresa (art. 97 do Regulamento da Previdência Social). Durante o período de graça, a segurada desempregada faz jus ao recebimento do salário-maternidade, situação em que o benefício deve ser pago diretamente pela previdência social (art. 97, parágrafo único, do Regulamento da Previdência Social, com redação dada pelo Decreto 10.410/2020).

Já a licença-maternidade, em si, é um instituto tipicamente trabalhista, tal como se nota pelo disposto no art. 7º, inciso XVIII, da Constituição Federal de 1988 e arts. 392 e 392-A da CLT.

O art. 392 da CLT, na redação determinada pela Lei 10.421/2002, em conformidade com a Constituição Federal de 1988, assim dispõe:

> "Art. 392. A empregada gestante tem direito à licença-maternidade de 120 (cento e vinte) dias, sem prejuízo do emprego e do salário.
>
> § 1º A empregada deve, mediante atestado médico, notificar o seu empregador da data do início do afastamento do emprego, que poderá ocorrer entre o 28º (vigésimo oitavo) dia antes do parto e ocorrência deste.
>
> § 2º Os períodos de repouso, antes e depois do parto, poderão ser aumentados de 2 (duas) semanas cada um, mediante atestado médico.
>
> § 3º Em caso de parto antecipado, a mulher terá direito aos 120 (cento e vinte) dias previstos neste artigo.
>
> § 4º É garantido à empregada, durante a gravidez, sem prejuízo do salário e demais direitos:
>
> I – transferência de função, quando as condições de saúde o exigirem, assegurada a retomada da função anteriormente exercida, logo após o retorno ao trabalho;
>
> II – dispensa do horário de trabalho pelo tempo necessário para a realização de, no mínimo, seis consultas médicas e demais exames complementares".

O Supremo Tribunal Federal conheceu de ação direta de inconstitucionalidade como arguição de descumprimento de preceito fundamental e, ratificando a medida cautelar, julgou procedente o pedido formulado para conferir interpretação conforme à Constituição ao art. 392, § 1º, da CLT, assim como ao art. 71 da Lei 8.213/1991 e, por arrastamento, ao art. 93 do seu Regulamento (Decreto 3.048/1999), de modo a se considerar como termo inicial da licença-maternidade e do respectivo salário-maternidade a alta hospitalar do recém-nascido e/ou de sua mãe, o que ocorrer por último, prorrogando-se em todo o período o benefício, quando o período de internação exceder as duas semanas previstas no art. 392, § 2º, da CLT, e no art. 93, § 3º, do Decreto 3.048/1999 (STF, Pleno, ADI 6.327/DF, Rel. Min. Edson Fachin, j. 24.10.2022).

No caso de mães de crianças nascidas até 31 de dezembro de 2019 acometidas por sequelas neurológicas decorrentes da síndrome congênita do *zika* vírus, será observado o seguinte: I – a licença-maternidade de que trata o art. 392 da CLT será de 180 dias; II – o salário-maternidade de que trata o art. 71 da Lei 8.213/1991 será devido por 180 dias (art. 5º da Lei 13.985/2020).

Frise-se que a empregada não presta serviço no período de licença-maternidade, mas recebe a respectiva remuneração, ainda que sob a forma do mencionado benefício previdenciário, tratando-se de hipótese de interrupção do contrato de trabalho.

O art. 28 do Decreto 99.684/1990, regulamentando a Lei 8.036/1990, estabelece ser obrigatório o depósito na conta vinculada do FGTS "também nos casos de interrupção do contrato de trabalho prevista em lei", tais como a "licença à gestante" (inciso IV).

28.7.2 Licença-maternidade da mãe adotante

O salário-maternidade, com a Lei 10.421, de 15 de abril de 2002 (publicada no *DOU* de 16.04.2002, a qual acrescentou à CLT o art. 392-A e, à Lei 8.213/1991, o art. 71-A), também passou a ser devido à segurada da Previdência Social que *adotar ou obtiver guarda judicial para fins de adoção da criança*.

Da mesma forma que o salário-maternidade da gestante, trata-se de benefício previdenciário, a ser pago pelo INSS, o que impede a discriminação na admissão da mulher (art. 7º, incisos XX e XXX, da CF/1988), que poderia se verificar caso o salário do período de licença ficasse a cargo do empregador.

Além disso, a mencionada disposição legal concretiza o comando do art. 201, inciso II, da Constituição Federal, no sentido de que a previdência social, nos termos da lei, atenderá a "proteção à maternidade".

Aplicam-se ao mencionado benefício, estendido em favor da segurada adotante, todas as regras em vigor, pertinentes ao salário-maternidade (Lei 8.213/1991, arts. 72 e 73, com redação determinada pelas Leis 9.876/1999 e 10.710/2003).

Eis a atual previsão legal pertinente à licença-maternidade da mãe adotante:

"Art. 392-A. À empregada que adotar ou obtiver guarda judicial para fins de adoção de criança ou adolescente será concedida licença-maternidade nos termos do art. 392 desta Lei. (redação dada pela Lei 13.509/2017)

§ 1º (revogado pela Lei 12.010/2009).

§ 2º (revogado pela Lei 12.010/2009).

§ 3º (revogado pela Lei 12.010/2009).

§ 4º A licença-maternidade só será concedida mediante apresentação do termo judicial de guarda à adotante ou guardiã. (incluído pela Lei 10.421/2002)

§ 5º A adoção ou guarda judicial conjunta ensejará a concessão de licença-maternidade a apenas um dos adotantes ou guardiães empregado ou empregada" (incluído pela Lei 12.873/2013).

Deve-se ressaltar não existir vício de inconstitucionalidade nessa previsão legal. Embora o art. 7º, inciso XVIII, da Constituição Federal de 1988 assegure o direito de licença somente "à gestante" (e não à mãe adotante), jamais veda que a lei ordinária estenda-o para o caso de adoção ou guarda judicial para fins de adoção de criança ou adolescente.

O art. 7º da Constituição Federal prevê direitos que representam um patamar mínimo, que pode e deve ser suplantado pelas diversas fontes de direito, em conformidade com os princípios de proteção e da norma mais favorável.

Frise-se que "a proteção à maternidade e à infância" (e não somente à gestante) é um dos direitos sociais, com assento constitucional (art. 6º da Lei Maior). Com a adoção da criança pela empregada, esta se torna mãe, o que a faz merecer a proteção legal.

Quanto aos filhos havidos por adoção, merece destaque a norma contida no art. 227, § 6º, da Constituição Federal, que estabelece: "Os *filhos, havidos* ou não da relação do casamento, ou *por adoção*, terão os mesmos direitos e qualificações, proibidas quaisquer designações discriminatórias relativas à filiação" (destaquei)[22].

Mesmo sendo a empregada a titular do direito à licença-maternidade, e não a criança (ou adolescente) propriamente, não se pode negar que esta também é diretamente beneficiada pela possibilidade de gozar da presença constante da mãe durante o período do afastamento, favorecendo a adaptação no seio familiar e possibilitando os diversos cuidados necessários.

Portanto, a igualdade absoluta entre os filhos, determinada pela Constituição da República, ganhou reforço e prestígio com a extensão da referida licença à mãe adotante.

A Lei 12.010, de 29 de julho de 2009 (*DOU* de 04.08.2009), com entrada em vigor 90 dias após a sua publicação (art. 7º), além de dispor sobre adoção, revogou os §§ 1º a 3º do art. 392-A da CLT, que estabeleciam diversidade de períodos de licença, conforme a idade da criança.

O art. 71-A da Lei 8.213/1991, com redação dada pela Lei 12.873/2013, passou a prever que *ao segurado ou segurada* da Previdência Social que adotar ou obtiver guarda judicial para fins de adoção de criança é devido salário-maternidade pelo *período de 120 dias*. Como se nota, além da uniformização do prazo de 120 dias, o segurado (homem) também passou a ter o direito em questão.

---

[22] Cf. ainda a Lei 8.069/1990, art. 20.

Conforme o art. 71-B da Lei 8.213/1991, acrescentado pela Lei 12.873/2013, no caso de falecimento da segurada ou segurado que fizer jus ao recebimento do salário-maternidade, o benefício deve ser pago, por todo o período ou pelo tempo restante a que teria direito, ao cônjuge ou companheiro sobrevivente que tenha a qualidade de segurado, exceto no caso do falecimento do filho ou de seu abandono, observadas as normas aplicáveis ao salário-maternidade. O pagamento desse benefício previdenciário deve ser requerido até o último dia do prazo previsto para o término do salário-maternidade originário (art. 71-B, § 1º). O benefício em questão deve ser pago diretamente pela Previdência Social durante o período entre a data do óbito e o último dia do término do salário-maternidade originário e será calculado sobre: a remuneração integral, para o empregado e trabalhador avulso; o último salário de contribuição, para o empregado doméstico; 1/12 (um doze avos) da soma dos 12 (doze) últimos salários de contribuição, apurados em um período não superior a 15 (quinze) meses, para o contribuinte individual, facultativo e desempregado; e o valor do salário mínimo, para o segurado especial (art. 71-B, § 2º).

Cabe frisar que o disposto no art. 71-B, da Lei 8.213, é aplicável ao segurado (do gênero masculino) que adotar ou obtiver guarda judicial para fins de adoção (art. 71-B, § 3º).

Ademais, a percepção do salário-maternidade, inclusive o previsto no art. 71-B da Lei 8.213/1991, está condicionada ao afastamento do segurado do trabalho ou da atividade desempenhada, sob pena de suspensão do benefício (art. 71-C da Lei 8.213/1991, acrescentado pela Lei 12.873/2013).

O art. 392-A da CLT, com redação dada pela Lei 13.509/2017, prevê que à empregada que adotar ou obtiver guarda judicial para fins de adoção de *criança ou adolescente* será concedida licença-maternidade nos termos do art. 392 da CLT. Esse dispositivo, por sua vez, prevê o direito da empregada gestante à licença-maternidade de 120 dias, sem prejuízo do emprego e do salário.

Considera-se *criança* a pessoa até 12 anos de idade incompletos, e *adolescente* aquela entre 12 e 18 anos de idade (art. 2º da Lei 8.069/1990).

Como transcrito acima, o § 5º do art. 392-A, acrescentado pela Lei 12.873/2013, passou a estabelecer que a adoção ou guarda judicial conjunta deve ensejar a concessão de licença-maternidade a apenas um dos adotantes ou guardiães empregado ou empregada.

Em caso de morte da genitora, é assegurado ao cônjuge ou companheiro empregado o gozo de licença por todo o período da licença-maternidade ou pelo tempo restante a que teria direito a mãe, exceto no caso de falecimento do filho ou de seu abandono (art. 392-B da CLT, acrescentado pela Lei 12.873/2013).

Afastando quaisquer dúvidas quanto à extensão do direito em estudo também ao empregado (homem), o art. 392-C da CLT, acrescentado pela Lei 12.873/2012, dispõe que se aplica, no que couber, o disposto no art. 392-A e 392-B *ao empregado* que adotar ou obtiver guarda judicial para fins de adoção.

A Convenção 103 da OIT, sobre proteção à maternidade, além de assegurar período de licença de maternidade (art. 3), com direito a prestações em espécie e a assistência médica (art. 4), é expressa ao dispor que "em hipótese alguma, deve o empregador ser tido como pessoalmente responsável pelo custo das prestações devidas às mulheres que ele emprega" (art. 4, item 8). Isso significa que o pagamento no período da licença-maternidade deve sempre ficar a cargo do sistema previdenciário estatal, justamente para se evitar discriminação no mercado de trabalho da mulher, o qual deve ser protegido, "mediante incentivos específicos, nos termos da lei", como prevê o art. 7º, inciso XX, da Constituição da República.

Por fim, sendo a licença-maternidade nas hipóteses de adoção ou guarda para fins de adoção concedida "nos termos do art. 392", o afastamento em questão é "sem prejuízo do emprego e do salário", configurando-se hipótese de interrupção do contrato de trabalho[23]. Não se tratando de gestante, ou seja, da mãe biológica, não há que falar em gravidez, apresentação de atestado médico, nem em períodos pré e pós-parto.

---

[23] Cf. MARTINS, Sergio Pinto. *Direito do trabalho*. 5. ed. São Paulo: Malheiros, 1998. p. 269.

28.7.3 Prorrogação da licença-maternidade

Como já estudado em Capítulos anteriores, e aqui reiterado para facilitar o estudo da matéria, a Lei 11.770, de 9 de setembro de 2008 (publicada no *DOU* de 10.09.2008), institui o "Programa Empresa Cidadã", destinado a prorrogar: I – por 60 dias a duração da licença maternidade prevista no art. 7º, inciso XVIII, da Constituição Federal de 1988; II – por 15 dias a duração da licença-paternidade, nos termos da Lei 11.770/2008, além dos cinco dias estabelecidos no art. 10, § 1º, do Ato das Disposições Constitucionais Transitórias (art. 1º da Lei 11.770/2008, com redação dada pela Lei 13.257/2016).

Conforme a atual previsão do art. 1º, § 1º, da referida Lei 11.770/2008, essa prorrogação:

– deve ser garantida à empregada da pessoa jurídica que aderir ao Programa, desde que a empregada a requeira até o final do primeiro mês após o parto, e será concedida imediatamente após a fruição da licença-maternidade de que trata o art. 7º, inciso XVIII, da Constituição Federal de 1988;
– deve ser garantida ao empregado da pessoa jurídica que aderir ao Programa, desde que o empregado a requeira no prazo de dois dias úteis após o parto e comprove participação em programa ou atividade de orientação sobre paternidade responsável.

A prorrogação deve ser garantida, na mesma proporção, à empregada e ao empregado que adotar ou obtiver guarda judicial para fins de adoção de criança (art. 1º, § 2º, da Lei 11.770/2008). Frise-se que, na atualidade, segundo o art. 392-A da CLT, com redação dada pela Lei 13.509/2017, à empregada que adotar ou obtiver guarda judicial para fins de adoção de *criança ou adolescente* será concedida licença-maternidade.

As pessoas jurídicas podem aderir ao Programa Empresa Cidadã por meio de requerimento dirigido à Secretaria Especial da Receita Federal do Brasil do Ministério da Economia (art. 138 do Decreto 10.854/2021).

Foi instituído o Programa Emprega + Mulheres, destinado à inserção e à manutenção de mulheres no mercado de trabalho por meio da implementação, entre outras, da seguinte medida para apoio ao retorno ao trabalho das mulheres após o término da licença-maternidade: flexibilização do usufruto da prorrogação da licença-maternidade, conforme prevista na Lei 11.770/2008 (art. 1º, inciso IV, alínea *b*, da Lei 14.457/2022).

Nesse contexto, a prorrogação por 60 dias da duração da licença-maternidade pode ser compartilhada entre a empregada e o empregado requerente, desde que ambos sejam empregados de pessoa jurídica aderente ao Programa Empresa Cidadã e que a decisão seja adotada conjuntamente, na forma estabelecida em regulamento (art. 1º, § 3º, da Lei 11.770/2008, incluído pela Lei 14.457/2022). Nessa hipótese, a prorrogação pode ser usufruída pelo empregado da pessoa jurídica que aderir ao Programa Empresa Cidadã somente após o término da licença-maternidade, desde que seja requerida com 30 dias de antecedência (art. 1º, § 4º, da Lei 11.770/2008, incluído pela Lei 14.457/2022).

Fica a empresa participante do Programa Empresa Cidadã autorizada a substituir o período de prorrogação da licença-maternidade de que trata o art. 1º, inciso I, da Lei 11.770/2008 (60 dias) pela redução de jornada de trabalho em 50% pelo período de 120 dias (art. 1º-A da Lei 11.770/2008, incluído pela Lei 14.457/2022). São requisitos para efetuar a referida substituição: pagamento integral do salário à empregada ou ao empregado pelo período de 120 dias; e acordo individual firmado entre o empregador e a empregada ou o empregado interessados em adotar a medida. A mencionada substituição pode ser concedida na forma prevista no art. 1º, § 3º, da Lei 11.770/2008 (compartilhada entre a empregada e o empregado).

O art. 5º da Lei 11.770/2008, com redação dada pela Lei 13.257/2016, restringe à "pessoa jurídica tributada com base no lucro real" a possibilidade de deduzir do imposto devido, em cada período de apuração, o total da remuneração integral da empregada e do empregado pago nos dias de prorrogação de sua licença-maternidade e de sua licença-paternidade, sendo vedada a dedução como despesa operacional.

Presentes os requisitos legais, a prorrogação da duração da licença-maternidade deve ser concedida, iniciando-se imediatamente após a fruição da licença-maternidade de que trata o art. 7º, inciso XVIII, da Constituição Federal de 1988. Desse modo, uma vez concedida a prorrogação, a empregada fará jus aos 120 dias de licença-maternidade, mais a prorrogação de 60 dias, somando 180 dias no total.

Da mesma forma, presentes os requisitos legais, a prorrogação da licença-paternidade deve ser concedida por 15 dias, além dos cinco dias estabelecidos no art. 10, § 1º, do Ato das Disposições Constitucionais Transitórias. Logo, concedida a prorrogação, o empregado fará jus a cinco dias de licença-paternidade, mais a prorrogação de 15 dias, somando 20 dias no total.

O art. 2º da Lei 11.770/2008, por sua vez, autoriza que a Administração Pública (direta, indireta e fundacional) institua programa que garanta prorrogação da licença-maternidade para suas servidoras, nos termos do que prevê o art. 1º da referida Lei.

O Decreto 6.690, de 11 de dezembro de 2008, instituiu no âmbito da Administração Pública federal direta, autárquica e fundacional o Programa de Prorrogação da Licença à Gestante e à Adotante.

Durante o período de prorrogação da licença-maternidade e da licença-paternidade: a empregada tem direito à remuneração integral, nos mesmos moldes devidos no período de percepção do salário-maternidade pago pelo Regime Geral de Previdência Social (RGPS); o empregado tem direito à remuneração integral (art. 3º da Lei 11.770/2008, com redação dada pela Lei 13.257/2016).

Assim sendo, pode-se concluir que o período de prorrogação da licença-maternidade e da licença-paternidade também tem natureza de *interrupção do contrato de trabalho*, pois, embora ausente a prestação de serviços, a remuneração permanece devida.

O art. 6º da Lei 11.770 alterava o art. 28, § 9º, *e*, da Lei 8.212/91, passando a estabelecer que não integram o salário de contribuição as importâncias "recebidas a título de prorrogação da licença-maternidade, no âmbito do Programa Empresa Cidadã, sem prejuízo da contagem do tempo de contribuição da segurada", mas isso foi *vetado*. Conforme as razões do veto, entendeu-se que, "se nos 120 dias de licença-gestante, quando é devido à segurada o salário-maternidade, há a incidência de contribuição previdenciária [art. 28, § 9º, *a*, parte final, da Lei 8.212/91], seria contraditória a não incidência dessa contribuição sobre os valores referentes à prorrogação da licença, que tem as mesmas características do salário-maternidade devido nos primeiros 120 dias de licença".

No período de prorrogação da licença-maternidade e da licença-paternidade de que trata a Lei 11.770/2008, a empregada e o empregado não podem exercer nenhuma atividade remunerada, e a criança deve ser mantida sob seus cuidados (art. 4º). Em caso de descumprimento dessa disposição, a empregada e o empregado perdem o direito à prorrogação.

Na realidade, a prorrogação da licença-maternidade e da licença-paternidade, prevista pela Lei 11.770/2008, tem como objetivo permitir que a mãe e o pai possam permanecer em contato direto com a criança por mais tempo, facilitando até mesmo, no caso da mãe, o aleitamento materno. Por isso, entendeu-se que no período de prorrogação mencionado a empregada e o empregado não podem exercer qualquer atividade remunerada e a criança deve ser mantida sob seus cuidados, para que se alcancem os objetivos da norma jurídica em questão. Coerentemente, a consequência por eventual descumprimento dessa previsão é a perda do direito à prorrogação da licença, desde o momento em que ocorrer a inobservância dos referidos deveres.

De acordo com o art. 5º da Lei 11.770/2008, com redação dada pela Lei 13.257/2016, a pessoa jurídica tributada com base no lucro real pode deduzir do imposto devido, em cada período de apuração, o total da remuneração integral da empregada e do empregado que for pago nos dias de prorrogação de sua licença-maternidade e de sua licença-paternidade, vedada a dedução como despesa operacional.

Desse modo, confere-se à pessoa jurídica tributada com base no lucro real a possibilidade de deduzir, do imposto devido, o total da remuneração integral da empregada e do empregado referente aos 60 dias de prorrogação de sua licença-maternidade e aos 15 dias de prorrogação de sua licença-paternidade. O parágrafo único do art. 5º previa que "o disposto neste artigo aplica-se às pessoas jurídicas enquadradas no regime do lucro presumido e às optantes pelo Sistema Integrado de Pagamentos de Impostos e Contribuições das Microempresas e Empresas de Pequeno Porte – SIMPLES", mas foi *vetado*.

A finalidade do disposto no art. 5º da Lei 11.770/2008 é afastar eventual discriminação no mercado de trabalho, vedada pelo art. 7º, inciso XXX, da Constituição Federal de 1988, o qual estabelece a proibição de diferença de salários, de exercício de funções e de *critério de admissão por motivo de sexo*, idade, cor ou estado civil. Dessa forma, possibilita-se que a remuneração devida na prorrogação da licença-maternidade e da licença-paternidade seja objeto de dedução do imposto devido pela pessoa jurídica tributada com base no lucro real. Se o empregador tivesse de arcar, definitivamente, com o valor dessa remuneração, sem poder deduzir o valor do imposto devido, poderia passar a evitar a contratação, por exemplo, da mulher, incorrendo em discriminação, o que não é admitido pelo Direito. Mesmo assim, há entendimento de que essa prorrogação da licença-maternidade (por período mais longo do que a duração da licença-paternidade e sua prorrogação) poderia causar consequências negativas para a admissão da mulher no mercado de trabalho, tendo em vista que o empregador passaria a ter de realizar a sua substituição durante o período em questão. Entretanto, a substituição provisória de empregados, de certo modo, faz parte da rotina das empresas (art. 450 da CLT e Súmula 159 do TST), e a sua possibilidade já existia mesmo no caso da licença-maternidade em si.

Ainda assim, como o direito de prorrogação da licença-maternidade e da licença-paternidade não foi previsto também para as empregadas e os empregados de "pessoa física ou natural", e mesmo a renúncia fiscal mencionada (art. 5º) não foi estendida às pessoas jurídicas tributadas com base em lucro presumido[24] e às optantes pelo Regime Especial Unificado de Arrecadação de Tributos e Contribuições devidos pelas Microempresas e Empresas de Pequeno Porte (Simples Nacional – Lei Complementar 123/2006, art. 12), é possível surgirem questionamentos a respeito desse tratamento desigual.

Na realidade, nota-se que a prorrogação da licença-maternidade e da licença-paternidade, com aplicação da renúncia fiscal prevista no art. 5º da Lei 11.770/2008 (com redação dada pela Lei 13.257/2016), acabou ficando limitada às empresas de maior porte, que são as pessoas jurídicas tributadas com base no lucro real, certamente como forma de limitar a queda nas receitas públicas. Se o

---

[24] Cf. MACHADO, Hugo de Brito. *Curso de direito tributário*. 12. ed. São Paulo: Malheiros, 1997. p. 224: "As firmas individuais e as pessoas jurídicas cuja receita bruta seja inferior a determinado montante e que atendam, ainda, a outras exigências da lei ficam dispensadas de fazer a escrituração contábil de suas transações e o imposto de renda, nestes casos, é calculado sobre o *lucro presumido*, que é determinado pela aplicação de coeficientes legalmente definidos, sobre a receita bruta anual, conforme a natureza da atividade". Cf. Lei 9.718/1998:
"Art. 13. A pessoa jurídica cuja receita bruta total no ano-calendário anterior tenha sido igual ou inferior a R$ 78.000.000,00 (setenta e oito milhões de reais) ou a R$ 6.500.000,00 (seis milhões e quinhentos mil reais) multiplicado pelo número de meses de atividade do ano-calendário anterior, quando inferior a 12 (doze) meses, poderá optar pelo regime de tributação com base no lucro presumido.
§ 1º A opção pela tributação com base no lucro presumido será definitiva em relação a todo o ano-calendário.
§ 2º Relativamente aos limites estabelecidos neste artigo, a receita bruta auferida no ano anterior será considerada segundo o regime de competência ou de caixa, observado o critério adotado pela pessoa jurídica, caso tenha, naquele ano, optado pela tributação com base no lucro presumido.
Art. 14. Estão obrigadas à apuração do lucro real as pessoas jurídicas: I – cuja receita total no ano-calendário anterior seja superior ao limite de R$ 78.000.000,00 (setenta e oito milhões de reais) ou proporcional ao número de meses do período, quando inferior a 12 (doze) meses; II – cujas atividades sejam de bancos comerciais, bancos de investimentos, bancos de desenvolvimento, caixas econômicas, sociedades de crédito, financiamento e investimento, sociedades de crédito imobiliário, sociedades corretoras de títulos, valores mobiliários e câmbio, distribuidoras de títulos e valores mobiliários, empresas de arrendamento mercantil, cooperativas de crédito, empresas de seguros privados e de capitalização e entidades de previdência privada aberta; III – que tiverem lucros, rendimentos ou ganhos de capital oriundos do exterior; IV – que, autorizadas pela legislação tributária, usufruam de benefícios fiscais relativos à isenção ou redução do imposto; V – que, no decorrer do ano-calendário, tenham efetuado pagamento mensal pelo regime de estimativa, na forma do art. 2º da Lei n. 9.430, de 1996; VI – que explorem as atividades de prestação cumulativa e contínua de serviços de assessoria creditícia, mercadológica, gestão de crédito, seleção e riscos, administração de contas a pagar e a receber, compras de direitos creditórios resultantes de vendas mercantis a prazo ou de prestação de serviços (*factoring*); VII – que explorem as atividades de securitização de créditos imobiliários, financeiros e do agronegócio".

empregador não for uma pessoa jurídica que preencha as exigências dos arts. 1º, § 1º, e 5º, e mesmo assim queira conceder prorrogação da licença-maternidade e da licença-paternidade, não terá direito à mencionada renúncia fiscal, de modo que isso seria, em verdade, simples licença remunerada.

Em conformidade com o art. 7º da Lei 11.770/2008: "O Poder Executivo, com vistas no cumprimento do disposto no inciso II do *caput* do art. 5º e nos arts. 12 e 14 da Lei Complementar 101, de 4 de maio de 2000, estimará o montante da renúncia fiscal decorrente do disposto nesta Lei e o incluirá no demonstrativo a que se refere o § 6º do art. 165 da Constituição Federal, que acompanhará o projeto de lei orçamentária cuja apresentação se der após decorridos 60 (sessenta) dias da publicação desta Lei".

Assim sendo, em cumprimento aos preceitos da Lei de Responsabilidade Fiscal, cabe ao Poder Executivo estimar o montante da renúncia fiscal decorrente do disposto na Lei 11.770/2008, mais especificamente de seu art. 5º, acima analisado. Além disso, o Poder Executivo deve incluir esse montante estimado da renúncia fiscal no "demonstrativo regionalizado do efeito, sobre as receitas e despesas, decorrente de isenções, anistias, remissões, subsídios e benefícios de natureza financeira, tributária e creditícia" (art. 165, § 6º, da Constituição Federal de 1988), que acompanhará o projeto de lei orçamentária cuja apresentação se der após decorridos 60 dias da publicação da Lei 11.770/2008 (a qual foi publicada no *DOU* de 10.09.2008).

Quanto ao orçamento anual, o Presidente da República deve enviar o respectivo projeto de lei ao Congresso Nacional (art. 84, inciso XXIII, da CF/1988) até quatro meses antes do encerramento do exercício financeiro (art. 35, § 2º, inciso III, do ADCT, ou seja, até o mês de agosto de cada exercício[25]). Por isso, tendo em vista o prazo de 60 dias previsto no art. 7º da Lei 11.770/2008, pode-se entender que o projeto de lei orçamentária mencionado será aquele a ser apresentado até agosto de 2009 (até quatro meses antes do encerramento do exercício financeiro de 2009), referindo-se ao exercício financeiro de 2010 (que coincide com o ano civil de 2010)[26].

O art. 39 da Lei 13.257/2016 prevê ainda que o Poder Executivo, com vistas ao cumprimento do disposto no art. 5º, *caput*, inciso II, e nos arts. 12 e 14 da Lei Complementar 101/2000, deve estimar o montante da renúncia fiscal decorrente do disposto no art. 38 da Lei 13.257/2016 (que passou a prever a prorrogação também da licença-paternidade) e o incluirá no demonstrativo a que se refere o art. 165, § 6º, da Constituição Federal, que acompanhará o projeto de lei orçamentária cuja apresentação se der após decorridos 60 dias da publicação da Lei 13.257/2016.

A Lei 11.770/2008, de acordo com o seu art. 8º, entrou em vigor na data de sua publicação, "produzindo efeitos a partir do primeiro dia do exercício subsequente àquele em que for implementado o disposto no seu art. 7º".

De modo semelhante, o art. 40 da Lei 13.257/2016 dispõe que os seus arts. 38 (que modifica a Lei 11.770/2008) e 39 produzem efeitos a partir do primeiro dia do exercício subsequente àquele em que for implementado o disposto no referido art. 39 do mesmo diploma legal.

28.7.4 Garantia de emprego da empregada gestante e adotante

Embora o tema já tenha sido estudado no Capítulo pertinente à estabilidade, cabe relembrar os aspectos da garantia de emprego da gestante, por questões didáticas.

A empregada gestante, além do direito à respectiva licença de 120 dias (art. 7º, inciso XVIII, da CF/1988), também faz jus à garantia de emprego prevista no art. 10, inciso II, *b*, do Ato das Disposições Constitucionais Transitórias:

---

[25] Cf. OLIVEIRA, Regis Fernandes de; HORVATH, Estevão. *Manual de direito financeiro*. 2. ed. São Paulo: RT, 1997. p. 86. Cf. Lei 4.320/1964, art. 22: "A proposta orçamentária que o Poder Executivo encaminhará ao Poder Legislativo nos prazos estabelecidos nas Constituições e nas Leis Orgânicas dos Municípios, compor-se-á: [...]". Cf. art. 35, § 2º, do ADCT: "III – o projeto de lei orçamentária da União será encaminhado até quatro meses antes do encerramento do exercício financeiro e devolvido para sanção até o encerramento da sessão legislativa".

[26] Cf. Lei 4.320/1964, art. 34: "O exercício financeiro coincidirá com o ano civil".

"Art. 10. Até que seja promulgada a lei complementar a que se refere o art. 7º, I, da Constituição:

[...]

II – fica vedada a dispensa arbitrária ou sem justa causa:

[...]

b) da empregada gestante, desde a confirmação da gravidez até cinco meses após o parto"[27].

A referida estabilidade é, portanto, provisória, de modo que, como esclarece a Súmula 244, inciso II, do TST: "A garantia de emprego à gestante só autoriza a reintegração se esta se der durante o período de estabilidade. Do contrário, a garantia restringe-se aos salários e demais direitos correspondentes ao período de estabilidade".

O art. 7º, parágrafo único, da Constituição da República, com redação dada pela Emenda Constitucional 72/2013, passou a prever expressamente que, atendidas as condições estabelecidas em lei, e observada a simplificação do cumprimento das obrigações tributárias, principais e acessórias, decorrentes da relação de trabalho e suas peculiaridades, é assegurado à categoria dos trabalhadores domésticos (no sentido de empregados domésticos), entre outros, o direito previsto no art. 7º, inciso I, no sentido da "relação de emprego protegida contra despedida arbitrária ou sem justa causa, nos termos de lei complementar, que preverá indenização compensatória, dentre outros direitos".

Sendo assim, também no caso do *contrato de trabalho doméstico*, a confirmação do estado de gravidez durante o curso do contrato de trabalho, ainda que durante o prazo do aviso prévio trabalhado ou indenizado, garante à empregada gestante a estabilidade provisória prevista no art. 10, inciso II, alínea *b*, do Ato das Disposições Constitucionais Transitórias (art. 25, parágrafo único, da Lei Complementar 150/2015).

Com isso, a empregada doméstica também tem direito à garantia de emprego prevista no art. 10, inciso II, *b*, do Ato das Disposições Constitucionais Transitórias, válido até a promulgação da lei complementar a que se refere o art. 7º, inciso I, da Constituição Federal de 1988.

Outro aspecto que chegou a gerar polêmica é a expressão "confirmação da gravidez", prevista no art. 10, inciso II, do ADCT.

Atualmente, a Súmula 244, inciso I, do TST estabelece que:

"O desconhecimento do estado gravídico pelo empregador não afasta o direito ao pagamento da indenização decorrente da estabilidade (art. 10, II, *b*, do ADCT)".

Portanto, a responsabilidade do empregador no caso, quanto a essa ciência do estado de gravidez, é objetiva.

A discussão que surge, atualmente, refere-se à ausência de ciência pela própria empregada, quanto a seu estado gestacional, no momento da dispensa sem justa causa.

Há quem entenda que, se nem a empregada sabia da gravidez quando da cessação do vínculo de emprego, não seria justo assegurar-lhe o direito à garantia de emprego, inclusive em respeito à boa-fé objetiva no âmbito da relação de emprego.

No entanto, interpretando-se a disposição constitucional, verifica-se que o direito surge a partir da "confirmação" da gravidez, o que deve ser interpretado de forma ampla e benéfica à gestante, por se tratar de norma de proteção, inclusive em conformidade com o princípio do *in dubio pro operario*, já estudado anteriormente. Desse modo, entende-se que a referida confirmação significa a existência da gravidez, ou seja, em termos médicos e científicos, o momento inicial da gestação.

---

[27] Cf. Orientação Jurisprudencial 30 da SDC do TST: "Estabilidade da gestante. Renúncia ou transação de direitos constitucionais. Impossibilidade. Nos termos do art. 10, II, *b*, do ADCT, a proteção à maternidade foi erigida à hierarquia constitucional, pois retirou do âmbito do direito potestativo do empregador a possibilidade de despedir arbitrariamente a empregada em estado gravídico. Portanto, a teor do artigo 9º, da CLT, torna-se nula de pleno direito a cláusula que estabelece a possibilidade de renúncia ou transação, pela gestante, das garantias referentes à manutenção do emprego e salário".

Ainda a respeito do tema, o Supremo Tribunal Federal fixou a seguinte tese de repercussão geral: "A incidência da estabilidade prevista no art. 10, inc. II, do ADCT, somente exige a anterioridade da gravidez à dispensa sem justa causa" (STF, Pleno, RE 629.053/SP, Red. p/ ac. Min. Alexandre de Moraes, j. 10.10.2018).

De todo modo, se a empregada encontra-se gestante quando da dispensa sem justa causa, mas só vem a tomar ciência desse seu estado no curso do aviso prévio, trabalhado ou mesmo indenizado (pois este é tempo de serviço), entende-se que a garantia de emprego deve ser reconhecida.

A situação acima não se confunde com hipótese bem diferente, relativa a estado gestacional que se iniciou no curso do próprio aviso prévio (indenizado ou trabalhado), caso em que, embora possa existir controvérsia, por já se ter ciência da data de terminação do contrato, entende-se ausente a referida garantia de emprego, da mesma forma como prevê a Súmula 369, inciso V, quanto ao dirigente sindical.

De acordo com a redação anterior da Súmula 244, inciso III, do TST: "Não há direito da empregada gestante à estabilidade provisória na hipótese de admissão mediante contrato de experiência, visto que a extinção da relação de emprego, em face do término do prazo, não constitui dispensa arbitrária ou sem justa causa".

Aplicava-se ao caso a lição de Sergio Pinto Martins, no sentido de que: "Se houver a cessação do contrato de trabalho do empregado, estatuído por prazo determinado, não haverá direito à estabilidade, porque aqui não há despedida injusta, mas término do pacto laboral"[28].

Entretanto, conforme a atual redação da Súmula 244, inciso III, do TST: "Empregada gestante tem direito à estabilidade provisória prevista no art. 10, inciso II, alínea b, do ADCT, mesmo na hipótese de admissão mediante contrato por tempo determinado".

Nos termos do art. 391-A da CLT, acrescentado pela Lei 12.812/2013, a confirmação do estado de gravidez advindo no curso do contrato de trabalho, ainda que durante o prazo do aviso prévio trabalhado ou indenizado, garante à empregada gestante a estabilidade provisória prevista na alínea b do inciso II do art. 10 do Ato das Disposições Constitucionais Transitórias.

É relevante saber se a empregada que adotar ou obtiver guarda judicial para fins de adoção de criança ou de adolescente (art. 392-A da CLT) é titular da estabilidade provisória prevista no art. 10, inciso II, b, do Ato das Disposições Constitucionais Transitórias. A resposta, em princípio, é negativa.

O mencionado dispositivo constitucional é expresso ao mencionar que a "empregada *gestante*" é quem faz jus à garantia de emprego, tendo início "desde a confirmação da *gravidez* até cinco meses após o *parto*" (destaquei). A empregada adotante, como é evidente, não é gestante, não ocorrendo gravidez nem parto. Logo, seria possível concluir que não estava abrangida pela estabilidade em questão.

Destaque-se que a Lei 10.421/2002 apenas estendeu a licença-maternidade e o salário-maternidade à mãe adotiva, institutos distintos e autônomos da garantia de emprego.

Portanto, *anteriormente*, eram aplicáveis as lições de Sergio Pinto Martins, no sentido de que "a mãe adotante não tem direito à garantia de emprego de cinco meses (art. 10, II, b do ADCT), pois não houve parto, sendo que a garantia de emprego é contada a partir do parto. Inexistindo este, não há que se falar em garantia de emprego"[29].

Como é evidente, nada impede que essa garantia de emprego seja prevista em instrumento normativo decorrente de negociação coletiva (art. 7º, inciso XXVI, da CF/1988), ou mesmo em eventual lei ordinária, prevendo hipótese específica de garantia de emprego, com fundamento no princípio da norma mais benéfica (art. 7º, *caput*, da CF/1988), sem regulamentar, de forma genérica, a

---

[28] MARTINS, Sergio Pinto. *A continuidade do contrato de trabalho*. São Paulo: Atlas, 2000. p. 204.
[29] MARTINS, Sergio Pinto. *Comentários à CLT*. 5. ed. São Paulo: Atlas, 2002. p. 319-320.

proteção contra despedida arbitrária ou sem justa causa, por ser esta matéria de competência de lei complementar (art. 7º, inciso I, da CF/1988).

Entretanto, na jurisprudência, já existia entendimento no sentido de reconhecer o direito à referida estabilidade provisória em caso de adoção, como se observa no seguinte julgado:

"I – Agravo de instrumento. Recurso de revista. Termo inicial da estabilidade provisória da mãe adotante. Direito social à fruição da licença-adotante indevidamente obstado. Provável violação do artigo 392-A, § 1º, da CLT. Agravo de instrumento conhecido e provido. II – Recurso de revista. Termo inicial da estabilidade provisória da mãe adotante. Direito social à fruição da licença-adotante indevidamente obstado. 1. O art. 7º, XVIII, do texto constitucional concede licença de cento e vinte dias à gestante, sem prejuízo do emprego e do salário. Para possibilitar o exercício do direito e proteger, antes e depois, a maternidade, o art. 10, II, b, do ADCT da Constituição Federal de 1988 veda a despedida arbitrária ou sem justa causa da empregada gestante, desde a confirmação da gravidez até cinco meses após o parto. 2. A Constituição utiliza o termo 'gestante', mas a licença de cento e vinte dias abrange, nos termos da parte final do art. 7º, caput, da Constituição, o direito social destinado à melhoria das condições de trabalho das mães adotantes, previsto no art. 392-A, da CLT, daí que a utilização da expressão licença-maternidade abrange a licença-gestante e a licença-adotante. 3. A licença-adotante é um direito social, porque tem por fim assegurar a proteção à maternidade (art. 6º, da CF), visando a utilização de um tempo à estruturação familiar que permita a dedicação exclusiva aos interesses necessários ao desenvolvimento saudável da criança. Para a mãe adotante poder alcançar a licença-maternidade sem o risco de ser despedida, é preciso que ela também seja beneficiada pela estabilidade provisória prevista no art. 10, II, b, do ADCT da Constituição Federal de 1988. 4. A trabalhadora, mãe adotante, ajuizou o processo de adoção em 05.06.2008, mesma data em que recebeu a criança (nascida em 28.05.2008) sob seus cuidados, por autorização da mãe biológica e da Vara da Infância e Juventude. 5. Não tendo ocorrido disputa sobre a guarda, a carecer de decisão judicial que a definisse, tem-se que a estabilidade da trabalhadora, mãe adotante, restou assegurada a partir do momento em que expressou judicialmente o interesse em adotar a criança oferecida, daí computando-se o período de estabilidade, em que compreendida a licença-adotante. Ou seja, tem direito ao gozo de licença-adotante, com a estabilidade necessária ao exercício do direito até cinco meses após o recebimento da criança a ser adotada. O entendimento de que a autora só se tornaria estável após a conclusão do processo de adoção simplesmente inviabilizaria, como inviabilizou, o exercício do direito à fruição da licença-adotante no curso do contrato, contrariando os objetivos do art. 392-A, caput e § 4º, da CLT. 6. Assim como as estabilidades do dirigente sindical e do cipeiro têm início a partir do registro da candidatura e não da eleição, a da mãe adotante tem início a partir do requerimento de adoção e não da sentença transitada em julgado, ainda mais quando há registro de autorização da mãe biológica e da Vara da Infância e Juventude para o recebimento da criança, pela adotante, no mesmo dia em que ajuizada a ação (05-06-2008) e não depois da concretização da guarda provisória (12-06-2008). 7. A estabilidade da mãe adotante tem, evidentemente, marcos inicial e final distintos da mãe gestante. Enquanto a desta tem início a partir da confirmação da gravidez e se estende até cinco meses após o parto, a daquela se situa no período de cinco meses após a concretização do interesse na adoção, em que inserido o período de licença-adotante, de cento e vinte dias. 8. Dessa forma, não merece prosperar a [...] dispensa da empregada sem justa causa ocorrida em 11.06.2008, mais precisamente durante o período que corresponderia aos direitos à estabilidade e à fruição da licença-adotante, ou seja, exatamente um dia antes da assinatura, em juízo, do termo de guarda e responsabilidade provisória do menor (que já se encontrava com a adotante desde 05.06.2008, por autorização judicial), ao fundamento de que não tinha conhecimento do processo de adoção ou da guarda provisória. Aplica-se aqui, em última análise, a mesma solução dada à gestante, pela jurisprudência trabalhista. Assim como a confirmação da gravidez é fato objetivo, a confirmação do interesse em adotar, quer por meio da conclusão do processo de adoção, quer por meio da guarda provisória em meio ao processo de adoção, quer por meio de requerimento judicial, condicionado à concretização da guarda provisória, é também fato objetivo, a ensejar a estabilidade durante o prazo de cinco meses após a guarda provisória e a fruição da licença correspondente, de cento e vinte dias. 9. Verifica-se, portanto, que a empresa obstou o gozo da licença-adotante, assegurado à empregada a partir do momento em que expressou interesse em adotar a criança oferecida, ou seja, do ajuizamento do processo de adoção. Recurso de revista conhecido, por violação do artigo 392-A da CLT, e provido" (TST, 3ª T., RR 200600-19.2008.5.02.0085, Rel. Min. Alexandre de Souza Agra Belmonte, *DEJT* 07.08.2015).

Na atualidade, conforme o art. 391-A, parágrafo único, da CLT, incluído pela Lei 13.509/2017, a estabilidade provisória prevista no art. 10, inciso II, alínea *b*, do Ato das Disposições Constitucionais Transitórias aplica-se ao *empregado adotante* ao qual tenha sido concedida guarda provisória para fins de adoção, ainda que durante o prazo do aviso prévio trabalhado ou indenizado.

Logo, se a guarda provisória para fins de adoção for concedida durante o prazo do aviso prévio trabalhado ou indenizado, o empregado e (ou) a empregada adotante terão direito à estabilidade provisória, no caso, até cinco meses após a adoção. A respeito do tema, cf. ainda Capítulo 19, item 19.9, parte final.

Por fim, deve-se frisar que a Lei Complementar 146, de 25 de junho de 2014, publicada no *DOU* de 26.06.2014, data em que entrou em vigor (art. 2º), passou a estabelecer que o direito previsto no art. 10, inciso II, alínea *b*, do Ato das Disposições Constitucionais Transitórias deve ser assegurado, nos casos em que ocorrer o falecimento da trabalhadora gestante, a quem detiver a guarda do seu filho.

Com isso, a garantia de permanência no emprego, prevista originalmente no referido art. 10, inciso II, alínea *b*, foi ampliada, por meio de lei complementar (para atender à exigência prevista no art. 7º, inciso I, da CF/1988), em favor de quem tiver a guarda do recém-nascido, na hipótese em que a genitora tiver falecido.

Trata-se de importante medida, que busca concretizar a justiça social. Ocorrendo o falecimento da genitora, nada mais adequado do que aplicar a estabilidade provisória da gestante a quem passa a ter a guarda, em benefício não apenas de quem é seu titular, mas da criança, que necessita de cuidados especiais, e mesmo a sociedade como um todo, tendo em vista a relevância social da questão.

A guarda é de titularidade dos pais (art. 22 da Lei 8.069/1990). Por isso, ocorrendo o falecimento da mãe, automaticamente a guarda passa a ser exercida, em regra, apenas pelo pai, situação que só pode ser modificada por meio de decisão judicial, nos casos que justifiquem a colocação da criança em família substituta (art. 28 da Lei 8.069/1990). Conforme o Estatuto da Criança e do Adolescente, a guarda obriga a prestação de assistência material, moral e educacional à criança (art. 33 da Lei 8.069/1990).

É importante registrar que esse direito de permanecer no emprego pode ser de algum parente (como, por exemplo, a avó), e, na situação mais comum, até mesmo do pai, caso seja ele o titular da guarda do recém-nascido, em razão de falecimento da mãe.

Embora a questão possa gerar controvérsia, é possível defender a interpretação evolutiva do art. 1º da Lei Complementar 146/2014, no sentido de que o direito previsto no art. 10, inciso II, *b*, do Ato das Disposições Constitucionais Transitórias, nos casos em que ocorrer o falecimento da genitora *ou de adotante*, deve ser assegurado a quem detiver a guarda do seu filho.

28.7.5 Direitos e garantias da advogada gestante, lactante, adotante ou que der à luz e do advogado que se torna pai

O Estatuto da Advocacia prevê que são direitos da *advogada*:

I – *gestante*: a) entrada em tribunais sem ser submetida a detectores de metais e aparelhos de raios X; b) reserva de vaga em garagens dos fóruns dos tribunais;

II – *lactante, adotante ou que der à luz*: acesso a creche, onde houver, ou a local adequado ao atendimento das necessidades do bebê;

III – *gestante, lactante, adotante ou que der à luz*: preferência na ordem das sustentações orais e das audiências a serem realizadas a cada dia, mediante comprovação de sua condição;

IV – *adotante ou que der à luz*: suspensão de prazos processuais quando for a única patrona da causa, desde que haja notificação por escrito ao cliente (art. 7º-A da Lei 8.906/1994, acrescentado pela Lei 13.363/2016).

Os direitos previstos à *advogada gestante ou lactante* aplicam-se enquanto perdurar, respectivamente, o estado gravídico ou o período de amamentação.

Os direitos assegurados nos incisos II e III do art. 7º-A da Lei 8.906/1994 à *advogada adotante ou que der à luz* são concedidos pelo prazo previsto no art. 392 da CLT, ou seja, de 120 dias.

O direito assegurado no inciso IV art. 7º-A da Lei 8.906/1994 à *advogada adotante ou que der à luz* é concedido pelo prazo previsto no § 6º do art. 313 do CPC, isto é, de 30 dias, contado a partir da data do parto ou da concessão da adoção, mediante apresentação de certidão de nascimento ou documento similar que comprove a realização do parto, ou de termo judicial que tenha concedido a adoção, desde que haja notificação ao cliente.

O art. 313 do CPC, nos incisos IX e X, incluídos pela Lei 13.363/2016, dispõe que o processo se suspende: IX – pelo parto ou pela concessão de adoção, quando a advogada responsável pelo processo constituir a única patrona da causa; X – quando o advogado responsável pelo processo constituir o único patrono da causa e tornar-se pai.

No caso do inciso IX do art. 313 do CPC, o período de suspensão é de 30 dias, contado a partir da data do parto ou da concessão da adoção, mediante apresentação de certidão de nascimento ou documento similar que comprove a realização do parto, ou de termo judicial que tenha concedido a adoção, desde que haja notificação ao cliente.

Na hipótese do inciso X do art. 313 do CPC, o período de suspensão é de oito dias, contado a partir da data do parto ou da concessão da adoção, mediante apresentação de certidão de nascimento ou documento similar que comprove a realização do parto, ou de termo judicial que tenha concedido a adoção, desde que haja notificação ao cliente.

Frise-se que os direitos e garantias em questão, por serem relativos ao exercício profissional, são assegurados à advogada (gestante, lactante, adotante ou que der à luz) e ao advogado (que se torna pai) em sentido amplo, e não apenas à advogada e ao advogado que sejam empregados.

28.7.6 Programa Emprega + Mulheres

Foi instituído o Programa Emprega + Mulheres, destinado à inserção e à manutenção de mulheres no mercado de trabalho por meio da implementação das seguintes medidas:

I – para apoio à parentalidade na primeira infância: a) pagamento de reembolso-creche; b) manutenção ou subvenção de instituições de educação infantil pelos serviços sociais autônomos;

II – para apoio à parentalidade por meio da flexibilização do regime de trabalho: a) teletrabalho; b) regime de tempo parcial; c) regime especial de compensação de jornada de trabalho por meio de banco de horas; d) jornada de 12 horas trabalhadas por 36 horas ininterruptas de descanso, quando a atividade permitir; e) antecipação de férias individuais; f) horários de entrada e de saída flexíveis;

III – para qualificação de mulheres, em áreas estratégicas para a ascensão profissional: a) suspensão do contrato de trabalho para fins de qualificação profissional; e b) estímulo à ocupação das vagas em cursos de qualificação dos serviços nacionais de aprendizagem por mulheres e priorização de mulheres hipossuficientes vítimas de violência doméstica e familiar;

IV – para apoio ao retorno ao trabalho das mulheres após o término da licença-maternidade: a) suspensão do contrato de trabalho de pais empregados para acompanhamento do desenvolvimento dos filhos; b) flexibilização do usufruto da prorrogação da licença-maternidade, conforme prevista na Lei 11.770/2008;

V – reconhecimento de boas práticas na promoção da empregabilidade das mulheres, por meio da instituição do Selo Emprega + Mulher;

VI – prevenção e combate ao assédio sexual e a outras formas de violência no âmbito do trabalho;

VII – estímulo ao microcrédito para mulheres (art. 1º da Lei 14.457/2022).

Para os efeitos da Lei 14.457/2022, parentalidade é o vínculo socioafetivo maternal, paternal ou qualquer outro que resulte na assunção legal do papel de realizar as atividades parentais, de forma compartilhada entre os responsáveis pelo cuidado e pela educação das crianças e dos adolescentes, nos termos do art. 22, parágrafo único, da Lei 8.069/1990 (Estatuto da Criança e do Adolescente)[30].

Foi instituído o Selo Emprega + Mulher (art. 24 da Lei 14.457/2022).

São objetivos do Selo Emprega + Mulher: I – reconhecer as empresas que se destaquem pela organização, pela manutenção e pelo provimento de creches e pré-escolas para atender às necessidades de suas empregadas e de seus empregados; II – reconhecer as boas práticas de empregadores que visem, entre outros objetivos: a) ao estímulo à contratação, à ocupação de postos de liderança e à ascensão profissional de mulheres, especialmente em áreas com baixa participação feminina, tais como ciência, tecnologia, desenvolvimento e inovação; b) à divisão igualitária das responsabilidades parentais; c) à promoção da cultura de igualdade entre mulheres e homens; d) à oferta de acordos flexíveis de trabalho; e) à concessão de licenças para mulheres e homens que permitam o cuidado e a criação de vínculos com seus filhos; f) ao efetivo apoio às empregadas de seu quadro de pessoal e das que prestem serviços no seu estabelecimento em caso de assédio, violência física ou psicológica ou qualquer violação de seus direitos no local de trabalho; g) à implementação de programas de contratação de mulheres desempregadas em situação de violência doméstica e familiar e de acolhimento e de proteção às suas empregadas em situação de violência doméstica e familiar.

Para fins do disposto no art. 24 da Lei 14.457/2022, consideram-se violência doméstica e familiar contra a mulher as ações ou as omissões previstas no art. 5º da Lei 11.340/2006 (Lei Maria da Penha)[31].

As microempresas e as empresas de pequeno porte que receberem o Selo Emprega + Mulher serão beneficiadas com estímulos creditícios adicionais, nos termos do art. 3º, § 5º, incisos I e II, da Lei 13.999/2020, que instituiu o Programa Nacional de Apoio às Microempresas e Empresas de Pequeno Porte (Pronampe), cujo objeto é o desenvolvimento e o fortalecimento dos pequenos negócios (art. 25 da Lei 14.457/2022).

As empresas que se habilitarem para o recebimento do Selo Emprega + Mulher devem prestar contas anualmente quanto ao atendimento dos requisitos previstos nesta Lei (art. 26 da Lei 14.457/2022).

A pessoa jurídica detentora do Selo Emprega + Mulher pode utilizá-lo para os fins de divulgação de sua marca, produtos e serviços, vedada a extensão do uso para grupo econômico ou em associação com outras empresas que não detenham o selo (art. 27 da Lei 14.457/2022).

Ato do Ministro de Estado do Trabalho e Previdência deve dispor sobre o regulamento completo do Selo Emprega + Mulher (art. 28 da Lei 14.457/2022).

Nas operações de crédito do Programa de Simplificação do Microcrédito Digital para Empreendedores (SIM Digital), de que trata a Lei 14.438/2022, devem ser aplicadas condições diferenciadas, exclusivamente quando os beneficiários forem: I – mulheres que exerçam alguma atividade

---

[30] A mãe e o pai, ou os responsáveis, têm direitos iguais e deveres e responsabilidades compartilhados no cuidado e na educação da criança, devendo ser resguardado o direito de transmissão familiar de suas crenças e culturas, assegurados os direitos da criança estabelecidos na Lei 8.069/1990 (art. 22, parágrafo único, do Estatuto da Criança e do Adolescente).

[31] Configura violência doméstica e familiar contra a mulher qualquer ação ou omissão baseada no gênero que lhe cause morte, lesão, sofrimento físico, sexual ou psicológico e dano moral ou patrimonial: I – no âmbito da unidade doméstica, compreendida como o espaço de convívio permanente de pessoas, com ou sem vínculo familiar, inclusive as esporadicamente agregadas; II – no âmbito da família, compreendida como a comunidade formada por indivíduos que são ou se consideram aparentados, unidos por laços naturais, por afinidade ou por vontade expressa; III – em qualquer relação íntima de afeto, na qual o agressor conviva ou tenha convivido com a ofendida, independentemente de coabitação. As relações pessoais enunciadas no art. 5º da Lei 11.340/2006 independem de orientação sexual.

produtiva ou de prestação de serviços, urbana ou rural, de forma individual ou coletiva, na condição de pessoas naturais; II – mulheres, na condição de pessoas naturais e de microempreendedoras individuais no âmbito do Programa Nacional de Microcrédito Produtivo Orientado (PNMPO) (art. 29 da Lei 14.457/2022).

O Sistema Nacional de Emprego (SINE) deve implementar iniciativas com vistas à melhoria da empregabilidade de mulheres, especialmente daquelas: que tenham filho, enteado ou guarda judicial de crianças de até cinco anos de idade; que sejam chefe de família monoparental; ou com deficiência ou com filho com deficiência (art. 31 da Lei 14.457/2022).

Capítulo 29

Trabalho da Criança e do Adolescente

29.1 Introdução e aspectos históricos

De forma semelhante ao trabalho da mulher, embora de modo até mais marcante, observa-se durante a Revolução Industrial, principalmente no século XIX, a utilização do trabalho infantil, em péssimas condições, causando sérios prejuízos ao desenvolvimento físico e psicológico da pessoa.

As crianças e adolescentes eram expostos a trabalhos prejudiciais à saúde, com extensas jornadas, colocando em risco a sua segurança e a própria vida, com salários inferiores aos pagos aos adultos.

Naquela época, ainda não havia efetiva proteção da pessoa em desenvolvimento, especificamente quanto à questão do trabalho.

Como é evidente, a exploração do trabalho infantil gerou terríveis consequências sociais, em inaceitável afronta a direitos fundamentais de crianças e adolescentes, que precisavam da proteção do Estado contra os abusos do capitalismo.

Por isso, já no próprio século XIX, tem início o surgimento da legislação de proteção ao trabalho do menor.

Na Inglaterra, em 1802, esse movimento teve início com a redução da jornada de trabalho do menor para 12 horas, seguindo-se com a proibição do trabalho de menores de nove anos.

Na França, em 1813, proibiu-se o trabalho de menores em minas; em 1841, "vedou-se o trabalho dos menores de 8 anos, fixando-se a jornada de trabalho dos menores de 12 anos em oito horas"[1].

Inicialmente, a legislação do trabalho dos menores se assemelhava às normas de proteção ao trabalho da mulher. No entanto, no presente, essa equiparação não mais se justifica, tendo em vista a igualdade de condições entre homens e mulheres; quanto a estas, a proteção passou a restringir-se, essencialmente, ao estado de gestante e à maternidade. Quanto à criança e adolescente, permanecem necessárias a existência e a efetividade de normas protegendo e regulando a questão do trabalho, por se tratar de pessoas em condições especiais, em desenvolvimento, com grande interesse social[2].

29.2 Direito Internacional

No âmbito da Organização Internacional do Trabalho foram aprovadas diversas Convenções, fixando a idade mínima para o trabalho, do seguinte modo[3]:

– Convenção 5, de 1919, que estabeleceu a idade mínima de 14 anos para o trabalho na indústria;
– Convenção 7, de 1920, para o trabalho marítimo;
– Convenção 10, de 1921, para o trabalho na agricultura;
– Convenção 15, de 1921, para paioleiros e foguistas da marinha mercante;
– Convenção 33, de 1932, sobre trabalhos não industriais;

---

[1] MARTINS, Sergio Pinto. *Direito do trabalho*. 22. ed. São Paulo: Atlas, 2006. p. 591.
[2] Cf. MARTINS, Sergio Pinto. *Direito do trabalho*. 28. ed. São Paulo: Atlas, 2012. p. 635.
[3] Cf. SÜSSEKIND, Arnaldo. *Direito internacional do trabalho*. 3. ed. São Paulo: LTr, 2000. p. 398.

– Convenção 58, de 1936, revisando a Convenção 7;
– Convenção 59, de 1937, revisando a Convenção 5;
– Convenção 60, de 1937, que revisou a Convenção 33;
– Convenção 112, de 1959, sobre pescadores;
– Convenção 123, de 1965, para trabalhadores subterrâneos.

As Convenções 59 e 60 da OIT, de 1937, versam sobre a proteção da moralidade do menor.

A Convenção 78 da OIT, de 1946, estabelece regras para o exame médico em trabalhos não industriais; a Convenção 79 da OIT, de 1946, especificou o trabalho noturno em atividades não industriais, e a Convenção 127, de 1967, versou sobre o peso máximo que pode ser transportado pelo menor.

A Convenção 138 da OIT, de 1973, promulgada no Brasil pelo Decreto 4.134, de 15 de fevereiro de 2002 (atualmente Decreto 10.088/2019), estabeleceu que a respeito da idade mínima de admissão no emprego ela não deve ser inferior ao fim da escolaridade obrigatória, não podendo, em qualquer caso, ser inferior a 15 anos, admitindo-se o patamar mínimo de 14 anos, como primeira etapa, para os países insuficientemente desenvolvidos. A referida Convenção 138 foi complementada pela Recomendação 146, também de 1973.

A Convenção 182 da OIT, promulgada no Brasil pelo Decreto 3.597/2000 (atualmente Decreto 10.088/2019), bem como a Recomendação 190 da OIT, de 1999, proíbem as piores formas de trabalho infantil, quais sejam:

a) todas as formas de escravidão ou práticas análogas à escravidão, tais como a venda e tráfico de crianças, a servidão por dívidas e a condição de servo, e o trabalho forçado ou obrigatório, inclusive o recrutamento forçado ou obrigatório de crianças para serem utilizadas em conflitos armados;

b) a utilização, o recrutamento ou a oferta de crianças para a prostituição, a produção de pornografia ou atuações pornográficas;

c) a utilização, recrutamento ou a oferta de crianças para a realização de atividades ilícitas, em particular a produção e o tráfico de entorpecentes, tais com definidos nos tratados internacionais pertinentes; e,

d) o trabalho que, por sua natureza ou pelas condições em que é realizado, é suscetível de prejudicar a saúde, a segurança ou a moral das crianças.

O Decreto 6.481, de 12 de junho de 2008 (publicado no *DOU* de 13.06.2008, com entrada em vigor noventa dias após a data de sua publicação, conforme art. 6º), regulamenta os arts. 3º, *d*, e 4º, da Convenção 182 da OIT, que trata da proibição das piores formas de trabalho infantil e ação imediata para sua eliminação. Desse modo, o referido Decreto aprova a "Lista das Piores Formas de Trabalho Infantil" (Lista TIP), contida em seu Anexo. Fica proibido o trabalho do menor de 18 anos nas atividades descritas na mencionada Lista TIP, salvo nas hipóteses previstas nesse Decreto (art. 2º). Os trabalhos técnicos ou administrativos serão permitidos, desde que fora das áreas de risco à saúde, à segurança e à moral, ao menor de 18 e maior de 16 anos e ao maior de 14 e menor de 16, na condição de aprendiz (art. 3º).

De acordo com o art. 4º do Decreto 6.481/2008, para fins de aplicação das alíneas *a*, *b* e *c* do art. 3º da Convenção 182 da OIT, integram as piores formas de trabalho infantil:

"I – todas as formas de escravidão ou práticas análogas, tais como venda ou tráfico, cativeiro ou sujeição por dívida, servidão, trabalho forçado ou obrigatório;

II – a utilização, demanda, oferta, tráfico ou aliciamento para fins de exploração sexual comercial, produção de pornografia ou atuações pornográficas;

III – a utilização, recrutamento e oferta de adolescente para outras atividades ilícitas, particularmente para a produção e tráfico de drogas; e

IV – o recrutamento forçado ou compulsório de adolescente para ser utilizado em conflitos armados".

A Lista TIP deve ser periodicamente examinada e, se necessário, revista em consulta com as organizações de empregadores e de trabalhadores interessadas (art. 5º do Decreto 6.481/2008). Compete ao Ministério do Trabalho organizar os processos de exame e consulta em questão.

A Organização das Nações Unidas aprovou em 1959 a Declaração Universal dos Direitos da Criança, que estabelece proteção especial ao desenvolvimento físico, mental, moral e espiritual da criança (art. 2º), proibindo-se de empregar criança antes da idade mínima conveniente (art. 9º).

Merece destaque, ainda, a Convenção sobre os Direitos da Criança, adotada em 20 de novembro de 1989, pela Assembleia Geral das Nações Unidas, promulgada no Brasil pelo Decreto 99.710/1990.

29.3 Evolução da matéria no Brasil

No Brasil, aponta-se como a primeira norma sobre proteção do trabalho do menor o Decreto 1.313, de 17 de janeiro de 1890.

O Decreto 16.300, de 1923, vedou o trabalho do menor de 18 anos por mais de seis horas durante um período de 24 horas.

O Código de Menores foi aprovado em 12 de outubro de 1927, pelo Decreto 17.943-A, proibindo o trabalho dos menores de 12 anos e o trabalho noturno de menores de 18 anos.

A Constituição de 1934 proibia a diferença de salário para um mesmo trabalho, por motivo de idade, sexo, nacionalidade ou estado civil (art. 121, § 1º, a), vedava o trabalho a menores de 14 anos, bem como o de trabalho noturno a menores de 16 e em indústrias insalubres, a menores de 18 anos e a mulheres (art. 121, § 1º, d).

O art. 121, § 3º, previa que os serviços de amparo à maternidade e à infância, os referentes ao lar e ao trabalho feminino, assim como a fiscalização e a orientação respectivas, seriam incumbidos de preferência a mulheres habilitadas.

A Constituição de 1937 proibia o trabalho de menores de 14 anos, bem como o trabalho noturno de menores de 16 anos, e o trabalho em indústrias insalubres de menores de 18 anos (art. 137, k).

A Constituição de 1946 proibia diferença de salário por motivo de idade (art. 157, inciso II), vedava o trabalho para os menores de 14 anos, bem como o trabalho em indústrias insalubres e o trabalho noturno para menores de 18 anos, respeitadas, em qualquer caso, as condições estabelecidas em lei e as exceções admitidas pelo Juiz competente (art. 157, inciso IX).

A Constituição de 1967 proibia o trabalho de menores de 12 anos e vedava o trabalho noturno e em indústrias insalubres de menores de 18 anos (art. 158, inciso X).

A Emenda Constitucional 1 de 1969, da mesma forma, proibia o trabalho de menores de 12 anos, bem como o trabalho noturno e em indústrias insalubres de menores de 18 anos (art. 165, inciso X).

A Constituição Federal de 1988, no art. 7º, inciso XXX, estabelece a proibição de diferença de salários, de exercício de funções e de critério de admissão por motivo de idade[4].

A redação original do art. 7º, inciso XXXIII, da Constituição Federal de 1988 previa a "proibição de trabalho noturno, perigoso ou insalubre aos menores de dezoito e de qualquer trabalho a menores de quatorze anos, salvo na condição de aprendiz". Esse dispositivo foi alterado pela Emenda Constitucional 20, de 15 de dezembro de 1998, passando a estabelecer a "proibição de trabalho noturno, perigoso ou insalubre a menores de dezoito e de qualquer trabalho a menores de dezesseis anos, salvo na condição de aprendiz, a partir de quatorze anos".

O Supremo Tribunal Federal reconheceu a plena validade constitucional do art. 7º, inciso XXXIII, da Constituição Federal de 1988, com redação dada pela Emenda Constitucional 20/1998, no

---

[4] Cf. Orientação Jurisprudencial 26 da SDC do TST: "Salário normativo. Menor empregado. Art. 7º, XXX, da CF/88. Violação. Os empregados menores não podem ser discriminados em cláusula que fixa salário mínimo profissional para a categoria".

sentido de ser vedado "qualquer trabalho a menores de dezesseis anos, salvo na condição de aprendiz, a partir de quatorze anos" (STF, Pleno, ADI 2.096/DF, Rel. Min. Celso de Mello, j. 13.10.2020).

A Constituição Federal de 1988, no art. 227, apresenta a seguinte previsão de destaque: "É dever da família, da sociedade e do Estado assegurar à criança, ao adolescente e ao jovem, com absoluta prioridade, o direito à vida, à saúde, à alimentação, à educação, ao lazer, à profissionalização, à cultura, à dignidade, ao respeito, à liberdade e à convivência familiar e comunitária, além de colocá-los a salvo de toda forma de negligência, discriminação, exploração, violência, crueldade e opressão" (redação determinada pela Emenda Constitucional 65/2010).

O § 3º do art. 227 da Constituição da República estabelece, ainda, que o direito à proteção especial abrange a garantia de direitos previdenciários e trabalhistas (inciso II), bem como a garantia de acesso do trabalhador adolescente e jovem à escola (inciso III).

No plano infraconstitucional, a Consolidação das Leis do Trabalho, de 1º de maio de 1943, consolidou a matéria em questão em seu Capítulo IV, do Título III (arts. 402 a 441).

O Estatuto da Criança e do Adolescente, instituído pela Lei 8.069, de 13.07.1990, no Capítulo V, do Título II, do Livro I, correspondente aos arts. 60 a 69, estabelece regras sobre o "direito à profissionalização e à proteção no trabalho".

A Lei 12.852, de 5 de agosto de 2013, institui o Estatuto da Juventude e dispõe sobre os direitos dos jovens, os princípios e diretrizes das políticas públicas de juventude e o Sistema Nacional de Juventude (SINAJUVE).

29.4 Denominação

O termo utilizado pela Consolidação das Leis do Trabalho é "menor", como se verifica no art. 402, seja na redação original, naquela determinada pelo Decreto-lei 229/1967, seja na atual redação, decorrente da Lei 10.097, de 19.12.2000.

A Constituição Federal de 1988, por sua vez, adota a terminologia "criança e adolescente" (arts. 203, inciso II, e 227), o que é seguido pelo Estatuto da Criança e do Adolescente.

Na realidade, o termo *menor* é pouco esclarecedor. Além disso, o trabalhador com menos de 18 anos, em certas situações, pode trabalhar, com que não é propriamente incapaz para essa atividade, mas sim merece a proteção especial da legislação trabalhista.

Por isso, em termos científicos e doutrinários, reconhece-se que a expressão *criança e adolescente* revela-se mais atual, específica e adequada.

Com essa ressalva terminológica é que ambos os termos serão utilizados no presente Capítulo, pois já consagrados em nosso ordenamento jurídico.

29.5 Conceito

De acordo com o art. 402, *caput*, da CLT: "Considera-se menor para os efeitos desta Consolidação o trabalhador de quatorze até dezoito anos".

Por sua vez, o art. 2º, *caput*, da Lei 8.069/1990 (ECA) explicita que se considera criança "a pessoa de até doze anos de idade incompletos, e adolescente aquela entre doze e dezoito anos de idade".

O parágrafo único do art. 402 da CLT excetua da aplicação das normas de proteção ao trabalho os menores no serviço em oficinas em que trabalhem exclusivamente pessoas da família do menor e esteja este sob a direção do pai, mãe ou tutor.

Essa previsão deve, no entanto, ser interpretada restritivamente, só podendo afastar a incidência da legislação trabalhista na efetiva ausência de vínculo de emprego, por não ser a prestação de serviços feita com subordinação, mas sim no âmbito da relação familiar.

Nos termos da Lei 12.852/2013, "são consideradas jovens as pessoas com idade entre 15 (quinze) e 29 (vinte e nove) anos de idade" (art. 1º, § 1º).

Aos adolescentes com idade entre 15 e 18 anos aplicam-se a Lei 8.069/1990 (Estatuto da Criança e do Adolescente), e, excepcionalmente, a referida Lei 12.853 (Estatuto da Juventude), quando não conflitar com as normas de proteção integral do adolescente (art. 1º, § 2º).

29.6 Fundamento das normas de proteção ao trabalho da criança e do adolescente

As normas de proteção ao trabalho do menor se justificam em razão de sua titularidade de direitos fundamentais inerentes à pessoa humana, gerando o *princípio da proteção integral*, estabelecido pelo sistema jurídico, de modo a assegurar o pleno *desenvolvimento físico, mental, moral, espiritual e social*, em condições de liberdade e dignidade (art. 3º do Estatuto da Criança e do Adolescente).

Digno de destaque, ainda, é o mandamento contido no art. 4º da Lei 8.069/1990, ao prever que: "É dever da família, da comunidade, da sociedade em geral e do poder público assegurar, com absoluta prioridade, a efetivação dos direitos referentes à vida, à saúde, à alimentação, à educação, ao esporte, ao lazer, à profissionalização, à cultura, à dignidade, ao respeito, à liberdade e à convivência familiar e comunitária".

Além disso, como determina o art. 5º do Estatuto da Criança e do Adolescente, nenhuma criança ou adolescente será objeto de qualquer forma de negligência, discriminação, exploração, violência, crueldade e opressão, punido na forma da lei qualquer atentado, por ação ou omissão, aos seus direitos fundamentais.

Por fim, na interpretação do ECA, devem ser levados em conta os fins sociais a que ele se dirige, as exigências do bem comum, os direitos e deveres individuais e coletivos, e a *condição peculiar da criança e do adolescente como pessoas em desenvolvimento* (art. 6º do Estatuto da Criança e do Adolescente).

Assim, pode-se concluir que o fundamento das normas de proteção do trabalho da criança e do adolescente encontra-se:

a) na condição peculiar de pessoa em desenvolvimento;

b) na titularidade de direitos humanos e fundamentais;

c) na necessidade de assegurar o desenvolvimento físico, mental, moral, espiritual e social.

29.6.1 Conselhos Tutelares

O Conselho Tutelar é um órgão permanente e autônomo, não jurisdicional, encarregado pela sociedade de zelar pelo cumprimento dos direitos da criança e do adolescente (art. 131 do Estatuto da Criança e do Adolescente – ECA).

Em cada Município e em cada Região Administrativa do Distrito Federal deve existir, no mínimo, um Conselho Tutelar, como órgão integrante da administração pública local, *composto de cinco membros*, escolhidos pela comunidade local para mandato de quatro anos, permitida uma recondução, mediante novo processo de escolha (art. 132, com redação determinada pela Lei 12.696/2012). Para a candidatura a membro do Conselho Tutelar, são exigidos os seguintes requisitos: reconhecida idoneidade moral; idade superior a 21 anos; residir no município (art. 133).

A Lei municipal ou distrital deve dispor sobre o local, o dia e o horário de funcionamento do Conselho Tutelar, inclusive quanto à remuneração dos respectivos membros, aos quais é assegurado o direito a: cobertura previdenciária; gozo de férias anuais remuneradas, acrescidas de 1/3 (um terço) do valor da remuneração mensal; licença-maternidade; licença-paternidade e gratificação natalina (art. 134, com redação determinada pela Lei 12.696/2012).

O processo para a escolha dos membros do Conselho Tutelar deve ocorrer em data unificada em todo o território nacional a cada 4 (quatro) anos, no primeiro domingo do mês de outubro do ano subsequente ao da eleição presidencial (art. 139, § 1º, com redação dada pela Lei 12.696/2012).

A posse dos conselheiros tutelares deve ocorrer no dia 10 de janeiro do ano subsequente ao processo de escolha (art. 139, § 2º). No processo de escolha dos membros do Conselho Tutelar, é vedado ao candidato doar, oferecer, prometer ou entregar ao eleitor bem ou vantagem pessoal de qualquer natureza, inclusive brindes de pequeno valor (art. 139, § 3º).

São impedidos de servir no mesmo Conselho marido e mulher, ascendentes e descendentes, sogro e genro ou nora, irmãos, cunhados, durante o cunhadio, tio e sobrinho, padrasto ou madrasta e enteado (art. 140). Estende-se o impedimento do conselheiro, na forma deste artigo, em relação à autoridade judiciária e ao representante do Ministério Público com atuação na Justiça da Infância e da Juventude, em exercício na comarca, foro regional ou distrital.

O exercício efetivo da função de conselheiro constitui serviço público relevante, estabelecerá presunção de idoneidade moral e assegurará prisão especial, em caso de crime comum, até o julgamento definitivo (art. 135). Os membros do Conselho Tutelar são agentes públicos, especificamente da modalidade referente aos "agentes honoríficos"[5].

São *atribuições* do Conselho Tutelar (art. 136):

I – atender as crianças e adolescentes nas hipóteses previstas nos arts. 98[6] e 105[7], aplicando as medidas previstas no art. 101, I a VII[8];

II – atender e aconselhar os pais ou responsável, aplicando as medidas previstas no art. 129, I a VII[9];

III – promover a execução de suas decisões, podendo para tanto:

a) requisitar serviços públicos nas áreas de saúde, educação, serviço social, previdência, trabalho e segurança;

b) representar junto à autoridade judiciária nos casos de descumprimento injustificado de suas deliberações.

IV – encaminhar ao Ministério Público notícia de fato que constitua infração administrativa ou penal contra os direitos da criança ou adolescente;

V – encaminhar à autoridade judiciária os casos de sua competência;

VI – providenciar a medida estabelecida pela autoridade judiciária, dentre as previstas no art. 101, de I a VI, para o adolescente autor de ato infracional;

VII – expedir notificações;

VIII – requisitar certidões de nascimento e de óbito de criança ou adolescente quando necessário;

---

[5] Cf. BARROS, Alice Monteiro de. *Curso de direito do trabalho*. 2. ed. São Paulo: LTr, 2006. p. 547.

[6] "Art. 98. As medidas de proteção à criança e ao adolescente são aplicáveis sempre que os direitos reconhecidos nesta Lei forem ameaçados ou violados: I – por ação ou omissão da sociedade ou do Estado; II – por falta, omissão ou abuso dos pais ou responsável; III – em razão de sua conduta".

[7] "Art. 105. Ao ato infracional praticado por criança corresponderão as medidas previstas no art. 101".

[8] "Art. 101. Verificada qualquer das hipóteses previstas no art. 98, a autoridade competente poderá determinar, dentre outras, as seguintes medidas: I – encaminhamento aos pais ou responsável, mediante termo de responsabilidade; II – orientação, apoio e acompanhamento temporários; III – matrícula e frequência obrigatórias em estabelecimento oficial de ensino fundamental; IV – inclusão em programa comunitário ou oficial de auxílio à família, à criança e ao adolescente; V – requisição de tratamento médico, psicológico ou psiquiátrico, em regime hospitalar ou ambulatorial; VI – inclusão em programa oficial ou comunitário de auxílio, orientação e tratamento a alcoólatras e toxicômanos; VII – abrigo em entidade; VIII – colocação em família substituta. Parágrafo único. O abrigo é medida provisória e excepcional, utilizável como forma de transição para a colocação em família substituta, não implicando privação de liberdade".

[9] "Art. 129. São medidas aplicáveis aos pais ou responsável: I – encaminhamento a programa oficial ou comunitário de proteção à família; II – inclusão em programa oficial ou comunitário de auxílio, orientação e tratamento a alcoólatras e toxicômanos; III – encaminhamento a tratamento psicológico ou psiquiátrico; IV – encaminhamento a cursos ou programas de orientação; V – obrigação de matricular o filho ou pupilo e acompanhar sua frequência e aproveitamento escolar; VI – obrigação de encaminhar a criança ou adolescente a tratamento especializado; VII – advertência; VIII – perda da guarda".

IX – assessorar o Poder Executivo local na elaboração da proposta orçamentária para planos e programas de atendimento dos direitos da criança e do adolescente;

X – representar, em nome da pessoa e da família, contra a violação dos direitos previstos no art. 220, § 3º, inciso II, da Constituição Federal[10];

XI – representar ao Ministério Público, para efeito das ações de perda ou suspensão do pátrio poder.

As decisões do Conselho Tutelar somente podem ser revistas pela autoridade judiciária a pedido de quem tenha legítimo interesse (art. 137).

29.6.2 Conselhos de Direitos da Criança e do Adolescente

Os Conselhos de Direitos da Criança e do Adolescente existem na esfera nacional, estadual e municipal (art. 260, § 2º, do Estatuto da Criança e do Adolescente).

Os Conselhos são órgãos deliberativos e controladores das ações em todos os níveis, assegurada a participação popular paritária por meio de organizações representativas, segundo leis federal, estaduais e municipais (art. 88, inciso II, da Lei 8.069/1990).

Desse modo, há um Fundo Nacional para a Criança e o Adolescente, além de fundos estaduais e municipais (art. 214 do ECA), vinculados aos respectivos conselhos dos direitos da criança e do adolescente (art. 88, inciso IV, da Lei 8.069/1990).

Os *Conselhos Municipais da Criança e do Adolescente* (CMDCA) são os órgãos que registram as entidades sem fins lucrativos que tenham por objetivo a assistência ao adolescente e à educação profissional, as quais podem suprir a demanda dos estabelecimentos na contratação de aprendizes, na hipótese de os Serviços Nacionais de Aprendizagem não oferecerem cursos ou vagas suficientes (art. 430, inciso II, da CLT, acrescentado pela Lei 10.097/2000).

Podem ser destacadas, ainda, as seguintes atribuições do CMDCA, composto por representantes do poder público municipal e da sociedade civil: estabelecer políticas públicas municipais que garantam os direitos da criança e do adolescente previstos em lei; acompanhar e avaliar as ações governamentais e não governamentais dirigidas ao atendimento dos direitos da criança e do adolescente, no âmbito do município; participar da elaboração da proposta orçamentária destinada à execução das políticas públicas voltadas à criança e ao adolescente, inclusive a que se refere aos conselhos tutelares; fiscalizar e controlar o cumprimento das prioridades estabelecidas na formulação das políticas referidas; gerir o Fundo Municipal dos Direitos da Criança e do Adolescente, definindo o percentual de utilização de seus recursos, alocando-os nas respectivas áreas, de acordo com as prioridades definidas no planejamento anual; controlar e fiscalizar o emprego e a utilização dos recursos destinados a esse Fundo; nomear e dar posse aos membros do Conselho Tutelar; manifestar-se sobre a conveniência e oportunidade de implementação de programas e serviços, bem como

---

[10] CF/1988, art. 220: "§ 3º Compete à lei federal: I – regular as diversões e espetáculos públicos, cabendo ao Poder Público informar sobre a natureza deles, as faixas etárias a que não se recomendem, locais e horários em que sua apresentação se mostre inadequada; II – *estabelecer os meios legais que garantam à pessoa e à família a possibilidade de se defenderem de programas ou programações de rádio e televisão que contrariem o disposto no art. 221, bem como da propaganda de produtos, práticas e serviços que possam ser nocivos à saúde e ao meio ambiente*. § 4º A propaganda comercial de tabaco, bebidas alcoólicas, agrotóxicos, medicamentos e terapias estará sujeita a restrições legais, nos termos do inciso II do parágrafo anterior, e conterá, sempre que necessário, advertência sobre os malefícios decorrentes de seu uso. § 5º Os meios de comunicação social não podem, direta ou indiretamente, ser objeto de monopólio ou oligopólio. § 6º A publicação de veículo impresso de comunicação independe de licença de autoridade. Art. 221. A produção e a programação das emissoras de rádio e televisão atenderão aos seguintes princípios: I – preferência a finalidades educativas, artísticas, culturais e informativas; II – promoção da cultura nacional e regional e estímulo à produção independente que objetive sua divulgação; III – regionalização da produção cultural, artística e jornalística, conforme percentuais estabelecidos em lei; IV – respeito aos valores éticos e sociais da pessoa e da família".

sobre a criação de entidades governamentais ou realização de consórcio intermunicipal; inscrever programas, com especificação dos regimes de atendimento, das entidades governamentais e não governamentais de atendimento, mantendo registro das inscrições, do que fará comunicação aos Conselhos Tutelares e à autoridade judiciária; proceder ao registro das entidades não governamentais de atendimento e autorizar o seu funcionamento, comunicando tais atos aos Conselhos Tutelares e à autoridade judiciária da respectiva localidade, constituindo-se no único órgão de concessão de registro; divulgar o Estatuto da Criança e do Adolescente dentro do âmbito do Município, prestando a comunidade orientação permanente sobre os direitos da criança e do adolescente; informar e motivar a comunidade, por intermédio dos diferentes órgãos de comunicação e outros meios, sobre a situação social, econômica, política e cultural da criança e do adolescente na sociedade brasileira; garantir a reprodução e afixação, em local visível nas instituições públicas e privadas, dos direitos da criança e do adolescente e proceder ao esclarecimento e orientação sobre esses direitos, no que se refere à utilização dos serviços prestados; receber, analisar e encaminhar denúncias ou propostas para melhor encaminhamento da defesa da criança e do adolescente; levar ao conhecimento dos órgãos competentes, mediante representação, os crimes, as contravenções e as infrações que violarem interesses coletivos e/ou individuais da criança e do adolescente; promover conferências, estudos, debates e campanhas visando à formação de pessoas, grupos e entidades dedicadas à solução de questões referentes à criança e ao adolescente; deliberar quanto à fixação da remuneração dos membros do Conselho Tutelar; realizar assembleia anual aberta à população com a finalidade de prestar contas. Nesse sentido é a previsão, no município de São Paulo, da Lei municipal 11.123, de 22 de novembro de 1991.

Os *Conselhos Estaduais da Criança e do Adolescente* são criados por leis estaduais, sendo compostos por representantes do poder público e da sociedade civil, tendo como principais atribuições: dar apoio aos Conselhos Municipais dos Direitos da Criança e do Adolescente; criar mecanismo de integração dos Conselhos Municipais; contribuir para o cumprimento da política de atendimento dos direitos da criança e do adolescente; gerir o Fundo Estadual dos Direitos da Criança e do Adolescente. Nesse sentido é a previsão da Lei estadual paulista 8.074, de 21 de outubro de 1992.

A Lei 8.242, de 12 de outubro de 1991, criou o *Conselho Nacional dos Direitos da Criança e do Adolescente* (CONANDA), integrando o conjunto de atribuições da Presidência da República.

São atribuições do referido Conselho Nacional (art. 2º): elaborar as normas gerais da política nacional de atendimento dos direitos da criança e do adolescente, fiscalizando as ações de execução, devendo ser observadas as linhas de ação e as diretrizes estabelecidas no Estatuto da Criança e do Adolescente; zelar pela aplicação da política nacional de atendimento dos direitos da criança e do adolescente; dar apoio aos *Conselhos Estaduais e Municipais dos Direitos da Criança e do Adolescente*, aos órgãos estaduais, municipais, e entidades não governamentais para tornar efetivos os princípios, as diretrizes e os direitos estabelecidos na Lei 8.069, de 13 de junho de 1990; avaliar a política estadual e municipal e a atuação dos Conselhos Estaduais e Municipais da Criança e do Adolescente; acompanhar o reordenamento institucional, propondo, sempre que necessário, modificações nas estruturas públicas e privadas destinadas ao atendimento da criança e do adolescente; apoiar a promoção de campanhas educativas sobre os direitos da criança e do adolescente, com a indicação das medidas a serem adotadas nos casos de atentados ou violação destes; acompanhar a elaboração e a execução da proposta orçamentária da União, indicando modificações necessárias à consecução da política formulada para a promoção dos direitos da criança e do adolescente; gerir o Fundo Nacional para a criança e o adolescente (art. 6º da Lei 8.242/1991) e fixar os critérios para sua utilização; elaborar o seu regimento interno, aprovando-o pelo voto de, no mínimo, dois terços de seus membros, nele definindo a forma de indicação do seu Presidente.

O CONANDA é integrado por representantes do Poder Executivo, assegurada a participação dos órgãos executores das políticas sociais básicas na área de ação social, justiça, educação, saúde, economia, trabalho e previdência social e, em igual número, por representantes de entidades não governamentais de âmbito nacional de atendimento dos direitos da criança e do adolescente (art. 3º da Lei 8.242/1991).

29.7 Trabalho proibido ao menor

A criança e o adolescente têm direito à proteção à vida e à saúde, mediante a efetivação de políticas sociais públicas que permitam o nascimento e o desenvolvimento sadio e harmonioso, em condições dignas de existência (art. 7º da Lei 8.069/1990).

Em razão disso é que certos trabalhos, em determinadas condições, são proibidos aos menores, como a seguir será analisado.

29.7.1 Idade

O art. 403 da Consolidação das Leis do Trabalho, com redação determinada pela Lei 10.097/2000, em consonância com o art. 7º, inciso XXXIII, da Constituição Federal de 1988 e a Emenda Constitucional 20/1998, prevê ser "proibido qualquer trabalho a menores de dezesseis anos de idade, salvo na condição de aprendiz, a partir dos quatorze anos".

A Lei 8.069/1990, no art. 62, considera como aprendizagem "a formação técnico-profissional ministrada segundo as diretrizes e bases da legislação de educação em vigor". A formação técnico-profissional obedecerá aos seguintes princípios:

a) garantia de acesso e frequência obrigatória ao ensino regular;

b) atividade compatível com o desenvolvimento do adolescente;

c) horário especial para o exercício das atividades.

Ao adolescente aprendiz são assegurados os direitos trabalhistas e previdenciários. O contrato de aprendizagem já foi analisado em Capítulo anterior, fazendo-se remissão para não repetir a matéria. Cabe destacar que a Lei Complementar 123/2006, no art. 51, inciso III, dispensa as microempresas e as empresas de pequeno porte de empregar e matricular seus aprendizes nos cursos dos Serviços Nacionais de Aprendizagem.

29.7.2 Trabalho noturno

Ao menor de 18 anos é vedado o trabalho noturno, considerado este o que for executado, no meio urbano, no período compreendido entre as 22 e as 5 horas (art. 404 da CLT e art. 7º, inciso XXXIII, da CF/1988).

No âmbito rural, a Lei 5.889/1973, art. 7º, considera trabalho noturno o executado: entre as 21 horas de um dia e as 5 horas do dia seguinte, na lavoura; entre as 20 horas de um dia e as 4 horas do dia seguinte, na pecuária.

A justificativa para a referida proibição é de ser efetivamente prejudicial ao pleno desenvolvimento do menor o labor em horário noturno.

29.7.3 Trabalho perigoso e insalubre

O art. 7º, inciso XXXIII, da Constituição Federal de 1988 proíbe o trabalho "perigoso ou insalubre" a menores de 18 anos.

A vedação possui evidente justificativa, em face da proteção integral à criança e ao adolescente, como pessoa em desenvolvimento.

Desse modo, ao menor não é permitido o trabalho nos locais e serviços perigosos ou insalubres, constantes de quadros para esse fim aprovados pelo Diretor do Departamento de Segurança e Saúde no Trabalho (art. 405, inciso I, da CLT).

O Decreto 6.481, de 12 de junho de 2008, aprovou a Lista das Piores Formas do Trabalho Infantil, em que o item I arrola os trabalhos prejudiciais à saúde e à segurança e o item II descreve os trabalhos prejudiciais à moralidade.

Essa classificação específica de atividades, locais e trabalhos prejudiciais à saúde, à segurança e à moral, nos termos da Lista das Piores Formas do Trabalho Infantil (Lista TIP), como decorre do princípio da proteção integral à criança e ao adolescente, não é extensiva aos trabalhadores maiores de 18 anos. Os trabalhos técnicos ou administrativos são permitidos, desde que realizados fora das áreas de risco à saúde, à segurança e à moral.

O art. 67, inciso II, da Lei 8.069/1990, além de vedar o trabalho perigoso e insalubre, também proíbe o trabalho do menor em atividades penosas, suprindo a omissão da Constituição Federal de 1988, no art. 7º, inciso XXXIII.

Embora o conceito de trabalho penoso ainda não esteja regulamentado pela legislação trabalhista (art. 7º, inciso XXIII, da CF/1988), pode-se entender que todo trabalho mais gravoso à saúde ou à segurança do menor fica vedado.

29.7.4 Serviços prejudiciais

Como já destacado, o menor merece proteção especial e integral, por sua condição de pessoa em desenvolvimento.

Por isso, o trabalho do menor não poderá ser realizado (parágrafo único do art. 403 da CLT):

a) em locais prejudiciais à sua formação;

b) em locais prejudiciais ao seu desenvolvimento físico, psíquico, moral e social;

c) em horários e locais que não permitam a frequência à escola.

O art. 405, inciso II, da CLT reitera não ser permitido o trabalho do menor em locais ou serviços prejudiciais à sua moralidade. No presente, o já mencionado Decreto 6.481/2008, que aprovou a Lista das Piores Formas de Trabalho Infantil, em seu item II, arrola os "Trabalhos Prejudiciais à Moralidade".

O trabalho exercido nas ruas, praças e outros logradouros depende de prévia autorização do Juiz da Infância e da Juventude, ao qual cabe verificar se a ocupação é indispensável à sua própria subsistência ou à de seus pais, avós ou irmãos e, especialmente, se dessa ocupação não poderá advir prejuízo à sua formação moral (§ 2º do art. 405 da CLT). De todo modo, a autorização mencionada é para o trabalho daquele que já tem 16 anos e, mesmo assim, se presentes os requisitos indicados.

Nas localidades em que existirem, e forem oficialmente reconhecidas instituições destinadas ao amparo dos menores jornaleiros, só aos que se encontrem sob o patrocínio dessas entidades será outorgada a referida autorização do trabalho (§ 4º do art. 405).

Considera-se prejudicial à moralidade do menor o trabalho (art. 405, § 3º, da CLT):

a) prestado de qualquer modo, em teatros de revista, cinemas, boates, cassinos, cabarés, "dancings" e estabelecimentos análogos;

b) em empresas circenses, em funções de acrobata, saltimbanco, ginasta e outras semelhantes;

c) de produção, composição, entrega ou venda de escritos, impressos, cartazes, desenhos, gravuras, pinturas, emblemas, imagens e quaisquer outros objetos que possam, a juízo da autoridade competente, prejudicar sua formação moral;

d) consistente na venda, a varejo, de bebidas alcoólicas.

O Juiz da Infância e da Juventude pode autorizar ao menor o trabalho a que se referem as letras "a" e "b" acima, desde que:

I – a representação tenha fim educativo ou a peça de que participe não possa ser prejudicial à sua formação moral;

II – certifique-se quanto a ser a ocupação do menor indispensável à própria subsistência ou à de seus pais, avós ou irmãos e não advir nenhum prejuízo à sua formação moral.

É comum verificar a participação de adolescentes, e mesmo de crianças, em programas de televisão e de teatro. Permite-se essa atividade apenas quando não possa gerar qualquer prejuízo ao menor, sendo admitida como forma de manifestação do direito fundamental de liberdade de expressão (art. 5º, inciso IX, da CF/1988). Mesmo não tendo a criança idade mínima, exigida pelo texto constitucional, a participação em referidos programas seria excepcionalmente admitida, mediante autorização judicial, desde que ausente qualquer prejuízo ao menor, com fundamento no princípio da razoabilidade, bem como por ser considerada, preponderantemente e em essência, uma atividade artística, e não um trabalho ou emprego propriamente.

Ainda quanto ao tema, o art. 8º da Convenção 138 da OIT prevê que a autoridade competente, após consulta às organizações de empregadores e de trabalhadores concernentes, se houver, poderá, mediante licenças concedidas em casos individuais, permitir exceções quanto à proibição de emprego ou trabalho prevista no art. 2º da referida Convenção (sobre idade mínima para admissão a emprego ou trabalho), para finalidades como a participação em representações artísticas. Ainda assim, as licenças dessa natureza devem limitar o número de horas de duração do emprego ou trabalho e estabelecer as condições em que é permitido.

Ao empregador é vedado empregar o menor em serviço que demande o emprego de força muscular superior a 20 quilos para o trabalho contínuo, ou 25 quilos para o trabalho ocasional. Não está compreendida nessa determinação a remoção de material feita por impulsão ou tração de vagonetes sobre trilhos, de carros de mão ou quaisquer aparelhos mecânicos (art. 405, § 5º, c/c art. 390, parágrafo único, da CLT).

Essa diferença, quanto ao limite de peso aplicado ao menor, é mais do que justificada, por sua condição de pessoa ainda em formação física.

29.7.5 Deveres e responsabilidade em relação ao menor

O art. 69 da Lei 8.069/1990 assegura ao adolescente o direito à profissionalização e à proteção no trabalho, observados, entre outros, o respeito à condição peculiar de pessoa em desenvolvimento, bem como a capacitação profissional adequada ao mercado de trabalho.

Cabe analisar, no entanto, os diversos deveres e responsabilidades quanto ao menor, quando inserido nas relações de trabalho.

29.7.5.1 *Responsáveis legais*

Como prevê o art. 424 da CLT, é dever dos responsáveis legais de menores, pais, mães, ou tutores, afastá-los de empregos que:

a) diminuam consideravelmente o seu tempo de estudo;

b) reduzam o tempo de repouso necessário à sua saúde e constituição física; ou

c) prejudiquem a sua educação moral.

Ao responsável legal do menor é facultado pleitear a extinção do contrato de trabalho, desde que o serviço possa acarretar para ele prejuízos de ordem física ou moral (art. 408 da CLT).

De acordo com o art. 439 da CLT, é lícito ao menor firmar recibo pelo pagamento dos salários. Tratando-se, porém, de *rescisão do contrato de trabalho*, é vedado ao menor de 18 anos dar, sem assistência dos seus responsáveis legais, "quitação ao empregador pelo recebimento da indenização que lhe for devida".

Pode-se dizer que a demissão, em si, pode ser pedida pelo próprio empregado, ainda que menor, mas a quitação de indenização pela rescisão do contrato de trabalho é que, para ser válida, exige a referida assistência dos responsáveis legais.

29.7.5.2 *Empregador e autoridade competente*

Os empregadores de menores de 18 anos são obrigados a velar pela observância, nos seus estabelecimentos ou empresas, dos bons costumes e da decência pública, bem como das regras de higiene e medicina do trabalho (art. 425 da CLT).

O empregador, cuja empresa ou estabelecimento ocupar menores, será obrigado a conceder-lhes o tempo que for necessário para a frequência às aulas.

Os estabelecimentos situados em lugar onde a escola estiver a maior distância que dois quilômetros, e que ocuparem, permanentemente, mais de 30 menores analfabetos, de 14 a 18 anos, serão obrigados a manter local apropriado em que lhes seja ministrada a instrução primária (art. 427, parágrafo único da CLT).

Verificado pela autoridade competente que o trabalho executado pelo menor é prejudicial à sua saúde, ao seu desenvolvimento físico ou a sua moralidade, poderá ela obrigá-lo a abandonar o serviço, devendo a respectiva empresa, quando for o caso, proporcionar ao menor todas as facilidades para mudar de funções (art. 407 da CLT).

É dever do empregador, na hipótese do art. 407 da CLT, proporcionar ao menor todas as facilidades para mudar de serviço (art. 426 da CLT).

Como o art. 407 da CLT não estabelece distinção ou restrição, é possível entender que a "autoridade", ali indicada, pode ser não só o juiz da infância e da juventude, o juiz do trabalho, como o auditor-fiscal do trabalho, conforme a hipótese em concreto.

Quando a empresa não tomar as medidas possíveis e recomendadas pela autoridade competente para que o menor mude de função, configurar-se-á a rescisão do contrato de trabalho, na forma do art. 483 da CLT.

29.7.6 Duração do trabalho do menor

A duração do trabalho do menor regula-se pelas disposições legais relativas à duração do trabalho em geral, já analisadas anteriormente, com as restrições aqui apresentadas.

O art. 412 repete a disposição do art. 66, ambos da CLT, no sentido de que, após cada período de trabalho efetivo, quer contínuo, quer dividido em dois turnos, haverá um intervalo de repouso, não inferior a 11 horas.

Para maior segurança do trabalho e garantia da saúde dos menores, a autoridade fiscalizadora poderá proibir-lhes o gozo dos períodos de repouso nos locais de trabalho (art. 409 da CLT).

Em regra, é vedado prorrogar a duração normal diária do trabalho do menor, salvo nas seguintes situações excepcionais (art. 412 da CLT, c/c art. 7º, incisos XIII e XVI, da CF/1988):

a) até mais 2 (duas) horas, independentemente de acréscimo salarial, mediante convenção ou acordo coletivo, desde que o excesso de horas em um dia seja compensado pela diminuição em outro, de modo a ser observado o limite máximo de 44 horas semanais ou outro inferior legalmente fixado;

b) excepcionalmente, por motivo de força maior, até o máximo de 12 (doze) horas, com acréscimo salarial de, pelo menos, 50% sobre a hora normal e desde que o trabalho do menor seja imprescindível ao funcionamento do estabelecimento.

Anteriormente, em caso de prorrogação do horário normal do menor, era obrigatório um descanso de 15 minutos no mínimo, antes do início do período extraordinário do trabalho, pois o art. 413, parágrafo único, fazia remissão ao art. 384 da CLT. Entretanto, como esse último dispositivo foi revogado pela Lei 13.467/2017, entende-se que a mencionada previsão não é mais aplicável.

Conforme o art. 414 da CLT, "quando o menor de 18 (dezoito) anos for empregado em mais de um estabelecimento, as horas de trabalho em cada um serão totalizadas".

Esse dispositivo pode ser interpretado como se referindo à existência de vínculos de emprego com mais de um empregador. Assim, ainda que implicitamente, o dispositivo confirma a possibilidade de trabalhar em mais de um emprego, não sendo a exclusividade requisito do contrato de trabalho.

No entanto, se um dos empregadores, de boa-fé, não tem conhecimento de que o menor trabalha em outra empresa, aquele não pode ser penalizado.

29.8 Trabalho educativo

O trabalho educativo tem fundamento no art. 227 da Constituição Federal de 1988, como forma de assegurar à criança e ao adolescente (e mesmo às demais pessoas em geral) a educação, a profissionalização, a cultura, a dignidade, o respeito, a liberdade e a convivência comunitária.

Além disso, o art. 205 da Lei Maior também garante a educação como direito de todos e dever do Estado e da família, a ser promovida e incentivada com a colaboração da sociedade, visando ao pleno desenvolvimento da pessoa, seu preparo para o exercício da cidadania e qualificação para o trabalho.

Como prevê o Estatuto da Criança e do Adolescente:

"Art. 68. O programa social que tenha por base o trabalho educativo, sob responsabilidade de entidade governamental ou não governamental sem fins lucrativos, deverá assegurar ao adolescente que dele participe condições de capacitação para o exercício de atividade regular remunerada.

§ 1º Entende-se por trabalho educativo a atividade laboral em que as exigências pedagógicas relativas ao desenvolvimento pessoal e social do educando prevaleçam sobre o aspecto produtivo.

§ 2º A remuneração que o adolescente recebe pelo trabalho efetuado ou a participação na venda dos produtos de seu trabalho não desfigura o caráter educativo".

Como se percebe pela disposição do art. 68, § 1º, no verdadeiro trabalho educativo, prevalece o objetivo pedagógico sobre o aspecto produtivo.

Assim, embora o tema possa apresentar controvérsia, a rigor, não há como considerar trabalho educativo, com fins essencialmente pedagógicos, aqueles realizados em empresas propriamente, apenas voltadas ao aspecto produtivo, de nada adiantando a alegação de que o empregado estaria aprendendo no trabalho. Não se pode confundir o trabalho educativo, no qual o objetivo é fundamentalmente pedagógico, com a aprendizagem ou com o contrato de estágio.

Por isso, na realidade, apenas podem ser indicados como exemplos de possíveis trabalhos educativos aqueles que envolvem atividades como grupos de teatro, música, dança e artes.

Obviamente, caso ocorra fraude à legislação trabalhista, o vínculo de emprego que estava encoberto por falso trabalho educativo deve ser reconhecido (art. 9º da CLT), garantindo ao menor todos os direitos trabalhistas e previdenciários decorrentes.

Não se pode aceitar a violação das normas de proteção ao trabalho do menor, de natureza cogente (inclusive aquelas que proíbem o trabalho antes de certa idade e o labor em determinadas condições).

Nem mesmo eventual alegação, como no sentido de que "é melhor trabalhar do que ficar na rua", não justifica a referida afronta ao ordenamento jurídico, sabendo-se que à criança e ao adolescente deve ser garantido o direito à educação, com o pleno desenvolvimento físico, mental, moral, espiritual e social.

29.9 Direito à profissionalização, ao trabalho e à renda do jovem

Nos termos da Lei 12.852/2013, o jovem tem direito à *profissionalização*, ao *trabalho* e à *renda*, exercido em condições de liberdade, equidade e segurança, adequadamente remunerado e com proteção social (art. 14).

A ação do poder público na *efetivação do direito do jovem à profissionalização, ao trabalho e à renda* contempla a adoção das seguintes medidas (art. 15 da Lei 12.852/2013):

I – promoção de formas coletivas de organização para o trabalho, de redes de economia solidária e da livre associação;

II – oferta de condições especiais de jornada de trabalho por meio de: a) compatibilização entre os horários de trabalho e de estudo; b) oferta dos níveis, formas e modalidades de ensino em horários que permitam a compatibilização da frequência escolar com o trabalho regular;

III – criação de linha de crédito especial destinada aos jovens empreendedores;

IV – atuação estatal preventiva e repressiva quanto à exploração e precarização do trabalho juvenil;

V – adoção de políticas públicas voltadas para a promoção do estágio, aprendizagem e trabalho para a juventude;

VI – apoio ao jovem trabalhador rural na organização da produção da agricultura familiar e dos empreendimentos familiares rurais, por meio das seguintes ações: a) estímulo à produção e à diversificação de produtos; b) fomento à produção sustentável baseada na agroecologia, nas agroindústrias familiares, na integração entre lavoura, pecuária e floresta e no extrativismo sustentável; c) investimento em pesquisa de tecnologias apropriadas à agricultura familiar e aos empreendimentos familiares rurais; d) estímulo à comercialização direta da produção da agricultura familiar, aos empreendimentos familiares rurais e à formação de cooperativas; e) garantia de projetos de infraestrutura básica de acesso e escoamento de produção, priorizando a melhoria das estradas e do transporte; f) promoção de programas que favoreçam o acesso ao crédito, à terra e à assistência técnica rural;

VII – apoio ao jovem trabalhador com deficiência, por meio das seguintes ações: a) estímulo à formação e à qualificação profissional em ambiente inclusivo; b) oferta de condições especiais de jornada de trabalho; c) estímulo à inserção no mercado de trabalho por meio da condição de aprendiz.

O direito à profissionalização e à proteção no trabalho dos adolescentes com idade entre 15 e 18 anos de idade deve ser regido pelo disposto na Lei 8.069/1990 (Estatuto da Criança e do Adolescente) e em leis específicas, não se aplicando o previsto acima, conforme art. 16 da Lei 12.852/2013.

Capítulo 30

Nacionalização do Trabalho

30.1 Introdução e aspectos históricos

Quando se fala em trabalho do estrangeiro, ficou muito conhecida no Brasil a chamada "Lei dos dois terços"[1].

O Decreto 19.482, de 12 de dezembro de 1930, editado em momento histórico de grande imigração de estrangeiros ao Brasil, procurava enfrentar o problema do desemprego, determinando que as empresas reservassem 2/3 de seu quadro de pessoal a trabalhadores nacionais (art. 3º).

Nessa mesma linha, de reserva de mercado a trabalhadores nacionais, a Constituição de 1934, em seu art. 135, assim previa: "A lei determinará a percentagem de empregados brasileiros que devam ser mantidos obrigatoriamente nos serviços públicos dados em concessão, e nos estabelecimentos de determinados ramos de comércio e indústria".

Essa disposição foi repetida no art. 153 da Constituição de 1937, com regulamentação pelo Decreto-lei 1.843, de 7 de dezembro de 1939.

A Consolidação das Leis do Trabalho, de 1º de maio de 1943, no Capítulo II, do Título III, arts. 352 e seguintes, regulou a "Nacionalização do Trabalho".

A Constituição de 1946, no art. 157, inciso XI, também previa a: "fixação das percentagens de empregados brasileiros nos serviços públicos dados em concessão e nos estabelecimentos de determinados ramos do comércio e da indústria". O inciso II do art. 157, por sua vez, proibia diferença de salário para um mesmo trabalho por motivo de nacionalidade.

A Constituição de 1967 repetiu aquela previsão (do inciso XI do art. 157 da Constituição de 1946) no art. 158, inciso XII.

A Emenda Constitucional 1/1969 seguiu a mesma previsão no art. 165, inciso XII.

A referida determinação de fixar percentual de empregados brasileiros deixou de ser prevista na Constituição Federal de 1988.

Além disso, de acordo com o art. 5º, *caput*, da Constituição em vigor, "todos são iguais perante a lei, sem distinção de qualquer natureza, garantindo-se aos brasileiros e aos estrangeiros residentes no País a inviolabilidade do direito à vida, à liberdade, à igualdade, à segurança e à propriedade".

30.2 Direito Internacional

A Convenção 19 da OIT, de 1925, ratificada pelo Brasil e promulgada pelo Decreto 41.721, de 25 de junho de 1957 (atualmente Decreto 10.088/2019), versa sobre a igualdade entre estrangeiros e nacionais quanto a acidente de trabalho[2].

A Convenção 97, de 1949, também ratificada pelo Brasil, promulgada pelo Decreto 58.819, de 14 de julho de 1965 (atualmente Decreto 10.088/2019), trata da emigração e da imigração. Essa norma foi complementada pela Convenção 143, de 1975[3].

---

[1] Cf. MARTINS, Sergio Pinto. *Direito do trabalho*. 28. ed. São Paulo: Atlas, 2012. p. 658.
[2] Cf. MARTINS, Sergio Pinto. *Direito do trabalho*. 22. ed. São Paulo: Atlas, 2006. p. 616.
[3] Cf. SÜSSEKIND, Arnaldo. *Direito internacional do trabalho*. 3. ed. São Paulo: LTr, 2000. p. 326.

Em 1962, a OIT aprovou a Convenção 118, promulgada no Brasil pelo Decreto 66.497, de 27 de abril de 1970 (atualmente Decreto 10.088/2019), que se refere à igualdade de tratamento entre nacionais e estrangeiros em matéria de seguridade social. A Convenção 157, de 1982, também se refere à conservação dos direitos na seguridade social, quanto aos trabalhadores migrantes.

A Convenção 111 da OIT, de 1958, veda a discriminação, inclusive entre nacionais e estrangeiros, tendo sido a mencionada norma internacional ratificada pelo Brasil, com promulgação pelo Decreto 62.150, de 19 de janeiro de 1968 (atualmente Decreto 10.088/2019).

30.3 Disposições sobre a nacionalização do trabalho na CLT e sua vigência

A Consolidação das Leis do Trabalho, no seu Capítulo II, do Título III, dispõe sobre a "Nacionalização do Trabalho".

Cabe verificar se essas disposições da CLT estão, ou não, em vigor. Para isso, faz-se necessário verificar o teor das referidas normas.

O art. 352 da CLT apresenta a seguinte previsão:

"Art. 352. As empresas, individuais ou coletivas, que explorem serviços públicos dados em concessão, ou que exerçam atividades industriais ou comerciais, são obrigadas a manter, no quadro do seu pessoal, quando composto de 3 (três) ou mais empregados, uma proporção de brasileiros não inferior à estabelecida no presente Capítulo".

Trata-se de previsão, no corpo da CLT, da chamada "Lei dos dois terços".

O § 1º do art. 352 da CLT especifica as atividades industriais e comerciais compreendidas na previsão acima.

De acordo com o § 2º do art. 352 da CLT: "Não se acham sujeitas às obrigações da proporcionalidade as indústrias rurais, as que, em zona agrícola, se destinem ao beneficiamento ou transformação de produtos da região e as atividades industriais de natureza extrativa, salvo a mineração".

A Lei 6.651/1979 deu nova redação art. 353 da CLT, assim estabelecendo: "Equiparam-se aos brasileiros, para os fins deste Capítulo, ressalvado o exercício de profissões reservadas aos brasileiros natos ou aos brasileiros em geral, os estrangeiros que, residindo no País há mais de dez anos, tenham cônjuge ou filho brasileiro, e os portugueses".

O art. 354 da CLT confirma que "a proporcionalidade será de 2/3 (dois terços) de empregados brasileiros, podendo, entretanto, ser fixada proporcionalidade inferior, em atenção às circunstâncias especiais de cada atividade, mediante ato do Poder Executivo".

O parágrafo único do referido dispositivo assim estabelece: "A proporcionalidade é obrigatória não só em relação à totalidade do quadro de empregados, com as exceções desta Lei, como ainda em relação à correspondente folha de salários".

Pela redação do art. 355 da CLT, consideram-se como estabelecimentos autônomos, para os efeitos da proporcionalidade a ser observada, as sucursais, filiais e agências em que trabalhem três ou mais empregados.

O art. 356 da CLT, por sua vez, assim estabelece: "Sempre que uma empresa ou indivíduo explore atividades sujeitas a proporcionalidades diferentes, observar-se-á, em relação a cada uma delas, a que lhe corresponder".

Por fim, segundo o art. 357 da CLT, não se compreendem na proporcionalidade os empregados que exerçam funções técnicas especializadas, desde que, a juízo do Ministério do Trabalho, haja falta de trabalhadores nacionais.

Embora o tema possa apresentar alguma controvérsia, entende-se que ocorreu a revogação tácita das referidas disposições, por não terem sido recepcionadas pela ordem constitucional em vigor.

Efetivamente, um dos objetivos fundamentais da República Federativa do Brasil é a promoção do bem de todos, sem preconceitos de origem, raça, sexo, cor, idade e quaisquer outras formas de discriminação (art. 3º, inciso IV, da CF/1988).

Além disso, encontra-se inserida entre os direitos humanos e fundamentais a igualdade perante a lei, *sem distinção de qualquer natureza*, garantindo-se aos brasileiros e aos estrangeiros residentes no País a inviolabilidade do direito à vida, à liberdade, à igualdade, à segurança e à propriedade (art. 5º, *caput*, da CF/1988).

Em acréscimo, a Convenção 111 da OIT, de 1958, veda a discriminação, inclusive entre nacionais e estrangeiros, tendo sido a mencionada norma internacional ratificada pelo Brasil, com promulgação pelo Decreto 62.150, de 19 de janeiro de 1968 (atualmente Decreto 10.088/2019).

Segundo esclarece Celso Antônio Bandeira de Mello, "a lei não pode conceder tratamento específico, vantajoso ou desvantajoso, em atenção a traços e circunstâncias peculiarizadoras de uma categoria de indivíduos se não houver adequação racional entre o elemento diferencial e o regime dispensado aos que se inserem na categoria diferenciada"[4].

Assim, a lei não pode estabelecer privilégios ou tratamentos diferenciados quanto a nacionais e estrangeiros, no âmbito das relações de trabalho, resultando em discriminação em razão da nacionalidade.

As mencionadas disposições da CLT, na realidade, estão inseridas em outro contexto histórico, quando em vigor uma ordem constitucional bem diversa do presente Estado Democrático de Direito, pautado pelo pluralismo e pela dignidade da pessoa humana.

Não mais se coaduna com o princípio da razoabilidade querer estabelecer reservas e privilégios de trabalho ao nacional, em detrimento do empregado estrangeiro, gerando a inaceitável ideia de pessoa de "categoria" ou "posição" inferior, sem os mesmos direitos, sem igualdade de condições, resultando em injustificada discriminação quanto à nacionalidade, o que, em última análise, pode gerar desarmonia, intolerância e conflito social.

O art. 368 da CLT, ao prever que "o comando de navio mercante nacional só poderá ser exercido por brasileiro nato", está em literal antagonismo com o art. 12, § 2º, da Constituição Federal de 1988, não mais estando, portanto, em vigor.

O art. 178, § 2º, da Constituição Federal de 1988, em sua redação original, previa que seriam brasileiros "os armadores, os proprietários, os comandantes e dois terços, pelo menos, dos tripulantes de embarcações nacionais". No entanto, a Emenda Constitucional 7/1995 alterou o referido dispositivo, não mais estabelecendo a referida regra.

Assim, a antiga norma do art. 369 da CLT, que previa o dever de ser a tripulação de navio ou embarcação nacional constituída, pelo menos, "de dois terços de trabalhadores natos", também pelos argumentos já expostos, não mais vigora.

Apesar disso, registre-se que a Resolução Normativa 5, de 1º de dezembro de 2017, do Conselho Nacional de Imigração, ao disciplinar a concessão de autorização de residência para fins de trabalho sem vínculo empregatício no Brasil a marítimo que trabalhe a bordo de embarcação de cruzeiros marítimos pela costa brasileira, prevê que a partir do 31º dia de operação em águas jurisdicionais brasileiras, a *embarcação de turismo estrangeira* deve contar com um *mínimo de 25% de brasileiros* em vários níveis técnicos e em diversas atividades a serem definidas pelo armador ou pela empresa representante deste (art. 5º).

Excepcionalmente, nas temporadas de 2018/2019, 2019/2020 e 2020/2021, o mencionado percentual deve ser de 15%, com a perspectiva do aumento do número de embarcações de cruzeiro marítimo. O disposto no art. 5º da Resolução Normativa 5/2017 não se aplica às embarcações de

---

[4] MELLO, Celso Antônio Bandeira de. *O conteúdo jurídico do princípio da igualdade*. 3. ed., 19. tir. São Paulo: Malheiros, 2010. p. 39.

turismo estrangeiras que realizem viagens entre portos internacionais e portos nacionais por até 45 dias e que transportem majoritariamente turistas cujo embarque ou desembarque ocorra em portos estrangeiros.

Os brasileiros recrutados em território nacional e embarcados para laborar apenas durante a temporada de cruzeiros marítimos pela costa brasileira devem ser contratados pela empresa estabelecida no Brasil ou, na ausência desta, pelo agente marítimo responsável pela operação da embarcação, cujo contrato de trabalho deve ser vinculado à legislação trabalhista brasileira aplicável à espécie (art. 7º da Resolução Normativa 5/2017). Considera-se temporada de cruzeiros marítimos pela costa brasileira o período compreendido entre 30 dias antes da partida da embarcação para o primeiro porto brasileiro até 30 dias depois da saída do último porto brasileiro, incluindo nesse período eventuais ausências das águas jurisdicionais brasileiras.

Para efeito do art. 5º da Resolução Normativa 5/2017, não será considerada ausência das águas jurisdicionais brasileiras a saída e o retorno da embarcação por período inferior a 15 dias consecutivos (art. 8º).

O art. 358 da CLT, por sua vez, apresenta a seguinte previsão:

"Art. 358. Nenhuma empresa, ainda que não sujeita à proporcionalidade, poderá pagar a brasileiro que exerça função análoga, a juízo do Ministério do Trabalho, Indústria e Comércio, à que é exercida por estrangeiro a seu serviço, salário inferior ao deste, excetuando-se os casos seguintes:

a) quando, nos estabelecimentos que não tenham quadros de empregados organizados em carreira, o brasileiro contar menos de 2 (dois) anos de serviço, e o estrangeiro mais de 2 (dois) anos;

b) quando, mediante aprovação do Ministério do Trabalho, Indústria e Comércio, houver quadro organizado em carreira em que seja garantido o acesso por antiguidade;

c) quando o brasileiro for aprendiz, ajudante ou servente, e não o for o estrangeiro;

d) quando a remuneração resultar de maior produção, para os que trabalham à comissão ou por tarefa.

Parágrafo único. Nos casos de falta ou cessação de serviço, a dispensa do empregado estrangeiro deve preceder à de brasileiro que exerça função análoga".

Pelos mesmos argumentos acima, entende-se que a disposição traz benefício restrito ao empregado nacional, resultando em tratamento desigual e desproporcional quanto ao estrangeiro. Por isso, tem-se como não recepcionada a disposição em destaque, pois deve prevalecer a isonomia formal e material nas relações de trabalho envolvendo nacionais ou estrangeiros.

No caso, para o direito à equiparação salarial, faz-se necessária a igualdade de funções exercidas entre os empregados (art. 461 da CLT). No entanto, o dispositivo acima acaba estabelecendo privilégio desproporcional e diferenciado ao trabalhador nacional, em detrimento do estrangeiro (que não recebe o mesmo benefício), contentando-se com a mera função análoga, ou seja, semelhante, para a equiparação salarial.

Aliás, o parágrafo único do art. 358 da CLT revela injustificável discriminação, contra o estrangeiro, quanto à dispensa, parecendo evidente já se encontrar tal previsão revogada.

Entretanto, cabe mencionar a existência de entendimento, de certo modo majoritário, no sentido de que o art. 358 da CLT permanece em vigor. Nessa linha, transcreve-se a seguinte ementa de julgado proferido pelo Tribunal Superior do Trabalho:

"Recurso de revista adesivo interposto pelo reclamante. Equiparação salarial a estrangeiro. A igualdade preconizada no *caput* do art. 5º da Constituição Federal não afasta a aplicação da disposição contida no art. 358 da CLT, nos termos da qual é assegurada a igualdade de salários entre brasileiros e estrangeiros quando no exercício de funções análogas. Recurso de revista a que se dá provimento" (TST, 5ª T., TST-RR 443.696/1998.8, Rel. Min. Gelson de Azevedo, j. 16.02.2005, *DJ* 04.03.2005).

Como já exposto anteriormente, seria possível dizer que o art. 358 da CLT não atende ao preceito de igualdade, garantida pela Constituição Federal de 1988, justamente por se contentar com a mera semelhança de funções entre empregados brasileiros e estrangeiros (funções análogas e não iguais), para estabelecer equiparação salarial, privilegiando o primeiro em detrimento do segundo, ou seja, tratando de forma igual os desiguais.

30.4 Formalização do contrato de trabalho com o empregado estrangeiro

De acordo com o art. 359 da CLT, nenhuma empresa pode admitir a seu serviço empregado estrangeiro sem que este exiba a carteira de identidade de estrangeiro, devidamente anotada. A empresa é obrigada a assentar no registro de empregados os dados referentes à nacionalidade de qualquer empregado estrangeiro e o número da respectiva carteira de identidade.

Na realidade, como anota Sergio Pinto Martins: "Para que o estrangeiro possa prestar serviços no Brasil é preciso ter autorização para esse fim. Deverá fornecer à empresa todos os documentos que comprovem a sua situação de legalidade no Brasil"[5].

De acordo com o art. 16, inciso IV, da CLT, a Carteira de Trabalho e Previdência Social deve conter o número do documento de naturalização ou data da chegada ao Brasil, e demais elementos constantes da identidade de estrangeiro.

No entanto, enquanto não for expedida a carteira de identidade de estrangeiro, vale, a título precário, como documento hábil, uma certidão, passada pelo serviço competente do Registro de Estrangeiros, provando que o empregado requereu sua permanência no País (art. 366 da CLT).

O inciso IV do art. 16 da CLT foi revogado pela Lei 13.874/2019. Na atualidade, a CTPS deve ser emitida preferencialmente em meio eletrônico (art. 14 da CLT) e terá como identificação única do empregado o número de inscrição no Cadastro de Pessoas Físicas (CPF), conforme art. 16 da CLT, com redação dada pela Lei 13.874/2019.

Excepcionalmente, a CTPS pode ser emitida em meio físico, em consonância com o art. 14, parágrafo único, da CLT, com redação dada pela Lei 13.874/2019. Para emissão da CTPS em meio físico, o interessado deve apresentar, pessoalmente, os seguintes documentos, em caso de estrangeiro: CPF; Carteira de Registro Nacional Migratório, Documento Provisório de Registro Nacional Migratório ou Protocolo expedido pela Polícia Federal (art. 9º, inciso II, da Portaria 671/2021 do Ministério do Trabalho e Previdência).

A relação prevista no art. 360 da CLT foi substituída pela Relação Anual de Informações Sociais (RAIS), instituída originalmente pelo Decreto 76.900, de 23 de dezembro de 1975 (revogado pelo Decreto 10.854/2021), em que são comunicados os dados relativos aos empregados.

A RAIS deve conter elementos destinados a suprir as necessidades de controle, de estatística e de informações das entidades governamentais da área social, e subsidiar o pagamento do abono salarial, nos termos do disposto Lei 7.998/1990 (art. 163 do Decreto 10.854/2021).

A RAIS deve conter as informações periodicamente solicitadas pelas instituições vinculadas ao Ministério do Trabalho e Previdência, especialmente em relação: I – ao cumprimento da legislação relativa ao Programa de Integração Social e para o Programa de Formação do Patrimônio do Servidor Público (PIS/PASEP); II – às exigências da *legislação de nacionalização do trabalho*; III – ao fornecimento de subsídios para controle dos registros relativos ao FGTS; IV – à viabilização da concessão do pagamento do abono salarial; V – à coleta de dados indispensáveis à elaboração dos estudos técnicos, de natureza estatística e atuarial, dos serviços especializados do Ministério do Trabalho e Previdência (art. 164 do Decreto 10.854/2021).

---

[5] MARTINS, Sergio Pinto. *Comentários à CLT*. 10. ed. São Paulo: Atlas, 2006. p. 303.

Cabe ressaltar que o Sistema de Escrituração Digital das Obrigações Fiscais, Previdenciárias e Trabalhistas (eSocial) será substituído, em nível federal, por sistema simplificado de escrituração digital de obrigações previdenciárias, trabalhistas e fiscais (art. 16 da Lei 13.874/2019).

O eSocial é o instrumento de unificação da prestação das informações referentes à escrituração das obrigações fiscais, previdenciárias e trabalhistas e tem por finalidade padronizar sua transmissão, validação, armazenamento e distribuição, constituindo ambiente nacional composto por: escrituração digital, contendo informações fiscais, previdenciárias e trabalhistas; aplicação para preenchimento, geração, transmissão, recepção, validação e distribuição da escrituração; repositório nacional, contendo o armazenamento da escrituração (art. 2º do Decreto 8.373/2014).

Nesse contexto, a obrigação contida no art. 24 da Lei 7.998/1990[6], combinada com o Decreto 76.900/1975, que institui a RAIS (arts. 163 a 165 do Decreto 10.854/2021), passa a ser cumprida por meio do eSocial, a partir do ano-base 2019, pelas empresas obrigadas à transmissão das informações de seus trabalhadores ao eSocial, referentes a todo o ano-base, previstas no art. 145 da Portaria 671/2021 do Ministério do Trabalho e Previdência.

Para as demais pessoas jurídicas de direito privado e de direito público, bem como pessoas físicas equiparadas a empresas, a referida substituição ocorrerá no ano-base em que estiverem obrigadas, durante todos os meses do referido ano, ao envio dos eventos periódicos ao eSocial. Até que ocorra essa substituição, as mencionadas pessoas e entidades devem prestar as informações por meio do programa gerador de arquivos da RAIS (GDRAIS), atendido o disposto no Manual de Orientação do correspondente ano-base, que será publicado no portal gov.br.

O empregador obrigado ao eSocial que não prestar as informações na forma e prazo estabelecidos no art. 145 da Portaria 671/2021 ou apresentá-las com incorreções ou omissões fica sujeito à multa prevista no art. 25 da Lei 7.998/1990 (art. 146 da Portaria 671/2021 do Ministério do Trabalho e Previdência).

Vejamos, assim, as situações em que o estrangeiro pode exercer atividade laborativa no Brasil.

Cabe esclarecer que o *visto* é o documento que dá a seu titular expectativa de ingresso em território nacional (art. 6º da Lei 13.445/2017).

Desse modo, ao solicitante que pretenda ingressar ou permanecer em território nacional pode ser concedido visto: I – de visita; II – temporário; III – diplomático; IV – oficial; V – de cortesia (art. 12 da Lei 13.445/2017).

O *visto de visita* pode ser concedido ao visitante que venha ao Brasil para estada de curta duração, sem intenção de estabelecer residência, nos seguintes casos: I – turismo; II – negócios; III – trânsito; IV – atividades artísticas ou desportivas; V – outras hipóteses definidas em regulamento (art. 13 da Lei 13.445/2017).

É vedado ao beneficiário de visto de visita exercer atividade remunerada no Brasil (art. 13, § 1º, da Lei 13.445/2017).

O beneficiário de visto de visita pode receber pagamento do governo, de empregador brasileiro ou de entidade privada a título de diária, ajuda de custo, cachê, pró-labore ou outras despesas com a viagem, bem como concorrer a prêmios, inclusive em dinheiro, em competições desportivas ou em concursos artísticos ou culturais (art. 13, § 2º, da Lei 13.445/2017).

O visto de visita não é exigido em caso de escala ou conexão em território nacional, desde que o visitante não deixe a área de trânsito internacional (art. 13, § 3º, da Lei 13.445/2017).

---

[6] Os trabalhadores, os empregadores e os serviços nacionais de aprendizagem ou entidades qualificadas em formação técnico-profissional, bem como os trabalhadores de programas instituídos para promover a manutenção de empregos ou a qualificação de trabalhadores, devem prestar as informações necessárias, bem como atender às exigências para a concessão do seguro-desemprego e o pagamento do abono salarial e da bolsa de qualificação profissional de que trata o art. 2º-A da Lei 7.998/1990, ou de benefícios de programas instituídos para promover a manutenção de empregos ou a qualificação de trabalhadores, nos termos e nos prazos fixados pelo Ministério do Trabalho e Previdência (art. 24 da Lei 7.998/1990, com redação dada pela Lei 14.261/2021).

O *visto temporário* pode ser concedido ao imigrante que venha ao Brasil com o intuito de estabelecer residência por tempo determinado e que se enquadre em pelo menos uma das seguintes hipóteses (art. 14 da Lei 13.445/2017):

I – o visto temporário tenha como finalidade: a) pesquisa, ensino ou extensão acadêmica; b) tratamento de saúde; c) acolhida humanitária; d) estudo; e) *trabalho*; f) férias-trabalho; g) prática de atividade religiosa ou serviço voluntário; h) realização de investimento ou de atividade com relevância econômica, social, científica, tecnológica ou cultural; i) reunião familiar; j) atividades artísticas ou desportivas com contrato por prazo determinado;

II – o imigrante seja beneficiário de tratado em matéria de vistos;

III – outras hipóteses definidas em regulamento.

O visto temporário para pesquisa, ensino ou extensão acadêmica pode ser concedido ao imigrante com ou sem vínculo empregatício com a instituição de pesquisa ou de ensino brasileira, exigida, na hipótese de vínculo, a comprovação de formação superior compatível ou equivalente reconhecimento científico (art. 14, § 1º, da Lei 13.445/2017).

O visto temporário para estudo pode ser concedido ao imigrante que pretenda vir ao Brasil para frequentar curso regular ou realizar *estágio* ou intercâmbio de estudo ou de pesquisa (art. 14, § 4º, da Lei 13.445/2017).

Observadas as hipóteses previstas em regulamento, o visto temporário para trabalho pode ser concedido ao imigrante que venha exercer atividade laboral, com ou sem vínculo empregatício no Brasil, desde que comprove oferta de trabalho formalizada por pessoa jurídica em atividade no País, dispensada esta exigência se o imigrante comprovar titulação em curso de ensino superior ou equivalente (art. 14, § 5º, da Lei 13.445/2017).

O visto temporário para férias-trabalho pode ser concedido ao imigrante maior de 16 anos que seja nacional de país que conceda idêntico benefício ao nacional brasileiro, em termos definidos por comunicação diplomática (art. 14, § 6º, da Lei 13.445/2017).

Não se exige do marítimo que ingressar no Brasil em viagem de longo curso ou em cruzeiros marítimos pela costa brasileira o visto temporário de que trata o art. 14, inciso I, e, da Lei 13.445/2017, bastando a apresentação da carteira internacional de marítimo, nos termos de regulamento (art. 14, § 7º, da Lei 13.445/2017).

É reconhecida ao imigrante a quem se tenha concedido visto temporário para trabalho a possibilidade de modificação do local de exercício de sua atividade laboral (art. 14, § 8º, da Lei 13.445/2017).

Os *vistos diplomático e oficial* podem ser concedidos a autoridades e funcionários estrangeiros que viajem ao Brasil em missão oficial de caráter transitório ou permanente, representando Estado estrangeiro ou organismo internacional reconhecido (art. 16 da Lei 13.445/2017).

Não se aplica ao titular dos vistos referidos no art. 16 da Lei 13.445/2017 o disposto na legislação trabalhista brasileira (art. 16, § 1º, da Lei 13.445/2017).

Os vistos diplomático e oficial podem ser estendidos aos dependentes das autoridades referidas no art. 16 (art. 16, § 2º, da Lei 13.445/2017).

O titular de *visto diplomático ou oficial* somente pode ser remunerado por Estado estrangeiro ou organismo internacional, ressalvado o disposto em tratado que contenha cláusula específica sobre o assunto (art. 17 da Lei 13.445/2017).

O dependente de titular de visto diplomático ou oficial pode exercer atividade remunerada no Brasil, sob o amparo da legislação trabalhista brasileira, desde que seja nacional de país que assegure reciprocidade de tratamento ao nacional brasileiro, por comunicação diplomática (art. 17, parágrafo único, da Lei 13.445/2017).

O empregado particular titular de *visto de cortesia* somente pode exercer atividade remunerada para o titular de visto diplomático, oficial ou de cortesia ao qual esteja vinculado, sob o amparo da legislação trabalhista brasileira (art. 18 da Lei 13.445/2017).

O titular de visto diplomático, oficial ou de cortesia é responsável pela saída de seu empregado do território nacional (art. 18, parágrafo único, da Lei 13.445/2017).

Conforme o art. 23 da Lei 13.445/2017, a fim de facilitar a sua livre circulação, pode ser concedida ao *residente fronteiriço*, mediante requerimento, autorização para a realização de atos da vida civil. Condições específicas podem ser estabelecidas em regulamento ou tratado.

Sendo assim, é possível entender que os mencionados atos da vida civil, conforme o caso, podem incluir o exercício de trabalho remunerado.

A autorização referida no art. 23 da Lei 13.445/2017 deve indicar o Município fronteiriço no qual o residente estará autorizado a exercer os direitos a ele atribuídos pelo mencionado diploma legal (art. 24 da Lei 13.445/2017).

O residente fronteiriço detentor da autorização deve gozar das garantias e dos direitos assegurados pelo regime geral de migração da Lei 13.445/2017, conforme especificado em regulamento (art. 24, § 1º, da Lei 13.445/2017).

O espaço geográfico de abrangência e de validade da autorização deve ser especificado no documento de residente fronteiriço (art. 24, § 2º, da Lei 13.445/2017).

A *residência* pode ser autorizada, mediante registro, ao imigrante, ao residente fronteiriço ou ao visitante que se enquadre em uma das seguintes hipóteses (art. 30 da Lei 13.445/2017):

I – a residência tenha como finalidade: a) pesquisa, ensino ou extensão acadêmica; b) tratamento de saúde; c) acolhida humanitária; d) estudo; e) *trabalho*; f) férias-trabalho; g) prática de atividade religiosa ou serviço voluntário; h) realização de investimento ou de atividade com relevância econômica, social, científica, tecnológica ou cultural; i) reunião familiar;

II – a pessoa: a) seja beneficiária de tratado em matéria de residência e livre circulação; b) seja detentora de *oferta de trabalho*; c) já tenha possuído a nacionalidade brasileira e não deseje ou não reúna os requisitos para readquiri-la; d) (vetado); e) seja beneficiária de refúgio, de asilo ou de proteção ao apátrida; f) seja menor nacional de outro país ou apátrida, desacompanhado ou abandonado, que se encontre nas fronteiras brasileiras ou em território nacional; g) tenha sido vítima de tráfico de pessoas, de trabalho escravo ou de violação de direito agravada por sua condição migratória; h) esteja em liberdade provisória ou em cumprimento de pena no Brasil;

III – outras hipóteses definidas em regulamento.

Se for verificado o trabalho de estrangeiro em situação irregular, presentes os requisitos da relação de emprego, pode-se dizer que esta deve ser reconhecida, sem prejuízo de eventuais penalidades administrativas. O caso seria de trabalho proibido, que se diferencia do labor ilícito, reconhecendo-se os efeitos produzidos.

Capítulo 31

Segurança e Saúde no Trabalho

31.1 Introdução e aspectos históricos

A Segurança e Saúde no Trabalho (ou Segurança e Medicina do Trabalho) é importante segmento da ciência, vinculado ao Direito do Trabalho, "incumbido de oferecer condições de proteção à saúde do trabalhador no local de trabalho"[1].

Embora diversas matérias estejam inseridas no contexto do Direito do Trabalho, a Segurança e Saúde no Trabalho, em seu todo, apresenta alcance multidisciplinar, abrangendo aspectos do Direito Constitucional, do Direito Ambiental, do Direito da Seguridade Social, e mesmo de outras ciências, como a Medicina, a Psiquiatria, a Psicologia e a Engenharia.

Até o início do século XVIII não se observa efetiva preocupação com a saúde e a segurança do trabalhador. Após o surgimento da Revolução Industrial, passou-se a verificar diversas doenças e acidentes ocupacionais, chamando a atenção da sociedade e do Estado quanto ao problema. Com isso, surgem normas pertinentes ao meio ambiente de trabalho, procurando manter a saúde do trabalhador, prevenindo riscos, acidentes e doenças no trabalho.

No plano da evolução constitucional, no Brasil, sobre a matéria, a Constituição de 1934, no art. 121, § 1º, *h*, previa a "assistência médica e sanitária ao trabalhador".

Na Constituição de 1937, o art. 137, *l*, também assegurava a "assistência médica e higiênica ao trabalhador".

Em 1946, a Constituição garantia a "higiene e segurança do trabalho" (art. 157, inciso VIII).

A Constituição de 1967, no art. 158, inciso IX, também assegurava o direito à "higiene e segurança do trabalho", o que foi repetido pela Emenda Constitucional 1/1969 (art. 165, inciso IX).

Na Constituição Federal de 1988, o art. 7º, inciso XXII, assegurou o direito de "redução dos riscos inerentes ao trabalho, por meio de normas de saúde, higiene e segurança".

Compete à União organizar, manter e executar a inspeção do trabalho (art. 21, inciso XXIV, da Constituição da República).

31.1.1 Normas de Segurança e Saúde no Trabalho

A Consolidação das Leis do Trabalho, no art. 155, inciso I, prevê que incumbe ao órgão de âmbito nacional competente em matéria de segurança e medicina do trabalho estabelecer, nos limites de sua competência, normas sobre a aplicação dos preceitos relativos ao tema, especialmente os referidos no art. 200 do mencionado diploma legal.

Esse último dispositivo, por seu turno, dispõe que cabe ao Ministério do Trabalho estabelecer disposições complementares às normas de que trata o Capítulo V, do Título II, da CLT, sobre Segurança e Medicina do Trabalho, tendo em vista as peculiaridades de cada atividade ou setor de trabalho, especialmente sobre os aspectos ali indicados.

Nesse contexto, a Portaria 3.214/1978 do Ministério do Trabalho aprovou as Normas Regulamentadoras (NRs) do Capítulo V do Título II da Consolidação das Leis do Trabalho (arts. 154 e seguintes), relativas à Segurança e Medicina do Trabalho.

---

[1] MARTINS, Sergio Pinto. *Direito do trabalho*. 22. ed. São Paulo: Atlas, 2006. p. 622.

O objetivo da Norma Regulamentadora 1 é estabelecer as disposições gerais, o campo de aplicação, os termos e as definições comuns às Normas Regulamentadoras relativas a segurança e saúde no trabalho e as diretrizes e os requisitos para o gerenciamento de riscos ocupacionais e as medidas de prevenção em segurança e saúde no trabalho.

A Portaria 672/2021 do Ministério do Trabalho e Previdência disciplina procedimentos, programas e condições de segurança e saúde no trabalho no que se refere a: I – procedimentos de avaliação de equipamentos de proteção individual, previstos na Norma Regulamentadora 6 (NR 6); II – regulamento técnico sobre o uso de equipamentos para proteção respiratória; III – segurança e saúde dos motoristas profissionais do transporte rodoviário de cargas e coletivo de passageiros; IV – cadastramento de empresas e instituições que utilizam benzeno e indicador biológico de exposição ocupacional ao benzeno; V – embargos e interdições; VI – estrutura, classificação e regras de aplicação das Normas Regulamentadoras de Segurança e Saúde no Trabalho; VII – procedimentos para elaboração e revisão das Normas Regulamentadoras de Segurança e Saúde no Trabalho; VIII – Programa de Alimentação do Trabalhador (PAT).

As Normas Regulamentadoras de Segurança e Saúde no Trabalho devem ser estruturadas em quatro partes básicas: I – sumário; II – objetivo; III – campo de aplicação; IV – requisitos gerais, técnicos e administrativos (art. 114 da Portaria 672/2021 do Ministério do Trabalho e Previdência).

As Normas Regulamentadoras de Segurança e Saúde no Trabalho podem conter: I – disposições transitórias e finais; II – glossário; III – anexo, representando parte especial ao corpo da norma (art. 115 da Portaria 672/2021 do Ministério do Trabalho e Previdência).

As Normas Regulamentadoras de Segurança e Saúde no Trabalho devem observar as seguintes regras de articulação e formatação: I – a unidade básica de articulação será o capítulo; II – o capítulo se desdobrará em itens; III – os itens se desdobrarão em subitens; IV – os itens ou subitens podem se desdobrar em alíneas; V – as alíneas podem se desdobrar em incisos; VI – os incisos podem se desdobrar em números; VII – o agrupamento dos itens pode constituir Título (art. 116 da Portaria 672/2021 do Ministério do Trabalho e Previdência). Os dispositivos que tratam do mesmo assunto, sempre que possível, devem ser agrupados em alíneas ou incisos.

As Normas Regulamentadoras de Segurança e Saúde no Trabalho são classificadas em: I – normas gerais: normas que regulamentam aspectos decorrentes da relação jurídica prevista em Lei, sem estarem condicionadas a outros requisitos, como atividades, instalações, equipamentos ou setores e atividades econômicos específicos; II – normas especiais: normas que regulamentam a execução do trabalho considerando as atividades, instalações ou equipamentos empregados, sem estarem condicionadas a setores ou atividades econômicas específicos; III – normas setoriais: normas que regulamentam a execução do trabalho em setores ou atividades econômicas específicos (art. 117 da Portaria 672/2021 do Ministério do Trabalho e Previdência).

Os Anexos das Normas Regulamentadoras de Segurança e Saúde no Trabalho são classificados em: I – anexo tipo 1: complementa diretamente a parte geral da Norma Regulamentadora de Segurança e Saúde no Trabalho, exemplifica ou define seus termos; II – anexo tipo 2: dispõe sobre situação específica (art. 118 da Portaria 672/2021 do Ministério do Trabalho e Previdência).

A classificação da Norma Regulamentadora de Segurança e Saúde no Trabalho e de seu Anexo deve constar na sua portaria de publicação (art. 119 da Portaria 672/2021 do Ministério do Trabalho e Previdência). A tabela com a classificação de todas as Normas Regulamentadoras de Segurança e Saúde no Trabalho será disponibilizada no sítio institucional do Ministério do Trabalho e Previdência.

O Decreto 7.602/2011 dispõe sobre a Política Nacional de Segurança e Saúde no Trabalho (PNSST), a qual tem por objetivos a promoção da saúde e a melhoria da qualidade de vida do trabalhador e a prevenção de acidentes e de danos à saúde advindos, relacionados ao trabalho ou que ocorram no curso dele, por meio da eliminação ou redução dos riscos nos ambientes de trabalho.

Devem ser observadas as ações de segurança e de saúde do trabalhador, notadamente o uso de equipamentos de proteção individual e a realização dos exames de saúde ocupacional, na execução das atividades dos Agentes Comunitários de Saúde e dos Agentes de Combate às Endemias (art. 4º-B da Lei 11.350/2006, incluído pela Lei 13.595/2018).

Mesmo no âmbito do Estatuto da Cidade, a política urbana tem por objetivo ordenar o pleno desenvolvimento das funções sociais da cidade e da propriedade urbana, tendo como uma de suas seguintes diretrizes gerais a garantia de condições condignas de acessibilidade, utilização e conforto nas dependências internas das edificações urbanas, *inclusive nas destinadas à moradia e ao serviço dos trabalhadores domésticos*, observados requisitos mínimos de dimensionamento, ventilação, iluminação, ergonomia, privacidade e qualidade dos materiais empregados (art. 2º, inciso XIX, da Lei 10.257/2001, incluído pela Lei 13.699/2018).

31.1.2 Diretrizes para elaboração e revisão das Normas Regulamentadoras de Segurança e Saúde no Trabalho

São diretrizes para elaboração e revisão das Normas Regulamentadoras de Segurança e Saúde no Trabalho, nos termos do disposto no art. 200 da CLT, no art. 13 da Lei 5.889/1973 (sobre trabalho rural) e no art. 9º da Lei 9.719/1998 (sobre trabalho portuário):

I – redução dos riscos inerentes ao trabalho, prevenção de acidentes de trabalho e doenças ocupacionais e promoção da segurança e saúde do trabalhador;

II – a dignidade da pessoa humana, o valor social do trabalho, a valorização do trabalho humano, o livre exercício da atividade econômica e a busca do pleno emprego, nos termos do disposto no art. 1º, incisos III e IV, e no art. 170, incisos IV e VIII, da Constituição Federal de 1988;

III – o embasamento técnico ou científico, a atualidade das normas com o estágio corrente de desenvolvimento tecnológico e a compatibilidade dos marcos regulatórios brasileiro e internacionais;

IV – a harmonização, a consistência, a praticidade, a coerência e a uniformização das normas;

V – a transparência, a razoabilidade e a proporcionalidade no exercício da competência normativa;

VI – a simplificação e a desburocratização do conteúdo das Normas Regulamentadoras;

VII – a intervenção subsidiária e excepcional do Estado sobre o exercício de atividades econômicas, nos termos do disposto no art. 2º, inciso III, da Lei 13.874/2019, incluído o tratamento diferenciado à atividade econômica de baixo risco à saúde e à segurança no ambiente de trabalho (art. 24 do Decreto 10.854/2021).

Pode ser previsto tratamento diferenciado e favorecido para as microempresas e empresas de pequeno porte, nos termos do disposto no art. 170, inciso IX, da Constituição Federal de 1988, e na Lei Complementar 123/2006, quando o nível de risco ocupacional assim permitir.

Conforme o art. 25 do Decreto 10.854/2021, são vedadas as seguintes condutas na elaboração e na revisão de Normas Regulamentadoras, exceto se em estrito cumprimento a previsão legal: I – criar reserva de mercado ao favorecer segmento econômico em detrimento de concorrentes; II – exigir especificação técnica que não seja necessária para atingir o fim pretendido; III – redigir enunciados que impeçam ou retardem a inovação e a adoção de novas tecnologias, processos ou modelos de negócios, observado o disposto no inciso I do art. 24 do Decreto 10.854/2021.

A atuação normativa relacionada à segurança e à saúde no trabalho deve compreender todas as atividades e situações de trabalho e priorizar as situações de alto risco ocupacional e aquelas com maior propensão a gerar adoecimentos e acidentes de trabalho graves, em especial aqueles que gerem incapacidades permanentes para o trabalho ou que sejam fatais (art. 26 do Decreto 10.854/2021).

Nos termos do art. 27 do Decreto 10.854/2021, as Normas Regulamentadoras devem ser redigidas com clareza, precisão e ordem lógica, e devem apresentar conceitos técnicos e objetivos, em observância ao disposto nos Decreto 9.191/2017 (estabelece as normas e as diretrizes para elaboração, redação, alteração, consolidação e encaminhamento de propostas de atos normativos ao Presidente da República pelos Ministros de Estado) e Decreto 10.139/2019 (dispõe sobre a revisão e a consolidação dos atos normativos inferiores a decreto editados por órgãos e entidades da administração pública federal direta, autárquica e fundacional).

A elaboração e a revisão das Normas Regulamentadoras de Segurança e Saúde no Trabalho devem incluir mecanismos de consulta à sociedade em geral e às organizações sindicais mais representativas de trabalhadores e empregadores, seja por meio de procedimentos de audiência e consulta pública, seja por consulta à Comissão Tripartite Paritária Permanente, prevista no Decreto 10.905/2021 (art. 28 do Decreto 10.854/2021).

A Secretaria de Trabalho do Ministério do Trabalho e Previdência pode solicitar à Fundação Jorge Duprat Figueiredo (Fundacentro) a elaboração de parecer com a indicação de parâmetros técnicos, estudos e pesquisas nacionais e internacionais atualizados sobre a área a ser regulada para instruir o processo de elaboração ou revisão de normas regulamentadoras (art. 29 do Decreto 10.854/2021).

31.2 Direito Internacional

O Tratado de Versalhes, de 1919, ao criar a Organização Internacional do Trabalho, "incluiu na sua competência a proteção contra os acidentes de trabalho e as doenças profissionais, cujos riscos devem ser eliminados, neutralizados ou reduzidos por medidas apropriadas da engenharia de segurança e da medicina do trabalho"[2].

Podem ser citadas as seguintes normas internacionais sobre diferentes aspectos da referida matéria:

– Convenção 12, de 1921, sobre acidentes do trabalho na agricultura;

– Convenção 13, de 1921, proibindo a utilização de menores de 18 anos e mulheres nos trabalhos em contato com serviços de pintura industrial em que haja utilização de chumbo;

– Convenção 17, de 1925, sobre indenização por acidente do trabalho;

– Convenção 18, de 1925, referente à indenização por enfermidades profissionais;

– Convenção 115, de 1960, sobre proteção contra as radiações;

– Convenção 119, de 1963, estabelecendo regras sobre a proteção de máquinas;

– Convenção 120, de 1964, referente à higiene no comércio e nos escritórios;

– Convenção 127, de 1967, sobre peso máximo de carga para o ser humano;

– Convenção 133, de 1970, quanto ao alojamento abordo de navios, inclusive da tripulação;

– Convenção 136, de 1971, estabelecendo a prevenção contra intoxicação por benzeno;

– Convenção 139, de 1974, sobre prevenção e controle dos riscos profissionais causados por substâncias ou agentes cancerígenos;

– Convenção 148, de 1977, pertinente à proteção dos trabalhadores contra os riscos profissionais devidos à contaminação do ar, ruído e vibrações no local de trabalho;

– Convenção 152, de 1979, referente à segurança e higiene nos trabalhos portuários;

– Convenção 155, de 1981, que merece destaque, por versar sobre *segurança e saúde dos trabalhadores e o meio ambiente do trabalho*, sendo ratificada pelo Brasil e promulgada pelo Decreto 1.254, de 29 de setembro de 1994 (atualmente Decreto 10.088/2019);

– Convenção 161, de 1985, versando sobre serviços de saúde no trabalho;

– Convenção 162, de 1986, sobre utilização do asbesto em condições de segurança;

– Convenção 164, de 1987, tratando da proteção à saúde e assistência médica aos tripulantes marítimos (revista pela Convenção 186, de 2006, sobre trabalho marítimo);

– Convenção 167, de 1988, sobre segurança e saúde na construção;

---

[2] SÜSSEKIND, Arnaldo. *Direito internacional do trabalho*. 3. ed. São Paulo: LTr, 2000. p. 388.

– Convenção 170, de 1990, relacionada à segurança na utilização de produtos químicos no trabalho;
– Convenção 174, de 1993, sobre prevenção de acidentes industriais de grande risco;
– Convenção 176, de 1995, quanto à segurança e saúde nas minas.
– Convenção 184, de 2001, sobre a segurança e saúde na agricultura;
– Convenção 187, de 2006, sobre o marco promocional para a segurança e saúde no trabalho.

A Organização Internacional do Trabalho, na 110ª sessão da sua Conferência Internacional do Trabalho, em junho de 2022, adotou a inclusão de um ambiente de trabalho seguro e saudável na Declaração relativa aos princípios e direitos fundamentais no trabalho, de 1998. Com isso, passam a ser fundamentais a Convenção 155 e a Convenção 187.

31.3 Denominação

Quanto à terminologia, anteriormente, era comum a utilização da expressão "segurança e higiene do trabalho", que se verificava na redação anterior da Consolidação das Leis do Trabalho (Capítulo V, do Título II).

Utiliza-se na CLT a expressão "segurança e medicina do trabalho", conforme os arts. 154 e seguintes.

O termo "medicina" é mais abrangente do que "higiene", tornando-se mais adequado para indicar a referida matéria no campo das relações de trabalho e do respectivo meio ambiente, alcançando a conservação da saúde, a cura de doenças, bem como a sua prevenção no trabalho.

Atualmente, a denominação mais técnica e adequada para a matéria é "segurança e saúde no trabalho".

31.4 Conceito

Em razão dos aspectos já mencionados, pode-se conceituar a Segurança e Saúde no Trabalho (ou Segurança e Medicina do Trabalho) como o ramo interdisciplinar da ciência, vinculado ao Direito do Trabalho, tendo por objeto a proteção, a prevenção e a recuperação da saúde e a segurança do trabalhador.

31.5 Segurança e saúde no Trabalho inseridas no meio ambiente do trabalho

Meio ambiente, na definição da Lei 6.938, de 31 de agosto de 1981 (Lei de Política Nacional do Meio Ambiente), é o "conjunto de condições, leis, influências e interações de ordem física, química e biológica, que permite, abriga e rege a vida em todas as suas formas" (art. 3º, inciso I).

O meio ambiente do trabalho, entendido como o local de realização da atividade laboral, abrangendo as condições de trabalho, a sua organização e as relações intersubjetivas presentes em seu âmbito[3], insere-se no meio ambiente como um todo (art. 200, inciso VIII, da CF/1988)[4], o qual, por sua vez, integra o rol dos direitos humanos e fundamentais, inclusive por ter como objetivo o respeito à "dignidade da pessoa humana", valor supremo que revela o "caráter único e insubstituível

---

[3] Cf. MARANHÃO, Ney. Meio ambiente do trabalho: descrição jurídico-conceitual. *Revista LTr*, São Paulo, ano 80, n. 04, p. 430, abr. 2016: "juridicamente, *meio ambiente do trabalho* é a resultante da interação sistêmica de fatores naturais, técnicos e psicológicos ligados às condições de trabalho, à organização do trabalho e às relações interpessoais que condicionam a segurança e a saúde física e mental do ser humano exposto a qualquer contexto *jurídico-laborativo*" (destaques do original).

[4] Cf. ARAUJO, Luiz Alberto David; NUNES JÚNIOR, Vidal Serrano. *Curso de direito constitucional*. 10. ed. São Paulo: Saraiva, 2006. p. 506.

da cada ser humano"[5], figurando, ainda, como verdadeiro fundamento da República Federativa do Brasil (art. 1º, inciso III, da CF/1988)[6].

Aliás, o "meio ambiente" é normalmente incluído entre os direitos fundamentais de "terceira geração"[7], "dimensão" ou "família"[8].

Ao mesmo tempo, importantes direitos trabalhistas, diretamente relacionados à segurança e medicina do trabalho (como os adicionais de insalubridade e de periculosidade[9]), fazem parte dos direitos sociais, os quais também figuram como direitos humanos e fundamentais, normalmente conhecidos como de "segunda geração"[10] ou "dimensão"[11].

Assim, observa-se nítida interdependência entre o meio ambiente do trabalho, a segurança e saúde no trabalho, o Direito do Trabalho, os direitos sociais, os direitos fundamentais e o Direito Constitucional[12].

Cabe destacar que os mencionados direitos (sociais) trabalhistas, referentes aos adicionais de insalubridade e periculosidade, estão expressamente previstos no art. 7º, inciso XXIII, da Constituição Federal de 1988. O mesmo ocorre com o já destacado mandamento constitucional de "redução dos riscos inerentes ao trabalho, por meio de normas de saúde, higiene e segurança" (art. 7º, inciso XXII, da CF/1988).

Tem-se, assim, verdadeiro *sistema jurídico de tutela do meio ambiente do trabalho*, reconhecido pela Constituição da República, em seu art. 200, inciso VIII, e que, como já mencionado, integra o meio ambiente em sentido global (art. 225 da CF/1988); a par disso, está incluído no importante rol dos *direitos humanos e fundamentais* (art. 5º, § 2º, da Constituição Federal de 1988)[13], aspecto este também reconhecido no âmbito internacional[14]. A respeito do tema, cf. ainda o Capítulo 3, item 3.5.

31.6 Disposições gerais

Há diversas normas pertinentes à segurança e medicina do trabalho (ou segurança e saúde no trabalho), estabelecendo deveres ao empregador, ao empregado, bem como fixando atribuições dos órgãos de fiscalização do trabalho.

31.6.1 Deveres da empresa

No que tange à segurança e medicina do trabalho, cabe às empresas:

a) cumprir e fazer cumprir as normas de segurança e medicina do trabalho;

b) instruir os empregados, através de ordens de serviço, quanto às precauções a tomar no sentido de evitar acidentes do trabalho ou doenças ocupacionais;

---

[5] COMPARATO, Fábio Konder. *A afirmação histórica dos direitos humanos*. 3. ed. São Paulo: Saraiva, 2004. p. 31.
[6] Cf. BONAVIDES, Paulo. *Curso de direito constitucional*. 18. ed. São Paulo: Malheiros, 2006. p. 642.
[7] FERREIRA FILHO, Manoel Gonçalves. *Direitos humanos fundamentais*. 7. ed. São Paulo: Saraiva, 2005. p. 62.
[8] ROMITA, Arion Sayão. Direitos fundamentais nas relações de trabalho. 2. ed. São Paulo: LTr, 2007. p. 104-105.
[9] Cf. MAGANO, Octavio Bueno. *Manual de direito do trabalho*: direito tutelar do trabalho. 2. ed. São Paulo: LTr, 1992. v. 4. p. 155-174.
[10] FERREIRA FILHO, Manoel Gonçalves. *Direitos humanos fundamentais*. 7. ed. São Paulo: Saraiva, 2005. p. 6.
[11] RAMOS, André de Carvalho. *Teoria geral dos direitos humanos na ordem internacional*. Rio de Janeiro: Renovar, 2005. p. 84-85.
[12] Cf. LIMA, Francisco Meton Marques de. As implicações recíprocas entre o meio ambiente e o custo social do trabalho. *Revista LTr*, São Paulo, LTr, ano 70, n. 06, p. 686-694, jun. 2006; DELGADO, Mauricio Godinho. Direitos fundamentais na relação de trabalho. *Revista LTr*, São Paulo LTr, ano 70, n. 06, p. 657-667, jun. 2006.
[13] Cf. MELO, Raimundo Simão de. *Direito ambiental do trabalho e saúde do trabalhador: responsabilidades legais, dano material, dano moral, dano estético*. São Paulo: LTr, 2004. p. 31: "O meio ambiente do trabalho adequado e seguro é um direito fundamental do cidadão trabalhador (*lato sensu*)".
[14] Cf. SÜSSEKIND, Arnaldo. *Direito internacional do trabalho*. 3. ed. São Paulo: LTr, 2000. p. 389.

c) adotar as medidas que lhes sejam determinadas pelo órgão regional competente;

d) facilitar o exercício da fiscalização pela autoridade competente (art. 157 da CLT).

De modo mais detalhado, cabe ao empregador:

a) cumprir e fazer cumprir as disposições legais e regulamentares sobre segurança e saúde no trabalho;

b) informar aos trabalhadores: I) os riscos ocupacionais existentes nos locais de trabalho; II) as medidas de prevenção adotadas pela empresa para eliminar ou reduzir tais riscos; III) os resultados dos exames médicos e de exames complementares de diagnóstico aos quais os próprios trabalhadores forem submetidos; IV) os resultados das avaliações ambientais realizadas nos locais de trabalho;

c) elaborar ordens de serviço sobre segurança e saúde no trabalho, dando ciência aos trabalhadores;

d) permitir que representantes dos trabalhadores acompanhem a fiscalização dos preceitos legais e regulamentares sobre segurança e saúde no trabalho;

e) determinar procedimentos que devem ser adotados em caso de acidente ou doença relacionada ao trabalho, incluindo a análise de suas causas;

f) disponibilizar à inspeção do trabalho todas as informações relativas à segurança e saúde no trabalho;

g) implementar medidas de prevenção, ouvidos os trabalhadores, de acordo com a seguinte ordem de prioridade: I) eliminação dos fatores de risco; II) minimização e controle dos fatores de risco, com a adoção de medidas de proteção coletiva; III) minimização e controle dos fatores de risco, com a adoção de medidas administrativas ou de organização do trabalho; IV) adoção de medidas de proteção individual (NR 1, item 1.4.1).

Fica autorizado o armazenamento, em meio eletrônico, óptico ou equivalente, de documentos relativos a deveres e obrigações trabalhistas, incluídos aqueles relativos a normas regulamentadoras de saúde e segurança no trabalho, compostos por dados ou por imagens, nos termos do disposto no art. 2º-A da Lei 12.682/2012, no Decreto 10.278/2020, no art. 3º, inciso X, da Lei 13.874/2019[15] e na Lei 13.709/2018 – Lei Geral de Proteção de Dados Pessoais (art. 184 do Decreto 10.854/2021).

31.6.2 Deveres do empregado

Aos empregados, por sua vez, cabe:

a) observar as normas de segurança e medicina do trabalho, inclusive as instruções expedidas pelo empregador;

b) colaborar com a empresa na aplicação das normas sobre medicina e segurança do trabalho (art. 158 da CLT).

Constitui ato faltoso do empregado a recusa injustificada:

a) à observância das instruções expedidas pelo empregador, pertinentes à medicina e segurança do trabalho;

b) ao uso dos equipamentos de proteção individual fornecidos pela empresa.

De modo mais detalhado, cabe ao trabalhador: a) cumprir as disposições legais e regulamentares sobre segurança e saúde no trabalho, inclusive as ordens de serviço expedidas pelo emprega-

---

[15] "Art. 3º São direitos de toda pessoa, natural ou jurídica, essenciais para o desenvolvimento e o crescimento econômicos do País, observado o disposto no parágrafo único do art. 170 da Constituição Federal: [...] X – arquivar qualquer documento por meio de microfilme ou por meio digital, conforme técnica e requisitos estabelecidos em regulamento, hipótese em que se equiparará a documento físico para todos os efeitos legais e para a comprovação de qualquer ato de direito público".

dor; b) submeter-se aos exames médicos previstos nas Normas Regulamentadoras; c) colaborar com a organização na aplicação das Normas Regulamentadoras; d) usar o equipamento de proteção individual fornecido pelo empregador (NR 1, item 1.4.2).

O trabalhador poderá interromper suas atividades quando constatar uma situação de trabalho onde, a seu ver, envolva um risco grave e iminente para a sua vida e saúde, informando imediatamente ao seu superior hierárquico (NR 1, item 1.4.3).

Comprovada pelo empregador a situação de grave e iminente risco, não poderá ser exigida a volta dos trabalhadores à atividade enquanto não sejam tomadas as medidas corretivas (NR 1, item 1.4.3.1).

Nos termos do art. 13 da Convenção 155 da OIT, em conformidade com a prática e as condições nacionais, deve ser protegido de consequências injustificadas todo trabalhador que julgar necessário interromper uma situação de trabalho por considerar, por motivos razoáveis, que ela envolve um perigo iminente e grave para sua vida ou sua saúde.

31.6.3 Competência da DRT

Compete às Delegacias Regionais do Trabalho, atualmente denominadas Superintendências Regionais do Trabalho[16]:

a) promover a fiscalização do cumprimento das normas de segurança e medicina do trabalho;

b) adotar as medidas que se tornem exigíveis, em virtude das disposições sobre segurança e medicina do trabalho, determinando as obras e reparos que, em qualquer local de trabalho, se façam necessárias;

c) impor as penalidades cabíveis por descumprimento das normas de segurança e medicina do trabalho, nos termos do art. 201 da CLT (art. 156 da CLT).

De modo mais detalhado, a Secretaria de Trabalho (STRAB), por meio da Subsecretaria de Inspeção do Trabalho (SIT), é o órgão de âmbito nacional competente em matéria de segurança e saúde no trabalho para: a) formular e propor as diretrizes, as normas de atuação e supervisionar as atividades da área de segurança e saúde do trabalhador; b) promover a Campanha Nacional de Prevenção de Acidentes do Trabalho (CANPAT); c) coordenar e fiscalizar o Programa de Alimentação do Trabalhador (PAT); d) promover a fiscalização do cumprimento dos preceitos legais e regulamentares sobre Segurança e Saúde no Trabalho (SST) em todo o território nacional; e) participar da implementação da Política Nacional de Segurança e Saúde no Trabalho (PNSST); f) conhecer, em última instância, dos recursos voluntários ou de ofício, das decisões proferidas pelo órgão regional competente em matéria de segurança e saúde no trabalho, salvo disposição expressa em contrário (NR 1, item 1.3.1).

Compete à Subsecretaria de Inspeção do Trabalho (SIT) e aos órgãos regionais a ela subordinados em matéria de segurança e saúde no trabalho, nos limites de sua competência, executar: a) fiscalização dos preceitos legais e regulamentares sobre segurança e saúde no trabalho; b) as atividades relacionadas com a Campanha Nacional de Prevenção de Acidentes do Trabalho (CANPAT) e o Programa de Alimentação do Trabalhador (PAT) (NR 1, item 1.3.2).

Cabe à autoridade regional competente em matéria de trabalho impor as penalidades cabíveis por descumprimento dos preceitos legais e regulamentares sobre segurança e saúde no trabalho (NR 1, item 1.3.3).

Nos termos do art. 19 do Decreto 10.854/2021, o planejamento da inspeção do trabalho deve contemplar atuação estratégica por meio de ações especiais setoriais para a prevenção de acidentes de trabalho, de doenças relacionadas ao trabalho e de irregularidades trabalhistas, a partir da aná-

---

[16] As Delegacias Regionais do Trabalho (DRTs) são atualmente denominadas Superintendências Regionais do Trabalho. As Subdelegacias do Trabalho, por sua vez, passaram a ser chamadas de Gerências Regionais do Trabalho e Agências Regionais do Trabalho.

lise dos dados de acidentalidade e adoecimento ocupacionais e do mercado de trabalho, na forma estabelecida em ato do Ministro de Estado do Trabalho e Previdência.

A atuação estratégica por meio das ações especiais setoriais deve incluir a realização de ações coletivas para prevenção e saneamento das irregularidades.

As ações coletivas para prevenção e saneamento de irregularidades são iniciativas fora do âmbito das ações de fiscalização, que permitem o diálogo setorial e interinstitucional, e a construção coletiva de soluções.

São ações coletivas para prevenção, entre outras: I – o estabelecimento de parcerias com entidades representativas de trabalhadores e empregadores; II – o compartilhamento de diagnóstico setorial sobre os índices de informalidade, acidentalidade e adoecimento ocupacionais; III – a realização de eventos de orientação às representações das partes interessadas; IV – a elaboração de cartilhas e manuais; V – a promoção do diálogo social por meio da realização de encontros periódicos para construção coletiva de soluções para a superação dos problemas identificados; VI – a realização de visita técnica de instrução, no âmbito das competências previstas no art. 18, inciso II, do Regulamento da Inspeção do Trabalho, aprovado pelo Decreto 4.552/2002[17] e da Convenção 81 da OIT, nos termos do disposto no Decreto 10.088/2019; VII – a atuação integrada com outros órgãos da administração pública federal, estadual, distrital e municipal, com vistas ao compartilhamento de informações e à atuação conjunta na construção coletiva de soluções para os problemas concernentes a cada área de atuação.

O monitoramento das referidas ações coletivas para prevenção deve ser realizado na forma estabelecida pelo responsável de cada projeto.

A visita técnica de instrução a que se refere o inciso VI, acima indicado, consiste em atividade excepcional coletiva relacionada ao objeto do projeto ou da ação especial setorial, agendada previamente pela autoridade nacional ou máxima regional em matéria de inspeção do trabalho.

Não cabe lavratura de auto de infração no âmbito das ações coletivas de prevenção previstas no art. 19 do Decreto 10.854/2021.

31.7 Inspeção prévia e embargo ou interdição

Nenhum estabelecimento pode iniciar suas atividades sem prévia inspeção e aprovação das respectivas instalações pela autoridade regional competente em matéria de segurança e medicina do trabalho (art. 160 da CLT).

Nova inspeção deve ser feita quando ocorrer modificação substancial nas instalações, inclusive equipamentos, que a empresa fica obrigada a comunicar, prontamente, à Delegacia Regional do Trabalho (atualmente Superintendência Regional do Trabalho).

É facultado às empresas solicitar prévia aprovação, pela Delegacia Regional do Trabalho (Superintendência Regional do Trabalho), dos projetos de construção e respectivas instalações.

É direito de toda pessoa, natural ou jurídica, essencial para o desenvolvimento e o crescimento econômicos do País, observando-se o disposto no parágrafo único do art. 170 da Constituição Federal de 1988, o de desenvolver atividade econômica de baixo risco, para a qual se valha exclusivamente de propriedade privada própria ou de terceiros consensuais, sem a necessidade de quaisquer atos públicos de liberação da atividade econômica (art. 3º, inciso I, da Lei 13.874/2019).

Para fins do disposto na Lei 13.874/2019, consideram-se atos públicos de liberação a licença, a autorização, a concessão, a inscrição, a permissão, o alvará, o cadastro, o credenciamento, o estudo,

---

[17] "Art. 18. Compete aos Auditores-Fiscais do Trabalho, em todo o território nacional: [...] II – ministrar orientações e dar informações e conselhos técnicos aos trabalhadores e às pessoas sujeitas à inspeção do trabalho, atendidos os critérios administrativos de oportunidade e conveniência".

o plano, o registro e os demais atos exigidos, sob qualquer denominação, por órgão ou entidade da administração pública na aplicação de legislação, como condição para o exercício de atividade econômica, inclusive o início, a continuação e o fim para a instalação, a construção, a operação, a produção, o funcionamento, o uso, o exercício ou a realização, no âmbito público ou privado, de atividade, serviço, estabelecimento, profissão, instalação, operação, produto, equipamento, veículo, edificação e outros (art. 1º, § 6º, da Lei 13.874/2019).

Logo, em se tratando de empresa que desenvolva atividade econômica de baixo risco (conforme classificação em ato do Poder Executivo federal, nos termos do art. 3º, § 1º, da Lei 13.874/2019 e do art. 4º, § 5º, da Lei 11.598/2007), a referida previsão pode afastar a incidência do art. 160 da CLT.

Além disso, é direito de toda pessoa, natural ou jurídica, essencial para o desenvolvimento e o crescimento econômicos do País, observando-se o disposto no parágrafo único do art. 170 da Constituição Federal de 1988, ter a garantia de que, nas solicitações de atos públicos de liberação da atividade econômica que se sujeitam ao disposto na Lei 13.874/2019, apresentados todos os elementos necessários à instrução do processo, o particular deve ser cientificado expressa e imediatamente do prazo máximo estipulado para a análise de seu pedido e de que, transcorrido o prazo fixado, o silêncio da autoridade competente importará aprovação tácita para todos os efeitos, sendo ressalvadas as hipóteses expressamente vedadas em lei (art. 3º, inciso IX, da Lei 13.874/2019).

A Norma Regulamentadora 2, sobre inspeção prévia, foi revogada (art. 2º da Portaria 915/2019 da Secretaria Especial de Previdência e Trabalho do Ministério da Economia).

O Delegado Regional do Trabalho (na atualidade denominado Superintendente Regional do Trabalho), à vista do laudo técnico do serviço competente que demonstre grave e iminente risco para o trabalhador, pode interditar estabelecimento, setor de serviço, máquina ou equipamento, ou embargar obra, indicando na decisão, tomada com a brevidade que a ocorrência exigir, as providências que deverão ser adotadas para prevenção de infortúnios de trabalho (art. 161 da CLT).

As autoridades federais, estaduais e municipais devem dar imediato apoio às medidas determinadas pelo Delegado Regional do Trabalho (Superintendente Regional do Trabalho).

A interdição ou embargo podem ser requeridos pelo serviço competente da Delegacia Regional do Trabalho (Superintendência Regional do Trabalho) e, ainda, por agente da inspeção do trabalho ou por entidade sindical.

Da decisão do Delegado Regional do Trabalho (Superintendente Regional do Trabalho) podem os interessados recorrer, no prazo de dez dias, para o órgão de âmbito nacional competente em matéria de segurança e medicina do trabalho, ao qual será facultado dar efeito suspensivo ao recurso.

Responde por desobediência, além das medidas penais cabíveis, quem, após determinada a interdição ou embargo, ordenar ou permitir o funcionamento do estabelecimento ou de um dos seus setores, a utilização de máquina ou equipamento, ou o prosseguimento de obra, se, em consequência, resultarem danos a terceiros.

O Delegado Regional do Trabalho (atualmente Superintendente Regional do Trabalho), independentemente de recurso, e após laudo técnico do serviço competente, pode levantar a interdição ou o embargo.

Durante a paralisação dos serviços, em decorrência da interdição ou embargo, os empregados devem receber os salários como se estivessem em efetivo exercício.

A Norma Regulamentadora 3, com redação dada pela Portaria 1.068/2019, estabelece as diretrizes para caracterização do grave e iminente risco e os requisitos técnicos objetivos de embargo e interdição.

Considera-se grave e iminente risco toda condição ou situação de trabalho que possa causar acidente ou doença com lesão grave ao trabalhador.

Embargo e interdição são medidas de urgência adotadas a partir da constatação de condição ou situação de trabalho que caracterize grave e iminente risco ao trabalhador.

O embargo implica a paralisação parcial ou total da obra. A interdição implica a paralisação parcial ou total da atividade, da máquina ou equipamento, do setor de serviço ou do estabelecimento.

Os arts. 77 a 113 da Portaria 672/2021 do Ministério do Trabalho e Previdência disciplinam os procedimentos de embargo e interdição previstos na CLT e na Norma Regulamentadora 3.

Os Auditores-Fiscais do Trabalho estão autorizados, em todo o território nacional, a ordenar a adoção de medidas de interdições e embargos, e seu consequente levantamento posterior, quando se depararem com uma condição ou situação de risco iminente à vida, à saúde ou à segurança dos trabalhadores (art. 80 da Portaria 672/2021 do Ministério do Trabalho e Previdência). Para o início ou manutenção da produção de seus efeitos, o embargo ou interdição não depende de prévia autorização ou confirmação por autoridade diversa não envolvida na ação fiscal, ressalvada, exclusivamente, a possibilidade de recurso.

31.8 Órgãos de segurança e de medicina do trabalho nas empresas

31.8.1 Serviços Especializados em Segurança e em Medicina do Trabalho (SESMT)

As empresas, de acordo com normas expedidas pelo Ministério do Trabalho, estão obrigadas a manter serviços especializados em segurança e em medicina do trabalho (art. 162 da CLT), com a finalidade de promover a saúde e proteger a integridade do trabalhador no local de trabalho.

As referidas normas do Ministério do Trabalho devem estabelecer:

a) classificação das empresas segundo o número de empregados e a natureza do risco de suas atividades;
b) o número mínimo de profissionais especializados exigido de cada empresa, segundo o grupo em que se classifique, na forma da alínea anterior;
c) a qualificação exigida para os profissionais em questão e o seu regime de trabalho;
d) as demais características e atribuições dos serviços especializados em segurança e em medicina do trabalho, nas empresas.

A Norma Regulamentadora 4, com redação aprovada pela Portaria 2.318/2022 do Ministério do Trabalho e Previdência, estabelece os parâmetros e os requisitos para constituição e manutenção dos Serviços Especializados em Segurança e Medicina do Trabalho (SESMT), com a finalidade de promover a saúde e proteger a integridade do trabalhador.

As organizações e os órgãos públicos da administração direta e indireta, bem como os órgãos dos Poderes Legislativo e Judiciário e do Ministério Público, que possuam empregados regidos pela Consolidação das Leis do Trabalho, devem constituir e manter os Serviços Especializados em Segurança e Medicina do Trabalho (SESMT), no local de trabalho, nos termos definidos na NR 4 (item 4.2.1). Nos termos previstos em lei, aplica-se o disposto na NR 4 a outras relações jurídicas de trabalho (item 4.2.2).

Compete aos Serviços Especializados em Segurança e Medicina do Trabalho (SESMT): a) elaborar ou participar da elaboração do inventário de riscos; b) acompanhar a implementação do plano de ação do Programa de Gerenciamento de Riscos (PGR); c) implementar medidas de prevenção de acordo com a classificação de risco do Programa de Gerenciamento de Riscos (PGR) e na ordem de prioridade estabelecida na Norma Regulamentadora 1 (Disposições Gerais e Gerenciamento de Riscos Ocupacionais); d) elaborar plano de trabalho e monitorar metas, indicadores e resultados de segurança e saúde no trabalho; e) responsabilizar-se tecnicamente pela orientação quanto ao cumprimento do disposto nas Normas Regulamentadoras aplicáveis às atividades executadas pela organização; f) manter permanente interação com a Comissão Interna de Prevenção de Acidentes e de Assédio (CIPA), quando existente; g) promover a realização de atividades de orientação, informação e conscientização dos trabalhadores para a prevenção de acidentes e doenças relacionadas ao trabalho; h) propor, imediatamente, a interrupção das atividades e a adoção de medidas corretivas e/ou de controle quando constatar condições ou situações de trabalho que estejam associadas a grave e iminente risco para a segurança ou a saúde dos trabalhadores; i) conduzir ou acompanhar as investigações dos acidentes e das doenças relacionadas ao trabalho, em conformidade com o previsto no Programa de Gerenciamento de Riscos (PGR); j) compartilhar informações relevantes para a prevenção de acidentes e de doenças relacionadas ao trabalho com outros Serviços Especializados em Segurança e Medicina do Trabalho (SESMT) de uma mesma organização, assim como a Comissão Interna de Prevenção de Acidentes e de Assédio (CIPA), quando por esta solicitado; k) acompanhar e participar nas ações do Programa de Controle Médico de Saúde Ocupacional (PCMSO), nos termos da Norma Regulamentadora 7 (item 4.3.1).

O Serviço Especializado em Segurança e Medicina do Trabalho (SESMT) deve ser composto por médico do trabalho, engenheiro de segurança do trabalho, técnico de segurança do trabalho, enfermeiro do trabalho e auxiliar/técnico em enfermagem do trabalho, obedecido o Anexo II da NR 4 (item 4.3.2).

Os profissionais integrantes do Serviço Especializado em Segurança e Medicina do Trabalho (SESMT) devem possuir formação e registro profissional em conformidade com o disposto na regulamentação da profissão e nos instrumentos normativos emitidos pelo respectivo conselho profissional, quando existente (item 4.3.3).

O Serviço Especializado em Segurança e Medicina do Trabalho (SESMT) deve ser coordenado por um dos profissionais integrantes deste serviço (item 4.3.4).

Aos profissionais do Serviço Especializado em Segurança e Medicina do Trabalho (SESMT) é vedado o exercício de atividades que não façam parte das atribuições previstas no item 4.3.1 da NR 4 e em outras Normas Regulamentadoras, durante o horário de atuação neste serviço (item 4.3.8).

A organização deve garantir os meios e recursos necessários para o cumprimento dos objetivos e atribuições do Serviço Especializado em Segurança e Medicina do Trabalho (SESMT) (item 4.3.9).

O Serviço Especializado em Segurança e Medicina do Trabalho (SESMT) deve ser constituído nas modalidades individual, regionalizado ou estadual (item 4.4.1).

A organização deve constituir Serviço Especializado em Segurança e Medicina do Trabalho (SESMT) individual quando possuir estabelecimento enquadrado no Anexo II da NR 4 (item 4.4.2).

A organização deve constituir Serviço Especializado em Segurança e Medicina do Trabalho (SESMT) regionalizado quando possuir estabelecimento que se enquadre no Anexo II da NR 4 e outro(s) estabelecimento(s) que não se enquadre(m), devendo o primeiro estender a assistência em segurança e saúde aos demais e considerar o somatório de trabalhadores atendidos no seu dimensionamento, bem como o disposto no item 4.5.1 e seus subitens (item 4.4.3). Havendo mais de um estabelecimento que se enquadre no Anexo II da NR 4, a empresa pode constituir mais de um Serviço Especializado em Segurança e Medicina do Trabalho (SESMT) regionalizado (item 4.4.3.1).

A organização deve constituir Serviço Especializado em Segurança e Medicina do Trabalho (SESMT) estadual quando o somatório de trabalhadores de todos os estabelecimentos da mesma unidade da federação alcance os limites previstos no Anexo II da NR 4, desde que nenhum estabelecimento individualmente se enquadre, observado o disposto no item 4.5.1 e seus subitens (item 4.4.4).

Uma ou mais organizações de mesma atividade econômica, localizadas em um mesmo município ou em municípios limítrofes, ainda que em diferentes unidades da federação, cujos estabelecimentos se enquadrem no Anexo II da NR 4, podem constituir Serviço Especializado em Segurança e Medicina do Trabalho (SESMT) compartilhado, organizado pelas próprias interessadas ou na forma definida em acordo ou convenção coletiva de trabalho (item 4.4.5).

O dimensionamento do Serviço Especializado em Segurança e Medicina do Trabalho (SESMT) vincula-se ao número de empregados da organização e ao maior grau de risco entre a atividade econômica principal e atividade econômica preponderante no estabelecimento, nos termos dos Anexos I (Relação da Classificação Nacional de Atividades Econômicas – CNAE) e II (Dimensionamento do

SESMT) da NR 4, observadas as exceções previstas na NR 4 (item 4.5.1). A atividade econômica preponderante é aquela que ocupa o maior número de trabalhadores (item 4.5.1.2). Em atividades econômicas distintas com o mesmo número de trabalhadores, deve ser considerada como preponderante aquela com maior grau de risco (item 4.5.1.2.1).

Na contratação de empresa prestadora de serviços a terceiros, o Serviço Especializado em Segurança e Medicina do Trabalho (SESMT) da contratante deve ser dimensionado considerando o número total de empregados da contratante e trabalhadores das contratadas, quando o trabalho for realizado de forma não eventual nas dependências da contratante ou local previamente convencionado em contrato, observado o disposto no item 4.5.1 e seus subitens (item 4.5.2). Considera-se, para fins da NR 4, trabalho eventual aquele decorrente de evento futuro e incerto (item 4.5.2.1).

Excluem-se do dimensionamento do Serviço Especializado em Segurança e Medicina do Trabalho (SESMT) da contratante os trabalhadores das contratadas atendidos pelos Serviços Especializados em Segurança e Medicina do Trabalho (SESMT) das contratadas (item 4.5.2.2).

O dimensionamento do Serviço Especializado em Segurança e Medicina do Trabalho (SESMT) regionalizado ou estadual com estabelecimentos de graus de risco diversos deve considerar o somatório dos trabalhadores de todos os estabelecimentos atendidos (item 4.5.3). Para estabelecimentos graus de risco 1 e 2 de Microempresas (ME) e Empresas de Pequeno Porte (EPP), deve ser considerado o somatório da metade do número de trabalhadores desses estabelecimentos (item 4.5.3.1).

Para fins de dimensionamento, os canteiros de obras e as frentes de trabalho com menos de 1.000 trabalhadores e situados na mesma unidade da federação não são considerados como estabelecimentos, mas como integrantes da empresa de engenharia principal responsável, a quem cabe organizar os Serviços Especializados em Segurança e Medicina do Trabalho (SESMT) (item 4.5.4).

A organização deve registrar os Serviços Especializados em Segurança e Medicina do Trabalho (SESMT) de que trata a NR 4 por meio de sistema eletrônico disponível no portal gov.br (item 4.6.1).

As organizações que forem obrigadas a constituir Serviço Especializado em Segurança e Medicina do Trabalho (SESMT), nos termos da Norma Regulamentadora 4, e Serviço Especializado em Segurança e Saúde no Trabalho Rural (SESTR), nos termos da Norma Regulamentadora 31 (Segurança e Saúde no Trabalho na Agricultura, Pecuária, Silvicultura, Exploração Florestal e Aquicultura), podem optar em constituir apenas um destes serviços, considerando o somatório de trabalhadores de ambas as atividades (item 4.7.1).

A organização que constituir Serviço Especializado em Segurança e Medicina do Trabalho (SESMT) é responsável pelo cumprimento da NR 4, devendo assegurar a isenção técnica e o exercício profissional dos integrantes do SESMT (item 4.7.2).

A organização deve indicar, entre os médicos do Serviço Especializado em Segurança e Medicina do Trabalho (SESMT), um responsável pelo Programa de Controle Médico de Saúde Ocupacional (PCMSO) (item 4.7.3).

No âmbito do trabalho rural, cabe destacar Serviço Especializado em Segurança e Saúde no Trabalho Rural (SESTR), de acordo com a Norma Regulamentadora 31, item 31.4.

31.8.2 Comissão Interna de Prevenção de Acidentes e de Assédio (CIPA)

É obrigatória a constituição de Comissão Interna de Prevenção de Acidentes e de Assédio (CIPA), em conformidade com instruções expedidas pelo Ministério do Trabalho e Previdência, nos estabelecimentos ou nos locais de obra nelas especificadas (art. 163 da CLT, com redação dada pela Lei 14.457/2022).

Foi instituído o Programa Emprega + Mulheres, destinado à inserção e à manutenção de mulheres no mercado de trabalho por meio da implementação, entre outras, da medida de prevenção e combate ao assédio sexual e a outras formas de violência no âmbito do trabalho (art. 1º, inciso VI, da Lei 14.457/2022).

Para a promoção de um ambiente laboral sadio, seguro e que favoreça a inserção e a manutenção de mulheres no mercado de trabalho, as empresas com Comissão Interna de Prevenção de Acidentes e de Assédio (CIPA) devem adotar as seguintes medidas, além de outras que entenderem necessárias, com vistas à prevenção e ao combate ao assédio sexual e às demais formas de violência no âmbito do trabalho: I – inclusão de regras de conduta a respeito do assédio sexual e de outras formas de violência nas normas internas da empresa, com ampla divulgação do seu conteúdo aos empregados e às empregadas; II – fixação de procedimentos para recebimento e acompanhamento de denúncias, para apuração dos fatos e, quando for o caso, para aplicação de sanções administrativas aos responsáveis diretos e indiretos pelos atos de assédio sexual e de violência, garantido o anonimato da pessoa denunciante, sem prejuízo dos procedimentos jurídicos cabíveis; III – inclusão de temas referentes à prevenção e ao combate ao assédio sexual e a outras formas de violência nas atividades e nas práticas da CIPA; IV – realização, no mínimo a cada 12 meses, de ações de capacitação, de orientação e de sensibilização dos empregados e das empregadas de todos os níveis hierárquicos da empresa sobre temas relacionados à violência, ao assédio, à igualdade e à diversidade no âmbito do trabalho, em formatos acessíveis, apropriados e que apresentem máxima efetividade de tais ações (art. 23 da Lei 14.457/2022).

O recebimento de denúncias a que se refere o inciso II não substitui o procedimento penal correspondente, caso a conduta denunciada pela vítima se encaixe na tipificação de assédio sexual contida no art. 216-A do Código Penal, ou em outros crimes de violência tipificados na legislação brasileira.

O prazo para adoção das medidas previstas nos incisos I, II, III e IV é de 180 dias após a entrada em vigor da Lei 14.457/2022 (ocorrida na data de sua publicação, em 22.09.2022).

O Ministério do Trabalho regulamentará as atribuições, a composição e o funcionamento das CIPA(s).

As regras sobre a Comissão Interna de Prevenção de Acidentes e de Assédio (CIPA) são previstas na Norma Regulamentadora 5, com redação dada pela Portaria 422/2021.

Cada CIPA será composta de representantes da empresa e dos empregados, de acordo com os critérios que vierem a ser adotados na regulamentação do Ministério do Trabalho (art. 164 da CLT).

Os representantes dos empregadores, titulares e suplentes, serão por eles designados.

Os representantes dos empregados, titulares e suplentes, serão eleitos em escrutínio secreto, do qual participem, independentemente de filiação sindical, exclusivamente os empregados interessados.

O mandato dos membros eleitos da CIPA terá a duração de um ano, permitida uma reeleição. Isso não se aplica ao membro suplente que, durante o seu mandato, tenha participado de menos da metade do número de reuniões da CIPA.

O empregador designará, anualmente, entre os seus representantes, o Presidente da CIPA, e os empregados elegerão, entre eles, o Vice-Presidente.

Os representantes dos empregados nas CIPA(s) não poderão sofrer despedida arbitrária, entendendo-se como tal a que não se fundar em motivo disciplinar, técnico, econômico ou financeiro (art. 165 da CLT, c/c art. 10, inciso II, *a*, do ADCT).

Ocorrendo a despedida, caberá ao empregador, em caso de reclamação à Justiça do Trabalho, comprovar a existência de qualquer dos motivos mencionados no art. 165 da CLT, sob pena de ser condenado a reintegrar o empregado.

A Norma Regulamentadora 5 estabelece os parâmetros e os requisitos da Comissão Interna de Prevenção de Acidentes e de Assédio (CIPA), tendo por objetivo a prevenção de acidentes e doenças relacionadas ao trabalho, de modo a tornar compatível, permanentemente, o trabalho com a preservação da vida e promoção da saúde do trabalhador.

As organizações e os órgãos públicos da administração direta e indireta, bem como os órgãos dos Poderes Legislativo, Judiciário e Ministério Público, que possuam empregados regidos pela CLT, devem constituir e manter CIPA. Nos termos previstos em lei, aplica-se o disposto na NR 5 a outras relações jurídicas de trabalho.

A CIPA tem por atribuições:

a) acompanhar o processo de identificação de perigos e avaliação de riscos, bem como a adoção de medidas de prevenção implementadas pela organização;

b) registrar a percepção dos riscos dos trabalhadores, em conformidade com a NR 1, por meio do mapa de risco ou outra técnica ou ferramenta apropriada à sua escolha, sem ordem de preferência, com assessoria do Serviço Especializado em Segurança e em Medicina do Trabalho (SESMT), onde houver;

c) verificar os ambientes e as condições de trabalho, visando identificar situações que possam trazer riscos para a segurança e saúde dos trabalhadores;

d) elaborar e acompanhar plano de trabalho que possibilite a ação preventiva em segurança e saúde no trabalho;

e) participar no desenvolvimento e implementação de programas relacionados à segurança e saúde no trabalho;

f) acompanhar a análise dos acidentes e doenças relacionadas ao trabalho, nos termos da NR 1, e propor, quando for o caso, medidas para a solução dos problemas identificados;

g) requisitar à organização as informações sobre questões relacionadas à segurança e saúde dos trabalhadores, incluindo as Comunicações de Acidente de Trabalho (CAT) emitidas pela organização, resguardados o sigilo médico e as informações pessoais;

h) propor ao SESMT, quando houver, ou à organização, a análise das condições ou situações de trabalho nas quais considere haver risco grave e iminente à segurança e saúde dos trabalhadores e, se for o caso, a interrupção das atividades até a adoção das medidas corretivas e de controle;

i) promover, anualmente, em conjunto com o SESMT, onde houver, a Semana Interna de Prevenção de Acidentes do Trabalho (SIPAT), conforme programação definida pela CIPA (NR 5, item 5.3.1).

Cabe à organização (empregador): a) proporcionar aos membros da CIPA os meios necessários ao desempenho de suas atribuições, garantindo tempo suficiente para a realização das tarefas constantes no plano de trabalho; b) permitir a colaboração dos trabalhadores nas ações da CIPA; c) fornecer à CIPA, quando requisitadas, as informações relacionadas às suas atribuições.

Cabe aos trabalhadores indicar à CIPA, ao SESMT e à organização (empregador) situações de riscos e apresentar sugestões para melhoria das condições de trabalho.

Cabe ao Presidente da CIPA: a) convocar os membros para as reuniões; b) coordenar as reuniões, encaminhando à organização e ao SESMT, quando houver, as decisões da comissão. Cabe ao Vice-Presidente substituir o Presidente nos seus impedimentos eventuais ou nos seus afastamentos temporários.

O Presidente e o Vice-Presidente da CIPA, em conjunto, terão as seguintes atribuições: a) coordenar e supervisionar as atividades da CIPA, zelando para que os objetivos propostos sejam alcançados; b) divulgar as decisões da CIPA a todos os trabalhadores do estabelecimento.

A CIPA será constituída por estabelecimento e composta de representantes da organização (empregador) e dos empregados, de acordo com o dimensionamento previsto no Quadro I da NR 5, ressalvadas as disposições para setores econômicos específicos. As CIPA das organizações que operem em regime sazonal devem ser dimensionadas tomando-se por base a média aritmética do número de trabalhadores do ano civil anterior e obedecido o disposto na NR 5.

Quadro I – Dimensionamento da CIPA

Grau de Risco*	N. de integrantes da CIPA	0 a 19	20 a 29	30 a 50	51 a 80	81 a 100	101 a 120	121 a 140	141 a 300	301 a 500	501 a 1000	1001 a 2500	2501 a 5000	5001 a 10.000	Acima de 10.000 para cada grupo de 2500 acrescentar
1	Efetivos				1	1	1	1	2	4	5	6	8	10	1
	Suplentes				1	1	1	1	2	3	4	5	6	8	1
2	Efetivos			1	1	2	2	3	4	5	6	8	10	12	1
	Suplentes			1	1	1	1	2	3	4	5	6	8	10	1
3	Efetivos		1	1	2	2	2	3	4	5	6	8	10	12	2
	Suplentes		1	1	1	1	1	2	2	4	4	6	8	8	2
4	Efetivos		1	2	3	3	4	4	4	5	6	9	11	13	2
	Suplentes		1	1	2	2	2	2	3	4	5	7	8	10	2

* Grau de Risco conforme estabelecido no Quadro I da NR 4 – Relação da Classificação Nacional de Atividades Econômicas – CNAE (Versão 2.0), com correspondente Grau de Risco – GR para fins de dimensionamento do Serviço Especializado em Segurança e em Medicina do Trabalho – SESMT.

A organização (empregador) deve fornecer cópias das atas de eleição e posse aos membros titulares e suplentes da CIPA. Quando solicitada, a organização encaminhará a documentação referente ao processo eleitoral da CIPA, podendo ser em meio eletrônico, ao sindicato dos trabalhadores da categoria preponderante, no prazo de até 10 dias.

A CIPA não pode ter seu número de representantes reduzido, bem como não pode ser desativada pela organização (empregador), antes do término do mandato de seus membros, ainda que haja redução do número de empregados, exceto no caso de encerramento das atividades do estabelecimento.

É vedada à organização (empregador), em relação ao integrante eleito da CIPA: a) a alteração de suas atividades normais na organização que prejudique o exercício de suas atribuições; b) a transferência para outro estabelecimento, sem a sua anuência, ressalvado o disposto nos §§ 1º e 2º do art. 469 da CLT (NR 5, item 5.4.11).

É vedada a dispensa arbitrária ou sem justa causa do empregado eleito para cargo de direção da CIPA, desde o registro de sua candidatura até um ano após o final de seu mandato (NR 5, item 5.4.12). O término do contrato de trabalho por prazo determinado não caracteriza dispensa arbitrária ou sem justa causa do empregado eleito para cargo de direção da CIPA (NR 5, item 5.4.12.1).

Quando o estabelecimento não se enquadrar no disposto no Quadro I da NR 5 e não for atendido por Serviço Especializado em Segurança e em Medicina do Trabalho (SESMT), nos termos da NR 4, a organização (empregador) nomeará um representante da organização entre seus empregados para auxiliar na execução das ações de prevenção em segurança e saúde no trabalho, podendo ser adotados mecanismos de participação dos empregados, por meio de negociação coletiva (NR 5, item 5.4.13). No caso de atendimento pelo SESMT, este deve desempenhar as atribuições da CIPA. O microempreendedor individual (MEI) está dispensado de nomear o referido representante.

No âmbito do trabalho rural, cabe destacar as previsões sobre a Comissão Interna de Prevenção de Acidentes e de Assédio do Trabalho Rural (CIPATR) na Norma Regulamentadora 31, item 31.5.

31.9 Equipamento de Proteção Individual

A empresa é obrigada a fornecer aos empregados, gratuitamente, equipamento de proteção individual (EPI) adequado ao risco e em perfeito estado de conservação e funcionamento, sempre que as medidas de ordem geral não ofereçam completa proteção contra os riscos de acidentes e danos à saúde dos empregados (art. 166 da CLT).

O equipamento de proteção individual só pode ser posto à venda ou utilizado com a indicação do certificado de aprovação do Ministério do Trabalho (art. 167 da CLT).

Sendo assim, o equipamento de proteção individual somente pode ser comercializado com a obtenção do certificado de aprovação, nos termos do disposto no art. 167 da CLT, emitido pela Secretaria de Trabalho do Ministério do Trabalho e Previdência (art. 30 do Decreto 10.854/2021).

Ato do Ministro de Estado do Trabalho e Previdência disporá sobre os procedimentos e os requisitos técnicos para emissão, renovação ou alteração do certificado de aprovação de equipamento de proteção individual.

O certificado de aprovação de equipamento de proteção individual será emitido por meio de sistema eletrônico simplificado.

As informações prestadas e as documentações e os relatórios apresentados são de responsabilidade do requerente e devem ser considerados para fins de emissão do certificado. Os autores de declarações ou informações falsas ou que apresentarem documentos falsificados ficam sujeitos às penas previstas nos arts. 297 a 299 do Código Penal (falsificação de documento público, falsificação de documento particular e falsidade ideológica).

Os arts. 2º a 43 da Portaria 672/2021 do Ministério do Trabalho e Previdência estabelecem os procedimentos e os requisitos de avaliação de equipamento de proteção individual (EPI) e emissão, renovação ou alteração de certificado de aprovação.

O objetivo da Norma Regulamentadora 6, com redação aprovada pela Portaria 2.175/2022 do Ministério do Trabalho e Previdência, é estabelecer os requisitos para aprovação, comercialização, fornecimento e utilização de equipamentos de proteção individual (EPI).

As disposições da NR 6 se aplicam às organizações que adquiram equipamentos de proteção individual (EPI), aos trabalhadores que os utilizam, assim como aos fabricantes e importadores de EPI (item 6.2.1).

Considera-se equipamento de proteção individual (EPI) o dispositivo ou produto de uso individual utilizado pelo trabalhador, concebido e fabricado para oferecer proteção contra os riscos ocupacionais existentes no ambiente de trabalho (item 6.3.1).

Entende-se como equipamento conjugado de proteção individual todo aquele utilizado pelo trabalhador, composto por vários dispositivos que o fabricante tenha conjugado contra um ou mais riscos ocupacionais existentes no ambiente de trabalho (item 6.3.2).

O equipamento de proteção individual (EPI), de fabricação nacional ou importado, só pode ser posto à venda ou utilizado com a indicação do Certificado de Aprovação (CA), expedido pelo órgão de âmbito nacional competente em matéria de segurança e saúde no trabalho (item 6.4.1).

Cabe à organização (empregador), quanto ao equipamento de proteção individual (EPI): a) adquirir somente o aprovado pelo órgão de âmbito nacional competente em matéria de segurança e saúde no trabalho; b) orientar e treinar o empregado; c) fornecer ao empregado, gratuitamente, equipamento de proteção individual (EPI) adequado ao risco, em perfeito estado de conservação e funcionamento, nas situações previstas no subitem 1.5.5.1.2 da Norma Regulamentadora 1 (Disposições Gerais e Gerenciamento de Riscos Ocupacionais), observada a hierarquia das medidas de prevenção[18]; d) registrar o seu fornecimento ao empregado, podendo ser adotados livros, fichas ou

---

[18] "1.5.5.1.2 Quando comprovada pela organização a inviabilidade técnica da adoção de medidas de proteção coletiva, ou quando estas não forem suficientes ou encontrarem-se em fase de estudo, planejamento ou implantação ou, ainda, em caráter complementar ou emergencial, deverão ser adotadas outras medidas, obedecendo-se a seguinte hierarquia: a) medidas de caráter administrativo ou de organização do trabalho; b) utilização de equipamento de proteção individual – EPI".

sistema eletrônico, inclusive, por sistema biométrico; e) exigir seu uso; f) responsabilizar-se pela higienização e manutenção periódica, quando aplicáveis esses procedimentos, em conformidade com as informações fornecidas pelo fabricante ou importador; g) substituir imediatamente, quando danificado ou extraviado; h) comunicar ao órgão de âmbito nacional competente em matéria de segurança e saúde no trabalho qualquer irregularidade observada (item 6.5.1).

A organização (empregador) deve selecionar os equipamentos de proteção individual (EPI), considerando: a) a atividade exercida; b) as medidas de prevenção em função dos perigos identificados e dos riscos ocupacionais avaliados; c) o disposto no Anexo I da NR 6 (Lista de Equipamentos de Proteção Individual); d) a eficácia necessária para o controle da exposição ao risco; e) as exigências estabelecidas em normas regulamentadoras e nos dispositivos legais; f) a adequação do equipamento ao empregado e o conforto oferecido, segundo avaliação do conjunto de empregados; g) a compatibilidade, em casos que exijam a utilização simultânea de vários equipamentos de proteção individual (EPI), de maneira a assegurar as respectivas eficácias para proteção contra os riscos existentes (item 6.5.2).

A seleção do equipamento de proteção individual (EPI) deve ser registrada, podendo integrar ou ser referenciada no Programa de Gerenciamento de Riscos (PGR) (item 6.5.2.1).

Para as organizações dispensadas de elaboração do Programa de Gerenciamento de Riscos (PGR), deve ser mantido registro que especifique as atividades exercidas e os respectivos equipamentos de proteção individual (EPI) (item 6.5.2.1.1).

A seleção do equipamento de proteção individual (EPI) deve ser realizada pela organização com a participação do Serviço Especializado em Engenharia de Segurança e em Medicina do Trabalho (SESMT), quando houver, após ouvidos empregados usuários e a Comissão Interna de Prevenção de Acidentes e de Assédio (CIPA) ou nomeado (item 6.5.2.2).

A seleção, uso e manutenção de equipamento de proteção individual (EPI) deve, ainda, considerar os programas e regulamentações relacionados a equipamento de proteção individual (EPI) (item 6.5.3).

Cabe ao trabalhador, quanto ao equipamento de proteção individual (EPI): a) usar o fornecido pela organização; b) utilizar apenas para a finalidade a que se destina; c) responsabilizar-se pela limpeza, guarda e conservação; d) comunicar à organização quando extraviado, danificado ou qualquer alteração que o torne impróprio para uso; e) cumprir as determinações da organização sobre o uso adequado (item 6.6.1).

Cabe ao fabricante e ao importador de equipamento de proteção individual (EPI): a) comercializar ou colocar à venda somente o equipamento de proteção individual (EPI) portador de Certificado de Aprovação (CA), emitido pelo órgão de âmbito nacional competente em matéria de segurança e saúde no trabalho; b) comercializar o equipamento de proteção individual (EPI) com manual de instruções em língua portuguesa, orientando sua utilização, manutenção, processos de limpeza e higienização, restrição e demais referências ao seu uso; c) comercializar o equipamento de proteção individual (EPI) com as marcações previstas nesta norma; d) responsabilizar-se pela manutenção da qualidade do equipamento de proteção individual (EPI) que deu origem ao Certificado de Aprovação (CA); e) promover, quando solicitado e se tecnicamente possível, a adaptação do equipamento de proteção individual (EPI) detentor de Certificado de Aprovação (CA) para pessoas com deficiência, preservando a sua eficácia (item 6.8.1).

Cabe ao órgão de âmbito nacional competente em matéria de segurança e saúde no trabalho: a) estabelecer os regulamentos para aprovação de equipamento de proteção individual (EPI); b) emitir ou renovar o Certificado de Aprovação (CA); c) fiscalizar a qualidade do equipamento de proteção individual (EPI); d) solicitar o recolhimento de amostras de equipamento de proteção individual (EPI) ao órgão regional competente em matéria de segurança e saúde no trabalho; e) suspender e cancelar o Certificado de Aprovação (CA) (item 6.10.1).

No âmbito do trabalho rural, cabe fazer referência às disposições da Norma Regulamentadora 31, item 31.6, com redação dada pela Portaria 22.677/2020, sobre medidas de proteção pessoal.

31.10 Medidas preventivas de segurança e saúde no trabalho (PGR, PCMSO e ASO)

A Norma Regulamentadora 9, com redação dada pela Portaria 6.735/2020, estabelece os requisitos para a avaliação das exposições ocupacionais a agentes físicos, químicos e biológicos quando identificados no Programa de Gerenciamento de Riscos (PGR), previsto na NR 1, e subsidiá-lo quanto às medidas de prevenção para os riscos ocupacionais.

Nesse sentido, a organização deve implementar, por estabelecimento, o gerenciamento de riscos ocupacionais em suas atividades (NR 1, item 1.5.3.1). O gerenciamento de riscos ocupacionais deve constituir um Programa de Gerenciamento de Riscos (PGR).

A NR 9 e seus anexos devem ser utilizados para fins de prevenção e controle dos riscos ocupacionais causados por agentes físicos, químicos e biológicos (NR 9, item 9.2.2).

A identificação das exposições ocupacionais aos agentes físicos, químicos e biológicos deve considerar: a) descrição das atividades; b) identificação do agente e formas de exposição; c) possíveis lesões ou agravos à saúde relacionados às exposições identificadas; d) fatores determinantes da exposição; e) medidas de prevenção já existentes; f) identificação dos grupos de trabalhadores expostos (NR 9, item 9.3.1).

Cabe destacar, ainda, no âmbito das medidas de prevenção, ser obrigatório exame médico, por conta do empregador, nas seguintes condições, bem como nas instruções complementares a serem expedidas pelo Ministério do Trabalho (art. 168 da CLT):

a) na admissão;

b) na demissão;

c) periodicamente.

O Ministério do Trabalho estabelece instruções relativas aos casos em que são exigíveis exames:

a) por ocasião da demissão;

b) complementares.

Outros exames complementares podem ser exigidos, a critério médico, para apuração da capacidade ou aptidão física e mental do empregado para a função que deva exercer.

O Ministério do Trabalho estabelece, de acordo com o risco da atividade e o tempo de exposição, a periodicidade dos exames médicos.

O empregador deve manter, no estabelecimento, o material necessário à prestação de primeiros socorros médicos, de acordo com o risco da atividade.

O resultado dos exames médicos, inclusive o exame complementar, deve ser comunicado ao trabalhador, observados os preceitos da ética médica.

Quando se tratar de motorista profissional (de veículos automotores de transporte rodoviário de passageiros e de transporte rodoviário de cargas), em razão da necessidade de rigor quanto à efetiva segurança no exercício das funções, exigem-se exames toxicológicos, previamente à admissão e por ocasião do desligamento, assegurados o direito à contraprova em caso de resultado positivo e a confidencialidade dos resultados dos respectivos exames (art. 168, § 6º, da CLT, acrescentado pela Lei 13.103/2015).

Para os fins do disposto *supra*, é obrigatório exame toxicológico com janela de detecção mínima de 90 dias, específico para substâncias psicoativas que causem dependência ou, comprovadamente, comprometam a capacidade de direção, podendo ser utilizado para essa finalidade o exame toxicológico previsto na Lei 9.503/1997 (Código de Trânsito Brasileiro)[19], desde que realizado nos últimos 60 dias (art. 168, § 7º, da CLT, acrescentado pela Lei 13.103/2015).

---

[19] Cf. Lei 9.503, de 23 de setembro de 1997 (Código de Trânsito Brasileiro): "Art. 148-A. Os condutores das categorias C, D e E deverão comprovar resultado negativo em exame toxicológico para a obtenção e a renovação da Carteira

Frise-se ainda que, nos termos do art. 3º da Lei 13.103/2015, aos *motoristas profissionais dependentes de substâncias psicoativas* é assegurado o pleno atendimento pelas unidades de saúde municipal, estadual e federal, no âmbito do Sistema Único de Saúde, podendo ser realizados convênios com entidades privadas para o cumprimento da obrigação.

As regras sobre os exames médicos são detalhadas pela Norma Regulamentadora 7, com redação dada pela Portaria 6.734/2020.

Essa Norma Regulamentadora estabelece diretrizes e requisitos para o desenvolvimento do Programa de Controle Médico de Saúde Ocupacional (PCMSO) nas organizações, com o objetivo de proteger e preservar a saúde de seus empregados em relação aos riscos ocupacionais, conforme avaliação de riscos do Programa de Gerenciamento de Risco (PGR) da organização.

O PCMSO é parte integrante do conjunto mais amplo de iniciativas da organização no campo da saúde de seus empregados, devendo estar harmonizado com o disposto nas demais Normas Regulamentadoras (NR 7, item 7.3.1).

São diretrizes do PCMSO: a) rastrear e detectar precocemente os agravos à saúde relacionados ao trabalho; b) detectar possíveis exposições excessivas a agentes nocivos ocupacionais; c) definir a aptidão de cada empregado para exercer suas funções ou tarefas determinadas; d) subsidiar a implantação e o monitoramento da eficácia das medidas de prevenção adotadas na organização; e) subsidiar análises epidemiológicas e estatísticas sobre os agravos à saúde e sua relação com os riscos ocupacionais; f) subsidiar decisões sobre o afastamento de empregados de situações de trabalho que possam comprometer sua saúde; g) subsidiar a emissão de notificações de agravos relacionados ao trabalho, de acordo com a regulamentação pertinente; h) subsidiar o encaminhamento de empregados à Previdência Social; i) acompanhar de forma diferenciada o empregado cujo estado de saúde possa ser especialmente afetado pelos riscos ocupacionais; j) subsidiar a Previdência Social nas ações de reabilitação profissional; k) subsidiar ações de readaptação profissional; l) controlar da imunização ativa dos empregados, relacionada a riscos ocupacionais, sempre que houver recomendação do Ministério da Saúde (NR 7, item 7.3.2).

Compete ao empregador: a) garantir a elaboração e efetiva implantação do PCMSO; b) custear sem ônus para o empregado todos os procedimentos relacionados ao PCMSO; c) indicar médico do trabalho responsável pelo PCMSO (NR 7, item 7.4.1).

O Programa de Controle Médico de Saúde Ocupacional (PCMSO) deve ser elaborado considerando os riscos ocupacionais identificados e classificados pelo Programa de Gerenciamento de Risco (PGR) (NR 7, item 7.5.1).

O PCMSO deve incluir a realização obrigatória dos exames médicos: a) admissional; b) periódico; c) de retorno ao trabalho; d) de mudança de riscos ocupacionais; e) demissional (NR 7, item 7.5.6).

Nacional de Habilitação. § 1º O exame de que trata este artigo buscará aferir o consumo de substâncias psicoativas que, comprovadamente, comprometam a capacidade de direção e deverá ter janela de detecção mínima de 90 (noventa) dias, nos termos das normas do Contran. § 2º Além da realização do exame previsto no *caput* deste artigo, os condutores das categorias C, D e E com idade inferior a 70 (setenta) anos serão submetidos a novo exame a cada período de 2 (dois) anos e 6 (seis) meses, a partir da obtenção ou renovação da Carteira Nacional de Habilitação, independentemente da validade dos demais exames de que trata o inciso I do *caput* do art. 147 deste Código. § 3º (revogado pela Lei 14.071/2020. § 4º É garantido o direito de contraprova e de recurso administrativo, sem efeito suspensivo, no caso de resultado positivo para os exames de que trata este artigo, nos termos das normas do Contran. § 5º O resultado positivo no exame previsto no § 2º deste artigo acarretará a suspensão do direito de dirigir pelo período de 3 (três) meses, condicionado o levantamento da suspensão à inclusão, no Renach, de resultado negativo em novo exame, e vedada a aplicação de outras penalidades, ainda que acessórias. § 6º O resultado do exame somente será divulgado para o interessado e não poderá ser utilizado para fins estranhos ao disposto neste artigo ou no § 6º do art. 168 da Consolidação das Leis do Trabalho – CLT, aprovada pelo Decreto-lei n. 5.452, de 1º de maio de 1943. § 7º O exame será realizado, em regime de livre concorrência, pelos laboratórios credenciados pelo Departamento Nacional de Trânsito – DENATRAN, nos termos das normas do Contran, vedado aos entes públicos: I – fixar preços para os exames; II – limitar o número de empresas ou o número de locais em que a atividade pode ser exercida; e III – estabelecer regras de exclusividade territorial".

Para cada exame clínico ocupacional realizado, o médico emitirá Atestado de Saúde Ocupacional (ASO), que deve ser comprovadamente disponibilizado ao empregado, devendo ser fornecido em meio físico quando solicitado (NR 7, item 7.5.19).

O ASO deve conter no mínimo: a) razão social e Cadastro Nacional da Pessoa Jurídica (CNPJ) ou Cadastro de Atividade Econômica da Pessoa Física (CAEPF) da organização; b) nome completo do empregado, o número de seu Cadastro de Pessoas Física (CPF) e sua função; c) a descrição dos perigos ou fatores de risco identificados e classificados no Programa de Gerenciamento de Risco (PGR) que necessitem de controle médico previsto no Programa de Controle Médico de Saúde Ocupacional (PCMSO), ou a sua inexistência; d) indicação e data de realização dos exames ocupacionais clínicos e complementares a que foi submetido o empregado; e) definição de apto ou inapto para a função do empregado; f) o nome e número de registro profissional do médico responsável pelo PCMSO, se houver; g) data, número de registro profissional e assinatura do médico que realizou o exame clínico (NR 7, item 7.5.19.1).

É obrigatória a notificação das doenças profissionais e das produzidas em virtude de condições especiais de trabalho, comprovadas ou objeto de suspeita, de conformidade com as instruções expedidas pelo Ministério do Trabalho (art. 169 da CLT).

Constatada ocorrência ou agravamento de doença relacionada ao trabalho ou alteração que revele disfunção orgânica por meio de exames complementares, caberá à organização, após informada pelo médico responsável pelo Programa de Controle Médico de Saúde Ocupacional (PCMSO): a) emitir a Comunicação de Acidente do Trabalho (CAT); b) afastar o empregado da situação, ou do trabalho, quando necessário; c) encaminhar o empregado à Previdência Social, quando houver afastamento do trabalho superior a 15 dias, para avaliação de incapacidade e definição da conduta previdenciária; d) reavaliar os riscos ocupacionais e as medidas de prevenção pertinentes no Programa de Gerenciamento de Risco (PGR) (NR 7, item 7.5.19.5).

Os dados dos exames clínicos e complementares devem ser registrados em prontuário médico individual sob a responsabilidade do médico responsável pelo PCMSO, ou do médico responsável pelo exame, quando a organização estiver dispensada de PCMSO (NR 7, item 7.6.1).

31.11 Edificações

As edificações devem obedecer aos requisitos técnicos que garantam perfeita segurança aos que nelas trabalhem (art. 170 da CLT).

Os locais de trabalho deverão ter, no mínimo, três metros de pé-direito, assim considerada a altura livre do piso ao teto (art. 171 da CLT).

Esse mínimo pode ser reduzido, desde que atendidas as condições de iluminação e conforto térmico compatíveis com a natureza do trabalho, sujeitando-se tal redução ao controle do órgão competente em matéria de segurança e medicina do trabalho.

Os pisos dos locais de trabalho não deverão apresentar saliências, nem depressões que prejudiquem a circulação de pessoas ou a movimentação de materiais (art. 172 da CLT).

As aberturas nos pisos e paredes serão protegidas de forma que impeçam a queda de pessoas ou de objetos (art. 173 da CLT).

As paredes, escadas, rampas de acesso, passarelas, pisos, corredores, coberturas e passagens dos locais de trabalho devem obedecer às condições de segurança e de higiene do trabalho estabelecidas pelo Ministério do Trabalho, bem como manter-se em perfeito estado de conservação e limpeza (art. 174 da CLT).

A Norma Regulamentadora 8, com redação aprovada pela Portaria 2.188/2022 do Ministério do Trabalho e Previdência, estabelece requisitos que devem ser atendidos nas edificações para garantir segurança e conforto aos trabalhadores.

As medidas de prevenção estabelecidas na NR 8 se aplicam às edificações onde se desenvolvam atividades laborais (item 8.2.1).

31.12 Iluminação

Em todos os locais de trabalho deve haver iluminação adequada, natural ou artificial, apropriada à natureza da atividade (art. 175 da CLT).

A iluminação deverá ser uniformemente distribuída, geral e difusa, a fim de evitar ofuscamento, reflexos incômodos, sombras e contrastes excessivos.

O Ministério do Trabalho deve estabelecer os níveis mínimos de iluminamento a serem observados, nos locais de trabalho, conforme a Norma Regulamentadora 17.

Em todos os locais e situações de trabalho deve haver iluminação, natural ou artificial, geral ou suplementar, apropriada à natureza da atividade (NR 17, item 17.8.1). A iluminação deve ser projetada e instalada de forma a evitar ofuscamento, reflexos incômodos, sombras e contrastes excessivos (NR 17, item 17.8.2).

Em todos os locais e situações de trabalho internos, deve haver iluminação em conformidade com os níveis mínimos de iluminamento a serem observados nos locais de trabalho estabelecidos na Norma de Higiene Ocupacional 11 (NHO 11) da Fundação Jorge Duprat Figueiredo, de Segurança e Medicina do Trabalho (Fundacentro), sobre avaliação dos níveis de iluminamento em ambientes internos de trabalho, versão 2018 (NR 17, item 17.8.3).

31.13 Conforto térmico

Os locais de trabalho devem ter ventilação natural, compatível com o serviço realizado (art. 176 da CLT).

A ventilação artificial será obrigatória sempre que a natural não preencha as condições de conforto térmico.

Se as condições de ambiente se tornarem desconfortáveis, em virtude de instalações geradoras de frio ou de calor, será obrigatório o uso de vestimenta adequada para o trabalho em tais condições ou de capelas, anteparos, paredes duplas, isolamento térmico e recursos similares, de forma que os empregados fiquem protegidos contra as radiações térmicas (art. 177 da CLT).

As condições de conforto térmico dos locais de trabalho devem ser mantidas dentro dos limites fixados pelo Ministério do Trabalho (art. 178 da CLT).

Nos locais de trabalho em ambientes internos onde são executadas atividades que exijam manutenção da solicitação intelectual e atenção constantes, devem ser adotadas medidas de conforto acústico e de conforto térmico, conforme disposto na Norma Regulamentadora 17 (item 17.8.4).

A organização deve adotar medidas de controle do ruído nos ambientes internos, com a finalidade de proporcionar conforto acústico nas situações de trabalho.

A organização deve adotar medidas de controle da temperatura, da velocidade do ar e da umidade, com a finalidade de proporcionar conforto térmico nas situações de trabalho, observando-se o parâmetro de faixa de temperatura do ar entre 18 e 25 graus Celsius para ambientes climatizados.

Devem ser adotadas medidas de controle da ventilação ambiental para minimizar a ocorrência de correntes de ar aplicadas diretamente sobre os trabalhadores.

Os limites de tolerância para exposição ao calor são fixados na Norma Regulamentadora 15, instituída pela Portaria 3.214/1978, sobre atividades e operações insalubres.

31.14 Instalações elétricas

O Ministério do Trabalho dispõe sobre as condições de segurança e as medidas especiais a serem observadas relativamente a instalações elétricas, em qualquer das fases de produção, transmissão, distribuição ou consumo de energia (art. 179 da CLT).

Somente profissional qualificado pode instalar, operar, inspecionar ou reparar instalações elétricas (art. 180 da CLT).

Os que trabalharem em serviços de eletricidade ou instalações elétricas devem estar familiarizados com os métodos de socorro a acidentados por choque elétrico (art. 181 da CLT).

A Norma Regulamentadora 10, instituída pela Portaria 3.214/1978, estabelece os requisitos e condições mínimas objetivando a implementação de medidas de controle e sistemas preventivos, de forma a garantir a segurança e a saúde dos trabalhadores que, direta ou indiretamente, interajam em instalações elétricas e serviços com eletricidade.

A NR 10 se aplica às fases de geração, transmissão, distribuição e consumo, incluindo as etapas de projeto, construção, montagem, operação, manutenção das instalações elétricas e quaisquer trabalhos realizados nas suas proximidades.

Em todos os serviços executados em instalações elétricas devem ser previstas e adotadas, prioritariamente, medidas de proteção coletiva aplicáveis, mediante procedimentos, às atividades a serem desenvolvidas, de forma a garantir a segurança e a saúde dos trabalhadores[20].

Nos trabalhos em instalações elétricas, quando as medidas de proteção coletiva forem tecnicamente inviáveis ou insuficientes para controlar os riscos, devem ser adotados equipamentos de proteção individual específicos e adequados às atividades desenvolvidas.

É obrigatório que os projetos de instalações elétricas especifiquem medidas de segurança sobre esta matéria.

As instalações elétricas devem ser construídas, montadas, operadas, reformadas, ampliadas, reparadas e inspecionadas de forma a garantir a segurança e a saúde dos trabalhadores e dos usuários, e serem supervisionadas por profissional autorizado, conforme dispõe a NR 10.

31.15 Movimentação, armazenagem e manuseio de materiais

Na matéria em questão, o Ministério do Trabalho estabelece normas sobre (art. 182 da CLT):

a) precauções de segurança na movimentação de materiais nos locais de trabalho, os equipamentos a serem obrigatoriamente utilizados e as condições especiais a que estão sujeitas a operação e a manutenção desses equipamentos, inclusive exigências de pessoal habilitado;

b) exigências similares relativas ao manuseio e à armazenagem de materiais, inclusive quanto às condições de segurança e higiene relativas aos recipientes e locais de armazenagem e os equipamentos de proteção individual;

c) obrigatoriedade de indicação de carga máxima permitida nos equipamentos de transporte, dos avisos de proibição de fumar e de advertência quanto à natureza perigosa ou nociva à saúde das substâncias em movimentação ou em depósito, bem como das recomendações de primeiros socorros e de atendimento médico e símbolo de perigo, segundo padronização internacional, nos rótulos dos materiais ou substâncias armazenados ou transportados.

As disposições relativas ao transporte de materiais aplicam-se, também, no que couber, ao transporte de pessoas nos locais de trabalho.

A Norma Regulamentadora 11, instituída pela Portaria 3.214/1978, estabelece normas de segurança para operação de elevadores, guindastes, transportadores industriais e máquinas transportadoras, normas de segurança do trabalho em atividades de transporte de sacas e armazenamento de materiais.

As pessoas que trabalharem na movimentação de materiais deverão estar familiarizadas com os métodos raciocinais de levantamento de cargas (art. 183 da CLT).

---

[20] As medidas de proteção coletiva compreendem, prioritariamente, a desenergização elétrica conforme estabelece a NR 10 e, na sua impossibilidade, o emprego de tensão de segurança. Na impossibilidade de implementação dessas medidas, devem ser utilizadas outras medidas de proteção coletiva, tais como: isolação das partes vivas, obstáculos, barreiras, sinalização, sistema de seccionamento automático de alimentação, bloqueio do religamento automático.

31.16 Máquinas e equipamentos

As máquinas e os equipamentos deverão ser dotados de dispositivos de partida e parada e outros que se fizerem necessários para a prevenção de acidentes do trabalho, especialmente quanto ao risco de acionamento acidental (art. 184 da CLT).

São proibidos a fabricação, a importação, a venda, a locação e o uso de máquinas e equipamentos que não atendam à referida determinação.

Tem-se aqui legítima proibição de certo modo interferindo em aspectos da atividade econômica, o que se justifica em razão da relevância maior do bem jurídico pertinente à saúde, segurança e vida do trabalhador.

Os reparos, limpeza e ajustes somente poderão ser executados com as máquinas paradas, salvo se o movimento for indispensável à realização do ajuste (art. 185 da CLT).

O Ministério do Trabalho estabelece normas adicionais sobre proteção e medidas de segurança na operação de máquinas e equipamentos, especialmente quanto à proteção das partes móveis, distância entre estas, vias de acesso às máquinas e equipamentos de grandes dimensões, emprego de ferramentas, sua adequação e medidas de proteção exigidas quando motorizadas ou elétricas (art. 186 da CLT).

A Norma Regulamentadora 12, instituída pela Portaria 3.214/1978, estabelece regras a respeito da segurança no trabalho em máquinas e equipamentos.

A referida NR 12 também estabelece normas de segurança para dispositivos de partida, acionamento e parada de máquinas.

31.17 Caldeiras, fornos e recipientes sob pressão

Os equipamentos em questão apresentam perigo para a vida e segurança dos empregados que com eles mantêm contato no trabalho. Por isso, são estabelecidas diversas regras de proteção e prevenção de acidentes.

As caldeiras, equipamentos e recipientes em geral que operam sob pressão deverão dispor de válvula e outros dispositivos de segurança, que evitem seja ultrapassada a pressão interna de trabalho compatível com a sua resistência (art. 187 da CLT).

O Ministério do Trabalho expede normas complementares quanto à segurança das caldeiras, fornos e recipientes sob pressão, especialmente quanto ao revestimento interno, à localização, à ventilação dos locais e outros meios de eliminação de gases ou vapores prejudiciais à saúde, e demais instalações ou equipamentos necessários à execução segura das tarefas de cada empregado.

As caldeiras devem ser periodicamente submetidas a inspeções de segurança, por engenheiro ou empresa especializada, inscritos no Ministério do Trabalho, de conformidade com as instruções que, para esse fim, forem expedidas (art. 188 da CLT).

Toda caldeira será acompanhada de "Prontuário", com documentação original do fabricante, abrangendo, no mínimo: especificação técnica, desenhos, detalhes, provas e testes realizados durante a fabricação e a montagem, características funcionais e a pressão máxima de trabalho permitida (PMTP), esta última indicada, em local visível, na própria caldeira.

O proprietário da caldeira deve organizar, manter atualizado e apresentar, quando exigido pela autoridade competente, o Registro de Segurança, no qual são anotadas, sistematicamente, as indicações das provas efetuadas, inspeções, reparos e quaisquer outras ocorrências.

Os projetos de instalação de caldeiras, fornos e recipientes sob pressão devem ser submetidos à aprovação prévia do órgão regional competente em matéria de segurança do trabalho.

O objetivo da Norma Regulamentadora 13, com redação aprovada pela Portaria 1.846/2022 do Ministério do Trabalho e Previdência, é estabelecer requisitos mínimos para a gestão da integridade estrutural de caldeiras, vasos de pressão, suas tubulações de interligação e tanques metálicos de armazenamento nos aspectos relacionados a instalação, inspeção, operação e manutenção, visando a segurança e a saúde dos trabalhadores.

A Norma Regulamentadora 14, com redação aprovada pela Portaria 2.189/2022 do Ministério do Trabalho e Previdência, visa a estabelecer requisitos para a operação de fornos com segurança.

31.18 Prevenção da fadiga

As normas de ergonomia têm por objetivo evitar a fadiga, acidentes e doenças ocupacionais.

O peso máximo que um empregado pode remover individualmente é de 60 kg, ressalvadas as disposições especiais relativas ao trabalho do menor e da mulher (art. 198 da CLT).

Não está compreendida na referida proibição a remoção de material feita por impulsão ou tração de vagonetes sobre trilhos, carros de mão ou quaisquer outros aparelhos mecânicos, podendo o Ministério do Trabalho, em tais casos, fixar limites diversos, que evitem sejam exigidos do empregado serviços superiores às suas forças.

No caso do trabalho da mulher, o art. 390 da CLT, que também se aplica aos empregados menores (art. 405, § 5º, da CLT), estabelece a seguinte regra especial:

"Art. 390. Ao empregador é vedado empregar a mulher em serviço que demande o emprego de força muscular superior a 20 (vinte) quilos para o trabalho contínuo, ou 25 (vinte e cinco) quilos para o trabalho ocasional.

Parágrafo único. Não está compreendida na determinação deste artigo a remoção de material feita por impulsão ou tração de vagonetes sobre trilhos, de carros de mão ou quaisquer aparelhos mecânicos".

A Norma Regulamentadora 17, sobre ergonomia, com redação dada pela Portaria 423/2021, estabelece as diretrizes e os requisitos que permitam a adaptação das condições de trabalho às características psicofisiológicas dos trabalhadores, de modo a proporcionar conforto, segurança, saúde e desempenho eficiente no trabalho.

Será obrigatória a colocação de assentos que assegurem postura correta ao trabalhador, capazes de evitar posições incômodas ou forçadas, sempre que a execução da tarefa exija que trabalhe sentado (art. 199 da CLT).

Quando o trabalho deva ser executado de pé, os empregados terão à sua disposição assentos para serem utilizados nas pausas que o serviço permitir.

31.19 Indústria de construção

As condições de segurança e saúde no trabalho na indústria da construção são reguladas pela Norma Regulamentadora 18, com redação dada pela Portaria 3.733/2020.

A NR 18 estabelece diretrizes de ordem administrativa, de planejamento e de organização, que visam à implementação de medidas de controle e sistemas preventivos de segurança nos processos, nas condições e no meio ambiente de trabalho na indústria da construção.

É obrigatória a colocação de tapume, com altura mínima de dois metros, sempre que se executarem atividades da indústria da construção, de forma a impedir o acesso de pessoas estranhas aos serviços (NR 18, item 18.16.18).

31.20 Trabalho a céu aberto

O Ministério do Trabalho estabelece disposições sobre proteção contra insolação, calor, frio, umidade e ventos, sobretudo no trabalho a céu aberto, com provisão, quanto a este, de água potável, alojamento e profilaxia de endemias (art. 200, inciso V, da CLT).

O trabalho a céu aberto é disciplinado pela Norma Regulamentadora 21, instituída pela Portaria 3.214/1978.

É obrigatória a existência de abrigos, ainda que rústicos, capazes de proteger os trabalhadores contra intempéries.

São exigidas medidas especiais que protejam os trabalhadores contra a insolação excessiva, o calor, o frio, a umidade e os ventos inconvenientes.

Aos trabalhadores que residirem no local do trabalho, devem ser oferecidos alojamentos que apresentem adequadas condições sanitárias.

Para os trabalhos realizados em regiões pantanosas ou alagadiças, serão imperativas as medidas de profilaxia de endemias, de acordo com as normas de saúde pública.

Os locais de trabalho devem ser mantidos em condições sanitárias compatíveis com o gênero de atividade.

É vedada, em qualquer hipótese, a moradia coletiva da família.

31.21 Trabalho em minas de subsolo

O trabalho em minas de subsolo apresenta-se mais penoso do que o normal, justificando diversas normas prevendo condições especiais.

A própria jornada de trabalho é especial, conforme os arts. 293 e seguintes da CLT.

Assim, a duração normal do trabalho efetivo para os empregados em minas no subsolo não excederá de seis horas diárias ou de 36 semanais (art. 293 da CLT).

O próprio tempo despendido pelo empregado da boca da mina ao local do trabalho e vice-versa será computado para o efeito de pagamento do salário (art. 294 da CLT). Trata-se de disposição especial, que faz integrar o tempo *in itinere* à jornada de trabalho.

A duração normal do trabalho efetivo no subsolo poderá ser elevada até oito horas diárias ou 44 semanais, mediante acordo escrito entre empregado e empregador, ou convenção ou acordo coletivo de trabalho, sujeita essa prorrogação à prévia licença da autoridade competente em matéria de segurança e saúde do trabalho (art. 295 da CLT, c/c art. 7º, inciso XIII, da CF/1988).

A duração normal do trabalho efetivo no subsolo poderá ser inferior a seis horas diárias, por determinação da autoridade competente em matéria de segurança e saúde do trabalho, tendo em vista condições locais de insalubridade e os métodos e processos do trabalho adotado.

A remuneração da hora prorrogada será no mínimo de 50% superior à da hora normal (art. 7º, inciso XVI, da CF/1988).

Ao empregado no subsolo será fornecida, pelas empresas exploradoras de minas, alimentação adequada à natureza do trabalho, de acordo com as instruções aprovadas pelo Ministério do Trabalho (art. 297 da CLT).

Em cada período de três horas consecutivas de trabalho, será obrigatória uma pausa de 15 minutos para repouso, a qual será computada na duração normal de trabalho efetivo (art. 298 da CLT).

Quando nos trabalhos de subsolo ocorrer acontecimentos que possam comprometer a vida ou saúde do empregado, deverá a empresa comunicar o fato imediatamente à autoridade regional do trabalho, do Ministério do Trabalho (art. 299 da CLT).

Sempre que, por motivo de saúde, for necessária a transferência do empregado, a juízo da autoridade competente em matéria da segurança e da medicina do trabalho, dos serviços no subsolo para os de superfície, é a empresa obrigada a realizar essa transferência, assegurando ao transferido a remuneração atribuída ao trabalhador de superfície em serviço equivalente, respeitada a capacidade profissional do interessado (art. 300 da CLT).

No caso de recusa do empregado em atender a essa transferência, será ouvida a autoridade competente em matéria de higiene e segurança do trabalho, que decidirá a respeito.

O trabalho no subsolo somente será permitido a homens, com idade compreendida entre 21 e 50 anos, assegurada a transferência para a superfície nos termos previstos no art. 300 (art. 301 da CLT).

A Norma Regulamentadora 22, instituída pela Portaria 3.214/1978, apresenta as regras pertinentes à segurança e saúde ocupacional na mineração.

Esta norma se aplica a:

a) minerações subterrâneas;
b) minerações a céu aberto;
c) garimpos, no que couber;
d) beneficiamentos minerais; e
e) pesquisa mineral.

31.22 Proteção contra incêndio

O Ministério do Trabalho estabelece disposições sobre proteção contra incêndio em geral e as medidas preventivas adequadas, com exigências ao especial revestimento de portas e paredes, construção de paredes contra fogo, diques e outros anteparos, assim como garantia geral de fácil circulação, corredores de acesso e saídas amplas e protegidas, com suficiente sinalização (art. 200, inciso IV, da CLT).

Nesse sentido, a Norma Regulamentadora 23, com redação aprovada pela Portaria 2.769/2022 do Ministério do Trabalho e Previdência, estabelece medidas de prevenção contra incêndios nos ambientes de trabalho.

As medidas de prevenção estabelecidas na NR 23 se aplicam aos estabelecimentos e locais de trabalho (item 23.2.1).

Toda organização (empregador) deve adotar medidas de prevenção contra incêndios em conformidade com a legislação estadual e, quando aplicável, de forma complementar, com as normas técnicas oficiais (item 23.3.1).

A organização deve providenciar para todos os trabalhadores informações sobre: a) utilização dos equipamentos de combate ao incêndio; b) procedimentos de resposta aos cenários de emergências e para evacuação dos locais de trabalho com segurança; c) dispositivos de alarme existentes (item 23.3.2).

Os locais de trabalho devem dispor de saídas em número suficiente e dispostas de modo que aqueles que se encontrem nesses locais possam abandoná-los com rapidez e segurança em caso de emergência (item 23.3.3).

As aberturas, saídas e vias de passagem de emergência devem ser identificadas e sinalizadas de acordo com a legislação estadual e, quando aplicável, de forma complementar, com as normas técnicas oficiais, indicando a direção da saída (item 23.3.4). As aberturas, saídas e vias de passagem devem ser mantidas desobstruídas (item 23.3.4.1).

Nenhuma saída de emergência deve ser fechada à chave ou presa durante a jornada de trabalho (item 23.3.5). As saídas de emergência podem ser equipadas com dispositivos de travamento que permitam fácil abertura do interior do estabelecimento (item 23.3.5.1).

31.23 Condições de higiene e conforto

Devem ser respeitadas nos locais de trabalho as normas de higiene, contendo estes instalações sanitárias, com separação de sexos, chuveiros, lavatórios, vestiários e armários individuais, refeitórios ou condições de conforto por ocasião das refeições, fornecimento de água potável, condições de limpeza dos locais de trabalho e modo de sua execução (art. 200, inciso VII, da CLT).

A Norma Regulamentadora 24, com redação aprovada pela Portaria 1.066/2019, dispõe sobre condições de higiene e conforto nos locais de trabalho.

Nesse sentido, a NR 24 estabelece as condições mínimas de higiene e de conforto a serem observadas pelas organizações, devendo o dimensionamento de todas as instalações regulamentadas pela NR 24 ter como base o número de trabalhadores usuários do turno com maior contingente (item 24.1.1).

31.24 Resíduos industriais

As empresas devem observar as normas de segurança e medicina nos locais de trabalho, atendendo às medidas para o tratamento de resíduos industriais (art. 200, inciso VII, parte final, da CLT).

A Norma Regulamentadora 25, com redação aprovada pela Portaria 3.994/2022, estabelece requisitos de segurança e saúde no trabalho para o gerenciamento de resíduos industriais.

A NR 25 se aplica às atividades relacionadas ao gerenciamento de resíduos industriais provenientes dos processos industriais (item 25.2.1).

A organização (empregador) deve buscar a redução da exposição ocupacional aos resíduos industriais por meio da adoção das melhores práticas tecnológicas e organizacionais disponíveis (item 25.3.1).

Os resíduos industriais devem ter disposição de acordo com a lei ou regulamento específico, sendo vedado o lançamento ou a liberação no ambiente de trabalho de quaisquer contaminantes advindos desses materiais que possam comprometer a segurança e saúde dos trabalhadores (item 25.3.2).

As medidas, métodos, equipamentos ou dispositivos de controle do lançamento ou liberação de contaminantes gasosos, líquidos ou sólidos devem ser submetidos ao exame e à aprovação dos órgãos competentes (item 25.3.3).

Os resíduos sólidos e efluentes líquidos produzidos por processos e operações industriais devem ser coletados, acondicionados, armazenados, transportados, tratados e encaminhados à disposição final pela organização na forma estabelecida em lei ou regulamento específico (item 25.3.4).

Os trabalhadores envolvidos em atividades de coleta, manipulação, acondicionamento, armazenamento, transporte, tratamento e disposição de resíduos industriais devem ser capacitados pela empresa, de forma continuada, sobre os riscos ocupacionais envolvidos e as medidas de prevenção adequadas (item 25.3.7).

31.25 Sinalização e identificação de segurança

O Ministério do Trabalho estabelece disposições sobre emprego das cores nos locais de trabalho, inclusive nas sinalizações de perigo (art. 200, inciso VIII, da CLT).

Nesse sentido, a Norma Regulamentadora 26, com redação aprovada pela Portaria 2.770/2022 do Ministério do Trabalho e Previdência, estabelece medidas quanto a sinalização e identificação de segurança a serem adotadas nos locais de trabalho.

As medidas de prevenção estabelecidas na NR 26 se aplicam aos estabelecimentos ou locais de trabalho (item 26.2.1).

Devem ser adotadas cores para comunicação de segurança em estabelecimentos ou locais de trabalho, a fim de indicar e advertir acerca dos perigos e riscos existentes (item 26.3.1).

As cores utilizadas para identificar os equipamentos de segurança, delimitar áreas, identificar tubulações empregadas para a condução de líquidos e gases e advertir contra riscos devem atender ao disposto nas normas técnicas oficiais (item 26.3.2).

A utilização de cores não dispensa o emprego de outras formas de prevenção de acidentes (item 26.3.3).

O uso de cores deve ser o mais reduzido possível a fim de não ocasionar distração, confusão e fadiga ao trabalhador (item 26.3.4).

O produto químico utilizado no local de trabalho deve ser classificado quanto aos perigos para a segurança e a saúde dos trabalhadores, de acordo com os critérios estabelecidos pelo Sistema Globalmente Harmonizado de Classificação e Rotulagem de Produtos Químicos (GHS), da Organização das Nações Unidas (item 26.4.1.1).

A rotulagem preventiva é um conjunto de elementos com informações escritas, impressas ou gráficas, relativas a um produto químico, que deve ser afixada, impressa ou anexada à embalagem que contém o produto (item 26.4.2.1).

O fabricante ou, no caso de importação, o fornecedor no mercado nacional, deve elaborar e tornar disponível ficha com dados de segurança do produto químico para todo produto químico classificado como perigoso (item 26.4.3.1).

A organização deve assegurar o acesso dos trabalhadores às fichas com dados de segurança dos produtos químicos que utilizam no local de trabalho (item 26.5.1).

Os trabalhadores devem receber treinamento: a) para compreender a rotulagem preventiva e a ficha com dados de segurança do produto químico; b) sobre os perigos, os riscos, as medidas preventivas para o uso seguro e os procedimentos para atuação em situações de emergência com o produto químico (item 26.5.2).

31.26 Asbesto (amianto)

A Lei 9.055, de 1º de junho de 1995, estabelece certas vedações quanto à extração, produção, industrialização, utilização, comercialização, pulverização e venda de certos materiais e substâncias feitas de certas variações de asbesto/amianto, o qual é uma fibra mineral.

Há estudos científicos demonstrando consequências nocivas à saúde humana pelo uso das referidas variedades de substâncias, como asbestose (endurecimento do pulmão), placas pleurais e câncer mesotelioma.

Desse modo, o art. 4º da Lei 9.055/1995 prevê que os órgãos competentes de controle de segurança, higiene e medicina do trabalho desenvolverão programas sistemáticos de fiscalização, monitoramento e controle dos riscos de exposição ao asbesto/amianto da variedade crisotila e às fibras naturais e artificiais referidas no art. 2º desse diploma legal (as comprovadamente nocivas à saúde humana), diretamente ou por meio de convênios com instituições públicas ou privadas credenciadas para tal fim pelo Poder Executivo.

O Anexo 12 da NR 15, instituída pela Portaria 3.214/1978, versa sobre o asbesto, fixando limites de tolerância.

Entende-se por "asbesto", também denominado amianto, a forma fibrosa dos silicatos minerais pertencentes aos grupos de rochas metamórficas das serpentinas, isto é, a crisotila (asbesto branco), e dos anfibólios, isto é, a actinolita, a amosita (asbesto marrom), a antofilita, a crocidolita (asbesto azul), a tremolita ou qualquer mistura que contenha um ou vários destes minerais.

Entende-se por "exposição ao asbesto" a exposição no trabalho às fibras de asbesto respiráveis ou poeira de asbesto em suspensão no ar originada pelo asbesto ou por minerais, materiais ou produtos que contenham asbesto.

O Decreto 2.350, de 15 de outubro de 1997, regulamenta a Lei 9.055/1995.

A Convenção 162 da OIT, de 1986, sobre a utilização do amianto com segurança, foi ratificada pelo Brasil, tendo sido promulgada pelo Decreto 126, de 22 de maio de 1991 (atualmente Decreto 10.088/2019).

Como se nota, no Brasil, a Lei 9.055/1995 estabeleceu o uso controlado do amianto.

No entanto, há entendimento de que a referida previsão encontra-se ultrapassada e em desacordo com a Constituição Federal de 1988, a qual assegura os direitos à vida, à segurança (art. 5º, *caput*), à saúde (art. 6º), bem como o direito à "redução dos riscos inerentes ao trabalho, por meio de normas de saúde, higiene e segurança" (art. 7º, inciso XXII), além de garantir a proteção do meio ambiente, nele compreendido o do trabalho (arts. 170, inciso VI, 200, inciso VIII, e 225, § 3º).

Nesse enfoque, apenas o controle quanto à utilização do amianto não seria suficiente e eficaz, tendo em vista a possibilidade de graves doenças e problemas de saúde, podendo levar "até mesmo à morte trabalhadores que o manipulam ou com ele têm contato"[21]. Assim, a exemplo do que já ocorreu em outros países (como França, Bélgica, Alemanha, Itália e Argentina), a referida corrente defende o "banimento completo" do uso do amianto também no Brasil.

O art. 2º da Lei 9.055/1995 previa que o asbesto/amianto da variedade crisotila (asbesto branco), do grupo dos minerais das serpentinas, e as demais fibras, naturais e artificiais de qualquer origem, utilizadas para o mesmo fim, seriam extraídas, industrializadas, utilizadas e comercializadas em consonância com as disposições do referido diploma legal. Para os efeitos da Lei 9.055/1995, consideram-se fibras naturais e artificiais as comprovadamente nocivas à saúde humana.

Entretanto, o Supremo Tribunal Federal declarou, incidentalmente, a inconstitucionalidade do art. 2º da Lei 9.055/1995, com efeito vinculante e *erga omnes* (STF, Pleno, ADIs 3.406 e 3.470, Rel. Min. Rosa Weber, j. 29.11.2017).

Com isso, atualmente, tem-se a proibição da extração, industrialização, utilização e comercialização até mesmo do amianto da variedade crisotila no Brasil[22].

31.27 Insalubridade

As atividades ou operações insalubres são aquelas que, por sua natureza, condições ou métodos de trabalho, exponham os empregados a agentes nocivos à saúde, acima dos limites de tolerância fixados em razão da natureza e da intensidade do agente e do tempo de exposição aos seus efeitos (art. 189 da CLT).

Cabe ao Ministério do Trabalho aprovar o quadro das atividades e operações insalubres e adotar normas sobre os critérios de caracterização da insalubridade, os limites de tolerância aos agentes agressivos, meios de proteção e o tempo máximo de exposição do empregado a esses agentes (art. 190 da CLT).

As normas referidas incluem medidas de proteção do organismo do trabalhador nas operações que produzem aerodispersoides tóxicos, irritantes, alérgicos ou incômodos.

As atividades e operações insalubres são indicadas na Norma Regulamentadora 15, da Portaria 3.214/1978, a qual descreve os agentes químicos, físicos e biológicos prejudiciais à saúde do empregado, bem como os respectivos limites de tolerância.

A mencionada regulamentação apresenta grande relevância, tendo em vista o art. 190, bem como o art. 196, ambos da CLT[23].

---

[21] AZEVEDO, Dorotéia Silva de. Amianto e trabalho. *Trabalho em Revista* (doutrina), Curitiba, Decisório Trabalhista, ano 25, n. 304, p. 4.173-4.174, nov. 2007.

[22] "7. (i) O consenso dos órgãos oficiais de saúde geral e de saúde do trabalhador em torno da natureza altamente cancerígena do amianto crisotila, (ii) a existência de materiais alternativos à fibra de amianto e (iii) a ausência de revisão da legislação federal revelam a inconstitucionalidade superveniente (sob a óptica material) da Lei Federal n. 9.055/1995, por ofensa ao direito à saúde (art. 6º e 196, CF/88), ao dever estatal de redução dos riscos inerentes ao trabalho por meio de normas de saúde, higiene e segurança (art. 7º, inciso XXII, CF/88), e à proteção do meio ambiente (art. 225, CF/88). [...] 9. Ação direta julgada improcedente, com a declaração incidental de inconstitucionalidade do art. 2º da Lei 9.055/1995, com efeito *erga omnes* e vinculante" (STF, Pleno, ADI 3.937/SP, Rel. p/ ac. Min. Dias Toffoli, *DJe* 01.02.2019).

[23] Cf. Orientação Jurisprudencial 173 da SBDI-I do TST: "Adicional de insalubridade. Atividade a céu aberto. Exposição ao Sol e ao calor. I – Ausente previsão legal, indevido o adicional de insalubridade ao trabalhador em atividade a céu aberto por sujeição à radiação solar (art. 195 da CLT e Anexo 7 da NR 15 da Portaria n. 3.214/78 do MTE). II – Tem direito à percepção ao adicional de insalubridade o empregado que exerce atividade exposto ao calor acima dos limites de tolerância, inclusive em ambiente externo com carga solar, nas condições previstas no Anexo 3 da NR 15 da Portaria n. 3.214/78 do MTE". Ainda a respeito do tema, cabe destacar a seguinte decisão do TST: "Recurso de embargos da reclamada. Adicional de insalubridade. Exposição ao calor do Sol. Orientação Jurisprudencial n. 173 da SBDI-1. Inaplicabilidade. O Anexo 7 da NR 15 do Ministério do Trabalho, ao qual a Orientação Jurisprudencial n. 173 da SBDI-1 faz referência, trata das radiações não ionizantes. Inegável, portanto, que o intuito desta Corte, quando de sua edição, foi de vedar o pagamento de adicional de insalubridade em razão do fator radiação solar, ante a

Nesse sentido esclarece a Súmula 460 do STF: "Para efeito do adicional de insalubridade, a perícia judicial em reclamação trabalhista não dispensa o enquadramento da atividade entre as insalubres, que é ato da competência do Ministério do Trabalho e Previdência Social".

Na mesma linha, cabe destacar a Súmula 448 do TST:

"Atividade insalubre. Caracterização. Previsão na Norma Regulamentadora 15 da Portaria do Ministério do Trabalho 3.214/1978. Instalações sanitárias (conversão da Orientação Jurisprudencial 4 da SBDI-1 com nova redação do item II).

I – Não basta a constatação da insalubridade por meio de laudo pericial para que o empregado tenha direito ao respectivo adicional, sendo necessária a classificação da atividade insalubre na relação oficial elaborada pelo Ministério do Trabalho.

II – A higienização de instalações sanitárias de uso público ou coletivo de grande circulação, e a respectiva coleta de lixo, por não se equiparar à limpeza em residências e escritórios, enseja o pagamento de adicional de insalubridade em grau máximo, incidindo o disposto no Anexo 14 da NR-15 da Portaria do MTE 3.214/1978 quanto à coleta e industrialização de lixo urbano".

Aliás, conforme a Súmula 248 do TST: "Adicional de insalubridade. Direito adquirido. A reclassificação ou a descaracterização da insalubridade, por ato da autoridade competente, repercute na satisfação do respectivo adicional, sem ofensa a direito adquirido ou ao princípio da irredutibilidade salarial".

Sobre o tema, a Orientação Jurisprudencial Transitória 57 da SBDI-I do TST assim prevê: "Adicional de insalubridade. Deficiência de iluminação. Limitação. Somente após 26.02.1991 foram, efetivamente, retiradas do mundo jurídico as normas ensejadoras do direito ao adicional de insalubridade por iluminamento insuficiente no local da prestação de serviço, como previsto na Portaria 3.751/1990 do Ministério do Trabalho".

A eliminação ou a neutralização da insalubridade ocorre (art. 191 da CLT):

a) com a adoção de medidas que conservem o ambiente de trabalho dentro dos limites de tolerância;

b) com a utilização de equipamentos de proteção individual ao trabalhador, que diminuam a intensidade do agente agressivo a limites de tolerância[24].

Frise-se ainda que o Tribunal Superior do Trabalho, no julgamento de incidente de recurso repetitivo, fixou as seguintes teses jurídicas a respeito do adicional de insalubridade:

"1. O reconhecimento da insalubridade, para fins do percebimento do adicional previsto no art. 192 da CLT, não prescinde do enquadramento da atividade ou operação na relação elaborada pelo Ministério do Trabalho e Emprego ou da constatação de extrapolação de níveis de tolerância fixados para agente nocivo expressamente arrolado no quadro oficial.

2. A atividade com utilização constante de fones de ouvido tal como a de operador de teleatendimento não gera direito a adicional de insalubridade tão somente por equiparação aos serviços de

---

inexistência de previsão legal neste sentido. Entretanto, o mesmo entendimento não pode ser aplicado às hipóteses em que o laudo pericial constata a submissão do trabalhador ao agente insalubre calor, o qual encontra previsão no anexo n. 3 da mesma norma regulamentar, na qual não há qualquer diferenciação a respeito da necessidade de exposição ao mencionado fator em ambiente fechado ou aberto. Aliás, conforme se verifica do item 1 do referido anexo, há expressa menção a 'Ambientes externos com carga solar'. Dessa forma, havendo comprovação, mediante perícia técnica, da submissão do reclamante a trabalho insalubre decorrente da exposição ao fator calor, nos termos da NR 15, Anexo 3, do Ministério do Trabalho, deve ser mantida a condenação ao pagamento de adicional de insalubridade, sendo irrelevante o fato da alta temperatura decorrer do contato com a luz solar. Recurso de embargos conhecido e desprovido" (TST, SBDI-I, E-ED-RR 51100-73.2006.5.15.0120, Rel. Min. Renato de Lacerda Paiva, *DEJT* 10.08.2012).

[24] Cf. Súmula 289 do TST: "Insalubridade. Adicional. Fornecimento do aparelho de proteção. Efeito. O simples fornecimento do aparelho de proteção pelo empregador não o exime do pagamento do adicional de insalubridade. Cabe-lhe tomar as medidas que conduzam à diminuição ou eliminação da nocividade, entre as quais as relativas ao uso efetivo do equipamento pelo empregado".

telegrafia e radiotelegrafia, manipulação em aparelhos do tipo morse e recepção de sinais em fones para os fins do anexo 13 da NR 15 do Ministério do Trabalho" (TST, SBDI-I, IRR 356-84.2013.5.04.0007, Rel. Min. Walmir Oliveira da Costa, j. 25.05.2017).

Cabe às Delegacias Regionais do Trabalho (atualmente denominadas Superintendências Regionais do Trabalho), comprovada a insalubridade, notificar as empresas, estipulando prazos para sua eliminação ou neutralização, na forma do art. 191.

O exercício de trabalho em condições insalubres, acima dos limites de tolerância estabelecidos pelo Ministério do Trabalho, assegura a percepção de adicional respectivamente de 40% (quarenta por cento), 20% (vinte por cento) e 10% (dez por cento) do salário mínimo, segundo se classifiquem nos graus máximo, médio e mínimo (art. 192 da CLT). Prevalece o entendimento de que, no caso de incidência de mais de um fator de insalubridade, será apenas considerado o de grau mais elevado, para efeito de acréscimo salarial, sendo vedada a percepção cumulativa (NR 15, item 15.3).

O adicional de insalubridade é previsto no art. 7º, inciso XXIII, da Constituição Federal de 1988, com regulamentação pelos arts. 189 e seguintes da Consolidação das Leis do Trabalho, como já estudado anteriormente, fazendo-se remissão para evitar repetir a matéria.

31.28 Periculosidade

As atividades ou operações perigosas são aquelas que, na forma da regulamentação aprovada pelo Ministério do Trabalho, por sua natureza ou métodos de trabalho, impliquem risco acentuado em virtude de exposição permanente do trabalhador a inflamáveis[25], explosivos ou energia elétrica, e, ainda, roubos ou outras espécies de violência física nas atividades profissionais de segurança pessoal ou patrimonial (art. 193 da CLT, com redação dada pela Lei 12.740/2012, publicada no DOU de 10.12.2012, data de sua entrada em vigor. Cf. ainda o item 9.2.10)[26].

A Lei 12.997/2014, publicada no DOU de 20.06.2014, acrescentou o § 4º ao art. 193 da CLT, passando a dispor que "são também consideradas perigosas as atividades de trabalhador em motocicleta".

O bombeiro civil tem direito ao adicional de periculosidade de 30% do salário mensal sem os acréscimos resultantes de gratificações, prêmios ou participações nos lucros da empresa (art. 6º, inciso III, da Lei 11.901/2009).

As atividades e operações perigosas são indicadas na Norma Regulamentadora 16, da Portaria 3.214/1978.

Quanto ao tema, conforme explicita a Súmula 447 do TST:

"Adicional de periculosidade. Permanência a bordo durante o abastecimento da aeronave. Indevido. Os tripulantes e demais empregados em serviços auxiliares de transporte aéreo que, no momento do abastecimento da aeronave, permanecem a bordo não têm direito ao adicional de periculosidade a que aludem o art. 193 da CLT e o Anexo 2, item 1, 'c', da NR 16 do MTE".

De acordo com o § 1º do art. 193 da CLT, o trabalho em condições de periculosidade assegura ao empregado um adicional de 30% sobre o salário sem os acréscimos resultantes de gratificações, prêmios ou participações nos lucros da empresa.

O § 2º do art. 193 da CLT prevê que o empregado pode optar pelo adicional de insalubridade que porventura lhe seja devido. Por isso, tende a prevalecer o entendimento de que ele não faz jus ao

---

[25] Cf. Orientação Jurisprudencial 385 da SBDI-I do TST: "Adicional de periculosidade. Devido. Armazenamento de líquido inflamável no prédio. Construção vertical. É devido o pagamento do adicional de periculosidade ao empregado que desenvolve suas atividades em edifício (construção vertical), seja em pavimento igual ou distinto daquele onde estão instalados tanques para armazenamento de líquido inflamável, em quantidade acima do limite legal, considerando-se como área de risco toda a área interna da construção vertical" (DEJT 09.06.2010).

[26] Cf. Súmula 39 do TST: "Periculosidade. Os empregados que operam em bomba de gasolina têm direito ao adicional de periculosidade (Lei 2.573, de 15.08.1955)".

recebimento de ambos os adicionais ao mesmo tempo[27], posicionamento este que, no entanto, merece *fundada crítica*, pois, se o empregado está exposto tanto ao agente insalubre como também à periculosidade, nada mais justo e coerente do que receber ambos os adicionais (art. 7º, inciso XXIII, da CF/1988), uma vez que os fatos geradores são distintos e autônomos. Além disso, a restrição a apenas um dos adicionais acaba desestimulando que a insalubridade e a periculosidade sejam eliminadas e neutralizadas, o que estaria em desacordo com o art. 7º, inciso XXII, da Constituição Federal de 1988[28]. De todo modo, ainda que o adicional de insalubridade tenha natureza salarial (Súmula 139 do TST[29]), caso prevaleça o mencionado entendimento, mais tradicional, de que o recebimento do adicional de periculosidade afasta o direito ao adicional de insalubridade, não haveria, consequentemente, como integrá-lo no cálculo do adicional de periculosidade.

No entanto, o que vem se admitindo é a cumulação do adicional de insalubridade (*ou* de periculosidade) com eventual adicional de penosidade, regulado por norma coletiva ou regulamento de empresa.

Os mencionados direitos trabalhistas possuem natureza social, de ordem fundamental, essenciais, assim, para a preservação e a promoção da dignidade da pessoa humana na esfera das relações de trabalho.

Nesse enfoque, o art. 5º, § 2º, da Constituição da República é expresso ao dispor que os direitos e garantias expressos na Constituição não excluem outros decorrentes do regime e dos princípios por ela adotados, ou dos tratados internacionais em que a República Federativa do Brasil seja parte.

A Convenção 148 da Organização Internacional do Trabalho, sobre proteção dos trabalhadores contra os riscos profissionais devidos à contaminação do ar, ao ruído e às vibrações no local de trabalho, de 1977, aprovada e promulgada pelo Brasil, conforme Decreto 93.413/1986 (atualmente Decreto 10.088/2019), determina que os critérios e os limites de exposição devem ser fixados, completados e revisados a intervalos regulares, em conformidade com os novos conhecimentos e dados nacionais e internacionais, tendo em conta, na medida do possível, qualquer aumento dos riscos profissionais resultante da *exposição simultânea a vários fatores nocivos no local de trabalho* (art. 8.3).

A Convenção 155 da OIT, sobre segurança e saúde dos trabalhadores e o meio ambiente de trabalho, de 1981, também aprovada e promulgada pelo Brasil, conforme Decreto 1.254/1994 (atualmente Decreto 10.088/2019), por sua vez, prevê que devem ser levados em consideração os riscos para a saúde decorrentes da *exposição simultânea a diversas substâncias ou agentes* (art. 11, alínea *b*).

Como se pode notar, as normas internacionais em questão, dispondo de forma mais benéfica e coerente, admitem o recebimento, simultâneo, dos adicionais de insalubridade e de periculosidade, quando o empregado está exposto a ambos os agentes.

Deve-se frisar que o Supremo Tribunal Federal firmou a tese de que os tratados e convenções internacionais sobre direitos humanos, firmados pelo Brasil antes da vigência da Emenda Constitucional 45/2014, possuem *status* normativo *supralegal*, admitindo a sua hierarquia constitucional quando aprovados pelo Congresso Nacional com os requisitos previstos no atual art. 5º, § 3º, da Constituição da República (Recursos Extraordinários 349.703 e 466.343).

Nesse sentido, embora o entendimento seja minoritário, cabe destacar a seguinte decisão do TST:

"Recurso de revista. Cumulação dos adicionais de insalubridade e periculosidade. Possibilidade. Prevalência das normas constitucionais e supralegais sobre a CLT. Jurisprudência consolidada do STF quanto ao efeito paralisante das normas internas em descompasso com os tratados interna-

---

[27] Cf. MARTINS, Sergio Pinto. *Comentários à CLT*. 10. ed. São Paulo: Atlas, 2006. p. 213: "Não poderá, porém, haver o pagamento dos dois adicionais ao mesmo tempo"; CARRION, Valentin. *Comentários à Consolidação das Leis do Trabalho*. 31. ed. atual. por Eduardo Carrion. São Paulo: Saraiva, 2006. p. 189: "A lei impede a acumulação dos adicionais de insalubridade e periculosidade; a escolha de um dos dois pertence ao empregado (art. 193, § 2º)".

[28] "XXII – redução dos riscos inerentes ao trabalho, por meio de normas de saúde, higiene e segurança".

[29] Súmula 139 do TST: "Adicional de insalubridade. Enquanto percebido, o adicional de insalubridade integra a remuneração para todos os efeitos legais".

cionais de direitos humanos. Incompatibilidade material. Convenções 148 e 155 da OIT. Normas de Direito Social. Controle de convencionalidade. Nova forma de verificação de compatibilidade das normas integrantes do ordenamento jurídico. A previsão contida no art. 193, § 2º, da CLT não foi recepcionada pela Constituição Federal de 1988, que, em seu art. 7º, XXIII, garantiu de forma plena o direito ao recebimento dos adicionais de penosidade, insalubridade e periculosidade, sem qualquer ressalva no que tange à cumulação, ainda que tenha remetido sua regulação à lei ordinária. A possibilidade da aludida cumulação se justifica em virtude de os fatos geradores dos direitos serem diversos. Não se há de falar em *bis in idem*. No caso da insalubridade, o bem tutelado é a saúde do obreiro, haja vista as condições nocivas presentes no meio ambiente de trabalho; já a periculosidade traduz situação de perigo iminente que, uma vez ocorrida, pode ceifar a vida do trabalhador, sendo este o bem a que se visa proteger. A regulamentação complementar prevista no citado preceito da Lei Maior deve se pautar pelos princípios e valores insculpidos no texto constitucional, como forma de alcançar, efetivamente, a finalidade da norma. Outro fator que sustenta a inaplicabilidade do preceito celetista é a introdução no sistema jurídico interno das Convenções Internacionais 148 e 155, com *status* de norma materialmente constitucional ou, pelo menos, supralegal, como decidido pelo STF. A primeira consagra a necessidade de atualização constante da legislação sobre as condições nocivas de trabalho; e a segunda determina que sejam levados em conta os 'riscos para a saúde decorrentes da exposição simultânea a diversas substâncias ou agentes'. Nesse contexto, não há mais espaço para a aplicação do art. 193, § 2º, da CLT. Recurso de revista de que se conhece e a que se nega provimento" (TST, 7ª T., RR 1072-72.2011.5.02.0384, Rel. Min. Cláudio Mascarenhas Brandão, *DEJT* 03.10.2014).

Não obstante, a posição mais tradicional é no sentido da impossibilidade da referida cumulação, como se observa no seguinte julgado:

"Recurso de embargos. Cumulação dos adicionais de insalubridade e periculosidade. Impossibilidade. O art. 193, § 2º, da CLT, ao conceder ao empregado a prerrogativa de optar pelo adicional que lhe for mais favorável, afastou a possibilidade de cumulação. Cabe ressaltar que muito antes da promulgação da Constituição Federal de 1988, a qual incluiu os direitos sociais do trabalhador de redução dos riscos inerentes ao trabalho, a CLT já tinha a previsão de pagamento dos adicionais em questão. Não há como se concluir que haja na atual Carta Constitucional qualquer disposição expressa ou tácita acerca da não recepção do art. 193, § 2º, da CLT, seja porque, ao prever o pagamento dos adicionais, usou a expressão, na forma da lei, sendo, portanto, norma constitucional de eficácia contida, regulamentada, portanto, pela CLT; seja porque utilizou do conectivo ou e não e, donde se depreende que foi utilizada uma conjunção exclusiva e não inclusiva. Registre-se que não se ignora que as Convenções Internacionais sobre direitos humanos têm status de norma supralegal, conforme entendimento do STF. No entanto, da leitura dos arts. 8º, III, da Convenção n. 145 e 11, b, da Convenção n. 155, ambas da OIT, não há como se chegar à conclusão de que há a determinação, previsão ou recomendação de pagamento cumulado dos adicionais em questão. As referidas normas tão somente preveem que sejam considerados os riscos para a saúde do empregado decorrentes de exposição simultânea a diversas substâncias e agentes. Tratam, pois, da individualização dos riscos, e não de cumulação de adicionais. Neste contexto, tendo em vista o expressamente disposto em lei, não há que se falar em cumulação dos adicionais de insalubridade e periculosidade. Recurso de embargos conhecido e não provido" (TST, SBDI-I, E-RR 443-80.2013.5.04.0026, Rel. Min. Aloysio Corrêa da Veiga, *DEJT* 10.06.2016).

Registre-se ainda o entendimento intermediário no sentido de que, se houver a presença de atividades insalubre e perigosa, consideradas individualmente, conforme causas de pedir distintas, por se tratar de fatos geradores diversos e autônomos, há direito ao recebimento dos respectivos adicionais de insalubridade e de periculosidade forma cumulativa[30].

---

[30] "Adicionais. Periculosidade e insalubridade. Percepção cumulativa. Art. 193, § 2º, da CLT. Alcance. 1. No Direito brasileiro, as normas de proteção ao empregado pelo labor prestado em condições mais gravosas à saúde e à segurança deverão pautar-se sempre nos preceitos insculpidos no art. 7º, incisos XXII e XXIII, da Constituição Federal: de

De todo modo, a posição mais recente, que prevaleceu no TST, é no sentido de não ser possível a acumulação de ambos os adicionais, ainda que os fatos geradores sejam distintos, podendo o empregado optar pelo adicional de periculosidade ou de insalubridade (SBDI-I, E-RR 1072-72.2011.5.02.0384, Rel. Min. Renato de Lacerda Paiva, j. 13.10.2016).

A respeito do tema, o Tribunal Superior do Trabalho, em incidente de recurso repetitivo, fixou tese jurídica (arts. 896-C da CLT, 927, inciso III, do CPC e 3º, inciso XXIII, da Instrução Normativa 39/2015 do TST) nos seguintes termos: "O art. 193, § 2º, da CLT foi recepcionado pela Constituição Federal e veda a cumulação dos adicionais de insalubridade e de periculosidade, ainda que decorrentes de fatos geradores distintos e autônomos" (TST, SBDI-I, IRR – 239-55.2011.5.02.0319, Redator Min. Alberto Luiz Bresciani de Fontan Pereira, j. 26.09.2019).

Conforme o art. 193, § 3º, da CLT, acrescentado pela Lei 12.740/2012, devem ser "descontados ou compensados do adicional outros da mesma natureza eventualmente já concedidos ao vigilante por meio de acordo coletivo".

Embora o dispositivo em questão mencione apenas o acordo coletivo, por meio de interpretação extensiva, pode-se dizer que o adicional, da mesma natureza, já pago em razão de convenção coletiva também deve servir para o referido desconto ou compensação, inclusive para que se evite o enriquecimento sem causa.

Anteriormente, a Lei 7.369, de 20 de setembro de 1985 (regulamentada pelo Decreto 93.412/1986), atualmente revogada pela Lei 12.740/2012, estabelecia o direito ao adicional de pericu-

---

um lado, a partir do estabelecimento de um meio ambiente do trabalho equilibrado; de outro lado, mediante retribuição pecuniária com vistas a 'compensar' os efeitos nocivos decorrentes da incontornável necessidade de exposição do empregado, em determinadas atividades, a agentes nocivos à sua saúde e segurança. 2. No plano infraconstitucional, o art. 193 da CLT, ao dispor sobre o direito à percepção de adicional de periculosidade, assegura ao empregado a opção pelo adicional de insalubridade porventura devido (§ 2º do art. 193 da CLT). 3. A opção a que alude o art. 193, § 2º, da CLT não conflita com a norma do art. 7º, XXII, da Constituição Federal. Os preceitos da CLT e da Constituição, nesse ponto, disciplinam aspectos distintos do labor prestado em condições mais gravosas: enquanto o art. 193, § 2º, da CLT regula o adicional de salário devido ao empregado em decorrência de exposição a agente nocivo, o inciso XXII do art. 7º impõe ao empregador a redução dos agentes nocivos no meio ambiente de trabalho. O inciso XXIII, a seu turno, cinge-se a enunciar o direito a adicional 'de remuneração' para as atividades penosas, insalubres e perigosas e atribui ao legislador ordinário a competência para fixar os requisitos que geram direito ao respectivo adicional. 4. Igualmente não se divisa descompasso entre a legislação brasileira e as normas internacionais de proteção ao trabalho. As Convenções nos 148 e 155 da OIT, em especial, não contêm qualquer norma explícita em que se assegure a percepção cumulativa dos adicionais de periculosidade e de insalubridade em decorrência da exposição do empregado a uma pluralidade de agentes de risco distintos. Não há, pois, em tais normas internacionais preceito em contraposição ao § 2º do art. 193 da CLT. 5. Entretanto, interpretação teleológica, afinada ao texto constitucional, da norma inscrita no art. 193, § 2º, da CLT, conduz à conclusão de que a opção franqueada ao empregado, em relação à percepção de um ou de outro adicional, somente faz sentido se se partir do pressuposto de que o direito, em tese, ao pagamento dos adicionais de insalubridade e de periculosidade deriva de uma única causa de pedir. 6. Solução diversa impõe-se se se postula o pagamento dos adicionais de insalubridade e de periculosidade, concomitantemente, com fundamento em causas de pedir distintas. Uma vez caracterizadas e classificadas as atividades, individualmente consideradas, como insalubre e perigosa, nos termos do art. 195 da CLT, é inarredável a observância das normas que asseguram ao empregado o pagamento cumulativo dos respectivos adicionais – arts. 192 e 193, § 1º, da CLT. Trata-se de entendimento consentâneo com o art. 7º, XXIII, da Constituição Federal de 1988. Do contrário, emprestar-se-ia tratamento igual a empregados submetidos a condições gravosas distintas: o empregado submetido a um único agente nocivo, ainda que caracterizador de insalubridade e também de periculosidade, mereceria o mesmo tratamento dispensado ao empregado submetido a dois ou mais agentes nocivos, díspares e autônomos, cada qual em si suficiente para gerar um adicional. Assim, se presentes os agentes insalubre e de risco, simultaneamente, cada qual amparado em um fato gerador diferenciado e autônomo, em tese há direito à percepção cumulativa de ambos os adicionais. 7. Incensurável, no caso, acórdão de Turma do TST que nega a percepção cumulativa dos adicionais de insalubridade e de periculosidade se não comprovada, para tanto, a presença de causa de pedir distinta. 8. Embargos do reclamante de que se conhece, por divergência jurisprudencial, e a que se nega provimento" (TST, SBDI-I, E-ARR 1081-60.2012.5.03.0064, Redator Min. João Oreste Dalazen, *DEJT* 17.06.2016).

losidade, de 30% sobre o salário, ao "empregado que exerce atividade no setor de energia elétrica"[31], o que passou a ser previsto no art. 193, inciso I, da CLT.

Sobre esse tema, de acordo com a Súmula 361 do TST: "Adicional de periculosidade. Eletricitários. Exposição intermitente. O trabalho exercido em condições perigosas, embora de forma intermitente, dá direito ao empregado a receber o adicional de periculosidade de forma integral, porque a Lei 7.369, de 20.09.1985 não estabeleceu nenhuma proporcionalidade em relação ao seu pagamento".

Merece destaque, ainda, a Orientação Jurisprudencial 347 da SBDI-I do TST, com o seguinte esclarecimento: "Adicional de periculosidade. Sistema elétrico de potência. Lei 7.369, de 20.09.1985, regulamentada pelo Decreto 93.412, de 14.10.1986. Extensão do direito aos cabistas, instaladores e reparadores de linhas e aparelhos em empresa de telefonia. *DJ* 25.04.2007. É devido o adicional de periculosidade aos empregados cabistas, instaladores e reparadores de linhas e aparelhos de empresas de telefonia, desde que, no exercício de suas funções, fiquem expostos a condições de risco equivalente ao do trabalho exercido em contato com sistema elétrico de potência".

Não se verifica previsão expressa, na lei, fixando a exposição à radiação ionizante ou a exposição a substâncias radioativas, como hipóteses de periculosidade propriamente.

Cabe consignar que a Portaria GM/MTE 496, de 11.12.2002 (*DOU* de 12.12.2002)[32], em seu art. 1º, revogou a Portaria 3.393/1987, a qual tratava do direito ao referido adicional de periculosidade com relação ao labor em atividades e operações perigosas com radiações ionizantes ou substâncias radioativas.

No entanto, posteriormente, foi publicada, no *Diário Oficial da União* de 07.04.2003, a Portaria 518, de 04 de abril de 2003. Esta norma revogou, em seu art. 4º, a anterior Portaria 496/2002, voltando a estabelecer, em seu art. 2º, que o trabalho, em atividades e operações com radiações ionizantes ou substâncias radioativas, assegura ao empregado o adicional de periculosidade, conforme quadro constante de seu Anexo, mencionado em seu art. 1º.

Como observa Sergio Pinto Martins:

"Não há dúvida de que as substâncias ionizantes e radioativas fazem mal à saúde do trabalhador. O objetivo da Portaria 518 é resguardar a saúde do empregado, mas sem previsão em lei.

[...]

A Lei não prevê o pagamento de adicional de periculosidade em relação a contato com substâncias ionizantes ou radioativas.

O inciso VI do art. 200 da CLT e seu parágrafo único não estabelecem o direito ao adicional de periculosidade ou a qualquer outro adicional. Logo, ele não pode ser estabelecido por portaria, que não tem natureza de lei, nem é norma emitida pelo Poder Legislativo.

O pagamento do adicional de periculosidade só pode ser determinado por lei, diante do princípio da legalidade (art. 5º, II, da Constituição) e do fato que é de competência da União regular a matéria (art. 22, I, da Lei Maior) e não de norma administrativa, de portaria"[33].

A possibilidade de regulamentação, pelo Ministério do Trabalho, das condições de segurança e medicina do trabalho (arts. 190, 192, 193, 196 e 200 da CLT) somente pode ocorrer dentro dos limites da previsão, ainda que genérica, da lei[34].

---

[31] Cf. a Orientação Jurisprudencial 324 da SBDI-I do TST: "Adicional de periculosidade. Sistema elétrico de potência. Decreto 93.412/1986, art. 2º, § 1º. É assegurado o adicional de periculosidade apenas aos empregados que trabalham em sistema elétrico de potência em condições de risco, ou que o façam com equipamentos e instalações elétricas similares, que ofereçam risco equivalente, ainda que em unidade consumidora de energia elétrica".
[32] *Revista LTr*, São Paulo, LTr, ano 67, n. 01, p. 120, jan. 2003.
[33] MARTINS, Sergio Pinto. *Direito do trabalho*. 22. ed. São Paulo: Atlas, 2006. p. 638.
[34] Cf. SAAD, Eduardo Gabriel. *Consolidação das Leis do Trabalho comentada*. 31. ed. São Paulo: LTr, 1999. p. 174: "a ação do Executivo se desenvolve dentro das balizas pré-traçadas pelo Legislativo".

A norma legal, no caso em questão, não faz qualquer menção ao adicional de periculosidade nas condições de labor analisadas, não havendo, portanto, o que se possa, validamente, regulamentar a respeito de periculosidade.

Em razão disso, tem-se que a mencionada portaria, ainda que dotada de boas intenções, em termos jurídicos, extrapolou os limites do poder regulamentar, tratando de matéria privativa de lei federal, fora dos parâmetros válidos traçados pelas normas de hierarquia constitucional e legal.

Assim, na realidade, somente após alteração legislativa, com o acréscimo do labor em condições de exposição a radiações ionizantes ou substâncias radioativas às atividades perigosas, é que seria válida esta regulamentação.

Na mesma linha, observa-se o Projeto de Lei 658/2003 (data de apresentação: 03.04.2003)[35], ao qual também foram apensados os Projetos de Lei 1.248/2003 e 1.294/2003, tendo por fim acrescentar parágrafo ao art. 193 da CLT para conceder adicional de periculosidade aos trabalhadores que exerçam atividades em contato permanente com radiações ionizantes ou substâncias radioativas.

No entanto, o entendimento majoritário, pacificado pela Orientação Jurisprudencial 345 da SBDI-I do TST, é no sentido de que: "A exposição do empregado à radiação ionizante ou à substância radioativa enseja a percepção do adicional de periculosidade, pois a regulamentação ministerial (Portarias do Ministério do Trabalho n. 3.393, de 17.12.1987 e 518, de 07.04.2003), ao reputar perigosa a atividade, reveste-se de plena eficácia, porquanto expedida por força de delegação legislativa contida no art. 200, *caput*, e inciso VI, da CLT. No período de 12.12.2002 a 06.04.2003, enquanto vigeu a Portaria 496 do Ministério do Trabalho, o empregado faz jus ao adicional de insalubridade" (*DJ* 22.06.2005).

Cabe esclarecer que a Portaria MTE 595/2015 incluiu "Nota Explicativa" no final do Quadro Anexo da Portaria 518/2003, que dispõe sobre as atividades e operações perigosas com radiações ionizantes ou substâncias radioativas, assim prevendo: "1. Não são consideradas perigosas, para efeito deste anexo, as atividades desenvolvidas em áreas que utilizam equipamentos móveis de Raios X para diagnóstico médico. 2. Áreas tais como emergências, centro de tratamento intensivo, sala de recuperação e leitos de internação não são classificadas como salas de irradiação em razão do uso do equipamento móvel de Raios X".

A respeito do tema, o Tribunal Superior do Trabalho, com base no art. 896-C da CLT, fixou as seguintes teses jurídicas de observância obrigatória (art. 927 do CPC):"I – a Portaria MTE n. 595/2015 e sua nota explicativa não padecem de inconstitucionalidade ou ilegalidade. II – não é devido o adicional de periculosidade a trabalhador que, sem operar o equipamento móvel de Raios X, permaneça, habitual, intermitente ou eventualmente, nas áreas de seu uso. III – os efeitos da Portaria n. 595/2015 do Ministério do Trabalho alcançam as situações anteriores à data de sua publicação" (TST, SBDI-I, IRR – 1325-18.2012.5.04.0013, Redatora Min. Maria Cristina Irigoyen Peduzzi, j. 01.08.2019).

Sobre a base de cálculo do adicional de periculosidade, matéria estudada no Capítulo pertinente à remuneração, cabe recordar a Súmula 191 do TST, em sua atual redação:

"Adicional de periculosidade. Incidência. Base de cálculo.

I – O adicional de periculosidade incide apenas sobre o salário básico e não sobre este acrescido de outros adicionais.

II – O adicional de periculosidade do empregado eletricitário, contratado sob a égide da Lei n. 7.369/1985, deve ser calculado sobre a totalidade das parcelas de natureza salarial. Não é válida norma coletiva mediante a qual se determina a incidência do referido adicional sobre o salário básico.

III – A alteração da base de cálculo do adicional de periculosidade do eletricitário promovida pela Lei n. 12.740/2012 atinge somente contrato de trabalho firmado a partir de sua vigência, de modo que, nesse caso, o cálculo será realizado exclusivamente sobre o salário básico, conforme determina o § 1º do art. 193 da CLT".

---

[35] Disponível em: <http://www.camara.gov.br/internet/sileg/Prop_Detalhe.asp?id=109848>.

31.29 Normas comuns à insalubridade e à periculosidade

O direito do empregado ao adicional de insalubridade ou de periculosidade cessa com a eliminação do risco à sua saúde ou integridade física, nos termos da seção referente às atividades insalubres ou perigosas e das normas expedidas pelo Ministério do Trabalho (art. 194 da CLT).

A caracterização e a classificação da insalubridade e da periculosidade, segundo as normas do Ministério do Trabalho, far-se-ão por meio de perícia a cargo de Médico do Trabalho ou Engenheiro do Trabalho, registrados no Ministério do Trabalho (art. 195 da CLT)[36].

Por se tratar de questão técnica e especializada, a cargo do perito nomeado em juízo, de acordo com a Súmula 293 do TST: "Adicional de insalubridade. Causa de pedir. Agente nocivo diverso do apontado na inicial. A verificação mediante perícia de prestação de serviços em condições nocivas, considerado agente insalubre diverso do apontado na inicial, não prejudica o pedido de adicional de insalubridade".

É facultado às empresas e aos sindicatos das categorias profissionais interessadas requererem ao Ministério do Trabalho a realização de perícia em estabelecimento ou setor deste, com o objetivo de caracterizar e classificar ou delimitar as atividades insalubres ou perigosas (§ 1º do art. 195 da CLT).

Arguida em juízo insalubridade ou periculosidade, seja por empregado, seja por Sindicato em favor da categoria[37], o juiz designará perito habilitado na forma acima mencionada, e, onde não houver, requisitará perícia ao órgão competente do Ministério do Trabalho (§ 2º do art. 195 da CLT).

O disposto nos parágrafos anteriores não prejudica a ação fiscalizadora do Ministério do Trabalho, nem a realização *ex officio* da perícia (§ 3º do art. 195 da CLT).

Embora a perícia seja, portanto, obrigatória, nos termos da Orientação Jurisprudencial 278 da SBDI-I do TST: "Adicional de insalubridade. Perícia. Local de trabalho desativado. A realização de perícia é obrigatória para a verificação de insalubridade. Quando não for possível sua realização, como em caso de fechamento da empresa, poderá o julgador utilizar-se de outros meios de prova".

Ademais, em consonância com a Súmula 453 do TST: "Adicional de periculosidade. Pagamento espontâneo. Caracterização de fato incontroverso. Desnecessária a perícia de que trata o art. 195 da CLT (conversão da Orientação Jurisprudencial 406 da SBDI-1). O pagamento de adicional de periculosidade efetuado por mera liberalidade da empresa, ainda que de forma proporcional ao tempo de exposição ao risco ou em percentual inferior ao máximo legalmente previsto, dispensa a realização da prova técnica exigida pelo art. 195 da CLT, pois torna incontroversa a existência do trabalho em condições perigosas".

Os efeitos pecuniários decorrentes do trabalho em condições de insalubridade ou periculosidade serão devidos a contar da data da inclusão da respectiva atividade nos quadros aprovados pelo Ministério do Trabalho, respeitado o prazo prescricional trabalhista (art. 196 da CLT).

Os materiais e substâncias empregados, manipulados ou transportados nos locais de trabalho, quando perigosos ou nocivos à saúde, devem conter, no rótulo, sua composição, recomendações de socorro imediato e o símbolo de perigo correspondente, segundo a padronização internacional (art. 197 da CLT).

---

[36] Cf. Orientação Jurisprudencial 165 da SBDI-I do TST: "Perícia. Engenheiro ou médico. Adicional de insalubridade e periculosidade. Válido. Art. 195, da CLT. O art. 195 da CLT não faz qualquer distinção entre o médico e o engenheiro para efeito de caracterização e classificação da insalubridade e periculosidade, bastando para a elaboração do laudo seja o profissional devidamente qualificado".

[37] Embora a redação literal do art. 195, § 2º, da CLT estabeleça o mencionado ajuizamento de ação, pelo sindicato, em favor do "grupo de associados", entende-se que a substituição processual, no caso, encontra fundamento no próprio art. 8º, inciso III, da CF/1988, em favor de todos os integrantes da categoria, e não apenas dos associados ao ente sindical. Além disso, a defesa de direitos individuais homogêneos, como ocorre no caso, é permitida ao sindicato, tendo em vista a sua natureza de associação de direito privado, apresentando como pertinência temática a defesa de direitos dos membros da categoria, e não apenas dos associados (Lei 7.347/1985, art. 5º, e Lei 8.078/1990, art. 82, inciso IV).

Os estabelecimentos que mantenham as referidas atividades afixarão, nos setores de trabalho atingidos, avisos ou cartazes, com advertência quanto aos materiais e substâncias perigosos ou nocivos à saúde.

31.30 Segurança e saúde no trabalho rural

Quanto ao trabalho rural, cabe destacar as previsões da Norma Regulamentadora 31, com redação dada pela Portaria 22.677/2020 da Secretaria Especial de Previdência e Trabalho do Ministério da Economia, com fundamento no art. 13 da Lei 5.889/1973.

A Norma Regulamentadora 31 tem por objetivo estabelecer os preceitos a serem observados na organização e no ambiente de trabalho rural, de forma a tornar compatível o planejamento e o desenvolvimento das atividades do setor com a prevenção de acidentes e doenças relacionadas ao trabalho rural (item 31.1.1).

A NR 31 se aplica a quaisquer atividades da agricultura, pecuária, silvicultura, exploração florestal e aquicultura, verificadas as formas de relações de trabalho e emprego e o local das atividades (item 31.2.1). A NR 31 também se aplica às atividades de exploração industrial desenvolvidas em estabelecimentos rurais (item 31.2.2).

Cabe ao empregador rural ou equiparado:

a) cumprir e fazer cumprir as disposições legais e regulamentares sobre segurança e saúde no trabalho rural, de forma a garantir adequadas condições de trabalho, higiene e conforto, e adotar medidas de prevenção e proteção para garantir que todas as atividades, locais de trabalho, máquinas, equipamentos e ferramentas sejam seguros;

b) adotar os procedimentos necessários quando da ocorrência de acidentes e doenças do trabalho, incluindo a análise de suas causas;

c) assegurar que se forneçam aos trabalhadores instruções compreensíveis em matéria de segurança e saúde, seus direitos, deveres e obrigações, bem como a orientação e supervisão necessárias ao trabalho seguro;

d) informar aos trabalhadores: os riscos decorrentes do trabalho e as medidas de prevenção implantadas, inclusive em relação a novas tecnologias adotadas pelo empregador; os resultados dos exames médicos e complementares a que foram submetidos, quando realizados por serviço médico contratado pelo empregador; os resultados das avaliações ambientais realizadas nos locais de trabalho;

e) permitir que representante dos trabalhadores, legalmente constituído, acompanhe a fiscalização dos preceitos legais e regulamentares sobre segurança e saúde no trabalho;

f) disponibilizar à inspeção do trabalho todas as informações relativas à segurança e à saúde no trabalho (NR 31, item 31.2.3).

Cabe ao trabalhador:

a) cumprir as determinações sobre as formas seguras de desenvolver suas atividades, especialmente quanto às ordens de serviço emitidas para esse fim;

b) adotar as medidas de prevenção determinadas pelo empregador, em conformidade com a Norma Regulamentadora 31, sob pena de constituir ato faltoso a recusa injustificada;

c) submeter-se aos exames médicos previstos na Norma Regulamentadora 31;

d) colaborar com a empresa na aplicação da Norma Regulamentadora 31;

e) não danificar as áreas de vivência, de modo a preservar as condições oferecidas;

f) cumprir todas as orientações relativas aos procedimentos seguros de operação, alimentação, abastecimento, limpeza, manutenção, inspeção, transporte, desativação, desmonte e descarte das ferramentas, máquinas e equipamentos;

g) não realizar qualquer tipo de alteração nas ferramentas e nas proteções mecânicas ou dispositivos de segurança de máquinas e equipamentos, de maneira que possa colocar em risco a sua saúde e integridade física ou de terceiros;

h) comunicar seu superior imediato se alguma ferramenta, máquina ou equipamento for danificado ou perder sua função (NR 31, item 31.2.4).

São direitos dos trabalhadores:

a) ambientes de trabalho seguros e saudáveis, em conformidade com o disposto na Norma Regulamentadora 31;

b) ser consultados, por meio de seus representantes na Comissão Interna de Prevenção de Acidentes e de Assédio do Trabalho Rural (CIPATR), sobre as medidas de prevenção que serão adotadas pelo empregador;

c) escolher sua representação em matéria de segurança e saúde no trabalho;

d) receber instruções em matéria de segurança e saúde, bem como orientação para atuar no processo de implementação das medidas de prevenção que serão adotadas pelo empregador (NR 31, item 31.2.5).

O trabalhador pode interromper suas atividades quando constatar uma situação de trabalho em que, a seu ver, envolva um risco grave e iminente para a sua vida e saúde, informando imediatamente ao seu superior hierárquico (NR 31, item 31.2.5.1).

Comprovada pelo empregador a situação de grave e iminente risco, não pode ser exigida a volta dos trabalhadores à atividade enquanto não sejam tomadas as medidas corretivas (NR 31, item 31.2.5.2).

O empregador rural ou equiparado deve promover capacitação e treinamento dos trabalhadores em conformidade com o disposto na NR 31 (item 31.2.6.1).

O empregador rural ou equiparado deve elaborar, implementar e custear o Programa de Gerenciamento de Riscos no Trabalho Rural (PGRTR), por estabelecimento rural, por meio de ações de segurança e saúde que visem à prevenção de acidentes e doenças decorrentes do trabalho nas atividades rurais (NR 31, item 31.3.1).

O Serviço Especializado em Segurança e Saúde no Trabalho Rural (SESTR), composto por profissionais especializados, consiste em um serviço destinado ao desenvolvimento de ações técnicas, integradas às práticas de gestão de segurança e saúde, para tornar o meio ambiente de trabalho compatível com a promoção da segurança e saúde e a preservação da integridade física do trabalhador rural (NR 31, item 31.4.1).

A Comissão Interna de Prevenção de Acidentes e de Assédio do Trabalho Rural (CIPATR) tem como objetivo a promoção da saúde e prevenção de acidentes e doenças relacionados ao trabalho, de modo a compatibilizar, permanentemente, o trabalho com a preservação da vida do trabalhador (NR 31, item 31.5.1).

É obrigatório o fornecimento gratuito aos trabalhadores de equipamentos de proteção individual (EPI), nos termos da Norma Regulamentadora 6 (NR 31, item 31.6.1).

O empregador rural ou equiparado deve adotar princípios ergonômicos que visem a adaptação das condições de trabalho às características psicofisiológicas dos trabalhadores, de modo a proporcionar adequadas condições de conforto e segurança no trabalho (NR 31, item 31.8.1).

O transporte coletivo de trabalhadores deve observar os requisitos da NR 31, item 31.9.1.

O empregador rural ou equiparado deve disponibilizar aos trabalhadores áreas de vivência compostas de: a) instalações sanitárias; b) locais para refeição; c) alojamentos; d) local adequado para preparo de alimentos, exceto quando os alimentos forem preparados fora da propriedade; e) lavanderias (NR 31, item 31.17.1).

O cumprimento do disposto nas alíneas "c", "d" e "e" do item 31.17.1 somente é obrigatório nos casos onde houver trabalhadores alojados (NR 31, item 31.17.1.1).

O empregador rural ou equiparado deve disponibilizar água potável e fresca em quantidade suficiente nos locais de trabalho (NR 31, item 31.17.8.1). Esclareça-se que a água potável deve ser disponibilizada em condições higiênicas, sendo proibida a utilização de copos coletivos (NR 31, item 31.17.8.2).

O empregador pode optar pela utilização de serviços externos de hospedagem, lavanderias, fornecimento de refeições e restaurantes, desde que devidamente autorizados à prestação desses serviços pelo poder público (NR 31, item 31.17.8.3).

O descumprimento das previsões e exigências da Norma Regulamentadora 31 pode resultar em grave infração ao meio ambiente de trabalho rural, prejudicando a segurança e a saúde dos trabalhadores.

Para evitar a exaustão do empregado por excesso de trabalho, o adequado é que a forma de cálculo da remuneração não fique vinculada exclusivamente à produção, devendo ser levado em conta o tempo trabalhado, bem como devem ser observadas as regras sobre pausas, intervalos e limitações quanto à jornada de trabalho.

31.31 Explosivos

Com fundamento no art. 200, inciso II, da CLT, a Norma Regulamentadora 19, com redação dada pela Portaria 424/2021, tem o objetivo de estabelecer os requisitos e as medidas de prevenção para garantir as condições de segurança e saúde dos trabalhadores em todas as etapas da fabricação, manuseio, armazenamento e transporte de explosivos (item 19.1.1).

A NR 19 aplica-se a todas as atividades relacionadas com a fabricação, manuseio, armazenamento e transporte de explosivos (item 19.2.1).

Para fins da NR 19, considera-se explosivo material ou substância que, quando iniciada, sofre decomposição muito rápida em produtos mais estáveis, com grande liberação de calor e desenvolvimento súbito de pressão (item 19.3.1).

Ainda quanto ao tema, a Norma Regulamentadora 19 prevê regras sobre os seguintes aspectos: fabricação de explosivos (item 19.4); armazenamento de explosivos (item 19.5); transporte de explosivos (item 19.6).

O Anexo I da NR 19 trata da segurança e saúde na indústria e comércio de fogos de artifício e outros artigos pirotécnicos. O Anexo II da NR 19 versa sobre tabelas de quantidades e distâncias. O Anexo III da NR 19 dispõe sobre grupos de incompatibilidade para armazenamento e transporte.

31.32 Líquidos combustíveis e inflamáveis

Tendo em vista o art. 200, inciso II, da CLT, a Norma Regulamentadora 20, em sua atual redação, estabelece requisitos mínimos para a gestão da segurança e saúde no trabalho contra os fatores de risco de acidentes provenientes das atividades de extração, produção, armazenamento, transferência, manuseio e manipulação de inflamáveis e líquidos combustíveis (item 20.1.1).

31.33 Registro profissional do técnico de segurança do trabalho

A Lei 7.410, de 27 de novembro de 1985, dispõe sobre a especialização de Engenheiros e Arquitetos em Engenharia de Segurança do Trabalho, a profissão de Técnico de Segurança do Trabalho, e dá outras providências. O art. 3º da mencionada Lei prevê que o exercício da atividade de Técnico de Segurança do Trabalho depende do registro no Ministério do Trabalho.

Sendo assim, o exercício da profissão de técnico de segurança do trabalho depende de prévio registro na Secretaria de Trabalho do Ministério do Trabalho e Previdência (art. 129 da Portaria 671/2021 do Ministério do Trabalho e Previdência).

As atividades do técnico de segurança do trabalho são: I – informar ao empregador, por meio de parecer técnico, sobre os riscos existentes nos ambientes de trabalho e orientá-lo sobre as medidas de eliminação e neutralização; II – informar aos trabalhadores sobre os riscos da sua atividade e das medidas de eliminação e neutralização; III – analisar os métodos e os processos de trabalho e identificar os fatores de risco de acidentes do trabalho, doenças profissionais e do trabalho e a presença de agentes ambientais agressivos ao trabalhador e propor a eliminação ou o controle; IV – executar os procedimentos de segurança e higiene do trabalho e avaliar os resultados alcançados, a fim de adequar as estratégias utilizadas de maneira a integrar o processo de prevenção em uma planificação e beneficiar o trabalhador; V – executar programas de prevenção de acidentes do trabalho, doenças profissionais e do trabalho nos ambientes de trabalho com a participação dos trabalhadores, com o objetivo de acompanhar e avaliar seus resultados, sugerir constante atualização dos mesmos e estabelecer procedimentos a serem seguidos; VI – promover debates, encontros, campanhas, seminários, palestras, reuniões, treinamentos e utilizar outros recursos de ordem didática e pedagógica com o objetivo de divulgar as normas de segurança e higiene do trabalho, assuntos técnicos, administrativos e de prevenção, com vistas a evitar acidentes do trabalho, doenças profissionais e do trabalho; VII – executar as normas de segurança referentes a projetos de construção, ampliação, reforma, arranjos físicos e de fluxos, com vistas à observância das medidas de segurança e higiene do trabalho, inclusive por terceiros; VIII – encaminhar aos setores e áreas competentes normas, regulamentos, documentação, dados estatísticos, resultados de análises e avaliações, materiais de apoio técnico, educacional e outros de divulgação para conhecimento e autodesenvolvimento do trabalhador; IX – indicar, solicitar e inspecionar equipamentos de proteção contra incêndio, recursos audiovisuais e didáticos e outros materiais considerados indispensáveis, de acordo com a legislação vigente, dentro das qualidades e especificações técnicas recomendadas, e avaliar seu desempenho; X – cooperar com as atividades do meio ambiente, orientar quanto ao tratamento e destinação dos resíduos industriais, incentivar e conscientizar o trabalhador da sua importância para a vida; XI – orientar as atividades desenvolvidas por empresas contratadas, quanto aos procedimentos de segurança e higiene do trabalho, previstos na legislação ou constantes em contratos de prestação de serviço; XII – executar as atividades ligadas à segurança e higiene do trabalho com o uso de métodos e de técnicas científicas, com observação de dispositivos legais e institucionais que objetivem a eliminação, controle ou redução permanente dos riscos de acidentes do trabalho e a melhoria das condições do ambiente, para preservar a integridade física e mental dos trabalhadores; XIII – levantar e estudar os dados estatísticos de acidentes do trabalho, doenças profissionais e do trabalho, calcular a frequência e a gravidade destes para ajustes das ações de prevenção, normas, regulamentos e outros dispositivos de ordem técnica, que permitam a proteção coletiva e individual; XIV – articular-se e colaborar com os setores responsáveis pelos recursos humanos, a fim de fornecer-lhes resultados de levantamentos técnicos de riscos das áreas e atividades para subsidiar a adoção de medidas de prevenção a nível de pessoal; XV – informar aos trabalhadores e ao empregador sobre as atividades insalubres, perigosas e penosas existentes na empresa, seus riscos específicos, e as medidas e alternativas de eliminação ou neutralização dos mesmos; XVI – avaliar as condições ambientais de trabalho e emitir parecer técnico que subsidie o planejamento e a organização do trabalho de forma segura para o trabalhador; XVII – articular-se e colaborar com os órgãos e entidades ligados à prevenção de acidentes do trabalho, doenças profissionais e do trabalho; XVIII – participar de seminários, treinamentos, congressos e cursos, com vistas ao intercâmbio e ao aperfeiçoamento profissional (art. 130 da Portaria 671/2021 do Ministério do Trabalho e Previdência).

31.34 Fiscalização e penalidades

O art. 201 da CLT trata das infrações ao disposto no Capítulo V, do Título II, da CLT, ou seja, relativas à segurança e medicina do trabalho. Em caso de reincidência, embaraço ou resistência à fiscalização, emprego de artifício ou simulação com o objetivo de fraudar a lei, a multa deve ser aplicada em seu valor máximo.

Assim sendo, a Norma Regulamentadora 28, com as modificações decorrentes da Portaria 1.067/2019, prevê disposições sobre fiscalização (do cumprimento das disposições legais e/ou regulamentares sobre segurança e saúde do trabalhador) e penalidades (às infrações aos preceitos legais e/ou regulamentadores sobre segurança e saúde do trabalhador).

31.35 Segurança e saúde no trabalho portuário

Como já estudado anteriormente, a Lei 8.630, de 25 de fevereiro de 1993, dispõe sobre o regime jurídico da exploração dos portos organizados e das instalações portuárias e dá outras providências (Lei dos Portos). Essa lei, entretanto, foi revogada pela Medida Provisória 595/2012, que trata da mesma temática, posteriormente convertida na Lei 12.815/2013. A Lei 9.719, de 27 de novembro de 1998, dispõe sobre normas e condições gerais de proteção ao trabalho portuário, institui multas pela inobservância de seus preceitos, e dá outras providências.

De acordo com o art. 9º da referida Lei 9.719/1998, compete ao órgão gestor de mão de obra, ao operador portuário e ao empregador, conforme o caso, cumprir e fazer cumprir as normas concernentes à saúde e segurança do trabalho portuário. O parágrafo único do referido dispositivo, por sua vez, determina caber ao Ministério do Trabalho estabelecer as normas regulamentadoras concernentes à saúde e segurança do trabalho portuário.

Dessa forma, a Norma Regulamentadora 29 (aprovada pela Portaria MTE 53/1997, com redação decorrente da Portaria SIT 158/2006) estabelece as disposições sobre segurança e saúde no trabalho portuário.

A NR 29 tem como objetivos: regular a proteção obrigatória contra acidentes e doenças profissionais, facilitar os primeiros socorros a acidentados e alcançar as melhores condições possíveis de segurança e saúde aos trabalhadores portuários (item 29.1.1).

As disposições contidas na NR 29 aplicam-se aos trabalhadores portuários em operações tanto a bordo como em terra, assim como aos demais trabalhadores que exerçam atividades nos portos organizados e instalações portuárias de uso privativo e retroportuárias, situados dentro ou fora da área do porto organizado (item 29.1.2).

Compete aos operadores portuários, empregadores, tomadores de serviço e órgão gestor de mão de obra (OGMO), conforme o caso (NR 29, item 29.1.4.1):

a) cumprir e fazer cumprir a NR 29 no que tange à prevenção de riscos de acidentes do trabalho e doenças profissionais nos serviços portuários;

b) fornecer instalações, equipamentos, maquinários e acessórios em bom estado e condições de segurança, responsabilizando-se pelo correto uso;

c) zelar pelo cumprimento da norma de segurança e saúde nos trabalhos portuários e das demais normas regulamentadoras expedidas pela Portaria MTb 3.214/1978 e alterações posteriores.

Compete ao OGMO ou ao empregador (NR 29, item 29.1.4.2):

a) proporcionar a todos os trabalhadores formação sobre segurança, saúde e higiene ocupacional no trabalho portuário, conforme o previsto na NR 29;

b) responsabilizar-se pela compra, manutenção, distribuição, higienização, treinamento e zelo pelo uso correto dos equipamentos de proteção individual (EPI) e equipamentos de proteção coletiva (EPC), observado o disposto na NR-6;

c) elaborar e implementar o Programa de Gerenciamento de Riscos – PGR no ambiente de trabalho portuário, observado o disposto na NR-1;

d) elaborar e implementar o Programa de Controle Médico em Saúde Ocupacional – PCMSO abrangendo todos os trabalhadores portuários, observado o disposto na NR-7.

Compete aos trabalhadores (NR 29, item 29.1.4.3):

a) cumprir a NR 29, bem como as demais disposições legais de segurança e saúde do trabalhador;
b) informar ao responsável pela operação de que esteja participando, as avarias ou deficiências observadas que possam constituir risco para o trabalhador ou para a operação;
c) utilizar corretamente os dispositivos de segurança (EPI e EPC), que lhes sejam fornecidos, bem como as instalações que lhes forem destinadas.

Compete às administrações portuárias, dentro dos limites da área do porto organizado, zelar para que os serviços se realizem com regularidade, eficiência, segurança e respeito ao meio ambiente (NR 29, item 29.1.4.4).

31.36 Segurança e saúde no trabalho aquaviário

A Lei 9.537, de 11 de dezembro de 1997, dispõe sobre a segurança do tráfego aquaviário em águas sob jurisdição nacional e dá outras providências. O art. 2º desse diploma legal estabelece, entre outras, as seguintes definições:

– amador: todo aquele com habilitação certificada pela autoridade marítima para operar embarcações de esporte e recreio, em caráter não profissional;
– *aquaviário: todo aquele com habilitação certificada pela autoridade marítima para operar embarcações em caráter profissional;*
– armador: pessoa física ou jurídica que, em seu nome e sob sua responsabilidade, apresta a embarcação com fins comerciais, pondo-a ou não a navegar por sua conta;
– comandante (também denominado mestre, arrais ou patrão): tripulante responsável pela operação e manutenção de embarcação, em condições de segurança, extensivas à carga, aos tripulantes e às demais pessoas a bordo;
– prático: aquaviário não tripulante que presta serviços de praticagem embarcado[38];
– tripulante: aquaviário ou amador que exerce funções, embarcado, na operação da embarcação.

Os aquaviários devem possuir o nível de habilitação estabelecido pela autoridade marítima para o exercício de cargos e funções a bordo das embarcações (art. 7º da Lei 9.537/1997). O embarque e desembarque do tripulante submetem-se às regras do seu contrato de trabalho.

Conforme o art. 39 do mencionado diploma legal, a autoridade marítima é exercida pelo Ministério da Marinha. Cabe à autoridade marítima promover a implementação e a execução da Lei 9.537/1997, com o propósito de assegurar a salvaguarda da vida humana e a segurança da navegação, no mar aberto e hidrovias interiores, e a prevenção da poluição ambiental por parte de embarcações, plataformas ou suas instalações de apoio (art. 3º da Lei 9.537/1997).

O Decreto 2.596, de 18 de maio de 1998, regulamenta a Lei 9.537/1997. De acordo com o seu art. 1º, *os aquaviários constituem os seguintes grupos*:

– 1º Grupo – *Marítimos*: tripulantes que operam embarcações classificadas para navegação em mar aberto, apoio portuário e para a navegação interior nos canais, lagoas, baías, angras, enseadas e áreas marítimas consideradas abrigadas;
– 2º Grupo – *Fluviários*: tripulantes que operam embarcações classificadas para a navegação interior nos lagos, rios e de apoio fluvial;

---

[38] Cf. Lei 9.537/1997, art. 12: "O serviço de praticagem consiste no conjunto de atividades profissionais de assessoria ao Comandante requeridas por força de peculiaridades locais que dificultem a livre e segura movimentação da embarcação".

– 3º Grupo – *Pescadores*: tripulantes que exercem atividades a bordo de embarcação de pesca;

– 4º Grupo – *Mergulhadores*: tripulantes ou profissionais não tripulantes com habilitação certificada pela autoridade marítima para exercer atribuições diretamente ligadas à operação da embarcação e prestar serviços eventuais a bordo às atividades subaquáticas;

– 5º Grupo – *Práticos*: aquaviários não tripulantes que prestam serviços de praticagem embarcados;

– 6º Grupo – *Agentes de Manobra e Docagem*: aquaviários não tripulantes que manobram navios nas fainas em diques, estaleiros e carreiras.

Os amadores constituem um único grupo com as categorias constantes do item II do Anexo I ao Regulamento aprovado pelo Decreto 2.596/1998.

Nos termos da Súmula 96 do TST: "Marítimo. A permanência do tripulante a bordo do navio, no período de repouso, além da jornada, não importa presunção de que esteja à disposição do empregador ou em regime de prorrogação de horário, circunstâncias que devem resultar provadas, dada a natureza do serviço".

A Convenção 186 da Organização Internacional do Trabalho, de 2006, sobre trabalho marítimo, foi promulgada pelo Decreto 10.671/2021.

Toda gente do mar tem direito: a um local de trabalho seguro e protegido no qual se cumpram as normas de segurança; a condições justas de emprego; a condições decentes de trabalho e de vida a bordo; a proteção da saúde, assistência médica, medidas de bem-estar e outras formas de proteção social (art. 4º da Convenção 186 da OIT). A expressão "gente do mar" significa qualquer pessoa empregada ou contratada ou que trabalha a bordo de um navio ao qual a Convenção 186 da OIT se aplica (art. 2º, n. 1, *f*).

Observados os aspectos acima, deve-se destacar que a Norma Regulamentadora 30 e seu Anexo, com redação dada pela Portaria 425/2021, estabelecem requisitos para a proteção e o resguardo da segurança e da saúde no trabalho aquaviário, disciplinando medidas a serem observadas nas organizações e nos ambientes de trabalho para a prevenção de possíveis lesões ou agravos à saúde (item 30.1.1).

A NR 30 se aplica aos trabalhos realizados em embarcações comerciais, de bandeira nacional, bem como às de bandeiras estrangeiras, nos termos do disposto em Convenções Internacionais ratificadas em vigor, utilizadas no transporte de cargas ou de passageiros, inclusive naquelas embarcações usadas na prestação de serviços (item 30.2.1).

A observância da Norma Regulamentadora 30 não desobriga a organização (empregador) do cumprimento das demais Normas Regulamentadoras gerais e especiais, de outras disposições legais com relação à matéria e, ainda, daquelas oriundas de convenções, acordos e contratos coletivos de trabalho (item 30.2.2).

Cabe ao empregador ou equiparado, além das obrigações previstas no item 1.4 da Norma Regulamentadora 1, designar formalmente e capacitar, no mínimo, um tripulante efetivamente embarcado como responsável pela aplicação da NR 30 (item 30.3.1).

Cabe aos trabalhadores, além do previsto no item 1.4 da Norma Regulamentadora 1, informar ao oficial de serviço ou a qualquer membro do Grupo de Segurança e Saúde no Trabalho a Bordo das Embarcações (GSSTB), as avarias ou deficiências observadas, que possam constituir fatores de risco para o trabalhador ou para a embarcação (item 30.3.2).

O empregador ou equiparado deve elaborar e implementar o Programa de Gerenciamento de Riscos no Trabalho Aquaviário (PGRTA), por embarcação, nos termos da Norma Regulamentadora 1 e do disposto na NR 30, com base nas necessidades e peculiaridades das atividades aquaviárias (item 30.4.1). A elaboração do PGRTA não dispensa a organização de elaborar e implementar o Programa de Gerenciamento de Riscos (PGR) em seus estabelecimentos, nos termos da NR 1.

O Anexo da NR 30 estabelece as disposições mínimas de segurança e saúde no trabalho a bordo das embarcações de pesca comercial inscritas em órgão da autoridade marítima e licenciadas pelo órgão de pesca competente.

31.37 Segurança e saúde no trabalho em serviços de saúde

A Norma Regulamentadora 32, aprovada pela Portaria MTE 485/2005, tem por finalidade estabelecer as diretrizes básicas para a implementação de medidas de proteção à segurança e à saúde dos trabalhadores dos serviços de saúde, bem como daqueles que exercem atividades de promoção e assistência à saúde em geral.

Para fins de aplicação da NR 32, entende-se por serviços de saúde qualquer edificação destinada à prestação de assistência à saúde da população e todas as ações de promoção, recuperação, assistência, pesquisa e ensino em saúde em qualquer nível de complexidade (item 32.1.2).

Em toda ocorrência de acidente envolvendo riscos biológicos, com ou sem afastamento do trabalhador, deve ser emitida a Comunicação de Acidente de Trabalho – CAT (NR 32, item 32.2.3.5).

31.38 Segurança e saúde nos trabalhos em espaços confinados

A Norma Regulamentadora 33, com redação aprovada pela Portaria 1.690/2022 do Ministério do Trabalho e Previdência, tem como objetivo estabelecer os requisitos para a caracterização dos espaços confinados, os critérios para o gerenciamento de riscos ocupacionais em espaços confinados e as medidas de prevenção, de forma a garantir a segurança e a saúde dos trabalhadores que interagem direta ou indiretamente com estes espaços.

Considera-se espaço confinado qualquer área ou ambiente que atenda simultaneamente aos seguintes requisitos: a) não ser projetado para ocupação humana contínua; b) possuir meios limitados de entrada e saída; e c) em que exista ou possa existir atmosfera perigosa (NR 33, item 33.2.2).

Considera-se atmosfera perigosa aquela em que estejam presentes uma das seguintes condições: a) deficiência ou enriquecimento de oxigênio; b) presença de contaminantes com potencial de causar danos à saúde do trabalhador; ou c) seja caracterizada como uma atmosfera explosiva (NR 33, item 33.2.2.1).

Os espaços não destinados à ocupação humana, com meios limitados de entrada e saída, utilizados para armazenagem de material com potencial para engolfar ou afogar o trabalhador são caracterizados como espaços confinados (NR 33, item 33.2.2.2).

É responsabilidade da organização (empregador): a) indicar formalmente o responsável técnico pelo cumprimento das atribuições previstas na NR 33; b) assegurar os meios e recursos para o responsável técnico cumprir as suas atribuições; c) assegurar que o gerenciamento de riscos ocupacionais contemple as medidas de prevenção para garantir a segurança e a saúde dos trabalhadores que interagem direta ou indiretamente com os espaços confinados; d) providenciar a sinalização de segurança e bloqueio dos espaços confinados para evitar a entrada de pessoas não autorizadas; e) providenciar a capacitação inicial e periódica dos supervisores de entrada, vigias, trabalhadores autorizados e da equipe de emergência e salvamento; f) fornecer as informações sobre os riscos e as medidas de prevenção, previstos no Programa de Gerenciamento de Riscos, da NR 1 (Disposições Gerais e Gerenciamento de Riscos Ocupacionais), aos trabalhadores que interagem direta ou indiretamente com os espaços confinados; g) garantir os equipamentos necessários para o controle de riscos previstos no Programa de Gerenciamento de Riscos; h) assegurar a disponibilidade dos serviços de emergência e salvamento, e de simulados, quando da realização de trabalhos em espaços confinados; i) supervisionar as atividades em espaços confinados executadas pelas organizações contratadas, observado o disposto no subitem 1.5.8.1 da NR 1[39], visando ao atendimento do disposto na NR 33 (item 33.3.1).

---

[39] "1.5.8.1 Sempre que várias organizações realizem, simultaneamente, atividades no mesmo local de trabalho devem executar ações integradas para aplicar as medidas de prevenção, visando à proteção de todos os trabalhadores expostos aos riscos ocupacionais".

Compete aos trabalhadores autorizados: a) cumprir as orientações recebidas nos treinamentos e os procedimentos de trabalho previstos na Permissão de Entrada e Trabalho (PET); b) utilizar adequadamente os meios e equipamentos fornecidos pela organização; c) comunicar ao vigia ou supervisor de entrada as situações de risco para segurança e saúde dos trabalhadores e terceiros, que sejam do seu conhecimento (NR 33, item 33.3.5).

O processo de identificação de perigos e avaliação de riscos ocupacionais, além do previsto na NR 1, deve considerar o disposto na NR 33 (item 33.4.1).

Devem ser adotadas medidas para eliminar ou controlar os riscos de incêndio ou explosão em trabalhos a quente, tais como solda, aquecimento, esmerilhamento, corte ou outros que liberem chama aberta, faísca ou calor (NR 33, item 33.5.1).

A organização que realiza o trabalho em espaços confinados deve elaborar procedimentos de segurança que contemplem: a) preparação, emissão, cancelamento e encerramento da Permissão de Entrada e Trabalho (PET); b) requisitos para o trabalho seguro nos espaços confinados; c) critérios para operação dos movimentadores dos trabalhadores autorizados, quando aplicável (NR 33, item 33.5.2).

Os procedimentos para trabalhos em espaço confinado devem ser revistos quando ocorrer alteração do nível de risco previsto na NR 1, entrada não autorizada, acidente ou condição não prevista durante a entrada (NR 33, item 33.5.3).

A organização deve elaborar e implementar procedimento com requisitos e critérios para seleção e uso de respiradores para uso rotineiro e em situações de emergência, em conformidade com os riscos respiratórios (NR 33, item 33.5.4).

Toda e qualquer entrada e trabalho em espaço confinado deve ser precedida da emissão da Permissão de Entrada e Trabalho (PET) (NR 33, item 33.5.5).

Os trabalhadores devem ser informados dos perigos identificados e das medidas de controle previstas e adotadas antes da entrada no espaço confinado (NR 33, item 33.5.10).

Deve ser mantida sinalização permanente em todos os espaços confinados, junto à entrada, conforme modelo constante do Anexo I da NR 33 (item 33.5.13.1).

Os trabalhadores designados para atividades em espaços confinados devem ser avaliados quanto à aptidão física e mental, considerando os fatores de riscos psicossociais (NR 33, item 33.5.19.1).

31.39 Condições e meio ambiente de trabalho na indústria da construção, reparação e desmonte naval

A Norma Regulamentadora 34, aprovada pela Portaria SIT 200, de 20 de janeiro de 2011, estabelece os requisitos mínimos e as medidas de proteção à segurança, à saúde e ao meio ambiente de trabalho nas atividades da indústria de construção, reparação e desmonte naval.

Consideram-se atividades da indústria da construção e reparação naval todas aquelas desenvolvidas no âmbito das instalações empregadas para este fim ou nas próprias embarcações e estruturas, tais como navios, barcos, lanchas, plataformas fixas ou flutuantes, entre outras (NR 34, item 34.1.2).

Cabe ao empregador garantir a efetiva implementação das medidas de proteção estabelecidas na NR 34, devendo (item 34.2.1):

a) designar formalmente um responsável pela implementação da NR 34;

b) garantir a adoção das medidas de proteção definidas na NR 34 antes do início de qualquer trabalho;

c) assegurar que os trabalhos sejam imediatamente interrompidos quando houver mudanças nas condições ambientais que os tornem potencialmente perigosos à integridade física e psíquica dos trabalhadores;

d) providenciar a realização da Análise Preliminar de Risco (APR) e, quando aplicável, a emissão da Permissão de Trabalho (PT);

e) realizar, antes do início das atividades operacionais, Diálogo Diário de Segurança (DDS), contemplando as atividades que serão desenvolvidas, o processo de trabalho, os riscos e as medidas de proteção, consignando o tema tratado em um documento, rubricado pelos participantes e arquivado, juntamente com a lista de presença;

f) garantir aos trabalhadores informações atualizadas acerca dos riscos da atividade e as medidas de controle que são e devem ser adotadas;

g) adotar as providências necessárias para acompanhar o cumprimento das medidas de proteção estabelecidas na NR 34 pelas empresas contratadas.

O empregador deve proporcionar condições para que os trabalhadores possam colaborar com a implementação das medidas previstas na NR 34, bem como interromper imediatamente o trabalho, com informação a seu superior hierárquico, conforme previsto na alínea *c* acima (item 34.2.2).

Toda documentação prevista na NR 34 deve permanecer no estabelecimento à disposição da Auditoria-Fiscal do Trabalho, dos representantes da Comissão Interna de Prevenção de Acidentes e de Assédio (CIPA) e dos representantes das Entidades Sindicais representativas da categoria, sendo arquivada por um período mínimo de cinco anos (item 34.4.1).

31.40 Trabalho em altura

A Norma Regulamentadora 35, com redação aprovada pela Portaria 4.218/2022 do Ministério do Trabalho e Previdência, estabelece os requisitos e as medidas de prevenção para o trabalho em altura, envolvendo o planejamento, a organização e a execução, de forma a garantir a segurança e a saúde dos trabalhadores envolvidos direta ou indiretamente com esta atividade.

Aplica-se o disposto na NR 35 a toda atividade com diferença de nível acima de dois metros do nível inferior, onde haja risco de queda (item 35.2.1).

Todo trabalho em altura deve ser realizado por trabalhador formalmente autorizado pela organização (item 35.4.1).

Todo trabalho em altura deve ser planejado e organizado (item 35.5.1).

É obrigatória a utilização de sistemas de proteção contra quedas (SPQ) sempre que não for possível evitar o trabalho em altura (item 35.6.1).

A organização (empregador) deve estabelecer, implementar e manter procedimentos de respostas aos cenários de emergências de trabalho em altura, considerando, além do disposto na NR 1: a) os perigos associados à operação de resgate; b) a equipe de emergência e salvamento necessária e o seu dimensionamento; c) o tempo estimado para o resgate; d) as técnicas apropriadas, equipamentos pessoais e/ou coletivos específicos e sistema de resgate disponível, de forma a reduzir o tempo de suspensão inerte do trabalhador e sua exposição aos perigos existentes (item 35.7.1).

31.41 Segurança e saúde no trabalho em empresas de abate e processamento de carnes e derivados

A Norma Regulamentadora 36, aprovada pela Portaria MTE 555/2013, estabelece os requisitos mínimos para a avaliação, controle e monitoramento dos riscos existentes nas atividades desenvolvidas na indústria de abate e processamento de carnes e derivados destinados ao consumo humano, de forma a garantir permanentemente a segurança, a saúde e a qualidade de vida no trabalho, sem prejuízo da observância do disposto nas demais Normas Regulamentadoras – NR do Ministério do Trabalho (item 36.1.1).

Sempre que o trabalho puder ser executado alternando a posição de pé com a posição sentada, o posto de trabalho deve ser planejado ou adaptado para favorecer a alternância das posições (item 36.2.1).

Os estrados utilizados para adequação da altura do plano de trabalho ao trabalhador nas atividades realizadas em pé devem ter dimensões, profundidade, largura e altura que permitam a movimentação segura do trabalhador (item 36.3.1).

O empregador deve adotar meios técnicos e organizacionais para reduzir os esforços nas atividades de manuseio de produtos (item 36.4.1).

O empregador deve adotar medidas técnicas e organizacionais apropriadas e fornecer os meios adequados para reduzir a necessidade de carregamento manual constante de produtos e cargas cujo peso possa comprometer a segurança e a saúde dos trabalhadores (item 36.5.1).

Os equipamentos e ferramentas disponibilizados devem favorecer a adoção de posturas e movimentos adequados, facilidade de uso e conforto, de maneira a não obrigar o trabalhador ao uso excessivo de força, pressão, preensão, flexão, extensão ou torção dos segmentos corporais (item 36.8.1).

Para controlar a exposição ao ruído ambiental, devem ser adotadas medidas que priorizem a sua eliminação, a redução da sua emissão e a redução da exposição dos trabalhadores, nesta ordem (item 36.9.1.1).

Para os trabalhadores que exercem suas atividades em ambientes artificialmente frios e para os que movimentam mercadorias do ambiente quente ou normal para o frio, e vice-versa, depois de uma hora e quarenta minutos de trabalho contínuo, será assegurado um período mínimo de 20 minutos de repouso, nos termos do art. 253 da CLT (item 36.13.1).

31.42 Segurança e saúde em plataformas de petróleo

A Norma Regulamentadora 37, com redação aprovada pela Portaria 90/2022 do Ministério do Trabalho e Previdência, tem por objetivo estabelecer os requisitos de segurança, saúde e condições de vivência no trabalho a bordo de plataformas de petróleo em operação nas águas jurisdicionais brasileiras (AJB).

A NR 37 se aplica ao trabalho nas plataformas nacionais e estrangeiras, bem como nas unidades de manutenção e segurança (UMS), devidamente autorizadas a operar em águas jurisdicionais brasileiras (item 37.2.1).

Cabe à operadora da instalação, além do disposto nas demais Normas Regulamentadoras gerais e especiais, de outras disposições legais com relação à matéria e, ainda, daquelas oriundas de convenções, acordos e contratos coletivos de trabalho: a) garantir, pelos meios usuais de transporte e sem ônus para a inspeção do trabalho, o acesso à plataforma aos Auditores-Fiscais do Trabalho (AFT) em serviço, onde não houver transporte público; b) garantir o acesso à plataforma ao representante dos trabalhadores da categoria da operadora da instalação, da operadora do contrato ou da categoria preponderante, para acompanhar a inspeção do trabalho, pelos meios usuais de transporte e sem ônus, onde não houver transporte público; c) garantir que os requisitos de segurança e saúde e as condições de acesso à plataforma, higiene e condições de vivência dos trabalhadores de empresas prestadoras de serviço a bordo sejam os mesmos assegurados aos seus empregados; d) controlar o acesso, permanência e desembarque da plataforma de trabalhadores próprios, da concessionária ou empresas prestadoras de serviço a bordo, devendo manter estas informações, em meio físico ou digital, por pelo menos 12 meses; e) assegurar que os trabalhadores da empresa prestadora de serviço participem dos treinamentos de segurança e saúde previstos no item 37.9.6 da NR 37; f) prestar as informações em matéria de segurança e saúde requeridas pela empresa contratada relacionadas aos serviços por esta realizados; g) aprovar previamente as ordens de serviço, as permissões de trabalho e as permissões de entrada e trabalho em espaços confinados referentes aos serviços a serem executados pelos empregados das empresas prestadoras de serviços (item 37.3.1).

Cabe à operadora do contrato, além do disposto nas demais Normas Regulamentadoras, garantir que seja realizada auditoria, na forma prevista em sistema de gestão, na operadora da instalação quanto ao cumprimento das obrigações previstas na NR 37 (item 37.3.2).

A empresa prestadora de serviços deve cumprir os requisitos de segurança e saúde especificados pela contratante, pela NR 37 e pelas demais Normas Regulamentadoras (item 37.3.3).

Cabe aos trabalhadores, além do disposto nas demais Normas Regulamentadoras: a) colaborar com a operadora da instalação para o cumprimento das disposições legais e regulamentares, inclusive dos procedimentos internos sobre segurança e saúde no trabalho e de bem-estar a bordo;

b) portar a quantidade adequada de medicamentos de uso contínuo próprio, acompanhada da prescrição médica e dentro do prazo de validade (item 37.3.4).

São direitos dos trabalhadores: a) interromper a sua tarefa, com base em sua capacitação e experiência, quando constatar evidência de risco grave e iminente para sua segurança e saúde ou de outras pessoas, informando imediatamente ao seu superior hierárquico ou, na ausência deste, ao representante da operadora da instalação, e à Comissão Interna de Prevenção de Acidentes e de Assédio em Plataformas (CIPLAT), para que sejam tomadas as medidas adequadas às correções das não conformidades; b) ser comunicado pela organização sobre ordens, instruções, recomendações ou notificações relativas a suas atividades ou ambientes de trabalho, feitas pela inspeção do trabalho relacionadas com o ambiente laboral; c) comunicar ao empregador e à inspeção do trabalho sobre qualquer risco potencial que considere capaz de gerar um acidente ampliado (item 37.4.1).

A operadora da instalação e as empresas prestadoras de serviços permanentes a bordo devem elaborar e implementar os seus respectivos Programas de Gerenciamento de Riscos (PGR), por plataforma, observando o disposto na Norma Regulamentadora 37 e na NR 1, sobre disposições gerais e gerenciamento de riscos ocupacionais (item 37.5.1).

A operadora da instalação e cada uma das empresas prestadoras de serviços permanentes a bordo devem elaborar os seus respectivos Programas de Controle Médico de Saúde Ocupacional (PCMSO), por plataforma, atendendo aos preceitos da NR 37 e, complementarmente, ao disposto na NR 7, sobre Programa de Controle Médico de Saúde Ocupacional – PCMSO (item 37.6.1).

A operadora da instalação e as empresas que prestam serviços a bordo da plataforma devem constituir Serviços Especializados em Segurança e Medicina do Trabalho (SESMT) em terra e a bordo de cada plataforma, de acordo com o estabelecido na NR 37 e na NR 4, sobre Serviços Especializados em Segurança e Medicina do Trabalho (SESMT), no que não conflitar (item 37.7.1).

A operadora da instalação e as empresas prestadoras de serviços permanentes a bordo devem constituir suas Comissão Interna de Prevenção de Acidentes e de Assédio em Plataformas (CIPLAT) por plataforma, com dimensionamento por turma de embarque, de acordo com o estabelecido na NR 37 e na NR 5, sobre Comissão Interna de Prevenção de Acidentes e de Assédio (CIPA), no que não conflitar (item 37.8.1).

Todos os treinamentos previstos na NR 37 devem observar o disposto na NR 1 e ser realizados durante a jornada de trabalho, a cargo e custo da organização, conforme disposto na NR 37 (item 37.9.1).

Para as atividades de comissionamento, ampliação, modificação e reparo naval, descomissionamento e desmonte de plataformas, aplicam-se, além do disposto na NR 37, os requisitos da NR 34, sobre condições e meio ambiente de trabalho na indústria da construção e reparação naval, naquilo que couber, independentemente do local, tipo e extensão do serviço a ser realizado a bordo (item 37.10.1).

Os deslocamentos dos trabalhadores entre o continente e a plataforma ou entre plataformas não interligadas, e vice-versa, devem ser realizados por meio de helicópteros (item 37.11.1).

As condições de vivência a bordo são reguladas pelo disposto na NR 37 e nas regulamentações do Ministério da Saúde e da Agência Nacional de Vigilância Sanitária (Anvisa), não sendo aplicáveis os dispositivos constantes da NR 24 (item 37.12.1).

A operadora da instalação deve garantir que os trabalhadores a bordo tenham acesso gratuito à alimentação de boa qualidade, preparada ou finalizada a bordo, fornecida em condições de higiene e conservação, conforme prevê a legislação vigente (item 37.13.1).

A plataforma habitada deve ser provida de sistema de climatização adequado para as áreas de vivência e locais de trabalho que exijam solicitação intelectual e atenção constantes, garantindo a saúde, a segurança, o bem-estar e o conforto térmico (item 37.14.1).

Para fins de atendimento à sinalização de segurança e saúde no trabalho, aplica-se a plataformas o constante da NR 26, sobre sinalização de segurança, com as modificações previstas na NR 37 (item 37.15.1).

As plataformas devem ser inspecionadas mensalmente pela operadora da instalação com enfoque na segurança e saúde no trabalho, considerando os riscos das atividades e as operações desenvolvidas a bordo, conforme cronograma anual, elaborado pelo Serviço Especializado em Segurança e Medicina do Trabalho (SESMT) e informado previamente à Comissão Interna de Prevenção de Acidentes e de Assédio em Plataformas – CIPLAT (item 37.16.1).

A operadora da instalação deve definir e implantar planos de inspeções e manutenções dos equipamentos, instrumentos, máquinas, sistemas e acessórios da plataforma, em conformidade com a NR 12, sobre segurança e saúde no trabalho em máquinas e equipamentos, e com o Programa de Gerenciamento de Riscos (PGR), no que couber, tendo em consideração as normas técnicas nacionais, as recomendações dos fabricantes ou fornecedores e as boas práticas de engenharia aplicáveis (item 37.17.1).

A operadora da instalação deve elaborar, documentar, implementar, divulgar, manter atualizado e disponibilizar os procedimentos operacionais realizados na plataforma para todos os trabalhadores envolvidos (item 37.18.1).

Aplica-se à plataforma, quanto às instalações elétricas, o disposto na NR 37 e na NR 10, sobre segurança em instalações e serviços em eletricidade (item 37.19.1).

As máquinas e equipamentos utilizados nos diversos serviços de movimentação e transporte de carga a bordo devem obedecer aos preceitos descritos na NR 37, na NR 12, nas normas técnicas nacionais e internacionais aplicáveis, nessa ordem (item 37.20.1).

A localização do compartimento e os locais utilizados para o armazenamento interno de substâncias perigosas na plataforma devem primar pela segurança e a saúde dos trabalhadores a bordo, bem como obedecer aos preceitos citados na NR 37, nas normas da autoridade marítima e da International Maritime Dangerous Goods Code – IMDG Code (item 37.21.1).

Aplicam-se às caldeiras, aos vasos de pressão e às tubulações das plataformas as disposições da NR 37 e o que dispõe a NR 13, sobre caldeiras, vasos de pressão, tubulações e tanques metálicos de armazenamento (item 37.22.1).

A plataforma deve possuir sistemas de detecções e de alarmes para monitorar, continuamente, a possibilidade de perda de contenção de materiais tóxicos, inflamáveis e incêndio, utilizando metodologia específica para esses sistemas, com projeto que atenda aos itens da NR 37 e normas técnicas nacionais e internacionais (item 37.23.1).

A operadora da instalação deve continuamente implementar medidas, desde a fase de projeto, para prevenir e controlar vazamentos, derramamentos, incêndios e explosões (item 37.24.1).

Quanto à proteção e combate a incêndios, aplicam-se às plataformas o disposto na NR 37, no Capítulo 9 da NORMAM-01/DPC e na norma técnica ISO 13702 (Petroleum and natural gas industries – Control and mitigation of fires and explosions on offshore production installations – Requirements and guidelines), e suas alterações posteriores, nessa ordem (item 37.25.1).

Durante todo o ciclo de vida da plataforma, para proteger os trabalhadores contra os efeitos nocivos da radiação ionizante, provenientes de operações industriais com fontes radioativas e de materiais radioativos de ocorrência natural, gerados durante a exploração, produção, armazenamento e movimentação de petróleo e resíduos, a operadora da instalação deve adotar medidas prescritas na NR 37 e, para as atividades relativas ao Capítulo 37.10 (comissionamento, ampliação, modificação, reparo, descomissionamento e desmonte), as medidas previstas na NR 34 (item 37.26.1).

Os resíduos industriais devem ter destino adequado, sendo proibido o lançamento ou a liberação no meio ambiente de trabalho de quaisquer contaminantes que possam comprometer a segurança e a saúde dos trabalhadores, segundo previsto na NR 25, sobre resíduos industriais (item 37.27.1).

A operadora da instalação deve, a partir dos cenários das análises de riscos e das informações constantes no Programa de Gerenciamento de Riscos (PGR), elaborar, implementar e disponibilizar a bordo o Plano de Resposta a Emergências (PRE), que contemple ações específicas a serem adotadas na ocorrência de eventos que configurem situações de riscos grave e iminente à segurança e à saúde dos trabalhadores (item 37.28.1).

A operadora da instalação deve comunicar, à inspeção do trabalho da jurisdição da plataforma, a ocorrência de doenças ocupacionais, acidentes graves, fatais e demais incidentes, conforme critérios estabelecidos no Manual de Comunicação de Incidentes de Exploração e Produção de Petróleo e Gás Natural, emitido pela Agência Nacional do Petróleo, Gás Natural e Biocombustíveis (ANP), para danos à saúde humana (item 37.29.1).

A operadora da instalação deve protocolizar a declaração da instalação marítima (DIM) da plataforma por meio de sistema eletrônico indicado pela inspeção do trabalho (item 37.30.1).

A operadora deve manter na plataforma, em conformidade com o disposto na NR 1, à disposição da inspeção do trabalho, a documentação prevista na NR 37, atendendo aos seguintes requisitos: a) ser armazenada por um período de cinco anos, salvo disposição em contrário relativa a algum documento, conforme previsto nesta ou nas demais Normas Regulamentadoras; b) ser de acesso imediato ou permitir a sua consulta à distância; c) ser organizada permitindo o reconhecimento das versões anteriores; d) ser de fácil leitura no idioma português; e) possibilitar a sua impressão no local ou a sua cópia e assinaturas em meio eletrônico (item 37.31.1).

31.43 Segurança e saúde no trabalho nas atividades de limpeza urbana e manejo de resíduos sólidos

A Norma Regulamentadora 38, com redação aprovada pela Portaria 4.101/2022 do Ministério do Trabalho e Previdência, tem o objetivo de estabelecer os requisitos e as medidas de prevenção para garantir as condições de segurança e saúde dos trabalhadores nas atividades de limpeza urbana e manejo de resíduos sólidos.

As disposições contidas na NR 38 aplicam-se às seguintes atividades de limpeza urbana e manejo de resíduos sólidos: a) coleta, transporte e transbordo de resíduos sólidos urbanos e resíduos de serviços de saúde até a descarga para destinação final; b) varrição e lavagem de feiras, vias e logradouros públicos; c) capina, roçagem e poda de árvores; d) manutenção de áreas verdes; e) raspagem e pintura de meio-fio; f) limpeza e conservação de mobiliário urbano, monumentos, túneis, pontes e viadutos; g) desobstrução e limpeza de bueiros, bocas de lobo e correlatos; h) triagem e manejo de resíduos sólidos urbanos recicláveis; i) limpeza de praias; j) pontos de recebimento de resíduos sólidos urbanos; k) disposição final (item 38.2.1).

A organização (empregador) deve manter registro atualizado de todos os logradouros em que desenvolve suas atividades, por rota, frente de serviço ou pontos de coleta, com identificação dos pontos de apoio, suas características e definição do tipo de atendimento prestado aos trabalhadores (item 38.3.1).

Capítulo 32

Fiscalização do Trabalho

32.1 Introdução

O ordenamento jurídico trabalhista, fundado nos princípios da proteção e da irrenunciabilidade, é composto por diversas normas de ordem pública[1], obstando condutas que objetivem afastar a aplicação do Direito do Trabalho (CLT, arts. 9º, 444 e 468)[2].

A natureza cogente das suas normas é confirmada quando se nota que a Administração Pública do Trabalho tem o dever de *fiscalizar* o seu cumprimento, sancionando, orientando e regularizando, quando possível, as condutas contrárias à legislação trabalhista[3].

Cabe analisar no presente Capítulo essa atividade de fiscalização do trabalho, na verificação do cumprimento das normas que regulam a relação de emprego.

32.2 Direito Internacional

O conceito de fiscalização do trabalho teve início na Inglaterra, em 1833, com a promulgação do *Althorp's Act*.

O Tratado de Versalhes, de 1919, em seu art. 427, item 9, declarava que cada Estado deve organizar um serviço de inspeção do trabalho.

A Recomendação 5 da OIT, de 1919, orienta sobre a implantação de inspeção do trabalho eficaz em fábricas e oficinas.

A Recomendação 20 da OIT, de 1923, esclarece a missão da fiscalização do trabalho de assegurar a aplicação das normas pertinentes às condições de trabalho e de proteção aos trabalhadores.

A Convenção 81 da OIT, de 1947 (cf. Decreto 10.088/2019), regulou a inspeção do trabalho, estabelecendo que compete à fiscalização do trabalho, entre outros aspectos, atuar na aplicação das normas sobre condições de trabalho, na orientação a empregados e empregadores sobre as referidas disposições, além de levar ao conhecimento da autoridade competente as deficiências ainda não previstas nas disposições legais existentes.

A Convenção 82 da OIT é pertinente à inspeção do trabalho em empresas minerais de transporte. A Convenção 85 da OIT estabelece regras para a inspeção do trabalho em territórios metropolitanos.

---

[1] Cf. MANNRICH, Nelson. A administração pública do trabalho em face da autonomia privada coletiva. In: MALLET, Estêvão; ROBORTELLA, Luiz Carlos Amorim (Coord.). *Direito e processo do trabalho*: estudos em homenagem ao prof. Octavio Bueno Magano. São Paulo: LTr, 1996. p. 543: "Na relação entre empregado e empregador, há bens que estão acima de seus interesses, pois dizem respeito à sociedade. São protegidos pelas normas denominadas de ordem pública".

[2] Cf. SÜSSEKIND, Arnaldo. *Instituições de direito do trabalho*. 18. ed. São Paulo: LTr, 1999. v. 1, p. 220: "A inderrogabilidade da maioria das normas de proteção ao trabalho visa a que os respectivos direitos beneficiem aqueles sobre os quais incidem".

[3] Cf. MANNRICH, Nelson. A administração pública do trabalho em face da autonomia privada coletiva. In: MALLET, Estêvão; ROBORTELLA, Luiz Carlos Amorim (Coord.). *Direito e processo do trabalho*: estudos em homenagem ao prof. Octavio Bueno Magano. São Paulo: LTr, 1996. p. 545: "A intervenção do Estado e sua ação fiscalizadora impõe-se principalmente quanto à proteção de interesses de toda a sociedade, que se sobrepõem aos interesses individuais dos sujeitos do contrato de trabalho e mesmo aos da própria categoria. São dessa ordem as normas mínimas de proteção ao trabalho, à saúde e à segurança do trabalhador e essa a justificativa do papel da Administração Pública do Trabalho".

A Convenção 110 da OIT, de 1958, trata da fiscalização do trabalho na agricultura, existindo a Convenção 129, sobre o mesmo tema, de 1969, embora esta última não tenha sido ratificada pelo Brasil[4].

Em 1978, a OIT aprovou a Convenção 150, sobre matéria mais ampla, referente à organização, encargos e funções da administração pública em matéria de política nacional do trabalho[5].

32.3 Natureza jurídica

De acordo com o art. 21, inciso XXIV, da Constituição Federal de 1988, compete à União organizar, manter e executar a inspeção do trabalho.

Trata-se, portanto, de atividade de natureza administrativa, exercida pelo Estado, por meio dos órgãos competentes da Administração Pública Federal.

Nesse sentido, o art. 626 da CLT estabelece incumbir às autoridades competentes do Ministério do Trabalho a fiscalização do fiel cumprimento das normas de proteção ao trabalho[6].

Compete ao Ministério do Trabalho e Previdência a fiscalização do cumprimento do Programa de Seguro-Desemprego e do abono salarial, bem como do pagamento, pelas empresas, da bolsa de qualificação profissional de que trata o art. 2º-A da Lei 7.998/1990[7], ou de benefícios de programas instituídos para promover a manutenção de empregos ou a qualificação de trabalhadores, custeados com recursos do Fundo de Amparo ao Trabalhador – FAT (art. 23 da Lei 7.998/1990, com redação dada pela Lei 14.261/2021).

Compete exclusivamente aos Auditores-Fiscais do Trabalho do Ministério do Trabalho e Previdência, autoridades trabalhistas no exercício de suas atribuições legais, nos termos do disposto na Lei 10.593/2002, a fiscalização do cumprimento das normas de proteção ao trabalho e de saúde e segurança no trabalho (art. 16 do Decreto 10.854/2021).

Esse dispositivo deve ser interpretado de forma sistemática e harmônica com outros preceitos normativos, sem afastar as atribuições do Ministério Público do Trabalho, as quais têm fundamento constitucional (arts. 127, 128, inciso I, alínea *b*, e 129 da Constituição da República).

Nesse sentido, incumbe ao Ministério Público do Trabalho exercer, entre outras, as seguintes funções institucionais: instaurar inquérito civil e outros procedimentos administrativos, sempre que cabíveis, para assegurar a observância dos direitos sociais dos trabalhadores; requisitar à autoridade administrativa federal competente, dos órgãos de proteção ao trabalho, a instauração de procedimentos administrativos, podendo acompanhá-los e produzir provas; exercer outras atribuições que lhe forem conferidas por lei, desde que compatíveis com sua finalidade (art. 84, incisos II, III e V, da Lei Complementar 75/1993).

A autoridade nacional, as autoridades máximas regionais e as autoridades regionais em matéria de inspeção do trabalho serão Auditores-Fiscais do Trabalho (art. 17 do Decreto 10.854/2021).

A Subsecretaria de Inspeção de Trabalho da Secretaria de Trabalho do Ministério do Trabalho e Previdência receberá denúncias sobre irregularidades trabalhistas e pedidos de fiscalização por meio de canais eletrônicos (art. 18 do Decreto 10.854/2021). Na impossibilidade de uso ou acesso aos mencionados canais eletrônicos, podem ser admitidos outros meios para recebimento de denúncias sobre irregularidades trabalhistas.

---

[4] Cf. MARTINS, Sergio Pinto. *Direito do trabalho*. 22. ed. São Paulo: Atlas, 2006. p. 638.
[5] Cf. SÜSSEKIND, Arnaldo. *Direito internacional do trabalho*. 3. ed. São Paulo: LTr, 2000. p. 403.
[6] Cf. TEIXEIRA FILHO, João de Lima. *Instituições de direito do trabalho*. 18. ed. São Paulo: LTr, 1999. v. 2, p. 1276: "A inspeção do trabalho é atividade da maior importância, já que o Estado, por seu intermédio, assegura o cumprimento das leis de proteção ao trabalhador".
[7] Cf. art. 476-A, § 7º, da CLT. Cf. ainda Capítulo 17, item 17.4.

Cabe ao Ministério do Trabalho e Previdência definir os critérios para criação e manutenção de Gerências Regionais do Trabalho e Agências Regionais do Trabalho das Superintendências Regionais do Trabalho, observado o quantitativo de unidades previsto na estrutura organizacional, de modo a considerar os aspectos indicados no art. 185 do Decreto 10.854/2021.

A Portaria 548/2021 do Ministério do Trabalho e Previdência consolida disposições sobre assuntos de organização administrativa relativos às unidades vinculadas ao Ministério do Trabalho e Previdência no que concerne a: I – localização das Gerências Regionais do Trabalho e das Agências Regionais do Trabalho das Superintendências Regionais do Trabalho, com as respectivas vinculações administrativas; II – definição de critérios para a alocação de Gerências Regionais do Trabalho e de Agências Regionais do Trabalho das Superintendências Regionais do Trabalho.

O art. 628, *caput*, da CLT revela, ainda, que a fiscalização do trabalho é uma atividade administrativa vinculada, a ser exercida de acordo com o princípio da legalidade (art. 37, *caput*, da Constituição da República)[8].

A inspeção federal do trabalho, no entanto, tem por incumbência não apenas sancionar as violações das normas de proteção do trabalho, mas também orientar a respeito do cumprimento da legislação trabalhista[9], prevenir infrações[10] e regularizar as condutas passíveis de correção[11].

Como se observa do art. 627-A da CLT (acrescentado pela Medida Provisória 2.164-41/2001), pode ser instaurado procedimento especial de ação fiscal, *objetivando a orientação sobre o cumprimento das leis de proteção ao trabalho, bem como a prevenção e o saneamento de infrações* mediante Termo de Compromisso.

O Regulamento de Inspeção do Trabalho (Decreto 4.552, de 27 de dezembro de 2002), no art. 18, estabelece a competência dos Auditores-Fiscais do Trabalho.

Frise-se ainda que, conforme o art. 26 da Lei de Introdução às Normas do Direito Brasileiro, incluído pela Lei 13.655/2018, para eliminar irregularidade, incerteza jurídica ou situação contenciosa na aplicação do Direito Público, inclusive no caso de expedição de licença, a *autoridade administrativa pode, após oitiva do órgão jurídico e, quando for o caso, após realização de consulta pública, e presentes razões de relevante interesse geral, celebrar compromisso com os interessados*, observada a legislação aplicável, o qual só deve produzir efeitos a partir de sua publicação oficial.

Embora esse dispositivo mencione Direito Público, é possível entender que a sua previsão também se aplica, pelas mesmas razões indicadas, às *normas de ordem pública*.

O referido *compromisso*: deve buscar solução jurídica proporcional, equânime, eficiente e compatível com os interesses gerais; não pode conferir desoneração permanente de dever ou condicionamento de direito reconhecidos por orientação geral; deve prever com clareza as obrigações das partes, o prazo para seu cumprimento e as sanções aplicáveis em caso de descumprimento.

A decisão do processo, nas esferas administrativa, controladora ou judicial, pode impor *compensação* por benefícios indevidos ou prejuízos anormais ou injustos resultantes do processo ou da conduta dos envolvidos (art. 27 da Lei de Introdução às Normas do Direito Brasileiro, acrescentado

---

[8] Cf. MARTINS, Sergio Pinto. *Direito do trabalho*. 5. ed. São Paulo: Malheiros, 1998. p. 533: "O fiscal deve autuar a empresa quando verificar a inobservância da lei por parte desta, sob pena de responsabilidade administrativa".

[9] Cf. MARTINS, Sergio Pinto. *Comentários à CLT*. 10. ed. São Paulo: Atlas, 2006. p. 697: "O fiscal do trabalho, porém, não tem apenas a função de aplicador de multas ou de fiel cumpridor das leis, mas também de orientador, no sentido de mostrar às empresas como a lei deve ser aplicada, principalmente em se tratando de legislação recente".

[10] Cf. OLIVEIRA, Francisco Antonio de. *Consolidação das Leis do Trabalho comentada*. 2. ed. São Paulo: RT, 2000. p. 520-521: "A fiscalização do trabalho tem caráter preventivo de velar pelo cumprimento da legislação que rege a espécie. Tem também atuação repressiva, quando presente o descumprimento, pela correção do ato e pela aplicação da pena pecuniária ou sanções outras, como o fechamento temporário ou mesmo definitivo do estabelecimento".

[11] Cf. NASCIMENTO, Amauri Mascaro. *Iniciação ao direito do trabalho*. 28. ed. São Paulo: LTr, 2002. p. 646: "Em se tratando de irregularidades sanáveis, o inspetor deverá dar um prazo para que o empregador tome as providências necessárias".

pela Lei 13.655/2018). A *decisão sobre a compensação* deve ser motivada, ouvidas previamente as partes sobre seu cabimento, sua forma e, se for o caso, seu valor. Para prevenir ou regular a compensação, pode ser celebrado *compromisso processual* entre os envolvidos.

A Instrução Normativa 2/2021 do Ministério do Trabalho e Previdência dispõe sobre os procedimentos a serem observados pelos Auditores-Fiscais do Trabalho no que se refere a: I – fiscalização do registro de empregados; II – fiscalização indireta; III – fiscalização do pagamento de salário; IV – fiscalização em microempresa e empresas de pequeno porte; V – trabalho em condição análoga à de escravo; VI – fiscalização do trabalho infantil e do adolescente trabalhador; VII – fiscalização do cumprimento das normas relativas à aprendizagem profissional; VIII – fiscalização da inclusão no trabalho das pessoas com deficiência e beneficiários da Previdência Social reabilitados; IX – fiscalização das normas de proteção ao trabalho doméstico; X – fiscalização do trabalho rural; XI – fiscalização do trabalho temporário; XII – fiscalização da prestação de serviços a terceiros; XIII – fiscalização do trabalho de regime de turnos ininterruptos de revezamento; XIV – procedimento especial para a ação fiscal; XV – fiscalização do trabalho portuário e aquaviário; XVI – análise de acidentes de trabalho; XVII – avaliação das concentrações de benzeno em ambientes de trabalho; XVIII – procedimento de apreensão, guarda e devolução de materiais, livros, papéis, arquivos, documentos e assemelhados de empregadores, no curso da ação fiscal; XIX – cumprimento do Programa de Alimentação do Trabalhador; XX – fiscalização do Fundo de Garantia do Tempo de Serviço (FGTS) e da contribuição social.

A Instrução Normativa 3/2021 do Ministério do Trabalho e Previdência dispõe sobre os procedimentos a serem observados pelos Auditores-Fiscais do Trabalho no que se refere a: I – concessão de indenização de transporte; II – concessão de afastamento para a realização de ação de desenvolvimento por Auditor-Fiscal do Trabalho; III – monitoramento e controle do desempenho individual, da execução de atividades e projetos e do desempenho das unidades descentralizadas de inspeção do trabalho como instrumento de gestão.

32.3.1 Fiscalização do trabalho e jurisdição

Como se pode notar, a fiscalização das condições de trabalho, ainda que atividade estatal, não possui natureza jurisdicional, mas sim administrativa. Portanto, a garantia constitucional do controle jurisdicional estará franqueada àquele que sofrer lesão ou ameaça de lesão a direito (CF/1988, art. 5º, inciso XXXV).

Nas precisas lições de Valentin Carrion:

> "*A fiscalização do trabalho* visa, administrativamente, o cumprimento da legislação laboral, paralelamente à atuação judiciária, que ao compor os litígios é como a mão comprida do legislador (*longa manu*, na expressão de Bindo Galli). Os direitos do trabalhador estão protegidos em dois níveis distintos: a inspeção ou fiscalização do trabalho, de natureza administrativa, e a proteção judicial, através dos tribunais da Justiça do Trabalho"[12].

O direito à tutela jurisdicional, não obstante, não afasta o poder-dever da Administração Pública de fiscalizar o cumprimento das normas de proteção do trabalho (CLT, art. 626).

Mesmo sendo o fato – no caso, a própria existência de contrato de trabalho – objeto de controvérsia entre a Administração Pública e o particular, aquela pode e tem o dever de aplicar, no âmbito administrativo, as normas pertinentes. Ou seja, a lavratura de auto de infração, por exemplo, fundado em ausência de registro do empregado, é atividade administrativa em princípio lícita e possível, ainda que o particular discorde da conclusão nele lançada.

---

[12] CARRION, Valentin. *Comentários à Consolidação das Leis do Trabalho*. 23. ed. São Paulo: Saraiva, 1998. p. 484-485 (destaques do original).

A competência da Justiça do Trabalho para reconhecer a relação de emprego, prevista no art. 114 da Constituição Federal de 1988, refere-se ao exercício de atividade jurisdicional por esse ramo do Poder Judiciário. Como a atividade da inspeção do trabalho não é jurisdicional, esse dispositivo (que regula distribuição de jurisdição) a ela não se contrapõe[13].

Se ao Auditor-Fiscal do Trabalho incumbe "a fiscalização do fiel cumprimento das normas de proteção do trabalho" (CLT, art. 626), detectando a existência de contrato de trabalho sem a observância de regras essenciais (como o registro e a anotação na CTPS), cabe a este agente estatal aplicar as sanções previstas em lei para a hipótese. Trata-se de poder-dever, a ser exercido por meio de atividade administrativa vinculada (art. 628, *caput*, da CLT)[14].

Embora a posição aqui defendida não seja unânime, dizer que, não reconhecendo o autuado a relação de emprego, a fiscalização não teria competência para a lavratura de auto de infração, seria confundir os conceitos de jurisdição e de administração. No âmbito de uma *ação* trabalhista, entre trabalhador e pretenso empregador, é certo que a Justiça do Trabalho é competente para *julgar* o pedido relativo à existência de contrato de trabalho, em decisão apta a fazer coisa julgada, tornando-se imutável entre as partes da relação jurídica processual. A fiscalização de condições de trabalho, por sua vez, não se refere a uma ação judicial, sendo que a Administração Pública, no caso, pode (*rectius*: deve) aplicar as normas legais cabíveis, independentemente de prévia manifestação judicial a respeito[15].

Como é evidente, a previsão do art. 39, *caput*, da CLT em nada altera as conclusões acima, pois incide apenas nas hipóteses em que o próprio empregado apresenta "reclamação por falta ou recusa de anotação da CTPS" ao Ministério do Trabalho. Somente nesse caso peculiar, de "reclamação" administrativa oferecida pelo próprio empregado, perante a Delegacia Regional do Trabalho ou órgão autorizado (conforme previsão do art. 36 da CLT)[16], é que, se o empregador alegar a inexistência de relação de emprego, "será o processo encaminhado à Justiça do Trabalho", passando a seguir como ação trabalhista.

---

[13] Em sentido diverso, cf. MACIEL, José Alberto Couto. Fiscal do trabalho não é juiz. *Trabalho em Revista*, Curitiba, Decisório Trabalhista, ano 20, n. 244, p. 37-38, nov. 2002: "Evidencia-se que somente à Justiça do Trabalho compete decidir pela existência da relação de emprego, não tendo as Delegacias Regionais do Trabalho competência para tanto, sendo incabível que emitam autos de infração e apliquem multas que dependam, diretamente, do reconhecimento do vínculo empregatício".

[14] "Possibilidade de o auditor-fiscal do trabalho reconhecer a configuração de vínculo empregatício após a constatação de irregularidade na contratação de trabalhadores. Inocorrência de invasão de competência da Justiça do Trabalho. A fiscalização do fiel cumprimento das normas de proteção ao trabalho (CLT, art. 626) cabe ao auditor-fiscal do trabalho ou às autoridades que exerçam funções delegadas, sob pena de responsabilidade administrativa (CLT, art. 628). Assim, esse servidor público, ao lavrar o auto de infração, nada mais fez do que agir em conformidade e dentro dos limites legais que lhe atribuem competência quando verificada a infração à legislação trabalhista. Ademais, a jurisprudência desta Corte Superior firmou o entendimento de que o Auditor-Fiscal possui competência não somente para constatar violações dos direitos trabalhistas, mas também para verificar a própria existência da relação de emprego. Precedentes. Recurso de revista não conhecido" (TST, 3ª T., RR-2611400-27.2009.5.09.0004, Rel. Min. Alexandre de Souza Agra Belmonte, *DEJT* 28.10.2016).

[15] Cf. MEIRELLES, Hely Lopes. *Direito administrativo brasileiro*. 26. ed. atual. por Eurico de Andrade Azevedo, Délcio Balestero Aleixo e José Emmanuel Burle Filho. São Paulo: Malheiros, 2001. p. 153: "não poderia a Administração bem desempenhar sua missão de autodefesa dos interesses sociais se, a todo momento, encontrando natural resistência do particular, tivesse que recorrer ao Judiciário para remover a oposição individual à atuação pública".

[16] As Delegacias Regionais do Trabalho (DRTs) são atualmente denominadas Superintendências Regionais do Trabalho. As Subdelegacias do Trabalho, por sua vez, passaram a ser chamadas de Gerências Regionais do Trabalho e Agências Regionais do Trabalho. Às Superintendências Regionais do Trabalho, como unidades descentralizadas, compete a execução, a supervisão e o monitoramento de ações relativas a políticas públicas relacionadas com o Ministério do Trabalho e Previdência, na sua área de atuação, especialmente aquelas de: I – fomento ao trabalho, ao emprego e à renda; II – execução do sistema público de emprego; III – fiscalização do trabalho, da mediação e da arbitragem em negociação coletiva; IV – melhoria contínua nas relações do trabalho, na orientação e no apoio ao cidadão (art. 17 do Decreto 10.761/2021).

Diante da lavratura de auto de infração pelo agente de inspeção do trabalho, ou de ato administrativo proferido, caso o autuado ou o particular discorde da conclusão nele lançada, terá o direito à ampla defesa não só na via administrativa (CF/1988, art. 5º, inciso LV e CLT, arts. 629, § 3º, 632, 633, 635 e seguintes da CLT), mas será resguardado o acesso ao Poder Judiciário, podendo discutir, no âmbito jurisdicional, a legalidade do ato administrativo praticado[17].

Como a organização, a manutenção e a execução da inspeção do trabalho são da competência da União, a fiscalização do trabalho, exercida pelas autoridades competentes do Ministério do Trabalho, é de âmbito federal. Portanto, nas ações judiciais pertinentes à imposição de penalidades administrativas pelos órgãos de inspeção do trabalho, tem-se a presença da União no processo.

A própria multa administrativa, decorrente de autuação por infração de normas de proteção do trabalho (CLT, art. 634), quando não paga pelo infrator, também é objeto de cobrança judicial, após inscrição na Dívida Ativa da União (CLT, art. 642).

Aliás, sendo ato praticado pelo Poder Público, é assegurada, em tese, inclusive a via do mandado de segurança, para a proteção de direito líquido e certo (CF/1988, art. 5º, inciso LXIX).

Tendo em vista a Emenda Constitucional 45/2004, a Justiça do Trabalho passou a ter competência para processar e julgar: "as ações relativas às penalidades administrativas impostas aos empregadores pelos órgãos de fiscalização das relações de trabalho" (art. 114, inciso VII, da CF/1988), bem como "os mandados de segurança, *habeas corpus* e *habeas data*, quando o ato questionado envolver matéria sujeita à sua jurisdição" (art. 114, inciso IV). Assim, pode-se entender incluída nessa

---

[17] "2. Ação anulatória. Auto de infração. Fraude na contratação de trabalhadores temporários. Competência da Justiça do Trabalho. Ausência de violação do art. 114 da CF/88. A atuação do auditor fiscal do trabalho não invade a competência da Justiça trabalhista insculpida no art. 114, I, da CF/88, pois o poder-dever do auditor fiscal quanto à fiscalização do cumprimento das normas trabalhistas fundamenta-se no poder de polícia administrativo – prerrogativa estatal destinada a condicionar e a restringir a fruição de bens, atividades e direitos em prol do interesse público –, lastreado eminentemente nas competências da União insculpidas no art. 21 da CF/88 e no art. 628 da CLT. Este poder de polícia não se confunde com a função jurisdicional outorgada ao Poder Judiciário pela Carta Magna. Ademais, a conduta do auditor fiscal trabalhista – justamente por não possuir a característica de jurisdição –, não se reveste de definitividade, podendo, dessa maneira, sempre ser revista pelo Poder Judiciário, à luz da inafastabilidade da tutela jurisdicional (art. 5º, XXXV, da CF/88). Nesse contexto, resguardado o exercício do mister conferido ao auditor fiscal do trabalho, tem-se que a solução de controvérsias relacionadas à validade do auto de infração por ele lavrado encontra-se afeta à competência jurisdicional da Justiça do Trabalho, nos moldes do art. 114, VII, da Constituição Federal. Trata-se, portanto, de atribuições e competências que não se confundem. 3. Auto de infração. Fraude na contratação de trabalhadores temporários. Competência do auditor fiscal do trabalho. O Poder Executivo tem a competência e o dever de assegurar a fiel execução das leis no País (art. 84, IV, CF), função que realiza, no âmbito juslaborativo, entre outras medidas e instituições, mediante a competência explícita da União para organizar, manter e executar a inspeção do trabalho (art. 21, XXIV, CF). O Auditor Fiscal do Trabalho, como qualquer autoridade de inspeção do Estado (inspeção do trabalho, inspeção fazendária, inspeção sanitária, etc.), tem o poder e o dever de examinar os dados da situação concreta posta à sua análise, durante a inspeção, verificando se ali há (ou não) cumprimento ou descumprimento das respectivas leis federais imperativas. Na hipótese da atuação do Auditor Fiscal do Trabalho, este pode (e deve) examinar a presença (ou não) de relações jurídicas enquadradas nas leis trabalhistas e se estas leis estão (ou não) sendo cumpridas no caso concreto, aplicando as sanções pertinentes, respeitado o critério da dupla visita. Se o empregador mantém trabalhador irregular, ofende o art. 41 da CLT, referente à obrigatoriedade de manutença dos livros de registros de empregados. Desse modo, não se pode concordar com a tese exposta pela Autora de não caber à Auditoria Fiscal Trabalhista decidir sobre a existência ou inexistência de relação de emprego e de questões dela decorrentes, por ser isso, supostamente, exclusivo do Judiciário Trabalhista, já que analisar a situação fática e realizar seu enquadramento no Direito é tarefa de qualquer órgão fiscalizador do Estado, em sua atribuição constitucional de fazer cumprir as leis do País. Não há qualquer restrição na ordem jurídica quanto à possibilidade de o órgão fiscalizador verificar a presença dos elementos caracterizadores da relação de emprego. [...] Nesse aspecto, constitui múnus público do Auditor Fiscal do Trabalho identificar a presença (ou não) de relações jurídicas enquadradas nas leis trabalhistas para, em caso de descumprimento, aplicar as sanções cabíveis, máxime porque o auto de infração lavrado ostenta presunção de legalidade e veracidade, cabendo, então, à Autora comprovar, cabalmente, que o desempenho das atividades pelos prestadores de serviço em seu estabelecimento era legal e regular. Em não havendo tal prova nos autos, e diante da ilicitude constatada, o Auto de Infração mencionado encontra-se respaldado legalmente" (TST, 3ª T., AIRR-927-22.2013.5.04.0018, Rel. Min. Mauricio Godinho Delgado, *DEJT* 25.11.2016).

competência a própria execução fiscal, para cobrança das referidas penalidades, tendo em vista a sua natureza de ação[18].

32.4 Carreira e atribuições

A Convenção 81 da Organização Internacional do Trabalho, de 1947, sobre inspeção do trabalho, aprovada pelo Decreto Legislativo 24/1956, promulgada por ato do Poder Executivo federal e consolidada pelo Decreto 10.088/2019, no art. 6º, dispõe que o pessoal da inspeção deve ser composto de funcionários públicos cujo estatuto e condições de serviços lhes assegurem a estabilidade nos seus empregos e os tornem independentes de qualquer mudança de governo ou de qualquer influência externa indevida.

Logo, os Auditores-Fiscais do Trabalho, que exercem a inspeção do trabalho, devem ser servidores nomeados para cargo de provimento efetivo em virtude de concurso público (art. 41 da Constituição Federal de 1988).

De acordo com o art. 2º do Regulamento de Inspeção do Trabalho (Decreto 4.552/2002), compõem o Sistema Federal de Inspeção do Trabalho:

a) autoridades de direção nacional, regional ou local (aquelas indicadas em leis, regulamentos e demais atos atinentes à estrutura administrativa do Ministério do Trabalho);

b) Auditores-Fiscais do Trabalho (redação determinada pelo Decreto 4.870, de 30 de outubro de 2003);

c) Agentes de Higiene e Segurança do Trabalho, em funções auxiliares de inspeção do trabalho.

Especificamente quanto à Carreira de Auditoria-Fiscal do Trabalho, é composta de cargos de Auditor-Fiscal do Trabalho (art. 9º da Lei 10.593/2002).

O art. 10 da mesma Lei 10.593/2002 prevê que: "São transformados em cargo de Auditor-Fiscal do Trabalho, na Carreira Auditoria-Fiscal do Trabalho, os seguintes cargos efetivos do quadro permanente do Ministério do Trabalho e Emprego: I – Fiscal do Trabalho; II – Assistente Social, encarregado da fiscalização do trabalho da mulher e do menor; III – Engenheiros e Arquitetos, com a especialização prevista na Lei 7.410, de 27 de novembro de 1985, encarregados da fiscalização da segurança no trabalho; IV – Médico do Trabalho, encarregado da fiscalização das condições de salubridade do ambiente do trabalho".

Os ocupantes do cargo de Auditor-Fiscal do Trabalho têm por atribuições assegurar, em todo o território nacional:

a) o cumprimento de disposições legais e regulamentares, inclusive as relacionadas à segurança e à medicina do trabalho, no âmbito das relações de trabalho e de emprego;

b) a verificação dos registros em Carteira de Trabalho e Previdência Social (CTPS), visando à redução dos índices de informalidade;

c) a verificação do recolhimento e a constituição e o lançamento dos créditos referentes ao Fundo de Garantia do Tempo de Serviço (FGTS) e à contribuição social de que trata o art. 1º da Lei Complementar 110/2001, objetivando maximizar os índices de arrecadação;

d) o cumprimento de acordos, convenções e contratos coletivos de trabalho celebrados entre empregados e empregadores;

---

[18] Cf. MALLET, Estêvão. Apontamentos sobre a competência da Justiça do Trabalho após a Emenda Constitucional 45. In: COUTINHO, Grijalbo Fernandes; FAVA, Marcos Neves (Coord.). *Justiça do trabalho*: competência ampliada. São Paulo: LTr, 2005. p. 86: "Mais uma vez a finalidade da nova hipótese de competência leva a afirmar-se que a própria execução fiscal das multas e dos valores deve ser feita perante a Justiça do Trabalho, admitindo-se a discussão da legalidade do lançamento em embargos do executado. Não fosse assim, processando-se a execução perante a Justiça Federal, não haveria como impugnar o lançamento na Justiça do Trabalho".

e) o respeito aos acordos, tratados e convenções internacionais dos quais o Brasil seja signatário;

f) a lavratura de auto de apreensão e guarda de documentos, materiais, livros e assemelhados, para verificação da existência de fraude e irregularidades, bem como o exame da contabilidade das empresas;

g) a verificação do recolhimento e a constituição e o lançamento dos créditos decorrentes da cota-parte da contribuição sindical urbana e rural (art. 11 da Lei 10.593/2002).

Cabe ao Poder Executivo regulamentar as atribuições privativas previstas acima, podendo cometer aos ocupantes do cargo de Auditor-Fiscal do Trabalho outras atribuições, desde que compatíveis com atividades de auditoria e fiscalização (art. 11, § 1º, da Lei 10.593/2002, com redação dada pela Lei 13.464/2017).

Os ocupantes do cargo de Auditor-Fiscal do Trabalho, no exercício das mencionadas atribuições, são autoridades trabalhistas (art. 11, § 2º, da Lei 10.593/2002, incluído pela Lei 13.464/2017).

A Portaria 547/2021 do Ministério do Trabalho e Previdência disciplina a forma de atuação da inspeção do trabalho, em especial: I – o planejamento e a execução das ações da inspeção do trabalho; II – a constituição e o funcionamento dos grupos especiais de fiscalização móvel; III – o funcionamento da Escola Nacional da Inspeção do Trabalho; IV – a identidade visual da inspeção do trabalho; V – a identificação funcional dos Auditores-Fiscais do Trabalho; VI – a credencial de identificação funcional dos Agentes de Higiene e Segurança do Trabalho; VII – os modelos de formulário de auto de infração de notificação de débitos de Fundo de Garantia do Tempo de Serviço (FGTS); VIII – os protocolos de segurança e o procedimento especial de segurança institucional; IX – as atividades incompatíveis com as atribuições do cargo de Auditor-Fiscal do Trabalho.

32.5 Identificação do auditor-fiscal do trabalho

Todo agente da inspeção deve exercer as atribuições do seu cargo exibindo a carteira de identidade fiscal, devidamente autenticada, fornecida pela autoridade competente, como se interpreta da disposição do art. 630 da CLT.

A Portaria SIT 448/2014 aprova o modelo de Carteira de Identidade Fiscal (CIF) dos Auditores-Fiscais do Trabalho.

É proibida a outorga de identidade fiscal a quem não esteja autorizado, em razão do cargo ou função, a exercer ou praticar, no âmbito da legislação trabalhista, atos de fiscalização.

Cabe à Subsecretaria de Inspeção do Trabalho da Secretaria de Trabalho do Ministério do Trabalho e Previdência a expedição da Carteira de Identidade Fiscal da Auditoria-Fiscal do Trabalho e o gerenciamento dos processos relativos à identificação fiscal (art. 59 da Portaria 547/2021 do Ministério do Trabalho e Previdência).

32.6 Poderes do auditor-fiscal do trabalho

O Auditor-Fiscal do Trabalho, em exercício de atividade administrativa, de natureza vinculada, exerce poderes-deveres, o que necessita ser feito dentro dos limites da lei, sob pena de incidir em abuso ou desvio de poder.

De acordo com o art. 630, § 3º, da CLT, o agente da inspeção tem livre acesso a todas as dependências dos estabelecimentos sujeitos ao regime da legislação trabalhista.

As empresas, por seus dirigentes ou prepostos, são obrigadas a prestar ao auditor-fiscal do trabalho os esclarecimentos necessários ao desempenho de suas atribuições legais e a exibir-lhe, quando exigidos, quaisquer documentos que digam respeito ao fiel cumprimento das normas de proteção ao trabalho.

Os documentos sujeitos à inspeção devem permanecer, sob as penas da lei, nos locais de trabalho, somente se admitindo, por exceção, a critério da autoridade competente, sejam eles apresentados em dia e hora previamente fixados pelo agente da inspeção (art. 630, § 4º, da CLT).

Conforme o art. 2º do Decreto 9.094/2017, com redação dada pelo Decreto 10.279/2020, exceto se houver disposição legal em contrário, os órgãos e as entidades do Poder Executivo federal que necessitarem de documentos comprobatórios de regularidade da situação de usuários dos serviços públicos, de atestados, de certidões ou de outros documentos comprobatórios que constem em base de dados oficial da administração pública federal deverão obtê-los diretamente do órgão ou da entidade responsável pela base de dados, nos termos do disposto no Decreto 10.046/2019 (o qual dispõe sobre a governança no compartilhamento de dados no âmbito da administração pública federal), e não poderão exigi-los dos usuários dos serviços públicos.

A Lei 13.726/2018 racionaliza atos e procedimentos administrativos dos Poderes da União, dos Estados, do Distrito Federal e dos Municípios mediante a supressão ou a simplificação de formalidades ou exigências desnecessárias ou superpostas, cujo custo econômico ou social, tanto para o erário como para o cidadão, seja superior ao eventual risco de fraude, e institui o selo de desburocratização e simplificação.

Os órgãos e entidades integrantes de Poder da União, de Estado, do Distrito Federal ou de Município não podem exigir do cidadão a apresentação de certidão ou documento expedido por outro órgão ou entidade do mesmo Poder, ressalvadas as seguintes hipóteses: I – certidão de antecedentes criminais; II – informações sobre pessoa jurídica; III – outras expressamente previstas em lei (art. 3º, § 3º, da Lei 13.726/2018).

No território do exercício de sua função, o agente da inspeção goza de passe livre nas empresas de transportes, públicas ou privadas, mediante a apresentação da carteira de identidade fiscal (art. 630, § 5º, da CLT).

A inobservância do disposto nos §§ 3º, 4º e 5º do art. 630 da CLT configura resistência ou embaraço à fiscalização e justificará a lavratura do respectivo auto de infração, cominada a multa administrativa prevista no § 6º, levando-se em conta, além das circunstâncias atenuantes ou agravantes, a situação econômico-financeira do infrator e os meios a seu alcance para cumprir a lei.

As autoridades policiais, quando solicitadas, devem prestar aos agentes da inspeção a assistência de que necessitarem para o fiel cumprimento de suas atribuições legais (art. 630, § 8º, da CLT).

Qualquer funcionário público federal, estadual ou municipal, ou representante legal de associação sindical, poderá comunicar à autoridade competente do Ministério do Trabalho as infrações que verificar (art. 631 da CLT).

Por isso, como observa Sergio Pinto Martins: "O juiz do trabalho pode expedir ofício ao Ministério do Trabalho, se constar que houve violação a preceitos trabalhistas, para que seja aplicada a multa correspondente"[19].

De posse dessa comunicação, a autoridade competente deve proceder, desde logo, às necessárias diligências, lavrando os autos de infração cabíveis.

32.6.1 Acompanhamento da inspeção do trabalho pelos representantes dos trabalhadores

A Convenção 148 da OIT, de 1977, promulgada pelo Decreto 93.413/1986 (atualmente Decreto 10.088/2019), sobre proteção dos trabalhadores contra riscos profissionais devidos à contaminação do ar, ao ruído e às vibrações no local de trabalho, estabelece, em seu art. 5º, item 4: "Os representantes do empregador e os representantes dos trabalhadores da empresa deverão ter a possibilidade de acompanhar os agentes de inspeção no controle da aplicação das medidas prescritas de acordo com a presente Convenção, a menos que os agentes de inspeção julguem, à luz das diretrizes gerais da autoridade competente, que isso possa prejudicar a eficácia de seu controle".

---

[19] MARTINS, Sergio Pinto. *Comentários à CLT*. 10. ed. São Paulo: Atlas, 2006. p. 703.

Há certa discussão em saber quem são os mencionados "representantes dos trabalhadores", que podem acompanhar os inspetores do trabalho quando da fiscalização da empresa.

Há entendimento de que, no caso, trata-se do representante dos empregados na CIPA, por ser o órgão com atribuição para a matéria em questão.

Outra corrente entende que os mencionados representantes são aqueles referidos no art. 11 da Constituição Federal.

No entanto, embora o tema ainda seja controvertido, entende-se que os referidos representantes são aqueles de origem sindical, pois o sindicato é o ente que, de forma mais efetiva e legítima, detém a representação dos trabalhadores, conforme o art. 8º, inciso III, da Constituição da República.

Além disso, os membros da CIPA, ou mesmo o representante dos trabalhadores mencionado no art. 11 da Constituição Federal de 1988, já se encontram naturalmente na empresa, possibilitando a presença quando da fiscalização do trabalho. Assim, a única interpretação apta a gerar verdadeira eficácia à disposição acima destacada é no sentido de autorizar a presença dos próprios representantes sindicais.

32.7 Dupla visita

Com a finalidade de promover a instrução dos responsáveis no cumprimento das leis de proteção do trabalho, a fiscalização deve observar o critério de dupla visita nos seguintes casos (art. 627 da CLT):

a) quando ocorrer promulgação ou expedição de novas leis, regulamentos ou instruções ministeriais, sendo que, com relação exclusivamente a esses atos, será feita apenas a instrução dos responsáveis;
b) em se realizando a primeira inspeção dos estabelecimentos ou dos locais de trabalho, recentemente inaugurados ou empreendidos.

A Lei 7.855, de 24 de outubro de 1989, no art. 6º, § 3º, acrescentou que deve ser observado o critério de dupla visita nas empresas com até 10 empregados, salvo quando for constatada infração por falta de registro de empregado, anotação de sua Carteira de Trabalho e Previdência Social e na ocorrência de fraude, resistência ou embaraço à fiscalização.

Na empresa que for autuada depois de se ter obedecido ao disposto acima, não será mais observado o critério da dupla visita em relação ao dispositivo infringido (art. 6º, § 4º, da Lei 7.855/1989).

A Lei Complementar 123, de 14 de dezembro de 2006, no art. 55, *caput*, com redação dada pela Lei Complementar 55/2016, prevê que a fiscalização, no que se refere aos aspectos trabalhista, metrológico (ou seja, relativo a pesos e medidas), sanitário, ambiental, de segurança, de relações de consumo e de uso e ocupação do solo das microempresas e das empresas de pequeno porte, deverá ser prioritariamente orientadora quando a atividade ou situação, por sua natureza, comportar grau de risco compatível com esse procedimento.

Para as microempresas e empresas de pequeno porte, deve ser observado o critério de dupla visita para lavratura de autos de infração, salvo quando for constatada infração por falta de registro de empregado ou anotação da Carteira de Trabalho e Previdência Social – CTPS, ou, ainda, na ocorrência de reincidência, fraude, resistência ou embaraço à fiscalização (art. 55, § 1º, da Lei Complementar 123/2006).

Cabe aos órgãos e entidades competentes definir as atividades e situações cujo grau de risco seja considerado alto, as quais não se sujeitam ao disposto no art. 55 da Lei Complementar 123/2006 (art. 55, § 3º, da Lei Complementar 123/2006).

Nesse contexto, os arts. 309 e 310 da Portaria 671/2021 do Ministério do Trabalho e Previdência estabelecem as situações que, por sua natureza, não sujeitam as microempresas e empresas de pequeno porte à fiscalização prioritariamente orientadora, prevista no art. 55 da Lei Complementar 123/2006.

Sendo assim, o benefício da dupla visita não será aplicado quando constatado trabalho em condições análogas às de escravo ou trabalho infantil, bem como para as infrações relacionadas a:

I – atraso no pagamento de salário;

II – acidente de trabalho, no que tange aos fatores diretamente relacionados ao evento, com consequência: a) significativa: lesão à integridade física ou à saúde, que implique em incapacidade temporária por prazo superior a 15 dias; b) severa: que prejudique a integridade física ou a saúde, que provoque lesão ou sequela permanentes; ou c) fatal;

III – risco grave e iminente à segurança e saúde do trabalhador, conforme irregularidades indicadas em relatório técnico, nos termos da Norma Regulamentadora 3, aprovada pela Portaria 1.068/2019;

IV – descumprimento de embargo ou interdição (art. 310 da Portaria 671/2021 do Ministério do Trabalho e Previdência).

O § 2º do art. 47 da CLT, acrescentado pela Lei 13.467/2017, dispõe que a infração relativa ao empregador que mantiver empregado não registrado constitui exceção à dupla visita.

A infração de que trata o art. 29-A da CLT, sobre anotação da data de admissão, da remuneração e das condições especiais, se houver, na CTPS do empregado pelo empregador, constitui exceção ao critério da dupla visita (art. 29-A, § 2º, da CLT, incluído pela Lei 14.438/2022).

Mesmo tratando-se de contrato de trabalho doméstico, é de responsabilidade do empregador o arquivamento de documentos comprobatórios do cumprimento das obrigações fiscais, trabalhistas e previdenciárias, enquanto estas não prescreverem (art. 42 da Lei Complementar 150/2015).

Cabe lembrar que, segundo o art. 5º, inciso XI, da Constituição Federal de 1988, "a casa é asilo inviolável do indivíduo, ninguém nela podendo penetrar sem consentimento do morador, salvo em caso de flagrante delito ou desastre, ou para prestar socorro, ou, durante o dia, por determinação judicial".

Desse modo, a verificação, pelo Auditor-Fiscal do Trabalho, do cumprimento das normas que regem o trabalho do empregado doméstico, no âmbito do domicílio do empregador, depende de agendamento e de entendimento *prévios* entre a fiscalização e o empregador (art. 11-A da Lei 10.593/2002, acrescentado pelo art. 44 da Lei Complementar 150/2015).

A fiscalização deve ter natureza *prioritariamente orientadora*.

Deve observado o critério de *dupla visita* para lavratura de auto de infração, salvo quando for constatada infração por falta de anotação na Carteira de Trabalho e Previdência Social ou, ainda, na ocorrência de reincidência, fraude, resistência ou embaraço à fiscalização.

Durante a inspeção do trabalho do empregado doméstico, o Auditor-Fiscal do Trabalho deve fazer-se acompanhar pelo empregador ou por alguém de sua família por este designado.

32.8 Autuação, livro de inspeção do trabalho e domicílio eletrônico trabalhista

Salvo a hipótese de dupla visita (art. 627 da CLT) e o caso do art. 627-A da CLT (acrescentado pela Medida Provisória 2.164-41/2001), a toda verificação em que o agente da inspeção concluir pela existência de violação de preceito legal deve corresponder, sob pena de responsabilidade administrativa, a lavratura de auto de infração (art. 628 da CLT).

Ficam as empresas obrigadas a possuir o livro intitulado "Inspeção do Trabalho", cujo modelo será aprovado por portaria ministerial (art. 628, § 1º, da CLT).

As microempresas e empresas de pequeno porte estão dispensadas de ter o referido livro de inspeção do trabalho, conforme prevê o art. 51, inciso IV, da Lei Complementar 123/2006.

No livro de inspeção, o Auditor-Fiscal do Trabalho registra a sua visita ao estabelecimento, declarando a data e a hora do início e término, bem como o resultado da inspeção, nele consignando, se for o caso, todas as irregularidades verificadas e as exigências feitas, com os respectivos prazos para seu atendimento, e, ainda, de modo legível, os elementos de sua identificação funcional (art. 628, § 2º, da CLT).

Comprovada a má-fé do Auditor-Fiscal do Trabalho, quanto à omissão ou lançamento de qualquer elemento no livro, responderá ele por falta grave no cumprimento do dever, ficando passível, desde logo, da pena de suspensão até 30 dias, instaurando-se, obrigatoriamente, em caso de reincidência, inquérito administrativo (art. 628, § 3º, da CLT).

A lavratura de autos contra empresas fictícias e de endereços inexistentes, assim como a apresentação de falsos relatórios, constituem falta grave, punível na mesma forma acima (art. 628, § 4º, da CLT).

O livro de inspeção do trabalho, nos termos do disposto no art. 628, § 1º, da CLT, será disponibilizado em meio eletrônico pelo Ministério do Trabalho e Previdência, a todas as empresas que tenham ou não empregados, sem ônus, e será denominado eLIT (art. 11 do Decreto 10.854/2021).

O livro de inspeção do trabalho eletrônico (eLIT) aplica-se, também, aos profissionais liberais, às instituições beneficentes, às associações recreativas ou a outras instituições sem fins lucrativos que admitirem trabalhadores como empregados.

As microempresas e as empresas de pequeno porte, nos termos do disposto na Lei Complementar 123/2006, podem aderir ao Livro de Inspeção do Trabalho eletrônico (eLIT) por meio de cadastro, hipótese em que obedecerão ao disposto nos arts. 11 a 15 do Decreto 10.854/2021.

O livro de inspeção do trabalho eletrônico (eLIT) é instrumento oficial de comunicação entre a empresa e a inspeção do trabalho, em substituição ao Livro impresso (art. 12 do Decreto 10.854/2021). Ato do Ministro de Estado do Trabalho e Previdência estabelecerá a data a partir da qual o uso do eLIT se tornará obrigatório.

São princípios do livro de inspeção do trabalho eletrônico (eLIT): I – presunção de boa-fé; II – racionalização e simplificação do cumprimento das obrigações trabalhistas e das obrigações não tributárias impostas pela legislação previdenciária; III – eliminação de formalidades e exigências desnecessárias ou superpostas; IV – padronização de procedimentos e transparência; V – conformidade com a legislação trabalhista e previdenciária, inclusive quanto às normas de segurança e saúde do trabalhador (art. 13 do Decreto 10.854/2021).

O livro de inspeção do trabalho eletrônico (eLIT) destina-se, entre outros, a: I – disponibilizar consulta à legislação trabalhista; II – disponibilizar às empresas ferramentas gratuitas e interativas de avaliação de riscos em matéria de segurança e saúde no trabalho; III – simplificar os procedimentos de pagamento de multas administrativas e obrigações trabalhistas; IV – possibilitar a consulta de informações relativas às fiscalizações registradas no eLIT e ao trâmite de processo administrativo trabalhista em que o consulente figure como parte interessada; V – registrar os atos de fiscalização e o lançamento de seus resultados; VI – cientificar a empresa quanto à prática de atos administrativos, medidas de fiscalização e avisos em geral; VII – assinalar prazos para o atendimento de exigências realizadas em procedimentos administrativos ou em medidas de fiscalização; VIII – viabilizar o envio de documentação eletrônica e em formato digital exigida em razão da instauração de procedimento administrativo ou de medida de fiscalização; IX – cientificar a empresa quanto a atos praticados e decisões proferidas no contencioso administrativo trabalhista e permitir, em integração com os sistemas de processo eletrônico, a apresentação de defesa e recurso no âmbito desses processos; X – viabilizar, sem ônus, o uso de ferramentas destinadas ao cumprimento de obrigações trabalhistas e à emissão de certidões relacionadas à legislação do trabalho (art. 14 do Decreto 10.854/2021).

As comunicações eletrônicas realizadas por meio do livro de inspeção do trabalho eletrônico (eLIT), com prova de recebimento, são consideradas pessoais para todos os efeitos legais (art. 15 do Decreto 10.854/2021).

Fica instituído o domicílio eletrônico trabalhista, regulamentado pelo Ministério do Trabalho e Previdência, destinado a: I – cientificar o empregador de quaisquer atos administrativos, ações fiscais, intimações e avisos em geral; II – receber, por parte do empregador, documentação eletrônica exigida no curso das ações fiscais ou apresentação de defesa e recurso no âmbito de processos administrativos (art. 628-A da CLT, incluído pela Lei 14.261/2021).

As comunicações eletrônicas realizadas pelo domicílio eletrônico trabalhista dispensam a sua publicação no Diário Oficial da União e o envio por via postal e são consideradas pessoais para todos os efeitos legais (art. 628-A, § 1º, da CLT, incluído pela Lei 14.261/2021).

A ciência por meio do sistema de comunicação eletrônica, com utilização de certificação digital ou de código de acesso, possui os requisitos de validade (art. 628-A, § 2º, da CLT, incluído pela Lei 14.261/2021).

A referida previsão é similar à sistemática do domicílio tributário eletrônico. Nesse contexto, no âmbito do processo administrativo fiscal, os atos e termos processuais podem ser formalizados, tramitados, comunicados e transmitidos em formato digital, conforme disciplinado em ato da administração tributária (art. 2º, parágrafo único, do Decreto 70.235/1972, com redação dada pela Lei 12.865/2013).

O auto de infração deve ser lavrado em duplicata, nos termos dos modelos e instruções expedidos, sendo uma via entregue ao infrator, contra recibo, ou a ele enviada, dentro de 10 dias da lavratura, sob pena de responsabilidade, em registro postal, com franquia e recibo de volta (art. 629 da CLT).

O auto não terá o seu valor probante condicionado à assinatura do infrator ou de testemunhas, e será lavrado no local da inspeção, salvo havendo motivo justificado que será declarado no próprio auto, quando então deverá ser lavrado no prazo de 24 horas, sob pena de responsabilidade.

Lavrado o auto de infração, não pode ser inutilizado, nem sustado o curso do respectivo processo, devendo o agente da inspeção apresentá-lo à autoridade competente, mesmo se incidir em erro.

O infrator terá, para apresentar defesa, o prazo de 10 dias contados do recebimento do auto.

O auto de infração deve ser registrado com a indicação sumária de seus elementos característicos, em livro próprio que deve existir em cada órgão fiscalizador, de modo a assegurar o controle do seu processamento.

32.9 Processo administrativo e multa na fiscalização do trabalho

Após a autuação, como já mencionado, o autuado pode apresentar defesa no prazo de dez dias (art. 629, § 3º, da CLT).

Além disso, o autuado pode requerer a audiência de testemunhas e as diligências que lhe parecerem necessárias para a elucidação do processo, cabendo, porém, à autoridade, julgar da necessidade de tais provas (art. 632 da CLT).

A imposição das multas incumbe (na falta de disposição especial) às autoridades regionais competentes em matéria de trabalho, ou seja, ao Delegado Regional do Trabalho (art. 634 da CLT), atualmente denominado Superintendente Regional do Trabalho.

A aplicação da multa não eximirá o infrator da responsabilidade em que incorrer por infração das leis penais (art. 634, § 1º, da CLT).

Os valores das multas administrativas expressos em moeda corrente serão reajustados anualmente pela Taxa Referencial (TR), divulgada pelo Banco Central do Brasil, ou pelo índice que vier a substituí-lo (art. 634, § 2º, da CLT, incluído pela Lei 13.467/2017).

As multas previstas na legislação trabalhista devem ser, quando for o caso, e sem prejuízo das demais cominações legais, agravadas até o grau máximo, nos casos de artifício, ardil, simulação, desacato, embaraço ou resistência à ação fiscal, levando-se em conta, além das circunstâncias atenuantes ou agravantes, a situação econômico-financeira do infrator e os meios a seu alcance para cumprir a lei (art. 5º da Lei 7.855/1989).

Não será considerado reincidente o empregador que não for novamente autuado por infração do mesmo dispositivo, decorridos dois anos da imposição da penalidade.

Incumbe exclusivamente à autoridade máxima regional em matéria de inspeção do trabalho a aplicação de multas, na forma prevista no art. 634 da CLT, e em ato do Ministro de Estado do Trabalho e Previdência (art. 20 do Decreto 10.854/2021).

A análise de defesa administrativa, sempre que os meios técnicos permitirem, deve ser feita em unidade federativa diferente daquela onde tiver sido lavrado o auto de infração. O sistema de distribuição aleatória de processos para análise, decisão e aplicação de multas será disciplinado na forma estabelecida em ato do Ministro de Estado do Trabalho e Previdência.

O auto de infração lavrado pelo Auditor-Fiscal do Trabalho deve indicar expressamente os dispositivos legais e infralegais ou as cláusulas de instrumentos coletivos que houverem sido infringidos (art. 21 do Decreto 10.854/2021). Serão nulos os autos de infração ou as decisões de autoridades que não observarem essa disposição, independentemente da natureza principal ou acessória da obrigação.

É vedado ao Auditor-Fiscal do Trabalho determinar o cumprimento de exigências que constem apenas de manuais, notas técnicas, ofícios circulares ou atos congêneres (art. 22 do Decreto 10.854/2021). A não observância dessa disposição pode ensejar a apuração de responsabilidade administrativa do Auditor-Fiscal do Trabalho, nos termos do disposto nos arts. 121 (responsabilidade do servidor) e 143 da Lei 8.112/1990 (sindicância ou processo administrativo disciplinar), conforme art. 23 do Decreto 10.854/2021.

A Portaria 667/2021 do Ministério do Trabalho e Previdência dispõe sobre os seguintes temas: I – a organização e a tramitação dos processos administrativos de auto de infração e de notificação de débito do Fundo de Garantia do Tempo de Serviço (FGTS) e da contribuição social, na forma estabelecida pelo Título VII da CLT; II – o sistema eletrônico de processo administrativo trabalhista para o trâmite de autos de infração e de notificações de débito do FGTS e da contribuição social e a prática de atos processuais eletrônicos; III – a imposição de multas administrativas previstas na legislação trabalhista; IV – a emissão da certidão de débitos trabalhistas; V – o procedimento para autorização do saque de FGTS pelo empregador, quando recolhido a empregados não optantes; VI – os procedimentos administrativos de oferta de vista e cópia e de verificação anual dos processos físicos.

A Instrução Normativa 1/2021 do Ministério do Trabalho e Previdência dispõe sobre os seguintes temas: I – atividade de análise de processos administrativos no âmbito das unidades regionais de multas e recursos e da Coordenação-Geral de Recursos da Secretaria de Trabalho do Ministério do Trabalho e Previdência; II – organização, tramitação e restauração dos processos administrativos decorrentes da lavratura de auto de infração trabalhista e da notificação de débito de Fundo de Garantia do Tempo de Serviço (FGTS) e da contribuição social que tramitam em meio físico ou eletrônico.

32.10 Recurso administrativo contra a imposição de multa

De toda decisão que impuser multa por infração das leis e disposições reguladoras do trabalho, e não havendo forma especial de processo, caberá recurso para a Secretaria de Inspeção do Trabalho/Coordenação de Análise de Recursos (do Ministério do Trabalho), que é competente nessa matéria (art. 635 da CLT).

As decisões devem ser sempre fundamentadas.

Os recursos devem ser interpostos no prazo de dez dias, contados do recebimento da notificação, perante autoridade que houver imposto a multa, a qual, depois de os informar, encaminhá-los-á à autoridade de instância superior (art. 636 da CLT).

De acordo com o § 1º do art. 636 da CLT: "O recurso só terá seguimento se o interessado o instruir com a prova do depósito da multa".

Verificava-se grande controvérsia quanto à recepção dessa previsão pela Constituição Federal de 1988.

Prevaleceu, na atualidade, o entendimento de que a exigência do mencionado depósito, como requisito para o processamento do recurso administrativo, afronta a garantia constitucional da "ampla defesa, com os meios e recursos a ela inerentes", a qual é expressamente estabelecida também para os processos administrativos, conforme art. 5º, inciso LV, da Constituição da República.

No entanto, anteriormente, havia corrente defendendo que a mencionada previsão não afrontaria a Constituição Federal de 1988, pois cabe justamente à lei regular o direito à ampla defesa, como forma de estabelecer o regime jurídico da garantia fundamental em questão[20].

---

[20] Cf. MARTINS, Sergio Pinto. *Comentários à CLT*. 10. ed. São Paulo: Atlas, 2006. p. 706: "A exigência do depósito da multa para recorrer não se choca com o inciso LV do art. 5º da Constituição, pois este estabelece que a ampla defesa deve ser exercida de acordo com os meios e recursos a ela inerentes, porém é dependente do que dispõe e legislação ordinária".

Nesse sentido, cabe transcrever as seguintes ementas do STF:

"Constitucional. (2) Administrativo. (3) Recurso: obrigatoriedade do depósito prévio da multa imposta. (4) Recepção do art. 636, § 1º, da CLT, pela Constituição. Compatibilidade da exigência com o art. 5º, LV, da CF/1988. (5) Precedentes: ADIn 1049-2 (Cautelar). (6) Recurso não conhecido" (STF, 2ª T., RE 236.761-5/SC, Red. p/ ac. Min. Nelson Jobim, j. 30.03.1999, *DJU* 1 27.08.1999, p. 66).

"Recurso administrativo. Multa. Depósito prévio. O art. 636, § 1º, da CLT, que exige o depósito prévio da multa como requisito para o recebimento de recurso administrativo, foi recepcionado pela Constituição Federal de 1988, inocorrendo a violação ao art. 5º, LV, da Carta. Precedentes. Recurso extraordinário conhecido e provido" (STF, 1ª T., RE 230.088-7/MG, j. 11.12.1998, Rel. Min. Ilmar Galvão, *DJU* 1 28.05.1999. p. 28).

Frise-se que o Plenário do Supremo Tribunal Federal declarou não ser constitucional a exigência de depósito prévio em recursos administrativos. Por maioria, os ministros acompanharam o voto do relator, Min. Marco Aurélio, para quem o "depósito inviabiliza o direito de defesa do recorrente". Essa foi a decisão do julgamento conjunto dos Recursos Extraordinários 388359, 389383, 390513, declarando inconstitucionais os §§ 1º e 2º do art. 126 da Lei 8.213/1991, com a redação determinada pela Lei 9.639/1998[21]. Entretanto, o precedente em questão não se referia ao depósito prévio especificamente previsto no art. 636, § 1º, da CLT, não se tratando de ação direta de inconstitucionalidade (a qual possui efeito vinculante e eficácia transcendente). Mesmo assim, já havia entendimento de que, por coerência, a tendência no STF seria de aplicação da mesma orientação quanto aos demais recursos administrativos.

Nessa linha, o STF aprovou a Súmula Vinculante 21, com a seguinte redação: "É inconstitucional a exigência de depósito ou arrolamento prévios de dinheiro ou bens para admissibilidade de recurso administrativo".

Desse modo, como a referida Súmula Vinculante não faz distinção, entende-se que se aplica também no caso do recurso administrativo relativo à multa aplicada pela fiscalização do trabalho, afastando, com isso, a exigência do art. 636, § 1º, da CLT.

Nesse mesmo sentido, o Tribunal Superior do Trabalho aprovou a Súmula 424, com a seguinte redação: "Recurso administrativo. Pressuposto de admissibilidade. Depósito prévio da multa administrativa. Não recepção pela Constituição Federal do § 1º do art. 636 da CLT. O § 1º do art. 636 da CLT, que estabelece a exigência de prova do depósito prévio do valor da multa cominada em razão de autuação administrativa como pressuposto de admissibilidade de recurso administrativo, não foi recepcionado pela Constituição Federal de 1988, ante a sua incompatibilidade com o inciso LV do art. 5º".

A notificação somente será realizada por meio de edital, publicada no órgão oficial, quando o infrator estiver em lugar incerto e não sabido (art. 636, § 2º, da CLT).

Essa notificação também deve fixar o prazo de dez dias para que o infrator recolha o valor da multa, sob pena de cobrança executiva.

A multa será reduzida de 50% se o infrator, renunciando ao recurso, a recolher ao Tesouro Nacional dentro do prazo de dez dias contados do recebimento da notificação ou da publicação do edital.

As autoridades prolatoras de decisões, em processos de infração das leis de proteção ao trabalho, que impliquem arquivamento destes, observado o dever de fundamentar todas as decisões (pa-

---

[21] A Medida Provisória 413, de 3 de janeiro de 2008, no art. 19, inciso I, revogou os §§ 1º e 2º do art. 126 da Lei 8.213/1991. De acordo com o Ato Declaratório Interpretativo SRF 21, de 24 de janeiro de 2008: "Artigo único. A não exigência do depósito para seguimento do recurso voluntário das contribuições previdenciárias aplica-se aos processos cujo exame de admissibilidade se encontrava pendente em 3 de janeiro de 2008". A Lei 11.727, de 23.06.2008, no art. 42, inciso I, dispõe que ficam revogados a partir da data da publicação da Medida Provisória 413, de 3 de janeiro de 2008, os §§ 1º e 2º do art. 126 da Lei 8.213, de 24 de julho de 1991.

rágrafo único do art. 635 da CLT), deverão "recorrer de ofício para a autoridade competente de instância superior" (art. 637 da CLT).

Faculta-se ao Ministro do Trabalho avocar ao seu exame e decisão, dentro de 90 dias do despacho final do assunto, ou no curso do processo, as questões referentes à fiscalização dos preceitos estabelecidos na CLT (art. 638).

Se o recurso não for provido, o depósito deve ser convertido em pagamento (art. 639 da CLT).

32.11 Cobrança da multa imposta pela fiscalização do trabalho

Faculta-se às Delegacias Regionais do Trabalho (atualmente denominadas Superintendências Regionais do Trabalho), na conformidade de instruções expedidas pelo Ministro de Estado, promover a cobrança amigável das multas antes do encaminhamento dos processos à cobrança executiva (art. 640 da CLT).

Se o infrator não comparecer, ou não depositar a importância da multa ou penalidade, deve-se fazer a inscrição em livro especial, existente nas repartições das quais se tiver originado a multa ou penalidade, ou de onde tenha provindo a reclamação que a determinou, sendo extraída cópia autêntica dessa inscrição e enviada às autoridades competentes para a respectiva cobrança judicial, valendo tal instrumento como título de dívida líquida e certa (art. 641 da CLT).

Trata-se de execução fundada em título extrajudicial, ou seja, certidão da Dívida Ativa da União, após a sua regular inscrição.

Dessa forma, de acordo com o art. 642 da CLT, para a efetivação da cobrança, incidem a Lei de Execução Fiscal (Lei 6.830/1980) e, subsidiariamente, o Código de Processo Civil, pois a execução envolve receita da União[22].

O prazo prescricional para se exigir a pretensão de execução da multa aplicada pela fiscalização do trabalho, inscrita como dívida ativa, é de cinco anos.

Nesse sentido, o art. 1º-A da Lei 9.873/1999, incluído pela Lei 11.941/2009, assim prevê: "Constituído definitivamente o crédito não tributário, após o término regular do processo administrativo, prescreve em 5 (cinco) anos a ação de execução da administração pública federal relativa a crédito decorrente da aplicação de multa por infração à legislação em vigor".

Interrompe-se o prazo prescricional da ação executória: pelo despacho do juiz que ordenar a citação em execução fiscal; pelo protesto judicial; por qualquer ato judicial que constitua em mora o devedor; por qualquer ato inequívoco, ainda que extrajudicial, que importe em reconhecimento do débito pelo devedor; por qualquer ato inequívoco que importe em manifestação expressa de tentativa de solução conciliatória no âmbito interno da administração pública federal (art. 2º-A da Lei 9.873/1999, acrescentado pela Lei 11.941/2009).

A respeito do tema, cabe destacar o seguinte julgado:

"Execução fiscal. Multa administrativa. Prescrição quinquenal. Nos termos dos arts. 1º do Decreto n. 20.910/32 e 1º da Lei n. 9.873/99, a pretensão de execução de multa inscrita em dívida ativa, imposta pelo Ministério do Trabalho e decorrente de infração trabalhista, está sujeita a prazo quinquenal. A corroborar tal entendimento, o art. 1º-A da Lei n. 9.873/99, incluído pela Lei n. 11.941/09, preceitua que, constituído definitivamente o crédito não tributário, após o término regular do processo administrativo, prescreve em 5 (cinco) anos a ação de execução da administração pública federal relativa a crédito decorrente da aplicação de multa por infração à legislação em vigor. Precedentes. Agravo de instrumento conhecido e desprovido" (TST, 3ª T., AIRR 2043-45.2011.5.10.0801, Rel. Min. Alberto Luiz Bresciani de Fontan Pereira, *DEJT* 24.05.2013).

---

[22] Cf. MARTINS, Sergio Pinto. *Comentários à CLT*. 10. ed. São Paulo: Atlas, 2006. p. 708: "O Decreto-lei 960 era a antiga lei de execução fiscal. Atualmente, a lei de execução fiscal é a Lei 6.830, de 22.9.80, que regula a cobrança da dívida ativa".

32.12 Fiscalização do trabalho e mão de obra migrante

Principalmente nas atividades rurais (como no setor da cana-de-açúcar), verifica-se a frequente utilização de trabalhadores residentes em outros locais do país, que se deslocam para trabalhar, com o objetivo de melhores ganhos.

No entanto, há diversas restrições legais relacionadas ao recrutamento e transporte de trabalhadores de uma localidade para outra do território nacional.

Efetivamente, como prevê o art. 207 do Código Penal, sobre o "aliciamento de trabalhadores de um local para outro do território nacional":

"Art. 207. Aliciar trabalhadores, com o fim de levá-los de uma para outra localidade do território nacional:
Pena: detenção de 1 (um) a 3 (três) anos, e multa.
§ 1º Incorre na mesma pena quem recrutar trabalhadores fora da localidade de execução do trabalho, dentro do território nacional, mediante fraude ou cobrança de qualquer quantia do trabalhador, ou, ainda, não assegurar condições do seu retorno ao local de origem.
§ 2º A pena é aumentada de 1/6 (um sexto) a 1/3 (um terço) se a vítima é menor de 18 (dezoito) anos, idosa, gestante, indígena ou portadora de deficiência física ou mental".

Na esfera administrativa, o Auditor-Fiscal do Trabalho, quando da fiscalização do recrutamento e transporte de trabalhadores urbanos e rurais para trabalhar em localidade diversa de sua origem, deve observar os arts. 120 a 121 da Instrução Normativa 2/2021 do Ministério do Trabalho e Previdência.

Sendo assim, o Auditor-Fiscal do Trabalho, quando da identificação de trabalhadores migrantes, recrutados para trabalhar em localidade diversa da sua origem, sendo transportados ou já em atividade, deve verificar, entre outras, as seguintes condições: I – data da contratação, se foi formalizada com data de início correspondente ao dia da saída do local de origem do trabalhador ou data anterior; II – regularidade do transporte junto aos órgãos competentes; III – correspondência entre as condições de trabalho oferecidas quando da contratação e as fornecidas; IV – a regularidade do cumprimento dos direitos trabalhistas, especialmente aqueles relacionados à segurança e saúde no trabalho (art. 121 da Instrução Normativa 2/2021 do Ministério do Trabalho e Previdência).

Se identificada irregularidade na contratação e caracterizada a exploração dos trabalhadores em alguma hipótese de trabalho em condição análoga à de escravo, cabe ao Auditor-Fiscal do Trabalho adotar as providências cabíveis quanto às irregularidades trabalhistas e apontar, nos relatórios de fiscalização, os elementos que possam caracterizar os crimes de submissão de trabalhadores à condição análoga à de escravo, tráfico de pessoas e de aliciamento de trabalhadores, previsto nos arts. 149, 149-A e 207 do Código Penal.

32.13 Programa de Estímulo à Conformidade Normativa Trabalhista

Foi instituído o Programa de Estímulo à Conformidade Normativa Trabalhista (Governo Mais Legal – Trabalhista) no âmbito do Ministério do Trabalho e Previdência (art. 1º do Decreto 11.205/2022). O Governo Mais Legal – Trabalhista busca estimular cultura de confiança recíproca entre o Poder Executivo federal e os empregadores.

Compete à Subsecretaria de Inspeção do Trabalho da Secretaria de Trabalho do Ministério do Trabalho e Previdência coordenar o Governo Mais Legal – Trabalhista (art. 2º do Decreto 11.205/2022).

São objetivos do Governo Mais Legal – Trabalhista: incentivar a observância às normas de proteção ao trabalho; reduzir os custos de conformidade para os empregadores; estimular a conduta empresarial responsável e o trabalho decente; melhorar o ambiente de negócios e o aumento da competitividade; disponibilizar informação de modo isonômico para o administrado; modernizar as ferramentas para atuação da Inspeção do Trabalho (art. 3º do Decreto 11.205/2022).

São princípios do Governo Mais Legal – Trabalhista: boa-fé, publicidade e transparência na relação entre o Estado e o administrado; segurança jurídica; eficiência; livre concorrência (art. 4º do Decreto 11.205/2022).

O Governo Mais Legal – Trabalhista deve ser implementado por meio: da disponibilização de serviços personalizados e preditivos (ou seja, previstos com antecedência) de indícios de irregularidades e de riscos trabalhistas com utilização de tecnologias emergentes; do acesso eletrônico a registros trabalhistas individualizados; da disponibilização de sistema para elaboração de autodiagnóstico da conformidade trabalhista pelo empregador; da consulta facilitada à legislação trabalhista; de ações coletivas de prevenção, conforme previsto no Decreto 10.854/2021; da simplificação das normas de fiscalização do trabalho, conforme previsto no Programa Permanente de Consolidação, Simplificação e Desburocratização de Normas Trabalhistas Infralegais, instituído pelo Decreto 10.854/2021; do aperfeiçoamento e do fortalecimento institucional contínuo do Sistema Federal de Inspeção do Trabalho; da execução de ações de comunicação social para estimular a participação dos administrados no Governo Mais Legal – Trabalhista (art. 5º do Decreto 11.205/2022).

Ato do Ministro de Estado do Trabalho e Previdência deve dispor sobre as etapas de desenvolvimento das políticas públicas destinadas à implementação do Governo Mais Legal – Trabalhista. O uso das ferramentas eletrônicas previstas no art. 5º do Decreto 11.205/2022 é gratuito.

O Governo Mais Legal – Trabalhista pode adotar iniciativas destinadas a determinadas atividades ou setores econômicos, cadeias produtivas ou regiões geográficas que, conforme análise do Ministério do Trabalho e Previdência, apresentem probabilidade ou indícios de ocorrência comum de infrações (art. 6º do Decreto 11.205/2022).

As iniciativas adotadas no âmbito do Governo Mais Legal – Trabalhista devem ser baseadas em evidências obtidas por meio de: análise de dados administrativos e estatísticos; ações de inteligência; informações obtidas em decorrência de articulação interinstitucional; avaliações qualitativas.

Os órgãos e as entidades da administração pública direta e indireta detentores ou responsáveis pela gestão de bases de dados oficiais devem disponibilizar ao Ministério do Trabalho e Previdência, nos termos do disposto no Decreto 10.046/2019 (sobre a governança no compartilhamento de dados no âmbito da administração pública federal), o acesso aos dados sob a sua gestão úteis ou necessários ao Governo Mais Legal – Trabalhista (art. 7º do Decreto 11.205/2022).

Como se pode notar, no âmbito do Programa de Estímulo à Conformidade Normativa Trabalhista: "Por meio do cruzamento de informações constantes de banco de dados do governo, serão disponibilizados dossiês trabalhistas individualizados com possíveis indícios de irregularidades, possibilitando a adequação ao efetivo cumprimento das normas trabalhistas"[23].

A implementação do Governo Mais Legal – Trabalhista deve ocorrer sem prejuízo do disposto na Consolidação das Leis do Trabalho e no Regulamento da Inspeção do Trabalho, aprovado pelo Decreto 4.552/2002 (art. 8º do Decreto 11.205/2022). Não se trata, assim, de flexibilização ou desregulamentação trabalhista.

Cabe ao Ministro de Estado do Trabalho e Previdência editar normas complementares necessárias à execução do disposto no Decreto 11.205/2022 (art. 9º).

---

[23] Disponível em: <https://www.gov.br/secretariageral/pt-br/noticias/2022/setembro/decreto-cria-programa-de-conformidade-normativa-trabalhista>.

Capítulo 33

Pagamento das verbas rescisórias na extinção do contrato de trabalho

33.1 Introdução

A redação original da Consolidação das Leis do Trabalho não previa a assistência na rescisão do contrato de trabalho, pois o seu art. 477 só versava sobre a indenização por tempo de serviço.

A referida assistência passou a ser prevista pela Lei 4.066, de 28 de maio de 1962, em favor dos empregados com mais de um ano de serviço, a qual teve acrescentada disposição, pela Lei 5.472, de 9 de julho de 1968, no sentido de exigir a especificação de cada parcela e discriminado o seu valor.

Posteriormente, a Lei 5.562, de 12 de dezembro de 1968, transferiu as mencionadas disposições para a CLT, no art. 477, que foi alterado, ainda, pela Lei 5.584, de 26 de junho de 1970.

A justificativa para a medida era no sentido da necessidade de coibir "práticas abusivas feitas pelo empregador"[1] quando da rescisão contratual. Entendia-se que o empregado com mais de um ano de serviço, normalmente, recebia valor rescisório superior, podendo sofrer alguma fraude.

A Lei 13.467/2017 revogou os §§ 1º, 3º e 7º do art. 477 da CLT.

Desse modo, na atualidade, deixou de existir na lei a mencionada assistência na rescisão do contrato de trabalho. Ainda assim, entende-se que a mencionada assistência sindical pode ser prevista em instrumento normativo decorrente de negociação coletiva de trabalho (art. 7º, inciso XXVI, da Constituição da República)[2].

---

[1] Cf. MARTINS, Sergio Pinto. *Direito do trabalho*. 22. ed. São Paulo: Atlas, 2006. p. 651.

[2] "Recurso Ordinário. Ação anulatória. Cláusula de acordo coletivo de trabalho. Homologação das rescisões de contrato individual de trabalho feita por um delegado sindical autorizado pelo sindicato da categoria. É cediço que a autonomia de vontade assegurada pelo reconhecimento das convenções e acordos coletivos previstos no art. 7º, XXVI, da Constituição Federal de 1988, encontra limite nas normas heterônomas de ordem cogente, que tratam de direitos indisponíveis. Nesse contexto, um dos fundamentos motivadores da reforma trabalhista foi o fortalecimento da negociação coletiva. O art. 611-A da CLT encerra um rol exemplificativo de temas que podem ser objeto de negociação ao dispor que a convenção coletiva e o acordo coletivo de trabalho têm prevalência sobre a lei quando, entre outros, dispuserem sobre as matérias elencadas nos quinze incisos do referido artigo. Já em relação ao art. 611-B da CLT, ao utilizar o termo 'exclusivamente', foi especificado o rol das matérias que não podem ser objeto de negociação porque compreendem direitos de indisponibilidade absoluta. Logo, apesar da nova redação do art. 477 da CLT não exigir mais que o pedido de demissão ou recibo de quitação de rescisão do contrato de trabalho, firmado por empregado com mais de um ano de serviço, só seja válido quando feito com a assistência do respectivo sindicato ou perante a autoridade competente, nada impede, em relação a esse tema, a participação direta das partes na formulação de normas convencionais que lhes sejam mais benéficas, garantindo-lhes maior segurança à homologação e quitação de rescisão do contrato de trabalho ao dispor em cláusula de acordo coletivo que as homologações das rescisões de contrato individual de trabalho serão feitas por um delegado sindical autorizado pelo sindicato da categoria. Não estando elencado no rol taxativo do art. 611-B da CLT como objeto ilícito de convenção coletiva ou de acordo coletivo de trabalho, não há que falar em exclusão de direito indisponível e a ocorrência de sérios prejuízos aos empregados, tão somente porque a legislação foi modificada para dar maior celeridade às rescisões contratuais. Recurso ordinário a que se nega provimento" (TST, SDC, RO-585-78.2018.5.08.0000, Rel. Min. Guilherme Augusto Caputo Bastos, *DEJT* 16.08.2019).

33.2 Deveres do empregador na extinção do contrato de trabalho

Na extinção do contrato de trabalho, o empregador deve proceder à anotação na Carteira de Trabalho e Previdência Social, comunicar a dispensa aos órgãos competentes e realizar o pagamento das verbas rescisórias no prazo e na forma estabelecidos no art. 477 da CLT, com redação dada pela Lei 13.467/2017.

São três, portanto, os deveres do empregador na extinção do contrato de trabalho, quais sejam: dar baixa na CTPS, comunicar a dispensa aos órgãos competentes e pagar as verbas rescisórias.

Frise-se que, em consonância com a Orientação Jurisprudencial 82 da SBDI-I do TST:

"Aviso prévio. Baixa na CTPS. A data de saída a ser anotada na CTPS deve corresponder à do término do prazo do aviso prévio, ainda que indenizado".

O § 1º do art. 477 da CLT foi revogado pelo art. 5º, inciso I, j, da Lei 13.467/2017.

O mencionado dispositivo estabelecia que o pedido de demissão ou o recibo de quitação de rescisão, do contrato de trabalho, firmado por empregado com mais de um ano de serviço, só seria válido quando feito com a assistência do respectivo Sindicato ou perante a autoridade do Ministério do Trabalho.

O § 3º do art. 477 da CLT também foi revogado pela Lei 13.467/2017.

Esse dispositivo previa que quando não existisse na localidade nenhum dos órgãos previstos no art. 477 da CLT, a assistência seria prestada pelo Represente do Ministério Público ou, onde houver, pelo Defensor Público e, na falta ou impedimento deste, pelo Juiz de Paz.

A assistência no pagamento das verbas rescisórias de empregado com mais de um ano de serviço, desse modo, deixou de ser prevista em lei, não sendo mais exigida, salvo previsão em norma coletiva negociada.

Fica superada, com isso, a Súmula 330 do TST, ao fazer menção à assistência de entidade sindical da categoria do empregado.

Entretanto, o art. 500 da CLT continua prevendo que o pedido de demissão do empregado estável só é válido quando feito com a assistência do respectivo sindicato e, se não o houver, perante autoridade local competente do Ministério do Trabalho, ou da Justiça do Trabalho. Trata-se, nesse último caso, de atuação atípica da Justiça do Trabalho, com natureza preponderantemente administrativa, semelhante às hipóteses de jurisdição voluntária (art. 719 do CPC).

O instrumento de rescisão ou recibo de quitação, qualquer que seja a causa ou forma de dissolução do contrato, deve ter especificada a natureza de cada parcela paga ao empregado e discriminado o seu valor, sendo válida a quitação, apenas, relativamente às mesmas parcelas (art. 477, § 2º, da CLT).

Conforme o art. 477, § 4º, da CLT, com redação dada pela Lei 13.467/2017, o pagamento a que fizer jus o empregado deve ser efetuado:

I – em dinheiro, depósito bancário ou cheque visado, conforme acordem as partes; ou

II – em dinheiro ou depósito bancário quando o empregado for analfabeto.

Qualquer compensação no pagamento de que trata o parágrafo anterior não pode exceder o equivalente a um mês de remuneração do empregado (art. 477, § 5º, da CLT).

A entrega ao empregado de documentos que comprovem a comunicação da extinção contratual aos órgãos competentes bem como o pagamento dos valores constantes do instrumento de rescisão ou recibo de quitação devem ser efetuados até 10 dias contados a partir do término do contrato (art. 477, § 6º, da CLT, com redação dada pela Lei 13.467/2017).

Os documentos que comprovem a comunicação da extinção contratual aos órgãos competentes, os quais devem ser entregues pelo empregador ao empregado, podem ser entendidos como as guias de comunicação de dispensa e de seguro-desemprego.

Especificamente quanto ao Cadastro Permanente das Admissões e Dispensas de Empregados (CAGED), segundo o art. 1º, § 1º, da Lei 4.923/1965, as empresas que dispensarem ou admitirem empregados ficam obrigadas a fazer a respectiva comunicação ao Ministério do Trabalho, mensalmente, até o dia sete do mês subsequente ou como estabelecido em regulamento, em relação nominal por estabelecimento, da qual constará também a indicação da Carteira de Trabalho e Previdência Social ou, para os que ainda não a possuírem, nos termos da lei, os dados indispensáveis à sua identificação pessoal.

Esclareça-se que a obrigação da comunicação de admissões e dispensas instituída pela Lei 4.923/1965 (CAGED) passa a ser cumprida por meio do Sistema Simplificado de Escrituração Digital das Obrigações Previdenciárias, Trabalhistas e Fiscais (eSocial), a partir da competência de janeiro 2020, para as empresas ou pessoas físicas equiparadas a empresas, mediante o envio, entre outras informações, da data da extinção do vínculo empregatício e motivo da rescisão do contrato de trabalho, que devem ser prestadas até o décimo dia seguinte ao da sua ocorrência (art. 144, inciso III, da Portaria 671/2021 do Ministério do Trabalho e Previdência). A contagem do mencionado prazo exclui o dia do desligamento e inclui o do vencimento (art. 14, § 6º, da Portaria 671/2021).

A substituição da referida obrigação para as pessoas jurídicas de direito público da administração direta, autárquica e fundacional que adotem o regime jurídico previsto na CLT, bem como para as organizações internacionais, as fundações públicas de direito privado, os consórcios públicos, os fundos públicos e as comissões polinacionais, ocorrerá na data de início da obrigatoriedade de envio dos eventos periódicos ao eSocial. As mencionadas pessoas e entidades, até que estejam obrigadas a prestar as informações previstas no art. 144 da Portaria 671/2021 ao eSocial, devem prestar as informações por meio do sistema CAGED, conforme Manual de Orientação do CAGED publicado no portal gov.br.

A entrega da referida documentação que comprove a comunicação da extinção contratual aos órgãos competentes e o pagamento das verbas rescisórias ao empregado devem ocorrer no prazo máximo de 10 dias contados da extinção contratual (art. 477, § 6º, da CLT).

Trata-se de prazo de Direito material, e não processual. Desse modo, segundo a Orientação Jurisprudencial 162 da SBDI-I do TST:

"Multa. Art. 477 da CLT. Contagem do prazo. Aplicável o art. 132 do Código Civil de 2002. A contagem do prazo para quitação das verbas decorrentes da rescisão contratual prevista no art. 477 da CLT exclui necessariamente o dia da notificação da demissão e inclui o dia do vencimento, em obediência ao disposto no art. 132 do Código Civil de 2002 (art. 125 do Código Civil de 1916)".

Em caso de aviso prévio indenizado (art. 487, § 1º, da CLT), embora a questão possa gerar controvérsia, defende-se o entendimento de que o mencionado prazo de 10 dias, segundo a previsão do art. 477, § 6º, da CLT, deve ser contato do *término* do contrato de trabalho em si, isto é, sem considerar a projeção do aviso prévio indenizado, a qual não posterga o término do pacto laboral em si.

O § 7º do art. 477 da CLT foi revogado pela Lei 13.467/2017 (art. 5º, inciso I, *j*), pois previa que o ato de assistência na rescisão contratual seria sem ônus para o trabalhador e o empregador.

A inobservância do disposto no § 6º do art. 477 da CLT sujeita o infrator à multa (com natureza administrativa) prevista no § 8º do mesmo dispositivo legal, por trabalhador, bem assim ao pagamento da multa a favor do empregado, em valor equivalente ao seu salário, devidamente corrigido, salvo quando, comprovadamente, o trabalhador der causa à mora.

Registre-se o entendimento de que, em caso de extinção do contrato de trabalho por falecimento do empregado, não se aplica a multa do art. 477, § 8º, da CLT, pois o art. 477, § 6º, da CLT não abrange a referida hipótese, sabendo-se que a interpretação da norma que prevê penalidade deve ser estrita. O art. 1º da Lei 6.858/1980 dispõe que os valores devidos pelos empregadores aos empregados não recebidos em vida pelos respectivos titulares devem ser pagos, em cotas iguais, aos dependentes habilitados perante a Previdência Social, mas sem estabelecer prazo para o referido pagamento. Além disso, nesse caso, não se pode exigir do empregador o ajuizamento de ação de consignação em pagamento para excluir a incidência da multa do art. 477, § 8º, da CLT, pois a mencionada situação não é indicada no art. 335 do Código Civil. Cf. TST, 7ª T., RR-10923-30.2017.5.15.0137, Rel. Min. Renato de Lacerda Paiva, *DEJT* 12.02.2021.

A Portaria 667/2021 do Ministério do Trabalho e Previdência, quanto ao art. 477, § 8º, da CLT, estabelece a multa administrativa no valor de R$ 170,26 por empregado prejudicado.

A anotação da extinção do contrato na Carteira de Trabalho e Previdência Social é documento hábil para requerer o benefício do seguro-desemprego e a movimentação da conta vinculada no Fundo de Garantia do Tempo de Serviço, nas hipóteses legais, desde que a comunicação prevista no art. 477, *caput*, da CLT tenha sido realizada (art. 477, § 10, da CLT, acrescentado pela Lei 13.467/2017).

33.3 Multas pelo descumprimento do prazo

Como prevê o § 8º do art. 477 da CLT, a inobservância do disposto no § 6º desse mesmo dispositivo sujeita o infrator ao pagamento de duas penalidades:

– multa por trabalhador, de natureza administrativa, aplicada pelos órgãos de fiscalização do trabalho;

– multa a favor do empregado, em valor equivalente ao seu salário, devidamente corrigido.

As multas indicadas deixam de ser devidas se, comprovadamente, o trabalhador der causa à mora.

Se o prazo para pagamento das verbas rescisórias não for observado pelo ente público (art. 477, § 6º, da CLT), as multas decorrentes desse atraso são devidas (art. 477, § 8º, da CLT). A respeito do tema, segundo a Orientação Jurisprudencial 238 da SBDI-I do TST:

"Multa. Art. 477 da CLT. Pessoa jurídica de direito público. Aplicável. Submete-se à multa do art. 477 da CLT a pessoa jurídica de direito público que não observa o prazo para pagamento das verbas rescisórias, pois nivela-se a qualquer particular, em direitos e obrigações, despojando-se do 'jus imperii' ao celebrar um contrato de emprego".

O referido pagamento deve ser feito de forma integral, à vista, de modo que eventual parcelamento faz incidir as multas em destaque. Mesmo eventual alegação de força maior, ainda que efetivamente existente, não afasta as multas mencionadas, pois a lei não exclui ou excepciona a sua incidência.

Essa multa do art. 477, § 8º, da CLT, devida ao empregado, é no valor do salário mensal do empregado.

A corrente minoritária entende que a referida multa deveria ser calculada por dia de trabalho, de forma proporcional ao atraso, aumentando o valor, conforme a maior demora no pagamento das verbas rescisórias.

No entanto, justamente por se tratar de penalidade, sem se confundir com as "astreintes" do Direito processual, prevalece o entendimento de ser devida a multa em questão no valor do salário mensal do empregado, entendido o termo salário em seu sentido estrito, tal como delimitado pelos arts. 457 e 458, da CLT.

Por isso, as gorjetas não integram o valor da referida multa. Da mesma forma, esta é calculada sem a integração de horas extras e outros adicionais salariais, pois a interpretação da penalidade deve ser restritiva.

De acordo com a Súmula 388 do TST: "Massa falida. Arts. 467 e 477 da CLT. Inaplicabilidade. A massa falida não se sujeita à penalidade do art. 467 e nem à multa do § 8º do art. 477, ambos da CLT".

No caso, essa inaplicabilidade das multas do art. 477 da CLT apenas se verifica quando a falência já foi decretada quando da rescisão contratual, hipótese em que se justifica não se poder exigir da massa falida o pagamento nos prazos mencionados.

Além disso, as multas do art. 477, § 8º, da CLT não se aplicam ao empregado doméstico, por não ser prevista na Lei Complementar 150/2015 e na forma do art. 7º, *a*, da CLT, sabendo-se que a penalidade não pode ser interpretada de forma extensiva ou analógica.

Havia entendimento de que, se a própria existência da relação de emprego era controvertida, ou a modalidade de cessação contratual era objeto de controvérsia (como na justa causa e despedida indireta), sendo objeto de solução apenas na sentença judicial, não seria possível aplicar ao caso o disposto no art. 477, §§ 6º e 8º, da CLT, pois a parte tem o direito de ver a questão apreciada em juízo. Essa corrente, que vinha prevalecendo anteriormente, poderia ser aplicada em todas as hipóteses em que havia fundada controvérsia quanto ao efetivo direito às verbas rescisórias postuladas.

Nessa linha, de acordo com o princípio da razoabilidade, havendo fundada controvérsia quanto à efetiva existência do vínculo de emprego, ou mesmo quanto a serem devidas as verbas rescisórias (como em casos de justa causa ou despedida indireta), era possível entender que o mais adequado seria deixar de aplicar as multas em questão, pois a boa-fé da parte deve ser preservada. Nesse sentido dispunha a Orientação Jurisprudencial 351 da SBDI-I: "Multa. Art. 477, § 8º, da CLT. Verbas rescisórias reconhecidas em juízo (*cancelada*) – Res. 163/2009, *DJe* divulgado em 23, 24 e 25.11.2009. Incabível a multa prevista no art. 477, § 8º, da CLT, quando houver fundada controvérsia quanto à existência da obrigação cujo inadimplemento gerou a multa".

Entretanto, o Tribunal Superior do Trabalho *cancelou* a referida Orientação Jurisprudencial 351 da SBDI-I, o que indica ter passado a prevalecer o entendimento oposto, quanto ao cabimento da multa do art. 477, § 8º, da CLT.

Ou seja, no presente, passou a prevalecer o entendimento de que as multas do art. 477, § 8º, da CLT, sempre são devidas, independentemente das mencionadas controvérsias, pois a sentença condenatória (no caso, quanto a verbas rescisórias) produz efeitos *ex tunc*, retroagindo desde a época em que eram devidas.

Entretanto, se o próprio empregado, comprovadamente, é que tiver dado causa à mora no pagamento das verbas rescisórias, a multa em questão não é devida.

Nesse sentido, conforme a Súmula 462 do TST:

"Multa do art. 477, § 8º, da CLT. Incidência. Reconhecimento judicial da relação de emprego. A circunstância de a relação de emprego ter sido reconhecida apenas em juízo não tem o condão de afastar a incidência da multa prevista no art. 477, § 8º, da CLT. A referida multa não será devida apenas quando, comprovadamente, o empregado der causa à mora no pagamento das verbas rescisórias".

De todo modo, pode-se entender que meras *diferenças* quanto a certas verbas rescisórias, reconhecidas somente na sentença, não necessariamente acarretam a aplicação da mencionada multa, justamente porque não se confundem com a ausência de quitação das verbas rescisórias em si.

Por fim, cabe destacar que a Súmula 445 do TST, assim dispõe:

"Inadimplemento de verbas trabalhistas. Frutos. Posse de má-fé. Art. 1.216 do Código Civil. Inaplicabilidade ao Direito do Trabalho. A indenização por frutos percebidos pela posse de má-fé, prevista no art. 1.216 do Código Civil, por tratar-se de regra afeta a direitos reais, mostra-se incompatível com o Direito do Trabalho, não sendo devida no caso de inadimplemento de verbas trabalhistas".

33.4 Diferença entre pagamento e transação

Não se pode confundir pagamento com transação. O "adimplemento" abrange "todos os modos, diretos ou indiretos, de extinção da obrigação, pela satisfação do credor"[3], figurando o pagamento e a transação como duas de suas espécies.

---

[3] RODRIGUES, Silvio. *Direito civil*: parte geral das obrigações. 26. ed. São Paulo: Saraiva, 1998. v. 2, p. 116.

O pagamento é a "execução voluntária da obrigação"[4], sendo o "modo normal de extinção de um crédito"[5], e não um concerto entre as partes para pôr fim a conflito, por meio de concessões recíprocas, não podendo se referir, ainda, a litígio iminente. A quitação, por sua vez, é a prova do pagamento (art. 319 do Código Civil)[6].

Um dos requisitos da transação é a existência de *res dubia*, ou seja, de relação jurídica duvidosa ou controvertida[7]. No pagamento, diversamente, a obrigação é certa, tanto que o devedor voluntariamente a cumpre.

Nessa caracterização e distinção dos institutos, o que vai interessar é a substância do ato jurídico praticado: ainda que as partes rotulem-no de transação, ausente qualquer dúvida quanto aos direitos, e demais requisitos do ato transacional, este não se considera efetivamente praticado[8].

No âmbito trabalhista, em face do princípio da primazia da realidade, esta observação impõe-se com maior força ainda. Portanto, independentemente da denominação formal do ato jurídico, se, na realidade dos fatos, houver somente a quitação de direitos previamente reconhecidos como devidos, não se podem aplicar quaisquer consequências inerentes à transação propriamente[9].

Portanto, o pagamento das verbas rescisórias, nos moldes do art. 477, §§ 4º e 6º, da CLT, como o próprio nome indica, somente quita estes direitos, não se confundindo com a transação[10].

33.4.1 Diferença entre pagamento das verbas rescisórias e Comissão de Conciliação Prévia

A Comissão de Conciliação Prévia foi instituída pela Lei 9.958/2000, que acrescentou à Consolidação das Leis do Trabalho os arts. 625-A até 625-H.

A atividade da Comissão de Conciliação Prévia não se confunde com o pagamento das verbas rescisórias, previsto no art. 477 da CLT, pois aquela tem a "atribuição de tentar conciliar os conflitos individuais do trabalho" (art. 625-A, *caput*, da CLT).

Desse modo, não é lícita nem legítima a utilização da Comissão de Conciliação Prévia quando não se verifica verdadeiro conflito de interesses, caracterizado pela *res dubia*. Portanto, o instituto não deve ser aplicado com o intuito de apenas quitar verbas rescisórias incontroversas, decorrentes

---

[4] MONTEIRO, Washington de Barros. *Curso de direito civil*: direito das obrigações – 1ª parte. 25. ed. São Paulo: Saraiva, 1991. v. 4, p. 247.
[5] GOMES, Orlando. *Obrigações*. 12. ed. rev. e atual. por Humberto Theodoro Júnior. Rio de Janeiro: Forense, 1999. p. 122.
[6] Cf. RODRIGUES, Silvio. *Direito civil*: parte geral das obrigações. 26. ed. São Paulo: Saraiva, 1998. v. 2, p. 142; MONTEIRO, Washington de Barros. *Curso de direito civil*: direito das obrigações – 1ª parte. 25. ed. São Paulo: Saraiva, 1991. v. 4, p. 254; GOMES, Orlando. *Obrigações*. 12. ed. rev. e atual. por Humberto Theodoro Júnior. Rio de Janeiro: Forense, 1999. p. 107: "A rigor, porém, o *recibo* é o *instrumento da quitação*" (destaques do original).
[7] Cf. SÜSSEKIND, Arnaldo. *Instituições de direito do trabalho*. 18. ed. São Paulo: LTr, 1999. v. 1, p. 226: "A *res dubia* – elemento essencial à transação – deve ser entendida num sentido subjetivo, isto é, incerteza razoável sobre a situação jurídica objeto do precitado acordo. E a incerteza subjetiva deve concernir às duas partes que realizam a transação".
[8] Cf. RODRIGUES, Silvio. *Direito civil*: parte geral das obrigações. 26. ed. São Paulo: Saraiva, 1998. v. 2, p. 238, n. 129: "Assim – convém insistir – a existência de uma dúvida é elementar na transação. Se ela não mais existe por já haver sido decidida judicialmente, sem que o vencedor tenha disso ciência, ou se jamais existiu qualquer possibilidade de conflito, por se verificar, em título posteriormente descoberto, que nenhuma das partes transigentes tinha qualquer direito sobre o objeto do litígio, então nula é a transação levada a efeito entre as partes, por carecer de um de seus elementos básicos: a existência de um litígio atual ou iminente".
[9] Cf. SÜSSEKIND, Arnaldo. *Instituições de direito do trabalho*. 18. ed. São Paulo: LTr, 1999. v. 1, p. 228: "Se o trabalhador firmou recibo de plena e geral quitação, ao receber parte do que, *com certeza*, lhe era devido, a coação econômica, viciadora do seu consentimento, deve ser presumida" (destaques do original).
[10] Cf. GIGLIO, Wagner D. *A conciliação nos dissídios individuais do trabalho*. 2. ed. Porto Alegre: Síntese, 1997. p. 66: "Ora, como contrato que é, a transação não é abrangida pelo art. 477, § 2º da Consolidação. Em suma, esse dispositivo não veda a transação porque a ela não se aplica, e em decorrência, perde todo o significado, para o deslinde do problema da admissibilidade da transação extrajudicial, a resolução da polêmica em torno do alcance liberatório do termo 'parcelas', inserto na parte final do texto legal em estudo".

da extinção do contrato de trabalho. Por isso, a atividade da CCP tem natureza de transação, no caso, extrajudicial, autorizada expressamente pela lei, quando presentes os seus requisitos.

Há entendimento no sentido de que a previsão da Comissão de Conciliação Prévia, pela Lei 9.958/2000, não pode ser considerada totalmente inconstitucional, eis que apenas visa a solucionar o conflito trabalhista, favorecendo, sem dúvida, a paz social. Trata-se de forma alternativa à jurisdição, buscando exatamente a pacificação social, sem obstar o acesso ao Poder Judiciário[11]. Tanto é assim que, se o trabalhador não quiser, não é obrigado a se conciliar na mencionada Comissão, podendo perfeitamente recusar o acordo e, com isso, querendo, ajuizar ação perante a Justiça do Trabalho[12].

A própria Constituição Federal prevê a conciliação extrajudicial, tratando-se de dissídio coletivo (art. 114, §§ 1º e 2º), nada impedindo que a lei faça o mesmo quanto aos dissídios individuais trabalhistas. Além de ser a passagem pela Comissão de Conciliação Prévia de curta duração (art. 625-F da CLT), a parte pode declarar, na petição inicial, eventual "motivo relevante" que impossibilite a observância deste procedimento extrajudicial (art. 625-D, § 3º, da CLT), revelando a ausência de afronta ao acesso à jurisdição.

Cabe frisar, ainda, que a Emenda Constitucional 45/2004, pertinente à Reforma do Poder Judiciário, ao alterar o *caput* do art. 114 da Constituição Federal de 1988, que trata de conflitos individuais de trabalho, não faz mais menção ao verbo "conciliar", presente na redação anterior. Obviamente, a atribuição da Justiça do Trabalho, pertinente à conciliação, permanece em vigor na legislação infraconstitucional (arts. 764, 846, 850, 860, 862 e 863 da CLT). Mesmo assim, a mudança do texto constitucional pode ser interpretada como confirmação de que a conciliação extrajudicial de conflito individual de trabalho, nos moldes da regulamentação legal (arts. 625-A e seguintes, da CLT), não viola o acesso à jurisdição trabalhista.

No que se refere ao alcance da quitação decorrente do termo de conciliação firmado perante a CCP, o art. 625-E assim prevê:

"Art. 625-E. Aceita a conciliação, será lavrado termo assinado pelo empregado, pelo empregador ou seu preposto e pelos membros da Comissão, fornecendo-se cópia às partes.

Parágrafo único. O termo de conciliação é título executivo extrajudicial e terá eficácia liberatória geral, exceto quanto às parcelas expressamente ressalvadas".

Como se nota, a previsão legal é no sentido de que a mencionada quitação tem "eficácia liberatória geral, exceto quanto às parcelas expressamente ressalvadas", além de constituir título executivo extrajudicial (art. 876, *caput*, da CLT).

Entende-se que a conciliação obtida perante a Comissão de Conciliação Prévia, em tese, alcança a matéria que foi objeto dessa transação extrajudicial (autorizada por lei), salvo expressa previsão em contrário no termo de conciliação, desde que manifestada de forma lícita, hígida e sem o intuito de fraude (art. 9º da CLT).

A respeito do tema, cabe destacar o seguinte julgado:

"Comissão de Conciliação Prévia. Eficácia liberatória do termo de acordo. Quitação ampla do contrato de trabalho. A decisão recorrida revela sintonia com a jurisprudência desta Corte, segundo a qual o acordo firmado na Comissão de Conciliação Prévia (CCP) possui eficácia liberatória

---

[11] Cf. DALAZEN, João Oreste. Apontamentos sobre Comissão de Conciliação Prévia. In: GIORDANI, Francisco Alberto da Motta Peixoto; MARTINS, Melchíades Rodrigues; VIDOTTI, Tarcio José (Coord.). *Fundamentos do direito do trabalho*: estudos em homenagem ao Ministro Milton de Moura França. São Paulo: LTr, 2000. p. 354: "é constitucional a Lei 9.958, de 12.1.2000 no que exige obrigatória tentativa prévia de conciliação extrajudicial para o conflito individual trabalhista".
[12] Cf. BEBBER, Júlio César. Aspectos processuais decorrentes da Lei 9.958/2000 – Comissões de Conciliação Prévia. *Síntese Trabalhista*, Porto Alegre, n. 135, p. 148, set. 2000: "o *caput* do art. 625-D, que obriga a prévia submissão da demanda à *comissão de conciliação* não impõe qualquer ônus aos interessados, não havendo, por isso, prejuízo. Dessa forma, então, não há que se falar em infração ao princípio da inafastabilidade da jurisdição" (destaques do original).

geral quando não há ressalva de parcelas, nos termos do art. 625-E da CLT. O quadro fático delineado pelo TRT demonstra que não foi comprovado vício de vontade do reclamante ou indução a erro capaz de anular o ajuste. Ademais, não houve registro por parte do Regional da existência de nenhuma ressalva no termo de acordo firmado pelo reclamante na CCP. Nesse contexto, não há como afastar a validade do acordo, o qual possui eficácia liberatória geral e inviabiliza a pretensão veiculada pelo reclamante. Agravo de instrumento conhecido e não provido" (TST, 8ª T., AIRR 10354-83.2013.5.18.0008, Rel. Min. Dora Maria da Costa, *DEJT* 22.03.2016).

A mencionada eficácia liberatória geral do termo refere-se ao objeto da conciliação[13]. Nesse sentido, segundo entendimento firmado pelo Supremo Tribunal Federal: "a 'eficácia liberatória geral', prevista na regra do parágrafo único do art. 625-E da CLT, diz respeito aos valores discutidos em eventual procedimento conciliatório, não se transmudando em quitação geral e indiscriminada de verbas trabalhistas" (STF, Pleno, ADI 2.237/DF, Rel. Min. Cármen Lúcia, *DJe* 20.02.2019)[14].

Outra questão controvertida refere-se à obrigatoriedade, ou não, de submeter o conflito trabalhista à Comissão de Conciliação Prévia, antes do ajuizamento da ação. Sobre esse tema, o dispositivo que envolve maior discussão refere-se ao art. 625-D da CLT, que assim dispõe em seu *caput*: "Qualquer demanda de natureza trabalhista será submetida à Comissão de Conciliação Prévia se, na localidade da prestação de serviços, houver sido instituída a Comissão no âmbito da empresa ou do sindicato da categoria".

No âmbito do Tribunal Superior do Trabalho, havia diversos julgados defendendo a tese de que esta disposição traduz comando obrigatório, quanto à submissão de qualquer conflito individual trabalhista às Comissões de Conciliação Prévia, quando existentes na localidade, antes do ajuizamento da ação. Nessa linha, podem ser transcritas as seguintes decisões, oriundas de Turmas do TST:

"Recurso de revista. Obrigatoriedade de submissão da demanda à comissão de conciliação prévia. Art. 625-D da CLT. Pressuposto processual negativo. Imposição legal.

O art. 625-D da CLT, que prevê a submissão de qualquer demanda trabalhista às Comissões de Conciliação Prévia (quando existentes na localidade), antes do ajuizamento da reclamação trabalhista, constitui pressuposto processual negativo da ação laboral (a dicção do preceito legal é imperativa 'será submetida' e não facultativa 'poderá ser submetida'). Outrossim, o dispositivo em tela não atenta contra o acesso ao Judiciário, garantido pelo art. 5º, XXXV, da Constituição

---

[13] "Acordo firmado perante a Comissão de Conciliação Prévia. Eficácia liberatória. Alcance. 1. A Eg. 5ª Turma deu provimento ao recurso de revista da reclamada, para, 'reconhecendo a eficácia liberatória geral do acordo homologado perante a Comissão de Conciliação Prévia, extinguir o processo'. 2. O art. 625-E, parágrafo único, da CLT dispõe que 'o termo de conciliação é título executivo extrajudicial e terá eficácia liberatória geral, exceto quanto às parcelas expressamente ressalvadas'. Quanto a esse dispositivo de lei, o Plenário do Supremo Tribunal Federal, no julgamento da ADI 2.237/DF, concluiu que 'a eficácia liberatória geral do termo neles contido está relacionada ao que foi objeto da conciliação. Diz respeito aos valores discutidos e não se transmuta em quitação geral e indiscriminada de verbas trabalhistas' (*DJE* 20.2.2019). Da leitura do acórdão do STF, conclui-se que a norma foi considerada válida pelo Colegiado e que a palavra 'geral' se refere ao que foi objeto de conciliação. 3. Assim, no caso dos autos, em que as partes acordaram que, 'com o recebimento do valor deste acordo o empregado demandante dá plena quitação dos valores e parcelas expressamente consignadas no presente termo', que equivale a ressalva, não há como se falar em quitação geral do contrato de trabalho, limitando-se a eficácia liberatória do acordo celebrado perante a CCP às parcelas consignadas no termo de quitação. Precedentes desta Subseção. Recurso de embargos conhecido e provido" (TST, SBDI-I, E-ED-RR-307-50.2012.5.04.0404, Rel. Min. Alberto Luiz Bresciani de Fontan Pereira, *DEJT* 19.02.2021).

[14] "Título executivo extrajudicial com eficácia liberatória geral. Efeitos incidentes tão somente sobre as verbas discutidas em sede conciliatória. Validade da convolação do termo em quitação apenas de verbas trabalhistas sobre as quais ajustadas as partes. [...] 4. A interpretação sistemática das normas controvertidas nesta sede de controle abstrato conduz à compreensão de que a 'eficácia liberatória geral', prevista na regra do parágrafo único do art. 625-E da CLT, diz respeito aos valores discutidos em eventual procedimento conciliatório, não se transmudando em quitação geral e indiscriminada de verbas trabalhistas. 5. A voluntariedade e a consensualidade inerentes à adesão das partes ao subsistema implantado pelo Título VI-A da Consolidação das Leis do Trabalho, no qual se reconheceu a possibilidade de instituição de Comissão de Conciliação Prévia, torna válida a lavratura do termo de conciliação sob a forma de título executivo extrajudicial com eficácia liberatória geral pertinente às verbas acordadas. Validade da norma com essa interpretação do objeto cuidado" (STF, Pleno, ADI 2.237/DF, Rel. Min. Cármen Lúcia, *DJe* 20.02.2019).

Federal, uma vez que a passagem pela CCP é curta (CLT, art. 625-F), de apenas 10 dias, e a Parte pode esgrimir eventual motivo justificador do não recurso à CCP (CLT, art. 625-D, § 4º). 'In casu', é incontroversa nos autos a existência da Comissão e o reclamante ajuizou a ação sem o comprovante de frustração da conciliação prévia (CLT, art. 625-D, § 2º) e sem justificar o motivo da não submissão da controvérsia à CCP. Assim, a ausência injustificada do documento exigido pelo art. 625-D, § 2º, da CLT importa na extinção do processo sem julgamento do mérito, com base no art. 267, IV, do CPC. Recurso de revista conhecido e provido" (TST, 4ª T., RR-2.287/2000-464-02-00.1, Rel. Min. Ives Gandra Martins Filho, j. 18.05.2005, *DJ* 10.06.2005).

"Recurso de revista. Obrigatoriedade da submissão da demanda à comissão de conciliação prévia. A submissão da demanda à Comissão de Conciliação Prévia, estabelecida no art. 625-D da CLT, é obrigatória e, assim, constitui pressuposto para a constituição e desenvolvimento válido e regular do processo. Recurso de revista a que se dá provimento" (TST, RR 2.335/2001-073-02-00.0, Rel. Min. Gelson de Azevedo, 5ª T., *DJ* 02.09.2005).

A Subseção I de Dissídios Individuais, do Tribunal Superior do Trabalho, também vinha decidindo na mesma linha, ou seja, entendendo ser obrigatória a passagem pela Comissão de Conciliação Prévia, conforme ementa a seguir transcrita:

"Recurso de embargos. Comissão de conciliação prévia. Submissão. Obrigatoriedade. Pressuposto processual.
I – A obrigatoriedade de submeter o litígio trabalhista à Comissão de Conciliação Prévia, antes do ajuizamento da Reclamação Trabalhista, constitui pressuposto processual inscrito no art. 625-D da CLT. Essa exigência não importa negativa de acesso à Justiça, visto que não representa ônus pecuniário para o empregado e preserva integralmente o prazo prescricional.
II – A injustificada recusa de submeter a pretensão à conciliação prévia, quando na localidade da prestação dos serviços houver sido instituída, enseja a extinção do processo sem resolução de mérito, na forma que possibilita o art. 267, inc. IV, do CPC. Recurso de embargos de que se conhece e a que se nega provimento" (TST-E-RR 1.074/2002-071-02-00.0, Rel. Min. João Batista Brito Pereira, SBDI-I, m.v., *DJ* 19.12.2006).

A favor da tese da obrigatoriedade de submissão à Comissão de Conciliação Prévia, tem-se a própria redação do art. 625-D, *caput*, apresentando o verbo no imperativo – *será* submetida, em vez de poderá ser submetida –, com o que a interpretação literal revela tratar-se de disposição cogente. Da mesma forma, o art. 625-D, § 2º, estabelece que: "Não prosperando a conciliação, será fornecida ao empregado e ao empregador declaração da tentativa conciliatória frustrada com a descrição de seu objeto, firmada pelos membros da Comissão, que *deverá* ser juntada à eventual reclamação trabalhista" (destaquei).

De qualquer modo, também é possível o entendimento de que a passagem pela Comissão de Conciliação Prévia integra mais propriamente as condições da ação, e não os pressupostos processuais. Dentro deste enfoque, pode-se entender que se trata de condição da ação específica, ou de aspecto já incluído nas tradicionais condições da ação.

De acordo com Sergio Pinto Martins: "Nota-se que o procedimento instituído representa condição da ação para o ajuizamento da reclamação trabalhista. Não se trata de pressuposto processual, pois não envolve competência, suspeição, litispendência, coisa julgada etc.". Ainda conforme esse autor, o inciso VI do art. 267 do Código de Processo Civil de 1973 estabelece que o processo seja extinto sem julgamento de mérito quando não concorrer nenhuma das condições da ação, "*como a possibilidade jurídica do pedido, a legitimidade das partes e o interesse processual*", revelando tratar-se de "determinação legal exemplificativa e não exaustiva". Por isso, a lei "poderá estabelecer outras condições para o exercício do direito de ação"[15].

---

[15] MARTINS, Sergio Pinto. *Direito processual do trabalho*. 21. ed. São Paulo: Atlas, 2004. p. 87.

Capítulo 33 — Pagamento das verbas rescisórias na extinção do contrato de trabalho

Ainda que se entenda tratar-se de condição da ação trabalhista, pode-se dizer que a passagem pela Comissão de Conciliação Prévia não é uma modalidade diversa daquelas condições já previstas na legislação processual, mas, na verdade, integra o próprio interesse processual. Assim, como observa Valentin Carrion: "Essa exigência coloca-se como condição da ação trabalhista, já que, inobservado esse requisito, faltaria interesse de agir"[16].

O interesse de agir se desdobra na necessidade, adequação e utilidade da tutela jurisdicional. A *necessidade* desta apenas se verifica quando não é possível obter a satisfação da pretensão sem o ajuizamento da ação[17]. Portanto, se a parte ainda não necessita da tutela jurisdicional para obter o bem jurídico, não estaria presente o interesse processual, no aspecto da necessidade do provimento jurisdicional[18].

Mesmo entendendo-se que a submissão do conflito individual do trabalho à Comissão de Conciliação Prévia configura ou integra uma condição da ação, havia o posicionamento de que a sua ausência também acarreta, tal como a tese do pressuposto processual, a extinção do processo sem resolução do mérito, conforme o art. 485, inciso VI, do CPC de 2015 e art. 267, inciso VI, do CPC de 1973[19]. Nesse sentido, transcreve-se a ementa de julgado oriundo da Primeira Turma do Tribunal Superior do Trabalho:

"Comissão de conciliação prévia. Demanda trabalhista. Submissão. Obrigatoriedade. Carência de ação.

1. A Lei 9.958/2000 introduziu na CLT o art. 625-D, que elevou a submissão de demanda trabalhista às Comissões de Conciliação Prévia como condição necessária para o ajuizamento de ação trabalhista.

2. Assim, a ausência de provocação da Comissão de Conciliação Prévia existente, anteriormente à propositura da reclamatória, enseja extinção do processo sem julgamento do mérito.

3. Recurso de revista conhecido e provido" (TST, RR 83.225/ 2003-900-02-00.7, Rel. Min. João Oreste Dalezen, 1ª T. *DJ* 24.06.2005).

Cabe destacar, no entanto, a existência de corrente oposta àquela mencionada acima, no que tange à necessidade de submissão do conflito trabalhista à Comissão de Conciliação Prévia. No âmbito da doutrina, Jorge Luiz Souto Maior assevera que "a tentativa de conciliação na Comissão de Conciliação Prévia não pode ser tida como condição para o ingresso em juízo, seja porque a Lei 9.958/2000 assim não previu expressamente, seja porque, ainda que se pudesse vislumbrá-la, por uma interpretação ampliativa – o que não seria correto sob o ponto de vista da ciência hermenêutica –, tal exigência seria inconstitucional, por ferir a garantia de acesso à justiça"[20].

---

[16] CARRION, Valentin. *Comentários à Consolidação das Leis do Trabalho*. 30. ed. atual. por Eduardo Carrion. São Paulo: Saraiva, 2005, p. 477-478. Sergio Pinto Martins, em sua obra *Comissões de Conciliação Prévia e procedimento sumaríssimo* (São Paulo: Atlas, 2000. p. 37), fazendo menção a Chiovenda, também destaca que: "Trata-se de hipótese de interesse de agir, que envolve o interesse em conseguir o bem por obra dos órgãos públicos".

[17] Cf. CINTRA, Antonio Carlos de Araújo; GRINOVER, Ada Pellegrini; DINAMARCO, Cândido Rangel. *Teoria geral do processo*. 11. ed. São Paulo: Malheiros, 1995. p. 258: "Repousa a *necessidade* da tutela jurisdicional na impossibilidade de obter a satisfação do alegado direito sem a intercessão do Estado – ou porque a parte contrária se nega a satisfazê-lo, sendo vedado ao autor o uso da autotutela, ou porque a própria lei exige que determinados direitos só possam ser exercidos mediante prévia declaração judicial" (destaque do original).

[18] Cf. GRECO FILHO, Vicente. *Direito processual civil brasileiro*. 12. ed. São Paulo: Saraiva, 1996. v. 1, p. 80: "Faltará o interesse processual se a via jurisdicional não for indispensável, como, por exemplo, se o mesmo resultado puder ser alcançado por meio de um negócio jurídico sem a participação do Judiciário".

[19] Cf. MARTINS, Sergio Pinto. *Direito processual do trabalho*. 21. ed. São Paulo: Atlas, 2004. p. 87: "Se o empregado não tentar a conciliação, o juiz irá extinguir o processo sem julgamento de mérito (art. 267, VI, do CPC), por não atender a condição da ação estabelecida na lei. A reivindicação só poderá ser feita diretamente à Justiça do Trabalho caso na empresa não exista a comissão, nem tenha sido ela instituída no âmbito do sindicato da categoria, porque não haveria como se passar por comissão conciliatória".

[20] SOUTO MAIOR, Jorge Luiz. Comissões de Conciliação Prévia. In: SOUTO MAIOR, Jorge Luiz. *Temas de processo do trabalho*. São Paulo: LTr, 2000. p. 140.

Da mesma forma, Soraya Galassi Lambert destaca que a "submissão da demanda de natureza trabalhista à Comissão de Conciliação Prévia não se consubstancia em requisito para o ajuizamento da ação perante a Justiça do Trabalho, sob pena de violação frontal ao direito público subjetivo de ação, garantia fundamental preconizada pelo art. 5º, XXXV, da hodierna Carta Política". De acordo com essa tese, o "procedimento conciliatório prévio não pode ser alçado ao *status* de quaisquer das condições da ação", e "não pode ser confundida com a figura do pressuposto processual, uma vez que não se consubstancia em requisito ensejador da regularidade e existência da relação processual"[21].

Na jurisprudência, o Tribunal Regional do Trabalho da 2ª Região aprovou a Súmula 02, com a seguinte redação:

"Comissão de Conciliação Prévia. Extinção de processo.

(Resolução Administrativa n. 08/2002 – *DJE* 12.11.2002, 19.11.2002, 10.12.2002 e 13.12.2002)

O comparecimento perante a Comissão de Conciliação Prévia é uma faculdade assegurada ao Obreiro, objetivando a obtenção de um título executivo extrajudicial, conforme previsto pelo art. 625-E, parágrafo único, da CLT, mas não constitui condição da ação, nem tampouco pressuposto processual na reclamatória trabalhista, diante do comando emergente do art. 5º, XXXV, da Constituição Federal".

Como se nota, trata-se de entendimento diametralmente distinto daquele que vinha prevalecendo no Tribunal Superior do Trabalho. Mesmo assim, destaca-se o seguinte julgado, oriundo da Segunda Turma do TST, que assim decidiu:

"Legitimidade do Ministério Público do Trabalho – O fato de o processo ter sido extinto porque o empregado não se submeteu previamente à Comissão de Conciliação Prévia legitima a atuação do Ministério Público do Trabalho, que, nos presentes autos, está a garantir o amplo acesso à Justiça.

"Comissão de conciliação prévia. Necessidade de a esta se submeter o litígio antes do ajuizamento da ação. A decisão judicial que entende que a realização de Comissão de Conciliação Prévia é condição necessária para autorizar o direito de ação, por certo, viola o direito ao acesso à Justiça, resguardado pelo art. 5º, XXXV, da Carta. Recurso de revista conhecido e provido" (TST, RR 4597/2003-008-11-00.3, Rel. Min. José Luciano de Castilho Pereira, 2ª T., *DJ* 24.06.2005).

Na realidade, seguindo abalizada lição da doutrina, caso determinada condição da ação não se faça presente quando do ajuizamento da ação, mas passe a existir no momento do julgamento, não cabe ao juiz extinguir o processo sem julgamento do mérito, pois, nesse caso, a referida condição se fez presente supervenientemente, ou seja, no curso do processo[22]. Como destaca Manoel Antonio Teixeira Filho:

"No que concerne, em particular, à legitimidade *ad causam*, esta, como o *interesse de agir*, deve estar presente no momento do julgamento. Dessa maneira, se a parte, ao ingressar em juízo, se encontrava legalmente legitimada a fazê-lo, mas essa legitimidade veio a desaparecer no curso da ação, deverá o órgão jurisdicional declará-la carecente da ação. Essa declaração poderá ser emitida pelo próprio tribunal competente, quando do julgamento do recurso interposto da sentença de mérito, proferida ao tempo em que a parte ainda possuía legitimidade. O oposto também é

---

[21] LAMBERT, Soraya Galassi. Súmula 02, do TRT da 2ª Região. Comissão de Conciliação Prévia – extinção do processo. *Revista da Amatra II*, ano IV, n. 8, p. 50, jan. 2003.

[22] Cf. TEIXEIRA FILHO, Manoel Antonio. *As ações cautelares no processo do trabalho*. 4. ed. São Paulo: LTr, 1996. p. 114: "o interesse deve existir no momento em que ocorre a prolação da sentença (ou do acórdão)"; TEIXEIRA FILHO, Manoel Antonio. *Ação rescisória no processo do trabalho*. 3. ed. São Paulo: LTr, 1998. p. 95-96: "se, ao contrário, esse interesse inexistia quando do ajuizamento da inicial, mas surgiu no curso do processo e se manteve até o instante em que a decisão seria emitida, não se poderá pensar em carência da ação".

possível: vir a parte a tornar-se legítima no curso do processo (logo, não a possuía quando do ingresso em juízo), hipótese em que o juiz não deverá considerá-la carecedora da ação"[23].

Efetivamente, a extinção processual sem exame de mérito, quando este passa a se apresentar em condições de ser decidido, além de contrariar a economia processual, não estaria de acordo com os princípios da instrumentalidade e da efetividade da tutela jurisdicional, pois apenas com a análise da pretensão é que o conflito social pode ser realmente solucionado.

Aplicando-se estas assertivas ao caso em questão, pode-se dizer que a passagem pela Comissão de Conciliação Prévia, mesmo integrando condição da ação individual trabalhista, pode passar a existir após o ajuizamento da demanda. Quando as partes recusam as propostas de conciliação em audiência, revelando, em juízo, a impossibilidade de realização de acordo, o *interesse processual* surge de forma superveniente, passando a tutela jurisdicional a ser o único meio de satisfação da pretensão.

Assim, a resistência à pretensão, pelo réu, tornando inviável a autocomposição, acaba por evidenciar a satisfação superveniente, pelo autor, da exigência do art. 625-D da CLT, já que infrutífera a conciliação em juízo. Se as partes demonstram, no decorrer do processo, a impossibilidade de acordo, não seria razoável extinguir o processo sem julgamento do mérito para que tentem, justamente, a conciliação já rejeitada[24]. Nesse sentido, cabe transcrever as lições de Estêvão Mallet:

"Na verdade, a existência das condições da ação deve ser apurada quando do julgamento do pedido. [...] Trata-se, no fundo, de mera aplicação da regra do art. 462 do CPC. Daí que, mesmo não tentada a conciliação prévia, havendo defesa na reclamação ou não pagamento dos valores cobrados, surge o interesse processual, diante da resistência do reclamado. Torna-se, em consequência, irrelevante a carência inicial de ação.

[...]

Ademais, não se deve perder de vista que na reclamação será, antes mesmo de que se defenda o reclamado, obrigatoriamente tentada a conciliação. Recusada a proposta conciliatória formulada em juízo, não faria sentido extinguir o processo por ausência de tentativa extrajudicial de conciliação.

Por tudo isso entende-se que a falta de tentativa de conciliação perante a comissão existente no âmbito da categoria ou na empresa não obsta o desenvolvimento do processo, não acarretando sua extinção sem apreciação do mérito"[25].

Na mesma linha, transcreve-se a seguinte decisão:

"Recurso de revista. Submissão da demanda à comissão de conciliação prévia. Exigibilidade. A previsão constante do art. 652-D da CLT tem por escopo facilitar a conciliação extrajudicial dos conflitos, com vistas a aliviar a sobrecarga do Judiciário Trabalhista fator objetivo [que] em muito tem contribuído para impactar negativamente a celeridade na entrega da prestação jurisdicional. Todavia, em contexto do qual emerge, incontroversa, a manifestação de recusa patronal à proposta conciliatória formulada em primeiro grau, milita contra os princípios informadores do processo do trabalho, notadamente os da economia e celeridade processuais, a decretação de extinção do processo já em sede extraordinária. Extinguir-se o feito em condições tais implicaria em desconsiderar absolutamente referidos princípios, bem como olvidar os enormes prejuízos advin-

---

[23] TEIXEIRA FILHO, Manoel Antonio. *A sentença no processo do trabalho*. 2. ed. São Paulo: LTr, 1996. p. 284-285 (destaques do original).

[24] Cf. RIBEIRO, Rafael E. Pugliese. Comissão de Conciliação Prévia: faculdade ou obrigatoriedade? *Revista Trabalho & Doutrina*, Saraiva, n. 26, dez. 2001, p. 133: "Se o devedor não tem interesse em se conciliar com o credor em juízo, não pode dizer que teria interesse para a conciliação perante a Comissão. A ausência de tentativa conciliatória extrajudicial fica então suprida pela tentativa conciliatória judicial".

[25] MALLET, Estêvão. Primeiras linhas sobre as comissões de conciliação. In: COUTINHO, Aldacy Rachid; DALLEGRAVE NETO, José Afonso (Coord.). *Transformações do direito do trabalho*: estudos em homenagem ao Professor Doutor João Régis Fassbender Teixeira. Curitiba: Juruá, 2000. p. 465.

dos de tal retrocesso, tanto para a parte autora, como para a Administração Pública, ante o desperdício de recursos materiais e humanos já despendidos na tramitação da causa. Recurso de revista conhecido e desprovido" (TST, RR 924/2005-491-01-00.8, Rel. Min. Vieira de Mello Filho, 1ª T., *DJ* 15.06.2007).

Registre-se que o Pleno do Supremo Tribunal Federal, em 13 de maio de 2009, nas Ações Diretas de Inconstitucionalidade 2.139 e 2.160, por maioria, deferiu parcialmente cautelar quanto ao art. 625-D da CLT, introduzido pelo art. 1º da Lei 9.958/2000, para dar interpretação conforme a Constituição Federal, decidindo que as demandas trabalhistas podem ser submetidas ao Poder Judiciário antes que tenham sido analisadas por Comissão de Conciliação Prévia.

Em sintonia com o entendimento do STF, o Tribunal Superior do Trabalho, na atualidade, também tem decidido no sentido de não ser obrigatória a passagem pela Comissão de Conciliação Prévia, conforme decisão a seguir transcrita:

"Recurso de embargos regido pela Lei 11.496/2007. Submissão da demanda à Comissão de Conciliação Prévia. Faculdade. A regra inserta no art. 625-D da CLT, que prevê a submissão de qualquer demanda trabalhista às comissões de conciliação prévia, não encerra condição de procedibilidade insuperável à apresentação da ação na Justiça do Trabalho, pois mais eloquente é o princípio da inafastabilidade do controle judicial, presente no inciso XXXV do art. 5º da Constituição Federal. Ademais, a extinção do processo sem resolução de mérito, já nesta fase extraordinária, a fim de que os litigantes retornem à comissão de conciliação prévia com o propósito de tentar um provável acordo, tendo em vista que restou infrutífera a tentativa de conciliação no juízo de origem, acarretaria o desvirtuamento dos princípios da razoabilidade, da utilidade do processo, da economia processual e do aproveitamento da parte válida dos atos. Tem-se, finalmente, que o Supremo Tribunal Federal, na decisão liminar dos Processos de Ação Direta de Inconstitucionalidade ADIn 2.139-DF e ADIn 2.160-DF, entendeu ser facultativa a submissão da demanda à comissão de conciliação prévia para efeito de ajuizamento de reclamação trabalhista. Precedentes da SBDI-1. Recurso de embargos conhecido e provido" (TST, SBDI-I, E-ED-RR 130600-91.2003.5.02.0465, Rel. Min. Augusto César Leite de Carvalho, *DEJT* 19.03.2010).

O Supremo Tribunal Federal deu interpretação conforme a Constituição ao art. 625-D, § 1º a § 4º, da Consolidação das Leis do Trabalho, assentando que a Comissão de Conciliação Prévia constitui *meio legítimo, mas não obrigatório*, de solução de conflitos, permanecendo o acesso à Justiça resguardado para todos os que venham a ajuizar demanda diretamente ao órgão judiciário competente (STF, Pleno, ADI 2.139/DF, ADI 2.160/DF e ADI 2.237/DF, Rel. Min. Cármen Lúcia, j. 01.08.2018)[26].

---

[26] "Ação Direta de Inconstitucionalidade. §§ 1º a 4º do art. 625-D da Consolidação das Leis do Trabalho – CLT, acrescido pela Lei n. 9.958, de 12.1.2000. Comissão de Conciliação Prévia – CCP. Suposta obrigatoriedade de antecedente submissão do pleito trabalhista à Comissão para posterior ajuizamento de reclamação trabalhista. Interpretação pela qual se permite a submissão facultativamente. Garantia do acesso à Justiça. Inc. XXXV do art. 5º da Constituição da República. Ação julgada parcialmente procedente para dar interpretação conforme a Constituição aos §§ 1º a 4º do art. 652-D da Consolidação das Leis do Trabalho – CLT. 1. O Supremo Tribunal Federal tem reconhecido, em obediência ao inc. XXXV do art. 5º da Constituição da República, a desnecessidade de prévio cumprimento de requisitos desproporcionais ou inviabilizadores da submissão de pleito ao Poder Judiciário. 2. Contraria a Constituição interpretação do previsto no art. 625-D e parágrafos da Consolidação das Leis do Trabalho pelo qual se reconhecesse a submissão da pretensão à Comissão de Conciliação Prévia como requisito para ajuizamento de reclamação trabalhista. Interpretação conforme a Constituição da norma. 3. Art. 625-D e parágrafos da Consolidação das Leis do Trabalho: a legitimidade desse meio alternativo de resolução de conflitos baseia-se na consensualidade, sendo importante instrumento para o acesso à ordem jurídica justa, devendo ser estimulada, não consubstanciando, todavia, requisito essencial para o ajuizamento de reclamações trabalhistas. 4. Ação direta de inconstitucionalidade julgada parcialmente procedente para dar interpretação conforme a Constituição aos §§ 1º a 4º do art. 625-D da Consolidação das Leis do Trabalho, no sentido de assentar que a Comissão de Conciliação Prévia constitui meio legítimo, mas não obrigatório de solução de conflitos, permanecendo o acesso à Justiça resguardado para todos os que venham a ajuizar demanda diretamente ao órgão judiciário competente" (STF, Pleno, ADI 2.139/DF, Rel. Min. Cármen Lúcia, *DJe* 19.02.2019).

Por fim, cabe destacar que a Proposta de Emenda à Constituição 385/2005, acrescentando o art. 116-A, passa a estabelecer em seu *caput* que:

"A lei criará órgãos de conciliação, mediação e arbitragem, sem caráter jurisdicional e sem ônus para os cofres públicos, com representação de trabalhadores e empregadores, que terão competência para conhecer de conflitos individuais de trabalho e tentar conciliá-los, no prazo legal".

Ainda nessa proposta de Emenda à Constituição, o parágrafo único do mesmo dispositivo prevê que: "A propositura de dissídio perante os órgãos previstos no *caput* interromperá a contagem do prazo prescricional do art. 7º, XXIX".

Capítulo 34

Prescrição e decadência no Direito do Trabalho

34.1 Conceito

A prescrição torna *inexigível* a pretensão referente ao direito subjetivo material, em razão de inércia do seu titular[1].

Violado o direito subjetivo, o seu titular passa a ter a *pretensão* na sua satisfação; após o prazo prescricional, essa pretensão torna-se inexigível[2].

Nas lições de Pablo Stolze Gagliano e Rodolfo Pamplona Filho: "A prescrição é a *perda da pretensão de reparação do direito violado, em virtude da inércia do seu titular, no prazo previsto em lei*"[3].

Nesse sentido, de acordo com o art. 189 do Código Civil de 2002: "Violado o direito, nasce para o titular a pretensão, a qual se extingue, pela prescrição"[4].

34.2 Fundamento e natureza jurídica

O principal fundamento do instituto em questão refere-se à necessidade de estabilidade e segurança nas relações jurídico-sociais[5]. A prescrição, de certo modo, também acaba penalizando a inércia do sujeito quanto à defesa de seu direito.

Mesmo sendo instituto com natureza de direito material, a prescrição, normalmente, produz os seus efeitos no âmbito processual, ou seja, a prescrição é pronunciada no curso da ação, ajuizada com pedido de satisfação do direito material (que se alega) violado[6].

---

[1] Cf. GARCIA, Gustavo Filipe Barbosa. *Prescrição no direito do trabalho*. 2. ed. São Paulo: Método, 2008.

[2] Cf. PEREIRA, Caio Mário da Silva. *Instituições de direito civil*: introdução ao direito civil; teoria geral de direito civil. 21. ed. rev. e atual. por Maria Celina Bodin de Moraes. Rio de Janeiro: Forense, 2006. v. 1, p. 682: "O titular de um direito subjetivo recebe da ordem jurídica o poder de exercê-lo, e normalmente o exerce, sem obstáculo ou oposição de quem quer. Se, entretanto, num dado momento, ocorre a sua *violação* por outrem, nasce para o titular uma *pretensão* exigível judicialmente – Anspruch. O sujeito não conserva indefinidamente a faculdade de intentar um procedimento judicial defensivo de seu direito. A lei, ao mesmo tempo em que o reconhece, estabelece que a *pretensão* deve ser exigida em determinado prazo, sob pena de perecer. Pela prescrição, extingue-se a pretensão, nos prazos que a lei estabelece (art. 189 do Código de 2002)" (destaques do original).

[3] GAGLIANO, Pablo Stolze; PAMPLONA FILHO, Rodolfo. *Novo curso de direito civil*: parte geral. 6. ed. São Paulo: Saraiva, 2005. v. 1, p. 498 (destaques do original).

[4] Cf. NERY JUNIOR, Nelson; NERY, Rosa Maria de Andrade. *Código Civil comentado e legislação extravagante*. 3. ed. São Paulo: RT, 2005. p. 286: "Prescrição. Conceito. Causa extintiva da *pretensão de direito material* pelo seu não exercício no prazo estipulado pela lei. O texto da lei é claro ao dar como objeto da prescrição a pretensão de direito material e não a ação" (destaques do original).

[5] Cf. SILVA, Homero Batista Mateus da. *Estudo crítico da prescrição trabalhista*. 2003. Dissertação (Mestrado em Direito) – Faculdade de Direito da Universidade de São Paulo, p. 24: "Uma única expressão pode resumir todo o avanço obtido nos últimos séculos sobre a matéria: a necessidade de segurança nas relações jurídicas, ou, de maneira mais abrangente, a necessidade de pacificação das relações sociais".

[6] Cf. MARTINS, Sergio Pinto. *Comentários à CLT*. 10. ed. São Paulo: Atlas, 2006. p. 43: "A prescrição, assim como a decadência, é tema de direito material e não de direito processual. O reconhecimento da prescrição gera efeitos processuais, isto é, sua operacionalização. Entretanto, trata-se de direito material, tanto que é previsto em normas que versam sobre direito material, como no Código Civil, no Código Penal, no Código Tributário, na CLT (art. 11) e não no CPC. A prescrição envolve o decurso de prazo, enquanto o processo é concernente à atividade do juízo ou das partes".

Desse modo, de acordo com o art. 487, inciso II, do CPC de 2015 e art. 269, inciso IV, do CPC de 1973, há resolução do mérito quando o órgão jurisdicional decidir sobre a ocorrência de decadência ou prescrição.

Isso explica o tratamento de certos aspectos da matéria em questão no âmbito do Código de Processo Civil, com repercussões, ainda, no Direito Processual do Trabalho (art. 769 da CLT).

34.3 Distinção entre decadência e prescrição

A doutrina mais tradicional entendia que a prescrição representava a "extinção de uma ação ajuizável (*actio nata*), em virtude da inércia continuada de seu titular durante certo lapso de tempo, na ausência de causas preclusivas de seu curso"[7].

Já a decadência, nessa visão mais antiga, referia-se à extinção do próprio direito material.

Na realidade, atualmente, entende-se que a prescrição atinge a pretensão de natureza condenatória, a ser normalmente exercida por meio da respectiva ação judicial[8].

As ações declaratórias não estão sujeitas, em princípio, à prescrição, e as ações constitutivas com prazo previsto em lei para seu ajuizamento estão sujeitas, quanto ao direito potestativo a ser exercido, à decadência[9].

Os prazos de natureza prescricional podem ser suspensos e interrompidos (uma vez, conforme art. 202, *caput*, do CC/2002), de acordo com o art. 11, § 3º, da CLT e os arts. 197 a 204 do Código Civil em vigor[10], merecendo destaque, ainda, a Súmula 268 do TST[11], o parágrafo único do art. 10 da Lei 5.889/1973 e o art. 440 da CLT[12], bem como o art. 625-G, da CLT[13].

---

[7] LEAL, Câmara. *Da prescrição e da decadência*. 3. ed. Rio de Janeiro: Forense, 1978. p. 12.

[8] Cf. NERY JUNIOR, Nelson; NERY, Rosa Maria de Andrade. *Código Civil comentado e legislação extravagante*. 3. ed. São Paulo: RT, 2005. p. 287: "Pretensão condenatória. Prescrição. Quando a pretensão de direito material a ser deduzida em juízo for exercitável por meio de ação de natureza *condenatória*, bem como as de *execução* dessas mesmas pretensões, o prazo previsto em lei para o seu exercício é de *prescrição*. Nasce a pretensão com a violação do direito e o titular pode exigir uma *prestação* do devedor" (destaques do original).

[9] Cf. AMORIM FILHO, Agnelo. Critério científico para distinguir a prescrição da decadência e identificar as ações imprescritíveis. *Revista dos Tribunais*, São Paulo, RT, v. 300, p. 7-37, out. 1960.

[10] De acordo com o art. 204, § 1º, do Código Civil de 2002, a interrupção da prescrição efetuada contra o devedor solidário envolve os demais e seus herdeiros. Aplica-se essa regra no âmbito trabalhista, por exemplo, no caso do grupo econômico (art. 2º, § 2º, da CLT), e em outras hipóteses de responsabilidade solidária, ou mesmo subsidiária (ou seja, de solidariedade com benefício de ordem).

[11] Súmula 268 do TST: "Prescrição. Interrupção. Ação trabalhista arquivada. A ação trabalhista, ainda que arquivada, interrompe a prescrição somente em relação aos pedidos idênticos" (redação determinada pela Resolução 121/2003).

[12] "Art. 440. Contra os menores de 18 (dezoito) anos não corre nenhum prazo de prescrição". Cf. MARTINS, Sergio Pinto. *Comentários à CLT*. 10. ed. São Paulo: Atlas, 2006. p. 368: "O menor a que se refere a CLT e a Lei 5.889 é o menor empregado e não o menor herdeiro, sucessor do empregado falecido, em que se aplicaria o Código Civil. É certo que o art. 196 do Código Civil declara que a prescrição iniciada contra uma pessoa continua a correr contra o seu sucessor. A prescrição só irá correr em relação aos menores de 16 anos que forem herdeiros (art. 3º, I, c/c art. 198, I, do CC)". Na jurisprudência, cf. a seguinte decisão: "Embargos anteriores à vigência da Lei n. 11.496/2007. Prescrição. Herdeiro menor. 1. O art. 169, I, do Código Civil anterior, em vigor à época da propositura da ação, disciplinava que não corre prescrição contra os incapazes de que trata o art. 5º do mesmo Diploma (os menores de 16 anos). Esse dispositivo é plenamente aplicável no âmbito trabalhista, como tem reconhecido a jurisprudência desta Eg. Corte Superior. 2. À época do falecimento do ex-empregado da Reclamada, em 27 de agosto de 1999, sua filha herdeira Marcela Machado Junqueira, nascida em 28 de outubro de 1984, tinha 14 anos. Assim, diante da causa impeditiva da prescrição (menoridade art. 169, I, CCB), a contagem do prazo prescricional não havia se iniciado. 3. Como a ação foi proposta em 18 de fevereiro de 2000, quando a herdeira ainda era menor de 16 anos, não há prescrição a ser decretada relativamente a ela" (TST, SBDI-I, E-ED-RR 61349/2002-900-04-00, Rel. Min. Maria Cristina Irigoyen Peduzzi, *DJ* 30.04.2009).

[13] "Art. 625-G. O prazo prescricional será suspenso a partir da provocação da Comissão de Conciliação Prévia, recomeçando a fluir, pelo que lhe resta, a partir da tentativa frustrada de conciliação ou do esgotamento do prazo previsto no art. 625-F".

Segundo dispõe a Orientação Jurisprudencial 392 da SBDI-I do TST: "Prescrição. Interrupção. Ajuizamento de protesto judicial. Marco inicial. O protesto judicial é medida aplicável no processo do trabalho, por força do art. 769 da CLT e do art. 15 do CPC de 2015. O ajuizamento da ação, por si só, interrompe o prazo prescricional, em razão da inaplicabilidade do § 2º do art. 240 do CPC de 2015 (§ 2º do art. 219 do CPC de 1973), incompatível com o disposto no art. 841 da CLT".

Conforme o art. 11, § 3º, da CLT, a interrupção da prescrição somente ocorrerá pelo ajuizamento de reclamação trabalhista, mesmo que em juízo incompetente, ainda que venha a ser extinta sem resolução do mérito, produzindo efeitos apenas em relação aos pedidos idênticos.

Ainda assim, pode-se dizer que o protesto ajuizado na Justiça do Trabalho não deixa de ser uma ação trabalhista em sentido amplo.

Além disso, de acordo com a Orientação Jurisprudencial 359 da SBDI-I do TST: "Substituição processual. Sindicato. Legitimidade. Prescrição. Interrupção. A ação movida por sindicato, na qualidade de substituto processual, interrompe a prescrição, ainda que tenha sido considerado parte ilegítima 'ad causam'" (*DJ* 14.03.2008).

Cabe registrar, ainda, que o Enunciado 47, aprovado na "1ª Jornada de Direito Material e Processual na Justiça do Trabalho", ocorrida no TST, em Brasília, em 23.11.2007, assim prevê: "Acidente do trabalho. Prescrição. Suspensão do contrato de trabalho. Não corre prescrição nas ações indenizatórias nas hipóteses de suspensão e/ou interrupção do contrato de trabalho decorrentes de acidentes do trabalho".

No entanto, pode-se entender diversamente, uma vez que a previsão do art. 199, inciso I, do Código Civil de 2002 apenas se refere à hipótese em que o próprio direito subjetivo esteja pendente de condição suspensiva, a qual é definida como a cláusula que, derivando exclusivamente da vontade das partes, subordina o efeito do negócio jurídico a evento futuro e incerto (art. 121 do CC/2002). Isso não se verifica na suspensão ou interrupção do contrato de trabalho, decorrente de acidente do trabalho, pois o direito subjetivo, pertinente à respectiva indenização, não se encontra sujeito a qualquer evento futuro e incerto (condição suspensiva), até porque já existe desde a lesão ao direito do trabalhador acidentado, podendo ser prontamente postulado em juízo. Nesse sentido pode ser mencionada a seguinte decisão:

> "Embargos. Auxílio-doença. Suspensão do prazo prescricional. Suspenso o contrato de trabalho, em virtude de o empregado haver sido acometido de doença profissional, com percepção de auxílio-doença, não se pode afirmar que ocorra, igualmente, a suspensão do fluxo prescricional, porque esta hipótese não está contemplada no art. 199 do Código Civil, como causa interruptiva ou suspensiva do instituto prescricional. O referido preceito legal não comporta interpretação extensiva ou analógica para a inclusão de outras causas de suspensão não previstas pelo legislador ordinário, sob pena de ofensa ao princípio da segurança jurídica. Embargos conhecidos e providos" (TST, SBDI-I, E-RR 3319/1999-070-02-00.0, Carlos Alberto Reis de Paula, *DJ* 27.04.2007).

A respeito do tema, cabe destacar a Orientação Jurisprudencial 375 da SBDI-I do TST, ao assim dispor: "Auxílio-doença. Aposentadoria por invalidez. Suspensão do contrato de trabalho. Prescrição. Contagem. A suspensão do contrato de trabalho, em virtude da percepção do auxílio-doença ou da aposentadoria por invalidez, não impede a fluência da prescrição quinquenal, ressalvada a hipótese de absoluta impossibilidade de acesso ao Judiciário".

Já os prazos decadenciais, em regra, não estão sujeitos à suspensão e à interrupção (art. 207 do CC/2002)[14]. Apenas na hipótese do art. 208 do Código Civil de 2002 é que se aplica, ao prazo decadencial, a previsão do art. 198, inciso I, do mesmo diploma legal. Desse modo, no caso do menor de

---

[14] "Art. 207. Salvo disposição legal em contrário, não se aplicam à decadência as normas que impedem, suspendem ou interrompem a prescrição".

16 anos (art. 3º do CC/2002), eventual prazo decadencial não se inicia, só começando a correr ao completar 16 anos.

Reconhece-se como de natureza decadencial o prazo de 30 dias (art. 853 da CLT) para o ajuizamento da ação de inquérito para apuração de falta grave, na hipótese em que o empregado titular da estabilidade foi suspenso na forma do art. 494 da CLT[15]. Tem-se, no caso, ação judicial de natureza constitutiva negativa, pois o objeto é a cessação do contrato de trabalho do referido empregado titular da estabilidade específica. Nesse sentido prevê a Súmula 403 do STF: "É de decadência o prazo de 30 (trinta) dias para instauração do inquérito judicial, a contar da suspensão, por falta grave, de empregado estável".

A natureza decadencial também se faz presente no prazo de dois anos (a contar do trânsito em julgado da última decisão proferida no processo) para o ajuizamento de ação rescisória (art. 975 do CPC de 2015 e art. 495 do CPC de 1973, c/c art. 836 da CLT), até porque visa a desconstituir a coisa julgada material[16]. Nesse sentido prevê a Súmula 100 do TST[17].

Frise-se, ainda, que a Lei 12.016/2009, no art. 23, assim prevê: "O direito de requerer mandado de segurança extinguir-se-á decorridos 120 (cento e vinte) dias contados da ciência, pelo interessado, do ato impugnado". Sobre essa questão, a Súmula 632 do STF assim pontifica: "É constitucional lei que fixa o prazo de decadência para a impetração de mandado de segurança".

A Lei 14.010/2020 institui normas de caráter transitório e emergencial para a regulação de relações jurídicas de Direito Privado em virtude da pandemia do coronavírus (covid-19).

Nos termos do art. 3º da Lei 14.010/2020, os prazos prescricionais consideram-se impedidos ou suspensos, conforme o caso, a partir da entrada em vigor da Lei 14.010/2020 (12.06.2020) até 30 de outubro de 2020.

---

[15] Cf. Súmula 62 do TST: "Abandono de emprego. O prazo de decadência do direito do empregador de ajuizar inquérito em face do empregado que incorre em abandono de emprego é contado a partir do momento em que o empregado pretendeu seu retorno ao serviço (RA 105/1974, *DJ* 24.10.1974)".

[16] Cf. GARCIA, Gustavo Filipe Barbosa. *Coisa julgada*: novos enfoques no direito processual, na jurisdição metaindividual e nos dissídios coletivos. São Paulo: Método, 2007. p. 41-54.

[17] Súmula 100 do TST: "Ação rescisória. Decadência (incorporadas as Orientações Jurisprudenciais 13, 16, 79, 102, 104, 122 e 145 da SDI-II – Res. 137/2005 – *DJ* 22.08.2005). I – O prazo de decadência, na ação rescisória, conta-se do dia imediatamente subsequente ao trânsito em julgado da última decisão proferida na causa, seja de mérito ou não (ex-Súmula 100 – Res. 109/2001, *DJ* 18.04.2001). II – Havendo recurso parcial no processo principal, o trânsito em julgado dá-se em momentos e em tribunais diferentes, contando-se o prazo decadencial para a ação rescisória do trânsito em julgado de cada decisão, salvo se o recurso tratar de preliminar ou prejudicial que possa tornar insubsistente a decisão recorrida, hipótese em que flui a decadência a partir do trânsito em julgado da decisão que julgar o recurso parcial (ex-Súmula 100 – Res. 109/2001, *DJ* 18.04.2001). III – Salvo se houver dúvida razoável, a interposição de recurso intempestivo ou a interposição de recurso incabível não protrai o termo inicial do prazo decadencial (ex-Súmula 100 – Res. 109/2001, *DJ* 18.04.2001). IV – O juízo rescindente não está adstrito à certidão de trânsito em julgado juntada com a ação rescisória, podendo formar sua convicção através de outros elementos dos autos quanto à antecipação ou postergação do 'dies a quo' do prazo decadencial (ex-OJ 102 – *DJ* 29.04.2003). V – O acordo homologado judicialmente tem força de decisão irrecorrível, na forma do art. 831 da CLT. Assim sendo, o termo conciliatório transita em julgado na data da sua homologação judicial (ex-OJ 104 – *DJ* 29.04.2003). VI – Na hipótese de colusão das partes, o prazo decadencial da ação rescisória somente começa a fluir para o Ministério Público, que não interveio no processo principal, a partir do momento em que tem ciência da fraude (ex-OJ 122 – *DJ* 11.08.2003). VII – Não ofende o princípio do duplo grau de jurisdição a decisão do TST que, após afastar a decadência em sede de recurso ordinário, aprecia desde logo a lide, se a causa versar questão exclusivamente de direito e estiver em condições de imediato julgamento (ex-OJ 79 – inserida em 13.03.2002). VIII – A exceção de incompetência, ainda que oposta no prazo recursal, sem ter sido aviado o recurso próprio, não tem o condão de afastar a consumação da coisa julgada e, assim, postergar o termo inicial do prazo decadencial para a ação rescisória (ex-OJ 16 – inserida em 20.09.2000). IX – Prorroga-se até o primeiro dia útil, imediatamente subsequente, o prazo decadencial para ajuizamento de ação rescisória quando expira em férias forenses, feriados, finais de semana ou dia em que não houver expediente forense. Aplicação do art. 775 da CLT (ex-OJ 13 – inserida em 20.09.2000). X – Conta-se o prazo decadencial da ação rescisória, após o decurso do prazo legal previsto para a interposição do recurso extraordinário, apenas quando esgotadas todas as vias recursais ordinárias (ex-OJ 145 – *DJ* 10.11.2004)".

O art. 3º da Lei 14.010/2020 não se aplica enquanto perdurarem as hipóteses específicas de impedimento, suspensão e interrupção dos prazos prescricionais previstas no ordenamento jurídico nacional (art. 3º, § 1º, da Lei 14.010/2020).

O art. 3º da Lei 14.010/2020 aplica-se à decadência, conforme ressalva prevista no art. 207 do Código Civil (art. 3º, § 2º, da Lei 14.010/2020).

Defende-se a incidência dessas previsões legais na esfera trabalhista, com fundamento no art. 8º, § 1º, da CLT.

34.3.1 Prescrição reconhecida de ofício

Uma diferença que, tradicionalmente, sempre se fazia, era no sentido de que a decadência deve ser conhecida, pelo juiz, de ofício (quando estabelecida por lei, segundo previsão do art. 210 do CC/2002)[18], enquanto a prescrição dependia de arguição da parte (art. 166 do Código Civil de 1916 e art. 219, § 5º, do Código de Processo Civil de 1973, na redação original, anterior à Lei 11.280/2006).

O Código Civil de 2002, no art. 194, trouxe pequena alteração quanto ao tema, passando a estabelecer que: "O juiz não pode suprir, de ofício, a alegação de prescrição, salvo se favorecer a absolutamente incapaz"[19].

Assim, antes da vigência da Lei 11.280/2006, a regra era no sentido de que a prescrição *não* podia ser reconhecida, de ofício, pelo juiz, a não ser em favor do absolutamente incapaz (art. 194 do CC/2002).

No entanto, essa sistemática quanto à prescrição foi *substancialmente alterada* pela Lei 11.280/2006, ao dar nova redação ao art. 219, § 5º, do Código de Processo Civil de 1973, passando a estabelecer que: "O juiz pronunciará, de ofício, a prescrição".

O art. 487, inciso II, do CPC de 2015 e art. 269, inciso IV, do CPC de 1973, também prevê a resolução de mérito quando o órgão jurisdicional "decidir, de ofício ou a requerimento, sobre a ocorrência de decadência ou prescrição".

Afastando quaisquer dúvidas, também foi revogado, expressamente, o art. 194 do Código Civil de 2002, pelo art. 11 da Lei 11.280/2006.

Entretanto, discute-se quanto à aplicabilidade do art. 487, inciso II, do CPC de 2015 e art. 219, § 5º, do CPC de 1973, no Direito e no Processo do Trabalho.

Prevalece o entendimento de que a mencionada previsão não é compatível com os princípios do Direito do Trabalho (o qual é aplicado no processo respectivo), por representar evidente prejuízo ao titular do crédito trabalhista, beneficiando, de forma injustificada, o devedor. Além disso, a inovação seria uma medida que configura inaceitável retrocesso social, em afronta ao princípio de proteção, inerente ao âmbito trabalhista.

Desse modo, entende-se que na esfera trabalhista o juiz não é autorizado a reconhecer, de ofício, a prescrição na fase de conhecimento, por ser matéria de defesa, que deve ser arguida pelo réu. Nesse sentido, destacam-se as seguintes decisões:

"Recurso de embargos regido pela Lei n. 11.496/2007. Recurso de revista. Prescrição. Pronúncia de ofício. Impossibilidade. Incompatibilidade do art. 219, § 5º, do CPC [de 1973] com o processo do trabalho. O art. 219, § 5º, do CPC [de 1973], que possibilita a pronúncia de ofício da prescrição

---

[18] De acordo com o art. 211 do Código Civil de 2002: "*Se a decadência for convencional*, a parte a quem aproveita pode alegá-la em qualquer grau de jurisdição, mas o juiz não pode suprir a alegação" (destaquei).

[19] Cf. "Jornada III STJ 154. 'O juiz deve suprir de ofício a alegação de prescrição em favor do absolutamente incapaz'. Jornada III STJ 155. 'O art. 194 do Código Civil de 2002, ao permitir a declaração *ex officio* da prescrição de direitos patrimoniais em favor do absolutamente incapaz, derrogou o disposto no § 5º do art. 219 do CPC". In: NERY JUNIOR, Nelson; NERY, Rosa Maria de Andrade. *Código Civil comentado e legislação extravagante*. 3. ed. São Paulo: RT, 2005. p. 289.

pelo juiz, não se aplica subsidiariamente ao Processo do Trabalho, porque não se coaduna com a natureza alimentar dos créditos trabalhistas e com o princípio da proteção ao hipossuficiente. Precedentes desta Subseção Especializada. Recurso de embargos conhecido e não provido" (TST, SBDI-I, E-RR-82841-64.2004.5.10.0016, Rel. Min. Dora Maria da Costa, *DEJT* 07.03.2014).

"Recurso de embargos. Regência pela Lei n. 11.496/2007. Prescrição. Decretação de ofício. Inaplicabilidade do art. 219, § 5º, do CPC [de 1973] na esfera trabalhista. A prescrição é instituto de direito material, cuja aplicação na esfera trabalhista está condicionada às condições estabelecidas no art. 8º e parágrafo único da CLT. A disposição contida no art. 219, § 5º, do CPC [de 1973], ao determinar a decretação de ofício da prescrição, não se compatibiliza com os princípios que regem o Direito do Trabalho, notadamente o da proteção, que busca reequilibrar a disparidade de forças entre reclamante e reclamada. Precedentes desta Subseção. Recurso de embargos conhecido e desprovido" (TST, SBDI-I, E-RR-10900-71.2008.5.04.0019, Rel. Min. Luiz Philippe Vieira de Mello Filho, *DEJT* 21.02.2014).

A outra corrente (minoritária na jurisprudência) entende que estão presentes os requisitos dos arts. 8º, § 1º, e 769, da CLT[20].

Essa posição divergente defende que a possível hipossuficiência de uma das partes da relação jurídica de direito material não se restringe ao Direito do Trabalho, podendo ocorrer em outros ramos do Direito. Além disso, essa condição não é prevista, no sistema jurídico em vigor, como hipótese que afaste a incidência do art. 487, inciso II, do CPC. Logo, argumenta-se que o reconhecimento da inexigibilidade do direito, pelo juiz, de ofício, deve ocorrer da mesma forma que a sua extinção por outro fundamento, como a quitação demonstrada nos autos.

Há entendimento no sentido de que a previsão do reconhecimento da prescrição de ofício decorreria do intuito de se alcançarem maior economia e celeridade processual, pondo fim ao processo em que a pretensão é claramente inexigível, por já ter se consumado a prescrição[21].

De modo semelhante, a Lei 11.051, de 29 de dezembro de 2004, acrescentou o § 4º ao art. 40 da Lei 6.830/1980 (Lei de Execução Fiscal), passando a estabelecer que, se "da decisão que ordenar o arquivamento tiver decorrido o prazo prescricional, o juiz, depois de ouvida a Fazenda Pública, poderá, de ofício, reconhecer a prescrição intercorrente e decretá-la de imediato".

A Súmula 409 do STJ assim estabelece: "Em execução fiscal, a prescrição ocorrida antes da propositura da ação pode ser decretada de ofício (art. 219, § 5º, do CPC [de 1973])".

Com a Emenda Constitucional 45/2004, a Justiça do Trabalho passou a ter competência para processar e julgar: "as ações relativas às penalidades administrativas impostas aos empregadores pelos órgãos de fiscalização das relações de trabalho" (art. 114, inciso VII, da CF/1988). Assim, pode-

---

[20] Cf. GARCIA, Gustavo Filipe Barbosa. *Novidades sobre a prescrição trabalhista*. São Paulo: Método, 2006. Cf. ainda, entre outros, MARTINS, Sergio Pinto. Declaração de ofício da prescrição pelo juiz. *Revista IOB Trabalhista e Previdenciária*, São Paulo, IOB Thomson, ano XVII, n. 206, p. 7-12; PINTO, José Augusto Rodrigues. Reconhecimento ex officio da prescrição e processo do trabalho. *Revista LTr*, São Paulo, LTr, ano 70, n. 4, p. 391-395, abr. 2006; OLIVEIRA, Sebastião Geraldo de. Indenização por acidente do trabalho ou doença ocupacional. 2. ed. São Paulo: LTr, 2006. p. 341-342; MALLET, Estevão. O processo do trabalho e as recentes modificações do Código de Processo Civil. *Revista Magister de Direito Trabalhista e Previdenciário*, Porto Alegre, Magister, ano II, n. 11, p. 96, mar.-abr. 2006; CHAVES, Luciano Athayde. *A recente reforma no processo comum e seus reflexos no direito judiciário do trabalho*. 3. ed. São Paulo: LTr, 2007. p. 132-134; LEITE, Carlos Henrique Bezerra. *Curso de direito processual do trabalho*. 6. ed. São Paulo: LTr, 2008. p. 529; SARAIVA, Renato. *Curso de direito processual do trabalho*. 5. ed. São Paulo: Método, 2008. p. 341; TEIXEIRA FILHO, Manoel Antonio. As novas leis alterantes do processo civil e sua repercussão no processo do trabalho. *Revista LTr*, São Paulo, LTr, ano 70, n. 03, p. 298, mar. 2006.

[21] Cf. CALMON DE PASSOS, José Joaquim. *Comentários ao Código de Processo Civil*. 8. ed. Rio de Janeiro: Forense, 1998. v. 3, p. 424: "Se o direito do autor não mais existe, por força do decurso do tempo (decadência), ou se, pela mesma razão deixou de ser exigível (prescrição), prosseguir no feito será pura perda de tempo para nada. Ao juiz cumpre, portanto, de logo, decretar a extinção do processo, eliminada qualquer posterior instrução".

-se entender incluída nessa competência a própria execução fiscal, para cobrança das referidas penalidades, tendo em vista a sua natureza de ação[22].

De todo modo, não se pode confundir, na execução, a sua suspensão com o arquivamento dos autos, tendo em vista a aplicação da Lei de Execução Fiscal. Assim, deve ficar claro que o prazo de prescrição (no caso, intercorrente) não corre enquanto suspenso o curso da execução (art. 40, *caput*, da Lei 6.830/1980)[23]; decorrido o prazo máximo de um ano dessa suspensão, caso persista a não localização do devedor, nem se encontrem bens penhoráveis, o juiz deve ordenar o arquivamento dos autos (art. 40, § 2º)[24]. A partir dessa decisão de arquivamento, passa a ser possível o início do prazo prescricional (intercorrente)[25], como previsto, expressamente, no já mencionado § 4º do art. 40 da Lei 6.830/1980[26].

Não obstante, como existem casos que impedem, suspendem e interrompem a prescrição (art. 11, § 3º, da CLT e arts. 197 a 204 do Código Civil de 2002), é adequado que o juiz, antes de decretar *liminarmente* a prescrição, *proceda à oitiva das partes sobre a matéria*.

Além disso, essa manifestação prévia do autor pode servir para esclarecer quanto a eventual *renúncia da prescrição* pelo alegado devedor, o que pode ter ocorrido expressa ou tacitamente, conforme o art. 191 do Código Civil de 2002[27].

Essa cautela é expressamente prevista no mencionado art. 40, § 4º, da Lei 6.830/1980, acrescentado pela Lei 11.051/2004, que pode ser interpretado, extensivamente, para as outras modalidades de ação. Assim ocorrendo, possibilita-se que o autor se manifeste a respeito da prescrição, demonstrando, por exemplo, a sua interrupção, tornando a pretensão ainda exigível.

De todo modo, como já mencionado, prevalece o entendimento de que na esfera trabalhista o juiz não pode reconhecer, de ofício, a prescrição na fase de conhecimento, por ser matéria de defesa, que deve ser arguida pelo réu na instância ordinária[28].

Sendo assim, no âmbito trabalhista, entende-se que o juiz pode julgar liminarmente improcedente o pedido se verificar, desde logo, a ocorrência de decadência (art. 7º, parágrafo único, da Instrução Normativa 39/2016 do TST), mas não de prescrição.

---

[22] Cf. MALLET, Estêvão. Apontamentos sobre a competência da Justiça do Trabalho após a Emenda Constitucional n. 45. In: COUTINHO, Grijalbo Fernandes; FAVA, Marcos Neves (Coord.). *Justiça do trabalho*: competência ampliada. São Paulo: LTr, 2005. p. 86: "Mais uma vez a finalidade da nova hipótese de competência leva a afirmar-se que a própria execução fiscal das multas e dos valores deve ser feita perante a Justiça do Trabalho, admitindo-se a discussão da legalidade do lançamento em embargos do executado. Não fosse assim, processando-se a execução perante a Justiça Federal, não haveria como impugnar o lançamento na Justiça do Trabalho".
[23] "Art. 40. O juiz suspenderá o curso da execução, enquanto não for localizado o devedor ou encontrados bens sobre os quais possa recair a penhora, e, nesses casos, não correrá o prazo de prescrição. § 1º Suspenso o curso da execução, será aberta vista dos autos ao representante judicial da Fazenda Pública".
[24] "§ 2º Decorrido o prazo máximo de 1 (um) ano, sem que seja localizado o devedor ou encontrados bens penhoráveis, o juiz ordenará o arquivamento dos autos. § 3º Encontrados que sejam, a qualquer tempo, o devedor ou os bens, serão desarquivados os autos para prosseguimento da execução".
[25] Cf. Súmula 314 do STJ: "Em execução fiscal, não localizados bens penhoráveis, suspende-se o processo por um ano, findo o qual se inicia o prazo da prescrição quinquenal intercorrente".
[26] "Agravo de instrumento em recurso de revista. Execução fiscal. Multa administrativa. Prescrição intercorrente. O Tribunal *a quo* manteve a sentença que pronunciou a prescrição intercorrente, consignando que o feito ficou paralisado por mais de 5 anos, sem que a exequente indicasse qualquer meio de prosseguimento da execução, ressaltando que a suspensão do feito se deu em atendimento ao pedido formulado pela própria União, nos moldes previstos no art. 40 da Lei n. 6.830/80. Assim, resta irremediavelmente prescrita a pretensão executiva. Não se vislumbra, pois, ofensa aos dispositivos invocados, uma vez que foram cumpridas as disposições neles contidas. Agravo de instrumento conhecido e não provido" (TST, 8ª T., AIRR 3900-68.2005.5.05.0028, Rel. Min. Dora Maria da Costa, *DEJT* 11.03.2016).
[27] "Art. 191. A renúncia da prescrição pode ser expressa ou tácita, e só valerá, sendo feita, sem prejuízo de terceiro, depois que a prescrição se consumar; tácita é a renúncia quando se presume de fatos do interessado, incompatíveis com a prescrição". Cf. MONTEIRO, Washington de Barros. *Curso de direito civil*: parte geral. 40. ed. rev. e atual por Ana Cristina de Barros Monteiro França Pinto. São Paulo: Saraiva, 2005. v. 1, p. 343-344.
[28] Cf. Súmula 153 do TST: "Prescrição. Não se conhece de prescrição não arguida na instância ordinária".

O art. 11-A da CLT dispõe que ocorre a *prescrição intercorrente* no processo do trabalho no prazo de dois anos.

Adota-se o prazo bienal no caso da prescrição intercorrente, independentemente de o contrato de trabalho estar extinto ou não. Cabe registrar que o art. 7º, inciso XXIX, da Constituição da República não trata especificamente de prescrição intercorrente.

Na esfera cível, a prescrição intercorrente observará o mesmo prazo de prescrição da pretensão, observadas as causas de impedimento, de suspensão e de interrupção da prescrição previstas no Código Civil e observado o disposto no art. 921 do Código de Processo Civil (art. 206-A do Código Civil, com redação dada pela Lei 14.382/2022).

A fluência do prazo prescricional intercorrente inicia-se quando o exequente deixa de cumprir determinação judicial no curso da execução (art. 11-A, § 1º, da CLT).

O fluxo da prescrição intercorrente conta-se a partir do descumprimento da determinação judicial a que alude o § 1º do art. 11-A da CLT, desde que feita após 11 de novembro de 2017, por ser a data da entrada em vigor da Lei 13.467/2017 (art. 2º da Instrução Normativa 41/2018 do TST).

A declaração da prescrição intercorrente pode ser requerida ou declarada de ofício em qualquer grau de jurisdição (art. 11-A, § 2º, da CLT).

Foi adotada a posição da Súmula 327 do STF, com a seguinte redação: "O direito trabalhista admite a prescrição intercorrente".

Deixa de prevalecer, assim, o entendimento firmado na Súmula 114 do TST, a qual previa ser "inaplicável na Justiça do Trabalho a prescrição intercorrente".

Desse modo, extingue-se a execução quando ocorrer a prescrição intercorrente (art. 924, inciso V, do CPC). A extinção só produz efeito quando declarada por sentença (art. 925 do CPC).

No caso da prescrição intercorrente, a sua declaração pode decorrer de requerimento da parte ou ser feita de ofício pelo juiz.

A prescrição intercorrente prevista no art. 11-A da CLT somente deve ser reconhecida após expressa intimação do exequente para cumprimento de determinação judicial no curso da execução (art. 1º da Recomendação 3/2018 da Corregedoria-Geral da Justiça do Trabalho).

O juiz ou relator deve indicar, com precisão, qual a determinação deve ser cumprida pelo exequente, com expressa cominação das consequências do descumprimento (art. 2º da Recomendação 3/2018 da Corregedoria-Geral da Justiça do Trabalho).

Antes de decidir sobre a ocorrência da prescrição intercorrente, o juiz ou o relator deve conceder prazo à parte interessada para se manifestar sobre o tema, nos termos dos arts. 9º, 10 e 921, § 5º, do Código de Processo Civil (art. 4º da Recomendação 3/2018 da Corregedoria-Geral da Justiça do Trabalho).

Não correrá o prazo de prescrição intercorrente nas hipóteses em que não for localizado o devedor ou encontrados bens sobre os quais possa recair a penhora, devendo o juiz, nesses casos, suspender o processo (art. 40 da Lei 6.830/1980). Nessa hipótese, os autos podem ser remetidos ao arquivo provisório, assegurando-se ao credor o desarquivamento oportuno com vistas a dar seguimento à execução (art. 40, § 3º, da Lei 6.830/1980). Decidindo o juízo da execução pelo arquivamento definitivo do feito, deve expedir certidão de crédito trabalhista, sem extinção da execução. Não se determinará o arquivamento dos autos, provisório ou definitivo, antes da realização dos atos de pesquisa patrimonial, com uso dos sistemas eletrônicos disponíveis aos órgãos do Poder Judiciário, e da desconsideração da personalidade jurídica da sociedade reclamada, quando pertinente. Antes do arquivamento, provisório ou definitivo, o juízo da execução determinará a inclusão do nome do(s) executado(s) no Banco Nacional dos Devedores Trabalhistas (BNDT) e nos cadastros de inadimplentes, e promoverá o protesto extrajudicial da decisão judicial, observado o disposto no art. 883-A da CLT. Uma vez incluído(s) o(s) nome(s) do(s) executado(s) no BNDT e nos cadastros de inadimplentes, sua exclusão só ocorrerá em caso de extinção da execução (art. 5º da Recomendação 3/2018 da Corregedoria-Geral da Justiça do Trabalho).

Reconhecida a prescrição intercorrente, deve ser promovida a extinção da execução, consoante dispõe o art. 924, inciso V, do CPC (art. 6º da Recomendação 3/2018 da Corregedoria-Geral da Justiça do Trabalho).

O juiz deve, de ofício, conhecer da decadência, quando estabelecida em lei (art. 210 do Código Civil de 2002).

34.4 Prescrição no Direito do Trabalho

O art. 7º, inciso XXIX, da Constituição da República, com redação determinada pela Emenda Constitucional 28/2000, assim estabelece:

> "ação, quanto aos créditos resultantes das relações de trabalho, com prazo prescricional de cinco anos para os trabalhadores urbanos e rurais, até o limite de dois anos após a extinção do contrato de trabalho".

Tendo em vista o princípio da *actio nata*, violado o direito trabalhista, o empregado (urbano ou rural) terá cinco anos para exigir o seu direito material subjetivo. No entanto, se extinto o contrato de trabalho, o prazo prescricional é de dois anos[29]. Decorrido este biênio, há prescrição total da pretensão quanto a quaisquer direitos decorrentes do contrato de trabalho extinto.

Efetivamente, como explicita a Súmula 308 do TST:

> "Prescrição quinquenal. I – Respeitado o biênio subsequente à cessação contratual, a prescrição da ação trabalhista concerne às pretensões imediatamente anteriores a cinco anos, contados da data do ajuizamento da reclamação e, não, às anteriores ao quinquênio da data da extinção do contrato. II – A norma constitucional que ampliou o prazo de prescrição da ação trabalhista para 5 (cinco) anos é de aplicação imediata e não atinge pretensões já alcançadas pela prescrição bienal quando da promulgação da CF/1988".

Cabe esclarecer que se o aviso prévio foi indenizado, como o seu período deve sempre integrar o tempo de serviço do empregado (art. 487, § 1º, da CLT), o biênio prescricional somente se inicia a partir do término da sua projeção no contrato de trabalho.

Nesse sentido, conforme a Orientação Jurisprudencial 83 da SBDI-I do TST: "Aviso prévio. Indenizado. Prescrição. A prescrição começa a fluir no final da data do término do aviso prévio. Art. 487, § 1º, da CLT".

Quanto ao prazo de prescrição referente ao Fundo de Garantia do Tempo de Serviço, devem ser aplicadas, harmonicamente, as Súmulas 206 e 362 do TST, como já analisado no Capítulo referente ao FGTS, ao qual se faz remissão, para evitar a repetição de matéria.

Na relação de emprego doméstico, o direito de ação quanto a créditos resultantes das relações de trabalho também *prescreve* em cinco anos até o limite de dois anos após a extinção do contrato de trabalho, conforme art. 43 da Lei Complementar 150/2015, que dispõe sobre o contrato de trabalho doméstico.

---

[29] Tratando de caso específico, em que ajuizada ação declaratória, por exemplo, relativa a reconhecimento do vínculo de emprego, com posterior ajuizamento de ação condenatória referente à mesma relação de emprego objeto da ação declaratória, cabe fazer menção à Orientação Jurisprudencial 401 da SBDI-I do TST: "Prescrição. Marco inicial. Ação condenatória. Trânsito em julgado da ação declaratória com mesma causa de pedir remota ajuizada antes da extinção do contrato de trabalho. O marco inicial da contagem do prazo prescricional para o ajuizamento de ação condenatória, quando advém a dispensa do empregado no curso de ação declaratória que possua a mesma causa de pedir remota, é o trânsito em julgado da decisão proferida na ação declaratória e não a data da extinção do contrato de trabalho". Esse entendimento, adotado pelo TST, certamente decorre do fato de que, enquanto não transitada em julgado a decisão na ação declaratória, não há certeza jurídica quanto à própria existência do contrato de trabalho, para que se pudesse iniciar o prazo prescricional bienal.

Cabe verificar, ainda, a prescrição quanto ao trabalhador avulso.

Como já estudado (Capítulo 10), o trabalhador avulso se caracteriza por prestar serviços a diversas empresas (sem fixação a uma única fonte tomadora), com a intermediação do sindicato ou do Órgão de Gestão de Mão de Obra (trabalhador avulso portuário). A Constituição Federal de 1988 assegura a igualdade de direitos entre o trabalhador com vínculo empregatício permanente e o trabalhador avulso (art. 7º, inciso XXXIV, da CF/1988).

Assim, como o trabalhador avulso não se fixa a uma única fonte tomadora do serviço, discute-se a respeito do prazo prescricional a ser aplicado.

A Lei 12.815/2013, no art. 37, § 4º, assim dispõe: "As ações relativas aos créditos decorrentes da relação de trabalho avulso prescrevem em 5 (cinco) anos até o limite de 2 (dois) anos após o cancelamento do registro ou do cadastro no órgão gestor de mão de obra".

Na jurisprudência do TST, destaca-se o seguinte julgado:

"Trabalhador portuário avulso. Prescrição quinquenal. A prescrição bienal a que alude o art. 7º, XXIX, da CF tem aplicação ao trabalhador avulso somente quando houver o descredenciamento do trabalhador do órgão Gestor de Mão de Obra. Em caso contrário, permanece a aplicação da prescrição quinquenal, em razão do liame contínuo que se estabelece entre o trabalhador portuário e OGMO. Ressalva de entendimento deste relator. Recurso de revista conhecido e não provido" (TST, 6ª T., RR 458-57.2012.5.09.0022, Rel. Min. Aloysio Corrêa da Veiga, *DEJT* 02.05.2014).

O Supremo Tribunal Federal decidiu que é constitucional o mencionado art. 37, § 4º, da Lei 12.815/2013, inclusive quanto ao início do prazo prescricional bienal na relação de trabalho portuário avulso, em razão de suas particularidades e condições próprias (STF, Pleno, ADI 5.132/DF, Red. p/ ac. Min. Edson Fachin, j. 29.03.2021).

O art. 11 da CLT, com redação dada pela Lei 13.467/2017, dispõe que a pretensão quanto a créditos resultantes das relações de trabalho prescreve em cinco anos para os trabalhadores urbanos e rurais, até o limite de dois anos após a extinção do contrato de trabalho.

Trata-se de previsão com o mesmo conteúdo da norma constitucional que trata dos prazos prescricionais na esfera trabalhista, apenas com a adequação formal de redação.

34.5 Prescrição na relação jurídica de emprego

Como já estudado, o contrato de trabalho caracteriza-se como de trato sucessivo. Isso significa que a relação de emprego é continuada. O vínculo empregatício, portanto, existe e produz efeitos ao longo do tempo, com a execução de suas prestações de forma sucessiva.

Em razão disso, podem ocorrer situações em que a lesão de direito se repete e atinge prestações periódicas, não se restringindo a uma única prestação.

Cabe imaginar a hipótese de enquadramento incorreto do empregado, sem a devida observância de quadro de carreira da empresa, em seu prejuízo.

A violação do direito, relativa ao enquadramento irregular, não gera simplesmente a pretensão de sua correção (novo enquadramento), mas também a possibilidade de se postular prestações decorrentes daquele ato inicial (por exemplo, diferenças salariais), como forma de reparação dos prejuízos advindos do ato ilícito.

Assim, deve ser analisada a aplicação da prescrição trabalhista nas hipóteses de prestações sucessivas, decorrentes de violação originária de direito.

Para isso, a questão do ato único do empregador será de grande relevância, frisando-se que a análise terá cunho não apenas teórico, mas também prático, para o que merecerá destaque a atual orientação da jurisprudência, mais especificamente do Tribunal Superior do Trabalho.

34.5.1 Prescrição total no Direito do Trabalho

É comum a classificação da prescrição em total e parcial, inclusive quanto aos créditos trabalhistas. Primeiramente, deve-se precisar o que se entende por prescrição total.

No âmbito trabalhista, observam-se dois prazos prescricionais distintos.

O bienal é contado da extinção da relação de emprego (art. 7º, inciso XXIX, parte final, da CF/1988), sendo a prescrição total por excelência. Após esses dois anos, estão atingidas pela prescrição todas as pretensões relativas ao extinto pacto laboral[30].

A prescrição quinquenal, por sua vez, tem aplicabilidade para lesões de direito ocorridas durante a vigência do contrato de trabalho (art. 7º, inciso XXIX, da CF/1988).

Deve-se ressaltar que, mesmo já em curso o prazo de prescrição quinquenal, cessado o vínculo de emprego, tem início o biênio prescricional, com o que ambos os prazos deverão ser observados para se poder exigir a satisfação do direito.

Embora a prescrição bienal, contada do término do pacto laboral, seja, por sua própria natureza, total (pois fulmina todas as pretensões relativas ao vínculo de emprego já cessado), nem toda prescrição total é bienal.

Efetivamente, há situações em que incide a prescrição quinquenal, porém nuclear.

Em outras palavras, a prescrição quinquenal pode ser parcial ou total. A primeira é a mais comum, e vem prevista, por exemplo, na Súmula 6, inciso IX, do TST.

Assim, nas demandas de equiparação salarial, a prescrição só alcança as diferenças salariais vencidas no período anterior aos cinco anos[31] que precederam o ajuizamento da ação[32]. Isso, obviamente, se o prazo prescricional de dois anos, contados da extinção do contrato de trabalho, tiver sido observado (art. 7º, inciso XXIX, parte final, da CF/1988).

No exemplo acima, como se nota, a pretensão refere-se a prestações sucessivas, sendo a prescrição quinquenal e parcial.

Cabe verificar quando opera a prescrição quinquenal e total.

34.5.2 Prescrição quinquenal parcial e total

Conforme o art. 11, § 2º, da CLT, acrescentado pela Lei 13.467/2017, tratando-se de pretensão que envolva pedido de prestações sucessivas decorrente de *alteração ou descumprimento do pactuado*, a prescrição é total, exceto quando o direito à parcela esteja também assegurado por preceito de lei.

Frise-se que se o contrato de trabalho estiver em vigor quando da alteração ou descumprimento do pactuado, somente corre o prazo prescricional quinquenal, nos termos do art. 7º, inciso XXIX, primeira parte, da Constituição Federal de 1988.

Tratando-se de prestação sucessiva em que o direito à parcela não é assegurado por preceito de lei, após o decurso de cinco anos contados da alteração ou descumprimento do pactuado (lesão do direito), consuma-se a prescrição total, embora quinquenal.

Evidentemente, caso o contrato de trabalho se extinga, mas antes dos cinco anos (contados da violação do direito, ou seja, da alteração ou descumprimento do pactuado) transcorra a prescrição bienal, também total, esta faz com que a prescrição quinquenal fique prejudicada.

---

[30] Cf. Súmula 382 do TST (conversão da Orientação Jurisprudencial 128 da SBDI-I, conforme Resolução 129/2005): "Mudança de regime celetista para estatutário. Extinção do contrato. Prescrição bienal. A transferência do regime jurídico de celetista para estatutário implica extinção do contrato de trabalho, fluindo o prazo da prescrição bienal a partir da mudança de regime".

[31] Cf. DELGADO, Mauricio Godinho. *Curso de direito do trabalho*. 4. ed. São Paulo: LTr, 2005. p. 275.

[32] Cf. Súmula 308, inciso I, do TST: "Prescrição quinquenal I. Respeitado o biênio subsequente à cessação contratual, a prescrição da ação trabalhista concerne às pretensões imediatamente anteriores a cinco anos, contados da data do ajuizamento da reclamação e, não, às anteriores ao quinquênio da data da extinção do contrato".

A respeito do tema, segundo a Súmula 294 do TST:

"Prescrição. Alteração contratual. Trabalhador urbano. Tratando-se de ação que envolva pedido de prestações sucessivas decorrente de alteração do pactuado, a prescrição é total, exceto quando o direito à parcela esteja também assegurado por preceito de lei".

Como se pode notar, nas pretensões decorrentes do contrato de trabalho relativas a *prestações sucessivas*, o mesmo critério adotado pela jurisprudência quanto à *alteração do pactuado* foi estendido também para o seu *descumprimento* para fins de prescrição.

Vale dizer, se o direito postulado estiver assegurado em dispositivo de lei, a prescrição é parcial, ou seja, renova-se periodicamente. Caso contrário, a prescrição é total, extinguindo-se por completo a pretensão.

Em harmonia com o exposto, assim dispõe a Orientação Jurisprudencial 175 da SBDI-I do TST:

"Comissões. Alteração ou supressão. Prescrição total. A supressão das comissões, ou a alteração quanto à forma ou ao percentual, em prejuízo do empregado, é suscetível de operar a prescrição total da ação, nos termos da Súmula n. 294 do TST, em virtude de cuidar-se de parcela não assegurada por preceito de lei".

Adotando o mesmo entendimento, em consonância com a Súmula 199, especialmente em seu inciso II, do TST:

"Bancário. Pré-contratação de horas extras.

I – A contratação do serviço suplementar, quando da admissão do trabalhador bancário, é nula. Os valores assim ajustados apenas remuneram a jornada normal, sendo devidas as horas extras com o adicional de, no mínimo, 50% (cinquenta por cento), as quais não configuram pré-contratação, se pactuadas após a admissão do bancário.

II – Em se tratando de horas extras pré-contratadas, opera-se a prescrição total se a ação não for ajuizada no prazo de cinco anos, a partir da data em que foram suprimidas".

Da mesma forma, conforme a Orientação Jurisprudencial 76 da SBDI-I do TST:

"Substituição dos avanços trienais por quinquênios. Alteração do contrato de trabalho. Prescrição total. CEEE. A alteração contratual consubstanciada na substituição dos avanços trienais por quinquênios decorre de ato único do empregador, momento em que começa a fluir o prazo fatal de prescrição".

Na mesma linha, cabe fazer referência à Orientação Jurisprudencial 242 da SBDI-I do TST, com a seguinte redação:

"Prescrição total. Horas extras. Adicional. Incorporação. Embora haja previsão legal para o direito à hora extra, inexiste previsão para a incorporação ao salário do respectivo adicional, razão pela qual deve incidir a prescrição total".

Segundo explicita a Orientação Jurisprudencial 243 da SBDI-I do TST:

"Prescrição total. Planos econômicos. Aplicável a prescrição total sobre o direito de reclamar diferenças salariais resultantes de planos econômicos".

Com isso, deixa de prevalecer o entendimento constante na Súmula 452 do TST, com a seguinte redação:

"*Diferenças salariais. Plano de cargos e salários. Descumprimento.* Critérios de promoção não observados. Prescrição parcial. Tratando-se de pedido de pagamento de diferenças salariais decorrentes da *inobservância* dos critérios de promoção estabelecidos em Plano de Cargos e Salários criado pela empresa, a prescrição aplicável é a parcial, pois a lesão é sucessiva e se renova mês a mês" (destaquei).

Nessa hipótese, a prescrição também passa a ser total, pois o direito pretendido não está assegurado em preceito de lei, mas sim em Plano de Cargos e Salários.

O prazo prescricional tem início a partir do descumprimento dos critérios de promoção estabelecidos no Plano de Cargos e Salários e após cinco anos dessa violação ao direito ocorre a prescrição total da pretensão.

Como o direito à diferença salarial decorrente de equiparação salarial é assegurado pelo art. 461 da CLT, o pedido de prestações sucessivas está sujeito à prescrição parcial.

Nesse sentido, conforme a Súmula 6, inciso IX, do TST:

"Na ação de equiparação salarial, a prescrição é parcial e só alcança as diferenças salariais vencidas no período de 5 (cinco) anos que precedeu o ajuizamento".

Em se tratando de pedido de reenquadramento, a prescrição é total, contada da data do enquadramento do empregado (Súmula 275, inciso II, do TST), justamente porque o referido direito não é assegurado por preceito de lei.

Como o art. 11, § 2º, da CLT abrange pedidos de prestações sucessivas decorrentes não apenas de alteração, mas também de *descumprimento do pactuado*, pode-se dizer que na ação que objetive corrigir desvio funcional a prescrição também passa a ser total, e não mais parcial, ficando superado o entendimento constante na Súmula 275, inciso I, do TST, pois o direito pretendido não está assegurado por preceito de lei.

Em razão do mesmo fundamento, é possível dizer que a pretensão a diferenças de complementação de aposentadoria passa a se sujeitar à prescrição total, tornando superado o entendimento constante na Súmula 327 do TST[33], por envolver prestação decorrente de alteração ou descumprimento do pactuado e direito não assegurado por preceito de lei, mas sim em regulamento empresarial ou norma interna do empregador.

Além disso, nos termos da Súmula 326 do TST:

"Complementação de aposentadoria. Prescrição total. A pretensão à complementação de aposentadoria jamais recebida prescreve em 2 (dois) anos contados da cessação do contrato de trabalho".

Tratando-se de pedido de diferença de gratificação semestral que teve seu valor congelado, pode-se dizer que a prescrição aplicável é parcial quando o reajuste for assegurado por preceito de lei (Súmula 373 do TST). Caso contrário, a prescrição passa a ser total.

Finalizando este tópico, cabe acentuar que, embora a prescrição trabalhista esteja prevista no art. 7º, inciso XXIX, da Constituição Federal de 1988, a questão relativa à espécie de prazo prescricional aplicável, se total ou parcial, encontra-se no âmbito infraconstitucional, pois solucionada pela construção jurisprudencial firmada pela Justiça do Trabalho. Trata-se de conclusão de grande relevância para fins de ação rescisória fundada em violação da mencionada norma constitucional, a qual, portanto, em tese, não merecerá ser acolhida[34].

---

[33] Cf. Súmula 327 do TST: "Complementação de aposentadoria. Diferenças. Prescrição parcial. A pretensão a diferenças de complementação de aposentadoria sujeita-se à prescrição parcial e quinquenal, salvo se o pretenso direito decorrer de verbas não recebidas no curso da relação de emprego e já alcançadas pela prescrição, à época da propositura da ação".

[34] Súmula 409 do TST: "Ação rescisória. Prazo prescricional. Total ou parcial. Violação do art. 7º, XXIX, da CF/1988. Matéria infraconstitucional (conversão da OJ 119 da SDI-II). Não procede ação rescisória calcada em violação do art. 7º, XXIX, da CF/1988 quando a questão envolve discussão sobre a espécie de prazo prescricional aplicável aos créditos trabalhistas, se total ou parcial, porque a matéria tem índole infraconstitucional, construída, na Justiça do Trabalho, no plano jurisprudencial".

34.6 Emenda Constitucional 28/2000 e prescrição do trabalhador rural

Com a Emenda Constitucional 28/2000, em vigor desde 26 de maio de 2000 (data de sua publicação, conforme art. 3º), os empregados urbanos e rurais passaram a ter o mesmo tratamento quanto à prescrição.

Antes dessa alteração, o trabalhador rural apenas se sujeitava ao prazo prescricional de dois anos após a extinção de seu contrato de trabalho[35]. A grande mudança é que esta modalidade de empregado também passou a se sujeitar à prescrição quinquenal, durante a vigência do contrato de trabalho.

Com isso, empregados urbanos e rurais passaram a ter o prazo prescricional de cinco anos para a defesa de seus direitos trabalhistas, na vigência do pacto laboral.

Sendo assim, mesmo no âmbito rural, a pretensão quanto a créditos resultantes das relações de trabalho prescreve em cinco anos, até o limite de dois anos após a extinção do contrato de trabalho (art. 103 do Decreto 10.854/2021). Essa previsão não se aplica ao menor de 18 anos de idade.

A prescrição não representa um direito trabalhista propriamente dito. Além disso, a Lei Maior estabeleceu o prazo prescricional de forma cogente, não dando margem a admitir a manutenção da norma infraconstitucional anterior, o que resulta na derrogação do inciso II do art. 11 da CLT, com redação determinada pela Lei 9.658/1998, que já havia revogado, implicitamente, o art. 10, *caput*, da Lei 5.889/1973[36].

A prescrição, visando à segurança jurídica, estabelece limite temporal para a exigibilidade dos direitos violados, sendo tema de interesse geral para a coletividade[37]. Por isso, as referidas disposições infraconstitucionais, que dispunham de modo diverso a respeito da prescrição trabalhista do empregado rural, tornaram-se incompatíveis com o art. 7º, inciso XXIX, da Constituição Federal, na redação determinada pela Emenda Constitucional 28/2000, respeitado o critério de aplicação no tempo dessa norma constitucional.

Sobre essa última questão, cabe destacar a Orientação Jurisprudencial 271 da SBDI-I do TST:

"Rurícola. Prescrição. Contrato de emprego extinto. Emenda Constitucional n. 28/2000. Inaplicabilidade. Inserida em 27.09.2002 (alterada, *DJ* 22.11.2005). O prazo prescricional da pretensão do rurícola, cujo contrato de emprego já se extinguira ao sobrevir a Emenda Constitucional 28, de 26.05.2000, tenha sido ou não ajuizada a ação trabalhista, prossegue regido pela lei vigente ao tempo da extinção do contrato de emprego".

Críticas podem ser feitas à Emenda Constitucional 28/2000. Em razão da subordinação inerente ao contrato de trabalho, ao empregado não é facilmente viável ajuizar ação no decorrer da sua vigência, em face do risco de perder seu emprego. O empregador dificilmente passaria a ver com bons olhos o empregado que ajuíza ação trabalhista em face dele, acarretando a possibilidade de ser o trabalhador dispensado. Essa situação mais se agrava diante da sistemática atualmente em vigor, na qual o empregador não precisa, em regra, motivar o ato da dispensa, por não existir, ainda, a lei complementar prevista no art. 7º, inciso I, da Constituição Federal de 1988[38].

---

[35] Cf. Orientação Jurisprudencial 38 da SBDI-I do TST: "Empregado que exerce atividade rural. Empresa de reflorestamento. Prescrição própria do rurícola (Lei n. 5.889, de 08.06.1973, art. 10, e Decreto n. 73.626, de 12.02.1974, art. 2º, § 4º). O empregado que trabalha em empresa de reflorestamento, cuja atividade está diretamente ligada ao manuseio da terra e de matéria-prima, é rurícola e não industriário, nos termos do Decreto n. 73.626, de 12.02.1974, art. 2º, § 4º [Decreto 10.854/2021, art. 84, § 4º], pouco importando que o fruto de seu trabalho seja destinado à indústria. Assim, aplica-se a prescrição própria dos rurícolas aos direitos desses empregados".

[36] Cf. MARTINS, Sergio Pinto. *Comentários à CLT*. 10. ed. São Paulo: Atlas, 2006. p. 44.

[37] Cf. RODRIGUES, Silvio. *Direito civil*: parte geral. 28. ed. São Paulo: Saraiva, 1998. v. 1, p. 322: "as normas sobre a prescrição são de ordem pública".

[38] Cf. MALLET, Estêvão. A prescrição na relação de emprego rural após a Emenda Constitucional n. 28. *Revista LTr*, São Paulo, v. 64, n. 08, ago. 2000, p. 999: "Em matéria trabalhista, porém, ainda que formalmente possa o empregado,

Por isso, pode-se defender a tese de que a prescrição, no Direito do Trabalho, para os empregados não só rurais, mas também urbanos, deveria ter seu prazo contado exclusivamente a partir da extinção do contrato de trabalho, quando referido temor de perda do emprego é amenizado[39].

No caso do trabalhador rural, a distinção quanto ao prazo prescricional tinha por fundamento as dificuldades mais acentuadas para a defesa de seus direitos em juízo.

No entanto, há quem entenda que, caso fosse mantida esta orientação anterior, haveria prejuízo à segurança jurídica e à estabilização das relações sociais[40].

Assim, na verdade, essa é uma questão de política legislativa, influenciada por fatores sociais no momento de formação da norma jurídica.

De qualquer modo, com a Emenda Constitucional 28/2000, preferiu-se equiparar a prescrição do empregado rural à do urbano, estabelecendo, com isso, regra menos favorável do que a anterior[41]. Deu-se ênfase à estabilidade na relação jurídica, em prejuízo, no entanto, da efetiva possibilidade de reparação dos direitos trabalhistas violados.

A aplicação imediata da nova norma constitucional, perante a relação jurídica de trato sucessivo, impõe que opere efeitos somente quanto aos fatos ocorridos a partir de sua entrada em vigor.

No caso, *apenas quanto às lesões de direitos – que são fatos – ocorridas a partir da vigência da Emenda Constitucional (26.05.2000) é que esta opera efeitos*. Eventual aplicação desta norma constitucional perante as lesões de direito verificadas *antes* da sua vigência significaria cristalina retroação de seus efeitos, o que é intolerável e inconstitucional.

A lesão do direito, sendo fato, decorre da prática de ato (antijurídico) pelo devedor (no caso, o empregador), ou pelo qual ele seja o responsável, sendo este estado de lesão uma situação jurídica. Esse ato/fato lesivo (ao direito subjetivo do empregado, no caso, rural) significa uma situação que, portanto, estará "consumada", ou seja, haverá a consumação da (prática de) lesão do direito. E, como doutrina Amauri Mascaro Nascimento, citando Paul Roubier (*Le droit transitoire*, 1960): "Se a lei volta-se e interfere em uma situação já consumada, está retroagindo"[42].

Pode-se dizer que as normas jurídicas existem para que as relações sociais sejam reguladas, possibilitando o convívio pacífico, a harmonização e a satisfação comum dos diversos interesses existentes na sociedade. Nessa regulação de condutas, as normas jurídicas incidem sobre *fatos jurídicos*, resultantes de atos dos sujeitos de direito, ou seja, acontecimentos verificados no mundo do ser, com repercussão perante o Direito, estabelecendo-se determinadas consequências e sanções, daí surgindo o "dever ser" normativo[43].

---

verificada a lesão, de pronto exigir a reparação correspondente, se o fizer, colocará em risco, não sendo estável, a continuidade de seu contrato de trabalho".

[39] Cf. PLÁ RODRIGUEZ, Américo. *Princípios de direito do trabalho*. 3. ed. Tradução e revisão técnica de Wagner D. Giglio. Tradução das atualizações de Edilson Alkmim Cunha. São Paulo: LTr, 2004. p. 216: "Por tal motivo a doutrina aconselha que o começo do prazo se estabeleça a partir do momento em que o trabalhador tenha deixado de trabalhar. Na grande maioria dos casos, o trabalhador teme que a interposição judicial de reclamação signifique arriscar seu posto. Por isso, a inatividade do trabalhador não lhe é imputável, nem tem o mesmo significado que em outras condições. Deve ser atribuída ao legítimo desejo de conservar o trabalho".

[40] Cf. BARROS, Alice Monteiro de. Aspectos jurisprudenciais da prescrição trabalhista. In: BARROS, Alice Monteiro de (Coord.). *Curso de direito do trabalho*: estudos em memória de Célio Goyatá. 3. ed. São Paulo: LTr, 1997. v. 1, p. 228: "O tratamento desigual sobre a matéria, dispensado aos empregadores rurais e urbanos, não mais se justifica na sociedade contemporânea, exatamente porque desviou-se do princípio da igualdade".

[41] Cf. MARTINS, Sergio Pinto. *Comentários à CLT*. 10. ed. São Paulo: Atlas, 2006. p. 45: "A nova norma constitucional acabou sendo menos favorável ao empregado rural e mais favorável ao empregador rural, ao estabelecer prazo prescricional de cinco anos a contar da propositura da ação, desde que observado o prazo de dois anos a contar da cessação do contrato de trabalho".

[42] NASCIMENTO, Amauri Mascaro. *Teoria geral do direito do trabalho*. São Paulo: LTr, 1998. p. 217, inclusive nota 2.

[43] Cf. GRAU, Eros Roberto. *A ordem econômica na Constituição de 1988*. 3. ed. São Paulo: Malheiros, 1997. p. 108: "A norma jurídica (proposição jurídica) é dotada de uma estrutura peculiar: representa determinada situação objetiva,

Incidindo a norma sobre condutas e fatos, a sua eficácia temporal, para que seja imediata (e não seja retroativa), só pode regrar aqueles acontecimentos e atos ocorridos – no mundo do "ser" – a partir do surgimento da norma – no mundo do "dever ser". Em vínculos de trato sucessivo, os diversos fatos acontecem um após o outro, sucessivamente, dentro de uma mesma relação jurídica. O advento de nova norma jurídica, portanto, só atingirá as situações que se verificarem a partir da inovação no campo do "dever ser", e não as anteriores, as quais foram e continuarão sendo regradas pelas normas vigentes à época.

Dessa forma, no âmbito da relação de emprego rural, podem ocorrer, sucessivamente, condutas lesivas a direitos do empregado, praticadas por seu empregador (ou pelas quais ele responde).

Quanto às lesões operadas antes de 26 de maio de 2000 (data do início da vigência da Emenda Constitucional 28/2000), a exigibilidade do direito é regulada pela norma então vigente, qual seja o art. 7º, inciso XXIX, *b*, com redação anterior à Emenda, não havendo, assim, prazo prescricional no decorrer do contrato de trabalho rural[44].

Somente os direitos subjetivos do empregado rural que foram lesados a partir de 26 de maio de 2000 é que se sujeitam ao prazo de exigibilidade quinquenal, ou seja, à prescrição de cinco anos no curso do pacto laboral[45].

Sobre o tema, cabe transcrever a ementa do seguinte julgado:

"Prescrição prevista pela EC 28/2000, que altera o art. 7º, XXIX, 'b', Constituição Federal. O Direito brasileiro consagrou a irretroatividade das leis, preservando o direito adquirido, o ato jurídico perfeito e a coisa julgada. Assim, os efeitos produzidos pela lei velha no tempo passado não podem ser atingidos por lei nova. Não há qualquer incoerência com o princípio da eficácia imediata, à medida que a lei nova se aplicará aos direitos nascidos sob sua égide. Quando se está diante de restrição de direitos, como é o caso da prescrição em foco, seus efeitos não podem atingir situações pretéritas, que se encontravam sob a segurança da lei velha, aplicando-se-lhe a redação em vigor à época dos fatos" (Processo TRT/15ª Região – Campinas, n. 005780/2001-RO-3, Rel. Juíza Luciane Storel da Silva).

Frise-se, ainda, que a Emenda Constitucional 28/2000, na realidade, não reduziu o prazo prescricional referente ao empregado rural, mas sim criou um novo critério, passando a correr a prescrição mesmo na vigência do contrato de trabalho, o que não existia anteriormente. É inaplicável, portanto, qualquer lição doutrinária ou jurisprudencial pertinente à redução, propriamente, de prazo prescricional. Anteriormente, este não fluía durante a relação de emprego rural.

Portanto, houve verdadeira instituição de novo prazo de prescrição. Como isso, enfatize-se, ele não é aplicável aos fatos anteriores à sua vigência, sob pena de retroatividade no tempo. Nesse sen-

---

hipotética (o *Tatbestand*, hipótese, pressuposto de fato, *facti species*), à qual estão ligadas certas consequências práticas, ou seja, os efeitos por ela prescritos (*Rechtsfolge*, estatuição, injunção). A norma jurídica prescreve os efeitos enunciados na estatuição ou injunção em relação à situação objetiva que prevê possa vir a se verificar, desde que ela se verifique. Por isso é dotada de caráter logicamente hipotético: enuncia hipótese que produz consequências jurídicas. O caráter formal das proposições jurídicas é expresso na conexão entre uma hipótese e uma estatuição de consequência jurídica".

[44] Cf. ainda DINAMARCO. Cândido Rangel. *Fundamentos do direito processual civil moderno*. 2. ed. São Paulo: Malheiros, 2000. t. I, p. 440: "A mais ampla consideração a ser feita em tema de prescrição é a da sua excepcionalidade na vida dos direitos. O destino ordinário dos direitos é sua satisfação, seja mediante o adimplemento do obrigado, seja pela via imperativa do processo. O extraordinário é prescrever. Todo o sistema da prescrição, aliás, é montado sobre essa premissa". Idem, ibidem, p. 443: "a satisfação dos direitos é *o ordinário na vida destes, sendo extraordinária a prescrição*" (destaques do original).

[45] Neste sentido, cf. VIANA, Márcio Túlio. O acesso à justiça e a nova prescrição do rurícola. *Revista LTr*, ano 64, n. 08, p. 1006, ago. 2000: "a nova regra só se aplica às violações de direito *subsequentes*. É a tese que melhor se adapta à realidade dos fatos, corrigindo um pouco a absurda distorção da lei. [...]. Direito, lesão e prescrição se interligam. Se a lesão do direito aconteceu *antes*, a resposta do Estado deve ser também *a de antes*. Assim, não pode a lei nova se abstrair do que a lei velha dizia no tempo em que o direito foi violado" (destaques do original).

tido, Miguel Maria de Serpa Lopes faz a seguinte menção: "sendo de destacar a opinião de Gabba no sentido de que *a nova prescrição é restritamente aplicável a fatos posteriores à sua criação*, quer se trate de usucapião, *quer se trate de prescrição*" (destaquei)[46].

De todo modo, para os contratos de trabalho em andamento quando da promulgação da Emenda Constitucional 28/2000, o entendimento que prevaleceu na jurisprudência é o constante da Orientação Jurisprudencial 417 SBDI-I do TST, ao assim estabelecer:

"Prescrição. Rurícola. Emenda Constitucional n. 28, de 26.05.2000. Contrato de trabalho em curso. Não há prescrição total ou parcial da pretensão do trabalhador rural que reclama direitos relativos a contrato de trabalho que se encontrava em curso à época da promulgação da Emenda Constitucional n. 28, de 26.05.2000, *desde que ajuizada a demanda no prazo de cinco anos de sua publicação, observada a prescrição bienal*" (destaquei).

34.7 Prescrição da indenização por danos morais e materiais e decorrentes de acidente do trabalho

O presente tópico tem o objetivo de analisar a controvérsia sobre a *prescrição* aplicável quanto à indenização de danos, morais e materiais, decorrentes do contrato de emprego, inclusive quando decorrentes de *acidentes do trabalho ou doenças ocupacionais*.

Como já demonstrado, a prescrição extintiva, quanto à sua natureza jurídica, insere-se no âmbito do Direito substancial ou material. O fato de certos reflexos do instituto em questão serem verificados no processo não altera a referida taxonomia.

Como se pode notar, a *indenização* do dano moral e material, inclusive quando decorrente de acidente do trabalho ou doença profissional, não se confunde com os direitos, em si, da personalidade, ou de natureza fundamental, relacionados à integridade física, psíquica ou moral[47], bem como pertinentes ao meio ambiente e às condições hígidas de trabalho[48].

Em razão da violação dos referidos direitos, que resguardam a dignidade da pessoa humana (no caso, na esfera das relações de trabalho) sancionando o infrator, surge ao seu titular a pretensão jurídica de sua *reparação*, que pode apresentar natureza de *ressarcimento, compensatória e punitiva*[49].

De todo modo, essa reparação (do direito violado) não se identifica com o direito da personalidade ou fundamental em si.

Por isso, a imprescritibilidade e outros atributos inerentes à essência do referido direito substancial não se reproduzem na pretensão de responsabilizar o infrator quanto à indenização devida.

Como destacam Pablo Stolze Gagliano e Rodolfo Pamplona Filho:

"[...] quando se fala em imprescritibilidade do direito da personalidade, está-se referindo aos efeitos do tempo para a aquisição ou extinção de direitos.

Não há como se confundir, porém, com a prescritibilidade da pretensão de reparação por eventual violação a um direito da personalidade. Se há uma violação, consistente em ato único, nasce nesse momento, obviamente, para o titular do direito, a pretensão correspondente, que se extinguirá pela prescrição"[50].

---

[46] LOPES, Miguel Maria de Serpa. *Curso de direito civil*: introdução, parte geral e teoria dos negócios jurídicos. 9. ed. rev. e atual. pelo Prof. José Serpa de Santa Maria. Rio de Janeiro: Freitas Bastos, 2000. v. 1, p. 208.
[47] Cf. SIMÓN, Sandra Lia. *A proteção constitucional da intimidade e da vida privada do empregado*. São Paulo: LTr, 2000. p. 68-70; VÁLIO, Marcelo Roberto Bruno. *Os direitos de personalidade nas relações de trabalho*. São Paulo: LTr, 2006. p. 25-26.
[48] Cf. MELO, Raimundo Simão de. *Direito ambiental do trabalho e saúde do trabalhador*: responsabilidades legais, dano material, dano moral, dano estético. São Paulo: LTr, 2004. p. 31.
[49] Cf. GAGLIANO, Pablo Stolze; PAMPLONA FILHO, Rodolfo. *Novo curso de direito civil*: responsabilidade civil. 3. ed. São Paulo: Saraiva, 2005. v. 3, p. 20-24.
[50] GAGLIANO, Pablo Stolze; PAMPLONA FILHO, Rodolfo. *Novo curso de direito civil*: parte geral. 6. ed. São Paulo: Saraiva, 2005. v. 1, p. 162-163.

Assim, em termos jurídicos, não se pode dizer que a indenização por danos morais e materiais referentes ao contrato de emprego, mesmo quando decorrentes de acidente do trabalho ou doença ocupacional, seja imprescritível.

Da mesma forma, a alegação de que não se encontra previsão específica, fazendo expressa menção ao prazo prescricional pertinente à referida indenização em particular, não torna a pretensão imprescritível. Como parece evidente, a hipótese é regida pela regra jurídica na qual o fato em questão possa ser inserido.

Portanto, não havendo disposição expressa, regulando o prazo prescricional específico da indenização por acidente do trabalho (em sentido amplo), incide a norma jurídica sobre prescrição que englobe a referida pretensão.

Como se pode verificar, o essencial é saber qual a norma, regulando prazos de prescrição, aplicável ao caso em debate.

Divergem doutrina e jurisprudência quanto à aplicação, na hipótese estudada, do prazo prescricional previsto:

a) no Código Civil (e, mesmo nesse caso, após o diploma civil de 2002, a divergência persiste quanto à incidência do prazo especial de três anos, previsto no art. 206, § 3º, inciso V, sendo este o entendimento que prevalece na atual jurisprudência, ou do prazo geral de dez anos, conforme art. 205);

b) ou no art. 7º, inciso XXIX, da Constituição Federal de 1988.

Para a corrente que entende incidir ao caso o prazo prescricional do Direito Civil, deve-se observar a importante regra de transição do art. 2.028 do Código Civil de 2002: "Serão os da lei anterior os prazos, quando reduzidos por este Código, e se, na data de sua entrada em vigor, já houver transcorrido mais da metade do tempo estabelecido na lei revogada".

Na interpretação dessa disposição de transição, o entendimento que prevalece é de que para a aplicação do prazo prescricional do Código Civil de 1916 (lei revogada) é necessária a presença, simultânea, de ambos os requisitos, ou seja, tanto ter ocorrido a redução do prazo pelo Código Civil de 2002 como também já ter transcorrido mais da metade do tempo estabelecido na lei revogada (na data da entrada em vigor do Código Civil de 2002[51]).

Desse modo, para os que defendem a incidência do prazo prescricional do Direito Comum, em relação aos acidentes de trabalho ocorridos antes da entrada em vigor do Código Civil de 2002, se já tiver transcorrido mais da metade do prazo prescricional do Código Civil de 1916 (20 anos, conforme art. 177), aplica-se esse prazo prescricional anterior de 20 anos, previsto no mencionado diploma Civil de 1916, art. 177.

Exemplo: acidente do trabalho ocorrido em 10 de janeiro de 1993 – observa-se o prazo prescricional de 20 anos, pois já transcorreu mais da metade do prazo anterior (dez anos) quando da entrada em vigor do Código Civil de 2002 (11 de janeiro de 2003 ou 12 de janeiro de 2003, conforme a corrente de entendimento).

Diversamente, ainda quanto aos acidentes de trabalho ocorridos antes da entrada em vigor do Código Civil de 2002, caso não tenha transcorrido mais da metade do prazo prescricional de 20 anos na data da entrada em vigor do diploma Civil de 2002, o atual prazo prescricional neste previsto é que se aplica.

---

[51] Há certa divergência na doutrina quanto à data de entrada em vigor do Código Civil de 2002, instituído pela Lei 10.406, de 10 de janeiro de 2002, publicado no DOU de 11 de janeiro de 2002. De acordo com o seu art. 2.044: "Este Código entrará em vigor um ano após a sua publicação". Desse modo, aplicando-se a Lei 810/1949 e o art. 132, § 3º, do CC/2002, há entendimento de que o atual Código Civil entrou em vigor em 11 de janeiro de 2003. No entanto, tendo em vista a previsão específica do art. 8º, § 1º, da Lei Complementar 95/1998 ("A contagem do prazo para entrada em vigor das leis que estabeleçam período de vacância far-se-á com a inclusão da data da publicação e do último dia do prazo, entrando em vigor no dia subsequente à sua consumação integral" – redação determinada pela Lei Complementar 107/2001), há corrente de entendimento de que o atual Código Civil entrou em vigor em 12 de janeiro de 2003.

Exemplo: acidente do trabalho ocorrido em 10 de janeiro de 2003 – observa-se o atual prazo prescricional do Código Civil de 2002, pois não transcorrido mais da metade do prazo anterior (dez anos) quando da entrada em vigor do Código Civil de 2002, sabendo-se que, de acordo a corrente de entendimento que for seguida, aplica-se o prazo prescricional geral de dez anos (conforme art. 205), ou o prazo prescricional especial de três anos (conforme art. 206, § 3º, inciso V, que prevalece na jurisprudência)[52].

De todo modo, nessa última situação, o entendimento pacificado é de que o atual prazo prescricional, com previsão no Código Civil de 2002, deve ser aplicado somente a partir da entrada em vigor do referido diploma legal (caso contrário, se o novo prazo prescricional começasse a correr desde a data do ilícito, ter-se-ia aplicação retroativa, não admitida pelo Direito, com a inaceitável conclusão de que o Código Civil de 2002 já estava em vigor quando o ilícito foi cometido, ou seja, antes da vigência do novo diploma legal)[53].

Ainda para a corrente que entende ser aplicado ao caso o prazo prescricional do Direito Civil, em relação aos acidentes de trabalho ocorridos após a entrada em vigor do Código Civil de 2002, aplica-se o prazo de prescrição nele previsto. Exemplo: acidente do trabalho ocorrido em 12 de janeiro de 2003 – observa-se o prazo prescricional do Código Civil de 2002 (conforme a corrente de entendimento, o prazo prescricional geral de dez anos, previsto no art. 205, ou o prazo prescricional especial de três anos, previsto no art. 206, § 3º, inciso V, sendo esta última posição a que prevalece na jurisprudência).

Conforme conhecida regra de aplicação do Direito, havendo disposição mais específica regulando a hipótese, esta prevalece perante a regra genérica.

Como já destacado, a indenização por danos morais e materiais, derivados de acidente do trabalho ou doença ocupacional, são decorrentes ou resultantes do próprio contrato de trabalho, nele tendo origem.

Na verdade, o mencionado acidente ou doença do trabalho é um fato jurídico (em tese, na modalidade de ato ilícito), que ocorre no âmbito (e em razão) da própria relação de trabalho.

A pretensão de reparação das violações de direitos decorrentes da relação de emprego, como se sabe, tem o seu prazo prescricional especificamente regulado pelo art. 7º, inciso XXIX, da Constituição Federal de 1988 (com a redação atual dada pela Emenda Constitucional 28/2000)[54].

Não se argumente que o direito violado, por ter natureza fundamental ou personalíssima, não pode ser considerado um mero "crédito".

Como já explicitado, a pretensão de natureza reparatória ou de indenização (dando origem a crédito em favor de seu titular), não pode ser confundida com os direitos da personalidade ou fundamentais, em si, que foram violados; somente estes (direitos substanciais) é que apresentam, entre

---

[52] "Em se tratando de pretensão à indenização por danos morais e materiais ocorridos antes da vigência do Código Civil de 2002, se na vigência deste, que se deu em 11.01.2003 (art. 2.044 do Código Civil), já havia transcorrido mais de dez anos (metade do tempo previsto no art. 177 do Código Civil de 1916), aplica-se a prescrição vintenária, conforme regra de transição estabelecida no art. 2.028 do referido diploma legal. Caso não transcorrida a metade do prazo prescricional vintenário, incide a prescrição trienal, prevista no art. 206, § 3º, do Código Civil" (TST, 7ª T., RR-36-43.2010.5.15.0133, Rel. Min. Luiz Philippe Vieira de Mello Filho, DEJT, 23.08.2019).

[53] Cf. OLIVEIRA, Sebastião Geraldo de. Indenizações por acidente do trabalho ou doença ocupacional. 2. ed. São Paulo: LTr, 2006. p. 326. Cf. ainda GAGLIANO, Pablo Stolze; PAMPLONA FILHO, Rodolfo. Novo curso de direito civil: parte geral. 6. ed. São Paulo: Saraiva, 2005. v. 1, p. 530-531: "caso tenha havido redução de prazo pela lei nova (imagine a pretensão de reparação civil que se reduziu de 20 para 3 anos – art. 206, § 3º, V), tendo transcorrido menos da metade do prazo pela lei anterior, ao aplicar a lei nova (art. 2.028), esse novo prazo, obviamente, começará a correr da data da entrada em vigor do novo Código Civil".

[54] Art. 7º, inciso XXIX, da CF/1988: "ação, quanto aos créditos resultantes das relações de trabalho, com prazo prescricional de cinco anos para os trabalhadores urbanos e rurais, até o limite de dois anos após a extinção do contrato de trabalho".

outros, os atributos de imprescritibilidade e extrapatrimonialidade[55], o que não se estende àquela pretensão de responsabilização.

Aliás, os próprios direitos humanos e fundamentais da "segunda geração" ou "dimensão", pertinentes, justamente, aos direitos sociais, são entendidos como "poderes de *exigir*. São direitos de 'crédito'"[56].

Além disso, o fato de aplicar, para a fixação da referida indenização, não apenas normas e preceitos do Direito do Trabalho, mas também de outros ramos do Direito, como o Civil, não altera a conclusão.

A mera posição formal da norma no sistema jurídico, regulando a reparação do fato lesivo, não é o critério para a incidência da regra sobre prazo prescricional na hipótese em análise.

Tanto é assim que, no caso em estudo, a responsabilidade civil decorre de verdadeiro princípio inerente a todo o Direito, pertinente ao dever de que *a ninguém se deve lesar*, fundamentando o ordenamento jurídico como um todo.

Assim, resta claro que o prazo prescricional aplicável à indenização pelos danos morais e materiais, decorrentes de acidente de trabalho e doenças ocupacionais (art. 7º, inciso XXVIII, segunda parte, da CF/1988), é aquele previsto no mencionado dispositivo constitucional (art. 7º, inciso XXIX, da CF/1988)[57].

O que se faz necessário é aplicar esse dispositivo em consonância com a previsão da Súmula 278 do Superior Tribunal de Justiça, quanto ao termo inicial do prazo prescricional[58], na hipótese especial ali indicada[59].

A existência de previsão específica, de hierarquia constitucional, afasta a possibilidade de incidência, ao caso, de regras diversas e genéricas, existentes no Código Civil, quanto a outros prazos prescricionais.

A rigor, como a pretensão em debate resulta da relação de emprego, a disposição do art. 7º, inciso XXIX, da Constituição Federal de 1988 já era aplicável, desde a sua promulgação, para as pretensões reparatórias, de natureza moral ou material, fundadas no inciso anterior desse mesmo dispositivo (art. 7º, inciso XXVIII, segunda parte, da CF/1988).

---

[55] Cf. BITTAR, Carlos Alberto. *Curso de direito civil*. Rio de Janeiro: Forense Universitária, 1994. v. 1, p. 208; MONTEIRO, Washington de Barros. *Curso de direito civil*: parte geral. 40. ed. rev. e atual. por Ana Cristina de Barros Monteiro França Pinto. São Paulo: Saraiva, 2005. v. 1, p. 98.

[56] FERREIRA FILHO, Manoel Gonçalves. *Direitos humanos fundamentais*. 7. ed. São Paulo: Saraiva, 2005. p. 50 (destaque do original, que faz remissão a RIVERO, Jean. *Libertés publiques*. Paris: PUF, 1973. v. 1, p. 100 e ss.).

[57] Cf. FRANCO FILHO, Georgenor de Sousa. A prescrição do dano moral trabalhista. *Revista LTr*, São Paulo, v. 69, n. 04, p. 402-407, abr. 2005, p. 402-407; MARTINS, Sergio Pinto. *Comentários à CLT*. 10. ed. São Paulo: Atlas, 2006. p. 55; DALLEGRAVE NETO, José Affonso. A prescrição em ação trabalhista reparatória e acidentária. *Revista Trabalho*, Curitiba, Decisório Trabalhista, ano 24, n. 288, p. 3369-3375, jul. 2006; BARROS, Alice Monteiro de. *Curso de direito do trabalho*. 2. ed. São Paulo, LTr, 2006. p. 1008 (inclusive nota 47); FERRARI, Irany; MARTINS, Melchíades Rodrigues. *Dano moral*: múltiplos aspectos nas relações de trabalho. São Paulo: LTr, 2006. p. 466-467; OLIVEIRA, Sebastião Geraldo de. *Indenizações por acidente do trabalho ou doença ocupacional*. 2. ed. São Paulo: LTr, 2006. p. 320-323.

[58] Súmula 278 do STJ: "O termo inicial do prazo prescricional, na ação de indenização, é a data em que o segurado teve ciência inequívoca da incapacidade laboral". Cf. PINTO, José Augusto Rodrigues. Prescrição, indenização acidentária e doença ocupacional. *Revista LTr*, São Paulo, LTr, ano 70, n. 01, p. 5-12, jan. 2006.

[59] Cf. a seguinte ementa: "Ação de indenização por dano material e moral em decorrência de acidente de trabalho (doença ocupacional). Prescrição. *Dies a quo*. Aplica-se a prescrição insculpida no art. 7º, XXIX, da CF, devendo ser fixado como termo inicial para a contagem do prazo prescricional para pleitear indenização por acidente de trabalho, no caso de doença profissional, a data do laudo pericial do INSS que atesta a incapacidade permanente do obreiro, propiciando a aposentadoria por invalidez, uma vez que a doença profissional DORT/LER é gradativa e progressiva, mas, em muitas vezes, reversível após tratamento adequado, não se exigindo do empregado que tenha ciência de sua incapacidade laborativa permanente desde o preenchimento do CAT, como ocorre nos casos clássicos de acidente de trabalho" (TRT 10ª R., RO 00822-2005-018-10-00-7, 3ª T., Rel. Juiz Gilberto Augusto Leitão Martins, DJU 07.04.2006. *Revista Magister de Direito Trabalhista e Previdenciário*, Porto Alegre, ano 2, n. 11, p. 143, mar.-abr. 2006). Cf. ainda OLIVEIRA, Sebastião Geraldo de. *Indenizações por acidente do trabalho ou doença ocupacional*. 2. ed. São Paulo: LTr, 2006. p. 336-338; FERRARI, Irany; MARTINS, Melchíades Rodrigues. *Dano moral*: múltiplos aspectos nas relações de trabalho. São Paulo: LTr, 2006. p. 467-469.

A Emenda Constitucional 45/2004, ao alterar o art. 114 da Constituição Federal de 1988, não modificou esta correta incidência dos prazos prescricionais, os quais nem sequer possuem natureza processual, mas sim material[60], como já foi destacado.

Aliás, mesmo em termos processuais, na verdade, o atual art. 114, inciso VI, da Constituição da República apenas deixou expresso o que já se podia perfeitamente concluir da redação original do *caput* desse mesmo dispositivo[61].

Tanto é que segundo a Súmula 392 do TST: "Nos termos do art. 114, inc. VI, da Constituição da República, a Justiça do Trabalho é competente para processar e julgar ações de indenização por dano moral e material, decorrentes da relação de trabalho, inclusive as oriundas de acidente de trabalho e doenças a ele equiparadas, ainda que propostas pelos dependentes ou sucessores do trabalhador falecido".

No entanto, mesmo se fosse possível argumentar que a Emenda Constitucional 45/2004 ampliou a competência original da Justiça do Trabalho, passando a incluir o julgamento das ações sobre danos morais e materiais decorrentes de acidente do trabalho ou doença ocupacional, o prazo prescricional quanto às respectivas pretensões sempre foi o mesmo desde a promulgação da Constituição Federal de 1988, qual seja: aquele previsto no seu art. 7º, inciso XXIX[62] (apenas com a ressalva da prescrição aplicável ao empregado rural, conforme *alteração* introduzida pela Emenda Constitucional 28/2000, já analisada anteriormente).

Nesse sentido, cabe transcrever a seguinte decisão, em que a ação foi inicialmente ajuizada na Justiça Comum Estadual, sendo o processo posteriormente remetido à Justiça do Trabalho, tendo em vista a Emenda Constitucional 45/2004:

"Embargos interpostos anteriormente à vigência da Lei n. 11.496/2007. Indenização por danos morais. Prescrição. Inaplicabilidade do Código Civil.

Aplica-se a prescrição bienal, prevista no art. 7º, XXIX, da Constituição da República, às pretensões resultantes das relações de trabalho.

Precedentes. Embargos conhecidos e desprovidos" (TST, SBDI-I, E-RR 1519/2005-026-05-00, Rel. Min. Maria Cristina Irigoyen Peduzzi *DJ* 07.12.2007).

O aqui exposto é confirmado ao se verificar que a mencionada indenização estava prevista, de forma específica, no inciso imediatamente anterior a esse dispositivo constitucional, *afastando* qualquer argumento quanto à inaplicabilidade do art. 7º, inciso XXIX, da Constituição da República pela Justiça competente.

---

[60] Cf. PINTO, José Augusto Rodrigues. Prescrição, indenização acidentária e doença ocupacional. *Revista LTr*, São Paulo, LTr, ano 70, n. 01, p. 9-10, jan. 2006.

[61] Cf. GARCIA, Gustavo Filipe Barbosa. Indenização por danos materiais e morais decorrentes de acidente de trabalho – Justiça competente. *Revista de Direito do Trabalho*, São Paulo, RT, ano 28, n. 105, p. 221-229, jan.-mar. 2002.

[62] Em sentido diverso, cf. OLIVEIRA, Sebastião Geraldo de. *Indenizações por acidente do trabalho ou doença ocupacional*. 2. ed. São Paulo: LTr, 2006. p. 332: "a prescrição aplicável nas ações indenizatórias decorrentes de acidente do trabalho deve ser a do Código Civil para as ações ajuizadas até 2004 e a trabalhista para aquelas iniciadas posteriormente". Também em sentido diverso, na jurisprudência, cf. a seguinte decisão: "Recurso de revista. Indenização por danos morais. Relação de emprego. Prescrição. Prazo aplicável. Afastada a pronúncia da prescrição nuclear, no entendimento de que, em se tratando de dano moral decorrente da relação de emprego, é competente a Justiça do Trabalho para apreciar o pedido de indenização. Todavia, deve ser examinada a prescrição sem se distanciar do princípio da razoabilidade, em razão do período em que oscilava ainda a Jurisprudência sobre a competência da Justiça do Trabalho face às ações por dano moral. Interposta a ação em 2002 na Justiça Comum e apenas e tão somente declinada a competência para a Justiça do Trabalho em 2006, rege a prescrição a regra civil da data do ajuizamento da ação, isto é, a do art. 177 do Código Civil, consoante posicionamento adotado pela 6ª Turma, por ocasião do julgamento do recurso de revista 452/2006-129-03-00.9, da relatoria do Exmo. Ministro Aloysio Corrêa da Veiga. Revista conhecida e provida" (TST, 6ª T., RR 1660/2003-066-15-00.9, Rel. Min. Rosa Maria Weber Candiota da Rosa, *DJ* 07.12.2007).

Reitere-se, assim, que a indenização (moral e material) decorrente de acidentes do trabalho, devida pelo empregador ao empregado, é uma reparação por fato jurídico (ato ilícito e que causou prejuízo) ocorrido no âmbito da relação de emprego, ou seja, na verdade, tem-se uma pretensão resultante do contrato de trabalho.

Portanto, em termos jurídicos, o respectivo prazo prescricional é aquele previsto no art. 7º, inciso XXIX, da Constituição Federal de 1988. Reconhece-se, no entanto, a forte tendência da jurisprudência no sentido de ressalvar que, se a ação de indenização por danos morais e materiais decorrentes de acidente do trabalho foi ajuizada, antes da Emenda Constitucional 45/2004, perante a Justiça Comum, com posterior remessa à Justiça do Trabalho em razão da mencionada Emenda Constitucional, seria aplicada a prescrição prevista no Código Civil, observando-se a regra de transição do art. 2.028 do Código Civil de 2002[63].

Aliás, cabe registrar ter a SBDI-I do TST decidido que mesmo em ação ajuizada na Justiça do Trabalho, depois da Emenda Constitucional 45/2004, no caso de acidente ocorrido em data anterior à vigência desta, cabe a aplicação da prescrição civil[64].

---

[63] "Recurso de revista. Indenização por acidente de trabalho. Prescrição. Ação ajuizada na justiça comum anteriormente à EC 45/2004. Não é razoável se exigir que a ação, ajuizada na Justiça Comum, no período em que sequer estava definida a competência da Justiça do Trabalho para julgar o pedido de indenização por dano material decorrente de acidente de trabalho, quando a ação tiver sido direcionada contra o empregador, observe o biênio a que alude o art. 7º, XXIX, da Constituição Federal. Desse modo, deve-se aplicar ao dano material decorrente do acidente de trabalho a prescrição prevista na legislação civil vigente à época do alegado dano, desde que a ação tenha sido ajuizada na Justiça Comum em época anterior à fixação da competência da Justiça do Trabalho para julgar essa espécie de lide (EC 45/2004). Observa-se que a presente ação foi ajuizada na Justiça Comum em 18.07.2000, momento em que não havia sido fixada a competência da Justiça do Trabalho para dirimir controvérsia referente à indenização por dano material decorrente de acidente de trabalho em que o empregador se encontra no polo passivo da ação, motivo pelo qual é aplicável o prazo prescricional previsto no art. 177 do Código Civil de 1916, ou seja, vinte anos. Recurso de revista conhecido e não provido" (TST, 3ª T., RR 1222/2005-001-18-00.0, Rel. Min. Carlos Alberto Reis de Paula, DJ 04.04.2008). "Recurso de revista. Prescrição. Danos morais. Acidente de trabalho. Ação ajuizada na justiça comum antes da Emenda Constitucional n. 45/2004. Não se aplica a prescrição trabalhista quando a ação tenha sido ajuizada na Justiça Comum antes da Emenda Constitucional 45/2004, que atribuiu a competência à Justiça do Trabalho para examinar acidente de trabalho, do qual decorre o pedido de indenização por danos morais. Nesse caso específico, deve ser observada a prescrição civil, pois o trabalhador seguiu as regras processuais então vigentes e não deixou transcorrer o prazo de dois anos por negligência, por inércia ou por equívoco, mas justamente porque o ordenamento jurídico lhe assegurava o prazo prescricional de 20 anos. A conduta lícita não pode ser punida e aplica-se o princípio da segurança jurídica, reconhecendo o direito adquirido processual. Não se cogita de que a intenção do legislador constituinte derivado fosse instituir norma cuja aplicação imediata pudesse causar, mesmo que indiretamente, prejuízo aos trabalhadores, quanto à situação preexistente. Recurso de revista a que se nega provimento" (TST, 5ª T., RR 971/2006-029-12-00.0, Rel. Juíza Convocada Kátia Magalhães Arruda, DJ 04.04.2008).

[64] "Recurso de embargos. Recurso de revista conhecido e provido para declarar a prescrição. Aplicação do art. 7º, XXIX, da CF. Acidente de trabalho ocorrido em 1992. Danos morais. Ação ajuizada na Justiça do Trabalho após a Emenda Constitucional n. 45/2004. Direito intertemporal. Segurança jurídica. Regra de transição. Aplicação da prescrição cível. A prescrição de dois anos, para ajuizamento de ação na Justiça do Trabalho, como determina o art. 7º, inciso XXIX, da Constituição Federal, não alcançam ações cuja data da lesão já transcorrera em mais da metade pela regra da prescrição de vinte anos ou aquelas propostas antes da vigência do novo Código Civil de 2002, conforme determina seu art. 2.028. A alteração da competência para o julgamento das ações relativas a acidente de trabalho, consoante a Emenda Constitucional n. 45/2004, não possibilita a aplicação imediata da regra de prescrição trabalhista, pois quando da redução dos prazos prescricionais (art. 205 e inciso V do art. 206), estabeleceu-se a regra de transição, com o objetivo de assegurar o princípio da segurança jurídica. Considerando que a ação foi proposta quando já havia transcorrido mais de dez anos da ciência do dano, o prazo aplicável ao caso sob exame é o de vinte anos, razão por que não se encontra prescrita a pretensão ao pagamento da reparação correspondente. Proposta a ação em 2005, mesmo após a vigência da Emenda Constitucional n. 45/2004, na Justiça Comum (sic) em relação à indenização decorrente de acidente de trabalho ocorrido em 1992, não pode o autor ser surpreendido pela mudança da competência, adotando prazo prescricional de dois anos, pois já tinha adquirido o direito a ver a sua pretensão

Portanto, tem prevalecido na jurisprudência do Tribunal Superior do Trabalho o entendimento de que se a ciência inequívoca da lesão, oriunda de acidente do trabalho (ou doença ocupacional), ocorreu antes da vigência da Emenda Constitucional 45 (31 de dezembro de 2004), aplica-se o prazo prescricional previsto no Código Civil. Argumenta-se que, antes dessa ampliação da competência da Justiça do Trabalho, entendia-se, de forma majoritária, que a competência para decidir o conflito era da Justiça Comum Estadual, devendo incidir, assim, a prescrição civil. Nesse sentido é a importante decisão proferida pela Subseção de Dissídios Individuais I do TST, no processo E-RR 2700-23.2006.5.10.0005, julgado em 22 de maio de 2014[65].

A jurisprudência do Tribunal Superior do Trabalho, assim, é no sentido de que a prescrição nos casos de acidente do trabalho (ou doença ocupacional) deve considerar a data da lesão (ou da ciência da lesão), isto é, se ocorrida antes ou depois da Emenda Constitucional 45/2004, "pois somente após a sua promulgação é que se reconheceu a competência da Justiça do Trabalho para processar e julgar as ações de reparação por danos materiais, morais e estéticos oriundos de acidentes de trabalho ou doenças profissionais". Nesse sentido, se a ciência da lesão decorrente de acidente do trabalho ou doença ocupacional é *posterior* à Emenda Constitucional 45/2004 e ao julgamento, pelo STF, do Conflito de Competência 7.204/MG, publicado no *DJU* de 09.12.2005, incide a prescrição trabalhista, prevista no art. 7º, inciso XXIX, da Constituição da República (TST, 7ª T., RR-36-43.2010.5.15.0133, Rel. Min. Luiz Philippe Vieira de Mello Filho, *DEJT* 23.08.2019).

Ainda segundo parte da jurisprudência, na hipótese específica em que os sucessores do trabalhador (*de cujus*) pleiteiam, em nome próprio, indenização por danos morais e materiais a si mesmos causados em razão de acidente do trabalho ou doença ocupacional que vitimou o empregado falecido (dano reflexo ou em ricochete), por se tratar de direito personalíssimo e autônomo dos familiares da vítima, que se diferencia do dano sofrido pelo próprio trabalhador, apresenta natureza eminentemente civil, o que atrai a incidência da prescrição prevista no art. 206, § 3º, do Código Civil (TST, SBDI-I, E-RR 10248-50.2016.5.03.0165, Rel. Min. Luiz Philippe Vieira de Mello Filho, *DEJT* 15.06.2018).

34.8 Prescrição na ação civil pública

Prevalece na jurisprudência o entendimento de que deve ser aplicado o prazo prescricional de cinco anos para a ação civil pública, com fundamento no prazo prescricional da ação popular (art. 21 da Lei 4.717/1965)[66]. A prescrição, de todo modo, incide quanto a pretensões de natureza condenatória.

---

julgada sob a regra de prescrição anterior. Embargos conhecido e provido" (TST, SBDI-I, E-RR 99517/2006-659-09-00.5, Rel. Min. Aloysio Corrêa da Veiga, j. 28.05.2009, *DJ* 05.06.2009).

[65] "Recurso de embargos. indenização por dano moral e material. Doença profissional. Empregado aposentado por invalidez. Lesão anterior à vigência do CC. Ação ajuizada após a edição da EC 45/2004. Prescrição aplicável. Necessário examinar a prescrição da pretensão a indenização por dano moral, em face de acidente de trabalho, quando o reconhecimento da lesão é anterior à vigência do Código Civil de 2002 (vigência a partir de 11 de janeiro de 2003), em 13.04.2001, e a ação trabalhista foi ajuizada após a vigência da EC 45/2004, em 17.01.2006. Diante da tese da c. Turma de que o marco para verificação da doença profissional deve se dar pela data da concessão de aposentadoria por invalidez, é de se aplicar a regra de transição, para consagrar a prescrição trienal, no presente caso, conforme determinam os arts. 206, § 3º, c/c 2.028 do Código Civil de 2002, iniciando-se a contagem em 11.01.2003, data da vigência do novo Código. Se a prescrição começou a correr, da data da lesão, antes da EC 45, não é possível aplicar-se a prescrição trabalhista, sob pena de ferimento ao princípio da segurança jurídica, sendo relevante para o exame da prescrição que se observe a data da lesão, com o fim de estabilização das relações jurídicas. Embargos conhecidos e desprovidos" (TST, SBDI-I, E-RR 2700-23.2006.5.10.0005, Rel. Min. Aloysio Corrêa da Veiga, *DEJT* 22.08.2014).

[66] "Agravo de instrumento em recurso de revista. Prescrição. Ação civil pública. Dano moral coletivo. Fixação do prazo prescricional de 5 anos previsto na Lei da Ação Popular (4.717/65). Em razão de provável afronta ao art. 7º, inciso XXIX, da CF/88, dá-se provimento ao agravo de instrumento para determinar o prosseguimento do recurso de

Especificamente quanto aos *direitos individuais homogêneos*, por serem essencialmente individuais, ainda que tutelados de forma coletiva (art. 81, parágrafo único, inciso III, da Lei 8.078/1990), entende-se que se aplica, no âmbito trabalhista, o prazo de prescrição previsto no art. 7º, inciso XXIX, da Constituição Federal de 1988. Cf. TST, 5ª T., R-918-26.2019.5.17.0006, Rel. Min. Breno Medeiros, *DEJT* 02.09.2022.

---

revista. Agravo de instrumento conhecido e provido. Recurso de revista. Acórdão publicado na vigência da Lei n. 13.015/2014. Legitimidade ativa do Ministério Público do Trabalho. O entendimento jurisprudencial desta Casa já se pacificou no sentido de que o Ministério Público tem legitimidade para o ajuizamento de ação civil pública inclusive para a defesa de interesses individuais homogêneos. Precedentes. *In casu*, os interesses defendidos pelo Ministério Público do Trabalho ultrapassam a esfera individual, sendo coletivos e mesmo difusos, uma vez que se relacionam ao constatado extrapolamento da jornada de trabalho além do limite legal. Registre-se, ainda, que a determinação dos sujeitos envolvidos não constitui óbice ao exercício do direito de ação pelo Ministério Público, uma vez que o direito tem origem comum e afeta vários indivíduos da categoria, não podendo ser considerado individual heterogêneo, sendo certo que o fato de ser necessária a individualização para apuração do valor devido a cada empregado não descaracteriza a natureza homogênea da pretensão. Precedentes. Incidem, portanto, a Súmula n. 333 desta Corte e o art. 896, § 7º, da CLT como óbices ao prosseguimento da revista, a pretexto da alegada ofensa aos dispositivos apontados, bem como da divergência jurisprudencial transcrita. Recurso de revista não conhecido. Prescrição. Ação civil pública. Dano moral coletivo. Fixação do prazo prescricional de 5 anos previsto na Lei da Ação Popular (4.717/65). O e. TRT consignou que diante da natureza dos direitos tutelados, a ação civil pública possui caráter de imprescritibilidade. Em que pesem tais considerações, certo é que esta Corte, na esteira do entendimento firmado pelo Superior Tribunal de Justiça, no que refere à existência de prazo prescricional para fins de proposição de ação civil pública, firmou entendimento sobre a adoção do prazo prescricional de 5 anos para a ação civil pública. Precedentes. Prejudicada a análise dos temas remanescentes. Recurso de revista conhecido e provido" (TST, 5ª T. RR – 353-89.2015.5.12.0055, Rel. Min. Breno Medeiros, *DEJT* 23.11.2018).

CAPÍTULO 35

DIREITO COLETIVO DO TRABALHO

35.1 Denominação

Para denominar a matéria em estudo, as expressões mais utilizadas são: Direito Coletivo do Trabalho e Direito Sindical.

Os autores que a adotam a denominação Direito Sindical asseveram ser o sindicato a figura de maior destaque no setor do direito em análise[1].

No entanto, como as relações coletivas de trabalho não se restringem aos entes sindicais, parte da doutrina prefere denominar a matéria como Direito Coletivo do Trabalho[2], posição aqui adotada.

Embora também exista a expressão Direito Corporativo, esta não é mais utilizada no presente, por se referir ao sistema no qual a organização sindical é controlada pelo próprio Estado.

35.2 Natureza jurídica

Discute-se a respeito da autonomia do Direito Coletivo do Trabalho.

Há entendimento, não majoritário, de que ele possui autonomia científica, especialmente por apresentar princípios próprios, diferentes do Direito Individual do Trabalho.

O entendimento que prevalece é de que o Direito do Trabalho, como ramo dotado de autonomia científica, possui como um de seus setores o Direito Coletivo do Trabalho, com peculiaridades próprias, mas sem se desvincular por completo do primeiro[3].

Além disso, não há autonomia legislativa, pois a matéria é tratada na própria Consolidação das Leis do Trabalho.

Não se verifica autonomia jurisdicional, pois a Justiça do Trabalho decide tanto controvérsias envolvendo o Direito Individual como Coletivo, do Trabalho.

Não existe, ainda, autonomia didática, uma vez que o Direito Coletivo do Trabalho é normalmente ensinado nas universidades juntamente com a disciplina de Direito do Trabalho.

Quanto à autonomia doutrinária, também não se faz presente, pois as obras, pesquisas, textos e trabalhos são normalmente escritos pelos doutrinadores e especialistas do Direito do Trabalho como um todo.

Assim, a natureza jurídica do Direito Coletivo do Trabalho é de segmento ou setor do Direito do Trabalho, o qual possui autonomia na ciência jurídica.

35.3 Conceito

O Direito Coletivo do Trabalho pode ser conceituado como o segmento do Direito do Trabalho que regula a organização sindical, a negociação coletiva e os instrumentos normativos decorrentes, a representação dos trabalhadores na empresa e a greve.

---

[1] Cf. NASCIMENTO, Amauri Mascaro. *Compêndio de direito sindical*. 2. ed. São Paulo: LTr, 2000. p. 19.
[2] Cf. MARTINS, Sergio Pinto. *Direito do trabalho*. 22. ed. São Paulo: Atlas, 2006. p. 677.
[3] Cf. NASCIMENTO, Amauri Mascaro. *Compêndio de direito sindical*. 2. ed. São Paulo: LTr, 2000. p. 27-30; MARTINS, Sergio Pinto. *Direito do trabalho*. 22. ed. São Paulo: Atlas, 2006. p. 678. Cf. ainda RUSSOMANO, Mozart Victor. *Princípios gerais de direito sindical*. 2. ed. Rio de Janeiro: Forense, 1997. p. 48-49.

35.4 Princípios

Cabe verificar a presença de princípios específicos do Direito Coletivo do Trabalho.

Embora inserido no âmbito mais amplo do Direito do Trabalho, observa-se a presença de princípios próprios do Direito Sindical, que não se confundem com aqueles do Direito Individual do Trabalho.

35.4.1 Liberdade sindical

O princípio da liberdade sindical encontra-se na estrutura do Direito Coletivo do Trabalho da atualidade, pautado pela democracia e o pluralismo nas relações sindicais.

Não mais se sustenta o modelo sindical controlado pelo Estado, impondo regras que acabam sufocando a atuação dos atores sociais nas relações coletivas de trabalho.

A organização sindical, assim, passa a se pautar na *liberdade de fundação, organização, filiação, administração e atuação dos entes sindicais*, mantendo o diálogo e a boa-fé nas suas relações, de modo a alcançar a dignidade e a justiça social.

A liberdade sindical é regulada pela Convenção 87 da OIT, de 1948, norma internacional de grande importância, embora ainda não ratificada pelo Brasil.

35.4.2 Autonomia coletiva dos particulares

O princípio da autonomia coletiva dos particulares explicita o poder de que são titulares os atores sociais, inseridos nas relações coletivas, possibilitando a criação de normas que regulem os conflitos laborais, ao mesmo tempo em que estabelecem condições de trabalho.

A autonomia privada coletiva, assim, é um poder que se confere aos entes sindicais, de estabelecer normas coletivas de trabalho, a serem aplicadas às relações trabalhistas.

Os instrumentos normativos em questão, de natureza autônoma, decorrem da negociação coletiva, procedimento no qual os entes sindicais podem exercer o direito de firmar convenções e acordos coletivos de trabalho. Estes, como já estudados, são verdadeiras fontes formais no Direito do Trabalho.

35.4.3 Adequação setorial negociada e equivalência entre os contratantes coletivos

O *princípio da adequação setorial negociada* indica as possibilidades e os limites que devem ser observados pelas normas coletivas, decorrentes de negociação coletiva de trabalho[4].

Nesse sentido, referidos instrumentos coletivos podem estabelecer direitos mais benéficos aos empregados, conforme o princípio da norma mais favorável, adotado pelo art. 7º, *caput*, da Constituição Federal de 1988.

Quanto à possibilidade de estabelecer condições de trabalho de forma prejudicial aos empregados, tal hipótese deve ser entendida como verdadeira exceção, admissível apenas nos casos previstos no texto constitucional (art. 7º, incisos VI, XIII e XIV, da Constituição da República), exigindo a devida justificação, sendo possível como forma de buscar a proteção de interesses mais amplos dos trabalhadores, como a manutenção do nível de emprego.

Assim, os direitos sociais e trabalhistas mínimos, assegurados na Constituição Federal, não podem ser reduzidos, nem mesmo por meio de negociação coletiva, por se considerarem o patamar mínimo de existência digna. Nesse limite mínimo encontram-se, por exemplo, o adicional de horas extras de 50%, bem como o salário mínimo.

---

[4] Cf. DELGADO, Mauricio Godinho. *Curso de direito do trabalho.* 4. ed. São Paulo: LTr, 2005. p. 1.319-1.321.

Além disso, as normas necessárias à proteção da dignidade e da vida do trabalhador, bem como aquelas de ordem pública, pertinentes à segurança e à saúde no trabalho, não podem ser objeto de flexibilização *in pejus*, ainda que se trate de instrumento normativo decorrente de negociação coletiva.

O art. 7º, inciso XXVI, da Constituição da República, ao arrolar os direitos dos trabalhadores urbanos e rurais, estabelece o reconhecimento das convenções e acordos coletivos de trabalho.

Nesse enfoque, a negociação coletiva (art. 8º, inciso VI, da Constituição Federal de 1988) é considerada procedimento legítimo e democrático que dá origem a normas coletivas autônomas.

Entende-se, ainda, que no âmbito das relações coletivas de trabalho, os entes sindicais e coletivos legitimados situam-se em posição de igualdade, por não se observar a vulnerabilidade ou a hipossuficiência do empregado, presente no contrato individual de trabalho.

Destaca-se, assim, a presença do *princípio da equivalência entre os contratantes coletivos*[5].

Com isso, na atualidade, tem-se entendido que os instrumentos normativos autônomos, decorrentes da negociação coletiva de trabalho, quando respeitados os direitos indisponíveis e as normas de ordem pública, devem prevalecer sobre as fontes normativas heterônomas[6].

Nessa linha, o Supremo Tribunal Federal fixou a seguinte tese de repercussão geral: "São constitucionais os acordos e as convenções coletivos que, ao considerarem a adequação setorial negociada, pactuam limitações ou afastamentos de direitos trabalhistas, independentemente da explicitação especificada de vantagens compensatórias, desde que respeitados os direitos absolutamente indisponíveis" (STF, Pleno, ARE 1.121.633/GO, Rel. Min. Gilmar Mendes, j. 02.06.2022)[7].

Ainda quanto ao tema, cf. Capítulo 37.

---

[5] Cf. DELGADO, Mauricio Godinho. *Curso de direito do trabalho*. 17. ed. São Paulo: LTr, 2018. p. 1.557.

[6] "Recurso de revista interposto pela reclamada. 1. Sistema de controle alternativo de jornada. Norma coletiva que determina a autogestão da jornada pelo empregado. Validade. Provimento. A teor do preceito insculpido no art. 7º, XXVI, da Constituição Federal, é dever desta Justiça Especializada incentivar e garantir o cumprimento das decisões tomadas a partir da autocomposição coletiva, desde que formalizadas nos limites da lei. A negociação coletiva, nessa perspectiva, é um instrumento valioso que nosso ordenamento jurídico coloca à disposição dos sujeitos trabalhistas para regulamentar as respectivas relações de trabalho, atendendo às particularidades e especificidades de cada caso. É inequívoco que, no âmbito da negociação coletiva, os entes coletivos atuam em igualdade de condições, o que torna legítimas as condições de trabalho por eles ajustadas, na medida em que afasta a hipossuficiência ínsita ao trabalhador nos acordos individuais de trabalho. Assim, as normas autônomas oriundas de negociação coletiva, desde que resguardados os direitos indisponíveis, devem prevalecer sobre o padrão heterônomo justrabalhista, já que a transação realizada em autocomposição privada resulta de uma ampla discussão havida em um ambiente paritário, no qual as perdas e ganhos recíprocos têm presunção de comutatividade. Na hipótese, a Corte Regional reputou inválida a norma coletiva em que autorizada a dispensa de controle formal de horário, sob o fundamento de que tal previsão não se sobrepõe ao disposto no art. 74, § 2º, da CLT, e, por isso, não exime a reclamada do cumprimento do disposto no aludido artigo. Conforme acima aduzido, a Constituição Federal reconhece a validade e a eficácia dos instrumentos de negociação coletiva, desde que respeitados os direitos indisponíveis dos trabalhadores. Ocorre que a forma de marcação da jornada de trabalho não se insere no rol de direitos indisponíveis, de modo que não há qualquer óbice na negociação para afastar a incidência do dispositivo que regula a matéria, com o fim de atender aos interesses das partes contratantes. Impende destacar, inclusive, que o art. 611-A, X, da CLT, inserido pela Lei n. 13.467/2017, autoriza a prevalência das normas coletivas que disciplinam a modalidade de registro de jornada de trabalho em relação às disposições da lei. É bem verdade que o aludido preceito, por ser de direito material, não pode ser invocado para disciplinar as relações jurídicas já consolidadas. Não se pode olvidar, entretanto, que referido dispositivo não trouxe qualquer inovação no mundo jurídico, apenas declarou o fato de que essa matéria não se insere no rol das garantias inegociáveis. Ante o exposto, mostra-se flagrante a afronta ao art. 7º, XXVI, da Constituição Federal. Recurso de revista de que se conhece e a que se dá provimento" (TST, 4ª T., ARR – 80700-33.2007.5.02.0261, Rel. Min. Guilherme Augusto Caputo Bastos, *DEJT* 26.10.2018).

[7] "Recurso extraordinário com agravo. 2. Direito do Trabalho. 3. Validade de norma coletiva que limita ou restringe direito trabalhista. Matéria constitucional. Revisão da tese firmada nos temas 357 e 762. 4. Repercussão geral reconhecida" (STF, Pleno, ARE-RG 1.121.633/GO, Rel. Min. Gilmar Mendes, *DJe* 23.05.2019).

35.5 Aspectos históricos e do Direito Internacional

As corporações de ofício, da Idade Média, antecedendo e se distinguindo dos sindicatos, reuniam as forças produtivas na mesma entidade, ou seja, tanto mestres, aprendizes, como companheiros.

O Direito Coletivo do Trabalho tem início nos movimentos de união de trabalhadores, com o fim de lutar contra condições de trabalho desfavoráveis, buscando melhorias, por exemplo, quanto ao salário e à jornada de trabalho, especialmente em face dos abusos cometidos durante a Revolução Industrial, iniciada no século XVIII.

Antes disso, as corporações de ofício, da Idade Média, haviam sido extintas no período da Revolução Francesa, de 1789, proibindo-se a associação e a formação de grupos, tendo em vista o receio de violar a liberdade individual. Na época, entendeu-se que referida liberdade não era compatível com a existência de corpos intermediários entre o indivíduo e o Estado[8]. Esse movimento do liberalismo ocorreu na Revolução Industrial, em período marcado pelo individualismo exacerbado.

Na França, a chamada Lei *Le Chapelier*, de 17 de julho de 1791, proibia que "os cidadãos de um mesmo estado ou profissão tomassem decisões ou deliberações a respeito de seus pretensos interesses comuns"[9].

A mesma linha é seguida pelo Código Penal de Napoleão, de 1810, que punia a associação de trabalhadores.

A Revolução Industrial, iniciada no século XVIII, fez surgir a "questão social", representada pelo desequilíbrio nas relações jurídico-econômicas entre trabalho e capital.

Nessa época, as péssimas condições sociais e de trabalho foram fatores determinantes para surgir o sindicalismo, como forma de união entre os trabalhadores, na luta contra as injustiças e desigualdades sociais e econômicas.

As greves ocorridas no período também fortaleceram o movimento de associação profissional.

O *Manifesto comunista*, de Marx e Engels (1848), conclamava os trabalhadores à união, bem como condenava a supressão das corporações, defendendo a necessidade de os operários se organizarem e se associarem, para possibilitar a manifestação de suas opiniões e a obtenção de melhores condições de vida.

Na Inglaterra, a partir de 1824, aponta-se uma fase de tolerância quanto à união de trabalhadores, dando origem aos sindicatos. Em 21 de junho de 1824, por ato do parlamento inglês, retirou-se a proibição das coligações de trabalhadores.

Como sintetiza Amauri Mascaro Nascimento: "Os sindicatos surgiram sem apoio da lei, como entes de fato, de existência institucional, embora sem o reconhecimento legal. Este veio depois, curvando-se à realidade que não mais poderia modificar"[10].

Em 1830, são criadas em Manchester as *Trade Unions*, ou seja, associações de trabalhadores com o objetivo de mútua defesa e ajuda, indicando uma forma embrionária do sindicato.

Na França, a Lei *Waldeck-Rousseau*, de 21 de março de 1884, passou a autorizar que pessoas da mesma profissão, ou de profissões conexas, se reunissem em associações, independentemente de autorização do Estado, para a defesa de seus interesses econômicos e profissionais.

Na Alemanha, a Constituição de Weimar, de 1919, assegurou o direito de associação, sendo a primeira Constituição a estabelecer preceitos pertinentes ao Direito Coletivo do Trabalho.

---

[8] Cf. NASCIMENTO, Amauri Mascaro. Origens históricas e natureza jurídica dos sindicatos. In: FRANCO FILHO, Georgenor de Sousa (Coord.). *Curso de direito coletivo do trabalho*: estudos em homenagem a Orlando Teixeira da Costa. São Paulo: LTr, 1998. p. 33.

[9] MARTINS, Sergio Pinto. *Direito do trabalho*. 22. ed. São Paulo: Atlas, 2006. p. 677.

[10] NASCIMENTO, Amauri Mascaro. Origens históricas e natureza jurídica dos sindicatos. In: FRANCO FILHO, Georgenor de Sousa (Coord.). *Curso de direito coletivo do trabalho*: estudos em homenagem a Orlando Teixeira da Costa. São Paulo: LTr, 1998. p. 35.

Na evolução da história, observa-se a formação de sistemas sindicais ligados ao regime fascista, em que o sindicato é submetido aos interesses do Estado. No corporativismo, o Estado também centraliza todas as decisões, procurando manter o sindicato sob o seu controle.

O movimento sindical de concepção socialista, por sua vez, acabou desenvolvendo as suas atividades sob a direção do Partido Comunista (Rússia), exercendo o papel de "correia de transmissão da ideologia comunista", tal como proposto por Lenin.

Por fim, a terceira concepção, fundada na autonomia e na liberdade sindical, procurou desatrelar o sindicato do Estado, seguindo o princípio democrático, hoje predominante. Este é considerado "o mais antigo sindicalismo do mundo, existente desde 1720, com as uniões de trabalhadores de Londres, as associações que se formaram visando a reivindicações salariais e de limitação da jornada diária de trabalho, apesar do espírito de repressão ainda existente e que só viria a ser afastado com a liberdade de coalizão reconhecida pela lei de 1824, reforçada pela lei de 1871"[11].

No plano internacional, a Declaração Universal dos Direitos Humanos, de 1948, no art. XXIII, n. 4, prevê que: "Todo ser humano tem direito a organizar sindicatos e a neles ingressar para proteção de seus interesses".

A Convenção 87 da Organização Internacional do Trabalho, de 1948, estabelece as diretrizes pertinentes à liberdade sindical, consideradas essenciais para a democracia nas relações coletivas de trabalho.

A Convenção 98, de 1949, refere-se ao direito de sindicalização e de negociação coletiva.

Como acentua Arnaldo Süssekind, "enquanto a Convenção n. 87 objetiva garantir a liberdade sindical em relação aos poderes públicos, a de n. 98 tem por finalidade proteger os direitos sindicais dos trabalhadores perante os empregadores e suas organizações, garantir a independência das associações de trabalhadores em face as de empregadores, e vice--versa, e, bem assim, fomentar a negociação coletiva"[12].

A Convenção 98 é complementada pela Convenção 154, de 1981, dispondo sobre a promoção da negociação coletiva, bem como pela Convenção 141, de 1975, tratando da organização sindical dos trabalhadores rurais, e pela Convenção 151, de 1978, referente à sindicalização e negociação coletiva dos servidores públicos.

A Convenção 135 da OIT, de 1971, por sua vez, dispõe sobre a proteção aos representantes dos trabalhadores nas empresas.

35.6 Aspectos históricos no Brasil

Inicialmente, o mesmo movimento observado na Europa, de individualismo extremado, com a extinção das corporações de ofício, reflete no contexto do Brasil, ainda que com certo atraso.

Desse modo, a Constituição imperial de 1824, no art. 179, inciso XXV, estabelecia a abolição das corporações de ofícios, seus juízes, escrivães e mestres.

Na origem do movimento sindical brasileiro, observam-se as chamadas instituições assistenciais, ou seja, "ligas operárias", que também reivindicavam melhores condições de trabalho, com certa influência de trabalhadores estrangeiros que aqui se encontravam para prestar serviços, como: Liga Operária de Socorros Mútuos (1872), Liga de Resistência dos Trabalhadores em Madeira (1901), Liga dos Operários em Couro (1901), Liga de Resistência das Costureiras (1906)[13].

---

[11] NASCIMENTO, Amauri Mascaro. Origens históricas e natureza jurídica dos sindicatos. In: FRANCO FILHO, Georgenor de Sousa (Coord.). *Curso de direito coletivo do trabalho*: estudos em homenagem a Orlando Teixeira da Costa. São Paulo: LTr, 1998. p. 37.
[12] SÜSSEKIND, Arnaldo. *Direito internacional do trabalho*. 3. ed. São Paulo: LTr, 2000. p. 322.
[13] Cf. NASCIMENTO, Amauri Mascaro. Origens históricas e natureza jurídica dos sindicatos. In: FRANCO FILHO, Georgenor de Sousa (Coord.). *Curso de direito coletivo do trabalho*: estudos em homenagem a Orlando Teixeira da Costa. São Paulo: LTr, 1998. p. 40.

Existiam, ainda, as sociedades de socorros mútuos, com o objetivo de ajuda material aos trabalhadores, bem como as sociedades cooperativas de operários.

A Constituição de 1891 não dispunha expressamente sobre as entidades sindicais. Apenas de forma mais genérica, o art. 72, § 8º, previa que: "A todos é lícito associarem-se e reunirem-se livremente e sem armas; não podendo intervir a polícia senão para manter a ordem pública".

A criação dos primeiros sindicatos ocorreu em 1903, ligados à agricultura e à pecuária, sendo reconhecidos pelo Decreto 979, de 6 de janeiro de 1903, que permitiu aos profissionais de agricultura e indústria rurais a organização em sindicatos, para o estudo, custeio e defesa de seus interesses.

Cabe fazer menção ao 1º Congresso Operário Brasileiro, realizado em 1906, no Rio de Janeiro, por meio do qual o sindicato alcançou dimensão nacional, inserido no bojo de período (1890 a 1920) marcado pela influência das teses do anarquismo, de combate radical ao capitalismo, ao governo, à autoridade e à ordem jurídica, política e social.

Em 1907 surge o primeiro sindicato urbano, reconhecido pelo Decreto 1.637/1907, que criou sociedades corporativas, facultando a qualquer trabalhador, inclusive de profissões liberais, a associação a sindicatos, com objetivos de estudo e defesa dos interesses da sua profissão e de seus membros.

O Código Civil de 1916, no art. 20, § 1º, estabelecia não ser possível a constituição, sem prévia autorização, de sindicatos profissionais e agrícolas legalmente autorizados.

O Brasil sofreu, ainda, forte influência da doutrina do Estado corporativista, que centraliza para si a organização da economia nacional, com objetivos de promover o interesse nacional, justificando a possibilidade de controle dos entes sindicais.

Desse modo, o Decreto 19.443, de 26 de novembro de 1930, criou o Ministério do Trabalho, Indústria e Comércio, atribuindo aos sindicatos funções delegadas de poder público.

O Decreto 19.770, de 19 de março de 1931, conhecida como a "Lei dos Sindicatos", aprovado pelo governo de Getúlio Vargas, seguindo a doutrina de Oliveira Vianna, que se inspirava no modelo corporativista italiano, estabeleceu a distinção entre sindicato de empregados e sindicato de empregadores, exigindo o reconhecimento do Ministério do Trabalho para a aquisição de personalidade jurídica, bem como instituiu o sindicato único para cada profissão da mesma região. Também era vedado ao sindicato o exercício de atividade política. Os funcionários públicos eram excluídos da sindicalização, sujeitando-se à lei especial. Permitia-se a criação de federações (por três sindicatos) e confederações (por cinco federações), também sujeitas à fiscalização do Ministério do Trabalho. Os sindicatos podiam celebrar convenções ou contratos coletivos de trabalho. As profissões idênticas, similares e conexas foram agrupadas oficialmente em bases municipais. Foi vedada, ainda, a filiação de sindicatos a entidades internacionais sem a autorização do Ministério do Trabalho.

O Decreto 24.694, de 12 de julho de 1934 (quatro dias antes da publicação da Constituição de 1934), a pretexto de regular a pluralidade sindical, estabelecia sérias restrições a tal liberdade. A norma mencionada dispunha que o sindicato se formava com, no mínimo, um terço (1/3) dos empregados que exerciam a mesma profissão na respectiva localidade. A formação de sindicatos de empregadores exigia a reunião de cinco empresas, ou, no mínimo, dez sócios individuais.

Na Constituição de 1934, o art. 120 assim estabelecia: "Os sindicatos e as associações profissionais serão reconhecidos de conformidade com a lei". No entanto, a pluralidade e a autonomia sindical deixavam de prevalecer, em razão do mencionado Decreto 24.694/1934.

Na Constituição de 1937, que recebeu influência do sistema fascista, bem como da *Carta del Lavoro*, da Itália, seguindo o regime corporativista, assim previa no art. 138: "A associação profissional ou sindical é livre. Somente, porém, o sindicato regularmente reconhecido pelo Estado tem o direito de representação legal dos que participarem da categoria de produção para que foi constituído, e de defender-lhes os direitos perante o Estado e as outras associações profissionais, estipular contratos coletivos de trabalho obrigatórios para todos os seus associados, impor-lhes contribuições e exercer em relação a eles funções delegadas de Poder Público".

O corporativismo ficava evidente, ainda, na seguinte previsão da Constituição de 1937: "Art. 140. A economia da população será organizada em corporações, e estas, como entidades representativas das forças do trabalho nacional, colocadas sob a assistência e a proteção do Estado, são órgãos destes e exercem funções delegadas de Poder Público".

O art. 139 previa que, para dirimir os conflitos oriundos das relações entre empregadores e empregados, reguladas na legislação social, ficava instituída a Justiça do Trabalho, a qual ainda não integrava o Poder Judiciário, por ser um órgão administrativo. Na sequência, o mesmo dispositivo declarava a greve e o *lockout* como "recursos antissociais nocivos ao trabalho e ao capital e incompatíveis com os superiores interesses da produção nacional".

Ainda seguindo de forma explícita o regime corporativista, com a centralização da ordenação da economia e da sociedade no Estado, o art. 61 da Constituição de 1937 previa como atribuições do Conselho da Economia Nacional: a) promover a organização corporativa da economia nacional; b) estabelecer normas relativas à assistência prestada pelas associações, sindicatos ou institutos; c) editar normas reguladoras dos contratos coletivos de trabalho entre os sindicatos da mesma categoria da produção ou entre associações representativas de duas ou mais categorias; d) emitir parecer sobre todos os projetos, de iniciativa do Governo ou de qualquer das Câmaras, que interessem diretamente à produção nacional; e) organizar, por iniciativa própria ou proposta do Governo, inquérito sobre as condições do trabalho, da agricultura, da indústria, do comércio, dos transportes e do crédito, com o fim de incrementar, coordenar e aperfeiçoar a produção nacional; f) preparar as bases para a fundação de institutos de pesquisas; g) emitir parecer sobre todas as questões relativas à organização e reconhecimento de sindicatos ou associações profissionais; h) propor ao Governo a criação de corporação de categoria.

O Decreto 1.402, de 5 de julho de 1939, por sua vez, regulava o sindicato único, ou seja, referente à categoria econômica ou profissional, na mesma base territorial, permitindo a intervenção e a interferência do Estado, com perda da carta sindical no caso de desobediência à política econômica determinada pelo governo.

Essa herança corporativista na organização sindical também se transfere para a Consolidação das Leis do Trabalho, de 1º de maio de 1943.

Isso é observado no art. 512 da CLT, ao prever que somente as associações profissionais regularmente constituídas para os fins de estudo, defesa e coordenação dos seus interesses econômicos ou profissionais, e registradas de acordo com o art. 558, podem ser reconhecidas como sindicatos e investidas nas prerrogativas definidas na CLT.

Desse modo, as associações profissionais e de empregadores constituíam um estágio prévio, mas necessário para o reconhecimento do sindicato em si (art. 515 da CLT).

O art. 516 da CLT já impunha a unicidade sindical, ao prever a impossibilidade de ser reconhecido mais de um sindicato representativo da mesma categoria econômica ou profissional, ou profissão liberal, em uma dada base territorial.

O art. 518 da CLT, por sua vez, regulava o "pedido de reconhecimento", a ser dirigido ao Ministro do Trabalho, instruído com exemplar ou cópia autenticada dos estatutos da associação.

Na mesma linha, o art. 519 da CLT estabelecia critérios para a "investidura sindical", que era "conferida sempre à associação profissional mais representativa, a juízo do Ministro do Trabalho".

Nessa época, a existência jurídica do sindicato era comprovada pela chamada "carta sindical", assinada pelo Ministro do Trabalho, conforme art. 520 da CLT: "Reconhecida como sindicato a associação profissional, ser-lhe-á expedida carta de reconhecimento, assinada pelo Ministro do Trabalho, Indústria e Comércio, na qual será especificada a representação econômica ou profissional conferida e mencionada a base territorial outorgada".

O art. 524, § 3º, da CLT, acrescentado pelo Decreto-lei 9.502, de 23 de julho de 1946, regulando as deliberações da Assembleia Geral do sindicato, estabelecia profunda interferência do Estado no referido ente, chegava a estabelecer que: "A mesa apuradora será presidida por membro do Ministério Público do Trabalho ou pessoa de notória idoneidade, designado pelo Procurador-Geral da Justiça do Trabalho ou Procuradores Regionais".

O art. 525, parágrafo único, alínea *a*, da CLT excluía da proibição de pessoas físicas ou jurídicas, estranhas ao Sindicato, interferirem na sua administração ou nos seus serviços os delegados do Ministério do Trabalho, especialmente designados pelo Ministro ou por quem o represente.

Seguindo a mesma orientação, o art. 528 da CLT previa que, ocorrendo dissídio ou circunstâncias que perturbassem o funcionamento de entidade sindical ou motivos relevantes de segurança nacional (conforme redação posteriormente determinada pelo Decreto-lei 3, de 27 de janeiro de 1966), o Ministro do Trabalho poderia nela intervir, por intermédio de Delegado ou de Junta Interventora, com atribuições para administrá-la e executar ou propor as medidas necessárias para normalizar-lhe o funcionamento.

O art. 531, § 3º, da CLT, sobre eleições para cargos de diretoria e do conselho fiscal do sindicato, coerente com o mencionado regime restritivo à liberdade sindical, com ampla interferência estatal, previa a possibilidade de o Ministério do Trabalho designar o presidente da sessão eleitoral.

A organização sindical rural foi disciplinada pelo Decreto-lei 7.038, do ano de 1944.

A Constituição de 1946, em seu art. 159, assim previa: "É livre a associação profissional ou sindical, sendo reguladas por lei a forma de sua constituição, a sua representação legal nas convenções coletivas de trabalho e o exercício de funções delegadas pelo Poder Público".

Desse modo, as disposições da Consolidação das Leis do Trabalho, sobre a organização sindical, foram recepcionadas, enfatizando-se a regra constitucional de que o ente sindical exerce "funções delegadas pelo Poder Público".

O art. 158 da Constituição de 1946 reconhecia o direito de greve, remetendo à lei a regulação do seu exercício.

A Constituição de 1967, por sua vez, no art. 159, previa ser "livre a associação profissional ou sindical". A sua constituição, a representação legal nas convenções coletivas de trabalho e o "exercício de funções delegadas de Poder Público" eram remetidos à regulação pela lei.

O § 1º do art. 159 previa que, entre as funções delegadas, compreendia-se a de "arrecadar, na forma da lei, contribuições para o custeio da atividade dos órgãos sindicais e profissionais e para a execução de programas de interesse das categorias por eles representadas". O § 2º do art. 159 estabelecia ser "obrigatório o voto nas eleições sindicais".

Essas disposições foram mantidas pela Emenda Constitucional 1/1969, art. 166.

O Decreto-lei 229, de 28 de fevereiro de 1967, inseriu diversas alterações na CLT, regulando a possibilidade dos sindicatos de celebrar acordos e convenções coletivas, bem como a obrigatoriedade do voto sindical.

O Ato Institucional 5, de 13 de dezembro de 1968, ao permitir ao Presidente da República a possibilidade de suspender direitos políticos, neles incluía o direito de votar e ser votado nas eleições sindicais.

Em 1985, a Portaria 3.100, do Ministério do Trabalho, revogou a Portaria 3.337/1978, que proibia a existência das centrais sindicais. Iniciou-se, assim, a criação de centrais sindicais pelos trabalhadores, embora sem previsão legal expressa.

Cabe fazer menção, ainda, ao forte movimento de sindicalização reivindicativa (conhecido como sindicalismo de resultados, pragmático) e de greves na região do chamado "ABC" paulista, englobando as cidades de Santo André, São Bernardo do Campo e São Caetano do Sul, centros de grande industrialização no Estado de São Paulo, com destaque para a indústria automobilística.

A Constituição Federal, promulgada em 5 de outubro de 1988, ao instaurar novo regime constitucional, estabelecendo o Estado Democrático de Direito (art. 1º), passou a adotar o princípio da liberdade sindical (art. 8º, *caput*), ainda que impondo sérias restrições.

O art. 8º, inciso I, da Constituição Federal de 1988 prevê a seguinte regra, de grande destaque e importância: "a lei não poderá exigir autorização do Estado para a fundação de sindicato, ressalvado o registro no órgão competente, vedadas ao Poder Público a interferência e a intervenção na organização sindical".

Essa proibição de interferência e intervenção do Poder Executivo na organização sindical foi a grande modificação, tornando incompatíveis diversas regras contidas na CLT, fundadas nas ordens constitucionais anteriores, não recepcionadas pela Constituição Federal de 1988.

35.7 Organização sindical na Constituição Federal de 1988

A organização sindical estabelecida na Constituição Federal de 1988 adota o princípio da *liberdade sindical*, embora com certas restrições.

Efetivamente, de acordo com o art. 8º, *caput*, da Lei Maior: "É livre a associação profissional ou sindical", observados os preceitos dos incisos arrolados no mencionado dispositivo.

O inciso I do art. 8º da Constituição da República foi mencionado acima, vedando a interferência e a intervenção do Poder Público na organização sindical.

A liberdade sindical, especificamente quanto à liberdade de filiação, é assegurada no inciso V do mesmo art. 8º, ao prever que "ninguém será obrigado a filiar-se ou a manter-se filiado a sindicato".

O sistema sindical em vigor, no Brasil, adota a *unicidade sindical* (art. 8º, inciso II, da CF/1988), uma vez que: "é vedada a criação de mais de uma organização sindical, em qualquer grau, representativa de categoria profissional ou econômica, na mesma base territorial, que será definida pelos trabalhadores ou empregadores interessados, não podendo ser inferior à área de um Município".

Além disso, o mencionado sistema é organizado em *categorias*, como se observa dos comandos presentes no art. 8º, incisos II, III[14] e IV, da Constituição Federal de 1988. Isso não afasta a presença das *categorias profissionais diferenciadas*, conforme o art. 511, § 3º, da CLT.

O sistema sindical revela-se, ainda, de caráter *confederativo*, como confirma o art. 8º, inciso IV, da Constituição da República.

A Constituição Federal prevê, ainda, contribuições para custeio do sindicato, no art. 8º, inciso IV: "a assembleia geral fixará a contribuição que, em se tratando de categoria profissional, será descontada em folha, para custeio do sistema confederativo da representação sindical respectiva, independentemente da contribuição prevista em lei".

A organização sindical brasileira enfatiza a *negociação coletiva*, considerada a forma ideal de solução dos conflitos de trabalho, dando origem a normas coletivas (acordo coletivo e convenção coletiva de trabalho).

Nesse sentido, o art. 7º, inciso XXVI, da Constituição Federal de 1988 prevê o direito ao "reconhecimento das convenções e acordos coletivos de trabalho". O art. 8º, inciso VI, por sua vez, prevê ser "obrigatória a participação dos sindicatos nas negociações coletivas de trabalho".

O inciso VIII do art. 8º da Lei Maior prevê a já estudada estabilidade provisória do dirigente sindical, representando caso de proibição expressa de ato antissindical: "é vedada a dispensa do empregado sindicalizado a partir do registro da candidatura a cargo de direção ou representação sindical e, se eleito, ainda que suplente, até um ano após o final do mandato, salvo se cometer falta grave nos termos da lei".

Frise-se que as disposições do art. 8º da Constituição da República aplicam-se à organização de sindicatos rurais e de colônias de pescadores, atendidas as condições que a lei estabelecer (art. 8º, parágrafo único, da CF/1988).

---

[14] "III – ao sindicato cabe a defesa dos direitos e interesses coletivos ou individuais da categoria, inclusive em questões judiciais ou administrativas".

Nesse contexto, as colônias de pescadores, as federações estaduais e a confederação nacional dos pescadores ficam reconhecidas como órgãos de classe dos trabalhadores do setor artesanal da pesca, com forma e natureza jurídica próprias, obedecendo ao princípio da livre organização previsto no art. 8º da Constituição Federal (art. 1º da Lei 11.699/2008).

35.8 Liberdade sindical

A liberdade sindical, como já mencionado, é princípio que fundamenta toda a organização sindical da atualidade, pautada pela democracia nas relações coletivas de trabalho.

Na definição de José Cláudio Monteiro de Brito Filho, a liberdade sindical: "consiste no direito de trabalhadores (em sentido genérico) e empregadores de constituir as organizações sindicais que reputarem convenientes, na forma que desejarem, ditando suas regras de funcionamento e ações que devam ser empreendidas, podendo nelas ingressar ou não, permanecendo enquanto for sua vontade"[15].

A liberdade sindical é regulada, no âmbito internacional, pela Convenção 87 da OIT, ainda não ratificada pelo Brasil, em razão de certas restrições previstas na Constituição Federal de 1988.

Mesmo assim, é certo que o art. 8º, *caput*, da Constituição da República assegura, em termos genéricos, a liberdade sindical.

Para a melhor análise da liberdade sindical, esta pode ser desmembrada, para fins didáticos, nos aspectos a seguir indicados.

35.8.1 Liberdade de associação e liberdade de filiação

A liberdade de associação, assegurada pela ordem jurídica, significa o direito das pessoas se unirem, de forma duradoura, tendo em vista a existência de objetivos comuns, dando origem a grupos organizados, ou seja, associações.

O sindicato pode ser entendido como associação de natureza especial, voltada à defesa dos interesses comuns de grupos de trabalhadores ou de empregadores.

Assim sendo, assegura-se a liberdade de associação sindical, no sentido de se garantir a existência e a formação de organizações sindicais, de modo que as pessoas podem se agrupar, de forma organizada, em sindicatos. Nesse enfoque, a liberdade (de associação) sindical é uma modalidade específica do direito mais amplo de associação.

A liberdade de filiação sindical, por sua vez, é assegurada no art. 8º, inciso V, da Constituição Federal de 1988, remontando ao direito, também fundamental, mais genérico, de liberdade de associação, previsto no art. 5º, inciso XVII, da Constituição da República[16].

Ainda em termos gerais, frise-se que ninguém pode ser compelido a associar-se ou a permanecer associado (art. 5º, inciso XX, da Constituição Federal de 1988). Nesse contexto, o Supremo Tribunal Federal fixou a seguinte tese de repercussão geral: "É inconstitucional o condicionamento da desfiliação de associado à quitação de débito referente a benefício obtido por intermédio da associação ou ao pagamento de multa" (STF, Pleno, RE 820.823/DF, Rel. Min. Dias Toffoli, j. 03.10.2022).

A liberdade de filiação sindical pode ser tanto positiva, ou seja, assegurando a associação ao ente sindical, como negativa, no sentido de garantir o direito de não se filiar ou de deixar o quadro de associados do sindicato. Tendo em vista a garantia referente à liberdade de filiação sindical, veda-se o tratamento discriminatório àquele que não é sindicalizado, bem como o tratamento privilegiado àquele que se associou ao sindicato. Nesse sentido, a Orientação Jurisprudencial 20 da SDC do TST assim prevê: "Empregados sindicalizados. Admissão preferencial. Condição violadora do art. 8º, V, da CF/88. Viola o art. 8º, V, da CF/1988 cláusula de instrumento normativo que estabelece a preferência, na contratação de mão de obra, do trabalhador sindicalizado sobre os demais".

---

[15] BRITO FILHO, José Cláudio Monteiro de. *Direito sindical*. 2. ed. São Paulo: LTr, 2007. p. 73.
[16] "XVII – é plena a liberdade de associação para fins lícitos, vedada a de caráter paramilitar".

Além disso, a liberdade de filiação sindical pode ser tanto individual, em que o trabalhador e o empregador têm o direito de ingressar como filiado do sindicato, como coletiva, na qual o próprio ente sindical, em si, decide se filiar a outro ente sindical superior, seja ele de amplitude nacional ou mesmo internacional.

Em nosso sistema de organização sindical, não se pode confundir a filiação ao sindicato, ato que depende da livre manifestação de vontade do trabalhador ou do empregador, com o fato de pertencer a determinada categoria profissional ou econômica.

Para fazer parte da categoria profissional, não se exige manifestação de vontade do empregado, bastando prestar serviços ao empregador cuja atividade preponderante insere-se em determinado setor da atividade econômica, em certa área territorial.

Do mesmo modo, o empregador passa a fazer parte da categoria econômica pelo fato de exercer atividade preponderante em certo setor da economia, em determinada área territorial.

Já para ser filiado ao sindicato, reitere-se, faz-se necessária a manifestação de vontade do empregado ou do empregador.

No entanto, mesmo sem essa filiação, empregados e empregadores integram as respectivas categorias profissionais e econômicas, de modo a fazer jus aos direitos previstos nos instrumentos normativos a elas aplicáveis (acordos coletivos, convenções coletivas, sentenças normativas).

Exemplificando, se o empregado mantém vínculo de emprego com empresa de metalurgia na cidade de São Paulo, integra a categoria profissional dos metalúrgicos de São Paulo. O referido empregado tem, ainda, a liberdade de se filiar a este sindicato. Mesmo sem essa associação, que é uma faculdade, o trabalhador integra a categoria profissional, fazendo jus aos direitos respectivos.

Na mesma linha, se o empregador exerce atividade empresarial no setor econômico da metalurgia, na cidade de São Paulo, integra a categoria econômica das empresas de metalurgia de São Paulo. O referido empregador tem, ainda, a liberdade de se filiar a este sindicato de empregadores. Mesmo sem essa associação, que é uma faculdade, o empregador integra a categoria econômica, devendo observar os direitos dos empregados da respectiva categoria profissional.

Existe, assim, uma correspondência entre a categoria profissional (dos empregados) e a categoria econômica (dos empregadores). A atividade econômica preponderante do empregador, bem como a localização, são fatores essenciais na delimitação do enquadramento sindical.

Ainda a respeito do direito de associação sindical, cabe mencionar que a Lei 11.295/2006, além de revogar o parágrafo único do art. 526 da CLT (o qual excluía o "direito de associação em sindicato" aos empregados dos sindicatos), acrescentou o § 2º ao referido dispositivo, passando a prever que são aplicáveis "ao empregado de entidade sindical os preceitos das leis de proteção do trabalho e de previdência social, *inclusive o direito de associação em sindicato*" (destaquei).

O Supremo Tribunal Federal declarou a constitucionalidade dessa previsão da Lei 11.295/2006, que modificou o art. 526 da CLT (STF, Pleno, ADI 3.890/DF, Rel. Min. Rosa Weber, j. 08.06.2021).

Logo, passou-se a reconhecer, expressamente, o direito de associação em sindicato (ou seja, o direito de sindicalização) também aos empregados das entidades sindicais, em consonância com o próprio art. 8º, *caput* e incisos I e V, da Constituição Federal de 1988. A respeito do tema, cabe destacar o seguinte julgado do TST:

"Recurso ordinário em dissídio coletivo. Dissídio coletivo ajuizado por sindicato de empregados em entidades sindicais após o advento da Lei n. 11.295/2006. A Lei n. 11.295, de 9 de maio de 2006, alterou o art. 526 da CLT, passando a garantir expressamente aos empregados de entidades sindicais a associação em sindicato (parágrafo segundo). Em virtude da alteração da lei, restou cancelada a Orientação Jurisprudencial n. 37 da SDC/TST (*DJ* 18.10.2006). Logo, não há falar em carência de ação, por impossibilidade jurídica do pedido, no caso de dissídio coletivo ajuizado por sindicato representante de empregados de sindicatos em data posterior à vigência da Lei n. 11.295/2006. Recursos ordinários a que se nega provimento, no particular" (TST, SDC, RODC 2034100-24.2007.5.02.0000, Rel. Min. Márcio Eurico Vitral Amaro, *DEJT* 20.08.2010).

35.8.2 Liberdade de fundação sindical

A liberdade de fundação sindical, como direito de criar e constituir entes sindicais, é prevista no art. 8º, inciso I, Constituição Federal de 1988.

Assim, garante-se aos membros da sociedade o direito de se reunirem, constituindo grupos, com o objetivo de defesa dos interesses profissionais e econômicos.

A fundação do ente sindical, como prevê o dispositivo constitucional mencionado, não depende de autorização do Estado. Apenas ficou ressalvada a necessidade de registro do sindicato no órgão competente.

Assim, a aquisição da personalidade jurídica sindical depende do registro de seus estatutos no órgão competente. O sindicato, embora apresente natureza de associação de direito privado, contém diversas peculiaridades e funções diferenciadas. Por isso, o simples registro no Cartório de Títulos e Documentos e de Pessoas Jurídicas apenas confere a personalidade jurídica de associação, não sendo suficiente para a aquisição da personalidade sindical.

Sobre esse tema, o entendimento que prevalece é aquele segundo o qual "a mera inscrição no Registro Civil das Pessoas Jurídicas confere personalidade jurídica a entidades sindicais, mas não a personalidade sindical", pois "esta é adquirida com o registro no Ministério do Trabalho, cuja competência residual remanesce, na falta de norma regulamentadora que a conceda a outro órgão"[17].

Nesse sentido, a Súmula 677 do Supremo Tribunal Federal assim prevê: "Até que lei venha a dispor a respeito, incumbe ao Ministério do Trabalho proceder ao registro das entidades sindicais e zelar pela observância do princípio da unicidade".

Seguindo o mesmo entendimento, cabe destacar a Orientação Jurisprudencial 15 da SDC do TST: "Sindicato. Legitimidade 'ad processum'. Imprescindibilidade do registro no Ministério do Trabalho. A comprovação da legitimidade 'ad processum' da entidade sindical se faz por seu registro no órgão competente do Ministério do Trabalho, mesmo após a promulgação da Constituição Federal de 1988".

Os arts. 232 a 285 da Portaria 671/2021 estabelecem os procedimentos administrativos para o registro de entidades sindicais no Ministério do Trabalho e Previdência.

As disputas de representação sindical, quando não solucionadas de forma consensual (autocomposição e mediação) ou por meio de arbitragem, ficam sujeitas à apreciação do Poder Judiciário (art. 5º, inciso XXXV, da CF/1988).

35.8.3 Liberdade de organização sindical

A liberdade de organização, significando a autonomia do ente sindical quanto à escolha dos meios para alcançar os fins a que se propõe, é garantida pelo art. 8º, inciso I, da Constituição Federal de 1988.

O sindicato é organizado conforme o previsto em seu estatuto, estabelecendo os diversos órgãos que integram o ente sindical, bem como as atribuições de cada um deles.

No entanto, a referida liberdade não é ilimitada, devendo respeitar as normas jurídicas de ordem pública, que incidem sobre todos aqueles que mantêm diversas relações na vida em sociedade.

Nesse aspecto, é controvertida a questão de saber se a lei (entendida como fonte formal do Direito, de origem estatal) pode fixar os órgãos do ente sindical, bem como a sua composição.

Há quem defenda que o art. 8º, *caput* e inciso I, da Constituição em vigor, ao proibir a interferência e a intervenção do Poder Público na organização sindical, não admite as referidas previsões legais, pois seria uma forma de violar a liberdade sindical, no aspecto da liberdade de organização.

No entanto, pode-se entender que a mencionada vedação de interferência e intervenção dirige-se ao Poder Executivo, mas não ao Poder Legislativo e ao Poder Judiciário (quanto às suas atividades típicas, de legislar e julgar), pois os entes sindicais, assim como todos aqueles que mantêm rela-

---

[17] SANTOS, Ronaldo Lima dos. *Sindicatos e ações coletivas*. São Paulo: LTr, 2003. p. 54-55.

ções na sociedade, estão sob o império da lei (art. 5º, inciso II, da CF/1988), bem como estão sujeitos ao controle jurisdicional de seus atos (art. 5º, inciso XXXV, da CF/1988).

Por isso, a lei, desde que atendidos os requisitos de razoabilidade e proporcionalidade, pode estabelecer regras pertinentes à organização sindical. Do mesmo modo que a lei prevê normas a serem observadas pela associação civil, ou pelas diversas modalidades de sociedades, pode estabelecer disposições básicas e genéricas quanto à organização dos entes sindicais. Isso não representa interferência do Poder Público, mas garantia de observância de regras mínimas, em favor de todos aqueles que possam ter interesses ali presentes.

Essa questão gera importantes reflexos, por exemplo, quanto à vigência do art. 522 da CLT, que estabelece o número de membros da administração do sindicato.

Como já estudado, de acordo com o entendimento do TST (Súmula 369, inciso II) e também do STF, esse dispositivo da CLT foi recepcionado pela Constituição Federal de 1988, estando em vigência, pois não se refere a qualquer intervenção estatal no ente sindical, mas sim disposição da lei (e não do Poder Executivo), regulando o tema[18].

Obviamente, eventual lei que contenha previsão inconstitucional, por autorizar interferência ou intervenção estatal descabida no ente sindical, não será válida, por afrontar o princípio da liberdade sindical.

Isso não significa, no entanto, que o sindicato não possa ter a sua organização regulada por lei, a qual pode fixar preceitos básicos, sem prever interferência estatal, como forma de garantia em favor dos interessados e de terceiros.

35.8.4 Liberdade de administração sindical

A liberdade de administração do ente sindical refere-se à forma de sua condução, estabelecendo as metas, prioridades e objetivos a serem alcançados.

Internamente, cabe ao sindicato estabelecer a forma de sua administração, redigindo e aprovando o seu estatuto, bem como realizando as eleições para a escolha e composição de seus órgãos.

No aspecto externo, destaca-se que essa administração do ente sindical não pode ser objeto de interferência de terceiros e do Poder Executivo. Nesse sentido, em se tratando, por exemplo, de sindicato representante dos trabalhadores, não se admite a interferência de empregadores em sua administração.

Mesmo assegurada essa autonomia na administração sindical, deve-se observar que ao sindicato cabe a defesa dos "direitos e interesses coletivos ou individuais da categoria, inclusive em questões judiciais ou administrativas" (art. 8º, inciso III, da CF/1988), o que deve ser levado em conta pelos diretores e membros da administração do ente sindical.

Da mesma forma como mencionado acima, discute-se a validade de previsões legais, estabelecendo *quorum* para deliberações pela assembleia geral e regras a serem observadas nas eleições sindicais. Há quem entenda que essa matéria deve ser regulada pelo estatuto do ente sindical, não podendo a lei interferir na questão, em razão da liberdade sindical, no aspecto de sua autonomia e liberdade de administração.

Seguindo o entendimento já exposto, nada impede que a lei, de forma razoável e equânime, fixe regras gerais sobre temas de interesse da coletividade, e que inclusive podem afetar relações com terceiros. Isso não se confunde com interferência ou intervenção do Poder Público ou do Poder Executivo no sindicato, pois todos estão sob o império da lei no Estado Democrático de Direito.

---

[18] Cf. a seguinte ementa (*Revista LTr*, São Paulo, LTr, ano 63, n. 09, p. 1.207, set. 2000): "Constitucional. Trabalho. Sindicato. Dirigentes. CLT, art. 522. Recepção pela CF/1988, art. 8º, I. O art. 522, CLT, que estabelece número de dirigentes sindicais, foi recebido pela CF/1988, art. 8º, I. RE Conhecido e provido (STF RE 193.345-3 (SC), Ac. 2ª T., j. 13.4.99, Rel. Min. Carlos Velloso)".

O que não se admite é a interferência do Estado, controlando as eleições e deliberações a serem tomadas pelo sindicato. As antigas previsões legais nesse sentido é que não foram recepcionadas pela Constituição Federal de 1988.

35.8.5 Liberdade de atuação sindical

A liberdade de atuação do sindicato refere-se à conduta a ser adotada, de modo a alcançar os objetivos do ente sindical, em especial na defesa dos direitos e interesses, de natureza coletiva, da categoria como um todo, bem como dos direitos e interesses individuais, dos membros da categoria.

Enfoca-se, assim, a liberdade de exercício das funções do ente sindical, sabendo-se que este realiza diversas ações e atividades, procurando alcançar os seus fins.

De todo modo, tanto a liberdade de atuação sindical como a liberdade de organização e de administração sindical, inseridas na *autonomia sindical*, devem respeitar as normas e os princípios magnos presentes no ordenamento jurídico, até porque os entes sindicais não são dotados de poder soberano.

Os interesses do próprio ente sindical, como associação especial que é, também podem ser objeto de sua atuação, por exemplo, na cobrança das contribuições que lhe são devidas.

35.9 Limitações ao princípio da liberdade sindical

O regime de organização sindical no Brasil, mesmo depois da Constituição Federal de 1988, ainda prevê sérias restrições ao princípio da liberdade sindical. Aliás, algumas restrições, anteriormente previstas apenas no plano infraconstitucional, passaram a constar do texto da Constituição da República.

Essas limitações, no entanto, estão em desacordo com o efetivo princípio da liberdade sindical, tal como previsto na Convenção 87 da OIT, sendo um importante fator impedindo a sua ratificação pelo Brasil.

Vejamos, assim, as principais restrições à liberdade sindical.

35.9.1 Unicidade sindical

A *unicidade sindical* é o sistema no qual a lei exige que apenas um ente sindical seja representativo de determinada categoria, em certo espaço territorial.

Esse é o regime que vigora no Brasil, e que foi expressamente adotado no art. 8º, inciso II, da Constituição Federal de 1988, com a seguinte redação: "é vedada a criação de mais de uma organização sindical, em qualquer grau, representativa de categoria profissional ou econômica, na mesma base territorial, que será definida pelos trabalhadores ou empregadores interessados, não podendo ser inferior à área de um Município".

A unicidade sindical não se confunde com a *unidade sindical*, pois, nesta última, o sindicato único (que representa certa categoria ou grupo, em determinada área territorial), não decorre de imposição da lei ou outra fonte normativa estatal, mas sim de livre decisão tomada pelos próprios interessados.

O sistema de unidade sindical, justamente porque não é imposto pela lei ou pelo Estado, é compatível com a liberdade sindical, bem como com a Convenção 87 da OIT.

Já a unicidade sindical, em que o sindicato único é obrigatório por lei (no caso do Brasil, por previsão constitucional), afronta o mencionado mandamento de liberdade nas relações coletivas de trabalho.

O terceiro regime é o de *pluralidade sindical*, significando a efetiva existência de mais de um ente sindical, representando o mesmo grupo ou categoria, na mesma base territorial.

A pluralidade sindical também está em consonância com o princípio da liberdade sindical, autorizando os interessados a se unirem para fundar e organizar entes sindicais, independentemente da prévia existência de outros sindicatos com a mesma delimitação quanto à categoria representada e ao território de atuação.

No entanto, o aspecto possivelmente negativo da pluralidade sindical é a dispersão de forças, dificultando a atuação eficaz e conjunta dos membros do grupo ou da categoria, especialmente profissional, em face dos entes sindicais patronais.

Cabe esclarecer que o sistema brasileiro, ainda que seja de unicidade sindical, admite o desmembramento ou dissociação da categoria, dando origem a categorias específicas, seja quanto à atividade econômica, seja quanto à área territorial de atuação.

Assim, eventual categoria profissional concentrada ou eclética[19], reunindo empregados em diferentes atividades econômicas, similares ou conexas (art. 511, § 2º, da CLT), pode se desmembrar ou se dissociar, resultando na formação de dois entes sindicais autônomos, cada um representando a respectiva atividade específica, passando a alcançar os empregados que trabalham no mesmo setor da atividade econômica (identidade).

Do mesmo modo, o ente sindical que represente certa categoria profissional em mais de um município pode se desmembrar ou se dissociar, dando origem a sindicatos distintos, cada um em área territorial distinta, abrangendo no mínimo um município.

35.9.2 Base territorial não inferior à área de um município

A Constituição Federal de 1988, como mencionado, exige que seja observada a base territorial mínima do sindicato, pois ela não pode ser inferior à área de um Município (art. 8º, inciso II, da CF/1988).

Observada essa limitação, cabe aos trabalhadores e aos empregadores interessados definir a base territorial do sindicato.

Nesse tema, observa-se que a Constituição de 1988 acabou sendo até mesmo mais restritiva que a própria Consolidação das Leis do Trabalho, a qual, no art. 517, admitia os sindicatos "distritais", além daqueles municipais, intermunicipais, estaduais, interestaduais e nacionais.

A referida base territorial mínima, de um município, também é uma forma de restringir a liberdade sindical, por impossibilitar que os interessados constituam entes sindicais de menor abrangência territorial, para tratar de questões mais específicas.

Do mesmo modo, a mencionada limitação territorial, juntamente com as restrições referentes à unicidade sindical e ao regime organizado por categoria, acabam por impedir a fundação e organização de sindicatos por empresa.

35.9.3 Sistema sindical organizado em categorias

Diversos dispositivos constitucionais confirmam que o sistema sindical brasileiro é organizado em categorias, como se verifica no art. 8º, incisos II, III e IV, da Constituição Federal de 1988.

O sistema de categorias é uma evidente forma de restringir a liberdade sindical, com origem no regime corporativista, impossibilitando que os interessados se reúnam em formas distintas, em outros grupos, com alcance diverso, como os sindicatos por profissões, ou mesmo os sindicatos dos empregados de certa empresa.

Mesmo tendo sido adotado o conceito de categoria (que, por natureza, é fechado) no Brasil, na prática, por meio de dissociações e desmembramentos de categorias ecléticas, observou-se um efetivo aumento no número de entidades sindicais após a Constituição Federal de 1988, quando deixou de ser exigida a autorização do Ministério do Trabalho para a fundação do sindicato.

35.9.3.1 Conceito e classificação de categoria

A categoria pode ser definida como o conjunto de pessoas com interesses profissionais ou econômicos em comum, decorrentes de identidade de condições ligadas ao trabalho ou à atividade econômica desempenhada. É uma forma de organização do grupo profissional ou econômico[20].

---

[19] Cf. NASCIMENTO, Amauri Mascaro. *Compêndio de direito sindical*. 2. ed. São Paulo: LTr, 2000. p. 164-165.
[20] Cf. MARTINS, Sergio Pinto. *Direito do trabalho*. 28. ed. São Paulo: Atlas, 2012. p. 755.

O conceito de categoria, na realidade, é objeto da sociologia, mas tem previsão no art. 511, §§ 1º e 2º, da CLT.

Desse modo, a *categoria profissional* (ou seja, de empregados) é a "expressão social elementar", integrada pela "similitude de condições de vida oriunda da profissão ou trabalho em comum, em situação de emprego na mesma atividade econômica ou em atividades econômicas similares ou conexas" (§ 2º do art. 511 da CLT).

Para que o empregado integre a categoria profissional, basta prestar serviços a empregador cuja atividade esteja inserida em certo setor da economia, independentemente da função especificamente desempenhada (a não ser que se trate de categoria profissional diferenciada).

Assim, o empregado que trabalha, exercendo funções de limpeza, para o seu empregador, que é uma empresa cuja atividade preponderante é a metalurgia, considera-se integrante da categoria profissional dos metalúrgicos, assim como aqueles empregados que laboram diretamente na atividade industrial metalúrgica.

A *categoria econômica* (ou seja, de empregadores), por sua vez, é o "vínculo social básico", decorrente da "solidariedade de interesses econômicos dos que empreendem atividades idênticas, similares ou conexas" (§ 1º do art. 511 da CLT).

No exemplo acima, o mencionado empregador integra a categoria econômica dos metalúrgicos.

O enquadramento sindical é feito em conformidade com a atividade preponderante do empregador, o que é confirmado pelo art. 581, § 1º, da CLT[21].

Entende-se por atividade preponderante a que caracterizar a unidade de produto, operação ou objetivo final, para cuja obtenção todas as demais atividades convirjam, exclusivamente em regime de conexão funcional (art. 581, § 2º, da CLT).

Observa-se, ainda, a *categoria profissional diferenciada*, conceituada como a "que se forma dos empregados que exerçam profissões ou funções diferenciadas por força de estatuto profissional especial ou em consequência de condições de vida singulares" (§ 3º do art. 511 da CLT).

Consequentemente, para a existência de categoria profissional diferenciada, faz-se necessária a existência de: estatuto profissional especial (por exemplo, as secretárias); ou a existência de condições de vida diferenciadas (como no caso dos motoristas).

Essa formação de sindicato por profissão foi recepcionada pelo sistema constitucional em vigor, por se moldar ao regime de categorias.

O quadro anexo mencionado pelo art. 577 da CLT estabelece diversas categorias profissionais diferenciadas, podendo esse rol ser ampliado, tendo em vista a liberdade sindical adotada pela Constituição Federal de 1988, desde que observados as limitações aqui mencionadas. No entanto, como esclarece a Orientação Jurisprudencial 9 da SDC do TST: "O dissídio coletivo não é meio próprio para o Sindicato vir a obter o reconhecimento de que a categoria que representa é diferenciada, pois esta matéria – enquadramento sindical – envolve a interpretação de norma genérica, notadamente do art. 577 da CLT".

Na mesma linha, a Orientação Jurisprudencial 36 da SDC do TST apresenta a seguinte previsão: "Empregados de empresa de processamento de dados. Reconhecimento como categoria diferenciada. Impossibilidade. É por lei e não por decisão judicial, que as categorias diferenciadas são reconhecidas como tais. De outra parte, no que tange aos profissionais da informática, o trabalho que desempenham sofre alterações, de acordo com a atividade econômica exercida pelo empregador".

Ainda sobre as categorias diferenciadas, revelando a sua importância em nosso sistema jurídico, cabe destacar a Súmula 117 do TST, com a seguinte previsão: "Bancário. Categoria diferenciada.

---

[21] Cf. MARTINS, Sergio Pinto. *Direito do trabalho*. 22. ed. São Paulo: Atlas, 2006. p. 705: "se a empresa não tiver uma única atividade, mas várias, o empregado será enquadrado de acordo com a atividade preponderante da empresa".

Não se beneficiam do regime legal relativo aos bancários os empregados de estabelecimento de crédito pertencentes a categorias profissionais diferenciadas".

A Súmula 369, inciso III, do TST prevê que o "empregado de categoria diferenciada eleito dirigente sindical só goza de estabilidade se exercer na empresa atividade pertinente à categoria profissional do sindicato para o qual foi eleito dirigente".

Cabe destacar, por fim, a Súmula 374 do TST, com a seguinte redação: "Norma coletiva. Categoria diferenciada. Abrangência. Empregado integrante de categoria profissional diferenciada não tem o direito de haver de seu empregador vantagens previstas em instrumento coletivo no qual a empresa não foi representada por órgão de classe de sua categoria".

A categoria pode reunir atividades ou profissões idênticas, similares ou conexas (art. 511, *caput* e §§ 1º, 2º, 4º, da CLT).

A *categoria de atividades idênticas* reúne, apenas, os empregadores (sindicato patronal), ou os empregados (sindicato profissional), que exerçam, respectivamente, a mesma atividade econômica, ou que prestem serviços no mesmo setor da atividade econômica.

A *categoria de atividades similares* reúne atividades parecidas, ou seja, semelhantes entre si, como é o caso de hotéis e restaurantes. Essa similaridade pode ocorrer tanto na categoria econômica como profissional.

A *categoria de atividades conexas* é integrada por atividades que se complementam, exercidas com o mesmo fim, como ocorre na construção civil, em que existem, entre outras, as atividades de alvenaria, pintura, parte elétrica e hidráulica. Essa conexão entre as atividades da categoria também pode ser verificada tanto no âmbito patronal como dos empregados.

Como mencionado, as *categorias ecléticas*, que reúnem atividades similares e conexas, podem sofrer desmembramentos ou dissociações, dando origem a *categorias específicas*, referentes a atividades idênticas.

O art. 511, *caput*, da CLT considera "lícita a associação para fins de estudo, defesa e coordenação dos seus interesses econômicos ou profissionais de todos os que, como empregadores, empregados, agentes ou trabalhadores autônomos ou profissionais liberais exerçam, respectivamente, a mesma atividade ou profissão ou atividades ou profissões similares ou conexas".

Diante disso, tem-se que o direito de sindicalização não se restringe aos empregados, mas abrange os trabalhadores como um todo, inclusive os autônomos e profissionais liberais.

No entanto, como é evidente, se o trabalhador autônomo, ou mesmo o profissional liberal, prestar serviços como empregado, ou seja, mediante vínculo de emprego, firmado com o empregador, deixa a sua condição de autônomo. Assim, passa a integrar a categoria profissional correspondente à atividade preponderante na empresa, ainda que exerça função específica.

Se o empregado exercer atividade que seja considerada como integrante de categoria profissional diferenciada (art. 511, § 3º, da CLT), somente nesse caso o seu enquadramento sindical terá essa particularidade.

Por isso, não basta dizer que o empregado exerce certa função, típica de profissional liberal; se esse trabalhador é um empregado, em regra, o seu enquadramento sindical deve seguir a correspondência com a atividade desempenhada pelo empregador, em determinado setor da economia, independentemente da função específica do empregado.

A exceção fica apenas quanto à categoria profissional diferenciada, hipótese em que o empregado é incluído no sindicato específico da profissão. No entanto, a efetiva existência de categoria profissional diferenciada depende de verificar "empregados que exerçam profissões ou funções diferenciadas por força de estatuto profissional especial ou em consequência de condições de vida singulares" (art. 511, § 3º, da CLT).

35.9.3.2 Categoria profissional diferenciada e os profissionais liberais

Em razão da redação genérica do art. 511, § 3º, da CLT, representando um conceito indeterminado, há quem entenda que os profissionais liberais podem constituir categorias profissionais diferenciadas, podendo ser representados por sindicatos próprios, distintos dos sindicatos que representam os demais empregados da empresa.

O ideal seria a adoção da ampla liberdade sindical, tal como prevista na Convenção 87 da OIT. No entanto, o sistema brasileiro em vigor ainda é pautado pelo regime de categorias, adotando a unicidade sindical.

Por isso, na interpretação das disposições presentes em nosso ordenamento jurídico, a categoria profissional diferenciada, representando o sindicato por profissão, ainda é uma exceção em nosso sistema, não podendo ser utilizada como forma de burlar o regime estabelecido pela Constituição Federal.

Desse modo, como já destacado, se o empregado exerce atividade típica de profissional liberal (como advogado, médico ou engenheiro), mas mantém vínculo de emprego com o empregador, ele deixa de ser representado por sindicato de profissional liberal, uma vez que passou a prestar serviços como empregado, e não mais como autônomo.

Somente no caso em que a profissão do referido empregado, exercida na empresa, seja considerada (pelo sistema jurídico) uma categoria profissional diferenciada (como ocorre com motoristas, aeronautas e secretárias), é que o sindicato da profissão será, excepcionalmente, o representante da categoria. Mas isso ainda é exceção em nosso sistema, pois, em regra, o empregado integra a categoria profissional correspondente à atividade econômica do empregador, uniforme ou preponderante, independentemente da função especificamente desempenhada.

Cabe fazer menção, ainda, ao art. 1º da Lei 7.316, de 28 de maio de 1985, com a seguinte previsão: "Nas ações individuais e coletivas de competência da Justiça do Trabalho, as entidades sindicais que integram a Confederação Nacional das Profissões Liberais terão o mesmo poder de representação dos trabalhadores empregados atribuído, pela legislação em vigor, aos sindicatos representativos das categorias profissionais diferenciadas".

O ordenamento jurídico, assim, reconhece a existência das entidades sindicais que representam os profissionais liberais, assegurando-lhes o mesmo poder de representação dos sindicatos das categorias profissionais diferenciadas.

Isso confirma que os profissionais liberais e as categorias profissionais diferenciadas não são a mesma realidade, até porque os primeiros não são, conceitualmente, empregados. Como observa Sergio Pinto Martins: "Os profissionais liberais, como médicos, engenheiros, contadores etc., têm condições de formar categorias diferenciadas, pois estão disciplinados por estatuto profissional próprio e também exercem, em determinados casos, condições de vida singulares; de acordo, porém, com o atual enquadramento sindical, não são, ainda, considerados categoria diferenciada"[22].

Mesmo assim, em razão do art. 1º da Lei 7.316/1985, é possível verificar certa equiparação entre os trabalhadores que exercem atividades típicas de profissional liberal com os empregados que integram categorias profissionais diferenciadas. Por isso, para que o mencionado dispositivo legal apresente eficácia, deve-se entender que os empregados exercendo, na empresa, atividades típicas de profissionais liberais, ainda não consideradas como integrantes de categorias diferenciadas, podem se reunir em sindicatos próprios, aplicando-se, nesse caso, as mesmas regras pertinentes aos sindicatos das categorias profissionais diferenciadas[23].

---

[22] MARTINS, Sergio Pinto. *Direito do trabalho*. 22. ed. São Paulo: Atlas, 2006. p. 706.
[23] Nessa linha, destaca-se a seguinte decisão do TST: "Recurso de embargos interposto na vigência da Lei 11.496/2007. Arquiteto. Profissional liberal. Enquadramento como bancário. Impossibilidade. 1. Cinge-se a controvérsia em se saber se o arquiteto, empregado de instituição bancária e que desempenha as atribuições inerentes de sua

Desse modo, pode-se entender que os sindicatos de profissionais liberais (como de engenheiros e médicos) detêm legitimidade para efetuar negociação coletiva com empresas, para estabelecer acordo coletivo em favor dos empregados representados pelos mencionados entes sindicais, que exerçam a atividade respectiva no âmbito do empregador.

Sobre a aplicabilidade das normas coletivas em favor de empregados que integram categoria profissional diferenciada, exercendo a mencionada profissão na empresa, cabe reiterar a previsão da Súmula 374 do TST[24]. Tendo em vista a mencionada equiparação, estabelecida pela Lei 7.316/1985, essa mesma orientação também pode ser aplicada aos empregados representados por ente sindical de profissionais liberais, exercendo tais funções na empresa.

35.9.4 Cláusulas que limitam a liberdade sindical

A doutrina aponta diversas cláusulas, verificadas na experiência sindical estrangeira, que restringem a liberdade sindical. Por isso, em regra, não são mais compatíveis com o respectivo princípio.

Vejamos, assim, as principais modalidades[25]:

"Closed shop" é a exigência de filiação ao sindicato como condição de emprego.

"Union shop" significa a exigência de filiação ao sindicato como condição à continuidade do emprego.

"Agency shop" é a obrigatoriedade de contribuição ao sindicato.

"Mise à l'index" indica a existência de lista negra de não filiados ao sindicato.

"Maintenance of membership" ocorre quando o empregado se filia voluntariamente ao sindicato, mas deve nele permanecer na vigência da convenção coletiva, sob pena de dispensa.

"Open shop" é a empresa aberta apenas a não filiados do sindicato.

"Yellow dog contract" ocorre quando o empregado se compromete a não se filiar ao sindicato para ser admitido.

"Company unions" é o compromisso de criação de sindicatos fantasmas.

"Preferential shop" indica a preferência de admissão para empregados filiados ao sindicato.

"Label" ocorre quando o sindicato põe sua marca nos produtos do empregador, mostrando que há sindicalização na empresa.

35.9.5 Condutas antissindicais

Os atos antissindicais são condutas que afrontam o regular exercício da atividade sindical, causando prejuízos injustificados aos titulares de direitos sindicais[26].

---

profissão, deve ser enquadrado como bancário. 2. A primeira questão que deve ser considerada diz respeito ao tratamento sindical que deve ser conferido aos empregados da categoria de profissionais liberais. 3. O quadro anexo do art. 577 da CLT não insere a profissão de arquiteto como categoria profissional diferenciada, mas, sim, como profissional liberal. Apesar disto, verifica-se que inexiste qualquer incompatibilidade para a aplicação para esta categoria de empregados das regras concernentes à categoria profissional diferenciada. Primeiro porque tanto os profissionais liberais como os empregados de categoria diferenciada exercem suas profissões ou funções diferenciadas por força de estatuto profissional especial. No caso, a profissão dos arquitetos encontra-se regulada pela Lei n. 4.950-A/1966. Segundo, porque o art. 1º da Lei n. 7.361/1985 confere à Confederação das Profissões Liberais o mesmo poder de representação atribuído aos sindicatos representativos das categorias profissionais diferenciadas. 4. De outro lado, esta Corte já sedimentou o entendimento de que as instituições bancárias podem legalmente contratar empregados de categorias diferenciadas em regime de trabalho diverso do aplicado aos bancários, conforme o que se infere da Súmula n. 117. Recurso de Embargos conhecido e desprovido" (TST, SBDI-I, E-RR 104/2006-006-05-00.9, Redatora Min. Maria de Assis Calsing, *DJ* 26.06.2009, destaquei).

[24] "Norma coletiva. Categoria diferenciada. Abrangência. Empregado integrante de categoria profissional diferenciada não tem o direito de haver de seu empregador vantagens previstas em instrumento coletivo no qual a empresa não foi representada por órgão de classe de sua categoria".

[25] Cf. MARTINS, Sergio Pinto. *Direito do trabalho*. 26. ed. São Paulo: Atlas, 2010. p. 713.

[26] Cf. ERMIDA URIARTE, Oscar. *A proteção contra os atos antissindicais*. Tradução de Irany Ferrari. São Paulo: LTr, 1989. p. 17.

Quanto à denominação, também são encontradas as expressões "foro sindical" (mais utilizada em países da América Latina) e "práticas desleais" (mais comum nos Estados Unidos da América)[27].

Na realidade, o "foro sindical" é mais específico para as medidas de proteção ao dirigente do ente sindical, ou mesmo aos empregados que exercem atividade sindical ou coletiva.

Nesse sentido, a Constituição da República Federativa do Brasil, no art. 8º, inciso VIII, estabelece ser vedada a dispensa do empregado sindicalizado, a partir do registro da candidatura a cargo de direção ou representação sindical e, se eleito, ainda que suplente, até um ano após o final do mandato, salvo se cometer falta grave, nos termos da lei.

Ainda quanto ao tema, o dirigente sindical e mesmo o empregado que exerce atividades sindicais não podem ser impedidos do exercício de suas funções, nem transferidos para lugar que lhes dificulte ou torne impossível o desempenho de suas atribuições sindicais, como se observa no art. 543 da CLT.

No plano jurisdicional, o art. 659, inciso IX, da CLT prevê a possibilidade de concessão de medida liminar, até decisão final do processo, em ações trabalhistas que visem a tornar sem efeito transferências ilegais. O art. 659, inciso X, do mesmo diploma legal dispõe sobre a concessão de medida liminar, até decisão final do processo, em ações trabalhistas que visem a reintegrar o dirigente sindical afastado, suspenso ou despedido pelo empregador.

Os "atos de ingerência" são aqueles em que as organizações de trabalhadores, principalmente, sofrem interferência de empregadores ou de organizações patronais, quanto à sua formação, funcionamento e administração.

A Convenção 98 da Organização Internacional do Trabalho, de 1949, prevê que as organizações de trabalhadores e de empregadores devem gozar de proteção adequada contra quaisquer atos de ingerência de umas nas outras, quer diretamente, quer por meio de seus agentes ou membros, em sua formação, funcionamento e administração (art. 2º).

São particularmente consideradas "atos de ingerência" as medidas destinadas a provocar a criação de organizações de trabalhadores dominadas por um empregador ou por uma organização de empregadores, ou a manter organizações de trabalhadores por meios financeiros ou outros, com o fim de deixar essas organizações sob o controle de um empregador ou de uma organização de empregadores.

As "práticas desleais", por sua vez, são condutas ilícitas do empregador, englobando a ingerência indevida nas organizações de trabalhadores, dificultando ou impedindo o exercício de direitos sindicais, bem como atos de discriminação sindical e de recusa injustificada ou má-fé quanto à negociação coletiva.

A negociação coletiva, desse modo, deve sempre ocorrer de boa-fé, com transparência, probidade e honestidade, vedando-se condutas desleais, que tenham como objetivo o prejuízo da parte contrária.

Os "atos de discriminação sindical" envolvem tratamento inferior, negativo e prejudicial, com a exteriorização de preconceito, em face de dirigentes sindicais e de empregados que exerçam atividade sindical.

A respeito do tema, a Convenção 98 da OIT estabelece que os trabalhadores devem gozar de proteção adequada contra quaisquer atos atentatórios à liberdade sindical em matéria de emprego (art. 1º). Essa proteção deve, particularmente, aplicar-se a atos destinados a: subordinar o emprego de um trabalhador à condição de não se filiar a um sindicato ou de deixar de fazer parte de um sindicato; dispensar um trabalhador ou prejudicá-lo, por qualquer modo, em virtude de sua filiação a um sindicato ou de sua participação em atividades sindicais, fora das horas de trabalho ou, com o consentimento do empregador, durante o horário de trabalho.

---

[27] Cf. BARROS, Alice Monteiro de. *Curso de direito do trabalho*. 2. ed. São Paulo: LTr, 2006. p. 1.241.

Na mesma linha, a Convenção 158 da Organização Internacional do Trabalho, no art. 5º, *a* e *b*, estabelece que não são motivos que constituam justa causa para o término da relação de emprego a filiação a um sindicato ou a participação em atividades sindicais, bem como ser candidato a representante de trabalhadores, atuar ou ter atuado nessa qualidade. Veda-se, portanto, a despedida discriminatória, decorrente de ato antissindical.

Pode-se entender, assim, que a expressão "atos antissindicais" é mais ampla, pois engloba o *foro sindical*, os atos de *discriminação antissindical*, os *atos de ingerência* e as *práticas desleais*[28].

Para assegurar o legítimo e regular exercício do direito à liberdade sindical, em suas diferentes dimensões, a Convenção 98 da OIT prevê medidas de prevenção (para que se evite a lesão) e reparação de atos antissindicais (como a declaração de nulidade da dispensa ilícita e consequente reintegração do dirigente sindical, ou a respectiva conversão em indenização).

Os autores de condutas antissindicais são normalmente os empregadores e as organizações patronais.

No entanto, é possível que certos empregados, e mesmo organizações de trabalhadores, incidam em atos antissindicais, prejudicando o livre e regular exercício da atividade do sindicato.

Além disso, o próprio Estado pode incorrer na referida prática, seja ao legislar de forma contrária aos preceitos da liberdade sindical, seja quando, figurando como empregador, incida em perseguição contra servidores que exerçam legitimamente a atividade sindical.

A empresa que, por qualquer modo, procurar impedir que o empregado se associe a sindicato, organize associação profissional ou sindical ou exerça os direitos inerentes à condição de sindicalizado fica sujeita à penalidade prevista no art. 553, *a*, da CLT (multa administrativa), sem prejuízo da reparação a que tiver direito o empregado. Trata-se de penalidade administrativa decorrente de conduta antissindical praticada pela empresa, podendo ser devida, ainda, indenização por danos materiais e extrapatrimoniais ao empregado prejudicado (art. 186 do Código Civil).

---

[28] "I – Agravo de instrumento. Recurso de revista. Provimento. Greve. Bonificação a trabalhadores não participantes. Conduta antissindical. Caracterização. Indenização. Danos moral e material. Diante de potencial violação do art. 6º, § 2º, da Lei n. 7.783/89, merece processamento o recurso de revista. Agravo de instrumento conhecido e provido. II – Recurso de revista. Greve. Bonificação a trabalhadores não participantes. Conduta antissindical. Caracterização. Indenização. Danos moral e material. 1. O direito de greve, ínsito ao Estado Democrático de Direito e consagrado na Constituição Federal como direito fundamental (art. 9º), representa expressão da autonomia privada coletiva, sendo corolário da liberdade e autonomia sindicais (art. 8º). 2. Por essa razão, o direito comparado e o direito pátrio identificam comportamentos que visem a enfraquecer esse direito e essa liberdade, as chamadas práticas desleais ('unfair labour practices') ou antissindicais. 3. Quanto ao tema, o art. 1º da Convenção 98 da OIT, da qual o Brasil é signatário, dispõe: 'Os trabalhadores deverão gozar de proteção adequada contra quaisquer atos atentatórios à liberdade sindical em matéria de emprego'. 4. Rememore-se a lição de Oscar Ermida Uriarte, para quem as condutas ou atos antissindicais são 'aqueles que prejudiquem indevidamente um titular de direitos sindicais no exercício da atividade sindical ou por causa desta ou aqueles atos mediante os quais lhe são negadas, injustificadamente, as facilidades ou prerrogativas necessárias ao normal desempenho da ação coletiva' 5. Veda-se, portanto, a discriminação decorrente da expressão da liberdade sindical, da qual é exemplo a greve. Qualquer conduta tendente a mitigar ou obstaculizar o direito (tanto individual quanto coletivo) configura ilícito. 6. Segundo o autor uruguaio referido, são três os grupos de medidas de proteção, que abrangem não só dirigentes sindicais e empregados sindicalizados, mas todos os trabalhadores: preventivas, reparatórias e complementares. Especificamente quanto à greve, a proteção positivou-se, no direito objetivo brasileiro, no art. 6º, § 2º, da Lei n. 7.783/89. 7. Praticado o ilícito, deve o empregador arcar com a reparação, por meio de indenização por danos moral e material (arts. 186, 187 e 927 do Código Civil). 8. No caso concreto, o pagamento de vantagem pecuniária expressiva a trabalhadores que não participaram do movimento paredista evidencia a prática de sofisticada conduta antissindical, com a intenção de frustrar greve. 9. Perpetrada a quebra da isonomia entre empregados (sendo a isonomia protoprincípio da Constituição Federal – art. 5º), tem o trabalhador reclamante direito à mesma bonificação ofertada, em caráter geral, aos empregados não grevistas. Da mesma forma, a discriminação e a ofensa a direito fundamental provocam, 'in re ipsa', violação dos direitos de personalidade do reclamante. Assim, também é devida indenização por dano moral. Recurso de revista conhecido e provido" (TST, 3ª T., RR-212-68.2017.5.05.0193, Rel. Min. Alberto Luiz Bresciani de Fontan Pereira, *DEJT* 04.12.2020).

35.10 Sindicato

A categoria (econômica, profissional ou profissional diferenciada), em si, é reconhecida pela lei e pela Constituição como titular de direitos[29].

O Código de Defesa do Consumidor, em seu art. 81, parágrafo único, inciso II, indica ser a "categoria" a titular dos "interesses ou direitos coletivos". A própria CLT, de 1943, no art. 513, a, permite a mesma conclusão, ao aludir a interesses da categoria, vale dizer, de que esta é titular. A Constituição Federal de 1988, em seu art. 8º, inciso III, retrata a mesma realidade, quando menciona "direitos e interesses coletivos e individuais da categoria".

A categoria é figura abstrata, cuja substância é formada não só das pessoas envolvidas, como de interesses comuns. Os §§ 1º e 2º do art. 511 da CLT apresentam definições legais de categoria, a qual se refere a uma "solidariedade de interesses", um "vínculo social básico", uma "expressão social".

Por isso, o sindicato, titular da personalidade jurídica, é quem representa e materializa a categoria, no âmbito judicial e extrajudicial, o que é confirmado pelo art. 8º, inciso III, da Constituição Federal de 1988.

35.10.1 Conceito

O sindicato pode ser definido como a associação de pessoas físicas ou jurídicas, que têm atividades econômicas ou profissionais, visando à defesa dos interesses coletivos ou individuais dos membros da categoria (art. 511, CLT).

35.10.2 Natureza jurídica

A natureza jurídica do sindicato é de associação, tratando-se de pessoa jurídica de direito privado.

No atual regime democrático, pautado pela liberdade sindical, não mais se admite o sindicato atrelado ao Estado, como órgão dele dependente ou exercendo funções delegadas pelo Poder Público.

35.10.3 Personalidade jurídica

A aquisição da personalidade jurídica sindical, como já estudado, ocorre com o registro no órgão competente (art. 8º, inciso I, da CF/1988), ou seja, no Ministério do Trabalho, conforme Súmula 677 do STF e Orientação Jurisprudencial 15 da SDC do TST.

O registro no Cartório de (Títulos e Documentos e de) Pessoas Jurídicas apenas confere personalidade jurídica de associação, não sendo suficiente para a aquisição da personalidade sindical, sabendo-se que o sindicato é uma pessoa jurídica de direito privado com diversas funções especiais e peculiaridades.

Os arts. 232 a 285 da Portaria 671/2021 estabelecem os procedimentos administrativos para o registro de entidades sindicais no Ministério do Trabalho e Previdência.

Os referidos procedimentos administrativos devem observar as seguintes diretrizes: simplificação do atendimento prestado às entidades sindicais; presunção de boa-fé; transparência; racionalização de métodos e procedimentos de controle; eliminação de formalidades e exigências cujo custo econômico ou social seja superior ao risco de fraude envolvido; aplicação de soluções tecnológicas

---

[29] Cf. GIGLIO, Wagner D. *Direito processual do trabalho*. 10. ed. São Paulo: Saraiva, 1997. p. 111-112: "O argumento de que a categoria não tem personalidade jurídica e de que o sindicato com ela se confunde é falacioso. A categoria profissional é a denominação dada a um fenômeno sociológico, assim como a categoria econômica é uma entidade social com projeções na Economia. E realmente a categoria, enquanto noção sociológica, não tem personalidade jurídica própria, mas isso não impede que a ciência do Direito lhe empreste, por ficção jurídica, uma personalidade, a exemplo do que faz com a massa falida, a herança, o feto em gestação e até certos projetos governamentais, que têm interesses a ser resguardados, assim como direitos e obrigações. E para protegê-los o Direito lhes outorga a qualidade de pessoa. Não deveria causar surpresa a utilização da mesma técnica, em relação à categoria, pelo Direito do Trabalho".

que visem a simplificar processos e procedimentos de atendimento aos usuários dos serviços públicos e a propiciar melhores condições para o compartilhamento das informações, respeitados o sigilo e a proteção do tratamento dos dados na forma da lei (art. 232, parágrafo único, da Portaria 671/2021 do Ministério do Trabalho e Previdência).

Solicitação de registro sindical é o procedimento de registro de fundação de uma nova entidade sindical.

Solicitação de alteração estatutária é o procedimento de registro de alteração de categoria e base territorial abrangida por entidade sindical registrada no Cadastro Nacional de Entidades Sindicais (CNES).

Solicitação de fusão é o procedimento de registro por meio do qual duas ou mais entidades sindicais já registradas no Cadastro Nacional de Entidades Sindicais (CNES) se unem para a formação de um novo ente sindical, que as sucederá em direitos e obrigações, e extinguem as entidades preexistentes.

Solicitação de incorporação é o procedimento de registro por meio do qual uma entidade sindical, denominada incorporadora, absorve a representação sindical de um ou mais entes sindicais, denominados incorporados, em comum acordo, que as sucederá em direitos e obrigações, com a consequente extinção destes.

Solicitação de atualização sindical é o procedimento por meio do qual entidade sindical com registro concedido antes de 18 de abril de 2005 promove o seu recadastramento junto ao Cadastro Nacional de Entidades Sindicais (CNES).

Solicitação de atualização de dados perenes é o procedimento de atualização de dados referentes a membros dirigentes, filiação e localização de entidades sindicais registradas no Cadastro Nacional de Entidades Sindicais – CNES (art. 233 da Portaria 671/2021 do Ministério do Trabalho e Previdência).

O procedimento de registro de entidades sindicais e demais solicitações acima indicadas devem ser feitas por meio do portal gov.br (art. 234 da Portaria 671/2021 do Ministério do Trabalho e Previdência).

A solução do conflito entre entidades sindicais pode resultar de autocomposição, mediação ou arbitragem, a escolha dos interessados, observados os preceitos da Lei 13.140/2015 e da Lei 9.307/1996, no que couberem (art. 248 da Portaria 671/2021 do Ministério do Trabalho e Previdência).

Efetivamente, conforme o já mencionado inciso I do art. 8º da Constituição Federal de 1988, vedam-se ao Poder Público, no caso, ao Poder Executivo, a interferência e a intervenção na organização sindical.

35.10.4 Dissolução

A dissolução de sindicatos deve ser regulada em seu estatuto.

Além disso, por ter o sindicato natureza de associação, aplica-se o art. 5º, inciso XIX, da Constituição Federal de 1988, de modo que só pode ser compulsoriamente dissolvido ou ter suas atividades suspensas por decisão judicial, exigindo-se, no primeiro caso (dissolução compulsória), o trânsito em julgado.

35.10.5 Classificação

Os sindicatos podem ser classificados da seguinte forma, para sistematizar o seu estudo:

a) *sindicatos horizontais*: verificado quando as pessoas que se reúnem realizam determinada atividade profissional (categorias profissionais diferenciadas);

b) *sindicatos verticais*: abrangem todos os empregados da empresa, em razão da atividade econômica.

35.10.6 Enquadramento sindical

O enquadramento sindical no Brasil, na atualidade, deve observar o sistema confederativo e a organização por categoria, como já estudado acima.

No grupo de empresas, cada empresa deve ter o seu respectivo enquadramento sindical específico. Assim, não se pode dizer que o grupo como um todo pertence à mesma categoria, representada pelo mesmo sindicato. A solidariedade prevista no art. 2º, § 2º, CLT não abrange a definição do enquadramento sindical.

No caso da terceirização lícita, o empregador do empregado terceirizado é a empresa prestadora de serviço, sendo esta a sua atividade econômica.

Logo, é possível concluir que o empregado da empresa prestadora de serviço não integra a categoria profissional da empresa contratante (tomadora), mas sim a categoria dos empregados de empresas de prestação de serviços.

Com isso, em tese, não se aplicam os direitos decorrentes das normas coletivas (como piso da categoria) dos empregados da empresa tomadora (contratante) aos empregados das prestadoras dos serviços, gerando possível tratamento não isonômico entre trabalhadores terceirizados e contratados diretamente pela tomadora, ainda que inseridos no mesmo setor e contexto de atividade.

O art. 4º-C, § 1º, da Lei 6.019/1974, acrescentado pela Lei 13.467/2017, estabelece que contratante e contratada *podem* estabelecer, se assim entenderem, que os empregados da contratada farão jus a salário equivalente ao pago aos empregados da contratante, além de outros direitos não previstos no referido dispositivo. Trata-se de mera faculdade no caso de terceirização, diversamente da previsão imperativa quanto ao trabalhador temporário (art. 12, *a*, da Lei 6.019/1974).

Ainda assim, se a empresa contratante (tomadora) tiver empregados próprios (contratados diretamente) e empregados terceirizados (contratados pela empresa prestadora) exercendo as mesmas funções, em idênticas condições, tendo em vista a incidência do princípio da igualdade (art. 5º, *caput*, da Constituição da República), seria possível sustentar a aplicação do mesmo patamar remuneratório e de outros direitos trabalhistas a ambos os tipos de empregados, sob pena de se caracterizar tratamento discriminatório entre trabalhadores, o que não é admitido pelo sistema jurídico (art. 3º, inciso IV, art. 5º, inciso XLI, e art. 7º, incisos XXX, XXXI e XXXII, da Constituição Federal de 1988).

Entretanto, adotando posicionamento diverso, o Supremo Tribunal Federal fixou a seguinte tese de repercussão geral: "A equiparação de remuneração entre empregados da empresa tomadora de serviços e da empresa contratada (terceirizada) fere o princípio da livre iniciativa, por se tratar de agentes econômicos distintos, que não podem estar sujeitos a decisões empresariais que não são suas" (STF, Pleno, RE 635.546/MG, Red. p/ ac. Min. Roberto Barroso, *DJe* 19.05.2021).

35.10.7 Órgãos do sindicato

A Consolidação das Leis do Trabalho estabelece regras gerais, quanto à organização do sindicato, no qual são observados os seguintes órgãos (art. 522 da CLT):

a) *Assembleia geral*;

b) *Diretoria*, que deve eleger, dentre os seus membros, o presidente do sindicato. A diretoria é constituída no mínimo de três e no máximo de sete membros, eleitos pela assembleia geral;

c) *Conselho fiscal*, que tem competência limitada à fiscalização da gestão financeira do sindicato, composto de três membros, eleitos pela assembleia geral.

A administração do sindicato é exercida pela diretoria e pelo conselho fiscal.

A eleição para cargos de diretoria e conselho fiscal deve ser realizada por escrutínio secreto, durante seis horas contínuas, pelo menos, na sede do sindicato, na de suas delegacias e seções e nos principais locais de trabalho (§ 1º do art. 524 da CLT).

Concomitantemente ao término do prazo estipulado para a votação, deve-se instalar, em Assembleia Eleitoral pública e permanente, na sede do sindicato, a mesa apuradora, para a qual devem ser enviadas, imediatamente, pelos presidentes das mesas coletoras, as urnas receptoras e as atas respectivas. Faculta-se a designação de mesa apuradora supletiva sempre que as peculiaridades ou conveniências do pleito a exigirem (§ 2º do art. 524 da CLT).

Existem, ainda, os delegados sindicais (art. 523 da CLT), designados pela diretoria, entre os associados que estejam no território da respectiva delegacia, a qual pode ser instituída pelo sindicato para melhor proteção dos membros da categoria.

De acordo com o art. 524 da CLT, devem ser sempre tomadas por escrutínio secreto, na forma estatutária, as deliberações da Assembleia Geral concernentes aos seguintes assuntos:

a) eleição de associado para representação da respectiva categoria prevista em lei;

b) tomada e aprovação de contas da diretoria;

c) aplicação do patrimônio do sindicato (que é aquele previsto no art. 548 da CLT);

d) julgamento dos atos da Diretoria, relativos a penalidades impostas a associados;

e) pronunciamento sobre relações ou dissídio de trabalho.

35.10.8 Eleições sindicais

O art. 529 da CLT arrola como condições, tanto para o exercício do direito do voto como para a investidura em cargo de administração ou representação econômica ou profissional:

a) ter o associado mais de seis meses de inscrição no Quadro Social e mais de dois anos de exercício da atividade ou da profissão;

b) ser maior de 18 anos;

c) estar em gozo dos direitos sindicais.

O aposentado filiado ao sindicato tem direito de votar e ser votado nas eleições e organizações sindicais (art. 8º, inciso VII, da CF/1988).

Com fundamento nos princípios da liberdade associativa e sindical, assegurados pela Constituição Federal de 1988, defende-se o entendimento de que aos associados é garantido o *direito* de voto nas eleições sindicais, como normalmente preveem os estatutos, não sendo adequada a obrigatoriedade (art. 529, parágrafo único, da CLT) e a imposição de multa administrativa a respeito (art. 553, alínea *f*, da CLT).

Não podem ser eleitos para cargos administrativos ou de representação econômica ou profissional, nem permanecer no exercício desses cargos (art. 530 da CLT):

a) os que não tiverem definitivamente aprovadas as suas contas de exercício em cargos de administração;

b) os que houverem lesado o patrimônio de qualquer entidade sindical;

c) os que não estiverem, desde dois anos antes, pelo menos, no exercício efetivo da atividade ou da profissão dentro da base territorial do sindicato, ou no desempenho de representação econômica ou profissional;

d) os que tiverem sido condenados por crime doloso enquanto persistirem os efeitos da pena;

e) os que não estiverem em gozo de seus direitos políticos;

f) má conduta, devidamente comprovada.

Nas eleições para cargos de diretoria e do conselho fiscal devem ser considerados eleitos os candidatos que obtiverem maioria absoluta de votos em relação ao total dos associados eleitores (art. 531 da CLT).

Não concorrendo à primeira convocação maioria absoluta de eleitores, ou não obtendo nenhum dos candidatos essa maioria, proceder-se-á à nova convocação para dia posterior, sendo então considerados eleitos os candidatos que obtiverem maioria dos eleitores presentes (§ 1º do art. 531 da CLT).

Havendo somente uma chapa registrada para as eleições, poderá a assembleia em última convocação ser realizada duas horas após a primeira convocação desde que do edital respectivo conste essa advertência (§ 2º do art. 531 da CLT).

As eleições para a renovação da Diretoria e do Conselho Fiscal deverão ser procedidas dentro do prazo máximo de 60 dias e mínimo de 30 dias, antes do término do mandato dos dirigentes em exercício (art. 532 da CLT).

Compete à diretoria em exercício, dentro de 30 dias da realização das eleições, e não tendo havido recurso, dar publicidade ao resultado do pleito (§ 2º do art. 532 da CLT).

A posse da nova diretoria deve verificar-se dentro de 30 dias subsequentes ao término do mandato da anterior (§ 4º do art. 532 da CLT).

Ao assumir o cargo, o eleito deve prestar, por escrito e solenemente, o compromisso de respeitar, no exercício do mandato, a Constituição, as leis vigentes e os estatutos da entidade (§ 5º do art. 532 da CLT).

35.11 Entidades sindicais de grau superior

O sistema sindical brasileiro, como já destacado, é confederativo, o que também foi adotado pela Constituição Federal de 1988.

Desse modo, sendo os sindicatos os entes sindicais de base, de acordo com o art. 533 da CLT, constituem associações sindicais de grau superior as federações e confederações.

As federações e as confederações devem se organizar na forma dos arts. 534 e 535 da CLT (art. 239 da Portaria 671/2021 do Ministério do Trabalho e Previdência). As entidades sindicais de grau superior devem coordenar os interesses das entidades a elas filiadas.

35.11.1 Federações

As federações são formadas por número não inferior a cinco sindicatos, sendo constituídas por Estados (art. 534 da CLT).

Assim, faculta-se aos Sindicatos, quando em número não inferior a cinco, desde que representem a maioria absoluta de um grupo de atividades ou profissões idênticas, similares ou conexas, organizarem-se em federação.

Se já existir federação no grupo de atividades ou profissões em que deva ser constituída a nova entidade, a criação desta não poderá reduzir a menos de cinco o número de sindicatos que àquela devam continuar filiados (§ 1º do art. 534 da CLT).

As federações serão constituídas, em regra, por Estados, mas pode ocorrer a constituição de Federações interestaduais ou nacionais (§ 2º do art. 534 da CLT).

É permitido a qualquer federação, para o fim de lhes coordenar os interesses, agrupar os sindicatos de determinado município ou região que a ela estejam filiados; mas a união não terá direito de representação das atividades ou profissões agrupadas (§ 3º do art. 534 da CLT).

35.11.2 Confederações

As confederações são formadas por no mínimo três federações, com âmbito nacional, e sede na Capital da República (art. 535 da CLT).

As confederações formadas por federações de Sindicatos de empregadores denominar-se-ão: Confederação Nacional da Indústria, Confederação Nacional do Comércio, Confederação Nacional de Transportes Marítimos, Fluviais e Aéreos, Confederação Nacional de Transportes Terrestres, Confederação Nacional de Comunicações e Publicidade, Confederação Nacional das Empresas de Crédito e Confederação Nacional de Educação e Cultura (§ 1º do art. 535 da CLT).

As confederações formadas por federações de Sindicatos de empregados terão a denominação de: Confederação Nacional dos Trabalhadores na Indústria, Confederação Nacional dos Trabalhadores no Comércio, Confederação Nacional dos Trabalhadores em Transportes Marítimos, Fluviais e Aéreos, Confederação Nacional dos Trabalhadores em Transportes Terrestres, Confederação

Nacional dos Trabalhadores em Comunicações e Publicidade, Confederação Nacional dos Trabalhadores nas Empresas de Crédito e Confederação Nacional dos Trabalhadores em Estabelecimentos de Educação e Cultura (§ 2º do art. 535 da CLT).

Denominar-se-á Confederação Nacional das Profissões Liberais a reunião das respectivas federações (§ 3º do art. 535 da CLT).

As associações sindicais de grau superior da Agricultura e Pecuária serão organizadas na conformidade do que dispuser a lei que regular a sindicalização dessas atividades ou profissões (§ 4º do art. 535 da CLT).

35.11.3 Administração

A administração das federações e confederações, de acordo com o art. 538 da CLT, é realizada pela Diretoria, Conselho de Representantes e Conselho Fiscal.

A Diretoria das federações e confederações é constituída de, no mínimo, três membros. O Conselho Fiscal dos mencionados entes sindicais superiores é composto de três membros, os quais serão eleitos pelo Conselho de Representantes com mandato por três anos (§ 1º do art. 538 da CLT).

Só podem ser eleitos os integrantes dos grupos das federações ou dos planos das confederações, respectivamente (§ 2º do art. 538 da CLT).

O Presidente da federação ou confederação será escolhido dentre os seus membros, pela Diretoria (§ 3º do art. 538 da CLT).

O Conselho de Representantes é formado pelas delegações dos Sindicatos ou das Federações filiadas, constituída cada delegação de dois membros, com mandato por três anos, cabendo um voto a cada delegação (§ 4º do art. 538 da CLT).

A competência do Conselho Fiscal é limitada à fiscalização da gestão financeira (§ 5º do art. 538 da CLT).

35.12 Centrais sindicais

As centrais sindicais são órgãos de cúpula, intercategoriais, de âmbito nacional, coordenando os demais órgãos, sem integrar o sistema sindical confederativo regulado na Constituição Federal.

Assim, as centrais sindicais apresentam natureza jurídica de direito privado, de associações civis. No sistema jurídico no Brasil sempre se entendeu que as centrais sindicais ainda não possuíam natureza de ente sindical propriamente.

Não havia regulamentação legal sobre as centrais sindicais, mas a legislação já previa a sua existência, como se observa na Lei 8.036/1990, art. 3º, § 3º, na Lei 7.998/1990, art. 18, § 3º, e na Lei 8.213/1991, art. 3º, § 2º.

No plano da realidade dos fatos, as centrais sindicais exercem importante papel na sociedade, atuando não só em conjunto com as entidades sindicais, buscando melhores condições de trabalho e de vida, mas em matérias de interesse social.

Verifica-se a existência de diversas centrais sindicais, de âmbito nacional, abrangendo várias categorias e profissões, o que não é obstado pela unicidade sindical, justamente porque as centrais não apresentam natureza de ente sindical.

Assim, o que existe, de fato, é verdadeira pluralidade na cúpula da organização sindical, representada pelas centrais sindicais.

Há relevância em alterar a Constituição Federal, passando a inserir as centrais sindicais, em termos jurídicos, no sistema sindical brasileiro.

Cabe esclarecer e destacar, no entanto, que a Lei 11.648, de 31 de março de 2008 (publicada no DOU de 31.03.2008, edição extra, com entrada em vigor na data de sua publicação, conforme o art. 8º), dispõe sobre o reconhecimento formal das centrais sindicais para os fins que especifica, alterando a Consolidação das Leis do Trabalho. Nesse sentido, o art. 1º do mencionado diploma legal assim prevê:

> "Art. 1º A central sindical, entidade de representação geral dos trabalhadores, constituída em âmbito nacional, terá as seguintes atribuições e prerrogativas:
>
> I – coordenar a representação dos trabalhadores por meio das organizações sindicais a ela filiadas; e
>
> II – participar de negociações em fóruns, colegiados de órgãos públicos e demais espaços de diálogo social que possuam composição tripartite, nos quais estejam em discussão assuntos de interesse geral dos trabalhadores.
>
> Parágrafo único. Considera-se central sindical, para os efeitos do disposto nesta Lei, a entidade associativa de direito privado composta por organizações sindicais de trabalhadores".

Como se nota, a Lei em questão tem como objetivo não apenas reconhecer, formalmente, as centrais sindicais em nosso ordenamento jurídico, mas também definir as suas atribuições e prerrogativas. Além disso, restou confirmado que *a central sindical possui natureza jurídica de direito privado*, sendo *formada por entes sindicais dos trabalhadores*. Não há, assim, central sindical formada de organizações sindicais patronais.

Além disso, ainda que a central sindical seja composta de entes sindicais profissionais, verifica-se que a Lei em debate não determina, ao menos expressamente, ser a central sindical, em si, em termos rigorosamente jurídicos, também um ente dotado de personalidade jurídica sindical. Ou seja, analisando-se atentamente a previsão legal, nota-se não haver indicação de que a central sindical passou a ser integrante do sistema sindical brasileiro. Afinal, ser composta por organizações sindicais (de trabalhadores) não é sinônimo de ser a central, em si, também um ente sindical. Tanto é assim que a Constituição Federal de 1988 continua prevendo que o sistema sindical brasileiro é confederativo (art. 8º, inciso IV, da CF/1988), ou seja, composto de sindicatos, federações e confederações, além de fundado na representação de categorias (art. 8º, incisos II e III, da CF/1988). Já as centrais sindicais, além de não se inserirem no sistema confederativo, são intercategoriais (ou seja, supracategoriais).

Para que a central sindical passe a integrar, em termos rigorosamente jurídicos, o sistema sindical em sentido próprio e estrito, seria necessária alteração da Constituição Federal, de modo a conferir-lhe verdadeira natureza jurídica de ente sindical, modificando a limitação atualmente prevista do sistema sindical confederativo e por categorias[30].

De todo modo, restou confirmado que a central sindical é constituída em *âmbito nacional*, sendo entidade de *representação geral dos trabalhadores*.

A coordenação da representação dos trabalhadores, pela central sindical, em âmbito nacional, ocorre "por meio das organizações sindicais" que forem filiadas à central sindical. Isso confirma a assertiva de que a central sindical não é, em termos rigorosamente técnico-jurídicos, um ente que integre o sistema sindical, tal como estruturado na Constituição Federal de 1988. Na realidade, as organizações sindicais podem se filiar à central sindical, por ser esta uma entidade associativa de natureza privada (composta, justamente, daquelas organizações sindicais).

A central sindical pode, ainda, participar de negociações *em fóruns, colegiados de órgãos públicos e demais espaços de diálogo social que possuam composição tripartite* (ou seja, com a presença de representantes dos trabalhadores, empregadores e governo ou poder público), nos quais estejam em discussão assuntos de interesse geral dos trabalhadores. Desse modo, as centrais apresentam legitimidade para participarem da assinatura dos "pactos sociais".

---

[30] Cf. MARTINS, Sergio Pinto. *Direito do trabalho*. 22. ed. São Paulo: Atlas, 2006. p. 716: "Diante da necessidade de reforma trabalhista, nada mais importante do que estabelecer a pluralidade sindical *reconhecendo as centrais sindicais; mas para isso é preciso alterar a Constituição para admitir as centrais sindicais no sistema sindical*" (destaquei).

Esclareça-se que o *pacto social* normalmente resulta de uma negociação ou "concertação social" em elevado nível da sociedade, com o objetivo de fixar rumos para a política social e econômica do país. Trata-se de meio para obter o consenso dos interessados antes de reformas mais profundas, contando com a participação de representantes (sindicais) dos trabalhadores, representantes dos empregadores (das empresas) e do Estado ("pactos trilaterais"), em que são estabelecidos planos sobre âmbitos diversos, especialmente no aspecto econômico e social[31]. Desse modo, não se confundem com os acordos e convenções coletivas, seja em razão dos sujeitos pactuantes distintos, seja porque os pactos sociais têm finalidades próprias, procurando estabelecer regras e programas mais amplos, relacionados a políticas econômicas e sociais gerais, prevendo compromissos de caráter preponderantemente moral entre os atores sociais e o governo. De todo modo, o pacto social não deixa de ser um instrumento que busca solucionar conflitos sociais, podendo envolver questões de ordem trabalhista[32].

A previsão legal, portanto, não se refere à negociação coletiva propriamente, entendida como o procedimento, fundado na autonomia coletiva dos particulares, apto a dar origem a normas jurídicas coletivas negociadas (previstas em acordos e convenções coletivas de trabalho), nas quais são estabelecidas condições de trabalho, solucionando o conflito coletivo trabalhista. Portanto, não há atribuição do poder de contratação e negociação coletiva à central sindical, o que, aliás, só poderia ser feito por meio de eventual alteração da Constituição Federal de 1988. Tanto é assim que, em conformidade com o art. 8º, inciso VI, da Constituição da República a negociação coletiva continua sendo de atribuição dos entes sindicais, exigindo-se a participação do sindicato (especialmente do sindicato da categoria profissional, sabendo-se que o acordo coletivo, reconhecido no art. 7º, inciso XXVI, da Constituição Federal de 1988, é firmado com empresa ou empresas)[33].

Observados os relevantes aspectos acima, cabe prosseguir na análise das disposições seguintes do referido diploma legal. Assim sendo, de acordo o seu art. 2º:

"Art. 2º Para o exercício das atribuições e prerrogativas a que se refere o inciso II do *caput* do art. 1º desta Lei, a central sindical deverá cumprir os seguintes requisitos:

I – filiação de, no mínimo, 100 (cem) sindicatos distribuídos nas 5 (cinco) regiões do País;

II – filiação em pelo menos 3 (três) regiões do País de, no mínimo, 20 (vinte) sindicatos em cada uma;

III – filiação de sindicatos em, no mínimo, 5 (cinco) setores de atividade econômica; e

IV – filiação de sindicatos que representem, no mínimo, 7% (sete por cento) do total de empregados sindicalizados em âmbito nacional.

Parágrafo único. O índice previsto no inciso IV do *caput* deste artigo será de 5% (cinco por cento) do total de empregados sindicalizados em âmbito nacional no período de 24 (vinte e quatro) meses a contar da publicação desta Lei".

Pode-se concluir que passam a existir, em tese, duas modalidades de centrais sindicais:

– as centrais sindicais que atendem aos requisitos de representatividade (art. 2º), tendo o direito de receber parte da contribuição sindical (art. 589, § 2º, da CLT, em sua nova redação), bem como as atribuições e prerrogativas de participar de negociações em fóruns, colegiados de órgãos públicos e demais espaços de diálogo social que possuam composição tripartite, nos quais estejam em discussão assuntos de interesse geral dos trabalhadores (art. 1º, *caput*, inciso II);

---

[31] Cf. NASCIMENTO, Amauri Mascaro. *Teoria geral do direito do trabalho*. São Paulo: LTr, 1998. p. 176-177.
[32] Cf. NASCIMENTO, Amauri Mascaro. *Teoria geral do direito do trabalho*. São Paulo: LTr, 1998. p. 177-178.
[33] Cf. MARTINS, Sergio Pinto. *Direito do trabalho*. 22. ed. São Paulo: Atlas, 2006. p. 716: "As centrais sindicais, por não integrarem o sistema confederativo previsto na Constituição, que faz referência apenas a sindicato, federação e confederação e estabelecimento de categorias (art. 8º, II, III, IV), não podem: (a) declarar greves; (b) celebrar convenções ou acordos coletivos; (c) nem propor dissídios coletivos, pois não têm legitimidade para esse fim; (d) representar a categoria, nem assinar documentos em nome dela".

– as centrais sindicais que não atendem aos requisitos de representatividade e que, por isso, não têm os referidos direitos, atribuições e prerrogativas.

Mesmo assim, pode-se entender que ambas as modalidades de centrais sindicais possuem a atribuição e prerrogativa básica, que é de coordenar a representação dos trabalhadores por meio das organizações sindicais a ela filiadas (art. 1º, *caput*, inciso I), pois as duas são entidades associativas de direito privado compostas por organizações sindicais de trabalhadores (art. 1º, parágrafo único).

Verifica-se que para o exercício das atribuições e prerrogativas de "participar de negociações em fóruns, colegiados de órgãos públicos e demais espaços de diálogo social que possuam composição tripartite, nos quais estejam em discussão assuntos de interesse geral dos trabalhadores", a central sindical deve preencher os requisitos acima transcritos, constantes dos incisos I a IV do art. 2º. A interpretação até mesmo literal é de que todos os requisitos, constantes dos incisos I, II, III e IV, do art. 2º, devem ser preenchidos pela central sindical, não se tratando de requisitos alternativos, mas sim cumulativos. A justificativa para essa exigência é conferir as mencionadas atribuições e prerrogativas, apenas, às centrais sindicais que apresentem e demonstrem, efetivamente, deter *legitimidade* na representação geral dos trabalhadores (ou seja, que possuam verdadeira *representatividade*).

Os critérios para demonstrar essa legitimidade/representatividade estão relacionados à filiação de sindicatos à central sindical, na forma explicitada e detalhada nos incisos acima transcritos. Os incisos III e IV, do art. 2º, aliás, confirmam o entendimento de que *as centrais sindicais são órgãos intercategoriais ou supracategoriais* recebendo a filiação de sindicatos de diferentes setores da atividade econômica, bem como são entes de âmbito nacional.

O parágrafo único do art. 2º, na realidade, é uma regra de transição, amenizando a previsão do inciso IV, quanto ao período de 24 meses a contar da publicação da Lei mencionada. Após esse período inicial, passa a incidir o percentual mais elevado do inciso IV do *caput* do art. 2º.

Em conformidade com o art. 3º do mesmo diploma legal:

"Art. 3º A indicação pela central sindical de representantes nos fóruns tripartites, conselhos e colegiados de órgãos públicos a que se refere o inciso II do *caput* do art. 1º desta Lei será em número proporcional ao índice de representatividade previsto no inciso IV do *caput* do art. 2º desta Lei, salvo acordo entre centrais sindicais.

§ 1º O critério de proporcionalidade, bem como a possibilidade de acordo entre as centrais, previsto no *caput* deste artigo não poderá prejudicar a participação de outras centrais sindicais que atenderem aos requisitos estabelecidos no art. 2º desta Lei.

§ 2º A aplicação do disposto no *caput* deste artigo deverá preservar a paridade de representação de trabalhadores e empregadores em qualquer organismo mediante o qual sejam levadas a cabo as consultas".

Como já estudado, a central sindical tem a atribuição e prerrogativa de participar de negociações em fóruns, colegiados de órgãos públicos e demais espaços de diálogo social que possuam composição tripartite, nos quais estejam em discussão assuntos de interesse geral dos trabalhadores (art. 1º, *caput*, inciso II).

Os representantes a serem indicados, pelas centrais sindicais, para participar dessas negociações nos fóruns tripartites, conselhos e colegiados de órgãos públicos, no entanto, serão em número proporcional ao índice de representatividade previsto no inciso IV do *caput* do art. 2º da Lei analisada, salvo acordo entre centrais sindicais. Isso significa que, não havendo o mencionado acordo, o número de representantes indicados por uma a uma das centrais sindicais deve ser proporcional à filiação de sindicatos que representem, no mínimo, 7% do total de empregados sindicalizados em âmbito nacional. Em outras palavras, quanto maior o número de sindicatos que possuam empregados sindicalizados, filiados a certa central sindical, maior a representatividade desta e, por consequência, maior o número de representantes a serem indicados pela referida central sindical em específico.

O critério de proporcionalidade descrito, bem como a possibilidade de acordo entre as centrais, não poderá prejudicar a participação de outras centrais sindicais que atenderem aos requisitos estabelecidos no art. 2º da Lei em estudo. Essa previsão procura, na realidade, assegurar o direito de participação também de eventuais centrais sindicais que, embora preencham os critérios legais de aferição da representatividade, alcançam índices inferiores a esse respeito.

Por outro lado, a aplicação do critério acima analisado (art. 3º, *caput*) deverá preservar a paridade de representação de trabalhadores e empregadores em qualquer organismo no qual sejam efetuadas consultas a respeito de assuntos de interesse geral dos trabalhadores.

Deve-se destacar, ainda, a disposição do art. 4º do mesmo diploma legal, que assim prevê:

"Art. 4º A aferição dos requisitos de representatividade de que trata o art. 2º desta Lei será realizada pelo Ministério do Trabalho e Emprego.

§ 1º O Ministro de Estado do Trabalho e Emprego, mediante consulta às centrais sindicais, poderá baixar instruções para disciplinar os procedimentos necessários à aferição dos requisitos de representatividade, bem como para alterá-los com base na análise dos índices de sindicalização dos sindicatos filiados às centrais sindicais.

§ 2º Ato do Ministro de Estado do Trabalho e Emprego divulgará, anualmente, relação das centrais sindicais que atendem aos requisitos de que trata o art. 2º desta Lei, indicando seus índices de representatividade".

Como se pode notar, a Lei dispõe ser *atribuição do Ministério do Trabalho* a *aferição dos requisitos de representatividade* de que trata o art. 2º, acima estudado. Essa aferição pode ser feita de acordo com instruções a serem baixadas pelo próprio Ministério do Trabalho, instruções estas que podem ser alteradas com base na análise dos índices de sindicalização dos sindicatos filiados às centrais sindicais.

Com a finalidade de conferir *publicidade* e viabilizar o *conhecimento* e a *informação* (inclusive pela sociedade) de quais são as centrais sindicais que preenchem os requisitos legais de representatividade, ato do Ministro de Estado do Trabalho deve divulgar, a cada ano, a relação das centrais que preenchem os requisitos analisados (previstos no art. 2º), explicitando os respectivos índices de representatividade.

Mesmo assim, em razão da garantia constitucional do acesso à jurisdição (art. 5º, inciso XXXV, da CF/1988), torna-se possível ao interessado eventual questionamento do referido ato administrativo na esfera judicial, alegando ter ocorrido lesão ou ameaça ao seu direito (no caso, ao seu direito a ter reconhecida a representatividade que alegue possuir, mas que, injustamente, não tenha constado do ato ministerial em questão).

De todo modo, a mencionada atribuição do Ministério do Trabalho, de aferir os requisitos de representatividade das centrais sindicais, não pode ocorrer de maneira a violar o mandamento constitucional que proíbe a interferência e a intervenção do Poder Público na organização sindical (art. 8º, inciso I, da CF/1988), o qual, aliás, decorre do próprio *princípio da liberdade sindical*.

Portanto, para que essa previsão legal não seja considerada inconstitucional, deve-se interpretá-la no sentido de que o Ministério do Trabalho tão somente pode atuar com base em critérios objetivos e de forma vinculada, dentro do estrito parâmetro legal, apenas explicitando e dando publicidade aos dados concretos colhidos na realidade dos fatos, sem manifestar eventual juízo de valor fundado em critérios subjetivos ou de conveniência. Além do mais, como já destacado, a central sindical, de acordo com a previsão constitucional em vigor, não se encontra juridicamente inserida no sistema sindical propriamente (ou seja, como um ente dotado de personalidade verdadeiramente sindical), pois este permanece tendo caráter confederativo (abrangendo os sindicatos, as federações e as confederações) e fundado em categorias (econômicas e profissionais). Nessa linha, o art. 8º, inciso I, da Constituição Federal de 1988 veda a interferência e a intervenção do Poder Público na "organização sindical", a qual, como visto, permanece sendo confederativa e por categorias.

35.13 Funções do sindicato

O sindicato exerce diversas funções.

Desse modo, no que tange às funções de natureza jurídica do sindicato, podem ser destacadas as seguintes:

a) *representação* (art. 513, *a*, da CLT), pois o sindicato representa a categoria e os seus integrantes, e não apenas os seus filiados;

b) *substituição processual*, uma vez que o sindicato possui legitimação extraordinária, o que possibilita a defesa dos interesses e direitos dos integrantes da categoria, conforme o art. 8º, inciso III, da Constituição da República;

A Lei 8.073/1990, no art. 3º, dispõe que as entidades sindicais podem atuar como substitutos processuais dos integrantes da categoria. Essa previsão abrange os sindicatos, as federações, as confederações, como legitimados para propor a ação como substitutos processuais.

c) *negociação coletiva*, podendo resultar na avença de instrumentos normativos, ou seja, acordo coletivo e convenção coletiva, conforme os arts. 7º, inciso XXVI, e 8º, inciso VI, da Constituição Federal de 1988;

d) *assistencial*;

Essa função social, de caráter assistencial, está presente nos arts. 514, *b*, *d*, 500, da CLT, bem como na Lei 5.584/1970, art. 14.

Devem os sindicatos, portanto, exercer as seguintes funções de natureza social:

– manter serviços de assistência judiciária para os associados e membros da categoria;

– sempre que possível, e de acordo com as suas possibilidades, manter no seu quadro de pessoal, em convênio com entidades assistenciais ou por conta própria, um assistente social com as atribuições específicas de promover a cooperação operacional na empresa e a integração profissional na classe.

Na Justiça do Trabalho, a assistência judiciária a que se refere a Lei 1.060, de 5 de fevereiro de 1950, deve ser prestada pelo sindicato da categoria profissional a que pertencer o trabalhador (art. 14 da Lei 5.584, de 26 de junho de 1970).

A assistência judiciária específica, prestada pelo sindicato, é devida a todo aquele que perceber salário igual ou inferior ao dobro do mínimo legal, ficando assegurado igual benefício ao trabalhador de maior salário, uma vez provado que sua situação econômica não lhe permite demandar, sem prejuízo do sustento próprio ou da família (§ 1º do art. 14 da Lei 5.584/1970).

Anteriormente, o art. 16 da Lei 5.584/1970 previa que os honorários do advogado pagos pelo vencido deveriam reverter em favor do sindicato assistente. Esse dispositivo, entretanto, foi *revogado* pela Lei 13.725/2018. Na verdade, os honorários advocatícios devidos quando o sindicato da categoria profissional presta a assistência judiciária, com fundamento na Lei 5.584/1970, têm natureza de *honorários de sucumbência*, sendo devidos, portanto, ao advogado que atuou na causa, conforme art. 791-A da CLT e art. 23 da Lei 8.906/1994. Isso é confirmado pelo art. 791-A, § 1º, da CLT, acrescentado pela Lei 13.467/2017, no sentido de que os honorários advocatícios de sucumbência são devidos também nas ações contra a Fazenda Pública e nas ações em que a parte estiver assistida ou substituída pelo sindicato de sua categoria.

Desse modo, incide o art. 22 da Lei 8.906/1994, ao estabelecer que a prestação de serviço profissional assegura aos inscritos na OAB (isto é, aos advogados) o direito aos *honorários* convencionados, aos fixados por arbitramento judicial e aos *de sucumbência*.

O disposto no art. 22 da Lei 8.906/1994 aplica-se aos *honorários assistenciais*, compreendidos como os fixados em ações coletivas propostas por entidades de classe em substituição processual, sem prejuízo aos honorários convencionais (art. 22, § 6º, da Lei 8.906/1994, incluído pela Lei 13.725/2018).

Os honorários *convencionados* com entidades de classe para atuação em substituição processual podem prever a faculdade de indicar os beneficiários que, ao optarem por adquirir os direitos, assumirão as obrigações decorrentes do contrato originário a partir do momento em que este foi celebrado, sem a necessidade de mais formalidades (art. 22, § 7º, da Lei 8.906/1994, acrescentado pela Lei 13.725/2018). Os titulares dos honorários advocatícios convencionados, nesse caso, são os advogados que prestarem serviço profissional nas ações coletivas ajuizadas por entidades de classe (como os sindicatos) em substituição processual (art. 8º, inciso III, da Constituição da República).

A assistência judiciária, nos termos da Lei 5.584/1970, deve ser prestada ao trabalhador, ainda que não seja associado do respectivo sindicato (art. 18).

Os diretores de sindicatos que, sem comprovado motivo de ordem financeira, deixarem de dar cumprimento às disposições da Lei 5.584/1970 ficam sujeitos à penalidade prevista no art. 553, alínea *a*, da Consolidação das Leis do Trabalho (art. 19 da Lei 5.584/1970).

Conforme o art. 791-A da CLT, com redação da Lei 13.467/2017, ao advogado, ainda que atue em causa própria, devem ser devidos honorários de sucumbência, fixados entre o mínimo de 5% e o máximo de 15% sobre o valor que resultar da liquidação da sentença, do proveito econômico obtido ou, não sendo possível mensurá-lo, sobre o valor atualizado da causa. Os honorários são devidos também nas ações contra a Fazenda Pública e *nas ações em que a parte estiver assistida ou substituída pelo sindicato de sua categoria*.

O pedido de demissão do empregado estável só é válido quando feito com a *assistência do respectivo sindicato* e, se não o houver, perante autoridade local competente do Ministério do Trabalho ou da Justiça do Trabalho (art. 500 da CLT).

A mencionada exigência é prevista para o empregado titular da estabilidade decenal, mas deve ser aplicada, também, para o pedido de demissão de empregados com outras modalidades de estabilidade provisória ou garantia de emprego, como forma de preservar a higidez nessa manifestação de vontade.

Discute-se, ainda, a possibilidade de exercer o sindicato a função de natureza econômica.

O art. 564 CLT veda o exercício de função econômica pelo sindicato. Isso não significa interferência do Poder Público no ente sindical, mas uma previsão que explicita a impossibilidade de atividade econômica, em sentido estrito, ser exercida por ente sindical, justamente porque este não é empresa, não possuindo finalidade lucrativa, nem tendo por atribuição a produção e a circulação de bens e serviços no mercado. Tendo em vista que o sindicato tem natureza de associação especial, como pessoa jurídica de direito privado, nos termos do art. 53 do Código Civil, constituem-se as associações pela união de pessoas que se organizem para fins não econômicos, no sentido de fins não lucrativos.

Também é discutida a possibilidade de exercer o sindicato função política.

O art. 521, *d*, da CLT veda o exercício de atividade política pelo sindicato, o que deve ser interpretado como proibição de atividade político-partidária, justamente porque o ente sindical não se confunde com os partidos políticos, possuindo atribuições próprias e distintas, de defesa dos interesses da categoria, independentemente da corrente partidária seguida.

A atividade política, devidamente entendida como forma de realizar pressão, de forma legítima, em diversos setores da sociedade e dos poderes constituídos, organizando-se para alcançar objetivos definidos, bem como melhores condições, é inerente à atuação do sindicato.

e) *recebimento de contribuições*.

A função mencionada refere-se à cobrança e ao recebimento de contribuições pelo sindicato, como será analisado no item seguinte.

35.14 Receitas do sindicato

O sindicato tem direito a diversas modalidades de contribuições.

As contribuições (receitas) sindicais em sentido amplo abrangem a contribuição sindical prevista em lei, a contribuição confederativa, a contribuição assistencial e a mensalidade sindical.

Cabe analisar, assim, as diferentes contribuições sindicais que podem ser cobradas pelo sindicato.

35.14.1 Contribuição sindical

A contribuição sindical prevista em lei foi reconhecida e recepcionada pela Constituição Federal de 1988, como se observa em seu art. 8º, inciso IV, parte final.

A referida contribuição sindical, anteriormente conhecida como "imposto sindical", é disciplinada pelos arts. 578 e seguintes da CLT.

Quando obrigatória, a sua natureza jurídica era tributária, conforme o art. 149, *caput*, da Constituição da República, por se tratar de contribuição de interesse das categorias profissionais e econômicas, como confirmava o art. 217, inciso I, do Código Tributário Nacional, o que não mais prevalece com a Lei 13.467/2017.

Essa contribuição sindical prevista em lei, quando era compulsória, acarretava evidente restrição à liberdade sindical, sendo incompatível com a Convenção 87 da OIT, uma vez que era devida independentemente de manifestação de vontade ou concordância do trabalhador ou empregador, bem como de filiação ao ente sindical.

O art. 7º da Lei 11.648/2008 dispõe que os arts. 578 a 610 da CLT vigorarão até que a lei venha a disciplinar a *contribuição negocial*, vinculada ao exercício efetivo da negociação coletiva e à aprovação em assembleia geral da categoria. Essa contribuição negocial, entretanto, ainda não foi instituída.

A Lei 13.467/2017 tornou a contribuição sindical prevista em lei opcional, ou seja, facultativa, passando a ser devida apenas pelos empregados, trabalhadores e empregadores que assim autorizarem prévia e expressamente.

Na atualidade, o art. 545 da CLT, com redação dada pela Lei 13.467/2017, prevê que os empregadores ficam obrigados a descontar da folha de pagamento dos seus empregados, *desde que por eles devidamente autorizados*, as contribuições devidas ao sindicato, quando por este notificados.

Anteriormente, o art. 545 da CLT, na redação decorrente do Decreto-lei 925/1969, previa que empregadores ficavam obrigados a descontar na folha de pagamento dos seus empregados, desde que por eles devidamente autorizados, as contribuições devidas ao sindicato, quando por este notificados, *salvo quanto à contribuição sindical, cujo desconto independia dessas formalidades*.

Em consonância com o art. 578 da CLT, com redação dada pela Lei 13.467/2017, as contribuições devidas aos sindicatos pelos participantes das categorias econômicas ou profissionais ou das profissões liberais representadas pelas referidas entidades devem ser, sob a denominação de *contribuição sindical*, pagas, recolhidas e aplicadas na forma estabelecida no Capítulo III do Título V da CLT (arts. 578 a 610), *desde que prévia e expressamente autorizadas*.

De acordo com o art. 579 da CLT, com redação dada pela Lei 13.467/2017, o desconto da contribuição sindical está condicionado à *autorização prévia e expressa* dos que participarem de uma determinada categoria econômica ou profissional, ou de uma profissão liberal, em favor do sindicato representativo da mesma categoria ou profissão ou, inexistindo este, na conformidade do disposto no art. 591 da CLT.

Os empregadores são obrigados a descontar da folha de pagamento de seus empregados relativa ao mês de março de cada ano a contribuição sindical dos empregados que *autorizaram prévia e expressamente* o seu recolhimento aos respectivos sindicatos (art. 582 da CLT, com redação dada pela Lei 13.467/2017).

Conforme o art. 583 da CLT, com redação dada pela Lei 13.467/2017, o recolhimento da contribuição sindical referente aos empregados e trabalhadores avulsos será efetuado no mês de abril de cada ano, e o relativo aos agentes ou trabalhadores autônomos e profissionais liberais realizar-se-á no mês de fevereiro, observada a exigência de *autorização prévia e expressa* prevista no art. 579 da CLT.

Os empregadores que *optarem* pelo recolhimento da contribuição sindical devem fazê-lo no mês de janeiro de cada ano, ou, para os que venham a se estabelecer após o referido mês, na ocasião em que requererem às repartições o registro ou a licença para o exercício da respectiva atividade (art. 587 da CLT, com redação dada pela Lei 13.467/2017).

Os empregados que não estiverem trabalhando no mês destinado ao desconto da contribuição sindical e que venham a *autorizar prévia e expressamente* o recolhimento serão descontados no primeiro mês subsequente ao do reinício do trabalho (art. 602 da CLT, com redação dada pela Lei 13.467/2017).

De igual forma se deve proceder com os empregados que forem admitidos depois daquela data e que não tenham trabalhado anteriormente nem apresentado a respectiva quitação.

Com isso, a contribuição sindical prevista em lei deixou de ter natureza tributária, por não ser mais uma prestação compulsória (art. 3º do Código Tributário Nacional), passando a ter natureza preponderantemente privada, embora de certa forma atípica ou *sui generis*.

Esclareça-se que um tributo, ainda que anteriormente arrolado e previsto no sistema constitucional e infraconstitucional, pode, de forma válida, deixar de existir no ordenamento jurídico, em razão de modificação legislativa, como ocorreu no caso, em que houve a alteração da própria natureza do instituto.

Não se pode dizer que se trata de prestação exclusivamente privada, uma vez que parte dos valores da contribuição sindical prevista em lei, mesmo facultativa, ainda é direcionada ao poder público, ou seja, destinada à "Conta Especial Emprego e Salário" (art. 589 da CLT), administrada pelo Ministério do Trabalho, pois os seus valores integram os recursos do Fundo de Amparo ao Trabalhador.

De acordo com o art. 113 do Ato das Disposições Constitucionais Transitórias, incluído pela Emenda Constitucional 95/2016, a proposição legislativa que crie ou altere despesa obrigatória ou *renúncia de receita* deverá ser acompanhada da estimativa do seu impacto orçamentário e financeiro.

Entretanto, a modificação da natureza jurídica da contribuição sindical, ao deixar de ser compulsória, em consonância com o princípio da liberdade sindical, não significa, em termos técnicos, renúncia de receita propriamente.

Conforme o art. 14, § 1º, da Lei Complementar 101/2000, conhecida como Lei de Responsabilidade Fiscal, a *renúncia de receita* compreende *anistia, remissão, subsídio, crédito presumido, concessão de isenção em caráter não geral, alteração de alíquota ou modificação de base de cálculo* que implique redução discriminada de tributos ou contribuições, e outros benefícios que correspondam a tratamento diferenciado.

A *anistia* abrange exclusivamente as *infrações* cometidas anteriormente à vigência da lei que a concede (art. 180 do Código Tributário Nacional). A *remissão* extingue o crédito tributário (art. 156, inciso IV, do Código Tributário Nacional), sabendo-se que a lei pode autorizar a autoridade administrativa a conceder, por despacho fundamentado, remissão total ou parcial do *crédito tributário*, atendendo às situações previstas no art. 172 do Código Tributário Nacional. A *isenção*, ainda quando prevista em contrato, é sempre decorrente de lei que especifique as condições e os requisitos exigidos para a sua concessão, *os tributos a que se aplica* e, sendo o caso, o prazo de sua duração (art. 176 do Código Tributário Nacional).

Na hipótese em estudo, não se observa nenhuma dessas figuras, mas apenas, como mencionado, a evolução do sistema jurídico, por meio de mudança legislativa, gerando a modificação da natureza da contribuição sindical, que deixou de ser obrigatória e, assim, perdeu o caráter público, tendo em vista que as entidades sindicais, no Estado Democrático de Direito, são entes de Direito Privado, não podendo ser mantidas com recursos fiscais.

Não se trata, portanto, de isenção, muito menos de "concessão de isenção em caráter não geral", que dizem respeito a tributos, uma vez que a contribuição sindical simplesmente deixou de ter natureza tributária.

Ainda que assim não fosse, por qualquer ângulo, a exigência formal mencionada poderia ser considerada suprida pela *lei orçamentária anual*, pois, segundo o art. 165, § 6º, da Constituição da

República, o projeto de lei orçamentária será acompanhado de demonstrativo regionalizado do efeito, sobre as receitas e despesas, decorrente de isenções, anistias, remissões, subsídios e benefícios de natureza financeira, tributária e creditícia. Nesse sentido, a Lei 13.587/2018 estima a receita e fixa a despesa da União para o exercício financeiro de 2018.

O art. 146, inciso III, *a*, da Constituição da República determina que cabe à *lei complementar* estabelecer normas gerais em matéria de legislação tributária, especialmente sobre definição de tributos e de suas espécies, bem como, em relação aos impostos discriminados na Constituição Federal de 1988, a dos respectivos fatos geradores, bases de cálculo e contribuintes.

Essa previsão, entretanto, não incide no caso em estudo, pois a contribuição sindical é disciplinada pela Consolidação das Leis do Trabalho, que tem hierarquia de lei ordinária (em harmonia com o art. 8º, inciso IV, *parte final*, da Constituição da República), podendo ser modificada pela Lei 13.467/2017, mais especificamente quanto à sua natureza jurídica, ao deixar de ser obrigatória.

Não se trata mais, assim, de tributo, afastando por completo qualquer exigência de lei complementar sobre normas gerais em matéria tributária e definição de tributos.

É certo que no sistema sindical brasileiro ainda permanecem outras restrições à liberdade sindical, quais sejam: unicidade sindical, base territorial mínima do sindicato de um município e adoção do critério de categoria (art. 8º, inciso II, da Constituição Federal de 1988).

Não obstante, a alteração dessas previsões exige emenda constitucional, enquanto a obrigatoriedade da contribuição sindical, diversamente, por ter natureza infraconstitucional, pode ser realizada por meio de modificação legislativa, ou seja, na CLT, como ocorreu no caso da Lei 13.467/2017.

Logo, como é evidente, não se pode condicionar a eliminação da obrigatoriedade da contribuição sindical à modificação desses outros aspectos relativos ao sistema sindical brasileiro.

A contribuição sindical obrigatória, com natureza de tributo, em verdade, contraria não apenas o princípio da liberdade sindical, mas a própria essência do Estado Democrático de Direito, ao estabelecer o custeio das entidades sindicais, que têm natureza privada, bem como das atividades sindicais, realizadas no plano da sociedade civil, por meio de receitas de natureza pública, o que somente é admitido em regimes não democráticos, autoritários e corporativistas, em que os sindicatos são controlados e dependentes do poder público, exercendo funções por ele delegadas.

Não há como se argumentar, ainda, que a exclusão da obrigatoriedade quanto à contribuição sindical ocorreu sem o prévio e amplo debate. Em verdade, trata-se de questão antiga, constantemente debatida nos planos social, econômico, jurídico e político, sabendo-se que essa anomalia do sistema sindical brasileiro já deveria ter sido corrigida há muito tempo (na linha do ocorrido em diversos países que se redemocratizaram), como ressaltado constantemente pela doutrina do Direito Coletivo do Trabalho à luz da liberdade sindical.

Não há qualquer exigência constitucional de se estabelecer um regime de transição para a exclusão da obrigatoriedade da contribuição sindical, mesmo porque as entidades sindicais, na realidade, já deveriam ter se preparado para esse cenário bem antes. A Lei 13.467/2017, de todo modo, sendo de julho de 2017, só entrou em vigor depois de 120 dias de sua publicação oficial.

Note-se, ademais, que a contribuição sindical, em si, não foi extinta, nem se deixou as organizações sindicais sem qualquer possibilidade de obter recursos financeiros para as suas atividades, pois apenas foi excluído o seu caráter compulsório, pelas razões indicadas, sinalizando às entidades sindicais a necessidade de atuação com efetiva *legitimidade* para viabilizar a permanência no sistema, devendo demonstrar *representatividade* apta a elevar o quadro de associados e de pessoas que queiram ou autorizem a contribuição. Além disso, há outras modalidades de contribuições sindicais que não foram objeto de alteração.

O Supremo Tribunal Federal julgou improcedentes os pedidos formulados nas ações diretas de inconstitucionalidade que questionavam o fim da obrigatoriedade da contribuição sindical e procedente o pedido formulado na ação declaratória de constitucionalidade (STF, Pleno, ADI 5.794/DF, ADI 5.912, ADI 5.923, ADI 5.859, ADI 5.865, ADI 5.813, ADI 5.885, ADI 5.887, ADI 5.913, ADI 5.810, ADC

55, ADI 5.811, ADI 5.888, ADI 5.892, ADI 5.806, ADI 5.815, ADI 5.850, ADI 5.900, ADI 5.950, ADI 5.945, Red. p/ ac. Luiz Fux, j. 29.06.2018)[34].

Portanto, em consonância com o princípio da liberdade sindical, prevaleceu o entendimento de que a alteração decorrente da Lei 13.467/2017, ao tornar *facultativa* a contribuição sindical, é *constitucional*.

Entende-se ser necessária a autorização prévia e expressa do sujeito passivo da cobrança da contribuição sindical, ou seja, do próprio trabalhador ou empregador, individualmente, não sendo suficiente a aprovação em assembleia geral do sindicato[35].

A Lei 13.467/2017 (art. 5º, inciso I, *k*) revogou o art. 601 da CLT, ao prever que no "ato da admissão de qualquer empregado, dele exigirá o empregador a apresentação da prova de quitação do imposto sindical".

A Lei 13.467/2017 (art. 5º, inciso I, *l*) também revogou o art. 604 da CLT, ao dispor que "os agentes ou trabalhadores autônomos ou profissionais liberais são obrigados a prestar aos encarregados da fiscalização os esclarecimentos que lhes forem solicitados, inclusive exibição de quitação do imposto sindical".

35.14.1.1 *Valores da contribuição sindical*

De acordo com o art. 580 da CLT, a contribuição sindical é recolhida, de uma só vez, anualmente, e consistirá:

a) na importância correspondente à remuneração de um dia de trabalho, para os empregados, qualquer que seja a forma da referida remuneração;

b) para os agentes ou trabalhadores autônomos e para os profissionais liberais, numa importância correspondente a 30% (trinta por cento) do maior valor de referência fixado pelo Poder Executivo, vigente à época em que é devida a contribuição sindical;

c) para os empregadores, numa importância proporcional ao capital social da firma ou empresa, registrado nas respectivas Juntas Comerciais ou órgãos equivalentes (cartórios de registro de pessoa jurídica), mediante a aplicação de alíquotas, conforme a seguinte tabela progressiva:

	Classe de Capital	Alíquota
1.	até 150 vezes o maior valor de referência	0,8%
2.	Acima de 150 até 1.500 vezes o maior valor de referência	0,2%
3.	Acima de 1.500 até 150.000 vezes o maior valor de referência	0,1%
4.	Acima de 150.000 até 800.000 vezes o maior valor de referência	0,02%

---

[34] "Direito Constitucional e Trabalhista. Reforma Trabalhista. Facultatividade da Contribuição Sindical. Constitucionalidade. Inexigência de Lei Complementar. Desnecessidade de lei específica. Inexistência de ofensa à isonomia tributária (art. 150, II, da CRFB). Compulsoriedade da contribuição sindical não prevista na Constituição (arts. 8º, IV, e 149 da CRFB). Não violação à autonomia das organizações sindicais (art. 8º, I, da CRFB). Inocorrência de retrocesso social ou atentado aos direitos dos trabalhadores (arts. 1º, III e IV, 5º, XXXV, LV e LXXIV, 6º e 7º da CRFB). Correção da proliferação excessiva de sindicatos no Brasil. Reforma que visa ao fortalecimento da atuação sindical. Proteção às liberdades de associação, sindicalização e de expressão (arts. 5º, incisos IV e XVII, e 8º, *caput*, da CRFB). Garantia da liberdade de expressão (art. 5º, IV, da CRFB). Ações Diretas de Inconstitucionalidade julgadas improcedentes. Ação Declaratória de Constitucionalidade julgada procedente" (STF, Pleno, ADI 5.794/DF, Rel. p/ ac. Min. Luiz Fux, *DJe* 23.04.2019).

[35] "Direito Constitucional e do Trabalho. Medida Cautelar em Reclamação. Contribuição Sindical. Autorização do Empregado. 1. Aparentemente, viola a autoridade da decisão do STF na ADI 5.794, red. p/ acórdão Min. Luiz Fux, decisão que afirma que a autorização prévia e expressa de empregado para cobrança de contribuição sindical pode ser substituída por aprovação de assembleia geral de sindicato. 2. Medida cautelar deferida" (STF, Rcl-MC 35.540/RJ, Rel. Min. Roberto Barroso, *DJe* 28.06.2019). Cf. ainda STF, Rcl-MC 34.889/RS, Rel. Min. Cármen Lúcia, *DJe* 29.05.2019.

Considera-se um dia de trabalho o equivalente: a uma jornada normal de trabalho, se o pagamento ao empregado for feito por unidade de tempo; a 1/30 da quantia percebida no mês anterior, se a remuneração for paga por tarefa, empreitada ou comissão. Quando o salário for pago em utilidades, ou nos casos em que o empregado receba, habitualmente, gorjetas, a contribuição sindical corresponderá a 1/30 da importância que tiver servido de base, no mês de janeiro, para a contribuição do empregado à Previdência Social (art. 582, §§ 1º e 2º, da CLT).

A Lei 8.177/1991 extinguiu o maior valor de referência, devendo-se, assim, efetuar a conversão contábil para a atual moeda. A Lei 8.178/1991 converteu os valores expressos em "maior valor de referência", estabelecendo cinco importâncias, a contar de março de 1991 a dezembro de 1991.

De acordo com a Nota Técnica SRT/CGRT 50/2005, da Secretaria de Relações do Trabalho, essa tabela, convertida em reais e combinada com o § 3º do art. 580 da CLT, pode ser assim demonstrada:

Capital Social	Alíquota (%)	Parcela a Adicionar à C. Sindical Calculada
1 – De R$ 0,01 a R$ 1.425,62	Contr. Mín.	R$ 11,40
2 – De R$ 1.425,63 a R$ 2.851,25	0,8	–
3 – De R$ 2.851,26 a R$ 28.512,45	0,2	R$ 17,11
4 – De R$ 28.512,46 a R$ 2.851.245,00	0,1	R$ 45,62
5 – De R$ 2.851.245,01 a R$ 15.206.240.00	0,02	R$ 2.326,62
6 – De R$ 15.206.640,01 em diante	Contr. Máx.	R$ 5.367,95

Os agentes ou trabalhadores autônomos e os profissionais liberais, organizados em firma ou empresa, com capital social registrado, devem recolher a contribuição sindical de acordo com a tabela progressiva a que se refere o item "c" acima (§ 4º do art. 580 da CLT).

As entidades ou instituições que não estejam obrigadas ao registro de capital social devem considerar como capital, para efeito do cálculo de que trata a tabela progressiva constante do item "c" acima, o valor resultante da aplicação do percentual de 40% sobre o movimento econômico registrado no exercício imediatamente anterior (§ 5º do art. 580 da CLT). Excluem-se dessa regra as entidades ou instituições que comprovarem não exercerem atividade econômica com fins lucrativos (§ 6º do art. 580 da CLT).

Para os fins do item "c" acima, as empresas devem atribuir parte do respectivo capital às suas sucursais, filiais ou agências, desde que localizadas fora da base territorial da entidade sindical representativa da atividade econômica do estabelecimento principal, na proporção das correspondentes operações econômicas (art. 581 da CLT). Se os estabelecimentos estiverem situados na mesma base territorial, não se aplica essa regra, pois o recolhimento da contribuição sindical será feito pelo estabelecimento principal, em favor do mesmo ente sindical.

Quando a empresa realizar diversas atividades econômicas, sem que nenhuma delas seja preponderante, cada uma dessas atividades deve ser incorporada à respectiva categoria econômica, sendo a contribuição sindical devida à entidade sindical representativa da mesma categoria, procedendo, em relação às correspondentes sucursais, agências ou filiais, da mesma forma (art. 581, § 1º, da CLT).

Entende-se por atividade preponderante a que caracterizar a unidade de produto, operação ou objetivo final, para cuja obtenção todas as demais atividades convirjam, exclusivamente, em regime de conexão funcional (art. 581, § 2º, da CLT).

No que se refere à contribuição sindical urbana, como esclarece a Nota Técnica SRT/CGRT 50/2005, da Secretaria de Relações do Trabalho: "O art. 580 da CLT, ao relacionar os contribuintes, é taxativo ao estabelecer a obrigatoriedade do recolhimento da contribuição sindical tão somente aos empregados (inciso I); agentes ou trabalhadores autônomos e profissionais liberais (inciso II); e empregadores (inciso III). Dessa forma, estão excluídos da hipótese de incidência aqueles que não se enquadram nas classes acima elencadas, tais como os empresários que não mantêm empregados"[36].

A Lei 9.317/1996 (revogada pela Lei Complementar 123/2006), ao instituir o Sistema Integrado de Pagamentos de Impostos e Contribuições das Microempresas e Empresas de Pequeno Porte – Simples, previa que a inscrição nesse sistema implicava o pagamento mensal unificado de vários impostos e contribuições ali indicadas e na dispensa do pagamento das demais contribuições instituídas pela União. Desse modo, embora havendo certa controvérsia, entendia-se majoritariamente como não devida a contribuição sindical patronal (por se tratar de tributo instituído pela União) pelas microempresas e empresas de pequeno porte optantes do Simples.

Atualmente, cabe destacar que a Lei Complementar 123/2006 instituiu o "Regime Especial Unificado de Arrecadação de Tributos e Contribuições devidos pelas Microempresas e Empresas de Pequeno Porte – Simples Nacional" (art. 12). Conforme o seu art. 13, § 3º: "As microempresas e empresas de pequeno porte optantes pelo Simples Nacional ficam dispensadas do pagamento das demais contribuições instituídas pela União, inclusive as contribuições para as entidades privadas de serviço social e de formação profissional vinculadas ao sistema sindical, de que trata o art. 240 da Constituição Federal, e demais entidades de serviço social autônomo".

Logo, entende-se que as microempresas e as empresas de pequeno porte, inscritas no Simples, estão isentas da contribuição sindical patronal.

De todo modo, com a Lei 13.467/2017, a contribuição sindical prevista em lei deixou de ser obrigatória, inclusive aos empregadores, passando a ser *opcional* (art. 587 da CLT).

Quanto à controvertida questão referente à contribuição sindical dos servidores públicos, a Nota Técnica CGRT/SRT 37/2005, do Ministério do Trabalho, assim previa: "como ainda não há previsão legal dispondo ser obrigatório o pagamento dessa contribuição pelos servidores públicos estatutários, é certo concluir que a contribuição sindical é devida apenas pelos servidores celetistas. Os servidores públicos regidos pelo regime estatutário não estão sujeitos ao recolhimento da contribuição sindical. Caso haja, no entanto, servidores submetidos às normas da CLT, deverá a administração pública proceder, em relação a estes, o desconto em folha e o respectivo recolhimento à entidade sindical representativa".

É possível dizer que essa diferenciação quanto ao regime do servidor público revelava-se correta, pois, quanto aos servidores estatutários, regidos por lei própria, a contribuição sindical somente passa a ter o seu recolhimento obrigatório havendo previsão legal específica nesse sentido, até porque a CLT não se aplica aos servidores públicos estatutários.

No entanto, cabe alertar que no STF essa diferença do regime do servidor público, para efeito da contribuição sindical, nem sempre é mencionada, como se observa do seguinte julgado:

"Sindicato de servidores públicos: direito a contribuição sindical compulsória, recebida pela Constituição, condicionado, porém, à satisfação do requisito da unicidade. A Constituição de 1988, à vista do art. 8º, IV, *in fine*, recebeu o instituto da contribuição sindical compulsória, exigível, nos termos do art. 578 e ss. da CLT, de todos os integrantes da categoria, independentemente de sua

---

[36] "Contribuição sindical patronal. Empresa sem empregados. Arts. 579 e 580 da CLT. Alcance. Jurisprudência pacífica da SBDI-1 do TST. 1. A jurisprudência pacífica da SBDI-1 do TST consolidou-se no sentido de que, consoante a melhor interpretação conferida às disposições dos arts. 579 e 580 da CLT, a ausência de empregados constitui fator determinante a desautorizar a cobrança de contribuição sindical patronal. Por não ostentar a condição de empregador, na acepção do art. 2º da CLT, a empresa em tais condições não compartilha do objetivo primordial das entidades de classe, de defesa e composição dos interesses da categoria que representa. Precedentes. 2. Embargos das empresas reclamantes de que se conhece, por divergência jurisprudencial, e a que se dá provimento para restabelecer a declaração de procedência do pedido formulado em ação declaratória de inexistência de relação jurídica" (TST, SBDI-I, E-RR 1357-39.2013.5.09.0016, Rel. Min. João Oreste Dalazen, *DEJT* 17.06.2016).

filiação ao sindicato (cf. ADI 1.076-MC, Pertence, 15.06.94). Facultada a formação de sindicatos de servidores públicos, não cabe excluí-los do regime da contribuição legal compulsória exigível dos membros da categoria (ADI 962, 11.11.1993, Galvão)" (RMS 21.758, Rel. Min. Sepúlveda Pertence, j. 20.09.1994, *DJ* 04.11.1994).

Posteriormente, a Nota Técnica SRT/MTE 36/2009 passou a prever de forma diversa da anterior, no sentido de que "todos os servidores públicos brasileiros, independentemente do regime jurídico a que pertençam", devem ter recolhida a contribuição sindical prevista no art. 578 da CLT pelos entes da administração pública federal, estadual e municipal, direta e indireta.

O art. 240 da Lei 8.112/1990, que dispõe sobre o regime jurídico dos servidores públicos civis da União, das autarquias e das fundações públicas federais, prevê que ao servidor público civil é assegurado, nos termos da Constituição Federal, o direito à livre associação sindical e os seguintes direitos, entre outros, dela decorrentes: a) de ser representado pelo sindicato, inclusive como substituto processual; b) de inamovibilidade do dirigente sindical, até um ano após o final do mandato, exceto se a pedido; c) de descontar em folha, sem ônus para a entidade sindical a que for *filiado*, o valor das mensalidades e contribuições definidas em assembleia geral da categoria.

Na atualidade, a contribuição sindical prevista em lei apenas pode ser descontada, paga, recolhida e aplicada se houver autorização prévia e expressa dos que participam das categorias profissionais e econômicas (arts. 578 e 579 da CLT, com redação dada pela Lei 13.467/2017). Por se tratar de previsão genérica, que não faz exclusões, aplica-se também aos servidores públicos.

35.14.1.2 *Datas de desconto e de recolhimento da contribuição sindical*

Os empregadores são obrigados a descontar da folha de pagamento de seus empregados relativa ao mês de março de cada ano a contribuição sindical dos empregados que *autorizaram prévia e expressamente* o seu recolhimento aos respectivos sindicatos (art. 582 da CLT, com redação dada pela Lei 13.467/2017).

Os empregados que não estiverem trabalhando no mês destinado ao desconto da contribuição sindical e que venham a *autorizar prévia e expressamente* o recolhimento devem ser descontados no primeiro mês subsequente ao do reinício do trabalho (art. 602 da CLT, com redação dada pela Lei 13.467/2017). De igual forma deve-se proceder com os empregados que forem admitidos depois do mês destinado ao desconto da contribuição sindical, e que não tenham trabalhado anteriormente nem apresentado a respectiva quitação.

O recolhimento da contribuição sindical referente aos empregados e trabalhadores avulsos deve ser efetuado no mês de abril de cada ano, e o relativo aos agentes ou trabalhadores autônomos e profissionais liberais realizar-se-á no mês de fevereiro, *observada a exigência de autorização prévia e expressa* prevista no art. 579 da Consolidação das Leis do Trabalho (art. 583 da CLT, com redação dada pela Lei 13.467/2017).

Os empregadores que *optarem* pelo recolhimento da contribuição sindical devem fazê-lo no mês de janeiro de cada ano, ou, para os que venham a se estabelecer após o referido mês, na ocasião em que requererem às repartições o registro ou a licença para o exercício da respectiva atividade (art. 587 da CLT, com redação dada pela Lei 13.467/2017).

35.14.1.3 *Formas de recolhimento da contribuição sindical*

O recolhimento da contribuição sindical deve obedecer ao sistema de guias (art. 583, § 1º, da CLT).

Como destaca Sergio Pinto Martins: "Nessa guia, há o número da entidade sindical, para que possa receber o valor da referida contribuição e haja a divisão do art. 589 da CLT, com as demais entidades participantes do sistema confederativo. Sem o número, a Caixa Econômica Federal não credita o valor da contribuição sindical ao respectivo sindicato"[37].

---

[37] MARTINS, Sergio Pinto. *Comentários à CLT*. 10. ed. São Paulo: Atlas, 2006. p. 642.

O comprovante de depósito da contribuição sindical deve ser remetido ao respectivo sindicato; na falta deste, à correspondente entidade sindical de grau superior, e, se for o caso, ao Ministério do Trabalho (art. 583, § 2º, da CLT).

Sendo assim, a contribuição sindical urbana, quando devida por trabalhadores e empregadores, deve ser recolhida por meio da rede bancária, nos termos do disposto nos arts. 589 a 591 da CLT (art. 286 da Portaria 671/2021 do Ministério do Trabalho e Previdência).

A guia de recolhimento da contribuição sindical urbana disponível para preenchimento no endereço eletrônico gov.br/trabalho e no caixa.gov.br é o documento hábil para a quitação dos valores devidos a título de contribuição sindical urbana (art. 287 da Portaria 671/2021 do Ministério do Trabalho e Previdência).

Na hipótese de haver empresas que possuam estabelecimentos localizados em base territorial sindical distinta da matriz, o recolhimento da contribuição sindical urbana deve ser efetuado por estabelecimento (art. 288 da Portaria 671/2021 do Ministério do Trabalho e Previdência).

A distribuição, pela Caixa Econômica Federal, dos valores da contribuição sindical urbana para as entidades sindicais e para a Conta Especial Emprego e Salário (CEES) deve observar o disposto nos arts. 589 a 591 da CLT e será efetuada de acordo com as filiações da entidade sindical constantes no Cadastro Nacional de Entidades Sindicais (CNES), no dia do efetivo pagamento da contribuição sindical urbana pelo contribuinte (art. 289 da Portaria 671/2021 do Ministério do Trabalho e Previdência).

A Caixa Econômica Federal deve disponibilizar mensalmente ao Ministério do Trabalho e Previdência, por meio de arquivo eletrônico, as informações constantes nas guias de recolhimento da contribuição sindical urbana e as relativas aos valores distribuídos e respectivos destinatários, bem como relatório anual consolidado (art. 290 da Portaria 671/2021 do Ministério do Trabalho e Previdência).

Servirá de base para o pagamento da contribuição sindical, pelos agentes ou trabalhadores autônomos e profissionais liberais, a lista de contribuintes organizada pelos respectivos sindicatos e, na falta destes, pelas federações ou confederações coordenadoras da categoria (art. 584 da CLT).

Cabe destacar a regra do art. 585 da CLT, de acordo com a qual os profissionais liberais podem optar pelo pagamento da contribuição sindical unicamente à entidade sindical representativa da respectiva profissão, desde que a exerça, efetivamente, na firma ou empresa e como tal sejam nelas registrados.

Nessa hipótese, à vista da manifestação do contribuinte e da exibição da prova de quitação da contribuição, dada por sindicato de profissionais liberais, o empregador deixará de efetuar, no salário do contribuinte, o desconto a que se refere o art. 582 da CLT.

Prevalece o entendimento de que a contribuição sindical do profissional liberal empregado que exerce a opção prevista no mencionado art. 585 da CLT é calculada na forma do art. 580, inciso I, da CLT, consistindo na importância correspondente à remuneração de um dia de trabalho no emprego.

De acordo com o art. 47 da Lei 8.906/1994: "O pagamento da contribuição anual à OAB isenta os inscritos nos seus quadros do pagamento obrigatório da contribuição sindical".

A contribuição sindical será recolhida, nos meses fixados, à Caixa Econômica Federal, ao Banco do Brasil S.A., ou aos estabelecimentos bancários nacionais integrantes do sistema de arrecadação dos tributos federais, os quais, de acordo com instruções expedidas pelo Conselho Monetário Nacional, repassarão à Caixa Econômica Federal as importâncias arrecadadas (art. 586 da CLT).

Tratando-se de empregador, agentes ou trabalhadores autônomos, ou profissionais liberais, o recolhimento é efetuado por eles próprios, diretamente ao estabelecimento arrecadador (art. 586, § 2º, da CLT).

A contribuição sindical devida pelos empregados e trabalhadores avulsos deve ser recolhida pelo empregador e pelo sindicato, respectivamente (art. 586, § 3º, da CLT).

A Caixa Econômica Federal deve manter conta corrente intitulada "Depósitos da Arrecadação da Contribuição Sindical", em nome de cada uma das entidades sindicais beneficiadas (art. 588 da CLT). A Caixa Econômica Federal deve remeter, mensalmente, a cada entidade sindical um extrato da respectiva conta corrente.

35.14.1.4 *Distribuição dos valores da contribuição sindical*

Arrecadada a importância da contribuição sindical, de acordo com a *redação anterior* do art. 589 da CLT (decorrente da Lei 6.386/1976), a Caixa Econômica Federal devia efetuar os seguintes créditos (art. 589 da CLT):

a) 5% (cinco por cento) para a confederação correspondente;

b) 15% (quinze por cento) para a federação;

c) 60% (sessenta por cento) para o sindicato respectivo;

d) 20% (vinte por cento) para a "Conta Especial Emprego e Salário".

Inexistindo confederação, o percentual a ela devido cabia à federação representativa do grupo (art. 590 da CLT, na *redação anterior*, decorrente da Lei 6.386/1976).

Na falta de federação, o percentual a ela destinado cabia à confederação correspondente à mesma categoria econômica ou profissional (art. 590, § 1º, da CLT, na *redação anterior*, decorrente da Lei 6.386/1976).

Na falta de entidades sindicais de grau superior, o percentual que àquelas caberia era destinado à "Conta Especial Emprego e Salário" (art. 590, § 2º, da CLT, na *redação anterior*, decorrente da Lei 6.386/1976).

Não havendo sindicato, nem entidade sindical de grau superior, a contribuição sindical era creditada, integralmente, à "Conta Especial Emprego e Salário" (art. 590, § 3º, da CLT, na *redação anterior*, decorrente da Lei 6.386/1976).

Inexistindo sindicato, o percentual a ele devido devia ser creditado à federação correspondente à mesma categoria econômica ou profissional (art. 591 da CLT, na *redação anterior*, decorrente da Lei 6.386/1976). Nessa hipótese, os percentuais da federação e da confederação eram destinados à confederação (art. 591, parágrafo único, da CLT, na *redação anterior*, decorrente da Lei 6.386/1976).

As disposições acima, como destacado, eram aquelas previstas anteriormente às alterações decorrentes da Lei 11.648, de 31 de março de 2008 (publicada no *DOU* de 31.03.2008, edição extra, com entrada em vigor na data de sua publicação, conforme art. 8º), a qual dispõe sobre o reconhecimento formal das centrais sindicais para os fins que especifica e altera a Consolidação das Leis do Trabalho.

Desse modo, de acordo com o referido diploma legal, os arts. 589, 590, 591 e 593 da CLT passam a vigorar com a seguinte redação:

"Art. 589. Da importância da arrecadação da contribuição sindical serão feitos os seguintes créditos pela Caixa Econômica Federal, na forma das instruções que forem expedidas pelo Ministro do Trabalho:

I – para os empregadores:

a) 5% (cinco por cento) para a confederação correspondente;

b) 15% (quinze por cento) para a federação;

c) 60% (sessenta por cento) para o sindicato respectivo; e

d) 20% (vinte por cento) para a 'Conta Especial Emprego e Salário';

II – para os trabalhadores:

a) 5% (cinco por cento) para a confederação correspondente;

b) 10% (dez por cento) para a central sindical;

c) 15% (quinze por cento) para a federação;

d) 60% (sessenta por cento) para o sindicato respectivo; e

e) 10% (dez por cento) para a 'Conta Especial Emprego e Salário';

III – (Revogado);

IV – (Revogado).

§ 1º O sindicato de trabalhadores indicará ao Ministério do Trabalho e Emprego a central sindical a que estiver filiado como beneficiária da respectiva contribuição sindical, para fins de destinação dos créditos previstos neste artigo.

§ 2º A central sindical a que se refere a alínea *b* do inciso II do *caput* deste artigo deverá atender aos requisitos de representatividade previstos na legislação específica sobre a matéria".

Os requisitos de representatividade da central sindical são previstos no art. 2º da mencionada Lei 11.648, de 31 de março de 2008, conforme estudados no item 35.12.

"Art. 590. Inexistindo confederação, o percentual previsto no art. 589 desta Consolidação caberá à federação representativa do grupo.

§ 1º (Revogado.)

§ 2º (Revogado.)

§ 3º Não havendo sindicato, nem entidade sindical de grau superior ou central sindical, a contribuição sindical será creditada, integralmente, à 'Conta Especial Emprego e Salário'.

§ 4º Não havendo indicação de central sindical, na forma do § 1º do art. 589 desta Consolidação, os percentuais que lhe caberiam serão destinados à 'Conta Especial Emprego e Salário'".

"Art. 591. Inexistindo sindicato, os percentuais previstos na alínea *c* do inciso I e na alínea *d* do inciso II do *caput* do art. 589 desta Consolidação serão creditados à federação correspondente à mesma categoria econômica ou profissional.

Parágrafo único. Na hipótese do *caput* deste artigo, os percentuais previstos nas alíneas *a* e *b* do inciso I e nas alíneas *a* e *c* do inciso II do *caput* do art. 589 desta Consolidação caberão à confederação".

"Art. 593. As percentagens atribuídas às entidades sindicais de grau superior e às centrais sindicais serão aplicadas de conformidade com o que dispuserem os respectivos conselhos de representantes ou estatutos.

Parágrafo único. Os recursos destinados às centrais sindicais deverão ser utilizados no custeio das atividades de representação geral dos trabalhadores decorrentes de suas atribuições legais".

De acordo com a atual regulamentação da distribuição dos créditos de contribuição sindical, parte do seu valor é repassada e se torna de titularidade das centrais sindicais.

Entretanto, embora o tema seja controvertido, seria possível o entendimento de que essa destinação de parte do valor da contribuição sindical para as centrais sindicais não está em conformidade com o sistema sindical previsto na Constituição Federal de 1988, o qual permanece sendo confederativo (ou seja, integrado por sindicatos, federações e confederações) e fundado em categorias (art. 8º, incisos II, III e IV, da CF/1988).

As centrais sindicais, no entanto (cf. item 35.12), não fazem parte do sistema confederativo, são intercategoriais ou supracategoriais (ou seja, não representam categorias em particular), além de serem voltadas para a representação geral (apenas) de trabalhadores (e não de empregadores).

Logo, é possível concluir que as centrais sindicais não integram, no aspecto jurídico e constitucional, o sistema sindical brasileiro (o qual é confederativo e fundado em categorias), o que apenas poderia ser modificado por meio de alteração da Constituição Federal de 1988.

Sendo assim, existiria a possibilidade de concluir que a contribuição sindical, a qual é reconhecida no texto constitucional (art. 8º, inciso IV, parte final, da CF/1988) ao prever o sistema sindical de caráter confederativo, apenas poderia ter os seus valores repassados aos entes verdadeiramente sindicais, ou seja, aos integrantes do sistema confederativo. Por isso, uma vez que não ocorreu a modificação do texto constitucional, as centrais sindicais, como não estão inseridas no mencionado sistema sindical (delineado pela Constituição Federal), não poderiam receber parte de seus valores, sob pena de incorrer em inconstitucionalidade.

De todo modo, a tendência é no sentido de considerar constitucional a alteração acima destacada, argumentando-se que as centrais sindicais passaram a contar com o reconhecimento formal da lei, exercendo papel de relevância nas relações coletivas de trabalho, o que justificaria o recebimento de parte do valor da contribuição sindical.

Frise-se ainda que conforme o art. 7º da Lei 11.648/2008:

"Art. 7º Os arts. 578 a 610 da Consolidação das Leis do Trabalho – CLT, aprovada pelo Decreto-lei 5.452, de 1º de maio de 1943, vigorarão até que a lei venha a disciplinar a contribuição negocial, vinculada ao exercício efetivo da negociação coletiva e à aprovação em assembleia geral da categoria".

Como se pode notar, a contribuição sindical, bem como a sua regulamentação nos arts. 578 a 610 da CLT, apenas devem vigorar até que uma nova lei passe a disciplinar a *contribuição negocial*, a ser aprovada em assembleia da categoria, sendo devida, em tese, por aqueles que se beneficiarem da negociação coletiva levada a efeito.

35.14.1.5 *Aplicação do valor da contribuição sindical*

O art. 592 da CLT arrola os objetivos que devem ser seguidos na aplicação da contribuição sindical. O dispositivo legal faz remissão aos respectivos estatutos, mas há discussão em saber se os objetivos ali estabelecidos podem ser fixados por lei, tendo em vista o princípio da liberdade sindical.

Embora o sindicato tenha liberdade e autonomia na organização, administração e atuação, por se sujeitar ao princípio da legalidade, a lei pode estabelecer regras gerais de conduta, desde que não representem autorização ao Poder Público, para interferir ou intervir no ente sindical.

As percentagens atribuídas às entidades sindicais de grau superior e às centrais sindicais serão aplicadas de conformidade com o que dispuserem os respectivos conselhos de representantes ou estatutos (art. 593 da CLT, com redação dada pela Lei 11.648/2008). Os recursos destinados às centrais sindicais devem ser utilizados no custeio das atividades de representação geral dos trabalhadores decorrentes de suas atribuições legais.

Registre-se que de acordo com o art. 1º da mencionada Lei 11.648/2008:

"Art. 1º A central sindical, entidade de representação geral dos trabalhadores, constituída em âmbito nacional, terá as seguintes atribuições e prerrogativas:
I – coordenar a representação dos trabalhadores por meio das organizações sindicais a ela filiadas; e
II – participar de negociações em fóruns, colegiados de órgãos públicos e demais espaços de diálogo social que possuam composição tripartite, nos quais estejam em discussão assuntos de interesse geral dos trabalhadores".

35.14.1.6 *Consequências do não recolhimento da contribuição sindical*

O art. 599 da CLT previa que para os profissionais liberais, a penalidade pelo não recolhimento da contribuição sindical consistia na suspensão do exercício profissional, até a necessária quitação, e seria aplicada pelos órgãos públicos ou autárquicos disciplinadores das respectivas profissões mediante comunicação das autoridades fiscalizadoras.

Entretanto, com a Lei 13.467/2017 a contribuição sindical não é mais obrigatória, uma vez que passou a ser devida apenas se houver prévia e expressa autorização. Desse modo, entende-se que a referida previsão de penalidade decorrente do seu não recolhimento foi tacitamente revogada, deixando de ser aplicável.

De acordo com o art. 600 da CLT, o recolhimento da contribuição sindical efetuado fora do prazo legal, quando espontâneo, será acrescido da multa de 10%, nos 30 primeiros dias, com o adicional de 2% por mês subsequente de atraso, além de juros de mora de 1% ao mês e correção monetária, ficando isento o infrator, nesse caso, de outra penalidade.

O montante dessas cominações reverterá sucessivamente:

a) ao sindicato respectivo;

b) à federação respectiva, na ausência de sindicato;

c) à confederação respectiva, inexistindo federação.

Na falta de sindicato ou entidade de grau superior, o montante da mencionada multa deve reverter à conta "Emprego e Salário".

Em consonância com o art. 582 da CLT, com redação dada pela Lei 13.467/2017, os empregadores são obrigados a descontar da folha de pagamento de seus empregados (relativa ao mês de março de cada ano) a contribuição sindical dos empregados que *autorizaram prévia e expressamente* o seu recolhimento aos respectivos sindicatos.

Ainda segundo o art. 579 da CLT, com redação dada pela Lei 13.467/2017, o desconto da contribuição sindical está condicionado à *autorização prévia e expressa* dos que participarem de uma determinada categoria econômica ou profissional, ou de uma profissão liberal, em favor do sindicato representativo da mesma categoria ou profissão ou, inexistindo este, na conformidade do disposto no art. 591 da Consolidação das Leis do Trabalho.

Desse modo, como a contribuição sindical deixou de ser obrigatória com a Lei 13.467/2017, as penalidades previstas no art. 600 da CLT apenas têm aplicabilidade se tiver havido essa prévia e expressa autorização dos empregados, mas ainda assim o empregador não tiver feito o respectivo desconto e recolhimento.

Na mesma linha exposta, entende-se que foi tacitamente revogado o art. 607 da CLT, uma vez que previa ser documento essencial ao comparecimento às concorrências públicas ou administrativas, bem como para o fornecimento às repartições paraestatais ou autárquicas, a prova da quitação da respectiva contribuição sindical e a de seu recolhimento, descontado dos respectivos empregados.

Confirmando o exposto, as habilitações fiscal, social e trabalhista nas licitações devem ser aferidas mediante a verificação dos requisitos arrolados no art. 68 da Lei 14.133/2021, não havendo referência à contribuição sindical.

Como a contribuição sindical deixou de ser obrigatória, pode-se dizer que também foi tacitamente revogado pela Lei 13.467/2017 o art. 608 da CLT, ao prever que as repartições federais, estaduais ou municipais não deviam conceder registro ou licenças para funcionamento ou renovação de atividades aos estabelecimentos de empregadores e aos escritórios ou congêneres dos agentes ou trabalhadores autônomos e profissionais liberais, nem deviam conceder alvarás de licença ou localização, sem que sejam exibidas as provas de quitação da contribuição sindical. A não observância da mencionada disposição acarretava, de pleno direito, a nulidade dos atos nela referidos, o que não mais tem aplicação.

35.14.1.7 *Fiscalização do recolhimento da contribuição sindical*

A contribuição sindical deixou de ser obrigatória com a Lei 13.467/2017 e passou a ser opcional, exigindo prévia e expressa autorização do integrante da categoria.

Com isso, a referida contribuição não tem mais natureza essencialmente pública, nem tributária.

Portanto, seria possível entender que não são mais aplicáveis as previsões relativas à fiscalização do seu recolhimento pelo Ministério do Trabalho, tendo ocorrido revogação tácita do art. 603 da CLT e do art. 18, § 3º, da Lei 5.889/1973.

Em sentido divergente, argumenta-se que a mencionada fiscalização permanece aplicável, uma vez que parte dos valores da contribuição sindical prevista em lei, mesmo facultativa, ainda é destinada à "Conta Especial Emprego e Salário" (art. 589 da CLT), administrada pelo Ministério do Trabalho, pois os seus valores integram os recursos do Fundo de Amparo ao Trabalhador.

O art. 18, § 3º, da Lei 5.889/1973, com redação dada pela Medida Provisória 2.164-41/2001, estabelece que a fiscalização do Ministério do Trabalho exigirá dos empregadores rurais ou produtores equiparados a comprovação do recolhimento da contribuição sindical rural das categorias econômica e profissional.

35.14.1.8 Cobrança da contribuição sindical

Conforme anteriormente indicado, a contribuição sindical deixou de ser obrigatória com a Lei 13.467/2017, passando a ser opcional.

Desse modo, o pagamento, o recolhimento e o desconto da contribuição sindical apenas podem ocorrer se houver *autorização prévia e expressa* dos integrantes das categorias econômicas ou profissionais ou das profissões liberais (arts. 578 e 579 da CLT).

Ainda assim, os empregadores são obrigados a descontar da folha de pagamento de seus empregados relativa ao mês de março de cada ano a contribuição sindical dos empregados que *autorizaram prévia e expressamente* o seu recolhimento aos respectivos sindicatos (art. 582 da CLT, com redação dada pela Lei 13.467/2017).

O art. 605 da CLT prevê que as entidades sindicais "são obrigadas a promover a publicação de editais concernentes ao recolhimento do imposto sindical, durante 3 (três) dias, nos jornais de maior circulação local e até 10 (dez) dias da data fixada para depósito bancário".

Entretanto, com a Lei 13.467/2017, essa previsão apenas pode ter aplicabilidade nas hipóteses em que o empregado autorizou prévia e expressamente o desconto da contribuição sindical, mas o empregador não fez o recolhimento (art. 582 da CLT).

Como a contribuição sindical não tem mais natureza pública, nem tributária, entende-se que foi tacitamente revogado o art. 606 da CLT, ao prever que às entidades sindicais cabia, em caso de falta de pagamento da contribuição sindical, promover a respectiva cobrança judicial, mediante ação executiva, valendo como título de dívida a certidão expedida pelas autoridades regionais do Ministério do Trabalho.

Da mesma forma, foram tacitamente revogados os §§ 1º e 2º do art. 606 da CLT, sobre instruções (relativas a cobrança judicial por meio de ação executiva) a serem baixadas pelo Ministério do Trabalho e extensão dos privilégios da Fazenda Pública para a cobrança da contribuição sindical como dívida ativa.

Aliás, mesmo anteriormente já havia entendimento de que essas disposições não mais prevaleciam com a promulgação da Constituição Federal de 1988, tendo em vista a dissociação do sindicato do Poder Público, passando a ter natureza de associação privada, ainda que especial.

A Nota MGB/CONJUR/MTE 30/2003, da Consultoria Jurídica do Ministério do Trabalho, concluiu pela "impossibilidade de o Ministério do Trabalho emitir certidão de débito de contribuição sindical, tendo em vista que não efetua enquadramento sindical e que, não obstante o art. 606 da Consolidação das Leis do Trabalho não ter sido revogado, sua aplicabilidade encontra-se prejudicada em face da liberdade sindical preconizada na Constituição Federal".

Na atualidade, pode-se dizer que a cobrança da contribuição sindical pode ser feita pelo sindicato por meio de ação de conhecimento, desde que tenha havido a prévia e expressa autorização do integrante da categoria.

Com a Emenda Constitucional 45/2004, a Justiça do Trabalho passou a ser competente para julgar a ação de cobrança da contribuição sindical ajuizada pelo sindicato da categoria profissional, em face de empregador, não mais se aplicando a Súmula 222 do STJ, tendo em vista a atual disposição do art. 114, inciso III, da Constituição da República.

Ressalte-se que o Supremo Tribunal Federal fixou a seguinte tese de repercussão geral: "Compete à Justiça comum processar e julgar demandas em que se discute o recolhimento e o repasse de contribuição sindical de servidores públicos regidos pelo regime estatutário" (STF, Pleno, RE 1.089.282/AM, Rel. Min. Gilmar Mendes, j. 07.12.2020, *DJe* 04.02.2021).

Anteriormente, quando a contribuição sindical era obrigatória e tinha natureza tributária, o prazo decadencial para a *constituição* do respectivo crédito era de cinco anos (art. 173 do Código

Tributário Nacional), sendo o prazo prescricional para a sua *cobrança* de cinco anos, conforme o art. 174 do Código Tributário Nacional.

Com a Lei 13.467/2017, em razão da natureza preponderantemente privada da contribuição sindical, pode-se dizer que o prazo prescricional para a sua cobrança passa a ser o estabelecido no Código Civil.

Desse modo, conforme o art. 206, § 5º, inciso I, prescreve em cinco anos a pretensão de cobrança de dívidas líquidas constantes de instrumento particular. De todo modo, não havendo esses requisitos, o art. 205 do Código Civil dispõe que a prescrição ocorre em 10 anos, quando a lei não lhe haja fixado prazo menor.

35.14.1.9 *Contribuição sindical rural*

De acordo com o art. 10, § 2º, do Ato das Disposições Constitucionais Transitórias: "Até ulterior disposição legal, a cobrança das contribuições para o custeio das atividades dos sindicatos rurais será feita juntamente com a do imposto territorial rural, pelo mesmo órgão arrecadador".

Portanto, foi recepcionado o Decreto-lei 1.166, de 15 de abril de 1971, que dispõe sobre enquadramento e contribuição sindical rural. Conforme o seu art. 1º, com redação determinada pela Lei 9.701/1998:

> "Art. 1º Para efeito da cobrança da contribuição sindical rural prevista nos arts. 149 da Constituição Federal e 578 a 591 da Consolidação das Leis do Trabalho, considera-se:
>
> I – trabalhador rural:
>
> a) a pessoa física que presta serviço a empregador rural mediante remuneração de qualquer espécie;
>
> b) quem, proprietário ou não, trabalhe individualmente ou em regime de economia familiar, assim entendido o trabalho dos membros da mesma família, indispensável à própria subsistência e exercido em condições de mútua dependência e colaboração, ainda que com ajuda eventual de terceiros.
>
> II – empresário ou empregador rural:
>
> a) a pessoa física ou jurídica que, tendo empregado, empreende, a qualquer título, atividade econômica rural;
>
> b) quem, proprietário ou não, e mesmo sem empregado, em regime de economia familiar, explore imóvel rural que lhe absorva toda a força de trabalho e lhe garanta a subsistência e progresso social e econômico em área superior a dois módulos rurais da respectiva região;
>
> c) os proprietários de mais de um imóvel rural, desde que a soma de suas áreas seja superior a dois módulos rurais da respectiva região".

Anteriormente, assim como na contribuição sindical urbana, a "competência tributária" para instituir a contribuição rural era da União Federal, conforme o art. 149 da Constituição Federal de 1988.

No entanto, conforme o art. 4º do Decreto-lei 1.166/1971, cabia ao Instituto Nacional de Colonização e Reforma Agrária (Incra) proceder ao lançamento e cobrança da contribuição sindical devida pelos integrantes das categorias profissionais e econômicas da agricultura.

De acordo com a Lei 8.022, de 12 de abril de 1990, foi transferida para a Secretaria da Receita Federal a competência de administração das receitas arrecadadas pelo Instituto Nacional de Colonização e Reforma Agrária – Incra, e para a Procuradoria-Geral da Fazenda Nacional a competência para a apuração, inscrição e cobrança da respectiva dívida ativa (art. 1º).

Seguindo a evolução legislativa sobre a matéria, a Lei 8.847, de 28 de janeiro de 1994, no art. 24, inciso I, assim dispôs:

> "Art. 24. A competência de administração das seguintes receitas, atualmente arrecadadas pela Secretaria da Receita Federal por força do art. 1º da Lei 8.022, de 12 de abril de 1990, cessará em 31 de dezembro de 1996:

I – Contribuição Sindical Rural, devida à Confederação Nacional da Agricultura (CNA) e à Confederação Nacional dos Trabalhadores na Agricultura (Contag), de acordo com o art. 4º do Decreto-lei 1.166, de 15 de abril de 1971, e art. 580 da Consolidação das Leis do Trabalho (CLT)".

A Lei 9.393, de 19 de dezembro de 1996, passou a prever, no art. 17, inciso II, que:

"Art. 17. A Secretaria da Receita Federal poderá, também, celebrar convênios com:
[...]
II – a Confederação Nacional da Agricultura – CNA e a Confederação Nacional dos Trabalhadores na Agricultura – Contag, com a finalidade de fornecer dados cadastrais de imóveis rurais que possibilitem a cobrança das contribuições sindicais devidas àquelas entidades".

Desse modo, o entendimento pacificado é de que a partir de 1º de janeiro de 1997 a Confederação Nacional da Agricultura (CNA) e a Confederação Nacional dos Trabalhadores na Agricultura (Contag) passaram a ter a atribuição de arrecadar e cobrar a contribuição sindical rural (patronal e dos trabalhadores, respectivamente).

Como prevê a Súmula 396 do Superior Tribunal de Justiça: "A Confederação Nacional da Agricultura tem legitimidade ativa para a cobrança da contribuição sindical rural".

Nesse sentido também pode ser destacado o seguinte julgado:

"Contribuição sindical rural. Ação de cobrança. Confederação Nacional da Agricultura. Legitimidade. A Confederação Nacional da Agricultura – CNA é parte legítima para o ajuizamento de ações de cobrança de contribuição sindical rural devida por empresários e empregadores rurais, definidos pelo Decreto-lei 1.766/1961, com a redação dada pela Lei 9.701/1998, a partir de 01.01.1997, momento em que cessou a competência da Secretaria da Receita Federal, de acordo com o art. 24 da Lei 8.847/1994, e a teor do quanto disposto no art. 606 da CLT" (TRT 15ª Região, Processo 00332-2006-014-15-00-9, RO, Decisão 022791/2007-PATR, Rel. Juiz Luís Carlos Cândido Martins Sotero da Silva, publicada em 25.05.2007).

Ainda a respeito do tema, a Súmula 432 do TST adotou a posição acima mencionada, ao assim prever:

"Contribuição sindical rural. Ação de cobrança. Penalidade por atraso no recolhimento. Inaplicabilidade do art. 600 da CLT. Incidência do art. 2º da Lei n. 8.022/1990. O recolhimento a destempo da contribuição sindical rural não acarreta a aplicação da multa progressiva prevista no art. 600 da CLT, em decorrência da sua revogação tácita pela Lei n. 8.022, de 12 de abril de 1990".

Defende-se o entendimento de que as previsões da Lei 13.467/2017 (ao estabelecerem que a contribuição sindical é opcional e devida apenas havendo prévia e expressa autorização) aplicam-se também para a contribuição sindical rural dos integrantes das categorias profissional e econômica.

Nesse sentido, a Lei 13.467/2017 não faz distinção ou exclusão quanto ao tema, não cabendo ao intérprete fazê-la. Mesmo porque, considerando a interpretação sistemática, não haveria justificativa lógica para que apenas a contribuição sindical rural permanecesse obrigatória, em afronta aos princípios da isonomia e da liberdade sindical.

Além disso, o próprio art. 24, inciso I, da Lei 8.847/1994, parte final, ao versar sobre a contribuição sindical rural faz expressa remissão à CLT, que foi modificada pela Lei 13.467/2017 na forma anteriormente exposta.

35.14.2 Contribuição confederativa

A contribuição confederativa é prevista no art. 8º, inciso IV, da Constituição Federal de 1988.

A sua finalidade é custear o sistema confederativo, devendo ser fixada pela assembleia geral do sindicato. Tratando-se de categoria profissional, a contribuição confederativa deve ser descontada em folha de pagamento.

A finalidade da contribuição mencionada é o custeio do sistema confederativo da representação sindical respectiva. Desse modo, o valor da contribuição confederativa deve ser encaminhado aos entes sindicais de base, bem como às respectivas federações e confederações, em montantes ou percentuais a serem definidos na assembleia geral que a fixar.

A contribuição confederativa não tem natureza pública, nem tributária, mas sim de direito privado, sendo uma obrigação consensual.

O entendimento que prevaleceu, inclusive no STF, é de que o mencionado dispositivo constitucional é autoaplicável, ainda que a sua regulamentação legal possa estabelecer certas disposições complementares (norma de eficácia contida, mas de aplicação plena e imediata).

A contribuição confederativa não pode ser exigida do não associado ao sindicato, sob pena de grave afronta ao princípio da liberdade sindical, mais especificamente da liberdade de associação.

De acordo com a Súmula Vinculante 40 (conversão da Súmula 666) do Supremo Tribunal Federal: "A contribuição confederativa de que trata o art. 8º, IV, da Constituição Federal, só é exigível dos filiados ao sindicato respectivo".

No mesmo sentido preveem o Precedente Normativo 119 e a Orientação Jurisprudencial 17 da SDC, ambos do Tribunal Superior do Trabalho.

35.14.3 Contribuição assistencial

A contribuição assistencial tem fundamento legal no art. 513, *e*, da CLT.

No entanto, como o sindicato não exerce mais atividade delegada do Estado, tendo em vista o princípio da liberdade sindical, o mencionado dispositivo deve ser interpretado em conformidade com a Constituição Federal, de modo a assegurar ao sindicato o direito de arrecadar a contribuição assistencial, e não mais impor.

A previsão de contribuição assistencial ocorre em sentenças normativas, acordos coletivos e convenções coletivas.

A finalidade da mencionada contribuição é custear as atividades assistenciais do sindicato e para compensar custos da participação nas negociações para obtenção de novas condições de trabalho.

A natureza jurídica da contribuição assistencial é de direito privado. Assim, tal como ocorre na contribuição confederativa, a contribuição assistencial apenas pode ser cobrada daqueles que são associados do sindicato. A exigência da contribuição assistencial daqueles que não são filiados ao ente sindical viola os princípios da liberdade sindical e de filiação.

Nesse sentido prevê o Precedente Normativo 119 do TST:

"Contribuições sindicais. Inobservância de preceitos constitucionais. A Constituição da República, em seus arts. 5º, XX, e 8º, V, assegura o direito de livre associação e sindicalização. É ofensiva a essa modalidade de liberdade cláusula constante de acordo, convenção coletiva ou sentença normativa estabelecendo contribuição em favor de entidade sindical a título de taxa para custeio do sistema confederativo, assistencial, revigoramento ou fortalecimento sindical e outras da mesma espécie, obrigando trabalhadores não sindicalizados. Sendo nulas as estipulações que inobservem tal restrição, tornam-se passíveis de devolução os valores irregularmente descontados".

Na mesma linha, de acordo com a Orientação Jurisprudencial 17 da SDC do TST:

"Contribuições para entidades sindicais. Inconstitucionalidade de sua extensão a não associados. As cláusulas coletivas que estabeleçam contribuição em favor de entidade sindical, a qualquer título, obrigando trabalhadores não sindicalizados, são ofensivas ao direito de livre associação e sindicalização, constitucionalmente assegurado, e, portanto, nulas, sendo passíveis de devolução, por via própria, os respectivos valores eventualmente descontados".

Entretanto, cabe registrar o entendimento divergente, no sentido de que a contribuição assistencial pode ser exigida de todos os integrantes da categoria, pois são abrangidos pelos instrumentos normativos decorrentes da negociação coletiva, desde que assegurado o exercício do direito de oposição aos não filiados à entidade sindical.

De todo modo, o Supremo Tribunal Federal firmou o entendimento de que é inconstitucional a instituição por acordo coletivo, convenção coletiva ou sentença normativa de contribuições que se imponham compulsoriamente a empregados da categoria não sindicalizados, como se observa na seguinte ementa:

"Recurso extraordinário. Repercussão geral. 2. Acordos e convenções coletivas de trabalho. Imposição de contribuições assistenciais compulsórias descontadas de empregados não filiados ao sindicato respectivo. Impossibilidade. Natureza não tributária da contribuição. Violação ao princípio da legalidade tributária. Precedentes. 3. Recurso extraordinário não provido. Reafirmação de jurisprudência da Corte" (STF, Pleno, ARE-RG 1.018.459/PR, Rel. Min. Gilmar Mendes, *DJe* 10.03.2017).

Nesse sentido, o Supremo Tribunal Federal fixou a seguinte tese de repercussão geral: "É inconstitucional a instituição, por acordo, convenção coletiva ou sentença normativa, de contribuições que se imponham compulsoriamente a empregados da categoria não sindicalizados" (STF, Pleno, ARE-RG 1.018.459/PR, Rel. Min. Gilmar Mendes, *DJe* 10.03.2017).

Confirmando o exposto, segundo o art. 611.B, inciso XXVI, da CLT, incluído pela Lei 13.467/2017, constitui objeto ilícito de convenção coletiva ou de acordo coletivo de trabalho a supressão ou a redução do direito voltado à liberdade de associação profissional ou sindical do trabalhador, inclusive o direito de não sofrer, sem sua expressa e prévia anuência, qualquer cobrança ou desconto salarial estabelecidos em convenção coletiva ou acordo coletivo de trabalho.

35.14.4 Mensalidade sindical (contribuição do filiado ao sindicato)

A mensalidade sindical é devida apenas pelos que se filiaram ao sindicato, tendo natureza nitidamente privada, com fundamento no art. 548, *b*, da CLT.

35.15 Sindicato e defesa dos interesses individuais e coletivos da categoria

Como mencionado, uma das funções de natureza jurídica do sindicato é a defesa dos interesses individuais e coletivos da categoria, inclusive por meio da substituição processual. Tendo em vista a importância do tema, cabe analisá-lo com maior profundidade.

Vem ganhando cada vez maior destaque na atualidade o tema da tutela jurisdicional coletiva, como forma de solucionar os diversos conflitos de natureza metaindividual, frequentemente observados nas relações sociais.

No âmbito trabalhista, também se verificam diversos direitos coletivos (em sentido amplo) objeto de violações no plano dos fatos. Nesse contexto, o sindicato exerce importante papel, no ajuizamento de ações coletivas, ou seja, para a tutela dos referidos direitos.

Certamente em razão da relevância de solucionar, de forma uniforme e concentrada, controvérsias envolvendo várias pessoas atingidas por violações coletivas de direitos, observa-se a existência de um verdadeiro sistema processual, pertinente à tutela metaindividual, merecendo destaque a Lei da Ação Civil Pública (Lei 7.347, de 24 de julho de 1985) e o Código de Defesa do Consumidor (Lei 8.078/1990)[38].

---

[38] O art. 21 da Lei da Ação Civil Pública, acrescentado pela Lei 8.078/1990 (Código de Defesa do Consumidor), determina expressamente que, para a defesa dos "direitos e interesses difusos, coletivos e individuais", é aplicável o "Título III da Lei que instituiu o Código de Defesa do Consumidor". O mencionado Código, em seu Título III, trata da "Defesa do Consumidor em Juízo". À primeira vista, este diploma legal teria aplicação restrita às questões pertinentes ao direito do consumidor. Entretanto, a remissão feita pelo art. 21 da LACP desfaz esta conclusão apressada, pois, de

O referido sistema legal apresenta importantes disposições na regulamentação dessa modalidade de processo coletivo. O mencionado *Codex* não tem aplicação restrita às questões envolvendo o direito do consumidor, mas deve ser utilizado, de forma ampla, para a tutela coletiva como um todo, o que inclui, de forma especial, o âmbito do Direito do Trabalho.

Assim, tendo em vista a existência de direitos transindividuais de natureza trabalhista, para a sua tutela (que pode e deve ser exercida pelos sindicatos), faz-se necessária a aplicação da sistemática específica, presente no Código de Defesa do Consumidor, notadamente em sua parte processual, juntamente com a Lei da Ação Civil Pública, em consonância, ainda, com a Constituição Federal, especialmente quanto à substituição processual exercida pelo sindicato, conforme o art. 8º, inciso III, da Constituição Federal de 1988.

São objeto de tutela metaindividual os direitos difusos, os coletivos em sentido estrito e os individuais homogêneos.

Os direitos difusos são conceituados pelo Código de Defesa do Consumidor como "os transindividuais, de natureza indivisível, de que sejam titulares pessoas indeterminadas e ligadas por circunstância de fato" (art. 81, parágrafo único, inciso I).

No direito difuso, quanto ao aspecto subjetivo, seus *titulares* são *pessoas indeterminadas*; quanto ao aspecto objetivo, o *objeto* do direito (bem jurídico) é *indivisível*. Nesta espécie de direitos coletivos, um mesmo fato dá origem ao direito com as referidas características. A indivisibilidade do bem jurídico é facilmente constatada, pois basta uma única ofensa para que todos os titulares do direito sejam atingidos. Do mesmo modo, a satisfação do direito beneficia a todos os titulares indeterminados ao mesmo tempo.

Os direitos coletivos (em sentido estrito), por sua vez, são definidos como "os transindividuais de natureza indivisível de que seja titular grupo, categoria ou classe de pessoas ligadas entre si ou com a parte contrária por uma relação jurídica base" (Código de Defesa do Consumidor, art. 81, parágrafo único, inciso II). Nesses direitos, seu *objeto* é *indivisível* (aspecto objetivo) e seu titular é o agrupamento de pessoas. Estas são *determináveis* (aspecto subjetivo), pois serão todas aquelas que constituem o agrupamento. Daí a "relação jurídica base" que as liga, ou seja, todas estão inseridas no grupo, categoria ou classe.

Segundo a definição de direitos individuais homogêneos, do art. 81, parágrafo único, inciso III, do Código de Defesa do Consumidor, eles são os "decorrentes de origem comum". Esses direitos são, em sua essência, individuais. Por consequência, possuem *titulares determinados* e *objeto divisível*. A particularidade é que muitas pessoas são detentoras, cada uma delas, de direitos individuais substancialmente iguais; substancialmente, eis que cada titular pode ter determinadas particularidades não exatamente equivalentes perante os demais. No entanto, na essência, os direitos são os *mesmos*, daí serem "homogêneos", com o que, reunidos para a tutela pela mesma ação coletiva, ganham configuração metaindividual, pois envolvem grupos de pessoas em uma mesma situação.

Essa homogeneidade de direitos decorre da "origem comum". Como se sabe, a origem dos direitos subjetivos são os fatos. Assim, direitos homogêneos são aqueles direitos subjetivos que decorrem dos mesmos fatos. Há situações em que, de um mesmo fato lesivo, várias pessoas são atingidas de maneira uniforme, homogênea, igual em substância. Por isso, essas pessoas passam a ser titulares, simultaneamente, de direitos subjetivos substancialmente iguais, homogêneos. Diante dessa particularidade, a norma processual confere instrumentos hábeis a defendê-los de maneira mais célere e eficiente, no caso, o instrumental de típica ação coletiva.

---

modo expresso, foi ampliado consideravelmente o espectro de incidência de tais normas, para abranger a defesa de quaisquer direitos e interesses difusos, coletivos e individuais homogêneos. Por sua vez, o art. 90 do Código de Defesa do Consumidor faz remissão à Lei da Ação Civil Pública, dispondo que às ações previstas no mesmo Título III, aplica-se a "Lei 7.347, de 24 de julho de 1985". Em conclusão, as disposições do Título III do Código do Consumidor e da Lei da Ação Civil Pública aplicam-se a quaisquer direitos e interesses difusos, coletivos e individuais homogêneos.

Os direitos metaindividuais não são particularidades do Direito do Consumidor ou Ambiental. Na esfera do Direito material do Trabalho, a maior parte dos interesses envolve toda uma coletividade de pessoas[39].

É plenamente possível o ajuizamento de ação visando à defesa de direitos metaindividuais decorrentes das relações de trabalho, do mesmo modo como ocorre no âmbito de outros ramos do direito. Aliás, é garantido constitucionalmente o direito de ação sem restrições, quer quanto à natureza individual ou coletiva do direito material, quer quanto ao ramo do direito em que se encontra previsto (art. 5º, inciso XXXV, da Constituição Federal de 1988)[40]. Além disso, a utilidade das ações coletivas é ainda maior no âmbito trabalhista. Diante da subordinação inerente ao contrato de trabalho, nem sempre é viável ao trabalhador demandar em face de seu empregador, para obter os direitos que entende serem devidos. Essa situação mais se agrava com a problemática do desemprego; trabalhador algum deseja correr o risco de perder seu emprego, e dificilmente o empregador passará a ver com bons olhos o empregado que ajuíza ação trabalhista. Para completar o quadro desfavorável, é conveniente lembrar que a legislação nacional em vigor não prevê uma efetiva proteção à dispensa arbitrária. A regra é no sentido de ser o empregador livre para exercer seu direito de dispensa imotivada, não existindo no momento a lei complementar indicada no art. 7º, inciso I, da Constituição Federal. A dificuldade de defesa dos direitos trabalhistas não se limita ao decorrer do pacto laboral. O trabalhador pode ter receio de ajuizar ação e seu ex-empregador não lhe fornecer boas referências, principalmente quando da obtenção de novo emprego na mesma atividade econômica. Diante de tamanhos obstáculos para a defesa individual de direitos, ou seja, pelo próprio trabalhador, a ação coletiva, proposta pelo sindicato, é sem dúvida o melhor caminho para a efetiva observância das normas trabalhistas[41].

O Ministério Público do Trabalho não é o único legitimado para ajuizar ações coletivas trabalhistas. O próprio sindicato detém legitimidade para defender os interesses coletivos do grupo de trabalhadores abrangidos pela categoria, bem como "para a defesa de interesses individuais homogêneos"[42] dos empregados envolvidos.

O art. 82, inciso IV, do Código de Defesa do Consumidor, expressamente, arrola as associações como entes legitimados para o ajuizamento de ações coletivas. Isso também é encontrado no art. 5º da Lei da Ação Civil Pública. Faz-se necessário que a associação seja legalmente constituída há pelo menos um ano e que inclua entre seus fins institucionais a defesa dos direitos e interesses que visa a proteger. O § 1º do art. 82 do Código de Defesa do Consumidor e o § 4º do art. 5º da Lei da Ação Civil Pública dispõem que o requisito da pré-constituição pode ser dispensado pelo juiz "quando haja manifesto interesse social evidenciado pela dimensão ou característica do dano, ou pela relevância do bem jurídico a ser protegido".

---

[39] Cf. LEAL, Ronaldo José Lopes. A jurisdição trabalhista e a tutela dos direitos coletivos. In: SILVESTRE, Rita Maria; NASCIMENTO, Amauri Mascaro (Coord.). *Os novos paradigmas do direito do trabalho*: homenagem a Valentin Carrion. São Paulo: Saraiva, 2001. p. 606.

[40] Cf. LEITE, Carlos Henrique Bezerra. Ações coletivas e tutela antecipada no direito processual do trabalho. *Revista LTr*, São Paulo, LTr, ano 64, n. 07, p. 856, jul. 2000: "Para implementar essa nova '*jurisdição civil coletiva*', portanto, é condição *sine qua non* observar, aprioristicamente, o sistema integrado de tutela coletivo instituído conjuntamente pela LACP (art. 21) e pelo CDC (arts. 83 e 90). Noutro falar, somente na hipótese de lacunosidade do sistema integrado de acesso coletivo à justiça (LACP e CDC), aí, sim, poderá o juiz do trabalho socorrer-se da aplicação supletória da CLT, do CPC e de outros diplomas normativos pertinentes" (destaques do original).

[41] Cf. VIANA, Márcio Túlio. O acesso à justiça e a nova prescrição do rurícola. *Revista LTr*, São Paulo, LTr, ano 64, n. 08, p. 1008, ago. 2000: "o empregado que procura a Justiça no curso do contrato pode até ganhar a causa, mas perde fatalmente o emprego. Com o sindicato, naturalmente, isso não acontece... Por isso, se lhe for reconhecida a possibilidade de defender em nome próprio os direitos dos trabalhadores, nada o impedirá de fazê-lo. E as normas trabalhistas se tornarão muito mais efetivas".

[42] SANTOS, Ronaldo Lima dos. *Sindicatos e ações coletivas*: acesso à justiça, jurisdição coletiva e tutela dos interesses difusos, coletivos e individuais homogêneos. São Paulo: LTr, 2003. p. 189.

Como já estudado, o sindicato, no sistema jurídico em vigor, constitui espécie particular de associação, com natureza jurídica de direito privado. Assim, segundo as mencionadas disposições legais, é um dos entes legitimados para o ajuizamento de ação em defesa de direitos metaindividuais[43].

No que tange à legal constituição do sindicato, cabe recordar que o art. 8º, inciso I, da Constituição Federal assim estabelece: "a lei não poderá exigir autorização do Estado para a fundação de sindicato, ressalvado o registro no órgão competente, vedadas ao Poder Público a interferência e a intervenção na organização sindical". O entendimento que prevalece é aquele segundo o qual a personalidade sindical em específico é adquirida com o registro no Ministério do Trabalho. Nesse sentido, a Súmula 677 do Supremo Tribunal Federal estabelece: "Até que lei venha a dispor a respeito, incumbe ao Ministério do Trabalho proceder ao registro das entidades sindicais e zelar pela observância do princípio da unicidade".

Quanto aos fins institucionais do sindicato, certamente envolvem a defesa dos interesses e direitos (coletivos e individuais) da categoria como um todo (art. 8º, inciso III, da CF/1988, e art. 513, *a*, da CLT). Sendo assim, fica evidenciada a legitimidade conferida ao sindicato, na defesa dos coletivos pertinentes à categoria.

Como se sabe, nem todos os integrantes da categoria são filiados ao respectivo sindicato, atendendo ao princípio da liberdade de associação (arts. 5º, inciso XX, e 8º, *caput*, V, da CF/1988). Mesmo assim, a referida legitimação não se restringe aos associados propriamente, mas abrange todos os integrantes da categoria, pois a pertinência temática, quanto ao sindicato, refere-se à defesa de direitos relativos à categoria e de todos os seus integrantes, e não somente de quem se filiou.

Caberá ao sindicato, portanto, a defesa de direitos difusos, coletivos em sentido estrito e dos individuais homogêneos, caso sejam de titularidade da categoria ou de seus componentes[44].

Verificada a existência de legitimidade do sindicato para ajuizar ação coletiva em defesa de direitos metaindividuais trabalhistas, cabe analisar a sua natureza jurídica.

Quanto aos direitos individuais homogêneos, o entendimento pacificado é no sentido da existência de substituição processual propriamente[45], até mesmo de acordo com a redação do art. 91 do Código de Defesa do Consumidor, que versa sobre a referida modalidade de direitos[46].

Uma das condições da ação é a legitimidade de parte, também denominada legitimidade para agir ou legitimidade *ad causam*, conforme previsão no art. 485, inciso VI, do CPC de 2015 e art. 267, VI, do CPC de 1973. Ordinariamente, a qualidade de parte legítima é atribuída àqueles que figuram, em tese, na relação jurídica de direito material em discussão no processo. Essa é a legitimidade ordinária, a qual é a regra no sistema jurídico processual, conforme dispõem o art. 18 do CPC de 2015 e art. 6º do CPC de 1973. Como exceção à regra acima, na legitimação extraordinária, o demandante ajuíza ação em nome próprio, porém em defesa de direito material alheio. Isso somente é possível mediante autorização expressa no ordenamento jurídico, segundo o já indicado nos arts. 18 do CPC de 2015 e 6º do CPC de 1973.

---

[43] Cf. NERY JUNIOR, Nelson. O processo do trabalho e os direitos individuais homogêneos – um estudo sobre a ação civil pública trabalhista. *Revista LTr*, São Paulo, LTr, ano 64, n. 02, p. 159, fev. 2000: "Ainda que se tenha por princípio que a CF 8º III não encerra caso de substituição processual pelo sindicato, a LACP 5º e o CDC 82 têm precisamente essa finalidade: legitimar as associações e os sindicatos à defesa, em juízo de direitos difusos, coletivos e individuais homogêneos. A CF 8º III não proíbe que a lei ordinária cometa outras funções ao sindicato. [...] E foi isso que a LACP 5º e o CDC 82 fizeram: dividiram a legitimação do MP com as associações civis, sindicatos e órgãos públicos".

[44] Cf. OLIVEIRA, Francisco Antonio de. *Ação civil pública*: enfoques trabalhistas. São Paulo: RT, 1998. p. 221.

[45] Cf. MELO, Raimundo Simão de. *Ação civil pública na Justiça do Trabalho*. São Paulo: LTr, 2002. p. 113.

[46] Cf. NAHAS, Thereza Christina. *Legitimidade ativa dos sindicatos*: defesa dos direitos e interesses individuais homogêneos no processo do trabalho, processo de conhecimento. São Paulo: Atlas, 2001. p. 143.

A legitimação extraordinária também é chamada de *substituição processual*[47]. Nela, o demandante postula direito alheio em nome próprio, distinguindo-se da representação processual, na qual se tem a defesa de direito alheio, porém em nome alheio[48].

A substituição processual, na realidade, pode existir tanto em ações individuais (*v.g.*, a legitimidade do gestor de negócios, para defender em juízo os negócios do gerido, com fundamento no art. 861 do Código Civil de 2002, correspondente ao art. 1.331 do Código Civil de 1916) como em ações coletivas. Assim, nem toda substituição processual refere-se a ação coletiva[49].

O antigo Enunciado 310 do TST estabelecia sérias restrições à substituição processual do sindicato no âmbito trabalhista, mas foi corretamente cancelado pela Resolução 119/2003[50].

O sindicato, portanto, possui legitimidade para ajuizar ação coletiva, em defesa de direitos individuais homogêneos dos integrantes da categoria, figurando como substituto processual. Esta importante conclusão, decorrente do Código de Defesa do Consumidor, é confirmada pela correta interpretação do art. 8º, inciso III, da Constituição Federal. Da mesma forma, o art. 3º da Lei 8.073, de 30 de julho de 1990, estabelece que: "as entidades sindicais poderão atuar como substitutos processuais dos integrantes da categoria"[51].

Se "ao sindicato" (ou seja, em nome próprio) cabe a defesa de direitos individuais homogêneos alheios (dos integrantes da categoria), é correto dizer que o referido dispositivo constitucional assegura a substituição processual ampla do sindicato[52]. Daí o acerto do Tribunal Superior do Trabalho no cancelamento do Enunciado 310, por meio da Resolução 119/2003, pois este, em seu inciso I, contrariava, direta e expressamente, essa conclusão.

Sobre o tema da legitimidade ativa do sindicato em ação coletiva, interpretando o art. 8º, inciso III, da Constituição Federal, bem como aplicando dispositivos processuais previstos no Código de Defesa do Consumidor, cabe a transcrição da seguinte ementa de julgado:

"O Sindicato é parte legítima para atuar como substituto processual na espécie, ante o disposto no art. 8º, III, da CF/1988 e art. 3º da Lei 8.078/1990 (*sic*). Note-se que, *in casu*, ele atua em nome próprio, mas na defesa dos interesses (individuais homogêneos) de número considerável de trabalhadores da empresa os quais integram a categoria que monopolisticamente representa. Está-se, pois, diante de defesa coletiva de interesses individuais homogêneos, sendo perfeitamente aplicável analogicamente o disposto no art. 81, parágrafo único, inciso III da Lei 8.078/1990 (Código de Defesa do Consumidor). Ademais, a legitimação do sindicato para a ação coletiva que tenha melhor por objeto a defesa de interesses individuais homogêneos está prevista, outrossim, nos arts. 82, IV, c/c 91 do CDC, perfeitamente aplicável ao processo do trabalho, por força do art.

---

[47] Cf. DINAMARCO, Cândido Rangel. *Instituições de direito processual civil*. São Paulo: Malheiros, 2001. v. 2, p. 308: "substituto processual é o *legitimado extraordinário*" (destaques do original).

[48] Cf. DUBUGRAS, Regina Maria Vasconcelos. *Substituição processual no processo do trabalho*. São Paulo: LTr, 1998. p. 70.

[49] Cf. DINAMARCO, Pedro da Silva. *Ação civil pública*. São Paulo: Saraiva, 2001. p. 205: "A substituição processual não é inovação dos processos de tutela coletiva (ação civil pública, ação popular etc.). É tradicional a utilização de certas técnicas pelas quais os colegitimados são processualmente representados ou substituídos por outra pessoa ou outro ente legitimado".

[50] "Revisão do Enunciado n. 310 do TST. Considerando que o cerne da discussão é a abrangência do art. 8º, inciso III, da Constituição Federal e considerando ainda que o STF já decidiu contra a jurisprudência do Tribunal Superior do Trabalho, consubstanciada no Enunciado n. 310/TST, deve o Enunciado n. 310 ser cancelado" (Tribunal Pleno do TST, Incidente de Uniformização de Jurisprudência em Embargos em Recurso de Revista TST-E-RR-175.894/95.9 Rel. Min. Ronaldo Leal, j. 25.09.2003).

[51] Cf. DUBUGRAS, Regina Maria Vasconcelos. *Substituição processual no processo do trabalho*. São Paulo: LTr, 1998. p. 103-108.

[52] De acordo com a Orientação Jurisprudencial 359 da SBDI-I do TST: "substituição processual. Sindicato. Legitimidade. Prescrição. Interrupção. A ação movida por sindicato, na qualidade de substituto processual, interrompe a prescrição, ainda que tenha sido considerado parte ilegítima 'ad causam'" (*DJ* 14.03.2008).

83 do mesmo Código. É preciso que o prometido pelo art. 8º, III, da Constituição, seja efetivamente implementado, pois não temos dúvidas de que a tutela coletiva dos interesses individuais homogêneos proporciona: a) o melhor acesso ao Judiciário, principalmente o Trabalhista, evitando-se que o trabalhador que demanda individualmente sofra retaliações e perseguições por parte do empregador; b) a democratização e uniformidade das decisões judiciais, alcançando-se, assim, a almejada isonomia entre os que se encontram em situações iguais, principalmente os que dispõem de recursos para contratar advogados; c) a celeridade processual, sendo este ideal inatingível com a multiplicação das lides individuais; d) a segurança da prestação jurisdicional, porquanto evita-se a existência de decisões conflitantes de uma mesma causa. E o mais importante, as decisões proferidas nas ações coletivas em defesa de interesses homogêneos só produzirão coisa julgada *erga omnes* na hipótese de procedência do pedido desde que para beneficiar todos os trabalhadores ou seus sucessores, ante o comando do art. 103, III, do CDC. Recurso autoral que se dá provimento para reformar a sentença no sentido de afastar a ilegitimidade ativa do sindicato determinando-se a remessa dos autos à Junta *a quo* para que julgue a matéria de fundo, como entender de direito adotando-se como razões de decidir, o parecer ministerial" (TRT 17ª Região, RO 2386/98, Ac. 29.04.1999, Rel. Juiz José Carlos Rizk)[53].

O próprio Supremo Tribunal Federal vem decidindo no sentido da legitimidade ampla do ente sindical para a defesa, como substituto processual, de direitos individuais e coletivos da categoria[54]. Como destaca Pedro Carlos Sampaio Garcia:

"O Supremo Tribunal Federal, em recentes decisões, vem estabelecendo nova posição na jurisprudência a respeito do disposto no art. 8º, III, da Constituição Federal, identificando ali regra estabelecendo ampla legitimação extraordinária ao sindicato, para agir em nome próprio na tutela de interesses dos trabalhadores pertencentes à categoria profissional que representa, sem distinguir a natureza do interesse tutelado"[55].

Já quanto aos direitos difusos e coletivos em sentido estrito, observa-se a existência de dissenso doutrinário a respeito da verdadeira natureza jurídica da legitimidade para a sua tutela.

Segundo Nelson Nery Junior e Rosa Maria de Andrade Nery: "Como os titulares dos direitos difusos são indetermináveis e os dos coletivos indeterminados (CDC par. ún. I e II), sua defesa em juízo é realizada por meio de *legitimação autônoma para a condução do processo* (*selbständige Prozeßführungsbefugnis*), estando superada a dicotomia clássica legitimação ordinária e extraordinária"[56].

Para outros autores, também aqui se verifica verdadeira substituição processual[57]. A adoção desse último posicionamento não significa negar a existência de autorização legal para que deter-

---

[53] *Revista LTr*, São Paulo, LTr, ano 64, n. 01, p. 73, jan. 2000.
[54] "Processo civil. Sindicato. Art. 8º, III, da Constituição Federal. Legitimidade. Substituição processual. Defesa de direitos e interesses coletivos ou individuais. Recurso conhecido e provido. O artigo 8º, III, da Constituição Federal estabelece a legitimidade extraordinária dos sindicatos para defender em juízo os direitos e interesses coletivos ou individuais dos integrantes da categoria que representam. Essa legitimidade extraordinária é ampla, abrangendo a liquidação e a execução dos créditos reconhecidos aos trabalhadores. Por se tratar de típica hipótese de substituição processual, é desnecessária qualquer autorização dos substituídos. Recurso conhecido e provido" (STF, Pleno, RE 210.029/RS, Rel. p/ ac. Min. Joaquim Barbosa, *DJ* 17.08.2007).
[55] GARCIA, Pedro Carlos Sampaio. *O sindicato e o processo*: a coletivização do processo do trabalho. São Paulo: Saraiva, 2002. p. 148.
[56] NERY JUNIOR, Nelson; NERY, Rosa Maria de Andrade. *Código de Processo Civil comentado e legislação processual civil extravagante em vigor* 5. ed. São Paulo: RT, 2001. p. 363 (destaques do original). No mesmo sentido, cf. LEITE, Carlos Henrique Bezerra. *Ação civil pública*: nova jurisdição trabalhista metaindividual: legitimação do Ministério Público. São Paulo: LTr, 2001. p. 156-158.
[57] Cf. MAZZILLI, Hugo Nigro. *A defesa dos interesses difusos em juízo*: meio ambiente, consumidor, patrimônio cultural, patrimônio público e outros interesses. 17. ed. São Paulo: Saraiva, 2004. p. 60-63; DINAMARCO, Pedro da Silva. *Ação civil pública*. São Paulo: Saraiva, 2001. p. 204.

minadas entidades defendam em juízo os direitos difusos e coletivos. Essa autorização, no entanto, apenas indica que foi atribuída legitimidade *ad causam* para a propositura da ação coletiva. Assim, como o ente legitimado não é o titular do direito material que está defendendo, a legitimação é extraordinária, tratando-se, portanto, de substituição processual[58].

O simples argumento de que os direitos difusos e coletivos não têm titulares determinados não é suficiente para descartar institutos fundamentais da teoria geral do processo, como o da legitimidade *ad causam*. Ressalte-se que, na definição desta condição da ação, o substrato é a posição na relação jurídica de direito material discutida no processo, o que equivale a dizer, quanto ao polo ativo, ser a parte, em tese, titular ou não do direito material discutido. Referida indeterminação dos titulares é fato que não resulta em incompatibilidade com a dicotomia mencionada, pois na legitimação ordinária e na extraordinária referida determinação não se apresenta como requisito essencial.

De qualquer forma, maior destaque merece a conclusão no sentido de que o sindicato é ente legitimado para a defesa dos direitos individuais e coletivos, em sentido amplo, relacionados com a categoria[59].

Nesse sentido, o Supremo Tribunal Federal fixou a seguinte tese de repercussão geral: "Os sindicatos possuem ampla legitimidade extraordinária para defender em juízo os direitos e interesses coletivos ou individuais dos integrantes da categoria que representam, inclusive nas liquidações e execuções de sentença, independentemente de autorização dos substituídos" (STF, Pleno, RG-RE 883.642/AL, Rel. Min. Ricardo Lewandowski, *DJe* 26.06.2015).

Cabe a menção de que, especificamente quanto aos direitos difusos, há entendimento no sentido de não ser o sindicato legitimado para a sua tutela, ficando restrita ao Ministério Público do Trabalho[60]. Pedro da Silva Dinamarco, por sua vez, assevera que: "Os direitos *difusos* apenas em raras situações podem ser tutelados pelos sindicatos. Afinal, os efeitos benéficos da procedência da demanda não podem atingir pessoas que não pertençam à categoria"[61].

Na realidade, o sindicato também apresenta legitimidade para a defesa de direitos difusos, desde que presentes os requisitos já mencionados, ainda que as hipóteses concretas não sejam tão numerosas quando comparadas com aquelas referentes às outras modalidades de direitos metaindividuais. O art. 8º, inciso III, da Constituição Federal, ao mencionar "direitos coletivos", não apresenta caráter restritivo, nada impedindo a defesa, pelo sindicato, por exemplo, de um ambiente de trabalho saudável, com repercussões que, até mesmo, extrapolam o âmbito da categoria, alcançando aspecto de interesse para toda a sociedade[62]. No plano infraconstitucional, o Código de Defesa

---

[58] Cf. DINAMARCO, Cândido Rangel. *Instituições de direito processual civil*. São Paulo: Malheiros, 2001. v. 2, nota 20, p. 310: "Por isso é que os alemães referem-se à legitimidade extraordinária como *poder de conduzir o processo* (*Prozeßführungrecht*). O substituto processual *conduz* legitimamente o processo na qualidade de parte, sem ser parte no conflito" (destaques do original).

[59] "Embargos interpostos na vigência da Lei n. 11.496/2007. Legitimidade ativa *ad causam*. Sindicato. Substituição processual. Direitos individuais homogêneos. Não provimento. 1. Depreende-se do v. acórdão proferido no julgamento do RE 210.029-3/RS que, para o Supremo Tribunal Federal, a legitimidade sindical posta no art. 8º, III, da Constituição Federal é ampla e alcança não apenas os direitos coletivos *amplo sensu* (direitos difusos, direitos coletivos *stricto sensu* e individuais homogêneos), mas, ainda, os direitos individuais subjetivos dos trabalhadores integrantes da categoria. Precedentes do STF e desta Corte. 2. Assim, é forçoso reconhecer que a substituição processual não se restringe às hipóteses em que se discutam direitos e interesses coletivos, podendo a entidade sindical defender, inclusive, direitos individuais subjetivos da categoria que representa. 3. Recurso de embargos de que se conhece e a que se nega provimento" (TST, SBDI-I, E-RR-1386-15.2010.5.03.0064, Rel. Min. Guilherme Augusto Caputo Bastos, *DEJT* 07.12.2017).

[60] Cf. MARTINS, Sergio Pinto. *Direito processual do trabalho*. 21. ed. São Paulo: Atlas, 2004. p. 561: "Havendo interesses difusos em discussão, a legitimidade para a propositura da ação civil pública é exclusiva do Ministério Público do Trabalho, pois o sindicato não protege interesses difusos, mas os interesses da categoria, que são interesses coletivos".

[61] DINAMARCO, Pedro da Silva. *Ação civil pública*. São Paulo: Saraiva, 2001. p. 255 (destaque do original).

[62] Cf. SANTOS, Ronaldo Lima dos. *Sindicatos e ações coletivas*: acesso à justiça, jurisdição coletiva e tutela dos interesses difusos, coletivos e individuais homogêneos. São Paulo: LTr, 2003. p. 294-296.

do Consumidor também não faz nenhuma restrição em relação à associação sindical, como legitimada a defender os direitos difusos, desde que observada a já mencionada pertinência temática.

Assim, fica evidenciada a legitimidade extraordinária conferida ao sindicato, na defesa dos interesses individuais homogêneos, com origem comum, dos integrantes da categoria. Trata-se de substituição processual ampla (não restrita aos associados) e genérica (abrangendo quaisquer direitos trabalhistas homogêneos dos membros da categoria) a ser exercida pelo sindicato, e com previsão na Constituição Federal de 1988 e na lei. Além disso, o sindicato também possui a legitimidade para ajuizar ação em defesa de direitos difusos e coletivos em sentido estrito, quando relacionados com a categoria (pertinência temática).

A Lei 8.073/1990, no art. 3º, dispõe que as *entidades sindicais* podem atuar como substitutos processuais dos integrantes da categoria. Essa previsão abrange os sindicatos, federações, confederações, como legitimados para propor a ação como substitutos processuais[63]. As centrais sindicais, entretanto, de acordo com o sistema constitucional em vigor, ainda não integram o sistema sindical confederativo.

Ademais, tendo em vista que o art. 8º, inciso III, da Constituição da República não faz restrição, cabe salientar que a jurisprudência do TST tem admitido a substituição processual pelo sindicato até mesmo em favor de um único empregado. Nesse sentido, destaca-se a seguinte decisão:

"Recurso de revista. Legitimidade ativa do sindicato da categoria profissional. Substituição processual de um único representado. Direitos individuais. O reconhecimento da legitimidade ativa do sindicato da categoria profissional para pleitear direitos individuais homogêneos guarda sintonia com a jurisprudência desta Corte Superior e do Supremo Tribunal Federal. O art. 8º, inciso III, da Constituição Federal lhe assegura a possibilidade de substituição processual ampla e irrestrita para agir no interesse de toda a categoria. Ressalto que o fato de ser titular da pretensão de direito material apenas um empregado não o impossibilita de, no exercício de sua atribuição assegurada constitucionalmente, definir em que ocasiões vai exercitá-la, diante do interesse subjacente. Se a Constituição não a limita, não pode o magistrado restringi-la, sob pena de contrariar o princípio da máxima efetividade que caracteriza a sua hermenêutica. Recurso de revista de que se conhece e a que se dá provimento" (TST, 7ª T., RR 272-87.2011.5.03.0102, Rel. Min. Cláudio Mascarenhas Brandão, *DEJT* 15.08.2014).

A jurisprudência entende, assim, que é ampla a legitimidade do sindicato como substituto processual para a defesa de direitos individuais e coletivos dos integrantes da respectiva categoria, como se observa no seguinte julgado:

"Recurso de embargos em recurso de revista. Interposição sob a égide da Lei 11.496/2007. Sindicato. Substituição processual. Legitimidade ativa *ad causam*. Horas extras. 1. No presente processo, o sindicato, atuando como substituto processual, requer o pagamento de horas extras decor-

---

[63] "Legitimidade ativa *ad causam*. Substituição processual. Federação. Esta Corte Superior, na linha da jurisprudência do Supremo Tribunal Federal, vem reiteradamente decidindo que o art. 8º, III, da Constituição Federal outorga legitimidade aos sindicatos para atuar na defesa de direitos individuais dos empregados da categoria. Assim, conquanto o referido dispositivo faça referência apenas ao sindicato, não há dúvida que a federação pode atuar como substituta processual da categoria profissional. Precedente. Recurso de revista não conhecido. 2. Substituição processual. Direitos individuais homogêneos. Horas extras. Adicional noturno. Esta Corte, com o cancelamento da Súmula n. 310, passou a adotar entendimento de que o art. 8º, III, da Constituição Federal, combinado com o art. 3º da Lei n. 8.073/90, autorizam a substituição processual aos entes sindicais, para atuar na defesa dos direitos e interesses coletivos ou individuais de seus representados, considerando como direitos e interesses individuais homogêneos aqueles definidos no art. 81, III, do Código de Defesa do Consumidor como sendo os 'decorrentes de origem comum'. Significa dizer que aquilo que define a natureza das pretensões trazidas a juízo, caracterizando-as como individuais homogêneas, é o fato constitutivo do direito vindicado. Recurso de revista não conhecido" (TST, 8ª T., RR 183300-24.2007.5.12.0013, Rel. Min. Dora Maria da Costa, *DEJT* 29.08.2014).

rentes da descaracterização dos cargos denominados 'gerente de pessoa jurídica' aos empregados do reclamado em Foz do Iguaçu que ocuparam ou ocupam referidos cargos, em afronta ao art. 224, § 2º, da CLT. 2. No tema da legitimidade ativa *ad causam* de sindicato que atua como substituto processual, esta Colenda Subseção Especializada I manifesta entendimento na esteira de decisão proferida pelo Supremo Tribunal Federal no Recurso Extraordinário n. 210.029-3/RS, em interpretação do alcance do art. 8º, III, da Constituição, no sentido de que os sindicatos podem atuar como substitutos processuais de forma ampla e irrestrita, seja para postular interesses e direitos coletivos, difusos, heterogêneos ou individuais homogêneos, seja para atuar em favor de não associados, grupos limitados ou mesmo para um único substituído. 3. Precedentes desta SBDI-1. Recurso de embargos conhecido e não provido" (TST, SBDI-I, E-RR 25300-81.2009.5.09.0095, Rel. Min. Hugo Carlos Scheuermann, *DEJT* 29.05.2015).

Capítulo 36

Conflitos coletivos de trabalho

36.1 Introdução

As formas de regulação dos conflitos de trabalho, mesmo não se restringindo à jurisdição ou tutela, não deixam de ser estudadas no Direito Processual do Trabalho[1]. O dissídio coletivo é justamente uma das formas de disciplinar os conflitos coletivos de trabalho, no caso, por meio de decisão judicial.

Mesmo assim, quanto às diversas modalidades de solução dos conflitos *coletivos* de trabalho, o tema é versado de forma mais completa e abrangente no Direito Coletivo do Trabalho. A própria greve é vista como exemplo de autotutela[2].

É possível diferenciar em termos doutrinários o conflito, a controvérsia e o dissídio, no que tange às relações coletivas de trabalho.

Nesse sentido, o *conflito* pode ser entendido como a divergência e a crise no plano social, decorrente da luta por melhores condições de trabalho, verificada no âmbito das relações sindicais, ou seja, envolvendo as diferentes categorias, representadas pelos respectivos sindicatos.

A *controvérsia*, de modo mais particular, é observada quando o mencionado conflito coletivo de trabalho é encaminhado para ser solucionado ou regulado por mecanismos diversos, buscando-se a harmonia nas relações sociais, por meio de negociação coletiva, mediação ou arbitragem.

O *dissídio*, por sua vez, é específico quanto à controvérsia encaminhada ao Poder Judiciário, para receber a solução por este determinada[3].

36.2 Classificação

Revela-se importante classificar os conflitos coletivos de trabalho em econômicos e jurídicos.

O *conflito coletivo de natureza econômica* é aquele em que se verifica a discussão sobre a fixação de condições de trabalho, como reajustes, aumentos, jornadas de trabalho etc., a serem observadas no âmbito dos contratos individuais de trabalho.

Essa modalidade de conflito coletivo de trabalho também reflete no âmbito particular do dissídio coletivo, no caso, de natureza econômica, também chamado dissídio coletivo de interesse ou de natureza constitutiva, em que se faz presente a atuação do poder normativo da Justiça do Trabalho.

O *conflito coletivo de natureza jurídica* tem por objetivo a interpretação de disposição normativa específica da categoria. No âmbito do dissídio coletivo, observa-se aquele de natureza jurídica ou declaratória, o qual é previsto na Lei 7.701/1988, art. 1º, *caput*.

Em conformidade com a Orientação Jurisprudencial 7 da SDC do TST: "Não se presta o dissídio coletivo de natureza jurídica à interpretação de normas de caráter genérico". O art. 241, inciso II, do Regimento Interno do Tribunal Superior do Trabalho prevê o dissídio coletivo de natureza jurídica, para interpretação de cláusulas de sentenças normativas, de instrumentos de negociação coletiva,

---

[1] Cf. NASCIMENTO, Amauri Mascaro. *Curso de direito processual do trabalho*. 16. ed. São Paulo: Saraiva, 1996. p. 6-16. Cf. ainda MARTINS, Sergio Pinto. *Direito processual do trabalho*. 38. ed. São Paulo: Saraiva, 2016. p. 97-127.
[2] Cf. DELGADO, Mauricio Godinho. *Curso de direito do trabalho*. São Paulo: LTr, 2002. p. 1.383-1.384.
[3] Cf. MARTINS, Sergio Pinto. *Direito do trabalho*. 22. ed. São Paulo: Atlas, 2006. p. 761.

acordos e convenções coletivas, de disposições legais particulares de categoria profissional ou econômica e de atos normativos.

A Orientação Jurisprudencial 6 da SDC do Tribunal Superior do Trabalho, que exigia para o dissídio coletivo de natureza jurídica a negociação prévia, para buscar solução de consenso, foi cancelada em 10 de agosto de 2000. A Emenda Constitucional 45/2004, ao alterar o art. 114 da Constituição Federal de 1988, confirmou que no dissídio de natureza jurídica a tentativa de negociação coletiva não é exigida como condição ou pressuposto processual.

36.3 Formas de solução

Há diversas modalidades de solução dos conflitos sociais.

36.3.1 Autodefesa (autotutela)

Na autodefesa (ou autotutela), a própria parte procede à defesa de seu interesse, de forma que uma das partes impõe a sua vontade à outra.

A greve e o *lockout* (vedado pela Lei 7.783/1989, art. 17) são exemplos de autodefesa (autotutela) no âmbito dos conflitos coletivos de trabalho.

36.3.2 Autocomposição

A autocomposição significa a solução do conflito pelas partes, de forma consensual e negociada, sem a intervenção de terceiro, como ocorre na negociação.

A autocomposição, em termos genéricos, pode ser classificada em:

a) unilateral, quando se verifica a renúncia de uma das partes de sua pretensão, ou o reconhecimento da pretensão da parte contrária;

b) bilateral, em que se observam concessões recíprocas, com natureza de transação[4].

No âmbito das relações de trabalho, há grande destaque para a autocomposição. Nesse sentido, os acordos coletivos e as convenções coletivas de trabalho, como instrumentos normativos decorrentes da negociação coletiva, são aptos a solucionar os conflitos coletivos de trabalho.

Aliás, a forma ideal de solução do conflito coletivo de trabalho é a autocomposição, no caso, por meio da negociação coletiva[5]. Trata-se de procedimento em que os próprios interessados, em princípio por meio dos entes sindicais, resolvem as suas controvérsias, estabelecendo, ao mesmo tempo, normas jurídicas com o fim de regular as relações de trabalho, em razão do exercício da autonomia coletiva dos particulares[6].

Cabe fazer menção, ainda, à mediação.

Na mediação, existe a proposta de terceiro, mas as partes não estão obrigadas a aceitar[7]. Assim, embora haja entendimento no sentido de que a mediação é uma forma de heterocomposição, trata-se, na realidade, de modalidade de autocomposição, pois, com a anuência das partes envolvidas, o mediador apenas sugere as formas de resolver o conflito, aproximando as partes para que alcancem a solução da controvérsia, sem impor qualquer decisão.

Não obstante, cabe registrar a existência de posicionamento atualmente dominante, no sentido de que o conciliador sugere soluções para a composição do conflito, enquanto o mediador ape-

---

[4] Cf. MARTINS, Sergio Pinto. *Direito do trabalho*. 28. ed. São Paulo: Atlas, 2012. p. 814.
[5] Cf. SANTOS, Enoque Ribeiro dos. *Direitos humanos na negociação coletiva*: teoria e prática jurisprudencial. São Paulo: LTr, 2004. p. 151.
[6] Cf. NASCIMENTO, Amauri Mascaro. *Teoria geral do direito do trabalho*. São Paulo: LTr, 1998. p. 124-129.
[7] Cf. MARTINS, Sergio Pinto. *Direito processual do trabalho*. 38. ed. São Paulo: Saraiva, 2016. p. 99-102.

nas aproxima as partes ao diálogo, sem fazer propostas a serem por elas apreciadas[8]. Trata-se do critério adotado no art. 165, §§ 2º e 3º, do CPC[9].

Frise-se ainda que a conciliação também pode ocorrer judicialmente com a presença de transação[10].

A mediação pode ocorrer no âmbito da Delegacia Regional do Trabalho (atualmente denominada Superintendência Regional do Trabalho), podendo-se defender a possibilidade de ser realizada também pelo Ministério Público do Trabalho.

A Lei 10.101/2000, no art. 4º, inciso I, prevê a mediação como forma de fixar a participação nos lucros ou resultados.

No contexto da conciliação e da mediação extrajudiciais, a comissão de representantes dos empregados tem, entre outras atribuições, a de promover o diálogo e o entendimento no ambiente de trabalho com o fim de *prevenir conflitos*, bem como *buscar soluções para os conflitos decorrentes da relação de trabalho*, de forma rápida e eficaz, visando à efetiva aplicação das normas legais e contratuais (art. 510-B, incisos III e IV, da CLT, incluídos pela Lei 13.467/2017).

Mesmo no curso da negociação coletiva, permite-se a utilização da mediação, em que um terceiro, o mediador, tenta aproximar as partes, sugerindo soluções que podem ser aceitas pelas partes envolvidas no conflito[11]. A mediação de conflitos coletivos de trabalho ocorre, muitas vezes, no âmbito do Ministério do Trabalho (art. 616, § 1º, da CLT). A Orientação Jurisprudencial 24 da SDC do TST, quanto à realização de mesa redonda perante a Delegacia Regional do Trabalho, entendia tratar-se de "negociação prévia insuficiente", acarretando a violação do art. 114, § 2º, da Constituição Federal, mas este precedente foi cancelado em abril de 2004.

A Lei 10.192/2001, ao tratar da negociação coletiva quanto a salários e demais condições referentes ao trabalho, no art. 11, § 1º, prevê que o mediador deve ser designado de comum acordo pelas partes ou, a pedido destas, pelo Ministério do Trabalho. A parte que se considerar sem as condições adequadas para, em situação de equilíbrio, participar da negociação direta poderá, desde logo, solicitar ao Ministério do Trabalho a designação de mediador, que convocará a outra parte (art. 11, § 2º, da Lei 10.192/2001).

A mediação de conflitos coletivos de natureza trabalhista, quando exercida no âmbito do Ministério do Trabalho e Previdência, deve observar o disposto nos arts. 33 a 38 do Decreto 10.854/2021.

Os trabalhadores, por intermédio de entidades sindicais representantes, e os empregadores, por si ou por intermédio de entidades sindicais representantes, podem solicitar à Secretaria de Trabalho do Ministério do Trabalho e Previdência a realização de mediação, com vistas à composição de conflito coletivo (art. 34 do Decreto 10.854/2021).

A referida designação de mediador será sem ônus para as partes e deve recair sobre servidor público em exercício no Ministério do Trabalho e Previdência, inclusive integrantes da carreira de Auditor-Fiscal do Trabalho (art. 35 do Decreto 10.854/2021).

Nos termos do art. 36 do Decreto 10.854/2021, na hipótese de haver consenso entre as partes, o mediador deve lavrar a ata de mediação, que tem natureza de título executivo extrajudicial, nos termos do disposto no art. 784, inciso II, parte final, do Código de Processo Civil (outro documento público assinado pelo devedor).

---

[8] Cf. DINAMARCO, Cândido Rangel. *Instituições de direito processual civil*. 8. ed. São Paulo: Malheiros, 2016. v. 1, p. 216.

[9] "§ 2º O *conciliador*, que atuará preferencialmente nos casos em que não houver vínculo anterior entre as partes, poderá sugerir soluções para o litígio, sendo vedada a utilização de qualquer tipo de constrangimento ou intimidação para que as partes conciliem. § 3º O *mediador*, que atuará preferencialmente nos casos em que houver vínculo anterior entre as partes, auxiliará aos interessados a compreender as questões e os interesses em conflito, de modo que eles possam, pelo restabelecimento da comunicação, identificar, *por si próprios*, soluções consensuais que gerem benefícios mútuos".

[10] Cf. SÜSSEKIND, Arnaldo. *Instituições de direito do trabalho*. 18. ed. São Paulo: LTr, 1999. v. 1, p. 226: "as transações ocorridas na Justiça do Trabalho, sob a forma de conciliação dos dissídios individuais, são consideradas sempre válidas, uma vez que operadas sob a vigilância e a tutela da própria Magistratura especializada".

[11] Cf. NASCIMENTO, Amauri Mascaro. *Teoria geral do direito do trabalho*. São Paulo: LTr, 1998. p. 331-332.

Na hipótese de não entendimento entre as partes, o mediador deve encerrar o processo administrativo de mediação e lavrar a ata de mediação.

O Ministério do Trabalho e Previdência deve dispor sobre ferramentas eletrônicas ou digitais e programas de fomento à composição individual e coletiva em conflitos trabalhistas que visem à redução da judicialização trabalhista (art. 37 do Decreto 10.854/2021).

A ausência injustificada da parte solicitante à mediação enseja o arquivamento do processo administrativo, exceto se a outra parte solicitar a sua continuidade (art. 308 da Portaria 671/2021 do Ministério do Trabalho e Previdência).

Frise-se ainda que a Lei 13.140/2015 dispõe sobre a mediação como meio de solução de controvérsias entre particulares e sobre a autocomposição de conflitos no âmbito da administração pública. Esse diploma legal, entretanto, não é aplicável à esfera trabalhista, conforme o seu art. 42, parágrafo único, ao prever que a mediação nas relações de trabalho será regulada *por lei própria*.

O Ato 168/2016 da Presidência do TST instituiu o procedimento de mediação e conciliação pré-processual em dissídios coletivos, a ser conduzido e processado no âmbito da Vice-Presidência do Tribunal Superior do Trabalho (art. 1º).

A Resolução 174/2016 do Conselho Superior da Justiça do Trabalho dispõe sobre a política judiciária nacional de tratamento adequado das disputas de interesses no âmbito do Poder Judiciário Trabalhista e dá outras providências.

36.3.3 Heterocomposição

A heterocomposição é a solução do conflito por terceiro, independentemente de aceitação das partes inseridas na controvérsia.

São modalidades de heterocomposição:

a) arbitragem, que é prevista na Constituição Federal de 1988 (art. 114, §§ 1º e 2º), na Lei 7.783/1989 (art. 3º, *caput*), na Lei 10.101/2000 (art. 4º, inciso II) e na Lei 12.815/2013 (art. 37, § 1º), sendo regulada pela Lei 9.307/1996.

O árbitro é um terceiro escolhido pelas partes, a quem compete decidir a controvérsia, impondo a solução. A convenção de arbitragem pode ser convencionada pela cláusula compromissória ou pelo compromisso arbitral.

Não sendo possível a solução do conflito coletivo por meio da negociação coletiva, o § 1º do art. 114 da Constituição Federal de 1988 permite a utilização da arbitragem. Trata-se de arbitragem facultativa, em que as partes *poderão* eleger árbitros.

Mesmo havendo entendimento, minoritário, no sentido de ser a arbitragem uma forma de autocomposição, por depender de aceitação das partes para ser utilizada, bem como por haver a escolha do(s) árbitro(s), como a decisão (sentença arbitral) é proferida por um terceiro, e deve ser observada pelas partes, não sendo a solução alcançada pelos próprios interessados, pode-se dizer que a arbitragem, na realidade, é modalidade de heterocomposição do conflito coletivo de trabalho[12].

A arbitragem não viola o princípio constitucional do livre acesso ao Poder Judiciário (art. 5º, inciso XXXV, da CF/1988), pois, no caso, a escolha da via arbitral fica a cargo das partes, não sendo imposta por lei.

b) jurisdição, na qual se verifica a intervenção do Estado, mais especificamente do Poder Judiciário trabalhista (art. 114, § 2º, CF/1988), no âmbito do dissídio coletivo, sendo possível a incidência do poder normativo da Justiça do Trabalho para solucionar o conflito coletivo de trabalho.

---

[12] Cf. DELGADO, Maurício Godinho. *Curso de direito do trabalho*. São Paulo: LTr, 2002. p. 1.422.

O § 2º do art. 114 da Constituição da República, com redação dada pela Emenda Constitucional 45/2004, assim prevê: "Recusando-se qualquer das partes à negociação coletiva ou à arbitragem, é facultado às mesmas, de comum acordo, ajuizar dissídio coletivo de natureza econômica, podendo a Justiça do Trabalho decidir o conflito, respeitadas as disposições mínimas legais de proteção ao trabalho, bem como as convencionadas anteriormente".

O dissídio coletivo apenas pode ser ajuizado se não obtida a solução do conflito pela da negociação coletiva e houver recusa de qualquer das partes à arbitragem, uma vez que esta não é obrigatória. Por isso, a tentativa prévia de negociação coletiva é uma condição específica da ação no dissídio coletivo[13], sem a qual não se verifica o interesse processual, no aspecto da necessidade da tutela jurisdicional. No dissídio coletivo, o conflito é objeto de decisão pelo Poder Judiciário, sendo caso típico de heterocomposição.

O § 2º do art. 114 da Constituição Federal de 1988 prevê o poder normativo da Justiça do Trabalho, ao possibilitar o estabelecimento de normas e condições de trabalho. Ao mesmo tempo em que ocorre a solução do conflito social, principal escopo da jurisdição, ocorre a fixação de norma jurídica, materializada na sentença normativa.

Quanto aos limites do poder normativo, sabe-se que opera no chamado vazio da lei[14]. A parte final do § 2º do art. 114 da Constituição Federal de 1988, na redação determinada pela Emenda Constitucional 45/2004, estabelece que devem ser respeitadas as disposições mínimas legais de proteção ao trabalho, bem como as convencionadas anteriormente. Assim, os preceitos mínimos contidos na legislação trabalhista e nas normas coletivas negociadas em vigor devem ser observados. No entanto, seja quando já existe disposição legal específica regulando o tema, sem razões que justifiquem sua ampliação, seja quando a Constituição Federal exige, de forma peremptória, a regulamentação do direito por meio da lei (como ocorre no aviso prévio proporcional ao tempo de serviço, conforme o art. 7º, inciso XXI), não pode haver a incidência do poder normativo (cf. STF, 1ª T, RE 197.911-9/PE).

A grande inovação, inserida pela Emenda Constitucional 45/2004, quanto ao dissídio coletivo (de natureza econômica), está na possibilidade de seu ajuizamento pelas partes desde que "de comum acordo".

Portanto, exige-se o consenso entre as partes envolvidas no conflito coletivo de trabalho para a instauração do referido dissídio. Partes são os próprios atores sociais dotados de capacidade jurídica para firmar normas jurídicas trabalhistas, por meio do exercício da autonomia coletiva, no âmbito da negociação coletiva de trabalho, a qual restou frustrada.

A contrario sensu, persistindo o dissídio coletivo de natureza jurídica, nele não há necessidade de comum acordo para o ajuizamento.

O referido requisito não deixa de ser uma restrição à possibilidade de ajuizamento do dissídio coletivo econômico, pois sua instauração, a partir de agora, apenas poderá ocorrer quando todas as partes envolvidas concordarem em levar o conflito à Justiça do Trabalho. Ao mesmo tempo, a medida serve para fomentar a própria autocomposição, justamente por ser a forma ideal de solução do conflito coletivo de trabalho, mediante negociação entre os próprios interessados, podendo-se utilizar, ainda, a mediação.

Aliás, a necessidade de consenso para se recorrer ao Poder Judiciário, para a solução do conflito coletivo de trabalho, comprometendo mais efetivamente as partes com a negociação coletiva, é medida que já vinha sendo acertadamente sugerida pela doutrina[15].

---

[13] Cf. MARTINS, Sergio Pinto. *Direito processual do trabalho*. 21. ed. São Paulo: Atlas, 2004. p. 605-606.
[14] Cf. MARTINS, Sergio Pinto. *Direito processual do trabalho*. 21. ed. São Paulo: Atlas, 2004. p. 603: "Num primeiro momento, o poder normativo opera no espaço em branco deixado pela lei. Será, portanto, impossível contrariar a legislação em vigor, mas será cabível a sua complementação".
[15] Cf. SILVA, Otavio Pinto e. *Subordinação, autonomia e parassubordinação nas relações de trabalho*. São Paulo: LTr, 2004. p. 180: "O que me parece importante é impedir que uma das partes, por sua iniciativa, possa provocar um órgão jurisdicional para impor uma solução, como ainda ocorre hoje em dia".

Em termos processuais, a necessidade de consentimento para o ajuizamento do dissídio coletivo de natureza econômica, de certa forma, conduz a uma peculiar exceção a certos aspectos do princípio da inevitabilidade da jurisdição.

De acordo com a atual configuração do dissídio coletivo de natureza econômica, apenas será possível a imposição da solução estatal para o conflito coletivo de trabalho se existir a vontade das partes envolvidas, inclusive do demandado. Obviamente, após o ajuizamento do dissídio, há a sujeição das partes à decisão a ser proferida pelo Tribunal do Trabalho.

Como a disposição constitucional exige o "comum acordo", tudo indica tratar-se de condição da ação, bem peculiar e especial, do dissídio coletivo de natureza econômica.

É possível dizer que essa necessidade de consenso pode ser expressa ou tácita, podendo-se verificar tanto previamente como também no curso do processo[16]. Além disso, defende-se que a referida exigência pode ser suprida pelo tribunal, em casos de abuso de direito, má-fé ou prática de ato antissindical por uma das partes[17].

Cabe verificar, no entanto, se referida exigência não afronta o princípio da inafastabilidade ou do controle jurisdicional, previsto no art. 5º, inciso XXXV, da Constituição Federal de 1988. Nos termos do art. 60, § 4º, inciso IV, da Constituição da República, "os direitos e garantias individuais" não podem ser objeto de emenda constitucional tendente a aboli-los. Os referidos direitos e garantias são justamente os previstos, expressamente, no art. 5º da Lei Maior (Título II, Capítulo I: "Dos Direitos e Deveres Individuais e Coletivos").

Primeiramente, o que se verifica é a impossibilidade de a *lei* excluir a apreciação do Poder Judiciário, e não a própria Constituição Federal, por meio do poder constituinte originário ou derivado. O próprio art. 217, § 1º, da Constituição da República traz restrição ao acesso à jurisdição estatal para questões voltadas à disciplina e às competições desportivas.

Além disso, a exigência de comum acordo para o ajuizamento do dissídio coletivo de natureza econômica não significa a exclusão de sua apreciação pelo Poder Judiciário, mas mera condição da ação específica, para viabilizar a análise do mérito.

Aliás, nos conflitos coletivos de natureza econômica, o que se observa é a pretensão de fixação de novas condições de trabalho, a serem criadas para aplicação a todos os integrantes da categoria, ou aos empregados da(s) empresa(s) envolvida(s). Em outras palavras, nos conflitos *coletivos* de trabalho não se visualiza simples lesão ou ameaça a direito propriamente, mas contraposição de interesses sobre a constituição de normas e condições a serem aplicadas, normalmente com efeitos futuros, nas relações de trabalho. Tanto é assim que a sentença normativa é verdadeira fonte formal do Direito do Trabalho, ao estabelecer, de forma genérica e abstrata, disposições sobre condições de trabalho[18].

Por fim, no direito estrangeiro, a própria previsão do dissídio coletivo, como forma de solução do conflito coletivo de trabalho, é pouco encontrada na atualidade[19]. Cabe acentuar, ainda, ter o poder normativo da Justiça do Trabalho origem no corporativismo; sua existência constitui fator de inibição à negociação coletiva[20], que melhor atende ao ideal de democracia nas relações de trabalho.

---

[16] Cf. MELO, Raimundo Simão de. Ajuizamento de dissídio coletivo de comum acordo. *Revista LTr*, São Paulo, ano 70, n. 04, p. 404, abr. 2006.

[17] Cf. MELO, Raimundo Simão de. Ajuizamento de dissídio coletivo de comum acordo. *Revista LTr*, São Paulo, ano 70, n. 04, p. 405, abr. 2006.

[18] Cf. MARANHÃO, Délio. *Instituições de direito do trabalho*. 18. ed. São Paulo: LTr, 1999. v. 1, p. 165.

[19] Cf. SILVA, Otavio Pinto e. *Subordinação, autonomia e parassubordinação nas relações de trabalho*. São Paulo: LTr, 2004. p. 59: "O Brasil é um dos poucos países do mundo que adota o sistema de solução jurisdicional para os conflitos econômicos"; CARRION, Valentin. *Comentários à Consolidação das Leis do Trabalho*. 29. ed. atual. por Eduardo Carrion. São Paulo: Saraiva, 2004. p. 691: "O poder normativo judicial nos dissídios coletivos de natureza econômica é uma antiguidade do fascismo, já abolida nos países democráticos, inclusive na Itália. [...] O recurso ao Poder Judiciário contraria a doutrina e a experiência internacionais".

[20] Cf. SANTOS, Enoque Ribeiro dos. *Direitos humanos na negociação coletiva*: teoria e prática jurisprudencial. São Paulo: LTr, 2004. p. 135: "Um dos mais sérios obstáculos ao pleno desenvolvimento da negociação entre nós deve-se ao

Assim, sendo possível e amplamente admitida a própria ausência da jurisdição como forma estatal de solução de conflitos coletivos de trabalho, a mera existência de restrições à sua aplicabilidade jamais pode ser entendida como violação à garantia constitucional do acesso à justiça.

Tendo em vista todas essas peculiaridades envolvendo o dissídio coletivo, conclui-se pela constitucionalidade da nova exigência trazida pela Emenda Constitucional 45/2004.

Com a exigência de consenso entre as partes para se poder ajuizar o dissídio coletivo de natureza econômica, verifica-se, de certa forma, a aproximação do instituto com a arbitragem oficial ou pública. Na arbitragem é que as partes, de comum acordo, escolhem referida via para a solução do conflito, designando árbitros e aceitando se submeterem à decisão arbitral.

Mesmo assim, embora essa posição não seja unânime, entende-se que a Emenda Constitucional 45/2004 não extinguiu os dissídios coletivos de natureza econômica, nem o poder normativo da Justiça do Trabalho, mas trouxe restrições ao seu exercício.

Portanto, conclui-se que o § 2º do art. 114 da Constituição da República não transformou o dissídio coletivo em arbitragem propriamente, até porque esta é mencionada, de forma específica, na parte inicial do dispositivo e no § 1º do mesmo art. 114. Além disso, não se verifica total identidade entre os critérios que fundamentam a decisão arbitral (Lei 9.307/1996, art. 2º) e o dissídio coletivo de natureza econômica, pois este permanece alicerçado no poder normativo, que tem limites próprios.

Obviamente, podem as partes, por meio de compromisso arbitral, submeter o conflito coletivo à arbitragem e nomear como árbitro membro do Ministério Público do Trabalho (Lei Complementar 75/1993, art. 83, inciso XI). Nesse caso, sim, pode-se dizer estar diante de arbitragem oficial, pois esta ocorre "quando é feita por um membro do Estado"[21].

Portanto, o que ocorreu foi a inserção, na jurisdição coletiva, de um elemento encontrado na arbitragem.

Seguindo na interpretação do atual § 2º do art. 114 da Constituição Federal de 1988, no lugar da antiga redação "podendo a Justiça do Trabalho estabelecer normas e condições", passa a constar "podendo a Justiça do Trabalho *decidir o conflito*" (destaquei). O enfoque é o mesmo, mas esta parte da nova redação confirma e acentua a natureza jurisdicional do processo pertinente ao dissídio coletivo, bem como da sentença normativa[22], ainda que também constitua verdadeiro instrumento normativo.

A decisão proferida em dissídio coletivo opera a pacificação social e a solução do conflito (coletivo) de trabalho, em plena atuação dos principais escopos da jurisdição[23].

Confirmando o exposto, o Supremo Tribunal Federal julgou improcedente o pedido formulado em ação direta de inconstitucionalidade a respeito do tema. Com isso, foram julgadas válidas as previsões dos §§ 2º e 3º do art. 114 da Constituição Federal de 1988, decorrentes da Emenda Constitucio-

---

poder normativo atribuído à Justiça do Trabalho. A mera existência desse poder secular, já arraigado nas mentes dos atores sociais desde os idos de 1940, não estimula como deveria ser o entendimento direto e prolongado, exaustivo entre os interlocutores sociais até à exaustão, como nos ensina a experiência do direito laboral norte-americano e alemão. Em face das primeiras dificuldades, ao invés de aprofundar o processo negocial, as partes preferem remeter a lide ao pronunciamento judicial do Estado".

[21] MARTINS, Sergio Pinto. *Direito processual do trabalho*. 21. ed. São Paulo: Atlas, 2004. p. 95.

[22] Cf. MARTINS, Sergio Pinto. *Direito processual do trabalho*. 21. ed. São Paulo: Atlas, 2004. p. 604: "Mesmo quando a Justiça do Trabalho está dirimindo um conflito coletivo que lhe foi submetido à apreciação, está exercendo uma atividade jurisdicional, criando novas condições de trabalho para determinada categoria, exercendo, dessa forma, atividade jurisdicional, ou seja, de dizer o direito aplicável à espécie. [...] A sentença normativa continua se enquadrando como ato jurisdicional, pois objetiva solucionar o conflito coletivo que lhe foi posto a exame, mesmo ao serem criados preceitos jurídicos anteriormente inexistentes".

[23] Cf. CINTRA, Antonio Carlos de Araújo; GRINOVER, Ada Pellegrini; DINAMARCO, Cândido Rangel. *Teoria geral do processo*. 11. ed. São Paulo: Malheiros, 1995. p. 24-25: "O que distingue a jurisdição das demais funções do Estado (legislação, administração) é precisamente, em primeiro plano, a finalidade pacificadora com que o Estado a exerce. [...]. A *pacificação é o escopo magno da jurisdição* e, por consequência, de todo o sistema processual (uma vez que todo ele pode ser definido como a disciplina jurídica da jurisdição e seu exercício). É um escopo *social*, uma vez que se relaciona com o resultado do exercício da jurisdição perante a sociedade e sobre a vida gregária dos seus membros e felicidade pessoal de cada um" (destaques do original).

nal 45/2004, entendendo-se que a exigência de "comum acordo" entre as partes para o ajuizamento do dissídio coletivo de natureza econômica é condição da ação, em estímulo à autocomposição, e não obstáculo à atuação da jurisdição (STF, Pleno, ADI 3.423/DF, Rel. Min. Gilmar Mendes, *DJe* 18.06.2020).

Nesse sentido, o Supremo Tribunal Federal fixou a seguinte tese de repercussão geral: "É constitucional a exigência de comum acordo entre as partes para ajuizamento de dissídio coletivo de natureza econômica, conforme o art. 114, § 2º, da Constituição Federal, na redação dada pela Emenda Constitucional 45/2004" (STF, Pleno, RE 1.002.295/RJ, Red. p/ ac. Min. Alexandre de Moraes, j. 22.09.2020).

36.4 Negociação coletiva

Por ser a negociação coletiva um dos pilares da sociedade democrática, no que tange às relações coletivas de trabalho, cabe fazer algumas considerações específicas sobre o tema.

Trata-se de procedimento autocompositivo que pode dar origem ao acordo coletivo e à convenção coletiva de trabalho (art. 7º, inciso XXVI, da Constituição Federal de 1988), tendo como fundamento o exercício da autonomia privada coletiva.

De acordo com o art. 4º da Convenção 98 da Organização Internacional do Trabalho, devem ser tomadas, se necessário for, medidas apropriadas às condições nacionais para *fomentar* e *promover* o pleno desenvolvimento e utilização de meios de negociação voluntária entre empregadores ou organizações de empregadores e organizações de trabalhadores, com o objetivo de regular, por meio de convenções coletivas, os termos e as condições de emprego.

A negociação coletiva deve ser realizada em bases justas, o que exige o diálogo e a lealdade, em observância do princípio da boa-fé e do direito à informação.

A negociação coletiva desempenha diversas funções, de grande importância para a harmonia nas relações de trabalho e para o desenvolvimento social[24].

As *funções jurídicas* podem ser de natureza:

a) normativa, ao estabelecer normas jurídicas que regulam as relações individuais de trabalho, aplicando-se aos contratos de trabalho daqueles que integrem as categorias ou grupos representados pelos entes sindicais;

b) obrigacional, ao fixar obrigações aos entes que firmam a norma coletiva negociada, podendo-se citar, como exemplo, a avença de contribuição assistencial em favor do sindicato da categoria profissional;

c) compositiva, convencionando regras para a solução de eventuais conflitos futuros, especialmente aqueles referentes à aplicação do instrumento coletivo decorrente da negociação coletiva de trabalho.

A *função política* da negociação coletiva significa o papel que ela exerce, fomentando o diálogo na sociedade.

A *função econômica* relaciona-se ao importante objetivo de distribuição de riquezas, desempenhado pela negociação coletiva, ao inovar e estabelecer condições de trabalho a serem aplicadas no âmbito dos contratos individuais de trabalho.

A *função social* da negociação coletiva indica a obtenção de harmonia no ambiente de trabalho, possibilitando o progresso social e o maior desenvolvimento, de forma a se alcançar justiça social.

36.5 Contratação coletiva de trabalho

No âmbito da negociação coletiva de trabalho, para a instituição de convenções e acordos coletivos, os atores sociais exercem a *autonomia coletiva dos particulares*, que é um poder normativo,

---

[24] Cf. MARTINS, Sergio Pinto. *Direito do trabalho*. 26. ed. São Paulo: Atlas, 2010. p. 806.

possibilitando a solução dos conflitos coletivos pelas próprias partes interessadas, estabelecendo normas mais adequadas para regular as relações jurídicas de trabalho.

A prática constante da negociação coletiva de trabalho gera, assim, a *contratação coletiva de trabalho*, por meio da qual os interessados passam a fixar as normas que regulam as suas próprias relações jurídicas, de forma autônoma, atendendo às peculiaridades do caso em discussão.

No sistema jurídico brasileiro, os contratos coletivos de trabalho são as *convenções coletivas de trabalho* e os *acordos coletivos de trabalho*, conforme o art. 7º, inciso XXVI, da Constituição Federal de 1988.

O contrato coletivo de trabalho, como modalidade distinta de instrumento normativo negociado, é observado no direito estrangeiro, decorrendo, normalmente, da negociação coletiva de âmbito nacional. No entanto, no sistema jurídico brasileiro em vigor, ainda não se verifica a sua regulamentação específica.

36.5.1 Convenção coletiva de trabalho

A convenção coletiva de trabalho é definida no art. 611, *caput*, da CLT como o "acordo de caráter normativo, pelo qual dois ou mais sindicatos representativos de categorias econômicas e profissionais estipulam condições de trabalho aplicáveis, no âmbito das respectivas representações, às relações individuais de trabalho".

A convenção coletiva, assim, é o instrumento normativo que decorre da negociação coletiva, sendo firmado, em regra, pelos sindicatos da categoria profissional e econômica.

Trata-se de verdadeira fonte formal do Direito do Trabalho, por estabelecer normas genéricas e abstratas, a serem aplicadas no âmbito das relações individuais de trabalho abrangidas pelos sindicatos representantes das respectivas categorias.

O art. 611, § 2º, da Consolidação das Leis do Trabalho trata de questão específica, relacionada às *categorias não organizadas em sindicatos*, estabelecendo hipótese de "legitimação subsidiária" para firmar convenção coletiva de trabalho. Nesse caso, as federações e, na falta destas, as confederações representativas de categorias econômicas ou profissionais poderão celebrar convenções coletivas de trabalho para reger as relações das categorias a elas vinculadas.

Por se tratar de disposição voltada a casos bem especiais, entende-se que a previsão do art. 611, § 2º, da CLT não afronta a norma genérica do art. 8º, inciso VI, da Constituição Federal, até porque as federações e confederações são entes sindicais que compõem o sistema confederativo.

Com isso, caso a negociação coletiva voltada à obtenção da convenção coletiva prevista no referido art. 611, § 2º, da CLT não alcance este objetivo, também se observa a possibilidade do ajuizamento de dissídio coletivo, o que, no caso, pode ocorrer pela federação ou confederação representativa da categoria não organizada em sindicato.

Nesse sentido, estabelece o art. 857, parágrafo único, da CLT, *in verbis*: "Quando não houver sindicato representativo da categoria econômica ou profissional, poderá a representação ser instaurada pelas federações correspondentes e, na falta destas, pelas confederações respectivas, no âmbito de sua representação".

Quanto ao âmbito de aplicação da norma coletiva negociada, cabe frisar, no aspecto subjetivo, que o sindicato representa todos os integrantes da respectiva categoria, e não apenas os seus associados (art. 8º, inciso II, primeira parte, da CF/1988 e art. 513, *a*, da CLT).

Por outro lado, no aspecto objetivo, a base territorial do sindicato é definida pelos trabalhadores e empregadores interessados, não podendo ser inferior à área de um município (art. 8º, inciso II, segunda parte, da CF/1988).

Desse modo, a convenção coletiva de trabalho é aplicada a todos os integrantes (empregados e empregadores) das categorias (profissional e econômica) representadas pelos entes sindicais que a firmaram, independentemente de filiação (ou seja, associação sindical), observada delimitação da base territorial dos sindicatos que firmaram a norma coletiva negociada.

Caso os entes sindicais das categorias profissional e econômica possuam bases territoriais distintas entre si, a convenção coletiva de trabalho firmada é aplicada apenas no âmbito da base territorial de menor dimensão, por ser a área territorial comum[25].

Exemplificando de forma hipotética, se a convenção coletiva foi firmada pelo sindicato representante dos empregados nas indústrias da cidade de São Paulo, com a federação das indústrias no Estado de São Paulo (categoria econômica), a mencionada norma coletiva apenas tem como ser aplicada aos empregados nas indústrias da cidade de São Paulo, por ser a menor área territorial envolvida, comum aos entes sindicais pactuantes. Nesse exemplo, quanto às demais cidades do Estado, abrangidas por outros sindicatos da categoria profissional, devem ser buscadas as respectivas normas coletivas com eles convencionadas.

Da mesma forma, caso a convenção coletiva tenha sido firmada pelo sindicato de certa categoria profissional do Estado de São Paulo, com o sindicato da respectiva categoria econômica das cidades de São Paulo e São Bernardo do Campo, a convenção coletiva mencionada é aplicada apenas nessas duas cidades (pois, no território excedente, o sindicato da categoria econômica não detém a representação das empresas ali situadas).

Ocorrendo a transferência definitiva do empregado, havendo no novo local representação sindical diversa, defende-se o entendimento de que passa a ser aplicada, em tese, a norma coletiva vigente na nova localidade de prestação dos serviços (cessando a aplicação da norma coletiva do antigo local), uma vez que o empregado passou a trabalhar em área abrangida pela representação de outro sindicato[26]. Mesmo assim, defende-se que a regra é não admitir a redução do salário propriamente (ou seja, tal como delimitado pelo art. 457, § 1º, da CLT), pois a transferência do empregado não figura como exceção ao princípio da irredutibilidade salarial (art. 7º, inciso VI, da CF/1988).

No entanto, mesmo havendo transferência definitiva, caso na nova localidade os mesmos sindicatos também alcancem as respectivas representações, não haverá alteração da norma coletiva a ser aplicada ao empregado transferido.

Por fim, no caso de transferência provisória do empregado, defende-se o entendimento de que fica mantida a aplicação da norma coletiva de origem, justamente por se tratar de situação meramente temporária, ou seja, momentânea, a ser restabelecida[27].

36.5.2 Acordo coletivo de trabalho

O art. 611, § 1º, da Consolidação das Leis do Trabalho faculta aos sindicatos representativos de categorias profissionais celebrar acordos coletivos com uma ou mais empresas da correspondente categoria econômica, estipulando condições de trabalho aplicáveis no âmbito da ou das empresas acordantes.

Desse modo, o acordo coletivo de trabalho é o instrumento normativo que decorre da negociação coletiva, sendo firmado, em regra, pelo sindicato da categoria profissional com uma ou mais empresas.

O acordo coletivo também é fonte formal do Direito do Trabalho, por estabelecer normas genéricas e abstratas, a serem aplicadas no âmbito das relações individuais de trabalho mantidas com a(s) empresa(s) que firma(am) a avença coletiva com o sindicato da categoria profissional.

Como os acordos coletivos de trabalho também são reconhecidos pelo art. 7º, inciso XXVI, da Constituição Federal de 1988, a interpretação do seu art. 8º, inciso VI, que exige a presença do sindi-

---

[25] Cf. SANTOS, Ronaldo Lima dos. *Teoria das normas coletivas*. São Paulo: LTr, 2007. p. 209.
[26] Cf. SANTOS, Ronaldo Lima dos. *Teoria das normas coletivas*. São Paulo: LTr, 2007. p. 210-211.
[27] Cf. SANTOS, Ronaldo Lima dos. *Teoria das normas coletivas*. São Paulo: LTr, 2007. p. 210.

cato na negociação coletiva, não pode ser isolada nem literal, mas em conformidade com aquele outro dispositivo. Portanto, a obrigatoriedade da presença do ente sindical, na negociação coletiva para o fim de se firmar acordo coletivo, restringe-se à categoria profissional[28].

Da mesma forma, pode ocorrer negociação coletiva objetivando a celebração do acordo coletivo previsto no mencionado art. 611, § 1º, mas restar frustrada, surgindo a possibilidade de ajuizamento do dissídio coletivo, no caso, inclusive pela ou pelas empresas envolvidas no conflito coletivo particularizado[29]. O art. 874 da CLT, versando sobre o dissídio coletivo de revisão, expressamente assegura a legitimidade de ajuizamento ao "empregador ou empregadores interessados no cumprimento da decisão".

Cabe ainda destacar o art. 617, § 1º, da CLT, ao estabelecer regra a respeito do sindicato da categoria profissional que não assume, no prazo de oito dias, a direção dos entendimentos, entre os interessados, para a celebração do acordo coletivo. Referido dispositivo estabelece poderem os interessados dar conhecimento do fato à federação a que estiver vinculado o sindicato e, em falta dessa, à correspondente confederação, para que assuma a direção dos entendimentos no mesmo prazo de oito dias, regulando a "legitimação substitutiva". Nas hipóteses desse dispositivo, a federação ou a confederação, que são entes sindicais, também podem realizar a negociação coletiva a qual, se frustrada, possibilita o ajuizamento do dissídio coletivo.

A parte final do referido § 1º do art. 617 da CLT menciona que, esgotado o prazo para a federação ou a confederação assumir a direção dos entendimentos, "poderão os interessados prosseguir diretamente na negociação coletiva, até final". Há entendimento de que essa previsão não foi recepcionada pela Constituição de 1988. No entanto, por se tratar de situação bem peculiar e específica, não versada pela Constituição Federal, inclusive para que os próprios trabalhadores não sejam prejudicados, ficando sem norma coletiva a ser aplicada, pode-se defender que a regra é aplicável, apesar da previsão genérica do art. 8º, inciso VI, da Constituição Federal[30].

A respeito do tema, cabe destacar o seguinte julgado:

"Acordo coletivo de trabalho. Negociação direta entre comissão de empregados e empregador. Turnos ininterruptos de revezamento de doze horas. Ausência de participação do sindicato representante da categoria profissional. Validade. Art. 617 da CLT. Recepção pela Constituição Federal de 1988. 1. Foi recepcionado pela Constituição Federal de 1988 (art. 8º, inciso VI) o art. 617 da CLT, no que autoriza a celebração de acordo coletivo de trabalho diretamente entre empregados e uma ou mais empresas, na situação excepcional em que comprovada a recusa do Sindicato representante da categoria profissional em assumir a direção dos entendimentos. 2. A exigência constitucional inafastável é de que o sindicato seja instado a participar e participe da negociação coletiva, ainda que para recusar o conteúdo da proposta patronal. 3. Em tese, todavia, a virtual resistência da cúpula sindical em consultar as bases não constitui empecilho a que os próprios interessados, regularmente convocados, excepcionalmente firmem o acordo coletivo de trabalho, de forma direta, na forma da lei. 4. A grave exceção à garantia de tutela sindical na negocia-

---

[28] Cf. MARTINS, Sergio Pinto. *Direito do trabalho*. 22. ed. São Paulo: Atlas, 2006. p. 781: "a interpretação sistemática da Lei Maior leva o intérprete a verificar que o sindicato profissional é que deve participar obrigatoriamente das negociações coletivas, pois nos acordos coletivos só ele participa juntamente com as empresas e não o sindicato da categoria econômica".

[29] Cf. MARTINS, Sergio Pinto. *Direito processual do trabalho*. 21. ed. São Paulo: Atlas, 2004. p. 609: "Interessando o dissídio coletivo apenas aos empregados de uma empresa, ou a um número limitado de empresas, ou não havendo sindicato da categoria econômica, serão as próprias empresas individualmente suscitadas".

[30] Cf. MARTINS, Sergio Pinto. *Comentários à CLT*. 5. ed. São Paulo: Atlas, 2002. p. 634: "Apesar de a participação do sindicato dos empregados ser obrigatória nas negociações coletivas de trabalho (art. 8º, VI, da CF), entendo que os dispositivos anteriormente elencados não foram revogados pela Constituição, pois se o sindicato não tem interesse na negociação, os interessados não poderão ficar esperando indefinidamente, daí por que podem promover diretamente as negociações".

ção coletiva somente se justifica, contudo, sob pena de concreta violação à norma do art. 8º, VI, da Constituição Federal, quando sobressaem a livre manifestação de vontade dos empregados da empresa e a efetiva recusa da entidade profissional em representar a coletividade interessada. 5. Assentada a tese jurídica da recepção do art. 617 da CLT pela Constituição Federal de 1988, a aplicação do direito à espécie impõe que o Tribunal Regional do Trabalho, soberano na apreciação do acervo fático-probatório, examine a existência de prova cabal da recusa do sindicato da categoria profissional em participar da negociação coletiva, bem como o cumprimento das demais formalidades exigidas no art. 617 da CLT. 6. Embargos da Reclamada de que se conhece, por divergência jurisprudencial, e a que se dá parcial provimento" (TST, SBDI-I, E-ED-RR 1134676-43.2003.5.04.0900, Red. Min. João Oreste Dalazen, *DEJT* 19.05.2017).

Aliás, há entendimento de que, mesmo tratando-se de inexistência de sindicato que represente a categoria, é possível a aplicação analógica do art. 611, § 2º, da CLT, ou seja, também para a celebração de acordos coletivos, em razão da semelhança de situações[31].

36.5.3 Natureza jurídica

Sobre a natureza jurídica das convenções e acordos coletivos, cabe fazer menção, aqui, às diversas teorias existentes[32].

Primeiramente, observa-se a presença de teorias contratualistas ou civilistas.

Não há total uniformidade nessas teorias contratualistas, observando-se teses específicas, relativamente autônomas entre si, defendendo que a convenção e o acordo coletivo possuem natureza de:

a) mandato, entendendo ser o sindicato mandatário dos associados, representando seus interesses individuais e coletivos;

b) estipulação em favor de terceiro, pela qual o sindicato estipularia condições de trabalho em favor de seus associados, considerados terceiros;

c) gestão de negócio, em que uma pessoa (gestor), no caso, o sindicato, vai tomar conta dos negócios da outra (gerido), de forma voluntária;

d) contrato inominado, em que se defende não se confundir a convenção coletiva de trabalho com as modalidades contratuais típicas e já existentes no Direito Civil.

De todo modo, as teorias contratualistas possuem natureza de direito privado, entendendo a convenção coletiva de trabalho como um contrato, ou seja, uma espécie de negócio jurídico, por meio da qual as partes estabelecem avenças, em manifestação da autonomia privada.

A crítica a tais teorias civilistas é de que elas ignoram a força normativa dos acordos e convenções coletivas, que incidem na regulação das relações individuais de trabalho.

Além disso, os mencionados instrumentos normativos negociados não se confundem com os tradicionais contratos do Direito Civil. Tanto é assim que as condições de trabalho firmadas nas convenções coletivas são aplicáveis a todos os integrantes da categoria, independentemente de serem associados, ou não, ao sindicato, os quais não podem ser considerados como meramente terceiros, por formarem a própria categoria profissional.

Ademais, nos acordos e convenções coletivas de trabalho, podem ser convencionadas, também, obrigações específicas, pertinentes aos próprios entes estipulantes.

Por fim, a negociação coletiva é atividade a ser desempenhada pelo ente sindical, conforme previsão constitucional; pactuada a convenção ou o acordo coletivo, os integrantes da categoria não têm o poder de ratificar, ou não, as normas convencionadas.

---

[31] Cf. NASCIMENTO, Amauri Mascaro. *Compêndio de direito sindical.* 2. ed. São Paulo: LTr, 2000. p. 345.
[32] Cf. MARTINS, Sergio Pinto. *Direito do trabalho.* 26. ed. São Paulo: Atlas, 2010. p. 833-835.

As teorias normativistas ou regulamentares também revelam teses distintas entre si, cabendo fazer menção às seguintes vertentes:

a) teoria da instituição corporativa, que vê na convenção coletiva de trabalho a manifestação da vontade corporativa do sindicato;

b) teoria regulamentar, segundo a qual a convenção coletiva de trabalho é um regulamento interno das condições de trabalho e da profissão, tal como ocorre com a lei;

c) teoria da lei delegada, de acordo com a qual as convenções coletivas de trabalho seriam estabelecidas pelos sindicatos, vistos como entes que desempenham funções delegadas do Estado.

Como se nota, as teorias normativistas apresentam aspectos de direito público, com origem nas doutrinas do corporativismo italiano, entendendo a convenção coletiva de trabalho como uma norma jurídica, a qual se aplica a todos os integrantes da categoria, independentemente de serem associados, ou não, do sindicato.

A crítica que se faz às teorias normativistas centra-se em que o sindicato, na atualidade, é ente de direito privado, não mais atrelado ao Estado, nem exercendo funções delegadas do Poder Público. No regime de democracia nas relações sindicais, permeadas pelos princípios da liberdade e da autonomia sindical, sabe-se que as normas não decorrem apenas do ato estatal, mas também da autonomia privada, observando-se o pluralismo nas fontes de produção do Direito.

Por fim, há a teoria mista, também teoria do "contrato social normativo"[33], a qual defende a existência do aspecto contratual, mas também do caráter normativo, nos acordos e convenções coletivas de trabalho. Desse modo, procura harmonizar aspectos das teorias contratuais e normativistas, reunindo os fatores que se fazem presentes de forma simultânea, na contratação coletiva de trabalho.

Logo, deve-se entender a convenção coletiva de trabalho como instituto no qual se fazem presentes tanto a natureza contratual, por decorrer da autonomia coletiva dos particulares, estabelecendo condições de trabalho e obrigações aos entes que a pactuam, como também a natureza normativa, constituindo fonte formal do Direito, fixando normas jurídicas a serem aplicadas na regulação da relação jurídica de trabalho.

Por isso, no que tange à natureza jurídica dos acordos coletivos e convenções coletivas de trabalho, vislumbram alguns autores tratar-se de "corpo de contrato e alma de lei" (Carnelutti), ou modalidade de "ato-regra" (Duguit), por ser um ato jurídico (*rectius*: negócio jurídico), com força normativa, criadora de novas disposições ou regras (ou seja, lei em sentido material, dotada de conteúdo normativo e vinculante), diferenciando-se do "ato-condição", que apenas aplica a lei existente.

Assim, prevalece o entendimento adotando a teoria mista, ou teoria do "contrato social normativo", para a explicação da natureza jurídica das convenções e acordos coletivos de trabalho, aliando os aspectos contratuais e normativos.

36.5.4 Cláusulas

As cláusulas dos acordos e convenções coletivas de trabalho podem ser classificadas em:

a) obrigacionais, fixando direitos e deveres entre os próprios pactuantes. Exemplo, cláusula prevendo multa ao sindicato que descumprir a convenção coletiva;

b) normativas, estabelecendo condições de trabalho, gerando reflexos nos contratos individuais de emprego. Como exemplo, pode-se citar cláusula de convenção coletiva que estabelece o aumento salarial para a categoria profissional.

Há autores que fazem menção, ainda, às cláusulas sociais, fixando regras para a solução de conflitos futuros sobre a aplicação do instrumento normativo decorrente da negociação coletiva.

---

[33] DELGADO, Mauricio Godinho. *Curso de direito do trabalho*. 4. ed. São Paulo: LTr, 2005. p. 1.403-1.404.

Na realidade, são cláusulas obrigacionais atípicas, versando sobre mecanismos de "administração" da norma coletiva.

A Lei 12.790/2013, ao dispor sobre a regulamentação do exercício da profissão de comerciário, no art. 6º, prevê que as entidades representativas das categorias econômica e profissional podem, no âmbito da negociação coletiva, negociar a inclusão, no instrumento normativo, de cláusulas que instituam programas e ações de educação, formação e qualificação profissional.

36.5.5 Condições de validade e entrada em vigor

A Consolidação das Leis do Trabalho prevê um procedimento formal para a validade, publicidade, eficácia e entrada em vigor das normas coletivas resultantes da negociação coletiva.

Em razão do princípio da liberdade sindical, adotado pela Constituição Federal de 1988 (ainda que com restrições), é possível o posicionamento de que as mencionadas regras da CLT, por estabelecerem o procedimento de depósito do instrumento normativo no órgão do Ministério do Trabalho, não teriam sido recepcionadas em face do art. 8º, inciso I, da Lei Maior.

Em sentido semelhante, registre-se o entendimento de que, após a Constituição Federal de 1988, a exigência de depósito das convenções e acordos coletivos no órgão do Ministério do Trabalho (art. 614 da CLT) apenas tem como finalidade conferir *publicidade* aos referidos instrumentos normativos negociados, para conhecimento de terceiros interessados. Assim, mesmo sem esse depósito (de natureza administrativa), a norma coletiva é válida e eficaz entre as próprias partes que a firmaram. Nessa linha, cabe transcrever a seguinte decisão do TST:

"Recurso de embargos. Acordos coletivos de trabalho. Ausência de depósito perante a autoridade competente. Vício formal que não invalida o conteúdo da negociação coletiva. Turno ininterrupto de revezamento jornada de oito horas. Validade.

A interpretação do art. 614, *caput*, da CLT deve guardar harmonia com a nova Constituição Federal, que alterou profundamente a organização sindical e a autonomia das partes para a negociação coletiva, estabelecendo princípios rígidos que vedam a intervenção do Poder Público nessa relação, presente no regramento jurídico infraconstitucional antecessor, e que reconhecem as convenções e os acordos coletivos, incentivando a negociação coletiva. Nessa ótica, a exigência de depósito das convenções e acordos coletivos no órgão ministerial não tem outra finalidade senão dar publicidade a esses ajustes, para fins de conhecimento de terceiros interessados. O conteúdo do ajuste coletivo firmado livremente entre as partes legitimadas não pode ser questionado pelo Poder Público e, sendo assim, o descumprimento da exigência do seu depósito não pode invalidá-lo, à medida que independe de qualquer manifestação do Estado. As normas e condições de trabalho negociadas de comum acordo entre as partes convenentes valem por si só, criando direitos e obrigações entre elas a partir do momento em que firmado o instrumento coletivo na forma da lei. O descumprimento da formalidade prevista no art. 614 da CLT importa apenas infração administrativa, mas não maculará o conteúdo da negociação coletiva, gerador de novos direitos e condições de trabalho. Do contrário, as partes teriam que buscar a invalidação de todo o instrumento coletivo, mediante instrumento processual próprio, e não, particularizadamente, de uma cláusula que lhe foi desfavorável, como no caso presente, beneficiando-se das demais. O acórdão regional, ao invalidar o ajuste coletivo que fixou jornada elastecida de oito horas para o trabalho em turno ininterrupto de revezamento pelo vício apontado, negou vigência à própria norma coletiva, maculando o inciso XXVI do art. 7º da Constituição Federal, especialmente quando a matéria de fundo encontra-se pacificada nesta Corte Superior por meio da Súmula n. 423. Recurso de embargos conhecido e provido" (TST, SBDI-I, E-RR 1086/2001-014-09-00.0, Redator Min. Vieira de Mello Filho, *DJ* 07.12.2007).

No entanto, pode-se defender que as regras em questão, presentes na CLT, não representam interferência ou intervenção do Estado no ente sindical, pois suas previsões não deixam a critério do

Ministério do Trabalho a possibilidade de depósito, validade, eficácia e entrada em vigor dos acordos e convenções coletivas de trabalho.

Quanto à forma, conforme o art. 613, parágrafo único, da CLT, as convenções e os acordos coletivos devem ser celebrados por escrito, sem emendas nem rasuras, em tantas vias quantos forem os sindicatos convenentes ou as empresas acordantes, além de uma destinada a registro.

O art. 614 da CLT prevê que os "sindicatos convenentes ou as empresas acordantes" (conforme seja, respectivamente, convenção coletiva ou acordo coletivo) devem promover, "conjunta ou separadamente, dentro de 8 (oito) dias da assinatura da convenção ou acordo, o depósito de uma via" do instrumento normativo, para fins de registro e arquivo, nos órgãos regionais do Ministério do Trabalho.

Como se nota, a Delegacia Regional do Trabalho (atualmente denominada Superintendência Regional do Trabalho) não detém o poder de impor alterações quanto ao conteúdo da norma coletiva negociada, tratando-se de ato administrativo vinculado.

O registro de instrumentos coletivos de trabalho (convenção coletiva, acordos coletivos e respectivos termos aditivos) é disciplinado nos arts. 291 a 303 da Portaria 671/2021 do Ministério do Trabalho e Previdência.

O registro dos instrumentos coletivos de trabalho deve ser efetuado por meio do portal gov.br, observados os requisitos formais e de legitimidade previstos nos arts. 611 a 625 da CLT (art. 292 da Portaria 671/2021 do Ministério do Trabalho e Previdência).

Para o deferimento do registro, a solicitação deve estar acompanhada da cópia da ata da assembleia que aprovou o respectivo instrumento (art. 296 da Portaria 671/2021 do Ministério do Trabalho e Previdência).

As notificações relacionadas à solicitação de registro do instrumento coletivo de trabalho são feitas eletronicamente, sendo de responsabilidade das partes o acompanhamento por meio do portal gov.br (art. 297 da Portaria 671/2021 do Ministério do Trabalho e Previdência).

Após o protocolo, as solicitações de registro de instrumento coletivo de trabalho são passíveis de retificação nas situações previstas no art. 299 da Portaria 671/2021 do Ministério do Trabalho e Previdência.

Das decisões administrativas denegatórias de registro cabe recurso administrativo, no prazo de 10 dias, a contar da notificação da referida decisão (art. 301 da Portaria 671/2021 do Ministério do Trabalho e Previdência).

Os instrumentos coletivos registrados ficam disponíveis para consulta de qualquer interessado no portal gov.br (art. 303 da Portaria 671/2021 do Ministério do Trabalho e Previdência).

Portanto, a análise no âmbito do Ministério do Trabalho refere-se, em essência, aos aspectos formais do instrumento normativo, não podendo ser vista como possibilidade de o próprio Poder Executivo *impor* alterações em instrumentos normativos negociados, sob pena de violação do art. 8º, inciso I, parte final, da Constituição Federal de 1988.

Como bem destaca José Cláudio Monteiro de Brito Filho: "Continua o registro tendo natureza receptícia [...]; e, persiste o controle das cláusulas dos contratos coletivos pelo Ministério Público do Trabalho"[34]. Nesse sentido, cabe destacar o art. 83, inciso IV, da Lei Complementar 75/1993, ao prever a competência do Ministério Público do Trabalho para "propor as ações cabíveis para declaração de nulidade de cláusula de contrato, acordo coletivo ou convenção coletiva que viole as liberdades individuais ou coletivas ou os direitos individuais indisponíveis dos trabalhadores".

As convenções e os acordos coletivos entrarão em vigor três dias após a data da entrega deles no órgão competente do Ministério do Trabalho (§ 1º do art. 614 da CLT).

Devem ser afixadas, de modo visível, cópias autênticas das convenções e dos acordos coletivos, pelos sindicatos convenentes, nas respectivas sedes e nos estabelecimentos das empresas

---

[34] BRITO FILHO, José Cláudio Monteiro de. *Direito sindical*. 2. ed. São Paulo: LTr, 2007. p. 188.

compreendidas no seu campo de aplicação, dentro de cinco dias da data do depósito no órgão competente do Ministério do Trabalho (§ 2º do art. 614 da CLT).

O § 3º do art. 614 da CLT, com redação dada pela Lei 13.467/2017, prevê que: "Não será permitido estipular duração de convenção coletiva ou acordo coletivo de trabalho superior a dois anos, sendo vedada a ultratividade".

Sobre o tema, a Orientação Jurisprudencial 322 da SBDI-I do TST assim prevê: "Nos termos do art. 614, § 3º, da CLT, é de 2 anos o prazo máximo de vigência dos acordos e das convenções coletivas. Assim sendo, é inválida, naquilo que ultrapassa o prazo total de 2 anos, a cláusula de termo aditivo que prorroga a vigência do instrumento coletivo originário por prazo indeterminado".

O processo de prorrogação, revisão, denúncia ou revogação total ou parcial de convenção ou acordo fica subordinado, em qualquer caso, à aprovação de Assembleia Geral dos Sindicatos convenentes ou partes acordantes, com observância do disposto no art. 612 da CLT[35].

A prorrogação refere-se à manutenção das condições fixadas na norma coletiva cuja vigência está encerrando ou se encerrou.

A revisão, por sua vez, é a alteração das condições fixadas no instrumento normativo, adaptando-as às novas condições de fato posteriores.

Na denúncia uma das partes cientifica a outra a respeito do término da vigência da norma coletiva, para evitar eventual alegação de prorrogação.

A revogação indica o ato das partes de porem fim à vigência da norma coletiva antes de seu termo final.

O instrumento de prorrogação, revisão, denúncia ou revogação de convenção ou acordo será depositado para fins de registro e arquivamento, na repartição em que ele foi originalmente depositado, observado o disposto no art. 614. As modificações introduzidas em convenção ou acordo, por força de revisão ou de revogação parcial de suas cláusulas passarão a vigorar três dias após a realização desse novo depósito.

Havendo convenção, acordo ou sentença normativa em vigor, o dissídio coletivo deverá ser instaurado dentro dos 60 dias anteriores ao respectivo termo final, para que o novo instrumento possa ter vigência no dia imediato a esse termo (art. 616, § 3º, da CLT).

36.5.6 Relação entre contrato individual de trabalho e instrumento normativo e entre normas coletivas negociadas

Na relação entre o contrato individual de trabalho e a norma coletiva decorrente de negociação coletiva, observa-se o princípio da norma mais favorável, prevalecendo, em regra, a disposição mais benéfica ao empregado.

Nesse contexto, o art. 619 da CLT prevê que nenhuma disposição de contrato individual de trabalho que contrarie normas de convenção ou acordo coletivo de trabalho pode prevalecer na execução daquele, sendo considerada nula de pleno direito.

Essa regra deve ser interpretada no sentido de previsão, no contrato individual de trabalho, que desrespeita direitos assegurados na norma coletiva negociada, não podendo, por isso, prevalecer.

Quanto ao disposto no art. 444, parágrafo único, da CLT, acrescentado pela Lei 13.467/2017, cf. Capítulo 9, item 9.2.11.

---

[35] "Art. 612. Os Sindicatos só poderão celebrar Convenções ou Acordos Coletivos de Trabalho, por deliberação de Assembleia Geral especialmente convocada para esse fim, consoante o disposto nos respectivos Estatutos, dependendo a validade da mesma do comparecimento e votação, em primeira convocação, de 2/3 (dois terços) dos associados da entidade, se se tratar de Convenção, e dos interessados, no caso de Acordo, e, em segunda, de 1/3 (um terço) dos mesmos. Parágrafo único. O 'quorum' de comparecimento e votação será de 1/8 (um oitavo) dos associados em segunda convocação, nas entidades sindicais que tenham mais de 5.000 (cinco mil) associados".

O art. 620 da CLT, com redação dada pela Lei 13.467/2017, dispõe que as condições estabelecidas em acordo coletivo de trabalho sempre prevalecem sobre as estipuladas em convenção coletiva de trabalho.

Na redação original, o art. 620 da CLT previa que as condições estabelecidas em convenção coletiva de trabalho quando mais favoráveis, prevaleceriam sobre as estipuladas em acordo coletivo de trabalho.

A previsão decorrente da Lei 13.467/2017 pode contrariar o princípio da norma mais favorável, que decorre do princípio da proteção, assegurado no plano constitucional (art. 7º, *caput*, da Constituição Federal de 1988).

Sendo assim, a interpretação constitucional revela que as condições estabelecidas em acordo coletivo de trabalho (sempre) prevalecem sobre as estipuladas em convenção coletiva de trabalho, mas desde que aquelas sejam mais benéficas do que este.

Portanto, caso as disposições da convenção coletiva de trabalho sejam mais favoráveis, a determinação constitucional é no sentido da sua prevalência.

De todo modo, prevalece o entendimento de que a verificação da norma mais favorável deve seguir a teoria do conglobamento, de forma que as disposições das normas coletivas devem ser analisadas em seu conjunto e não isoladamente[36].

Nesse sentido, cabe transcrever a seguinte decisão:

"Embargos interpostos anteriormente à vigência da Lei 11.496/2007. Complementação de aposentadoria. Reajuste salarial e abono. Prevalência do acordo coletivo. Adoção da teoria do conglobamento. O pedido dos Autores foi rejeitado sob o fundamento de que os empregados, em atividade, não tiveram reajuste salarial, não se justificando o que pretendido, sobre a complementação de aposentadoria. O acórdão embargado concluiu que não ocorreu ofensa ao art. 620, da CLT, restando prejudicada a postulação de aplicação da norma mais favorável, tendo em vista a teoria do conglobamento. Um dos princípios do Direito do Trabalho é o da aplicação da norma mais favorável ao empregado. No entanto, deve ser compreendido de forma sistemática, ou seja, considerando-se o contexto em que inserida a norma. A jurisprudência desta Corte firma-se no sentido de que o art. 620 da CLT revela a teoria do conglobamento, pela qual as normas são consideradas e interpretadas em conjunto, e não da forma isolada, pretendida pelos Embargantes" (TST, SBDI-I, E-RR 709/2002-002-21-40.8, Rel. Min. Maria Cristina Irigoyen Peduzzi, *DJ* 26.10.2007).

Entretanto, nas hipóteses em que, excepcionalmente, é admitida a flexibilização *in pejus*, como ocorre na redução de salário (art. 7º, inciso VI, da CF/1988), as referidas previsões sobre norma mais favorável deixam de prevalecer.

Além disso, tendo em vista a supremacia das disposições de ordem pública, considera-se nula de pleno direito a disposição de convenção ou acordo coletivo que, direta ou indiretamente, contrarie proibição ou norma disciplinadora da política econômico-financeira do Governo, ou concernente à política salarial vigente, não produzindo quaisquer efeitos perante autoridades e repartições públi-

---

[36] "Agravo de instrumento em recurso de revista em face de decisão publicada antes da vigência da Lei n. 13.015/2014. [...] Contrato de estágio. Diferenças de bolsa-auxílio. Confronto entre convenção coletiva e acordo coletivo. Prevalência da norma mais benéfica. Teoria do conglobamento. No confronto entre as convenções coletivas e os acordos coletivos, a jurisprudência predominante nesta Corte Superior adota o entendimento de que deve ser observada a norma mais benéfica ao trabalhador (art. 620 da CLT). E, na aferição de qual ajuste coletivo é o mais benéfico, aplica-se a Teoria do Conglobamento, ou seja, devem ser considerados em sua totalidade. No caso, o Tribunal Regional, soberano na análise do conjunto fático-probatório, entendeu que as Convenções Coletivas se revelaram mais benéficas à autora do que as previsões contidas no Acordo Coletivo. Assim, ao determinar a aplicação da norma mais favorável à trabalhadora – a Convenção em detrimento do Acordo Coletivo – o Colegiado de origem decidiu em perfeita consonância com a jurisprudência deste Tribunal. Agravo de instrumento a que se nega provimento" (TST, 7ª T., AIRR 1423-25.2011.5.04.0017, Rel. Min. Cláudio Mascarenhas Brandão, *DEJT* 30.06.2017).

cas, inclusive para fins de revisão de preços e tarifas de mercadorias e serviços (art. 623 da CLT). Nessa hipótese, a nulidade deve ser declarada pela Justiça do Trabalho em processo submetido ao seu julgamento.

Desse modo, nos termos da Súmula 375 do TST: "Reajustes salariais previstos em norma coletiva. Prevalência da legislação de política salarial. Os reajustes salariais previstos em norma coletiva de trabalho não prevalecem frente à legislação superveniente de política salarial".

A vigência de cláusula de aumento ou reajuste salarial, que implique elevação de tarifas ou de preços sujeitos à fixação por autoridade pública ou repartição governamental, depende de prévia audiência dessa autoridade ou repartição e sua expressa declaração no tocante à possibilidade de elevação da tarifa ou do preço e quanto ao valor dessa elevação (art. 624 da CLT).

36.5.7 Conteúdo das cláusulas

O art. 613 da CLT prevê as matérias a serem consideradas em convenções e acordos coletivos, em rol não exaustivo, mas meramente exemplificativo. Vejamos, assim, a sua previsão.

"Art. 613. As Convenções e os Acordos deverão conter obrigatoriamente:

I – Designação dos sindicatos convenentes ou dos sindicatos e empresas acordantes;

II – Prazo de vigência;

III – Categorias ou classes de trabalhadores abrangidas pelos respectivos dispositivos;

IV – Condições ajustadas para reger as relações individuais de trabalho durante sua vigência;

V – Normas para a conciliação das divergências sugeridas entre os convenentes por motivos da aplicação de seus dispositivos;

VI – Disposições sobre o processo de sua prorrogação e de revisão total ou parcial de seus dispositivos;

VII – Direitos e deveres dos empregados e empresas;

VIII – Penalidades para os Sindicatos convenentes, os empregados e as empresas em caso de violação de seus dispositivos".

As convenções e os acordos podem incluir, entre suas cláusulas, disposição sobre a constituição e o funcionamento de comissões mistas de consulta e colaboração, no plano da empresa e sobre participação, nos lucros; tais disposições devem mencionar a forma de constituição, o modo de funcionamento e as atribuições das comissões, assim como o plano de participação, quando for o caso (art. 621 da CLT).

As controvérsias resultantes da aplicação de convenção ou acordo coletivo serão dirimidas pela Justiça do Trabalho (art. 625 da CLT).

Essa previsão está em conformidade com o art. 114 da Constituição Federal de 1988, com redação dada pela Emenda Constitucional 45/2004, no sentido de que "compete à Justiça do Trabalho processar e julgar: I – as ações oriundas da relação de trabalho, abrangidos os entes de direito público externo e da administração pública direta e indireta da União, dos Estados, do Distrito Federal e dos Municípios; [...] III – as ações sobre representação sindical, entre sindicatos, entre sindicatos e trabalhadores e entre sindicatos e empregadores".

36.5.8 Incorporação ao contrato individual de trabalho

Cabe analisar o tema da incorporação, ou não, das cláusulas dos instrumentos normativos nos contratos individuais de trabalho.

A primeira corrente entende que as cláusulas das referidas normas coletivas integram os contratos individuais de trabalho. Desse modo, os direitos ali previstos não podem ser suprimidos, sob pena de violação do princípio da condição mais favorável, inclusive em razão da previsão do art. 468 da CLT.

Anteriormente, a Lei 8.542, de 23 de dezembro de 1992, chegou a seguir esse entendimento, em seu art. 1º, §§ 1º e 2º:

"§ 1.º As cláusulas dos acordos, convenções ou contratos coletivos de trabalho integram os contratos individuais de trabalho e somente poderão ser reduzidas ou suprimidas por posterior acordo, convenção ou contrato coletivo de trabalho.

§ 2.º As condições de trabalho, bem como as cláusulas salariais, inclusive os aumentos reais, ganhos de produtividade do trabalho e pisos salariais proporcionais à extensão e à complexidade do trabalho, serão fixados em contrato, convenção ou acordo coletivo de trabalho, laudo arbitral ou sentença normativa, observadas dentre outros fatores, a produtividade e a lucratividade do setor ou da empresa".

No entanto, referida previsão foi revogada pela Medida Provisória 1.053, de 30 de junho de 1995, reeditada diversas vezes, tendo sido revogada, de forma definitiva, pela Lei 10.192, de 14 de fevereiro de 2001.

Desse modo, pode-se entender que as "cláusulas das normas coletivas incorporam-se aos contratos individuais de trabalho desde 24 de dezembro de 1992 até 30 de junho de 1995"[37].

A segunda corrente de entendimento é intermediária, defendendo que os direitos previstos nas normas coletivas negociadas devem ser mantidos até que outro instrumento normativo seja pactuado, ainda que ultrapassado o seu prazo, que é limitado, de vigência no tempo. O aspecto positivo dessa corrente está em fomentar a prática da negociação coletiva, ao mesmo tempo em que não torna imutáveis as regras que regem as relações de trabalho.

A terceira corrente defende que as cláusulas das normas coletivas não se incorporam ao contrato individual de trabalho, pois aquelas possuem vigência temporária, não se confundindo, ainda, com as condições de trabalho decorrentes do contrato individual de labor ou do regulamento de empresa, afastando a aplicação do princípio da condição mais benéfica, bem como a incidência do art. 468 da CLT.

Na realidade, a tese da incorporação das cláusulas da norma coletiva negociada nos contratos individuais de trabalho apresenta, como aspecto negativo, o desestímulo à negociação coletiva. Havendo a referida integração definitiva, os empregadores podem evitar a concessão de direitos à categoria profissional, temendo o futuro, por não saber se podem permanecer concedendo-os indefinidamente.

O art. 613, inciso II, da CLT determina que as convenções e os acordos coletivos de trabalho devem conter obrigatoriamente o prazo de vigência.

Apesar da eficácia limitada no tempo das convenções e acordos coletivos de trabalho, discute-se a respeito da possibilidade de suas cláusulas normativas produzirem efeitos após o término de vigência do instrumento normativo.

Versando sobre a matéria, a Súmula 277 do Tribunal Superior do Trabalho, em sua redação original, aprovada pela Resolução 10/1988 e mantida pela Resolução 121/2003, assim previa:

"Sentença normativa. Vigência. Repercussão nos contratos de trabalho. As condições de trabalho alcançadas por força de sentença normativa vigoram no prazo assinado, não integrando, de forma definitiva, os contratos".

A referida Súmula teve a sua redação alterada pela Resolução 161/2009 do TST, passando a dispor do seguinte modo:

"Sentença normativa. Convenção ou acordo coletivos. Vigência. Repercussão nos contratos de trabalho. I – As condições de trabalho alcançadas por força de sentença normativa, convenção ou

---

[37] MARTINS, Sergio Pinto. *Direito do trabalho*. 22. ed. São Paulo: Atlas, 2006. p. 818.

acordos coletivos vigoram no prazo assinado, não integrando, de forma definitiva, os contratos individuais de trabalho. II – Ressalva-se da regra enunciado no item I o período compreendido entre 23.12.1992 e 28.07.1995, em que vigorou a Lei n. 8.542, revogada pela Medida Provisória n. 1.709, convertida na Lei n. 10.192, de 14.02.2001".

Prosseguindo no histórico da Súmula 277 do TST, a posterior redação assim estabelece:

"Convenção coletiva de trabalho ou acordo coletivo de trabalho. Eficácia. Ultratividade (redação alterada na sessão do Tribunal Pleno realizada em 14.09.2012) – Res. 185/2012 – *DEJT* divulgado em 25, 26 e 27.09.2012. As cláusulas normativas dos acordos coletivos ou convenções coletivas integram os contratos individuais de trabalho e somente poderão ser modificadas ou suprimidas mediante negociação coletiva de trabalho".

Questiona-se, entretanto, a respeito do fundamento legal e constitucional para a integração das cláusulas normativas de convenções e acordos coletivos aos contratos individuais de trabalho, no caso, até a sua modificação ou supressão decorrente de futura norma coletiva negociada.

É importante registrar que o art. 468 da Consolidação das Leis do Trabalho não tem aplicação quanto à questão, uma vez que trata de direitos pactuados no âmbito do contrato individual de trabalho, isto é, entre empregado e empregador.

Desse modo, não há pertinência entre o referido preceito legal e as relações coletivas de trabalho, mais especificamente quanto às cláusulas estabelecidas por meio de negociação coletiva de trabalho.

Frise-se que os direitos adquiridos pelo empregado, por ter preenchido os requisitos previstos na norma coletiva durante a sua vigência, devem ser preservados, com fundamento no art. 5º, inciso XXXVI, da Constituição Federal de 1988.

Se a cláusula da norma coletiva prevê certo direito, a ser adquirido se presentes determinados requisitos, uma vez sendo eles preenchidos pelo empregado na vigência do instrumento normativo, deve-se considerar adquirido o mencionado direito.

Confirmando o exposto, segundo a Orientação Jurisprudencial 41 da SBDI-I do TST:

"Estabilidade. Instrumento normativo. Vigência. Eficácia. Preenchidos todos os pressupostos para a aquisição de estabilidade decorrente de acidente ou doença profissional, ainda durante a vigência do instrumento normativo, goza o empregado de estabilidade mesmo após o término da vigência deste".

Como observa José Eduardo Haddad: "justamente porque se trata de um direito já adquirido pelo empregado quando em vigor a norma coletiva, com o preenchimento de todos os requisitos para a aquisição da garantia de emprego, dentro do prazo de sua vigência, esta já se tornou condição inserida em seu contrato de trabalho, sendo que a supressão posterior à aquisição do direito não o deixa desamparado, mas apenas os casos em que os requisitos para a aquisição da estabilidade ainda não foram totalmente preenchidos"[38].

Portanto, mesmo se for seguida a tese da não integração das normas coletivas nos contratos individuais de trabalho, entende-se que certas questões devem ser interpretadas com bom senso e razoabilidade.

Assim, por exemplo, tratando-se de piso da categoria, mesmo depois do término da vigência da norma coletiva que o previa, não se admite a redução salarial (art. 7º, inciso VI, da Constituição da República), permanecendo devido o patamar mínimo de salário estabelecido.

Situação diferenciada e excepcional ocorre quando a própria norma coletiva decorrente de negociação coletiva (convenção ou acordo coletivo de trabalho), além de prever certo direito traba-

---

[38] HADDAD, José Eduardo. *Precedentes jurisprudenciais do TST comentados*. São Paulo: LTr, 1999. p. 91.

lhista aos empregados, assegura expressamente que referido direito passe a integrar de modo definitivo os contratos individuais de trabalho em vigor.

Seria possível defender o entendimento de que a previsão normativa em destaque é válida e eficaz, tendo em vista, inclusive, o princípio da norma mais benéfica. Desse modo, embora a regra fosse no sentido de que o direito previsto na norma coletiva não integra definitivamente o contrato individual de trabalho, havendo norma mais benéfica em sentido diverso, estabelecendo que o direito deva ser integrado de modo definitivo no âmbito das relações individuais de emprego, a mencionada disposição mais favorável, decorrente de negociação coletiva, deve prevalecer e ser aplicada, na forma do art. 7º, *caput*, e inciso XXVI, da Constituição Federal de 1988. O fato de a cláusula de incorporação definitiva do direito ao contrato de trabalho não ter sido renovada (nas normas coletivas posteriores) apenas significa que a sua disposição não tem como abranger os empregados admitidos posteriormente à sua vigência (TST, SBDI-I, E-ED-RR 31609-2002-900-24-00.3, Rel. Min. Maria Cristina Irigoyen Peduzzi, j. 22.10.2007), mas devendo ser observada quanto aos trabalhadores com vínculo de emprego em vigor na época da previsão normativa mais benéfica.

Nesse sentido, cabe destacar a seguinte decisão do Tribunal Superior do Trabalho:

"Acordo coletivo. Vigência. Repercussão no contrato de trabalho. Indenização por tempo de serviço. A SBDI-1 na sessão de julgamento do dia 12.12.2006, ao apreciar o processo n. TST-ERR-776.678/2001, adotou a tese no sentido de que se deve prestigiar o pactuado entre empregados e empregadores por meio de convenções e acordos coletivos de trabalho, sob pena de violação ao disposto no art. 7º, inc. XXVI, da Constituição da República. A flexibilização no Direito do Trabalho, fundada na autonomia coletiva privada, permite a obtenção de benefícios para os empregados e os empregadores com concessões mútuas. Portanto, se as partes decidiram incorporar aos contratos individuais de trabalho de forma definitiva a indenização por tempo de serviço em face de dispensa sem justa causa, é inaplicável a restrição prevista na Súmula 277 do TST. Recurso de embargos conhecido e provido" (TST, SBDI-I, E-RR 756388/2001.7, Rel. Min. Carlos Alberto Reis de Paula, *DJU* 03.08.2007, p. 1.277).

O art. 114, § 2º, da Constituição da República, com redação dada pela Emenda Constitucional 45/2004, dispõe que no dissídio coletivo de natureza econômica a Justiça do Trabalho pode decidir o conflito, devendo ser respeitadas as disposições mínimas legais de proteção ao trabalho, *bem como as convencionadas anteriormente*.

Desse modo, há entendimento no sentido de que as cláusulas normativas de convenções e acordos coletivos de trabalho possuem eficácia no tempo mesmo após o prazo de vigência, isto é, *ultratividade*.

O art. 114, § 2º, da Constituição da República, mesmo na redação decorrente da Emenda Constitucional 45/2004, entretanto, não prevê expressamente que os direitos previstos em convenções e acordos coletivos integram os contratos individuais de trabalho.

O dispositivo constitucional apenas determina, como parâmetro a ser seguido pela sentença normativa, que devem ser respeitadas as condições de trabalho convencionadas anteriormente.

Em verdade, a interpretação do art. 114, § 2º, da Constituição Federal de 1988 pode revelar que as disposições pactuadas por meio de negociação coletiva não se incorporam aos contratos de trabalho, pois, caso isso já ocorresse, não haveria motivo para se estabelecer a referida determinação direcionada ao julgamento dos dissídios coletivos.

A atual redação do art. 114, § 2º, da Constituição da República estabelece que as disposições convencionadas anteriormente devem ser observadas no julgamento do dissídio coletivo, limitando o poder normativo. A disposição constitucional faz menção às disposições *convencionadas* anteriormente, o que exclui as disposições de sentença normativa anterior[39].

---

[39] Mesmo na redação original do art. 114, § 2º, da CF/1988, segundo doutrina Ives Gandra Martins Filho: "a sentença normativa anterior não constitui limite mínimo para o poder normativo das Cortes Laborais" (*Processo coletivo do trabalho*. 2. ed. São Paulo: LTr, 1996. p. 48).

A previsão original do art. 114, § 2º, da Constituição Federal de 1988 exigia que fossem "respeitadas as disposições convencionais e legais mínimas de proteção ao trabalho". A atual redação, de forma mais explícita, impõe que sejam "respeitadas as disposições mínimas legais de proteção ao trabalho, bem como as convencionadas anteriormente".

Assim, ficou claro que, mesmo tendo encerrado a vigência da norma coletiva negociada anterior (antes ou no curso do processo coletivo), justamente por conter "disposições convencionadas anteriormente", estas devem ser mantidas na sentença normativa. O preceito constitucional não exige que as disposições ainda estejam em vigor, até porque isso raramente ocorre, quando da decisão judicial do conflito coletivo.

Quanto à observância das disposições legais mínimas de proteção ao trabalho, não há qualquer novidade, pois a mesma conclusão já decorria do preceito anterior. O que a atual disposição tornou mais explícito foi que *as disposições convencionadas anteriormente também devem ser observadas pela Justiça do Trabalho, ao decidir o conflito coletivo de natureza econômica*. Em outras palavras, existindo norma coletiva decorrente de negociação coletiva anterior (convenção ou acordo coletivo de trabalho), que regia as relações de trabalho, suas disposições devem ser observadas no julgamento do dissídio coletivo de natureza econômica, ou seja, mantidas pela sentença normativa[40].

Observe-se que o art. 114, § 2º, da Constituição da República, mesmo na atual redação, não regula a integração, ou não, das cláusulas das normas coletivas nos contratos individuais de trabalho, mas sim o critério a ser adotado no julgamento do dissídio coletivo pelos Tribunais do Trabalho. Em outras palavras, a disposição constitucional dirige-se ao julgador do dissídio coletivo de natureza econômica, tendo aplicação exatamente para nortear a respectiva decisão, mas não está regulando a mencionada questão, pertinente ao Direito (material) do Trabalho. Trata-se de regra de julgamento, estabelecendo limites ao poder normativo da Justiça do Trabalho.

Obviamente, caso o Tribunal, aplicando a determinação constitucional, mantenha na sentença normativa as conquistas anteriores da categoria profissional existentes no instrumento negociado anterior, as respectivas condições de trabalho continuam a vigorar, sendo aplicáveis no âmbito dos contratos de trabalho abrangidos. Não porque as cláusulas da norma coletiva negociada anterior integraram os pactos laborais, mas sim porque foram observadas no julgamento do dissídio coletivo de natureza econômica. Tanto é assim que, *a contrario sensu* da parte final do art. 114, § 2º, da Constituição Federal de 1988, não há exigência expressa de que o novo instrumento normativo *decorrente de negociação coletiva* observe todas as disposições convencionadas anteriormente[41].

Essa conclusão também seria confirmada pela eficácia no tempo das convenções e acordos coletivos, sabendo-se que a sua vigência deve respeitar o limite de dois anos, conforme os arts. 613, inciso II, e 614, § 3º, da CLT.

Ademais, o § 1º do art. 1º da Lei 8.542/1992, que previa a integração dos acordos coletivos e das convenções coletivas aos contratos individuais de trabalho, foi expressamente revogado pela Lei 10.192/2001.

A lei já revogada, assim, não pode ser restaurada pela jurisprudência, por se tratar de matéria situada fora do alcance da jurisdição, a qual deve respeitar as normas legais e constitucionais em vigor, não tendo legitimidade democrática para inovar em matéria legislativa.

---

[40] Mesmo na redação original do art. 114, § 2º, da CF/1988, conforme leciona Amauri Mascaro Nascimento: "Por disposições convencionais entendem-se as fixadas por convenções coletivas. A sentença normativa terá que respeitá--las. Não poderá reduzir as vantagens conquistadas pela categoria. Essa redução poderá resultar de acordo; de decisão em dissídio coletivo, não. Logo, a concessão de vantagens nas convenções coletivas será definitiva para a jurisdição" (*Direito do trabalho na Constituição de 1988*. 2. ed. São Paulo: Saraiva, 1991. p. 269).

[41] Cf. NASCIMENTO, Amauri Mascaro. *Curso de direito processual do trabalho*. 16. ed. São Paulo: Saraiva, 1996. p. 393: "Essa expressão pode ser interpretada como o respeito às conquistas já obtidas pela categoria na negociação anterior e que não podem ser retiradas pela Justiça do Trabalho, embora a autonomia privada negocial possa afastá-las. Essas disposições convencionais e legais são apenas as de proteção ao trabalho e não outras que não se relacionem com a tutela básica do trabalhador, como seriam as normas criando deveres entre os sindicatos litigantes".

Se o dispositivo que previa a integração das cláusulas normativas de acordos coletivos e convenções coletivas não mais vigora, os referidos instrumentos normativos negociados, por terem vigência limitada no tempo, em princípio, salvo disposição em sentido diverso, não integram os contratos individuais de trabalho, como inclusive estabelecia a redação anterior da Súmula 277 do TST.

Interessante notar que a modificação do entendimento jurisprudencial do TST não foi antecedida de alteração constitucional ou legislativa que a justificasse, não havendo indicação de precedentes que fundamentaram a atual redação da Súmula 277.

Justamente nesse contexto, no Supremo Tribunal Federal, em medida cautelar em arguição de descumprimento de preceito fundamental, foi determinada *ad referendum* do Pleno "a suspensão de todos os processos em curso e dos efeitos de decisões judiciais proferidas no âmbito da Justiça do Trabalho que versem sobre a aplicação da ultratividade de normas de acordos e de convenções coletivas, sem prejuízo do término de sua fase instrutória, bem como das execuções já iniciadas" (STF, ADPF-MC 323/DF, Rel. Min. Gilmar Mendes, decisão monocrática, j. 14.10.2016).

Conforme os termos dessa decisão, "ao passar a determinar a vigência de cláusulas coletivas a momento posterior à eficácia do instrumento no qual acordadas, a Justiça Trabalhista, além de violar os princípios da separação dos Poderes e da legalidade, nos termos indicados na inicial, também ofende a supremacia dos acordos e das convenções coletivas (art. 7º, inciso XXVI, CF), outro flagrante preceito fundamental que deve ser igualmente resguardado".

Foi também registrado que "cessados os efeitos da norma acordada, as relações seguem regidas pelas demais disposições que compõem a legislação trabalhista, algumas até então afastadas por acordo ou convenção coletiva em questão. Não há, rigorosamente, anomia". Asseverou-se ainda que "a alteração jurisdicional consubstanciada na nova redação da Súmula 277 do TST suscita dúvida sobre a sua compatibilidade com os princípios da legalidade, da separação dos Poderes e da segurança jurídica".

Ao fazer referência à previsão do art. 114, § 2º, da Constituição da República, com redação dada pela Emenda Constitucional 45/2004, segundo a mencionada liminar: "Vê-se, assim, que, se há norma convencional anterior, a Justiça do Trabalho não pode estabelecer, por seu poder normativo, ao julgar dissídio coletivo, condição menos favorável ao trabalhador do que aquela prevista no acordo ou na convenção coletiva que será por ela substituída por sentença normativa. O vocábulo introduzido pela EC 45/2004 ['convencionadas anteriormente'] é voltado, portanto, a delimitar o poder normativo da Justiça do Trabalho. Na hipótese de não ser ajuizado dissídio coletivo, ou não firmado novo acordo, a convenção automaticamente estará extinta. Daí se percebe que o espírito do legislador constituinte passou longe da ideia de suposta revitalização do princípio da ultratividade da norma coletiva"[42].

Além disso, consoante essa decisão, "a existência de norma legal – já revogada – sobre o tema [§ 1º do art. 1º da Lei 8.542/1992, revogado pela Lei 10.192/2001] é aspecto que não pode ser igualmente ignorado. [...] Vê-se, pois, que não apenas o princípio da legalidade, mas também o da separação dos Poderes afigura-se atingido com essa atuação indevida" (STF, ADPF-MC 323/DF, Rel. Min. Gilmar Mendes, j. 14.10.2016).

O Supremo Tribunal Federal julgou procedente o pedido formulado em arguição de descumprimento de preceito fundamental, de modo a declarar a inconstitucionalidade da Súmula 277 do Tribunal Superior do Trabalho, na versão atribuída pela Resolução 185, de 27 de setembro de 2012, assim como a inconstitucionalidade de interpretações e de decisões judiciais que entendem que o art. 114, § 2º, da Constituição Federal de 1988, na redação dada pela Emenda Constitucional 45/2004, autoriza a aplicação do princípio da ultratividade de normas de acordos coletivos e de convenções coletivas (STF, Pleno, ADPF 323/DF, Rel. Min. Gilmar Mendes, j. 30.05.2022).

---

[42] Disponível em: <http://www.stf.jus.br/arquivo/cms/noticiaNoticiaStf/anexo/ADPF323.pdf>.

Consoante a Orientação Jurisprudencial 322 da SBDI-I do TST:

"Acordo coletivo de trabalho. Cláusula de termo aditivo prorrogando o acordo para prazo indeterminado. Inválida. Nos termos do art. 614, § 3º, da CLT, é de 2 anos o prazo máximo de vigência dos acordos e das convenções coletivas. Assim sendo, é inválida, naquilo que ultrapassa o prazo total de 2 anos, a cláusula de termo aditivo que prorroga a vigência do instrumento coletivo originário por prazo indeterminado".

A sentença normativa, proferida em dissídio coletivo, por sua vez, tem prazo de vigência de no máximo quatro anos (art. 868, parágrafo único, da CLT).

Nesse sentido, como explicita o Precedente Normativo 120 do TST:

"Sentença normativa. Duração. Possibilidade e limites (positivo). A sentença normativa vigora, desde seu termo inicial até que sentença normativa, convenção coletiva de trabalho ou acordo coletivo de trabalho superveniente produza sua revogação, expressa ou tácita, respeitado, porém, o prazo máximo legal de quatro anos de vigência".

O art. 614, § 3º, da CLT, com redação dada pela Lei 13.467/2017, determina que não será permitido estipular duração de convenção coletiva ou acordo coletivo de trabalho superior a dois anos e *veda a ultratividade*.

Trata-se de inegável retrocesso, pois o mais coerente e adequado seria permitir que por meio da negociação coletiva de trabalho os próprios interessados definissem, de modo autônomo, se pretendem que o instrumento normativo ou algumas de suas cláusulas normativas produzam efeitos mesmo após o término de sua vigência, instituindo, ou não, a sua *ultratividade*.

A proibição, em quaisquer condições, de ultratividade, desse modo, contraria o exercício da autonomia privada coletiva na esfera da liberdade sindical (art. 7º, inciso XXVI, e art. 8º, inciso VI, da Constituição da República).

Logo, como o art. 614, § 3º, da CLT deve ser interpretado em consonância com os preceitos constitucionais, entende-se que somente é vedada a ultratividade quando assim não prevista no instrumento normativo decorrente da negociação coletiva de trabalho.

36.5.9 Negociação coletiva na Administração Pública

Tema que também apresenta séria controvérsia refere-se à possibilidade, ou não, de negociação coletiva no âmbito da Administração Pública.

O art. 37, inciso VI, da Constituição Federal de 1988 assegura ao servidor público o direito à livre associação sindical. O militar, no entanto, está proibido de se sindicalizar, conforme os arts. 42, § 1º, e 142, § 3º, inciso IV, da Constituição da República.

De plano, pode-se excluir a possibilidade de convenção coletiva de trabalho no setor público, tendo em vista a ausência de sindicato de categoria patronal, quanto à Administração Pública.

Mesmo assim, permanece a discussão quanto ao acordo coletivo em específico.

No que se refere às empresas públicas, sociedades de economia mista e suas subsidiárias que exerçam atividade econômica, sujeitando-se ao regime jurídico de direito privado, inclusive quanto às obrigações trabalhistas (art. 173, § 1º, inciso II, da CF/1988), tem-se a possibilidade de negociação coletiva, dando origem a acordos coletivos de trabalho, justamente em razão dessa previsão para as empresas privadas.

O Decreto 908, de 31 de agosto de 1993, fixa diretrizes para negociações coletivas de trabalho de que participam as empresas públicas, sociedades de economia mista, suas subsidiárias e controladas.

A maior discussão envolve os entes de direito público, que sejam integrantes da Administração direta, autárquica e fundacional. Obviamente, a questão surge quando se trata de servidores públicos regidos pela legislação trabalhista (CLT). Efetivamente, referindo-se a servidores estatutários, com regime de Direito Administrativo, não se aplicam os preceitos do Direito do Trabalho, de natureza privada, nos quais está inserida a própria negociação coletiva.

Há corrente de entendimento de acordo com a qual a negociação coletiva não pode ser excluída do setor público, mas deve ser adaptada às suas exigências. A negociação coletiva, nessa visão, é compatível com os preceitos da Administração Pública, mas deve resultar no encaminhamento de proposta legislativa, a ser aprovada pelos Poderes Legislativo e Executivo, de modo a atender ao princípio da legalidade.

Além disso, se a cláusula pactuada não acarretar ônus financeiro ao ente público, por prever apenas certo direito de natureza social, como garantia de permanência no emprego, sem envolver reajuste ou aumento nos vencimentos, não se exige a previsão em lei em sentido estrito, autorizando a avença diretamente por meio de acordo coletivo.

O entendimento mais tradicional compreende não ser possível, especificamente quanto às cláusulas de natureza econômica, firmar convenção ou acordo coletivo, decorrentes de negociação coletiva, perante os entes de direito público da Administração, nem o ajuizamento de dissídio coletivo (Orientação Jurisprudencial 5 da SDC do TST)[43], por persistirem os óbices decorrentes da aplicação do princípio da legalidade estrita (arts. 37, *caput*, 61, § 1º, inciso II, *a*, da CF/1988), da necessidade de previsão orçamentária para despesas públicas e da aplicação dos preceitos da Lei de Responsabilidade Fiscal.

Tanto é assim que o art. 7º, inciso XXVI, da Constituição Federal de 1988, o qual reconhece as convenções e os acordos coletivos de trabalho, não foi objeto de remissão no seu art. 39, § 3º, versando sobre os direitos aplicáveis aos servidores públicos.

Sobre o tema merece transcrição a ementa do seguinte julgado, proferido pela Seção de Dissídios Coletivos do Tribunal Superior do Trabalho[44]:

"Entidade sindical representativa de servidores públicos ingressa com dissídio coletivo rogando à Justiça do Trabalho que se pronuncie sobre greve deflagrada em virtude de suposta mora da municipalidade na concessão de reajuste salarial. Carece de possibilidade jurídica o pleito de instauração de dissídio coletivo em face de ente público. Inteligência dos arts. 37, *caput*, incs. X, XI, XII e XIII, 39, § 3º, e 169, *caput*, e § 1º, incs. I e II, da CF/1988, e da LC n. 101/2000. Se a Constituição da República não reconhece a convenção coletiva de trabalho nem o acordo coletivo ao servidor público subentendido nessa expressão todo trabalhador subordinado que mantenha vínculo, administrativo ou celetista, com pessoa jurídica de direito público (OJ n. 265/SDI-I-TST), também lhe nega o sucedâneo dessas fontes formais de Direito do Trabalho, que é a sentença normativa (OJ n. 05/SDC-TST). Bem se compreende tal restrição, porquanto a administração pública direta, autárquica ou fundacional só pode conceder vantagem ou aumento de remuneração, a qualquer título, ao seu pessoal mediante autorização específica na lei de diretrizes orçamentárias e prévia dotação orçamentária, sem extrapolar os limites estabelecidos na Lei de Responsabilidade Fiscal. Recurso ordinário interposto pelo Município a que se dá provimento para julgar extinto o processo, sem exame do mérito" (TST, RXOF-RODC 594/2003-000-15-00.8. Ac. SDC, 12.02.2004. Rel. Min. João Oreste Dalazen).

Nessa linha de entendimento, cabe destacar a Súmula 679 do Supremo Tribunal Federal, com a seguinte redação: "A fixação de vencimentos dos servidores públicos não pode ser objeto de convenção coletiva".

---

[43] Orientação Jurisprudencial 5 da SDC do TST: "Dissídio coletivo. Pessoa jurídica de direito público. Possibilidade jurídica. Cláusula de natureza social (redação alterada na sessão do Tribunal Pleno realizada em 14.09.2012). Em face de pessoa jurídica de direito público que mantenha empregados, cabe dissídio coletivo exclusivamente para apreciação de cláusulas de natureza social. Inteligência da Convenção n. 151 da Organização Internacional do Trabalho, ratificada pelo Decreto Legislativo n. 206/2010".

[44] *Revista LTr*, São Paulo, LTr, ano 68, n. 08, p. 976-977, ago. 2004.

Na atualidade, pode-se dizer que a posição que tende a prevalecer é no sentido de se admitir a negociação coletiva de trabalho mesmo na Administração Pública, a qual não se confunde com a convenção e o acordo coletivo de trabalho. Desse modo, o resultado da negociação coletiva no setor público pode dar origem, por exemplo, a consensos e projetos de lei a serem encaminhados ao Congresso Nacional.

Tanto é assim que a Convenção 151 da Organização Internacional do Trabalho, de 1978, trata da sindicalização e negociação coletiva no setor público, e foi aprovada pelo Congresso Nacional, conforme Decreto Legislativo 206, de 7 de abril de 2010, tendo sido promulgada pelo Decreto 7.944, de 6 de março de 2013 (atualmente Decreto 10.088/2019).

Na jurisprudência do TST, entende-se que a impossibilidade de dissídio coletivo envolvendo pessoa jurídica de direito público se aplica apenas às "cláusulas de natureza econômica", ou seja, voltadas a reivindicações de vantagem ou aumento da remuneração.

Nessa linha, as "cláusulas com conteúdo social" (como, por exemplo, aquelas relativas à eficácia de atestados médicos e instalação de local destinados à guarda de crianças em idade de amamentação), cuja repercussão econômica não exija prévia dotação orçamentária, são possíveis de decisão por meio do dissídio coletivo de trabalho. Nesse sentido a decisão proferida no RXOF e RODC – 2027000-18.2007.5.02.0000 (TST, SDC, j. 09.05.2011).

Capítulo 37

Negociação coletiva e flexibilização

37.1 Introdução

A autonomia privada coletiva é exercida por meio da negociação coletiva, dando origem aos acordos coletivos e convenções coletivas.

Embora essa autonomia seja reconhecida como poder jurídico da maior relevância, presente no plano da sociedade civil, ela não é ilimitada, devendo respeitar as diretrizes do Estado Democrático de Direito.

Cabe, assim, analisar os limites e os parâmetros da negociação coletiva de trabalho, considerando o contexto do sistema jurídico constitucional.

37.2 Flexibilização e desregulamentação

A *flexibilização* pode ser entendida como forma de amenizar o rigor ou a rigidez de certas normas jurídicas sobre o Direito do Trabalho.

A *desregulamentação*, por sua vez, é a supressão de determinadas normas jurídicas, principalmente estatais, pertinentes à regulação das relações de trabalho, passando os próprios interessados a estabelecer a regra aplicável. Nesse sentido, observa-se a desregulamentação negociada do Direito do Trabalho. Cf. ainda Capítulo 6, item 6.4.

Desse modo, o aprimoramento das condições de trabalho, adaptando-as à realidade de cada momento, grupo ou setor, é função a ser exercida, com responsabilidade, pelos entes sindicais, por meio da negociação coletiva de trabalho.

37.3 Negociação coletiva e princípio da legalidade

O art. 611-A da CLT, acrescentado pela Lei 13.467/2017, dispõe que a convenção coletiva e o acordo coletivo de trabalho *têm prevalência* sobre a lei quando, entre outros, dispuserem sobre as matérias exemplificativamente arroladas nos seus incisos.

Cabe lembrar que, nos termos do art. 8º, incisos III e VI, da Constituição da República, ao *sindicato* cabe a defesa dos direitos e interesses coletivos ou individuais da categoria, inclusive em questões judiciais ou administrativas, além do que é obrigatória a participação dos *sindicatos* nas negociações coletivas de trabalho.

Desse modo, em regra, o sindicato da categoria profissional deve participar da negociação coletiva, com o objetivo de pactuar a convenção coletiva ou o acordo coletivo de trabalho, os quais são reconhecidos no art. 7º, inciso XXVI, da Constituição Federal de 1988.

O sindicato da categoria econômica, por sua vez, deve estar presente na negociação coletiva objetivando a celebração de convenção coletiva de trabalho (art. 611 da CLT). Especificamente quanto ao acordo coletivo de trabalho, o sindicato da categoria profissional deve participar da negociação coletiva com uma ou mais empresas (art. 617 da CLT).

Os referidos instrumentos coletivos são negócios jurídicos dotados de eficácia normativa.

Em consonância com o *princípio da força obrigatória dos contratos*, as pactuações civis e empresariais possuem força de lei[1].

Não obstante, o art. 611-A da CLT vai além, ao prever que a convenção coletiva e o acordo coletivo de trabalho *prevalecem* sobre a lei nas hipóteses ali indicadas de forma exemplificativa.

É possível dizer que a previsão em destaque pode gerar a violação do *princípio fundamental da legalidade*, inerente ao Estado (Democrático) de Direito, quando a convenção coletiva e o acordo coletivo afrontarem normas legais imperativas, eliminando ou reduzindo direitos trabalhistas de ordem pública.

Efetivamente, consoante o art. 5º, inciso II, da Constituição da República, ninguém será obrigado a fazer ou deixar de fazer alguma coisa senão em virtude de lei. Trata-se de preceito que integra as *cláusulas pétreas*, pois não será objeto de deliberação a proposta de emenda tendente a abolir os direitos e as garantias individuais (art. 60, § 4º, inciso IV, da Constituição da República).

Mesmo porque todo o poder emana do povo, que o exerce por meio de representantes eleitos ou diretamente, nos termos da Constituição da República Federativa do Brasil (art. 1º).

A hierarquia *supralegal* no ordenamento jurídico, na realidade, é reconhecida pela jurisprudência do Supremo Tribunal Federal (RE 349.703[2] e RE 466.343) aos tratados de direitos humanos aprovados pelo Brasil sem os requisitos formais previstos no art. 5º, § 3º, da Constituição da República.

Segundo esse dispositivo, acrescentado pela Emenda Constitucional 45/2004, os tratados e convenções internacionais sobre direitos humanos que forem aprovados, em cada Casa do Congresso Nacional, em dois turnos, por 3/5 dos votos dos respectivos membros, serão *equivalentes às emendas constitucionais*.

37.4 Limites da negociação coletiva

A negociação coletiva de trabalho (art. 8º, inciso VI, da Constituição da República) é o procedimento por meio do qual são celebradas, com fundamento na autonomia coletiva dos particulares (como poder jurídico social e autônomo) as convenções coletivas e os acordos coletivos de trabalho, consideradas normas jurídicas autônomas e negociadas.

Nesse contexto, embora a convenção coletiva e o acordo coletivo de trabalho sejam reconhecidos pela Constituição Federal de 1988 como *direitos* dos trabalhadores urbanos e rurais (art. 7º, inciso XXVI), as entidades sindicais e os empregadores não são titulares de soberania, para que possam instituir disposições que contrariem as leis de ordem pública, em afronta ao princípio constitucional da legalidade, e sobre elas prevaleçam[3].

---

[1] Cf. GOMES, Orlando. *Contratos*. 26. ed. atualizada por Antonio Junqueira de Azevedo; Francisco Paulo de Crescenzo Marino. Rio de Janeiro: Forense, 2008. p. 38.

[2] "Prisão civil do depositário infiel em face dos tratados internacionais de direitos humanos. Interpretação da parte final do inciso LXVII do art. 5º da Constituição brasileira de 1988. Posição hierárquico-normativa dos tratados internacionais de direitos humanos no ordenamento jurídico brasileiro. Desde a adesão do Brasil, sem qualquer reserva, ao Pacto Internacional dos Direitos Civis e Políticos (art. 11) e à Convenção Americana sobre Direitos Humanos – Pacto de San José da Costa Rica (art. 7º, 7), ambos no ano de 1992, não há mais base legal para prisão civil do depositário infiel, pois o caráter especial desses diplomas internacionais sobre direitos humanos lhes reserva lugar específico no ordenamento jurídico, estando abaixo da Constituição, porém acima da legislação interna. O status normativo supralegal dos tratados internacionais de direitos humanos subscritos pelo Brasil torna inaplicável a legislação infraconstitucional com ele conflitante, seja ela anterior ou posterior ao ato de adesão. Assim ocorreu com o art. 1.287 do Código Civil de 1916 e com o Decreto-lei n. 911/69, assim como em relação ao art. 652 do Novo Código Civil (Lei n. 10.406/2002). [...]. Recurso extraordinário conhecido e não provido" (STF, Pleno, RE 349.703/RS, Rel. p/ ac. Min. Gilmar Mendes, *DJe* 05.06.2009).

[3] "Conflito entre a lei e convenção coletiva. A convenção ou acordo coletivo não pode pactuar de forma menos favorável que a lei. Pacto nesse sentido é de nenhum valor (art. 444, CLT)" (TRT 2ª Região, 5ª T., RO 02990167042, Ac. 20000137302, Rel. Juiz Francisco Antonio de Oliveira, *DOE* 14.04.2000).

Naturalmente, quando a negociação coletiva é exercida com o fim de melhorar as condições sociais dos trabalhadores não há afronta ao princípio da legalidade, muito menos violação à legislação de ordem pública, mas sim concretização do mandamento previsto no art. 7º, *caput*, da Constituição da República.

A liberdade contratual, desse modo, deve ser exercida nos limites da *função social do contrato*, devendo os contratantes observar os *princípios de probidade e boa-fé* (arts. 421 e 422 do Código Civil), o que, evidentemente, também incide no âmbito da contratação coletiva de trabalho.

Logo, a obrigatoriedade dos negócios jurídicos não é ilimitada, pois deve observar as normas imperativas e as restrições decorrentes do sistema jurídico em seu todo.

Isso é confirmado pelo art. 2.035, parágrafo único, do Código Civil, no sentido de que *nenhuma convenção prevalecerá se contrariar preceitos de ordem pública*, tais como os estabelecidos pelo referido Código para assegurar a função social da propriedade e dos contratos.

Entende-se que a negociação coletiva de trabalho, assim, não pode violar direitos considerados indisponíveis, como se observa do art. 611-B da CLT. A respeito do tema, cf. ainda Capítulo 35, item 35.4.3 e Capítulo 37, item 37.8.

Nota-se, ademais, que diversos incisos do referido art. 611-A da CLT apresentam redação de certo modo vaga e genérica, tornando difícil a compreensão do seu verdadeiro sentido e alcance.

O art. 611-A da CLT, assim, prevê a *prevalência* da convenção coletiva e do acordo coletivo de trabalho em face da lei quanto às matérias arroladas de modo não exaustivo em seus incisos.

Entretanto, a interpretação jurídica não pode ser feita de modo apenas literal e isolado, mas deve considerar as demais normas envolvidas, realizando-se também de forma sistemática e teleológica.

Nesse sentido, o art. 5º da Lei de Introdução às Normas do Direito Brasileiro determina que na aplicação da lei, o juiz deve atender aos *fins sociais* a que ela se dirige e às exigências do *bem comum*.

O art. 8º da CLT dispõe ainda que as autoridades administrativas e a Justiça do Trabalho devem decidir sempre de modo que nenhum interesse de classe ou particular prevaleça sobre o *interesse público*, entendido como o interesse social, relativo ao bem-estar geral da sociedade.

Ao aplicar o ordenamento jurídico, o juiz deve atender aos fins sociais e às exigências do bem comum, resguardando e promovendo a dignidade da pessoa humana e observando a proporcionalidade, a razoabilidade, a legalidade, a publicidade e a eficiência (art. 8º do CPC de 2015).

Cabe ressaltar que a República Federativa do Brasil constitui-se em Estado Democrático de Direito e tem como fundamentos: a soberania; a cidadania; a *dignidade da pessoa humana*; os *valores sociais do trabalho e da livre iniciativa*; o pluralismo político (art. 1º da Constituição Federal de 1988).

Além disso, constituem *objetivos fundamentais* da República Federativa do Brasil: construir uma sociedade livre, *justa* e solidária; garantir o desenvolvimento nacional; erradicar a pobreza e a marginalização e *reduzir as desigualdades sociais* e regionais; *promover o bem de todos*, sem preconceitos de origem, raça, sexo, cor, idade e quaisquer outras formas de discriminação (art. 3º da Constituição Federal de 1988).

Esses preceitos constitucionais, como princípios normativos gerais e diretrizes que são imperativas, também devem nortear a negociação coletiva de trabalho.

De maneira mais específica, segundo determinação constitucional, no Direito do Trabalho prevalece, em regra, a norma mais favorável ao empregado, como dispõe o art. 7º, *caput*, da Constituição da República, o qual, ao arrolar os direitos dos trabalhadores urbanos e rurais, faz menção a outros que visem à melhoria de sua condição social.

O art. 7º, inciso XXVI, da Constituição Federal, ao arrolar os direitos dos trabalhadores urbanos e rurais, estabelece o *reconhecimento* das convenções e acordos coletivos de trabalho.

Portanto, no contexto constitucional, os referidos instrumentos normativos decorrentes de negociação coletiva são reconhecidos como *fontes autônomas* do Direito do Trabalho, com o papel de melhoria das condições sociais dos empregados (art. 7º, *caput*, da Constituição da República)[4].

Nesse enfoque, segundo a interpretação constitucional, a convenção coletiva e o acordo coletivo de trabalho têm prevalência sobre a lei quando estabeleçam de forma *mais favorável* ao empregado.

37.5 Negociação coletiva e princípio da proteção

A exigência de aplicação da norma mais favorável ao empregado, na verdade, decorre do *princípio da proteção*, inerente ao Direito do Trabalho.

O princípio da proteção engloba três vertentes: o *in dubio pro operario*, a aplicação da norma mais favorável e a condição mais benéfica[5].

Admite-se, assim, a melhoria das condições sociais dos trabalhadores, com a ampliação e a instituição, por meio de outras fontes normativas, inclusive autônomas e negociadas, de direitos mais benéficos aos empregados do que os previstos em lei e na Constituição.

De acordo com o princípio do *in dubio pro operario*, havendo dúvida quanto ao sentido e ao alcance da norma jurídica, esta deve ser interpretada a favor do empregado.

O *princípio da aplicação da norma mais favorável* determina que, havendo diversas normas válidas incidentes sobre a relação de emprego, deve-se aplicar aquela mais benéfica ao trabalhador.

O *princípio da condição mais benéfica* determina que direitos mais vantajosos que o empregado receba do empregador sejam mantidos durante o contrato de trabalho, não podendo ser excluídos nem reduzidos. Cf. ainda Capítulo 6, item 6.3.

37.6 Flexibilização por meio de negociação coletiva

Em verdade, somente nas hipóteses *excepcionais* de redução do salário, compensação de horário, redução da jornada de trabalho e turno ininterrupto de revezamento, previstas na própria Constituição Federal de 1988 (art. 7º, incisos VI, XIII e XIV), é que se admite, de forma justificada e apenas pelo tempo necessário, a redução de direitos, sempre por meio de negociação coletiva, visando-se, entretanto, à *proteção do emprego* da coletividade de trabalhadores, ao procurar evitar, por exemplo, dispensas coletivas.

Por se tratar, no caso, de medida com natureza transacional, normalmente há concessões recíprocas, não se admitindo, em tese, a completa renúncia de direitos trabalhistas, nem mesmo por meio de negociação coletiva.

Entretanto, cabe registrar que o art. 611-A, § 2º, da CLT, acrescentado pela Lei 13.467/2017, dispõe que a inexistência de *expressa* indicação de contrapartidas recíprocas em convenção coletiva ou acordo coletivo de trabalho não ensejará sua nulidade por não caracterizar um vício do negócio jurídico.

Como assevera Pedro Paulo Teixeira Manus:

"No campo do direito do trabalho, as normas legais são de aplicação obrigatória, fundadas nos princípios e normas constitucionais, estabelecendo um patamar mínimo de garantia aos trabalha-

---

[4] Cf. MANUS, Pedro Paulo Teixeira. *Negociação coletiva e contrato individual de trabalho*. São Paulo: Atlas, 2001. p. 116: "Temos, portanto, que o ordenamento jurídico trabalhista estabelece a regra de possibilidade de ajuste entre as partes, ou de fixação pelo legislador de direitos e obrigações, mas sempre respeitado o mínimo garantido aos trabalhadores. Em síntese, podem-se estabelecer condições mais favoráveis aos trabalhadores, mas não se podem retirar as garantias mínimas asseguradas".

[5] Cf. PLÁ RODRIGUEZ, Américo. *Princípios de direito do trabalho*. 3. ed. Tradução e revisão técnica de Wagner D. Giglio. Tradução das atualizações de Edilson Alkmim Cunha. São Paulo: LTr, 2004. p. 106-107.

dores. Reserva-se às demais fontes formais espaço para disposições que melhorem as condições de trabalho, ou adaptem situações práticas às determinações da lei, sendo-lhes vedado dispor de forma desfavorável aos trabalhadores, comparativamente ao que estabelece a fonte hierarquicamente superior"[6].

Logo, apenas nas situações especificamente excepcionadas na Constituição da República (art. 7º, incisos VI, XIII e XIV) é que se pode admitir a flexibilização *in pejus*, possibilitando a aplicação de regras menos benéficas ao trabalhador. Mesmo nesses casos, exige-se que a medida seja justificada e demonstrada a sua adequação à proteção do trabalho, notadamente do emprego.

As referidas exceções, embora previstas na Constituição da República, não podem ser interpretadas como se estivesse autorizada toda e qualquer flexibilização prejudicial aos trabalhadores, mesmo por meio de negociação coletiva. Cf. ainda Capítulo 35, item 35.4.3.

Observa-se na atual jurisprudência do Supremo Tribunal Federal a tendência de se prestigiar e reconhecer a prevalência das normas coletivas negociadas em face da legislação trabalhista, notadamente em matérias relacionadas a salário e jornada de trabalho, tendo como fundamento art. 7º, incisos VI, XIII, XIV e XXVI, da Constituição Federal de 1988[7].

É certo que a negociação coletiva de trabalho deve ser estimulada, por se consubstanciar em procedimento legítimo e democrático de pacificação social, dando origem a normas jurídicas autônomas, isto é, produzidas pelos próprios interessados.

Ainda assim, no Estado Democrático de Direito, que tem como *fundamentos* a dignidade da pessoa humana e os valores sociais do trabalho e da livre iniciativa (art. 1º, incisos III e IV, da Constituição da República), a autonomia coletiva dos particulares, entretanto, não deve ser exercida com os objetivos de supressão e de precarização de direitos trabalhistas, mas sim de *melhoria das condições sociais*, com o aperfeiçoamento da disciplina das relações de trabalho e a adaptação do sistema jurídico às necessidades dos tempos contemporâneos.

Mesmo porque, como já mencionado, integram os *objetivos fundamentais* da República Federativa do Brasil construir uma sociedade livre, justa e solidária, reduzir as desigualdades sociais e promover o bem de todos (art. 3º, incisos I, III e IV, da Constituição Federal de 1988).

Confirmando o exposto, a Orientação Jurisprudencial 31 da SDC do TST assim prevê:

"Estabilidade do acidentado. Acordo homologado. Prevalência. Impossibilidade. Violação do art. 118 da Lei n. 8.213/91. Não é possível a prevalência de acordo sobre legislação vigente, quando ele é menos benéfico do que a própria lei, porquanto o caráter imperativo dessa última restringe o campo de atuação da vontade das partes"[8].

---

[6] MANUS, Pedro Paulo Teixeira. *Negociação coletiva e contrato individual de trabalho*. São Paulo: Atlas, 2001. p. 74.

[7] "Trabalhista. Agravos regimentais no recurso extraordinário. Acordo coletivo de trabalho. Transação do cômputo das horas *in itinere* na jornada diária de trabalho. Concessão de vantagens de natureza pecuniária e de outras utilidades. Validade. 1. Conforme assentado pelo Plenário do Supremo Tribunal Federal no julgamento do RE 590.415 (Rel. Min. Roberto Barroso, *DJe* de 29.5.2015, Tema 152), a Constituição Federal 'reconheceu as convenções e os acordos coletivos como instrumentos legítimos de prevenção e de autocomposição de conflitos trabalhistas', tornando explícita inclusive 'a possibilidade desses instrumentos para a redução de direitos trabalhistas'. Ainda segundo esse precedente, as normas coletivas de trabalho podem prevalecer sobre 'o padrão geral heterônomo, mesmo que sejam restritivas dos direitos dos trabalhadores, desde que não transacionem setorialmente parcelas justrabalhistas de indisponibilidade absoluta'. 2. É válida norma coletiva por meio da qual categoria de trabalhadores transaciona o direito ao cômputo das horas *in itinere* na jornada diária de trabalho em troca da concessão de vantagens de natureza pecuniária e de outras utilidades. 3. Agravos regimentais desprovidos. Inaplicável o art. 85, § 11, do CPC/2015, pois não houve prévia fixação de honorários advocatícios na causa" (STF, 2ª T., AgR-segundo-RE 895.759/PE, Rel. Min. Teori Zavascki, *DJe* 23.05.2017).

[8] Cf. ainda a Orientação Jurisprudencial 30 da SDC do TST: "Estabilidade da gestante. Renúncia ou transação de direitos constitucionais. Impossibilidade. Nos termos do art. 10, II, 'b', do ADCT, a proteção à maternidade foi erigida à hierarquia constitucional, pois retirou do âmbito do direito potestativo do empregador a possibilidade de despedir

Ainda no contexto examinado, o art. 611-A, § 3º, da CLT, acrescentado pela Lei 13.467/2017, dispõe que se for pactuada cláusula que reduza o salário ou a jornada, a convenção coletiva ou o acordo coletivo de trabalho devem prever a *proteção dos empregados contra dispensa imotivada* durante o prazo de vigência do instrumento coletivo.

37.6.1 Jornada de trabalho

O art. 611-A, inciso I, da CLT, acrescentado pela Lei 13.467/2017, prevê que a convenção coletiva e o acordo coletivo de trabalho têm prevalência sobre a lei quando dispuserem sobre *pacto quanto à jornada de trabalho*, devendo ser observados os limites constitucionais.

A Constituição Federal de 1988, no art. 7º, inciso XIII, estabelece a duração do trabalho normal não superior a oito horas diárias e 44 horas semanais. Admite-se, além disso, a previsão de norma mais favorável ao empregado quanto à jornada de trabalho (art. 7º, *caput*, da Constituição da República).

Desse modo, não havendo compensação de horário, a remuneração do *serviço extraordinário* deve ser superior, no mínimo, em 50% à remuneração do trabalho normal, em consonância com o art. 7º, inciso XVI, da Constituição da República.

A duração diária do trabalho pode ser acrescida de horas extras, em número não excedente de duas, por acordo individual, convenção coletiva ou acordo coletivo de trabalho (art. 59 da CLT, com redação dada pela Lei 13.467/2017). Trata-se do acordo de prorrogação da jornada de trabalho.

O art. 611-A, inciso I, da CLT, acrescentado pela Lei 13.467/2017, permite que o mencionado limite de prorrogação seja ampliado, desde que por meio de convenção coletiva e acordo coletivo de trabalho.

Entretanto, ainda assim, deve-se respeitar a razoabilidade, não se admitindo jornadas de trabalho extenuantes, exaustivas e prejudiciais à saúde, à integridade física e psíquica e à segurança do empregado.

O art. 7º, inciso XIV, da Constituição Federal de 1988 prevê ainda a jornada de seis horas para o trabalho realizado em turnos ininterruptos de revezamento, salvo negociação coletiva (Súmula 423 do TST).

37.6.2 Banco de horas anual

O art. 611-A, inciso II, da CLT, acrescentado pela Lei 13.467/2017, prevê que a convenção coletiva e o acordo coletivo de trabalho têm prevalência sobre a lei quando dispuserem sobre *banco de horas anual*.

O banco de horas anual é a compensação de horas de trabalho em períodos mais longos, no caso, de um ano, que é o prazo máximo previsto em lei, mas a sua instituição somente pode ocorrer por meio de instrumento normativo decorrente de negociação coletiva de trabalho.

Desse modo, mesmo havendo prorrogação da jornada de trabalho, pode ser dispensado o acréscimo de salário se, por força de acordo ou convenção coletiva de trabalho, o excesso de horas em um dia for compensado pela correspondente diminuição em outro dia, de maneira que não exceda, no período máximo de um ano, à soma das jornadas semanais de trabalho previstas, nem seja ultrapassado o limite máximo de 10 horas diárias (art. 59, § 2º, da CLT).

O pagamento das horas que excederem a jornada normal de trabalho com o adicional de no mínimo 50% apenas deve ocorrer, assim, se as horas trabalhadas em prorrogação não forem objeto de posterior compensação pelo empregado.

O banco de horas de que trata o art. 59, § 2º, da CLT pode ser pactuado por *acordo individual escrito*, desde que a compensação ocorra no período máximo de seis meses (art. 59, § 5º, da CLT,

---

arbitrariamente a empregada em estado gravídico. Portanto, a teor do art. 9º, da CLT, torna-se nula de pleno direito a cláusula que estabelece a possibilidade de renúncia ou transação, pela gestante, das garantias referentes à manutenção do emprego e salário".

acrescentado pela Lei 13.467/2017). Ademais, é lícito o regime de compensação de jornada estabelecido por acordo individual, *tácito ou escrito*, para a compensação no mesmo mês (art. 59, § 6º, da CLT, acrescentado pela Lei 13.467/2017). Logo, entende-se que o banco de horas *anual* exige acordo coletivo ou convenção coletiva de trabalho para ser instituído.

Na hipótese de rescisão do contrato de trabalho sem que tenha havido a compensação integral da jornada extraordinária, na forma dos §§ 2º e 5º do art. 59 da CLT, o trabalhador tem direito ao pagamento das horas extras não compensadas, calculadas sobre o valor da remuneração na data da rescisão (art. 59, § 3º, da CLT, incluído pela Lei 13.467/2017).

O art. 611-A, inciso II, da CLT, acrescentado pela Lei 13.467/2017, tem como objetivo passar a permitir que o banco de horas não necessite mais respeitar todas as exigências legais, notadamente a relativa ao limite de 10 horas diárias de trabalho, podendo a convenção coletiva ou o acordo coletivo disciplinar a compensação de horas de modo diverso, ou seja, mais flexível, embora com razoabilidade e respeito às normas sobre segurança e medicina do trabalho.

37.6.3 Intervalo intrajornada

O art. 611-A, inciso III, da CLT, acrescentado pela Lei 13.467/2017, prevê que a convenção coletiva e o acordo coletivo de trabalho têm prevalência sobre a lei quando dispuserem sobre *intervalo intrajornada*, respeitado o limite mínimo de 30 minutos para jornadas superiores a seis horas.

O art. 71 da CLT determina que em qualquer trabalho contínuo, cuja duração exceda de seis horas, é obrigatória a concessão de um intervalo para repouso ou alimentação, o qual será, no mínimo, de uma hora e, salvo acordo escrito ou convenção ou acordo coletivo em contrário, não poderá exceder de duas horas. Não excedendo de seis horas o trabalho, será, entretanto, obrigatório um intervalo de 15 minutos quando a duração ultrapassar quatro horas (art. 71, § 1º, da CLT).

O limite mínimo de uma hora para repouso ou refeição pode ser reduzido *por ato do Ministro do Trabalho*, se verificar que o estabelecimento atende integralmente às exigências concernentes à organização dos refeitórios, e quando os respectivos empregados não estiverem sob o regime de trabalho prorrogado a horas suplementares (art. 71, § 3º, da CLT).

O art. 71, § 5º, da CLT, com redação dada pela Lei 13.103/2015, prevê que o intervalo expresso no art. 71, *caput*, da CLT pode ser *reduzido e/ou fracionado*, e aquele estabelecido no art. 71, § 1º, pode ser *fracionado*, quando compreendidos entre o término da primeira hora trabalhada e o início da última hora trabalhada, desde que previsto em *convenção ou acordo coletivo de trabalho*, ante a natureza do serviço e em virtude das condições especiais de trabalho a que são submetidos estritamente os *motoristas, cobradores, fiscais de campo e afins nos serviços de operação de veículos rodoviários, empregados no setor de transporte coletivo de passageiros*, mantida a remuneração e concedidos intervalos para descanso menores ao final de cada viagem.

O art. 611-A, inciso III, da CLT, acrescentado pela Lei 13.467/2017, permite que o intervalo para descanso e refeição seja reduzido em quaisquer atividades, independentemente dos requisitos previstos no art. 71, § 3º, da CLT, desde que por meio de *convenção coletiva ou acordo coletivo de trabalho*, devendo ser respeitado o limite mínimo de 30 minutos para jornadas superiores a seis horas.

Anteriormente, entendia-se que o intervalo em questão não poderia ser reduzido por meio de negociação coletiva de trabalho, por se tratar de matéria voltada à segurança e à medicina do trabalho.

O art. 611-B, parágrafo único, da CLT, acrescentado pela Lei 13.467/2017, estabelece que as regras sobre duração do trabalho e intervalos não são consideradas como normas de saúde, higiene e segurança do trabalho para os fins do disposto no art. 611-B da CLT, que versa sobre objeto ilícito de convenção coletiva ou de acordo coletivo de trabalho.

37.6.4 Programa Seguro-Emprego

O art. 611-A, inciso IV, da CLT, acrescentado pela Lei 13.467/2017, prevê que a convenção coletiva e o acordo coletivo de trabalho têm prevalência sobre a lei quando dispuserem sobre adesão ao *Programa Seguro-Emprego* (PSE), de que trata a Lei 13.189/2015, com as alterações da Lei 13.456/2017.

O art. 2º da Lei 13.189/2015 dispõe que podem aderir ao Programa Seguro-Emprego (PSE) as empresas de todos os setores em situação de dificuldade econômico-financeira que celebrarem *acordo coletivo de trabalho específico* de redução de jornada e de salário.

O que se pode cogitar seria eventual amenização das exigências legais para a adesão ao referido Programa, no sentido de flexibilizar o disposto no art. 3º da Lei 13.189/2015.

De todo modo, o acordo coletivo de trabalho específico para adesão ao PSE deve ser celebrado entre a empresa e o sindicato de trabalhadores representativo da categoria da atividade econômica preponderante da empresa, podendo reduzir em até 30% a jornada e o salário (art. 5º da Lei 13.189/2015). O acordo coletivo de trabalho específico em questão não pode dispor sobre outras condições de trabalho que não sejam aquelas decorrentes da adesão ao PSE.

A redução de jornada e salário está condicionada à celebração de acordo coletivo de trabalho específico com o sindicato de trabalhadores representativo da categoria, devendo-se observar o disposto no art. 511 da CLT, o qual faz referência às categorias profissional, econômica e profissional diferenciada. Cf. ainda Capítulo 6, item 6.4.4.

37.6.5 Plano de cargos, salários e funções

O art. 611-A, inciso V, da CLT, acrescentado pela Lei 13.467/2017, prevê que a convenção coletiva e o acordo coletivo de trabalho têm prevalência sobre a lei quando dispuserem sobre *plano de cargos, salários e funções* compatíveis com a condição pessoal do empregado, bem como identificação dos cargos que se enquadram como *funções de confiança*.

O plano de cargos e salário é figura próxima ao quadro de carreira. A legislação trabalhista não contém disciplina minuciosa de planos de cargo e salários, pois estes são instituídos, internamente, pelas empresas. Logo, a matéria é normalmente objeto de previsão em regulamentos empresariais, embora também possa ser objeto de outras disposições normativas, como convenções coletivas e acordos coletivos de trabalho.

Cabe ressaltar que fica excluído o direito à equiparação salarial quando o empregador tiver pessoal organizado em *quadro de carreira* ou adotar, por meio de norma interna da empresa ou de negociação coletiva, *plano de cargos e salários*, sendo dispensada qualquer forma de homologação ou registro em órgão público (art. 461, § 2º, da CLT, com redação dada pela Lei 13.467/2017). No caso do art. 461, § 2º, da CLT, as promoções podem ser feitas por merecimento e por antiguidade, ou por apenas um destes critérios, dentro de cada categoria profissional (art. 461, § 3º, da CLT, com redação dada pela Lei 13.467/2017).

Entende-se que o plano de cargos e salários, mesmo quando instituído por meio de convenção coletiva ou acordo coletivo de trabalho, para que seja apto a excluir o direito à equiparação salarial, deve observar os mencionados requisitos previstos no art. 461, §§ 2º e 3º, da CLT, com redação dada pela Lei 13.467/2017.

As *funções de confiança*, por seu turno, ainda que previstas em convenção coletiva e acordo coletivo de trabalho, devem dizer respeito a tarefas e atividades de maior relevância, exigindo vínculo de fidúcia especial com o empregador, como se observa nas hipóteses dos arts. 62, inciso II, e 224, § 2º, da CLT.

Defende-se o entendimento de que as mencionadas previsões legais são de ordem pública, pois concretizam o *princípio constitucional da igualdade* em matéria salarial, no âmbito da relação de emprego, o que impede a sua flexibilização mesmo por meio da negociação coletiva de trabalho.

A equiparação salarial concretiza o princípio fundamental que proíbe a discriminação, o qual figura como objetivo da República Federativa do Brasil (art. 3º, inciso IV, da Constituição da República).

Os requisitos da equiparação salarial, portanto, devem ser necessariamente interpretados em conformidade com os alicerces constitucionais relativos ao tema, com destaque aos princípios da igualdade, da proibição de discriminação, bem como da valorização do trabalho e da dignidade da pessoa humana.

É nesse contexto jurídico que cabe à convenção coletiva e ao acordo coletivo de trabalho: instituir plano de cargos, salários e funções que sejam compatíveis com a condição pessoal do empregado, levando em conta a sua formação profissional; e identificar os cargos que se enquadram como funções de confiança, em que o empregado exerce tarefas de maior responsabilidade na empresa.

37.6.6 Regulamento de empresa

O art. 611-A, inciso VI, da CLT, acrescentado pela Lei 13.467/2017, prevê que a convenção coletiva e o acordo coletivo de trabalho têm prevalência sobre a lei quando dispuserem sobre *regulamento empresarial*.

O regulamento de empresa pode estabelecer diversos direitos e deveres, respeitando, de todo modo, as normas imperativas voltadas às relações de trabalho, em especial de emprego.

O regulamento de empresa normalmente é instituído pelo empregador, no exercício do chamado *poder regulamentar*, o qual se insere no *poder de direção* do empregador, quanto ao aspecto da *organização* de sua atividade.

O regulamento de empresa pode ser *bilateral*, quando elaborado em conjunto com os empregados, ou *unilateral*, quando estabelecido apenas pelo empregador, como é mais frequente.

Os direitos previstos em regulamento de empresa estão submetidos ao *princípio da condição mais benéfica*, isto é, passam a integrar os contratos individuais de trabalho dos empregados abrangidos.

Desse modo, aplica-se a previsão do art. 468 da CLT, no sentido de que a alteração das condições do contrato individual de trabalho somente é lícita por mútuo consentimento, e ainda assim desde que não resultem, direta ou indiretamente, prejuízos ao empregado, sob pena de nulidade da cláusula infringente dessa garantia (Súmula 51 do TST).

Assim, embora a questão possa gerar controvérsias defende-se o entendimento de que o direito previsto em regulamento de empresa, mesmo instituído por meio de convenção coletiva ou acordo coletivo de trabalho, submete-se às exigências imperativas do art. 468 da CLT, sobre a alteração das condições de trabalho.

Efetivamente, como o referido dispositivo é norma de ordem pública, decorrente do *princípio da condição mais benéfica*, entende-se que não pode ser afastado nem mesmo por negociação coletiva.

37.6.7 Representante dos trabalhadores no local de trabalho

O art. 611-A, inciso VII, da CLT, acrescentado pela Lei 13.467/2017, prevê que a convenção coletiva e o acordo coletivo de trabalho têm prevalência sobre a lei quando dispuserem sobre *representante dos trabalhadores no local de trabalho*.

Nas empresas de mais de 200 empregados, é assegurada a eleição de um representante destes com a finalidade exclusiva de promover-lhes o entendimento direto com os empregadores (art. 11 da Constituição da República).

A matéria é disciplinada nos arts. 510-A até 510-D da CLT, acrescentados pela Lei 13.467/2017. Cf. ainda Capítulo 38, item 38.2.

A convenção coletiva e o acordo coletivo, entretanto, podem estabelecer normas diferenciadas sobre o tema, respeitando a previsão constitucional indicada, em melhoria das condições sociais dos empregados (art. 7º, *caput*, da Constituição Federal de 1988).

37.6.8 Teletrabalho, regime de sobreaviso e trabalho intermitente

O art. 611-A, inciso VIII, da CLT, acrescentado pela Lei 13.467/2017, prevê que a convenção coletiva e o acordo coletivo de trabalho têm prevalência sobre a lei quando dispuserem sobre *teletrabalho, regime de sobreaviso e trabalho intermitente*.

Considera-se teletrabalho ou trabalho remoto a prestação de serviços fora das dependências do empregador, de maneira preponderante ou não, com a utilização de tecnologias de informação e de comunicação, que, por sua natureza, não configure trabalho externo (art. 75-B da CLT, com redação dada pela Lei 14.442/2022). O comparecimento, ainda que de modo habitual, às dependências do empregador para a realização de atividades específicas que exijam a presença do empregado no estabelecimento não descaracteriza o regime de teletrabalho ou trabalho remoto.

É possível, ainda, que o empregado, mesmo que não seja um teletrabalhador, após cumprir a jornada laboral no estabelecimento do empregador, permaneça de plantão, por exemplo, em casa, aguardando ser chamado para o serviço a qualquer momento, passando, com isso, a ter o direito de receber as correspondentes horas de *sobreaviso*.

O art. 244, § 2º, da CLT, ao tratar do trabalho em estrada de ferro, prevê que se considera de sobreaviso o empregado efetivo que permanecer em sua própria casa, aguardando a qualquer momento o chamado para o serviço. Cada escala de sobreaviso será, no máximo, de 24 horas. As horas de sobreaviso, para todos os efeitos, serão contadas à razão de 1/3 do salário normal.

Assim, durante o sobreaviso, o empregado não presta serviço efetivamente, mas permanece em sua casa, aguardando eventual chamada ao trabalho. Durante esse período o empregado recebe 1/3 do salário. Entende-se que se trata de interrupção do contrato de trabalho, pois o período é remunerado, mesmo que presente a referida especificidade.

Essa previsão é aplicada a hipóteses semelhantes (Súmulas 229 e 428 do TST).

O rápido avanço da tecnologia tem permitido e ampliado o trabalho fora do estabelecimento do empregador, em razão da possibilidade de se manter contato por meio de recursos eletrônicos e da informática, com ênfase nos recentes instrumentos de comunicação decorrentes do computador, da telefonia e da *internet*.

Ainda assim, o trabalhador deve ter garantido o *direito à desconexão*, tendo em vista os direitos fundamentais ao lazer, ao repouso e à limitação da jornada de trabalho (arts. 6º e 7º, incisos IV, XIII e XV, 217, § 3º, e 227 da Constituição da República), como forma de assegurar a dignidade, bem como o convívio familiar e social do empregado[9].

---

[9] "Responsabilidade civil do empregador. Danos morais causados ao empregado. Caracterização. Direito à desconexão. Horas de sobreaviso. Plantões habituais longos e desgastantes. Direito ao lazer assegurado na Constituição e em normas internacionais. Comprometimento diante da ausência de desconexão do trabalho. [...] A precarização de direitos trabalhistas em relação aos trabalhos à distância, pela exclusão do tempo à disposição, em situações corriqueiras relacionadas à permanente conexão por meio do uso da comunicação telemática após o expediente, ou mesmo regimes de plantão, como é o caso do regime de sobreaviso, é uma triste realidade que se avilta na prática judiciária. A exigência para que o empregado esteja conectado por meio de *smartphone*, *notebook* ou BIP, após a jornada de trabalho ordinária, é o que caracteriza ofensa ao direito à desconexão. Isso porque não pode ir a locais distantes, sem sinal telefônico ou internet, ficando privado de sua liberdade para usufruir efetivamente do tempo destinado ao descanso. Com efeito, o excesso de jornada aparece em vários estudos como uma das razões para doenças ocupacionais relacionadas à depressão e ao transtorno de ansiedade, o que leva a crer que essa conexão demasiada contribui, em muito, para que o empregado cada vez mais, fique privado de ter uma vida saudável e prazerosa. [...] Não fossem suficientes as argumentações expostas e a sustentação doutrinária do reconhecimento do direito aludido, há que se acrescentar o arcabouço constitucional que ampara o direito ao lazer, com referência expressa em vários dispositivos, a exemplo dos arts. 6º; 7º, IV; 217, § 3º; e 227. O direito à desconexão certamente ficará comprometido, com a permanente vinculação ao trabalho, se não houver critérios definidos quanto aos limites diários, os quais ficam atrelados à permanente necessidade do serviço. Resultaria, enfim, em descumprimento de direito fundamental e no comprometimento do princípio da máxima efetividade da Carta Maior. Finalmente, a proteção não se limita ao direito interno. Mencionem-se, na mesma linha, diversos diplomas normativos internacionais, que, ou o reconhecem de modo expresso, ou asseguram o direito à limitação do número de horas de trabalho, ora destacados: arts. 4º do Complemento da Declaração dos Direitos do Homem (elaborado pela Liga dos Direitos do Homem e do Cidadão em 1936); XXIV da Declaração Universal dos Direitos Humanos, de 1948; 7º do Pacto Internacional Relativo aos Direitos Econômicos, Sociais e Culturais, de 1966; e 7º, 'g' e 'h' do Protocolo de San Salvador (Protocolo Adicional à Convenção Interamericana Sobre Direitos Humanos em Matéria de Direitos Econômicos, Sociais e Culturais), os dois últimos ratificados pelo Brasil. Nesse contexto, mostra-se incontroversa a conduta antijurídica da empresa que violou direito fundamental decorrente de normas de ordem pública. Os danos causados, pela sua natureza *in re ipsa*, derivam na própria natureza do ato e independem de prova. Presente o nexo de causalidade entre este último e a conduta patronal, está configurado o dever de indenizar. Agravo de instrumento a que se nega provimento" (TST, 7ª T., AIRR – 2058-43.2012.5.02.0464, Rel. Min. Cláudio Mascarenhas Brandão, *DEJT* 27.10.2017).

É possível distinguir jornada de trabalho intermitente (isto é, variável, flexível e móvel, para atender as necessidades do empregador) do próprio contrato de trabalho intermitente.

Nesse enfoque, considera-se como *intermitente* o contrato de trabalho no qual a prestação de serviços, com subordinação, não é contínua, ocorrendo com alternância de períodos de prestação de serviços e de inatividade, determinados em horas, dias ou meses, independentemente do tipo de atividade do empregado e do empregador, exceto para os aeronautas, regidos por legislação própria (art. 443, § 3º, da CLT, incluído pela Lei 13.467/2017). Cf. ainda Capítulo 8, item 8.14.

O art. 611-A, inciso VIII, da CLT, acrescentado pela Lei 13.467/2017, tem como objetivo permitir que a convenção coletiva e o acordo coletivo de trabalho disciplinem as condições a serem aplicadas às modalidades de teletrabalho, regime de sobreaviso e trabalho intermitente, inclusive a forma de remuneração e a jornada a ser considerada.

Isso pode significar a tentativa de reduzir ou excluir, por exemplo, o direito ao recebimento de horas extras e de sobreaviso no labor a distância e no trabalho intermitente, em prejuízo ao empregado, o que apenas é admitido se observados os limites constitucionais fixados para a flexibilização *in pejus* de condições de trabalho por meio de negociação coletiva.

37.6.9 Remuneração por produtividade, gorjeta e por desempenho individual

O art. 611-A, inciso IX, da CLT, acrescentado pela Lei 13.467/2017, prevê que a convenção coletiva e o acordo coletivo de trabalho têm prevalência sobre a lei quando dispuserem sobre *remuneração por produtividade*, incluídas as *gorjetas* percebidas pelo empregado, e *remuneração por desempenho individual*.

A produtividade pode ser entendida como a quantidade de bens, produtos ou serviços feitos ou prestados pelo empregado em determinado período de tempo, tornando devida a correspondente contraprestação salarial.

Trata-se, assim, de salário ajustado por empreitada (obra), ou convencionado por tarefa ou peça, como prevê o art. 78 da CLT.

A remuneração por produtividade, nesse contexto, significa a contraprestação devida conforme o que é realizado ou produzido pelo empregado durante a duração do trabalho, de forma normalmente variável.

A remuneração por produtividade ocorre essencialmente nas hipóteses de pactuação do salário por unidade de obra e por tarefa.

A remuneração por desempenho individual abrange as comissões, decorrentes de vendas e negócios realizados pelo empregado, as quais também integram o salário.

Frise-se que integram o salário a importância fixa estipulada, as gratificações legais e as comissões pagas pelo empregador (art. 457, § 1º, da CLT).

Cabe ressaltar que é direito dos trabalhadores urbanos e rurais a garantia de salário, nunca inferior ao mínimo, para os que percebem *remuneração variável* (art. 7º, inciso VII, da Constituição da República).

Compreendem-se na *remuneração* do empregado, para todos os efeitos legais, além do *salário* devido e pago diretamente pelo empregador, como contraprestação do serviço, as *gorjetas* que receber (art. 457 da CLT).

Considera-se gorjeta não só a importância espontaneamente dada pelo cliente ao empregado, como também o valor cobrado pela empresa, como serviço ou adicional, a qualquer título, e destinado à distribuição aos empregados (art. 457, § 3º, da CLT, com redação dada pela Lei 13.419/2017). Logo, embora a gorjeta não tenha natureza salarial, por não ser paga diretamente pelo empregador, integra a remuneração (Súmula 354 do TST).

Na hipótese de *gorjetas espontâneas*, como o empregador nem sempre tem como saber, de forma precisa, as quantias oferecidas pelos clientes aos empregados, é comum a previsão de seus valores estimados em convenções e acordos coletivos de trabalho, firmados com os sindicatos das categorias profissionais. Essa possibilidade não se aplica, entretanto, às gorjetas cobradas pela empresa, como serviço ou adicional, para posterior distribuição aos empregados.

As *gueltas*, por sua vez, são quantias pagas por terceiros (como fabricantes e fornecedores) ao empregado, em razão da venda de seus produtos, devendo ser equiparadas às gorjetas, tendo natureza remuneratória, embora não se confundam com salário (Súmula 354 do TST).

O art. 611-A, inciso IX, da CLT, acrescentado pela Lei 13.467/2017, tem como objetivo permitir que a convenção coletiva e o acordo coletivo de trabalho disciplinem a remuneração por produtividade, incluídas as gorjetas percebidas pelo empregado, bem como a remuneração por desempenho individual, de modo diferenciado da disciplina legal sobre a matéria.

Entende-se que a flexibilização por meio de negociação coletiva das previsões relativas a essa temática, entretanto, não pode afastar a incidência de determinações legais cogentes e de ordem pública, relacionadas à remuneração do empregado, por ter natureza alimentar (art. 100, § 1º, da Constituição da República), sendo necessária à sua sobrevivência digna, bem como à manutenção de sua família.

37.6.10 Registro de jornada de trabalho

O art. 611-A, inciso X, da CLT, acrescentado pela Lei 13.467/2017, prevê que a convenção coletiva e o acordo coletivo de trabalho têm prevalência sobre a lei quando dispuserem sobre *modalidade de registro de jornada de trabalho*.

A respeito do tema, o art. 74, § 2º, da CLT, com redação dada pela Lei 13.874/2019, dispõe que para os estabelecimentos com mais de 20 trabalhadores é obrigatória a anotação da hora de entrada e de saída, em *registro manual, mecânico ou eletrônico*, conforme instruções expedidas pela Secretaria Especial de Previdência e Trabalho do Ministério da Economia (Ministério do Trabalho), permitida a pré-assinalação do período de repouso.

O art. 611-A, inciso X, da CLT, incluído pela Lei 13.467/2017, tem como objetivo permitir que a convenção e o acordo coletivo disciplinem o registro da jornada de trabalho de modo diverso da disciplina legal vigente sobre a matéria.

Entende-se que a negociação coletiva não pode afastar as previsões imperativas sobre a matéria, pois a ausência de remuneração, como contraprestação, de todas as horas laboradas e prorrogadas seria manifestamente inadmissível, mesmo porque a relação de emprego se caracteriza pela onerosidade (art. 3º da CLT).

Conforme a Súmula 338, inciso II, do TST: "A presunção de veracidade da jornada de trabalho, ainda que prevista em instrumento normativo, pode ser elidida por prova em contrário".

Anteriormente, não se admitia a previsão de registro de ponto por exceção à jornada regular de trabalho nem mesmo por meio de norma decorrente de negociação coletiva[10].

---

[10] "Recurso de revista interposto na vigência da Lei n. 13.015/2014. Horas extras. Registro de jornada de trabalho 'por exceção'. Norma coletiva. Invalidade. 1. O princípio da autonomia privada coletiva (art. 7º, XXVI, da Constituição Federal) não confere aos sindicatos amplo poder de disposição sobre direitos trabalhistas garantidos por norma cogente, que asseguram ao empregado um patamar mínimo de proteção, infenso à negociação coletiva, como é o caso do art. 74, § 2º, da CLT, que determina, para as empresas que contém mais de dez empregados, a obrigatoriedade de anotação dos horários de entrada e saída dos empregados. 2. Afigura-se inválida cláusula de norma coletiva que fixa o registro de jornada de trabalho 'por exceção' e dispensa a empregadora de anotar os horários de entrada e saída dos empregados. Precedentes. 3. Recurso de revista da Reclamada de que não se conhece" (TST, 4ª T., RR 12184-33.2014.5.03.0084, Rel. Min. João Oreste Dalazen, *DEJT* 18.11.2016).

Entretanto, posteriormente, o Tribunal Superior do Trabalho julgou ser válida a norma coletiva negociada que prevê sistema de controle alternativo da jornada de trabalho, autorizando a marcação apenas das horas extras realizadas[11], ou que permite a dispensa de controle formal de horário e determina a autogestão da jornada de trabalho pelo empregado (TST, 4ª T., ARR 80700-33.2007.5.02.0261, Rel. Min. Guilherme Augusto Caputo Bastos, *DEJT* 26.10.2018).

Com a Lei 13.874/2019, permite-se a utilização de registro de ponto por exceção à jornada regular de trabalho por meio de previsão em acordo individual escrito, convenção coletiva ou acordo coletivo de trabalho (art. 74, § 4º, da CLT). Cf. Capítulo 24, item 24.11.

37.6.11 Troca do dia de feriado

O art. 611-A, inciso XI, da CLT, acrescentado pela Lei 13.467/2017, prevê que a convenção coletiva e o acordo coletivo de trabalho têm prevalência sobre a lei quando dispuserem sobre *troca do dia de feriado*.

O direito ao repouso remunerado nos feriados é assegurado nos arts. 1º e 8º da Lei 605/1949. O art. 70 da CLT também veda o trabalho em feriados. A regra é a impossibilidade de trabalho em feriados civis e religiosos, embora seja garantida aos empregados a remuneração respectiva. O labor nesses dias é exceção.

Com a Lei 13.467/2017, pretende-se que a convenção coletiva e o acordo coletivo de trabalho possam estabelecer a troca dos dias de feriados, fixando-os em datas diversas das previstas em lei.

Pode-se dizer, entretanto, que a medida revela-se inadequada, pois a matéria tem natureza legal, a ser disciplinada, de forma genérica, a toda a sociedade, mesmo porque a alteração de datas dos feriados pode resultar em desajustes no convívio familiar em dias de descanso.

---

[11] "Agravo. Sistema de controle alternativo de jornada. Previsão em norma coletiva. Validade. Provimento. Ante o equívoco no exame do agravo de instrumento, dá-se provimento ao agravo. Agravo a que se dá provimento. Agravo de instrumento. Sistema de controle alternativo de jornada. Previsão em norma coletiva. Validade. Provimento. Por prudência, ante possível violação do art. 7º, XXVI, da Constituição Federal, o destrancamento do recurso de revista é medida que se impõe. Agravo de instrumento a que se dá provimento. Recurso de revista. Sistema de controle alternativo de jornada. Previsão em norma coletiva. Validade. Provimento. A teor do preceito insculpido no art. 7º, XXVI, da Constituição Federal, é dever desta Justiça Especializada incentivar e garantir o cumprimento das decisões tomadas a partir da autocomposição coletiva, desde que formalizadas nos limites da lei. A negociação coletiva, nessa perspectiva, é um instrumento valioso que nosso ordenamento jurídico coloca à disposição dos sujeitos trabalhistas para regulamentar as respectivas relações de trabalho, atendendo às particularidades e especificidades de cada caso. É inequívoco que, no âmbito da negociação coletiva, os entes coletivos atuam em igualdade de condições, o que torna legítimas as condições de trabalho por eles ajustadas, na medida em que afasta a hipossuficiência ínsita ao trabalhador nos acordos individuais de trabalho. Assim, as normas autônomas oriundas de negociação coletiva, desde que resguardados os direitos indisponíveis, devem prevalecer sobre o padrão heterônomo justrabalhista, já que a transação realizada em autocomposição privada resulta de uma ampla discussão havida em um ambiente paritário, no qual as perdas e ganhos recíprocos têm presunção de comutatividade. Na hipótese, a Corte Regional reputou inválida a norma coletiva em que autorizada a marcação somente das horas extraordinárias realizadas, sob o fundamento de que contrariava previsão expressa em lei. Isso porque, em razão do o art. 74, § 2º, da CLT determinar, obrigatoriamente, a anotação, pelo empregador, dos horários de entrada e de saída dos empregados, essa exigência não poderia ser afastada por meio de negociação coletiva. Conforme acima aduzido, a Constituição Federal reconhece a validade e a eficácia dos instrumentos de negociação coletiva, desde que respeitados os direitos indisponíveis dos trabalhadores. Ocorre que a forma de marcação da jornada de trabalho não se insere no rol de direitos indisponíveis, de modo que não há qualquer óbice na negociação para afastar a incidência do dispositivo que regula a matéria, com o fim de atender aos interesses das partes contratantes. Impende destacar, inclusive, que o art. 611-A, X, da CLT, inserido pela Lei n. 13.467/2017, autoriza a prevalência das normas coletivas que disciplinam a modalidade de registro de jornada de trabalho em relação às disposições da lei. É bem verdade que o aludido preceito, por ser de direito material, não pode ser invocado para disciplinar as relações jurídicas já consolidadas. Não se pode olvidar, entretanto, que referido dispositivo não trouxe qualquer inovação no mundo jurídico, apenas declarou o fato de que essa matéria não se insere no rol das garantias inegociáveis. Ante o exposto, mostra-se flagrante a afronta ao art. 7º, XXVI, da Constituição Federal. Recurso de revista de que se conhece e a que se dá provimento" (TST, 4ª T., RR – 2016-02.2011.5.03.0011, Rel. Min. Guilherme Augusto Caputo Bastos, *DEJT* 11.10.2018).

37.6.12 Enquadramento do grau de insalubridade

O art. 611-A, inciso XII, da CLT, acrescentado pela Lei 13.467/2017, prevê que a convenção coletiva e o acordo coletivo de trabalho têm prevalência sobre a lei quando dispuserem sobre *enquadramento do grau de insalubridade*.

Em conformidade com o art. 189 da CLT, devem ser consideradas atividades ou operações *insalubres* aquelas que, por sua natureza, condições ou métodos de trabalho, exponham os empregados a *agentes nocivos à saúde*, acima dos limites de tolerância fixados em razão da natureza e da intensidade do agente e do tempo de exposição aos seus efeitos.

Desse modo, cabe ao Ministério do Trabalho aprovar o *quadro das atividades e operações insalubres* e adotar normas sobre os critérios de caracterização da insalubridade, os limites de tolerância aos agentes agressivos, meios de proteção e o tempo máximo de exposição do empregado a esses agentes (art. 190 da CLT).

A Norma Regulamentadora 15 descreve os agentes químicos, físicos e biológicos prejudiciais à saúde do empregado, bem como os respectivos limites de tolerância.

O exercício de trabalho em condições insalubres, acima dos limites de tolerância estabelecidos pelo Ministério do Trabalho, assegura o recebimento do adicional de 40%, 20% ou 10% do salário mínimo, conforme o grau de insalubridade seja considerado máximo, médio ou mínimo, respectivamente (art. 192 da CLT).

Como se pode notar, a previsão das atividades e operações insalubres, bem como o enquadramento dos graus de insalubridade, por se tratar de questão técnica, é feita por meio de Norma Regulamentadora do Ministério do Trabalho.

Isso é confirmado pelo art. 195 da CLT, ao determinar que a caracterização e a *classificação da insalubridade* e da periculosidade, segundo as normas do Ministério do Trabalho, devem ser feitas por meio de perícia a cargo de Médico do Trabalho ou Engenheiro do Trabalho, registrados no Ministério do Trabalho.

É facultado às empresas e aos sindicatos das categorias profissionais interessadas requererem ao Ministério do Trabalho a realização de perícia em estabelecimento ou setor deste, com o objetivo de caracterizar e classificar ou delimitar as atividades insalubres ou perigosas (art. 195, § 1º, da CLT).

Apesar do exposto, o art. 611-A, inciso XII, da CLT permite que a questão relativa ao enquadramento dos graus de insalubridade das atividades das empresas abrangidas seja definida em convenção coletiva e acordo coletivo e isso prevaleça sobre o disposto em lei.

A rigor, essa previsão não se mostra adequada, por se tratar de questão de ordem pública, a ser disciplinada pelas normas de segurança e medicina do trabalho, em consonância com o art. 7º, inciso XXII, da Constituição Federal de 1988.

Desse modo, defende-se que nem mesmo a negociação coletiva de trabalho pode estabelecer grau de insalubridade inferior ao existente na realidade dos fatos, ou seja, de forma prejudicial ao empregado.

Logo, a correta interpretação do art. 611-A, inciso XII, da CLT, em conformidade com a Constituição, revela que a convenção coletiva e o acordo coletivo de trabalho, ao versarem sobre o enquadramento do grau de insalubridade, apenas podem prevalecer sobre a lei quando dispuserem de forma mais favorável ao empregado (art. 7º, *caput*, da Constituição da República).

37.6.13 Prorrogação de jornada em ambientes insalubres

O art. 611-A, inciso XIII, da CLT, acrescentado pela Lei 13.467/2017, prevê que a convenção coletiva e o acordo coletivo de trabalho têm prevalência sobre a lei quando dispuserem sobre *prorrogação de jornada em ambientes insalubres*, sem licença prévia das autoridades competentes do Ministério do Trabalho.

Em regra, conforme o art. 60 da CLT, nas atividades insalubres as prorrogações dependem de licença prévia das autoridades competentes em matéria de higiene do trabalho.

Entretanto, o art. 611-A, inciso XIII, da CLT estabelece que as normas decorrentes de negociação coletiva de trabalho podem autorizar a prorrogação da jornada, mesmo havendo condições insalubres, caso em que a referida licença prévia do Ministério do Trabalho deixa de ser exigida.

Ainda assim, com fundamento no art. 7º, inciso XXII, da Constituição Federal de 1988, entende-se que devem ser observadas as normas de saúde, higiene e segurança do trabalho, previstas em leis e Normas Regulamentadoras do Ministério do Trabalho.

Como registro histórico, a compensação de horário (que é uma forma de prorrogação) em atividade insalubre por meio de acordo coletivo ou convenção coletiva era considerada válida pela Súmula 349 do TST, embora *cancelada* em 2011[12].

37.6.14 Prêmios de incentivo em bens ou serviços

O art. 611-A, inciso XIV, da CLT, acrescentado pela Lei 13.467/2017, prevê que a convenção coletiva e o acordo coletivo de trabalho têm prevalência sobre a lei quando dispuserem sobre *prêmios de incentivo em bens ou serviços*, eventualmente concedidos em programas de incentivo.

O tema relativo aos prêmios é disciplinado no art. 457, §§ 2º e 4º, da CLT, com redação dada pela Lei 13.467/2017.

Ainda assim, pode-se dizer que os prêmios de incentivo (em bens ou serviços), mencionados no art. 611-A, inciso XIV, da CLT, são específicos e não se confundem com os prêmios tratados no art. 457, §§ 2º e 4º, da CLT.

Desse modo, os instrumentos normativos decorrentes de negociação coletiva podem estabelecer a disciplina específica e diferenciada a respeito das mencionadas parcelas (prêmios eventualmente concedidos em programas de incentivo), observadas as previsões imperativas incidentes e a determinação constitucional de melhorias das condições sociais dos trabalhadores.

37.6.15 Participação nos lucros ou resultados

O art. 611-A, inciso XV, da CLT, acrescentado pela Lei 13.467/2017, prevê que a convenção coletiva e o acordo coletivo de trabalho têm prevalência sobre a lei quando dispuserem sobre *participação nos lucros ou resultados da empresa*.

O art. 7º, inciso XI, da Constituição da República prevê como direito dos trabalhadores a participação nos lucros ou resultados *desvinculada da remuneração*.

A Lei 10.101/2000 regula a participação dos trabalhadores nos lucros ou resultados da empresa como instrumento de integração entre o capital e o trabalho e como incentivo à produtividade (art. 1º).

A participação nos lucros ou resultados deve ser objeto de negociação entre a empresa e seus empregados, mediante um dos procedimentos a seguir descritos, escolhidos pelas partes de comum acordo: I – comissão paritária escolhida pelas partes, integrada, também, por um representante indicado pelo sindicato da respectiva categoria; II – convenção ou acordo coletivo (art. 2º da Lei 10.101/2000).

Uma vez composta, a comissão paritária de que trata o art. 2º, inciso I, da Lei 10.101/2000 deve dar ciência por escrito ao ente sindical para que indique seu representante no prazo máximo de 10 dias corridos, findo o qual a comissão pode iniciar e concluir suas tratativas (art. 2º, § 10, da Lei 10.101/2000, incluído pela Lei 14.020/2020).

A participação nos lucros ou resultados não substitui ou complementa a remuneração devida a qualquer empregado, nem constitui base de incidência de qualquer encargo trabalhista, não se lhe aplicando o princípio da habitualidade (art. 3º da Lei 10.101/2000).

---

[12] Súmula 349 do TST: "Acordo de compensação de horário em atividade insalubre, celebrado por acordo coletivo. Validade (*cancelada*) – Res. 174/2011, *DEJT* divulgado em 27, 30 e 31.05.2011. A validade de acordo coletivo ou convenção coletiva de compensação de jornada de trabalho em atividade insalubre prescinde da inspeção prévia da autoridade competente em matéria de higiene do trabalho (art. 7º, XIII, da CF/1988; art. 60 da CLT)".

Todos os pagamentos efetuados em decorrência de planos de participação nos lucros ou resultados, mantidos espontaneamente pela empresa, podem ser compensados com as obrigações decorrentes de acordos ou convenções coletivas de trabalho atinentes à participação nos lucros ou resultados (art. 3º, § 3º, da Lei 10.101/2000).

É *vedado* o pagamento de qualquer antecipação ou distribuição de valores a título de participação nos lucros ou resultados da empresa em *mais de duas vezes no mesmo ano civil* e em *periodicidade inferior a um trimestre civil* (art. 3º, § 2º, da Lei 10.101/2000, com redação dada pela Lei 12.832/2013). Cf. Capítulo 13, item 13.4.6.

O art. 611-A, inciso XV, da CLT, acrescentado pela Lei 13.467/2017, permite que esse limite de pagamento da participação nos lucros e resultados da empresa seja modificado, desde que por meio de convenção ou acordo coletivo de trabalho.

Isso, entretanto, já é de certa forma admitido pela jurisprudência, como se observa na Orientação Jurisprudencial Transitória 73 da SBDI-I do TST.

Ademais, deve-se observar o princípio da *igualdade* quanto ao pagamento da participação nos lucros ou resultados a ex-empregado de forma proporcional aos meses trabalhados (Súmula 451 do TST).

37.7 Anulação de convenção e acordo coletivo de trabalho

O art. 611-A, § 1º, da CLT, acrescentado pela Lei 13.467/2017, dispõe que no exame da convenção coletiva ou do acordo coletivo de trabalho, a Justiça do Trabalho deve observar o disposto no § 3º do art. 8º da Consolidação das Leis do Trabalho.

Sendo assim, nos termos do mencionado dispositivo legal, no exame de convenção coletiva ou acordo coletivo de trabalho, a Justiça do Trabalho analisará *exclusivamente* a conformidade dos elementos essenciais do negócio jurídico, respeitado o disposto no art. 104 do Código Civil, e balizará sua atuação pelo princípio da intervenção mínima na autonomia da vontade coletiva.

Os *elementos essenciais do negócio jurídico* são a declaração de vontade, as partes, o objeto e a forma[13].

A convenção e o acordo coletivo são negócios jurídicos com eficácia normativa, produzidos em razão do exercício da *autonomia privada coletiva*, na qual é considerada o poder jurídico e social que pode dar origem a normas decorrentes de negociação coletiva de trabalho.

O art. 7º, inciso XXVI, da Constituição da República assegura o direito ao reconhecimento das convenções e acordos coletivos de trabalho.

Desse modo, aplica-se o art. 104 do Código Civil, ao prever que a validade do negócio jurídico requer: agente capaz; objeto lícito, possível, determinado ou determinável; forma prescrita ou não defesa em lei.

Tendo em vista que um dos elementos essenciais do negócio jurídico normativo em questão é o seu objeto ser lícito, os instrumentos coletivos negociados trabalhistas, inclusive quanto ao conteúdo, devem estar em conformidade com preceitos constitucionais e legais de ordem pública.

O art. 611-B da CLT, incluído pela Lei 13.467/2017, prevê que constituem objeto ilícito de convenção coletiva ou de acordo coletivo de trabalho, *exclusivamente*, a supressão ou a redução dos direitos ali arrolados.

O *princípio da intervenção mínima na autonomia da vontade coletiva*, portanto, não afasta a possibilidade de invalidação do acordo ou convenção coletiva pela Justiça do Trabalho, quando desrespeitados os seus requisitos formais e materiais de validade.

Nesse sentido, o art. 83, inciso IV, da Lei Complementar 75/1993 prevê que compete ao Ministério Público do Trabalho, no exercício de suas atribuições junto aos órgãos da Justiça do Trabalho,

---

[13] Cf. RODRIGUES, Silvio. *Direito civil*: parte geral. 28. ed. São Paulo: Saraiva, 1998. v. 1, p. 171.

propor as ações cabíveis para a declaração de nulidade de cláusula de contrato, acordo coletivo ou convenção coletiva que viole as liberdades individuais ou coletivas ou os direitos individuais indisponíveis dos trabalhadores.

Os sindicatos, em certos casos, também têm legitimidade para o ajuizamento da ação em estudo[14].

Além disso, a invalidade de convenção coletiva ou de acordo coletivo de trabalho pode ser alegada em ação individual ajuizada por um ou mais empregados, como fundamento para o direito postulado em face do empregador.

Assim, defende-se o entendimento de que a Justiça do Trabalho pode examinar a validade da convenção ou do acordo coletivo, tanto na forma como em questões de conteúdo.

Os sindicatos subscritores de convenção coletiva ou de acordo coletivo de trabalho devem participar, como litisconsortes necessários, em *ação individual ou coletiva*, que tenha como objeto a anulação de cláusulas desses instrumentos (art. 611-A, § 5º, da CLT, acrescentado pela Lei 13.467/2017). O objeto do processo é o pedido, isto é, a pretensão ou o mérito.

Na realidade, em demanda individual, a parte pode alegar a ilicitude de cláusula de convenção coletiva ou acordo coletivo de trabalho, como causa de pedir, cabendo ao juízo decidir a questão na fundamentação (art. 489, inciso II, do CPC), ou seja, sem fazer coisa julgada (art. 504, inciso I, do CPC).

Evidentemente, a anulação, em si, da cláusula de instrumento normativo negociado, como pedido principal, não pode ser postulada em ação trabalhista individual, de competência da Vara do Trabalho, sem a presença das partes que celebraram o instrumento normativo negociado, por não se confundir com a ação coletiva anulatória.

O art. 611-A, § 2º, da CLT, incluído pela Lei 13.467/2017, dispõe que a inexistência de *expressa* indicação de contrapartidas recíprocas em convenção coletiva ou acordo coletivo de trabalho não ensejará sua nulidade por não caracterizar um vício do negócio jurídico.

Além disso, se for pactuada cláusula que reduza o salário ou a jornada, a convenção coletiva ou o acordo coletivo de trabalho devem prever a proteção dos empregados contra dispensa imotivada durante o prazo de vigência do instrumento coletivo (art. 611-A, § 3º, da CLT, acrescentado pela Lei 13.467/2017).

Na hipótese de procedência de ação anulatória de cláusula de convenção coletiva ou de acordo coletivo de trabalho, quando houver a cláusula compensatória, esta deve ser igualmente anulada, *sem* repetição do indébito (art. 611-A, § 4º, da CLT, incluído pela Lei 13.467/2017).

Com isso, é expressamente afastada a obrigação de restituir o que já foi recebido, inclusive para que se preserve a boa-fé e a segurança jurídica.

Prevalece a *unidade* do instrumento normativo decorrente de negociação coletiva de trabalho.

Nesse sentido, o art. 848 do Código Civil prevê que sendo nula qualquer das cláusulas da transação, nula será esta. Essa regra, entretanto, não é absoluta, pois quando a transação versar sobre

---

[14] "Ação anulatória ajuizada por terceiro interessado. Nulidade de cláusula de convenção coletiva de trabalho. Ente sindical não subscrevente da norma coletiva, mas que se sente prejudicado em sua esfera jurídica, em decorrência do instrumento convencionado. 1. Ilegitimidade ativa *ad causam*. Nos termos do art. 83, III e IV, da Lei Complementar n. 75/1993, compete ao Ministério Público do Trabalho o ajuizamento de ações anulatórias de cláusulas, acordos ou convenções coletivas de trabalho. Todavia, esta Seção Especializada tem entendido que, excepcionalmente, essa competência se estende aos entes sindicais subscreventes dos instrumentos pactuados (ou às empresas nos casos de acordo coletivo de trabalho), quando demonstrado vício de vontade ou alguma das irregularidades descritas no art. 166 do Código Civil, ou aos sindicatos representantes das categorias econômicas e/ou profissionais, que não subscreveram a norma coletiva, mas que se sintam prejudicados em sua esfera jurídica, em decorrência do instrumento pactuado (Precedentes). No caso em tela, constata-se haver estreita relação entre o Sindicato autor e o direito material deduzido em juízo, uma vez que reivindica a representação de parte da categoria profissional abrangida pelas convenções coletivas de trabalho impugnadas, objetivando tutelar os interesses de seus representantes, o que torna inquestionável a sua legitimidade, nos termos da jurisprudência desta Seção Especializada" (TST, SDC, RO 80133-87.2015.5.07.0000, Rel. Min. Dora Maria da Costa, *DEJT* 19.05.2017).

diversos direitos contestados (ou seja, controvertidos), *independentes entre si*, o fato de não prevalecer em relação a um não prejudicará os demais (art. 848, parágrafo único, do Código Civil).

37.8 Objeto ilícito de convenção e acordo coletivo de trabalho

O art. 611-B da CLT, acrescentado pela Lei 13.467/2017, dispõe que constituem objeto ilícito de convenção coletiva ou de acordo coletivo de trabalho, *exclusivamente*, a supressão ou a redução dos seguintes direitos:

I – normas de identificação profissional, inclusive as anotações na Carteira de Trabalho e Previdência Social;

II – seguro-desemprego, em caso de desemprego involuntário;

III – valor dos depósitos mensais e da indenização rescisória do Fundo de Garantia do Tempo de Serviço (FGTS);

IV – salário mínimo;

V – valor nominal do décimo terceiro salário;

VI – remuneração do trabalho noturno superior à do diurno;

VII – proteção do salário na forma da lei, constituindo crime sua retenção dolosa;

VIII – salário-família;

IX – repouso semanal remunerado;

X – remuneração do serviço extraordinário superior, no mínimo, em 50% (cinquenta por cento) à do normal;

XI – número de dias de férias devidas ao empregado;

XII – gozo de férias anuais remuneradas com, pelo menos, um terço a mais do que o salário normal;

XIII – licença-maternidade com a duração mínima de cento e vinte dias;

XIV – licença-paternidade nos termos fixados em lei;

XV – proteção do mercado de trabalho da mulher, mediante incentivos específicos, nos termos da lei;

XVI – aviso prévio proporcional ao tempo de serviço, sendo no mínimo de trinta dias, nos termos da lei;

XVII – normas de saúde, higiene e segurança do trabalho previstas em lei ou em normas regulamentadoras do Ministério do Trabalho;

XVIII – adicional de remuneração para as atividades penosas, insalubres ou perigosas;

XIX – aposentadoria;

XX – seguro contra acidentes de trabalho, a cargo do empregador;

XXI – ação, quanto aos créditos resultantes das relações de trabalho, com prazo prescricional de cinco anos para os trabalhadores urbanos e rurais, até o limite de dois anos após a extinção do contrato de trabalho;

XXII – proibição de qualquer discriminação no tocante a salário e critérios de admissão do trabalhador com deficiência;

XXIII – proibição de trabalho noturno, perigoso ou insalubre a menores de dezoito anos e de qualquer trabalho a menores de dezesseis anos, salvo na condição de aprendiz, a partir de quatorze anos;

XXIV – medidas de proteção legal de crianças e adolescentes;

XXV – igualdade de direitos entre o trabalhador com vínculo empregatício permanente e o trabalhador avulso;

XXVI – liberdade de associação profissional ou sindical do trabalhador, inclusive o direito de não sofrer, sem sua expressa e prévia anuência, qualquer cobrança ou desconto salarial estabelecidos em convenção coletiva ou acordo coletivo de trabalho;

XXVII – direito de greve, competindo aos trabalhadores decidir sobre a oportunidade de exercê-lo e sobre os interesses que devam por meio dele defender;

XXVIII – definição legal sobre os serviços ou atividades essenciais e disposições legais sobre o atendimento das necessidades inadiáveis da comunidade em caso de greve;

XXIX – tributos e outros créditos de terceiros;

XXX – as disposições previstas nos arts. 373-A, 390, 392, 392-A, 394, 394-A, 395, 396 e 400 da Consolidação das Leis do Trabalho (sobre proteção do trabalho da mulher).

Os mencionados direitos não podem ser suprimidos nem reduzidos por meio de convenção coletiva ou de acordo coletivo de trabalho, sob pena de o seu objeto ser considerado ilícito e, em razão disso, nulo.

Efetivamente, conforme o art. 166, inciso II, do Código Civil, é nulo o negócio jurídico quando for *ilícito*, impossível ou indeterminável *o seu objeto*.

Essa nulidade faz com que a norma coletiva negociada não seja válida e, assim, não produza efeitos.

Observa-se que os direitos arrolados são assegurados na Constituição da República e em normas de ordem pública. Logo, por serem indisponíveis, evidentemente, não poderiam ser excluídos nem reduzidos por meio de negociação coletiva de trabalho. Cf. ainda Capítulo 35, item 35.4.3 e Capítulo 37, item 37.4.

Além disso, os referidos direitos apresentam evidente natureza cogente, o que confirma a impossibilidade de sua exclusão ou redução por meio de convenção coletiva ou acordo coletivo de trabalho.

A previsão literal do art. 611-B da CLT parece indicar que o referido rol de matérias seria taxativo.

Não obstante, deve prevalecer a interpretação sistemática do ordenamento jurídico, em consonância com as normas constitucionais.

Desse modo, se outros direitos imperativos, assegurados em normas de ordem pública, forem objeto de supressão ou redução em convenção coletiva e acordo coletivo de trabalho, em desacordo com os preceitos constitucionais e de Direito Internacional, a invalidade deve ser reconhecida.

Ou seja, embora o objeto ilícito, para os fins do art. 611-B da CLT, ocorra quando há a supressão ou a redução exclusivamente dos direitos ali arrolados, a interpretação do dispositivo em consonância com as normas constitucionais revela que se houver violação de outros direitos humanos e fundamentais, bem como em desacordo com a Constituição, que é a norma fundamental, a invalidade também deve ser reconhecida.

Cabe frisar que os direitos e garantias expressos na Constituição não excluem outros decorrentes do regime e dos princípios por ela adotados, ou dos *tratados internacionais* em que a República Federativa do Brasil seja parte (art. 5º, § 2º, da Constituição Federal de 1988).

Os tratados e convenções internacionais sobre direitos humanos que forem aprovados, em cada Casa do Congresso Nacional, em dois turnos, por 3/5 dos votos dos respectivos membros, serão equivalentes às emendas constitucionais (art. 5º, § 3º, da Constituição da República, incluído pela Emenda Constitucional 45/2004).

Exemplificando, se houver violação da liberdade fundamental de consciência e de crença (art. 5º, inciso VI, da Constituição Federal de 1988) em convenção coletiva ou acordo coletivo de trabalho, a respectiva cláusula, evidentemente, deve ser declarada nula.

O parágrafo único do art. 611-B da CLT, acrescentado pela Lei 13.467/2017, estabelece que as regras sobre duração do trabalho e intervalos não são consideradas como normas de saúde, higiene e segurança do trabalho para os fins do disposto no art. 611-B da CLT.

Entretanto, a verdade é que as normas jurídicas sobre duração do trabalho e intervalos são, por natureza e essência, de ordem pública, pois há interesse social na sua limitação, em proteção da saúde, da segurança e da vida do trabalhador, com o objetivo de preservar e concretizar a sua dignidade como pessoa.

A respeito do tema, o art. 7º, inciso XXII, da Constituição da República prevê como direito dos trabalhadores urbanos e rurais a redução dos riscos inerentes ao trabalho, por meio de *normas de saúde, higiene e segurança*.

Assim, cabe ao Ministério do Trabalho estabelecer disposições complementares às normas de que trata o Capítulo V do Título II da CLT sobre *segurança e medicina do trabalho*, tendo em vista as peculiaridades de cada atividade ou setor de trabalho, especialmente sobre as matérias previstas no art. 200 da CLT.

Capítulo 38

Representação dos trabalhadores na empresa e cogestão

38.1 Introdução

A representação de trabalhadores na empresa envolve um conjunto de meios destinados a promover, no local de trabalho, o entendimento entre os trabalhadores e os empregadores sobre as condições de trabalho.

A representação dos trabalhadores pode ser[1]:

a) *externa*, quando realizada pelo sindicato da categoria profissional;

b) *interna*, a qual é realizada no local de trabalho.

A representação dos trabalhadores pode ser feita por um colegiado (como um conselho) ou ser singular (como ocorre com o delegado sindical e o representante individual).

A participação na representação dos trabalhadores pode ser[2]:

a) *paritária*, quando possui representantes de empregados e empregadores;

b) *não sindical*, quando não apresenta participação de representantes sindicais;

c) *mista*, quando há representantes sindicais e não sindicais.

Entende-se que, no caso, tem-se a representação de interesses principalmente coletivos, comuns aos membros do grupo, admitindo a doutrina que os interesses individuais também podem ser tutelados pelos organismos internos de representação dos trabalhadores[3].

A Convenção 135 da OIT, de 1971, prevê regras pertinentes à representação dos trabalhadores na empresa.

Essa norma foi ratificada pelo Brasil, tendo sido promulgada pelo Decreto 131, de 22 de maio de 1991 (atualmente Decreto 10.088/2019).

A Recomendação 143 da OIT, de 1971, complementa a mencionada Convenção.

O principal objetivo da Convenção 135 da OIT é estabelecer forma eficaz de proteção ao representante dos trabalhadores na empresa, evitando a sua dispensa justamente por exercer essa atividade perante o empregador.

A Convenção 135 da OIT prevê duas modalidades de representação dos empregados na empresa (art. 3º):

a) delegados ou representantes sindicais, nomeados ou eleitos pelos sindicatos ou seus associados para representar a categoria no âmbito da empresa;

---

[1] Cf. MARTINS, Sergio Pinto. *Direito do trabalho*. 22. ed. São Paulo: Atlas, 2006. p. 751.
[2] Cf. MARTINS, Sergio Pinto. *Direito do trabalho*. 22. ed. São Paulo: Atlas, 2006. p. 751.
[3] Cf. SILVA, Walküre Lopes Ribeiro da. *Representação e participação dos trabalhadores na gestão da empresa*. São Paulo: LTr, 1998. p. 31-32. Cf. ainda NASCIMENTO, Amauri Mascaro. *Direito sindical*. São Paulo: Saraiva, 1989. p. 183: "Trata-se de uma forma coletiva e não individual de representação, pois o interesse a ser representado é o de todos os trabalhadores do local. Todavia, nada impede que os órgãos que a exercitam o façam também na defesa de um direito individual de determinado empregado, para o fim de solucionar uma disputa restrita a ele e à empresa".

b) representantes de pessoal, eleitos livremente pelos trabalhadores da empresa, conforme disposições da legislação nacional ou contratos coletivos, com funções que não sejam reconhecidas como prerrogativas exclusivas do sindicato.

Quando uma empresa contar ao mesmo tempo com representantes sindicais e representantes eleitos, medidas adequadas deverão ser tomadas, cada vez que for necessário, para garantir que a presença de representantes eleitos não venha a ser utilizada para o enfraquecimento da situação dos sindicatos interessados ou de seus representantes, mas sim para incentivar a cooperação, relativa a todas as questões pertinentes, entre os representantes eleitos e os sindicatos interessados e seus representantes (art. 5º).

Vejamos, assim, as demais previsões da Convenção 135 da OIT.

Os representantes dos trabalhadores na empresa devem ser beneficiados com uma proteção eficiente contra quaisquer medidas que poderiam vir a prejudicá-los, inclusive o "licenciamento" (no sentido de despedimento), e que seriam motivadas por sua qualidade ou suas atividades como representantes dos trabalhadores, sua filiação sindical, ou participação em atividades sindicais, conquanto ajam de acordo com as leis, convenções coletivas ou outros arranjos convencionais vigorando (art. 1º).

Facilidades devem ser concedidas, na empresa, aos representantes dos trabalhadores, de modo a possibilitar o cumprimento rápido e eficiente de suas funções (art. 2º, 1). A concessão dessas facilidades não deve dificultar o funcionamento eficiente da empresa interessada (art. 2º, 3).

A Convenção 135 da OIT, no art. 4º, prevê que a legislação nacional, as convenções coletivas, as sentenças arbitrais ou as decisões judiciárias podem determinar o tipo ou os tipos de representantes dos trabalhadores que devam ter direito à proteção ou às facilidades visadas pela referida norma internacional.

O art. 6º da Convenção 135 da Organização Internacional do Trabalho, por seu turno, dispõe que a aplicação das suas disposições pode ser assegurada mediante a legislação nacional, convenções coletivas e todos os outros modos que seriam conforme a prática nacional.

A Consolidação das Leis do Trabalho, no art. 621 (com redação determinada pelo Decreto-lei 229, de 28 de fevereiro de 1967), prevê que as convenções e os acordos coletivos podem incluir, entre suas cláusulas, disposição sobre a constituição e o funcionamento de comissões mistas de consulta e colaboração no plano da empresa. Essas disposições devem mencionar a forma de constituição, o modo de funcionamento e as atribuições das comissões.

38.2 Representação dos empregados na empresa

38.2.1 Previsão constitucional

A representação dos trabalhadores nas empresas é objeto de previsão na Constituição Federal de 1988, em seu art. 11.

De acordo com esse dispositivo, nas empresas com mais de 200 empregados, assegura-se a eleição do representante dos trabalhadores.

Desse modo, tendo a empresa até 200 empregados, não há imposição, pelo texto constitucional, quanto à existência do mencionado representante de trabalhadores. O número de empregados deve ser contado na empresa como um todo, e não em cada estabelecimento.

Tratando-se de grupo econômico, as empresas que o integram possuem personalidade jurídica distinta (art. 2º, § 2º, da CLT), de modo que cada uma deve ser verificada, de forma autônoma, quanto à regra em questão. Por isso, no grupo, cada empresa com mais de 200 empregados deve ter o seu próprio representante dos trabalhadores.

Trata-se de norma autoaplicável, ou seja, dotada de aplicabilidade imediata, mas a lei pode estabelecer certas disposições moldando o direito em estudo, ao prever a sua regulação.

A previsão constitucional representa um direito mínimo, podendo a lei (ou mesmo a convenção ou o acordo coletivo) estabelecer a representação mais acentuada dos empregados na empresa, como um representante em cada estabelecimento existente. Referida regulamentação também pode estabelecer número superior de representantes de trabalhadores para as empresas com número bem superior a 200 empregados.

O instituto tem a finalidade de estabelecer contato direto com o empregador nas questões de interesse dos empregados. Não se trata, assim, de meio para realização de negociação coletiva de trabalho, não tendo o referido representante dos trabalhadores legitimidade para firmar convenções e acordos coletivos, justamente porque não se confunde com o sindicato (art. 8º, inciso VI, da CF/1988)[4].

O representante dos trabalhadores na empresa (art. 11 da CF/1988) distingue-se, ainda, do delegado sindical (arts. 522, § 3º, e 523 da CLT), sendo este último designado pelo sindicato com o objetivo de se ter um representante do ente sindical no âmbito da empresa.

38.2.2 Previsão legal

A Lei 13.467/2017 acrescentou à CLT o Título IV-A, sobre *Representação dos Empregados*.

Segundo o art. 510-A da CLT, acrescentado pela Lei 13.467/2017, nas empresas com mais de 200 empregados, é assegurada a eleição de uma *comissão* para representá-los, com a finalidade de promover-lhes o entendimento direto com os empregadores.

A comissão deve ser composta:

I – nas empresas com mais de 200 e até 3.000 empregados, por três membros;

II – nas empresas com mais de 3.000 e até 5.000 empregados, por cinco membros;

III – nas empresas com mais de 5.000 empregados, por sete membros (art. 510-A, § 1º, da CLT).

Conforme o art. 510-A, § 2º, da CLT, no caso de a empresa possuir empregados em vários Estados da Federação e no Distrito Federal, deve ser assegurada a eleição de uma comissão de representantes dos empregados por Estado ou no Distrito Federal, na mesma forma estabelecida no § 1º do art. 510-A da CLT.

É possível defender a eleição de representante dos trabalhadores no local de trabalho mesmo em empresas com menos de 200 empregados, por meio de previsão mais benéfica em norma coletiva negociada, com fundamento no art. 7º, inciso XXVI, da Constituição Federal de 1988 e na Convenção 135 da OIT.

O art. 11 da Constituição da República não proíbe que isso seja feito, uma vez que apenas assegura nas empresas de mais de 200 empregados a eleição de um representante destes com a finalidade exclusiva de promover-lhes o entendimento direto com os empregadores.

O art. 510-B da CLT, acrescentado pela Lei 13.467/2017, prevê que a comissão de representantes dos empregados tem as seguintes atribuições:

I – representar os empregados perante a administração da empresa;

II – aprimorar o relacionamento entre a empresa e seus empregados com base nos princípios da boa-fé e do respeito mútuo;

III – promover o diálogo e o entendimento no ambiente de trabalho com o fim de prevenir conflitos;

IV – buscar soluções para os conflitos decorrentes da relação de trabalho, de forma rápida e eficaz, visando à efetiva aplicação das normas legais e contratuais;

V – assegurar tratamento justo e imparcial aos empregados, impedindo qualquer forma de discriminação por motivo de sexo, idade, religião, opinião política ou atuação sindical;

---

[4] Cf. MARTINS, Sergio Pinto. *Direito do trabalho*. 24. ed. São Paulo: Atlas, 2008. p. 748.

VI – encaminhar reivindicações específicas dos empregados de seu âmbito de representação;

VII – acompanhar o cumprimento das leis trabalhistas, previdenciárias e das convenções coletivas e acordos coletivos de trabalho.

As decisões da comissão de representantes dos empregados devem ser sempre colegiadas, observada a maioria simples (art. 510-B, § 1º, da CLT).

A comissão deve organizar sua atuação de forma independente (art. 510-B, § 2º, da CLT).

Frise-se que é obrigatória a participação do *sindicato* na negociação coletiva de trabalho (art. 8º, inciso VI, da Constituição da República).

Assim, em se tratando de conflito coletivo de trabalho, a celebração de convenções e acordos coletivos de trabalho (art. 7º, inciso XXVI, da Constituição da República) não pode ser feita pela comissão de representantes de empregados.

A atuação da comissão de representantes dos empregados na solução de conflitos decorrentes da relação de trabalho tem como objetivo a pacificação social, com natureza de *autocomposição* no local de trabalho.

Ainda relacionado ao tema, o art. 3º, § 3º, do CPC determina que a conciliação, a mediação e outros métodos de solução consensual de conflitos devem ser estimulados por juízes, advogados, defensores públicos e membros do Ministério Público, inclusive no curso do processo judicial.

A eleição deve ser convocada, com antecedência mínima de 30 dias, contados do término do mandato anterior, por meio de edital que deve ser fixado na empresa, com ampla publicidade, para inscrição de candidatura (art. 510-C da CLT, acrescentado pela Lei 13.467/2017).

Deve ser formada comissão eleitoral, integrada por cinco empregados, não candidatos, para a organização e o acompanhamento do processo eleitoral, vedada a interferência da empresa e do sindicato da categoria (art. 510-C, § 1º, da CLT).

Os empregados da empresa podem candidatar-se, exceto aqueles com contrato de trabalho por prazo determinado, com contrato suspenso ou que estejam em período de aviso prévio, ainda que indenizado (art. 510-C, § 2º, da CLT).

Serão eleitos membros da comissão de representantes dos empregados os candidatos mais votados, em votação secreta, vedado o voto por representação (art. 510-C, § 3º, da CLT).

A comissão deve tomar posse no primeiro dia útil seguinte à eleição ou ao término do mandato anterior (art. 510-C, § 4º, da CLT).

Se não houver candidatos suficientes, a comissão de representantes dos empregados pode ser formada com número de membros inferior ao previsto no art. 510-A da CLT (art. 510-C, § 5º, da CLT).

Se não houver registro de candidatura, deve ser lavrada ata e convocada nova eleição no prazo de um ano (art. 510-C, § 6º, da CLT).

O mandato dos membros da comissão de representantes dos empregados é de um ano (art. 510-D da CLT, incluído pela Lei 13.467/2017).

O membro que houver exercido a função de representante dos empregados na comissão não pode ser candidato nos dois períodos subsequentes (art. 510-D, § 1º, da CLT).

O mandato de membro de comissão de representantes dos empregados não implica suspensão ou interrupção do contrato de trabalho, devendo o empregado permanecer no exercício de suas funções (art. 510-D, § 2º, da CLT).

Desde o registro da candidatura até um ano após o fim do mandato, *o membro da comissão de representantes dos empregados não pode sofrer despedida arbitrária*, entendendo-se como tal a que não se fundar em motivo disciplinar, técnico, econômico ou financeiro (art. 510-D, § 3º, da CLT).

Os documentos referentes ao processo eleitoral devem ser emitidos em duas vias, as quais devem permanecer sob a guarda dos empregados e da empresa pelo prazo de cinco anos, à disposição para consulta de qualquer trabalhador interessado, do Ministério Público do Trabalho e do Ministério do Trabalho (art. 510-D, § 4º, da CLT).

Observa-se que o representante dos trabalhadores previsto no art. 11 da Constituição da República e a representação dos empregados (arts. 510-A a 510-D da CLT) inserem-se na modalidade de representação eleita, por não se tratar de representante de natureza sindical.

Não se confundem, assim, com o *delegado sindical*, o qual é designado pela diretoria do sindicato dentre os filiados de certa localidade (art. 523 da CLT), com as atribuições de representação e defesa dos interesses da entidade sindical perante o poder público e as empresas (art. 522, § 3º, da CLT).

Quando uma empresa contar ao mesmo tempo com represes sindicais e representantes eleitos, medidas adequadas deverão ser tomadas, sempre que necessário: a) para garantir que a presença de representantes eleitos não venha a ser utilizada para o enfraquecimento da situação dos sindicatos interessados ou de seus representantes; b) para incentivar a cooperação, relativa a todas as questões pertinentes, entre os representantes eleitos e os sindicatos interessados e seus representantes (art. 5º da Convenção 135 da OIT).

Frise-se ser livre a associação profissional ou sindical, observando-se que ao *sindicato* cabe a defesa dos direitos e interesses coletivos ou individuais da categoria, inclusive em questões judiciais ou administrativas, sendo obrigatória a participação dos *sindicatos* nas negociações coletivas de trabalho (art. 8º, incisos III e VI, da Constituição Federal de 1988).

O art. 39 da Portaria 671/2021 do Ministério do Trabalho e Previdência explicita que a comissão de representantes dos empregados a que se refere o Título IV-A da CLT *não substituirá* a função do sindicato de defender os direitos e os interesses coletivos ou individuais da categoria, inclusive em questões judiciais ou administrativas, hipótese em que será obrigatória a participação dos sindicatos em negociações coletivas de trabalho, nos termos dos incisos III e VI do art. 8º da Constituição Federal de 1988.

38.3 Participação na gestão da empresa

A participação na gestão da empresa, por sua vez, é prevista no art. 7º, inciso XI, segunda parte, da Constituição Federal de 1988. No entanto, o texto constitucional prevê a referida participação na gestão como forma excepcional.

A cogestão tem o objetivo de democratizar a direção da empresa, permitindo a maior participação dos empregados, o que resulta na redução das diferenças sociais, além do maior interesse dos empregados quanto ao desempenho empresarial.

A participação na gestão pode ser prevista não só em lei, mas também em acordo coletivo, convenção coletiva (art. 621 da CLT) ou mesmo em regulamento de empresa.

A participação dos trabalhadores na empresa, assim, pode ser vista como uma forma de democratização no âmbito da empresa. O regime democrático caracteriza-se pela participação dos sujeitos interessados, o que não deve se restringir à esfera política, mas também abranger o campo social. O direito dos trabalhadores de participar da gestão da empresa, desse modo, concretiza essa democratização social, mais especificamente quanto às relações de trabalho na empresa[5].

Na realidade, a participação dos trabalhadores na empresa pode envolver diferentes formas e modalidades. Nesse sentido, pode-se ter o dever do empregador de apresentar *informação* aos representantes de trabalhadores sobre condições relacionadas à empresa, ou de *consultar* os mencionados representantes, para que apresentem opinião a respeito de assuntos pertinentes à empresa. Da mesma forma, pode-se ter o direito dos representantes dos trabalhadores de *fiscalizar* as decisões da empresa, ou mesmo de participar na administração e direção da empresa. Neste último

---

[5] Cf. SILVA, Walküre Lopes Ribeiro da. *Representação e participação dos trabalhadores na gestão da empresa*. São Paulo: LTr, 1998. p. 23-26.

caso é que se tem a *cogestão* da empresa[6], a qual não se confunde com a participação nos lucros ou resultados (art. 7º, inciso XI, primeira parte, da CF/1988). Cabe lembrar, ainda, que o art. 10 da Constituição Federal de 1988 assegura "a participação dos trabalhadores e empregadores nos colegiados dos órgãos públicos em que seus interesses profissionais ou previdenciários sejam objeto de discussão e deliberação".

Como se nota, para que a participação dos trabalhadores na empresa se efetive, há necessidade de existência de representantes dos trabalhadores na empresa. A representação dos trabalhadores, assim, é o meio de se concretizar a referida participação[7].

A participação na gestão da empresa pode ser realizada por meio de "conselhos ou comitês eleitos pelos trabalhadores"[8]. Desse modo, é possível entender que a cogestão (art. 7º, inciso XI, da CF/1988) não será efetuada especificamente pelo representante dos trabalhadores previsto no art. 11 da Constituição Federal de 1988[9].

---

[6] Cf. SILVA, Walküre Lopes Ribeiro da. *Representação e participação dos trabalhadores na gestão da empresa*. São Paulo: LTr, 1998. p. 34-35.

[7] Cf. SILVA, Walküre Lopes Ribeiro da. *Representação e participação dos trabalhadores na gestão da empresa*. São Paulo: LTr, 1998. p. 28: "o objeto da participação dos trabalhadores na empresa é a representação da coletividade perante o empregador".

[8] MARTINS, Sergio Pinto. *Direito do trabalho*. 24. ed. São Paulo: Atlas, 2008. p. 754.

[9] Cf. MARTINS, Sergio Pinto. *Direito do trabalho*. 24. ed. São Paulo: Atlas, 2008. p. 752: "O representante de que fala o art. 11 da Constituição não se confunde com a pessoa que participa da gestão, pois o primeiro é aquele que irá ser eleito com a finalidade exclusiva de promover o interesse dos empregados diretamente com o empregador".

Capítulo 39

Greve

39.1 Introdução e evolução histórica

A greve é relacionada às formas de solução dos conflitos coletivos de trabalho, indicada como exemplo de autotutela, sendo tema essencial no Direito Coletivo do Trabalho, ainda que também revele interesse no Direito Processual do Trabalho.

Na história mundial da greve, ela foi inicialmente considerada um *delito*, principalmente no sistema corporativista, observando-se evolução na matéria, ao passar a ser considerada uma *liberdade*, e alcançando a condição de *direito*, como se verifica nos regimes democráticos[1].

A Lei *Le Chapelier*, de 1791, proibia qualquer forma de agrupamento profissional para a defesa de interesses coletivos. O Código Penal de Napoleão, de 1810, tipificava a greve de trabalhadores como crime sujeito à pena de prisão e multa.

Na Inglaterra, o *Combination Act*, de 1799 e 1800, considerava crime a coalizão de trabalhadores para conseguir melhores condições de trabalho.

A legislação retirou o caráter criminal da simples coalizão em 1825, na Inglaterra, e em 1864, na França. No século XIX, portanto, observa-se a tendência de tolerância das greves pacíficas, o que corresponde à visão da greve como liberdade.

Em 1947, na Itália, passou a ser reconhecida a greve como um direito.

No Direito Internacional, não se verifica Convenção ou Recomendação específica da OIT sobre o tema da greve. Há orientação de que as limitações ao exercício do direito de greve devem ser razoáveis, relativamente a serviços essenciais e funções públicas.

No Brasil, a evolução revela que a greve, inicialmente foi considerada um delito, como se observa no Código Penal de 1890 (registrando-se que, com o Decreto 1.162, de 12 de dezembro de 1890, passou a ser punida apenas a greve exercida com o uso de violência) e na Lei 38, de 4 de abril de 1935, sobre segurança nacional.

As Constituições de 1824 e 1890 não tratavam sobre a greve, o mesmo ocorrendo na Constituição de 1934.

Na Constituição de 1937, a greve e o *lockout* eram considerados recursos antissociais, nocivos ao trabalho e ao capital, e incompatíveis com os superiores interesses da produção nacional (art. 139, segunda parte).

O Decreto-lei 431, de 18 de maio de 1938, sobre segurança nacional, tipificava a greve como crime, no que se refere ao incitamento de servidor público à greve, o induzimento de empregados à paralisação coletiva dos trabalhos e a suspensão coletiva do trabalho por servidores públicos em desrespeito à lei.

O Decreto-lei 1.237, de 2 de maio de 1939, instituindo a Justiça do Trabalho, estabelecia a possibilidade de punições da greve.

No Código Penal de 1940, arts. 200 e 201, era considerada como crime a paralisação do trabalho, se houvesse perturbação da ordem pública ou se fosse contrária aos interesses públicos.

---

[1] Cf. MARTINS, Sergio Pinto. *Direito do trabalho*. 28. ed. São Paulo: Atlas, 2012. p. 880.

A Consolidação das Leis do Trabalho, de 1943, previa em seu art. 723 penas de suspensão ou dispensa do emprego, perda do cargo de representante profissional daquele em exercício de mandato sindical, suspensão de dois a cinco anos do direito de ser eleito representante sindical, nos casos de suspensão coletiva de trabalho sem autorização do tribunal do trabalho.

O art. 724 da CLT, por sua vez, previa multa ao sindicato que ordenasse suspensão do serviço, além do cancelamento do seu registro ou perda do cargo, se o ato fosse exclusivo dos administradores do sindicato.

O Decreto-lei 9.070, de 15 de março de 1946, admitia a greve nas atividades acessórias, vedando-a nas atividades fundamentais.

A Constituição de 1946 passa a reconhecer o direito de greve, que seria regulamentado por lei (art. 158).

No entanto, o entendimento do Supremo Tribunal Federal, na época, foi de que o Decreto-lei 9.070/1946 não havia sido revogado.

A Lei 4.330, de 1º de junho de 1964, considerava ilegal a greve quando: não atendidos os prazos e condições estabelecidas em lei; tivesse por objeto reivindicações julgadas improcedentes pela Justiça do Trabalho, em decisão definitiva, há menos de um ano; fosse deflagrada por motivos políticos, partidários, religiosos, morais, de solidariedade, sem quaisquer pretensões relacionadas com a categoria; tivesse a finalidade de rever norma coletiva, salvo se as condições tivessem se modificado substancialmente.

A Constituição de 1967 garantia o direito de greve aos trabalhadores (art. 158, XXI), não se permitindo a greve nos serviços públicos e em atividades essenciais a serem definidas em lei (art. 157, § 7º). Essa mesma determinação é mantida na Emenda Constitucional 1/1969 (arts. 165, XXI, e 162).

O Decreto-lei 1.632, de 4 de agosto de 1978, versava sobre a proibição da greve em serviços públicos e atividades essenciais.

A Lei 6.620, de 17 de dezembro de 1978, definindo os crimes contra a segurança nacional, previa punição ao incitamento à paralisação de serviços públicos e à cessação coletiva do trabalho por funcionários públicos.

A Constituição Federal de 1988 assegura o direito de greve, devendo os trabalhadores decidir sobre a oportunidade de exercê-lo e sobre os interesses que devem ser defendidos (art. 9º). As atividades essenciais devem ser indicadas em lei (§ 1º do art. 9º). Os abusos cometidos sujeitam os responsáveis às determinações da lei (§ 2º do art. 9º). Os servidores públicos passam a ter direito de greve, a ser exercido nos termos e nos limites definidos em lei específica (art. 37, inciso VII, com redação determinada pela Emenda Constitucional 19/1998). Em razão de diversas greves que vinham ocorrendo na época, foi editada a Medida Provisória 50, em abril de 1989, estabelecendo certas disposições restritivas ao direito de greve, a qual não foi convertida em lei. Em seguida, foi editada a Medida Provisória 59, contendo as mesmas disposições da anterior, a qual foi encaminhada ao Congresso Nacional, após o que foi aprovada a Lei 7.783/1989.

A Lei 7.783, de 28 de junho de 1989, passou a dispor sobre o exercício do direito de greve.

39.2 Natureza jurídica

A greve revela a natureza jurídica não apenas de liberdade, mas de efetivo direito, no sentido de ser a greve garantida, disciplinada e também limitada pela lei.

O direito de greve é de titularidade dos trabalhadores, mas o seu exercício é feito de forma coletiva (art. 9º da CF/1988).

Na realidade, de acordo com a Constituição Federal de 1988, a greve é um direito social, de ordem fundamental, inserido no Título II da Lei Maior.

Além disso, a greve é uma forma de solução de conflito coletivo de trabalho, ou seja, por meio da autodefesa (autotutela), por ser uma reação contra a resistência do empregador diante da reivindicação de melhores condições de trabalho.

No enfoque do contrato de trabalho, a greve tem natureza de suspensão do contrato de trabalho.

Além dos empregados, também são abrangidos pelo direito de greve os trabalhadores avulsos, tendo em vista a igualdade de direitos com os trabalhadores com vínculo empregatício permanente, conforme o art. 7º, inciso XXXIV, da Constituição da República.

39.3 Conceito

A greve pode ser conceituada como a suspensão coletiva, temporária e pacífica, total ou parcial, de prestação pessoal de serviços a empregador (Lei 7.783/1989, art. 2º).

Assim, para ser considerada greve, a suspensão do trabalho não pode ser individual, mas do grupo de empregados, ou seja, coletiva. Mesmo assim, a greve pode não afetar toda a categoria profissional, ou mesmo não alcançar todos os empregados da empresa, hipótese em que é considerada parcial.

Além disso, a suspensão deve ser temporária, e não definitiva, por não se confundir com o abandono do emprego.

Por fim, na greve a suspensão da prestação de serviços deve ser pacífica, pois vedada a utilização da violência a pessoas e bens.

39.4 Classificação

Com o objetivo de melhor compreender a matéria, devem ser analisadas as principais classificações da greve.

a) Quanto à licitude, a greve pode ser:

– greve lícita, se atendidas as determinações legais;
– greve ilícita, se as prescrições legais não forem observadas.

b) Quanto aos limites de exercício do direito, a greve pode ser:

– greve abusiva, se cometidos abusos, indo além das determinações legais;
– greve não abusiva, se exercida dentro das previsões legais, sem excessos.

Na atualidade, como a greve é prevista como direito, prefere-se a classificação acima, pertinente ao seu exercício dentro dos limites previstos no sistema jurídico, no lugar da dicotomia entre greve lícita e ilícita.

c) Quanto à extensão, a greve pode ser:

– greve global, quando alcança todos os empregados da categoria profissional;
– greve parcial, se envolve algumas empresas ou setores destas;
– greve de empresa, restrita a empregados da empresa ou setores desta[2].

A chamada "greve branca" é aquela em que os empregados param de trabalhar, mas ficam em seus postos.

Na "operação tartaruga" (em que os empregados realizam o trabalho com lentidão), e mesmo na "greve de zelo", não há paralisação do serviço. Assim, tendo em vista o sistema jurídico em vigor, não é considerada greve em sentido técnico e jurídico[3].

Conforme a motivação da greve, esta pode assumir um caráter de greve política, quando se pretende reivindicar medidas ao governo, de ordem mais genérica. Além disso, há as greves de solidariedade, quando os trabalhadores se solidarizam com outros para fazer suas reivindicações[4].

---

[2] Cf. MARTINS, Sergio Pinto. *Direito do trabalho*. 22. ed. São Paulo: Atlas, 2006. p. 836.
[3] Cf. MARTINS, Sergio Pinto. *Direito do trabalho*. 22. ed. São Paulo: Atlas, 2006. p. 836.
[4] Cf. MARTINS, Sergio Pinto. *Direito do trabalho*. 22. ed. São Paulo: Atlas, 2006. p. 836.

39.5 Limites ao direito de greve

Como já mencionado, a greve não é um direito absoluto, podendo, assim, receber limitações.

Aliás, não se verifica direito absoluto, pois necessária a sua convivência com outros direitos e garantias.

Nesse sentido, a Constituição Federal de 1988, no art. 5º, *caput*, assegura o direito à vida, liberdade, segurança, propriedade.

Ainda no art. 5º da Constituição da República Federativa, o inciso IV estabelece o direito à livre manifestação de pensamento, vedado o anonimato; o inciso V prevê que os danos morais, à imagem das pessoas e os danos materiais devem ser indenizados pelo responsável; o inciso VIII exige o respeito a convicções políticas, filosóficas e de crenças religiosas; o inciso X assegura o direito à vida privada, e o inciso XV, o direito à livre locomoção.

Todos esses direitos devem, portanto, ser observados ao se exercer o direito de greve.

A Lei 7.783/1989, no art. 2º, prevê a necessidade de ser a greve exercida de forma pacífica. O art. 6º, § 1º, determina a observância dos direitos e garantias fundamentais. O art. 6º, § 3º, por sua vez, veda a ameaça ou dano à propriedade.

Aos *militares*, há vedação constitucional quanto à greve, conforme arts. 42, § 1º, e 142, § 3º, inciso IV, da Constituição Federal de 1988.

A respeito dos *policiais civis*, cabe ressaltar que o Supremo Tribunal Federal fixou a seguinte tese de repercussão geral: "1 – O exercício do direito de greve, sob qualquer forma ou modalidade, é vedado aos policiais civis e a todos os servidores públicos que atuem diretamente na área de segurança pública. 2 – É obrigatória a participação do Poder Público em mediação instaurada pelos órgãos classistas das carreiras de segurança pública, nos termos do art. 165 do CPC, para vocalização dos interesses da categoria" (STF, Pleno, ARE 654.432/GO, Red. p/ ac. Min. Alexandre de Moraes, j. 05.04.2017).

Quanto aos *servidores públicos*, exige-se lei específica regulando o exercício do direito de greve, conforme art. 37, inciso VII, da Constituição da República, com redação determinada pela Emenda Constitucional 19/1998 (a redação original exigia lei complementar).

Em relação aos empregados públicos das sociedades de economia mista, empresas públicas e suas subsidiárias que exerçam atividade econômica, o art. 173, § 1º, inciso II, da Constituição Federal de 1988 estabelece a aplicação do regime jurídico das empresas privadas. Desse modo, aos referidos empregados públicos é perfeitamente aplicável a Lei 7.783/1989, que regula o direito de greve.

Já quanto aos servidores públicos da Administração Pública direta, autárquica e fundacional, em razão da exigência de lei específica regulando o direito de greve, o que se discute é a situação até que esta seja aprovada.

O entendimento mais tradicional, que foi adotado inicialmente pelo STF, é no sentido de que a mencionada previsão constitucional (art. 37, inciso VII) é feita por norma de eficácia limitada. Desse modo, enquanto não aprovada a lei que regulamente o direito de greve especificamente aos servidores públicos, esse direito não pode ser exercido de forma lícita.

Mesmo assim, entende-se que na ausência da lei específica é possível aplicar a Lei de Greve (Lei 7.783/1989), ainda que por analogia, mesmo para os servidores públicos, não se podendo admitir que a previsão constitucional fique sem qualquer eficácia, na dependência da boa vontade do legislador infraconstitucional. Essa tese, que foi adotada posteriormente pelo STF (julgando os Mandados de Injunção 670, 708 e 712)[5], fortalece-se ao saber que o direito de greve é um direito social, considerado, assim, de ordem fundamental, devendo ter aplicação imediata[6].

---

[5] Cf. "O Plenário do Supremo Tribunal Federal (STF) decidiu [em 25.10.2007], por unanimidade, declarar a omissão legislativa quanto ao dever constitucional em editar lei que regulamente o exercício do direito de greve no setor público e, por maioria, aplicar ao setor, no que couber, a lei de greve vigente no setor privado (Lei 7.783/1989)". Disponível em: <http://www.stf.jus.br/portal/cms/verNoticiaDetalhe.asp?idConteudo=75355>.

[6] Cf. "Ao resumir o tema, o ministro Celso de Mello salientou que 'não mais se pode tolerar, sob pena de fraudar-se a vontade da Constituição, esse estado de continuada, inaceitável, irrazoável e abusiva inércia do Congresso Nacional,

39.6 Legitimidade

Como já destacado, a titularidade do direito de greve é dos trabalhadores, pois a eles cabe decidir sobre a oportunidade de exercê-lo e sobre os interesses que devam por meio dele defender (art. 9º, *caput*, da CF/1988).

Já a legitimidade para a instauração da greve é da organização sindical dos trabalhadores, tratando-se de direito de natureza coletiva.

Quanto à *oportunidade do exercício*, a decisão deve ser tomada pelos trabalhadores, conforme o art. 1º da Lei 7.783/1989 e art. 9º, *caput*, da Constituição da República. Trata-se, aqui, do momento conveniente para deflagrar a greve.

Em conformidade com o art. 14 da Lei 7.783/1989, a greve, em regra, não pode ser instaurada quando existente acordo coletivo, convenção coletiva ou sentença normativa em vigor. Excepcionalmente, admite-se o exercício do direito de greve se ocorrerem modificações substanciais nas condições de fato, ou quando não se está cumprindo a norma coletiva. Justamente em razão disso, há entendimento de que a oportunidade da greve "deve ser conceito correlato não ao de momento, caso em que seria lícita até mesmo a greve na vigência de uma convenção coletiva, mas ao de *conveniência da paralisação*"[7]. De todo modo, a conveniência deve ser verificada diante das situações concretas[8].

Os *interesses a defender* por meio da greve são definidos pelos trabalhadores, conforme o art. 1º da Lei 7.783/1989 e art. 9º, *caput*, da Constituição da República.

Há, ainda, limites sociais ao exercício do direito de greve, de modo que esta deve ter como objetivo as condições de trabalho, que possam ser atendidas pelo empregador.

Por isso, há entendimento de que a "greve política", ou seja, buscando resultados divorciados do contrato de trabalho, perante o governo, não é possível[9]. Nessa linha de entendimento, os atos e movimentos de protesto contra o Estado (e não contra o empregador), com finalidade estritamente política (e não com o objetivo de defesa de interesses profissionais dos trabalhadores), ainda que justificáveis e válidos, não têm como ser definidos como greve propriamente[10], afastando a incidência de suas regras, princípios, direitos e deveres próprios.

Sobre o tema, devem ser destacadas as seguintes decisões:

"Recurso ordinário interposto pelo sindicato patronal. Greve. Rodoviários. Paralisação de âmbito nacional em protesto às reformas trabalhista e previdenciária. Protesto com motivação política. 1. Firme, nesta Seção, o entendimento segundo o qual a greve com caráter político é abusiva, na medida em que o empregador, conquanto seja diretamente por ela afetado, não dispõe do poder de negociar e pacificar o conflito. É o caso dos autos, no qual a categoria dos trabalhadores rodoviários do Estado do Espírito Santo aderiu à paralisação de âmbito nacional, em protesto às reformas trabalhista e previdenciária. 2. Conquanto evidente o descumprimento da liminar para assegurar metade da frota de ônibus em circulação na data da paralisação, os fatos justificam a real impossibilidade de cumprimento da ordem judicial. Recurso Ordinário parcialmente provido" (TST, SDC, RO 196-78.2017.5.17.0000, Rel. Min. Maria de Assis Calsing, *DEJT* 02.04.2018).

---

cuja omissão, além de lesiva ao direito dos servidores públicos civis – a quem se vem negando, arbitrariamente, o exercício do direito de greve, já assegurado pelo texto constitucional –, traduz um incompreensível sentimento de desapreço pela autoridade, pelo valor e pelo alto significado de que se reveste a Constituição da República'. Celso de Mello também destacou a importância da solução proposta pelos ministros Eros Grau e Gilmar Mendes. Segundo ele, a forma como esses ministros abordaram o tema 'não só restitui ao mandado de injunção a sua real destinação constitucional, mas, em posição absolutamente coerente com essa visão, dá eficácia concretizadora ao direito de greve em favor dos servidores públicos civis'". Disponível em: <http://www.stf.jus.br/portal/cms/verNoticiaDetalhe.asp?idConteudo=75355>.

[7] NASCIMENTO, Amauri Mascaro. *Compêndio de direito sindical*. 2. ed. São Paulo: LTr, 2000. p. 395.
[8] Cf. MARTINS, Sergio Pinto. *Direito do trabalho*. 22. ed. São Paulo: Atlas, 2006. p. 838.
[9] Cf. MARTINS, Sergio Pinto. *Direito do trabalho*. 22. ed. São Paulo: Atlas, 2006. p. 838: "Não será possível a greve política, pois nada poderá ser reivindicado do empregador, apenas em relação ao governo".
[10] Cf. BRITO FILHO, José Cláudio Monteiro de. *Direito sindical*. 2. ed. São Paulo: LTr, 2007. p. 255.

"Greve. Natureza política. Abusividade. A greve política não é um meio de ação direta da classe trabalhadora em benefício de seus interesses profissionais e, portanto, não está compreendida dentro do conceito de greve legal trabalhista. Entende-se por greve política, em sentido amplo, a dirigida contra os poderes públicos para conseguir determinadas reivindicações não suscetíveis de negociação coletiva. Correta, portanto, a decisão que declara a abusividade do movimento grevista com tal conotação, máxime quando inobservado o disposto na Lei 7783/1989. Recurso Ordinário conhecido e desprovido" (TST, SDC, RODC 571212/1999.0, Rel. Juiz Convocado Márcio Ribeiro do Valle, *DJ* 15.09.2000)[11].

"Recurso ordinário. Dissídio de greve. Nomeação para reitor da Pontifícia Universidade Católica de São Paulo – PUC. Candidata menos votada em lista tríplice. Observância do regulamento. Protesto com motivação política. Abusividade da paralisação. 1. A Constituição da República de 1988, em seu art. 9º, assegura o direito de greve, competindo aos trabalhadores decidir sobre a oportunidade de exercê-lo e os interesses que devam por meio dele defender. 2. Todavia, embora o direito de greve não seja condicionado à previsão em lei, a própria Constituição (art. 114, § 1º) e a Lei 7.783/1989 (art. 3º) fixaram requisitos para o exercício do direito de greve (formais e materiais), sendo que a inobservância de tais requisitos constitui abuso do direito de greve (art. 14 da Lei 7.783). 3. Em um tal contexto, os interesses suscetíveis de serem defendidos por meio da greve dizem respeito a condições contratuais e ambientais de trabalho, ainda que já estipuladas, mas não cumpridas; em outras palavras, o objeto da greve está limitado a postulações capazes de serem atendidas por convenção ou acordo coletivo, laudo arbitral ou sentença normativa da Justiça do Trabalho, conforme lição do saudoso Ministro Arnaldo Süssekind, em conhecida obra. 4. Na hipótese vertente, os professores e os auxiliares administrativos da PUC se utilizaram da greve como meio de protesto pela não nomeação para o cargo de reitor do candidato que figurou no topo da lista tríplice, embora admitam que a escolha do candidato menos votado observou as normas regulamentares. Portanto, a greve não teve por objeto a criação de normas ou condições contratuais ou ambientais de trabalho, mas se tratou de movimento de protesto, com caráter político, extrapolando o âmbito laboral e denotando a abusividade material da paralisação. Recurso ordinário conhecido e provido, no tema" (TST, SDC, RO 51534-84.2012.5.02.0000, Rel. Min. Walmir Oliveira da Costa, *DEJT* 20.06.2014).

"Dissídio coletivo. Greve política, como forma de pressão ao atendimento de reivindicações junto aos Poderes Legislativo e Executivo do Município. Segundo o disposto no art. 1º da Lei 7.783/1989, compete aos trabalhadores decidir sobre os interesses que devam por meio da greve perseguir, existindo limitação somente no que diz respeito a objetivos estranhos à categoria profissional. No caso dos autos, não existe qualquer reivindicação da categoria que possa ser atendida pelo empregador. Embora o Sindicato Profissional tente qualificar o movimento como atípico de mero 'protesto' e não de greve, ele próprio se encarrega de esclarecer que o movimento eclodiu repentinamente e sem prévia deliberação. Na verdade, trata-se de greve política, como forma de pressão ao atendimento de reivindicações junto aos Poderes Legislativo e Executivo do Município, em total desrespeito à população, que ficou privada do meio de transporte coletivo servido pelos ônibus. Diante das irregularidades citadas e do não cumprimento dos requisitos legais para a deflagração do movimento, tanto no aspecto formal como no material, a greve foi declarada abusiva" (TRT 15ª Região, SE, DC 063/1998, Acórdão 000660/1998, RODC 571212/1999.0, Rel. Juiz Edison Laércio de Oliveira, *DOE* 01.12.1999).

"Atividade essencial. Greve dos metroviários. Abusividade material do movimento. O movimento de paralisação dos serviços qualificados no art. 9º da Constituição Federal tem de estar vinculado

---

[11] No mesmo sentido, cf. TST, SDC, RODC 454136/1998.7, Rel. Min. Valdir Righetto, *DJ* 06.08.1999.

à reivindicação contida no contrato de trabalho. Esta é a materialidade necessária, para que se possa falar em greve. Se a paralisação dos serviços ocorreu por motivação política, a 'greve', por mais justa que possa parecer, deve ser considerada materialmente abusiva. Por outro lado, o não atendimento à ordem judicial de manutenção mínima dos serviços configura também afronta ao sistema jurídico positivo, sustentáculo do Estado Democrático de Direito, impondo-se, por consequência, a aplicação da multa por descumprimento da liminar. Greve que se julga abusiva" (TRT 2ª Região, SDC, 20258-2006-000-02-00-5, Acórdão 2007000529, Rel. Juiz Nelson Nazar, *DOE* 02.04.2007).

Mesmo assim, cabe registrar a existência de corrente que defende serem válidas as greves políticas (especialmente se a motivação política se vincular a fatores de repercussão na vida e trabalho dos grevistas), pois cabe aos trabalhadores decidir os interesses a serem defendidos, sabendo-se que as greves não necessitam circunscrever-se a interesses estritamente contratuais trabalhistas[12].

A "greve de solidariedade", por sua vez, é lícita desde que as reivindicações sejam referentes também aos seus contratos de trabalho, em face do empregador.

39.7 Procedimento

Cabe analisar o procedimento pelo qual o movimento de greve pode passar.

Primeiramente, tem-se a negociação coletiva, ou seja, a tentativa de solução do conflito por meio da autocomposição. Trata-se de fase antecedente e necessária, sendo possível, ainda, a mediação nos órgãos do Ministério do Trabalho (art. 616, § 1º, CLT).

Conforme a Orientação Jurisprudencial 11 da SDC do TST: "É abusiva a greve levada a efeito sem que as partes hajam tentado, direta e pacificamente, solucionar o conflito que lhe constitui o objeto".

Não sendo obtido sucesso na fase inicial de negociação coletiva, a arbitragem é indicada como via meramente facultativa, conforme o art. 3º da Lei 7.783/1989.

Ultrapassadas as referidas fases, a Assembleia Geral deve ser convocada pela entidade sindical, para definir as reivindicações da categoria, deliberando sobre a greve, conforme o estatuto (art. 4º da Lei 7.783/1989).

A legitimidade para o exercício do direito de greve é do sindicato. Na ausência deste, a legitimidade é da federação e, na ausência desta última, da confederação. Na falta de entidade sindical, admite-se a "comissão de negociação", conforme os arts. 4º, § 2º, e 5º, Lei 7.783/1989.

Efetivamente, a Lei 7.783/1989, sobre o exercício do direito de greve, no art. 4º, § 2º, estabelece que na falta de entidade sindical, a assembleia geral dos trabalhadores interessados deliberará a respeito da definição das reivindicações da categoria e sobre a paralisação coletiva da prestação dos serviços, "constituindo comissão de negociação".

Por isso, o art. 5º da mesma lei estabelece que a "entidade sindical ou comissão especialmente eleita representará os interesses dos trabalhadores nas negociações ou na Justiça do Trabalho". Como se nota, para o dissídio coletivo de greve, a lei expressamente menciona, de forma genérica, as entidades sindicais, e a referida comissão especialmente eleita, como representantes dos interesses dos trabalhadores[13].

Anteriormente, a Orientação Jurisprudencial 12 da SDC do TST, cancelada na atualidade, assim previa: "Greve. Qualificação jurídica. Ilegitimidade ativa *ad causam* do sindicato profissional que de-

---

[12] Cf. DELGADO, Mauricio Godinho. *Curso de direito do trabalho*. 4. ed. São Paulo: LTr, 2005. p. 1416 e 1421.
[13] Cf. MARTINS, Sergio Pinto. *Direito do trabalho*. 22. ed. São Paulo: Atlas, 2006. p. 841: "A Lei 7.783 concede, portanto, a possibilidade da comissão dos trabalhadores não organizados em sindicato instaurar dissídio coletivo. Não se conflita essa norma com o § 2º do art. 114 da Constituição, visto que esta determina apenas que é uma 'faculdade' do sindicato instaurar o dissídio coletivo, permitindo, assim, o ajuizamento por empresa e até mesmo pela comissão de trabalhadores inorganizados em sindicato".

flagra o movimento. Não se legitima o sindicato profissional a requerer judicialmente a qualificação legal de movimento paredista que ele próprio fomentou". Com o cancelamento da referida Orientação Jurisprudencial, o TST passou a entender que o art. 114, inciso II, da Constituição da República, com redação determinada pela Emenda Constitucional 45/2004, ao estabelecer a competência da Justiça do Trabalho para processar e julgar "as ações que envolvam exercício do direito de greve", na realidade, reconhece a legitimidade das entidades sindicais, tanto patronais como também de trabalhadores, para provocar a solução judicial do conflito coletivo.

Efetivamente, não havendo êxito na negociação coletiva de trabalho, se o empregador não concordar com o ajuizamento do dissídio coletivo de natureza econômica, na forma do atual § 2º do art. 114 da Constituição Federal de 1988, invocando a ausência de "comum acordo", assegura-se à categoria profissional a alternativa do exercício do direito de greve, como forma de pressão para a negociação coletiva ou mesmo para obter a solução jurisdicional.

Desse modo, como decidido pela SDC do TST: "malograda a negociação coletiva, inviabilizada a busca da solução da lide pela via judicial, em face da não concordância do suscitado com o ajuizamento do feito, e, ainda, admitir a legitimidade exclusiva do segmento econômico para, unilateralmente, ajuizar o dissídio coletivo de greve, com pedido de abusividade do movimento, geraria uma situação de extrema dificuldade para os trabalhadores, além de afronta ao princípio da isonomia" (TST, SDC, RODC 6800-05.2008.5.23.0000, Rel. Min. Dora Maria da Costa, *DEJT* 23.04.2010, trecho do acórdão).

Quanto ao aviso prévio de greve, o art. 3º, parágrafo único, Lei 7.783/1989 prevê antecedência mínima de 48 horas para a notificação do sindicato patronal ou dos empregadores diretamente interessados.

Nos serviços ou atividades essenciais, a antecedência mínima deve ser de 72 horas[14].

O art. 9º, § 1º, da Constituição Federal remete à lei a definição dos serviços ou atividades essenciais, bem como a disposição sobre o atendimento das necessidades inadiáveis da comunidade.

Os "serviços ou atividades essenciais", previstos no art. 9º, § 1º, da Constituição da República, estão arrolados no art. 10 da Lei 7.783/1989. Mesmo assim, há entendimento de que o referido rol não é exaustivo, mas exemplificativo.

Vejamos os serviços ou atividades essenciais previstos na Lei 7.783/1989, art. 10: tratamento e abastecimento de água, produção e distribuição de energia elétrica, gás e combustíveis; assistência médica e hospitalar; distribuição e comercialização de medicamentos e alimentos; funerários; transporte coletivo; captação e tratamento de esgoto e lixo; telecomunicações; guarda, uso e controle de substâncias radioativas, equipamentos e materiais nucleares; processamento de dados ligados a serviços essenciais; controle de tráfego aéreo e navegação aérea; compensação bancária; atividades médico-periciais relacionadas com o regime geral de previdência social e a assistência social; atividades médico-periciais relacionadas com a caracterização do impedimento físico, mental, intelectual ou sensorial da pessoa com deficiência, por meio da integração de equipes multiprofissionais e interdisciplinares, para fins de reconhecimento de direitos previstos em lei, em especial na Lei 13.146/2015 (Estatuto da Pessoa com Deficiência); outras prestações médico-periciais da carreira de Perito Médico Federal indispensáveis ao atendimento das necessidades inadiáveis da comunidade; atividades portuárias.

O art. 11 do mesmo diploma legal estabelece regra para garantir, quanto aos mencionados serviços ou atividades essenciais, durante a greve, a prestação dos serviços indispensáveis ao atendimento das necessidades inadiáveis da comunidade.

Desse modo, nos serviços ou atividades essenciais, os sindicatos, os empregadores e os trabalhadores ficam obrigados, de comum acordo, a garantir, durante a greve, a prestação dos serviços

---

[14] "Art. 13. Na greve, em serviços ou atividades essenciais, ficam as entidades sindicais ou os trabalhadores, conforme o caso, obrigados a comunicar a decisão aos empregadores e aos usuários com antecedência mínima de 72 (setenta e duas) horas da paralisação".

indispensáveis ao atendimento das necessidades inadiáveis da comunidade. São necessidades inadiáveis da comunidade aquelas que, não atendidas, coloquem em perigo iminente a sobrevivência, a saúde ou a segurança da população.

De acordo com a Orientação Jurisprudencial 38 da SDC do TST: "Greve. Serviços essenciais. Garantia das necessidades inadiáveis da população usuária. Fator determinante da qualificação jurídica do movimento. É abusiva a greve que se realiza em setores que a lei define como sendo essenciais à comunidade, se não é assegurado o atendimento básico das necessidades inadiáveis dos usuários do serviço, na forma prevista na Lei 7.783/1989".

Há os serviços indispensáveis ao atendimento das necessidades inadiáveis da comunidade, como prevê o art. 9º, § 1º, da Constituição da República, objeto de regra no art. 11 da Lei 7.783/1989, referindo-se à sobrevivência, saúde, segurança da população. Nesses casos, cabe ao Poder Público atender a tais necessidades, providenciando a prestação dos serviços indispensáveis, se os empregadores e os trabalhadores descumprirem o dever de, em consenso, garantir durante a greve esse atendimento das necessidades inadiáveis (art. 12 da Lei 7.783/1989).

Quanto à manutenção dos bens, o art. 9º da Lei 7.783/1989 exige que sejam assegurados os serviços cuja paralisação resulte em prejuízo irreparável, pela deterioração irreversível de bens, máquinas e equipamentos, e a manutenção daqueles essenciais à retomada das atividades da empresa quando da cessação do movimento. Não havendo acordo, é assegurado ao empregador, enquanto perdurar a greve, o direito de contratar diretamente os referidos serviços necessários.

39.8 Direitos e deveres

O art. 6º da Lei 7.783/1989 prevê os principais direitos e deveres dos envolvidos com o movimento de greve.

Desse modo, quanto aos direitos, pode ocorrer:

– o emprego de meios *pacíficos*, tendentes a persuadir ou aliciar os trabalhadores a aderirem à greve;

– a arrecadação de fundos para sustentar o movimento de greve, durante os dias de paralisação;

– a livre divulgação do movimento.

Logo, admite-se a realização de piquetes pacíficos, como forma legítima de persuasão e divulgação do movimento grevista. Cf. TST, 7ª T., RR-100100-29.2008.5.05.0612, Rel. Des. Conv. Ubirajara Carlos Mendes, *DEJT* 31.08.2018.

Por outro lado, quanto aos deveres:

– exige-se a observância dos direitos e garantias fundamentais de outrem;

– é vedado à empresa adotar meios para constranger o empregado ao comparecimento ao trabalho e capazes de frustrar a divulgação do movimento;

– as manifestações e atos de persuasão não podem impedir o acesso ao trabalho, nem causar ameaça ou dano à propriedade.

Por isso, entende-se que a sabotagem é vedada, o mesmo ocorrendo com a ocupação do estabelecimento pelos trabalhadores[15].

---

[15] "3. Não se pode ter como pacífica a ocupação da propriedade privada ou pública do empregador. A invasão, por si só, já consiste em ato belicoso, independentemente de resultar em dano efetivo à pessoa ou ao patrimônio, riscos inerentes à ação. Trata-se de atitude reprovável, contrária ao direito de greve, conforme deixa claro o art. 6º, § 1º, da Lei 7.783/1989. 4. Mantida a declaração de abusividade da greve, por fundamento diverso" (TST, SDC, RO-527-64.2015.5.05.0000, Rel. Min. Maria de Assis Calsing, *DEJT* 18.12.2015).

39.9 Abuso do direito de greve

O art. 9º, § 2º, da Constituição da República, concretizando o princípio universal de que a ninguém se deve lesar, prevê que os abusos cometidos durante a greve sujeitam os responsáveis às penas da lei.

O art. 188, inciso I, do Código Civil de 2002 (correspondente ao art. 160, inciso I, do CC/1916) prevê que o exercício regular de um direito reconhecido não constitui ato ilícito (limites).

Nessa linha, o Código Civil de 2002, no art. 187, considera ato ilícito o exercício de um direito excedendo manifestamente os limites impostos pelo seu fim econômico ou social, pela boa-fé ou pelos bons costumes.

Cabe reiterar a previsão da Orientação Jurisprudencial 38 da SDC do TST, com a seguinte redação: "Greve. Serviços essenciais. Garantia das necessidades inadiáveis da população usuária. Fator determinante da qualificação jurídica do movimento. É abusiva a greve que se realiza em setores que a lei define como sendo essenciais à comunidade, se não é assegurado o atendimento básico das necessidades inadiáveis dos usuários do serviço, na forma prevista na Lei 7.783/1989".

De acordo com o art. 14 da Lei 7.783/1989, a inobservância das determinações desse diploma legal e a manutenção da paralisação após a celebração de acordo, convenção ou sentença normativa são caracterizadas como abuso do direito de greve.

A Orientação Jurisprudencial 1 da SDC do TST previa que: "O ordenamento legal vigente assegura a via da ação de cumprimento para as hipóteses de inobservância de norma coletiva em vigor, razão pela qual é abusivo o movimento grevista deflagrado em substituição ao meio pacífico próprio para a solução do conflito".

Esse verbete jurisprudencial, no entanto, foi cancelado (DJ de 22.06.2004), pois violava a previsão literal e expressa do art. 14, parágrafo único, inciso I, Lei 7.783/1989, de acordo com o qual na vigência de acordo, convenção ou sentença normativa, não constitui abuso do exercício do direito de greve a paralisação com o objetivo de exigir o cumprimento de cláusula ou condição.

Havendo fato novo ou acontecimento imprevisto que modifique substancialmente a relação de trabalho, o art. 14, parágrafo único, inciso II, da Lei 7.783/1989 admite a instauração da greve.

Trata-se de norma que adota a *teoria da imprevisão*.

39.10 Efeitos sobre o contrato de trabalho

De acordo com o art. 7º da Lei 7.783/1989, a greve é considerada como hipótese de suspensão do contrato de trabalho. As relações obrigacionais durante o período devem ser regidas pelo acordo, convenção, sentença arbitral ou sentença normativa.

Além disso, durante a greve são vedadas a rescisão contratual e a contratação de trabalhadores substitutos, exceto nas hipóteses dos arts. 9º, parágrafo único, e 14, *caput*, da Lei 7.783/1989 (contratação dos serviços necessários para a manutenção de máquinas e equipamentos durante a greve, inobservância das normas do referido diploma legal e continuidade da paralisação após a celebração de norma coletiva ou a sentença normativa).

É proibida a contratação de trabalho temporário para a substituição de trabalhadores em greve, salvo nos casos previstos em lei (art. 2º, § 1º, da Lei 6.019/1974). Logo, apenas nas hipóteses de *greve abusiva* é possível a contratação de trabalhadores temporários em substituição de grevistas.

A simples adesão à greve não constitui falta grave, como explicita a Súmula 316 do STF.

O art. 15 da Lei 7.783/1989 prevê a responsabilidade do empregado pelas condutas faltosas que vier a praticar.

A responsabilidade pelos atos praticados, ilícitos ou crimes cometidos, no curso da greve, deve ser apurada, conforme o caso, segundo a legislação trabalhista, civil ou penal.

Não há abandono de emprego quanto aos empregados que aderem à greve, por faltar o elemento intencional do abandono.

Questão controvertida refere-se ao pagamento dos dias parados.

Há quem defenda que na greve abusiva os salários referentes aos dias de greve não são devidos, com apoio na Orientação Jurisprudencial 10 da SDC do TST[16].

Diversamente, se a greve não é abusiva, os salários do período de paralisação passam a ser devidos.

A segunda corrente entende que os salários do período de greve não são devidos, seja a greve abusiva ou não, por se tratar de suspensão do contrato de trabalho, conforme definição legal, devendo os empregados correr o risco de sua deliberação quanto ao movimento paredista.

Essa segunda corrente, no entanto, poderia reduzir a efetividade do direito fundamental de greve.

De todo modo, na jurisprudência do TST prevalece o seguinte entendimento:

"Compensação e pagamento dos dias parados. Greve de longa duração. O entendimento que prevalece nessa SDC é de que a greve configura a suspensão do contrato de trabalho, e, por isso, como regra geral, não é devido o pagamento dos dias de paralisação, exceto quando a questão é negociada entre as partes ou em situações excepcionais, como na paralisação motivada por descumprimento de instrumento normativo coletivo vigente, não pagamento de salários e más condições de trabalho. No caso, não se constata a ocorrência de nenhuma das hipóteses excepcionais admitidas pela jurisprudência, que, se motivadora da paralisação dos serviços, justificaria a decretação do pagamento dos dias parados. Entretanto, a jurisprudência da C. SDC entende que, se a greve perdurar por longo período no tempo, o desconto salarial integral pode acarretar prejuízos econômicos e sociais excessivos aos trabalhadores, razão por que é possível preservar seu salário com a compensação de parte dos dias parados. Nesse sentido, deve se considerada a oferta do recorrente no sentido de fixar o desconto salarial de 50% dos dias paralisados e a compensação dos outros 50%. Precedentes. Recurso ordinário a que se dá provimento" (TST, SDC, RO 220-38.2016.5.10.0000, Rel. Min. Kátia Magalhães Arruda, *DEJT* 20.06.2017).

Frise-se que o Supremo Tribunal Federal aprovou a seguinte tese de repercussão geral: "A administração pública deve proceder ao desconto dos dias de paralisação decorrentes do exercício do direito de greve pelos servidores públicos, em virtude da suspensão do vínculo funcional que dela decorre, permitida a compensação em caso de acordo. O desconto será, contudo, incabível se ficar demonstrado que a greve foi provocada por conduta ilícita do Poder Público" (STF, Pleno, RE 693.456/RJ, Rel. Min. Dias Toffoli, j. 27.10.2016).

39.11 Instauração de dissídio coletivo

A iniciativa na instauração do dissídio coletivo de greve é de qualquer das partes ou do Ministério Público do Trabalho, conforme o art. 8º da Lei 7.783/1989.

Como já mencionado, o art. 114, § 2º, da Constituição Federal de 1988, com redação dada pela Emenda Constitucional 45/2004, passou a exigir o consenso entre as partes para o ajuizamento do dissídio coletivo de natureza econômica.

Assim, revela-se controvertido saber se esse requisito é exigido, também, para o dissídio coletivo de greve.

Esse é um processo coletivo diferenciado, em que se observa tanto o aspecto declaratório, em decisão a respeito da abusividade ou não do exercício desse direito, como o aspecto econômico, pois a sentença normativa decide a respeito de novas condições de trabalho almejadas, com a incidência do

---

[16] "Greve abusiva não gera efeitos. É incompatível com a declaração de abusividade de movimento grevista o estabelecimento de quaisquer vantagens ou garantias a seus partícipes, que assumiram os riscos inerentes à utilização do instrumento de pressão máximo".

poder normativo. Além disso, faz-se necessário regular as relações obrigacionais durante o período de greve, como a questão a respeito do pagamento ou não dos dias parados (art. 7º da Lei 7.783/1989)[17].

Portanto, o dissídio coletivo de greve não se confunde com o tradicional dissídio coletivo de natureza econômica.

Observada essa diferenciação, nota-se que o § 2º do art. 114 da Constituição da República faz menção, apenas, ao dissídio coletivo de natureza econômica, nada regulando a respeito daquele decorrente da greve.

A greve, aliás, é objeto de disposições processuais distintas e específicas, encontradas no inciso II do art. 114 e no seu § 3º. Portanto, o comando do § 2º do art. 114 da Constituição da República não abrange o dissídio coletivo de greve, que possui regulamentação própria.

Dessa forma, embora tema não seja pacífico, entende-se não haver exigência de consenso para o ajuizamento de dissídio de greve, permanecendo em vigor, neste aspecto, a disposição específica do art. 8º da Lei 7.783/1989, ao prever a possibilidade de instauração do dissídio coletivo, em caso de greve, por iniciativa das partes ou do Ministério Público do Trabalho, devidamente adaptado ao § 3º do art. 114 da Constituição Federal de 1988.

Em favor dessa interpretação incide o princípio da razoabilidade, pois, durante a greve, normalmente os ânimos estão mais acirrados, dificultando o consenso entre as partes até mesmo a respeito do ajuizamento do dissídio coletivo, não sendo adequado eternizar o impasse e a paralisação coletiva do trabalho, em prejuízo da sociedade.

Aliás, tratando-se de greve em atividade essencial, com possibilidade de lesão do interesse público, o ajuizamento do dissídio coletivo pelo Ministério Público do Trabalho não exige, obviamente, o comum acordo das partes conflitantes a respeito (art. 114, § 3º, da CF/1988, com redação dada pela Emenda Constitucional 45/2004).

No caso de greve, a legitimação do Ministério Público do Trabalho para ajuizar o dissídio coletivo era prevista, de forma específica, apenas na legislação infraconstitucional, o que estava de acordo com suas atribuições constitucionais. A Lei Complementar 75/1993, no art. 83, inciso VIII, confere ao Ministério Público do Trabalho a legitimidade para instaurar instância em caso de greve, quando a defesa da ordem jurídica ou o interesse público assim o exigir, o mesmo sendo previsto, de forma genérica, no art. 8º da Lei 7.783/1989 e no art. 856 da CLT. Tendo em vista os arts. 127, *caput*, e 129, inciso IX, da Constituição Federal, tem-se a constitucionalidade dessa previsão no ordenamento infraconstitucional.

A atual disposição, *específica* para o dissídio coletivo de greve e a legitimidade do Ministério Público do Trabalho, não só elevou ao patamar constitucional essa legitimidade, mas a restringiu aos casos de "greve em atividade essencial, com possibilidade de lesão do interesse público". Portanto, o art. 83, inciso VIII, da Lei Complementar 75/1983, ao tratar da instauração do dissídio coletivo pelo Ministério Público do Trabalho em caso de greve, "quando a defesa da ordem jurídica ou o interesse público assim o exigir", deve ser interpretado de acordo com a disposição constitucional em vigor, ou seja, no sentido de se tratar de greve em atividade essencial.

No entanto, há entendimento de que a Emenda Constitucional 45/2004 não restringe a atuação do MPT somente aos dissídios coletivos de greve em atividades essenciais, permanecendo em vigor a previsão mais ampla da Lei Complementar 75/1993, pois de acordo com as atribuições constitucionais do *Parquet*.

O art. 114, § 3º, da Constituição da República não autoriza a instauração *ex officio* do dissídio coletivo, pelo presidente do tribunal, confirmando-se a derrogação da previsão que existia no art. 856 da CLT[18].

---

[17] Cf. MARTINS FILHO, Ives Gandra. *Processo coletivo do trabalho*. 2. ed. São Paulo: LTr, 1996. p. 60-63.
[18] Cf. MARTINS, Sergio Pinto. *Comentários à CLT*. 5. ed. São Paulo: Atlas, 2002. p. 842: "O art. 8º da Lei 7.783/1989 derrogou a parte do art. 856 da CLT que permite ao presidente do tribunal instaurar o dissídio em caso de greve.

A possibilidade de ajuizamento do dissídio coletivo de greve pelo Ministério Público do Trabalho não exclui a legitimidade dos entes sindicais (art. 8º da Lei 7.783/1989), pois o § 3º do art. 114 da Constituição Federal de 1988 *não* estabelece que o *Parquet* Laboral detém legitimidade exclusiva para a medida.

Além disso, conforme a Orientação Jurisprudencial 11 da SDC do TST: "É abusiva a greve levada a efeito sem que as partes hajam tentado, direta e pacificamente, solucionar o conflito que lhe constitui o objeto".

O art. 9º, § 1º, da Constituição Federal remete à lei a definição dos serviços ou atividades essenciais, bem como a disposição sobre o atendimento das necessidades inadiáveis da comunidade. Regulamentando essa disposição, a Lei 7.783/1989, no art. 10, arrola os serviços ou atividades essenciais, já mencionadas anteriormente.

Portanto, tratando-se de greve em atividades relacionadas no art. 10 da Lei 7.783/1989, e se houver possibilidade de lesão do interesse público, o Ministério Público do Trabalho pode ajuizar o dissídio coletivo, competindo à Justiça do Trabalho decidir o conflito. Como se sabe, no dissídio coletivo de greve, o tribunal do trabalho decide não apenas sobre o exercício abusivo ou não do direito de greve, proferindo decisão declaratória a respeito, mas também sobre o conflito coletivo de trabalho em si, estabelecendo, ou não, novas condições de trabalho[19].

Mesmo não tendo ajuizado o dissídio coletivo, o Ministério Público do Trabalho sempre participa do respectivo processo, conforme art. 864 da CLT, art. 11 da Lei 7.701/1988 e art. 83, inciso IX, da Lei Complementar 75/1993.

Ainda sobre a greve, merece destaque o inciso II do art. 114 da Constituição Federal, que atribui à Justiça do Trabalho a competência para processar e julgar "as ações que envolvam o exercício do direito de greve".

Como o dispositivo não traz qualquer ressalva, ele poderia ser interpretado de forma abrangente, incluindo as greves exercidas pelos servidores públicos civis (art. 37, inciso VII, da CF/1988), sabendo-se que o art. 142, § 3º, inciso IV, da Constituição de 1988 veda a sindicalização e a greve ao militar. Dessa forma, caberia à Justiça do Trabalho o julgamento da regularidade do exercício do referido direito de greve, tratando-se de competência em razão da matéria, independentemente de outros aspectos (como o regime jurídico, se trabalhista ou estatutário), os quais são levados em consideração apenas no inciso I do art. 114 da Constituição Federal de 1988.

Para ações decorrentes do exercício do direito de greve (inciso II do art. 114 da Constituição da República) não há qualquer restrição quanto à previsão constitucional, até porque pode ocorrer a existência de ente sindical abrangendo servidores públicos regidos pela CLT e outros regidos por estatuto.

Nessa linha de entendimento, em tese, na ação ajuizada em razão do movimento paredista deflagrado por referidos servidores, questionando, por exemplo, a possibilidade e a regularidade do exercício do direito em questão, e pleiteando a sua cessação, tem-se a competência da Justiça do Trabalho. Observe-se que, nesse caso, não se trata de exercício do poder normativo, até porque envolve ente de direito público, mas sim de ação judicial cujo objeto é a cessação de movimento grevista. Entretanto, o entendimento que prevalece é no sentido de que a competência para processar e julgar ações referen-

---

Agora apenas o dissídio pode ser instaurado por iniciativa de qualquer das partes ou pelo Ministério Público do Trabalho"; MARTINS FILHO, Ives Gandra. *Processo coletivo do trabalho*. 2. ed. São Paulo: LTr, 1996. p. 84-85: "Tendo em vista que a Constituição Federal vedou a intervenção do Poder Público na organização sindical (art. 8º, I), e assegurou um direito de greve mais amplo do que a Carta de 1967/1969, deixando aos trabalhadores a decisão sobre a oportunidade de exercê-lo e os interesses a serem defendidos, limitando-se a assegurar o atendimento às necessidades inadiáveis da população (art. 9º e § 1º), tem-se entendido que não mais pode o Judiciário, de ofício, intervir no conflito coletivo de trabalho, chamando a si a composição da lide pela cessação da greve e julgamento do dissídio".

[19] De acordo com a Orientação Jurisprudencial 10 da SDC do TST: "Greve abusiva não gera efeitos. É incompatível com a declaração de abusividade de movimento grevista o estabelecimento de quaisquer vantagens ou garantias a seus partícipes, que assumiram os riscos inerentes à utilização do instrumento de pressão máximo".

tes a greves de servidores públicos estatutários não é da Justiça do Trabalho, tendo em vista a aplicação, também nesse caso, do entendimento do STF, constante da ADI-MC 3.395/DF[20].

Frise-se ainda que o Supremo Tribunal Federal fixou a seguinte tese de repercussão geral: "A justiça comum, federal ou estadual, é competente para julgar a abusividade de greve de servidores públicos celetistas da Administração pública direta, autarquias e fundações públicas" (STF, Pleno, RE 846.854/SP, Red. p/ ac. Min. Alexandre de Moraes, j. 01.08.2017).

Logo, prevaleceu no Supremo Tribunal Federal o entendimento de que a matéria sobre *abusividade de greve* de servidores públicos celetistas (da administração pública direta, autarquias e fundações públicas) compete à Justiça comum (federal ou estadual)[21].

De todo modo, nota-se que o mencionado dispositivo constitucional (art. 114, inciso II) apresenta redação genérica, não se restringindo aos dissídios coletivos de greve. Aliás, quanto a estes, o tema é versado de forma mais específica nos §§ 2º e 3º do art. 114 da Constituição da República.

O exercício do direito de greve pode dar origem ao ajuizamento de ações com diversos objetos e finalidades, não apenas voltadas ao campo trabalhista, mas também civil (art. 15 da Lei 7.783/1989)[22]. Por exemplo, a ação de responsabilidade civil, ajuizada por terceiro prejudicado em razão de ato culposo praticado pelos grevistas (ou pelas organizações sindicais)[23], como envolve o exercício do direito de greve, passa a ser da competência da Justiça do Trabalho, por expressa determinação constitucional (inciso II do art. 114), embora não se refira a relação de trabalho propriamente (inciso I do art. 114).

Como se nota, houve ampliação da competência da Justiça do Trabalho. Para essas ações, ainda que relacionadas ao direito de greve, que não se refiram ao dissídio coletivo propriamente, a competência originária, hierárquico-funcional, é da Vara do Trabalho, justamente por não envolver a solução do próprio conflito coletivo de trabalho. Os dissídios coletivos de greve é que são de competência originária, conforme o caso, dos Tribunais Regionais do Trabalho ou do Tribunal Superior do Trabalho (art. 856 da CLT e Lei 7.701/1988, art. 2º, inciso I, *a*).

---

[20] "Inconstitucionalidade. Ação direta. Competência. Justiça do Trabalho. Incompetência reconhecida. Causas entre o Poder Público e seus servidores estatutários. Ações que não se reputam oriundas de relação de trabalho. Conceito estrito desta relação. Feitos da competência da Justiça Comum. Interpretação do art. 114, inc. I, da CF, introduzido pela EC 45/2004. Precedentes. Liminar deferida para excluir outra interpretação. O disposto no art. 114, I, da Constituição da República, não abrange as causas instauradas entre o Poder Público e servidor que lhe seja vinculado por relação jurídico-estatutária" (STF, Pleno, ADI-MC 3.395/DF, Rel. Min. Cezar Peluso, *DJ* 10.11.2006).

[21] "Constitucional. Direitos sociais. Competência para o julgamento da legalidade de greve de servidores públicos celetistas. Justiça Comum. Fixação de tese de repercussão geral. 1. É competência da justiça comum, federal ou estadual, conforme o caso, o julgamento de dissídio de greve promovida por servidores públicos, na linha do precedente firmado no MI 670 (Rel. Min. Maurício Corrêa, Rel. p/ acórdão Min. Gilmar Mendes, Tribunal Pleno, *DJe* de 30.10.2008). 2. As Guardas Municipais executam atividade de segurança pública (art. 144, § 8º, da CF), essencial ao atendimento de necessidades inadiáveis da comunidade (art. 9º, § 1º, CF), pelo que se submetem às restrições firmadas pelo Supremo Tribunal Federal no julgamento do ARE 654.432 (Rel. Min. Edson Fachin, redator para acórdão Min. Alexandre de Moraes, Tribunal Pleno, julgado em 05.04.2017). 3. A essencialidade das atividades desempenhadas pelos servidores públicos conduz à aplicação da regra de competência firmada pelo Supremo Tribunal Federal no MI 670, mesmo em se tratando de servidores contratados pelo Estado sob o regime celetista. 4. Negado provimento ao recurso extraordinário e fixada a seguinte tese de repercussão geral: 'A Justiça Comum Federal ou Estadual é competente para julgar a abusividade de greve de servidores públicos celetistas da administração direta, autarquias e fundações de direito público'" (STF, Pleno, RE 846.854/SP, Rel. p/ ac. Min. Alexandre de Moraes, *DJe* 07.02.2018).

[22] Cf. AZEVEDO, Álvaro Villaça. Proposta de classificação da responsabilidade objetiva: pura e impura. Alguns casos de indenização no direito do trabalho. *Revista de Direito do Trabalho*, São Paulo, RT, ano 26, n. 100, p. 37, out.-dez. 2000: "o direito de greve deve ser exercido nos limites legais, não podendo exorbitar em abusos ou em práticas ilícitas, seja com danos a pessoas ou a patrimônios. Seja qual for o agressor, pessoas físicas (empregados) ou pessoas jurídicas (sindicatos), será responsável pelos prejuízos a que derem causa. A responsabilidade de que se cuida é extracontratual ou aquiliana, subjetiva ou delitual em princípio, podendo, é certo, com relação ao empregado, causar a ruptura de seu contrato de trabalho por justa causa".

[23] Cf. NASCIMENTO, Amauri Mascaro. *Compêndio de direito sindical*. 2. ed. São Paulo: LTr, 2000. p. 420-421.

Da mesma forma, ações ajuizadas pelo empregador, de natureza possessória, com pedido de desocupação do estabelecimento pelos grevistas, e ações ajuizadas pelos grevistas, para assegurar aspectos do exercício do direito de greve, também são de competência da Justiça do Trabalho[24].

Entretanto, em ação de indenização por danos materiais e morais ajuizada por terceiro em face de instituição ou empresa envolvida em greve, sobre matéria civil, não havendo discussão sobre direitos relacionados à greve, entende-se que a competência é da Justiça Comum Estadual. Cf. STJ, CC 171.657/SP, 2020/0087880-2, Rel. Min. Paulo de Tarso Sanseverino, *DJe* 07.05.2020.

Embora o tema seja polêmico, entende-se que a Emenda Constitucional 45/2004 não estendeu à Justiça do Trabalho competência em matéria criminal. Assim, os eventuais crimes praticados durante a greve, com apuração segundo a legislação penal (Lei 7.783/1989, art. 15), não estão abrangidos pelo art. 114, inciso II, da Constituição Federal.

Confirmando essa assertiva, cabe realçar que o Supremo Tribunal Federal deferiu liminar em medida cautelar em Ação Direta de Inconstitucionalidade, com efeito *ex tunc*, atribuindo interpretação, conforme a Constituição, aos incisos I, IV e IX do seu art. 114, declarando que, "no âmbito da jurisdição da Justiça do Trabalho, não está incluída competência para processar e julgar ações penais" (STF, ADI-MC 3.684/DF, Rel. Min. Cezar Peluso, *DJ* 03.08.2007). O Supremo Tribunal Federal julgou procedente o pedido formulado em ação direta de inconstitucionalidade, de modo a conferir interpretação conforme a Constituição ao seu art. 114, incisos I, IV e IX, na redação dada pela Emenda Constitucional 45/2004, para afastar qualquer interpretação que entenda competir à Justiça do Trabalho processar e julgar ações penais, nos termos da medida cautelar anteriormente deferida (STF, Pleno, ADI 3.684/DF, Rel. Min. Gilmar Mendes, *DJe* 01.06.2020). A mesma orientação pode ser aplicada ao inciso II do art. 114 da Constituição da República, tendo em vista a "teoria da transcendência dos motivos determinantes da decisão", presente no sistema de controle de constitucionalidade das normas jurídicas[25].

39.12 *Lockout*

O *lockout* significa a paralisação das atividades por iniciativa do empregador, com o objetivo de frustrar a negociação ou dificultar o atendimento de reivindicações dos respectivos empregados.

A referida conduta é vedada, expressamente, pelo art. 17 da Lei 7.783/1989. Desse modo, caso ocorra o *lockout*, o período respectivo é considerado como interrupção do contrato de trabalho (parágrafo único), de modo que são devidos os salários e o tempo de serviço é computado.

Além disso, o *lockout* pode acarretar a rescisão indireta do contrato de trabalho.

---

[24] Cf. Súmula Vinculante 23 do STF: "A Justiça do Trabalho é competente para processar e julgar ação possessória ajuizada em decorrência do exercício do direito de greve pelos trabalhadores da iniciativa privada".

[25] Cf. LENZA, Pedro. *Direito constitucional esquematizado*. 10. ed. São Paulo: Método, 2006. p. 129: "Em diversas passagens, o STF vem atribuindo efeito vinculante não somente ao dispositivo da sentença, mas, também, aos *fundamentos determinantes da decisão*. [...] a 'ratio decidendi' é a fundamentação que ensejou aquele determinado resultado da ação. Nessa hipótese, o STF vem entendendo que a 'razão da decisão' passa a vincular outros julgamentos" (destaques do original). Cf. ainda MORAES, Alexandre de. *Jurisdição constitucional e tribunais constitucionais*: garantia suprema da Constituição. 2. ed. São Paulo: Atlas, 2003. p. 277-278: "haverá vinculação também em relação aos fundamentos que levaram o STF a conceder ao texto normativo uma interpretação conforme a Constituição, ou a declará-lo parcialmente inconstitucional, sem que houvesse necessidade de redução do texto".

BIBLIOGRAFIA

ALEXY, Robert. *Teoria dos direitos fundamentais*. Tradução de Virgílio Afonso da Silva. São Paulo: Malheiros, 2008.

ALMEIDA, Amador Paes de. *Execução de bens dos sócios*: obrigações mercantis, tributárias, trabalhistas: da desconsideração da personalidade jurídica (doutrina e jurisprudência). 7. ed. São Paulo: Saraiva, 2004.

ALMEIDA, Ísis de. *Manual de direito individual do trabalho*. São Paulo: LTr, 1998.

ALVES, Alexandre Ferreira de Assumpção. A desconsideração da personalidade jurídica e o direito do consumidor: um estudo de direito civil constitucional. In: TEPEDINO, Gustavo (Coord.). *Problemas de direito civil-constitucional*. Rio de Janeiro: Renovar, 2000.

ALVIM, Arruda. *Manual de direito processual civil*: processo de conhecimento. 7. ed. São Paulo: RT, 2000. v. 2.

AMARAL, Maria Alice B. G. do. Empresário e sociedade empresária: as novas denominações de empregador criadas pela Lei 10.406/2002 (Novo Código Civil). *Revista LTr*, São Paulo, LTr, ano 67, n. 03, p. 312, mar. 2003.

AMORIM FILHO, Agnelo. Critério científico para distinguir a prescrição da decadência e identificar as ações imprescritíveis. *Revista dos Tribunais*, São Paulo, RT, v. 300, p. 7-37, out. 1960.

ARAÚJO, Giovanni Moraes de. *Normas Regulamentadoras comentadas*. 6. ed. Rio de Janeiro: GVC, 2007.

ARAUJO, Luiz Alberto David; NUNES JÚNIOR, Vidal Serrano. *Curso de direito constitucional*. 10. ed. São Paulo: Saraiva, 2006.

ARAUJO PINTO, Cristiano Paixão; FLEURY, Ronaldo Curado. *A modernização dos portos e as relações de trabalho no Brasil*. Porto Alegre: Síntese, 2004.

AZEVEDO, Álvaro Villaça. Proposta de classificação da responsabilidade objetiva: pura e impura. Alguns casos de indenização no direito do trabalho. *Revista de Direito do Trabalho*, São Paulo, RT, ano 26, n. 100, p. 37, out.-dez. 2000.

_____. *Teoria geral dos contratos típicos e atípicos*. 2. ed. São Paulo: Atlas, 2004.

AZEVEDO, Dorotéia Silva de. Amianto e trabalho. *Trabalho em Revista* (doutrina), Curitiba, Decisório Trabalhista, ano 25, n. 304, p. 4.170-4.174, nov. 2007.

BARBOSA, Rui. *Oração aos Moços*. Rio de Janeiro: Casa de Rui Barbosa, 1956.

BARROS, Alice Monteiro de. Aspectos jurisprudenciais da prescrição trabalhista. In: BARROS, Alice Monteiro de (Coord.). *Curso de direito do trabalho*: estudos em memória de Célio Goyatá. 3. ed. São Paulo: LTr, 1997. v. 1.

_____. *Contratos e regulamentações especiais de trabalho*. 2. ed. São Paulo: LTr, 2002.

_____. *Curso de direito do trabalho*. 2. ed. São Paulo: LTr, 2006.

BASTOS, Celso Ribeiro; MARTINS, Ives Gandra da Silva. *Comentários à Constituição do Brasil*: promulgada em 5 de outubro de 1988. 3. ed. São Paulo: Saraiva, 2004. v. 2 (arts. 5º a 17).

BEBBER, Júlio César. Aspectos processuais decorrentes da Lei 9.958/2000 – Comissões de Conciliação Prévia. *Síntese Trabalhista*, Porto Alegre, n. 135, p. 148, set. 2000.

BELTRAN, Ari Possidonio. *Direito do trabalho e direitos fundamentais*. São Paulo: LTr, 2002.

BÍBLIA SAGRADA. Traduzida em português por João Ferreira de Almeida. 2. ed. Barueri (SP): Sociedade Bíblica do Brasil, 1993.

BÍBLIA SHEDD. Editor responsável Russell P. Shedd. Traduzida em português por João Ferreira de Almeida. 2. ed. São Paulo: Vida Nova; Brasília: Sociedade Bíblica do Brasil, 1997.

BITTAR, Carlos Alberto. *Curso de direito civil*. Rio de Janeiro: Forense Universitária, 1994. v. 1.

_____. *Curso de direito civil*. Rio de Janeiro: Forense Universitária, 1994. v. 2.

BOBBIO, Norberto. *A era dos direitos*. Trad. Carlos Nelson Coutinho. Rio de Janeiro: Campus, 1992.

_____. *Teoria do ordenamento jurídico*. 10. ed. Trad. Maria Celeste Cordeiro Leite dos Santos, revisão técnica Claudio De Cicco. Brasília: Editora Universidade de Brasília, 1997.

BOMFIM, B. Calheiros; SANTOS, Silvério dos; KAWAI, Cristina (Org.). *Dicionário de decisões trabalhistas*. 30. ed. Rio de Janeiro: Edições Trabalhistas, 2000.

BONAVIDES, Paulo. *Curso de direito constitucional*. 7. ed. São Paulo: Malheiros, 1997.

_____. *Curso de direito constitucional*. 18. ed. São Paulo: Malheiros, 2006.

BRITO FILHO, José Cláudio Monteiro de. *Direito sindical*. 2. ed. São Paulo: LTr, 2007.

_____. Trabalho com redução à condição análoga à de escravo: análise a partir do tratamento decente e de seu fundamento, a dignidade da pessoa humana. In: VELLOSO, Gabriel; FAVA, Marcos Neves (Coord.). *Trabalho escravo contemporâneo*: o desafio de superar a negação. São Paulo: LTr, 2006. p. 125-150.

_____. *Trabalho decente*: análise jurídica da exploração do trabalho: trabalho forçado e outras formas de trabalho indigno. São Paulo: LTr, 2004.

_____. *Trabalho decente*: análise jurídica da exploração do trabalho: trabalho escravo e outras formas de trabalho indigno. 4. ed. São Paulo: LTr, 2016.

CAMINO, Carmen. *Direito individual do trabalho*. 2. ed. Porto Alegre: Síntese, 1999.

CARELLI, Rodrigo de Lacerda. *Cooperativas de mão de obra*: manual contra a fraude. São Paulo: LTr, 2002.

_____. *Formas atípicas de trabalho*. São Paulo: LTr, 2004.

CARLOS, Vera Lúcia. *Discriminação nas relações de trabalho*. São Paulo: Método, 2004.

CARMO, Júlio Bernardo do. Salário 'in natura' ou em utilidades. In: BARROS, Alice Monteiro de (Coord.). *Curso de direito do trabalho*: estudos em memória de Célio Goyatá. 3. ed. São Paulo: LTr, 1997. v. 2.

CARRION, Valentin. *Comentários à Consolidação das Leis do Trabalho*. 23. ed. São Paulo: Saraiva, 1998.

_____. *Comentários à Consolidação das Leis do Trabalho*. 29. ed. atualizada por Eduardo Carrion. São Paulo: Saraiva, 2004.

_____. *Comentários à Consolidação das Leis do Trabalho*. 31. ed. atualizada por Eduardo Carrion. São Paulo: Saraiva, 2006.

_____. *Nova jurisprudência em direito do trabalho*, 2000, 2º semestre. Organizada por Eduardo Carrion. São Paulo: Saraiva, 2001.

CARVALHO, Francisco Edivar. *Trabalho portuário avulso*: antes e depois da lei de modernização dos portos. São Paulo: LTr, 2005.

CASILLO, João. Desconsideração da pessoa jurídica. *Revista dos Tribunais*, São Paulo, RT, ano 68, v. 528, p. 24-40, out. 1979.

CASSAR, Vólia Bomfim. *Direito do trabalho*. 2. ed. Niterói: Impetus, 2008.

CASTELO, Jorge Pinheiro. A renúncia e a transação no direito individual e coletivo do trabalho, no velho direito civil e no moderno direito civil, e a solução mandarim. In: FREDIANE, Yone (Coord.). *Tendências do direito material e processual do trabalho*. São Paulo: LTr, 2000.

CAVALCANTE, Jouberto de Quadros Pessoa; JORGE NETO, Francisco Ferreira. *O empregado público*. São Paulo: LTr, 2002.

CAVALCANTE, Ricardo Tenório. Dos aspectos legais e constitucionais da Orientação Jurisprudencial 279 da SDI-I do TST. *Trabalho em Revista*, O Trabalho, Curitiba, Decisório Trabalhista, ano 23, n. 272, encarte 97, p. 2632-2633, mar. 2005.

CHAVES, Luciano Athayde. *A recente reforma no processo comum e seus reflexos no direito judiciário do trabalho*. 3. ed. São Paulo: LTr, 2007.

CINTRA, Antonio Carlos de Araújo; GRINOVER, Ada Pellegrini; DINAMARCO, Cândido Rangel. *Teoria geral do processo*. 11. ed. São Paulo: Malheiros, 1995.

COELHO, Fábio Ulhoa. A teoria da desconsideração da personalidade jurídica. *Estudos de direito público*, Associação dos Advogados da Prefeitura do Município de São Paulo, ano III, n. 1, p. 43-50, jan./jun. 1984.

_____. *Comentários ao Código de Proteção do Consumidor*. Coordenador: Juarez de Oliveira. São Paulo: Saraiva, 1991.

_____. *Manual de direito comercial*. 10. ed. São Paulo: Saraiva, 1999.

_____. Teoria da desconsideração da personalidade jurídica e o devido processo legal. *Repertório IOB de Jurisprudência*, n. 2, caderno 3, p. 48-45, 2ª quinzena de jan. de 2000.

COMPARATO, Fábio Konder. *A afirmação histórica dos direitos humanos*. 3. ed. São Paulo: Saraiva, 2004.

_____. *O poder de controle na sociedade anônima*. São Paulo: RT, 1976.

CORDEIRO, Pedro. A desconsideração da personalidade jurídica das sociedades comerciais. *Novas perspectivas do direito comercial*. Coimbra: Almedina, 1988.

CORREIA, Marcus Orione Gonçalves; CORREIA, Érica Paula Barcha. *Curso de direito da seguridade social*. 3. ed. São Paulo: Saraiva, 2007.

COSTA, Marcus Vinícius Americano da. *Grupo empresário no direito do trabalho*. 2. ed. São Paulo: LTr, 2000.

CRISTOVAM, José Sérgio da Silva. Considerações acerca das máximas da razoabilidade e da proporcionalidade. *ADV – Seleções Jurídicas*, Rio de Janeiro, COAD, p. 3-19, jan. 2012.

DALAZEN, João Oreste. Apontamentos sobre Comissão de Conciliação Prévia. In: GIORDANI, Francisco Alberto da Motta Peixoto; MARTINS, Melchíades Rodrigues; VIDOTTI, Tarcio José (Coord.). *Fundamentos do direito do trabalho*: estudos em homenagem ao Ministro Milton de Moura França. São Paulo: LTr, 2000. p. 342-354.

DALLEGRAVE NETO, José Affonso. A prescrição em ação trabalhista reparatória e acidentária. *Revista Trabalho*, Curitiba, Decisório Trabalhista, ano 24, n. 288, p. 3369-3375, jul. 2006.

_____. *Contrato individual de trabalho*: uma visão estrutural. São Paulo: LTr, 1998.

_____. *Inovações na legislação trabalhista*. São Paulo: LTr, 2000.

_____. *Responsabilidade civil no direito do trabalho*. 2. ed. São Paulo: LTr, 2007.

DELGADO, Mauricio Godinho. *Alterações contratuais trabalhistas*. São Paulo: LTr, 2000.

_____. *Contrato de trabalho*. São Paulo: LTr, 1999.

_____. *Curso de direito do trabalho*. São Paulo: LTr, 2002.

_____. *Curso de direito do trabalho*. 4. ed. São Paulo: LTr, 2005.

_____. *Curso de direito do trabalho*. 9. ed. São Paulo: LTr, 2010.

_____. *Curso de direito do trabalho*. 11. ed. São Paulo: LTr, 2012.

_____. *Curso de direito do trabalho*. 15. ed. São Paulo: LTr, 2016.

_____. *Curso de direito do trabalho*. 17. ed. São Paulo: LTr, 2018.

_____. Direitos fundamentais na relação de trabalho. *Revista LTr*, São Paulo, LTr, ano 70, n. 06, p. 657-667, jun. 2006.

_____. *Introdução ao direito do trabalho*. 2. ed. São Paulo: LTr, 1999.

_____. *Jornada de trabalho e descansos trabalhistas*. 2. ed. São Paulo: LTr, 1998.

_____. O fim do trabalho e do emprego no capitalismo atual – realidade ou mito? *Trabalho em Revista*, O Trabalho, Curitiba, Decisório Trabalhista, ano 23, n. 278, encarte 103, p. 2924, set. 2005.

_____. Princípios da dignidade humana, da proporcionalidade e/ou razoabilidade e da boa-fé no direito do trabalho – Diálogo do ramo juslaborativo especializado com o universo jurídico geral. *Revista de Direito do Trabalho*, São Paulo, RT, ano 27, n. 102, p. 87, abr.-jun. 2001.

_____. *Salário*: teoria e prática. Belo Horizonte: Del Rey, 1997.

DENARI, Zelmo. *Código brasileiro de defesa do consumidor*: comentado pelos autores do anteprojeto. Ada Pellegrini Grinover *et al*. 5. ed. Rio de Janeiro: Forense Universitária, 1998.

DI PIETRO, Maria Sylvia Zanella. *Direito administrativo*. 9. ed. São Paulo: Atlas, 1998.

_____. *Direito administrativo*. 19. ed. São Paulo: Atlas, 2006.

DINAMARCO, Cândido Rangel. *Fundamentos do direito processual civil moderno*. 2. ed. São Paulo: Malheiros, 2000. t. I.

_____. *Instituições de direito processual civil*. 8. ed. São Paulo: Malheiros, 2016. v. 1.

_____. *Instituições de direito processual civil*. São Paulo: Malheiros, 2001. v. 2.

DINAMARCO, Pedro da Silva. *Ação civil pública*. São Paulo: Saraiva, 2001.

DINIZ, Maria Helena. *Curso de direito civil brasileiro*: responsabilidade civil. 9. ed. São Paulo: Saraiva, 1995. v. 7.

_____. *Lei de Introdução ao Código Civil brasileiro interpretada*. 11. ed. São Paulo: Saraiva, 2005.

DIREITO, Carlos Alberto Menezes. A desconsideração da personalidade jurídica. In: ARRUDA ALVIM; CERQUEIRA CÉSAR, Joaquim Portes de; ROSAS, Roberto (Coord.). *Aspectos controvertidos do novo Código Civil:* escritos em homenagem ao Ministro José Carlos Moreira Alves. São Paulo: RT, 2003.

DUBUGRAS, Regina Maria Vasconcelos. *Substituição processual no processo do trabalho*. São Paulo: LTr, 1998.

ENGEL, Ricardo José. *O "jus variandi" no contrato individual de trabalho*. São Paulo: LTr, 2003.

ERMIDA URIARTE, Oscar. *A proteção contra os atos antissindicais*. Tradução de Irany Ferrari. São Paulo: LTr, 1989.

FERNANDES, Jorge Ulisses Jacoby. A terceirização no serviço público. *Síntese Trabalhista*, n. 79, janeiro/1996, apud PRUNES, José Luiz Ferreira. *Trabalho terceirizado e composição industrial*. 2. ed. Curitiba: Juruá, 2000.

FERRARI, Irany; MARTINS, Melchíades Rodrigues. *Dano moral*: múltiplos aspectos nas relações de trabalho. São Paulo: LTr, 2006.

_____. *Julgados trabalhistas selecionados*. São Paulo: LTr, 1998. v. 5.

_____. *Julgados trabalhistas selecionados*. São Paulo: LTr, 1999. v. 6.

FERRARI, Irany; NAHAS, Thereza Christina. Prescrição trabalhista – decretação de ofício. *Revista LTr*, São Paulo, v. 64, n. 11, nov. 2000, p. 1386. Cf. ainda *Revista LTr*, São Paulo, v. 70, n. 03, mar. 2006, p. 261, Redação.

FERREIRA FILHO, Manoel Gonçalves. *Curso de direito constitucional*. 22. ed. São Paulo: Saraiva, 1995.

_____. *Direitos humanos fundamentais*. 7. ed. São Paulo: Saraiva, 2005.

_____. *O poder constituinte*. 4. ed. São Paulo: Saraiva, 2005.

FRAGOSO, Rui Celso Reali. Da desconsideração da personalidade jurídica. *Revista da Faculdade de Direito das Faculdades Metropolitanas Unidas de São Paulo*, v. 4, p. 119-126, out. 1990.

FRANÇA, Rubens Limongi. *A irretroatividade das leis e o direito adquirido*. 3. ed. São Paulo: RT, 1982.

FRANCO FILHO, Georgenor de Sousa. A Convenção n. 132 da OIT e seus reflexos nas férias. *Revista do Tribunal Regional do Trabalho da 8ª Região*, Belém, v. 34, n. 67, p. 33, jul./dez./2001.

_____. A prescrição do dano moral trabalhista. *Revista LTr*, São Paulo, v. 69, n. 04, p. 402-407, abr. 2005, p. 402-407.

FREITAS, Elizabeth Cristina Campos Martins de. *Desconsideração da personalidade jurídica*: análise à luz do Código de Defesa do Consumidor e do novo Código Civil. São Paulo: Atlas, 2002.

GAGLIANO, Pablo Stolze; PAMPLONA FILHO, Rodolfo. *Novo curso de direito civil*: parte geral. 6. ed. São Paulo: Saraiva, 2005. v. 1.

_____. *Novo curso de direito civil*: obrigações. 3. ed. São Paulo: Saraiva, 2003. v. 2.

_____. *Novo curso de direito civil*: responsabilidade civil. 3. ed. São Paulo: Saraiva, 2005. v. 3.

GARCIA, Gustavo Filipe Barbosa. A atual redação da Súmula 263 do Tribunal Superior do Trabalho e a emenda da petição inicial. *Síntese Trabalhista*, Porto Alegre (IOB Thomson, São Paulo), ano XVII, n. 195, p. 5-23, set. 2005.

_____. *Coisa julgada*: novos enfoques no direito processual, na jurisdição metaindividual e nos dissídios coletivos. São Paulo: Método, 2007.

_____. Indenização por danos materiais e morais decorrentes de acidente de trabalho – Justiça competente. *Revista de Direito do Trabalho*, São Paulo, RT, ano 28, n. 105, p. 221-229, jan.-mar. 2002.

_____. *Meio ambiente do trabalho*: direito, segurança e medicina do trabalho. São Paulo: Método, 2006.

_____. *Novidades sobre a prescrição trabalhista*. São Paulo: Método, 2006.

_____. *Novidades no direito civil*. São Paulo: Método, 2007.

_____. *Prescrição no direito do trabalho*. 2. ed. São Paulo: Método, 2008.

_____. Repouso semanal remunerado e feriados na relação de emprego doméstico. *Suplemento Trabalhista LTr*, São Paulo, LTr, ano 41, n. 94, p. 425-429, 2005.

_____. *Terceira fase da reforma do Código de Processo Civil*. São Paulo: Método, 2006.

GARCIA, Pedro Carlos Sampaio. *O sindicato e o processo*: a coletivização do processo do trabalho. São Paulo: Saraiva, 2002.

GIGLIO, Wagner D. *A conciliação nos dissídios individuais do trabalho*. 2. ed. Porto Alegre: Síntese, 1997.

_____. *Direito processual do trabalho*. 10. ed. São Paulo: Saraiva, 1997.

_____. *Justa causa*. 7. ed. São Paulo: Saraiva, 2000.

GOMES, Luiz Roldão de Freitas. Desconsideração da personalidade jurídica. *Revista de Direito Civil, Imobiliário, Agrário e Empresarial*, São Paulo, ano 12, v. 46, p. 27-49, out./dez. 1988.

GOMES, Orlando. *Contratos*. 26. ed. atualizada por Antonio Junqueira de Azevedo e Francisco Paulo de Crescenzo Marino. Rio de Janeiro: Forense, 2008.

_____. Dispensa coletiva na reestruturação da empresa (aspectos jurídicos do desemprego tecnológico). *Revista Legislação do Trabalho*, São Paulo, LTr, ano 38, p. 575-579, jan. 1974.

_____. *Introdução ao direito civil*. 19. ed. rev., atual. e aum. por Edvaldo Brito e Reginalda Paranhos de Brito. Rio de Janeiro: Forense, 2007.

_____. *Obrigações*. 12. ed. rev. e atual. por Humberto Theodoro Júnior. Rio de Janeiro: Forense, 1999.

_____. GOTTSCHALK, Elson. *Curso de direito do trabalho*. 18. ed. atual. por José Augusto Rodrigues Pinto e Otávio Augusto Reis de Sousa. Rio de Janeiro: Forense, 2007.

GONÇALVES, Rogério Magnus Varela. *Direito constitucional do trabalho*: aspectos controversos da automatização. Porto Alegre: Livraria do Advogado Editora, 2003.

GONÇALVES, Simone Cruxên. *Limites do "jus variandi" do empregador*. São Paulo: LTr, 1997.

GRAU, Eros Roberto. *A ordem econômica na Constituição de 1988*. 3. ed. São Paulo: Malheiros, 1997.

_____. *Ensaio e discurso sobre a interpretação/aplicação do direito*. 4. ed. São Paulo: Malheiros, 2006.

_____. *O direito posto e o direito pressuposto*. São Paulo: Malheiros, 1996.

GRECO FILHO, Vicente. *Direito processual civil brasileiro*. 12. ed. São Paulo: Saraiva, 1996. v. 1.

GUIMARÃES, Flávia Lefèvre. *Desconsideração da personalidade jurídica no Código do Consumidor*: aspectos processuais. São Paulo: Max Limonad, 1998.

HADDAD, José Eduardo. *Precedentes jurisprudenciais do TST comentados*. São Paulo: LTr, 1999.

JOÃO, Paulo Sergio. A dívida do FGTS e os efeitos trabalhistas da vigência da Lei Complementar n. 110, de 29 de junho de 2001. *Revista LTr*, São Paulo, LTr, ano 65, n. 11, p. 1329, nov. 2001.

KELSEN, Hans. *Teoria pura do direito*. 4. ed. Coimbra: Armênio Amado Editor, 1976.

KOURY, Susy Elizabeth Cavalcante. *A desconsideração da personalidade jurídica* (disregard doctrine) *e os grupos de empresas*. 2. ed. Rio de Janeiro: Forense, 1997.

KRIGER FILHO, Domingos Afonso. Aspectos da desconsideração da personalidade societária na Lei do Consumidor. *Revista de Direito do Consumidor*, São Paulo, n. 13, p. 78-86, jan./mar. 1995.

LACERDA, Galeno. *Comentários ao Código de Processo Civil*. 8. ed. Rio de Janeiro: Forense, 1999. v. VIII, t. I.

LAMBERT, Soraya Galassi. Súmula 02, do TRT da 2ª Região. Comissão de Conciliação Prévia – extinção do processo. *Revista da Amatra II*, ano IV, n. 8, jan. 2003, p. 49-50.

LEAL, Câmara. *Da prescrição e da decadência*. 3. ed. Rio de Janeiro: Forense, 1978.

LEAL, Ronaldo José Lopes. A jurisdição trabalhista e a tutela dos direitos coletivos. In: SILVESTRE, Rita Maria; NASCIMENTO, Amauri Mascaro (Coord.). *Os novos paradigmas do direito do trabalho*: homenagem a Valentin Carrion. São Paulo: Saraiva, 2001.

LEITE, Carlos Henrique Bezerra. *Ação civil pública*: nova jurisdição trabalhista metaindividual: legitimação do Ministério Público. São Paulo: LTr, 2001.

_____. Ações coletivas e tutela antecipada no direito processual do trabalho. *Revista LTr*, São Paulo, LTr, ano 64, n. 07, p. 856, jul. 2000.

_____. *Curso de direito processual do trabalho*. 6. ed. São Paulo: LTr, 2008.

LENZA, Pedro. *Direito constitucional esquematizado*. 8. ed. São Paulo: Método, 2005.

_____. *Direito constitucional esquematizado*. 10. ed. São Paulo: Método, 2006.

LIMA, Francisco Meton Marques de. As implicações recíprocas entre o meio ambiente e o custo social do trabalho. *Revista LTr*, São Paulo, LTr, ano 70, n. 06, p. 686-694, jun. 2006.

LISBOA, Roberto Senise. *Manual de direito civil*: obrigações e responsabilidade civil. 3. ed. São Paulo: RT, 2004. v. 2.

_____. *Manual de direito civil*: contratos e declarações unilaterais: teoria geral e espécies. 3. ed. São Paulo: RT, 2005. v. 3.

LOBO, Jorge. A desconsideração da personalidade jurídica no Código Nacional de Defesa do Consumidor. In: GUSMÃO, Paulo Dourado de; GLANZ, Semy (Coord.). *O direito na década de 1990*: novos aspectos: estudos em homenagem ao prof. Arnoldo Wald. São Paulo: RT, 1992.

LOPES, João Batista. Desconsideração da personalidade jurídica no novo Código Civil. *Revista dos Tribunais*, São Paulo, RT, ano 92, v. 818, p. 36-46, dez. 2003.

LOPES, Miguel Maria de Serpa. *Curso de direito civil*: introdução, parte geral e teoria dos negócios jurídicos. 9. ed. rev. e atual. pelo Prof. José Serpa de Santa Maria. Rio de Janeiro: Freitas Bastos, 2000. v. 1.

LOPES, Otavio Brito. Limites constitucionais à negociação coletiva. *Revista LTr*, São Paulo, LTr, ano 64, n. 06, p. 718, jun. 2000.

LORENZETTI, Ari Pedro. *A responsabilidade pelos créditos trabalhistas*. São Paulo: LTr, 2003.

MACHADO, Hugo de Brito. *Curso de direito tributário*. 12. ed. São Paulo: Malheiros, 1997.

MACIEL, José Alberto Couto. Fiscal do trabalho não é juiz. *Trabalho em Revista*, Curitiba, Decisório Trabalhista, ano 20, n. 244, p. 37-38, nov. 2002.

MAGANO, Octavio Bueno. *Manual de direito do trabalho*: direito individual do trabalho. 3. ed. São Paulo: LTr, 1992. v. 2.

_____. *Manual de direito do trabalho*: direito tutelar do trabalho. 2. ed. São Paulo: LTr, 1992. v. 4.

MALLET, Estêvão. A Prescrição na relação de emprego rural após a Emenda Constitucional n. 28. *Revista LTr*, São Paulo, v. 64, n. 08, ago. 2000, p. 999.

_____. Apontamentos sobre a competência da Justiça do Trabalho após a Emenda Constitucional n. 45. In: COUTINHO, Grijalbo Fernandes; FAVA, Marcos Neves (Coord.). *Justiça do Trabalho*: competência ampliada. São Paulo: LTr, 2005.

_____. O processo do trabalho e as recentes modificações do Código de Processo Civil. *Revista Magister de Direito Trabalhista e Previdenciário*. Porto Alegre, Magister, ano II, n. 11, p. 86-100, mar.-abr. 2006.

_____. Primeiras linhas sobre as comissões de conciliação. In: COUTINHO, Aldacy Rachid; DALLEGRAVE NETO, José Afonso (Coord.). *Transformações do direito do trabalho*: estudos em homenagem ao Professor Doutor João Régis Fassbender Teixeira. Curitiba: Juruá, 2000. p. 451-465.

_____. *Procedimento monitório no processo do trabalho*. São Paulo: LTr, 1998.

MALTA, Christovão Piragibe Tostes. *Prática do processo trabalhista*. 29. ed. São Paulo: LTr, 1999.

MANNRICH, Nelson. A Administração Pública do Trabalho em face da Autonomia Privada Coletiva. In: MALLET, Estêvão; ROBORTELLA, Luiz Carlos Amorim (Coord.). *Direito e processo do trabalho*: estudos em homenagem ao prof. Octavio Bueno Magano. São Paulo: LTr, 1996.

_____. *A modernização do contrato de trabalho*. São Paulo: LTr, 1998.

_____. *Dispensa coletiva*: da liberdade contratual à responsabilidade social. São Paulo: LTr, 2000.

MANUS, Pedro Paulo Teixeira. *Negociação coletiva e contrato individual de trabalho*. São Paulo: Atlas, 2001.

_____. A subordinação jurídica e o vínculo de emprego. *Consultor Jurídico*, 3 de dezembro de 2021. Disponível em: <https://www.conjur.com.br/2021-dez-03/reflexoes-trabalhistas-subordinacao-juridica-vinculo-emprego>.

MARANHÃO, Délio. *Instituições de direito do trabalho*. 18. ed. São Paulo: LTr, 1999. v. 1.

MARANHÃO, Ney. Meio ambiente do trabalho: descrição jurídico-conceitual. *Revista LTr*, São Paulo, LTr, ano 80, n. 4, p. 420-430, abr. 2016.

MARINONI, Luiz Guilherme; LIMA JÚNIOR, Marcos Aurélio de. Fraude – configuração – prova – desconsideração da personalidade jurídica. *Revista dos Tribunais*, São Paulo, RT, ano 90, v. 783, p. 137-164, jan. 2001.

MARTINS, Sergio Pinto. *A continuidade do contrato de trabalho*. São Paulo: Altas, 2000.

_____. *A terceirização e o direito do trabalho*. 3. ed. São Paulo: Malheiros, 1997.

_____. Alienação na recuperação judicial e sucessão trabalhista. *Revista do Direito Trabalhista*, Brasília, Consulex, ano 13, n. 8, p. 25, ago. 2007.

_____. *Comentários à CLT*. 4. ed. São Paulo: Atlas, 2001.

_____. *Comentários à CLT*. 5. ed. São Paulo: Atlas, 2002.

_____. *Comentários à CLT*. 10. ed. São Paulo: Atlas, 2006.

_____. *Comissões de Conciliação Prévia e procedimento sumaríssimo*. São Paulo: Atlas, 2000.

_____. Declaração de ofício da prescrição pelo juiz. *Revista IOB Trabalhista e Previdenciária*, São Paulo, IOB Thomson, ano XVII, n. 206, p. 7-12, ago. 2006.

_____. *Direito da seguridade social*. 8. ed. São Paulo: Atlas, 1997.

_____. *Direito da seguridade social*. 25. ed. São Paulo: Atlas, 2008.

_____. *Direito do trabalho*. 5. ed. São Paulo: Malheiros, 1998.

_____. *Direito do trabalho*. 22. ed. São Paulo: Atlas, 2006.

_____. *Direito do trabalho*. 24. ed. São Paulo: Atlas, 2008.

_____. *Direito do trabalho*. 26. ed. São Paulo: Atlas, 2010.

_____. *Direito do trabalho*. 28. ed. São Paulo: Atlas, 2012.

_____. *Direito processual do trabalho*. 21. ed. São Paulo: Atlas, 2004.

_____. *Direito processual do trabalho*. 38. ed. São Paulo: Saraiva, 2016.

_____. Expurgos inflacionários – diferença da indenização de 40% sobre os depósitos do FGTS. *Repertório de Jurisprudência IOB*, São Paulo, IOB, n. 23/2002, p. 644, 1ª quinzena dez. 2002.

_____. *Manual do FGTS*. São Paulo: Malheiros, 1997.

_____. *Manual do trabalho doméstico*. 3. ed. São Paulo: Atlas, 1998.

_____. *O pluralismo do direito do trabalho*. São Paulo: Atlas, 2001.

_____. Serviço voluntário. *Revista de Direito do Trabalho*, São Paulo, RT, ano 29, n. 112, p. 226, out.--dez. 2003.

MARTINS FILHO, Ives Gandra. *Processo coletivo do trabalho*. 2. ed. São Paulo: LTr, 1996.

MAZZILLI, Hugo Nigro. *A defesa dos interesses difusos em juízo*: meio ambiente, consumidor, patrimônio cultural, patrimônio público e outros interesses. 17. ed. São Paulo: Saraiva, 2004.

MEDEIROS, Alexandre Alliprandino; LAET, Flávio Antônio Camargo de. As novidades no sistema jurídico das férias individuais. Convenção n. 132 da Organização Internacional do Trabalho. *Revista Trabalho & Doutrina*, São Paulo, Saraiva, n. 26, dez. 2001, p. 21-29.

MEIRELLES, Hely Lopes. *Direito administrativo brasileiro*. 21. ed. atualizada por Eurico de Andrade Azevedo, Délcio Balestero Aleixo e José Emmanuel Burle Filho. São Paulo: Malheiros, 1996.

_____. *Direito administrativo brasileiro*. 26. ed., atualizada por Eurico de Andrade Azevedo, Délcio Balestero Aleixo e José Emmanuel Burle Filho. São Paulo: Malheiros, 2001.

MELLO, Celso Antônio Bandeira de. *Curso de direito administrativo*. 21. ed. São Paulo: Malheiros, 2006.

_____. *O conteúdo jurídico do princípio da igualdade*. 3. ed., 19. tir. São Paulo: Malheiros, 2010.

MELO, Luís Antônio Camargo de. Ação coletiva no combate ao trabalho escravo. In: RIBEIRO JÚNIOR, José Hortêncio; CORDEIRO, Juliana Vignoli; FAVA, Marcos Neves; CAIXETA, Sebastião Vieira (Org.). *Ação coletiva na visão de juízes e procuradores do trabalho*. São Paulo: LTr, 2006. p. 157-179.

_____. Premissas para um eficaz combate ao trabalho escravo. *Revista do Ministério Público do Trabalho*, Brasília, LTr, ano XIII, n. 26, p. 11-33, set. 2003.

MELO, Raimundo Simão de. *Ação civil pública na Justiça do Trabalho*. São Paulo: LTr, 2002.

_____. *Direito ambiental do trabalho e saúde do trabalhador*: responsabilidades legais, dano material, dano moral, dano estético. São Paulo: LTr, 2004.

_____. Vínculo mantido. Aposentadoria espontânea não extingue o contrato de trabalho. *Revista Jus Navigandi*, Teresina, ano 10, n. 638, 7 abr. 2005. Disponível em: <https://jus.com.br/artigos/6460>.

MINHARRO, Francisco Luciano. Diretor de sociedade anônima. *Revista LTr*, São Paulo, LTr, ano 66, n. 11, p. 1340-1347, nov. 2002.

MIRANDA, Jediael Galvão. *Direito da seguridade social*. Rio de Janeiro: Elsevier, 2007.

MONTEIRO, Washington de Barros. *Curso de direito civil*: direito das obrigações – 1ª parte. 25. ed. São Paulo: Saraiva, 1991. v. 4.

_____. *Curso de direito civil*: parte geral. 40. ed. revista e atualizada por Ana Cristina de Barros Monteiro França Pinto. São Paulo: Saraiva, 2005. v. 1.

MORAES, Alexandre de. *Jurisdição constitucional e tribunais constitucionais*: garantia suprema da Constituição. 2. ed. São Paulo: Atlas, 2003.

MORAES, Márcio André Medeiros. *A desconsideração da personalidade jurídica no Código de Defesa do Consumidor*. São Paulo: LTr, 2002.

NAHAS, Thereza Christina. *Legitimidade ativa dos sindicatos*: defesa dos direitos e interesses individuais homogêneos no processo do trabalho, processo de conhecimento. São Paulo: Atlas, 2001.

NASCIMENTO, Amauri Mascaro. *Compêndio de direito sindical*. 2. ed. São Paulo: LTr, 2000.

_____. *Curso de direito do trabalho*. 12. ed. São Paulo: Saraiva, 1996.

_____. *Curso de direito do trabalho*. 19. ed. São Paulo: Saraiva, 2004.

_____. *Curso de direito do trabalho*. 24. ed. São Paulo: Saraiva, 2009.

_____. *Curso de direito do trabalho*. 26. ed. São Paulo: Saraiva, 2011.

_____. *Curso de direito processual do trabalho*. 16. ed. São Paulo: Saraiva, 1996.

_____. *Direito do trabalho na Constituição de 1988*. 2. ed. São Paulo: Saraiva, 1991.

_____. *Direito sindical*. São Paulo: Saraiva, 1989.

_____. *Equiparação salarial e o inciso VI da Súmula 6 do C. TST*. Revista LTr. São Paulo, LTr, ano 71, n. 09, p. 1.031-1.036, set. 2007.

_____. *Iniciação ao direito do trabalho*. 28. ed. São Paulo: LTr, 2002.

_____. *Iniciação ao direito do trabalho*. 31. ed. São Paulo: LTr, 2005.

_____. *O debate sobre negociação coletiva*. Revista LTr, São Paulo, LTr, ano 64, n. 09, p. 1.121, set. 2000.

_____. *O avulso não portuário e a intermediação do sindicato*. Revista LTr, São Paulo, LTr, ano 68, n. 02, p. 135-145, fev. 04.

_____. *Origens históricas e natureza jurídica dos sindicatos*. In: FRANCO FILHO, Georgenor de Sousa (Coord.). *Curso de direito coletivo do trabalho*: estudos em homenagem a Orlando Teixeira da Costa. São Paulo: LTr, 1998.

_____. *Salário*: conceito e proteção. São Paulo: LTr, 2008.

_____. *Teoria geral do direito do trabalho*. São Paulo: LTr, 1998.

_____. *Teoria jurídica do salário*. 2. ed. São Paulo: LTr, 1997.

NEGRÃO, Theotonio (Org.). *Código de Processo Civil e legislação processual em vigor*. 32. ed., com a colaboração de José Roberto Ferreira Gouvêa. São Paulo: Saraiva, 2001.

NERY JUNIOR, Nelson. O processo do trabalho e os direitos individuais homogêneos – um estudo sobre a ação civil pública trabalhista. Revista LTr, São Paulo, LTr, ano 64, n. 02, p. 159, fev. 2000.

_____. NERY, Rosa Maria de Andrade. *Código Civil comentado e legislação extravagante*. 3. ed. São Paulo: RT, 2005.

_____. *Código de Processo Civil comentado e legislação processual civil extravagante em vigor*. 5. ed. São Paulo: RT, 2001.

NUNES, Rizzatto. *Curso de direito do consumidor*. 3. ed. São Paulo: Saraiva, 2008.

OLIVEIRA, Regis Fernandes de; HORVATH, Estevão. *Manual de direito financeiro*. 2. ed. São Paulo: RT, 1997.

OLIVEIRA, Francisco Antonio de. *A execução na Justiça do Trabalho*. 4. ed. São Paulo: RT, 1999.

_____. *Ação civil pública*: enfoques trabalhistas. São Paulo: RT, 1998.

_____. *Consolidação das Leis do Trabalho comentada*. 2. ed. São Paulo: RT, 2000.

_____. *Manual de direito individual e coletivo do trabalho*. 2. ed. São Paulo: RT, 2000.

_____. *Manual de Penhora*: enfoques trabalhistas e jurisprudência. São Paulo: RT, 2001.

_____. *Manual de processo do trabalho*. 2. ed. São Paulo: RT, 1999.

OLIVEIRA, Jean Marcel Mariano de. *O contrato de trabalho do atleta profissional de futebol*. São Paulo: LTr, 2009.

OLIVEIRA, José Lamartine Corrêa de. *A dupla crise da pessoa jurídica*. São Paulo: Saraiva, 1979.

OLIVEIRA, Paulo Eduardo Vieira de. *O dano pessoal no direito do trabalho*. São Paulo: LTr, 2002.

_____. Sujeitos da relação de emprego: o empregador. In: GIORDANI, Francisco Alberto da Motta Peixoto; MARTINS, Melchíades Rodrigues; VIDOTTI, Tarcio José (Coord.). *Fundamentos do direito do trabalho*: estudos em homenagem ao Ministro Milton de Moura França. São Paulo: LTr, 2000.

OLIVEIRA, Regis Fernandes de; HORVATH, Estevão. *Manual de direito financeiro*. 2. ed. São Paulo: RT, 1997.

OLIVEIRA, Sebastião Geraldo de. *Indenizações por acidente do trabalho ou doença ocupacional*. 2. ed. São Paulo: LTr, 2006.

PASSOS, José Joaquim Calmon de. *Comentários ao Código de Processo Civil*. 8. ed. Rio de Janeiro: Forense, 1998. v. 3.

PEREIRA, Caio Mário da Silva. *Instituições de direito civil*: introdução ao direito civil; teoria geral de direito civil. 21. ed. revista e atualizada por Maria Celina Bodin de Moraes. Rio de Janeiro: Forense, 2006. v. 1.

PIERRI, Deborah. Desconsideração da personalidade jurídica no Novo Código Civil e o papel do Ministério Público. In: REIS, Selma Negrão Pereira dos (Coord.); Organização: OLIVEIRA, Rogério Alvarez de; FRANCO, Eloísa Virgili Canci (Org.). *Questões de direito civil e o novo Código*. São Paulo: Ministério Público. Procuradoria-Geral de Justiça: Imprensa Oficial do Estado de São Paulo, 2004.

PINTO, José Augusto Rodrigues. Reconhecimento *ex officio* da prescrição e processo do trabalho. *Revista LTr*, São Paulo, LTr, ano 70, n. 04, p. 391-395, abr. 2006.

PIOVESAN, Flávia. *Direitos humanos e o direito constitucional internacional*. 11. ed. São Paulo: Saraiva, 2010.

PIRES, Maria Coeli Simões. *Direito adquirido e ordem pública*: segurança jurídica e transformação democrática. Belo Horizonte: Del Rey, 2005.

PLÁ RODRIGUEZ, Américo. *Princípios de direito do trabalho*. 3. ed. Trad. e revisão técnica de Wagner D. Giglio. Trad. das atualizações de Edilson Alkmim Cunha. São Paulo: LTr, 2004.

POLITO, André Guilherme. *Michaelis: dicionário escolar italiano*: italiano-português, português-italiano. São Paulo: Melhoramentos, 2003.

PÔRTO, Marcos da Silva. Trabalho rural e jornada de trabalho. In: GIORDANI, Francisco Alberto da Motta Peixoto; MARTINS, Melchíades Rodrigues; VIDOTTI, Tarcisio José (Coord.). *Direito do trabalho rural*: homenagem a Irany Ferrari. 2. ed. São Paulo: LTr, 2005.

PRUNES, José Luiz Ferreira. *Contrato de trabalho com cláusula de experiência*. 2. ed. São Paulo: LTr, 2001.

_____. *Contrato de trabalho doméstico e trabalho a domicílio*. Curitiba: Juruá, 1995.

_____. *Direito do trabalho para advogados e empregadores rurais*. Curitiba: Juruá, 2000.

_____. *Trabalho terceirizado e composição industrial*. 2. ed. Curitiba: Juruá, 2000.

RAMALHETE, Clóvis. Sistema de legalidade na "desconsideração da personalidade jurídica". *Revista dos Tribunais*, São Paulo, RT, ano 73, v. 586, p. 09-14, ago. 1984.

RAMOS, André de Carvalho. *Teoria geral dos direitos humanos na ordem internacional*. Rio de Janeiro: Renovar, 2005.

RAMOS, Elival da Silva. *A proteção aos direitos adquiridos no direito constitucional brasileiro*. São Paulo: Saraiva, 2003.

REALE, Miguel. *Lições preliminares de direito*. 18. ed. São Paulo: Saraiva, 1991.

REQUIÃO, Rubens. Abuso de direito e fraude através da personalidade jurídica. *Revista dos Tribunais*, São Paulo, RT, ano 58, v. 410, p. 12-24, dez. 1969.

_____. *Curso de direito comercial*. 21. ed. São Paulo: Saraiva, 1993. v. 1.

_____. *Curso de direito comercial*. 19. ed. São Paulo: Saraiva, 1993. v. 2.

REZEK, José Francisco. *Direito internacional público*: curso elementar. 5. ed. São Paulo: Saraiva, 1995.

RIBEIRO, Rafael E. Pugliese. Comissão de Conciliação Prévia: faculdade ou obrigatoriedade? *Revista Trabalho & Doutrina*, Saraiva, n. 26, dez. 2001, p. 131-133.

RIVERO, Jean. *Libertés publiques*. Paris: PUF, 1973. v. 1.

RODRIGUES, Silvio. *Direito civil*: parte geral. 28. ed. São Paulo: Saraiva, 1998. v. 1.

_____. *Direito civil*: parte geral das obrigações. 26. ed. São Paulo: Saraiva, 1998. v. 2.

RODRIGUES, Simone Gomes. Desconsideração da personalidade jurídica no Código de Defesa do Consumidor. *Revista de Direito do Consumidor*, São Paulo, n. 11, p. 07-20, jul./set. 1994.

ROMITA, Arion Sayão. *Diretos fundamentais nas relações de trabalho*. 2. ed. São Paulo: LTr, 2007.

RUSSOMANO, Mozart Victor. *Curso de direito do trabalho*. 6. ed. Curitiba: Juruá, 1997.

_____. *Princípios gerais de direito sindical*. 2. ed. Rio de Janeiro: Forense, 1997.

SAAD, Eduardo Gabriel. *Consolidação das Leis do Trabalho comentada*. 31. ed. São Paulo: LTr, 1999.

SALOMÃO FILHO, Calixto. A teoria da desconsideração da personalidade jurídica. *O novo direito societário*. 2. ed. São Paulo: Malheiros, 2002.

SANTOS, Enoque Ribeiro dos. *Direitos humanos na negociação coletiva: teoria e prática jurisprudencial*. São Paulo: LTr, 2004.

_____. *O dano moral na dispensa do empregado*. 3. ed. São Paulo: LTr, 2002.

_____. Responsabilidade civil subjetiva e objetiva da empresa em face do novo Código Civil. *Revista Síntese Trabalhista*, Porto Alegre, ano XV, n. 175, p. 36-55, jan. 2004.

SANTOS, Ronaldo Lima dos. *Sindicatos e ações coletivas*. São Paulo: LTr, 2003.

_____. *Teoria das normas coletivas*. São Paulo: LTr, 2007.

SARAIVA, Renato. *Curso de direito processual do trabalho*. 5. ed. São Paulo: Método, 2008.

SARLET, Ingo Wolfgang. *A eficácia dos direitos fundamentais*. 7. ed. Porto Alegre: Livraria do Advogado, 2007.

SCHIAVI, Mauro. *Manual de direito processual do trabalho*. São Paulo: LTr, 2008.

SENA, Adriana Goulart de. *A nova caracterização da sucessão trabalhista*. São Paulo: LTr, 2000.

SENTO-SÉ, Jairo Lins de Albuquerque. *Trabalho escravo no Brasil na atualidade*. São Paulo: LTr, 2000.

SILVA, Alexandre Couto. *Aplicação da desconsideração da personalidade jurídica no direito brasileiro*. São Paulo: LTr, 1999.

_____. Desconsideração da personalidade jurídica: limites para sua aplicação. *Revista dos Tribunais*, São Paulo, RT, ano 89, v. 780, p. 47-58, out. 2000.

SILVA, Homero Batista Mateus da. A discreta vigência da Convenção 132 da OIT sobre férias anuais remuneradas. *Revista da Amatra II*, São Paulo, ano I, n. 3, p. 5-8, ago. 2000.

_____. *Estudo crítico da prescrição trabalhista*. 2003. Dissertação (Mestrado em Direito). Faculdade de Direito da Universidade de São Paulo.

SILVA, José Afonso da. *Curso de direito constitucional positivo*. 10. ed. São Paulo: Malheiros, 1994.

SILVA, Luiz de Pinho Pedreira da. A autonomia coletiva e os direitos individuais dos trabalhadores. *Revista de Direito do Trabalho*, São Paulo, RT, ano 26, n. 99, p. 74-75, jul.-set. 2000.

SILVA, Otavio Pinto e. *A contratação coletiva como fonte do direito do trabalho*. São Paulo: LTr, 1998.

_____. *Subordinação, autonomia e parassubordinação nas relações de trabalho*. São Paulo: LTr, 2004.

SILVA, Walküre Lopes Ribeiro da. Arbitragem nos conflitos coletivos de trabalho. *Revista de Direito do Trabalho*. São Paulo, RT, ano 27, n. 101, p. 152, jan.-mar. 2001.

_____. *Representação e participação dos trabalhadores na gestão da empresa*. São Paulo: LTr, 1998.

SIMÓN, Sandra Lia. *A proteção constitucional da intimidade e da vida privada do empregado*. São Paulo: LTr, 2000.

SOUTO MAIOR, Jorge Luiz. A jurisprudência como fonte do direito e seu efeito paradoxal de negação do próprio direito. In: ARRUDA PINTO, Roberto Parahyba de (Coord.). *O direito e o processo do trabalho na sociedade contemporânea*: homenagem a Francisco Ary Montenegro Castelo. São Paulo: LTr, 2005.

_____. A terceirização sob uma perspectiva humanista. *Revista de Direito do Trabalho*, São Paulo, RT, ano 30, n. 115, p. 93, jul.-set. 2004.

_____. Comissões de Conciliação Prévia. In: SOUTO MAIOR, Jorge Luiz. *Temas de processo do trabalho*. São Paulo: LTr, 2000. p. 130-144.

_____. Implicações da terceirização no processo do trabalho: legitimidade; condenação solidária ou subsidiária e intervenção de terceiros. In: SOUTO MAIOR, Jorge Luiz. *Temas de processo do trabalho*. São Paulo: LTr, 2000.

_____. *O direito do trabalho como instrumento de justiça social*. São Paulo: LTr, 2000.

_____. Responsabilidade civil objetiva do empregador com relação a danos pessoais e sociais no âmbito das relações de trabalho. *Revista Trabalhista*, Rio de Janeiro, Forense, ano 4, v. XIII, p. 108, jan.-mar. 2005.

SÜSSEKIND, Arnaldo. *Direito internacional do trabalho*. 3. ed. São Paulo: LTr, 2000.

_____. *Instituições de direito do trabalho*. 18. ed. São Paulo: LTr, 1999. v. 1.

TEIXEIRA FILHO, João de Lima. *Instituições de direito do trabalho*. 18. ed. São Paulo: LTr, 1999. v. 1.

TEIXEIRA FILHO, Manoel Antonio. *A prova no processo do trabalho*. 7. ed. São Paulo: LTr, 1997.

_____. *A sentença no processo do trabalho*. 2. ed. São Paulo: LTr, 1996.

_____. *Ação rescisória no processo do trabalho*. 3. ed. São Paulo: LTr, 1998.

_____. *As ações cautelares no processo do trabalho*. 4. ed. São Paulo: LTr, 1996.

_____. *As novas leis alterantes do processo civil e sua repercussão no processo do trabalho*. *Revista LTr*, São Paulo, LTr, ano 70, n. 03, p. 274-299, mar. 2006.

_____. *Execução no processo do trabalho*. 6. ed. São Paulo: LTr, 1998.

VIANA, Márcio Túlio. Adicional de horas extras. In: BARROS, Alice Monteiro de (Coord.). *Curso de direito do trabalho*: estudos em memória de Célio Goyatá. 3. ed. São Paulo: LTr, 1997. v. 2.

_____. O acesso à justiça e a nova prescrição do rurícola. *Revista LTr*, São Paulo, LTr, ano 64, n. 08, p. 1006-1008, ago. 2000.

_____. O trabalhador rural. In: BARROS, Alice Monteiro de (Coord.). *Curso de direito do trabalho*: estudos em memória de Célio Goyatá. 3. ed. São Paulo: LTr, 1997. v. 1.

VILHENA, Paulo Emílio Ribeiro de. *Recursos trabalhistas e outros estudos de direito e de processo do trabalho*. São Paulo: LTr, 2001.

VILLELA, João Batista. Sobre renúncia e transação no direito do trabalho. In: BARROS, Alice Monteiro de (Coord.). *Curso de direito do trabalho*: estudos em memória de Célio Goyatá. 3. ed. São Paulo: LTr, 1997. v. 1.

WALD, Arnoldo. *Obrigações e contratos*. 16. ed. São Paulo: Saraiva, 2005.

WATANABE, Kazuo. *Código brasileiro de defesa do consumidor*: comentado pelos autores do anteprojeto. 5. ed. Rio de Janeiro: Forense Universitária, 1998.

ZAINAGHI, Domingos Sávio. *A justa causa no direito do trabalho*. São Paulo: Malheiros, 1995.

ZANITELLI, Leandro Martins. Abuso da pessoa jurídica e desconsideração. In: MARTINS-COSTA, Judith (Org.). *A reconstrução do direito privado*: reflexos dos princípios, diretrizes e direitos fundamentais constitucionais no direito privado. São Paulo: RT, 2002.

Índice Alfabético-Remissivo

(Os números referem-se aos itens)

aBONOS, 13.2.6 – *Ver* Remuneração

- (do) PIS, 13.4.1

ABORTO, 17.3.1 – *Ver* Suspensão e interrupção do contrato de trabalho

ACIDENTE do trabalho, 17.3.2 – *Ver* Suspensão e interrupção do contrato de trabalho

ACORDO coletivo de trabalho – *Ver* Conflitos coletivos de trabalho, Fontes do Direito do Trabalho

ADICIONAIS AO SALÁRIO, 13.3 – *Ver* Remuneração

- Adicional de horas extras, 13.3.1
- Adicional de insalubridade, 13.3.5
- Adicional (pelo trabalho) noturno, 13.3.2
- Adicional de periculosidade, 13.3.4
- Adicional de transferência, 13.3.3

ALTERAÇÃO DO CONTRATO DE TRABALHO – *Ver* Cessação do contrato de trabalho, Contrato do trabalho, Pagamento das verbas rescisórias na extinção do contrato de trabalho, Suspensão e interrupção do contrato de trabalho

- *Jus variandi*, 16.3
- Requisitos para a validade da modificação de condições de trabalho, 16.2
- Transferência do empregado, 16.4
- • conceito para fins trabalhistas, 16.4.1
- • despesas, 16.4.4
- • exterior, 16.4.5
- • regra quanto à transferência, 16.4.2
- • permitidas, 16.4.3

AJUDA DE CUSTO, 13.4.2 – *Ver* Remuneração

APOSENTADORIA POR INVALIDEZ (INCAPACIDADE PERMANENTE), 17.3.4 – *Ver* Suspensão e interrupção do contrato de trabalho

ASSÉDIO – *Ver* Indenização por dano moral e material trabalhista

- Moral, 8.9.2.1
- Sexual, 8.9.2.2

AUTONOMIA E NATUREZA JURÍDICA DO DIREITO DO TRABALHO – *Ver* Direito do trabalho

- Autonomia do Direito do Trabalho, 3.1
- Direito do Trabalho e meio ambiente do trabalho, 3.5
- Direito do Trabalho no contexto dos direitos humanos e fundamentais, 3.3
- Natureza jurídica do Direito do Trabalho, 3.6
- Relações do Direito do Trabalho com outras ciências, 3.4
- Relações do Direito do Trabalho com outros ramos do Direito, 3.2

AUXÍLIO-DOENÇA (AUXÍLIO POR INCAPACIDADE TEMPORÁRIA), 17.3.3 – *Ver* Suspensão e interrupção do contrato de trabalho

AVISO PRÉVIO – *Ver* Cessação do contrato de trabalho, Contrato de trabalho, Suspensão e interrupção do contrato de trabalho

- Aviso prévio, 17.3.5
- Aviso prévio e trabalho no período, 19.9
- Cabimento, 19.7
- Conceito, 19.2

- Consequências da ausência de concessão do aviso prévio, 19.8
- Finalidade, 19.6
- Fundamento constitucional e legal, 19.3
- Integração do contrato de trabalho, 20.6.4
- Justa causa durante o aviso prévio, 19.10
- Natureza jurídica, 19.4
- Prazo e forma, 19.5
- Reconsideração do aviso prévio concedido, 19.11

CARACTERIZAÇÃO DO DIREITO DO TRABALHO – *Ver* Direito do trabalho
- Conceito, 2.2
- Denominação, 2.1
- Divisão da matéria para fins didáticos, 2.3

CARTEIRA de trabalho – *Ver* Identificação e registro profissional

CENTRAIS sindicais, 35.12 – *Ver* Direito coletivo do trabalho

CESSAÇÃO DO CONTRATO DE TRABALHO – *Ver* Alteração do contrato de trabalho, Assistência na rescisão do contrato de trabalho, Contrato de trabalho, Suspensão e interrupção do contrato de trabalho
- Classificação das modalidades, 18.6
  - (por) consentimento das partes, 18.6.9
    - planos de demissão incentivada, 18.6.9.1
  - (por) culpa recíproca, 18.6.3
  - (por) demissão, 18.6.4
    - conceito, 18.6.4.2
    - terminologia, 18.6.4.1
  - (por) despedida indireta, 18.6.5
    - conceito, 18.6.5.2
    - dispensa indireta e possibilidade de permanência no serviço, 18.6.5.5
    - elementos da justa causa do empregador, 18.6.5.3
    - hipóteses de justa causa do empregador, 18.6.5.4
    - terminologia, 18.6.5.1
  - (por) dispensa com justa causa, 18.6.2
    - conceito, 18.6.2.2
    - elementos, 18.6.2.6
    - forma de comunicação, 18.6.2.7
    - hipóteses, 18.6.2.8
    - sistema taxativo da legislação brasileira, 18.6.2.4
    - sistemas, 18.6.2.3
    - terminologia, 18.6.2.1
    - tipificação da justa causa pelo empregador, 18.6.2.5
  - (por) dispensa sem justa causa, 18.6.1
    - motivação da dispensa do empregado público, 18.6.1.1
  - (por extinção da empresa pelo falecimento do empregador, 18.6.8
  - (por) *factum principis*, 18.6.11
  - (por) falecimento do empregado, 18.6.6
  - (por) falecimento do empregador pessoa física, 18.6.7
  - (por) força maior, 18.6.10
  - (por) tempo determinado, 18.6.12
    - antes do advento do termo, 18.6.12.1
    - pelo advento do termo, 18.6.12.2
- Conceito, 18.2
- Convenção 158 da OIT, 18.4
  - análise das disposições da Convenção 158 da OIT, 18.4.2
    - âmbito de incidência, 18.4.2.1
    - aviso prévio para o término da relação de emprego, 18.4.2.4
    - dispensa coletiva, 18.4.2.6
    - indenização pelo término da relação de emprego, 18.4.2.5
    - justificação do término da relação de emprego, 18.4.2.2

procedimentos prévios por ocasião do término da relação de emprego, 18.4.2.3
- ratificação e denúncia da Convenção 158 da OIT, 18.4.1
– Direito Internacional, 18.3
– Modalidades de dispensa, 18.5
– Terminologia, 18.1
- classificação, 18.1.2

COGESTÃO, 38.3 – *Ver* Participação na gestão da empresa

COMISSÕES e percentagens, 13.2.1 – *Ver* Remuneração

COMPENSAÇÃO da jornada de trabalho, 24.20 – *Ver* Jornada de trabalho

COMPROVAÇÃO DE EXPERIÊNCIA PRÉVIA (Lei 11.644/2008), 8.3

CONFEDERAÇÕES, 35.11.2 – *Ver* Direito coletivo do trabalho

CONFLITOS COLETIVOS DE TRABALHO
– Classificação, 36.2
– Contratação coletiva de trabalho, 36.5
- acordo coletivo de trabalho, 36.5.2
- cláusulas, 36.5.4
- condições de validade e entrada em vigor, 36.5.5
- conteúdo das cláusulas, 36.5.7
- convenção coletiva de trabalho, 36.5.1
- incorporação ao contrato individual de trabalho, 36.5.8
- natureza jurídica, 36.5.3
- negociação coletiva na Administração Pública, 36.5.9
- relação entre contrato individual de trabalho e instrumento normativo, 36.5.6
– Formas de solução, 36.3
- autodefesa (ou autotutela), 36.3.1

- autocomposição, 36.3.2
- heterocomposição, 36.3.3
– Negociação coletiva, 36.4

CONSELHOS – *Ver* Criança e Adolescente, trabalho
– De direitos da criança e do adolescente, 29.6.2
– tutelares, 29.6.1

CONTRATO DE TRABALHO – *Ver* Alteração do contrato de trabalho, Assistência na rescisão do contrato de trabalho, Cessação do contrato de trabalho, Suspensão e interrupção do contrato de trabalho
– Características, 8.6
– Certidão de antecedentes criminais, 8.3.2
– Conceito, 8.4
– Contratação do empregado, 8.3
– Contrato a prazo determinado, 8.12
- contratação, 8.12.1
- estabilidade provisória, 8.12.4 – *Ver* Estabilidade
- extinção antecipada, 8.12.6
- hipóteses de cabimento, 8.12.2
- nova contratação, 8.12.5
- prazos de duração e prorrogação, 8.12.3
- suspensão no curso do contrato a prazo determinado, 8.12.4
– Contrato a prazo determinado em leis específicas, 8.13
- contrato de trabalho do atleta profissional, 8.13.4
- contrato de trabalho do artista, 8.13.3
- contrato de trabalho por obra certa, 8.13.2
- contrato de trabalho por prazo determinado especial: Lei 9.601/1998, 8.13.3
- contrato de trabalhador rural por pequeno prazo: Lei 11.718/2008, 8.13.1
– Contrato de adesão e contrato individual de trabalho, 8.3
- contrato de trabalho por equipe, 8.3.1

- contrato de trabalho intermitente, 8.14
- Contrato de trabalho verde e amarelo, 8.16
- Denominação, 8.1
- Diferenças entre o contrato de trabalho e outras modalidades contratuais, 8.10
- Direitos e deveres, 8.9
- direitos intelectuais e invenções do empregado, 8.9.1
- indenização por dano moral e material trabalhista, 8.9.2

    assédio moral, 8.9.2.1

    assédio sexual, 8.9.2.2

    dano estético, 8.9.2

    dano moral coletivo, 8.9.2.6

    requisitos e critérios para a fixação da indenização por danos morais e materiais, 8.9.2

    responsabilidade civil do empregador por ato de terceiro, 8.9.2.5

    trabalho em condições análogas à de escravo e tráfico de pessoas, 8.9.2.3

    trabalho decente, 8.9.2.4

- Elementos do contrato de trabalho, 8.7
- cláusula de não concorrência, 8.7.4
- eficácia, 8.7.3
- existência, 8.7.1
- validade, 8.7.2
- Contrato de trabalho com o índio, 8.7.2.1
- Experiência prévia (Lei 11.644/2008), 8.3
- Natureza jurídica, 8.2
- Nulidade no Direito do Trabalho: trabalho ilícito e trabalho proibido, 8.8
- Requisitos, 8.5
- não eventualidade, 8.5.3
- onerosidade, 8.5.5
- pessoa natural, 8.5.1
- pessoalidade, 8.5.2
- subordinação, 8.5.4
- Recontratação de empregado, 22.13
- Trabalhador temporário: Lei 6.019/1974, 8.15

CONTRIBUIÇÃO SINDICAL OBRIGATÓRIA, 35.9.4 – Ver Direito coletivo do trabalho, Sindicato – Receitas do sindicato, 35.14

- Aplicação do valor da contribuição sindical, 35.9.4.5
- Cobrança da contribuição sindical, 35.9.4.8
- Contribuição sindical rural, 35.9.4.9
- Data de desconto e de recolhimento da contribuição sindical, 35.9.4.2
- Distribuição do valor da contribuição sindical, 35.9.4.4
- Fiscalização do recolhimento da contribuição sindical, 35.9.4.7
- Forma de recolhimento da contribuição sindical, 35.9.4.3
- Penalidades decorrentes do não recolhimento da contribuição sindical, 35.9.4.6
- Valor da contribuição sindical, 35.9.4.1

CONVENÇÃO 158 da OIT – Ver Cessação do contrato de trabalho, Organização Internacional do Trabalho (OIT)

CONVENÇÃO coletiva de trabalho – Ver Conflitos coletivos de trabalho, Fonte do Direito do Trabalho

COOPERATIVAS de trabalho, 12.12 – Ver Terceirização

CRIANÇA E DO ADOLESCENTE, trabalho

- Aspectos históricos, 29.1
- Conceito, 29.5
- Denominação, 29.4
- Direito Internacional, 29.2
- Evolução da matéria no Brasil, 29.3
- Fundamento das normas de proteção ao trabalho da criança e do adolescente, 29.6
- conselhos de direitos da criança e do adolescente, 29.6.2
- conselhos tutelares, 29.6.1
- Trabalho educativo, 29.8

- Trabalho proibido ao menor, 29.7
- deveres e responsabilidade em relação ao menor, 29.7.5
    empregador e autoridade competente, 29.7.5.2
    responsáveis legais, 29.7.5.1
- duração do trabalho do menor, 29.7.6
- idade, 29.7.1
- serviços prejudiciais, 29.7.4
- trabalho noturno, 29.7.2
- trabalho perigoso e insalubre, 29.7.3

Dano – *Ver* Indenização por dano moral e material trabalhista
- Estético, 8.9.2.1
- Moral coletivo, 8.9.2.8

Décimo terceiro salário, 13.2.3 – *Ver* Remuneração

DEMISSÃO – *Ver* Cessação do contrato de trabalho

DESCANSO – *Ver* Intervalo para descanso, Jornada de trabalho, Suspensão e interrupção do contrato de trabalho, Repouso semanal remunerado e feriados

DIÁRIAS de viagem, 13.4.3 – *Ver* Remuneração

DIREITO COLETIVO DO TRABALHO
- Aspectos históricos e o Direito Internacional, 35.5
- Aspectos históricos no Brasil, 35.6
- Centrais sindicais, 35.12
- Conceito, 35.3
- Denominação, 35.1
- Entidades sindicais de grau superior, 35.11
- administração, 35.11.3
- confederações, 35.11.2
- federações, 35.11.1
- Funções do sindicato, 35.13
- Liberdade sindical, 35.8

- liberdade de administração sindical, 35.8.4
- liberdade de associação sindical ou de filiação, 35.8.1
- liberdade de atuação sindical, 35.8.5
- liberdade de fundação sindical, 35.8.2
- liberdade de organização sindical, 35.8.3
- Limitações ao princípio da liberdade sindical, 35.9
- base territorial não inferior à área de um município, 35.9.2
- cláusulas que limitam a liberdade sindical, 35.9.5
- condutas antissindicais, 35.9.6
- contribuição sindical obrigatória, 35.9.4
    aplicação do valor da contribuição sindical, 35.9.4.5
    cobrança da contribuição sindical, 35.9.4.8
    contribuição sindical rural, 35.9.4.9
    data de desconto e de recolhimento da contribuição sindical, 35.9.4.2
    distribuição do valor da contribuição sindical, 35.9.4.4
    fiscalização do recolhimento da contribuição sindical, 35.9.4.7
    forma de recolhimento da contribuição sindical, 35.9.4.3
    penalidades decorrentes do não recolhimento da contribuição sindical, 35.9.4.6
    valor da contribuição sindical, 35.9.4.1
- sistema sindical organizado em categorias, 35.9.3
    categoria profissional diferenciada e os profissionais liberais, 35.9.3.2
    conceito e classificação de categoria, 35.9.3.1
- unicidade sindical, 35.9.1
- Natureza jurídica, 35.2
- Organização sindical na Constituição Federal de 1988, 35.7

- Princípios, 35.4
- adequação setorial negociada, 35.4.3
- autonomia coletiva dos particulares, 35.4.2
- equivalência entre os contratantes coletivos, 35.4.3
- liberdade sindical, 35.4.1
- Receitas do sindicato, 35.14
- contribuição assistencial, 35.14.3
- contribuição confederativa, 35.14.2
- contribuição sindical, 35.14.1
- mensalidade sindical, 35.14.4
- Sindicato, 35.10
- classificação, 35.10.5
- conceito, 35.10.1
- dissolução, 35.10.4
- eleições sindicais, 35.10.8
- enquadramento sindical, 35.10.6
- natureza jurídica, 35.10.2
- órgãos do sindicato, 35.10.7
- personalidade jurídica, 35.10.3
- Sindicato e defesa dos interesses individuais e coletivos da categoria, 35.15

DIREITO DO TRABALHO
- Autonomia – *Ver* Autonomia e natureza jurídica do Direito do Trabalho
- Conceito, 2.2
- Decadência – *Ver* Prescrição e decadência no Direito do Trabalho
- Denominação, 2.1
- Divisão da matéria para fins didáticos, 2.3
- Eficácia das normas de Direito do Trabalho – *Ver* Interpretação, integração e eficácia das normas de Direito do Trabalho
- Fontes – *Ver* Fontes do Direito do Trabalho
- Integração das normas de Direito do Trabalho – *Ver* Interpretação, integração e eficácia das normas de Direito do Trabalho
- Interpretação das normas de Direito do Trabalho – *Ver* Interpretação, integração e eficácia das normas de Direito do Trabalho
- Nacionalização do trabalho – *Ver* Nacionalização do trabalho
- Natureza Jurídica – *Ver* Autonomia e natureza jurídica do Direito do Trabalho
- Prescrição – *Ver* Prescrição e decadência no Direito do Trabalho
- Princípios – *Ver* Princípios do Direito do Trabalho

DIREITO INTERNACIONAL DO TRABALHO
- Direito comunitário, 7.5
- Hierarquia da norma internacional no ordenamento jurídico nacional, 7.3
- Organização Internacional do Trabalho (OIT), 7.4
- composição, 7.4.2
- convenções e recomendações, 7.4.3
- instituição, 7.4.1
- Ratificação de normas internacionais, 7.2

DISPENSA com justa causa – *Ver* Cessação do contrato de trabalho

DISPENSA Sem justa causa – *Ver* Cessação do contrato de trabalho

EMPREGADO – *Ver* Contrato de trabalho, Cessação do contrato de trabalho, Modalidades especiais de trabalhadores, Suspensão e interrupção do contrato de trabalho
- Aviso prévio – *Ver* Aviso prévio
- Carteira de trabalho – *Ver* Identificação e registro profissional
- Conceito, 9.1
- Contrato de trabalho – *Ver* Contrato de trabalho
- Descanso – *Ver* Intervalo para descanso
- Empregados excluídos do regime de duração do trabalho, 24.14
- empregados gerentes, 24.14.2
- empregados que exercem atividade externa incompatível com a fixação de horário, 24.14.1

- Espécies de empregado, 9.2
  - Aeronauta, 9.2.8
  - Empregado aprendiz, 9.2.6
  - Empregado doméstico, 9.2.3
  - Empregado em domicílio, 9.2.2

Teletrabalho, 9.2.2.1
  - Empregado eleito diretor de sociedade, 9.2.1
  - Empregado público, 9.2.5
  - Empregado rural, 9.2.4
  - Mãe social, 9.2.7
  - Professor, 9.2.9
  - Vigia e vigilante, 9.2.10
- Estabilidade – Ver Estabilidade
  - empregada gestante, 20.6.3
  - empregado acidentado, 20.6.4
  - empregado eleito diretor de cooperativa, 20.6.5
  - empregado membro da Comissão de Conciliação Prévia, 20.6.6
  - empregado reabilitado e empregado com deficiência, 20.6.9
- Estagiário, 10.2
- Equiparação salarial – Ver Equiparação salarial
- Férias – Ver Férias
- FGTS – Ver Fundo de garantia do tempo de serviço (FGTS)
- Greve – Ver Greve
- Indenizações – Ver Indenização, Indenização por danos morais e materiais
- Jornada de trabalho – Ver Jornada de trabalho
- Programa de Proteção ao Emprego (Programa Seguro-Emprego), 6.4.4
- Requisitos, 8.5
  - não eventualidade, 8.5.3
  - onerosidade, 8.5.5
  - pessoa natural, 8.5.1
  - pessoalidade, 8.5.2
  - subordinação, 8.5.4
- Salário – Ver Remuneração
- Trabalhador autônomo, 10.3
- Trabalhador avulso, 10.1
- Trabalhador portuário: avulso e empregado, 10.1.2
- Trabalhador eventual, 10.4
- Trabalhador temporário: Lei 6.019/1974, 8.15 – Ver Contrato de trabalho
- Trabalhador voluntário, 10.5
- Transferência do empregado – Ver Alteração do contrato de trabalho

EMPREGADOR
- Conceito, 11.1
  - empregador por equiparação, 11.1.2
  - empresa, 11.1.1
- Consórcio de empregadores, 11.3
- Grupo de empresas, 11.2
- Poder de direção do empregador, 11.6
  - câmeras de vigilância, 11.6.8
  - conceito, 11.6.1
  - conteúdo, 11.6.3
  - fundamento, 11.6.2
  - regulamento de empresa, 11.6.5
  - revistas pessoais, 11.6.6
  - uso de uniforme, 11.6.7
  - verificação de e-mail pelo empregador, 11.6.4
- Programa de Proteção ao Emprego (Programa Seguro-Emprego), 6.4.4
- Sucessão trabalhista, 11.4
  - cartórios notariais e de registro (extrajudiciais), 11.4.3
  - despersonalização do empregador e desconsideração da personalidade jurídica, 11.4.2
  - sucessão trabalhista na Lei 11.101/2005, 11.4.1

EQUIPARAÇÃO SALARIAL
- Aspectos constitucionais e o Direito Internacional, 14.1
- Equiparação salarial por equivalência, 14.4
- Equiparação salarial por função análoga, 14.3
- Equiparação salarial na terceirização, 14.6
- equiparação salarial na intermediação de mão de obra, 14.6.1
- Salário do período de substituição não provisória, 14.5
- Requisitos da equiparação salarial, 14.2
- ausência de quadro de carreira na forma dos §§ 2º e 3º do art. 461 da CLT, 14.2.5
- empregado readaptado e que não pode servir de paradigma, 14.2.7
- identidade de empregador, 14.2.2
- identidade de funções, 14.2.1
- identidade de local de trabalho, 14.2.3
- simultaneidade na prestação dos serviços, 14.2.6
- trabalho de igual valor, 14.2.4

ESTABILIDADE
- Conceito, 20.3
- Denominação, 20.2
- Estabilidade por tempo de serviço, 20.5
- Fontes formais do direito de estabilidade, 20.4
- Garantias de emprego, 20.6
- comissão para acompanhamento e fiscalização de gorjeta, 20.6.13
- dirigente sindical, 20.6.1
- empregada gestante e adotante, 20.6.3
- empregado acidentado, 20.6.4
- empregado eleito diretor de cooperativa, 20.6.5
- empregado membro da comissão de conciliação prévia, 20.6.6
- empregado reabilitado e empregado com deficiência, 20.6.9
- estabilidade de servidores públicos regidos pela CLT, 20.6.11
- estabilidade do art. 19 do ADCT, 20.6.12
- membro do conselho curador do FGTS, 20.6.7
- membro do conselho nacional de previdência social, 20.6.8
- período eleitoral, 20.6.10
- representante da CIPA, 20.6.2

ESTAGIÁRIO, 10.2 – Ver Modalidades especiais de trabalhadores

EXPERIÊNCIA PRÉVIA, COMPROVAÇÃO (Lei 11.644/2008), 8.3

EXTINÇÃO DO CONTRATO DE TRABALHO – Ver Cessação do contrato de trabalho, Contrato de trabalho

FALTAS – Ver Suspensão e interrupção do contrato de trabalho
- Justificadas, 17.3.8
- Inquérito judicial para apuração de falta grave, 17.3.11

FEDERAÇÕES, 35.11.1 – Ver Direito coletivo do trabalho, Sindicato

FERIADOS – Ver Repouso semanal remunerado e feriados

FÉRIAS
- Abono pecuniário de férias, 27.11
- Cessação do contrato de trabalho e efeitos quanto às férias, 27.13
- Conceito, 27.4
- Comunicação das férias, 27.9
- Classificação das férias, 27.6
- Direito Internacional, 27.2
- Evolução da matéria no Brasil, 27.3
- Férias concedidas após o período concessivo, 27.12
- Férias do empregado doméstico, 9.2.3.19; 27.15

- Férias do marítimo, 27.17
- Férias do professor, 27.16
- Natureza jurídica, 27.5
- Período aquisitivo, 27.7
- Duração das férias, 27.7.1
- Perda do direito às férias, 27.7.2
- Período concessivo, 27.8
- Feriados no curso das férias, 27.8.2
- Fracionamento das férias, 27.8.1
- Prescrição da pretensão quanto às férias, 27.14
- Remuneração das férias, 27.10

FISCALIZAÇÃO DO TRABALHO
- Autuação, 32.8
- Carreira e atribuições, 32.4
- Direito Internacional, 32.2
- Dupla visita, 32.7
- Fiscalização do trabalho e mão de obra migrante, 32.11
- Identificação do auditor-fiscal do trabalho, 32.5
- Livro de inspeção do trabalho, 32.8
- Domicílio eletrônico trabalhista, 32.8
- Natureza jurídica, 32.3
- Fiscalização do trabalho e jurisdição, 32.3.1
- Poderes do auditor-fiscal do trabalho, 32.6
- Acompanhamento da inspeção do trabalho pelos representantes dos trabalhadores, 32.6.1
- Processo administrativo e multa na fiscalização do trabalho, 32.9
- Recurso administrativo contra a imposição de multa, 32.10

FONTES DO DIREITO DO TRABALHO – *Ver* Direito do trabalho
- Classificação das fontes, 4.2
- Fontes materiais e fontes formais, 4.1
- Fontes formais do Direito do Trabalho, 4.3

- atos do Poder Executivo, 4.3.3
- Constituição, 4.3.1
- contrato de trabalho, 4.3.10
- convenções e acordos coletivos, 4.3.7
- jurisprudência, 4.3.5
- leis, 4.3.2
- princípios jurídicos, 4.3.11
- regulamento de empresa, 4.3.9
- sentença arbitral, 4.3.6
- sentença normativa, 4.3.4
- usos e costumes, 4.3.8

FUNDO DE GARANTIA DO TEMPO DE SERVIÇO (FGTS)
- Administração, 22.4
- Aspectos históricos, 22.1
- Cobrança do FGTS e aspectos processuais, 22.9
- Conceito, 22.2
- Depósitos do FGTS, 22.6
- Diferença de indenização de 40% do FGTS decorrente de expurgos inflacionários, 22.12
- Fiscalização do FGTS, 22.8
- Natureza jurídica, 22.3
- Prazo para depósito do FGTS, 22.7
- Prescrição do FGTS, 22.11
- Saque do FGTS, 22.10
- Sujeitos da obrigação de depositar o FGTS, 22.5
- FGTS e relação de emprego doméstico, 9.2.3.24; 22.5.1

GORJETA, 13.1.2 – *Ver* Remuneração

GRATIFICAÇÕES, 13.2.2 – *Ver* Remuneração

GREVE
- Abuso do direito de greve, 39.9
- Classificação, 39.4

- Conceito, 39.3
- Direitos e deveres, 39.8
- Efeitos sobre o contrato de trabalho, 39.10
- Evolução histórica, 39.1
- Instauração de dissídio coletivo, 39.11
- Legitimidade, 39.6
- Limites ao poder de greve, 39.5
- *Lockout*, 39.12
- Natureza jurídica, 39.2
- Procedimento, 39.7

HISTÓRIA DO DIREITO DO TRABALHO
- História do Direito do Trabalho no Brasil, 1.2
- História Geral do Direito do Trabalho, 1.1

HORAS extras, 13.3.1 e 24.19 – *Ver* Jornada de Trabalho, Remuneração

IDENTIFICAÇÃO E REGISTRO PROFISSIONAL
- Carteira de trabalho e previdência social, 23.2
- anotações, 23.2.7
- ausência de anotações de CTPS e ilícito criminal, 23.2.7
- conceito, 23.2.3
- conteúdo, 23.2.5
- denominação, 23.2.1
- destinação, 23.2.2
- destinatários, 23.2.4
- emissão, 23.2.6
- prescrição, 23.2.10
- reclamação por falta ou recusa de anotação, 23.2.9
- valor das anotações, 23.2.8
- Registro de empregado, 23.3

INDENIZAÇÃO
- Conceito, 21.2
- Evolução do sistema de despedida no Brasil, 21.4

- sistema da Constituição Federal de 1988, 21.4.1
- Indenização adicional, 21.8
- Indenização compensatória de 40% do FGTS, 21.7
- Indenização nos contratos a prazo determinado, 21.6
- Indenização por tempo de serviço, 21.5
- aposentadoria e contrato de trabalho, 21.5.1
- Natureza jurídica, 21.3

INDENIZAÇÃO POR DANO MORAL E MATERIAL TRABALHISTA, 8.9.2 – *Ver* contrato de trabalho – direitos e deveres
- Assédio moral, 8.9.2.1
- Assédio sexual, 8.9.2.2
- Dano estético, 8.9.2
- Dano moral coletivo, 8.9.2.6
- Prescrição da indenização por danos morais e materiais e decorrentes de acidente do trabalho, 34.7
- Requisitos e critérios para a fixação da indenização por danos morais e materiais, 8.9.2
- Responsabilidade civil do empregador por ato de terceiro, 8.9.2.5
- Trabalho em condições análogas à de escravo e tráfico de pessoas, 8.9.2.3
- Trabalho decente, 8.9.2.4

INSALUBRIDADE, 31.27
- Adicional 13.3.5 – *Ver* Remuneração

INTERPRETAÇÃO, INTEGRAÇÃO E EFICÁCIA DAS NORMAS DE DIREITO DO TRABALHO
- Eficácia das normas de Direito do Trabalho no espaço, 5.4
- Eficácia das normas de Direito do Trabalho no tempo, 5.3
- segurança jurídica, irretroatividade e direito adquirido, 5.3.1
- Integração do Direito do Trabalho, 5.2
- Interpretação do Direito do Trabalho, 5.1

INTERVALOS PARA DESCANSO – *Ver* Suspensão e interrupção do contrato de trabalho
- Conceito e natureza jurídica, 25.3
- Denominação, 25.2
- Intervalo interjornada, 17.3.16, 25.5
- Intervalo intrajornada, 25.4
- fracionamento do intervalo intrajornada, 25.4.1
- intervalo para amamentação, 25.4.5
- intervalo para descanso e refeição, 17.3.12, 25.4.1
- serviço de mecanografia e digitação, 17.3.13, 25.4.2
- serviços em frigorífico e câmara fria, 17.3.15, 25.4.3
- serviços em minas de subsolo, 17.3.14, 25.4.4

JORNADA DE TRABALHO
- Aspectos históricos, 24.1
- Classificação, 24.8
- Compensação da jornada de trabalho, 24.20
- Conceito, 24.5
- Denominação, 24.4
- Direito Internacional, 24.2
- Duração normal da jornada de trabalho, 24.9
- Empregados excluídos do regime de duração do trabalho, 24.14
- empregados gerentes, 24.14.2
- empregados que exercem atividade externa incompatível com a fixação de horário, 24.14.1
- Evolução da jornada de trabalho no Brasil, 24.3
- Fundamentos para a limitação da jornada de trabalho, 24.8
- Horas *in itinere*, 24.10
- Jornada de trabalho do atleta profissional: 24.17
- concentração, 24.17.3
- intervalos durante os jogos, 24.17.2
- jogos e treinos, 24.17.1
- trabalho noturno, 24.17.4
- Jornada de trabalho do empregado bancário, 24.15
- jornada de trabalho do advogado empregado, 24.16
- Jornada de trabalho do radialista, 24.18
- Natureza jurídica, 24.6
- Prorrogação da jornada de trabalho, 24.19
- acordo de prorrogação da jornada de trabalho, 24.19.1
- cálculo das horas extras, 24.19.4
- prorrogação de jornada decorrente de necessidade imperiosa, 24.19.2
- prorrogação para recuperação de tempo de não realização do trabalho, 24.19.3
- Trabalho em regime de escala de revezamento, 24.13
- Trabalho em regime de tempo parcial, 24.12
- Trabalho noturno, 24.21
- adicional noturno, 24.21.2
- disposições especiais, 24.21.7
- hora noturna reduzida, 24.21.3
- horário noturno, 24.21.1
- horários mistos, 24.21.5
- mudança para o turno diurno, 24.21.6
- prorrogação do trabalho noturno, 24.21.4
- registro de ponto e variação de horário, 24.11

LIBERDADE SINDICAL, 35.8 – *Ver* Direito coletivo do trabalho, Sindicato
- Liberdade de administração sindical, 35.8.4
- Liberdade de associação sindical ou de filiação, 35.8.1
- Liberdade de atuação sindical, 35.8.5
- Liberdade de fundação sindical, 35.8.2
- Liberdade de organização sindical, 35.8.3

LICENÇA-MATERNIDADE, 17.3.17 – *Ver* Suspensão e interrupção do contrato de trabalho

MENOR, Trabalho – *Ver* Criança e adolescente, trabalho

MODALIDADES ESPECIAIS DE TRABALHADORES
- Estagiário, 10.2
- Trabalhador eventual, 10.4
- Trabalhador autônomo, 10.3
- Trabalhador avulso, 10.1
- trabalhador portuário: avulso e empregado, 10.1.2
- Trabalhador voluntário, 10.5

MULHER, trabalho – *Ver* Estabilidade
- Aspectos históricos, 28.1
- Condições de trabalho da mulher, 28.5
- Direito Internacional, 28.2
- Evolução no Brasil, 28.3
- Fundamento das normas de proteção do trabalho da mulher, 28.4
- Normas de proteção do trabalho da mulher que ainda persistem na CLT, 28.6
- duração, condições do trabalho e discriminação contra a mulher, 28.6.1
- métodos e locais de trabalho da mulher, 28.6.4
- períodos de descanso no trabalho da mulher, 28.6.3
- trabalho noturno da mulher, 28.6.2
- Proteção à maternidade, 28.7
- garantia de emprego da empregada gestante, 28.7.3
- licença-gestante e salário-maternidade, 28.7.1
- licença-maternidade da mãe adotante, 28.7.2

NACIONALIZAÇÃO DO TRABALHO
- Aspectos históricos, 30.1
- Direito Internacional, 30.2
- Disposições sobre a nacionalização do trabalho na CLT e sua vigência, 30.3
- Formalização do contrato de trabalho com o empregado estrangeiro, 30.4

ORGANIZAÇÃO Internacional do Trabalho (OIT), 7.4
- Composição, 7.4.2
- Convenção 158 da OIT – *Ver* Cessação do contrato de trabalho
- Convenções e recomendações, 7.4.3
- Instituição, 7.4.1

PAGAMENTO DAS VERBAS RESCISÓRIAS NA EXTINÇÃO DO CONTRATO DE TRABALHO
– *Ver* Alteração do contrato de trabalho, Cessação do contrato de trabalho, Contrato de trabalho
- Assistência na rescisão do contrato de trabalho, 33.1
- Deveres do empregador na extinção do contrato de trabalho, 33.2
- Diferença entre pagamento e transação, 33.4
- Diferença entre pagamento das verbas rescisórias e Comissão de Conciliação Prévia, 33.4.1
- Multas pelo descumprimento do prazo, 33.3

PARTICIPAÇÃO NA GESTÃO DA EMPRESA, 38.3

PARTICIPAÇÃO NOS LUCROS, 13.4.4 – *Ver* Remuneração

PERICULOSIDADE, 31.28
- Adicional, 13.3.4 – *Ver* Remuneração

POLÍTICA SALARIAL – *Ver* Remuneração
- Política salarial em vigor, 15.4
- Salário mínimo, 15.2
- Salário profissional e piso da categoria, 15.3

PRÊMIOS, 13.2.5 – *Ver* Remuneração

PRESCRIÇÃO E DECADÊNCIA NO DIREITO DO TRABALHO
- Conceito, 34.1

- Distinção entre decadência e prescrição, 34.3
- prescrição reconhecida de ofício, 34.3.1
- Emenda constitucional 28/2000 e prescrição do trabalhador rural, 34.6
- Fundamento e natureza jurídica, 34.2
- Prescrição da indenização por danos morais e materiais e decorrentes de acidente do trabalho, 34.7
- Prescrição na ação civil pública, 34.8
- Prescrição na relação jurídica de emprego, 34.5
- prescrição quinquenal parcial e total, 34.5.2
- prescrição relativa à complementação de aposentadoria, 34.5.3
- prescrição total no Direito do Trabalho, 34.5.1
- Prescrição no Direito do Trabalho, 34.4

PRINCÍPIOS DO DIREITO DO TRABALHO
- Conceito e natureza jurídica dos princípios no Direito, 6.1
- Flexibilização e Direito do Trabalho, 6.4
- flexibilização e desregulamentação, 6.4.1
- hipóteses de flexibilização, 6.4.3
- limites da flexibilização no Direito do Trabalho, 6.4.2
- Funções dos princípios de direito, 6.2
- Princípios de Direito do Trabalho, 6.3
- outros princípios aplicáveis ao Direito do Trabalho, 6.3.5
- princípio da continuidade da relação de emprego, 6.3.4
- princípio da irrenunciabilidade, 6.3.2
- princípio da primazia da realidade, 6.3.3
- princípio protetor, 6.3.1

PRISÃO E DETENÇÃO DO EMPREGADO, 17.3.19 – *Ver* Suspensão e interrupção do contrato de trabalho

PROGRAMA SEGURO-EMPREGO, 6.4.4

PROGRAMA EMERGENCIAL DE MANUTENÇÃO DO EMPREGO E DA RENDA, 6.4.6

PRONTIDÃO e sobreaviso, 17.3.20 – *Ver* Suspensão e interrupção do contrato de trabalho

QUEBRA de caixa, 13.2.4 – *Ver* Remuneração

REMUNERAÇÃO
- Adicionais ao salário, 13.3
- adicional de horas extras, 13.3.1
- adicional de insalubridade, 13.3.5
- adicional (pelo trabalho) noturno, 13.3.2
- adicional de periculosidade, 13.3.4
- adicional de risco, 13.3.7
- adicional de transferência, 13.3.3
- adicional por acúmulo de funções, 13.3.6
- Conceito, 13.1
- remuneração, 13.1.1
- gorjeta, 13.1.2
- Formas de fixação do salário, 13.9
- Garantia de proteção do salário, 13.13
- garantias do salário perante credores do empregado, 13.13.2
- garantias do salário perante credores do empregador, 13.13.3
- garantias do salário perante o empregador, 13.13.1
   (a) garantia do artigo 467 da CLT, 13.13.1.3
   intangibilidade salarial, 13.13.1.2
   irredutibilidade salarial, 13.13.1.1
- Gueltas, 13.5
- Local e forma de pagamento do salário, 13.12
- Parcelas salariais, 13.2
- abonos, 13.2.6
- comissões e percentagens, 13.2.1
- décimo terceiro salário, 13.2.3
- gratificações, 13.2.2

- prêmios, 13.2.5
- quebra de caixa, 13.2.4
- Parcelas sem natureza salarial, 13.4
- abono do PIS, 13.4.1
- ajuda de custo, 13.4.2
- diárias de viagem, 13.4.3
- participação nos lucros, 13.4.4
- Política salarial – *Ver* Política salarial
- Salário-família, 13.7
- Salário-maternidade, 13.8
- Salário-utilidade, 13.10
- caracterização do salário-utilidade, 13.10.1
- salário-utilidade na relação de emprego doméstico, 13.10.3
- utilidades sem natureza salarial, 13.10.4
- valor da utilidade, 13.10.2
- *Stock option*, 13.6
- Tempo de pagamento do salário, 13.11
- débitos salariais e mora contumaz, 13.11.1

REPOUSO SEMANAL REMUNERADO E FERIADOS
- Conceito, 26.5
- Denominação, 26.4
- Descanso remunerado e trabalho em feriados, 26.8
- remuneração dos feriados, 26.8.1
- Descanso semanal remunerado e feriados na relação de emprego doméstica, 26.9
- Descanso semanal remunerado e trabalho aos domingos, 26.7
- remuneração do descanso semanal, 26.7.1
- Direito Internacional, 26.2
- Evolução da matéria no Brasil, 26.3
- Natureza jurídica, 26.6

REPRESENTAÇÃO DOS TRABALHADORES NA EMPRESA
- Previsão constitucional, 38.2

RESCISÃO DO CONTRATO DE TRABALHO – *Ver* Assistência na rescisão do contrato de trabalho, Cessação do contrato de trabalho, Suspensão e interrupção do contrato de trabalho

REVISTA
- Pessoal, 11.6.6
- Íntima, 11.6.3; 11.6.6; 28.6.1

SALÁRIO – *Ver* Remuneração
- Mínimo, 15.2 – *Ver* Política salarial

SEGURANÇA E SAÚDE NO TRABALHO
- Asbesto (amianto), 31.26
- Aspectos históricos, 31.1
- Caldeiras, fornos e recipientes sob pressão, 31.17
- Conceito, 31.4
- Condições sanitárias, 31.23
- Conforto térmico, 31.13
- Denominação, 31.3
- Direito Internacional, 31.2
- Disposições gerais, 31.6
- competência da DRT, 31.6.3
- deveres da empresa, 31.6.1
- deveres do empregado, 31.6.2
- Edificações, 31.11
- Empresas de abate e processamento de carnes e derivados, 31.41
- Equipamento de proteção individual, 31.9
- Explosivos, 31.31
- Fiscalização e penalidades, 31.34
- Iluminação, 31.12
- Indústria de construção, 31.19
- Insalubridade, 31.27
- Inspeção prévia e embargo ou interdição, 31.7
- Instalações elétricas, 31.14
- Líquidos combustíveis e inflamáveis, 31.32
- Máquinas e equipamentos, 31.16
- Medidas preventivas de segurança e saúde no trabalho (PGR, PCMSO E ASO), 31.10

- Movimentação, armazenagem e manuseio de materiais, 31.15
- Normas comuns à insalubridade e à periculosidade, 31.29
- Órgãos de segurança e de medicina do trabalho nas empresas, 31.8
• Comissão Interna de Prevenção de Acidentes e de Assédio (CIPA), 31.8.2
• Serviços especializados em Segurança e em Medicina do Trabalho (SESMT), 31.8.1
- Periculosidade, 31.28
- Plataformas de petróleo, 31.42
- Prevenção da fadiga, 31.18
- Proteção contra incêndio, 31.22
- Registro profissional do técnico de segurança do trabalho, 31.33
- Resíduos industriais, 31.24
- Segurança e Saúde no Trabalho inserida no meio ambiente do trabalho, 31.5
- Segurança e saúde no trabalho rural, 31.30
- Sinalização e identificação de segurança, 31.25
- Trabalho a céu aberto, 31.20
- Trabalho aquaviário, 31.36
- Trabalho em altura, 31.40
- Trabalho em serviços de saúde, 31.37
- Trabalho na indústria da construção, reparação e desmonte naval, 31.39
- Trabalho portuário, 31.35
- Trabalhos em espaços confinados, 31.38
- Trabalho em minas de subsolo, 31.21

SENTENÇA
- Arbitral, 4.3.6
- Normativa, 4.3.4

SINDICATO, 35.10 – *Ver* Direito coletivo do trabalho
- Centrais sindicais, 35.12
- Classificação, 35.10.5
- Conceito, 35.10.1
- Contribuição sindical obrigatória, 35.9.4
- Defesa dos interesses individuais e coletivos da categoria, 35.15
- Dissolução, 35.10.4
- Eleições sindicais, 35.10.8
- Enquadramento sindical, 35.10.6
- Entidades sindicais de grau superior, 35.11
- Estabilidade sindical – *Ver* Estabilidade
- Liberdade sindical, 35.8
- Limitações ao princípio da liberdade sindical, 35.9
- Natureza jurídica, 35.10.2
- Organização sindical na Constituição Federal de 1988, 35.7
- Órgãos do sindicato, 35.10.7
- Personalidade jurídica, 35.10.3
- Receitas do sindicato, 35.14

SUSPENSÃO E INTERRUPÇÃO DO CONTRATO DE TRABALHO – Alteração do contrato de trabalho, Assistência na rescisão do contrato de trabalho, Cessação do contrato de trabalho, Contrato de Trabalho
- Distinção e conceito, 17.2
- Hipóteses, 17.3
• aborto, 17.3.1
• acidente do trabalho, 17.3.2
• aposentadoria por invalidez (aposentadoria por incapacidade permanente), 17.3.4
• auxílio-doença (auxílio por incapacidade temporária), 17.3.3
• aviso prévio, 17.3.5
• eleição para cargo de diretor da sociedade, 17.3.6
• encargo público, 17.3.7
• faltas justificadas, 17.3.8
• férias, 17.3.9
• greve, 17.3.10
• inquérito judicial para apuração de falta grave, 17.3.11
• intervalo do trabalho em minas de subsolo, 17.3.14

- intervalo dos serviços de mecanografia e digitação, 17.3.13
- intervalo em câmaras frias, 17.3.15
- intervalo interjornada, 17.3.16
- intervalo para descanso e refeição, 17.3.12
- licença-maternidade, 17.3.17
- *lockout*, 17.3.18
- prisão e detenção do empregado, 17.3.19
- prontidão e sobreaviso, 17.3.20
- repouso semanal remunerado e feriados, 17.3.22
- representação sindical, 17.3.23
- segurança nacional, 17.3.24
- suspensão disciplinar, 17.3.25
- suspensão por violência doméstica e familiar à mulher, 17.3.26
- tempo de espera, 17.3.21
- Suspensão do contrato de trabalho e dispensa do empregado, 17.5
- Suspensão do contrato de trabalho para qualificação profissional, 17.4
- ajuda compensatória mensal, 17.4.5
- bolsa de qualificação profissional, 17.4.6
- contexto jurídico-social, 17.4.1
- dispensa do empregado, 17.4.7
- duração, 17.4.3
- limitações, 17.4.4
- requisitos, 17.4.2
- seguro-desemprego, 17.4.6

TEMPO DE ESPERA, 17.3.21 – *Ver* Suspensão e interrupção do contrato de trabalho

TERCEIRIZAÇÃO
- Considerações sobre a terceirização no Direito do Trabalho, 12.1
- Cooperativas de trabalho, 12.3
- Terceirização lícita e intermediação ilícita de mão de obra, 12.2

TRABALHO
- Acidente, 17.3.2
- (a) Céu aberto, 31.20
- Criança e Adolescente – *Ver* Criança e Adolescente, trabalho
- Educativo, 29.8
- Insalubre, 31.27 – *Ver* Remuneração
- Insalubre do menor, 29.7.3
- Mulher – *Ver* Mulher, trabalho
- Noturno, 24.21
- Noturno do menor, 29.7.2
- Perigoso, 31.28 – *Ver* Remuneração
- Perigoso do menor, 29.7.3
- Proibido ao menor, 29.7
- (em) Regime de escala de revezamento, 24.13
- (em) Regime de tempo parcial, 24.12

TRABALHADOR – *Ver* Empregado
- Estagiário, 10.2
- temporário: Lei 6.019/1974, 8.15 – *Ver* Contrato de trabalho
- Trabalhador eventual, 10.4
- Trabalhador autônomo, 10.3
- Trabalhador avulso, 10.1
- Trabalhador portuário: avulso e empregado, 10.1.2
- Trabalhador voluntário, 10.5

TRANSFERÊNCIA, 16.4 – *Ver* Alteração do contrato de trabalho
- Adicional, 13.3.3